HISTORISCHES WÖRTERBUCH DER PHILOSOPHIE

HISTORISCHES WÖRTERBUCH DER PHILOSOPHIE

UNTER MITWIRKUNG VON MEHR ALS 900 FACHGELEHRTEN

IN VERBINDUNG MIT
GÜNTHER BIEN, ULRICH DIERSE, WILHELM GOERDT
OSKAR GRAEFE, FRIEDRICH KAMBARTEL, FRIEDRICH KAULBACH
HERMANN LÜBBE, ODO MARQUARD, REINHART MAURER
LUDGER OEING-HANHOFF, WILLI OELMÜLLER, KURT RÖTTGERS
HEINRICH SCHEPERS, ROBERT SPAEMANN

HERAUSGEGEBEN VON

JOACHIM RITTER † UND KARLFRIED GRÜNDER

VÖLLIG NEUBEARBEITETE AUSGABE
DES ‹WÖRTERBUCHS DER PHILOSOPHISCHEN BEGRIFFE›
VON RUDOLF EISLER

BAND 4: I-K

SCHWABE & CO · VERLAG · BASEL/STUTTGART

HERAUSGEBER UND BEARBEITER DES INDEXBANDES

KLAUS PETER STERNSCHULTE, Münster

WISSENSCHAFTLICHE MITARBEITER DES HERAUSGEBERKREISES

In Münster: RAINER PIEPMEIER (seit 1973), KLAUS PETER STERNSCHULTE (seit 1970)
In Bochum: UTE SCHÖNPFLUG (1966–1974), GERHEID SCHEERER-NEUMANN (seit 1974)
In Konstanz: GOTTFRIED GABRIEL (seit 1967)
In München: KARL-HEINZ NUSSER (seit 1972)
In Tübingen: TILMAN BORSCHE (seit 1975)
Beim Verlag in Basel: JAKOB LANZ (seit 1961), RUDOLF RUŽIČKA (seit 1973)

ADMINISTRATIVE MITARBEITER

GERHILD ADAMS (1968–1975), INGE GERTISSER (seit 1968), JUTTA SIEDLER (seit 1975)

MIT UNTERSTÜTZUNG DER REDAKTIONELLEN ARBEITEN
DURCH DIE DEUTSCHE FORSCHUNGSGEMEINSCHAFT
UND DIE AKADEMIE DER WISSENSCHAFTEN UND DER LITERATUR
ZU MAINZ

HIST. WB. PHILOS. 4

© 1976 BY SCHWABE & CO · BASEL
GESAMTHERSTELLUNG: SCHWABE & CO · BASEL
ISBN 3–7965–0115–x (für das Gesamtwerk)

VORBEMERKUNG

Joachim Ritter ist im Februar 1974 schwer erkrankt und am 3. August 1974 gestorben.

Er hat das *Erfordernis* dieses Wörterbuches gesehen aus dem Zusammenhang seiner eignen philosophischen Arbeit. Zur philosophischen Aufgabe der Gegenwart gehört es, Herkünfte bewußt zu machen statt sich ihnen vermeintlich zu entziehen oder vergeblich entgegenzusetzen; die Arbeit der Geschichte einzuholen, damit die Zeit und ihr Fortschreiten begriffen werden könnten. Solcher Umgang der Philosophie mit ihrer Tradition bedarf der begriffsgeschichtlichen Forschung, ihr lexikalisches Instrument muß ein ‹Historisches› Wörterbuch der Philosophie› sein. Joachim Ritter hat das im ‹Vorwort› zum ersten Band dargelegt.

Er war sich von Anfang an darüber im klaren, welchen Anspruch dieses Erfordernis stellte, und seine Skepsis gegen die Erfüllbarkeit war groß, größer als die der meisten seiner jüngeren Mitarbeiter. Als jedoch die Entscheidung gefallen war, hat er sie ganz auf sich genommen und seine große Kraft auf sie gewandt, zunächst neben vielfältigen anderen Verpflichtungen, dann, auch durch vorzeitigen Rückzug aus ihnen zugunsten dieses · Werks, ausschließlich. Er hat es in langer Vorbereitung mit dem erst kleineren, dann erweiterten Herausgeberkreis geprägt; er hat das Verfahren mit seinen vielen Schritten – der Bildung einer ersten Nomenklatur, der Autorenwahl und -einladung, dem Weg des Manuskripts vom Autor über Stufen der Redaktion bis zum Satz – eingerichtet, in Gang gesetzt, pragmatisch korrigiert und unermüdlich betrieben, besorgt um das Gelingen jeden Beitrags, gern und offen allen dankend, die mitwirkten und halfen. Ohne ihn wäre das Werk so, wie es vorliegt und weiterwächst, nicht zustande gekommen. – Etwa die Hälfte der Artikel des vierten Bandes wurde noch von ihm «gut zum Satz» geschrieben, und auch für die kommenden Bände liegen Manuskripte vor, die sein redaktionelles Signum tragen.

Auf Wunsch Joachim Ritters hat der Verlag den Unterzeichnenden mit der Fortführung des Werkes beauftragt. Die Aussichten dafür sind gut, weil das bewährte Zusammenwirken der Herausgeber miteinander und mit dem Verlag fortdauert und sich noch verstärkt. Der Unterzeichnende, der sein Universitätsamt in Forschung und Lehre weiterzuversehen hat, ist dankbar, daß er auf die Bereitschaft der Beteiligten vertrauen kann.

Die ‹Vorbemerkung› zum dritten Band hatte die Sorge zur Sprache gebracht, die der wachsende Umfang der Artikel wie der Bände den Herausgebern und dem Verlag verursachen und sie zur Gegenwirkung bestimmen müsse. Daß dieser vierte Band wieder umfangreicher ist als der vorige, wird leicht die hartnäckigen Bemühungen darum unkenntlich machen. Tatsächlich wurde in nicht wenige Artikel bis zu einem Grad eingegriffen, der den Autoren kaum mehr zuzumuten war. Aber viele Beiträge für diesen Band waren bereits gesetzt, als die Konsequenzen des endgültigen Umfangplans (maximal 9–10 Textbände) abschätzbar wurden. So konnten die Be-

mühungen um seine Einhaltung für diesen Band noch nicht voll greifen.

Aber hier soll auch eine andere Frage offen ausgesprochen werden: die bei der großen Anzahl der Autoren unvermeidbare Vielfalt der methodischen Zugriffe und eine gewisse daraus folgende Uneinheitlichkeit des Werkes. In diesem Punkt hat die bisherige Arbeit (an immerhin schon fast der Hälfte der in Aussicht genommenen Artikel) gezeigt, daß die im ‹Vorwort› (1, IX) skizzierte Typisierung und Klassifikation in der Praxis zwar im Auge behalten und beständig angestrebt, nicht aber durchgängig verwirklicht werden kann; zu ungleichmäßig ist der Stand der Forschung, zu verschieden sind die Ansätze der gewonnenen und zu gewinnenden Autoren. Nicht nur wäre die zur methodischen Vereinheitlichung nötige redaktionelle Arbeit «innert nützlicher Frist» (wie man am Verlagsort sagt) nicht zu bewältigen; nicht nur würden vielleicht manche Autoren ihre Beiträge oder ihre Namenszeichnung zurückziehen. Vielmehr widerspräche eine stärker eingreifende Vereinheitlichung auch dem bewußten «Verzicht auf eine einheitliche Methode der Darstellung» für dieses begriffsgeschichtliche Wörterbuch, wie ihn Joachim Ritter im ‹Vorwort› (1, IX) gemäß seiner Liberalität und seiner nüchternen Einsicht in das praktisch Mögliche ausgesprochen hat. Der Unterzeichnende ist der gleichen Auffassung (vgl. Jb. Akad. Wiss. u. Lit. zu Mainz (1967) 74–79; Akad. ... Mainz 1949–1974 (1974) 136–139).

Ein Gelehrter, dessen Kompetenz so prominent ist wie sein Wohlwollen unbezweifelbar, hat uns vor einer Entwicklung gewarnt, die besonders in den langen Artikeln mit ihrer Häufung von Belegen und in der Aufteilung mancher Artikel auf mehrere Autoren sichtbar werde. Ein Lexikon sei kein Platz für Monographien, das müsse schon gegen den ‹Pauly-Wissowa› gesagt werden, wo großartige Monographien stehen, die aber besser selbständig erschienen wären; und ein Begriffswörterbuch könnte heute statt Monographien oft nur bloße Materialmassen bieten. Es wird zur Kürzung aufgerufen, die aber keinesfalls auf Kosten der Wortgeschichten gehen dürfe.

Diese Bedenken fallen mit den Sorgen des Herausgeberkreises in vielem zusammen. Jedoch: Begriffsgeschichtliche Forschung hat nicht den Fundus der Klassischen Philologie und die Sicherheit und Geläufigkeit ihrer Methoden. Ihr Stand ist nicht so, daß es überall oder auch nur für die wichtigsten Begriffe Vorarbeiten gäbe, die lexikalisch nur resümiert zu werden brauchten. Die Zahl der Autoren, die begriffsgeschichtlich forschen und in der Lage sind, zum Redaktionsschluß eines Bandes etwas zustande zu bringen, das ihren eigenen Ansprüchen genügt, wächst zwar – und das Wörterbuch dürfte daran nicht ganz unschuldig sein –, aber sie ist noch immer nicht groß. Es kommt häufiger vor, daß ein Artikel dem Autor, der noch weiter daran arbeiten möchte, förmlich entrissen als daß er ihm mit Abänderungswünschen zurückgeschickt werden muß.

So ist im Laufe der Arbeit die im ‹Vorwort› erläuterte Einteilung der Artikel in wenige, von der sachlichen Funktion her definierte Typen keineswegs aufgehoben, wohl aber überlagert worden von einem breiten Spektrum von Realisationsformen und -stufen, in dem der faktische Stand der Forschung einerseits gespiegelt, andererseits in Bewegung gebracht wird.

Es gibt Forschungsmonographien, deren Autoren den Abdruck an anderer Stelle als in diesem Wörterbuch nicht wünschten. Es gibt knappe Rekapitulationen von solchen. Bei manchem Stichwort entspricht seiner Bedeutsamkeit auch die Fülle der Belegstellen, die für ein Wörterbuch nicht ausgeschöpft werden kann, aber repräsentiert sein muß, wenn die Proportionen nicht verzerrt werden sollen; dann ist der Übergang vom lexikalischen zum Thesaurus-Charakter angemessen und unausweichlich und schon die Gliederung des Materials ein über die bloße Sammlung hinausgehendes Moment. Gerade bei solchen großen Artikeln – aber auch bei anderen – gelang es nicht immer, einen einzigen Autor für das Ganze zu gewinnen, und es mußte teils nach Aspekten, teils nach Epochen parzelliert werden. Es gibt begriffsgeschichtliche Kurzinformationen (verschieden von den von vornherein vorgesehenen «Definitionsartikeln»), die zuweilen nur Platzhalter und Desiderat-Anmeldungen sind. Und es ergeben sich Mischformen.

Die Wissenschaften arbeiten mit Grundbegriffen, die von philosophischer Herkunft oder von philosophischer Erheblichkeit sind. Begriffsgeschichte ist interdisziplinär und als solche immer philosophisch. Besonders in diesen Grenzbereichen ist es manchmal kaum möglich, Begriffsgeschichte gegen realenzyklopädischen Bericht abzugrenzen; dies wurde im Einzelfall denn auch nicht künstlich versucht. Solche Friktionen verhelfen zu Einsichten, inwieweit die Geschichte von Wissenschaften am Leitfaden der Geschichte ihrer Begriffe zu fassen ist und inwieweit nicht. Für das Wörterbuch dient als pragmatisches Regulativ, soweit irgend möglich, die Wortgeschichte.

Die Herausgeber sind sich der genannten Schwierigkeiten bewußt, aber auch ihrer Verpflichtungen gegen alle Beteiligten: die Subskribenten, die Autoren, die Verleger, die Deutsche Forschungsgemeinschaft, sich selbst und nicht zuletzt Joachim Ritter für die Aufopferung seiner letzten Lebensjahre – das Werk *zu Ende zu bringen*. Purismus und Perfektion vertreiben die Verwirklichung. Zum Meisterlichen an Joachim Ritter gehörte das Augenmaß dafür, wo die Notwendigkeit des Fertigwerdens den wissenschaftlichen Anspruch nicht mehr gegen sich hat, sondern zu einem Moment dieses Anspruches selbst wird, insofern Forschung nur von Verwirklichtem aus fortschreiten, darüber hinaus weiterkommen kann. Wir versuchen, dem gerecht zu werden.

An die Stelle des Unterzeichnenden und zur Besorgung seiner bisherigen Redaktionsbereiche ist Herr Ulrich Dierse in den Herausgeberkreis aufgenommen worden, nachdem er als wissenschaftlicher Mitarbeiter schon lange verdienstvoll mitgewirkt hat. – Herr Piepmeier ist aus der Stelle eines wissenschaftlichen Mitarbeiters im Redaktionsbüro in die eines Hochschulassistenten übergegangen; er wird seine dienstliche Tätigkeit teilweise weiter mit der Arbeit für das Wörterbuch verbinden können. Die von ihm bisher innegehabte Stelle ist von Herrn Tilman Borsche übernommen worden.

Der Dank der Herausgeber gilt wiederum an erster Stelle der Deutschen Forschungsgemeinschaft, die das Werk durch eine Sachbeihilfe fördert, ohne welche die redaktionelle Arbeit nicht geleistet werden könnte; dem Verlag Schwabe in Basel und der Wissenschaftlichen Buchgesellschaft in Darmstadt; der Akademie der Wissenschaften und Literatur zu Mainz, die an der Förderung des Werkes mitwirkte, indem ihre Kasse seit dem 1. Juli 1974 die DFG-Mittel verwaltet; der Unterzeichnende berichtet ihrer Kommission für Philosophie und Begriffsgeschichte über den Fortgang der Arbeit.

Der Dank gilt allen Autoren, die mit ihren Artikeln zu diesem Band beigetragen haben. Er gilt Herrn H. Kamp vom Rechenzentrum der Universität Münster und den auf der Impressumseite genannten Mitarbeitern der Herausgeber sowie folgenden Damen und Herren, die sich an den redaktionellen oder editorischen Arbeiten für kürzere oder längere Zeit beteiligt haben: in Bochum P. Laßlop und G. Treder; G. Scholtz und M. Wirtz; in Gießen P. Probst; in Konstanz W. Mayer, Th. Rentsch und R. Welter, die in ständigem Verbund arbeiten, ferner Chr. Badura, I. Schneider, R. Walkhoff und L. Welsch; in Münster N. Herold und S. Kunkel; F. Steinbeck und I. Sternschulte; in Tübingen Th. Kobusch. – Die Herausgeber und alle Mitarbeiter danken schließlich den Instituts- und Universitätsbibliotheken in Basel, Bielefeld, Bochum, Gießen, Konstanz, München, Münster und Stuttgart, allen am Leihverkehr Beteiligten sowie der Phototechnischen Zentralstelle der Universität Münster für ihre unentbehrliche Hilfe.

Bochum, im Sommer 1976 K. GRÜNDER

Jedem Band des Wörterbuches werden am Schluß Verzeichnisse der Artikel und der Artikelautoren sowie häufig verwendeter Abkürzungen und Zeichen beigegeben. Nach dem Autorenverzeichnis sind Bemerkungen zur formalen Gestaltung des Werkes abgedruckt.

I

Ich (griech. ἐγώ, lat. ego, ital. io, frz. moi, engl. I)
I. In der klassischen antiken und mittelalterlichen *Philosophie* ist der philosophische Begriff des Ich kaum vorhanden; er erhellt mittelbar aus den Begriffen der Seele, des Leibes, der Selbstanschauung, des Bewußtseins. Die Vernunft ist für ARISTOTELES gleichermaßen denkbar wie ihre Objekte [1]. Sich selbst denkt die Vernunft unter Zuhilfenahme des Gedachten; sie denkt entweder sich selbst oder etwas anderes, doch scheint sie sich selbst nur mittelbar zu denken [2]. Nach AUGUSTINUS hat der beseelte Mensch, der Geist, die vorzügliche Aufgabe, sich selbst zu erkennen [3]. In der memoria vergegenwärtigt das Ich sich als Selbst: «Ibi mihi et ipse occurro» [4]. Der Geist erkennt sich selbst durch sich selbst, freilich nicht «per suam essentiam», sondern durch den Akt der Abstraktion, in welchem der «intellectus agens» die intelligiblen Formen von den sensiblen abstrahiert, so THOMAS VON AQUIN [5]. Er begründet die fundamentale Verschiedenheit der Seele und des Körpers aus dem Selbstbewußtsein, der Selbstreflexion des Intellekts [6]. Wie Aristoteles und Thomas ist auch NIKOLAUS VON KUES der Meinung, daß sich die Seele nur in ihren Akten, nicht in ihrem Ansich erkennt: «Sic homo, se intelligere sciens, intelligit quia est in eo intellectus, non tamen intelligens quid sit» (Indem er weiß, daß er erkennt, erkennt der Mensch, daß es in ihm den Intellekt gibt, während er gleichwohl nicht erkennt, was dieser ist) [7]. Blickt der menschliche Geist auf sich selber, bedient er sich seiner, selbstreflektierend, als Instrument, dann beginnt er, Urbild und Maßstäbe zu denken; und das bedeutet den Einblick des Geistes in seine Teilhabe («participatio») an der ewigen, unabänderlichen Wahrheit [8].
Erst DESCARTES gibt einen distinkten Begriff des Ich: Der Satz «ego sum ego existo» in der Bedeutung von «sum ... res cogitans» ist – in der Abhebung von allem uns umgebenden Kontingenten – notwendig wahr [9]. Fragt man nach jenem Ich, dessen Existenz mir gewiß ist, so ergibt sich: Ich bin ein denkendes Wesen («res cogitans») und als solches «dubitans, intelligens, affirmans, negans, volens, nolens, imaginans quoque, et sentiens» [10]. LOCKE nennt Ich das Selbst, das mit Bewußtsein denkende Wesen («Self is that conscious thinking thing ...») [11], und dieses heißt Person [12]. Diese charakteristische Bestimmung der neuzeitlichen Metaphysik, daß sich jedes Subjekt im «Ich-denke» unmittelbar als seiende Substanz erfaßt und begreift, ist ein Grundzug der Weltanschauung LEIBNIZ'. Das unterscheidende Merkmal der vernünftigen Seele von allem anderen Seienden ist das Vermögen der Selbstreflexion, das in den Blick zu nehmen, was man Ich, Substanz, Seele, Geist nennt, d. h. die immateriellen Dinge und Wahrheiten: «Ces Ames sont capables de faire des Actes reflexifs, et de considerer ce qu'on appelle *Moy*, Substance, Ame, Esprit; en un mot, les choses et les verités immaterielles» [13]. Aus diesem Wissen um das Ich erschließen wir allererst den Begriff der Substanz, und als solchermaßen mit Bewußtsein Denkende, Wollende, Handelnde haben wir – im kleinen – teil an den Schöpfungswerken Gottes und sind auch im moralischen Sinne für unser Handeln verantwortlich [14]. Auch BERKELEY identifiziert das Ich mit der Seele oder der geistigen Substanz («... that which I denote by the term I, is the same with what is meant by *soul* or *spiritual substance*»), deren spezifisches Merkmal im Perzipieren und Denken besteht: «... a soul or spirit is an active being, whose existence consists not in being perceived, but in perceiving ideas and thinking» [15]. In entschiedenem Gegensatz zu Descartes, Leibniz und Berkeley behauptet HUME, die Seele, das Ich, sei kein erfahrbarer Gegenstand und könne deshalb auch keine Substanz bzw. keine Existenz haben. Empfindungen, Begriffe, Gefühle sind für ihn nur Inhalte von Vorstellungen, die assoziativ verbunden und deren Objekte zwar wahrgenommen und im Denken erfaßt werden, ohne jedoch eine verbindliche Aussage über ein ihnen zugrunde liegendes Subjekt zuzulassen [16].
KANT trifft die für alle nachfolgende Philosophie wesentliche Unterscheidung zwischen empirischem und transzendentalem Ich. Seine in der vorkritischen Zeit vertretene Meinung, den Dualismus zwischen sensibler und intelligibler Welt, Phänomenon und Noumenon, Anschauung und Denken in der Selbsterkenntnis, die allein nicht diskursiv, sondern intuitiv sei [17], überwinden zu können, verwirft er mit dem transzendentalen oder kritischen Idealismus. Das Ich ist nun für ihn als Gegenstand des inneren Sinnes, als empirisches Ich, ebenso Erscheinung wie der Gegenstand des äußeren Sinnes. Hier wie dort wird das Ding nicht in seinem Ansich, in seinem reinen Sein erkannt. Auch das transzendentale oder reine Ich, das Ich «des denkenden Subjekts», ist nicht Ding an sich, sondern – im Kantischen Sinne von Transzendentalphilosophie – die bloß formale, transzendentale, d. h. erkenntnis- und gegenstandskonstituierende Einheit des Bewußtseins, der Apperzeption, Grund und oberstes Prinzip des Denkens überhaupt. Außer und neben dem Bewußtsein meiner selbst als eines Objektes der Erfahrung, dem Bewußtsein der in mir vorhandenen Vielfalt von Zuständen und Vorgängen, gibt es noch ein Bewußtsein meiner selbst als Subjekt spontaner Aktvollzüge [18]. Man muß unterscheiden «1. das Ich als *Subjekt* des Denkens (in der Logik), welches die reine Apperzeption bedeutet (das bloß reflektierende Ich), und von welchem gar nichts weiter zu sagen, sondern das ein ganz einfache Vorstellung ist; 2. das Ich als das *Objekt* der Wahrnehmung, mithin des inneren Sinnes, was eine Mannigfaltigkeit von Bestimmungen enthält, die eine innere *Erfahrung* möglich machen» [19]. In der Selbstreflexion wird das Ich zur Manifestation des sittlichen Bewußtseins.

Im *Deutschen Idealismus* erfährt Kants Lehre vom transzendentalen Ich qua Subjekt ihre zugleich kühnste (und vielleicht fragwürdigste) Steigerung. In der Selbstsetzung des (allgemeinen, nicht des individuellen) Ich besteht für J. G. FICHTE dessen einzige legitime Tätigkeit: « *Dasjenige, dessen Sein (Wesen) bloß darin besteht, daß es sich selbst als seiend setzt, ist das Ich, als absolutes Subjekt. So wie es sich setzt, ist es; und so wie es ist, setzt es sich; und das Ich ist demnach für das Ich schlechthin und notwendig. Was für sich selbst nicht ist, ist kein Ich* » [20]. Ehe ich zum Selbstbewußtsein kam, war *ich* gar nicht, denn ich war nicht Ich. Man kann von seinem Selbstbewußtsein nie abstrahieren. Ich und Nicht-Ich beschränken sich wechselseitig, die Realität des einen hebt die Realität des anderen auf. « Das Ich setzt das Nicht-Ich als beschränkt durch das Ich.» « Das Ich setzt sich selbst als beschränkt durch das Nicht-Ich.» [21]. « Das Bewußtsein», schreibt HEGEL, « hat als Selbstbewußtsein ... einen gedoppelten Gegenstand, den einen, den unmittelbaren, den Gegenstand der sinnlichen Gewißheit und des Wahrnehmens, der aber *für es* mit dem *Charakter des Negativen* bezeichnet ist, und den zweiten, nämlich *sich selbst*, welcher das wahre *Wesen* und zunächst nur erst im Gegensatze des ersten vorhanden ist. Das Selbstbewußtsein stellt sich hierin als die Bewegung dar, worin dieser Gegensatz aufgehoben und ihm die Gleichheit seiner selbst mit sich wird» [22]. « Das Selbstbewußtsein ist zunächst einfaches Fürsichsein, sich selbst gleich durch das Ausschließen alles *andern aus sich:* sein Wesen und absoluter Gegenstand ist ihm *Ich*» [23].

An diesem Ich-Begriff, vor allem an dem Fichtes, übt KIERKEGAARD rigorose Kritik: Das absolute Ich, in dem und durch das alle Phänomene existieren, ist für ihn nur Ausdruck der Spekulation. Ein solches Ich ist abstrakt und spekulativ, ein Begriff ohne Inhalt, leer. Diesem absoluten Ich stellt er das empirische, konkrete Ich gegenüber, das Ich unserer alltäglichen Erfahrung. «Je mehr im Kritizismus das Ich in die Betrachtung des Ich versank, um so magerer und dürrer ward dieses Ich, bis es damit endete, daß das Ich ein Gespenst war, unsterblich gleich Auroras Mann.» Die von Kant verneinte Frage, ob nicht das Ich selber ein Ding an sich werden könne, wurde von Fichte positiv beantwortet, indem er das Ansich in das Denken verlegte. « Das hervorbringende Ich ist das gleiche wie das hervorgebrachte Ich. Das Ich = Ich ist die abstrakte Identität. Hierdurch machte Fichte das Denken unendlich frei. Aber diese *Unendlichkeit des Denkens* bei Fichte ist wie alle Unendlichkeiten Fichtes eine *negative Unendlichkeit* (...), d. h. sie ist eine Unendlichkeit, in der keine Endlichkeit ist, eine Unendlichkeit ohne allen Inhalt. Indem Fichte dergestalt das Ich verunendlichte, machte er einen Idealismus geltend, in Beziehung auf den alle Wirklichkeit verblich ...» [24].

SCHOPENHAUER versteht unter Ich die Identität des wollenden und des erkennenden Subjekts, eine Identität, die als Wunder schlechthin bezeichnet wird [25]. Das Ich ist keine einfache, unteilbare, unzerstörbare Substanz, sondern besteht aus zwei heterogenen Bestandteilen, einem metaphysischen (Wille) und einem physischen (Intellekt), einem unzerstörbaren und einem zerstörbaren; denn der Intellekt ist bloße Funktion des Gehirns [26]. NIETZSCHE vollendet diesen Gedanken, das Ich vom Willen her zu verstehen, und begreift die Welt als vom Ich gewollte: «... der Begriff Ding ein Reflex bloß vom Glauben ans Ich als Ursache ...» [27].

In HUSSERLS Entwurf einer phänomenologischen Philosophie stehen Ich und Welt einander antithetisch gegenüber: « *Der Thesis der Welt, die eine ‹zufällige› ist, steht also gegenüber die Thesis meines reinen Ich und Ichlebens, die eine ‹notwendige›, schlechthin zweifellose ist. Alles leibhaft gegebene Dingliche kann* trotz dieser leibhaften Gegebenheit *auch nicht sein, kein leibhaft gegebenes Erlebnis kann auch nicht sein:* das ist das Wesensgesetz, das diese Notwendigkeit und jene Zufälligkeit definiert» [28]. Jedes Erlebnis ist auf das reine Ich bezogen, das ein «waches Ich» genannt wird, wenn es «innerhalb seines Erlebnisstromes kontinuierlich Bewußtsein in der spezifischen Form des cogito vollzieht...» [29]. So wird das (reine) Ich, das mit dem Satz «sum cogitans» zutreffend bezeichnet werden kann, zum vollziehenden Subjekt [30]. « Ich nehme mich als das reine Ich, sofern ich mich rein als den nehme, der im Wahrnehmen gerichtet ist auf das Wahrgenommene, im Erkennen auf das Erkannte, im Phantasieren auf das Phantasierte, im logischen Denken auf das Gedachte, im Werten auf das Gewertete, im Wollen auf das Gewollte; in jedem Aktvollzuge liegt ein Strahl des Gerichtetseins, den ich nicht anders beschreiben kann als seinen Ausgangspunkt nehmend im ‹Ich› ...» [31]. Zum Wesen des reinen Ich gehört also seine Intentionalität mit ihrer besonderen Möglichkeit der « *originären Selbsterfassung*» oder « *Selbstwahrnehmung*» [32]. So heißt es schließlich in Abwandlung des Kantischen Grundsatzes: « *Das reine Ich muß alle meine Vorstellungen begleiten können*» [33].

HEIDEGGER stellt demgegenüber in Frage, ob sich der Zugang zum Dasein durch eine Reflexion auf das « Ich von Akten» erschließe. Zwar scheine nichts unbezweifelbarer als die Gegebenheit des Ich, doch müsse die ontologische Analytik vorsichtiger als die naive Weltauffassung zu Werke gehen. Zunächst darf das Ich nur verstanden werden «im Sinne einer unverbindlichen *formalen Anzeige* von etwas, das im jeweiligen phänomenalen Seinszusammenhang vielleicht sich als sein ‹Gegenteil› enthüllt. Dabei besagt dann ‹Nicht-Ich› keineswegs soviel wie Seiendes, was wesenhaft der ‹Ichheit› entbehrt, sondern meint eine bestimmte Seinsart des ‹Ich› selbst, z. B. die Selbstverlorenheit.» «Wenn das ‹Ich› eine essentielle Bestimmtheit des Daseins ist, dann muß sie existenzial interpretiert werden» [34]. Ist die Essenz des Daseins seine Existenz, «dann müssen Ichheit und Selbstheit *existenzial* begriffen werden.» Eine solche Untersuchung nimmt ihren natürlichen Ausgang von der alltäglichen Selbstauslegung des Daseins, «das sich über ‹sich selbst› ausspricht im Ich-sagen». « Mit ‹Ich› meint dieses Seiende sich selbst.» Das Ich-sagen meint das Seiende, «das je ich bin», aber in seiner Grundverfassung des «In-der-Welt-seins». « Im Ichsagen spricht sich das Dasein als In-der-Welt-sein aus.» Das eigentliche und letzte Verständnis des Ich geschieht aber aus dem Verständnis des Seins seines Daseins als Sorge [35].

In der Rückverweisung auf Augustin und Descartes betont JASPERS, das «cogito ergo sum» sei mir die Gewißheit, wie ich im Denken mehr als nur Denken, nämlich Sein bin. « Ich komme mit dem Denken sogleich auf etwas im Grunde meines Denkens. Ich nehme im Denken sogleich auf, was mehr ist als Denken, für mich aber nur ist, wenn es im Denken gegenwärtig wird» [36]. In diesem Grunde, «wo Denken seines Seins gewiß wird», ist es mit dem «Umgreifenden» derart verknüpft, «daß die Frage, was Sein sei, unlösbar bleibt von der, was Gedachtsein und Denken sei» [37]. « In der vollen

Offenbarkeit des Ichseins müßte sich zugleich alles Sein enthüllen. In der vollen Gegenwärtigkeit allen Seins würde das Ichsein zu seinem möglichen Gipfel kommen. Vertiefung in den Gegenstand und Vertiefung in das Ich geschehen in einem. Die Grenze seiner Welt ist die Grenze des Ich: soweit die Erscheinung der Welt reicht, soweit das Ichsein» [38]. So ist das Ich unmöglich als «ich allein»; das Ich ist angewiesen auf anderes Ich; in der «Kommunikation» mit diesem wird Welt offenbar, und mit dieser «Bindung an die Konkretheit einer erfüllenden Welt» erwächst erst «das gehaltvolle Selbstsein» [39]. Von diesem zu unterscheiden ist das «leere Ich», der «Ichpunkt des Bewußtseins überhaupt», das nichts vermag, sondern nur das «Urphänomen unserer Reflexion» ist [40]. Je nach den Weisen der Kommunikation hat der Begriff ‹Ich› einen verschiedenen Sinn: «Ich ist als *Dasein* das gegenwärtige Dieses, der blinde Eigenwille eines unkonzentrierten, ständig wechselnden und sich verwandelnden Soseins eines Lebendigen. – Ich ist als *Bewußtsein überhaupt* das ‹ich denke› überhaupt, die Gültigkeit, vor der ich als Dasein gleichzeitig verschwinde. – Ich als *Geist* ist Stätte der Idee, ist in einem umfassenden Ganzen, genährt und berechtigt durch dieses Ganze, dem es sich eingliedert und dem es sich verdankt. – Ich als *Existenz* ist das Selbstsein, das sich verwirklicht unter Aufzehrung des empirischen Daseins. – Ich als *Vernunft* ist das in der Existenz gegründete Ganzwerdenwollen des Menschseins schlechthin» [41]. Daß sich das Ich nicht im Bewußtsein erschöpfe, das ich von ihm habe und durch dieses Ich-Bewußtsein auch nicht zur Existenz gebracht wird, betont ebenfalls SARTRE. Das Ich gibt sich stets als ein vorbewußt dagewesen Seiendes und erscheint dem Bewußtsein stets wie ein transzendentes Ansich, wie ein anderes innerweltlich Seiendes. Das Ich (Je) ist nicht Bewohner des Bewußtseins, es ist das «Moi» des Bewußtseins, nicht aber sein Wesen [42].

Anmerkungen. [1] ARISTOTELES, De anima III, 4, 430 a 2. – [2] Met. XII, 7, 1074 b. – [3] AUGUSTIN, De trin. X, 9, 12. – [4] Conf. X, 8, 14. – [5] THOMAS VON AQUIN, S. theol. I, 87, 1. 3. – [6] a. a. O. I, 50, 1. – [7] NIKOLAUS VON KUES, De venatione sapientiae XXIX, § 87. Werke, hg. P. WILPERT (1967) 2, 559. – [8] Idiota de mente VII, § 105 a. a. O. 1, 225. – [9] R. DESCARTES, Meditationes II, 3. 6 = Oeuvres, hg. ADAM/TANNERY 7, 25. 27. – [10] a. a. O. II, 8; III, 1 = 7, 28. 34. – [11] J. LOCKE, An essay conc. human understanding II, 27, 17. – [12] a. a. O. II, 27, 26. – [13] G. W. LEIBNIZ, Principes de la nature et de la grâce ... 5 = Philos. Schr., hg. C. J. GERHARDT 6, 601; vgl. Monadol. 30 = 6, 612. – [14] Discours de mét. 34 = 4, 459f. – [15] G. BERKELEY, The principles of human knowledge I, 139. – [16] D. HUME, A treatise of human nature I, 4, 5. 6. – [17] I. KANT, Vorles. über die Met., hg. PÖLITZ (1821, ND 1964) 133. 135. – [18] KrV A 345f./B 403f. – [19] Anthropol. I, § 4 Anm. Akad.-A. 7, 134. – [20] J. G. FICHTE: Grundlage der gesamten Wissenschaftslehre (1794) I, § 1, 7 = Werke, hg. I. H. FICHTE 1, 97. – [21] a. a. O. II, § 4, A 1 u. A 2 = 1, 125. 126. – [22] G. W. F. HEGEL, Phänomenol., hg. J. HOFFMEISTER (⁶1952) 135; vgl. den ganzen Abschnitt IV; vgl. Enzyklop. (1830), hg. NICOLIN/PÖGGELER (⁶1959) §§ 424-439. – [23] Phänomenol. a. a. O. 143. – [24] S. KIERKEGAARD, Über den Begriff der Ironie, dtsch. E. HIRSCH 277. 278 = Samlede Vaerker (¹1906) 13, 344. 345. – [25] A. SCHOPENHAUER, Die Welt als Wille und Vorstellung I, §§ 18. 51 = Werke hg. P. DEUSSEN 1, 121. 296; II, Kap. 19 = 2, 226. – [26] a. a. O. II, Kap. 21 = 2, 305ff. – [27] FR. NIETZSCHE, Werke, hg. K. SCHLECHTA 2, 973. – [28] E. HUSSERL, Ideen zu einer reinen Phänomenol. ... I, hg. W. BIEMEL (1950) = Husserliana 3, 108f. – [29] a. a. O. 79. – [30] 78ff. – [31] Ideen ... II, hg. W. BIEMEL (1952) = Husserliana 4, 97f. – [32] a. a. O. 101. – [33] 108. – [34] M. HEIDEGGER, Sein und Zeit (¹⁰1963) § 25; S. 116. 117. – [35] a. a. O. § 64, S. 318. 321. 322f. – [36] K. JASPERS: Von der Wahrheit (1947) 254. – [37] a. a. O. 254f. – [38] 264. – [39] 374. – [40] 987f. – [41] 379; zum genannten Komplex vgl. Philos. 2 (²1948) Kap. 2. – [42] J.-P. SARTRE: L'être et le néant (1943) II, ch. 1, V, 147f.

Literaturhinweise. H. HEIMSOETH: Persönlichkeitsbewußtsein und Ding an sich in der Kantischen Philos., in: Kant-Festschr. der Albertus-Univ. Königsberg (1924); jetzt in Stud. zur Philos. Immanuel Kants (1956) 229ff.; Met. Motive in der Ausbildung des krit. Idealismus. Kantstudien 29 (1924); jetzt a. a. O. 189ff. – A. PETZELT: Das Ich und die Natur. Kantstudien 46 (1954/55) 28ff. – I. HEIDEMANN: Der Begriff der Spontaneität in der Kritik der reinen Vernunft. Kantstudien 47 (1955/56) 3ff. – W. CRAMER: Grundlegung einer Theorie des Geistes (1957); Vom transzendentalen zum absoluten Idealismus. Kantstudien 52 (1960/61) 3ff. – R. T. RAJU: Die Struktur des Ich-Bewußtseins. Z. philos. Forsch. 16 (1962) 519ff. – G. RYLE: The concept of mind (1949); dtsch. K. BAIER, in: Reclams Univ.-Bibl. 8331-8336 (1969). – A. J. AYER: Language, truth and logic (1936); dtsch. H. HERRING, in: Reclams Univ.-Bibl. 7919-7922 (1970). – H. RADERMACHER: Fichtes Begriff des Absoluten (1970). – J. HOLL: Kierkegaards Konzeption des Selbst (1971).   H. HERRING

II. In der sich von der Philosophie lösenden *Psychologie* des 19. Jh. wird dem I.-Problem mehr Aufmerksamkeit gewidmet als in der neueren, als Wissenschaft etablierten Psychologie. Außer in der Psychoanalyse, in ihr verwandten Richtungen und in gewissen Ansätzen der Persönlichkeitspsychologie wird in der Gegenwart auf den I.-Begriff verzichtet. Im Laufe der Entwicklung begegnet eine Vielfalt von Termini, die den I.-Begriff ersetzen sollen: Individuum, Person, Persönlichkeit, Selbst, Subjekt, Bewußtsein, Körperschema usw., während verschiedene Psychologen eine Abgrenzung eben dieser Termini vom I.-Begriff versuchen. Insbesondere die Begriffe ‹I.› und ‹Selbst› sind in ihrer Bedeutung so eng miteinander verflochten, daß viele Autoren sie als austauschbar betrachten. Dem stehen energische Versuche entgegen, die Bedeutungsaspekte beider Bezeichnungen nicht überlappen zu lassen. Im angelsächsischen Sprachraum überwiegt die Verwendung des Ausdrucks ‹Self› (Selbst) gegenüber ‹I› oder ‹Me›, weshalb es sinnvoller erscheint, diese spezielle Begriffsentwicklung in einer Geschichte des Selbstbegriffes abzuhandeln.

Die psychologischen I.-Konzeptionen des 19. Jh. entwickelten sich aus den zeitgenössischen philosophischen Strömungen; erst mit der Entfaltung der Persönlichkeitspsychologie und der Psychoanalyse werden genuin psychologische Theorien erarbeitet, in denen der I.-Begriff einen Platz fand. Im Zentrum der Aufmerksamkeit steht das I. in der *I.-Psychologie*, einer auf dem Boden der Psychoanalyse erwachsenen tiefenpsychologischen Richtung.

Die Eigenart psychologischer Betrachtungsweise im 19. Jh. wies – auch wenn sie sich nicht unmittelbar den Empiristen verpflichtet fühlte – einen gewissen *reduktionistischen* Zug auf. So läßt sich die I.-Problematik in der Psychologie dieser Zeit auf die Grundfragen zurückführen, 1. ob das I. ein psychologisches Faktum und – falls dies bejaht wird – 2. ob es eine auf andere psychologische Phänomene reduzierbare Gegebenheit sei: in engem Zusammenhang mit der zweiten Frage ist das Problem gestellt, auf welche psychischen Gegebenheiten das I. reduziert werden müsse. Während die beiden Grundfragen immer wieder neu aufgegriffen werden, läßt sich in den Lösungsversuchen des letzten Problems eine zeitliche Abfolge erkennen: In *Herbarts* Einflußsphäre werden *Vorstellungen* als Träger des I. postuliert; unter dem Einfluß Schopenhauers werden *Willensvorgänge* als Grundlage des I. ausgegeben: als Reaktion auf das Primat des Willens wird dann das I. durch *Gefühl* bestimmt (I.-Gefühl). Parallel dazu findet sich eine Reihe konsequenter Anhänger einer Definition des I. als Summe von *Empfindungen*. Daneben fehlt es nicht an integrierenden Ansätzen, die in allen psychischen Vorgängen eine Manifestation des I. erblicken. Die zögernde Gegenbewegung zu diesen Variationen einer reduktiven Bestimmung des I. erfolgt gegen Ende des 19. Jh. Sofern der I.-Begriff noch Verwendung findet, läßt sich die Grundfrage der neueren Psychologie dahingehend formulieren, inwieweit das I. phänomenal und inwieweit es funktional aufgefaßt werden muß. Beide Standpunkte werden zeitlich parallel vertreten.

Der I.-Begriff entzieht sich wegen seiner Vieldeutigkeit einer geradlinig-chronologischen begriffsgeschichtlichen Darstellung. Seine Entwicklung soll deshalb getrennt nach einzelnen Bedeutungsaspekten verfolgt werden.

A. *Der I.-Begriff im 19. Jh.* – 1. *Der reduktionistische I.-Begriff.* – Die Zurückführung des I. auf psychische Tatbestände wird nicht immer in so konsequenter Weise durchgeführt wie im empiristischen Denkansatz gefordert. Das Evidenzerleben, welches einer naiven Verwendung des I.-Begriffes anhaftet, beeinflußt auch die reflektierte philosophisch-psychologische Analyse, indem das zur Grundlage erhobene psychische Faktum eine Sonderstellung erhält. Auf eine solche Vorgehensweise trifft man in den verschiedensten reduktionistischen Ansätzen; sie erscheint sogar notwendig, um die Verwendung des I.-Begriffes zu rechtfertigen. Je konsequenter jedoch der reduktionistische Ansatz verfolgt wird, desto mehr löst sich der I.-Begriff in eine Vielfalt von psychischen Gegebenheiten auf; die Nützlichkeit des Begriffes wird dadurch sehr fragwürdig.

a) *Der intellektualistische I.-Begriff.* Dem der Philosophie seiner Zeit vertraute Gedanke einer Differenzierung des I. in ein absolutes und ein empirisches I. setzt J. F. HERBART sein Postulat eines allein existierenden *empirischen I.* entgegen. Träger des I. sind Vorstellungen, genauer, die im aktuellen Zustand apperzipierenden Vorstellungsmassen. Einer Auflösung des I. in eine Vielfalt von Bewußtseinselementen versucht Herbart zu entgehen, indem er es als Mittelpunkt wechselnder Vorstellungen, als ihr gemeinsames Vorausgesetztes definiert [1]. Auf dieser Grundlage ist die Bestimmung der «I.-Vorstellung» E. BENEKES zu verstehen; er schreibt ihr als einziger Vorstellung die Identität mit dem Vorgestellten zu. Beneke bevorzugt die Bezeichnung ‹Eigengruppe› für I.-Vorstellungen [2]. In der Nachfolge Herbarts begegnen verwandte I.-Konzeptionen bei M. W. DROBISCH [3], G. A. LINDNER [4], W. F. V. v. VOLKMANN [5] und A. SPIR [6]. Volkmann und Spir erweisen sich als die konsequenteren Reduktionisten: VOLKMANN (in Übereinstimmung mit H. SPENCER [7]) bestimmt das I. als Bewußtsein der Wechselwirkung innerhalb eines unübersehbaren Vorstellungskomplexes, während SPIR die I.-Vorstellung als (notwendige) Täuschung über die Existenz einer einheitlichen Wesensart bewertet [8].

In L. STRÜMPELLS I.-Auffassung wirkt ebenfalls der Einfluß Herbarts nach; er bestimmt als Kern der I.-Vorstellung das Selbstbewußtsein. Unter dem Eindruck des evolutionistischen Gedankenguts erarbeitet er eine genetische I.-Konzeption, die ausgeht von Körperempfindungen als Träger des I. In einem Prozeß der «Vergeistigung» manifestiert sich das I. zunächst in Vorstellungskomplexen und im Bewußtsein der Selbstheit. Sodann tritt im Identitätserleben eine Sonderung von anderen Personen ein. Im Stadium der Entfaltung entfallen die Körperempfindungen als I.-Träger, das I. wird zur «geistigen» Gegebenheit [9]. Auch TH. ZIEHEN erarbeitet eine genetische I.-Auffassung, deren Grundlage die Körperempfindungen sind, die sich zu Vorstellungs-

kombinationen (*aktuelles Körper-I.*) zusammenschließen. Die Gesamtsumme der augenblicklichen Neigungen und dominierenden Vorstellungen bilden darüber hinaus das *aktuelle geistige I.* Als dritte Komponente enthält die I.-Vorstellung das Gesamt der Gedächtnisinhalte. Ein einfaches, gesetztes I. ist nach Ziehen eine Fiktion; Gegenstand empirischer Psychologie kann nur das zusammengesetzte I. sein [10].

Mit der Berücksichtigung genetischer Aspekte in der Betrachtung der I.-Problematik vom Standpunkt eines Intellektualismus zu [11] erfolgt eine Berührung mit einem weiteren Bedeutungsaspekt des I.-Begriffs, den man als den sensualistischen bezeichnen kann. Hier werden die Empfindungen Träger des I., es wird zum Gegenstand einer «physiologischen» Psychologie.

Anmerkungen. [1] J. F. HERBART: Lb. zur Psychol. Werke, hg. K. KEHRBACH 4, §§ 201ff.; Psychol. als Wiss. Werke 5/1, Kap. 1-3. – [2] E. BENEKE: Pragmat. Psychol. (1850) 2, 13. 16; Die neue Psychol. (1845) 198ff. – [3] M. W. DROBISCH: Emp. Psychol. (1842). – [4] G. A. LINDNER: Lb. der emp. Psychol. als induktiver Wiss. (²1866). – [5] W. F. V. VOLKMANN: Lb. der Psychol. (⁴1894) 2, 170. – [6] A. SPIR: Über die Natur und Einheit des I. Vjschr. wiss. Philos. 4 (1880) 5ff. – [7] H. SPENCER: Principles of psychol. (London ³1880) § 219. – [8] s. Anm. [5] und [6]. – [9] L. STRÜMPELL: Grundriß der Psychol. (1884) 26ff. 36f. 294-309. – [10] TH. ZIEHEN: Leitf. der physiol. Psychol. (1891) 138ff. – [11] G. KAFKA: Versuch einer krit. Darstellung der neueren Anschauungen über das I.-Problem. Arch. ges. Psychol. 19 (1910) 1-241.

b) *Der sensualistische I.-Begriff* in der Psychologie entwickelt sich unter dem Einfluß des Empirismus und der Versuche, die Psychologie als Naturwissenschaft zu etablieren. Eine konsequente Übertragung des sensualistischen Standpunktes auf die I.-Problematik begegnet selten. Die sensualistischen I.-Bestimmungen lassen sich in zwei Gruppen unterteilen, von denen die eine nur Körperempfindungen als Träger des I. gelten läßt, während die andere Empfindungen allgemein zur Grundlage des I. erklärt. Eine frühe Formulierung der sensualistischen Bestimmung des I. geht auf TH. WAITZ zurück. Seine empirische I.-Konzeption gründet auf den Körperempfindungen als Träger des I., er reduziert es zum *Körper-I.* [1]. Waitz gesteht jedoch zu, daß über diese sensualistische Basis hinaus das I. eine phänomenale Erweiterung erfahren kann, indem nämlich der Körper und seine vermittelnde Funktion bei der Einwirkung auf die Außenwelt als *Ursache* der bewirkten Veränderungen erlebt wird [2]. Ähnliche Gedanken finden sich nach der Rezeption der *Psychophysik* TH. FECHNERS [3] in verschiedenen psychologischen Schriften, als deren bedeutendste E. MACHS ‹Analyse der Empfindungen› (1886) gelten kann. Machs Satz: «Die Elemente (Empfindungen) sind das I.» [4] beinhaltet jedoch nicht nur Empfindungen des eigenen Körpers, sondern Empfindungen allgemein. Dem I. kann darüber hinaus nur eine Berechtigung als ideelle, denkökonomische Einheit zugesprochen werden.

Weitere für die Psychologie bedeutsame Fassungen des sensualistischen I.-Begriffs wurzeln in der medizinisch-philosophischen Tradition des 19. Jh. Sie beschränken sich jedoch nicht auf einen Sensualismus in dem bis jetzt angeführten engen Sinne, sondern es erfolgt eine Erweiterung auf die generelle somatische Grundlage der Hirnfunktionen [5]. Der sensualistische Bedeutungsaspekt des I.-Begriffs geht über in einen psychophysischen.

Anmerkungen. [1] TH. WAITZ: Lb. der Psychol. als Naturwiss. (1849) (²1866) 665ff. – [2] a. a. O. 667. – [3] TH. FECHNER: Elemente der Psychophys. (1860). – [4] E. MACH: Analyse der Empfindungen

(⁶1911) 19. – [5] S. Exner: Entwurf zu einer physiol. Erklärung psychol. Erscheinungen 1 (1894); E. Bleuler: Naturgesch. der Seele und ihres Bewußtwerdens. Eine Elementarpsychol. (1894, ²1921); Versuch einer naturwiss. Betrachtung der Psychol. (1894).

c) *Der voluntaristische I.-Begriff.* Unter dem Eindruck der Philosophie *Schopenhauers,* aber auch als Reaktion auf die Vorstellungsmechanik der Psychologie Herbarts entwickelt sich in der zweiten Hälfte des 19. Jh. der voluntaristische I.-Begriff. Er begegnet bei W. Wundt, dem bedeutendsten Vertreter der empirischen Psychologie des ausgehenden 19. Jh. Der Wille wird zum Träger des I., da die Identität der Willensvorgänge gewährleistet ist durch die Stetigkeit des Wollens und durch die einheitliche und gleiche Apperzeption [1]. Als notwendige Begleiterscheinung der Willensvorgänge entsteht unmittelbar ein Gefühl ihres Zusammenhanges, das auf andere psychische Erlebnisse übertragen wird. Das Gefühl des Zusammenhanges aller psychischen Erlebnisse macht nach Wundt das I. aus [2]. In seiner Philosophie wird das I. noch ausdrücklicher den Willensvorgängen zugeordnet: Das I. ist «vorstellender Wille» [3]. Es unterliegt einem Entwicklungsvorgang, der bereits vor Wundt beschrieben wurde, lediglich die Endphase wird unterschiedlich definiert. Zuerst entfaltet sich das I. aus Körperwahrnehmungen und anderen inneren Wahrnehmungen, dann wird das I. nach apperzeptiven Differenzierungen auf die Willensvorgänge eingegrenzt [4].

In der Nachfolge Wundts läßt sich H. Münsterberg den Vertretern des voluntaristischen I.-Begriffs zuordnen. Zwar löst er das einheitliche I. in eine I.-Dreiheit auf, in der er dem empirischen (vorgefundenen) I. ein I. des reinen Bewußtseins und ein wollendes (stellungnehmendes) I. zur Seite stellt, doch kommt dem wollenden I. besondere Bedeutung zu, da sich erst in der Stellungnahme das Wesen des I. erschöpft [5]. Der Schwierigkeit der Abgrenzung des wollenden I. vom erfahrbaren einerseits und vom transzendenten andererseits versucht Münsterberg dadurch zu begegnen, daß er den Inhalt des Willenserlebens von anderen Erlebnisinhalten abhebt, indem er diesen Inhalt als einzigartig kennzeichnet [6]. Willensakte sind «Selbststellungen», in denen erlebendes Subjekt, Erlebnis und Erlebtes zusammenfallen.

Der voluntaristische Ansatz in der I.-Problematik gehört zu den wenigen Begriffsaspekten, die auch nach 1900 noch aufgegriffen und modifiziert wurden. So spricht O. Külpe vom wollenden und handelnden I. als dem Motiv zur grundsätzlichen Trennung der Erkenntnisgebiete des «in mir» und «außer mir» [7]. In seinen ‹Vorlesungen über Psychologie› verdeutlicht er die Herrschaft des handelnden und wollenden I. über alle anderen psychischen Vorgänge und wertet es als psychisches Zentrum, das gleichzeitig zur Selbstwahrnehmung befähigt ist [8].

Auch L. Klages geht von einem voluntaristischen I.-Begriff aus. Das zeitbeständige, beharrende I. ist Ursprung allen Wollens und Handelns [9]. Nach Klages kann das I. insofern Wille heißen, als es identisch gesetzt wird mit «Behauptungstendenz»; die «Willkür» steht in engerem Zusammenhang zum I. als andere psychische Funktionen [10]. A. Pfänder differenziert das psychische Subjekt in verschiedene «Organe»; ein dominierender Teil mit besonderer Ausstattung stellt das «freitätige I.» dar. Es ist die Quelle, aus der phänomenal der Vollzug der Willensakte hervorgeht [11].

Da der Begriff des Willens in der neueren wissenschaftlichen Psychologie wegen seiner Vieldeutigkeit und – nach positivistischen Kriterien – Unbestimmbarkeit vermieden wird, fehlt eine Weiterentwicklung des voluntaristischen Bedeutungsaspektes des I.-Begriffes in der gegenwärtigen Psychologie.

Anmerkungen. [1] W. Wundt: Grundzüge der physiol. Psychol. (⁵1887) 3, 374ff. – [2] Grundriß der Psychol. (⁵1902) 264. – [3] System der Philos. 2 (³1907). – [4] a. a. O. [2] 337. 258. – [5] H. Münsterberg: Grundzüge der Psychol. (1900) 25. – [6] a. a. O. 51. 95. – [7] O. Külpe: Das I. und die Außenwelt 1 (1892) 394-413; 2 (1893) 311-342. – [8] Vorles. über Psychol. (²1922) 25. 133. 313ff. – [9] L. Klages: Grundl. der Charakterkunde (⁷/⁸1936) Kap. 9. – [10] Der Geist als Widersacher der Seele (⁴1960) 63. 73. 1013. – [11] A. Pfänder: Motive und Motivation, in: Phänomenol. des Wollens (³1963) 123-156; Die Seele des Menschen (1933) 63. 311ff.

d) *Der emotionalistische I.-Begriff* steht mit dem voluntaristischen insofern in enger Bedeutungsnachbarschaft, als in den Psychologien des ausgehenden 19. Jh. Willens- und Gefühlsvorgänge als verwandte psychische Erscheinungen konzipiert werden [1]. Eine klar auf die Emotionalität zurückgreifende Definition des I. fehlt deshalb auch. Es finden sich jedoch zwei Begriffsbestimmungen, in denen die Gefühle vorherrschende Definitionselemente darstellen.

Die Betonung des Gefühlsaspektes im psychischen Geschehen entwickelte sich einmal in Reaktion auf die «Vorstellungsmechanik» Herbarts als einer «intellektualistischen» Zentrierung und zum zweiten als Gegenbewegung zur «Willensmetaphysik» und -psychologie [2]. Hier ist ein gewisser Einfluß Diltheys spürbar, der den ganzen Menschen mit Vorstellen, Wollen *und* Fühlen zum Gegenstand der Erkenntnis und ihrer Begriffe erklärt [3]. Bezeichnend für diese Strömung ist die Veröffentlichung ‹Gefühlsmetaphysik› F. v. Feldeggs [4]. Die psychologischen Analysen von A. Horwicz übertragen die zuerst von philosophischer Seite unternommenen Bemühungen auf die Psychologie [5]. Horwicz' I.-Begriff ist jedoch noch nicht so einseitig festgelegt. Eine eindeutige Zuordnung von Gefühl und I. findet sich bei Th. Ziegler [7]; allerdings trennt Ziegler Gefühl und Empfindung qualitativ nicht. Das Fühlen interpretiert er als Ausgangspunkt allen Seelenlebens, das I.-Gefühl, d. h. das *fühlende* und *gefühlte* I., kann nie ganz eliminiert werden [8]. Bewußtwerden ist Gefühltwerden, Selbstbewußtsein ist Selbstgefühl [9].

Auf dieser psychologischen Grundlage wird der I.-Begriff, wie ihn Th. Lipps faßt, verständlich. Das erlebte und das erlebende I. fallen zusammen in ein einheitliches Totalgefühl eines bestimmten Momentes. Einzelne Gefühle lassen sich nur als I.-Qualitäten betrachten [10]. Lipps erweitert den emotionalistischen I.-Begriff und erklärt das Gefühl auch zum Träger eines überindividuellen I. [11]. In seinen philosophischen Schriften neigt er jedoch einem absoluten Idealismus zu, wenn er das individuelle I. als Manifestation eines transzendenten Welt-I. deutet [12].

Anmerkungen. [1] Vgl. auch Wundt, a. a. O. [2 zu c]. – [2] Vgl. Th. Ziegler: Das Gefühl (1893; ⁵1912). – [3] W. Dilthey: Einl. in die Geisteswiss. (1885, ⁴1959) 1, Vorrede XVII. – [4] F. Ritter v. Feldegg: Das Gefühl als Fundament der Weltordnung (1890). – [5] A. Horwicz: Psychol. Analysen auf physiol. Grundlage (1875). – [6] a. a. O. 2, 1. 121. 129. – [7] Ziegler, a. a. O. [2]. – [8] a. a. O. 80. – [9] 390f. – [10] Th. Lipps: Das Selbstbewußtsein: Empfindung und Gefühl (1901). – [11] a. a. O. 39ff. – [12] Bewußtsein und Gegenstand. Psychol. Untersuch., hg. Th. Lipps 16 (1905).

2. Das I. als Subjekt. – Neben der in der empirisch-wissenschaftlichen Psychologie vorherrschenden Reduktion des I. auf beschreibbare psychische Erscheinungen glauben einige der Psychologie verpflichtete Philosophen das I.-Problem durch Rekurs auf den Begriff des Subjektes einer Lösung näher zu bringen. In diesen Versuchen rückt der I.-Begriff im 19. Jh. zum Teil in enge Nachbarschaft zum Seelenbegriff; in der neueren Psychologie werden durch die Gleichsetzung von ‹I.› mit dem Subjektbegriff die Abgrenzungen zu Termini wie ‹Person› und ‹Persönlichkeit› unscharf.

Einen aktiv-einheitlichen I.-Begriff erwähnt bereits H. LOTZE [1]. Ausdrücklicher bekennen sich jedoch gegen Ende des 19. Jh. S. Witasek, A. Messer und K. Österreich zu der Subjektkonzeption des I. In seiner allgemeinen Psychologie sagt S. WITASEK aus, das I. sei Träger aller Dispositionen, es manifestiere sich in allen psychischen Tatsachen. Zugleich betont er, um die Einheitlichkeit zu bewahren, den substanzhaften Charakter des I. sowie den der Seele, der überindividuellen Entsprechung des I. Seiner Meinung nach sei die Einfachheit des I. nur erklärbar durch die Annahme einer Einheit, die außerhalb der Vielfalt der psychischen Tatsachen zu suchen sei [2]. Auch der I.-Begriff A. MESSERS geht von einem übergreifenden Subjekt unseres Erlebens aus, das alle Erlebnisse als uns zugehörige einzuordnen erlaubt. Nach Messer entzieht sich das I. jedoch einer näheren begrifflichen Bestimmung [3]. In seinen psychopathologischen Analysen nimmt K. ÖSTERREICH ein nicht weiter reduzierbares I.-Moment an [4], dem alle psychischen Funktionen und Zustände als I.-Vorgänge zugeordnet werden. Unter Berufung auf Lotze und Lipps bezeichnet er die Gefühle jedoch als besonders ich-nah [5]. In Abgrenzung gegen das I. definiert er das Selbst als «normale Totalzuständlichkeit»; es ist ein «Selbstphänomen», das «normale Lebensgefühl» oder die «Persönlichkeit» [6]. Österreichs, aber auch Witaseks I.-Begriff haben einen Vorläufer bei B. BOLZANO [7]. Ein «formales» I., entsprechend dem Subjekt-I. Österreichs, findet sich auch bei H. MAIER [8]. W. STERNS I.-Begriff bedeutet eine Ablösung von einem I. als Substanz, ohne daß er auf eine reduktionistische Konzeption des I. zurückgreift. Das I. ist bewußtseinstranszendent, jedoch können sich im I.-Bewußtsein – abgesehen von Täuschungen – Momente des I. offenbaren [9]. Sofern die Person die Fülle ihrer Erlebnisse in der Einheit des Erlebens verknüpft, bezeichnet Stern sie als ‹I.›

Angeregt durch die deutsche philosophische Tradition des 19. Jh., nimmt W. JAMES die Diskussion des I.-Problems auf. James geht in seiner Betrachtung des Selbst (des empirischen I.) von einer sehr weiten Bedeutung des Begriffes aus: «... a man's self is the sum total of all that he *can* call his» [10]. Er unterteilt das Selbst in vier Konstituenten: a) das materielle Selbst, b) das soziale Selbst, c) das geistige (spiritual) Selbst und d) das reine Ich. Das materielle Selbst umfaßt den eigenen Körper, aber auch die eigene Familie nebst dem Eigentum (Heim usw.). Das soziale Selbst ist gleichzusetzen mit sozialer Anerkennung, die einem Individuum von anderen Personen zuteil wird. Dieses Selbst ist so mannigfaltig, wie ein Individuum in verschiedenen Partnern «repräsentiert» ist. Das geistige Selbst, soweit es Bestandteil des empirischen Selbst ist, umfaßt die Fähigkeiten oder Dispositionen, doch ist es auch erlebbar. Dieser Teil stellt nach James die engste Beziehung zum Selbst dar. Er nennt es das «Prinzip psychischer Aktivität» und sieht sein physiologisches Korrelat in hirnphysiologischer Aktivität. Das reine I. bestimmt er als Prinzip der personalen Identität, bezweifelt jedoch die Berechtigung eines solchen I.-Aspektes, wenn er auch anerkennt, damit

dem «common sense» der ganzen Menschheit zu widersprechen, die ein solches Prinzip der Identität als evident ansehe [11]. James versucht eine Lösung des Widerspruchs, indem er dieses Evidenzerlebnis als Gefühl (Gedanken) des kontinuierlichen Bewußtseinsstromes identifiziert [12]. Die Frage, inwieweit darüber hinaus noch das Postulat eines transphänomenalen Erlebnisträgers aufrecht erhalten werden muß, läßt er offen; für die Psychologie hält er eine solche Annahme für unnötig [13]. Die in den ‹Principles of Psychology› nur zögernd vollzogene Wendung zu einem reduktiv bestimmten I.-Begriff, dessen Grundlage nicht nur in psychischen Gegebenheiten des Individuums, sondern in seiner materialen und sozialen Umwelt besteht, wirkt richtungweisend auf die weitere Begriffsentwicklung im 20. Jh.

Anmerkungen. [1] H. LOTZE: Mikrokosmos (1856) 1, 270. – [2] S. WITASEK: Grundlinien der Psychol. (1908) 47ff. 70. – [3] A. MESSER: Psychol. (1914, ⁵1934). – [4] K. ÖSTERREICH: Phänomenol. des I. (1910) 7ff. – [5] ebda. – [6] a. a. O. Kap. 8. – [7] B. BOLZANO: Athanasia (²1838). – [8] H. MAIER: Psychol. des emotionalen Denkens (1908). – [9] W. STERN: Person und Sache (1923) 1, 205f.; Die menschliche Persönlichkeit (1918) 229ff. – [10] W. JAMES: Principles of psychol. (London 1890, ²1918) 291ff. – [11] a. a. O. 305. 330. – [12] 334. – [13] 342.

B. *Der I.-Begriff in der neueren Psychologie.* – Zu Beginn des 20. Jh. gewinnen im deutschen Sprachraum drei psychologische Denkansätze zunehmend an Einfluß, in denen dem I.-Begriff ein bedeutsamer Stellenwert eingeräumt wird. Es handelt sich einmal um die phänomenologisch argumentierende *Gestaltpsychologie*, deren Aufgreifen der I.-Problematik als Fortsetzung der Diskussionen um den I.-Begriff im 19. Jh. angesehen werden kann, zum zweiten um zwei Richtungen, in denen persönlichkeitstheoretische Aussagen von einem strukturalen I.-Begriff ausgehen: *Psychoanalyse* und *Charakterologie*. Darüber hinaus befaßt jedoch auch die neuere *Sozialpsychologie*, angeregt durch einige Bemerkungen von philosophischer Seite, mit dem sozialen Aspekt der I.-Problematik.

1. *Der gestaltpsychologische I.-Begriff.* – Auf der Grundlage des Postulats eines psychophysischen Parallelismus verleiht K. KOFFKA dem I.-Begriff eine phänomenologische Bedeutung, wie sie in dieser konsequenten Form nur von gestaltpsychologischer Seite vertreten wird. Koffka deutet das I. als Erscheinung im Gesamtwahrnehmungsfeld, also als Wahrnehmungsobjekt unter anderen. Ihm kommt nur insofern eine Sonderstellung zu, als es als Bezugspunkt für andere Wahrnehmungsobjekte, als Zentrum des individuellen psychischen Bezugssystems dient [1]. Das I. ist aktuell, nicht potentiell, und wie jeder andere Ankerpunkt im Bezugssystem entwickelt sich auch das I. erst langsam zu dieser herausgehobenen Rolle. In der Entwicklung gliedert sich das I. in einen Kern, dem die Grundbedürfnisse zugeordnet werden, und in Subsysteme «am Rande» oder an der «Außenzone» des I. [2], in denen (erworbene) Quasibedürfnisse beheimatet sind. W. KÖHLER hebt gegenüber Koffka hervor, daß das I. keineswegs beständig im Zentrum des Wahrnehmungsfeldes stehen muß [3]. Er engt das I. weitgehend auf das phänomenale Körper-I. ein, das mit Stimmungen, Einstellungen, Kräften und Aktivitäten angereichert ist [4]. Gegenwärtig wird der gestaltpsychologische I.-Begriff noch einmal von W. METZGER expliziert und vertreten. Metzger hebt jedoch das phänomenale I. als Initiator von Verhalten hervor und bezieht damit den funktionalen Bedeutungsaspekt mit ein [5].

Anmerkungen. [1] K. Koffka: Principles of Gestalt Psychol. (London ⁵1962) 319ff. – [2] a. a. O. 330ff. 342ff. – [3] W. Köhler: The place of value in a world of facts (New York 1938) 86ff. – [4] a. a. O. 353; Gestalt Psychol. (New York 1947) 295; Psychol. Probleme (1933) 276. – [5] W. Metzger: Psychol. (³1963) 276-308.

2. Der struktural-funktionale I.-Begriff.

– Die I.-Auffassungen in der Charakterologie und der Psychoanalyse definieren das I. als eine Instanz (Einheit, Subsystem) neben anderen im Gefüge (System) der Persönlichkeit. Die Instanz wird in diesem System in bestimmter Weise wirksam. Der I.-Begriff in beiden psychologischen Richtungen erwächst jedoch aus verschiedenen Traditionen.

a) *Der psychoanalytische I.-Begriff* wurzelt in den medizinisch-philosophischen Spekulationen, in denen im 19. Jh. vor allem die Parallelität von zentralnervösen Vorgängen und psychischem Geschehen thematisch war. In der frühen Verwendung des Terminus ‹I.› bei S. Freud schlagen sich nach M. Dorer mittelbar Auffassungen nieder, die über *Griesinger* und *Schopenhauer* bis zu *Herbart* zurückreichen [1]. Freuds I.-Begriff weist *unmittelbar* zurück auf Gedankengänge Th. Meynerts. Dieser trennt ein primäres I. («parasitisches, engeres I.», dem die Triebregungen angehören) von einem sekundär sich aus dem ersten entwickelnden I. Die Ausgliederung des sekundären aus dem primären I. wird initiiert und unterhalten durch die Aufnahme der Außenwelt. Die Zuordnung des primären I. zu subkortikalen und des sekundären I. zu kortikalen Regionen des Zentralorgans beinhaltet zugleich auch eine Aussage über den Bewußtseinsgrad: das primäre I. kann – im Gegensatz zum sekundären – nicht bewußt werden [2]. Die Parallele zu Freuds Hypothese der Entwicklung des I. aus dem Es ist offensichtlich.

Wichtig für die Entwicklung des I.-Begriffes bei Freud sind erste Begriffsbestimmungen im ‹Entwurf einer Psychologie› aus dem Jahre 1895. Hier werden von der späteren Ich-Konzeption bereits die Merkmale der konstanten Energiebesetzung, der Hemmungs- und der Aufschubfunktion, des Bezugs zum Vorbewußten und zum Bewußten vorweggenommen [3]. Das I. wird hier als Teil eines Individuums und darüber hinaus spezifischer auch als Teil seines psychischen Apparates bestimmt. Auf der anderen Seite finden sich aber im gleichen Entwurf auch einzelne Stellen, die die Interpretation nahelegen, daß das I. als eine Art letzte Instanz für die Herkunft von Energie dient und damit einen ganz besonderen Platz im Organismus einnehmen muß [4].

In den folgenden Schriften erfährt der I.-Begriff eine allmähliche Umakzentuierung. Das der Funktion des I. obliegende Realitätsprinzip wird durch den Selbsterhaltungstrieb modifiziert, und es erfolgt eine eindeutigere Zuordnung zum System des Vorbewußten/Bewußten [5]. Weiterhin wird die Kontrollfunktion des I. gegenüber Begehren verschiedenster Art, besonders sexueller Natur, betont. Sexuelle Triebe und I.-Triebe werden als gegensätzlich konzipiert [6].

In der weiteren Entwicklung der psychoanalytischen Persönlichkeitstheorie erweitert Freud den I.-Begriff und präzisiert ihn zugleich. Das System Vorbewußt/Bewußt wird eindeutig dem I. zugeordnet; damit erhält das I. alle Funktionen dieses Systems. Darüber hinaus sind aber weite Teile des I. unbewußt, wie psychopathologische Beobachtungen (z. B. Zwangshandlungen) zeigen. Hier bewegt sich Freud im Rahmen zeitgenössischer Erkenntnisse. Die Ausarbeitung seines strukturalen Standpunktes erweist das I. als vermittelnde Instanz zwischen den Forderungen des Es einerseits und der Außenwelt und des Über-I. anderseits. Eine Erweiterung des I.-Konzeptes erfolgt mit der Einführung des ‹Narzißmus›-Begriffs. Das I. wird als Liebesobjekt konzipiert [7]. Gleichzeitig zerfällt die einheitliche Konzeption des I.; von ihm sondern sich ab das Über-I. als Gewissensinstanz und das I.-Ideal als Zensur für die I.-Funktion [8].

Eine für die zukünftige Verwendung des Begriffes bedeutsame Klärung nahm Freud jedoch erst 1923 [9] vor. Er hebt hervor, daß weite Teile des I. unbewußt sind (hieran knüpfen die psychoanalytischen Ausarbeitungen A. Freuds an [10]). Neben der Heteronomie des I. schreibt S. Freud dieser Instanz auch eine gewisse Autonomie zu (ein Punkt, von dem die spätere I.-Psychologie ihren Ausgang nimmt [11]). Freuds Theorie der I.-Genese mangelt es an Eindeutigkeit. Allgemein läßt sich formulieren, daß das I. aus dem Es durch ständige Anpassung des Individuums an die Außenwelt entstanden ist [12]; er leugnet jedoch nicht «ursprüngliche, mitgeborene I.-Verschiedenheiten» [13].

Zunächst greifen H. Nunberg (1931) und R. Waelder (1936) die Konzeption der autonomen synthetischen Funktion des I. auf. H. Hartmann prägt in der Folgezeit den Ausdruck der Autonomie des I. und markiert damit den Beginn einer eigenständigen psychoanalytischen I.-Theorie [14]. Hartmann bezeichnet als primär autonom diejenigen I.-Funktionen, die sich nicht im Konflikt mit Es oder Umwelt entwickeln, sondern die ihre eigenen spezifischen Reifungsprozesse durchlaufen. Dem unentwickelten Individuum ist eine «undifferenzierte Phase» eigen, aus der heraus sich Es und I. in einer Art Gabelungsprozeß herauskristallisieren, zum Teil abhängig, zum Teil unabhängig voneinander [15]. Funktionen wie Wahrnehmungen, Denken, Erinnern, Kontrolle der Motorik usw. gehören hierher. Die autonomen I.-Funktionen entwickeln sich aus Erbanlagen, aber auch eine spätere psychologische Entwicklung wird betont. Das gereifte I. ist gekennzeichnet durch die synthetische oder organisierende Funktion, die die Anpassung an die Umwelt durch Aufrechterhaltung eines Gleichgewichtszustandes in der eigenen Organisation erreichen möchte. Ergänzungen zu Hartmanns I.-Theorie liefern E. Kris [16], R. M. Loewenstein [17] und D. Rapaport [18]. Auch E. Eriksons Variante der neopsychoanalytischen Theorie geht auf die I.-Entwicklung ein. Er betont ihre soziale Komponente im Sinne einer allgemeinen Sozialisation des Individuums [19]. Die I.-Psychologie zeigt die Tendenz, dem I. immer mehr Funktionen zuzuschreiben, und gerät damit in die Gefahr, den gesamten psychischen Apparat mit ‹I.› zu bezeichnen und den Begriff dadurch als Erklärungskonzept zu entwerten [20]. Gleichzeitig macht diese Begriffserweiterung aber eine eigenständige I.-Psychologie erst möglich. Es sind aber auch einzelne Bestrebungen festzustellen, dieser Tendenz entgegenzuwirken. Als Beispiel sei hier die Konzeption B. Apfelbaums erwähnt. Er definiert das I. als Organisation mit eigenen Zielen, erwachsen in einem Entwicklungsprozeß, der in einem Gleichgewichtszustand mündet. Diese Definition versucht das I. wieder als Einheit zu fassen, in dem alle Teile in enger Wechselwirkung zueinander stehen [21].

Außerhalb der eben charakterisierten Begriffsentwicklung in der I.-Psychologie liegt das Begriffsverständnis einiger Tiefenpsychologen, deren I.-Begriff in der strukturalen Auffassung Freuds wurzelt, die gegenüber Freud jedoch andere Bedeutungsaspekte hervorheben. P. Fe-

DERN hält den phänomenalen Aspekt für unentbehrlich: Das I. erlebt (fühlt) sich selbst als eigene Person, es erlebt seine vielfältigen eigenen Funktionen: «I.-Gefühl» als Einheit in zeitlicher, räumlicher und kausaler Hinsicht. Das erlebte I. bezeichnet er als ‹Selbst› [22]. – In terminologischer Umkehrung ordnet C. G. JUNG das I. als bewußte Organisation dem Selbst unter, in dem sich Bewußtes und Unbewußtes zu einem Ganzen verbinden. Das Selbst ist daher eine Persönlichkeit, die in ihrem vollen Umfang nie bewußt gemacht, nie begriffen werden kann. Das bewußte I. wird durch unbewußte (individuelle und kollektive) Vorgänge kompensatorisch reguliert. Das I. kann als einziger Teil des Selbst wahrgenommen werden. Das I. als Ergebnis des Prozesses der Individuation empfindet sich als Objekt des Selbst, des unbekannten und übergeordneten Subjektes [23]. Der soziale Aspekt des I., d. h. die Darstellung des Individuums im sozialen Zusammenhang, bezeichnet Jung als «Persona» [24]. – In C. FRANKENSTEINS umfassender Analyse der I.-Funktionen vermischt sich die psychoanalytische I.-Auffassung mit derjenigen Jungs. Frankenstein unterscheidet ‹I.› und ‹Psyche›, einen Begriff, den er analog zum ‹Selbst› Jungs transindividuell verstanden wissen will. Das I. entsteht aus der Psyche in einem Prozeß der Selbstbeschränkung und der Transformation von Energie in Struktur. Das I. kanalisiert die Energie der Psyche, die nach Erweiterung und Reintegration (Rückkehr zum Selbst in der Terminologie Jungs) strebt [25].

Der psychoanalytische und ichpsychologische Bedeutungsaspekt ist in den betreffenden Bereichen noch immer in der Entwicklung begriffen. Einer Fixierung des Terminus wirkt vor allem die ständige Überprüfung der I.-Auffassungen in der Therapie entgegen. Auswirkungen der strukturalen und funktionalen Bestimmung des I. in allgemeine persönlichkeitstheoretische Konzeptionen sind zahlreich.

Anmerkungen. [1] M. DORER: Hist. Grundl. der Psychoanalyse (1932) 76f. 130ff. 166f. – [2] TH. MEYNERT: Das Zusammenwirken der Gehirnteile, in: Slg. populärwiss. Vorträge über den Bau und die Leistung des Gehirns (1892) 229f.; Gehirn und Gesittung a. a. O. 117f. – [3] S. FREUD: Aus den Anfängen der Psychoanalyse, hg. M. BONAPARTE u. a. (London 1950) 407. 448f. – [4] a. a. O. 406ff. – [5] Werke 2-10. – [6] Vgl. Bemerk. über einen Fall von Zwangsneurose (1909). Werke 7, 389. – [7] Zur Einf. des Narzißmus (1914). Werke 10, 142. 146. – [8] ebda. – [9] I. und Es (1923). Werke 13. – [10] A. FREUD: Das I. und die Abwehrmechanismen (1936). – [11] Vgl. H. HARTMANN: Über die Angst (1926) 22-23. – [12] S. FREUD: Jenseits des Lustprinzips (1920). Werke 13. – [13] Vgl. dagegen 16, 86. – [14] H. NUNBERG: Die synthetische Funktion des I. Int. Z. Psychoanal. 16 (1930) 301-318; R. WAELDER: Basic theory of psychoanalysis (New York 1960); H. HARTMANN: I.-Psychol. und Anpassungsproblem (1939); ND in: Psyche 14 (1960) 81-164; Die gegenwärtige Beeinflussung von I. und Es in ihrer Entwicklung. Psyche 9 (1955) 1-22. – [15] Die Entwickl. des I.-Begriffes bei Freud (1956). Psyche Sonder-H. (1964) 102-126: Zur psychoanal. Theorie des I. – [16] E. KRIS: On preconscious mental processes. Psychoanal. Quart. 19 (1945) 540-560. – [17] H. HARTMANN, E. KRIS und R. M. LOEWENSTEIN: Comments on the formation of psychic structure. Psychoanal. Stud. Child 2 (1946) 11-38. – [18] M. M. GILL (Hg.): Coll. papers of DAVID RAPAPORT (New York 1967). – [19] E. ERIKSON: Identity and the life cycle (New York 1959); Childhood and society (New York 1950). – [20] B. APFELBAUM: On ego-psychol. Int. J. Psychoanal. 47 (1966) 455-475. – [21] a. a. O. 474. – [22] P. FEDERN: I.-Psychol. und die Psychosen (1956) 63. 87. – [23] C. G. JUNG, Werke 7, 195. 263. – [24] a. a. O. 7, 171ff. 175ff. 311ff. – [25] C. FRANKENSTEIN: The roots of the ego (Baltimore 1966).

b) *Der schichtentheoretische I.-Begriff.* Die Vorstellung, das I. entspreche einer Schicht oder Stufe in einem hierarchischen Modell der Persönlichkeit – sei es in Form einer Vertikalschichtung oder einer Kern-Schale-Struktur – läßt sich bis in die Antike zurückverfolgen [1]. In neuerer Zeit gilt L. KLAGES als Vorläufer und zugleich als Begründer einer hierarchischen Betrachtungsweise der Persönlichkeit in der Charakterologie, in der das I. als Ausdruck des Geistes im Individuum betrachtet wird. Das persönliche I. ist jedoch nicht Geist schlechthin, sondern lebensgefesselter Geist. Es tritt durch das I.-Gefühl in Erscheinung; I.-Gefühl wird von Klages als seiner Eigenart nach unvergleichbares Gefühl des Daseins verstanden [2]. Direkten Einfluß übt der philosophische Hintergrund des Klagesschen Begriffsverständnisses auf die Definition des I. in dem horizontalen schichtentheoretischen Modell der Person von H. PRINZHORN aus: Das I. lebt in Spannung zwischen dem vorpersönlichen Leben und dem überpersönlichen Geist. Je nach den Umständen schließt es Kompromisse zwischen beiden Polen [3].

In Klages' Charakterologie wurzelt auch die Schichtentheorie PH. LERSCHS. Seine vertikale Zweiteilung des Aufbaus der Person siedelt das I. in der oberen Schicht, dem personellen Oberbau, an. Der I.-Kern stellt innerhalb des Oberbaus eine inhaltlich ungebundene formale Instanz dar, den «archimedischen Punkt», der das Verhalten lenkt. Das I. vollzieht seine Funktionen *aktiv* und bewußt [4]. Zur gleichen Zeit wie Lerschs persönlichkeitstheoretische Darstellung erschien E. ROTHACKERS Theorie vom Schichtenaufbau der Person. Sein Stockwerkmodell ist vielschichtiger, aber auch in ihm nimmt das I. eine übergeordnete Funktion ein. Rothackers I.-Begriff («I.-Funktion», «I.-Punkt») entzieht sich jedoch der Lokalisation im Vertikalaufbau der Person. Das I. wird als oberstes Steuerungsprinzip wirksam, wenn untergeordnete Instanzen ihre Funktionen nicht automatisch erfüllen können. Zwar kann jede Schicht die ihr eigene Funktion in begrenztem Rahmen selbstregulatorisch ausüben, so daß auch jeder Schicht eine Vorform eigen ist, doch letzte Klarheit und Bewußtheit schreibt Rothacker nur dem übergeordneten I. zu. Im I. findet er den Ursprung der logisch begründbaren Reaktion und der selbstsicheren, verantwortungsbewußten Tat. Dieses oberste regulatorische Prinzip repräsentiert und garantiert zugleich die Einheit der Persönlichkeit trotz ihrer Vielschichtigkeit [5].

Eine Ergänzung aus dynamischer Sicht der Persönlichkeit liefert zuerst G. W. ALLPORT. Er ersetzt ‹I.› durch die Bezeichnung ‹Proprium› und definiert es als Kern der Persönlichkeit, der identisch ist mit der gesamten Motivkraft der reifen Person [6]. In Übereinstimmung mit Allport formuliert H. THOMAE seine I.-Theorie: Der dem Menschen zur Verfügung stehende Antriebsfond manifestiert sich in drei verschiedenen Zentren: dem propulsiven I., in dem sich unbestimmte, plastische Antriebsenergie aufhält; dem impulsiven I., das festgelegte Antriebe enthält; dem prospektiven I., in dem sich Antriebsenergie in differenzierter, ichnaher und steuernder Form, rein individuell ausgerichtet, befindet. Das propulsive I. kann als Parallele zum I.-Punkt Lerschs betrachtet werden, insofern als es das letzte regulatorische Agens in der Person ist [7]. – Klages' Bestimmung des I. als geistiges I. wirkt in den genannten Schichtentheorien stark nach. J. RUDERT vermißt an ihnen insbesondere eine Bindung des I. an die Emotionalität und damit auch die Möglichkeit, eine durchgehende Einheit der Person zu konzipieren, denn nach Rudert kann nur die Emotionalität alle Schichten betreffen [8]. Damit wird ein Begriffsaspekt wieder lebendig, der bereits im 19. Jh. die I.-Theoretiker beschäftigte.

Der struktural-funktionale Bedeutungsaspekt des I.-Begriffs wandelt sich in der gegenwärtigen Persönlichkeitsforschung zum rein funktionalen. Die Funktionen einer theoretisch konzipierten Wirkungseinheit ‹I.› werden aus dem meßbaren Verhalten erschlossen. Als quantifizierbare Dimensionen des Verhaltens betrachtet man vorwiegend *I.-Nähe* (I.-Beteiligung) und *I.-Stärke* [9]. In der Entwicklungspsychologie sind die *I.-Funktionen* Gegenstand der Forschung; sie umfassen in einem weiten Verständnis des Begriffes in Anlehnung an die psychoanalytische Begriffstradition alle als kognitiv bezeichneten Verhaltensweisen [10], wie z. B. Denken, Lernen, aber auch Kontrolle motivationaler Vorgänge.

Anmerkungen. [1] Platon, Resp.; Phaidr. – [2] L. KLAGES: Vom Wesen des Bewußtseins (⁴1955). – [3] H. PRINZHORN: Um die Persönlichkeit (1927). – [4] PH. LERSCH: Aufbau der Person (1938, ⁶1954). – [5] E. ROTHACKER: Die Schichten der Persönlichkeit (1938, ⁶1964) 11-19. – [6] G. W. ALLPORT: Pattern and growth in personality (New York 1965); The ego in contemporary psychol. Psychol. Rev. 50 (1943) 451-478. – [7] H. THOMAE: Persönlichkeit, eine dynamische Interpretation (1951, ²1955). – [8] J. RUDERT: Das I. und die Emotionalität. Psychol. Beitr. 2 (1955) 501-525. – [9] R. B. CATTELL: Personality (New York 1950) 654ff. – [10] J. LOEVINGER: The meaning and measurement of ego-development. Amer. Psychol. 21 (1966) 195-206.

c) *Der sozialpsychologische I.-Begriff.* Einen sozialen Bedeutungsaspekt unterlegen dem I.-Begriff bereits einige Philosophen gegen Ende des 19. Jh. So findet sich bei H. MÜNSTERBERG der Ausdruck «soziales Subjekt» [1], der die Relation des Individuums zu seiner sozialen Umwelt anspricht. R. MÜLLER-FREIENFELS bezieht ebenso den sozialen Aspekt des I. in seine «Erscheinungsweisen der Individualität» ein [2]. Da das I. keine einheitliche Erscheinung darstellt, müssen verschiedene Teilaspekte unterschieden werden, von denen einer als «soziales I.» bezeichnet wird [3]. Auch bei H. BERGSON ist ein soziales I. bereits vorkonzipiert. Einem fundamentalen I. (moi intérieur) stellt er das konventionelle I. gegenüber. Es ist das «oberflächliche» I., das viele Individuen gemeinsam haben [4]. Weiterhin hat die schichtentheoretische I.-Konzeption die soziale Wirkungsweise des I. keineswegs vernachlässigt [5].

Die für die sozialpsychologische I.-Konzeption maßgebliche Aussage über einen sozialen I.-Aspekt muß W. JAMES [6] zugeschrieben werden, da sich der erste Schwerpunkt der Sozialpsychologie im angloamerikanischen Sprachraum entwickelt hat. Eine erste Ausarbeitung des sozialpsychologischen I.-Begriffes versucht C. C. COOLEY aus der Sprache abzuleiten. Er argumentiert, daß ein I. unabhängig von der Sprache nicht gedacht werden kann. Die Entwicklung des I. ist sprachbedingt, und da Sprache eine kommunikative Funktion hat, muß diese auch dem I. zugeschrieben werden [7]. Als Ergebnis des beständigen Kommunikationsprozesses ist das I. eine Attitüde (attitude, sentiment), die sich entweder auf die eigene Person oder auf Partner mitbezieht (Gruppen-I.). Der für die gegenwärtige Sozialpsychologie wichtigste Bedeutungsaspekt des I.-Begriffs bei Cooley ist das «Spiegel-I.» (Spiegel-Selbst) [8]. Das I. wird nicht nur selbstreflektorisch aufgefaßt, sondern es wird erweitert auf eine vom Individuum vorgestellte Reflexion der eigenen Person (des I.) in anderen Individuen. Die Spiegelmetapher ist jedoch ungenau, da die Reflexion des I. durch andere natürlich in bewertender Weise vorgestellt wird. Der Begriff des I. als Subjekt wird – ausgehend von Cooley – in der sozialpsychologischen I.-Analyse weitgehend abgelöst durch das I. als Objekt der Eigenreflexion und der vorgestellten Reflexion durch andere [9]. Der Selbstbegriff wird deshalb in diesem Bereich allgemein bevorzugt.

Eine Ausnahme davon bilden die der Psychoanalyse verhafteten I.-Auffassungen und die I.-Bestimmung von M. SHERIF und H. CANTRIL. In Übereinstimmung mit H. MEADS Selbstbegriff [10] definieren sie das I. als theoretisches Konstrukt, welches als Konstellation von Einstellungen vorgestellt wird. Unter ‹Einstellung› verstehen die Autoren die erworbene Bereitschaft, die einem bestimmten Subjekt eigen ist und sich auf ein Objekt bezieht, deren Inhalt aber vielfältig variieren kann und an der affektive und motivationale Komponenten in unterschiedlichem Ausmaß beteiligt sind. Das I. in diesem Sinne bewirkt, daß das Individuum in selektiver Weise reagiert. Durch die Gleichsetzung des Begriffes ‹I.› mit ‹Einstellung› lassen sich die Befunde der sozialpsychologischen Einstellungsforschung auf die I.-Analyse übertragen. Der I.-Begriff wird damit experimentell erfaßbar [11].

Anmerkungen. [1] H. MÜNSTERBERG: Grundzüge der Psychol. (1900). – [2] R. MÜLLER-FREIENFELS: Philos. der Individualität (1921). – [3] a. a. O. 30. – [4] H. BERGSON: Essai sur les données immédiates de la conscience, dtsch.: Zeit und Freiheit (1910). – [5] z. B. PH. LERSCH: Aufbau der Person (1938, ⁶1954). – [6] W. JAMES: Principles of psychol. (London 1890, ²1918). – [7] C. C. COOLEY: Human nature and the social order (1902, ND New York 1964). – [8] a. a. O. 184. – [9] Vgl. G. LINDZEY und E. ARONSON: The handbook of social psychol. (1969) 3, 600ff. – [10] M. SHERIF und H. CANTRIL: Mind, self and society (Chicago 1934). – [11] H. MEAD: The psychol. of ego-involvements (New York 1966).   U. SCHÖNPFLUG

Ich, primäres, sekundäres. Die prinzipielle Unterscheidung zwischen p.I. und s.I. hat R. REININGER im Rahmen seiner Theorie des Selbstbewußtseins eingeführt. Konstitutiv für Bewußt-Sein als «für mich da sein» [1] ist die Differenz von Subjekt und Objekt, aber ebensosehr ihre Beziehung aufeinander, die selbst nur unter der Voraussetzung einer ursprünglichen beziehungslos-unmittelbaren Subjekt-Objekt-Einheit im Erlebnisbewußtsein oder *Urerlebnis* möglich ist. Auf dieses gehen letztlich alle Formen intentionaler Wissensbewußtheit zurück, sie können überhaupt nur als dessen (stufenweise) Selbstobjektivationen durch prädikativ vermittelte *Transformation* begriffen werden. Diese objektivierende Aufgliederung umfaßt niemals das «unausschöpfliche» Ganze des Erlebnisbewußtseins: «Dieser noch nicht transformierte Restbestand des Urerlebnisses nun bildet die erlebnismäßige Grundlage für das, was wir auf höherer Bewußtseinsstufe unser Ich nennen» [2]. Das nämlich, was bei jeder Objektivierung als unobjektivierbare Identität von Erleben und Erlebtem «... zurückbleibt und auf die Subjektseite tritt, ist aber seiner Wirklichkeit nach doch wieder das *ganze* Urerlebnis» [3], das um seiner, die Einheit des Gesamtbewußtseins stiftenden unmittelbaren Ichzentriertheit willen p.I. oder «Ur-Ich» [4] heißen darf und sich auch als «das sich selbst erlebende Urerlebnis» [5] bezeichnen ließe. Bleibt das p.I. seiner eigentlichen Wirklichkeit nach auch ungegenständliche Aktualität, so empfängt es doch im Zuge der objektivierenden Transformation vom Erlebnis- zum Wissensbewußtsein den reflektiven «Widerschein» dieser seiner bestimmenden Selbsttätigkeit und wird an seinem «im Spiegel der Sprache» erscheinenden «Gegenbild» sichwissendes, s.I. oder Selbstbewußtsein [6]. Diese Objektivation des aktuellen Ich-Erlebens zum s.I. setzt ein mit der intentionalen Aufgliederung in Einzelerlebnisse, die sich ihrerseits in Eigenempfindungen umsetzen, und endet in der Vorstellung des anschaulichen Ichleibes [7]. Daß das p.I. sich in allen Schichten der Objektivation in der s.I.-Vorstellung wiederfindet und seine ursprüngliche Ich-Einheit in der Verdoppelung des Selbstbewußtseins wiederherstellt, erklärt sich dadurch, daß jeder Transformation eine Rücktransformation entspricht [8]. Das Selbstbewußtsein ist demnach ein – gleichsam mit der Transformationsbewegung oszillierendes – «schwankendes Bewußtseinsgebilde», ein «Zwitterding» von Anschaulichem und unanschaulicher Aktualität [9]. Das p.I. «hat daher für unser Denken perspektivischen Charakter»: es ist immer «gleich unnahbar gegenwärtig», obwohl jeder Versuch, es bestimmend zu fixieren, mit einem «stellvertretenden und unadäquaten Bild» endet; «es ist das, wovon wir nicht sagen können, was es ist, weil wir es selbst sind» [10].

Anmerkungen. [1] R. REININGER: Met. der Wirklichkeit 1. 2 (1931, ²1947/48) zit. 1, 21. 42. – [2] a. a. O. 44. – [3] 48. – [4] 44. – [5] 48. – [6] 49. 52. – [7] 51; vgl. 53f. – [8] 51; vgl. 71. 73ff. – [9] 52; vgl. 72. 86. 102f. – [10] 57; vgl. Nachgel. philos. Aphorismen aus den Jahren 1948-54, hg. E. HEINTEL, in: Abh. österr. Akad. Wiss., philos.-hist. Kl. 237/5 (1961) 56 (Nr. 43. 45). 61 (Nr. 63). 144 (Nr. 73). 194 (Nr. 19). 211 (Nr. 83).

Literaturhinweise. Philos. der Wirklichkeitsnähe. Festschr. Reininger (1949). – Gesamtverzeichnis der Publ. R. REININGERS in: Nachgel. philos. Aphorism ... s. Anm. [10]. – W. STEGMÜLLER: Hauptströmungen der Gegenwartsphilos. (²1960) Kap. 7; S. 518f.: Bibliogr.   H. KLEINER

Ich-Du-Verhältnis ist ein im gegenwärtigen Denken, vornehmlich in Philosophie, Theologie und Pädagogik gängig gewordener Ausdruck für das durch Gegenseitigkeit ausgezeichnete Miteinandersein von Zweien. Gegensatz ist einmal die Gemeinschaft von und mit mehreren oder unüberschaubar vielen, zum anderen das auch in der Zweiheit mögliche Subjekt-Objekt- oder Ich-Es-Verhältnis, in welchem es keine Gegenseitigkeit gibt, weil nur das Subjekt aktiv und das Objekt zur Passivität verurteilt ist. Die mit den Personalpronomina operierende Formulierung der Begriffe ‹Ich-Du-› und ‹Ich-Es-Verhältnis› zeigt, daß beide von Relationen hergenommen sind, die sich in der Sprache als verlautbarter Rede verwirklichen: Das exemplarische Modell des Ich-Du-V. ist die Relation von Anredendem und Angeredetem. Während das Wovon der Rede selber nicht zu Wort kommt, also passiv bleibt, fordert die Anrede den Angeredeten zu einer Aktivität auf, die mit dem Hören beginnt und sich in der Erwiderung vollendet. Indessen wendet man den Begriff auch auf außersprachliche Relationen von analoger Struktur an. Sie brauchen nicht einmal zwischenmenschlich zu sein. Nach M. BUBER ist das Zwischenmenschliche nur *eine*, wenn auch die dem Anspruch auf Gegenseitigkeit am reinsten entsprechende von drei Sphären, in denen sich Seiendes als Du offenbart; daneben gibt es das untersprachliche «Leben mit der Natur» und das sprachlose «Leben mit den geistigen Wesenheiten» sowie durch alle drei Sphären hindurch das Leben mit Gott [1]. Gerade das Mensch-Gott-Verhältnis wird gern und häufig als Ich-Du-V. aufgefaßt. In einem der frühesten Zeugnisse der Ich-Du-Philosophie des 20. Jh., bei F. EBNER, erscheint als solches sogar *nur* das Verhältnis des Menschen zu Gott [2]. Die Theologen F. GOGARTEN, E. BRUNNER und K. BARTH haben das zwischenmenschliche Ich-Du-V., in Anknüpfung an Buber, als Abbild und Gleichnis des Bundes zwischen Gott und Mensch gedeutet. Um so wichtiger wurde es hervorzuheben, daß Gegenseitigkeit der Partner nicht

notwendig deren Ebenbürtigkeit einschließt. In der Tat fehlt diese ja auch gewissen zwischenmenschlichen Ich-Du-V., so fast allen pädagogischen. Namentlich Brunner hat zu zeigen versucht, daß die urbildliche Beziehung, «obwohl sie eine beiderseitige ist, niemals eine gleichseitige oder umkehrbare» sein kann [3]. Die Unumkehrbarkeit liegt schon in dem von allen gleichgerichteten Denkern behaupteten Vorrang des Du vor dem Ich (auch meiner selbst als Du vor mir als Ich). Aus dieser «Du-Ich-Reihenfolge» [4] hat GOGARTEN die terminologische Konsequenz gezogen, nur von einer «Du/Ichbeziehung» zu sprechen [5].

Als repräsentativer Terminus taucht der Begriff ‹Ich-Du-V.› in dieser verbalen Form erst spät auf. In den frühen Veröffentlichungen der Ich-Du-Philosophie des 20. Jh. findet er sich kaum, geschweige bei denjenigen Autoren des 18. und 19. Jh., die dieser Philosophie den Begriff des Du vorgegeben haben. Einen Ansatz dazu bildet immerhin die Lehre W. v. HUMBOLDTS, Ich, Du und Er seien «hypostasierte Verhältnisbegriffe», auf vorhandene Dinge lediglich «in Rücksicht auf das Eine Verhältniss bezogen, in welchem alle diese drei Begriffe sich nur gegenseitig durch einander halten und bestimmen» [6]. Auch L. FEUERBACH kommt ihm nahe, wenn er auf die «Realität des Unterschieds von Ich und Du» insistiert [7]. Eine weitere Annäherung stellt die zugleich mit dem Du-Begriff arbeitende ‹Soziologie› G. SIMMELS (1908) dar, der die gesellschaftsbegründenden Elementarrelationen nicht nur als «Wechselwirkungen» und «Beziehungen von Person zu Person» bezeichnet, sondern auch als «Zweierverbindungen» [8].

Zur Zeit des Neuaufbruchs der Ich-Du-Philosophie finden wir dann EBNERS «Verhältnis des Ich zum Du», COHENS «Korrelation von Ich und Du» [9], BUBERS «Grundwort Ich-Du», TH. LITTS «Koordination des Ich und des Du» [10] und ähnliche Umschreibungen. Der Terminus Ich-Du-V. (oder -Beziehung) verfestigt sich erst in der Bemühung um genauere phänomenologische Klärung des gemeinten Sachverhalts. K. LÖWITH fixiert ihn, indem er ‹Verhältnis› gegen ‹Zusammenhang›, ‹Relation›, ‹Korrelation› abgrenzt und das Ich-Du-V. erstens vom Verhältnis des Einen zu einem Anderen und zweitens von demjenigen zwischen «Ich selbst» und «Du selbst» unterscheidet [11]; phänomenologisch präzisiert ihn desgleichen D. v. HILDEBRAND, indem er die Ich-Du-Beziehung als relativ beständige einerseits von der bloß momentanen Berührung, andererseits von der objektivierten Gemeinschaft abhebt [12].

Genauso landläufig wie der Begriff ‹Ich-Du-V.› sind mittlerweile die mit ihm verknüpften Begriffe ‹Begegnung› und ‹Dialog› (‹dialogisch›) geworden. Beide artikulieren die Gegenseitigkeit. BUBERS Ausdruck ‹Dialogik› [13] verrät am deutlichsten die Herkunft aller ihm verwandten Ausdrücke aus der Gegenbewegung gegen die Dialektik Hegels. Er weist unmittelbar zurück auf den Satz FEUERBACHS: «Die wahre Dialektik ist kein Monolog des einsamen Denkers mit sich selbst, sie ist ein Dialog zwischen Ich und Du» [14]. Hier hat das Wort ‹Dialog› fast schon die weite Bedeutung, die BUBER seinem Begriff des Dialogischen gibt: Es zielt über das lautlich artikulierte Zwiegespräch hinaus auch auf die verschwiegene «Zwiesprache». Aber was vom Begriff ‹Ich-Du-V.› gilt, das trifft gleichermaßen auf den Begriff ‹dialogisch› zu: maßgeblich wird er innerhalb des modernen ‹Sprachdenkens› erst relativ spät. In dem ersten und bedeutsamsten Stück der ‹Schriften über das dialogische Prinzip› (1954) und des Sammelbandes ‹Dialogisches

Leben› (1947), in BUBERS ‹Ich und Du› (1923), kommt er gar nicht vor, und zum Buberschen Zentralbegriff wird er erst in der kleinen Studie ‹Zwiesprache› (1930). Beherrschend hingegen ist in ‹Ich und Du› der Begriff der Begegnung: was das Grundwort ‹Ich-Du› meint, wird da abstrakt als Beziehung und konkret, letztgültig als Begegnung ausgelegt. Bubers entschiedene Hinwendung zum dialogischen Denken ist eins mit seiner Entdeckung des Begegnungsbegriffs: Sie geschieht in der Schrift ‹Ereignisse und Begegnungen › (1917) und spricht sich 1919 in der Erkenntnis aus, die jüdische Lehre sei « auf die doppelgerichtete Beziehung von Menschen-Ich und Gott-Du, auf die Realität der Gegenseitigkeit, auf die *Begegnung* gestellt» [15]. Seitdem hat das Wort einen hohen Kurswert, nicht nur bei Theologen, für deren « Begegnungs-Denken» (H. Ott) BRUNNERS Werk ‹Wahrheit als Begegnung › und K. BARTHS Meditation über das « Sein in der Begegnung» [16] typisch sind, sondern auch bei Philosophen und philosophierenden Pädagogen oder Psychologen, etwa im Stil L. BINSWANGERS [17], sowie im Bereich der Politik und politischen Publizistik.

Anmerkungen. [1] M. BUBER: Ich und Du (1923). Werke 1 (1962) 81. – [2] F. EBNER: Das Wort und die geistigen Realitäten (verf. 1918/19, publ. 1921). – [3] E. BRUNNER: Wahrheit als Begegnung (1938) 35. – [4] E. ROSENSTOCK: Angewandte Seelenkunde (1924) 35. – [5] F. GOGARTEN: Ich glaube an den dreieinigen Gott (1926). – [6] W. v. HUMBOLDT: Über die Verschiedenheiten des menschlichen Sprachbaues (1827-29). Akad.-A. VI/1, 162. – [7] L. FEUERBACH: Grundsätze der Philos. der Zukunft (1843). Werke, hg. W. BOLIN/F. JODL 2, 318. – [8] G. SIMMEL: Soziol. (1908) 18-21. 80-90. – [9] H. COHEN: Relig. der Vernunft aus den Quellen des Judentums (²1929) 192. – [10] TH. LITT: Individuum und Gemeinschaft (²1924) 37. – [11] K. LÖWITH: Das Individuum in der Rolle des Mitmenschen (1928). – [12] D. v. HILDEBRAND: Met. der Gemeinschaft (²1955) 121-128. – [13] M. BUBER, a. a. O. [1] 194. 202. 206f. – [14] L. FEUERBACH, a. a. O. [7] 319. – [15] M. BUBER: Die chassidischen Bücher (1928) 347. – [16] K. BARTH: Die Kirchl. Dogmatik III/2 (1948) 242-391. – [17] L. BINSWANGER: Grundformen und Erkenntnis menschl. Daseins (³1962).

Literaturhinweise. Art. ‹Ich-Du-V.› in RGG³ 3, 553-556. – Rencontre/Encounter/Begegnung. Contributions à une psychol. humaine dédiées au Prof. F. J. J. Buytendijk (Utrecht/Antwerpen 1957). – Dialogue ou violence? Textes des conférences et des entretiens organisés par les ‹Rencontres internationales de Genève› (Neuchâtel 1963). – Martin Buber, hg. P. A. SCHILPP/ M. FRIEDMAN (1963). – H. L. GOLDSCHMIDT: Dialogik (1964). – G. SCHAEDER: Martin Buber. Hebräischer Humanismus (1966). – Vgl. die zu Art. ‹Du› angegebene Lit.   M. THEUNISSEN

Ichheit, Egoität. ‹ I.› läßt sich erstmalig in einem vermutlich um 1430 von JOHANNES DE FRANCFORDIA verfaßten und seit Luther ‹Theologia deutsch› genannten mystischen Traktat nachweisen. Während die mittelalterliche Mystik bis zum 14. Jh. nur ‹eigen› (proprius, privatus), ‹selbst› (se, sui ipsius), ‹allein› (singularis) und Pronomina der 3. Person (sein, ihr) [1] als wortbildende Elemente für zusammengesetzte Abstrakta kennt, die die sündige Vereinzelung des gefallenen Menschen gegenüber göttlicher communitas und universalitas kennzeichnen, tritt mit ‹ich-› (ego-) ein neuzeitliches Denken charakterisierendes Präfix hinzu. Es ist ein Hinweis auf die in der verklingenden Mystik des Spätmittelalters spürbare, durch die Änderung der Lebensverhältnisse und den damit verknüpften *Individualismus* bedingte Zunahme des Bedürfnisses, einem gesteigerten, rationaleren und meist ambivalent erlebten Selbst-Bewußtsein des Individuums Ausdruck zu verleihen.

In der ‹Theologia deutsch› hat ‹I.› die negative Bedeutung des bereits im 14. Jh. bei HEINRICH SEUSE belegten Begriffs ‹Selb(st)heit›, ohne jedoch auch dessen positive Verwendung («innerster Wesenskern der göttlichen und menschlichen persona») und damit dessen Ambiguität zu übernehmen. Ein weiteres, ebenfalls erstmalig in der ‹Theologia deutsch› auftauchendes und negativ gewertetes Synonym ist ‹ Meinheit› [2]. Alle drei Termini fungieren gleichzeitig als *moralische* und *ontologische* Kategorien. Sie umschließen einmal die verwerfliche Hingabe des Menschen an die Dinge dieser Welt (Nutzen, Freude, Bequemlichkeit, Begierlichkeit [3]), zum andern das Gesamtheit menschlichen Seins als solches (Kreatürlichkeit, Geschaffenheit, Ich, Mein, Mir, Mich, Du, Dich) und damit seine Persönlichkeit, sein *Ich*. Erst im völligen *Verleugnen* aller principia individuationis, im Absterben [4] jeder Äußerung des Selbst (Eigenwillen, Eigenliebe) gelangt der Mensch zur Nachfolge Christi und zur Konformität mit dem göttlichen Willen.

Begriffsgeschichtlich relevant wird der ‹Durchbruch des Ich › erst an der Wende zur Neuzeit. Doch schon in der *Troubadourlyrik* [5], in der italienischen Literatur des *Trecento* (DANTE, PETRARCA; BOCCACCIO: «la molto copia ch' i ho di me stesso» (der große Reichtum, den ich an mir selbst habe) [6]) und bei manchen Mystikern des 13./14. Jh. (JACOPONE DA TODI, SEUSE) kann man von der sprachlichen Form wie von der thematischen Konzentration her ein verstärktes Interesse am Ich beobachten. Weitere Vorstufen auf dem Weg zum I.-Begriff sind substantivisch verwendetes ‹ Unser› bei MEISTER ECKHART: «Und ie wir mêr des *unsern* entwerden, ie mêr wir in disem gewaerlicher werden» (Je mehr wir dem Unsern entwerden, um so wahrhaftiger werden wir in diesem) [7] und das Hapax ‹ Unserheit › bei JOHANNES TAULER: «das geschiht wanne wir von aller unserheit entwerden und al verwerdent» (Das geschieht, indem wir aller Unserheit entwerden und alles entäußert wird) [8]. Auch das ‹abnegare personale» [9], das bei ECKHART neben den traditionellen asketischen Begriff des «abnegare proprium» tritt [10], weist auf ein von Rationalität und Ambivalenz geprägtes Selbst-Bewußtsein des Individuums als *Persönlichkeit*. Alle Begriffe stehen unter der gemeinsamen Thematik der *Selbstexpropriation* (Selbstentäußerung).

Stark beeinflußt durch die ‹Theologia deutsch›, Tauler und die in der Mystik allgemein sich manifestierende Verinnerlichung und Individualisierung der Religiosität, die mit der ideologischen Rückwendung zu urchristlich-kollektivistischen Lebensformen Hand in Hand geht, gebrauchen LUTHER und KARLSTADT ‹I.› vor allem im moralischen Sinn.

Wiederaufgenommen von J. BÖHME und der ‹ Pro theologia mystica clavis› (1640) des Jesuiten M. SANDÄUS erscheint ‹I.› in der Barockmystik des 17. Jh. (J. SCHEFFLER, Q. KUHLMANN). Etwa zur gleichen Zeit entsteht das seltene ‹ Deinheit› (J. BÖHME, G. ARNOLD); die Prägung eines weiteren Synonyms, des Ausdrucks ‹Wirheit›, erfolgt erst im 18. Jh. [11]. Obwohl ‹Dein-› und ‹Wir-› wortbildende Elemente repräsentieren, die für einen am Begriff der Gemeinschaft oder des Nächsten orientierten Ethos positive Deutungen zuließen, werden auch ‹ Deinheit› und ‹Wirheit› (wie schon ‹Du›, ‹Dein› und ‹Unser› in der spätmittelalterlichen Mystik) als Ausdruck des Egoistisch-Kreatürlichen im Menschen verstanden und synonym zu ‹I.› und ‹Meinheit› negativ gewertet.

S. FRANCKS lateinische Paraphrase der ‹Theologia deutsch› wagt noch nicht, ‹I.› und ähnliche Termini durch Neolatinismen wiederzugeben [12]. Erst durch S. CASTELLIOS Übersetzung der ‹Theologia deutsch» ins *Lateinische* (1557) entstehen die Ausdrücke ‹egoitas›, ‹ipsitas› und ‹meitas›. « *Egoitas, Suitas, Meitas, Ipsitas.* Abstracta sunt ab *Ego, Se, Me, Ipse:* quae non raro occurrunt in recentium Mysticorum scriptis, maxime in Latinam linguam ex alieno idiomate transfusis» [13]. – In Castellios 1558 entstandener *französischer* Übersetzung der ‹Theologia deutsch› fallen die Ausdrücke ‹I.›, ‹Meinheit›, ‹Ich›, ‹Mein›, ‹Mir›, ‹Mich› in den Begriffen ‹Moi› (Ich) und ‹Mien› (Mein) zusammen [14]. Die stärkere Neigung zur Abstraktbildung in der deutschen Erkenntnismystik gegenüber der romanischen Mystik tritt hier deutlich zutage. – Durch eine flämische Übersetzung (1590) entsteht niederländisch ‹ikheid›.

Innerhalb der *romanischen* Spiritualität erscheint ‹das Ich› im Sinne von ‹I.›, d. h. als Zeichen menschlicher Selbstbefangenheit vor allem in ihren geistig-seelischen Ausdrucksformen, zuerst in den Schriften der KATHARINA VON GENUA (gest. 1510); nicht mit Sicherheit ist nachzuweisen, ob ein Einfluß der ‹Theologia deutsch› vorliegt. Thematisiert wird stets der *Selbsthaß* als Erlösung vom irdischen Ich (me, mio, la mia parte), der bis zur Weigerung geht, sich selbst zu nennen: « odiava de dire me e mio» (sie haßte ‹ich› und ‹mein› zu sagen) [15].

Selbsthaß und masochistisches Sich-Versagen der Ich-Rede treten ebenfalls die beiden Hauptmotive, mit denen ‹das Ich› (le moi) in den Schriften einiger Jansenisten (PASCAL, NICOLE) meist verknüpft wird [16]; wie in der katharinianischen Spiritualität treten auch die Beziehungen zu synonym verstandener *Eigenliebe* und *Eigenheit* (proprietà, propriété) [17] stark hervor: «La nature de l'amour-propre et de ce *moi* humain est de n'aimer que soi et de ne considérer que soi» [18]. Zur gleichen Zeit läßt sich ‹le moi› auch erstmals in der säkularisierten Bedeutung « Persönlichkeit, Selbst» nachweisen [19].

Durch die Errichtung einer einheitlichen Staatskirche im zentralistisch-absolutistischen Frankreich war Anfang des 17. Jh. die der Häresie verdächtige germanische Mystik unter die Zensur gefallen. In *Pietismus* (P. POIRET) und *Quietismus* (FÉNELON, Mme GUYON) gelangen eine Fülle mittelalterlicher mystischer Begriffe und die germanische Mystik im besonderen wieder zu größerem Einfluß. Innerhalb eines französischen Kontextes läßt sich ‹egoitas› erstmals in A. MASSOULIÉS ‹Traité de l'Amour de Dieu› (1703) als «esprit de propre intérêt», Rückwendung des Ich auf sich selbst und Feind des « amour pur et désintéressé» nachweisen [20].

Von noch größerer Bedeutung für die Vorgeschichte der um 1715 einsetzenden Welle von Neologismen mit dem Präfix ‹ego-› in der englischen, deutschen und französischen Aufklärung [21] ist die *englische* Übersetzung der ‹Theologia Germanica› (1648). Das so entstandene ‹egoity› wird sofort in die Sprache des englischen Puritanismus übernommen und findet schnelle und starke Verbreitung: « Our individual singularity and egoity» [22]. Gegen Ende des 17. Jh. wird der Begriff bereits säkularisiert verwendet.

‹Egoity/egoitas› erscheinen um die Mitte des 18. Jh. als ‹égoïté› im Französischen [23] und finden sich von da an nur noch in profanem Sprachgebrauch als Ausdruck für die Gesamtheit aller das Individualbewußtsein des Ichs konstituierenden Züge [24].

‹I.› durchläuft im 18. Jh. einen ähnlichen Säkularisationsprozeß. Dem deutschen Pietismus (G. ARNOLD, ZINZENDORF, G. TERSTEEGEN) ist wie den entsprechenden französischen Bewegungen alles Ichhafte als größtes Hindernis der Vereinigung mit Gott verhaßt; die in diesem Zusammenhang verwendete Terminologie erweist sich gleichfalls als Sammelbecken all jener Begriffe, die in der mittelalterlichen und frühneuzeitlichen Mystik wiederbelebt oder geprägt worden waren (vor allem ‹Eigen-› und ‹Selbst›-Komposita). ‹I.› aber fehlt in diesem Vokabular erstaunlicherweise fast völlig. Säkularisierung und partielle positive Umwertung von ‹I.› erfolgen erst im deutschen Subjektivismus und Idealismus. Nicht mehr in Opposition zum göttlichen ordo stehend bedeutet es entweder die selbstsüchtige Übersteigerung der Individualität [25] oder das sich selbst zum Objekt werdende Selbsterleben der Persönlichkeit [26]. In der ersten Bedeutung findet sich auch der Ausdruck ‹Ichtum› [27]. Stärker in seiner Bedeutung eingeengt meint ‹I.› in der Philosophie FICHTES das Geistige und «Vernünftige» als Wesen des reinen Ichs überhaupt [28].

In der französischen Sprache und Literatur der ersten Hälfte des 19. Jh. erscheint zwar häufig *égotisme* (STENDHAL), nirgends jedoch *égoïté*. Erst als gegen Ende des Jahrhunderts eine zweite Welle von *ego*-Neologismen entsteht (*égocentrisme, égotropisme*), wird auch *égoïté* wiederentdeckt. Im ethischen Personalismus CH. RENOUVIERS umgreift *égoïté* die Entscheidungsfreiheit und -bewußtheit der selbstverantwortlichen Persönlichkeit [29]. Gleichfalls ins Positive gewendet repräsentiert die *égoïté* für P. VALÉRY – ähnlich wie der *orgueil* [30] – das Wesen des die totale Unabhängigkeit des Geistes wahrenden reinen Ich, das seine Autonomie gegen die der Außenwelt verhaftete *vanité* und *personnalité* verteidigen muß [31]. Ebenfalls in der zweiten Hälfte des 19. Jh. entsteht die deutsche Rückübersetzung ‹*Egoität*›; die protestantische Theologie verwendet sie synonym zu ‹I.›. B. GROETHUYSEN versteht darunter den Kern der Persönlichkeit im allgemeinen [32]. Das französische *moïté* bleibt in seinem Kontext an die germanische Mystik geknüpft [33].

‹Ichbezogenheit› und ‹Ichhaftigkeit› sind wie ‹Selbstbezogenheit› der modernen Psychologie entstammende Begriffe, die sich durch hohe Neutralität und Abstraktion der Wortinhalte auszeichnen und zu denen keine unmittelbaren Entsprechungen in den anderen modernen Sprachen existieren [34]. ‹Egophilie› ist ein bisher nur im Französischen belegter Neologismus für ‹Narzissmus› [35]. ‹Ichbefangenheit› und ‹Ichgebundenheit› sind die Idee der incurvatio in se veranschaulichende Neologismen der Theologie des 20. Jh.

Anmerkungen. [1] Vgl. Art. ‹Selbstheit›. – [2] Theol. deutsch, hg. F. PFEIFFER (³1875) 54. – [3] a. a. O. 56. 66. – [4] 238. – [5] X. VON ERTZDORFF: Das Ich in der höfischen Lyrik des 12. Jh. Arch. Stud. neueren Sprachen 112 (1960) 1-12. – [6] BOCCACCIO, Amorosa visione XII, 62. – [7] MEISTER ECKHART, Dtsch. Werke, hg. QUINT 5, 281, 8-9. – [8] JOHANNES TAULER, Predigten, hg. Vetter 295, 22. – [9] Vgl. Art. ‹Personalität›. – [10] ECKHART, Expositio s. evangelii sec. Iohannem n. 290. Lat. Werke 3. – [11] G. ARNOLD, Geistliche Lieder Nr. 253; J. H. VOSS, Werke 5, 249. – [12] A. HEGLER: Sebastian Francks lat. Paraphrase der Dtsch. Theol. (1901) 15-55. – [13] M. SANDAEUS: Pro theol. mystica clavis (Köln 1640) 194. – [14] S. CASTELLIO: La theol. germanique (Antwerpen 1558) 77; ebenso: La théol. réelle, frz. P. POIRET (Amsterdam 1700) 92. – [15] KATHARINA VON GENUA, Vita e dottrina cap. 14. – [16] A. ARNAULD und P. NICOLE: La logique ou l'art de penser (1663) III, 20 a 6; P. NICOLE, De la connaissance de soi-même, chap. 3 (Essais de Morale III). – [17] Vgl. Art. ‹Eigenschaft II›. – [18] B. PASCAL, Pensées, hg. BRUNSCHVICG Nr. 100. 455. – [19] DESCARTES, Lettre à Colins (14. 11. 1640); PASCAL, a. a. O. Nr. 323. 469; MOLIÈRE, Amphytrion II, 1. – [20] A. MASSOULIÉ: Traité de l'Amour de Dieu (1703) 243f. – [21] Vgl. Art. ‹Egotismus, Egoismus, Egomismus›; ‹Egoismus II›. – [22] N. BIGGS: On the vanity of the craft of physic (1651); Oxford Engl. Dict. 3, 60. – [23] Erstbelege: P. PONS: Lettres édifiantes, 36e recueil (1743) 247; Mém. de Trévoux (1743) 2646. – [24] DELEYRE an J.-J. Rousseau am 23. 9. 1756. Corr. gén. de

J.-J. Rousseau 2, 337. – [25] J. H. Voss, Werke 5, 249. – [26] Tieck, Werke 15, 125. – [27] W. T. Krug: Allg. Handwb. der philos. Wiss. I (1827) s.v. – [28] J. G. Fichte, Werke, hg. I. H. Fichte 6, 296. – [29] Ch. Renouvier: Victor Hugo, le poète (Paris 1893) 349. – [30] Vgl. Art. ‹Hochmut›. – [31] P. Valéry: Cahiers (éd. Pléiade) I, 341. – [32] B. Groethuysen: Philos. Anthropol. (1931) 6. 63. – [33] L. Kolakowski: Chrétiens sans Eglise (Paris 1969) 697. – [34] W. Hehlmann: Wb. der Psychol. (⁵1968) 106. – [35] P. Foulquié: Dict. de la langue péda-gogique (1971) 169.

Literaturhinweise. J. C. Breyer: Solutio problematis Lugdu-nensis (Phil. Diss. Tübingen 1758) 40-42. – Fr. C. C. v. Kreuz: Considerationes metaphysicae (Frankfurt 1760) 1, 53. – M.Wind-stosser: Etude sur la ‹Théol. germanique› (1911). – J. Merlant: De Montaigne à Vauvenargues. Essais sur la vie intérieure et sur la culture du moi (1914). – A. Nygren: Egoismus und Relig. Z. systemat. Theol. 7 (1930) 312-336. – K. Waentig: Die Self-Komposita der Puritanersprache (Diss. Leipzig 1932) 101-107. – J. Maréchal: Etudes sur la psychologie des mys-tiques 2 (1937) 205-208. – J. Baruzi: Introduction à des re-cherches sur le langage mystique, in: Recherches philos. 1 (1931/32) 80. – H. Lefèbvre: Pascal 2 (1954) 113-115. – P. De-bongnie (Übers.): La grande dame du pur amour. Sainte Cathe-rine de Gênes (1960) XIV. – P. Nédoncelle: Le Moi d'après les ‹Pensées›, in: Pascal. Textes du tricentenaire (1963) 35-49. – E. de la Rochefoucauld: En lisant les Cahiers de Paul Valéry (1964) 59f. – P. Bürger: Funktion und Bedeutung des ‹orgueil› bei P. Valéry, Roman. Jb. 16 (1965) 149-168. – F. Melzer: Das Wort in den Wörtern (1965) 75-78. 223-228. 304-307. – A. Langen: Der Wortschatz des dtsch. Pietismus (²1968) 112-117. 144-148. 402-413. 420. – W. Halbfass: Descartes' Frage nach der Existenz der Welt (1968) 200-227. – L. Kolakowski s. Anm. [26]. – J.-R. Armogathe: Une secte-fantôme au 18e siècle: les égoïstes (Thèse, Paris 1970, Masch.). H.-J. Fuchs

Ichpol. Der Begriff des I. [1] stellt in der Phänomenologie E. Husserls den Gegenbegriff zum Gegenstandspol dar. Beide Pole verbürgen die synthetische Einheit der Erfah-rung. Analog dazu, wie sich auf seiten des intentionalen Noema ein identisch Verharrendes gegenüber Vielfalt und Wechsel der noetischen Gegebenheitsweisen durch-hält, sofern diese alle auf ein Vermeintes abzielen («in-tendieren»), sind die mannigfaltigen noetischen Vollzüge durch die verharrende Identität des Vollziehers ge-eint. Wie sich die Ständigkeit des Vollziehers zum Strömen seiner Vollzüge verhält, ist ein Zentralproblem der phänomenologischen Zeitanalyse. Diese bringt in ihrer Endgestalt, als Theorie der lebendigen Gegenwart, zutage, daß der Begriff des I. nur ein vorläufiger Titel des transzendentalen Ich sein kann, da dem immanent zeitlichen Verharren des Pols als Letztkonstituierendes noch die vor-zeitliche, ständig-strömende Gegenwart zu-grunde liegt.

Anmerkung. [1] E. Husserl: Ideen zu einer reinen Phänomenol. und phänomenol. Philos. 2. Husserliana 4 (Den Haag 1952) 97ff.; Cartesianische Meditationen und Pariser Vorträge. Husserliana 1 (Den Haag ²1963) 100. K. Held

Ideal. Das Wort ‹I.› (von griech. ἰδέα), das zuerst Fran-cesco de Lana (1631-1687) gebraucht zu haben scheint [1], hat seinen festen Platz in der philosophischen Fach-sprache durch das Werk Kants, Schillers und Hegels ge-wonnen. Folgende drei Philosopheme sind dem Auf-kommen des Begriffs ‹I.›, der als Exponent des Auf-kommens des deutschen Idealismus gesehen werden kann, unmittelbar vorausgegangen: die für den Ratio-nalismus charakteristische Auffassung der Vollkommen-heit (perfectio) als Verbindung von Einheit und Mannig-faltigkeit; die Gleichsetzung von Vollkommenheit und Schönheit [2]; die These, wonach die reine, ideale, selbst in der Vorstellung unübersteigbare Schönheit nicht in der Natur, sondern nur in der Kunst, und zwar der grie-chischen, erreicht wird, indem die schönsten Teile aus verschiedenen Individuen gesammelt und zu einer neuen Figur harmonisch miteinander verbunden werden [3]. Das in dieser Weise durch den Künstler hervorgebrachte Kunstwerk ist das I. und fungiert, ähnlich wie die pla-tonische Idee, als Paradigma, Norm, Vor-, Ur- und Musterbild bei der Nachahmung.

Bezeichnend für dieses durch die entstehende Kunst-geschichte eingeführte und durch die rationalistische Ästhetik mitbedingte Verständnis ist Kants Bemerkung, wonach das Maximum der Vollkommenheit heutzutage ‹I.› heiße: «Maximum perfectionis vocatur nunc tem-poris ideale, Platoni idea» [4]. In der ‹Kritik der reinen Vernunft› wird der Versuch unternommen, ‹Idee› und ‹I.› begrifflich auseinander zu halten. Unter ‹I.› ver-steht hier Kant die in individuo, nicht nur in con-creto vorliegende Idee, d. h. die Idee «als ein einzelnes, durch die Idee allein bestimmbares oder gar bestimmtes Ding» [5] und somit als das vorbildliche, aber nirgends und nie anzutreffende Exemplar einer Art oder Gattung. In dieser Auffassung klingt das an, was bei und seit Nietzsche (z. B. bei Ernst Jünger) ‹Typus› heißt, ins-besondere das von M. Weber ‹I.-Typus› genannte Denk-objekt, das auch als das von dem Abstrakt-Allgemeinen unterschiedene und individuierte, gleichsam einen Ex-trakt darstellende Allgemeine bestimmt werden kann. Kant profiliert den Begriff ‹I.› stärker, indem er die Normalidee von ihm abhebt. Diese «ist das zwischen allen einzelnen, auf mancherlei Weise verschiedenen An-schauungen der Individuen schwebende Bild für die ganze Gattung, welches die Natur zum Urbilde ihrer Erzeugungen in derselben Species unterlegte, aber in keinem einzelnen völlig erreicht zu haben scheint. Sie ist keineswegs das ganze Urbild der Schönheit in dieser Gattung, sondern nur die Form, welche die unnachläß-liche Bedingung aller Schönheit ausmacht, mithin bloß die Richtigkeit in Darstellung der Gattung» [6].

Auf Grund der Unterscheidung Kants zwischen ‹Idee› und ‹I.› kann in der Folgezeit die Bedeutung des zweiten Begriffs in einer doppelten Hinsicht präzi-siert werden. Die Präzisierung hat bei Schiller den Charakter einer Dynamisierung; ‹I.› meint bei ihm den von vornherein leitenden und wirksamen End- und Höhepunkt eines künstlerischen oder geschichtlichen Prozesses: für das erste ist das Gedicht ‹Das I. und das Leben›, für das zweite die Abhandlung ‹Über naive und sentimentalische Dichtung› beispielhaft, nach welcher das – erfüllte – I. die zur Natur zurückgekehrte vollendete Kunst ist. – Bei Hegel besteht die Präzisierung in der erneuten, zuerst durch Winckelmann vollzogenen Gleichsetzung des I. mit dem Kunstschönen, namentlich mit dem echt Poetischen in der Kunst, wobei das I. selbst als die mit ihrer Realität identifizierte Idee, und, was auf dasselbe hinausläuft, die Idee als das allein wahrhaft Wirkliche angesetzt werden.

Anläßlich der Abhebung des I. von der (platonischen) Idee, der schöpferische Kraft zugesprochen wird, war bereits in Kants ‹Kritik der reinen Vernunft› die mora-lisch-praktische Bedeutung des I. herausgestellt worden: Es hat lediglich praktische Kraft; als regulatives Prinzip vermag es nämlich auf die praktische Vernunft eine An-ziehungskraft auszuüben und der Möglichkeit der Voll-kommenheit gewisser Handlungen zugrunde zu liegen [7]. Dieser Aspekt ist, nach dem Niedergang des deut-schen Idealismus und der Aufgabe der Position, nach der das von der Vernunft Gedachte das eigentliche Seiende ist, sowohl in der Fach- als auch in der Alltags-sprache der vorherrschende geworden. In den Begriff

‹I.› wird gleichzeitig ein Moment hineingetragen, das den Sinngehalt des Begriffs ‹Ideologie› konstituiert, nämlich die (gruppenweise oder individuell-subjektiv verstandene) Interessiertheit; so spricht NIETZSCHE von dem «Theologen-Instinkt im deutschen Gelehrten» als einem « Schleichweg zum alten Ideal» [8]. Die Intersubjektivität, die Kants regulativem Prinzip jedoch noch zukam, wird von dem I. abgestreift. I. kann jetzt auch ein lediglich in der Vorstellung bestehender und unerreichbarer Inhalt von Wünschen, eine Utopie sein. ERNST BLOCH weist jedoch auf das « realistische I.» hin [9], das mit Schillers Begriff verwandt ist.

Dem Adjektiv ‹ideal› liegt entweder (wie bei Leibniz) das Substantiv ‹Idee› oder das Substantiv ‹I.› zugrunde; im ersten Fall bedeutet es «bloß vorgestellt», «fiktiv», im zweiten «vollkommen», «optimal».

Anmerkungen. [1] F. DE LANA: Prodromo (Brescia 1670) c. 2; vgl. LESSING: Kollektaneen zur Lit. (1793) Art. 1. – [2] Vgl. A. G. BAUMGARTEN: Met. (⁴1757) § 662; vgl. Aesthetica (1750, ND 1961) § 14. – [3] Vgl. J. J. WINCKELMANN: Gesch. der Kunst des Altertums (1764) IV, § 35. – [4] I. KANT, De mundi sensibilis atque intelligibilis forma et principiis II, § 9. Akad.-A. 2, 396. – [5] KrV A 568/B 596; vgl. auch KU § 17. – [6] KU § 17. – [7] KrV A 569/B 597. – [8] FR. NIETZSCHE, Der Antichrist § 10. – [9] E. BLOCH: Avicenna und die Aristotelische Linke (1963) 80.

Literaturhinweis. A. SCHLESINGER: Der Begriff des I. (1908).
CHR. AXELOS

Ideal, transzendentales. Der Terminus ‹t.I.› ist ein Grundbegriff der transzendentalen Theologie. Das t.I. wird als All der Realität gedacht, das einem Wesen zukommt, d. h. als allerrealstes Wesen oder als Gott in metaphysischer Bedeutung.

Obwohl das Problem des metaphysischen Gottesbegriffes selbst viel älter ist, wird es unter dem Namen ‹t.I.› erst von KANT ausführlich erörtert. Kant entwickelt den Sinn des t.I., das im Unterschied zu ethischen oder ästhetischen I. das « einzige eigentliche I.» der reinen Vernunft genannt wird [1], in der ‹Transzendentalen Dialektik› der ‹Kritik der reinen Vernunft›, und zwar als Einleitung zur Kritik an den metaphysischen Beweisen vom Dasein Gottes [2]. Die Aufstellung des t.I. ist wie die der Kategorien und der anderen Ideen der reinen spekulativen Vernunft im Verhältnis von formaler und transzendentaler Logik begründet. Daher geht Kant von der Form des disjunktiven Vernunftschlusses aus. Dessen logisches Verfahren wird transzendental oder inhaltlich zugleich als Bestimmung der Dinge selbst verstanden. Die Idee des Alls der Realität ist nach Kant notwendiges Prinzip aller inhaltlichen Bestimmung der Dinge, die immer Einschränkung sein muß. Anschaulich erfüllbar ist dieser Gedanke aber nur für Erfahrungsgegenstände, deren vollständige Bestimmung einen Inbegriff aller Möglichkeiten des sinnlich Realen voraussetzt.

Die Idee des Alls der Realität ist nach Kant selbst ein « durchgängig a priori bestimmter Begriff», d. h. der « Begriff von einem einzelnen Gegenstande» und damit « ein I. der reinen Vernunft» [3]. Das Seiende, das durch das I. gedacht wird, ist das Urwesen (ens originarium) oder das höchste Wesen (ens summum) oder auch das allerrealste Wesen (ens realissimum). In der vorkantischen Metaphysik bezeichneten diese Bestimmungen seit langem den Begriff Gottes. Dieses I. wird von Kant auch – in Fortsetzung von Überlegungen zur « perfectio noumenon» in der Dissertation ‹De mundi sensibilis ...› (1770) – platonisch als « Urbild (*Prototypon*) aller Dinge» bestimmt [4]. Darin ist schon angedeutet, daß es eigentlich nicht als Inbegriff aller Realitäten der Dinge zu den-

ken ist, der teilbar wäre, sondern als deren Grund. – Mit dem t.I. wird jedoch nicht die Existenz eines solchen Urwesens bewiesen oder angenommen. Es handelt sich nur um einen notwendigen Vernunftbegriff, nicht aber um einen Beweis der Existenz Gottes. Die Vernunft erliegt dem dialektischen Schein, wenn sie die Bedingungen ihres Denkens zu solchen des Seins erklärt, ihr I. hypostasiert und personifiziert [5]. Kant kritisiert damit einen Fehler, der, vom kritischen Standpunkt aus beurteilt, demjenigen seines eigenen früheren Gottesbeweises (‹Der einzig mögliche Beweisgrund zu einer Demonstration des Daseins Gottes› 1763) parallel läuft.

Kants Lehre vom t.I. hat in späterer Zeit mehrere Kritiker gefunden. HEGEL meint diese Theorie, wenn er von Kants I. der reinen Vernunft spricht, und kritisiert sie im Zusammenhang mit seiner Behandlung der Kantischen Widerlegung der Gottesbeweise. Er sieht in dieser Theorie den Versuch, die abstrakte Identität des verständigen Begriffs mit dem Sein zu vereinigen. Durch die Abstraktheit der vorausgesetzten Gegensätze können sie nach Hegel zu keiner wahren, nämlich durch den spekulativen Begriff bestimmten Einheit gelangen [6].

Nach der Auffassung des späten SCHELLING ist Kants Lehre vom I. der reinen Vernunft, dem t.I., Ausgangspunkt für Entwicklungen der nachkantischen Philosophie. Kant hat nach Schelling die Notwendigkeit dieser Idee für unsere Vernunft nachgewiesen; ihren Inhalt hat er jedoch zu unbestimmt gelassen; ferner hat er die dem Ideal entsprechende Existenz nicht zeigen können. Schelling interpretiert den Inbegriff aller Möglichkeiten mit Aristoteles' Begriff der Dynamis überhaupt und fordert, daß diesem Vernunftbegriff ein Etwas oder Eines als Ursache des Seins vorausgehen müsse, das selbst schlechthin wirklich sei [7].

SCHOPENHAUER dagegen hält Kants Ausführungen über das t.I. für einen Rückfall in mittelalterliches scholastisches Denken. Nur aus Systemzwang habe Kant für den disjunktiven Vernunftschluß einen transzendentalen Inhalt zu bestimmen gesucht, wie schon für den kategorischen und hypothetischen Vernunftschluß; er erliege hier seiner « Liebhaberei zur architektonischen Symmetrie» [8].

Im Neukantianismus bleibt bei der Rezeption Kants aus systematischen Gründen das t.I. im Hintergrund. Erst W. CRAMER setzt sich bei seinem Versuch eines neuen Gottesbeweises mit dieser Kantischen Lehre wieder auseinander. Das t.I. ist für ihn eine metaphysische Vorstellung, die innerhalb des transzendentalen Idealismus keinen Sinn hat, doch kann sie nach seiner Auffassung für eine neue ontologische Argumentation umgedeutet und fruchtbar gemacht werden [9].

Anmerkungen. [1] I. KANT, KrV B 604. – [2] B 599-611. – [3] B 602. – [4] B 606; vgl. Akad.-A. 2, 396. – [5] Vgl. KrV B 608. 611 Anm. – [6] Vgl. G. W. F. HEGEL: Enzyklop. (³1830) §§ 49. 51. Werke, hg. GLOCKNER 19, 582f. – [7] Vgl. F. W. J. SCHELLING, Werke, hg. K. F. A. SCHELLING 11, 282-294. 585f. – [8] A. SCHOPENHAUER, Werke, hg. P. DEUSSEN 1, 602. – [9] Vgl. W. CRAMER: Gottesbeweise und ihre Kritik (1967) 143-154.

Literaturhinweise. B. KELLERMANN: Das Ideal im System der Kantischen Philos. (1920). – D. HENRICH: Der ontol. Gottesbeweis (1960) 140-148 u. ö. – H. HEIMSOETH: Transzendentale Dialektik 3 (1969) 419-462.
K. DÜSING

Idealisierung. Der Terminus ‹I.› kennzeichnet im Spätwerk E. HUSSERLS die Methode der Erzeugung jener idealen Urgebilde, welche die Grundvoraussetzungen abendländisch-wissenschaftlichen Denkens ausmachen [1]. Das durch sie bestimmte Denken sieht die Welt unserer Erfahrung als ein Universum des an sich Seienden und an sich Bestimmten [2]. Dabei ist vergessen, daß die uns unter der Idee der Bestimmtheit des Seienden an sich als selbstverständlich vorgegebene Welt Produkt eines methodischen I.-Prozesses ist, der sein notwendiges Sinnesfundament in den vorprädikativen Evidenzen der Lebenswelt hat [3]. Die I. geht von diesen vorwissenschaftlichen Gegebenheiten der Erfahrungswelt aus und verwendet sie als «Material», aus dem in einer Vervollkommnungspraxis ideal an sich Seiendes im Sinne der «objektiven» Wissenschaften hervorgeht [4]. Die idealen, an sich bestimmten Gebilde der objektiven Wissenschaft sind durch die Seinsweise des Lebensweltlichen selbst ermöglicht, fundiert und motiviert [5]. Der Prozeß der I. hat einerseits für die Logik, andererseits für die Mathematik und die mathematische Naturwissenschaft eine spezifische Ausprägung [6].

‹I. im engeren Sinne› nennt Husserl vornehmlich die Leistung der exakten mathematischen Naturwissenschaften der Neuzeit. Sie substruieren der subjektiv-relativen Erfahrungswelt das Ideal eines rational erkennbaren Ansichseins [7]. Dieses setzt als «Entwicklungsprodukt» bestimmter methodischer Operationen die invariante Wesensstruktur der Lebenswelt und die freie Vermöglichkeit des Menschen, den I.-Prozeß immer wieder vollziehen zu können, voraus [8]. Nach einmal gelungener I. geht die objektive Wissenschaft dazu über, aus den erzeugten idealen Urgebilden neue ideale Gegenständlichkeiten operativ zu konstruieren und sie auf die Erfahrungswelt anzuwenden [9].

Anmerkungen. [1] E. HUSSERL: Erfahrung und Urteil. Untersuch. zur Geneal. der Logik (= EU) (³1964) 38ff.; Die Krisis der europ. Wiss. und die transzendentale Phänomenol. (= KW). Husserliana 6 (Den Haag ²1962) 18ff. 26ff. 375f. – [2] EU 40. – [3] 42f. – [4] KW 359. 361f. – [5] 361 Anm. 1; EU 37. – [6] EU 41f. 427f.; Formale und transzendentale Logik. Versuch einer Kritik der log. Vernunft (1929) 162ff. – [7] KW 358f. – [8] 363. 383. – [9] 19f. 360.   P. JANSSEN

Idealisierung/Realisierung.

Unter I. eines Begriffs versteht man seine Ersetzung durch einen einfacheren, der für bestimmte Zwecke dienlicher ist als der ursprüngliche. Die Vereinfachung besteht z. B. darin, daß der neue Begriff exakt ist, daß er von Zweideutigkeiten befreit wird, daß gewisse logische Relationen, in denen er zu anderen Begriffen steht, vernachlässigt werden usw. Die Zwecke der Ersetzung sind insbesondere die Erleichterung des Schliessens und Rechnens und die Konzentrierung auf bestimmte Aspekte der Wirklichkeit. Durch I. empirischer Begriffe verlieren diese oft ihren unmittelbaren Kontakt mit der Sinneserfahrung. Das zeigt sich besonders in der Geometrie, in der z. B. der Euklidische Dreiecksbegriff den empirischen Begriff eines Lichtstrahlendreieckes idealisiert; und in der z. B. der theoretischen Physik, in der z. B. der Partikelbegriff den Begriff eines materiellen Gegenstandes idealisiert. Die Anwendung (Realisierung) eines idealisierten Begriffs besteht nicht in der Aufweisung von sinnlichen Einzelfällen, die er ja nicht hat, sondern in seiner Identifizierung mit einem sinnlichen Begriff, dessen I. er ist. Diese Identifizierung ist an bestimmte Zusammenhänge und Zwecke gebunden und mit einer Gleichheits- oder Äquivalenzbehauptung nicht zu verwechseln. Das Verhältnis von sinnlichen Gegenständen zu idealisierten Begriffen erinnert an das Verhältnis der Platonischen Teilhabe (Methexis) zwischen diesen Gegenständen und den Ideen. Doch ist dieses Verhältnis nicht eindeutig, da dieselben sinnlichen Gegenstände auf mannigfalte Weise idealisiert werden können, z. B.

durch die Euklidische Geometrie und durch Nichteuklidische Geometrien. Nicht jeder in einer Theorie vorgefundene Idealbegriff – z. B. nicht der der aktualen Unendlichkeit – hat ein empirisches, nicht-idealisiertes Gegenstück.

Literaturhinweise. H. POINCARÉ: La sci. et l'hypothèse (1902). – N. R. CAMPBELL: Physics. The elements (1920). – H. DINGLER: Grundriß der methodischen Philos. (1949). – S. KÖRNER: Theory and experience (1966).   S. KÖRNER

Idealismus

(frz. idéalisme, engl. idealism, ital. idealismo). Als klassifizierende Bezeichnung für bestimmte philosophische Theorien und Systeme nach metaphysischen und erkenntnistheoretischen Merkmalen kommt der Terminus ‹Idealist› (Idealisten) nicht vor dem 18. Jh. vor. Von Anfang an wird er mit *Platon* in Verbindung gebracht, seine Bedeutung ist zunächst eindeutig polemisch. Erst KANT und seine Nachfolger bedienen sich seiner auch positiv zur Bezeichnung ihrer eigenen Lehre und heben ihn zu diesem Zweck jeweils von einer überkommenen allgemeineren bzw. von den inzwischen eingeführten speziellen Bedeutungen ab.

In *polemischer* Bedeutung ist ‹I.› zunächst Gegenbegriff zu ‹Materialismus›, später auch zu ‹Realismus›. So stellt LEIBNIZ Epikur und Platon als Materialisten und Idealisten einander gegenüber [1]; Platons I. vertritt dabei die durch die innere Erfahrung gestützte These, daß alles in der Seele geschieht, als ob es überhaupt keinen Körper gäbe, während der Materialismus alles im Körper geschehen läßt, als ob es überhaupt keine Seele gäbe. Leibniz löst dieses Dilemma durch seine Lehre von der prästabilierten Harmonie. Als Vertreter des I. nennt er außer Platon die Cartesianer. Einfacher sind die Antithesen von CHR. WOLFF und seinen Schülern: Die Idealisten leugnen die reale Existenz der Welt und der Körper, ihnen komme nur eine ideale Existenz in unserem Gemüt zu. Ähnlich beschreibt CHR. BILFINGER die Lehre des I.: «existere spiritum infinitum et finitos quoque ab illo dependentes, sed nihil existere praeter ea» [2].

Eine *Divergenz* in der Bedeutung von ‹I.› ergibt sich aus dem verschiedenen Gebrauch von ‹Idee›: Während man in der deutschen Tradition darunter Allgemeinbegriffe im Sinne Platons versteht, sind bei den englischen und französischen Denkern, insbesondere bei den Vertretern des Empirismus, ‹ideas› und ‹idées› gleichbedeutend mit ‹Vorstellungen›, vor allem mit den «einfachen Vorstellungen» als den Grundelementen des Bewußtseins. Dementsprechend unterscheiden sich bis heute die Konzeptionen der Philosophiegeschichtsschreibung in und außerhalb der deutschen Tradition [3]. Jedoch bezeichnet ‹I.› beidemale dieselbe Abgrenzung. So definiert KANT: «Der I. besteht in der Behauptung, daß es keine andere als denkende Wesen gebe; die übrigen Dinge, die wir in der Anschauung wahrzunehmen glauben, wären nur Vorstellungen in den denkenden Wesen, denen in der Tat kein außerhalb dieser befindlicher Gegenstand korrespondierte» [4]. TH. REID gebraucht als erster für die Theorien von *Locke, Berkeley* und *Hume* den Sammelbegriff «ideal system» [5]. ‹I.› gilt somit polemisch ebenso als Bezeichnung für rationalistische wie empiristische Theorien.

Schöpfer einer idealistischen Metaphysik ist für Kant ebenso wie für Reid G. *Berkeley.* Wie schon bei Locke sind auch bei ihm «ideas» die unmittelbaren Objekte unseres Verstandes; wir empfangen sie entweder durch unsere sinnliche Empfindung oder bringen sie durch unsere Einbildungskraft hervor, keinesfalls aber haben sie eine außermentale Realität, sie sind vielmehr nur Umformungen unserer eigenen Affektionen: Ihr Sein ist ihr «percipi»; es erschöpft sich in ihrem Wahrgenommenwerden. Finden wir ein Aggregat von sinnlichen Ideen in unseren Erfahrungen immer zusammen vor, so nennen wir es ein wirkliches Ding, daher ist auch das Sein der «wirklichen» Dinge nichts anderes als bloßes Perzipiertwerden. Es gibt so auch nicht zweierlei Wesen, geistige und materielle, sondern es existieren schlechthin nur Geister, d. h. denkende Wesen, deren Natur in Vorstellung und Willen besteht; die Objekte unserer Vorstellungen und Willensakte, die Ideen, sind darum nichts Substanzielles außerhalb der Geister, sondern Produkte von deren Tätigkeit. Allerdings kommen uns die Empfindungen unserer Sinne ohne unser Zutun, sie sind sogar unleugbar stärker, deutlicher und geordneter als die Produkte unserer Phantasie; gleichwohl müssen auch sie Produkte eines Willens sein, und zwar müssen wir aufgrund ihrer sich uns aufdrängenden Überlegenheit über unsere eigenen Produktionen annehmen, daß sie von einem uns überlegenen Geist, von Gott, geschaffen sind.

Bei Berkeley zeigt sich damit bereits jener metaphysische Radikalismus, der seit Fichte über Schelling bis zu Hegel das besondere Kennzeichen der «idealistischen Systeme» geblieben ist. Daß sie von ihnen selbst so benannt wurden, setzt jedoch einen Bedeutungswandel des Terminus ‹I.› voraus, der Kant zu verdanken ist: die Unterscheidung nämlich eines abzulehnenden Typus von I. gegenüber einem andern, der die in den ursprünglichen Konzeptionen wirksame Fragestellung aufnimmt und positiv weiterführt. Das hat Kant in dem von ihm begründeten «Kritischen I.» unternommen.

Im Unterschied nämlich zu Berkeley nimmt KANT die Existenz eines Dinges an sich an, das für uns unmittelbar nicht zu erkennen ist. Unserer Erfahrung zugänglich und erkennbar für uns sind vielmehr immer nur Erscheinungen. Wir müssen aber weiter unterscheiden zwischen Form und Materie unseres Erkennens: material, inhaltlich erfaßt unsere Erfahrung ihre Gegenstände als objektive, von uns unabhängige Gegebenheiten; die Formen unserer Anschauung aber, Raum und Zeit, und damit die Formen unserer äußeren wie unserer inneren Erfahrung sind subjektiv, und darum hat alles, was uns in der Erfahrung vorkommen kann, keine «eigene vor sich bestehende Existenz» [6]. Das gilt auch von unserer Selbsterfahrung: Wir erfahren in uns eine Sukzession von Zuständen eines Ich, das wir als das beständige Subjekt dieser wechselnden Vorstellungen nur denken, aber nicht, wie es an sich existiert, erkennen können; das gilt ebenso von den Ideen (Gott, Freiheit, Unsterblichkeit), deren denkende Vergewisserung sich jedoch auf die Selbsterfahrung des handelnd verantwortlichen Menschen stützen kann.

Nach J. G. FICHTES Urteil ist dieser I. Kants auf halbem Wege stehen geblieben: Nicht nur die Formen der Anschauung und die Kategorien des Verstandes sind Schöpfungen der Vernunft, die Gegenständlichkeit selbst ist unsere Produktion: «Das Bewußtsein des Gegenstandes ist nur ein nicht dafür erkanntes Bewußtsein meiner Erzeugung einer Vorstellung vom Gegenstande» [7]. Allerdings steht es nicht in meiner Willkür, was ich als Außenwelt erlebe, ich finde mich in der Außenwelt ohne mein Zutun bestimmt; aber deren Realität liegt eben in der geistigen Bedeutung, dem geistigen Zweck der jeweiligen Erscheinungen, diese haben ihren Ursprung im

Willen, ihre Realität ist praktischer Natur. Es bedarf also weder einer prästabilierten Harmonie, um das Tun der Individuen in Übereinstimmung zu bringen, noch einer schöpferischen, uns überlegenen Macht, um die Realität der Außenwelt zu garantieren; diese Garantie übernimmt die menschliche Spontaneität selbst in der Mannigfaltigkeit des Für-, Mit- und Gegeneinanders der Individuen. Indem Fichte eine prinzipiell unabhängige Realität leugnet, kehrt er zu Berkeley zurück, ja er radikalisiert dessen I. durch die Lehre vom absoluten Ich, das ursprünglich autonom und unbegrenzt ist und erst durch die Setzung des Nicht-Ich sich selbst begrenzt.

SCHELLING, der Fichte hierin zunächst gefolgt ist, führt später den Terminus ‹Geist› ein, um den subjektiven Charakter dieses I. zu überwinden. Sein «Objektiver I.» ist jedoch nicht weniger radikal: Der Geist, in der Natur sich selbst entfremdet, findet im Menschen – vor allem in Kunst, Religion und Philosophie – zu sich selbst zurück und wird dadurch fähig, sich auch in der Natur als auf dem Wege zu sich selbst wiederzuerkennen.

In seiner Metaphysik des absoluten Geistes erweitert dann HEGEL diese Theorie, indem er die Geschichte als das wesentliche Medium eines Prozesses begreift, dessen Dialektik durch die Entwicklung einer aufs höchste verfeinerten Begrifflichkeit aufgewiesen wird. Alle Erscheinungen des geschichtlichen Lebens, unter ihnen Kunst und Religion und auch die Philosophie selbst in der historischen Abfolge ihrer Konzeptionen, haben in diesem Prozeß jeweils ihre entscheidende Funktion, welche am Ende der Entwicklung die zur vollendeten Einsicht herangereifte Philosophie zu erkennen vermag. Der I., als dessen Entfaltung sich Hegels System ausdrücklich versteht, ist absolut in dem Sinn, daß er nunmehr sich selbst auch als Methode vollkommen durchsichtig geworden ist. Hegels «Absoluter I.» bezeichnet zugleich Höhepunkt und Ende des I. überhaupt [8].

Als «Ende des I.» gilt aber vor allem sein «Versagen» gegenüber den philosophischen Problemen der zunächst überwiegend positivistisch und materialistisch orientierten Naturwissenschaft im 19. Jh. Der Neukantianismus hat demgegenüber die Rückkehr zum «Kritischen I.» Kants proklamiert. In seinen bedeutendsten Vertretern unternimmt er eine vorsichtige Erneuerung des I. im Blick auf die moderne Wissenschaft. Eine ähnliche Tendenz zeigt E. HUSSERLS transzendentale Phänomenologie. Auch HEIDEGGERS in ‹Sein und Zeit› entfaltete philosophische Konzeption ist historisch nur im Zusammenhang mit der Tradition des I. voll zu verstehen. Sie berührt sich zugleich mit der radikalen Polemik, welche die drei großen «Renegaten» *Kierkegaard*, *Marx* und *Nietzsche* bereits im 19. Jh. gegen den I. gerichtet haben; die Auseinandersetzung darüber steht noch heute aus.

In seiner Weltanschauungslehre hat W. DILTHEY neben dem Naturalismus einen I. der Freiheit und einen objektiven I. als die drei Haupttypen der Weltanschauung unterschieden [9]. Der *I. der Freiheit* ist eine Schöpfung des attischen Geistes (Sokrates, Platon, Aristoteles), er kehrt wieder in der römischen Philosophie (Cicero), bei den christlichen Apologeten, in der schottischen Schule; Kant und Jacobi, Fichte, Schiller, Maine de Biran und die ihm verwandten französischen Philosophen bis auf Bergson sind ihm zuzurechnen. Sie alle sind Gegner des Naturalismus, aber auch des Pantheismus und damit des objektiven I., sie leben aus der Gewißheit der Unabhängigkeit des Geistigen von allen, auch von den psychischen Gegebenheiten. Die Lebensanschauung der Vertreter des *objektiven I.* ist demgegenüber «kontemplativ, beschaulich, ästhetisch oder künstlerisch»; Heraklit, die Stoa, Bruno, Spinoza, Shaftesbury, Schelling, Hegel, Schopenhauer, Schleiermacher und vor allem Goethe sind seine Hauptvertreter. Sein Grundzug ist das Zusammenschauen der Teile zu einem Ganzen, die Erhebung von Lebenszusammenhang in Weltzusammenhang; seine gedankliche Ausprägung findet er vor allem im metaphysischen Monismus und Pantheismus.

Anmerkungen. [1] G. W. Leibniz: Réponse aux réflexions de P. Bayle, art. Rorarius (nach 1702). Philos. Schr., hg. Gerhardt 4, 560. – [2] Chr. Wolff: Psychol. rationalis (1734) § 36; schon vorher bei Chr. Bilfinger: Dilucidationes philos. (1725) § 115; ähnlich A. G. Baumgarten: Met. (1739) § 402; vgl. ferner zur kritischen Polemik gegen die Idealisten den Art. ‹Egoïstes› in: Encyclopédie …, hg. Diderot/d'Alembert 11 (1779) 958f.; J.G. Walch: Philos. Lex. (1733) 1496f. – [3] A. C. Ewing: Idealism (London 1933); H.-D. Gardeil: Les étapes de la philos. idéaliste (1935); R. Jolivet: Les sources de l'idéalisme (1936). – [4] I. Kant: Prol. § 13, Anm. II. – [5] Th. Reid: Inquiry into the human mind (1764). – [6] Kant, Prol. § 52 c. – [7] J. G. Fichte: Die Bestimmung des Menschen II. Werke, hg. I. H. Fichte 2, 221. – [8] Zu der noch kritischen Frage, ob Schellings Altersphilos. – die historisch nicht wirksam geworden ist – als Weiterführung oder als Überwindung des I. zu betrachten ist, vgl. W. Schulz: Die Vollendung des Deutschen I. in der Spätphilos. Schellings (1955) bes. 167ff. – [9] W. Dilthey, Weltanschauungslehre. Ges. Schr. 8 (1931) 107-118.

Literaturhinweise. G. Lyon: L'idéalisme en Angleterre au 18e siècle (Paris 1879). – O. Willmann: Gesch. des I. 1-3 (1894-97). – E. Cassirer: Berkeleys System. Ein Beitrag zur Gesch. und Systematik des I. (1914). – J. Royce: Lectures on modern idealism (New Haven, Conn. 1919). – R. Kroner: Von Kant bis Hegel 1. 2 (1921-24). – N. Hartmann: Die Philos. des dtsch. I. 1. 2 (1923). – W. Lütgert: Die Relig. des dtsch. I. und ihr Ende 1-3 (1923-26). – R. F. A. Hoernlé: Idealism (London 1924); ND: Idealism as a philos. (New York 1927). – E. Hirsch: Die idealistische Philos. und das Christentum (1926). – H. W. B. Joseph: A Comparison of Kant's idealism with that of Berkeley, in: Proc. Brit. Acad. 15 (1929); ND in: Essays in ancient and modern philos. (Oxford 1935). – J. H. Muirhead: The Platonic tradition in Anglo-Saxon philosophy. Stud. in the hist. of idealism in England and America (London 1931). – J. Hoffmeister: Goethe und der dtsch. I. (1932). – G. Watts Cunningham: The idealistic argument in recent Brit. and Amer. philosophy (New York 1933). – W. Schulz s. Anm. [8]. – X. Tilliette: Schelling. Une philos. en devenir 1. 2 (Paris 1970) bes. 1, 185ff.: «Le système de l'idéalisme transcendental.»   H. Zeltner

Idealismus, absoluter. ‹a.I.› wird von Schelling als Bezeichnung für die später ‹Identitätsphilosophie› genannte Weiterbildung seines Systems eingeführt, welche die zunächst getrennten Ansätze seiner Natur- und Transzendentalphilosophie vereinigen soll: «Bestimmen wir also die Philosophie im Ganzen nach dem, worin sie alles anschaut und darstellt, dem absoluten Erkenntnißakt, von welchem auch die Natur nur wieder die eine Seite ist, der Idee aller Ideen, so ist sie I. I. ist und bleibt daher alle Philosophie, und nur unter sich begreift diese wieder Realismus und I., nur daß jener erste a.I. nicht mit diesem andern, welcher bloß relativer I. ist, verwechselt werde[n]» darf [1], welche Verwechslung «unverkennbarer Weise das System der Wissenschaftslehre» ausmacht [2]. Im Gegensatz zu Fichte also, für den das Ich in seiner empirischen Integrität bleiben soll, behauptet der a.I. eine absolute Identität, in die Natur und Ich gemeinschaftlich versenkt werden [2a]. Für diese Position nimmt auch Hegel den Terminus in Anspruch, insbesondere bezieht sich darauf seine Kritik an Schelling, deren Gesichtspunkte auch da gelten, wo Hegel seine eigene Lehre als a.I. bezeichnet: «Die Vernunft ist die Gewißheit des Bewußtseins, alle Realität zu sein» [3]; das Bewußtsein hat aber erst den Weg der Reflexion zurückzulegen, um sich als diese Realität auch zu erweisen:

«der I., der jenen Weg nicht darstellt, sondern mit dieser Behauptung anfängt, ist daher auch reine *Versicherung*, welche sich selbst nicht begreift, noch sich andern begreiflich machen kann» [4].

Anmerkungen. [1] F. W. J. Schelling: Ideen zu einer Philos. der Natur (²1803) Zusatz zur Einl. Werke, hg. K. F. A. Schelling (1856-1861) 2, 67. – [2] a. a. O. 68. – [2a] a. a. O. 5, 113f. – [3] G. W. F. Hegel, Phänomenol. des Geistes, hg. J. Hoffmeister (⁶1952) 176. – [4] a. a. O. 177.   H. Zeltner

Idealismus der Freiheit. Als einen der drei Grundtypen der Weltanschauung stellt W. Dilthey den «I.d.F.» neben den «objektiven I.» und den «Naturalismus» [1]. Im Gegensatz zum objektiven I., der als Weltanschauung allen pantheistischen Systemen zugrunde liegt, ist unter I.d.F. diejenige Weltanschauung zu verstehen, auf die die Verwandtschaft einerseits aller vom jüdisch-christlichen Monotheismus bestimmten, andererseits der auf den personalistischen Ansatz des Sokrates zurückgehenden Systeme beruht. Nach Dilthey erhält sich von Anaxagoras und Sokrates über Platon, Aristoteles und Cicero zu den Apologeten und Vätern, zu Descartes, der Schottischen Schule, über Kant, Fichte, Jacobi und Herbart bis hin zu Bergson ein Bewußtsein von Zusammengehörigkeit, das seine Intensität aus dem als gemeinsame Sache empfundenen Gegensatz zum Naturalismus empfängt. *Erkenntnistheoretisch* beruft sich der I.d.F. gegenüber dem Sensualismus der Naturalisten auf die Tatsachen des Bewußtseins, gegenüber dem kontemplativ-kongenialen Weltverständnis des objektiven I. auf die Spontaneität des die Wirklichkeit einheitlich gestaltenden Denkens. *Metaphysisch* bleiben alle zu diesem Typus zu rechnenden Systeme bestimmt teils durch Platons Entdeckung «des vom Naturzusammenhang unabhängigen begrifflichen Denkens und moralischen Wollens und seines Zusammenhangs mit einer geistigen Ordnung» [2], teils durch die christliche Schöpfungslehre in ihrer von der «römischen Anschauung eines regimentalen Verhaltens Gottes zur Welt» vorbereiteten Gestalt [3]. Die von Dilthey auch «I. der Persönlichkeit» genannte Weltanschauung ist für ihn «als das metaphysische Bedürfnis des heroischen Menschen unzerstörbar: in jeder großen handelnden Natur wird sie sich erneuern» [4].

Diltheys Weltanschauungstypologie ist zwar fraglos beeinflußt von der seines Lehrers A. Trendelenburg [5], unterscheidet sich von ihr aber darin, daß Trendelenburg den «letzten Unterschied der philosophischen Systeme» aus der logischen Beziehung zweier entgegengesetzter Begriffe (Kraft und Gedanke) deduziert, während Dilthey von drei der psychischen Struktur immanenten Möglichkeiten des Lebensverhaltens ausgeht. So deckt sich Trendelenburgs «Platonismus» (zwischen «Demokritismus» und «Spinozismus» stehend) nur partiell mit Diltheys I.d.F., da letzterer als Ausdruck einer totalen Lebensverfassung, nämlich der «willentlichen Lebenshaltung» [6], von einem logischen Klassifikationsschema aus nicht erfaßt werden kann.

E. Rothacker übernimmt die Diltheyschen Typen zur Bezeichnung dreier weltanschaulicher Grundhaltungen, auf die alle geisteswissenschaftlichen Begriffe und Methoden zurückführbar sind [7]. So ist der I.d.F. als Weltanschauung letztlich gegründet in der ethischen Forderung nach Einheit gegenüber dem «Druck des uns bedrängenden Mannigfaltigen» [8]. – H. Nohls Versuch, die Weltanschauungstypologie auf die Kunst anzuwenden [9], war von beträchtlichem Einfluß auf die

Kunst- und Literaturwissenschaft und hat auch noch auf Dilthey selbst zurückgewirkt. Den I.d.F. sieht Nohl in der Malerei u. a. durch Michelangelo und Dürer, in der Musik durch Beethoven, in der Dichtung durch Schiller verkörpert. Nohl geht dabei, wie auch Dilthey, nicht von möglichen gedanklichen Inhalten der Kunstwerke aus, sondern von Stilgegensätzen, die er «als die verschiedenen möglichen Auseinandersetzungen des Menschen mit der Welt» im Medium der einzelnen Künste interpretiert [10].

Anmerkungen. [1] W. DILTHEY, Ges. Schr. 4, 528ff.; 2, 312ff.; 5, 337ff.; 8, 75ff. – [2] a.a.O. 8, 110. – [3] ebda. – [4] 8, 111. – [5] A. TRENDELENBURG: Über den letzten Unterschied der philos. Systeme. Hist. Beiträge zur Philos. 2 (1855) 1-30. – [6] DILTHEY, a. a. O. [1] 4, 549. – [7] E. ROTHACKER: Logik und Systematik der Geisteswiss., in: Hb. der Philos. (1926). – [8] a. a. O. 137. – [9] H. NOHL: Die Weltanschauungen der Malerei (1908); ND in: Stil und Weltanschauung (1920). – [10] a. a. O. 11.

Literaturhinweise. R. UNGER: Weltanschauung und Dichtung. Zur Gestaltung des Problems bei W. Dilthey (1916); ND in: Ges. Studien 1 (1966). – J. WACH: Die Typenlehre Trendelenburgs und ihr Einfluß auf Dilthey. Philos. und Gesch. 11 (1926). – O. F. BOLLNOW: Diltheys Lehre von den Typen der Weltanschauung. Neue Jb.er 8 (1932) 234-244. – H. LEISEGANG: Denkformen (²1951).
F. RODI

Idealismus, Deutscher. ‹D.I.› ist ein historisch-thematischer Doppelbegriff mit fließenden Grenzen. Er bezeichnet

1. jene Epoche deutscher Philosophie, die durch *Kant* ihren thematischen Bestand, auch ihren methodischen Ansatz erhält und mindestens in Deutschland Philosophie überhaupt synonym werden läßt mit den Systemen zwischen Kant und Hegel. Kennzeichnend für die früheren, zum Teil noch zeitgenössischen Darstellungen dieser Epoche ist die ziemlich feste Begrenzung und nur namentliche Bezeichnung derselben durch Kant und Hegel: C. L. MICHELET: ‹Geschichte der letzten Systeme der Philosophie in Deutschland von Kant bis Hegel› (1837–1838). Für R. KRONER ergibt sich die Einheit der Epoche durch die «Stetigkeit des deutschen Denkens» aus dem Geiste Eckeharts, Böhmes, Leibnizens wie auch Kants und seiner Nachfolger: «Man muß nur diesen Geist als den des d.I. im weitesten Sinne, das heißt als den des deutschen idealistischen Wesens überhaupt begreifen, dann wird man von einem ‹Abfall› der Nachfolger nicht mehr sprechen» [1]. Dagegen versucht N. HARTMANN «die Philosophie des d.I.» letztlich historisch zu entgrenzen: Er sieht in den idealistischen Systemen «die Entfaltung eines philosophischen Gutes, das als solches gar kein idealistisches, sondern ein aller Philosophie eigentümliches ist, oder doch sein sollte» [2]. Die historische Abgrenzung ist umstritten, weil sie durch thematische Erwägungen bestimmt wird; D.I. ist deshalb

2. thematischer Sammelbegriff für die Philosophie jener Denker, die in Anknüpfung an und in Auseinandersetzung mit Kant, aber auch untereinander eine «Philosophie des Geistes» entwickelt haben, die in Hegels System ihren Abschluß fand. Die Stellung Kants in diesem Zusammenhang wird verschieden gesehen. Wer *Hegel* für maßgeblich erklärt, wird Kant als den Anfang begreifen, dessen Ende Hegel ist. Von diesem Schema geht R. KRONER aus: « Daher ist schon der Anfang mit Rücksicht auf das Ende zu betrachten, und der Zweck dieses entwicklungsgeschichtlichen Versuchs ließe sich auch dahin ausdrücken: es soll geschildert werden, wie aus der Kantischen Vernunftkritik die Hegelsche Philosophie des Geistes erwächst, welche Veränderungen und Erweiterungen die ursprüngliche Gestalt des

D.I. erfährt, um diese ihre letzte Formung zu finden» [3]. Damit sind auch die thematischen Grenzen eindeutig gezogen: « Nur wer sich an der in Hegel ausmündenden Entwicklung beteiligt hat, gehört in die Darstellung hinein» [4]. N. HARTMANN dagegen behandelt eingangs nicht Kant, sondern «Kantianer und Antikantianer», und bemerkt grundsätzlich dazu: «Das nachkantische Zeitalter setzt sich ... in einen sichtlichen Gegensatz zu Kant, dem ... doch bis zuletzt nicht so sehr das System wie die ‹Kritik› als Voraussetzung des Systems das erste Erfordernis bildete». Das gemeinsame Ziel aller Denker des D.I. ist demgegenüber «die Schaffung eines umfassenden, streng einheitlichen, auf letzten, unumstößlichen Grundlagen basierten Systems der Philosophie» [5].

Umstritten ist auch die Stellung *Schellings* im Zusammenhang des D.I.: Ob nämlich Schelling nur als Vorläufer Hegels zu gelten habe, oder ob nicht vielmehr der späte Schelling als Vollender des D.I. anzusehen sei. Nach W. SCHULZ ist Schelling «der Vollender des D.I., insofern er dessen Grundproblem, die Selbstvermittlung, bis zum Begreifen der Unbegreiflichkeit des reinen Setzens radikalisiert»; denn «in der Spätphilosophie Schellings ist erstmalig diese Bewegung vollzogen, in der die sich zu sich ermächtigen wollende Subjektivität gerade durch die Erfahrung ihrer Ohnmacht zum eigentlichen Verständnis ihrer selbst kommt» [6].

Ebenso offen ist schließlich, ob und inwiefern die Seitentriebe des D.I., *Schopenhauer* und *Nietzsche*, und die Sprößlinge Hegels, *Feuerbach*, *Marx* und *Kierkegaard*, zu demselben gehören. Auf dem Wege «von Hegel zu Nietzsche» entdeckt K. LÖWITH «den revolutionären Bruch im Denken des neunzehnten Jahrhunderts». Er will «das *Problem* deutlich machen, als welches sich die durch Hegel und Goethe vollendete deutsche Bildung im Fortgang des Jahrhunderts erwies»; dadurch unterscheidet sich seine Abhandlung «von den bisherigen Behandlungen desselben Themas, deren Verfasser den d.I. als noch bestehend voraussetzen» [7]. Dagegen vertritt W. SCHULZ die These: Schellings späte Philosophie «wirft zugleich Licht auf die *Grundansätze der großen nachidealistischen Philosophen*. ... Wir haben uns daran gewöhnt, in der Nachfolge der Feuerbach, Marx und Kierkegaard zwischen I. und Nachidealismus eine fast unüberbrückbare Kluft aufzureißen. Wir begeben uns damit der Möglichkeit, die übergreifenden Zusammenhänge in den Blick zu bekommen» [8].

3. Häufig dient ‹D.I.› als Bezeichnung für die mit der deutschen Klassik gleichzeitige und ihr geistesverwandte Philosophie, wobei Goethe, Schiller und Hölderlin sowohl Klassik wie Idealismus repräsentieren. N. HARTMANN nimmt ferner die Romantiker (Gebrüder Schlegel, Schleiermacher und Novalis) in den Kreis der Vertreter des D.I. auf; aber auch Herder und Jacobi, auch Jean Paul gehören ja in den historischen Kontext des D.I. H. NOHL hat für dieses gesamtgeschichtliche Phänomen die Bezeichnung «die deutsche Bewegung» vorgeschlagen: «Die neue Epoche gegenüber dem Zeitalter der Aufklärung beginnt überall da, wo ... der Abstraktion und Demonstration des Rationalismus ... das ‹Leben› als ein von Grund aus individuelles, irrationales ... entgegengehalten wird»; denn «die neue Bewegung war keine ursprünglich wissenschaftliche. Sie war auf Steigerung des Lebens, Inhaltlichkeit und eine neue Produktivität gerichtet». Die Aufgabe dieser Bewegung besteht dann darin, «gegenüber einer abgelebten und von der Skepsis zermürbten Zeit an der Schöpfung dieser neuen Welt und dieses neuen Ideals zu arbeiten» [9].

4. ‹D.I.› bezeichnet, der Deutung von H. Nohl verwandt, auch die wiederum vor allem in Dichtung und Philosophie dieser Epoche, aber auch in deren Musik (Beethoven) lebendige und von ihr aus weiterwirkende Weltanschauung, die den Primat des Geistes, der Ideen und Ideale und damit die ideelle Natur der Wirklichkeit behauptet und jeder Art von «Materialismus» absagt. So wird ‹I.› vor allem innerhalb des deutschen Sprachraums zu einer Bezeichnung praktisch-moralischer Art – besonders deutlich bei P. DE LAGARDE in seiner Abhandlung ‹Über die Klage, daß der deutschen Jugend der I. fehle› (1885). Er kritisiert die historische Gleichberechtigung überkommener Ideale, weil sie keinen Zukunftsausblick gewährt: «Wo unsere Jugend nur von ferne Zukunft in der Gegenwart ahnt, da dient sie dieser Zukunft. Sie dient unsichtbaren, ungreifbaren, unerweisbaren Mächten: sie glaubt, sie hat ein Ideal. Tausende von Jünglingen sind 1870 in den Krieg gezogen, mit leuchtenden Augen, mit flammenden Herzen, ... und diejenigen, welche nicht mit gekonnt haben in den grausigen Tod, in den schönen Tod, die haben im Stillen ihre bitteren Tränen geweint, daß sie zu Hause bleiben mußten» [10]. ‹D.I.› bezeichnet hier die Gesinnung der Opferbereitschaft für eine Idee (des Vaterlandes, der Nation), für eine politische Überzeugung, eine Ideologie. Nationalistisch übersteigert und zugleich ideologisch fixiert diente dieser D.I. unter dem Stichwort der «Ideen von 1914» zur Artikulation des deutschen Selbstverständnisses im Ersten Weltkrieg [11].

Anmerkungen. [1] R. KRONER: Von Kant bis Hegel 1. 2 (1921–1924) 1, 12f. – [2] N. HARTMANN: Die Philos. des d.I. 1. 2 (1923–1929) 1, Vorw. – [3] KRONER, a. a. O. [1] 1, 21. – [4] a. a O. 1, 29. – [5] HARTMANN, a. a. O. [2] 1, 1f. – [6] W. SCHULZ: Die Vollendung des D.I. in der Spätphilos. Schellings (1955) 6f. – [7] K. LÖWITH: Von Hegel zu Nietzsche (⁴1958) 421 Anm. 1. – [8] SCHULZ, a. a. O. [6] 6. – [9] H. NOHL: Die Dtsch. Bewegung und die idealistischen Systeme. Logos 2 (1911/12) 350. – [10] P. DE LAGARDE, Dtsch. Schr. (⁵1920) 407. – [11] Vgl. H. LÜBBE: Polit. Philos. in Deutschland (1963) 173ff.   H. ZELTNER

Idealismus, empirischer.

Als ‹e.I.› oder auch als ‹psychologischer› bzw. ‹akosmistischer I.› wird der erkenntnistheoretische I. G. BERKELEYS bezeichnet, der durch die Weiterentwicklung von Lockes Empirismus entstand. Berkeley selbst gebraucht jedoch diesen Namen nicht für sein System. Nach ihm ist Sein nichts anderes als Inhalt des Bewußtseins. Darum erklärt er über Locke hinaus neben den sekundären auch die primären Sinnesqualitäten für subjektiv. Seine Lehre gipfelt in dem Satz: «Their esse is percipi» [1]. Die Dinge sind nicht denkunabhängig, d. h. unseren Empfindungen entsprechen keine materiellen Gegenstände, diese sind vielmehr bloße Vorstellungen. Der Mensch täuscht sich über die Materialität, wenn er Gegenstände als gegeben voraussetzt, die unabhängig vom Vorstellen als Substanzen existieren sollen. Darum sagt Berkeley: «Und es leuchtet völlig ein, daß keine Vorstellung unabhängig vom Geist bestehen kann» [2]. ‹Ding› und ‹Vorstellung› sagen also ganz dasselbe. Berkeley leugnet sogar die Existenz von abstrakten Ideen oder Begriffen im Geist selbst [3]. Diese existieren nicht und bezeichnen keine Wirklichkeit, sie sind bloße Namen, die lediglich Zustände unseres Geistes ausdrücken. Was existiert, ist allein der Geist, und dessen Wesen ist das «Auffassen». Da das Sein der Dinge lediglich im Aufgefaßtsein besteht, so unterscheiden sich zunächst willkürliche Ideen oder bloße Phantasiegebilde nicht von anderen, die unserer Willkür entzogen sind. Es bedarf also einer uns

äußeren Ursache, um diese von bloßen Phantasien und Einbildungen unterscheiden zu können. Da aber auf Vorstellungen nur Vorstellungen wirken können, muß diese Ursache Geist sein, und zwar ein stärkerer Geist als der menschliche, nämlich Gott. Über sein Vorstellen ist der Mensch am notwendigen Produzieren der Dinge beteiligt. So errichtet schließlich Berkeley auf einer psychologistischen Grundlage eine Metaphysik Gottes.

KANT kommt in seiner Widerlegung des Idealismus nicht in diese ontologische Tiefe von Berkeleys Gedanken. Für ihn ist dessen I. nur ein dogmatischer, «der den Raum, mit allen den Dingen, welchen er als unabtrennliche Bedingung anhängt, für etwas, was an sich selbst unmöglich sei, und darum auch die Dinge im Raum für bloße Einbildungen erklärt» [4]. Gegen eine solche Auffassung stellt dann Kant seinen berühmten Lehrsatz: «Das bloße, aber empirisch bestimmte Bewußtsein meines eigenen Daseins beweist das Dasein der Gegenstände im Raum außer mir» [5].

Ähnlich wie mit diesem I. Berkeleys verhält es sich auch mit dem I. von J. NORRIS (1657–1711) [6] und von E. LAW [7]. Von Berkeley unabhängig entwickelte A. COLLIER (1680–1732) [8] seine Lehre von der Unmöglichkeit einer Welt außerhalb des betrachtenden Geistes. Berkeleys schwierige und zum Teil paradoxe Lehre fand jedoch nur wenige Anhänger. Am bedeutendsten ist D. HUME, der seine Theorie aber zum Skeptizismus weiterentwickelte und Berkeleys religiöse Tendenz völlig aufgab. Oft wird von Idealisten sogar bestritten, daß Berkeleys Lehre ein I. sei, da er dem totalen Subjektivismus und Relativismus verfalle. Um dieser Konsequenz zu entgehen, nahm Kant später in seinem transzendentalen I. an, daß statt des einzelnen psychologischen Subjekts das transzendentale Subjekt den Gegenstand bestimme, das Subjekt also, dessen allgemeine apriorische Anschauungsformen und Kategorien für alle möglichen Subjekte gelten müssen.

Anmerkungen. [1] G. BERKELEY: A treatise conc. the principles of human knowledge (Dublin 1710) III. XXV. – [2] Three dialogues between Hylas and Philonous (London 1713) I. – [3] a. a. O. – [4] I. KANT, KrV B 274. – [5] KrV B 275. – [6] J. NORRIS: An essay towards the theory of the ideal or intelligible world 1. 2 (London 1701). – [7] E. LAW: An enquiry into the ideas of space, time, immensity and eternity (Cambridge 1734). – [8] A. COLLIER: Clavis universalis or a New inquiry after truth, being a demonstration of the non-existence or impossibility of an external world (London 1713; dtsch. 1756).

Literaturhinweise. A. C. FRASER: Berkeley and spiritual realism (London 1909). – E. CASSIRER: Berkeleys System. Ein Beitrag zur Gesch. und Systematik des I. (1914). – F. OLGIATI: L'idealismo di G. Berkeley (1926). – E. STAEBLER: G. Berkeleys Auffassung und Wirkung in der dtsch. Philos. bis Hegel (1935). – F. B. ALLAIRE: Berkeley's idealism. Essays in ontology (1963). – W. E. STEINKRAUS: Is Berkeley a subjective idealist? Personalist 48 (1967) 103–118.   N. WOKART

Idealismus, kritischer.

KANT präzisiert in den ‹Prolegomena› seinen anfänglich nicht im strengen Sinne terminologischen Sprachgebrauch hinsichtlich der Charakterisierung seines Verständnisses von I. Gegenüber der Bezeichnung ‹transzendentaler I.› bzw. ‹formaler I.› erscheint ihm dort die Bezeichnung ‹k.I.› unmißverständlicher: «Denn dieser von mir sogenannte I. betraf nicht die Existenz der Sachen ..., sondern bloß die sinnliche Vorstellung der Sachen, dazu Raum und Zeit zuoberst gehören; und von diesen, mithin überhaupt von allen Erscheinungen habe ich nur gezeigt: daß sie nicht Sachen (sondern bloße Vorstellungsarten), auch nicht den Sachen an sich selbst angehörige Bestimmungen sind. Das Wort transcendental aber, welches bei mir niemals eine Beziehung unserer Erkenntnis auf Dinge, sondern nur auf Erkenntnisvermögen bedeutet, sollte diese Mißdeutung verhüten. Ehe sie aber dieselbe doch fernerhin veranlasse, nehme ich diese Benennung lieber zurück und will ihn den kritischen genannt wissen» [1]. An späterer Stelle wird diese Terminologisierung mit der Umstürzung des gewöhnlichen I. – und damit durch Absetzung vom dogmatischen I. des Berkeley und des skeptischen I. des Cartesius – begründet [2]. Eberhard renne offene Türen ein, wenn er glaubte, der k.I. habe übersehen, daß die objektive Realität eines Begriffes im allgemeinen erweislich sei – woraus aber nicht gefolgert werden könne, daß diese Realität dadurch für Begriffe von Dingen, die nicht Gegenstand der Erfahrung sein können, bewiesen werde [3].

J. G. FICHTE sieht in der Identität des Subjektes und Objektes im Ich und damit in der Identität der Idealität und Realität den k.I. Dieser ist kein I., «nach welchem das Ich nur als Subjekt und kein Dogmatismus, nach welchem es nur als Objekt betrachtet wird» [4]. Damit wird «im Begriffe der Wirksamkeit» die Synthesis von Ideal- und Realgrund geleistet [5]. Die Wissenschaftslehre, die sich als k.I. versteht, geht über Kant hinaus, insofern Fichte bei der Idealität der Objekte ansetzt und die Idealität von Raum und Zeit folgert [6]. – HEGEL sieht in Kants philosophischem Ansatz den k.I., dessen Prinzip die Subjektivität und das formale Denken ist. Als höchstes gilt die Einheit der Reflexion [7]. – Für die *Neukantianer* ist der Titel ‹k.I.› Ausdruck für die fortschreitende Methode der Wissenschaften im Rahmen einer «sehr strengen Einheit von Philosophie und Wissenschaft ... durch Wechselbeziehung» [8]. «... Allein im ewigen Fortgang, im Procedere, in der ‹Methode› der Erkenntnis wird das Sein konkret» [9]. H. COHEN kommt es auf die Einheit des k.I. und des empirischen Realismus, der Vernunft und der Wissenschaft an: «Der k.I. vereinigt I. und Realismus im Begriffe der Erfahrung. Die Kritik deckt die Grundbegriffe auf, welche der Realismus, als Wissenschaft gedacht, der Philosophie entlehne, und sie zeigt andererseits dem I., daß er, um ernsthaft und rechtschaffen zu sein, allerwegen der Beziehung auf die Erfahrung bedürfe, in der er sich fruchtbar machen kann und soll» [10]. E. CASSIRER unterscheidet den k.I. vom psychologischen Vorstellungs-I.: «Ohne logische Grundsätze, die über den Inhalt der jeweilig gegebenen Eindrücke hinausgehen, gibt es ... so wenig ein Ichbewußtsein, als es ein Gegenstandsbewußtsein gibt» [11]. Gegen Natorp nimmt J. GEYSER Stellung, indem er im k.I. – im Sinne Natorps ein einziges schlechthin notwendiges System von Formen und Gesetzen – eine petitio principii sieht: Die Naturwissenschaft wird logisch in Abhängigkeit von der Erfahrung individueller Sachverhalte gesetzt – die Notwendigkeit der Korrelation von Sachverhalt und Logik widerspricht dem rein begrifflichen Ansatz, der dadurch gegeben ist, daß das vom Wissen erfaßte Gegenständliche ein Erzeugnis des synthetischen Denkens ist [12]. P. WUST sieht in den «so vielfach variierten Systemen des k.I.» [13] die Vernachlässigung der Differenzierung der wesensmäßig geschiedenen Geistesstufen zugunsten des Abstraktums «Geist überhaupt». R. REININGER denkt den k.I. als Ausgleich mit dem Realismus. Ungeachtet der transzendentalen Idealität der Erscheinungen behauptet und beweist er die empirische Realität der Außenwelt im Gegenverhältnis zum empirischen Ich. – Im allgemeinen wird in den *Philosophiegeschichten* unter dem Titel ‹k.I.› Kants Ansatz abgehandelt [14].

Anmerkungen. [1] I. KANT, Akad.-A. 4, 293f. – [2] a. a. O. 375. – [3] 8, 210 (Über eine Entdeckung ...). – [4] J. G. FICHTE, Akad.-A. I/3 (1966) 253. – [5] a. a. O. I/2 (1965) 326. – [6] 335 Anm. 412. – [7] G. W. F. HEGEL, Werke, hg. H. GLOCKNER 1, 294. – [8] P. NATORP: Philos. Ihr Problem und ihre Probleme. Einf. in den k.I. (1911) 3. – [9] a. a. O. 15. – [10] H. COHEN: Kants Theorie der Erfahrung (³1918) 735. – [11] E. CASSIRER: Substanzbegriff und Funktionsbegriff (1910) 392. – [12] J. GEYSER: Erkenntnistheorie (1922) 27ff. – [13] P. WUST, Ges. Werke 2 (1964) 101. – [14] R. REININGER: Met. der Wirklichkeit 2 (²1948) 122; vgl. J. HIRSCHBERGER: Gesch. der Philos. 2 (³1958) 247ff.
                                                    H. K. KOHLENBERGER

Idealismus, menschewisierender. Als Gruppe des «m.I.» (men'ševistvujuščij idealizm) wurde von STALIN erstmals am 9. 12. 1930 die von A. M. DEBORIN und seinen Anhängern in den 20er Jahren gebildete «philosophische Führung» abwertend gekennzeichnet [1]. Von Lenins Weisung zum Hegel-Studium ausgehend entwickelte Deborin 1922 eine Theorie der Dialektik als «allgemeine Methode» für Natur, Geschichte und Denken, die drei «Grunddisziplinen» des dialektischen Materialismus konstituiert: «die allgemeine Theorie der Dialektik, die Dialektik der Natur und die Dialektik der Geschichte» [2], die jedoch «keineswegs eine der Natur oder Geschichte aufoktroyierte Methode» ist [3]. Dennoch wurde sie von ihm unter M. B. MITIN im Schutze Stalins sich bildenden «Orthodoxie» als reine «allgemeine Methodologie» aufgefaßt, die den «konkreten Inhalt» erst ordne, konstituiere, also idealistisch sei und ihn nicht widerspiegle. Der Vorwurf des Menschewismus bezieht sich vor allem auf die gegen Stalin gerichtete «sozialdemokratische Theorie von der Unmöglichkeit des Aufbaus des Sozialismus in einem Lande» [4] bei der Gruppe Deborin, was trotz ihrer Verdienste um die Bekämpfung des mechanischen Materialismus ihre Ausschaltung mangels «Parteilichkeit» zur Folge hatte.

Anmerkungen. [1] R. AHLBERG: ‹Dialekt. Philos.› und Ges. in der Sowjetunion (1960) 104. – [2] A. M. DEBORIN: Materialistische Dialektik und Naturwiss., in: W. GOERDT (Hg.): Die Sowjetphilos. ... Dokumente (1967) 104. – [3] a. a. O. 102. – [4] M. B. MITIN: Über das Ergebnisse der philos. Diskussion, in: GOERDT, a. a. O. [2] 253ff. 289ff.

Literaturhinweise. R. AHLBERG s. Anm. [1]. – A. M. DEBORIN: Filosofija i Politika (Moskau 1961). – W. GOERDT s. Anm. [2].
                                                    W. GOERDT

Idealismus, monistischer. Als ‹m.I.› im neuartigen Sinn von «Erlebnis-I.» bezeichnet R. REININGER sein «Metaphysik der Wirklichkeit» benanntes System. ‹I.› wird dasselbe genannt, weil es – den transzendentalen Ansatz KANTS bis zur äußersten Konsequenz durchdenkend – die ursprünglich-synthetische Subjekt-Objekt-Einheit des aktual-gegenwärtigen Erlebnis- oder Seinsbewußtseins (Urerlebnis) als absolute, paradigmatische Wirklichkeit im Sinne vorprädikativer, unmittelbarer Seinsgewißheit begreift und alles, was in intentionalem Wissensbewußtsein für objektive Realität gehalten wird, als Selbstobjektivation dieser ichzentrierten «Urwirklichkeit» durch Transformation der Bewußtheitsformen erklärt. «Das Reale wird hier aus einer Umformung von Erlebnissen abgeleitet, nicht das Auftreten der Erlebnisse aus einer für sich bestehenden Realität» [1], so daß «auch das Reale als Bewußtseinsphänomen erkannt wird» [2] und somit «die Dingwelt eine Erscheinung der Erlebniswirklichkeit im intentionalen Bewußtsein [ist], nicht deren An-sich» [3]. – ‹Monistisch› darf dieser «aktualistische I.» [4] heißen, insofern er, sich selbst als «subjektiven Spinozismus» [5] interpretierend, die Absolutheit und Selbstgenügsamkeit der Totalität des zeitlosgegenwärtigen Jetzt-Bewußtseins, dem alle Seinsweisen immanent sind, behauptet, so daß «ihm zufolge alles Seiende seiner Wirklichkeit nach gleicher Art ist und Physisches, Psychisches und Geistiges nicht als ontisch gesonderte Seinsgebiete gelten» [6]. Als «immanente Ontologie» [7] kennt dieser m.I. keinerlei Seinsdualismus, also «weder eine Transzendenz des Seins noch eine Immanenz des Bewußtseins» [8], distanziert sich aber ausdrücklich als «aktualistischer Monismus» [9] von allen Spielarten des bisherigen «Geistes-I.» [10], dem gegenüber er die Überlegenheit seines unangreifbaren Ansatzpunktes in der unbezweifelbaren Gewißheit des Erlebnisbewußtseins geltend macht.

Anmerkungen. [1] R. REININGER: Met. der Wirklichkeit (= MW) 1. 2 (1931, ²1947/48) 2, 152. – [2] Nachgel. philos. Aphor. aus den Jahren 1948-54, hg. E. HEINTEL (= NA). Abh. österr. Akad. Wiss., philos.-hist. Kl. 237, 5 (1961) 69 (Nr. 88). – [3] MW 2, 194. – [4] NA 69. – [5] MW 2, 166. – [6] 152. – [7] 194. – [8] NA 51 (Nr. 30). – [9] 69. – [10] MW 2, 159.

Literaturhinweise s. Art. ‹Ich, primäres, sekundäres›.
H. KLEINER

Idealismus, morphologischer. Als ‹m.I.› bezeichnet H. FRIEDMANN seinen Ansatz, von den Einzelwissenschaften ausgehend die Überlegenheit des «optisch-morphologischen» Zugangs zur Realität über den «haptisch-sinnlichen» zu erweisen. Die Haptik sei durch die Sinnlichkeit des Tasterlebnisses charakterisiert; aus ihrer Leibnähe erwachse die mechanisch-materialistische Erfassung der Stofflichkeit [1]. Diesem Zugang wird die Optik gegenübergestellt: sie integriere die Einzelwahrnehmungen zu Formen, welche die Haptik nicht zu erfassen imstande ist, und schreite damit über die Erkenntnismöglichkeiten der Haptik hinaus. Die Optik sei der Haptik insbesondere dadurch überlegen, daß ihre Methode der Formerfassung von der biologischen Morphologie und der psychologischen Gestalttheorie, von denen sie ausgeht, auf Bereiche wie die des Logischen und Ästhetischen transformiert werden könne, die der haptischen Stofferfassung unzugänglich bleiben müssen. Dabei sieht Friedmann die von Darwin ausgehende, phylogenetisch erklärende Evolutionstheorie im Bereich der Biologie als Verdunkelung der vorhergehenden idealistischen Morphologie an, die in ihrer Erfassung von Typen und Bauplänen – Formen also – für sein eigenes Vorgehen Vorbild ist [2].

Die Optik als Formerfassung soll auf alle übrigen Gebiete des Erkennens «transformiert» werden und als grundlegendes Moment aller Erkenntnis zur verlorengegangenen Einheit der Wissenschaft zurückführen. Diese philosophische Methode der Formerfassung sei zwar kein Solipsismus, weil die Sonderexistenz des zu erkennenden Objekts nicht geleugnet werde, sie sei aber m.I., weil ihr zufolge die Form oder Nichtform des Objekts durch die erkenntnistheoretische Einstellung des Subjekts – entweder «haptisch» oder «optisch» – konstituiert werde. Das Dasein der Objekte sei unabhängig vom erkennenden Subjekt, während das Sosein von ihm bestimmt werde, und zwar als optisch-morphologische Form [3].

F. KUNTZE stellt in seiner Rezeption und Würdigung Friedmanns dessen Ansatz neben die großen Leistungen des deutschen Idealismus, weil es Friedmann gelungen sei, das spezifisch optische Erkenntnisinstrumentarium – die Formerfassung – herauszuarbeiten und so das Moment aufzuzeigen, das die Einheit aller Wissenschaften ermöglicht [4]. Der m.I. hat jedoch keine nachhaltige Wirkung ausgeübt.

Anmerkungen. [1] H. FRIEDMANN: Die Welt der Formen. System eines m.I. (1925, ²1930) 27ff. – [2] Vgl. a. a. O. 367. – [3] a. a. O. bes. 409; vgl. Wiss. und Symbol (1949). – [4] F. KUNTZE: Der m.I. (1929) 4. 116.
W. NIEKE

Idealismus, objektiver. Ab 1801 setzt SCHELLING seinen eigenen Lehrbegriff des I. als o.I. dem subjektiven I. Fichtes entgegen: er habe sich mit dem o.I. «auf den Standpunkt der Produktion gestellt» [1]; gemeint ist das Prinzip seiner Naturphilosophie, welche beweise, daß der I. «an den Grenzen der Natur gerade so ausbrechen *muß*, wie wir ihn in der Person des Menschen ausbrechen sehen» [2]. Der subjektive I. ist deshalb zwar im Recht, «wenn er die Vernunft zum Selbstschöpfer von allem macht, denn dieß ist in der Natur selbst gegründet» [3]; aber der o.I. überholt ihn durch die Einsicht, daß dieses Prinzip eine objektive Intention der Natur am Menschen ist; o.I. in diesem Sinne ist auch HEGELS Begriff des I.: «In der Tat ist der Geist der eigentliche *Idealiste* überhaupt» [4]. Schon Schellings, noch mehr aber Hegels Konzeption drängt jedoch auf den absoluten I. hin.

Später übernimmt W. DILTHEY den Begriff in seine Abhandlung über ‹Die Typen der Weltanschauung und ihre Ausbildung in den metaphysischen Systemen› [5]. In diesem Zusammenhang meint ‹o.I.› eine Weltanschauung nach dem Prinzip: «Nicht Zusammenordnung der Fälle zu Ähnlichkeit oder Gleichförmigkeit, sondern Zusammenschauen der Teile in einem Ganzen, Erhebung von Lebenszusammenhang in Weltzusammenhang» [6]. In dieser Bestimmung ist der o.I. als Ausdruck des kontemplativen Gefühls sowohl unterschieden vom «Naturalismus» [7], der den positivistischen Ansatz des exakt-wissenschaftlichen Verstandes für allein maßgeblich erklärt, als auch vom «I. der Freiheit» [8], der als Ausdruck des aktivistischen Willens gelten kann.

Anmerkungen. [1] F. W. J. SCHELLING, Darstellung meines Systems der Philosophie. Werke, hg. K. F. A. SCHELLING (1856-1861) 4, 109. – [2] Allg. Deduktion des dynamischen Prozesses a. a. O. 4, 76. – [3] a. a. O. 77. – [4] G. W. F. HEGEL, Wiss. der Logik. Werke, hg. H. GLOCKNER (1928) 4, 182. – [5] W. DILTHEY, Weltanschauungslehre. Abh. zur Philos. der Philos. Ges. Schr. 8, hg. B. GROETHUYSEN (²1960) 75ff. – [6] a. a. O. 115. – [7] 100ff. – [8] 107ff.
H. ZELTNER

Idealismus, physikalischer. Den Vorwurf des ph.I. erhob LENIN 1909 vor allem gegen eine positivistische Interpretation von Resultaten der damaligen Physik mit der Tendenz, die wissenschaftlichen Theorien als bloße Symbolik, bloße Konvention, bequeme Formen der Organisation der Erfahrung zu deuten (*E. Mach, P. Duhem, H. Poincaré*): «Die Grundidee der in Rede stehenden Schule der neuen Physik ist die Leugnung der objektiven Realität, die uns in der Empfindung gegeben ist und in unseren Theorien widergespiegelt wird, oder der Zweifel an der Existenz einer solchen Realität» [1]. Dabei ist zu beachten, daß Lenin keineswegs auf einem «mechanischen» Bild der Welt als sich bewegender Materie besteht. Lenin selbst führt den Ausdruck ‹ph.I.› auf *L. Feuerbachs* Kritik an Joh. Müller, ein «physiologischer Idealist» zu sein, zurück. Die Ursachen des ph.I. sieht Lenin in dem scheinbaren Verschwinden der Materie in der neuen Physik (Radioaktivität) und in einem verfehlten Relativismus in der Auffassung von Wahrheit.

In neuerer Zeit ist der Vorwurf des ph.I. auch von *katholischer* Seite gegen eine Tendenz der philosophischen Interpretation von Ergebnissen der Physik erhoben wor-

den, die weithin als die der Kopenhagener Deutung mißverstanden wird [2].

Anmerkungen. [1] W. I. LENIN: Materialismus und Empiriokritizismus (1909, zit. 1952) 294. – [2] PIUS XII.: Rede auf dem
4. int. Thomistenkongr. Herder-Korr. 10 (1955/56) 136-139.

Literaturhinweis. W. I. LENIN s. Anm. [1] Kap. 5. 8.
K. M. MEYER-ABICH

Idealismus, subjektiver. ‹s.I.› ist eine polemische Wortprägung, die sich entweder grundsätzlich gegen jede
idealistische Philosophie wendet oder eine bestimmte
idealistische Position als unzureichend qualifiziert. In
diesem Sinn hat SCHELLING bereits 1801 die Möglichkeit
eingeräumt, «daß Fichte den I. in völlig subjektiver, ich
dagegen in völlig objektiver Bedeutung gedacht haben»
[1]. HEGEL wendet den Terminus gegen Kant und Fichte:
Der s.I. geht «nur auf die Form der Vorstellung», nach
der ein Inhalt der Meinige ist», wobei Kant einen «bewußtlosen I. des Bewußtseins überhaupt» vertreten,
Fichte dagegen ihn «bewußt als Prinzip ausgesprochen
und aufgestellt» habe [2]. Genauer heißt s.I. dann die
Vorstellung, «als ob im Gegenstand nichts sey, was nicht
in ihn *hineingelegt* werde», so daß man also «in der
Analyse die Tätigkeit des Erkennens allein für ein ein-
seitiges *Setzen* nimmt, jenseits dessen das *Ding-an-sich*
verborgen bleibt» [3]. Später fixiert Hegel auch den Lehrbegriff Berkeleys und Humes als s.I., der darin bestehe,
«daß das Selbstbewußtsein, als einzelnes oder formal,
weiter nicht gehe, als zu sagen: Alle Gegenstände sind
unsere Vorstellungen» [4]; und wie vor ihm schon Kant
bezeichnet er diese Lehre auch als «formalen I.», der
letztlich eine Ausprägung des Skeptizismus sei [5].

Anmerkungen. [1] F. W. J. SCHELLING, Darstellung meines
Systems. Werke, hg. K. F. A. SCHELLING (1856-1861) 4, 109. –
[2] G. W. F. HEGEL, Wiss. der Logik I. Werke, hg. H. GLOCKNER
(1928) 4, 182. – [3] Wiss. der Logik II a. a. O. 5, 280. – [4] Vorles.
über die Gesch. der Philos. 3 a. a. O. 19, 488. – [5] a. a. O. 492.
H. ZELTNER

Idealismus, transzendentaler, Realismus, empirischer. Im
Unterschied zu dem «materialen I.» vor allem Berkeleys, dem KANTS «Widerlegung des I.» gilt [1], bezeichnet
Kant seine eigene Theorie als «t.I.», nach welchem wir
alle Erscheinungen «insgesamt als bloße Vorstellungen,
und nicht als Dinge an sich selbst, ansehen» [2]. Er ist
das Ergebnis der Vernunftkritik und heißt daher auch
«kritischer I.». Er ist aber vor allem «der Schlüssel zur
Auflösung der kosmologischen Dialektik» [3]. Grundlegend dafür ist die in der ‹Transzendentalen Ästhetik›
bewiesene Idealität von Raum und Zeit und damit der
Erscheinungen überhaupt; danach sind Raum und Zeit
«nur sinnliche Formen unserer Anschauung, nicht aber
vor sich gegebene Bestimmungen, oder Bedingungen der
Objekte, als Dinge an sich selbst». Gleichwohl haben sie
«in Ansehung der Gegenstände der Sinne (der äußern
und des innern) *als Erscheinungen*» volle Realität, und
daß alle Erfahrung uns die Gegenstände nur als Erscheinungen zu erkennen gibt, bedeutet darum nicht, daß
unsere Vorstellungen «nur den Schein von Gegenständen» enthalten [4]. Es ist dies ein formaler I., d. h. er
betrifft «nicht die Existenz der Sachen ...., denn die zu
bezweifeln, ist mir niemals in den Sinn gekommen, sondern bloß die sinnliche Vorstellung der Sachen, dazu
Raum und Zeit zu oberst gehören» [5]. Während der
traditionelle I. – Kant nennt ihn auch «empirisch» –
«indem er die eigene Wirklichkeit des Raumes annimmt,
das Dasein der ausgedehnten Wesen in demselben leugnet, wenigstens zweifelhaft findet, und zwischen Traum

und Wahrheit in diesem Stücke keinen genugsam erweis-
lichen Unterschied einräumet», dagegen andererseits
behauptet, daß die «innere Erfahrung das wirkliche Dasein ihres Objekts ... hinreichend beweise», führt der t.I.
zu der Einsicht, «daß die Gegenstände äußerer Anschauung, eben so wie sie im Raume angeschaut werden, auch wirklich sind, und in der Zeit alle Veränderungen, so wie sie der innere Sinn vorstellt» [6].
Komplementär zu diesem t.I. vertritt Kant also einen
e.R.: «Ich habe in Absicht auf die Wirklichkeit äußerer
Gegenstände eben so wenig nöthig zu schließen, als in Ansehung der Wirklichkeit des Gegenstandes meines innern Sinnes (meiner Gedanken), denn sie sind beiderseitig nichts als Vorstellungen, deren unmittelbare Wahrnehmung (Bewußtsein) zugleich ein genugsamer Beweis
ihrer Wirklichkeit ist. Also ist der transzendentale Idealist ein empirischer Realist und gesteht der Materie, als
Erscheinung, eine Wirklichkeit zu, die nicht geschlossen
werden darf, sondern unmittelbar wahrgenommen wird»
[7].

Anmerkungen. [1] I. KANT, KrV B 274ff. – [2] KrV A 369. –
[3] B 518ff. – [4] Fortschritte ... A 32. 34. – [5] Prol. A 70:
§ 13, Anm. 3. – [6] KrV B 519f. – [7] KrV A 371.   H. ZELTNER

Idealrealismus. Der Begriff ‹I.› bezeichnet vor allem vier
Positionen: 1. die Annahme einer Identität von Realem
und Idealem; 2. die Lehre, «daß die idealen Prinzipien,
die Formen und Normen des Denkens, Erkennens,
Ideenmäßiges überhaupt in der Realität ihre Grundlage
haben und in ihr verwirklicht sind» [1]; 3. einen real begründeten Idealismus bzw. einen Realismus, der einen
Bezug zur Idealität aufweist; 4. in der Ästhetik die Vorstellung, daß die Kunst eine materielle Realisierung des
Idealen sei.

In Auseinandersetzung mit dem «materiellen Idealismus» Berkeleys [2] stellt KANT seine eigene Sicht als
«transzendentalen Idealismus» dar, der komplementär
zum «empirischen Realismus» steht: «Ich habe in Absicht auf die Wirklichkeit äußerer Gegenstände eben so
wenig nöthig zu schließen, als in Ansehung der Wirklichkeit des Gegenstandes meines innern Sinnes (meiner
Gedanken); denn sie sind beiderseitig nichts als Vorstellungen, deren unmittelbare Wahrnehmung (Bewußtsein) zugleich ein genugsamer Beweis ihrer Wirklichkeit
ist. Also ist der transzendentale Idealist ein empirischer
Realist und gesteht der Materie als Erscheinung eine
Wirklichkeit zu, die nicht geschlossen werden darf,
sondern unmittelbar wahrgenommen wird» [3].

F. H. JACOBI geht von «der Kantischen Entdeckung
aus: daß wir nur das vollkommen einsehen und begreifen, was wir zu construiren im Stande sind», und meint,
von hier aus sei es nur ein Schritt bis zum Identitätssystem. «Der mit stenger Consequenz durchgeführte
Kantische Kriticismus mußte ... einen umgekehrten
oder verklärten Spinozismus, *Idealmaterialismus* zur
Folge haben» [4]. Zu der Frage, warum Kant diese Konsequenz nicht eindeutiger formuliert habe, zitiert Jacobi
BOUTERWEK: «Es mag sich nach consequenter Fortsetzung des Kantischen Systems der neue Idealismus
(der *Idealmaterialismus* ist, und sich deswegen selbst
Identitätssystem nennt) folgerecht deduciren lassen.
Aber dem *Geiste* der Kantischen Philosophie ist diese
Fortsetzung so fremd, wie der *Quietismus*, und die
Geisterseherei» [5]. JACOBI selbst bezieht die Problematik
auf das Christentum und meint: «daß der religiöse *bloße*
Idealist und der religiöse *bloße* Materialist sich nur in

die beyden Schalen der Muschel theilen, welche die Perle des Christentums enthält» [6].

Nach J. G. FICHTE besteht die Notwendigkeit, «daß der endliche Geist etwas absolutes außer sich setzen muß (ein Ding an sich) und dennoch von der anderen Seite anerkennen muß, daß dasselbe nur *für ihn* da sey ein notwendiges Noumen sey». In diesen Zirkel muß eintreten, wer nicht in dogmatischen Idealismus verfallen will; denn ein System, «das aus demselben herausgegangen zu seyn wähnt, ist transcendenter realistischer Dogmatismus. Die Wissenschaftslehre hält zwischen beiden Systemen bestimmt die Mitte, und ist ein kritischer Idealismus, den man auch Real-Idealismus oder einen Ideal-Realismus nennen könnte» [7]. Idealität und Realität sind identisch: «keine Idealität, keine Realität, und umgekehrt» [8].

SCHELLING versteht Philosophie als Idealismus, und «unter sich begreift dieser wieder Realismus und Idealismus, nur daß jener erste absolute Idealismus nicht mit diesem anderen, welcher bloß relativer Art ist, verwechselt werde» [9]. Daher ist der Zugang zur Philosophie nur über die Einsicht möglich, «daß das absolut-Ideale auch das absolut-Reale sey» [10]. Bei der Reflexion auf ideelle und reelle Tätigkeit zugleich «entsteht mir ein Drittes aus beiden, was man Ideal-Realismus nennen kann, oder was wir bisher durch den Namen transzendentaler Idealismus bezeichnet haben» [11].

In der Unterscheidung von Idealismus und Realismus sieht W. T. KRUG eine Willkürlichkeit, die der ursprünglichen Verknüpfung beider nicht gerecht wird. Daher ergeht seine Aufforderung an Philosophierende: «weder das Ideale aus dem Realen, noch dieses aus jenem ableiten wollen, sondern beides als ursprünglich gesetzt und verknüpft betrachten, mithin die transzendentale Synthese ... als absoluten Gränzpunkt des Philosophierens anerkennen» [12].

Bei NOVALIS besteht ein wechselseitiges Bedingungsverhältnis von Realismus und Idealismus: «Idealisierung des Realism – und Realisierung des Idealism führt auf Wahrheit ... Der Idealist muß, um direkt für den Idealism zu arbeiten, den Realism zu beweisen suchen – und umgekehrt – *Der Beweis des Realism* ist der Idealism – und umgekehrt» [13].

J. F. HERBART hingegen spricht dem Realismus Vorrang zu: «Der Idealismus richtet sich jederzeit nach dem Realismus, den er vorfindet. Diesen sucht er umzukehren. Als dann ergibt sich, ob der vorhandene Realismus schwach genug ist, sich umkehren zu lassen, oder nicht. ... Eben durch die Unmöglichkeit eines haltbaren Idealismus erlangt er seine ganze Stärke» [14].

Die Annahme einer Identität von Idealem und Realem wird – vom Standpunkt des Idealismus – auch von HEGEL behandelt. In der ‹Encyclopädie› bestimmt er den Begriff der Realität derart, daß etwas, was Realität erlangt hat, «nicht mehr ein nur Inneres, Subjektives, sondern ins Daseins herausgetreten sei. ... Weiter pflegt nun aber auch von der Realität noch in einem anderen Sinn gesprochen und darunter dies verstanden zu werden, daß etwas sich seiner wesentlichen Bestimmung oder seinem Begriff gemäß verhält ... Hier ist es nicht das unmittelbare, äußere Dasein, um welches es sich handelt, sondern viel mehr die Übereinstimmung eines Daseienden mit seinem Begriff. So aufgefaßt ist dann aber die Realität auch nicht weiter von der Idealität ... unterschieden» [15]. An anderer Stelle heißt es: «Der Gegensatz von idealistischer und realistischer Philosophie ist ... ohne Bedeutung» [16].

Im «Zwang des Gegebenen» sieht F. A. TRENDELENBURG das einigende Band zwischen Realismus und Idealismus, denn er «führt den Geist in der Anwendung der entwerfenden Bewegung, welche das Reale aufschließt, und derselbe Zwang des Gegebenen führt ihn zu der Anwendung seiner idealen Kategorie des Zweckes. So ist dieser äußere Zwang das Zeichen der inneren Nothwendigkeit, welche der Geist sucht. Auf diesem Wege wird ein Realismus gegründet, der nicht in Materialismus ausschlagen kann; denn seine Bestimmungen gehen durch den inneren Zweck vom Gedanken im Grunde der Dinge aus; und ein Idealismus, der nicht Subjektivismus werden kann, denn er begründet sich durch eine dem Denken und Sein gemeinsame Thätigkeit, welche in der Auffassung der Erscheinung den zwingenden Anweisungen des Gegebenen folgt. ... Daher ist es nothwendig, die rechte Einigung zu erstreben, und nicht abzulassen, bis sie erreicht ist» [17].

Ähnlich faßt auch H. ULRICI das Verhältnis beider, deren Versöhnung die Philosophie in ihrer Tendenz auf das Ganze anstrebe. Sie «liegt beschlossen in dem einfachen Satze: der Realismus Träger und Organ des Idealismus, wie der Leib Träger und Organ der Seele» [18].

Das Vertrauen, «daß die idealen Prinzipien in der objektiven Realität sich wiederfinden», mithin der Glaube an die Gültigkeit einer transzendentalen Synthese, leitet W. WUNDT in seiner Logik. Dabei hat der I. nicht «aus idealen Prinzipien die Realität spekulativ abzuleiten, sondern, gestützt auf die berichtigten Begriffe der Wissenschaft, das Verhältnis der idealen Prinzipien zur objektiven Realität nachzuweisen» [19].

M. CARRIÈRE [20] wie H. LOTZE betrachten den I. in einem *ästhetischen* Zusammenhang. Für beide kommt der Kunst eine Mittlerrolle zwischen Idealem und Realem zu. Dabei ist für Lotze das geistige Leben nicht Zugabe, sondern selbst schon Welttotalität, «selbst das wichtigste Glied dieser Wirklichkeit ... Innerhalb des idealen All ... löse die Kunst die Aufgabe der Ineinsbildung der unendlichen Idealität ins Reale, eine Aufgabe, die der realen äußerlichen endlichen Welt selbst nicht lösbar ist» [21]. Vom Realen selbst vermutet er, daß es «nichts anderes sei, als die auf unbegreifliche Weise in der Form wirkungsfähiger Selbständigkeit gesetzte Idee» [22].

Eine Darstellung seines philosophischen Systems nennt N. O. LOSSKY ‹Personalistischer I.›. Er setzt eine «organische Einheit der Welt» voraus, «die es dem Subjekt möglich macht, unmittelbar nicht nur seine eigenen Gefühle und Wünsche, sondern auch die Gegenstände der Außenwelt wahrzunehmen». Das führt zu einer «metaphysischen Lehre», die «als I. bezeichnet werden» kann [23].

Anmerkungen. [1] Art. ‹Ideal-Realismus›, in: EISLER 1 (‘1927) 681. – [2] KANT, KrV B 374ff. – [3] KrV A 371. – [4] F. H. JACOBI, Werke 3 (1816) 354. – [5] a. a. O. 356. – [6] 254. – [7] J. G. FICHTE: Akad.-A. I/2, 412. – [8] a. a. O. 413. – [9] F. W. J. SCHELLING, Werke, hg. K. F. A. SCHELLING (1856-61) 2, 67. – [10] a. a. O. 58. – [11] I/3 (1858) 386. – [12] W. T. KRUG: Hb. der Philos. 1 (1820) 49f.: § 38. – [13] NOVALIS, Frg. I, hg. E. WASMUTH (1957) 69. – [14] J. F. HERBART: Lb. zur Einl. in die Philos., hg. K. HÄNTSCH (1912) 276. – [15] G. W. F. HEGEL: Encyclop. (1830) § 91 Zusatz. – [16] Wiss. der Logik, hg. LASSON (1951) 1, 145; vgl. auch: J. VAN DER MEULEN: Begriff und Realität. Hegelstudien Bei-H. 1 (1964) 131-139; J. FINDLAY: Hegel der Realist a. a. O. 141-149, – [17] F. A. TRENDELENBURG: Log. Untersuch. (1870) 529. – [18] H. ULRICI: Leib und Seele (1874) VI. – [19] Vgl. EISLER, a. a. O. [1]. – [20] Vgl. M. CARRIÈRE: Aesthetik 1 (1859) 14. – [21] H. LOTZE: Gesch. der Aesthetik in Deutschland (1868) 391. – [22] Mikrokosmos 2 (1858) 153f. – [23] N. O. LOSSKY: Personalistischer I. Kantstudien 51 (1959/60) 389.

A. BRÄMSWIG

Idealtypus. I.en sind nach M. WEBER soziologische (wie historische) Erfahrungsbegriffe und als solche unterschieden von den mit ihrer Hilfe formulierten soziologischen (wie historischen) Hypothesen und Theorien einerseits, den ihnen sachlogisch vorausliegenden Erkenntniskategorien andererseits. Die Besonderheit soziologischer (wie historischer) Begriffsbildung ist bedingt durch ihren Erkenntnisgegenstand: das soziale Handeln. Dieses ist sinnhaftes, d. h. konstitutiv auf Sinn bezogenes und nur von seinem (subjektiven) Sinn her adäquat erkennbares Verhalten. Der eigene Handlungssinn ist dem Handelnden selbst, weil nicht explizit bewußt, meist relativ unklar, oft von verschiedenen einander durchkreuzenden Zielsetzungen bestimmt; zudem ist das sinnverwirklichende faktische Verhalten durch innere wie äußere Faktoren (Affekte, Irrtümer, Einwirkung anderer) beeinflußbar und so der intendierte Sinn häufig nur annäherungsweise realisierbar. Wegen dieser faktischen, mehr oder weniger beträchtlichen erkenntnismäßigen Unbestimmtheit ihres Gegenstandes kann die soziologische (wie historische) Begriffsbildung nicht in einer vorstellungsmäßigen «Abbildung» der Wirklichkeit durch Zusammenfassung mehrerer Eigenschaftsmerkmale bestehen [1]. Soziologie (wie Historie) muß sich vielmehr um der Eindeutigkeit ihrer Begriffe willen von der faktisch meist nur relativen Eindeutigkeit vorgefundenen Handlungssinnes und seiner häufig nur annäherungsweisen Verwirklichung entfernen, um «durch einseitige Steigerung eines oder einiger Gesichtspunkte und Zusammenschluß einer Fülle von diffus und diskret, hier mehr, dort weniger, stellenweise gar nicht, vorhandenen [sinnhaften] Einzelerscheinungen, die sich jenen einseitig herausgehobenen Gesichtspunkten fügen, zu einem in sich einheitlichen Gedankenbilde» zu gelangen [2]. Je schärfer und eindeutiger dabei die gebildeten Typen sind, je «weltfremder» also, desto besser leisten sie ihren Dienst *terminologisch, klassifikatorisch* und *heuristisch* [3]. I.en, die auch *Durchschnitts-* und *Häufigkeitstypen* sein können, sind also nicht Darstellung des Wirklichen, sondern «Utopie» (in der Bedeutung rein logischer Vollkommenheit), die der Darstellung des Wirklichen eindeutige Ausdrucksmittel verleiht [4]. Als solche sind I.en nicht Ziel, sondern *Mittel* zur Erkenntnis [5]. Ihre «Konstruktion innerhalb empirischer Untersuchungen hat nur den Zweck, die empirische Wirklichkeit mit ihm zu ‹vergleichen›, ihren Kontrast oder ihren Abstand vom I. oder ihre relative Annäherung an ihn festzustellen, um sie so mit möglichst eindeutig verständlichen Begriffen beschreiben und kausal zurechnend verstehen und erklären zu können» [6]. Begreifen sozialer und historischer Phänomene bedeutet dementsprechend *Zuordnung* und nicht Subsumtion im Hinblick auf eine gedankliche Konstruktion, deren formales Kriterium begriffliche Eindeutigkeit ist, deren materiales darin liegt, etwas objektiv Mögliches darzustellen [7]. Inwieweit sich typologische Konstruktionen im Besonderen als fruchtbar erweisen, kann jedoch nur am Erfolg der Erkenntnis konkreter Gegebenheiten festgestellt werden [8]. Bedeutsam für die Typenbildung ist ihr nur *aspektspezifischer Charakter:* gleiche soziale und historische Erscheinungen können unter den verschiedenartigsten typischen Aspekten erkenntnismäßig aufgeschlüsselt werden. Diese Verschiedenartigkeit ist nicht allein durch die relative Unbestimmtheit des Erkenntnisgegenstandes selbst, sondern auch durch die soziologischer wie historischer Begriffsbildung zugrunde liegende Erkenntnisintention bedingt.

Das Konzept des I. erfährt eine wesentliche Erweiterung in A. SCHÜTZ' Untersuchung ‹Der sinnhafte Aufbau der sozialen Welt› (1932). Nach Schütz stellen I.en nicht nur erfahrungs*wissenschaftliche,* sondern auch ursprünglich *außerwissenschaftliche* Erfahrungsstrukturierungen sozialen und kulturellen Lebens dar. Soziales Handeln impliziert verschiedene Grade erlebnismäßiger Fülle und Anonymität. Entsprechend dem Grade seiner Anonymität vollzieht es sich mit Hilfe und im Rahmen idealtypischer Konstrukte. Soziale Vor- und Nachwelt können (im Gegensatz zur unmittelbar zugänglichen Mitwelt) überhaupt nur indirekt, aufgrund idealtypischer Strukturierungen, erreicht werden. – Wissenschaftliche I.en, im Gegensatz zu denen außerwissenschaftlicher Lebenszusammenhänge, sind objektiv. Sie sind begrifflich eindeutig formuliert, abstrahieren von den durch praktische Interessen bestimmten subjektiven Perspektiven und ersetzen die Zufälligkeit und Inkonsistenz eines individuellen wie kollektiven Erfahrungsschatzes durch systematische Organisation und Akkumulation allgemeinverbindlicher Erkenntnisse. Wissenschaftliche I.en stellen demnach objektive Konstruktionen subjektiver sozial-kultureller Sinnzusammenhänge dar.

Webers Auffassung, nach der idealtypische Konstruktionen Besonderheiten sozial- und kulturwissenschaftlicher Erkenntnis darstellen, ist insbesondere von seiten neopositivistischer Theoretiker widersprochen worden. So schreibt C. HEMPEL exemplarisch: «Der verschiedenartige Gebrauch von typologischen Konzepten in Psychologie und Sozialwissenschaften, einmal von gewissen irreführenden Konnotationen befreit, erweist sich als genau desselben Charakters wie die Methoden der Klassifikation, des Ordnens, Messens, der empirischen Korrelation und auch Theorieformation, wie sie in den Naturwissenschaften üblich sind» [9].

Anmerkungen. [1] M. WEBER: Ges. Aufsätze zur Wissenschaftslehre (1922, ²1951) 110. 113. 192. 208. 213. – [2] a. a. O. 191. – [3] 547. – [4] 190. – [5] 179. 193. 208. – [6] 521f. – [7] Vgl. J. WINCKELMANN: Einf. zu: Das soz. Handeln als Grundkategorie ... (1967). – [8] WEBER, a. a. O. [1] 170. 193. 553. – [9] C. HEMPEL: Typol. methods in the soc. sci., in: Sci., language, and human rights. Amer. philos. Ass. (Pennsylvania 1952) 1, 86.

Literaturhinweise. M. WEBER s. Anm. [1]; Wirtschaft und Gesellschaft (⁴1956). – A. SCHÜTZ: Der sinnhafte Aufbau der sozialen Welt (1932), Kap. 4f.; Coll. Papers 1-3 (Den Haag 1962-64). – A. VON SCHELTING: Max Webers Wissenschaftslehre (1934). – C. HEMPEL und P. OPPENHEIM: Der Typusbegriff im Lichte der neuen Logik (Leiden 1936) Kap. 3. – F. KAUFMANN: Methodenlehre der Sozialwiss.en (1936) 2, Kap. 6. – T. PARSONS: The structure of soc. action (New York/London 1937) Kap. 16. – R. WINCH: Heuristic and emp. typologies: A job for factor analysis. Amer. Soc. Rev. 12 (1947). – H. BECKER: Through values to soc. interpretation (Durham, N.C. 1950). – P. LAZARSFELD und A. BARTON: Qualitative measurement in the soc. sci.: classification, typologies, and indices, in: Policy sci., hg. D. LERNER/H. LASSWELL (Stanford 1951). – C. HEMPEL: Fundamentals of concept formation in emp. sci. (Philadelphia 1952); s. Anm. [9]. – E. NAGEL: Problems of concept and theory formation in the soc. sci., in: Sci., language, and human rights. Amer. philos. Ass. 1 (Pennsylvania 1952). – J. WATKINS: Ideal types and hist. explanation. Brit. J. Philos. Sci. 3 (1952).   H. GIRNDT

Ideat heißt seit der Hochscholastik das Korrelat der Idee: das, was nach dem Vorbild der Idee von einem mit Vernunft Handelnden hervorgebracht ist. Daher wird, wie THOMAS VON AQUIN bemerkt, ‹Idee› relativ zum I. ausgesagt (idea dicitur relative ad ideatum) [1], und so kann BONAVENTURA die Idee selbst von ihrem I. her bestimmen als dessen Ähnlichkeit: «idea est similitudo exprimens ideatum secundum totum» [2].

Diesen Sprachgebrauch, der sich auch bei ALBERTUS

MAGNUS [3], DURANDUS [4] oder WILHELM VON OCKHAM [5] findet, erläutert GABRIEL BIEL mit der eingangs fast wörtlich wiedergegebenen Bestimmung: «Si idea dicit aliquod et exemplar: ad quod agens per intellectum respiciens producit ideatum» [6].

Nachdem DESCARTES das Wort ‹Idee› zur Bezeichnung der Konzeptionen gemacht hatte, die wir uns von der dem Erkennen vorgegebenen Wirklichkeit bilden, während ‹Idee› zuvor auf das ihr gemäß zu produzierende I. bezogen war, konnte ‹I.› nun auch die dem Erkennen vorgegebene und in der Idee darzustellende Sache bezeichnen. Diese neue Bedeutung von ‹I.› verzeichnet ST. CHAUVIN: «Alias ideatum videtur potius esse ipsius ideae objectum, a quo pendet idea, quodque in idea repraesentatur» (In anderer Bedeutung scheint I. vielmehr das Objekt der Idee zu sein, von dem die Idee abhängt und das in der Idee repräsentiert wird) [7]. In diesem Sinn gebraucht dann auch J. N. TETENS das Wort ‹I.›: «Wir sehen in den Vorstellungen ihre Objekte, in den Ideen die I.» [8].

Eine Sonderstellung in der Begriffsgeschichte von ‹I.› nimmt B. SPINOZA ein. Das Axiom «Idea vera debet cum suo ideato convenire» (eine wahre Idee muß mit ihrem I. übereinstimmen) [9] ist nämlich von der gleichfalls selbstverständlichen Einsicht her zu interpretieren, daß «eine wahre Idee etwas von ihrem I. Verschiedenes ist» (idea vera ... est diversum quid a suo ideato), da die Idee eines Kreises nicht selbst rund, also nicht selber ein Kreis ist, und die Idee eines Körpers kein Körper ist [10]. Da aber die Übereinstimmung einer wahren Idee mit ihrem I. auch beider Einheit in der einen und selben Substanz bedeutet, kann man mit V. DELBOS auch sagen: «Die Ideen und ihr Objekt (ihr I.) sind eine und dieselbe Realität, die nur unter zwei verschiedenen Attributen vorgestellt ist» [11].

Anmerkungen. [1] THOMAS VON AQUIN, I Sent. 36, 2, 2 ob 4; vgl. zum Sprachgebrauch ferner De ver. 3, 5, 2; Quodl. 8, 1, 2. – [2] BONAVENTURA, I Sent. 35, art. un. q. 2 arg. 2. – [3] ALBERTUS MAGNUS, Met. I, 4, 12, hg. B. GEYER 1, 65. – [4] DURANDI A S. PORCIANO in Petri Lombardi Sent. Theol. Comm. I, d. 36, q. 3 n. 20 (Venedig 1701) fol. 98v b. – [5] W. VON OCKHAM, I Sent. 35, q. 5 D. – [6] GABRIEL BIEL: Epitome ... circa quatuor Sent. Libros (Tübingen 1501, ND 1965) I Sent. Lib. II, dist. 43, q. ultima. – [7] ST. CHAUVIN: Lex. Philos. (1713) s.v. – [8] J. N. TETENS: Philos. Versuche über die menschl. Natur ... (1777) 1, 76. – [9] B. SPINOZA, Eth. I, Ax. VI. – [10] De intell. emend. Werke, hg. GEBHARDT 2, 14. – [11] M. DELBOS: Le spinozisme (Paris ⁴1964) 105; vgl. H. H. JOACHIM: Spinozas Tractatus de intell. emend. Comm. (Oxford ²1958) 54f.   Red.

Ideation heißt ein Verfahren zur terminologischen Bestimmung von *Ideatoren* (Grundbegriffen der Geometrie, der Kinematik und der Dynamik).

Im Rahmen einer Protophysik, d. h. einer der messenden Physik methodisch vorhergehenden Begründung der Meßpraxis, werden Grundbegriffe für Theorien des Raumes, der Zeit und der (trägen) Masse festgelegt. Während in der modernen, formalistischen Mathematik und in der ihr folgenden modernen Physik eine Verbindung der bloß formalen Theorien mit dem Bereich der Meßgeräte durch (zur Formulierung der Theorien) nachträgliche Interpretationen hergestellt werden soll, spricht man traditionell erkenntnistheoretisch davon, daß Begriffe wie z. B. ‹Ebene› oder ‹Kreis› im Verhältnis zu realen Körpern wie glatten Tafeln oder Rädern ‹Idealisierungen› darstellen. Dabei wird das Problem der Idealisierung häufig in Fortsetzung bestimmter Interpretationen der platonisch-aristotelischen Kontroverse diskutiert, die, beschränkt auf geometrische und mechani-

sche Begriffe, sich in die Frage fassen läßt, ob Ideen (wie die des Kreises) eine selbständige Existenz (nämlich als theoretische Begriffe) hätten, zu denen es nur unvollkommene Abbilder gäbe (z. B. Räder, Teller o. ä.), oder ob geometrische Ideen durch Abstraktion aus realen Körpern gewonnen würden. Auf solche Formeln gebracht, greift jedoch sowohl die postplatonische als auch die postaristotelische Auffassung zu kurz: Die erste läßt das Problem einer Verknüpfung von Idee und Wirklichkeit, d. h. der Geltung von Aussagen mit theoretischen Begriffen für den Bereich der Geräte ungelöst, die zweite kann nicht angeben, auf welche Weise die Idealisierung vorzunehmen sei; weder führt eine Aufzählung von Körpereigenschaften, von denen abzusehen ist, wenn es um die geometrischen Ideen geht, zur Charakterisierung dieser Ideen, noch kann ein Abstraktionsverfahren im modernen Sinn [1] eine solche Charakterisierung leisten, da hierzu schon eine geometrisch formulierte Äquivalenzrelation erforderlich wäre. Beiden gemeinsam ist zudem der Fehler, unberücksichtigt zu lassen, daß geometrische Formen von Körpern (und entsprechend immer auch Formen von Bewegungen und von Trägheitsverhalten) nicht naturgegebene Formen sind, sondern zunächst immer künstlich hergestellt, gegen die Zufälligkeiten der Natur erzwungen werden müssen – sei es in außerwissenschaftlichen Bereichen der Technik, wie z. B. im Hausbau, sei es in wissenschaftlicher Absicht bei der Herstellung von Linealen, Zeichendreiecken, Maßstäben, Uhren usw.

Eine in der Tradition des Konstruktivismus stehende Alternative umgeht diese Schwierigkeiten: Auf einer Stufe, da weder Ideen (im Sinne von explizit festgelegten Termini einer Theorie von Raum, Zeit und Trägheit) noch geformte Körper, Bewegungen usw. (im Sinne von naturgegebenen, ihrer Entstehung nach unbekannten Formen) als verfügbar angesehen werden, können mit alltagssprachlichen Wörtern Herstellungsverfahren für räumliche, zeitliche und Trägheitsformen beschrieben, genauer: vorgeschrieben werden. So läßt sich z. B. die Herstellung «ebener» Oberflächen durch die Vorschrift des Dreiplattenverfahrens fordern [2]. In Verbindung mit solchen Herstellungsverfahren werden Prädikatoren für Formen eingeführt, deren Vorliegen (meßgerätefrei) aufgewiesen werden kann. Eine geschliffene Platte möge ‹flach› heißen, wenn zwei verschiebbar auf sie passende Platten auch untereinander verschiebbar passen. Damit ist freilich nur ein Reden über realiter vorliegende Formen möglich, was sich noch wesentlich von einer idealiter Sprechweise unterscheidet. Zunächst ist eine erste Verallgemeinerung der wie beschrieben operativ bestimmten Formprädikatoren nötig. Aus methodischen Gründen dürfen keine Herstellungsverfahren vorgeschrieben werden, die ihrerseits schon auf die Verfügbarkeit entsprechender Formen zurückgreifen (z. B. wäre es hier nicht zulässig, Lineale im Gußverfahren herzustellen, weil damit schon für die Gußform Geradlinigkeit gefordert ist); vielmehr müssen sie «erstmalig» (im methodischen Sinn) durch Herstellung von Beziehungen zwischen mehreren Körpern (Bewegungen usw.) – eine Kugelfläche erhält man z. B. durch Abschleifen zweier Körper aufeinander bis zur Passung – zu den erwünschten Formen führen. Damit ist aber auch nur eine mehrstellige Verwendung der Formprädikatoren festgelegt, so z. B. eine dreistellige für «flach» und eine zweistellige für «kugelförmig». In einer vorwissenschaftlichen Technik erlernt man (d. h. hat die Menschheit historisch erlernt und kann man jederzeit wieder erlernen), z. B. durch eine gewisse Beherrschung von Materialeigenschaften, die Herstellungsverfahren so durchzuführen, daß «praktisch alle» hergestellten Geräte die jeweils selben Eigenschaften zeigen, d. h. daß z. B. alle «flachen» (jetzt in einstelliger Verwendung) Flächenstücke aufeinander passen. Da im Falle des Nichtpassens nur die korrekte Durchführung des Herstellungsverfahrens kontrolliert, gegebenenfalls eine Wiederholung vorgenommen werden kann oder aber die Geräte (z. B. wegen ungeeigneten Materials) vom Gebrauch ausgeschlossen werden müssen, würde dies bei steigenden Ansprüchen an die Güte der Geräte zu immer größerem Ausschuß führen, bis auf einer bestimmten Stufe der Genauigkeit schließlich alle Geräte verworfen werden müßten. Hier wird nun in einer methodischen Entscheidung – von jetzt an ist korrekte Herstellung immer vorausgesetzt – anstelle einer strengen Alternative zwischen Akzeptieren oder Verwerfen eines Gerätes eine Verbesserung von Geräten angestrebt, die in einer Ausschaltung störender Umstände bei der Geräteverwendung besteht. Terminologisch wird dieser Übergang auf eine Stufe, auf der Abweichungen von einem infolge der Herstellung zu erwartenden Verhalten per definitionem auf *Störungen* zurückgeführt werden, durch eine *ideative* Redeweise zum Ausdruck gebracht. Man spricht nun nicht mehr über realisierte Formen, sondern über beabsichtigte Formen, die realiter immer nur unter dem Vorbehalt beseitigter Störungen vorliegen. So wird durch eine Ersetzung von «flach» durch «eben» angezeigt, daß nunmehr unter Absehung von prinzipiell unbehebbaren Realisierungsmängeln (eine flache Fläche ist immer endlich groß, eine Ebene unendlich) sowie Störungen gesprochen wird.

Vorgenommen wird diese Ersetzung von operativ bestimmten Form*prädikatoren* durch ideativ bestimmte Form*ideatoren* in sogenannten Homogenitätsprinzipien, d. h. Ununterscheidbarkeitsforderungen, die genau die intendierten Formen postulieren. So ist eine Ebene zu kennzeichnen als eine Fläche, deren Punkte und deren beide Seiten ununterscheidbar sein sollen. Die Homogenitätsprinzipien sind also Normen, die gerade die «relevanten», d. h. später im Rahmen der Geometrie und der Meßpraxis benützten Formeigenschaften von Geräten postulieren. Hierdurch werden die Formeigenschaften positiv bestimmt, im Gegensatz zum Versuch negativer Ausgrenzung durch Abstraktion von irrelevanten Eigenschaften wie Farbe usw. Logisch bedeutet die I. nichts anderes als eine Beschränkung auf Homogenitätsprinzipien und deren logische Implikate; diese Beschränkung ist inhaltlich eine «Als-ob-Redeweise» (als ob prinzipielle Realisierungsprobleme keine Rolle spielten und Störungen beseitigt wären) und an der Verwendung von Ideatoren, wie ‹eben›, ‹gerade›, ‹gleichförmig› (für Bewegungen) ‹konstantdicht› (für die Trägheit von Körpern), erkenntlich.

Die «geometrischen Ideen» (in traditioneller Rede) sind damit keine eigenen Gegenstände; lediglich eine Klasse von Wörtern (Ideatoren) erlaubt eine im Vollzug von Herstellungsverfahren erlernbare, aber von deren technisch-praktischen Problemen unbeeinträchtigte Rede über Formen von Raum, Zeit und Trägheit und ermöglicht damit eine Wissenschaft von diesen Formen (Geometrie und Mechanik).

Der Terminus ‹ideativ› geht auf LORENZEN zurück [3], ‹I.› und ‹Ideator› auf JANICH [4].

Anmerkungen. [1] Vgl. Art. ‹Abstraktion V›. – [2] Vgl. Art. ‹Protophysik›. – [3] W. KAMLAH und P. LORENZEN: Logische Propädeutik (1967). – [4] P. JANICH: Die Protophysik der Zeit (1969).

Literaturhinweis. H. DINGLER: Die Ergreifung des Wirklichen Kap. I–V (ND 1969) mit einem Vorwort von K. LORENZ und J. MITTELSTRASS. P. JANICH

Ideation, ideierende Abstraktion. ‹I.› oder – wie es sehr häufig heißt – ‹i.A.› bezeichnet einen Methodenbegriff der Philosophie E. HUSSERLS, nicht erst seiner Phänomenologie, der auch in anderen terminologischen Gestalten auftaucht – z. B. als ‹Wesenserschauung›, ‹Eidetik› usw. Gleichzeitig ist er im Zusammenhang anderer Husserlscher Arbeits- und Systembegriffe zu bewerten – wie ‹Intuition›, Intention, Konstitution, Evidenz, Reduktion, Reflexion sowie Eidos, Idee, Idealität, Identität, Akt, cogitatio, Noema, Sinn, Inhalt, Urteil, Aussage. Bei der Erforschung des Terminus muß seine Bestimmung und Differenzierung in Husserls Gesamtwerk sowohl (werk-)genetisch als auch systematisch erörtert werden.

Zunächst sind zwei allgemeine Grundfunktionen von ‹I.› oder ‹i.A.› zu unterscheiden: 1. I. als Methode, die der philosophische Forscher selbst forschend vollzieht (Wesen*analyse*) [1]; 2. I. als eine Leistung und Fähigkeit jedes fungierenden voll-tätigen Bewußtseins; soweit dieses nämlich überhaupt Aussagen, also auch individuelle Aussagen oder Aussagen über Individuelles macht, geht dies nicht ohne «allgemeine» Bedeutungen [2], und diese werden durch I. gewonnen, eine Leistung bereits des natürlichen und mundanen Bewußtseins.

Auf drei Entwicklungsstufen der Philosophie Husserls hält ‹I.› bzw. ‹i.A.› seine Grundbedeutung durch – auf der Stufe der psychologischen Begründung des «Reichs der Zahlen» (Philosophie der Arithmetik = PhA, 1891 [3]), auf der der deskriptiv-psychologischen Phänomenologie zum Zwecke der Herausarbeitung der objektiven Idealität logischer Bedeutungen (Logische Untersuchungen = LU, 1900/01) und auf der transzendental-phänomenologischen (Die Idee der Phänomenologie 1907; Ideen ... I, 1913) [4]: Identifikation von bewußten Inhalten oder Inhalten im Bewußtsein und Heraushebung solcher Identifikationen als solcher im Sinne idealobjektiver Gegenständlichkeiten ist die Grundbedeutung. Von den einschlägigen Topoi (Bewußtsein, Identität, Idealität, Gegenstand) ist es vor allem der Begriff ‹Bewußtsein›, der sich wandelt und Modifikationen der anderen Begriffe nach sich zieht. – In der ‹PhA› taucht der Terminus ‹i.A.› bereits, wenn auch beiläufig und modifiziert, auf: «Die Zahlensystematik bietet ... eine ... (bei idealisierender Abstraktion von gewissen Schranken unserer Fähigkeiten) ... Methode der Fortsetzung des Zahlengebietes über jede Grenze ...» [5]. Ohne den einschlägigen Terminus finden sich in der PhA wichtige Vorarbeiten dazu: «Abstrahierende Hervorhebung» [6] und «Idealisierungen». Wichtig ist die noch in den LU wirksame Unterscheidung zwischen «eigentlichen» und bloß «symbolischen» Vorstellungen. Es geht um eine ‹anschauliche› Rückführung bloß symbolischer Begriffe auf ‹eigentliche› Vorstellungen; für die PhA gilt deshalb, «daß die Begriffe Vielheit und Einheit unmittelbar auf letzten, elementaren psychischen Daten beruhen», folglich diskursiv nicht ableitbar sind, sondern als solche erfaßt werden müssen. «Was man in solchen Fällen tun kann», ist, «daß man die *konkreten* Phänomene aufweist, aus oder an denen sie *abstrahiert* sind, und die Art dieses *Abstraktionsvorganges* klarlegt: man kann ... durch verschiedene Umschreibungen die bezüglichen Begriffe scharf umgrenzen ...», von der «sprachlichen Darlegung eines solchen Begriffs» wird gefordert, «uns in die richtige Disposition zu versetzen, daß wir diejenigen *abstrakten Momente* in der *inneren* oder *äußeren* Anschauung, welche gemeint sind, *selbst herausheben* bzw. jene psychischen Prozesse, welche zur Bildung des Begriffes erforderlich sind, in uns nacherzeugen können» [7]. – Obwohl I. und i.A. für die ‹LU› grundlegend sind, findet sich dort weder eine zusammenhängende oder gar ausdrücklich vorangestellte Bestimmung des Begriffs noch eine eindeutige Stabilisierung des Terminus. Auch wird in der 1. Auflage der ‹LU› der Terminus ‹ideierend› im Zusammenhang mit dem Terminus ‹Abstraktion› trotz ‹PhA› seltener gebraucht als in der 2. Auflage [8]; und ‹I.› steht (besser) für einen besonderen Typ von Abstraktion [9]. – Erst die 6. logische Untersuchung erörtert näher die Grundlage des Begriffs ‹I.› durch die «Erweiterung des Begriffs Anschauung» (kategoriale Anschauung) [10], der sich terminologisch auch als Intuition darstellt, z. B. als «eigentliche (also intuitive) Abstraktion» [11], «intuitives (eigentliches) Meinen» [12], «intuitive Wesensanalyse» [13], «innerlich Angeschautes» [14]. Aber schon die ‹Prolegomena› machen von i.A. Gebrauch [15]. Die Einleitung der ‹LU II› nennt lediglich die Aufgabe und die Anfangsschwierigkeiten: «Die logischen Begriffe ... müssen ihren Ursprung in der Anschauung haben» ... und «durch ideierende Abstraktion auf Grund gewisser Erlebnisse erwachsen und um im Neuvollzuge dieser Abstraktion immer wieder neu zu bewähren, in ihrer Identität mit sich selbst zu erfassen sein» [16]. In der 6. Untersuchung wird die «Idee», die «Identität des Allgemeinen» «im wiederholenden Vollzuge» zu «aktueller Gegebenheit» gebracht [17]. «An voll entwickelten Anschauungen» wird das «in aktuell vollzogener Abstraktion Gegebene» «zur Evidenz» gebracht, d. h. «die Bedeutungen durch hinreichend wiederholte Messung an der reproduziblen Anschauung (bzw. an dem intuitiven Vollzug der Abstraktion) in ihrer unverrückbaren Identität» festgehalten [18]. Die «Schwierigkeiten» liegen in der Eigenart der «phänomenologischen Analyse» selbst, die unter «Ausschaltung aller empirischen Faktizität und individueller Vereinzelung» arbeitet [19], eben «auf Grund reiner Anschauung in ideativer Allgemeinheit» [20], d. h. «in jenem widernatürlichen Habitus der Reflexion reine Deskription zu vollziehen» [21]. Es wird also in den ‹LU› nicht nur I. erörtert, sondern von vornherein angewandt: «alle phänomenologischen Feststellungen, die wir hier anstreben, sind (auch ohne besondere Betonung) als Wesensfeststellungen zu verstehen» und damit eo ipso «Idealisierung» [22]. – Charakteristisch für die I. ist «die Wendung von der psychologisch-erfahrungswissenschaftlichen Einstellung in die phänomenologisch-idealwissenschaftliche. Wir schalten alle erfahrungswissenschaftlichen Apperzeptionen und Daseinssetzungen aus, wir nehmen das innerlich · Erfahrene oder sonstwie innerlich Angeschaute (etwa der bloßen Phantasie) nach seinem reinen Erlebnisbestand und als bloßen exemplarischen Untergrund für I.en; wir schauen aus ihm ideativ allgemeine Wesen und Wesenszusammenhänge heraus – ideale Erlebnisspezies verschiedener Stufen der Generalität und ideal gültige Wesenserkenntnisse, die also für idealiter mögliche Erkenntnisse der betreffenden Spezies a priori, in unbedingter Allgemeinheit gelten» [23]. Damit ist gleichzeitig der Sinn von Reduktion – als eidetischer – auf der Ebene der ‹LU› gegeben. Zu beachten sind die «*Hinsichten*» der I., die allererst Identität ausmachen [24]. –

Der «Idealismus» der ‹LU› ist somit ein solcher «spezifischer» logischer Bedeutungen und «keine metaphysische Doktrin, sondern die Form der Erkenntnistheorie, welche das Ideale als Bedingung der Möglichkeit objektiver Erkenntnis überhaupt anerkennt und nicht psychologisch wegdeutet» [25]. Dieser logisch-erkenntnistheoretische (Bedeutungs-)Idealismus der ‹LU› hat allerdings auch eine ontologische Seite, insofern der Gegenstandsbegriff über den des bloß realen hinaus, zum «objektiv-idealen» erweitert wird und Sein nicht auf Real-Sein festgelegt bleibt [26]. – Von der I. als i.A., die auch als («identifizierende») Ideierung» [27], «generalisierende Abstraktion», «ideierende phänomenologische Wesensanalyse», «intuitive Wesensanalyse» [28], «innere Anschauung» [29], Erfassung von «idealem Sinn» [30] bezeichnet wird, ist die «formalisierende ‹Abstraktion›» [31] scharf zu unterscheiden. Erfaßt die «direkte I.» oder i.A. «‹inexakte› Wesen», so befaßt sich die formalisierende Abstraktion «mit den ‹exakten› Wesen, welche Ideen im Kantischen Sinne sind, und welche (wie ‹idealer Punkt› ...) durch eine eigenartige ‹Idealisierung› entspringen» [32]. Hier geht es um «idealgesetzliche Zusammenhänge» im Sinne der logischen Analytik [33] und der Behandlung des «symbolischen» Denkens und seiner Formalitäten gegenüber dem «eigentlichen» bzw. «anschaulichen». Weiterhin ist die durch i.A. zu erfassende «Idealität des Spezifischen» als «‹Einheit in der Mannigfaltigkeit›» von der Idealität als «Norm» und «Ideal» zu unterscheiden [34]. Im selben Maße wie der Terminus ‹i.A.› seit den ‹Ideen ... I› seltener wird, erhält der Terminus ‹I.› bei Husserl einen weiteren Sinn, der sich allerdings im Rahmen von «wiederholbarer Identifikation von etwas als etwas» [35] hält und die Methoden der «Variation» ausbaut [36]. Dies dürfte seinen Grund darin haben, daß prinzipiell jede Ideierung – ob sie auf ‹formale› oder ‹materiale›, auf ‹eidetische› oder ‹mathematische›, auf ‹exakte› oder ‹morphologische›, ‹selbständige› oder ‹unselbständige› Wesen zielt [37] – gemäß dem phänomenologischen «Prinzip aller Prinzipien» [38] der i.A. unterzogen werden kann und daß die i.A. die Funktion hat, «unselbständige Momente» in «Idee setzen zu können» [39]. – Demzufolge spielt die i.A. eine entscheidende Rolle für die (transzendental-)phänomenologische Reduktion; denn erst die i.A. ermöglicht die differenzierende transzendental-phänomenologische Erfassung des Begriffs der Bewußtseinsimmanenz mit seinen ‹reellen› Momenten und seinen immanenten Transzendenzen [40] und eröffnet damit das Feld der Phänomenologie als Transzendentalphilosophie.

Anmerkungen. [1] E. Husserl: Log. Untersuch. Bd. I (1900, ²1913) (= LU I = Prol.); Bd. II, Tl. 1/2 (1901), Tl. 1 (²1913) (= LU II, 1); Tl. 2 (²1921) (= LU II, 2); hier LU II, 1, 121. – [2] LU II, 1, 12f. 167. – [3] Philos. der Arithmetik (1891), zit. nach Husserliana (= Hua), hg. L. van Breda 12, hg. L. Eley (Den Haag 1970) (= PhA). – [4] Die Idee der Phänomenol. (fünf Vorlesungen aus 1907). Hua 2, hg. W. Biemel (Den Haag ²1958) (= IdPh); Ideen zu einer reinen Phänomenol. und phänomenol. Philos. I (Halle 1913). Hua 3, hg. W. Biemel (Den Haag 1950). – [5] PhA 260. – [6] 210. – [7] 234. 119. – [8] Vgl. z. B. Prol. 229; LU II, 1, 5. – [9] LU II, 1, 103. – [10] II, 1, 141ff. 161ff. – [11] II, 1, 121. – [12] II, 1, 141. – [13] II, 1, 439. – [14] II, 1, 398. – [15] I, 269. – [16] II, 1, 5. – [17] II, 2, 162. – [18] II, 1, 6. – [19] II, 1, 9. – [20] II, 1, 18. – [21] II, 1, 17. – [22] II, 1, 235. II, 1, 3. – [24] II, 1, 112. – [25] II, 1, 108. – [26] II, 1, 115ff. 125ff.; vgl. Ideen ... I, 134f. – [27] LU II, 1, 104. – [28] II, 1, 183. 223. – [29] II, 1, 439. – [30] II, 1, 417. – [31] II, 1, 284. – [32] II, 1, 245. – [33] II, 1, 470. – [34] II, 1, 102. – [35] Dazu bes. Formale und transzendentale Logik (1929) bes. 133ff. – [36] Dazu bes. Phänomenol. Psychol. (Vorles. 1925). Hua 9, hg. W. Biemel (Den Haag 1962) 20-46. 72-93. – [37] Vgl. Ideen ... I, 26ff. 168ff. – [38] Id I a a.O. 52. – [39] LU II, 1, 162. 313. – [40] IdPh 8ff.   E. W. Orth

Idee (griech. ἰδέα, lat./ital./engl. idea, frz. idée)

I. *Antike.* – 1. *Platon und Aristoteles.* – Das griechische Wort ἰδέα (= i.) ist bereits *außerphilosophisch* von profilierter Bedeutung: Entsprechend seiner Zugehörigkeit zu der die Wurzel (Ϝ)ιδ (wid) enthaltenden Wortfamilie meint es zunächst die sichtbare äußere Gestalt einer Person oder Sache [1], die freilich auch täuschender Schein sein kann [2]. Es bedeutet dann allgemein die Beschaffenheit, die Eigenschaften von Dingen, etwa die Verwendbarkeit der Blätter einer bestimmten Baumsorte zur Herstellung von Textilfarben [3]. Schließlich dient das Wort – schon vorphilosophisch – der Klassifizierung: So spricht etwa THUKYDIDES im Zusammenhang mit der Aufzählung der einzelnen Arten von «jeder Art (i.) von Bosheit» [4] oder von «jeder Art des Todes» [5].

Bedeutung in *philosophischem* Kontext gewinnt die Vokabel i. bei DEMOKRIT: Die Urbestandteile des Weltganzen, voneinander unterschieden nur durch Gestalt, Ordnung und Lage, scheint er nach den erhaltenen Berichten und Fragmenten «nicht weiter teilbare Formen» (ἀτόμους ἰδέας) genannt zu haben [6]. Die oben erstgenannte Bedeutung dürfte diesen Wortgebrauch begründen.

Der ausgeprägt philosophische Terminus ‹I.› verbindet sich heute an erster Stelle und untrennbar mit dem Namen PLATON. Eine philologisch genaue Überprüfung der platonischen Originaltexte freilich bringt das Ergebnis, daß Platon einen ausgezeichneten Terminus i. noch nicht kennt. Was wir heute als «platonischer I.» meinen, umschreibt Platon selbst mit einer Vielzahl von Vokabeln und Redewendungen. Im ‹Symposion› etwa wird von einem «seiner Natur nach wunderbar Schönen» (τι θαυμαστὸν τὴν φύσιν καλόν) gesprochen, einem «immer Seienden» (ἀεὶ ὄν), das weder entsteht noch vergeht» (οὔτε γιγνόμενον οὔτε ἀπολλύμενον) [7]. Im ‹Phaidon› ist die Rede von der «wesenhaften Wirklichkeit selbst, die wir als das eigentliche Sein erklären» (αὐτὴ ἡ οὐσία ἧς λόγον δίδομεν τοῦ εἶναι), von «dem Gleichen selbst, dem Schönen selbst, einem jeglichen, was ist, selbst» (αὐτὸ τὸ ἴσον, αὐτὸ τὸ καλόν, αὐτὸ ἕκαστον ὃ ἔστιν), vom «eingestaltig Seienden selbst für sich selbst» (μονοειδὲς ὂν αὐτὸ καθ᾽ αὑτό) [8], vom «Wesen selbst» (αὐτὸ τὸ εἶδος) [9]. Innerhalb solcher Formulierungen, aber ohne jeden Vorzug, taucht dann auch die Vokabel i. auf [10].

Auch in den Spätdialogen läßt sich zwischen den dort für Seiende im Bereich des Idealen vorwiegend gebrauchten Vokabeln γένος, εἶδος und i. kein einleuchtender Bedeutungsunterschied, aber auch keine deutliche Bevorzugung einer der drei Vokabeln erkennen [11].

CICERO dürfte in erster Linie verantwortlich sein für die endgültige Terminologisierung des Wortes ‹I.› und seine Fixierung auf Platon und dessen Wirkungsgeschichte. «Has rerum formas appellat ἰδέας [sc. Plato]» (diese Formen der Dinge nennt er [Plato] I.en) [12]; ähnliche Aussagen finden sich mehrfach bei ihm. Die Verwendung des griechischen Fremdwortes ‹I.› durch Cicero mußte bei seinen Lesern den Eindruck eines platonischen Terminus' erwecken, falls nicht schon Cicero selbst das Wort als einen solchen verstand.

Diese erst sehr viel spätere Terminusbildung muß hermeneutisch reflektiert werden, wenn wir heute Platons Texte daraufhin befragen, was in ihnen «die I.» bedeuten. Es gibt bei Platon keine «I.-Lehre» im Sinne eines geschlossenen und durchkonstruierten philosophischen Systems; zudem wandelt sich sein Philosophieren von den frühen Dialogen zu den Spätschriften. – Zugang zum platonischen Grundgedanken der «I.» können die Fragestellungen bieten, die zu ihm führten:

Der Sokrates der frühen Dialoge fragt immer wieder (in ‹Laches›, ‹Charmides›, ‹Politeia I›, ‹Euthyphron›) nach dem einen Wesen der gesuchten Tugend im Gegensatz zu ihren vielfachen Fällen und Erscheinungsformen; im ‹Euthyphron› wird dieses Wesen, auf platonische und nachplatonische Zukunft vorverweisend, i. genannt [13]. Wir laufen heute Gefahr, diese Frage einengend nur als «logische» zu hören, als lediglich logisch-methodisches Problem der Definition. Sie meint es auch, aber nicht nur. So sehr die sokratischen Streitgespräche mit den Sophisten und deren literarischer Niederschlag in den platonischen Dialogen die Wissenschaft der Logik vorbereitet haben, so sind doch für Platon Logik und Metaphysik eine noch ungeschiedene Einheit. Die Frage etwa nach der «I.» des Frommen im ‹Euthyphron› meint nicht nur deren «Begriff» als widerspruchsfreie Merkmalskombination, sondern die Wesenheit Frömmigkeit selbst, durch welche alles Fromme fromm ist, das Urbild (παράδειγμα), durch dessen Nachahmung eine Handlung fromm wird [14].

Ein weiterer Zugang zur platonischen «I.» bietet sich von der im Dialog ‹Menon› eingeführten Unterscheidung von «richtiger Meinung» (ὀρθὴ δόξα) und «begründetem Wissen» (ἐπιστήμη) und der sie ermöglichenden «Wiedererinnerung» (ἀνάμνησις) [15]. Die Seele des Menschen hat in vorgeburtlicher Existenz außerhalb des Körpers alles, was ist, in seinem eigentlichen Wesen erblickt, Geburt im Körper bedeutete für sie Vergessen des Geschauten. Lernen, d. i. Gewinnen begründeter Erkenntnis, ist Wiedererinnerung an das Geschaute. Die Sinneswahrnehmung führt nur zur «Meinung», die zwar «richtig» sein kann, aber noch keine Gewißheit bietet. Erst das Denken des Grundes – also «Wiedererinnerung» an das einst geschaute eigentliche Wesen anläßlich der Sinneswahrnehmung – macht die Meinung zu Wissen. Ob diese «Wiedererinnerungslehre» wörtlich zu nehmen ist oder lediglich eine bildhafte Formulierung der Behauptung apriorischer Erkenntnis darstellt, kann hier undiskutiert bleiben. Wichtig für das Verständnis der platonischen «I.» ist, daß eine Analyse der Erkenntnis zu ihr führte: Wirkliches Wissen eines Einzeldinges bedeutet ja, es in seiner Defizienz, in seinem Zurückbleiben hinter seinem eigentlichen Wesen, zu erkennen. Kenntnis dieses eigentlichen Wesens vermittelt aber nicht die Sinneswahrnehmung; ihre Funktion besteht nur in der Weckung der Wiedererinnerung an es als des apriorisch Gewußten [16]. Der Dialog ‹Phaidon› führt dann für den Gegenstand dieses apriorischen Wissens – die «I.», wie wir heute sagen – die Bezeichnung «wirklicher Grund» (τὸ αἴτιον τῷ ὄντι) ein, im Gegensatz zu «dem, ohne das der Grund kein Grund wäre» (ἐκεῖνο ἄνευ οὗ τὸ αἴτιον οὐκ ἂν ποτ᾽ εἴη αἴτιον) [17]. (Der Spätdialog ‹Timaios› nimmt diese Unterscheidung von «Ursachen» (αἴτια) und «Mitursachen» (συναίτια) wieder auf [18].) Begründete Erkenntnis etwa eines schönen Einzeldinges bedeutet, nicht nur die *Mit*ursachen seines Schönseins, etwa leuchtende Farben oder eine bestimmte Gestalt, zu kennen, sondern dessen wirklichen Grund, die *Teilhabe* (μέθεξις, Partizipation) an der I. des Schönen. Begründete Erkenntnis der Einzeldinge heißt, um ihr zweifaches Zurückbleiben hinter den I. zu wissen, hinsichtlich des Momentes, daß sie sind, und hinsichtlich ihres «Was-Seins». Die I. sind apriorisch gewußter vollkommener Grund in beiderlei Hinsicht, die Einzeldinge sind zwar nicht nichtseiend, aber weniger seiend als die I.en; *was* und *daß* sie sind, verdanken sie der Teilhabe an den I. Die Vorstellung von einem «Chorismos» (χωρισμός), einer scharfen Trennung zwischen I. und Einzelding, ist nicht genuin platonisch, sondern gehört der Platonkritik, freilich seit Aristoteles, an; als Terminus wird das Wort erst seit etwa 1900 verwendet.

Zur Weiterentwicklung der I.-Konzeption der platonischen Mitteldialoge trägt die Frage nach der Prädikation eines Subjektes durch verschiedene Prädikate bei, die Platon im ersten Teil des Spätdialoges ‹Parmenides› stellt. Diese Prädikation ist gerechtfertigt durch die gleichzeitige Teilhabe des gemeinten einen Einzeldinges an verschiedenen I. [19]. Kann man nun aber auch eine einzelne *I.* zum Subjekt verschiedener Prädikate machen, hat somit auch diese I. selbst wiederum an verschiedenen anderen I. teil? Der zweite Teil des ‹Parmenides› [20] führt diesen Nachweis für die I. des Einen, der Mittelteil des ‹Sophistes› [21] stellt allgemein fest: Jede I. konstituiert sich aus «Natur» (φύσις) *und* Teilhabe an bestimmten anderen I.; Natur ist der Grund für das, was eine jede I. aus sich selbst heraus ist, Teilhabe der Grund für alles, was von ganz bestimmten anderen I. «hinzukommt». Beides zusammen macht erst eine I. aus. Dabei gibt es gewisse höchste I. – nachweisbar sind im platonischen Text die I. Andersheit, Eines und Sein [22] –, an denen *alle* I. teilhaben, und die auf diese Weise Grund dafür sind, daß wir von *allen* Seienden die Bestimmungen «anders, eines und seiend» aussagen können. Die platonische Methode zur Aufdeckung dieser I.-Verflechtungen ist die *Dihairesis* (διαίρεσις, Einteilung), ein in den Spätdialogen entwickeltes Einteilungsverfahren, dessen Schlußdefinition im Idealfall jede einzelne Teilhaberelation der zu bestimmenden I. zu anderen I.en als Prädikat wiedergibt.

Der ‹Timaios› schließlich, einer der letzten platonischen Dialoge, ergänzt die I.-Konzeption der Mitteldialoge als Folge einer Fragestellung, die sich aus der Lehre von der Teilhabe der I. aneinander ergibt: Wenn die Einzel-*I.en* sich aus «Natur» *und* Teilhabe konstituieren, muß man dann nicht auch für die Einzel*dinge* ein zweites konstitutives Prinzip neben der Teilhabe annehmen? Sie wären ja sonst nur Summe der verschiedenen Teilhaberelationen. Die Lehre des ‹Timaios› von der «dritten Gattung» (neben I.en und Einzeldingen) [23] ist Antwort auf diese Frage; diese «dritte Gattung» ist konstitutiver Grund für die Materialität der Einzeldinge und für ihre Bindung an einen bestimmten Ort, zwei Bestimmungen, für die die Teilhabe an den nicht-räumlichen und immateriellen I. nicht Grund sein kann.

Auf eine letzte Frage antwortet Platon nur noch mit großer Verhaltenheit: Kann man auf der Suche nach dem wirklichen Grund alles Seienden bei den *vielen* Gründen, den I., stehenbleiben, die einander in ihrem wechselseitigen Anderssein begrenzen? Platons Antwort ist das Sonnengleichnis der ‹Politeia› [24]: Wie die Sonne im Bereich des Sichtbaren durch ihr Licht dem Sehvermögen das Sehen und dem Gesehenen das Gesehenwerden ermöglicht, so ist die «I. des Guten» (ἡ τοῦ ἀγαθοῦ ἰδέα) in bezug auf das Denkbare – d. h. die I.en – Grund für Erkennen und Erkanntwerden. Wie die Sonne den Sichtbaren Werden, Wachstum und Nahrung verleiht, wobei sie selber aber kein Werden ist, so wird auch dem Denkbaren von der I. des Guten das Sein und das Wesen zuteil; die I. des Guten selbst aber ist keine einzelne Wesenheit mehr, «sondern sie ragt an Würde und Kraft noch über das Wesenhafte hinaus»

(ἀλλ' ἔτι ἐπέκεινα τῆς οὐσίας πρεσβείᾳ καὶ δυνάμει ὑπερέχοντος) [25]. Diesen letzten, «transzendenten» Grund aller Seienden erweist Platon im Dialog ‹Parmenides› [26] (jedenfalls in neuplatonischer Interpretation) als das absolute und relationslose Eine, das nicht mehr prädizierbar ist. Alle Aussagen, die wir notgedrungen von der Vielheit her machen müssen, treffen in der I. des Guten nicht mehr auf Vielheit, sondern auf die letzte Einheit, die alle Vielheit in höherer Weise in sich vereinigt.

Platon hat mit seiner I.-Konzeption dem philosophischen Denken bis in die jüngste Gegenwart hinein eines seiner zentralen Themen geliefert. In diesem Sinne ist WHITEHEADS bekannte Äußerung von der europäischen Philosophiegeschichte als «einer Serie von Fußnoten zu Plato» [27] mehr als nur ein pointiertes Bonmot: Platons «I.en» kann man nicht mehr vergessen, man muß sie zumindest ablehnen.

Der erste große Ablehner, zugleich aber auch Weiterführer platonischer Gedanken war ARISTOTELES. Ansatzpunkt seiner Kritik an Platon ist das Verhältnis zwischen I.en und Einzeldingen. Für ihn bestehen die platonischen I. «getrennt neben den Einzeldingen» (παρὰ τὰ καθ' ἕκαστα χωρίς) [28], sie sind «eine Art von abgesonderten und einzelnen Dingen» (ὡς χωρισταὶ καὶ τῶν καθ' ἕκαστον) [29]. Wenn die sinnfällige Welt so zum Wesenlosen wird, das die Wahrheit außer sich hat, dann ist es in der Tat schwierig, beides wieder zu versöhnen: So sind für Aristoteles der platonische Begriff der Teilhabe und die Rede von den I. als Urbildern auch «leere Worte und poetische Metaphern» (κενολογεῖν ἐστὶ καὶ μεταφορὰς λέγειν ποιητικάς) [30].

Es ist merkwürdig und bis heute kaum plausibel erklärt, warum der größte Schüler Platons seinen Lehrer so einseitig interpretiert hat. Der Chorismos mag die latente Gefahr des Platonismus sein, Platon selbst jedoch, jedenfalls nach Ausweis seiner hinterlassenen schriftlichen Äußerungen, wußte ihr zu entgehen. Vielleicht hat Aristoteles bei seiner Kritik mehr und anderes als die platonischen Texte im Auge gehabt [31].

Weiterführer der platonischen I.-Philosophie wird Aristoteles durch seine Lehre vom *Eidos* (εἶδος, dafür öfters auch μορφή; lat. forma, dtsch. Form). Was Aristoteles damit meint, ist besser zu beschreiben, wenn man den Gegenbegriff zu Eidos mit hinzuzieht, die Materie (ὕλη, lat. materia). «Ich nenne Materie dasjenige, was an sich weder als etwas noch als ein irgendwie großes noch durch irgendein anderes der Prädikate bezeichnet wird, durch welche das Seiende bestimmt ist» (ὕλην ... καθ' αὑτὴν μήτε τὶ μήτε ποσόν ...) [32]. Die Materie ist das Bestimmungslose, das lediglich aufnehmende Prinzip, das von sich aus für keinerlei Bestimmtheit Grund ist. Was dagegen den konkreten Einzeldingen ihre bestimmte Beschaffenheit verleiht, ist ihr Eidos, ihre Form. Alle Eigenschaften der Dinge, all ihre Bestimmtheit, Begrenzung und Erkennbarkeit gehen zu Lasten ihres Eidos. «Als Eidos bezeichne ich das jeweils zugehörige Sein des Einzelnen und sein eigentliches Wesen» (Εἶδος δὲ λέγω τὸ τί ἦν εἶναι ἑκάστου καὶ τὴν πρώτην οὐσίαν) [33]. Beides zusammen, Form und Materie, machen das konkrete Seiende aus. Eidos und Stoff sind reale, konstitutive Prinzipien körperlicher Dinge, jedoch unselbständig, «nicht abtrennbar» (οὐ χωριστὸν bzw. οὐ χωριστή) [34]. Beide verhalten sich zueinander wie Möglichkeit (δύναμις, Potenz) und Wirklichkeit (ἐνέργεια, ἐντελέχεια, Akt) [35]: Die Materie ist die Möglichkeit für all das, was durch ihre Verbindung mit der Form Wirklichkeit ist. Gegenüber den übergeordneten allgemeineren « Gattungen» (γένη, lat. genera) ist dieses Eidos die vollständige, durch die ganze Reihe der « Differenzen» (διαφοραί) abgeschlossene Bestimmtheit. Es ist « unteilbar» (ἄτομον), da es unterhalb seiner keine wesentlichen, sondern nur noch akzidentelle Differenzierungen gibt. Es ist die «Art» (lat. species), das allgemeine Wesen, das nur durch die Materie noch zum konkreten Einzelding individuiert wird [36].

Platons « I.en» werden also bei Aristoteles zu « Formen» als eindeutig immanenten Prinzipien der Dinge. Das konkret Einzelne gewinnt bedeutend an Interesse und Gewicht. Daß Aristoteles dabei aber dennoch in gewissem Sinne « Platoniker» bleibt, wird deutlich durch die Schwierigkeit, die der Versuch bereitet, anhand seiner Texte die Frage nach dem «wahren Sein» eindeutig zu beantworten: Was ist « früher und in höherem Grade seiend» (πρότερον καὶ μᾶλλον ὄν) [37], was ist in höherem Grade (μᾶλλον) Wesen oder Substanz (οὐσία) [38], die Materie, die Form oder das durch beide konstituierte Einzelne? Gängiges Aristotelesverständnis hat die Antwort schnell parat: selbstverständlich das konkrete Einzelding, – das gerade unterscheide Aristoteles von Platon [39]. In neueren Untersuchungen freilich erscheint die Problemlage nicht mehr so glatt: Zumindest muß man konstatieren, daß die aristotelischen Äußerungen zu dieser Frage keineswegs eindeutig sind, wenn nicht gar vieles dafür spricht, daß «Aristoteles mit den Hauptthesen seiner Philosophie am Ende seiner Entwicklung Platon näher ist als am Anfang» [40], da « bei ihm wie bei Platon» wahres Sein «den Geist und sein Objekt, die Form, die allein geistig faßbar ist, bedeutet» [41].

Anmerkungen. [1] PINDAR, Ol. 10, 103. – [2] THEOGNIS 128. – [3] HERODOT 1, 203. – [4] a. a. O. 3, 83. – [5] 3, 81. – [6] DEMOKRIT, VS (¹¹1960) 68 A 57; vgl. 68 B 5 i. B 141. B 167. – [7] PLATON, Symp. 210 e 4ff. – [8] Phaid. 78 d 1ff. – [9] Phaid. 103 e 3. – [10] z. B. Phaid. 104 b 9. – [11] Vgl. zum ‹Sophistes› H. MEINHARDT: Teilhabe bei Platon (1968) 40 Anm. 1; zum ‹Politikos› a. a. O. 69 Anm. 15; vgl. PLATON, Parm. z. B. 135 a. – [12] CICERO, Orator ad M. Brutum 3, 10. – [13] PLATON, Euth. 6 d-e. – [14] ebda. – [15] Men. 97; vgl. Phaid. 72 e 3ff. – [16] Phaid. 74 d 9-e 4. – [17] Phaid. 99 b 3f. – [18] Tim. 46 c 7ff.; 48 e 4f. – [19] Parm. 128 e 6ff. – [20] Parm. 137 c 4ff. – [21] Soph. 232 b 1-264 b 7. – [22] Soph. 258 d 7f., Parm. 144 c 6ff.; 144 b 1ff. – [23] Tim. 48 e 3ff. – [24] Resp. VI, 506 e 3ff. – [25] Resp. VI, 509 b 9ff. – [26] 1. Hypothese, Parm. 137 c 4-142 a 8. – [27] A. N. WHITEHEAD: Process and reality (New York ⁶1967) 63. – [28] ARISTOTELES, Met. VII, 16, 1040 b 26ff. – [29] Met. XIII, 9, 1086 a 33f. – [30] Met. I, 9, 991 a 20ff. – [31] Zur aristotelischen Platon-Rezeption vgl. H. BONITZ: Index Aristotelicus (1870) 598ff.: PLATON. – [32] ARIST., Met. VII, 3, 1029 a 20f. – [33] Met. VII, 7, 1032 b 1f. – [34] Vgl. Phys. II, 1, 193 b 4f.; IV, 4, 217 a 24. – [35] Vgl. De an. II, 1, 412 a 9ff. – [36] Vgl. Met. VII, 12, 1037 b 8ff.; VII, 8, 1034 a 5ff.; X, 9, 1058 a 29ff. – [37] Vgl. etwa Met. VII, 3, 1029 a 20f. – [38] a. a. O. – [39] Etwa bei UEBERWEG/PRAECHTER, Grundriß der Gesch. der Philos. 1 (¹²1926) 362. – [40] J. G. DENINGER: «Wahres Sein» in der Philos. des Aristoteles (1961) 188. – [41] a. a. O. 191.

Literaturhinweise. L. ROBIN: La théorie platonicienne des idées et des nombres d'après Aristote (Paris 1908, ND 1963). – J. MOREAU: La construction de l'idéalisme platonicienne (Paris 1939, ND 1967). – W. D. ROSS: Plato's theory of ideas (Oxford 1951). – J. HIRSCHBERGER: Gesch. der Philos. 1 (²1954). – R. LORIAUX: L'être et la forme selon Platon (Brügge 1955). – N. HARTMANN: Aristoteles und das Problem des Begriffs. Kleinere Schr. 2 (1957) 100-129; Zur Lehre vom Eidos bei Platon und Aristoteles a. a. O. 129-164. – J. STENZEL: Stud. zur Entwickl. der plat. Dialektik von Sokrates zu Aristoteles (³1961). – J. G. DENINGER s. Anm. [40]. – H. CHERNISS: Aristotle's criticism of Plato and the Academy (New York 1962). – E. ZELLER: Die Philos. der Griechen in ihrer gesch. Entwickl. II/1 (⁶1963); II, 2 (⁶1963). – L. OEING-HANHOFF: Zur Wirkungsgesch. der plat. Anamnesislehre, in: Collegium Philosophicum. Stud. J. Ritter zum 60. Geburtstag (1965) 240-271. – H. MEINHARDT s. Anm. [11]. – H. HAPP: Hyle. Stud. zum arist. Materiebegriff (1971).

---

2. *Stoa, mittlere Akademie und Philon von Alexandrien.* – Abgelehnt haben die platonische Lehre von den I. die *Stoiker.* Entsprechend ihrer «nominalistisch-konzeptualistischen» Grundhaltung hat reale Existenz für sie nur das konkret Einzelne. Die einzelnen Gegenstände der Außenwelt werden über die Sinneswahrnehmung als «Vorstellungen» (φαντασίαι) «der Seele ... eingeprägt» (τυποῦσθαι, τύπωσις) [1]; durch « Belehrung und geistige Arbeit» (διὰ διδασκαλίας καὶ ἐπιμελείας) oder auch naturhaft, unreflektiert (φυσικῶς) werden diese Vorstellungen zu « Begriffen» mit Allgemeinheitscharakter (ἔννοιαι bzw. ἐννοήματα) [2], die aber wesenhaft «Vorstellungen» bleiben: ἐννοήματα (Begriffe) sind der Gattung nach φαντάσματα (Vorstellungen) [3]. Diese allgemeinen Begriffe gibt es nur in unserem Geiste und in unserer Sprache, sie haben weder ein substantielles noch ein qualifiziertes Sein (τὰ ἐννοήματα ... μήτε τινὰ ... μήτε ποιά), sie haben beides nur « gleichsam» (ὡσανεί), wie man sich ja auch die Vorstellung eines Pferdes machen kann, ohne daß es wirklich da ist [4]. Das Allgemeine als Realprinzip des Besonderen (ob nun in platonischer oder in aristotelischer Version) verbietet sich von dieser Position aus; außerseelisch real ist nur das Einzelding [5].

Unter diese, wohl « sensualistisch» zu nennende Erkenntnislehre subsumieren die Stoiker auch Platons « I.en»: diese ἐννοήματα, also die subjektiven Begriffe der Stoiker, seien von den Alten « I.en» genannt worden [6]: « die Stoiker, die Schule Zenons, erklärten die I. als unsere subjektiven Begriffe» (οἱ ἀπὸ Ζήνωνος Στοϊκοὶ ἐννοήματα ἡμέτερα τὰς ἰδέας ἔφασαν) [7]. Natürlich wird die metaphysische Valenz der I.en abgelehnt, als solche seien sie «in der Wirklichkeit nicht vorhanden» (ἀνυπάρκτους) [8]. Es bleibt dennoch bemerkenswert, daß der Begriff (vielleicht auch schon der Terminus) ‹I.›, wenn auch in bewußter Umdeutung, für die stoische Erkenntnislehre vereinnahmt wird: man konnte ihn nicht übergehen.

Wirkungsgeschichtlich ist diese stoische Umdeutung von großer Bedeutung. Bei Platon selbst war der Versuch, die I.en als lediglich in den Seelen auftretende Gedanken (νόημα ... ἐν ψυχαῖς) zu verstehen, nur einmal kurz angeklungen [9], sofort aber als nicht durchführbar abgelehnt worden: Gedanken müßten Gedanken von etwas Seiendem, also den I. als außergedanklich Realem, sein. Durch die Stoiker aber wird die subjektive Bedeutung des Wortes ‹I.›, als Bewußtseinsinhalt, ermöglicht und angebahnt, die dann vom Spätmittelalter an immer mehr vordringt und in der Gegenwart im außerphilosophischen Gebrauch nahezu einzig gewußt und gemeint ist.

Kaum in die engere Begriffsgeschichte, wohl aber in die Problemgeschichte der I.-Lehre gehört die stoische Lehre von den «Vernunftkeimen» (λόγοι σπερματικοί, lat. rationes seminales). Diese Vernunftkeime sind Grund für die vernünftige Vielgestaltigkeit der Welt und ihre Entwicklung, in ihnen vermittelt sich die eine Urvernunft, der Logos, die Gottheit, an die gestaltlose « Materie» (ὕλη) als «leidendes Prinzip» (πάσχον): Die Gottheit « umfaßt in sich all die Vernunftkeime, denen gemäß mit schicksalhafter Notwendigkeit ein jedes geschieht» (ἐμπεριειληφὸς πάντας τοὺς σπερματικοὺς λόγους, καθ' οὓς ἕκαστα καθ' εἱμαρμένην γίνεται) [10]. « Die Materie hat in sich die Vernunftkeime der Gottheit aufgenommen, damit das Ganze ‹sinnvoll› geordnet ist» (τοὺς σπερματικοὺς λόγους τοῦ θεοῦ ἡ ὕλη παραδεξαμένη ἔχει ἐν ἑαυτῇ εἰς κατακόσμησιν τῶν ὅλων)

[11]. Man erkennt unschwer das große Thema platonischer und aristotelischer Eidosphilosophie wieder: Das bestimmende Eine als Grund für die Rationalität des bestimmten Vielen. Sicher ist diese stoische Lösung anders, vielleicht muß man sie «materialistisch» nennen: «Die Stoiker lehren, daß alle Ursachen körperlicher Art sind» (οἱ Στοϊκοὶ πάντα τὰ αἴτια σωματικά) [12]; sie ist aber nicht denkbar, ohne daß man Platon und Aristoteles dabei mitdenkt.

Wegen ihrer Lehre von der einen Gottheit, die die vielen Keimkräfte in sich umfaßt, könnte man die Stoiker problemgeschichtlich zu den Vorbereitern der wichtigsten Modifikation der I.-Lehre zwischen Platon und Augustinus rechnen: Die I. werden zu urbildlichen *Gedanken Gottes*. Welchem der *Mittelplatoniker* diese Modifikation eigentlich zuzuschreiben ist, ist kontrovers. Geht sie schon auf Antiochus von Askalon (gest. um 68 v. Chr.) zurück [13] oder ist sie erst (gest. um 50 n. Chr.) greifbar? [14]. Im 2. Jh. n. Chr. jedenfalls wird sie von den «Platonikern» allgemein akzeptiert. So etwa bei Albinos: «Die I. ist in bezug auf Gott sein Denken (ἡ ἰ. ὡς μὲν πρὸς ϑεὸν νόησις αὐτοῦ), in bezug auf uns das erste Denkbare, in bezug auf die Materie das Maß, in bezug auf den sinnlichen Kosmos das Urbild, in bezug auf sich selbst erweist sie sich als Wesen» (ἐξεταζομένη οὐσία) [15].

Es wäre jedoch auch möglich, daß die Annahme falsch ist, daß es einen bestimmten einzelnen Urheber dieser neuen Interpretation der platonischen I.en geben müsse. Wenn es ihn aber gab, dann tat er «nur» das, was in der Entwicklung des Problems fällig war, und was sich deshalb auch rasch allgemein durchsetzte: Bei Platon sollten die I. eigentlicher und letzter Grund für die vielen Einzelseienden sein, waren aber selbst noch im Bereich der Vielheit. Deshalb hatte er in der ‹Politeia› die I. des Guten eingeführt, als einen Grund hinter den vielen Gründen. Zum Verhältnis der einen I. des Guten zu den vielen Einzel-I. jedoch finden sich in den vorhandenen Texten allenfalls einige Andeutungen.

Es erscheint einsichtig, daß nach Beendigung der skeptischen Periode der Akademie durch Antiochos von Askalon die Mittelplatoniker der römischen Kaiserzeit sich mit ihrem neuerwachten metaphysischen Interesse diesem unausgestandenen Problem zuwandten. Die I. als Gedanken Gottes zu verstehen, ist eine seiner möglichen Lösungen; der «Dualismus» in der Letztbegründung, wie ihn Platon hinterlassen hatte, entfällt: nicht viele I. und die eine I. des Guten, sondern der eine Gott mit seinen die vernünftige Vielheit begründenden urbildlichen Gedanken. Diese Lösung wirft freilich weitere Fragen auf, vor allem die nach dem «Einessein» Gottes. Die Neuplatoniker werden sie später zu ihrem zentralen Thema machen. Insofern ist die mittelplatonische Modifikation der I.-Lehre gewiß auch Vorbereitung des Neuplatonismus [16].

Ähnlich stellt sich aber schon vorher das Problem für Philon von Alexandrien. Sein Anliegen ist die Betonung der Transzendenz Gottes, die ihm durch die anthropomorphen Aussagen über Gott in den jüdischen Heiligen Schriften gefährdet scheint. Wie aber läßt sich mit der betonten Transzendenz Gottes die göttliche Einwirkung auf die Welt vereinbaren, ihre Schöpfung, Leitung und Erhaltung, Inhalt jüdischen Glaubens, zu dem sich Philon bekannte? Mittel zur Lösung dieses Problems findet Philon in der ihm wohlvertrauten philosophischen Tradition, vor allem in platonischen und stoischen Lehren, die sich ihm mit seinem jüdischen Glauben zur Synthese fügen.

Wenn Gott als höchst Transzendenter dennoch Grund für die Welt sein soll, bedarf es der Vermittlung. Zentrale Funktion in dieser Vermittlung hat der philonische «Logos». Seine genauere Bestimmung ist unter den neueren Interpreten zwar noch lange nicht ausdiskutiert [17], doch läßt sich aus den vielfältigen Aussagen Philons folgender Grundgedanke herausarbeiten: Der Logos ist die Gesamtheit der I.en und ist als solcher Vorbild der ganzen Schöpfung, selbst aber erstes Abbild Gottes. «Gott ... bildete, als er diese sichtbare Welt schaffen wollte (τὸν ὁρατὸν κόσμον), vorher die gedachte (τὸν νοητὸν [κόσμον]) Welt, um dann unter Benutzung eines unkörperlichen und höchst gottähnlichen Vorbildes (χρώμενος, ἀσωμάτῳ καὶ ϑεοειδεστάτῳ παραδείγματι) die körperliche Welt – das jüngere Abbild eines älteren – herzustellen» [18]. Wie aber nun der in dem Baumeister zuvor entworfene Stadt nicht außerhalb die Stätte hatte, sondern nur der Seele des Künstlers eingeprägt war, ebenso hat auch die aus den I. bestehende Welt (ὁ ἐκ τῶν ἰδεῶν κόσμος) keinen anderen Ort als die göttliche Vernunft (τὸν ϑεῖον λόγον) [19]: «Die gedachte Welt ist nichts anderes als der Logos des bereits welterschaffenden Gottes» [20]. Der Logos ist also das Denken Gottes und das, was er denkt, der I.-Kosmos; von einer realen Verschiedenheit von Gott und Logos kann – wenigstens in diesem Kontext und bei dieser Funktion des Logos – nicht die Rede sein. Obwohl aber nicht real verschieden, so ist doch die Funktion des Logos (und damit der I.en) zugleich das Abbild Gottes und Vorbild der Welt wie der Vermittlung zwischen Gott und Welt.

Anmerkungen. [1] SVF I, 141. 58. – [2] SVF II, 83. – [3] a. a. O. S. 28, Z. 27f.; vgl. SVF II, 847. – [4] SVF I, 65. – [5] SVF II, 361. – [6] SVF I, 65. – [7] SVF II, 360. – [8] SVF I, 59, Z. 25. – [9] PLATON, Parm. 132 b 3ff. – [10] SVF II, 1027. – [11] SVF II, 1074. – [12] SVF II, 340. – [13] So W. THEILER: Die Vorbereitung des Neuplatonismus (²1964) 15ff. 37ff. – [14] Vgl. J. H. WASZINK: Bemerk. zum Einfluß des Platonismus im frühen Christentum. Vigiliae Christianae 19 (1965) 139 Anm. 21. – [15] ALBINOS, Didaskalikos 9 (überl. als Eisagoge eines Alkinoos), in: PLATONIS Dialogi, hg. C. F. HERMANN 6 (1907) 163; ähnlich ATTIKOS, Frg. 9, hg. J. BAUDRY (Paris 1931) 32. – [16] THEILER, a. a. O. [13]. – [17] Vgl. H. A. WOLFSON: Philo 1. 2 (Cambridge, Mass. ²1948); krit. dazu K. BORMANN: Die I.- und Logoslehre Philons von Alexandrien. Eine Auseinandersetz. mit H. A. Wolfson (Diss. Köln 1955). – [18] PHILON, De opificio mundi 16. Opera, hg. COHN-WENDLAND 1 (1896); vgl. dazu BORMANN, a. a. O. 78. – [19] PHILON, De opificio mundi 20. – [20] a. a. O. 24.

Literaturhinweise. M. HEINZE: Die Lehre vom Logos in der griech. Philos. (1872, ND 1961). – H. MEYER: Gesch. der Lehre von den Keimkräften (1914). – H. LEISEGANG: Art. ‹Philon (Alex.)›, in: RE 39. Hbd. (1941) 1-50. – A. N. M. RICH: The Platonic ideas as thoughts of God. Mnemosyne 7 (1954) 123-133. – K. BORMANN s. Anm. [17]. – M. POHLENZ: Die Stoa 1. 2 (²1959). – Les sources de Plotin. Dix exposés et discussions par E. R. DODDS u. a. (Genf 1960). – W. THEILER s. Anm. [13]. – H. A. WOLFSON s. Anm. [17]. – J. H. WASZINK s. Anm. [14].

3. *Neuplatonismus und Augustinus.* – Der neue philosophische Impuls, der von den Mittelplatonikern der Kaiserzeit ausging, kam zu damals weltweiter Wirkung bei den *Neuplatonikern*. Ihr erster großer Höhepunkt ist die Philosophie PLOTINS; er soll hier exemplarisch behandelt werden. Gemeinsam ist der ganzen neuplatonischen Philosophie die Tendenz, die sinnenfällige Vielheit durch stufenweise Herleitung aus einem letzten transzendenten ureinen Prinzip zu erklären. Das Problem stellt sich für den «Heiden» Plotin sehr viel schärfer als für den Juden Philon, dessen Gottesbegriff ja der der biblischen Schriften war, also der eines Gottes, der sich als Person den Menschen geoffenbart hat und somit

Aussagen über sich ermöglicht. Das Urprinzip alles Seienden ist für Plotin das absolut Eine, jenseits aller Bestimmungen und Aussagemöglichkeiten, wie es Platon in der ersten Hypothese des ‹Parmenides› (137 c 4 bis 142 a 8) erwiesen hatte; Plotin ist nicht zufällig der erste unter den Platonikern der Kaiserzeit, der den platonischen Dialog ‹Parmenides› wirklich rezipiert [1] hat (vielleicht ist er dadurch zum «Neuplatoniker» geworden). Daß die I. Gedanken Gottes sind, war zur Zeit Plotins nahezu unbestrittene Platoninterpretation; mit der ‹Parmenides›-Rezeption Plotins ließ sich diese Theorie aber nicht unverändert vereinbaren. Viele I., auch als Produkt eigenen Denkens, würden dem absoluten Einessein des Urprinzips widersprechen. Deshalb ist der Ort der I.en für Plotin der Geist, der «Nous» (νοῦς), die zweite Hypostase im plotinischen System, «das erste Standbild ‹Gottes›, das in die Erscheinung tritt» (ἄγαλμα τὸ πρῶτον ἐκφανέν) [2]. Die I. sind Gedanken dieses Geistes, aber nicht so, «daß erst, als der Geist sie gedacht hat, die einzelne I. entstand und nun existiert» [3]. Vielmehr ist der Geist von vornherein mit den I. identisch: «der Geist ist als Gesamtheit alle I., die einzelne I. aber ist der Geist als einzelnes» (ὅλος μὲν ὁ νοῦς τὰ πάντα εἴδη, ἕκαστον δὲ εἶδος νοῦς ἕκαστος) [4]. Deshalb kann Plotin auch sagen, daß die I.en im Geiste als Gegenstände seines Denkens zwar «einander andere» (ἕτερα πρὸς ἄλληλα) [5] sein müssen, aber dabei doch «ungetrennt» (ἄσχιστα) [6] und «ungeschieden» (ἀδιάκριτα) [7] bleiben.

Die geistimmanenten I. Plotins sind wie die platonischen Grund für die bestimmte Vielheit der sinnenfälligen Welt, freilich nochmals vermittelt über eine weitere Hypostase, die Seele (ψυχή). Entsprechend ist auch der Teilhabebegriff differenzierter als bei Platon [8].

AUGUSTINUS steht nicht nur faktisch chronologisch zwischen Antike und Mittelalter, sondern diese Mittelstellung ist seiner Lehre innerlich. Antik-«heidnische» Philosophie, in ihr besonders den «Platonismus», und christliche Lehren fügt er zur Synthese; beides zusammen wird dadurch zukunftweisend. Das gilt auch für seine I.-Lehre.

Die I. sind für Augustinus, ganz im Sinne Platons, eigentlicher Gegenstand des Wissens: ohne Erkenntnis dessen, was Platon ‹I.en› (ideas) nennt, könne niemand ein wirklich Wissender (sapiens) sein [9]: «Sie sind gewisse urgründliche Formen, beständige und unwandelbare Gründe der Dinge, die selbst nicht ‹anderswoher› geformt sind ... sie sind ewig ... sie entstehen nicht und vergehen nicht» (sunt ... principales formae quaedam, vel rationes rerum stabiles atque incommutabiles, quae ipsae formatae non sunt ... aeternae ... neque oriantur neque intereant) [10]. Was entstehen und vergehen kann, also die ganze sinnlich faßbare Welt, wird ihnen nachgeformt (secundum eas ... formari); Seiendes ist das, was es ist, und so, wie es ist, aufgrund der Teilhabe an den I. (quarum participatione) [11].

Daß die I.en «in der göttlichen Vernunft enthalten sind», ist für Augustinus selbstverständlich und unproblematisch; er sagt es in einem kurzen relativischen Nachsatz zur zitierten Beschreibung der I.en: «quae in divina intelligentia continentur» [12]. Gott hat alles nach diesen in ihm enthaltenen Gründen (rationes) geschaffen, anderes zu meinen sei Sakrileg [13]. Die – gerade auch durch ihn – fortentwickelte christliche Trinitätslehre erspart Augustinus die Probleme, die sich für Philon und vor allem für Plotin aus der Übernahme dieser mittelplatonischen Modifikation der I.-Lehre ergeben hatten.

Zugleich aber sind es gerade diese beiden Autoren, die sich, allerdings christlich aufgehoben und umgedeutet, in Augustins metaphysischer Trinitätsspekulation finden [14]. «Ort» der I.en in Gott ist das Wort Gottes, Verbum Dei, Jesus Christus, die zweite Person in der Gottheit, es ist die Form aller Dinge, und zwar aller einzelnen Dinge: «es ist Form, nicht geformte Form, sondern Form aller geformten Dinge» (est enim forma quaedam, forma non formata, sed forma omnium formatorum) [15].

Neben, oder besser vor seiner Funktion als «Form» bei der Erschaffung der Welt ist das Verbum aber die Aussage, die Gott von sich selbst macht, die Weise, in der er sich selbst erkennt [16]. Das läßt sich dann auch von den I. sagen: Im Verbum als der Weisheit (sapientia) Gottes [17], in der alle «unsichtbaren und unveränderlichen Gründe der Dinge enthalten sind» [18], erkennt Gott sich selbst, die I. sind also Inhalt der Selbsterkenntnis Gottes.

Damit wird aber auch schon die Bedeutung vorgezeichnet, die die I.en in der augustinischen Metaphysik der menschlichen Erkenntnis haben. Wahres Wissen bedeutet Wissen von den I., die I. konstituieren sich aber in der Selbsterkenntnis Gottes, menschliches Erkennen muß also Teilhabe am göttlichen Erkennen der I.en sein. Augustinischer Terminus für die Teilhabe ist die «Erleuchtung» (illuminatio): «Erleuchtung ist unsere Teilhabe am Verbum» (illuminatio quippe nostra participatio Verbi est) [19]. «Ort» der Auswirkung dieser göttlichen Erleuchtung ist die Memoria (Gedächtnis) des Menschen, sie ist – in der Funktion, die hier interessiert – «Ort» unwandelbarer Wahrheiten, die durch keinen körperlichen Sinn in das Gedächtnis gekommen sein können [20]. Diese Erleuchtung des inneren Menschen ist der Grund für die Möglichkeit wahrer Erkenntnis; was die Sinne liefern, hat lediglich mahnende und veranlassende Bedeutung, indem sie den Geist anregen, sich der in der Memoria liegenden Begriffe und Gesetze bewußt zu werden. Die Wahrheit «ermahnt von draußen und belehrt im Inneren» (foris admonet, intus docet) [21].

In dieser als «Illuminationslehre» titulierbaren Grundkonzeption Augustins hat natürlich die aristotelische Lehre von der Abstraktion keinen Platz [22]. Ihre genauere Deutung freilich ist auch in der gegenwärtigen Diskussion noch umstritten [23]. Das mag daran liegen, daß es Augustinus bei der Illuminationslehre primär nicht um Erkenntnistheorie im engeren Sinne geht, sondern um eine metaphysische Begründung der faktisch vorfindlichen unveränderlichen Wahrheiten im menschlichen Geist [24]. Diese «Lücke» bei Augustinus aber verweist auf die Weiterbehandlung des Problems im Mittelalter, vor allem durch Bonaventura und Thomas von Aquin [25].

Anmerkungen. [1] Vgl. H. DÖRRIE, in: Les sources de Plotin. Dix exposés et discussions par E. R. DODDS ... u. a. (Genf 1960) 228ff. – [2] PLOTIN, Enn. V, 1 (10), 6, 14f. – [3] a. a. O. V, 9 (5), 7, 15. – [4] 8, 3f. – [5] V, 1, (10), 4, 39. – [6] IV, 3 (27), 4, 10 (nach THEILER). – [7] V, 9 (5), 6, 12. – [8] Vgl. Überblick über Plotins Philos. und Lehrweise, in: PLOTINS Schr., dtsch. R. HARDER 6 (1971). – [9] AUGUSTIN, De div. quaestionibus LXXXIII, q. 46. MPL 40, 29. – [10] a. a. O. MPL 40, 30. – [11] ebda. – [12] a. a. O. [10]. – [13] MPL 40, 50f. – [14] Vgl. dazu J. RITTER: Mundus intelligibilis. Eine Untersuch. zur Aufnahme und Umwandlung der neuplaton. Ontol. bei Augustinus (1937) 33ff. 46ff. – [15] AUGUSTIN, Sermo 117. MPL 38, 662. – [16] Vgl. De Trin. 15, c. 14. MPL 42, 1077. – [17] De beata vita c. 4. MPL 32, 975. – [18] De civ. Dei 11, c. 10. MPL 41, 327. – [19] De Trin. 4, c. 2. MPL 42, 889. – [20] Conf. 10, 10. 12. MPL 32, 786f. – [21] De libero arb. 2, 14. MPL 32, 1262. – [22] Vgl. FR. KÖRNER: Abstraktion oder Illumination? Rech. augustiniennes 2 (Paris

1962) 81-109. – [23] Vgl. Lit. – [24] Vgl. AUGUSTIN, z. B. De libero arb. 2, c. 3ff. MPL 32, 1243ff. – [25] Vgl. dazu OEING-HANHOFF, a. a. O. [Lit. zu 1] 255ff.

Literaturhinweise. J. HESSEN: Augustins Met. der Erkenntnis (1931). – J. RITTER s. Anm. [14]. – J. TROUILLARD: La procession Plotinienne (Paris 1955). – F. KÖRNER s. Anm. [22]. – O. LECH-NER: I. und Zeit in der Met. Augustins (1964). – W. BEIERWALTES: Proklos. Grundzüge seiner Met. (1965). – A. SCHÖPF: Wahrheit und Wissen. Die Begründung der Erkenntnis bei Augustin (1965). – H. R. SCHLETTE: Das Eine und das Andere. Stud. zur Problematik des Negativen in der Met. Plotins (1966). – K.-H. VOLK-MANN-SCHLUCK: Plotin als Interpret der Ontol. Platons (³1966). – H. BUCHNER: Plotins Möglichkeitslehre (1970). – E. FRÜCHTEL: Weltentwurf und Logos. Zur Met. Plotins (1970). – C. ANDRE-SEN: Bibliogr. Augustiniana (1973).   H. MEINHARDT

II. *Mittelalter.* – A. *Von der Spätantike bis zum 13. Jh.* –

Der Terminus ‹I.› ist im Zusammenhang der Rezeption der platonisch-neuplatonischen Metaphysik aus der philosophischen Tradition der lateinischen Spätantike in das lateinische Mittelalter gelangt, hat jedoch bis zum frühen 13. Jh. nur vereinzelt systematisch bedeutungsvolle Verwendung gefunden. Seine Vermittlung lief über philosophische Texte christlicher wie nicht-christlicher Autoren.

1. *Die maßgeblichen Quellen.* – Der wichtigste christliche Autor ist AUGUSTINUS. Seine Umdeutung der platonisch-neuplatonischen Metaphysik in eine den christlichen Lehrgehalten angemessene wurde die Voraussetzung dafür, daß die Rezeption dieser Metaphysik und die Mitübernahme des Terminus ‹I.› innerhalb des Kulturkreises des lateinischen Mittelalters historisch überhaupt möglich wurden. Augustinus hat zugleich die Breite des Bedeutungsfelds dieses Terminus abgesteckt, innerhalb dessen sich im Mittelalter alle Auseinandersetzungen mit dem Terminus und der in ihm implizierten Metaphysik schließlich abgespielt haben.

Nächst Augustinus kommt dem christlichen Neuplatoniker CALCIDIUS eine wichtige Vermittlungsfunktion zu. Indem er knapp die erste Hälfte des ‹Timaeus› (17 a-51 c) ins Lateinische übersetzte [1], verschaffte er der philosophischen Reflexion des lateinischen Mittelalters die Möglichkeit eines unmittelbaren Zugangs zu Platons Lehre von der Weltentstehung. Das bedeutet vor allem Vermittlung der entscheidenden Rolle, die dem Geist (mens) des mit ‹opifex mens› wiedergegebenen Demiurgen [2] bei der Weltentstehung zukommt; es bedeutet ferner Vermittlung der der platonischen Weltentstehungslehre zugrunde liegenden Metaphysik von den beiden Wirklichkeitsbereichen, dem Bereich des Seins als jenem der ewigen, unveränderlichen I.en der mit ‹mundus intelligibilis› wiedergegebenen geistigen Welt [3] und dem Bereich des Werdens als jenem der sinnenfälligen Welt; und es bedeutet schließlich Vermittlung der dieser Metaphysik entsprechenden Erkenntnislehre, wonach der Mensch von der geistigen Welt sicheres Wissen erwerben, von der sinnenfälligen nur Meinungen bilden kann [4]. Calcidius gibt jedoch an nur einer Stelle ἰδέα mit ‹idea› wieder [5]; er bevorzugt stattdessen ‹species› [6]. Παράδειγμα übersetzt er vorwiegend mit ‹exemplum› [7], gibt es auch mit ‹archetypus› [8] oder ‹archetypum exemplar› wieder [9]. Die nach dem Muster der I.en geschaffenen Dinge nennt er ‹imagines› (für εἰκόνες) [10], ‹simulacra› (für ἀγάλματα) [11] oder ‹nativa› (für γεννητά) [12]. Für die inhaltliche wie terminologische Wirkungsgeschichte des Begriffs ‹I.› ist der Kommentar, den Calcidius zum Großteil seiner Übersetzung (31 c–53 c) angefertigt hat [13], von nicht geringerer Bedeutung als seine Übersetzung. Die I. sind darin als die Gedanken des die Welt schaffenden Gottes gefaßt [14], die als solche die Urbilder der Dinge sind [15], ewig wie Gott [16]. Ein solches Urbild erscheint je nach Hinsicht als etwas anderes: «... von uns, die wir der Einsicht fähig sind, her gesehen ist das Urbild das erste Einsehbare, von Gott her gesehen ist es jedoch die volle Einsicht Gottes, vom Stoff her gesehen das Verhalten und Maß der körperlichen und stofflichen Dinge, dagegen ist es von sich selbst her gesehen die unkörperliche Substanz und Ursache von allem, das ihm seine Ähnlichkeit mit ihm entlehnt, von der Welt her gesehen aber ist es das unvergängliche Musterbeispiel von allem, was die Natur hervorbringt...»[17]. Der Mensch kann die sich immer gleichen Urbilder in ihrem reinen An-sich-Sein begreifen; von den nur in ihrem Urbild mit sich identisch bleibenden Abbildern dagegen kann er nur Meinungen (opiniones) bilden [18]. Da nur den Urbildern Sein im Vollsinn des Begriffes zukommt [19], sind die Formen der Dinge, aufgrund deren die Dinge Abbilder der Urbilder sind [20], scharf von ihnen zu unterscheiden; denn sie unterliegen mit den Dingen dem Vergehen [21]. Wie jedoch aus den Urbildern die mit ihnen nur in ihrer Ähnlichkeit identischen Abbilder entstehen, entzieht sich dem geistigen Fassungsvermögen des Menschen [22]. Obwohl der Terminus ‹I.› im Kommentar öfter verwendet wird als in der Übersetzung, behält er den Charakter einer im Lateinischen nur beiläufig verwendeten Bezeichnung; er dient mehr zur Bewußthaltung seiner platonischen Herkunft als zur philosophischen Reflexion selbst [23]. Das von Calcidius bevorzugte lateinische Äquivalent für ihn ist ‹intelligibilis species› [24]. Je nachdem, ob mehr das Urbild als solches oder das Urbild in seinem Verhältnis zum Geist Gottes oder in seinem Verhältnis zu seinen Abbildern akzentuiert werden soll, verwendet Calcidius gelegentlich Synonyma wie ‹aeterna atque immutabilis species› [25], ‹intellectus dei› [26], ‹principalis oder primaria species› oder auch ‹species archetypa› [27] oder ‹exemplum› bzw. ‹exemplum archetypum› oder ‹exemplum genuinum› [28]. Die durchweg als Abbilder gefaßten Dinge bezeichnet er vorwiegend als ‹imagines› [29], während er das sie zu Abbildern machende Moment ‹forma›, ‹species nativa› oder ‹species sensilis› nennt [30].

Obwohl BOETHIUS in seinen philosophischen Schriften den Terminus ‹I.› nicht verwendet, steht er hinsichtlich der Vermittlung des Begriffs an die philosophische Reflexion des frühen Mittelalters deswegen fast gleichgewichtig neben Augustinus, weil er bis zum frühen 13. Jh. durch zwei kurze Texte Auseinandersetzung mit Begriff und Terminus ‹I.› immer wieder hervorgerufen hat. Der eine Text, ‹Consolatio philosophiae› III, m. 9, gibt in mehr bildhafter als begrifflicher Sprache die Weltentstehungslehre des platonischen ‹Timaeus› wieder. In den ersten neun Versen, die die Entstehung der Welt aus Gottes Geist preisen, wird der angesprochene «Vater aller Dinge» als der alle Bewegung hervorrufende und zusammenhaltende ruhende Mittelpunkt beschrieben, der nach der ihm eingeborenen Form des höchsten Guten (insita forma summi boni) als dem höchsten Musterbeispiel (supernum exemplum) die Welt als deren Abbild (formans in simili imagine) herabführt und durch seinen Geist nach einem stets gleichbleibenden vernünftigen Prinzip (perpetua ratione) lenkt (mundum mente gerens) [31]. Der andere, ausschließlich begrifflich vorgehende Text, ‹De Trinitate› II [32], analysiert im Rahmen einer Bestimmung der Gegenstände der drei theoretischen Wissenschaften das sinnenfällige Ding als aus Stoff und Form bestehend, faßt die Formen der Dinge als relative Eigenständigkeiten, die theoretisch für sich genommen und zum Gegenstand sinnvoller Aussagen gemacht werden können, und bestimmt mit Hilfe des Formbegriffs das Verhältnis zwischen der göttlichen Substanz und der Welt der Dinge. Dabei wird dem bei der Analyse des Einzeldings eingeführten Formbegriff die Eigentlichkeit seiner Bedeutung in diesem Zusammenhang abgesprochen und als mißbräuchliche Verwendung dieses anderswo seine wahre Bedeutungserfüllung erhaltenen Begriffs hingestellt. Folgerichtig werden die Formen der Dinge als Abbilder solcher Formen gedeutet, die prinzipiell keine Verbindung mit Stoff eingehen können und von ihren Abbildern nachgeahmt werden. Ungeklärt bleibt, ob diese an die platonischen I. erinnernden Formen singuläre Urbilder des jeweiligen Einzeldings sind oder nicht. Ihre Vielheit ist in Gott so zur Einheit gebracht, daß Gott als die wahre Form gefaßt werden muß, aus der mittels der nicht materialisierbaren Formen alles Sein hervorgeht. Dabei bleibt das Verhältnis zwischen der Einheit dieser Formen in Gott und ihrer Vielheit in ihrer Funktion als Urbilder der sinnenfälligen Dinge ungeklärt.

Eine die Rezeption des Terminus ‹I.› eher ergänzend begleitende als sie hervorrufende Vermittlungsfunktion kommt schließlich vereinzelten Textstücken der nichtchristlichen Autoren Seneca, Apuleius, Macrobius und Priscian zu. Im 65. Brief SENECAS findet sich die Bestimmung der I.en als «unsterblich, unwandelbar und unerschöpfbar» (immortales, immutabiles, infatigabiles); dem 58. Brief entnimmt man die Unterscheidung zwischen ‹idea› und ‹idos› als authentisch platonische Begriffsdifferenzierung [33]. Während die I. den Bereich «eigentlichen Seins» ausmachen, in dem sich offenbar für jedes Ding eine auf es als singuläres bezogene unvergängliche und unveränderliche I. als sein ewiges Muster (exemplar aeternum) findet, bezeichnet der Terminus ‹idos› die Form, die das Muster im Stofflichen nachbildet (forma ab exemplari sumpta). «Das ‹idos› befindet sich im Werk, die ‹idea› außerhalb, nicht nur das, sogar vor dem Werk» [34]. – Der unter APULEIUS' Namen überlieferten Schrift ‹De Platone et eius dogmate› [35], in der die I. Formen genannt werden und der Terminus ἰδέα nur als Hinweis auf seinen Ursprung in Platons Terminologie erscheint [36], kann man eine andere Deutung der I.en entnehmen. Die Ebenbildlichkeit der Dinge (exemplaria) mit ihren von Gott aus den einfachen, ewigen und unstofflichen Formen ausgewählten und den Dingen als ihre Form eingeprägten Urbildern (exempla), ist dem Menschen als Abbild (imago) der jeweiligen Art faßbar. Wie Gott, der Geist und die Seele sind die einfachen, immateriellen Formen erste Substanzen, aus denen als ihrem Urbild der Ursprung der zweiten Substanzen herzuleiten ist [37]. Der gleichen Schrift entnimmt man die Zurückführung der gesamten Dingwelt auf drei Anfangsgründe: auf Gott, die Materie und die von Platon ‹I.en› genannten Formen der Dinge [38]. – Die in MACROBIUS' Kommentar zu Ciceros ‹Somnium Scipionis› [39] begegnende und sicher unter neuplatonischem Einfluß zustande gekommene schärfere Unterscheidung zwischen Gott als höchstem Prinzip und dem aus ihm hervorgegangenen Geist, der die von den Griechen ‹I.en› genannten Urformen der Dinge (originales rerum species) in sich begreift [40], die, den Dingen eingeprägt (impressa), deren Formen ausmachen [41], läßt sich als Erläuterung zu Apuleius nehmen, die die Ähnlichkeit zwischen platonisch-neuplatonischer Weltentstehungslehre und christlicher Schöp-

fungslehre noch deutlicher macht. – PRISCIANS Feststellung, die Formen der Dinge seien bereits vor ihrem Hervorgang in die Körperwelt auf geistige Weise (intelligibiliter) im göttlichen Geist [42], bestärkt noch in dieser Auffassung.

Anmerkungen. [1] Timaeus a CALCIDIO translatus commentarioque instructus, hg. J. H. WASZINK, in: Corpus Platonicum Medii Aevi (London/Leiden 1962). – [2] a. a. O. 20. 32. – [3] 32. – [4] 40. – [5] 32. – [6] 27. 33. 43. – [7] 21ff. 29f. – [8] 30. – [9] 49. – [10] 21f. 30. – [11] 29. – [12] 50. – [13] hg. J. H. WASZINK, a. a. O. [1]. – [14] c. 273 = a. a. O. 278. – [15] c. 304 = 306. – [16] c. 330 = 324f. – [17] c. 339 = 332. – [18] c. 347 = 339. – [19] c. 330 = 324f. – [20] c. 349 = 340f. – [21] c. 329 = 323. – [22] c. 329. 325 = 324. 328. – [23] Vgl. c. 273 = 278. – [24] Vgl. c. 273 = 278. – [25] Vgl. c. 329 = 323. – [26] Vgl. c. 304. 330 = 306. 324. – [27] Vgl. c. 339. 349 = 332. 340f. – [28] Vgl. c. 304. 340. 278. 349 = 306. 333. 282. 340f. – [29] Vgl. c. 349 = 340f. – [30] Vgl. c. 29. 347. 349 = 79. 339. 340f. – [31] A. M. S. BOETHII Philosophiae consolatio, hg. L. BIELER, in: Corp. Christ. ser. lat. 94 (Turnholti 1957) 5112. – [32] BOETHIUS, The theol. tractates. The consolation of philos., hg. H. F. STEWART/E. K. RAND, in: Loeb Class. Libr. (ND London/Cambridge, Mass. 1953) 8-12. – [33] SENECA, Ep. mor. 65, 7; 58, 18-22. – [34] a. a. O. 58, 21. – [35] APULEIUS III: De philosophia libri, hg. P. THOMAS (Stuttgart 1970) 82-134. – [36] De Plat. I, 5. 6. – [37] I, 6 = a. a. O. [35] 87f. – [38] I, 5 = 86. – [39] A. TH. MACROBII Commentarii in Somnium Scipionis, hg. J. WILLIS (Stuttgart 1970). – [40] In som. Scip. I, 2, 14 = a. a. O. 6. – [41] I, 12, 11 = 49. – [42] PRISCIAN, Inst. 17, 44 = 135, 6-10, hg. M. HERTZ, in: Grammatici latini ex recensione HENRICI KEILII 3 (Leipzig 1860).

Literaturhinweise. E. JEAUNEAU: Macrobe, source du platonisme chartrain. Studi medievali III/1 (1960) 3-24. – H. SILVESTRE: Note sur la survie de Macrobe au MA. Classica et Mediaevalia 24 (1963) 170-180.

2. In der Gelehrtenwelt des *Karolingerreichs* ruft von den genannten Quellen nur *Boethius'* Gedicht unmittelbare Wirkungen hinsichtlich des Terminus ‹I.› hervor, allerdings erst in der Spätphase der karolingischen Kultur. *Augustins* christliche Umdeutung der platonisch-neuplatonischen Metaphysik, die allmählich zur allgemeinen Lebensluft begrifflicher Reflexion in dieser Kultur wird, ruft dagegen eine eher mittelbare Aufmerksamkeit auf diesen Terminus hervor und vermittelt die grundlegende Sehweise, aus der heraus man sich ihm nähert, wenn man in anderen Texten auf ihn stößt. Ein solcher Text, MARTIANUS CAPELLAS seit spätestens der Mitte des 9. Jh. zumindest in den Schulen von Laon und Auxerre als Lehrbuch verwendetes Kompendium der Sieben freien Künste [1], vermittelt den Terminus im Zusammenhang einer vom stoischen Determinismus geprägten bildlichen Darstellung des Weltgeschehens. Danach steht in getriebener Arbeit vor Jupiters Thron die Weltkugel, von der gesagt wird, sie sei «eine gewisse Abbildung und I. der Welt» (imago quaedam ideaque mundi) [2]; sie enthält nämlich alle Elemente der Natur, reicht vom Himmel bis zur Unterwelt und gibt Städte, Verkehrswege und die Arten und Gattungen des Lebendigen wieder. Jupiter betrachtet auf ihr wie in einem Spiegel das Wirken der Völker, bewirkt auf ihr Geburt, Werdegang und Tod jedes Einzelnen und befindet über Wohl und Wehe jeder Region.

Der hier sicher bildlich gemeinte Terminus ‹I.› erregt JOHANNES SCOTTUS' (ERIUGENA) Interesse. Er versteht ihn in seiner Martianglosse [3] jedoch von vornherein in der ihm von Augustinus her geläufigen Bedeutung und verwandelt dadurch bildlich gefaßtes stoisches Weltgeschehen in begrifflich gefaßtes Schöpfungsgeschehen. Der Terminus ‹I.› ist ihm nur ein griechischer Ausdruck für das lateinische Äquivalent ‹forma omnium rerum› (Form aller Dinge). Den Begriff einer einzigen I. als Inbegriff der konkreten Welt in ihrer vollen, auch zeitlichen

Differenziertheit faßt er als die der sichtbaren Welt entsprechende ewige und darum geistige Welt (intellectualis mundus quia aeternus), die die vielfältigen Sinngehalte (multiplices rerum omnium rationes) aller Einzeldinge, ihrer Arten und Gattungen in sich umfaßt [4]. Die Sinngehalte sind Jupiters Gedanken von den Dingen vor ihrer Erschaffung [5]. Ungeklärt bleibt das Verhältnis zwischen der einen I. und den vielen Sinngehalten der Dinge, für die traditionellerweise der Terminus ‹I.› eintrat, und ebenso die Frage, ob die Sinngründe das Urbild des Einzeldings, der Art oder der Gattung in ihrer jeweiligen Einheit, oder ob sie Sinnstrukturen in der Art von Transzendentalien sind, die Einzeldinge, Arten und Gattungen insgesamt durchziehen, sie insofern erst ermöglichen und eben darin übersteigen. Doch zwingt ihn die Zielsetzung seines Hauptwerks [6], mittels der logischen Operation der Einteilung eine umfassende begriffliche Analyse der Welt als ganzer als ihre erklärende Deutung zu geben, zur Behandlung der beiden ungeklärten Fragen. Dabei gelangt er unter dem zusätzlichen Einfluß des von ihm zusammen mit Maximus Confessors ‹Ambigua› ins Lateinische übersetzten Gesamtwerks des Ps.-Dionysius zu einer subtilen Fassung des – seit Augustinus – Vermittlung zwischen Schöpfer und Schöpfung besagenden I.-Begriffs, für den er die Bezeichnung ‹Anfangsgründe› (primordiales causae) wählt.

Ps.-DIONYSIUS bestimmt die Urbilder (παραδείγματα) als «die immer schon einförmig in Gott Bestand habenden und Sein schaffenden Sinngehalte (λόγοι), die die Theologie Vorherbestimmungen (προορισμοί) oder bestimmt tätige, gute und auf Seiendes zielende göttliche Willensakte (θεῖα θελήματα) nennt, mittels derer der Überseiende alle Seienden vorausbestimmt und hervorgeführt hat» [7], und deutet sie als die Prinzipien des Seienden (αἱ ἀρχαὶ τῶν ὄντων). Jedes Seiende hat an einer Vielzahl solcher Prinzipien teil [8]. In Gott sind die Prinzipien beieinander in Einheit, wie die Zahlen in der Eins oder die Radien im Kreismittelpunkt [9]. Sie sind also keine für sich bestehenden schaffenden Wesen, sondern nichts als Gott, sofern er als Schöpfer gefaßt wird [10]. – MAXIMUS CONFESSOR behält als Interpret des Ps.-Dionysius dessen Terminologie in unveränderter Bedeutung bei [11]. Während Augustins den Eriugena vertrauter Begriff der «ewigen Sinngehalte» (rationes aeternae) [12] dem Versuch dient, die in der Genesis erzählte Weltentstehung begrifflich zu fassen und zugleich damit die Vielfalt der Welt zu erklären, gehen die neuen Texte von der Vielfalt der Welt als bereits gegebener aus und versuchen sie als eine im Schöpfer ihre Einheit besitzende und suchende Vielfalt zu begreifen.

ERIUGENA weist seinem Begriff der Anfangsgründe als systematischen Ort die Vermittlung zwischen der «Natur, die schafft und nicht geschaffen wird» (natura, quae creat et non creatur), und der «Natur, die geschaffen wird und nicht schafft» (natura, quae creatur et non creat), zu, bestimmt sie als «die Natur, die geschaffen wird und schafft» (natura, quae creatur et creat) [13], und reflektiert sie ausdrücklich in dieser Funktion. Gott, das formfreie Prinzip aller Formen und Gestalten [14], hat sie geschaffen, damit sie ihrerseits schaffen, was unter ihnen ist [15]. Sie blicken dabei jedoch nicht auf das, was unter ihnen ist, sondern sind auf das Wort des Vaters ausgerichtet (conversae), nach dem sie als ihrer Vollendung streben; dadurch erhalten sie, die an sich formlos sind, ihre Formung [16]. Einfach und nicht zusammengesetzt [17] sind sie die der Schöpfung vorausliegende göttliche Präfiguration der Sinngehalte aller zu schaffenden Dinge [18]. So sind sie die Anfangsgründe sowohl aller geistigen und himmlischen Wesen wie der sinnenfälligen Welt [19]; da nämlich die Gründe der sichtbaren Welt in ihnen sind [20], geht diese mittels Zeugung (per generationem) über sie aus der ersten Ursache in die verschiedenen Gattungen, Formen und deren endlose Einzelgestalten hervor [21]. Die Anfangsgründe stehen also einerseits für die ideelle Vollkommenheit und Unveränderlichkeit der sichtbaren Welt, andererseits für deren Hervorgang in die Veränderlichkeit und Unvollkommenheit von Raum und Zeit [22]. Sie gehen in das von ihnen Gegründete ein und verbleiben zugleich in der Weisheit des Vaters [23]. Indem sie jedoch so in dem von ihnen Gegründeten sind, daß dieses sich von ihnen angezogen fühlt und nach ihnen als dem einen Prinzip von allem strebt [24], kommen sie einer zweiten Vermittlungsfunktion nach: Sie bewirken auch die Rückkehr alles Geschaffenen in seine Anfangsgründe und über sie in Gott als «die Natur, die weder schafft, noch geschaffen wird» (natura, quae nec creat, nec creatur) [25]. Das Ende der Welt ist nichts anderes als die Verwirklichung der der Schöpfung kraft ihrer Natur innewohnenden Tendenz zur Rückkehr in ihre Anfangsgründe und damit in Gott. Die Rückkehr bedeutet nicht Aufhebung, sondern Vertiefung des Seins im Sinne voller Identität eines jeden Geschaffenen mit seinen Anfangsgründen, in denen es in der Weise der Ewigkeit ist [26]. Christus ist der erste und bisher einzige Beispielfall für eine solche Rückkehr der menschlichen Natur [27]. Die Anfangsgründe bewirken also ebenso den Hervorgang eines jeden Geschaffenen aus der ersten Ursache wie seine Rückkehr in sie und verweisen damit auch auf die zeitliche Dimension der in sich ewigen Schöpfung.

In der Schöpfungsgeschichte der Genesis sind die Anfangsgründe bildlich mitausgedrückt [28]. Die Theologie faßt sie als den schöpfungstheoretischen Hinblick auf das innertrinitarische Geschehen. Danach ist es die Eigenart des Vaters (proprietas patris), im Sohn, seinem Wort oder seiner Weisheit, die Anfangsgründe grundzulegen (condere) [29]. Der Sohn ist nämlich «die Kunst des allmächtigen Werkmeisters» (ars omnipotentis artifici; auch: pater opifex!) [30]. Die Eigenart des Sohnes ist es, alles in sich für alles insgesamt umfassenden einfachen und ewigen Seinsweise der Anfangsgründe zu schaffen [31]. Sie sind ebenso ewig wie der Sohn (coaeternae filio), da sie ohne zeitlichen Anfang immer schon in ihm sind. Doch sind sie nicht seinsgleich mit ihm (non coessentiales); denn als Geschaffenes haben sie ihr Sein nicht aus sich, sondern aus Gott, der es als ihr Schöpfer aus sich selbst hat [32], stehen ihm, dem wahren Sein, im Sein aber ganz nahe [33]. Die Eigenart des Hl. Geistes schließlich ist die einer den Anfangsgründen immanenten Ordnung folgende Hervorführung der Schöpfung in die Verschiedenheit von geistigen und himmlischen Wesen einerseits und von sichtbarer Welt in Form von Gattungen, Formen und Einzelgestalten andererseits [34]. Unter dem Gesichtspunkt der Schöpfung besagt also ‹Vater› Ermöglichung der Schöpfung, besagt ‹Sohn› Grundlegung der möglichen Schöpfung in ihren Anfangsgründen, besagt ‹Hl. Geist› Realisierung der in den Anfangsgründen grundgelegten Schöpfung, so daß die göttliche Trinität als die eine schlechthinnige Ursache in Form dreier je in sich bestehender Ursachen bezeichnet werden darf [35].

Eriugena zählt vier terminologische Äquivalente für die Anfangsgründe auf: «πρωτότυπα hoc est primordialia exempla, vel προορίσματα hoc est praedestinationes vel praediffinitiones ..., θεῖα θελήματα hoc est divinae voluntates ..., ἰδέαι quoque id est species vel formae» [36]. Die anfangs sicher im Sinne der «ewigen Sinngehalte» (rationes aeternae) Augustins als Musterbilder von bestimmten, jeweils ganzheitlichen Einheiten gemeinten Anfangsgründe nehmen im Verlauf ihrer Reflexion durch Eriugena immer mehr den Charakter von Prinzipien, ähnlich den Transzendentalien, an. Sie sind «die grundlegendsten Prinzipien der gesamten geschaffenen Wirklichkeit» (principalissima conditae universitatis principia) [37], die Gott als «eine Art Fundamente und Prinzipien der Naturen von allem» (quaedam fundamenta principiaque naturarum omnium) schuf [38] und die sich über die gesamte Schöpfung ergießen [39]. Folgerichtig werden die vier genannten Äquivalente schließlich in die Bezeichnung «Prinzipien von allem» (principia omnium) zusammengefaßt [40], an denen alles Geschaffene, wenn auch in verschiedenem Ausmaß [41], teilhaben muß, um überhaupt Bestand haben zu können [42].

In der Weisheit Gottes erkennen die Anfangsgründe sowohl sich selbst wie die Dinge, deren Prinzipien sie sind [43]. Da für Gott Erkennen und Schaffen eins ist, denn seine Erkenntnis von allem ist das Sein von allem [44], sind die Anfangsgründe wohl die Weise, in der Gott seine Schöpfung erkennt. Der Mensch dagegen kann nur erkennen, daß es Anfangsgründe gibt und sie Erscheinungsweisen Gottes (theophaniae) sind [45]. In ihrem An-Sich vermag er sie nicht zu fassen [46]. Dennoch kann er ihnen Bezeichnungen geben, die ihm eine eingeschränkt zutreffende Erkenntnis vermitteln [47]. Solche Bezeichnungen sind, im Anschluß an Ps.-Dionysius, beispielsweise Güte an sich, Sein an sich, Leben an sich; sie können endlos weitergeführt werden, da die Anfangsgründe untereinander ranggleich sind [48]. Die über ihre Einheit in Gott die strukturelle Einheit und in ihr die Unveränderlichkeit und Ewigkeit alles Geschaffenen gewährleistenden Anfangsgründe stellen als Prinzipien nicht die ganzheitliche Einheit, Unveränderlichkeit und Ewigkeit jeder Einzelgestalt, Art, Gattung und jedes Anfangsgrunds selbst sicher, wie das Augustins I.-Begriff tut. Das scheint bei Eriugena der etwas im Hintergrund mitreflektierte Terminus ‹ratio› leisten zu sollen. So beruht die Verschiedenheit der Anfangsgründe auf der Unterschiedlichkeit ihrer «unveränderlichen Sinngehalte» (immutabiles rationes) [49]. Gottes Wort, der Sohn, ist «als Sinngehalt das grundlegende Muster alles Sichtbaren und Unsichtbaren» (ratio visibilium omnium et invisibilium principale exemplar) [50]. Jedes Ding hat einen nur ihm eigenen, in den Anfangsgründen grundgelegten Sinngehalt [51], für den im Zusammenhang der Reflexion der Rückkehr der Welt in ihren Ursprung der Terminus ‹Substanz› eintritt, in der Bedeutung «Urbild» zumindest des Wesens, wenn nicht gar der Individualität des Einzeldings. Wie die Welt aus Anfangsgründen und Substanzen, also den Prinzipien und I. der Dinge, hervorgegangen ist, kehrt sie auch wieder in die jeweiligen Substanzen und Anfangsgründe zurück [52]. Folgerichtig differenziert Eriugena hier den Schöpfungsbegriff; allerdings in einer Weise, die leicht pantheistisch mißverstanden werden kann. Der Begriff ‹Schöpfung› in seiner eigentlichen Bedeutung besagt das, «was über Zeugung» – also durch seine Grundlegung im Sein – «mittels einer Art zeitlichen Ablaufs in seine eigentümlichen sichtbaren oder unsichtbaren Gestalten erfließt. Was dagegen vor Raum und Zeit besteht, weil es jenseits davon ist, heißt nicht eigentlich Schöpfung, obwohl in einer Art uneigentlicher Redeweise die gesamte Gott nachgeordnete Wirklichkeit als von ihm gegründete Schöpfung bezeichnet wird». Anfangsgründe und Substanzen gehören also nicht zur Schöpfung im engeren Sinn [53]. Überhaupt dürfen Gott und Schöpfung nicht als zwei voneinander geschiedene Wirklichkeiten verstanden werden. Die gesamte Schöpfung hat ihren Bestand in Gott, und Gott wird in der Schöpfung auf wunderbare und unsagbare Weise geschaffen (Proinde non duo a seipsis distantia debemus intelligere deum et creaturam, sed unum et id ipsum. Nam et creatura in deo est subsistens, et deus in creatura mirabili et ineffabili modo creatur ...) [54]. Eriugena faßt dieses Verhältnis im Hinblick auf das göttliche Wort in die Formel: «essendo enim ipsum fiunt omnia, quoniam ipsum omnia est» (durch Es-Sein [Es = das Wort] nämlich alles, weil Es alles ist) [55]. Sein mit dem Terminus ‹Anfangsgründe› belegter I.-Begriff faßt also die Welt als zeitlichen Prozeß der Vergöttlichung, an dessen bestimmtem Ende alles seine I. in seinen Prinzipien voll realisiert hat. Der Grund dieses Vergöttlichungsprozesses ist allerdings Geheimnis [56].

Eriugenas in I.en und Prinzipien zerlegter I.-Begriff bleibt in dieser Differenziertheit ohne Resonanz und ruft lediglich im frühen 13. Jh. eine offenbar auf Mißverständnissen beruhende Wirkung hervor. Überhaupt wird der I.-Begriff als solcher in den karolingischen Periode folgenden zwei Jh. nicht mehr eigens und in der umsichtigen Ausführlichkeit wie bei Eriugena reflektiert, da dessen Intention, ihn so zu fassen, wie man ihn innerhalb einer von den geistigen Bedürfnissen der eigenen Gegenwart hervorgerufenen begrifflichen Zuwendung zur Welt als ganzer benötigt, so als nicht mehr notwendig empfunden worden zu sein scheint. Stattdessen wird er ein Stück Tradition, das zur Deutung bestimmter, aus der Spätantike übernommener Texte gehört, die dadurch zu Vehikeln der Tradierung des I.-Begriffs werden. Dieser sich bereits in der Spätphase der karolingischen Kultur abzeichnende Zug wird sowohl hinsichtlich der Texte wie der Grundausrichtung ihrer Deutung bei REMIGIUS VON AUXERRE greifbar, der über seine Glossenwerke maßgeblich den Schulunterricht in den folgenden zwei Jh. beeinflußt. Bezeichnenderweise knüpft er an den I.-Begriff an, den Eriugena in seiner Martianglosse entwickelt hat, bezieht ihn jedoch nicht mehr wie dieser auf Jupiter, sondern auf den christlichen Schöpfergott. In seiner *Martianglosse* übersetzt er den betont auf Plato zurückgeführten Terminus ‹I.› als «Form der Welt» (forma mundi), übernimmt Eriugenas Unterscheidung zwischen der sichtbaren und unsichtbaren Welt und deutet mit deren Hilfe die Form der Welt als die geistige Welt. Ihr Anfangsgrund (primordialis causa, im bei Eriugena nicht begegnenden Singular!) war das Muster, nach dem Gott die Welt geformt hat, schon immer im Geist Gottes. Als Synonyma für die geistige Welt nennt Remigius einerseits in Anlehnung an Eriugena die Bezeichnungen ‹Weisheit›, ‹Leben› und ‹Kunst› (ars), und führt er andererseits die Calcidiuskenntnis bezeugenden Termini ‹exemplar› oder ‹exemplum› an. Er hält ausdrücklich fest, daß die I. im Geist Gottes dem Werden der Dinge vorausliegt. Im Unterschied zu Eriugena nimmt er I.en nur von den Arten und Gattungen der Dinge an [57]. In seiner *Consolatioglosse* (III, m. 9) greift Remigius über Eriugena hinaus verstärkt auf Augustinus zurück. Das Bild des Schöpfergotts als Werkmeister (artifex), der sich, bevor er die Truhe oder das Haus herstellt, erst deren Gestalt im Geist ausmalt (figura in mente praevidet), ist für ihn das Grundmodell, nach dem der Schöpfungsvorgang veranschaulicht wird. Damit ist der Blick wieder auf die Entstehung der Welt in ihrer Vielfalt gerichtet. Im Unterschied zu seiner Martianglosse integriert er zusätzlich den so gefaßten I.-Begriff in das innertrinitarische Geschehen. Der Sohn ist das Urbild und der Vernunftgrund (exemplar et ratio) im Geist Gottes, nach dem die Welt geschaffen ist. Dem Hl. Geist wird, im Unterschied zu Eriugena, keine nur ihm eigene Funktion bei der Schöpfung zuerkannt; denn der Sohn ist das Wort, die Rede, der Vernunftgrund und die Weisheit Gottes. Der Sohn ist auch die in Boethius' Gedicht genannte «Form des höchsten Guten». Und der Sohn ist als «Gottes ewige Disposition» (aeterna dei dispositio) der immerwährende Vernunftgrund (ratio perpetua), nach dem die Welt geleitet wird. Damit ist auch das Moment der göttlichen Vorhersehung im I.-Begriff zumindest mitangedeutet [58]. Die bewußte Entgegensetzung des dem Johannesprolog entnommenen Lebensbegriffs gegen Platos I.-Begriff [59] deutet darauf hin, daß sich Remigius die Schöpfung leichter als Lebens- denn als Seinsvermittlung zu denken vermag.

Anmerkungen. [1] MARTIANUS CAPELLA, De nuptiis Mercurii et Philologiae, hg. A. DICK (Leipzig 1925). – [2] a. a. O. 32f. – [3] JOHANNIS SCOTTI Annotationes in Marcianum, hg. C. E. LUTZ (Cambridge, Mass. 1939) 42-44 (= Lu); leicht abweichender Text: Ms. Oxford Bodl. Auct. T II, 19, fol. 27v (= MS). – [4] a. a. O. MS 1. 3-7; ad 34, 3 = Lu 44; MS 1. 8f. – [5] ad 33, 1 = Lu 43. – [6] Periphyseon I-V. MPL 122, 441-1022; krit. hg. I. P. SHELDON-WILLIAMS I (Dublin 1968); II (Dublin 1972). – [7] Ps.-DIONYSIUS, De divinis nominibus V, 8. MPG 3, 824 c; Versio SCOTTI, Periph., hg. SHELDON-WILLIAMS (= Sh-W) a.a.O. II, 212. – [8] Ps.-DION., De div. nom. V, 5 = MPG 3, 820 b/c. – [9] a. a. O. V, 6 = 3, 820 d-821 a. – [10] XI, 6 = 3, 953 c-956 b. – [11] MAXIMUS CONFESSOR, Ambigua. MPG 91, 1085 a/b; vgl. TH. GALE: De divisione naturae (Oxford 1681, ND Ffm 1964) App. S. 19. – [12] Vgl. AUGUSTIN, De Gen. ad litt. I, 9, 17. MPL 34, 252. – [13] ERIUGENA, Periph. II, 2 = MPL 122, 529 a = Sh-W 14, 9-11. – [14] a. a. O. II, 1 = 524 d-525 a = 4, 20-29. – [15] II, 15 = 547 d = 52, 25-27. – [16] II, 15 = 547 c = 52, 18-21. – [17] II, 17 = 550 b/c = 58, 12-20. – [18] II, 2 = 529 b/c = 14, 19-24. – [19] II, 15 = 546 a/b = 48, 32-50, 3. – [20] II, 15 = 547 c = 52, 15. – [21] II, 2 = 528 d-529 a = 12, 34-37; II, 15 = 546 c-547 a = 50, 16-32. – [22] II, 16 = 549 a/b = 54, 29-56, 10. – [23] II, 18 = 552 a = 60, 32-36. – [24] II, 15 = 547 c = 52, 15-17. – [25] II, 2 = 528 c/d = 12, 31f. – [26] II, 11 = 539 d-540 a = 36, 17-20; II, 21 = 560 a/b = 78, 22-31. – [27] II, 14 = 543 d-544 a = 44, 21-27; II, 14 = 545 a/b = 46, 31-35. – [28] II, 15 = 546 a/b = 48, 32-50, 3; II, 16 = 549 a/b = 54, 29-56, 10. – [29] II, 22 = 563 b = 84, 21f. – [30] II, 24 = 579 b/c = 120, 22-25. – [31] II, 22 = 566 a = 90, 32f.; vgl. II, 22 = 563 a/b = 84, 26-86, 2. – [32] II, 21 = 561 b-562 b = 80, 31-82, 33. – [33] II, 15 = 547 b = 52, 9f.; II, 15 = 546 c-547 a = 50, 16-32. – [34] II, 22 = 566 a-d = 90, 30-92, 25. – [35] II, 29 = 599 b = 166, 14-20; vgl. II, 30 = 601 b = 170, 28-30. – [36] II, 2 = 529 a-c = 14, 9-24. – [37] II, 19 = 553 b = 64, 16. – [38] II, 19 = 553 a = 62, 33f. – [39] II, 17 = 550 c = 58, 23f. – [40] II, 36 = 616 b = 204, 24f. – [41] III, 3 = 628 c-630 a. – [42] II, 36 = 616 b = 204, 24-27. – [43] II, 18 = 552 a/b = 62, 1-10. – [44] II, 20 = 559 a/b = 76, 20-24; vgl. III, 9 = 642 b/c. – [45] II, 23 = 576 d-577 a = 114, 28-35. – [46] II, 17 = 550 c = 58, 22-24; II, 18 = 552 a = 60, 32-36. – [47] III, 1 = 623 c-624 a. – [48] III, 1 = 622 b-623 c: Eriugena zählt hier 15 Anfangsgründe auf; vgl. II, 36 = 616 c/d = 206, 1-17. – [49] II, 15 = 547 a/b = 50, 33-52,2. – [50] III, 9 = 642 b/c. – [51] II, 23 = 577 c = 116, 23-25. – [52] V, 15 = 887 a/b. – [53] V, 16 = 887 d-888 a. – [54] III, 17 = 678 c/d. – [55] III, 21 = 685 c. – [56] III, 16 = 671 a. – [57] REMIGII AUTISSIODORENSIS commentum in Martianum Capellam, hg. C. E. LUTZ I. 2 (Leiden 1962/65) 1, 125f. – [58] Mitabgedruckt bei: H. SILVESTRE: Le comm. inéd. de Jean Scot Érigène au mètre IX du livre III du «De consolatione philosophiae» de Boèce. Rev. Hist. eccl. 47 (1952) 44-122; hier: 51-54. – [59] a. a. O. 53f.

Literaturhinweise. H. BETT: Johannes Scotus Eriugena. A study in mediaeval philos. (Cambridge 1925) 39-46. – R. ROQUES: Genèse 1. 1-3 chez Jean Scot Érigène, in: In principio. Interprétations des premiers versets de la Genèse (Paris 1973) 173-212.

3. Überblickt man insgesamt die in den *Schulen des 10. und 11. Jh.* vorgenommene Deutung von Cons. philos. III, m. 9, soweit sie bisher greifbar gemacht ist [1], so ergibt das im Resultat folgenden I.-Begriff: 1. Der Terminus ‹I.› wird vor allem von dem Äquivalent ‹Form› verdrängt. 2. Die Schöpfung wird unter dem Bild des ein Werk schaffenden Werkmeisters angegangen. 3. Aus den vielen I. wird das eine Urbild «geistige Welt»; sie dient Gott bei der Erschaffung der sichtbaren Welt als Muster. 4. Der Sohn schafft und lenkt die Welt. 5. Nicht das Einzelding als solches, sondern seine Form ist der Ort der Ähnlichkeit zwischen Ur- und Abbild. 6. Da Boethius' Text Platos Weltentstehungslehre wiedergibt, ist er nur durch Rückgriff auf Plato selbst angemessen zu erschließen.

Im einzelnen sind folgende Schritte erhebbar. Der von Remigius abhängige Ps.-ERIUGENA verwendet als letzter im 10. und 11. Jh. den Terminus ‹I.›; als Äquivalent nennt er ‹Form› (ideae id est formae). Stärker noch als Remigius unterstreicht er den Lebensbegriff und faßt mit seiner Hilfe die urbildliche Einheit der vielfältigen Welt in Gott [2]. BOVO II. VON CORVEY, mehr an der zuverlässigen Texterklärung als an seiner christlichen Auswertung interessiert, betont als erster die Notwendigkeit des Rückgriffs auf Plato. Er zieht aus Hieronymus' Genesiskommentar (Quaestiones hebraicae in Genesim) die bei Apuleius begegnende platonische «Trinität» Gott – Urbild – Materie (deus – exemplar – materia) als Grundprinzipien der Dingwelt bei und faßt Gott als Werkmeister (artifex), der in der Weise der Ewigkeit die Gestalt der künftigen Welt und ihr Urbild in seinem Geist erwogen hat (futuri mundi speciem et imaginem aeternaliter in mente gessisse) [3]. Der von gleichem Interesse wie Bovo geleitete ANONYMUS EINSIEDLENSIS zieht Calcidius' Timaeusübersetzung bei und deutet in Calcidius' Sinn die Welt als «Abbild jener geistigen Welt, die im Geist des Schöpfergotts ihren Bestand hat» (simulacrum eius intellectualis mundi, qui in mente constat opificis dei). Wie Bovo sieht er in der Gestalt des Einzeldings die Ähnlichkeit mit dem Urbild (exemplum, imago, forma), kraft deren es dessen Abbild ist (similitudo, simulacrum) [4]. ADALBOLD VON UTRECHT, für den die innertrinitarische Zuweisung der Schöpfung und Lenkung der Welt an den Sohn eine Selbstverständlichkeit ist, fragt nach dem Prinzip der Schöpfung und Lenkung. Bei Plato, Hermes Trismegistos und dem Psalmisten findet er die Antwort: die Güte, bei Boethius: «die Form des höchsten Guten». Er zerlegt jedoch den Schöpfungsakt in den sich gleichzeitig abspielenden (in ictu oculi) Dreischritt von Wollen – Planen – Ausführen (velle – exemplificare – facere). Ausschließlich Gottes Wollen ist das höchste Urbild (supernum exemplum tantum est velle dei); es wird greifbar im Hervorbringen der Urbilder (exemplificatio) und im Schaffen der Abbilder. Da Adalbold unter ‹Form› nicht das Urbild, sondern die Gestalt des Einzeldings versteht, reflektiert er ausdrücklich den Formbegriff und stellt fest, daß er nur äquivok vom Urbild ausgesagt werden könne (imago est rei alicuius vere existentis forma per aequivocationem). Er erklärt damit indirekt das Urbild für in sich unerkennbar. So ist es nur folgerichtig, wenn er Boethius' «Form des höchsten Guten» als Bezeichnung einer an sich formfreien Form faßt. Form aller Dinge (omnium rerum forma) sei sie genannt, weil sie allem übrigen seine Form verleihe. Ihrerseits sei sie nur insofern Form, als sie von den von ihr Geformten gedacht werde (in formatorum cogitatione formatur) [5]. – Der Schulbetrieb des 11. Jh. bringt nach Adalbold keinen Kommentar mehr hervor, sondern stützt sich verstärkt wieder auf Remigius.

Im 12. Jh. bestimmt WILHELM VON CONCHES das Urbild als die Formalursache der Dinge (formalis causa rerum), für die man auch die Termini ‹forma›, ‹archetypus mundus›, ‹principalis figura mundi› setzen könne. Sie ist gemeinsam mit der Wirk-, der Ziel- und der Materialursache tätig [6]. Der sich auf Remigius, Adalbold und Wilhelm stützende ANONYMUS ERFURTENSIS verwendet wieder den Terminus ‹I.›, allerdings im Singular. Er bezeichnet damit das eine Urbild im Geist Gottes, für das er unter Berufung auf Johannes das Äquivalent ‹Leben› und unter Berufung auf Boethius ‹Vorsehung Gottes› setzt [7]. Der ANONYMUS MONACENSIS bestätigt noch einmal in großer Ausführlichkeit, daß das Interesse der Schule an Boethius' Gedicht nicht dem I.-Begriff, sondern der Weltentstehung als Werk des christlichen Schöpfergotts gilt. Weil der Inhalt des Gedichts Platos ‹Timaeus› entnommen ist, enthält es implizit auch dessen I.-Begriff. Dieser erhält beim Anonymus Monacensis die reduzierte Form der im Geist Gottes als Muster für die Erschaffung der sichtbaren Welt dienenden geistigen Welt (mundus intelligibilis), für die man auch die Synonyma ‹exemplar› oder ‹forma› setzen kann. Bezeichnend ist, daß die naturkundlichen Erörterungen einen breiteren Raum einnehmen als die metaphysische Reflexion [8].

Anmerkungen. [1] Vgl. P. COURCELLE: La consolation de philos. dans la tradition litt. (Paris 1967) 275-331. – [2] Vgl. SILVESTRE, a. a. O. [58 zu 2] 44-122, hier 53-55. – [3] Vgl. R. B. C. HUYGENS: Mittelalterl. Komm. zum «O qui perpetua ...». Sacris Erudiri 6 (1954) 373-427; hier 386. – [4] a. a. O. 401f. – [5] 409-426, hier 411-415. – [6] Vgl. J. M. PARENT: La doctrine de la création dans l'école de Chartres (Paris/Ottawa 1938) 124-130. – [7] Vgl. E. T. SILK: Saeculi noni auctoris in Boetii Consolationem Philosophiae comm. (Rom 1935) 155-159. 174f. – [8] Vgl. E. JEAUNEAU: Un comm. inéd. sur le chant «O qui perpetua» de Boèce. Riv. crit. Storia filos. 14 (1959) 60-80; hier 64f. 75f.   G. SCHRIMPF

4. Bei ANSELM VON CANTERBURY findet sich im 11. Jh. der isolierte Versuch, den I.-Begriff aus seiner bloß interpretatorischen Verwendung herauszulösen und ihm eine systematische Funktion zuzuweisen. Dies geschieht im wesentlichen durch Wiederaufnahme der Position Augustins. Anselm reduziert sie jedoch auf folgende Grundform, wobei das traditionelle Modell des künstlerischen Herstellens auf die Ebene der Sprache transponiert wird.

Wenn auch alle Dinge von der höchsten Substanz aus dem Nichts geschaffen worden sind, so können sie dennoch im Hinblick auf die Vernunft des Schaffenden (quantum ad rationem facientis) zuvor nicht schlechthin nichts gewesen sein [1]. Denn allem, was auf vernünftige Weise geschaffen wird, muß in der entwerfenden Vernunft notwendig ein Modell (exemplum) oder eine Form (forma), ein Ähnlichkeitsbild (similitudo), eine Regel (regula) im vorhinein zugrunde liegen. (Der Terminus ‹idea› wird von Anselm vermieden [2].)

Eine solche zugrunde liegende Form ist aber der Sache nach nichts anderes als das Aussprechen der zu schaffenden Dinge in der Vernunft selbst (rerum quaedam in ipsa ratione locutio), so wie ja auch der Künstler sein Werk zuvor in einem inneren Wort bei sich formuliert [3]. Gleichwohl ist bei der Analogie von Schöpfer und Künstler die wesentliche Differenz des ganz inneren Sprechens (intima locutio) zu beachten: Der Künstler ist sowohl in der formalen wie in der materialen Realisierung seines Werks auf schon Vorliegendes angewiesen, während die schöpferische Substanz erste und einzige

Ursache ihres Entwurfs ist (prima et sola causa) [4]. Ferner schafft die höchste Substanz die Dinge nicht mit einem je einzelnen Wort (singula singulis verbis), sondern mit einem Wort alles zumal (uno verbo simul omnia) [5]. Dieses ist von ihrem Wesen nicht unterschieden und daher identisch mit jenem Wort, mit dem sie sich von Ewigkeit her selbst ausgesagt hat [6]. In ihm haben alle Dinge die Wahrheit ihrer Existenz (veritatem existendi), von der sie in sich selbst nur ein schwaches Abbild (vix aliquam imitationem) realisieren [7].

Anmerkungen. [1] ANSELM VON CANTERBURY, Monologion c. 9 = Opera, hg. F. S. SCHMITT 1, 24. – [2] ebda. – [3] a. a. O. c. 10 = 1, 24f. – [4] c. 11 = 1, 26. – [5] c. 30 = 1, 48. – [6] c. 32f. = 1, 50-53. – [7] c. 31 = 1, 48-50.   G. JÜSSEN

5. Im Zusammenhang der frühmittelalterlichen Diskussion um den Wirklichkeitsgehalt der Allgemeinbegriffe scheint in Laon unter WALTER VON MORTAGNE ein anderer Versuch unternommen worden zu sein, dem I.-Begriff eine vor allem systematische Funktion zuzuweisen. Nach JOHANNES VON SALISBURY hat Walter die I.en ausschließlich mit den Gattungen und Arten gleichgesetzt. Demgegenüber betont Johannes den Gattungen und Arten umfassend übersteigenden Charakter der I.en: «Die I. oder Musterformen der Dinge sind die uranfänglichen Vernunftgründe von allem ...» (ideae id est exemplares rerum primaevae rationes sunt). Einen entscheidenden Beitrag für die Lösung der Schwierigkeit, zwischen den mit dem I.-Begriff ausgedrückten Musterformen einerseits und den mit den Gattungs- und Artbegriffen bezeichneten Formen der Dinge andererseits zu unterscheiden, sieht er in dem im Kreis um *Gilbert Porreta* erörterten Begriff der «angeborenen Formen» (formae nativae); diese Formen sind nicht mehr wie die I.en im Geist Gottes, sondern sind deren Abbilder in den geschaffenen Dingen (est autem forma nativa originalis exemplum, et quae non in mente divina consistit, sed rebus creatis inhaeret). Man nennt sie daher zum Unterschied von den I. besser εἴδη; sie sind sinnenfällig in den Dingen, doch der Geist begreift sie als nicht sinnenfällig; singulär in jedem Einzelding, sind sie das allen mit ihrer Hilfe Begriffenen Gemeinsame [1].

PETRUS ABAELARD erörtert den I.-Begriff ebenfalls im Rahmen der Frage nach dem Wirklichkeitsgrad der den Dingen gemeinsamen Formen (communes rerum formae), wie sie in den Allgemeinbegriffen ausgedrückt werden [2]. Gegen Boethius [3] schließt er sich Priscians Meinung an, wonach die den Dingen gemeinsamen Formen in der Weise der Intelligibilität im Geist Gottes gesetzt werden (generales et speciales formas, quae in mente divina intelligibiliter constituuntur) [4]; denn sie sind die Urbilder (exemplaria), nach denen sich Gott gleich einem Künstler bei der Erschaffung der Dinge richtet [5]. Zu ihnen gehören auch die in den Gattungs- und Artbegriffen ausgedrückten Formen ‹Gattungen› und ‹Arten›, zumal auch Plato «jene gemeinsamen I., die er im Geist ansetzt, Gattungen oder Arten nannte» (ut videlicet illas ideas communes, quas in nus ponit, genera vel species appellaret) [6]. Da jedoch Gott auch das Einzelne denkt, dürfen die I. keineswegs auf die Universalien beschränkt werden.

Die Interpretation der I.en als Musterformen der Dinge im göttlichen Geist vor Erschaffung der Dinge läßt sich auch in den theologischen Schriften Abaelards nachweisen. Christlich-schöpfungstheologischer Auffassung gemäß geht den I. alle Substantialität unabhängig vom Gottesgeist verloren. Sie sind Begriffe des göttlichen

Geistes (conceptus mentis divinae). Diese Bestimmung hält Abaelard für vereinbar mit der platonischen Lehre; denn auch « Plato betrachtet die Musterformen im göttlichen Geist, die er I.en nennt, als das, wonach sich dann die Vorsehung des höchsten Künstlers wie nach einer Art Muster in ihrem Wirken gerichtet hat» (Plato formas exemplares in mente divina considerat, quas ideas appellat, ad quas postmodum quasi ad exemplar quoddam summi artificis providentia operata est) [7]. Abaelard beruft sich auch hierfür auf Priscian und darüber hinaus auf Macrobius [8].

Anmerkungen. [1] JOHANNES VON SALISBURY, Metalogicon II, 17. – [2] ABAELARD, Philos. Schriften, hg. B. GEYER 22. – [3] Vgl. BOETHIUS, In Porphyr. I, 10, hg. BRANDT, in: Corp. script. eccl. lat. 48, 163. – [4] Vgl. PRISCIANUS, Inst. Gram. XVII, 6, hg. KREHL 2, 32. – [5] ABAELARD, a. a. O. [2] 23. – [6] 24. – [7] Theol. Christ. IV, 138, hg. BUYTAERT 335; vgl. PLATO, Tim. 39 e, transl. CALCIDII, hg. WASZINK, in: Plato Latinus 4, 32f.; vgl. Theol. Christ. I, 123 a. a. O. 124. – [8] ABAELARD, Introd. ad Theol. I, 9. MPL 178, 991; vgl. MACROBIUS, In Somn. Scip. 1, 2, 14, hg. WILLIS 6f.

Literaturhinweise. B. GEYER: Die Stellung Abaelards in der Universalienfrage, in: Festgabe Baeumker (1913) 101–107. – J. G. SIKES: Peter Abailard (1965). CHR. KNUDSEN

6. In der im 12. Jh. ihre Blütezeit erlebenden *Schule von Chartres* spielt der I.-Begriff eine nicht unerhebliche Rolle. BERNHARD VON CHARTRES scheint für die Schule von Chartres den I.-Begriff aus der Verkümmerung, in die er während des 11. Jh. in der Tradition von ‹Cons. philos.› III, m. 9 geraten war, hervorgeholt und ihn in der Schule zunächst allgemein zur Diskussion gestellt zu haben. Darüber hinaus hat er ihn offenbar durch Integration geeigneter Quellen in den Schulbetrieb in seiner philosophischen Funktion präzisieren zu lassen gesucht; denn die Kenntnis von Platos ‹Timaeus› wird jetzt in Chartres Selbstverständlichkeit; aus Senecas Briefen zieht man die den I.-Begriff erhellenden Passagen bei; mit Hilfe von Boethius' ‹De Trin.› II deutet man ihn; daß die Stoiker I.en und Materie gleich ewig wie Gott sein ließen, ist ebenso Schulwissen wie die Ansicht, Epikur habe mit seiner Verneinung der göttlichen Vorsehung auch die I.en verneint; schließlich weiß man um Aristoteles' Ablehnung der platonischen I.-Lehre, was Bernhard nach Boethius erneut eine Versöhnung beider versuchen läßt [1].

Nach JOHANNES VON SALISBURY, der vermutlich die Auffassung Bernhards wiederholt, hat Plato das wahre Sein in die die Prinzipien aller Dinge ausmachende und insofern unwandelbare Dreiheit Gott – Materie – I.en unterteilt. Die Materie werde zwar durch die «hinzutretenden Formen» (advenientes formae) in eine Art Bewegung gebracht, wie umgekehrt auch die hinzutretenden Formen in eine dem Untergang ausgesetzte Unbeständigkeit übergingen (in intervertibilem transeunt inconstantiam); dennoch gingen die I. selbst prinzipiell keine Verbindung mit der Materie ein, so daß sie nie einem Prozeß unterworfen würden. Damit sind neben Gott vor allem die I. als das wahre Sein gefaßt und werden folgerichtig «das erste Gott nachgeordnete Sein» genannt (post deum primae essentiae). Sie werden ausdrücklich mit den «Formen, die ohne Materie sind» (formae, quae praeter materiam sunt) aus Boethius' ‹De Trin.› II gleichgesetzt im Unterschied zu den «Formen, die in der Materie sind» (formae, quae in materia sunt), mit denen die «hinzutretenden Formen» gleichgesetzt werden. Um die die Unvergänglichkeit alles Geschaffenen garantierende Funktion der I.en noch stärker zu akzentuieren, spricht ihnen BERNHARD den Status des

Ewigseins zu: sie seien ewig wie Gottes Vorhersehung; er verneint aber, daß sie ebenso ewig wie Gott seien; denn Gleichewigkeit (coaeternitas) gebe es nur in der Trinität [2].

Bernhards Schüler WILHELM VON CONCHES liest und kommentiert Platos ‹Timaeus› als philosophischen Versuch, nachzuweisen, daß aus den vier Ursachen etwas Unvergängliches (quiddam perpetuum) geschaffen werden kann [3]. Des näheren ist ihm dann die Formalursache der Welt (formalis causa mundi) das die wahre Welt ausmachende wahre Sein; denn sie ist die göttliche Weisheit. Wie der Handwerker das von ihm herzustellende Werkstück zuvor in seinem Geist entwirft (disponit), hat auch Gott die Welt erst in seinem Geist entworfen und dann nach diesem Muster (exemplum) geschaffen [4]. Wilhelm nennt das Muster der Welt durchgängig «die urbildliche Welt» (mundus archetypus) und setzt sie mit dem göttlichen Geist gleich [5]. Den Begriff der «urbildlichen Welt» nimmt er offensichtlich als Ausdruck ebenso der Unvergänglichkeit wie der Einheit der geschaffenen Welt. Die urbildliche Welt ist nämlich « die Zusammenfassung der I.» (collectio idearum), «die in ihr wahrhaft existieren» (quae vere existunt in archetypo mundo) [6]. Daß die I. Unvergänglichkeit und Einheit der Welt gewährleisten, kommt noch stärker darin zum Ausdruck, daß sie als die göttliche Erkenntnis der Dinge gefaßt werden; sie sind Gottes Erkenntnis der verschiedenen Arten der zu schaffenden Dinge (ideae sunt divinae cognitiones de diversis generibus rerum creandarum) [7]. Für den Menschen jedoch sind sie in ihrem An-Sich unerkennbar; schon Plato benannte sie, indem er vor den Namen eines Dings das Attribut ‹intelligibilis› setzte und den so zustande gekommenen Ausdruck als Bezeichnung der I. ansah [8]; die I. lassen sich an den Formen der Dinge lediglich erschließen [9]. An die in der Boethiustradition (Cons. philos. III, m. 9) überlieferte Deutung des I.-Begriffs mit Hilfe des Lebensbegriffs anknüpfend beschreibt er die so erschlossenen I. als das ewige Leben der Dinge im göttlichen Geist [10]. Somit läßt sich die ganze Gott nachgeordnete Wirklichkeit in die drei Begriffe fassen: «urbildliche Welt – sinnenfällige Welt – anfängliche Materie» (archetypus mundus – sensilis mundus – primordialis materia) [11]. Die sinnenfällige Welt ist «Bild und Abbild» (simulacrum et imago) der Welt der Urbilder [12]. Die «anfängliche Materie» ist der urbildlichen Welt ranggleich; denn sie besteht aus den vier I. der vier Elemente [13]. Während jedoch die Materie einer Mutter vergleichbar ist, die Samen in sich aufnimmt, ist die urbildliche Welt einem Vater vergleichbar; denn den I. verdankt alles Seiende, was es ist, während es aus der Materie das rohe Sein hat (res ex materia contrahit rude esse, sed ex forma esse id quod est) [14]. Die sinnenfällige Welt aber ist gleichsam das Kind dieser Eltern [15]. Bei Wilhelm fällt eine gewisse terminologische Unentschiedenheit im Gebrauch der Termini ‹I.› und ‹Form› auf. Einerseits erklärt er I. nicht gern als Form, sondern stellt beide Termini als gleichwertig nebeneinander: «ideae et formae» [16]; andererseits unterscheidet er auch nicht mehr so scharf wie Bernhard zwischen dem Urbild einer Sache und der Form der Sache als dem Abbild ihres Urbilds.

Bernhards jüngerer Bruder THIERRY empfindet den Terminus ‹I.› offensichtlich bereits als einen von den heidnischen Philosophen (a philosophis) geprägten und zumindest sprachlich störenden Fremdkörper, der im Interesse der begrifflichen Reflexion der eigenen Zeit einer sich unmittelbarer öffnenden sprachlichen Gestalt bedarf [17]. Er erklärt und ersetzt ihn daher durchgängig durch den aus Boethius' ‹De Trin.› II übernommenen Terminus ‹Form›, der damit als Bezeichnung für «Urbild» neben ‹imago› als den gebräuchlichen Ausdruck für «Abbild» tritt [18]. Da man jedoch in der Umgangssprache unter ‹Form› primär die sichtbare Gestalt einer Sache versteht, führt der terminologische Wechsel zu Differenzierungen des Formbegriffs.

Das metaphysische Interesse Thierrys ähnelt dem Eriugenas. Er möchte in begrifflich exakter Weise die in ihrer Vielfalt vorgegebene geschaffene Welt als Einheit begreifbar machen. Unsere Sinne begreifen die Welt als eine von Formen bestimmte stoffliche Welt; unsere Vernunft (ratio) begreift sie als eine in ihren Formen ihre Wahrheit abbildende Welt; unser Verstand (intellectus) begreift sie als die Einfachheit und Einheit der Dinge, die Gott ist [19]. Weil Sein Einheit und Nichtsein Verschiedenheit bedeutet, ist Gott das wahre Sein [20]. Weil ‹Form› Seinsverleihung besagt, ist Gott «die Form des Seins» (forma essendi) [21]. «Der göttliche Geist zeugt und empfängt in sich die Formen» (mens divina generat et concipit intra se formas). Insofern ist Gott «die erste Form», während die von ihm gezeugten Formen «zweite Formen» sind. Sie sind die in ihrem An-Sich genommenen Naturen der Dinge (naturae rerum ut sunt per se). Genau das bezeichnet der Ausdruck ‹I.› [22]. In Gott sind die zweiten Formen eine Einheit derart, daß Gott «die Form dieser Formen» ist (forma formarum) [23]; in Gott gibt es nämlich keine Vielheit von Formen [24]. Über die zweiten Formen geht Gott als letzter Ermöglichungsgrund in die Dinge ein; ist er doch «die Wirkursache und der Anfang aller Dinge» (causa est efficiens et principium omnium rerum) [25].

Thierry scheint den Materiebegriff als die vom göttlichen Geist in den I., also Naturen der Dinge oder zweiten Formen, immer mitgedachte Dimension ihrer raumzeitlichen Vergegenwärtigung zu fassen und stellt sie als das zweite Prinzip jedes Einzeldings neben dessen Form. Der so verstandenen Materie kommt der Seinsstatus des Zugrundeliegens (subesse), der Form der des Voraufseins (praeesse) zu [26]. Der dem Ding selbst immer zugesprochene Status des Seins (esse) gilt von ihm jedoch nur im übertragenen Sinn, da Sein im Vollsinn des Begriffs nur Gott zukommt [27], während ein Ding Sein durch Teilhabe an seiner Form, also vermitteltes Sein hat [28]. Die sinnenfällige Gestalt eines Dings ist Abbild (imago) seines Urbilds (secunda forma) und muß im Unterschied zur I. ‹idos› genannt werden [29]. Man kann daher die im Geist Gottes befindlichen zweiten Formen die wahren Formen der Dinge nennen [30], obwohl der Begriff ‹wahre Form› seine volle Bedeutungserfüllung nur in Gott selbst hat [31]. Die im göttlichen Geist gezeugten I. sind Naturen von Dingen; die im menschlichen Geist fiktiv oder in Realisierungsabsicht entworfenen I. sind nur Schattenbilder (idola); denn da sie nicht Naturen von Dingen sind, sind sie eigentlich nichts [32]. Es könnte Zeichen terminologischer Konsequenz sein, daß der Terminus ‹I.› in Thierrys ‹Liber de sex dierum operibus› nicht verwendet wird.

Für Thierrys zeitweiligen Kollegen GILBERT PORRETA, der sich in seinen Boethiuskommentaren [33] stark auf Calcidius stützt, sind die I. Bestandteil der Dreiheit Schöpfer – I. – Materie (opifex – idea – hyle) [34]. Der Terminus ‹I.› bezeichnet im Singular das eine Urbild (exemplar) der geschaffenen Welt, im Plural die Urbilder aller Einzeldinge in ihrer Individualität (ideae sensilium) 35]. Jedes Ding ist nämlich Abbild seiner I. (icon id est

exemplaris exemplum et imago) [36]. In sich betrachtet sind die I. einfache, unstoffliche und prozeßfreie Größen, die zusammen mit dem Sein des Schöpfers (usia opificis) der Materie als «Anfangsformen» (primariae formae) korrespondieren [37]. Da Gilbert Thierrys Formmetaphysik, die den I.-Begriff in terminologisch angepaßter Weise in sich enthält und ohne ihn nicht möglich ist, mehr in Richtung einer ontologischen Prinzipienanalyse des Einzeldings fortführt, verliert der I.-Begriff bei ihm in diesem Zusammenhang jede größere systematische Bedeutung. Eine gewisse Funktion erhält er stattdessen im Rahmen von Gilberts Versuch, das die Schule von Chartres seit Bernhards Rückgriff auf Plato bedrängende Problem, wie die Materie als zeitloses, unveränderliches und unstoffliches Prinzip gefaßt werden kann, zu lösen. In Anknüpfung an Calcidius [38] faßt er wie Wilhelm von Conches die Materie als eine Einheit der vier I. Feuer, Luft, Wasser und Erde, die damit im Sinne «reiner Substanzen» (sincerae substantiae) zu urbildhaften Prinzipien jeder Körperbildung werden [39]: «Die [vier] I. sind in den Elementen wie Urbilder in den Abbildern» [40].

Der in seinen Boethiuskommentaren [41] Thierrys Formmetaphysik mitsamt dem in ihr enthaltenen I.-Begriff mehr tradierende als fortentwickelnde Thierryschüler CLARENBALDUS VON ARRAS meidet für seine Person jede Verwendung des Terminus ‹I.›. Gilberts Fassung der vier Elemente als I.en im Sinn von Prinzipien jeder Körperbildung lehnt er zwar nicht ab; doch hält er die ausschließliche Gleichsetzung mit Boethius' «Formen, die ohne Materie sind» für bedenklich, da andere zeitgenössische Denker unter diesen Formen die I.en im Geiste Gottes verstehen [42]. Wenngleich also der I.-Begriff in der Begegnung und Auseinandersetzung vor allem mit Boethius' Trinitätstraktat terminologisch allmählich so verändert worden ist, daß der Ausdruck ‹Form› den Terminus ‹I.› schließlich ganz verdrängt hat, so hat er inhaltlich doch entscheidend zur Ausbildung der für die Schule von Chartres im 12. Jh. kennzeichnenden Formmetaphysik beigetragen.

Dagegen bleibt der I.-Begriff in dem mehr aus literarischer Bildsprache als aus philosophischer Begrifflichkeit lebenden Weltentstehungsgedicht des Thierryfreunds BERNHARD SILVESTRIS nur Ornament. Gott schafft die Welt nach einer ewigen I. [43]; die Vorsehung formt die Gestalten der Dinge, indem sie auf deren ewige Begriffe in sich schaut (ad aeternas introspiciens notiones ... rerum species reformavit) [44]; der göttliche Geist ist Inbegriff der Urbilder, der ewigen Begriffe, der geistigen Welt und der im voraus festgesetzten Erkenntnis der Dinge (imagines, notiones aeternae, mundus intelligibilis, rerum cognitio praefinita) [45]. Insgesamt zeigt sich auch bei Bernhard die gewohnte Prävalenz des Terminus ‹Form› gegenüber dem von ihm so gut wie gar nicht verwendeten Terminus ‹I.› [46].

Ein ähnlicher Sachverhalt zeigt sich bei dem Porretaner ALANUS AB INSULIS, sofern er sich dichterisch betätigt [47]. Auch als Gelehrtem ist ihm der I.-Begriff geläufig. In dem von ihm verfaßten Wörterbuch der theologischen Begriffe begegnet er unter den Stichworten ‹Welt› und ‹Form› als urbildliche Welt einerseits (mundus archetypus quasi principalis mundi figura) und als die der Schöpfung vorausliegende Ordnung und der ihr voraufgehende Begriff im göttlichen Geist andererseits (praeordinatio sive praeconceptio, quae fuit in mente divina ab aeterno de rebus creandis) [48]; das Stichwort ‹I.› gibt es nicht in dem Wörterbuch. Dennoch kennt

Alanus den Terminus ‹I.› und gibt als seine Bedeutung den in der Diskussion der Allgemeinbegriffe häufig verwendeten Ausdruck « Musterformen der Dinge» an (exemplares rerum formae) [49]. Während bei Gilbert der I.-Begriff seine systematische Funktion im Rahmen der Formmetaphysik, wie er sie weiterentwickelt, bereits weitgehend verloren hat, weist ihm Alanus in Anlehnung an Boethius' ‹Cons. philos.› V, 4 eine neue Bedeutung im Rahmen der Erkenntnislehre zu. Nachdem die Sinne ein Ding in seiner konkreten Gestalt erkannt haben, die Einbildungskraft (imaginatio) die Gestalt losgelöst von ihrer Stoffgebundenheit in ihrem An-Sich begriffen und die Vernunft (ratio) die Weltseele als das alles belebende Prinzip erfaßt hat, betrachtet der Verstand (intellectualitas) die I.en als die ewigen Urbilder der Dinge «in der Blüte ihrer Ewigkeit» (ubi aeterna rerum exemplaria in suae aeternitatis flore virentia contemplatur) [50]. Wird die Seele durch Betätigung der Sinne und der Einbildungskraft Mensch und durch Betätigung der Vernunft Geist, so wird sie durch Betätigung des Verstandes Gott (per intellectualitatem fit anima humana deus) [51].

Der Porretaner NIKOLAUS VON AMIENS spricht den I. den ihnen gegenüber den Dingen immer wie selbstverständlich zugestandenen höheren Seinsrang ab; vor dem Bau der Welt könne man nicht gut von Sein reden: «Wenn ich mir in meinem Geist die Form eines Hauses oder einer Statue vorstelle, die in Zukunft herzustellen ich mir vornehme, ist sie dennoch nicht schon ein Haus oder eine Statue; im Gegenteil: sie wird es vielleicht niemals sein» [52].

Anmerkungen. [1] JOHANNES VON SALISBURY, Metalogicon II, 17. – [2] a. a. O. IV, 35; vgl. Policraticus VII, 5. – [3] WILHELM VON CONCHES, Glosae super Platonem, hg. E. JEAUNEAU (Paris 1965) 98. – [4] a. a. O. 99. 110. – [5] 126. – [6] 262. 275. – [7] 192. – [8] 126. – [9] 286. – [10] 278. – [11] 281. – [12] 267. – [13] 281. – [14] 261; vgl. 279. – [15] 276. – [16] 262. 275. – [17] THIERRY VON CHARTRES, Lectiones in Boethii librum de trinitate, hg. N. M. HÄRING, in: Commentaries on Boethius by Thierry of Chartres and his school (Toronto 1971) 123-229, zit. 168: n. 43. – [18] Vgl. a. a. O. 167: n. 39. – [19] 158: n. 12. – [20] 166: n. 35. – [21] 166f.: n. 37. – [22] 168f.: n. 42-44. – [23] 168: n. 41. – [24] 166: n. 36. – [25] 168: n. 42. – [26] 169: n. 45. – [27] 166f.: n. 37. – [28] 170f.: n. 50. – [29] Glosa super Boethii librum de trinitate, hg. N. M. HÄRING, a. a. O. [17] 257-300, zit. 279: n. 49. – [30] Lectiones ... a. a. O. [17] 176: n. 65. – [31] 166: n. 35. – [32] 168-170: n. 44-46. – [33] The Commentaries on Boethius by Gilbert of Poitiers, hg. N. M. HÄRING (Toronto 1966). – [34] GILBERT PORRETA, Expositio in Boecii librum primum de trinitate a. a. O. 51-157, zit. 85: n. 34. – [35] a. a. O. 83: n. 24. – [36] Expositio in Boecii librum de bonorum ebdomade a. a. O. 181-230, zit. 195: n. 37. – [37] Exp. in ... de trin. a. a. O. 83: n. 24; vgl. 100: n. 98. – [38] Timaeus a CALCIDIO transl. comm. instr., hg. J. H. WASZINK (London/Leiden 1962) 276f.: c. 272. – [39] GILBERT, Exp. in ... de trin. a. a. O. [34] 81f.: n. 17. – [40] 99: n. 96; vgl. 99f.: n. 97f. – [41] N. M. HÄRING: Life and works of Clarembald of Arras (Toronto 1965). – [42] a. a. O. 129-131: n. 58-61. – [43] Bernardi Silvestris de mundi universitate libri duo sive Megacosmus et Microcosmus, hg. C. S. BARACH/I. WROBEL (Innsbruck 1876) 33, 6-10. – [44] a. a. O. 11, 92-94. – [45] 13, 152-155. – [46] 11, 96; 33, 9; 33, 11; 55, 14; 57, 24; 58, 64. – [47] Vgl. ALANUS AB INSULIS, Anticlaudianus I, 18-23, hg. R. BOSSUAT (Paris 1955) 57; I, 483-510 = 71; III, 307-310 = 98: VI, 207-219 = 147; VI, 428-447 = 153f.; De planctu naturae. MPL 210, 480 b. 447 b/c. 453 d-454 a. – [48] Distinctiones dictionum theologicalium. MPL 210, 866 b. 796 c/d. – [49] Sermo de sphaera intelligibili, in: Alain de Lille, Textes inéd., hg. M. TH. D'ALVERNY (Paris 1965) 295-306, zit. 301. – [50] 303; vgl. THIERRY VON CHARTRES, a. a. O. [29] 270: n. 10. – [52] Cronicorum NICHOLAI AMBIANENSIS primus lib. praef., hg. D'ALVERNY, a. a. O. [49] 319-322, zit. 321.   G. SCHRIMPF

B. *Hoch- und Spätscholastik.* – 1. Die verstärkt einsetzende Diskussion der I.-Lehre im *13. Jh.* ist wohl durch zwei Vorgänge unterschiedlicher Bedeutung besonders angeregt worden. 1. Die *Auseinandersetzung mit*

den Amalrikanern bleibt zwar nur Episode, ist jedoch für die I.-Lehre deshalb wichtig, weil traditionelle Positionen durch folgende amalrikanische Thesen in Frage gestellt werden: a) Alle Dinge sind im Wesen Gottes (omnia sunt in eius essentia [1]). b) Die I. wirken zwar beim Schöpfungsprozeß mit, sind jedoch selbst geschaffen (ideae, idest forma sive exemplar, creant et creantur [2]). Die in diesem Zusammenhang stehende, die Intentionen *Eriugenas* alterierende Identifizierung der Anfangsgründe (primordiales causae) mit den I. als Gedanken Gottes begünstigt hier eine pantheistische Interpretation von dessen Hauptwerk [3]. Ferner: es ist zu unterscheiden zwischen einem sinnenfälligen äußeren und einem inneren Körper, der, als göttliche Kraft (vis divina) verstanden, von *Platon* als Begriff des Geistes (conceptus mentis), Nous oder I. bezeichnet worden sei [4]. c) Die Schöpfung ist nur Werk des Vaters, da Sohn und Geist erst nach der Inkarnation wirken [5]. – Diese Behauptungen stecken einen Rahmen ab, innerhalb dessen vor allem folgende Punkte neu zu durchdenken sind: die Anwesenheit der Dinge in Gott und die entsprechende Vermittlungsfunktion der I.en, ihre Rolle im Schöpfungsprozeß, ihr ontologischer Status und ihre innertrinitarische Zuordnung; historisch bedarf es einer Klärung der platonischen Position. – 2. Ein weit folgenreicherer Vorgang führt jedoch zu einer gewissen Verschiebung der Problemstellung: Die *Aristotelesrezeption* und die durch sie in einem neuen Licht erscheinende platonische I.-Lehre, vor allem deren aristotelische Kritik, haben eine Abwandlung der ausschließlich theologischen Fragerichtung zur Folge – besonders die Bedeutung der I.en für die Erkenntnis wird zunehmend diskutiert –, regt jedoch zugleich eine verstärkte Beschäftigung mit *Augustin* als dem maßgebenden Vertreter einer christlichen I.-Lehre an. *Bonaventura* stellt in dieser Entwicklung einen gewissen Abschluß und Höhepunkt dar.

Anmerkungen. [1] Contra Amaurianos c. 1, hg. C. BAEUMKER, in: Beitr. zur Gesch. der Philos. des MA 24, 5/6 (1926) 8. – [2] HEINRICH VON SEGUSIA: Apparatus in Decr. Greg. 1, 2 bei C. C. CAPELLE: Autour du décret de 1210: III. Amaury de Bène. Etude sur son panthéisme formel (Paris 1932) 94. – [3] ebda. – [4] Contra Amaurianos c. 11 a. a. O. [1] 46. – [5] Chartularium Universitatis Parisiensis I (Paris 1889) n. 12.

2. GARNERIUS VON ROCHEFORT, der (wahrscheinliche) Autor der Schrift ‹Contra Amaurianos›, behandelt in seiner Auseinandersetzung mit den Amalrikanern zwei für den I.-Begriff bedeutsame Probleme. So beschreibt er die Anwesenheit der Dinge im göttlichen Wesen als eine solche von exemplarischen Formen, die mit Gott identisch und nach deren Ähnlichkeit (similitudo) die Dinge geschaffen sind [1]. Gegen *Platon* (aber in gleicher Weise auch gegen *Aristoteles*) wendet er ein, daß die Annahme von mehreren gleich ewigen Prinzipien (coaeterna principia), nämlich Gott, Materie und I.en, anstelle eines einzigen ewigen Prinzips das Modell menschlichen Herstellens in unzulässiger Weise auf die göttliche Schöpfung übertrage und damit der notwendigen Einfachheit des ersten Prinzips widerstreite [2], ein Argument, das in der Folgezeit mit geringen Abweichungen häufig wiederkehrt, so etwa bei WILHELM VON AUXERRE [3] oder ALBERT DEM GROSSEN [4].

Die Schöpfungslehre ist bei WILHELM VON AUXERRE der für den Begriff ‹I.› (bzw. die Ausdrücke ‹exemplar› oder ‹mundus archetypus›, die gleichbedeutend gebraucht werden) maßgebende Kontext, innerhalb dessen zunächst die Frage nach der innertrinitarischen Zuordnung der I. relevant wird. Dieses Problem wird behandelt in einer sich an das erste Buch der ‹Summa aurea› anschließenden zusätzlichen Frage (quaestio addita [5]), auf die sich neben ROLAND VON CREMONA [6] auch BONAVENTURA bezieht, der die Frage ausdrücklich kennzeichnet: Über den mundus archetypus oder die I., und auch – was ungewöhnlich ist – den Namen des Autors nennt [7]. Die bei WILHELM in dieser Form wohl zum ersten Mal erwähnte und Augustin zugesprochene Behauptung, daß eine Leugnung der I. die Leugnung des Sohnes Gottes bedeute (Qui negat ideas esse, negat filium dei esse [8]), bildet den Ausgangspunkt der Überlegung, die zu folgendem Ergebnis führt: I. wird vom Sohne Gottes sowohl in eigentlichem Sinne (proprie) ausgesagt, d. h. nur einer göttlichen Person zukommend, sofern er allein Abbild des Vaters (imago patris) und göttliches Wort (verbum) ist, als auch in dem Sinne, daß die I. ihm zwar zugesprochen wird, in Wirklichkeit aber allen Personen gemeinsam ist (appropriate), sofern die Einrichtung der sinnlichen Welt (dispositio tota mundi sensibilis) als Werk der ganzen Trinität zu gelten hat [9]. Die Verschiedenheit der Dinge provoziert dann die Frage nach dem Verhältnis der notwendig vielen I. zu dem einen und einfachen Schöpfer, die zunächst mit dem Hinweis auf die Verschiedenheit der Abbilder beantwortet (diversitas non notatur in exemplari, sed in exemplatis), schließlich aber in den Bereich des Mysteriums verwiesen wird [10]. Die philosophische Lösung, als deren Urheber Platon gilt, wonach die I. nicht mit Gott identisch, wohl aber in seinem Geiste (in mente divina) und dort Gattungen und Arten der Dinge seien, lehnt Wilhelm unter Berufung auf Boethius ab, der die Identität der Gattungen und Arten mit den Dingen selbst gezeigt habe [11].

Die Diskussion der I.-Lehre bei dem ersten Universitätslehrer der Dominikaner, ROLAND VON CREMONA, stellt über weite Passagen eine Auseinandersetzung mit der Wilhelmschen Position dar. So weist er nicht nur dessen Platondarstellung als der Größe dieses Philosophen unangemessen zurück, «der wohl gewußt hat, daß in Gott nichts anderes sein konnte als er selbst ist» (Plato magnus fuit philosophus qui bene scivit quod in Deo non poterat aliud esse quam ipse sit [12]); er vertritt auch die Ansicht, daß dem I.-Begriff Wilhelms eine andere Bedeutung zugrunde liege als dem des Griechen Aristoteles, für den I. dasjenige sei, das durch Nachahmung entstehe (illud cuius generatio est per imitationem [13]), eine Bestimmung, die unter der unbestrittenen Voraussetzung, daß die Schöpfung ein Werk der ganzen Trinität sei, lediglich innertrinitarische Relevanz haben kann und dem Sohne als Abbild des Vaters in eigentümlichem Sinne (proprie) zugesprochen wird [14], als schöpfungstheologisches Prinzip also nur in Frage kommt. Hier wird der Begriff ‹exemplar› bedeutsam (illud ad cuius similitudinem aliud fit [15]), der trotz gegenteiliger Behauptung nicht mit der I. identifiziert werden kann, vielmehr für die ganze Trinität gilt (appropriate) und ihr schöpferisches Wirken zum Ausdruck bringt.

Bei PHILIPP DEM KANZLER finden sich, wenn auch wesentlich kürzer behandelt, die gleichen Probleme wieder wie bei seinen Zeitgenossen, ohne daß er etwa in der Frage der Vielheit der I. oder der innertrinitarischen Zuordnung (er scheint übrigens für die Appropriation einzutreten [16]) zu wesentlich anderen Lösungen kommt. Neu ist sein Interesse an der Frage, in welche Gattung der Ursachen dieses von Platon aufgestellte Prinzip, das exemplar, einzuordnen sei. Philipp beschränkt sich in diesem Punkt darauf, zwei Möglichkeiten als Antwort anzubieten: Entweder man bleibt bei den vier bekannten Ursachengattungen, dann gehört das exemplar zur Formalursache, oder aber man betrachtet mit Seneca die Exemplarursache als eigene Gattung (Quando ergo dicuntur quatuor genera causarum et non plura ... sic causa exemplaris erit sub causa formali, in divisione vero Senecae sumitur forma secundum modum appropriatum contra formam exemplarem [17]).

Anmerkungen. [1] Contra Amaurianos c. 1 a. a. O. [1 zu B 1] 8. – [2] a. a. O. c. 11 = 46f. – [3] WILHELM VON AUXERRE: Summa aurea (Paris 1500, ND 1964) fol. 33v a. – [4] ALBERTUS MAGNUS, In Met. XII, 1, 7, hg. B. GEYER (1964) 557. – [5] WILHELM V. A., a. a. O. [3] fol. 32v a–34v a. – [6] ROLAND VON CREMONA, Summa III, n. 378, hg. A. CORTESI (Bergamo 1962) 1133ff. – [7] BONAVENTURA, In I. Sent. 6, 3 ad 4. – [8] WILHELM V. A., a. a. O. [3] fol. 32v a. – [9] a. a. O. 32v b. – [10] 33r a/b. – [11] 33v a. – [12] ROLAND V. CR., a. a. O. [6] 1136. – [13] a. a. O. 1134. – [14] 1135. – [15] ebda. – [16] PHILIPP DER KANZLER, Summa de bono. Codex Vat. lat. 7669, fol. 7v a. – [17] a. a. O. fol. 7r b.

G. WIELAND

3. Eine Sonderstellung nimmt in dieser Zeit WILHELM VON AUVERGNE ein, bei dem wir den erstaunlichen Versuch finden, die platonische I.-Lehre (positio Platonis de formis) in sich selbst zu interpretieren bzw. ihren Ansatz selbst zu rekonstruieren. Da ihm die Argumente und Beweise Platons selbst nicht vorliegen, versucht er jene darzulegen, die Platon zu seiner These offensichtlich oder möglicherweise bestimmt haben (quae fuerunt rationes vel probationes Platonis, non pervenit ad me; ponam igitur rationes, quas vel habuisse videtur vel habere potuisset) [1]. Auszugehen ist hierbei von dem Prinzip, daß die Erfahrung, die die Vernunft vom Bereich des Intelligiblen macht, ebensoviel Zustimmung verdient wie diejenige unserer Sinnlichkeit über die ihr zugängliche Welt (non minus credendum est intellectui de intelligibilibus quam sensui de sensibilibus) [2]. Nun zwingt uns aber das Zeugnis unserer Sinne dazu, die Welt der sinnlich wahrnehmbaren Dinge anzunehmen; also muß die Vernunft uns noch viel stärker nötigen, die Welt des Intelligiblen, d. h. aber die Welt der allgemeinen Strukturen oder der Artgestalten als gegeben anzusetzen (testificatio sensus nostri cogit nos ponere mundum sensibilium ..., cogere nos debet intellectus multo fortius ponere mundum intelligibilium ...) [3]. Denn unsere Vernunft erfaßt in ihrem jetzigen Zustand nicht das Partikuläre oder Einzelne an sich, sondern nur das Allgemeine, d. h. «Gattungen und Arten und andere allgemeine Strukturen, die Platon losgelöste [für sich bestehende] Formen und Gestalten genannt zu haben scheint» (... genera et species et alia communia, quae Plato formas et species abstractas vocasse videtur) [4].

Obwohl Wilhelm nachweislich nur den ‹Timaios› in der Fassung des Calcidius gekannt hat, so daß die Versicherung seiner mangelhaften Platonkenntnis durchaus glaubwürdig ist, so kommt er doch hier zwei Grundintentionen der platonischen I.-Lehre nahe: 1. der Unterscheidung von mundus sensibilis und mundus intelligibilis als der spezifischen Gegenstandsbereiche von Vernunft und Sinnlichkeit, 2. dem notwendigen Ansatz der I.en zum Verständnis der Sinneswelt, d. h. ihrem Hypothesis-Charakter.

Wilhelm führt den Gedanken der gleichwertigen Authentizität von Sinnes- und Vernunfterfahrung noch weiter aus: Wenn sich die sinnlich wahrnehmbaren Dinge so in ihrem Sein verhalten, wie die Sinne bezeugen, dann muß mit viel stärkerer Notwendigkeit von den intelligiblen Inhalten gelten, daß sie so beschaffen sind, wie die Vernunft es von ihnen bezeugt: nämlich allgemein, immerseiend und dem Werden und Vergehen sowie jeglichem Tumult der Veränderung enthoben (... testificatur intellectus ... eas esse communes, sempiternas et seorsum a generatione et corruptione et ab omni tumultu mutationum) [5]. «Würde diese Konsequenz nicht gelten, dann wäre allein die Sinnlichkeit wahrhaftig, die Vernunft aber völlig lügnerisch» (Si aliter esset, solus sensus verax esset ... et intellectus totus mendax) [6].

Wenn nun, wie es für Wilhelm im Sinne der augustinischen Tradition feststeht, in einer christlichen Interpretation der platonischen I.-Lehre der mundus archetypus mit dem schöpferisch entwerfenden Geiste Gottes identifiziert werden muß, so ist hier vor einem schwerwiegenden Mißverständnis zu warnen, dem Platon nach Wilhelms Meinung offensichtlich erlegen ist [7]. Dieses besteht in der Ansicht, die wahre Wirklichkeit alles Geschaffenen und damit seine eigentliche Benennung sei im Bereich der göttlichen I.en zu suchen, während seine Realisierung in der Sinneswelt nur einen unvollkommenen Existenzmodus darstelle. Das Geschaffene würde dann nicht in seiner substanziellen Wahrheit (per veritatem) benannt, sondern nur gemäß seinem Abbildcharakter (per similitudinem). Dieser Ansicht ist folgendes entgegenzuhalten: Analysieren wir das Verhältnis von Urbild und Abbild einmal am Beispiel des Hauses, so ergibt sich, daß dieser Begriff ‹Haus› keineswegs das Urbild im Geiste des Baumeisters bezeichnet, sondern nur jenes Gebilde, das außerhalb dessen sinnlich wahrgenommen wird, nämlich die Wohnstatt und Unterkunft für Menschen (nomen domus ... nullo modorum impositum est ei, quod est apud artificem sive in mente ipsius, sed ei soli ..., quod foris videtur, quod est scilicet habitatio et receptaculum hominum) [8]. In gleicher Weise gilt dann, daß z. B. der Name ‹Erde› jenes Element bezeichnet, das in unserer Welt existieret und wahrgenommen wird, keineswegs aber eine Wirklichkeit, die sich beim Schöpfer oder in seinem Geist befindet (... terra est nomen ejus, quod est apud nos et videtur, et nullo modorum alicujus, quod sit apud creatorem vel in mente ipsius) [9].

Diese Stellungnahme Wilhelms zu Platon impliziert auch eine indirekte Kritik an Augustinus, insofern dieser die ontologische Superiorität der I. im Geist des Künstlers betont.

Im Sinne der christlichen, von Augustinus geprägten Tradition ist für Wilhelm die Welt der Urbilder alles Geschaffenen der Sache nach nichts anderes als die von Ewigkeit her gezeugte Weisheit Gottes selbst, nämlich der Sohn Gottes (... mundus archetypus ... omnium quae facta sunt, ... proprie est sapientia ab ipso creatore aeternaliter genita ...) [10]. Diesen bezeichnen die Philosophen und Theologen der Christen auch als die Kunst des allmächtigen Gottes, die erfüllt ist von lebendigen Schöpfungsgründen, und darunter verstehen sie eben die von Platon angesetzten Artgestalten und I. (rationes viventes intelligentes ipsas species vel ideas quas Plato posuit) [11].

Auch für Wilhelm ist die Frage nach der Vielheit der I. ein schwieriges Problem. Er betont sehr stark die Einheit Gottes und die Einheit des Schöpfungsaktes. So kann er in einer im Kontext des Omnipotenzproblems herangezogenen Analogie das eine Wort der Schöpfung und das Universum der dadurch hervorgerufenen Werke mit dem einzigen Stoß des Signalhorns vergleichen, der alle möglichen Aktionen eines Heeres auslöst [12]. Im Hinblick auf die I.en muß die Einheit der exemplarischen Vernunft des Schöpfers festgehalten werden. «Ihre

Einheit, welche *ein* Urbild und *eine* Welt von Ideen ist, stellt das Urbild jener Einheit dar, nach welcher die Welt als *eine* geschaffen ist» (unitas ... ejus, quae est unum exemplar et unus mundus intelligibilis, exemplar est unitatis, qua mundus creatus est unus) [13]. Dennoch muß man sagen, daß der schöpferische I.en-Kosmos nicht als ganzer zumal (totus simul) das Urbild aller einzelnen geschaffenen Dinge sein kann, sondern vielmehr jedes von ihnen dort sein eigenes Vorbild und seine eigene I. hat (suum exemplar ac ideam propriam). Die Vielheit der individuellen Abbilder einer jeweils spezifischen I. erklärt Wilhelm am Modell der I. im Geiste des Künstlers [14].

Anmerkungen. [1] WILHELM VON AUVERGNE, De universo II, 1, 14 = Opera (Paris 1674, ND Frankfurt a. M. 1964) 1, 821 b. – [2] ebda. – [3] ebda. – [4] ebda. – [5] ebda. – [6] ebda. – [7] a. a. O. II, 1, 34 = 1, 835 a. – [8] ebda. = 835 b. – [9] ebda. = [10] II, 1, 39 = 1, 838 b. – [11] ebda. = 839 a. – [12] I, 1, 21 = 1, 616 a. – [13] II, 1, 44 = 1, 842 b. – [14] ebda.

4. Ausgangspunkt für die Betrachtung der I. bei dem ersten Universitätslehrer der Franziskaner, ALEXANDER VON HALES, ist die auf Augustinus gestützte These, daß I., Vernunftgrund (ratio) und Weisheit (sapientia) in bezug auf Gott als ihr gemeinsames Subjekt der Sache nach identisch sind (idem secundum rem), wenn auch eine Verschiedenheit hinsichtlich der Bezeichnung vorliegt (differentia secundum nomen) [1]. Während die Ausdrücke ‹Weisheit›, ‹Urbild (exemplar)› und ‹Kunst (ars)› die Intelligibilität des göttlichen Wirkens betonen, beziehen sich die Bezeichnungen ‹I.› und ‹Vernunftgrund (ratio)› mehr auf die finale und formale Bestimmtheit des von Gott erkannten Dinges selbst. Werden sinngemäß die erstgenannten Ausdrücke nur im Singular verwendet, so kann man von Vernunftgründen und I.en mit Recht im Plural sprechen, da die Form- und Zielbestimmtheit der Dinge selbst plural ist (cum sint formae rerum plures et fines, dicuntur rationes et ideae plures). Gleichwohl muß hier der Gedanke zurückgewiesen werden, daß die Vielheit der I.en eine Bestimmung ist, die primär (in ursächlichem Sinne) von den geschaffenen Dingen stammt [2]. Alexander versucht das Problem, wie es bei Augustinus formuliert ist, folgendermaßen zu lösen: «Der Sache nach ist es dieselbe ewige planende Vernunft, wodurch Mensch und Pferd geschaffen sind – nicht jedoch ist es dieselbe, insofern sie planende Vernunft ist» (... eadem est secundum rem ratio aeterna qua homo est conditus et qua equus, sed non eadem ut ratio). Diese Differenz der Beziehung verdeutlicht er durch folgende geometrische Analogie: Einen Punkt, in dem sich mehrere Geraden vereinigen, kann ich, rein für sich genommen, als eine Einheit ansehen. Insofern er aber Prinzip der von ihm ausgehenden Geraden ist, kann ich ihm – in seiner Funktion als Ausgangspunkt – Pluralität zusprechen [3].

Ferner verwendet Alexander zur Verdeutlichung des Verhältnisses von Einheit und Vielheit der I.en das traditionelle Modell aus dem Bereich des menschlichen Herstellens, aber in besonderer Modifizierung: Wenn auch die Kunst des Hausbaues (generisch) eine ist, so widerspricht dem nicht die spezifische Verschiedenheit mehrerer Haustypen (... una est sapientia aedificatoria – alia est forma exemplaris hujus propria et ... illius) [4].

Anmerkungen. [1] ALEXANDER VON HALES, S. theol. I, 1, 5, 1, n. 175 = Ed. (Quaracchi 1924) 1, 258; Glossa in IV libros Sent. I, 36 = Ed. (Quaracchi 1951) 356-369. – [2] S. theol. I, 1, 5, 1, n. 175 = a. a. O. [1] 1, 258. – [3] ebda. = 1, 259. – [4] ebda.

G. JÜSSEN

5. Anders als bei seinen vorwiegend an theologischen Fragen interessierten Vorgängern findet die Diskussion des I.-Begriffs bei ROGER BACON weitgehend im aristotelischen Kontext statt und entzündet sich meist an den durch Aristoteles vermittelten Kenntnissen der platonischen I.-Auffassung [1]. Doch auch bei Roger erhält diese Thematik ihre eigentliche Bedeutung erst durch den Bezug auf die christliche Gottes- und Schöpfungslehre. Kennzeichnend ist daher der (bis in die Mitte des 13. Jh. nicht seltene) Versuch, Platon mit Augustin zu harmonisieren, indem die Identität von göttlichem Geist und I. und ihr Prinzipcharakter im göttlichen Schöpfungs- und Erkenntnisprozeß als eine platonische Position behauptet wird, während Selbständigkeit und Vielheit der I. ebenfalls Platon zugeschrieben, aber in Übereinstimmung mit Aristoteles abgelehnt werden [2]. Bemerkenswert sind Bacons Darlegungen zur Rolle der I. beim Prozeß des menschlichen Herstellens, bei dem im Unterschied zu Naturvorgängen eine Erkenntniskraft als Ursache des Hervorbringens (causa producendi), nicht des Hervorgebrachten wirkt, die als I. im Geist des Künstlers ihren Ort hat [3]. Sie wird als Erkenntnis- und Tätigkeitsprinzip bezeichnet, das im Gegensatz zu Gott auf die gegebene Materie angewiesen ist. Daneben spricht Bacon noch von eingeborenen I. im Bereich der Intelligenzen und des tätigen Intellekts (intellectus agens), die jedoch ausschließlich als Erkenntnisprinzipien anzusehen sind [4].

ALBERT DER GROSSE, dessen Äußerungen auf umfassender Kenntnis der bisher vertretenen Positionen beruhen, löst die I.-Diskussion nicht aus ihrem Bezug auf die Schöpfungslehre, unterstreicht aber wegen eben dieses Bezugs, der die Relevanz der I.en für die zu schaffenden oder geschaffenen Dinge zum Ausdruck bringt, die Zugehörigkeit der I. zur praktischen Vernunft Gottes [5], ohne ihre Funktion als Erkenntnisprinzipien auszuschließen [6]. Die Frage nach Einheit oder Vielheit der I.en beantwortet Albert im Sinne der Tradition mit der Unterscheidung, daß die I. in sich betrachtet mit dem göttlichen Wesen und Intellekt identisch und daher eine sei und daß nur der Bezug auf die Vielheit der Dinge von einer Pluralität der I.en zu reden erlaube, so daß Albert es sogar vorzieht, von einer I. vieler Dinge als von vielen I.en zu sprechen (meo iudicio melius dicitur multorum idea quam multae ideae) [7]. Gegenüber den Versuchen, Platons I.-Lehre mit dem Schöpfungsgedanken in Einklang zu bringen, weist Albert darauf hin, daß Platon die Ideen nicht in den göttlichen Geist verlegt habe [8]; gegenüber der I.-Kritik des Aristoteles verhält er sich gerade auch in der Aristotelesparaphrase deutlich zurückhaltend, indem er auf Schwächen der aristotelischen Argumentation hinweist [9] oder die sachliche Berechtigung der platonischen Auffassung zumindest dahingestellt sein läßt [10].

Anmerkungen. [1] Vgl. z. B. ROGER BACON, Questiones supra libros prime philosophie Aristotelis, hg. R. STEELE, in: Opera hactenus inedita Rogeri Baconi (= OHI) 10 (Oxford 1930) 71-94; Questiones supra libros prime philosophie Aristotelis, hg. R. STEELE, in: OHI 11 (Oxford 1932) 83-87. – [2] OHI 10, 71f. – [3] OHI 10, 79. – [4] OHI 11, 84f. – [5] ALBERTUS MAGNUS, In I. Sent. 35, 8. – [6] De incarnatione IV, 1, 2, hg. I. BACKES (1958) 206. – [7] In I. Sent. 35, 9. – [8] De caelo et mundo I, 3, 7, hg. P. HOSSFELD (1971) 70. – [9] Super Ethica. Commentum et Quaestiones I, 5, hg. W. KÜBEL (1968, 1972) 25. – [10] In Met. VII, 5, 3 a. a. O. [4 zu B 2] 378. G. WIELAND

6. Mit BONAVENTURA erreicht die Entwicklung der I.-Lehre in der Hochscholastik einen ersten Höhepunkt systematischer Reflexion und begrifflich-technischer Differenzierung, dem von den Vorgängern wohl nur die Position Eriugenas vergleichbar ist. Vor allem verdient Beachtung Bonaventuras Versuch, weit über Ansätze bei Roger Bacon, Albert und auch GROSSETESTE, der sich hier im wesentlichen innerhalb des traditionellen Rahmens bewegt [1], hinaus die Theorie der I.en für eine metaphysische Begründung des menschlichen Erkennens fruchtbar zu machen. Zugleich wird damit von BONAVENTURA ein wichtiger Aspekt der Position Augustins, der in der Folgezeit fast ganz zurückgetreten war, erneut zur Geltung gebracht.

a) *Die I. und das göttliche Erkennen.* – Indem Gott sein Wesen und dessen Nachahmbarkeit erkennt und in seinem ewigen Wort ausspricht, hat er zugleich die Urbilder aller Dinge von Ewigkeit bei sich (... habet aeternaliter omnium rerum similitudines exemplares) [2]. Insofern er höchstes Licht und reine Wirklichkeit ist, drückt er diese Urbilder in vollkommenster Weise aus (exprimit perfectissime) [3]. Als von Gott erkannte können die I. von seinem Wesen nicht verschieden sein [4]. Der formelle Gesichtspunkt des Terminus ‹I.› liegt nun darin, daß er das göttliche Wesen im Vergleich oder in Beziehung zum Geschaffenen bezeichnet (hoc nomen idea significat divinam essentiam in comparatione sive respectu ad creaturam) [5]. Insofern diese Beziehung primär eine solche der Erkenntnis ist, mit der Gott alles Außergöttliche erkennt, wird die I. «Ähnlichkeit der erkannten Sache genannt» (similitudo rei cognitae) [6]. Diese Ähnlichkeit darf jedoch nicht als eine solche der Univokation aufgefaßt werden, gemäß der zwei Gegebenheiten in einer dritten übereinkommen, sondern sie besteht in der einfachen Relation von Urbild und Abbild, die durch sich selbst Ähnlichkeit stiftet (similitudo se ipsa similis) [7]. In der Linie des göttlichen Erkennens bedeutet dann freilich Ähnlichkeit prinzipiell etwas anderes als für die durch Rezeptivität bestimmte menschliche Vernunft. Insofern die Urwahrheit selbst das zu Erkennende produktiv setzt und damit in höchster Weise ausdrückt, wird sie «ausdrückende Ebenbildlichkeit» (similitudo expressiva) und «I.» genannt [8]. Weil nun die göttliche Vernunft von sich her in der Lage ist, schlechthin alles auszudrücken und dies ein ihr innerer und somit ewiger Akt ist, so folgt, daß sie von Ewigkeit her die Urbilder aller Dinge bei sich hat (divinus intellectus omnia aeternaliter exprimens habet aeternaliter omnium rerum similitudines exemplares ...) [9]. Das bedeutet auch, daß sich die absolute Ausdrucksfähigkeit Gottes nicht nur auf die I.en von Allgemeinem (Gattungen und Arten) erstreckt, sondern ebenso auf solche der Einzeldinge [10]. Von hierher liegt für Bonaventura die Annahme einer unendlichen Anzahl von I. nahe, und er begründet diese Position: Da Gott eine unbegrenzte Anzahl von Dingen schaffen kann, verfügt er auch über die entsprechende Anzahl von I. [11].

Wie ist nun das Verhältnis der Vielheit der I.en zur Einheit Gottes zu denken? Insofern es die eine göttliche Wahrheit ist, die viele I. zum Ausdruck bringt, sind diese der Sache nach (secundum rem) mit ihr und auch an sich selber eines [12]. Die Vielzahl der I. besagt nur die Unendlichkeit der göttlichen Wahrheit, insofern diese alles für Gott Mögliche ausdrückt und erkennt: damit aber der Sache und dem Akt nach eine Einheit [13]. Dennoch sind die I. für unsere Vernunft real verschieden. Wenn die I. auch an sich mit Gott identisch ist, so besagt sie für uns terminologisch eine mittlere Beziehung zwischen Erkennendem und Erkanntem (respectum medium inter cognoscens et cognitum) [14]. Diese

Beziehung betrifft zwar der Sache nach eher den Erkennenden, für uns aber mehr die Natur der erkannten Dinge. So kann im Hinblick auf unser Erkennen durchaus von einer Mehrzahl von I. die Rede sein [15].

Die reale Einheit der I.en in Gott wird von Bonaventura durch den Gedanken hervorgehoben, daß die I. außer ihrer Beziehung zu den Dingen in keiner Ordnung des Ranges oder der Zeit zueinander stehen, welche ja wieder eine reale Differenz in Gott hineintragen würde [16].

Bonaventura ist sich durchaus bewußt, daß das Problem Einheit-Vielheit der I.en rational nicht adäquat lösbar ist [17]. Seine Terminologie bzw. die Synonyma für ‹I.› spiegeln es so (wobei der Einfluß seines Lehrers Alexander von Hales deutlich feststellbar ist): während ‹idea› und ‹ratio aeterna› ebenso im Singular wie im Plural verwendet werden, wird von ‹exemplar› und ‹ars› nur im Singular gesprochen. Die Ausdrücke ‹leges aeternae› oder ‹regulae aeternae› werden vorwiegend im Hinblick auf menschliches Erkennen verwendet, sofern dieses durch göttliche I.en bestimmt ist [18].

b) *Die I.en und das menschliche Erkennen.* – Der Rang menschlicher Erkenntnis erfordert mit Notwendigkeit, daß sie einen Zugang zu den I. als zu jenen Regeln und unwandelbaren Vernunftgründen hat (attingat illas regulas et incommutabiles rationes), und zwar aus folgendem Grunde [19]: Jede Erkenntnis, die den Anspruch auf Sicherheit erhebt, setzt auf seiten des Erkenntnisobjekts Unwandelbarkeit (immutabilitas), auf seiten des Subjekts Irrtumslosigkeit (infallibilitas) voraus. Beide Voraussetzungen können aber vom Erkennen des Menschen und seinem primären Gegenstand aufgrund des Geschaffenseins und der damit gegebenen Endlichkeit beider im strengen Sinne nicht gelten. Will das menschliche Erkennen dennoch den Anspruch auf Sicherheit erheben, dann muß es sich notwendig auf das Licht der göttlichen Wahrheit beziehen. Nun kommt den Dingen Sein in dreifachem Sinne zu: in erkennenden Geist (in mente), in ihrer eigenen Gattung (in proprio genere) und in der ewigen Kunst (in arte aeterna). Da die beiden erstgenannten Seinsmodi durch Wandelbarkeit bestimmt sind, muß jede Erkenntnis, die Sicherheit will, auf irgendeine Weise die Dinge so erreichen, wie sie in der ewigen Kunst sind (inquantum sunt in arte aeterna) [20].

Sucht man den Modus des Erkennens in den ewigen I. genauer zu erfassen, so sind die beiden folgenden extremen Positionen zu vermeiden: Einmal könnte man die Verbindung zur I.-Welt für den einzigen und vollständigen Grund sicherer Erkenntnis halten (ratio cognoscendi tota et sola). Eine solche Position hat die Erste Akademie bezogen, und, wie schon Augustinus gesehen hat, war die Skepsis der Zweiten Akademie deren natürliche Folge, da ja die I.-Welt dem menschlichen Geist nicht unmittelbar gegeben ist [21]. Ein zweites Mißverständnis läge darin, einen nur indirekten Einfluß der I.en im Sinne einer allgemeinen göttlichen Mitwirkung anzunehmen. Dies widerspricht aber ebenso den klaren Aussagen Augustins wie der sachlichen Intention einer spezifischen Begründung sicherer Erkenntnis. So kommt es darauf an, eine zwischen den beiden genannten vermittelnde Position einzunehmen. Der ewige Erkenntnisgrund (ratio aeterna) allein ist für menschliches Erkennen nicht hinreichend, und er wirkt nicht als materiales, sondern als regulatives und bewegendes Prinzip (regulans et motiva), das den Gewißheitscharakter der Erkenntnis ermöglicht. Die I. werden vom menschlichen Geist immer nur zusammen mit den von

der Sinnlichkeit abstrahierten Wesensbildern der Dinge (rerum similitudines abstractae a phantasmate) erfaßt. Diese sind die eigentümlichen und distinkten Erkenntnisprinzipien (propriae et distinctae cognoscendi rationes), ohne die – es sei denn im Falle ekstatischer oder prophetischer Erleuchtung – dem Menschen hier auf Erden Erkennen nicht möglich ist. Die I. haben demnach primär die Funktion eines formalen Prinzips der Erkenntnis, insofern sie ihre Sicherheit begründen, während ihre Materialprinzipien aus der Erfahrung stammen. Die I. sind nicht selber Objekte des menschlichen Erkennens und können daher als solche nur reflexiv erfaßt werden [22].

Anmerkungen. [1] L. I. LYNCH: The doctrine of divine ideas and illumination in Robert Grosseteste, Bishop of Lincoln. Mediaeval Stud. 3 (1941) 161-173. – [2] BONAVENTURA, De sci. Christi q. 21 c = Opera omnia (Quaracchi 1891) 5, 9 a. – [3] ebda. – [4] I Sent. d. 39, a. 2, q. 1, f. 1 = 1, 692 a. – [5] a. a. O. d. 35, q. 4, i. c. = 1, 623 b. – [6] a. a. O. q. 1, i. c. = 1, 601. – [7] ebda. – [8] ebda. – [9] De sci. Christi q. 2, i. c. = 5, 9. – [10] I Sent. d. 35, q. 4, i. c. = 1, 610 a/b. – [11] a. a. O. q. 5, f. 4 = 1, 611. – [12] a. a. O. q. 2, i. c. = 1, 605 b. – [13] q. 5 ad 3 = 1, 612 b. – [14] q. 3, i. c. = 1, 608. – [15] ebda. – [16] q. 6, i. c. = 1, 612 b. – [17] In Hexaem. coll. 12, n. 9 = 5, 385 b. – [18] F. SCHWENDINGER: Die Erkenntnis in den ewigen I. nach der Lehre des hl. Bonaventura. Franziskan. Stud. 15/16 (Münster 1928/29) 201f. – [19] BONAVENTURA, De sci. Christi q. 4, i. c. = 5, 23; vgl. In Hexaem. coll. 12 = 5, 384-387. – [20] De sci. Christi q. 4, i. c. = 5, 23f. – [21] ebda. = 5, 23. – [22] ebda. = 5, 24; vgl. B. LUYCKX: Die Erkenntnislehre Bonaventuras. Beitr. zur Gesch. der Philos. des MA 23/3-4 (1923) 223-225.

Literaturhinweise. B. LUYCKX s. Anm. [22]. – F. SCHWENDINGER s. Anm. [18]. – E. GILSON: Die Philos. des hl. Bonaventura (1960).

G. JÜSSEN

7. Bei Bonaventuras Schülern, so MATTHÄUS VON AQUASPARTA, hat seine I.-Lehre eine kurze Nachgeschichte, in der auch die Bedeutung der I. für das menschliche Erkennen im Zusammenhang der Illuminationslehre festgehalten wird. Doch schon vor Ende des 13. Jh. ist diese Doktrin auch bei den Franziskanern, wie bei RICHARD VON MEDIAVILLA und PETRUS JOHANNIS OLIVI, aufgegeben. Es setzt sich die aristotelische Linie durch, deren hervorragendster Vertreter THOMAS VON AQUIN ist.

Thomas hat seine I.-Lehre dreimal ausführlich dargelegt, zuerst im ‹*Sentenzenkommentar*› (In I. Sent. d. 36, q. 2). In dieser ersten Fassung zeigt sich deutlich, wie die christlich-platonische Tradition, mit Ps.-Dionysius an der Spitze, philosophisch in einen aristotelischen Kontext eingearbeitet wird. Thomas geht vom Modell der Kunst aus, bei der die Form aktuell im Werk, im Geist des Künstlers in « aktiver Potenz » existiert; ebenso existiere die materielle Form nach Averroes nicht nur im Ding, sondern auch in aktiver Potenz in den Himmelsbewegern, vor allem im Ersten Beweger, also Gott (ibid. a. 1). Daß die I. Gottes schöpferische Gedanken sind, erscheint so als aristotelische Lehre, und auch Platon hatte bei der Annahme von I.en etwas im Auge, was dann Aristoteles treffender auszudrücken gelang, daß sie nämlich Inhalte des göttlichen Verstandes seien: Die aristotelische Kritik an ihm betrifft nur den Irrtum, sie außerhalb des Verstandes als für sich seiend anzusetzen (a. 1 ad 1). Diese Auffassung von der I.-Kritik wird Thomas stets vertreten [1], wenn er auch nicht mehr Aristoteles als positiven Zeugen für die I.-Lehre berufen wird.

Im Sentenzenkommentar findet sich gelegentlich der neuplatonische Ausdruck, im Zuge der Emanation der Geschöpfe aus Gott « flössen » (fluunt) die Naturformen und -kräfte aus den göttlichen I., so wie die Form des

Kunstwerks aus dem Kunstwissen (ars) des Künstlers ausfließt [2]. Auch in der zweiten, ungleich sorgfältigeren Ausarbeitung der I.-Lehre in den ‹ *Quaestiones disputatae de veritate* › (q. 3) heißen sie « creativae et productivae rerum » [3]. Jedoch ist an eine eigene Kausalität der I.en nicht zu denken. Gerade unter dem Gesichtspunkt der Kausalität kommt die Analyse von ‹ De veritate › zu dem Ergebnis, daß die I. jene Form sei, die aufgrund der Absicht eines Wirkenden, der sich ein Ziel vornimmt, nachgeahmt wird (ratio ideae … forma quam aliquid imitatur ex intentione agentis, qui determinat sibi finem) [4]. Sie ist somit nur ein Moment in der dem Schaffensprozeß zugrunde liegenden Erkenntnis Gottes. Daher handelt sie Thomas nicht in der Schöpfungslehre ab, sondern im Anschluß an die Lehre von Gottes Wissen.

Dort ist es « notwendig », I.en anzunehmen, wie auch die dritte, ausgewogenste Darstellung der I.-Lehre in der ‹ *Summa theologiae* › (I, q. 15) sagt. Denn die Welt ist nicht das Produkt des Zufalls oder der Notwendigkeit, sondern der freien, vernunftgeleiteten Tat. Daher besteht im Geist des Schöpfers die Form, nach der die Welt geschaffen ist, und das ist das Wesen der I. (… necesse est quod in mente divina sit forma, ad cuius similitudinem mundus est factus, et in hoc consistit ratio ideae) [5]. Man kann gleich hinzufügen, daß notwendig eine Vielzahl von I. in Gott anzunehmen ist; denn die Welt ist nur eine Ordnungseinheit, zu der sich eine Vielzahl eigenständiger Wesen fügt, und ist in dieser Wesensvielfalt geschaffen; daher muß ihr eine Erkenntnis zugrunde liegen, welche diese Eigenständigkeiten (rationes propriae) der Dinge in ihrer Vielzahl betrifft [6].

Dieser Ansatz würde der Einfachheit des göttlichen Erkennens nur dann widersprechen, wenn man die I.en nach Art der Erkenntnisbilder auffaßte, die den Verstand erst aktuieren. Nichts steht aber im Wege, daß ein einfaches Erkennen vieles betrifft. Die I. ist das Erkannte (quod cognoscitur) und nicht das Erkennen (quo cognoscitur), welches in Gott immer eines ist (daher man auch nur von *einem* Wissen, *einer* « Kunst » in Gott reden kann) [7]. Auch wird die Identität der Erkenntnis Gottes mit seinem Wesen nicht aufgehoben. Alle Geschöpfe besitzen ihr Wesen durch Teilhabe an der Ähnlichkeit mit dem göttlichen Wesen, und umgekehrt ist das göttliche Wesen selbst jene «Ähnlichkeit», welche jedes Geschöpf auf seine Weise « nachahmt » [8]. Es gehört nun zur Vollkommenheit der Selbsterkenntnis Gottes, daß er sein Wesen zugleich als nachahmbar durch dieses bestimmte Geschöpf erkennt, und darüber hinaus erkennt er, daß er durch sein Wesen viele solcher Nachahmbarkeiten oder mögliche Teilhaben erkennt: Das besagt, daß in seinem sich selbst durchsichtigen, völlig reflektierten Geiste eben viele I. sind, und zwar gerade als erkannte [9].

I. sind also viele, sofern sie I. « von etwas » sind, das an ihm selbst außerhalb des göttlichen Wesens als möglicher Gegenstand des Schaffens liegt. Es stellt sich daher nicht die Frage nach einer inneren Struktur des I.-Reiches, etwa ob I. « ungleich » sind; sie sind I. « von Ungleichem » [10]. Es gibt dann auch nicht nur I. von Arten – wiewohl man diesen besondere Bedeutung zumessen kann, sofern die Arterhaltung die hauptsächliche Naturabsicht ist [11] –, sondern von allem, was durch seine Eigenbedeutung eine besondere Schöpfungsabsicht bezeugt. Selbstverständlich gibt es also auch I. von Individuen [12]. Aber auch, wo ein selbständiges Sein nicht gegeben sein kann – bei Gattungen, bei Akzidentien, bei der ersten Materie

sogar –, wo es aber einen eigenen Sinn von Sein gibt, eine eigene « ratio », gibt es auch in weiterem Sinne « I.» oder « ratio idealis » [13].

In diesen Fällen, wo der I. Inhalte aus unserer Kenntnis der Welt zugeschrieben werden, erscheint sie als Schöpfungsprinzip und « Modell », exemplar, und gehört zum « praktischen » Wissen Gottes. Sofern es jedoch an Gottes freiem Wollen liegt, zu schaffen oder nicht zu schaffen, kann der Sinn der I. damit nicht erschöpft sein: Gott erkennt die Nachahmbarkeit seines Wesens auch durch solches, was er zu schaffen beabsichtigt, und auch dann ist von I. zu reden. Sie sind dann nur « ratio », Erkenntnisprinzip, und gehören zum spekulativen Wissen [14]. Thomas drückt sich bei dieser Anwendung des Unterschieds spekulativ/praktisch nicht einheitlich aus, weil offenbar der sonst vorfindliche Maßstab des « Objekts » hier nicht anwendbar ist: Die Unterscheidung wird nur durch Gottes freie Entscheidung bewirkt. Es dürfte ihm darauf ankommen, zugleich dem Schöpfungsbezug der I. und der Freiheit des göttlichen Gedankens von der Faktizität der Welt Rechnung zu tragen.

Die I. bezeichnet einen wichtigen, « notwendigen » Aspekt des göttlichen Wissens. Aber es handelt sich nur um einen Aspekt, und man kann sich fragen, ob es für Thomas systematisch notwendig ist, ihn gerade mittels des traditionellen Begriffs der I. herauszuheben. Die ‹ Summa contra gentiles › und sogar der Kommentar zu ‹ De divinis nominibus › des Ps.-Dionysius verzichten auf den Terminus. Auch kommt die trinitarische Appropriation nur als Zitat vor. So scheint bei Thomas das historische Motiv für die Aufnahme des Begriffs maßgeblich, und es ist von ihm aus eine Wirkungsgeschichte denkbar, welche den Begriff ganz ausscheidet. Ebenso kann aber die Unterstreichung der Notwendigkeit von I.en dazu führen, von Thomas her zu den ursprünglichen Motiven der I.-Lehre zurückzugehen, besonders wenn seine Analogie- und Partizipationslehre in Verbindung damit gebracht wird; diesen Weg finden wir bei Meister Eckhart.

Anmerkungen. [1] Thomas von Aquin, z. B. In Met. I, 1, 15 (n. 233). – [2] II Sent. d. 18, q. 1, a. 2. – [3] De ver. q. 3, a. 1 ad 5. – [4] a. a. O. a. 1. – [5] S. theol. I, q. 15, a. 1. – [6] a. a. O. a. 2. – [7] a. 2 ad 2. – [8] Vgl. a. 1 ad 3. – [9] a. 2 ad 2. – [10] De ver. q. 3, a. 2 ad 5. – [11] Quodl. VIII, q. 2, a. 2. – [12] De ver. q. 3, a. 8; S. theol. I, q. 15, a. 3 ad 4. – [13] De ver. q. 3, a. 5. a. 7; I Sent. d. 36, q. 2, a. 3. – [14] I Sent. d. 36, q. 2, a. 1; De ver. q. 3, a. 3. a. 6; S. theol. I, q. 15, a. 3.

Literaturhinweise. P. Garin: La théorie de l'idée suivant l'école thomiste (Paris 1930). – R. J. Henle: Saint Thomas and Platonism (Den Haag 1956).

8. Bei Meister Eckhart tritt die I.-Lehre in den Kontext einer Metaphysik, die durch sein Verständnis der Analogie geprägt ist. Das Sein mit seinen Vollkommenheiten findet sich im Vollsinne nur in Gott, in der Ursache; dem Geschöpf ist es nur mitgeteilt und nicht zu eigen, so daß es in sich selbst nichts ist, andererseits zuinnerst die Präsenz der göttlichen Vollkommenheit anzeigt [1]. Jedes Geschöpf hat so ein « zweifaches Sein »: ein festes, dauerhaftes in seiner schöpferischen Ursache, letztlich im «Worte» Gottes, das dann auch ein festes, dauerhaftes Wissen ermöglicht; und ein schwaches, wandelbares in der Naturwirklichkeit. Das erstere ist « virtuell », nämlich in der « Kraft » des Schöpfers; das zweite « formell », als Bestimmung dem Ding anhaftend [2].

Eckhart spricht gewöhnlich von der « ratio » (seltener der « idea ») des Dinges, die ihm vorausliegt, unveränderlich, ungeschaffen und unerschaffbar, gleichewig mit

Gott, dessen Gedanke sie ist, ihrem Sein nach reines Denken – so wie auch im Geiste des Künstlers die Truhe, die er herstellen will, reines Denken ist (arca in mente ... est vita et intelligere) [3]. Die I. sind die Urbilder, in denen die Strukturen von Gattung und Art rein dargestellt sind [4], die Dinge sind Abbilder, in denen nichts anderes «leuchtet» als die I.en selbst [5]. Daher sind denn die I. Grund sowohl des Wissens als auch dessen, was «draußen» existiert [6]. Überhaupt sind sie Ursachen, die ganz in das Verursachte eingehen, das umgekehrt ganz in seiner Ursache Bestand hat [7]. Man kann dann kaum von Partizipation sprechen: Die Gerechtigkeit hat man oder hat man nicht, ein «Teil»-haben ist nicht sinnvoll [8]. So zeigt sich hier die Grundstruktur der Eckhartschen Analogie.

Als Gedanken Gottes sind die I. im «Wort» enthalten, in dem Gott sich vollständig ausspricht; es ist die «ratio idealis» (Logos), voll von allen «rationes», die dennoch (in ihrem virtuellen Sein) in dessen Einheit versammelt bleiben [9]. Der innertrinitarische Hervorgang ist die eigentliche Wurzel der Schöpfung; der Logos ist die «causa primordialis, essentialis et originalis» [10]. Von ihm her wird die I. Erstursache oder Ursprungsursache genannt [11]. In ihr wird so die gesamte Ursächlichkeit Gottes gedacht: In Gott gibt es nicht Wirkendes, Form und Ziel, sondern deren «rationes» in Vater, Sohn und Heiligem Geist [12].

Mit dieser trinitarischen Deutung und der Auslegung auf Schöpfungskausalität hin hat Eckhart zweifellos eine Sonderstellung in der Geschichte der I.-Lehre. Freilich setzt er die scholastische Diskussion voraus: Viele der dort behandelten Probleme werden als gelöst vorausgesetzt (wie das von Vielheit/Einheit der I.), die Lösung in den eigenen Kontext eingearbeitet, und seine Position kann als Ausgestaltung von Denkmotiven verstanden werden, die vorher in Ansätzen vorlagen. Jedoch geht die Hauptlinie der Entwicklung an ihm vorbei, bis *Nikolaus von Kues* wieder an ihn anknüpft.

Anmerkungen. [1] Vgl. J. KOCH: Zur Analogielehre Meister Eckharts, in: Mélanges offerts à E. Gilson (Paris 1959) 327–350; ND mit einem Nachtrag in: K. RUH (Hg.): Altdtsch. und Altniederl. Mystik. Wege der Forschung 23 (1964) 275–308. – [2] MEISTER ECKHART, Lat. Werke 1, 238. – [3] a. a. O. 3, 8; vgl. 2, 352; 1, 523-528. – [4] 1, 521. – [5] 3, 11. – [6] 1, 520. – [7] 3, 278. – [8] 1, 616. – [9] 4, 231; 2, 343. – [10] 4, 236; 3, 37. – [11] 2, 343; 1, 528f. – [12] 4, 310.

Literaturhinweis. J. EBERLE: Die Schöpfung in ihren Ursachen. Untersuch. zum Begriff der I. in den lat. Werken Meister Eckharts (Diss. Köln 1972). W. KLUXEN.

9. Wenn HEINRICH VON GENT die I.en als ewige, mit dem Wesen Gottes realidentische Urbilder bestimmt, die die Vielfalt der Nachahmbarkeit Gottes zum Ausdruck bringen, so ist damit der Zusammenhang mit der Tradition deutlich gegeben [1]. Wie Augustinus läßt auch Heinrich ‹Art› (species) und ‹Form› als Synonyma für ‹I.› gelten, während lateinisch ‹ratio› in gewissem Sinne als Abweichung von griechisch ἰδέα anzusehen sei [2]. Er begründet in vierfacher Weise die Notwendigkeit einer Annahme von I.en in Gott: erstens wegen Gottes vollkommener Erkenntnis des außerhalb seiner selbst Existierenden, zweitens wegen der Selbsterkenntnis Gottes als des Ursprungs aller Schöpfung, drittens wegen der in Gott enthaltenen Vollkommenheiten, die Maßstab der Dinge sind, und schließlich viertens deswegen, weil es ohne I.en keine Schöpfungsvielfalt gäbe [3]. Die I. besitzen mithin nach Heinrich nicht nur erkenntnis-metaphysische Bedeutung, sie sind zugleich Form- und

Partizipationsprinzip der Dinge [4]. Als solche sind sie mit Gottes Wesenheit realidentisch (idea nihil aliud est quam divina essentia) [5]; letztere ist Ursprung (radix) und Fundament der I.en. Sie sind aber zugleich formal Ausdruck der vielfältigen Nachahmbarkeit (imitabilitas) des göttlichen Wesens, da Gott nicht nur sich selbst erkennt, sondern auch sein Wesen als von der Schöpfung nachahmbar begreift [6]. So stellt die I. im Hinblick auf das Wesen Gottes eine Einheit dar; als Nachahmungs- bzw. Teilnahmebezug jedoch bildet sie zugleich die Grundlage einer Vielheit [7]. Heinrich betont, daß die in Gott enthaltene Fülle der Formen als Muster der geschaffenen Dinge (exemplaria omnium rerum) [8] dasjenige sei, was Platon ‹I.en› genannt habe [9]. Unter Hinweis auf den ‹Timaios› und Senecas 67. Brief an Lucilius polemisiert er daher gegen die aristotelische Platonkritik, nach der Platon den I. ein selbständiges Sein zugesprochen habe [10]. Die I. sind lediglich aufgrund des Nachahmungsbezuges von Gott verschieden, und auch dies nur in Form einer gedachten Unterscheidung (distinctio rationis) [11]. Der Vielzahl der I. in Gott entspricht nach Heinrich eine Vielzahl von untersten Arten (oportet ponere in Deo tot respectus imitabilitatis sive ideas quot sunt species specialissimae rerum illarum quarum sunt ideae) [12]. Es gibt daher weder I.en von partikulär Seiendem, Art usw. noch solche von Zweitintentionen wie Gattung, Art usw. noch solche von Relationen, Privationen und Zahlen [13], sondern nur I.en von den spezifischen Wesenheiten der Dinge [14], die die Termini des Nachahmungsbezuges bilden [15]. So sehr Heinrich auf der Annahme einer Vielheit der I. besteht, so zurückhaltend behandelt er die Frage, ob es sich um eine unbegrenzte Vielheit handelt, da das Prädikat der Infinität im strengen Sinne nur Gott zukomme [16]. Dessen ungeachtet steht aber für Heinrich fest, daß ohne die Vielheit der I. Gott das von ihm Verschiedene weder hätte erkennen noch erschaffen können. Eine Leugnung der I.en in Gott würde daher einer Leugnung der Existenz Gottes gleichkommen [17].

Anmerkungen. [1] HEINRICH VON GENT, Quodl. IX, q. 2, hg. J. BADIUS (Paris 1518, ND Louvain 1961) fol. 345v bc. 344v z. – [2] a. a. O. IX, q. 1 = fol. 255r o. – [3] IX, q. 1 = 345r a-347r j. – [4] Vgl. H. RÜSSMANN: Zur I.en-Lehre der Hochscholastik, unter bes. Berücksichtigung des Heinrich v. G., Gottfried v. Fontaines und Jakob v. Viterbo (1938) 47. – [5] HEINRICH V. G., Quodl. VIII, q. 1 = 300r b. – [6] ebda.; IX, q. 2 = 344r z. – [7] II, q. 1 = 28v a-29r c. – [8] IX, q. 2 = 345v c. – [9] VII, q. 2 = 257r x. – [10] ebda. – [11] VIII, q. 1 = 300r b; vgl. S. quaestionum ordinariarum a. 68, q. 5, hg. J. BADIUS (Paris 1520, ND St. Franciscan Inst., St. Bonaventure, N.Y. 1953) 231r x. – [12] Quodl. IX, q. 2 = 345r a. – [13] a. a. O. VII, q. 1 = 255r o/p. 256r y; V, q. 3 = 155v o; V, q. 4 = 159r q; vgl. S. quaest. ord. a. 68, q. 5 = 231r x. – [14] Quodl. VII, q. 1 = 256r v; vgl. a. a. O. [12]. – [15] Quodl. V, q. 3 = 155v o. – [16] ebda. = 155v r-156v v. – [17] IX, q. 2 = 347r j.

Literaturhinweise. K. WERNER: Heinrich v. G. als Repräsentant des christl. Platonismus im 13. Jh. Sonderdr. Kaiserl. Akad. Wiss., Phil.-hist. Kl. 28 (Wien 1878). – J. PAULUS: Henri de Gand. Essai sur les tendances de sa met. Etudes Philos. médiévale 25 (Paris/Vrin 1938). – H. RÜSSMANN s. Anm. [4]. – P. BAYERSCHMIDT: Die Seins- und Formenmet. des Heinrich v. G. in ihrer Anwendung auf die Christol. Beitr. zur Gesch. der Philos. und Theol. im MA 36/3+4 (1941). – J. GÓMEZ CAFFARENA S. J.: Ser participado y ser subsistente en la met. de Enrique de Gante. Analecta Gregoriana 93 (Rom 1958). J. P. BECKMANN.

10. Unter Berufung auf Senecas 65. Brief an Lucilius bestimmt DURANDUS A S. PORCIANO die I. als die Form bzw. als das Modell, auf dessen Ähnlichkeit hin ein Handelnder etwas durch eine Fertigkeit hervorbringen kann (forma vel ratio, ad cuius similitudinem agens per artem potest aliquid producere) [1]. Nach Ansicht des

Durandus finden sich dementsprechend die I. im eigentlichen Sinne nur in Gott, der die Mustervorstellungen (rationes) der Dinge, die er erkennt und erschafft, in sich trägt. Diese Vorstellungen nennt Durandus ‹I.›.

Sofern sich das erkannte Ding (res intellecta) nur gedacht vom Verstande Gottes unterscheidet, ist es erstes Objekt des göttlichen Intellekts und als solches mit der göttlichen Wesenheit identisch. Das geschaffene Ding (res creata) ist als zweites Objekt dagegen vom göttlichen Intellekt verschieden. Welches Objekt hat nun die Eigenschaft einer I.? Nach Durandus ist dies das zweite Objekt, nämlich das von Gott erkannte und geschaffene Ding. Da ein Einzelding in keiner anderen Weise hervorgebracht wird, als daß sein Hervorgebrachtwerden vorher erkannt ist, ist das Geschöpf als von Gott erkanntes die I. seiner selbst, sofern es hervorbringbar bzw. hervorgebracht ist [2]. Das erste Objekt des göttlichen Intellekts, die göttliche Wesenheit, hat hinsichtlich der Gott und den Geschöpfen verschiedenen Bestimmungen Unendlichsein / Endlichsein, Geschaffensein / Ungeschaffensein usw. nicht die Eigenschaft einer I. und das Geschöpf nicht die Eigenschaft eines Ideats. Denn nur solches kann sich wie I. und Ideat zueinander verhalten, das sich wie Nachahmbares (imitabile) und zur Nachahmung Geeignetes (imitativum) zueinander verhält [3]. Hinsichtlich der Gott und den Geschöpfen gemeinsamen Vollkommenheiten (perfectiones communes) Sein, Leben, Erkennen, Intellekt, Wille hat die göttliche Wesenheit als Erstobjekt die Eigenschaft einer I. in bezug auf die Geschöpfe, und die Geschöpfe besitzen die Eigenschaft von «ideabilia». Denn zwischen beiden besteht eine Beziehung der Imitabilität, wenn auch nicht in vollkommener Weise [4].

Die göttliche Wesenheit ist nach Durandus in keiner Weise repräsentativ für die auf den göttlichen Intellekt hin geschaffenen Geschöpfe außer in der Hinsicht, daß sie Ursache ist, die in sich virtuell enthält, was in den Geschöpfen ist (essentia divina nullo modo est repraesentativa rerum creaturarum ad intellectum divinum, nisi secundum quod est causa continens in se virtualiter quicquid est in creaturis) [5]. Wenn man allerdings zuvor eine Verstandesoperation unternimmt und die Vollkommenheiten der Geschöpfe mit den Vollkommenheiten der göttlichen Wesenheit identifiziert, dann herrscht eine solche Repräsentation vor, allerdings eben nur aufgrund einer vorgängigen Erkenntnis. Die I., die man in Gott ansetzt, sind nicht Erkenntnisprinzipien, denn die I. bedeuten ja Imitabilität und setzen als solche Erkenntnis voraus. Nur in ihrer Eigenschaft als Exemplar ist die I. Prinzip der Hervorbringung. Wichtiger aber ist für Durandus die Bestimmung der I. als eines Erkenntnisobjektes [6].

Anmerkungen. [1] DURANDI A S. PORCIANO, In Petri Lombardi Sent. Theol. Comm. I, d. 36, q. 3, n. 6 = (Venedig 1701) fol. 98r a. – [2] a. a. O. n. 14 = 98r a. – [3] n. 20 = 98v b. – [4] n. 21 = 98v b-99r a. – [5] n. 25 = 99r b. – [6] n. 26 = 99r b.
Literaturhinweis. ÜBERWEG/GEYER, Grundr. der Gesch. der Philos. 2, 519-524.   CHR. KNUDSEN

11. Mit DUNS SCOTUS tritt die I.en-Diskussion in ein neues Stadium: Der Doctor Subtilis übersieht zwar keineswegs die schöpfungstheologische Funktion der I.en, doch steht im Mittelpunkt seiner Beschäftigung mit der I. deren erkenntnistheoretische Bedeutung für die Frage nach der Natur der göttlichen Erkenntnis im Hinblick auf das außergöttlich Seiende. Duns Scotus hat keine eigene Abhandlung über die I.en verfaßt. In seinem ‹Tractatus de primo principio› sagt er gar, man würde

von Gottes Vollkommenheit selbst dann nicht weniger wissen, wenn es die vielen Aussagen über die I.en nicht gäbe, ja wenn die I.en überhaupt nicht genannt worden wären, und zwar deswegen, weil nach ihm die göttliche Wesenheit der vollkommene Erkenntnisgrund (ratio cognoscendi) alles Erkennbaren ist. Wer will, verwende hierzu den Ausdruck ‹I.› (appellet ideam, qui vult) [1]. Wenn der Begriff der I. dennoch in seinen Sentenzenkommentaren eine nicht geringe Rolle spielt, so deswegen, weil Duns Scotus die I.en nicht als rationes cognoscendi – das würde eine Abwertung der göttlichen Erkenntniskraft bedeuten [2] –, sondern als Erkenntnisobjekte auffaßt (obiecta cognita) [3].

Duns Scotus entwickelt seine I.en-Lehre in Auseinandersetzung mit Thomas von Aquin, Heinrich von Gent und Bonaventura [4]. Ausgangspunkt ist auch für ihn die augustinische Bestimmung der I.en als ewiger unveränderlicher Formen im Geiste Gottes [5]; er leitet jedoch eine bedeutsame und folgenreiche Wende in der I.en-Diskussion ein, wenn er die I.en Erkenntnisobjekte nennt, aufgrund deren Gott jedes Seiende als schaffbar erkennt [6]. Es ergeben sich daraus für den Doctor Subtilis zwei grundsätzliche Fragen: 1. Gibt es in Gott ewige Bezüge zu allem Wißbaren als washeitlich Erkanntem, und 2. welche Realität kommt dem Fundament derartiger Bezüge zu Gott als dem Erkennenden zu [7]? Duns Scotus stellt zunächst fest, daß der alleinige Grund nicht nur der Faktibilität, sondern auch der Intelligibilität alles Seienden die Wesenheit Gottes ist; sie, nicht die I. ist daher Erstobjekt der göttlichen Erkenntnis [8]. In zweiter Instanz (in secundo instanti) – nicht der Zeit, sondern der Natur nach – erkennt Gott jedes einzeln Erkennbare (intelligibile) in seiner Einzelheit als nach je einer eigenen I. schaffbar bzw. geschaffen; Gott verursacht nicht in irrationaler, sondern in rationaler Weise [9]. Aufgrund seiner Schöpferkraft verleiht der göttliche Intellekt jedem Seienden ein eigenes Intelligibelsein (esse intelligibile) [10]. Es gibt im Denken Gottes eine Vielheit derartiger Gedanken (rationes); sie sind ewig, weil von Ewigkeit her von ihm erkannt und nicht geschaffen [11]; sie sind in seinem Intellekt eingeschlossen, weil er zur Schöpfung nicht eines außerhalb seiner selbst liegenden Grundes bedarf; sie sind schließlich voneinander verschieden, weil jedes Schaffbare bzw. Geschaffene eine eigene Intelligibilität besitzt. Diese Art von ewigen, ungeschaffenen und untereinander verschiedenen Gedanken im göttlichen Intellekt nennt man, so fügt Duns Scotus hinzu, herkömmlicherweise ‹I.› (tale ponitur idea) [12]. Von jedem von Gott distinkt erkennbaren Objekt gibt es eine eigene I. (omne obiectum distincte cognoscibile a Deo habet distinctam ideam in Deo) [13]. Da nun Gott nach der Erkenntnis seiner eigenen Wesenheit in zweiter Instanz jedes Seiende als schaffbar erkennt, bezeichnet der Terminus ‹idea› jedes ob seiner Intelligibilität von Gott erkannte Seiende, insofern es Sekundärobjekt seines Erkennens ist (ideae sunt obiecta secundaria cognita) [14]. Die I. ist mithin nichts anderes als das göttliche Erkenntnisobjekt qua Erkenntnisobjekt; so ist etwa die I. des Steines nichts anderes als der erkannte Stein (idea lapidis non est nisi lapis intellectus) [15]. Jedes Erkenntnisobjekt ist als solches von allen übrigen Erkenntnisobjekten so distinkt wie alles, was Gott erkennt, und es ist auch in einer noch näher zu bestimmenden Weise von Gottes Wesenheit verschieden, weil stets zwischen Erkennendem und Erkanntem zu unterscheiden ist [16]. Seine Grundthese, die I. sei der von Gott als schaffbar erkannte Gegenstand, formuliert Duns Scotus mit großer

Vorsicht im Anschluß an die augustinische I.-Lehre: Es scheint, so sagt er, als könne der erkannte Stein eine I. genannt werden, denn er erfüllt die augustinische Bedingung, einen ihm eigenen Grund der Schaffbarkeit zu besitzen, der im Denken Gottes wie das Erkenntnisobjekt im Erkennenden von Ewigkeit her beschlossen ist [17]. Gilson hält die Frage, ob Duns Scotus mit seiner These von der I. als dem obiectum cognitum nicht von Augustinus abweiche, für nicht unberechtigt [18]. Zweifellos rückt Duns Scotus das Objektsein der I. deutlicher in den Vordergrund als Augustinus. Man wird gleichwohl mit Duns Scotus festhalten müssen, daß diese These in Auslegung der Lehre Augustins gewonnen worden ist [19]. Wichtig ist jedoch zugleich, daß Duns Scotus ausdrücklich betont, daß die als I. im Denken Gottes gefaßte Intelligibilität alles Seienden in sich noch ohne Beziehung, weil – und dies ist deutlich gegen Heinrich von Gent gesagt – *vor* jeder Beziehung anzusetzen ist [20]. Die I. kann nicht selbst Beziehung sein, wenn sie als Erkenntnisobjekt (res ut cognita) bestimmt wird und als solches eine Beziehung terminiert. Da nach Duns Scotus die Termini einer Relation stets der Beziehung vorausgehen, kann die I. nicht Beziehung, sondern nur Voraussetzung einer Beziehung sein. Erst in dritter Instanz (in tertio instanti) – wiederum nicht der Zeit, sondern der Natur nach – bildet die I. als erkanntes Objekt das Fundament einer Beziehung zum göttlichen Erkennen [21].

Was aber heißt: Die I. ist das erkannte Objekt im göttlichen Intellekt? Auch Duns Scotus verläßt nicht die gemeinsame Grundlage der mittelalterlichen I.-Lehren, nach der die I. keine selbständigen Realitäten darstellen, sondern im göttlichen Denken eingeschlossen sind. Nach Duns Scotus müssen die I. jedoch aus folgenden Gründen voneinander und vom Wesen Gottes unterschieden werden: Als von Gott erkannt können sie nicht nichts sein; als Fundament einer Beziehung zwischen Erkennendem und Erkanntem müssen sie einem derartigen Bezug vorausliegen und irgendeine Form von Realität besitzen; vor allem aber müssen sie als Zweitobjekte (obiecta secundaria) des göttlichen Intellektes von der Wesenheit Gottes als dem Erstobjekt unterschieden werden. Andererseits kann der Unterschied zwischen den I. und dem Wesen Gottes sowie I. untereinander nicht ein aktual-realer sein, denn die I. sind weder geschaffen noch tragen sie eine reale Vielheit in Gottes Einheit hinein. Die Intelligibilität des Seienden fügt Gott keine neue Realität hinzu. Das Erkanntsein des Seienden schafft keineswegs ein Sein realer Selbständigkeit, kein Sein in sich (esse in se), sondern nur ein dem Intellekt oder im Intellekt Präsentsein [22], mithin nur ein esse secundum quid. Die I. besitzen daher nach Duns Scotus kein absolutes, sondern ein relatives (nicht ein relationales) Sein, das real mit Gott identisch, formal aber von ihm und untereinander verschieden ist [23], so wie auch das Sein der Schaffbarkeit (esse producibile) von dem der Erkennbarkeit (esse intelligibile) formal verschieden ist [24]. Es besteht zwischen den I. und dem Wesen Gottes sowie untereinander formale Nichtidentität, getreu dem ontologischen Grundsatz des Doctor Subtilis, daß alles, was eine eigene Intelligibilität besitzt, als solches formal eigenständig und von anderem verschieden ist. Duns Scotus nennt dieses esse secundum quid der I. ein vermindertes Sein (esse deminutum) [25], weil es im Unterschied zum realen Sein möglicher Selbständigkeit entbehrt. Ihr Gedachtsein löst die I. aber nicht aus der Realität des göttlichen Wesens heraus, mit dem sie

real identisch, von dem sie aber (sicut cognitum in cognoscente) [26] als Erkenntnisobjekt formal verschieden ist. Als solche und nur als solche ist die I. Fundament einer Beziehung zwischen dem Erkennenden und dem Erkenntnisgegenstand, einer Beziehung, die ihrerseits nicht über dem Seinsgrad ihres Fundamentes liegen kann, also ebenfalls nur formaler Art ist.

Mit seiner Lehre von den I. als den im Wesen Gottes eingeschlossenen, von letzterem aber auch untereinander formal verschiedenen Erkenntnisobjekten kann Duns Scotus im Unterschied etwa zu Heinrich von Gent das alte Problem der infinitas idearum beantworten. Denn *daß* es eine Vielheit von I. im Geiste Gottes gibt, steht für den Doctor Subtilis außer Frage, da alles, was Gott geschaffen hat bzw. alles, was schaffbar ist, eine eigene Intelligibilität besitzt [27]. Die I. des einen Individuums ist formal nicht die eines anderen, die I. einer Art nicht die eines Individuums [28]. Wenn sich Duns Scotus daher an die Lehre Bonaventuras anschließt, nach der es in Gott eine unendliche Vielheit von I. gibt [29], so ist dies deswegen möglich, weil die formale Nichtidentität zwischen göttlicher Wesenheit und den I. weder eine unendliche Zahl von I. unmöglich macht noch die Einheit Gottes zerstört.

Mit seiner Bestimmung der I. als dem Sekundärobjekt der göttlichen Erkenntnis hat Duns Scotus nicht nur die I.-Diskussion seiner Vorgänger korrigiert, sondern zugleich der weiteren Entwicklung den Weg gewiesen. Führte die Auffassung von den I. als den Erkenntnisgründen (rationes cognoscendi) immer wieder zu der Schwierigkeit, den I. ein Sein *vor* der göttlichen Erkenntnis zusprechen zu müssen, so bedeutet die skotische Lehre von der I. als dem obiectum cognitum, das durch das Intelligibelsein alles Seienden konstituiert ist, und die ontologische Bestimmung der I. als einer formal verschiedenen, verminderten Realität eine bedeutsame Differenzierung.

Die I.-Lehre des Duns Scotus wurde von seinen Schülern nicht immer kritiklos übernommen. Neben Franciscus de Mayronis [30] ist hier vor allem Wilhelm von Alnwick zu nennen, der in einer selbständigen Abhandlung die I.-Lehre des Doctor Subtilis kritisiert hat [31], insbesondere die These von der formalen Nichtidentität zwischen I. und göttlichem Wesen [32], die Lehre vom verminderten Sein der I. sowie die Unterscheidung zwischen einem Erstobjekt und den Zweitobjekten der göttlichen Erkenntnis. Nach Alnwick besitzt die I. keinerlei Eigensein (esse proprium) [33]. Stattdessen betont er die Identität von Erkennendem und Erkanntem in Gott [34]; er vermag sich dem von Duns Scotus aufgrund der Unterscheidung zwischen Erschaffung (creatio) und Hervorbringung (productio) gefaßten Ansatz des ungeschaffenen Objektseins der I. nicht anzuschließen. Zu einer Weiterentwicklung der skotischen Position kommt es daher bei Wilhelm von Alnwick nicht.

Anmerkungen. [1] Duns Scotus, Tractatus de primo principio 4, 88, hg. A. B. Wolter (Chicago 1966) 147. – [2] Ordinatio I, d. 35, q. un., n. 15 = Ed. Vaticana, hg. C. Balic (Rom 1950ff.) 6, 250; vgl. Lectura I, d. 35, q. un., n. 33 = Ed. Vaticana (Rom 1966) 17, 456. – [3] Ord. I, d. 35, q. un., n. 42 = 6, 263; vgl. a. a. O. n. 43. – [4] a. a. O. n. 12f. = 6, 248f.; n. 24f. = 6, 254f.; vgl. Reportata Parisiensia I, d. 36, q. 4, n. 6-14 = Ed. Vivès (Paris 1894) 22, 448 b-452 b); n. 15-19 = 22, 452 b-454 b); Ord. I, d. 35, q. un., n. 9. 21f. = 6, 247ff.; Rep. Par. I, d. 36, q. 4, n. 20f. = 22, 455 a/b. – [5] Ord. I, d. 35, q. un., n. 1 = 6, 245; vgl. n. 38 = 6, 260f.; Rep. Par. I, d. 36, q. 2, 31 = 22, 444 a; Lect. I, d. 35, q. un., n. 29 = 17, 454f. – [6] Ord. I, d. 35, q. un., n. 45 = 6, 264; vgl. Lect. I, d. 35, q. un., n. 33 = 17, 456. –

[7] Ord. I, d. 35, q. un., n. 1f. = 6, 245f.; d. 36, q. un., n. 1f. = 6, 271f. – [8] Ord. I, d. 10, q. un., n. 62 = 4, 366; vgl. d. 35, q. un., n. 32 = 6, 258; Rep. Par. I, d. 36, q. 4, n. 34 = 22, 445 a. – [9] Ord. I, d. 35, q. un., n. 39 = 6, 261. – [10] Ord. I, d. 3, p. 1, q. 4, n. 262 = 3, 16; vgl. Lect. I, d. 35, q. un., n. 22 = 17, 452. – [11] Ord. I, d. 3, p. 1, q. 4, n. 268 = 3, 163f.; vgl. Ord. II, d. 1, q. 6 = (Vivès) 22, 54 a. – [12] Ord. I, d. 35, q. un., n. 39 = (Balic) 6, 261. – [13] Rep. Par. I, d. 36, q. 4, n. 20 = 22, 455 a. – [14] Ord. I, d. 38, q. un., n. 12 = 6, 308; vgl. Lect. I, d. 35, q. un., n. 30 = 17, 455; Ord. I, d. 35, q. un., n. 42 = 6, 263; Rep. Par. I, d. 36, q. 4, n. 20 = 22, 445 a. – [15] a. a. O. q. 2, n. 32 = 22, 244. – [16] Ord. I, d. 35, q. un., n. 7 = 6, 247. – [17] a. a. O. n. 40 = 6, 261. – [18] E. GILSON: Joh. Duns Scotus. Einf. in die Grundgedanken seiner Lehre, dtsch. W. DETTLOFF (1959) 292. – [19] DUNS SCOTUS, Ord. I, d. 35, q. un., n. 32 = 6, 258. – [20] a. a. O. n. 24f. = 6, 254f. – [21] n. 32 = 6, 258. – [22] Ord. I, d. 8, p. 2, q. un., n. 274 = 4, 308. – [23] Ord. I, d. 36, q. un., n. 46 = 6, 289; vgl. d. 3, p. 1, q. 4, n. 265 = 3, 162. – [24] Ord. II, d. 1, q. 2, n. 10 = (Vivès) 11, 65 b. – [25] Vgl. Ord. IV, d. 1, q. 1, n. 21 = (Vivès) 16, 58 b; vgl. Lect. I, d. 36, q. un., n. 2 = 17, 469. – [26] a. a. O. n. 30 = 17, 455; vgl. Ord. I, d. 35, q. un., n. 40 = 6, 261. – [27] Vgl. Rep. Par. I, d. 36, q. 4, n. 21 = 22, 455 b. – [28] a. a. O. n. 16 = 22, 453 b. – [29] n. 27 = 22, 458. – [30] FRANCISCUS DE MAYRONIS, In libros sententiarum scriptum I, d. 47, q. 3 (Venedig 1520, ND Frankfurt 1966) 133f. – [31] WILHELM VON ALNWICK, Quaestiones disputatae De esse intelligibili et de Quodlibet, hg. A. LEDOUX (Ad Claras Aquas, Florentiae 1937). – [32] a. a. O. q. II, 40. – [33] q. I, 21. – [34] ebda.; vgl. O. WANKE: Die Kritik Wilhelms von Alnwick an der I.en-Lehre des Joh. Duns Scotus (Diss. Bonn 1965) 245. 306f.

Literaturhinweise. A. MAURER: Ens diminutum: A note on its origin and meaning. Mediaeval Stud. 12 (1950) 216-222. – E. GILSON s. Anm. [18]. – A. MAURER: Henry of Harclay's questions on the divine ideas. Mediaeval Stud. 23 (1961) 163-193. – W. HOERES: Wesen und Dasein bei Heinrich von Gent und Duns Scotus. Franziskan. Stud. 47 (1965) 121-186. – O. WANKE s. Anm. [34].

12. In ganz anderer Weise geht WILHELM VON OCKHAM an die Frage nach den I. heran. Er entwickelt seine I.-Lehre in kritischer Auseinandersetzung mit Thomas von Aquin, Heinrich von Gent und Duns Scotus. Die etwa bei Heinrich zu findende vierfache Begründung der Notwendigkeit des I.-Ansatzes in Gott, und zwar zwecks Erkenntnis des von Gott Verschiedenen, als Archetypen alles Seienden, als Vollkommenheiten, die Maßstab der Dinge sind, sowie als Gründe der göttlichen Schöpfung, hält Ockham der Sache nach für schlicht falsch [1]. Die I. sind nach ihm keine Erkenntnisgründe (dico quod ideae non sunt ponendae ut sint rationes cognoscendi) [2]; Gottes Erkennen ist genauso unverursacht wie sein Wesen; auch sind die I. weder Archetypen noch Vollkommenheiten, denn ein derartiger Ansatz würde eine Vervielfältigung in Gott hineintragen, die mit seiner Einheit unverträglich ist; schließlich: nicht die I., sondern das Wesen Gottes ist der Grund aller Schöpfung und Erkenntnis. Obwohl Ockham auch Duns Scotus in seine Kritik einschließt, übernimmt er gleichwohl dessen ideentheoretischen Grundansatz: Die I. sind nicht Erkenntnisakte, sondern Erkenntnisobjekte (ideae non sunt cognitiones, sed res cognitae) [3], und zwar insofern als alles Seiende von Gott schaffbar ist [4]. Die I. ist das, was erkannt wird (idea est illud quod cognoscitur) [5]. Dabei reduziert Ockham den skotischen Ansatz in zweifacher Hinsicht: Zum einen hält er es nicht für glücklich zu sagen, die göttliche Schöpferkraft verleihe jedem Seienden qua Erkenntnisobjekt ein eigenes Intelligibelsein (esse intelligibile); zum zweiten bestreitet er auch einen nur formalen Unterschied zwischen den I. und Gott, da die Intelligibilität der Dinge weder für Gott noch für das von ihm Erkannte eine irgendwie unterscheidbare Realität bedeute [6]. Die Feststellung, der göttliche Intellekt verleihe der Kreatur Intelligibilität, stellt nach Ockham lediglich eine äußere, abgeleitete Bezeichnung dar (denominatio extrinseca) [7]. Die skotische Instanzenlehre im Hinblick auf ein Erstobjekt und die Zweitobjekte des göttlichen Intellekts lehnt Ockham ausdrücklich ab [8]. Nach ihm besitzt die I. zudem keinerlei sachliche Washeit (quid rei), sondern nur ein Namensein (quid nominis) [9]. Die I. ist ein konnotativer Name, der sich nicht auf etwas Seiendes bezieht, sondern die Faktizität des Erkannten begrifflich faßt. Der Ausdruck ‹I.› bezeichnet nicht etwas irgendwie Unterscheidbares; er besagt vielmehr, daß etwas erkannt ist [10]. Weil aber das Erkanntsein kein eigener Seinszustand ist, bezeichnet der Ausdruck ‹I.› auch keine irgendwie unterschiedene Sachhaltigkeit [11]. ‹I.› ist ein konnotativer Begriff; sie ist als solche notwendig Ausdruck eines Ideats und bezeichnet genau genommen nicht einen Gegenstand, sondern konnotiert etwas anderes an ihm, nämlich die Tatsache seines Erkanntseins [12]. Hier liegen auffallende Übereinstimmungen mit PETRUS AUREOLI vor [13]. Wenn OCKHAM jedoch andererseits feststellt, die I. sei Erkenntnisobjekt eines intellektuellen Effektivprinzips, auf das Gott in seinem Schöpfungsakt schaut (idea est aliquod cognitum a principio effectivo intellectualis ad quod activum aspiciens potest aliquid in esse reali producere) [14], so scheint er damit in diesem Punkte zu frühen Ansätzen der I.-Lehre zurückzukehren [15]. Ockham bemüht sich, keine Widersprüche zwischen seiner I.-Lehre und der augustinisch-platonischen Lehre von der Ewigkeit der I.en aufkommen zu lassen. Darum unterscheidet er zwischen einer Ewigkeit aktualer, realer Existenz und einem von Ewigkeit her Erkanntsein (aeternaliter existens – aeternaliter cognitum) [16]. Die Aussage, die I. seien ewig, ist nach ihm bedeutungsgleich mit der Feststellung: Die I. sind von Ewigkeit her erkannte Objekte; die I. besitzen in ihrem Erkanntsein durch Gott weder einen Anfang noch ein Ende (neque de novo incipiunt intelligi a Deo, neque desinunt intelligi a Deo) [17]. Dies habe auch Augustinus, der Platon folgte, wo dieser nicht irrte [18], mit seiner Lehre von der Ewigkeit der I.en gemeint: Sie sind von Ewigkeit her von Gott erkannt (vere sunt intellectae a Deo ab aeterno) [19]. Im Gegensatz zur augustinisch-platonischen Tradition spricht Ockham den I. im Geiste Gottes jedoch eine eigene Realität ab (dico quod ideae non sunt in Deo realiter et subiective); sie sind nur Erkenntnisobjekte im göttlichen Denken (tantum sunt in ipso obiective tamquam quaedam cognita ab ipso) [20]. Was ihren Bezug zur Schöpfung betrifft, so gibt es nach Ockham genau genommen nur I. von Einzelseiendem (dico quod ideae praecise sunt singularium) [21], denn im strengen Sinne sind es die Einzeldinge, die schaffbar sind. Gott besitzt von allem Schaffbaren nicht nur eine allgemeine, sondern eine jeweils distinkte Einzelerkenntnis [22]. Hiermit wie auch mit seiner These, daß die Vielheit der I.en nicht eine solche von Erkenntnissen, sondern eine solche von Erkenntnisobjekten ist (praecise est pluralitas in cognitis, et nullo modo in cognitione) [23], leitet Ockham eine Entwicklung ein, die durch die allmähliche Loslösung der I. aus dem göttlichen Intellekt gekennzeichnet ist und die Verlegung des I.-Modells in die Subjektivität des menschlichen Denkens ermöglicht.

Anmerkungen. [1] WILHELM VON OCKHAM, Scriptum in librum primum sententiarum (= Ord.) d. 35, q. 5 c. Opera plurima 3 (Lyon 1494-96, ND London 1962). – [2] a. a. O. e/f. – [3] q. 6 b; vgl. q. 5 e. – [4] q. 5 g. – [5] s/r. – [6] d. 43, q. 2 e. – [7] ebda. – [8] d. 35, q. 4 d. – [9] q. 5 d. – [10] ebda.; vgl. k und S. Logicae I, 10, hg. PH. BOEHNER 1 (St. Bonaventure, N.Y. 1957) 22. – [11] Vgl. G. MARTIN: W. v. Ockham. Untersuch. zur Ontol. der Ordnungen (Berlin 1949) 21 und passim. – [12] OCKHAM, Ord.

d. 35, q. 5 d. – [13] Vgl. Petrus Aureoli, Scriptum super primum sententiarum d. 36, q. 72, a. 1-3, hg. E. M. Buytaert (St. Bonaventure, N.Y. 1952). – [14] Ockham, Ord. d. 35, q. 5 d. – [15] Vgl. Z. Hayes: The general doctrine of creation in the 13th century with special emphasis on Mattheus of Aquasparta (München/Paderborn/Wien 1964) 30 Anm. 82. – [16] Ockham, Ord. d. 35, q. 5 k. p. – [17] a. a. O. p. – [19] l. – [20] k; vgl. e. g. – [21] q; vgl. g. – [22] r. – [23] f.

Literaturhinweise. P. Vignaux: Art. ‹Nominalisme›, in: Dict. théol. cath. 11 (Paris 1931) 717-784, bes. 760f. – A. B. Wolter: Ockham and the textbooks: On the origin of possibility. Franziscan. Stud. 32 (1950) 70-96.   J. P. Beckmann

13. In unmittelbarem Gefolge Ockhams ergeben sich keine nennenswerten ideentheoretischen Neuansätze. In Robert Holcots Sentenzenkommentar findet sich nur an einer einzigen Stelle eine dazu im Zusammenhang noch beiläufige Bemerkung zur I. als der «einen göttlichen Wesenheit» [1]. Peter von Ailly schließt sich in der Bestimmung der I. voll an Wilhelm von Ockham an, der nach Peters Meinung «diesen Stoff sehr schön behandelt hat» (hanc materiam valde pulchre determinavit) [2]. Ailly liefert eine ausführliche Rekapitulation des Ockhamschen Gedankengangs und gelangt zu der Definition: Die I. ist ein «Erkanntes, auf das hin ein Erkennendes beim Hervorbringen blickt. In Entsprechung zu diesem selbst bringt es etwas jenem Gleiches und auch es selbst im realen Sein hervor» (aliquod cognitum, ad quod cognoscens aspicit in producendo et secundum ipsum aliquid simile illi et ipsummet producit in esse reale) [3]. Gabriel Biel gibt eine Kompilation der Ockhamschen Aussagen zur I., die er den «opiniones» des Marsilius von Inghen und des Johannes Gerson gegenüberstellt [4].

Anmerkungen. [1] Robert Holcot, In Quatuor Libros Sententiarum Quaestiones (Lugduni 1518) I, q. 6, arg. 16. – [2] Peter von Ailly, Quaestiones super Libros Sent. I, q. 6, a. 3 t. – [3] a. a. O. y. – [4] Gabriel Biel: Epitome et Collectorium ex Occamo circa quatuor sententiarum Libros (Tübingen 1501) I, d. 35, q. 5.   Chr. Knudsen   [Für II, 1–13 insgesamt: G. Schrimpf/G. Jüssen/Chr. Knudsen/ G. Wieland/W. Kluxen/J. P. Beckmann]

14. Diese Begriffsgeschichte verdeutlicht, welch «revolutionären», «offenen Bruch mit der Tradition» es bedeutete [1], daß Descartes die Annahme einer I.-Welt im göttlichen Intellekt als anthropomorphistische Vorstellung ablehnte und durch die Lehre von der «Erschaffung der ewigen Wahrheiten» ersetzte [2]. Wenn es, wie Descartes' Metaphysik zeigt, dem zwar zu erkennenden, aber nicht zu begreifenden Gott eigen ist, absolut einfach zu sein, so daß sein Erkennen von seinem Wollen nicht verschieden ist, «ne quidem ratione» (nicht einmal in begründeter begrifflicher Unterscheidung) [3], dann kann man Gott nicht mehr wie einen Welt-Architekten denken, der zunächst die zu schaffende Welt denkt und plant, um sie danach in einem folgenden Akt zu verwirklichen. Der endlich nicht mehr anthropomorph gedachte Gott Descartes' ist in seinem Wollen nicht mehr gebunden «durch irgendeine I., die das Gute oder das Wahre repräsentiert» und die «Objekt des göttlichen Erkennens» wäre vor der Selbstkonstitution seiner Natur durch die Bestimmung seines Wollens [4]. Daher hängen die sogenannten ewigen Wahrheiten, wie 2+2 = 4, «nicht vom menschlichen Verstand oder von der Existenz der Dinge», sondern wie alles Endliche (und von uns Begreifbare) «allein vom Willen Gottes» ab [5], der seinem Erkennen nicht nachgeordnet, sondern schlechthin mit ihm identisch ist.

Dieser Bruch mit einer Tradition, welche «die I. Platons im Verbum des hl. Johannes angesiedelt hatte» [6],

ermöglichte es Descartes, den Namen ‹I.›, der «bei den Philosophen bereits üblich war, um die Formen der Erkenntnisse des göttlichen Geistes zu bezeichnen, obwohl wir in Gott keine sinnliche Vorstellungskraft anerkennen», «... für alles das zu gebrauchen, was unmittelbar vom [menschlichen] Geist aufgefaßt wird» [7].

Anmerkungen. [1] H. Gouhier: La pensée mét. de Descartes (Paris 1962) 237. 239f. – [2] Vgl. die Zusammenstellung der einschlägigen Texte bei E. Gilson, in: Descartes, Discours de la méthode, texte et comm. (Paris ²1947) 372. – [3] R. Descartes, Brief an Mersenne vom 6. Mai 1630. Werke, hg. Adam/Tannery (= A/T) 1, 149. – [4] Med. Resp. VI, 6. A/T 7, 432; 9, 233. – [5] a. a. O. A/T 7, 436. – [6] Gouhier, a. a. O. [1] 240. – [7] Descartes, Med. Resp. III. A/T 7, 181.

Literaturhinweise. E. Boutroux: De veritatibus aeternis apud Cartesium (Paris 1874). – H. Gouhier s. Anm. [1] 233-264.
                                                                Red.

III. In den Phasen seiner begrifflichen Entwicklung tritt ‹I.› mehrfach, in besonderer Deutlichkeit jedoch am Beginn der philosophischen *Neuzeit* als philosophiehistorisches Schlüsselwort und als Symptom philosophischer Neuorientierung hervor: Die vor allem durch Descartes eingeleitete erkenntnistheoretisch-psychologische Verwendung dieses Terminus signalisiert zugleich einen Wandel der Bewußtseinsstellung und den Beginn einer neuen Epoche. Indem Descartes die Bedeutung von ‹idea› bzw. ‹idée› in der Selbstgewißheit des menschlichen Bewußtseins lokalisiert, wird das Wort bei ihm zum Leitwort kritisch-phänomenologischer Intentionen und einer erkenntnistheoretisch-psychologischen Orientierung, die für einen wesentlichen Abschnitt der nachcartesianischen Philosophie maßgeblich wird und bedeutsam bis in die Gegenwart geblieben ist. Insofern freilich Descartes' eigener Gebrauch noch den metaphysischen Hintergrund der früheren Gebrauchsweisen reflektiert und ontologisch-theologische Modelle in die Selbstauslegung des menschlichen Bewußtseins transponiert, zeigt sich zugleich die Ambivalenz seiner historischen Stellung und die Relativität seines prätendierten revolutionären Neueinsatzes.

1. *Descartes.* – In den maßgeblichen Werken seiner philosophischen Reife, im ‹Discours de la méthode› und in den ‹Meditationes de prima philosophia› sowie in erläuternden Stellungnahmen dazu, bestimmt Descartes ‹I.› mehrfach im Sinne von ‹cogitatio› bzw. ‹pensée›, d. h. im weitesten Sinne von ‹Vorstellung›. In den ‹Responsiones› gegen Hobbes erklärt er, daß er den Ausdruck ‹I.› auf all das anwende, was vom Bewußtsein in unmittelbarer Weise erfaßt werde, und daß er gemäß dem Prinzip, daß psychische Akte, etwa des Wollens und Fürchtens, zugleich Bewußtseinsinhalte seien, auch diese zu den I. zähle: «... ostendo me nomen ideae sumere pro omni eo quod immediate a mente percipitur, adeo ut, cum volo et timeo, quia simul percipio me velle et timere, ipsa volitio et timor inter ideas a me numerentur» [1]. In diesem weitesten Sinne bezeichnet ‹I.›, wie ‹cogitatio›, «alles, was in unserem Geist» [2], «in unserem Bewußtsein» [3] ist, d. h. jedwedes Bestandstück des Erlebens oder unmittelbaren Gegebenseins – Akte wie Daten, Vollzüge wie Eindrücke. Der Begriff der I. umfaßt das Residuum des methodischen Zweifels, artikuliert und expliziert die im «Cogito» gewonnene Selbstgewißheit.

Innerhalb dieses Bereichs der I. im weitesten und allgemeinsten Sinne spezifiziert Descartes die «I. im eigentlichen Sinne» (ideae proprie dictae), die als «imagines rerum» [4] bestimmt werden, d. h. als Darstellungen *von etwas*, jedoch nicht nur als Inhalte der Anschauung, sondern als immanente Objekte, noematische Korrelate von Bewußtseinsakten, intentionalen Vollzügen schlechthin [5]. In einer bewußtseinstheoretischen Umsetzung des aristotelisch-scholastischen Formbegriffs werden die «eigentlichen I.» als «Formen» (formae) des Bewußtseins bestimmt [6], die, indem sie die «Materie» psychischer Selbstpräsenz prägen, die konkrete Einheit der Vorstellungen konstituieren. Die «ideae formaliter sumptae» sind nicht selbst reelle, zeitlich-aktuale Bestandstücke des Bewußtseinslebens, sondern wiederholbare Inhalte, die gegenüber dem Kommen und Gehen der Akte ihre Identität wahren. – Die «ideae proprie dictae» wiederum werden unterteilt in «ideae adventitiae» (Wahrnehmungsinhalte), «ideae a me ipso factae» oder «factitiae» (Phantasieprodukte und, allgemeiner, solche Inhalte, die eine Spontaneität des vorstellenden Bewußtseins bekunden) sowie «ideae innatae» (eingeborene I.). Innerhalb dieser Dreiteilung erhalten die *eingeborenen* I. (s. u. III/6) besonderes Gewicht, insofern sie die maßgeblichen Anhaltspunkte für den vom Postulat «klarer und deutlicher Auffassung» (clara et distincta perceptio) geleiteten Denkweg der cartesianischen «ersten Philosophie» sind [7]. Im intelligiblen Gehalt der eingeborenen I. meint Descartes aufweisen zu können, was er «realitas obiectiva» nennt und als Seinsweise solcher essentieller Gehalte (res) im Bewußtsein auslegt, denen die *Möglichkeit* «formaler Realität», d. h. aktualer extramentaler Existenz zuzuordnen ist [8]. In der Präsentation dieser Lehre sind die Nachklänge der vor allem in der arabisch-aristotelischen Tradition ausgebildeten Ontologie der Essenzen sowie einer hierarchischen Realitätsauffassung neuplatonischer Prägung unverkennbar, und Strukturen, die im scholastischen Denken dem Geist Gottes und der darin gründenden Möglichkeit der Welt zugewiesen werden, werden für die Auslegung des menschlichen Bewußtseins übernommen. Zuweilen konvergiert ‹idea› geradezu mit ‹essentia› [9], und gelegentlich bezieht sich Descartes ausdrücklich auf die scholastische Auffassung der I. als exemplaria im Geiste Gottes [10].

Ungeachtet solcher Bezüge und ungeachtet der Ambivalenz, in die die cartesianische I.-Konzeption und Bewußtseinsanalyse dadurch gerückt werden, besteht ihr historischer Rang und Effekt doch vor allem darin, zukünftige erkenntnistheoretische und schließlich transzendentalphilosophische Wege des Denkens zu eröffnen.

Anmerkungen. [1] R. DESCARTES, Meditationes de prima philos. Obj./Resp. III. Oeuvres, hg. Adam/Tannery (= A/T) 7, 181. – [2] Correspondance, A/T 3, 392. – [3] a. a. O. 383. – [4] Med. III. A/T, 37f. – [5] ebda.; vgl. A/T 3, 392f. – [6] Med. Resp. II. A/T 7, 160; vgl. 188. 232. – [7] Vgl. Med. III. A/T 7, 38ff. – [8] a. a. O. 40; vgl. 161. – [9] Vgl. A/T 4, 350; 5, 152; 7, 166. – [10] Med. Obj./Resp. III. A/T 7, 181.

2. *Zur Vorgeschichte des Cartesischen Wortgebrauchs.*– Descartes' Gebrauch des Wortes ‹idea› ist von seinen eigenen Zeitgenossen wie auch von späteren Philosophiehistorikern nicht selten als «völlig neu» [1] empfunden worden. Wenn wir die in Descartes' eigener Zeit bzw. in den vorausgehenden Jh. vorherrschenden Gebrauchsweisen überblicken, so ist die Selbständigkeit seines Gebrauchs, zwar keineswegs im Sinne völliger Traditionslosigkeit, in der Tat unverkennbar.

Für die christliche Schulphilosophie der Zeit, auch für die Descartes besonders geläufige Jesuitenscholastik, bleibt ‹I.› in erster Linie «Vorbild», «exemplar», und zwar primär im göttlichen Geist, mitunter jedoch auch

in der Zuordnung zum menschlichen Geist [2]. GOCLENIUS bestimmt, in Anknüpfung an diesen Gebrauch, I. als «ratio architectatrix» und als «exemplar rei», als Entwurf im Bewußtsein, der der Realisierung des Werkes vorausgehe [3]. I. in diesem Sinne, so ergänzt J. MICRAELIUS, seien in jedwedem rational Handelnden bzw. Schaffenden zu finden – «in Gott wie auch in Engeln und Menschen» [4]. Freilich auch in solchem Vorbild- und Entwurfscharakter der I. kommt die später so zentrale Darstellungs- und Repräsentationsfunktion schon zur Geltung: Die I. stellt das zu Produzierende dar, gibt ihm einen Status der Identifizierbarkeit im Bewußtsein. Insofern ist sie zugleich Erkenntnisprinzip des Geschaffenen – nicht nur sein «exemplar», sondern auch, z. B. schon bei THOMAS VON AQUIN, «principium *cognoscitivum*» oder «principium *cognitionis*» [5]; primär wiederum gilt dies in Hinsicht auf das Bewußtsein Gottes, dem in den I., nach denen er die Welt geschaffen hat, zugleich ihre Erkenntnis gegenwärtig bleibt, dann jedoch auch in der Übertragung auf das menschliche Bewußtsein, das in den I. Prinzipien hat, nach denen es die Dinge außer ihm identifizieren und einordnen kann. Entsprechend sagt GABRIEL BIEL, frühere Redeweisen zusammenfassend: «Idea est ratio cognoscendi rem, vel exemplar producendi» [6]. GOCLENIUS spricht von der I. als «principium … obiectivum cognitionis rei, id est, in quo res cognoscuntur tamquam in sui simili» [7].

In der *Platon*rezeption der Renaissance treten das theologische Element sowie der Bewußtseinsbezug in der I.-Konzeption eher zurück [8]; Autoren wie J. C. SCALIGER verteidigen den ursprünglichen platonischen Sinn gegen terminologische Neuerungen [9]. In weiterem Sinne begegnet das platonische und neuplatonische Erbe dieses Begriffs in mannigfachen naturphilosophischen und pantheistischen Transformationen, im Kontext von Spekulationen über Formkräfte in der Natur, Inhalte der Weltseele u. dgl. [10]. An die Stelle der I. im göttlichen Geist treten nicht selten «ideae physicae sive naturales» [11], genetische Potenzen, «rationes seminales» von der Seinsart des physischen Seins. Als Kräfte der Natur und des Instinks – eine Bedeutung, die noch bei SCHOPENHAUER («Platonische I.» als Objektivation des Weltwillens) und einigen Schopenhauerianern nachwirkt [12] – fungieren die I. z. B. bei AGRIPPA VON NETTESHEIM, F. PATRIZZI, R. CUDWORTH und in besonderem und eigentümlichem Sinne bei J. M. MARCI VON KRONLAND, der den von PARACELSUS u. a. ausgebildeten Archeus-Begriff mit der aristotelisch-scholastischen «forma substantialis» zu einer dynamischen Potenz kombiniert, die er «idea operatrix» nennt [13]. Bei anderen Autoren, etwa FR. BACON, begegnen die I. als «Aufprägungen» und «Zeichen» des Schöpfers in der Natur, als «signacula creatoris super creaturas» [14].

Schließlich erscheint ‹I.› auch in einem Sinne, der einer Regräzisierung von ‹species› entspricht und an die mittelalterliche Konzeption der «species sensibiles» anknüpft. In weiterem Sinne ist eine solche Regräzisierung schon in der Scholastik selbst vorbereitet [15] und findet sich, relativ vereinzelt, auch bei Autoren wie P. POMPONAZZI und MELANCHTHON [16]. Unter Descartes' unmittelbaren Vorläufern und Zeitgenossen erlangt die Auffassung der I. als «phantasmata» und «simulacria» eine gewisse Verbreitung; sie gelten als quasi-materielle Gebilde oder Abdrücke, die dem Gehirn zugeführt bzw. aufgeprägt werden, und stehen teils in der Nachfolge der εἴδωλα DEMOKRITS, teils im Kontext eines konsequenten mechanistischen Weltbildes. So spricht z. B. R. DE LANCRE 1622 von «phantômes ou idées qui sont portées à l'intellect par l'imagination»[17]; ähnliche Wendungen finden sich bei D. BUCHANAN [18]. Zu erwähnen ist in diesem Zusammenhang auch der Wortgebrauch von HOBBES, der ‹idea› gleichermaßen wie ‹phantasma› als Erinnerungsvorstellung faßt [19]. In seinen eigenen früheren Schriften, vor allem in den ‹Regulae ad directionem ingenii› (wahrscheinlich 1628), knüpft DESCARTES noch an solche Gebrauchweisen an: I. werden als «figurae [auch: species] in phantasia depictae»[20] bestimmt, d. h. als durchaus materielle Eindrücke oder vielmehr Abdrücke. Später ist es vor allem dieser Gebrauch, gegen den Descartes seine nunmehr im Sinne der Selbstgegebenheit des Bewußtseins fixierte Konzeption der I. nachdrücklich abhebt. Die Konzeption der «materiellen I.» (idea materialis) bleibt übrigens im 18. Jh., etwa bei CHR. WOLFF oder A. G. BAUMGARTEN [21], noch weithin geläufig. – In unterminologischer Verwendung steht ‹idea› bzw. ‹idée› schon im 16. Jh., zumal bei französischen Autoren wie RABELAIS und MONTAIGNE [22], oft in der Nähe eines ebenso allgemeinen wie unbestimmten Vorstellungsbegriffes. – In generellem Rückblick ist zu sagen, daß die Einbeziehung der «I.» in die menschliche Sphäre zwar keineswegs eine cartesianische Neuerung ist, wohl aber die Art und Weise, in der ‹I.› bei DESCARTES als Leitwort der Bewußtseinsanalyse und der Explikation der Selbstgewißheit fungiert.

Anmerkungen. [1] Vgl. E. GILSON, in: DESCARTES, Discours de la méthode, texte et comm. (Paris ³1962) 319. – [2] Vgl. L. SCHÜTZ: Thomas-Lex. (²1895) s.v. – [3] GOCLENIUS: Lex. philos. (1613) s.v. – [4] J. MICRAELIUS: Lex. philos. (²1661) s.v. – [5] Vgl. SCHÜTZ, a. a. O. [2]. – [6] G. BIEL, Lib. I, dist. 15, qu. 5, zit. MICRAELIUS, a. a. O. [4]. – [7] GOCLENIUS, a. a. O. [3]. – [8] Vgl. z. B. die Platon-Paraphrasen M. FICINOS; auch G. BRUNO: De compositione imaginum (1591) cap. 1; GOCLENIUS, a. a. O. [3]. – [9] J. C. SCALIGER, De subtilitate VI, 4. – [10] z. B. G. BRUNO: De umbris idearum (1582). – [11] H. HIRNHAIM: De typho generis humani (Prag 1676) 146. – [12] z. B. A. SCHOPENHAUER, Die Welt als Wille und Vorstellung II, § 26; I, § 31; PH. MAINLÄNDER: Die Philos. der Erlösung (1876) 52f. 77. 83. – [13] J. M. MARCI VON KRONLAND: Idearum operatricium idea (Prag 1635). – [14] FR. BACON, Nov. Org. I, 124. – [15] SCHÜTZ, a. a. O. [2]. – [16] PH. MELANCHTHON, Liber de anima, cap. ‹Quid est noticia›. Corpus Reformatorum, hg. C. G. BRETSCHNEIDER 13, 145; vgl. Encyclop. of relig. and ethics, hg. J. HASTINGS (Edinburgh 1908-1926) s.v. – [17] Vgl. R. M. BLAKE: Note on the use of the term ‹idée› prior to Descartes. Philos. Rev. 48 (1939) 532-535. – [18] D. BUCHANAN, Historia animae humanae (Paris 1636) 188f. – [19] TH. HOBBES, De corpore VII, 1. – [20] Vgl. R. DESCARTES, Regulae ad ing. XII. XIV. Oeuvres, hg. ADAM/TANNERY 10, 414. 440f. – [21] CHR. WOLFF: Psychol. rationalis (1740) §§ 113ff. 374; A. G. BAUMGARTEN: Met. (1739) § 560; vgl. E. PLATNER, Philos. Aphorismen (1776 bis 1782) 1, § 288ff. («I.-Bilder»). – [22] RABELAIS, Pantagruel III, 51; M. DE MONTAIGNE, Essais II, 4.

3. Nachfolger und Fortsetzer Descartes'. – Die Verteidigung und Verbreitung des Cartesischen I.-Begriffs gehört zu den programmatischen Punkten der Verbreitung des Cartesianismus im 17. und beginnenden 18. Jh. und ist eines der Kriterien cartesianischer Orthodoxie. Die Cartesianer im engeren Sinne, etwa J. CLAUBERG und A. LE GRAND, auch P. S. RÉGIS und L. DE LA FORGE, versuchen vor allem, den authentischen Sinn der Cartesischen Auffassung zu sichern und Schwierigkeiten innerhalb des Cartesischen Horizonts zu klären. Sie grenzen Descartes' I.-Begriff nachdrücklich gegen bildhaftnaturalistische Auffassungen ab und sind bemüht, die Repräsentationsfunktion der I., u. a. im Sinne einer Zeichenfunktion, zu verdeutlichen und zu legitimieren [1]. Vorrang hat in der Regel die I. in «formalem» Sinn, «l'idée proprement dite qui est la forme de la pensée»,

wie RÉGIS sagt [2]. Die ‹Logique de Port-Royal› präsentiert ‹I.› als einen der Beschreibung oder Erklärung weder zugänglichen noch bedürftigen Grundbegriff, bietet jedoch zugleich ein Beispiel besonders sorgfältiger begrifflicher Explikation und systematisch umfassender Klassifikation nach psychologischen, erkenntnistheoretischen und metaphysischen Gesichtspunkten [3].

Nicht wenige und nicht selten sehr selbständige Denker finden in den von Descartes hinterlassenen Problemstellungen und Lösungsversuchen Anknüpfungspunkte bzw. einen Kontext für die Entfaltung eigenständiger Weisen des Denkens, und in der Kritik und Weiterführung der cartesianischen Ideenkonzeption spiegelt sich nicht selten die Originalität und das philosophiegeschichtliche Gewicht der betreffenden Denker. Auch in den Weisen der Kritik und Transformation vermag die cartesianische Bewußtseinsanalyse Zeichen zu setzen, die für das philosophische Denken und die philosophischen Auseinandersetzungen des 17. und 18. Jh. weithin maßgeblich bleiben. In diesen Diskussionen – für die Namen wie ARNAULD und MALEBRANCHE, SPINOZA, LEIBNIZ und WOLFF, LOCKE, BERKELEY und HUME, CONDILLAC und DESTUTT DE TRACY zu nennen sind – treten vor allem die folgenden Themen und Gesichtspunkte hervor: *I. und Perzeption;* die Problematik der «*eingeborenen* I.» und zugehörige *psychogenetische* Fragestellungen; die *Repräsentations*funktion der I. sowie ihr Verhältnis zur Außenwelt (radikalisiert im Okkasionalismus, Immaterialismus und Phänomenalismus); Probleme der Herausarbeitung und reinen Deskription des «*Gegebenen*» (zumal in der Tradition des englischen Empirismus).

Anmerkungen. [1] Vgl. R. A. WATSON: The downfall of Cartesianism 1673-1712 (Den Haag 1966) 64ff.; J. CLAUBERG, Opera omnia philos. (Amsterdam 1691) 617ff. – [2] P. S. RÉGIS: Réponse au livre qui a pour titre P. Danielis Huetii ... (Paris 1691) 182. – [3] A. ARNAULD und P. NICOLE: La logique ou l'art de penser (1662; zit. Paris 1663) 1, 1-15.

4. I. und Perzeption. – Der von Descartes mehrfach apostrophierte, jedoch nie systematisch geklärte Doppelaspekt der I. – einerseits aktuales Bewußtseinsereignis, andererseits wiederholbarer Inhalt, immanentes Objekt mit Repräsentationscharakter – wird Ausgangspunkt eines die Philosophie der zweiten Hälfte des 17. Jh. bewegenden Disputs, in dessen Mittelpunkt die Kontroverse zwischen Malebranche und Arnauld steht. Während die Cartesische Analyse der I. die Einsicht in intelligible Gehalte und das Selbstbewußtsein der eigenen psychischen Faktizität ohne nachhaltige terminologische und systematische Trennung umfaßt, stellt MALEBRANCHE die I. ganz auf die Seite der Intelligibilität und Essentialität und in einen scharfen Gegensatz zum Innesein der eigenen Bewußtseinszustände im «sentiment intérieur». Die «I.» sind nie Bestandstücke oder Modifikationen des menschlichen Bewußtseins; sie sind vielmehr die ewigen Essenzen und Archetypen, deren Inbegriff die in Gottes eigenem Sein eingeschlossene «étendue intelligible» ist [1]. Wir sehen die I. «in Gott», und in ihnen die Struktur und Beschaffenheit der dem Bewußtsein ohne Möglichkeit direkter Interaktion nebengeordneten raumzeitlichen Welt. – Malebranches I.-Begriff kombiniert in eigentümlicher Weise neuzeitliche erkenntnistheoretische und psychologische Motive und Problemkonstellationen mit dem platonisch-augustinischen Erbe, und durch Rückgriff auf diese Tradition meint er die von Descartes hinterlassenen Schwierigkeiten überwinden zu können. Freilich spitzt er zugleich das Außenweltproblem, als Problem der aktualen Exi-

stenz der in den I. nur der Essenz nach gegebenen räumlichen Welt, in der Weise zu, daß dadurch dem Immaterialismus der Boden bereitet wird, und Malebranchianer
wie der Abbé DE LANION gehen in dieser Richtung noch
weiter [2].

ARNAULD dagegen sieht in « idée» und «perception»
(als Bewußtseinsmodifikation) nur zwei Aspekte desselben Bewußtseinsgebildes, das einerseits zum vorgestellten Objekt, andererseits zum vorstellenden Subjekt
in Beziehung gesetzt wird [3]; orthodoxere Cartesianer
wie P. S. RÉGIS folgen derselben Auffassung. ARNAULD
knüpft zwar noch an die Cartesische Konzeption der
«realitas obiectiva» an [4], jedoch in einer Weise, daß
die Ontologie der Essenzen dabei kaum noch zur Geltung kommt; und im Effekt tritt bei ihm der Repräsentationscharakter der idées-perceptions so zurück, daß
er im Lichte späterer Entwicklungen als einer der Ausgangspunkte des «Perzeptionismus» angesehen werden
konnte, d. i. derjenigen erkenntnistheoretischen Position,
die das Vorhandensein vermittelnder repräsentierender
Bewußtseinsgebilde im Wahrnehmungsprozeß leugnet
oder weitgehend reduziert und einen unmittelbaren perzeptiven Zugang zu den Dingen annimmt; diese Richtung des Denkens, zunächst etwa durch C. BUFFIER [5],
sodann durch TH. REID und die Schottische Schule, auch
ROYER-COLLARD und W. HAMILTON [6] vertreten, führt
bis zum Neorealismus des 20. Jh.

MALEBRANCHE und die Malebranchianer sehen in Arnaulds Lösung freilich eine petitio principii, und die von
ihnen und anderen sogenannten Okkasionalisten, wie
CORDEMOY und GEULINCX, aufgewiesenen Probleme und
Gesichtspunkte behalten für die philosophische Orientierung zunächst eine erheblich größere Relevanz. –
FÉNELON folgt, was das «Sehen in Gott» angeht, weitgehend Malebranches Auffassung der I., akzeptiert jedoch im Unterschied dazu die I. des eigenen Bewußtseins [7].

Anmerkungen. [1] Vgl. N. MALEBRANCHE, De la recherche de
la vérité III, 2. – [2] Vgl. F. PILLON, L'idéalisme de Lanion et le
scepticisme de Bayle. Ann. philos. 6 (1895) 121-194. – [3] A. AR-
NAULD, Des vraies et des fausses idées V, Déf. 3. 6; Oeuvres 38
(Paris/Lausanne 1780) 198. – [4] a. a. O., Déf. 10 = 200. –
[5] C. BUFFIER, Cours de sci. (Paris 1732) col. 700. 715. 799. –
[6] Vgl. W. HAMILTONS Anm. zu Reid, in: TH. REID, Works, now
fully coll. by Sir W. HAMILTON (Edinburgh ⁵1858). – [7] FÉNE-
LON, Oeuvres philos., ou Démonstration de l'existence de Dieu
⟨Nouv. éd. Amsterdam 1721) 216ff. 180. 85ff.

*5. Metaphysik und Klassifikation der Vorstellungen
(Spinoza, Leibniz und die Schulphilosophie).* – Neben
Malebranche sind Spinoza und Leibniz die herausragen-
den Metaphysiker des I.-Themas im nachcartesischen
Jh., die zugleich versuchen, nicht nur den Dualismus von
Materie und Bewußtsein, Objekt und Subjekt, sondern
auch die sich öffnende Kluft zwischen Erkenntnistheorie
und Metaphysik zu überwinden.

Im Kontext seines Substanzdenkens und der Parallelisierung der Attribute Materie und Bewußtsein versteht
SPINOZA das Sein der I. als ein dem Attribut der *cogitatio* zugehöriges *modales* Sein, und die I. sind für ihn
eingebettet in ein Ordnungsgefüge (ordo et connexio
idearum), welches dem Ordnungsgefüge der Dinge (ordo
et connexio rerum) entspricht [1]. Das endliche Bewußtsein (Geist, mens) selbst, sofern es primär Vorgestelltsein
der Materie (res extensa) ist, ist I. seines jeweils zugehörigen Körpers. Jedoch nicht nur das Vorgestelltsein körperlicher Inhalte, sondern auch das Vorstellen seiner
selbst, d. h. Reflexivität (idea ideae) konstituiert das
Sein des Geistes. Die I. ist wesentlich Akt, aktuale Wirk-

lichkeit des Geistes, und zu ihrer Kennzeichnung zieht
Spinoza dem auf bloße Rezeptivität deutenden ⟨per-
ceptio⟩ den Ausdruck ⟨conceptus⟩ vor [2]. Innerhalb
seines metaphysischen Kontexts stellt er Überlegungen
zu erkenntnistheoretischen Fragen, wie zur Intelligibilität, Adäquatheit, Klarheit und Distinktheit der I. an,
und er weist ihnen eine implizite Urteilsfunktion zu.

Für LEIBNIZ sind die I., im Rahmen seiner Metaphysik
der *prästabilierten Harmonie*, die in der Monade angelegten, im bewußten Erfassen aktualisierten Potentialitäten der Vergegenwärtigung des Universums. Nach seiner Auffassung gehört zur seelischen Wirklichkeit außer
dem Umkreis bewußter Erlebnisinhalte auch eine jeweilige Unendlichkeit nicht über die Schwelle des Bewußtseins tretender «petites perceptions» [3]. – Die Trennung des psychischen Aktes (actus cogitandi) und der
jeweils zugehörigen I., sowohl im Falle der sinnlichen
wie der intelligiblen Vorstellung, führt Leibniz entschiedener durch als Descartes, ohne sich dabei der
malebranchianischen «étendue intelligible» zu nähern:
Die I. sind das Beständige, Wiedererkennbare im Kommen und Gehen der Bewußtseinsakte, das in diesen zur
Gegebenheit kommt, ohne mit ihnen zusammenzufallen
[4].

Bei CHR. WOLFF und anderen Autoren des 18. Jh.
zumal in Deutschland wird der Ausdruck ⟨idea⟩ oft dem
objektiven Aspekt oder Inhalt der «repraesentatio» vorbehalten; bei Wolff selbst erscheint ⟨idea⟩ vornehmlich
im Sinne partikulärer Vorstellungsinhalte, während
⟨notio⟩ das Moment der Allgemeinheit hervorhebt [5].
In deutschsprachigen Texten wird ⟨idea⟩ vielfach mit
⟨Vorstellung⟩ wiedergegeben. J. N. TETENS betont demgegenüber, daß die Idee ein Mehr an Deutlichkeit, Differenziertheit, vorgängiger Urteilsleistung voraussetze
[6]; auch REIMARUS hebt die I. als «Begriff» oder «Denk-
bild» gegenüber der «bloßen Vorstellung» ab [7].

Das Programm einer Klassifikation der Bewußtseinsphänomene, zu dem Descartes exemplarische Ansätze
hinterließ, wird in der Folgezeit wiederholt und von
verschiedenartigen Positionen aufgenommen, ebenso mit
dem Anspruch umfassender Bestandsaufnahmen, wie
unter dem Gesichtspunkt spezifischer Fragestellungen
und Teilaspekte. Die grundsätzliche Gegenüberstellung
von I. und Perzeption wird dabei oft, jedoch nicht immer
explizit, vorausgesetzt. – Bei DESCARTES selbst finden
wir, außer den Einteilungen der I. (s. o. III/1), eine
meist der «perceptio» als der Auffassungs- oder Gegebenheitsweise der «idea» zugewiesene, für sein Philosophieren zentrale Unterscheidung des «Klaren» und
«Distinkten» vom «Obskuren» und «Konfusen» [8], die
für die erkenntnistheoretischen Diskussionen der nachcartesischen Epoche erhebliche Bedeutung behält und
z. B. von LEIBNIZ aufgenommen und in bemerkens-
werter Weise neu expliziert wird [9].

In erkenntnistheoretischem Zusammenhang steht
auch die Problematik der «ideae purae», der «reinen»,
d. h. nicht-imaginativen, nur dem Intellekt zugehörigen
I., die seit der zweiten Hälfte des 17. Jh. unter anderm
unter Beteiligung von MALEBRANCHE, POIRET, BUDDE
und THOMASIUS diskutiert wird [10]. Andere Spezifikationen und Klassifikationen, nicht selten unter dem Einfluß der ⟨Logique de Port-Royal⟩, stehen teils in eher
psychologischen, teils in eher metaphysischen Bezügen.
Nachhaltige Impulse erhält die Programmatik einer deskriptiv umfassenden I.-Klassifikation durch LOCKE (s.
u. III, 7). Die Schulphilosophie des 18. Jh., zumal in
Deutschland, versucht nicht selten, Locke hinsichtlich

der Vollständigkeit und Subtilität der Unterscheidungen sowie in der Pluralität der Gesichtspunkte noch zu übertreffen [11]. J. G. WALCH bemerkt, daß Klassifikationen vornehmlich in dreierlei Hinsicht vorzunehmen seien: 1. auf das Subjekt, 2. auf das Objekt, 3. auf die eigene immanente Beschaffenheit der I.; er selbst präsentiert 32 verschiedene Titel für spezifische I.-Begriffe, u. a.: «I. einzelner Sachen», «I. der Substanz», «adäquate», «angeborene», «besondere», «dunkle», «erdichtete», «einfache», «reine», «ordentliche», «verständliche», «wesentliche», «wirkliche» I. [12]. Der weitaus wichtigste, meistdiskutierte und assoziationsreichste dieser Titel ist der der «*angeborenen*» oder «*eingeborenen*» I.

Anmerkungen. [1] B. SPINOZA, Ethica II, Prop. 7. – [2] Vgl. bes. a. a. O. II (De mente). – [3] G. W. LEIBNIZ, z. B. Nouveaux essais ... Préface. – [4] a. a. O. II, §§ 1ff.; vgl. H. HEIMSOETH: Die Methode der Erkenntnis bei Descartes und Leibniz 2 (1914) 287. – [5] CHR. WOLFF: Psychol. rationalis (1740) § 86; Psychol. empirica (1732) §§ 48f. – [6] J. N. TETENS: Philos. Versuche über die menschl. Natur (ND 1913) 26. – [7] H. S. REIMARUS: Die Vernunftlehre (²1758) §§ 30ff. – [8] R. DESCARTES, Principia philosophiae I, §§ 45f. – [9] Vgl. G. W. LEIBNIZ, De cognitione, veritate et ideis; Monadol. § 49. – [10] Vgl. J. BRUCKER: Hist. philos. doctrinae de ideis (1723) 295ff. – [11] Vgl. S. C. HOLLMANN: Philos. rationalis quae Logica vulgo dicitur (³1767) 48ff. – [12] J. G. WALCH: Philos. Lex. (²1740) Art. ‹I.› bzw. entsprechende Stichworte.

6. *Der Begriff der «eingeborenen I.».* – Er hat, oft in enger Beziehung zu dem der «notio communis», bis in die Antike zurückreichende Traditionsbezüge, die in der Renaissance – von platonisierenden, neustoischen, sodann auch augustinischen Zirkeln – aktualisiert werden. Zu den Erben stoisch-ciceronianischer Auffassungen gehört auch HERBERT VON CHERBURY, der in seiner Lehre von den «notitiae communes» die Thematik des Eingeborenen prägnant und historisch wirksam formuliert und dabei auch das für die spätere Diskussion entscheidende Verhältnis zwischen Erfahrung und einer sie allererst ermöglichenden Strukturiertheit des Geistes explizit erörtert [1]. Mit stärkerer metaphysischer Akzentuierung nehmen in England vor allem die *Cambridge Platonists* (R. CUDWORTH, R. CUMBERLAND u. a.) dieses rationalistische Leitthema auf. Die in Descartes' Umgebung wirksamen Erneuerungstendenzen – DE BÉRULLE, GIBIEUF, MERSENNE, SILHON – hat vor allem Gilson herausgearbeitet [2].

Bei DESCARTES selbst steht die Diskussion des «Eingeborenen» in einer symptomatischen Ambivalenz: Einerseits wird es unter dem Gesichtspunkt seiner Intelligibilität und der Apodiktizität der darauf bezüglichen Aussagen bestimmt, als der Inbegriff der «wahren und unveränderlichen Naturen», die den Bereich der «reinen Mathesis» ausfüllen [3]. Andererseits wird, in einer mehr psychologischen Betrachtungsweise, dasjenige als eingeboren bezeichnet, was, als Empfindungsqualität, psychische Modalität, im Konstitution des psychischen Lebens angelegt ist [4]. Grundsätzlich ist das Eingeborene nicht als fertig vorliegender Bestand aktualer Bewußtseinsinhalte, sondern als Potentialität des Bewußtseins zu verstehen.

In der Folge wird das Thema oft auf eine handgreiflich-genetische Ursprungsproblematik zugespitzt, unter Vernachlässigung der in ihm angelegten erkenntnistheoretischen Geltungs- und psychologischen Strukturprobleme. Der «Ursprung der I.» ist eine um 1700 besonders häufig diskutierte Frage [5], wobei Probleme der Geltung und der Genesis oft ineinander verschlungen bleiben. Sehr entschieden werden die Gesichtspunkte der Geltung (Apodiktizität) und Struktur von LEIBNIZ her-

ausgearbeitet [6]. In solcher Beleuchtung weist die Lehre vom Eingeborenen nicht nur auf Kants Konzeption des a priori, sondern auch auf Fragestellungen der zeitgenössischen Philosophie und Psychologie voraus (s. u. III/8).

Anmerkungen. [1] Vgl. N. CHOMSKY: Cartesian linguistics (New York 1966) 60ff. – [2] E. GILSON: Études sur le rôle de la pensée médiévale dans la formation du système cartésien (Paris 1951) 9ff. – [3] Vgl. z. B. R. DESCARTES, Correspondance. Oeuvres, hg. ADAM/TANNERY (= A/T) 3, 383. – [4] Vgl. Notae in programma. A/T 8/2, 358f. – [5] Vgl. J. G. WALCH: Philos. Lex. (²1740) Art. ‹I.›, bes. col. 1500. – [6] G. W. LEIBNIZ, Nouveaux essais ... I, 1, § 5.

7. *Locke und die empiristischen Bewußtseinsanalysen des 18. Jh.* – Die sensualistische Polemik gegen die «eingeborenen I.» und die aus ihnen abzuleitenden «eingeborenen Prinzipien» setzt schon in den ‹Obiectiones› gegen die Cartesischen ‹Meditationes› bei HOBBES und GASSENDI [1] ein und wird sodann vor allem von LOCKE und der ihm folgenden Tradition fortgesetzt. Bei Locke wird ‹I.›, unter Ausschaltung der rationalistisch-aprioristischen Motive bei Descartes, Leitbegriff einer wesentlich empirischen Bestandsaufnahme der Bewußtseinsinhalte, die gleichwohl die Repräsentationsfunktion der Vorstellungen einerseits, die Gegebenheit abstrakter und allgemeiner Vorstellungsinhalte andererseits nicht in Frage stellt. Die Tendenz der an Locke anknüpfenden, in HUME kulminierenden Bewegung ist jedoch die einer zunehmenden Konzentration auf die aktuale Selbstpräsenz in sich partikulärer Bewußtseinsdata, die das «Gegebene» rein als solches und – in rigoroser Ausführung der cartesianischen Ansätze – frei von jedweder Hypostasierung herausarbeiten will.

LOCKE definiert «idea» als «whatsoever is the object of the understanding when a man thinks» [2], d. h. als Bewußtseinsinhalt im weitesten Sinn und als Inbegriff aller data der inneren (reflection) wie der äußeren Wahrnehmung (sensation), jedoch unter Ausschluß der ihrerseits nur in der Vermittlung durch I. und nicht in primärer Selbstpräsenz gegebenen psychischen Akte (operations of the mind). «Sensation» und «reflection» sind die alleinigen Quellen, die das in seinem ursprünglichen Bestande als tabula rasa konzipierte Bewußtsein mit seinen Inhalten, den I., füllen; die «reflection», gleichsam psychische Selbstaffektion, versieht das Bewußtsein mit Vorstellungen der ihm zugrunde liegenden psychischen Wirklichkeit. – Das primäre Material sind die «simple ideas», die in qualitativer Einfachheit rezipierten Inhalte, die im Verlauf des Erfahrungsprozesses zu «complex ideas», den Vorstellungsgefügen, die allererst Gegenstandsvorstellungen zu konstituieren vermögen, geformt werden; weiterhin werden die I. unter anderm nach ihren Gegenstandsbereichen, ihrer «Klarheit» und «Distinktheit» sowie ihrer «Adäquatheit» klassifiziert [3]. In engem Zusammenhang mit dem I.-Thema stehen sprachtheoretische Überlegungen [4].

Lockes sensualistische Bewußtseinslehre findet zahlreiche Fortsetzer in der Philosophie des 18. Jh., außerhalb Englands vor allem in Frankreich (CONDILLAC, BONNET, DESTUTT DE TRACY und die «*idéologie*»), zuweilen in materialistischem Kontext (LAMETTRIE).

In sehr eigenwilliger Weise nimmt BERKELEY Lockes Thematik auf, indem er die von Locke noch akzeptierte Möglichkeit von Allgemeinvorstellungen, die Relevanz der Unterscheidung primärer und sekundärer Qualitäten, die Repräsentationsfunktion der I. sowie schließlich den Sinn des erkenntnistheoretischen Repräsentationsbegriffs schlechthin bestreitet. Die I. selbst, grundsätz-

lich als individuelle und partikuläre Sinnesdata und An-
schauungsvorstellungen verstanden, sind Objekte in
sich, die, von Gott im Bewußtsein der «spirits» koordiniert, den gesamten Inhalt und Umfang des von Locke
noch akzeptierten Dingbegriffs erschöpfen und die Annahme einer materiellen Außenwelt – ihr «Sein» ist «Vorgestelltsein» [5] – überflüssig machen. Von den Bewußt-
seinsträgern (spirits) kann es für Berkeley keine I. geben,
wohl aber ein durch «notions» vermitteltes Wissen [6];
die Problematik des Selbstbewußtseins bleibt insofern in
einer Spannung und Unbestimmtheit, die damit in Zusammenhang steht, daß Berkeley mit dem erkenntnistheoretischen Ansatz Lockes Elemente der spiritualistischen Metaphysik Malebranches verbindet.

HUME schließt die Voraussetzung substantieller Be-
wußtseinsträger aus dem Bereich kritisch legitimierter
Bewußtseinsanalyse aus; das Ich wird auf ein Bündel
von Vorstellungen reduziert [7]. Grundsätzlich tritt bei
ihm die Programmatik einer reinen Deskription des Gegebenen weit entschiedener hervor als bei Locke und
Berkeley, und zwar mit einer charakteristischen terminologischen Wendung: I. sind nicht mehr die Gesamtheit
des im Bewußtsein Gegebenen, sondern lediglich die darin vorfindlichen «Kopien» ursprünglicher «Eindrücke»
(impressions); im Sinne eines beides umfassenden allgemeinsten Vorstellungsbegriffs gebraucht Hume den Terminus ‹perception›. Das Kriterium der Unterscheidung
liegt in der Selbstpräsenz des Gegebenen: Die I. sind
weniger lebhaft, unmittelbar, direkt als die impressions
[8]. Metaphysische Fragen, wie die Problematik extramentaler Zuordnung, treten gänzlich zurück; in der
Anwendung auf das Verhältnis von I. und ‹impressions›
wird die Bezugsweise der Repräsentation auf die Immanenz der Bewußtseinsphänomene selbst übertragen,
deren Horizont unüberschreitbar ist [9]. ‹Idée› im Kontext einer rigoros immanenten Bewußtseinsanalyse begegnet schon Ende des 17. Jh. bei dem gelegentlich als
Vertreter des Solipsismus genannten Mediziner C. BRU-
NET [10].

In Humes Wortgebrauch liegt, freilich eher äußerlich,
eine Reminiszenz an das schon bei HOBBES anzutreffende, auch in der späteren Schulphilosophie, etwa bei
A. RÜDIGER [11], gelegentlich aufgenommene Verständnis von ‹I.› als Erinnerungsvorstellung. – Kritik an
Humes Bewußtseinsanalyse, wie an dem ganzen auf
Descartes und Locke zurückgehenden Programm übt
u. a. die Schottische Schule des Common Sense, vor
allem TH. REID. Wie vor ihm schon C. CHESNEAU DU
MARSAIS, und zugleich vorausweisend auf Gesichtspunkte der «ordinary language philosophy», hält Reid
die I. für überflüssige Fiktionen und für ein Produkt
theoretisierender Fehldeutung natürlicher und in ihrem
natürlichen Kontext unproblematischer Ausdrucks-
weisen [12]; als Konsequenz des Humeschen Phänomenalismus sieht er einen Solipsismus des Bewußtseins-
stroms [13].

Anmerkungen. [1] Vgl. R. DESCARTES, Meditationes de prima
philos. Obj./Resp. III. Oeuvres, hg. ADAM/TANNERY 7, 188;
P. GASSENDI, Disquisitio metaphysica. Ad Med. III, Dub. II ff.,
hg. B. ROCHOT (Paris 1962) 213ff. – [2] J. LOCKE, Essay conc.
human understanding I, 1, 8. – [3] a. a. O. II – [4] III. – [5]
G. BERKELEY, Treatise conc. the principles of human knowledge
§ 3. – [6] a. a. O. §§ 27; 139f. – [7] D. HUME, Treatise of human
nature I, 4, 6. – [8] a. a. O. I, 1, 1ff. – [9] I, 2, 6. – [10] W.
HALBFASS: Descartes' Frage nach der Existenz der Welt (1968)
209ff., bes. 213. – [11] A. RÜDIGER: De sensu veri et falsi (²1722)
I, 4, § 2 (S. 70). – [12] Vgl. N. CHOMSKY: Aspects of the theory
of syntax (Cambridge, Mass. 1965) 199f. – [13] Vgl. TH. REID,
Essays on the intellectual powers of man VI, 7; I, 8; II, 12.

*8. Fortsetzungen des cartesianisch-lockeschen Wortge-
brauchs in der nachkantischen Literatur.* – Während der
vor allem von Descartes inaugurierte Gebrauch von ‹I.›
für «Vorstellung» in der deutschen philosophischen Terminologie eine auf das 18. Jh. beschränkte Episode bleibt
und schon zu Beginn des 19. Jh., etwa bei W. T. KRUG
[1], unter dem Eindruck der grundsätzlich andersartigen
Begriffsbestimmungen *Kants* und des *Deutschen Idealismus* als obsolet angesehen wird, hat er in der englischen
und französischen Literatur seine bis in die Gegenwart
reichende Bedeutung behalten. ‹Idée› bzw. ‹idea›, in
einem oft freilich nicht näher bestimmten Sinn von «Vorstellung», bleibt im Kontext bewußtseinstheoretischer
und erkenntnispsychologischer Erörterungen weithin geläufig, zuweilen in expliziter Wiederaufnahme und Weiterführung der cartesianisch-lockeschen Tradition [2].
Gelegentlich wird, in neuer physiologisch-psychologi-
scher Beleuchtung, auch an die Thematik der «materiellen I.» angeknüpft [3]. – Nicht zuletzt wird der Terminus im Rahmen sprachtheoretischer Untersuchungen
verwendet [4], im Sinne von «Begriffsinhalt» bzw. im
Sinne eines Bewußtseinskorrelats von Bedeutungen oder
Begriffsinhalten. Andererseits ist speziell von sprachphilosophischer Seite auch Kritik am I.-Begriff geübt
worden [5]. – Im ganzen tritt die thematische Relevanz
der «I.» zurück; monographische Untersuchungen und
explizite terminologische Neubestimmungen – wie P.
GEACHS Definition als «exercise of a concept in judgement» oder B. RUSSELLS Bestimmung als «a state of an
organism appropriate (in some sense) to something not
sensibly present» [6] – bleiben relativ vereinzelt. – Das
Nachlassen des Interesses am bewußtseinstheoretischen
Ideenthema – eine partielle Fortsetzung freilich findet es
in der Problematik der *Sinnesdaten* (sense-data) – entspricht einer gewandelten und kritischeren Einstellung
gegenüber den Begriffen des Bewußtseins und des unmittelbar Gegebenen, ferner einer Wendung gegen
den Psychologismus in der Logik, Erkenntnistheorie und
Sprachphilosophie, wie sie zu Beginn des 20. Jh. von
Denkern verschiedener Orientierung vollzogen wurde,
in England vor allem von F. H. BRADLEY einerseits, G. E.
MOORE andererseits. – Eine spezielle Rolle bleibt dem
Begriff und Terminus im amerikanischen *Pragmatismus*,
besonders bei PEIRCE und W. JAMES, vorbehalten. Der
traditionelle Begriff der Idee wird in instrumentalisti-
schem Sinn neugedeutet. In diesem Licht nimmt PEIRCE
das Thema der «Klarheit» und «Distinktheit» der I. auf
und mißt den Sinn solcher Bestimmungen am Maßstab
der Handlungsrelevanz und praktischen Effektivität [7].

Auch das Thema der «eingeborenen I.» und «eingeborenen Prinzipien» wird in der gegenwärtigen Diskussion verschiedentlich wieder aufgenommen, in der Lern-
und Wahrnehmungspsychologie als Problem der forma-
tiven, ihrerseits nicht aus der Erfahrung ableitbaren Elemente oder Strukturen der Wahrnehmung und des Lernens (Nativismus-Diskussion), sodann speziell in der
vor allem von N. CHOMSKY vertretenen «generativen
Grammatik», als Frage nach der Existenz und Wirksamkeit sprachlicher Universalien und einer damit gegebenen eingeborenen «language-forming capacity» des Menschen [8].

Neben den an die cartesianisch-lockesche Tradition
anknüpfenden Gebrauchsweisen von ‹I.› kommen in der
neuzeitlichen englischen und französischen Terminologie ebenso teils vorcartesianische, teils auch kantische
und nachkantische Motive zur Geltung, und das Ge-
samtspektrum der Gebrauchsweisen umfaßt u. a. auch

Bedeutungen wie «Vorbild», «Entwurf», «partially realized object» [9], «Hypothesis» [10], «regulatives Prinzip», «geschichtliche Bewußtseinsmacht» sowie, in der Nachfolge Hegels, «Einheit von Begriff und Realität».

Anmerkungen. [1] W. T. KRUG: Allg. Handwb. philos. Wiss. (²1832-1838) s.v. – [2] Vgl. G. P. ADAMS: Ideas in knowing and willing, in: The nature of ideas (Berkeley 1926) 23-48; D. W. PRALL: Abstract ideas a. a. O. 145-171. – [3] z. B. D. C. WILLIAMS: Principles of empirical realism (Springfield, Ill. 1966) 189ff. – [4] z. B. A. JURET: Les idées et les mots (Paris 1960). – [5] Vgl. F. WAISMANN: The principles of linguistic philos. (London u. a. 1965) 295ff. – [6] P. GEACH: Mental acts (London ³1964) 53; B. RUSSELL: Human knowledge (London ⁴1961) 110. – [7] Vgl. bes. CH. S. PEIRCE: How to make our ideas clear (1878); in: The philos. of Peirce, hg. J. BUCHLER (London ³1956) 22-41; auch J. DEWEY: The quest for certainty (¹1929; zit. New York 1960) 108ff. – [8] N. CHOMSKY: Aspects of the theory of syntax (Cambridge, Mass. 1965) 30. – [9] B. BLANSHARD, zit. nach: T. E. HILL: Contemporary theories of knowledge (New York 1961) 48. – [10] D. A. SCHON: Invention and the evolution of ideas (London 1967) 73ff.

Literaturhinweise. G. BUSOLT: Spinozas Lehre von den I. (Diss. Königsberg 1875). – G. LYON: L'idéalisme en Angleterre au 18e siècle (Paris 1888). – K. TWARDOWSKI: I. und Perception (Wien 1892). – A. KASTIL: Stud. zur neueren Erkenntnistheorie 1: Descartes (1909). – C. ZIMMERMANN: Des vraies et des fausses idées (Diss. München 1910); vgl. Philos. Jb. 24 (1911) 3-47. – J. LEWIN: Die Lehre von den I. bei Malebranche (Diss. Berlin 1912). – A. BUCHENAU, I. und Perzeption. Philos. Abh., H. COHEN zum 70. Geburtstag (1912) 135-151. – A. G. A. BALZ: Idea and essence in the philosophies of Hobbes and Spinoza (Diss. New York 1916, ND 1967). – J. GIBSON: Locke's theory of knowledge and its hist. relations (Cambridge 1917; ND 1960). – R. G. KOTTICH: Die Lehre von den angeborenen I. seit Herbert von Cherbury (Diss. Berlin 1917). – A. O. LOVEJOY: ‹Representative ideas› in Malebranche and Arnauld. Mind 32 (1923) 449-464. – The nature of ideas. Lect. delivered before the Philos. Union, Univ. of California, 1925/26 (Berkeley 1926). – A. PETZAELL: Begreppet medfödda idéer i 1600-talets filosofi (Göteborg 1928). – R. McKEON: The philos. of Spinoza (New York u.a. 1928). – M. METZ: David Hume (1929, ND 1968). – R. W. CHURCH: Hume's theory of the understanding (London 1935). – A. A. LUCE: Berkeley's immaterialism (London 1945). – A. G. A. BALZ: Cartesian stud. (New York 1951). – R. I. AARON: John Locke (Oxford ²1955, ND 1965). – J. W. YOLTON: Locke and the 17th-century logic of ideas. J. Hist. Ideas 16 (1955) 431-452; John Locke and the way of ideas (Oxford 1956). – H. F. HALLETT: B. de Spinoza (London 1957). – H. M. BRACKEN: Berkeley and Malebranche on ideas. Modern Schoolman 41 (1963) 1-15. – P. D. CUMMINS: Perceptual relativity and ideas in the mind. Philos. and Phenom. Res. 24 (1963) 202-214. – P. WEISS: The use of ideas. Rev. Metaphysics 14 (1963/64) 200-203. – R. A. WATSON s. Anm. [1 zu 3]. – A. KENNY: Descartes on ideas, in: Descartes. A coll. of crit. essays, hg. W. DONEY (New York 1967) 227-249. – G. RODIS-LEWIS: La connaissance par idée chez Malebranche. Malebranche. L'homme et l'œuvre (Paris 1967) 111-152. – N. CHOMSKY: Recent contributions to the theory of innate ideas. Synthese 17 (1967) 2-11. – H. PUTNAM: The ‹innateness hypothesis› and explanatory models in linguistics a. a. O. 12-22. – W. HALBFASS s. Anm. [10 zu 7]. – S. A. GRAVE: The mind and its ideas. Locke and Berkeley. A coll. of crit. essays, hg. C. B. MARTIN/D. M. ARMSTRONG (New York 1968) 296-313. – M. C. BEARDSLY: Berkeley on abstract ideas a. a. O. 409-425. – W. MARC-WOGAU, Berkeley's sensationalism and the Esse est percipi-principle a. a. O. 314-339. – N. RESCHER: A new look at the problem of innate ideas. Essays in philos. analysis (Pittsburgh 1969) 255-270. – A. GRAVA: A structural inquiry into the symbolic representation of ideas (Den Haag u. a. 1969). – J. M. PENN: Linguistic relativity versus innate ideas (Den Haag 1972).

                                          W. HALBFASS

IV. – 1. *Kant.* – a) *Metaphysikkritik und Einheitsdenken.*

Unter dem Eindruck des Theorationalismus von Leibniz, Chr. Wolff und A. G. Baumgarten [1] versucht KANT in den metaphysischen Schriften und Reflexionen der *vorkritischen* Epoche mit der Voraussetzung «der ewigen I. des göttlichen Verstandes» [2] eine Integration von finalistischer und mechanistischer Kosmologie. Das in der Gottes-I. konzentrierte Perfektibilitätsprinzip gilt ihm hier als Erkenntnis- *und* Realitätsprinzip. Es «ist das Göttliche unserer Seele, daß sie

der ideen fähig ist» [3], der «repraesentationes archetypae» [4]. Die Bestimmung der I. sowohl als exemplarischer Form als auch als «idea innata» führt schon in der vorkritischen Zeit zu einem charakteristischen Schwanken in der Kennzeichnung der I. als eines subjektiven und zugleich objektiven Prinzips.

Intelligibilität und Apodiktizität der ideellen Prinzipienfunktion verändern sich grundlegend mit der in Kants *kritischer* Philosophie erfolgenden Neufassung des Apriori. Das I.-Thema rückt aus dem Horizont der Onto-Theologie und wird zum zentralen Gesichtspunkt bei der Frage nach dem Zusammenhang zwischen der raumzeitlich und kategorial determinierten transzendentalen Idealität der Erscheinungen und der objektiven Realität des intelligiblen Seins. Die primär klassifikatorisch-heuristische Relevanz des I.-Begriffs im System des transzendentalen Idealismus überlagert die traditionelle ontologische Dimension des I.-Denkens, die Kants Plan einer erkenntnistheoretisch legitimierten Metaphysik trägt [5]. Kant handelt «Von den I.en überhaupt» [6] in ausdrücklicher Anknüpfung an Plato und Aristoteles; die eigene Lehre «Von den transzendentalen I.en» [7], vorgetragen in der ‹Transzendentalen Dialektik› [8], greift allerdings über alle historischen Bezüge weit hinaus, nicht zuletzt durch eine neue Begründung auf der Basis einer Kritik der praktischen Vernunft.

Zur terminologischen Präzisierung [9] unternimmt Kant in der ‹Kritik der reinen Vernunft›, auf dem Hintergrund der ihm bekannten rationalistischen und sensualistischen Klassifikationsprogramme der Bewußtseinsphänomene, eine sorgfältige Abgrenzung: «I.» gehört in der Gattung «Vorstellung überhaupt» zur Klasse der «reinen Begriffe». «Der reine Begriff, so fern er lediglich im Verstande seinen Ursprung hat ..., heißt Notio. Ein Begriff aus Notionen, der die Möglichkeit der Erfahrung übersteigt, ist die *I.* oder der Vernunftbegriff» [10]. Im Kontext des Systems des funktionalen Apriori kommt der I. prinzipientheoretisch die Aufgabe der archetypisch-universalen Letztbegründung zu. Durch die Vernunft, das «Vermögen der Prinzipien», wird die in den Begriffen des Verstandes erreichte Synthesis phänomenaler Mannigfaltigkeit «unter die höchste Einheit des Denkens» [11] gebracht. Die unifizierende Leistung der I. beruht nach Kant auf der ihnen immanenten syllogistischen Funktion [12]. Kant will im Rahmen seiner ‹Transzendentalen Logik› die Apodiktizität der ideellen Geltungsstruktur aus einer reduktiven Analyse der Tafel der kategorischen, hypothetischen und disjunktiven Vernunftschlüsse dartun: Die Postulierung von I. liegt in der Natur der nach der Lösung der metaphysischen Grundfragen und dem Aufbau einer systematischen Wissenschaftsordnung strebenden Vernunft. Die I. ist ein «notwendiger Vernunftbegriff», wenn diesem auch «kein congruirender Gegenstand in den Sinnen gegeben werden kann» [13]. In der Überzeugung, daß der Glaube an absolute metaphysische Prinzipien aus der Natur unserer Vernunft resultiert, will Kant eine vollständige Liste dieser Prinzipien und der sie verkörpernden Begriffe a priori geben und ihren Objektivitätsanspruch abgrenzen und legitimieren.

Im Gegensatz zu den Verstandesbegriffen sind die reinen Vernunftbegriffe oder «transzendentalen I.» «nicht bloß reflectirte, sondern geschlossene Begriffe» [14], Begriffe a priori, die es nicht nur «mit der synthetischen Einheit der Vorstellungen», sondern «mit der unbedingten synthetischen Einheit aller Bedingungen überhaupt zu thun» haben [15]. Die von Kant erörterte Problematik der in der I. der Vernunft konzentrierten Vorstellung einer unendlichen Ganzheit wird zum Anstoß der Grundlagendiskussion in der Metaphysik und Systemtheorie bis zur modernen Mengenlehre und mathematischen Analysis [16]. Die Untersuchung der Deduktionsrelationen zwischen möglichen Urteilen geschieht unter der «logischen Maxime» eines vollendeten syllogistischen Systems. Der heuristische Grundsatz, auf der Basis des mittelbaren Schlusses nach einer vollständigen Kette der Bedingungen in der Verbindung unserer Urteile zu streben, wird nach Kant aber zu einem «Principium der reinen Vernunft» erst durch die Annahme, daß, «wenn das Bedingte gegeben ist, so sei auch die ganze Reihe einander untergeordneter Bedingungen, die mithin selbst unbedingt ist, gegeben» [17]. Die «objective Richtigkeit» dieses «Begriffes des Unbedingten» und die «Folgerungen daraus auf den empirischen Verstandesgebrauch» [18], die, entsprechend den drei Relationskategorien, möglichen Grundformen des jeweils in einer «I. des Unbedingten» [19] manifestierten mittelbaren Schlusses zu prüfen und die aus der Vorstellung unendlicher vollständig gegebener Ganzheiten entspringenden «Trugschlüsse» bzw. «transzendenten I.» [20] aufzuzeigen, bezeichnet Kant als das «Geschäfte in der transzendentalen Dialektik» [21].

Das in dem «Grundsatz der Vernunft» [22] beschlossene Einheitsprinzip kommt in dem Postulat dreier Arten von vollendeter Reihenbildung oder Klassen «transzendentaler I.» zum Ausdruck, «davon die erste die absolute (unbedingte) Einheit des denkenden Subjects, die zweite die absolute Einheit der Reihe der Bedingungen der Erscheinung, die dritte die absolute Einheit der Bedingung aller Gegenstände des Denkens überhaupt enthält» [23]. Die in der Verwendung dieser Fundamental-I. «Seele, Welt, Gott» liegenden Möglichkeiten von Fehlschlüssen deckt Kant auf; er pointiert die *regulative* Funktion der I. als eines «problematischen Begriffs» [24] und begrenzt damit deren Objektivitätsanspruch.

Anmerkungen. [1] Vgl. F. KAULBACH: Kant (1970) 38. – [2] I. KANT, Allg. Naturgesch. Akad.-A. (= AA) 1, 363f. – [3] Refl. 5247. AA 18, 130. – [4] Refl. 4687. AA 17, 675. – [5] Vgl. H. HEIMSOETH: Stud. zur Philos. I. Kants. Met. Ursprünge u. ontol. Grundlagen (1956) 229ff. – [6] KANT, KrV B 368ff. – [7] B 377ff. – [8] B 349ff.; vgl. H. HEIMSOETH: Transz. Dial. Ein Komm. zu Kants KrV (1966ff.). – [9] KANT, KrV B 376; vgl. oben III, 5. – [10] B 377. – [11] B 355f. – [12] Vgl. B 361. – [13] B 383. – [14] B 366. – [15] B 391. – [16] Vgl. S. KÖRNER: Kant (1967) 90ff.; Experience and theory (London 1967) 94ff. – [17] KANT, KrV B 364. – [18] B 365. – [19] B 445. – [20] B 593f. – [21] B 366. – [22] B 436. – [23] B 391 (Sperr. im Original aufgehoben). – [24] B 397. 310.

b) *Regulative I.* – Die «I. kann ... nichts andres als das Schema eines regulativen Begriffs bedeuten» [1]. Durch den Einsatz von I. «erweitern wir eigentlich nicht unsere Erkenntniß über die Objecte möglicher Erfahrung, sondern nur die empirische Einheit der letzteren durch die systematische Einheit, wozu uns die I. das Schema giebt, welche mithin nicht als constitutives, sondern bloß als regulatives Princip gilt» [2]. Die I., als «focus imaginarius» [3], als «nur projectirte Einheit» [4] ohne Anspruch auf objektiv-realen Erkenntniswert, wird eingeführt aufgrund der logisch notwendigen «Maxime», der wissenschaftlichen Erkenntnis «die größte Einheit neben der größten Ausbreitung zu verschaffen» [5]. Mit dem Postulat der systematischen Einheit aller wissenschaftlichen Erkenntnis auf der Grundlage regulativer Prinzipien ist nach Kants Überzeugung zugleich «die transzendentale Deduction aller I. der speculativen Vernunft» gegeben [6].

Wird die I. jedoch nicht als hypothetisch-heuristischer, sondern als «transzendenter Begriff» gebraucht [7], dann wird die notwendige Dialektik der reinen Vernunftbegriffe verfälscht zur Essenzenlehre einer unkritisch-ontologischen Metaphysik.

«Die Vernunft bereitet ... dem Verstande sein Feld» durch die «heuristische Fiction» [8] einer idealen deduktiven Ordnung auf der Grundlage der Prinzipien der «Homogenität, der Specification und der Continuität der Formen» [9]. Der «Standpunkt der I.» zur Antizipation systematischer Einheit auf Grund der regulativen Prinzipien der «Generalisation, der Individualisation und des stetigen Übergangs» [10] läßt sich, in modifizierter Form, in allen naturwissenschaftlichen oder geisteswissenschaftlichen Methodologien nachweisen. Auch HUSSERL bestimmt Dauer und Einheit des unendlichen «Erlebnisstroms» des reinen Ich als «I. im Kantischen Sinne» [11]. Die heutige *Wissenschaftstheorie* überschreitet in den sogenannten hypothetiko-deduktiven Systemen zwar das mit der kantischen Lehre von der regulativen I. vorgeschlagene syllogistische Systematisierungsschema; das durch Weiterentwicklung des wolffischen Begriffs der «notio directrix» [12] entworfene kantische Systemmodell, zu Kants Lebzeiten von C. CHR. E. SCHMID in seinen ‹Ersten Linien einer reinen Theorie der Wissenschaft› [13] aufgenommen, ist aber den gegenwärtigen Vorstellungen vom Kontextcharakter einer wissenschaftlichen Theorie erkennbar verwandt [14]. Die heutige Wissenschaftstheorie sieht sich mit dem Abgrenzungsproblem von empirisch-wissenschaftlichen und metaphysischen Satzsystemen vor ähnliche Fragen gestellt, wie sie Kant mit der metaphysisch-skeptizistischen I.-Lehre der ‹Transzendentalen Dialektik› zu beantworten versuchte. Dabei wird als letztes Regulativ wissenschaftlicher Hypothesenbildung die «I. der gegenseitigen rationalen Kontrolle durch kritische Diskussion» [15] angenommen. Für die kritische empirische Wissenschaftsphilosophie gilt, «daß weder Tatsachen noch abstrakte Vorstellungen zur endgültigen Legitimation von I.en» [16] als dem Ausdruck intuierter regulativ-heuristischer Komplexe hinreichen.

In der Nachfolge Kants ist auch für REINHOLD der systematische Zusammenhang der Erfahrung nur denkbar unter dem regulativen Postulat «der unbedingten Einheit des durch Begriffe vorgestellten Mannigfaltigen», d. h. der «I.». Während aber für Reinhold «die in der Natur der Vernunft bestimmten Merkmale des Gegenstandes dieser I.» [17] in transzendental-dialektischem Sinne aufgefaßt sind, schlägt MAIMON bereits einen rein fiktionalistischen I.-Begriff vor: Die Vernunft-I. ist «die formelle Vollständigkeit eines Begriffs» [18]. Die I. sind «Erfindungsmethoden, die blos zum Behuf der Einbildungskraft als gegebene Objekte fingirt werden» und «der menschlichen Seele (dem Erkenntniß- und Willensvermögen) von der Natur abgesteckte Ziele ihrer Wirksamkeit» bezeichnet [19]. F. A. LANGE konzipiert «die Welt der I. als bildliche Stellvertretung der vollen Wahrheit». Ihre Unentbehrlichkeit «zu jedem menschlichen Fortschritt» [20], nach Lange auf moralische Prinzipien gegründet, ist für VAIHINGER methodisch-erkenntnistheoretische, letztlich biologisch fundierte «Nützlichkeit». Die I. sind «Schein», doch auf der Basis von «Nützlichkeit» regulativ-ideale Fiktionen [21]. Kants Gottes-I. in ihrem Zusammenhang mit dem «Ideal des höchsten Guts» [22] versteht Vaihinger, in Aufnahme des kantischen Terminus der «bloßen I.» [23], als «die oberste aller Fiktionen» [24], der «aus intellektuellen und ethischen Bedürfnissen entstandenen ‹I.›, ... ohne deren ‹Annahme› das menschliche Denken, Fühlen und Handeln verdorren müßte» [25]. Die methodologische Relevanz der «reinen Vernunftbegriffe» als idealer Richtlinien für das Erkennen und Handeln ist vor allem von den verschiedenen Richtungen der *neukantianischen* (s. u. 3 f) und *pragmatischen* Philosophie als das wesentliche Merkmal der aspektreichen kantischen I.-Lehre hervorgehoben worden. Doch darf Kants Lehre von der regulativen I., zumal in seiner Moral- und Religionsphilosophie, nicht auf den fiktionalistischen Gesichtspunkt der bloß «praktischen Brauchbarkeit» eingeschränkt werden [26]. So ist bei PEIRCE als dem wichtigsten, zudem von Kant direkt beeinflußten Vertreter des Pragmatismus die final-normativ bestimmte Gesetzmäßigkeit der regulativen Idealprinzipien entscheidend für die Logik der Hypothesenbildung im Rahmen seines fallibilistischen Realismus [27]. Auf dem Hintergrund pragmatistischer Bestimmungen des Sinnkriteriums ideativer Normen als Handlungsvorschriften ist in der jüngsten Diskussion bei der systematischen Rekonstruktion wissenschaftlicher, speziell physikalischer Fachsprachen die Einführung des Terminus ‹Ideator› anstelle von ‹I.› vorgeschlagen worden [28].

Anmerkungen. [1] I. KANT, KrV B 712. – [2] B 702. – [3] B 672. – [4] B 675. – [5] B 672. – [6] B 699; vgl. B 393; vgl. R. ZOCHER: Zu Kants transz. Deduktion der I. der reinen Vernunft. Z. philos. Forsch. 12 (1958) 43-58. – [7] Vgl. KANT, KrV B 797ff. – [8] B 799. – [9] B 685f. – [10] P. NATORP: Sozialpädag. (⁴1920) 191ff. – [11] E. HUSSERL, I.en ... § 143. Husserliana 3, 350. – [12] Vgl. M. DESSOIR: Gesch. der neueren dtsch. Psychol. (1902) 337f. – [13] C. CHR. E. SCHMID: Philos. J. für Moralität, Relig. u. Menschenwohl 3 (1794); Teil-ND in: A. DIEMER (Hg.): Beitr. zur Entwickl. der Wissenschaftstheorie im 19. Jh. (1968) 229-334. – [14] Vgl. S. KÖRNER: Kant (1967) 102; Exp. and theory (Lond. 1967) 83ff. – [15] K. R. POPPER: Logik der Forsch. (⁴1971) 18 Anm. – [16] P. K. FEYERABEND: Wie wird man ein braver Empirist? in: L. KRÜGER: Erkenntnisprobleme der Naturwiss. (1970) 326. – [17] K. L. REINHOLD: Versuch einer neuen Theorie des menschl. Vorstellungsvermögens (1789, ²1963) § 81; vgl. § 78. – [18] S. MAIMON: Versuch über die Transzendentalphilos. (1790, ²1963) 75ff. 80. – [19] Versuch einer neuen Logik (1794, ²1912, hg. ENGEL) 180f. – [20] F. A. LANGE: Gesch. des Materialismus (1866, ⁸1908) 2, 548. – [21] H. VAIHINGER: Philos. des Als-Ob (³1918) 618ff. – [22] KANT, KrV B 832ff. – [23] Vgl. B 384ff. – [24] H. VAIHINGER, a. a. O. [21] 637. – [25] a. a. O. XX. – [26] Vgl. H. SCHOLZ: Die Religionsphilos. des Als-ob. Ann. der Philos. 1 (1919) 27-113, zit. 33; Religionsphilos. (²1922) 261f. – [27] Vgl. K. O. APEL, Einf. zu: CH. S. PEIRCE, Schriften (1967) 1, 28ff. 102ff. – [28] Vgl. KAMLAH/LORENZEN: Log. Propädeutik (1967) 228ff.; P. JANICH: Die Protophysik der Zeit (1969) 31.

c) Praktische und ästhetische I. – Neben dem ausschließlich methodologisch-pragmatistischen Gesichtspunkt gewinnt ‹I.› im Sinne eines transzendental-objektiven Vernunftprinzips bei der Ausgestaltung eines teleologischen Weltbegriffs in KANTS System der Kritik wie in den Metaphysiksystemen des Deutschen Idealismus zunehmend an Bedeutung. Die Frage des dialektischen Bedingtseins der Erfahrungserkenntnis durch das Unbedingte [1] verleiht der I.-Lehre in der ‹Kritik der reinen Vernunft› noch einen «Doppelsinn» [2], den Kant in den nachfolgenden ‹Kritiken› aufzulösen hoffte. «Alle unsere Erkenntnisse, der Vollkommenheit nach, sind niemals empirisch, sondern sie sind eine I.» [3]. Die «perfectio noumenon» als Problem der autonomen zwecksetzenden Vernunft bzw. reflektierenden und teleologischen Urteilskraft wird in der ‹Kritik der praktischen Vernunft›, vor allem aber in der ‹Kritik der Urteilskraft› zum Ausgangspunkt eines aus der Vereinigung von Ethik und Ontologie entspringenden originären metaphysischen Totalitätsdenkens [4].

Schon die Ausarbeitung der I.en « Seele, Welt, Gott» in der ‹Kritik der reinen Vernunft› steht unter dem leitenden Gesichtspunkt der «höchsten Zwecke unseres Daseins» [5]. In der Untersuchung des «Ideals des höchsten Guts, als eines Bestimmungsgrundes des letzten Zwecks der reinen Vernunft» [6], prüft Kant die «praktische Idee» einer «moralischen Welt», die «objective Realität» hat. Für die ‹I.›, als problematische Begriffe, kann deshalb assertorisch behauptet werden, daß ihnen «wirklich Objecte zukommen, weil praktische Vernunft die Existenz derselben zur Möglichkeit ihres und zwar praktisch schlechthin nothwendigen Objects, des höchsten Guts, unvermeidlich bedarf, und die theoretische dadurch berechtigt wird, sie vorauszusetzen» [7]. Dieser Objektivitätsanspruch kann aber nur hinsichtlich der «I. der Freiheit» «bewiesen» werden, «weil diese die Bedingung des moralischen Gesetzes ist, dessen Realität ein Axiom ist» [8]. Diese in dem «spontanen» Entwurf «praktischer I.en» begründete «Unabhängigkeit von den bestimmenden Ursachen der Sinnenwelt» [9] versucht Kant vermittelt zu denken mit dem erkenntniskritisch legitimierten Begriff der phänomenalen Natur: Er sieht in der Sinnenwelt «der I. nach» eine ektypische Repräsentation der aus der «I. der Freiheit» als des Endzwecks folgenden archetypisch-praktischen Gesetze [10].

«Das Naturganze als System» [11] ist nur zu begreifen gemäß dem Prinzip «der architektonischen Verknüpfung nach Zwecken, d. i. nach I.en» [12]. Die Vorstellung eines Dinges als eines «Naturzweckes», d. h. «unter einem Begriff oder einer I. befaßt, die alles, was in ihm enthalten sein soll, a priori bestimmen muß», die «I. des Ganzen», ist wie die «transzendentale I.» ein regulativ-heuristischer Begriff. Mit der Konzeption der «transzendentalen I.» als subjektiven, zugleich aber objektiv gültigen Prinzips sucht Kant die Bedingung der Möglichkeit einer Vermittlung der «theoretischen I.» einer Natur als eines Reiches der Zwecke mit der «praktischen I.» eines möglichen Reiches der Zwecke als eines Reiches der Natur [13]. Die Lösung des Problems, «den I.en, die die reine praktische Vernunft herbeischafft, an den Naturzwecken beiläufige Bestätigung zu geben» [14], birgt für Kant die «Ethikotheologie» [15], die Erklärung des Weltganzen als Schöpfung durch die «I. des Endzwecks» [16]. «Die I. eines Endzwecks im Gebrauche der Freiheit nach moralischen Gesetzen hat ... subjectiv-praktische Realität» [17]: Dieser für die «I. der Menschheit» [18] maßgebliche Grundsatz beherrscht auch die geschichts-, staats- und religionsphilosophischen Schriften Kants. Er bestimmt die «I. der Einheit der reinen Vernunftreligion» wie die «politische I. eines Staatsrechts» [19].

Eine eigentümliche Möglichkeit, mittels der I. eine «Verknüpfung der Gesetzgebungen des Verstandes und der Vernunft» [20] vorzustellen, bieten nach Kant die Phänomene des Schönen und Erhabenen. Die «*ästhetische I.*», Indiz der prinzipiellen Übereinstimmung der Erkenntnisvermögen in ihrem freien Spiel, ist «inexponible Vorstellung der Einbildungskraft» [21]. Das ästhetische Phänomen als «Symbol des Sittlich-Guten» [22] ist anschauliche Manifestation der «I. des Übersinnlichen» [23]. Der Grundgedanke der kantischen Ästhetik, daß in der, im Naturschönen oder im genialen Produkt der Kunst ausgedrückten, «ästhetischen I.» das bildende Leben der Natur zum Bild humaner Selbstbestimmung wird, erhielt beherrschenden Einfluß in der Kunst und Philosophie der Goethezeit (s. u. 2 c) und ist von unmittelbarem Interesse für die gegenwärtige ästhetische Theorie geblieben [24].

Anmerkungen. [1] Vgl. K. MARC-WOGAU: Vier Stud. zu Kants KU (Uppsala 1938) 28ff.; L. SCHÄFER: Kants Met. der Natur (1966) 136ff. – [2] R. ZOCHER: Der Doppelsinn der kantischen I.-Lehre. Z. philos. Forsch. 20 (1966) 222-226. – [3] I. KANT, Vorles. über die Met., hg. PÖLITZ (1821, ²1964) 309. – [4] Vgl. H. HEIMSOETH: Kant und Plato. Kantstudien 56 (1966) 349-372. – [5] KANT, KrV B 395 Anm. – [6] B 832ff. – [7] KpV. Akad.-A. (= AA) 5, 134. – [8] Logik § 3 = AA 9, 92f. – [9] Grundl. Met. Sitten (=GMS). AA 4, 452. – [10] Vgl. KpV. AA 5, 43. – [11] K U § 77 = AA 5, 409. – [12] KrV B 375. – [13] Vgl. GMS. AA 4, 436 Anm. – [14] KU § 86 = AA 5, 445. – [15] a. a. O. 442ff. – [16] Vgl. KU § 91 = AA 5, 469f. – [17] K U § 88 = AA 5, 453. – [18] KrV B 374; GMS. AA 4, 429. – [19] Relig. ... AA 6, 123 Anm. – [20] KU Einl. = AA 5, 195. – [21] K U § 57 = AA 5, 342. – [22] K U § 59 = AA 5, 353. – [23] Vgl. KU § 57 = AA 5, 346; § 59 = AA 5, 354. – [24] Vgl. K. NEUMANN: Gegenständlichkeit und Existenzbedeutung des Schönen. Untersuch. zu Kants Kritik der ästhetischen Urteilskraft (1973).

2. Deutscher Idealismus. – a) *Grundsatzphilosophie und Wissenschaftslehre.* – Die «undenkbare I.» [1] des Dinges an sich und die I. des intuitiven Verstandes sind, noch zu Kants Lebzeiten, der Anknüpfungs- und Diskussionspunkt, von dem aus Grundsatzphilosophie oder Wissenschaftslehre einerseits, metaphysische Systemkonstruktion im Sinne eines absoluten Idealismus andererseits ihren Ausgang nehmen. Zunächst wird der bewußtseinstheoretische Skeptizismus Kants durch konsequente Anwendung des Prinzips transzendentaler Reflexion radikalisiert: REINHOLDS ‹Elementarphilosophie› sprengt durch ihren Grundgedanken der korrelativen Zugehörigkeit von Vorstellungsgegenstand und Gegenstandsvorstellung den Rahmen des kantischen Klassifikationsprogramms der Bewußtseinsphänomene und damit den der I.-Lehre der Kritik der theoretischen und praktischen Vernunft [2]. In dem Bestreben, in der Reflexivität des Bewußtseins einen höchsten «Grundsatz» zur Systematisierung der Kritik zu fixieren, übertrifft MAIMON die bei Beck, Reinhold und Bouterwek bereits ausgedrückte einheitsphilosophische Tendenz: Durch seine Theorie der Differentiale gibt er der Wirklichkeit einen Begriffscharakter, dessen Geschlossenheit «I.en» als Desiderate eines jeden wirklichen Erkenntnisaktes garantieren sollen.

Die in Kants ‹Kritik der Urteilskraft› im Hinblick auf einen System*begriff* erwogene teleologische Überbrückung der Gegensätze von Übersinnlichem und Sinnlichem, Verstand und Vernunft, wird in J. G. FICHTES ‹Wissenschaftslehre› zum Problem einer einheitlichen transzendentalen Geschichte des Bewußtseins. Der «Grundsatz aller Philosophie» wurzelt in der «Thathandlung» [3] des Vorstellens selber; er wird in der Reflexion auf das Denken selbst erzeugt: Alle Subjekt-Objekt-Relationen sind notwendig Ausdruck des Selbstbezugs des Ich. Das in der absoluten Reflexion sich selbst durchsichtige transzendentale Wissen, Zentrum aller theoretischen und praktischen Bewußtseinsfunktionen, bestimmt Fichte als «die I. des Ich, die seiner praktischen unendlichen Forderung nothwendig zu Grunde gelegt werden muß» [4]. Dem voluntaristischen Ansatz dieser Metaphysik entsprechend ist der transzendentale «Mechanismus» [5] des Bewußtseins von praktischen Prinzipien determiniert, denen gemäß das Nicht-Ich als versinnlichtes Material moralischer Forderungen begriffen werden muß. «Das zufolge des Begriffes der Sittlichkeit ... bestimmte Object, ist die I. dessen, was wir [in der Sinnenwelt] thun sollen.» Die Freilegung der Möglichkeitsbedingungen «der Realisation jener an sich unendlichen und unerreichbaren I.» [6] des Sittlichen durch philosophische Analyse des sich «als Bild des absoluten

Seins» [7] verstehenden Selbstbewußtseins wird in Fichtes späterer Philosophie zum Thema eines «metaphysischen Idealismus der ethischen I.» [8]. In *Fichtes* Verbindung des Begriffes des kritischen «Reflektirsystems» [9] mit dem eines praktisch-dogmatischen «Systems der intelligiblen Welt» [10] ist die I. «selbständiger, in sich lebendiger und die Materie belebender Gedanke» [11]. Die ideelle Inhaltsfülle des transsubjektiven geistigen Seinsprinzips, die «göttliche I.» [12], begreift Fichte in seiner Spätphilosophie als Grund der natürlichen Erscheinung, allerdings so, daß der Standpunkt der Reflexionsphilosophie gegenüber dem Pantheismus behauptet wird. Fichtes Bestimmung der «I.» als «Vorbilder der wirklichen Welt» [13], seine Deutung des Weltgeschichtsprozesses als Gottesoffenbarung in der geistigen Entwicklung der Menschheit, darf insofern als «eine eigene Vollendungsgestalt der platonischen Metaphysik» [14] gelten.

b) *Jacobi, Schelling, Baader, Krause, Schleiermacher.* – Die Verbindung von Transzendentalphilosophie und platonisch-spinozistischer Tradition, in der der bewußtseinstheoretische und ethische Aspekt zurücktritt vor dem ontologischen, kennzeichnet Jacobis I.-Lehre. In der Auseinandersetzung mit Kant [15] und dem zeitgenössischen mystischen Platonismus, der, die platonisch-ästhetische Moralphilosophie Hemsterhuis', Shaftesburys und Hutchesons aufnehmend, im Gefühl das Organ des Übersinnlichen sieht [16], artikuliert JACOBI seine Lehre von den «I. des Wahren, Schönen und Guten». «Die Vorstellungen des im Gefühl allein Gewiesenen nennen wir I.en» [17]. Durch die bewußtseinstheoretische Lokalisierung der «I.en» als «objektiver» oder «reiner Gefühle» [18] versucht Jacobi das kritische I.-Verständnis zu bewahren; dies gerät aber, aufgrund der Tatsache der Einordnung des Bewußtseins in die teleologische Harmonie des göttlichen Kosmos, zu einer platonisch-ontologischen Tendenz in Kontrast.

Mit dem Ausgangspunkt «Vom Ich als Prinzip der Philosophie» [19] setzt SCHELLING Fichtes Reflexionsphilosophie fort, versucht zugleich aber, die in Fichtes Geistmetaphysik vernachlässigten naturphilosophischen Thesen Kants weiterzudenken: Er bestimmt das Ich als «absolutes Ich», d. h. als ein die Sphäre des Bewußtseins transzendierendes Seinsprinzip nach dem Vorbild der spinozistischen Alleinheitslehre. «Das absolute Ich ist weder bloß formales Princip, noch I., noch Objekt, sondern reines Ich in intellektualer Anschauung als absolute Realität bestimmt» [20]. Mit dieser Voraussetzung des «Unbedingten im menschlichen Wissen» [21] konzipiert Schelling sein System einer real-idealistischen Naturmetaphysik, die systematischer Ausdruck der Erkenntnis des Absoluten in der Genesis seiner natürlichen Produkte zu sein beansprucht [22]. Das kantische Systemkonstrukt der Natur als teleologischer Ganzheit ermöglicht nach Schellings Überzeugung eine identitätsphilosophische Verschmelzung von Natur- und Transzendentalphilosophie, nach der die Geschichte des transzendentalen Bewußtseins als Reproduktion der die Wirklichkeit konstituierenden Idealfunktionen begriffen werden kann. «Das materielle Universum zeigt sich als die aufgeschlossene I.-Welt» [23]. Das «Urbild der I.-Welt» [24] bestimmt den Prozeß der «Körperwerdung der I.en» [25] in Natur und Geschichte; ihr eigentliches Gegenbild ist aber die Kunst [26]. Im genialen Produkt der Kunst kommt «die I. als absolute Einbildung des Unendlichen in das Endliche selbst» [27] zur Erscheinung. Im Genie wird «die I. als I. objektiv», insofern

Gott « sich durch eine I. oder einen ewigen Begriff auf den Menschen bezieht» [28]. Die Indifferenz von Natur und Geist wird offenbar am ästhetischen Charakter der letzten Seinsprinzipien: Die «Natur» der «Ungetrenntheit des Verschiedenen vom Einen», als «I. aller I.en die einzige Gegenstand aller Philosophie», ist «die der Schönheit und Wahrheit selbst» [29].

In seiner *Spätphilosophie* bemüht sich Schelling um eine Vermittlung des Begriffs des Absoluten als des «Centrums aller I.» [30] mit dem progressiven Identität der Persönlichkeit Gottes [31]. Die Bestimmung der I. als unmittelbarer Wirkung des Absoluten bleibt auch in der Spätphilosophie erhalten. Seinen «explikativen Theismus» [32] konzipiert Schelling, in der Auseinandersetzung mit Hegels pantheistischem Gottesbegriff, jetzt aber als ein System der Freiheit: «Gott gibt die I.en, die in ihm ohne selbständiges Leben waren, dahin in die Selbstheit ..., damit sie ... als unabhängig existirende wieder in ihm seyen» [33]. Die Rekonstruktion des Prozesses der freien Selbstoffenbarung Gottes versucht Schelling in der ‹Philosophie der Weltalter› durch Umwandlung des Spinozismus in eine systematische Theogonie der Person Gottes [34].

In Wechselwirkung mit der spiritualistischen Naturmetaphysik Schellings existiert eine vielgestaltige platonisch-mystisch orientierte, teils christliche, teils pantheistische *Naturphilosophie*, die in der I. den Manifestationsgrund der Verkörperung des göttlichen Geistes im Kosmos erblickt [35]. «Die Naturphilosophie, insofern sie die Genesis der Welt darstellt, stellt auch die Genesis der Gedanken Gottes dar ...; die Naturphilosophie ist daher in ihren höchsten Principien Theosophie» [36]. «Die christliche Religion» ist für BAADER «die Religion der I. par excellence» [37]. Die romantische Bewußtseinstheorie, in der Psychologie CARUS' gipfelnd, erforscht in makro- und mikrokosmischer Spekulation «die Offenbarung der I. in der Organisation» [38]. Der Sprache wird die Kraft der Explikation metaphysischer Prinzipien zugeschrieben; denn das Wort ist «Symbol der I.», «ein Medium ..., in welchem I. und Erscheinung, diese beiden sonst scheinbar ewig unvereinbaren ... Faktoren ... ausgedrückt werden können» [39]. Romantischer Universalismus charakterisiert auch die als Grundsatzphilosophie entworfene organologische «Wesenlehre» [40] KRAUSES: «Die Welt der I. ist eine selbständige, ewige und freie Wiederholung des ganzen Weltbaues innerhalb der Vernunft» [41]. Das göttliche «Urwesenbild» ist Ursprung und Ausrichtungspunkt einer in einem «Menschheitsbund» zu erreichenden Harmonie von Natur und Vernunft [42]. SCHLEIERMACHERS zwischen Theologie und Metaphysik angesiedelte ‹Dialektik›, die in Absetzung gegen Schellings I.-Ontologie die Erkenntnistranszendenz der «I. der Gottheit» und der «I. der Welt» im Zusammenhang mit dem regulative «I. des Wissens» [43] erörtert, steht dennoch in unmittelbarer Nachbarschaft zu Schellings Identitätsphilosophie. Die I.-Konzeption ist insofern verändert, als Schleiermacher die Urbildlichkeit des individuellen Typus als metaphysisches, ethisch-religiöses Problem analysiert. «Die I. als Seele, ist die I. als Princip des Lebens. Das Leben ist ein von innerer Einheit ausgehendes Mannigfaltiges von Thätigkeit» [44]. Alle spekulative Systematik zur Beschreibung der I. «als Princip der Naturbildung» und der I. «als Princip der sittlichen Composition» [45] verwandelt kosmologisch-theistisches Totalitätsdenken in ein «Symbol für die besondere Individualität» [46]. Die ästhetische Grundthese Schleiermachers,

daß im Kunstwerk das wirkliche Naturwerden der urbildlichen Vernunft durch die im individuellen Selbstbewußtsein spezifisch organisierte Gestalt ausgedrückt sei, ist Zusammenschau der klassischen und romantischen Kunstauffassung der Goethezeit [47].

c) *Dichtung und Philosophie der Goethezeit.* – Der Begriff der I., insbesondere die durch Kant der Aufklärungsphilosophie gegenüber neu gefaßte Humanitäts-I., erscheint im Spiegel der Dichtung der Goethezeit in mannigfaltiger Brechung [48]. GOETHES dichterischer Weltschau kommt Spinozas Alleinheits-I. der göttlichen Natur besonders entgegen: Die in ewiger Metamorphose gestaltende und umgestaltende göttliche Formkraft bestimmt durch «I. und Liebe» den Weltprozeß [49]. «Die I. ist ewig und einzig; ... Alles, was wir gewahr werden ... können, sind nur Manifestationen der I.» [50]. Im Mittel der «I.», in der «Simultanes und Successives innigst verbunden» erscheinen [51], versucht Goethe, das ewige Sein und das wechselnde Leben zusammenzuschauen. Im «Symbol als I.» [52] gelingt dem Künstler die im Bild aufgehobene ursprüngliche Darstellung des «Widerstreits zwischen Aufgefaßtem und Ideiertem» [53]. Die «ideale Wirklichkeit» des Kunstwerks kann durch «dauernde Wirkung» einen Ausdruck der Vollkommenheit des Menschenmöglichen vergegenwärtigen [54].

WINCKELMANNS Hellenismus, durch Shaftesburys ästhetisch-ethischen Optimismus inspiriert, bewirkte eine geistesgeschichtlich folgenreiche Wiederbelebung der humanistischen Renaissanceideale [55]. Wie beim Idea-Begriff der Kunsttheorie der Renaissance [56] ist für Winckelmann «die vollkommene I. der Schönheit» [57] mit ethischen Idealvorstellungen verknüpft. Dieser Gedanke wird, in der Ausprägung, die ihm HERDER gab, zum Anstoß des von Klassik und Romantik in immer neue Formen gefaßten Ideals der «Gottähnlichen Humanität» [58]. Schönheit ist für Herder nicht «unterhaltendes I.-Spiel» [59], sondern Ausdruck der im Gefühl erfahrenen harmonischen Abgestimmtheit aller Weltwesen. Angesichts des Schönen «bin ich von der I. erfüllt, die mich über mich hebt, die alle meine Kräfte beschäftigt» [60]. Die von «der Liebe Gottes» ergriffene menschliche Seele lebt im «Abgrund aller I.en». «I.» ist «lebendige I.» [61], das die Weltseele und die individuelle Seele bestimmende Prinzip, Charakteristikum der den Fortgang der Geschichte wie der das menschliche Vorstellungs- und Handlungsvermögen beherrschenden «allverbreiteten bildenden Gotteskraft» [62].

Die ihm durch Ferguson und die deutsche Popularphilosophie vermittelte Thematik der leibniz-wolffschen Theodizee diskutiert SCHILLER auf der Grundlage einer Weltkonzeption, die von der «Verhüllung der Wahrheit und Sittlichkeit in die Schönheit» [63] ausgeht. Der leibnizische Harmoniebegriff bestimmt zumal die eudaimonistische Jugendphilosophie Schillers, wenn er «die Kunst-I. ... auf das Weltall und den Schöpfer überträgt» [64]. Die Überzeugung, daß sich «in dem glücklichen Momente des Ideales» [65] moralisches und kosmisch-religiöses Harmoniedenken verbinden lasse, teilt Schiller auch nach der Übernahme der kritischen Philosophie Kants; denn seine Philosophie und Dichtung tendiert nun auf eine Synthese des ästhetischen Selbstzweckgedankens, wie ihn Schiller schon in K. P. MORITZ' ‹Ästhetik› [66] formuliert fand, mit dem Gedanken der moralischen Selbstgesetzgebung in einem «objektiven Begriff des Schönen» [67]. «I.» als ontologisches Prinzip des natürlich-kreatürlichen Seins und als Prinzip sittlicher Autonomie treten in SCHILLERS Ästhetik in ein spannungsvolles Verhältnis. Die «große I. der Selbstbestimmung strahlt aus gewissen Erscheinungen der Natur zurück, und diese nennen wir Schönheit» [68]. Mit der «I. der freien Totalität der Schönheit» [69], dem Kernproblem der Ästhetik und Anthropologie Schillers, gelingt eine tiefere Fassung der ästhetischen Humanitäts-I.: «Der Mensch in der Zeit» soll «zum Menschen in der I. ... veredelt» werden [70].

Nur durch den «dichterischen Geist» [71] in der Kunst kann sich die ungeteilte Menschheit äußern, und zwar im Entwurf von «I.en», die A. W. Schlegel als «nothwendige und ewig wahre Gedanken und Gefühle, die über das irdische Dasein hinausgehen» [72], umschreibt. «Träumen und Nichtträumen zugleich ... ist die Operation des Genies» [73]; dessen Produkt ist die «I.» [74], die selbst Utopie und Urbild einer Verbindung von Selbstgesetzgebung der Vernunft und der «I. des Universums» ist [75]. «I. ist ein Begriff, der zugleich ... Symbol ist» [76]. Im künstlerischen Produzieren erfolgt das bildliche Denken des Universums durch die von Gott mitgeteilte I., das «Herausfühlen der latenten Allgegenwart Gottes» [77]. Die «ästhetische Sittlichkeit» [78] und die «I. des goldenen Zeitalters» [79] sind die Grundhypothesen dieser Kunst- und Geschichtsmetaphysik, die als Philosophie des Schönen das Urbild menschlicher Perfektibilität zu fassen sucht. «In dem Schönen soll sich die I. in der Existenz offenbaren» [80]. Der Zwiespalt zwischen «I. und Wirklichkeit» kann nach Solger aber «nur in den Widersprüchen der Existenz», d. h. tragisch oder ironisch dargestellt werden [81].

d) *Hegel*. – Ästhetisch-religiöses Identitätsdenken bestimmt auch die Thematik der ‹Theologischen Jugendschriften› Hegels, die «I. eines göttlichen Menschen» [82], die Frage nach der «Versöhnung» des Gegensatzes von Natur und Geist [83]. «Gott ... ist Leben, und kann nur mit Leben gefaßt werden» [84]. Die «I. eines Reiches Gottes vollendet und umfaßt das Ganze der Religion» [85]. «Es ist Eine I. im Ganzen und in allen ihren Gliedern, wie in einem lebendigen Individuum Ein Leben, Ein Puls durch alle Glieder schlägt» [86].

In Hegels ausgereiftem System ist, wie in Schellings absolutem Idealismus, alle Wirklichkeit als ideelle Manifestation der Selbstentfaltung des Göttlich-Absoluten begriffen. «Das Absolute ist die allgemeine und Eine I., welche als urteilend sich zum System der bestimmten I.en besondert, die aber nur dieß sind, in die Eine I., in ihre Wahrheit zurückzugehen» [87]. Das Ziel der Philosophie ist, die I. «in ihrer wahrhaften Gestalt und Allgemeinheit zu erfassen» [88], und das heißt für Hegel «die Totalität des Begriffs und der Objektivität» [89]. Erst wenn der Geist die Objektivität als die Verwirklichung des Begriffes erkennt, erfaßt er sie in ihrer Wirklichkeit, die die Wirklichkeit seiner selbst ist.

Hegels Idealismus versteht sich als von der kantischen Kritik nicht mehr betroffene Metaphysik der Vernunft. «Die Logik ist die Wissenschaft der reinen I., das ist, der I. im abstrakten Elemente des Denkens.» Dabei ist «die I. ... das Denken nicht als formales, sondern als die sich entwickelnde Totalität seiner eigenthümlichen Bestimmungen und Gesetze, die es sich selbst gibt, nicht schon hat» [90]. Alles Vernünftige erweist «sich als ein dreifacher Schluß» [91], als Einheit dialektischer Vermittlung [92], «die I. ist selbst die Dialektik» [93]. Das in den «drei Gliedern der philosophischen Wissenschaft, d. h. der logischen I., der Natur und dem Geist» aufgebaute «System» zeigt den je in sich reflektierten Selbstbewegungsprozeß der «absoluten I.» [94].

Nicht das ewige Leben der I., in der Sphäre abstrakter Logizität bestimmt, sondern erst das Heraustreten des Ideellen ins Reelle, der «Fortgang» des Begriffs von seinem Ansichsein zur Realisation und zum Fürsichsein [95], kann den Prozeß der Teleologie der I. zum Ziel der absoluten Selbstdurchsichtigkeit der Vernunft führen. «Die Natur ist an sich, in der I. göttlich, aber in dieser ist ihre bestimmte Art und Weise, wodurch sie Natur ist, aufgehoben.» Die Natur ist «die I. in der Form des Andersseyns» [96]. «Während für die logische I. das unmittelbare Insichseyn, für die Natur das Außersichseyn der I. das Unterscheidende ist» [97], sind im subjektiven und objektiven Geist Begriff und Existenz der I. vermittelt: Die I. zeigt sich hier als der «zu seiner Subjektivität befreite Begriff, welcher sich von seiner Objektivität unterscheidet, die aber ebenso sehr von ihm bestimmt und ihre Substantialität nur in jenem Begriffe hat» [98]. «Geist» ist «die sich selbst wissende wirkliche I.» [99]. «Substanz» der im subjektiven Geist zum Selbstbewußtsein gelangenden I. ist der «Freiheit» [100], Grundprinzip der in den Formen des objektiven Geistes, in Recht, Moralität und Sittlichkeit, manifestierten autonomen Vernunft [101]. Der in der Subjektivität persönlicher Gesinnung enthaltene Freiheitsbegriff bedarf zur Verwirklichung seiner selbst der Vermittlung mit dem «allgemeinen Selbstbewußtsein» [102] der das Individuum umschließenden Gemeinschaftsformen. «Der Staat ist die vernünftige und sich objectiv wissende und für sich seyende Freiheit, ... die geistige I. in der Äußerlichkeit des menschlichen Willens und seiner Freiheit» [103]. In der geschichtlichen Folge der Staaten wiederum enthüllen sich die Mittel, die die Vernunft zur Realisation des Endzwecks der Welt, der «I. der Freiheit», benötigt [104]. Die Dialektik der I. gipfelt für Hegel in einer Metaphysik der Geschichte als Theodizee [105].

Anmerkungen. [1] Vgl. O. Liebmann: Kant und die Epigonen (1865, ²1912) 68. – [2] Vgl. A. Klemmt: K. L. Reinholds Elementarphilos. (1958) 464ff. – [3] J. G. Fichte, Rez. des Aenesidemus. Sämtl. Werke, hg. I. H. Fichte (= SW) 1, 7f. – [4] Wissenschaftslehre (=WL). (1794/95). SW 1, 277. – [5] 2. Einl. in die WL (1797). SW 1, 506. – [6] System der Sittenlehre. SW 4, 65f. – [7] WL (1813). SW 10, 40. – [8] H. Heimsoeth: Met. der Neuzeit (1934) 120. – [9] J. G. Fichte, WL (1812). SW 10, 325. – [10] Vgl. SW 5, 392. – [11] Grundzüge, 4. Vorls. SW 7, 55. – [12] Über das Wesen des Gelehrten. SW 6, 351ff. – [13] Sittenlehre (1812). SW 6, 43. – [14] W. Janke: Fichte (1970) XV. – [15] Vgl. K. Hammacher: Die Philos. F. H. Jacobis (1969) 150ff. – [16] Vgl. G. Baum: Vernunft und Erkenntnis. Die Philos. F. H. Jacobis (1969) 144ff. – [17] F. H. Jacobi, Werke (1812ff.) 2, 61. – [18] a. a. O. 61. 109. – [19] F. W. J. Schelling, Werke, hg. Schröter (= WS) 1, 73ff. – [20] a. a. O. 1, 132. – [21] 1, 73. – [22] Vgl. System des transz. Idealismus. WS 3, 386ff. – [23] I.en. WS Erg.-Bd. 1, 117f. – [24] Vorles. über die Methode der akad. Studiums. WS 3, 304. – [25] Bruno. WS 3, 156. – [26] Vgl. System des transz. Idealismus. WS 2, 627. – [27] Philos. der Kunst. WS 3, 501. – [28] a. a. O. 3, 479. – [29] Bruno. WS 3, 139. 122f. – [30] I. WS Erg.-Bd. 1, 196. – [31] Vgl. K. Holz: Spekulation und Faktizität. Zum Freiheitsbegriff des mittleren und späten Schelling (1970) 452ff. – [32] Vgl. H. Fuhrmans: Der Gottesbegriff der Schellingschen positiven Philos., in: Schellingstud., Festschr. Schröter (1965) 9-47, zit. 15. – [33] F. W. J. Schelling, Wesen der menschl. Freiheit. WS 4, 296. – [34] Vgl. H. Fuhrmans: Schellings Philos. der Weltalter (1954) 285ff. 338ff. – [35] Vgl. Eisler 1(⁴1927) 693. – [36] L. Oken: Lb. der Naturphilos. (1809-1811) 1, 16. – [37] F. v. Baader, Werke 7 (1854) 219. – [38] C. G. Carus: Psyche (1846, ³1931) 150ff. – [39] a. a. O. 331. – [40] K. Ch. F. Krause: System der Sittenlehre (1888) 1, 7ff. – [41] Das Urbild der Menschheit (²1851) 33f. – [42] a. a. O. 281ff. – [43] Vgl. Fr. Schleiermacher, Dialektik, hg. Odebrecht (1942) 302ff. 324ff. – [44] Tugendlehre (1804/05). Werke (1913) 2, 39. – [45] a. a. O. 55. – [46] 51. – [47] Vgl. R. Odebrecht: Schleiermachers System der Ästhetik (1932) 92ff. – [48] Vgl. H. A. Korff: Geist der Goethezeit (⁴1958) 2, 71ff. 268ff.; E. Adler: Herder und die dtsch. Aufklärung (1968) 300ff.; L. Leiste:

Der Humanitätsgedanke in der Popularphilos. der dtsch. Aufklärung. Hallische pädag. Stud. 15 (1932). – [49] J. W. GOETHE, Max. u. Refl. 711, in: HECKER (Hg.): Schr. der Goetheges. 21 (1907) 157. – [50] Max. u. Refl. 375 a. a. O. 70. – [51] Bedenken u. Ergebung (1820). Jubiläums-A. 39, 34ff. – [52] M. JURGENSEN: Symbol als I. (1968); N. KIMURA: Goethes Wortgebrauch zur Dichtungstheorie (1965) 129ff. – [53] J. W. GOETHE, Jub.-A. 39, 35. – [54] Vgl. Winckelmann und sein Jh. Jub.-A. 34, 17f. – [55] Vgl. C. F. WEISER: Shaftesbury und das dtsch. Geistesleben (²1969) 240ff.; W. REHM: Griechentum und Goethezeit (⁴1968) 33ff.; K. BORINSKI: Die Antike in Poetik und Kunsttheorie. Vom Ausgang des klass. Altertums bis auf Goethe und W. v. Humboldt (²1965) 2, 199ff. 302ff. – [56] Vgl. E. PANOFSKY: Idea. Ein Beitrag zur Begriffsgesch. der älteren Kunsttheorie (²1960). – [57] J. J. WINCKELMANN: Gesch. der Kunst des Altertums. Werke, hg. EISELEIN 7, 224; vgl. I. KREUZER: Stud. zu Winckelmanns Ästhetik (1959) 68f. – [58] J. G. HERDER, I.en V, 5. Werke, hg. SUPHAN (= WS) 13, 191; vgl. REHM, a. a. O. [55] 84ff.; E. PURDIE: Stud. in German lit. of the 18th century (London 1965) 151ff. – [59] J. G. HERDER, Kalligone. WS 22, 147; vgl. H. BEGENAU: Grundzüge der Ästhetik Herders (1956) 104ff. – [60] J. G. HERDER, WS 22, 97. – [61] I.en. WS 13, 185. – [62] WS 13, 176. – [63] Fr. SCHILLER an Körner (9. 2. 1789) = Briefe, hg. F. JONAS (1893) 2, 225. – [64] An Körner (15. 4. 1788) = Br. 2, 42; vgl. Theosophie des Julius. National-A. (= NA) 20, 119. 126. – [65] NA 20, 118. – [66] Vgl. G. BAUMECKER: Schillers Schönheitslehre (1937) 119ff. – [67] SCHILLER an Körner (21. 12. 1792) = Br. 3, 232; vgl. H. RÖHRS: Schillers Philos. des Schönen. Euphorion 50 (1956) 55ff. – [68] SCHILLER an Körner (18. 2. 1793) = Br. 3, 256. – [69] G. W. F. HEGEL, Ästhetik, Werke, hg. GLOCKNER 12, 97. – [70] SCHILLER, Über die ästhet. Erziehung, 4. Brief. NA 20, 316. – [71] An die Gräfin Schimmelmann (4. 11. 1795) = Br. 4, 315. – [72] A. W. SCHLEGEL: Vorles. über dramat. Kunst. Werke (1846/47) 5, 30. – [73] NOVALIS, Frg. 1329. – [74] Vgl. Frg. 1030. – [75] Vgl. FR. SCHLEGEL, Krit. A. (= KA) 18, 337: Nr. 168; KA 2, 267: Nr. 117. – [76] Sämtl. Werke (²1846) 15, 133. – [77] a. a. O. 15, 242. 136. – [78] Vgl. K. BRIEGLEB: Ästhet. Sittlichkeit (1962). – [79] Vgl. H.-J. MÄHL: Die I. des goldenen Zeitalters im Werk des Novalis (1965). – [80] K. W. F. SOLGER: Vorles. über Ästhetik (1829, ²1969) 95. – [81] a. a. O. 83. 97. – [82] G. W. F. HEGEL: Der Geist des Christentums, in: Hegels theol. Jugendschr., hg. H. NOHL (1907) 342. – [83] Vgl. E. DE GUERINO: Das Gottesbild des jungen Hegel (1969) 49ff. – [84] HEGEL, a. a. O. [82] 318. – [85] 321. – [86] Werke, hg. GLOCKNER 17, 57. – [87] a. a. O. 8, 423. – [88] 8, 36. – [89] 5, 236; vgl. 8, 426. – [90] 8, 66. – [91] 8, 391. – [92] Vgl. H. LENK: Kritik der log. Konstanten (1968) 257ff. – [93] HEGEL, a. a. O. [86] 8, 427. – [94] 8, 391; vgl. H. F. FULDA: Das Problem einer Einl. in Hegels Wiss. der Logik (1965) 290ff. – [95] HEGEL, a. a. O. [86] 8, 446ff. – [96] 6, 147f. – [97] 10, 21. – [98] 5, 240f. – [99] 10, 20. – [100] Vgl. 11, 44. – [101] Vgl. 10, 382ff. – [102] 10, 291. – [103] 11, 80. – [104] Vgl. 11, 46f. – [105] Vgl. 11, 568f.

3. *Der nachidealistische I.-Begriff im 19. Jh.* – a) *Die Gegner des absoluten Idealismus (Fries, Herbart, Schopenhauer).* – Die Anknüpfung an Kant und Jacobi, die Grundsatzphilosophie und den Leibnizianismus romantisch-religiöser Prägung bestimmt den I.-Begriff von J. F. FRIES: Das «nothwendige Zweckgesetz in den sittlichen I.» ist «das eigene Gesetz der nach I.en in der Vollendung gedachten Geisteswelt, wir erkennen darin das Wesen der Dinge I.en vom Zwecke der Welt unterworfen und nennen die Geisteswelt der ewigen Wahrheit nach das Reich der Zwecke» [1]. Ziel der Philosophie ist, den menschlichen Geist durch Analyse der I.en zur «Herrschaft einer religiös-ästhetischen Weltansicht» [2] zu erheben.

J. FR. HERBART trennt Metaphysik als Wirklichkeits- und Ästhetik als Wertlehre. Die «praktischen I.», wichtigster Gegenstand der Ästhetik, sind absolute Qualitäten. Sie werden in der ‹Allgemeinen praktischen Philosophie› als «Musterbilder» der in Werturteilen ausgesprochenen menschlichen Willensverhältnisse analysiert. «Tugend», den Zentralbegriff seiner Pädagogik, definiert Herbart als «Verhältniß zwischen der ganzen Einsicht (der Erzeugung aller practischen I.) und dem ganzen entsprechenden Wollen … als reelle Eigenheit eines Vernunftwesens» [3].

A. SCHOPENHAUERS Bewußtseinsidealismus und Willensmetaphysik steht in scharfem Gegensatz zum Vernunftglauben der bisherigen Metaphysik: Ihrem teleologischen Weltbegriff kontrastiert sein Pessimismus. Nur in Kunst und Sittlichkeit offenbart sich eine höhere Teleologie. In der Stufenfolge der Wirklichkeit ist «I. jede bestimmte und feste Objektivation des Willens, sofern er Ding an sich und der Vielheit fremd ist, welche Stufen zu den einzelnen Dingen sich … verhalten, wie ihre ewigen Formen, oder ihre Musterbilder» [4]. Schopenhauer läßt allein Platos Paradeigma-Begriff zur Bestimmung der ideellen Wesenheit gelten; Hegels spiritualistisch-historische I.-Konzeption weist er rigoros zurück [5]. Die I., die dem Daseinskampf vorausgelegenen Archetypen alles Existierenden, werden in der Kunst offenbart: In der Kunst, «Erkenntnis des Objekts … als Platonischer Idee», genießt sich «das Selbstbewußtseyn des Erkennenden, nicht als Individuums, sondern als reinen, willenlosen Subjekts der Erkenntniß» [6]. Die I.-Erfahrung der Kunst ist Vorbereitung der sittlichen Freiheitstat der Selbstverneinung des Willens [7].

b) *Spätidealismus.* – Die I.-Konzeption des hegelschen Modells der Identität von Denken und Sein, Vernunft und Geschichte wird von der *Hegelschen Rechten* übernommen. «Die I. ist selber das absolute, von nichts Anderem abhängige, in sich unbedingte Sein, welches als Involution, alle seine besonderen Bestimmungen zur Evolution in sich schließt» [8]. – Bis in die Gegenwart reichenden Einfluß behält die *kunstphilosophische* I.-Lehre Hegels, die Problematik einer «Poesie der I.» [9]. F. T. VISCHER bestimmt das Schöne als die in einem Einzelnen vollkommen verwirklichte I. [10]. E. v. HARTMANN versteht «die Immanenz der I. im Schönen» als Repräsentant «des absoluten unbewußten Geistes» [11]. J. VOLKELT deutet das objektive Wesensverhältnis von I. und ästhetischem Phänomen subjektivistisch-wertphilosophisch: «Im Typisch- wie im Individuell-Ästhetischen wird der Mensch in seiner individuellen I. zur Darstellung gebracht» [12]. Das Immanenzverhältnis von I. und Erscheinung, im ästhetischen Repräsentanzphänomen realdialektisch aufweisbar, wird aber, als metaphysisches Erklärungsmodell mit Absolutheitsanspruch auftretend, zum Ansatzpunkt der spätidealistischen und positivistischen Kritik, und zwar in theologischer, naturphilosophischer und anthropologisch-politischer Hinsicht.

Als Vertreter des *spekulativen Theismus* bestreitet CH. H. WEISSE, daß die «I. der Wahrheit» im Sinne Hegels «die vollständige und erfüllte Totalität des absoluten Geistes fasse» [13], und stellt die bloß gewußte «I. der Gottheit» [14] dem lebendigen Gott selbst gegenüber [15]. In den Mittelpunkt der philosophischen Diskussion tritt, mit dem Angriff gegen Hegels «pantheistische Psychologie» [16], das Problem der Persönlichkeit Gottes und des Menschen. Doch bleibt auch bei I. H. FICHTE die I. das Brückenglied zwischen intelligibler und phänomenaler Welt. «Alle I. sind jedem [Menschen-]Geiste immanent; … In Jedes Persönlichkeit aber sind sie zugleich zu eigenthümlicher Mischung gebunden» [17]. Die «I. des Wahren, Schönen und Guten» sind «kosmische, über das menschliche Dasein und Bewußtsein hinausreichende Geistesmächte» [18].

c) *Wissenschaftssynthese.* – Das dualistische Weltmodell von G. T. FECHNERS ‹Psychophysik› [19] wird bei H. LOTZE, durch Vermittlung von Naturwissenschaft und Metaphysik, zu einem teleologischen Idealismus fortgebildet. Lotze kritisiert an Hegel und Schelling, daß

« die sich entwickelnde I. nicht ein System denkbarer Gedanken, sondern lebendige Realität selbst sei». Die I. «kann nicht zugleich ... die Stelle einer Mechanik vertreten» [20]. Dennoch teilt Lotze die Überzeugung des Idealismus, «daß der Grund der realen Welt die allgemeine Substanz, zugleich auch der Grund der idealen Welt, die allgemeine I. sein müsse» [21]. Für A. TRENDELENBURG sind «die Dinge oder Wesen die in ihren Produkten angeschauten Entwickelungsstufen der Einen unendlichen Thätigkeit – die gleichsam ... verweilende (ewige) I.» [22].

Die gegen den absoluten Idealismus gerichtete Synthese von Naturwissenschaft und spekulativer Metaphysik kennzeichnet auch die I.-Konzeption E. v. HARTMANNS: «Wo die Typen der Organisationsformen mechanisch aus Compensationswirkungen resultiren, bedarf es keiner urbildlichen I. mehr, um ihre Entstehung mit Hülfe beständiger metaphysisch-teleologischer Eingriffe in den Naturprocess zu erklären» [23]. «Alle abstrakten Gestalten der I. ruhen auf der absolut konkreten Welt-I., welche die Synthese der rein logischen I. und ihrer absolut unlogischen Antithese ist» [24]. Die «verwirklichte I.» ist Produkt des durch den «Willen» erfolgenden «Übersetzens des Idealen in's Reale» [25]. Gegen Schopenhauers Willensmetaphysik setzt v. Hartmann aber eine «durch die Verschmelzung mit dem teleologischen Evolutionismus und durch eine Ethik der werkthätigen Hingabe an die objectiven Zwecke des Weltprocesses» [26] fundierte hypothetische Metaphysik.

Die umfassendsten Synthesen einzelwissenschaftlicher Ergebnisse zu einer allgemeinen philosophischen Weltanschauung stellen W. Wundts idealrealistische Metaphysik und H. Spencers Evolutionismus dar. Nach WUNDT sollen die «psychologischen, kosmologischen und ontologischen I.», als imaginär-transzendente Begriffe a priori unbeweisbare Unbedingtheitspostulate, den empirischen Tatbestand widerspruchsfrei erklärbar machen [27]. Die «praktischen I.» aber, «das sittliche Menschheitsideal und die Gottes-I., sind allem Anscheine nach auch empirisch genommen von allgemeingültiger Beschaffenheit» [28]. In SPENCERS «System der synthetischen Philosophie» konkresziert das im Prozeß der Evolution modifizierte Bildungsgesetz, das von physikalischen Gegenständen wie Lebewesen, von Weltsystemen wie Sozialgebilden, seelischen Zuständen oder kulturellen Prozessen gilt, in I.en: «Having inferred, a priori, the characters of those ideas, we shall be prepared to realize them in imagination, and then to discern them as actually existing» [29]. Die Kraft der I. liegt im Bewußtsein der tätigen Wirklichkeit selbst. Ähnliche, die neuidealistisch-evolutionistische Wissenschaftssynthese in Richtung auf die Lebensphilosophie (s. u. 4) weiterbildende Bestimmungen des I.-Begriffs finden sich bei V. COUSIN, A. FOUILLÉE, J. LACHELIER und E. BOUTROUX. «Les idées ne représentent rien, absolument rien qu'elles-mêmes» [30].

d) *Positivismus.* – A. COMTES Positivismus will die rationalistisch-metaphysische Tradition der Klassifikation der Bewußtseinsphänomene und der Diskussion ihrer objektiven Repräsentanzfunktion in einer «Physiologie» auflösen, «qui se rapporte aux phénomènes intellectuels et moraux» [31]. Die ontologischen Argumentationen der französischen «Ideologen» hält er für sinnlos, weil die metaphysische I.-Problematik prinzipiell unauflösbar sei [32]. Die positivistische Metaphysikkritik läßt Perfektionsbegriffe nur im Sinne der Idealisation von Erfahrung gelten. «Alle unsere I. können nur durch die bisher gewonnene Erfahrung entstanden sein und durch die künftige weiter entwickelt werden» [33]. « Der Satz: ‹ Der Gedanke ist ein Ideelles › bedeutet nicht mehr als der Satz: ‹ Der Gedanke ist ein Gedankenhaftes › » [34]. Doch bleibt das Problem der Geltung abstrakter Prinzipien als « I.en», «Idealisationen» oder «Universalien» in der Grundlagendiskussion des Empirismus bis in die Gegenwart lebendig [35].

e) Die *Linkshegelianer* wie auch der *Marxismus* gewinnen ihre eigene philosophische Position nicht zuletzt durch die Kritik an der I.-Metaphysik Hegels und des spekulativen Theismus. « Feuerbach braucht nur einen ersten Schritt zu tun, um wieder zum Materialismus zu kommen, nämlich die absolute I. ... absolut zu entfernen» [36]. K. MARX stellt die Aufgabe, «im Wirklichen selbst die I. zu suchen» [37], den Geist als das Bewußtsein seines jeweiligen materiell-gesellschaftlichen Zustandes zu erklären. Hegels «wirkliche I.» ist für Marx nur ein Gedankending; seine ‹ Rechtsphilosophie › «Mystizismus», «Parenthese zur Logik» [38]. Indem Hegel das Entstehen des Staates als Tat der I. hinstellt, wird die I. «versubjektiviert», werden die wirklichen Subjekte zu unwirklichen Momenten der I. [39]. Hegel urgiert die I. als wahr; Marx' Ideologiekritik erweist sie dagegen als Funktion einer geschichtlich prozessierenden Basis [40]. Der Grundgedanke einer ideologiekritischen Analyse der I.-Gebilde hält sich in der marxistischen Philosophie durch; doch kommt es, insbesondere bei H. MARCUSE und E. BLOCH, zur Aufstellung der I. einer diesseitig-konkreten Utopie, zur « Begegnung der utopischen Funktion mit Archetypen und Idealen» [41].

f) *Neukantianismus.* – Unter dem Eindruck einer Krise der Philosophie im Vormärz, aus dem Bestreben, den Materialismus philosophisch-kritisch zu widerlegen, entsteht die neukantianistische Philosophie. Herrscht bei FR. A. LANGE, H. v. HELMHOLTZ, O. LIEBMANN und A. RIEHL die realistische Kantinterpretation vor, so deutet sich mit H. COHENS ‹ Kants Theorie der Erfahrung › [42] schon die Ausbildung einer spätidealistisch-rationalistischen Systemphilosophie an. Er bestimmt I. als « das Selbstbewußtsein des Begriffs. Sie ist der Logos des Begriffs; denn sie gibt Rechenschaft vom Begriff» [43]. Die I. ist «Grundlegung», «Hypothesis» [44]. In den I.-Modellen legt das Denken des Ursprungs sich selbst seinen Grund und entfaltet sich, im Entwurf «theoretischer, sittlicher und ästhetischer I.en», zur «Einheit des Kultur-Bewußtseins» [45]. Ähnlichkeit mit diesem I.-Begriff hat CH. RENOUVIERS «définition de l'idée comme rapport, et de la réalité, comme vérité du rapport» [46]. Nach R. HÖNIGSWALD drückt «der Terminus ‹ I.› aus, daß das unendliche Ganze der Wahrheit unabgeschlossen, d. h. ‹ganz› nur im Prozeß seiner Gestaltung sei» [47]. Auch für P. NATORP sind I. «reine Setzung des Denkens», «Methoden», denen gemäß «Erkenntnisfunktionen zur Begründung von Wissenschaft ins Spiel» gesetzt werden [48]. Dem unendlichen Prozeß hypothetischer «Grundlegung» oder «Ideation» entspricht «ein äquivalenter Prozeß der Rekonstruktion des Subjektiven» [49]. Nur so ist die «Systemeinheit als I.» zu erfüllen [50]. Die Bestimmung der I. als richtungweisenden Zielpunktes des Handelns gewinnt dann zentrale Bedeutung in den sozialethisch-gesellschaftskritischen Schriften des Neukantianismus, insbesondere bei M. ADLER [51]. H. RICKERT, der die Philosophie Kants als eine « Philosophie der geltenden Werte» deuten will, begreift die kantischen Funda nental-I.en «Welt, Seele, Gott» als

« Formen, mit denen das Subjekt die Weltinhalte a priori denkt, aber nicht als fertige Wirklichkeiten, sondern als Ideale, die es ... mit unbedingter Notwendigkeit zu verwirklichen streben soll» [52]. Der Bereich der « I.en» ist der der «Wertrealität oder Geltungswirklichkeit» [53]. « Die I. in Wirklichkeit und Geltung» analysiert in ähnlicher Weise B. BAUCH [54]. Die « I.en ..., als Gegenstand geltungstheoretischer Betrachtung, sind die konstitutiven Möglichkeitsbedingungen der Sinngefüge, die sich in den einzelnen Kulturgebieten entfalten» [55]. Der I.-Begriff in der auf neukantianistischer Grundlage konzipierten Kulturphilosophie E. CASSIRERS zeigt dagegen viele Gemeinsamkeiten mit dem Neuhegelianismus.

Anmerkungen. [1] J. F. FRIES: Grundriß und System der Met. Werke, hg. KÖNIG/GELDSETZER (1970) 8, 457f. – [2] a. a. O. 528. – [3] J. FR. HERBART: Allg. prakt. Philos. Werke, hg. KEHRBACH (1887ff.) 2, 352ff. 410. – [4] A. SCHOPENHAUER, Die Welt als Wille und Vorstel. § 25 = Werke, hg. HÜBSCHER 1, 154. – [5] Vgl. Satz vom Grunde § 34 = 3, 218ff. – [6] a. a. O. § 38 = 1, 230; vgl. C. ROSSET: L'esthétique de Schopenhauer (Paris 1969) 33ff. – [7] Vgl. SCHOPENHAUER, a. a. O. § 27 = 1, 181f. – [8] K. ROSENKRANZ: System der Wiss. (1850) 118; weitere Belege vgl. EISLER⁴ 1, 695. – [9] Vgl. H. KRAFT: Poesie der I. (1971); G. WOLANDT: Zur Aktualität der Hegelschen Ästhetik. Hegelstud. 4 (1967) 219-234. – [10] F. T. VISCHER: Ästhetik (1846-58) §§ 13. 30. – [11] E. v. HARTMANN: Philos. des Schönen (²1924) 453. – [12] J. VOLKELT: System der Ästhetik (1905) 2, 73. – [13] CH. H. WEISSE: Darstellung der griech. Mythol. (1828) XII. – [14] Die I. der Gottheit (1833). – [15] Vgl. Grundzüge der Met. (1835) 511ff. – [16] I. H. FICHTE: Anthropol. (³1876) 126. – [17] Psychol. (1864) 1, 112. – [18] a. a. O. 1, 128; vgl. D. NAJDANOVIC: Die Geschichtsphilos. I. H. Fichtes (Diss. Berlin 1940) 156ff. – [19] G. T. FECHNER: Elemente der Psychophysik (²1889). – [20] H. LOTZE, Met., hg. G. MISCH (1912) 341. – [21] Grundzüge der Logik (⁵1912) 129. – [22] A. TRENDELENBURG: Log. Untersuch. (1870) 509. – [23] E. v. HARTMANN: Philos. des Unbewußten (¹¹1904) 3, 99. – [24] Kategorienlehre (1896) XII. – [25] a. a. O. [23] 2, 120. – [26] a. a. O. 1, IX. – [27] Vgl. W. WUNDT: System der Philos. (³1907) 339ff. – [28] a. a. O. 434. – [29] H. SPENCER: The principles of sociol. (London 1893) 1, 97f. – [30] V. COUSIN: Cours de philos. Oeuvres (Brüssel 1840) 1, 10f.; vgl. EISLER⁴ 3, 695. – [31] A. COMTE: Cours de philos. positive (Paris ⁴1877) 3, 530ff. – [32] Discours sur l'esprit positif (1956) 121f. – [33] E. MACH: Erkenntnis und Irrtum (²1906) 214f. – [34] R. AVENARIUS: Kritik der reinen Erfahrung (²1908) 2, 69. – [35] Vgl. J. K. FEIBLEMAN: Foundations of empiricism (Den Haag 1962) 14f.; W. STEGMÜLLER: Hauptströmungen der Gegenwartsphilos. (³1965) 36ff. 487ff. – [36] W. I. LENIN: Materialismus und Empiriokritizismus (1949) 22; vgl. L. FEUERBACH, Werke (1846-66) 2, 248. – [37] K. MARX, MEGA I, 1/2, 218. – [38] MEGA I, 1/1, 419. – [39] Vgl. MEGA I, 1/1, 410. – [40] Vgl. K. HARTMANN: Die Marxsche Theorie (1970) 196ff. – [41] E. BLOCH: Das Prinzip Hoffnung (1959) 2, 181ff.; H. MARCUSE: Der eindimensionale Mensch (1970) 147ff. 242. – [42] H. COHEN: Kants Theorie der Erfahrung (1871, ³1918). – [43] Logik der reinen Erkenntnis (1902) 14. – [44] Ethik des reinen Willens (1904) 92f. – [45] Vgl. a. a. O. 37ff. 603. – [46] CH. RENOUVIER: Le personnalisme (Paris ²1926) 23f. – [47] R. HÖNIGSWALD: vom Problem der I. Logos 15 (1926) 283. – [48] P. NATORP: Platos I.-Lehre (1903) 215ff. – [49] Allg. Psychol. (1912) 290. – [50] a. a. O. 217. – [51] Vgl. EISLER⁴ 1, 691. – [52] H. RICKERT: System der Philos. (1921) 1, 158f. – [53] a. a. O. 139. – [54] B. BAUCH: Die I. (1926) 173ff. – [55] F. MÜNCH: Erlebnis und Geltung (1913) 94.

4. Der I.-Begriff im 20. Jh. – a) Neuidealismus und Neuhegelianismus.

– Die neuidealistischen Ansätze bei Liebmann, in der Marburger und Badischen Schule des Neukantianismus und im Neokritizismus Ch. Renouviers zeigen, an der Schwelle des 20. Jh., am deutlichsten die Tendenz zur Weiterführung der klassischen idealistischen Tradition. In R. EUCKENS « Philosophie des Geisteslebens» als einem «immanenten Idealismus» hat der Begriff der « historischen I.» [1] bereits die zentrale Stellung, die ihm, wie auch daß der Terminus ‹I.› selbst besonders häufig verwendet wird, auch in W. DILTHEYS Hermeneutik des Lebens zugewiesen wird. In dessen an Hegel orientierter « I.-Morphologie» [2], der Strukturanalyse der Gestalten des objektiven Geistes, ist

der «ästhetisch gefaßte Begriff des Ganzen» [3], nach dem Vorbild der in F. ASTS Hermeneutik analysierten «I. des Ganzen» [4], der kulturpsychologische Schlüsselbegriff. Ebenfalls an Hegel orientiert ist G. SIMMELS Lehre vom « Reich der ideellen Inhalte» [5]. Philosophie ist «Wendung zur I.»; philosophische Weltanschauungen entstehen, wenn sich der diffuse Weltbegriff « in scharf bestimmte, exklusive Höchstbegriffe konzentriert» [6].

In J. WEGELINS ‹Mémoires sur la philosophie de l'histoire› findet sich bereits eine ausgeführte Theorie der Geschichte, die die Einwirkungen von I.en auf die Gesellschaft und die Rückwirkung der sozialen Strukturen auf jene reflektiert [7]. Während diese « ideologische» Interpretation gesellschaftlich-historischer Phänomene die Methode heutiger Geschichts- und Gesellschaftsforschung antizipiert, ist der Historismus im 19. Jh. von der Geschichtsmetaphysik des Deutschen Idealismus beherrscht, die den Weltgeschichtsprozeß als Offenbarung der I., als Gottesoffenbarung in der geistigen Entwicklung der Menschheit deutet [8]. Auch L. v. RANKES Weltgeschichtsdeutung, «die Gestalt gewordene Geschichtsansicht Goethes» [9], ruht auf platonisch-neuplatonischer Grundlage: « Die I., durch die menschliche Zustände begründet werden, enthalten das Göttliche und Ewige, aus dem sie quellen, doch niemals vollständig in sich» [10]. R. G. COLLINGWOOD und A. O. LOVEJOY plädieren nachdrücklich für eine I.-Geschichte [11]. FR. MEINECKE spricht von den « großen und fruchtbaren I. der Weltgeschichte», die « im Laufe ihrer geschichtlichen Verwirklichung Heil und Unheil zugleich aus sich heraus zu entwickeln vermögen» [12]. Auch HUSSERLS Spätwerk steht im Umkreis einer Geschichtstheorie der Idealtypen: Geschichte « ist ein Verwirklichungsprozeß ‹ewiger I.en› in I.en einer Faktizität, das sagt, das Faktum hat denn nur Sinn als Verwirklichung von I.en» [13]. Die heutige Wissenssoziologie weist dagegen darauf hin, daß für das « ungetrübte ideenhafte Denken» des « früheren» Menschen die « I.» selbst die unbezweifelbare Realität war, während wir « diese I.en der Tendenz nach immer mehr als Ideologien und Utopien erleben», d. h. die « Möglichkeit des falschen Bewußtseins» erkennen [14]. Für eine Erforschung der «role of ideas in social action» [15] ist Problem, «daß die I.-Geschichte abgeschlossen und daß wir im Posthistoire angekommen sind» [16]. Doch ist die sozialphilosophische und sozialpsychologische Diskussion von I. als Epiphänomen kollektiven Bewußtseins, die Bestimmung der historisch-soziologischen Determinanten als « Idealfaktoren» [17], keineswegs abgeschlossen. «The power of ideas, and especially of moral and religious ideas, is at least as important as that of physical resources» [18].

Während Diltheys, Simmels und Rickerts Strukturlogik des Geistes bzw. des Wertbereichs und die ontologische Kategorialanalyse des späten Natorp der Lebensphilosophie näher verwandt sind als dem spekulativen Idealismus, bleibt die Tradition der Philosophie des Deutschen Idealismus in *England* und *Italien* bis nach dem Ersten Weltkrieg lebendig. In der Nachfolge Hegels sieht B. CROCE seine Philosophie im Zusammenhang der Bemühungen um den « nuovo concetto del concetto, l'universale concreto, con la dialettica degli opposti e la dottrina dei gradi della realtà» [19]. G. GENTILE sucht in seinem «aktualen Idealismus» alle natürlichen und geistigen Entitäten aus der Position und freien Bestimmung eines geistigen Aktes zu begreifen. Zentralproblem des in der Nachfolge T. H. GREENS aufblühenden englischen Neuidealismus ist die Gegensätzlichkeit und dialektische Vermitteltheit von Denken und Wirklichkeit, «appearance and reality» [20]. F. H. BRADLEY bekämpft den herrschenden Empirismus in der Erkenntnistheorie: «Since truth and falsehood depend on the relation of our ideas to reality, you can not have judgement proper without ideas. ... We must have become aware that they [the ideas] are not realities, that they are *mere* ideas, signs of an existence other than themselves» [21]. «Signification» und «existence» müssen hinsichtlich der «idea» als Urteilselement streng unterschieden werden. «The idea, in the sense of mental image, is a sign of the idea in the sense of meaning» [22]. «Urteilen» ist Qualifizierung der Wirklichkeit durch «ideas». «Every possible idea ... may be said to be used existentially, for every possible idea qualifies and is true of a real world» [23]. Endliche Erscheinungen sind Transformation im (unbekannten) Absoluten. Die Wahrheit und Teleologie der unbekannten Zahl aller, in Erfahrung und Urteil qualifizierten Welten, d. h. des Universums, zu erschließen, ist nur durch Intuition möglich. B. BOSANQUET akzeptiert die metaphysischen Implikationen der Urteilslehre Bradleys, «the symbolic or logical character of the ideas predicted, and the reference of this ideal content to the Reality which appears in presentation» [24], vertritt aber noch entschiedener als Bradley einen hegelianistisch-spiritualistischen Standpunkt in der Kennzeichnung der Welt als eines systematischen Ganzen. Von maßgeblichem Einfluß ist Hegels ‹Logik›, «the chain formed by the categories, from Pure Being to the Absolut Idea» [25], auch auf J. McTAGGARTS monadologischen Idealismus. – Doch hat in der englischen Philosophie nach Bradleys bewußtseinsphänomenologisch-logischer Kritik der I.-Konzeption Humes und nach G. E. MOORES ‹Refutation of Idealism› [26] der Ausdruck ‹idea› als die Bedeutung eines erkenntnistheoretischen Grundbegriffs weitgehend eingebüßt. «Ideelle» Geltung bleibt lediglich dem Bereich der «universals» vorbehalten [27]. B. RUSSELL gibt die Definition: «An organism O has an ‹idea› of a kind of object B when its action is appropriate to B although no object of the kind B is sensibly present» [28]. Im *amerikanischen Pragmatismus*, insbesondere bei J. DEWEY [29], bleibt der Terminus ‹idea› dagegen geläufig. Nur in A. N. WHITEHEADS Kosmologie wird das metaphysische I.-Thema wieder aufgegriffen, und zwar im Kontext der Begriffe ‹eternal object› und ‹Platonic form› [30]: «Each ‹idea› has two sides; namely, it is a shape of value and a shape of fact» [31].

b) *Phänomenologie und Ontologie.* – Während F. BRENTANO [32] von der Fiktionalität «idealer Gegenstände» [33] überzeugt ist, bilden diese nach A. MEINONG, als «Objektive», «die zweite Hauptklasse der ‹Gegenstände›» [34]. Nach E. HUSSERLS «Wesensdeskription des Bewußtseins» [35] beruht alle Wahrheit und Erkenntnis auf der Möglichkeit intuitiver Erfassung von allgemeinen Wesen oder Gegenständen. «Ideale Bedeutung», «Sachverhalte», «Einheiten» oder «Urteilsinhalte», als Affirmate oder Negate, werden «in Akten der Ideation erlebt» [36]. «Jede Gleichheit hat Beziehung» auf ein Identisches, «auf eine Spezies, der die Verglichenen unterstehen» [37]. Wie MEINONG [38] bemüht sich HUSSERL um die Widerlegung der nominalistischen Versuche, die Vorstellungen der allgemeinen Gegenstände auf Vorstellungen von individuellen, sinnlichen Gegenständen zu reduzieren [39]. «Auf Grund primärer Anschauungen betätigt sich die Abstraktion, und damit tritt ein neuer kategorialer Aktcharakter auf, in dem eine neue Art

von Objektivität zur Erscheinung kommt.» Diese «Abstraktion» der «alle einzelnen Abstraktionsakte zur Synthesis bringenden Akte der Identifizierung» ist «die ideierende Abstraktion, in welcher statt des unselbständigen Moments seine ‹I.›, sein Allgemeines ... zum aktuellen Gegebensein kommt» [40]. Die «Ideation» zielt auf die intuitive Erfassung des «Wesens» als der Bedeutung eines allgemeinen Namens [41]. Jedes an einem Individuum vorfindliche «Was» kann «in I. gesetzt werden» [42]. «Die I. der Differenz ist ... nur zu verstehen in ihrer Verflechtung mit der des identisch Gemeinsamen als Eidos» [43]: Auf der Grundlage des Prinzips der kategorial-synthetischen Ideation entwirft Husserl eine Ontologie der «Wesens-wahrheiten verschiedener Allgemeinheitsstufe» [44], die auch für seine spätere transzendentale Egologie und Kulturphilosophie Gültigkeit behält. «Unsere Kulturgestalt ‹Wissenschaft› gehört nicht zum notwendigen Bestand jeder Menschheit, aber zum Bestand der allgemeinen Wesensmöglichkeiten, die zur I. einer Menschheit überhaupt und zur I. ihrer möglichen Kulturentwicklungen und Kulturtypen gehört» [45].

Husserls Deskriptionsmodell der Wesensgesetzlichkeit des Bewußtseins wird von seinen Schülern, in regionalen Ontologien, auf die Arbeitsbereiche der Philosophie übertragen [46]. Dabei behält das I.-Thema besondere Bedeutung für das Problem der «Idealität des ästhetischen Objekts» [47]. R. INGARDEN spricht von der I. eines Kunstwerks als einer «Art Kristallisationszentrum des qualitativen Ganzen» [48]. M. MERLEAU-PONTY konfrontiert den «ciel intelligible» der I. mit den Ergebnissen seiner Phänomenologie der leiblichen Existenz und der Sprache [49]. Für M. SCHELER ist, trotz seiner Ablehnung des transzendental-subjektiven Idealismus [50], Husserls phänomenologischer Platonismus methodologisch richtungsweisend für die eigene Wertaxiomatik, die Wesensdeskription der Emotionalität, die Anthropologie und Metaphysik. Die «Wertphänomenologie und Phänomenologie des emotionalen Lebens» erschließt durch Erforschung des «apriorischen Wesensgehaltes» [51] die sittlichen «Werttatsachen» als «I.en» [52] und mündet in «eine Wesenslehre von Gott» als Abschluß einer materialen Wertethik [53].

Wie bei Scheler ist auch im System der Erkenntnisontologie und Wertphilosophie N. HARTMANNS die Platonismus-Tradition erhalten: Der «ideale» Gegenstand der Werterkenntnis «ist dem Subjekt gegenüber ein ebenso selbständig Seiendes wie Raumverhältnisse für geometrische Erkenntnis und Dinge für Dingerkenntnis» [54]. Die Sphäre der «idealen Gebilde» konstituiert nach Hartmann das andere Reich des Seienden, das Platon «das Reich der I., Aristoteles das des εἶδος, die Scholastiker das der essentia, ... die Phänomenologie das Reich der Wesenheit» nennen [55]. Auch G. JACOBYS I.-Begriff in seiner ‹Allgemeinen Ontologie der Wirklichkeit› [56] gehört in den Umkreis des gegenstandstheoretischen Realismus.

c) *Lebensphilosophie und Existenzphilosophie.* – «Chercher l'esprit dans la matière», warnt H. BERGSON, «c'est se mettre dans l'impossibilité de le trouver. Mais, en fait, l'idée du devoir est une idée active, et puissante» [57]. Die Vermittlung von Kontingenz- und Freiheitsprinzip in der I. Gottes, wie sie E. BOUTROUX in seiner personalistischen Religionsphilosophie versucht [58], enthält bereits, wie zahlreiche andere Schriften des zeitgenössischen französischen und deutschen Neuidealismus, wesentliche Gedanken der Lebensphilosophie. Den Gegensatz von

Leben und Mechanismus sucht BERGSON durch Transposition der in der Innenwelt des Bewußtseins unmittelbar gegebenen metaphysischen Begriffe in die Außenwelt zu überbrücken. «Qu'on aboutit à la philosophie des Idées quand on applique le mécanisme cinématographique de l'intelligence à l'analyse du réel. ... Si l'on traite le devenir par la méthode cinématographique, les Formes ... représentent tout ce qu'il y a de positif dans le devenir» [58a]. Besonders die generative ästhetische I. kann eine Strukturformel für die Organisation des Lebensgrundes liefern [59].

Gegen das in I.en fixierbare Bild der durch den Willen prozessierenden Wirklichkeit, gegen den in den I.en Platos umgedrehten «Begriff ‹Wirklichkeit›» [60], richtet NIETZSCHE seine Polemik. Er formuliert die skeptische Frage nach dem Grund des «ganzen I.- und Wertschätzungswesens» [61] und weist auf die Widersprüchlichkeit hin, «die Geschichte als die fortschreitende Selbstoffenbarung, Selbstüberbietung der moralischen I.en» hinzustellen [62].

Auch für S. KIERKEGAARDS Existenzdialektik, J.-P. SARTRES «Umformung Hegels zu einer Dialektik der kontingenten Realität» [63] und M. HEIDEGGERS Seinslehre ist die Gegenposition zur Tradition der I.-Metaphysik charakteristisch. Die Existenz des «Zwischenwesens» Mensch ist nach KIERKEGAARD nicht zu vergleichen «mit dem ewigen Leben der I.». «Die menschliche Existenz hat I. in sich, ist aber doch nicht I.-Existenz» [64]. Nach HEIDEGGER kennt die Metaphysik «die Lichtung des Seins entweder nur als den Herblick des Anwesenden im ‹Aussehen› (ἰδέα), oder kritisch als das Gesichtete der Hin-Sicht des kategorialen Vorstellens von seiten der Subjektivität» [65]. Die Kritik der abendländischen Metaphysik muß «die Zweideutigkeit des Seins als I.» offenlegen [66].

Besonderes Gewicht erhält das I.-Thema noch einmal in K. JASPERS' Philosophie: «Das echte Leben der I. ist Bewegung innerhalb der Subjekt-Objektspaltung, ist Bewegung im Endlichen» [67]. «Die I. ist Wahrheit, die ich hervorbringe, indem sie aus einer Welt entgegenkommt» [68].

Im *Neuthomismus* und *Blondelianismus*, im *Neuidealismus*, in der Geschichts- und Sozialphilosophie hält sich die Tradition des I.-Denkens bis in die Gegenwart durch; aufs Ganze gesehen ist jedoch in der gegenwärtigen philosophischen Diskussion, die die «Methode der I.en» durch eine «Methode der Wörter» zu ersetzen versucht [69], ‹I.› als Zentralbegriff philosophischer Argumentation und metaphysischer Spekulation in den Hintergrund getreten.

Anmerkungen. [1] R. EUCKEN: Grundlinien einer neuen Lebensanschauung (²1913) 8ff. 60ff. – [2] H. R. v. SRBIK: Geist und Gesch. vom dtsch. Humanismus bis zur Gegenwart (1950) 2, 258; G. MISCH: Lebensphilos. und Phänomenol. (²1931) 152f. – [3] W. DILTHEY, Leben Schleiermachers 2. Werke 14/2, 658f. – [4] Vgl. J. WACH: Das Verstehen (1926) 1, 51ff. – [5] G. SIMMEL: Hauptprobleme der Philos. (⁷1950) 78. 103. – [6] Lebensanschauung (1918) 28ff. – [7] Vgl. L. GELDSETZER: Die I.-Lehre J. Wegelins (1963). – [8] W. v. HUMBOLDT, Über die Aufgabe des Geschichtsschreibers. Werke, hg. LEITZMANN (1902ff.) 4, 55. – [9] Vgl. T. SCHIEDER: Ranke und Goethe. Hist. Z. 166 (1942) 266. – [10] L. v. RANKE, Weltgesch. IX, 2, 5; vgl. C. HINRICHS: Ranke und die Geschichtstheol. der Goethezeit (1954) 161ff. – [11] R. G. COLLINGWOOD: The idea of hist. (Oxford ⁴1951); A. O. LOVEJOY: Essays in the hist. of ideas (Baltimore 1948). – [12] F. MEINECKE: Die dtsch. Katastrophe (1946) 154. – [13] Vgl. H. HOHL: Lebenswelt und Gesch. Grundzüge der Spätphilos. E. Husserls (1962) 69. 82. – [14] K. MANNHEIM: Ideol. und Utopie (1965) 52f. – [15] T. PARSONS: The role of ideas in social action. Amer. sociol. Rev. 3 (1938) 652ff. – [16] Vgl. A. GEHLEN: Über kulturelle Kristallisation (1961) 13. – [17] Vgl. M. SCHELER: Probleme einer Soziol. des Wissens. Werke 8, 18ff. – [18] K. R. POPPER: Conjectures and refutations (London 1963) 373. – [19] B. CROCE: Saggio sullo Hegel (Bari 1913) 139. – [20] F. H. BRADLEY: Appearance and reality (Oxford ⁹1951). – [21] The principles of logic (Oxford ⁶1963) 1, § 1, 2. – [22] a. a. O. § 6. – [23] On floating ideas and the imaginary, in: Essays on truth and reality (Oxford ⁴1962) 42. – [24] B. BOSANQUET: Knowledge and reality (New York ²1968) 141. – [25] J. MCTAGGART: The nature of existence (Cambridge ²1968) 1, 44. – [26] G. E. MOORE: Refutation of idealism, in: Philos. stud. (London ³1951) 1ff. – [27] Vgl. Some main problems of philos. (London 1953) 302ff. – [28] B. RUSSELL: Human knowledge (London 1948) 200. – [29] Vgl. L. NISSEN: J. Dewey's theory of inquiry and truth (Den Haag 1966) 42ff.; vgl. oben III, 8. – [30] Vgl. A. N. WHITEHEAD: Process and reality (New York ⁴1941) 70. – [31] Immortality, in: P. A. SCHILPP (Hg.): The philos. of A. N. Whitehead (New York ²1951) 687f. – [32] Vgl. F. BRENTANO: Wahrheit und Evidenz, hg. O. KRAUS (1930) 73ff. – [33] E. HUSSERL, Log. Untersuch. (= LU) 1/2, 187. – [34] Vgl. A. MEINONG: Über Möglichkeit und Wahrscheinlichkeit (1915) 26; J. N. FINDLAY: Meinong's theory of objects and values (Oxford ²1963) 42ff. 135ff. – [35] E. HUSSERL, Ideen zu einer reinen Phänomenol. und phänomenol. Philos. § 128. Husserliana 3, 313. – [36] LU 1, 129. 191. – [37] LU 1/2, 112. – [38] Vgl. A. MEINONG: Abh. zur Erkenntnistheorie und Gegenstandstheorie (1913) 2, 9ff. – [39] Vgl. E. TUGENDHAT: Der Wahrheitsbegriff bei Husserl und Heidegger (1967) 139ff. – [40] HUSSERL, LU 2, 162. – [41] LU 1/2, 153. – [42] Ideen ... § 3. Huss. 3, 13. – [43] Erfahrung und Urteil (1948) § 87, S. 418. – [44] Ideen ... § 2. Huss. 3, 12. – [45] Huss. 9, 492. – [46] Vgl. H. SPIEGELBERG: The phenomenol. movement (Den Haag ²1965). – [47] Vgl. T. LIPPS: Ästhetik (1906) 2, 36ff. – [48] R. INGARDEN: Vom Erkennen des lit. Kunstwerks (1968) 86. – [49] M. MERLEAU-PONTY: Phénoménol. de la perception (Paris 1945) 439ff. 447. – [50] Vgl. M. SCHELEP, Probleme der Religion. Werke (⁴1954) 5, 208ff. – [51] Der Formalismus in der Ethik ... Werke 2, 85. 93. – [52] a. a. O. 182ff. – [53] 595. – [54] N. HARTMANN: Ethik (²1935) 135. – [55] a. a. O. 108. – [56] G. JACOBY: Allg. Ontol. der Wirklichkeit (1925-55) 2, 646ff. – [57] H. BERGSON: L'évolution créatrice (Paris ⁹1912) 341-343; vgl. R. TROTIGNON: L'idée de vie chez Bergson (Paris 1968) 431ff. – [58] E. BOUTROUX: Sci. et rélig. (Paris 1917) 378. – [58a] BERGSON, a. a. O. [57]. – [59] Vgl. N. STALLKNECHT: Stud. in the philos. of creation (Princeton 1934) 79ff. – [60] Fr. NIETZSCHE, Nachlaß. Musarion-A. 19, 66. – [61] a. a. O. 130. – [62] 18, 288. – [63] Vgl. K. HARTMANN: Grundzüge der Ontol. Sartres in ihrem Verhältnis zu Hegels Logik (1963) 130. – [64] S. KIERKEGAARD, Unwiss. Nachschrift. Werke, hg. HIRSCH (1958) 16/2, 33f. – [65] M. HEIDEGGER: Über den Humanismus, in: Platons Lehre von der Wahrheit (²1954) 76; vgl. W. J. RICHARDSON: Heidegger (Den Haag 1963) 301ff. – [66] M. HEIDEGGER: Nietzsche (1961) 2, 229. – [67] K. JASPERS: Psychol. der Weltanschauungen (³1925) 460. – [68] Von der Wahrheit (1947) 614. – [69] Vgl. K. R. POPPER: Logik der Forschung, hg. E. BOETTCHER (⁴1971) XVII.

Literaturhinweise. E. LAAS: Idealismus und Positivismus (1879-1884). – C. HEYDER: Die Lehre von den I. (1884). – J. GOLDFRIEDRICH: Die hist. I.-Lehre in Deutschland (1902). – O. WILLMANN: Gesch. des Idealismus 3 (²1907). – E. LEHMANN: I. und Hypothese bei Kant (1908). – H. WIRTZ: Schopenhauers I.-Lehre im Vergleich zu der Platos und Kants (1910). – E. CASSIRER: I. und Gestalt (1921). – M. HAEUSER: Rankes I.-Lehre (1921). – J. HERING: Bemerk. über das Wesen, die Wesenheit und die I., in: Jb. Philos. phänomenol. Forsch. 4 (1921) 495-543. – C. A. EMGE: Über verschiedene Bedeutungen von ‹I.› (1924). – B. BAUCH: Die I. (1926). – J. WACH: Das Verstehen (1926-33). – H. SPIEGELBERG: Über das Wesen der I. Eine ontol. Untersuch. Jb. Philos. phänomenol. Forsch. 11 (1930) 1-238. – E. GARIN: La théorie de l'idée suivant l'école thomiste (Paris 1932). – G. DACH: Die ‹regulative› Bedeutung philos. I.en im Zusammenhang mit dem Universalienproblem (Diss. Wien 1937). – J. W. YOLTON: John Locke and the way of ideas (Oxford 1956). – A. C. EWING: Idealism (London ³1961). – R. KRONER: Von Kant bis Hegel (²1961). – P. NATORP: Platos I.-Lehre (³1961). – R. WIEHL: Platos Ontol. in Hegels Logik des Seins. Hegelstud. 3 (1965) 157–180. – K. SCHILLING: Gesch. der sozialen I.en (⁶1966). – E. HÖLZLE: I. und Ideol. (1969). – W. BEIERWALTES: Hegel und Proklos, in: Hermeneutik und Dialektik. Festschr. H.-G. GADAMER (1970) 243-272. – W. HOFMANN: I.-Geschichte der sozialen Bewegung (⁴1971). – Vgl. auch Lit. zu I–III und den einzelnen Abschnitten.   K. NEUMANN

Idee, einfache (lat. idea simplex, engl. simple idea). Der Gebrauch dieses Ausdrucks weist Unterschiede auf, die in erster Linie den verschiedenen Verwendungsweisen von ‹I.›, in gewissem Maße auch der Mehrdeutigkeit von ‹einfach› entsprechen. Sofern ‹I.› als intelligibler Gehalt verstanden und in die Nähe von ‹Eidos› oder ‹Essenz› gerückt wird, sind ‹e.I.› atomare, durch logisch-erkenntnistheoretische Operationen nicht weiter zerlegbare Geltungseinheiten, die, als «einfache Elemente des Denkbaren» [1] etwa im Sinne von DESCARTES' «naturae simplices» [2], den Grundbestand apriorischer Wissensmöglichkeiten darstellen. Wird ‹I.› demgegenüber im Sinne von ‹Vorstellung›, als faktisches Bestandstück des Bewußtseins verstanden, so sind ‹e.I.› die elementaren qualitativen Komponenten, das irreduzible Material des Bewußtseinslebens; in diesem Sinne spricht J. LOCKE von «simple ideas» [3], und in die daran anschließende Tradition gehören noch die «Elemente» bei E. MACH und R. AVENARIUS. – Wird ‹einfach› nicht als ‹unteilbar›, sondern als «nicht einteilbar» im Sinne determinierender Klassifikation verstanden, so kann ‹e.I.› auch in die Nähe des ἄτομον εἶδος einerseits und der «eidetischen Singularität» HUSSERLS [4] andererseits rücken.

Anmerkungen. [1] H. LOTZE: Logik (1874) § 34. – [2] Vgl. DESCARTES, Regulae ad dir. ing. 8. Werke, hg. ADAM/TANNERY 10, 399. – [3] J. LOCKE, An essay conc. human understanding (1690) II, 2, 1-2. – [4] z. B. E. HUSSERL: Ideen zu einer reinen Phänomenol. und phänomenol. Philos. 1 (1913) § 12.

Literaturhinweise. J. HERING: Bemerkungen über das Wesen, die Wesenheit und die Idee. Jb. Philos. phänomenol. Forsch. 4 (1921) 495-543. – H. SPIEGELBERG: Über das Wesen der I. Jb. Philos. phänomenol. Forsch. 11 (1930) 1-238. – J. M. LE BLOND: Les natures simples chez Descartes. Arch. Philos. 13/2 (1937) 163-180. – N. GOODMAN: On the simplicity of ideas. J. symbol. Logic 8 (1943) 107-121; The logical simplicity of predicates a. a. O. 14 (1949) 32-41. W. HALBFASS

Ideengeschichte. Die I. kann heute als spezifische Ausprägung der Literatur- und Geistesgeschichte und so auch als deren Verbindungsglied zur Philosophiegeschichte, von der sie ausgegangen ist, aufgefaßt werden. Eine frühe Bestandsaufnahme der «Geschichte der Ideenlehre» durch J. BRUCKER [1] zeigt schon die Vieldeutigkeit und somit die Eignung des Ideenbegriffs als geisteswissenschaftliche Kategorie für geschichtliche Tendenzen, Motive, Kräfte, Haltungen, Stimmungen im geistigen Bereich. Insbesondere *Kants* Fassung des Ideenbegriffs wirkt sich dann dahin aus, daß mit ihm das Anlagemäßige, die Tendenz, die dem Abstand zur Realisierung Rechnung trägt, zuweilen auch der Abstand zwischen Norm und Wirklichkeit, gefaßt werden kann. Die «Historische Ideenlehre» macht seit WEGELIN [2] besonders bei W. VON HUMBOLDT und L. VON RANKE [3] Gebrauch davon, unterstützt durch die im Hegelianismus beliebte Hypostasierung der Ideen zu Gebilden eines substanziellen objektiven Geistes. In der Hegelschule tauchen auch zuerst Programme zu einer «ideographischen und ideologischen» Philosophiegeschichtsschreibung auf. J. G. MUSSMANN postuliert eine «Universalgeschichte», deren «Entwicklungsgang weniger an eine strenge Zeitfolge als an die Aufeinanderfolge und Entfaltung der wissenschaftlichen Prinzipien oder Ideen gebunden, mithin ideologisch und ideographisch sein» muß [4]. In einer bestimmten Perspektive können auch *Marx/Engels'* ‹Deutsche Ideologie› und die daran anknüpfende marxistische Ideologiegeschichte durchaus an diese Tradition angeschlossen werden. Unmittelbarer bereitet daneben die ältere Dogmen- und Meinungsgeschichte der Philosophie, Theologie und Jurisprudenz sowie die vielgestaltige kunst- und literaturgeschichtliche Forschung (Stil-, Motiv-, Gattungsgeschichte) des 19. Jh. den Boden für die moderne I. vor.

Bahnbrechend hat W. DILTHEY mit seinen geistesgeschichtlichen Studien quer durch die literarischen Gattungen hindurch, in welchen er «den Kausalzusammenhang» zwischen Philosophie und allgemeiner Kulturgeschichte «nach seinen Gliedern zu erkennen» bemüht war, gewirkt [5]. In seinem Gefolge stehen Werke wie E. R. CURTIUS' ‹Europäische Literatur und lateinisches Mittelalter› [6], in welchem die literarischen ‹Topoi› als Ideentraditionen untersucht werden. Auch Monographien wie ‹Die Idee der Staatsraison› von FR. MEINECKE [7] können hier eingeordnet werden.

Erst A. O. LOVEJOY hat die I. als eigene Disziplin aufgefaßt und sie in einer Reihe von Arbeiten zu konstituieren gesucht, in denen es ihm darum geht, die «history of philosophy, of literature and the arts, of natural and social sciences, of religion, and of political and social movements» zusammenzufassen und gemeinsam auszuwerten [8]. Beispielhaft hat er in einem bekannten Werk den Gedanken der sozialen und seinsmäßigen Hierachie im abendländischen Denken nachgezeichnet [9]. Das von ihm begründete ‹Journal of the History of Ideas› bildet seit seinem ersten Erscheinen 1940 die Plattform einer ganzen Schule, die darin in eindrucksvollen Einzelforschungen, aber auch in methodologischen und wissenschaftstheoretischen Erörterungen ihre «I.» vorführt [10]. Lovejoy geht es um die geschichtliche Verfolgung von «Unit-ideas», geistiger Einstellungen oder Annahmen [11], «types of categories, thoughts concerning particular aspects of common experience, implicit or explicit presuppositions, sacred formulas and catchwords, specific philosophic theorems, or the larger hypotheses, generalizations or methodological assumptions of various sciences» [12], unter Heranziehung aller disziplinär geschichtlichen Studien. Freilich hat er sich den Vorwurf gefallen lassen müssen, daß diese Betrachtungsweise dazu verführt, auch dort Zusammenhänge kausaler Art zwischen Gedankenmotiven zu konstruieren, wo sie tatsächlich nicht gegeben sind, daß sie also zu wenig einer möglichen Diskontinuität und Gleichursprünglichkeit ähnlicher Denk- und Empfindungsformen verschiedener Zeiten und Länder Rechnung trägt. – Die Entsprechung zur Grundlagendiskussion in der Ethnologie zwischen der auf Kontinuität der Vermittlung und Tradierung der Kulturelemente bedachten Kulturkreislehre und der Kulturmorphologie, die im Anschluß an *Bastians* Lehre vom autochthonen «Elementargedanken» die je eigenständige Entwicklung der Kulturelemente in den «Kulturorganismen» behauptet, liegt auf der Hand.

Eine der Hauptschwierigkeiten besteht hier, wie in allen geisteswissenschaftlichen Studien, darin, sachliche Identitäten jenseits ihrer begrifflichen Fixierungen zu ermitteln und festzuhalten. Denn gleiche Terminologie muß nicht gleichen sachlichen Gehalt, und umgekehrt verschiedene Terminologie nicht verschiedenen Gehalt bedeuten. Der I. geht es aber, anders als der Begriffsgeschichte, welche die geschichtlich wechselnden Bedeutungen der Termini erforscht, um die Eruierung der wechselnden terminologischen Fassung vorgeblich konstanter Bedeutungskomplexe.

Anmerkungen. [1] J. BRUCKER: Tentamen introductionis in historiam doctrinae logicae de ideis (Leipzig 1718); 2., erw. Aufl. (anonym): Hist. philosophica doctrinae de ideis, qua tum veterum imprimis graecorum, tum recentiorum philosophorum placita recensuntur (Augsburg 1723). – [2] Vgl. L. GELDSETZER: Die Ideenlehre Jakob Wegelins (1963). – [3] Vgl. J. GOLDFRIEDRICH: Die hist. Ideenlehre in Deutschland. Ein Beitrag zur Gesch. der Geisteswiss., vornehmlich der Geschichtswiss. und ihrer Methoden im 18. und 19. Jh. (1902). – [4] J. G. MUSSMANN: Grundriß der allg. Gesch. der christl. Philos. mit bes. Rücksicht auf die christl. Theol. (1830) 14. – [5] W. DILTHEY: Arch. der Lit. in ihrer Bedeutung für das Studium der Gesch. der Philos. (1889). Ges. Schr. 4 (1959) 558; vgl. G. MASUR: Wilhelm Dilthey and the hist. of ideas. J. Hist. Ideas (= JHI) 13 (1952) 94-107. – [6] E. R. CURTIUS: Europ. Lit. und lat. MA (1948). – [7] FR. MEINECKE: Die Idee der Staatsräson (1924). Werke 1 (³1963). – [8] A. O. LOVEJOY: The historiography of ideas. Proc. Amer. philos. Soc. 78 (1938) 529-543, auch in: A. O. LOVEJOY: Essays in the hist. of ideas (Baltimore 1948) 1-13; Reflections on the hist. of ideas. JHI 1 (1940) 3-23, auch in: Ideas in cultural perspective, hg. P. P. WIENER/A. NOLAND (New York 1962) 3-23. – [9] A. O. LOVEJOY: The great chain of being. A study of the history of an idea (1936; New York ⁶1965); – [10] Vgl. neben den genannten Arbeiten von Lovejoy A. EDEL: Levels of meaning and the hist. of ideas. JHI 7 (1946) 355-360, auch in WIENER/NOLAND a. a. O. [8]; R. H. PEARCE: A note on method in the history of ideas. JHI 9 (1948) 372-379; P. P. WIENER: Some problems and methods in the hist. of ideas. JHI 22 (1961) 531-548, auch in: WIENER/NOLAND a. a. O. [8]. – [11] Vgl. LOVEJOY, a. a. O. [9] 3-23: Introductory: The study of the hist. of ideas. – [12] A. O. LOVEJOY: The historiography of ideas, a. a. O. [8] 533.

Literaturhinweise. J. Hist. Ideas, hg. A. O. LOVEJOY (New York 1940ff.); dazu: Cumulat. Index Vol. I-XXV (1940-1964), hg. E. F. KANDEL/E. RAPAPORT (New York 1966). – Ideas in cultural perspective, hg. P. P. WIENER/A. NOLAND (New York 1962). – Arch. int. hist. des Idées/ Int. Arch. Hist. Ideas, hg. P. DIBON/ R. POPKIN (Den Haag 1963ff.). – M. MANDELBAUM: The hist. of ideas, intellectual hist. and the hist. of philos., in: The historiography of the hist. of philos. Hist. a. Theory Beih. 5 (1965) 33-66. – J. FERRATER MORA: Art. «Ideas (Hist. de las)» in: Diccionario de Filos. (Buenos Aires ⁵1965) 1, 902.   L. GELDSETZER

Ideenlehre ist der zentrale Begriff, unter dem häufig die platonische Lehre von den Ideen zusammengefaßt wird. Kennt Platon auch ein einheitliches Wort für seinen Ideenentwurf nicht, (die εἰδῶν φίλοι Soph. 246–249 dürften eine Ironisierung sein), so ist doch das Wort ‹I.› in den Philosophiegeschichten vor allem des 19. Jh. gebräuchlich, ohne jedoch immer als Bezeichnung für ein geschlossenes und durchkonstruiertes System der platonischen Philosophie zu dienen [1].

Während bei TENNEMANN, H. RITTER, FR. SCHLEIERMACHER, ED. ZELLER, H. v. STEIN, J. ED. ERDMANN u. a. das Bestreben nach einer Systematisierung der platonischen Philosophie eindeutig vorliegt, überwiegt bei anderen die Skepsis, bei Platon überhaupt von einem Lehrsystem sprechen zu können.

Auch BRANDIS Beschreibung der «Platonischen Lehre» ähnelt sehr der eines in sich geschlossenen Systems, mit Blickrichtung auf den Systemgedanken im Deutschen Idealismus, denn er ist «... überzeugt, daß wir dem Plato wohl eine ebenso frühzeitige Entwicklung der Grundgedanken seiner Lehre zutrauen dürfen, wie sie in unserem Zeitalter bei Fichte und Schelling stattgefunden ...» [2] (ein Gedanke, der sich ähnlich auch schon bei Tennemann findet); doch fänden sich, da Brandis die Bedeutung des Dialogs, als dessen « Urheber» er Plato bezeichnet, immer wieder hervorhebt «... bei Plato nur Anfänge der von ihm beabsichtigten systematischen Deduction ...».

Wie sehr jedoch die Konzeption eines feststehenden Systems bei Platon dessen eigentlicher Form des Philosophierens widerspräche, wird u. a. schon von FR. SCHLEGEL betont: «Plato hatte nur eine Philosophie aber kein System, und wie die Philosophie selbst mehr ein Streben nach Wissenschaft als eine vollendete Wissenschaft ist, findet sich dieses bei ihm in einem vorzüglichen Grade» [3]. Auch HEGEL verneint einen Systematisierungsgedanken bei Platon: «... zur wissenschaftlichen systematischen Darstellung ist diese erst bei Aristoteles gediehen...» und wirft ihm vor: «... dieser Mangel ist dann auch Mangel in Ansehung der konkreten Be-

stimmung der Idee selbst» [4]. Ähnlich äußert sich UEBERWEG/PRAECHTER: «Weder aus Platon's Werken noch aus den Berichten des Aristoteles läßt sich ein festgegliedertes zusammenhängendes darstellbares ‹System› rekonstruieren. Seine Lehren erscheinen in seinen Werken im Flusse einer ständigen Entwicklung, und ihr volles Verständnis ist deshalb nur auf dem Wege genetischer, nicht systematischer Betrachtung an Hand der einzelnen Dialogen zu gewinnen» [5].

Unterstützt wird diese Skepsis gegenüber einem platonischen Lehrsystem durch die Reflexion auf die Methode des Dialogs, die Platon als Form seiner Philosophie wählte. So hebt schon FR. SCHLEGEL nachdrücklich hervor: « Plato's Gespräche sind Darstellungen des gemeinschaftlichen Selbstdenkens. Ein philosophisches Gespräch aber kann nicht systematisch sein, weil es dann nicht mehr Gespräch, sondern nur eine anders modifizierte systematische Abhandlung wäre und systematisch sprechen überhaupt widersinnig und pedantisch erscheinen müßte» [6]. Bekanntlich ist dies ein Grundgedanke H.-G. GADAMERS, den er auch auf die Platondeutung appliziert: « Die angemessene Interpretationsmethode gegenüber dem Philosophen Plato ist eben nicht die, sich an den pedantischen Begriffsbestimmungen festzuhängen und Platos ‹Lehre› zu einem einheitlichen System auszubilden ..., sondern den Gang des Fragens, den der Dialog darstellt, als Fragender nachzugehen und die Richtung zu bezeichnen, in die Platon nur weist, ohne sie zu gehen. Nur unter dieser Voraussetzung gibt es überhaupt eine Lehre Platos, deren Untersuchung Gegenstand philosophisch-historischer Forschung sein kann» [7].

Zusammenfassend ist zu sagen, daß sich bei dem Wort ‹I.› kein Terminologisierungsprozeß feststellen läßt: Befürworter und Gegner einer Systematisierung der platonischen Philosophie gebrauchen es in gleicher Weise. Von daher ist auch eine neuerlich feststellbare Vermeidung des Begriffs ‹I.› zugunsten etwa von ‹Ideenphilosophie› durch die Geschichte des Wortes ‹I.› nicht erfordert.

Anmerkungen. [1] Vgl. FR. SCHLEGEL: Die Entwickl. der Philos. (1804-1805). Krit. A., hg. E. BEHLER (1958ff.) 12, 224; G. W. F. HEGEL: Vorles. über die Gesch. der Philos. Werke, hg. GLOCKNER (1928) 18, 243; H. RITTER: Gesch. der Philos. 2 (1830) 271f.; ED. ZELLER: Die Philos. der Griechen in ihrer gesch. Entwickl. 2 (²1859) 412. – [2] CHR. A. BRANDIS: Hb. der Gesch. der griech.-röm. Philos. (1844) 162. – [3] SCHLEGEL, a. a. O. [1] 209. – [4] HEGEL, a. a. O. [1] 186. – [5] FR. ÜBERWEG: Grundriß der Gesch. der Philos. 1: Die Philos. des Altertums, hg. K. PRAECHTER (¹²1926, ND 1960 u. ö.) 328. – [6] SCHLEGEL, a. a. O. [1] 210. – [7] H.-G. GADAMER: Platos dialektische Ethik und andere Stud. zur polit. Philos. (1968) 8f.   ULRIKE MÖRSCHEL

Identifikation wird (bzw. wurde) in zwei Bereichen der Psychologie in drei grundlegend verschiedenen Bedeutungen verwendet. In der *Psychologie der Persönlichkeitsentwicklung*, namentlich in der Psychoanalyse und in den von ihr beeinflußten Schulen, bedeutet ‹I.› den Vorgang der *Übernahme* (Assimilation) von *Verhaltensweisen* (auch kognitiven), *Motiven, Einstellungen* (Normen) und *Persönlichkeitseigenschaften* eines « Modells»: sich mit jemandem identifizieren (vgl. II).

In der allgemeinen *Psychologie kognitiver Funktionen* sind zwei selbständige Bedeutungen zu unterscheiden: Einmal spricht man von ‹I.› im Sinne von (ein Objekt) *Erkennen* und Wiedererkennen: etwas als etwas identifizieren (vgl. I, 2). Gleichfalls im Bereich der kognitiven Psychologie ist neben dieser Hauptbedeutung ein besonderer Sprachgebrauch zu verzeichnen, der aber keine nennenswerte Verbreitung gefunden hat und der inzwischen – zumindest in der Psychologie – nicht mehr vorkommt: ‹I.› als In-Eins-Setzung, als *Fusion* zweier oder mehrerer zunächst nicht-identischer *psychischer Inhalte:* miteinander identifiziert werden (vgl. I, 1).

I. – 1. Als ‹I.› bezeichnete F. BRENTANO die vorstellungsmäßige Ineinssetzung verschiedener Attribute oder Teile in einem Ganzen. Die Attribute eines Dings lassen sich zwar als selbständig und voneinander unabhängig denken – und in dieser Abstraktion sind sie traditionell in der Logik abgehandelt worden –, isoliert vorstellen lassen sie sich dagegen nicht: In der Vorstellung des roten Flecks sind die Attribute der Form und der Farbe in-eins-gesetzt, «identifizierend miteinander verbunden», wie Brentano sich ausdrückt [1]. Das bedeutet, daß sie eine festere Verbindung als die einer bloßen Koexistenz eingehen. Dabei muß diese phänomenale I. dem Begriff und der Sache nach deutlich geschieden werden von einer logischen I. (Logische I. hätte zur Folge, daß die miteinander identifizierten Inhalte wechselseitig voneinander aussagbar sind.) So betont Bretano, «daß, wer zwei Merkmale in der Vorstellung attributiv identifiziert, hiermit noch nicht ein Urteil fällt, welches eins von dem anderen aussagt ...» [2]. In einem späteren Diktat hat er erneut dargelegt, daß sich sein I.-Konzept auf die Anschauung und nicht auf das Urteil bezieht [3].

Brentanos I.-Begriff ist 1931 von N. ACH wiederaufgenommen worden; er hat dabei sowohl eine definitorische Erweiterung wie auch eine besondere theoretische Interpretation erfahren [4]. Die Erweiterung bezieht sich darauf, daß von I. nicht mehr nur dann die Rede ist, wenn Phänomene fusionieren, sondern bei jeder Verschmelzung von «psychischen Tatbeständen überhaupt» [5]. So gilt z. B. die Verschmelzung der Netzhautbilder der beiden Augen als I. par excellence. Die theoretische Interpretation besteht in der Annahme, daß im Vorgang der I. – sozusagen zur Kompensation für den mit ihr stattfindenden Verlust der Identität der in sie eingehenden Inhalte – ein neuer seelischer Faktor produziert wird: z. B. der Faktor «räumliche Tiefe» bei der binokularen Fusion, aber auch – und das zeigt die gedankliche Spannweite der Konzeption Achs – der Faktor «Bedeutung» bei der Verschmelzung von ideellem Objekt und Lautzeichen in der Sprache [6]. Ach sah in diesem Geschehensschema ein psychologisches Grundgesetz; er kennzeichnete es als «Kompensations- oder Produktionsprinzip der I.» [7].

Aus der psychologischen Diskussion ist mittlerweile nicht das von Brentano und Ach gemeinte Phänomen, sondern das Wort ‹I.› zur Bezeichnung dieses Phänomens verschwunden. Schon zu Lebzeiten dieser Autoren wurden von anderen Theoretikern andere Ausdrücke bevorzugt: So war das Phänomen, daß die – mutmaßlichen – Elemente einer Vorstellung diese nicht summativ konstituieren, sondern eine festere Beziehung eingehen, in W. WUNDTS Psychologie unter Hinweis auf die schöpferische Natur assoziativer Verschmelzungsprozesse (Assimilationen) abgehandelt worden [8]; in der Gestaltpsychologie wurde dann, noch über Brentano und Ach hinausgehend, der Elementarcharakter der «Elemente» geleugnet: Die Attribute überlagern sich nicht isoliert, sondern werden – so K. DUNCKER – als Bestimmungsstücke «einem einheitlichen ‹Dingmodell› eingefügt ...» [9]. Im gleichen Sinne hat W. METZGER gegenüber Ach betont, daß Ganzqualitäten nicht als Verschmelzungsprodukte von Elementen resultieren, sondern ursprüngliche Phänomene sind [10].

Anmerkungen. [1] F. BRENTANO: Psychol. vom empirischen Standpunkt (1874), hg. O. KRAUS (1924/25) 2, 146. – [2] ebda. – [3] a. a. O. 204ff. – [4] N. ACH: Das Kompensations- oder Produktionsprinzip der I. Ber. 12. Kongr. dtsch. Ges. Psychol. (1931) 280-288. – [5] a. a. O. 280. – [6] 281-283. – [7] 280. – [8] W. WUNDT: Grundzüge der physiol. Psychol. (⁵1903) 3, 535. – [9] K. DUNCKER: Zur Psychol. des produktiven Denkens (1935) 93. – [10] W. METZGER: Psychol. (²1954) 54-61.

2. Sieht man von dieser inzwischen erloschenen Bedeutungtradition des Wortes ‹I.› ab, so verbleibt im allgemeinpsychologischen Bereich seine Hauptbedeutung als «Erkennen» oder «Wiedererkennen». Die zahlreichen Texte von Autoren, die ‹I.› lediglich als austauschbares Synonym für ‹Erkennen› verwenden [1], bleiben an dieser Stelle außer Betracht. Zu erwähnen sind aber zwei Bedeutungsvarianten von ‹I.›, in denen dieser Ausdruck gegenüber dem allgemeinen Erkennensbegriff deutliche Einschränkungen zum terminus technicus erfahren hat: I. als *Methode* und I. als *theoretischer Prozeß.*

Aus der großen Zahl der natürlichen Situationen und der experimentellen Verfahren, in denen Vorgänge der Informationsverarbeitung untersucht werden können, werden gewöhnlich als I.-*Aufgaben* bzw. -*methoden* diejenigen bezeichnet, bei denen folgende Situationsstruktur vorliegt: jeder I.-Vorgang besteht (in äußerlicher Betrachtung) darin, daß ein Beobachter auf einen Reiz in einer spezifischen Form reagiert. Im strengsten Falle ist dabei vorausgesetzt, daß zuvor mit ihm ein Satz möglicher Reize, ein Satz möglicher Reaktionen sowie eine Vorschrift für die Zuordnung zwischen Reizen und Reaktionen vereinbart worden ist. Vereinbarungen dieser Art sind nur in künstlichen Laborsituationen notwendig; in natürlichen Situationen können sie entfallen. Ein Beobachter, welcher z. B. liest, erfüllt genau die skizzierten Bedingungen: Er ordnet einzelnen «Reizen» (gedruckten Wörtern) nach vorgegebenen «Regeln» (die er in diesem Fall in der Schule erlernt hat), in (meist) eindeutiger Weise «Reaktionen» zu. Der künstlichen wie der natürlichen Situation ist gemeinsam, daß das Verhalten des Beobachters – nach Maßgabe der impliziten oder expliziten Regeln – richtig oder falsch sein kann. – I.-Methoden gehören neben Wiedererkennungs- und Vergleichs- bzw. Diskriminationsmethoden zum Standardrepertoire derjenigen Aufgabentypen, mit denen traditionell Erkennungsvorgänge und ähnliche perzeptive Prozesse untersucht werden.

Manche Autoren subsumieren alle Situationen und Methoden, die diesen Bedingungen genügen, unter dem Titel ‹I.› (I. im weiteren Sinne) [2]. Häufig wird aber noch eine weitere Einteilung vorgenommen, die sich auf die Eindeutigkeit der Zuordnungsregeln bezieht: Unterscheidet man zwischen den Fällen, in denen eine umkehrbar-eindeutige 1:1-Beziehung zwischen Reiz und Reaktion besteht, und solchen, in denen mehrere Reize auf eine einzige Antwort konvergieren (Zuordnung nicht umkehrbar eindeutig), so unterscheidet man – logisch gesprochen – zwischen I. im engeren Sinne und Klassifikation [3]. (Der dritte denkbare Fall, in dem pro Reiz mehrere Reaktionen zulässig sind, ist theoretisch belanglos.) Die Unterscheidung zwischen ‹I. (i. e. S.)› und ‹Klassifikation› wird besonders im Zusammenhang informationstheoretischer Analysen des Erkennens wichtig: In der I. findet «information conservation», in der Klassifikation «information reduction» statt (Terminologie nach M. J. POSNER [4]). Das bedeutet, daß sich im Fall der I. (i. e. S.) in den Reaktionen die gleiche Differenziertheit widerspiegelt, die in den Reizen vorhanden war; im Fall der Klassifikation findet zwischen den Reizen und den Reaktionen Informationsverlust statt: Aus den Reaktionen lassen sich die vorausgegangenen Reize nicht mehr rekonstruieren. Wie weit diese formal unterschiedlichen Anforderungen der beiden Aufgabentypen sich in den Erkennungsprozessen selbst auswirken, bleibt offen. Bisweilen wird zur Relativierung der Schärfe dieser Unterscheidung darauf hingewiesen, daß auch im Fall der I. (i. e. S.) de facto eine Klassifikation stattfindet, weil eine gewisse Variationsbreite des Reizereignisses immer in Rechnung zu stellen ist: Das gleiche Reizobjekt erzeugt bei wiederholter Darbietung stets leicht variierende Reizmuster am Sinnesorgan.

In manchen neueren Modellen kognitiven Verhaltens wird das Wort ‹I.› im Sinne eines *theoretischen Begriffs* zur Bezeichnung desjenigen Teilprozesses zwischen Reiz und Reaktion verwendet, in dem eine Zuordnung oder ein Vergleich zwischen einer Repräsentation des Reizes und einer oder mehreren Repräsentationen von Gedächtnisstellen vorgenommen wird [5]. Vielfach wird der I.-Vorgang als Mittelglied in einer Kette von drei Teilprozessen aufgefaßt: 1. Reizaufbereitung (als Erzeugung einer Reizrepräsentation); 2. I. (als Vermittlung zwischen der peripher anstehenden und der zentral gespeicherten Information und 3. Interpretation oder Reaktionsauswahl (als Einleitung eines der erkannten Situation angemessenen Denkvorgangs oder einer entsprechenden Handlung) [6]. Ein vollständiger Informationsverarbeitungsvorgang umfaßt in der Regel alle drei Teilvorgänge, doch können für bestimmte Aufgaben unter Umständen die späteren Teilprozesse entfallen [7].

Anmerkungen. [1] z. B. TH. ZIEHEN: Leitf. der physiol. Psychol. (¹¹1920) 363; TH. HERRMANN: Informationstheoret. Modelle zur Darstellung der kognitiven Ordnung. Hb. der Psychol. 1/2, hg. R. BERGIUS (1964) 643. – [2] P. D. BRICKER: The I. of redundant stimulus patterns. J. exp. Psychol. 49 (1955) 73ff. – [3] Vgl. A. C. STANILAND: Patterns of redundancy (Cambridge 1966) 142; E. J. GIBSON: Principles of perceptual learning and development (New York 1969) 180. – [4] M. J. POSNER: Information reduction in the analysis of sequential tasks. Psychol. Rev. 71 (1964) 491-504. – [5] R. M. GAGNÉ: Human functions in systems, in: Psychol. principles in system development, hg. R. M. GAGNÉ (New York 1962) 40. 46ff. – [6] Vgl. z. B. a. a. O. 45-53; A. T. WELFORD: Fundamentals of skill (London 1968) Kap. 3. – [7] A. F. SANDERS: Psychol. der Informationsverarbeitung (1971) 10ff.
W. PRINZ

II. S. FREUD, dem die Einführung des I.-Begriffes im *persönlichkeitspsychologischen* Sinne zugeschrieben wird [1], verwendet den Terminus in verschiedenen Bedeutungen:

1. I., die am Subjekt angreift, d. h. das Subjekt verhält sich in Übereinstimmung mit einem Muster, z. B. die I. des kleinen Knaben mit dem als Ideal angesehenen Vater. Solche am Subjekt angreifenden I. (beim Mädchen betreffen sie die Mutter) sind Vorläufer der Objektwahl, ja machen diese überhaupt erst möglich [2].

2. I. mit krankhaften Merkmalen von Partnern. Für diese I.-Form lassen sich drei Unterkategorien unterscheiden: a) Die I. erfolgt, um dadurch diejenige Person zu besitzen, die der betreffende Partner besitzt. Beispiel: Ein kleines Mädchen macht die Hustenanfälle der Mutter nach und dokumentiert über diese Symptomidentität mit der leidenden Mutter seine positive Gefühlseinstellung zum Vater [3]. b) Ein Individuum identifiziert sich, um diejenige Person, mit deren Symptom die I. vorgenommen wird, selbst zu besitzen. In einem derartigen Fall tritt die I. anstelle der «Objektwahl». – c) I. wird eingesetzt, um zum Ausdruck zu bringen, man habe und genieße dieselben Ansprüche und dieselben Befriedigungen zumindest in der Phantasie wie diejenige Person, deren Symptomatik übernommen wird. Beispiel: I. mit hysterischen, pseudoepileptischen Krampfanfällen einer Bezugsperson, die deren sexuelle Bedürfnisse wie die sie verbietenden Tendenzen simultan darstellen [4].

3. I. spielen nach Freud eine sehr bedeutungsvolle Rolle bei der Entwicklung des Charakters [5]: «... der Charakter des Ichs ...» ist «ein Niederschlag aufgegebener Objektbesetzungen» [6]. Anfänglich sind dabei Objektbesetzungen und I. unuterscheidbar, man spricht in diesem Stadium auch von «primärer I.» [7]. Sie ist «überhaupt die Bedingung, unter der das Es seine [äußeren] Objekte aufgibt [8]. Nach einer geglückten ersten oder « Ur-I.» [9], nach dem Erwerb einer «primären Identität» [10] werden dann sekundäre I. möglich. Ihre Bedeutung für Lernvorgänge und den Übergang vom psychischen Primärprozeß zum Sekundärprozeß werden allgemein anerkannt [11].

4. Wenn durch Regression aus späteren Entwicklungsstadien I. im Ich mit bestimmten Beziehungspersonen, die «Liebesobjekte» repräsentieren, zustande kommen, dann spricht man von «narzißtischer I.» oder «totaler I.» [12].

5. Eine totale sekundäre I. ist die «I. mit dem Aggressor» [13], die eine Entwicklungsstufe des Über-Ichs darstellt. Es handelt sich um eine ausgesprochene «Abwehr-I.» [14]. Die unter 1. genannte «Subjekt-I.» hat demgegenüber mehr den Charakter einer «Entwicklungs-I.» [15].

Wie aus Vorstehendem ersichtlich, benutzt Freud den Terminus ‹I.› zur Kennzeichnung von Vorgängen, die einmal das «Ich» als solches betreffen, zum anderen vom Ich durchgeführt werden. In beiden Fällen handelt es sich aber um unbewußte und unabsichtlich ablaufende Prozesse, die, von triebhaften Bedürfnissen initiiert, im Rahmen bestimmter affektiv-emotionaler Verhältnisse ablaufen und im Dienste der phasenspezifischen Lebensbewältigung stehen. Alle I.-Formen, die die Psychoanalyse unterscheidet, stehen anstelle einer tabuierten Befriedigung, und demgemäß liegt ihre gemeinsame Wurzel in der Tatsache, daß sie Äquivalente ganzer oder partieller, aufgegebener Objektbesetzungen sind. In dieser Perspektive haben I. den Charakter von Abwehrmaßnahmen, d. h. sie erlauben eine Fortsetzung des Lebens ohne das bisherige Objekt, dessen äußerer oder innerer (durch Besetzungsabzug bewirkter) Verlust durch die I. kompensiert wird; die Triebökonomie bleibt so erhalten, denn die dereinst von dem äußersten Objekt bzw. dessen Repräsentanz abgesättigten Triebe werden jetzt durch die I. zur Abfuhr gebracht oder durch sie gebunden.

6. In der allgemeinen Persönlichkeitspsychologie wird der Terminus ‹I.› z. B. zur beschreibenden Kennzeichnung von so verschieden Sachverhalten benutzt wie: Sympathie, Altruismus, Loyalität, Unterwürfigkeit usw. [16]. Um diese Bedeutungsausdehnung des Begriffs zu vermeiden, wird vorgeschlagen, mit ‹I.› nicht eine «Verhaltenskategorie», sondern einen definierten «Mechanismus» zu kennzeichnen [17]. I. ist demgemäß ein mehr oder minder unbewußter Mechanismus, der im Unterschied zur bewußten Imitation steht und insgesamt «unrealistische» Züge hat [18], denn das sich identifizierende Subjekt kann in tatsächlich nicht so sein, wie das zur I. dienende Modell. Nach N. STANFORD werden I. ausgelöst bzw. erzwungen durch Bedrohung des Selbstwertgefühls. Insofern sind I. «fehlangepaßte Krisenreaktionen» [19].

7. Zum Zwecke der lerntheoretischen Erklärung werden I. verstanden als Übernahme von «Attributen, Motiven und Eigenschaften» eines «Modells», das deshalb gewählt wird, weil es «Ziele erreicht und Befriedigungen findet», die vom sich identifizierenden Subjekt erstrebt werden [20] (ähnlich etwa dem unter 2. angeführten letzten Fall, zu dessen Kennzeichnung es gehört, die gleiche Befriedigung durch Übernahme krankhafter Symptome zu finden, wie sie dem Modell zugeschrieben werden); I. dient demgemäß «dem Wunsch, angenehme Erfahrung zu produzieren» [21] bzw. durch I. mit der Macht des Modells gefährliche Situationen zu meistern [22]. Differenzierung der verschiedenen I. im Sinne dieser Betrachtung erfolgt über die ihr zugrunde liegenden Motive und Ziele [23], wobei die letzten vor allem vom Streben nach «Bemeisterung und nach Liebe» bestimmt werden [24]. Wenn man I. definiert als Übereinstimmung bzw. Ähnlichkeit der «vermittelten Prozesse» («mediating processes») von Subjekt und Modell (z. B. bezüglich der Übereinstimmung von Bedeutungsgehalten), dann lassen sich I. experimentell verifizieren und die ihr Zustandekommen entscheidenden Faktoren (z. B. Angst) nachweisen [25].

8. Neben den bisher genannten «echten» oder «wahren» I. – eine Kennzeichnung, die ihnen zukommt, insofern sie a) im Rahmen echter Gefühlsbindungen an Beziehungspersonen geschehen und b) in das Ich-Selbst-System übernommen werden – gibt es sogenannte Pseudo-I. [26] und Über-I. [27], die zu unechten «als-ob»-Persönlichkeiten [28] führen, deren Erleben und Handeln dann von einem «falschen Selbst» [29] gesteuert wird. Hierher gehören auch «multiple» I., die offenbar den klinisch und literarisch bekannten Fällen «multipler Persönlichkeiten» zugrunde liegen [30]. – Eine besondere Rolle spielen sogenannte «Versuchs-I.», die wir mit unseren Mitmenschen probeweise vollziehen [31], um deren Verhalten zu verstehen; sie dienen der Einfühlung oder Empathie [32].

9. Von *soziologischer* Seite wurde der I.-Begriff von T. PARSONS aufgegriffen. Ausgehend vom psychoanalytischen Konzept führte ihn seine Begriffsanalyse zu einer Definition von I., die die Art der internalisierten Objekte neu bestimmt. Über die in der I. stattfindende Internalisierung von moralischen Normvorstellungen hinaus werden auch kognitive und Ausdrucks-Stile von den Eltern übernommen; damit aber – so hebt Parsons hervor – bewirkt I. die Übernahme von Kultur schlechthin [33]. Weiterhin deutet er den Vorgang der I. als *sozialen* Vorgang, der sich zwischen zwei Rollenträgern ereignet. Da I. vom sich identifizierenden Subjekt aus nur mit einer der möglichen Rollen des Modells stattfindet, kann es auch nur partielle I. geben [34].

Anmerkungen. [1] E. C. TOLMAN: I. and the post-war world. J. abnorm. soc. Psychol. 38 (1943) 41-148. – [2] S. FREUD: Massenpsychologie und Ich-Analyse (1921). Werke 13, 115. 116. – [3] Bruchstück einer Hysterie-Analyse (1905). Werke 5, 179ff. 207. 245ff. – [4] Die Traumdeutung (1900). Werke 2/3, 154ff. – [5] Das Ich und das Es (1923). Werke 13, 257. – [6] a. a. O. 259. – [7] 259. – [8] 257. – [9] W. LOCH: Anm. zur Pathogenese und Metapsychol. einer schizophr. Psychose. Psyche 15 (1961/62) 715. – [10] H. LICHTENSTEIN: The role of narcissism in the emergence and maintenance of a primary identity. Int. J. Psychoanal. 45 (1964) 52ff.; R. A. SPIEGEL: Selbst, Selbstgefühl und Wahrnehmung. Psyche 15 (1961/62) 211ff. – [11] CH. BRENNER: An elementary textbook of psychoanal. (New York 1955); W. M. BRODY und V. P. MAHONY: Introjection, I. and incorporation. Int. J. Psychoanal. 45 (1964) 57, zit. 61. – [12] S. FREUD: Vorles. zur Einf. in die Psychoanal. (1917). Werke 11, 443; O. FENICHEL: I. Int. Z. Psychoanal. 12 (1926) 309, ND in: The Collected papers 1 (New York 1953) 105; K. LANDAUER: Spontan-Heilung einer Katatonie. Int. Z. ärztl. Psychoanal. 2 (1914). – [13] S. FREUD: Das Ich und die Abwehrmechanismen (1936, zit. London 1946) 125ff. – [14] O. H. MOWRER: Learning theory and personality dynamics (New York 1950). – [15] a. a. O.; J. SANDLER: On the concept of the super-ego. Psychoanal. Stud. Child 15 (New York 1960) 150. – [16] N. STANFORD: The dynamics of I. Psychol. Rev. 62 (1955) 106. – [17] a. a. O. 108. – [18] 109. – [19] 112; Beispiel bei B. BETTELHEIM: Individual and mass behaviour in extreme situations. J. abnorm. soc. Psychol. 38 (1943) 417-452. – [20] J. KAGAN: The concept of I. Psychol. rev. 65 (1958) 296, zit. 298. – [21] R. PETERSON, in: R. R. SEARS u. a.: Patterns of child rearing (Evanston, Ill. 1957) 370. – [22] KAGAN, a. a. O. [20] 301. – [23] ebda. – [24] 302ff. – [25] L. M. LAZOWICK: On the nature of I. J. abnorm. soc. Psychol. 51 (1955) 175; S. M. STOKE: An inquiry into the concept of I. J. genet. Psychol. 76 (1950) 163-189. – [26] L. EIDELBERG: Pseudo-I. Int. J. Psychoanal. 19 (1938) 321. – [27] M. OWEN: Over-I. in the schizophrenic child and its relationship to treatment. J. nerv. ment. Dis. 121 (1955) 223. – [28] H. DEUTSCH: Some forms of emotional disturbance and their relation to schizophrenia. Psychoanal. An., in: art. 2 (1942) 301. – [29] D. W. WINNICOTT: Psychosis and child care, in: Coll. papers (New York 1958) 225; Metapsychol. and clin. aspects of regression a. a. O. 291ff. – [30] FREUD, a. a. O. [5] 259. – [31] R. FLIESS: The metapsychology of the analyst. Psychoanal. Quart. 2 (1942). – [32] FREUD, a. a. O. [5] 119. 121; W. LOCH: Voraussetzungen, Mechanismen und Grenzen des psychoanal. Prozesses (1965) 40ff. – [33] T. PARSONS u. a.: Papers in the theory of action (Glencoe, Ill. 1953) 13-29. – [34] T. PARSONS und R. F. BALES: Family socialization and interaction process (Glencoe, Ill. 1956) 65ff.

Literaturhinweise. U. BRONFENBRENNER: Freudian theories of I. and their derivatives. Child Develop. 31 (1960) 15-40. – D. WYSS: Die tiefenpsychol. Schulen von den Anfängen bis zur Gegenwart (²1966). W. LOCH

Identität (griech. ταυτότης, lat. identitas, ital. identità, frz. identité, engl. identity, dtsch. auch Selbigkeit, Einerleiheit)

I. Der Ausdruck ‹I.› bezeichnet eine gedankliche Beziehung, welche die durch das diskursive Denken ermöglichte Vervielfältigung der Vergegenwärtigung eines Gegenstandes aufhebt. «A ist identisch mit B» besagt dann: Trotz der Verschiedenheit der Bezeichnung durch ‹A› und ‹B› ist das damit Bezeichnete nicht Verschiedenes, weshalb die Vervielfältigung und die Unterschiedenheit der Glieder der I.-Beziehung allein im Denken gründet. In weiterer philosophischer Analyse wird die I. in Abhebung von Differenz aufgefaßt und als Möglichkeitsbedingung des Unterschiedenen und Vielfältigen gesehen.

Literaturhinweise. E. MEYERSON: La notion de l'identique. Rech. philos. (1933/34) 1-17. – G. SIEWERTH: Der Thomismus als I.-System (1939). – J. HELLIN: El principio de identidad comparada segun Suárez. Pensamiento 6 (1950) 435-463. – M. HEIDEGGER: I. und Differenz (1957). O. MUCK

II. ‹I.› heißt in Logik und Mathematik eine ausgezeichnete zweistellige Relation, nämlich diejenige, in der jeder Gegenstand allein zu sich selbst steht. Als Relationszeichen wird meist ‹ $\equiv$ › gebraucht und die zugehörige Aussageform mit Gegenstandsvariablen ‹x› und ‹y› wie üblich ‹$x \equiv y$› geschrieben (gelesen: x identisch [mit] y): genau wenn die Konstanten ‹a› und ‹b› (z.B. Eigennamen oder Kennzeichnungen) denselben Gegenstand benennen, ist die Aussage ‹$a \equiv b$› wahr.

Die I. oder *identische Relation* ist neben der universellen Relation, die zwischen je zwei beliebigen Gegenständen besteht, die einzige Relation, die in beliebigen Gegenstandsbereichen sinnvoll ist und mit dem jeweiligen Gegenstandsbereich zusammen stets als explizit gegeben angesehen werden kann. (Das ist auch für diejenige Abbildung φ zwischen zwei – gegebenenfalls denselben – Gegenstandsbereichen richtig, die jeden Gegenstand auf sich selbst abbildet: $x \xrightarrow{\varphi} x$, also $\varphi\imath x = x$ (der Wert von φ an der Argumentstelle x ist x); da die zur Abbildung φ durch die Definition $xRy \leftrightharpoons \varphi\imath x = y$ kanonisch zugeordnete Relation R die I. ist, nennt man auch φ die *identische Abbildung* oder die I.)

Als vollständige oder totale Gleichheit ist die I. ein Spezialfall der Gleichheit (griech. ἰσότης, lat. aequalitas, Relationszeichen: ‹ = ›), die ihrerseits auch als teilweise oder partielle I. bezeichnet und oft mit der I. verwechselt wird. Von einer Gleichheit zwischen Gegenständen zu reden, erfordert im Unterschied zur I. stets die Angabe eines Bezugs, hinsichtlich dessen die Gleichheit besteht, etwa Typengleichheit bei Industrieprodukten oder Größengleichheit bei physikalischen Gegenständen relativ zu einer Maßgröße (Länge, Gewicht, elektrische Ladung usw.), bei geometrischen Figuren z. B. die Ähnlichkeit oder die Inhaltsgleichheit. Die erste sorgfältige Unterscheidung dieser verschiedenen Gleichheiten findet sich bereits bei ARISTOTELES: I. unter dem Titel τὸ ταὐτὸν ἀριθμῷ (numerische Gleichheit), daneben speziell noch Artgleichheit und Gattungsgleichheit: τὸ ταὐτὸν εἴδει bzw. γένει, sowie die übrigen Gleichheiten als ὅμοια, Ähnlichkeiten [1].

Allgemein handelt es sich bei den Gleichheiten um Äquivalenzrelationen, das sind beliebige zweistellige Relationen R auf einem Gegenstandsbereich, sofern sie nur die Eigenschaften der Reflexivität, Symmetrie und Transitivität besitzen. Insgesamt gleichwertig sind damit die Eigenschaften der Reflexivität und Komparativität. Dabei heißt R reflexiv, wenn $\bigwedge_x xRx$ gilt, symmetrisch, wenn $\bigwedge_{x,y}(xRy \to yRx)$ gilt, transitiv, wenn $\bigwedge_{x,y,z}(xRy \wedge yRz \to xRz)$ gilt, und komparativ, wenn $\bigwedge_{x,y,z}(xRz \wedge yRz \to xRy)$ (und $\bigwedge_{x,y,z}(zRx \wedge zRy \to xRy)$), aber diese Rechtskomparativität ist wegen der Symmetrie mit der Linkskomparativität gleichwertig) gilt.

Die I. ist die feinste Äquivalenzrelation, weil für jede Äquivalenzrelation R die Implikation $x \equiv y \prec xRy$ generell gilt. Oft wird die I. als *konkrete* Gleichheit den übrigen Äquivalenzrelationen auf dem fraglichen Gegenstandsbereich als *abstrakten* Gleichheiten gegenübergestellt. Da in Aussagen die Gegenstände, über die ausgesagt wird, durch Nominatoren (Eigennamen, Kennzeichnungen) vertreten sein, muß es für die Geltung der Aussage unerheblich sein, welcher Nominator auftritt, sofern nur derselbe Gegenstand durch ihn vertreten wird. Daher gilt für jede Aussage A die folgende *Ersetzungsregel*: $n \equiv m$; $A(n) \Rightarrow A(m)$. Schon bei ARISTOTELES wird eine mathematische Spezialisierung dieser Regel – mit Größen als Gegenständen und dem Abgezogenwerden von Größen als paradigmatischer Aussage (Gleiches (ἴσα) von Gleichem abgezogen, ergibt Gleiches [2]) – unter die gemeinsamen Überzeugungen (κοιναὶ δόξαι) gerechnet.

Zusammen mit der Reflexivität $\bigwedge_x x \equiv x$ ist die I. durch die Ersetzungsregel auch eindeutig bestimmt, so daß in Kalkülen der Quantorenlogik sowie in axiomatischen Theorien eine Prädikatkonstante ‹ ≡ › mit den folgenden *Gleichheitsaxiomen* hinzugefügt werden kann [3]: (1) $x \equiv x$, (2) $x \equiv y \wedge A(x) \to A(y)$, sofern x frei für y in $A(x)$ ist (d. h. die Variable x ist in $A(x)$ an der zu ersetzenden Stelle frei – also nicht durch einen x-Quantor gebunden – und außerdem auch nicht im Wirkungsbereich eines y-Quantors, damit nach der Ersetzung durch y auch die Variable y an dieser Stelle frei bleibt. Fast immer wird in formalen Systemen ‹ = › statt ‹ ≡ › verwendet, weil für beliebige Äquivalenzrelationen statt

‹ = › das Zeichen ‹ ∼ › in Gebrauch ist; entsprechend wird statt von ‹ I. › und ‹ Gleichheitsrelationen › jeweils von ‹ Gleichheit › und ‹ Äquivalenzrelationen › gesprochen. Zuweilen heißt (1) ausdrücklich das *Prinzip der I.* [4], häufig jedoch gelten (1) und (2) zusammen als die beiden *I.-Prinzipien* [5].

Neben der so als ausgezeichnete zweistellige Relation auf beliebigen Gegenstandsbereichen eingeführten I. ist es seit LEIBNIZ üblich, auch die folgende, mit rein logischen Mitteln definierte und daher als *logische Gleichheit* bezeichnete Relation ‹ = › ‹ I. › zu nennen:

$$(*) \quad n = m \leftrightharpoons \bigwedge_A (A(n) \leftrightarrow A(m))$$

(In Worten: Die mit ‹ n › und ‹ m › benannten Gegenstände heißen logisch gleich, wenn, bei beliebiger Wahl von Aussagen, eine Aussage über n stets mit der entsprechenden Aussage über m gleichwertig ist; diese sorgfältige Unterscheidung von Gegenstand und Namen wird erst seit FREGE [6] und PEIRCE [7] gemacht, obwohl schon bei ARISTOTELES die moderne Genauigkeit vorweggenommen ist (Dinge sind identisch (ταὐτά), wenn alles, was vom einen ausgesagt wird, auch vom andern ausgesagt werden sollte [8]); ohne sie hat das Prinzip bei LEIBNIZ zwei – nachweisbar äquivalente – Fassungen, eine metaphysische oder ontologische: «il n'y a jamais dans la nature deux Etres qui soyent parfaitement l'un comme l'autre, et où il ne soit possible de trouver une difference interne, ou fondée sur une denomination intrinseque» [9] – und eine logische: «eadem sunt quorum unum in alterius locum substitui potest, salva veritate» [10].)

Diese Definition ist in der Leibnizischen Formulierung als *principium identitatis indiscernibilium* (Ununterscheidbarkeitssatz [11]) tradiert worden und dient in Logikkalkülen höherer Stufe bzw. in der Mengenlehre als Mittel zur definitorischen Einführung der I. [12]. Ersichtlich sind nämlich aufgrund der für die I. charakteristischen Identitätsprinzipien, speziell des Ersetzungsaxioms, I. und logische Gleichheit gleichwertig: $x \equiv y \leftrightarrow x = y$ ist generell gültig.

Der Ununterscheidbarkeitssatz erschöpft sich jedoch nicht in einer definitorischen Eliminierbarkeit der I. Auch die übrigen durch Äquivalenzrelationen gegebenen – abstrakten – Gleichheiten sind mit einer logischen Gleichheit gleichwertig, wenn nur der zu dem indefiniten Allquantor in (*) gehörige Aussagebereich geeignet eingeschränkt wird [13]. Ist ‹ ∼ › eine beliebige Äquivalenzrelation auf einem Gegenstandsbereich, so heiße eine Aussage A *invariant bezüglich* ‹ ∼ ›, wenn die Implikation $x \sim y \prec A(x) \leftrightarrow A(y)$ generell gilt. Wird jetzt in (*) der Aussagebereich auf derart ∼-invariante Aussagen eingeschränkt, so ist die logische Gleichheit zwischen Gegenständen relativ zu ∼-invarianten Aussagen mit der ursprünglichen Äquivalenz zwischen ihnen gleichwertig, d. h. äquivalente Gegenstände sind durch invariante Aussagen nicht unterscheidbar, ebenso wie identische Gegenstände auch bei Zulassung beliebiger Aussagen nicht unterscheidbar sind. Man kann daher bei Vorliegen einer Äquivalenzrelation ‹ ∼ › sagen, daß man durch *Abstraktion* von den ursprünglichen – konkreten – Gegenständen zu neuen – abstrakten – Gegenständen übergehe, wenn beim Reden über die konkreten Gegenstände nur ∼-invariante Aussagen verwendet werden: die jeweils äquivalenten konkreten Gegenstände werden bei diesem Abstraktionsprozeß miteinander *identifiziert*, die Äquivalenz zwischen den konkreten Gegenständen wird zur I. zwischen den neugewonnenen abstrakten Gegenständen, und die konkreten Gegenstände – im

Fall von Zeichen – können dann überdies als Eigennamen der zugehörigen Abstrakta verwendet werden. Einen wichtigen Spezialfall bilden die durch die Äquivalenzrelation ‹Synonymität› zwischen Termini erzeugten Abstrakta, die *intensionalen Bedeutungen* oder *Begriffe*; gelten hingegen Termini bzw. die zugehörigen Aussageformen als äquivalent, wenn sie von denselben Gegenständen erfüllt werden, so sind die zugehörigen Abstrakta die *extensionalen Bedeutungen* oder *Klassen*. Aber auch umgekehrt lassen sich in mengentheoretischer Ausdrucksweise ganz allgemein die abstrakten Gegenstände als *Äquivalenzklassen* der konkreten Gegenstände verstehen.

Die generelle Gleichheit zwischen Termen
$$\bigwedge_x (T(x) = S(x)),$$
z. B. die für alle Zahlen erfüllte Gleichung $x + x = 2x$, ist ebenfalls eine Äquivalenzrelation, die zur Abstraktion von Funktionen aus Termen führt, so daß die Termgleichheit eine I. der zugehörigen Funktionen bedeutet. Daher ist es üblich, solche generellen Gleichheiten ‹I.› zu nennen [14]. Einen Spezialfall davon bilden die klassisch-logischen Äquivalenzen oder – gleichwertig damit – die Tautologien, die auch als I.en oder – im Fall der Tautologien – als ‹*identisch wahre*› Aussageschemata bezeichnet werden [15]. Gelegentlich erhält ausdrücklich die spezielle Tautologie $A \rightarrow A$ (wenn A dann A) den Namen ‹*Satz der Identität*› (principium identitatis) [16], wenngleich darunter in der traditionellen Logik die Geltung des *identischen Urteils* ‹*A* ist *A*› (z. B. ‹Baum ist Baum›, modern zu lesen entweder – extensional – als: $\bigwedge_x (x \varepsilon \text{Baum} \rightarrow x \varepsilon \text{Baum})$, also als eine generalisierte Form der Tautologie $A \rightarrow A$, oder – intensional – als eine terminologische Regel ‹Baum ⇒ Baum›, also als Regel über die Beibehaltung einer einmal vereinbarten Verwendung eines Terminus: Grundsatz der Einerleiheit [17]) verstanden wird einschließlich der Geltung von Urteilen ‹ *A* ist *B* ›, wenn der Prädikatterminus *B* unter den Termini einer Definition des Subjektterminus *A* enthalten ist (z. B. ‹Mensch ist Lebewesen› relativ zur Definition von ‹Mensch› als ‹vernünftiges Lebewesen›); in diesem Fall analytischer Urteile wird dann genauer auch von ‹*relativ identischen*› oder ‹*virtuell identischen*› Urteilen gesprochen [18].

Anmerkungen. [1] Vgl. ARISTOTELES, Top. 103 a; Met. V, 9. – [2] Met. 1061 b 19-25; Anal. post. 77 a 30f.; ebenso EUKLID, Elementa I, Axiom 3. – [3] Vgl. P. LORENZEN: Formale Logik (³1967) Kap. VI; so erstmals bei G. FREGE: Begriffsschrift (1879, ²1964) §§ 20f. unter dem Titel ‹Grundgesetze der Inhaltsgleichheit›; die noch immer ausführlichste Darstellung bei D. HILBERT und P. BERNAYS: Grundlagen der Math. 1 (1934, ²1968) §§ 5a. 7e. – [4] Vgl. HILBERT/BERNAYS, a. a. O. 166. – [5] Vgl. A. CHURCH: Introd. to math. logic 1 (Princeton 1956) § 48; W. V. O. QUINE: Methods of logic (New York ²1959) § 35. – [6] G. FREGE: Grundgesetze der Arithmetik I (1893, ²1962) § 20, aber hier noch axiomatisch als Grundgesetz III, nicht als eine Definition. – [7] C. S. PEIRCE: On the algebra of logic. A contribution to the philos. of notation (1885), in: Coll. papers 1-6, hg. C. HARTSHORNE/ P. WEISS (Cambridge, Mass. 1931-35) 3, 210-238; die korrekte Definition der log. Gleichheit findet sich in § 3.398. – [8] Vgl. ARISTOTELES, Top. 151 b 28-152 b 35, bes. 152 b 27f. – [9] G. W. LEIBNIZ, Philos. Schriften, hg. C. I. GERHARDT (1875-90, ND 1965) (= PSG) 6, 608. – [10] PSG 7, 219. – [11] Vgl. K. LORENZ: Die Begründung des principium identitatis indiscernibilium. Studia Leibnitiana, Suppl. 3 (1969) 149-159. – [12] Vgl. A. N. WHITEHEAD und B. RUSSELL: Principia math. 1 (1910, ²1925) *3 (Identity); dazu: H. REICHENBACH: Elements of symbolic logic (London/ New York 1947, ²1966) § 43; W. V. O. QUINE: Word and object (New York 1960) §§ 24. 47. u. ö. – [13] Vgl. P. LORENZEN: Gleichheit und Abstraktion. Ratio 4 (1962) 77-81. – [14] Vgl. H. MESCHKOWSKI: Math. Begriffswb. (1965) Art. ‹I.›. – [15] z. B. bei S. C. KLEENE: Introd. to metamathematics (New York 1952); H. SCHOLZ und G. HASENJAEGER: Grundzüge der math. Logik (1961); aber auch schon die log. wahren Aussagen in der

traditionellen Logik, vgl. LEIBNIZ, Nouveaux Essais IV, 8. PSG 5, 409ff.; De principiis, in: Opuscules et frg. inéd., hg. L. COUTURAT (Paris 1903, ND 1966) (= OFC) 183f. u. ö. – [16] Vgl. G. KLAUS: Moderne Logik (²1965) 76; PEIRCE, a. a. O. [7] § 3. 376. – [17] Vgl. M. W. DROBISCH: Neue Darstellung der Logik nach ihren einfachsten Verhältnissen, mit Rücksicht auf Math. und Naturwiss. (²1851) § 55. – [18] Vgl. ebda.; LEIBNIZ, Essais de Calcul logique. OFC 259-273; Generales Inquisitiones de Analysi Notionum et Veritatum. OFC 356-399; OFC 186f. u. ö.

Literaturhinweise. G. FREGE: Über Sinn und Bedeutung. Z. Philos. u. philos. Kritik, NF 100 (1892) 25-50. – W. WINDELBAND: Über Gleichheit und I. (1910). – R. GÖLDEL: Die Lehre von der I. in der Logikwiss. seit Lotze (1935). – H. SCHOLZ: Met. als strenge Wiss. (1941). – W. V. O. QUINE: Identity, ostension, and hypostasis, und: Reference and modality, in: From a logical point of view (Cambridge, Mass. 1953); Notes on existence and necessity. J. of Philos. 40 (1943) 113-127; dtsch.: Bemerk. über Existenz und Notwendigkeit, in: Zur Philos. der idealen Sprache. Texte von QUINE, TARSKI, MARTIN, HEMPEL und CARNAP, hg. u. übers. J. SINNREICH (1972). – N. GOODMAN: On likeness of meaning. Analysis 10 (1949) 1-7. – D. WIGGINS: Identity and spatio-temporal continuity (Oxford 1967). – J. L. AUSTIN: The meaning of a word, in: Philosophical Papers, hg. J. O. URMSON/ G. J. WARNOCK (Oxford ²1970) 55-75. – Vgl. auch Anm. [1-18].
K. LORENZ

Identität, Ich-Identität. Theoretisch hat sich das Problem der Ich-Identität (= I.-Id.) aus Aporien der Rollentheorie ergeben, die in dem engen Rahmen ihrer Grundannahmen zahlreiche, durch sie selbst erst gestellte Probleme nicht lösen konnte: z. B. das Problem, wie die Person die Vielzahl ihr zugemuteter Rollen zu einem zwar differenzierten, aber noch konsistenten Ich integriert. Schwierigkeiten bereitete auch eine angemessene Theorie des Rollenlernens oder das Problem einer zu engen, repressiven, letztlich pathogenen Verpflichtung auf rollengemäßes Verhalten [1]. Der Einbau psychoanalytischer Theorieelemente führte von hier aus zu einem neuen Lösungsansatz.

S. FREUD hat den Begriff der I.-Id. nirgends theoretisch relevant verwendet. Gleichwohl bildet die psychoanalytische Theorie der frühkindlichen Entwicklung und das ihr zugrunde liegende Persönlichkeitsmodell den Hintergrund vieler soziologischer und sozialpsychologischer Id.-Theorien. Als der bedeutendste Protagonist der sozialwissenschaftlichen Rezeption Freudscher Motive darf wohl T. PARSONS gelten, der (uminterpretierte) Teilstücke der Psychoanalyse seiner weithin akzeptierten Sozialisationstheorie zugrunde legte. – Auch E. H. ERIKSON, der dem Begriff der «Identität» in den Sozialwissenschaften Anerkennung verschafft hat, ist psychoanalytisch orientiert.

Die Persönlichkeitsentfaltung des Kindes und des Jugendlichen deutet er als eine Abfolge phasenspezifischer psychosozialer Krisen. Sozialisation stellt er als eine Kette von übernommenen und abgestoßenen Identifikationen mit primären Bezugspersonen vor, die erst mit der Adoleszenz abschließt. Nach Erikson ist daher eine Person erst nach Abschluß der Adoleszenz mit sich identisch; erst dann kann ihr ‹I.-Id.› zugesprochen werden. Erikson definiert I.-Id. als die «Überzeugung ..., daß das Ich wesentliche Schritte in Richtung auf eine greifbare kollektive Zukunft zu machen lernt und sich zu einem definierten Ich innerhalb einer sozialen Realität entwickelt» [2]. Die I.-Id. bedeutet so für Erikson, sich einerseits einem Kollektiv zugehörig fühlen und sich dabei zugleich als einmaliges Individuum wissen. – Mit dem Begriff ‹personale Id.› bezeichnet er die wahrnehmbare Sich-Selbstgleichheit und Kontinuität der Person in der Zeit. – Analog zum Begriff der personalen Id. auf der Ebene des personalen Systems benutzt Erikson den Begriff ‹Gruppen-Id.› auf der Ebene des sozialen Systems. Unter ‹Gruppen-Id.› versteht er die Konstanz der Symbole einer Gruppe trotz Fluktuation der Gruppenmitglieder – analog zur Konstanz der biographischen Orientierungsmuster eines Individuums im Fortschreiten der Zeit.

In der deutschen Übersetzung erscheint G. H. MEADS Begriff ‹self› als ‹Id.›. Diese Übersetzung ist sinnvoll unter dem Aspekt, daß der Begriff ‹Id.› recht gut die reflexive Fähigkeit eines Subjekts bezeichnet, sich zu sich selbst wie zu einem anderen Subjekt zu verhalten. Das ist für Mead kein Akt einsamer Selbstreflexion; gerade soziales Handeln kommt nach ihm dadurch zustande, daß interagierende Subjekte die Einstellung des jeweils anderen Interaktionspartners antizipieren und sich selbst aus dessen Perspektive wahrnehmen («taking the role of the other»). – Für jenen Teil der Id., der aus der Summe der Erwartungen des «generalized other» resultiert, gebraucht Mead den Begriff ‹me›. Das ‹I› bezeichnet im Subjekt die Instanz für Spontaneität und Kreativität, deren Entstehung allein aus Interaktionserfahrung nicht erklärt werden kann. – Das «me» geht dem «I» genetisch voran. Die Person bildet sich durch Internalisierung von Fremderwartungen, die an es in (über gemeinsame Symbolsysteme gesteuerten) Interaktionen gerichtet werden. Die Äußerungen des «I» bedürfen der durch das «me» vorgegebenen Darstellungsformen. Mead bezeichnet dieses Phänomen mit dem Begriff ‹Institution›: «an institution is nothing but an organization of attitudes which we all carry in us» [3].

Dieser Ansatz steht FREUDS Theorie des psychischen Apparats nahe. Die Gesellschaft (Kultur) ist als kontrollierende Instanz im Subjekt in Form des «Über-Ichs» präsent. Das «Über-Ich» entspricht durchaus dem Meadschen «me», ebenso wie Freuds «Vater» Meads «generalized other» entspricht.

In Anlehnung an G. H. Mead betont A. STRAUSS, daß die Identität der Person wesentlich in der sozialen Sphäre konstituiert wird. Dem Diktum des «to take the role of the other» gemäß vollzieht sich die Selbsteinschätzung einer Person nicht unabhängig von den Partnern, mit denen man interagiert. Die personale Identität ist so oft nicht mehr – das ist die Strausssche Metapher – als ein Reflexbündel in einem Mehrfachspiegel [4]. Daraus ergibt sich die Notwendigkeit, die Konstitution personaler Id. in Interaktionsprozessen zu untersuchen. Durch eine solche Fundierung von Id. wird deutlich, wie riskant, voraussetzungsvoll und krisenanfällig die Stabilisierung und Transformation von Id. ist. In kritischer Absetzung von Persönlichkeitstheorien psychoanalytischer Provenienz begreift Strauss Id.-Wandel nicht als «Variation über ein Grundthema» [5]. Diese Theorien ignorierten den «unabgeschlossenen, tentativen, explorativen, hypothetischen, abschweifenden, wandelbaren oder teilweise unabeinheitlichen Charakter menschlicher Handlungsläufe» [6]. Strauss weist aber zugleich darauf hin, daß Id.-Transformationen zum großen Teil institutionell präformiert sind (z. B. Braut/Frau/Mutter, Lehrling/Geselle/Meister usw.). Institutionen bzw. strukturierte Interaktionen (Strauss) erlauben so einen stabilen Wandel von personaler Id. Zwar lehnt es Strauss ausdrücklich ab, Id. zu definieren. Doch läßt sich, geht man seinen Ausführungen über die Rolle der Sprache bei Id.-Transformationen nach, Id. in seinem Sinn bestimmen als die Adäquanz des sprachlich artikulierbaren Selbstdeutungsschemas eines Individuums zu dem jeweiligen Stadium seiner psychosozialen Entwicklung. Id.-Wandel vollzieht sich nach Strauss im Medium von Sprache.

Jedem Stadium der Biographie entspricht eine bestimmte Terminologie, ein bestimmtes Klassifikationsschema.

Für E. GOFFMAN ist die Situation von «Stigmatisierten» Ausgangspunkt und zugleich Illustrationspotential seiner Überlegungen zu Identitätsproblemen [7]. Als «stigmatisiert» bezeichnet er ganz allgemein Menschen, die außerstande sind, typisierten Erwartungen zu entsprechen: z. B. Zuchthäusler, Homosexuelle, Blinde, Krüppel usw. In Interaktionen mit «Normalen» empfiehlt es sich für den «Stigmatisierten» Normalität zu fingieren. Diese Schein-Normalität («phantom-normalcy») macht einerseits Interaktionen noch möglich, andererseits enttäuschungsfest für den Fall des Mißlingens.

Solche Grenzfälle von Id.-Behauptung sind für Goffman aufschlußreich für eine Technologie der Bewältigung bedrohter Id. überhaupt. Seine an krassen sozialen Ausnahmesituationen gemachten Beobachtungen hält er für voll applikabel auf die Situation des «normalen», sich selbst darstellenden Individuums, insofern «stigmatisiert» auch jeder «Normale» unter dem Aspekt ist, daß es ihm kaum je gelingt, *allen* normierten und stereotypisierten Erwartungen voll zu genügen. Ebenso wie der manifest «Stigmatisierte» bildet auch der «Normale» eine «phantom-normalcy» aus. – Da aber zugleich die Gesellschaft den Individuen ansinnt, einmalig und unverwechselbar zu sein, bilden sie parallel dazu auch immer eine «phantom-uniqueness».

Nach Maßgabe der in Rollen institutionalisierten Erwartungen wird dem Individuum eine «soziale Id.» angesonnen. Im Begriff ‹personale Id.› ist für Goffman die Unverwechselbarkeit des Individuums gemeint. Sie ergibt sich zunächst aus der organischen Einmaligkeit jeder Person, sodann aus der je einmaligen Kombination lebensgeschichtlicher Daten. Weiterhin bezeichnet ‹personale Id.› schlicht das Objekt von moralischer und rechtlicher Zurechnung. – Diesen beiden Id. stellt Goffman die nur vom Subjekt selbst erfahrbare I.-Id. gegenüber. – Er betont die Schwierigkeit, in den von ihm sogenannten «total institutions» (Gefängnissen, Kasernen, psychiatrischen Kliniken) noch I.-Id. aufrechtzuerhalten. Die Übereinstimmung von objektiv geltenden Normen und subjektiven Bedürfnisdispositionen, die repressive Institutionen zu erzwingen suchen, kann so letztlich mit Goffman als der Versuch umschrieben werden, I.-Id. in soziale Id. aufzulösen.

Um die deutsche Rezeption und Systematisierung der nahezu ausschließlich in den USA entwickelten Konzepte von I.-Id. hat sich J. HABERMAS verdient gemacht. Er bestimmt rollentheoretisch die «Ich-Struktur» mit Hilfe der in seiner Diltheyinterpretation benutzten Begriffe der «persönlichen» und «sozialen Id.» [8]. Übernommen hat er diese Begriffe von Goffman [9]. Die persönliche Id. äußert sich in der Einheit einer unverwechselbaren Lebensgeschichte, die soziale Id. in der Zugehörigkeit eines Individuums zu verschiedenen Bezugsgruppen. Persönliche Id. sichert «vertikal» die Konsistenz eines lebensgeschichtlichen Zusammenhangs, soziale Id. garantiert «horizontal» die Erfüllbarkeit der differierenden Ansprüche aller Rollensysteme, denen die Person zugehört. I.-Id. ist für Habermas so die Balance von sozialer und persönlicher Id. Hergestellt und aufrechterhalten wird diese Balance durch eine nur paradox zu beschreibende Interaktionstechnik: Einerseits insistiert die Person auf ihrer sozialen Id., indem sie mit den Gegenspielern der jeweiligen Interaktionssituation im Rahmen normierter Erwartungen identisch zu sein versucht (phantom-normalcy); andererseits versucht sie, diese Id. als eine nur scheinhafte zu signalisieren, um nicht den Anspruch auf individuelle Unverwechselbarkeit aufgeben zu müssen (phantom-uniqueness).

I.-Id. ist schließlich – und damit vereinigt Habermas alle vorläufigen Definitionen – die Fähigkeit, die gestörte Balance jener zwei Fiktionen wiederherzustellen.

Anmerkungen. [1] L. C. WYNNE u. a.: Pseudogemeinschaft in den Familienbeziehungen von Schizophrenen. Schizophrenie und Familie (1970) bes. 55-68. – [2] E. H. ERIKSON: Id. und Lebenszyklus (1970) 17. – [3] G. H. MEAD: Mind, self and society (³1965) 211. – [4] A. STRAUSS: Spiegel und Masken. Die Suche nach Id. (1968) 34. – [5] a. a. O. 97. – [6] ebda. – [7] E. GOFFMAN: Stigma. Über Techniken der Bewältigung beschädigter Id. (1967). – [8] J. HABERMAS: Erkenntnis und Interesse (1969) 178-203. – [9] Vgl. dazu Thesen zur Theorie der Sozialisation (1970, Vorles.-Ms.).

Literaturhinweise. T. PARSONS: The position of identity in the general theory of action, in: CH. GORDON/K. GERGEN JR. (Hg.): The self in social interaction 1 (1968). – G. H. MEAD s. Anm. [3]; dtsch. Geist, Identität und Gesellschaft (1968). – E. GOFFMAN s. Anm. [7]. – A. STRAUSS s. Anm. [4]. – E. H. ERIKSON s. Anm. [2]. – J. HABERMAS: Der Universalitätsanspruch der Hermeneutik, in: Dialektik und Hermeneutik. Festschr. H.-G. Gadamer (1970). – L. KRAPPMANN: Soziol. Dimensionen der Id. (1971). – D. DE LEVITA: Der Begriff der Id. (1971). H. DUBIEL

Identitätsphilosophie bezeichnet die von SCHELLING erstmals 1801 formulierte und in den Schriften bis 1806 entfaltete Konzeption, die er selbst stets «absolutes Identitätssystem» [1] genannt hat, während sich in der sofort heftig einsetzenden Polemik der Terminus ‹I.› dafür einbürgerte, so z. B. bei HEGEL [2].

Um Natur und Geist, die beiden Gegenstände der Philosophie, und damit Ideelles und Reelles spekulativ als Einheit und Ganzheit zu begreifen, muß die Philosophie in den Indifferenzpunkt zwischen beiden gelangen, von dem aus sich das Absolute als ungeschiedene Identität ergreifen läßt. Es ist nichts anderes als die Vernunft, das Medium der Philosophie; sie hat die Mannigfaltigkeit des Seienden als ihre Erscheinung zu begreifen. Jedes Existierende ist auf seine Weise Einheit von Subjektivität und Objektivität, die jeweils in einem gradweise, quantitativ verschiedenen Verhältnis zueinander stehen – in SCHELLINGS mehrfach abgewandeltem Schema:

$$\frac{\overset{+}{A} = B \qquad A = \overset{+}{B}}{A = A}.$$

A und *B* sind einander gleich nur im Indifferenzpunkt, je nach der Entfernung von diesem wächst das Übergewicht des einen Faktors. Alles Wirkliche ist darum niemals für sich allein genommen wirklich, es existiert nur, sofern ihm anderes die Waage hält. Das Absolute, in Anlehnung an Spinoza auch ‹Substanz› genannt, ist zugleich auf eine wesentliche und unteilbare Weise alle Dinge, während das von der natürlichen Weltansicht als das Konkrete betrachtete Einzelding nur die Verneinung dessen ist, was eigentlich existiert. In einer Potenzenlehre hat Schelling diese Lehre der Naturmannigfaltigkeit wie der Vielfalt des Geschichtlichen spekulativ anzugleichen versucht. Die Schwierigkeit, damit auch die geschichtliche Individualität und die Geschichte als Verlauf zu denken, führte ihn zu seiner Freiheitslehre und schließlich zur «positiven Philosophie».

Anmerkungen. [1] F. W. J. SCHELLING: Darstellung meines Systems der Philos. (1801). Werke, hg. K. F. A. Schelling (1856-1861) 4, 113. – [2] G. W. F. HEGEL: Enzyklop. der philos. Wiss. im Grundrisse. Vorrede zur zweiten Ausgabe 1827.

Literaturhinweise. K. L. REINHOLD: Anleitung zur Kenntnis und Beurteilung der Philos. in ihren sämmtlichen Lehrgebäuden (1805) 147-154: Von dem absoluten Dogmatismus, oder dem sogenannten Identitätssysteme. – J. ED. ERDMANN; Versuch einer wiss. Darstellung der Gesch. der neuern Philos. (Neu-A. 1932) 3/2, 309-352. – N. HARTMANN: Die Philos. des dtsch. Idealismus 1 (1923) 153-162. – H. ZELTNER: Schellings philos. Idee und das Identitätssystem (1931); Schelling (1954) 53-55. 286-295. – H. PLESSNER: Das Identitätssystem. Studia philos. 14 (Basel 1954) 68-84. – X. TILLIETTE: Schelling. Une philos. en devenir 1 (Paris 1971) 305-438. H. ZELTNER

Identitätsprinzip (principium identitatis) wird mit dem Widerspruchsprinzip und dem Prinzip vom ausgeschlossenen Dritten herkömmlicherweise zu den ersten Denk- und Seinsprinzipien gerechnet. Die genaue Formulierung dieses Prinzips ist umstritten. Man nimmt an [1], daß es zuerst im 14. Jh. von ANTONIUS ANDREAS in der Formulierung « Ens est ens» als ursprüngliches und oberstes ontologisches Prinzip herausgestellt worden ist. In der Neuzeit wird es verschieden bewertet: Bei J. LOCKE wird ihm in der Formulierung «Whatever is, is» Sicherheit zuerkannt, es wird aber als eine « trifling proposition» für fast wertlos erklärt [2]. G. W. LEIBNIZ schreibt ihm dagegen in der Formulierung « Chaque chose est ce qu'elle est» großen Erkenntniswert als Prinzip der ewigen Wahrheiten zu [3]. CHR. WOLFF faßt es als Principium certitudinis: «Quodlibet, dum est, est, hoc est, si *A* est, utique verum est, *A* esse» [4] und «Quodlibet, dum est, necessario est» [5], ohne es aber dem Widerspruchsprinzip vorzuordnen. In logistischen Systemen entsprechen solchen Formulierungen Formeln von der Art

$$p \leftrightarrow p, \quad \bigwedge_x (x = x), \quad \bigwedge_f (f(x) \leftrightarrow f(x)).$$

Gegenüber derartigen Formulierungen wurde eingewendet, daß sie tautologisch seien [6]. Nach M. HEIDEGGER [7] verdeckt die Formel «*A* = *A*» gerade das, was damit gesagt werden sollte, nämlich: «Jedes *A* ist selber dasselbe», oder mit PLATON ἕκαστον … ἑαυτῷ ταὐτόν («jedes selber ihm selbst dasselbe») [8], so daß sich die Formulierung ergäbe: « Mit ihm selbst ist jedes *A* selber dasselbe» [9]. In der Selbigkeit ist eine Beziehung des « Mit», der Vermittlung, enthalten, die nicht eine leere Identität ist, sondern eine synthetische Vermittlung in der Identität, die, vorbereitet von Leibniz und Kant, in der Philosophie des deutschen Idealismus entfaltet wurde. Dabei deutet das ‹ist› in der Formulierung des I. darauf hin, daß zu jedem Seienden als solchem diese vermittelte Identität mit sich selbst gehört. Geschichtlich kann verwiesen werden auf den Satz von PARMENIDES: « Nötig ist es zu sagen und zu denken, daß nur das Seiende ist, denn Sein ist, ein Nichts dagegen ist nicht» (… ἔστι γὰρ εἶναι, μηδὲν δ' οὐκ ἔστιν) [10].

Wie auch schon L. FUETSCHER [11] weist E. CORETH darauf hin, daß die Notwendigkeit des Identischseins das entscheidende nicht-tautologische Moment ist. Er schlägt zwei Formulierungen vor, eine ontische: « Insofern Seiendes ist, ist es notwendig seiend», und eine ontologische: « Sein ist notwendig Sein». Dies bringe eine Bedingung der Möglichkeit des Denkens überhaupt zum Ausdruck [12].

Unter Verweis auf PARMENIDES: « Denn dasselbe ist Denken und Sein» (… τὸ γὰρ αὐτὸ νοεῖν ἐστίν τε καὶ εἶναι) [13] sucht HEIDEGGER I. weiter zu deuten als Ausdruck einer ursprünglichen Zusammengehörigkeit von Denken und Sein, in der Mensch und Sein einander übereignet sind [14]. Nach J. LOTZ werde dabei aber nicht genügend berücksichtigt, daß diese sich ereignende

Identität von Denken und Sein als abkünftige auf eine ursprüngliche zurückverweise [15].

Bezüglich der Frage, ob das Widerspruchsprinzip oder das I. als erstes Prinzip angesehen werden könne, sucht L. DE RAEYMAEKER eine vermittelnde Lösung: Beide sind Formulierungen desselben sachlichen Gehaltes. Da in der Gewinnung von Wissen das Positive dem Negativen vorangeht, habe das I. hier den Vorrang. Methodisch komme dem Widerspruchsprinzip ein Vorrang zu, da die reductio ad absurdum die klarste Beweisform sei [16]. Im Sinn J. MARÉCHALS ließe sich dies so deuten: Primär sei die Seinsbejahung und damit das I. Das Widerspruchsprinzip jedoch zwinge uns, zwischen den verschiedenen Weisen zu unterscheiden, in denen dem Gegebenen Sein zugesprochen werden kann [17]. Weiterhin kann der Satz «Das Seiende ist» als Ausdruck verschiedener Seinsauffassungen gedeutet werden: Während KANTS Auffassung interpretierbar wäre als «Das Seiende (= Gegenstand des Denkens) ist (nämlich als phänomenale Realität)», würde MARÉCHAL im Sinne der Tradition der Metaphysik die Interpretation vorziehen «Das Seiende (= Gegenstand des Denkens) ist (indem es zum absoluten Bereich des Seins gehört)» [18].

Anmerkungen. [1] Vgl. H. MEYER: Systemat. Philos. 1 (1955) 259. – [2] J. LOCKE: Essay conc. human understanding (London ²1694) IV, 7, §§ 4. 10f.; ähnlich bereits F. SUÁREZ, Disp. met. d. 3, s. 3, n. 4. – [3] G. W. LEIBNIZ, Nouveaux Essais IV, 2. Philos. Schr., hg. GERHARDT 5, 343. – [4] CHR. WOLFF, Ontol. § 55. – [5] a. a. O. § 288. – [6] Vgl. F. SLADECZEK: Das Widerspruchsprinzip und der Satz vom zureichenden Grund. Scholastik 2 (1927) 1-37, bes. 1-4. – [7] M. HEIDEGGER: Identität und Differenz (1957) 13-34. – [8] PLATON, Soph. 254 a. – [9] HEIDEGGER, a. a. O. [7] 15. – [10] PARMENIDES, VS 28 B 6. – [11] L. FUETSCHER: Die ersten Seins- und Denkprinzipien. Philos. und Grenzwiss. 3/2-4 (1930) 81-83. – [12] E. CORETH: Met. (²1964) § 37, S. 238-240. – [13] PARMENIDES, VS 18 B 3. – [14] HEIDEGGER, a. a. O. [7] 18. – [15] J. LOTZ: Ontol. (Barcelona 1962) n. 220f. – [16] L. DE RAEYMAEKER: Met. generalis (Löwen 1931) 83-86. – [17] Vgl. O. MUCK: Die transzendentale Methode in der scholast. Philos. der Gegenwart (1964) 9f. 18. – [18] J. MARÉCHAL: Le point de départ de la mét. Première rédaction, in: Mélanges J. Maréchal 1 (Paris 1950) 288-298, bes. 292f.   O. MUCK

Identitätssystem, Identität, Indifferenz.

SCHELLINGS Philosophie zeichnet sich aus durch die Einheit grundlegender Positionen seines Werks, zugleich aber auch – unter veränderten gesellschaftlichen und philosophischen Bedingungen – durch den Wandel materialer Bestimmungen zur Lösung durchgängiger Probleme. So ist sein *Identitätssystem* (Is.), 1801 in der ‹ Darstellung meines Systems der Philosophie › erstmals konzipiert [1], der zugleich theoretischen und praktischen Grundfrage der Transzendentalphilosophie – nach den Möglichkeitsbedingungen von Erkenntnis, Produktion der Welt durch das Ich und von Freiheit – als unverzichtbarem Zweck mit neuen Mitteln verpflichtet. Als Theorie der «absoluten Identität» (I.), die «schlechthin ist», die «ewige Wahrheit» und «Unendlichkeit» innehat, gilt ihr: «Alles, was ist, ist an sich Eines» [2]. Das Is. hat «Spinoza hierin zum Muster genommen» [3] und denkt die I. von Sein und intellektueller Anschauung, von Realität und Idealität, von Natur, Geist und Absolutem: «Die absolute I. ist nicht Ursache des Universums, sondern das Universum selbst» [4]. Schelling hieß das Is. als Vereinigung seiner bisher unterscheidbaren Transzendental- und Naturphilosophie deren «Indifferenzpunkt», die «Einheit von Idealismus und Realismus» [5]. Erkenntnistheoretisch (hier gleichermaßen metaphysisch) setzt es die I. eines «absoluten Ich» mit dem Absoluten in der Vernunft; sein praktisches Postulat ist die «absolute

Harmonie der Notwendigkeit und Freiheit» in Gott, die empirisch nur in der «Gattung», der «Geschichte im Ganzen», nicht im Einzelnen ausgedrückt sein kann» [6].

Die im Is. angezielte Einheit von Philosophie und System, die Prinzipiendebatte über die Subjekt-Objekt-Beziehung und über Freiheit und Notwendigkeit, indizieren Schellings Idealismuserbe *und* seine Kritik an der transzendentalen Geschichtsphilosophie. Seine Kritik an FICHTES Bestimmung der Philosophie – für den die Wissenschaftslehre «Erkenntniss der gesamten Erkenntniss, der Erkenntnis als ein System» [7] ist – wiederholt und übersteigt seine *Kant*kritik: Den Dualismus von Erscheinung und Ding an sich, Grundirrtum der analytischen Transzendentaltheorie, vermag der subjektive Idealismus nicht zu überwinden; den Prozeß der Erkenntnis und der Produktion von Welt durch das Ich von der Existenz des Nicht-I., vom Nicht-Ich als objektivem, vorgegebenen Seiendem abhängig zu machen, entspricht den Antinomien der reinen Vernunft. Für das Is. gelten dagegen die unterscheidbaren Modi des Seins und des Seienden nur als «quantitative Differenz» [8], als «Potenzen» (Entwicklungsstufen im Prozeß des Absoluten) [9]: Antinomien sind Fehlleistungen des Verstandes, nur scheinbar der Vernunft immanent; sie haben keine ontologische Basis. Da die «quantitative Differenz von Subjektivem und Objektivem», bei welcher die Transzendentalphilosophie ihre Schranken findet, «der Grund aller Endlichkeit» [10] ist, verhindert sie den Zugang zum Universum, den Begriff des Absoluten.

Zur wesentlichen Aufgabe des Is. wird deshalb die Depotenzierung des Ich, seine Deduktion aus der Natur und die Rückkehr zu einer «absoluten Vernunft», die als «totale Indifferenz [Ind.] des Subjektiven und Objektiven gedacht» werden kann [11]. Mit der Zielvorstellung des Is. – «Das höchste Ziel aller Vernunftwesen ist die Identität mit Gott» [12], nicht mehr die Autonomie des Subjekts in freiem Handeln – ändert sich notwendig die Definition des Erkenntnisträgers der Philosophie: Bereits im Transzendentalsystem (1800) beweist die «Deduktion eines allgemeinen Organons der Philosophie, oder: Hauptsätze der Philosophie der Kunst nach Grundsätzen des transzendentalen Idealismus» [13] die Tendenz zur Ästhetik. Es ist jetzt «die Kunst das einzige wahre und ewige Organon zugleich und Dokument der Philosophie» [14]. Der dialektische geschichtsphilosophische Verweisungszusammenhang von gesellschaftlich-rechtlicher Praxis und philosophischer Wissenschaft wandelt sich zur Synthese des ästhetischen Akts, in dessen Vollzug im Genie ein «wissendes Handeln und ein handelndes Wissen» identisch werden [15]. Der Forderung des Is. nach der «Einheit von Schönheit und Wahrheit» [16] ist in der Konstruktion «des Universums in der Gestalt der Kunst» [17] Genüge getan: Die Konstruktion des Universums ist zugleich die Rekonstruktion der im Abfall des Menschen von Gott verlorenen «absoluten I.». Mit diesem Begriff einer universalen ästhetischen Anschauung stellte sich Schelling an die Seite FR. SCHLEGELS und wurde zum Mitbegründer der romantischen Kunsttheorie, nachdem sich bereits seine spekulative Naturphilosophie als Grundlage der romantischen Versöhnung mit der All-Natur erwiesen hatte.

Zu den zentralen Kategorien des Is. gehört die mit «absolute I.» oft synonym verwandte «absolute Ind.». Für SCHELLING ist bereits in den naturphilosophischen Schriften von 1799 ein terminologisch spezifisches Auftreten von ‹ Ind. › nachzuweisen: In der Dynamik der Natur gibt es einen «Ind.-Zustand», in dem sich «alle

Materie der Erde, ehe sie ... in elektrischen oder chemischen Konflikt gebracht wird», befand. Diese Zustandsbeschreibung der «Homogenität» [18] fand in der übertragenen Bedeutung des «Organismus» der Kunst [19], der Ind. von Realität und Idealität im Ästhetischen, Eingang in das Is. Einem analogen Wandel unterliegt der Terminus bei HEGEL zur Zeit von dessen enger Zusammenarbeit mit Schelling (Jena 1801–1803): Die Jenenser Naturphilosophie bezeichnete die Synthese von Naturkräften als «Ind.»; offensichtlich unter dem Einfluß des Is. formulieren die ‹Wissenschaftlichen Behandlungsarten des Naturrechts› gegenüber *Kant* und *Fichte* die Forderung einer «absoluten Ind.» («absoluten I.») der theoretischen und praktischen Vernunft, nach der «Ind. der Freiheit und der Notwendigkeit» in einer Theorie der «absoluten Sittlichkeit» [20]. Als Beispiel schlechthin für Ind. gilt SCHELLING jedoch Gott, der als «die unendliche Affirmation von sich selbst ... sich selbst als unendlich Affirmierendes, als unendlich Affirmiertes, und als Ind. davon» begreift [21]. Die ihn widerspiegelnde Konstruktion des Ästhetischen bildet den «absoluten Ind.-Punkt der Philosophie – in der Vernunft» [22]. Der an *Spinozas* Lehre von der Immanenz der Dinge in Gott zur Bezeichnung der I. differenter Modi des Absoluten (des Seienden in Natur und Geist) gewonnene Ind.-Begriff wurde von Schelling in der bald einsetzenden Polemik mit *Jacobi* und *Reinhold* gegen den Vorwurf verteidigt, bloße «Einerleiheit» auszudrücken. Der Eindruck der Einerleiheit entsteht nur durch logischtautologisch identifizierende Verstandesleistungen. Die absolute Vernunft vermittelt sich dagegen als «organische Einheit aller Dinge», «ohne daß jedoch die Teile ... für einerlei gehalten werden könnten» [23].

Eine hiervon abweichende Funktion hat ‹Ind.› in Schellings Freiheitslehre. Mit der Konzeption eines «Ungrundes» (Urgrundes), der aller Existenz, selbst des Gottes, vorausgeht, in dem aber der Grund (Ursache) aller Existenz, auch jener Gottes, latent ist [24] – Existenz und Grund von Existenz sind indifferent, aber nicht identisch –, führt er einen doppelten Beweis: 1. den der Freiheit des Menschen, der im einmaligen vorexistentiellen Akt als vom Grund der Existenz Gottes differente Kraft die Wahl zwischen fortdauernder I. mit Gott und Autonomie gegen Gott für sich entschieden hat, und 2. den der Rechtfertigung Gottes (Theodizee): der Mensch ist frei von Gott durch seine von ihm unabhängige Wurzel in der Natur, etwas in Gott von Gott selbst Verschiedenes; er entbindet Gott von seinen Folgen, von der Verantwortung für das durch Freiheit verursachte Böse. Der Mensch steht im «Ind.-Punkt» zwischen «dem Nichtseienden der Natur und dem absolut-Seienden = Gott». Dies ist der Grund seiner Freiheit [25].

Schellings Gebrauch von ‹Ind.› hat eine dreifache, ontologische, logische und ethische Tradition dieses Begriffs wieder aufgegriffen, die hier wenigstens angedeutet werden mag. 1. Die Scholastiker ADELARD VON BATH und WALTER VON MORTAIGNE entwickelten die Lehre, es könne ein und dasselbe unter verschiedenen Aspekten als Konkretes (Individuum) und als Gattung (Allgemeines) erscheinen, wobei im letzteren Fall nur das «indifferens» berücksichtigt werde. 2. Die moralisch-ethische Bedeutung des Begriffs geht zunächst als Bezeichnung einer indifferenten Gefühlslage auf die Peripatetiker zurück [26]. In der Philosophie des Rationalismus und der Aufklärung erscheint ‹Ind.› vornehmlich in der Diskussion über die Wahlfreiheit (liberum arbitrium indifferentiae), so z. B. bei DESCARTES in den ‹Meditationes

de prima philosophia› (1641): «Indifferentia autem illa, quam experior, cum nulla me ratio in unam partem magis quam in alteram impellit, est infimus gradus libertatis». Die ‹Principia philosophiae› (1644) kennen jedoch eine dem entgegengesetzte Anwendung, die Descartes bereits 1641 gegenüber Mersenne erwähnt [27]: «libertatis autem et indifferentiae, quae in nobis est, nos ita conscios esse, ut nihil sit quod evidentius et perfectius comprehendamus» [28]. LEIBNIZ verwendet ‹indifférence›, synonym mit ‹indétermination› bzw. ‹contingence ou non-nécessité›, zur Kennzeichnung des Fehlens einer Notwendigkeit, alternativ zu entscheiden. Dennoch gilt ihm eine «liberté d'indifférence indéfinie» als Chimäre [29]. Desgleichen weist VOLTAIRES ‹Dictionnaire philosophique› (1764) die Rede von einer «liberté d'indifférence» als «mot déstitué de sens» zurück: «Votre volonté n'est pas libre, mais vos actions le sont. Vous êtes libre de faire quand vous avez le pouvoir de faire» [30].

Die klassische deutsche Philosophie übernahm den Begriff in modifizierter Form aus der mittelalterlichen und aufklärerischen Tradition. Während FICHTES ‹Wissenschaftslehre› (1794–1804) die erkenntnistheoretische und ontologische Qualifikation von Schellings Is., zumal von ‹I.› und ‹Ind.›, entschieden bestritt – «es ist daher sehr verfehlt, das Absolute als Ind. des Subjektiven und Objektiven zu beschreiben, und es liegt dieser Beschreibung die alte Erbsünde des Dogmatismus zugrunde, daß das absolut Objektive in das Subjektive eintreten soll» [31] – und als Spinozismus verwarf [32], näherte sich sein Alterswerk – die ‹Sittenlehre› von 1812 – Schellings Freiheitslehre: «Das Leben des Ich ist Freiheit; d. h. Ind. gegen das Leben des Begriffs. Das Ich ist in der Wirklichkeit der Erscheinung ein eigentümliches Leben, das da kann und auch nicht kann, Ein Wollen gegenüber einem Sollen.» «Diese Ind. aber ist etwas Unsittliches; das Ich ist sodann nicht reines und lauteres Leben des Begriffs» [33]. Dennoch war Fichte seit 1801 der vehementeste Kritiker des Is., dessen eigentliche Leistung – «die absolute Vermittlung von Subjekt und Objekt ..., dieses Synthetisieren» [34] – er für die ‹Wissenschaftslehre› beanspruchte. Mit seinem Is. zog sich Schelling zugleich die Gegnerschaft HEGELS zu, der freilich in der ‹Differenzschrift› (1801) dessen System als Aufhebung des Fichteschen «subjektiven Subjektobjekts» durch ein «objektives Subjektobjekt» (Natur) unterstützt hatte [35]: Die ‹Logik› von 1812 verwarf Schellings I.-Begriff als bloß «subjektive Reflexion» des Verstandes, als den Ausdruck der «ganz abstrakten Dieselbigkeit» [36]. Hegel stellte sich so im Streit um ‹I.›, ‹Ind.› und ‹Einerleiheit› auf die Seite *Jacobis*, der das «Unwesen der Abstraktion» erkannt habe [37]. Sein Diktum, Philosophie könne nicht Is. sein [38], hat als wesentliche Voraussetzung: Philosophie ist «Wissenschaft des Absoluten» [39]. Als solche begreift sie I. konkret-prozessual, als I. des Geistes mit sich in verschiedenen *geschichtlichen* Entwicklungsstufen [40]. Sie verweigert sich der «*Konstruktion* des Universums» und bestimmt sich als *Hermeneutik* der geschichtlichen Welt, als «das Ergründen des Vernünftigen ..., eben damit als das Erfassen des Gegenwärtigen und Wirklichen, nicht das Aufstellen eines Jenseitigen» [41].

Anmerkungen. [1] F. W. J. SCHELLINGS Werke, hg. K. F. A. SCHELLING (1856ff.) 4, 113. – [2] a. a. O. 118f. – [3] 113. – [4] 129. – [5] 108. – [6] 6, 56f. – [7] J. G. FICHTE, Werke, hg. I. H. FICHTE (1834–45) 4, 380. – [8] SCHELLING, a. a. O. [1] 4, 123. – [9] a. a. O. 134ff. – [10] 131. – [11] 5, 114. – [12] 6, 562. – [13] 3, 612. – [14] 3, 627. – [15] 3, 581–593; 6, 569. – [16] 4, 227. – [17]

5, 368. – [18] 3, 258; vgl. 309. – [19] 5, 378; vgl. 369. 380. – [20] G. W. F. HEGEL, Jenenser Realphilos. I, hg. J. HOFFMEISTER (1931) 4, 6; Werke, hg. H. GLOCKNER (1927ff.) 1, 459ff. 485ff. – [21] SCHELLING, a. a. O. [1] 5, 374. – [22] 6, 495. – [23] 8, 132; 7, 343; 8, 213f.; 7, 344; 4, 114; 7, 421. – [24] 7, 406. – [25] 7, 458. – [26] Vgl. Art. ‹Indifférence›, in: Dict. de la langue philos. (Paris 1962) 353f. – [27] R. DESCARTES, Oeuvres, hg. CH. ADAM/ P. TANNERY 7, 58; Brief v. 27. 5. 1641: 3, 378-381. – [28] a. a. O. 8/1, 20. – [29] G. W. LEIBNIZ, Théodicée §§ 301. 46. 314. – [30] VOLTAIRE, Dict. philos., hg. J. BENDA/R. NAVES (Paris 1961) 277. – [31] FICHTE, a. a. O. [7] 2, 66; vgl. 8, 384ff. – [32] a. a. O. 2, 86. – [33] 11, 49; vgl. 52. 61. – [34] 10, 197; vgl. 8, 385; vgl. FICHTE-SCHELLING-Briefwechsel, hg. W. SCHULZ (1968). – [35] HEGEL, Werke, hg. GLOCKNER 1, 36. – [36] a. a. O. 4, 100. – [37] 4, 105f. – [38] 18, 332. – [39] Enzyklop. der philos. Wiss. im Grundrisse (1830), hg. F. NICOLIN/O. PÖGGELER (⁶1959) 47f. – [40] a. a. O. [35] 15, 113. – [41] Grundlinien der Philos. des Rechts, hg. J. HOFFMEISTER (⁴1955) 14.

Literaturhinweise. G. W. F. HEGEL: Differenz des Fichteschen und Schellingschen Systems der Philos. (1801). – E. DE FERRI: La filos. dell'identità di F. Schelling fino al 1802 e i suoi rapporti storici (Turin 1925). – H. PLESSNER: Das Is. Stud. philos. 14 (1954) 68-84. – H. ZELTNER: Schellings philos. Idee und das Is. (1930). – H. LÜBBE: Art. ‹Identitätsphilos.›, in: RGG (³1959) 3, 564-566. – X. TILLIETTE: Schelling. Une philos. en devenir (Paris 1971) 1, 305ff.   H. J. SANDKÜHLER

Identitätstheorie des Urteils meint in der traditionellen Logik die Lehre, die das Wesen des Urteils in einer Identität zwischen seinem Subjekt und Prädikat erblickt. Dabei kann insbesondere die Identität des Umfanges oder des Inhaltes beider gemeint sein. Ausdrücklich formuliert wird die I. zuerst in der ‹Logik von Port-Royal›: «Et de là il est clair que la nature de l'affirmation est d'unir et d'identifier pour le dire ainsi, le sujet avec l'attribut» [1]. «... c'est proprement le sujet, qui détermine l'extension de l'attribut dans la proposition affirmative, et l'identité qu'elle marque regarde l'attribut comme resserré dans une étendue égale à celle du sujet ...» [2].

Ähnliche Vorstellungen finden sich auch im 18. Jh., z. B. bei PLOUCQUET: «In der Vergleichung des Subjektes mit dem Prädikat verstehen wir entweder ihre Identität oder ihre Verschiedenheit» [3]. Verbreitete Logikbücher des 19. Jh. hängen der I. an. So formuliert CHR. SIGWART über das Urteil: «Immer aber sagt dieses aus, daß die Vorstellung des Prädikates als ganzes mit dem Subjekt eins sei» [4], und nach W. HAMILTON ist ein Urteil (proposition) «simply an equation, an identification» [5]. Neben M. W. DROBISCH [6] und H. LOTZE [7] machen sich auch Neuscholastiker wie A. LEHMEN [8] und J. GREDT [9] die I. zueigen.

Anmerkungen. [1] La logique ou l'art de penser (Paris 1662) 161. – [2] a. a. O. 163. – [3] Slg. der Schriften, welche den logischen Calcul Herrn Prof. PLOUCQUETS betreffen, hg. F. A. BÖK (²1773) 105. – [4] CHR. SIGWART: Logik (1873) 1, 59. – [5] W. HAMILTON: Lectures on logic (Edinburgh ³1866) 2, 287. – [6] M. W. DROBISCH: Neue Darstellung der Logik (²1851) 66. – [7] H. LOTZE: Logik, hg. G. MISCH (1912) 82f. – [8] A. LEHMEN: Lb. der Philos. (³1909) 1, 55. – [9] J. GREDT: Die Aristotelisch-Thomistische Philos. (1961) 1, 37.   A. MENNE

Ideographie. Der Ausdruck ‹I.› kommt im Zusammenhang mit der Rezeption des LEIBNIZschen Programms einer characteristica universalis (s. d.) auf [1]. In einer I. sollen die Ideen (Begriffe) und ihre Zusammensetzungen durch Schriftzeichen eindeutig repräsentiert werden. – ‹Ideografia› wird in der ital. Fregeliteratur als Übersetzung (bzw. Rückübersetzung) für ‹Begriffsschrift› (s. d.) verwendet. Dieser Gebrauch geht auf PEANO zurück [2].

Anmerkungen. [1] W. T. KRUG: Allg. Handwb. der philos. Wiss. 2 (1827) 436ff. – [2] Vgl. Diz. di matematica 1 (Turin 1901).

Literaturhinweis. FR. I. NIETHAMMER: Über Pasigraphik und Ideographik (1808).   G. GABRIEL

Ideologie (frz. idéologie, ital. ideologia, engl. ideology)

I. Obwohl seit langem bekannt ist, daß das Wort ‹I.› während der Französischen Revolution geprägt wurde und zunächst eine bestimmte philosophische Lehre bezeichnete, hat man immer wieder Vorgeschichten des I.-Begriffs konstruiert und dabei auf die Idolenlehre F. Bacons und die Kritik an kollektiven Vorurteilen in der Aufklärung (Holbach, Helvétius) verwiesen [1]. Solche Problemgeschichten gehen jedoch an der Bedeutung des Begriffs ‹I.›, wie sie in der Schule der «Ideologen», bei Napoleon, in der ersten Hälfte des 19. Jh. und auch bei Marx und Engels gebräuchlich war, vorbei.

Wie schon W. T. KRUG [2] wußte, sind die in wenigen Belegen überlieferten griechischen Wörter ἰδιολογία und ἰδιολογέω (Sondermeinung, privates Gespräch) [3] nicht mit ‹I.› verwandt. Weil es jedoch in falscher Lesart bei EPIKUR [4] auch dem jungen K. MARX vorlag, übersetzte dieser es in seiner Doktordissertation 1840/41 mit dem ihm wohl aus den damaligen Diskussionen des Vormärz bekannten Begriff ‹I.› [5].

Als A.-L.-C. DESTUTT DE TRACY 1796 in einem Vortrag ‹I.› zum ersten Mal verwendete, hatte er selbst das Bewußtsein, ein neues Wort geschaffen zu haben, einen Namen für die von ihm (und seinen Mitstreitern im Institut national und um die Zeitschrift ‹La Décade philosophique, littéraire et politique› [1794–1804]) inaugurierte neue Wissenschaft der Ideen («science des idées») [6], zu der er in den ‹Élémens d'idéologie› [7] den Grund legte. Er nennt Condillac den Begründer der I., Locke ihren Vorläufer [8], so wie schon J.-D. GARAT ein Jahr früher bei der Suche nach einem Titel für die von ihm nach ganz ähnlichen Prinzipien entworfene neue Wissenschaft das an Locke anklingende «analyse de l'entendement» gewählt hatte [9]. ‹Idée› wird von DESTUTT DE TRACY im sensualistischen Sinne als sinnliche Wahrnehmung (perception, sensation) begriffen; alle Erkenntnis des Menschen von sich selbst und von der Außenwelt ist durch die sensation vermittelt; auch jedes höhere Wissen baut auf den so verstandenen Ideen auf [10]. Die I. ist die Wissenschaft, «qui traite des idées ou perceptions, et de la faculté de penser ou percevoir», «qui résulte de l'analyse des sensations» [11]. Da die Ideen der absolut gewisse und sichere Ausgangspunkt allen Erkennens und daraus resultierenden Handelns sind, ist die I. eine völlig strenge Wissenschaft, so exakt wie die anderen Naturwissenschaften und selbst «ein Teil der Zoologie» [12]; sie ist grundlegend für alle anderen Wissenschaften, «la première de toutes dans l'ordre généalogique», «la science unique» [13]. Die Hauptteile der neuen Wissenschaft sind nach der eigentlichen I. die Grammatik, d. h. die Kunst, die Ideen auszudrücken und mitzuteilen; die Logik, die Kunst, Ideen zu kombinieren; Erziehung und Unterricht, in denen die erworbenen Wahrheiten gelehrt werden; die Moral, die Regeln für unser Wollen und gesellschaftliches Handeln aufgrund der in der I. erreichten Erkenntnisse formuliert [14].

Die von Destutt de Tracy aufgestellten Prinzipien der I. waren hinsichtlich ihrer wesentlichen Teile, der Lehre von der Beziehung zwischen Physiologie und Moral, der Abhängigkeit des menschlichen Denkens, Fühlens und Wollens von seiner physischen Existenz, Gemeingut der *Schule der Ideologen* (‹idéologistes› [15]): J.-D. GARAT, P.-J.-G. CABANIS [16], P. C. F. DAUNOU, M.-J. CHENIER, J.-B. SAY, E. J. SIEYÈS, C. F. VOLNEY, P.-L. ROEDERER, P.-F. LANCELIN (für den die I. nur ein Teil der, weiterhin so benannten, Metaphysik ist [17]), J.-P.-R. DRAPARNAUD [18], F. THUROT (der in einer Rezension über Destutt de

Tracys ‹Élémens d'idéologie› die I. als die «base essentielle de toute science philosophique» bezeichnet und den Namen ‹I.› dem «vagen» Wort ‹Metaphysik› vorzieht [19]), V. JACQUEMONT, A. M. AMPÈRE, J.-M. DEGÉRANDO, P. LAROMIGUIÈRE, F.-P. MAINE DE BIRAN [19a], L. J. J. DAUBE [20], CH.-L. DUMAS [21] und viele andere. Anhänger der I. war auch der junge STENDHAL, der wiederholt die Werke Destutt de Tracys hervorhebt [22] und seine Schrift ‹De l'amour› einen «Essai d'idéologie» nennt [23]. In Amerika wurde der I.-Begriff vor allem durch TH. JEFFERSON bekannt, der mit Destutt de Tracy korrespondierte und für die Verbreitung seiner Werke sorgte, obwohl er an den abstrakten Theorien der Ideologen weniger interessiert war als an ihren Aussagen zu politischer Ökonomie und Staatslehre [24]. – Der I.-Begriff Destutt de Tracys und seiner Anhänger fand Eingang in die Lexika des beginnenden 19. Jh. [25] und wurde in der Philosophie auch außerhalb Frankreichs bekannt [26].

Der große Einfluß der Ideologen auf Unterricht und Erziehung im Frankreich der Revolution (Einrichtung der Écoles normales und Écoles centrales im ganzen Land; Aufnahme der I. in Lehrpläne [27]) und ihre areligiöse, empiristische Lehre, die noch Züge der Aufklärung trug und sie zum Vorläufer des Positivismus machte, ferner die Formulierung der Theorie in normativ-praktischer und pädagogischer Absicht, führten zum Zusammenstoß mit NAPOLEON, der nach dem 18. Brumaire Religion und Kirche wieder mehr Einfluß zugestand, um seine politischen Ziele desto leichter verfolgen zu können. Napoleon war anfänglich Anhänger der Ideologen gewesen: Er besuchte wie sie den Salon der Madame Helvétius in Auteuil, war Mitglied des Institut national und suchte während seiner Feldzüge in Ägypten die I. dort bekannt zu machen (‹La Décade égyptienne›, Einrichtung eines ‹Institut› in Kairo usw.). Nachdem er aber Erster Konsul geworden war, was auch die Ideologen (CABANIS) zunächst begrüßt, dann aber kritisiert hatten [28], wandte NAPOLEON sich von ihnen ab und bekämpfte ihre Lehre (Einstellung der ‹Décade›, Auflösung der Klasse ‹Sciences politiques et morales› des Institut, Trennung der Grammatik von der I. im Collège de France [29]). Die Ideologen werden jetzt «Metaphysiker und Fanatiker» genannt [30], ihre Lehre als «metaphysische und ideologische Hirngespinste» abqualifiziert [31]. Gleichzeitig sieht Napoleon, daß diese «suppositions insensées de douze ou quinze métaphysiciens», ihre Entwürfe über Staat und Gesellschaft, seiner Machtpolitik entgegenstehen. Er will deshalb ihren «discours qu'ils croient perfides, et qui ne sont que ridicules» den «suprême pouvoir», die Macht des französischen Volkes, entgegenstellen [32]. Die Ideologen bilden sich ein, aus reinen Vernunftgründen, d. h. für Napoleon: aus wirklichkeitsfremden Spekulationen heraus, eine bessere Gesellschaftsordnung bilden zu können, beachten aber nicht, daß diese gutgemeinten, aber abstrakten Theorien in der politischen Praxis folgenlos bleiben müssen: «C'est à l'idéologie, à cette ténébreuse métaphysique, qui en recherchant avec subtilité les causes premières, veut sur ses bases fonder la législation des peuples, au lieu d'approprier les lois à la connaissance du cœur humain et aux leçons de l'histoire, qu'il faut attribuer tous les malheurs» [33]. Napoleon wollte mit dem Namen ‹I.› jene «Menschen lächerlich machen ..., welche die Meinung der Möglichkeit einer unbestimmten Vervollkommnung der Menschheit annahmen». Er hielt sie für «Träumer», «weil sie ohne Kenntniß des menschlichen Characters deren Glück schaffen wollten. Nach seiner Meinung sahen die Ideologen die

Macht in den Institutionen. Er nannte das Metaphysik und sah nur Macht in der Gewalt» [34]. Er nennt Sieyès einen «Systemschmied» [35] und kritisiert den Opportunismus der Ideologen unter Robespierre und dem Direktorium: «aujourd'hui ils ont conçu de nouveaux projets» [36]. Er soll schließlich ‹I.› ebenso für die «nobles dithyrambes spiritualistes» der Madame de Staël wie für die «analyses mesquines et erronées» der «schwachen Erben Condillacs» gebraucht haben [37].

Napoleon gibt also dem Begriff ‹I.› eine neue Bedeutung, indem er ‹Idee› nicht mehr als sinnlich erfaßten Vorstellungsinhalt, sondern als von der Wirklichkeit losgelöste, bloße Theorie und das Reden von Ideen somit als wesenloses und praxisfernes Räsonnieren und Theoretisieren versteht und die Selbstermächtigung der philosophischen Theorie zur politischen Macht kritisiert, indem er die ursprüngliche Selbstbezeichnung der Ideologen zum politischen Kampfbegriff gegen alle philosophischen Theorien mit Anspruch auf praktische Geltung macht. ‹I.› hat jetzt von vornherein pejorativen Charakter.

Napoleons Verachtung der Ideologen machen sich auch andere Schriftsteller zu eigen: Man kritisiert ihre atheistische, der wahren Metaphysik feindliche Philosophie [38] oder mokiert sich über ihre rein theoretischen Pläne zur Vervollkommnung der Gesellschaft [39]. Von L. FONTANES, dem von der Revolution verfolgten Politiker und Senator des Kaiserreichs, wird berichtet: «Il détestait les journaux, la philosophaillerie, l'I. et il communiqua cette haine à Bonaparte» [40].

Wo in *Deutschland* ‹I.› zur Diffamierung des politischen Gegners dient, ist die französische Schule der Ideologen meist *nicht* im Blick. ‹Ideologen› werden hier jene genannt, die sich um Liberalisierung und Reformen aus dem Geist der Menschenrechte und der Prinzipien der Französischen Revolution (wie etwa Demokratie, Volkssouveränität, Emanzipation der Juden, Errichtung einer Konstitution) bemühen. Synonym mit ‹Ideologen› sind ‹Theoretiker›, ‹Schwärmer›, ‹Prinzipienmenschen›, ‹doktrinäre Professoren›, Verfechter von ‹Chimären›, ‹Fiktionen›, ‹Wahnbildern›, ‹Phrasen›, ‹optimistischen Träumereien› in den Augen derer, die entweder das althergebrachte (göttliche) Recht und die darauf gründende Gesellschaftsordnung (Souveränität der Fürsten, Ständegesellschaft) verteidigen oder doch zumindest die I. die größere Durchsetzungskraft der nicht-theoriegebundenen politischen Praxis entgegenhalten [41]. FR. A. L. VON DER MARWITZ wendet sich gegen das das alte Ständerecht ablösende ‹Allgemeine Gesetzbuch für die Preußischen Staaten› (1793), da es von den «Lieblingsideen des Jahrhunderts» angefüllt und von «Juristen und Theoretikern» geschrieben ist, die «ihrer Natur nach sämtlich Ideologen» sind und nur das Glück, die Freiheit und den Reichtum des Volkes wollen [42]. Besonders in der Zeit um 1848 oder in bezug darauf spielt der Begriff ‹I.› eine bedeutende Rolle: H. WAGENER rechtfertigt Friedrich Wilhelms IV. Zögern gegenüber dem deutschen Einigungsbestreben damit, daß man ihm bei einem Scheitern der Unionspolitik «Unfähigkeit und I.» vorgeworfen hätte [43]. Der preußische Ministerpräsident O. TH. VON MANTEUFFEL bezeichnet die verschiedenen Unionsbestrebungen, Debatten über Grundrechte und Konstitutionen als Versuche «deutscher Ideologen», die nicht auf die faktischen politischen Verhältnisse Rücksicht nehmen können und wollen: «sie erreichen nie etwas, weil sie ihre Ideen sich im Voraus machen, sie festhalten und mit dem Kopfe gegen die Wand laufen» [44]. Auch F. LAS-

SALLE verwendet wohl diesen I.-Begriff, wenn er, obwohl in anderer politischer Stoßrichtung, 1863 jene Ideologen kritisiert, die nur die politische Freiheit fordern, hinter denen aber «kein materielles Interesse, ... kein Klasseninteresse und somit keine Klasse» steht. «Unter Ideologen verstehe ich in diesem Augenblicke alle Solche, die ihr Lebtage in Büchern gelebt und gewohnt sind, in Ideen und Gedanken zu existieren» [45]. – Bald kann ‹I.› als Bezeichnung für jedes (nicht nur politisches) realitätsferne Denken dienen [46].

Die solchermaßen der I. Beschuldigten wehren sich gegen den Vorwurf, sie verharrten nur in Ideen und Prinzipien, behaupten den Zusammenhang von Theorie und Praxis, das Angewiesensein der Politik auf Grundsätze und Ideen, wie ‹Freiheit›, ‹Vernunft› oder ‹Aufklärung›, und verweisen auf deren endliche Durchsetzungsfähigkeit [47]. Der «Idealismus des Verstandes und des Herzens», mit dem sich «jede in die Welt gekommene That» verbinden müsse, verdiene nicht, ‹I.› genannt zu werden [48].

‹I.› kann so in einigen Fällen auch eine *positive* Bedeutung erhalten: «Eine jede Idee tritt als ein fremder Gast in die Erscheinung, und wie sie sich zu realisieren beginnt, ist sie kaum von Phantasie und Phantasterei zu unterscheiden. – Dies ist es, was man I. im guten und bösen Sinne genannt hat, und warum der Ideolog den lebhaft wirkenden Tagesmenschen so sehr zuwider war» (GOETHE [49]). Die ‹Ideologen› sehen sich in der Nachfolge einer großen «ideellen Vergangenheit» (Kant, Hegel) [50] und weisen darauf hin, daß die von Napoleon verspottete I., dort wo sie nicht abstrakte Metaphysik blieb, sondern als «philosophische Kategorie der Selbstbestimmung und Freiheit des Geistes ... eine volksthümliche Macht» wurde, sich an ihm «rächte», indem sie ihn aus Deutschland hinaustrieb und seine eigene I., den «Wahn» einer Universalmonarchie, zerstörte [51]. «Wir ... lassen uns Philister, Schlafröcke, Ideologen schelten von Franzosen und französelnden Deutschen. Ideologen, so hat uns ein großer Franzose genannt und nicht geahnt, daß, was uns zu Ideologen macht, ihm gefehlt hat zum großen Mann: die Gewalt des Gedankens, eine Gewalt, nicht so augenblicklich und glänzend, wie die des Kaiserreichs, aber schwer und allmächtig für die Zukunft» [52]. H. HEINE sieht Napoleons Gegnerschaft gegen die Ideologen im Zusammenhang des dialektischen Verlaufs der Weltgeschichte: Napoleon unterdrückte zwar die französische I., «die philosophische Koterie, wozu Tracy, Cabanis und Konsorten gehörten», wurde aber gleichzeitig dadurch, daß er die Revolution nach Deutschland trug und das alte Regime beseitigte, unbewußt zum «Retter der [deutschen] I.»: «Ohne ihn wären unsere Philosophen mitsamt ihren Ideen durch Galgen und Rad ausgerottet worden». Napoleon beachtete nicht das Aufkommen einer ihm (in den Befreiungskriegen) gefährlich werdenden I. «unter der blonden Jugend der deutschen Hochschulen». Die «deutschen Freiheitsfreunde» wußten um den Dienst, den ihnen Napoleon ungewollt erwiesen hatte: Als er fiel, «da lächelten sie, aber wehmütig, und schwiegen» [53].

Neben diesem I.-Begriff hält sich im ganzen 19. Jh. ‹I.› als Bezeichnung für ‹Ideenlehre›, Wissenschaft von der Entstehung, Entwicklung und von den verschiedenen Arten der Ideen, meist im Zusammenhang mit Logik, Ontologie, Erkenntnislehre oder Psychologie [54]. Dieser I.-Begriff leitet sich zwar von dem der französischen Ideologen her, teilt aber im allgemeinen mit diesen nicht den sensualistischen Ausgangspunkt: Idee ist nicht mehr Produkt der sensation oder perception, sondern z. B. platonische Idee, so daß man von «platonischer I.» reden kann [55]. ‹I.› in dieser Bedeutung wird im 20. Jh. nur noch selten gebraucht, etwa in der Verbindung ‹ideologischer [= noetischer] Gottesbeweis› [56].

MARX und ENGELS gingen dagegen von dem I.-Begriff Napoleons [57] und dem ihnen aus der politischen Publizistik der Zeit um 1848 bekannten Gebrauch des Schlagwortes ‹I.› [58] aus, als sie ihren eigenen I.-Begriff bildeten.

Anmerkungen. [1] So z. B. HANS BARTH: Wahrheit und I. (²1961); K. LENK (Hg.): I. (1961, ⁶1972). – [2] W. T. KRUG: Allg. Handwb. der philos. Wiss. (²1832-38, ND 1969) 5/1, 552. – [3] CHARITO IV, 6, 1; VI, 7, 4, bei R. HERCHER: Erotici Scriptores Graeci (1858/59) 2, 81, 2; 2, 117, 13; PLATON, Theages 121a; PHILON, Quod Det. pot. insid. soleat 29. – [4] EPIKUR, Ep. ad Phyt., hg. H. USENER (1887, ND 1966) 36, 15. – [5] K. MARX, MEW Erg.-Bd. 1, 300. 360; vgl. H. OERTEL: Zur Genesis des I.-Begriffs. Dtsch. Z. Philos. (= DZP) 18 (1970) 206-211; H. CHR. RAUH: Zur Herkunft, Vorgesch. und ersten Verwendungsweise des I.-Begriffs bei Marx und Engels bis 1844. DZP 18 (1970) 689-715; E. G. SCHMIDT: Kannte Epikur den I.-Begriff? DZP 18 (1970) 728-731. – [6] A.-L.-C. DESTUTT DE TRACY: Mémoire sur la faculté de penser, in: Mémoires de l'Institut national des sciences et arts. Sciences morales et politiques 1: pour l'an IV de la république (Paris an VI [= 1798]) 283-450, zit. 324. – [7] Projet d'éléments d'idéologie (Paris an IX [= 1801]); 2. Aufl. unter dem Titel: Élémens d'idéologie 1: Idéologie proprement dite (Paris an XIII [= 1804]); 2: Grammaire (an XI [= 1803]); 3: Logique (Paris an XIII [= 1805]); 4 und 5: Traité de la volonté et de ses effets (Paris 1815). – [8] Mémoire 289; Élémens 1¹, 2f. 182f. (1², XVf. 228f.); 2, 9. – [9] J.-D. GARAT: Analyse de l'entendement, in: Séances des Écoles Normales, recueillis par des sténographes, et revues par les professeurs, pars 1: Leçons (Paris o. J. [1795]) 1, 138-169, bes. 149f. 2, 3-40. – [10] DESTUTT DE TRACY, Mémoire, a. a. O. [6] 286. 321; Élémens a. a. O. [7] 1¹, 21. 180 (1², 7. 225). – [11] Mémoire 325. – [12] Élémens 1¹, 1. 355 (1², XIII). – [13] Mémoire 286. – [14] a. a. O. 287; Élémens 1¹, 2. 181 (1², XIV. 227). – [15] Élémens 1², 238; 3, 8; P.-J.-G. CABANIS, Oeuvres philos., hg. C. LEHEC/J. CAZENEUVE (Paris 1956) 1, 547. – [16] Gebrauch von ‹I.› und ‹idéologique›: CABANIS, a. a. O. 1, 112 Anm. 549. 551. 554. 562; 2, 272. – [17] P.-F. LANCELIN: Introd. à l'analyse des sci. 1 (Paris an IX-XI [1801-03]) 1, XXIII; 3, 10. – [18] Vgl. F. PICAVET: Les idéologues (Paris 1891, ND New York 1971) 445-450. – [19] La Décade, an X, 1er trimestre, 20 et 30 frimaire [11. u. 21. Dez. 1801], auch in: F. THUROT: Mélanges de feu (Paris 1880) bes. 280. 296. – [19a] F.-P. MAINE DE BIRAN, Note sur les rapports de l'idéologie et des mathématiques. Oeuvres 3 (Paris 1952); Influence de l'habitude sur la faculté de penser. Oeuvres 2 (Paris 1954) bes. 11 v. Vereinigung von I. und Physiologie. – [20] L. J. J. DAUBE: Essai d'I., servant d'introd. à la grammaire générale (Paris an XI, 1803). – [21] CH.-L. DUMAS: Principes de physiol. ou introd. à la sci. expérimentale ... 1-4 (Paris an VIII – 1800/03) vgl. bes. 2, 497: «I. comparée». – [22] STENDHAL [Oeuvres], hg. H. MARTINEAU (Paris 1927): Souvenirs d'égotisme 37. 39; Lucien Leuwen 3, 290; Mélanges de politique et d'hist. 1, 81. 156; Courrier Anglais 1, 96. 331; 2, 367; 3, 409; Journal 1, 273. 299f.; 2, 137; Racine 240f.; Correspondance, hg. H. MARTINEAU/V. DEL LITTO (Paris 1962-63) 1, 164. 168. 171. 178. 225. 231. 246f. 248ff. 257. 263f. 284. 313. 603f. 1119. 1141. 1152. 1155. 1172; 2, 132; vgl. V. DEL LITTO: La vie intellectuelle de Stendhal (Paris 1959); E. CAILLIET: La tradition litt. des idéologues (Philadelphia 1943) 136ff.; L. HÖLZLE: Idee und I. (1969) 91f. – [23] STENDHAL, De l'amour, hg. H. MARTINEAU (Paris 1927) 40 (Anm. zu Kap. 3). – [24] Vgl. G. CHINARD: Jefferson et les Idéologues d'après sa correspondance inédite. avec Destutt de Tracy, Cabanis, J.-B. Say et A. Comte (Baltimore/Paris 1925) bes. 36f. 41. 87ff. 105ff. 173f. 183. 241. 259; vgl. HÖLZLE, a. a. O. [22] 96-100. – [25] M. LUNIER: Dict. des sci. et des arts (Paris 1806) 2, 372. – [26] G. W. F. HEGEL, Vorles. über die Gesch. der Philos., Werke, hg. GLOCKNER 19, 505f.; F. VON BAADER, Sämtl. Werke, hg. FR. HOFFMANN (1850-60) 5, 80f. (beide ablehnend gegenüber der I.); A. SCHOPENHAUER, Sämtl. Werke, hg. FRAUENSTÄDT/HÜBSCHER (1937-41) 2, 239 (zustimmend); D. STEWART: Philos. essays (Edinburgh ³1818) 170. – [27] PICAVET, a. a. O. [18] 32ff. 584ff. (Abdruck von Lehrplänen); CH. H. van DUZER: Contribution of the Ideologues to French revolutionary thought (Baltimore 1935); vgl. DESTUTT DE TRACY, Élémens a. a. O. [7] 1¹, 12 (1², XXVIII): Wunsch, daß die «sci. idéol. morales, et politiques» in ganz Frankreich gelehrt werden. – [28] Vgl. z. B. den Bericht von V. JACQUEMONT in seinem Brief an Stendhal vom 17. 11. 1824, in: STENDHAL, Correspondance a. a. O. [22] 2, 795f. – [29] Correspondance de NAPOLÉON 1er (Paris 1858-69) 15, 132 (Nr. 12416, vom 19. 4. 1807: Observations sur un projet d'établissement d'une école spéciale de litt. et d'hist. au Collège de France). – [30] Bericht ROEDERERS über eine Unterredung mit Napoleon vom 18. 8. 1800, in: Autour de Bonaparte. Journal du Comte P.-L. ROEDERER, hg. M. VITRAC (Paris 1909) 20; dtsch. v. PFAFF (1909) 21. – [31] NAPOLEON zu Fontanes, in: THUROT, a. a. O. [19] 658f.; vgl. NAPOLEON zu Talleyrand über die Lehre des Royer-Collard, die «uns vielleicht gänzlich von der I. befreien kann», in: G. MERLET: Tableau de la litt. franç. 1800-1815 (Paris 1878-83) 1, 138f., auch in: A. SICARD: L'éducation morale et civique avant et pendant la Révolution (1700-1808) (Paris 1884) 554; vgl. A. C. THIBAUDEAU: Mémoires sur le Consulat. 1799 à 1804 (Paris 1827) 151f. 204. – [32] NAPOLEON im Journal de Paris, 15 pluviôse an IX [= 4. 2. 1801] 815-817, zit. auch in: A. H. TAILLANDIER: Documents biogr. sur P. C. F. Daunou (Paris ²1847) 197f. – [33] Le Moniteur universel, 21. 12. 1812; zit. auch in: HÖLZLE, a. a. O. Anm. [22] 95. – [34] L.-A. BOURRIENNE: Memoiren über Napoleon, das Directorium, das Consulat, das Kaiserreich und die Restauration (1829-30) 3, 189; vgl. 190; vgl. L. BONAPARTE: Mémoires secrets sur la vie privée, polit. et litt. (Paris 1865) 1, 65; dtsch. Geheime Denkwürdigkeiten ... (1819) 1, 35. – [35] a. a. O. 3, 23; vgl. 77. – [36] Messager des relations extérieures, 22 nivôse an VIII [12. 1. 1800] 823; zit. auch in F. BRUNOT: Hist. de la lang. franç. 9 (Paris 1967) 847. – [37] J. J. AMPÈRE, in: Philos. des Deux Ampères, hg. A. BARTHÉLEMY-SAINT-HILLAIRE (Paris 1866) 3. – [38] J. BERNARDIN DE SAINT-PIERRE: Harmonies de la nature (Paris 1815) 3, 2; F.-R. DE CHATEAUBRIAND: Le génie du christianisme III, 2, 2, Oeuvres compl. (Paris 1855ff.) 2, 326; III, 2, 3 = 2, 331f.; dagegen 2, 329: neutraler I.-Begriff; L. G. A. DE BONALD, Oeuvres compl., hg. MIGNE (Paris 1859) 1, 1076. 1079; 3, 13 (hier mit Bezug auf die Nominalisten). – [39] CH. FOURIER, Oeuvres compl. (Paris 1966-68) 10, 34f. – [40] F.-R. DE CHATEAUBRIAND, Mémoires d'outre-tombe XI, 3, hg. M. VAILLANT/G. MOULINIER (Paris 1951) 1, 393. – [41] PH. A. STAPFER: Brief v. 11. 1. 1813 an Usteri. Briefwechsel, hg. R. LUGINBÜHL (1891) 1, XI; [Anonym:] Einige Fragen an die Staatsverbesserer (1831) 23, zit.: Trübners Dtsch. Wb. 4 (1943) Art. ‹I.›; Breslauer Zeitung Nr. 62 v. 15. 3. 1841, S. 428: «frz. Nivellierung und papierne I.» (Zitat aus der Oberdtsch. Ztg., Karlsruhe); Protokoll der Versammlung des Dtsch. Bundes vom 13. 7. 1845, in: Die Verh. der Bundesversammlung über den geheimen Wiener Ministerial-Conferenzen bis zum Jahre 1845 (1848) 287; G. KÜHNE an Bodelschwingh am 3. 4. 1847, zit.: H. v. TREITSCHKE: Dtsch. Gesch. im 19. Jh. 5 (1894) 773; W. MARR: Der Judenspiegel (⁵1862) 49; W. MENZEL: Denkwürdigkeiten (1877) 432 (in bezug auf das Pauls-Kirchen-Parlament); E. RENAN: Souvenirs d'enfance et de jeunesse (Paris 1883) 122; W. DILTHEY: Brief v. 12. 3. 1860, in: Der junge Dilthey, hg. C. MISCH (²1960) 109; FR. NIETZSCHE, Musarion-A. 18, 247. 248f.; 15, 130; 17, 14: «Revolutions-Ideologen». – [42] FR. A. L. VON DER MARWITZ, Ein märkischer Edelmann im Zeitalter der Befreiungskriege, hg. FR. MEUSEL (1908-13) II/1, 127-129; II/2, 278. – [43] H. WAGENER: Die Politik Friedrich Wilhelms IV. (1883) 61. – [44] Reden des Minister-Präsidenten Freiherrn VON MANTEUFFEL seit dem vereinigten Landtage (1851) 98f. – [45] F. LASSALLE, Arbeiter-Lesebuch. Gesamtwerke, hg. E. BLUM (o.J.) 2, 139. 141. – [46] J. ST. MILL: A system of logic (London 1843, ¹⁰1879) 2, 193; dtsch. J. SCHIEL (³¹1868) 2, 204; W. v. CHRIST: Gedächtnisrede auf K. von Prantl (1889) 6; humoristisch bei FR. VON GAUDY, Sämtl. Werke, hg. A. MUELLER (1844) 3, 70. – [47] FR. LIST: Die Ackerverfassung ... (1842). Schriften, Reden, Briefe 5 (1928) 432; ROTTECK/WELKER: Staatslex. 15 (1843) 46; [Anonym:] Dtsch. Worte eines Österreichers (1843) 154. 157; Ders. J. BRANISS: Sieben öffentl. Vortr. ..., hg. GROEGER (1852) 36f.; A. JUNG: Charaktere, Charakteristiken und vermischte Schr. (1848) 2, 4; R. BLUM: Volksthümliches Hb. der Staatswiss. und Politik (1852) 493: Art. ‹Ideen, politische›. – [48] R. HAYM: Die Krisis unserer relig. Bewegung (1847) 9f. – [49] J. W. GOETHE, Maximen und Reflexonen. Weimarer A. I/42/2, 209 = Hamburger A. 12, 439. – [50] BRANISS, a. a. O. [47]. – [51] H. F. W. HINRICHS: Polit. Vorles. (1843) 1, VIII. 226; vgl. 218. 230f. 237; vgl. J. SCHERR: Blücher. Seine Zeit und sein Leben (1863) 2, 5f.; vgl. FR. ENGELS, MEW, Erg.-Bd. 2, 127: «Theorie [und] I. ... längst in Blut und Saft des Volkes übergegangen». – [52] F. ROHMER, in: Morgenblatt für gebildete Stände, Nr. 112 vom 11. 5. 1835, S. 447; gegen Napoleons oberflächliche Verachtung der I. auch K. IMMERMANN: Memorabilien (1840-43). Werke, hg. B. v. WIESE (1971ff.) 4, 538. – [53] H. HEINE: Lukrezia (1854) Nr. 44. Werke, hg. E. ELSTER 6, 312f.; L. BÖRNE (1840). Werke 7, 127; vgl. 4, 65. – [54] W. T. KRUG: Hb. der Philos. (1820/21) 2, 11ff.: «aesthetische I. und Krimathologie»; M. GIOJA: I. (Mailand 1822); J.-F. CAFFIN: I. exp., ou théorie des facultés intellectuelles de l'homme (Paris 1824); G. VENTURA: De methodo philosophandi (Rom 1828) 166ff.; G. DE PAMPHILIS: Geneografia dello scibile (1829); FR. SCHLEGEL, Krit. A., hg. E. BEHLER (1958ff.) 18, 433. 455. 482. 484. 485; 19, 26. 61. 66. 72. 191; 12, 274; J. P. V. TROXLER: Vorles. über Philos. (1835), hg. EYMANN (1942) 167; P. GALLUPPI: Elementi di filos. (Messina 1820-27, Neapel ⁴1838-40) vol. 4; P.-J.-B. BUCHEZ: Essai d'un traité complet de philos. (Paris

1838-40) 3, 441; A. SYLVESTER: Kosmol., I. og kosmotheol. (Kopenhagen 1841); A. ROSMINI-SERBATI: I. et logique (Paris 1844); J. FERRARI: Essai sur le principe et les limites de la philos. de l'hist. (Paris 1845) 86; J. BALMES: Filos. fundamental (Barcelona 1846) IV, 21, § 285; dtsch. (1855-56) 4, 305; K. ROSENKRANZ: System der Wiss. (1850) XI; B. D'ACQUISTO: Trattato delle idee, o I. (Palermo 1857); G. C. UBAGHS: Essai d'I. ontol. (Louvain 1860); F. CAMPANA: I. e psicologia (Florenz 1876); S. CORLEO: Il sistema della filos. universale (Rom 1879); F. FORCISI: Prolegomeni alla soluzione del problema ideologico (Catania 1887); E. ZORZOLI: L'I. umana studiata sull'antropol. (Turin 1889); S. OLIVIERI: Tractatus de I. (Genua 1890); A. CONTI: Il vero nell'ordine (Florenz 1891) 216; M. DOUHÉRET: Discours sur la philos. première (Paris 1900). – [55] VON BAADER, a. a. O. [26] 4, 338. – [56] Vgl. Art. ‹Gottesbeweis› I, 2b, Sp. 823. – [57] K. MARX, Die heilige Familie. MEGA I/3, 299. – [58] ENGELS, a. a. O. [51].

Literaturhinweise. F. PICAVET s. Anm. [18]. – E. CAILLIET s. Anm. [22]. – E. HÖLZLE s. Anm. [22]. – HANS BARTH s. Anm. [1]. – O. BRUNNER: Neue Wege der Verfassungs- und Sozialgesch. (²1968) 45ff. – S. MORAVIA: Il tramonto dell' illuminismo. Filos. e politica nella società francese (1770-1810) (Bari 1968). – O. LADENDORF: Hist. Schlagwb. (1906). – H. GOUHIER: L'I. et les idéologues. Arch. di Filos., hg. E. CASTELLI, Jg. 1973: Demitizzazione e ideologia (Padua 1973) 83-92. – H. LÜBBE: Zur Gesch. des I.-Begriffs, in: Theorie und Entscheidung (1971) 159-181. U. DIERSE

II. Die moderne Verwendung des I.-Begriffs läßt sich nur von MARX aus zureichend darlegen. Marx' – nicht ganz konsistente – Äußerungen über I. haben allerdings auch späterer terminologischer Diffusion Vorschub geleistet. Es gibt einige Markierungen und Kriterien in Marx' Behandlung und Verwendung von ‹I.›, die später in verschiedener Gewichtung den begrifflichen Kern im Wortgebrauch bilden:

1. I. als «falsches Bewußtsein» ist zum einen bedingt durch den noch *un*entwickelten Stand der Produktiv*kräfte* und zum anderen durch die Inadäquatheit von Produktiv*kräften* und Produktions*verhältnissen*. Ist dies «falsche Bewußtsein» zum einen «naturwüchsig», so ist es zum anderen gesellschaftlich reproduziert, ist Ausdruck des gesellschaftlichen Konflikts und dessen Scheinvermittlung. – 2. Das – bis dato notwendig – philosophische Bewußtsein des gesellschaftlichen Seins hypostasierte eine erkenntniskonstitutive Allgemeinheit, die als höchste Form gesellschaftlichen Bewußtseins das Recht historischer Notwendigkeit hatte: diese Allgemeinheit hatte ihre Legitimation in ihrer gesellschaftlichen Funktion, und ihre Struktur erweist sich als idealistisch transponierte Struktur der sich latent herausbildenden *empirischen* Allgemeinheit. Von dieser her wird die theoretische, idealistische Weltdeutung als I. überführt und praktisch kritisiert. – 3. Wesentlich ist außerdem der Gegensatz von allgemeinem und besonderem Interesse: die Durchsetzung besonderer Interessen geriert sich als Vertretung des allgemeinen Interesses. Diese Umsetzung ist a) nur möglich und nötig angesichts einer entwickelten Öffentlichkeit und b) als solche nur zu entlarven aufgrund der durchschaubar gewordenen Interdependenz von Interessen überhaupt. I. in diesem Sinn ist I. der herrschenden Klasse oder von Gruppen. – 4. Für die idealistischen Abstraktionen war die Negation ihrer praktischen Genese und Relevanz geradezu konstitutiv. Ihre Funktion erfüllten sie durch ihre indirekte faktische Wirkung. Die I.-Kritik hat die praktische Relevanz dieser Abstraktionen sichtbar zu machen und sie im Ausgang von der Praxis zu korrigieren und neu zu fundieren. I. ist demzufolge nicht-praktisches und nicht-produktives Bewußtsein und indirekte Handlungsbegründung unter Verdeckung der praktischen Motivation. – Ein positiver Begriff von I. ist dann (mit LENIN) möglich, wenn durch I. ein theoretisch verkürztes, praktisch wirksames Motiv gesetzt wird im Sinne der allgemeinen

Grundanschauung. – 5. Neben der von Marx so betonten Entlastungs- und Verdeckungsfunktion der I. steht ihre Vermittlungsfunktion – die historische Notwendigkeit von I. erklärt ihre Genese aus ihrer Vermittlungsleistung. Eine Rückkoppelung mit der Praxis ist so bei Marx schon impliziert. I. haben keine Geschichte, aber sie sind geschichtlich und geschichtswirksam im Überbau, damit auch in der Basis.

Marx' Ansatz schließt ein, daß I. vor einer allgemeinen, kritischen Instanz überführt werden kann. Sein eigenes Vorgehen changiert zwischen einem radikal ideologiekritischen Verfahren und dem nicht aufgegebenen Anspruch evidenter Allgemeinheit, der ihn noch mit den sonst kritisierten «Ideologen» verbindet. – Für die weitere Entwicklung des Begriffs ist diese Prätention einer Allgemeinheit als Fundament der Kritik wichtig (G. Lukács, E. Bloch, Austromarxisten), wenngleich sie zunehmend zum Problem gemacht und dann aufgegeben (K. Mannheim) oder nur noch ex negativo an ihr festgehalten wird (M. Horkheimer, Th. W. Adorno).

Mit den Marxschen Bestimmungen sind die auch später wesentlichen Elemente des Begriffs ‹I.› ausgesprochen, auch wenn sie kaum wieder gleichsinnig verwendet wurden. I.-Kritik bedeutet dann die wissenssoziologische Reduktion auf diese Partikularität oder deren marxistisch gedachte Aufhebung.

2. Die ideologischen Bewußtseinsformen konnten nach K. Marx so lange den «Schein der Selbständigkeit» [1] behalten, als ihr Zusammenhang mit dem materiellen Leben der Menschen objektiv undurchschaubar war. I. als «falsches Bewußtsein» gründete in einer Überschreitung der durch den damaligen Entwicklungsstand gezogenen Erkenntnisgrenzen. Erst der zu Marx' Zeit erreichte Entwicklungsstand erlaubt die Umkehrung, daß nun «von den wirklich tätigen Menschen ausgegangen und aus ihrem wirklichen Lebensprozeß auch die Entwicklung der ideologischen Reflexe und Echos dieses Lebensprozesses dargestellt» wird [2]. Die mögliche Aufhebung der I. besagt jedoch noch nicht ihre tatsächliche Beseitigung: I. in diesem Sinn ist bedingt durch die Unangemessenheit von objektiv möglichem Bewußtsein und in der Klassengesellschaft verhindertem Bewußtseinsstand.

Diese Differenz nun ist durch die Klassenlage bedingt. Marx geht aus von dem «Phänomen», daß «seit dem achtzehnten Jh. ... immer abstraktere Gedanken herrschen, d. h. Gedanken, die immer mehr die Form der Allgemeinheit annehmen. Jede neue Klasse nämlich, die sich an die Stelle einer vor ihr herrschenden setzt, ist genötigt, schon um ihren Zweck durchzuführen, ihr Interesse als das gemeinschaftliche Interesse aller Mitglieder der Gesellschaft darzustellen, d. h. ideell ausgedrückt: ihren Gedanken die Form der Allgemeinheit zu geben, sie als die einzig vernünftigen, allgemein gültigen darzustellen» [3]. Marx' Begriff von I. impliziert eine entwickelte Öffentlichkeit, die es nötig macht, das eigene Interesse als das öffentliche zu verschleiern, die es aber andererseits möglich macht, dieses ideologiekritisch zu enthüllen.

Dennoch kann Marx' I.-Begriff nicht allein aus dem Unterschied von borniertem und allgemeinem Interesse einsichtig werden. Der Begriff der Allgemeinheit, dessen sich die herrschende Klasse interessehalber bedient, vermittelt einen Schein von Vernünftigkeit und Rationalität, der von Marx nicht schlechterdings als verkehrtes Bewußtsein enthüllt wird. Die Erklärung ideologischer Vorstellungen aus ihren objektiven Bedingungen [4] kann

sie *aufheben* im Sinn einer umfassenden, *allgemeinen* Theorie. Der scheinhaft rationalisierte, damit aber auch indizierte, konstituierende Widerspruch ist durchschaubar, die «geistige Produktion» [5] einholbar für eine allgemeine Theorie. Dieser Widerspruch ist in der I. intern oder extern gespiegelt und damit explizierbar. Die Entwicklung dieses Widerspruchs enthält die Momente seiner Aufhebung; damit ist sowohl eine konstatierbare Allgemeinheit und entwickelte Totalität – Marx bleibt hier einem Begriff der kritisierten Philosophie verpflichtet und bestätigt in der eigenen Verwendung die vorgetragene These – angenommen wie eine Rückkoppelung ideologischer Prozesse. Die I.en «haben keine Geschichte» [6], aber sie entstammen der Geschichte, werden in ihr entwickelt und haben in ihr eine Vermittlungsfunktion – unter Umständen eben auch als ideologische Abstraktion – und sind ebenso geschichtlich aufhebbar [7]. Nur so ist auch eine Beerbbarkeit der idealistischen Philosophie verständlich, wie Marx sie betont in seiner Forderung, die Philosophie nicht aufzuheben, ohne sie zu verwirklichen.

In einer anderen Fassung von Marx' I.-Begriff fehlen einige Merkmale von I., die die ‹Deutsche I.› angegeben hatte. So wird I. nicht als I. von Klassen ausgeführt und nicht als für ein allgemeines ausgegebenes Partialinteresse. Auch wird die Formulierung: I. als «notwendiges Sublimat» (andere Lesart: «Surrogat») nicht mehr aufgegriffen, das objektiv durch den erreichten Entwicklungs- und Erkenntnisstand bedingte falsche Bewußtsein mitumfaßte. – Marx bezeichnet «die ökonomische Struktur der Gesellschaft» als «die reale Basis, worauf sich ein juristischer und politischer Überbau erhebt und welcher bestimmte gesellschaftliche Bewußtseinsformen entsprechen». Überbau und Bewußtseinsformen faßt er dann zusammen als «den sozialen, politischen und geistigen Lebensprozeß überhaupt». Diese Formen sind wohl nicht als ideologisch verstanden – «*entsprechen*» sie doch der «realen Basis», bilden den «... Lebensprozeß überhaupt» –, sondern werden erst ideologisch durch den – ökonomisch bedingten – Konflikt von Basis und Überbau. «In der Betrachtung solcher Umwälzungen muß man stets unterscheiden zwischen der materiell naturwissenschaftlich treu zu konstatierenden Umwälzung in den ökonomischen Produktionsbedingungen und den juristischen, politischen, religiösen, künstlerischen oder philosophischen, kurz ideologischen Formen, worin sich die Menschen dieses Konflikts bewußt werden und ihn ausfechten» [8]. Demnach wären ideologische Formen konfliktbedingte Überbauformen, in denen der gesellschaftliche Konflikt sich zwangsläufig falsch darstellt.

Später hat Fr. Engels in einem Brief an Fr. Mehring (den Mehring in einer Replik an P. Ernst ohne Angabe zitiert) den nahezu vergessenen Begriff ‹I.› bei Mehring wieder aufgenommen [9]. Dem Ideologen erscheinen seine Vorstellungen, «weil durchs Denken vermittelt, auch in letzter Instanz im Denken begründet» [10]. Notwendig bleiben ihm die materiellen Motive seiner Imaginationen unbekannt: «Die I. ist ein Prozeß, der zwar mit Bewußtsein vom sogenannten Denker vollzogen wird, aber mit einem falschen Bewußtsein. Die eigentlichen Triebkräfte, die ihn bewegen, bleiben ihm unbekannt; sonst wäre es eben kein ideologischer Prozeß» [11]. Zu diesen Triebkräften können sowohl subjektive Interessen gezählt werden wie die objektive ökonomische Konstellation in ihren undurchschauten Entwicklungszuständen. Engels betont auch die «historische Wirksamkeit» der I.: Ihr «selbständige historische Entwicklung absprechen» bedeutet nicht, daß sie nicht «einmal durch andre, schließlich ökonomische Ursachen, in die Welt gesetzt, nun auch reagiert» und auf ihre Umgebung, ja ihre eigene Ursache zurückwirken kann [12].

3. In der marxistischen Diskussion ist der Begriff der I. bis Lenin kaum benutzt und nicht verändert worden. LENIN nimmt ihn in einem positiven Sinne auf, der vom Sprachgebrauch bei Marx abweicht. «Ihre geschichtlichen Bedingungen» – so MARX – «und damit ihre Natur selbst, zu ergründen und so der zur Aktion berufenen ... Klasse die Bedingungen und die Natur ihrer eigenen Aktion zum Bewußtsein zu bringen, ist die Aufgabe des theoretischen Ausdrucks der proletarischen Bewegung, des wissenschaftlichen Sozialismus» [13]. Da aber, so LENINS Umbildung, der wissenschaftliche Sozialismus nicht unmittelbar proletarisches Bewußtsein erzeugt, bedarf es einer Vermittlung: Die I.-Vermittlerin ist die Partei, die Avantgarde. I. ist damit Ausdruck des *proletarischen* Klasseninteresses, die strategische, bewußtseinsmäßige Umsetzung und Ausrichtung der Resultate des wissenschaftlichen Sozialismus [14], abgesetzt gegen bürgerliche I.

Gegenüber diesem Wortgebrauch hat es auf marxistischer Seite keine Einwendungen mehr gegeben. Solange der strategische Aspekt, bei Gewißheit der prinzipiellen Überwindbarkeit des ideologischen Bedürfnisses, dominiert, wird I. zugelassen und noch betont, daß sie «als I. der fortschrittlichsten Klasse Anleitung zum Handeln ist und ihre grundlegenden Interessen mit den Interessen aller Werktätigen übereinstimmen» [15].

Die Konjunktur des I.-Begriffs setzt erst später ein, auch schon vor dem Anstoß durch die Publikation Marxscher Frühschriften. G. LUKÁCS' ideologiekritische Absicht begnügt sich nicht, «falsches Bewußtsein» zu decouvrieren, sondern versucht, die bedingende Wirklichkeit aufzudecken und es «als Moment jener geschichtlichen Totalität, der es angehört», zu erweisen [16]. Diese Totalität bedingt das Bewußtsein über sie, vice versa hat das falsche Bewußtsein über sie objektive Ursachen. Nur die Veränderung der konkreten Totalität ermöglicht konkretes Begreifen. Solange aber die geschichtliche Entwicklung des Kapitalismus noch nicht in seiner Aufhebung kulminierte, ist das sie spiegelnde Bewußtsein notwendig ideologisch, ist sogar noch das Proletariat in einer «ideologischen Krise» [17], die durch die Parteiorganisation gemeistert werden muß. An dieser Stelle benutzt Lukács das Wort ‹I.› nicht, seine Überlegungen decken jedoch durchaus den Leninschen Gebrauch des Begriffs [18]. Besonders deutlich wird, daß die ideologiekritisch proponierte Allgemeinheit als «objektive Möglichkeit» eingeführt wird: als möglicher Begriff der objektiven Wirklichkeit in kritischer Funktion gegenüber gegebenen und standpunktmäßig bedingten Einschätzungen. – Die Fixierung der objektiven Wirklichkeit gesteht dem subjektiven, ideologischen Bewußtsein keine Einflußmöglichkeit zu: I. sind geschichtlich abstrakt, in einer «Zuschauerrolle» [19]. «Das ‹falsche Bewußtsein›, die objektive Unmöglichkeit, durch bewußtes Handeln in die Geschichte einzugreifen» [20], verschwindet erst, wenn die Wirklichkeit sich vernünftig strukturiert oder strukturiert wird; damit wird dann das Bewußtsein selbst unmittelbar praktisch.

Lukács' Begriff der «objektiven Möglichkeit» kontrastiert mit dem Möglichkeitsbegriff E. BLOCHS. Wenn die Einheit von Mensch und Natur als die *mögliche* Totalität betrachtet wird, auf die die bürgerliche I. kritisch ab-

gebildet wird und auf die die marxistische I. intentional bezogen wird, wird die gegebene Wirklichkeit entverbindlicht. Die I.-Kritik enthält dann selbst noch ein Element von Utopie. In der Beurteilung gegenwärtiger Phänomene bleibt deshalb eine gewisse Ambivalenz, da sie «ebenso den Betrug wie das Pathos von ‹Revolution› und Reaktion» [21] ermöglichen. Die prinzipielle Ausrichtung auf die Totalität bedarf noch ihrer Konkretisierung durch eine «mehrräumige Dialektik»: «Und mehrräumige Dialektik erweist sich vor allem an der Dialektisierung noch ‹irrationaler› Inhalte; sie sind nach ihrem kritisch bleibenden Positivum, die ‹Nebelflecken› der ungleichzeitigen Widersprüche» [22]. Bemerkenswert auch im Vergleich zu Lukács ist die offene Haltung gegenüber vergangenen unabgegoltenen I., deren positive Züge das utopische Bewußtsein und Gewissen bewahren kann. «Einleuchtend wirkt hier ein ‹kultureller Überschuß› über die zeitgenössische I., und nur er trägt sich auch über zerfallender Basis und I. durch die Zeiten, macht so das Substrat späterer Nachreife und Erbbarkeit aus» [22a].

Bei den *Austromarxisten* kollidiert die eigenständige Ausarbeitung des Marxismus – als Wissenschaft verstanden, einem von Kant inaugurierten Methodenbegriff zufolge – mit der doxographischen Legitimation, die sowohl bei Marx und Engels ansetzt [23] und andererseits auch Lenins I.-Begriff einarbeitet. Die hier prätendierte Basis der I.-Kritik ist die mögliche Erkenntnis der Geschichte und ihrer Kausalität; die Verflochtenheit und Wirksamkeit der I. läßt sich aufheben in der Erkenntnis der geschichtlichen Kausalität. – Dennoch ist gerade in der interimistischen, vorrevolutionären Praxis, in Einzelfällen, der ideologische Rückgriff auf das sittliche Ideal erforderlich [24]; wenn die Humanisierungstendenz der Geschichte noch nicht als eindeutige, ökonomische Gesetzlichkeit erscheint, wird der ethische Formalismus konsultiert. Der Rückgriff auf die Ethik versteht sich hier als ideologisch. – Demgegenüber vertritt K. KORSCH – in später zurückgenommener subjektiver Übereinstimmung mit Lukács – einen weitergehenden Begriff von I.; marxistische I. stehe im Kampf mit dem bürgerlichen Bewußtsein, das nicht einfach auf ökonomische und politische Wurzeln reduzierbar sei. Die Deklaration «aller gesellschaftlicher Bewußtseinsformen überhaupt» als «‹sehr praktische, sehr gegenständliche› gesellschaftliche Wirklichkeiten» begründet die Notwendigkeit des ideologischen Kampfes und auch der «ideologischen Diktatur» [25].

Der Begriff der I. hat dann eigentlich im orthodoxmarxistischen Bereich und bei marxistischen Autoren keine wesentliche, über Marx – 1932 wurden die ‹Frühschriften› wiederveröffentlicht – und Lenin hinausführende Umbildung erfahren. Die Unterscheidung zwischen bürgerlicher und marxistischer I. bemißt sich nach der Grundeinstellung: Bürgerliche I. steht in einem ihr selber dunklen Verhältnis zur sie bedingenden Basis, den Produktivkräften und Produktionsverhältnissen. Damit ist ein sehr großer Interpretationsspielraum gegeben, der aber für die hier zu gebende Darstellung der Begriffsentwicklung von ‹I.› nicht wichtig ist. Doch hat sich eine andere Entwicklung angebahnt, die den Begriff der ideologiekritisch reklamierten Allgemeinheit und Totalität nicht nur auf den gesellschaftlichen Bereich bezieht, wie extrem bei Lukács, sondern anthropologische und naturhafte Konstanten einbezieht. Er bezeichnet eine postulierte Totalität, zu der sich menschliches, geschichtliches Bewußtsein als vorläufig verhalten muß:

als ideologisch. Es kann teilweise nur noch von einer Idee der I.-Kritik gesprochen werden, die sich selbst problematisch wird und die an einer nur regulativen Totalität festhält. Entscheidend für den marxistischen Gebrauch von ‹I.› ist die Positionierung einer geschichtlich gewordenen oder werdenden Totalität der Gesellschaft oder des Menschen oder einer wissenschaftlich verbindlichen, allgemeingültigen Methode; sie erlauben es, partielle Interessen und methodisch unzureichende Begründungen als solche zu durchschauen und zu objektivieren. Unter diese Charakterisierung fallen sowohl die existentialistischen, anthropologischen als auch strukturalistischen Varianten des Marxismus. Der Wortgebrauch von ‹I.› ist fast stereotyp und kanonisch, selbst wenn die Ausgangspositionen differieren; die Struktur des Begriffs bleibt innerhalb des Marxismus mit Schwankungen konstant.

4. Von begriffsgeschichtlichem Interesse wird der Begriff ‹I.› erst wieder in Diskussionssträngen, die, marxistisch angeregt, ihm außermarxistische Valenz verleihen. Die erste nicht marxistisch gebundene Rezeption findet sich bei A. Seidel, der den Begriff (der übrigens auch bei L. Klages und Th. Lessing peripher vorkommt) vor allem von der Lebensphilosophie und der Psychoanalyse her versteht. Anstelle der Marxschen Fundierung der «historischen Notwendigkeit» von I. im Zusammenhang von Produktivkräften und Produktionsverhältnissen gründet bei Seidel I. im kranken Triebleben des Menschen. Ausgehend von Freuds Begriff der Sublimation schreibt Seidel den I. nicht geschichtliche, sondern vitale Notwendigkeit zu. Im Unterschied jedoch zu Fr. Nietzsche, H. Klages, Th. Lessing und G. Simmel sind I. für Seidel funktional zum (biologisch) *kranken* Triebleben des Menschen. Nietzsches Perspektivismus und Simmels Anerkennung lebenstranszendenter Ideen geben das Schema einer psychischen Harmonisierung. Die I.-Kritik verläuft ineins mit der geschichtlichen Entwicklung: Marx', Nietzsches, Freuds genetische Erklärung von I. und Spenglers Kulturpessimismus haben die Leistungsfähigkeit der I. destruiert. Durchschaute I. aber verliert ihre Naivität und schlägt zurück auf die Vitalverhältnisse, die sie bedingten und die – (nur) *unbewußt* – sublimiert wurden. «Das Leben ... rettet noch einmal den Menschen, indem er ihm ein falsches Bewußtsein in Form transzendenter Religion gibt», doch «wird das falsche Bewußtsein immer mehr abgetragen und somit die Grundlage aller *Überwindungsmittel des kranken Trieblebens*, d. h. *Sublimierung* vernichtet» [26]; damit entfällt das transzendente Gegengewicht – man denke an Simmel – der vitalen Defizienz. – Seidels Werk reflektiert in eigen- und einzigartiger Weise gedankliche Strömungen, die später dann den Begriff der I. beeinflußt haben; die Wirkung seines – nur intern bekannten Werks – ist kaum belegbar.

Die Wirkung A. Seidels erstreckt sich auch auf die *Wissenssoziologie* – ein Zusammenhang, den H. Plessner [27] unterstellt hat und der auch durch persönliche Bekanntschaften wahrscheinlich ist. – Mit einer «Wissenssoziologie der Klassen» entzieht sich M. Scheler noch dem eigentlichen Problem: Der Rückzug auf eine transzendente Basis wird selbst nicht ideologiekritisch hinterfragt. Selbstverständliche Klassenvorurteile stellen sich ein aufgrund der ökonomischen Struktur, aber sie sind philosophisch prinzipiell überwindbar. Das klassenmäßig begründete Vorurteil darf nicht expandiert werden zur Voraussetzung der Erkenntnis und Erkennbarkeit der Wirklichkeit. Der Wegfall eines philosophischen

Kriteriums von I. führt K. Mannheim zu dem globalen Begriff der «totalen I.». Die ideologischen Aussagen können aus der «Seinsverbundenheit des Wissens» funktional bestimmt werden, nicht aber inhaltlich als theoretische Anleitung zur Praxis. Die «standortgebundene Aspektstruktur eines Denkens» läßt sich als Verdeckung und Stabilisierung seines sozialen Kontextes auffassen, nicht aber als Handlungsanweisung. (Mannheim nimmt hier Seidels Unterscheidung zwischen funktionalen und strukturalen I. auf.) Inhaltlich greifen sowohl I. wie Utopie über die gegebene Realität hinaus auf ein Nichtvorhandenes. Kriterium der Utopie ist die mögliche Verwirklichung, die freilich erst post festum konstatiert werden kann. Es läßt sich also in der Gegenwart keine zuverlässige Unterscheidung treffen zwischen der Utopie, deren Begriff Bloch als den des «Geistes der Utopie» reklamierte, und der I., die geschichtlich folgenlos bleibt. Der I.-Begriff ist damit nicht mehr auf eine bestimmte Gruppe, Schicht oder Klasse anwendbar. Mit der Zuordnung allgemein zum Sein bzw. einer irrationalen Geschichte verliert der Begriff seine ideologiekritische Schärfe und wird zur allgemeinen Skepsis gegenüber bewußtseinsmäßigen Wirklichkeitsorientierungen: «Falsch und ideologisch ist von hier aus gesehen ein Bewußtsein, das in seiner Orientierungsart die neue Wirklichkeit nicht eingeholt hat und sie deshalb mit überholten Kategorien eigentlich verdeckt» [28].

Auf Mannheims «I. und Utopie› antwortet P. Tillich in einer Rezension. Es sei nicht gelungen, «den totalen und allgemeinen I.-Begriff durchzuführen». «Wenn das ‹seinsgebundene Denken› nur an einem Ort möglich ist, wo die Seinsverbindung durchschnitten ist», wenn also der Intelligenz «ein absoluter soziologischer Ort» [28a] zugesprochen wird, ist damit die Grundthese dementiert. Tillich betont, daß der I.-Begriff seinen politischen Charakter für die kämpfende Gruppe behalten müsse, daß andererseits die I.-Kritik auch die Selbstkritik der Gruppe zu beinhalten habe. Es sei wichtiger, der soziologischen, schichtspezifischen Erkenntnischance nachzufragen, «von der aus allein für das gegenwärtige Bewußtsein die Seinsgestalt sichtbar werden kann» [28b], als die abstrakte Problematik der I. zu erörtern.

In H. Plessners Kritik wird die bei Mannheim noch latente Linie Nietzsche-Simmel-Seidel deutlich: «Weil Leben mehr Leben und mehr als Leben will, ist der Mensch schon als Lebewesen ideologisch: ein ideologisches Tier» [29]. Plessner reartikuliert «den Charakter einer unter besonderen erkenntnistheoretischen und anthropologischen Bedingungen stehenden Theorie (für eine bestimmte geschichtliche Situation)» [30]. Dies aber nur in einem theoretischen Rahmen, den «die Soziologie wie auch die philosophische Anthropologie» liefern [31].

M. Horkheimers und Th. W. Adornos Kritik weist deutlicher noch als Plessner auf die undurchschauten philosophischen Implikate und bürgerlich ideologischen Ansätze bei Mannheim hin. Ein «letzten Endes unzweifelhaft durch ein besonderes Wertgefühl fundiertes Verhältnis zur Geschichte und zum Sozialen» [32] stellt eine unausgesprochen philosophische Annahme dar. Gegenüber dem totalen I.-Verdacht zeichnet Horkheimer den legitimen Rahmen von Theorie aus: « Die Praxis bedarf dauernd der Orientierung an fortgeschrittener Theorie. Die Theorie ... besteht in der möglichst eindringenden und kritischen Analyse der historischen Wirklichkeit ... Die Darstellung und kritische Analyse der Wirklichkeit, von der die Praxis jeweils begeistet wird, ist vielmehr selbst durch praktische Impulse und Strebungen bestimmt» [33]. Horkheimer schlägt deshalb als Sprachregelung vor: «Der Name der I. sollte dem seiner Abhängigkeit nicht bewußten, geschichtlich aber bereits durchschaubaren Wissen, dem vor der fortgeschrittensten Erkenntnis bereits zum Schein herabgesunkenen Meinen, im Gegensatz zur Wahrheit vorbehalten werden» [34]. Die Disparatheit des geschichtlichen Bewußtseins zur Geschichte ist die Disparatheit der Geschichte selbst: «Der Schleier, der notwendig zwischen der Gesellschaft und deren Einsicht in ihr eigenes Wesen liegt, drückt zugleich kraft solcher Notwendigkeit dies Wesen selbst aus» [35]. Die notwendige Abstraktion des Geistes gegenüber dem gesellschaftlichen Prozeß ist zwar ideologisch, doch steckt in ihr auch die Chance ihrer ideologiekritischen Aufhebung. Nur in Abstinenz von der Wirklichkeit läßt sich noch deren Anspruch reformulieren; das aber ist auch der Makel: Geist ist Abstraktion, Verlust der Immanenz: «Von I. läßt sich sinnvoll nur soweit reden, als wie ein Geistiges selbständig, substantiell und mit eigenem Anspruch aus dem gesellschaftlichen Prozeß hervortritt. Ihre Unwahrheit ist eben der Preis dieser Ablösung» [36]. «Man könnte fast sagen, daß heute das Bewußtsein ... überhaupt nur soweit überleben kann, wie es die I.-Kritik in sich selbst aufnimmt» [37].

Dieser Doppelcharakter ist auch von TH. W. ADORNO noch hervorgehoben worden. In der Spannung «des Wissens von der Gesellschaft als Totalität» und «von der Verflochtenheit des Geistes in sie» [38] steht der ideologiekritische Anspruch. «Die I., der gesellschaftlich notwendige Schein, ist heute die reale Gesellschaft selber, insofern deren integrale Macht und Unausweichlichkeit, ihr überwältigendes Dasein an sich, den Sinn surrogiert, welchen Dasein ausgerottet hat» [39]. Aus dieser allgemeinen I.-Vermutung entstehen Schwierigkeiten für die immanente Kritik, so daß dieser I.-Begriff kaum praktikabel erscheint; zumal er sich von Marx' Bestimmung des «notwendigen Scheins» unterscheidet, da er nicht auf eine bestimmte Wirklichkeit reprojizierbar ist, sondern sich als integrierender Teil einer falschen Wirklichkeit erweist. «Mit der Gesellschaft ist die I. derart fortgeschritten, daß sie nicht mehr zum gesellschaftlich notwendigen Schein und damit zur wie immer brüchigen Selbständigkeit sich ausbildet, sondern nur noch als Kitt: falsche Identität zwischen Subjekt und Objekt» [40].

Schon im ersten Band der ‹Zeitschrift für Sozialforschung› hatte E. FROMM eine Synthese von historischem Materialismus und Psychoanalyse versucht. Der I.-Begriff wird dabei sozialpsychologisch erweitert: «Die Sozialpsychologie hat die gemeinsamen – sozial relevanten – seelischen Haltungen, I.en – und insbesondere deren unbewußte Wurzeln – aus der Einwirkung der ökonomischen Bedingungen auf die libidinösen Strebungen zu erklären» [41]. Psychischer und gesellschaftlicher Arbeitsprozeß werden dabei als analog aufgefaßt: «Die Psychoanalyse erlaubt uns also, die I.-Bildung als eine Art ‹Arbeitsprozeß›, als eine der Situationen des Stoffwechsels zwischen Menschen und Natur anzusehen, wobei die Besonderheit darin liegt, daß die ‹Natur› in diesem Fall innerhalb und nicht außerhalb des Menschen liegt» [42]. Dabei ist dann die Modifikation der Triebregungen «ihrer Quantität und ihrem Inhalt nach von der sozial-ökonomischen Situation des Individuums bzw. seiner Klasse geprägt» [43].

Die Verschränkung von I. und gesellschaftlicher Wirklichkeit beschreibt H. MARCUSE als eindimensionale Realität der technologischen Entwicklung [44]: «Die Ge-

sellschaft, welche sich die Technologie und Wissenschaft unterwarf, wurde zur immer wirksamer werdenden Beherrschung von Mensch und Natur» [45]. Der Maßstab rationaler Naturbeherrschung wurde schließlich zum Maßstab von Herrschaft überhaupt. Herrschaft ist nur noch legitimierbar durch technologische Funktionalität. «Nicht nur eine bestimmte Staatsform oder Parteiherrschaft bedeutet Totalitarismus, sondern auch ein bestimmtes System von Produktion und Verteilung» [46]. Der Verlust der Dimension der Praxis führt komplementär zu einem – technologisch-rationalen – falschen Bewußtsein. Die ideologiekritische Destruktion dieses paralysierten Bewußtseins erscheint deshalb selbst als ideologisch: «Die kritische Theorie findet deshalb keine empirische Grundlage, auf der sie den status quo überwinden kann» [47]. Systemsprengende Ansätze rekurrieren deshalb bei Marcuse, wie in ‹Triebstruktur und Gesellschaft› und ‹Der eindimensionale Mensch› auf (existenz)philosophische und psychoanalytische Hypothesen sowie auf Spekulationen über eine andere Technik.

Die These einer neuen Wissenschaft und neuen Technologie konzediert J. HABERMAS nicht. Den repressiven Charakter der modernen Produktion und Technik begreift er als Verfall der sie kontrollierenden politischen Öffentlichkeit. So sucht Habermas die Sphäre der Interaktion zu rekonstruieren bzw. zu eröffnen. Schon für den klassischen I.-Begriff gilt, daß I. partikulare Interessen als allgemeine politisch legitimieren muß. I. hat es mithin erst gegeben mit dem Entstehen einer öffentlichen Meinung des 18. Jh., «in der das Intersse der Klasse, durchs öffentliche Räsonnement vermittelt, den Schein des Allgemeinen annehmen kann ... in der Identifizierung der Herrschaft mit ihrer Auflösung in bare Vernunft» [48], in diesem Sinn hat dann I. ein Moment von Wahrheit. «Wenn I.en nicht nur das gesellschaftlich notwendige Bewußtsein in seiner Falschheit schlechthin anzeigen, wenn sie über ein Moment verfügen, das, indem es utopisch das Bestehende über sich selbst, sei es auch zur Rechtfertigung bloß, hinaushebt, Wahrheit ist, dann gibt es I. überhaupt erst seit dieser Zeit. Ihr Ursprung wäre die Identität der ‹Eigentümer› mit den ‹Menschen schlechthin›» [49].

Der moderne I.-Begriff kann sich aber nicht mehr nur dieser Kategorien bedienen. Er kann nicht mehr am Gegensatz von Produktivkräften und Produktionsverhältnissen, von besonderen und allgemeinen Interessen expliziert werden. «Wenn aber die I. des gerechten Tausches zerfällt, kann das Herrschaftssystem auch nicht mehr an den Produktionsverhältnissen unmittelbar kritisiert werden» [50]. Vielmehr «tritt an die Stelle der I. des freien Tausches eine Ersatzprogrammatik, die dann an den sozialen Folgen nicht der Institution des Marktes, sondern einer die Dysfunktion des freien Tauschverkehrs kompensierenden Staatätigkeit orientiert ist» [51]. Der Unterschied zu Marcuse ist: Sofern Politik als von der ökonomischen Basis abhängig kritisierbar ist, ist seine Analyse im Recht; wenn aber die ökonomische Basis «umgekehrt auch schon als eine Funktion von Staatätigkeit und politisch ausgetragenen Konflikten begriffen werden muß» [52], kann sie nicht mehr unmittelbar als ideologiekritischer Index angenommen werden.

Der moderne I.-Begriff ist der der entpolitisierten Öffentlichkeit. «Der ideologische Kern dieses Bewußtseins ist die Eliminierung des Unterschieds von Praxis und Technik» [53], durch die Politik auf technologische Rationalität reduziert wird unter Bedingungen entstellter Kommunikation. Das aber ist Ausdruck nicht nur einer bestimmten technologischen Rationalität, sondern impliziert einen Verfall der politischen Öffentlichkeit. I.-Kritik hebt das Moment der politischen Legitimation hervor.

Anmerkungen. [1] K. MARX, MEW 3, 27. – [2] a. a. O. 26. – [3] 47. – [4] Vgl. 31f. – [5] 37. – [6] 26f. – [7] 27. – [8] Vorwort zur Kritik der polit. Ök. MEW 13, 9; vgl. auch Grundrisse der Kritik der polit. Ök. (1953) 29ff. – [9] F. MEHRING, Die Lessing-Legende, hg. H. KOCH (1963) 266f. 384f. – [10] FR. ENGELS, MEW 39, 97. – [11] ebda. – [12] 97f. – [13] K. MARX, MEW 19, 228. – [14] W. I. LENIN, Werke (1961) 5, 349ff.; vgl. 386; 6, 155; 9, 15; 31, 495; 32, 257. – [15] Vgl. G. KLAUS und M. BUHR: Philos. Wb. (1971) 1, 506. – [16] G. LUKÁCS: Gesch. und Klassenbewußtsein (1923, ND Amsterdam 1967) 61. – [17] a. a. O. 312. – [18] 318. – [19] 340. 324. – [20] 321. – [21] E. BLOCH: Erbschaft dieser Zeit (²1962) 116. – [22] a. a. O. 126. – [22a] Tübing. Einl. in die Philos. (1964) 1, 136. – [23] Vgl. M. ADLER: Grundlegung der materialistischen Geschichtsauffassung (1964) 117-126. – [24] Vgl. O. BAUER: Marxismus und Ethik, in: Austromarxismus, hg. R. DE LA VEGA/H. J. SANDKÜHLER (1970) 74ff. – [25] K. KORSCH: Marxismus und Philos., hg. E. GERLACH (1966) 134ff. – [26] A. SEIDEL: Bewußtsein als Verhängnis, hg. H. PRINZHORN (1927) 39. – [27] H. PLESSNER: Abwandlungen des I.-Gedankens, zit. in: K. LENK (Hg.): I. (²1964) 232. – [28] K. MANNHEIM: I. und Utopie (1929) 52. – [28a] P. TILLICH: I. und Utopie, in: H.-J. LIEBER (Hg.): I.en-Lehre und Wissenssoziol. (1974) 400. – [28b] a. a. O. 403. – [29] PLESSNER, a. a. O. [27] 220. – [30] 233. – [31] 234f. – [32] M. HORKHEIMER: Ein neuer I.-Begriff? in: LENK, a. a. O. [27] 243; MANNHEIM, a. a. O. [28] 48. – [33] M. HORKHEIMER: I. und Handeln, in: Frankfurter Beitr. zur Sozialforsch., hg. TH. W. ADORNO/W. DIRKS 10 (1962) 44. – [34] a. a. O. 47. – [35] Art. ‹I.›, in: Frankfurter Beitr. a. a. O. [33] 4 (1956) 175. – [36] a. a. O. 176. – [37] ebda. – [38] TH. W. ADORNO: Prismen (1955) 28. – [39] a. a. O. 26. – [40] Negative Dialektik (1966) 339. – [41] E. FROMM: Über Methode und Aufgabe einer analyt. Sozialphilos. Z. Sozialforsch. 2 (1932) 40. – [42] a. a. O. 47. – [43] 46. – [44] H. MARCUSE: Über das I.-Problem in der hochentwickelten Industriegesellschaft, in: LENK, a. a. O. [27] 353; vgl. 351. – [45] a. a. O. 357. – [46] 345. – [47] 338. – [48] J. HABERMAS: Strukturwandel der Öffentlichkeit (1962) 101. – [49] ebda. – [50] Technik und Wiss. als I. (1968) 76. – [51] ebda. – [52] ebda. – [53] 91. R. ROMBERG

III. In der Zeit von *1914–1945* erfuhr der I.-Begriff eine weite Verbreitung; es lassen sich im wesentlichen folgende Begriffsfelder unterscheiden:

a) Mehr *umgangssprachlich* als in der wissenschaftlichen Literatur hält sich der aus dem 19. Jh. bekannte und von Marx und marxistischem Denken weitgehend unabhängige pejorative I.-Begriff, der ‹I.›, ‹weltfernes Theoretisieren›, ‹subjektive Fiktionen› der ‹Realpolitik›, ‹politischen Wirklichkeit› und den ‹objektiven Notwendigkeiten› gegenüberstellt [1]. Dieser Begriff von I. als einem «primär durch Ideen bestimmten Verhältnis zur Wirklichkeit, das von einem anderen Wirklichkeitsbegriff aus als irreal ... begriffen wird» [2], ist bis heute, meist in verbalpolitischen Auseinandersetzungen, geläufig. – Will man den Vorwurf der I. vermeiden und trotzdem nicht auf die geistigen Impulse der Politik verzichten, nimmt man den Unterschied von I. und («echter») Idee zu Hilfe [3]: «Jede I. ist eine korrumpierte Idee» [4]. Nur selten wird I. mit ‹Idee›, ‹Fernziel›, ‹Leitbild› identifiziert und ihre Berechtigung gegenüber der ‹Realpolitik› betont [5].

b) Es hält sich weiterhin der von LENIN her bekannte Begriff von *I. als Überbau*, Widerspiegelung der Basis, der auch ein positives Verständnis von I. («sozialistische I.») zuläßt und weniger in seinem semantischen Sinn als in seiner Funktion (Dependenz oder Independenz von der ökonomischen Basis, Bedeutung im Klassenkampf usw.) Gegenstand der Diskussion inner- und außerhalb des Marxismus ist. Vor allem wird, nach M. WEBER, die Frage gestellt, ob zwischen I. und Basis nicht ein Wechselverhältnis oder sogar ein umgekehrtes Abhängigkeitsverhältnis als das im Marxismus angenommene festzu-

stellen sei [6]. Singulär blieb dagegen der Versuch von E. ROTHACKER, den Begriff des Unterbaus so zu erweitern, daß alle Lebensweisen, -formen und -haltungen, also auch ideelle Momente, darin einbegriffen sind und dann die metaphysischen I. als «Epiphänomene, Reflexe des Seins» fraglos davon abhängig sind [7].

c) Gerade vom Marxismus wurde ein so allgemeiner I.-Begriff geprägt, daß erst, wie prototypisch bei LENIN, eine *bestimmte* I., die der bürgerlichen Klasse, negativ bewertet wird oder, wie z. B. bei P. SZENDE («Jeder Begriff, jede Theorie, jedes wissenschaftliche System kann als I. bezeichnet werden» [8]), I. dadurch kritisch gesehen wird, daß man zunächst zwischen konservativen, verschleiernden, autoritären, verhüllenden I. und revolutionären, demaskierenden, enthüllenden I. unterscheidet («Kampf der I.en» [9]), beide aber wieder einander angleicht, da auch letztere sich bald wieder verfestigen und neue Herrschaft etablieren. G. SALOMON hat dies insofern weitergeführt, als er unter Berufung auf Marx, dessen I.-Begriff er interessenpsychologisch interpretiert, I. als Verdeckung und Rechtfertigung von Interessen begreift. Auch der Marxismus ist, «wenn die Revolution nicht als individuelle Tat, sondern als kollektives Geschehen mit dem Proletariat geschieht, ... als Ausdruck der Klassenlage und des Klasseninteresses selber eine I.» [10]. H. O. ZIEGLER versteht, nun unter Berufung auf Pareto, I.-Kritik ähnlich als Kritik an ungerechtfertigten Hypostasierungen und Verabsolutierungen von historisch Bedingtem [11]. I. als Rechtfertigung von Interessen wird dann von einigen als «unentbehrliches Stück des Lebensprozesses» [12], von anderen als «Scheinwürde», die es zu demaskieren gilt [13], verstanden.

d) Demgegenüber faßte die *Wissenssoziologie* mit der Formel von der «Seinsgebundenheit des Denkens», darin den damaligen marxistischen I.-Begriff neutralisierend und verallgemeinernd («totaler I.-Begriff»), einen völlig wertfreien I.-Begriff [14]. Er wurde Gegenstand heftiger Diskussionen [15], wurde bald auch in der amerikanischen Soziologie rezipiert [16] und fand auch in den speziellen Soziologien Anwendung [17]. Eine ausdrückliche Abgrenzung von diesem I.-Begriff findet sich jedoch in der Wissenssoziologie W. STARKS, der I. wieder negativ als zu überwindende Verfälschung und Verzerrung des Denkens definiert [18].

e) Der *Nationalsozialismus* sprach meist verächtlich von «unpraktischen Ideologen» und «wurzellosen Intellektuellen» (vgl. oben a) [19] und fühlte sich selbst vor dem I.-Vorwurf gefeit, weil er sich nicht in einem «unwirklichen übervölkischen Klassenbewußtsein», sondern in den «ursprünglichen Lebensinteressen» des Volkes bzw. der Rasse verwurzelt glaubte und annahm, daß diese Lebensinteressen, weil indiskutierbar lebensnotwendig, dem I.-Verdacht entzogen seien [20].

Für die Zeit *nach dem Zweiten Weltkrieg* läßt sich eine dem sehr unterschiedlichen Sprachgebrauch annähernd adäquate Typologie der I.-Begriffe nicht aufstellen, zumal ‹I.› nun oft ohne Angabe des gemeinten Sinnes gebraucht wird. I. wird so häufig zu einer diffusen Bezeichnung für weltanschauungsähnliche Gebilde, mit fließenden Grenzen zu den Nachbarbegriffen und, soweit darauf Bezug genommen wird, mit in Art, Anzahl, Bedeutung und Funktion nicht exakt bestimmten Strukturelementen. Gelegentlich versucht man deshalb, die verschiedenen I.-Begriffe oder Ebenen ihrer Verwendung gegeneinander abzugrenzen, ohne eine neue Definition, die doch nicht Anspruch auf Allgemeingültigkeit erheben könnte, zu bieten [21].

Ein einigermaßen deutlicher I.-Begriff liegt dort vor, wo man, wie schon früher, I. als (höhere) Rechtfertigung von nicht offen dargelegten Zwecken (z. B. Herrschaft), als Verdeckung von Interessen, versteht [22]. Eine I. ist deshalb nur an dem Zweck, dem sie dient, zu messen, sie verschafft «dem kollektiven Willen zur Macht ein intellektuelles Alibi» [23]. I. ist jene Wahrheit, die nur noch instrumentalisiert gedacht wird: «I. ist der Geist als Funktion nackter politischer Macht» [24]. I. sind nicht schon Sitten, Moral, Religion, Wissenschaft usw. als solche, sondern erst, wenn sie *gebraucht* werden für politische Interessen und zur Rechtfertigung einer sozialen Ordnung. Es gibt also keine reine I., sondern nur I. als «Parasit» von Theorien und geistigen Gebilden, in die sie sich «inkarnieren» [25]. Der Gebrauch von ‹I.› in diesem Sinn bedeutet zugleich I.-Verdacht und -Kritik: man sucht eine Aussage unter Hinweis auf deren versteckte Motivationen als I. zu entlarven, was in der Konsequenz zum gegenseitigen I.-Vorwurf und der Aufdeckung der ‹wahren› Motive führt: «Die Diskrepanz [zwischen Sein und Schein], die in der gegnerischen Position entdeckt wird, liegt in anderer Gestalt auch der eigenen zugrunde» [26]. Über den Wahrheitsgehalt einer I. ist damit aber noch nichts ausgemacht [27]; eine Theorie darf nicht nur (aber auch) daraufhin befragt werden, wem sie jeweils nützt [28]. Obwohl vielfach ein Gegensatz von I. und Wissenschaft behauptet wird oder man die vor- und außerwissenschaftlichen Annahmen und I.en im Prozeß der Wissenschaft durch objektive Kontrollen eliminieren zu können glaubt [29], scheint es gegen den wissenssoziologisch «verallgemeinerten I.-Verdacht» «keine natürliche Sicherung», keinen «absoluten Maßstab» für die Objektivität einer Theorie, die diese der sozialen oder historischen Bedingtheit entheben würde, zu geben [30]. Besonders die Sozialwissenschaft versteht unter I. transzendierende Entscheidungen und implizite Einstellungen, für die es keinen Beweis und keine letzte Instanz geben kann [31].

H. LÜBBE hat den I.-Begriff, der als Verschleierung von nicht-ausgesprochenen Absichten definiert ist, dadurch präzisiert, daß er ihn vom Betrug abgrenzt. Beide dienen verdeckten Interessen, aber: «Die Betrugstheorie richtet sich an andere und erfüllt ihren praktischen Zweck, wenn die anderen sie glauben. Die I. dagegen ist jene Betrugstheorie, die dann funktioniert, wenn man selber daran glaubt» [32].

Einen verwandten, jedoch sehr viel engeren und in der Begründung oft angefochtenen Begriff von I. vertritt auch der Positivismus. H. KELSEN definierte schon 1934 I. als «eine nicht-objektive, von subjektiven Werturteilen beeinflußte, den Gegenstand der Erkenntnis verhüllende, sie verklärende oder entstellende Darstellung dieses Gegenstandes» [33]. TH. GEIGER hat dies dann (neben G. BERGMANN [34]) auf die weithin bekannt gewordene Formel gebracht: Ideologisch sind jene Aussagen, die «sich als Sachaussagen geben, die aber a-theoretische, nicht der objektiven Erkenntniswirklichkeit zugehörende Bestandteile enthalten». Sie kleiden Werturteile, Urteile über Gefühlsbeziehungen, also Nicht-Objektives, Nicht-Theoretisches, in die Form einer objektiven Aussage und sind deshalb nicht falsch, sondern illegitim. Sie sind «Para-Theorie» [35]. Bei E. TOPITSCH bildet die Tarnung von Werturteilen als wissenschaftliche, d. h. deskriptive Sätze nur *ein*, wenn auch ein wesentliches Element innerhalb einer Reihe anderer Strategien ideologischer Aussagen (wie: Verwendung von bipolaren Weltdeutungen, Feind-Stereotypen, Leerformeln, Anspruch auf «absolu-

te Wahrheiten»), mit denen «man beliebigen Wertungen den Anschein absoluter Geltung und beliebigen Theorien denjenigen der Unwiderleglichkeit verschaffen kann» [36]. H. ALBERT, der zunächst in etwa den I.-Begriff Geigers und Bergmanns teilte [37], sieht jetzt die Schwierigkeit einer Abgrenzung von wertenden und Tatsachenaussagen und versteht unter I. allgemeiner die einem rationalen und kritischen Denken entgegenstehenden Dogmatisierungen und Ontologisierungen. I.-Kritik bedeutet Aufklärung und Korrektur der Vorurteile und Irrationalismen des sozialen Lebens [38].

Diejenigen Theorien, die I. dadurch von Nicht-I. unterschieden, daß sie I. als Instrumentalisierung von Wahrheit oder als Einkleidung von Werturteilen in Tatsachenbehauptungen verstanden, bestimmten I. damit als die besondere *Form* einer Aussage oder die spezifische *Perspektive*, unter der diese gesehen wurden. Bei jenen Autoren dagegen, bei denen I. eine Art Weltanschauung ist, ist I. immer ein eigenständiges System von Ideen, Werten, Erkenntnissen, Glaubensinhalten, und diese sind nicht nur Träger von I., sondern selbst I. und könnten nicht auch nicht-ideologisch sein.

Dies ist sowohl bei jenem I.-Begriff der Fall, der nach dem Zweiten Weltkrieg in Europa Kristallisationspunkt einer breiten Kritik am totalitären oder den Totalitarismus begünstigenden Denken ist, als auch bei jenem der amerikanischen Soziologie, die die Funktion und Relevanz der I. (jetzt nicht unbedingt mit negativem Index versehen) für Politik, Gesellschaft und einzelne Gruppen (auch rein empirisch [39]) zu erforschen sucht. Jedoch lassen sich beide Gruppen nicht streng voneinander trennen.

In der *Totalitarismuskritik*, in der in der Regel Marxismus und Faschismus, nicht aber die demokratische oder pluralistisch-liberale Gesellschaft Objekt der Auseinandersetzung sind, kritisiert man den Anspruch der I.en auf totale und sichere Erklärung des Geschichtsprozesses, für den die Einzelnen die Rolle des Vollstreckers und Opfers spielen [40]. Ihre scheinbare Verläßlichkeit gründen die I. auf die folgerichtige Ableitung ihrer Deutungen «aus einer als sicher angenommenen Prämisse» [41]; sie werden unabhängig von der Erfahrung [42] oder sogar gegen sie geglaubt, weil sie, darin der Religion ähnlich, «das schlechthin Unmögliche versprechen» [43]. Übereinstimmend kritisiert man den Anspruch der I.en auf absolutes Wissen und absolute Geltung [44], auf die «Wahrheit des Ganzen», die sie aber verfehlen müssen [45], weil sie den Bereich des dem menschlichen Wissen und der Wissenschaft Zugänglichen grundsätzlich übersteigen und damit für eine rationale Kritik unzugänglich sind [46] oder eine Teilwahrheit zur einzig gültigen Wahrheit erheben [47], partiell sinnvolle Aussagen unzulässig verallgemeinern [48], ihre Partikularität, Relativität und subjektive Verzerrung der Wirklichkeit nicht sehen [49]. I. ist die systematisierte Form von verschiedensten Vorurteilen, Antizipationen, Ressentiments usw. mit der Tendenz zum Maximalen und zur Perfektion [50]. I. suchen von abstrakten Prinzipien aus, ohne ihre Grenzen zu beachten, die Gesellschaft (total) zu verändern [51] und sind so dem eigentlich politischen Denken und Handeln entgegengesetzt [52]. Sie sind auf letzte Zwecke gerichtete, unkritisch-polemische Kollektivvorstellungen mit dem Ziel nicht der Erkenntnis, sondern der Anleitung zu einem Handeln auf einen utopischen Endpunkt hin [53]. Ihr Wert bemißt sich deshalb nicht an der in ihr ausgedrückten Wahrheit, sondern ihrer politischen Effektivität [54]. Eine I. ist eine «systemhafte und lehrhafte

Kombination von symbolgelandenen theoretischen Annahmen, durch die spezifisch historisch-sozialen Gruppen ... ein intentional-utopisches, geschlossenes und dadurch verzerrtes Bild von Mensch, Gesellschaft und Welt vermittelt, dieses Bild für eine bestimmte politisch-gesellschaftliche Aktivität programmatisch-voluntaristisch organisiert und den sozialen Gruppen ein Ort in einem Kontinuum von sozialer Integration/Desintegration zugewiesen wird» [55].

Die Funktion der I. liegt in der psychologischen Stabilisierung und Identitätsfindung der einzelnen Person wie der sozialen Gruppe. I. liefert als «umfassende Doktrin» eine Ersatzeinheit der verschiedenen menschlichen Existenzebenen und zeigt darin ihre «totalitäre Versuchung» [56]. Eine I. ist die kollektive «Lebenslüge», «die falsch gewordene Sicht einer schwach gewordenen Gruppe», eine «überholte Wahrheit», die zur Selbstbehauptung dieser Gruppe notwendig wird [57]. I. sind nicht ursprüngliche, sondern abgeleitete Weltanschauungen, deren rationale, aber nur aus *einer* Idee abgeleitete und daher vereinfachte, leicht lehrbare und einprägsame Konstruktionen als «Ersatz für die geschlossene christliche Weltanschauung des Mittelalters» auftreten. I. sind Ersatzreligionen [58]. Die I. versucht die durch die neuzeitlichen Wissenschaften verlorengegangene «Gesamtordnung der Welt» mit «unzureichenden oder geborgten Mitteln» wiederherzustellen [59]. Eine I. füllt alle offenen Fragen beantwortend, jene «Erfahrungsleere» aus, die «im Menschen gelassen wird, sobald er als Element eines sekundären Systems», d. h. eines Systems, das ihn auf bestimmte Funktionen reduziert, gesehen wird [60].

I., so die geläufigen Epitheta, sind intolerant und missionarisch, doktrinär, kompromißlos, geschlossen, holistisch, dogmatisch, kämpferisch [61], simplifizierend und enthumanisierend [62]; semiotisch definiert: eine I. ist eine «sklerotisch verhärtete Botschaft», da von mehreren möglichen Konnotationen immer nur eine bestimmte gewählt wird, die mit der Botschaft zur «Einheit eines ideologischen Codes» verschmilzt [63].

Zur Korrektur an den I. wird gefordert, die Teilwahrheiten der I. in ihrer «Teilhaftigkeit und doch Zusammengehörigkeit im Ganzen der Wahrheit» zu durchschauen [64], die einzelnen Wahrheitsmomente in philosophischer Kritik freizulegen [65], die «Offenheit des Denkens» gegen die «Abschließung und Verfestigung von Wahrheit» in der I. zu verteidigen [66] oder ein neues personales Verhältnis zum Mitmenschen zu finden [67].

Gegenüber dieser weitverbreiteten Kritik an den I. glaubte E. Spranger schon früh, «echte» und «unechte» I. unterscheiden und auf ihre Unentbehrlichkeit für die Zukunftsgestaltung hinweisen zu können [68].

In dem Maße, wie der I.-Begriff immer weiter wurde und jedes geschlossen-dogmatische (nicht nur das politische) Denkgebilde bezeichnen konnte, gerieten auch *Religion und Kirche* in den Sog der I.-Kritik. Sie wehrten sich dagegen mit dem Hinweis darauf, daß dieser Vorwurf nur die äußeren Erscheinungen des Glaubens treffen könne, nicht aber seinen wesentlichen Kern, daß Religion sich aufgrund ihres Bezuges zur Transzendenz prinzipiell von den (immer innerweltlichen) I. unterscheide, daß wahres theologisches Denken offen und tolerant sei und die Kirche nie notwendig im Dienste politischer Interessen stehe [69].

Die *Psychoanalyse*, die seit E. Fromm [70] den I.-Begriff gelegentlich in den eigenen begrifflichen Apparat aufnimmt, stützt sich vielfach auf den in Philosophie und Soziologie ausgearbeiteten I.-Begriff (I. als geschlossenes System von Ideen und Werturteilen, das Teilwahrheiten verabsolutiert, durch Vereinfachung eine Totalerklärung der Welt liefert und als Rechtfertigung des Handelns fungiert) und bestimmt darüberhinaus I. als Mittel zur Persönlichkeits- und Identitätsbildung (Aufbau der «Ichkraft» des Einzelnen) [71], als «kollektive Verhärtung des Wert- und Normensystems» und damit als Abwehrmechanismus [72], als «unpersönliche ‹Objekte›», «inquisitorisches Über-Ich», «geschädigtes Ich-Ideal», dem das Individuum sich verschreibt [73], oder als eine besondere Form der «verdinglichten Erfassung dialektischer Prozesse», nämlich eine solche, in der ein aus diesem dialektischen Prozeß als ‹Böses› Ausgeschlossenes theoretisch kristallisiert wird [74].

In der *amerikanischen Soziologie* und politischen Theorie geht man in der Tradition der Wissenssoziologie – die in Deutschland zunächst nur wenige Nachfolger gefunden hatte (z. B. O. Stammer: «das Ideologische repräsentiert die Gesellschaftlichkeit im Geistigen» [75]) – weithin von einem neutralen I.-Begriff aus, der jedes «system of beliefs publicly expressed» [76], «any systematic set of beliefs, meanings or propositions» [77], jede «organization of opinions, attitudes, and values» zu politisch-sozialen Gegenständen [78] meint, also z. B. auch die Demokratie [79]. I. ist ein jedes System von Ideen, Meinungen, Einstellungen und Wertsetzungen, das eigenes (politisches) Handeln legitimiert, fremdes als richtig oder falsch zu beurteilen erlaubt, den gegenwärtigen sozialen Zustand rechtfertigt oder Mittel und Ziele für seine Veränderung angibt und zur (Selbst-)Identifizierung und zum Zusammenhalt einer sozio-politischen Gruppe beiträgt [80]. «An ideology, then, is a system of beliefs, held in common by the members of a collectivity, i.e. a society, or a sub-collectivity of one, ... a system of ideas which is oriented to the evaluative integration of the collectivity» indem es seine Natur, gegenwärtige Situation, Entwicklung und Ziele interpretiert und seine Mitglieder auf diesen «belief» verpflichtet. I. dient der kognitiv-empirischen Legitimation der «Wert-Orientierung», d. h. es rationalisiert «value-selections», indem es möglichst objektive Gründe für die betreffende Wahl bereitstellt [81].

Obwohl von vielen der Begriff ‹I.› nicht auf politisch-soziale «beliefs» eingeschränkt wird (auch individuelle Überzeugungen können I. sein), verweisen andere gerade darauf, daß eine I. es ermöglicht, den Einzelnen mit der Gruppe und deren weltanschaulichen Problemlösungen zu identifizieren [82]. I. geben dem kollektiven Handeln Konsistenz und lenken es [83], sie erfüllen das fundamentale Bedürfnis des Menschen nach Kontinuität, Orientierung und Sicherheit in der Welt [84]. Sozialpsychologisch-anthropologisch gesehen ist die I. das unentbehrliche «Antriebs- und Steuerungssystem der menschlichen Gesellschaft», sie entlastet und stabilisiert menschliches Verhalten, gibt ihm aber auch «Flexibilität und Variationsbreite» und ist für den Einzelnen «Medium und Instrument der Sozialisation» [85]. I. ist notwendig für die Interpretation und Aneignung der Realität, die überhaupt nicht als reine Faktizität erfahren werden könnte. Nur mit Hilfe einer I. kann man die Wirklichkeit, die Vielfalt ihrer Informationen, begreifen und handelnd beantworten [86]. I. treten erst dann auf, wenn der Kanon der traditionellen Lebensregeln und Werte seine unmittelbare und unbefragte Gültigkeit verloren hat. In dieser Situation erstellen I. neue Orientierungsmuster, «socio-political meanings and attitudes». Sie sind «maps of problematic social reality and matrices for the creation of collective conscience» [87]. Damit berührt sich die Beobachtung, daß I. als «Ordnungsschemata für soziale Erfahrung» erst aus sozialen Konflikten entstehen, in denen sie die «Ziele konkurrierender Gruppen» bestimmen [88] und die Unsicherheit der am Konflikt Beteiligten durch «Situationsdefinitionen», «Selbsttäuschungen» usw. aufheben sollen [89]. Eine Weltanschauung in Monopolstellung ist noch keine I. [90].

Um ihre Ziele erreichen zu können, muß eine I. – und damit erhält der Begriff wieder einen negativen Index – einfach, klar, selektiv, in emotionaler Sprache verfaßt und mit entsprechenden Slogans und Symbolen ausgestattet sein. Sie verzerrt durch Übersimplifizierung [91]. I. beruhen daher oft auf einem oder einigen wenigen Prinzipien (Freiheit, Gleichheit, Reinheit der Rasse u. ä.), aus denen Ziele für politisches Handeln abgeleitet werden [92]. Von manchen Autoren ist I. deshalb, in Anlehnung an G. Sorel, mit dem politischen Mythos gleichgesetzt worden [93].

Während in Ermangelung eines eindeutigen Unterscheidungsmerkmals gelegentlich eine Reihe von Kennzeichen für eine I. angegeben werden (z. B. eine Anzahl zusammenhängender politischer Ideen mit argumentativem und präskriptivem Charakter, programmatischem Auftreten, Dauerhaftigkeit, logischer Konsistenz, aktivierendem Potential, die in Gruppen oder Gesellschaften verwurzelt sind und zur Rationalisierung von Gruppeninteressen, Handlungslegitimation u. ä. dienen [94]), sehen andere ein einziges Kriterium für konstitutiv an: I. liefern ein Handlungsprogramm für die Veränderung bestehender Gesellschaften und sind deshalb «highly dynamic entities» und «action-related systems of ideas» [95]. Im Gegensatz zu der an der Praxis nicht direkt interessierten Wissenschaft erheben sie Anspruch auf Durchsetzung ihres Wissens [96] und dienen als Mittel für sozialen Wandel [97]. Oder: I. zeichnen sich durch (positive oder negative) kognitive Annahmen und (positive oder negative) affektiv-emotionale Identifikationen dieser Annahmen, durch die eine Wertskala geschaffen wird, aus [98]. I. verbinden die «cognitive and evaluative perception of one's social condition» [99]; oder genauer: sie bestehen aus einer geschlossenen kognitiven Struktur mit festen Elementen und starker affektiver Besetzung (Gegenteil: Pragmatismus als offene kognitive Struktur mit flexiblen Elementen und schwacher affektiver Besetzung) [100].

Der *negative* I.-Begriff, in Amerika mehr in der Publizistik als in den Sozialwissenschaften bekannt [101], bildete den Ausgangspunkt für die bald nach dem Zweiten Weltkrieg [102] aufkommende These vom Ende der I., das von den einen nur konstatiert, von anderen gefordert und begrüßt wurde. Diese These [103] wurde bald Gegenstand einer heftigen Kontroverse, in deren Verlauf sie vielfach in Frage gestellt und in verschiedener Weise präzisiert oder eingeschränkt wurde. Man bezeichnete sie schließlich selbst als I. und sprach bereits auch vom Ende des Endes der I. [104].

Im *Reformkommunismus* und im unabhängigen *westeuropäischen Marxismus* versucht man, den I.-Begriff aus dem starren Basis-Überbau-Schema zu lösen und die kritische Bedeutung von I. wenigstens zum Teil zu restituieren. Dies geschieht meist über eine Neuinterpretation des Marxschen I.-Begriffs. Es wird nicht mehr nur von einer «relativen Autonomie» des ideologischen Überbaus gesprochen [105], sondern I. wird wieder als in sich selbst verzerrte Erkenntnis gesehen, so daß der Begriff einer «sozialistischen» oder gar «wissenschaftlichen I.»

nicht mehr möglich ist: «Dasjenige, das überhaupt das Wesen der I. bildet ..., die Entfremdung des sich erkennenden, wissenden Menschen oder der sich denkenden Wissenschaft, gerade das wird vom Standpunkt des Ideologischen als natürlich, normal, an sich verständlich, also als das wahre Sein des Menschen ... aufgefaßt». Die I. «nimmt und faßt die existente Lüge der Adäquation des abstrakten Bewußtseins und des gegebenen (entfremdeten, scheinbaren) Seins als ihre eigene Wahrheit an» [106]. I. heiße für Marx Verfälschung des Denkens, d. h. «Abgetrenntheit des Bewußtseins von den gesellschaftlich-geschichtlichen Bedingungen der menschlichen Existenz», Verharren bei der äußerlichen Erscheinung der Dinge, Ausklammerung eines einzelnen Aspektes aus der Gesamtheit der Wirklichkeit (Partikularität) und «Verabsolutierung der Erkenntnis einer geschichtlichen Periode» zu einer «ewigen» Wahrheit [107]. I. ist ein von ihrer Basis, der Praxis, abgespaltenes Denken, das statt der wirklichen Totalität eine partikulare, also abstrakte, irreale, fiktive «Realität» setzt [108]. Wird hier die I. durch die revolutionäre Praxis und den Marxismus überwunden, so bei anderen durch die Wissenschaft: «An die Stelle der I., also der zu der jeweiligen Gesellschaft gehörenden Täuschung über sie selbst, soll Bewußtheit» und «wissenschaftlich begründete Einsicht» treten [109]. L. Althusser sieht die I. zwar als eine «für das historische Leben der Gesellschaften wesentliche Struktur» an; sie ist aber nicht Ausdruck der Existenzbedingungen des Menschen, sondern des *imaginären* Verhältnisses der Menschen zu diesen, womit das *tatsächliche* Verhältnis des Menschen zu seinen Lebensbedingungen mit vorausgesetzt ist: «Die I. ist dann der Ausdruck des Verhältnisses der Menschen zu ihrer ‹Welt›, das heißt die ... Einheit ihres wirklichen Verhältnisses und ihres imaginären Verhältnisses zu ihren wirklichen Existenzbedingungen», eines Verhältnisses, «das eher einen ... Willen, ja sogar eine Hoffnung oder eine Sehnsucht ausdrückt, als daß es eine Wirklichkeit beschreibt» [110]. Für L. Kolakowski wird I. wesentlich nicht durch einen (wahren oder falschen) Inhalt bestimmt, sondern durch ihre «soziale Funktion», die «Erhaltung des Glaubens an die Werte, die notwendig sind, damit die Gruppe wirksam handeln kann». Da alles soziale Handeln der I. bedarf, kann sie nie völlig eliminiert werden, wohl aber kann und soll sie in ihrem Anspruch auf die Wissenschaft zurückgedrängt werden, da für ihre Annahme oder Verwerfung nicht intellektuelle Gründe, sondern rein praktische Gesichtspunkte maßgeblich sind [111].

Singulär blieb die Unterscheidung von I. und Ontologie bei W. v. Quine: Die I. einer Theorie fragt danach, «what ideas are expressible in the language of the theory», «what the symbols mean», während sich die Ontologie einer Theorie die Frage stellt, «what the assertions say or imply that there is» [112].

Ausgehend von einer funktionalen Handlungsanalyse hat N. Luhmann den Begriff ‹I.› neu bestimmt: Angesichts einer hohen Variabilität von Mitteln und Zwecken und der dadurch geschaffenen Unzahl von Folgen und Nebenfolgen des Handelns bedarf es eines Wertsystems, das regelt, «welche Folgen Wertcharakter haben und daher zu bezwecken (zu erstreben oder zu vermeiden) sind» und welche unbezweckten (Neben-)Folgen tolerabel sind und welche nicht. Dies leistet die I. Durch sie «werden die Möglichkeiten des Wirkens eingegrenzt, übersehbar, entscheidbar. Solche wertmäßige Festlegung zu bevorzugender und zu meidender Folgen bedeutet zugleich eine Neutralisierung aller übrigen Folgen». Nicht nur das Handeln wird nun aber ersetzbar, fungibel, sondern die I. als Handlungslegitimation selbst: «Ein Denken ist ... ideologisch, wenn es in seiner Funktion, das Handeln zu orientieren und zu rechtfertigen, ersetzbar ist». Daß eine I. als suspekt, I.-Kritik als destruierend empfunden wurde, liegt daran, daß man sie «bisher ethisch und kognitiv immer an den traditionellen Wahrheitsideen» maß und ihr funktionaler Stellenwert nicht gesehen wurde [113].

Anmerkungen. [1] z. B. A. KUHNERT: Realpolitik und I. Die Hilfe 25 (1919) 637-639. 654-655; H. S. WEBER: Dtsch. I. Dtsch. Stimmen. Nationallib. Bl. 31 (1919) 540-545; K. G. SCHRÖTTER: Das Wesen der I. im polit. und geistigen Leben Deutschlands. Schweiz. Mh. Politik u. Kultur 4 (1924/25) 136-147; H. EBERL: Ideol. Deutschtum. Die Hilfe 38 (1932) 993-996; Kritik der polit. I. a. a. O. 753-757. – [2] K. SCHOLDER: I. und Politik. Aus Politik und Zeitgesch. Beilage zu: Das Parlament 12 (1962) 377-382. – [3] S. MARCK: Zum Problem des «seinsverbundenen Denkens». Arch. systemat. Philos. u. Soziol. 33 (1929) 238-252; vgl. Neuromantische und aktivistische I. Die Neue Zeit. Wschr. dtsch. Sozialdemokratie 40/II (1922) 206-208; E. KAUFMANN: I. und Idee (Vortrag 1932), in: Ges. Schr. (1960) 3, 297-303. – [4] N. GÖTZ: Die Funktion der I. Widerstand. Z. für nationalrevolutionäre Politik 7 (1932) 358-362. – [5] E. KRIECK: I. und Politik. Die Tat 12 (1920) 378-381; Der Staat des dtsch. Menschen (o. J.) 8. – [6] z. B. G. ROFFENSTEIN: Das Problem der I. in der materialist. Gesch.auffassung ..., in: Partei und Klasse im Lebensprozeß der Gesellschaft (1926) bes. 26f. 45f. – [7] E. ROTHACKER: Überbau und Unterbau, Theorie und Praxis. Schmollers Jb. 56 (1932) 161-176, bes. 175f.; vgl. jedoch: Zur Genealogie des menschl. Bewußtseins (1966) 60f. – [8] P. SZENDE: Verhüllung und Enthüllung. Der Kampf der I. in der Gesch. (Grünbergs) Arch. Gesch. Sozialismus u. Arbeiterbewegung 10 (1922) 185-270, zit. 190. – [9] a. a. O. 193. – [10] G. SALOMON: Hist. Materialismus und I.-Lehre I. Jb. Soziol. 2 (1926) 386-423, bes. 419. – [11] H. O. ZIEGLER: I.-Lehre. Arch. Sozialwiss. u. Sozialpolitik 57 (1927) 657-700. – [12] O. HINTZE: Kalvinismus und Staatsraison in Brandenburg zu Beginn des 17. Jh. Hist. Z. 144 (1931) 232. – [13] K. PLACHTE: I.-Enthüllung als ethische Aufgabe. Dtsch. Z. (Der Kunstwart) 47 (1933/34) 110-118. – [14] Vgl. o. Teil II, 4. – [15] Vgl. die jetzt in dem von H.-J. LIEBER hg. Band ‹I.-Lehre und Wissenssoziol.› (1974) zusammengefaßten Beitr. – [16] G. L. DEGRÉ: Society and I. An inquiry into the sociol. of knowledge (New York 1943). – [17] A. HAUSER: Der Begriff der I. in der Kunstgesch. Kölner Z. Soziol. 6 (1953/54) 376-390. – [18] W. STARK: The sociol. of knowledge (London 1958) bes. 19. – [19] J. GOEBBELS: Die zweite Revolution (1926) 41; A. ROSENBERG: Der Mythus des 20. Jh. (¹⁷⁵1941) 203; A. HITLER: Rede am 21. 8. 1923, in: Reden, hg. E. BOEPPLE (1934) 78; Reden am 20. 9. 1933 und am 30. 1. 1934, in: M. DOMARUS: A. Hitler. Reden und Proklamationen 1 (1962) 301. 354. – [20] A. PFENNING: Zum I.-Problem. Volk im Werden 4 (1936) 500-511, bes. 510f. – [21] A. EDEL: Reflections on the concept of I. Praxis 3 (1967) 564-577; J. GRYMPAS: Sur l'I. Res publica. Rev. Inst. belge ... 14 (1972) 113-135; J. PLAMENATZ: I. (London 1970, dtsch. 1972); K. LENK: Volk und Staat. Strukturwandel polit. I.en im 19. Jh. (1971); H. M. DRUCKER: The polit. uses of I. (London 1974). – [22] z. B. D. G. MacRAE: I. and society (New York 1962) 64; W. HOFMANN: Wiss. und I. Arch. Rechts- u. Sozialphilos. 53 (1967) 197-213; G. ERMECKE: I. und Utopie. Jb. für christl. Sozialwiss. 10 (1969) 259-271, bes. 262. 264; H. NOACK: I. und Philos. Zeitwende 40 (1969) 154-167, bes. 164; P. NOHL: I. und Gesetzgebung, in: W. MAIHOFER (Hg.): I. und Recht (1969) bes. 64. – [23] H. THIELICKE: Zum Begriff der I., in: Dank an P. Althaus (1958) 203-216, zit. 209f., erw. in: Theol. Ethik II/2 (1958) 31-68. – [24] H. J. LIEBER: Philos., Soziol., Gesellschaft (1965) bes. 69. 73; vgl. W. WEIDLÉ: Sur le concept d'I., Contrat social. Rev. hist. et crit. Faits et Idées 3 (1959) 75ff.; dtsch. Merkur 16 (1962) 295-300. – [25] J. BAECHLER: De l'I. Ann. Hist. économ. soc. 27 (1972) 644-664, bes. 644ff. – [26] H. KUHN: I. als hermeneutischer Begriff, in: Hermeneutik und Dialektik. Festschr. H.-G. GADAMER (1970) 1, 343-356, zit. 355; vgl. C. BRUAIRE: Philos. et I. Arch. di filos. a. a. O. (s. Lit.hinweise zu Teil I) 165-172; J. DERBOLAV: Philos. und I., in: Akten des 14. int. Kongr. Philos. (Wien 1968) 1 (1968) 468-481, bes. 476f.; A. HEUSS: «I.-Kritik». Ihre theoret. und prakt. Aspekte (1975) 46ff. – [27] C. FR. VON WEIZSÄCKER: Notizen über I. Kritik. Merkur 28 (1974) 807-809. – [28] P. AUBENQUE: Philos. et I. Arch. Philos. 22 (1959) 483-520, bes. 515. – [29] J. A. SCHUMPETER: Sci. and I. Amer. economic Rev. 39 (1949) 345. 359; dtsch. Hamburger Jb. Wirtschafts- u. Gesellschaftspolitik 3 (1958) 11-24. – [30] H. PLESSNER: Die verspätete Nation (⁴1959) 122; vgl. dagegen E. SPRANGER: I. und Wiss. Forsch. u. Fortschritte 6 (1930) 131f. – [31] R. ARON: L'I. Rech. philos. 6

(1936/37) 65-84, bes. 83. – [32] H. LÜBBE: Polit. Philos. in Deutschland (1963) 15; Theorie und Entscheidung (1971) 160. – [33] H. KELSEN: Reine Rechtslehre (²1960) 111; vgl. Allgemeine Rechtslehre im Lichte materialistischer Geschichtsauffassung, Arch. Sozialwiss. u. Sozialpolitik 66 (1931) 449-521. – [34] G. BERGMANN: I. Ethics 61 (Chicago 1950/51) 205-218, auch in: The Metaphysics of logical positivism (Madison u. a. ²1967) 300-325; vgl. W. P. METZGER: I. and the intellectual. Philos. Science 16 (1949) 125. – [35] TH. GEIGER: I. und Wahrheit (1953) 50f. 64. 66; Krit. Bemerk. zum Begriff der I., in: Gegenwartsprobleme der Soziol. A. Vierkandt zum 80. Geburtstag (1949) 141-156; Art. ‹I.› in: Handwb. der Sozialwiss. 5 (1956) 179-184; vgl. ähnlich N. BIRNBAUM: I.-Begriff und Relig.soziol., in: Probleme der Relig.soziol. Kölner Z. Soziol. Sonderh. 6 (1962) 78-87; R. DAHRENDORF: Pfade aus Utopia (1967) 84; zur Kritik an Geiger vgl. G. MANN: Was ist ‹I.›? in: Gesch. und Geschichten (1961) 471-474; H. BUSSHOFF: Zum I.-Begriff bei Th. Geiger. Arch. Rechts- u. Sozialphilos. 57 (1971) 235-259. – [36] E. TOPITSCH: Sozialphilos. zwischen I. und Wiss. (1961) bes. 32f. 41; E. TOPITSCH/K. SALAMUN: I. Herrschaft des Vor-Urteils (1972); vgl. M. SCHMID: Leerformeln und I.-Kritik (1972); C. MÜHLFELD: Aspekte der I.-Kritik. Arch. Rechts- u. Sozialphilos. 59 (1973) 347-356. – [37] H. ALBERT: Ökonom. Theorie und polit. Philos. (1954) 147f.; Ideol. Elemente im ökonom. Denken. Kyklos 10 (1957) 194-196. – [38] Traktat über krit. Vernunft (1968) 80-90; vgl. Marktsoziol. und Entscheidungslogik (1967) 48f. 179. – [39] z. B. W. A. SCOTT: Empirical assessment of values and I.es. Amer. sociol. Rev. 24 (1959) 299-310; zur Problematik vgl. D. W. MINAR: I. and political behavior. Midwest J. polit. Sci. 5 (1961) 317-331, bes. 326ff.; S. H. BARNES: I. and the organization of conflict. J. Politics 28 (1966) 513-530. – [40] H. ARENDT: I. und Terror, in: Offener Horizont. Festschr. für K. Jaspers (1953) 229-254, bes. 242f.; vgl. F. MORDSTEIN: Geschichtsphilos. Aspekte des I.-Problems. Philos. Jb. 68 (1960) 290-308. – [41] ARENDT, a. a. O.; vgl. L. ROSENMAYR: Über den I.-Begriff, in: Soziol. Forsch. in Österreich (1969) 149-167, bes. 161. – [42] ARENDT, a. a. O. 243. – [43] P. JORDAN: Relig. und I. als gesch. Wirkmächte, in: Säkularisation und Utopie. Ebracher Studien. E. Forsthoff zum 65. Geburtstag (1967) 171-185, zit. 183. – [44] W. KNUTH: Ideen, Ideale und I.en (1955); P. HÄBERLIN: Über I. Schweiz. Mh. Politik u. Kultur 40 (1960/61) 1019-1024; W. GEIGER: Gewissen, I., Widerstand, Nonkonformismus. Grundfragen des Rechts (1963) bes. 28f.; J. BARION: Was ist I.? (1964); vgl. I., Wiss., Politik (1966); E. COLBERG: I. und Utopie und polit. Theorie, in: Gesellschaft, Staat, Erziehung 16 (1971) 7-22; ähnlich J. DUVIGNAUD: L'I., cancer de la conscience. Cahiers int. Sociol. 46 (1969) 37-50; R. ARON: L'I., support nécessaire de l'action. Res publica. Rev. Institut belge ... 2 (1960) 276-286, bes. 286. – [45] H. ZELTNER: I. und Wahrheit (1966). – [46] BARION: Was ist I.? a. a. O. [44] 57. – [47] GEIGER, a. a. O. [44]. – [48] P. KÖNIG und W. KAUPEN: I. und Recht, in: MAIHOFER, a. a. O. [22] 147. – [49] W. MAIHOFER: I. und Recht; E. FECHNER: I. und Rechtspositivismus, beides in: MAIHOFER, a. a. O. [22] 1-35. 97-120. – [50] C. A. EMGE: Das Wesen der I., Abh. Akad. Wiss. u. Lit. Mainz, Geistes- und sozialwiss. Kl. 1961/Nr. 1 (1961). – [51] D. GERMINO: Beyond I. The revival of polit. theory (New York u. a. 1967) bes. 45f. 51. – [52] a. a. O.; E. LASZLO: Individualism, collectivism, and polit. power. A relational analysis of ideol. conflict (Den Haag 1963) 7f. – [53] J. FREUND: Das Utopische in den gegenwärtigen polit. I.en, in: Säkularisation und Utopie a. a. O. [43] 95-118. – [54] H. J. MORGENTHAU: A positive approach to a democratic I. Proc. Acad. polit. Sci. 24 (1951/52) 227-238. – [55] P. CHR. LUDZ: I., Intelligenz und Organisation. Dt. Sozialwiss. 15 (1964) 82-114. – [56] J. HERSCH: Die I.en und die Wirklichkeit (1957) 28. – [57] E. HEIMANN: Sozialwiss. und Wirklichkeit (1932) 5f.; KNUTH, a. a. O. [44] 49f. 53. 88f. – [59] H. HEINTEL: Die Wurzel der I. in den Wiss. Wiener Jb. Philos. 2 (1969) 98; vgl. Philos. und I. Akten a. a. O. [26] 494-503. – [60] H. FREYER: Theorie des gegenwärtigen Zeitalters (1955) 122-127; vgl. BARION: Was ist I. a. a. O. [44] 63. 104. – [61] BARION; HÄBERLIN, a. a. O. [44]; GERMINO, a. a. O. [51]; LASZLO, a. a. O. [52]; KÖNIG/KAUPEN, a. a. O. [48]; EMGE, a. a. O. [50]; P. FELDKELLER: Die Rolle der ‹I.› im Leben der Völker. Sociologus NF 3 (1953) 1-14; L. GALANTIÈRE: I. and political warfare. Confluence 2 (1953) Nr. 1, 43-54; G. BURDEAU: Einf. in die polit. Wiss. (1964) 415f. – [62] R. RUYER: Les nuisances idéol. (Paris 1972) 297f. – [63] U. ECO: Einführung in die Semiotik (1972) 173. – [64] MAIHOFER: a. a. O. [49] 34. – [65] ZELTNER, a. a. O. [45] 14. – [66] A. STÜTTGEN: Kriterien einer I.-Kritik (1972) zit. 35. 43; vgl. H. R. SCHLETTE: Philos. – Theol. – I. (1968) bes. 66f. – [67] J. LACROIX: Le personnalisme comme anti-I. (Paris 1972); E. LEVINAS: I. et idéalisme. Arch. filos. a. a. O. (s. Lit.hinweise zu Teil I) 135-145. – [68] E. SPRANGER: Wesen und Wert polit. I.en, Vjh. Zeitgesch. 2 (1954) 118-136; vgl. E. HÖLZLE: Idee und I. (1969) bes. 203ff. – [69] R. HERNEGGER: I. und Glaube (1959); E. HÖFLICH: I.en in der Kirche. Frankfurter H. 20 (1965) 637-646; J. SPLETT: I. und Toleranz. Wort u. Wahrheit 20 (1965) 37-49; auch in: J. B. METZ

(Hg.): Weltverständnis im Glauben (1965) 269-286; K. RAHNER: I. und Christentum. Concilium 1 (1965) 475-483; auch in: Schr. zur Theol. 6 (1965) 59-76; K. LEHMANN: Die Kirche und die Herrschaft der I.en. Hb. Pastoraltheol. II/2 (1966) 109-202; A. DUMAS: Die Funktion der I., in: Die Kirche als Faktor einer kommenden Weltgemeinschaft (1966) 84-101; D. EICKELSCHULTE: I.enbildung und I.-Kritik. Freiburger Z. Philos. u. Theol. 13/14 (1966/67) 370-400; auch in: Grenzfragen des Glaubens, hg. CH. HÖRGL/D. RAUH (1967) 245-273; SCHLETTE, a. a. O. [66] 69-93; A. J. VAN DER BENT: ‹... und I.en›. Int. Dialog-Z. 4 (1971) 251-259. – [70] Vgl. o. Teil II, 4. – [71] E. H. ERIKSON: Der junge Mann Luther (1964) 23. – [72] A. WEGELER: Bemerk. zu I. und Rationalisierung. Jb. Psychol., Psychother. u. med. Anthropol. 15 (1967) 235-243; vgl. W. BARANGER: The ego and the function of I. Int. J. Psycho-Analysis 39 (1958) 191-195; frz. La Psychoanalyse 5 (1959) 183-193. – [73] G. MAETZE: Der I.-Begriff in seiner Bedeutung für die Neurosentheorie. Jb. Psychoanal. 1 (1960) 124-144; 2 (1961/62) 93-123. – [74] J. GABEL: I. und Schizophrenie (1967) bes. 50. 61. 171. – [75] O. STAMMER: Die Entstehung und die Dynamik der I.en. Kölner Z. Soziol. 3 (1950/51) 281-297, zit. 282. – [76] F. X. SUTTON, S. HARRIS u. a.: The American business creed (Cambridge, Mass. 1956) 2; zur gelegentl. Unterscheidung von belief system und I. vgl. BARNES, a. a. O. [39]. – [77] H. H. TOCH: Crisis situation and ideol. revaluation. Public Opinion Quart. 19 (1955) 53-67. – [78] TH. W. ADORNO u. a.: The authoritarian personality (New York 1950) 2. 151; vgl. A. A. MERRILL: Traditional I. J. Franklin Inst. 223 (1937) 511; A. MONTEFIORE: Fact, value, and I. Brit. analytical philos., hg. B. WILLIAMS/A. MONTEFIORE (London/New York 1966) 179-203, bes. 200; P. CORBETT: I.es (London 1965) 12; C. B. MACPHERSON: Revolution and I., in: C. J. FRIEDRICH (Hg.): Revolution (New York 1966) 139; W. E. CONNOLLY: Political sci. and I. (New York 1967) 2. – [79] G. WILSON: The structure of modern I. Rev. Politics 1 (1939) 382-399. – [80] F. GROSS (Hg.): European I.es (New York 1948) 5; A. SCHWEITZER: Ideol. groups. Amer. sociol. Rev. 9 (1944) 415-426; L. H. GARSTIN: Each age is a dream. A study in I. (New York 1954); C. KLUCKHOHN: Values and value-orientations in the theory of action, hg. T. PARSONS/ E. A. SHILS (Cambridge, Mass. 1951) 433; G. PERTICONE: In tema di I.e politiche. Riv. int. Filos. Diritto 32 (1955) 323-327; C. LAVIOSA: Le I. politiche (Padua 1955); L. DION: Political I. as a tool of functional analysis in socio-political dynamics: an hypothesis. Canadian J. Economics a. polit. Sci. 25 (1959) 47-59; K. E. BOULDING: Conflict and defense (New York 1962) 280ff. 298ff.; H. MCCLOSKY: Consensus and I. in Amer. politics. Amer. polit. Sci. Rev. 58 (1964) 361-382; D. E. APTER: I. and discontent, in: D. E. APTER (Hg.): I. and discontent (New York 1964) 15-46; D. BELL: I. and Soviet politics. Slavic Rev. 24 (1965) 591-603, bes. 595; A. G. MEYER: The function of I. in the Soviet system, Soviet Stud. 17 (1965/66) 273-285; A. P. GRIMES: The ideol. orientation, in: Comparative politics and polit. theory. Essays written in honour of Ch. B. Robson, hg. E. L. PINNEY (Chapel Hill 1966) 29-43, bes. 43; J. LaPALOMBARA: Decline of I. Amer. polit. Sci. Rev. 60 (1966) 5-16; R. F. BEERLING: On I. Sociologia Neerlandica 4 (1966/67) 23-35; A. SCHAFF: La définition fonctionelle de l'I. et le problème de la ‹fin de l'I.›. Homme et Société. Rev. int. Rech. et de Synthèses sociol. 4 (Apr.-Juni 1967) 49-59, bes. 50; M. SELIGER: Fundamental and operative I. Policy Sci. 1 (1970) 325-338, bes. 325; O. CECCONI: Remarques sur les critères et les fonctions de l'I. Économie et humanisme No 194 (1970) 16-31; W. LAPIERRE: Qu'est-ce qu'une I., in: (M. Amiot u. a.): Les I. dans le monde actuel (Paris 1971) 11-23; E. LEMBERG: I. und Gesellschaft (1971) 34. 319ff.; R. M. CHRISTENSON, A. S. ENGEL u. a.: I.es and modern politics (London 1972) 5f. – [81] T. PARSONS: The social system (New York 1951) 349. 351. – [82] L. WIRTH: Ideol. aspects of social disorganisation. Amer. sociol. Rev. 5 (1940) 472-482; H. NIEHL: Les I. Lumière et Vie 5 (1956) 537-558, bes. 544f.; D. JORAVSKY: Soviet I. Soviet Stud. 18 (1967) 2-19, bes. 3; R. HEBERLE: Hauptprobleme der polit. Soziol. (1967) 18. – [83] R. E. PARK: Symbiosis and socialization. Amer. J. Sociol. 45 (1939/40) 1-25, bes. 8f. – [84] R. V. BURKS: A conception of I. for historians. J. Hist. Ideas 10 (1949) 183-198, bes. 197; W. W. ROSTOW: A note on ‹The diffusion of I.es›. Confluence 2 (1953) Nr. 1, 31-42, bes. 32; A. BIROU: Signification du dévelop. des I. Economie et Humanisme No. 194 (1970) 5-15, bes. 13. – [85] LEMBERG, a. a. O. [80] 5-15, bes. 13. – [86] J. ELLUL: Le rôle médiateur de l'I. Arch. Filos. a. a. O. (s. Lit.hinweise zu Teil I) 335-354. – [87] C. GEERTZ: I. as a cultural system, in: APTER, a. a. O. [80] 47-76, bes. 63f.; zu Geertz vgl. J. FABIAN: I. and content. Sociologus NF 16 (1965) 1-18. – [88] N. HARRIS: Die I.en in der Gesellschaft (1970) 48. – [89] E. W. BUCHHOLZ: I. und latenter soz. Konflikt (1968) bes. 33f. 102. – [90] P. L. BERGER und TH. LUCKMANN: Die gesellschaftl. Konstruktion der Wirklichkeit (1970) 132. – [91] SUTTON/HARRIS u. a., a. a. O. [76]; W. WHITE: Beyond conformity (New York 1961) 6; A. SCHWEITZER: Ideol. strategy. Western polit. Quart. 15 (1962) 46-66; bes.

46; PARSONS, a. a. O. [81] 357f.; PH. E. CONVERSE: The nature of belief systems in mass publics, in: APTER, a. a. O. [80] 206-262. – [92] CHRISTENSON/ENGEL u. a., a. a. O. [80]; M. OAKESHOTT: Rationalism in politics (London 1962, dtsch. 1966) 128. – [93] H. D. LASSWELL und A. KAPLAN: Power and society (New Haven 1950) 117. 123; R. T. GEORGE: Philos., I. and ‹logical myth›, in: Akten ... a. a. O. [26] 463-467; dagegen jedoch K. BURKE: I. and myth. Accent. Quart. new Lit. 7 (1946/47) 195-205; vgl. S. MOSER: Mythos, Utopie, I. Z. philos. Forsch. 12 (1958) 423-436; BEN HALPERN: ‹Myth› and ‹I.› in modern usage. History a. Theory 1 (1961) 129-149; FELDKELLER, a. a. O. [61]. – [94] So in verschiedenen Kombinationen R. E. LANE: Polit. I.es (New York 1962) 14f.; R. M. MERELMAN: The development of polit. I. American polit. Sci. Rev. 63 (1969) 750-767, bes. 751; M. REJAI: Polit. I.: theoret. and comparat. perspectives, in: Decline of I.? hg. M. REJAI (New York 1971) 3. 10; Art. ‹I.›, in: Dict. Hist. Ideas (New York 1973) 2, 558. – [95] C. J. FRIEDRICH: Man and his government (New York 1963) 90-92; I. in politics. Slavic Rev. 24 (1965) 612-616; FRIEDRICH und Z. K. BRZEZINSKI: Totalitarian dictatorship and autocracy (Cambridge, Mass. 1956); dtsch. Totalitäre Diktatur (1957) 27f.; Z. K. BRZEZINSKI: I. and power in Soviet politics (New York 1962) 4f. 97f.; vgl. WILSON, a. a. O. [79] 385. – [96] R. E. RIES: Social sci. and I. Social Res. 31 (1964) 234-243; A. HACKER: Polit. theory: philos., I., sci. (New York 1961) 4f. – [97] K. LOEWENSTEIN: Über das Verhältnis von polit. I. und polit. Institutionen. Politica 2 (1955) 191-210; auch in: Beitr. zur Staatssoziol. (1961) 245-270, bes. 251f.; vgl. The role of I.es in polit. change. Int. social Sci. Bull. 5 (1953) 51-74. – [98] H. WALSBY: The domain of I.es (Glasgow 1947) bes. 142ff. – [99] W. A. MULLINS: On the concept of I. in polit. sci. Amer. polit. Sci. Rev. 66 (1972) 498-510, zit. 510; vgl. K. O. HONDRICH: Die I. von Interessenverbänden (1953) bes. 53f.; R. C. HINNERS: I. and analysis (Bruges, New York 1966) 88f. – [100] G. SARTORI: Politics, I., and belief system. Amer. polit. Sci. Rev. 63 (1969) 398-411. – [101] z. B. L. J. HALLE: Strategy versus I. Yale Rev. NS 46 (1956/57) 1-21; K. NOTT: Notes on feeling and I. Partisan Rev. 26 (1959) 64-71; E. SHILS: I. and civilty, Sewanee Rev. 66 (1958) 450-480. – [102] A. CAMUS: Ni victimes ni bourreaux. Combat (Nov. 1946); auch in: Actuelles. Chroniques 1944-48 (Paris 1950) und in: Essais, hg. R. QUILLOT/L. FAUCON (Paris 1965) 338; H. ST. HUGHES: The end of polit. I. Measure 2 (1951) 146-158; dtsch. Dokumente 7 (1951) 395-408; R. ARON: L'opium pour les intellectuels (Paris 1955, dtsch. 1957) 362ff., Schlußkap.: ‹Fin de l'âge idéol.?› auch in: Sociologica. Aufsätze, M. Horkheimer zum 60. Geburtstag gewidmet (1955) 219-233; O. BRUNNER: Das Zeitalter der I. Neue Wege der Sozialgesch. (1956) 194-219; E. SHILS: The end of I. Encounter 5 (1955) N. 5, 52-58. – [103] Vgl. vor allem: S. M. LIPSET: Polit. man (New York 1960); D. BELL: The end of I. (New York 1960) bes. 369-375; R. E. LANE: The decline of politics and I. in a knowledgeable society. Amer. sociol. Rev. 31 (1966) 649-662; P. JORDAN: Der gescheiterte Aufstand (1956) 120-156; P. DIMITRIU: La crépuscule des I.es, in: AMIOT u. a., a. a. O. [80] 57-71. – [104] Die wichtigsten Beitr. in: CH. I. WAXMAN (Hg.): The end of I. debate (New York 1968), darin bes. die Aufsätze von R. ARON, E. SHILS, L. S. FEUER, S. M. LIPSET, D. BELL, I. KRISTOL, D. H. WRONG, C. W. MILLS, R. A. HABER, ST. W. ROUSSEAS/J. FARGANIS, H. D. AIKEN, R. E. RIES, J. La PALOMBRA, D. C. HODGES; vgl. außerdem: S. M. LIPSET: Some further comments on the ‹end of I.›. Amer. polit. Sci. Rev. 60 (1966) 17f.; P. H. PARTRIDGE: Politics, philos., and I. Polit. Stud. 9 (1961) 217-235; BELL, a. a. O. [80] mit Komm. von G. LICHTHEIM 604-611, u. J. FRIEDRICH 612-616 und Antwort von BELL 617-621; M. FOTIA: I.es et élites contemporains, L'homme et la société. Rev. int. Rech. ... No. 5 (Jul.-Sept. 1967) 89-112; L. LEGAZ-LACAMBRA: I. und Staat, in: Epirrhosis. Festgabe C. Schmitt (1968) 1, 275-283; A. MacINTYRE: Against the self-images of the age (New York, London 1971) 3-11; G. M. COTTIER: La mort des I.es et l'espérance (Paris 1970); R. A. DAHL: Polit. oppositions in Western democracies (New Haven 1966) epilogue; R. BENDIX: The age of I.: persistent and changing, in: APTER, a. a. O. [80] 294-327; SCHAFF, a. a. O. [80]; K. LENK: Die These vom postideol. Zeitalter. Bl. dtsch. u. int. Politik 13 (1968) 1061-1069; empirische Untersuch. in REJAI (Hg.), a. a. O. [94]; zusammenfassend: J. MEYNAUD: Destin des I.es (Lausanne 1961); L. DION: Les origines de la thèse de la fin des I.es. Politico 27 (1962) 788-796; W. BURISCH: I. und Sachzwang. Die Entideologisierungsthese in neueren Gesellschaftstheorien (1967, ³1971). – [105] So etwa L. GOLDMANN: Gesellschaftswiss. und Philos. (1971) 83. – [106] M. KANGRGA: I. als Form des menschl. Daseins. Philos. Perspektiven 2 (1970) 158-167. – [107] V. MILIC: Das Verhältnis von Gesellschaft und Erkenntnis in Marx' Werk. Filozofia 9 (Belgrad 1965) 123-145; dtsch. in: LENK (Hg.): I. (⁴1970) 160-191. – [108] H. LEFÈBVRE: Retour à Marx. Cahiers int. Sociol. 25 (1958) 31; Problèmes actuels du Marxisme (Paris 1958, dtsch. 1965) 91f.; Sociol. de Marx (Paris 1966, dtsch. 1972) bes. 60f. – [109] R. HAVEMANN: Dialektik ohne Dogma (1964)

111. – [110] L. ALTHUSSER: Pour Marx (Paris 1965, dtsch. 1968) 183f.; Marxismus und I. (1973) 147. 149f.; ähnlich N. POULANTZAS: Pouvoir polit. et classes sociales (Paris 1968, dtsch. 1974) 212. – [111] L. KOLAKOWSKI: Der Mensch ohne Alternative (1960) 22. 32f. 36f.; vgl. dagegen A. SCHAFF: Essays über die Philos. der Sprache (1968) 147-150. – [112] W. V. QUINE: Ontol. and I. Philos. Stud. Univ. Minnesota 2 (1951) 11-15, zit. 14f. – [113] N. LUHMANN: Wahrheit und I. Vorschläge zur Wiederaufnahme der Diskussion. Der Staat 1 (1962) 431-448, auch in: Soziol. Aufklärung (1970) 54-65, zit. 59. 57. 63; vgl. Positives Recht und I., Arch. f. Rechts- und Sozialphilos. 53 (1967) 531-571, auch in: Soziol. Aufklärung, 178-203.

Literaturhinweise. J. S. ROUCEK: A hist. of the concept of I. J. Hist. Ideas 5 (1944) 479-488. – P. LUDZ: Der I.-Begriff des jungen Marx und seine Fortentwicklung im Denken von G. Lukács und K. Mannheim (Diss. Berlin, F. U. 1955). – A. NAESS and associates: Democracy, I. and objectivity. Stud. in the semantics and cognitive analysis of ideol. controversy (Oslo/Oxford 1956). – N. BIRNBAUM: The sociol. study of I. (1940-1960). A trend report and bibliogr. Current Sociol. 9 (1960) 91-172. – E. BEIN: I.-Begriffe des Marxismus. Pädag. Provinz 15 (1961) 307-324. – K. LENK: Die positivistische I.-Lehre. Dialectica 16 (1962) 232-254; Ges. und I. Jb. für Sozialwiss. 15 (1964) 62-81. – D. SENGHAAS: I.-Kritik und Gesellschaftstheorie. Neue polit. Lit. 10 (1965) 341-354. – J. FRESE: ‹I.›. Präzisierungsversuch an einem wissenssoziol. Begriff (Diss. Münster 1965/1970). – R. H. COX (Hg.): Ideol., politics and polit. theory (Belmont, Cal. 1969) (Textslg.). – K. LENK (Hg.): I. (⁴1970) (Textslg. und Bibliogr.). – G. LICHTHEIM: Das Konzept der I. (1973).   U. DIERSE

Ideomotorisches Gesetz. Diesen Begriff prägte 1875 der englische Anatom und Physiologe W. B. CARPENTER [1]. Das i.G. besagt, daß, wer eine Bewegung wahrnimmt oder sich auch nur vorstellt, sich daraufhin in gleicher Weise, mindestens im Ansatz, bewegt. Der Anblick eines gähnenden Menschen z. B., ganz gleich, ob dieser sich langweilt, schläfrig ist oder was sonst, führt leicht zum Mitgähnen, und zwar zum *bloßen* Mitgähnen, also ohne Mitinduktion jener Langeweile, Schläfrigkeit u. dgl. Solche Mitbewegungen sind von W. MOEDE und anderen häufig mechanisch oder elektrisch registriert und als «Carpenter-Effekt» bezeichnet worden [2].

W. HELLPACH wies 1933 darauf hin, daß das i.G. zu weit gefaßt ist: «Betrachte ich aufmerksam das Erheben des Unterarms einer Mitperson, so entsteht in meinem eigenen Unterarm ein Impuls zum gleichen Erheben, wie feine Registrierungen nachzuweisen vermögen, und ich muß diesen Impuls schon sehr kräftig mit dem Willen abbremsen, damit er unregistrierbar werde. Führt aber der andere eine kräftige Armbewegung auf mich zu aus, z. B. ein Vorstrecken des Unterarms gegen mich hin, so zeigt unter Umständen die Registrierung eine entgegengesetzte Bewegungsandeutung bei mir, die als ein Ausweichen, Zurückzucken oder Abwehren erscheint» [3]. Was so als Carpenter-Effekt verbleibt, «erweist sich selber», meint Hellpach, «als eine Teilerscheinung des *erweiterten i.G.*, das wir in seiner allgemeinsten Fassung als *Ideorealgesetz* kennenlernen. Es lautet: Jeder subjektive Erlebnisinhalt schließt einen Antrieb zu seiner objektiven Verwirklichung ein» [4]. Und zwar könne sich ein Erlebnisinhalt ideorealisieren: 1. exekutiv (= aktureal), z. B. in Real- und Verbalsuggestion; 2. perzeptiv (= sensureal), besonders stark in der Eidese, in der Vorgestellten die Leibhaftigkeit von Wahrgenommenem erreicht; 3. normativ (= axioreal) im Sinne von G. Jellineks «normativer Kraft des Faktischen»; 4. produktiv (= repräsentativ, «symboloreal»), z. B. in Namensmagie und Abbildzauber; 5. diskursiv (= «logoreal», abstrakt, begrifflich) in der Reifikation von Gattungsnamen, Formeln usw.

H. RICHTER meint, daß Hellpach, wenn er derart «Mitbewegungen als Ausdruck des ‹Ideorealgesetzes›»

verstanden wissen will, damit ... den Begriff der ideomotorischen Phänomene beträchtlich überzieht und mit unzureichend gesicherten Hypothesen belastet, so daß er für die unvoreingenommene phänomenologische Beschreibung, ja selbst für erste terminologische Markierungen eines komplexen, aber zumindest erscheinungsmäßig letzthin identischen Sachverhalts unbrauchbar wird» [5]. Andererseits hält Richter die Fassung Carpenters für phänomenologisch zu eng: «Ideomotorische Phänomene lassen sich von der Wahrnehmungsseite als ideomotorische *Reaktionen*, von der endothymen Zuständlichkeit als *Äußerungen* und von der Vornahmehandlung her als *Aktionen* in Form von Intentionsbewegungen charakterisieren» [6]. Aufgrund eigener Untersuchungen kommt Richter zu dem Schluß: «Bei näherer psychologischer Betrachtung und experimenteller Analyse spaltet sich der sogenannte Carpenter-Effekt in eine Vielzahl heterogener Reaktions-, Aktions- und Äußerungsweisen des Menschen auf. Es ergaben sich keine Anhaltspunkte dafür, daß äußerlich identischen Synkinesien auch in jedem Fall identische konditionalgenetische Grundlagen entsprechen, so daß es berechtigt wäre, von der Wirksamkeit eines i.G. zu sprechen oder die Annahme eines in der Norm gehemmten, im ideomotorischen Akt jedoch wirksamen Mitbewegungs- oder sonstigen kollektiven Grundtriebes aufrechtzuerhalten.» Es «zeigte sich, daß es sowohl innerhalb gnostisch als auch pathisch oder dynamisch-energetisch akzentuierter Erlebniszüge und Verhaltensweisen unter spezifischen Bedingungen des inneren und äußeren Feldes zu Synkinesien kommt, die als Ausdruck der gesamten personalen Infeld-Umfeld-Spannungslage diese auf der motilen Ebene widerspiegeln und nur so gesehen methodisch und theoretisch faßbar sind» [7].

Anmerkungen. [1] W. B. CARPENTER: Principles of mental physiol. (London 1875). – [2] W. MOEDE: Exp. Massenpsychol. (1920). – [3] W. HELLPACH: Elementares Lb. der Sozialpsychol. (⁴1933), zit. 3., erw. Aufl.: Sozialpsychol. (1951) 28. – [4] a. a. O. 70. – [5] H. RICHTER: Zum Problem der ideomotorischen Phänomene. Z. Psychol. 161 (1957) 161-254, zit. 162. – [6] ebda. – [7] 249f.   W. WITTE

Idiogenetisch nennt F. HILLEBRAND eine Urteilstheorie, die das Wesen des Urteils nicht auf andere Funktionen, wie z. B. Identität, Gleichheit, Subsumtion oder Einordnung, zurückführt, sondern im Urteilen einen besonderen, irreduziblen, spezifischen Bewußtseinsakt sieht [1]. Sachlich vertreten eine ähnliche Urteilstheorie B. BOLZANO, J. ST. MILL, F. BRENTANO und G. FREGE [2].

Anmerkungen. [1] F. HILLEBRAND: Die neuen Theorien der kategorischen Schlüsse (Wien 1891) 27. – [2] Vgl. Art. ‹Anerkennungstheorie›.   A. MENNE

Idiomatum communicatio (ἀντίδοσις ἰδιωμάτων) ist als Terminus für die *Gemeinsamkeit der Eigenschaften* der göttlichen und der menschlichen Natur Christi in der einen gottmenschlichen Person schon bei den griechischen Kirchenvätern (GREGOR VON NAZIANZ) gebräuchlich. Bei grundsätzlichem Festhalten an der Unverwandelbarkeit der beiden Naturen ineinander lehrte man eine gegenseitige Durchdringung (περιχώρησις) der Naturen in der Einheit der Person. Daraus folgte eine *reale* Gemeinsamkeit der Eigenschaften der Naturen in der einen Person und eine mindestens *nominale* Austauschbarkeit der Eigenschaften der Naturen auch untereinander. Hierüber ging die lutherische Theologie hinaus, als sie im «genus maiestaticum» die auch *reale* Teilhabe der menschlichen Natur an den Eigenschaften der göttlichen Natur formulierte. Im 18. Jh. hat J. G. HAMANN die Lehre von der Idiomenkommunikation gelegentlich zum Medium eines umfassenden Wirklichkeitsverständnisses gemacht, für das «alles göttlich», «alles Göttliche aber auch menschlich» ist [1].

Anmerkung. [1] J. G. HAMANN, Werke, hg. NADLER 3 (1951) 27.
Literaturhinweis. J. A. DORNER: Entwicklungsgesch. der Lehre von der Person Christi (²1845). M. SEILS

Idiosynkrasie, umgangssprachlich für ‹Abneigung›, ist eigentlich ein medizinischer Begriff. Die ursprüngliche Form ist ‹Idiosyn*krisie*› [1] und bedeutet «spezifische Zusammensetzung [kleinster Teilchen im Körper]». In dieser Form ist der Terminus offenbar von der antiken Ärzteschule der Methodiker geprägt worden, um sowohl die besondere Konstitution eines Individuums als auch seine abweichende Reaktionsbereitschaft zu bezeichnen. Unter diesen Umständen stehen Begriff und Sache von Anfang an eigentümlich zwischen den Sphären des Normalen und Pathologischen. Die irrtümliche Bildung ‹Idiosyn*krasie*›, welche «Mischung [der Körpersäfte]» bedeutet, scheint erst in der *Renaissance* unter dem Einfluß der traditionellen Humorallehre vorherrschend geworden zu sein [2]. Die vage Bedeutung des Begriffes (pendelnd zwischen «besonderer Konstitution», pathologischem Zustand, und «Konstitution» im allgemeinen) ließ für vielfältige Anwendung Raum. Das so entstehende terminologische Durcheinander erreichte im 19. Jh. einen Höhepunkt, indem man nun bisweilen ‹Idiosyn*krisie*› als Terminus für etwas Endogenes, ‹Idiosyn*krasie*› als Terminus für eine Reaktion auf exogene Reize verwendete. Im Zuge der Diskussion um Begriff und Sache der «Allergie» hat die Medizin versucht, Ordnung in alle historischen Vorläufer dieses letzteren (erst um 1900 geprägten) Terminus zu bringen. Eine vollständige Klärung ist bisher nicht erreicht; die Begriffe ‹I.› und ‹Idiosynkrisie› werden jedoch in der heutigen Medizin, im Gegensatz zur Umgangssprache, kaum noch gebraucht.

Anmerkungen. [1] Vgl. PTOLEMAIOS, Apotelesmatika, hg. BOLL/ BOER, Index s.v.; für *Galen* K. DEICHGRÄBER: Die griech. Empirikerschule (1965) 150, 30; 153, 17; E. BEINTKER (Hg.): Werke des Galenos (1941) 2, 38 Anm. 70. – [2] H. SCHÖNE, zit. nach BEINTKER, a. a. O.
Literaturhinweise. TH. MEYER-STEINEG: Das med. System der Methodiker. Jenaer med.-hist. Beitr. 7/8 (1916) bes. 7f. – J. SCHUMACHER: Konstitution. – I. – Allergie. Cesra-Säule H. 9/10 (1958) 3-21. – H. SCHADEWALDT: Die Lehre von der Allergie ... in ihrer hist. Entwickl. (Habil.schr. Freiburg i. Br. 1960, Ms.) 14-43. F. KUDLIEN

Idiotismus (von griech. ἰδιωτισμός, Verhalten, Gewohnheiten und bes. Sprechweise des gemeinen Mannes) bezeichnet die einer Sprache oder Mundart eigenen, nicht wörtlich übersetzbaren Ausdrücke und Redeweisen, aber auch die Besonderheiten, die den Idiolekt des einzelnen Sprechers ausmachen. Der in solchen Wendungen wie ‹I.en›, ‹Idiomen› «wahrgenommene Eigensinn» [1] der Sprache läßt nach HAMANN darauf schließen, daß die «Lineamente» der Sprache eines Volkes «mit der Richtung ihrer Denkungsart correspondiren; und jedes Volk offenbart selbige durch die Natur, Form, Gesetze und Sitten ihrer Rede eben so gut als durch ihre äußerliche Bildung und durch ein Schauspiel öffentlicher Handlungen» [2]. HERDER wendet den Begriff auf die Spracheigentümlichkeiten der verschiedenen Völker an: «Unsere Sprache ist reich an I.en, und I.en sind

patronymische Schönheiten» [3]. Auch für GOETHE bezeichnen ‹I.en› «Ausnahmen in jeder Sprache» [4], doch braucht er das Wort auch für «persönliche Eigenart», «Gewohnheit» [5].

Ungefähr gleichlaufend mit der im 19. Jh. erfolgenden Einengung des Begriffs ‹Idiot› durch die Medizin auf die Bedeutung «Geisteskranker», «Schwachsinniger» wird ‹I.› zu «Blödsinn» und als sprachphilosophischer bzw. sprachwissenschaftlicher Terminus zurückgedrängt, obwohl er in Lexika noch gelegentlich in diesem Sinn vorkommt [6].

Anmerkungen. [1] J. G. HAMANN, Werke, hg. J. NADLER (1949-1957) 2, 122. – [2] ebda; vgl. 3, 100. 223. – [3] J. G. HERDER, Sämmtl. Werke (1820-29) 17, 67; vgl. 17, 28; 38, 306. – [4] J. W. GOETHE, Rameau's Neffe, ein Dialog von Diderot. Vollst. A. letzter Hand (1827-42) 36, 48; vgl. 36, 49. – [5] a. a. O. 36, 50. – [6] J. JEITELES: Aesth. Lex. (1835) 374; W. HEBENSTREIT: Wiss.-lit. Encyklop. der Ästh. (1843) 362. J. HARTIG

Idol, Ido(lo)latrie. In der *apologetischen* Literatur der frühen lateinischen Patristik bedeutet das Substantiv ‹idolum› (= I.) das Götzenbild oder den Götzentempel. Die Verehrung der heidnischen Götter wird dort als ‹idolatria› (= Id.) bezeichnet. Die rigoroseste Kritik der Id. formuliert TERTULLIAN in ‹De Id.›. Sie ist für ihn das «principale crimen generis humani» (Hauptverbrechen des Menschengeschlechts) [1]. Als Inbegriff allen sündhaften Verhaltens schließt sie alle anderen Sünden ein. Tertullian bezeichnet *alle* Tätigkeit der Heiden (Militärdienst, Beamtendienst, Spezereihandel usw.) als ‹Id.›, während andere Autoren allein den heidnischen Kult als ‹Id.› kritisieren. AURELIUS PRUDENTIUS verspottet im ‹Liber apotheosis› die Lächerlichkeit des heidnischen Polytheismus angesichts der Evidenz des monotheistischen Christentums: «Ecquis in idolio recubans inter sacra mille / ridiculos deos venerans sale caespite ture / non putat esse deum summum et super omnia solum?» (Glaubt denn wohl irgend jemand, der im Götzentempel zwischen tausend Kultgegenständen am Boden liegt und lächerliche Götter mit Salz, Rasenaltar und Weihrauch verehrt, nicht, daß es einen höchsten und allein über allen stehenden Gott gibt?) [2]; ähnlich HIERONYMUS [3], LACTANTIUS [4], PAULINUS NOLANUS [5] und andere. AUGUSTINUS setzt die Verehrung des christlichen Gottes der Verehrung der heidnischen Götter entgegen [6]. ISIDOR VON SEVILLA unterscheidet definitorisch zwischen Id. und I.: «Idololatria idolorum servitus sive cultura interpretatur» (Id. heißt Dienst an und Verehrung von I.) und: «Idolum autem est simulacrum quod humana effigie factum est» (Ein I. aber ist ein Götzenbild, das nach menschlichem Aussehen verfertigt worden ist) [7]. Beides ist Ausdruck der «superbia» [8]. In seiner Auslegung des 1. Korintherbriefes kann HUGO VON ST. VICTOR rigoros erklären: «I. nihil est» (Das I. ist nichts) [9], denn die I. der Heiden offenbaren sich nicht dem, der vor ihnen niederfällt. So tadelt ALBERTUS MAGNUS den heidnischen Götzenkult, «quod in idolis nullum sit consilium vel responsum et quod propter hoc vana sint et inutilia» (weil bei den I. kein Rat und keine Antwort zu erhalten ist und weil sie deswegen nichtig und nutzlos sind) [10]. Auch bei THOMAS VON AQUIN findet sich die Polemik gegen die Id. der Heiden [11]. Bei NIKOLAUS VON KUES ist Id. die Isolierung der Produkte der Schöpfung von ihrem Schöpfer. Dies sei die Quelle des Götzendienstes [12]. Der Begriff der Id. wird in diesem Sinne noch bei PASCAL [13] und NEWMAN [14] gebraucht.

Die christliche Apologetik hat das Instrumentarium erarbeitet, das sich dann in der Religionskritik der Aufklärung gegen das Christentum selber richtet. Wirkungsgeschichtlich und philosophisch irrelevant bleibt das Wort ‹idolum› in der Bedeutung «Gespenst, Geistererscheinung» [15]. Folgenreich wird hingegen die Anknüpfung der stoischen Philosophie an den εἴδωλον-Begriff bei PLATON und ARISTOTELES. Der lateinischen Patristik ist diese *erkenntnistheoretische Bedeutung* des Begriffs ‹I.› unbekannt. Sie gelangt jedoch mit der Aristotelesrezeption der Hochscholastik zu neuer Bedeutung. So kennt ALBERTUS MAGNUS das I. als «forma sensibilis... perquam videtur res» (wahrnehmbare Form, durch die der Gegenstand gesehen wird). Er unterscheidet ganz aristotelisch: «I. enim, quod est in oculo, est, per quod videmus, sed non, in quo videmus rem. Sed I., quod est in speculo, est, in quo rem videmus» (Das Bild nämlich, das sich im Auge befindet, ist das, durch das, aber nicht das, in dem wir den Gegenstand sehen. Aber das Bild, das sich im Spiegel befindet, ist das, in dem wir den Gegenstand sehen) [16]. Bei THOMAS ist das I., wie auch schon ARISTOTELES in ‹De anima› betont [17], Resultat einer «vis imaginativa» (Vorstellungskraft), die sich «aliquod I. rei absentis» (irgendein Bild eines nicht gegenwärtigen Gegenstandes) verschafft [18].

In dieser erkenntnistheoretischen Bedeutung wird der Begriff ‹I.› in der neuzeitlichen Philosophie nicht mehr aufgenommen, weil seit der I.-Lehre FR. BACONS jede positive Wertung des Begriffs ‹I.› ausgeschlossen ist. Durch ihn erhält der Begriff des I. eine weit über erkenntnistheoretische Erwägungen hinausgehende Tragweite. Bacon bricht mit seiner I.-Lehre radikal mit der Philosophie der Antike und ihrem mittelalterlichen Fortwirken. Im ‹Novum Organum›, das sich schon vom Titel her als Ablösung des Aristotelischen ‹Organon› versteht, wird wahre Erkenntnis der Natur abhängig von der Fähigkeit, traditionelle, durch die Trägheit der menschlichen Natur noch nicht abgebaute Vorurteile zu überwinden. Der gesamte Ballast der aristotelisch-platonischen Spekulation stellt nur eine Ansammlung von Trugbildern dar, die den wahren Zugang zur Natur verhindern [19]. Daß diese immer noch Autorität besitzen, liegt an der Wirkmächtigkeit von vier Arten von I.: 1. der «idola tribus», 2. der «idola specus», 3. der «idola fori» und 4. der «idola theatri». Die I. *tribus* entstehen aus der dem Menschen eigenen Neigung, das Universum der Natur nur «ex analogia hominis» zu erklären. Demgegenüber insistiert Bacon auf der Interpretation der Natur «ex analogia universi» [20]. Die I. *specus* sind die dem einzelnen Menschen durch Erziehung und Gewohnheit innewohnenden Vorurteile [21]. Die I. *fori* sind die Vorurteile, die durch Sprache vermittelt werden [22]. Die I. *theatri* resultieren aus den traditionellen Lehrmeinungen der Philosophie und Theologie [23]. Die gesamte antike und mittelalterliche Kosmologie und Naturphilosophie ist lediglich Dichtung. Das einzige Hilfsmittel gegen die Vorherrschaft der I. ist die Aufstellung von Begriffen und Sätzen über die Natur in induktiver Methode, die damit die Leistung der Dialektik im Aristotelischen ‹Organon› in bezug auf die Sophistik übernimmt [24]. Gleichwohl legitimiert Bacon sein Remedium gegen die Vorherrschaft der I. theologisch im posthum veröffentlichten, aber schon 1603 verfaßten Fragment ‹Valerius Terminus›: Die Erkenntnis sei eine von Gott selbst zum Wachsen gebrachte Pflanze, deren Früchte erst der gegenwärtigen Welt zu pflücken aufgetragen sei. Die wahre Naturerkenntnis sei dabei Gehorsam gegenüber dem Willen Gottes. Dieses Wissen der Natur ist nicht selbstgenügsame θεωρία, sondern unerläßlich für die Restitution des «Paradieses», d. i. für Bacon im Grunde die Konstruktion des sozialen Glücks [25]. Bacon ist Vorläufer der Ideologiekritik insofern, als er zum erstenmal die Verhinderung des sozialen Glücks mit der Vorherrschaft eines «falschen Bewußtseins» begründet.

Bacons I.-Lehre bedeutet wirkungsgeschichtlich, daß der Begriff ‹I.› zum Topos wird, mit dem in der menschlichen Natur begründeter Aberglaube und Anthropomorphismen kritisiert werden. So verurteilt HOBBES unter dem Begriff der Id. den Aberglauben, der im Prinzip die Herrschaft des Leviathan bedroht; er kritisiert Id. als «in Deum rebellio» [26]. Religiöse Furcht ist im Hobbesianischen Staate zwar zugelassen; diese muß jedoch von heidnischen Relikten gereinigt sein [27]. Die Heiligen- und Bilderverehrung der römischen Kirche berücksichtige diese Erkenntnis nicht. Sie sei politisch gefährlicher Aberglaube [28]. LOCKE kritisiert die Theorie der «ideae innatae» als I., die aufgrund der Trägheit und Faulheit des menschlichen Denkens zustande kommen. Solche Nachlässigkeit des Denkens führe zum Aberglauben und zum Fanatismus [29]. Für MANDEVILLE sind die Verehrer des Aristoteles «idolators of human understanding» [30]. BERKELEY schreibt eine Satire auf die «idolatry» [31], die er an der römischen Kirche kritisiert [32]. Den Topos von der Unvernünftigkeit der Id. verwenden auch SHAFTESBURY [33], HUME [34], CHR. WOLFF [35]. Die französische Aufklärung versucht am Begriff der Id. noch einmal eine systematische Kritik heidnischen und christlichen Aberglaubens, welche die Herrschaft der Vernunft verhindern. Für den Enzyklopädisten DE JAUCOURT sind die Vorurteile (les préjugés) «idoles de l'âme» [36]. Er referiert im Artikel ‹Préjugé› die I.-Lehre Bacons; die I. tribus nennt er «préjugés universels» [37], die I. specus «préjugés particuliers» [38], die I. fori «préjugés publics ou de convention» [39], die I. theatri «I. d'école ou de parti» [40]. Das anthropomorphistische Verfahren der Erklärung der Welt «ex analogia hominis» ist für de Jaucourt Resultat eines uneinsichtigen «amour propre» [41]. Im Artikel ‹I.› faßt VOLTAIRE noch einmal die grundsätzliche Kritik der Aufklärung an allen Arten des Aberglaubens der Heiden, Christen, Juden, Inder, Perser zusammen. Der Glaube an I. ist perspektivische Selbsttäuschung [42].

Für HAMANN ist der Glaube an I. nicht Selbstbetrug der autonomen Vernunft, sondern Leugnung der Einbettung der Vernunft in die Taten des sich in die Geschichte offenbarenden Gottes. So behandle die Transzendentalphilosophie Sprache und Überlieferung, in die sich doch Gott entäußert habe, als ein I., obwohl sie in Wahrheit das Organon der göttlichen Vernunft seien [43]. Auch die von dem Wolffianer Chr. T. Damm propagierten Nivellierungstendenzen der Rechtschreibung bezeichnet er als «Id.» [44], weil sie die göttliche Vernünftigkeit der Sprache destruieren.

In seiner Entgegensetzung von wahrhaft moralischer Religion und am Kult fixierten «Pfaffentum» [45] bezeichnet KANT letzteres als «Id.»: «Es kommt in dem, was die moralische Gesinnung betrifft, alles auf den obersten Begriff an, dem man seine Pflichten unterordnet. Wenn die Verehrung Gottes das Erste ist, der man also die Tugend unterordnet, so ist dieser Gegenstand ein I., d. i. er wird als ein Wesen gedacht, dem wir nicht durch sittliches Wohlverhalten in der Welt, sondern durch Anbetung und Einschmeichelung zu gefallen hoffen dürften; die Religion aber ist alsdann Id.» [46]. Im § 89 der ‹Kritik der Urteilskraft› spricht Kant ganz in diesem Sinne von dem «unverkennbaren Nutzen», den «die Einschränkung der Vernunft in Ansehung aller unserer Ideen vom Übersinnlichen auf die Bedingungen des praktischen Gebrauchs hat». Das gilt insbesondere von der «Idee von Gott»; diese Einschränkung der Vernunft «verhütet, daß die Theologie sich nicht in Theosophie (in vernunftverwirrende überschwengliche Begriffe) verstiege, oder zur Dämonologie (einer anthropomorphistischen Vorstellungsart des höchsten Wesens) herabsinke; daß Religion nicht in Theurgie (ein schwärmerischer Wahn, von anderen übersinnlichen Wesen Gefühl und auf sie wiederum Einfluß haben zu können) oder in Id. (ein abergläubischer Wahn, dem höchsten Wesen sich durch andere Mittel als durch moralische Gesinnung wohlgefällig machen zu können) gerathe» [47].

HERDER hat als erster das Motiv der Restriktion des Glaubens an I. als Vorurteil des aufklärenden Bewußtseins durchschaut: «Wer da kann, denke sich über sie hinweg oder vielmehr durch sie hindurch; denn wenn man alle diese Bilder und Vorurtheile (praeiudicia) und leere I. zerstören will: so hat man freilich die leichte Arbeit der Gothen in Italien oder der Perser in Ägypten; allein man behält auch nichts als eine Wüste nach» [47a]. Jedes philosophische Denkmodell bleibe auf die bilderschaffende Kraft des Menschen verwiesen.

In der Zeit nach Kant verliert der Begriff ‹I.› die aufklärerische Kraft. Die Intentionen, die zuerst Bacon durch den I.-Begriff geltend machte, werden durch den Begriff der Ideologie aufgehoben. ‹Id.› kann nun bedeuten: Bewunderung oder leidenschaftliche Verehrung für die Großen der Geschichte; so bei V. HUGO [48] und M. PROUST [49]. BAUDELAIRE freut sich an der Id. der primitiven Kunst [50]. Der Begriff ‹Id.›, der jetzt soziologisch-historisch eingeordnet wird (DURKHEIM) [51], verschwindet etwa gleichzeitig mit dem Aufkommen des Ideologiebegriffs aus der philosophischen Sprache. Philosophische Relevanz gewinnt der Begriff ‹I.› noch einmal für P. Valéry und M. Scheler. In seiner Auseinandersetzung mit einsinnigen Fortschrittstheorien, die an St. Simon oder an Comte anknüpfen, betont VALÉRY, daß die Theorie des Fortschritts, ursprünglich theoretische Selbstvergewisserung der Emanzipationsbestrebungen der bürgerlichen und industriellen Gesellschaft, selber zum I. geworden sei, weil sie die Logik technischer Rationalisierung als eine den Menschen absolut fordernde zweite Natur begreife. Die Theorie des Fortschritts werde so zur «idole du Progrès», der nun als abstrakte Negation als «idole de la malédiction du Progrès» [52] – romantische Flucht aus der angeblich heillosen Gegenwart der bürgerlichen und industriellen Gesellschaft in das Reich der Phantasie oder in die Welt des Mittelalters – gegenübersteht. Angesichts der Starrheit einsinniger Fortschritts- oder Verfallstheorien polemisiert Valéry gegen jede Art von lückenloser Erkenntnisgewißheit, die er als «scandale intellectuel» [53] bezeichnet. Stattdessen postuliert Valéry ein poietisches Erkennen, das sich begreift als Analyse der Elementarteilchen, aus denen wir im Denken und Handeln unsere Realität zusammensetzen. Insofern gehe es niemals um die Verehrung einer «idole Esprit», sondern immer nur um die beständige Betätigung poietischer Leistungen des Bewußtseins und des Handelns [54].

An Bacon anknüpfend intendiert M. SCHELER eine Destruktion der «I. der Selbstgewißheit». Was Bacon für die Kritik der äußeren Wahrnehmung geleistet hat, dehnt Scheler auf «die Sphäre der inneren und Selbstwahrnehmung» aus [55]. Damit wird radikal der «Evidenzvorzug der inneren Wahrnehmung vor der äußeren» in Frage gestellt. Er wendet sich ebenso gegen die «Grundlagen alles philosophischen subjektiven Idealismus und Egozentrismus» als die «Grundlage jener falschen Art der Selbstgewißheit, die im Verlaufe des Aufbaues unserer Kultur insbesondere der Protestantismus zu einer berechtigten menschlichen Grundhaltung zu machen suchte, und die für viele zum Stützpunkt für einen maßlosen Negativismus und Kritizismus gegen alles Sein außerhalb des Ich – Gott, Natur, objektive Kultur – geworden ist» [56]. Diese I. der Selbstgewißheit werden durch eine «auf das Verfahren der phänomenologischen Wesensschau gegründeten Philosophie» ersetzt. In seiner wissenssoziologischen Phase vertritt Scheler dagegen eine «(logische und ethische, ästhetische und religiöse) I.-Lehre aller menschlichen Gruppen, insbesondere auch der Klassen» und betont den «wesensgesetzlichen Perspektivismus allen Denkens». Die aufklärerischen Intentionen der I.-Lehre Bacons werden zu einem unüberwindbaren Skeptizismus umgewertet [57].

Anmerkungen. [1] TERTULLIAN, De Id. 1, 1, 13, 14; vgl. De cor. mil. 10. – [2] PRUDENTIUS, Lib ap. 186ff.; vgl. Contra Symm. 1. 612. – [3] HIERONYMUS, Ep. 22. 29; Jes. comm. 57. – [4] LACTANTIUS, De mort. persec. 2, 6; De or. err. II, 2. – [5] PAULINUS NOLANUS, Carm. 22. 61. – [6] AUGUSTIN, De doctr. christ. IV, VII, 17; vgl. Conf. VIII, 2, 3. – [7] ISIDOR VON SEVILLA, Etym. VIII, XI, 11-13. – [8] ebda. – [9] HUGO VON ST. VICTOR, Opera omnia, hg. P. MIGNE 1, 527. – [10] ALBERTUS MAGNUS, Opera omnia, hg. G. GEYER 19, 428, 31; vgl. 468, 23ff.; 542, 67. – [11] THOMAS VON AQUIN, S. theol. II/II, 92, 2 c; II/II, 81, 7 ad 3. – [12] NIKOLAUS VON KUES: De ven. sap. (Paris 1514) 1, 208r; Doct. ign. a. a. O. 11v; De quaer. Deo. a. a. O. 197r. – [13] B. PASCAL, Pensées. Oeuvres. hg. BRUNSCHVICG 1-14 (Paris 1904-1914) 11, 730. – [14] J. H. NEWMAN, Apol. 413. – [15] PLINIUS, Ep. 7, 27, 5. – [16] ALBERTUS MAGNUS, Opera omnia I, 24, 331, 9ff. – [17] ARISTOTELES, De an. 427 b 20. – [18] THOMAS VON AQUIN, S. theol. I, 84, 6 c. – [19] F. BACON, Nov. Org. I, 38. – [20] a. a. O. I, 41. – [21] I, 42. – [22] I, 43. – [23] I, 44. – [24] I, 40. – [25] Val. Term. I; vgl. H. BLUMENBERG: Die Legitimität der Neuzeit (1966) 387-392. – [26] TH. HOBBES, Opera lat. (London 1841) 3, 486; vgl. 512. – [27] a. a. O. 480. – [28] 455. – [29] J. LOCKE, Ess. conc. hum. underst. I, 3, 26. – [30] B. DE MANDEVILLE: Free thoughts on relig., the church and national happiness (London 1729) 125. – [31] G. BERKELEY, Works, hg. LUCE/JESOP 7 (London 1955) 60. – [32] a. a. O. 152. – [33] A. SHAFTESBURY: Characteristicks of men, manners, opinions, times 1 (²1714, Farnborough 1968) 60. – [34] D. HUME, Philos. Works, hg. GREEN/GROSE 2 (London 1907) 310.312f. – [35] CHR. WOLFF, Inst. iur. nat. et gent. §§181f. – [36] DE JAUCOURT: Encyclopédie..., hg. DIDEROT/D'ALEMBERT (Paris 1777) 18, 248. – [37] ebda. – [38] a. a. O. 249. – [39] ebda. – [40] ebda. – [41] 250. – [42] VOLTAIRE: Art. ‹I., Idolatre, Id.› a. a. O. [36] 27, 181-188. – [43] J. HAMANN, Werke, hg. J. NADLER 3 (1951) 284. – [44] a. a. O. 106. – [45] I. KANT, Akad.-A. VI, 175ff. – [46] a. a. O. 5, 185. – [47] 5, 459 mit Anm. – [47a] J. G. HERDER, Werke, hg. B. SUPHAN V, 153. – [48] V. HUGO, Misér. I, 1, 9. – [49] M. PROUST: A la recherche du temps perdu 9 (Paris 1947) 218. – [50] CH. BAUDELAIRE, Trad. de E. Poe. Oeuvres en prose (Paris 1951) 263. – [51] F. DURKHEIM: Sociol. et philos. (Paris 1951) 126. – [52] P. VALÉRY, Oeuvres 2 (Paris 1960) 1022. – [53] a. a. O. 1027. – [54] ebda. – [55] M. SCHELER, Vom Umsturz der Werte. Werke (1955) 3, 215. – [56] ebda. – [57] a. a. O. 8 (1960) 145; vgl. dazu: M. HORKHEIMER: Ideol. und Handeln: in M. HORKHEIMER und TH. ADORNO: Sociologica II. Reden und Vorträge (1962) 38-47.

A. RECKERMANN

Idylle. Das griechische Wort εἰδύλλιον ist noch nicht bei Theokrit belegt, sondern erst in den *Scholien zu Theokrit* (antiken Kommentaren, frühestens im 1. Jh. v. Chr.), und wird dort nur auf ihn bezogen. Es muß jedoch schon vorher existiert haben, da man bereits mehrere etymologische Deutungen aufzählt [1]. PLINIUS

d. J. übernimmt das Wort ins Lateinische (idyllia), erklärt es aber nicht weiter [2]. Die ursprüngliche, d. h. antike Bedeutung von ‹I.› ist bis heute nicht völlig geklärt; sicher ist jedoch, daß es nicht, wie früher meist angenommen, «kleines Bildchen» meint, sondern eher «kleines Gedicht», wobei der Inhalt unbestimmt ist [3].

Nach nur kurzer Behandlung in den Renaissancepoetiken, wo I. als Unter- bzw. Nebengattung zu ‹Bukolik›, ‹Pastorale›, ‹Ekloge› rangiert [4] (bis weit ins 18. Jh. wird I. oft nur unter den Abschnitten ‹Schäferpoesie› oder ‹Hirtengedicht› erläutert), erfährt die I. zuerst im 17. Jh. eine eingehendere Würdigung [5]. Jetzt werden in Italien auch, nachdem das griechische Wort vorher in die Nationalsprachen aufgenommen worden war [6], die ersten Gedichtsammlungen als ‹I.› bezeichnet [7]. N. BOILEAU stellt fest, daß die I., analog zur Einfachheit des Landlebens, in einem einfachen Stil geschrieben werden: «Son tour tous simple et naïf n'a rien de fastueux, Et n'aime point l'orgueil d'un vers présomptueux» [8]. Die seit Beginn der I.-Theorie bis hin zu GOTTSCHED und WIELAND immer wieder aufgestellte Hypothese, daß die Hirtendichtung die älteste poetische Gattung sei, «weil der Schäferstand die allerälteste Lebensart der Menschen gewesen ist» (B. DE FONTENELLE) und die Hirten bei ihrer «Arbeit» zu singen beginnen [9] – COLLETET sieht ihren Ursprung sogar im Leben und Treiben der Götter [10] –, erfährt schon bald eine Präzisierung: Man erkennt, daß sich zwischen dem antiken glücklichen, friedlichen und arkadischen und heutigem Landleben, zwischen früher und moderner I.-Dichtung, ein Bruch vollzogen hat, so daß letztere nicht Kopie der Wirklichkeit, sondern «aimable fiction», Erinnerung an einen vergangenen paradiesischen Zustand («an image of what they call the Golden Age») ist, geschaffen zur moralischen Empfehlung und Besserung der eigenen Gegenwart [11]. In der I. vergleichen wir Unruhe und Mühsal unseres Lebens mit der Ruhe der Hirten, die Herrschaft unserer Leidenschaften mit der Einfachheit ihrer Sitten und Gefühle [12].

Mit der Fortentwicklung der Gesellschaft, der Vermehrung der Bedürfnisse, dem Bau von Städten und der Errichtung von Staaten verliert das Landleben seine «Annehmlichkeit»: «Da wurden die Landleute Sclaven derer, die in Städten wohnten» [13]. Der Hirte ist nicht mehr zugleich Hausvater und König [14]. Die Gesellschaft hat sich ausdifferenziert in Berufe und Stände. Die I. bedeutet, «poetisch» gesagt, die «Abschilderung des güldenen Weltalters» oder, «auf christliche Art zu reden»: «eine Vorstellung des Standes der Unschuld, oder doch wenigstens der patriarchalischen Zeit» [15].

So vollzieht sich in der zweiten Hälfte des 18. Jh., angeregt durch die Theorien von CH. BATTEUX (1747) und seiner Kommentatoren und, in der Dichtung selbst, die I. von S. GESSNER (1756), eine breite Diskussion um die I. und ihren wahren Begriff. Trotz mancherlei unterschiedlicher Akzentuierung stimmen Ästhetik, Poetik und literarische Kritik doch in der allgemeinen Charakterisierung der I. weitgehend überein. Die I. schildert die Einfachheit, Naivität, Natürlichkeit, Unschuld, Einfalt, Ruhe, Zufriedenheit, Mäßigkeit der Leidenschaften und Empfindungen, zärtliche Liebe, Genügsamkeit eines Lebens, wie es sich vor allem auf dem Lande, in einer arkadischen, von der Natur begünstigten Landschaft abspielt, während in der Stadt (und am Hofe) Verderbnis der Sitten, unruhige Geschäfte, Zeremonielle, Ehrgeiz, Herrschsucht, Eigennutz, Schmeichelei, Verstellung herrschen und der Keim zu Aufruhr und Meuterei

gelegt ist. Die I. spiegelt also das verlorene goldene Zeitalter, Menschen in einem idealischen Naturzustand, vor Eintritt in die bürgerliche Gesellschaft, vor aller Zivilisierung und «Polizierung», die erst Unterdrückung, Sklaverei, Ungleichheit, Luxus, Laster und Vielfalt der Bedürfnisse hervorgebracht haben [16]. Die wirtschaftliche Grundlage in der I. bildet die Schäferei oder eine ähnliche primitive Produktionsart, da schon der Ackerbau eine zu große Künstlichkeit erfordern würde, so daß «die Menschen die Einfalt des Lebens verlassen» müßten [17]. Nicht nur die «sanften Empfindungen eines glückseligen Lebens, die vermittelst einer einfachen ... natürlichen Handlung entwickelt werden» (J. A. SCHLEGEL) sind Gegenstand der I. [18], sondern die Darstellung dieser Empfindungen unter Menschen, «die in kleineren Gesellschaften zusammen leben», d. h. in Familien oder unter Freunden (M. MENDELSSOHN) [19], die Schilderung des glücklichen Naturzustandes und nicht des «mühsam gewordenen Lebens der bürgerlichen Welt» [20]. Demgemäß ist der Zweck der I. auch nicht bloße moralische Erbauung und Veredelung. In Auseinandersetzung mit Mendelssohn lehnt J. G. HERDER eine nur «moralische Besserung» ab und will mit der I. eine vollkommene «Illusion» erreichen, so daß der Leser seine Wünsche in den Personen der I. realisiert findet und «auf den Augenblick mit ihnen Schäfer werden» will [21].

Damit ist die besondere Bedeutung der I. für eine Vorstellung vom Ablauf der Geschichte, für eine Geschichtsphilosophie, genannt. Die I. bewahrt uns, so J. A. SCHLEGEL, «wie ein dunkles Gefühl» einen Begriff davon, «was unsere ursprüngliche Bestimmung auf der Erde war» [22]. Die I. hat das Bewußtsein des Verlusts einer heilen Vergangenheit und das Ungenügen an der Gegenwart zur Voraussetzung: «und wenn der jetzige Mensch in jenen erstern Zustand der Menschheit mit seiner Phantasie zurückkehrt, so thut er es, um sein krankes, durch Gefühl der jetzigen Unterdrückung, Eitelkeit und Bosheit erbittertes oder niedergeschlagenes Herz wieder zu stärken und aufzumuntern» [23]. Aber die I. ist nicht nur Vorspiegelung einer für immer verlorenen Glückseligkeit: «Der Unglükliche hält es nicht für ein Unglük, wenigstens angenehme Träume zu haben. Und dann ist das Urtheil der Verdammniß vielleicht noch nicht so unwiderruflich, wenigstens nicht über alle einzelne Menschen ausgesprochen» [24]. I. sind «gleichsam Reliquien des Standes der Unschuld» und insofern «das Paradies des Chiliasten, das Arkadien der Dichter» [25]. Sie basieren also auf einem Geschichtsbild, das im Naturstand nicht totale Rechtlosigkeit bzw. das Prinzip des Rechts des Stärkeren erkennt, sondern vollkommenes Glück, Frieden und Eintracht. Dem steht schon KANTS Einschätzung des «Schäferlebens» gegenüber: In solcher «Genügsamkeit» ist der Mensch nicht fähig, seine Talente zu entwickeln und den Zweck der Schöpfung zu erfüllen. Die Menschheit ist dazu bestimmt, aus dem Zustand der «Gemächlichkeit» in den «der Arbeit und der Zwietracht» und von da zur «Vereinigung in Gesellschaft» überzugehen [26]. Dieser Übergang bedeutet nicht Verlust, sondern Fortschritt.

Erst von SCHILLER wird das, was in den bisherigen I.-Theorien über deren politischen und geschichtsphilosophischen Aussagewert nur implizit oder höchstens andeutungsweise zur Sprache kam, begrifflich und kategorial gefaßt. Die I. ist für Schiller nicht eine unter vielen möglichen Dichtungsgattungen, sondern neben der Satire und Elegie eine der «drey einzig möglichen

Arten sentimentalischer Poesie» [27], d. h. jener Poesie, die als neuere Kunst notwendigerweise von dem Verlust der Natur und von dem Bruch zwischen Natur und Kunst, zwischen Ideal und Wirklichkeit ausgeht und die ersehnte Einheit zwischen beiden nur «suchen» kann, nur in der Idee und im Gedanken, «der erst realisiert werden soll, nicht mehr als Thatsache ... [des] Lebens» darstellt [28]. Die drei sentimentalischen Dichtungsarten sind deshalb erst nach der Entzweiung von Ideal und Wirklichkeit möglich (und haben mit den herkömmlichen Dichtungsarten gleichen Namens nur die «Empfindungsweise» gemeinsam), denn in der Satire herrscht «Abneigung» gegen die Wirklichkeit, in der Elegie «Zuneigung» zum Ideal und das entweder im Bewußtsein der Unerreichbarkeit des Ideals bzw. des Verlusts der Natur (Elegie im engeren Sinne) oder, wie in der I., als «vorgestellte» Versöhnung der Gegensätze von Natur und Kultur, Idee und Realität [29]. Die I. ist nicht die erste und ursprünglichste aller poetischen Gattungen, sondern entsteht erst dort, wo uns «das bürgerliche Leben, dessen Vortheile wir mit so vielen Aufopferungen erkaufen, ... zur Last geworden» ist und wir, darüber hinausdenkend, uns nach «einem idealen Arkadien [sehnen], wo der Mensch im Schooße der ländlichen Natur, einig mit sich selbst und mit der Welt» existiert (Fr. BOUTERWEK) [30]. So sieht SCHILLER den Zweck der I. darin, «den Menschen im Stand der Unschuld, d. h. in einem Zustand der Harmonie und des Friedens mit sich selbst und von außen darzustellen». Diesen Zustand setzt Schiller jetzt aber nicht nur vor den «Anfang der Kultur», sondern auch als deren «letztes Ziel». Die I. gibt uns eine Anschauung von jener zukünftigen Harmonie, so daß wir an die «Ausführbarkeit jener Idee» glauben können und mit der schlechten Gegenwart versöhnt werden. «Denn für den Menschen, der von der Einfalt der Natur einmal abgewichen und der gefährlichen Führung seiner Vernunft überliefert worden ist, ist es von unendlicher Wichtigkeit, die Gesetzgebung der Natur in einem reinen Exemplar wieder anzuschauen und sich von den Verderbnissen der Kunst in diesem treuen Spiegel wieder reinigen zu können» [31]. Die I. soll nicht, wie die bisherigen Hirtengedichte, nach rückwärts gewandt sein, indem sie uns in den Stand der «Kindheit» zurückversetzt, «sondern sie führe uns vorwärts zu unserer Mündigkeit», so daß Unschuld, Ruhe (aber nicht Trägheit) und Gleichgewicht der Kräfte (aber nicht Stillstand) auch unter den Bedingungen von Kultur und Gesellschaft möglich erscheinen. Aufgabe der I. ist es, «den Menschen, der nun einmal nicht mehr nach Arkadien zurück kann, bis nach Elysium» zu führen [32]. Auch der späte GOETHE sieht das idyllische Zeitalter nur als Vorstufe zur «socialen und civischen», «allgemeineren» und schließlich «universellen» Epoche [33]. Anders als NOVALIS, der meinte, daß der Naturstand, die I., zugleich ein «Bild des ewigen Reichs» der zukünftigen Welt sei [34], will SCHILLER mit der I. also nicht an eine vergangene vollkommene Welt erinnern, sondern eine Anschauung von einem zukünftigen utopischen Zustand geben, in dem der Gegensatz von Natur und Kunst, unschuldiger Naivität und Verstand in einer Einheit aufgehoben ist, nicht aber Reflexion, Bewegung und Streben einer unentwickelten Simplizität geopfert werden.

Für JEAN PAUL, der mehr von seiner eigenen Praxis als I.-Leser und -Autor ausgeht, werden Personen und Schauplatz der I. beliebig; sie kann auch *in* einer bürgerlichen Gesellschaft spielen, sofern sie eine «Menge der Mitspieler und die Gewalt der großen Staatsräder» ausschließt; denn die I. ist die «epische Darstellung des Vollglücks in der Beschränkung». Sie ist Schilderung der Seligkeit, der durch keine heftigen Leidenschaften gestörten Harmonie, in einem «umzäunten Gartenleben». Sie verweist aber doch, wenn auch schwach, auf ein höheres überirdisches Glück: die «I.-Seligen» haben «sich aus dem Buche der Seligen ein Blatt gerissen» [35]. Die weitere Bestimmung, daß die I. «Widerschein» des «früheren kindlichen» Glücks sei [36], führte später zu einer psychoanalytischen Deutung der I. als «betonter Rückwendung zur eigenen Kindheit» [37].

Da die I. aber nur in eng umgrenzten Verhältnissen vorstellbar ist, wird gerade dies zum Ansatzpunkt der Kritik: W. VON HUMBOLDT wirft der I. vor, daß sie «einseitig» und «willkührlich einen Theil der Welt» abschneide, «um sich allein in den übrigen einzuschliessen». Sie gibt «einer Seite der Menschheit einen partheiischen Vorzug vor der andern» [38]. Ebenso kann für HEGEL die I. nicht Darstellung des Ideals sein, da sie sich von allem «Gewühl», allen «Verwicklungen des Lebens» und Entzweiungen zurückzieht auf einfache und ursprüngliche Verhältnisse, dadurch aber «von allem weiteren Zusammenhange mit tieferen Verflechtungen in gehaltreichere Zwecke und Verhältnisse bei diesem Landpfarrerleben usf. nur abstrahiert wird» und also die idyllische «Lebensart ... einen Mangel der Entwicklung des Geistes» bedeutet: «Der Mensch darf nicht in solcher idyllischen Geistesarmut hinleben, er muß arbeiten». Die I. ist oft nur «Zuflucht» zu einer vermeintlich heilen Welt, die aber ihre Unschuld, Ruhe und Zufriedenheit mit der «vollkommenen Ausleerung von allen wahren Interessen», mit der bewußten Beschränkung auf Geringfügiges («Wohlbehäbigkeit eines guten Kaffees im Freien usf.») erkauft [39].

In den nachfolgenden Ästhetiken des 19. und 20. Jh. hat die I. keine bedeutsame Stellung [40]. Erst E. BLOCH versucht die gesellschaftlich-politische Funktion von I., Arkadien und Utopien wieder neu zu begreifen: Sie haben gemeinsam, daß sie Wunschbilder eines diesseitigen «Glückslands» sind, unterscheiden sich aber darin, daß I. und arkadische Landschaft «aus der Gesellschaft eher herausfallen» und dadurch statisch werden, während die neueren Utopien, besonders die neueren Sozialutopien, auf eine gesellschaftsimmanente Verbesserung hinarbeiten. Andererseits können idyllisch-arkadische Vorstellungen aber ein «Korrektiv» «zum Duktus allzu planender, menschlich verheizender, glückverschiebender Sozialutopien» bilden [41].

Anmerkungen. [1] Theokrit-Scholia, Proleg. E, hg. K. WENDEL (1914, ND 1967) 5. – [2] PLINIUS, Ep. IV, 14, 9. – [3] A. S. F. GOW: Einl. zu seiner Theokrit-A. (Cambridge 1965) LXXI; R. BÖSCHENSTEIN-SCHÄFER: I. (1967) 2ff. – [4] J. C. SCALIGER: Poetices libri septem (Lyon 1561, ND 1964) 7; J. A. VIPERANO: De poetica libri tres (Antwerpen 1579, ND 1967) 144. – [5] G. COLLETET: L'art poétique où il est traité de l'épigramme, du sonnet, du poème bucolique, de l'églogue, de la pastorale et de l'I. ... (Paris 1658, ND Genf 1970) 4, 24. 13; R. RAPIN: Eclogae, cum diss. de carmine pastorali (Paris 1659). – [6] In Frankreich zuerst 1555 bei J. VAUQUELIN DE LA FRESNAYE, Les Foresteriers, hg. M. BENSIMON (Genf/Lille 1956) 5. – [7] G. B. MARINI: Il rapimento d'Europa. Il testamento amoroso. Idillij (Venedig 1612); auch unter dem Titel: La Sampogna divisa in idillij favolosi e pastorali (Paris 1620); G. CAPPONI: De gl'Idilli di ... (Venedig 1615); G. B. BIDELLI: Gl'Idillij di diversi ingegni illustri del secol nostro, ... raccolti da ... (Mailand 1618). – [8] N. BOILEAU: L'art poétique (1670/74) II, hg. A. BUCK (1970) 65. – [9] B. DE FONTENELLE: Discours sur la nature de l'églogue (1688). Oeuvres complètes, hg. DEPPING (Paris 1818, ND 1968) 3, 52; dtsch. Auserlesene Schr., hg. GOTTSCHED (1751) 530; J. CHR. GOTTSCHED: Versuch einer crit. Dichtkunst (⁴1751, ND 1962)

84. 581; Chr. M. Wieland, in: J. G. Sulzer: Allg. Theorie der schönen Künste (1771-74, ²1792-99, ND 1967-70) 2, 583. – [10] Colletet, a. a. O. [5] 4, 1ff. – [11] Ch. Genest: Diss. sur la poésie pastorale ou de l'idylle et de l'églogue (Paris 1707); A. Pope: A discourse on pastoral poetry (1704). Poems, Twickenham-Ed. 1 (London 1961) 25. – [12] E. Mallet: Principes pour la lecture des poètes (Paris 1745) 1, 110f.; vgl. Encyclop. ..., hg. Diderot/d'Alembert (Paris 1751-80, ND 1966/67) 8, 505. – [13] Fontenelle, a.a.O. [9] 3, 53 = dtsch. 531. – [14] Gottsched, a. a. O. [9] 583. – [15] a. a. O. 582. – [16] Fontenelle, a. a. O. [9]; Gottsched, a. a. O. [9] 582ff.; Ch. Batteux: Les beaux arts reduits à un même principe (Paris 1747, ND 1970) 233ff.; dtsch.: Einschränkung der schönen Künste auf einen einzigen Grundsatz ... übers. und mit einem Anhange einiger eignen Abh. versehen von J. A. Schlegel (²1759) 488-496; Einl. in die schönen Wiss., nach dem Frz. des Herrn Batteux, mit Zusätzen vermehrt von K. W. Ramler (1756-58); J. A. Schlegel: Vom Natürlichen in Schäfergedichten (1746); S. Gessner: I. (1756) Vorrede. Sämtl. Schr., hg. Klee (1841) 2, 3-6; M. Mendelssohn: 85. und 86. Brief die neueste Lit. betreffend (1760). Ges. Schr. (1843-45) 4/II, 18-28; J. G. Lindner: Kurzer Inbegriff der Ästhetik, Redekunst und Dichtkunst (1771/72, ND 1971) 1, 319f.; J.-F. Marmontel: Éléments de litt. (Paris 1846) 1, 255; J. G. Sulzer/Chr. M. Wieland, a. a. O. [9] 2, 580-622; J. J. Eschenburg: Entwurf einer Theorie und Lit. der schönen Wiss. (²1789) 96ff.; J. A. Eberhard: Theorie der schönen Künste und Wiss. (³1790) 163. 241ff.; Hb. der Ästhetik (²1807-20, ND 1972) 4, 271-277; J. J. Engel: Anfangsgründe einer Theorie der Dichtungsarten (²1804) 78-87; Gessner-Rezensionen, jetzt in: Über Handlung, Gespräch und Erzählung, hg. Voss (1964) 118-144; Fr. Ast: System der Kunstlehre (1805) 246f.; J. Jeitteles: Ästhetisches Lex. (1835-37) 1, 374-376. – [17] Eberhard, Theorie ... a. a. O. 242. – [18] Schlegel, Übers. von Batteux a. a. O. [16] 492. – [19] Mendelssohn, a. a. O. [16] 22f. – [20] Sulzer, a. a. O. [9] 2, 584. – [21] J. G. Herder, Theokrit und Gessner. Sämtl. Werke, hg. Suphan (1877-1913, ND 1967/68) 1, 343f. – [22] Schlegel, Übers. von Batteux a. a. O. [16] 489. – [23] Engel, Anfangsgründe ... a. a. O. [16] 84; vgl. Gessner-Rez. a. a. O. [16] 125f. – [24] Sulzer, a. a. O. [9] 2, 584. – [25] Herder, a. a. O. [16] 319; Lb. der schönen Wiss. (1767) 22; zu I. und Chiliasmus vgl. K. H. Bohrer: Der Lauf des Freitag. Die lädierte Utopie und die Dichter (1973) 23. – [26] I. Kant, Idee zu einer allg. Gesch. ... Akad.-A. 8, 21; Mutmaßlicher Anfang ... Akad.-A. 8, 118. – [27] Fr. Schiller: Über naive und sentimentalische Dichtung (1795/96). National-A. 20 (1962) 466; vgl. Fr. Schlegel, Athenäums-Frg. 238. Krit. A., hg. E. Behler (1958ff.) 2, 204; vgl. dagegen: Über das Studium der griech. Poesie. Krit. Schr., hg. W. Rasch (²1964) 213; Lit. Notebooks, hg. H. Eichner (London 1957) Nr. 20. 66. 324. 327f. 426. 428. 433. 971. 1249. 1617. 2061. – [28] Schiller, a. a. O. 436f. – [29] 441. 448f. 466; vgl. Brief an W. von Humboldt vom 30. 11. 1795. – [30] Fr. Bouterwek: Ästhetik (²1815) 240f. – [31] Schiller, a. a. O. [27] 467f. – [32] a. a. O. 472. – [33] J. W. Goethe, Epochen geselliger Bildung. Weimarer A. 41/II, 361f. – [34] Novalis, Schr., hg. Kluckhohn/Samuel 3 (²1968) 280f. – [35] Jean Paul: Vorschule der Ästhetik (²1812) § 73. Werke, hg. N. Miller (1959-63) 5, 257-262. – [36] a. a. O. 5, 260. – [37] J. Feuerlicht: Analyse des Idyllischen. Psychoanal. Bewegung 5 (1933) 167-186. – [38] W. von Humboldt, Über Goethes Herrman und Dorothea. Werke, hg. A. Flitner/K. Giel (²1969ff.) 2, 279. 282; vgl. G. G. Gervinus: Gesch. der dtsch. Dichtung (⁵1871-74) 4, 186f. – [39] G. W. F. Hegel, Ästhetik, hg. Fr. Bassenge (o. J.) 1, 190. 254f.; 2, 451. – [40] Schwache Anklänge an Schiller bei Fr. Th. Vischer: Ästhetik oder Wiss. des Schönen (1846-57) 3, 1320f. 1371; H. Cohen: Ästhetik des reinen Gefühls (1912) 1, 278. – [41] E. Bloch: Arkadien und Utopien: in: Gesellschaft, Recht und Politik, hg. H. Maus (1968) 39-44; vgl. Das Prinzip Hoffnung (1959) 939ff.

Literaturhinweise. R. Böschenstein-Schäfer s. Anm. [3], mit weiterer Lit. – H. Rüdiger: Schiller und das Pastorale. Euphorion 53 (1959) 229-251. – G. Sautermeister: Idyllik und Dramatik im Werk Fr. Schillers (1971). – J. Tismar: Gestörte I. (1973).
U. Dierse

I Ging ist die Textbezeichnung eines chinesischen Weisheits- und Wahrsagebuches, dessen Anfänge in das 11. Jh. v. Chr. zurückreichen und das zuerst 1834 [1] in lateinischer, dann durch R. Wilhelm in deutscher Sprache bekannt geworden ist [2]. Das Buch ist aufgebaut nach 64 Hexagrammen: zwei Arten von Linien, glatt und gebrochen, ergeben, wenn man sie in Trigrammen anordnet, acht Kombinationen ($2^3 = 8$), diese mit sich selbst kombiniert ($8 \cdot 8 =$) 64 Möglichkeiten, aus welchen der Fragesteller je eine für die Wahrsagung zu ermitteln hat. Die Linien dienen darüber hinaus als Symbole für Himmel und Erde, Yang und Yin, die 64 Hexagramme als deren ringförmig und zahlenharmonisch angeordnete Modulationen. Kosmos, irdische Welt und Mensch werden damit symbolisch in Eins gefaßt, das Buch wird zum Herzstück des Universismus. Zu jedem Hexagramm gehören ein allegorisch zu verstehender Wahrspruch von meist dunklem Sinn, für welchen Auslegung und weitere Erklärungen, die im Sinne der konfuzianischen Schule abgefaßt sind, bereitliegen. Zu dem Wert des Buches als Orakel kommen hier philosophische Aussagen zu Kosmos, Welt und Mensch, Ethik und Politik, die dem Buch in der Entwicklung des chinesischen Denkens eine zentrale Stellung gaben. Neben dem ‹Taoteking› (Taoismus) hat es als östliches Weisheitsbuch auch in der kulturkritischen Diskussion Europas im 20.Jh. eine Rolle gespielt. G. W. Leibniz wurde schon im 17.Jh. durch die Beschäftigung damit über die mathematische Form hinaus, die seiner binarischen Arithmetik zu gleichen scheint, zur intuitiven Erfassung einer Harmonie bewegter Potenzen geführt, die sowohl dem chinesischen wie seinem eigenen Denken entspricht, ohne daß dies Ausdruck einer direkten Beeinflussung zu sein braucht [3].

Anmerkungen. [1] Sinarum antiquissimus liber, lat. J. P. Régis SJ; vgl. L. Pfister SJ: Notices biogr. et bibliogr. sur les Jésuites de l'ancienne mission de Chine 1552-1773 1. 2 (Shanghai 1932/36) 2, 534. – [2] Teile in frz. Sprache schon im 18.Jh. durch Joseph de Prémare SJ; vgl. Pfister, a. a. O. 521. – [3] T. Grimm: China und das Chinabild von Leibniz. Studia leibnitiana. Sonder-H. 1 (Wiesbaden 1969) 50ff.; vgl. A. Zempliner: Činská filosifie v novověké evropské filosofii (Praha 1966).

Literaturhinweis. R. Wilhelm: I Ging. Das Buch der Wandlungen (1924).
T. Grimm

Ignoramus – ignorabimus (wir wissen es nicht – wir werden es nicht wissen). ‹Ignoramus› lautet ursprünglich der Vermerk der englischen Grand Jury über eine Anklageschrift der «Großgeschworenen» oder eine öffentliche Anklageschrift für den Fall, daß der Tatbestand für eine Strafverfolgung nicht zur Überweisung an ein Geschworenengericht ausreicht. Seiner Herkunft nach ein Terminus aus dem Bereich der Rechtsprechung, wird er 1577 erstmalig verwendet. Seit 1827 reißt dieser Sprachgebrauch ab [1].

Als Formel begegnet I.i. in einer 1872 von dem Physiologen E. du Bois-Reymond gehaltenen Rede ‹Über die Grenzen des Naturerkennens› [2] und wird 1880 in dem Vortrag ‹Die sieben Welträtsel› [3] nochmals thematisch aufgegriffen, nachdem der erste Vortrag von 1872 eine Welle von Auseinandersetzungen zur Folge gehabt hatte [4]. Du Bois-Reymond polemisiert in der Rede von 1872 gegen das Verfahren, spezifische Gegebenheiten bewußtseinsmäßiger Art dadurch zum Verschwinden zu bringen, daß physikalisch-physiologische Tatbestände als ihre eigentliche Realität ausgegeben werden; er kommt zu dem Schluß: «Gegenüber den Rätseln der Körperwelt ist der Naturforscher längst gewöhnt, mit männlicher Entsagung sein ‹Ignoramus› auszusprechen ... Gegenüber dem Rätsel aber, was Materie und Kraft seien und wie sie zu denken vermögen, muß er ein für allemal zu dem viel schwerer abzugebenden Wahrspruch sich entschließen: ‹Ignorabimus›» [5]. Der Begriff wird dann zum Vehikel einer naturwissenschaftlichen Kritik an dogmatischer Reflexionslosigkeit im erkenntnistheoretischen Bereich (*Büchner, Vogt, Mole-*

schott, Haeckel u.a.) [6]. Die Antimetaphysik und Antitheologie des Monismus-Materialismus nützt den Begriff im kultur- und bildungspolitischen Streit um die Emanzipation der Naturwissenschaften; zugleich dient er andererseits der «Orthodoxie» in Philosophie und Theologie dazu, in ihrem Sinn in den Bereich der positiven Wissenschaften zu intervenieren [7]. So wird das I.i. zum Angelpunkt in der Auseinandersetzung um die Darwinsche Deszendenztheorie und damit zusammenhängend um das Schöpfungsproblem, die u.a. im Streit zwischen HAECKEL und seinem Lehrer VIRCHOW gipfelte, der einen «Kompromiß mit der Kirche» schloß und die Deszendenztheorie als staatsgefährlich denunzierte [8].

Außer im allgemeinen Problemhorizont von Agnostizismus, Skeptizismus, Resignation [9] wird der Begriff schließlich für den Kritizismus wichtig, wie er sich nach dem Zusammenbruch der metaphysischen Systeme des deutschen Idealismus und auf dem Hintergrund der monistisch-materialistischen Popularphilosophie seit etwa 1870 herausbildet; er gehört ebenso in den Zusammenhang der Kritik von Phänomenologen und Empiriokritikern an dem in der Naturwissenschaft sich behauptenden philosophischen Dogmatismus [10].

Anmerkungen. [1] The Oxford Engl. dict. 5 (Oxford 1961) s.v. ‹Ignoramus›; H. HALLAM: Constitutional hist. of England 2 (London 1827) 450. – [2] E. DU BOIS-REYMOND: Über die Grenzen des Naturerkennens (1872), in: Über die Grenzen des Naturerkennens. Die sieben Welträtsel. Zwei Vorträge (1916, ND 1967) 51. – [3] a.a.O. 70ff. – [4] 70. – [5] 51. – [6] 79; vgl. hierzu E. HAECKEL: Die Perigenesis der Plastidule oder die Wellenzeugung der Lebensteilchen. Ein Versuch zur mech. Erklärung der elementaren Lebensvorgänge (1876) 38f. – [7] E. HAECKEL: Anthropogenie oder Entwicklungsgesch. des Menschen (1875) 12; Die heutige Entwicklungslehre im Verhältnis zur Gesamtwiss. (1877); C. V. NÄGELI: Die Schranken der naturwiss. Erkenntnis, in: Mech.-physiol. Theorie der Abstammungslehre (1884) 602. – [8] E. HAECKEL: Freie Wiss. und freie Lehre. Eine Entgegnung auf Rudolf Virchow's Münchener Rede über «Die Freiheit der Wiss. im modernen Staat» (1908) Einl. 5; vgl. 72-82: Kap. 7 «Ignoramus et Restringamur»; vgl. ferner: Die Welträthsel (⁴1900) 208ff. 454. – [9] Vgl. CH. SEIDEL, Art. ‹Agnostizismus›, in: Hist. Wb. Philos. (1971) 110ff. – [10] E. MACH: Erkenntnis und Irrtum (³1917) 12f.; Die Analyse der Empfindungen und das Verhältnis des Physischen zum Psychischen (1911) 256; R. AVENARIUS: Kritik der reinen Erfahrung 2 (1928) 262. 471; H. VAIHINGER: Die Philos. des Als-Ob (²1913) 38. 50. 378. 450. 675. 769; O. LIEBMANN: Zur Analysis der Wirklichkeit (1911) 205ff.

Literaturhinweise. FR. A. LANGE: Gesch. des Materialismus. 2 Bde. (1873). – J. BONA MEYER: E. Du Bois-Reymonds Ignorabimus-Rede. Z. gebildete Welt 5 (1884) 168-176. – H. LÜBBE: Positivismus und Phänomenol. (Mach und Husserl), in: Beitr. zu Philos. und Wiss. Festschr. W. Szilasi (1960). H. HILLERMANN

Ikonisch. Das Adjektiv ‹ikonisch› als Fremdwort für ‹bildhaft›, ‹bildlich› wird in der allgemeinen Psychologie seit der Veröffentlichung J. S. BRUNERS über Kategorien von Umwelterfahrungen im Laufe der kognitiven Entwicklung des Kindes verwendet. Unter anderen Erfahrungsweisen nennt er die ‹ikonische›, die auf Bildern (images) gründe [1]. Wenige Jahre später führt U. NEISSER den Ausdruck für ein kurzfristiges Behalten von visuellem Material ein, welches bildhaft gespeichert wird [2].

Anmerkungen. [1] J. S. BRUNER: The course of cognitive growth. Amer. Psychol. 19 (1964) 1-15. – [2] U. NEISSER: Cognitive psychol. (New York 1967). Red.

Ikonographie, Ikonologie (von griech. εἰκονογραφία, εἰκονολογία). – 1. Unter εἰκονογραφία oder ‹iconografia› wird in der Antike im allgemeinen die Beschreibung mittels figurativer Darstellung [1] und im besonderen die Porträtdarstellung [2] verstanden. Demgegenüber heißt εἰκονολογία bei PLATON eine bildliche Redeweise [3]. – In der Neuzeit begegnet der Begriff ‹Ikonologie› (I.l.) erstmals wieder im ausgehenden 16. Jh. bei C. RIPA als Bezeichnung eines Kompendiums von allegorischen Darstellungen [4]. Wenig später tritt auch der Begriff ‹Ikonographie› (I.g.) wieder auf, und zwar gemäß der antiken Alternative zwischen allgemeinem und besonderem Verständnis sowohl generell als Bezeichnung eines Kompendiums von figurativen Darstellungen der verschiedensten Art [5] als auch speziell als Bezeichnung eines Kataloges von Abbildungen nach Porträts berühmter Persönlichkeiten der Antike [6]. In diesem speziellen Verständnis ist ‹I.g.› bis heute für die Archäologie die Wissenschaft der Identifikation von Porträtdarstellungen [7]. – In Anlehnung an den allgemeinen I.g.-Begriff wird im 18. Jh. zwischen I.g. und I.l. derart unterschieden, daß unter ‹I.g.› die Beschreibung der figurativen Darstellungen der Antike und unter ‹I.l.› die Wissenschaft der allegorischen Darstellungen verstanden wird [8]. Im 19. Jh. verliert der I.l.-Begriff gegenüber dem der I.g. an Bedeutung, der selbst im Zusammenhang mit einem gesteigerten Interesse an «christlicher I.g.» [9] schließlich generell die Wissenschaft von den identifizierbaren Darstellungsinhalten der bildenden Kunst bezeichnet. In dieser Bestimmung ist die I.g. ein wesentlicher Bestandteil der modernen Kunstgeschichtswissenschaft geworden: «I.g. ist derjenige Zweig der Kunstwissenschaft, der die Bildwerke lediglich nach ihrem Vorstellungsinhalt untersucht» [10].

2. Im Rahmen der modernen Kunstgeschichtswissenschaft wird auch der I.l.-Begriff wieder aufgegriffen und erneut von dem der I.g. unterschieden. Nach der grundlegenden Definition von E. PANOFSKY gilt es, zwischen «vor-ikonographischer Beschreibung», «ikonographischer Analyse» und «ikonologischer Interpretation» zu differenzieren [11]: Die «vor-ikonographische Beschreibung» erfaßt die «primären oder natürlichen Bedeutungen», die sich ihrerseits in «faktische Bedeutungen» (z. B. Mann, Laufen) und «expressionale Bedeutungen» (z. B. Trauer) unterteilen lassen. Gegenstand der «ikonographischen Analyse» sind die «sekundären oder auf Konvention beruhenden Bedeutungen» (z. B. Abendmahl). Die «ikonologische Interpretation» schließlich ermittelt die «tiefere Bedeutung» oder den «Gehalt» (z. B. die Zentralperspektive als «symbolische Form» der Renaissance). Vorausgesetzt werden bei der vor-ikonographischen Beschreibung die praktische Erfahrung, bei der ikonographischen Analyse die Kenntnis literarischer Quellen und bei der ikonologischen Interpretation die Einsicht in geistesgeschichtliche Zusammenhänge. Ebenso wie eine korrekte vor-ikonographische Beschreibung die Grundlage für eine korrekte ikonographische Analyse ist, ebenso ist diese ihrerseits die Vorbedingung für eine korrekte ikonologische Interpretation. Panofsky zufolge ist das Verhältnis zwischen I.g. und I.l. prinzipiell vergleichbar dem Verhältnis zwischen Geographie und Geologie oder zwischen Ethnographie und Ethnologie. Wenn Panofsky angesichts der Landschaftsmalerei und angesichts der modernen gegenstandsfreien Kunst die Möglichkeit eines direkten Überschritts von der vor-ikonographischen Beschreibung in die ikonologische Interpretation in Betracht zieht, dann erhebt sich mit Bezug auf die gegenstandsfreie Kunst die Frage, ob hier die Kunsttheorie an die Stelle der I.g. tritt [12] und somit in die ikonologische Interpretation einbezogen werden muß.

Anmerkungen. [1] STRABO, hg. G. KRAMER (1844-52) 15, 1, 69; Tironische Noten 78, 13; Not. Bern 29, 29. – [2] ARISTOTELES, Poetica 1454 b 9; THEMISTIUS: Orationes 24, 309 b. – [3] PLATON, Phaidros 267 c, 269 a. – [4] C. RIPA: Iconologia overo descrittione d'imagini delle virtu, vitii, affetti, passioni humane, corpi celesti, mondo e sue parti (Rom 1593, ²1603). – [5] Vgl. J. G. BAUR: Iconographia complectens in se passionem miracula vitam Christi universam, nec non prospectus rarissimorum portum, palatiorum, portorum, historiarum, iliarumque rerum que per Italiam spectatu sunt dignae (1670). – [6] Vgl. G. A. CANINI: Iconografia cioè disegni d'imagini de famosissimi monarchi, regi, filosofi, poeti ed oratori dell'antichità ... (Rom 1669). – [7] Vgl. J. J. BERNOULLI: Römische I.g. (1882-94); Griechische Ikonographie (1901). – [8] Vgl. D. DIDEROT/J. D'ALEMBERT: Art. ‹Iconographie› und ‹Iconologie›, in: Encyclopédie (Paris 1751 ff.). – [9] Vgl. J. V. RADOWITZ: I.g. (1833); A.-N. DIDRON: Manuel d'iconographie chrétienne (Paris 1845). – [10] K. KÜNSTLE: I.g. der christl. Kunst 1 (1928) 5; vgl. auch R. VAN MARLE: Iconographie de l'art profane ... (Den Haag 1931, ND New York 1971). – [11] Vgl. E. PANOFSKY: Herkules am Scheidewege ... (1930); Zum Problem der Beschreibung und Inhaltsdeutung von Werken der bildenden Kunst. Logos 21 (1932) 103-119; Studies in iconology (Oxford 1939); Meaning in the visual arts (Garden City 1955). – [12] M. IMDAHL: Probleme der Optical Art: Delaunay – Mondrian – Vasarely, in: Wallraf-Richartz-Jb. 29 (1967) 292.

Literaturhinweise. J. BIALOSTOCKI: Iconografia e iconologia, in: Encicl. univ. dell'arte 7 (Venedig/Rom o.J.) 163-177 (mit Bibliogr.). – G. DE TERVARENT: De la méthode iconographique (Brüssel 1961). – E. FORSSMAN: I.l. und allg. Kunstgesch. Z. Ästhet. allg. Kunstwiss. 11/2 (1966) 132-169. – W. S. HECKSCHER: The Genesis of iconology, in: Stil und Überlieferung des Abendlandes (1967) 3, 239-261. – G. HERMERÉN: Representation and meaning in the visual arts. A study in the methodol. of iconography and iconology (Lund 1969).   W. KAMBARTEL

Illative Sense (Folgerungssinn oder -organ). Gegen die Einschränkung der folgernden Denktätigkeit auf den Bereich der «verbalen Logik», des logisch Formulierbaren [1], macht J. H. NEWMAN in seiner Theorie der Gewißheitsbildung (Grammar of Assent (1870) [2]) die Fähigkeit zum mentalen, impliziten Folgern (implicit reasoning) geltend, für die er den Terminus ‹I.S.› prägt [3]. Der I.S. ist das «supralogische Urteilsvermögen» [4], die Perfektion des Folgerungsvermögens (ratiocinative faculty [5]) persönlicher Art [6] im Bereich des Konkreten [7], ein lebendiges Organ, elastischer, delikater als verbale Argumentation [8], eher instinktiv als nach Regeln arbeitend [9], als besonders entwickelte Gabe meist auf *ein* Gebiet beschränkt (departmental [10]) und besonders beim einfachen Menschen und beim Genie anzutreffen [11], wohl zu unterscheiden vom «common sense» [12]. Er ist von der Art der aristotelischen Phronesis [13], wenn man diese nicht auf den Bereich des Praktischen beschränkt [14]; ein Organ des Suchens nach Wahrheit, ein «organum investigandi» [15], aber nichts außerhalb der normalen Vernunfttätigkeit, sondern diese selbst in ihrer ganzen Breite, Tiefe und vollen Entfaltung [16]. Der I.S. ist sich selbst Regel, kontrolliert und sanktioniert die verbal formulierten Folgerungen [17], bietet aber nicht wie diese ein «gemeinsames Maß» [18] zwischen den Denkenden. In der Diskussion dringt er über die formulierten Argumente hinaus zu deren «ersten Prinzipien» vor, findet klärende Aspekte [19], kontrolliert stillschweigende Implikationen [20]. Er versteht sich auf das Abwägen des Gewichtes apriorischer Wahrscheinlichkeiten [21] im Zusammenhang mit der Frage nach der Verpflichtung zur Zustimmung oder zu ihrer Verweigerung [22], ist also eine Art Wahrheitsgewissen und muß vor allem in den Bereichen des Ethischen und Religiösen [23], die eines «subtilissimum ratiocinium» bedürfen [24].

Anmerkungen. [1] J. H. NEWMAN: An essay in aid of a grammar of assent (London 1870) (= GA) 271. 359; dtsch: Entwurf einer Zustimmungslehre (1961) (= ZL) 190. 252. – [2] ebda. – [3] Vgl. Art. ‹Illative A 3›, in: The shorter Oxford Engl. dict. (³1964) 955. – [4] NEWMAN, a. a. O. [1] GA 317; vgl. 271. 325. 342 = ZL 222; vgl. 190. 228. 240. – [5] GA 345 = ZL 242. – [6] GA 271. 317. 345 = ZL 190. 222. 242. – [7] GA 317. 342 = ZL 222. 240. – [8] GA 317 = ZL 222. – [9] GA 358 = ZL 251. – [10] GA 339f. = ZL 237-239. – [11] GA 332-334 = ZL 232-234. – [12] GA 317 = ZL 222. – [13] ARISTOTELES, Eth. Nic. VI, 4f. u. ö. – [14] NEWMAN, a. a. O. [1] GA 353-356 = ZL 248-250. – [15] GA 499 = ZL 349. – [16] GA 361f. = ZL 254. – [17] GA 346-352 = ZL 243-247. – [18] GA 362; vgl. 83. 262f. 269. 332 = ZL 254; vgl. 58. 184f. 189. 233. – [19] GA 371-375 = ZL 261-263. – [20] GA 375-380 = ZL 264-267. – [21] GA 381-383 = ZL 267-269. – [22] ebda. – [23] GA 376-380 = ZL 264-267; vgl. GA 409-413. 427-429 = ZL 287-289. 299-301. – [24] So in NEWMANS geplanter lat. Einl. zur frz. A. seiner Univ.-Predigten (1847), s. Gregorianum 18 (1937) 253, dtsch. J. H. NEWMANN: Zur Philos. und Theol. des Glaubens (1964) 444; vgl. zum Ganzen J. ARTZ: Newman-Lex. (1975) 344-346: ‹I.S.›; 378-380: ‹Geist›, u. a. m.

Literaturhinweise. J. ARTZ: Der Folgerungssinn (I.S.) in Newmans Zustimmungslehre (Grammar of Assent). Newman-Stud. 2 (Nürnberg 1954) 219-245; Zur Übers. der Terminol. J. H. Newmans a. a. O. 5 (1962) 283-302, bes. 285f.   J. ARTZ

Illuminaten, Illuminisme. Beide Begriffe kennzeichnen in dieser Gegenüberstellung eine europäische Geistesbewegung des 18. Jh. Sie leitete in mehreren Phasen von der Aufklärung in die Romantik über. Der lateinischen Wortbedeutung nach wird eine «Erleuchtung», eine «Erwählung» gesucht – nur bezieht sie sich beide Male auf verschiedene Ebenen. Der von A. WEISHAUPT 1776 in Ingolstadt gegründete I.-Orden wollte das natürliche Licht der Vernunft ausbreiten [1]. Solchem Rationalismus widersprachen die um MARTINEZ DE PASQUALLY gesammelten ‹Illuminés d'Avignon›, vor allem aber die ihnen in ganz Europa folgenden Anhänger seines Schülers L.-C. DE SAINT-MARTIN [2]. Sie schworen auf das übernatürliche Licht göttlicher Erleuchtung. Ihre Lehre wird je nachdem als ‹Martinésisme›, ‹Martinisme› oder auch ‹*Illuminisme*› bezeichnet [3].

Von dieser Konfrontation des späten 18. Jh. sind die spanischen ‹Alumbrados› (‹Erleuchtete›, die nach mystischer Extase strebten) des 16. Jh. und die mit ihnen verbundenen französischen ‹Guérients› (‹Illuminés de Picardie› unter Pfarrer Guérin) zu unterscheiden. Sie bezeichneten sich ebenfalls als ‹I.›.

Der *I.-Orden* war ein freimaurerisch organisierter, jedoch von Freimaurerei strikt zu unterscheidender antijesuitischer Geheimbund [4]. Er basierte auf einem von WEISHAUPT und A. VON KNIGGE entworfenen esoterischen Bildungsplan, der durch die unteren Ordensgrade der Novizen und Minervalen sowie durch die darauf aufbauenden, mehrfach differenzierten Ordensklassen der «Illuminati minores» und «Illuminati maiores», ferner durch Riten und persönliche Eidesleistung abgesichert wurde. Auf den verschiedenen Erleuchtungsstufen sollten wissenschaftliche und pädagogische Kenntnisse erworben, Vorurteile «gebeichtet», deistische und materialistische Theoreme angeeignet, aber auch politische Tugenden erworben werden.

Es galt, die Welt auf evolutionärem Wege zu verbessern. Programmatische Forderungen der englischen und französischen Aufklärung, die von CH. MEINERS verflacht gedeuteten Eleusinischen Mysterien, das frühklassische Bildungsideal CH. M. WIELANDS prägten den Bund [5]. Er war in seinem Antijesuitismus, in seiner progressiven politischen Propaganda (Naturrecht, Toleranz, Fortschritt usw.) publizistisch erfolgreich, jedoch auch ideologisch befangen und stieß gerade hier an seine Grenze. Der Versuch, die Außenpolitik Kurbayerns geheim zu steuern, führte 1784 zur Aufhebung des Ordens. Das Verbot wurde in ganz Deutschland, auch im übrigen Europa diskutiert und nachgeahmt. So entstand ein Reizklima, das die Aufnahme der Revolutionsideen von 1789 und die Frühformen politischer Parteienbildung entschieden förderte [6]. Vereinzelt wurden ehemalige I. zu sogenannten « Deutschen Jakobinern» [7].

Im Bannkreis des I.-Ordens standen unter anderem Wieland, Nicolai, Pestalozzi, Jacobi, der junge Beethoven, der Opernkomponist S. Mayr, L. Tieck in seinem ‹William Lovell›, in gewisser Hinsicht die Gesellschaft der Freien Männer in Jena und weitere Freunde Hölderlins [8].

Die Anhänger des *Illuminisme* suchten religiös empfundene Offenbarung. Da diese zumeist in christlichen Glauben überging, sprach A. VIATTE von « Illuminisme chrétien» [9]. Gemeint ist kein Orden, sondern das Zusammenwirken verschiedener Gruppen innerhalb wie außerhalb der Freimaurerei, besonders der Gold- und Rosenkreuzer, des Templerordens, der Hermetischen Gesellschaft, der Martinisten und verschiedener pietistischer Zirkel. Ein individualistischer Frömmigkeitsstil, die «apostolische» Haltung einer alles umfassenden «Inneren Kirche» trat den herkömmlichen christlichen Konfessionen, zumal der Aufklärung entgegen. Die Argumente entstammten dem Neuplatonismus, der Kabbala, der Alchemie, christlicher Theosophie. Die alten Ideen einer Ursprache, eines Urstoffes, pythagoreischer Urzahlen, der Gedanke der Wiederherstellung einer gefallenen Welt ermöglichten einen spezifisch vorromantischen, aus magischer Wurzel abgeleiteten Symbolismus [10].

Im Bannkreis des Illuminisme standen u. a. J. de Maistre, Baudelaire, der späte M. Claudius, Lavater, Jung-Stilling, C. von Eckartshausen, F. von Baader, G. H. Schubert, J. A. Kanne, Zar Alexander I. und der Kreis seiner mystischen Freunde [11].

So sehr sich die Motive wie auch die Inhalte der Meditation bei den I. und den Anhängern des Illuminisme unterschieden, so sehr bekämpften sie beide doch Vorurteile, versteinerte Konfessionalität, politischen Druck und so laut verkündeten sie eine Zukunft, drangen sie auf Emanzipation und Veränderung. Wenn das bei den I. auch politisch-utopischen, im Illuminisme mehr eschatologischen Charakter annahm, konnten die Unterschiede doch leicht verwischt werden, da beide Richtungen ja ihre Mysterien nicht preisgeben wollten. Daher sprach der Abbé A. BARRUEL im Anschluß an L. A. HOFFMANN von «I. des Atheismus» und «I. der Theosophie» [12]. Noch J. DE MAISTRE wollte in den ‹Soirées de Saint Petersbourg› unter verschiedenen Illuminismen den wahren ausfindig machen [13]. Er entdeckte ihn schließlich im römischen Katholizismus. Demgegenüber hielt F. VON BAADER am Martinismus fest. Er verlieh christlicher Sehergabe die bezeichnenden Attribute des «Vollendeten (Wissenden, Illuminatus)» [14].

Nicht zu übersehen ist eine weitere Konsequenz: Für Hoffmann und Barruel wurden die I. zu geheimen Inspiratoren der Jakobiner, zu geistigen Anstiftern der Französischen Revolution. So entstand die folgenschwere Komplott- oder auch Verschwörungstheorie, die gerade die deutsche Politik und die deutsche Geistesgeschichte bis zum Nationalsozialismus belasten sollte [15].

Anmerkungen. [1] Einige Originalschriften des I.-Ordens ... (1787); Nachtrag von weiteren Originalschriften ... (1787); A. WEISHAUPT: Das verbesserte System der I. (1787). – [2] L. CL. DE SAINT-MARTIN: Mon portrait hist. et philos., hg. R. AMADOU (Paris o. J.). – [3] A. FAIVRE: Kirchberger et l'Illuminisme du 18e siècle (La Haye 1966) XIII-XVIII. – [4] R. LE FORESTIER: Les Illuminés de Bavière et la Franc-Maçonnerie Allemande (Paris 1914/15); E. LENNHOFF: Polit. Geheimbünde (²1966); A. MELLOR: Logen, Rituale, Hochgrade. Hb. der Freimaurerei (1967). – [5] H. GRASSL: Auf bruch zur Romantik (1968) 173-226. – [6] M. BRAUBACH: Aufklärung und Revolution, in: Hist. Mundi 9 (1960) 221; F. VALJAVEC: Die Entstehung der polit. Strömungen in Deutschland (1951); R. KOSELLECK: Kritik und Krise (1959). – [7] H. SCHEEL: Süddtsch. Jakobiner. Dtsch. Akad. Wiss. Berlin, Schr. des Inst. für Gesch. I/13 (1962); W. GRAB: Norddtsch. Jakobiner. Hamburger Stud. zur neueren Gesch. 8 (1967); H. VOEGT: Die dtsch. jakobinische Lit. und Publizistik (1955). – [8] H. GRASSL: Hölderlin und die I., in: Sprache und Bekenntnis. Festschr. H. Kunisch (1971). – [9] A. VIATTE: Les sources occultes du Romantisme 1. 2 (Paris 1928). – [10] R. LE FORESTIER: La Franc-Maçonnerie Templière et occultiste (Paris 1969). – [11] E. BENZ: Les sources mystiques de la philos. romantique allemande (Paris 1968); A. FAIVRE: Eckartshausen et la Théosophie chrétienne (Paris 1969). – [12] A. BARRUEL: Denkwürdigkeiten zur Gesch. des Jakobinismus 1-4 (1800-1803) 3, 12; V. STAUFFER: New England and the Bavarian Illuminati. Stud. Hist., Economics a. Public Law 82/1 (New York 1918); D. SILAGI: Ungarn und der geheime Mitarbeiterkreis Kaiser Leopolds II. (1961). – [13] J. DE MAISTRE: Abendstunden zu St. Petersburg (1825) 2, 277; H. MAIER: Revolution und Kirche (²1965) 145-157. – [14] F. VON BAADER: Werke (1851-1860) 4, 120. – [15] GRASSL, a. a. O. [5] 432-447. H. GRASSL

Illusion. Das Wort ‹I.› hat im philosophischen Sprachgebrauch vor allem eine ästhetische sowie eine metaphysik- und/oder religionsbezogene Bedeutung.

1. *Der ästhetische I.-Begriff.* – In der französischen Umgangssprache des 17. und 18. Jh. bedeutet ‹I.› u. a. Sinnestäuschung (Falschdeutung von Sinneseindrücken) und Trugwahrnehmung (Halluzination) [1], d. h. Wahrnehmungsmodi, in die der Wahrnehmende unwillkürlich und unbewußt eintritt und in denen der wahrgenommene Gegenstand ihm momentan als leibhaft wirkliches Stück seiner realen Umwelt gilt.

Das Wort ‹I.› findet in diesen Bedeutungen das Interesse von Ästhetikern, die die Ästhetik (auch) als Psychologie des ästhetischen Zustands bzw. der Wirkung von Kunst begreifen und die als Prinzip künstlerischer Darstellungsweise die detaillierte Nachahmung der Natur reklamieren: ‹I.› wird im 18. Jh. in der Bedeutung «Sinnestäuschung» oder «Trugwahrnehmung» in die Sprache zunächst der französischen, später auch der deutschen Ästhetik übernommen.

In der *Theorie der bildenden Kunst* gibt es eine lange Tradition der Behauptung, der vom Kunstwerk gewirkte Zustand sei ein solcher der Sinnestäuschung. PLATON stellt fest, daß Kinder und Dumme von Gemälden getäuscht werden [2]. Dies Argument, das Platon gebraucht, um die ontologische Minderwertigkeit der Kunst zu demonstrieren, wird später aus dem ontologischen Kontext gelöst, verschärft, darstellungstechnisch interpretiert und «umgewertet»: Selbst Zeuxis, der mit den von ihm gemalten Trauben die Vögel vexiert hatte, konnte durch den von Parrhasius gemalten Schleier getäuscht werden – ein Beweismittel für die « kunstrichtige Darstellung» bzw. die Kunstfertigkeit des Parrhasius [3]. Die so illustrierte Wirkung des Kunstwerks erhält im 18.Jh. – gleichgültig, ob sie gebilligt oder verworfen wird, und gleichgültig, ob sie bona fide gemeint oder konstruiert ist, um die Kunstfertigkeit des Künstlers in der Darstellung der Details herauszustreichen – den Namen ‹I.› oder in Deutschland auch «Täuschung», so bei DUBOS [4], LEVESQUE [5], COCHIN [6] (‹I. dans la peinture›, von HEYDENREICH übersetzt: ‹Täuschung in der Malerei›), J. L. JUNKER (‹Von malerischer Täuschung›) [7].

In der *Rhetorik* gibt es eine lange Tradition der Behauptung, der durch Rede gewirkte Zustand sei ein solcher der Trugwahrnehmung. Nach der Theorie des Enthusiasmus stehen dem begeisterten Redner Dinge vor Augen, die in Wahrheit abwesend sind (ἐνάργεια); dieses Vor-Augen-Stehen teilt sich per sympathiam dem vom Redner Begeisterten mit (inflammatio-Metapher). Die Begeisterten sind vermittels der Affekte (πάθη), zu denen sie hingerissen werden, blind für die Verhältnisse ihrer realen Umwelt und insofern im Zustand «pathetischer Täuschung» [8]. Die pathetische Täuschung kann eine moralpädagogische Funktion haben: Äußert sich der Begeisternde moralisch, so entsteht per sympathiam in allen von ihm Begeisterten «seine» moralische Gesinnung; die Täuschung ist dann moralisch legitim (δικαία ἀπάτη) [9]. – Diese Beschreibung und Rechtfertigung der begeisternden Wirkung der Rede wird im 18.Jh. allgemein ästhetisch fruchtbar, und zwar, da die Lehrstücke der Enthusiasmustheorie mit den Lehrstücken der mechanistisch-materialistischen Sympathietheorie kongruieren, in der materialistisch orientierten Ästhetik.

Auf dem Boden des *Materialismus* bestimmt DIDEROT den ästhetischen Zustand als ‹I.›; er tut dies im Ausgang vom Enthusiasmus («Y-a-t-il l'enthousiasme sans I.?» [10]) und in Wiederholung der wichtigsten Lehrstücke der Enthusiasmustheorie: Er wiederholt das Lehrstück von der Unwillkürlichkeit der Sympathie: «L'I. n'est pas volontaire.» Die «Bewegung» des Zuschauers oder Lesers erfolgt nach Art des unwillkürlichen Mitschwingens der Saite mit einer schwingenden andern. Der Sympathisierende fühlt sich eins mit einem anderen Ich, ist in eine andere Umwelt versetzt, die er leibhaft vor Augen zu sehen vermeint. Diderot wiederholt das Lehrstück von der Wahrscheinlichkeit bzw. Naturähnlichkeit des Dargestellten als der objektiven Bedingung möglicher Sympathie. Wie eine Saite nur von einem Ähnlichen, nämlich einer schwingenden anderen Saite, in Schwingung gebracht werden kann, so kann man nur von dem, der einem hinsichtlich Mentalität und Lebensumständen ähnlich ist, «bewegt» werden. Daher gehört die Fülle dargestellter Einzelheiten zur objektiven Bedingung der I.: «c'est à cette multitude de petites choses que tient l'I.» Diderot wiederholt schließlich auch das Postulat der Moralität des Dargestellten bzw. des darstellenden Künstlers: Da der pathetisch Getäuschte selber für die Moralität seines Zustands nicht aufkommen kann, müssen Malerei und Poesie «bene moratae» sein [11]. – LESSING übernimmt Diderots Begriff der I.; er macht wie dieser das Unwillkürliche als Genesismerkmal und die Wahrscheinlichkeit als objektive Bedingung der I. namhaft und richtet wie dieser an den Künstler die Forderung der Moralität, damit die Kunst der «moralischen Besserung», d. h. der Ausbildung der Fertigkeit, bei gegebenem Anlaß Mitleid zu empfinden, dienen könne [12].

In der Ästhetik, die an der materialistischen Sympathietheorie orientiert ist, wird das Wort ‹I.› positiv gebraucht, d. h. Sinnestäuschung bzw. Trugwahrnehmung werden als ästhetische, vom Kunstwerk gewirkte und ihm angemessene Zustände gewertet. Dem halten anders orientierte Ästhetiker entgegen: Die I. ist nicht Regelfall des ästhetischen Zustands, denn bei Annahme «vollkommener Täuschung» bleibt das Vergnügen unerklärt, das in der Regel sogar angesichts solcher dargestellten Gegenstände gegeben ist, die im Original häßlich, schmerzlich oder tragisch sind [13]. Die I. ist des weiteren kein dem Kunstwerk gegenüber angemessener Zu-

stand, denn in ihr ist der Kunstcharakter der Kunst vernichtet; GOETHE macht Diderot den Vorwurf, er verlange vom Künstler, «daß er für Physiologie und Pathologie arbeiten solle», und er (Diderot) neige dazu, «Natur und Kunst völlig zu amalgamieren; unsere Sorge muß sein, beide in ihren Wirkungen getrennt darzustellen» [14].

Der I. als Sinnestäuschung bzw. Trugwahrnehmung wird im 18. Jh. – jedenfalls bis in die 80er Jahre hinein – die «ästhetische I.» entgegengestellt als ein Zustand, in dem der Illudierte in irgendeiner Weise ein Bewußtsein von der Irrealität des ihm vorstelligen Gegenstands hat und in dem er Lust auch dann empfindet, wenn der dargestellte Gegenstand im Original z. B. tragisch ist. – Irrealitätsbewußtsein und mit ästhetischer I. verbundene Lust sind je nach dem metaphysischen Boden, auf dem die Ästhetiker stehen, verschieden bestimmt. Gleich ist bei allen Ästhetikern die Anstrengung, entweder die moralpädagogische Funktion, die der I. von der am Enthusiasmus orientierten Ästhetik zugesprochen worden war, auch für die ästhetische I. zu bewahren oder doch zumindest die ästhetische I. als moralisch unriskant auszuweisen.

Auf dem Boden des *Sentimentalismus* charakterisiert Abbé DUBOS 1719 die ästhetische I. als einen Zustand, der in erster Linie durch «passions artificielles» und «superficielles» ausgezeichnet ist. Er bestimmt das Irrealitätsbewußtsein als eine Art des Selbstgefühls: Wer sich in ästhetischer I. befindet, fühlt den oberflächlichen und episodischen Charakter seiner «passions». Die mit ästhetischer I. verbundene Lust erklärt Dubos einerseits aus gesteigerter Tätigkeit der Seele, andererseits aus der Fernhaltung bzw. Beherrschung der «passions»: wer sich in ästhetischer I. befindet, läßt sich um der Lust willen nicht im Innersten betreffen. Die hedonistische Lusterklärung Aristipps, die hier der Sache nach wiederholt ist, ist dem Wort nach durch Dubos' Formulierung einer règle générale überspielt, in der der Lustzweck der ästhetischen I. unterschlagen ist und in der Formeln der seriösen (z. B. christlichen) Ethik anklingen: Die Seele bleibt im ästhetischen Zustand stets «la maîtresse de ces émotions superficielles» [15]. – Dubos selber nennt den Zustand, den er charakterisiert, nicht ‹I.›; dies Wort ist bei ihm für die Sinnestäuschung reserviert (s. o.). Einige deutsche Ästhetiker übernehmen aber in den 60er Jahren des 18. Jh. Dubos' Charakterisierung des ästhetischen Zustands – zum Teil in wörtlicher Übersetzung – und nennen ihn ‹Betrug› oder ‹I.›, so J. H. FABER [16] und J. G. LINDNER: «Die Erregung künstlicher Leidenschaften, z. B. im Trauerspiel, ist noch desto angenehmer, weil es I. ist, und nicht die Folgen wirklicher Leidenschaften haben darf» [17].

Auf dem Boden des *Rationalismus* bestimmt M. MENDELSSOHN die ästhetische I. als einen Zustand, der in erster Linie durch einen doppelten Vorstellungsvollzug ausgezeichnet ist: Die Seele stellt mittels der unteren Seelenkräfte den dargestellten Gegenstand als Gegenstand vor, mittels der oberen Seelenkräfte das Dargestelltsein bzw. die Irrealität dieses Gegenstands. Das Irrealitätsbewußtsein bestimmt Mendelssohn 1757 als «Überzeugtsein der oberen Seelenkräfte, daß es eine Nachahmung sei», und d. h. als punktuelles bzw. intermittierend erfolgendes Durchschauen jener Täuschung, der die unteren Seelenkräfte unterliegen. Die mit ästhetischer I. verbundene Lust bestimmt er als Anschauen der zwischen Original und Abbild bestehenden Ähnlichkeit, die vermöge der von ihr bewirkten Sinnestäuschung gerade im Augenblick des Durchschauens dieser Täuschung als objektive Vollkommenheit evident wird. Mit Gründung der Lust in objektiver Vollkommenheit und mit Bestimmung des Irrealitätsbewußtseins als «Überzeugtsein von der Nachahmung» ist die ästhetische I. moralphilosophisch legitimiert: die Abhandlung ‹Von der I.› darf mit Recht unter dem Obertitel ‹Von der Herrschaft über die Neigungen› stehen [18]. Mendelssohn korrigiert später die Theorie von 1757. Er korrigiert die Bestimmung des Irrealitätsbewußtseins, und zwar vermutlich unter dem Einfluß MARMONTELS, der die ästhetische I. rationalistisch als Vollzug von «deux pensées» charakterisiert hatte, deren eine auf «la nature» und deren andere auf «l'art» geht und die beide «simultanées», nicht «alternatives dans l'âme» sind [19]: 1771 bestimmt MENDELSSOHN das Irrealitätsbewußtsein als «heimliches[!] Bewußtsein, daß wir eine Nachahmung vor Augen haben», und d. h. als Bewußtsein, das in währender I. permanent (und nicht intermittierend) gegeben ist. Mendelssohn korrigiert ebenfalls die Bestimmung der mit ästhetischer I. verbundenen Lust, und zwar unter Berufung auf Dubos: Er deutet dessen Bestimmung der Lust rationalistisch als gesteigerte Vorstellungsmannigfaltigkeit bzw. als subjektive Vollkommenheit und d. h. im übrigen auch als einen Zustand, der in währender I. permanent (und nicht nur im Durchschauen der Sinnestäuschung) gegeben ist. Die ästhetische I. wird 1771 durch die Metaphysik einer allgemeinen Sympathie im Sinne der wechselseitigen Spiegelung der Vollkommenheiten vom Verdacht, nur hedonistisch-individualethisch legitimierbar zu sein, freigesprochen: Das Anschauen subjektiver Vervollkommnung bedeutet die Vervollkommnung dessen, der anschaut [20]. – Mendelssohns rationalistischer Ansatz wird von J. A. EBERHARD in mehreren Texten [21] aufgenommen und in geänderter Richtung durchgeführt. War das Prinzip der genetischen Erklärung der I. bei MENDELSSOHN die Gewohnheit, «die Aufmerksamkeit von allem, was die Täuschung stören könnte, abzulenken» [22], so ist es bei EBERHARD der auf Vergnügen zielende Wille: «Die Täuschung [ist] in einem hohen Grade freywillig, und wir haben uns ihrer nicht zu schämen; denn nur das Interesse des Vergnügens dringt sie uns auf.» Als «freywillige Täuschung» ist die ästhetische I. an das obere Begehrungsvermögen und mithin an die Vernunft gebunden; sie gewährt ein «geistiges Vergnügen». Daß es im besonderen der freie Wille ist, durch den die ästhetische I. nach Maßgabe der rationalistischen Ethik sanktioniert ist, hat seinen Grund im Interesse Eberhards, Dichtung als Instrument einer Erziehung zur Freiheit auszuweisen. Ein solches kann Dichtung nur sein, wenn das Mittel, nämlich der ästhetische Zustand, dem Zweck, «den Menschen frei zu machen», nicht widerstreitet [23].

Auf dem Boden des *Sensualismus* bestimmt D. HUME die ästhetische I. als eine Art der «perception», und zwar als abgeschwächte Sinnesempfindung. Die Irrealität ist dem ästhetisch Illudierten in Gestalt geringerer Lebhaftigkeit der perception bewußt [24]. – H. HOME verschärft Humes Bestimmung gewissermaßen, indem er den ästhetischen Zustand als vermeintliches Augenzeugesein bestimmt [25], dem keine eigentümliche ästhetische Lust zukommt, sondern eine Lust, die nach Gottes «fürsorglicher Absicht» mit jeglichem Mitleid verbunden ist [26]. Diese Verschärfung hat vor allem moralphilosophische und -pädagogische Gründe: Tugend ist die Fertigkeit, bei gegebenem Anlaß «sympathy» zu empfinden. Jede Fertigkeit setzt Übung voraus. Da die umgebende Wirklichkeit nicht genug Anlässe zum Sym-

pathisieren bietet, muß die Dichtung ersatzweise als ein solcher Anlaß fungieren; sie muß einen Gegenstand in «ideal presence» vorstellig werden lassen, d. h. so, als ob er ein Teil der umgebenden Wirklichkeit wäre. Die Bildung des Begriffs «ästhetische I.» bzw. «unvollkommene Täuschung» ist aufgrund der Prävalenz des moralphilosophischen Interesses vor dem deskriptiv-psychologischen Interesse ausgeschlossen. – Gleichwohl bestimmen einige deutsche Ästhetiker den Zustand der ästhetischen I. im Ausgang von Homes Begriff der «ideal presence»; so F. J. RIEDEL. Er übersetzt 1767 Homes «ideal presence» mit «I.»: «Eine Phantasie ist eine lebhafte und anschauende Vorstellung, in welcher wir das Objekt selbst sehen und ihm auf eine idealische Art gegenwärtig sind, und diese Phantasie, diese mentale Gegenwart, als Effekt auf Seiten unserer betrachtet, heißt Täuschung; oder I.» Riedel sieht ein, daß I. im Sinne des Augenzeugeseins nur im seltenen Fall der Entzückung stattfindet, und konstruiert daher eine Gradskala der Täuschung, in der die ästhetische I. als «niedrigster Grad der Täuschung» ihren Ort hat: «Der niedrigste Grad der Täuschung ist, wenn wir nebst dem Objekte, was uns täuscht, zugleich noch uns selbst und auch denen Objekten gegenwärtig bleiben, die um uns herum sind» [27]. – Eine Theorie der Grade der Täuschung entwickeln ähnlich J. G. SULZER [28] und J. CHR. KÖNIG [29].

Gegen Ende des 18. Jh. verliert der Begriff der ästhetischen I. das Gewicht und die Reputation, die ihm in der Ästhetik der Aufklärung zukam. Bei KANT ist die ästhetische I. nach Maßgabe des subjektiv-allgemeingültigen, weil interesselosen Wohlgefallens diskriminiert, denn sie ist nur privatgültig. Bei SCHILLER ist sie nach Maßgabe des Spiels bzw. der «mittleren Stimmung, in welcher das Gemüt weder physisch noch moralisch genötigt und doch auf beide Art tätig ist» [30], diskriminiert, denn sie beschäftigt ausschließlich den sinnlichen Trieb des Menschen. Bei HEGEL ist die ästhetische I. nach Maßgabe des kunstmetaphysischen Prinzips des Schönen als des sinnlichen Scheinens der Idee diskriminiert, denn «Täuschung» ist kein Mittel, das der Würde des Zwecks der Kunst, nämlich «das Wahrhafte zu erzeugen» [31], entspricht. Diese Diskriminierungen des Begriffs ‹I.› machen verständlich, daß in der an Kant, Schiller und Hegel anschließenden Ästhetik die Worte ‹I.› bzw. ‹Täuschung› so gut wie vergessen sind. Der Begriff ‹Täuschung›, den L. BENDAVID noch 1799 als einen «für die Ästhetik äußerst wichtigen Begriff» [32] bezeichnet hatte, findet z. B. in LOTZES ‹Geschichte[!] der Ästhetik in Deutschland› (1868) nicht einmal Erwähnung. Wenn das Wort ‹I.› ausnahmsweise doch einmal gebraucht wird, dann in der (unzulässigen; s. u.) Vermischung mit dem Spiel- und Scheinbegriff [33].

Auch in der experimentell verfahrenden *psychologistischen* Ästhetik des 19. Jh. ist der Begriff ‹ästhetische I.› so gut wie vergessen. Wenn er ausnahmsweise zitiert wird, so mit Hinweis auf seine Untauglichkeit. W. WUNDT z. B. kennt als sinnvollen Begriff nur den der «unbewußten» I. und muß daher aus logischem Grund den Begriff der ästhetischen I. ablehnen: «Sollte dieser Begriff einen psychologischen Wert haben, so könnte ein solcher doch nur darin bestehen, daß die ästhetische I. eine Unterart der I. überhaupt wäre. Nun zeigt aber die psychologische Beobachtung, daß die ästhetische Wirkung regelmäßig in dem Augenblick verschwindet, wo die I. entsteht» [34]. Diese Aussage macht deutlich: Das Prädikat «ästhetisch» bestimmt (nach der Auffassung der I.-Ästhetik des 18. Jh.) den Subjektsbegriff ‹I.› nicht nach

Art der Spezifizierung, sondern es modifiziert ihn, d. h. ‹I.› ist kein Subsumtionsbegriff. Wird ‹I.› gleichwohl als solcher und im gängigen psychologischen Sinne aufgefaßt, so muß der Begriff ‹ästhetische I.› allerdings als widersinnig verworfen werden.

Erst im ausgehenden 19. Jh. findet die ästhetische I. wieder das Interesse der Ästhetiker, und zwar angesichts der Wirkung, die von der realistischen bildenden Kunst der 80er Jahre ausgeht (K. LANGE nennt seine «I.-Ästhetik» geradezu den «theoretischen Niederschlag des Realismus» [35]), und angesichts der Thesen Darwins, die in den 80er Jahren ihre Blütezeit erleben und die es erlauben, wenn nicht gar nahelegen, der ästhetischen I., deren Untauglichkeit als Mittel der Erziehung zur Moralität mit dem Aufkommen der Ästhetik Kants, Schillers und Hegels offenkundig geworden war, erneut eine positive, und zwar eine biologische Funktion zuzuweisen. Verglichen mit der I.-Ästhetik des 18. Jh. ist demnach die Bestimmung der Funktion der ästhetischen I. eine prinzipiell andere: Die ästhetische I., die um der Lust willen aufgesucht wird, die sie gewährt, gilt – in Modifikation des traditionellen «prodesse et delectare» – nicht mehr als moralpädagogisch, sondern als biologisch nützlich. Hinsichtlich der Beschreibung der ästhetischen I. sind aber in der Ästhetik um 1900 die im 18. Jh. getroffenen, durch ihre Bindung an bestimmte metaphysische Konzeptionen spezifisch charakterisierten Bestimmungen mutatis mutandis wiederholt: z. B. die Bestimmungen des Irrealitätsbewußtseins, das den Rationalisten des 18. Jh. als Vorstellung der «Nachahmung», der Darstellungsmedien galt, den Sentimentalisten als Fühlen des oberflächlichen und episodischen Charakters der mit ästhetischer I. verbundenen Gefühle, den Sensualisten als relativ (gemessen an der Wirklichkeitswahrnehmung) blasser Modus des «Vorstellungsbilds».

Die *rationalistische* Beschreibung ist mutatis mutandis wiederholt bei K. LANGE, der einige Jahre nach der 1901 erschienenen Darstellung seiner I.-Ästhetik Mendelssohns I.-Bestimmungen zur Beglaubigung seiner eigenen Konzeption heranzieht [36]. Lange bestimmt die ästhetische I. als «bewußte Selbsttäuschung» oder als Doppelvorstellung: «erstens die Vorstellung, daß der ästhetische Schein Wirklichkeit sei, zweitens die, daß er Schein, d. h. eine Schöpfung des Menschen sei». Ästhetische I. ist mit Lust verbunden, weil in ihr die Seele das Bedürfnis, «möglichst viel zu erleben», befriedigen kann. Teleologisch gesehen ist die ästhetische I. ein «I.-Spiel», das um der Lust willen gespielt wird, die es gewährt (unmittelbarer Zweck), und das darüber hinaus eine «höhere biologische Aufgabe» erfüllt (mittelbarer Zweck), indem es einen «Ersatz der Wirklichkeit» darstellt und so der Einübung von Verhaltensweisen dient. Damit wird die ästhetische I. auf biologistischem Boden moralphilosophisch legitimiert: «Die Steigerung der Gattung ist auch ein ethisches Postulat». Eine andere moralphilosophische Sichtnahme wird als im Prinzip verfehlt abgewiesen: «Ein Moralist kann die illusionistische Seite der Kunst gar nicht richtig beurteilen» [37].

Die *sensualistische* Beschreibung der ästhetischen I. ist mutatis mutandis wiederholt bei K. GROOS, der sich ausdrücklich auf Hume als auf den ersten seiner Vorläufer beruft [38], und noch ausführlicher und sichtbarer bei J. PAP. Pap ordnet die I. in das Strukturschema der «Gegensätzlichkeit einer farbenfrischen und einer farblosen Erlebnisweise» ein: die «normale [= ästhetische] I.» ist eine Erlebnisweise, die sich durch «relative Erlebnisfrische» auszeichnet: Illusionäre Gegenstände sind

«innere Bilder, die mehr als alltägliche Vorstellung sind, die sich der sinnlichen Wahrnehmung unzweifelhaft nähern». Genetische Erklärung und teleologische Bewertung der ästhetischen I. sind bei Pap biologistisch wie bei Lange: Die Seele ergreift das Kunstwerk als einen «Vorwand, um sich das geforderte innere Ereignis zu schaffen» und so «die Geschmeidigkeit der geistigen Anpassung» zu schulen. Auf dieser Grundlage wird der Kunstwirkung jede moralpädagogische Funktion abgesprochen: «Eine ästhetische Erziehung zur Moralität ist unmöglich» [39].

Die *sentimentalistische* Beschreibung der ästhetischen I. wiederholt mutatis mutandis J. VOLKELT. Er teilt 1905 mit Lange die Auffassung, in ästhetischer I. liege «eine gewisse Gespaltenheit des Bewußtseins» vor; aber diese Gespaltenheit beschreibt er nicht als «Widerstreit zweier Vorstellungen», sondern zweier nach entgegengesetzten Richtungen hin gehender Gewißheitsgefühle», und zwar einer «naiven» im Gegensatz zu einer «kritischen Gewißheit», die «den leise skeptischen Untergrund des Bewußtseins» bildet [40]. – Volkelt hat diese Bestimmung 1920 in einer als «phänomenologisch» apostrophierten Beschreibung korrigiert: das Irrealitätsbewußtsein «bildet ein dauerndes, stets gegenwärtiges Besitztum unseres Bewußtseins oder vielmehr unseres Unbewußtseins». Ästhetische I. ist im ganzen ein «naives, kritisch ungestörtes Verhalten» [41]. Zugleich korrigiert er seine Bestimmung des Verhältnisses von «ästhetischem Schein» und «ästhetischer I.» unter sprachanalytischem Gesichtspunkt. Er hatte 1905 beide Worte synonym gebraucht bzw. «mit dem Scheincharakter alles Ästhetischen eine schwebende I. verknüpft» gesehen. 1920 erscheint Volkelt die durch Amalgamierung von «Schein» und «ästhetische I.» vollzogene «Ausdehnung der Bedeutung des Wortes ‹I.› als sprachgeschwidrig». Seinem Sprachgefühl nach ist mit dem Wort ‹I.› der Gedanke der Auflösung verknüpft; hingegen wird das «Stehen im ästhetischen Schein von dem Gedanken der Auflösung schlechtweg nicht berührt» [42].

In der auf die psychologische Ästhetik des Jh.-Beginns folgenden Ästhetik ist das Interesse an der ästhetischen I. wieder verschwunden, unter anderem zugunsten des kunstmetaphysischen Interesses am ästhetischen Schein (N. HARTMANN) und des erkenntnistheoretischen Interesses z. B. am «Erkennen des literarischen Kunstwerks» (R. INGARDEN) [43].

Überblickt man den Gebrauch des Wortes ‹I.›, sofern es «ästhetische I.» meint, so zeigt sich: Identisch ist in jedem derartigen Wortgebrauch die Bestimmung, daß ästhetische I. ein Zustand sei, dem eine eigentümliche Lust und das Bewußtsein von der Irrealität des im Zentrum des Zuwendungsfeldes vorstelligen Gegenstands zugehören. Unterschiedlich sind die Beschreibungen dieser Lust und dieses Irrealitätsbewußtseins. Sie sind im 18. und im beginnenden 20. Jh. je nach metaphysischer Konzeption des Ästhetikers rationalistischer, sentimentalistischer oder sensualistischer Art. – Identisch ist des weiteren die Bestimmung, daß ästhetische I. ein Zustand sei, der objektiv durch ein Kunstwerk, subjektiv durch Bedürfnisse bedingt ist. Unterschiedlich ist die Bestimmung des «höheren» (der ästhetischen I. über den Lustzweck hinaus zukommenden) Zwecks, um dessentwillen der Mensch der ästhetischen I. bedarf. Nach der Ästhetik des 18. Jh. ist dies ein moralischer Zweck, nach der des beginnenden 20. Jh. ein biologischer; die ästhetische I. erfüllt nach jener eine moralpädagogische, nach dieser eine biologische Funktion.

Anmerkungen. [1] LITTRÉ: Dict. 4 (1964) 739. – [2] PLATON, Politeia 598 c. – [3] Erster Beleg XENOPHON, Memorabilien III, 10; zum Wettstreit Zeuxis-Parrasios vgl. RE 28/4 (1949) 1877f. – [4] J. B. DUBOS: Réflexions crit. sur la poesie et la peinture (ND Genève 1967) 120. – [5] LEVESQUE, in: K. H. HEYDENREICH: Ästhetisches Wb. ... nach WATELET und LEVESQUE (1793ff.) 4, 246f. – [6] COCHIN, in HEYDENREICH, a. a. O. 248ff. – [7] J. L. JUNKER: Von malerischer Täuschung; in: J. G. MEUSEL: Miscellaneen artistischen Inhalts 19. H. (1784) 138ff. – [8] J. A. EBERHARD: Theorie der schönen Künste ... (³1790) § 57; G. A. BÜRGER: Lb. der Ästhetik, hg. REINHARD (1925) 1, 244. – [9] GORGIAS; vgl. W. NESTLE: Vom Mythos zum Logos (1940) 318. – [10] D. DIDEROT, in: Encyclopédie 18, 341. – [11] Oeuvres esthétiques, hg. VERNIÈRE (Paris 1959) 215. 35. 717. – [12] G. E. LESSING, Werke, hg. RILLA 6 (1954) 11f. 485. 64; vgl. 5, 9. 112. 123. – [13] Vgl. DUBOS, a. a. O. [4] 120; COCHIN, a. a. O. [6] 248. – [14] J. W. GOETHE, Werke 29, hg. DÜNKER, DNL 110, 227. 226. – [15] DUBOS, a. a. O. [4] 14ff. – [16] J. H. FABER: Anfangsgründe der schönen Wiss. (1767) 486. 493f. – [17] J. G. LINDNER: Lb. der schönen Wiss. (1767) 42. – [18] M. MENDELSSOHN, Jubiläums-A., hg. ELBOGEN (1929ff.) 2, 154f. – [19] J. F. MARMONTEL, in: Encyclopédie 18, 342f. – [20] MENDELSSOHN, a. a. O. [18] 1, 390f. 406. – [21] J. A. EBERHARD: Theorie der schönen Wiss. (1783) 77f.; Über die ästhetische I. Philos. Magazin (Halle 1788ff.) 4, 1ff. – [22] MENDELSSOHN, a. a. O. [18] 1, 391. – [23] J. A. EBERHARD: Hb. der Ästhetik (1803) 1, 172f. 41. – [24] D. HUME, Philos. Works, hg. GREEN/GROSE (London 1882, ND Aalen 1964) 4, 13. – [25] H. HOME: Grundsätze der Critik, dtsch. MEINHARD (1763) 1, 129ff. – [26] Versuch über die ersten Gründe der Sittlichkeit, dtsch. RAUTENBERG (1786) 20f. – [27] F. J. RIEDEL: Theorie der schönen Künste und Wiss. (1774) 151. 153. – [28] J. G. SULZER: Allg. Theorie der schönen Künste (1778) 4, 279ff. – [29] J. CHR. KÖNIG: Philos. der schönen Künste (1784) 286f. – [30] FR. SCHILLER, Werke, hg. FRICKE/GÖPFERT (1960) 5, 633. – [31] G. W. F. HEGEL, Ästhetik, hg. BASSENGE 1, 16. – [32] L. BENDAVID: Versuch einer Geschmackslehre (1799) 259. – [33] Vgl. etwa K. KÖSTLIN: Ästhetik (1869) 190. – [34] W. WUNDT: Völkerpsychol. 3: Die Kunst (1919) 55. – [35] K. LANGE: Das Wesen der Kunst (1901) 1, 30. – [36] Die ästhetische I. im 18. Jh. Z. Ästhetik allg. Kunstwiss. 1 (1906) 30f. – [37] Das Wesen ... a. a. O. [35] 1, 208f. 13f. 168; 2, 7. 47. 54. – [38] K. GROOS: Der ästhetische Genuß (1902) 213. – [39] J. PAP: Kunst und I. (1914) 90. 2. 46. 126f. – [40] J. VOLKELT: System der Ästhetik (1905) 1, 311f. – [41] Das ästhetische Bewußtsein (1920) 170. – [42] a. a. O. 178f. – [43] R. INGARDEN: Vom Erkennen des lit. Kunstwerks (1968).

Literaturhinweise. L. GOLDSTEIN: M. Mendelssohn und die dtsch. Ästhetik (1904) 124ff. – K. LANGE: s. Anm. [36 zu 1]. – W. STRUBE: Ästhetische I. Ein krit. Beitrag zur Gesch. der Wirkungsästhetik des 18. Jh. (Diss. Bochum 1971).

2. Der metaphysik- und religionsbezogene I.-Begriff. – In der französischen Umgangssprache des 17. und 18. Jh. bedeutet ‹I.› u. a. auch eine Vorstellung, die aufgrund bestimmter Gemütszustände (Hoffnung, Angst, Verliebtsein u. a.) «falsch» ist, d. h. nicht mit der «Realität» übereinstimmt [1].

Das Wort ‹I.› in dieser Bedeutung findet das Interesse von Philosophen, die mit wissenschaftlichen und zumal psychologischen Mitteln metaphysische und religiöse Vorstellungen destruieren wollen. ‹I.› wird im 18. Jh. in die Sprache der Metaphysik- und der Religionskritik übernommen, d. h. Vorstellungen metaphysischen bzw. religiösen Inhalts werden als falsche Vorstellungen und als Vorstellungen von Erwünschtem oder Befürchtetem «aufgeklärt» und entlarvt.

Vom Standpunkt des *Empirismus* aus nennt HUME alle dogmatisch-metaphysischen Vorstellungen «illusionär». Sie gelten ihm als falsch, da sie weder mit der Erfahrung übereinstimmen noch mathematisch bestimmbar sind. Alle Versuche, abstraktes Wissen über Größe und Zahl hinaus (z. B. auf den «origin of worlds») zu erstrecken, bedeuten nur «sophistry and I.». Die I. kommt dadurch zustande, daß der Mensch über die seinem Verstand gezogenen engen Grenzen vermittels der Einbildungskraft hinausgeht, die von Natur nach Außergewöhnlichem begierig und «sublime» (hochfliegend) ist [2].

Vom Standpunkt des *mechanischen Materialismus* aus nennt HOLBACH alle metaphysischen und religiösen Vorstellungen illusionär, d. h. falsch nach Maßgabe des Prinzips, daß wahre Erkenntnis auf Erfahrung beruht bzw. daß nur «la nature» niemals täuscht. Wie für Hume so haben für Holbach die metaphysischen Vorstellungen ihren Ursprung in der Einbildungskraft und weiterhin in den «Leidenschaften», aus denen schon HELVÉTIUS die I. genetisch erklärt hatte: «L'I. est un effect nécessaire des passions» [3]. Im besonderen sind es die in dem (der mechanischen Trägheit analogen) Trieb nach Selbsterhaltung gründenden Leidenschaften, die I.en hervorrufen. So ist z. B. die Vorstellung von der Unsterblichkeit der Seele eine «I.», die in der lebhaften Liebe des Menschen zu seinem Dasein und in dem aus dieser Liebe folgenden Wunsch gründet, in seinem Dasein zu verharren [4].

Vom Standpunkt des *Kritizismus* aus nennt KANT alle dogmatisch-metaphysischen Vorstellungen illusionär, d. h. falsch nach Maßgabe des Prinzips, daß objektiv gültige Erkenntnis nur innerhalb der Grenzen der Erfahrung möglich ist. Anders als Hume und Holbach erklärt er die metaphysischen I.en nicht psychologisch aus der Natur der Einbildungskraft, sondern transzendentalphilosophisch aus dem Sachverhalt, daß «die subjektive Notwendigkeit einer gewissen Verknüpfung unserer Begriffe, zugunsten des Verstandes, für eine objektive Notwendigkeit, der Bestimmung der Dinge an sich selbst, gehalten wird». Weil dies so ist, haben wir es mit einem «transzendentalen Schein» zu tun, der in seiner Unvermeidlichkeit dem Sinnenschein analog ist und aufgrund dieser Analogie auch ‹I.› heißt: «Eine I., die gar nicht zu vermeiden ist, so wenig als wir es vermeiden können, daß uns das Meer in der Mitte höher scheine, wie an dem Ufer ...» Der erläuternde Hinweis auf den Sinnenschein macht deutlich, daß die I. zwar nicht aufhebbar, wohl aber aufdeckbar ist. Die Vernunft kann, indem sie sich kritisch selber versteht und ihre Grenze erkennt, die mit transzendenten Urteilen gegebene I. vermittels transzendentaler Dialektik durchschauen und sich der transzendenten Urteile enthalten, z. B. des Urteils über den Ursprung der Welt, daß sie «der Zeit nach einen Anfang haben» müsse, das Kant wie Hume zwecks Exemplifizierung der I. heranzieht [5].

Vom Standpunkt des *anthropologischen Materialismus* aus nennt L. FEUERBACH alle religiösen Vorstellungen ‹I.›, d. h. unbewußte bzw. undurchschaute «Selbsttäuschung»: «I. ist nur solange schön, solange sie für keine I., sondern für Wahrheit gilt.» Die religiösen Vorstellungen sind falsch nach Maßgabe eines gegen Hegels Identitätsphilosophie gerichteten materialistisch-monistischen Identitätsbegriffs, nach dem die wahre Identität die «Einheit des menschlichen Wesens mit sich selber» ist. Feuerbach bestimmt demnach die I. genetisch anders als Holbach, nämlich nicht als das Produkt einer vom Selbsterhaltungstrieb abhängigen Einbildungskraft, sondern anthropologisch als illusionäre (eingebildete) Spiegelung der natürlichen Eigenschaften des Menschen als des wahren ens realissimum, vor allem als Spiegelung der Subjektivität des Menschen. Daraus folgt z. B.: «Die Grund-I. ... des Menschen ist Gott als Subjekt.» So gesehen ist die religiöse I. «nicht pure I.», d. h. sie widerspricht dem wahren Wesen des Menschen nur insofern, als sie es in entäußerter Gestalt darstellt. Feuerbachs Religionsphilosophie versteht sich folglich als Reduktion der religiösen Dogmen auf die «natürlichen, dem Menschen eingeborenen Elemente»; sie ist nur «Enttäuschung, nicht absolute Vernichtung» [6].

Vom Standpunkt des *historischen Materialismus* aus nennt MARX alle Vorstellungen illusionär, die objektiv Ausdruck herrschender materieller (gesellschaftlicher, ökonomischer) Verhältnisse sind, subjektiv aber als von diesen Verhältnissen unabhängig vermeint werden. Bestimmte materielle Verhältnisse sind derart, daß sie die Nicht-Identität des Menschen und in weiterer Folge I.en bedingen: als Mittel des Trostes auf seiten der ausgebeuteten Klasse, als Mittel unbewußter Selbstrechtfertigung auf seiten der ausbeutenden Klasse. So ist die Religion illusionär; sie tröstet die Armen als « illusorisches Glück» über das Elend ihres Lebens hinweg. Diese I. aufzuheben, bedeutet, ihre Ursachen vermittels sozialer Revolution zu beseitigen: « Die Forderung, die I.en über seinen Zustand aufzugeben, ist die Forderung, einen Zustand aufzugeben, der der I.en bedarf.» Wie die Religion ist die bürgerliche Philosophie illusionär, auch und selbst die des Materialisten Holbach; in dieser sind die tatsächlichen Gegebenheiten der herrschenden bürgerlichen Gesellschaft zur Norm erklärt und folglich legitimiert: « Holbachs Theorie ist ... die historisch berechtigte, philosophische I. über die eben in Frankreich aufkommende Bourgeoisie, deren Exploitationslust noch ausgelegt werden konnte als Lust an der vollen Entwicklung der Individuen in einem von den alten feudalen Banden befreiten Verkehr.» Während die Vorstellungen der bürgerlichen Philosophen I.en sind, ist derjenige Proletarier von I.en frei, der seine Vorstellungen nicht vom Interesse am Bestehenbleiben der Klassengesellschaft bestimmt sein läßt: « der Eigentumslosigkeit der Arbeiter konnte nur die I.-Losigkeit ihrer Köpfe entsprechen» [7].

Vom Standpunkt einer *Lebensphilosophie* aus, die den «Willen zur Macht» zum praktischen Ideal erhebt, nennt NIETZSCHE alle Vorstellungen illusionär, die die konkrete, im stetigen Fluß befindliche Wirklichkeit «vergewaltigen». Das bedeutet eine Ausweitung hinsichtlich der Anwendung des Begriffs: Die I. erstreckt sich auf alle traditionellen «Wahrheiten» überhaupt (z. B. auch auf den Satz, daß es «Gleichheit gewisser Fakta» gebe): «Wahrheiten sind I.en, von denen man vergessen hat, daß sie welche sind.» Diese I.en sind nun gerade nach Maßgabe des biologistischen Lebensbegriffs nützlich, ja notwendig: sie stehen im Dienst des Lebenswillens; sie tragen zur Erhaltung des Lebens bei, indem sie zum Handeln motivieren: «Zum Handeln gehört Umschleiertsein durch I.» Allgemein gilt, «daß das Leben I.en braucht, d. h. für Wahrheiten gehaltene Unwahrheiten. Es braucht den Glauben an die Wahrheit, aber es genügt dann die I., d. h. die ‹Wahrheiten› beweisen sich durch ihre Wirkungen, nicht durch logische Beweise.» Damit ist (beim frühen und späten, nicht beim mittleren Nietzsche) die kritisch destruierende Funktion des Begriffs ‹I.› vernichtet und die traditionelle Bewertung der I. umgekehrt: Es ist widersinnig, die I. auflösen zu wollen, da « die Zerstörung einer I. noch keine Wahrheit ergibt», wenn alle Wahrheiten illusionär sind [8]. – Ähnlich wie Nietzsche hat J.-M. GUYAU in seinem philosophischen Gedicht ‹L'I.› [9] die I. lebensphilosophisch aus ihrer Funktion legitimiert, und zwar aus der Funktion der Lebenserleichterung und der Motivation zur Tat. – In Anlehnung an Nietzsche unternimmt G. ADLER den «Versuch, einmal die üblichen Gefühlswert des I.-Begriffs umzuwerten.» Wie für Nietzsche hat für ihn die I. (als die «Vorstellung, die von dem Tatsächlichen abweicht») die Funktion der Lebenserhaltung; sie ist geradezu «eine der Voraussetzungen unserer Existenz». Adler, der in erster Linie soziologisch interessiert ist,

stellt die « Bedeutung der I.en für das Gesellschaftsleben» heraus: nur soziale I.en sind imstande, den Egoismus der Individuen aufzuheben und die zur Tat schreitende Masse sowie soziale Veränderung hervorzubringen [10]. Damit ist in gewisser Weise eine Umkehrung der Auffassung Holbachs gegeben: Nach Holbach ist es der dem Trägheitsprinzip analoge Selbsterhaltungstrieb, der die I. schafft; nach Adler ist es die I., die zur Überwindung der Trägheit und des Egoismus des Einzelnen führt. – JEANNE HERSCH wendet Nietzsches I.-Begriff nicht soziologisch, sondern philosophiekritisch an: Die I. der Philosophie besteht « darin, zu glauben, das scheinbare Objekt der Philosophie sei auch ihr tatsächlicher Gegenstand, und die Philosophie müsse infolgedessen eine ‹objektive Wahrheit› begründen.» In motivationspsychologischer Hinsicht ist die I. Voraussetzung des Philosophierens, so wie sie Voraussetzung tätigen Lebens ist; für Hersche steht fest, «daß Philosophie nicht ohne eine grundsätzliche I. sein kann» [11].

Vom Standpunkt der *Psychoanalyse* aus sind für S. FREUD religiöse Vorstellungen I.en nach Maßgabe der Erfahrung und der Vernunft: Die religiösen Vorstellungen, «die sich als Lehrsätze ausgeben, sind nicht Niederschläge der Erfahrung oder Endresultat des Denkens, es sind I.en, Erfüllungen der ältesten, stärksten, dringendsten Wünsche der Menschheit.» Die Religion hat allerdings eine biologische Funktion: Sie entschädigt für Triebverzichte und trägt so zur Arterhaltung bei, die nur durch Triebverzicht ermöglicht wird. Gleichwohl muß die religiöse I. vernichtet werden, weil sie, wie die Kulturfeindlichkeit der Menschen zeigt, nicht hinreichend mit der Kultur versöhnt. Sie muß vernichtet werden durch « Erziehung zur Realität», wobei für die Bestimmung dessen, was « Realität» heißt, die psychoanalytische Wissenschaft maßgeblich ist, denn sie hat « durch zahlreiche und bedeutsame Erfolge den Beweis erbracht, daß sie keine I. ist» [12].

Hinsichtlich der Häufigkeit des Gebrauchs von ‹I.› und seiner Akzentuierung wird erkennbar, daß das Wort im beginnenden 20. Jh. zunehmend an Gewicht gewinnt. Die erwähnte philosophische Literatur des 19. Jh., in der das Wort ‹I.› meist nur eine beiläufige Rolle spielt, wird entweder ausdrücklich aus dem Prinzip der I. gedeutet, so die Religionsphilosophie Feuerbachs durch H. GIRKON [13]; oder es wird im Anschluß an diese Literatur der I.-Begriff als Prinzip der Deutung von (z. B. sozialen) Phänomenen prononciert verwendet, so im Anschluß an Marx von F. SCHIFF [14], C. CAUDWELL [15] und W. HEISE [16]; im Anschluß an Nietzsche von G. ADLER und J. HERSCH.

Überblickt man den metaphysik- und religionsbezogenen Gebrauch des Wortes ‹I.›, so zeigt sich: Identisch ist in jeder derartigen Verwendung die Bestimmung, daß I. eine Vorstellung sei, die falsch sei gemäß einem Kriterium, das «Wirklichkeit» oder «Wahrheit» heißt. Unterschiedlich ist die Bestimmung dieses Kriteriums: Sie ist eine empiristische, mechanisch-materialistische, kritizistische usf. – Identisch ist, daß I. eine Vorstellung sei, die falsch ist aufgrund einer bestimmten Disposition. Unterschiedlich ist die Bestimmung dieser Disposition: Die illusionären Vorstellungen sind falsch aufgrund der Beschaffenheit der Vernunft, die einen Hang zum Überschwenglichen hat, oder der Einbildungskraft, die vom Bedürfnis des Menschen nach Glück oder zumindest nach Entlastung vom Druck der Lebensumstände getrieben ist. – Identisch ist, daß die I. nach Maßgabe einer Anthropologie bewertet wird. Unterschiedlich ist die

Bewertung selber: Traut man dem Menschen die Fähigkeit zu wahrer Erkenntnis oder zur Gewinnung nicht-illusorischen Glücks zu, so wird die I. mißbilligt, und es wird gegebenenfalls ihre unmittelbare oder mittelbare (durch transzendentale Dialektik, durch soziale Revolution, durch «Erziehung zur Realität» u. a. vermittelte) Auflösung gefordert. Traut man dem Menschen jene Fähigkeiten nicht zu, so wird die I. als eine im Dienste des «Lebenswillens» stehende Funktion anerkannt und (oft emphatisch) gepriesen.

Anmerkungen. [1] LITTRÉ, a. a. O. [1 zu 1]. – [2] HUME, a. a. O. [24 zu 1] 4, 133f. – [3] CL. A. HELVÉTIUS: De l'esprit (Paris 1759) 11. – [4] P.-H. TH. D'HOLBACH: Système de la nature (ND Hildesheim 1966) 1, 421. 311; 2, 394. – [5] I. KANT, KrV A 297f./B 337. – [6] L. FEUERBACH, Werke, neu hg. BOLIN/JODL (ND 1960) 7, 296; Das Wesen des Christentums, hg. SCHUFFENHAUER (1956) 1, 22. 106. 23. – [7] K. MARX, MEW 1, 379; 3, 395; 21, 494. – [8] FR. NIETZSCHE, Werke 1–16 (1903ff.) 3, 198; 10, 196; 1, 56; 10, 125; 16, 96 (Aph. 603). – [9] J.-M. GUYAU: L'I., in: Vers d'un philosophe; dtsch in: E. BERGMANN: Der Begriff der I. und des «Metaphysischen Wagnisses» in der Philos. J.-M. Guyaus. Ann. Philos., hg. VAIHINGER 2 (1921) 229ff. – [10] G. ADLER: Die Bedeutung der I.en für Politik und soz. Leben (1904) 7. 54. – [11] JEANNE HERSCH: Die I. Der Weg der Philos., dtsch. SCHENCK (1956) 119. 11. – [12] S. FREUD: Ges. Werke, hg. A. FREUD 14 (London 1948) 352ff. 373. 379. – [13] H. GIRKON: Darstellung und Kritik des relig. I.-Begriffs bei L. Feuerbach (Diss. Tübingen 1914). – [14] F. SCHIFF: Die großen I.en der Menschheit (1932). – [15] C. CAUDWELL: Bürgerl. I. und Wirklichkeit, hg. BAMM (1971). – [16] W. HEISE: Aufbruch in die I. Zur Kritik der bürgerl. Philos. in Deutschland (1964).

W. STRUBE

Image (von engl. image, Bild). Der Begriff ‹I.› wurde als Fremdwort von H. G. MOORE und G. KLEINING in die Wirtschaftspsychologie, Sozialpsychologie und Soziologie im deutschen Sprachraum eingeführt [1]. Vereinzelt wurde versucht, ihn durch Ausdrücke wie ‹(soziales) Vorstellungsbild› [2] oder ‹Leitbild› zu ersetzen [3], doch beinhalten beide Begriffe Bedeutungsaspekte, die sie als Synonyme wenig treffend erscheinen lassen. Moore und Kleining übernahmen den I.-Begriff aus der amerikanischen Markt- und Absatzforschung, in der er seit der Veröffentlichung von B. GARDNER und S. LEVY [4] als terminus technicus gebräuchlich ist. I. läßt sich allgemein bestimmen als die Gesamtheit der an einen Gegenstand geknüpften Vorstellungen, Emotionen und Wertungen, wobei die Gegenstände in der Wirtschaftspsychologie Produkte oder Marken, in der Sozialpsychologie und Soziologie Individuen, Gruppen oder Institutionen sein können.

1. Der heute in diesen Forschungsbereichen mit ‹I.› bezeichnete Sachverhalt wurde vor seiner Einführung in den deutschsprachigen *psychologischen* Veröffentlichungen unter den Begriff ‹Vorstellungsbild› gefaßt, während in Frankreich und im angloamerikanischen Sprachraum der Terminus ‹I.› seit Ende des 19. Jh. in ähnlicher Bedeutung wie ‹Vorstellungsbild› verwendet wird [5]. Die Bedeutsamkeit der Begriffe ‹Vorstellungsbild› und ‹I.› geht zurück auf die Problemstellungen der Würzburger Schule, die sich mit der Erforschung der Anschaulichkeit von Denkvorgängen und Bewußtseinsinhalten überhaupt befaßte [6]. Die Problemstellung konnte in anderen Sprachen nur durch den Ausdruck ‹Denken in Bildern› (images) wiedergegeben werden [7]. In der gegenwärtigen amerikanischen Psychologie findet man seit der Veröffentlichung J. S. BRUNERS über die Art der Speicherung von Gedächtnisinhalten das Adjektiv ‹ikonisch› [8] zur Bezeichnung einer bildhaften, d. h. reizäquivalenten Speicherung.

Weiterhin kann man den tiefenpsychologischen Imago-Begriff als Vorläuferkonzept des gegenwärtigen I.-Begriffes in seiner speziellen Bedeutung ansehen. Der Imagobegriff wurde von S. FREUD im Jahre 1912 nach einem Romantitel von C. SPITTELER in die psychoanalytische Theorie eingeführt [9]. Mit ‹Imago› bezeichnet FREUD eine im Unbewußten existierende typenhafte Vorstellung von realen Personen oder Phantasiegestalten, zu denen im Kindesalter die ersten engen Beziehungen geknüpft worden waren (z. B. Mutter-Imago) [10]. Vom psychoanalytischen Imagobegriff ausgehend schlug als erster T. BURROW eine Erweiterung des Konzeptes für die Belange der Sozialpsychologie vor: Als «social images» möchte er einmal die subjektiv repräsentierten sozialen Bezüge verstanden wissen, die ein Individuum mit einer bestimmten Gestalt, Gruppe oder Institution verknüpft; zum anderen hebt er hervor, daß «social images» dem kollektiven Unbewußten zuzuordnen sind. Soziale Vorstellungsbilder sind dieser Konzeption Imago und Archetyp zugleich [11]. Das Wort ‹Imago› wird auch in der gegenwärtigen Psychologie von manchen Autoren vor dem neusprachlichen ‹I.› bevorzugt [12].

2. In der *wirtschaftspsychologischen* Abhandlung von GARDNER und LEVY erscheint der Begriff ‹I.› zunächst in einer Bedeutung, die nur ungenau gegen verwandte Begriffe wie ‹Stereotyp› [13] und ‹Vorurteil› abgegrenzt werden konnte. I. wird umschrieben als eine Ganzheit von Ideen, Gefühlen und Einstellungen einem Markenprodukt gegenüber [14]. Wohl zur Abhebung vom individuell variierenden Vorstellungsbild (I.) in der traditionellen Bedeutung sprechen sie von «public I.» [15]. Zwei Jahre später griff H. G. MOORE diesen Begriff auf und trug durch ihren Artikel zu seiner Verbreitung in der Marktforschung bei [16]. Ihre Definition lehnt sich eng an die ursprüngliche Begriffsbestimmung bei Gardner und Levy an; ihre Betrachtung bringt jedoch insofern einen neuen Aspekt, als sie einen funktionalen Standpunkt einnimmt. Sie sieht die Funktion der I. in einer ökonomischen kognitiven Verarbeitungsweise von Objekteindrücken. I. erlauben dem Individuum unter Umgehung von Einzelheiten eine Kategorisierung von Objekten (Produkten), auf die mit feststehenden Reaktionsmustern reagiert wird. G. KLEINING übernahm die I.-Konzeption von Moore, um sie für die psychologischen Grundlagen der Marktforschung in Deutschland fruchtbar zu machen [17]. Kleining hebt in weiteren Veröffentlichungen den System(Komplexions)charakter der I. hervor. 1959 definierte er I. als eine «psychische Komplexion, bestehend aus wirkenden psychischen Energien, die zu einer dynamischen, d. h. kräftegeladenen Ganzheit verschmelzen» [18]. R. BERGLER versucht den Begriff ‹I.› anhand von allgemeinpsychologischen Kategorien zu analysieren. Das I. ordnet er als ein «stereotypes System» ein, welches durch zehn Merkmale gekennzeichnet ist: 1. latent vorhandene, allgemeine Formel von hohem Prägnanzniveau; 2. schematische Interpretationsform der Wirklichkeit; 3. Verfestigung von «Wirkschemata als Inbegriffe der Begegnung und Verarbeitung der Welt» [19]; 4. Vereinfachung komplexer Sachverhalte mit vorschneller Generalisierung von Einzelerfahrungen; 5. Mehrdimensionalität einhergehend mit Typisierung; 6. Verbundenheit mit anderen stereotypen Systemen; 7. Gruppenspezifität, wenn auch zuweilen wie das Ergebnis individueller Verarbeitungsprozesse erscheinend; 8. hoher Grad von Verfestigung und Konstanz, der zwischenmenschliche Beziehungen dauerhaft

bestimmt; 9. strukturell gleichbedeutend mit Erwartungssystemen; 10. Selektionsfunktion [20]. Die Merkmalsbestimmung Berglers erlaubt es, auch Begriffe wie ‹Stereotyp› und ‹Vorurteil› als stereotype Systeme zu kategorisieren und ihre psychologische Vergleichbarkeit zu demonstrieren.

Anmerkungen. [1] H. G. MOORE und G. KLEINING: Das Bild der sozialen Wirklichkeit. Kölner Z. Soziol. Sozialpsychol. 3 (1959) H. 3; G. KLEINING: Wo steht die Motivforsch. heute? Der Markenartikel 20 (1958) 154. – [2] R. BERGLER: Psychol. Marktanalyse (1965) 22. – [3] K. BOULDING: The I. (Ann Arbor, Mich. 1956); dtsch. BERGLER a. a. O. [2] 14. 24; M. HAMBITZER: Jugendliche und Konsumverhalten, in: R. BERGLER, a. a. O. [2] 62. 77f. – [4] B. GARDNER und S. LEVY: The product and the brand. Harvard Business Rev. 33 (1955) 34f. – [5] Vgl. z. B. W. LIPPMANN: Public opinion (New York 1922) 59-70; A. BINET: Psychol. du raisonnement (Paris 1896); G. DUMAS: Traité de psychol. (Paris ²1923). – [6] Vgl. z. B. K. BÜHLER: Tatsachen und Probleme zu einer Psychol. der Denkvorgänge. Arch. ges. Psychol. 9 (1907) 297-365. – [7] BINET, a. a. O. [5]. – [8] J. S. BRUNER: The course of cognitive growth. Amer. Psychol. 19 (1964) 1-15. – [9] S. FREUD, Werke 8, 66-91, bes. 80. – [10] ebda. – [11] T. BURROW: Social images versus reality. J. abn. soc. Psychol. 19 (1924/25) 230-235. – [12] Vgl. P. HOFSTÄTTER: Die soziale Funktion des Menschenbildes (1959) 81-97. 164-174. – [13] Vgl. Anm. [5]. – [14] GARDNER/LEVY, a. a. O. [4] 35. – [15] ebda. – [16] H. G. MOORE: What is a brand image? Art Direction 10 (1957) 5-11. – [17] KLEINING, a. a. O. [1] 154ff. – [18] Zum gegenwärtigen Stand der I.-Forsch. Psychol. u. Praxis 3 (1959) 201. – [19] H. THOMAE: Persönlichkeit (²1966) 67. – [20] R. BERGLER: Psychol. stereotyper Systeme (1966) 108ff.   O. BRACHFELD

Imagination (griech. φαντασία; lat. imaginatio, phantasia; dtsch. Einbildung, Einbildungskraft (s.d.), Vorstellung, Vorstellungskraft, auch: Dichtungsvermögen)

I. In der Diskussion der Begriffe ‹imagination› und ‹fancy› in *England* überschneiden sich drei Themenkreise.

1. PLATONS Differenzierung zwischen εἰκασία, der Korrektheit der Nachahmung, und φαντασία, dem unterhaltenden Element der Kunst [1], wurde, in abgewandelter Form, nur in der englischen Renaissance populär. Sir PH. SIDNEY forderte von der Dichtung, sie solle «Eikastike» sein; die Korrektheit der auf die Prinzipien der Dinge gerichteten Nachahmung stelle sicher, daß die Darstellung von «*unworthie objects*», die er als «Phantastike» bezeichnet, ausgeschlossen bleibe [2]. Obwohl Sidney den negativen Aspekt der I. mit beiden Begriffen verband – er spricht von «sündiger Phantasie» und versichert, Dichtung sei nicht so völlig imaginativ wie das Errichten von Luftschlössern –, setzte sich die bei Platon angelegte Rangordnung der Begriffe im 18. Jh. durch: W. DUFF nannte jene I., die unkontrolliert ist und dem Wertlosen Glanz verleiht, «fancy» [3]. J. BEATTIE bestimmt «fancy» als «trivial» und I. als «solemn» [4]; andere Autoren bezeichnen «fancy» als verschwommen, willkürlich, passiv, I. als klar, geordnet, aktiv.

2. In Anlehnung an die mittelalterliche Fakultätenpsychologie teilt F. BACON die menschliche Wissenschaft in drei Abteilungen ein, die sich auf jeweils eine Eigenschaft des menschlichen Geistes beziehen: Geschichte auf das Gedächtnis, Dichtung auf I., Philosophie auf den Verstand [5]. Diese Reihenfolge bezeichnet zugleich die stufenweise Entwicklung des Menschen von der Sinnlichkeit über die I. zur Philosophie als dem Inbegriff des Geistigen. Nach J. ADDISON sind die Freuden der I. nicht so grob wie die der Sinne, aber auch nicht so subtil wie die des Geistes (understanding), die man allen anderen vorziehen müsse [6]. Die Freuden, die die Kunst gewährt, vermeiden die Gefahren der Sinnlichkeit, ohne die An-

strengungen des Geistes nötig zu machen [7]. A. GERARD differenziert nicht nur zwischen ‹sense›, ‹memory› und ‹I.› [8], sondern fügt hinzu, daß der Gegenstand der Kunst, wegen seiner sinnlichen Komponente, gegenüber der Wahrheit als Gegenstand der Wissenschaft von weit geringerer Bedeutung sei [9]. D. HARTLEY warnt davor, sich den Freuden der I., d. h. der Kunst, zu überlassen, weil sie lediglich die Vorstufe für eine höhere Ordnung darstellen [10]. Obwohl D. STEWART auf die Gefahr hinweist, die sich für die Kunst aus ihrer unangemessenen Mittelstellung zwischen Sinnlichkeit und Geistigkeit ergibt und sich dafür ausspricht, das hierarchische Gefälle zwischen Philosophie und Kunst durch eine prinzipielle Trennung zu ersetzen, wird im 19. Jh. in zahlreichen Zeitschriftenartikeln der hierarchische Gegensatz von I. und «reason» vertieft. Man hält das Zeitalter der Wissenschaft für angebrochen, und zwar auf Kosten der Kunst: «Die Philosophie der modernen Schule ist die des Verstandes, nicht der I.» [11]. «Das Vokabular einer aufgeklärten Gesellschaft ist philosophisch, das einer halbzivilisierten Nation poetisch» [12]. «Der Fortschritt von Philosophie und Wissenschaft ... verengt und verkleinert den Bereich der I. kontinuierlich und verwandelt das Zweifelhafte in das Wahre, das Vage in das Bestimmte» [13].

3. Wenn auch die Vertreter der «faculty psychology» gelegentlich zwischen I. und «fancy» unterschieden, so wurde damit lediglich versucht, den Bezirk zwischen Sinnlichkeit und Geistigkeit auszuweiten, nicht ihn aufzuheben. In der Differenzierung, wie sie in der zweiten Hälfte des 18. Jh. vor allem von *deutschen* Theoretikern unternommen wurde, ist das Bestreben erkennbar, die Phantasie der Sinnlichkeit zuzuordnen, ‹I.› jedoch – oder ‹Dichtungsvermögen› – mit dem Begriff ‹Verstand› zu verknüpfen. J. G. FEDER nennt das Dichtungsvermögen jenen Teil der Einbildungskraft, der «zerstreute Schönheiten vereinigt» [14]. J. N. TETENS spricht vom Dichtungsvermögen als selbständiger Phantasie, im Gegensatz zur «wiedervorstellenden Phantasie» [15]. Für J. J. ESCHENBURG ist das Dichtungsvermögen «die Fähigkeit ... aus empfundenen Beschaffenheiten und einzelnen Theilen wirklicher Objekte ein neues Ganzes zusammenzusetzen» [16]. K. F. Hungar und M. K. H. Heydenreich finden jene Formulierungen, die zur unmittelbaren Vorlage für S. T. Coleridge wurden: «Die Phantasie ist die treue Wiederherstellerin der durch die sinnlichen Organe eingesammelten Erfahrungen, ... das Dichtungsvermögen sezt die Bilder der Einbildungskraft zusammen» (HUNGAR [17]). «Phantasie nenn' ich bloß das Vermögen, gehabte Eindrücke und Ideen hervorzuziehen ... Von ihnen unterscheide ich das Dichtungsvermögen, vermittelst welches die Seele aus dem Stoffe der Phantasie neue Ganze bildet» (HEYDENREICH [18]). Schließlich unterscheidet auch JEAN PAUL zwischen der Phantasie, deren Bilder «nur zugeflogene Abblätterungen von der wirklichen Welt» sind, und jener, die «alle Teile zu Ganzen» macht [19].

In *England* entfaltete sich diese Diskussion relativ spät; 1783 spricht J. BEATTIE zwar von der Fähigkeit, Gedanken und Vorstellungen zu sammeln, und der Fähigkeit, sie in neue Formen zu gießen [20], aber erst D. STEWART verbindet mit dieser Unterscheidung die Begriffe ‹fancy› und ‹I.› [21]. COLERIDGE klagt darüber, wie wenig die Begriffe ‹fancy› und ‹I.› geeignet seien, das mit dem deutschen Begriff ‹Einbildung› Gemeinte auszudrücken [22]. In der ‹Biographia Literaria› übernimmt er die bekannten Formulierungen und beschreibt I. als aktives, Einheit bildendes Prinzip, «fancy» als eine Art des Gedächtnisses, das die Dinge willkürlich zusammenstellt [23]. W. WORDSWORTHS Kritik an der Differenzierung zwischen «fancy» und I. im ‹Preface to Poems› von 1815 richtet sich nur vordergründig gegen W. TAYLOR, der die Definition Platons aufgriff [24], in Wirklichkeit gegen Coleridge. WORDSWORTH kann den Unterscheidungen darum keinen Geschmack abgewinnen, weil über den Etymologien Dichter und Kunstwerk vergessen wurden. Ohne den bekannten Definitionen eine neue hinzufügen zu wollen, spricht er, in Anlehnung an ähnliche Formulierungen Schellings und der Brüder Schlegel, von «fancy» als jener Kraft, die in das Herz der Gegenstände eindringt, und von I. als der Wirkung des Geistes auf die Gegenstände der Natur [25]. Für P. B. SHELLEY ist I. ein Ordnungsprinzip, das über das Kunstwerk hinausweist. Da im Kunstwerk die zerstreuende Kraft individueller Teile aufgehoben ist, kann es zum Paradigma aller menschlichen Institutionen werden, der politischen Verfassung, des Erziehungswesens, der Wirtschaft usw. Die schöpferische Fähigkeit der I. ist die Fähigkeit, in dem Wirrwarr angehäuften Wissens ein Ordnungsprinzip zu entdecken oder zu errichten; Kenntnis (knowledge) soll durch I., Kalkulation durch Konzept ergänzt und so überhaupt erst sinnvoll werden [26].

Anmerkungen. [1] PLATON, Leg. 667 c ff. – [2] PH. SIDNEY: Defence of poetry (1595), hg. E. RHYS (London 1927) 42. – [3] W. DUFF: An essay on original genius (London 1767) 68. – [4] J. BEATTIE: Dissertations moral and critical (London 1783) 72. – [5] F. BACON, Works, hg. B. MONTAGU 2 (London 1825) 119. – [6] J. ADDISON, Spectator Nr. 411 (21. Juni 1712). – [7] ebda. – [8] A. GERARD: An essay on genius (1774), hg. B. FABIAN (1966) 28. – [9] a. a. O. 332. – [10] D. HARTLEY: Observations on man 2 (London 1749) 244. – [11] D. STEWART, Blackwood's Edinburgh Mag. (24. 3. 1819). – [12] Edinburgh Rev. 42 (1825). – [13] Edinburgh lit. Gaz. (8. 7. 1829). – [14] J. G. FEDER: Logik und Met. (²1770) 131. – [15] J. N. TETENS: Philos. Versuche über die menschl. Natur 1 (1777) 140. – [16] J. J. ESCHENBURG: Entwurf einer Theorie und Lit. der schönen Wiss. (1783) 16. – [17] K. F. HUNGAR: Gedanken über die Natur des Empfindens, in: Denkwürdigkeiten aus der philos. Welt, hg. K. A. CÄSAR 1 (1785) 298. – [18] M. K. H. HEYDENREICH: Bemerk. über den Zusammenhang der Empfindung und Phantasie, in: Denkwürdigkeiten ... a. a. O. 5 (1787) 165. – [19] JEAN PAUL, Vorschule der Ästhetik, hg. N. MILLER (1963) 47. – [20] BEATTIE, a. a. O. 146. – [21] D. STEWART: Elements of the philos. of the human mind 1-3 (1792-1827). Works, hg. W. HAMILTON 2 (Edinburgh ²1877) 259. – [22] S. T. COLERIGE, Mss. Marginalie, in: J. G. E. MAASS: Versuch über die Einbildungskraft (²1797). Brit. Mus. London. – [23] Biogr. lit., hg. J. SHAWCROSS 2 (London 1962) 202. – [24] W. TAYLOR: Brit. synonyms discriminated (London 1813). – [25] W. WORDSWORTH, Lit. criticism, hg. N. C. SMITH (London 1905) 156f. – [26] P. B. SHELLEY, Defence of poetry, hg. E. RHYS (London 1927) 234.

Literaturhinweis. M. W. BUNDY: The theory of I. in class. and mediaeval thought (Urbana, Ill. 1927). – TH. KLIMEK: Zur Bedeut. von engl. ‹I.› und ‹Fancy›. Arch. Begriffsgesch. 12 (1968) 206-231.
H. MAINUSCH

II. Die begriffliche Strenge, mit der die mittelalterliche Schulpsychologie die I. im Anschluß an den antiken, insbesondere den aristotelischen φαντασία-Begriff gefaßt hatte, gewinnt in *Frankreich* das spätestens seit dem 14. Jh. belegte volkssprachliche ‹imagination› erst bei DESCARTES. Für ihn ist – zumindest in seinen populären und wirkungsgeschichtlich entscheidenden Schriften – die I. oder *fantaisie* (bis ins 18. Jh. synonym, dann Bedeutungsverengung von ‹fantaisie› auf ‹Laune›, ‹Einfall›) der Gegenpol von ‹raison› und ‹bon sens› [1].

Das 18. Jh. steht einerseits unter dem Einfluß dieser cartesischen Bestimmung der I., rezipiert aber gleichzeitig die englische Diskussion, in der sich der Begriff bereits zu Beginn des Jh. zu einer positiven, und zwar spezifisch ästhetischen Kategorie entwickelt hatte [2]. Nachdem die dem Prinzip der imitatio naturae verpflichtete Ästhe-

tik der französischen Klassik sich völlig mit dem cartesischen Urteil identifiziert hatte, waren es im 18. Jh. vor allem Voltaire und Diderot, die eine der englischen Entwicklung entsprechende Umwertung des Begriffs nachholten. VOLTAIRE unterscheidet in seinem ‹Encyclopédie›-Artikel (1765) zwischen einer unkontrollierten, Mensch und Tier in gleicher Weise eigenen «I. passive» und einer unter Mitwirkung von «réflexion» und «jugement» operierenden «I. active». Letztere ist für ihn Kennzeichen des Genies, insbesondere des künstlerischen. Sie verbindet sich bereits im 18. Jh. mit dem Begriff des Schöpferischen [3], obwohl man sie ontologisch noch nicht als seinsoriginäre Potenz begründen kann. Voltaires auf die rhetorische Tradition zurückweisender Doppelbegriff einer «I. d'invention» ist hierfür ebenso bezeichnend wie DIDEROTS ausdrückliche Bestimmung der I. als eines nicht kreativen, sondern imitativ-kombinatorischen Vermögens: «L'I. ne crée rien, elle imite, elle compose, combine, exagère, agrandit, rapetisse, elle s'occupe sans cesse de ressemblances» [4]. Andererseits offenbart gerade Diderots ästhetische Reflexion immer wieder Aporien, welche die Problematik der noch erwarteten Vermittlung von I. und imitation verdeutlichen.

Dieses Dilemma löst erst die Ästhetik BAUDELAIRES, wo die zur «reine des facultés» (Königin der Vermögen) erhobene I. als produktionsästhetische Kategorie gegen das Nachahmungsprinzip gewendet wird: Ihre Hervorbringungen sind nicht mehr, wie im 18. Jh., an die Endlichkeit assoziationspsychologischer Gesetzlichkeiten gebunden, sondern, als Schöpfung «neuer Welten», auf die Unendlichkeit des Möglichen bezogen [5].

SARTRE gebührt das Verdienst der bisher ausführlichsten und fundiertesten Analyse der I. und ihres noematischen Korrelats, des Imaginären [6]. Sie steht im Zeichen der phänomenologischen Doppelung von intentionalem Akt und nicht-thetischem (‹transversalem›) Bewußtsein seiner selbst. In dieser Doppelung erfährt sich die «conscience imageante» als schöpferische Spontaneität [7]. Ihre Setzungen präsentieren sich im Unterschied zu denen des perzeptiven Bewußtseins in momentaner Totalität – hierin dem begrifflichen Denken ähnlich –, aufgrund ihrer Isolierung aber auch im Zeichen einer essentiellen Armut an Beziehungen. Sie sind Gegenstand einer mit dem intentionalen Akt selbst identischen und in ihm gesättigten «quasi-observation» [8]. Das entspricht ihrem privativen Charakter. Das Bild wird gesetzt als abwesend oder inexistent, als ein Nichts [9]. Setzung des Bildes als eines Nichts aber bedeutet zugleich Nichtung (néantisation) der Welt in bezug auf das Bild. Das Imaginäre ist der Welt der Perzeption und ihren Kategorien von Raum und Zeit gegenüber durchaus autonom. Seine Setzung wird bestimmt als Akt der Freiheit, vollzogen von einer bestimmten Weise des In-der-Welt-seins, von einer bestimmten «situation» aus [10].

Anmerkungen. [1] DESCARTES, bes. Discours de la méthode (1637); vgl. J. H. ROY: L'I. selon Descartes (Paris 1944). – [2] J. ADDISON: Pleasures of the I. (London 1711). – [3] I. créatrice, spätestens bei MARMONTEL, Art. ‹I.›, dem gleichlautenden Art. Voltaires in der ‹Encyclopédie› beigedruckt. – [4] D. DIDEROT, Oeuvres compl., hg. ASSÉZAT/TOURNEUX (Paris 1875-77) 11, 131. – [5] Vgl. CH. BAUDELAIRE: ‹Salon de 1859›. Oeuvres compl., Bibl. de la Pléiade (Paris 1961) 1037ff. – [6] J.-P. SARTRE: L'imaginaire. Psychol. phénoménol. de l'I. (Paris 1940). – [7] a. a. O. 26. – [8] 18ff. – [9] 23ff. – [10] 161ff. 228ff.
R. WARNING

Immanent, Immanenz (lat. immanens, immanentia; ital. immanente, immanenza; frz. immanent, immanence; engl. immanent, immanence, -cy). – 1. Die sich in vielfäl-

tige Bedeutungen verzweigende Begriffsgeschichte von
‹immanent› und ‹Immanenz› (I.) ist noch nicht erforscht
[1], obwohl der gerade in historischen Untersuchungen
oft völlig unhistorische, d. h. unreflektierte Gebrauch
dieser Wörter das als dringend erscheinen läßt. So soll
«eine von der Vorsokratik bis ins ausgehende Mittelalter
reichende ... Tradition ... ein hervorragendes Verständnis von Transzendenz und I.» ..., dieser «traditionellen
Kategorien, ... entwickelt» haben [2]; den dann naheliegenden Gedanken, daß die Renaissancephilosophie
vor allem die I. betonte, kann man sich leicht durch die
einschlägige Literatur bestätigen lassen [3]; Luther hingegen muß nach diesem Schema «die Welt-Gott-Bezie-
hung dialektisch» bestimmt haben: «Gott sowohl ... immanent als transzendent», wie es in einer Arbeit heißt,
die eingangs das gemeinsame Interesse von «Theologie,
Philosophie und Geistesgeschichte ... an der Begriffsklärung des durch jahrhundertelangen Bedeutungswandel seiner echten Wirkung beraubten Sinngehaltes von
Transzendenz und I.» betont [4]. Aber gibt es diese zu
klärenden Gegenbegriffe überhaupt schon «jahrhunderte-
lang»?

DIDEROTS ‹Encyclopédie› vermerkt unter dem Stichwort ‹immanent› lediglich – die älteren philosophischen Lexika von GOCLENIUS, MICRAELIUS, CHAUVIN
oder WALCH führen ‹immanent› noch nicht als Stichwort –, daß die Philosophen «actions immanentes et
transitoires» unterschieden und die Theologen demgemäß die immanenten Tätigkeiten Gottes wie das Erkennen, dessen Resultat (das im rein geistigen Erkennen «gesprochene» Wort) im Erkennenden bleibt, von seinem
Wirken nach außen, dem Schaffen, abgehoben hätten [5].
– In der Tat liegt in der Scholastik der Ursprung dieser
Begriffe. Das klassische Latein kannte ein Verbum ‹immanere› nicht [6].

Anmerkungen. [1] Trotz der – einen «positiven» I.-Begriff bei
Arist. postulierenden – kurzen Abh. von E. RÖDER VON DIERS-
BURG: Der positive Begriff der I. Z. philos. Forsch. 9 (1955)
182-185. – [2] K. KREMER: Gott und Welt in der klass. Met. (1969)
8; vgl. ferner J.-B. LOTZ: I. und Transz. Zum gesch. Werden heutiger Problematik. Scholastik 13 (1938) 1-21. 161-172 und (mit
der Präzisierung der angebl. von Thomas gelehrten I. Gottes als
einer «urbildlichen, kausalen und finalen») R. GUMPPENBERG: I.
und Transz. Versuch einer Interpret. von Thomas von Aquin.
Freib. Z. Philos. Theol. 16 (1969) 222-247. – [3] E. CASSIRER: Das
Erkenntnisproblem in der Philos. ... der neueren Zeit 1 (²1911)
74f. 97f. 216f. 286; 2, Reg. s.v. – [4] L. RICHTER: I. und Transz. im
nachreformat. Gottesbild (1955) 7. 12. 114f. – [5] Encyclop. ... des
sci. ..., hg. DIDEROT/D'ALEMBERT s.v. – [6] LALANDE⁷ 468.

2. In Aufnahme und Fortführung der aristotelischen
Unterscheidung zwischen Handeln (z. B. Denken, Sehen),
dessen Vollzug im Tätigen bleibt und ihn vollendet, und
Herstellen (z. B. Bauen), das vom Tätigen ausgehend eine
vorgegebene Materie zum vollendeten Werk gestaltet,
hat die Scholastik eine differenzierte Theorie über die im
Subjekt verbleibende und die ins Material zur Werkge-
staltung übergehende Tätigkeit ausgebildet: actio imma-
nens/actio transiens (s.d.). Obwohl THOMAS VON AQUIN
das Verb ‹immanere› schon kennt und gelegentlich einen
«immanenten Habitus» bzw. eine «immanente Qualität»
von einer «transeunten Passion» unterscheidet [1], bezeichnet er die immanenten Tätigkeiten als «actiones in
agente manentes» [2]. Seit DUNS SCOTUS [3] und OCKHAM
[4] werden die genannten Ausdrücke aber als feste Termini gebraucht.

Im Rahmen seiner ausführlichen Darstellung dieses
Lehrstücks berichtet F. SUÁREZ, daß HERVAEUS NATALIS
nur die Kausalität von Form und Materie als immanente

Tätigkeit habe bezeichnet wissen wollen, da diese inneren Ursachen bei ihrem Wirken in der bewirkten zusammengesetzten Substanz blieben. Das aber sei ein Mißbrauch von Termini; «niemals» hätten «die Philosophen
und Theologen, wenn sie von der immanenten Tätigkeit
handeln, die Kausalität von Form und Materie» darunter verstanden [5]. Die in der modernen Philosophie-
historie geläufige Abhebung der aristotelischen «immanenten Wesensform» von der transzendenten platonischen Idee [6] und entsprechend die Übersetzung von
ἐνυπάρχειν ‹immanent sein› [7] war der Scholastik
fremd. Bemerkenswert aber ist in diesem Zusammenhang
die Unterscheidung einer permanenten von einer transeunten (vorübergehenden) Materialursache: Dieser Mar-
mor ist bleibende Materialursache dieser Statue, hingegen wechselt das Material eines Holzfeuers [8].

Sofern die immanente Tätigkeit nach einer freilich in
der Scholastik kontroversen Lehre ein von ihr verschiedenes Resultat hervorbringt, z. B. das geistige Erkennen
den Begriff oder das innere Wort, liegt es nahe, auch von
einer immanenten Ursache zu sprechen und sie von der
transeunten, nach außen gehenden, Ursache zu unterscheiden. Das hat A. HEEREBOORD getan, wobei er die
immanente Ursache genau von den «inneren Ursachen»
(causae internae) abhob; denn diese konstituierten wie
Materie und Form das Wesen des Verursachten als dessen integrierende Teile. Aus der immanenten Ursache
aber «emaniere» eine im selben Subjekt bleibende Wirkung, obwohl nicht jede emanative Ursache auch immanente Ursache sei [9].

Die Unterscheidung zwischen immanenter und transeunter Tätigkeit ermöglichte es der Scholastik endlich,
auch Gottes mit seinem Sein identisches Wirken zu denken [10]. Es ist immanent, insofern es als Erkennen sich
im Wort aussagt, sich dadurch in die Seinsweisen des sagenden Erkennendseins (Vater) und des von ihm hervorgebrachten ausgesagten Erkanntseins (Sohn) differenziert. Auch das göttliche Lieben als fruchtbares Sich-
Schenken von Vater und Sohn ist vom Erkennen sich
differenzierende immanente Tätigkeit, aus der die Seinsweise des Geschenktseins (Hl. Geist) hervorgeht. Von
diesen immanenten Tätigkeiten, in denen sich Gott als in
drei nur relational unterschiedenen Seinsweisen existierend konstituiert, ist die durch sein entwerfendes Erkennen und seinen freien allmächtigen Willen endliche Wesen hervorbringende schöpferische Tätigkeit zu unterscheiden, deren Ergebnis keine göttliche Seinsweise, sondern nicht-göttliches, endliches Seiendes ist. Daher ist
Gottes Schaffen, obwohl es durch das immanente produktive göttliche Wirken vermittelt und nur durch die
damit gegebene Differenz zwischen dem Resultat des
Erkennens und Wollens wahlfrei ist [11], mindestens «virtuell», wenn nicht «formell» transeunt [12]. Von hier aus
wird auch verständlich, daß die altprotestantische Dogmatik zu den «immanenten Werken Gottes» auch etwa
das Entwerfen und Erkennen der ja Gott immanenten
Ideen endlicher Dinge zählte [13].

Im Problemfeld des die Trinität konstituierenden immanenten göttlichen Wirkens steht auch die erste Bildung des Substantivs ‹I.›. Da nämlich jede göttliche
Seinsweise zugleich das eine identische göttliche Sein ist,
das seine Seinsweisen in sich schließt, und weil bei der
immanenten Tätigkeit das Resultat im Prinzip und das
Prinzip im Resultat verbleibt, muß jede relational verschiedene göttliche Seinsweise oder jede im Bezogensein
auf die andere bestehende göttliche Person auch ganz in
jeder anderen sein. Dieses Ineinandersein und Ineinan-

derbleiben der Personen wurde von den griechischen Vätern ‹Perichorese› genannt, was FABER STAPULENSIS mit «wechselseitige I.» (in invicem immanentia) übersetzt hat [14]. Das wurde von der altprotestantischen Dogmatik übernommen [15].

Anmerkungen [1] THOMAS VON AQUIN, S. theol. (= ST) II/II, 174, 3, 2; III, 45, 2. – [2] ST I, 23, 2, 1; vgl. die Belege bei L. SCHÜTZ, Thomas-Lex. s.v. ‹actio› 15. – [3] J. DUNS SCOTUS, I Sent. dist. 3, q. 6, n. 31ff.; Exp. Met. IX, s. 2, c. 3, n. 41. – [4] WILHELM VON OCKHAM, Quaest. in Phys. fol. 5 b; II Sent. q. 9; vgl. L. BAUDRY: Lex. philos. de G. d'Ockham (Paris 1958) s.v. ‹actio›. – [5] F. SUÁREZ, Disp. Met. 48, 2, 8. – [6] Vgl. UEBERWEGS Grundriß ... 1: Philos. des Altertums, hg. PRAECHTER (¹²1926) 381. – [7] LIDDEL/SCOTT, A Greek-Engl. Lex. s.v. – [8] SUÁREZ, Disp. Met. 15, 10, 69. – [9] A. HEEREBOORD: Logica I, c. 15f., q. 2.; c. 17, q. 8f. (Lugd. Batav. 1654) 63f. 69f. – [10] Vgl. THOMAS, ST I, 27, 1. 3. 5; dazu den Komm. CAJETANS in der Ed. Leonina. – [11] Vgl. THOMAS, I Sent. prol.; ST 45, 6 und ad 1; 32, 1, 3. – [12] Vgl. SUÁREZ, Disp. Met. 20, 4. – [13] Vgl. C.-H. RATSCHOW: Luth. Dogmatik zwischen Reformation und Aufklärung 2 (1966) 155. – [14] Vgl. DIONYSIUS PETAVIUS, Dogmata Theol. IV, 16, hg. J.-B. FOURNIALIS (Paris 1865) 3, 80. – [15] Vgl. RATSCHOW, a. a. O. [13] 110f.

3. SPINOZA hat in dem Satz: «Gott ist aller Dinge immanente Ursache, nicht jedoch die nach außen gehende» (causa immanens. non vero transiens) [1] nach von Dunin Borkowski «den ganzen Inhalt» seiner «gegen die christliche Theologie» gerichteten Lehre zusammengefaßt [2]. Man verfehlt freilich die genaue Bedeutung dieses Lehrsatzes und seinen Ort in der Begriffsgeschichte von ‹immanent›, wenn man ihn im Sinne der späteren Bedeutung des Wortes lediglich dahingehend versteht, Gott sei «innere Ursache» der Dinge, nicht ihr «transzendenter Schöpfer» [3]. Spinoza bezieht sich nämlich ausdrücklich auf die übliche Terminologie [4], die er auch mit «inblyvende en geen overgaande oorzaake» wiedergibt [5]. So liegt es nahe, hier eine indirekte Ablehnung der Trinitätslehre zu sehen: Gottes immanentes Wirken konstituiert nicht die göttlichen Personen – für Spinoza gibt es keinen auf Gott anwendbaren «klaren und distinkten Begriff» von «Person» [6] –, sondern die Gesamtheit der Dinge, die von ihrer immanenten Ursache nicht der Substanz nach verschieden sind. Der wechselseitigen I. der göttlichen Personen entsprechend sind so, wie Gueroult interpretiert, «die Dinge Gott immanent» und «Gott immanent den Dingen» [7].

Außer durch den besonderen Ansatz seiner Philosophie könnte Spinoza zu seiner Lehre von Gott als immanenter Ursache aller Dinge durch die Kontroversen der Schulphilosophie seiner Zeit über das immanente Wirken Gottes geführt worden sein. Nach A. HEEREBOORD z. B. ist das göttliche Schaffen nur «uneigentlich» transeuntes Wirken zu nennen [8], während J. CLAUBERG von seiner Definition des immanenten Wirkens her als einer «Standesveränderung» des Handelnden selbst, nicht, wie bei transeuntem Wirken, eines anderen Seienden, Gott immanentes Wirken abspricht [9]. Vor allem aber dürfte diese Lehre Spinozas «in der Bannmeile der Unitarier» stehen, mit denen er «die Lehren von der Dreifaltigkeit und der Menschwerdung ... scharf ablehnte» [10], während sich bei ihm andererseits auch «in der Attributenlehre Anklänge an die trinitarische Spekulation» zeigen [11].

Zwar hat die Schulphilosophie, z. B. A. G. BAUMGARTEN [12] und CHR. A. CRUSIUS [13] wie auch schon LEIBNIZ [14], die herkömmliche Unterscheidung immanenter und transeunter Aktionen weiter tradiert, aber J. G. HERDER kennt offensichtlich nicht mehr den genauen Sinn dieser Ausdrücke, wenn er Spinoza die These zuschreibt, «das selbständige Wesen» sei «eine nicht-vor-

übergehende, sondern die bleibende immanente Ursache aller Dinge». In der Tat muß man dann sagen, «bei Gott als einer vorübergehenden Ursache der Dinge» ließe sich «nichts denken»; denn «wie und wann und wem gehet er vorüber?» [15]. So bekommt ‹immanent› einen neuen, vor allem durch seine Vagheit gekennzeichneten Sinn [16]. Ähnlich aber hatte schon G. E. LESSING, auf den Herder sich bezieht, nach JACOBIS Bericht 1780 von Spinoza gesagt, er habe «an die Stelle des emanierenden ein nur immanentes Ensoph, eine inwohnende, ewig in sich unveränderliche Ursache der Welt» gesetzt, welche mit allen ihren Folgen zusammengenommen – Eins und dasselbe wäre» [17].

Anmerkungen. [1] B. SPINOZA, Eth. I, prop. 18. – [2] ST. VON DUNIN BORKOWSKI: Spinoza 1 (²1933) 349; vgl. die Interpret. des Lehrsatzes a. a. O. 349ff.; 4 (1936) 366ff. 389ff. 558ff. – [3] Vgl. R. FALKENBERG: Gesch. der Neueren Philos. (⁷1902) 109; ferner die Übersetz. von ‹causa transiens› mit ‹transz. Ursache› in UEBERWEGS Grundriß ... 3: Philos. der Neuzeit, hg. FRISCHEISEN-KÖHLER/MOOG (¹²1924) 286, die a. a. O. (⁸1888) 104 mit dem Hinweis auf die arist. Unterscheidung zwischen imm. und äußeren Ursachen zu begründen versucht wird; vgl. zur Übersetz. von ‹causa transiens› durch «äußere Ursache» schon W. G. TENNEMANN: Gesch. der Philos. 10 (1817) 389. – [4] SPINOZA, Ep. 73. Werke, hg. GEBHARDT 4, 307. – [5] Korte Verh. c. III a. a. O. 1, 35. – [6] Cog. Met. c. VIII a. a. O. 1, 264. – [7] M. GUEROULT: Spinoza 1 (1968) 222; vgl. die Interpret. der imm. Ursächlichkeit a. a. O. 246ff. 249ff. 295f. – [8] A. HEEREBOORD: Meletemata 1, disp. 22, III (Lugd. Batav. ²1659) 83. – [9] J. CLAUBERG: Met. (Ontosoph.) XIII, 229. Werke, hg. SCHALBRUCH (ND 1968) 1, 323. – [10] DUNIN BORKOWSKI, a. a. O. [2] 4, 353. 365. – [11] a. a. O. 1, 342ff. – [12] A. G. BAUMGARTEN, Met. § 211. – [13] CHR. A. CRUSIUS, Entwurf der notwendigen Vernunft-Wahrheiten § 263. – [14] G. W. LEIBNIZ, De ipsa natura 10. Philos. Schr., hg. GERHARDT 4, 509f. – [15] J. G. HERDER, Seele und Gott II, 2. Gespr. Werke, hg. SUPHAN 16, 443. – [16] Vgl. a. a. O. 4. Gespr. = 16, 522. – [17] F. H. JACOBI: Über die Lehre des Spinoza. Werke, hg. F. KÖPPEN 4 (1819) 56.

4. Mit KANTS terminologischer *Neubildung* des Gegensatzpaares ‹immanent/transzendent› («wir wollen ... nennen» [1]) beginnt eine neue Epoche der Begriffsgeschichte von ‹immanent›, obwohl seine Verdeutschungen dieser scholastischen Ausdrücke «einheimisch» und «überfliegend» [2] kaum Anklang fanden. In seiner die theoretische Erkenntnis auf den Bereich der Erscheinungen einschränkenden kritischen Philosophie heißt der Gebrauch von Begriffen, Kategorien und Grundsätzen immanent, sofern er sich «ganz und gar in den Schranken möglicher Erfahrung hält», also nicht auf die unerkennbaren Dinge an sich geht [3]. Zusammenfassend heißt es in den ‹Reflexionen›: «Der Gebrauch der Verstandesbegriffe war immanent, der Ideen als Begriffe von Objekten ist transzendent; aber als regulative Prinzipien der Vollendung und dabei zugleich der Schrankenbestimmung unserer Erkenntnis sind sie kritisch-immanent» [4].

Wird nun das angeblich unerkennbare, begrifflich nicht bestimmbare Ding an sich als widersprüchliche Verstandeskonstruktion erkannt, kann man mit J. G. FICHTE «diejenige Philosophie dogmatisch» nennen, «die dem Ich an sich etwas (prinzipiell Unerkennbares) gleich- und entgegensetzt». Dagegen ist im «kritischen Systeme das Ding das im Ich gesetzte». So nennt Fichte den «Kriticism ... immanent, weil er alles in das Ich setzt», den «Dogmatism transzendent, weil er noch über das Ich hinausgeht» [5]. Daß auch der frühe SCHELLING von einem solchen Ansatz ausgeht, zeigt die These: «Das letzte, worauf alle Philosophie hinführt, ist kein objektives, sondern ein immanentes Prinzip ..., das absolute Ich» [6], das «alles Seyn, alle Realität» enthalte [7]. Auch für HEGEL ist Philosophie «Wissenschaft der Vernunft», sofern sie «ihrer selbst als alles Seyns bewußt wird», und Sein kann nach ihm als «Ich = Ich, als die absolute Indifferenz oder Identität usw.» bestimmt werden; nur kommt es Hegel auf dessen dialektische Selbstbestimmung an, wobei Dialektik «dies immanente Hinausgehen» (eine selbst schon «dialektische» Bestimmung) und jenes die «wahrhafte Erhebung über das Endliche» bringende «Prinzip» ist, «wodurch allein immanenter Zusammenhang und Notwendigkeit in den Inhalt der Wissenschaft kommt» [8]. Bei allen Differenzen scheinen also Fichte, der frühe Schelling und Hegel auf einem gemeinsamen Boden zu stehen, den I. H. Fichte «den gegenwärtig herrschenden Standpunkt der I.» nennt, den diese «Systeme der bloßen I.» einnahmen [9]. Daß solche Charakterisierung auch terminologisch nicht abwegig ist, zeigt Schellings Qualifizierung der «Behauptung eines absoluten Ichs» als der «immanentesten aller Behauptungen», welche auch «die Bedingung *aller* immanenten Philosophie» sei [10].

Indem der jüngere Fichte den Standpunkt der I. als den gemeinsamen Boden von J. G. Fichte, dem frühen Schelling und Hegel angibt, spricht er freilich aus der Problematik und philosophischen Sprache seiner eigenen, späteren Zeit. Denn für J. G. Fichte, der gelegentlich die «Bildlosigkeit des Seins» als «Geschlossenheit in sich selbst, absolute I.», dem Bild als dem sich äußernden und erscheinenden Sein gegenüberstellt [11], für Schelling, der nach der terminologischen Anknüpfung an Kant und Fichte vermutlich erst in der Spätphilosophie die Begriffe ‹I.› und ‹Transzendenz› zentral einsetzte, und für Hegel war ‹I.› oder ‹immanent› sicher kein Schlüsselbegriff. Das gilt auch für F. X. von Baader, der zwar den trinitarischen Begriff der I. der göttlichen Personen gebraucht, eine «dreifache» wechselseitige I. von Gott und Geschöpf unterscheidet, zu der die Seligkeit oder Unseligkeit des «selbstischen [d. h. als ein ‹Selbst› existierenden] Geschöpfes» gehört, der ferner die «Vermengung von I. und Identität» beklagt, aber wohl nicht das Gegensatzpaar ‹immanent› und ‹transzendent› gebraucht [12]. Auch Fr. Schleiermacher scheint das in seiner ‹Dialektik› nicht zu tun, obwohl er Gott als «den transzendenten Grund» bestimmt, die These vertritt: «Kein Gott ohne Welt, sowie keine Welt ohne Gott» und, ohne den Ausdruck ‹I.› zu gebrauchen, das «Innerhalb» und «Außerhalb» im Verhältnis von Gott und Welt erörtert mit dem Ergebnis, daß «die Idee der Welt ... ebenso transzendent ist wie die Idee der Gottheit» [13].

Vermutlich gibt also W. T. Krug in seinem ‹Handwörterbuch› (1827) den üblichen Sprachgebrauch wieder, wenn er die Bedeutung von ‹immanent› im pantheistischen System, das Gott immanenten Grund der Welt nennt, als «gar sehr verschieden» von den Bedeutungen ausgibt, die durch den Gegensatz von immanent und transzendent im Sinne Kants oder durch die alte Unterscheidung von immanent und transeunt gekennzeichnet sind [14].

Aber ein Jahrzehnt später heißt es in der ‹Encyklopädie› von J. S. Ersch und J. G. Gruber, wie der nur «als philosophischer terminus technicus übliche» Begriff ‹immanent› bzw. «der Begriff des Immanenten mit seinem Gegensatze des Transzendenten den eigentlichen Kern oder Mittelpunkt ...» des Kantschen «Kriticismus enthält», so verhalte «es sich mit demselben im Hegel'schen System, nur daß hier grade das Entgegengesetzte gelehrt wird ...» (nämlich «die volle adäquate Erkenntnis von Gott usw.») und demnach «I. und Transzendenz in ihr zusammenfallen». Ein Überblick über die Grundgedanken dieser «immanenten Philosophie» kommt zu dem

Ergebnis, «daß die I. des Hegel'schen Systems sich zeigt ... in der Nichtanerkennung von Schranken der menschlichen Vernunft, die eben demzufolge die göttliche selbst ist, d. h. in der Transzendenz der Erkenntnis», woraus die «Nichtanerkennung eines von der Welt verschiedenen Gottes» folge, ferner in der «Nichtanerkennung des Glaubens an ein Jenseits» und «des Unterschieds zwischen der Idee und Wirklichkeit, d. h. in der Vergötterung des Positiven, namentlich des Staates» [15].

Daß diese Hegelkritik mit der Darlegung klassisch gewordener Kontroverspunkte an die Erklärung des Begriffs ‹immanent› geknüpft werden konnte, dürfte sich aus der Aufwertung erklären, die dieser Terminus in C. F. Göschels ‹Aphorismen über Nichtwissen und absolutes Wissen› (1829) erfahren hatte. Da dem Glauben als Nichtwissen die nur vorgestellte, vom Glaubenden verschiedene Wahrheit als außerhalb seiner und «transzendent» gilt [16], nennt Göschel die auf der Stufe des absoluten Wissens Stehenden in einer offensichtlichen Neubildung («wir nennen ...») «die Immanenten» [17]. Die zentrale These: «Religion und Philosophie wird wie Transzendenz und I. ... unterschieden, nur daß die I. ... jene Transzendenz ... nicht ausschließt» [18], legt es in der Tat nahe, Hegels System durch die Aufhebung der Transzendenz in der I. zu charakterisieren, zumal Göschel auch die fortan geläufigen Wendungen von Gottes I. und Transzendenz gebraucht [19]. Als die wesentliche Bestimmung der I., die nicht mit Identität zu verwechseln sei [20], wird herausgehoben, daß «das Wissen als allgemeines Wissen ... und somit als identisch mit dem allgemeinen Sein» gefaßt wird [21], womit nochmals der dem frühen Schelling und Hegel gemeinsame Ansatz genannt ist.

Bekanntlich hat Hegel diese doch mehr erbauliche als die anstehenden Probleme klärende Schrift Göschels [22] emphatisch als «die Morgenröte ... des Friedens zwischen Wissen und Glauben» begrüßt und dabei auch selbst nicht nur die Formulierung «außerhalb, transzendent» übernommen, sondern vor allem auch die Begriffe ‹immanent› und ‹I.› häufiger als sonst gebraucht [23]. Das dürfte es historisch rechtfertigen, Hegels Philosophie, auch insofern sie durch die Dialektik als den Prozeß immanenten Transzendierens des im absoluten Wissen erreichten Begriffs gekennzeichnet ist, immanente Philosophie zu nennen.

Das hat mit Nachdruck I. H. Fichte in seinen späteren Schriften getan [24], indem er zugleich gegen die Systeme «der ausschließenden I.» und als deren Konsequenz das der Gegenwart zur Ausarbeitung übergebene, aber ihr «fürerst noch jenseitige ... Prinzip» formuliert: «Weil Gott der Welt immanent, und diese ihm; ist er als ewig transcendenter zu denken» [25].

Für die Verbreitung dieser Terminologie und des in ihr sich formulierenden Problemverständnisses in den Pantheismuskontroversen dürfte noch bezeichnender als ihr Gebrauch bei Ch. H. Weisse [26], ein Vortrag über ‹Das Problem der I. und Transzendenz› auf der ersten deutschen ‹Philosophen-Versammlung› 1847 [27] oder K. L. Michelets Briefe (u. a. an V. Cousin) über ‹Transzendenz und I.› [28] die Tatsache sein, daß der späte Schelling mit diesem Begriffspaar die «positive» von der «negativen» Philosophie abhob: «Die positive Philosophie ... geht von dem, was außer allem Denken ist, aus», vom «schlechterdings transzendenten Sein». Die Vernunft «setzt das Transzendente, um es in das absolut Immanente zu verwandeln, und um dieses absolut Immanente zugleich als ein Existierendes zu haben». Das sei

nur so möglich, da die Vernunft das absolut Immanente
«ja auch schon in der negativen Philosophie hat, aber
nicht als ein Existierendes». Daher sei «Gott nicht, wie
viele sich vorstellen, das Transzendente», vielmehr «das
immanent gemachte Transzendente. Darin, daß dies
übersehen worden, liegt der große Mißverstand unserer
Zeit» [29].

Aber auch A. Schopenhauer hat, vermutlich unabhängig von der gerade genannten Begriffsgeschichte, sein
System als «immanenten Dogmatismus» bezeichnet,
nicht ohne «die Windbeuteleien der drei modernen Uni-
versitäts-Sophisten ... transzendent» zu nennen [30].
Wichtiger ist, daß schon I. H. Fichte bei Descartes, da
nach dessen Lehre alles nur von der Gottesidee her zu erkennen sei, «den Begriff der I. in Gott für alles Sein» als
das «zweite Prinzip der Cartesianischen Philosophie» gegeben sah [31]. Bis heute ist oft vom I.-Prinzip Descartes'
die Rede, wobei man freilich meist an eine I. des Bewußtseins denkt [32]. Wiederum anderes dürfte mit der Erklärung gemeint sein, «die Neuzeit» werde «seit ihren Anfängen durch das I.-Prinzip beherrscht» [33]. Damit ist
schon der weiteren Begriffsgeschichte von I. vorgegriffen.

Anmerkungen. [1] I. Kant, KrV A 295f. – [2] A 643. – [3] A
295f.; vgl. A 327; Proleg. § 40. Akad.-A. 4, 328; KU 240 a. a. O.
5, 343 usw. – [4] Refl. 5602 a. a. O. 18, 247. – [5] J. G. Fichte,
Grundl. der ges. Wiss.lehre. Werke, hg. I. H. Fichte 1, 120. –
[6] F. W. J. Schelling, Vom Ich als Prinzip der Philos. Werke,
hg. K. F. A. Schelling 1, 241. – [7] a. a. O. 1, 186. – [8] G. W. F.
Hegel, Heidelb. Encyklop. Werke, hg. Glockner 6, 22. 35. 52. –
[9] I. H. Fichte: Beitr. zur Charakteristik der neueren Philos.
(²1841) 436. 537. – [10] Schelling, a. a. O. [6] 205; vgl. zu diesem
Ausdruck auch F. H. Jacobi, Br. an Fichte (6. 3. 1799). Werke, hg.
F. Köppen 3, 19 und zum Gegenbegriff ‹transz. Philos.› J. G.
Fichte, Nachgel. Schr. 1793–1795. Akad.-A., hg. R. Lauth/H.
Jacob II/3, 70. – [11] J. G. Fichte, Transz. Logik a. a. O. [5] 9,
154, vgl. *nicht* Sachverz. in Akad.-A. II/2 s v.: an den angegeb.
Stellen findet sich ‹immanent› *nicht*. – [12] F. X. von Baader,
Werke, hg. F. Hoffmann/J. Hamberger 5, 352. 354; 13, 151; 8,
241. – [13] Fr. Schleiermacher, Dial., hg. R. Odebrecht bes.
302ff. – [14] W. T. Krug: Allg. Handwb. der philos. Begriffe (1827)
s.v. – [15] J. S. Ersch und J. G. Gruber: Allg. Enzyklop. der Wiss.
und Künste (1838) s.v. – [16] C. F. Göschel: Aphorismen über
Nichtwissen ... (1829) 6. – [17] a. a. O. 8. – [18] 55. – [19] Vgl. z. B. 14.
33. 53. – [20] 66. – [21] 22. – [22] Vgl. z. B. die Ausf. über die «objektive I.» des Menschen « in der Welt, d. h. nur objektiv in Gott»
(78) oder über die Freiheit Gottes, die Wahlfreiheit in seinem
Schaffen ausschließen (84). – [23] Hegel, Berl. Schr., hg. J. Hoffmeister (1956) 302f. 309. 311. 321. – [24] I. H. Fichte, a. a. O. [9]
bes. 837f. 978f. 1030f.; vgl. zum terminol. Unterschied die Erst-
aufl. (1829). – [25] a. a. O. 436. – [26] Ch. H. Weisse: Zur Verteidigung des Begriffs der imm. Wesenstrinität, in: Theol. Stud. u.
Krit., hg. C. Ullmann/F. W. C. Umbreit 14 (1841) 355. – [27] E.
Fortlage: Das Problem der I. und Transz. Z. Philos. u. philos.
Krit., hg. I. H. Fichte/H. Ulrici 19 (1848) 195–211. – [28] K. L.
Michelet: Drei Briefe über Transz. und I. a. a. O. 22 (1853) 82–
114. – [29] Schelling, Philos. der Offenbarung a. a. O. [6] 13, 127.
168ff.; vgl. W. Kasper: Das Absolute in der Gesch. (1965) 168. –
[30] A. Schopenhauer, Parerga. Werke, hg. A. Hübscher 5,
139. – [31] I. H. Fichte, a. a. O. [9] 434. – [32] Vgl. z. B. F. van
Steenberghen: Erkenntnislehre (1950) 139; L. Gabriel: Integrale Logik (1965) 359. – [33] H. Blumenberg: Art. ‹Transz. und I.›,
in: RGG³ 6, 993.

5. Da der *Neukantianismus* die Konzeption eines Dings
an sich eliminierte – es war nach O. Liebmann «ursprünglich als transcendente Vogelscheuche benutzt worden,
um den naschhaften Intellect von den intelligibelen
Früchten einer außerräumlichen und außerzeitlichen
Welt abzuschrecken» [1] –, war er zunächst am Problem
der I. wenig interessiert. So kritisiert Liebmann zwar unter dem Titel «die transcendente Richtung» Schopenhauers Lehre vom Willen als Ding an sich, begnügt sich selber aber mit dem wiederholten Hinweis auf die anstehenden, im Rückgang auf Kant zu lösenden «immanenten
Probleme» [2].

Aber im letzten Viertel des 19. Jh. gewann der Begriff
‹I.› wachsende Bedeutung; er bezeichnete das zentrale
Problem der im Vordergrund des philosophischen Interesses stehenden Erkenntnistheorie [3]. Eine ausführliche terminologische Klärung gibt E. v. Hartmann: «Alles, was von der Form des Bewußtseins als vorgestellter
Inhalt umfaßt wird, ... ist immanent», d. h. «bewußtseinsimmanent», wobei das Bewußtsein auch als «subjektlos»
angenommen werden könne. Das ‹Immanente» habe
«sein Sein im Vorgestelltwerden», weshalb es «das für
das Subjekt Seiende» im Unterschied zum an sich Seienden sei [4]. Aber ein Ding an sich denken, das als an sich
seiend nicht gedacht, also nicht immanent sei, erschien,
wie schon Berkeley, W. Schuppe als widersprüchlich [5],
und so vertrat er eine «immanente Philosophie», die seit
1896 einige Jahre mit einer ‹Zeitschrift für immanente
Philosophie› hervortrat und der W. I. Lenin mit seiner
Kritik ein bleibendes Denkmal gesetzt hat [6].

Die programmatische Einführung in diese immanente
Philosophie von M. R. Kauffmann trägt zur Klärung
des «nicht eindeutig angewandten Fachausdruckes» freilich kaum mehr bei, als daß die immanente Philosophie
«wirklich sein» und «bewußt sein» identifiziert [7]. So
mußte Schuppe im nächsten Band nochmals das Programm erläutern; denn immanente Philosophie sei nicht
jene, «die in den Köpfen der Herren Philosophen bleibt
und wieder ausgesprochen noch gedruckt wird», vielmehr
thematisiere sie mit der These «Die Logik ist Ontologie»
«die Gesamtheit des Bewußten», zu dem als ein Moment
auch die individuellen Bewußtseine gehörten. Damit
werde auch «die empirische Wirklichkeit ihres Charakters als bloßer Erscheinung entkleidet» [8].

W. Wundts vielbeachtete Kritik an der immanenten
Philosophie [9] verbreitete Begriff und Problem der I.
und machte die Auseinandersetzung damit obligatorisch,
die für den Realismus später O. Külpe maßgeblich führte, wobei er auch E. Mach und R. Avenarius einbezog,
die den «Standpunkt der I.» eingenommen und erläutert
hätten [10]. Inzwischen war der Begriff ‹I.› auch im *Neukantianismus* gebräuchlich: H. Rickert formulierte 1904
im Anschluß an Diltheys Satz der Phänomenalität als
«Satz der I.», daß «alles, was für mich da ist, unter der
allgemeinsten Bedingung steht, Tatsache meines Bewußtseins zu sein». Mit der immanenten Philosophie ist
Rickert darin einig, daß es sinnlos sei, «‹hinter› den Vorstellungen noch eine Wirklichkeit anzunehmen», aber die
Analyse des «Wahrheitswertes» des Urteils führt ihn
dann zur Anerkennung eines transzendenten Sollens
oder Wertes, eines transzendenten Gegenstandes also,
der als Wert aber gerade nicht-seiend ist [11]. Nach E.
Cassirer muß «die ‹I.› im Sinne des Psychologismus»,
der das Problem stellt, von subjektiven Vorstellungen zu
Dingen an sich zu kommen, «überwunden werden» zugunsten einer I. des Objektes in den obersten logischen
Erkenntnisprinzipien und in dem durch sie konstituierten «System der Erfahrungsurteile» oder «dem Ganzen
der Erfahrung». Allein um solche I. geht es dem «kritischen» oder «methodischen Idealismus» [12].

Eine 1915 zwischen A. Messer und B. Bauch über
Idealismus und Realismus geführte Kontroverse dürfte
für den erreichten Problemstand auch hinsichtlich des I.-
Begriffes charakteristisch sein, weil Messer bleibende
Unklarheiten und Zweideutigkeiten vor allem in W.
Windelbands Unterscheidung eines «transzendenten
und immanenten Wahrheitsbegriffes» einklagt [13] und
Bauch elegant repliziert, es sei Zeit, «endlich im Tran-
szendentalen selber die Einheit von I. und Transzendenz

zu erkennen». Wenn «das dem Subjekt Transzendente, die ‹Gegenstände außer uns›, der Sphäre der gegenstandskonstituierenden Erkenntnisbedingungen immanent sind», dann läßt sich der Gegensatz von I. und Transzendenz «in der allgemeinen Einheitsfunktion des Logos», die transzendentalphilosophisch thematisiert wird, aufheben [14]. Unproblematischer ist der von B. ERDMANN geprägte Begriff einer «logischen I.», womit er das «unräumliche ... ‹Vorgestelltsein› ... der Merkmale in dem als Inhalt gefaßten Gegenstand» bezeichnete. Dabei sei «die reale Inhärenz» von Eigenschaften in einer Substanz «das Musterbild für die logische I.» von Merkmalen als sozusagen «logischer Eigenschaften» im Inhalt als «logischer Substanz» [15].

Anmerkungen. [1] O. LIEBMANN: Kant und die Epigonen (1865) 206. – [2] a. a. O. 209f. 212. 214. – [3] Vgl. zu diesem «in neuester Zeit ins Leben getretenen Kampf» R. v. SCHUBERT-SOLDERN: Der Kampf um die Transc. Vjschr. wiss. Philos. 10 (1886) 468ff. – [4] E. v. HARTMANN: Krit. Grundlage. des transz. Realismus (1871, ³1875) 10f. – [5] W. SCHUPPE: Grundriß der Erkenntnistheorie und Logik (1874) 69. – [6] W. I. LENIN, Materialismus und Empiriokritizismus. Werke, hg. Inst. Marxismus-Leninismus 14, 206ff. – [7] M. R. KAUFFMANN: Einf. Z. imm. Philos. 1 (1895) 1ff. – [8] SCHUPPE, a. a. O. 2 (1889) 3. 6. 26. 28. – [9] W. WUNDT: Philos. Stud. (1896) 12f. und: Kl. Schr. 1 (1910) 259-352; vgl. R. WEINMANN: Wundt über naiven und krit. Realismus. Kantstud. 3 (1899) 417-423 und die Replik SCHUPPES, Z. imm. Philos. 2 (1898) 51-79. – [10] O. KÜLPE: Die Realisierung (1912) 110ff. – [11] H. RICKERT: Der Gegenstand der Erkenntnis (²1904) 19f. 123f. 151. – [12] E. CASSIRER: Substanzbegriff und Funktionsbegriff (1910) 389-402. – [13] A. MESSER, Kantstud. 20 (1915) zit. 74f. – [14] B. BAUCH, Kantstud. a. a. O. zit. 300. 109. 112. – [15] B. ERDMANN: Log. Elementarlehre (²1907) 194.

6. Auch im *französischen* Sprachraum gewann gegen Ende des 19. Jh. ein freilich anders akzentuierter I.-Begriff wachsende Bedeutung: «Der moderne Rationalismus ist durch die Analyse des Denkens dazu geführt worden, den Begriff der I. zur Basis und jeder philosophischen Lehre zu machen», schreibt L. BRUNSCHVICG [1]. Zuvor hatte schon E. LITTRÉ, der Schüler Comtes, vielleicht in Fortführung entsprechender Formulierungen Proudhons erklärt: «Der lange Kampf zwischen I. und Transzendenz steht vor dem Abschluß; die Transzendenz, das ist die Theologie oder Metaphysik, die das Universum durch äußere Ursachen erklären; die I., das ist die Wissenschaft, die das Universum in den Bedingungen erforscht, die in ihm liegen» [2].

Solcher Angriff mobilisierte Apologetik, deren bedeutendste Gestalt das Werk von M. BLONDEL wurde. Mit V. Delbos geht Blondel davon aus, daß «die Leitidee des Spinozismus», welcher «in einer Art immanenten Wirkens» über Schelling und Hegel die Gegenwart bestimme, «der Begriff der I.» sei, glaubt aber zeigen zu können, daß dieser Begriff der I., wird er voll entwickelt, selber «die transzenten Wahrheiten, denen er sich zunächst völlig entgegenzusetzen schien, statt sie auszuschließen, erfordert». Dieser Aufweis geschieht in der «immanente Kritik genannten Methode», vor allem aber im Gegensatz zur I.-Lehre, die stets «eine ausschließlich spekulative Lösung impliziert», mittels einer Thematisierung der «action», durch die «ein Prinzip transzenter Wahrheit und Realität uns immanent wird» [3].

Das damit in seinem Ansatz und Ziel skizzierte Anliegen Blondels und die von ihm später so genannte «Methode der I.» führte in der von ihm ausgehenden Bewegung (L. LABERTHONNIÈRE, E. LE ROY) zur «I.-Apologetik», deren zu weit gehende Übernahme des modernen Denkens die römische Kirche als «Modernismus» verwarf [4]. So wurde 1907 «das Prinzip der I.» als «Irrtum

der Modernisten» verurteilt und noch 1950 wird in einer Enzyklika «Immanentismus» neben dem Idealismus als Form einer «philosophia aberrans» genannt [5].

Das diesem römischen «Antimodernismus» zugrunde liegende Geschichtsbild von der Ablösung des transzendenzbezogenen Mittelalters durch die transzendenzvergessene, auf dem I.-Prinzip beruhende Neuzeit [6] hat jüngst durch H. BLUMENBERG erneute Aktualität bekommen, wobei die «absolute I.» der Neuzeit wieder im Sinne Comtes gewertet wird. Der Umschlag der im Spätmittelalter maßlos gesteigerten Transzendenz in die Behauptung absoluter I. ist um so plausibler, als im Mittelalter die Lehre von der Ebenbildlichkeit systemimmanent «die Steigerung der Transzendenz ständig mit der Steigerung der I. ... zu koppeln fordert». So sprang «die Provokation des transzenten Absoluten ... in ihrer äußersten Radikalisierung über in die Aufdeckung des immanenten Absoluten». Da auch die «biblischen» und «neuplatonischen Wurzeln» des «Transzendenzbegriffs» des Mittelalters erörtert werden – die erstere zielt einen «zeitlichen Sachverhalt» an, während «die aus dem Platonismus stammende Konzeption von Transzendenz sich auf ein räumliches Schema zurückführen läßt» – kommen Zweifel an der historischen Wahrheit dieses Schemas der Ablösung des «Transzendenzprinzips» durch das neuzeitliche «I.-Prinzip» schwerlich auf; es sei denn, man weiß, wann Gott zum ersten Mal «transcendens» genannt wurde [7].

Aber während die Philosophie auch in der Neuzeit weithin an der Aufgabe, Gott zu denken, festhielt, wie gerade die neuzeitliche Frage nach seiner Transzendenz und I. zeigt, klammert die sich von Theologie und Metaphysik emanzipierende neuzeitliche Wissenschaft aus, was nicht durch ihre Methoden festgestellt werden kann, womit für die Geschichtswissenschaft die Ausklammerung eines göttlichen Handelns in der Geschichte gegeben ist. Statt das mit H. E. WEBER als Ausdruck des neuzeitlichen «I.-Gedankens» und einer «immanentistischen Weltanschauung» zu kritisieren, fordert W. PANNENBERG die Theologie auf, die «Tendenz zu einem immanenten Verständnis des Geschehens in sich aufzunehmen», um über die wissenschaftsimmanent unverzichtbare Frage nach dem Sinn der Geschichte, die nur im Rahmen einer «Weltgeschichte» beantwortbar sei, welche ihrerseits den Gottesgedanken impliziere, als historische Tatsache vor der wissenschaftlichen Vernunft aufzuweisen, «daß Gott im Geschick Jesu von Nazareth offenbar ist» [8]; womit der Grundgedanke Blondels, freilich auf dem Problemfeld der Historie, wiederholt wird.

Anmerkungen. [1] Anonym [L. BRUNSCHVICG], Rev. Met. Moral. 1 (1893) Suppl. Nov. 1. – [2] E. LITTRÉ: Frg. de philos. positive ... (Paris 1876) 111, zit. nach P. FOULQUIÉ: Dict. langue philos. (Paris 1962) s.v. – [3] M. BLONDEL: L'évolution du Spinocism (1894), in: Dialogues avec les philos. Préf. H. GOUHIER (Paris 1966) 31. 25. 13. 38. 36. – [4] Vgl. LThK² s.v. (dort Lit.); ferner den instruktiven Artikel ‹I.›, in: Catholicisme, hg. G. JACQUEMET (Paris 1963). – [5] DENZINGER/SCHÖNMETZER: Enchiridion symbolorum (³³1965) Nr. 3487. 3878. – [6] Vgl. J. MARITAIN: Antimodern. Die Vernunft in der mod. Philos. ... und in der thomist. Erkenntnisordnung (1930), bes. 12 (immanentistisches Prinzip); ferner Encyclop. of Philos., hg. P. EDWARDS s.v. ‹Gallarate Movement›. – [7] H. BLUMENBERG: Die Legitimität der Neuzeit (1966) zit. 163. 449. 143. 447. 559. – [8] W. PANNENBERG: Grundfragen systemat. Theol. (²1971) 48. 50 (Zitat von H. E. WEBER) 63. 69. 78.

7. Zwar sind dem gegenwärtigen Sprachgebrauch der Philosophie fast alle in der Geschichte des Terminus ‹immanent› aufgetretenen Bedeutungen, wie man heute sagen kann, immanent; aber es zeichnen sich doch klar

einige Hauptbedeutungen ab: Neben der offensichtlich abnehmenden Verwendung des Wortes in Phänomenologie und Erkenntnislehre im Sinne der Erlebnis- oder Bewußtseins-I. tritt neuerdings der Ausdruck ‹sprachimmanent› auf; vor allem aber scheint sich der Gebrauch dieses Terminus in der Erörterung des Problems der I. des Absoluten oder seiner Transzendenz gegenüber der auch ‹I.› genannten Weltwirklichkeit fest eingebürgert zu haben, zumal er abgewandelt auch von neomarxistischer Metaphysik oder Ontologie aufgenommen wurde.

Eine Sonderstellung nimmt aus hinsichtlich des Begriffspaares ‹I.› und ‹Transzendenz› G. JACOBY ein, dessen ‹Allgemeine Ontologie der Wirklichkeit› zunächst eine «I.-Ontologie» bringt, welche die «Erscheinungswelt» des praktischen Lebensvollzuges thematisiert. «Im Anschluß ... an Kant» nennt Jacoby «diesen Begriff der Außenwirklichkeit ... den immanenten», weil man mit diesem Wirklichkeitsbegriff «innerhalb der Grenzen des Erfahrbaren» bleibe. Nur «mittelbar repräsentierte Außenwirklichkeit» wäre demgegenüber «als transzendent zu bezeichnen» [1]. Auf solche Transzendenzontologie aber kommt es Jacoby an, wobei dann neue Begriffe von I. und Transzendenz entwickelt werden, die «an und für sich ... nichts mit dem Begriffe der Erfahrung zu tun» hätten, vielmehr stelle I. «eine Zwischenstufe zwischen den beiden Grenzfällen der Identität (zweier Bestände) und der Transzendenz dar» (wenn nämlich die beiden Bestände keinen Bestandteil mehr gemeinsam haben). So sei I. sowohl «unvollendete Identität als auch unvollendete Transzendenz» und somit «ein zwischen zwei Beständen waltendes Widerspruchsverhältnis mit einer Identitätsergänzung» [2].

Der Gebrauch der Termini ‹immanent› und ‹I.› in gegenwärtiger *Phänomenologie* u. a. bei R. INGARDEN [3], M. MERLEAU-PONTY [4] oder A. GURWITSCH [5] weist auf die Sprache E. HUSSERLS zurück, der «die Äquivokation der Rede von der I. beklagt» [6], aber selber die Ausdrücke ‹immanent› und ‹I.› so vieldeutig gebraucht, daß es mitunter scheint, diese Mehrdeutigkeit «arte in völlige Konfusion aus» [7]. Ein wichtiger Ausgangspunkt für Husserls einschlägigen Sprachgebrauch ist seine Zurückweisung «jener scheinbar selbstverständlichen Unterscheidung zwischen immanenten und transzendenten Gegenständen» [8], wie sie im Gefolge der Scholastik F. Brentano zeitweilig vertreten hatte. Aber das Bewußtsein käme nicht über sich hinaus, wären ihm nur Bilder, nicht aber Gegenstände gegeben, wobei auch schon der immanente Inhalt ohne Bezug auf ein «intentional gegebenes Objekt» gar nicht «als Bild» aufgefaßt werden könnte [9]. So sieht man «gefärbte Dinge» (als transzendente Gegenstände des «intentionalen» Erlebnisses) und «nicht Farbenempfindungen», die als «zum realen Bestand der intentionalen Erlebnisse» gehörig «die wahrhaft immanenten Inhalte» sind [10]. In diesem Sinn bestimmt Husserl: «I. heißt hier also im Erkenntniserlebnis reell immanent» [11].

Versteht man aber von der Intentionalität des Bewußtseins her «I.» im Unterschied zur «reellen I.» «im Sinne der in der Evidenz sich konstituierenden Selbstgegebenheit» [12], dann schließen sich Transzendenz und I. nicht aus, dann muß, besonders angesichts der Notwendigkeit «einer ‹Konstitution› des Vorstellungsgegenstandes für das Bewußtsein und *in ihm*» [13], gesagt werden: «Transzendenz in jeder Form ist ein immanenter, innerhalb des ego sich konstituierender Seinscharakter» [14]. Wird solche Konstitution des Transzendenten zur «reinen Gegebenheit» gebracht, liegt damit wieder der

wohl grundlegende und wichtigste I.-Begriff Husserls vor, den er auch als «echte» oder «reine I.» bezeichnet [15].

Gegenüber Husserls häufigem Gebrauch dieses Ausdrucks, den er anscheinend mit «mindestens sechs I.-Begriffen» verbindet [16], tritt dieser Terminus auffällig zurück bei M. HEIDEGGER, der wohl nur in kritischer Absicht das vorgebliche «Inbleiben» des Subjektes im «Gehäuse» seines Bewußtseins ‹I.› nennt und demgegenüber die These entwickelt: «Subjektsein heißt: in und als Transzendenz Seiendes sein» [17]. J.-P. SARTRE hingegen bestimmt die Subjektivität als «l'immanence de soi à soi» und bezeichnet das Bewußtsein als «reine I.», übernimmt Husserls «wesentliche Entdeckung», daß das Bewußtsein in seiner Intentionalität ‹Transzendenz› ist, bestreitet aber die «Irrealität» des zur Noese korrelativen Noema, womit Husserl seinem Prinzip «völlig untreu» geworden sei. Denn «nur im Erfassen eines Transzendenten» könne sich die I. definieren, wobei es Sartres Konzeption charakterisiert, daß «wir in der absoluten I. ... den ursprünglichen Akt entdecken müssen, durch den der Mensch für sich selbst sein eigenes Nichts ist» [18].

Zwar wird auch noch in gegenwärtiger *Erkenntnislehre* etwa im Anschluß an den «I.-Standpunkt» R. REININGERS [19] die These vertreten, daß «die uns gegebene Wirklichkeit ... allein und ausschließlich das Immanente, die Erscheinungswelt unseres Bewußtseins» ist, die als «Symbol» einer transzendenten an sich seienden Wirklichkeit anzunehmen «problematisch» bleibt und «als theoretisch sinnlos und praktisch bedeutungslos ... beiseitezulassen» sei [20], aber der erkenntnistheoretische Gebrauch des Gegensatzpaares ‹immanent› und ‹transzendent› gilt doch als «geschichtlich schwer belastet», wird daher «verpönt» [21] und scheint inzwischen weithin vermieden zu werden. Während M. SCHLICK in seiner ‹Allgemeinen Erkenntnislehre› noch eine ausführliche «Kritik des I.-Gedankens» gegeben hatte [22], behandelt V. KRAFT in seiner ‹Erkenntnislehre› das gleiche Problem unter den Titeln ‹Solipsismus› und ‹Phänomenalismus›, wobei nur gelegentlich von «Bewußtseins-I.» die Rede ist [23]. Das entspricht dem Befund im englischen Sprachraum, in dem der Terminus ‹I.› in seiner erkenntnistheoretischen Bedeutung trotz seines Gebrauchs im amerikanischen «New realism» kaum rezipiert worden ist [24].

Mit der «Aufhebung» der oft solipsistisch vom «Bewußtsein» ausgehenden Erkenntnislehre in *Sprachphilosophie* zeigt sich neuerdings die Tendenz, die Ausdrücke ‹sprachimmanent› und ‹sprachunabhängig› (bzw. -transzendent) mit dem gleichen Stellenwert zu gebrauchen, den früher die Ausdrücke ‹bewußtseinsimmanent› und ‹bewußtseinstranszendent› einnahmen. So sind nach G. PATZIG Tatsachen (im Bezug aufs Bewußtsein war von «Gegenständen» und «Dingen» die Rede) sowohl «etwas Sprachimmanentes», da sie genau das sind, «was wahre Sätze darstellen und ausdrücken», als auch das, «was in höchstem Maße sprachunabhängig ist» [25].

Der Problemzusammenhang, der zwischen der I. von Tatsachen oder Dingen im Bewußtsein bzw. in der Sprache besteht, wird besonders deutlich durch N. HARTMANNS Lehre von der «gnoseologischen I.» des «intentionalen Gegenstandes» oder der repräsentierenden Vorstellung als eines vom Akt abhängigen «Erkenntnisgebildes», *durch* das der ansichseiende Gegenstand «repräsentiert» und «intendiert» wird [26]. Zwar hat N. Hartmann die Sprachlichkeit des «Erkenntnisgebildes» nicht herausgestellt und nicht erklärt, daß dieses vermittelnde «Erkenntnisgebilde» ein allgemeine Begriffe einschließender Satz ist, aber gleichwohl dürfte seine Phänomenanalyse des Erkennens Gewicht behalten, sofern sie aufweist, daß mit dem Durchschauen eines Irrtums oder einer Täuschung bewußt wird, daß in ihnen der an sich seiende Gegenstand anders vorgestellt und gemeint wurde, als er ist. Der nach N. Hartmann in jeder Erkenntnis mögliche Irrtum zeige so, daß «das Gemeinte als solches» als «intentionaler» und «immanenter Gegenstand» vom «ansichseienden Gegenstand» zu unterscheiden ist [27]. Diese Unterscheidung hat N. Hartmann gegen die Phänomenologie Husserls und Heideggers eingeklagt, die mit ihrer Ablehnung dieses Unterschieds «das Erkenntnisproblem verfehle». Da er zugleich die «gnoseologische I.» des «von Gnaden des Aktes» bestehenden intentionalen Gegenstandes von der I. der «Ichzustände ... im psychologischen Sinn» abhebt und die intentionalen Gegenstände (z. B. auch ein als «Fleck auf der Wand erscheinendes Nachbild») als «Sphäre projektiver Gebilde» und als «projizierte Vorstellungswelt» versteht [28], dürfte er insofern mit gegenwärtiger Logik und Sprachphilosophie übereinstimmen, als auch für diese jede Aussage einen Sachverhalt entwirft und darstellt, aber eben auch «fingierte Sachverhalte», während nur wahre Aussagen Tatsachen darstellen [29]. Somit kann die sprachunabhängige Tatsache, z. B. daß jeder Mensch sterben muß, nur sprachimmanent erfaßt werden, weshalb die vom Weltentwurf der Sprache eröffnete «universale Dimension, in der wir verstehend leben, ... in erster Linie eine Welt von Sätzen» ist [30], in denen aber die ansichseiende Wirklichkeit erkannt wird.

N. Hartmann hatte der Phänomenologie wegen ihrer Ablehnung «bewußtseinsimmanenter Objekte», die ihr als «scholastische Konstruktion» galt [31], ein fehlendes «Drinstehen in den großen philosophischen Problemzusammenhängen (der Tradition im guten Sinne)» vorgeworfen und die von ihm herausgestellte Bedeutung von «immanent und transzendent» im gnoseologischen Sinn für die «ältere» erklärt gegenüber dem «jüngeren» I.-Begriff, an den die Phänomenologie in ihrer Kritik fixiert bleibe [32]. Zwar nannte die ältere Tradition die «res extra animam» dieser «Äußerlichkeit» wegen nicht «transzendent», wohl aber verstand sie das Erkennen als immanenten Akt, der auch ein immanentes Resultat habe, denn das Erkannte als solches sei im Erkennenden, und das sei bei der menschlichen Welterkenntnis, wie Thomas von Aquin erklärt, «die Aussage» als das «erstlich und eigentlich Erkannte», in der und durch welche die an sich seiende Sache erkannt werde. In solcher Weise bleibt auch dem gegenwärtigen Stand des I.-Problems sein vielleicht nicht unmaßgeblicher geschichtlicher Ursprung immanent [33].

Wenn in gegenwärtiger *Metaphysik* oder *Religionsphilosophie* das Absolute oder Gott «die Transzendenz» genannt wird, statt mit diesem Ausdruck nur die «Eigenschaft» seiner «Weltüberlegenheit» zu bezeichnen, liegt eine Rezeption des Sprachgebrauchs von K. Jaspers vor, bei dem «das Sein, ... das Absolute im Gegensatz zur Endlichkeit» «Transzendenz» heißt und entsprechend das «Immanente» bestimmt wird als «Weltsein, das als Gegenstand erscheint», womit I. im Anschluß an die sich von Kant herleitende Tradition zugleich als «Standpunkt des Bewußtseins» aufgefaßt wird – im Gegensatz zu dem der «Existenz», die im Scheitern «den Bruch der I.» durchsteht [34]. Man darf aber nach Jaspers nicht bei dem Gedanken stehenbleiben, «Transzendenz und I.» seien «das einander schlechthin Andre», vielmehr muß «in der Chiffre» «ihre gegenwärtige Dialektik ... als immanente Transzendenz» gesehen werden [35].

In welchem Maße die Rede von Gottes I. und Transzendenz in der Tat «dialektisch» bleibt, zeigt auch die Frage, ob Gott der Welt oder die Welt Gott immanent sei. M. Scheler sah «die Irrung» des Pantheismus darin, «daß in der Weltsubstanz selber schon Gott selbst gesehen, also eigentlich eine Immanentia Mundi in Deo, nicht die Immanentia Dei in Mundo gelehrt wird» [36]. Die Studie Kremers über dieses Problem «in der klassischen Metaphysik» kommt aber zu dem entgegengesetzten Ergebnis und spricht «von der I. der Welt in Gott» [37]. Die sich aufdrängende Frage, «warum Welt in Gott und nicht Gott in Welt?» [38], fordert eine Darlegung der genauen Bedeutung von ‹I.›. Wenn ‹I.› das Enthalten- und Gehaltensein der Welt in Gott bedeuten soll, so daß «die Welt in Gott ist ... ähnlich ... wie der Leib in der Seele» [39], hieße das Gott zu einem konstitutiven Wesenteil der Welt machen, legte man den aristotelischen Seelenbegriff zugrunde [40]. Um diese pantheistische Konsequenz zu vermeiden, muß man hier «Seele» im Sinne ihres neuplatonischen «Begriffs» denken. Wem das in sachlicher Rechtfertigung dieses Begriffs gelingt, der kann dann auch eine I. der Einzelseelen in der Weltseele und eine I. des gesamten Kosmos in Gott annehmen.

Weniger spekulativ belastet scheint die Erklärung der I. und Transzendenz Gottes dann zu sein, wenn man in diesem Gegensatzpaar den in der neuplatonischen Tradition «beliebten Topos» ausgedrückt sieht, Gott sei – auch als rein geistige, unräumliche Wirklichkeit – «überall und nirgends» [41]. Aber wenn man das wörtlich nimmt, heißt es, Gott sei überall und, da er nirgends sei, zugleich auch nicht überall. Nach Aristoteles sagt man mit einer solchen widersprüchlichen Aussage, die dasselbe zugleich bejaht und verneint, zwar nichts, aber für (neuplatonische) Dialektiker bringt man grade so das Nichts des überseienden göttlichen Seins dem Verstehen in «belehrter Unwissenheit» nahe [42].

Angesichts solcher Schwierigkeiten verwundert es, mit welcher Einhelligkeit in der *Theologie* die I. und Transzendenz Gottes gelehrt wird. «Der christliche Schöpfungsglaube bekennt Gottes Transzendenz und seine I. miteinander», heißt es bei P. Althaus [43], und gleichlautende Aussagen finden sich ebensowohl bei K. Barth [44] wie bei K. Rahner, der von dem «alten metaphysischen Problem von I. und Transzendenz Gottes der Welt gegenüber» spricht [45]. Diese Übereinstimmung verbindet aber auch die jüngere Theologengeneration: W. Pannenberg betont die Transzendenz des jüdisch-christlichen Gottes gegenüber der I. der griechischen Götter [46], W. Kasper fordert «zugleich ... die Transzendenz» und «die I. ... Gottes ernst» zu nehmen [47], und H. Küng beschreibt Gott als «die transzendent-immanent wirklichste Wirklichkeit im Herzen der Dinge, im Menschen und in der Menschheitsgeschichte» [48].

Heißt es aber von jenen Theologen, die wie Bonhoeffer «die Transzendenz Gottes ... nicht mehr in der Beziehung zu einer jenseitigen Welt ... erfahren», bei ihnen könne man «von einer ‹immanenten Transzendenz› sprechen» [49], so ist angesichts dieser Übernahme Jaspersscher Terminologie wiederum zu fragen, was mit diesen sich einander dialektisch bedingenden Begriffen denn eigentlich von Gott ausgesagt wird, zumal wenn keine räumlichen und zeitlichen Verhältnisse gemeint sein sollen. Wird mit ‹Transzendenz› die «Überweltlichkeit» bezeichnet, liegt zwar ein legitimer Begriff vor, der freilich impliziert, auch «die Seele des Menschen» und «den reinen Geist», weil sie «kraft ihrer Geistigkeit die sichtbare Welt *übersteigen*» «transzendent» zu nennen [50]. Aber diese Begriffsbestimmung dürfte doch nicht dem sonst üblichen Gebrauch entsprechen, da niemand reine Geister oder den menschlichen Geist auch ‹immanent› nennt.

Soll aber mit diesem Terminus die Wesensverschiedenheit Gottes von der endlichen, geschaffenen Wirklichkeit bezeichnet werden und mit ‹I.› seine Ubiquität durch Allwissenheit, Macht und in seinem mit seinem Wirken identischen Wesen, was sicher möglich ist, obwohl es nicht durch die Begriffsgeschichte dieser Termini gedeckt wird, dann ist mit solchem Rückgriff auf die «klassische Metaphysik» des Thomas von Aquin zwar die angebliche Dialektik dieses Begriffspaares entzaubert, aber die mit diesen Termini angezielte Aufgabe einer Auseinandersetzung mit dem Pantheismus doch nur auf das Problem einer metaphysischen Entfaltung des Wesensunterschieds von Gott und endlicher Wirklichkeit verschoben. Da aber der Unterschied von Schöpfer und Geschöpf nach den innertrinitarischen Unterschieden der erste und «früheste» Seinsunterschied ist, muß er nach Thomas «um so näher der Einheit ... und ganz gering» sein [51]. Vielleicht ist es daher angemessener, das Verhältnis von Gott und Schöpfung mit G. SIEWERTH statt durch die Termini ‹I.› und ‹Transzendenz› als das singuläre Verhältnis «exemplarischer Identität» zu bestimmen [52].

Damit könnte auch der durch das Gegensatzpaar ‹I.› und ‹Transzendenz› verdrängte ursprüngliche I.-Begriff im Sinne des Ineinanderseins und Ineinanderbleibens der göttlichen Personen wieder Aktualität gewinnen, zumal die Auseinandersetzung mit dem Pantheismus, der bei G. Bruno [53] und Spinoza die Negation der göttlichen Trinität einschloß, wohl nicht im Absehen von dem Problem des innergöttlichen immanenten Wirkens angemessen geführt werden kann. Der trinitarische I.-Begriff, der die notwendige konstitutive gegenseitige Bezogenheit der göttlichen Personen aufeinander und ihre strikte Wesensidentität impliziert, läßt sich aber nicht auf das Gott-«Welt»-Verhältnis übertragen. Von ihm her gesehen, zeigt sich der im 19. Jh. entwickelte I.-Begriff der gegenwärtigen Theologie als vage und unklar. Das Begriffspaar ‹immanent› und ‹transzendent›, das einen «Theismus» gegenüber Pantheismus und Akosmismus retten sollte, dürfte von vornherein zu leer und dürftig gewesen sein, um das anstehende Problem des Verhältnisses Gottes zu seiner Schöpfung klären zu helfen. Insofern bestätigt die Begriffsgeschichte K. GRÜNDERS vom Gedanken der Kondeszendenz Gottes aus geführte Kritik des «apologetischen Schemas Transzendenz/I.», das als «doch auch im katholischen Denken längst überholt» zu apostrophieren freilich ein nur stilistischer Indikativ war [54].

Bemerkenswert dürfte endlich der häufige, zuweilen gar emphatische Gebrauch der Termini ‹I.› und ‹Transzendenz› bei Th. W. Adorno und E. Bloch sein, mit dem sie die System-I. des Marxismus, dem diese Begriffe bislang fremd waren, sprengen. Bei ADORNO, der ‹immanent› in mannigfachsten Wendungen und Verbindungen wie «immanente Wahrheit», «immanent durchbrechen», «immanentes Wesen des Bewußtseins», «geistig immanent, ontisch ... transzendent», «Idee immanent», «Tradition ist der Erkenntnis immanent» usw. gebraucht [55], wird I. bestimmt u. a. als «das ausweglos dichte Gewebe ... vergesellschafteter Gesellschaft», als Bereich jener «Gefangenschaft, ... zu der Kant den Geist verdammt» oder als das, was in der «Kapuzinerpredigt» mit «Alles ist eitel» vor den Blick gestellt wird. Aber dieses «Alles» ist nicht

alles; denn «kein Licht ist auf den Menschen und Dingen, in dem nicht Transzendenz widerschiene» [56].

Wird «der Zusammenhang von I. und Transzendenz» bei Adorno nur als «die historisch je noch verweigerte Versöhnung» gedeutet [57], kommt seine Differenz zu E. BLOCH nicht in den Blick. Für diesen ist zwar alles Leben, vor allem das menschliche, «eine Art Transcendere», aber solche «Übersteigung des Gegebenen ... involviert ... zuverlässig keine Transzendenz», die wieder «eine fertige ... Gegebenheit» wäre [58]. «Entscheidend» also: «Ein Transzendieren ohne Transzendenz» [59]. Die Hoffnung auf ein Gelingen dieses Überschreitens des Gegebenen hin zum Reich der Freiheit stützt sich auf die «immanenteste I.», mit welchem Epitheton Bloch, damit im Ausdruck an Schelling erinnernd, der auch den Superlativ von ‹immanent› bildete, seine göttliche Materie schmückt [60]. Was Adorno als «das Scheinlose» anspricht und nicht zu nennen sich bemüht, dürfte bei der Dialektik von I. und Transzendenz wohl nur dann als «immanenteste I.» bezeichnet werden können, wenn man dabei an die Schechina denkt.

Wenn Transzendenz somit auch als noch ausstehende Versöhnung gefaßt wird, stellt sich der Theologie die Frage nach «immanenter und transzendenter Vollendung der Welt», der K. RAHNER nachgegangen ist und mit der These beantwortet hat, der Gegensatz zwischen immanenter (d. h. bei ihm: aus der immanenten Wesensstruktur und den gegebenen Fähigkeiten erfolgenden) und transzendenter (d. h. von außen kommender) Vollendung sei fragwürdig: «Die immanente Vollendung einer geistigen Freiheitsgeschichte ist ihre transzendente Vollendung» [61]. Bei dieser Fassung der Begriffe wird das Problem geschichtsimmanenter oder geschichtstranszendenter Vollendung nicht eigens erörtert. Es steht aber im Problemfeld jener für die «Politische Theologie» programmatischen Formulierung J. MOLTMANNS, nach der «die Emanzipation ... die I. der Erlösung», «die ... Erlösung die Transzendenz der Emanzipation» ist [62].

Ein Überblick über eine ziemlich komplizierte Begriffsgeschichte verleitet zu einem Resümee: Vielleicht kann es ein immanentes Resultat der Begriffsgeschichte sein, falls ihr das Ziel geschichtlicher Aufklärung über den Sprachgebrauch nicht allzu transzendent bleibt, Kritikfähigkeit zu mehren, worum es ja auch «emanzipatorischem» Denken geht, solange es sich von der Gefahr falschen Bewußtseins nicht schon «erlöst» glaubt. Trotz solcher I. der Begriffsgeschichte im «emanzipatorischen» Denken bleibt sie aber ebenfalls in ihrem Ziel diesem zweifellos auch transzendent (s. d.).

Anmerkungen. [1] G. JACOBY: Allg. Ontol. der Wirklichkeit 1 (1925) 19. – [2] a. a. O. 2 (1955) 87f.; vgl. die zusammenfassende Gegenüberstellung von I. – und Transz. – Ontol. 906ff. und B. v. FREYTAG-LÖRINGHOFF: G. Jacoby ... Z. philos. Forsch. 15 (1961) 237-250. – [3] R. INGARDEN: Der Streit um die Existenz der Welt 1 (1964) 8f. 11f., bes. 16. – [4] M. MERLEAU-PONTY: Phänomenol. der Wahrnehmung (1966) 416. 429. 454. – [5] A. GURWITSCH: Das Bewußtseinsfeld (1975) 26. 29. – [6] E. HUSSERL: Log. Untersuch. 2/1 (²1913) 424. – [7] R. BOEHM: Les ambiguités du concepts husserliens d'«immanence» et de «transcendance». Rev. philos. France Etrang. 149 (1959) 497. – [8] HUSSERL, a. a. O. [6] 374. 421ff. – [9] a. a. O. 421ff. – [10] 374. – [11] Die Idee der Phänomenol. Husserliana 2, 35. – [12] a. a. O. 5; vgl. 35. – [13] Log. U. a. a. O. [6] 423 (Sperrung im Text). – [14] Cart. Med. Husserliana 1, 117. – [15] Die Idee a. a. O. [11] 11. 57. – [16] Vgl. I. KERN: Husserl und Kant (Den Haag 1964) 212f. – [17] M. HEIDEGGER: Vom Wesen des Grundes (³1949) 18; vgl. Sein und Zeit (1927, zit. 1941) 62. – [18] J.-P. SARTRE: L'être et le néant (Paris 1943) 24. 28f. 83; vgl. K. HARTMANN: Grundzüge der Ontol. Sartres (1963) bes. 46ff. – [19] Vgl. W. STEGMÜLLER: Hauptströmungen der Gegenwartsphilos. (1952) 278ff. – [20] H. LINSER: Können wir wissen? (1954) 61. 57. 63. – [21] N. HARTMANN: Grundzüge einer Met. der

Erkenntnis (⁴1949) 109. – [22] M. SCHLICK: Allg. Erkenntnislehre (1918) 169-198. – [23] V. KRAFT: Erkenntnislehre (1960) 216ff. 264ff. 267. – [24] Vgl. Encyclop. of philos. 1-8, hg. P. EDWARDS (London 1957-67) s.v. ‹New Realism›; Index s.v. ‹I.›. – [25] G. PATZIG: Sprache und Logik (1970) 44f. 47. – [26] HARTMANN, a. a. O. [21] 115. 110. 47. – [27] a. a. O. 46f.; vgl. 110. – [28] 110. 111. 115. 122f. – [29] W. KAMLAH und P. LORENZEN: Log. Propädeutik (1967) 137. – [30] E. TUGENDHAT: Die sprachanal. Kritik der Ontol., in: Das Problem der Sprache, hg. H.-G. GADAMER (1967) 493. – [31] Vgl. STEGMÜLLER, a. a. O. [19] 272 (als Metakritik an Hartmann formuliert). – [32] HARTMANN, a. a. O. [21] 115f. – [33] Vgl. L. OEING-HANHOFF: Sprache und Met., in: Das Problem ... a. a. O. [30] 449-468. – [34] K. JASPERS: Philos. (²1948) 43. 685; Von der Wahrheit (1948) 88. – [35] Philos. 793. – [36] M. SCHELER: Vom Ewigen im Menschen (⁴1954) 222. – [37] KREMER, a. a. O. [2 zu 1] 9. – [38] a. a. O. 66. – [39] 39ff. – [40] Vgl. THOMAS, S. theol. I, 3, 8. – [41] KREMER, a. a. O. [2 zu 1] 80f. – [42] Vgl. K. FLASCH: Die Met. des Einen bei Nikolaus von Kues (Leiden 1972) 288. – [43] P. ALTHAUS: Die christl. Wahrheit (⁷1966) 304. – [44] K. BARTH: Die kirchl. Dogmatik 2/1 (³1948) 296. 341. 352ff. – [45] K. RAHNER: Schr. zur Theol. 9 (1970) 234. – [46] W. PANNENBERG: Grundfragen syst. Theol. (²1971) 300. 305. 310. 323. – [47] W. KASPER: Name und Wesen Gottes, in: Der Name Gottes, hg. H. v. STIETENCRON (1975) 188. – [48] H. KÜNG: Christ sein (1974) 74. – [49] H. ZAHRNT: Gespräch über Gott (1968) 455. – [50] J.-B. LOTZ: Philos. Wb., hg. W. BRUGGER s.v. ‹Transz.›. – [51] THOMAS, S. theol. I, 40, 2. 3. – [52] G. SIEWERTH: Der Thomismus als Identitätssystem (²1961) 150. 193. – [53] Vgl. BLUMENBERG, a. a. O. [7 zu 6] bes. 544. – [54] K. GRÜNDER: Figur und Gesch. (1958) 81; vgl. zur Krit. am I./Transz.-Schema auch G. STAMMLER: Ontol. in der Theol.? Kerygma und Dogma 4 (1958) 143-175. – [55] TH. W. ADORNO: Negative Dial. Stud.-A. (1970) 14ff. 21. 27. 61. – [56] a. a. O. 360. 379. 388. 394. – [57] H. SCHWEPPENHÄUSER: Negative Dial. und die Idee der Versöhnung, hg. T. KOCH u. a. (1973) 99. – [58] E. BLOCH: Das Prinzip Hoffnung (1959) 1625. – [59] Atheismus im Christentum (1968) 15. – [60] a. a. O. 293f.; vgl. zur Materie als imm. Weltsubstanz 304ff. – [61] K. RAHNER: I. und transzendente Vollendung der Welt. Schr. zur Theol. 8 (1967) 597f.; vgl. zum Problem bei TEILHARD DE CHARDIN die auch begriffsgesch. aufschlußreiche Untersuch. von TH. BROCH: Das Problem der Freiheit im Werk von P. Teilhard de Chardin (Diss. Tübingen 1975). – [62] J. MOLTMANN: Perspektiven der Theol. (1968) 207.

Literaturhinweise vgl. Anm. bes. zu Abschn. 1.

L. OEING-HANHOFF

Immanenzphilosophie. M. R. KAUFFMANN, der im Jahre 1893 ‹Immanente Philosophie, Bd. 1: Analyse der Metaphysik› hatte erscheinen lassen, gab 1895 den ersten Band der ‹Zeitschrift für immanente Philosophie› unter Mitwirkung von W. SCHUPPE und R. SCHUBERT-SOLDERN heraus. Die immanente Philosophie, die von Kauffmann in seiner Einleitung zum ersten Band der Zeitschrift auch als «idealistischer Monismus» und «immanenter Monismus» bezeichnet wird, zählt zu ihren Vorläufern *Locke, Berkeley* und insbesondere *Hume*, in neuerer Zeit *Renouvier, F. A. Lange, Schuppe* und *Laas* [1]. Es ist das Programm der Zeitschrift, deren vierter und letzter Band 1899 erschien, «daß die immanente Philosophie, indem sie die Begriffe ‹wirklich sein› und ‹bewußt sein›, ‹Objekt› und ‹Vorstellung› paarweise identifiziert, als die Gesamtheit der wirklichen, also der bewußten Dinge aber nicht das Subjekt, sondern das Weltganze bezeichnet, nicht nur eine Gestaltung der Erkenntnistheorie, sondern eine Weltanschauung ist und daher auf allen Gebieten philosophischer Forschung ihren eigentümlichen Ausdruck finden muß ... Anstelle der formalen wird sie eine erkenntnistheoretische Logik ausbilden, aus der Psychologie die dualistischen Auffassungen entfernen und dadurch dieselbe mit Erkenntnistheorie und Logik inniger verbinden; die Ethik endlich wird sie durch ihren Gegensatz zu jeglicher Metaphysik zu einer positiven Wissenschaft entwickeln» [2].

Das sich im positivistischen Sinne als antimetaphysisch und antimaterialistisch verstehende Programm der I. als phänomenologische Bewußtseinsanalyse wurde von

denjenigen, die sich zu ihr bekannten oder zu ihr gerechnet wurden, im einzelnen unterschiedlich durchgeführt. So will sich SCHUBERT-SOLDERN in der Theorie von Raum und Zeit und in der Begriffslehre von Kauffmann absetzen [3] und betont, wie schon Kauffmann in seiner Einleitung zum ersten Band der Zeitschrift, die philosophiepolitische Zielsetzung der Zusammenarbeit «einer Reihe selbständig denkender Männer, deren Gedankenwege sich an manchen Stellen voneinander entfernen», die aber «dennoch durch eine auf gemeinsame Fundamente gegründete Methode zusammengehalten werden» [4].

W. SCHUPPE, der als Hauptvertreter der I. gilt, sieht deren Aufgabe im Klären von Begriffen [5] und unterscheidet, sich gegen den vor allem von W. WUNDT erhobenen Vorwurf des Solipsismus verteidigend [6], im Ich das Ich-Subjekt und das Ich-Objekt, die nicht voneinander trennbar, weil aufeinander bezogen sind [7]. Der Durchführung des erkenntnistheoretischen Ansatzes entspringt eine Ethik und Rechtsphilosophie, die «ihren Gegenstand aus der Erfahrung» nimmt und für die es «objektiv gültige Wertschätzungen» gibt; denn «die zur Gattung oder Art Mensch gehörigen Empfindungen sind objektiv gültig» [8].

E. MACH [9] und R. AVENARIUS [10] betonen die Gemeinsamkeiten des methodischen Ansatzes und der philosophischen Grundüberzeugung der I., wie auch SCHUPPE die Nähe zu Avenarius [11], KAUFFMANN zu F. A. Lange und Laas [12] und SCHUBERT-SOLDERN zu Avenarius, Lange, Laas und Renouvier [13]. – W. I. LENIN, der diese Gemeinsamkeiten unterstreicht, wendet sich in seiner gegen den Empiriokritizismus gerichteten Streitschrift auch gegen die Vertreter der I. und karikiert sie mehr aus innerparteilichen, als aus philosophischen Notwendigkeiten im Streit mit Bogdanow als «Erzreaktionäre, offene Prediger des Fideismus, vollendete Dunkelmänner» [14].

Anmerkungen. [1] M. KAUFFMANN: Einleitung. Z. immanente Philos. (= ZiP) 1 (1895) 9f. – [2] a. a. O. 10. – [3] R. SCHUBERT-SOLDERN: Nachruf auf M. Kauffmann. ZiP 1 (1895) 375f. – [4] KAUFFMANN, a. a. O. [1] 1; SCHUBERT-SOLDERN, a. a. O. 376. – [5] W. SCHUPPE: Die immanente Philos. ZiP 2 (1897) 13ff. – [6] W. SCHUPPE: Die immanente Philos. und W. Wundt. ZiP 2 (1897) 51-79. 161-203, bes. 198f.; vgl. W. Wundts Angriff in: Philos. Stud. 12 (1895/96); a. a. O. 13 (1896-98) auch R. SCHUBERT-SOLDERN und Nachwort von W. WUNDT. – [7] W. SCHUPPE: Grundriß der Erkenntnistheorie und Logik (1894) 34. – [8] W. SCHUPPE: Grundzüge der Ethik und Rechtsphilos. (1881, ND 1963) 1, 23-26. 22. – [9] E. MACH: Die Analyse der Empfindungen und das Verhältnis des Psychischen zum Physischen (⁶1911) VI-X. 38-46. – [10] R. AVENARIUS: Anm. zu der vorstehenden Abh. Vjschr. wiss. Philos. 18 (1894) 29. – [11] W. SCHUPPE: Die Bestätigung des naiven Realismus. Offener Brief an R. Avenarius. Vjschr. wiss. Philos. 17 (1893) 384. – [12] KAUFFMANN, a. a. O. [1] 9. – [13] R. SCHUBERT-SOLDERN: Das menschliche Glück und die soz. Frage (1896) Vf. – [14] W. I. LENIN, Materialismus und Empiriokritizismus. Werke 14 (1962) 210; vgl. auch J. THIELE: Zur Kritik des Empirismus. Briefe von W. Schuppe, Graf H. Keyserling u. a. an E. Mach. Z. philos. Forsch. 24 (1970) 412-427.   H.-M. SASS

Immanenzpositivismus (Bewußtseinsmonismus, Empiriokritizismus, Immanenzphilosophie, Konszientialismus, Positivismus) meint eine erkenntnistheoretische Strömung in der Zeit vom Ende des 19. Jh. bis zum Ersten Weltkrieg. Als Hauptvertreter sind vor allem R. AVENARIUS, der Begründer des «Empiriokritizismus» [1] und E. MACH als dessen einflußreichster Vertreter [2] anzusehen, weiter etwa M. KAUFFMANN, E. LAAS, J. PETZOLDT, R. v. SCHUBERT-SOLDERN, W. SCHUPPE, TH. ZIEHEN [3].

Im angelsächsischen Raum ist um diese Zeit die Sinnesdatentheorie von *Broad, Price* und *Russell* gewissen

Spielarten des I. verwandt, in Rußland vor allem die Richtungen des Empiriomonismus (um *Bogdanow*) und des Empiriosymbolismus (um *Juschkewitsch*).

In Anlehnung einerseits an subjektiv-idealistische Lehren von *Hume* und *Berkeley*, andererseits vor allem an Auffassungen von *J. St. Mill* und *G. Kirchhoff* sieht der I. seine Aufgabe darin, durch «Analyse der Empfindungen» den Begriff der Erfahrung von allem «metaphysischen» Beiwerk zu säubern und die Wissenschaft auf eine möglichst exakte und ökonomische Beschreibung des unmittelbar «Gegebenen» zu beschränken. Gegeben sind aber nur die Empfindungen und Vorstellungen als «Elemente» alles Wirklichen sowie Komplexe von solchen. Die Empfindungen verweisen also nicht auf eine von ihnen unabhängige objektive Realität als das Gegebene, sondern die Dinge, der Leib, das Ich, sind bloß relativ konstante Komplexe solcher Elemente: «Nicht die Körper erzeugen Empfindungen, sondern Empfindungscomplexe (Elementencomplexe) bilden die Körper. Erscheinen dem Physiker die Körper als das Bleibende, Wirkliche, die Empfindungen hingegen als ihr flüchtiger vorübergehender Schein, so beachtet er nicht, daß alle Körper nur Gedankensymbole für Empfindungscomplexe (Elementencomplexe) sind ... Die Farben, Töne, Räume, Zeiten ... sind für uns die letzten Elemente, deren gegebenen Zusammenhang wir zu erforschen haben» [4].

Diesen Voraussetzungen gemäß hat die Wissenschaft folgende Aufgaben zu erfüllen: die Gesetze des Zusammenhangs der Vorstellungen zu ermitteln (Psychologie); die Gesetze des Zusammenhangs der Empfindungen (Wahrnehmungen) aufzufinden (Physik); die Gesetze des Zusammenhangs der Empfindungen und Vorstellungen klarzustellen (Psychophysik). Insofern auch das eigene Ich nichts anderes ist als eine an einen bestimmten Leib gebundene Zusammenballung von verschiedenartigsten Empfindungselementen, fällt der Gegenstand der Psychologie mit dem der Physik zusammen. Der Unterschied zwischen den beiden Wissenschaften ist kein Unterschied des Gegenstandes, sondern einer der Betrachtungsweise [5].

Wenn man die Aufgabe der Realwissenschaften auf die Beschreibung der Abhängigkeiten zwischen den verschiedenen «Elementen» und Komplexen von solchen beschränkt, so verschwinden, neben den Fragen nach der Realität der Außenwelt oder nach der Existenz nicht wahrgenommener Dinge, auch solche nach dem objektiven Status von Kategorien; Kausalität, Notwendigkeit usw. sind bloße «Gedankensymbole», die sich aus Gewohnheit herleiten [6].

Diese strikt positivistischen Auffassungen stießen bereits früh auf massive Kritik [7]. Auch M. SCHLICK, der landläufig als Positivist angesehen wird, hielt die Ansichten und Programme des I. großteils für unrichtig bzw. undurchführbar. Ist der I. der Überzeugung, daß alles Hypothetische, Problematische, alle Annahmen und Fiktionen zum Zwecke der Realisierung der Ideale der *Gewißheit* und der *Zweckmäßigkeit* auszuscheiden seien, so sind nach Meinung Schlicks [8] – wie etwa auch nach der Ansicht seines Lehrers O. KÜLPE [9] – auch solche Dinge als wirklich anzunehmen, die nicht gegeben sind. Vor allem würde es in Anbetracht der strengen Restriktionen des I. keine Gesetzeswissenschaft mehr geben, da ja Gesetze erst formuliert werden können, wenn der lückenhafte Zusammenhang des Gegebenen durch Nichtgegebenes ergänzt wird.

Ein anderer Einwand SCHLICKS richtet sich gegen die Ansicht des I., wonach sich nur denken lasse, was zur Bewußtseinswirklichkeit gehört, weil dadurch Vorstellen und Denken als nicht voneinander verschieden betrachtet werden; damit werde nur einer unhaltbaren Konfundierung von Anschauung und Denken, von Erleben und Erkennen, von Kennen und Erkennen der Weg bereitet. Es sei der Fehler (auch) des I., das Erkennen nach Analogie zum Anschauen sowie zum Erleben und Kennen als eine zweigliedrige Relation zu deuten und daher nicht zwischen *dem Kennen von etwas* und *dem Erkennen von etwas als etwas* zu unterscheiden. Es sei überhaupt nicht erforderlich, daß das *Erkannte* auch *bekannt* sein muß [10]. Dementsprechend spielen auch beim Beschluß der Anerkennung eines Satzes im wissenschaftlichen Verfahren zwar Wahrnehmungserlebnisse eine Rolle, aber nur motivierend, nicht – wie der I. meint – begründend; wie ja auch ein logischer Beweis nicht durch Denkerlebnisse begründet wird.

Später gewann diese Problematik des immanenzpositivistischen «Psychologismus» im Zusammenhang der Erörterung der *Basisprobleme* noch einmal an Bedeutung. So wandte sich K. R. POPPER gegen die von einigen Vertretern des «Wiener Kreises» anfangs noch vertretene Auffassung, daß alle in der Wissenschaft aufgestellten Sätze durch Erlebnissätze begründet sein müßten und nur durch Zurückführung auf solche Sätze nachgeprüft werden könnten. Er betonte – zum Zeitpunkt dieser Kritik schon durchaus in Übereinstimmung mit den Auffassungen gewisser Vertreter des Neopositivismus –, daß jeder wissenschaftliche Satz über die jeweils vorliegenden Erlebnisinhalte weit hinausgeht und nie theorieinvariant ist, sondern stets schon den Charakter einer Hypothese hat [11].

Anmerkungen. [1] R. AVENARIUS: Kritik der reinen Erfahrung 1. 2 (1888/1890, ²1907/08); Der menschl. Weltbegriff (1891, ³1912). – [2] E. MACH: Beitr. zur Analyse der Empfindungen (1886); 2. Aufl.: Die Analyse der Empfindungen und das Verhältnis des Physischen zum Psychischen (1900, ⁹1922). – [3] M. KAUFFMANN: Immanente Philos. 1 (1893); E. LAAS: Idealismus und Positivismus 1-3 (1879-84), bes. 3: Idealistische und positivistische Erkenntnistheorie (1884); J. PETZOLDT: Einf. in die Philos. der reinen Erfahrung 1. 2 (1899/1904); Das Weltproblem vom Standpunkte des relativistischen Positivismus (1906, ⁴1924); R. v. SCHUBERT-SOLDERN: Grundl. einer Erkenntnistheorie (1884); W. SCHUPPE: Erkenntnistheoret. Logik (1878); Grundriß der Erkenntnistheorie und Logik (1894, ²1910); Die immanente Philos. Z. imman. Philos. 3 (1897). – [4] MACH, a.a.O. [2] (²1900) 20f.; vgl. 156. – [5] Vgl. 11f. 32f. 46f. – [6] Vgl. 225ff. – [7] Vgl. W. WUNDT: Über naiven und krit. Realismus. Philos. Stud. 12/13 (1896/97); auch in: Kleine Schr. 1 (1910) Teil V; W. I. LENIN: Materialismus und Empiriokritizismus (russ. 1909). Werke 14 (1964); V. KRAFT: Weltbegriff und Erkenntnisbegriff (1912); O. KÜLPE: Die Realisierung. Ein Beitr. zur Grundlegung der Realwiss. 1 (1912); 2 und 3 aus dem Nachlaß hg. A. MESSER (1920/23); V. STERN: Die logischen Mängel der Machschen Antimet. und die realistische Ergänzung seines Positivismus. Vjschr. wiss. Philos. 38 (1914) 372-415. – [8] M. SCHLICK: Allg. Erkenntnislehre (1918, ²1925) bes. §§ 25f. – [9] Vgl. O. KÜLPE: Einl. in die Philos., hg. A. MESSER (⁸1918) bes. § 17. – [10] Vgl. SCHLICK, a. a. O. [8] § 12. – [11] K. R. POPPER: Logik der Forsch. (1935, ³1969) Kap. V.

Literaturhinweise. W. FREYTAG: Der Realismus und das Transzendenzproblem (1902). – P. STERN: Das Problem der Gegebenheit (1903). – E. CASSIRER: Substanzbegriff und Funktionsbegriff. Untersuch. über die Grundfragen der Erkenntniskritik (1910). – H. VAIHINGER: Die Philos. des Als-Ob. System der theoret., praktischen und relig. Fiktionen der Menschheit auf Grund eines idealistischen Positivismus (1911, ¹⁰1927). – R. ETTINGER-REICHMANN: Die Immanenzphilos. (1916). – M. SCHLICK s. Anm. [8]. – R. ZOCHER: Die objektive Gattungslogik und der Immanenzgedanke (1925). – A. PAP: Analytische Erkenntnislehre (1955) bes. Kap. 1. 2. – W. STEGMÜLLER: Hauptströmungen der Gegenwartsphilos. Eine krit. Einf. (⁴1969) Kap. 9, Abs. 2; Met., Skepsis, Wiss. (²1969) bes. Kap. 3. – V. KRAFT: Erkenntnislehre (1960) bes. Kap. 5; Die Grundl. der Erkenntnis und der Moral (1968).
K. ACHAM

Immaterialismus (empirischer Idealismus). ‹I.› nennt G. BERKELEY in den 1713 erschienenen ‹Three Dialogues between Hylas and Philonous› [1] seinen philosophischen Grundgedanken, daß eine räumliche Außenwelt nicht existiere und daß es nicht nur überflüssig, sondern auch widersinnig sei, materielle Entitäten als bewußtseinsunabhängige Korrelate entsprechender Vorstellungsinhalte anzunehmen: «Their esse is percipi» [2]. Berkeleys These, metaphysisch in ihrem Anspruch, erkenntnistheoretisch in ihrer Motivation, fügt sich exemplarisch in die von den Nachwirkungen des cartesianischen Bewußtseinsexperiments geprägte philosophische Situation des beginnenden 18. Jh. ein. Vor Berkeley kommen Autoren wie der Abbé DE LANION und C. BRUNET ihr nahe, und neben ihm wird sie, weniger prägnant und mit andersartiger Begründung, von A. COLLIER vorgetragen [3]. Im 19. Jh. ist T. COLLYNS SIMON [4] ein entschiedener Vertreter der von Berkeley fixierten These des I., deren philosophiehistorische Bedeutung im übrigen, ganz außerhalb jeden schulbildenden Effekts, darin liegt, daß sie, als ein «Skandal der Philosophie» [5], zu weitreichenden Auseinandersetzungen um das Verhältnis von Bewußtsein und Außenwelt Anlaß bietet. Üblicher Titel dieser Auseinandersetzungen im 18. Jh. ist der von LEIBNIZ zur Kennzeichnung der platonischen Philosophie gebrauchte, von CHR. WOLFF auf seine für das 18. Jh. weithin verbindliche Bedeutung festgelegte Ausdruck ‹Idealismus› [6]. KANT spricht, um Verwechslungen mit seiner eigenen Lehre zu vermeiden, von «empirischem», «materialem» oder «psychologischem» Idealismus [7].

In der späteren Literatur wird Berkeleys Philosophie nicht selten als «Spiritualismus» charakterisiert. Diese Kennzeichnung, berechtigt insofern, als Berkeley, anders als Hume, die substantiale Existenz von «spirits» ohne weiteres gelten läßt, ist gleichwohl eine Akzentverschiebung: Für Berkeley steht – sieht man von seinen Spätwerken ab – nicht die Existenz des Geistes, sondern die Nichtexistenz der Materie im Zentrum. – Einen anderen Wortgebrauch, demzufolge ‹I.› die Auffassung bezeichnet, daß es *neben* der Materie noch immaterielles, spirituelles Seiendes gebe, vertritt z. B. D. DIDEROTS Artikel ‹Immatérialisme› in der ‹Encyclopédie›.

Anmerkungen. [1] Vgl. G. BERKELEY, Works, hg. LUCE/JESSOP (London 1948-57) 2, 255ff. – [2] Principles § 3 a. a. O. 2, 42. – [3] Vgl. H. HEIMSOETH: A. Colliers «Universaler Schlüssel» und der Durchbruch des neuzeitl. Bewußtseinsidealismus. Stud. zur Philosophiegesch. Kantstudien, Erg.-H. 82 (1962) 293-308; F. PILLON: L'idéalisme de Lanion et le scepticisme de Bayle. Ann. philos. 6 (1895) 121-194. – [4] T. COLLYNS SIMON: On the nature and elements of the external world, or universal immaterialism, fully explained and newly demonstrated (London 1847, ²1862). – [5] KANT, KrV B XXXIX. – [6] Vgl. CHR. WOLFF: Vernünft. Gedanken von Gott ... (²1722) ‹Vorrede zu der anderen Auflage›; auch J. CARPOV: Idealismus ex concessis explosus (1740). – [7] KANT, KrV B XXXIX. 274. 519.

Literaturhinweise. H. VAIHINGER: Zu Kants Widerlegung des Idealismus. Straßburger Abh. Philos. (1884) 65-164. – G. LYON: L'idéalisme en Angleterre au 18e siècle (Paris 1888). – A. DUNLEVY FRITZ: Malebranche and the I. of Berkeley. Rev. Met. 3 (1943) 59-80. – A. A. LUCE: Berkeley's I. (London ²1950). – H. HEIMSOETH s. Anm. [3]. – H. M. BRACKEN: The early reception of Berkeley's I. 1710-1733 (Den Haag 1965).　　W. HALBFASS

Immoralismus. Mit der häufigen Selbstkennzeichnung: «Wir Immoralisten ...» [1] spricht FR. NIETZSCHE Resultat und Absicht seiner philosophischen Reflexion aus. I. ist ihm nicht die einfache Opposition zur Moral, sondern ihre Überwindung und Vernichtung in der kommenden *außer*moralischen Periode. I. ist daher identisch

mit dem Zentrum aller Wirklichkeit und allen wahren Denkens der Wirklichkeit: dem «Willen zur Macht». Der Weg zu seiner Freilegung führt über eine psychologische Entlarvung der Moral als der historischen jüdisch-christlichen Lebenslüge schlechthin, indem sie als die «Existenzbedingung» der Schwachen, Schlechtweggekommenen, Erschöpften, Enterbten, Mediokren, der décadents jeder Herkunft gesehen wird. Diese Antimacht des Willens zur Macht hat die einzige Wahrheit, nämlich die «Unschuld des Werdens» durchschaut [2], indem sie durch Internalisierung dem schöpferischen jasagenden Leben eine «Hinterwelt» vorsetzt, die Gespensterbegriffe des Ich, des Gewissens, des Guten und Bösen erfand, um «schuldigfinden und strafen» [3] zu können und die Welt zu diffamieren. Mit dem «Du sollst» begann die «grundsätzliche Falschmünzerei» [4] und Verdächtigung des Lebens. Den lebensverneinenden Grundzug in Buddhismus, Judentum, Christentum, im Liberalismus, Sozialismus, in der Demokratie, im Pessimismus und schließlich im Nihilismus sieht Nietzsche auch in der «Logik und Logisierung der Welt» [5] durch die modernen Wissenschaften und den Typ des Gelehrten am Werke. Moral ist ihr Inbegriff und zugleich der Versuch, zur Herrschaft zu kommen. In der «Logik meiner Konzeption» [6] ist sie daher ein Spezialfall des «Willens zur Macht», seine depravierte Form; und Aufgabe des Philosophen ist deshalb der I., d. h. die Sinnlüge der Moral zu entschleiern. Der Philosoph ist im Besitz der eigentlichen Wahrheit, und das Ergebnis seiner Arbeit ist «die bisher höchsterreichte Form der intellektuellen Rechtschaffenheit, welche die Moral als Illusion behandeln darf» [7].

Anmerkungen. [1] FR. NIETZSCHE, Werke, hg. K. SCHLECHTA (²1960) vgl. 1, 4; 2, 948. 977. 1153. 1156; 3, 592. 601. 1308. – [2] a. a. O. 2, 977. – [3] ebda. – [4] 3, 557. – [5] 1, 13. – [6] 3, 597. – [7] 3, 1308.

Literaturhinweise. H. HEIMSOETH: Met. Voraussetzungen und Antriebe in Nietzsches ‹I.› (1955). – I. HEIDEMANN: Nietzsches Kritik der Moral, in: Nietzsche-Stud. Int. Jb. Nietzsche-Forsch. 1 (1972) 95ff.　　　　　　　　　P. REISINGER

Imperative, kategorischer Imperativ (frz. impératif catégorique, engl. categorical imperative). Der syntaktisch-semantische Terminus ‹Imperativ› (= I.) wurde von Kant aufgenommen und als ‹kategorischer I.› zur Bezeichnung des «Sittengesetzes», des Zentrums seiner praktischen Philosophie, gewählt. Seiner Lehre sind im Grundsätzlichen die frühen Kantianer, Fichte und die Neukantianer gefolgt; kritisch haben sich mit ihr Hegel, die Lebensphilosophie und Scheler auseinandergesetzt, und sie ist auf dem Umweg über den sozialutilitaristischen I. und die Metaethik der angelsächsischen Moralphilosophie von der dialogischen Logik wieder aufgenommen worden.

I. – KANT fächert mit dem Begriff des I. das Gebiet des Praktischen, des menschlichen Wollens systematisch in seine möglichen Bereiche auf. Drei Schritte sind zu unterscheiden: 1. Die Ableitung des I. aus dem Begriff der Pflicht. 2. Die Analyse der möglichen Formen des I. und ihrer ethischen Struktur. 3. Die Möglichkeit der praktischen Gültigkeit, d.i. seiner Verbindlichkeit.

1. Der Begriff der Pflicht enthält, daß eine gute Handlung gesollt wird. Es kann nicht in das *Belieben* des Subjekts gestellt sein, eine gute Handlung zu wollen oder nicht. Das Gute *muß* gewollt werden. Diese Notwendigkeit aber richtet sich an einen Willen, der ihr von Natur aus nicht zu entsprechen braucht. Der menschliche Wille ist *kein* an sich guter Wille. Der Pflichtbegriff enthält

mithin neben dem Merkmal der «Notwendigkeit einer Handlung» [1] das der «Nötigung».

2. Das Kriterium für das, was Pflicht ist, enthält diese beiden Merkmale. Es ist die «Vorstellung eines objektiven Prinzips, sofern es für einen Willen nötigend ist» [2]. Es ist ein I. und «sagt also, welche durch mich mögliche Handlung gut wäre» [3]. Die Verbindlichkeit, mit der ein I. das Wollen einer Handlung für den Menschen ausspricht, das *Sollen* dieser Handlung also, kann von praktisch verschiedener Wertigkeit sein. Ihre möglichen Weisen müssen aus den modalen Urteilsfunktionen ableitbar sein als ein *problematischer, assertorischer* und schließlich *apodiktischer* I. [4]. Mit diesen drei I. ist der gesamte Bereich des Praktischen überhaupt umrissen und bestimmt.

a) Der *problematische* I. erklärt eine Handlung als notwendig unter der Voraussetzung irgendeiner «zu bewirkenden möglichen Absicht» [5]. Ob eine Absicht faktisch besteht oder nicht, ist dabei gleichgültig (problematisch). Sie gilt hier als ethisch indifferent. In Frage steht allein ihre Realisierung: «Die Vorschriften für den Arzt, um seinen Mann auf gründliche Art gesund zu machen, und für einen Giftmischer, um ihn sicher zu töten, sind insofern von gleichem Wert, als eine jede dazu dient, ihre Absicht vollkommen zu bewirken» [6]. Gemeint sind ausschließlich die «Regeln der Geschicklichkeit» [7]. Ihr praktischer Bereich ist der der *Technik* [8], einer Wissenschaft, die wertneutral untersucht, was zu tun sei, *wenn* die oder jene Absicht besteht. «Alle Wissenschaften haben irgend einen praktischen Teil, der aus Aufgaben besteht, daß irgend ein Zweck für uns möglich sei, und aus I., wie er erreicht werden könne» [9].

b) Der *assertorische* I. erklärt eine Handlung als notwendig unter der Voraussetzung der *wirklich* gefaßten Absicht, die alle Menschen haben, «die sie etwa nicht bloß haben *können*, sondern von der man voraussetzen kann, daß sie solche insgesamt nach einer Naturnotwendigkeit *haben*, und das ist die Absicht auf Glückseligkeit» [10]. Der assertorische I. rät, was zur Glückseligkeit, zum «eigenen größten Wohlsein» [11], zu tun sei. Er gibt «Ratschläge der Klugheit» [12] und ist insofern «*pragmatisch*» [13]. Er bestimmt nicht, was zur Herstellung einer Welt, die der «Wohlfahrt» des Menschen dient, zu tun ist.

c) Der *apodiktische* I. erklärt eine Handlung als notwendig ohne Voraussetzung irgend einer Absicht. Er fordert eine Handlung, «ohne irgend eine andere durch ein gewisses Verhalten zu erreichende Absicht als Bedingung zu Grunde zu legen»; er gebietet sie «unmittelbar» [14]. Eine gute Handlung kann nicht unter einer Bedingung stehen, sie muß unbedingt notwendig gewollt sein. Der apodiktische I. ist daher weder Regel noch Ratschlag, er ist im eigentlichen Sinne Gesetz und Gebot: «Denn nur das *Gesetz* führt den Begriff einer *unbedingten*, und zwar objektiven und mithin allgemein gültigen *Notwendigkeit* bei sich, und Gebote sind Gesetze, denen gehorcht, d.i. auch wider Neigung Folge geleistet werden muß» [15]. Erst im apodiktischen I. also erschließt sich das Gebiet des *guten* Handelns, das unbedingt als solches sein soll. Er ist daher weder technisch noch pragmatisch, sondern «moralisch». Er ist der I. der «Sittlichkeit».

Problematischer und assertorischer I. sind von gleicher Struktur. Die in ihnen geforderte Handlung steht unter einer *Voraussetzung*: «Ich soll etwas tun, darum weil ich etwas anders will» [16]. Die Handlung ist nicht unbedingt, sondern bedingt gesollt. Sie dient als Mittel zur Verwirklichung einer *anderen* Absicht. Zwar ist die Handlung notwendig, aber eben nur *wenn* dies oder jenes gewollt wird. I. von dieser Form sind *hypothetische*. Sie sagen nur, «daß die Handlung zu irgend einer *möglichen* oder *wirklichen* Absicht gut sei».

Die Untersuchung der hypothetischen I. auf die Verbindung hin, in der die gesollte Handlung unter ihrer möglichen oder wirklichen Absicht gewollt wird, ergibt, daß sie eine *analytische* ist. In dem vorausgesetzten Wollen als Wollen ist schon das *Wollen der Mittel* zur Verwirklichung mitenthalten: «Wer den Zweck will, will (sofern die Vernunft auf seine Handlungen entscheidenden Einfluß hat) auch das dazu unentbehrlich notwendige Mittel, das in seiner Gewalt ist» [17]. Andernfalls wäre das «Wollen» ein bloßer Wunsch. Die Notwendigkeit der Wennso-Form der hypothetischen I. hat also ihren Grund in der analytischen Einheit eines Wollens, welches das Sollen der Mittel a priori mit will.

Der kategorische I. (= k.I.). – Quer zu dem allem steht die Struktur des apodiktischen I. Er ist nicht in Zweck und Mittel, Absicht und Verwirklichung aufteilbar, denn er gebietet eine Handlung «als *an sich* gut vorgestellt, mithin als notwendig in einem an sich der Vernunft gemäßen Willen, als Prinzip desselben» [18]. Dieser I. der Sittlichkeit ist *kategorisch*.

Die Analyse des k.I. ist schwieriger als die der hypothetischen I., da er voraussetzungslos gebietet und die praktische Notwendigkeit der geforderten Handlung daher nicht analytisch ableitbar ist. Die un-bedingte Notwendigkeit der Handlung kann unmöglich aus ihrer Absicht, einen konkreten Zweck zu verwirklichen, gefolgert werden. Dann gerade wäre sie bedingt und führte auf eine hypothetische Reihe. Zweck ist «der Begriff von einem Objekt, sofern er zugleich den Grund der Wirklichkeit dieses Objekts enthält» [19]. Er ist also eine kausal werdende Vorstellung eines Objekts. Die Handlung wäre sowohl von dem Inhalt des vorgestellten Objektes wie auch von der Wirkung der Vorstellung auf das Subjekt, das sie will, abhängig. Das aber gilt für jede Handlung, insofern sie dem Inhalte, der «*Materie* nach», betrachtet wird. Denn es «bestimmt sich der Wille niemals *unmittelbar* selbst durch die Vorstellung der Handlung, sondern nur durch die Triebfeder, welche die vorausgesehene Wirkung der Handlung auf den Willen hat: Ich soll etwas tun, darum weil ich etwas anderes will». Dieses «andere» aber wird wiederum nicht unbedingt gewollt, sondern gleichfalls unter einer einschränkenden Bedingung, welche von der «Natur des Subjektes» abhängig ist. Diese Reihe ist daher «an sich zufällig», zur «apodiktischen praktischen Regel ... untauglich» [20]. Der Wille ist abhängig von der zufälligen Natur des Subjektes, bestimmt sich nicht selbst (autonom), sondern wird fremdbestimmt (*heteronom*). Auf den Inhalt abgestelltes Wollen ist daher eo ipso heteronom und führt auf die Reihen nur hypothetischer I.

Die Formulierungen des k.I. – Die Unbedingtheit des k.I. kann daher nicht im Inhalt der geforderten an sich guten Handlung gefunden werden, sondern nur in ihrer *Form*. Die Form unbedingter Notwendigkeit aber kann ihm nur die *Vernunft* verleihen. Denn eine an sich gute Handlung bedarf eines *Prinzips* praktischer objektiver Notwendigkeit, das Grund dieser Handlung ist und nicht ihrem Inhalt entstammt. Beruht er auf dem Inhalt in seiner hypothetischen Gültigkeit für ein singuläres praktisches Subjekt, so ist er, allgemein formuliert, für dieses eine *Maxime* als ein «subjektives Prinzip des Wollens». Die Maxime aber kann nur dann praktische objektive Gültigkeit beanspruchen, wenn sie fähig ist, für alle vernünftigen Wesen gelten zu können. Hat sie diese Form, dann ist sie ein *Gesetz*: «Das objektive Prinzip ist das praktische Gesetz» [21]. Es ist also die bloße *Form der Gesetzesfähigkeit*, welche die Maxime zum Gesetz erhebt und damit der aus ihr folgenden Handlung die praktische Unbedingtheit verleiht.

Demgemäß lautet die *erste Formulierung* des k.I.: «Handle nur nach derjenigen Maxime, durch die du zugleich wollen kannst, daß sie ein allgemeines Gesetz werde» [22]. Denkt man sich eine Natur, in der das Dasein der Dinge durch dieses Gesetz bestimmt ist, kann die erste Formulierung des k.I. auch lauten: «Handle so, als ob die Maxime deiner Handlung durch deinen Willen zum allgemeinen Naturgesetz werden sollte» [23].

Die *zweite Formulierung* des k.I. ergibt sich aus der Zweck-Mittel-Relation, sofern sie sich nicht auf die Materie des Wollens bezieht. Eine Handlung, die den Bereich eines anderen Menschen berührt, wäre dann von Zwecken abhängig, die durch «ihr Verhältnis auf ein besonders geartetes Begehrungsvermögen des Subjektes» [24] gesetzt würden, wäre von der zufälligen Natur des handelnden Subjektes abhängig (materiale, relative Zwecke). Der andere Mensch wird dann letztlich als Mittel zu den Zwecken des handelnden Subjektes genommen, so «gut» diese auch gemeint oder empfunden sein mögen. Entscheidend für den Weg, zu einem allgemein verbindlichen sittlichen Prinzip zu kommen, ist die Abstraktion von der subjektiv bestimmten Materie und der Vorstellung eines unbedingten Zweckes, welcher «Zweck an sich selbst» ist [25]. In dieser relativitätsfreien Hinsicht aber kann es nur der Mensch selber als *vernünftige Natur* sein, welche als «Dasein an sich selbst einen absoluten Wert» hat. Alles Wollen ist Beziehung auf andere; wenn es im unbedingten Sinne *gut* sein soll, muß es sich in seiner Materie daher einschränken lassen durch ein formales oberstes Prinzip, die anderen stets als Selbstzweck mitwollen zu können. Als Selbstzweck und vernünftige Wesen aber gehören sie unabhängig von allen ihren sonstigen inneren und äußeren Eigenschaften der *Menschheit* an: «Handle so, daß du die Menschheit, sowohl in deiner Person als in der Person eines jeden anderen, jederzeit zugleich als Zweck, niemals bloß als Mittel brauchst» [26]. Ausdrücklich warnt Kant vor einer Verwechslung mit dem «trivialen *quod tibi non vis fieri* ... (Was du nicht willst, daß dir geschehe, das ...)» [27]. Es kann «kein allgemeines Gesetz» sein, da es im Ausgang auf den Inhalt des individuellen zufälligen Wollens abgestellt ist.

Die *dritte Formulierung* des k.I. ist eine Antwort auf die Frage, wie denn in einem einzelnen Menschen das Verhältnis einer Unterwerfung unter ein allgemeines Gesetz gedacht werden kann, ohne daß die Freiheit dabei unmöglich werde. Sie ist die umfassendste Formulierung und drückt unmittelbar die Struktur des sittlichen Wollens aus: Man kann sich das Ideal eines «Reiches der Zwecke» [28] denken. Es entstände, wenn alle sich selbst und die anderen «niemals bloß als Mittel, sondern jederzeit zugleich als Zweck an sich selbst behandeln» [29] würden. In ihm sind alle vernünftigen Wesen durch «gemeinschaftliche objektive Gesetze», wodurch die Zulässigkeit einer Zweck-Mittel-Relation in Beziehung aller Menschen untereinander a priori entschieden ist, gebunden. In diesem Reiche der Zwecke, als einem gedachten Reiche der Sittlichkeit, nimmt jedes vernünftige Wesen eine doppelte Position ein. Einmal als *Glied*, insofern es «diesen Gesetzen selbst unterworfen ist». Sodann aber auch als *Oberhaupt*, insofern es als autonomer Autor, «als gesetzgebend keinem Willen eines anderen unterworfen ist» [30]. Daß der Mensch einem Gesetze gehorcht,

ist nur legitimierbar, wenn er «in Ansehung ebendesselben zugleich *gesetzgebend* und nur darum ihm untergeordnet ist» [31].

Kant zieht an dieser entscheidenden Stelle eine Grenze zu allen vormaligen Auffassungen des guten Handelns: «Es ist nun kein Wunder, wenn wir auf alle bisherigen Bemühungen, die jemals unternommen wurden, um das Prinzip der Sittlichkeit ausfindig zu machen, zurücksehen, warum sie insgesamt haben fehlschlagen müssen. Man sah den Menschen durch seine Pflicht an Gesetze gebunden, man ließ es sich aber nicht einfallen, daß er nur *seiner eigenen* und dennoch *allgemeinen Gesetzgebung* unterworfen sei ... Denn wenn man sich ihn nur als einem Gesetz (welches es auch sei) unterworfen dachte: so mußte dieses irgend ein Interesse als Reiz oder Zwang bei sich führen, weil es nicht als Gesetz aus *seinem* Willen entsprang, sondern dieser gesetzmäßig von *etwas anderem* genötigt wurde, auf gewisse Weise zu handeln» [32].

Die «dritte Formel» des k.I., daß eine «Zusammenstimmung» des Willens mit der «Idee des Willens jedes vernünftigen Wesens als eines allgemein gesetzgebenden Willens» [33] möglich ist, wenn dieser Wille als «selbstgesetzgebend» sich zugleich diesem seinem *eigenen* Gesetze unterstellt, ist die umfassendste. Sie enthält die «Lossagung von allem Interesse beim Wollen aus Pflicht» [34], also von aller Fremdbestimmung.

Alle drei Formen des k.I. stehen in einem systematischen Zusammenhang. Die erste Form gibt den *objektiven* Grund «aller praktischen Gesetzgebung» an: die Form der Allgemeinheit. Die zweite fügt den *subjektiven* Zweck, das Umwillen alles sittlichen Wollens, hinzu. Er ist das «Subjekt aller Zwecke», das «vernünftige Wesen» als «Zweck an sich selbst» [35]. Auf die *Maximen*, «die Gesinnungen, d.i. die Maximen des Willens» [36] angewandt, gibt die erste Formulierung die «Form, welche in der Allgemeinheit besteht», die zweite «eine Materie, nämlich einen Zweck» [37]. Die dritte Formel, welche die Idee eines sich seinem selbstgegebenen allgemeinen Gesetz unterstellenden Willens darstellt, impliziert eine «*vollständige Bestimmung* aller Maximen», daß sie «aus eigener Gesetzgebung zu einem möglichen Reiche der Zwecke zusammenstimmen sollen».

Nachdem die Formen des k.I. *erschöpfend* dargestellt worden sind, nämlich nach dem quantitativ-kategorialen Einteilungsprinzip: «*Einheit* der Form des Willens (der Allgemeinheit desselben), der *Vielheit* oder *Totalität* des Systems derselben» [38], bleibt die Frage nach seiner Struktur zu beantworten.

Die Struktur der hypothetischen I. enthielt eine Bedingung und war *analytisch*. Der k.I. gebietet, eine Handlung unbedingt zu wollen. Das erreicht er, indem er den Inhalt des Wollens, die Maximen, in denen der aus dem jeweiligen besonderen Subjekt stammende Inhalt schon allgemein formuliert ist, einer Bedingung, die selber unbedingt ist, unterwirft. Diese ist die Objektivität, die Gesetzesfähigkeit der für sich nur subjektiven Maximen. Mithin müssen sie fähig sein, widerspruchslos in die Form eines für alle gültigen Gesetzes gebracht werden zu können: «Ein schlechterdings guter Wille ist derjenige, dessen Maxime jederzeit sich selbst, als allgemeines Gesetz betrachtet, in sich enthalten kann» [39]. Da aber im Gegensatz zu den hypothetischen I. der gesollte Inhalt des Wollens nicht aus einer vorausgesetzten weiteren inhaltlichen Bedingung analytisch ableitbar ist, ist ein k.I., d. h. die Verknüpfung des Maximeninhaltes mit der unbedingten Bedingung der Gesetzesfähigkeit, *synthetisch* [40]. Alle Formen des k.I. verknüpfen in der jeweiligen

Struktur das «Wollen einer Handlung», das «nicht aus einem anderen, schon vorausgesetzten analytisch ableitbar» ist, «mit dem Begriffe des Willens eines vernünftigen Wesens unmittelbar als etwas, das in ihm nicht enthalten ist» [41]; sie sind also synthetisch.

3. Die Frage nach den I. ermöglicht somit analytisch einen systematisch vollständigen Aufriß des Feldes der Ethik. Die damit noch nicht beantwortete, aber sich transzendental-philosophisch anschließende große Frage ist die nach der *Möglichkeit* des k.I. als eines sittlichen synthetischen Satzes a priori aus reiner Vernunft.

Der k.I. ist das Gesetz der *Freiheit*. Seine Synthesis zwischen einem Maximeninhalt und einem unbedingten Sollen bzw. Nichtsollen spiegelt die synthetische Struktur der Freiheit als intelligibles Vermögen, «eine Reihe von sukzessiven Dingen oder Zuständen *von selbst* anzufangen» [42], mit der Welt der Erscheinung, die ausnahmslos kausaldeterminiert, also unfrei, abläuft. In der ‹Kritik der reinen Vernunft› zeigt Kant, daß eine widerspruchslose Einigung zwischen Freiheit und Kausalität der menschlichen Natur *denkmöglich*, aber als objektiver Realvorgang theoretisch prinzipiell *unerkennbar* ist. Die ‹Kritik der praktischen Vernunft› aber weist auf, daß diese Denkmöglichkeit der Freiheit über den k.I. als «ratio cognoscendi» die praktisch-notwendige Realität eines Postulates erhält, so wie diese umgekehrt die «ratio essendi» für den k.I. abgibt. «Freiheit und unbedingtes Sollen weisen also wechselweise auf einander zurück» [43], aber mit der Präferenz des k.I. Denn er ist die Bedingung, «unter der wir uns allererst der Freiheit *bewußt* werden können» [44]. Warum aber der Einzelne das Sittengesetz und er selbst sich notwendig als sollend weiß, ist für Kant ein *Faktum* des Einzelnen als vernünftiges Wesen überhaupt: «Man kann das Bewußtsein dieses Grundgesetzes ein Factum der Vernunft nennen, weil man es nicht aus vorhergehenden Datis der Vernunft, z. B. dem Bewußtsein der Freiheit, herausvernünfteln kann, sondern weil es sich für sich selbst uns aufdringt» [45]. Nur ist es kein auf Affektion, auf Rezeptivität der Sinnlichkeit gegründetes Faktum, «sondern das einzige Factum der reinen Vernunft ..., die sich dadurch als ursprünglich gesetzgebend (sic volo, sic iubeo) ankündigt» [46]. Die Philosophie kann dem Einzelnen dieses Faktum nicht einpflanzen. Sie kann nur a priori zeigen, daß Freiheit und Gesetz widerspruchslos denkbar sind, und ihr praktisches Verhältnis angeben. Das «Wie» des Realvollzuges bleibt ihr unerkannt. Das «Ob» aber der Existenz praktischer Vernunft kann sie kritisch entscheiden. Und der Einzelne hat sie als Tatsache seines reinen Bewußtseins, «selbst der ärgste Bösewicht, wenn er nur sonst Vernunft zu brauchen gewohnt ist» [47], so daß es nicht möglich ist, etwa vernünftig Schlüsse zu ziehen, verstanden zu werden und ein sittengesetzlich bestimmtes Wollen nicht kennen zu können.

Anmerkungen. [1] I. KANT, Gundleg. zur. Met. der Sitten. Akad.-A. 4, 400. – [2] a. a. O. 413. – [3] 414. – [4] ebda. – [5] ebda. – [6] ebda. – [7] 416. – [8] ebda. – [9] 414. – [10] 419. – [11] ebda. – [12] 416. – [13] ebda. – [14] 416. – [15] ebda. – [16] 444. – [17] 414. – [18] ebda. – [19] KU. Akad.-A. 5, 180. – [20] Grundleg. a. a. O. [1] 4, 444. – [21] 401 Anm. – [22] 421. – [23] ebda. – [24] 427. – [25] 429. – [26] ebda. – [27] 430 Anm. – [28] 433f. – [29] 433. – [30] ebda. – [31] 440. – [32] 433. – [33] 431. – [34] ebda. – [35] ebda. – [36] 435. – [37] 436. – [38] ebda. – [39] 447. – [40] 420. 440. 444. 447. 454. – [41] 420 Anm. – [42] KrV A 449. – [43] KpV § 6 Anm. Akad.-A. 5, 29. – [44] a. a. O. 4. – [45] 31. – [46] ebda. – [47] Grundleg. a. a. O. [1] 454.

II. In dem ‹System der Sittenlehre› von 1798 gibt J. G. FICHTE als erstes eine genetische «Deduktion des Prinzips der Sittlichkeit», des k.I. Fichte glaubt, daß «durch die Begreiflichkeit, die der sogenannte k.I. dadurch erhält, der Anschein einer verborgenen Eigenschaft, (qualitas occulta), den er bisher, freilich ohne *positive* Veranlassung des Urhebers der Vernunftkritik trug, am besten entfernt, und die dunkle Region für allerhand Schwärmereien, die sich dadurch darbot (z. B. eines durch die Gottheit lebhaft angeregten Sittengesetzes, u. dgl.) am sichersten vernichtet wird» [1]. Fichte versteht seine Deduktion, die dem Gegenstande nach ebenfalls eine «der moralischen Natur des Menschen, oder des sittlichen Prinzips in ihm ist», gleichwohl als «theoretische Erkenntnis», als «Theorie des Bewußtseins unserer moralischen Natur überhaupt...» [2], in der er die Forderung, «daß wir auf eine gewisse Weise handeln sollen, aus dem System der Vernunft überhaupt, als notwendig» ableiten will [3].

KANT hatte eine *Deduktion* des Sittengesetzes, eine «Rechtfertigung seiner objektiven und allgemeinen Gültigkeit und Einsicht der Möglichkeit eines solchen synthetischen Satzes» durch «alle Anstrengung der theoretischen, spekulativen oder empirisch unterstützten Vernunft» für unmöglich erklärt. An ihre Stelle trat in der «Analytik» der praktischen Vernunft die «Exposition», die auf dem Felde der ethischen Valenzen freilegte, daß das Sittengesetz «dennoch für sich selbst fest»steht und dadurch umgekehrt selber ein «Prinzip der Deduktion der Freiheit» ist [4].

FICHTE dagegen faßt in seiner ‹Wissenschaftslehre› das Ich-Bewußtsein, das für Kant «ein bloßes Bewußtsein, das alle Begriffe begleitet» [5] war, als reine, nichtsinnliche, aber intellektuelle *Anschauung* seiner Selbstsetzung, zwar nicht als Ding an sich, aber doch als ein *Tun* in Akten der Intelligenz [6]. Sie ist der transzendentale Boden jedes Systems, auch der Sittenlehre, der nicht bewiesen und «andemonstriert» werden kann, da jeder in seinem Ich mit ihm identisch ist und sie vollzogen haben muß, um die Wissenschafts- und Sittenlehre in seiner Eigenanschauung zu verstehen.

Die Substanz des reellen Ichs aber ist so das *Wollen* als reelles Selbstbestimmen, das philosophisch in der intellektuellen Selbstanschauung *gefunden* wird. Dieses Resultat wird *bewiesen* und verdeutlicht den Unterschied zu Kant, der das Vermögen einer Kausalität aus sich in der «Dialektik der reinen Vernunft» aus der Vernunftfunktion des transzendental-hypothetischen Schlusses synthetisch *ableitet*, theoretisch, aber als nur denkmöglich [7]. Fichte gewinnt es auch theoretisch, aber im Ausgang von einem *wirklichen* Wollen in der Selbstbeobachtung des Philosophen. Er gewinnt ein «objektives Sein des Ich» [8], und nicht nur eine Denkidee. Eine in der Selbstanschauung gefundene wollende Substanz aber widerspricht der Freiheit. Freiheit kann nicht als Objekt gegeben sein, sondern muß vom Subjekt ausgehend gesetzt werden. Sie ist kein Sein, sondern «bloße reine Tätigkeit». Jene Substanz muß daher dem Subjekt als einem Vermögen unterstellt werden, um jenes absolut Reale erst nach seinem Begriff, der Regel von ihm herzustellen: «Jene Absolutheit des reellen Handelns kommt unter die *Botmäßigkeit des Begriffs;* und dadurch erst wird sie eigentliche Freiheit: Absolutheit der Absolutheit, absolutes Vermögen, sich selbst absolut zu machen» [9]. Umgekehrt kann Freiheit aber auch keine bloße *Möglichkeit* bleiben, und so stellt sich die Aufgabe einer Vermittlung zwischen der subjektiven und der objektiven Position, die beide für sich unhaltbar sind. Eine Identität des Subjektiven und Objektiven aber ist eben nicht zu denken, da das Denken darin besteht, eine «Unterscheidung zwischen Subjektivem und Objektivem» vorzunehmen, die gerade «in diesem Begriffe nicht vorgenommen werden soll». Das Denken kann fragen: «Bin ich denn darum, weil ich mich denke» (subjektiv), «oder denke ich mich darum, weil ich bin» (objektiv). Aber das Ich ist als freies «absolut einerlei», also ein «undenkbares Eines». Es ist für ein Denken daher eine «leere Stelle», ein X, das nur als Denkaufgabe zu «beschreiben, nimmermehr aber zu denken ist» [10]. Fichte untersucht einige Möglichkeiten und weist die zurück, die ein Ich von außen determinieren würden oder auch in sich selbst, durch eine in ihm gegebene Objektivität. Er sucht eine Bestimmung des *ganzen* Ich, die mit seiner Freiheit verträglich ist.

Der Form nach ist das freie Ich Intelligenz als wirkliche intellektuelle Anschauung; ursprünglich, weil durch nichts außer ihm bestimmt, und wirklich, weil wir bloß Bewußtheit setzend wie das Ich = Ich des ersten Grundsatzes der Wissenschaftslehre. Sie ist «bestimmtes Bewußtsein», ein «erstes, unmittelbares Denken» [11]. Die Bestimmtheit, als die jene objektive Tendenz zu nehmen ist, kann daher nur ein «beharrliches unveränderliches ..., ein gesetzlich notwendiges Denken sein». Da die Selbsttätigkeit des Ich dabei aber nicht vernichtet sein darf, muß die Intelligenz «sich selbst das unverbrüchliche Gesetz der absoluten Selbsttätigkeit geben» können.

Dieses Gesetz wäre so der Intelligenz, wenn auch nur ihr, aber doch notwendig *gegeben*, das «Subjektive durch das Objektive» bestimmt. Nun aber muß auch gegenläufig das «Objektive ... durch das Subjektive» bestimmt sein. Denn Freiheit wäre nicht Freiheit, wenn der Gedanke des Gesetzes sich «unbedingt aufdringen» würde: «Jene Gesetzgebung äußert sich nur unter der Bedingung, daß man sich als frei denkt, denkt man sich aber als frei, so äußert sie sich notwendig» [12].

Damit wäre das Subjektive (Freiheit) des Objektiven (Gesetz, Bestimmtheit) und das Objektive des Subjektiven, beides «wechselseitig durcheinander» bestimmt, «ohne daß das freie Tun aus einem Sein herausdogmatisiert wäre, und das Gesetz, der Urprung des Pflichtbewußtseins, der k. I., wären damit deduziert» [13]. Sie können nicht als zwei Gedanken aufgefaßt werden, deren einer den anderen bestimmte oder aus ihm folgte. Fichte denkt ihn als «Ein und derselbe Gedanke», als eine «vollständige Synthesis» [14]. Der k. I. ist demnach ein Gesetz der «absoluten Selbständigkeit» [15], das durch nichts außer sich bestimmt sein kann. Es verlangt, die absolute Selbständigkeit zu vollziehen. Es ist das Gesetz, das Freiheitsvermögen «unverrückt zu gebrauchen» [16]. Es impliziert daher das *Sollen*, eine «Notwendigkeit im bloßen Begriffe» [17]. Wie kann diese *Notwendigkeit* mit der *Freiheit* vereinbar sein? Als Notwendigkeit, sich frei zu bestimmen. Sie ersetzt die Selbstbestimmung nicht, auch mechanisiert sie sie nicht. Sie ist die «notwendige Weise, unsere Freiheit zu denken» [18].

Anmerkungen. [1] J. G. FICHTE: System der Sittenlehre nach den Prinzipien der Wiss.lehre (1798). Philos. Bibl. 257 (²1969) 49. – [2] a. a. O. 14f. – [3] 48. – [4] I. KANT, KpV, Akad.-A. 5, 46ff. – [5] KrV B 404. – [6] Vgl. P. REISINGER: Reflexion und Ichbegriff. Hegelstud. 6 (1971) 245ff. – [7] Vgl. Die log. Voraussetz. des Begriffs der Freiheit bei Kant und Hegel. (Diss. Frankfurt a. M. 1967) 127ff. – [8] FICHTE, a. a. O. [1] 59. – [9] 31. – [10] 41. – [11] 45f. – [12] 46. – [13] 53. – [14] 52. – [15] 58. 59. – [16] 51. – [17] 54. – [18] 48.

III. HEGEL deutet den k. I. als besondere Bewußtseinsstufe (Phänomenologie), als Systemstufe (Rechtsphilosophie), als logisches Moment (Seinslogik) und läßt ihm

so sein partielles Recht. Allein das spekulative Denken in dem angezeigten Sinne (Rechtsphilosophie, Logik) wie auch die bloße bewußtseinsphänomenologische Beobachtung der Diskrepanz zwischen dem, was der k. I. zu leisten vorgibt, und dem, was er tatsächlich leistet, führen Hegel zur Einsicht in seine innere Unmöglichkeit und zu seiner Aufgabe als moralisch-ethisches Grundgesetz, zur Überführung in seinen Nachfolger, die «Sittlichkeit».

In der ‹Phänomenologie des Geistes› entspricht dem k. I. die Bewußtseinsstufe der «gesetzprüfenden Vernunft» [1]. Gegenüber der *gesetzgebenden* Vernunft macht diese den Anspruch geltend, einen Maßstab zu besitzen, um die Gesetze*fähigkeit* von Inhalten beliebiger Art feststellen zu können [2], um den «tyrannischen Frevel, der die Willkür zum Gesetze macht», als ein «Wollen und Wissen dieses Individuums» [3], unmöglich zu machen. Das gesetzprüfende Bewußtsein vergleicht «einen Inhalt nur mit sich selbst und betrachtet ihn, ob er eine Tautologie ist» [4]. Diese Formulierung stimmt prima facie mit derjenigen Kants überein, daß nach einer Maxime zu handeln sei, «die *sich selbst* zugleich zum allgemeinen Gesetz machen kann» [5]. In diesem «sich selbst» steckt jedoch die ganze Problematik des k. I. Hegel faßt es als die «formale Allgemeinheit» des Inhalts auf. Sie macht einen Inhalt zu einer «einfachen Bestimmtheit» [6], die sich für sich nie widersprechen kann. Daß Eigentum sein soll, widerspricht sich als diese einfache Bestimmtheit so wenig wie das Gegenteil. Von hier leitet sich das Argument gegen Kant her, daß der k. I. auch unsittliche Inhalte legitimieren könne. Die Tautologie kann alles in ihre Form aufnehmen.

Als imperative *Bewußtseinsstufe* hebt sich die Sollform auf und hebt sich mit der ebenfalls zersetzten «gesetzgebenden Vernunft» als dem anderen Moment kraft eigener Logizität in die Sittlichkeit auf, in der die Willkür der Autorität und das freibleibende Sollen aufgehoben sind zu dem, was «durchsichtig» ist und gilt, was als Wille aller die «Form des Seins» hat [7]. Von hier aus kann Hegel daher sagen, daß ich, wenn ich «zu prüfen anfange, schon auf unsittlichem Wege bin». Das Nachprüfen der Widerspruchsfreiheit eines sittlich geltenden Inhaltes ist ihm ein subjektives «Bewegen meines Gedankens» [8].

Indessen bleibt offen, ob Hegel, unbeschadet seiner dialektischen Kritik an einer imperativisch strukturierten Bewußtseinsstufe, den k. I. Kants mit dem Tautologievorwurf trifft. Denn alle Maximen besitzen schon als subjektive *Grundsätze* eines Individuums die logische Form der Allgemeinheit. Die Frage nach ihrer Gesetzfähigkeit würde also, wenn Hegel hier recht sähe, die schon bestehende Tautologie verdoppeln. Nach Kant aber stellt der k. I. die Maximen in ein *synthetisches Verhältnis*. Ein solches ist «weder ein Verhältnis der Identität, noch des Widerspruchs» [9]. Der Widerspruch, der jetzt im Falle der Unsittlichkeit der Maxime auftreten soll, ist daher woanders zu suchen als in der logischen Form der Maxime selber. Die Maxime ist für Kant keine bloße «einfache Bestimmtheit», sondern «Willensmeinung eines *Individuums*» [10]. Die Implikation des Maximen*trägers* also, die Hegel eliminiert, soll in dem synthetischen Verhältnis am Ort der Maxime einen Widerspruch erzeugen können.

In der ‹Rechtsphilosophie› ist die Kritik Hegels an der «Pflicht um der Pflicht willen» und an der «weitere[n] Kantische[n] Form, die Fähigkeit einer Handlung, als *allgemeine* Maxime vorgestellt zu werden», im *Inhalt* ihrer Argumente analog derjenigen in der ‹Phänomenologie› [11]. Allein der philosophische *Ort* dieser Kritik und damit der Legitimität ihrer Argumente ist ein anderer: Nicht eine *Bewußtseinsverfassung* wird an ihrer Selbstdarstellung kritisiert, sondern praktisch-objektive *Begriffe* wie ‹Pflicht› und ‹Maxime›. Der Pflicht und der imperativischen Sollform werden aufgrund ihrer konstitutiv-vorgängigen Trennung vom Inhalt der Maxime ihre «inhaltslose Identität», das «abstrakte Positive», das «Bestimmungslose», der «leere Formalismus», die Bestimmung allein als «Mangel des Widerspruchs», die «formelle Übereinstimmung mit sich», die «abstrakte Unbestimmtheit», die «formelle Identität» vorgeworfen wie auch, daß «alle unrechtliche und unmoralische Handlungsweise auf diese Weise gerechtfertigt werden» kann [12].

Die Kritik des k.I. kulminiert in der genetisch-systematischen Fortentwicklung des abstrakten Guten (Pflicht) im Verhältnis zum Subjekt als «absolute Gewißheit (seiner) selbst» zum *Gewissen*. In dieses als den absoluten ethischen Selbstbestimmungsort fällt, der Abstraktheit der Pflicht wegen, schließlich «die Besonderheit überhaupt», also aller sittliche Inhalt [13]. Es wirft sich damit in seiner nur sich selbst gelten lassenden, inneren absoluten selbstgewissen Singularität zum alleinigen Richter auf und geht in die sich rechtfertigende Willkür des Bösen über [14].

Hegel leugnet nicht die Möglichkeit des k.I. als einer ethischen Stufe. Der Immanenz der Kantischen und Fichteschen Philosophie konzediert er, «daß für die Endlichkeit ihrer Kreise das Sollen vollkommen anerkannt wird,» aber eben nicht als der «höchste Punkt» [15] einer praktischen Philosophie. Er muß aufgrund seiner Strukturanalyse des Sollens in der ‹Logik› sagen, daß beides, Persönlichkeit und Person, oder wie diese Negation immer genannt sein mag, jene wie Sollen, diese als Schranke «beide ... Momente des Endlichen» sind [16]. Die Schranke, die Sinnenwelt, ist auch für Kant das Endliche per se, aber im Sollen hat der Mensch den freien, nichtendlichen Ausgang seiner Selbstbestimmung. Hegel trägt auch dem Rechnung, daß es, so getrennt vom Endlichen, zunächst für sich als ein Nichtendliches gelten muß: «Das Sollen ist nur an sich, somit für uns, beschränkt.» Erst die Strukturanalyse bringt heraus, daß es «durch seine Beziehung auf die ihm selbst schon immanente Grenze ... beschränkt» [17] ist. Das zeigt sich in der kantischen Auffassung der Willensgesinnung, die die ihr fremde Materie aus dem Orte der Bestimmtheit internalisiert, damit aber gerade die Diskrepanz der Innerlichkeit ihrer Bestimmung zur Bestimmtheit der Extensionalität, zu Zeit, Kausalität und Handlung aufreißt und diese ethisch ausklammert. Es bleibt bei einem Prozeß dieses Wechsels. Die wahre Kritik an diesem Modell gibt Hegel in der das Sollen aufhebenden nächsten Seinsstufe, der Unendlichkeit und ihrem Wechsel mit der Endlichkeit. Sie zeigt, daß das Unendliche, insofern es dem Endlichen gegenüber steht, selbst ein Endliches ist.

Anmerkungen. [1] G. W. F. HEGEL, Werke, hg. H. GLOCKNER (⁴1954) 2, 327ff. – [2] a. a. O. 327. – [3] 331. 332. – [4] 338. – [5] I. KANT, Grundlegg. zur Met. der Sitten. Akad.-A. 4, 437. – [6] HEGEL, a. a. O. [1] 328. 329. – [7] 332-334. – [8] 334. – [9] KANT, KrV B 194. – [10] KpV. Akad.-A. 5, 66. – [11] HEGEL, a. a. O. [1] 7, § 135 Anm. – [12] § 135. – [13] § 138. – [14] § 139; vgl. H. LÜBBE: Zur Dialektik des Gewissens nach Hegel. Hegelstud., Beih. 1 (1964) 247-261. – [15] HEGEL, a. a. O. [1] 4, 156. – [16] 151. – [17] ebda.

IV. *Lebensphilosophie.* – 1. Während Hegel den k.I. an dessen eigener Intention mißt und von daher kritisiert,

stellt NIETZSCHE die Postulate der Objektivität, Allgemeingültigkeit, praktischen Verbindlichkeit, Verantwortlichkeit als solche in Frage und läßt in bezug auf die Theorie vom k.I. nur noch die Frage gelten: «Was sagt eine solche Behauptung von dem sie Behauptenden aus?» [1]. Die Bewunderung für den k.I., die «Festigkeit» des moralischen Urteils, die «Unbedingtheit des Gefühls: So wie ich, müssen hierin alle urteilen» sei in Wahrheit Ausdruck einer schlechten Selbstsucht des Bewundernden: «Bewundere vielmehr deine *Selbstsucht* darin! Und die Blindheit, Kleinlichkeit und Anspruchslosigkeit deiner Selbstsucht! Selbstsucht nämlich ist es, *sein* Urteil als Allgemeingesetz zu empfinden; und eine blinde, kleinliche und anspruchslose Selbstsucht hinwiederum, weil sie verrät, daß du dich selber noch nicht entdeckt, dir selber noch kein eigenes, eigenstes Ideal geschaffen hast» [2].

Der imperative Charakter der Pflicht gegenüber natürlicher Selbstliebe ist eine «Maschinentugend», die Scheidung von Lust und Pflicht ist allein ökonomisch zu verstehen, um den Menschen «möglichst nutzbar zu machen und ihn ... der unfehlbaren Maschine anzunähern» [3]. – Das für Kant von der Philosophie unabhängige, faktische Vernunftdatum des jedem in seinem Gewissen sich aufdringenden Sittengesetzes gewinnt unter der Sicht einer «Erhaltungsbedingung der Sozietät» eine andere Bedeutung: «Sich einordnen, leben wie der ‹gemeine Mann› lebt, für recht und gut halten, was er für recht hält: das ist die *Unterwerfung* unter den Herdeninstinkt», und der Charakter seiner Notwendigkeit ist nicht aus reiner praktischer Vernunft: «Man hat alle Arten *Imperative* darauf verwendet, um die moralischen Werte als fest erscheinen zu lassen: – sie *scheinen* instinktiv, wie innere Kommandos» [4].

Der Internalisierung der Herdenmoral haftet ein Moment der Grausamkeit an. Die «Begriffswelt ‹Schuld›, ‹Gewissen›, ‹Heiligkeit› der Pflicht hat im Grunde einen gewissen Geruch von Blut und Folter niemals wieder ganz eingebüßt ... (selbst beim alten Kant nicht: der K.I. riecht nach Grausamkeit ...)» [5]. Grundsätzlich ist das zwar kein Einwand, denn: «Fast alles, was wir ‹frühere Kultur› nennen, beruht auf der Vergeistigung und der Vertiefung der *Grausamkeit* – dies ist mein Satz» [6]. Aber der k.I. ist die Formel des negativen Willens zur Macht des Décadent «mit dem Charakter der Unpersönlichkeit und Allgemeingültigkeit - Hirngespinste, in denen sich der Niedergang, die letzte Entkräftung des Lebens, das Königsberger Chinesentum ausdrückt. Das Umgekehrte wird von den tiefsten Erhaltungs- und Wachstumsgesetzen geboten: daß jeder sich *seine* Tugend, *seinen* k.I. erfinde ... Daß man den K.I. Kants nicht als *lebensgefährlich* empfunden hat! ... Der Theologen-Instinkt allein nahm ihn in Schutz! ...» [7].

An Nietzsches Ressentimenttheorie knüpft ausdrücklich M. SCHELER an und seine reductio ad hominem des k.I. wird in gewisser Weise aufgenommen von A. GEHLEN mit seiner These von der Pluralität der ethischen Antriebe und seiner Kritik einer erweiterten Binnenmoral.

Anmerkungen. [1] F. NIETZSCHE, Werke, hg. K. SCHLECHTA 2, 644f. – [2] a. a. O. 196. – [3] 3, 630. – [4] 761. – [5] 2, 806. – [6] 693. – [7] 1172. P. REISINGER

2. Während die *Neukantianer* trotz mancher Nuancierungen sich bemühen, den Gedankengängen Kants zu folgen [1], leistet G. SIMMEL, schon in der ‹Einleitung in die Moralwissenschaft›, eine differenzierte Kritik des k.I. Sie steht unter dem Vorzeichen seiner Deutung der gei-

stigen Lage der Zeit. «Nachdem die materiellen definitiven Werthe des Lebens vor der modernen Kritik gefallen sind und uns als ihre Erbschaft nur die haltlose Sehnsucht nach einem Endzweck zurückgelassen haben», bietet sich der k.I. mit seiner formalen Vorstellung der Pflicht als ein «Provisorium» an [2]. Simmels Kritik hat ihren Ansatzpunkt in dem konsequenten Durchdenken der «einzelnen That» unter dem «Anspruch der Verallgemeinerung» [3]. Dieser Anspruch läßt das Handeln «ganz und gar von einer Voraussetzung abhängen, von der man doch zugleich weiß, daß sie nicht zutrifft: es handeln eben thatsächlich nicht alle so, wie ich handle, und was geschehen würde, wenn sie es thäten, ist eigentlich gleichgültig, da sie es nun einmal nicht thun» [4]. Die Verallgemeinerungsfähigkeit habe nur einen «heuristischen» Wert [5]. Mit der «Vervielfältigung der Handlung» soll ihr «eigentlicher Charakter» sichtbar gemacht werden, «der sich sonst dem nicht geschärften Blick gar zu leicht verbirgt»; «objektiv» aber wird keine Erkenntnis gewonnen, «die sich nicht auch aus der Betrachtung derselben als einer einzelnen oder einzigen ergäbe» [6]. Immerhin liegt aber im Prinzip des k.I., daß die Verallgemeinerung sich von einer «absoluten Individualisierung» herleitet [7], da ja aus der individuellen Tat heraus die Verallgemeinerung gedacht werden soll. Aber durch dieses Prinzip werde die «Direktive gerade zerstört», die der k.I. der «Beurteilung des Handelns gewähren sollte» [8]. Es ergibt sich das «Dilemma», daß die Verallgemeinerung «einerseits entweder leer oder unausdenkbar ist, wenn sie wirklich jede Bestimmung der Persönlichkeit und jede Verzweigung des Thuns einschließen soll, andererseits nicht bindend, wenn sie nur einen allgemeinen oder wesentlichen Theil ihrer, unter Beiseitelassung irgend welcher anderer, betrifft» [9]. Aus diesem Dilemma aber ergebe sich erst die eigentliche Bedeutung des k.I., nämlich die Erkenntnis, «daß jede individuelle Lage Seiten und Bestimmungen hat, welche auf die aus ihr hervorgehende sittliche Verpflichtung ohne Einfluß sind» [10]. Simmel anerkennt also die «Gleichgültigkeit einer Reihe individualisierender Bestimmungen jedes einzelnen Falles für die aus ihr folgende sittliche Entscheidung», aber diese Erkenntnis ist nicht «ein unmittelbar und jeden Fall entscheidendes praktisches Prinzip» [11]. Zwar sei im k.I. grundsätzlich der Gedanke angelegt, daß die «Individualität als Realprinzip mit der Allgemeingültigkeit des Gesetzes als Normierungsprinzip» vereinigt seien, aber der k.I. «bleibt selbst in diesem Allgemeinen, und wir sind darum im einzelnen Fall um nichts sicherer, wo denn nun die Linie liegt, die uns der k.I. nur suchen, aber nicht finden lehrt» [12].

Die ‹Kantvorlesungen› bauen auf der bisherigen Anerkennung und Kritik auf, vertiefen aber die Kritik ins Grundsätzliche. Indem Kant die «innere Einheitlichkeit» der Handlungen zum Kriterium ihrer Verallgemeinerungswürdigkeit mache und zur Garantie ihrer «sittlichen Würde», baue er auf ihrer «logischen Widerspruchslosigkeit» auf [13]. Darin liege an sich die «wahrhaft großartige Idee, daß der verstandesmäßige Zusammenhang ... unseres Handelns das Kriterium auch ihres sittlichen Wertes bilde» und es sei ein Hinweis auf die von Kant angedeutete *eine* Wurzel der praktischen und theoretischen Vernunft [14]. Aber dieser «kantische Intellektualismus» führe doch dazu, daß der k.I. «nur verbieten, aber nicht gebieten» könne, denn was ohne inneren Widerspruch sei, sei deshalb noch nicht sittlich notwendig und gerechtfertigt [15]. Der k.I. bleibe letztlich «bloßes Mittel für die Klärung und Auseinanderlegung von anderweitig

– durch sittlichen Instinkt oder sonst – schon anerkannten Werten» [16]. In der Analyse der «Situation» (in sie geht die der «einzelnen That» in der ‹Einleitung› modifiziert auf) entfernt sich Simmel in den Grundlagen von Kant. Nicht nur, daß der k.I. keine «prinzipielle Norm» angibt, welche Elemente der einzelnen Tat zu verallgemeinern und welche zu vernachlässigen sind, um zum allgemeinen Gesetz zu kommen, sondern «es ist auch keine anzugeben» [17]. In der «Gesamtheit der Situation» [18] als einem jeweiligen Moment eines Menschenlebens mit seinem «gesamten Bezirk sachlicher und persönlicher Umstände» ist kein einziger Umstand, dem man das «Recht auf Beeinflussung einer geforderten sittlichen Entscheidung von vorneherein absprechen könnte» [19]. Es könne also «überhaupt kein allgemeines Gesetz geben ..., d. h. kein solches, das aus einer durch die gegebene Situation bestimmten Handlungsweise gewisse Elemente heraushebt, um sie zu verallgemeinern und damit ein Gesetz für alle Situationen, die diese Elemente zeigen, zu bilden» [20]. Zwar sei eine Entscheidung in einfachen Fällen möglich, «innerhalb eines einfachen, ich möchte sagen: kleinbürgerlichen Milieus», aber in der «Wirrnis gekreuzter Interessen und Bindungen» versagt der k.I. «vollständig» [21]. Da der Versuch, aus der «Situation» heraus ein «allgemeines Gesetz» zu gewinnen, nicht gelingt, muß Simmel eine Lösung suchen, die die Voraussetzungen ändert, d. h. er muß sich der Voraussetzungen seines Denkens bewußt werden, unter denen er die Lösung suchte und sie mit den Bestimmungen des k.I. nicht fand. Seine von ihm thematisierte Voraussetzung ist, daß er von einem Begriff der «Persönlichkeit» ausgeht, die ihren Wert nicht mehr in «einem Allgemeinen» findet, «das für alle gleichmäßig gelte, sondern in schlechthin individuellen Gestaltungen» [22]. In der Problemstellung des k.I. – auf das «moderne Leben» und auf «Persönlichkeit» bezogen – steckt hiernach der Fehler, daß das «Individuum die sittliche Legitimation seiner Handlungsweise gar nicht immer in einem allgemeinen Gesetz suchen kann» [23]. Die «Festigkeit, Objektivität» eines Gesetzes ist allerdings nicht zu entbehren. «Mir aber scheint, das moderne Leben strebe nach dem, was man das individuelle Gesetz nennen muß» [24].

Diesen Ansatz entwickelt Simmel konsequent erst im Zusammenhang seiner Philosophie des Lebens, wobei in den Untersuchungen zur Ethik die Analyse der «Situation» in der des «Lebens» aufgeht. Der naturwissenschaftliche Gesetzesbegriff, von dem Kant ausgehe [25], ist seiner «Wesensform» nach der «Wesensform des Lebens» fremd, «das doch seine Wirklichkeit ihm [dem Gesetz] anschmiegen soll». Auch eine noch so große Häufung von Gesetzen in der Form «allgemeiner» Gesetze kann der «Bewegtheit und Mannigfaltigkeit des Lebens nicht nachkommen, nicht aus quantitativer Unzulänglichkeit, sondern aus der Diskrepanz der prinzipiellen Form ...» [26]. Das «Sollen» als «allgemeines Gesetz» kommt deshalb weder «aus dem Leben», noch geht es «auf das Leben» [27], es ist nicht nur der «Wirklichkeit des Lebens gegenüber indifferent», sondern auch dem «Prinzip des Lebens» [28]. Eine innerlich konsistente Begründung des individuellen Gesetzes kann Simmel nur gelingen, wenn das «Sollen» aus dem «Leben» selbst sich herleiten läßt. So stellt er nicht «Sollen» und «Leben» einander gegenüber, sondern «Sollen» und «Wirklichkeit», «beide Male aber als Leben» [29]. «Sollen» als «mit dem Leben selbst gegebene Ausformung seiner Totalität» ist nicht identisch mit dem «Sollen» des k.I., «weil wir uns auch dieses ‹selbst geben›». Bei Kant gebe der Teil des Individuums sich das Pflichtgebot, mit dem es die «überindividuelle Vernunft repräsentiert» [30], während das «jeweilige Sollen» des individuellen Gesetzes «eine Funktion des totalen Lebens der individuellen Persönlichkeit» [31] ist. Da Sollen als eine Funktion des Lebens ableitbar ist, das Leben aber «sich nur an Individuen vollzieht, ist die moralische Normierung, ihrem Begriffe und inneren Prinzip nach, eine individuelle» [32]. Das so begründete individuelle Gesetz liefert die Ethik nicht der subjektiven Beliebigkeit aus. Das Individuum ist etwa «Bürger eines bestimmtes Staates» und alles, «was ihn umgibt und was er je erlebt hat», formt «an jenem flutenden Leben der Persönlichkeit, und aus alledem wächst, wie eine Wirklichkeit, so ein Sollen» [33]. Auch die Inhalte allgemeiner Gesetze können in die individuellen eingehen. «Die begrifflich fixierbaren, dem Leben des Individuums vorbestehenden Inhalte werden eben doch unzählige Male zu Elementen und Relationen innerhalb dieses Lebens, werden ihm assimiliert wie dem Körper die ihm zugeführten Speisen, die ihn selbst aufbauen ...» [34]. Dies aber läßt das individuelle Gesetz nicht in den Bestimmungen des allgemeinen aufgehen, sondern umgekehrt. Das so von Simmel festgehaltene individuelle Gesetz hat die Konsequenz, daß es wohl in «singuläreren Vorschriften» begrifflich faßbar ist, nicht aber als «individual-allgemeines Gesetz» eines ganzen Lebens eines Individuums. Als solches ist es «nicht begrifflich zu fixieren» und «unbeschreiblich» wie der «Stil und Rhythmus einer Persönlichkeit» [35].

Anmerkungen. [1] Vgl. W. WINDELBAND: Einl. in die Philos. (1914) 274ff.; H. COHEN: Kants Begründung der Ethik (1877); H. VAIHINGER: Die Philos. des Als-Ob (1911) 650ff. 726ff.; E. MARCUS: Der k.I. (²1921); A. BUCHENAU: Kants Lehre vom k.I. (1913); K. STERNBERG: Beiträge zur Interpretation der Krit. Ethik (1912) 24ff.; K. VORLÄNDER: Der Formalismus der Kantischen Ethik (1893). – [2] G. SIMMEL: Einl. in die Moralwiss. Eine Krit. der ethischen Grundbegriffe (¹1892/93, ND ⁴1964) 2, 20. 19. – [3] a. a. O. 24. – [4] 24f. – [5] 29. – [6] 26; vgl. 28f. – [7] 43; vgl. Kant. Sechzehn Vorles. (1904) 96f. – [8] Einl. a. a. O. [2] 44. – [9] 50. – [10] ebda. – [11] 58. – [12] ebda. – [13] Kant ... a. a. O. [7] 101. – [14] 99. – [15] 101. – [16] 102. – [17] 105. – [18] 106. – [19] 104. – [20] 105. – [21] ebda. – [22] 107. – [23] 106. – [24] 106f. – [25] Das individuelle Gesetz. Logos 4 (1913) 117-160; stark erw. in: Lebensanschauung. Vier met. Kap. (1918) 154-245; zit. nach Das individuelle Gesetz. Philos. Exkurse, hg. M. LANDMANN (1968) 182f.; vgl. Gesetzmäßigkeit im Kunstwerk, in: Frg. und Aufsätze aus dem Nachlaß (1923) 213-228, bes. 218ff.; vgl. auch die Kritik von H. DELIUS: K.I. und individuelles Gesetz, in: Argumentationen. Festschr. J. König, hg. H. DELIUS/G. PATZIG (1964) 67-74. – [26] SIMMEL, Das indiv. Gesetz a. a. O. 181. – [27] 196. – [28] ebda. – [29] ebda. – [30] 198f. – [31] 204. – [32] 217. – [33] 219. – [34] 219 Anm. – [35] 229. R. PIEPMEIER

V. M. SCHELER weist Kants Behauptung, «gut und böse haften ursprünglich nur an den Akten des Willens», «entschieden» zurück [1]. In der Hierarchie der ethischen Werte stehen die Werte «gut und böse» an erster Stelle, geschieden von ihrem Träger. Dieser ursprüngliche Träger ist das «Sein der Person selbst», in zweiter Linie die Tugenden und Laster als «Richtungen» ihres sittlichen Könnens, und erst in dritter Linie die *Akte* des Wollens und Handelns dieser Person [2]. Scheler stellt der *Sollens-* und *Pflichtethik* eine *Einsichtsethik* gegenüber und voran [3]. Er versucht in einer diffizilen phänomenologischen Analyse des *idealen Sollens* nachzuweisen, daß ein Wert nie im Gesolltsein von Etwas bestehen kann, sondern daß umgekehrt jedes Sollen in einem Wert fundiert ist.

Scheler will sich in seiner Weise mit Hegels Kritik an der «Geistesrichtung» Kants und Fichtes treffen: ein Gutes, dessen Wesen im Sollen liegt, muß durch seine

Realisierung sittlich indifferent werden [4]. Auch eine Ethik des idealen Sollens hat «bloß negativ kritischen Charakter», steht «gleichsam in Berührungsangst vor allen existierenden sittlichen Werten». Verschärft wird dieser Charakter noch durch das «normative Sollen» eines k.I. In ihm ist, wie im idealen Sollen, der Wert nicht nur als nichtseiender gegeben, sondern bleibt von der «ursprünglichen Intention eines auf ihn gerichteten Strebens überhaupt frei» [5]. «Jede Art von I.» kann daher, in genauer Konsequenz von Schelers phänomenologischem Ansatz materialer Werte, «keinen Sinn» haben. Scheler muß ihn, gegen Kant, umbeziehen. Der k.I. ist nicht Ursprung, sondern «nur berechtigt», wenn er sich auf ein ideales Sollen und die es fundierenden Werte beziehen läßt mit der Konsequenz, daß er selber noch «*Gegenstand* von Rechtseins- und Unrechtseinssätzen ist» [6]. Einem I. geht der Wert eines idealen Sollens voran, das erst in dem «Befehlsakt» einer Autorität oder Tradition zum I. führt [7].

Ob Schelers Vorwürfe eines «falschen Subjektivismus», einer «konstruktiven Umdeutung des schlichten Tatbestandes zugunsten einer fragwürdigen subjektivistischen Metaphysik» [8] zu halten sind, kann nur in einer erkenntnisphilosophischen Auseinandersetzung der Phänomenologie (Husserl, Scheler) mit der Transzendentalphilosophie entschieden werden.

Anmerkungen. [1] M. SCHELER: Der Formalismus in der Ethik und die materielle Wertethik (1916, ⁵1966) 49. – [2] a. a. O. 49f. – [3] 193. 200. – [4] 217. – [5] 219. – [6] 220. – [7] 218. – [8] 195. 200.

Literaturhinweise. P. DEUSSEN: Der k.I. (1891). – R. ARKENBERG: Gesetz und I. Die Wendung zum Menschen in der Kantischen Ethik (1938). – J. EBBINGHAUS: Die Formeln des k.I. und die Abl. inhaltl. bestimmter Pflichten (Turin 1960). – M. MORITZ: Kants Einteil. der I. (Lund 1960). – H. J. PATON: Der k.I. Eine Untersuch. über Kants Moralphilos. (1962); engl. The c.I. ... (New York 1967). – C. BETANCUV: Les premiers principes logiques de l'impératif. Arch. Rechts- u. Staatsphilos. NF Beih. 4 (1965) 27-38. – E. WOLFF: Les trois impératifs catégoriques et les trois postulats de la raison chez Kant. Arch. Philos. 29 (1966) 57-58. – T. C. WILLIAMS: The concept of the c.I. A study of the place of the c.I. in Kants ethical theory (London/Oxford 1968). – O. MARQUARD: Hegel und das Sollen (1963); jetzt in: Schwierigkeiten mit der Geschichtsphil. (1973) 37ff. P. REISINGER

VI. Der utilitaristische I. und der k.I. der dialogischen Logik. – In der angloamerikanischen Moralphilosophie bestimmt der Utilitarismus diejenige Handlung als richtig, die die besten Folgen hat und insofern den größtmöglichen Nutzen hervorbringt. Je nachdem wie Nutzen definiert ist – ob als Lust (Hedonismus), als persönliches oder allgemeines Wohlergehen (Egoismus, Altruismus) oder als Glück (Eudämonismus) –, ergeben sich verschiedene Formulierungen des allgemeinen utilitaristischen I. «Maximiere den Nutzen!» Unabhängig von den verschiedenen Definitionen des Nutzens kann man die Spielarten utilitaristischer Theorie in Handlungsutilitarismus und Regelutilitarismus unterteilen, je nachdem, ob eine einzelne Handlung oder eine Klasse von Handlungen am Prinzip der Nützlichkeit überprüft wird. Während der Handlungsutilitarismus die Ausführung einer Handlung gebietet, die unter den gegebenen Umständen den größtmöglichen Nutzen erzielt, vergleicht der Regelutilitarismus die geplante Handlung mit der ihr zugrunde liegenden Regel oder Norm und befragt diese auf ihre Nützlichkeit hin. Entsprechend lautet der regelutilitaristische I.: «Handle gemäß der Regel, die den größtmöglichen Nutzen erzielt!» Damit kann sowohl eine Handlung gemeint sein, die in der Regel gute Folgen hat, als auch eine Handlung, deren regelmäßige Ausführung gute Folgen hat.

Im Unterschied zu den klassischen Utilitaristen – insbesondere BENTHAM, MILL, SIDGWICK [1] –, die in ihren ethisch-pragmatischen Überlegungen bezüglich der Richtigkeit von Handlungen mit dem einen Prinzip der Nützlichkeit auszukommen glaubten, haben die modernen Utilitaristen – insbesondere R. B. BRANDT, J. RAWLS, M. G. SINGER, J. J. C. SMART [2] – das Prinzip der Fairness oder der Gerechtigkeit als zweites ethisches Prinzip aufgestellt. Dieses Prinzip besagt, daß zwar grundsätzlich nach einer Maximierung des Nutzens gestrebt werden soll, der tatsächlich hervorgebrachte Nutzen aber fair bzw. gerecht, d. h. entsprechend dem Beitrag verteilt werden soll, den die Handelnden zu seiner Hervorbringung geleistet haben. Der sozialpragmatische I. fordert daher: «Nur der soll in den Genuß eines Nutzens kommen, der zu seiner Hervorbringung beigetragen hat.»

Die Metaethik ist keine normative Theorie wie der Utilitarismus, sondern eine Theorie der Normativismus, d. h. es werden keine Normen aufgestellt, sondern die Funktionen von geltenden Normen in ihrem jeweiligen sprachlichen Kontext beschrieben und nach einem logischen Schema – das dem von Aristoteles [3] entwickelten Modell des praktischen Syllogismus entspricht – klassifiziert. Erste Ansätze zu einer imperativischen Logik finden sich bei CH. L. STEVENSON, der moralische Sätze so umformuliert, daß ihr informatives und ihr imperativisches Implikat deutlich wird. So bedeutet die Aussage «X ist schlecht»: «Ich mißbillige X; tue das gleiche!» [4]. Moralische Sätze enthalten also einen I., vermittels dessen ausgedrückt wird, daß die mitgeteilte Information nicht bloß zur Kenntnis genommen, sondern als ein Appell an die moralische Einstellung, an das praktische Verhalten aufgefaßt werden soll.

Diese These greift R. M. HARE auf, wenn er deskriptives Sprechen (Indikativsätze, die etwas beschreiben) von präskriptiven Sprechweisen (I. und Werturteile, die etwas vorschreiben) unterscheidet. «Ein Indikativsatz hat die Funktion, jemandem mitzuteilen, daß etwas der Fall ist; ein I. hingegen hat die Funktion, jemandem mitzuteilen, daß etwas dazu gebracht werden soll, der Fall zu sein» [5]. Die beiden Sätze (1) «Du wirst die Tür schließen» (Tatsachenaussage) und (2) «Schließ die Tür!» (Befehl) haben nach Hare einen gemeinsamen Sachverhalt – «Dein Schließen der Tür in der unmittelbaren Zukunft» –, den er «Phrastik» nennt, und einen verschiedenen Teil in der Bestätigung dieses Sachverhalts – (1) «ja» bzw. (2) «bitte» –, den er «Neustik» nennt [6]. Wer Satz (1) zustimmt, erkennt den in der Phrastik mitgeteilten Sachverhalt als wahr an; wer Satz (2) zustimmt, versteht den in der Phrastik mitgeteilten Sachverhalt als Aufforderung und tut das Geforderte [7]. Präskriptive Sätze haben mit deskriptiven Aussagen nicht nur das phrastische Element, sondern auch die logische Struktur gemeinsam. Allerdings gilt für praktische Syllogismen die Grundregel: «Keine gültige imperativische Konklusion kann aus Prämissen gefolgert werden, die nicht wenigstens einen I. enthalten» [8]. Mithin können Sollensforderungen nicht ausschließlich aus Tatsachensätzen abgeleitet werden.

Das bei Hare nicht eigens diskutierte Problem der Rechtfertigung von Normen, die in einer Gesellschaft faktisch gelten – wobei ihre Geltung im Verlauf eines Erziehungsprozesses analog den Verkehrsregeln gelernt wird –, haben P. LORENZEN und O. SCHWEMMER thematisiert [9]. Auch sie gehen von der Parallelität zwischen den Modalbegriffen der Aussagenlogik (notwendig/ möglich) und den ethischen Moralbegriffen (obligatorisch/erlaubt) aus. Entsprechend bedeutet ‹verboten› =

‹geboten, daß nicht›; ‹erlaubt› = ‹nicht verboten›; ‹negativ erlaubt› = ‹nicht geboten›; ‹freigestellt› = ‹weder geboten noch verboten› [10]. Nun lassen sich zwar mit Hilfe der ethischen Moralbegriffe und des in einer Gesellschaft geltenden Normensystems alle aufgrund faktisch anzutreffender Wünsche und Begehrungen zu deren Befriedigung geplanten Handlungen daraufhin überprüfen, ob sie in dieser Gesellschaft zugelassen sind oder nicht, doch ist damit noch nicht die Rechtmäßigkeit des geltenden Normensystems erwiesen. Faktisch geltende Normen können nur bedingt gebieten; sie sind hypothetische I., die erst nach «transsubjektiver» Überprüfung legitimiert und unbedingt gültig sind. Eine solche Überprüfung soll nach SCHWEMMER in Form einer gemeinsamen Beratung aller Betroffenen oder ihrer Vertreter geschehen, und zwar nach Maßgabe des Prinzips der Transsubjektivität. Aus diesem Prinzip folgt der in Anlehnung an Kant neuformulierte k.I.: «Transzendiere deine Subjektivität!» [11]. Dieser Anspruch besagt, daß die Bildung eines einsichtigen Willens und die Aufstellung vernünftiger Normen in gemeinsamen Beratungen mit anderen geschehen soll, in welchen Konflikte dadurch gelöst werden, daß die faktischen Begehrungen und Interessen so transformiert werden, daß sie unter einen von allen akzeptierten Zweck subsumiert werden können [12]. Nur solche Normen gelten zu Recht als echte moralische Normen, die gemäß dem k.I. gewonnen sind.

Anmerkungen. [1] J. BENTHAM: An introd. to the principles of morals and legislation (publ. 1780, ND London 1970); J. ST. MILL: On utilitarianism (London 1863, ND 1910); H. SIDGWICK: The methods of ethics (London 1874) dtsch. Die Methoden der Ethik (1909). – [2] R. B. BRANDT: Ethical theory. The problems of normative and crit. ethics (Englewood Cliffs 1959); Toward a credible form of utilitarianism, in: CASTANEDA/NAKHNIKIAN (Hg.): Morality and the language of conduct (Detroit 1963); Some merits of one form of utilitarianism. Univ. of Colorado Stud. in Philos. (Boulder, Colo. 1967); J. RAWLS: Two concepts of rules. Philos. Rev. 64 (1955); M. G. SINGER: Generalization in ethics. An essay in the logic of ethics (New York 1961); J. J. C. SMART: Extreme and restricted utilitarianism. Philos. Quart. 6 (1956); An outline of a system of utilitarian ethics (Melbourne 1961). – [3] ARISTOTELES, Eth. Nic II. – [4] CH. L. STEVENSON: Ethics and language (New Haven/London 1944) 21. – [5] R. M. HARE: The language of morals (Oxford 1952); dtsch. Die Sprache der Moral (1972) 5. – [6] a. a. O. 18. – [7] 20. – [8] 28. – [9] P. LORENZEN: Normative logic and ethics (Mannheim 1969); O. SCHWEMMER: Philos. der Praxis. Versuch zur Grundleg. einer Lehre vom moralischen Argumentieren in Verbindung mit einer Interpretation der praktischen Philos. Kants (1971); LORENZEN/ SCHWEMMER: Konstruktive Logik, Ethik und Wiss.theorie (1973). – [10] LORENZEN, a. a. O. 61. – [11] SCHWEMMER, a. a. O. [9] 127. – [12] 113f.

Literaturhinweise: G. E. MOORE: Ethics (London 1912); dtsch. Grundprobleme der Ethik (1975). – J. O. URMSON: The interpret. of the moral philos. of J. S. Mill. Philos. Quart. 3 (1953). – G. H. VON WRIGHT: Norm and action (London 1963). – W. K. FRANKENA: Ethics (Englewood Cliffs 1963); dtsch. Analyt. Ethik (1972). – B. J. DIGGS: Rules and utilitarianism. Amer. philos. Quart. 1 (1964). – D. LYONS: Forms and limits of utilitarianism (Oxford 1965). – D. H. HODGSON: Consequences of utilitarianism (Oxford 1967). – J. NARVESON: Morality and utility (Baltimore 1967). – M. WARNOCK: Ethics since 1900 (London 1967). – P. FOOT: Theories of ethics (Oxford 1967). – W. STEGMÜLLER: Ethik, in: Hauptströmungen der Gegenwartsphilos. (1969). – N. HOERSTER: Utilitaristische Ethik und Verallgemeinerung (1971). – G. PATZIG: Ethik ohne Met. (1971). – A. PIEPER: Analyt. Ethik. Ein Überblick über die seit 1900 in England und Amerika erschienene Ethik-Lit. Philos. Jb. 78 (1971) 144-176; Sprachanalyt. Ethik und prakt. Freiheit (1973). – K. CRAMER: Hypothet. I. ?, in: Rehabilitierung der prakt. Philos., hg. M. RIEDEL 1 (1972).   A. PIEPER

Impersonalien. Der Begriff ‹impersonalia› dient in der antiken Grammatik von QUINTILIAN bis zu PRISCIAN der Klassifizierung des Verbums und wird hier verschiedentlich zur Untergliederung der genera verbi, zumeist aber der modi verwendet. Vor allem über Isidor von Sevilla [1] geht diese Gebrauchsweise des Begriffs ‹verbum impersonale› in die grammatische Schultradition des Mittelalters über. Humanistische Grammatiker von Melanchthon bis zu Aufklärern wie Gottsched greifen alte Unterscheidungen der lateinischen Grammatiker in bezug auf die I. wieder auf, oder sie machen das Kriterium ‹personal/impersonal› sogar zum hauptsächlichen Einteilungsprinzip des Verbums.

Eine neue Belebung, die nunmehr auch in die Logik übergreift, erfährt das Problem der I. durch den Slavisten F. Miklosich. Dessen Auffassung, in den aus den verba impersonalia gebildeten Sätzen werde «ein Vorgang ausgedrückt, ohne daß das wirkende Subjekt genannt wird: das Verbum tritt völlig subjektlos auf» [2], verbindet sich mit der Lehre vom Urteil F. Brentanos und früherer Philosophen, welche die Existenz eingliedriger Urteile zulassen [3]; dementsprechend sind Brentano [4] und sein Schüler A. Marty [5] unter den Logikern diejenigen, die ihm am meisten zustimmen. In Entgegnung auf Miklosich hält Chr. Sigwart [6] am Postulat der Zweigliedrigkeit des grammatischen Satzes und des logischen Urteils fest und interpretiert die für I. gehaltenen Sätze als solche, «die ein Dingsubjekt zwar meinen, dasselbe aber nur unbestimmt und bloß andeutend ausdrücken» [7]. Dies bleibt im wesentlichen die Auffassung fast aller Logiker bis in die Gegenwart [8].

Im Gegensatz dazu baut die Sprachwissenschaft nahezu einhellig die von Miklosich begründete Ansicht weiter aus. Die diachrone Sprachbetrachtung läßt sie erkennen, daß das impersonale Signum ‹es› in dem Maße um sich greift, wie die Setzung des Pronomens beim verbum finitum obligatorisch wird; aus der synchronen Sprachanalyse gewinnt sie die Einsicht, daß die Setzung oder Nichtsetzung des ‹es› großenteils innersprachlichen Strukturgesetzen unterliegt: im Deutschen etwa der Eigentümlichkeit, daß im Aussagesatz das Verbum an zweiter Stelle der Satzglieder steht und daß bei Umstellung der Satzglieder das ‹es› fallen kann. Derartige Beobachtungen veranlassen die Sprachwissenschaft, dieses ‹es› ganz allgemein als ein bloß formales Element ohne wirkliche Subjektbedeutung anzusehen und ihm nur eine syntaktische Funktion zuzuschreiben. Sie schließt sich damit unter ihren Gesichtspunkten – neuerdings auch in strukturlinguistischer Betrachtungsweise, nach der die I. als «Verben ohne Agens» oder als «nullwertige Verben» (im Hinblick auf ihre syntaktischen Valenzen) gekennzeichnet werden – der Auffassung des reinen Prädikatscharakters und der Eingliedrigkeit der impersonalen Sätze an.

Anmerkungen. [1] Isidor von Sevilla, Etymol. I, 9, 5. – [2] F. Miklosich: Subjektlose Sätze (Wien ²1883) 2. – [3] F. Brentano: Psychol. vom emp. Standpunkte 1 (1874) 276-306. – [4] Miklosich über subjektlose Sätze. Wiener Ztg. (13./14. 11. 1883); ND im Anhang zu: Vom Ursprung sittl. Erkenntnis (1889). – [5] A. Marty: Über subjektlose Sätze und das Verhältnis von Grammatik zu Logik und Psychol. Ges. Schriften II/1 (1918) 3-307. – [6] Chr. Sigwart: Die I. Eine log. Untersuch. (1888). – [7] Logik (²1889) 1, § 78. – [8] z. B. B. v. Freytag-Löringhoff: Logik. Ihr System und ihr Verhältnis zur Logistik (³1955) 64.

Literaturhinweise. Th. Siebs: Die sog. subjektlosen Sätze. Z. vergl. Sprachforsch. 43 (1910). – K. Brugmann: Der Ursprung des Scheinsubjekts «es» in den german. und den roman. Sprachen. Ber. Verh. Königl. Sächs. Ges. Wiss., phil.-hist. Kl. 69 (1917). – E. H. F. Beck: Die I. in sprachpsychol., logischer und linguistischer Hinsicht (1922). – H. Corrodi: Das Subjekt der sog. unpersönl. Verben. Z. vergl. Sprachforsch. 53 (1925). – J. E. Heyde: Zur Frage der Impersonalia. Z. vergl. Sprachforsch. 54 (1927). – W. Brandenstein: Das Problem der I. Idg. Forsch. 46 (1928). – H. Ammann: Zum dtsch. Impersonale. Festschr. E. Husserl (1929). – M. Regula: Grundlegung und Grundprobleme der Syntax (1951) 54-66; Das I.-Problem in allseitiger Beleuchtung. Lingua 7 (1957/58). – L. Tesnière: Eléments de syntaxe structurale (Paris 1959) 106. 239f. – H.-J. Heringer: Wertigkeiten und nullwertige Verben im Deutschen. Z. dtsch. Sprache 22 (1967). H. Kolb

Impetus, im modernen Sprachgebrauch nur im allgemeinen Sinne von ‹Anstoß›, ‹Trieb› oder ‹Drang› gebraucht, war bis zum 17. Jh. einer der wichtigsten dynamischen Grundbegriffe zur Erklärung der Bewegung und ihrer Beschleunigung im freien Falle und wurde als Vorläufer des Begriffs der Trägheit (so Duhem [1]) oder des Begriffs der Bewegungsgröße (so Clagett [2]) angesehen. Der Begriff des I. hatte seinen historischen Ursprung in dem Problem der Bewegung eines Objektes, etwa eines geworfenen Steins oder abgeschossenen Pfeils, das keinen wahrnehmbaren Beweger besitzt, also offenbar dem aristotelischen Grundsatz «omne quod movetur ab alio movetur» widerspricht. Die aristotelische Lösung [3], daß nämlich das *projectum separatum* vom Medium (Luft, Wasser), in dem es sich bewegt, mitbewegt wird, enthält, wie eine genaue Analyse des vom Stagiriten vorgeschlagenen Transmissionsmechanismus der die Bewegung begleitenden Kraft zeigt, schon den Keim der I.-Theorie. So haben denn auch Hipparchus [4] und vor allem Philoponus [5] die aristotelische Lösung schon im Altertum revidiert, indem sie die Fortdauer der Bewegung der Wirkung einer immateriellen kinetischen Kraft (κινητικήν τινα δύναμιν ἀσώματον) zuschrieben, die dem Objekt – und nicht dem Medium – beim Werfen oder Abschießen eingeprägt sein soll und die Bewegung so lange erhält, bis sie durch den Widerstand, sei es des Gewichtes oder der Luftreibung, erschöpft wird.

Die Idee einer solchen unsichtbaren Kraftübertragung vom *projiciens* zum *projectum* wurde, wohl unter dem Einfluß des Philoponus, von islamischen Philosophen (Yahia ibn Adi, Abu'l-Barakat, Ibn Sina) übernommen und später auch von Thomas von Aquin, Petrus Johannis Olivi und Franciscus de Marchia in Verbindung mit philosophisch-theologischen Problemen erwähnt; schließlich arbeitete sie der Pariser Terminist Johannes Buridan in der ersten Hälfte des 14. Jh. zu einer rein physikalischen Theorie, der I.-Theorie, aus [6]. Nach dieser Theorie ist der I. um so größer, je mehr Materie (Masse) das *projectum* besitzt und je größer die ihm erteilte Geschwindigkeit ist. Mathematisch betrachtet würde sich daher der Buridansche I.-Begriff mit dem von Descartes eingeführten Begriff der Bewegungsgröße (Masse · Geschwindigkeit) decken. Der I. wird jedoch durch den Widerstand des Mediums oder, im Falle eines nach oben geworfenen Körpers, durch die Schwere geschwächt und zum Erlöschen gebracht, unterliegt also keinem Erhaltungsgesetz, im Gegensatz zur Bewegungsgröße. Da nach Buridan die I.-Theorie auch für Rotationsbewegungen Geltung haben soll, konnte er die Bewegung der Himmelskörper durch einen von Gott bei der Schöpfung der Welt ihnen übermittelten Drehungs-I. erklären, der sich wegen des Nichtvorhandenseins hindernden Widerstands niemals erschöpft und so ein ständiges Eingreifen von Intelligenzen überflüssig macht. Die Fallbeschleunigung wurde von Buridan dadurch erklärt, daß ein Körper durch sein Gewicht nicht nur in Fallbewegung gesetzt, sondern auch mit I. versehen wird, wodurch seine Geschwindigkeit vergrößert, der I. verstärkt und eine immer schnellere Bewegung hervorgerufen wird.

Buridans I.-Theorie wurde von NICOLAUS VON ORESME [7], ALBERT VON SACHSEN [8] und besonders von MARSILIUS VON INGHEN [9] weiter entwickelt. Im 16. Jh. (AUGUSTINUS NIPHUS, ALEXANDER PICCOLOMINI, JULIUS CAESAR SCALIGER und DOMINICUS SOTO) galt sie als die offizielle Lehre und spielte noch in den Jugendwerken GALILEIS eine wichtige Rolle, bis sie endlich durch die neue, begrifflich-radikale Lösung des (anfänglich erwähnten) Bewegungsproblems, nämlich durch das Trägheitsprinzip, abgelöst wurde. Da nach diesem Grundprinzip der Galilei-Newtonschen Mechanik zur Fortdauer einer gradlinigen Bewegung mit konstanter Geschwindigkeit überhaupt keine Kraft erforderlich ist und eine solche Bewegung einen Zustand und keinen Prozeß darstellt (Ruhezustand in einem transformierten Inertialsystem), verlor der I.-Begriff in der neueren Mechanik jeglichen Inhalt. Obgleich *Galileis* Gebrauch des von ihm unscharf definierten Terminus ‹momento› zur Annahme eines stetigen Übergangs des I.-Begriffs zum *Cartesianischen* Begriff ‹quantité de mouvement› (Bewegungsgröße) oder zum *Newtonschen* Begriff ‹quantitas motus› Anlaß zu geben scheint, besteht doch ein prinzipieller Unterschied zwischen diesen Begriffskategorien, da jede Dynamik, die mit dem Inertialprinzip operiert, mit dem Begriff des I. unvereinbar ist [10].

Anmerkungen. [1] P. DUHEM: Etudes sur Léonard de Vinci (Paris 1906-13) 3. – [2] M. CLAGETT: The sci. of mechanics in the MA (Madison 1959). – [3] ARISTOTELES, Phys. 267 a 1-11; De caelo 301 b 22-30. – [4] Vgl. SIMPLICIUS, In Aristotelis de Caelo libros commentaria, hg. J. L. HEIBERG in: Comm. in Arist. graeca 7 (1894) 264. – [5] a. a. O. 639. – [6] J. BURIDAN: Quaestiones super octo libros physicorum (Paris 1509, ²1516). – [7] NICOLAUS VON ORESME: Questiones de spera (Ms. Florenz, Bibl. Riccard 117) fol. 127r. – [8] ALBERT VON SACHSEN: Questiones in octo libros physicorum Aristotelis (Paris 1516). – [9] MARSILIUS VON INGHEN: Abbreviationes libri physicorum Aristotelis (Venedig 1490). – [10] Vgl. auch Art. ‹Impuls›.

Literaturhinweise. S. PINES: Les précurseurs musulmans de la théorie de l'I. Archeion 21 (1938) 298-306. – ANNELIESE MAIER: Die I.-Theorie der Scholastik (1940); Zwei Grundprobleme der scholastischen Naturphilos. (Rom 1951) Kap. 2. – M. CLAGETT s. Anm. [2].   M. JAMMER

Implicit Reasoning (implizit folgernde Vernunfttätigkeit). Mit Nachdruck unterscheidet J. H. NEWMAN zwischen dem ursprünglichen folgernden Denken [1] und seiner Analyse [2] oder Formulierung in der logisch korrekten Folgerung, im Syllogismus [3], im Beweis, in der Argumentation [4], d. h. zwischen dem Mentalen und Verbalen [5], dem Impliziten und Expliziten. Die verbal korrekt formulierte «formelle Folgerung» (formal inference [6]) hat den Vorzug, ein gemeinsames Maß [7] zwischen den Denkern, Schutz gegen willkürliche Ansprüche von Autoritäten [8], Ordnungsprinzipien und Abkürzung von Denkwegen zu bieten [9]. Aber die Vorzüge der Abstraktion im Syllogismus sind zugleich seine Nachteile: Er reicht nicht an das Konkrete heran [10]. Außerdem setzt die formelle Folgerung unbeweisbare «erste Prinzipien» voraus: Die Schlußkette also «hängt an beiden Enden lose» [11], auf der Seite des Allgemeinen wie des Konkreten. Die ursprüngliche Form des Folgerns (natürliche Folgerung, natural inference [12]) ist ein instinktiver, impliziter, großenteils unbewußter Prozeß [13]. Die Tätigkeit des Geistes (mind) durch sein folgerndes Vermögen (ratiocinative or illative faculty [14]), geht vom Konkreten zum Konkreten [15], tritt als Begabung besonders beim Ungebildeten und beim Genie auf [16]. Manche einfachen Menschen folgern gut, argumentieren schlecht: haben bessere Gründe, als sie angeben können

[17]. Die Wurzel des I.R. ist der «illative sense» (s. d.), der Folgerungssinn [18], der alles Folgern trägt und prüft, das formlose (informal inference [19]) wie das formelle (formal inference). Beim formlosen Folgern handelt es sich um eine «Häufung von Wahrscheinlichkeiten, zu zart, um einzeln von Nutzen zu sein, zu subtil und weitschweifig, um in Syllogismen verwandelt werden zu können» [20]. So wird im Bereich des Konkreten die Gewißheit und der Beweis zu einem «Grenzfall [limit] konvergierender Wahrscheinlichkeiten» [21], ähnlich wie in der Mathematik der Kreis als Grenzfall des regelmäßigen Polygons angesehen werden kann [22], wenn dessen Seitenzahl ins Unendliche gesteigert wird (vgl. auch die Konvergenz der fallenden unendlichen geometrischen Reihe auf einen Grenzwert). Das Gewicht gehäufter Prämissen oder Indizien kommt nicht additiv durch ihre Vielzahl zustande, sondern multiplikativ durch die Art ihrer Kombination und Konvergenz [23]: ihre gegenseitige Bestätigung, Stützung, Ergänzung, Korrektur, die Verschiedenartigkeit ihrer Herkunft [24]. Den Grenzfall konvergierender Wahrscheinlichkeiten festzustellen, ist Sache des Geistes [25] und seines Folgerungssinnes, nicht die der logischen Regel. Solcher Art ist die Gewißheitsbildung im Konkreten. Die vollständige Analyse eines solchen Prozesses impliziten Folgerns ist nicht möglich [26], namentlich bei den alltäglichen und primären Gewißheiten («Großbritannien ist eine Insel» [27] u. ä.). Besonders im Erkenntnisbereich des Ethischen und Religiösen, wo die formelle Folgerung nicht ausreicht, ist ein I.R. notwendig [28], das etwa von den Erfahrungen der Gewissensphänomene vordringt zum Dasein eines göttlichen Gesetzgebers und Richters [29] oder auf anderen Wegen zum Offenbarungsglauben kommt [30]. Hier, wie überall, gilt, daß Zustimmung und Gewißheit nicht an formelle Folgerung gebunden sind [31], wenn wir unter Gewißheit nicht die logische Qualität eines Satzes, sondern eine geistige Verfassung (state of mind [32]) verstehen.

Anmerkungen. [1] J. H. NEWMAN: Fifteen sermons preached before the University of Oxford (= OUS) (London 1871) 11, 257f.; Parochial and plain sermons (= PPS) 5 (1868) 342; dtsch.: Zur Philos. und Theol. des Glaubens (=PTG) (1864) 7f. 192f. 307f. – [2] OUS 257f.; PTG 192f.; An essay in aid of a grammar of assent (= GA) (London 1870) 263. 286; dtsch.: Entwurf einer Zustimmungslehre (= Z) (1961) 185. 201. – [3] OUS 257; PTG 192; GA 94. 263. 266. 269f. 280f. 283f. 293. 303f. 320. 425; Z 65. 185. 187. 189f. 197. 199. 205. 213. 225. 298. – [4] GA 167. 203. 210f.; Z 117. 141. 147; OUS 212; PTG 161. 444; Einl. zur frz. A. der OUS, in: Gregorianum 18 (1937) 253. – [5] GA 263. 269f. 274. 285. 287. 291. 303. 361; Z 185. 189f. 192. 200. 202. 204. 212. 254. – [6] GA 259-287; Z 182-201. – [7] GA 83. 262. 264. 269. 332. 345. 362. 413; Z 58. 184f. 189. 233. 242. 254. 289; PTG 444; Gregorianum 18, 253. – [8] GA 262; Z 184; vgl. GA 44. 312; Z 31. 219. – [9] GA 266-271; Z 187-190. – [10] GA 277-284; Z 195-200. – [11] GA 284; Z 200. – [12] GA 330-342; Z 231-240. – [13] GA 330; Z 231. – [14] GA ebda.; Z 232. – [15] ebda. – [16] GA 332-335; Z 232-235. – [17] OUS 211f.; PTG 160f. – [18] GA 342; Z 240. – [19] GA 288-329; Z 202-230. – [20] GA 388; Z 202. – [21] GA 321; Z 226; vgl. GA 327; Z 230. – [22] GA 320; Z 225. – [23] GA 327; Z 230. – [24] GA 292; Z 205. – [25] GA 360; Z 253. – [26] GA 292; Z 205. – [27] GA 294f.; Z 206f. – [28] GA 94; Z 66; Gregorianum 18, 250-253; PTG 442-445. – [29] GA 101-121; Z 71-85; Philos. notebook of J. H. NEWMAN, hg. E. SILLEM/A. J. BOEKRAAD 2 (Louvain 1970) 31-77. – [30] GA 384-450; Z 270-344. – [31] GA 166; Z 114f. u. ö. – [32] GA 203. 209-211; Z 141. 145-147; certitude, nicht certainty: GA 324. 344. Z 227. 242; vgl. zum Ganzen J. ARTZ: Newman-Lex. (1975) 339-344: ‹Folgerung›; 513-515: ‹implizit›; 649-653: ‹Logik›; 1119-1021: ‹Syllogismus›, u. a. m.

Literaturhinweise. J. ARTZ: Wahrscheinlichkeit, in: LThK² 10, 922. – H. FRIES: Konvergenzargumentation, in: LThK² 6, 517f. – A. J. BOEKRAAD: The personal conquest of truth according to J. H. Newman (Louvain 1955).   J. ARTZ

Implikation. Eine Reihe von Bedeutungen des umgangssprachlichen «wenn p, so q» heißen ‹I.›. Man sagt dann auch «p impliziert q».

1. Dazu gehört die sogenannte *materiale, extensionale* oder *Philonische* I. (engl. *conditional* oder *material implication*). Dabei handelt es sich um diejenige Wahrheits(wert)funktion zwischen zwei Aussagen p und q, die genau dann falsch ist, wenn p wahr und q falsch ist:

$\rightarrow$	W	F
W	W	F
F	W	W

Man schreibt «$p \rightarrow q$» oder nach RUSSELL «$p \supset q$» bzw. nach ŁUKASIEWICZ «Cpq». Der Name ‹I.› stammt vom englischen ‹implication›, das sich in dieser Bedeutung wohl zuerst bei McCOLL [1] findet und dann durch die ‹Principia Mathematica› allgemeine Verbreitung fand [2].

Die materiale I. wird bereits benutzt von ARISTOTELES bei der Formulierung seiner Syllogismen [3], doch behandelt er sie nicht als solche. Schon die *Peripatetiker* beschäftigen sich mit einigen ihrer Gesetze und nennen sie συνημμένον [4]. Unter dem gleichen Namen und im Zusammenhang mit der Folgerung (ἀκολουθία) wird sie ausführlich in der *Stoa* dargestellt [5]. PHILON definiert sie entsprechend der obigen Wahrheitswerttafel [6]. BOETHIUS behandelt sie neben der Disjunktion als eine Art des hypothetischen Urteils, nennt sie «propositio conditionalis» [7] und unterscheidet dabei zwei Arten: «secundum accidens» und «habens naturae consequentiam» [8]. Erstere liegt vor bei faktischer Geltung, z. B. wenn beide Glieder zufällig wahr sind, ohne daß sie in innerem Zusammenhang stehen; der zweite Fall soll bestehen, wenn das Hinterglied sich inhaltlich aus dem Vorderglied ergibt. Auch die *Scholastik* behandelt die «propositio conditionalis» als Unterart der «propositio hypothetica» [9]. In der *Spätscholastik* werden zahlreiche Arten der I. unterschieden, z. B. bei PAULUS VENETUS bereits zehn [10]. Die ‹Logik von Port-Royal› kennt demgegenüber nur noch eine Art: «Les Conditionnelles sont celles qui sont liées par la condition si» [11] und behandelt sie als eine der sechs zusammengesetzten Urteile. JUNGIUS [12] kennt vier Arten zusammengesetzter Urteile und nennt an erster Stelle «Connexa sive conditionalis». LAMBERT sagt: «Solche Sätze nennt man bedingt oder hypothetisch» [13]. Durch KANT [14] setzt sich dann die Bezeichnung ‹hypothetisches Urteil› allgemein durch. Wie bei Kant bezeichnet dieser Terminus jedoch in der traditionellen Logik nicht präzise die materiale I., sondern mehr oder weniger alle Urteile, die sich grammatisch in «wenn-so»-Form formulieren lassen, also auch z. B. die formale I. (vgl. Nr. 2).

Eine exakte Definition der materialen I. mittels Wahrheitswerten findet sich in der modernen Logik bei FREGE, der von «Bedingtheit» spricht und ⊢—(A/B) für «B impliziert A» schreibt [15]. PEANO schrieb dafür in Anknüpfung an das Zeichen für die Inklusion (s. d.) $a \supset b$ [16], was durch die ‹Principia Mathematica› dann allgemein Verbreitung fand. Dort wird auch der Terminus ‹*materiale* I.› eingeführt, in Abhebung von den sogenannten «formalen I.en» (vgl. Nr. 2). LORENZEN hat vorgeschlagen, das Wort ‹I.› für *Folgerungs*relationen (vgl. Nr. 4) zu reservieren und bei der aussagenlogischen Verbindung durch den Junktor «$\rightarrow$», insbesondere, wenn sie dialogisch definiert wird [17], von «Subjunktion» zu sprechen (und entsprechend für den Pfeil ‹Subjunktor› statt ‹Implikator› zu sagen in Anknüpfung daran, daß in FREGES zweidimensionaler Symbolik (s. o.) B unter A steht).

2. *Formale* I. heißt in der modernen Logik die Generalisierung der materialen I. zweier Aussageformen:

$$\bigwedge x (f(x) \rightarrow g(x)).$$

Die Sache findet sich zuerst bei FREGE, der sie so darstellt:

⊢—⌣—⌐ $P(a)$ / $X(a)$ «…Man kann daher übersetzen: ‹wenn etwas die Eigenschaft X hat, so hat es auch die Eigenschaft P›, oder ‹jedes X ist ein P›, oder ‹alle X's sind P's›. *Dies ist die Art, wie ursächliche Zusammenhänge ausgedrückt werden*» [18]. PEANO schreibt: «$a \supset_{x,y}, \dots b$» [19]. Der Ausdruck ‹formal implication› findet sich wohl zuerst bei RUSSELL [20] und wurde durch die ‹Principia Mathematica› Gemeingut [21]. Dort wird definiert:

*10.02. $\varphi x \supset_x \psi x . = . (x) . \varphi x \supset \psi x$ Df.

REICHENBACH sagt «generelle I.» (general implication) [22]. Die formale I. wurde oft als Formalisierung des klassischen universell-positiven Urteils (SaP) benutzt (so bereits von FREGE selbst in obigem Zitat), doch sie entspricht diesem keineswegs genau, da die klassische Logik im Gegensatz zur Auffassung der formalen I. die Existenz von Gegenständen voraussetzt, auf die die Prädikate S und P zutreffen [23].

3. Die sogenannte *strikte* I., die sich wohl erstmals bei DIODOR [24] findet und im Laufe der Geschichte der Logik häufig mit der materialen I. oder der logischen Folgerung (vgl. Nr. 4) konfundiert wurde, fand als «strict implication» $p \prec q$ durch C. I. LEWIS [25] Eingang in die moderne Logik. Er definiert «p impliziert strikt q» als «es ist unmöglich, daß p und nicht-q».

4. ‹I.› wird oft auch im Sinne von Folgerung (s. d.) (engl. *inference*) gebraucht. Beruht die Folgerung nicht nur auf faktischer Geltung, sondern auf einem logischen Zusammenhang (wie er z. B. bei einem Syllogismus zwischen Prämissen und Konklusion vorliegt), so spricht man von *logischer* I. (sonst etwa von *faktischer* I.) [26]. LORENZEN zieht es vor, den Namen ‹I.› nur noch für die logische I. zu verwenden [27].

5. *Kausale* I. heißt ein Ausdruck der (grammatikalischen) Form «wenn p, so q», bei der p eine Ursache und q deren Wirkung ausdrückt, z. B. «Wenn Eis warm wird, so schmilzt es». Im Gegensatz zur materialen oder formalen I. besteht hier zwischen den beiden Sätzen stets ein Zusammenhang, der aber nicht, wie bei der logischen I., auf ihrer logischen Form beruht, sondern naturgesetzlich vermittelt ist. Falls p erfüllt ist, kann man deshalb auch sagen: «Weil p, so q». Die kausale I. wird in der traditionellen Logik ‹Kausalurteil› (s. d.) genannt.

6. Völlig unabhängig davon bedeutet ‹implicatio› in der Scholastik einen einschränkenden Relativsatz: «… alia fit per implicationem, ut cum dicitur ‹homo, qui est albus, currit›, haec implicatio ‹qui est albus› restringit homines ad albos» (… die andere [Einschränkung] geschieht durch I., wie wenn man sagt, ‹der Mensch, der weiß ist, rennt›, diese I. ‹der weiß ist› schränkt die Menschen auf die Weißen ein) [28].

Anmerkungen. [1] H. McCOLL: The calculus of equivalent statements and integration limits. Proc. Lond. Math. Soc. 9 (1877/78) 177. – [2] A. N. WHITEHEAD und B. RUSSELL: Principia mathematica 1-3 (Cambridge 1910-13). – [3] Vgl. z. B. ARISTOTELES, Anal. pr. I, 4, 25 b 37-26 a 4; dazu: J. ŁUKASIEWICZ: Aristotle's syllogistic (Oxford 1957) 2; G. PATZIG: Die Aristotelische Syllogistik (1959) 14. – [4] Joannes Philoponos, In Anal. pr. comm., hg. M. Wallies (Berlin 1905) 302. – [5] z. B. Sextus Empiricus, Pyrrh. Hypotyp. Opera, hg. H. Mutschmann (Leipzig 1914) 2, 157. – [6] Sext. Emp., Adv. math., hg. I. Becker (Berlin 1842) 8, 113f. – [7] Boethius, De syllogismo hypothetico. MPL 64, 835 b. – [8] a. a. O. 835 b/c. – [9] So z. B. Petrus Hispanus, Summulae logicales, hg. I. M. Bocheński (Turin 1947) 7f.; William Ockham, S. logicae II, 30, hg. Ph. Boehner (Paderborn 1957) 314. – [10] Paulus Venetus: Logica magna (Venedig 1499) II, 9, S. 134f. – [11] La logique ou l'art de penser, hg. B. v. Freytag-Löringhoff/H. E. Brekle (Stuttgart 1965) 131. – [12] J. Jungius, Logica Hamburgensis, hg. R. W. Meyer (Hamburg 1957) 98. – [13] J. H. Lambert: Neues Organon (1764) 84. – [14] I. Kant, KrV B 95; Logik, hg. G. B. Jäsche (1800) 163. Akad.-A. 9, 105f. – [15] G. Frege: Begriffsschrift (1879) 5. – [16] G. Peano: Arithmetices principia (Turin 1889) VIII. – [17] Vgl. Art. ‹Logik, dialogische›. – [18] Frege, a. a. O. [15] 23. – [19] Peano, a. a. O. [16] IX. – [20] B. Russell: The principles of mathematics (London 1903) z. B. 5. 11. 14. 36ff. – [21] Whitehead und Russell: Principia math. (Cambridge ²1927) 1, z. B. 138f. 145. – [22] H. Reichenbach: Elements of symbolic logic (New York ⁵1956) 88. – [23] A. Menne: Logik und Existenz (1954) 22ff. – [24] Sext. Emp., a. a. O. [5] 1 (1912) 111; Diogenes Laertius VII, 73. – [25] C. I. Lewis: A survey of symbolic logic (Berkeley 1918) 293. – [26] P. Lorenzen: Formale Logik (⁴1970) 47f. – [27] a. a. O. 32. – [28] Petrus Hispanus, a. a. O. [9] 104.

A. Menne

7. Die *kontextuale* I. unterscheidet sich von den bisher betrachteten Arten dadurch, daß in der Formulierung «*p* impliziert *q*» *p* und *q* keine Variable für Sätze, sondern für Äußerungen bestimmter Personen sind. Gültige kontextuale I. beziehen sich auf den (pragmatischen) Kontext der Sprache, d. h. genauer der Rede. So impliziert z. B. kontextual die Äußerung eines Satzes zum Zwecke des Behauptens, daß der Sprecher selbst an die Wahrheit der entsprechenden Behauptung glaubt; oder die Äußerung eines Versprechens impliziert kontextual, daß der Versprechende gewillt ist, das Versprechen zu halten. Eine «moralische» Dimension der Sprache kommt damit in den Blick. Prädikatoren wie «Lüge» usw. lassen sich definieren als Verletzung von kontextualen I.

Literaturhinweise. I. C. Hungerland: Contextual implication. Inquiry 3 (1960) 211-258. – P. H. Nowell-Smith: Contextual implication and ethical theory. Proc. Arist. Soc., Suppl. 36 (1962) 1-18.

G. Gabriel

8. *Paradoxien der Implikation.* – a) Unter ‹P.d.I.› versteht man die folgenden sowie weitere, diesen strukturverwandte aussagenlogische Prinzipien: (P1) «ex vero sequitur quodlibet» ($p\to(q\to p)$), (P2) «verum sequitur ex quodlibet» ($p\to(\neg p\to q)$) und zuweilen die Äquivalenz wahrer Aussagen (P3) ($p\wedge q\to(p\leftrightarrow q)$). Diese für die materiale I. logisch gültigen Prinzipien werden erstmalig erörtert in der *megarisch-stoischen* Diskussion verschiedener I.-Begriffe. Bei der Suche nach einer befriedigenden Präzisierung und Begründung logisch korrekter Schlußformen zur Widerlegung beliebig vorgegebener Behauptungen erwies sich die Philonische I. – die schwächste der die Schlußform des modus ponens rechtfertigenden I. – als zur Beschreibung indirekter Beweise inadäquat: zur Widerlegung von *p* durch eine reductio ad absurdum ist $p\to q$ und $p\to\neg q$ für ein *q* zu beweisen *ohne* Berufung darauf, daß diese I. aufgrund der Falschheit der Prämissen wahr sind; der Nachweis von $p\to r$ muß zeigen, daß $p\wedge\neg r$ nicht nur (zufälligerweise) falsch, sondern unmöglich ist. Diese Überlegungen führten – vermutlich Chrysipp [1] – zum Begriff der (Lewis' strikte I. [2] vorwegnehmenden) konnexen I. [3].

Boethius [4] trennt die *materiale* I. – d. h. eine konditionale Aussage secundum accidens mit Antezedens und Sukzedens ohne notwendigen inneren Zusammenhang –

von einer paradoxfreien *Folgerungsrelation* habens naturae consequentiam, deren Wahrheit auf notwendigen, die Konklusion aus der Prämisse *begründenden* Beziehungen beruht.

b) In der *scholastischen Logik* nimmt die Diskussion der P.d.I. im Rahmen der Lehren von den consequentiae einen breiten Raum ein. Abaelard [5] vermeidet (P2mod) «Aus dem Unmöglichen folgt Alles» durch ein epistemisches Element im I.-Begriff, das die schwache I. von einer strengen, der notwendigen Folgerung, mit im Verständnis des Antezedens inbegriffenem Verständnis des Sukzedens, trennt. Dies ist Kilwardbys [6] consequentia essentialis vel naturalis, in welcher «consequens naturaliter intelligitur in suo antecedente», im Unterschied zur (P1mod): «Das Notwendige folgt aus Allem» genügenden consequentia accidentalis. Kilwardby bemerkt allerdings, daß auch jene dem aristotelischen Verdikt nicht entgeht, daß kein *p* sowohl aus *q* als auch aus $\neg q$ folgen kann, da $q\to q\vee\neg q$ und $\neg q\to q\vee\neg q$ aufgrund des Prinzips gelten, daß eine Disjunktion aus jedem ihrer Glieder folgt.

Die Beziehungen der materialen I. zum Folgerungsbegriff werden deutlich herausgearbeitet in der Klassifikation des Pseudo-Scotus der consequentiae und im Beweis von (P1), (P2), (P1mod), (P2mod) und (P4): $p\wedge\neg p\to q$ unter ausschließlicher Verwendung der Prinzipien: (A) $p_1\wedge p_2\to p_i$, (B) $p_i\to p_1\vee p_2$, (C) $(p\vee q)\wedge\neg p\to q$ (disjunktiver Syllogismus), und (stillschweigend) (D) Transitivität von →, Konjunktionsregel (E) $(r\to p)\wedge(r\to q)\to(r\to p\wedge q)$ [7], in fast wörtlicher Vorausnahme von Lewis' Dilemma [8]. Für Pseudo-Scotus und Ockham [9] scheinen diese P.d.I. keinen Grund zur Verwerfung der zugrunde liegenden consequentiae-Begriffe zu geben, sondern einfach merkwürdige, in gängigen Anwendungen von Schlußregeln auf konkrete Schlüsse unübliche und im allgemeinen nutzlose Prinzipien zu sein.

c) In der *mathematischen Logik* erscheint die Diskussion der P.d.I. mit Lewis' [10] Kritik an der seit Frege-Russell-Whitehead vorherrschenden extensionalen Auffassung der I. im Sinne der Wahrheitswertfunktion der materialen I. [11]. Ausgehend von der Beobachtung, daß die Schlußform «aus *p* und $p\to q$ folgt *q*» sinnvollerweise nur dann zum Beweis von *q* benutzt wird, wenn *q* nicht bereits als wahr bekannt und $p\to q$ gerade nicht unter Ausnutzung der Falschheit der Prämisse *p* bewiesen worden ist, definiert Lewis im Anschluß an McColl [12] die *strikte I.* $p\prec q$ als Unmöglichkeit von $p\wedge\neg q$. Gesetze wie $\square p\to(q\prec p),\neg\lozenge p\to(p\prec q)$ in Lewis' modallogischem System *S1*, deren strikte – in *S1* nicht herleitbare [13] – Varianten in Lewis' System *S2* und verwandte Sätze [14] sind für Lewis, wie bereits für McColl [15] und spätere Autoren [16], paradox nur insofern, als sie für Anwendungen auf konkrete Schlüsse im allgemeinen uninteressante Grenzfälle von ansonsten für Folgerungsbeziehungen charakteristischen logischen Eigenschaften sind. Unabhängig von Lewis entwickelt Orlov [17] einen ähnlichen Kalkül durch Präzisierung der Verträglichkeit von Aussagen.

Ackermann sucht den Zusammenhang von Prämisse *p* und Konklusion *q* einer korrekten Folgerung zu beschreiben durch die – der Abaelardschen analoge und gegenüber dem Lewisschen Ansatz einschränkende – Forderung, daß der Inhalt von *q* Teil dessen von *p* ist. Bei herleitbaren *strengen* I. $p\to(q\to r)$ enthält dann *p* mindestens einen Pfeil oder das Symbol für das Absurde [18] – dies schließt u. a. P1, P2 und die strikt gültigen Gesetze P4, $p\to(q\to q),p\to(p\to p)$ aus – bzw. bei streng herleitbaren $p\to q$ enthalten *p* und *q* mindestens eine gemeinsame Aussagenvariable [19]. Diese *Belnapsche Relevanzbedingung* [20] teilen auch das System *R* der relevanten I. [21], *E* der entailment-Beziehung [22], MAKINSONS De Morgansche I. [23], GEORGES Interpretation des Bolzanoschen Folgerungsbegriffs [24]. PARRY [25] verschärft jene Bedingung zur Gleichheit der Variablenmenge von *p* und *q*, womit für die DUNNsche Variante AI «*p* impliziert *q* analytisch» semantisch korrekt und vollständig charakterisiert wird als Herleitbarkeit (allgemeingültige Folgerung) von *q* aus *p* und den Axiomen mit der Zusatzbedingung, daß der «Gehalt» von *q* in dem von *p* inbegriffen ist [26].

Eine für in *R* herleitbare I. *A* → *B* mit klassischen aussagenlogischen *A*,*B* korrekte vollständige Semantik entwickeln DUNN [27] – aus dem Ansatz «... *A* should relevantly imply *B* iff whatsoever topics *B* gives information about *A* gives information about as well» – und FRAASSEN [28] – gestützt auf einen Begriff der Erzwingung der Wahrheit von Aussagen durch Sachverhalte. MYHILL [29] präzisiert «wirkliche» Beziehungen zwischen implikativ verknüpften Aussagen mittels eines Realisierbarkeitsbegriffs prädikatenlogischer Formeln.

d) *Haupteinwand* gegen die behauptete «Paradoxalität» gewisser I. ist der ad-hoc-Charakter ihrer Abgrenzung und die Tatsache, daß paradoxfreie I.-Begriffe zumindest einem der *grundlegenden* «harmlosen» *Gesetze (A)-(E)* nicht genügen können [30]. Die Tendenz, I.-Beziehungen mit Bedeutungsrelationen zu identifizieren, deutet POLLOCK [31] dahingehend, daß die Teilbedeutungsbeziehung die unmittelbar einsichtigen I. liefert, sich aber nicht auf die aus diesen durch Schlußregeln gewonnenen komplizierteren I. überträgt. Dem megarisch-stoischen Verständnis des I.-Begriffs in indirekten Beweisen, der Lewisschen Analyse des modus ponens, den Standpunkten von Pseudo-Scotus und Ockham liegt eine *diskussionstheoretische Deutung* der P.d.I. zugrunde, der es nicht um (evtl. metaphysisch verankerte) rein logische Gültigkeit gewisser Aussageformen geht, sondern um Möglichkeit und Grad der Rechtfertigung von Schlußformen zum Gebrauch bei Beweisen konkreter Behauptungen. Hierhin gehören die Deutung von P4 als Ausdruck des Prinzips «that anyone who commits himself to formal self-contradiction can no longer reject anything» [32], der Aufweis des wesentlich historischen Charakters des Folgerungsbegriffs [33], die intuitionistische Interpretation des Beweises einer I. als Angabe eines effektiven Verfahrens, das zu jedem Beweis der Prämisse einen Beweis der Konklusion produziert [34]. SEREBRYANNIKOV hat diesen methodologischen Ansatz ausgearbeitet durch Einbettung der Problematik der P.d.I. in den umfassenderen Rahmen einer *formalen Bestimmung des Begriffs der «wesentlichen» Sätze:* Er entwickelt für die klassische Aussagenlogik einen Begriff von «regulärer» Herleitbarkeit als Explikat für nichttriviale (lies: paradoxfreie) Folgerung [35].

Anmerkungen. [1] Vgl. W. und M. KNEALE: The development of logic (Oxford 1962) 129. – [2] C. I. LEWIS: A survey of symbolic logic (Berkeley 1918); C. I. LEWIS und C. H. LANGFORD: Symbolic logic (New York/London 1932) 122. 124. – [3] SEXTUS EMPIRICUS, Hyp. Pyrrh. II, 110-112; vgl. B. MATES: Diodorean I. Philos. Rev. 58/3 (1949) 234-242. – [4] A. M. S. BOETHIUS, De syllogismo hypothetico. MPL 14 (Paris 1860) I, 835 B/C. – [5] P. ABAELARD, Dialectica, hg. L. M. DE RIJK (Assen 1956). – [6] J. THOMAS: Maxims in Kilwardby, in: Dominican Studies 7 (1954) 129-146; vgl. KNEALE, a. a. O. [1] 275-277. – [7] DUNS SCOTUS, Opera omnia I, hg. L. WADDING (Lyon 1639) Quaestio X zum 1. Buch über die Ersten Analytiken; die Paradoxe und ihr Beweis finden sich auch bei KNEALE, a. a. O. [1] 281ff.; vgl. W. C. KNEALE: The province of logic, in: Contemporary Brit. Philos., hg. H. D. LEWIS (London 1956) 237-261, bes. 239f. – [8] Vgl. LEWIS/LANGFORD, a. a. O. [2] 250-251. – [9] WILHELM VON OCKHAM: Summa totius logicae (Ox-

1675) III (III), 37. – [10] Vgl. die Vorausnahme bei H. McCOLL: Symbolic reasoning VIII. Mind 15 (1906) 513. – [11] Vgl. Artikel ‹Aussage›; vgl. L. WITTGENSTEIN: Tractatus logico philosophicus (London 1922) 5.11-5.121; 5.141; 5.142. – [12] H. McCOLL: Symbolic logic and its applications (London 1906). – [13] S. HALLDÉN: A note conc. the paradoxes of strict I. and Lewis's system S. 1. J. symbol. Logic (= JSL) 13 (1948) 138-139. (= [14] Vgl. G. E. HUGHES und M. J. CRESSWELL: An introd. to modal logic (London 1968) 226. 232. 337 Anm. 419; vgl. LEWIS, a. a. O. [2] 30f. – [15] McCOLL, a. a. O. [10]. – [16] O. BECKER: Einf. in die Syllogistik, vorzüglich in der Modalkalkül (Meisenheim 1951) 79-80; HUGHES/CRESSWELL, a. a. O. [14] 335-339. 40; J. L. POLLOCK: The paradoxes of strict I., in: Logique et analyse 9 (1966) 180-196; O. F. SEREBRYANNIKOV: Heuristic principles and logical calculi (Jerusalem 1972) 52. – [17] I. E. ORLOV: Ein Kalkül für die Verträglichkeit von Aussagen. Mat. Sib. 34 (1928) (russ.). – [18] W. ACKERMANN: Begründung einer strengen I. JSL 21 (1956) 113-128, bes. 127f. – [19] V. V. DONCHENKO: Einige Fragen zum Entscheidungsproblem für Ackermanns Kalkül der strengen I. Problemy logiki (Moskau 1963) (russ.). – [20] N. D. BELNAP: Entailment and relevance. JSL 25 (1960) 144-146. – [21] N. D. BELNAP: Intensional models for first-degree formulas. JSL 32 (1967) 1-22; vgl. auch R. K. MEYER/R. ROUTLEY: Classical relevant logics. Studia logica 32 (1973) 51-66. – [22] HUGHES/CRESSWELL, a. a. O. [14] 298-301; zur Äquivalenz von Ackermanns strenger I. und E vgl. R. K. MEYER und J. M. DUNN: E, R and *γ*. JSL 34 (1969) 460-474. – [23] D. C. MAKINSON: Topics in modern logic (London 1973) 30-38. – [24] R. GEORGE: Bolzano-entailment and Lewis' paradox. (Underground, Univ. of Waterloo 1973) Thesis IX. – [25] W. T. PARRY: Ein Axiomensystem für eine neue Art von I. (analytische I.). Ergebn. math. Koll. 4 (1933) 5-6. – [26] J. M. DUNN: A modification of Parry's analytic I. Notre Dame J. formal Logic 13 (1972) 195-205, bes. 199. 204f. – [27] J. M. DUNN: The algebra of intensional logics (Ph. D. Thesis, Univ. of Pittsburgh 1966); An intuitive semantics for first degree relevant I. JSL (1971) zit. 362f.; Natural language versus formal language. APA/ASL Symp. (New York, 27. 12. 1969, mimeographed) 12-13. – [28] B. C. VAN FRAASSEN: Facts and tautological entailments. J. of. Philos. 66/15 (1969) 477-487. – [29] J. MYHILL: Relevant I. Notices Amer. math. Soc. 21 (1974) A-26. – [30] Vgl. bes. die Diskussion um den disjunktiven Syllogismus, z. B. N. D. BELNAP: A formal analysis of entailment. TR 7, Yale University (New Haven 1960); A. R. ANDERSON: Some open problems conc. the system E of entailment. Acta philos. fenn. 16 (1963) 7-18, sowie um den dabei benutzten Alternationsbegriff: R. K. MEYER: R-mingle and relevant disjunction. JSL 36 (1971) 366. – [31] POLLOCK, a. a. O. [16] 191. – [32] Vgl. KNEALE, a. a. O. [1] 285; HUGHES/CRESSWELL, a. a. O. [14] 338. – [33] POLLOCK, a. a. O. [16] 185. – [34] S. C. KLEENE: Introd. to metamath. (Amsterdam 1952) 502. – [35] SEREBRYANNIKOV, a. a. O. [16] Ch. II.

Literaturhinweise. – *Zur Geschichte:* W. und M. KNEALE s. Anm. [1]. – B. MATES s. Anm. [3]. – J. ORCORAN: Ancient logic and its modern interpretations (Dordrecht/Boston 1974) 151-181. – *Allgemein:* C. I. LEWIS s. Anm. [1]; Rez. von W. T. PARRY in JSL 4 (1939) 137ff. – W. T. PARRY: The logic of C. I. Lewis, in: P. A. SCHILPP (Hg.): The philos. of C.I. Lewis (Illinois 1968) 115-154. – J. J. ZEMAN: Modal systems (Oxford 1973). – R. FEYS: Modal logics (Louvain 1965). – A. A. ZINOV'EV: Aussagenlogik und Deduktionstheorie (Moskau 1962) (russ.). – G. E. HUGHES und M. J. CRESSWELLS s. Anm. [14]. – O. F. SEREBRYANNIKOV s. Anm. [16].

E. BÖRGER/D. BARNOCCHI

Implikator heißt der aussagenlogische Junktor, der zwei Aussagen *p* und *q* zur materialen Implikation *p* → *q* verbindet. Die französische Bezeichnung ‹implicateur› findet sich zuerst bei DOPP [1], die Bezeichnung ‹I.› bei BOCHEŃSKI und MENNE [2]. LORENZEN hat statt ‹I.› den Terminus ‹Subjunktor› vorgeschlagen [3].

Anmerkungen. [1] J. DOPP: Leçons de logique formelle (Louvain 1950) 2, 41. – [2] I. M. BOCHEŃSKI und A. MENNE: Grundriß der Logistik (1954) 3. 52. – [3] P. LORENZEN: Formale Logik (⁴1970) 48.

A. MENNE

Imponiergehabe. Als ‹Imponieren› oder ‹I.› bezeichnet man in der vergleichenden Verhaltensforschung die ziemlich häufigen Fälle, in denen ein und dieselbe Verhaltensweise eines Tieres (Farbwechsel, Flossen-, Hautlappen-, Federnspreizen, Geschrei, auffällige Bewegungen, Reviergesang vieler Singvögel) den ganzen Körper oder besondere Merkmale einem Rivalen in gleicher Weise wie dem Geschlechtspartner auffällig macht. Rivalen und Geschlechtspartner reagieren darauf verschieden. Ob das Imponieren drohend oder werbend wirkt, entscheidet also der Signal*empfänger*, nicht der *-sender*.

Literaturhinweis. I. EIBL-EIBESFELDT: Grundriß der vergl. Verhaltungsforsch. und Ethol. (1967).   W. WICKLER

Impositio prima/secunda. Den Terminus ‹impositio› benutzten die *scholastischen Logiker*, um solche Begriffe zu bezeichnen, die aus einer willkürlichen Namengebung resultieren und in der Folge gewohnheitsmäßig gebraucht werden. Ihm gegenübergestellt wurde der Terminus ‹intentio›, der hauptsächlich Begriffen beigelegt wurde, die mit den Bezeichneten nicht durch Setzung, sondern von Natur verbunden sind. Dabei benennen primae impositiones reale Gegenstände oder Begriffe, secundae impositiones hingegen Wörter [1].

Bereits vor der Übernahme der Unterscheidung zwischen ersten und zweiten Intentionen durch die arabischen Logiker [2] findet man Hinweise auf die wohl ursprünglich *stoische* Unterscheidung der impositiones (πρώτη θέσις und δεύτερα θέσις) bei PORPHYRIUS [3], BOETHIUS [4] und ABAELARD [5]. BOETHIUS vertrat ausdrücklich die Ansicht, daß man Logik und Grammatik unterscheiden könne, insofern die Logik sich mit den ersten I. und demnach mit außersprachlichen Entitäten, die sie bezeichnen, beschäftige, während die Grammatik die sprachlichen Entitäten zum Gegenstand habe, die von den zweiten I. bezeichnet würden. RAMON LULL war einer der ersten, die eine Theorie der I. der Theorie der Intentionen an die Seite stellten und dabei die I. als das Ursprünglichere begriffen gegenüber den als zugehörige Bilder aufgefaßten Intentionen [6]. Primae impositiones und primae intentiones bezeichnen für ihn stets Partikulares, secundae impositiones und secundae intentiones hingegen Universalien.

In der Folgezeit wurden in bezug auf die Unterscheidung zwischen I. und Intentionen zwei Tendenzen erkennbar. Einerseits will man sie festhalten, schon um damit die verschiedenen Gegenstände von Grammatik und Logik auseinander zu halten, andererseits möchte man sie aufgeben, allenfalls aber als der Grammatik bzw. der Logik eigentümliche Benennungen für denselben Gegenstand gelten lassen. Dieser zweiten Tendenz kann unter anderem bereits ARMAND VON BEAUVOIR zugerechnet werden, für den alles, was durch «nomina secundae impositionis» bezeichnet wird, zur Logik gehört, wohingegen das, was durch «nomina primae impositionis» oder, wie die Logiker es nennen, durch «primae intentiones» bezeichnet wird, den Gegenstand der Realwissenschaften ausmacht [7]. JEAN MAIR weist später diese Unterscheidung zurück mit der Begründung, sie spiele in der facultas artium keine Rolle mehr und sei lediglich für einen Realisten akzeptabel [8]. Noch weiter geht sein Schüler JUAN MARTINEZ SILICEO, der ihr jegliche Bedeutung für die Logik abspricht und daher ihre völlige Verwerfung fordert [9].

Zu den Verteidigern dieser Unterscheidung gehören Logiker so verschiedener Richtungen wie der Realist WALTER BURLEY einerseits [10] und der Konzeptualist WILHELM VON OCKHAM andererseits [11]. Kontrovers war, ob man zwischen Begriffen als mentalen Intentionen und gesprochenen oder geschriebenen Zeichen zu unterscheiden habe und in welcher Weise die natürlichen und die ursprünglich willkürlichen Zeichen einander gegenüber-

zustellen sind [12]. Gegen Jean Mair berief man sich üblicherweise darauf, daß die I. die realen Gegenstände nur vermittelt bezeichnen, nämlich nur mit Hilfe der Begriffe, als der Intentionen, die man von den Gegenständen hat [13].

Folgende vereinfachende Schematisierung soll das geläufige Beziehungsgefüge zwischen I. und Intention verdeutlichen:

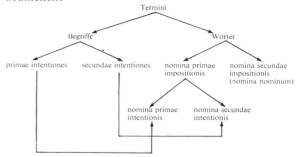

Dabei fallen unter die ersten Intentionen die Begriffe von Objekten, unter die zweiten dagegen die Begriffe von Begriffen, so daß unter die ersten I. sowohl Namen für Begriffe von Objekten fallen als auch Namen für Begriffe von Begriffen, unter die zweiten I. aber nur Namen von Namen. Ohne die scholastische Terminologie beizubehalten, basiert noch HOBBES' Theorie der Namen auf diesem Beziehungsgefüge [14].

Anmerkungen. [1] WILHELM VON OCKHAM, Summa logicae I, 11f., hg. P. BOEHNER (1951) 36-40. – [2] Vgl. K. GYEKYE: The terms ‹Prima Intentio› and ‹Secunda Intentio› in Arabic logic. Speculum 46 (1971) 32-38. – [3] PORPHYRIUS, In Aristotelis categorias commentarium, hg. A. BUSSE (1887) 57, zit. W. und M. KNEALE: The development of logic (Oxford 1962) 195; vgl. C. PRANTL: Gesch. der Logik im Abendlande 1 (1855) 632. – [4] BOETHIUS, In categorias Aristotelis. MPL 64, 159 C. – [5] PETRUS ABAELARD, Die Glossen zu den Kategorien, hg. B. GEYER (1921) 112. 115. 247f. – [6] Vgl. PRANTL, a. a. O. [3] 3 (1867) 149 Anm. 30. – [7] a. a. O. 3, 307 Anm. 629. – [8] JEAN MAIR: Summulae (Paris 1514) fol. 6r/v. – [9] JUAN MARTINEZ SILICEO: Dyalectices elementa (Salamanca 1517) fol. 35v-36r. – [10] W. BURLEY: Super artem veterem (Venedig 1497, ND 1967) fol. a 2r/v. – [11] OCKHAM, a. a. O. [1]. – [12] z. B. ALBERT VON SACHSEN: Perutilis logica I, 9 (Venedig 1522, ND 1974) fol. a 4v; vgl. L. HICKMAN: Logical second intentions (Ph. D. Diss. Univ. Texas 1971) ch. 4. – [13] Vgl. P. NIGRI: Clypeus thomistarum (Venedig 1504) fol. 7r/v. JUAN SANCHEZ SEDEGNO: Quaestiones ad logicam (Mainz 1616) 166. 174; JOHANNES A ST. THOMAS: The material Logic, engl. SIMON/GLANVILLE/HOLENHORST (Chicago 1955) 17. 90. – [14] Vgl. TH. HOBBES: De corpore (1655) I, 2.   L. HICKMAN

Imprädikativität ist das gemeinsame Merkmal imprädikativer Definitionen, Klassifikationen, Begriffsbildungen und Verfahren. ‹Imprädikativ› heißt eine Definition, in deren Definiens auf eine das Definiendum als Element enthaltende Menge Bezug genommen wird, ohne daß die Elemente dieser Menge konstruktiv gegeben sind. Imprädikativ sind somit insbesondere alle Definitionen von Funktionen und Mengen, in deren Definiens eine (freie oder gebundene) Funktions- bzw. Mengenvariable mit indefinitem Variabilitätsbereich auftritt [1]. (P. BERNAYS hat darauf hingewiesen, daß durch diese Fassung nur die *Nicht*prädikativität eine genauere Bestimmung erfährt [2]. Verschiedene Möglichkeiten zu einer über das Fehlen imprädikativer Methoden hinausgehenden Charakterisierung der *Prädikativität* hat G. KREISEL untersucht [3].)

Imprädikativ im genannten Sinne ist z. B. die Mengendefinition $M \leftrightharpoons \{\mu \mid \mu \notin \mu\}$, in der sich die Mengenvariable μ auf *alle* Mengen bezieht und damit auch auf das an dieser Stelle gerade erst zu definierende M; die in der Definition verwendete Klammerschreibweise verhüllt, daß M de facto durch die Bedingung

$$\bigwedge_{\mu} (\mu \in M \leftrightarrow \mu \notin \mu)$$

bestimmt wird, aus der sich durch Einsetzen von M für μ die Russellsche Antinomie $M \in M \leftrightarrow M \notin M$ ergibt. Ebenfalls imprädikativ ist – wie insbesondere H. WEYL und TH. SKOLEM hervorgehoben haben [4] – die beim naiven oder axiomatischen Aufbau der klassischen Analysis entscheidende Definition der oberen Grenze einer nicht-leeren beschränkten Menge reeller Zahlen (in der üblichen Fassung, bei der die zur Darstellung der Menge verwendete Aussageform quantifizierte Variable für reelle Zahlen enthält). Imprädikativ sind schließlich auch die zu der Vorstellung absolut überabzählbarer Mengen führenden Verfahren, insbesondere das Cantorsche Diagonalverfahren [5]. Die Definition

$$\min A(\mu) \rightleftharpoons \iota_n \, (A(n) \wedge \bigwedge_m (A(m) \rightarrow m \geqq n))$$

des Minimums einer (durch die Aussageform $A(n)$ gegebenen) Menge natürlicher Zahlen ist dagegen *nicht* imprädikativ; der im Definiens auftretende Quantor hat zwar als Variabilitätsbereich die Menge der natürlichen Zahlen, der das Definiendum selbst angehört, doch ist dieser Bereich durch einen Zählzeichenkalkül [6] konstruktiv gegeben.

Trotz des Vorliegens eines konstruktiven Aufbaus der klassischen Analysis [7] werden noch heute imprädikative Begriffsbildungen zur Entwicklung der Analysis für erforderlich gehalten. Die Kritik an imprädikativen Verfahrensweisen begann bereits im 19. Jh. in der französischen Mathematikerschule der «Halb-Intuitionisten» (die Bezeichnung stammt von dem Intuitionisten A. HEYTING [8]). Auch CANTOR war bereits auf «inkonsistente Vielheiten» gestoßen und damit der Entdeckung der I. nahe gekommen [9]. Die Terminologie geht auf B. RUSSELL zurück, der in einer Abhandlung von 1906 [10] zu Widersprüchen führende mengentheoretische Aussageformen (wie $x \in x$) als «non-predicative» bezeichnete. Durch Überlegungen zur Antinomie von Richard veranlaßt [11], führte H. POINCARÉ die Unzulässigkeit dieser «nicht-prädikativen» Aussageformen auf einen «cercle vicieux» in den verwendeten Begriffsbildungen zurück und identifizierte die nicht-prädikativen Definitionen mit den zirkelhaften [12]. Eine spätere Formulierung nimmt die in der hier verwendeten Fassung auf P. LORENZEN zurückgehende Charakterisierung der I. durch das Auftreten gewisser indefiniter Bereiche vorweg [13]. Poincarés Verbot dieser zirkelhaften, nichtprädikativen Begriffsbildungen fand als «Vicious-Circle Principle» Eingang in die ‹Principia Mathematica› [14]. Die damit erreichten Einschränkungen der verzweigten Typenlogik der ‹Principia› wurden jedoch durch die Annahme eines *Reduzibilitätsaxioms* wieder durchbrochen. Heute gelten prädikative Systeme allgemein als gleichwertig mit einer verzweigten Typenlogik *ohne* Reduzibilitätsaxiom.

Anmerkungen. [1] Vgl. Art. ‹Indefinit›. – [2] P. BERNAYS: Remarques sur l'I. Ann. Fac. Sci. Univ. Clermont 7/1 (Clermont 1962) 121f. – [3] G. KREISEL: La prédicativité. Bull. Soc. math. France 88 (1960) 371-391. – [4] H. WEYL: Das Kontinuum. Krit. Untersuch. über die Grundl. der Analysis (1918, ND 1932 und New York o. J.); Der circulus vitiosus in der heutigen Begründung der Analysis. Jber. Dtsch. Math.-Ver. 28 (1919) 85-92; TH. SKOLEM: Über die Grundlagendiskussionen in der Math. 7. skand. Math.-Kongr. Oslo 1929 (Oslo 1930). – [5] Vgl. P. LORENZEN: Differential und Integral. Eine konstruktive Einf. in die klass. Analysis (1965). – [6] Vgl. Art. ‹Arithmetik›. – [7] LORENZEN, a. a. O. [5]. – [8] Bes. E. BOREL, H. LEBESGUE und R. BAIRE, ferner von der russische Mathematiker N. LUSIN. – [9] Vgl. A. FRAENKEL, in: CANTOR, Ges. Abh. (1932, ND 1962) 470 Anm. 2. – [10] B. RUSSELL: On some difficulties in the theory of transfinite numbers and order types, Proc. London Math. Soc., Ser. 2, 4/1 (1906) 29-53 (Vortrag von 1905). – [11] J. RICHARD: [Brief an den Hg.] Rev. gén. Sci. pures et appl. 16 (1905) 541; auch in: Acta Math. 30 (1906) 295f. – [12] H. POINCARÉ: Les math. et la logique III. Rev. Mét. Morale 14 (1906) 294-317. – [13] Vgl. H. POINCARÉ: Über transfinite Zahlen, in: Sechs Vorträge über ausgewählte Gegenstände aus der reinen Math. und math. Physik (dtsch. 1910) 45-48. – [14] A. N. WHITEHEAD und R. RUSSELL: Principia mathematica 1-3 (Cambridge 1910-13, ²1925-27).

Literaturhinweise. H. POINCARÉ s. Anm. [12. 13]. – H. WEYL: Der circulus vitiosus in der heutigen Begründung der Analysis. Jber. Dtsch. Math.-Ver. 28 (1919) 85-92. – R. CARNAP: Die logizistische Grundlegung der Mathematik. Erkenntnis 2 (1931-32) 91-105; Log. Syntax der Sprache (1934, ²1968) § 44. – P. LORENZEN s. Anm. [5]. – CH. THIEL: Grundlagenkrise und Grundlagenstreit (1972) Kap. 4: Imprädikative Verfahren. CH. THIEL

Impuls heißt in der Physik allgemein die Wirkung der kurzzeitigen Änderung eines physikalischen Parameters, speziell in der Mechanik die Wirkung von Kraftstößen. In der Dynamik Newtons gilt infolge des 2. Axioms, das die Gleichheit der auf einen Körper der Masse m wirkende Kraft $\bar{K}$ mit der zeitlichen Änderung der «Bewegungsgröße» $m \cdot \bar{v}$ ($\bar{v}$ Geschwindigkeit) behauptet, für die Größe der I.-Änderung durch einen in der Zeit $t_1 - t_2$ andauernden Kraftstoß

$$\bar{p}\,(t_1) - \bar{p}\,(t_2) = \int_{t_2}^{t_1} \bar{K}\,(t)\,dt.$$

Die Begriffe der Bewegungsgröße und des I. reichen in ihrer Geschichte bis in die antike Naturphilosophie zurück und sind sowohl mit Erklärungsversuchen für Bahnform und zeitlichen Ablauf von Wurf- und Fallbewegungen als auch mit Vorläufern von Erhaltungssätzen in atomistischen Theorien verknüpft.

Nach ARISTOTELES bedarf jede Bewegung eines Bewegers, der für verschiedene Klassen von Bewegungen (Bewegung belebter und unbelebter Körper sowie Planetenbewegungen) verschieden ist. Für die erzwungene, d. h. nicht auf seinen gemäß der Elementelehre natürlichen Ort gerichtete Bewegung eines unbelebten Körpers nahm Aristoteles an, daß der Verursacher der Bewegung, z.B. die Hand eines Ballspielers, nicht nur dem Ball eine Bewegung aufzwingt, sondern gleichzeitig auch einer Schicht des den Ball umgebenden Mediums der Luft eine nun ihrerseits bewegende Kraft mitteilt, die für die Weiterbewegung des Balles nach Verlassen der Hand des Werfers verantwortlich ist. Diese, aus der vorgängigen Betrachtung der Ursachen verschiedener Fallgeschwindigkeiten bei gleichen Fallhöhen durchaus motivierte Erklärung wurde jedoch schon in der Antike als so unbefriedigend empfunden, daß sie umfangreiche Diskussionen unter den Vertretern des Aristotelismus auslöste und über die Entwicklung der Impetustheorien (s. Art. ‹Impetus›) in der Scholastik schließlich einer der Anlässe zur Ausbildung der klassischen Physik wurde.

Gegen die aristotelische Auffassung argumentiert BURIDAN mit Beispielen der Art, daß man einen Stein weiter werfen könne als eine Feder, und legt den Grundstein für die Ausbildung des klassischen Trägheitsbegriffes durch seine Impetustheorie, nach der einem Projektil ein von dessen Geschwindigkeit und Größe abhängiger Impetus mitgegeben wird, der zunächst als «Ursache» für eine Bewegung konstanter Geschwindigkeit anzusehen ist. Im Falle der Aufwärtsbewegung wird der Impetus von der Schwere allmählich verbraucht. NICOLAUS VON ORESME verdeutlicht darüber hinaus, daß eine Änderung des Impetus nicht mit einer Änderung der Schwere eines Körpers einhergeht, sondern mit der Geschwindigkeitsänderung allein zusammenhängt. Buridans Auffassung gewann um 1510 in der Pariser Terministenschule allgemein Anerkennung und wurde gleichsam die offizielle Lehrmeinung der Scholastiker, die um 1600 die Urheberschaft der Impetustheorien ganz für sich in Anspruch nahmen. Entscheidend verbessert wurde Buridans Impetustheorie durch BENEDETTI, der die beschleunigte Fallbewegung auf ein kontinuierliches Anwachsen des Impetus zurückführte und an Beispielen mit rotierenden Rädern erstmals auf die Geradlinigkeit der Erhaltungsgröße hinwies, wodurch z. B. ein Stein die Kreisbahn einer Schleuder tangential verlasse.

Der methodische Status der I.-Theorien ist mit modernen Unterscheidungen nur schwer beschreibbar. Zwar spielen Erfahrungen eine gewisse Rolle, doch ist ‹Impetus› kein Begriff einer empirischen Theorie, da es weder zu systematischen noch gar zu quantitativen Beobachtungen kommt. Andererseits ist der Impetusbegriff kein Teil einer apriorischen Grundlegung der Physik, da weder auf Erfahrungsargumente verzichtet wird, noch die kontemplative Distanz aufgegeben ist, welche der Ermöglichung einer experimentellen Physik im Wege steht.

Bei GALILEI, dessen Verbindung mit Benedetti umstritten ist, findet sich die Vorstellung des um unendlich viele und kleine I. wachsenden I. bei der Fallbewegung, obgleich hier infolge terminologischer Ungenauigkeiten Galileis Interpretationsfragen offen bleiben (das Wort ‹impeto› scheint gelegentlich im Sinne von potentieller Energie verwendet). Indessen ist sein auf das Trägheitsprinzip Newtons hinführendes Prinzip von der Erhaltung der Horizontalbewegung als ein Prinzip der I.-Erhaltung zu verstehen. Deutlich apriorischen Charakter gewinnt das Erhaltungsprinzip der Bewegungsgröße bei DESCARTES. In einem ewigen, geschlossenen Kreislauf wird jedes Geschehen in der Cartesischen Reduktion der Natur auf die mathematisierbaren Begriffe der Ausdehnung und der Geschwindigkeit als Korpuskularbewegung gedeutet. Eindeutig wird die dabei erhaltene Bewegungsgröße durch $m \cdot v$ definiert, wobei freilich ein klarer Massenbegriff noch fehlt. Mit dem Versuch, die Übertragung des I. durch Stoßgesetze zu erklären, scheitert zwar Descartes – die Unterscheidung von I.- und Energieerhaltung gelingt erst LEIBNIZ –, aber in der Dioptrik gibt er ein mechanisches Analogon für das Reflexionsgesetz, wonach beim elastischen Stoß ein in Richtungskomponenten zerlegbarer I. bis auf die Umkehrung einer Komponente vollständig erhalten bleibt. Den apriorischen Charakter der Erhaltung der Bewegungsgröße nach Descartes zeigt ihre durchgängige Verwendung als Erklärungsprinzip. Eine korrekte Formulierung der Stoßgesetze, beschränkt auf den ideal elastischen Stoß, gelingt HUYGENS. Im Rahmen einer exakten Berücksichtigung der schon von Descartes behaupteten Relativität von Bewegung leitet er Gesetze für alle Fälle elastischer Stöße aus dem Trägheitsprinzip und aus einem als apriorisch angesehenen Satz her, wonach zwei gleiche Körper gleich großer, entgegengesetzter Geschwindigkeit auch nach dem Stoß wieder gleich große, entgegengesetzte Geschwindigkeiten haben. Da eine Massendefinition ebensowenig auftritt, wie diejenige Newtons als befriedigend anzusehen ist, kann die I.-

Satz (Gleichheit des Gesamt-I. $m_1 \cdot \bar{v}_1 + m_2 \cdot \bar{v}_2$ vor und nach dem Stoß) in der Theorie Huygens' als Definition der Massengleichheit interpretiert werden. Explizit tritt dieser Gedanke auf bei Vertretern der mécanique rationnelle im 19. Jh. (SAINT VENANT DE BARRÉ und J. ANDRADE), deren Massendefinition an Stoßvorgänge geknüpft wird und auf dem I.-Satz beruht. Eine operative Bestimmung des Massenbegriffs durch Stoßvorgänge im Rahmen einer Protophysik (s. d.) wird von LORENZEN vorgeschlagen. Danach ist der I.-Satz ein logisches Implikat der Massendefinition, d. h. seinem Status nach eine ideative Norm für die Herstellung von Massengleichheit (vgl. Art. ‹Ideation›).

Literaturhinweise. – Quellen: J. BURIDAN: Quaestiones super octo physicorum libros Aristotelis (Paris 1509). – G. B. BENEDETTI: Diversarum speculationum mathematicarum et physicarum liber (Turin 1585). – G. GALILEI, Ed. Naz. 1-20 (Florenz 1890-1909). – R. DESCARTES, Oeuvres 1-12 hg. CH. ADAM/P. TANNERY (Paris 1897-1910). – CH. HUYGENS: De motu corporum ex percussione (1668). Oeuvres compl. 1-22 (Den Haag 1888-1950). – *Darstellungen:* P. DUHEM: Le système du monde. Hist. des doctrines cosmol. de Platon à Copernic 1-10 (Paris 1914-1959). – ANNELIESE MAIER: Die Impetustheorie der Scholastik (1940). – R. DUGAS: Hist. de la mécanique (Neuenburg 1950). – M. JAMMER: Concepts of force (Cambridge, Mass. 1957); Der Begriff der Masse in der Physik (1964). – P. LORENZEN: Wie ist die Objektivität der Physik möglich? in: Argumentationen. Festschr. J. König, hg. H. DELIUS/G. PATZIG (1964) 143-150. – J. MITTELSTRASS: Neuzeit und Aufklärung (1970).   P. JANICH

Imputation (Zurechnung)

I. Während das Wort ‹I.› ethisch und rechtlich die Zurechnung einer Schuld oder eines Verdienstes aufgrund erbrachter Leistungen meint, gewinnt der Terminus (griech. λογίζεσθαι, lat. imputare) in der *reformatorischen Theologie* einen nahezu entgegengesetzten Sinn: Gerechtsprechung des Sünders durch Gott, nicht kraft erworbener Verdienste des Sünders, sondern um der fremden Gerechtigkeit (iustitia aliena) Christi willen.

Dieses Verständnis bahnt sich an bei PAULUS in seinem Ringen mit der jüdischen Auslegung von Gen. 15, 6: «Abraham glaubte [an] Gott, und das rechnete dieser ihm zur Gerechtigkeit an» [1]. Der *spätmittelalterliche Nominalismus* weitet die I. aus zu einer Kernstruktur menschlichen Gottesverhältnisses: Gott nimmt das Tun seiner vernunftbegabten Geschöpfe an oder verwirft es kraft seiner freien Rechtssetzung [2].

Die *Reformatoren* konzentrieren die I. erneut auf die Annahme des Sünders durch Gott: In schöpferischer Souveränität rechnet Gott den sündigen Menschen das Vertrauen auf Christi Opfertod zu; diesen Glauben aber vermögen wir von uns aus nicht zu erschwingen; Gott selber gewährt ihn uns durch seinen Geist aus der Christusbotschaft heraus [3]. Dabei lehnt LUTHER jedoch die Lehre Ockhams, daß die Rechtfertigung des Sünders «gantz und gar ynn der gottlichen i.» liege, ab und weist auf die Notwendigkeit des Opfertodes Christi hin [4]. – Die *katholische Gegenreformation* hat diese Rechtfertigungslehre «sola imputatione iustitiae Christi» verworfen [5].

Anmerkungen. [1] Röm. 3, 28; 4, 3-12. 22-25; Gal. 3, 6; vgl. Jak. 2, 23. – [2] Vgl. W. DETTLOFF: Die Lehre von der acceptio divina bei J. Duns Scotus mit bes. Berücksicht. der Rechtfertigungslehre (1954); Die Entwicklung der Akzeptations- und Verdienstlehre von Duns Scotus bis Luther (1963). – [3] M. LUTHER, Weimarer A. 1, 149; 7, 344; 31/1, 379f.; 39/1, 82ff.; 40/1, 364; 42, 563ff.; 56, 22. 287; PH. MELANCHTHON, Baccalaureats-Thesen von 1519. Werke hg. STUPPERICH 1 (1951) 24; Opera. Corpus Reformatorum 2, 517; 8, 589; 15, 453; 27, 443; J. CALVIN, Inst. rel. christ. III, 11; Konkordienformel Epit. III, 21; Solida Decl. III, 23, in: Die Bekenntnisschr. der evang.-luth. Kirche (⁶1967) 786.

922. – [4] LUTHER, a. a. O. 10/I/1, 468f. – [5] Tridentinum (1547), in: DENZINGER/SCHÖNMETZER: Enchiridion symbolorum (³³1965) 1561; vgl. 1528ff. 1545ff.

Literaturhinweise. G. QUELL und G. SCHRENK: Art.: ‹DIKAIOSÝ-NE›, in: Theol. Wb. zum NT 2, 176-223; H.-W. HEIDLAND: Art. ‹LOGÍZOMAI›, in: Theol. Wb. zum NT 4, 287-295; W. JOEST: Art. ‹I.›, in: RGG³ 3, 694-696; H. VOLK: LThK² 5, 641f. – H.-W. HEIDLAND: Die Anrechnung des Glaubens zur Gerechtigkeit (1936). – H. E. WEBER: Reformation, Orthodoxie und Rationalismus I/1 (1937). – W. DETTLOFF s. Anm. [2]. – G. v. RAD: Ges. Stud. zum AT (1958) 130-135. – P. STUHLMACHER: Gerechtigkeit Gottes bei Paulus (²1966). – K. KERTELGE: Rechtfertigung bei Paulus (²1972). A. PETERS

II. *Moralische* I. – meist: Zurechnung – ist Begriff der Ethik im Problemzusammenhang der Verantwortlichkeit und Freiheit: «Zurechnung (imputatio) in moralischer Bedeutung» – definiert KANT [1] – «ist das Urteil, wodurch jemand als Urheber (causa libera) einer Handlung, die alsdann Tat (factum) heißt und unter Gesetzen steht, angesehen wird»; Zurechner ist das Gewissen [2]. Die Frage nach der I. und Imputabilität – historisch im Kontext des Theodizeeproblems als Frage nach der Zurechnung des Bösen brisant geworden [3] – radikalisiert die Frage nach der menschlichen Freiheit, da man nur in der «absoluten Spontaneität der Handlung ... den eigentlichen Grund der Imputabilität derselben» zu finden vermag [4]: dies meinen Kant, nach ihm FICHTE [5], in neuerer Zeit SCHELER, der freilich «Zurechenbarkeit» und «Verantwortlichkeit» streng unterscheidet [6], N. HARTMANN [7] und andere. In dieser Frage hat eine Sonderstellung HEGEL: seine geschichtsmetaphysische Position erlaubt es ihm einerseits, innerhalb seiner Philosophie des objektiven Geistes, dort der Theorie der «Moralität» [8], auf das verantwortungsethische Problem der Zurechnung fernerer Folgen von Handlungen aufmerksam zu sein und einen Begriff «objektiver Zurechnung» ansatzweise zu entwickeln, den später LARENZ präzisiert [9]. Andererseits limitiert HEGEL diese I. religionsphilosophisch in der Versöhnungslehre vom Opfertod Christi: sie «ist gegen die Lehre von der moralischen I., wonach jedes Individuum für sich zu stehen hat, jeder der Täter seiner Taten ist. Das Schicksal Christi scheint dieser I. zu widersprechen; aber diese hat nur ihre Stelle auf dem Felde der Endlichkeit, wo das Subjekt als einzelne Person steht, nicht auf dem Felde des freien Geistes. In dem Felde der Endlichkeit ist die Bestimmung, daß Jeder bleibt, was er ist; hat er Böses getan, so ist er böse: das Böse ist in ihm als seine Qualität. Aber schon in der Moralität, noch mehr in der Sphäre der Religion wird der Geist als frei gewußt, als affirmativ in sich selbst, so daß diese Schranke an ihm, die bis zum Bösen fortgeht, für die Unendlichkeit des Geistes ein Nichtiges ist: der Geist kann das Geschehene ungeschehen machen; die Handlung bleibt wohl in der Erinnerung, aber der Geist streift sie ab. Die I. reicht also nicht an diese Sphäre heran» [10]. Aber nicht allein, wo theologisch-geschichtsmetaphysisch notwendige Abläufe favorisiert werden, sondern vor allem auch dort, wo dies naturwissenschaftlich geschieht, wird die I. und ihre Begründung in der Freiheit aporetisch: so ansatzweise bei HERBART [11], so vor allem in der psychologisierenden Ethik des ausgehenden 19. und beginnenden 20. Jh. (u. a. TH. LIPPS, TRÄGER) und in anderen – etwa soziologischen – Diadochenphilosophien. Offenbar aber erst SIMMEL hat – extreme Möglichkeiten der Postulatenlehre Kants ausschöpfend und die Freiheit durch I. fiktionalisierend – den Begründungszusammenhang umgekehrt: nicht mehr Freiheit begründet I., sondern I. begründet Freiheit: «Derjenige

ist frei, den man mit Erfolg verantwortlich machen kann» [12]. In der Nachfolge dieses I.-Begriffs – der Lehre von der nur zugerechneten Freiheit – und damit faktisch in der Tradition der theologischen imputatio-Lehre steht auch noch LUKÁCS' Theorie des «‹zugerechneten› Klassenbewußtseins» [13]. Der Begriff der moralischen I. gerät darüber – im Zeitalter allgemeiner Kunst, es nicht gewesen zu sein – in Gefahr, verlorenzugehen.

Anmerkungen. [1] I. KANT: Met. Sitten (1797). Akad.-A. 6, 227. – [2] a. a. O. 438. – [3] Akad.-A. 1, 399f.; vgl. H. HEIMSOETH: Transzendentale Dialektik 2 (1967) 240. – [4] KANT, KrV B 476. – [5] J. G. FICHTE: Versuch einer Critik aller Offenbarung (1792). Akad.-A. I/1, 28. – [6] M. SCHELER: Der Formalismus in der Ethik und die materiale Wertethik (1913ff.). Werke 2, 491ff. – [7] N. HARTMANN: Ethik (1926, ⁴1962) 728ff. – [8] G. W. F. HEGEL: Grundlinien der Philos. des Rechts (1821) bes. §§ 115ff. – [9] K. LARENZ: Hegels Zurechnungslehre und der Begriff der objektiven Zurechnung (1927, ND 1970). – [10] G. W. F. HEGEL: Vorles. über die Philos. der Relig. (1821ff.). Werke, hg. GLOCKNER 16, 304f. – [11] J. FR. HERBART: Lb. zur Psychol. (1816, ²1834). Sämtl. Werke 4, 344f. – [12] G. SIMMEL: Einl. in die Moralwiss. 2 (1893) 217. – [13] G. LUKÁCS: Gesch. und Klassenbewußtsein (1923) 62ff. O. MARQUARD

III. ‹I.› ist in der *Rechtswissenschaft* ein nur noch wenig gebräuchlicher Ausdruck für die subjektive ‹Zurechnung›. Der Begriff der Zurechnung tritt meist in Verbindung mit der Lehre von der Zurechnungsfähigkeit (Imputabilität) auf. Gemäß der Dreiteilung des deliktischen und strafrechtlichen Handlungsbegriffs in Tatstandsmäßigkeit, Rechtswidrigkeit und Schuld wird die Zurechnungsfähigkeit synonym auch ‹Schuldfähigkeit› genannt und als die Fähigkeit des Täters, das Unerlaubte der Tat einzusehen und nach dieser Einsicht zu handeln, bestimmt [1]. In diesem Handlungsbegriff wirkt die Zurechnungslehre fort, die in der deutschen Naturrechtslehre des 17. und 18. Jh. unter dem Begriff der imputatio (Zurechnung) und imputavitas (Zurechnungsfähigkeit) entwickelt wurde.

S. PUFENDORF (1632-1694) entwarf in einer Theorie der moralischen Handlung in Anknüpfung an die aristotelischen Ethiken eine Lehre über die normative Zurechnung von Verdienst und Strafe, für die er als Prinzip die durch freien Willen bestimmte Handlung, «actio voluntaria», ausfindig machte [2]. Diese Lehre wurde von CHR. THOMASIUS (1655-1728) und CHR. WOLFF (1679-1754) aufgegriffen, besonders von J. S. F. VON BÖHMER (1704-1772) in die strafrechtliche Fachdogmatik übernommen, in der sie große Verbreitung fand, und von P. J. A. VON FEUERBACH (1775-1833) fortgeführt [3]. PUFENDORF fand die lateinischen Begriffe ‹imputatio› und ‹imputare› in der Theologie und Rechtswissenschaft seiner Zeit vor. Die Begriffe gehen auf das römische Recht zurück und gelangten über die italienische in die gemeinrechtliche deutsche Rechtswissenschaft. Zu natur- und strafrechtlichen Schlüsselbegriffen wurden sie jedoch erst durch Pufendorf [4].

Anmerkungen. [1] Vgl. z. B. StGB der BRD (2. 1. 1975) §§ 20f.; H. WELZEL: Das dtsch. Strafrecht (¹¹1969) 38-42. – [2] S. PUFENDORF: De jure naturae et gentium libri octo (Lund 1672) I, 5, §§ 3-5; De officio hominis et civis iuxta legem naturalem (Lund 1673) I, 1, §§ 9. 17; R. LOENING: Die Zurechnungslehre des Aristoteles (1903). – [3] CHR. THOMASIUS: Fundamenta juris naturae et gentium (1705) I, 7; CHR. WOLFF: Philos. practica universalis (1738) §§ 532. 642; Institutiones juris naturae et gentium (1750) §§ 1. 16; J. S. F. VON BÖHMER: Elementa jurisprudentiae criminalis (1732) I, Def. 1, § 1; II; P. J. A. VON FEUERBACH: Revision der Grundsätze und Grundbegriffe des positiven peinlichen Rechts 1 (1799) 150ff. – [4] z. B. Corpus juris civilis IX, Dig. 20, 5; XIV, § 4, Dig. 21, 1; W. ENGELMANN: Irrtum und Schuld nach der ital. Lehre und Praxis des MA (1922); Die Schuldlehre der Postglossatoren (²1965).

Literaturhinweise. J. WEISKE: Rechtslex. für Juristen aller deutschen Staaten 15 (1861) 511-640. – STINTZING/LANDSBERG: Gesch. der dtsch. Rechtswiss. III/1 (1898). – G. BOLDT: J. S. F. von Böhmer und die gemeinrechtl. Strafrechtswiss. (1936). – H. WELZEL: Die Naturrechtslehre S. Pufendorfs (1958). – E. SCHMIDT: Einf. in die Gesch. der dtsch. Strafrechtspflege (³1965).
W. SCHRECKENBERGER

Inbegriff. Der Terminus ‹I.› ist seit dem 18. Jh. gebräuchlich. Ergebnis seiner Präzisierung ist der spätere Mengenbegriff der Mengenlehre (s.d.).

M. MENDELSSOHN [1] verwendet ‹I.› noch im Sinne von «Aggregat» (s.d.), wobei die I. nur im «denkenden Subjekt» existiert [2]. Als Beispiele nennt er die Vorstellungen einer Herde Schafe und eines Sandhaufens [3].

Nähere Bestimmungen finden sich bei B. BOLZANO, der unter ‹I.› ein «Etwas, das Zusammengesetztheit hat» [4] versteht. Dieses «Abstractum» hält er für nicht weiter definierbar. I., bei denen die Art der Verbindung zwischen den Teilen «gleichgültig» ist, nennt er «Mengen» [5], zu denen er aber auch noch die Aggregate zählt [6].

Den weitesten Gebrauch von ‹I.› hat E. HUSSERL. Danach kommen I. durch psychische Akte zustande, durch die «alle und jede Inhalte, seien sie noch so disparat», zusammengedacht werden können (z.B. Röte, Mond und Napoleon) [7].

B. ERDMANN bestimmt ‹I.› als «Gegenstände zweiter Ordnung», die durch die Zusammenfassung von «Gegenständen erster Ordnung» entstehen [8].

Anmerkungen. [1] M. MENDELSSOHN: Morgenstunden oder Vorles. über das Daseyn Gottes (1786, ND 1968) 1, 227. – [2] a.a.O. 230. – [3] 229. – [4] B. BOLZANO: Wissenschaftslehre 1 (1837, ²1929, ND 1970) § 82, 1. – [5] a.a.O. § 84, 1. – [6] § 84, 2. – [7] E. HUSSERL: Philos. der Arithmetik (1891, ND 1970) 74. – [8] B. ERDMANN: Logik 1 (1892, ²1907) 162.   A. VERAART

Incomplexum/complexum. In seiner einfachsten Form beinhaltet dieses Begriffspaar die auf Aristoteles zurückgehende scholastische Unterscheidung zwischen termini, deren Teile nicht bedeutungstragend per se sind, z.B. ‹homo›, und jenen, deren Teile es sind, wie ‹homo currit› [1]. Nach AVICENNA [2] und dessen Interpretation durch VINCENZ VON BEAUVAIS [3] und ALBERTUS MAGNUS [4] bezieht sich diese Unterscheidung nicht nur auf geschriebene und gesprochene Wörter, sondern auch auf die Begriffe, die von jenen bezeichnet werden. So lieferte diese Unterscheidung die Grundlage für eine Einteilung der Logik gemäß den Richtlinien, die aus dem Organon des Aristoteles entwickelt wurden. ‹Incomplex› umfaßt nämlich einfache logische Begriffe, Definitionen (quid sit) und folglich *Kategorien*. Die Theorie der komplexen Termini bestand in der Theorie der Beziehungen zwischen zusammengesetzten Begriffen. Sie unterteilte sich in die Urteilslehre (an verum vel falsum sit) (*De interpretatione*) und in die allgemeine «Argumentationslehre» (*Erste Analytik*). Letztere umfaßte die Modallogik (*Erste und Zweite Analytik*), die Wahrscheinlichkeitsschlüsse (*Topik*) und die sophistischen Widerlegungen (*Elenchis*).

In dem Werk von ALBERTUS MAGNUS wird ‹incomplex› und ‹complex› gebraucht, um geschriebene oder gesprochene *Wörter* zu unterscheiden, im Gegensatz zu dem Unterscheidungspaar ‹einfach› (simplex) und ‹zusammengesetzt› (compositus), das auf *Begriffe* angewandt wird. Durch diese methodische Unterscheidung stützt er seine Vorstellung, daß ‹incomplex› und ‹complex› Verbindungen zwischen Wörtern und Begriffen bezeichnen, die objektiv (d.h. nicht-psychisch aufgefaßt) sind. Wenn ein Wort weder einen zusammengesetzten noch einen einfachen Begriff bezeichnet, dann ist es weder komplex noch incomplex. Albertus hat auch verschiedene Kriterien angegeben, um die Inkomplexität (oder Komplexität) von Wörtern und von Begriffen festzustellen. Inkomplexe Wörter können orthographisch (oder grammatikalisch) nur in nicht-bedeutungtragende Teile zerlegt werden, während komplexe Wörter, gemäß ihrer Definition grammatikalisch auch in bedeutungtragende Teile zerlegt werden können. Inkomplexe (einfache) Begriffe können nach ihren logischen Teilen aufgeschlüsselt werden: homo z.B. umfaßt Petrus, Paulus usw. Komplexe (zusammengesetzte) Begriffe können in logische Teile zerlegt werden, zwischen denen die allgemeine logische Beziehung der Zusammengehörigkeit und Nicht-Zusammengehörigkeit besteht. Inkomplexe Termini können also, wie z.B. ‹homo›, inkomplexe, jedoch universale Begriffe bezeichnen, die man in ihre logischen Teile zerlegen kann (in diesem Fall: Petrus, Paulus usw.). Man sieht also, daß die Unterscheidung ‹Incomplex/complex› von der Unterscheidung zwischen universalen und partikulären Termini differiert. Der Thomist ARMAND VON BEAUVOIR nahm die avicennische Unterscheidung wieder auf, der gemäß die incomplexa der ersten operatio intellectus, der Begriffsbildung, und die complexa der zweiten operatio intellectus, dem Verbinden und Trennen im Urteil, entspricht [5].

Auch bei WILHELM VON OCKHAM [6] entsprechen, da die Objektivität von Begriffen verneint wird, und somit psychisch aufgefaßte Begriffe an ihre Stelle treten, inkomplexe Termini den einfachen geistigen Vorgängen (actus mentalis), z.B. Wahrnehmen und Glauben, dagegen komplexe Termini den komplexen geistigen Vorgängen, wie Urteilen und Erkennen. Da durch diese psychologistische Interpretation des Gegensatzes zwischen ‹komplex› und ‹inkomplex› diese Begriffe selbst anders definiert wurden, waren auch zusätzliche Unterscheidungsmittel erforderlich.

JOHANNES BURIDAN [7] versuchte, das Verständnis dieser Unterscheidung zu vertiefen, indem er sie mit anderen Summula-Unterscheidungen verglich, z.B. mit der zwischen Termini, die von Natur aus oder durch Festsetzung Bedeutung haben und derjenigen zwischen kategorematischen und synkategorematischen Termini. Buridan und sein Kommentator JOHANNES DORP [8] haben auch versucht, die verschiedene Weise aufzuzeigen, in der die Grammatiker und Logiker diesen Unterschied fassen, z.B. kann der Buchstabe ‹a› ein komplexer Terminus der Logik sein, wenn er für die Aussage «homo est animal» steht oder für Einbildungen (voces ficta), wie chimera und vacuum, die mentalen Propositionen unterzuordnen sind. Letztere können vom Standpunkt des Grammatikers aus bloß inkomplex sein.

Die Arbeit von V. FAVENTINUS [9] versuchte, die Verbindung aufzuzeigen und zu erklären. PAULUS VENETUS [10] schlug zwei Gruppen von komplexen und drei von inkomplexen Termini vor, und wandte dann seine Aufmerksamkeit deren suppositio zu. JOHANNES DE MONTE [11] wies darauf hin, daß äquivoke Wörter wie das lateinische ‹canis›, das für das Säugetier, den Stern und den Fisch gebraucht wird, auch inkomplex sein können, und argumentierte gegen Ockhams Ablehnung der Objektivität der Begriffe. Formale Begriffe, so erklärte er, sind aufgrund ihrer Definition inkomplex, weil sie psychologische Einheiten sind: Nur in ihrer objektiven Funktion können Begriffe komplex sein.

JOHANNES MAJOR [12] argumentierte, daß unsinnige Silben – und man könnte hinzufügen Variable – (z.B.

‹Buf›) komplex sind, weil sie für jeden beliebigen Terminus stehen können, er sei komplex oder inkomplex.

Man kann Spuren dieser scholastischen Unterscheidung auch bei Nichtscholastikern, wie z. B. HOBBES [13], finden. Er gebraucht die Termini ‹einfach› (simplex) und ‹zusammengesetzt› (complex) auf eine Weise, daß diese Unterscheidung mit anderen scholastischen Unterscheidungen zu verschmelzen scheint, z. B. der zwischen partikularen und universalen Termini. Bei LEIBNIZ wird noch durchgängig Gebrauch gemacht von der in der Schulphilosophie fixierten Unterscheidung zwischen ‹incomplexum› für Begriffe und ‹complexum› für Aussagen oder Urteile, mit dem methodischen Ziel, erstere auf einfache Begriffe (notiones primitivae), letztere auf Axiome oder Identitäten zu reduzieren [14].

Anmerkungen. [1] ARISTOTELES, De Cat. 1 a 16-19; vgl. AVICENNA's Treatise on logic, hg. F ZABEEH (Den Haag 1971) 15; D. DE SOTO: Summulae (Salamanticae 1554) fol. 13v. – [2] AVICENNA Logica (Venetiis 1508) fol. 3r, 3v, 6r; vgl. a. a. O. [1]. – [3] VINCENZ VON BEAUVAIS: Speculum doctrinale (Nürnberg 1485) fol. a 2v. – [4] ALBERTUS MAGNUS: Opera ad logicam pertinentia (Venetiis 1494) fol. a 2r/v und Opera, hg. JAMMY (Lugduni 1651) 1, 6. – [5] ARMANDUS DE BELLOVISU: De declaratione difficilium terminorum (Coloniae 1502) tract. I, cap. 1, zit. PRANTL: Gesch. der Logik ... 3 (1867) 307 Anm. 627. – [6] WILHELM VON OCKHAM: Super IV libros sententiarum (Lyon 1494-96, ND 1962) Prol. Quaest. I, O. jetzt: Opera theol. 1 (St. Bonaventure 1967) 16; vgl. 386; Quodlibeta (Argentinae 1491) III, 6, zit. PRANTL. a. a. O. 3 (1867) 333 Anm. 752. – [7] J. BURIDAN: Compendium totius logicae cum ... Joannis Dons expositione (Venetiis 1499, ND 1965) fol. a 3v. – [8] DORP, a. a. O. – [9] V. FAVENTINUS: De essentialibus sillogismi (Bononiae 1505), zit. PRANTL, a. a. O. [5] 4 (1870) 236 Anm. 353. – [10] PAULUS VENETUS: Logica magna (Venetiis 1499) fol. 16r ff. – [11] J. DE MONTE: Summulae (Venetiis 1500) fol. a 7r f. – [12] J. MAYOR: Introductorium perutile in Aristotelicam dialecticen (Paris 1527) fol. 11v. – [13] TH. HOBBES: Opera philos. (Londoni 1839, ND 1966) 1, 21. – [14] Vgl. z. B. L. COUTURAT: Opuscules et fragments inédits de Leibnitz (Paris 1903, ND 1961) 372-374; vgl. bereits AVICENNA a. a. O. [1] 20f.
L. HICKMAN

Indefinit. Eine der wichtigsten Einsichten, welche die mathematische Grundlagenforschung dem neueren Konstruktivismus verdankt, ist die Unterscheidung von Definitheit und Indefinitheit. Sie läßt sich am einfachsten am Fall quantifizierter Aussagen erläutern. Nach den Dialogregeln für Allaussagen [1] verpflichtet sich, wer eine Aussage «$A(x)$ für alle x» vertritt, nach Einsetzung eines vom Opponenten aus dem Variabilitätsbereich der Variablen x beliebig gewählten x_0 in die Leerstelle von $A(x)$ die Aussage $A(x_0)$ zu verteidigen; wer die Aussage vertritt: «Es gibt mindestens ein x, für das $A(x)$ gilt», oder kurz: «$A(x)$ für manche x», verpflichtet sich damit, ein x_0 aus dem Variabilitätsbereich von x in die Leerstelle von $A(x)$ einzusetzen und die erhaltene Aussage $A(x_0)$ zu verteidigen. Je nach der Beschaffenheit des Variabilitätsbereichs (= VB) ergeben sich zwei ganz verschiedene Arten des Vorgehens, durch das man sich als Opponent oder Proponent das vorzulegende x_0 beschaffen kann. Ist der VB endlich oder ist er durch Konstruktionsverfahren fest abgegrenzt, so erhält man ein x_0, indem man es aus dem endlichen Vorrat herausgreift bzw. indem man ein x_0 durch Anwendung irgendwelcher der zugelassenen Konstruktionsverfahren konstruiert. Die auf ein solchen endlichen bzw. durch Konstruktionsverfahren abgegrenzten VB von x bezogenen Aussagen «$A(x)$ für alle x» und «$A(x)$ für manche x» heißen ‹definit›; man schreibt sie symbolisch mit dem gewöhnlichen All- bzw. Existenzquantor als «$\bigwedge_x A(x)$» bzw. «$\bigvee_x A(x)$». Auch die dabei verwendeten gewöhnlichen Quantoren,

der abgegrenzte VB und die auf ihn bezogene Variable x werden als ‹definit› bezeichnet. Definit in diesem Sinne sind z. B. die arithmetischen All- und Existenzaussagen, da sich die Variable n in $\bigwedge_n A(n)$ bzw. $\bigvee_n A(n)$ auf den Bereich der natürlichen Zahlen, also auf einen durch Konstruktionen nach einem Zählzeichenkalkül abgegrenzten VB bezieht.

Während man in der elementaren Arithmetik nur von dem fest abgegrenzten Bereich der natürlichen Zahlen Gebrauch macht und daher mit den definiten Quantoren auskommt, hat man in der Analysis auch mit Variabilitätsbereichen zu tun, die auf wesentlich andere Weise gegeben sind. Auf den einfachsten Bereich dieser Art stoßen wir jedoch schon in der Logik, wo wir in den « Sätzen» der Logik einen besonders wichtigen Typ von *Aussagen über Aussagen* vor uns haben. Beispielsweise besteht die Allgemeingültigkeit des Satzes vom (ausgeschlossenen) Widerspruch, d. h. des Aussagenschemas $\neg (A \wedge \neg A)$ darin, daß ein Dialog um $\neg (A_0 \wedge \neg A_0)$ für jede beliebige Aussage A_0 vom Proponenten gewonnen werden kann [2]. Es gilt also der Satz « Für alle Aussagen A: $\neg (A \wedge \neg A)$», wobei sich das Wort ‹Aussage› ohne weitere Einschränkung auf alle Ausdrücke bezieht, für die festgelegt ist, wie sie in einem Dialog anzugreifen bzw. zu verteidigen sind (wofür wir sagen wollen, daß « ihr dialogischer Sinn vollständig erklärt» sei). *Dies bedeutet insbesondere, daß der Bereich der Aussagen nicht durch bestimmte Konstruktionsverfahren für Aussagen abgegrenzt ist.* Selbst wenn solche Regeln zur Konstruktion bestimmter Aussagen vorliegen, ist der Bereich der « überhaupt möglichen» Aussagen dadurch niemals abgegrenzt, kann er doch jederzeit z. B. durch neue Konstruktionsregeln erweitert werden, die ihrerseits lediglich der Forderung zu genügen haben, nur Aussagen zu liefern, deren dialogischer Sinn vollständig erklärt ist. Im Unterschied zu einem endlichen oder konstruktiv abgegrenzten Bereich (wie dem der Ziffern) ist also der Bereich der Aussagen *indefinit*, eine Tatsache, die wir bei der Symbolisierung durch Verwendung eines eigenen (verdoppelten oder fettgedruckten) Quantors mitteilen, indem wir z. B. die oben als Beispiel herangezogene indefinite Allaussage als $\bigwedge\!\!\bigwedge_A \neg (A \wedge \neg A)$ symbolisieren. Wieder bezeichnet man als ‹indefinit› nicht nur den verwendeten besonderen Quantor, den VB und den auf ihn bezogenen Variable.

Die Verwendung des entsprechenden indefiniten Existenzquantors bei Aussagen über Aussagen (nämlich zum Ausdruck der Erfüllbarkeit eines Aussagenschemas, das Leerstellen für Aussagen enthält) machen wir uns an der Beispielaussage $\bigvee\!\!\bigvee_A (\neg A \to A)$ klar. Das Schema $\neg A \to A$ ist kein logisches Gesetz, d. h. nicht allgemeingültig, es ist aber ‹erfüllbar› in dem Sinn, daß es Aussagen A_0 gibt, für die $\neg A_0 \to A_0$ gilt. Eine solche Aussage ist z. B. die arithmetische Aussage $1 = 1$, da jeder Dialog um $1 \neq 1 \to 1 = 1$ vom Proponenten (durch Rückgriff auf die Konstruktionsregeln für wahre arithmetische Gleichheitsaussagen, zu denen ja auch $1 = 1$ gehört) gewonnen wird. Die Pointe der indefiniten Existenzaussage ist, daß der Proponent, selbst wenn er noch nicht über ein geeignetes A_0 verfügte (oder nicht bemerkte, daß eine bestimmte, ihm schon verfügbare Aussage geeignet ist), sich die geeignete Aussage $1 = 1$ durch eine Erweiterung des vorhandenen Aussagenbereiches um die wahren arithmetischen Gleichheitsaussagen (durch Angabe ihrer Konstruktionsregeln) verschaffen könnte.

Eine indefinite Allaussage $\bigwedge_x A(x)$ besagt also, daß die Aussageform $A(x)$ für jede Einsetzung x_0 aus dem derzeit vorliegenden VB von x in eine wahre Aussage $A(x_0)$ übergeht, *und daß diese Eigenschaft bei allen Erweiterungen des VB von x erhalten bleibt.* Eine indefinite Existenzaussage $\bigvee_x A(x)$ besagt, daß es im derzeit vorliegenden VB von x oder *in einer geeigneten Erweiterung desselben (deren Konstruierbarkeit damit behauptet wird!) ein x_0 gibt, für welches $A(x_0)$ gilt.* Die Bedeutung der indefiniten Quantoren für die Analysis ergibt sich daraus, daß neben den Aussagen auch die Aussageformen (und die zur Darstellung reeller Zahlen verwendeten Terme, deren Verhältnisse jedoch denen bei Aussageformen so genau entsprechen, daß wir auf ihre Behandlung verzichten können) einen Bereich bilden, der nicht durch Konstruktionsverfahren ein für allemal abgrenzbar ist. Jeder vorgegebene Bereich von Aussageformen läßt sich ja um neue Aussageformen erweitern – unterliegt doch deren Einführung lediglich der Forderung, nur solche Aussageformen zuzulassen, die bei jeder zulässigen Ausfüllung ihrer Leerstellen in eine Aussage übergehen, deren dialogischer Sinn vollständig erklärt ist. (Von solchen Aussageformen wollen wir dann ebenfalls sagen, daß ihr dialogischer Sinn vollständig erklärt sei.) Da man *Mengen* oder *Klassen* durch Abstraktion aus Aussageformen erhält [3], ist mit dem Bereich aller Aussageformen auch *der Bereich aller Mengen oder Klassen indefinit.* Wie man durch Nachweis der Erhaltung einer Eigenschaft bei beliebigen Erweiterungen des zugrunde gelegten Variabilitätsbereichs gewisse Aussagen über « alle möglichen» Aussagen begründen (und dann als Sätze der Logik festhalten) kann, so lassen sich auch gewisse Aussagen über « alle möglichen» Aussageformen begründen. Es ist bemerkenswert, daß man damit auch unter den strengen Forderungen des Konstruktivismus – Einführung von Mengen nur durch Aufweis einer darstellenden Aussageform, Einführung neuer Aussageformen nur durch vollständige Erklärung ihres dialogischen Sinnes – nicht nur überhaupt Aussagen $\bigwedge_M A(M)$ über « alle möglichen» Mengen begründen kann, sondern auch hinreichend viele und hinreichend starke Aussagen dieser Art, um auf konstruktiver Grundlage einen einwandfreien Aufbau der gesamten klassischen Analysis zu ermöglichen [4].

Anmerkungen. [1] Vgl. Art. ‹Logik, dialogische›. – [2] ebda. – [3] Vgl. Art. ‹Abstraktion V›. – [4] P. LORENZEN: Differential und Integral. Eine konstruktive Einf. in die klass. Analysis. (1965).

Literaturhinweise. P. LORENZEN s. Anm. [4]. – Die klass. Analysis als eine konstruktive Theorie. Acta philos. Fenn. 18 (Helsinki 1965) 81-94.   CH. THIEL

In-der-Welt-sein. Der Ausdruck wurde von M. HEIDEGGER geprägt und dient in ‹Sein und Zeit› [1] zur vorläufigen Kennzeichnung der « Seinsverfassung» des « Daseins». Seine Bedeutungsintention ist prohibitiv: Mit ihm soll abgewehrt werden 1. die Ansetzung eines zunächst weltlosen Subjektes und 2. (durch das « In-Sein») eine primär theoretische, am « Erkennen» orientierte Interpretation des Weltbezugs [2]. Der Terminus fungiert in ‹Sein und Zeit› als Leitfaden der Untersuchung: ihren vollen Gehalt gewinnt die mit ihm gemeinte Struktur erst durch die Analysen, die dann im Begriff der « Sorge» zusammengefaßt werden [3].

Anmerkungen. [1] M. HEIDEGGER: Sein und Zeit (1927) § 12. – [2] a. a. O. § 13. – [3] § 41.   E. TUGENDHAT

Indifferenz

I. Als Terminus dient ‹indifferentia› zuerst zur Übersetzung [1] von ἀδιάφορα [2]. JOHANNES VON SALISBURY kennt als *hermeneutisches* Prinzip die ratio indifferentiae, nach der es wegen der Variabilität der Wortbedeutungen gesicherte Auslegungen historischer Texte nicht gibt [3]. In der *Logik* kennt MICRAELIUS «indifferentia disiunctionis» bei Gliedern disjunktiver Aussagen [4] und GOCLENIUS das Abstraktsein secundum indifferentiam von Attributen, die bei materiellem wie immateriellem Seienden vorkommen [5]. In der *Metaphysik* spricht man von der indifferentia generis ad species bzw. speciei ad individua [6], die bei nicht-realistischen Universalienlehren umzuinterpretieren ist; dies geschieht nicht erst bei späten Scholastikern [7], sondern schon beispielsweise in der *Indifferenzlehre* ADELARDS VON BATH, nach der dasselbe je nach Betrachtungsweise als Individuum oder als Gattung erscheint [8]. In der *Physik* kennt die Scholastik – schon THIERRY VON CHARTRES – die I. der Materie gegenüber der Form [9], mit der die Dispositionslehren sich zu beschäftigen haben, sowie die indifferentia causae et virtutis vel actionis [10], nach der ein Agens hinsichtlich der Setzung oder Unterlassung («Kontingenz der Wirkung»), der Art und gegebenenfalls der Individualität [11] seiner Wirkung nicht determiniert ist. *Moralphilosophie* und *Gnadenlehre* behandeln als Spezialfall der indifferentia virtutis (vorgebliche oder wirkliche) indifferentia liberi arbitrii, die zum zentralen Streitpunkt bei den gratia-actualis-Auseinandersetzungen der Orden und Konfessionen wird und die noch im 18. Jh. nicht nur LEIBNIZ [12], sondern auch Autoren wie HUME [13] und VOLTAIRE [14] behandeln. Ferner kennt die *Moralphilosophie* die I., «qua versatur circa obiectum neque bonum neque malum moraliter» [15] sowie «moralische I.» für «Fehlen moralischer Präferenzen». Entsprechend kennt die *Apologetik* «religiöse I.» [16] («Indifferentismus» [17]). In der *experimentellen Psychologie* bezeichnete «I.-Lage» bzw. «I.-Punkt» in entfernter Analogie zu antiken Vorbildern [18] das Stadium der Insensibilität beim Wechsel zwischen Lust- und Unlustgefühlen.

Anmerkungen. [1] CICERO, De fin. 3. 16. 53. – [2] Vgl. Art. ‹Adiaphora›. – [3] C. PRANTL: Gesch. der Logik 2 (²1885) 244f. – [4] JOH. MICRAELIUS: Lex. Philos. (²1662, ND 1966) 617. – [5] R. GOCLENIUS: Lex. Philos. Graecum (1615, ND 1964) 2. – [6] Noch MICRAELIUS, a. a. O. [4]: «indifferentia communitatis». – [7] z. B. SUÁREZ, Disp. Met. 5, s. 2, n. 16-18. – [8] PRANTL, a. a. O. [3] 2, 139-144; EISLER⁴ 1, 729f. – [9] Vgl. THIERRY VON CHARTRES, Librum hunc, hg. W. JANSEN (1926) 44 und noch MICRAELIUS, a. a. O. [4] Art. ‹Form und Materie› 2, 990. – [10] Noch GOCLENIUS, a. a. O. [5] und MICRAELIUS, a. a. O. [4]. – [11] SUÁREZ [7] 5, s. 6, n. 10-12; zur Konsequenz a. a. O. s. 9, n. 8. – [12] G. W. LEIBNIZ, Théodicée I, 46-49; III, 302-313. – [13] D. HUME, Treatise II, 3, 2, hg. SELBY/BIGGE 407-409. – [14] Dict. Philos., hg. J. BENDA/ R. NAVES (Paris 1961) 277; entsprechend J. LOCKE, Essay II, 21, 22f. – [15] S. CHAUVIN: Lex. philos. (²1713, ND 1968) 313f. – [16] Dict. théol. cath. 7 (Paris 1922) 1580-1594: « Indifférence religieuse». – [17] DENZINGER/SCHÖNMETZER: Enchiridion symbolorum (³³1973) 1715-1718. – [18] z. B. ARISTOTELES, Anal. post. II, 13, 97 b 21.   R. SPECHT

II. Zu ‹absolute I.› siehe Artikel ‹Identitätssystem, Identität, Indifferenz›.

Indikator. ‹I.› (engl. indicators) werden Ausdrücke genannt, deren Verständnis von der Situation, in der sie verwendet werden, abhängig ist. Beispiele für I. sind, grammatisch gesprochen, die Personalpronomen, die Demonstrativpronomen, die Zeit- und Ortsadverbien, aber auch die tempusdifferenzierenden Endungen und Umlautungen der Verben [1].

C. S. Peirce [2] verwendet statt ‹I.› den jedoch weiter gefaßten Terminus ‹indexical sign›, O. Jespersen [3] den Terminus ‹shifter›, B. Russell [4] ‹egocentric particular› und H. Reichenbach [5] ‹token-reflexive word›. Im Deutschen ist neben ‹I.› [6] auch ‹Zeigwort› im Gebrauch, z. B. bei K. Bühler [7].

Die Verwendung des Terminus ‹I.› ist nicht einheitlich. W. E. Collinson [8] verwendet in sehr weitem Sinne als erster ‹indicater›. Zu den I. zählt er außer den oben genannten Ausdrucksarten z. B. auch noch Ausdrücke wie ‹alle› und ‹kein› [9]. Systematisch eingeführt im obigen Sinne wurde der Terminus ‹I.› von N. Goodman [10] und so übernommen von W. v. O. Quine [11]. Zur weiteren Differenzierung führt K. Lorenz [12] in Aufnahme eines Vorschlags von V. Roth [13] den Terminus ‹(logischer) Demonstrator› («dies») ein, der in normierter Rede gewöhnlich die grammatischen Demonstrativa vertritt und somit einen von prädikativen Anteilen freien I. darstellt, im Gegensatz etwa zu dem I. ‹heute›, der verstanden werden muß als «an diesem Tage».

Anmerkungen. [1] W. Kamlah und P. Lorenzen: Log. Propädeutik (²1967) 110-115, bes. 110f. – [2] R. Gale: Art. ‹Indexical signs, egocentric particulars, and token-reflexive words›, in: The encyclopedia of philos. 4 (New York/London 1967) 151-155, zit.: 151. – [3] W. v. O. Quine: Word and object (Cambridge, Mass. 1960, ⁵1970) 101 Anm. 1. – [4] Gale, a. a. O. [2] 152. – [5] a. a. O. 152f. – [6] W. Kamlah und P. Lorenzen, a. a. O. [1]. – [7] K. Bühler: Sprachtheorie. Die Darstellungsfunktion der Sprache (1934) 107f. – [8] W. E. Collinson: Indication. A study of demonstratives, articles, and other «indicaters», hg. A. V. Noms, in: Supplement to Language, language monographs Nr. 17 (1937, ND New York 1966) 15. 25; vgl. K. Lorenz: Elemente der Sprachkritik (1970) bes. 213 Anm. 25 – [9] Vgl. Collinson, a. a. O. 108. – [10] N. Goodman: The structure of appearance (1951, Indianapolis/New York/Kansas City ²1966) 362-368. – [11] Quine, a. a. O. [3] 101. – [12] Lorenz, a. a. O. [8]. – [13] V. Roth: Einige log. Strukturen dtsch. Gegenwartssprache (Diss. Erlangen 1969) 150ff.   A. Veraart

Indiscernibilien. Das *Principium identitatis indiscernibilium* (P.i.i.) ist der «Grundsatz (der Selbigkeit (Einsheit)) des nicht zu Unterscheidenden» (d. h. «der nicht voneinander zu unterscheidenden Gegenstände»). Aufgebracht von G. W. Leibniz [1] (andeutungsweise schon 1663, ausdrücklich 1686, besonders auch 1704, und als «principe d'identité des indiscernables» wohl erstmals 1715/16), besagt das P.i.i., von Leibniz meist nur an Einzeldingen (Blättern, Eiern, Tropfen u. ä.) aufgewiesen, in knappster Fassung: «*Zweierlei, und zwar Ununterscheidbares: als Einunddasselbe*». Es bedeutet einmal meistens und nachdrücklich für Leibniz: Was von vornherein etwa als zweierlei Ununterschiedenes festgestellt würde, das wäre im Grunde Einunddasselbe (was freilich in Wirklichkeit keineswegs zutreffe): «Es gibt keine zwei ununterscheidbaren Einzeldinge» [2]; oder aber in bei Leibniz seltenerer positiver Wendung: Was zunächst, als zweierlei erscheinend, aber durch Vergleich der je entsprechenden Merkmale nachgeprüft, als Ununterschiedenes festgestellt wird, das ist tatsächlich von vornherein Einunddasselbe (was in Wirklichkeit auch zutrifft): «Eadem seu coincidentia sunt, quorum alterutrum ubilicet potest alteri substitui salva veritate» [3].

Leibniz' Formulierung des P.i.i. ist originär; gleichwohl ist hinzuweisen auf frühere Denker [4], die – mit der positiven Ausnahme des von I. M. Bocheński [5] als Leibniz' Gewährsmann angesehenen Aristoteles [6] – zwar schon die individuelle Verschiedenheit der Einzeldinge überzeugt vertraten (z. T. sogar als bedingt durch

ein «inner(lich)es» Merkmal [7]), ohne jedoch gerade die Ununterscheidbarkeit als Kriterium zu würdigen. In Betracht kommt u. a. Cicero, insofern er Bezug nimmt auf *Demokrit* («... innumerabiles mundos ... undique perfecte et absolute ita pares ...») und auf die *Stoiker* («... nullum esse pilum omnibus rebus talem, qualis pilus alius ...» [8]). Wichtig sind in diesem Zusammenhang dann Plotin (... τῶν τινῶν ἀνθρώπων διαφερόντων ἀλλήλων αὐτῇ ὕλῃ μόνον, ἀλλὰ καὶ εἰδιναῇ διαφοραῖς μυρίαις ... [9]), Seneca («... quae similia videntur, si contuleris, diversa sunt ... nullum non sua proprietate signatum ...» [10]) und Athanasius (... ἀλλὰ κατὰ γένος τῇ ἰδίᾳ οὐσίᾳ ἠστί ... = «... omnes [creaturae] ... ut singulae in proprietate naturae ...» [11]). Spätere Erörterungen finden sich bei Nicolaus Cusanus («... nulla duo in universo per omnia aequalia esse possunt simpliciter» [12]) und Giordano Bruno («... quodlibet sua incommunicabili proprietate distinctum» [13]).

Leibniz hat diesen seinen Grundgedanken ausnahmsloser Unterschiedenheit aller Einzeldinge voneinander sehr nachdrücklich vertreten, besonders auch gegen S. Clarke [14]. Beachtlich ist vor allem seine unmittelbar gegen den (von ihm freilich als denkmöglich zugestandenen) Ansatz mehrerer identischer Einzeldinge [15] gerichtete Begründung durchgehender Verschiedenheit der Individuen auf einer eigenen, eben «inner(lich)en Bestimmtheit» («... aliqua in ipsis differentia», «fundamentum in ipsa re», «différence spécifique», «fondement interne», «différence interne» bzw. «dénomination intrinsèque» [16]) allein der wirklichen Einzeldinge, wie sie ihm von früh an als Grund der Individuation («sua tota entitate») [17] im Hinblick auf die scholastische ‹haecceitas› [18] und auf M. Nizolius [19] vorschwebte.

Während das P.i.i. von Denkern der Aufklärung gebilligt wurde (z. B. Chr. Wolff [20], G. B. Bilfinger [21], H. B. Merian [22], A. G. Baumgarten [23], S. Chr. Hollmann [24], M. Mendelssohn [25], E. Platner [26], S. Maimon [27]), wurde es bestritten von N. Malebranche [28] und von J. G. H. Feder [29]. – I. Kant versichert, es widerspreche nicht nur der Vernunft, zwei völlig, jedoch nicht örtlich übereinstimmende Dinge, weil angeblich ununterscheidbar, als identisch zu behaupten, sondern vor allem auch der auf «Erscheinungen» restringierten ‹Erkenntnis›, die Anwendung reiner Verstandesbegriffe auf «Dinge an sich» schon für ‹Erkenntnis› zu halten [30]. – Abgesehen von G. W. F. Hegel, der Leibniz' «inner(lich)e Bestimmtheit» als eigentliches Unterschiedsmerkmal gutheißt [31], und einigen Späteren (z. B. J. Bergmann [32], C. I. Gerhardt [33], H. Schmalenbach [34]), wird das P.i.i. erst in neuerer Zeit wieder lebhafter erörtert, so von B. Russell [35], L. Wittgenstein [36], H. Black [37], A. J. Ayer [38], R. Carnap [39], H. Behmann [40], R. Kauppi [41], H. Khatchadourian [42], K. Lorenz [43] und anderen. Dabei handelt es sich hauptsächlich um die Wiederaufnahme früherer Streitfragen um das P.i.i., zum Teil unter Einbeziehung neuerer Gesichtspunkte, wie z. B. «Struktur», «Logistik» usw., so etwa bei der «Substituierbarkeit», d. h. der unter Sinnbewahrung vollständigen Austauschbarkeit der einander entsprechenden «Qualitäten» (bzw. «Prädikate») zweier verschieden erscheinender «Einzeldinge» (bzw. «Subjekte»). Vor allem geht der Streit nach wie vor um den «Ort» als etwaigen Unterscheidungsgrund gerade im Falle der erneuerten Annahme mehrerer angeblich völlig gleicher («symmetrischer») Welten, zumal Leibniz' Hauptgedanke der (scholastisch bedingten) «inner(lich)en» Bestimmtheit als des eigentlichen Unterscheidungsgrundes fast durchweg aufgegeben wurde.

Stellungnahmen zum P.i.i. von LEIBNIZ sind freilich von jeher wenig befriedigend erschienen: Mißverständnisse ergaben sich dadurch, daß die Kritik allein auf das P.i.i. als solches abzielte oder auch die begriffliche Unschärfe der entscheidenden Ausdrücke bei Leibniz selbst, wie «(völlig) gleich» und «identisch» [44], beanstandete. Einer Verkennung des P.i.i. erliegen auch L. WITTGENSTEIN [45] und H. SCHMITZ [46]. Das Unbehagen an der ganzen Streitfrage wurzelt offenbar letztlich in dem mehr oder minder deutlichen Bewußtsein der Unvereinbarkeit denkend *ermittelter* Erkenntnis vom Verhältnis des Unterschiedsmerkmals zum Unterschiedsgegenstand einerseits mit der (zunächst) anschaulich *unmittelbaren* Gewißheit von jeweils verschiedenem Ort als möglichem Unterschiedsmerkmal bei besonderer, auch der sonst «völlig gleichen» Einzeldinge andererseits. Die Annahme sonst völlig gleicher, aber voneinander *örtlich* verschiedener Einzeldinge führt daher – nämlich unter Anwendung des allgemeinen Satzes der unabdingbaren Zugehörigkeit des Unterschiedsmerkmals zum Unterschiedsgegenstande eigens auf «Ort schlechtweg» (≠ Lage!) – unumgehbar zu der Folgerung, ‹ Ort › als eine Grundeigentümlichkeit des Einzeldinges zu bestimmen, und zwar als ihm zugehörig und gleichrangig mit den anderen wie ‹ Größe › und ‹ Gestalt ›. Danach kann es überhaupt keine *völlig* gleichen, d. h. identischen, nämlich in allem, auch im Ort, übereinstimmenden Einzeldinge geben. So entfällt die Schwierigkeit der Annahme einer Mehrzahl von identischen Welten ebenso wie die neuerliche physikalische Behauptung identischer Elementarteilchen. – Diese Überlegungen J. REHMKES, namentlich über die eigentliche Bedeutung des *Ortes* [47], stellen einen wichtigen Beitrag zur Frage des P.i.i. dar, dessen Rechtfertigung sie bezwecken, zumal sie über die Einzeldinge (singularia) hinaus nachdrücklich das hierbei wenig beachtete mehr*malig* Gegebene, das an sich identisch Allgemeine (≠ *mehrerlei* Gegebene), in den Vordergrund stellen [48], wie denn Rehmke den für das P.i.i. grundlegenden Begriff ‹ Identität › widerspruchsfrei als *Beziehungs*begriff nachweisen kann [49].

Anmerkungen. [1] G. W. LEIBNIZ, De princ. individui § 4· Akad.-A. 1 (1930) 11; Discours de mét. (1686) § 9. Philos. Schriften, hg. GERHARDT (= PhS) (1890) 4, 427; Nouveaux Essais II, 27, § 3; 4. Schreiben an Clarke § 5. – [2] z. B. Nouv. Ess. II, 27, §§ 1. 3; 4. Schr. an Clarke §§ 4-6; Monadol. § 9. – [3] PhS 7, 236. – [4] EISLER⁴ 1, 708. – [5] I. M. BOCHEŃSKI: Formale Logik (1956) 16. 14 = S. 107 (Nachweis S. 523). – [6] ARISTOTELES, Soph. elench. 179, 37 a ff. – [7] LEIBNIZ, De princ. individui § 4. – [8] CICERO, Acad. pr. II, 17, § 55; 18, § 56; 26, § 85. – [9] PLOTIN, Enn. V, 7, 4, hg. R. HARDER I (1956) 325. – [10] SENECA, Ep. 113, 16. – [11] ATHANASIUS, Contra Arianos II, 19. MPG 26 (1887) II, 19. – [12] NICOLAUS CUSANUS, De docta ignor. II, 17; vgl. W. KINKEL: Allg. Gesch. der Philos. 3 (1923) 62. – [13] G. BRUNO: De tripl. minimo et mensura (1591). Opera lat. conscripta 1/3 (1962) 271. – [14] LEIBNIZ, a. a. O. [2]; zu ARISTOTELES, Top. I, 7. 8. 24. 31; VI, 14; VII, 1; LEIBNIZ, Disc. mét. § 9 = PhS 4, 433; Brief an Arnauld vom 4./14. 7. 1686 = PhS 2, 54; vgl. Confessio philosophi, hg. O. SAAME (1967) 191; 4. Schr. an Clarke § 6; Nouv. Ess. II, 27, § 3 ff.; 4. Schr. an Clarke §§ 21. 66. – [15] 5. Schr. an Clarke §§ 21. 25. – [16] Opuscules et frg. inéd., hg. L. COUTURAT (Paris 1903) 519f.; Disc. mét. § 9. PhS 4, 433; Nouv. Ess. II, 27, § 3; Monadol. § 9. – [17] De princ. individui (1663). – [18] Ausdruck von DUNS SCOTUS, I Sent. 2, dist. 3, q. 6, 9. – [19] M. NIZOLIUS: De veris principiis et vera ratione philosophandi (Parma 1553), hg. LEIBNIZ als ‹Antibarbarus philos.› (1671). – [20] CHR. WOLFF: Cosmologia generalis ... (1731) §§ 195ff.; Vernünftige Gedanken von Gott, der Welt ... (1720) I, §§ 586-89. – [21] G. B. BILFINGER: Dilucidationes philos. de Deo, anima humana, mundo et generalibus rerum affectionibus (1725) 1, 4, § 94; (²1740) § 411. – [22] H. B. MERIAN: Sur le principe des indisc. Hist. de l'Acad. roy. sci. et belles Lettres (1754) 383-398. – [23] A. G. BAUMGARTEN: Met. (⁷1779, ND 1963) I, 2, sect. 1, §§ 268-271. – [24] S. CHR. HOLLMANN: Philos. prima (Met.) (1747) § 242. – [25] M. MENDELSSOHN, Ges. Schriften 4 (1844) 508-512. – [26] E. PLATNER: Philos. Aphor. 1 (1776) §§ 1031f. – [27] S. MAIMON: Versuch einer neuen Logik oder Theorie des Denkens (1794, ²1798, ND 1912). – [28] N. MALEBRANCHE: De la recherche de la vérité (Paris 1678/79) III, 2, 10. – [29] J. G. H. FEDER: System der Logik und Met. (¹1769, ⁴1775) 314-317: § 31. – [30] I. KANT, Nova dilucidatio, propos. 11, 2. Akad.-A. 1, 409; KrV B 316. 320. 326ff.; Fortschritt der Met. Akad.-A. 20, 280ff.; vgl. H. HERRING: Leibniz' P.i.i. und die Leibniz-Kritik Kants. Kantstudien 49 (1957/58) 389-400. – [31] G. W. F. HEGEL, Enzyklop. der philos. Wiss. im Grundriß § 117, hg. F. NICOLIN/O. PÖGGELER (⁶1959) 127. – [32] J. BERGMANN: Vorles. über Met. mit bes. Bezug auf Kant (1886) 394ff. – [33] C. I. GERHARDT: Über das P.i.i. Arch. Gesch. Philos. 5 (1892) 52f. – [34] H. SCHMALENBACH: Leibniz (1921) 49-55. 363/64f. u. ö. – [35] B. RUSSELL: A crit. exposition of the philos. of Leibniz (Cambridge 1900) 55ff.; The principles of math. (1903, ²1937); A. N. WHITEHEAD und B. RUSSELL: Principia math. (Cambridge 1910, ²1963) 1, 168ff. – [36] L. WITTGENSTEIN: Tractatus logico-philos. (London 1922, ⁷1958) Nr. 5.5302. 6.2323. – [37] M. BLACK: The identity of indiscernibles. Mind 61 (1952) 153-164. – [38] A. J. AYER: The identity of indiscernibles. Actes 11e int. Congr. de Philos. (Brüssel 1953) 3, 124-129. – [39] R. CARNAP: Einf. in die symbol. Logik (1954) 62f. – [40] H. BEHMANN: Drei Aporien der Identität. Ratio 5 (1963) 115-122 = Festschrift Britzelmayr (1962). – [41] R. KAUPPI: Einige Bemerk. zum P.i.i. bei Leibniz. Z. philos. Forsch. 20 (1966) 497-506. – [42] H. KHATCHADOURIAN: Individuals and the identity of indiscernibles. Vortr. am Leibniz-Kongr. Hannover 1966. Stud. Leibnitiana, Suppl. 3 (1969) 160-172; vgl. 149-159. – [43] K. LORENZ: Die Begründung des P.i.i. a. a. O. [42]. – [44] Dagegen: J. REHMKE: Anm. zur Grundwiss. (1913, ²1925) 2ff. – [45] Z. Philos. philos. Kritik 144 (1911) 115f. – [45] WITTGENSTEIN, a. a. O. [36] Nr. 5.5303. – [46] H. SCHMITZ: System der Philos. 1 (1964) 333ff. 337ff. – [47] REHMKE, a. a. O. [44] 1f. – [48] J. E. HEYDE: Die Objektivität des Allgemeinen. Ein Beitrag zur Lösung der Universalienfrage (1965). – [49] Die Unlogik der sog. Begriffspyramide (1973) 30; zusammenfassend EISLER⁴ 1, 708.

Literaturhinweise. L. COUTURAT: La logique de Leibniz (Paris 1901). – R. ZOCHER: Der Satz vom zureichenden Grunde bei Leibniz. Beitr. Leibniz-Forsch. (1946) 383-391. – R. KAUPPI: Über die Leibnizsche Logik (Helsinki 1960). – W. JANKE: Leibniz, die Emendation der Met. (1963). – G. H. R. PARKINSON: Logic and reality in Leibniz' met. (Oxford 1965). – R. RAUSCH: Paradoxien der Identität. Stud. gen. 19 (1966). – K. MÜLLER: Leibniz-Bibliogr. (1967) Nr. 1915-1923 (Jahre 1738-1964); Nachträge Nr. 3381. 3382. – O. SAAME s. Anm. [14]. – A. PHILONENKO: La loi de continuité et le princ. des indiscern. Étude Leibnizienne. Rev. Mét. Morale 72/3 (1967) 261-286. – N. RESCHER: The philos. of Leibniz (Englewood Cliffs, N. J. 1967). – A. J. UEMOV: O principe tozhdestva. Voprosy filosofi (1969) 86-94. – C. G. VAUGHT: The identity of indisc. and the concept of substance. South. J. Philos. 6 (1968) 152-158. – K. C. CLATTERBAUCH: Princ. of the identity of indisc. Stud. Leibnitiana 3/4 (1971) 241-252. – St. GANDLISH: The inexplicability of identity. Australas. J. Philos. 49 (1971) 23-37. – M. GUEROULT: Raum, Zeit, Kontinuität und Prinz. der indiscern. Systemprinz. und Vielheit der Wiss. in Stud. Leibnitiana 1 (1970) 62-77. – L. TONDL: Leibnizova metoda identizikace nerozlišitelnéko a metody redukce rozlišovacichkritérit. Teorie metoda 3/3 (Prag 1971) 35-42. – J. NELSON: Logically necessary and sufficient conditions for identity through time. Amer. philos. Quart. 9/2 (1972) 177-185.   J. E. HEYDE

Individualaussage, gelegentlich auch ‹Einzelaussage›, ‹Einzelurteil› (s. d.), ‹singuläre Aussage›, ‹singuläres Urteil› [1] genannt, heißt eine Aussage der Form $x \varepsilon P$ bzw. $x \varepsilon' P$. Es wird dabei einem Individuum eine Eigenschaft durch einen Prädikator (s. d.) zu- oder abgesprochen. Beispiele: « Dieser Hund ist schwarz.» « Napoleon I. ist ein Korse.» In der modernen Logik [2] werden Prädikatoren zugelassen, die *Beziehungen* zwischen Individuen aussagen. Beispiel: « Fritz ist größer als Karl.»

Anmerkungen. [1] Vgl. Art. ‹ Urteil, singuläres ›. – [2] Vgl. Art. ‹Individualaussage› in: Philos. Wb., hg. G. KLAUS/M. BUHR (⁶1969).   A. MENNE

Individualbegriff. Die in der traditionellen Logik übliche Redeweise von I.en (Beispiele: ‹Napoleon›; ‹der Erdmond›) wurde von R. CARNAP wieder aufgegriffen, indem er für die Intension einer Individuenbezeichnung (Eigenname (s. d.) oder Kennzeichnung (s. d.)) den Terminus ‹I.› einführte [1].

Anmerkung. [1] R. CARNAP: Meaning and necessity (Chicago ²1956) 41. G. GABRIEL

Individualethik. Der erst seit dem 19. Jh. gebräuchlichere Begriff ‹I.› versucht in seinem nächsten Inhalt die spezielle Ethik nach ihren materialen Sachgebieten aufzuteilen. I. steht der Sozialethik gegenüber und soll die objektive Lebensordnung zur sittlichen Entfaltung des einzelnen Menschen zum Inhalt haben. In dieser Bedeutung wurde der Begriff in Lehrbüchern der Ethik und Moral weithin gebraucht. Schon Antike und mittelalterliche Ethik unterscheiden als Wertziele das bonum singulare unius personae (Einzelgut eines Individuums) und das bonum commune (allgemeines Gut) [1]. Wo idealistische und romantische Ethik Vollendung und Geschlossenheit der Persönlichkeit als Höchstziele setzten, wurde I. zur Ethik schlechthin. Gegen diese einseitige Auffassung wendet sich heute eine Ethik, die vom Existenzial des Mit-Seins, der dialogischen Verfaßtheit des Menschen oder der christlichen Liebespflicht ausgeht oder auf seine wesentliche Sozialanlage wie gesellschaftliche und geschichtliche Verflochtenheit verweist. «I. ist ein sehr unzulängliches Wort» [2]. «Es gibt keine christliche I.» [3]. Von den traditionellen Gegenständen der I. wird gesagt: «Eine individualethische Besonderung würde jedoch den Blick verengen und dadurch das Verständnis verfälschen» [4]. Das mit dem Begriff ‹I.› bezeichnete Anliegen behält allerdings seine relative Berechtigung. Läßt sich auch keine reinliche Scheidung der Lebensbereiche als Privatperson und als Gemeinschaftswesen durchführen, der Mensch kann sich «zum Nächsten unmittelbar oder mittels einer Ordnung» (Familie, Staat, Beruf) verhalten [5], es gibt sein «Verhältnis zu den allgemein-menschlichen Grundfragen» und seine Rolle «in bestimmten sozialen Ordnungen» [6]. Von I. wird manchmal auch im formalen Sinn der persönlichen sittlichen Entscheidung und Verantwortung gesprochen. «Die theologische Ethik hat im ganzen – die praktische Bewegung in den Kirchen teils begleitend, teils führend – weiterhin die allgemeine Ethik vor allem als Personalethik des glaubenden und Gott gehorsamen Selbst entwickelt. In diesem Sinn bleibt die christliche Ethik eher I. als Sozialethik» [7]. Doch wird man das Anliegen des in Verantwortung entscheidenden Subjekts und seines erst in der einmaligen Situation voll gegebenen Geltungsgrundes und Geltungsbezugs der sittlichen Verpflichtung mit K. RAHNER eher als «formale Existentialethik» bezeichnen [8].

Anmerkungen. [1] z. B. THOMAS VON AQUIN, S. theol. II/II, 58, 7 ad 2. – [2] H. THIELICKE: Theol. Ethik 2/1 (1965) 170. – [3] E. BRUNNER: Das Gebot und die Ordnungen (1932) 174. – [4] R. HOFMANN: Moraltheol. Erkenntnis- und Methodenlehre (1963) 28ff.; ähnlich F. TILLMANN: Kath. Sittenlehre III: Die Idee der Nachfolge Christi (1934) 7; THIELICKE, a. a. O. [2] 540 (an Beispielen); B. HÄRING: Das Gesetz Christi 3 (1963) 105. – [5] BRUNNER, a. a. O. [3] 591. – [6] N. H. SØE: Christl. Ethik (1949) 202f. – [7] RGG³ 3, 719; vgl. auch in LThK² 5, 653: Verweis auf Existentialethik zum Stichwort ‹I.›. – [8] K. RAHNER: Über die Frage einer formalen Existentialethik, in: Schriften zur Theol. 2 (1955) 227-246.

Literaturhinweise. N. HARTMANN: Ethik (1935). – P. HADROSSEK: Die Bedeutung des Systemgedankens für die Moraltheol.

(1950). – K. BARTH: Die kirchl. Dogmatik III/4 (1951). – M. SCHELER: Der Formalismus in der Ethik und die materiale Wertethik. Werke 2 (1954). – R. HOFMANN s. Anm. [4]. R. HAUSER

Individualisieren/Generalisieren (idiographisch/nomothetisch). Das Begriffspaar ‹I./G.› dient in der *Südwestdeutschen Schule* (WINDELBAND, RICKERT, MEHLIS u. a.) zur Bezeichnung des formal-methodischen Unterschiedes zwischen Geschichts- und Naturwissenschaften. Die erkenntnistheoretische Betonung der Verschiedenheit des Zieles der beiden Forschungsrichtungen und daher auch ihrer Begriffsbildung schien notwendig geworden zu sein, um dem Alleingültigkeitsanspruch der Naturwissenschaften entgegenzutreten. Schon die bahnbrechenden Historiker L. von Ranke und J. G. Droysen hatten darauf hingewiesen. RANKE betont in den Vorträgen ‹Über die Epochen der neueren Geschichte› [1] (gegen Hegel) den «eigentümlichen Reiz», den die historische «Betrachtung des Individuellen» besitze [2]. DROYSEN hebt in seinem ‹Grundriß der Historik› [3] das historische Interesse am «individuellen Sein» hervor [4] und erklärt ausdrücklich, daß die historische Forschung «nicht erklären, d. h. aus ... Gesetzen die Erscheinungen als notwendig ... ableiten will» [5]. RICKERT beruft sich später auch auf H. PAULS ‹Prinzipien der Sprachgeschichte› (1880) [6] und C. MENGERS ‹Untersuchungen über die Methoden der Sozialwissenschaften› (1883) [7].

W. WINDELBAND hat das methodologische Problem erstmalig gesondert behandelt in seiner Straßburger Rektoratsrede (1894) [8]. Er sagt dort, daß die «Geisteswissenschaften» «entschieden darauf gerichtet» sind, «ein einzelnes, mehr oder minder ausgedehntes Geschehen von einmaliger, in der Zeit begrenzter Wirklichkeit zu voller und erschöpfender Darstellung zu bringen». ... Hier «haben wir eine rein methodologische, auf sichere logische Begriffe zu gründende Einteilung der Erfahrungswissenschaften. Das Einteilungsprinzip ist der formale Charakter der Erkenntnisziele. Die einen suchen allgemeine Gesetze, die anderen besondere geschichtliche Tatsachen» [9] ... «Das wissenschaftliche Denken ist – wenn man neue Kunstausdrücke bilden darf – in dem einen Falle nomothetisch» (Gesetze aufstellend), «in dem anderen idiographisch» (das Einzelne – ἴδιον – beschreibend) [10]. «Es bleibt jedoch möglich», es sich um eine und dieselbe Wirklichkeit handelt, «daß dieselben Gegenstände zum Objekt einer nomothetischen und daneben einer idiographischen Untersuchung gemacht werden können», weil «der Gegensatz des Immergleichen und des Einmaligen in gewißem Betracht relativ ist» [11]. Dem Naturforscher dient das einzelne Objekt nur «als Typus, als Spezialfall eines Gattungsbegriffs» bzw. einer Gesetzlichkeit; für den Historiker aber «besteht die Aufgabe, irgend ein Gebilde der Vergangenheit in seiner ganzen individuellen Ausprägung zu ideeller Gegenwärtigkeit neu zu beleben» [12], weil «sich alles Interesse und Beurteilen, alle Wertbestimmung des Menschen auf das Einzelne und das Einmalige bezieht» [13]. Die «Gesamtheit des geschichtlichen Prozesses» hat überhaupt «nur Wert, wenn er einmalig ist» [14]. Jedoch hebt der Historiker aus der unendlichen Fülle der Tatsachen diejenigen heraus, die sich als «bedeutsamer Bestandteil» jener wertend-lebendigen Gesamtanschauung einordnen [15].

RICKERT übernimmt diese Zweiteilung von «generalisierender» Naturwissenschaft und «individualisierender» Kulturwissenschaft», einschließlich ihrer Wechselbezogenheit, sowie den Begriff der «Wertbeziehung» als des Prinzips der historischen Auslese [16]. Aber er sucht darüber hinaus zu begründen, warum die wissenschaftliche Erkenntnis nur diese zwei entgegengesetzten Methoden befolgen kann. Weil uns nämlich in der sinnlichen Anschauung die Wirklichkeit als ein irrationales «heterogenes Kontinuum» gegeben sei, – das so, wie es ist, «in Begriffe nicht aufgenommen werden kann» – müßten wir entweder, wie die Naturwissenschaften, das Kontinuum «homogen» (generell-gleichartig) machen oder in ein «Diskretum» verwandeln, wie es die historische Kulturwissenschaft mit der Bestimmung individuell-qualifizierter Inhalte des Geschehens mache [17].

Anmerkungen. [1] L. v. RANKE: Über die Epochen der neueren Gesch. (1854, publ. 1906); ND in: Philos. u. Geisteswiss., hg. E. ROTHACKER 2 (1925). – [2] a. a. O. 62. – [3] J. G. DROYSEN: Grundriß der Historik (³1882); ND a. a. O. [1] 1 (1925). – [4] a. a. O. 10. – [5] 19. – [6] H. RICKERT: Kulturwiss. und Naturwiss. (1899, ⁷1926) 8. – [7] ebda. – [8] W. WINDELBAND: Präludien 2 (⁸1921) 136-160. – [9] a. a. O. 144. – [10] 145. – [11] 145f. – [12] 150. – [13] 155. – [14] 156. – [15] 154. – [16] RICKERT, a. a. O. [6] 90. 93ff.; WINDELBAND, a. a. O. [8] 152ff. – [17] RICKERT, a. a. O. [6] 32-40; vgl. G. SIMMEL: Die Probleme der Geschichtsphilos. (1892, ⁵1923) 2ff.; G. MEHLIS: Lb. der Geschichtsphilos. (1915) 73ff. 124ff. 157; zur Kritik u. a. P. NATORP: Philos. Systematik (1958) 320; M. HEIDEGGER: Sein und Zeit (1927) 395.

H. NOACK

Individualismus. Nachdem seit etwa 1750 in *Frankreich* das Wort ‹individu› von naturhistorischen und logischen Zusammenhängen auf gesellschaftliche und politische übertragen worden war, war es möglich, diejenigen Autoren, die für diese Übertragung und all deren Implikate, wie Partikularismus, Isolierung, Berechenbarkeit, standen, so z. B. ROUSSEAU, DIDEROT, MIRABEAU, CONDORCET, d'HOLBACH, unter dem Namen einer gesellschaftspolitischen Richtung zusammenzufassen [1]. Das Wort ‹individualisme› wurde in diesem Sinne zuerst 1825 von dem Saint-Simonisten J.-P. ROUEN verwendet [2]. Sein Gebrauch breitete sich sowohl bei den Saint-Simonisten als auch außerhalb dieser Schule sehr rasch aus [3]. Während SAINT-SIMON selbst an entsprechenden Stellen stets noch vom «Egoismus» in sozialtheoretischer Bedeutung spricht, verwendet die ‹Doctrine de Saint-Simon› ‹I.› bereits als Gegensatzbegriff zur propagierten «association». Hier wurde unter I., ungeachtet sonstiger Differenzen, die gesamte Sozialphilosophie des 18.Jh. subsumiert: Für sie sei das widernatürliche Zerreißen des Zusammenhangs von individuellem Gewissen und öffentlicher Meinung typisch; sie beraube das Individuum der «sozialen Gefühle» und der «allgemeinen Ideen» und betrachte die Gesellschaft als zusammengesetzt aus isolierten Individuen, die sich erst im Gesellschaftsvertrag vereinigen. Das Wort ‹I.› verdrängte ‹Egoismus› als Bezeichnung einer Sozialtheorie vollständig, so daß ‹Egoismus› bei TOCQUEVILLE bereits als bloß moralische Kategorie festgelegt ist [4]. A. COMTE, der durch die saint-simonistische Schule gegangen war, trug in seiner einflußreichen Sozialphilosophie endgültig zur Perhorreszierung des Begriffs ‹I.› bei [5]. – In positiver Bedeutung wurde der Begriff dagegen in *England* rezipiert, wo das Wort 1833 durch die Übersetzung von Tocquevilles ‹De la Démocratie en Amérique› eingeführt worden war. Der Anspruch des I. und der Individualität wurde hier von J. BENTHAM und J. ST. MILL als Grundlage des Liberalismus vor allem gegen Comte verteidigt.

In *Deutschland* hat F. W. CAROVÉS Auseinandersetzung mit dem Saint-Simonismus zur Verbreitung des Wortes in seiner politischen Bedeutung geführt [6]. Bereits 1838 nahm es W. T. KRUG in sein philosophisches Wörterbuch auf, und zwar in genau dem Begriffszusammenhang seines Ursprungs als Gegensatz zum «Corporations- oder Associations-Geiste» und als verbunden mit dem Egoismus [7]. Schon vorher hatten sich die um eine Wiederentdeckung der Gemeinschaft bemühten Romantiker, wie A. MÜLLER, gegen das vom Individuum her konstruierten Staats- und Wirtschaftssysteme gewandt [8]. Der individualistische Kern der wirtschaftlichen Maxime «Laissez faire, laissez passer, le monde va de lui-même», nach der die unbeschränkte Entfaltung des selbstgenügsamen Individuums in der Verfolgung seines wohlverstandenen Eigeninteresses zum «größten Glück der größten Zahl» (J. BENTHAM) führe, stieß auf die entschiedene Kritik K. RODBERTUS' [9] und des Verfechters der sozialen Rechtsidee H. ROESLER [10]. – NIETZSCHE dagegen nennt den I. im Spätwerk mit Blick auf den Übermenschen «eine bescheidene und noch unbewußte Art des ‹Willens zur Macht›», weil sich in ihm der Einzelne noch nicht «als Person, sondern ... als Vertreter Einzelner gegen die Gesammtheit» stellt [11].

Allgemein betont ein individualistisches Denken den Wert der «Persönlichkeit» vor den Gemeinschaftswerten, die persönliche Freiheit vor der gesellschaftlichen Bindung, die Gleichheit der Individuen vor der Ein- und Unterordnung in das Gesellschaftsganze. Doch wird gerade dort, wo der Wert des Individuums und des «individuellen Gesetzes» betont wird, auch vor dem Subjektivismus und den Gefahren des I. gewarnt [12] oder einem falsch verstandenen (vor allem ethischen) I. ein «ethischer Personalismus» entgegengesetzt [13]. Gelegentlich wird der I. als Quelle aller schöpferischen Neuerungen einer Gesellschaft verteidigt [14]. Im allgemeinen sucht man aber, soweit der I. nicht als Produkt des Kapitalismus und der Entfremdung und somit als antihumanistische Loslösung aus der Gesellschaft gebrandmarkt wird [15], nach einem dritten Weg, der die beiden Extreme, I. und Kollektivismus bzw. Sozialismus vermeiden soll [16], oder nach einer Annäherung, die aus dem politischen Gegensatz beider herausführt [17], denn I. und Kollektivismus sind beide abstrakte, d. h. falsche Bilder vom Menschen [18]. Der religiöse I., der sich auf das Bewußtsein der Gotteskindschaft und der in der Liebesgemeinschaft zu Gott Verbundenen gründet und alle irdischen Schranken und Bindungen für sekundär ansieht, bleibt in der Entwicklung der Weltgeschichte nur ein Zwischenstadium [19].

Systematisch-kritisch wurde der I. als Gesellschaftssystem vom Solidarismus (H. PESCH) und vom Universalismus (O. SPANN) interpretiert. Danach hat die Gesellschaft für den I. keine innere Einheit und wird als bloße Summe der einzelnen Menschen verstanden, denen allein Wirklichkeit zukommt; das Soziale verflüchtigt sich zur äußerlichen und mechanischen Zusammensetzung von Individuen, weil und insofern diese autonom und absolut gedacht werden; folglich wird die Gesellschaft zu einem System utilitaristischen Interessenaustausches [20].

Die geistesgeschichtlichen Wurzeln des I. können im Epikureismus, Nominalismus und Protestantismus gesehen werden [21], die ökonomischen im Wirtschaftsliberalismus, nach dessen Theorie das Erwerbs- und Profitinteresse der autonomen Produzenten den in freier Konkurrenz erfolgenden Güteraustausch auf dem Markt steuere (Besitz-I.) [22]. Im Kern individualistisch ist dann auch die aufklärerische Theorie des Gesellschaftsvertrages, die auf das westliche Demokratieverständnis eingewirkt hat. Als konträrer Gegensatz zum I. gilt der Kollektivismus. R. EISLER unterschied zwischen ontologischem, logischem, ethischem, historischem und soziologischem I. [23].

Anmerkungen. [1] A. VIGUIER: Le mot « individu » fait-il parti au 18e siècle du vocabulaire socio-politique? Cahiers de Lexicologie 13 (Besançon 1968) 95-127. – [2] Doctrine de Saint-Simon. Exposition, hg. T. C. BOUGLÉ/E. HALÉVY (Paris 1924) 378 Anm. 248. – [3] F. A. HAYEK: Mißbrauch und Verfall der Vernunft (1959) 211. – [4] A. DE TOCQUEVILLE, Oeuvres complètes 3 (Paris ⁵1868) 162ff. – [5] A. COMTE: Système de politique positive (Paris 1851-54) bes. 3, 501ff. 550ff. – [6] F. W. CAROVÉ: Der Saint-Simonismus und die neuere frz. Philos. (1831) 165. – [7] W. T. KRUG: Allg. Handwb. der philos. Wiss. 5 (1838) 563. – [8] A. MÜLLER: Die Elemente der Staatskunst, hg. J. BAXA (1922) 1/1, 26ff. 154f. – [9] K. RODBERTUS: Das Kapital. Vierter sozialer Brief an von Kirchmann, hg. TH. KOZAK (²1913) 64ff. – [10] H. ROESLER: Über die Grundlehren der von Adam Smith begründeten Volkswirtschaftstheorie (²1871) 255ff. – [11] FR. NIETZSCHE, Werke, hg. SCHLECHTA 3, 604f. – [12] R. EUCKEN: Geistige Strömungen der Gegenwart (1920) 311f.; G. SIMMEL: Lebensanschauung (1918) 228; Brücke und Tür (1957) 251ff. – [13] M. SCHELER: Der Formalismus in der Ethik ... Ges. Werke 2 (⁵1966) 499ff.; vgl. O. DITTRICH: I., Universalismus, Personalismus (1917). – [14] D. L. MILLER: Individualism. Personal achievement and the open society (Austin/London 1967) bes. 3. – [15] K. MÁCHA: Individuum und Gesellschaft (1964) bes. 14. 23. – [16] P. WEISENGRÜN: Die Erlösung vom I. und Sozialismus (1914); G. WEIPPERT: Jenseits von I. und Kollektivismus (1964). – [17] E. LASZLO: Individualism, collectivism and political power (Den Haag 1963) bes. 162ff. – [18] M. BUBER: Das Problem des Menschen. Werke 1 (1962) 400ff. – [19] E. TROELTSCH: Die Sozial-lehren der christl. Kirchen und Gruppen, in: Ges. Schr. 1 (1912) 39ff. 966. – [20] O. SPANN: Gesellschaftslehre (³1930) 76f. – [21] Vgl. A. D. LINDSAY: Individualism, in: Encyclop. of the social sci. (New York 1950) 674-680. – [22] C. B. MACPERSON: Die polit. Theorie des Besitz-I. (1967). – [23] EISLER⁴ 1, 730f.

Literaturhinweise. K. PRIBRAM: Die Entstehung der individualistischen Sozialphilos. (1912). – F. KÖHLER: Wesen und Bedeutung des I. (1922). – H. PESCH: Nationalökonomie 1 (³/⁴1924). – O. SPANN: s. Anm. [20]. – J. DEWEY: Individualism old and new (London 1931). – F. A. HAYEK: Individualism true and false (Oxford 1964); Individualism and economic order (London 1948). – F. LE DANTEC: L'individualisme et l'erreur individualiste (Paris 1948). – A. M. KNOLL: Von den drei Wesenstheorien der Gesellschaft (1949). – W. P. WITCUTT: The rise and fall of individualism (London 1953). – K. W. SWART: «I.» in the mid-nineteenth century. J. Hist. Ideas 23 (1963) 77-90. – G. WEIPPERT s. Anm. [16]. – S. LUKES: The meanings of «I.», in: J. Hist. Ideas 32 (1972) 45-66.   A. RAUSCHER

Individualpsychologie bezeichnet allgemein eine Psychologie, die sich den einzelnen Menschen mit seiner einzigartigen psychischen Struktur zum Gegenstand gewählt hat. Sie strebt in einigen ihrer Ausprägungen die vollständige Erfassung allen individuellen psychischen Geschehens an.

Bereits im 18. Jh. unterschied C. C. E. SCHMID eine allgemeine Seelenlehre von einer speziellen; von der letzteren hob er wiederum die Individualseelenlehre ab. Als die Aufgabe der Individualseelenlehre nennt er die «Betrachtung der Mannigfaltigkeit des einzelnen Menschen, die systematische Ordnung der an ihm wahrnehmbaren psychischen Phänomene, deren philosophische Erklärung und das Verständnis der Wechselwirkungen von psychischen Phänomenen» [1]. Im Unterschied zur I. befaßt sich nach Schmid die ‹spezielle Seelenlehre› mit den Differenzen zwischen Klassen von Individuen (z. B. Altersklassen) [2]. Die Schmidsche Unterscheidung blieb bis weit ins 19. Jh. hinein unbeachtet. Erst in der zweiten Hälfte des 19. Jh. wird die Frage einer I. wieder Gegenstand von Diskussionen über mögliche und notwendige Ausrichtungen in der Psychologie. Die erneute Forderung einer I. mag einmal im Zusammenhang stehen mit dem Vordringen der experimentellen Methode in der Psychologie: Bei der experimentellen Untersuchung allgemeinpsychologischer Fragestellungen fielen die individuellen Unterschiede der untersuchten Versuchspersonen als Fehlerquellen ins Gewicht und erschwerten die Formulierung allgemeinpsychologischer Gesetzmäßigkeiten, nach denen man suchte [3]. Zum anderen mag die Frage einer I. aktuell geworden sein durch die Entwicklung einer Völkerpsychologie etwa in der Mitte des 19. Jh. [4]. M. LAZARUS und H. STEINTHAL, die zuerst auf die Bedeutung einer Völkerpsychologie hingewiesen haben, fassen die I. als Grundlagenwissenschaft gegenüber der Völkerpsychologie als deren Anwendung auf. Nur die I. vermag allgemeine Gesetzmäßigkeiten zu ermitteln [5]. I. im Gegensatz zur Völkerpsychologie umfaßt bei Lazarus und Steinthal neben der differentiellen Psychologie auch die allgemeine Psychologie im gegenwärtigen Sinne. Gegen die Auffassung einer I. als ausschließlich erkenntnisvermittelnde («normgebende») Wissenschaft wendet sich W. WUNDT. Seiner Ansicht nach kann auch die Völkerpsychologie eigenständige psychologische Gesetzmäßigkeiten finden, die ihrerseits für die I. von Bedeutung sind. Bei Wundt beinhaltet I. die allgemeine Psychologie im gegenwärtigen Sinne, doch im Gegensatz zu seinen Zeitgenossen Lazarus und Steinthal hebt er die Charakterologie von der I. ab [6]. Die Bestimmung des Gegenstandes der Charakterologie bei Wundt stimmt mit der Definition der I. bei Schmid überein [7]: «Die I. hat danach, was für das menschliche Individuum als solches gültig, die Charakterologie, was für die konkreten Gestaltungen der Individualität charakteristisch ist, zum Gegenstand» [8]. Die Hauptmethoden der I. sind nach Wundt Experiment und Introspektion, die Methoden der Völkerpsychologie die zuverlässige Ermittlung und Analyse der allgemeinen geistigen Erzeugnisse der Völker [9]. Eine ähnliche Gegenüberstellung von I. und Völkerpsychologie (hier Massenpsychologie) findet sich später bei S. FREUD [10].

Die I. als notwendige Ergänzung einer allgemeinen Psychologie fordern KRAEPELIN und seine Mitarbeiter. Sie gehen von der Konzeption einer I. im engeren Sinne aus, wie sie bereits Schmid vertrat. Die I. allein sei imstande, die Fehlerquellen allgemeinpsychologischer Untersuchungen aufzudecken [11]. Die individuelle Variationsbreite bei den zu seiner Zeit üblichen Leistungsexperimenten veranlaßte Kraepelin zur individualpsychologischen Betrachtungsweise und zur Initiierung einiger Experimente. Ihre Methodik bestand darin, eine Versuchsperson eine Reihe von gleichförmigen Aufgaben bearbeiten zu lassen. Übung, Zunahme und Abnahme der Konzentration, quantitative und qualitative Leistungsaspekte wurden ermittelt [12].

In ähnliche Richtung weisen die Proklamationen A. BINETS über die Notwendigkeit und das Programm einer I.; er erstrebt entsprechend seinen pädagogischen Interessen mit Hilfe der I. eine Verbesserung der Schulerziehung [13]. Binet und sein Mitarbeiter HENRI bezeichnen sich selbst als Begründer der I. in Frankreich. Auch sie definieren als Gegenstand der I. die Erfassung des individuellen Variationsspielraums beim Vergleich verschiedener psychischer Funktionen [14]. Doch wenden sie sich scharf gegen die Auffassung Kraepelins, die Probleme der I. könnten an einfachen psychischen Prozessen geklärt werden. Sie wollen das Individuum als Ganzheit in der Komplexität seiner Funktionen zum Untersuchungsgegenstand erheben, denn ihrer Ansicht nach sind in den komplexen psychischen Prozessen die individuellen Variationen am ausgeprägtesten [15]. Die Untersuchung der höheren psychischen Prozesse könne auch deshalb nicht ausgespart werden, weil man das Individuum in seinen gesamten psychischen Funktionen und ihren Wechselwirkungen erfassen müsse. Binet entwickelte zur Realisierung seiner Ideen erste Intelligenztests, die eine möglichst repräsentative Stichprobe höherer geistiger Tätigkeiten eines Individuums erfassen und sowohl quantitativ als auch qualitativ das individuelle Begabungsniveau feststellen sollten. Diese Versuche blieben jedoch hinter dem Anspruch zurück, die intellektuelle Struktur eines Individuums vollständig ermitteln zu können. Die Positionen Kraepelins und Binets werden von Sharp als französische und deutsche Schule der I. bezeichnet [16]. Die Wirkung der Bemühungen beider kann darin gesehen werden, daß in jener Zeit die Trennung einer allgemeinen Psychologie, die die interindividuellen Gemeinsamkeiten psychischer Prozesse hervorhebt, von einer die Unterschiede betonenden Psychologie üblich wurde [17].

Um 1900 wurde die Ablösung der I. in dem bis zu diesem Zeitpunkt verbreiteten Verständnis von einer differentiellen Psychologie durch eine Veröffentlichung W. Sterns vorgeschlagen. Differentielle Psychologie befaßt sich nach Stern mit a) der Tatsache des Variierens von psychischen Prozessen bei Individuen, b) mit der Beschaffenheit und der regulären Funktion bestimmter Varietäten und c) mit der Definition der Einmaligkeit des Individuums. Damit beinhaltet die differentielle Psychologie die I. Kraepelins und Binets, aber – durch Punkt b) – auch die spezielle Seelenlehre Schmids. Darüber hinaus kann die differentielle Psychologie im Sinne Sterns auch Aufgaben der Völkerpsychologie übernehmen, wenn sie nämlich Vergleiche zwischen Angehörigen verschiedener Völker zieht [18]. Stern verwirft den Namen ‹I.› für diesen Betrachtungsausschnitt der Psychologie, da er durch den Gebrauch bei Wundt, Kraepelin und Binet bereits anderweitig festgelegt sei. Infolge seiner weiten Definition der differentiellen Psychologie glaubt er die I. ganz in sie integrieren zu können. Die differentielle Psychologie im Sinne Sterns heißt – den Sprachgebrauch Schmids erhaltend – noch in der neueren Psychologie vereinzelt ‹spezielle Psychologie› [19].

O. Lipmann, ein Zeitgenosse Sterns, versucht I. und differentielle Psychologie nebeneinander – doch nicht gleichgewichtig – bestehen zu lassen. Differentielle Psychologie definiert er als Vorstufe der I. im Sinne der Bedeutung, die der Begriff vor Sterns Veröffentlichung besaß [20]. O. Külpe ordnet die differentielle Psychologie ebenfalls der «Individualitätspsychologie» unter. Individualitätspsychologie umfaßt drei Aufgaben: a) die umfassende Schilderung einzelner Individualitäten, auch Charakterologie genannt; b) vergleichende Untersuchungen von Einzelzügen und der für sie bestehenden interindividuellen Differenzen (differentielle Psychologie), gegliedert in Variationsforschung (Betonung der Abweichungen bei verschiedenen Individuen) und Korrelationsforschung (Erfassung der Zusammenhänge bei einem Individuum); c) Untersuchung von Gruppenindividualitäten (Typologie). Beide Versuche einer Unterordnung der differentiellen Psychologie unter eine I. konnten sich nicht durchsetzen [21].

Der Name ‹I.› wurde zu Beginn des 20. Jh. – ohne den Versuch einer systematischen Betrachtung aller psychologischen Disziplinen – als Bezeichnung für eine eigenständige theoretische Orientierung gegenüber der Psychoanalyse von dem Tiefenpsychologen A. Adler gewählt [22]. Entgegen der früheren Bedeutung des Begriffes ist Adlers I. ebensosehr eine «Gemeinschaftspsychologie» wie eine Psychologie des Individuums. Mit der Bezeichnung ‹I.› wollte Adler seine Ganzheitsbetrachtung des Menschen und dessen untrennbare Leib-Seele-Einheit als auf ein Ziel ausgerichtetes, unteilbares (a-tomos, in-dividuum) Ganzes zum Ausdruck bringen; mit der Wahl dieses Namens faßt er zugleich seine Ablehnung gegen die partikularistischen Ansätze Freuds und Jungs zusammen, die Begriffe wie ‹Partialtriebe› und ‹autonome Komplexe› verwenden. ‹I.› wurde somit zum Namen für die Lehre wie für die «Schule» Adlers; er wird auch in der gegenwärtigen Psychologie beibehalten, obwohl im englischen und französischen Sprachraum oft der unmißverständlichere Name ‹Adlerian Psychology› bzw. ‹Psychologie Adlérienne› gebraucht wird.

Die Grundthesen der I. Adlers gründen in dem Postulat eines allen Menschen gegebenen Gemeinschaftsgefühls, welches durch organische und soziale Beeinträchtigungserlebnisse (Minderwertigkeitsgefühle) geschwächt wird und dadurch unter Umständen Anlaß zu neurotischen, psychotischen oder asozialen Fehlentwicklungen der Persönlichkeit gibt. Diese Formen der Fehlentwicklung können durch Kompensationen organismischer und psychischer Art verhindert werden. Den Gedanken einer automatischen Kompensation mußte Adler jedoch später modifizieren, indem er Kompensation nur als psychogenetische Ausgleichserscheinung gelten lassen konnte [23]. Die psychische Kompensation drückt sich aus in einem Überlegenheitsstreben (Geltungsstreben), welches die Minderwertigkeitsgefühle in einem sozialen Aktionsraum zu überdecken sucht.

Schüler dieser individualpsychologischen Richtung Adlers verarbeiteten seine Grundgedanken weiter. Noch in den Anfängen der Entwicklung der I. Adlers versuchte A. Neuer, I. als Wissenschaft zu rechtfertigen. I. könne nicht mit den Mitteln der Naturwissenschaft betrieben und deshalb auch nicht an ihr gemessen werden. Sie sei eine idiographische Wissenschaft, d. h. sie baue auf dem Verstehen, nicht auf dem Erklären auf. Eine verstehende Psychologie müsse notwendigerweise ihre Grundlage in einer teleologischen Einheit sehen, die im Falle der I. das Individuum darstelle. Im Gegensatz zu vielen Psychologen des ausgehenden 19. Jh. möchte Neuer die I. in Wahlverwandtschaft zur Philosophie sehen, nicht zu den Naturwissenschaften [24]. F. Birnbaum und R. Allers weisen auf die moralisch-wertphilosophische Seite von Adlers Lehre hin: Der Wert des individuellen Lebens werde bestimmt vom Gemeinnutz seiner Kompensationsmechanismen. Nur wenn die gewählte Form der Kompensation der Gemeinschaft nütze, erhalte das individuelle Leben seinen Sinn [25]. O. Brachfelds Ausweitung der I. Adlers setzt am Gefühl der Minderwertigkeit an. Er zieht dieses Prinzip auch zur Erklärung von Gruppenverhalten heran, verläßt also den Rahmen einer I. im engen Sinne. Minderwertigkeitsgefühle gibt es nach ihm auch bei sozialen Gruppen (z. B. bei den sogenannten «unterentwickelten Völkern») [26]. Weitere Verarbeitung erfuhr die I. Adlers durch E. Wexberg [27], W. Stekel [28], F. Künkel [29] und andere. Als gegenwärtiger Vertreter der Lehre Adlers versucht H. L. Ansbacher, die I. mit ihrem eigenständigen Begriffsrepertoire in die akademische Psychologie einzugliedern [30]. Er definiert I. als einen «ganzheitlichen, phänomenologischen, teleologischen, feldtheoretischen und sozial orientierten Ansatz in der Psychologie und ihren Nachbargebieten. Diesem Ansatz liegt die Annahme eines einzigartigen, in sich selbst stimmigen, aktiven und schöpferischen Selbst eines offenen dynamischen Motivationssystems und einer angeborenen Disposition zu einer sozialen Lebensweise zugrunde» [31].

In der Psychologie der Gegenwart ist I. identisch mit der Lehre ADLERS und seiner Nachfolge. Die traditionelle Bedeutung von ‹I.› im 19. Jh. ist ganz in Sterns Begriff der differentiellen Psychologie aufgegangen.

Anmerkungen. [1] C. C. E. SCHMID: Empirische Psychol. (1791) 25f. – [2] a. a. O. 26. 27. – [3] Vgl. z. B. die Arbeiten von E. KRAEPELIN: Die Beeinflussung einfacher psych. Vorgänge durch Arzneimittel (1892); mit Mitarb.: Psychol. Arbeiten (ab 1895). – [4] M. LAZARUS und H. STEINTHAL: Vorwort Z. Völkerpsychol. Sprachwiss. 1 (1860). – [5] a. a. O. 1ff. – [6] W. WUNDT: Logik 3 (³1908) 162. 228. – [7] a. a. O. 162. – [8] ebda. Anm. 1. – [9] W. WUNDT: Grundriß der Psychol. (¹1896, ¹²1914) 28f. – [10] S. FREUD: Massenpsychol. und Ich-Analyse. Werke 13 (⁵1967) 71-161. – [11] E. KRAEPELIN, a. a. O. [3]; A. OEHRN: Exp. Stud. zur I. Psychol. Arb. 1 (1895) 92ff. – [12] OEHRN, a. a. O. – [13] A. BINET: Les idées modernes sur les enfants (Paris 1909). – [14] A. BINET und V. HENRI: La psychol. individuelle. Ann. psychol. 2 (1895) 411ff. – [15] Vgl. die Interpretation von S. E. SHARP: Individual psychol.: A study in psychol. method. Amer. J. Psychol. 10 (1898) 329-391. – [16] a. a. O. 280. – [17] E. G. BORING: A hist. of exp. psychol. (New York 1929). – [18] W. STERN: Psychol. der individuellen Differenzen (¹1900); Differentielle Psychol. (³1921). – [19] G. HEYMANS: Einf. in die spez. Psychol. (1932). – [20] O. LIPMANN: Die Feststellungsmittel der differentiellen und der I. (1912) 4. – [21] O. KÜLPE: Vorles. über Psychol. (geh. 1912, publ. 1920). – [22] A. ADLER: Über den nervösen Charakter. Grundzüge einer vergl. I. und Psychotherapie (³1922); Int. Z. Individualpsychol. (= IZI), hg. A. ADLER (1914ff.); Praxis und Theorie der I. (¹1920, ⁴1930); A. ADLER und C. FURTMÜLLER: Heilen und Bilden (³1928). – [23] Selbsterziehung des Charakters. Festschr. A. Adler, hg. L. SEIF/L. ZILAHI (1930). – [24] A. NEUER: Ist I. als Wiss. möglich? IZI 1 (1914/16) 3-8. – [25] F. BIRNBAUM: Wertpädagogik und I. IZI 17 (1948) 25-31; R. ALLERS: Das Werden der sittlichen Person (1935). – [26] O. BRACHFELD: Minderwertigkeitsgefühle beim Einzelnen und in der Gemeinschaft (1953); Soziale Minderwertigkeitsgefühle und -komplexe, in: Wb. der Soziol., hg. W. BERNSDORF (1969). – [27] E. WEXBERG: I. (²1931); Hb. der I. 1. 2 (1926). – [28] W. STEKEL: Das liebe Ich (³1927). – [29] F. KÜNKEL und R. KÜNKEL: Grundbegriffe der I. (1927); F. KÜNKEL: Die Arbeit am Charakter (²1934). – [30] H. L. ANSBACHER und R. ANSBACHER: The individual psychol. of Alfred Adler (New York 1956). – [31] H. L. ANSBACHER: Definition von I., in: J. of I. 14 (1958) Umschlaginnenseite, übersetzt vom Verf.

Literaturhinweise. E. G. BORING s. Anm. [17]. – H. L. und R. ANSBACHER s. Anm. [30]. O. BRACHFELD

Individualurteil wird 1. im Sinne von ‹Individualaussage› (s. d.) gebraucht sowie 2. die Behauptung einer Individualaussage genannt und steht dann für ‹singuläres Urteil› [1] oder ‹Einzelurteil›.

Anmerkung. [1] Vgl. Art. ‹Urteil, singuläres›. A. MENNE

Individuation, Individuationsprinzip. ‹I.› ist das nomen actionis zu ‹individuare›, wird aber in Synonymen wie ‹multitudo individuorum›, ‹diversitas individuorum› auch als nomen qualitatis gebraucht. Der Begriff entwickelt sich, obgleich die Sache ursächlich mit dem Universalienproblem verbunden ist, relativ spät, indem nach den Prinzipien der I. (principia individuationis) gefragt wird.

1. *Mittelalter.* – a) ALBERTUS MAGNUS, der den Begriff schon mehrfach gebraucht[1], folgt in seiner I.-Auffassung dem Aristoteles und der arabischen Aristotelesrezeption in der Feststellung, daß alles, was zahlenmäßig als vieles erscheint, Materie hat [2], und führt aus, «materia sola [est] principium individuationis et nihil [est] singulare

nisi materia vel per materiam» [3]. Aber nicht schlechthin ist die Materie I.-Prinzip, sondern nur als Substrat oder Träger der formae, die sie allerdings der Potenz nach in sich hat [4]: «materia per rationem materiae non est principium individuationis, sed potius per rationem proprii subjecti est principium individuationis ut primum subjectum» [5].

THOMAS VON AQUIN, der statt des Begriffes ‹I.› auch eine Reihe von Synonymen wie ‹diversitas›, ‹multitudo individuorum›, ‹singularitas› gebraucht, folgt dem Albertus Magnus und definiert zugleich die materia enger: «... materia non quolibet modo accepta est principium individuationis, sed solum materia signata. Et dico materiam signatam, quae sub certis [auch: determinatis] dimensionibus consideratur» [6]. – Das Thomas zugeschriebene ‹Opusculum de principio individuationis› begründet das I.-Prinzip aus der Universalienauffassung heraus. Im Abstraktionsprozeß, in dem die Universalien gewonnen werden, wird gerade von der Materie abgesehen. Folglich ist umgekehrt diese ontologisch ein principium individuationis [7]. Aber eben nicht die Materie überhaupt, sondern die «materia sub quantitate terminata» [8]. – Da für Thomas die Materie das I.-Prinzip ist, kann es in der Geisterwelt keine verschiedenen Individuen derselben species geben. Ihre diversitates sind zugleich Unterschiede der Arten [9].

Aegidius Romanus, Petrus Abanus und Hervaeus Natalis stehen in der thomistischen Tradition. AEGIDIUS ROMANUS nennt als principium individuationis die «materia extensa» [10]. PETRUS ABANUS nennt die «materia ... existens sub certis dimensionibus signatis» [11]. HERVAEUS NATALIS, der drei grundsätzlich verschiedene I.-Auffassungen seiner Zeit aufzuzählen weiß [12], nennt die «quantitas» als «principium individuationis substantiarum materialium» [13].

b) Eine zweite Tradition der I.-Auffassung entwickelte sich in der Ablehnung des thomistisch-aristotelischen Prinzips. So HEINRICH VON GENT: «materia et quantitas non possunt dici praecisa ratio et causa individuationis» [14]. Ratio und causa der I. ist die «negatio», und zwar eine doppelte, nach innen die die Verschiedenheit des eigenen Wesens und nach außen die die Identität mit anderen ausschließende Negation: «Negatio non est simplex, sed duplex, quia est removens ab intra omnem plurificabilitatem et diversitatem, et ab extra omnem identitatem» [15]. Als letzter Grund der I. bzw. des Individuiertseins muß Gott angesehen werden [16].

BONAVENTURA, der berichtet, daß die «quaestio de individuatione» eine «contentio inter philosophicos viros» geworden sei [17], geht, zwischen den extremen Polen vermittelnd, davon aus, daß in einem bestimmten aliquid immer zwei Prinzipien zusammen kommen, Materie und Form. «Individuatio est ex communicatione materiae cum forma» [18]. Dem Bonaventura folgt RICHARD VON MIDDLETOWN, der energisch gegen den Thomismus Stellung nimmt [19].

1277 wurde vom Bischof STEPHAN TEMPIER von Paris unter anderen Lehren des Thomas auch dessen I.-Auffassung, vor allem die aus ihr resultierende Lehre, daß es in der Geisterwelt nicht mehrere Individuen derselben Art geben könne, verworfen [20]. In die gleiche Richtung ging auch der Einwand von WILHELM VON LA MARE [21].

c) DUNS SCOTUS lehnt einerseits die Materie, da sie immer wandelbar bleibt [22], andererseits die bloß formale Bestimmung der negatio als I.-Prinzip ab [23]. Er erkennt als das Prinzip, das die quidditas zum Individuum hic et nunc, zur «indivisibilitas sive repugnantia ad divisibilitatem», werden läßt, die «entitas positiva» [24], die später, vor allem in der skotistischen Schule, mit dem Begriff der «differentia individualis» bzw. «haecceitas» erfaßt wird [25]. Scotus lehnt dementsprechend die thomistische Lehre, daß es in der Geisterwelt keine Individuen einer Art gebe, entschieden ab [26].

Für den *nominalistischen* Standpunkt im Universalienstreit ist die Frage nach dem I.-Prinzip müßig. WILHELM VON OCKHAM: «quaelibet res singularis se ipsa est singularis» [27]. DURAND VON ST. POURCAIN beschäftigt sich zwar eingehend mit der Frage, aber hauptsächlich in Opposition zum Thomismus, dessen Prinzipien Materie und Quantität er ablehnt [28]. Sein als Verbindung von Form und Materie ist schon vorgängig individuelles, quantitatives Sein; ein besonderes principium individuationis gibt es da nicht. «Dicendum ergo, quod nihil est principium individuationis, nisi quod est principium naturae et quidditatis ... Nihil enim existit in re extra nisi individuum vel singulare, ergo esse individuum non convenit alicui per aliquid sibi additum, sed per illud, quod est» [29]. Auch in der Geisterwelt ist eine Vielzahl von Individuen derselben Spezies möglich [30]. Dem Durand folgt die Schule des Wilhelm von Ockham, jedoch nicht unangefochten von den Verfechtern der thomistischen Prinzipien [31].

F. SUÁREZ, der einen Überblick über die Geschichte des I.-Problems gibt [32], kann ebenfalls kein äußeres Prinzip der I. gelten lassen; ihm geht es um das «principium intrinsecum individuationis» [33]. Das Individuum trägt das Prinzip in sich selbst. «Unaquaeque entitas est per se ipsam individuationis principium» [34].

Anmerkungen. [1] ALBERTUS MAGNUS, u. a. Met. VII, 5, 5; XI, 1, 7; Sent. I, 3, 33. – [2] ARISTOTELES, Met. XII, 8 1074 a. – [3] ALBERTUS MAGNUS, Met. III, 3, 10. – [4] Met. III, 3, 11. – [5] S. theol. II, 1, 4, membr. 1, a. 4. – [6] THOMAS VON AQUIN, De ente et essentia II (7). – [7] De principio individuationis, in: Opuscula philos. 1, hg. J. PERRIER (1949) 574. – [8] a. a. O. 576. – [9] S. contra gent. II, 93. – [10] AEGIDIUS ROMANUS, Quodlib. I, 2. – [11] PETRUS ABANUS: Conciliator controversarium, quae inter medicos et philosophicos versantur (Venetiis 1565) fol. 36. – [12] HERVAEUS NATALIS, Quodlib. III, 9. – [13] a. a. O. VIII, 12. – [14] HEINRICH VON GENT, Quodlib. II, qu. 8. – [15] a. a. O. V, 8. – [16] II, 8. – [17] BONAVENTURA, Sent. II, d. 3, a. 2, q. 3. – [18] Sent. III, d. 10, a. 1, q. 3. – [19] RICHARD VON MIDDLETOWN, Quodl. I, q. 8. – [20] Vgl. J. ASSENMACHER: Die Gesch. des I.-Prinzips in der Scholastik (1926) 47. – [21] WILHELM DE LA MARE: Defensiorum seu correct. Egidii Romani (Venetiis 1516) fol. 54. – [22] DUNS SCOTUS, Lib. sent. II, d. III, q. 5. – [23] Lib. sent. II, III, 2. – [24] Lib. sent. II, III, 2 (corollarium). – [25] Scholion ad II Sent. d. 3, p. I, a. 2, q. 2, n. 2. – [26] Lib. sent. II, III, 7. – [27] WILHELM VON OCKHAM, Sent. I, dist. II, q. 6 P. – [28] DURAND VON ST. POURCAIN, Sent. II, d. II, q. 2, 6-8. – [29] Sent. II, III, 3, 14. – [30] Sent. II, II, 3, 6. – [31] Vgl. ASSENMACHER, a. a. O. [20] 76ff. – [32] F. SUÁREZ, Disp. met. V, sect. 6. – [33] a. a. O. V, sect. 6, n. 2. – [34] V, sect. 6, n. 1.

Literaturhinweis. J. ASSENMACHER s. Anm. [20].

2. In der *Neuzeit* kommt G. W. LEIBNIZ, der ebenfalls einen Überblick über die Geschichte des I.-Problems gibt, in seiner Frühschrift ‹ De principio individui › zu einer Suárez verwandten Ansicht: «Omne individuum sua tota entitate individuatur» [1], Seiendes ist seinem Wesen nach individuiertes, individuelles Sein. – Eine funktionale Bestimmung des I.-Prinzips gibt CHR. WOLFF im Anschluß an Leibniz: «Per principium individuationis intelligitur ratio sufficiens intrinseca individui ... Quam obrem per principium individuationis intelligitur, cur ens aliquod sit singulare» [2].

J. LOCKE setzt das principium individuationis, «what is so much inquired after», in Beziehung zu Raum und Zeit. Das I.-Prinzip ist «existence itself, which determines

a being of any sort to a particular time and place, incommunicable to two beings of the same kind» [3]. – D. HUME geht einen Schritt weiter als Locke und sieht das «principium individuationis or principle of identity» [4] in Beziehung zum betrachtenden Subjekt. Von hier aus «the principle of individuation is nothing, but the invariableness and uninterruptedness of any object, thro' a suppos'd variation of time, by which the mind can trace it in the different periods of its existence, without any break of view, and without being oblig'd to form the idea of multiplicity or number» [5].

G. W. F. HEGEL wendet das «Princip der I.» auf Leibnizens Monadologie an und setzt die I. mit der «Reflexion in sich» der Monade und «den Manifestationen ihrer selbst» gleich [6].

A. SCHOPENHAUER betrachtet die I. und ihre Prinzipien, «unbekümmert, ob dies genau der Sinn sei, in welchem die Scholastiker diesen Ausdruck nahmen» [7], als mit unserer subjektiven Auffassung des Seins gegeben. «Die I. ist blosse Erscheinung, entstehend mittels Raum und Zeit, welche nichts weiter als die durch mein zerebrales Erkenntnisvermögen bedingten Formen aller seiner Objekte sind» [8]. Dementsprechend werden ihre Prinzipien bestimmt. «Wir wissen, daß die Vielheit überhaupt notwendig durch Zeit und Raum bedingt und nur in ihnen denkbar ist, welche wir in dieser Hinsicht das principium individuationis nennen» [9]. Das I.-Prinzip wird sodann in die Ethik eingespannt. Der gute, gerechte Mensch durchschaut das principium individuationis und sieht das «Ansich aller Erscheinung», den Willen [10]. FR. NIETZSCHE folgt Schopenhauer und sieht, «daß die I. für den Willen eine große Not ist» [11]. Demgemäß ist der «Zustand der I. ... der Quell und Urgrund alles Leidens» [12]. Später jedoch ist «die I. ... das Resultat des Leidens, nicht Ursache» [13]. In der Ästhetik ist das Prinzip der I. das apollinische Kunstprinzip und «Apollo ... das herrliche Götterbild des principii individuationis ...» [14].

Nach E. VON HARTMANN sind «Räumlichkeit und Zeitlichkeit» unmittelbar «das Prinzip der reellen I.» für die Daseinsstufe «des unbewußten Vorstellens» [15]. Für die Individuen höherer Stufen mit durch Spaltung von Wille und Vorstellung entstandenem Bewußtsein sind sie es nur mittelbar [16].

Anmerkungen. [1] G. W. LEIBNIZ, De principio individui § 4. Philos. Schr., hg. GERHARDT 4 (1880) 18. – [2] CHR. WOLFF: Ontologia (²1779) § 228. – [3] J. LOCKE, An essay conc. human understanding II, 27, n. 3. – [4] D. HUME, Treat. conc. the principles of human knowledge part. IV, sect. II, hg. v. GREEN/GROSE 1 (1909) 489. – [5] a. a. O. 490. – [6] G. W. F. HEGEL, Werke, hg. GLOCKNER 4, 677. – [7] A. SCHOPENHAUER, Über die Grundlage der Moral § 22. Werke, hg. DEUSSEN (1912) 3, 737. – [8] a. a. O. 741. – [9] Welt als Wille und Vorstellung 1, § 25 = a. a. O. 1, 151. – [10] a. a. O. § 63 = 1, 414. – [11] FR. NIETZSCHE, Aus dem Gedankenkreis der Geburt der Tragödie. Werke 9 (1903) 170. – [12] Geburt der Tragödie a. a. O. 1 (1905) 74. – [13] Aus dem Gedankenkreis ... a. a. O. [11] 9, 93. – [14] Geburt ... a. a. O. [12] 1, 23f. – [15] E. VON HARTMANN: Grundr. der Met. (1908) 38. – [16] a. a. O. 39; Philos. des Unbewussten (¹²1923) 254ff.

3. ‹ I.› bezeichnet in der *komplexen Psychologie* C. G. JUNGS einen psychischen Lebensprozeß, der die Integration aller psychischen Faktoren in ein übergeordnetes Ganzes, das «Selbst», zum Ziel hat. «I. bedeutet: zum Einzelwesen werden, und, insofern wir unter Individualität unsere innerste, letzte und unvergleichliche Einzigartigkeit verstehen, zum eigenen Selbst werden. Man könnte I. auch mit ‹Verselbstung› oder ‹Selbstverwirklichung› übersetzen» [1]. Das Ziel der I., das «Selbst», ist im Unbewußten als Archetypus vorentworfen: «Was

immer das Ganze des Menschen, das Selbst, an sich bedeuten mag, so ist es empirisch ein vom Unbewußten spontan hervorgebrachtes Bild des Lebenszieles jenseits der Wünsche und Befürchtungen des Bewußtseins» [2]. Das Selbst schließt nach Jung als Ganzheit alle psychischen Sphären ein; es ist also eine dem Ich übergeordnete Größe. «Ich sehe immer wieder, daß der I.-Prozeß mit der Bewußtwerdung des Ich verwechselt wird, woraus natürlich eine heillose Begriffsverwirrung entsteht. Denn damit wird die I. zum bloßen Egozentrismus und Autoerotismus. Das Selbst aber begreift viel mehr in sich als nur das Ich ... Es ist ebenso der oder die andere wie das Ich. I. schließt die Welt nicht aus, sondern ein» [3]. «Der I.-Prozeß hat zwei Aspekte: Einerseits ist er ein interner subjektiver Integrationsvorgang, andererseits aber ein ebenso unerläßlicher objektiver Beziehungsvorgang» [4].

Anmerkungen. [1] C. G. JUNG: Die Beziehungen zwischen dem Ich und dem Unbewußten (³1938) 257. – [2] Antwort auf Hiob, in: Zur Psychol. westlicher und östlicher Relig. Werke 11 (1963) 493. – [3] Von den Wurzeln des Bewußtseins (1954) 595. – [4] Die Psychol. der Übertragung (1946) 119.   J. HÜLLEN

Individuenkonstanten werden in der modernen Logik Konstanten genannt, die als Zeichen für Einzelgegenstände («Individuen») stehen. Meistens werden dafür die ersten Buchstaben des kleinen lateinischen Alphabetes benutzt: a, b, c, ... bzw. a_0, a_1, a_2, ...   A. MENNE

Individuenvariablen werden in der modernen Logik Variablen (s. d.) genannt, für die Zeichen für Einzelgegenstände («Individuen» [1]) eingesetzt werden können. Meistens werden dafür die letzten Buchstaben des kleinen lateinischen Alphabetes benutzt: x, y, z, u, v, ... bzw. x_0, x_1, x_2, ...

Anmerkung. [1] Vgl. Art. ‹Prädikatenlogik›.   A. MENNE

Individuum und Atom. Nachdem (vermutlich von Cicero) das griechische ἄτομον in das lateinische ‹individuum› übersetzt war, begann unter der Thematik jedes der beiden Namen die Geschichte zweier Prinzipien, deren in verschiedene Richtung verlaufende Entwicklungslinien sich an einigen Punkten kreuzen. Einer dieser Kreuzungspunkte wird durch das Prinzip bezeichnet, welches in der deutschen Philosophensprache den Namen ‹einfach› bzw. ‹Einfachheit› (s.d.) trägt. Das Einfache ist das Atomare, Unteilbare, Nicht-Zusammengesetzte, Individuelle. Man kann es als Station in der Geschichte des Individualitätsprinzips ansehen, wenn in PLATONS ‹Phaidon› die Einfachheit der *Seele* zur Debatte steht und aus dieser Eigenschaft ihre Unsterblichkeit abgeleitet wird [1]. Während DEMOKRITS Atommodell vorsieht, daß jeder Gegenstand aus Komplexen ‹einfacher› Elemente, d. h. aus A., zusammengesetzt ist, wobei gleichartige A. austauschbar sind, lassen Wort und Begriff ‹I.› den Gedanken der Ersetzbarkeit nicht zu, sobald unter dem Einfluß der christlichen Erfahrung von dem unendlichen Wert jeder Menschenseele der Charakter der Einzigkeit und Unersetzlichkeit wesentlich für die Bedeutung von ‹I.› wird. Bei THOMAS VON AQUIN [2] wird das Individuelle einerseits als Sein in der Vereinzelung verstanden und von allem übrigen Seienden abgetrennt, andererseits soll das I. als Ganzes, als Repräsentation der ‹Welt› gedacht werden.

Die Auseinandersetzung zwischen der Idee des ‹einzigen› I. mit derjenigen des klassischen Atombegriffs De-

mokrits, der bei der Etablierung der neuzeitlichen Naturwissenschaft zu neuen Ehren gekommen war (z. B. Gassendi), findet bei LEIBNIZ einen Höhepunkt. Er stützt sich dabei auf Individualitätstheorien des Suárez, Nikolaus von Kues und Giordano Bruno, bei dem der Ausdruck ‹Monade› für individuelle Einheit als solche Verwendung findet. Leibniz kennzeichnet die im Sinne der Unteilbarkeit und zugleich Einzigkeit, sowie Autarkheit und Welthaftigkeit bestimmte Individualität der Monade auch in der Sprache der Atomistik; er unterscheidet sie allerdings vom ‹materiellen› Atom Demokrits, dessen angebliche Unteilbarkeit er nicht anerkennt: Es sei in Wahrheit immer noch teilbar. «Wahres», absolut unteilbares «Atom der Natur» sei allein die individuelle Monade[3]. Folgende Gegenüberstellungen mögen die von Leibniz vollzogene Unterscheidung zwischen dem ‹physikalischen› Atom und dem monadischen I. als dem ‹metaphysischen› Atom in den Hauptpunkten bezeichnen: Angestoßenwerden von außen – Selbstbewegung; Ausgedehntheit – Unkörperlichkeit; partieller Charakter – Repräsentant der Welt im Ganzen; Dingartigkeit – auf dem eigenen Grunde ruhende Aktivität; Substratsein im Gefüge von Beziehungen – Beziehungslosigkeit und Autarkie; Ersetzbarkeit – Einzigartigkeit [4]. Die Intention, den Begriff des demokritischen Atoms zu überschreiten und an seine Stelle den Begriff eines den Reichtum der Welt repräsentierenden I. zu setzen, bestimmt auch die Naturphilosophie von Schelling und Hegel.

Anmerkungen. [1] PLATON, Phaid. 78 c f. – [2] THOMAS VON AQUINO, De trin. 4,2 resp.; vgl. E. GILSON: Der Geist der mittelalterl. Philos. (1950) 227f. – [3] G. W. LEIBNIZ, Monadol. passim. – [4] Vgl. F. KAULBACH: Die Met. des Raumes bei Leibniz und Kant (1960) 54ff.; Philos. der Beschreibung (1968) 180ff.; D. MAHNKE: Unendliche Sphäre und Allmittelpunkt (1937) z. B. 100.

Literaturhinweise. D. MAHNKE: Leibnizens Synthese von Universalmathematik und Individualmet., in: Jb. Philos. u. phänomenol. Forsch. 7 (1925). – H. HEIMSOETH: Atom, Seele, Monade. Hist. Ursprünge und Hintergründe von Kants Antinomie der Teilung (1960); Die sechs großen Themen der abendländ. Met. und der Ausgang des MA (1922, ⁵1965). – F. KAULBACH: Die A. und I. Z. philos. Forsch. 17 (1963) 3-41; Der Begriff der Bewegung (1965); Philos. der Beschreibung (1968).   F. KAULBACH

Individuum, Individualität

I. *Antike und Frühscholastik.* – Mit dem Wort ἄτομα, das schon CICERO mit ‹individua› übersetzt [1], benennt DEMOKRIT die kleinsten, sinnlich nicht wahrnehmbaren, unendlich vielen «Elemente» [2], die neben dem «Leeren» als «Ursprünge des Ganzen» [3] angesehen werden. Während nun PLATON den individuellen Charakter dessen, was sich der dialektischen Dihairesis als vollbestimmtes Wesen erschließt (ἄτομον εἶδος), nur nebenbei erwähnt, wird das I. in der aristotelischen Philosophie zu einem in einer uneinheitlichen, variablen Terminologie (ἄτομον, I., τόδε τι, dieses Etwas, καθ᾽ ἕκαστον, Einzelnes) faßbaren Hauptgegenstand. ARISTOTELES definiert das Individuelle und numerisch Eine als dasjenige, «was von keinem Substrat ausgesagt wird» [4], weil es selbst als konkretes Einzelwesen, das durch eine bestimmte Form und den «letzten Stoff» [5] konstituiert ist (z. B. Sokrates ist eine «solche Form in diesem Fleisch und diesen Knochen» [6], das letzte ganzheitliche (σύνολον) Wesen ist, das als solches (d. h. als τόδε τι = «Selbständiges» (Tugendhat) substantiell ist [7] und insofern dem nicht-substantiellen Allgemeinen gegenübersteht. Dieses substantielle Wesen des individuellen Seienden ist nach aristotelischer Lehre wegen der Kontingenz des sinnlich-materiellen Einzelseienden undefinierbar und unbeweisbar

[8]. – Auch später gilt das Individuelle für ein nur durch eine definitio καθ' ὑποτύπωσιν (skizzenhafte Definition) faßbares Seiendes [9]. – Zwar bezeichnet Aristoteles bisweilen auch die Form selbst als «ein Das» [10] und in der ‹Metaphysik› überhaupt – mit einigen Ausnahmen im Aporienbuch – ausschließlich als ἄτομον, doch offenbar nur deswegen, weil sie, wie auch alle universalen Prädikate [11], als qualitätsbestimmender Teil eine individuelle Einheit stiftet [12]. Dagegen bestreitet Aristoteles ganz deutlich den individuellen Charakter der zweiten Substanzen, die, ohne in einem Substrat zu sein, doch von diesem ausgesagt werden und so in der Aussage trotz ihrer Wesensidentität und numerischen Einheit mit dem substantiellen Gegenstand ihre begriffliche Geteiltheit offenbaren [13].

Gegen diese aristotelische Lehre von den als Individuen verstandenen ersten Substanzen, die als solche den ontologischen Vorrang vor den als Arten und Gattungen verstandenen zweiten Substanzen haben, wendet sich PLOTIN, der die ontologische Priorität des Allgemeinen vor dem Individuellen betont [14], das grundsätzlich unerfaßbar sei [15].

Aber die plotinische Lehre bezüglich der damit zusammenhängenden Frage, «ob es auch von den Einzeldingen Ideen gebe», ist uneinheitlich. Denn in der gleichnamigen frühen Schrift [16] begründet er die Annahme einer endlichen Anzahl von Ideen der individuell Seienden damit, daß diese sich voneinander «nicht nur durch die Materie, sondern auch durch zahllose formhafte Unterschiede» unterscheiden, so daß eine paradigmatische Idee des artgleichen Seins, an der die Individuen partizipierten, «nicht genügt». Dem widerspricht schlechterdings die Erklärung in einer etwas früheren Schrift χρὴ δὲ καὶ τῶν καθόλου λέγειν τὰ εἴδη εἶναι, οὐ Σωκράτους, ἀλλ' ἀνθρώπου (Man muß aber sagen, daß es Ideen nur vom Allgemeinen gibt, nicht des Sokrates, sondern des Menschen) [17]. Plotin schließt sich damit der schon vom Mittelplatoniker ALBINOS [18] inaugurierten und von ALEXANDER VON APHRODISIAS [19] aufgenommenen Lehre an. Alle anderen Stellen aus späteren Schriften sind in sich hochkontrovers [20].

Plotins Schüler PORPHYRIOS faßt die nähere Bestimmung dessen, was I. ist, in die klassische, immer wieder übernommene schon durch den Mittelplatonismus vorbereitete [21] Definition: ἄτομα οὖν λέγεται τὰ τοιαῦτα, ὅτι ἐξ ἰδιοτήτων συνέστηκεν ἕκαστον ὧν τὸ ἄθροισμα οὐκ ἂν ἐπ' ἄλλου ποτὲ τὸ αὐτὸ γένοιτο (Individuen aber heißen solche Wesen, weil jedes aus Eigentümlichkeiten besteht, deren Gesamtheit bei keinem anderen jemals dieselbe wird) [22]. Neben dieser war noch eine andere porphyrische Bestimmung des I., eine etwas abgewandelte Form derjenigen aus der aristotelischen Kategorienschrift, für die weitere Entwicklung des Begriffs maßgebend: τῶν γὰρ κατηγορουμένων τὰ μὲν καθ' ἑνὸς λέγεται μόνου, ὡς τὰ ἄτομα οἷον Σωκράτης καὶ τὸ οὗτος καὶ τὸ τοῦτο. (Von den Prädikaten werden die einen nur von einem ausgesagt, wie die Individuen z. B. Sokrates und das ‹dieser› und das ‹dieses›) [23].

Die schon bei Aristoteles zu bemerkende, wenn auch nur in der Kategorienschrift deutlich ausgesprochene These von der ontologischen Priorität des Individuellen vor dem Allgemeinen wird erneut und nachhaltig zur Geltung gebracht von ALEXANDER VON APHRODISIAS, der in einem Referat über Platoniker das Sein eines individuell oder partikular Seienden durch Prädikate bestimmt, die einst das subsistente Sein platonischer Ideen kennzeichneten: μερικὰς δὲ [ἰδέας] ὡς χωριστὰς καὶ καθ'

αὐτὰς οὔσας [λέγουσι]. τοῦτο γὰρ ἴδιον τῶν ἀτόμων. οὐδὲν γὰρ μὴ ἄτομον ὂν καὶ μερικὸν δύναται χωριστὸν καὶ καθ' αὐτὸ εἶναι, ἀλλ' ἐν ἄλλῳ τὸ εἶναι ἔχει (Partikular aber nennen sie sie [die Ideen], weil sie abgetrennt und für sich sind. Denn das ist Eigentümlichkeit des Individuellen. Kein nicht-individuell und nicht-partikular Seiendes kann nämlich abgetrennt und für sich sein, sondern es hat in einem anderen das Sein) [24]. Dieses individuelle, selbständige und abgetrennte Sein ist nach Alexander das eigentlich substantielle Sein, dessen besonderes Merkmal es ist, zum Bereich dessen zu gehören, auf das man zeigen kann (εἰς δεῖξιν πίπτειν) [25]. Insofern liegen nach Alexander die I. den Wissenschaften «unvermittelt» zugrunde, die aus jenen ihre Inhalte beziehen [26].

Ebenfalls seit Alexander steht neben den genannten eine andere Bestimmung des I. in der Spätantike hoch im Kurs, die sowohl im griechischen Osten wie im lateinischen Westen durchgehend anzutreffen ist. Die früheste lateinische Fassung dieser Definition bei MARIUS VICTORINUS [27]: «I. est enim, quod oculis digitoque monstratur», die BOETHIUS übernahm [28], zeigt dabei noch nicht den Seinsmodus individuell Seiender auf, der von AMMONIOS HERMEIU als das Sichzeigen (φαίνεσθαι) des substantiell Bestimmten verstanden wird, das ein Hinweisen auf es (δεῖξις) ermöglicht [29]. Denn nicht jedes numerisch Eine, wie z. B. ein unselbständiges qualitativ Eines, ist schon ein Individuelles, – so führt SIMPLICIUS den ammonischen Gedanken weiter [30] –, sondern «nur das substantiell numerisch Eine» (τὸ οὐσιῶδες ἓν ἀριθμῷ μόνον) ist als «Dieses» zeigbar und deswegen individuell. Freilich ist sowohl mit dieser Bestimmung wie auch mit jener anderen ammonischen, nach der Einzeldinge deswegen I.en genannt werden, «weil sie weder in Gleichartiges (ὁμοιοειδῆ) noch Ungleichartiges (ἀνομοιοειδῆ) geteilt werden wie die Gattungen und Arten, sondern mit der Teilung vernichtet werden» [31], noch nicht ausgemacht, was genau die Individualität eines substantiell Seienden konstituiert und was infolgedessen verhindert, auch die einzelnen Teile eines individuell Seienden mit dem Namen ‹I.› zu belegen. Erst der zur Ammoniosschule gehörende DAVID scheint dieses Problem eindeutig gelöst zu haben, indem er «die Erhaltung der Art (σώζειν τὸ οἰκεῖον εἶδος)» als unverzichtbares Merkmal der Individualität versteht: καὶ γὰρ Σωκράτης διαιρούμενος εἰς χεῖρας, πόδας καὶ κεφαλὴν οὐ σώζει τὸ οἰκεῖον εἶδος (Denn auch ein in Hände, Füße und Kopf zerteilter Sokrates bewahrt nicht die eigene Art) [32].

Engverbunden mit dieser aus der Ammoniosschule stammenden Lehre ist die des BOETHIUS, der zunächst drei Arten des I. unterscheidet: «dicitur individuum, quod omnino secari non potest, ut unitas vel mens, dicitur individuum quod ob soliditatem dividi nequit, ut adamas, dicitur individuum cuius praedicatio in reliqua similia non convenit, ut Sokrates» (I. wird genannt, was überhaupt nicht zerschnitten werden kann, wie z. B. Einheit oder Geist; I. wird genannt, was wegen der Härte nicht zerteilt werden kann, wie z. B. Stahl; I. wird das genannt, dessen Prädikation auf andere ähnliche nicht zutrifft, wie z. B. Sokrates) [33]. Besonders bemerkenswert jedoch scheint die Position des Boethius in diesem Zusammenhang deswegen zu sein, weil er nicht nur als erster lateinischer Autor die Bezeichnung ‹I.› nicht auf den Bereich des substantiellen Seins beschränkt, sondern auch durch seine Lehre von den individuellen Akzidentien maßgeblich für die Problemführung des Mittelalters wurde. «Platonis scientia, sicut ipse Plato, particularis est» (Platos Wissen ist, wie Plato selbst, partikulär) heißt die grundlegende Bestimmung. Freilich wird ‹Wissen› als Akzidenz auch von vielen prädiziert, wobei sich ein individuelles von einem universalen Akzidens durch seine in der Partikularität gegründete Nichtprädizierbarkeit von einem Subjekt (de subiecto non praedicatur) unterscheidet, worin zugleich seine Ähnlichkeit mit der ersten Substanz besteht. Freilich ist das individuelle Akzidens genau wie das universale ein unselbständiges Seiendes, dessen Seinsmodus traditionell als Insein in einem Subjekt bestimmt ist [34]. Diese und die daraus folgende Lehre von den vier «Komplexionen» des Seins (substantia universalis, substantia particularis, accidens universale, accidens particulare) hat Boethius von Ammonios Hermeiu übernommen, der wie Porphyrios die akzidentellen I. von den selbstsubsistenten I. (τὰ ἄτομα αὐθυπόστατα) trennt [35].

Mit der im 12. Jh. einsetzenden Boethiusrenaissance gewinnt auch der Begriff des I. wieder an Bedeutung. So versteht der der Schule von Chartres nahestehende ADE-LARD VON BATH unter dem Individuellen ein identisches Wesen, welches sich lediglich durch die verschiedene Betrachtungsweise (respecto diverso) von dem Universalen unterscheidet. Individuell sind Seiende demnach insofern, als sie als sinnfällige Wesen «von einzelnen Wörtern bezeichnet werden und numerisch verschieden sind». Die das I. als solches konstituierenden individuellen Formen gehen nach Adelard nicht verloren, wenn das einzelne Seiende als artmäßiges betrachtet wird, sie werden nur «vergessen» [36].

Obwohl schulmäßig mit Adelard verwandt ist bei GIL-BERT VON POITIERS keine Ähnlichkeit in der Lehre vom I. zu entdecken. Gilbert unterscheidet das Individuelle eines Seienden von seiner singularitas, ähnlich wie verschiedene Aristoteleskommentatoren den individuellen (τὸ ἄτομον) und den partikularen (τὸ μερικόν) Charakter eines Seienden auseinander gehalten haben [37]. Und zwar ist die singularitas nach Gilbert der umfassendere Begriff, der alles Seiende bezeichnet, insofern es durch die allen zukommende Proprietät der Singularität einander «konform» ist, wogegen die Individualität eines Seienden auf der partiellen «Unähnlichkeit» seiner Proprietät mit anderen Seienden beruht [38]. Ähnlich wie Gilbert modifiziert auch RICHARD VON ST. VICTOR die Lehre des Boethius. Richard begreift als Grund des substantiellen Seins eines partikularen Wesens die «individuelle Substantialität», die «nur in einem I. ist und mehreren Substanzen überhaupt nicht gemeinsam sein kann». Als solche ist diese Substantialität wesensmäßig inkommunikabel [39].

Anmerkungen. [1] CICERO, De fin. 1, 17 u. ö. – [2] DEMOKRIT, VS 67 A 32 = 2 79, 15. – [3] a. a. O. 68 A 1 = 2 84. 10, – [4] ARISTOTELES, De cat. 1 b 7. – [5] Met. 1035 b 30. – [6] a. a. O. 1034 a 6. – [7] 1037 a 30; 1030 a 19. – [8] Vgl. 1039 b 28; dazu P. WILPERT: Zur Interpret. von Met. *Z* 15, in: Met. und Theol. des Arist., hg. F.-P. HAGER (1969) 367–389. – [9] Vgl. MARIUS VICTO-RINUS, Defin. in: P. HADOT: Marius Victorinus (1971) 355, 16; CASSIODOR, Inst. 2, 3, 14, hg. R. A. B. MYNORS 123, 9; ISIDOR, Orig. 112, 22-25. – [10] ARISTOTELES, z. B. Met. 1017 b 25. – [11] a. a. O. 1039 a 1. – [12] 1033 b 21; Met., hg. W. D. ROSS I, 310; vgl. H. CHER-NISS: Aristotle's criticism of Plato and the Academy (1962) 506ff. – [13] ARISTOTELES, De cat. 3 b 10ff. – [14] PLOTIN, Enn. VI, 3, 9, 36. – [15] a. a. O. VI, 2, 22. – [16] V, 7, 1. – [17] V, 9, 12. – [18] ALBINOS, Didask. 163 H. – [19] ALEXANDER VON APHRODISIAS, In Met. 67, 32. – [20] Vgl. z. B. J. M. RIST: Ideas of individuals in Plotinus. Rev. int. de Philos. 24 (1970) 298–303. – [21] Vgl. ALBINOS, Isag. 155 H. – [22] PORPHYRIOS, Isag. 7, 21-23. – [23] a. a. O. 2, 17. – [24] ALEX. V. APHROD. a. a. O. [19] 785, 31; vgl. 464, 36; zur ontol. Priorität der ersten Substanzen als I. bei Alex. v. Aphr. vgl. auch den Bericht bei ELIAS, In cat. 166, 25-167, 1. – [25] a. a. O. [19] 677, 24; 464, 36. – [26] 162, 19. – [27] MARIUS VICTORINUS, Rhet.

1, 22, hg. HALM 211, 38ff. – [28] BOETHIUS, In Porph. Comm. III. MPG 64, 114 a. – [29] AMMONIOS, In cat. 49, 2. – [30] SIMPLICIUS, In cat. 102, 28. – [31] AMMONIOS, In Porph. Is. 63, 17. – [32] DAVID, In Porph. Is. 98, 3ff. – [33] Vgl. BOETHIUS, a. a. O. [28] III. MPL 64, 97 c. – [34] In cat. Arist. I. MPL 64, 169ff. – [35] Vgl. AMMO-NIOS, In Cat. 25, 5ff.; 30, 7; PORPHYRIOS, In Cat. 72, 9ff.; PHILO-PONOS, In Cat. 28, 21. – [36] Vgl. ADELARD VON BATH, De eodem et diverso, hg. H. WILLNER, in: Beitr. Gesch. Philos. MA 4/1 (1903) 11, 20. – [37] Vgl. OLYMP, In Cat. 46, 13. – [38] Vgl. GILBERT VON POITIERS, Contra Eutychen 2, 29f., hg. HÄRING (1966) 270, 73ff.; Expos. in Boeth. Trin. I, 5, hg. HÄRING (1966) 144, 55; 67. – [39] Vgl. RICHARD VON ST. VICTOR, De Trin. II, 12, hg. J. RIBAIL-LIER (1958) 119.

Literaturhinweise. A. PREISWERK: Das Einzelne bei Platon und Arist. Philologus, Suppl. 32/1 (1939). – K. KREMER: Der Metaphy-sikbegriff in den Arist.-Komm. der Ammonius-Schule (1961). – J. M. RIST: Forms of individuals in Plotinus. Class. Quart. 13 (1963) 223-231. – F. WADE: Abelard and individuality, in: Die Met. im MA, hg. P. WILPERT (1963) 165-171. – H. J. BLUMENTHAL: Did Plotinus believe in ideas of individuals? Phronesis 11 (1966) 61-80. – E. TUGENDHAT: TI KATA TINOS. Eine Unters. zu Struktur und Ur-sprung arist. Grundbegriffe (1958, ²1968). – P. S. MAMO: Forms of individuals in the Enneads. Phronesis 14 (1969) 77-96. – J. ANNAS: Individuals in Aristotle's «Categories»: Two queries. Phronesis 19 (1974) 146-152.   TH. KOBUSCH

II. *Hoch- und Spätscholastik.* – Die Lehre der *Hochscholastik* von Begriff und Wesen des I. sowie über das Prinzip der Individuation werden im Rahmen oft umfassender philosophisch-theologischer Entwürfe entwickelt, deren Ziel es ist, die eigene Tradition in Konfrontation mit der arabisch-jüdischen Philosophie und das bekanntgewordene Gesamtwerk des Aristoteles mit seinem neuen Anspruch auf Rationalität zu bereichern. Auch im anstehenden Problem bilden die traditionellen Bestimmungen den gemeinsamen Ausgangspunkt, der etwa in den Definitionen vorliegt, die PETRUS HISPANUS in seinen wohl jedem Scholastiker von der Mitte des 13. bis zum 17. Jh. bekannten ‹Summulae Logicales› gibt. Hier werden sowohl Porphyrios' Definition: «I. ist, was allein von einem prädiziert wird», als auch die aristotelische Bestimmung wiederholt: «I.en heißen die ersten Substanzen» [1]. Damit ist der Unterschied einer logischen und ontologischen Bedeutung des Ausdrucks ‹I.› gegeben.

Besonders WILHELM VON OCKHAM hat den *logischen Sinn* der Definition des Porphyrios herausgestellt. Da das «außer der Seele existierende Wesen (res), z. B. Sokrates und Platon ..., weder von einem noch von vielen prädiziert wird», ist diese Definition zu beziehen auf «ein Zeichen, das einem eigentümlich ist», oder auf einen «terminus discretus» (abgesondertes, von anderen unterschiedenes Prädikat), der auch «terminus singularis» genannt wird [2]. So gilt hier: «Accipitur individuum pro praedicabili quod de uno solo praedicatur» (‹I.› wird verstanden als prädizierbarer Ausdruck, der nur von einem ausgesagt wird) [3].

Zwar faßt Ockham seine Lehre vom I., dessen allgemeine Bestimmung es sei, «der Zahl nach eine Sache und nicht viele» zu sein [4], derart, daß nach dieser allgemeinen Definition auch der universale Konzept ein I. ist, obwohl er natürlich nicht nach der engeren Bedeutung von I. «eine Sache außerhalb der Seele ist, die eine Sache und nicht viele und nicht Zeichen einer anderen ist» [5], aber in der Lehre über die ein I. bezeichnenden Ausdrücke herrscht in der Scholastik eine breite Übereinstimmung.

Die wichtigsten singulären Ausdrücke sind die Eigennamen von Menschen, Tieren, Engeln, Quellen, Städten usw. Auch ein Demonstrativpronomen kann in Ausdrücken wie «dieser Mensch» oder «jener Esel» ein I., wie es bei ALBERTUS MAGNUS heißt, «zertifizieren» [6], wohingegen mit einem Ausdruck wie «irgendein Mensch» oder «ein gewisser Frosch» nicht ein «individuum certum», sondern nur ein «individuum vagum» vage und unbestimmt genannt wird [7].

Wird ein I. nicht mit dem «einfachen» Eigennamen, sondern mit einem «komplexen» Ausdruck genannt und ausgesagt, kann das mitunter antonomastisch mit Ausdrücken wie «der Philosoph» geschehen, womit im 12. Jh. Boethius, dann Aristoteles gemeint war, aber die Regel sind umschreibende Ausdrücke (circumlocutio), die nach einer von Albertus Magnus schon Boethius zugeschriebenen Bestimmung das zu benennende I. dann eindeutig charakterisieren, wenn sie «Form, Figur, Verwandtschaft [parentela, öfters dann auch stirps, sanguis oder generatio im Sinne familiärer Herkunft], Eigennamen, Heimatort (patria), Zeit und Ort» angeben [8]. Ein verbreiteter Vers faßte das so zusammen: «Forma, figura, locus, tempus, cum nomine sanguis/ Patria: sunt septem, quae non habet unus et alter» [9].

Bemerkenswert bei dieser durchgängigen Lehre von der periphrastischen Benennung des I. sind allenfalls die Beispiele. BOETHIUS hatte die abfällige Kennzeichnung des Ammonios wiederholt, aber Sokrates auch beschrieben als «den Sohn des Sophroniscus (wenn er der einzige war)»; ABAELARD umschrieb: «ein weißer, krausköpfiger gebildeter Mensch, der Sohn des Sophroniscus», während es bei CHAUVIN wieder heißt: «ein kahlköpfiger, krummnasiger, dickbauchiger Athener, der Sohn des Sophroniscus, mit Xanthippe verheiratet» [10].

Die aristotelische *ontologische* Bedeutung von ‹I.› als erster Substanz stellt das auch von PETRUS HISPANUS [11] nicht verkannte Problem, ob nur die ersten Substanzen oder nicht auch die unselbständigen Akzidentien, z.B. das Sprechen des Sokrates mit dem ihm eigenen Timbre, individuell seien. Indem die Scholastik wie schon Boethius das bejahte, wobei die Frage nach dem Individuationsprinzip der Akzidentien kontrovers und weithin offen blieb [12], setzte sie ‹I.› als nicht auf die Gattung «Substanz» beschränktes, sondern als alle Gattungen umgreifendes, also transzendentales Prädikat an, obwohl man das vielleicht kaum ausdrücklich getan hat [13]. Wenn jedoch das I. als das bezeichnet wird, was «in sich ungeteilt und von anderen geteilt ist» – eine der Hochscholastik gemeinsame Bestimmung, die BONAVENTURA [14], THOMAS VON AQUIN [15], HEINRICH VON GENT [16] und DUNS SCOTUS [17] geben –, dann wird der Ausdruck ‹I.› im selben Sinn gebraucht wie der mit dem Begriff ‹Seiendes› (ens) konvertible Begriff ‹Eines› unum). THOMAS VON AQUIN kann das Seiende unter dem Aspekt der Verschiedenheit von anderen freilich auch «aliud» (Anderes) nennen [18], gibt aber auch dieselbe Bestimmung für die Ausdrücke ‹Eines› und ‹I.› an [19].

Wichtiger als für eine in der Scholastik ohnehin nicht durchgeführte vollständige («systematische») Aufstellung der transzendentalen Begriffe ist die Gleichsetzung des Begriffes ‹I.› mit dem Begriff ‹Eines› für die genauere Entfaltung des Begriffes der Individualität. Wenn nicht nur Sokrates, sondern auch sein Sprechen als Akzidens oder seine Hand als substantialer Teil individuell sind; wenn selbst eine abgeschlagene Hand zwar nicht mehr eine Hand, jedoch noch eine individuelle Sache bleibt, dann ist – wie die scotistische Lehre interpretiert worden ist [20] – «individuelle Einheit als ein transzendentales Attribut des realen Seienden» zu verstehen und dann hat, wie THOMAS lehrt [21], «ein jegliches Seiende gemäß demselben Sein und Individuation», ist also als Seiendes zugleich auch ein I.

Daher verstand die Scholastik Individualität nicht als eine nur dem Wesen höherer Seienden zukommende Unteilbarkeit, sondern als die faktische Ungeteiltheit des Seienden in sich und als seine Verschiedenheit von anderen, welche beiden Bedeutungen schon dem griechischen Wort ἄτομος (unteilbar, ungeteilt) zukommen. Die Entscheidung für den weiten, alles Seiende umfassenden Begriff des I. führte jedoch nicht zur Preisgabe des engeren Begriffes der Individualität als wesensgemäßer Unteilbarkeit, weil mit Graden und Stufen der Seiendheit auch solche der Einheit und Individualität als offenkundig gegeben angenommen wurden.

Da nämlich etwas um so wirklicher ist, je mehr und vielfältiger es wirken kann, Wirkfähigkeit bei materiellen Dingen aber an entsprechende Organe (Werkzeuge) gebunden ist, muß z. B. ein Kristall weniger seiend genannt werden als eine Pflanze, die fähig ist, sich zu ernähren, zu wachsen und sich zu vermehren; und diese ist ihrerseits unvollkommener, d. h. geringer an Seinsfülle und Wirklichkeit, als ein zu sinnlichem Wahrnehmen und Streben sowie zur Ortsveränderung fähiges Sinneswesen, dessen differenziertere Gliederung also gerade Ausdruck höherer Seiendheit, Einheit und Individualität ist [22]. «In noch spezwielerer und vollkommenerer Weise findet sich das, was Einzelwesen (particulare) und I. besagt, in den Vernunftwesen, die Herrschaft über ihr Wirken haben, nicht lediglich, wie die anderen Wesen, bestimmt werden, sondern durch sich [in Selbstbestimmung] handeln» [23]. Während das Wirken der unfreien I.en durch ihre spezifische Natur geleitet wird, weshalb sie den Charakter eines «Instrumentes» oder Mittels haben und so «um der Arten willen sind», ist das freie I. nicht Werkzeug seiner Natur, sondern «Haupthandelnder», weshalb auch die göttliche Vorsehung sich um sie kümmert «um ihrer selbst willen, um das übrige aber ihretwegen» sowie um sie «nicht nur wegen ihrer Art, sondern hinsichtlich des I.» [24]. So bezeichnet der vernünftigen und freien I.en eigene Name ‹Person› eben «das, was am vollkommensten in der gesamten Natur ist» [25]. Daß Freiheit im Unterschied zu Willkür sich nur in Bindung an das geschichtlich Allgemeine der Sittlichkeit und des Rechtes verwirklicht, die naturhafte Individualität hier wie auch im Bereich des auf allgemeine Anerkennung zielenden Wissens also gerade auch im philosophischen Wortsinn «aufgehoben» werden muß, ist freilich in dieser Form erst ein Gedanke neuzeitlicher Philosophie.

Der Scholastik war der engere Begriff des I., nach dem I.en Wesen sind, die nicht in dann «schon andere», d. h. in wesensverschiedene «Teile geteilt werden können», vor allem durch BOETHIUS vorgegeben [26]. Während es ihr unproblematisch erschien, nicht nur diesen Begriff des I. auf die heterogenen Ganzheiten in der ihnen eigenen höheren Ausprägung der Individualität anzuwenden, sondern auch die nur faktisch ungeteilten homogenen Ganzheiten als I. anzusprechen (jeder Teil eines individuellen Tropfen Wassers ist Wasser, jeder Teil eines Pferdes aber kein Pferd [27]), wurde es nach der philosophisch von Descartes formulierten Kritik der neuzeitlichen Naturwissenschaften am traditionellen Substanzbegriff fraglich, schon in einem Stein trotz seiner Bestimmtheit durch räumliche und zeitliche Eigentümlichkeiten in I. einer Art zu sehen: Kann er nicht, statt nur *eine* Stein-Substanz zu sein, eine Vielzahl uns unbekannter Substanzen (etwa von Molekülen, Atomen oder Atom-Teilchen) oder Teil *einer* uns unbekannten materiellen Substanz sein? Das mag erklären, weshalb der schon in der Spätantike ausgeprägte Begriff des I., nach der es, wie auch wieder W. T. KRUG formuliert, ein solches «einzelnes Ding» ist, das, «wenn es auch geteilt werden kann, doch nicht geteilt werden darf, wofern es nicht aufhören soll, das zu sein, was es bisher war», ebenfalls in der Neuzeit und bis in die Gegenwart hinein lebendig blieb, wie es Lexica des 17. bis 20. Jh. ausweisen [28].

Andererseits bleibt aber auch dann, wenn man es etwa mit E. BOUTROUX ablehnt, einen Kristall wegen seiner Teilbarkeit in gleiche Kristalle ‹I.› zu nennen [29], und wenn man mit E. RABAUD nur «einen lebenden Körper, der anatomisch isoliert [von anderen getrennt] und funktionell autonom ist», ‹I.› nennen will [30], das scholastische Problem bestehen, Grade und Stufen der Individualität anzunehmen; denn während ein individueller Wurm, die berühmten Seeigeleier und auch eine individuelle menschliche Zygote bis zum 14. Tag, werden sie geteilt, als zwei oder mehrere I.en weiterleben können, sind höhere Organismen oder ihre Keimlinge auf höherer Entwicklungsstufe in dieser Weise nicht mehr teilbar, also von höherer Individualität. Der Vorschlag, hier einen «anthropologischen I.-Begriff», dem gemäß «ein I. als schlechthin unteilbar» definiert wird, so daß «eine trotzdem einsetzende Teilung als letal ... betrachtet werden muß», von einem «biologischen Begriff des I.» als «Organismus» abzuheben [31], führt jedoch kaum weiter, weil nicht nur Menschen, sondern alle höheren Organismen in solcher Weise nicht mehr zerteilt werden können, ohne ihre Wesensart zu verlieren. Zwar kann man auch von jenem scholastischen Begriff des I. her, wonach «ein I. nicht angelegt und fähig ist, in vielen zu sein» (aliquid dicitur i. ex hoc, quod non est natum esse in multis [32]), das Ende der Fähigkeit zur Mehrlingsbildung als ein wichtiges Stadium der Individuation eines sich entwickelnden Keimlings ansehen, wie es ja selbst in der jüngsten Rechtsprechung der BRD geschieht, aber im Sinne der gesamtscholastischen Lehre von den mit der spezifischen Wesensart gegebenen Graden der Individualität und von der Sukzessivbeseelung des Foetus ist es verfehlt und offenkundig falsch, einen menschlichen Keimling wegen Erreichung dieses Stadiums schon als Menschen anzusehen; denn – so erklärt THOMAS VON AQUIN –: «Wenn [in der Entwicklung des Embryos noch] kein [menschliches] Sinneswesen vorliegt [und ohne aktuale Gehirnfunktionen kann es keine Sinnesempfindungen geben], ist kein Mensch» (si non est animal, non est homo) [33]. Dementsprechend heißt es auch von der dem Menschenwesen eigenen Individuation: «Die der menschlichen Natur entsprechende Individuation ist die Personalität» (individuatio autem conveniens humanae naturae est personalitas) [34], wobei die Personalität nach Thomas erst mit der zum Abschluß der Zeugung (Embryonalentwicklung) hervorgebrachten individuellen Vernunftsubstanz gegeben ist [35].

Mit der in Spätantike und Mittelalter nahezu selbstverständlichen Annahme, es gebe außer den der Materie wesentlich verbundenen, ihr inkarnierten Vernunftwesen auch völlig immaterielle Vernunftwesen oder «reine» Geister, war die Aufgabe gestellt, eine noch wesentlich höhere Ausprägung von Individualität zu denken als die der Menschen. Das geschieht vor allem in der von AVICENNA übernommenen thomistischen Eigenlehre, bei reinen Geistern gebe es so viele Individuen wie Arten (quotquot sunt ibi individua, tot sunt species) [36], jedes I. sei also eine Art für sich und von den anderen artmäßig verschieden wie etwa Mensch und Meise. Darüber hinaus sind die reinen Geister nach Thomas aufgrund ihres Wesens im Sinne von Leibniz «fensterlose Monaden»,

nur auf Gott hin geöffnet, so daß sie auch miteinander nur über Gott kommunizieren («angeli loquuntur telephonando supra Deum») [37]. Deshalb stehen sie kraft ihrer völlig autarken Natur auch jenseits von Moralität und Recht: Erst die neue und umfassende Gemeinsamkeit stiftende göttliche Offenbarung und Selbstmitteilung fordert ihre personale Entscheidung und eine sie weiter individuierende freie Selbstbestimmung, die außerhalb der Zeit erfolgend einmalig und unwiderruflich ist [38].

Im höchsten Maße individuell, schlechthin unteilbar und zuhöchst einfach ist Gott als das selbständige Sein (esse subsistens), womit nach Thomas sein individuelles Wesen ausgesagt wird [39]. Da das göttliche Sein sich aber als Erkennen und schenkende Liebe selbst in die trinitarischen Seinsweisen des sagenden Erkennendseins (Vater), des ausgesagten Erkanntseins (Sohn), und des Gehaucht- und Geschenktseins (Hl. Geist) differenziert, wird das numerisch eine, individuelle göttliche Sein von drei göttlichen Personen vollzogen, die, nur durch relationale Gegensätze verschieden, in dieser Verschiedenheit aber auch je individuell sind [40]. Weil das individuelle göttliche Sein zwar nicht aufgeteilt, jedoch in den innergöttlichen Hervorgängen den mit ihm identischen Personen «mitgeteilt» werden kann, wurde in der Scholastik auch jene Bestimmung der Individualität der göttlichen Personen akzeptiert, die HUGO VON ST. VICTOR gegeben hatte: Person, von Gott ausgesagt, sei die unmittelbare Existenz(weise) der göttlichen Natur (divinae naturae incommunicabilis existentia) [41].

Kontrovers in diesem Fragenkreis blieb vor allem das schon von Aristoteles angeschnittene Problem des *Individuationsprinzips* (s. d.), das AVICENNA der Scholastik vorgibt mit der Frage nach dem, «wodurch ein I. in seiner Individualität konstituiert und besondert wird» (id quo constituitur et discernitur individuum in sua individualitate) [42]. Zu den bedeutendsten Problemlösungen der Scholastik, die Thomas von Aquin und Duns Scotus gegeben haben, kann hier nur bemerkt werden, daß sie der transzendentalen Weite des Begriffs ‹I.› entsprechen. Denn während jedes endliche Seiende nach THOMAS durch sein individuelles Wesen, das den allgemeinen Seinsakt (esse commune; s. d.) nach seiner Eigenart vollzieht, individuiert wird, wobei dieses Wesen reine Form oder selbst aus einer allgemeinen spezifischen Wesensform und sie individuierender individueller Materie zusammengesetzt ist [43], lehrt SCOTUS gemäß seiner Metaphysik, die sich vom intellektiven Erfassen gemeinsamer Naturen (natura communis; s. d.) her, statt vom verbalen Sinn von ‹sein› her, am Seiendsein als Etwassein orientiert, eine individuelle washeitliche Bestimmung der bis zur letzten Art determinierten allgemeinen Natur durch eine eigene Formalität (haecceitas; s. d.).

Schon auf die neuzeitliche Problemgeschichte vorweisen dürfte die Rede von der «Würde des I.» (dignitas individui), die sich bei ROGER BACON findet, der damit ein «Anbeten des Allgemeinen» abwehrt [44]. Daß «ein Jedes sich über seine Einzigkeit freut», betont dann NIKOLAUS VON KUES, nach dem «Jegliches mit Jeglichem übereinstimmt und differiert», wobei «in den I.en das Allgemeine in Kontraktion verwirklicht ist» (individua sunt actu in quibus sunt contracte universa) [45]. Ähnlich wie schon Roger Bacon stellt PETRUS AUREOLI heraus, daß ein auf das allgemeine Wesen beschränktes Wissen die individuelle Sache nicht erreicht, wie sie wirklich ist: «Also ist es wertvoller (nobilius), eine individuierte und vorgewiesene Sache (rem ... demonstratam) zu erkennen, als sie nur in abstrakter und allgemeiner Weise zu erkennen» [46].

Diese Hochschätzung des I. und seiner Erkenntnis wird Grundzug erst der für das anstehende Problem epochemachenden Philosophie von Leibniz, während die Schulphilosophie des 15./16. Jh. zwar umfangreiche Traktate darüber hervorbringt, wie die des JOHANNES A S. THOMA oder des F. SUÁREZ, aber kaum neue Perspektiven eröffnet [47]. Das gilt aber auch von der sich von der «Schule» lösenden neuzeitlichen Philosophie. Denn R. DESCARTES, der sich an den wenigen Stellen, wo er das Wort ‹I.› gebracht, meist auf die traditionellen Bestimmungen bezieht [48], behauptet die Individualität der denkenden Substanzen, «ohne zu sagen, worin das Prinzip ihrer Individuation besteht» [49]. TH. HOBBES behandelt zwar das Problem der Individualität in Anlehnung an die in der Schule üblichen Lösungsversuche, versteht Individualität aber als die Identität eines Körpers, die maßgeblich nach dem ihm zugelegten Namen zu beurteilen sei [50].

In diesem Überblick über die Begriffsgeschichte von I. in der Scholastik konnte der ihr seit mindestens 50 Jahren zugeschriebene Satz: «individuum est ineffabile» [51], der auch nach der Hamburger Goethe-Ausgabe «bereits in der Philosophie des Mittelalters als Merksatz der Thomistenschule bekannt» war [52], *nicht* als scholastisches Lehrgut angeführt werden, weil sein Vorkommen noch nicht nachgewiesen und hier wahrscheinlich auch nicht nachweisbar ist, da nach der scholastischen Philosophie das I. für uns zwar «nicht definierbar, wohl aber erkennbar und zu kennzeichnen» sei (... non definibilis tamen cognoscibilis et notificabilis), wie BONAVENTURA selbst von den göttlichen Personen sagt [53]. So bleibt es wohl einstweilen einfacher, systematisch von «dieser These der mittelalterlichen Philosophie» her als «Grund für die Unsagbarkeit des I. ... die Materie, ... unter praktischem Aspekt die Freiheit» herauszustellen [54], als jene These historisch zu belegen.

Anmerkungen. [1] PETRUS HISPANUS, Summulae logicales, hg. J. M. BOCHEŃSKI (1947) 2.09; 3.09. – [2] OCKHAM, S. logicae pars I, hg. PH. BÖHNER (1951) c. 19; vgl. JOHANNES BURIDANUS: In Met. 7, 18 (Paris 1588, ND 1964) fol. 103r. – [3] OCKHAM, Expos. aurea vol. 66 d, zit. nach L. BAUDRY: Lexique philos. de G. d'Ockham (Paris 1958) s.v. – [4] S. log. a. a. O. [2]. – [5] ebda. – [6] ALBERTUS MAGNUS, Lib. de praedicabilibus tr. 4, c. 7. Opera, hg. JAMMY 1, 49. – [7] ebda. – [8] ebda. – [9] JOHANNES A S. THOMA, Cursus philos. Thomisticus I: Ars Logica 2, 11, 1, hg. REISER (Turin 1948) 1925. – [10] Vgl. AMMONIOS, In Porph. Is. 58, 3ff.; BOETHIUS, Comm. in Porph. 3; MPL 64, 114 a und c; ABAELARD, Dialectica, hg. DE RIJK (Assen 1956) 585; CHAUVIN, Lexicon philos. (²1713, ND 1967) s.v. – [11] PETRUS HISPANUS, a. a. O. [1] 3.06. – [12] Vgl. zum Problem bei Thomas von Aquin: L. OEING-HANHOFF: Ens et unum convertuntur (1953) 97ff., bes. 105 Anm. 66 mit Stellenangaben. – [13] Vgl. jedoch die Formulierung «sicut transcendens et imbibtus in ipsis differentiis» bei JOHANNES A S. THOMA, a. a. O. [9], 2, 11, 2; 432. – [14] BONAVENTURA, III Sent. 5, 1, 2 arg. 2. – [15] THOMAS VON AQUIN, S. theol. (= ST) I, 29, 4. – [16] HEINRICH VON GENT, Sum. Quaest. 2, a. 53, q. 2 (Paris 1520) fol. 62r. – [17] SCOTUS, Quaest. Met. 7, 13, 17. – [18] THOMAS, De ver. 1, 1. – [19] a. a. O. 3, 15; De an. 3; ST I, 29, 4. – [20] A. B. WOLTER: The transcendentals ... in the Met. of Duns Scotus (New York 1946) 106. – [21] THOMAS, De an. 1, 2. – [22] S. contra gent. (= ScG) 4, 1. – [23] ST I, 29, 1. – [24] ScG 3, 111ff. – [25] ST I, 29, 3. – [26] BOETHIUS, In Porph. dial. 1. MPL 64, 29. – [27] Vgl. Art. ‹Ganzes/Teil› II. Hist. Wb. Philos. (= HWP) 3, 5ff. – [28] Vgl. die Lexika s.v. von CHAUVIN, a. a. O. [10]; W. T. KRUG: Allg. Handwb. der philos. Wiss. 2 (1827); Dict. de la langue philos., hg. P. FOULQUIÉ (Paris 1962). – [29] E. BOUTROUX: De la contingence ..., zit. nach Dict. de la langue ... a. a. O. – [30] E. RABAUD, Phén. social et soc. anim. 24, zit. Dict. de la langue ... a. a. O. [28]. – [31] Vgl. F. BÖCKLES Beitr. dazu in: Empfängnisverhütung aus Verantwortung, hg. R. KEPP/H. KÖSTER (1968) 41. – [32] THOMAS, In de causis 11 (235). – [33] a. a. O. 1 (11). – [34] ScG 4, 41. – [35] Vgl. Art. ‹Form/Materie› II, 3. HWP 2, 1003ff. – [36] THOMAS,

De ente 4, hg. ROLAND-GOSSELIN (Paris 1934) dort auch Belege aus AVICENNA. – [37] Neuscholast. Adagium nach THOMAS, De ver. 11. – [38] Vgl. L. OEING-HANHOFF: Zur thomist. Freiheitslehre. Scholastik 31 (1956) bes. 169ff. – [39] Vgl. Gotteserkenntnis im Lichte der Vernunft ... nach Thomas, in: Thomas v. Aquin 1274/1974, hg. L. OEING-HANHOFF (1974) 110. – [40] Vgl. BONAVENTURA, I Sent. 25; THOMAS ST 1, 29 und Art. ‹Trinität›. – [41] HUGO VON ST. VICTOR, De Trin. 4, 22. MPL 196, 945. – [42] AVICENNA, Met. 5, 7 (Venedig 1508, ND 1961) fol. 90v b. – [43] Vgl. Art. ‹Form/Materie›. HWP 2, 978ff., bes. 983. 992ff. 998. 1001. 1005f. – [44] R. BACON, Opera inedita, hg. R. STEELE (Oxford o. J.) 2, 96. – [45] CUSANUS, Ven. sap. 22; Conj. 2, 3; Doct. ign. 2, 6; vgl. dazu insgesamt und bes. zu einer dem Cusaner zugesprochenen Lehre von einer «Unendlichkeit der I.» («individuorum infinitas») R. FALKENBERG: Grundzüge der Philos. des Nic. Cusanus (ND 1968) 34f. – [46] PETRUS AUREOLI, I Sent. 816 BC. – [47] JOHANNES A S. THOMA, a. a. O. [9] 1, 2, q. 9; Philos. nat. 3, 9; F. SUÁREZ, Disp. Met. 5. – [48] Vgl. G. LEWIS: L'individualité selon Descartes (Paris 1950) 5. 12 Anm. 19. – [49] M. GUEROULT: Descartes selon l'ordre ... 2 (Paris 1953) 326. – [50] TH. HOBBES, De corp. 11, 7; vgl. Art. ‹Form/Materie›. HWP 2, 1015f. – [51] Vgl. P. DESCOQS: Institutiones mét. 1 (Paris 1925) 32. – [52] J. W. GOETHE, Briefe, hg. K. R. MANDELKOW 1 (1962) 694. – [53] BONAVENTURA, I Sent. 25, 1, 2 ad 1. – [54] Hb. philos. Grundbegriffe, hg. H. KRINGS u. a. 2, 729. 734 s. v.

Literaturhinweise. J. ASSENMACHER: Die Gesch. des Individuationsprinzips in der Schol. (1926). – ROLAND-GOSSELIN s. Anm. [36]. – G. MANSER: Das Wesen des Thomismus (Fribourg ³1949). – L. OEING-HANHOFF s. Anm. [12]. – I. KLINGER: Das Prinzip der Individuation bei Thomas (1964). – K. C. CLATTERBAUGH: Individuation in the ontology of Duns Scotus. Francis. Stud. 32 (1972) 65-73.
       L. OEING-HANHOFF

III. *Neuzeit.* – 1. LEIBNIZ übernimmt den Terminus ‹I.› aus der aristotelischen Tradition der Logik: «*Individua ejusdem speciei infimae sunt, quae non possunt per essentialia distingui*» (I. en derselben untersten Art sind solche, die durch Wesensbestimmungen nicht unterschieden werden können) [1]. In dieser Nominaldefinition ist das Verhältnis von I. und species infima nicht näher bestimmt; traditionell gilt es als logisch inkommensurabel. Den entscheidenden Schritt zu einem neuen Begriff der Individualität (= It.) vollzieht Leibniz mittels der Aufhebung eben dieser Diskontinuität zwischen Begriff und I., und zwar indem er die Determinierung des Begriffs unendlich fortführbar denkt, so daß schließlich Begriff und I. zur Deckung kommen müssen. Auf diese Weise wird, analog der Verfahrensweise des Infinitesimalkalküls, die Kluft zwischen I. und species infima dadurch zum Verschwinden gebracht, daß der Begriff so lange differenziert wird, bis eine weitere Differenz zum I. «minor quavis data» (geringer als jede beliebige Größe) ist [2]. Die «à la rigueur metaphysique» noch bestehende Differenz ist in der Sprache der Analysis ohne Bedeutung, da «l'erreur n'est point assignable» [3]. Aufgrund dieser Überlegung kann Leibniz den Satz, den Thomas für die Engel als reine Intelligenzen aufgestellt und auf sie beschränkt hat, auf alle I. ausdehnen, nämlich «*quod ibi omne i. sit species infima*» (daß dort jedes I. eine unterste Art sei) [4]. So sind alle I. nicht nur *materiell*, d. h. begrifflos, sondern *formell*, begrifflich unterschieden.

Dadurch aber, daß Begriff und I. als logisch kommensurabel angesehen werden, wird eine Umkehrung der logischen Ausdrucksweise ermöglicht. Statt zu sagen, eine «solo numero» unterschiedene Menge von I. *falle unter* Allgemeinbegriffe oder Ideen, zieht Leibniz, unter Berufung auf Aristoteles, die Ausdrucksweise vor, das Allgemeine sei *im* Besonderen und letztlich *im* Einzelnen *enthalten* oder *eingeschlossen:* «L'animal comprend plus d'individus que l'homme, mais l'homme comprend plus d'idées ou plus de formalités; l'un a plus d'exemples, l'autre plus de degrés de réalité; ...» [5]. Die Auszeichnung konkreter «notions individuelles» als Spitzen der logischen Hierarchie anstelle abstrakter «individus» außerhalb derselben und als begriffloser Exemplare irgendwelcher logischer Arten kennzeichnet die Wende von extensionaler zu intensionaler Logik: «... l'un a plus d'extension, l'autre plus d'intension» [6].

Der Begriff der «notion individuelle» vermittelt zugleich zwischen Logik und Metaphysik. In metaphysischen Kontexten spricht Leibniz jedoch gewöhnlich nicht von ‹I.› – dieses Wort bleibt logischen Kontexten vorbehalten –, sondern meist von «individueller Substanz» oder «Monade». Die «notion individuelle» aber ist die vollständige Darstellung der «substance individuelle» [7]. Letztere wird nominal so definiert: «Lorsque plusieurs predicats s'attribuent à un même sujet, et que ce sujet ne s'attribue plus à aucun autre, on l'appelle substance individuelle». Zur Realdefinition der individuellen Substanz aber ist es darüber hinaus notwendig, «que le terme du sujet enferme toujours celuy du predicat». Die individuelle Substanz enthält also selbst «le fondement et la raison de tous les predicats qui se peuvent dire de luy veritablement» [8]. Dies ist zugleich die metaphysische Interpretation des Grundsatzes der logischen Frühschrift ‹De principio individui›: «omme i. sua tota Entitate individuatur» (Jedes I. wird durch seine ganze Seiendheit individuiert) [9]. Für die individuelle Substanz aber impliziert dies letztlich, daß sie «des restes de tout ce qui luy est arrivé, et les marques de tout ce qui luy arrivera, et même des traces de tout ce qui se passe dans l'univers, ...» [10] in sich enthält und auf ihre Weise spiegelt. Doch folgt hier unmittelbar der Zusatz, «... quoyqu'il n'appartienne qu'à Dieu de les reconnoistre toutes». Denn da aus dem dargelegten Begriff folgt, daß «l'*individualité* enveloppe l'infini», ist es «impossible à nous d'avoir la connoissance des individus» [11]. Damit ist es unserer endlichen diskursiven Analyse versagt, jemals bis zur Realdefinition irgendeines vollständigen Begriffs zu gelangen, jemals a priori irgendeine «verité contingente ou de *Fait*» zu erkennen [12]. Dagegen kommt die logische Analyse, die nicht von I.en, sondern von immer schon allgemeinen Arten zu noch allgemeineren Gattungen aufsteigt [13], bei den «einfachen Ideen» in der Tat zum Schluß und damit zu «verités necessaires ou de *Raisonnement*» [14]. Doch sie bewegt sich dabei immer «sub ratione generalitatis seu essentiae seu notionis specificae sive incompletae» [15] – im Rahmen allgemeiner unvollständiger Wesensbegriffe. Der Begriff der Monade aber ist demgegenüber «completa notio individui, quae infinita existentia involvit» (der vollständige Begriff eines I., der eine Unendlichkeit von Existenzen einschließt) [16].

Von hier aus ergeben sich die bekannten Begriffsbestimmungen der individuellen Substanz, wie sie in der ‹Monadologie› zusammengefaßt sind. Es ist ihr Wesen, eine Vielheit in der Einheit auszudrücken (perception), sie ist nichts anderes als individuelle Repräsentation des ganzen Universums. Entsprechend dem Universum, das sie darstellt, aber aufgrund ursprünglicher Selbsttätigkeit ist sie in kontinuierlicher Veränderung begriffen (appetition), sie folgt einer von außen nicht beeinflußbaren individuellen Tendenz als ihrem inneren Gesetz; so ist sie «fensterlose» Entelechie. Der jeweilige Grad der Distinktheit der Perzeptionen und der Kraft der Appetitionen macht den individuellen Standpunkt aus, durch den sich eine bestimmte Monade von jeder anderen unterscheidet [17].

Anmerkungen. [1] G. W. LEIBNIZ, Table de définitions. Opuscules et frg. inéd. de Leibniz, hg. L. COUTURAT (1903) 498. – [2] Generales inquisititiones de analysi notionum et veritatum a. a. O. 376f. – [3] Math. Schr., hg. GERHARDT 4 (1859) 92. 105. – [4] Discours de mét. Philos. Schr., hg. GERHARDT (= PSG) 4 (1880) 433. – [5] Nouveaux Essais (= NEs) IV, 17, § 8 = PSG 5 (1882) (469). – [6] ebda.; vgl. hierzu L. COUTURAT: La logique de Leibniz (Paris 1901). – [7] Vgl. Primae veritates a. a. O. [1] 520. – [8] a. a. O. [4] 432f. – [9] PSG 4, 18. – [10] a. a. O. [4] 433; vgl. a. a. O. [1] 520f. – [11] NEs III, 3, § 6 = PSG 5, 268. – [12] Monadol. § 33. 36. – [13] a. a. O. [11]. – [14] Monadol. §§ 33f. – [15] An Arnauld. PSG 2 (1879) 52. – [16] a. a. O. [1] 376; vgl. 520. – [17] Vgl. Monadol. §§ 1-15.

2. Die Schulphilosophie des 18. Jh. geht nicht über die Leibnizsche Begriffsbestimmung der It. hinaus. CHR. WOLFF etwa definiert schlicht: «*Ens singulare, sive I.* esse illud, quod omni mode determinatum est» (Einzelnes Seiendes oder I. ist das, was vollständig bestimmt ist.) [1]. Erst mit HERDER gewinnt ein neues Lebensgefühl auch Ausdruck in einer anderen Bestimmung der It.: «Der tiefste Grund unsres Daseyns ist individuell» [2]; aber auch: «Der Funke der Gottheit, das innere Ich wird uns nie ganz lebendig» [3]. Gleichsam als Leitspruch für den Geist dieser neuen Epoche, dem die It. zentrales Thema und Geheimnis zugleich bedeutet, erscheint die Bemerkung GOETHES aus einem Brief an Lavater von 1780: «Hab ich dir das Wort / I. est ineffabile / woraus ich eine Welt ableite, schon geschrieben?» [4]. Man könnte geneigt sein, dieses Zitat, obwohl seine Herkunft noch im Dunkeln liegt, als eine polemisch säkularisierte Form des alten und bekannten Wortes «Deus est ineffabilis» anzusehen.

Jedenfalls wird das Leibnizsche Argument, daß *Gott* den vollständigen Begriff aller I. «a priori» erkenne, da jede «veritas facti seu rerum individualium», und zwar «non quidem demonstratione ..., sed tamen infallibili visione», «a Deo solo pervideri potest» [4a], nicht mehr akzeptiert als Grund dafür, daß die für den *menschlichen* Verstand allein mögliche Analyse der individuellen Begriffe unendlich ist und daher immer unerfüllt bleibt. In diesem Zusammenhang ist es KANT, der die philosophische Begründung der neuen Denkweise nachliefert, indem er, im Gegenzug zu Leibniz, den traditionellen Gottesbegriff als notwendige, aber uneinholbare Voraussetzung für die Möglichkeit der vollständigen Bestimmtheit von individuellen Begriffen erkennt. Die *Unergründlichkeit* letzterer *für uns*, von Leibniz durchaus anerkannt, gilt nun allgemein als das erste Faktum, von dem auszugehen sei. Neben der Säkularisierung des Problems führt die neue Betrachtungsweise häufig zu einer Beschränkung auf den Menschen. Da die Bedeutung der It. für alle Bereiche der Philosophie und der Wissenschaften von den meisten Autoren der Zeit ausgiebig erörtert wird, kann sie im folgenden nur exemplarisch belegt werden.

Kant, der den Voraussetzungscharakter des Leibnizschen It.-Begriffs von der «durchgängigen Bestimmung eines jeden Dinges» am schärfsten herausstellt, hat selbst, weil es ihm dennoch, nur auf andere Weise, darum geht, die durchgängige Bestimmtheit der Gegenstände zu begründen und die Grenzen ihrer Bestimmbarkeit aufzuzeigen, wenig Anteil an den vielfältigen Versuchen seiner Zeit, das Unergründliche der It. zu deuten. Vielmehr stellt er kritisch zu solchen Versuchen fest [5], daß, da einem Begriff, der durchgängig bestimmt sein soll, jede denkbare Bestimmung bestimmt zukommen oder nicht zukommen muß, dieser den «Inbegriff aller Prädikate der Dinge überhaupt» notwendig voraussetzt. «Die durchgängige Bestimmung ist folglich ein Begriff, den wir niemals in concreto seiner Totalität nach darstellen können, und gründet sich also auf einer Idee, welche lediglich in der Vernunft ihren Sitz hat». Wenn nun dieser «Idee von dem *Inbegriffe aller Möglichkeit*» «ein transzendentales Substratum zum Grunde gelegt wird, ... so ist dieses Substratum nichts anderes, als die Idee von einem All der Realität (omnitudo realitatis)», und diese Idee muß als ein «transzendentales *Ideal*» der reinen Vernunft angesehen werden. Folglich ist es ein solches Ideal, «welches der durchgängigen Bestimmung, die notwendig bei allem, was existiert, angetroffen wird, zum Grunde liegt, und die oberste und vollständige materiale Bedingung seiner Möglichkeit ausmacht, auf welcher alles Denken der Gegenstände überhaupt ihrem Inhalte nach zurückgeführt werden muß». In diesem Ideal nun ist «der Begriff eines *Dinges an sich selbst*» – vorgestellt. Diese «Vorstellung des Inbegriffs aller Realität» ist zudem das «einzige eigentliche Ideal, dessen die menschliche Vernunft fähig ist». Es kommt hier dieselbe Einsicht der Zeit in die Unergründlichkeit der It., obgleich in umgekehrter Weise, zum Ausdruck, indem Kant das Fazit zieht, daß wir uns die Idee eines durchgängig bestimmten Dinges nur in bezug auf eine omnitudo realitatis bilden können, die gerade nichts Individuelles, sondern dessen Gegenteil, das im höchsten Grade Allgemeine und nur eben darin etwas Einziges bezeichnet. Nirgends haben wir *Erkenntnis*, nur «in diesem einzigen Falle» die *Vorstellung* «von einem I.».

Im Gegensatz zu Kant sieht J. G. FICHTE sich aufgrund der philosophischen Diskussionslage seiner Zeit genötigt, vom Faktum der It., d. h. von der natürlichen Verschiedenheit der I. *auszugehen*. Seine eigene Philosophie aber betrachtet er als «ein System, dessen Anfang, und Ende, und ganzes Wesen darauf geht, daß die It. theoretisch vergessen und praktisch verläugnet werde» [6].

In der theoretischen Philosophie entwickelt Fichte zunächst einen bestimmten Begriff der It., indem er ihre Notwendigkeit deduziert; und das bedeutet für ihn «zu zeigen», daß sie «eine Bedingung des Selbstbewußtseyns sey» [7]. So zeigt er in der ‹Grundlage des Naturrechts› (§ 3) und im ‹System der Sittenlehre› (§ 18, III), daß «das endliche Vernunftwesen» seine eigene «freie Wirksamkeit in der Sinnenwelt» nicht denken könne, «ohne sie auch andern zuzuschreiben, mithin, auch andere endliche Vernunftwesen außer sich anzunehmen» [8]. Damit gewinnt er die It. des existierenden Ich: «Ich setze diesem anderen vernünftigen Wesen mich, und dasselbe mir entgegen; *dies* aber heißt, ich setzte mich als I. in Beziehung auf dasselbe, und jenes als I. in Beziehung auf mich. Sonach ist es Bedingung der Ichheit, sich als I. zu setzen» [9]. Jedes I. ist «charakterisiert durch eine bestimmte, ihm ausschließend zukommende Äußerung der Freiheit» [10]. Durch jede solche freie Äußerung aber, d. h. «durch jede freie Handlung» bestimme ich «*meine It. weiter*»; so ist die freie Handlung selbsttätiges *principium individuationis*. Ich bin als I. «in jedem Momente meiner Existenz» «*derjenige, zu welchem ich mich mit Freiheit mache, und bin es darum, weil ich mich dazu mache*» [11]. Durch meine vergangenen freien Handlungen, d. h. durch mein gegenwärtiges Sein, ist aber auch «die Möglichkeit meines Seyns im künftigen Momente beschränkt» [12]. Denn es ist «nur ein identischer Satz», wenn man sagt: «Kein Mensch in der Welt» kann in einem bestimmten Augenblick, da er genau *der ist*, der er ist, «anders *handeln*, als er handelt» [13].

Dieser theoretischen Einsicht in die Unaufhebbarkeit der It., mehr noch, in die Notwendigkeit einer mit jeder freien Handlung tatsächlich fortschreitenden Individua-

lisierung des I. folgt unmittelbar und schroff die praktische, aber nach eben jener Einsicht nicht praktikable Forderung: «Aber er sollte eben nicht dieser Mensch seyn, ... und es *sollte überhaupt kein solcher Mensch in der Welt seyn*» [14]. Durch diese schroffe Gegenüberstellung erst wird die Kluft deutlich, die die praktische Philosophie Fichtes zu überspannen strebt, indem sie von den individuell existierenden Vernunftwesen verlangt, daß sie ihre naturbedingte It. «verläugnen». Hier steht dem *Faktum*: «Alle I., die zum Menschengeschlechte gehören, sind unter sich verschieden» [15], das *Gebot* der Vernunft entgegen, diese Verschiedenheit auszugleichen. Es gilt als Forderung des «höchsten Gesetzes der Menschheit», «daß in dem I. alle Anlagen gleichförmig entwickelt», und damit ebensosehr, «*daß alle die verschiedenen vernünftigen Wesen auch unter sich gleichförmig gebildet werden sollen*». Konsequent wird als der «letzte Zweck aller Gesellschaft» die «*völlige Gleichheit aller ihrer Mitglieder*» proklamiert [16]. Denn, so heißt es einige Jahre später, die «It.» sei gegenüber der Gattung das «vernunftlose»; das «vernünftige Leben» aber bestehe darin, daß das I. «in der Gattung sich vergesse», sein Leben dem «Leben des Ganzen ... aufopfere» [17]. Zwar kennt Fichte neben der It., unter der er «lediglich die persönlich sinnliche Existenz des I.» versteht, noch eine uneigentliche «ideale It.»; doch ist diese nichts anderes als eine Erscheinungsform des «Einen ewigen Lebens» in der I. und als solche «keineswegs bestimmt durch die sinnliche It., sondern diese vernichtend» [18]. «Unsere unbedingte Verwerfung aller It.» [19] betrifft auch das Denken, das als individuelles nichtig sein soll. Denn «es kommt überhaupt der Welt gar nichts darauf an ..., was der Einzelne denkt oder nicht denkt; sondern *Wir*, als eine in den Begriff verlorene, und mit der absoluten Vergessenheit unserer individuellen Personen zur Einheit des Denkens verflossene Gemeine» [20], nur dieses überindividuelle «Wir» denkt – im Rahmen der für endliche Vernunftwesen beschränkten Möglichkeiten, also niemals absolut – vernünftig.

Gegen den Allgemeinheitsanspruch dieser wie jeder philosophischen «Position», die die It. anderer Standpunkte durch eine allgemein sein sollende Vernunft vernichten will, wendet GOETHE, unter dem Eindruck der Lektüre von Fichtes ‹Naturrecht›, ein: «Ich mag mich stellen, wie ich will, so sehe ich in vielen berühmten Axiomen nur die Aussprüche einer It.» [21]. Selbst höchste Vernunftprinzipien, obgleich sie wesentlich allgemein sein sollen, können ihre Standpunkthaftigkeit nicht verleugnen.

Anmerkungen. [1] CHR. WOLFF, Ontologie § 227. – [2] J. G. HERDER, Werke, hg. SUPHAN 8, 207. – [3] a. a. O. 7, 355. – [4] J. W. v. GOETHE: An Lavater (20. 9. 1780). Gedenk-A., hg. BEUTLER 18, 533. – [4a] G. W. LEIBNIZ, De libertate, in: Nouv. lettres ..., hg. A. FOUCHER DE CAREIL (Paris 1857) 180ff. – [5] Alle KANT-Zitate aus dem Abschn. ‹Von dem transzendentalen Ideal›. KrV B 599-605. – [6] J. G. FICHTE, Zweite Einl. in die Wiss.lehre. Akad.-A. I/4, 267, 1f. – [7] Grundl. des Naturrechts a. a. O. I/3, 319, 7. – [8] a. a. O. 340, 6-8. – [9] System der Sittenlehre. Werke, hg. I. H. FICHTE (= WF) 4, 221. – [10] a. a. O. [8] 350, 8f. – [11] a. a. O. [10] 222. – [13] 228. – [14] ebda. – [15] Über die Bestimmung des Gelehrten. Akad.-A. I/3, 40, 13f. – [16] a. a. O. 43f. – [17] Grundzüge des gegenwärtigen Zeitalters. WF 7, 35. – [18] a. a. O. 69. – [19] ebda. – [20] 239. – [21] GOETHE, an Schiller (5. 5. 1789) a. a. O. [4] 20, 575.

3. Sowenig wie für Goethe gilt für die *Romantiker* der von Fichte behauptete Antagonismus von Idee und I. und damit auch nicht der Herrschaftsanspruch des Allgemeinen über das Einzelne. Im Gegenteil, die Idee wird selbst als individuell, und umgekehrt das I. als «personi-

fizierte Idee» angesehen [1]. So kommen in der Romantik die Leibnizschen Bestimmungen der It. zur Entfaltung, aber als absolute, nicht mehr im klaren und deutlichen Begriff Gottes aufgehobene. *Wir haben*, und das bedeutet nun, *es gibt* keinen vollständigen Begriff eines I.: «Das I. ist ein beständiges Werden», es ist immer «unvollendet» [2] oder «Fragment», nach dem Ausdruck FR. SCHLE-GELS; «die Einheit des Fragments» aber ist seine «It.» [3]. Diese ist, als wesentlich unvollendet, auch unendlich. «Gerade die It. ist das Ewige im Menschen und nur diese kann unsterblich sein» [4]. Von der absoluten It. her betrachtet erscheint Gott «als das I. in der höchsten Potenz; nur I.en können einen Gott haben, der also durchaus subjektiv ist, nicht bloß der Beschaffenheit sondern auch dem Dasein nach» [5].

Weiter ist das unendliche I. frei und undurchdringlich – die «Fensterlosigkeit» der Monade ist als die «Unaussprechlichkeit» der It. interpretiert. Das I. kann *sich* nicht äußern, wie der Vers SCHILLERS sagt: «*Spricht* die Seele so spricht ach! schon die *Seele* nicht mehr» [6]. Noch deutlicher knüpft hier wieder eine Formulierung FR. SCHLEGELS an Leibniz an: «Der Mensch ist ein Mikrokosmos; zur Charakteristik des I. gehört Charakteristik des Universums» [7], mit anderen Worten, eine Charakteristik des I. ist nicht möglich. Charakteristik bedeutet für Schlegel die philosophische Bestimmung eines Gegenstands, und es gibt «nur Eine Philosophie». Aber «alle It. ist poetisch», also muß jede Definition eines I. poetisch sein; und es gibt «unendlich viele Gedichte» [8]. So gibt es «von jedem I.» auch «unendlich viele reale Definitionen» [9].

«Die Bildung und Entwicklung dieser It. als höchsten Beruf zu treiben», nennt FR. SCHLEGEL «einen göttlichen Egoismus» [10]. W. V. HUMBOLDT hat sich genau dieses zur Lebensaufgabe gemacht. Nach der kritischen Wende der Kantischen Philosophie aber kann er «ueber das Geheimnis der It., in welchem ... das Wesen und Schicksal der menschlichen Natur verborgen liegt, ... in den Schranken irrdischen Daseyns keinen eigentlichen Aufschluss» mehr erwarten [11]. Die It. zu erforschen, erscheint ihm daher nicht als ein «philosophisches», d. h. für ihn streng deduzierbares Problem; vielmehr können seine Schriften als der Versuch angesehen werden, dieses Geheimnis auf andere Weise zu ergründen, indem «der praktische Beobachtungssinn und der philosophierende Geist gemeinschaftlich thätig» sind [12].

Was Leibniz erst zur Wesensbestimmung der It. erhoben hat, ist als ihre Nominaldefinition zur Zeit Humboldts geschenkt: «Dass It. Einheit der Verschiedenheit ist, braucht kaum erwähnt zu werden» [13]. Die näheren Bestimmungen aber, ganz auf die menschliche It. beschränkt, geben ihr eine charakteristische neue Bedeutung: «Alle It. beruht, oder vielmehr spricht sich aus in einem Triebe, und ist Eins mit dem ihr eigenthümlichen» [14]; dieser Trieb ist innere ursprüngliche Kraft. Um sich zu äußern, bedarf die *Kraft* eines Gegenstandes, an dem sie sich *bildet*, und der Mensch versucht, «soviel Welt, als möglich zu ergreifen, und so eng, als er nur kann, mit sich zu verbinden» [15]. So ist für Humboldt das, «worauf die ganze Grösse des Menschen zuletzt beruht, ... Eigenthümlichkeit der Kraft und der Bildung» [16]. Diese Eigentümlichkeit wiederum bewirkt eine «Mannigfaltigkeit der Weise ..., wie sich die Welt in verschiedenen I.en spiegelt» und gibt dem Einzelnen «eine eigne und neue Ansicht der Welt und dadurch eine eigne und neue Stimmung seiner selbst» [17].

Jedes, besonders sichtbar aber das gebildete I. ist so-mit «eine in der Wirklichkeit dargestellte Idee» [18]. Diese individuelle Idee aber wird nicht mehr nur als bedingte Realisierung einer unbedingten zeitlosen Möglichkeit verstanden, sondern sie ist überhaupt erst «dadurch möglich, dass sie als Thatsache erscheint» [19]. Sie hat ihren Grund allein in sich selbst und ist so eine Erscheinung der Freiheit. «Denn die Freiheit ist nichts anders, als ... das ungehinderte Wirken der ächten Kräfte der Dinge, in welchen allein zuletzt ... die wahre Nothwendigkeit gegründet ist» [20]. Diese Freiheit aber ist nicht bestimmungslose Willkür, sondern Bestimmung aus ihr selbst, aus dem «Begriff der Menschheit» [21]. Jedes I. bringt eine neue eigentümliche Gestalt hervor, durch die es den Begriff der Menschheit bereichert und als *Tatsache* das *Ideal* der Menschheit erweitert. Die menschliche It., nach dem, «was sie in ihrer innersten Natur ist, und in der Erscheinung werden sollte», ist, so verstanden, Prozeß der Verwirklichung des Ideals der Menschheit als eine *individuelle*, aber «einem Alles umfassenden Ideal asymptotenartig zulaufende Bahn» [22]. Entsprechend nennt Humboldt auch den «Grundtrieb, das Lebensprincip der It.» «selbstthätige Idee» [23].

Das Problem der Vermittlung der soweit nur als aus sich selbst bestimmt betrachteten I.en, das nicht mehr durch die Annahme einer in Gott gegründeten ewigen Harmonie gelöst werden kann, führt auf eine weitere, die Selbsttätigkeit gegenläufig komplementierende Wesensbestimmung der It.: «Der Mensch steht nicht sowohl, als ein einzelnes Wesen, da ... Das Gefühl in ihm fordert Erwiederung, die Erkenntniss Bestätigung durch fremde Ueberzeugung, ... sein ganzes innerstes Daseyn das Bewusstseyn eines entsprechenden außer ihm, und je mehr sich seine Kräfte erweitern, in desto weiteren Kreisen bedarf er dieser zustimmenden Berührung» [24]. Erwiederung, Bestätigung, zustimmende Berührung – die geistige Wechselwirkung mit anderen I. erscheint als das konkrete *principium individuationis*. Ausführlich entwickelt Humboldt nun den Gedanken, wie die *Sprache*, indem sie zwischen den einzelnen I. vermittelt, diese über ihre Selbsttätigkeit hinaus zugleich als «in der Erscheinung wurzelnde» Ideen bestimmt [25] und sie dadurch erst wahrhaft und vollständig individuiert. Die Sprache nämlich «baut wohl Brücken von einer It. zur andren und vermittelt das gegenseitige Verständniss; den Unterschied selbst aber vergrössert sie eher» [26].

Anmerkungen. [1] FR. SCHLEGEL, Athenäum Frg. Nr. 95. Krit. A., hg. E. BEHLER (= KA) 2, 265. – [2] Transcendentalphilos. KA 12, 42. – [3] Philos. Frg. II, Nr. 488. KA 18, 69. – [4] a. a. O. III, Nr. 146. KA 18, 134; vgl. Athenäum Ideen, Nr. 60. KA 2, 262. – [5] a. a. O. [3] IV, Nr. 605. KA 18, 243. – [6] FR. SCHILLER: Musenalmanach für das Jahr 1797, Nr. 84. National-A. 1, 302. – [7] SCHLEGEL, a. a. O. [5] Nr. 418. KA 18, 229. – [8] a. a. O. Nr. 652. KA 18, 248; Nr. 714. KA 18, 253. – [9] a. a. O. [1] Nr. 82. KA 2, 177. – [10] a. a. O. [4]. – [11] W. v. HUMBOLDT, Werke, hg. A. LEITZMANN 5, 29. – [12] a. a. O. 1, 378. – [13] a. a. O. 4, 420f. – [14] 3, 199. – [15] 1, 283. – [16] 1, 107. – [17] 2, 286f. – [18] 3, 198. – [19] 3, 209. – [20] 2, 338; vgl. auch unten [23]. – [21] 2, 332. – [22] 6, 143. – [23] 3, 204. – [24] a. a. O. [11]. – [25] 4, 54. – [26] 7, 169.

4. Die Dialektik der It., die HUMBOLDT mittels der «Kunst ..., die Sprache als Vehikel zu gebrauchen» immer von neuem «durchfahren» hat [1], bringt HEGEL auf den philosophischen Begriff. Während die ‹Naturphilosophie› die vielfältigen realen Gestalten der It. entfaltet [2], die ‹Ästhetik› It. darstellt als die «schöne It.» des Ideals, an der griechischen Götterdarstellung, in der romantischen Kunst, im Bereich der Skulptur usw. [3], die ‹Philosophie der Geschichte› und die ‹Philosophie der Religion› den Gedanken explizert, daß «erst in dem christlichen Prinzip ... wesentlich der individuelle persönliche Geist von unendlichem, absolutem Werte» ist [4], die ‹Rechtsphilosophie› hingegen terminologisch eher von der «Persönlichkeit» der «Subjekte» handelt [5] – wird demgegenüber der *Begriff* der It. in der ‹Wissenschaft der Logik› bestimmt.

Das *Objekt* ist *I.*, insofern seine Teile «zu einem wahrhaften Eins verbunden sind». Die Bestimmtheit des I. ist auf diese Weise «wesentlich von einer bloßen *Ordnung* oder *Arrangement* und *äußerlichem* Zusammenhang von Teilen verschieden; sie ist vielmehr «als an und für sich seiende Bestimmtheit eine *immanente* Form, selbst bestimmendes Prinzip» [6]. Damit wird deutlich, daß Hegel nicht die vielfach gebräuchlich gewordene Einschränkung der Wortbedeutung von It. auf das *menschliche* I. übernimmt, sondern den Leibnizschen Sprachgebrauch bewahrt, der von einer sehr weit gefaßten Nominaldefinition der It. als «Einheit in einer Vielheit» und der I. als selbsttätiger «Atome der Natur» ausgeht.

a) *Die Individualität.* – Als wesentlich *selbsttätig*, kann It. sich innerhalb der ‹Logik› nur im *Begriff*, dem «Reich der Freiheit» entfalten; denn nur «die *zum Begriffe befreite Substanz*» ist wahrhaft selbsttätig, d. h. «*Ursache ihrer selbst*» [7]. Der Begriff aber ist zunächst als unmittelbarer «ein *subjektives* Denken, eine der *Sache* äußerliche Reflexion». In dieser der formalen Logik entsprechenden «Sphäre des bloßen *Verstandes*» [8] spricht Hegel nicht, wie traditionell üblich, von I. in formalem Unterschied zu Art und Gattung, sondern von «Einzelnem» «im Begriffsunterschiede» zu Besonderem und Allgemeinem [9]. – Denn als wesentlich auch *existierend*, kann It. nur hervortreten, wenn der «*formelle* Begriff sich selbst zur Sache» gemacht und als der «*reelle*» Begriff in «Identität mit der Sache ... *eigenes* und *freies* Dasein» erlangt hat [10].

Selbsttätig und existierend kann die It. also erst im Bereich der ‹Objektivität› bestimmt werden; und zwar erscheint sie hier im ‹Absoluten Mechanismus› als die letzte Bestimmung der Mechanik. Denn nur in dieser letzten Gestalt erreicht die Mechanik «reales Fürsichsein», It. «Nur im Ganzen des Sonnensystems» ist eine solche individuelle mechanische Totalität «gesetzt»; «als sich bewegend» ist sie «das für sich seiende Fürsichsein» [11]. So ist die abstrakt logische Gestalt der It. bestimmt als «Prinzip von *Selbstbewegung*». Als ein solches ist die It. hier näher «die *Seele* der ... objektiven Totalität, *die an und für sich bestimmte Identität* des mechanischen Systems». «Die *Bestimmtheit* dieses Beseelenden» aber «ist das *Gesetz*». Wohl steht auch der objektive mechanische Prozeß, «der in *Ruhe* übergeht», unter einer «*Regel*», aber «nur der freie Mechanismus hat ein *Gesetz*, die eigene Bestimmung der reinen It. ..., *freie Notwendigkeit*» [12]. Die ‹Mechanik›, nur das Außereinander und die Bewegung betrachtend, geht, indem sie It. erreicht, über in die ‹Physik›. Die Materie der Physik ist somit ursprünglich «*qualifizierte Materie*», die als solche «It.» hat, da sie «*an ihr selbst bestimmt ist*». Als individuell «manifestiert sich» diese Materie «durch die ihr immanente Form» [13].

b) *Lebendiges Individuum.* – Doch erst innerhalb der ‹Idee› kommt die It. zu ihrem vollen Begriff. Während die Objektivität nur als Ganzes, nämlich als Totalität der Objekte im freien Mechanismus, It. erreicht, ist die Idee gerade in ihrer ersten unmittelbaren Gestalt individuell, «freie Einheit mit sich selbst»; zunächst «in der Form der *Einzelheit*» nämlich ist die Idee «das *lebendige I.*» [14]. Dieses enthält zwar die frühere abstrakte Begriffsbestim-

mung der It., «das anfangende, sich selbst bewegende *Prinzip*» zu sein [15], aber diese seine «*Seele*» ist nicht mehr nur Gesetz; vielmehr ist sie als Idee überhaupt «*Selbstzweck*» [16], und näher als Seele des lebendigen I. ist sie wesentlich «*Trieb*, ... sich zu produzieren und ebenso seine Besonderheit zur Allgemeinheit zu erheben» [17]. – Der «Lebensprozeß» ist die Realisation dieses Triebes, indem sich das lebendige I. die «zunächst ihm als gleichgültig vorausgesetzte Objektivität» durch «Assimilation» «aneignet» und in ihr sich selbst «reproduziert». Durch die weitere Bestimmung des sich in einem anderen I. auf sich selbst beziehenden Prozesses der Reproduktion seiner selbst setzt sich das lebendige I. als «reelles, allgemeines Leben, als *Gattung*» [18]. Die so erreichte Allgemeinheit der Gattung aber ist nur «in *einzelner* Gestalt *wirklich*», sie ist «der Begriff, dessen Realität die Form unmittelbarer Objektivität hat». Entsprechend ist «die Allgemeinheit des I. ... nur erst *innerliche* oder *subjektive*», die sich als «Trieb der Gattung» manifestiert, als «das *Verlangen*, ... sich Allgemeines zu realisieren» [19]. Somit erreicht die It. in der «Empfindung» und schließlich im «Selbstgefühl» ihre volle Entfaltung als «Thierischer Organismus» [20]. Die vollendete, nämlich die «organische It.» ist «die existierende Idee» als «die *animalische* Natur, welche in der Wirklichkeit und Äußerlichkeit der unmittelbaren Einzelnheit ebenso dagegen *in sich reflektiertes* Selbst der *Einzelnheit, in sich* seiende *subjektive* Allgemeinheit ist» [21]. Näher ist dies der «Trieb, im Andern seiner Gattung sein Selbstgefühl zu erlangen ... und durch diese Vermittlung die Gattung mit sich zusammenzuschließen und zur Existenz zu bringen». So ergibt sich erst im «*Prozeß*» der Gattung auch eine «wesentlich affirmative Beziehung» des I. auf sich, und zwar dergestalt daß, *indem* es, «ausschließend, ein I. gegen ein anderes I. ist, in dieses *andere* sich kontinuiert und sich selbst in diesem *andern* empfindet» [22]. – So ist die Gattung zunächst nur der bestimmte allgemeine Begriff des I., «der erst sich zu objektivieren hat». Doch ist dies im lebendigen Prozeß der Gattung «*der wirkliche Begriff*, – *der Keim eines lebendigen I.*»; und als solcher «die vollständige Konkretion der It.» oder «das ganze Lebendige in der innerlichen Form des Begriffes». Die Gattungsallgemeinheit erweist sich so als «die It. des Lebens selbst, ... aus der *wirklichen* Idee *erzeugt*» [23].

c) *Die Individualität der Idee.* – Zwar ist die Idee überhaupt «die Einheit des Begriffs und der Objektivität», so daß «alles Wirkliche nur insofern *ist*, als es die Idee in sich hat und sie ausdrückt» [24]. Aber das Leben als die Idee «noch in der Form der Unmittelbarkeit» erreicht jene Einheit nur als Allgemeinheit der Gattung. Das bedeutet, daß der Gattungsprozeß, einerseits wohl die Realisierung der Idee des Lebens, andererseits, als Reproduktion der It., zugleich ständiger Rückfall der Idee in die Wirklichkeit ist, «nur die Wiederholung und der unendliche Progreß, in welchem die Idee nicht aus der Endlichkeit ihrer Unmittelbarkeit heraustritt» [25]. Doch eben der Gattungsprozeß, indem er als die Reflexion der It. in sich auch die *Vollendung* des Lebensprozesses ist, hat außer der Seite, unendlicher Progreß der Reproduktion der It. zu sein, «ferner zur andern Seite seines Produkts die *realisierte Gattung*». Und diese «ist, wie einerseits das *Erzeugen der Einzelheit*, so andererseits das Aufheben derselben, ist somit mit sich zusammengehende Gattung, die *für sich werdende Allgemeinheit* der Idee». Diese vollendete Vermittlung seiner mit sich selbst durch das Andere seiner Gattung hebt die *Unmittelbarkeit* des lebendigen I. auf und gibt seiner Bestimmtheit eine neue

Realität in der Form *einfacher Allgemeinheit*. «In der Begattung erstirbt die Unmittelbarkeit der lebendigen It.; der Tod dieses Lebens ist das Hervorgehen des Geistes». So ist die Idee als realisierte Gattung «das Allgemeine, das» nicht mehr die It., sondern «die Allgemeinheit zu seiner Bestimmtheit und Dasein hat» [26]. – Die Idee ist als I. unmittelbar bestimmtes Dasein, das als Dasein überhaupt in sein Anderes übergeht und näher als individuelles Dasein im Prozeß der Gattung erstirbt, indem es seiner Bestimmtheit in der Gattung allgemeines Dasein gibt. Doch auch als dieses bestimmte Allgemeine – näher als die *«Idee des Erkennens»* – ist die Idee noch nicht vollendet. Denn wie die Idee als *Leben* mit der Unmittelbarkeit behaftet und damit der Endlichkeit und Vergänglichkeit preisgegeben ist, so hat die Idee als *Erkennen* umgekehrt die Einheit des Lebens verloren, indem sie Unterscheidung ihrer selbst als Bewußtsein und als Gegenstand des Bewußtseins ist – die Idee «in ihrem *Urteil*» [27].

Die vollendete *absolute Idee* dagegen, «der Begriff, insofern er zu einer solchen *Existenz* gediehen ist, welche selbst frei ist», ist nicht bloß etwas Einzelnes oder etwas im Gegensatz dazu Allgemeines, sondern sie «ist nichts anderes als *Ich* oder das reine Selbstbewußtsein». Dieses Ich ist, als lebendiges I., «reine, sich auf sich beziehende Einheit»; aber, und damit hat es die Unmittelbarkeit seiner individuellen Bestimmtheit aufgehoben, es ist diese Einheit «nicht unmittelbar, sondern indem es von aller Bestimmtheit und Inhalt abstrahiert und in die Freiheit der schrankenlosen Gleichheit mit sich selbst zurückgeht». Das Ich ist so zwar selbst I.: «*Einzelheit, absolutes Bestimmtsein*, welches sich Anderem gegenüberstellt und es ausschließt; *individuelle Persönlichkeit*». Aber es ist dieses Bestimmtsein nicht als durch ein Anderes seiner Gattung oder ein bestimmtes Allgemeines, sondern als durch sich selbst gesetzt – *freier* Begriff; nur *so* ist es «*absolute Allgemeinheit*»; Allgemeinheit nämlich darin, daß es frei sich selbst bestimmt, oder als die «Einheit, welche nur durch jenes negative Verhalten, welches als das Abstrahieren erscheint, Einheit mit sich ist, und dadurch alles Bestimmtsein in sich aufgelöst enthält» [28]. So ist die absolute Idee also «nicht nur *Seele*» eines I., «sondern freier subjektiver Begriff» [29]. Sie ist wohl vollständiges Bestimmtsein, «absolute *Vereinzelung*» [30], aber nicht nur als unmittelbar daseiende und damit vergängliche It.; sondern diese durch sich selbst gesetzte It. «hat» «die *Persönlichkeit*». Sie ist «als Person undurchdringliche, atome Subjektivität» und als solche «ebensosehr nicht ausschließende Einzelheit, sondern für sich *Allgemeinheit* und *Erkennen*» [31]. – Das I. hatte unmittelbares Bestimmtsein, seine Allgemeinheit war nur die *bestimmte* Allgemeinheit *seiner* Gattung. Das Ich dagegen «enthält alles Bestimmtsein in sich aufgelöst»; es ist «das *allgemeine* Wesen in seinem Gegenteile, ... der absolut in sich seienden Einzelheit» [32].

Anmerkungen. [1] W. v. HUMBOLDT, An F. A. Wolf (16.6.1804). Ges. Werke 5 (1846) 266f. – [2] Vgl. G. W. F. HEGEL, Physik. Organik. System der Philos. 2, §§ 272-336. Werke, hg. H. GLOCKNER (= WG) 9, 153-722. – [3] Vorles. über die Ästhetik. WG 12, 213-222; 13, 66-99. 191-240. 375. 416-433. – [4] Vorles. über die Gesch. der Philos. WG 17, 79; vgl. Vorles. über die Philos. der Gesch. WG 11, 409-430; Vorles. über die Philos. der Relig. WG 16, 282ff. – [5] Vgl. Grundl. der Philos. des Rechts §§ 34-40. WG 7, 88-94. – [6] Wiss. der Logik, hg. G. LASSON, 2 (²1934) (= Logik 2) 373. – [7] a. a. O. 218f. – [8] 236. – [9] 262ff. – [10] 236. – [11] System der Philos. § 271 Zusatz. WG 9, 151. – [12] Logik 2, 735. – [13] a. a. O. [11] §§ 271f. WG 9, 150. 153. – [14] Logik 2, 419. – [15] ebda. – [16] 411. – [17] 420. – [18] 423ff. – [19] 427. – [20] a. a. O. [11] §§ 350-376. WG 9, 575-722. – [21] a. a. O. § 350. WG 9, 575ff. – [22] § 368. WG 9, 669. – [23] Logik 2, 428. – [24] a. a. O. 408f. – [25] 428. – [26] 428f. – [27] 429. – [28] 220. – [29] 484. – [30] 220. – [31] 484. – [32] Phänomenol. des Geistes, hg. J. HOFFMEISTER (⁶1952) 471.

5. A. SCHOPENHAUER erneuert den alten Gedanken von den *Graden* der It. und deutet damit auf spätere biologische Entwicklungstheorien voraus: «Während nun also jeder Mensch als eine besonders bestimmte und charakterisirte Erscheinung des Willens ... anzusehn ist, bei den Thieren aber dieser Individualcharakter im Ganzen fehlt, ... und seine Spur immer mehr verschwindet, je weiter sie vom Menschen abstehn, die Pflanzen» schließlich kaum noch «Eigenthümlichkeiten des I.» haben; «so verschwindet endlich im unorganischen Reiche der Natur gänzlich alle It.» [1].

Unabhängig von ihrem jeweiligen Grad aber gehört nach Schopenhauer die It. überhaupt der Erscheinung an. «Raum und Zeit» und der in ihnen unbedingt geltende «Satz vom Grunde» bilden gemeinsam das principium individuationis [2]. Das I., «als belebter Leib», ist nur eine «vergängliche Willenserscheinung» [3]. Während daher «überall der Wille sich in der Vielheit von I.en erscheinen» muß, ist er doch «als Ding an sich» in jedem von diesen «ganz und ungetheilt vorhanden ... Jedes erkennende I. ist also in Wahrheit und findet sich als den ganzen Willen zum Leben, oder das Ansich der Welt selbst, ... folglich als einen Mikrokosmos, der dem Makrokosmos gleich zu schätzen ist» [4]. Wie der individuelle *Wille*, so ist auch die individuelle *Vorstellung* nur Erscheinung, sie ist die Welt, wie sie einem I. erscheint. Doch haben wir «das unmittelbare Bewußtseyn, daß alle diese Welten ja nur in unserer Vorstellung dasind, nur als Modifikationen des ewigen Subjekts des reinen Erkennens, als welches wir uns finden, sobald wir die It. vergessen» [5]. Das nach der Reinigung des Subjekts von der It. «dann übrig bleibende reine Subjekt des Erkennens» nennt Schopenhauer auch «das ewige Weltauge, welches, wenn auch mit sehr verschiedenen Graden der Klarheit, aus allen lebenden Wesen sieht», und so, «als stets Eines und das Selbe, der Träger der Welt und der beharrenden Ideen» ist, während das durch die «It. in seinem Erkennen getrübte Subjekt, nur einzelne Dinge zum Objekt hat und wie diese selbst vergänglich ist» [6]. Diese Trübung des Subjekts durch seine It. aber gilt als Wesensbestimmung des Bewußtseins: «weil, sage ich, Bewußtseyn It. voraussetzt». Dagegen gehört das reine Subjekt des Erkennens zu «Dem, was nicht mehr Erscheinung, sondern Ding an sich ist, ... wodurch dann die Hauptbedingungen der It. mangeln und mit dieser das deutliche Bewußtseyn wegfällt» [7]. Das reine Erkennen ist damit das bewußtlose «Jenseits aller Erkenntniß», «das leere Nichts», «das als das letzte Ziel hinter aller Tugend und Heiligkeit schwebt» [8]. Von diesem Ziel her betrachtet erscheint die It. noch einmal in einer neuen Bedeutung: «Denn im Grunde ist doch jede It. nur ein specieller Irrthum, Fehltritt, etwas das besser nicht wäre, ja, wovon uns zurückzubringen der eigentliche Zweck des Lebens ist» [9].

Mit Hegel ist die von Leibniz neu eröffnete Diskussion um einen *Begriff* der It. zu einem Schluß gekommen. Das I. ist ursprüngliche Bestimmung seiner selbst und eben damit auch seines Gegenstandes und hat als Selbstbewußtsein *freie* It. In der folgenden Zeit und bis heute aber bleibt das *Faktum* der It., wiederum vorwiegend auf den Menschen eingeschränkt, ein unumgängliches Thema der Philosophie. Jedoch wird es, als aufgenommenes, durchweg im *Verhältnis* zu seinem ebenso faktisch aufgenommenen Anderen, dem jeweiligen Allgemeinen, insbesondere zu Geschichte und Gesellschaft, betrachtet und beurteilt.

So fordert K. MARX, von den «wirklichen I.en» auszugehen. Denn «die erste Voraussetzung aller Menschengeschichte ist natürlich die Existenz lebendiger menschlicher I.en». Aber dieses Faktum der It. ist für ihn sogleich auch eine unmittelbar – faktisch – bestimmte Voraussetzung: «Der erste zu konstatierende Tatbestand ist also die körperliche Organisation dieser I.en und ihr dadurch gegebenes Verhältnis zur übrigen Natur» [10]. In dieser Sicht ist das I. also nichts anderes als der Ausdruck seiner jeweiligen *Verhältnisse* zu anderen Tatbeständen. Über das natürliche Verhältnis hinaus ist für den Menschen zu konstatieren: «Das I. *ist* das *gesellschaftliche Wesen*»[11]; noch schroffer an anderer Stelle: «Der Mensch, das ist *die Welt des Menschen*, Staat, Sozietät» [12]. Somit ist «das menschliche Wesen» «in seiner Wirklichkeit», eben in der faktisch aufgenommenen It., bestimmt als «das ensemble der gesellschaftlichen Verhältnisse» [13]. Anders ausgedrückt: «Die Gesellschaft besteht nicht aus I.en, sondern drückt die Summe der Beziehungen, Verhältnisse aus, worin diese I.en zueinander stehen» [14]. Die praktische Folgerung aus der Analyse der bestehenden Verhältnisse als solcher der Unfreiheit und der Unterdrückung der I.en liegt für Marx in dem «*kategorischen Imperativ*», diese «*Verhältnisse umzuwerfen*» [15]; es gilt, *bessere Verhältnisse* zu schaffen.

FR. NIETZSCHE dagegen betont nach seiner Distanzierung von Schopenhauer entschieden die prinzipielle Selbständigkeit und Ungebundenheit des I. und fordert es auf, die Bande, die es noch einer Allgemeinheit unterordnen, nicht zu verändern, sondern abzuschütteln, damit es frei von solchen vorgegebenen Verhältnissen für sich selber werden könne. «Das I. ist etwas ganz *Neues und Neuschaffendes*, etwas Absolutes, alle Handlungen ganz *sein* Eigen». Sprechend ist der einzelne schöpferisch, «weil er auch die überlieferten Worte sich *ganz individuell deuten* muß»; gerade als «*Ausleger*» der Worte ist das I. «schaffend» [16]. Aus dieser schöpferischen Natur und der Unableitbarkeit der It. zieht Nietzsche die Folgerung, daß es ein allgemeines Gesetz, ob sittlich oder rechtlich, für den Menschen nicht geben könne und dürfe. «Den Zweck des Menschen aufstellen hieße die I. in ihrem Individuellwerden verhindern und sie heißen, *allgemein* zu werden. Sollte nicht umgekehrt jedes I. der Versuch sein, eine *höhere Gattung als den Menschen zu erreichen*, vermöge seiner individuellsten Dinge?» [17]. Doch gegen die moralische Forderung, daß jeder Einzelne streben solle, die allgemeine Bestimmung des Menschen zu erfüllen, stellt er die andere Forderung, daß jedes I. seine besondere Bestimmung zu erfüllen habe. An die Stelle von «Menschheit» tritt «It.» als höchstes Gut. Die Bestimmung des I., allgemein ausgedrückt, aber ist ihm der «Wille zur Macht» im Kampf mit den anderen I.en. «Der höchste Grad von It. wird erreicht, wenn jemand in der höchsten Anarchie sein Reich gründet als Einsiedler» [18].

Einteilungen des Begriffs und das Aufsuchen von Gegenbegriffen sind um die Wende zum 20. Jh. vielfach die ars inveniendi der philosophischen Forschung (vgl. hinsichtlich des Begriffs ‹I.› z. B. R. EUCKEN [19], W. WUNDT [20]). P. NATORP etwa entflicht die Problematik der It. dadurch, daß er «hinsichtlich der Geltung des Individuellen» verschiedene Bereiche unterscheidet: «Im bloß Theoretischen bleibt das Individuelle schlechterdings untergeordnet dem gesetzmäßig Allgemeinen». In der Ethik gilt

«das strengste *Gleichgewicht des Generellen und Individuellen*». Eine «volle Umwendung des Verhältnisses des Individuellen und Generellen» dagegen findet statt «in der dritten Hauptrichtung des Bewußtseins: der ästhetischen» [21]. Ein anderes Beispiel: H. RICKERT stellt, in der Absicht, eine *Wissenschaft* des Individuellen zu begründen, der allgemeinen «naturwissenschaftlichen Begriffsbildung» eine individualisierende «historische Begriffsbildung» gegenüber [22]. Er geht dabei von der allgemein anerkannten Unendlichkeit und Unaussagbarkeit der It. aus: «Um es noch einmal zu wiederholen: die Wirklichkeit selbst in ihrer anschaulichen und individuellen Gestaltung geht in *keine* Wissenschaft ein» [23]. Andererseits aber ist gerade das wirklich Individuelle der spezifisch historische Gegenstand. Diesen Gegensatz löst Rickert auf durch die Einführung des «historischen Begriffs», der zwar, als *historischer*, «individuellen Inhalt», aber dennoch, als *wissenschaftlicher*, «allgemeine Bedeutung» hat – der Begriff des «*historischen I.*» [24]. Ein historisches I. «wie Goethe» nun unterscheidet sich von «irgendeinem Durchschnittsmenschen» «wie der Diamant Cohinoor» von «einem Stück Kohle, d. h. mit Rücksicht auf den allgemeinen Werth». Allein *wertvolle* Objekte haben It. in den Augen der Geschichte, die «sich nur für das interessirt, was, wie man zu pflegen sagt, eine *allgemeine Bedeutung* besitzt». Die Geschichte also hat «als Wissenschaft in allgemeingültiger Weise das Wesentliche vom Unwesentlichen zu scheiden», d. h. ihren Gegenstand, die I.en selbst nach ihrem Werte einzuteilen; und sie soll diese Scheidung so vollziehen, «dass wir sie Jedem als richtig zumuthen können» [25].

Das Verhältnis von I. und Geschichte (Geschichtsphilosophie, Existenzphilosophie, Hermeneutik), das «Gewordensein» und «Gewordensein» des Menschen, behandeln mit unterschiedlicher Betonung des Vorrangs der Geschichte z. B. W. DILTHEY [26], M. HEIDEGGER [27], H.-G. GADAMER [28]. Das Verhältnis von I. und Gesellschaft (Individualismus – Kollektivismus – Universalismus [29]; Rechtsphilosophie, Soziologie, Völkerpsychologie) wird, ebenfalls mit großen Unterschieden bei der Verteilung der Prioritäten, nach K. MARX [30] auch von so unterschiedlichen Autoren wie G. SIMMEL [31], K. POPPER [32], TH. W. ADORNO [33] erörtert; in soziologischer Betrachtung spricht man häufig von der Auflösung der It. in der modernen urbanen Gesellschaft [34]. Noch ein drittes Verhältnis, das des einen I. zu anderen I.en, wird in einer eigenen philosophischen Richtung, der «Du-Philosophie», etwa bei K. LÖWITH [35], M. BUBER [36], M. THEUNISSEN [37] thematisiert. Schließlich wird auch, besonders in der «philosophischen Anthropologie» etwa bei M. SCHELER und M. LANDMANN, das Verhältnis von I. und Kosmos ausführlich erörtert [38]; doch ist diese Reihe der Verhältnisse prinzipiell immer offen für neue Perspektiven. Die analytische Philosophie der Gegenwart beschäftigt sich dagegen wieder mit dem alten Problem der logischen, nun meist sprachlogisch untersuchten «individuals» im Verhältnis zu den Allgemeinbegriffen [39].

Anmerkungen. [1] A. SCHOPENHAUER: Die Welt als Wille und Vorstellung. Werke, hg. A. HÜBSCHER (1966) 2, 156f. – [2] a. a. O. 2, 324. 391; u. v. a. – [3] 2, 242; vgl. 2, 123f. – [4] 2, 391f. – [5] 2, 242. – [6] 3, 424. – [7] 3, 370. – [8] 2, 487. – [9] 3, 563. – [10] K. MARX: Die dtsch. Ideol. (1845). MEW 3, 20f. – [11] Ökonomischphilos. Mss. (1844). MEW Erg.-Bd. 1, 538. – [12] Zur Kritik der Hegelschen Rechtsphilos. MEW 1, 378. – [13] Thesen über Feuerbach, Nr. 6 (1845). MEW 3, 6. 534. – [14] Grundrisse der Kritik der polit. Ökonomie (1953) 176. – [15] a. a. O. [12] 385. – [16] FR. NIETZSCHE, Der Wille zur Macht, hg. P. GAST (Kröner 78) 512, Nr. 767. – [17] Der Nachlaß, hg. A. BÄUMLER 2 (Kröner 83) 140,

Nr. 362. - [18] a. a. O. 142, Nr. 367. - [19] R. EUCKEN: Geistige Strömungen der Gegenwart (1904) bes. 280ff.: ‹Gesellschaft und I.›. - [20] W. WUNDT: System der Philos. (²1897) 364ff.; 571ff.; Ethik (⁴1912) 22ff. - [21] P. NATORP: Philos. (1911) 104f. - [22] H. RICKERT: Die Grenzen der naturwiss. Begriffsbildung (1902). - [23] a. a. O. 338. - [24] 336f. - [25] 357f.; vgl. ähnlich und auch kritisch dazu W. WINDELBAND: Einl. in die Philos. (³1923) 92. 343ff. - [26] W. DILTHEY, Ges. Schr. 7, 246-251. 277-291. - [27] M. HEIDEGGER: Sein und Zeit (1927) §§ 72-77. - [28] H.-G. GADAMER: Wahrheit und Methode (1960) 194. 200f. 324ff. - [29] Vgl. WINDELBAND, a. a. O. [25] 58-65; LALANDE (⁶1951) 499f.: ‹individualisme›; P. FOULQUIÉ: Dict. de la langue philos. (Paris 1962) 355f.: ‹individualisme›. - [30] Zu Marx vgl. A. SCHAFF: Marxismus und das menschl. I. (1965). - [31] G. SIMMEL: Soziol. (1908) 709-775: Kap. 10. Die Erweiterung der Gruppe und die Ausbildung der It.; Grundfragen der Soziol. (I. und Gesellschaft) (1917). - [32] K. POPPER: The open society and its enemies (London 1945). - [33] TH. W. ADORNO: Negative Dialektik (1966) 269-281; Drei Stud. zu Hegel (1963) 58-62. - [34] Vgl. z. B. R. E. LACOMBE: Déclin de l'individualisme (Paris 1937). - [35] K. LÖWITH: Das Ich in der Rolle des Mitmenschen (1928). - [36] M. BUBER: Ich und Du (1923); Die Schr. über das dialogische Prinzip (1954). - [37] M. THEUNISSEN: Der Andere (1965). - [38] M. SCHELER: Die Stellung des Menschen im Kosmos (1928); M. LANDMANN: Das Ende des I. (1971) 115-126; Anthropol. des I., in: Integritas (für K. Holzamer) (1966); vgl. auch E. CASSIRER: I. und Kosmos in der Philos. der Renaissance (1927); TH. LITT: Mensch und Welt (1948). - [39] P. F. STRAWSON: Individuals (London 1948).

Literaturhinweise. H. HEIMSOETH: Die sechs großen Themen der abendländ. Met. (1922) 236-278: V. Das I.; Atom, Seele, Monade (1960). - FR. MEINECKE: Schiller und der It.-Gedanke (1937), in: Zur Theorie und Philos. der Gesch. (1959) 285-322. - W. WEISCHEDEL: Der Aufbruch der Freiheit zur Gemeinschaft (1939). - H. SCHMITZ: Hegel als Denker der It. (1957). T. BORSCHE

Induktion (griech. ἐπαγωγή, lat. inductio, ital. induzione, frz./engl. induction)

I. Der I.-Begriff von Aristoteles bis Galilei. – 1. *Antike.* – ἐπαγωγή (= ἐ.) kommt von ἐπάγειν, heranführen, herbeibringen [1]. ARISTOTELES definiert ἐ. als «Weg vom Einzelnen zum Allgemeinen» (ἡ ἀπὸ τῶν καθ᾽ ἕκαστον ἐπὶ τὰ καθόλου ἔφοδος) [2], aber auch als Heranführen des Allgemeinen [3]; schließlich kann ἐ. auch nur Hinführen zu einem Phänomen bedeuten [4]. – Der Ausdruck ἐ. findet sich erst bei Aristoteles [5], doch schreibt dieser selbst dem Sokrates I.-Beweise (ἐπακτικοὶ λόγοι) zu [6], während PLATON jene, die das Viele der Anschauung zusammennehmend auf eine Idee zurückführen, Dialektiker nennt [7]. Eine eigentliche Theorie der I. findet sich erst bei ARISTOTELES, wobei sich mit Hinblick auf Gegenstand und Anwendungszweck drei verschiedene Arten der ἐ. unterscheiden lassen:

a) In der ‹Topik› wird die ἐ. im Rahmen der Dialektik als ein Mittel behandelt, den Gesprächspartner durch Frage und Antwort zur Anerkennung der eigenen Prämissen zu bringen, und zählt zu den Arten der Begründungen in einem Lehrgespräch [8]. Als Beispiel führt Aristoteles an: «Wenn der beste Steuermann ist, wer seine Sache versteht, und Gleiches von dem Wagenlenker gilt, so ist auch der Beste überhaupt, wer seine jeweilige Sache versteht» [9].

b) Während in der Dialektik aus anerkannten oder scheinbar anerkannten Sätzen geschlossen wird [10], beruht die apodeiktische Wissenschaft (ἐπιστήμη) auf wahren und ursprünglichen Vordersätzen [11]. Zur Vermeidung eines unendlichen Regresses im Beweisen muß die Wissenschaft von unbeweisbaren Grundsätzen (ἀρχαί) ausgehen [12], die zugleich wahr, unvermittelt und früher sind als der Schlußsatz [13]. Die Erkenntnis dieser Sätze beruht auf ἐ. [14]. Auch hier geht die ἐ. vom Einzelnen aus [15], so daß jede Wissenschaft letztlich auf Wahrnehmung fußt, was sogar für die abstrakten Gegenstände (ἐξ ἀφαιρέσεως λεγόμενα), also auch für die Mathematik

gilt [16], denn die Wahrnehmung bezieht sich auf die einzelnen Dinge [17]. Aus Wahrnehmung und Erinnerung entsteht die Erfahrung, die zum Allgemeinen führt. «Aus der Erfahrung oder aus dem von allen Erinnerungen in der Seele zurückgebliebenen Allgemeinen, das ist das eine neben dem vielen, das, was in allen Wahrnehmungen als dasselbe enthalten ist, entsteht Können und Wissen» (ἐκ δ᾽ ἐμπειρίας ἢ ἐκ παντὸς ἠρεμήσαντος τοῦ καθόλου ἐν τῇ ψυχῇ, τοῦ ἑνὸς παρὰ τὰ πολλά, ὃ ἂν ἐν ἅπασιν ἓν ἐνῇ ἐκείνοις τὸ αὐτό, τέχνης ἀρχὴ καὶ ἐπιστήμης) [18]. Das Allgemeine (τὸ καθόλου) kommt durch die Wahrnehmung in die Seele und ist als ein und dasselbe in dieser enthalten, denn die Wahrnehmung geht selbst schon auf das Allgemeine, «auf einen Menschen, nicht auf den Menschen Kallias» [19]. Weil nach Aristoteles das Allgemeine real in den Dingen enthalten ist, entsteht es nicht erst durch das subjektive Zusammenfassen von Ähnlichem im Intellekt, die ἐ. ist als Begründung der obersten Prinzipien der Wissenschaft nicht ein solches subjektives Tun, sondern unmittelbare evidente Einsicht (νοῦς) in das Eine neben dem Vielen [20].

c) In den ‹Analytica Priora› gibt Aristoteles das Beispiel eines *epagogischen Schlusses*, um zu zeigen, daß auch der Überzeugungsversuch durch ἐ. in der Form eines Schlusses verläuft [21]. Liegt in der Mitte zwischen *A* und der Begriff *B*, so zeigt der I.-Schluß, daß das *A* dem *B* zukommt; durch ihn wird mittels des Unterbegriffs der Oberbegriff dem Mittelbegriff zugeschrieben. Bedeutet *A* das Langlebige, *B* das Gallenlose und *C* die einzelnen langlebigen Tiere, wie z. B. Mensch, Pferd, Maulesel, und gilt: Alles *C* ist *A*: der Mensch, das Pferd usw. sind langlebig und alles *C* ist *B*: der Mensch, das Pferd usw. sind gallenlos, dann schließt man: alles *B* ist *A*: gallenlose Tiere sind langlebig. Der Schluß ist nur zulässig, wenn *C* und *B* austauschbar sind, wenn also Mittelbegriff und Unterbegriff gleichen Umfang haben, d. h. wenn alle *C* *B* sind, weshalb Aristoteles die Vollständigkeit (ἁπάντων) der ἐ. verlangt [22]. Daß eine vollständige Kenntnis alles Einzelnen unmöglich sei, wurde später immer wieder gegen Aristoteles eingewandt; da er aber gerade in den exakten Wissenschaften keineswegs auf dieser Vollständigkeit besteht, scheint das angegebene Beispiel von einer besonderen Art der ἐ. zu handeln, die weder im nur einleuchtenden, aber nicht notwendigen Sinne, wie in der Dialektik, noch im unbedigt wahren und notwendigen Sinne, wie in den exakten Wissenschaften, zu verstehen ist. In der ‹Metaphysik› unterscheidet Aristoteles die Wissenschaften danach, ob sie das, was ihrem Gebiet an sich zukommt, auf zwingendere (ἀναγκαιότερον) oder laxere (μαλακώτερον) Weise beweisen; da das syllogistische Verfahren immer gleich zwingend ist, beruht ihre verschiedene Stringenz auf der unterschiedlichen Strenge der Gültigkeit und Exaktheit ihrer Prinzipien [23]. Dies zeigt, daß innerhalb der Wissenschaft, je nach dem Grad der in ihr möglichen Exaktheit [24], auch verschiedene Arten der ἐ. vorkommen. Das genannte Beispiel scheint den weniger exakten Wissenschaften anzugehören; dagegen kommt die Form des epagogischen Schlusses allen Arten der ἐ. zu, wobei die Vollständigkeit der I. kein Kriterium für deren Gewißheit und Exaktheit bildet [25].

In der *epikureischen* Logik wird der Ausdruck ἐπιλογισμός dem aristotelischen ἐ. vorgezogen [26]. Nach der Darstellung des PHILODEMUS kann ein I.-Schluß (ἐπιλογισμός) oder ein Schluß aus Analogie (ὁμοιότης) *Wahrscheinlichkeit* (εὐλογία) oder *Sicherheit* geben.

Wahrscheinlich ist ein Schluß, wenn die Prämissen Gegenbeispiele zulassen, die nicht sonderlich ins Gewicht fallen, sicher ist er dagegen, wenn jedes Gegenbeispiel ausgeschlossen ist [27]. Als Kriterium der Sicherheit eines I.-Schlusses gilt die Unvorstellbarkeit (ἀδιανόητος), daß sich etwas anders verhalten könne als im gegebenen Erfahrungsbereich. So ist es unvorstellbar, daß ein Mensch unsterblich ist, weil alle beobachteten Menschen sterblich sind [28]. Wie Philodemus betont, muß man die Mannigfaltigkeit der Erscheinungen sorgfältig beobachten, um sicher zu sein, daß kein Gegenbeispiel auftritt [29]. Der (sichere) I.-Schluß gilt als Aufzeigen einer notwendigen Verbindung zwischen beobachteten und unbeobachteten Objekten, da die Natur der Dinge mit den Erscheinungen nicht unverträglich sein kann [30]; deshalb fordert Philodemus auch nicht die Vollständigkeit der I.: Es genügt, von vielen gleichartigen und verschiedenen Erscheinungen die untrennbare Eigenschaft einer jeden festzustellen und von dieser auf alle anderen zu schließen [31].

Der rationalistischen Tendenz ihrer Logik entsprechend, wenden sich die *Stoiker* gegen die induktive Methode der Epikureer [32]. Philodemus überliefert einige Einwände von DIONYSIOS VON KYRENE [33], deren Kern darin besteht, daß sich wegen der Kontingenz des empirisch Gegebenen aus diesem keine notwendigen Zusammenhänge herleiten lassen. Der I.-Schluß macht die Voraussetzung, die nicht-wahrgenommenen Objekte seien den wahrgenommenen in wenigstens einer Eigenschaft ähnlich. So setzt der Schluß von der Sterblichkeit einiger Menschen auf diejenige aller Menschen voraus, daß die Sterblichkeit Eigenschaft aller Menschen sei [34]. Gegen diese Analogie des Unbeobachteten mit dem Beobachteten spricht bereits jeder einzigartige Fall innerhalb der Erfahrung; denn wenn es Einzigartiges in der Erfahrung gibt, kann es solches auch außerhalb der Erfahrung geben [35]. Man kann daher nie sicher sein, ob in der gegenwärtigen oder zukünftigen Erfahrung nicht etwas vorkommt, das dem I.-Schluß widerspricht [36]. Diese stets vorhandene Möglichkeit der Falsifizierung zeigt, daß I.-Schlüsse niemals notwendig und sicher sein können.

Gegen die I. wenden sich auch die *Skeptiker*. SEXTUS EMPIRICUS erwähnt folgende Argumente: Wenn man das Allgemeine aus dem Besonderen erschließen will, so muß man entweder alles Besondere durchgehen oder nur einiges. Geht man nur einiges durch, so ist die I. ungewiß, weil es immer ein Besonderes geben kann, das dem Allgemeinen entgegensteht; alles durchzugehen aber ist unmöglich, da das Besondere unendlich und unbegrenzt ist [37]. – CICERO kommt das Verdienst zu, ὲ. ins Lateinische übersetzt zu haben: «Haec ex pluribus perveniens quo vult appellatur inductio, quae graece ὲ. nominatur» [38].

Anmerkungen. [1] Vgl. H. G. LIDDELL und R. SCOTT: Greek-Engl. Lex. (⁹1940, ND 1948) 603 s.v. – [2] ARISTOTELES, Top. I, 10, 105 a 13. – [3] Top. 18, 108 b 9f. – [4] Phys. I, 185 a 13f.; vgl. K. VON FRITZ: Die EPAGOGÉ bei Arist. Sber. Bayer. Akad. Wiss., phil.-hist. Kl. H. 3 (1964) 23f. – [5] E. ZELLER: Die Philos. der Griechen 2/1 (1889) 622 Anm. 1. – [6] ARISTOTELES, Met. XIII, 4, 1078 b 28. – [7] PLATON, Phaidros 265 d ff. – [8] ARISTOTELES, Top. I, 10, 105 a 13. – [9] ebda. – [10] I, 1, 100 a ff. – [11] Anal. post. I, 2, 71 b 20ff.; I, 4, 73 a 21ff. – [12] I, 3, 72 b 18ff.; vgl. ‹Beweis 6›. – [13] I, 2, 71 b 20ff. – [14] I, 1, 71 a 6: II, 19, 99 b 17ff. – [15] I, 18, 81 b 1. – [16] Vgl. I, 18, 81 a 38ff. – [17] Vgl. ebda. – [18] II, 19, 100 a 6. – [19] II, 19, 100 a 15. – [20] Vgl. II, 19, 100 b 5-17. – [21] Anal. pr. II, 23, 68 b 8ff. – [22] II, 24, 69 a 19; vgl. C. PRANTL: Gesch. der Logik im Abendlande 1 (1855, ND 1957) 318. – [23] Vgl. ARIST., Met. VI, 1, 1025 b 7ff.; XI, 7, 1063 b 73ff. – [24] Vgl. Eth. Nic. I, 7, 1098 a 30ff. – [25] Vgl. v. FRITZ, a. a. O .[4] 46ff. – [26] PHILODEMOS, PERÌ SEMEIÓSEON. On methods of

inference. A study in ancient empirism, hg. u. übers. PH. H. und E. A. DE LACY (Philadelphia 1941) 43 Anm. 23. – [27] a. a. O. 7, 32-38. 25, 24-26, 9; vgl. W. K. ESSLER: Induktive Logik (1970) 19f. – [28] PHILODEMOS, a. a. O. [26] 16, 11-21; vgl. ESSLER, a. a. O. 20. – [29] PHILODEMOS, a. a. O. 33, 20-33. – [30] ebda; vgl. 28,3-29,4. – [31] 20, 31-21, 3. – [32] Vgl. DE LACY, a. a. O. [26] 163-171. – [33] Vgl. a. a. O. 37 Anm. 19. – [34] Vgl. PHILODEMOS, 2, 26-4, 16. 4,30-34. – [35] Vgl. 1, 19-2, 25. – [36] 7, 38-8, 7. – [37] SEXTUS EMPIRICUS, Pyrrh. hyp. II, 15. – [38] CICERO, De inv. I, 35, 61.

Literaturhinweise. M. CONSBRUCH: EPAGOGÉ und Theorie der I. bei Arist. Arch. Gesch. Philos. 5 (1892) 302-321. – M. D. ROLLAND-GOSSELIN: De l'I. chez Aristote. Rev. sci. philos. et théol. (1910) 39-48. – K. v. FRITZ s. Anm. [4]. – W. K. ESSLER s. Anm. [27]. – N. TSOUYPOULOS: Die induktive Methode und das I.-Problem in der griech. Philos. Z. allg. Wiss.theorie 5/1 (1974) 94-122.

2. Mittelalter und Renaissance. – Durch die in den Übersetzungen und Kommentaren des Boethius bekanntgewordenen logischen Schriften des Aristoteles wurde der I.-Begriff in der *Frühscholastik* wieder rezipiert. So erwähnt ABAELARD die Definition der I. aus der ‹Topik› [1], während GILBERT DE LA PORREÉ den aristotelischen Gedanken wiederaufnimmt, daß die höchsten Prinzipien der Wissenschaft durch letzte I. (postremis inductionibus) gewonnen werden [2]. Auf dieselbe Stelle am Schluß der ‹Zweiten Analytik› bezieht sich auch sein Schüler JOHANNES VON SALISBURY, der die Bedeutung der Sinne als Fundament der Wissenschaft besonders betont [3].

In der *Hochscholastik* werden alle von Aristoteles erörterten I.-Probleme wieder aufgenommen und diskutiert. ALBERTUS MAGNUS definiert zunächst allgemein «I. autem est a singularibus in universalia progressio» (I. ist der Fortgang von Einzeldingen zu allgemeinen [Begriffen oder Aussagen]) [4]. Er unterscheidet *vollkommene* (i. perfecta) und *wahrscheinliche* I. (i. probalilis), wobei die erste auf der vollständigen, die zweite auf der unvollständigen Aufzählung der Einzelfälle beruht [5]. Durch die vollständige Aufzählung unterscheidet sich die I. vom bloßen Beispiel [6]; sie muß jedoch nicht wirklich durchgeführt werden; es genügt, wenn ihre Möglichkeit durch die Formel «et sic de singulis, vel sic de aliis» [7] angezeigt wird. Die wahrscheinliche I. dient wie bei Aristoteles der dialektischen Argumentation, deren Ziel das Allgemeine und Wahrscheinliche ist [8], das sie durch die Untersuchung mehrerer Fälle erreicht, wenn vorauszusehen ist, daß keine Gegeninstanzen auftreten [9]. Auch die dritte Art der I., durch welche man die ersten Prinzipien erkennt, findet sich bei Albert: «Patet quod prima universalia manifesta fiunt nobis singularium et sensibilium inductione: talia enim sic primum cognoscere est necessarium: cuius ratio: quia sensus (hoc est, sensibilium inductio) cum in omnibus similiter est, facit universale. Sic igitur patet qualiter universalia principialia fiant in nobis» (Die ersten Universalien zeigen sich uns durch die I. der einzelnen und sinnlichen Dinge: es ist nämlich zuerst notwendig, diese so zu erkennen: dessen Grund ist, daß die sinnliche Wahrnehmung (dies ist die I. der sinnlichen Dinge), jedesmal wenn sie bei allen [Dingen] ähnlich ist, das Universale macht. So ist also offenkundig, wie in uns die ersten Universalien entstehen) [10]. Diese Art der I. und die wahrscheinliche sind jedoch bei Albert wie auch bei Thomas nicht immer deutlich unterschieden [11].

THOMAS VON AQUIN folgt im wesentlichen den Bestimmungen seines Lehrers. Allgemein definiert er: «In i. autem concluditur universale ex singularibus, quae sunt manifesta ad sensum» (In der I. wird das Allgemeine aus den Einzeldingen erschlossen, die sich den Sinnen zeigen) [12]. Dabei weist er besonders auf die Bedeutung der Sinne für die I. hin: «neque per i. potest aliquid cognosci sine sensu, qui est singularium, ex quibus procedit i.»

[13], und betont, es sei unmöglich, daß der Mensch ohne
I. zum Allgemeinen gelange: «Sic igitur universalia, ex
quibus demonstratio procedit, non fiunt nobis nota, nisi
per i.» [14]. Nebst der I., welche zu den ersten Prinzipien
führt, behandelt Thomas auch die vollständige (i. completa) und die unvollständige I. (i. imperfecta) [15].

Ausgehend von der Frage, ob eine gute I. notwendigerweise vollständig sein müsse, gelangt DUNS SCOTUS zum
Ergebnis, daß es genüge, einige Fälle anzuführen, während man für eine notwendige Folgerung alle anführen muß: «Ad habendam
opinionem de conclusione sufficit inducere in aliquibus
singularibus, sed ad inferendum de necessitate oportet
inducere in omnibus» [16]. Doch zeigt er für die dialektische I. geringere Verachtung als Albert und Thomas,
wenn er definiert: «I. est progressio ab aliquibus singularibus vel ab omnibus sufficienter enumeratis ad con-
clusionem universalem» (I. ist der Fortgang von einigen
genügend aufgezählten Einzelfällen oder von allen zu einer allgemeinen Schlußfolgerung) [17]. Duns Scotus unterscheidet ausdrücklich zwei Arten der I.: I. als eine Art
der Argumentation (species argumentationis) und I. als
jede Erkenntnis, welche von den Sinnen ausgeht, so wie
wir die Prinzipien erkennen, weil wir die Begriffe durch
die Sinne erfassen: «Omnis cognitio, quae oritur ex sensu,
sicut principia cognoscimus, quia terminos apprehendi-
mus per sensum» [18]. Die erste Art genügt nicht zur
Wissenschaft, wohl aber die zweite [19].

Seinem Nominalismus entsprechend mißt WILHELM
VON OCKHAM der I. größere Bedeutung zu und verläßt
zum Teil sogar die von Aristoteles vorgezeichnete Bahn.
Gemäß der ‹Topik› definiert er I. allgemein als «a singularibus ad universale progressio» (Fortgang von Einzelfällen zum Allgemeinen) [20]. Auch er unterscheidet die
I., welche zu den ersten Prinzipien führt, von der I. als
einer Art der Argumentation oder der Folgerichtigkeit
(consequentia) [21]. Ausdrücklich bezugnehmend auf
Aristoteles [22] erklärt er, daß etliche erste Prinzipien
nicht durch sich, sondern nur durch die Erfahrung gewußt werden: «Quaedam autem principia prima non
sunt per se nota sed tantum per experientiam» [23]. Hat
der allgemeine Satz als das Resultat der I. eine unterste
Art zum Subjekt, so genügt häufig eine einzige Beobachtung: «Aliquando universale quod debet induci habet pro
subiecto speciem specialissimam et ad habendam cognitionem de tali universali frequenter sufficit inducere per
unam singularem» [24]. Hat er dagegen ein Subjekt, das
verschiedenen Arten gemeinsam ist, so müssen wir viele
Beobachtungen und Erfahrungen machen, wenigstens
eine für jede Art [25]. Ockham unterscheidet den I.-
Schluß vom Syllogismus dadurch, daß die I. nicht durch
ein inneres Medium, wie der Syllogismus, sondern durch
ein äußeres schließt, nämlich dadurch, daß alle Wirkenden derselben untersten Art eine Wirkung von derselben
Wesensart bewirken: «Et tenet ista consequentia non per
aliquod medium intrinsecum quo adiuncto esset syllogismus, sed tenet per medium extrinsecum, scilicet per
illud: omnia agentia eiusdem speciei specialissimae sunt
effectiva effectum eiusdem rationis» [26]. – Auffallend
sind die ausführlichen Überlegungen, die Ockham über
den Wahrheitswert induktiv gewonnener Sätze anstellt.
So fragt er nach der Wahrheit der Allgemeinaussage,
wenn das Einzelne wahr ist und umgekehrt, dabei hängt
die Antwort davon ab, ob es sich um Aussagen über
Vergangenes und Gegenwärtiges [27] oder um Zukünftiges [28], um Modalsätze [29], um Sätze über Mögliches
[30] oder Kontingentes [31] handelt und ob die Allge-

meinaussage auf endlich oder unendlich vielen Einzelnen
oder auf gar keinen beruht.

In der Philosophie der *Renaissance* tritt die I. lediglich
in rhetorischer Bedeutung auf wie bei L. VALLA [32],
oder sie wird auf die dialektische Argumentation eingeschränkt. Im letzteren Sinne versteht L. VIVES die I.,
wenn er definiert: «Epagoge est similium enumeratio
partium, que per collationem eò pervenit, quo intendit»
(I. ist die Aufzählung ähnlicher Teile, welche durch
Sammlung dorthin gelangt, wohin sie strebt) [33]. I. ist
von gleichartiger Natur wie die Aufzählung (enumeratio)
[34]. PETRUS RAMUS zählt die I. ausdrücklich zur Logik
[35] und versteht sie ebenfalls nominalistisch nicht als ein
Aufsteigen vom Einzelnen zum Allgemeinen, sondern
als «partium enumeratio ad totum concludendum» (Aufzählung der Teile, um auf das Ganze zu schließen) [36].
Im Anschluß an Aristoteles' Beispiel des I.-Schlusses [37]
begreift er die I. als unvollkommenen Schluß (syllogismus imperfectus) [38]. Die für die Renaissancephilosophie typische Auffassung der I. als bloßer Aufzählung
von Teilen findet bei MARIUS NIZOLIUS ihren rhetorisch-
polemischen Ausdruck: «Sed ego vos ô Dialectici, ô Me-
taphysici, ô Philosophastri ... liberabo, ... nulla [sunt]
neque [ponuntur] universalia. Non enim de universalibus
sed de universis fiunt demonstrationes et syllogismi, nec
quemadmodum vos dicitis in argumentando fit progressus aut per syllogismum ab universalibus ad particularia
sed ab universis ad singula, aut per i. à particularibus ad
universalia sed à singulis ad universa» (Aber ich befreie
euch, o Dialektiker, o Metaphysiker, o Philosophaster
... die Universalien sind nichts und werden nicht gesetzt.
Denn nicht von Universalien, sondern von [kollektiven]
Gesamtheiten her werden Beweise und Schlüsse gemacht,
und es geschieht nicht, wie ihr sagt, im Argumentieren
ein Fortgang entweder durch den Syllogismus von
Universalien zu besonderen Dingen, vielmehr von den
Gesamtheiten zu den Einzelnen, oder durch die I. von
den besonderen Dingen zu den Universalien, vielmehr
von den Einzelnen zu den Gesamtheiten) [39].

Daß ein derart verkürztes Verständnis der I. der Naturwissenschaft nicht dienlich sein konnte, zeigt sich an
der scharfen Ablehnung durch GALILEO GALILEI. Für ihn
ist die I. unmöglich, wenn die einzelnen Fälle unzählbar
sind, und unnötig, wenn sie zählbar sind, da dann im
Schluß nur wiederholt wird, was in den Prämissen steht:
«egli non intende che l'i., quando avesse a passare per
tutti i particolari, sarebbe impossibile o inutile; impossibile, quando i particolari fussero innumerabili; e quando
e' fussero numerabili, i considerargli tutti renderebbe
inutile o, per meglio dire, nullo concluderlo per induzione» [40].

Anmerkungen. [1] ABAELARD, Tract. III, topica II, f. 182v.
Dialectica, hg. L. M. DE RIJK (Assen 1956) 463. – [2] GILBERT DE
LA PORRÉE, Comm. in lib. de hebdom. MPL 64, 1316 c. – [3] JO-
HANNES VON SALISBURY, Metalogicus IV, 8. Opera omnia, hg.
J. A. GILES (Oxonia 1848, ND 1969) 165. – [4] ALBERTUS MAGNUS,
In topica I, tract. 3, cap. 4. – [5] In pr. anal. II, tract. 7, cap. 4. –
[6] a. a. O. cap. 5. – [7] cap. 4. – [8] In top. I, tract. 3, cap. 4. –
[9] In pr. anal. II, tract. 7, cap. 4. – [10] In post. anal. II, tract. 5,
cap. 1. – [11] A. MANSION: L'i. chez Albert le Grand. Rev. néo-
scolast. 13 (1906) 115-134. 246-264. – [12] THOMAS VON AQUIN, In
Post. Anal. 1, 1 (11); vgl. 1, 22 (185) 1, 30 (251); In Ethic. 6, 3
(1148); S. contra gent. I, 13; 2, 80; 3, 37. – [13] In Post. Anal. 1,
30 (253). – [14] ebda. (252). – [15] 1, 1 (12); vgl. 2, 4 (446). –
[16] DUNS SCOTUS, Super pr. anal. II, q. 8 = Opera omnia (Lyon
1639, ND 1968) 341. – [17] ebda. – [18] Quaest. in lib. III sent.,
d. 24, q. 1, 19 = 7/1, 486. – [19] ebda.; vgl. Quaest. in Met.
Arist. q. 4, schol. 2 = 4, 531. – [20] WILHELM VON OCKHAM, S.
log. II, 3, cap. 31 = Opera philos. et theol., cura Inst. Franciscani
(St. Bonaventura, N. Y. 1974) 707. – [21] ebda. – [22] ARISTOTELES,
Met. I und Anal. post., Schluß. – [23] OCKHAM, a. a. O. [20] III,

2, cap. 4 = 511. – [24] Expos. sup. phys. Arist., Berlin cod. el. 974, 122 c., zit. L. BAUDRY: Lex. philos. de G. d'Ockham (Paris 1958) 121; vgl. S. log. III, 2, cap. 10 = 523. – [25] Exp. sup. phys. Arist. ebda.; S. log. ebda. – [26] Quaest. in IV sent. lib. I, prolog. q. 2. Opera philos. et theol. (St. Bonaventure N. Y. 1967) 91f. – [27] S. log. III, 3, cap. 32 = 708ff. – [28] ebda. = 709. – [29] cap. 33-34 = 714-718. – [30] cap. 35 = 718ff. – [31] cap. 36 = 720f. – [32] L. VALLA: Romani dialect. disp. (Coloniae 1541) cap. 16 = 512; vgl. PRANTL, a. a. O. [22 zu 1] 4, 167. – [33] L. VIVES: De disciplinis (Lugduni 1551) 547. – [34] a. a. O. 606. – [35] PETRUS RAMUS, Schol. dial. (Francoforti 1594, ND 1965) 310. – [36] a. a. O. 288; vgl. 310. – [37] ARISTOTELES, a. a. O. [21 zu 1]. – [38] RAMUS, a. a. O. [35] 310; vgl. 288. – [39] MARIUS NIZOLIUS: De veris principiis et vera ratione philosphandi contra pseudo-philosophos, hg. Q. BREEN (Rom 1956) 1, 77. – [40] G. GALILEI: Riposta a Vincenzo di Grazia. Opere, hg. E. ALBÈRI 12 (Florenz 1854) 513.

Literaturhinweise. A. MANSION s. Anm. [11]. – S. VANNI-ROVI-GHI: Concezione aristotelico-tomistica e concezione moderne dell'i. Riv. Filos. neoscolast. (1934) 578-593. – P. H. CONWAY: I. in Aristotle and St. Thomas. Thomist 22 (1959) 336-365.
R. RUŽIČKA

II. *Neuzeit.* – ‹I.› im weitesten Sinn heißt jeder nicht-deduktive Übergang von einer Prämisse oder Prämissen-konjunktion zu einer Konklusion, bei dem die Wahrheit der Prämissen Evidenz für die Wahrheit der Konklusion ist. Gewöhnlich wird verlangt, daß die Prämissen empi-risch sind, was die sogenannte «mathematische I.» (s. u. III) ausschließt. Ob der Übergang von empirischen Sät-zen, insbesondere den eine Theorie beobachtungsmäßig stützenden Sätzen, zu einer Theorie, die auch nicht-em-pirische Sätze enthält, als I. bezeichnet werden soll, ist umstritten.

Es seien P und Q zwei Klassen von Dingen, z. B. die Klasse der blauäugigen und die Klasse der blonden Men-schen. Der Prototyp eines induktiven Überganges hat die Form: «m% aller *beobachteten P's* (Elemente von P) sind Q's», also «m% *aller P's sind Q's*». Hiebei ist m eine Zahl, die, einschließlich der Grenzen, zwischen 0 und 100 liegt.

Die einfachste induktive Methode ist die sogenannte *inductio per enumerationem simplicem* oder «*aufzählende I.*»: Man geht von einer bloßen Aufzählung von P's, die zugleich Q's sind, zu der Behauptung über, daß alle P's zugleich Q's sind. Ein derartiges, von keinerlei wei-teren Vorsichtsmaßnahmen begleitetes Schließen, ist ge-wiß höchst unzuverlässig und wird von FR. BACON [1] als «kindisch» verworfen. Er selbst legt den Grundstein zu der sogenannten *Eliminationstheorie* der I., die von J. ST. MILL [2] ausgebildet und z. B. von H. VON WRIGHT [3] fortgebildet wurde. BACONS fundamentale Annahmen sind das Prinzip, daß ein allgemeiner empirischer Satz durch einen einzigen negativen Fall falsifiziert wird, und ein nicht klar formuliertes Prinzip der Naturuniformität. Ein solches Prinzip liegt auch der Eliminationstheorie Mills zugrunde. Es besteht, wie J. M. KEYNES [4] zeigt, in einer besonders starken Annahme, nämlich, daß es nur endlich viele Ereignisarten gibt und daß jede von ihnen in eine endliche Zahl von letzten Elementen zer-legbar ist. Hiezu tritt noch die weitere Annahme, daß jedes Naturgesetz einen kausalen Zusammenhang aus-drückt, wobei eine Ursache als eine faktisch (nicht logisch) notwendige und hinreichende Bedingung der Wirkung analysiert wird. Unter diesen Voraussetzungen stellt MILL vier «Methoden der Experimentalforschung» auf. Die erste ist die sogenannte «Methode der Über-einstimmung»: «Wenn zwei oder mehr Einzelfälle des untersuchten Phänomens nur einen Umstand gemein haben, dann ist der Umstand, in dem allein alle Einzel-fälle übereinstimmen, die Ursache (oder die Wirkung)

des gegebenen Phänomens» [5]. Bei diesen Methoden kommt es entweder auf die ständig gemeinsame An-wesenheit, Abwesenheit oder Variierung (zweier Um-stände) an, die für Mill die Kriterien und auch der Sinn von ursächlichen Zusammenhängen sind. Die Voraus-setzungen und die Einzelheiten der eliminatorischen I. Mills werden in fast jedem einschlägigen Lehrbuch als unzulänglich kritisiert. Doch finden diese Methoden in den mehr klassifikatorischen Wissenschaften und der medizinischen Diagnostik ihre Anwendungen.

Neben den aufzählenden und eliminatorischen I. sind die *Wahrscheinlichkeits-I.* zu nennen, die unter Be-nutzung eines mehr oder weniger axiomatisierten Wahr-scheinlichkeitsbegriffs von empirischen Prämissen zu empirischen Konklusionen fortschreiten. Es sind hier besonders zwei Typen von Wahrscheinlichkeitsbegriffen zu unterscheiden, nämlich a) der in den Naturwissen-schaften durchwegs gebräuchliche Häufigkeitsbegriff und b) der sogenannte logische Begriff der Wahrscheinlich-keit [6].

Der *Häufigkeitsbegriff* der Wahrscheinlichkeit wird als Grenzwert einer unendlichen Reihe definiert, woraus folgt, daß ein ihn benützender Schluß von empirischen Prämissen zu empirischen Konklusionen nicht deduktiv ist: Aus gegebenen Wahrscheinlichkeiten von unendli-chen Experimentfolgen und den Axiomen einer einschlä-gigen Wahrscheinlichkeitstheorie folgen zwar andere Wahrscheinlichkeiten gewiß deduktiv. Um aber aus Sätzen über endliche Reihen von Experimenten mittels einer solchen Theorie zu anderen Sätzen über ebenfalls endliche Reihen zu gelangen, müssen die endlichen mit unendlichen Reihen identifiziert oder in sie eingebettet werden. Dieser Schritt – auch wenn er gemäß erprobten statistischen Schätzungsregeln gemacht wird – ist jedoch nicht deduktiv.

Mit dem sogenannten «logischen» Wahrscheinlich-keitsbegriff, neuerdings von WITTGENSTEIN, WAISMANN und besonders CARNAP entwickelt, mag es sich hier an-ders verhalten, da dieser Begriff als verallgemeinerter Deduktionsbegriff aufgefaßt wird. Carnaps Ziel [7] ist es, zu zeigen, daß die auf dem «logischen» Begriff der Wahrscheinlichkeit beruhende Theorie tatsächlich die von BACON erstrebte und von allen Mängeln gereinigte I.-Logik ist. Trotz der eindrucksvollen Fortschritte in dieser Richtung wäre eine philosophische Bewertung dieser noch nicht völlig ausgebildeten Theorie verfrüht. – Das gleiche gilt in noch höherem Maße für die Theorie der «sekundären I.» von empirischen Sätzen zu Theorien, die neben empirischen auch nicht-empirische Begriffe enthalten.

Von der Aufweisung der verschiedenen I.-Methoden, auf die in ihrer Gesamtheit, wie HUME sagt, nur ein «Narr oder ein Wahnsinniger» verzichten könnte, muß eine *philosophische Begründung* der I. scharf unterschie-den werden. Hume [8] hält sie für unmöglich: Daß die Zukunft in gewissen bekannten Zügen der Vergangen-heit gleichen muß oder daß ein allgemeines Kausal-prinzip oder ein anderes für die I. nötiges Uniformitäts-prinzip gilt, läßt sich nicht deduktiv begründen, da die Voraussetzungen einer solchen Begründung selbst einer deduktiven Begründung bedürfen, was zu einem unend-lichen Regreß führt. Wenn aber das fragliche Prinzip in-duktiv begründet wird, dann begründet man die I. durch I., d. h. man verwickelt sich in einen Zirkel. Was Hume hier zeigt, ist im wesentlichen, daß I. nicht auf Deduk-tion zurückgeführt werden kann.

Der Frage nach der Begründbarkeit der I. muß die

Klärung der Begründungsbegriffe vorausgehen, da, was in einem Sinn nicht begründbar ist, in einem anderen begründbar sein kann. KANT lehnt Humes Dichotomie aller Sätze in analytische Sätze a priori und in synthetische Sätze a posteriori ab und sieht das Kausalitätsprinzip als synthetischen Satz a priori an. Derartige Sätze werden nach Kant weder induktiv noch deduktiv, sondern durch sogenannte transzendentale Deduktionen begründet, deren Möglichkeit zumindest zweifelhaft ist. Kants transzendentale Deduktion des Kausalitätsprinzips scheint z. B. durch die bloße Existenz der *Heisenberg-Born-Jordan*schen Quantenmechanik widerlegt zu sein.

Wahrscheinlichkeitstheoretische Begründungen, die den Häufigkeitsbegriff der Wahrscheinlichkeit benützen, sind auch abzulehnen: Die Anwendbarkeit dieses Wahrscheinlichkeitsbegriffs auf die Erfahrung beruht, wie z. B. R. VON MISES [9] klar sieht, bereits auf einer I. und kann sie daher nicht ihrerseits begründen. Ob CARNAPS logische Wahrscheinlichkeitstheorie die I. auf einen erweiterten Deduktionsbegriff reduzierbar macht, kann – wie oben erwähnt – beim heutigen Stande der Forschung nicht entschieden werden. Nach WHEWELL [10] wird die I. durch ihren Zusammenhang mit hypothetisch-deduktiven Theorien begründet: I. ist ein methodisch geregeltes Erraten allgemeiner Sätze, das durch experimentell bestätigte deduktive Folgerungen aus ihnen bestätigt wird [11].

Ein pragmatischer Begründungsbegriff ist insbesondere von H. REICHENBACH formuliert worden [12]. Die I.-Annahme seiner Wahrscheinlichkeitstheorie ist – von gewissen Qualifikationen abgesehen – die folgende: Wenn eine Häufigkeitsfolge « überhaupt einen *Limes* der Häufigkeit hat, so muß es ein n geben derart, daß von da ab die Häufigkeiten $h^i (i > n)$ innerhalb des Intervalls $h^n \pm \delta$ liegen ». Die I.-Regel besteht wesentlich darin, eine Häufigkeit mit dem *Limes* der Häufigkeitsfolge, d. h. ihrer Wahrscheinlichkeit, zu identifizieren – wobei spätere Korrekturen immer zugelassen werden. Die pragmatische Begründung der I.-Regel besteht nun in der Behauptung, daß sie diejenige ist, die in jedem Fall den größten Erfolg verspricht: Wenn es keine konvergierenden Häufigkeitsfolgen gibt oder nur solche, die zu langsam konvergieren, dann können wir keine Voraussagen machen. Wenn es aber solche konvergierenden Häufigkeitsfolgen gibt, dann ist es ratsam, ihre Existenz anzunehmen. Nun wissen wir nicht, ob es sie gibt oder nicht. Es ist also jedenfalls ratsam, so zu handeln, *als ob* es sie gäbe, das heißt die I.-Regel anzuwenden. Wir « tasten einen Pfad und wir wissen: wenn wir überhaupt einen Weg durch die Zukunft finden können, dann geschieht es durch Tasten entlang diesem Pfad».

Es ist sogar möglich, den Begründungsbegriff so abzuschwächen, daß man I.-Schlüsse durch andere I.-Schlüsse begründet. Wenn die Verläßlichkeit einer I.-Methode angegriffen wird, so kann man ihre Verwendung manchmal durch eine diese Methode nicht benützende I. rechtfertigen. Wenn man zugibt, daß sich nicht alle I.-Methoden auf einmal rechtfertigen lassen, dann liegt kein Zirkel in dem Versuch, I. durch I. zu begründen [13].

Zusammenfassend läßt sich sagen, daß die Möglichkeit, das Begründungsproblem zu lösen, von den für seine Lösung geforderten Bedingungen abhängt. HUMES Lösbarkeitsbedingungen – die I. auf Deduktion zu reduzieren – sind innerlich widerspruchsvoll, andere Bedingungen sind erfüllbar. Zwischen den unerfüllbaren Bedingungen Humes und trivial erfüllbaren liegt ein ganzes Spektrum von Begründungsproblemen, die mehr oder weniger philosophisch anziehend sind. So wie der Begründungsbegriff ist auch der Begriff einer induktiven Logik vieldeutig. Wenn man unter einer induktiven Logik ein mehr oder weniger geregeltes – z. B. statistisches – Verfahren versteht, nicht-deduktiv von empirischen zu empirischen Sätzen überzugehen, dann gibt es eine induktive Logik oder sogar mehrere. Wenn man die an eine induktive Logik gestellten Forderungen strenger macht, dann ist sie vielleicht eine Sache der Zukunft, und wenn man diese Forderungen zu unmöglichen überspannt, dann kann es keine induktive Logik geben. Der Streit zwischen den « Induktivisten », die eine induktive Logik für möglich und begründbar halten, und den « Deduktivisten », die diese Ansicht verwerfen, ist, wenigstens zum Teil, ein Wortstreit.

Anmerkungen. [1] FR. BACON: Novum Organum (London 1620) 1, 105. – [2] J. ST. MILL: A system of logic 1. 2 (London 1843, ⁹1875). – [3] H. VON WRIGHT: The logical problem of I. (1941). – [4] J. N. KEYNES: A treatise on probability (1921). – [5] MILL, a. a. O. [2] III, 8. – [6] Vgl. R. CARNAP: Logical foundations of probability (1950) Kap. II. – [7] ebda. – [8] D. HUME: A treatise on human nature 1-3 (London 1739/40. – [9] R. VON MISES: Wahrscheinlichkeitsrechnung und ihre Anwendung in der Statistik und theoret. Physik (1931). – [10] WHEWELL: Novum organum renovatum (³1858). – [11] Vgl. Art. ‹Voraussage›. – [12] H. REICHENBACH: Wahrscheinlichkeitslehre (1935). – [13] M. BLACK: Problems of analysis (1954) Teil 3.

Literaturhinweise. J. M. KEYNES s. Anm. [4]. – H. JEFFREYS: Sci. inference (1931). – K. R. POPPER: Logik der Forschung (1935). – H. REICHENBACH s. Anm. [12]. – W. C. KNEALE: Probability and I. (1948). – R. CARNAP s. Anm. [6]. – G. H. VON WRIGHT s. Anm. [3]. – R. B. BRAITHWAITE: Sci. explanation (1953). – E. NAGEL: The structure of sci. (1961). S. KÖRNER

III. – 1. Das *mathematische* Prinzip der *vollständigen Induktion* (= v. I.) (des Schlusses von n auf $n + 1$) lautet:

Sei E_n eine Aussage über die natürliche Zahl n (etwa $n + 3 = 3 + n$). Es gelte: E_1 ist wahr, und wenn E_n wahr ist, so ist E_{n+1} wahr (für alle n). – Dann ist E_n wahr für alle n.

Dies Prinzip spielt eine Rolle beim Beweise der Rechengesetze für die natürlichen Zahlen, in der Zahlentheorie, wo man Teilbarkeitseigenschaften studiert, und schließlich überall, wo man die natürlichen Zahlen verwendet, um Elemente einer Menge oder eine Folge von Aussagen zu numerieren. Vor dem Beweis der Rechengesetze hat man natürlich Addition und Multiplikation zu definieren, und auch das geschieht induktiv. Das Schema der Definition durch v. I. sieht so aus:

Sei T_n die Menge der natürlichen Zahlen $< n$ und Z eine Menge. Sei Φ ein Funktional, das eine Abbildung von T_n in Z zu einer Abbildung von T_{n+1} in Z fortsetzt. Dann gibt es eine Abbildung f der Menge der natürlichen Zahlen in Z, so daß für alle n gilt $\Phi(f \mid T_n) = f \mid T_{n+1}$. ($f \mid A$ ist die Beschränkung von f auf A.)

Das Prinzip der v. I. ist der wesentliche Bestandteil der Axiomatik von G. PEANO für die natürlichen Zahlen:

I. 1 ist eine natürliche Zahl.

II. Wenn a eine natürliche Zahl ist, so ist a' (der « Nachfolger » von a) eine natürliche Zahl.

III. $a' \neq 1$.

IV. Wenn $a' = b'$, so $a = b$.

V. Sei A eine Menge natürlicher Zahlen mit den Eigenschaften: 1 gehört zu A; wenn a zu A gehört, dann auch a'. Dann besteht A aus allen natürlichen Zahlen.

Die induktive Definition der Addition und Multiplikation lautet nun:

$$a + 1 = a', \; a + n = (a + n)';$$
$$a \cdot 1 = a, \; a \cdot n' = (a \cdot n) + a.$$

Eine Erweiterung der v.I., die die transfiniten Ordinalzahlen einbezieht, ist die *transfinite I.* [1].

2. *Historisches.* – Einer längst widerlegten und doch immer wieder auftauchenden Behauptung von G. Vacca zufolge [2] wäre Francesco Maurolico (1494–1575) der Erfinder der v.I. Ein erster Gebrauch ist bereits bei Zenon nachzuweisen [3]. Einige Beispiele liest man auch bei Euklid [4]. Die weitaus tiefste Anwendung bis ins 19. Jh. enthält ein Fragment *pythagoreischer* Mathematik (Seiten- und Diagonalzahlen) [5]. Geschickte v.I. findet man auch bei al-Karajī (10.–11. Jh.), as-Samaw'al (gest. 1175) und Levi ben Gerson (12.–13. Jh.) [5a]. Explizit formuliert hat das Prinzip zuerst B. Pascal im Zusammenhang mit den Binomialkoeffizienten (1654) [6]. Weitere Anwendungsbeispiele sind zu finden in der Form der Regression bei P. Fermat [7], ferner sporadisch bei Jakob Bernoulli [8], Th. Simpson [9] und Castiglioni [10].

I. ist ursprünglich (im Gegensatz zu Deduktion) der Schluß von Besonderen aufs Allgemeine. Noch bis ins 19. Jh. sprachen die Mathematiker von (unzulässigen) I.-Beweisen, wenn man einen allgemeinen Satz durch Nachprüfung von Spezialfällen rechtfertigen wollte; v.I. war dann die Nachprüfung aller Spezialfälle. Dieser unfruchtbaren Schlußweise stellte A. G. Kästner (1794) [11] den Schluß von *n* auf *n* + 1 gegenüber, den er zwar nicht ‹I›, aber doch ein «genus inductionis» nannte. Gauss sagte bei gelegentlicher Anwendung der v.I. (1816): «Haecce inductio facile in demonstrationem convertitur per methodum vulgo notam» (Diese I. läßt sich leicht durch eine allgemeinbekannte Methode in einen Beweis umwandeln) [12]; C. G. J. Jacobi (1826) sprach im gleichen Zusammenhang von «einer schwierigen I., die durch die sogenannte Kaestnersche Methode ... zur Allgemeinheit erhoben werden kann» [13]. Immer noch ist I. etwas Anrüchiges, aber es gibt jetzt eine Methode, mit der manche I. sich rechtfertigen lassen. Der Schluß von *n* auf *n* + 1 heißt noch bei G. Peacock «demonstrative induction» [14], bei A. de Morgan «successive induction» oder «mathematical induction» [15] und erst 1887 bei R. Dedekind [16] ‹v.I.›. Im französischen Sprachgebiet hieß es noch lange «récurrence». Heutzutage läßt man die Adjektive meistens weg – die anrüchige alte I. ist ja aus der Mathematik verschwunden.

Anmerkungen. [1] Vgl. Art. ‹Mengenlehre› Nr. 11. – [2] G. Vacca: Bull. Amer. math. Soc. 16 (1909) 70-73; Rev. Mét. Morale 19 (1911) 32-35; Boll. bibl. Stor. Mat. 12 (1910) 33-35. – [3] Vgl. Art. ‹Zenonische Paradoxien›; Simplicius, In Phys. 140, 34. – [4] Vgl. H. Freudenthal: Zur Gesch. der v.I. Arch. int. Hist. des Sci. 22 (1953) 17-37, Abschn. 4. – [5] Vgl. Theon, Expositio rerum math. ad legendum Platonem utilium, hg. Hiller (1878) 42; Iamblichos, In Nikomachi arith. introd. lib., hg. Pistelli (1894) 91, 21; Proklos, In Platonis Rem Publicam, hg. Kroll (1899-1901) II, 24, 16-25, 13; 27, 1-29, 4. – [5a] R. Rashed: L'I. math.: al-Karajī, as-Samaw'al. Arch. Hist. exact sci. 9 (1972) 1-21 (z. T. mißverständlich; Autoren nur in Paraphrase zit.); N. L. Rabinovitch: Rabbi Levi ben Gerson and the origins of math. I. a. a. O. 6 (1970) 237-248. – [6] B. Pascal, Werke, hg. Brunschvicg/Boutroux 3 (1908) 456. – [7] Vgl. P. Fermat, Werke, hg. Tannery/Henry 2, 431. – [8] Jakob Bernoulli, Acta Eruditorum (1686) 360f. Opera 1, 282f. – [9] Th. Simpson: Treatise on algebra (London 1745) sect. 14-16. – [10] G. F. M. Castiglioni, Philos. Trans. 42 (1741/42) 91-98. – [11] A. G. Kästner: Anfangsgründe der Analysis endlicher Größen (³1794). – [12] C. F. Gauss, Werke 3 (1876) 163-196: § 12. – [13] C. G. J. Jacobi, Über Gauss' neue Methode, die Werte der Integrale näherungsweise zu finden. Werke 6 (1891) 3-11. – [14] G. Peacock: Treatise on algebra (ND 1940) 1, 300, Nr. 447f. – [15] A. de Morgan: Art. ‹Induction (math.)›, in: Penny Cyclopedia (London 1838). – [16] R. Dedekind: Was sind und was sollen die Zahlen? (1887) §§ 59. 80.

Literaturhinweise. F. Cajori: Origin of the name Mathematical Induction. Amer. math. Mthl. 25 (1918) 197-201. – H. Freudenthal s. Anm. [4]. – N. L. Rabinovitch s. Anm. [5a]. – R. Rashed s. Anm. [5a].
                 H. Freudenthal

IV. Unter I. versteht man in der *Biologie* die Wirkung, die von einem System auf ein anderes ausgeübt wird, wodurch in letzterem eine Änderung des Funktionszustandes herbeigeführt wird. Eine I. findet demnach statt zwischen zwei Systemen, die als Aktions- und Reaktionssystem bezeichnet werden, wobei die auslösende Komponente der Induktor ist. Bei einer gegenseitigen induktiven Beeinflussung der beiden Systeme kann von synergistischer I. gesprochen werden.

I.-Vorgänge lassen sich bei allen Lebewesen nachweisen. Sie wurden in erster Linie im sich entwickelnden Organismus untersucht. In diesem Zusammenhang sei vor allem auf die klassischen Versuche Spemanns (1869 bis 1941) und seiner Schule an Amphibienkeimen hingewiesen. Schon 1901 schloß Spemann aus Defektversuchen, daß die Bildung der Augenlinse vom Kontakt zwischen Epidermis und Augenbecher abhängig ist. Letzterer sendet spezifische Reize aus, auf die die Epidermiszellen mit Linsenbildung antworten. Wird im Experiment die Anlage des Augenbechers, also der Induktor, exstirpiert, so entsteht keine Linse [1]. Besondere Bedeutung erlangte die Erforschung der embryonalen I.-Prozesse durch weitere Experimente Spemanns [2], in denen er zeigen konnte, daß die einzelnen Bereiche des Wirbeltierkeimes auf frühen Entwicklungsstadien (Blastula – beginnende Gastrula) eine unterschiedliche Differenzierungsfähigkeit aufweisen. Das präsumptive Epidermis- und Neuralmaterial ist zu einer autonomen Differenzierung nicht fähig, es bedarf dazu eines Induktors. Dieser ist in der Normogenese die obere Urmundlippe, die während der Gastrulation in das Innere des Keimes verlagert wird und im darüberliegenden Ektoderm die Neuralplatte induziert. Die obere Urmundlippe wurde wegen ihrer «organisierenden Wirkungsweise» von Spemann 1918 als «Organisationszentrum» und ihre induktiv wirksame Komponente als «Organisator» bezeichnet. In weiteren Untersuchungen über die Wirkungsweise des Organisators zeigte es sich, daß dieser nicht artspezifisch ist und auch nach Abtötung noch induzieren kann. Weiter wurde erwiesen, daß die verschiedensten Gewebe adulter Tiere, ja sogar chemische Verbindungen in der Lage sind, den Organisator zu imitieren. Durch diese Befunde wurde schon Speman veranlaßt, den Begriff ‹Organisator› fallen zu lassen. Man kennt heute eine große Zahl von heterogenen Induktoren, die, wie aus vielen Experimenten hervorgeht, in gewissem Umfang regional spezifisch induzieren können. Durch die chemische Aufarbeitung solcher Induktoren hofft man die Zusammensetzung der Stoffe zu analysieren, die auch in der Normogenese für die Auslösung induktiv gesteuerter Differenzierungsvorgänge verantwortlich sind [3].

Die Aufgabe der I.-Stoffe scheint es zu sein, eine Deblockade der im Reaktionssystem bereitliegenden, aber inaktiven genetischen Information herbeizuführen. Dabei wird wahrscheinlich entweder direkt an den Strukturgenen angegriffen oder die Produktion von Regulatorgenen beeinflußt. Wesentlich erscheint, daß während der Entwicklung im Reaktionsmaterial sicher ebenfalls genetisch gesteuerte Vorgänge ablaufen, die dafür sorgen, daß die Kompetenz des reagierenden Gewebes für die verschiedenen Differenzierungsmöglichkeiten sich in den aufeinanderfolgenden Altersstadien dauernd ändert.

Während viele Aussagen über die I.-Vorgänge bei Wirbeltieren noch stark hypothetischen Charakter tragen, ist die Aufklärung des molekularen Hintergrundes von induktiven Prozessen bei Mikroorganismen weiter fortgeschritten. Monod und Cohn wiesen 1951 [4] nach, daß zu den in der Bakterienzelle ständig vorhandenen Enzymen andere hinzukommen können, die eine schnelle Anpassung an verschiedene Umweltbedingungen ermöglichen. Durch bestimmte Mechanismen wird dafür gesorgt, daß solche adaptiven Enzyme nur dann «induziert» werden, wenn die Zelle sie benötigt.

Bakterien werden normalerweise durch das Eindringen von Phagen und durch deren Vermehrung zur Auflösung gebracht; sie werden lysiert. Es kann aber auch vorkommen, daß ein Phage in das genetische System eines Bakteriums integriert wird und sich mit diesem repliziert. Ein solches Bakterium wird als lysogen bezeichnet, der Phage, dessen lytische Eigenschaften blockiert sind, als Prophage. Spontan kann der Prophage zur selbständigen Replikation zurückkehren und die Bakterienzelle lysieren. Außerdem ist es möglich, durch verschiedene chemische oder physikalische Methoden (z. B. Bestrahlung) den Übergang eines Prophagen in den lytischen Zustand zu «induzieren». Die Repressoren der lysogenen Bakterien sind in der Lage, die lytische Reaktion des Prophagen zu blockieren. Spontan oder induziert kann es zu einer Derepression kommen [5].

Bakterienzellen mit hoher Frequenz zur Rekombination (HFR-Zellen) können genetisches Material transferieren. Wird bei der Konjugation ein durch Ultraviolett induzierbarer Prophage in nicht-lysogene Bakterien übergeführt, so kann es zu einer «zygotischen» I. kommen, d. h. der transferierte Prophage geht in den lytischen Zustand über und löst die Rezeptorzelle auf, da dieser spezifische Repressoren, die eine Lyse verhindern, fehlen [6].

Anmerkungen. [1] H. Spemann: Über Korrelationen in der Entwickl. des Auges. Verh. anat. Ges. 15 (Bonn 1901) 61; Über Linsenbildung nach exp. Entfernung der primären Linsenbildungszellen. Zool. Anz. 28 (1905) 419. – [2] Über die Determination der ersten Organanlagen des Amphibienembryo I-VI. Arch. Entwickl.-Mech. 43 (1918) 448; H. Spemann und H. Mangold: Über I. von Embryonalanlagen durch Implantation artfremder Organisatoren. Arch. mikr. Anat. 100 (1924) 599; H. Spemann: Über Organisatoren in der tierischen Entwickl. Naturwissenschaften 12 (1924) 1092. – [3] H. Tiedemann: Über die chem. Natur der organdeterminierenden Stoffe beim Organisator-Effekt Spemanns. Verh. dtsch. Zool. Ges. (1961) 251; H. Tiedemann und H. Tiedemann: Das I.-Vermögen gereinigter I.-Faktoren im Kombinationsversuch. Rev. suisse Zool. 71 (1964) 117. – [4] J. Monod, G. Cohen-Bazire und M. Cohn: Sur la biosynthèse de la β-galactosidase (lactase) chez E. coli. La spécificité de l'I. Biochim. biophys. Acta 7 (1951) 585. – [5] A. Lwoff: L'I. Ann. Inst. Pasteur 84 (1953) 225. – [6] F. Jacob und E. L. Wollman: Sur le processus de conjugaison et de recombinaison génétique chez E. coli I. L'I. par conjugaison ou I. zygotique. Ann. Inst. Pasteur 91 (1956) 486.

Literaturhinweise. H. Spemann: Exp. Beiträge zu einer Theorie der Entwickl. (1936). – R. Rieger, A. Michaelis und M. M. Green: A glossary of genetics and cytogenetics (1968). – C. Bresch und K. Hausmann: Klass. und molekulare Genetik (1970). H. Engländer

Induktionismus (Induktivismus) ist jene namentlich auf F. Bacon [1] zurückgehende Auffassung, welche das Verhältnis von empirischem und theoretischem Wissen im Hinblick auf den Übergang von der Empirie zur Theorie mit Hilfe induktiver Prozesse zu erfassen versucht. Sie tritt mit dem Anspruch auf, in den Induk-

tionsregeln die logischen Prozesse des Entdeckens allgemeiner Gesetze gefunden zu haben. Schon Bacon betrachtete seine «Tafeln», die den Prototyp für die von J. Herschel [2] und vor allem von J. S. Mill [3] angeführten Methoden der Erforschung von Kausalzusammenhängen darstellen, als eine Darlegung von Entdeckungsmethoden; die induktive Logik wird dieser Auffassung zufolge als *Entdeckungslogik* betrachtet.

Die Linie des klassischen I. Bacon-Millscher Prägung, der die Induktion als logischen Prozeß der Folgerung oder Erlangung allgemeinen Wissens über die Gesetzmäßigkeit der Wirklichkeit aus dem Wissen über Einzelerscheinungen betrachtet, fand in W. Whewell [4] den profiliertesten Antagonisten, der für die einschlägige Diskussion im 20. Jh. die wohl großartigsten Vorarbeiten leistete. Zwar nannte auch Whewell seine induktive Logik «Entdeckungslogik», doch für ihn reduziert sich der Prozeß der wissenschaftlichen Entdeckung keineswegs auf das Sammeln, Kombinieren und Vergleichen empirischer Daten, wie bei Bacon und Mill; er betont nachdrücklich, daß die Formulierung von Gesetzen im Rahmen einer wissenschaftlichen Theorie die Bildung von Abstraktionen voraussetzt, die über die unmittelbar gegebenen Sinneseindrücke hinausgehen: «Induction is familiarly spoken of as the process by which we collect a *general proposition* from a number of *particular cases*: and it appears to be frequently imagined that the general proposition results from a mere juxtaposition of the cases, or at most, from merely conjoining and extending them. But if we consider the process more closely ..., we shall perceive that this is an inadequate account of the matter. The particular facts are not merely brought together, but there is a new element added to the combination by the very act of thought by which they are combined. There is a conception of the mind introduced in the general proposition, which did not exist in any of the observed facts» [5]. Dabei betont Whewell den hypothetischen Charakter der vorgeschlagenen Verstandesbegriffe, bezeichnet sie als Resultate eines Prozesses der Mutmaßung («conjecture») und erklärt, daß dieser Prozeß keinen bestimmten Regeln unterworfen werden kann. Nur die Überprüfung der unter Zuhilfenahme von konstituierenden Ordnungsbegriffen gebildeten und angenommenen Hypothesen und die Auswahl derjenigen, die sich bei der Überprüfung (der aus ihnen ableitbaren empirischen Konsequenzen) bestätigen lassen, unterliegen der logischen Kontrolle.

Charakteristisch ist in diesem Zusammenhang für Whewell auch dessen Ansicht über den Versuch des strikten Empirismus, das induktive Verhalten induktiv zu «rechtfertigen». Dieser Versuch läuft auf die Feststellung hinaus, daß das induktive Verhalten, das man in Gestalt eines Induktionsprinzips zu fixieren sucht, für ausreichend gesichert gehalten wird, weil es sich bisher so glänzend bewährt hat. Das Induktionsprinzip, das besagt, daß ein Gesetz dann gilt, wenn es in hinreichend vielen Fällen bestätigt wurde, soll gelten, weil es sich in hinreichend vielen Fällen bestätigt habe. Der «Schluß» vom bisherigen Erfolg auf künftigen Erfolg soll also darum zulässig sein, weil man bei seiner Anwendung bisher erfolgreich gewesen sei; das besagt aber nichts anderes, als daß das Induktionsprinzip gilt, weil es gilt. Nicht eine derartige induktive Stütze ist aber nach Whewell der Garant für die Richtigkeit von Extrapolationen, vielmehr können induktive Verfahren eine Stütze erst im Rahmen der Deduktion erfahren: «The doctrine which is the hypothesis of the deductive reasoning, is the inference of the inductive process. The special facts which are the basis of the inductive inference, are the conclusion of the train of deduction. And in this manner the deduction establishes the induction. The principle which we gather from the facts is true, because the facts can be derived from it by rigorous demonstration» [6].

Somit erweist sich Whewells «Entdeckungslogik» als Paradigma einer *Beweislogik* im modernen Sinne, einer Logik der Überprüfung der Entdeckung. Wie er – wenn auch ohne das Kantische Erbe, das er mit den ihm verwandten deutschen Philosophen J. F. FRIES [7] und E. F. APELT [8] teilt und dem gemäß die Entdeckung als Anwendung apriorischer Ideen auf das empirische Material verstanden wird – so betont auch die zeitgenössische Wissenschaftstheorie die Unhaltbarkeit des I.:

Der Zusammenhang mit der empirischen Basis wird nicht als psychologischer Zusammenhang von Begriff und Wahrnehmung verstanden, wie er durch den assoziativen Prozeß der Begriffsbildung im Sinne des I. aufgedeckt werden sollte, sondern als logischer Zusammenhang innerhalb des sprachlich formulierten Systems der jeweiligen Wissensinhalte [9]. – Theoretische Begriffe sind nicht «logische Konstruktionen» aus Sinnesdaten: «Ein Sinnesdatum präsentiert sich lediglich selber und sonst nichts; aber Beobachtung ist Wahrnehmung *von etwas*. Das wird so durch die Interpretation des Sinnesdatums mit Hilfe theoretischer Begriffe. Beobachtung setzt theoretische Begriffe voraus und schließt sie ein. Diese müssen deshalb einen eigenen Sinn haben und können ihn nicht erst durch Verknüpfung mit der Beobachtung erhalten. Diesen Sinn gibt ihnen die Konstruktion objektiver Gegenstände, die außer den Sinneseindrücken noch vorhanden sind» [10]. – Die Richtigkeit einer Hypothese wird nicht auf dem Wege bestimmt, auf dem sie gewonnen wurde, sondern bei ihrer Überprüfung; Entdeckungs- und Begründungszusammenhang («context of discovery» und «context of justification») sind heterogene Bereiche [11]. – Die induktive Methode ist keine eigene Erkenntnismethode neben der deduktiven: «Durch Induktion sollen aus den tatsächlich gemachten Erfahrungen Erkenntnisse gewonnen werden, die über diese hinausgehen. Induktion besteht in Extrapolation ... Weil die Extrapolierbarkeit darauf beruht, daß unter gleichen Bedingungen das Gleiche eintritt, kommt es darauf an, die Bedingungen eines zu extrapolierenden Geschehens festzustellen. Diese Bedingungen werden durch Schlußfolgerungen erkannt, sie werden mit Hilfe von Gesetzen und Einzeltatsachen erschlossen. Es gibt kein spezifisches induktives, nicht-deduktives Verfahren dafür ... Deduktion zusammen mit der Feststellung durch Beobachtung ist das ausschließliche Verfahren zur Begründung der Giltigkeit der Erfahrungserkenntnis» [12].

Sorgfältig vom Problem des I. zu unterscheiden ist das Problem der *Bestätigung* theoretischer Sätze durch Kenntnisse der empirischen Ebene und damit die Forschungsintention der modernen induktiven Logik, als deren Grundbegriff eben die logische Relation der Bestätigung zu betrachten ist [13]. Auch die Gegner der induktiven Logik stehen – nur in anderer Terminologie – dem vor allem von D. HUME [14] aufgeworfenen Problem der Rechtfertigung und der differenzierenden Abwägung von Extrapolationen gegenüber, sobald von alternativen Hypothesen die Rede ist, welche mehr oder weniger mit Erfahrungstatsachen in Einklang stehen [15].

Anmerkungen. [1] F. BACON, Novum Organum I. – [2] J. HERSCHEL: Preliminary discourse on the study of natural philos. (London 1830). – [3] J. S. MILL: A system of logic (London 1843; dtsch. 1886, ²1968) III, bes. 3. 21. – [4] W. WHEWELL: The philos. of the inductive sci., founded upon their hist. 1. 2 (London 1840) bes. Teil II; dieser erschien anläßlich der 3., rev. und erw. Aufl. gesondert als ‹Novum Organon Renovatum› (London 1858); zur Wiss.theorie Whewells vgl. bes. C. J. DUCASSE: William Whewell's philos. of sci. discovery, in: E. H. MADDEN (Hg.): Theories of sci. method: The renaissance through the 19th century (Seattle, Wash. 1960) 183-217; zur Wirkungsgesch. Whewells im dtsch. Sprachraum vgl. R. HANSEN: Der Methodenstreit in den Sozialwiss. zwischen G. Schmoller und K. Menger. Seine wiss.hist. und wiss.theoret. Bedeutung, in: Stud. zur Wiss.theorie, hg. A. DIEMER 1 (1968) 137-173. – [5] WHEWELL, a. a. O. (1840) 2, 213. – [6] 2, 257. – [7] J. F. FRIES: System der Logik (1811, ²1914). – [8] E. F. APELT: Die Theorie der Induction (1854). – [9] Vgl. dazu V. S. ŠVYRJEV: Einige Fragen der log.-methodol. Analyse des Verhältnisses von theoret. und emp. Wissensebene, in: Stud. zur Logik der wiss. Erkenntnis (russ. Moskau 1964, dtsch. 1967) 72-112. – [10] V. KRAFT: Die Grundl. der Erkenntnis und der Moral (1968) 51; vgl. auch C. G. HEMPEL: The theoretician's dilemma, in: Minnesota stud. in the philos. of sci. 2, hg. H. FEIGL/M. SCRIVEN/G. MAXWELL (Minneapolis 1958) 37-98. – [11] Vgl. H. REICHENBACH: Experience and prediction (Chicago/London 1938) Kap. 1, § 1. – [12] V. KRAFT: Das Problem der Induktion. Z. allg. Wiss.theorie 1 (1970) 71-82, bes. 81f.; vgl. dazu auch B. RUSSELL: Das menschl. Wissen (engl. London/New York 1948, dtsch. 1953) V. VI sowie A. W. BURKS: On the presuppositions of induction. Rev. of met. 8 (1955) 574-611. – [13] Vgl. H. REICHENBACH: The theory of probability (Berkeley 1949); R. CARNAP: Logical foundations of probability (Chicago 1950); The aim of inductive logic, in: E. NAGEL, P. SUPPES und A. TARSKI (Hg.): Logic, methodol., and philos. of sci. (Stanford, Calif. 1962) 303-318; R. CARNAP und W. STEGMÜLLER: Induktive Logik und Wahrscheinlichkeit (1959); N. GOODMAN: Fact, fiction and forecast (Cambridge, Mass. 1955) Kap. 3. 4; W. SALMON: Vindication of induction, in: H. FEIGL und G. E. MAXWELL (Hg.): Current issues in the philos. of sci. (New York 1961) 245-256; I. SCHEFFLER: The anatomy of inquiry (New York 1963) 291-326. – [14] Vgl. D. HUME: A treatise of human nature I, 1, 7; 3, 8; Enquiry conc. the human understanding 5, 1. – [15] Vgl. dazu K. R. POPPER: Logik der Forsch. (1935, ³1969) bes. Kap. 1; J. O. WISDOM: Foundations of inference in natural sci. (London 1952) II-IV; I. LAKATOS: Popper on demarcation and induction, in: P. A. SCHILPP (Hg.): The philos. of Karl Popper 1. 2 (La Salle, Ill. 1974) 1, 241-272.

Literaturhinweise. A. LALANDE: Les théories de l'induction et de l'expérimentation (Paris 1929). – W. DUBISLAV: Naturphilos. (1933) 4, 7. – G. H. VON WRIGHT: The logical problem of induction (Oxford 1941, rev. ²1957). – W. KNEALE: Probability and induction (Oxford 1949). – S. F. BARKER: Induction and hypothesis (Ithaca, N.Y. 1957). – M. BLACK: Induction and probability, in: R. KLIBANSKI (Hg.): Philos. in the mid-century (Florenz 1958) 154-163; Art. ‹Induction›, in: Encyclop. of philos., hg. P. EDWARDS (London/New York 1967) 4, 169-181. – Induction: Some current issues, hg. H. E. KYBURG jr./E. NAGEL (Middletown, Conn. 1963). – H. E. KYBURG jr.: Recent work in inductive logic. Amer. philos. Quart. 1 (1964) 249-287. – I. LAKATOS (Hg.): The problem of inductive logic (Amsterdam 1968). – B. JUHOS und W. KATZENBERGER: Wahrscheinlichkeit als Erkenntnisform (1970). – W. K. ESSLER: Induktive Logik. Grundl. und Voraussetzungen (1970); Wissenschaftstheorie III: Wahrscheinlichkeit und Induktion (1973). – E. E. HARRIS: Hypothesis and perception. The roots of sci. method (London 1970). – M. SWAIN (Hg.): Induction, acceptance, and rat. belief (Dordrecht/ Boston 1970). – L. FOSTER und J. W. SWANSON (Hg.): Experiments and theories (Amherst 1970).   K. ACHAM

Industrie (ital. industria, frz. industrie, engl. industry). ‹I.› heißt heute «die gewerbliche Verarbeitung von Rohstoffen und Halbfabrikaten zu Produktions- und Verbrauchsgütern, soweit sie im Unterschied zum Handwerk in Fabrikbetrieben oder im Verlagssystem vor sich geht» [1]. Der Begriff kommt von lateinisch ‹industria›, Fleiß, Geschick, Sorgfalt, Betriebsamkeit [2]. Der moderne I.-Begriff entwickelt sich also aus einer Bezeichnung moralischer Eigenschaften, die noch keine Lokalisierung der Verwendung dieser Eigenschaften zuläßt.

Im *deutschen* Sprachraum vollzieht sich dieser Bedeutungswandel parallel zum Prozeß der Industrialisierung selbst, also im 19. Jh. Noch 1783 vermerkt KRÜNITZ: «In der gemeinen Sprache übersetzt man dieses Wort bald durch Geschicklichkeit, bald durch Arbeitsamkeit, Arbeitstrieb, Betriebsamkeit, Emsigkeit, Gewerbsamkeit, Kunstfleiß und dergleichen. In der Finanzsprache aber erschöpft keines dieser deutschen Wörter völlig den Begriff, den der Franzose mit dem Worte I. verbindet, nämlich den Begriff eines erfinderischen Fleißes, wobei man alle Vorteile seiner Kunst oder seines freien Gewerbes zu der Absicht anwendet, sich vermittels seiner Arbeit ein solches Äquivalent zu verschaffen, wodurch sich alle Bedürfnisse befriedigen lassen. Man behält daher, wenn vom Finanzwesen und der Staatswirtschaft die Rede ist, gemeiniglich auch im Deutschen das kräftige Wort I. bei und versteht darunter den betriebsamen Fleiß der freien Arbeiter und der Kaufleute, nebst dem sogenannten savoir faire oder der Geschicklichkeit, aus allen sich darbietenden günstigen Umständen den möglichsten Vorteil zu ziehen. Und in diesem Sinne setzt man die I. dem wirklich vorhandenen Vermögensbestande an Kapitalien und liegenden Gründen entgegen» [3].

Entsprechend dem frühen Beginn industrialisierender Prozesse in England und Frankreich ist dort auch früher die moderne Bedeutung von ‹I.› oder zumindest ein Wortgebrauch, der in diese Richtung weist, bekannt. – Seit dem 14. Jh. ist das Wort ‹industrie› in *Frankreich* belegt. Die Entlehnung aus dem Lateinischen erfolgte offenbar im Zuge von Übersetzungen; so ist ‹I.› in der Bedeutung von «moyen ingénieux», «erfinderisches Hilfsmittel» bei P. BERSUIRE in seiner Livius-Übersetzung (zwischen 1352 und 1356) belegt [4]. Die gleiche Verwendung findet sich auch bei N. ORESME, etwa 1370–1382 [5]. Hier ist bereits die Richtung auf eine bestimmte Verhaltensweise dessen gegeben, der sich dieses Mittels als eines findigen und gewitzten Sich-zu-helfen-Wissens zu bedienen weiß: «activité intelligente et diligente, adresse à faire quelquechose». Die frühe Ausrichtung auf das Erfinderische ist insofern relevant, als dieser Bedeutungszweig in späterer Zeit eine weit mehr spezifizierte Rolle für den I.-Begriff spielen wird. Im 15. Jh. rückte der Begriff mit dem «à faire quelque chose», dem Anfertigen von irgendetwas, in die Nähe des Handwerklichen [6], z. B. «I. de charpentier», «art et I. de l'impression», «L'art et I. de navigaige de la mer» [7]. ‹I.› war somit Synonym von ‹mestier› und ‹art› in der Bedeutung von «Handwerk», und als solches rückte seine Wortbedeutung in die Nähe des *Gewerbefleißes*. Diese Einengung auf den ökonomischen Bereich hat der Begriff seitdem bewahrt. ‹I.› im Sinn von gewerbefleißiger Tätigkeit wurde im 16. und 17. Jh. präzisiert. Während sich die Bedeutungsnuancen der gewitzten «promptude à secourir» und der «invention» als dauerhaft erwiesen, wurde ‹I.› in zunehmendem Maße z. B. durch die Attribute ‹ruse›, ‹finesse›, und ‹savoir-faire› spezifiziert. Seit Ende des 16. Jh. wurden für eine Tätigkeit im ökonomischen Bereich damit bereits Wertungen vorgenommen: ‹finesse› bezeichnete einen Feinheitsgrad der I.; mit ‹ruse› und dem späterhin auch sprichwörtlich gewordenen ‹savoir-faire› oder auch ‹savoir-vivre› bewertete man kritisch ein mit List und Verschlagenheit arbeitendes Erfolgsstreben in Zusammenhang mit I. In diesem Gebrauch schlug sich eine neue historische Erfahrung nieder: Man erntete Reichtum, Wohlstand und Sicherheit nicht mehr nur durch Besitz von Grund und Boden und unter der traditionellen Zuhilfenahme von alten Privilegien und Monopolen, die garantiert waren durch Präsenz obrigkeitlicher Gewalten innerhalb der ständischen Hierarchie; vielmehr begann jetzt vor allem das sich emanzipierende Bürger-

tum mehr und mehr auch dem Einsatz persönlicher Arbeit, eigener Willensstärke und Arbeitskraft ökonomischen Wert beizumessen und nahm dabei durchaus die Mittel des Verstandes, des Witzes zu Hilfe. Die Erwartungen, die man in die I., den Gewerbefleiß, setzte, entschieden die Wirtschaftsgeschichte im 18. Jh. 1615 fand ‹I.› als Terminus Aufnahme in die theoretischen Schriften der staatswissenschaftlichen Literatur. A. DE MONTCHRÉTIEN [8] hält die Verwendung der Menschen und das Wissen, sie der Öffentlichkeit und sich selbst nutzbar zu machen, für das Merkmal eines weisen Staatsmannes; um dahin zu gelangen, muß man nach seiner Ansicht die I. «füttern», d. h. sie wachsen lassen durch Belehrung und Übung, insbesondere muß dabei alle Nachlässigkeit gebannt werden; von dieser Reichtum und Blüte der Staaten im Wege stehenden Haltung muß man durch Appelle an Ehrgefühl und Profitstreben zur Arbeit hinlenken. Bemerkenswert erscheint hier, daß bereits frühzeitig die Ausbildung der I. als abhängig von Unterricht und praktischer Übung angesehen wird. – Sämtliche erwähnten Nuancen des I.-Begriffes scheinen während des 17. Jh. auch im *Italienischen* und *Spanischen* bekannt gewesen zu sein [9].

In *England* war ‹industry› bereits seit Beginn des 17. Jh. gebräuchlich und seit 1650 weit verbreitet. Man bediente sich des Wortes durchweg im gleichen Sinne wie im französischen Sprachgebiet als Bezeichnung für persönliche Qualitäten des wirtschaftenden Menschen. 1661 erscheint in London eine Schrift von TH. POWELL unter dem Titel ‹Humane Industry: or a History of most Manual Arts, deducing the Original, Progress and Improvement of them›, ein Abriß von Handwerken, gegliedert nach Herkunft der Werkstoffe und ihrer Anwendungsmöglichkeiten. An anderer Stelle wird im Jahre 1667 der Teil der Bevölkerung, der von seiner I. lebt, dem handeltreibenden Teil an die Seite gesetzt und im gleichen Zuge erklärt, daß «the business of nation» zum großen Teil in seinen Händen liege [10]. I. besteht nicht im bloßen Geschäftemachen, aber die Wirtschaft eines ganzen Volkes beruht auf ihr. Hier ist deutlich die so häufig geäußerte Ansicht des folgenden Jh. herauszuhören, daß die Blüte von Handel und Gewerbe einer Nation vom künstlerisch und erfinderisch inspirierten Gewerbefleiß ihrer Bevölkerung abhänge. Dieser Bedeutungszweig konsolidiert sich in der folgenden Entwicklung mehr und mehr. Im Traktat ‹Of Industry› des Londoner Theologen und Mathematikers ISAAC BARROW heißt es, seine Zeit verstehe unter ‹industry› ernsthafte und stetige Hingabe der Verstandeskräfte, verbunden mit strenger Schulung praktischer Fähigkeiten unter Verfolgung aller vernünftigen und nützlichen Pläne zwecks Vervollkommnung oder Erwerbung von Gütern; so sei z. B. ein Kaufmann «industrious», der eifrig und geschäftig fortfahrend seinen Handel antreibe, um Reichtum zu erwerben [11].

Bis zum beginnenden 18. Jh. ist ein deutsches Wort ‹I.› nicht nachgewiesen. Das lateinische ‹industria› findet sich hier und da, aber nicht in Beziehung auf den Gewerbefleiß. Erst 1733 vermerkt der Berliner Gymnasialdirektor J. J. FRISCH das französische ‹industrie›, welches er noch ganz im alten Sinn des lateinischen ‹industria› mit ‹Fleiß, Geschicklichkeit, Kunst› übersetzt. In bezug auf den Gewerbefleiß weiß Frisch nur den negativen Aspekt in der Bezeichnung ‹Chevaliers d'industrie› für «Leute, die sich mit bösen Griffen nähren» zu berücksichtigen [12]. Diese Bezeichnung wurde später in Deutschland geläufig und immer dann gebraucht, wenn man mit ihr eine Kritik am «savoir-faire» und «savoir-vivre» ausdrücken wollte. Darin tat sich die zunächst durchgehend beharrende Einstellung gegenüber einem neu heraufkommenden Verhältnis zur Arbeit kund. Das Erwerben von Reichtum und Ansehen auf Grund der Verdienste und des Erfolges eigener Tätigkeit, persönlichen Gewerbefleißes war zumindest den besitzenden Schichten nicht selbstverständlich. Die Pädagogen und Ökonomen der Aufklärung suchten die niederen Stände erst unter großen Schwierigkeiten dahin zu erziehen. Für eine Einbürgerung des I.-Begriffes nicht vor Mitte des 18. Jh. spricht der Umstand, daß ZEDLERS ‹Universallexikon› (1732 bis 1754) ‹I.› noch nicht erwähnt. Eine der frühesten Quellen, in welchen der Gebrauch des Wortes in der Bedeutung von «Gewerbefleiß» gesichert ist, sind die ‹Collectanea des Handels und Gewerbes›, die 1754 notieren: «Verhinderung von I. sind die auf den Fleiß der Menschen gesetzten Taxen». In der Folgezeit wurde der Terminus vornehmlich in den Schriften ökonomiebeflissener Aufklärer wie realistisch und philanthropisch gesonnener Pädagogen verwendet. Von hier aus gewann die I. für die Wirtschaftsentwicklung wesentlich vorbereitende Bedeutung in Zusammenhang mit der später aufkommenden Technologie, mit neueren Anschauungen und Arbeitsweisen in der Wirtschaft und mit der technisch-naturwissenschaftlichen Entwicklung überhaupt.

Zwei Schriften sind für die weitere Begriffsgeschichte im deutschen Sprachraum von besonderem Interesse. Das französisch verfaßte politische Testament FRIEDRICHS II. von 1752 verwendet ‹I.› bereits in zweifacher Bedeutung, in der von «Gewerbefleiß» und der von «Landes-I.» als einem übergeordneten Phänomen, wobei letzteres überwiegt [13]. PH. P. GUDEN bestimmt in ‹Polizey der I.›, einer Preisschrift der Königlich Großbritannischen Sozietät der Wissenschaften zu Göttingen aus dem Jahre 1766, ‹I.› als «künstlichen Fleiß oder den Fleiß in den Manufakturen und Fabriken» [14]. Dabei fällt auf, daß die I. im Gegensatz zum traditionell arbeitenden, durch Zünfte gebundenen Handwerk bei den freien Künsten, bei den Manufakturen und Fabriken angesiedelt wird, aus denen sich später das kapitalistisch organisierte Großgewerbe mit seiner arbeitsteiligen Produktionsweise und dem Zweck überregionalen Absatzes entwickelt, seit dem 19. Jh. ‹I.-Betrieb› genannt.

J. G. SCHLOSSER kommentiert die Möglichkeit, durch Handwerksfreiheit die I. zu vermehren [15]. Hier ist mit Sicherheit I. als Gewerbefleiß der zunftfreien Arbeiter zu verstehen. Das hat für die Begriffsgeschichte um so mehr Gewicht, als die Chancen der freien Fabrikation und ihres Absatzes die des stagnierenden Zunfthandwerks schnell überholen. Gleichwohl wurde die I. auch von der Polizeiwissenschaft unter dem Aspekt wirtschaftslenkender Maßnahmen beachtet. Nicht unwesentlichen Anteil an der Verbreitung des I.-Begriffes hatte der Protestantismus. Die I.-Schulbewegung gegen Ende des 18. Jh. war in erster Linie von protestantischen Geistlichen getragen.

Ein neueres Charakteristikum des Begriffes ist in der Zusammenschau von I. und Nation zu erblicken, die sich gegen Ende des 18. Jh. hin verdichtete und den Begriff der National-I. zuerst schuf und dann präzisierte. Dieser wurde mit einiger Wahrscheinlichkeit 1790 von F. V. REINHARD geprägt [16]. Bürgerliches Arbeitsethos in die christliche Sittenlehre einbeziehend, nahm er zu Fragen des Gewerbefleißes Stellung, und zwar in Hinsicht auf seine volkswirtschaftliche Rolle: «Zeigt sich das erfinderische Bestreben, überall wahre Verbesserungen anzubringen, bei allen Klassen eines Volkes, so ist dies Na-

tional-I.». Der Begriff steht hier offenbar im Vorfeld einer Nationalökonomie, die einige Zeit später L. H. JACOB als ein «System von Begriffen» bezeichnet, «worin die Natur des Volksreichtums, sein Entstehen und Vergehen, also gleichsam seine Physik auseinandergesetzt werden soll» [17].

Ohne Zweifel ist der wichtigste Aspekt des Begriffs der von der deutschen Aufklärungspädagogik erarbeitete Gesichtspunkt einer Erlangung von I. durch erzieherische Vermittlung und in gleicher Weise eines Aufstiegs zu höherer Bildung, zu höherer Volkskultur durch Wahrung des ihr innewohnenenden ökonomischen Charakters insofern, als man von der Ökonomie entscheidende Hilfestellung für den gesellschaftlichen Fortschritt erwartete. Bezüglich der Frage, ob I. in erster Linie traditionell als der eine wirtschaftende Person charakterisierende Gewerbefleiß oder bereits im Übergang zu den I.-Anlagen des 19. Jh. als Kollektivbegriff aufgefaßt wurde, vermitteln die Quellen das Bild einer ausgewogenen Situation: An vielen Stellen wird ‹I.› nur für Gewerbefleiß gebraucht, an anderen, ebenso häufigen, nur in der modernen Bedeutung. Das gilt auch noch für die I.-Schulbewegung der 80er und 90er Jahre des 18. Jh., deren Schwerpunkte um Würzburg, Göttingen und in Westfalen lagen, und ebenso für die sie einleitende und begleitende umfangreiche I.-Literatur (J. H. CAMPE, A. WAGEMANN, H. PH. SEXTROH, A. W. L. VANGEROW, B. H. BLASCHE u. a. [18]). Ein herausragendes Niveau erlangte dann der Begriff in den deutschen I.-Schriften aus dem ersten Jahrzehnt des 19. Jh., wo I. unter Einbeziehung der historisch orientierten Technologie wie der Planung für künftige Zeiten zu einer Geisteshaltung erhoben wurde, die in erster Linie ein Bewältigen der technischen und wirtschaftlichen Umwelt von seiten des einzelnen Menschen erwirken sollte.

Für HEGEL «enthält das Prinzip der I. das Entgegengesetzte dessen, was man von der Natur erhält ... In der I. ist der Mensch sich selber Zweck, und behandelt die Natur als ein Unterworfenes, dem er das Siegel seiner Thätigkeit aufdrückt» [19]. Zugleich rückte die Heranziehung solcher Kategorien die Anwendung des Begriffs bereits in jene Wirtschaftsphase, in der unsere heutige I. zu Hause ist. So soll bei SAINT-SIMON die industrielle Klasse, welche aus den Bauern, Handwerkern und Kaufleuten besteht, die erste Klasse in der Gesellschaft sein. Da alles in der Gesellschaft durch die I. geschehe, solle alles für sie geschehen, in dem Sinne, daß sich der menschliche Geist zum Begriff der gesamten industriellen Ordnung erhebe [20]. Von da ab setzte sich unter dem Einfluß der Technisierung und Massenproduktion schnell die moderne Bedeutung durch, welche in westeuropäischen Ländern, besonders in Frankreich und England, schon 100 Jahre früher bekannt war.

Anmerkungen. [1] So etwa BROCKHAUS Enzyklop. (¹⁷1966) 9, 97. – [2] E. FORCELLINI: Totius latinitatis lexicon, hg. J. FURLANETTO 2 (Prato 1865) ‹industria›. – [3] J. G. KRÜNITZ: Ökonom. Encyclop. 29 (1783) 708f. – [4] W. VON WARTBURG: Frz. etymol. Wb. 4 (1952) ‹industria – Betriebsamkeit›. – [5] a. a. O. – [6] G. CHASTELLAIN, Oeuvres compl. 1-5 (Chroniques) (Brüssel 1867) passim. – [7] Ordonnances des rois de France de la 3ᵐᵉ race, hg. PASTORET (Paris 1811-1835) 16, 612; 18, 114f. 632. – [8] A. DE MONTCHRÉTIEN: Traicté de l'œconomie polit., hg. TH. FUNK-BRENTANO (Paris 1889) 101. – [9] Vgl. die zahlreichen Synonyme in: Tesoro de las tres lenguas Espanola, Francesca y Italiana (Genf 1671) 1, 334; 2, 228; 3, 242. 430. – [10] Discourse of the relig. of England (1667), zit. bei H. HALLAM: The constitutional hist. of England (London 1827) 2, 522. – [11] zit. bei W. SOMBART: Der Bourgois (1920) 514. – [12] J. L. FRISCH: Nouveau dict. des passagers françois-allemand et allemand-françois (³1733) 222f. 959. – [13] Die polit. Testamente FRIEDRICHS des Großen, red. hg.

G. B. Volz (1920). – [14] Ph. P. Guden: Polizei der I. (1766) 3f. – [15] J. G. Schlosser, Kleine Schriften (1779-1794) 1, 133ff. – [16] F. V. Reinhard: System der christl. Moral (1790) 2, 458. – [17] L. H. Jacob: Grundsätze der National-Öconomie oder National-Wirtschaftslehre (1805) Vf. – [18] zit. bei F. Eulen: Vom Gewerbefleiß zur I. (1967). – [19] G. W. F. Hegel, Werke, hg. Glockner 11, 256. – [20] Saint-Simon: Catéchisme des industriels (1823/24), dtsch. in: G. Salomon: Saint-Simon und der Sozialismus (1919) 72. 103; vgl. auch den Begriff der «attraction industrielle» und der verschiedenen «fonctions industrielles» bei Ch. Fourier: Le nouveau monde industriel et sociétaire. Oeuvres compl. 6 (Paris 1845, ND 1966).

Literaturhinweis. F. Eulen s. Anm. [18]. F. Eulen

Inertialsystem (von lat. inertia, Trägheit) ist ein Bezugssystem der Mechanik, in dem das Galileische Trägheitsgesetz – der Schwerpunkt eines kräftefreien Körpers bewegt sich geradlinig gleichförmig – gilt. Jedes dagegen geradlinig gleichförmig bewegte System ist auch ein I. [1]. Praktisch gilt jedes gegen das Fixsternsystem ruhende oder geradlinig bewegte System als I.

Anmerkung. [1] I. Newton: Philos. nat. princ. math. (London 1687). Opera, hg. Horseley 5, 19.

Literaturhinweise. L. Lange: Das I. vor dem Forum der Naturforsch. Wundts philos. Stud. 20 (1902). – N. R. Hanson: The law of inertia – A philosopher's touchstone, in: Philos. of Sci. 30 (1963) 107-121. – M. Jammer: Concepts of mass in class. and modern physics (Cambr., Mass. 1961); dtsch.: Der Begriff der Masse in der Physik (1964). – Vgl. auch Lit. in Art. ‹Masse› und ‹Trägheit›. A. Kratzer

Infallibilismus (infallibilism). Mit diesem Terminus benennt Ch. S. Peirce (1839–1914) die Gegenposition zu dem von ihm selbst vertretenen Fallibilismus [1]. Der Ausdruck ‹I.› war im Englischen bereits gebräuchlich zur Bezeichnung des päpstlichen Anspruchs auf Unfehlbarkeit (engl. infallibility) [2], so daß erst nach dieser negativen Form die von Peirce ca. 1897 eingeführte positive Prägung ‹fallibilism› entstanden ist.

Während die typische Haltung des Wissenschaftlers für Peirce allein der Fallibilismus sein kann, glaube dagegen der Vertreter des «wissenschaftlich verkleideten» I., empirische Aussagen, die absolut gewiß sind, machen zu können. Er gehe dabei von einem mechanistischen Weltbild aus, worin Zufall (chance), Spontaneität und kosmische Evolution keinen Platz haben und in dem die Naturgesetze als gegeben und unerklärbar hingenommen werden müssen [3]. Als repräsentatives Beispiel des pseudowissenschaftlichen I. gilt Peirce L. Büchners Abhandlung ‹Kraft und Stoff›.

Daneben ist für Peirces eigenen Fallibilismus ein I. als erforderliches Komplement behauptet worden [4]. In der Tat ist Peirce der Auffassung, es sei infallibel und auch von jeder wissenschaftlichen Forschung vorausgesetzt, daß wir empirisches Wissen erlangen können. Aber – und in dieser Skepsis bewährt sich Peirces Fallibilismus – in keinem einzelnen Fall können wir als infallibel wissen, daß wir hier tatsächlich wissen. (Dieselbe Unterscheidung bei W. James (1896) in ‹The Will to Believe›: «To *know* is one thing, and to know for certain *that* we know is another» [5].) Demnach wäre I. eine Doktrin des «Wissens», Fallibilismus eine Doktrin des «Wissens von Wissen».

Eine ähnliche I.-Kritik wie Peirce formuliert H. Albert, der selbst im Gefolge von Peirce und K. R. Popper einen konsequenten Fallibilismus vertritt. Demnach ist der «klassische Rationalismus» als ein I. anzusehen, dem das (pseudoreligiösen) Bedürfnis nach Gewißheit entspringt und sich methodisch in (erfolglosen) Versuchen der «Letztbegründung», wissenschaftspraktisch in «Immunisierungsstrategien» zugunsten etablierter Theorien äußert [6].

Anmerkungen. [1] Der wohl früheste Beleg 1893: Ch. S. Peirce, Coll. Papers 8, 283; vgl. I. C. Lieb (Hg.): Ch. S. Peirce's letters to Lady Welby (New Haven 1953) 25. – [2] Vgl. Oxford Engl. dict. – [3] Peirce, Collected Papers 1, 172-175. – [4] D. Savan: Peirce's I., in: Studies in the philos. of Ch. S. Peirce 2 (Amherst 1964) 290-311. – [5] W. James, Writings, hg. J. McDermott (New York 1967) 723. – [6] H. Albert: Traktat über kritische Vernunft (1968) bes. 36. R. Heede

Infinitesimalrechnung

I. – ‹I.› bezeichnet die elementaren auf *Grenzwert*betrachtungen basierenden Abschnitte der Mathematik, vor allem die *Differential-* und *Integralrechnung* und die Lehre der *unendlichen Algorithmen* (insbesondere der unendlichen *Reihen*). Historisch gesehen war der intuitive Grundgedanke die I. die Zerlegung der geometrischen Figuren und der physikalischen Größen in «unendlich kleine» Elemente (*Infinitesimale*). Die Schwierigkeiten, die mit einer logisch zufriedenstellenden Rekonstruktion der hier zugrunde liegenden Vorstellungen verbunden sind, haben zu der langen, bewegten Geschichte der I. geführt und das philosophische Interesse an ihr hervorgerufen.

1. Nachdem die Entdeckung der Unmöglichkeit, das Verhältnis der Diagonale zur Seite eines Quadrats in rationale Zahl auszudrücken, zusammen mit den Kritiken von Parmenides [1] und Zenon [2], die Mathematik endlicher bzw. diskreter Art der frühen Pythagoreer (die sich die geometrischen Figuren als aus einer bestimmten Anzahl von *ausgedehnten, unteilbaren* Punkten bestehend vorstellten) in eine Krise geführt hatten, behaupteten die Eleaten die *stetige* Art der geometrischen Größen und die *Infinitesimalnatur* ihrer Elemente (Punkt, Gerade, Ebene). Das erschien plausibel als Folgerung aus der ideal unendlichen Teilbarkeit endlicher geometrischer Größen. Diese mußten dann eine *unendliche* Zahl von Elementen enthalten und deshalb die Elemente *unendlich klein* sein. Auch das erste Beispiel einer unendlichen *Reihe* ist auf die Eleaten zurückzuführen: nämlich die geometrische Reihe $(1/m + 1/m^2 + ... + 1/m^n + ...)$, die in den Paradoxien des Zenon auftritt. Auch andere griechische Autoren, z. B. Anaxagoras [3] und Demokrit [4], haben zum Problem der infinitesimalen Größen wichtige Überlegungen angestellt; insgesamt zog es die griechische Mathematik vor, den ausdrücklichen Gebrauch des Unendlichen und der unendlich kleinen Größen zu vermeiden, da sie wegen der Zenonschen Paradoxien und einiger fehlerhafter Anwendungen der Infinitesimalverfahren sowie auch wegen der kritischen Bemerkungen des Aristoteles über das aktuale Unendliche, mißtrauisch geworden war. Zu einer «finiten» Behandlung von Fragen infinitesimaler Natur (darunter die typischen Flächen- bzw. Rauminhaltsberechnungen) dient insbesondere die berühmte *Exhaustionsmethode* des Eudoxos, dem Archimedes die Entdeckung dieses Verfahrens zuschreibt. Obwohl keine Schriften von Eudoxos erhalten sind, vermutet man, daß die Proportionenlehre des Buches V der ‹Elemente› Euklids ihre ursprüngliche Eudoxische Form bewahrt hat, ferner daß eine Reihe von Sätzen des Buches XII, die durch Exhaustion bewiesen werden, auf Eudoxos zurückgehen. Eudoxos benutzt die unbegrenzte Teilbarkeit der geometrischen Größen in immer kleiner werdende Teile (gemäß dem nach Eudoxos-Archimedes benannten Postulat) und ersetzt direkte

Betrachtungen über das, was «beim Unendlichen» geschieht, durch reductio-ad-absurdum-Beweise. Gleichwohl enthält eine (bis 1906 verschollene) Abhandlung des ARCHIMEDES [5] ein Verfahren zur Berechnung von Flächen- und Rauminhalten, das diese Größen praktisch als aufgebaut aus infinitesimalen Bestandteilen auffaßt. Man sieht hier den Integralbegriff schon deutlich vorentworfen. In den Exhaustionsbeweisen, welche die in anschaulicher Weise erzielten Ergebnisse begründen, umreißt Archimedes auch den Weg, der dann zum Begriff des *Grenzwertes* und somit zur strengen Präzisierung des Integralbegriffes führte. Allerdings konzipierten die Griechen und deren Nachfolger bis zum 16. Jh. keinen Grenzwertbegriff, der mit der Ausführung einer unendlichen Zahl von Schritten verbunden war.

Anmerkungen. [1] PARMENIDES, VS B 4. – [2] ZENON, VS B 1-3. – [3] ANAXAGORAS, VS B 3. – [4] DEMOKRIT, VS B 155. – [5] ARCHIMEDES, De mechanicis propositionibus ad Eratosthenem methodus.

2. Das Erbe des Archimedes trat die Mathematik der Renaissance an. Ab etwa 1550 waren Infinitesimalprobleme (Flächen- und Körperberechnungen, Schwerpunktbestimmungen, d. h. die sogenannten *Quadraturen*) über 80 Jahre lang das Wirkungsfeld fast allein der italienischen Mathematiker (deren bedeutendster L. VALERIO [1] war), mit wenigen Ausnahmen, wie z. B. J. KEPLER (dem das erste Werk zuzuschreiben ist, das die Archimedischen Methoden zu verlassen beginnt [2]). Man bedient sich dabei einer verfeinerten Exhaustionsmethode und bereitet zugleich deren Überwindung vor. Ein wesentlich neues Verfahren allgemeiner Art, das auf der ausdrücklichen Verwendung von unendlich kleinen Größen basiert, erscheint mit der *Indivisibilienmethode* von B. CAVALIERI [3]. Sie beruht auf folgendem Grundsatz: «Wenn zwei in einer Ebene liegende, durch ein System von geraden Parallellinien durchschnittene Flächen auf jeder dieser Linien zwei gleiche Strecken herausschneiden, sind beide Flächeninhalte gleich; wenn die entsprechenden Strecken ein konstantes Verhältnis haben, besteht dasselbe Verhältnis zwischen den Flächeninhalten» [4]. (Dasselbe gilt für von einem System paralleler Ebenen durchschnittene Körper.) Diese Auffassung der geometrischen Figuren als bestehend aus *Unteilbaren*, welche in der Antike und im Mittelalter zumeist Ablehnung erfahren hatte, fand nun auch dank den Erklärungen G. GALILEIS [5] zum «aus unteilbaren, unendlich vielen Größen bestehenden Kontinuum» mehr Aufmerksamkeit. Galilei definierte diese Größen als Teile «*non quante*» (d. h. als Nicht-Null-Quantitäten, die kleiner als jede beliebige Größe sind). Deren Zahl sei stets größer als diejenige der «*quante*»-Teile, die man erhält, wie weit man die Unterteilung eines Kontinuums auch weiterführt, und damit zahlreicher als jede endliche, wenn auch noch so große Menge. Das erklärt das Vertrauen, mit dem B. CAVALIERI, E. TORRICELLI [6] und andere Schüler von Galilei die Methode der Indivisibilien anwandten. Allerdings gelang es ihnen nicht, sich in unanfechtbarer Weise über alle Einwände der zeitgenössischen Mathematiker hinwegzusetzen (unter denen die von P. GULDIN am bedeutendsten sind), weil sie es noch nicht fertigbrachten, Galileis Aussagen *mathematisch* korrekt zu fassen. Ab ca. 1635 greift die französische Schule in die Entwicklung der I. ein: Gelehrte wie G. P. ROBERVAL, P. FERMAT, B. PASCAL wenden die Methode der Indivisibilien bei der Berechnung neuer Quadraturen an und können damit eine große Anzahl von *Integrationen*, wie wir heute sagen, ausführen. PASCAL ist die wichtige Neuerung zu verdanken, die Indivisibilien als dimensionsgleich mit den Figuren, deren Bestandteile sie sind, aufzufassen (und nicht mehr als Größen mit einer Dimension weniger als jene); diese Voraussetzung war wesentlich, um die Figuren als «Summen» ihrer infinitesimalen Teile (entsprechend dem Begriff des *bestimmten Integrals*) betrachten zu können. Jedoch hätten die damaligen Methoden für die Quadraturen, indem sie für jedes einzelne Problem die direkte Berechnung der Grenzen einer Summe von unendlich vielen Gliedern notwendig machten, wegen der unüberwindlichen algorithmischen Schwierigkeiten bald zu einem Stillstand in der Entwicklung der neuen Rechnungsart geführt. Dieser Probleme war man enthoben, als man entdeckte, daß die Integration die Umkehrung einer anderen, analytisch weit einfacheren Operation, nämlich der Differentiation (Ableitung) ist. Damit lief das Problem, eine Funktion zu integrieren, darauf hinaus, eine andere Funktion zu finden, die die erste als Ableitung (Derivierte) annimmt. Die Entdeckung dieses Zusammenhanges konnte allerdings nicht dadurch erfolgen, daß man eine traditionell schon entwickelte Denkungsart weiter vertiefte, wie bei der Integration. Anlaß war vielmehr der Versuch, die folgenden beiden Probleme zu lösen: 1. das Problem, die Tangente zu beliebigen Kurven zu konstruieren, 2. das Problem, die Geschwindigkeit bei den ungleichförmigen Bewegungen zu bestimmen. Das erste Problem konnte nicht vor der Schaffung der analytischen Geometrie gelöst werden, die es erlaubte, einen allgemeinen Kurvenbegriff einzuführen (R. DESCARTES), das zweite Problem setzte das systematische Studium der ungleichförmigen Bewegungen durch Galilei voraus. Dem Ableitungsverfahren liegt die folgende Idee zugrunde: Falls bei einer Funktion $y = f(x)$ jedem unendlich kleinen *Inkrement* der Veränderlichen x (von einem Wert $x = a$ ausgerechnet) auch ein unendlich kleines Inkrement der Veränderlichen y (von $y = f(a)$ ausgerechnet) entspricht, dann bezeichnet man (mit einem von J. L. LAGRANGE eingeführten Wort) als *Derivierte* (oder auch *Ableitung*) von y (für $x = a$) den Quotient der unendlich kleinen Inkremente von y und x. Es ist offensichtlich, daß dieses Verhältnis mit der «Schnelligkeit» zu tun hat, mit der sich y bei Veränderung von x in der Nähe des Wertes a verändert. Ein solches Verhältnis unendlich kleiner Inkremente wird von FERMAT [7] zwischen 1630 und 1638 bei der Bestimmung von Maxima, Minima und Tangenten einer Kurve benutzt. Zur selben Zeit machte GALILEI [8] von demselben Verhältnis Gebrauch, um den Begriff der momentanen Geschwindigkeit und der Beschleunigung als stetiger Geschwindigkeitsveränderung bei den ungleichförmigen Bewegungen zu präzisieren. TORRICELLI [9] entdeckte dann das Inversionsverhältnis zwischen Differentiations- und Integrationsverfahren. Das Ergebnis, vor dessen Veröffentlichung Torricelli starb, entdeckte dann nach 20 Jahren I. BARROW [10] noch einmal. Barrow leistete auch einen bedeutenden Beitrag zur Technik der Differentiation. Noch immer faßten allerdings diese Autoren Differentiation und Integration als Mittel zur Lösung *geometrischer* Probleme auf. Es kam ihnen nicht zu Bewußtsein, daß sie neue Operationen vor sich hatten. Auch kam es zu keiner systematischen Aufstellung der zugehörigen *Rechenregeln*. Selbst der gefundene «Umkehrungssatz» konnte keine reichen Früchte tragen, solange er nicht als ein Analysislehrsatz erschien, der ein Verhältnis zwischen *Funktionen* bestimmte. Dies alles

ändert sich erst mit den Beiträgen von Newton und Leibniz, die deswegen mit Recht als die wirklichen «Begründer» der I. gelten.

Anmerkungen. [1] L. VALERIO: De centro gravitatis solidorum (Rom 1604). – [2] J. KEPLER: Nova stereometria doliorum vinariorum (Linz 1615). – [3] B. CAVALIERI: Geometria indivisibilibus continuorum nova quadam ratione promota (Bologna 1635, ²1653); Exercitationes geometricae sex (Bologna 1639). – [4] Geometria indivisibilibus continuorum ... 7, Satz 1 (freie Übers.) – [5] G. GALILEI: Discorsi e dimostrazioni mat. intorno a due nuove scienze (Leiden 1638); vgl. (Florenz 1929-39) 8, 68-85. – [6] E. TORRICELLI: Opera geometrica (Florenz 1644); Opere 1 (Faenza 1919) 1. 2 pass. – [7] P. FERMAT: Methodus ad disquirenda maxima et minima; de tangentibus linearum curvarum (1679); trotz dieser verspäteten Veröffentlichung ergibt sich aus dem wiss. Briefwechsel jener Zeit, daß Fermat das genannte Resultat schon in dem angeführten Zeitabschnitt kannte. – [8] Vgl. GALILEI, a. a. O. [5] 2, 261-266; 7, 46-52. 198-201; 17, 92f. usw. – [9] E. TORRICELLI, De motu graviorum. Opera geometrica a. a. O. [6]. – [10] I. BARROW: Lectiones opticae et geometricae (London 1670).

3. I. NEWTON schließt sich an die *kinematische* Anschauung, die mit der Derivation verbunden ist, an [1]: Galileis Vorstellungen aufgreifend, begreift er die *Veränderlichen* (*x*, *y*, *z* usw.) als Größen, die sich im Laufe der Zeit ändern, und nennt sie deshalb *Fluenten*. So entsprechen den einzelnen Zeitpunkten verschiedene Veränderungsgeschwindigkeiten der Fluenten, die er *Fluxionen* nennt (und mit $\dot{x}, \dot{y}, \dot{z}$ usw. bezeichnet) und die später die *Ableitungen* jener Veränderlichen nach der Zeit heißen. (Diese Terminologie geht – trotz der begrifflichen Unterschiede – auf die Aristotelische Vorstellung der kontinuierlichen, durch «Bewegung» erzeugten Größen zurück, an welche die mittelalterlichen Ausdrücke ‹forma fluens› bzw. ‹fluxus formae› anknüpften.) Die Fluxionen sind wiederum variable Größen, daher können Fluxionen von Fluxionen (mit $\ddot{x}, \ddot{y}, ..., \dddot{x}$, $\dddot{y}$, ... usw. bezeichnet) gebildet werden, die man «Derivierte höherer Ordnung» nannte. Newton bestimmt dann in deutlicher, allgemeiner Weise das inverse Verhältnis zwischen Differentiation und Integration und kann unter Benutzung dieser Tatsache viele *Kurvenquadraturen* (Integrationen) ausführen. G. W. LEIBNIZ [2] knüpft dagegen an die mit der Ableitung verbundenen *geometrischen* Vorstellungen an und nimmt das «Problem der Tangenten» wieder auf. Er betrachtet das Inkrementenverhältnis, das die Derivierte bestimmt (wovon oben schon die Rede war) und führt dafür die seitdem übliche Ausdrucksweise dy/dx ein. Er nennt die Ausdrücke dx und dy ‹*Differentiale*› oder ‹*Unendlichkleine*›, die Derivierte ‹*Differentialquotient*› und ‹*Differentialrechnung*› das Operieren nach den für die neuen Symbole geltenden Regeln. Auch er zieht wieder den Umkehrungssatz zur Differentiation bzw. Integration heran und analysiert sorgfältig die Integration, wobei er die heute übliche Schreibweise $\int y\,dx$ einführt. Von den neuen Algorithmen macht er vielfältige Anwendungen in der Geometrie.

Ohne den berühmten Streit zwischen Newton und Leibniz um die Priorität bei der Entdeckung der I. hier im einzelnen darzulegen, darf man vielleicht behaupten, daß Newton die größere mathematische Genialität zeigte, während den Ansatz von Leibniz größere begriffliche Deutlichkeit, allgemeine Anwendungsfähigkeit und eine *bewußt algorithmische* Anlage auszeichnen. Daher griff die nachfolgende Entwicklung der I. viel mehr auf Leibniz zurück, und zwar sowohl in der Terminologie (auch der Fachausdruck ‹Funktion› wird erstmals von Leib-

niz verwendet) als auch für die Formeln und Rechenregeln. Die großen nachfolgenden Mathematiker: von den Brüdern JAKOB und JOHANN BERNOULLI (auf ersteren geht der Terminus ‹Integral› zurück) über G. F. DE L'HÔPITAL (dem Autor der ersten Abhandlung, in der das neue Fach ‹Analysis› betitelt wird [3]) bis zu L. EULER schlossen sich alle Leibniz an, während die englische Schule auf die eleganten analytischen Methoden des europäischen Festlandes verzichtete und auf der Basis mühsamer geometrischer Darstellungen keine mit Newton vergleichbaren Gipfelpunkte erreichte.

Anmerkungen. [1] I. NEWTON: Tractatus de quadratura curvarum (1704); De analysi per aequationes numero terminorum infinitas (1711); Methodus fluxionum et serierum infinitarum (1736); diese drei Abh. mit Resultaten, die Newton bereits ab etwa 1665 erreicht hatte, wurden zusammen in den Opuscula (Lausanne/Genf 1774) neu hg. – [2] G. W. LEIBNIZ: Nova methodus pro maximis et minimis itemque tangentibus ... Acta Eruditorum (1684); De geometria recondita ... a. a. O. (1686); Specimen novum analyseos pro scientia infiniti ... a. a. O. (1702); Nova calculi differentialis applicatio ... a. a. O. (1694) usw.; aus handschriftl. Noten ergibt sich, daß Leibniz schon seit etwa 1673 im Besitz seiner Differentialsymbolik war. – [3] G. F. DE L'HÔPITAL: Analyse des infiniment petits (Paris 1696).

4. Eine besondere Behandlung verdient der Begriff der *unendlichen Reihe*. Anschaulich kann man sich eine unendliche Reihe als eine unendliche Summe von Gliedern vorstellen, die im Gegensatz zu den Verhältnissen beim Integral keine unendlich kleinen Teile, sondern endliche Größen sind. Schon die Griechen hatten, bei Untersuchungen über die «geometrische Reihe», entdeckt, daß eine unendliche Summe von Gliedern, die immer kleiner werden, *konvergent* sein, d. h. einen endlichen Wert haben kann (wie z. B. $\frac{1}{2} + \frac{1}{4} + ... + \frac{1}{2^n} + ... = 1$). Einen großen kritischen Schritt vorwärts bedeutete es, als P. MENGOLI [1] bewies, daß diese Bedingung, wenn auch notwendig, für die Konvergenz nicht hinreichend ist, und zwar anhand der «harmonischen Reihe» ($1 + \frac{1}{2} + \frac{1}{3} + ... + \frac{1}{n} + ...$), die, obwohl ihre Glieder gegen Null gehen, jeden endlichen Wert überschreitet und darum divergent ist. Mengoli verdankt man auch einen interessanten Ansatz zum Grenzwertbegriff und eine Definition des Integrals, die der von A. Cauchy im 19. Jh. gegebenen sehr nahe kommt [2]. Mengolis Werke wurden jedoch wenig bekannt und hatten nur geringen Einfluß auf seine Nachfolger.

Im 17. Jh. verursachten die unendlichen Reihen langwierige Dispute, die der Tatsache zuzuschreiben sind, daß über Konvergenz und Divergenz hinreichend präzise Kenntnisse nicht verfügbar waren. Mit NEWTON und LEIBNIZ wurden die unendlichen Reihen über die sogenannten «Potenzreihenentwicklungen» der Funktionen systematischer Gegenstand der I. Während man sich bis dahin im Anschluß an DESCARTES nur mit Funktionen beschäftigt hatte, die geometrisch veranschaulicht werden konnten, erkannte die I. nun recht bald und ausdrücklich als ihren Gegenstand alle durch Potenzreihenentwicklung darstellbaren (später ‹*analytisch*› genannten) Funktionen an.

Anmerkungen. [1] P. MENGOLI: Viae novae quadraturae aritmeticae, seu de additione fractionum (Bologna 1650). – [2] Geometriae speciosae elementa (Bologna 1659).

5. Das 18. Jh. brachte einen ungeheuren *technischen* Aufschwung der I., aber auch lebhafte Auseinandersetzungen um ihre Grundlagen; es sei hier nur an den Philosophen G. BERKELEY [1] erinnert. Die Grundlagen-

kritik war der Tatsache zuzuschreiben, daß die Feststellung von Rechenregeln ohne Klärung des Grundbegriffes erfolgt war, auf den sie sich stützten, nämlich des Begriffes der unendlich kleinen Größen (Infinitesimalen): NEWTON und LEIBNIZ hatten beide eine Vereinfachung benutzt, die auf dem Grundsatz beruhte, daß eine zu einer endlichen Quantität addierte infinitesimale Größe vernachlässigt werden kann, hatten jedoch dieses Prinzip nicht ausreichend begründet. Von verschiedenen Seiten erfuhr es deshalb eine Kritik ungefähr folgender Art: Entweder ist eine infinitesimale Größe gleich Null, dann ist ihre Vernachlässigung erlaubt, jedoch reduziert sich die Infinitesimalrechnung auf das übliche endliche Rechnen. Oder aber sie ist nicht gleich Null, dann ist die I. lediglich eine Näherungsmethode. Diese Kritiken, Unklarheiten und Unsicherheiten (die auch andere Begriffe, beispielsweise den der Funktion, betrafen) gaben im 19. Jh. Anlaß zu einer verbreiteten *Forderung nach einer strengen Analysis* und führten von A. CAUCHY (dessen ‹Cours d'Analyse› von 1821 als der Grundstein des neuen Gebäudes betrachtet werden kann) bis K. WEIERSTRASS, unter Mitarbeit der übrigen großen Mathematiker des 19. Jh., zu einer Revision und logisch strengeren Definition der Grundbegriffe dieser Disziplin [2].

Die Grundlage dieser Revision war die Präzisierung des Begriffes des *Grenzwertes* (Limes), den bereits die griechische Mathematik undeutlich vorweggenommen und teilweise bei den Exhaustionsverfahren und in den Beweisführungen des Archimedes benutzt hatte. Verschiedene Autoren des 16. und 17. Jh. hatten den Limesbegriff (allerdings ohne explizite Definition) im wesentlichen besessen, die Begründer der I. hatten ihn richtig verwendet. Nun endlich enthält er eine genaue Definition: Im elementarsten Fall (dem einer *Folge* von unendlich vielen Gliedern) lautet die Definition: Ein Wert L ist Grenzwert der Folge, wenn es zu einem beliebig kleinen positiven ε einen Index n gibt, derart, daß alle Glieder der Folge mit einem Index größer als n von L um weniger als ε differieren. Auf der Basis dieser Definition gelang es, die Bedingungen für die *Existenz* eines Grenzwertes genau zu übersehen. Eine unmittelbare Anwendung bildet die Definition der *Summe* einer unendlichen Reihe, die als Grenzwert der Folge ihrer endlichen «Teilsummen» definiert wird. Leicht war es dann, den Begriff des Limes L einer Funktion $f(x)$, für x strebend gegen c (der mit $\underset{x \to c}{Lim} f(x)$ bezeichnet wird) und damit endlich den Begriff der Infinitesimalen zu präzisieren: Man sagt, daß $f(x)$ für x gegen c infinitesimal ist, wenn, mit x gegen c, $f(x)$ gegen Null geht. Somit wird «infinitesimal» nicht von Größen oder Zahlen ausgesagt, die dann Null sein müßten oder nicht, sondern von einem bestimmten Funktionsverhalten. Damit entfielen die Schwierigkeiten, welche die Kritiker der I. im 18. Jh. angeführt hatten.

Man sah auch ein, warum man bei Grenzprozessen die sogenannten unendlich kleinen Größen weglassen kann: dabei begeht man zwar einen kleinen Fehler, aber man weiß *von vornherein*, daß er im Endergebnis verschwinden wird, weil die unberücksichtigten Glieder «in der Grenze» den Wert Null annehmen. Auch die Ableitung und das Integral konnten nunmehr genau bestimmt werden: die *Ableitung* als Grenzwert des *Differenzenquotienten* $\Delta y/\Delta x$, wenn Δx gegen Null geht; das *Integral* als Grenzwert unendlicher Summen von Summanden $y \cdot \Delta x$ bei gegen Null gehenden Δx. Damit gelang es, streng und einfach zu sagen, was Newton und Mengoli recht mühevoll ausgedrückt hatten. Außerdem

wird durch diese Präzisierungen, die auf *Prozesse* Bezug nehmen, die schon von Galilei implizit vertretene *potentielle*, nicht *aktuale* Natur der mathematischen Rede vom Unendlichen deutlich. Eine andere uralte Idee, die eine befriedigende mathematische Aufklärung über den Grenzwertbegriff erfuhr, ist der *Stetigkeitsbegriff*: Dieser Begriff, der anschaulich auf der geometrischen Vorstellung einer «lückenlosen» Größe, einer Kurve «ohne Sprünge und Brüche» beruht, konnte *analytisch* durch die Definition der Stetigkeit der *Funktion* präzisiert werden, die die entsprechende Kurve als ihre graphische Darstellung annimmt: $f(x)$ ist stetig an der Stelle $x = c$, wenn $\underset{x \to c}{Lim} f(x) = f(c)$. Bei dieser Definition wird die Stetigkeit zunächst als «lokale» Eigenschaft einer Funktion und nicht mehr als Eigenschaft «im Großen» betrachtet. Die genauen analytischen Rekonstruktionen befreiten allmählich die Begriffe der I. von den geometrischen bzw. physikalischen Vorstellungen, die bei ihrer Bildung zunächst Pate gestanden und ihre Entwicklung lange begleitet, zum Teil auch gefördert hatten. Es stellte sich sogar heraus, daß die analytischen Schlußfolgerungen das geometrische Vorstellungsvermögen überstiegen: So fand WEIERSTRASS Beispiele stetiger nirgends differenzierbarer Funktionen, deren geometrisches Äquivalent stetige, jedoch in allen Punkten tangentenlose Kurven sind. Die Lösung von der geometrischen Anschauung bedeutet eine scharfe Wende im mathematischen Denken, die die direkte Voraussetzung der streng formalisierten und abstrakten Anlage gegenwärtiger Mathematik darstellt: die Entwicklung des 19. Jh. mündete entsprechend in die sogenannte «Arithmetisierung der Analysis» ein, in das Programm nämlich, den ganzen Komplex der I. auf eine Theorie der *reellen Zahlen* und diese wiederum auf die Arithmetik (der *natürlichen Zahlen* und der für sie eingeführten Rechenoperationen) zurückzuführen. Es galt daher, von den natürlichen Zahlen ausgehend, die rationalen und dann die reellen Zahlen zu definieren, ohne auf die Überlegungen zu den kommensurablen und inkommensurablen Größen angewiesen zu sein, die man Jahrhunderte lang dazu benutzt hatte.

Anmerkungen. [1] G. BERKELEY: The analyst (Dublin/London 1734). – [2] Wichtige Vorwegnahmen dieser Systematisierungen wurden von B. BOLZANO vorgeschlagen, blieben aber praktisch unbekannt und ergebnislos.

Literaturhinweise. – *Allgemein:* R. REIFF: Gesch. der unendlichen Reihen (1889). – G. VIVANTI: Il concetto di infinitesimo e la sua applicazione alla mat. (Mantova 1894). – M. CANTOR: Vorles. über Gesch. der Math. (²1900). – P. BOUTROUX: Les principes de l'analyse math.; exposé hist. et crit. (Paris 1914-19). – L. BRUNSCHVICG: Les étapes de la philos. math. (Paris ²1922). – J. TROPFKE: Gesch. der Elementar-Math. (³1930-40). – F. WAISMANN: Einf. in das math. Denken (Wien ²1947). – O. TOEPLITZ: Die Entwickl. der I. (1949). – N. BOURBAKI: Eléments d'hist. des math. (Paris 1960). – L. GEYMONAT: Storia e filos. dell'analisi infinitesimale (Turin 1948). – C. B. BOYER: The hist. of the calculus and its conceptual development (New York ²1959). – *Zur Begriffsgeschichte:* E. BOREL: Leçons sur les séries divergentes (Paris ²1928) Einl. – *Altertum und Mittelalter:* H. HANKEL: Zur Gesch. der Math. im Altertum und MA (1874). – H. G. ZEUTHEN: Gesch. der Math. im Altertum und MA (Kopenhagen 1896). – G. LORIA: Le scienze esatte nell'antica Grecia (Mailand 1914). – H. HASSE und H. SCHOLZ: Die Grundlagenkrise der griech. Math. (1929). – P. TANNERY: Pour l'hist. de la sci. hellène (Paris ²1930). – K. REIDEMEISTER: Das exacte Denken der Griechen (1949). – O. NEUGEBAUER: The exact sci. in antiquity (Kopenhagen/London/Princeton 1951). – E. RUFINI: Il «metodo» di Archimede e le origini dell'analisi infinitesimale nell'antichità (Mailand ²1961). – *Neuzeit:* E. PICARD: Sur le développement de l'analyse (Paris 1902). – H. G. ZEUTHEN: Gesch. der Math. (1911) 2, 1. – F. CATORI: A hist. of the conceptions of limits and fluxions on Great Britain from Newton to Woodhouse (Chicago/London 1919). – F. KLEIN: Vorles. über die Entwickl. der Math. im 19. Jh. (1926/27). – H. L. LEBESGUE:

Leçons sur l'intégration et la rech. des fonctions primitives (Paris ²1928), einleitende Kapitel. – G. Castelnuovo: Le origini del calcolo infinitesimale nell'era moderna (Bologna 1938). – H. W. Turnbull: Math. discoveries of Newton (1945). – J. E. Hofmann: Die Entw.gesch. der Leibnizschen Math. während des Aufenthalts in Paris 1672-1676 (1949). E. Agazzi

II. Seit der schon von J. Wallis intendierten [1], aber erst bei A. Cauchy Gestalt gewinnenden «Reform der Analysis» waren die Bemühungen um eine Grundlegung der I. darauf gerichtet gewesen, den Begriff der reellen Zahl auf den der natürlichen Zahl und die Sätze über reelle Zahlen auf solche über natürliche Zahlen zurückzuführen. Nimmt man im ersten Falle den Begriff der Menge (oder den Begriff der Funktion) und im zweiten Falle Sätze über Mengen (bzw. Funktionen) von natürlichen Zahlen hinzu, so durfte dieses «Arithmetisierungsprogramm» gegen Ende des 19. Jh. als abgeschlossen gelten [2]. Differentialzeichen der Form «dx» traten jetzt nur noch als Bestandteile umfassenderer Zeichenverbindungen, z. B. in Differentialquotienten der Form «dy/dx» bzw. «df/dx» auf, durch deren Definitionen sie dann selbst «kontextuell» definiert wurden; Grenzprozesse wurden nicht mehr mit Hilfe des Bildes unendlich klein werdender Größen beschrieben, sondern als die Eigenschaft von Differenzenfolgen, von irgendeiner Stelle ab nur noch Glieder zu haben, die kleiner als eine vorher beliebig gegebene Größe ε sind («beliebig klein werden»), wobei nur Quantoren Verwendung finden, die sich auf gewöhnliche endliche (natürliche oder positive rationale) Zahlen beziehen. Beispielsweise wird die Konvergenz einer Folge a_1, a_2, a_3, ... gegen den Grenzwert a durch $\wedge_\varepsilon \vee_N \wedge_n (n > N \to | a_n - a | < \varepsilon)$ in dieser Weise erklärt. Eine ganz ähnliche Arithmetisierung läßt sich vornehmen, wenn man die reellen Zahlen nicht mit Hilfe von Folgen, sondern als Teilmengen oder Teilmengenpaare («Dedekindsche Schnitte») der Menge aller rationalen Zahlen einführt. Nach G. Cantors Entwicklung einer allgemeinen (abstrakten) Mengenlehre (s. d.) konnte es scheinen, als sei diese die nunmehr aufgefundene eigentliche Grundlage der Analysis und damit auch der I. Gerade diese Verknüpfung der beiden Disziplinen hatte jedoch zur Folge, daß die Mengenlehre auch die auf ihr errichtete Analysis in die durch die mengentheoretischen Antinomien ausgelöste Grundlagenkrise hineinzog [3]. Dies lag nicht zuletzt daran, daß sich um die vorige Jahrhundertwende die als Präzisierungsvorschlag auftretende Vorstellung durchgesetzt hatte, eine «wesensgemäße» Rekonstruktion der klassischen Analysis müsse die imprädikative Behandlung des Kontinuums, die Anerkennung des Aktual-Unendlichen und die Interpretation der Cantorschen Nichtabzählbarkeitsbeweise (z. B. für die indefinite Menge der reellen Zahlen) im Sinne der Existenz absoluter höherer Mächtigkeiten einschließen. Obgleich nun O. Hölder schon 1872 darauf hingewiesen hatte, daß das Kontinuum nicht arithmetisch erzeugbar ist [4], wurde die von ihm als selbstverständlich empfundene Forderung nach konstruktiver Darstellbarkeit aller Mengen und Funktionen (insbesondere der Dedekindschen Schnitte und konzentrierten Folgen) erst nach Ausbruch der mathematischen Grundlagenkrise ernst genommen. Die von den Kritikern der klassischen Analysis aufgestellte Grundsatzforderung nach Ausschluß der imprädikativen Begriffsbildungen erfüllte B. Russell in dem 1908 von ihm entwickelten formalen System einer verzweigten Typentheorie [5]. Im Wissenschaftsbetrieb der Mathematik fand dieses System dennoch keine Anerkennung, da es

mit der erwähnten Rekonstruktion des Sinnes der klassischen Analysis nicht verträglich ist und verschiedene für wesentlich gehaltene Sätze dieser Disziplin den Beschränkungen einer verzweigten Typentheorie zum Opfer fallen. Es scheint nämlich, daß in dieser Theorie die reellen Zahlen selbst nach Typen so eingeteilt werden müssen, daß sie über die Typengrenzen hinweg nicht miteinander vereinigt werden können. Damit sah es so aus, als könnte man nicht mehr über alle reellen Zahlen quantifizieren, also weder Allaussagen über reelle Zahlen (die allgemeinen Sätze der Analysis) noch Existenzaussagen wie den Satz von der Existenz der oberen Grenze für jede beschränkte Menge reeller Zahlen auch nur korrekt formulieren. Da dieser Satz für die klassische Analysis als zentral gilt – er ist gleichwertig mit der Behauptung der Vollständigkeit des reellen Zahlkörpers, nach der jede konzentrierte Folge reeller Zahlen eine reelle Zahl als Grenzwert hat –, bildet er bis heute einen der entscheidenden Punkte in der Diskussion um eine zureichende Begründung der klassischen Analysis.

Die aus der Krise der abstrakten Mengenlehre erwachsene Unsicherheit über die Grundlagen der Analysis führte freilich weder in der I. noch in anderen Teilen der Analysis zum Verzicht auf die in Zweifel gezogenen Verfahren. Doch entwickelten sich neben der traditionell betriebenen Fachdisziplin zunächst einzelne Bemühungen, dann ganze neue Zweige der Mathematik mit dem ausdrücklichen Ziel einer Begründung von Begriffsbildungen und Sätzen der klassischen Analysis, die sich zu einem nachweislich widerspruchsfreien System vereinigen lassen oder wenn möglich sogar den strengeren Forderungen der Intuitionisten und Konstruktivisten genügen. Freilich setzte sich der Begründer des Intuitionismus [6], L. E. J. Brouwer, in seinen Arbeiten bald ein von der Rechtfertigung eines möglichst umfassenden Teils der klassischen Analysis abweichendes Ziel, indem er auf den Begriffen der Wahlfolge, der Spezies u. a. eine von der klassischen Analysis unabhängige (und mit ihr unverträgliche) intuitionistische Analysis errichtete [7]. Daß diese heute kurioserweise im Rahmen eines reinen Formalismus weitergepflegt wird, spiegelt lediglich eine auch an anderen, unter dem Titel «prädikative (oder «konstruktive») Analysis» auftretenden Theorien sichtbare Tendenz. Diese sind in der Mehrzahl keineswegs konstruktive Theorien, deren Ausdrucks- und Beweismittel konstruktiven Forderungen genügen, sondern mit klassischen Begriffsbildungen und Beweisverfahren arbeitende Theorien über Bereiche von Elementen, die in sehr verschieden weitem Sinne «konstruierbar» genannt werden, wobei die Allgemeinrekursivität [8] den engsten Konstruierbarkeitsbegriff bildet [9].

Während diese Theorien für die angewandte Mathematik wichtig geworden sind, haben sie für die Begründung der I. weit geringere Bedeutung als die im eigentlichen Sinne konstruktive Theorie von H. Weyl 1918 [10] und die daran anknüpfenden Systeme von P. Lorenzen seit etwa 1950 [11]. Von diesen bringt die Lorenzensche Analysis in ihrer letzten Fassung von 1965 insofern einen bedeutenden Fortschritt, als sie einen konstruktiven Aufbau der gesamten I. enthält, in dem die noch bei Weyl und in Lorenzens früheren Arbeiten vorhandene unendliche Typen- bzw. Schichtenunterscheidung durch eine sehr einfache Unterscheidung definiter und indefiniter Mengen ersetzt ist. Die Folge ist, daß bei Beachtung entsprechend strengerer Beweisanforderungen auch Sätze der Analysis gewonnen werden können, in denen über alle reellen Zahlen quantifiziert wird.

Insbesondere gilt der Satz von der oberen Grenze in einer ganz unwesentlich modifizierten Fassung, bei der an die Linksklasse der in diesem Satz auftretenden Menge reeller Zahlen eine (die Intentionen Hölders wieder aufnehmende) Darstellbarkeitsforderung gestellt wird. Wie in der klassischen Analysis gelten der Fundamentalsatz von der Zurückführbarkeit der Integration auf die Umkehrung der Differentiation, die Reduktion der mehrdimensionalen auf die eindimensionalen Integrale, die Darstellbarkeit aller elementaren Funktionen durch Taylor-Reihen u. a. Für diesen Aufbau läßt sich, wie schon für die frühere (geschichtete) Analysis Lorenzens, die Widerspruchsfreiheit zeigen [12].

Schließlich wurde der Begriff des Differentials nochmals zum Gegenstand neuer Untersuchungen. A. ROBINSON entwickelte mit klassisch metamathematischen Mitteln eine «Nichtstandard-Analysis» [13], die sich auf Elemente eines nicht-archimedischen Oberkörpers R^* des reellen Zahlkörpers R als Gegenstandsbereich bezieht und in der die üblichen Quantifizierungen über reelle Zahlen durch solche über die Elemente von R^*, vor allem aber die Quantifizierungen über Mengen reeller Zahlen durch solche über «interne» Mengen von Elementen von R^* ersetzt werden, die durch eine besondere Zusatzeigenschaft ausgezeichnet sind und nur einen echten Teil der Mengen von Elementen aus R^* bilden. In diesem Körper gibt es neben den Standardzahlen, die den reellen Zahlen entsprechen, noch unendlich kleine und unendlich große Nichtstandard-Zahlen; die ersten sind bei der in R^* erklärten Ordnungsrelation kleiner als jede Standardzahl und somit im Vergleich zu ihr unendlich klein; d. h. sie haben die Eigenschaften von Infinitesimalien. Bei der genannten Deutung der Mengenquantoren gelten dann ein dem Satz von der oberen Grenze entsprechender Satz sowie die Analoga anderer wichtiger Sätze der klassischen Analysis in genauer Übertragung. Die Nichtstandard-Analysis hat für die praktische Mathematik bisher keine Bedeutung gewonnen, doch sind mit ihren metamathematischen Beweisverfahren durch Rückübersetzung auch einige neue Sätze der klassischen Analysis gefunden worden.

Während die Nichtstandard-Analysis vielfach als ein gelungener Nachweis dafür verstanden wird, daß der Rede von unendlich kleinen Größen doch ein vernünftiger Sinn gegeben werden kann, rekonstruiert LORENZEN in seiner konstruktiven Analysis von 1965 den Begriff des Differentials in einer auf die Rede von unendlich kleinen Größen nicht angewiesenen Weise, die zugleich beanspruchen darf, den unausgesprochenen Intentionen der Differentialgeometer bei ihrem Gebrauch von Differentialzeichen voll zu entsprechen. Man betrachte ein im Sinne der Differentialgeometrie einfaches Kurvenstück K, eine Punktfunktion f von K (d. h. eine Funktion mit den Punkten von K als Argumenten und reellen Zahlen als Werten) sowie zwei verschiedene Koordinaten (d. h. umkehrbar eindeutige Punktfunktionen) x und w von K. Die Funktion f, die zusammen mit x eine Zahlfunktion φ eindeutig bestimmt, heiße differenzierbar, wenn φ differenzierbar ist, wobei ein Grenzprozeß $P \leadsto Q$ und die Derivierte f'_x von f nach x im Punkt Q erklärt sind durch

$$f'_x(Q) = lim \frac{fP - fQ}{xP - xQ} = lim \frac{\varphi xP - \varphi xQ}{xP - xQ} \ .$$

Hängt x mit w durch $x = \psi w$ zusammen, so folgen aus $f = \varphi x$ über $f = \varphi \psi w$ die Beziehungen $f'_w = (\varphi \psi)' w$ und (nach der Kettenregel) $f'_w = f'_x \cdot x'_w$. Dabei ist f'_w ein

Funktional (d. h. darstellender Term für eine Punktfunktion, die selbst von einer Funktion, nämlich der Koordinate w, abhängt) mit Punktfunktionen als Werten. Nennt man dieses durch $df(w) = f'_w$ bestimmte Funktional das Differential df und erklärt man ganz entsprechend durch $dx(w) = x'_w$ das Differential dx, so läßt sich wegen der eindeutigen Bestimmtheit von f'_x als Funktionenquotient von df und dx die Beziehung $df = f'_x \cdot dx$ als $f'_x = \dfrac{df}{dx}$ schreiben. Damit ist in der Form

$$\frac{df}{dx}(Q) = lim \frac{fP - fQ}{P - Q}$$

die traditionelle Formel

$$\frac{df}{dx} = lim \frac{\Delta f}{\Delta x}$$

einwandfrei rekonstruiert.

Da die I. nach wie vor diejenige mathematische Disziplin ist, die von den Technologien, den Naturwissenschaften, den Gesellschafts- und Wirtschaftswissenschaften vorwiegend in Anspruch genommen wird, werden alle Reformbemühungen in bezug auf die Grundlagen der Mathematik von seiten der Praxis daran gemessen werden, wieweit die Anwendbarkeit der Analysis in diesen Disziplinen dabei erhalten bleibt oder erleichtert wird. So irrelevant dieser Gesichtspunkt für die Grundlegungsfrage ist, so wenig kann doch auch von wissenschaftstheoretisch-philosophischer Seite über ihn hinweggesehen werden: auf dem Weg über den mathematischen Wissenschaftsbetrieb werden nicht nur Fragestellungen und Forschungsrichtungen, sondern auch die praktischen Wirkungsmöglichkeiten einer Philosophie der Mathematik bestimmt.

Anmerkungen. [1] J. WALLIS: Arithmetica infinitorum (1655), in: Opera math. 1 (Oxford 1695). – [2] Vgl. Art. ‹Zahl›. – [3] Vgl. Art. ‹Grundlagenstreit› und ‹Antinomie II›. – [4] O. HÖLDER: Rezension von Robert Graßmann, Die Zahlenlehre oder Arithmetik ... (1891), in: Gött. gel. Anz. (1892) 585-595, zit. 594 Anm. – [5] B. RUSSELL: Math. logic as based on the theory of types, Amer. J. Math. 30 (1908) 222-262; vgl. Art. ‹Typenlogik/Typentheorie›. – [6] Vgl. Art. ‹Intuitionismus II›. – [7] L. E. J. BROUWER: Begründ. der Mengenlehre unabhängig vom log. Satz vom ausgeschlossenen Dritten. Verh. Akad. Wet. Amsterdam 12/5 (1918); 12/7 (1919); Intuitionistische Mengenlehre. Jber. dtsch. Math.-Ver. 28 (1919) 203-208; Die Struktur des Kontinuums (1930); Zum freien Werden von Mengen und Funktionen. Indag. Math. 3 (1942). – [8] Vgl. Art. ‹Algorithmus 6.›. – [9] Vgl. K. SCHÜTTE: Beweistheorie (1960). – A. HEYTING (Hg.): Constructivity in math. (Amsterdam 1959); S. FEFERMAN: Systems of predicative analysis. J. symbol. logic 29 (1964) 1-30; E. BISHOP: Foundations of constructive analysis (New York u. a. 1967); N. A. ŠANIN: Constructive real numbers and function spaces (= Translations of math. monogr. AMS 21) (Providence, R.I. 1968; russ. Moskau/ Leningrad 1962). – [10] H. WEYL: Das Kontinuum. Krit. Untersuch. über die Grundl. der Analysis (1918, ND 1932, New York 1960). – [11] P. LORENZEN: Konstruktive Begründung der Math. Math. Z. 53 (1950) 162-201; Die Widerspruchsfreiheit der klass. Analysis. Math. Z. 54 (1951) 1-24; Einf. in die operative Logik und Math. (1955, ²1969); Differential und Integral. Eine konstruktive Einf. in die klass. Analysis (1965). – [12] Vgl. Die Widerspruchsfreiheit ... a. a. O. – [13] A. ROBINSON: Non-standard analysis (Amsterdam 1966). CHR. THIEL

Influxus physicus, Influxionismus. Der I.ph. (natürlicher Einfluß) ist Zentralthema einer anti-occasionalistischen Richtung des Cartesianismus, die «*Influxionismus*» hieß und deren Vertreter «*Influxionisten*» genannt wurden. Sie behaupteten, daß die Seele den Leib aus natürlicher Kraft (physice) und nicht allein aufgrund eines göttlichen Beistandes (assistentia) beeinflussen kann. Bei DESCARTES ist dieser Punkt nicht eindeutig entschieden: «Wir sind uns nicht der Art bewußt, in der unser Geist Animalgeister in diese oder jene Nerven sendet; sie hängt nämlich nicht allein vom Geist ab, sondern von der Vereinigung des Geistes mit dem Leib» [1]. Zwar formuliert Descartes gelegentlich so, als könnte die Seele den Körper bewegen [2], die Art ihrer Kausalität dabei kann aber strittig sein [3]. Die Herstellung definitiver Klarheit erstreben zahlreiche Entwürfe von Cartesianern, deren Ziel es ist, den Cartesianismus als Alternative zu den Positionen von Hobbes, Spinoza und Leibniz zu erweisen. Es erscheint zweckmäßig, diese Versuche nicht schon dann als «influxionistisch» zu bezeichnen, wenn sie überhaupt einen natürlichen Einfluß der Seele auf den Leib behaupten, sondern nur dann, wenn sie sich außerdem als Gegenpositionen zum Occasionalismus verstehen und mithin dessen Existenz voraussetzen.

Die Annahme eines physischen Einflusses ist im Cartesianismus konsistenzgefährdend. Die cartesische Mechanik kennt nur die Richtungsänderung eines Körpers *A* durch einen Körper *B*, dessen $m \cdot v$ größer als das von *A* ist; das $m \cdot v$ der Seele aber kann nur gleich Null sein. Descartes läßt zwar die Frage offen, «ob die Engel und die Gedanken der Menschen die Kraft besitzen, den Körper zu bewegen» [4]; wird sie aber bejaht, so ist zunächst das cartesische Gesetz von der Erhaltung der Bewegungsmenge im Universum gefährdet [5]. Descartes führt zwar die Unterscheidung von «Bewegung» (mouvement) und «Bewegungsrichtung» (détermination) ein [6] und gibt zu verstehen, daß die Seele, ohne Bewegung zu erzeugen, die Richtung schon vorhandener Bewegung in den Animalgeistern ändern kann, indem sie durch bloßes Wollen die Zirbeldrüse nach einer anderen Richtung neigt und dadurch die Richtung der im Ventrikel sich hin- und herbewegenden Animalgeister neu bestimmt. Gegen diese These wird aber sogleich eingewendet, daß Richtungsänderung ohne Bewegungsaufwand nicht gedacht werden kann. Mag dieser auch, wie einige Stellen [7] wahrscheinlich machen, ganz minimal sein, da die Zirbeldrüse besonders leichtgängig ist, so verletzt er doch den cartesischen Erhaltungssatz. Darüber hinaus muß später eine cartesianische Richtungsänderungstheorie bei allen Autoren, die das Leibnizisch-Huygenssche Gesetz von der Erhaltung der Gesamtrichtung der Bewegung rezipiert haben, als eine Verkennung der mechanischen Relevanz der Richtung und damit als unhaltbar erscheinen.

Diese Schwierigkeiten legen den Gedanken nahe, daß der Influxionismus als antioccasionalistische Strömung innerhalb des Cartesianismus weniger von theoretischen als von wissenschaftspolitischen Erwägungen veranlaßt war und daß seine Vertreter den metaphysischen und theologischen Abenteuern aus dem Wege gehen wollten, zu denen das Bestreben nach einer theoretisch befriedigenden Behebung der Schwierigkeiten des cartesischen Dualismus führen mußte. Der Verständigkeit seines öffentlichen Interesses steht seine theoretische Unvollkommenheit gegenüber, und da sich beiden Eigentümlichkeiten gewichtige Argumente entnehmen lassen, ist die Umstrittenheit dieser Richtung in der Geschichtsschreibung verständlich. Ihr Thema wird im Zusammenhang mit den Auseinandersetzungen über die prästabilierte Harmonie in der deutschen Philosophie des 18. Jh. wieder aufgenommen und findet so bedeutende Verfechter wie M. KNUTZEN, A. RÜDIGER, J. G. DARJES und den späten G. PLOUCQUET. Als Abschluß dieser Episode kann man den Passus Kants im Paralogismus-Hauptstück der ersten Auflage der ‹Kritik der reinen Vernunft› ansehen, in dem der Influxionismus als «System des physischen Einflusses» und der Occasionalismus als «System der übernatürlichen Assistenz» bezeichnet wird [8].

Anmerkungen. [1] R. DESCARTES, Oeuvres, hg. ADAM/TANNERY (= A/T) 5, 221f. – [2] z. B. A/T 3, 665. – [3] Einschlägige Stellen bei R. SPECHT: Commercium Mentis et Corporis (1966) 44-47: Kap. 2, Anm. 59. – [4] DESCARTES, Principia philosophiae II, § 40. – [5] a. a. O. § 36. – [6] § 44. – [7] A/T 3, 362; 9, 179. – [8] I. KANT, KrV A 390-392.

Literaturhinweise. G. B. BILFINGER: Commentatio hypothetica de harmonia animi et corporis (1723); Dilucidationes philos. (³1744) III, 4. – J. BRUCKER: Hist. critica philos. (1743) 4, 1. 2. – F. BOUILLIER: Hist. de la philos. cartésienne 1. 2 (Paris/Lyon 1854). R. SPECHT

Information (von lat. informatio, das Bilden, die Bildung) heißt in klassischem Latein (CICERO) zunächst eine (bestimmte) Vorstellung, auch die Vorstellung, die Bedeutung eines einzigen Wortes ist, dann auch das Resultat der Klärung und Entfaltung des Inhaltes eines Wortes [1]; weiter die Unterweisung und Belehrung und ihr Resultat [2]. Dieser Bedeutungsbereich hat sich bis heute durchgehalten: Belehrung, Anweisung, In-Kenntnissetzen (durch eine Mitteilung) [3]. Als terminus technicus findet sich ‹I.› zuerst in der *Rhetorik* als Übersetzung des griechischen χαρακτηρισμός und bedeutet hier die Hervorhebung der charakteristischen Merkmale einer Sache [4]. In der *scholastischen Philosophie* wird ‹informatio› allgemeiner gebraucht, nämlich für die Beformung, Gestaltung der Materie durch die Form; der Terminus benennt dabei sowohl den Prozeß als dessen Resultat, die (informierte) Form [5]. Bereits in der Scholastik kommt ‹informatio› teilweise auch auf die Formung des Intellekts beschränkt vor [6], wie später bei DESCARTES, der darunter die Formung des Geistes durch die in der Wahrnehmung geprägte physische Gehirnstruktur versteht [7].

Heute gibt es verschiedene Explikate des Wortes; die neueren Explikationen wurden zuerst im Zusammenhang mit Problemen der Nachrichtenübermittlung angeregt [8].

1. Die *Theorie der informationsverarbeitenden Systeme* oder Automaten [9] faßt den Begriff am weitesten: I. ist jede Konfiguration von Symbolen, die vom jeweiligen System unterschieden und identifiziert sowie erzeugt und in andere Konfigurationen überführt werden kann. Dabei spielt die besondere physikalische Modifikation der die Konfiguration realisierenden Signale (optisch, akustisch, elektrisch) ebensowenig eine Rolle wie der Inhalt oder die Bedeutung. I. ist also ein rein syntaktisches Konzept (im Sinne der Semiotik [s. d.]).

2. In der *I.-Theorie* ist I. entweder eine Folge von Zeichen, von denen jedes das Resultat eines Selektionsaktes anzeigt, oder aber sie ist selbst eine Selektion (einer bestimmten Mitteilung aus einem Repertoire möglicher Mitteilungen). Diese so verstandene I. heißt daher auch ‹*selektive* I.›. Hiermit hängt dasjenige I.-Maß zusammen, das den I.-Betrag, den ein Empfänger mit einer Mitteilung erhält, messen will durch die Unsicherheit bezüglich der Selektion des Empfängers vor Empfang der Mitteilung [10].

3. In der *logisch-semantischen* I.-Theorie von BARHILLEL und CARNAP ist I. die Klasse aller Sätze, die von einem Satz logisch impliziert werden (normiert als die Klasse der aus ihr folgenden Gehaltelemente, d. h. der «schwächsten» synthetischen Sätze = Negationen von Zustandsbeschreibungen).

4. In einer *Fortentwicklung* der *semantischen* I.-Theorie würde man zu einem I.-Begriff kommen, in dem semantische Designate an die Stelle linguistischer Beschreibungen treten [11].

All diesen Explikationen ist gemeinsam, daß I. nicht eine konkrete physikalische Gegebenheit ist, sondern entweder bestimmte strukturelle Zusammenhänge zwischen solchen Gegebenheiten bezeichnet oder aber (wenn die Gegebenheit eine Mitteilung ist) den Gehalt oder Inhalt der Mitteilung. Dies hat N. WIENER schon früh zu einem häufig zitierten Dictum veranlaßt: «I. is I., not matter or energy. No materialism which does not admit this can survive at the present day» [12]. Auch der Bezug zu einem konkreten Bewußtsein tritt in diesen Explikationen nirgends auf. Man hat daher den Schluß gezogen, «daß I. als eine dritte, von Materie und Bewußtsein verschiedene Sache aufgefaßt werden muß. ... Es ist das platonische Eidos, die aristotelische Form, so eingekleidet, daß auch der Mensch des 20. Jh. etwas um ihnen ahnen lernt.» Man kann «I. als eine Form oder Gestalt oder Struktur auffassen», die «sprachlichen Charakter und Eindeutigkeit» hat [13]. Dabei wird man allerdings von metaphysischen Konnotationen absehen und allein den engen Zusammenhang zwischen Form und Prädikamenten im Auge haben. Die genaueste Explikation des soeben angeführten Zitats von C. F. v. WEIZSÄCKER dürfte zu dem an vierter Stelle genannten I.-Begriff führen.

Anmerkungen. [1] CICERO, De orat. 2, 358; Part. or. 102; vgl. auch K. E. GEORGES: Ausführl. lat.-dtsch. Handwb. (¹1913, ND 1951) s.v.; Lexicon totius Latinitatis, hg. A. FORCELLINI (Padua 1940) s.v. – [2] AUGUSTIN, Ep. 12; Vulgata 1, Timoth. 1, 16; vgl. GEORGES, a. a. O. – [3] Vgl. Der Große Brockhaus (1966ff.) s.v. – [4] H. LAUSBERG: Lb. der Rhet. (1960) § 818. – [5] WILHELM VON CHAMPEAUX bei C. PRANTL: Gesch. der Logik im Abendlande 2 (²1885) 131 Anm. 105; THOMAS VON AQUIN bei L. SCHUETZ: Thomas-Lex. (²1895) s.v. – [6] SCHUETZ, a. a. O. – [7] R. DESCARTES, Oeuvres, hg. ADAM/TANNERY (Paris 1964) 7, 161. – [8] Vgl. Art. ‹I.-Theorie›. – [9] Vgl. Art. ‹Automatentheorie›. – [10] Vgl. Art. ‹I.-Theorie›. – [11] Vgl. zu 3. und 4. a. a. O. – [12] N. WIENER: Cybernetics (New York 1948) 155. – [13] C. F. v. WEIZSÄCKER: Sprache als I., in: Die Sprache. Jb. Gestalt und Gedanke 5 (1959) 45ff.   H. SCHNELLE

Informationstheorie steht kurz für die Theorie der Informationsübertragung oder Kommunikation (im engeren Sinne). Maßgebend für das Kommunikationsverständnis sind dabei an der sprachlichen Kommunikation getroffene Unterscheidungen. I. umfaßt daher die Verbalisierung, Reverbalisierung (z. B. Umformulierung, Präzisierung oder Formalisierung), Kodierung, Artikulation und das Senden eines physikalischen Zeichenträgers als Signal, seine Übertragung und Verformung (Störung) im Übertragungsmedium, seinen Empfang und die Identifikation (Wahrnehmung) der dem Signal entsprechenden Mitteilung, Dekodierung, Entfaltung und Verstehen und schließlich entsprechendes Handeln [1]. Nicht notwendig alle Phasen kommen in jedem Kommunikationsakt vor. Je nachdem, welche Phasen in Betracht gezogen werden, wird der I. ein engeres oder weiteres Feld zugeordnet. I. im engeren Sinn ist die Theorie der Signalübertragung. Sie wird erweitert durch die Theorie der Kodierung und der Signalschätzung (beim Empfang), weiter durch die Theorie der Zeichensysteme (Semiotik einschließlich Linguistik und Logik) und schließlich durch die Methodologie der Gewinnung empirischer Erkenntnisse bzw. des sinnvollen Handelns. Zur mathematischen I. im strengen Sinn gehören nur die beiden erstgenannten Gebiete. Der zu dieser Theorie gehörige abstrakte Kalkül kann als Teilgebiet der Wahrscheinlichkeitstheorie angesehen werden. Im erweiterten Sinn rechnet man auch die Anwendungen dieses Kalküls auf beliebigen Gebieten zur I.

Der Ausbau der engeren I. wird von folgenden Gedanken geleitet: Grundlegend ist der Begriff der selektiven Information. Ehe die Mitteilung beim Empfänger eintrifft, kann dieser nur Vermutungen über die beim Sender getroffene Selektion anstellen. Für ihn ist die Selektion noch unbestimmt. Es lag nahe, die Information einer Mitteilung durch die beim Empfang beseitigte Unbestimmtheit zu messen. Als Maß H für diese Unbestimmtheit schlug R. V. L. HARTLEY bereits 1928 [2] den Logarithmus der Anzahl N der möglichen Mitteilungen vor: $H = \log N$; d. h. je umfangreicher das Inventar, aus dem ausgewählt wird, desto größer die Unbestimmtheit und damit die übertragene Informationsmenge. Man beachte, daß nach diesem Maß bei jeder Wahl aus demselben Inventar die gleiche Informationsmenge übertragen wird, auch wenn die entsprechenden Mitteilungen «inhaltlich» durchaus verschieden sind. C. E. SHANNON, der eigentliche Initiator der I., definierte in seiner grundlegenden Arbeit 1948 [3] die selektive Unbestimmtheit und damit das Informationsmaß als logarithmische Funktion der statistischen Wahrscheinlichkeiten $p(s_i)$ der verschiedenen zu sendenden Mitteilungen s_i:

$$H = -\sum_{i=1}^{N} p(s_i) \log p(s_i)$$

[4]. Das bedeutet, daß der Empfänger seine Kenntnisse der statistischen Auswahlgewohnheiten des Senders bereits berücksichtigt und dadurch seine Unsicherheit reduziert. Sind alle Mitteilungen statistisch gleichwahrscheinlich, so sind die beiden Maße identisch und nehmen einen Maximalwert an. Man kann Shannons Maß in die Beiträge jeder einzelnen Mitteilung zerlegen, das dann $I(s_i) = -\log p(s_i)$ ist; jeder spezielle Informationsbetrag wird im Maße seiner statistischen Wahrscheinlichkeit im Gesamtbetrag berücksichtigt.

In den meisten Sendern wird die Mitteilung nicht in einer einzigen Selektion erzeugt, sondern in einer Folge, in der die einzelnen Selektionen voneinander abhängen; die Buchstaben eines gedruckten Textes oder die gesprochenen Laute wurden immer als Modellfälle angesehen. Shannon hat auch ein Informationsmaß für solche Selektionsprozesse angegeben.

Über die Definition von Informationsmaßen hinaus ging es Shannon vor allem darum zu zeigen, daß durch geeignete Kodierung von Signalen Übertragungsmedien (Kanäle) besser ausgenutzt werden können (durch die Übertragung von mehr Signalen in der Zeiteinheit). Mit anderer Zielsetzung behandelt N. WIENER 1949 [5] das Problem, wie gewisse Eigenschaften der Form des Sendesignals bei statistisch bekannter Verteilung und bei statistisch bekannter Störung im Kanal optimal vom Empfänger geschätzt werden können.

Eine ganz andere Deutung hat der abstrakte Informationskalkül durch Y. BAR-HILLEL und R. CARNAP erfahren [6]. Sie haben dem übertragungstechnisch und syntaktisch orientierten Zweig eine *semantische* I. gegenübergestellt. Sie ist auf die außersprachlichen Zustände eines gegebenen Beschreibungsbereichs bezogen und befaßt sich mit den Maßen für den semantischen Zusammenhang zwischen Sätzen über diesem Beschreibungsbereich [7]. Eine genaue Analyse der Informationsbegriffe und der mit ihnen zusammenhängenden Informationsmaße gibt J. HINTIKKA [8]. – Die pragmatischen

Aspekte der Information sind bisher noch ziemlich ungeklärt.

Anmerkungen. [1] Vgl. Y. BAR-HILLEL: Language and information (Reading, Mass. 1964) 103. – [2] R. V. L. HARTLEY: Transmission of information. Bell System techn. J. 7 (1928) 535 bis 563. – [3] C. E. SHANNON: The mathematical theory of communication (Urbana, Ill. 1949). – [4] a. a. O. 49f. – [5] N. WIENER: Cybernetics (New York 1948). – [6] Vgl. BAR-HILLEL, a. a. O. [1] Kap. 16. – [7] Vgl. Art. ‹Information›. – [8] J. HINTIKKA und P. SUPPES (Hg.): Aspects of inductive logic (Amsterdam 1966) 96-112; J. HINTIKKA: The varieties of information and sci. explanation, in: Logic, methodol. and philos. of sci. 3, hg. B. v. ROOTSELAAR/J. F. STAAL (Amsterdam 1968) 311-331.

H. SCHNELLE

Infralapsarismus (gelegentlich auch ‹Sub-› bzw. ‹Postlapsarismus›) ist ein theologischer Begriff, der wie ‹Supralapsarismus› während der Auseinandersetzungen über die Prädestination auf der Dordrechter Synode 1618/19 geprägt worden ist. Er bezeichnet eine Lehrmeinung, die das seit Augustin theologisch zentrale Problem, wie Gottes Absolutheit, Allwissenheit und Gerechtigkeit mit der Freiheit, Verantwortlichkeit und Sünde des Menschen zu vereinen sind, folgendermaßen differenziert löst: Die Prädestination ist das ewige Dekret, durch welches Gott die Schöpfung des Menschen vorherbestimmt, den Fall Adams dagegen nur zuläßt. Beide, Schöpfung und Fall, sind Voraussetzungen – aber nicht, wie im Supralapsarismus, notwendige Mittel – der sich in der Erlösung durch Christus offenbarenden Herrlichkeit Gottes. Der eine Teil der gefallenen Menschen wird grundlos durch Gottes freies Wollen erwählt, der andere dagegen dem Verderben überlassen. Die apologetische Tendenz dieser Lehre liegt einerseits darin, Gottes Allwirksamkeit gegen den Arminianismus zum Ausdruck zu bringen, andererseits darin, ihn «nicht zum Urheber des Bösen» zu machen. «Gegenstand der Prädestination» [1] ist somit der homo creabilis bzw. creatus et lapsus und nicht, wie im Supralapsarismus, der homo creabilis et labilis. Auf die Feststellung, der Mensch fällt durch eigene Schuld, wird großer Wert gelegt.

Obwohl der I. in Dordrecht gegen den Arminianismus durchgesetzt und kirchlich anerkannt wurde [2], kennzeichnet die nachfolgende reformierte Theologie eine semipelagianische Akzentverschiebung. Seit der Spätorthodoxie ist diese Lehre nicht weiter entfaltet worden. In der neueren reformierten Theologie werden ihre einzelnen Motive in anderen Problemzusammenhängen thematisch, so daß der I. für sie nur noch ein Begriff der Dogmengeschichte ist.

Anmerkungen. [1] S. EPISCOPIUS, Institutiones theologicae. Opera 1 (1610) V, 5. – [2] Dordrechter Canones bei K. MÜLLER: Die Bekenntnisschriften der ref. Kirche (1902).

Literaturhinweise. K. R. HAGENBACH: Lb. der Dogmengesch. (1888). – H. HEPPE: Die Dogmatik der evang.-ref. Kirche (1935). – R. SEEBERG: Lb. der Dogmengesch. 4/2 (ND 1959).

P. WRZECIONKO

Infrastruktur. Einem Teil der Sachverhalte, die der Begriff gegenwärtig bezeichnet und die – wie z. B. ein ausgebautes Verkehrswesen, allgemeine Schulpflicht und einheitliches Schulwesen – Voraussetzungen für die Entstehung jeder modernen Volkswirtschaft sind, wurde von der Nationalökonomie seit den Merkantilisten und seit Klassikern, wie SMITH, LIST, immer schon Beachtung geschenkt [1]. Als Sammelbegriff umfassender (heute mehr und mehr Bereiche, wie z. B. den Umweltschutz, einschließender), den Charakter eines komplexen «Unter-

baues» tragender Voraussetzungen für die Einführung und das Funktionieren ökonomischer oder anderer sozialer Handlungssysteme hat ‹I.› jedoch erst seit dem Zweiten Weltkrieg allgemeine Verbreitung gefunden. Im Unterschied zum Französischen, wo ‹infrastructure› auch «unbewußter Handlungsgrund» sowie «Basis» im Sinne von Marx bedeutet [2], lassen sich im Deutschen vor allem folgende Bedeutungen des Wortes unterscheiden: a) *militärisch:* für sämtliche Einrichtungen und unbeweglichen Anlagen, insbesondere des Verkehrs und der Kommunikation, die Unterhalt, Ausbildung und Einsatz der Truppen dienen; b) *wirtschaftstheoretisch:* für die Gesamtheit materieller (z. B. Straßen), personeller (z. B. Fachkräfte) und institutioneller (z. B. Rechtsnormen) Voraussetzungen, die erforderlich sind, um innerhalb des jeweiligen wirtschaftlich-sozialen Systems bestmögliche regionale und funktionale Integration der Wirtschaftseinheiten sowie größtes Wachstum zu erreichen [3]; c) *soziologisch:* mit b) vor allem in Anwendung auf Entwicklungsländer für Schichtungsverhältnisse und andere sozial-kulturelle Faktoren (z. B. traditionale Verhaltensnormen), die Richtung und Geschwindigkeit der Entwicklung beeinflussen, wenn moderne Systeme übernommen werden [4].

Anmerkungen. [1] R. L. FREY: I. Grundlagen der Planung öffentlicher Investitionen (1970) Kap. 1. – [2] LALANDE⁹ 514. – [3] R. JOCHIMSEN: Theorie der I. (1965) passim. – [4] R. F. BEHRENDT: Soziale Strategien für Entwicklungsländer (1965) 140f.

Literaturhinweis. U. E. SIMONIS: I. Theorie und Praxis (1972) (mit Bibliographie).

A. ZINGERLE

Ingenium ist begriffsgeschichtlich die Übersetzung des *griechischen* Begriffs εὐφυΐα. Er bedeutet bei Platon und Aristoteles die gute Naturveranlagung und das Vermögen geistiger Tätigkeit. PLATON denkt dabei insbesondere an die Philosophie [1], ARISTOTELES an die Poesie [2], näherhin an das Metaphorisieren [3]. Hauptquelle ist für die Tradition weiterhin eine Stelle der Aristotelischen ‹Problemata›, wo die gute Begabung eines Menschen auf sein melancholisches Temperament zurückgeführt wird. Das Problem lautet: «Aus welchem Grund sind offenbar alle hervorragenden Männer, die sich in der Philosophie, in der Politik, in der Dichtung oder in den bildenden Künsten hervorgetan haben, Melancholiker?» [4].

Bei den *lateinisch* schreibenden Autoren in der Nachfolge des Aristoteles tritt bei der Behandlung dieses «Problems» das Wort ‹I.› ein. CICERO resümiert: «Aristoteles quidem ait omnes ingeniosos melancholicos esse» (Aristoteles aber sagt, alle Ingeniösen seien Melancholiker) [5]. Noch SCHOPENHAUER bemerkt von dieser Stelle, sie werde «oft angeführt» [6]. Aus ihr entwickelt sich durch die Jh. hindurch eine Psychologie des Genies mit enger Beziehung zur Poetik. Wichtiger Vermittler des Begriffs und der zugehörigen Lehre wird M. FICINO. «Cur melancholici ingeniosi sint» (Warum die Melancholiker ingeniös sind) und «Quomodo atrabilis ingeniosos efficiat» (Wie die schwarze Galle ingeniös macht) lauten zwei von ihm besprochene Aspekte des Problems. Das humorale Substrat lenkt (conducit) das I. [7]. Innerhalb der Poetik und Rhetorik wird das I. insbesondere der Findungslehre (inventio) zugeordnet und dem iudicium gegenübergestellt, das zum anschließende Ordnen des Stoffes (dispositio) befähigt [8]. Ein I., das nicht mit dem Korrektiv des iudicium ausgestattet ist, ist nach der Lehre der Rhetorik gefährdet und bringt in der Dichtung die

Manierismen hervor [9]. In der Psychologie spricht man von ‹I.› sowohl bei Einzelpersonen als auch bei Personengruppen. In der antiken und nachantiken Völkerpsychologie bezeichnet es das spezifische Naturell eines Volkes, seinen Nationalcharakter und «Volksgeist» [10]. DANTE spricht vom I. einer Sprache [11]. Daraus wird später der Begriff des Geistes (génie) einer Sprache. In der Individualpsychologie interessieren sich die Autoren insbesondere für die Verschiedenheit der menschlichen Ingenia. Das Problem ward viel diskutiert: «actitata inter doctiores de ingeniorum diversitate quaestio» (oft behandelt wurde von Vielgelehrten die Frage der Verschiedenheit der Begabungen) [12]. VIVES unterscheidet dabei die Qualität und den Grad der Begabung (actio ingenii) von der Begabungsrichtung auf eine bestimmte Disziplin hin (materia ingenii) [13]. Er leitet daraus die Notwendigkeit einer Pädagogik des I. ab: «In unoquoque ad tradendam et eruditionem spectandum est ingenium» (Bei jedem Einzelnen ist die Begabung zu berücksichtigen, wenn man ihn bilden will) [14]. Dieses Programm wird insbesondere von seinem spanischen Landsmann, dem Arzt JUAN HUARTE, erfüllt. Dessen Buch ‹Examen de ingenios para las Ciencias› (1575) ist eine im gewissen Sinne empirische Psychologie und Pädagogik des I. und findet europäische Resonanz. In Deutschland wird es durch LESSINGS Übersetzung (1752) bekannt. Vieles spricht dafür, daß MONTAIGNE seinen Essay-Begriff in falscher Etymologisierung auf examen statt auf exagium bezogen und seine moralische Psychologie in Anlehnung an Huarte, den er kannte, als examen ingeniorum verstanden hat. Er hält fest an der «psychosomatischen» Betrachtungsweise («l'étroite couture de l'esprit et du corps») und beobachtet wie Huarte Stufen des I.: «degrés d'esprit» [15]. DESCARTES gibt mit Blick auf Montaigne in seinen ‹Regulae ad directionem ingenii› und im ‹Discours de la Méthode› genaue methodische Anweisungen, wie ein Ingenium (Esprit), auch wenn es von der Natur nur mittelmäßig ausgestattet ist, von seinen falschen Meinungen befreit und zur wahren Erkenntnis geführt werden kann.

Die Dichter bedienen sich der medizinisch-psychologisch-pädagogischen Charakterkunde zur Bildung der Charaktere in der epischen und dramatischen Literatur nach dem Prinzip der Schicklichkeit (πρέπον, decorum, bienséance). Das Handeln und Sprechen der literarischen Personen hat konstant im Einklang mit ihrem I. zu stehen. Der *italienische* Dichtungstheoretiker MINTURNO überschreibt einen Abschnitt über die Charaktere und ihre typischen Verhaltensweisen (mores) in der Komödie: «Quid singula ingenia deceat» (Was sich für die einzelnen Charaktere schickt) [16]. CERVANTES bildet nach dieser Theorie die Gestalt Don Quijotes, des «ingenioso hidalgo». Zentrale Bedeutung gewinnt der Begriff ‹I.› bei den Theoretikern des Manierismus und der Barockdichtung im 17. Jh. Sie entsinnen sich aufs neue des Zusammenhangs, den Aristoteles zwischen dem I. und der Kunst der poetischen und metaphorischen Rede hergestellt hatte. Der italienische Literaturtheoretiker M. PEREGRINI (Pellegrini) identifiziert in einem Traktat das I. mit der dichterischen (Er-)Findungsgabe schlechthin. Während die Vernunft (intelletto) auf die Wahrheit bezogen ist, ist das I. dem Schönen zugewandt [17]. Bei E. TESAURO, dem bedeutendsten Theoretiker des literarischen Barock in Italien, ist ‹I.› (ingegno) im Anschluß an Peregrini synonym mit ‹argutia› (argutezza), und dieses «scharfe» I. gilt insbesondere als das Vermögen, metaphorisierend ungewohnte, ja ungeahnte

Wort- und Gedankenkombinationen (concetti) zu bilden, um auf diese Weise die schöpferische Kraft der «ingegnosa Natura» zu erkennen und in der Phantasie nachzubilden [18]. Wer diese Kunst beherrscht, ist ingeniös, «geistreich». In *Spanien* wird der Jesuit BALTASAR GRACIÁN der Theoretiker des I. In seinem Werk ‹Agudeza y arte de ingenio› (1642) gibt er eine Lehre vom scharfsinnigen I., das barocke conceptos hervorzubringen weiß. Man bezeichnet diese Lehre in Spanien gelegentlich als Conceptismo. Gracián hat dieses Werk als Parallele zu der vorher entwickelten Lehre vom iudicium verstanden, die in seinem ‹Oráculo Manual› (Untertitel: Arte de prudencia) enthalten ist.

In *England* versuchen die barocken Autoren über den Begriff ‹I.› hinaus auf den griechischen Begriff εὐφυΐα zurückzugreifen und sammeln sich unter der Denomination des «Euphuism» (nach dem Romanhelden Euphues bei John Lyly). Die Bezeichnung hat wenig Erfolg. In *Frankreich* hält sich von der Wortfamilie ‹I.› [19] nur das Adjektiv ‹ingénieux› in der ursprünglichen, jedoch barock modifizierten Bedeutung «geistreich». Das Substantiv erfährt in der lautlichen Form ‹engin› eine Bedeutungsverengung und bezeichnet die vom ausgezeichneten I. des «Ingenieurs» konstruierte Maschine, insbesondere die Kriegsmaschine. Auch das englische Wort ‹engine› hat eine ähnliche Bedeutung. Die Nachfolge des Begriffs tritt in Frankreich das Wort ‹esprit› (von spiritus), in England das Wort ‹wit› an [20]. Sie bringen ihre Adjektive ‹spirituel› und ‹witty› mit, die teilweise das Adjektiv ‹ingénieux›, ‹ingenious› verdrängen.

In *Deutschland* ist die Begriffsnachfolge nicht eindeutig. LESSING übersetzt Huartes Titel ‹Examen de ingenios› mit «Prüfung der Köpfe». Lichtenberg sagt ‹Witz› und definiert mit Bezug auf die Lehren der alten Rhetorik: «Der Witz ist der Finder und der Verstand der Beobachter». Er sagt weiterhin von diesem Witz im Sinne eines (aristotelischen) Fernrohrs, er sei ein «Verkleinerungsglas», das auf das Allgemeine leitet [21]. Durch die getrennte Bedeutungsentwicklung des Plurals ‹Witze› verliert auch der Singular viel von seinem Stellenwert in der Begriffsgeschichte und wird durch das allgemeinere Wort ‹Geist› ersetzt. Durch die vorromantische und romantische Genietheorie wird die Lehre vom I. für die Poetik überholt. In der Psychologie wird sie durch moderne Charaktertypologien wie die von KRETSCHMER ersetzt [22].

Anmerkungen. [1] PLATON, Resp. VI, 496 b; vgl. Def. 412 e. 413 d. – [2] ARISTOTELES, Poet. 1455 a. – [3] Poet. 1459 a. – [4] Probl. XXX, 1, 953 a. – [5] CICERO, Tusc. I, 80. – [6] A. SCHOPENHAUER, Aphorismen zur Lebensweisheit Kap. 2. – [7] M. FICINO, De vita I, 5. 6. – [8] QUINTILIAN, Inst. orat. 10, 1, 130; 10, 2, 12. – [9] a. a. O. 8, 3, 56. – [10] CICERO, De nat. deorum II, 42 (nach griech. Vorbildern). – [11] DANTE, De vulgari eloquentia I, 12, 2. – [12] L. CAELIUS RHODIGINUS: Lectionum antiquarum libri XXX (Basel 1542) X, 20, S. 381. – [13] L. VIVES: De tradendis disciplinis (Antwerpen 1531) 83ff. – [14] a.a.O. II, fol. 92v. – [15] M. DE MONTAIGNE, Essais I, 25; vgl. 21. 42. – [16] MINTURNO: De poeta (Venedig 1559) 4, 300. – [17] M. PEREGRINI (Pellegrini): I fonti dell'ingegno ridotti all'arte (Bologna 1650) 22; vgl. S. PALLAVICINO: Trattato dello stile e del dialogo (Rom 1662). – [18] A. TESAURO: Il Cannochiale Aristotelico (1654); ND (1968), hg. A. BUCK (nach der A. Turin 1670) bes. Kap. 3. 6. 7. 9; vgl. A. BUCK, Einl. zum ND mit Bibliogr.; ferner B. CROCE: I trattatisti ital. del concettismo e Baltasar Gracián (1899), in: Problemi di estetica e contributi alla storia dell'estetica ital. (Bari ⁴1949) 313-348. – [19] W. HEMPEL, Roman. Jb. (1965) 21-33. – [20] H. LAUSBERG: Roman. Forsch. (1950) 195. – [21] G. CHR. LICHTENBERG, Aph. ‹Forschen›. – [22] E. KRETSCHMER: Körperbau und Charakter (1921, ²⁵1967).

Literaturhinweise. P. BÖCKMANN: Das Formprinzip des Witzes in der Frühzeit der dtsch. Aufklärung. Jb. des Freien Dtsch.

Hochstifts (1932/33). – B. Rosenthal: Der Geniebegriff des Aufklärungszeitalters (1933). – M. de Iriarte S. J.: Dr. Juan Huarte de San Juan und sein Examen de ingenios (1938). – G. Marzot: L'ingegno e il genio del Seicento (1944). – L. Pareyson: Studi sull'estetica del Settecento. I: La dottrina vichiana dell'ingegno, Atti Acad. Sci. Torino, cl. Sci. morali (1947-49). – E. R. Curtius: Europ. Lit. und lat. MA (1948, ²1954). – S. L. Bethell: Gracián, Tesauro and the nature of metaphysical wit. Northern Misc. lit. Criticism (1953). – H. Weinrich: Das I. Don Quijotes (1956). – O. H. Green: El «ingenioso» Hidalgo. Hisp. Rev. (1957). – H. Lausberg: Hb. der lit. Rhet. 1. 2 (1960). – E. Raimondi: Ingegno e metafora nella poetica del Tesauro, in: La lett. barocca (1961). – W. Budach: Die Tradition der Völkerpsychol. bei Montesquieu, Taine und ihren Vorgängern (Diss. Kiel 1965). – M. Franzbach: Lessings Huarte-Übers. (1752). Die Rezeption und Wirkungsgeschichte des «Examen de ingenios para la Ciencias» (1575) in Deutschland (1965). – W. Hempel: Zur Gesch. von spiritus, mens und I. in den roman. Sprachen. Roman. Jb. (1965). – A. Baeumler: Das Irrationalitätsproblem in der Ästhetik und Logik des 18. Jh. bis zur KU (ND ²1967); 1. Aufl. (1923): Kants KU. Ihre Gesch. und Systematik. – E. C. Mason: Ironie und Lit. Jb. Dtsch. Akad. Sprache u. Dichtung (1967). – J. Huarte/G. E. Lessing: Prüfung der Köpfe zu den Wiss. (1752), hg. M. Franzbach (1968).   H. Weinrich

Inhärenz (lat. inhaerentia von inhaerere, in oder an etwas stecken, haften, kleben, angewachsen sein). Obwohl schon Boethius das Wort ‹inhaerere› öfter gebrauchte, z. B. um das Verhältnis einer species zu einer Einzelsubstanz auszudrücken [1], kann man gleichwohl noch keinen terminologischen Gebrauch des Begriffs ‹I.› bei ihm und in seiner Zeit feststellen. Dies liegt besonders auch daran, daß der griechische Ausdruck für die Seinsweise der Akzidentien ὑπάρχειν τινί [2] von Boethius in seiner Übersetzung der Porphyrischen ‹Eisagoge› mit ‹inesse› übersetzt wird [3]. So etabliert sich der Begriff ‹I.› mit deutlichen Konturen erst im Frühmittelalter.

Nach Gilbert von Poitiers gibt es die zwischen Einzelding und den es individuierenden Akzidentien bestehende Beziehung, die Gilbert ‹I.› nennt [4], nur deshalb, weil eine entsprechende, jedoch viel engere Beziehung besteht zwischen den beiden Akzidentien einerseits, die es nach Gilbert gibt, nämlich Quantität und Qualität, und der Subsistenz andererseits, die er zugleich als Existenzgrund (id quo est) und als Wesensform des Einzeldings versteht. Die beiden Akzidentien sind nach der Lehre Gilberts mit der Subsistenz gegeben, sie gehören zu ihrer Möglichkeit [5] oder sind ihre ständigen Begleiter [6]. Gilbert hebt diese enge Beziehung durch den Begriff ‹Adhärenz› auch terminologisch von der zwischen Einzelding und Akzidens bestehenden ab.

Ebenfalls seit dem 12. Jh. läßt sich anhand des Terminus ‹I.› eine differenzierte Prädikationstheorie belegen. Und zwar werden zwei Typen der Prädikation unterschieden: die I.- und die Identitätstheorie. Abälard, der sich auf Boethius beruft [7], war zuerst Anhänger der I.-Theorie, nach welcher durch die Kopula ausgesagt wird, daß dem extensional aufgefaßten Subjekt, d. h. den durch es denotierten Gegenständen, eine durch den Prädikatsterminus ausgedrückte universale Form inhärierend zukommt. So besteht nach Abälard in dem Satz «Socrates est albus» eine coniunctio essentiae zwischen dem individuellen Subjekt und dem ihm inhärierenden Wesen der albedo. Freilich muß Abälard, um solche Sätze wie «Socrates est albedo» zu vermeiden, noch differenzieren, indem er die akzidentelle Prädikation (in adiacentia) der forma albedinis von der «wesentlichen» Prädikation des denotierten fundamentum albedinis unterscheidet [8]. Abälard scheint damit eine Unterscheidung seines Lehrers Wilhelm von Champeaux übernommen zu haben [9].

Später hat Abälard dann die I.-Theorie zugunsten der Identitätstheorie aufgegeben, nach der in einem wahren Satz Subjekt und Prädikat durch eine copulatio intransitiva verbunden und beide extensional aufgefaßt werden, d. h. denselben individuellen Gegenstand bezeichnen. «Non itaque per verbum interpositum inhaerentia copulatur, cum etiam illa sit proprietas, sed sola hominis substantia attribuitur cum dicitur: ‹Socrates est homo› illisque duobus casibus ‹Socrates› et ‹homo› verbum intransitive coniungitur, cum eorum ad se substantias copulat interpositum. Nec aliud quidem intelligendum ‹hominem Socrati inhaerere› quam ‹Socratem hominem esse›, nec aliam per ‹esse› designari substantiam quam Socratem.» (Daher wird durch das dazwischengestellte Wort nicht die I. verknüpft, da auch sie eine Eigentümlichkeit ist, sondern es wird allein das Wesen des Menschen hinzugefügt, wenn gesagt wird: «Sokrates ist ein Mensch», und mit jenen zwei Wörtern «Sokrates» und «Mensch» wird das Verbum ohne Übergang verbunden, da es als dazwischengestelltes ihre Wesen miteinander verbindet. Und nichts anderes also darf man unter dem Satz «Der Mensch inhäriert dem Sokrates» verstehen, als daß «Sokrates ein Mensch sei», und es wird auch kein anderes Wesen durch «sein» bezeichnet als Sokrates [10].

Die Abälardsche Unterscheidung beider Theorien wird dann im Hochmittelalter vielfach aufgegriffen. So stellt z. B. Bonaventura die I. als eine besondere Weise des Inseins (ut si dicatur accidens in subiecto) der Identität gegenüber (ut si dicatur ideae rerum sunt in Deo) [11].

Besondere Bedeutung kommt dem Terminus ‹I.› in der Wesensphilosophie des Duns Scotus zu. Nach seiner Lehre ist die Seinsweise des Akzidens nicht als aktuelles, sondern nur als mögliches Insein, allerdings mit besonderer Eignung (secundum aptitudinem) bestimmt [12]. Daraus folgt, daß die aktuelle I. nicht de essentia alicuius sei, d. h. washeitlich identisch mit dem Wesen des Akzidens selbst: «Dico negative, quod inhaerentia, qua albedo inhaeret subiecto suo, non est de essentia albedinis» (Ich sage negativ, daß die I., durch die die Weißheit ihrem Subjekt inhäriert, nicht von der Wesenheit der Weißheit ist) [13]. Das aktuelle Inhärieren kommt dem Akzidens vielmehr nur «in kontigenter Weise» zu [14] als eine von außen hinzukommende Beziehung (respectus extrinsecus adveniens) [15]. Als solche kann die I. nicht der Akt einer informatio per se sein, welcher, wie die die Materie informierende substantiale Form, eine für sich bestehende Einheit herstellte, denn «inhaerens nec est actus simpliciter, sed actus secundum quid» [16]. Von der aktuellen I. unterscheidet Duns Scotus – wie später auch Petrus Fonseca [17] – die inhaerentia aptitudinalis, durch die das Akzidens in seinem washeitlichen Bestand wesensmäßig abhängig ist und hingeordnet zur Substanz als Washeit [18], so daß auf diese Weise die inhaerentia aptitudinalis als eine passio des Akzidens mit diesem essentialiter, wenn auch nicht de essentia, identisch ist.

Im Fahrwasser skotischer Metaphysik bleibt im wesentlichen auch Johannes a S. Thoma bei seinem Prädikationsweisenentwurf; originell ist seine Bestimmung der I. als «modus existendi distinctus ab ipsa existentia accidentis, sicut in substantia distinguitur subsistentia ab existentia» (eine von der Existenz selbst verschiedene Seinsweise des Akzidens, wie in der Substanz die Subsistenz von der Existenz unterschieden wird) [19]. Der direkte Vergleich der Seinsweisen des Akzidens und der Substanz, der hier in solcher Klarheit zum ersten Mal formuliert worden zu sein scheint und von der deutschen Schulphilosophie übernommen wurde, mag anregend gewesen sein für Kants berühmte Definition: «Wenn man nun diesem Realen an der Substanz ein besonderes Dasein beilegt (z. E. der Bewegung als einem Akzidens der Materie), so nennt man dieses Dasein I., zum Unterschied vom Dasein der Substanz, das man Subsistenz nennt» [20].

Nachdem die I.-Theorie im 14. Jh. durchgehend abgelehnt und besonders von WILHELM VON OCKHAM kritisiert worden war [21], griff vor allem SUÁREZ auf sie wieder zurück, der mit CAJETAN [22] und HERVAEUS NATALIS [23] die skotistische These, daß weder die aktuelle noch die «aptitudinale» I. wesensmäßig (de essentia) zum Akzidens gehöre, ablehnt und demgegenüber betont, daß die Akzidentien, die eine eigene, von der Substanz real verschiedene Entität haben, durchaus von ihrem Wesen her eine «aptitudinale» I. besitzen [24].

Die scholastische Unterscheidung des I.- und des Identitätsurteils wird von LEIBNIZ wieder aufgenommen. Allerdings gebraucht er, um die in einem allgemeinen affirmativen Urteil vorliegende Verbindung zwischen Subjekt und Prädikat auszudrücken, ungleich häufiger als ‹inhaerere› die Bezeichnungen ‹inesse›, ‹continere› oder ‹involvere›. Die Relation der I. bezeichnet nach ihm das Verhältnis der verschiedenen, von einem und demselben Seienden prädizierbaren, d. h. die verschiedenen Prädikate desselben Seienden unterscheidenden Abstrakta zu einem konkreten Seienden, das selbst nicht wieder einem anderen Seienden inhärieren kann [25].

Der I.-Begriff, der in der neuzeitlichen Ontologie und Logik sichtlich an Bedeutung verliert, spielt jedoch in der vor allem durch F. A. Trendelenburg und F. Brentano verkörperten Aristotelesrenaissance des 19. Jh. eine nicht unwichtige Rolle. Da nach TRENDELENBURG das Verhältnis der I. gewiß einerseits ontologisch zugleich die «Geschlossenheit» des Dinges, d. h. seine Substantialität, und die «Vielheit in der Einheit», d. h. das Verhältnis der Teile zum Ganzen, bezeichnet, andrerseits aber doch auch die Kategorie der Kausalität implizieren kann [26], hat der Begriff ‹I.› auch in seiner Urteilslehre einen Platz [27]; dort wendet sich Trendelenburg gegen Kants Ableitung der drei Relationen I., Kausalität und Wechselwirkung aus den drei Urteilsformen kategorisch, hypothetisch und disjunktiv, um schließlich die Anzahl der Urteile auf die beiden wichtigsten, nämlich des Inhalts und des Umfangs, zu reduzieren. «Jedenfalls müssen indessen die bisherigen Gesichtspunkte der Relation (I., Causalität, Wechselwirkung) aufgehoben werden, und in dieser Kategorie geht die belobte Dreiheit der Arten in eine notwendige Zweiheit zurück» [28].

Auch in der Prädikationstheorie des Trendelenburg-Schülers BRENTANO nimmt der Begriff I. eine wichtige Stelle ein. Nach dieser Theorie sind die «absoluten Akzidentien sämtlich I.en, wie z. B. der Habitus eines Wissens oder einer moralischen Tugend» [29], die er von den «passiven Affektionen», d. h. den Zuständen unterscheidet, die das Subjekt nicht hat, sondern erleidet. Durch Veränderung solcher I. wird das Subjekt nach Brentano «irgendwie modifiziert» im Gegensatz zur Veränderung der denominatio extrinseca, «durch welche das Subjekt gar nicht berührt wird» [30]. Die Differenzierung der I.en selbst bemißt sich danach, ob sie als spezifisch verschiedene oder identische prädiziert werden. «Es scheint, daß niemals zwei I. von gleichem genus infimum und darum von gleicher Prädikationsweise demselben letzteinheitlichen, substantiellen Subjekte zukommen» [31].

Schließlich gehört zur Geschichte des I.-Begriffs sicher auch die Lehre N. HARTMANNS von der «anhangenden Idealität», nach der das ideale Ansichsein in zwei verschiedenen Formen zur Gegebenheit gelangt, nämlich in freier und anhangender Idealität. «Freie Idealität soll diejenige heißen, die wie die mathematische unmittelbar in sich selbst zur Anschauung gebracht werden kann, im Realfall gebunden aber nur verdunkelt oder verunklärt erscheint; anhangende Idealität diejenige, die nur mittelbar am Realfall und durch ihn hindurch zur Anschauung gelangt, losgelöst von ihm aber nicht faßbar ist» [32].

Anmerkungen. [1] BOETHIUS, In Isag. Porph. comm. V, 7, hg. S. BRANDT, in: CSEL 48, 307, 2. – [2] Vgl. z. B. ARISTOTELES, Met. 1025 a 14; Anal. post. 73 a 35 u. ö. – [3] Vgl. Comm. in Arist. graec. 4/1, hg. BUSSE 35, 4. – [4] Vgl. N. M. HÄRING (Hg.): The comm. on Boethius by Gilbert of Poitiers (1966) Hebd. 1, 100 = S. 209, 79. – [5] a. a. O. 1, 38 = 195, 18. 1, 41 = 196, 28. 1, 99 = 209, 72. – [6] 1, 99 = 209, 71. 1, 30 = 194, 72; Trin. 1, 4, 21 = a. a. O. 119, 22. – [7] ABÄLARD, Log. Ingr., hg. B. GEYER 490. – [8] a. a. O. 360-361. – [9] Vgl. L. M. DE RIJK: Logica Modernorum II/1 (1967) 184-185. – [10] Vgl. ABÄLARD, Dialectica, hg. L. M. DE RIJK 159, 31-37. – [11] Vgl. BONAVENTURA, I Sent. 36, 3, 2, dub. 1. Opera 1-10 (Quaracchi 1882-1902) 1, 630. – [12] DUNS SCOTUS, Super lib. I. Post. q. 30, n. 10. – [13] IV Sent. d. 12, q. 1, n. 14. – [14] a. a. O. n. 22; vgl. q. 3, n. 33. – [15] IV Rep. Par. d. 12, q. 1, n. 7; vgl. IV Sent. d. 12, q. 1, n. 21. – [16] Quodl. q. 9, n. 3. – [17] Vgl. PETRUS FONSECA, Comm. in Met. VII, 1, 2 (Rom 1589) 2, 198; VII, 1, 4 = 2, 210. – [18] DUNS SCOTUS, Quaest. Met. VII, q. 1, n. 2. – [19] Vgl. JOHANNES A S. THOMA, Philos. nat. III, q. 9, a. 2, hg. REISER 2, 766 b 42; EUSTACHIUS A S. PAULO, S. philos. IV, 45-47. – [20] I. KANT: KrV, Akad-A. 3, 165. – [21] Vgl. W. VON OCKHAM, S. Log. I, 32, hg. BOEHNER 86; II, 2 = 224f. – [22] Vgl. CAJETAN, Opusc. de ente et ess. c. 7, q. 15. – [23] HERVAEUS NATALIS, Quodl. 4, q. 9 = fol. 107. – [24] F. SUÁREZ, Disp. Met. d. 37, sect. 2, 6. 9. Opera (Paris 1856ff.) 26, 494. 495; q. 77, a. 1, 4 = 2, 272, 4. – [25] G. W. LEIBNIZ, vgl. bei L. COUTURAT: Opuscules et frgm. inéd. (1903) 437. – [26] FR. A. TRENDELENBURG: Log. Untersuch. (1840, ³1870) 1, 363f. – [27] a. a. O. 2, 271ff. – [28] a. a. O. 2, 278. – [29] Vgl. F. BRENTANO: Kategorienlehre, hg. A. KASTIL (1933) 238. – [30] a. a. O. 211. – [31] a. a. O. 238. – [32] Vgl. N. HARTMANN: Zur Grundlegung der Ontol. (1935, ³1949) Kap. 46 c.

Literaturhinweise. E. A. MOODY: Truth and consequence in mediaeval logic (1953). – R. KAUPPI: Über die Leibnizsche Logik (1960). – P. HADOT: Zur Vorgesch. des Begriffs «Existenz HYPÁRCHEIN» bei den Stoikern. Arch. Begriffsgesch. 13 (1969) 115-127. – A. GRAESER: A propos HYPÁRCHEIN bei den Stoikern. Arch. Begriffsgesch. 15 (1971) 299-305. – W. LENDERS: Die analyt. Begriffs- und Urteilstheorie von G. W. Leibniz und Chr. Wolff (1971). – J. PINBORG: Logik und Semantik im MA (1972). – H. ENDERS: Sprachl. Traktate des MA und der Semantikbegriff (1975).

TH. KOBUSCH

Initiation (von lat. initiatio, Einführung, Einweihung) wird im Altertum neben neutraler Verwendung vorwiegend religiös gebraucht: Einführung in Mysterien, Geheimkulte, geheime Weihen (griech. μύησις). Das dazugehörige Verbum ‹initiare› bedeutet (in die Mysterien) «einweihen» [1]. Der Terminus technicus der antiken Kultsprache wird für den christlichen Sakralgebrauch besonders für die Taufe übernommen. Religionswissenschaftlich und ethnologisch wird er für Einführungsriten, besonders für Jugendweihe- und Reife-(Pubertäts-) Zeremonien verwendet, mit denen sich häufig Vorstellungen von einer Wiedergeburt (Regeneration) und überhaupt die Idee der Lebenserneuerung verknüpfen. Die übertragene Verwendung findet sich dann allgemein für «Einweihung», spiritualisiert für die Einführung in Geheimlehren, in Geheimwissenschaften und für die Erlangung esoterischer Weisheit, wobei sich Vorstellungen des rationalen Mitteilens und Erfassens, der Belehrung oder Unterrichtung und solche übernatürlicher Erleuchtung oder Intuition verbinden; ebenfalls für die Aufnahme in geheime Bünde oder Gesellschaften. Soziologisch und psychologisch wird I. heute auch für «Rituale» des Status- und Rollenwechsels in der individuellen und gesellschaftlichen Entwicklung des Menschen verwendet.

Anmerkung. [1] Thes. ling. lat. VII/1 (1955) 1648ff.

Literaturhinweise. K. BETH: I. Handwb. des dtsch. Aberglaubens 4 (1931/32) 687-692. – H. LIENHARDT: Der Schlüssel der Einweihung. Die Übungen der orientalischen Freimaurer und der Alchemisten (1950). – J. HAEKEL: I.en und Geheimbünde der Nordwestküste Amerikas. Mitt. anthropol. Ges. Wien 83 (1953 bis 1954) 167-190. – A. DAVID-NEEL: I.s Lamaïques (Paris ³1957). – K. BÜHLER-OPPENHEIM, Verschiedene Aufsätze, in: CIBA-Z. 8 (1958). – M. ELIADE: Art. ‹I.› in: RGG³ (1959) 751-753; Das Mysterium der Wiedergeburt. I.-Riten, ihre kulturelle und religiöse Bedeutung (1961). – F. BARDON: I. into hermetics (Koblenz 1962). – I., hg. C. J. BLEEKER (Leiden 1965). – M. LLEWELLYN: I. and magic (New York 1965). – V. POPP: I. Zeremonien der Statusänderung und des Rollenwechsels (1969). – P. FREESE: I. – Stud. zum jugendlichen Helden im modernen amer. Roman (1973). K. GOLDAMMER

Injunktion (von lat. iniungere, anfügen) ist ein sachbezogener (= deskriptiver) Begriff der beschreibenden Naturwissenschaften, der wegen der Beschaffenheit des von ihm zu repräsentierenden Gegenstandsbereichs nicht die Kriterien einer Definition erfüllen kann. Insbesondere gilt dies: 1. wenn sich ein zur Begriffsbestimmung heranzuziehendes Kennzeichen gegen den Rand des vom Begriff repräsentierten Sachbereichs hin allmählich, fließend verliert und nicht sprunghaft verschwindet, wenn also der Gegenstandsbereich keine naturgegebenen Ansatzpunkte für scharfe Grenzziehungen darbietet, sondern ein «heterogenes Kontinuum» (H. RICKERT [1]) bildet; 2. wenn für die Begriffsbestimmung mehrere, unabhängig voneinander variierende konstitutive Merkmale vorliegen, aus denen bei dem gegebenen Stand der Forschung kein einzelnes mit sachlicher Begründung als alleiniges differenzierendes und definierendes Merkmal herausgehoben werden kann.

Die begriffliche Bestimmung einer I. [2] besteht demgemäß darin, daß man alle voneinander unabhängigen (nicht voneinander ableitbaren) kennzeichnenden Merkmale angibt und deren Ausprägung sowohl im Kerngebiet des Bezeichnungsfeldes als auch an allen Übergängen zu Bereichen von Nachbarbegriffen beschreibt.

Durch die Verwendung von I.en anstelle von Definitionen wird vermieden, daß sachbezogene, deskriptive Begriffe nur zum Teil die naturwissenschaftlich aufgezeigten Gegebenheiten repräsentieren, zum anderen Teil aber durch nicht von der Sache her begründbare und daher naturwissenschaftlich unverbindliche Bestimmungsmerkmale (willkürlich definierte Grenzen, willkürlich herausgehobene definierende Einzelmerkmale) festgelegt werden; derart definierte Begriffe können die – für deskriptive Naturwissenschaften unentbehrliche – Funktion eines hypothesenfreien wissenschaftlichen Verständigungsmittels nicht erfüllen.

Bisherige Hauptanwendungsgebiete für I.en sind die allgemeine Biologie und die vergleichende Verhaltensforschung. Beispiele für Begriffe, die derzeitig nur als I.en zur hypothesenfreien Deskription dienen können, sind: Individuum, Pflanze und Tier, gesund und krank, Domestikation, Art (Spezies), Leben; angeborenes und erlerntes Verhalten, Spielverhalten, Drohen, Balz, Revierverhalten.

Anmerkungen. [1] H. RICKERT: Kulturwiss. und Naturwiss. (⁶1926) 34. – [2] Prägung des Begriffs: B. HASSENSTEIN: Belastete Begriffe. Dtsch. Univ.-Ztg. (Göttingen, 8. Juni 1951).

Literaturhinweise. B. HASSENSTEIN: Über den Funktionsbegriff des Biologen. Stud. gen. 2 (1949) 21-28; Abbildende Begriffe. Verh. dtsch. zool. Ges. (1954) 197-202; Erklären und Verstehen in den Naturwiss., in: Freiburger Dies Universitatis 1967 (1968) 100-123. B. HASSENSTEIN

Inkarnation (griech. σάρκωσις, lat. incarnatio)

I. ‹I.› ist eine Wort- und Begriffsbildung christlicher Theologie des 2. Jh. Ihr liegt der Satz aus Joh. 1, 14 ὁ λόγος σὰρξ ἐγένετο (Das Wort ward Fleisch) zugrunde. Jesus ist hier primär als der präexistente göttliche Offenbarer verstanden, der als solcher in die vergängliche Schöpfungswelt eintrat und ein Mensch von Fleisch und Blut wurde. In johanneischer Tradition stehend, verteidigte IGNATIUS VON ANTIOCHIEN (um 115) Christus als σαρκοφόρος (fleischtragend) gegenüber doketischer Verflüchtigung seiner menschlichen Existenzwirklichkeit, wobei ihn vor allem das Interesse an der Gewährleistung des Heils im «Fleisch Jesu Christi» als der Gabe der Eucharistie leitete [1]. Im selben Sachbezug sagt unabhängig vom Johannesevangelium auch JUSTINUS (um 155) von Christus, er sei διὰ λόγου θεοῦ σαρκοποιηθείς (durch Gottes Wort zu Fleisch gemacht) [2]. Mit seiner im Horizont mittelplatonischen Denkens ausgebildeten Logoslehre ermöglichte er für die Zukunft ein Verständnis des Johannesprologs, aus dem der Begriff ‹I.› hervorging. Das geschah wohl zuerst bei IRENÄUS (um 180), der ihn in einer Auslegung von Joh. 1 zunächst in der verbalen Form prägte: ὁ λόγος ... σαρκωθεὶς ὑπὲρ ἀνθρώπων (der Logos, Fleisch geworden um der Menschen willen) [3] und ihn dementsprechend in eine formelhafte Zusammenfassung der kirchlichen Lehrtradition als Aussage über den Sohn Gottes aufnahm [4]. Er bildete auch das Substantiv σάρκωσις [5] und erklärte dazu, daß das Heil für die Menschen im Sinne ihrer Teilhabe an der göttlichen Unvergänglichkeit nur durch die Menschwerdung Gottes vermittelt werden konnte [6]. Die neue Terminologie breitete sich schnell aus [7] und gewann bald einen festen Platz in der Liturgie der Eucharistiefeier [8]. Aber sie war im Geltungsbereich hellenistischer Anthropologie, wo σάρξ nicht wie in biblischer Tradition den ganzen Menschen (in seiner Vergänglichkeit), sondern nur das Leiblich-Materielle an ihm im Unterschied von Seele und Geist bezeichnete, mißverständlich. So konnte hier eine Auffassung vertreten werden, die, statt vom Logos oder Gottessohn, vom göttlichen πνεῦμα als Subjekt der σάρκωσις sprach [9]; oder es wurde, nachdem schon Justin auch vom σωματοποιεῖσθαι (zu einem Leib gemacht werden) Christi hatte sprechen können [10], die platonische Vorstellung der ἐνσωμάτωσις aufgegriffen, so vor allem von ORIGENES, der insofern die I. des Christus als einen Spezialfall der Verleiblichung aller präexistenten Geistseelen im Zuge des Weltprozesses verstand [11]. Anderseits war er es, der zur unmißverständlichen Wahrung der ursprünglichen Aussage dem Begriff ἐνανθρώπησις (Menschwerdung) Eingang verschaffte [12]. Während der Lehrstreitigkeiten im 4. Jh. wurde dieser Begriff als Interpretament des längst traditionell gewordenen Wortes σαρκοῦσθαι in die kirchliche Glaubensformel des Konzils von Nicäa (325) mit aufgenommen [13]. Damit war ‹I.› endgültig im Sinne der vollständigen Menschwerdung des präexistenten Gottessohnes definiert, und im Bereich der lateinischen Kirche, wo die Vokabeln ‹incarnatio›, ‹incarnari› erstmals in der Irenäus-Übersetzung (aus dem 3. Jh.?) belegt sind, blieb dies der einzige begriffliche Ausdruck dafür, zumal man sich des biblischen Bedeutungsumfangs von ‹caro› (Fleisch, im Sinne von: Mensch) stets bewußt war [14]. Das gelegentlich gebildete Äquivalent ‹inhumanatio› [15] setzte sich nicht durch, da das Wort ‹incarnatio› auch hier seit langem in die liturgische Sprache eingegangen war. Die weitere Geschichte der Christologie betrifft dann die Auslegung des mit ‹I.› bezeichneten Geschehens, vor allem durch die Lehre von der Vereinigung der zwei Naturen, der göttlichen und der menschlichen, in der einen Person des Erlösers. Dabei wandelt sich die Funktion des Begriffes ‹I.›, je nachdem, ob man den Ansatz der christologischen Reflexion bei Christus als der zweiten Person der göttlichen Trinität oder bei dem Menschen Jesus von Nazareth in seiner geschichtlichen Existenz nimmt [16].

Anmerkungen. [1] IGNATIUS, Ep. ad Smyrn. 5, 2; 7, 1 u. a. – [2] JUSTINUS, Apol. I, 66, 2; 32, 10; ferner Dial. c. Tryph. 45, 4; 84, 2. – [3] IRENÄUS, Adv. haer. I, 9, 3, hg. HARVEY 1, 84. – [4] a. a. O. I, 10, 1 = 1, 90. – [5] III, 18, 3 = 2, 97 u. ö. – [6] III, 18, 7 = 2, 100. – [7] z. B. MELITON VON SARDES, Passahom. § 70. 104; CLEMENS ALEXANDRINUS, Strom. I, 17, 81; HIPPOLYT VON ROM, Contra Noët. 16f. – [8] Vgl. die Präfation in der Kirchenordnung HIPPOLYTS. – [9] z. B. KALLIST bei HIPPOL., Elench. IX, 12; vgl. CLEMENS ALEX., Paed. I, 6, 43. – [10] JUSTINUS, Dial. 70, 4. – [11] ORIGENES, In Joh. II, 31, 187; VI, 5, 29; vgl. VI, 14, 86 u. ö. – [12] a. a. O. II, 11, 81ff.; VI 35, 174 u. ö:. ebenso HIPPOL., Contra Noët. 4. – [13] H. LIETZMANN: Symbole der Alten Kirche (⁴1935) 26; DENZINGER/SCHÖNMETZER, Enchiridion symbolorum Nr. 54. – [14] z. B. AUGUSTINUS, De civ. Dei XIV, 2, 1; Enchir. 34. – [15] FACUNDUS VON HERMIANE (um 550), Pro defensione trium capitulorum IX, 3. MPL 67, 754. – [16] Dazu W. PANNENBERG: Grundzüge der Christol. (1964, ³1969) bes. 26ff.

Literaturhinweise. F. DIEKAMP: Doctrina patrum de incarnatione (1907). – A. MICHEL: Art. ‹Incarnation›, in: Dict. théol. cath. 7 (1923) 1445ff. – A. GRILLMEIER/H. BACHT (Hg.): Das Konzil von Chalkedon 1-3 (1951-1954).   M. ELZE

II. Die *mittelalterliche* Theologie nimmt patristische Ansätze auf, wenn sie die Fragen «Cur Deus homo» und «Quomodo Deus homo» thematisiert und vielfältig bearbeitet, den Begriff ‹I.› selbst aber nicht eigentlich verändert [1]. Als Anknüpfungspunkt dient oft Joh. 1, 14 [2]. Darüber hinaus gibt dieses Problem ANSELM VON CANTERBURY – soweit nicht Irrlehren abgewehrt werden sollen [3] – auch Gelegenheit zu einer prinzipiellen Klärung der Frage nach den Gründen der I., da Gott als Allmächtiger auch anders als durch seine Erniedrigung die Sünde hätte aufheben können. Seine Antwort lautet: Die Genugtuung für die Schuld des Menschen kann nur durch den Gottmenschen Christus erfolgen, da er in einer Person vollkommener Mensch und vollkommener Gott zugleich ist [4]. In der I. geschieht nicht eine Erniedrigung Gottes, sondern eine Erhöhung der menschlichen Natur (Non ergo in incarnatione dei ulla eius humilitas intelligitur facta, sed natura hominis creditur exaltata) [5]. Ähnlich lehrt auch ALBERTUS MAGNUS: Nur eine unendlich große Sühneleistung für eine unendlich große Beleidigung konnte die Erlösung des Menschengeschlechts bewirken; die I. war deshalb angemessen sowohl im Hinblick auf Gott als auch im Hinblick auf den Menschen und den Erlösungsvorgang: «Per Verbum igitur incarnatum facta est humani generis reparatio, non quia aliter salvari non poterat, sed quia nullus alius modus fuit ita congruus ipsi reparatori, et reparabili, ac reparationi» [6]. Die Nützlichkeit (utilitas) der I. erweist sich so darin, daß Gott Mensch wurde, damit der Mensch vergöttlicht wurde; daß Gott zur Erde herabstieg, damit der Mensch zum Himmel aufstieg [7]. Auch BONAVENTURA erscheint die I. durchaus angemessen: Von Gottes Vollkommenheit ging nichts verloren, dagegen wurde die menschliche Natur durch die I. erhoben: «et multum addatur exaltationis et digni-

tatis generi humano» [8]. THOMAS ist mit Augustin der Meinung, daß die I. zwar nicht der einzige, aber der beste Weg zur Erlösung war, da einer übergroßen Beleidigung Gottes eine entsprechende Sühne folgen mußte [9]. Übereinstimmend wird betont, daß die I. ein großes Geheimnis und nicht dem menschlichen Intellekt, sondern letztlich nur dem Glauben zugänglich sei [10]. Die besondere Frage, warum Christus und nicht der Vater oder der Hl. Geist Mensch geworden ist, beantwortet ABAELARD unter Hinweis auf die eigentümliche Funktion Christi: Er ist der Logos, das Licht, das in die Finsternis gesandt wurde. Durch die I. haben die Menschen das Licht der wahren Weisheit Gottes empfangen, ja die Weisheit selbst hat sich inkarniert; sie stellt sich der menschlichen Unwissenheit entgegen [11].

Anmerkungen. [1] PETRUS LOMBARDUS, Lib. III sent.: De I.; dazu: ALBERTUS MAGNUS, Comm. in III Sent. Opera omnia, hg. BORGNET (Paris 1890-99) 28, 1ff.; ALEXANDER VON HALES, Glossa in IV Sent. (Quaracchi/Florenz 1951-57) 3, 1ff.; Quaest. disp. XV (Quaracchi/Florenz 1960) 1, 193ff.; BONAVENTURA, Comm. in III Sent. Opera omnia (Quaracchi 1882-1902) 3, 1ff.; THOMAS VON AQUIN, S. theol. III, 1ff.; F. SUÁREZ, Comm. et disp. in S. theol. III D. Thomae, scil. Opus de I. Opera omnia (Paris 1856-78) 17, 1ff. – [2] ALCUIN, Comm. in Joan. I. MPL 100, 749; RUPERT VON DEUTZ, In Joan. Evang., hg. HAACKE. Corp. Christian. 9 (1969) 26f.; THOMAS VON AQUIN, In Joan. Evang. 1, 14; ALBERTUS MAGNUS, In Evang. Joan. Expos. Opera a. a. O. 24, 47ff. – [3] ANSELM VON CANTERBURY, Ep. de I. Verbi. Opera omnia, hg. SCHMITT (1938-61, ND 1968) 2, 1-35. – [4] Cur Deus homo II, 6f. = 2, 101f. – [5] a. a. O. I, 8 = 2, 59. – [6] ALBERTUS MAGNUS, Comp. Theol. Veritatis IV, 6. Opera a. a. O. [1] 34, 127. – [7] a. a. O. IV, 9 = 34, 231. – [8] BONAVENTURA, a. a. O. [1] I, 2, 1 = Opera 3, 20f. – [9] THOMAS VON AQUIN, S. theol. III, 1, 2; vgl. F. SUÁREZ, a. a. O. [1] 17, 48ff. – [10] PETRUS LOMBARDUS, a. a. O. [1] III, 24, 3; ALBERTUS MAGNUS, Opera a. a. O. [1] 28, 466f.; 14, 880f.; BONAVENTURA, a. a. O. [1] XXIV, 2, 3. Opera 3, 524; F. SUÁREZ, a. a. O. [1] 17, 38f.; ALEXANDER VON HALES, Glossa a. a. O. [1] I, 41, 12 e 1, 420; Quaest. Disp. 13, 17 = 1, 167. – [11] ABAELARD, Theol. christ. IV. MPL 178, 1278. 1281.

Literaturhinweis. F. HABERL: Die I.-Lehre des heiligen Albertus Magnus (Diss. Freiburg i. Br. 1939).   Red.

III. *Der I.-Begriff von der Reformation bis zur Gegenwart.* – Von den Reformatoren wird der Begriff ‹I.› übernommen. Daneben findet sich die Wendung ‹*Menschwerdung Gottes*› (= M.G.), ohne daß sie ‹I.› je ersetze oder bezeichnete einen inhaltlich Neuen würde. Mit der Ablösung des Lateinischen als Sprache der Gelehrten geht nicht die Ablösung von ‹I.› durch ‹M.G.› einher. Von demselben Autor können ‹I.› und ‹M.G.› wechselweise gebraucht werden. Nach den Systematisierungen der lutherischen Orthodoxie und dem Aufkommen aufklärerischen Denkens aber kommt es vor, daß die Begriffe ‹I.› oder ‹M.G.› überhaupt vermieden werden, da die damit bezeichnete Sache nicht mehr geglaubt oder unter bestimmten Prämissen als nicht denkbar abgelehnt wird, d. h., wo diese Begriffe als zu extensiv gedeutet werden oder aber, wo sie – weil aus bestimmten Denktraditionen entstammend – als zu eng angesehen werden, um eine neue Deutung adäquat zu bezeichnen. Auch die Vermeidungen und Transformationen des Begriffs gehören zu seiner Geschichte, da ihnen die Rückkehr zum Begriff folgen kann, die ohne jene nicht verständlich wäre.

1. LUTHER, der sich bekenntnishaft an die altkirchliche Christologie anschließt [1], ist das «simul deus et homo» so selbstverständlich [2] wie die Bezeichnung Christi als «Mittler» [3]. Mit dem Begriff ‹Person› werden die beiden Naturen bei aller Verschiedenheit doch als untrennbar verbunden gedacht. «Es ist eine person worden und scheidet die menschheit nicht so von sich, wie meister Hans seinen rock aus zeucht und von sich legt» [4]. Auf

dieser traditionellen Grundlage bekommt I. für Luther zentrale Bedeutung für seine Theologie. I. ist «erste Schöpfung Gottes» (prima operatio dei) [5] und erste Auferstehung: «Christus auferstand zum erstenmal, als er Mensch wurde» (Exurgit deus Christus primo, quando incarnatur) [6]. Bei aller Betonung, daß Christus «warhafftiger Gott» [7], ein «warer, natürlicher Gott» sei [8], stellt Luther das *Mensch*sein Christi heraus. Als «warhafftiger mensch» [9], «wie ich und du» [10], war er «vere servus Dei»; und man kann nicht einfach sagen, Gott sei emporgestiegen, sondern «jener Mensch, der Gott ist, stieg empor» (ille homo, qui est Deus ascendit) [11]. Diese Betonung hat Folgen für Luthers Abendmahlslehre [12] und damit für die nicht gelingende Einigung der reformatorischen Bewegung.

MELANCHTHON hat bei der einsetzenden Systematisierung der Theologie Luthers der I. als Lehrstück keine besondere Aufmerksamkeit geschenkt. Im Zusammenhang der von ihm übernommenen Lehre der communicatio idiomatum [13] beachtet er die genaue Zuordnung von Handlungen Christi zu den beiden Naturen: «... Man muß sich davor hüten, daß es zu einer Vermischung der Naturen kommt» (... necessaria est cavere, ne fiat naturarum confusio) [14]. Sie sind dennoch «Handlungen der ganzen Person durch die wechselseitige Mitteilung der Eigenschaften, wie wir sagen: der Mensch zählt, wenn er auch noch so sehr mit dem Verstand zählt» (actiones ... totius personae communicatione Idiomatum, ut dicimus: homo numerat, etiamsi tantum mente numerat) [15]. Deshalb kann gesagt werden: «Christus ist Mensch, der λόγος ist Mensch, Christus ist verletzt, Christus gestorben, Gott ist gestorben» (Christus est homo, λόγος est homo, Christus est vulneratus, Christus est mortuus, Deus est mortuus) [16].

Das «simul deus et homo» ist auch für *Zwingli* und *Calvin* unverzichtbarer Grund ihrer Lehre von der I. Die Differenz zu Luther ergibt sich daraus, daß sie es für das Heil des Menschen als entscheidend ansehen, die Gottheit des Gottmenschen zu betonen.

Für ZWINGLI hat Christus in der Weise «die menschliche Natur angenommen, daß die göttliche nicht verlorenging oder in die menschliche verwandelt wurde» [17]. Um aber «Mittler» sein zu können, mußte er «unsere Natur» annehmen, «uns gleich» werden [18]. Das Miteinander der Naturen wird mit dem Begriff der Person gefaßt: «eine Person, ... vollkommener Gott, vollkommener Mensch! Nicht weil die eine Natur zur anderen wird oder sich beide miteinander vermischten, sondern weil jede ihre Eigentümlichkeit beibehält und dennoch dadurch die Einheit der Person nicht zerstört wird» [19]. Gerade die «Einheit und Vollkommenheit der Person» führt dazu, daß die Evangelien «oft der menschlichen Natur» zuschreiben, was zur göttlichen gehört und umgekehrt [20]. So stirbt der Sohn Gottes, der «kraft der Einheit und Einfachheit der Person Gott und Mensch ist; er stirbt aber nur nach der Menschheit» [21].

CALVIN bestimmt die Person so, daß Christus wahrer Gott sein mußte, um den schöpfungsmäßigen Abstand zwischen Gott und Mensch [22] und den durch den Fall bedingten [23] in der Herablassung überwinden zu können [24]. Wahrer Mensch muß er sein, weil Gottes Herrlichkeit nur in dieser Verhüllung sichtbar werden kann. Gott naht sich «gewissermaßen klein, um sich zu unserem Fassungsvermögen herabzulassen» (quodammodo parvum, ut se ad captum nostrum submittat) [25]. Nur als wahrer Mensch kann er an die Stelle des Menschen treten, um sein Heilswerk zu vollbringen [26]. Einheit der

Person aber bedeutet nicht «confusio substantiae» [27]. Um diese undenkbar zu machen, formuliert Calvin das, was polemisch «Extra Calvinisticum» genannt wurde: «Wunderbarerweise ist der Sohn Gottes aus dem Himmel herabgekommen und hat dennoch den Himmel nicht verlassen» (Mirabiliter enim e caelo descendit Filius Dei, ut caelum tamen non relinqueret) [28].

Anmerkungen. [1] M. LUTHER, Weimarer A. (= WA) 26, 501. – [2] Vgl. WA 18, 758f.; 4, 248; 20, 682. – [3] z. B. WA 46, 541; 3, 174. – [4] WA 26, 333; vgl. 26, 321f.; 24, 399; 10/I, 1, 150. – [5] WA 9, 61; vgl. 4, 503; 3, 542; 3, 532. – [6] WA 3, 380. – [7] WA 46, 550. – [8] WA 46, 548; vgl. 3, 542. 267. 400; 46, 541; 26, 38; 1, 203; 17/II, 238. 242. – [9] WA 26, 501; vgl. 4, 258. – [10] WA 46, 554. – [11] WA 3, 267. – [12] Vgl. E. METZKE: Sakrament und Met. Eine Lutherstudie über das Verhältnis des christl. Denkens zum Leiblich-Materiellen, in: Coincidentia oppositorum. Ges. Stud. zur Philos.gesch., hg. K. GRÜNDER (1961) 158-204. – [13] Vgl. Art. ‹Idiomatum communicatio›. – [14] PH. MELANCHTHON, Corpus Reformatorum (= CR) 23, 371. – [15] CR 23, 505. – [16] CR 23, 90; vgl. 23, 343. – [17] H. ZWINGLI: Hauptschriften, hg. F. BLANKE/O. FARNER/R. PFISTER 11, 308. – [18] a. a. O. 11, 260. – [19] 11, 257; vgl. 11, 318. – [20] 11, 258. – [21] 11, 259. – [22] J. CALVIN, Inst. II, 12, 1 = Opera Selecta Calvini (= OS), hg. P. BARTH/W. NIESEL (1928) 3, 437. – [23] Inst. II, 12, 1 = OS 3, 438; vgl. II, 6, 4 = OS 3, 325. – [24] Inst. II, 2, 1 = OS 3, 437. – [25] CR 55, 227. – [26] Inst. II, 12, 3 = OS 3, 439; vgl. Inst. IV, 17, 8 = OS 5, 350; CR 55, 56. – [27] Inst. II, 14, 1 = OS 3, 458. – [28] Inst. II, 13, 4 = OS 3, 458; vgl. IV, 17, 30 = OS 5, 389; CR 47, 62.

2. Im Anschluß an Luther, Melanchthon, die Festlegungen in der Augsburger Konfession (Art. III) und der Konkordienformel (Art. VIII), (deren Bestimmungen in der Christologie auf Chemnitz' Schrift ‹De duabus naturis in Christo, de hypostatica earum unione› (1570) zurückgehen) entwickelt die lutherische Orthodoxie ihre Lehre von der I. in einem Schema der Christologie, eingeteilt nach der Lehre von der Person, von den Ständen und den Ämtern Christi, das bei aller Differenzierung und Wandlung im einzelnen [1] verbindlich ist.

I. wird in dem Lehrstück von der Person unter ‹unitio› abgehandelt «Unitio ... communiter vocatur incarnatio» [2]. I. ist «der göttliche Akt, durch den der Sohn Gottes die menschliche Natur, die mit uns eines Wesens, aber von der Sünde frei und der eigenen Subsistenz entkleidet ist, im Mutterschoße der Jungfrau Maria in die Einheit seiner Person aufgenommen und ihr sowohl an seiner Hypostase wie an seiner göttlichen Natur Teil gegeben hat, auf daß nunmehr Christus der θεάνθρωπος, der Gottmensch, für immer in zwei Naturen, einer göttlichen und menschlichen, aufs innigste geeint besteht» (actio divina, qua filius Dei naturam humanam nobis consubstantialem, peccati vero expertem propriaque substantia destitutam in utero matris virginis Mariae in unitatem personae suae assumpsit, eidemque tum hypostasin, tum naturam suam divinam communicavit, ut jam perpetuo in duabus naturis divina et humana, arctissime unitis subsistat Christus θεάνθρωπος) [3]. Aus dem actus der unitio ergibt sich der «status» der «unio personalis» [4]. Diese unio ist nicht eine «unio essentialis», oder «physica», jedoch auch nicht nur eine «unio verbalis» oder «accidentalis», sondern eine «unio vera et realis» [5]. Aus der «unio personalis» resultiert die «communio naturarum» [6] und hieraus wiederum die «communicatio idiomatum» [7], die wechselseitige Mitteilung der Eigenschaften. Auch diese ist als «vera et realis» zu begreifen [8]. Hierin unterscheidet sich die reformierte Orthodoxie von der lutherischen. Sie begreift die communicatio idiomatum wohl in bezug auf die Person als real, im Blick auf die Naturen aber nur als verbal oder als «praedicatio» [9].

Anmerkungen. [1] Vgl. C. H. RATSCHOW: Luth. Dogmatik zwischen Reformation und Aufklärung (1964) 1, 11f. – [2] D. HOLLAZ: Examen theologicum acroamaticum (¹1725) 2, 89 = (¹1707, ND 1971) 2, 130. – [3] a. a. O. 2, 50 = ND (¹1707) 2, 130; vgl. J. A. QUENSTEDT: Theol. didactica polemica (1691) III, 75 und J. GERHARD: Loci Theologici (1610), hg. F. COTTA (1762ff.) III, 412 = hg. E. PREUSS (1863) 1, 491. – [4] HOLLAZ, a. a. O. [2] 2, 102 = ND (¹1707) 2, 148f.; GERHARD a. a. O., [3] III, 427 = hg. PREUSS 1, 501. – [5] QUENSTEDT, a. a. O. [3] (³1696) II, 85f. 91. – [6] HOLLAZ, a. a. O. [2] 2, 105 = (¹1707) 2, 152; vgl. QUENSTEDT, a. a. O. [3] III, 87. – [7] GERHARD, a. a. O. [3] III, 465 = hg. PREUSS 1, 527. – [8] HOLLAZ, a. a. O. [2] 2, 115 = ND (¹1707) 167; vgl. QUENSTEDT, a. a. O. [3] (³1696) III, 91f. und GER-HARD, a. a. O. [3] III, 465ff. = hg. PREUSS 1, 627ff. – [9] Vgl. H. HEPPE/E. BIZER: Die Dogmatik der evang.-ref. Kirche (1958) 328. 350ff.

3. Unter Aufnahme naturphilosophischer, insbesondere alchemistischer und kabbalistischer Gedanken, fern den Begriffen der Orthodoxie, ist I. für J. BÖHME ein «Mysterium, davon die äußere Vernunft nichts weiß ...» [1]. Maria und Christus «sind beyde menschlicher Essentz gewesen, mit Leib, Seele und Geist» [2]. In der «eingeschlossenen und halb-ertödteten Jungfräulichen Matrice ist GOttes Wort oder Hertz, als das Centrum der H. Dreyfaltigkeit, ein Menschen-Bild worden, ohne Verletzung seines Wesens» [3]. Das Wort wurde «Sulphur, das ist, Fleisch und Blut, es machte himmlische Tinctur, welche die Gottheit umschleust und erfüllt ... Die Gottheit hat gelüstet, Fleisch und Blut zu werden ... daß wir können sagen, wenn wir mit unserer Imagination in GOtt eingehen ... wir gehen in GOttes Fleisch und Blut ein und leben in GOtt ...» [4]. Gott ist Mensch geworden, «aufdaß Er unsere Mensch[e]it wieder aus dem Tode in sich brächte, und unsere Seelen aus dem Feuer des Zorns GOttes erlösete» [5]. Christus führte die «verwundete halb-todte Menschheit» durch den Tod ins ewige Leben, denn seine «Göttliche, lebendige Wesenheit ist es, die im Tod bestund» [6].

Bei FR. CHR. OETINGER, der Böhmes dunkle Sprache in die Sprache seiner Zeit übersetzen will, rückt I. unter den Anspruch des bei ihm zum Grundbegriff werdenden Begriffes ‹Leben›. I. ist Garant der in Gott unauflöslich und in der Kreatur auflöslich gedachten Vereinigung der Kräfte, die «Leben» konstituieren, das Oetinger in Philosophie und Theologie seiner Zeit als Prinzip der Wirklichkeit, mit verhängnisvollen theoretischen und praktischen Folgen, nicht erkannt sieht. So ist I. nicht nur «Grundveste» der Religion [7], sondern auch die Philosophie muß sich Christus «zum Haupte setzen» [8]. Der «vernünftige Mensch» findet Antwort auf seine Frage, «ob nicht etwas Mittleres seie, das vom Unendlichen und Endlichen zugleich Theil nehme», nur darin, daß es der «eingeborne Sohn» ist, der «Eins mit dem Unendlichen ist, und der die menschliche Natur anziehen wolle» [9]. Diese Offenbarung Gottes im «Fleische des Menschensohnes ist die größte Offenbarung» [10] und die Erfüllung der Schöpfung: «Gott würde ja alles umsonst geschaffen haben, wenn es die geistliche Erhöhung nicht erreichen könnte. Die Form und Materie müssen so vereinigt sein, daß es von ewiger Währung sey ...» [11]. In Christus ist «Geist und Stoff ... in einem beisammen» [12]. Er als das «wahre Leben» [13] ist aus der «Kraft des unauflöslichen Lebens» [14] auch «Architekt» [15], «Zurechtsteller» [16], «Lebendigmacher der Natur» [17]. Gegen die «Idealisten» wird die «wesentliche körperliche Offenbarung» [18] betont, in Jesus wohnt die «Fülle der Gottheit σωματικῶς leibhaft ...» [19]. Daher ist «leibhaft werden ihre Vollkommenheit und keine Unvollkommenheit» [20]. Hier hat die Lehre von der communicatio idiomatum in entschiedener Ausdeutung ihre Stelle. Sie bedeutet, «daß Leib

Geist und Geist Leib werden kann ... ohne daß man Materialist werde» [21] und durch die communicatio idiomatum wird das «Leben Gottes» mitteilbar, «wodurch es geschieht, daß die Erde zum Himmel erhoben wird und der Himmel zur Erde herabsteigt» [22].

J. G. HAMANN geht aus von dem «unendlichen Misverhältnisse des Menschen zu Gott» [23], wendet sich aber gegen eine Trennung von «Göttl. und Menschl. Dingen» [24]. Die Lösung weist auf die I. «Um erstlich das unendliche Misverhältnis zu heben und aus dem Wege zu räumen ... muß der Mensch entweder einer göttlichen Natur theilhaftig werden oder auch die Gottheit Fleisch und Blut an sich nehmen» [25]. Der Schluß «... Folglich ist alles göttlich ... Alles Göttliche ist aber auch menschlich» [26], der die I. als Heilstat voraussetzt, ist Grundlage allen Wirklichkeitsverständnisses. «... Diese communicatio göttlicher und menschlicher idiomatum ist ein Grundgesetz und der Hauptschlüssel aller unserer Erkenntniß und der ganzen sichtbaren Haushaltung» [27]. I. ist Erfüllung des in allen Religionen Angelegten: «Das im Herzen und Munde aller Religionen verborgene Senfkorn der Anthropomorphose und Apotheose erscheint hier in der Größe eines Baumes des Erkenntnißes und des Lebens mitten im Garten – aller philosophischer Widerspruch und das ganze historische Rätsel unserer Existenz ... sind durch die Urkunde des Fleisch gewordenen Worts aufgelöst» [28]. Indem Christus und der Vater Eins sind, Christus aber zugleich Mensch ist, «Bein von unserem Bein, Fleisch von unserem Fleisch» [29], ist die Einheit gegeben, die alle Bereiche der Wirklichkeit bestimmen soll. «ER und der Sohn ist ein Einiges Wesen, das sowenig im Politischen als Metaphysischen die mindeste Trennung oder Vielheit zuläßt» [30]. Wie alle seine Offenbarungen gegenüber der Welt ist Christus Rede Gottes. «Nachdem GOTT durch Natur und Schrift, durch Geschöpfe und Seher, durch Gründe und Figuren, durch Beten und Propheten sich erschöpft ...: so hat er am Abend der Tage zu uns geredt durch seinen Sohn» [31]. Durch die I. wird das im Sündenfall verlorne Bild des Menschen wiederhergestellt: «Freylich schuf er uns nach seinem Bilde – weil wir dies verloren, nahm er unser eigen Bild an» [32]. Lebender Mensch ist erst, wer die durch die I. bekräftigte Einheit der Welt anerkennt («Der Christ allein aber ist ein lebender Mensch» [33]) und diese Erkenntnis im Denken und Handeln bewahrheitet [34].

Anmerkungen. [1] J. BÖHME: De incarnatione verbi oder Von der Menschwerdung Jesu Christi (1620). Sämtl. Schr. (1957 = ND der A. 1730) 4, 79. – [2] a. a. O. 64. – [3] 80. – [4] 65; vgl. 63f. 87f. – [5] 85. – [6] 83. – [7] FR. CHR. OETINGER: Bibl. Wb. (1776), neu hg. (ohne emblemat. Wb.) J. HAMBERGER (1849) 238. – [8] a. a. O. 242. – [9] Swedenborgs und anderer irdische und himml. Philos. (1765). Sämmtl. Schr., hg. K. CHR. E. EHMANN 2/2 (1858) 243. – [10] a. a. O. [7] 233. – [11] 163. – [12] a. a. O. [9] 128. – [13] a. a. O. [7] 468. – [14] 247. – [15] Öffentl. Denkmal der Lehrtafel einer weil. Wirtt. Prinzessin Antonia (1763) a. a. O. [9] 1, 76. – [16] a. a. O. 219. – [17] a. a. O. [7] 77. – [18] XXVII. – [19] a. a. O. [15] 169. – [20] ebda.; vgl. a. a. O. [7] 183. – [21] 223. – [22] Die Theol. aus der Idee des Lebens (lat. 1765), hg. und übersetzt J. HAMBERGER (1852) 333. – [23] J. G. HAMANN, Sämtl. Werke, hg. J. NADLER (1949-1957) 3, 313. – [24] Briefwechsel, hg. W. ZIESEMER/A. HENKEL 1 (1955) 341. – [25] a. a. O. [23] 313. – [26] 27. – [27] ebda.; vgl. 1, 287; a. a. O. [24] 243. – [28] a. a. O. [23] 3, 152. – [29] 1, 212. – [30] 3, 315. – [31] 2, 213. – [32] a. a. O. [24] 394. – [33] a. a. O. [23] 2, 48. – [34] Vgl. 3, 303.

4. In den Beweisen der Theologie und Philosophie der *Aufklärung* über die ‹Vernünftigkeit› oder ‹Unvernünftigkeit› der christlichen Lehre kommt dem Lehrstück der I. kaum Bedeutung zu. Unter den Kategorien dessen, was Hegel ‹Verstandesdenken› nannte, ist I. nicht faßbar, so daß sogar eine eigentliche Auseinandersetzung

ausbleibt. Für H. S. Reimarus ist I. ein «unbegreifliches Glaubens-Geheimnis» [1], das er ablehnt. In den Reden Jesu, die nur als Akkomodation an die Verständnismöglichkeiten seiner Zeitgenossen zu verstehen sind [2], findet sich die Lehre vom «ewigen Sohn Gottes und Gott-Menschen» nicht [3]. «Sohn Gottes» ist nichts anderes als eine Benennung solcher Menschen, die «fromm, gerecht und Gott gehorsam sind» und deshalb als «bey Gott besonders beliebte Personen geschätzt wurden» [4]. Könnten Aussprüche Jesu wie der von seiner Einheit mit dem Vater nicht «vernünftig» erklärt werden, «so würden wir uns einen Gott bilden müssen, an dessen einem Wesen nicht allein Jesu, sondern auch alle Gläubigen Theil nähmen, oder das aus unendlich vielen Personen bestünde» [5]. – Was Reimarus als spinozistisch ablehnt, hat D. Fr. Strauß (der Reimarus wieder aufgriff [6]) dann als Auflösung des Geheimnisses der I. angesehen.

Vorgebildet ist eine solche Lösung auch in Gedanken K. F. Bahrdts. Das Wort, daß Jesus mit Gott eins sei, heiße nichts anderes als daß er «in Absicht auf Zweck, Absichten und Geschäfte mit Gott eins» sei, «wie jeder mit Gott eins ist.» Den Namen «Sohn Gottes» führen «alle Menschen, welchen Gott Kräfte, Macht, Einsichten und Talente verliehen und dadurch Beruf und Auftrag gegeben hat, andere als Regenten oder Lehrer (bürgerlich und moralisch) zu beherrschen» [7]. Auch eine «Verteidigung» der christlichen Religion, wie sie J. A. Nösselt unternimmt, spricht nicht von der I. Wohl gehört es zum Inbegriff der christlichen Religion, daß der «Sohn Gottes, Jesus Christus» uns durch seinen Tod von der Strafe erlöst [8]. Diese aufgenommene dogmatische Formel wird aber durchgehend als «göttliche Sendung» ausgelegt, durch die Gott «die Menschen ... glückselig machen wolle» [9]. Jesus wird zum göttlichen Lehrer.

Als «von Gott erleuchteten Lehrer» bezeichnet ihn auch Lessing. Indem er anfügt «... Ich lehne aber alle schrecklichen Folgen von mir ab, welche die Bosheit daraus ziehen könnte» [10], weist er auf die Probleme hin, die mit solcher Kennzeichnung verbunden sind. Auch im ‹Christentum der Vernunft›, in dem Lessing vom «Sohn Gottes» spricht, vermeidet er die Begriffe ‹I.› oder ‹M.G.› Der «Sohn Gott» ist nichts anderes als Sich-selbst-denken Gottes «in aller seiner Vollkommenheit» [11], oder er kann «Bild Gottes» genannt werden, «aber ein identisches Bild». Diese spekulative Ausdeutung der christlichen Lehre bleibt Fragment. In der ‹Erziehung des Menschengeschlechts› ist Christus «ein beßrer Pädagoge» [12] als die ihm vorangehenden Verkünder göttlicher Wahrheiten, aber noch zur Akkomodation an das mangelhafte Abstraktionsvermögen seiner Zeit gezwungen, wobei auch die Rede vom Sohn Gottes unter dieser Beschränkung zu denken ist. Die Benennung eines Sohnes, den «Gott von Ewigkeit zeugt», ist eine Möglichkeit, um die «Idee» einer «Verdopplung in Gott» zu fassen, in der Gott eine «vollständige Vorstellung von sich selbst» erlangt, aber eben doch nicht nur in der «Vorstellung» oder als «Möglichkeit», sondern «notwendig wirklich» [13].

Kants Auseinandersetzung nimmt eine andere Richtung. Er spricht von der «personificirten Idee des guten Princips» [14]. Nur die Unbegreiflichkeit, daß das «Ideal der moralischen Vollkommenheit» im Menschen sich finde, lasse uns sagen, «jenes Urbild» sei «vom Himmel zu uns herabgekommen, daß es die Menschheit angenommen habe» [15]. Es wird nicht ausgeschlossen, daß ein «solcher wahrhaftig göttlich gesinnter Mensch», der zu einer bestimmten Zeit gelebt hat, «ein übernatürlich

erzeugter Mensch sein könne» [16]. In «praktischer Absicht» aber sei dies belanglos, «weil das Urbild, welches wir dieser Erscheinung unterlegen, doch immer in uns selbst», in unserer Vernunft gesucht werden müsse und «keines Beispieles der Erfahrung» bedürfe [17].

Anmerkungen. [1] H. S. Reimarus: Apol. oder Schutzschr. für die vernünftigen Verehrer Gottes (Ms. 1768), als ‹Wolffenbüteler Frg.› teilw. publ. G. E. Lessing (1774ff.), zit. hg. G. Alexander (1972) 2, 97. – [2] a. a. O. 2, 97. 40. – [3] 2, 46; vgl. 2, 57. – [4] 2, 51. 52. – [5] 2, 68. – [6] Vgl. D. Fr. Strauss: Hermann Samuel Reimarus und seine Schutzschrift für die vernünftigen Verehrer Gottes (1862) V. – [7] Anonym [K. F. Bahrdt]: Ausführungen des Plans und Zwecks Jesu. In Briefen an Wahrheit suchende Leser (1784) 243. 244. – [8] J. A. Nösselt: Verteidigung der Wahrheit und Göttlichkeit der christl. Relig. (⁴1774) 47. – [9] a. a. O. 421. 48; vgl. 475. – [10] G. E. Lessing: Gedanken über die Herrnhuter. Werke, hg. Rilla 7, 190. – [11] a. a. O. 7, 197. – [12] Erziehung des Menschengeschl. § 53 = a. a. O. 8, 605. – [13] a. a. O. § 73 = 8, 609. – [14] I. Kant: Relig. innerhalb der Grenzen der bloßen Vernunft. 2. Stück. Akad.-A. 6, 63. – [15] a. a. O. 6, 61. – [16] 6, 63. – [17] 6, 63. 62.

5. F. W. J. Schelling bleibt diese Adaption des Gedankens der I. durch die praktische Philosophie fremd. Er sieht sich in der Nachfolge Lessings, der in der ‹Erziehung des Menschengeschlechts› die «philos. Bedeutung» der Lehre von der I. zu enthüllen gesucht habe (wohl in § 86, der für Schelling «vielleicht das Speculativste [ist]», was er [Lessing] überhaupt geschrieben» [1]). Den dort noch mangelnden Bezug der Idee zur ‹Geschichte der Welt› stellt Schelling her. Indem das «wahre Unendliche in das Endliche kam», war der «Schluß der alten Zeit und die Grenze einer neuen, deren herrschendes Princip das Unendliche war» [2], erreicht. Die «erste Idee des Christenthums ist daher notwendig der Mensch gewordene Gott» [3], «die Versöhnung des von Gott abgefallenen Endlichen durch seine Geburt in die Endlichkeit» [4]. Damit «verendlicht» Christus «in sich das Göttliche», aber er «zieht nicht die Menschheit in ihrer Hoheit, sondern in ihrer Niedrigkeit an, und steht als eine von Ewigkeit zwar beschlossene, aber in der Zeit vergängliche Erscheinung da» [5]. Die M.G. ist deswegen aber nicht «empirisch» so zu deuten, daß «Gott in einem bestimmten Moment der Zeit menschliche Natur angenommen habe» [6]. Die M.G. ist vielmehr «eine Menschwerdung von Ewigkeit». Der Mensch Christus ist in der Erscheinung nur der Gipfel und insofern auch der Anfang derselben, denn von ihm aus sollte sie dadurch sich fortsetzen, daß alle seine Nachfolger Glieder eines und desselben Leibes wären, von dem er das Haupt ist» [7].

Für Hegel bezeichnet ‹M.G.› in der Form der Vorstellung, was, im Begriff gefaßt, das Zentrum seiner Philosophie ausmacht [8]. M.G. sei «wesentliches Moment» aller Religionen, in der christlichen aber sei es «vollkommen ausgebildet» [9]. Hegel spricht in positivem Sinne von «Anthropomorphismus», der hier konsequent durchgeführt sei [10]. Indem das «göttliche Wesen» [11] als «wirklicher Mensch da ist», als «wirkliches einzelnes Individuum» und nicht etwa nur als «menschlich gebildetes Ideal der Schönheit und Kunst» [12], ist es als «Selbstbewußtseyn» da [13]. In der M.G. wird so das «Wesen als Geist gewußt», denn «der Geist ist das Wissen seiner selbst in seiner Entäußerung; das Wesen, das die Bewegung ist, in seinem Andersseyn die Gleichheit mit sich selbst zu behalten» [14]. Das «absolute Wesen» scheint von seiner «ewigen Einfachheit herabgestiegen zu seyn, aber in der That hat es damit erst sein höchstes Wesen erreicht» [15]. Denn «im Sohne sich selber anzuschauen und zu offenbaren» heißt, in diesem «Fürsichseyn im Anderen» «absoluter Geist» zu sein [16]. Es ist für Hegel das

Große der christlichen Religion, daß in dem «Moment der Trennung» Gott «wirklich einzelne Subjektivität» wird [17]. «Die Vollendung zum Geiste heißt eben die Subjektivität, die sich unendlich entäußert ...» [18]. «Die absolute Verklärung der Endlichkeit ist in ihr [der christlichen Religion] zur Anschauung gebracht» [19]. Gerade an der Vorstellung und begrifflichen Auslegung der M.G. erweist es sich für Hegel, daß das Christentum «bei aller dieser Tiefe leicht vom Bewußtseyn in äußerlicher Hinsicht aufzufassen ist und zugleich zum tieferen Eindringen auffordert» [20].

Bei äußerster sachlicher Differenz kommt FR. SCHLEIER-MACHER mit Hegel doch darin überein, daß die christliche Wahrheit und das Denken in ihr und über sie nur in Formen und Begriffen möglich ist, die nicht den begrifflichen und philosophischen Entwicklungsstand zu leugnen versuchen. So vermeidet Schleiermacher in den Reden ‹Über die Religion› überhaupt die Begriffe ‹I.› oder ‹M.G.›. Das «wahrhaft Göttliche» an Jesus ist die «herrliche Klarheit, mit der er die Idee, «daß Alles Endliche höherer Vermittlungen bedarf, um mit der Gottheit zusammenzuhängen», «in seiner Seele ausbildete» [21]. Nicht von einem objektiven Geschehen geht Schleiermacher aus, sondern von Jesu «Bewußtsein von der Einzigkeit seiner Religiosität ...», die «zugleich das Bewußtsein seines Mittleramtes und seiner Gottheit» war [22]. Als Mittler kann Jesus keine Einzigartigkeit beanspruchen. «Gesandte Gottes» und «Mittler» sind ebenso «Helden Gesetzgeber Erfinder Bezwinger der Natur» [23], Dichter, Seher, Redner, Künstler [24] und schließlich jeder Mensch, der sich selbst als «Kompendium der Menschheit» erkennt und sieht, daß seine «Persönlichkeit» «in einem gewissen Sinn die ganze menschliche Natur umfaßt» [25].

Wie bewußt Schleiermacher sich um eine Neuformulierung der Lehre von der I. bemüht, belegt auch das Lehrstück ‹Von der Person Christi› der ‹Glaubenslehre›. Es sei Aufgabe einer «fortgesetzt kritischen Behandlung» [26] der kirchlichen Formeln, mit den Ergebnissen der «Analyse unseres christlichen Selbstbewußtseins» [27] «einen wissenschaftlichen Ausdruck zu organisieren», der z. B. die «höchst unbequemen Ausdrücke göttliche Natur und Zweiheit der Naturen in derselben Person vermeidet» [28]. Unter diesen Voraussetzungen ist die «innerste Grundkraft» des Erlösers das «Sein Gottes» [29], das als «stetige Kräftigkeit seines Gottesbewußtseins» [30] bestimmt wird. Alles Menschliche sei nur der «Organismus für diese Grundkraft», ihr «aufnehmendes» und «darstellendes System» [31]. Jesus Christus, «geschichtliches Einzelwesen», doch zugleich «urbildlich», wurde Mensch, damit ein «neues Gesamtleben» [32], «eine Lebensgemeinschaft zwischen uns und ihm möglich sei, und damit auf das deutlichste das Sein Gottes in ihm ausgesprochen werde» [33], denn das «getrübte und unvollkommene Gottesbewußtsein» der Menschen ist noch kein «Sein Gottes in der menschlichen Natur, sondern nur sofern wir Christum mit hinzubringen und es auf ihn beziehen» [34].

Anmerkungen. [1] F. W. J. SCHELLING: Vorles. über die Methode des akad. Studiums (1802). Werke, hg. K. F. A. SCHELLING (1856-61) 5, 294; vgl. Über Offenbarung und Volksunterricht (1798) a. a. O. 1, 477f. – [2] a. a. O. 5, 292. – [3] 5, 314. – [4] 5, 294. – [5] 5, 292. – [6] 5, 297f. – [7] 5, 298. – [8] G. W. F. HEGEL, Werke, hg. H. GLOCKNER 2, 582. 585; 16, 283. – [9] a. a. O. 15, 87; vgl. 93. – [10] 11, 416; vgl. 13, 13f.; 16, 124. – [11] 2, 577. – [12] 13, 14. – [13] 2, 576. – [14] 2, 577. – [15] 2, 878. – [16] 10, 35; vgl. 9, 48. – [17] 13, 14. – [18] 16, 284. – [19] 16, 285. – [20] 10, 425. – [21] FR. SCHLEIERMACHER: Über die Relig. Reden an die Gebildeten unter ihren Verächtern (1799) 301. – [22] 302f. – [23] 10. – [24] 12. – [25] 98f. –

[26] Der christl. Glaube (²1831). Krit. A. als 7. Aufl., hg. M. REDEKER (1960) 2, 48; vgl. 51ff. 60ff. 73f. 85f. – [27] 49. – [28] 57. – [29] ebda. – [30] 43; vgl. 45. – [31] 57. – [32] 34. – [33] 50. – [34] 46.

6. Die Kritik an Hegels System setzte an seiner Religionsphilosophie an, da sein Versuch, die christlichen Dogmen auf den Begriff zu bringen, das Zentrum seiner Philosophie des absoluten Geistes berührt. Während die *Rechtshegelianer* versuchen, die Vereinbarkeit der Hegelschen Transformationen mit den christlichen Lehrstücken zu erweisen, wollen die *Linkshegelianer* mit der Kritik des Hegelschen Systems auch die Wahrheit der christlichen Religion bestreiten und umgekehrt. Dabei ist das Lehrstück der I. von besonderer Bedeutung.

In Auseinandersetzung mit der Geschichte der Dogmatik und philosophischen Adaptionen denkt D. FR. STRAUSS in hegelschen Begriffen die I. als «Idee der Einheit von göttlicher und menschlicher Natur» [1]. Vernünftig sei die Idee der I. aber nur, wenn als «Subject der Prädicate, welche die Kirche Christo beilegt, statt eines Individuums eine Idee, aber eine reale, nicht Kantisch unwirkliche, gesetzt wird». An die Stelle Christi tritt die «Idee der Gattung», die «Menschheit». Sie ist die «Vereinigung der beiden Naturen, der menschgewordene Gott: der zur Endlichkeit entäußerte unendliche, und der seiner Unendlichkeit sich erinnernde endliche Geist» [2]. Zwar wird eine «wissenschaftliche Christologie» auch zu Jesus als einem das «Substantielle verwirklichenden Individuum» zurückkehren, denn in seinem «Selbstbewußtsein [ist] die Einheit des Göttlichen und Menschlichen zuerst und mit einer Energie aufgetreten, welche in dem ganzen Umfange seines Gemüthes und Lebens alle Hemmungen dieser Einheit bis zum verschwindenden Minimum zurückdrängte» [3], prinzipiell aber kann die Intensität dieses Bewußtseins nicht nur erreicht, sondern sogar übertroffen werden [4], in «Läuterungen und Weiterbildung durch die fortschreitende Entwicklung des menschlichen Geistes» [5].

Ähnliche Gedanken (die sich auch schon beim jungen Schleiermacher fanden) kommen auch bei L. FEUERBACH vor. Er sieht in der Schrift ‹Der Schriftsteller und der Mensch› (1834) den «Schriftsteller» (womit auch der Philosoph gemeint ist) als Mittler zwischen Geist und Leben. «Individuen» wie Leibniz, Spinoza, Goethe, Lessing, Schiller sind «Gattungs-Normalindividuen», «Centralpunkte der Menschheit, souveräne Mächte, in die der Menschgeist alle seine Kraft, Fülle und Realität zusammendrängt» [6]. Der Schriftsteller ist so «der eingeborene Sohn des Menschen, eines und desselben Wesens mit ihm. Als Mensch ... angenagelt an das Kreuz des Lebens ..., aber im Himmel seiner geistigen Anschauungen ... der allgegenwärtige und allmächtige Gottessohn» [7]. Im ‹Wesen des Christentums› lehnt Feuerbach auch solche Mittler ab. Unter seiner Voraussetzung, daß die Lehren der Religion Projektionen des menschlichen Gemütes sind und daß sich im religiösen Bewußtsein das als Folge bestimmt, was in Wahrheit der Grund ist, ist der menschgewordene Gott «nur die Erscheinung des gottgewordenen Menschen» [8]. Die in der I. sich verwirklichende «Liebe zum Menschen» ist «menschliche Liebe» [9]. Gott liebt so den Menschen, wie der «wahre Mensch den Menschen liebt» [10]. Trotz dieser Reduktion will Feuerbach den mit dem Dogma verbundenen umfassenden Anspruch nicht aufgeben: «Liebe» ist ihm allgemeines «Vermittlungsprinzip» zwischen dem «Vollkommenen und Unvollkommenen, dem sündlosen und sündhaften Wesen, dem Allgemeinen und Individuellen, dem Gesetz und dem Herzen, dem Göttlichen und Menschlichen» [11].

KIERKEGAARD will hinter alle bisherigen Reduktionen und auch Rettungsversuche der mit Christi Menschwerdung in die Welt getretenen Wahrheit zurückgehen. Die Begriffe ‹I.› oder ‹M.G.› gebraucht er nicht, denn er wendet sich auch gegen die gesamte dogmatische Tradition der Christenheit [12]. Zur Wahrheit Christi führt auch nicht geschichtliches Wissen [13], nicht «gedankenlos schwärmendes Gedenken» [14] und nicht spekulatives «begreifen» des Gott-Menschen [15]. Das Menschsein Christi sei nicht Annahme einer abstrakten Wesenheit «Mensch». «Der Gott-Mensch ist nicht die Einheit von Gott und Mensch; so eine Terminologie ist tiefsinnige Augenverblendung. Der Gott-Mensch ist die Einheit von Gott und einem einzelnen Menschen. Daß das Menschengeschlecht mit Gott verwandt sei oder sein solle, ist altes Heidentum; aber daß ein einzelner Mensch Gott ist, das ist Christentum, und dieser einzelne Mensch ist der Gott-Mensch» [16]. Als solcher ist er das «Paradox, unbedingt das Paradox», das dem «Verstand» niemals zugänglich ist [17], sondern nur dem «Glauben», der an der «Möglichkeit des Ärgernisses» [18] vorbeigeht, «daß ein einzelner Mensch Gott ist» [19]. Nur mit der «Möglichkeit des Ärgernisses» ist der Gott-Mensch Gegenstand des Glaubens. Schaffte man den Glauben ab oder die Möglichkeit des Ärgernisses, so schaffte man den Gott-Menschen und damit das Christentum ab [20]. Alle verfehlten Vermittlungen überspringend, soll sich der Glaubende zum Gott-Menschen in das Verhältnis der «Gleichzeitigkeit» setzen [21].

Kierkegaards Ansatz bleibt im 19. Jh. ohne Wirkung. Herrschend ist eine Theologie, deren exponierter Vertreter A. RITSCHL ist. Auch er setzt mit der Kritik der Tradition ein. Die «hergebrachten Formeln» von Christus als der persönlichen Einheit der göttlichen und menschlichen Natur seien «kein Ausdruck dafür», was Christus wirklich ist und was er für uns ist» [22], und angesichts der Deutungen von D. Fr. Strauß [23] weist er darauf hin, daß weder die altlutherische, noch die reformierte, noch die pietistische Lehre «den möglichen Folgen vorbeugt, daß der Mensch erst in der Gesamtheit des Menschengeschlechts realisiert werden könne» [24]. Zu betonen ist deshalb nicht eine «möglicherweise vorauszusetzende Ausstattung seiner Person mit angeborenen Anlagen» [25], sondern die Stelle, die der «Gottmensch» in dem «Gebiete des religiös-sittlichen Lebens unter dem Gesichtspunkte des Reiches Gottes» einnimmt [26]. Der «Beruf» Christi, die Verwirklichung des Reiches Gottes, ist auch die «höchste Bestimmung des Menschen» [27]. «Attribute seiner Gottheit» sind so die «Gnade» und «Treue» in der «Durchführung seines Lebensberufes» [28]. Die «Merkmale der Gottheit Christi haben also nur den Spielraum, welcher durch seinen Lebenszweck insofern eröffnet wird, als derselbe der göttliche Endzweck der Welt und das Correlat des göttlichen Selbstzwecks ist» [29].

Die altkirchliche Lehre von der I. ist zu ihrem Ende gelangt. Man versuchte, sie so applikabel zu machen, daß man im Ergebnis kaum noch entfernt ist von dem, was man abwenden will. In der Folge haben Theologen diese Konsequenzen gesehen. Vorbereitet, noch nicht vollzogen, wird eine Wende z. B. durch M. KÄHLER. Gegen den «histcrischen Jesus» der Leben-Jesu-Forschung stellt er den «geschichtlichen, biblischen Jesus» [30]. Da der «wirkliche Christus» der «gepredigte», «geglaubte» sei [31], müsse die Betrachtung, wie Christus Mensch und wie er Gott war, bei dem «geschichtlichen Christus der evangelischen Predigt» einsetzen [32]. Er kommt zu der

distanzierten Aussage, daß die «Glaubenserkenntnis Christi auf Grund seines biblischen Bildes» die «Aufgabe stellt», «in Christo die Gottheit mit der Menschheit zusammenzudenken» [33]. Dies geschieht bei Kähler noch in den Begriffen der ‹liberalen Theologie›. Die «Wahrheit der Gottheit Christi» beruht darauf, «daß sich uns die Gottheit in ihrer Fülle als heilige Liebe geschichtlich faßbar darstellt und mitteilt», in Christus, «der sein Bild der Menschheitsgeschichte unauslöschlich einverleibt hat» [34], und die «Wahrheit der Menschheit Christi» besteht «in der Leibhaftigkeit, Geschichtlichkeit und Sittlichkeit, d. h. in der socialen und individuellen Persönlichkeit seines Gott empfänglich zugewandten Seelenlebens» [35].

Anmerkungen. [1] D. FR. STRAUSS: Das Leben Jesu krit. bearb. (³1839) 2, 767. – [2] ebda. – [3] 778f. – [4] Vgl. 772. – [5] 778f. – [6] L. FEUERBACH, Werke, hg. W. BOLIN/F. JODL 1 (1903) 303. – [7] a. a. O. 352. – [8] Das Wesen des Christentums, hg. W. SCHUFFENHAUER (1956) 1, 104. – [9] a. a. O. 1, 108. – [10] ebda. – [11] 1, 101. – [12] S. KIERKEGAARD: Einübung im Christentum. Ges. Werke, hg. E. HIRSCH 26, 139. 24. 63. 121. 140. – [13] a. a. O. 20; vgl. 22. – [14] 5. – [15] 76f. – [16] 77; vgl. 116. 117. 120. 130. – [17] 78; vgl. 28. 63. – [18] 93. – [19] 23; vgl. 76. 81. 87. 95. – [20] 138. 139. – [21] Vgl. 63. 64. 77. 89. 91f. 93. 95f. 102. 105. 122. – [22] A. RITSCHL: Die christl. Lehre von der Rechtfertigung und Versöhnung 3 (1874) 343f. – [23] a. a. O. 347. 359. – [24] 406. – [25] 358. – [26] 406. – [27] 394. – [28] 404; vgl. 351. – [29] 405. – [30] M. KÄHLER: Der sog. hist. Jesus und der gesch., bibl. Jesus (1892); ND, hg. E. WOLF (1953). – [31] a. a. O. 44. – [32] Die Wiss. der christl. Lehre (³1905) 333. – [33] a. a. O. 339. – [34] 342. – [35] 342f.

7. Bei allen Versuchen von Theologen, den als Fehlentwicklung gedeuteten Weg der Theologie seit dem 18. Jh. zu wenden, kommt es doch nicht zu einer Rückkehr zu den alten dogmatischen Formeln und nicht zu einem ungebrochenen Sprechen von I. oder M.G. FR. GOGARTEN betont: «Der Rückweg in die dogmatisch-mythologische Auffassung Jesu ist abgeschnitten» [1], obwohl er an Luther anknüpfen will [2] und sich gegen eine Deutung von Gottheit und Menschheit Christi wendet, die vom Menschenbild des Humanismus, deutschen Idealismus oder Historismus bestimmt ist [3]. Das «geschichtliche Denken» und die «historisch-kritische Wissenschaft» – beides wird von Gogarten als unhintergehbar anerkannt [4] – ist aber insoweit anzunehmen als beim «Menschen» Jesus angesetzt wird, denn der «christliche Glaube steht und fällt damit, daß Jesus Christus ein wirklicher, wahrhaftiger Mensch geworden ist» [5]. Das Menschsein Jesu sei aber nicht als φύσις, wie in der Zwei-Naturen-Lehre [6] zu verstehen, auch nicht als seine «historische Wirklichkeit» als Mensch [7], wie in der Leben-Jesu-Forschung, sondern es bedeutet, «daß er unter das Gesetz getan ist, daß er der Herrschaft der Sünde und des Todes unterworfen ist» [8]. In seiner Gottheit hat er «die Menschen dem Gesetz unterworfen und sie unter die Herrschaft der Sünde und des Todes getan» [9]. Als der «Christus» aber, «als die eine Person, in der Gottheit und Menschheit miteinander vereinigt sind, ist er der, der dem Menschen die Sünde vergibt» [10].

Auch D. BONHOEFFER, der die Aufgabe der Theologie nicht darin sieht, I. als «Gottes Geheimnis» zu enträtseln [11] und der die Christologie der alten Kirche rechtfertigt, da sie sich «nicht scheute, die letzten begrifflichen Paradoxien auszusprechen» [12], betont im Anschluß an Luther die Menschheit Christi. «Jesus, der Mensch, wird als Gott geglaubt. Und zwar als Mensch und nicht trotz seiner Menschheit oder über sie hinaus» [13]. Bonhoeffer geht so weit, zu sagen: «Gott verherrlicht sich im Menschen. Die Menschheit ist in die Trinität mit aufgenommen» [14]. In dieser Betonung wird die M.G. grundlegend für seine Ethik. Ausgehend von dem Satz: «Das Handeln der Verantwortlichkeit ist im tiefsten Sinne wirklichkeitsgemäß», folgert er: da die «ursprünglichste Wirklichkeit» die «Wirklichkeit des menschgewordenen Gottes» ist, ermöglicht allein die M.G. «ein echtes wirklichkeitsgemäßes Handeln» [15].

P. TILLICH wendet sich in seiner Christologie, der Lehre vom «Neuen Sein» [16], gegen den «uneingeschränkte[n] Gebrauch des Ausdrucks ‹I.»›, da er «heidnische oder zumindest abergläubische Assoziationen hervorrufen» könne [17]. Eine «modifizierte Interpretation» müsse der johanneischen Aussage folgen, daß der Logos Fleisch wurde, dabei aber «Fleisch» als «historische Existenz» [18] deuten, um so jede Möglichkeit der Interpretation als «Verwandlungsmythos» auszuschließen [19]. Unter diesen Voraussetzungen ist I. das «einzige, allumfassende Paradox des Christentums», das darin besteht, «daß in einem personhaften Leben das Bild wesenhaften Menschseins unter den Bedingungen der Existenz erschienen ist, ohne von ihnen überwältigt zu werden» [20]. Christus als Repräsentant wesenhaften Menschseins «repräsentiert Gott» [21].

R. BULTMANN vermag in seiner Ablehnung der «Gottheit» und «Menschheit» als φύσις [22] und der neutestamentlichen Titel und christologischen Formeln der Theologie als objektivierbarer Größen nicht mehr von I. zu sprechen. «Gott» muß verstanden werden «als das Ereignis des Handelns Gottes» und die «Menschlichkeit Jesu» «ist der Anstoß, daß die Offenbarung nur im konkreten Geschehen da ist und daß ihre Göttlichkeit unausweisbar ist» [23]. Christus ist all das, was von ihm ausgesagt wird, «wenn es – vom Standpunkt des natürlichen Menschen aus! – als Paradoxie verstanden wird» und sofern er «das eschatologische Ereignis» ist, als der «Mensch Jesus von Nazareth und als das Wort, das im Munde der ihn verkündigenden Menschen erklingt» [24]. I. löst Bultmann auf in den existentiellen Augenblick, in dem «Christi Herr-Sein, seine Gottheit, immer nur je Ereignis» ist, «genauer gesagt: wird» [25].

Solchen Versuchen, I. von der Existenz des Menschen her zu denken, widersetzt sich die Theologie K. BARTHS. Er spricht «mit dem größten Nachdruck von dem Majestätsakt Gottes», der «die ratio, der Sinn, der Grund, die Kraft, die Wahrheit des Geschehens und also der menschlich zeitlichen Seins Jesu Christi ist» [26]. I. als das «in Gottes ewiger Gnadenwahl begründete und ihr entsprechend realisierte Sein Jesu Christi in der Zeit» [27] ist als das «Geschehen der Versöhnung ganz und gar Bewegung von oben nach unten, die Bewegung Gottes zum Menschen hin» [28]. So ist Christus der «präexistierende Deus pro nobis», der «am Anfang aller Dinge steht», als «Sinn und Grund des Bundes er und er allein der Inhalt des ewigen Willens Gottes, der allem Sein des Menschen und der Welt vorangeht» [29]. Mit dieser Betonung des Handelns Gottes und der Gottheit Christi wird das Menschsein Christi gedeutet, das Versöhnung des Menschen erst möglich macht [30]. Gegen eine theologische Redeweise, die zum Jargon zu werden droht, sagt Barth: «Es ist nicht paradox, nicht absurd, daß Gott Mensch wird und ist; es widerspricht das dem Begriff Gottes nicht, es erfüllt ihn vielmehr, es ist Gottes Herrlichkeit, die eben darum offenbar wird» [31].

Anmerkungen. [1] FR. GOGARTEN: Die Verkündigung Jesu Christi. Grundl. und Aufgaben (²1965) 30. – [2] Menschheit und Gottheit Jesu Christi. Zwischen den Zeiten 10 (1932) 3-21, zit. 7; vgl. [1] 317ff. 367f. 372. 436; Jesus Christus, Wende der Welt.

Grundfragen zur Christol. (1966) 2ff. – [3] Menschheit und Gottheit … a. a. O. [2] 3. – [4] a. a. O. [1] 30. 437. – [5] 30; vgl. 436. – [6] a. a. O. [3] 18. – [7] 6. – [8] 14. – [9] 14. – [10] 14. – [11] D. BONHOEFFER: Ges. Schr., hg. E. BETHGE 3 (1960) 382. – [12] a. a. O. 383. – [13] 332f. – [14] 234. – [15] 458f. – [16] P. TILLICH: Systemat. Theol. 2 (1958) 100; vgl. 162. – [17] a. a. O. 105. – [18] 105; vgl. 123. – [19] 105; vgl. 161f. – [20] 104. – [21] 103. – [22] R. BULTMANN: Das christol. Bekenntnis des Ökumen. Rates, in: Glauben und Verstehen. Ges. Aufsätze, 2 (²1958) 264-261, zit. 259. – [23] a. a. O. 258. – [24] 257. – [25] 258. – [26] K. BARTH: Die Kirchl. Dogmatik, IV/2 (1955) 39. – [27] a. a. O. IV/2, 38f. – [28] IV/2, 4; vgl. 43. – [29] IV/1 (1953) 56. – [30] IV/2, 325 vgl. IV, 1, 141ff.; IV/2, 20f. – [31] IV/1, 465.

Literaturhinweise. K. ANER: Die Theol. der Lessing-Zeit (1929, ND 1964). – E. SEEBERG: Luthers Theol. 2: Christus, Wirklichkeit und Urbild (1937). – W. NIESEL: Die Theol. Calvins (1938, ²1957). – W. NEUSER: Der Ansatz der Theol. Ph. Melanchthons (1957). – H. GERDES: Das Christusbild Sören Kierkegaards, verglichen mit der Christol. Hegels und Schleiermachers (1960). – H.-U. SASS: Untersuch. zur Relig.philos. in der Hegelschule 1830-1850 (Diss. Münster 1963). – C. H. RATSCHOW s. Anm. [1 zu 2]. – R. SCHÄFER: Ritschl. Grundzüge eines fast verschollenen dogmat. Systems (1968). – R. WETH: Gott in Jesus. Der Ansatz der Christol. Friedrich Gogartens (1968). – H. KÜNG: Menschwerdung Gottes. Eine Einf. in Hegels theol. Denken als Proleg. zu einer künftigen Christol. (1970). – F. SANDBERGER: D. Fr. Strauß als theol. Hegelianer (1972). R. PIEPMEIER

IV. Die *religionswissenschaftliche* Verwendung des Begriffes ‹I.› erfolgt unter Ausklammerung der spezifischen Gehalte des christlichen I.-Mysteriums. Der Gedanke einer I. polytheistischer Götter ist in den verschiedensten Religionen weit verbreitet und besonders für den Hinduismus charakteristisch, der ihn terminologisch mit dem maskulinen Sanskritwort ‹*avatāra*› bezeichnet, das den «Herabstieg» eines Gottes in die Menschenwelt bedeutet. Hierbei handelt es sich nicht um ein einmaliges, sondern um ein wiederholbares Ereignis. Die indische Philosophie deutet die avatāra-Vorstellung als Einsicht in die Abhängigkeit des Vorübergehenden vom Ewigen. Obwohl die ursprüngliche buddhistische Lehre die kontinuierliche Existenz des Individuums bestreitet, ist die indische Vorstellung der I. auch vom Buddhismus aufgenommen worden und hat besonders in seiner tibetischen Form unter der Bezeichnung ‹sprul-pa› bzw. ‹sprul-sku› (mongol. chubilghan) Bedeutung gewonnen. Auf dieser I.-Vorstellung beruhte die Sukzession der lamaistischen Hierarchen Tibets. – Eine religionswissenschaftliche Monographie über I. fehlt bislang.

Literaturhinweise. N. SÖDERBLOM u. a.: Artikel ‹I.›, in: Enzyklop. of relig. and ethics 7 (1914) 183ff. – G. LANCZKOWSKI: Die chubilghanische Sukzession. Z. Relig.- und Geistesgesch. 6 (1954) 341-347. – V. WHITE: Incarnations and incarnation. Dominican. Stud. 7 (1954) 1-21. – H. HOFFMANN: Die Relig. Tibets (1956) 167-169. – G. SCHULEMANN: Gesch. der Dalai-Lamas (1958) 188-193. – J. GONDA: Die Relig. Indiens 1 (1960) 249-254. G. LANCZKOWSKI

Inklination (von lat. inclinatio, Zu- oder Hinneigung, zunächst rein körperlich-räumlich). Im naturkundlich-astronomischen Sprachgebrauch der Antike (Neigung des Himmels, der Welt) entsprechen den griechischen κλίματα auch inclinationes mundi, Zonen oder Landstriche [1]. Schon im Altertum wurde der Begriff im übertragenen Sinn für «Neigung» oder «Richtung» des Herzens und Gemüts gebraucht. Der Zusammenhang mit astronomisch-kosmologischen Vorstellungen ist dabei zu beachten. Nach THOMAS VON AQUIN ist die in «naturalis» und «voluntaria» eingeteilte inclinatio «quaedam impressio a primo movente» [2]. Das Wollen ist «inclinatio quaedam voluntatis» [3]. Häufig verwendet den Begriff PARACELSUS, der ihn differenziert und seiner Wissenschaftstheorie einfügt. Neben zahlreichen beiläufigen Behandlungen widmete er ihm einen eigenen Abschnitt seiner ‹Philosophia Sagax› [4]. Er bringt ihn wieder mit dem «Gestirn» in Zusammenhang. Das «donum inclinationis» ist eine zweifache Gabe Gottes, nämlich durch den Heiligen Geist und durch das Gestirn und die Naturelemente. Der I. soll der Mensch folgen, da sie sein Schulmeister ist. Ohne sie könnte er nichts [5]. Sie ist eine «verborgene Wirkung im Menschen» [6] in ihrem siderischelementischen und geistigen Doppelaspekt. Dabei setzt sie den freien Willen voraus [7]. Die vulgärastrologische Kompromißformel «inclinant, non necessitant astra» lehnt er jedenfalls ab [8]. Das Ganze ist eine Modifizierung astrologischen Schicksalsglaubens.

Von MALEBRANCHE wurde der Begriff systematisiert [9]. Er schreibt den «Geistern» (esprits) analog den Bewegungen der Körper I. zu, bezeichnet die «inclinations naturelles» als «mouvements de l'âme, qui nous sont communs avec les pures intelligences» und unterscheidet sie von den Leidenschaften [10]. LEIBNIZ verbindet das «incliner» mit dem Gedanken der Freiheit und stellt es in Gegensatz zum «nécessiter» [11]. Man wird in dem ungebräuchlich gewordenen Begriff der I. einen Unterschied sowohl zur bewußten Willensbildung wie zum Zwangsläufigen einer Schicksalsbestimmung wie zum Getriebensein durch Instinkte oder Leidenschaften bemerken müssen. Es handelt sich um eine Vielfalt von Geneigtheiten auf unterschiedlichen Ebenen, die dann auch in persönliche, altruistische und höhere Neigungen unterschieden und letztere wieder in ästhetische, wissenschaftliche und moralische I. eingeteilt werden können [12].

Anmerkungen. [1] Thes. ling. lat. VII/1 (1939) 938ff. – [2] THOMAS VON AQUIN, S. theol. I, 104, 8. – [3] a. a. O. I, 105, 4; 106, 2; 111, 2. – [4] PARACELSUS, Philos. sagax I, 10. Werke, hg. SUDHOFF 12 (1929) 225-232. – [5] a. a. O. 231. – [6] 228. – [7] 232. – [8] Opus Paramirum II, 7 a. a. O. 9 (1925) 115; vgl. E. METZKE: Coincidentia Oppositorum (1961) 61. – [9] N. MALEBRANCHE, Recherche de la vérité IV: «Des inclinations». Oeuvres, hg. G. DREYFUS 2 (Paris 1962) 9ff. – [10] a. a. O. V, 1 = 2, 127. – [11] LEIBNIZ, Theodizee § 230, hg. ERDMANN 1 (1840) 574; § 288 = 590 a. – [12] LALANDE¹⁰ 484f.   K. GOLDAMMER

Inklusion besteht zwischen zwei Klassen K und L, wenn K (echter oder unechter) Teil von L ist, d. h. wenn alle Elemente von K auch Elemente von L sind:

$$K \subseteq L =_{df} \bigwedge_x (x \epsilon K \rightarrow x \epsilon L).$$

Nach ARISTOTELES besagt, A sei in B (ganz) enthalten, dasselbe wie, daß B von allen A ausgesagt wird; die «extensionale» Ausdrucksweise des Aristoteles hat also einen «intensionalen» Sinn [1]. Die Formulierung des Aristoteles wird in der Folge gelegentlich wiederholt [2], sie hat es wohl zunächst auch verhindert, daß eine eigene Theorie der Umfangsverhältnisse entwickelt wurde. LEIBNIZ hat eine Relation des Enthaltenseins, die er «inesse» nennt, doch versteht auch er sie intensional [3]. Erst durch die ausdrückliche Unterscheidung von Inhalt (comprehension) und Umfang (étendue) des Begriffes (idée universelle) in der Logik von Port-Royal wurde die Voraussetzung für die Betrachtung extensionaler Begriffsverhältnisse geschaffen. J. JUNGIUS [4] spricht demzufolge von notio strictior, wenn ein Begriff dem Umfange nach in einem anderen (notio latior) enthalten ist. EULER faßt in seiner extensionalen Urteilstheorie das allgemein bejahende Urteil SaP als I. auf, ohne jedoch einen besonderen Namen hierfür einzuführen: «Die Vor-

stellung eines allgemein bejahenden Satzes wird also diese seyn

wo der Zirkel A, der das Subject des Satzes vorstellt, gänzlich innerhalb des Zirkels B fällt, der das Prädicat bedeutet» [5]. J. H. LAMBERT [6] hebt hervor, daß das allgemein bejahende Urteil auch die Möglichkeit der Gleichheit umfasse: «Alle A sind B will sagen, daß alle Individua A unter den Begriff B gehören. Dieser Begriff dehnt sich demnach auf alle aus. Hingegen läßt der Satz unbestimmt, ob nicht noch andere Individua unter B gehören, es sey denn, daß man wisse, daß der Satz identisch sey.» Ausdrücklich konstatiert als eine der fünf fundamentalen Beziehungen zwischen Umfängen von Begriffen wird durch J. P. GERGONNE [7] «a < b» als «a est contenu dans b». In die Algebra der Logik wird dies Verhältnis eingeführt durch CH. S. PEIRCE unter dem Namen ‹inclusion› und geschrieben «x —< y» [8]. E. SCHRÖDER unterscheidet dann in seinem Gebietekalkül genau, ob Gleichheit eingeschlossen ist (≼) oder nicht (<): «Das ... Zeichen < lese man: ‹untergeordnet›, auch, wenn man will, ‹subordiniert›. Es heiße das Unterordnungszeichen und eine Behauptung wie a < b eine ‹Unterordnung› (subordinatio)» [9]. «Eine Behauptung der Form a ≼ b werden wir eine Subsumtion (Einordnung) nennen, das Zeichen ≼ das Subsumtionszeichen» [10]. FREGE nennt dagegen, wie heute üblich, das Fallen eines Gegenstandes unter einen Begriff «Subsumtion» [11]. Schröder verwendet seine Zeichen außerdem in der Aussagenlogik. Die Principia Mathematica unterscheiden hier. Sie schreiben die Implikation (Subjunktion) «⊃», die I. «⊂»; diese entspricht der Schröderschen Subsumtion:

«*22.01 $a \subset \beta$. =: $x \epsilon a$. $\supset_x$. $x \epsilon \beta$ Df.

This defines ‹the class a is contained in the class β› or ‹all a's are β's›» [12]. Auf der übernächsten Seite, nach *22.621 wird der Ausdruck $a \subset \beta$ ‹inclusion› genannt. Um zu betonen, daß I. unter Ausschluß der Gleichheit gemeint ist, spricht man von *strikter* I. [13].

Anmerkungen. [1] ARISTOTELES, Anal. pr. I, 2, 24 b 25. – [2] z. B. bei BOETHIUS, Interpretat. pr. anal. Arist. MPL 64, 640 a; De syllogismo categorico a. a. O. 809 c/d. – [3] G. W. LEIBNIZ: Philos. Schriften, hg. C. I. GERHARDT (1875-90) 7, 236; vgl. R. KAUPPI: Über die Leibnizsche Logik (Helsinki 1960) 66ff. – [4] J. JUNGIUS, Logica Hamburgensis, hg. R. W. MEYER (1957) 64. – [5] L. EULER: Briefe an eine dtsch. Prinzessin über verschiedene Gegenstände aus der Physik und Philos. 2 (²1773) 90. – [6] J. H. LAMBERT: Neues Organon 1 (1764) 112. – [7] J. P. GERGONNE: Essai de dialectique rationelle. An. de Math. 7 (1816/17) 194. – [8] C. S. PEIRCE: Description of a notation for the logic of relatives (communicated 26. Jan. 1870). Coll. Papers, hg. C. HARTSHORNE/P. WEISS 3 (Cambridge, Mass. 1933) 28. – [9] E. SCHRÖDER: Vorles. über die Algebra der Logik 1 (1890) 129. – [10] a. a. O. 132f. – [11] G. FREGE: Nachgelassene Schriften, hg. H. HERMES u. a. (1969) 230f. – [12] A. N. WHITEHEAD und B. RUSSELL: Principia math. (Cambridge 1910-13) 1, 205. – [13] A. MENNE: Einf. in die Logik (1966) 78.   A. MENNE

Inneneinstellung ist ein Ausdruck, dessen sich E. HUSSERL zuweilen bedient, um die eigentümliche Intention derjenigen Erkenntnisweise zu kennzeichnen, der es um die unvermittelte Wirklichkeit dessen geht, was erlebt wird und was das Erleben selbst ist [1]. Es ist die Einstellung der «rein immanenten Deskription» [2], die nicht bloße Selbstbeobachtung ist, sondern «Innenbetrachtung» [3], die das Sein der Welt schlechthin in den Charakteren seines Erlebtseins, seiner Darstellung im Bewußtsein erforschen will. – Das Erkenntnisprogramm der I., historisch auf DESCARTES' methodischen Solipsismus zurückweisend, im 19. Jh. von DILTHEY u. a. [4] im Sinne einer immanent-strukturellen Erforschung des Erlebens festgelegt, erhält seine prägnante Gestalt in HUSSERLS transzendentalphänomenologischer Reduktion, deren Anspruch es ist, jede philosophische Frage nach dem Seienden und seinem Sein in absoluter Reflexion, in reiner Zuwendung zur Subjektivität, in der Ausschaltung jeder weltlich-objektiven Setzung aufzuheben.

Anmerkungen. [1] Vgl. z. B. E. HUSSERL: Formale und transzendentale Logik. Jb. Philos. phänomenol. Forsch. 10 (1929) 227: § 100; Erste Philos. 1 (1923/24). Husserliana 7 (Den Haag 1956) 120. – [2] Erste Philos. 1 (1923/24). a. a. O. 108. – [3] Die Krisis der europ. Wiss. und die transzendentale Phänomenol. Husserliana 6 (Den Haag 1954) 116: § 29. – [4] Vgl. W. DILTHEY: Ideen über eine beschreibende und zergliedernde Psychol. (1894). Schriften 5 (³1961) 139–240; P. NATORP: Allg. Psychol. (1912) 262–329.   W. HALBFASS

Innensteuerung/Außensteuerung. Das von dem amerikanischen Soziologen, Psychologen und Politikwissenschaftler D. RIESMAN [1] geprägte Begriffspaar: ‹inner-directed/other-directed› findet sich im deutschen Schrifttum in verschiedenen Übersetzungen: ‹innengeleitet/außengeleitet›; ‹innengelenkt/außengelenkt› [2]; ‹innenorientiert/nach den andern orientiert› [3]. Nach der ersten Behandlung 1950 [4] wurden die Begriffe von Riesman später weiterentwickelt [5]. Er ordnet der Bevölkerungsbewegung drei Charaktertypen und Gesellschaftsformen zu. Die dem hohen Bevölkerungsumsatz «entsprechende Gesellschaft wird in ihren typischen Vertretern einen sozialen Charakter formen, dessen Verhaltenskonformität durch die Tendenz, der Tradition zu folgen, gesichert wird» [6]. Die Menschen dieses Gesellschaftstypus sind *traditionsgesteuert*. Der *innengesteuerte* Mensch lebt in der Phase der Bevölkerungswelle und entwickelt eine Verhaltenskonformität, «die durch die Tendenz, sich frühzeitig ein Schema von verinnerlichten Lebenszielen anzueignen, gesichert wird» [7]. Die in der dritten Stufe, der beginnenden Bevölkerungsschrumpfung, «befindliche Gesellschaft ... formt ... eine Verhaltenskonformität, die durch die Tendenz, für die Erwartung und Wünsche anderer empfänglich zu sein, gesichert wird» [8]. Dieser Typus wird als *außengesteuerter* bezeichnet. Verschiedene historische Epochen haben so ihre charakteristischen Wege, um Individuen zu sozialisieren. Die moderne amerikanische Großgesellschaft befindet sich bei gleichzeitigem Vorhandensein aller drei Typen in einem weit fortgeschrittenen Stadium des Übergangs von der I. zur A., weiter als die übrigen Großgesellschaften [9], von der Leitung des Individuums durch im Sozialisierungsprozeß internalisierte und konstant bleibende Werte zur totalen Anpassung und zu Konformismus. «Die Verpflichtung ... sich selbst zu entwickeln, etwas zu leisten usw. wird durch die anderen in den Gruppen, an deren Aktivitäten er teilnimmt, kontrolliert und geleitet. Dadurch gewinnt der Individualismus keine Oberhand» [10]. Im Bereich der Arbeit, des Konsums, der Freiheit und des Politischen gilt danach zumindest für den Mittelstand, daß er sich ausschließlich an der Gruppenkonformität orientiert [11], politisch apathisch wird [12] und durch diese Orientierung «zum Aufstieg des lächelnden Roboters» [13] beiträgt. Der Riesmansche theoretische Ansatz wurde in der amerikanischen Soziologie und international breit diskutiert und in seiner problematischen Generalisierung bestritten [14].

Anmerkungen. [1] C. W. MILLS: Kritik der soziol. Denkweise (1963) 188. – [2] P. R. HOFSTÄTTER: Einf. in die Sozialpsychol. (1954); in der Übers. von R. RAUSCH wiederverwendet: D. RIESMAN, R. DENNEY und N. GLAZER: Die einsame Masse. Mit einer Einf. von H. SCHELSKY (1958). – [3] D. OBERNDÖRFER: Von der Einsamkeit des Menschen in der modernen amer. Gesellschaft (1958) 70. – [4] D. RIESMAN: The lonely crowd (New Haven 1950). – [5] D. RIESMAN in coll. with N. GLAZER: Faces in the crowd. Individual stud. in character and politics (New Haven 1953); D. RIESMAN: From «inner-directed» to «other-directed», in: A. und E. Etzioni: Social change (New York/London 1964) 379ff. – [6] D. RIESMAN, a. a. O. [2] 25. – [7] ebda. – [8] ebda. – [9] P. KECSKEMETI: David Riesman and interpretive sociol., in: S. M. LIPSET und L. LÖWENTHAL (Hg.): Culture and social character. The work of D. Riesman (Glencoe 1961) 7. – [10] D. C. MCCLELLAND: Motivation und Kultur (1967) 103. – [11] S. M. LIPSET: Soziol. der Demokratie (1962) 197. – [12] D. RIESMAN und N. GLAZER: Criteria for political apathy, in: A. W. GOULDNER (Hg.): Stud. in leadership (New York 1950) 519. – [13] C. W. MILLS, a. a. O. [1] 222. – [14] LIPSET und LÖWENTHAL, a. a. O. [9]; R. HEBERLE: A note on Riesman's The lonely crowd. Amer. J. Sociol. 62 (1956) 34ff.

Literaturhinweise. T. LEVITT: The lonely crowd and the economic man. Quart. J. Econ. 70 (1956) 1. 95ff. – E. BOETTCHER: Die Bevölkerungstheorie von D. Riesman. Dtsch. Ges. für Bevölkerungswiss. Mitt. 9 (1957) 4. 90ff. – F. H. TENBRUCK: D. Riesman. Kritik und Würdigung. Jb. Amerikastud. 2 (1957) 213ff. – R. CENTERS: An examination of the Riesman's social character typol. A metropolitan survey. Sociometry 25 (1962) 3. 231ff. – W. M KASSARJIAN: A study of Riesman's theory of social character, a. a. O. 213ff. – B. ROBERTS: Politics before leisure: D. Riesman's changing place in Amer. sociol. Arch. europ. de Sociol. 4 (1963) 1. 177ff. – R. A. PETERSON: Dimensions of social character. An emp. exploration of the Riesman typol. Sociometry 27 (1964) 194ff.   K.-D. OSSWALD

Innenwelt. «Merkwelt» und «Wirkwelt» sind durch ein Zwischenglied, die «I.», verbunden. Darunter werden alle nervösen Apparate und Funktionen verstanden, von den rezeptorischen Empfangsorganen und ihren afferenten Nervenleitungen über die zentralen Schaltstellen des Gehirns bis zu den efferenten Nervenbahnen und ihren Endigungen in den effektorischen Bewegungs- bzw. Sekretionsorganen. In der I. werden die in den Merkorganen erzeugten Nervenerregungen gesammelt, kanalisiert und an die Wirkorgane weiter geleitet. Die in der I. entstehenden nervalen Erregungsmuster sind etwas völlig anderes als die Außenweltreize, welche die Merkorgane in Aktion setzen. Da sie als gewissermaßen spiegelbildliche Entsprechung der Umwelt aufgefaßt werden, verwendet J. v. UEXKÜLL für ‹I.› auch den Ausdruck ‹Gegenwelt› [1]. «Merkwelt», «I.» und «Wirkwelt» sind durch den Bauplan des Tieres zu einer Einheit zusammengefügt, der das planmäßige Ineinandergreifen der Teile nach den Regeln der Funktionskreise (s.d.) garantiert.

Anmerkung. [1] J. v. UEXKÜLL: Umwelt und I. der Tiere (1921).   TH. V. UEXKÜLL

Innerlichkeit. Das Wort ‹I.› erscheint offenbar zuerst 1779 bei KLOPSTOCK zur Bezeichnung eines poetischen Darstellungsverfahrens, das die «eigentliche innerste Beschaffenheit einer Sache» heraushebt [1]. GOETHE verwendet 1787 und später mehrfach den Plural ‹I.en› im Sinne von «innere Natur» des Menschen oder der Nation [2], den Singular erst 1828 [3]. Die wesentlichen, bis heute gültigen Begriffsvarianten sind dann aber bereits bei HEGEL belegt. Mit dem vorphilosophischen Begriff ‹I.› als einer Gemütsverfassung, die Grundlage von Besonnenheit und geistiger Wachheit sei, schließt er in einer Gymnasialrede von 1809 mit einem positiven Akzent an den Gebrauch Goethes an [4]. Dieser Begriff bleibt, angereichert durch Elemente der im folgenden skizzierten Wortgeschichte, bis heute Grundlage von Erziehungsprogrammen.

In HEGELS philosophischen Schriften tritt das Wort ‹I.› seit der ‹Jenenser Realphilosophie› (1805/06) [5] in verschiedensten Zusammenhängen mit wechselnder Häufigkeit auf. Stets verweist es auf das Problem der Vermittlung des Innern zum Äußern, der Subjektivität zum Allgemeinen: Gemäß Hegels Überzeugung von der Zusammengehörigkeit des Innern und Äußern [6] erhält I. immer da ein negatives Vorzeichen, wo diese Vermittlung noch nicht oder nicht mehr geleistet ist oder geleistet werden kann. Neben vielen Begriffsnuancen, die nur im Zusammenhang der Gedankenführung Hegels verständlich und bedeutsam sind, treten – angedeutet schon in der ‹Phänomenologie des Geistes› (1807), dann in der ‹Ästhetik› (1820, erschienen 1835) und in der ‹Rechtsphilosophie› (1821) – einige als folgenreich hervor: 1. I. als die *Sphäre* des reflektierten geistigen Seins, besonders des religiösen, sittlichen und ästhetischen Lebens, zugleich auch als Sphäre des Gemüts, der Empfindungen, des Gefühls [7]; 2. I. als ein *Verhalten*, das diese Sphäre gegenüber den «Äußerlichkeiten des Daseins», gegenüber der äußeren Wirklichkeit überhaupt, verschließt [8]; 3. I. als *Qualität*, als Merkmal z. B. von Kunstgattungen oder -werken, von Handlungen, aber auch von ganzen geschichtlichen Epochen, sofern in ihnen die Subjektivität vorherrschend ist [9].

In der Zeit nach Hegel verengt sich der erste Begriff, indem die Intellektualität in zunehmendem Maße ausgeschieden wird. Der zweite wird Anlaß zur Kontroverse: Wenn Hegel die Versöhnung von I. und Äußerlichkeit teils voraussetzt, teils fordert und deshalb das selbstgenügsame «Verhausen der subjektiven I. in sich» [10] kritisiert, bestreitet KIERKEGAARD schon die Möglichkeit eines adäquaten Ausdrucks der I. im Äußeren [11]. Indem für ihn die Wahrheit einzig in Gott liegt, zu dem sich der Mensch nur mit seiner ganzen Existenz in leidenschaftlicher I. verhalten kann, wird alles Äußere in die Gleichgültigkeit abgedrängt [12]. Beide Auffassungen, die Kierkegaards auch ohne die spezifisch christliche Begründung, werden fortan vertreten. Der dritte Begriff wird in Ästhetiken und Poetiken geläufig – I. als Merkmal der Musik und der Lyrik vor allem [13] –, dient aber vornehmlich als Kategorie der geistesgeschichtlichen Betrachtung. Geschichtsphilosophische und ästhetische Analyse verbinden sich, bei erneuter Anknüpfung an Hegel, in G. LUKÁCS' ‹Theorie des Romans›: I. als die Form der Subjektivität unter den spätzeitlichen Bedingungen einer fremdgewordenen Außenwelt bestimmt die Gattung des Romans im Gegensatz zum Epos. Die darstellende Subjektivität des Dichters vermag in dieser Kunstform, indem sie die prekäre Situation der I. reflektiert, deren «Eigenwert» zu behaupten und die verlorene Totalität als «regulative Idee» im Sinne Kants festzuhalten [14]. – Außerhalb der Hegeltradition ist auch im Geistesgeschichtlichen eine Tendenz zur Verengung von I. auf die irrationalen Gehalte zu spüren. Während etwa R. PRUTZ ‹I.› noch synonym mit ‹Subjektivität› als das bewegende Moment in der Geschichte versteht, das alle dogmatischen Verfestigungen jeweils neu durchbricht, so daß er auch die Aufklärung als «lebendige I.» bezeichnen kann [15], wird ‹I.› sonst fast nur noch den religiös bewegten, gefühlsbestimmten Epochen,

Autoren und Werken zugesprochen: der mittelalterlichen Mystik, dem Pietismus, Hamann und Herder, der Romantik und den ihr verwandten Strömungen um 1900 bis in die Gegenwart [15a].

In diesen Zusammenhängen wird offenbar schon in der ausgehenden Romantik die I. als eine deutsche Eigenart entdeckt und behauptet. P. A. PFIZER beklagt bereits 1831, noch stärker 1845, den Rückzug der «deutschen I.» auf die Privatsphäre und deutet ihn als Folge der politischen Provinzialität [16]. Auch dies bleibt eine Konstante der Diskussion. NIETZSCHE kritisiert die Folgenlosigkeit einer deutschen I., die nur noch in historischer Bildung bestehe und keine eigene Form mehr präge [17], und TH. MANN charakterisiert noch 1933 diese Entwicklung als den «Weg des deutschen Bürgertums ... von der Revolution zur Enttäuschung, zum Pessimismus und einer resignierten, machtgeschützten I.» [18].

In der *Gegenwart* scheint ‹I.› – mit den aus der Tradition stammenden unterschiedlichen Begriffsnuancen und Bewertungen – vor allem im pädagogischen und religionspädagogischen Bereich lebendig [19], dient aber auch weiterhin als Kategorie geistesgeschichtlicher Analyse.

Anmerkungen. [1] KLOPSTOCK, Sämtl. Werke (1854/55) 10, 198. – [2] GOETHE, Weimarer A. I/31, 245; I/32, 182; I/²42, 502 u. ö. – [3] a. a. O. I/40, 133. – [4] HEGEL, Werke, hg. HOFFMEISTER 21 (1938) 310. – [5] Werke, hg. HOFFMEISTER 20 (1931) 4. 45. 80. 128. 183. – [6] Werke, hg. GLOCKNER (= WG) 4, 656-658 u. ö. – [7] WG 2, 599; 4, 137; 7, 199. 356. 446f.; 13, 24. 121; 14, 189. – [8] WG 8, 161; 9, 330. 362; 13, 111. 123. – [9] WG 11, 348. 548; 13, 122f.; 14, 127. 134. 188. 210. 420f. 447. – [10] WG 13, 15; vgl. 7, 452. – [11] S. KIERKEGAARD: Entweder/Oder (1956) 3 u. ö. – [12] Unwiss. Nachschrift (1957) 1, 191ff. 228ff.; 2, 113 u. ö.; Der Liebe Tun (1966) 154. 363. 420 u. ö. – [13] W. WACKERNAGEL: Poetik, Rhet., Stilistik, hg. L. SIEBER (Ms. 1836/37, publ. 1873) 119; F. TH. VISCHER: Ästhetik (¹1846ff.), hg. R. VISCHER (1923) VI, 5, 200 passim; M. CARRIÈRE: Das Wesen und die Formen der Poesie (1854) 189ff. – [14] G. LUKÁCS: Theorie des Romans (1920) 67f. 73f. 86 u. passim. – [15] R. PRUTZ: Der Göttinger Dichterbund (1841) 8ff. – [15a] F. W. WODTKE: Stud. zum Wortschatz der I. im Alt- und Mittelhochdeutschen (Habil.schr. Kiel 1952, Ms.); W. EINHORN: Der Begriff der I. bei David von Augsburg und Grundzüge der Franziskanermystik. Franziskan. Stud. 48 (1966) 330ff.; J. BRÄNDLE: Das Problem der I. Hamann, Herder, Goethe (1950); W. KOHLSCHMIDT: Der Wortschatz der I. bei Novalis; in: Form und I. (1955) 120ff.; H. STAUB: Laterna magica. Stud. zum Problem der I. in der Lit. (1959); U. CHRISTOFFEL: Dtsch. I. (1940). – [16] P. A. PFIZER: Briefwechsel zweier Deutschen (1831) 174. 245f.; Das Vaterland (1845) 333. – [17] NIETZSCHE, Musarion-A. 6, 259-265. – [18] TH. MANN: Adel des Geistes (1945) 463. – [19] R. GUARDINI: Die christl. I., in: Unterscheidung des Christlichen (²1963); F. WULF: Falsche I., in: Geistl. Leben in der heutigen Welt (1960); A. PICHLER: Erziehung zu I., in: Leben und Erziehen 3 (1954) 83ff.

RENATE VON HEYDEBRAND

Innigkeit

I. Der Begriff begegnet in den Predigten der deutschen Mystiker. Er kann soviel wie Andacht bedeuten: innige = andächtige Leute [1], meint aber auch da schon Menschen, die vom Äußeren sich abgewandt haben. TAULER spricht von der allerhöchsten, innigsten, nächsten Einung mit Gott [2]. Der Geist versinkt und verschmilzt mit seinem « innigosten » in Gottes « innigosten » [3].

Anmerkungen. [1] TAULER, Predigten 60 d, hg. VETTER (1910) 302, 34; vgl. Paradisus anime intelligentis, hg. PH. STRAUCH (1919) Pr. 46 (ECKHART), S. 104, 26; Pr. 23 (ECKHART/RUBE), S. 55, 23. – [2] a. a. O. Pr. 32, S. 121, 28. – [3] TAULER, Pr. 56, S. 263, 7ff.; Parad. an. intell. Pr. 15 (ECKHART) S. 38, 36.

Literaturhinweise. A. NICKLAS: Die Terminol. des Mystikers Heinrich Seuse (1914). – C. KIRMSSE: Die Terminol. des Mystikers Johannes Tauler (1930). – O. ZIRKER: Die Bereicherung des dtsch. Wortschatzes durch die spätmittelalterl. Mystik (1923) 66f.

P. HEIDRICH

II. Die Aufnahme des Begriffs ‹I.› im *Pietismus* und in der *Goethezeit* ist vorbereitet durch das Gegensatzpaar ‹Inwendigkeit› (= Iw.) und ‹Auswendigkeit› (synonym: innerlich/äußerlich). A. KARLSTADT setzt der Iw. die «mannigfaltigkeit» gegenüber: Nur wer ihr «feynd wirt/ und verlasset das/das sein seel zerspeltet und zerteylet/ der wirt ein eynigs gantze/ und kumbt in seine eynige inwendigkeit und gantzheit» [1]. Gott hat das Gesetz gegeben, damit der Mensch «seines innewendiges ebenbildes gewar werd», «gotformig» werde [2]. – Für J. BRILL kann der Christ nicht durch «auswendiges» Christentum, sondern nur durch «inwendiges» selig werden [3]. Das, was er ist, ist er nur durch den «inwendigen Geist des Gemüths», nur durch das «Hertz» [4]. Das «Innwendige» muß über das «Äußerliche» gestellt werden, «das Ewige über das Zeitliche/ das Übersinnliche über das Sinnliche/ und der Geist des Gemüths über das Fleischliche» [5]. – G. W. LEIBNIZ nimmt solche Gedanken modifiziert in der «wahren Theologia mystica» auf. Das «Licht» zur Erkenntnis Gottes «kommt nicht von außen, wiewohl auch äußerliche Lehren Gelegenheit geben können und bisweilen müssen»: Das «inwendige Licht, so Gott selbst in uns anzündet, ist allein kräftig, uns eine rechte Erkenntniß Gottes zu geben» [6].

In Anknüpfung an die «Alten» (darunter BONAVENTURA, HEINRICH SUSO, J. TAULER, THOMAS VON KEMPEN [7]) sieht G. ARNOLD für seine Zeit die «göttliche Lehr-Art» für «hochnöthig» an [8], die die Christen «von dem Äußerlichen auf das Inwendige, auf den rechten Grund des Hertzens» weist [9]. Das «inwendige Christentum» zielt auf den «Genuß Gottes im Geist, und also auf das Hertz» [10]. Dabei wird aber das «Äußerliche als gut und nöthig» vorausgesetzt und das «Auswendige» nicht verworfen [11].

Unter Voraussetzung dieser Bestimmungen bezeichnet ‹I.› im Pietismus das Gegenteil der Zerstreuung in die Äußerlichkeit, die Bedingung der Gottesempfindung und diese selbst. «Wer innig ist, hat Licht, wer sich zerstreut nicht» [12]. Die Kraft der Gnade und Gottes Weisheit «offenbaret sich ... nur in stillen und innigen Gemüthern» [13] und führt zur «Herzens-I.» [14], so daß bekannt werden kann: «Gott ist uns innig» [15]. Das «ganze leben» soll in die I. «erhoben» werden [16]. Zur «Erhaltung» dieses «hochtheuren lebens» gehört wiederum die «allerinnigste wachsamkeit/reinigkeit und abgeschiedenheit des hertzens» [17].

In der Folge löst sich der Begriff ‹I.› weitgehend aus dem Zusammenhang des religiösen Sprachgebrauchs, wird wie andere pietistische Begriffe ‹säkularisiert› und bezeichnet jetzt ein Merkmal des wahren Künstlers. In einer Übersetzung Diderots gibt G. E. LESSING ‹intim› mit ‹innig› wieder. Die Künstler «werden nicht durch Regeln, sondern durch etwas ganz anders, das weit unmittelbarer, weit inniger, weit dunkler und weit gewisser ist, geführt und erleuchtet ...» [18]. GOETHE unterscheidet den «Weltmann» mit seinem «zerstreuten Leben» von dem «Künstler», der in der I. bleiben muß, wenn er etwas «Vollkommenes hervorzubringen denkt» [19]. SCHOPENHAUER nennt als Merkmale der Kunst das «Innige, Ernste und Wahre» [20].

In die Sprache der *Dichtung* geht ‹innig› z. B. bei W. H. WACKENRODER, L. TIECK und NOVALIS ein [21], HÖLDERLINS Vers «Alles ist innig» im fragmentarischen Gedicht ‹Gestalt und Geist› [22] deutet M. Heidegger so: «Alles ist nur, weil es in die Allgegenwart des Unversehrlichen gesammelt, in diesem inne ist ... Alles ist nur, indem es aus der I. des Allgegenwärtigen hervorscheint» [23].

Für HEGEL ist I. die «subjektive Form der Substanzialität» [24] und der «freie Geist, der auf sich selbst beruht, der absolute Eigensinn der Subjektivität» [25]. In seiner Ästhetik sind die überkommen religiösen und künstlerischen Bedeutungen vereinigt. Dem Orientalen der mohammedanischen Poesie erwächst eine «heitere I.», indem er zwar sein «eigenes Selbst» aufgibt, aber dadurch «die Immanenz des Göttlichen in seinem so erweiterten und befreiten Inneren» faßt [26] und in dieser «Hingebung gerade die freie Substantialität» erhält [27]. Die «okzidentalische, romantische I. des Gemüts» dagegen «zeigt zwar ein ähnliches Sicheinleben, aber ist ... mehr unglückselig, unfrei und sehnsüchtig oder bleibt doch in sich selbst beschlossen», ist eine «gedrückte, trübe I.» [28]. Hieraus ergibt sich die Bestimmung der romantischen Kunst. Das «äußerlich Erscheinende», das die «Innerlichkeit nicht mehr auszudrücken» vermag und freigegeben wird, erhält erst Wert, wenn das «Gemüt» sich in den Inhalt «hineingelegt hat und er nicht das Innerliche nur, sondern die I. aussprechen soll, die statt sich mit dem Äußeren zu verschmelzen, nur in sich mit sich selbst versöhnt erscheint» [29]. Diese I. legt sich auf der Stufe des Rittertums in die «subjektive» Ehre, Liebe und Treue aus, die nicht «eigentlich sittliche Eigenschaften und Tugenden» sind, «sondern nur Formen der mit sich selbst erfüllten romantischen Innerlichkeit des Subjekts» [30]. Von den Kunstformen ist besonders die Malerei geeignet, I. als Kunst zu fassen. «Im Äußerlichen selbst [vermag sie] die volle I. auszudrücken und hat sich deshalb auch die empfindungsreiche Tiefe der Seele und ebenso die tief eingeprägte Besonderheit des Charakters und Charakteristischen zum wesentlichen Inhalt zu nehmen» [31].

Für C. G. CARUS bildet und modifiziert sich die Seele in den Beziehungen zu Gott, zur Welt und zu dem «Maß von Energie», das sie in sich findet [32]. Jede Beziehung kann sich positiv oder negativ gestalten, wobei Carus die positiven Beziehungen «Gott-I.», «Welt-I.» und «Selbst-I.» nennt. Diesen «Modifikationen des ewigen Wesens der Seele überhaupt» [33] sind «Fühlen», «Wollen» und «Erkennen» zugeordnet, wobei keine dieser drei «Strahlungen alles Seelenlebens» [34] allein herrscht, sondern Gott-I., Welt-I. und Selbst-I. «fördern und retardieren» sich wechselseitig [35].

Anmerkungen. [1] A. KARLSTADT: Von den zweyen höchsten gebotten der lieb Gottes und des nechsten (1524). Schr. aus den Jahren 1523-25, hg. E. HERTZSCH (1956-57) 1, 61; vgl. 57ff. – [2] Von den Sabbat und gebotten feyertagen (1524) a. a. O. 1, 23; vgl. 2, 62. 87. – [3] J. BRILL: Die wahre und falsche Erkäntniß Jesu Christi (1722-29) 29. – [4] a. a. O. 30; vgl. 108. – [5] 117; vgl. 146; vgl. De Werken (Amsterdam 1705) 405. 511. – [6] G. W. LEIBNIZ: Von der wahren Theologia mystica. Dtsch. Schr. 1, hg. G. E. GUHRAUER (1838, ND 1966) 410. – [7] Vgl. Nachricht von denen hier angezogenen alten Schriften, in: G. ARNOLD: Wahre Abbildung des Inwendigen Christenthums (³1733) [unpaginiert]. – [8] a. a. O. Vorrede, Abschn. 5. – [9] Abschn. 4 (Zitat H. VARENIUS). – [10] Abschn. 28. – [11] ebda.; vgl. Abschn. 30. – [12] G. TERSTEEGEN: Geistl. Blumengärtlein inniger Seelen (1727, ¹³1826) 530; vgl. 83. 118. 570. – [13] Geistl. und Erbaul. Br. über das Inwendige Leben und Wahre Wesen des Christenthums (1773-1775) 1, 32; vgl. 1, 86. 92. 151. 250. 316. 400; 2, 9. – [14] a. a. O. [12] 424. 442; a. a. O. [13] 1, 42; 2, 193. – [15] a. a. O. [13] 2, 297. – [16] N. L. GRAF VON ZINZENDORF: Zwey und Dreyßig einzele Homiliä oder Gemein-Reden in den Jahren 1744, 1745, 1746 (o. O. u. J.) 867; vgl. 710. 730. – [17] G. ARNOLD: Das Geheimnis der göttl. Sophia (1700, ND 1963) 172. – [18] G. E. LESSING (Übers.): Das Theater des Herrn Diderot (o. J.). Dtsch. Nationallit., hg. J. KÜRSCHNER 65, 246; zit. J. G. HAMANN: Fünf Hirtenbr., das Schuldrama betreffend. Sämtl. Werke, hg. J. NADLER 2, 361; Briefwechsel, hg. W. ZIESEMER/A. HENKEL 2, 84; vgl. D. DIDEROT: Entretiens sur le fils naturel. Oeuvres, hg. A. BILLY (Paris 1951) 1222. – [19] J. W. GOETHE, Wilhelm Meisters Lehrjahre. Hamburger A. 7, 213. – [20] A. SCHOPENHAUER: Parerga und Paralipomena. Sämtl. Werke, hg. A. HÜBSCHER/J. FRAUENSTÄDT (²1946ff.) 6, 635. – [21] NOVALIS, Schr. hg. P. KLUCKHOHN/R. SAMUEL (²1960) 1, 163. 166. 167; (¹o. J.) 4, 385. 391. 397. – [22] FR. HÖLDERLIN: Sämtl. Werke, hg. FR. BEISSNER 2/1, 321. – [23] M. HEIDEGGER: Erläut. zu Hölderlins Dichtung (⁴1971) 73. – [24] G. W. F. HEGEL, Rechtsphilos. § 167. Werke, hg. GLOCKNER 7, 247. – [25] a. a. O. 11, 439. – [26] Ästhetik, hg. F. BASSENGE (1965) 1, 358. – [27] a. a. O. 1, 359. – [28] ebda.; vgl. 2, 192. – [29] 1, 508. – [30] 1, 538. – [31] 2, 191. – [32] C. G. CARUS: Psyche. Zur Entwicklungsgesch. der Seele (²1851) 251f. – [33] 253. – [34] ebda. – [35] 254.

Literaturhinweise. A. LANGEN: Der Wortschatz des dtsch. Pietismus (1954). – J. WEILNER: Die Religiosität der gottseligen I. nach J. M. Sailer (Diss. Bonn 1948). – M. BRÜCKNER: Gesch. des Wortes inneclich und verwandter Bildungen und Ausdrucksformen im Mhd. (Diss. Mainz 1955). R. PIEPMEIER

Innovation. – 1. In einer *unspezifischen* Bedeutung von «Neuerung» wird das Wort im Französischen bereits seit dem 13., im Englischen seit dem 16. Jh. von bekannten Autoren – z. B. SHAKESPEARE – verwendet [1]; in der deutschen Lexikographie wird es in dieser Bedeutung seit der Wende vom 18. zum 19. Jh. vereinzelt angeführt [2], aber nicht belegt. Bis ins 20. Jh. hinein scheinen sich im Deutschen nur sehr eingeschränkte Bedeutungen – juristische und botanische – in einem verbreiteten Gebrauch festgesetzt zu haben. Im ersten Falle handelt es sich um ein Synonym zu ‹Attentat›, einem veralteten Terminus des Prozeßrechts [3], sowie um den ebenfalls veralteten, im Recht der Schweiz noch gebräuchlichen schuldrechtlichen Begriff der Neuerung (Novation, novatio) [4]. Im zweiten Falle bezeichnet ‹I.› die Verjüngung eines pflanzlichen Organismus durch Sprosse, die an älteren Pflanzenteilen entstehen [5]. Die Gebrauchsgeschichte im Deutschen ist seit dem Zweiten Weltkrieg zunächst durch steigenden Einsatz des Wortes für technologische und wirtschaftliche Neuerungen gekennzeichnet. Daß sie sich darin nicht von parallelen Entwicklungen im Englischen und – eingeschränkt – im Französischen unterscheidet, ist Reflex vereinheitlichender Systementwicklungen; daraus erklärt sich, daß der Locus classicus des Begriffs innerhalb der nationalökonomischen Theorie dieser Systeme – Schumpeters Konjunkturzyklentheorie – bei seiner Übersetzung ins Deutsche (1961) – mit ‹I.› statt mit ‹Neuerung› wiedergegeben wurde.

2. Die *Sozialwissenschaften* weisen gegenwärtig eine Vielzahl von Begriffsvarianten und systematischen Verwendungsweisen von ‹I.› auf. Bestimmte Aspekte der damit getroffenen Gegenstände können unter anderen Namen in der Geschichte der Soziologie und Gesellschaftsphilosophie aufgesucht werden – so der Konflikt als Ausgangslage für soziale I.en umfassender Art in der MARXschen Geschichtsdialektik [6], Elemente der Verbreitung (Diffusion) des Neuen in TARDES Theorie der Nachahmung [7], soziale Marginalität als Begünstigung der Neuererrolle bei SIMMEL und GRÜNFELD [8], Akkulturation als Neuerungsvorgang bei VIERKANDT [9], intrakulturelle Bedingungen für die zum Typus der «Modernisierung» gehörenden I.en in der Religionssoziologie M. WEBERS [10]. Eigene Theorien der I. haben sich jedoch erst in den Jahrzehnten seit dem Zweiten Weltkrieg entwickelt.

Eine Sonderstellung nimmt die Begriffsprägung SCHUMPETERS ein. Der Sache nach bereits 1912 als Prinzip der «wirtschaftlichen Entwicklung» formuliert [11], setzt sie sich aus zwei Elementen zusammen: dem ökonomischen der Neukombination der für eine wirtschaftliche Leistung notwendigen Faktoren und dem soziolo-gischen des auf dem pluralistischen Wettbewerbs- und Marktprinzip beruhenden Unternehmertypus, dessen Funktion es ist, die Neukombination durchzusetzen. Diese kann in neuen Gütern, technologischen Veränderungen der Produktion, in der Erschließung neuer Bezugsquellen für Produktionsmittel oder neuer Absatzmärkte, schließlich in jeglicher Neuorganisation (z. B. Warenhaus statt Geschäft) bestehen. Aufgrund der Wachstumszwänge des Wirtschaftssystems fortgeschrittener Industriegesellschaften hebt die neuere Ökonomie die technologische Komponente stärker hervor und läßt die Unternehmerfunktion gegenüber organisierter, geplanter Induktion von I.en zurücktreten [12]. Während Schumpeter Erfindung und I. (als Einführung von Erfundenem) scharf trennt, behandeln die meisten sozialwissenschaftlichen Theorien der I. außerhalb der Ökonomie beides als Einheit unter dem Oberbegriff ‹I.›, der sich hier auf beliebiges Neues bezieht, sofern es gesellschaftliche und kulturelle Relevanz besitzt. Begriffliche Kriterien für das inhaltliche Spezifikum des jeweils Neuen werden diesen Theorien nicht zum Problem; sie befassen sich primär mit den strukturellen Bedingungen und Folgen neuernden Handelns. Ein Teil von ihnen gehört dem umfassenden soziologischen Problemkreis des «sozialen Wandels» an. So sind unter diesem Aspekt typische kognitive Abläufe, die zu sozialer Kreativität führen, erarbeitet [13], psychologisch (im Gefolge *Freuds*) erklärte Änderungen des Verhaltens zur Umwelt im Zusammenhang mit Statusverlust als I.-Faktor herausgestellt [14], strukturelle Bedingungen des Verbreitungsvorganges gegebener I.en untersucht worden [15]. Pragmatische Gesichtspunkte sind für den theoretischen Zuschnitt einer Fachrichtung maßgebend, die I. als internes Problem von Organisationen zum Gegenstand hat [16]. Unter dem Einfluß kybernetischer Informationstheorie setzt sich hier eine systemtheoretische Betrachtungsweise durch [17], für die I. der Systemstruktur Teil adaptiver, für die Bestandserhaltung notwendiger Lernprozesse ist [18]. Innerhalb des allgemeineren theoretischen Rahmens des Strukturfunktionalismus lassen sich zwei herausragende Verwendungsweisen unterscheiden. Die Anomietheorie MERTONS bestimmt I. neben Konformität, Ritualismus, Rückzug und Rebellion als Typus der Reaktion auf die anomische Situation des Auseinanderklaffens von kulturellen Normen und Zielen einerseits und den sozial gegebenen Möglichkeiten, diese zu verwirklichen, andererseits: Neuerer reagieren durch Einsatz nicht-angepaßter Mittel zur Erreichung angepaßter Ziele [19]. Dagegen setzt die neoevolutionistische Richtung um PARSONS I.en mit den universellen Errungenschaften im Kontinuum gesellschaftlich-kultureller Evolution (Sprache, Verwandtschaftsordnung u. a. auf niederer, Geld, Bürokratie, demokratische Assoziationsform u. a. auf höherer Stufe) gleich [20].

3. Die wechselnden Verwendungsweisen von I.-Begriffen lassen sich kaum auf dem Hintergrund einer bestimmten philosophiegeschichtlichen Problemkontinuität, wohl aber im Horizont historisch sich wandelnder Voraussetzungen des Denkens und Wissens interpretieren. So sehr die Projektion sozial-kultureller Strukturvoraussetzungen auf eine historische Abfolge von Stufen erhöhter faktischer I.-Kapazität vor allem für die Herausbildung der Moderne im Abendland denkbar ist, so sehr entzieht sich die Begrifflichkeit, die sich auf Neues und auf Neuerung bezieht, einer direkten Zuordnung zu diesen Stufen. So wird der hervorragende Ort, den F. BACON auf dem Wege progressiver Beseitigung von Un-

verfügbarkeitsschranken über das Totale dieser Welt einnimmt, keineswegs in positiv gewerteten Neuerungsbegriffen sichtbar: Der kühl abwägende Essay ‹Of Innovations› gipfelt in dem Rat, bei bewußter Erzeugung von Neuerungen, die sich im übrigen gewollt oder ungewollt als Ergebnis der Zeit – dem «größten Neuerer», – ohnehin einstellten, die Zeit selbst zum Vorbild zu nehmen, «which indeed Innouateth greatly, but quietly, and by degrees, scarce to be perceiued ...» [21]. Ein anderes Beispiel sind die ideenpolitischen Neuerungen in DIDEROTS und D'ALEMBERTS ‹Encyclopédie›: Sie sparen am Vorabend der Revolution politische Neuerungen aus; der Artikel ‹Innovation› (der sich auf Politisches beschränkt) reflektiert noch die aus den Bürgerkriegserfahrungen des voraufgegangenen Jahrhunderts genährte Skepsis und nimmt Bacons Bild der Zeit als Vorbild des Handelns wieder auf [22].

Der gegenwärtig noch zunehmenden Verwendung der Neuerungsbegrifflichkeit scheint die *Philosophie* nur allmählich zu folgen. Wird I. als Handlungsregulativ aufgefaßt, so ist die Ausarbeitung philosophischer I.-Kriterien allerdings schwierig. Die Annahme, daß die philosophische Interpretation der Welt sie auch verändere, könnte zur Auffassung von I. als Problembewältigung führen, die zugleich Problemveränderungen bewirkt [23]. Wenn immer schon je (vor)verstandene, interpretierte, «theoriebedingte» Welt ist, verändert auch die veränderte philosophische Welterklärung die Welt und das Handeln in ihr. I. ist dann nicht mehr als Funktion einer Grundfrage entzifferbar, sondern als mit dem Ausgangsproblem verbundene und es verändernde Antwort aufzufassen; die Reflexion über I. muß deshalb schon historische Kriterien einbeziehen.

Anmerkungen. [1] A. HATZFELD und A. DARMSTETER: Dict. gén. de la langue franç. (ND 1964) 1312. – Oxford Engl. dict. 5 (1933, ND 1961) 314. – [2] Vgl. z. B. W. T. KRUG: Allg. Handwb. der philos. Wiss. 5 (²1838) 568. – [3] Vgl. J. H. ZEDLER: Großes vollst. Universallex. 24 (1740) 129f.; J. S. ERSCH und J. G. GRUBER (Hg.): Allg. Encyclop. der Wiss. und Künste 6 (1821) 213. – [4] ZEDLER, a. a. O. 113. 128f.; Brockhaus 12 (¹⁴1895) 466. – [5] PIERERS Konv.-Lex. 7 (⁷1890) 1120; Brockhaus a. a. O. 9, 616; ebenso im Engl.: Oxford Engl. dict. a. a. O. [1] Punkt 4; im Frz.: E. LITTRÉ: Dict. de la langue franç. 4 (1964) 1008, Punkt 2. – [6] Vgl. dazu L. A. COSER: Soc. conflict and the theory of soc. change. Brit. J. Sociol. 8 (1957) 197-207. – [7] G. TARDE: Les lois de l'imitation (1890). – [8] G. SIMMEL: Exkurs über den Fremden, in: Soziol. (1908); E. GRÜNFELD: Die Peripheren (1939). – [9] A. VIERKANDT: Die Stetigkeit im Kulturwandel (1908). – [10] M. WEBER: Ges. Aufsätze zur Religionssoziol. 1-3 (1920/21). – [11] J. SCHUMPETER: Theorie der wirtschaftl. Entwickl. (1912); Präzisierungen: (²1926) mit neuer empir. Grundlegung und in neuem theoret. Kontext: Business cycles (1939, dtsch. 1961). – [12] Vgl. H. KLAGES: Rationalität und Spontaneität. I.-Wege der modernen Großforsch. (1967). – [13] H. G. BARNETT: I. The basis of cultural change (1953). – [14] E. E. HAGEN: On the theory of soc. change (1962). – [15] So mit agrarsoziol. Schwerpunkt E. M. ROGERS und F. F. SHOEMAKER: Communication of I.s (²1971); K. KIEFER: Die Diffusion von Neuerungen (1967). – [16] Einen Überblick gibt R. ZINTL, Polit. Vjschr. 11 (1970) 219-235; vgl. A. KIESER: Art. ‹I.›, 1.: in: E. GROCHLA (Hg.): Handwb. der Organisation (1969) 741-750. – [17] Informationstheoret. Begriffe für ‹I.› außerhalb dieser Richtung bei M. BENSE: Einf. in die informationstheoret. Ästhetik (1969); H. PRAKKE: Kommunikation der Gesellschaft (1968). – [18] Als Beispiel polit. Verwendung: K. DEUTSCH: The nerves of government (1963, dtsch. 1969). – [19] R. K. MERTON: Soc. theory and soc. structure (1949, erw. 1968); zur Kritik und Differenzierung des Schemas vgl. R. DUBIN: Deviant behavior and soc. structure. Amer. sociol. Rev. 24 (1959). – [20] T. PARSONS: Societies, evolutionary and comparative perspectives (1966); vgl. die in W. ZAPF (Hg.): Theorien des soz. Wandels 1 (1969) abgedr. Arbeiten. – [21] F. BACON, Lord VERULAM: The essayes of counsels, civill and morall (rev. 1625, ND 1962) 101 (zit. ohne Hervorh. im Orig.). – [22] D. DE DIDEROT und J. D'ALEMBERT (Hg.): Encyclopédie ... 18/2 (1781) 737. – [23] Vgl. dazu R. SPECHT: I. und Folgelast (1972) 16 u. passim.   A. ZINGERLE

Insein (lat. inesse, auch inexistentia)

I. Antike und Mittelalter. – 1. Zwar findet sich bei ARISTOTELES noch nicht der substantivierte Infinitiv ‹Insein› (I.), aber der spätere in verschiedenem Sinn gebrauchte Ausdruck ‹inesse› oder auch ‹inexistentia› [1] bezeichnet in einer ersten Bedeutung jenes I. von etwas in einem anderen, dessen verschiedene Arten Aristoteles gelegentlich zusammengestellt hat [2]. Schon BOETHIUS vermittelte diese Aufstellung der Scholastik [3], in der sie mit dem Merkvers gelernt wurde: «Insunt pars, totum, genus in specie, calor igni / Rex in regno, res in fine locoque locatum» (in [einem anderen] sind: der Teil [im Ganzen], das Ganze [in seinen Teilen], die Gattung in der Art, die Wärme im Feuer, der König im Reich, die [betriebene] Sache im Ziel und das Gestellte im Ort) [4]. Von den in den philosophischen Lexica der beginnenden Neuzeit festgehaltenen Ergänzungen dieser Aufstellung ist bemerkenswert, weil vielleicht mit der Bedeutung des Wortes bei Heidegger zusammenhängend, daß auch das I. des Erkannten im Erkennenden als «inesse objective» angeführt wird [5], da ja das Erkannte, sofern es erkannt, d. h. ausgesagt oder repräsentiert wird, im Erkennenden ist [5]. So ist nicht nur der Mensch in der Welt, sondern auch die erkannte Welt in ihm [6].

2. In der mittelalterlichen *Logik* bezeichnet ‹inesse› die Inhärenz (s. d.) eines Prädikates im Subjekt, dem es «zukommt» oder «in» welchem es «ist» [7]. Dieser Sprachgebrauch – schon von CICERO nahegelegt [8] – wurde besonders dadurch üblich, daß BOETHIUS ὑπάρχειν in der Bedeutung von «zukommen» mit ‹inesse› übersetzt [9]. Daher konnten nicht modal bestimmte kategorische Aussagen solche «de inesse sive de simplici inhaerentia» genannt werden [10]. WILHELM VON OCKHAM will dann unter ‹inesse› im logischen Gebrauch nur das «Prädiziertwerden» verstanden wissen: «praedicatum convenire subjecto et praedicatum inesse subjecto et praedicatum inhaerere subjecto ... omnia talia idem significant quod praedicari, nec aliter accipienda sunt nisi pro praedicari» [11].

3. In einer wiederum anderen Bedeutung bezeichnet ‹inesse› bei THOMAS VON AQUIN die besondere Weise des Seins der Akzidentien: «accidentis enim esse est inesse» [12]. Wie z. B. Laufen und Sprechen als Akzidentien, die nicht selbständig an sich, sondern einer Substanz mitfolgend («beiläufig») existieren, in ihrem Wesen untereinander und vom Wesen ihres Subjektes verschieden sind [13], so ist auch das ihnen eigene Sein nicht das der Substanz, sondern geht aus dem Sein der Substanz hervor [13], die sich in ihren (wesenseigenen) Akzidentien entfaltet. Natürlich hat der Satz «accidentis esse est inesse», den DUNS SCOTUS Aristoteles zuschreibt [14], im Kontext der scotischen Metaphysik einen anderen Sinn als bei Thomas.

Anmerkungen. [1] Vgl. J. MICRAELIUS: Lex. philos. (1662, ND 1966) s.v. – [2] ARISTOTELES, Phys. IV, 3, 210 a 14ff. – [3] Vgl. BOETHIUS, In cat. 1. MPL 64, 172. – [4] PETRUS HISPANUS: Summulae log., hg. I. M. BOCHEŃSKI (1947) 3.05. – [5] ST. CHAUVIN, Lex. philos. (²1713, ND 1967) s.v. ‹inexistentia›. – [6] Vgl. F. ALQUIÉ: La découverte mét. de l'homme chez Descartes (Paris 1950) 6. – [7] Vgl. PETRUS HISPANUS, a. a. O. [4] Index s.v. – [8] CICERO, Nat. deor. 1, 42. – [9] Vgl. PORPHYRIOS, Isag., hg. BUSSE 35, 4. – [10] Logica Modernorum, hg. DE RIJK (1967) II, 2, 207. – [11] OCKHAM, S. logicae I, 32, hg. BÖHNER (1951) 86. – [12] THOMAS, S. theol. I, 28, 2; Pot. 7, 7; In Met. 5, 9 (1894). – [13] Vgl. S. theol. I, 76 und zur Interpretation L. OEING-HANHOFF: Ens et unum convertuntur (1953) 91-106. – [14] SCOTUS, In Porph. quaest. 35. Opera, hg. WADDING 1, 121.

Literaturhinweise. F. ALQUIÉ s. Anm. [6]. – L. OEING-HANHOFF s. Anm. [13].   L. OEING-HANHOFF

II. LEIBNIZ versteht nach der traditionellen Terminologie, die er auf Aristoteles zurückführt [1], unter ‹I.› das Verhältnis der Inhärenz (s. d.) zwischen Substanz und Akzidens [2], das als ein solches zwischen Subjekt und Prädikat im kategorischen Urteil ausgedrückt wird. Da für ihn jedoch außerdem feststeht, «que toute predication veritable a quelque fondement dans la nature des choses», muß für jede wahre affirmative Aussage gelten, «que le terme du sujet enferme tousjours celuy du predicat», wenn nicht «expressement», dann zumindest «virtuellement». Letzteres «est ce que les Philosophes appellent *in-esse*, en disant que le predicat *est dans* le sujet» [3]. Folglich bezeichnet ‹I.› in einer Realdefinition die urteilende Entfaltung eines einzigen Begriffs in der Weise, daß «in omni propositione vera affirmativa universali vel singulari, necessaria aut contingente» [4] etwas deutlich auseinandergelegt wird, das im Begriff der Substanz, wenn auch verworren, schon enthalten ist.

Näher bestimmt Leibniz das I. am besonderen Beispiel der Mathematik als – intensionales [5] – «Enthaltensein» einer Größe in einer anderen und definiert: «*Continens* vel *includens* esto A, *contenta* seu quae *insunt* ipsi A sint B et C, dicetur A ∞ [aequivalens] BC» (Es sei A *enthaltend* oder *einschließend*, B und C *Enthaltene* oder was *darin ist* in demselben A, dann heißt A ∞ [äquivalent] BC) [6]. Die Ableitbarkeit der wahren Prädikate aus dem Begriff eines bestimmten Subjekts [7] und, noch allgemeiner, der Folgen aus den Ursachen [8] wird meist in Analogie zur Mathematik begründet. Damit bezeichnet ‹I.› in dem allgemeinen «calcul des idées», von dem die Mathematik nur einen Sonderfall darstellt, die Form aller möglichen wahren Aussagen überhaupt. «Aussi peut-on dire veritablement que toute la doctrine syllogistique pourrait estre demontrée par celle *de Continente et Contento*, du comprenant et du compris, qui est differente de celle du tout et de la partie» [9].

Das I. betrifft sowohl die *notwendigen* Vernunftwahrheiten, die auf der Unmöglichkeit ihres Gegenteils beruhen, als auch die *kontingenten* Tatsachenwahrheiten, die zwar ebenso *gewiß* wie jene, nicht aber notwendig sind, da sie in dem freien Entschluß Gottes gründen, das Beste unter dem Möglichen zu wählen. So ist etwa das Überqueren des Rubikon mit Gewißheit von Anbeginn der Dinge in der individuellen Substanz Cäsar enthalten, «car nous supposons que c'est la nature d'une telle notion parfaite d'un sujet, de tout comprendre, à fin que le predicat y soit enfermé, *ut possit inesse subjecto*» [10]. Dieses «Enthaltensein» letztlich des ganzen Universums [11] in jeder individuellen Substanz hindert nicht, daß Cäsar frei ist, indem er tut, was ihm von seinem endlichen Standpunkt aus als das Beste erscheint.

Anmerkungen. [1] G. W. LEIBNIZ, Opuscules, hg. L. COUTURAT 402; vgl. Nouv. Ess. IV, 17 = Philos. Schr., hg. GERHARDT (= PSG) 5, 468. – [2] z. B. 5. Schreiben an Clarke Nr. 45 = PSG 7, 399. – [3] Disc. Met. 8. = PSG 4, 433. – [4] a. a. O. [1] 402. – [5] Vgl. W. LENDERS: Die analyt. Begriffs- u. Urteilstheorie von G. W. Leibniz und Chr. Wolff (1970) dort S. 48. – [6] LEIBNIZ, a. a. O. [1] 274; vgl. 323. – [7] Disc. Met. 13. = PSG 4, 436; entsprechend bei DESCARTES, Princ. I, 14 = Oeuvres, hg. ADAM/TANNERY 8, 10, 11-15. – [8] Vgl. LEIBNIZ, a. a. O. [1] 401f. – [9] Nouv. Ess. 4, 17 = PSG 5, 469. – [10] a. a. O. [7] 437. – [11] Vgl. a. a. O. 435.

Literaturhinweise. M. HEIDEGGER: Vom Wesen des Grundes (1929). – R. KAUPPI: Über die Leibnizsche Logik (Helsinki 1960) 66-71. – W. LENDERS s. Anm. [5]. T. BORSCHE

III. Bei M. HEIDEGGER gewinnt der Begriff ‹In-Sein› zentrale Bedeutung im Rahmen der existenzialen Analytik von ‹Sein und Zeit›. Dabei bedeutet ‹I.› gerade nicht das (Enthalten-, Vorhanden-)Sein in einem anderen [1]; vielmehr meint ‹I.› «eine Seinsverfassung des Daseins und ist ein Existenzial» [2]. Mit Hilfe von Erörterungen zur etymologischen Herkunft von ‹in› und ‹ich bin› wird ‹I.› mit «wohnen bei ...», vertraut sein mit ...» assoziiert [3]. Es ergibt sich: «I. ist demnach der formale existenziale Ausdruck des Seins des Daseins, das die wesenhafte Verfassung des In-der-Welt-seins hat» [4]. Und zwar hat sich dieses I. je schon in bestimmte Weisen zerstreut, etwa «zutunhaben mit etwas, herstellen von etwas, ... unternehmen, durchsetzen, erkunden ...» [5]. Die Pointe der darin implizierten philosophischen Position liegt in ihrer Entgegensetzung zur überkommenen Vorstellung von einem isolierten Subjekt oder reinen Ich, welches zu den Objekten und Mit-Subjekten allererst in Beziehung zu treten habe. Demgegenüber betont Heidegger, «daß das I. alles andere ist als ein betrachtendes handelndes Gegenüberstehen, das heißt Zusammenvorhandensein eines Subjekts und eines Objekts» [6]. Vielmehr handelt es sich um eine «vorgängige, zum I. gehörige Erschlossenheit der Welt» [7]. Das I. mit seinen «möglichen Grundarten» des Besorgens und der Fürsorge [8] (d. h. des Seins bei Zuhandenem [9] und des Mitseins [10]) erweist sich so als durch Verstehen, Befindlichkeit und Rede [11], sodann vor allem auch durch Verfallen [12] konstituierte Struktur, die dann am Ende des ersten Abschnitts der existenzialen Analytik als Sorge [13] und im zweiten Abschnitt als ursprüngliche Zeitlichkeit interpretiert wird [14].

Noch der späte – vom Programm der existenzialen Analytik abrückende – Heidegger hat darauf bestanden, daß der in ‹Sein und Zeit› erfolgte «Hinweis auf das ‹I.› als ‹Wohnen› keine etymologische Spielerei» gewesen sei [15], womit er einen – wenn auch recht unbestimmten – Zusammenhang zwischen dem frühen Existenzial des I. und den zahlreichen späteren Erörterungen zum Wohnen [16] herstellte.

Anmerkungen. [1] Vgl. M. HEIDEGGER: Sein und Zeit (⁹1960) 53f. – [2] a. a. O. 54. – [3] ebda.; vgl. 188. – [4] 54. – [5] 56. – [6] 176. – [7] 137. – [8] 176. – [9] Vgl. §§ 15ff. – [10] Vgl. §§ 25f. – [11] Vgl. I. Teil, 5. Kap. A. – [12] Vgl. I. Teil, 5. Kap. B. – [13] Vgl. bes. § 41. – [14] Vgl. bes. § 65. – [15] Über den Humanismus (1949) 42f. – [16] Vgl. Bauen – Wohnen – Denken, in: Vorträge und Aufsätze (1954) 129-143; ... dichterisch wohnt der Mensch a. a. O. 187-204.

Literaturhinweise. G. NOLLER: Sein und Existenz. Die Überwindung des Subjekt-Objektschemas in der Philos. Heideggers und in der Theol. der Entmythologisierung (1962). – W. J. RICHARDSON: Heidegger – Through phenomenol. to thought (Den Haag 1963) 58ff. W. FRANZEN

Insolubilia war der technische Ausdruck, der von den Logikern des Mittelalters gebraucht wurde zur Bezeichnung 1. für eine spezielle Klasse von Trugschlüssen, bei denen ‹reflexive› (reflexivae) und sich selbst widersprechende Propositionen die Hauptrolle spielen und 2. für die reflexiven und sich selbst widerlegenden Propositionen selbst. ‹Trugschluß› (fallacia) war der Ausdruck, der eine scheinbar gültige Folgerung von einer oder mehreren angenommenen richtigen Prämissen auf einen falschen Schlußsatz bezeichnete. Eine Proposition galt als «reflexiv», falls entweder eines oder beide ihrer «extrema» (d. h. ihr Subjekt oder ihr Prädikat) für die vollständige Proposition stand, deren Teil es war (obwohl es war andere genau so stehen könnte, wie es z. B. der Fall ist in «Jede Proposition ist affirmativ»). Die sich selbst widerlegenden Propositionen galten als echte Teilmenge der reflexiven Propositionen und als solche, deren Widerlegung aus der Annahme ihrer Wahrheit folgte. Es gilt aber nicht notwendigerweise die Umkehrung, wie z. B. bei der Proposition «Jede Proposition ist negativ».

Statt dieser «schwachen» Definition findet man gelegentlich eine «starke», die zweierlei zusätzlich forderte: 1. eine «unlösbare» Proposition, insolubile (= I.) muß sich selbst widerlegen, entsprechend der Bedingung (casus), daß ihr Bereich von möglichen «significata» nur sie selbst einschließt, 2. nicht allein muß die Annahme ihrer Wahrheit zu ihrer Falschheit, sondern umgekehrt muß auch die Annahme ihrer Falschheit zu ihrer Wahrheit führen [1]. In den scholastischen Beispielen folgt 1. aus 2., aber nicht umgekehrt.

Ein Ergebnis dieser starken Definition war der Ausschluß aus dem Bereich der I. von Propositionen, die falsch werden ohne den «casus», z. B. «Jede Proposition ist falsch». Ein anderes Ergebnis der «starken» Definition war die Einschränkung, daß I. wahr sein sollen, genau dann, wenn sie falsch sind (wie z. B. «Sokrates sagt Falsches»). Die aufgrund der «schwachen» Definition zulässigen Fälle der I. haben die folgenden Formen: $W(P) \rightarrow F(P)$ (Wenn P wahr ist, dann ist P falsch.) und $Q \rightarrow (W(P) \leftrightarrow F(P))$ (wobei ‹Q› der «casus» ist). Der starken Definition zufolge waren *nur* I. der letzten Form zugelassen.

Der unter den mittelalterlichen Logikern beliebteste Spezialfall von unlösbaren Propositionen war der «Lügner». Viele Varianten dieser Paradoxie wurden erfunden und diskutiert, von denen eine schon erwähnt wurde («Sokrates sagt Falsches», vorausgesetzt, er spricht nur dieses). Andere Beispiele bestehen in Propositionen, die etwa durch folgende Sätze dargestellt werden: «Diese Proposition ist falsch» (sofern sie nur sich selbst bedeutet), «Der Satz, der auf dieser Seite geschrieben ist, ist falsch» (vorausgesetzt, daß nur dieser Satz geschrieben ist).

Der «Lügner» ist so alt wie die Megarische Schule aus dem 4. Jh. v. Chr. ARISTOTELES gibt lediglich einen vagen Hinweis [2], und sogar beim Apostel PAULUS findet sich eine Spur, ohne daß er aber die Paradoxie als solche erkannt hätte [3]. Entgegen der Theorie von *Kneale* [4], daß der «Lügner» erst im 12. Jh. wiederentdeckt wurde, ist es möglich, daß diese Paradoxie eine mittelalterliche Version bereits über die von HADOARD im 9. Jh. kompilierten Exzerpte aus CICERO [5] erhalten hat, wo man den «Lügner» klar formuliert finden kann. Es gibt jedoch bessere Gründe [6] für die Annahme einer «griechisch-byzantinischen» Tradition: Eine solche Theorie würde auch den Gebrauch des Ausdrucks ‹insolubilia› statt ‹inexplicabilia› erklären.

Schon im frühen 12. Jh. finden wir Logikerdiskussionen über die I., z. B. in der Arbeit von ADAM BALSAMIENSIS [7] und in der des Autors der Münchner Handschrift CLM 4643 [8], aber JOHANNES VON SALISBURY war vermutlich einer der ersten, der das Wort ‹I.› gebrauchte [9]. Die frühere Literatur teilte die I. in «simplicia», zu denen z. B. die theologischen I., die auf keine Weise lösbar sind, und in solche «secundum quid», die aus der alltäglichen Sprache stammen und gelöst werden können, wenn auch nur schwer. Die spätmittelalterlichen Logiker brauchten ‹I.› nur in diesem zweiten Sinn.

Von den fünfzehn von PAULUS VENETUS im 15. Jh. diskutierten Lösungen [10] sind die meisten in dieser oder jener Form schon am Ende des 13. Jh. vorgeschlagen worden. In einer der vermutlich ältesten, ganz den I. gewidmeten Abhandlungen beschreibt der Autor der Münchner Handschrift CLM 14.458 die I. als nicht nur logisch notwendige, sondern auch «zirkelhafte» Widersprüche [11]. Er gibt eine «cassatio» genannte Lösung, die darauf hinweist, daß der «actus», der zur Entstehung der I. führt, durch seinen Vollzug sich selbst nichtig macht. Der Autor eines anderen Traktates über I. aus dem mittleren 13. Jh. [12] lehnt die «cassatio»- ebenso wie die «restrictio»-Lösung ab, die behauptet, daß ein Teil einer ganze Proposition nicht für die ganze Proposition, deren Teil sie ist, stehen (supponere pro) darf. Seine eigene Lösung heißt «secundum quid et simpliciter», weil sie unterscheidet zwischen der unlösbaren Proposition, welche «einfach» (simpliciter) genommen falsch ist, und der, die in «gewisser Weise» (secundum quid) genommen wahr ist. Diese Lösung wurde, wegen ihrer offensichtlichen Ähnlichkeit mit Aristoteles' «fallacia secundum quid et simpliciter» [13] auch die «aristotelische» Lösung genannt. Um seine Ansicht zu stützen, macht dieser Autor von einer Version einer vierten Lösung Gebrauch, die später «transcasus» genannt wird, wegen der in ihr enthaltenen Behauptung, daß eine wahre Proposition in eine falsche umgewandelt werden kann und umgekehrt, wenn man berücksichtigt, in welcher Zeit sie ausgedrückt wird. Wenn die durch den Satz «Ich sage Falsches» dargestellte Proposition sich auf einen Satz bezieht, der schon vorher vorhanden ist, dann ist sie wahr, sonst aber falsch. Der «transcasus» wurde schon von WALTER BURLEY im 14. Jh. entwickelt [14]. Zu den Verfechtern der «aristotelischen» Lösung gehörten der Autor der in der Pariser National-Bibliothek befindlichen Handschrift Lat. 11412 [15], ferner PETRUS HISPANUS [16], LAMBERT VON AUXERRE [17] und ALBERTUS MAGNUS [18].

WILHELM VON OCKHAM beschrieb einen unlösbaren Trugschluß folgendermaßen: Aus einer nicht-notwendig wahren Proposition wird durch eine Ableitung, für die scheinbar notwendige Regeln benutzt werden, das Gegenteil dieser Proposition abgeleitet. Als Lösung akzeptierte er eine Form der «restrictio» [19]. JOHANNES MAJOR bemerkte, Ockhams Ansicht, unlösbare Propositionen seien weder wahr noch falsch, sondern bedeutungslos, werde zumindest von der alltäglichen Sprache unterstützt [20]. Nach Major war auch ROBERT HOLKOT unter den Verfechtern der «restrictio» [21].

JOHANNES BURIDAN entwickelte eine ganz neue Lösung [22], die wir die «implicata pluria»-Lösung nennen wollen. Nach dieser Auffassung impliziert jede Aussage ‹P› wegen ihrer Form eine neue Aussage ‹Q›, die als Subjekt ‹P› und als Prädikat ‹wahr› enthält. Aber eine sich selbst-widersprechende Aussage ‹P› impliziert wegen ihrer materiellen Eigenschaften eine Aussage ‹R›, die als Subjekt ‹P› und als Prädikat ‹falsch› hat. Die sich selbst-widersprechende Aussage ‹P› ist deswegen falsch, weil sie widersprüchliche Aussagen impliziert. Buridan muß dann nur festsetzen, daß die Aussage ‹P› existiert, um sich zu versichern, daß das Subjekt ‹P› in «P ist wahr» (bzw. «P ist falsch») wirklich für etwas steht (supponit). E. A. MOODY hat diese Ansicht eingehend diskutiert und in moderner logischer Notation formuliert [23].

ALBERT VON SACHSEN konstruierte eine ähnliche Lösung wie die Buridans, außer daß sie auf «significata pluria» anstatt auf «implicata pluria» beruht. Jede Proposition bezeichnet sich selbst aufgrund ihrer Form als wahr und bezeichnet aufgrund ihrer Materie, daß sich die Sachen so verhalten, wie es die Proposition behauptet. Daraus folgt, daß eine sich selbst widersprechende Proposition wahr ist (aufgrund ihrer Form), und falsch ist (aufgrund ihrer Materie). Eine sich selbst widersprechende Proposition ist also deshalb falsch, weil die Tatsachen nicht so sind, wie sie behauptet [24].

PETRUS ALLIACUS [25] schlug eine ähnliche Lösung vor, die «propositiones plures»-Lösung, gemäß welcher jede unlösbare Proposition zwei «propositiones mentales» entspricht, von denen eine wahr ist, die andere falsch. Das Problem wird durch die Zurückführung der unlösbaren Proposition auf «propositiones mentales» gelöst; denn keine «propositio mentalis» kann unlösbar sein, da sie ja nach der Definition nichts anderes als sich selbst bezeichnet.

PAULUS VENETUS lieferte die vollständigste I.-Abhandlung der ganzen mittelalterlichen Literatur [26]. Die fünfzehn Lösungen (1–15), die er diskutierte, kann man in folgende Arten einteilen: (1) = «per fallaciam figurae dictionis» [27]; (2) = «per fallaciam secundum non causam ut causam» [28]; (7) = «per fallaciam aequivocationis» [29] und (14) = «per fallaciam accidentis» [30] sind fast vollständig aus ARISTOTELES' ‹Sophistici Elenchi› übernommen. – (3) = temporale Äquivokation und (12) = «per fallaciam aequivocationis» sind Varianten des «transcasus». – (4) ist eine Kombination von «cassatio» und «restrictio». – (5) und (8) sind Varianten der «cassatio». – (6) bezieht einen «dritten Weg» ein, d. h. den Hinweis auf eine dreiwertige Logik. – (9) enthält die Auffassung, daß I. wahr oder falsch sind im Sinn des tertium non datur, jedoch weder nachweisbar wahr noch nachweisbar falsch. – (10) ist die «aristotelische» Lösung. – (11) ist die «significata pluria»-Lösung. – (13) ist die «propositiones plures»-Lösung. – (15) ist PAULUS' eigene Ansicht, die der «significata pluria»-Ansicht von Albertus von Sachsen ähnelt. Bocheński hat diese Ansicht in modernen logischen Notationsweisen formuliert [31]. Unbeachtet bleibt die Lösung ROGER NOTTINGHAMS, der zufolge alle I. falsch sind [32].

Während ALBERTUS' Lösung die unlösbaren Propositionen auf hypothetische Propositionen reduziert, sind sie nach T. BRICOTS ansonsten ähnlicher Ansicht kategorisch [33]. Obwohl MAJOR bemerkt, daß die Ansicht Bricots die zu seiner Zeit übliche Ansicht war, hielt G. BRUXELLENSIS an der «aristotelischen» Ansicht fest [34], und H. SAVONAROLA akzeptierte eine Fassung der «restrictio» [35], PETRUS TARTARETUS mehr oder weniger die «significata pluria»-Ansicht [36], wie schon JOHN MAJOR [37] und seine Schüler CELAYA [38], CRANSTON [39] und G. LAX [40]. M.-L. ROURE hat Celayas Traktat neugedruckt, ins Französische übersetzt und eingehend in moderner logischer Notation kommentiert [41].

FABER STAPULENSIS sowie sein Schüler und Kommentator CLICHTOVAEUS waren wohl die ersten, die die Wichtigkeit der empirischen Bedingung (casus) betonten, welche die I. der Form $Q \rightarrow (W(P) \leftrightarrow F(P))$ liefert [42]. Sie haben somit I. dieser Form von solchen Propositionen unterschieden, welche mit den I. verwechselt werden konnten. Diese sind keine I., weil sie entweder nicht reflexive sind oder weil sie die empirische Bedingung (casus) nicht haben.

DOMINICUS DE SOTO betonte den früheren «dialogischen» Aspekt der I. und gebrauchte die Synonyme ‹inexplicabile›, ‹dilemma› und ‹reflexiva› [43]. Im Lexikon von R. GOCLENIUS findet man eine Erklärung des Begriffs und des Wortes ‹insolubilia›, allerdings unter dem Stichwort ‹inexplicabilia›. Er bezweifelte die Lösbarkeit der I. [44].

In der *Neuzeit* haben die nicht-scholastischen Logiker sich nur mit der ciceronischen I.-Überlieferung beschäftigt [45] und die scholastische «I.-Überlieferung» gedankenlos verurteilt [46]. Es lassen sich aber noch im

19. Jh. Abhandlungen über die I. mit Bezugnahme auf die mittelalterliche Tradition finden. BOLZANO lieferte eine Lösung des Lügners, die sich nicht wesentlich von der «cassatio» unterscheidet [47], und PEIRCE gab eine Lösung, die der von Buridan und Paulus Venetus ähnlich ist [48].

Obwohl die am Ende des 19. Jh. neu entwickelten logischen Techniken radikal mit der mittelalterlichen Tradition brachen, sind viele Lösungen des Lügners den mittelalterlichen auffallend ähnlich. FINSLERS Lösung spiegelt deutlich die «significata pluria»-Lösung wieder [49], und HERZBERGER [50] hat einige von Buridans semantischen Neuerungen in seiner Arbeit gebraucht.

Anmerkungen. [1] So J. FABER STAPULENSIS, zit. bei C. PRANTL: Gesch. der Logik ... 4 (1870) 280 Anm. 655; J. CLICHTOVAEUS ... Introductiones in Terminos (Paris 1505) fol. r 6r-r 7v. – [2] ARISTOTELES, Soph. Elen. c. 25, 180 b 2-7. – [3] PAULUS, Titus 1, 12-13. – [4] W. und M. KNEALE: The development of logic (Oxford 1962) 227-229. – [5] P. SCHWENKE: Des Presbyter Hadoardus Cicero Excerpte. Philologus, Suppl.bd. 5 (1911) 399-588, bes. 458, zit. L. M. DE RIJK: Some notes on the medieval tract De Insolubilibus. Vivarium 4 (1966) 84. – [6] DE RIJK, a. a. O. 85. – [7] L. MINIO-PALUELLO: 12th century logic I: Adam Balsamiensis Parvipontani: Ars Disserendi (Roma 1956) 107. – [8] L. M. DE RIJK: Logica modernorum 1 (Assen 1962) 134. 375. – [9] JOHANNES SARESBERIENSIS, Metalogicon, hg. C. C. J. WEBB (Oxford 1929) 1, 10. – [10] PAULUS VENETUS: Logica Magna II, c. 15 (Venetiis 1499) 192r-195v; I. M. BOCHEŃSKI: Formale Logik (1956) 280-292. – [11] DE RIJK, a. a. O. [5] 105. – [12] H. A. G. BRAAKHUIS: The second tract on I. found in Paris, B. N. Lat. 16. 617. Vivarium 5 (1967) 111-145; vgl. PRANTL, a. a. O. [1] 40f. – [13] ARISTOTELES, Soph. Elen. c. 5, 166 b 38. – [14] Hg. DE RIJK, a. a. O. [5] 87ff. – [15] Hg. DE RIJK, a. a. O. [5] 93ff. – [16] PETRUS HISPANUS, Treatise on insolubles, in: Tractatus syncategorematum and select. anonymous treatises, hg. MULLALLY (Milwaukee, Wisc. 1964) 135-139. – [17] LAMBERT D'AUXERRE, Logica, hg. F. ALESSIO (Florenz 1971) 186-187. – [18] ALBERTUS MAGNUS, Soph. Elen. II, 2, 3; Text bei BOCHEŃSKI, a. a. O. [10] 276. – [19] WILHELM VON OCKHAM, Summa Totius Logicae III, 3, c. 45 (Venetiis 1508) 93v-94r. – [20] J. MAJOR: In Petri Hispani Summulas Comm. (Lugduni 1505) qq III 3r. – [21] Libri in Artibus (Lugduni 1516), zit. PRANTL, a. a. O. [1] 247 Anm. 420. – [22] J. BURIDAN: Sophismata (Paris o. J.) fol. 4v. – [23] E. A. MOODY: Truth and consequence in medieval logic (Amsterdam 1953) 103-110; vgl. auch A. N. PRIOR: Some problems of selfreference in John Buridan. Proc. Brit. Acad. 48 (1962) 281-296. – [24] ALBERTUS VON SACHSEN: Perutilis Logica (Venetiis 1522, ND Hildesheim 1974) 43r-43v. – [25] PETRUS ALLIACUS: Conceptus et I. (Paris 1501) 104v-105v. – [26] PAULUS VENETUS: Logica Magna II, 15 (Venetiis 1499) 192r-199v; Sophismata Aurea (Papiae 1483) 5r-6v. – [27] ARISTOTELES, Soph. Elen. c. 4, 166 b 10. – [28] a. a. O. c. 5, 167 b 21. – [29] c. 4, 165 b 30. – [30] c. 5, 166 b 28. – [31] I. M. BOCHEŃSKI: a. a. O. [10] 291-292; Formalisierung einer scholast. Lös. der Paradoxie des Lügners, in: A. MENNE (Hg.): Log.-philos. Stud. (1959) 71-73; (engl. Dordrecht 1962) 64-66. – [32] Vgl. E. A. SYNAN: The ‹I.› of Roger Nottingham O.F.M. Mediaeval Stud. 26 (1964) 257-270. – [33] TH. BRICOT: Tractatus Insolubilium (Paris 1498) a 4 rff. – [34] G. BRUXELLENSIS: Expositio in logica Arist. (Lugduni 1500) 264v. – [35] H. SAVONAROLA: Compendium Logices (Venetiis 1542) X, nr. 18, zit. in: B. BOLZANO: Grundlegung der Logik, hg. F. KAMBARTEL (1963) 25. – [36] PETRUS TARTARETUS: Super Textum Logices Arist. (Venetiis 1504) 116r/v. – [37] J. MAJOR, a. a. O. qq 7v-qq 8v. – [38] J. CELAYA: I. et Obligationes (Paris 1517) a IIr-a IIIr. – [39] D. CRANSTON: Tractatus Insolubilium et Obligationum (s.l. s.a.), zit. PRANTL, a. a. O. [1] 45 Anm. 174. 251-252. – [40] G. LAX: I. (Paris 1512) a IIff. – [41] Vgl. M.-L. ROURE: Le traité «Des propositions insolubles» de Jean de Celaya, in: AHDLMA 29 (1962) 235-338. – [42] J. CLICHTOVAEUS, a. a. O. [1] 6r-7r. – [43] D. DE SOTO: Summularum (Salamanticae 1554) 151r-152v. – [44] R. GOCLENIUS: Lex. Philosophicum (Francofurti 1613) 234-235. – [45] J. FACCIOLATI: Inexplicabile (Patavii 1726), zit. A. RÜSTOW: Der Lügner (Leipzig 1910) 121. – [46] L. VIVES: Opera omnia 3 (Valencia 1782) 37, zit. RÜSTOW, a. a. O. 120. – [47] BOLZANO, a. a. O. [35] 25ff. – [48] C. S. PEIRCE: Art. ‹I.›, in: Dict. of philos., hg. BALDWIN (New York 1901) 1, 354; Coll. Papers (Cambridge 1960), hg. C. HARTSHORNE/P. WEISS 2:352 und 3:446. – [49] P. FINSLER: Gibt es unentscheidbare Sätze? Comm. math. helv. 16 (1944) 310-320. – [50] H. G. HERZBERGER: Truth and modality in semantically closed languages, in R. MARTIN (Hg.): The paradox of the liar (New Haven 1970) 25-46.

L. HICKMAN

Inspiration (von lat. inspiratio, Einhauchung, Einge-bung; griech. ἐπίπνοια)

I. Als Name für göttliche Eingebung und Ergriffen-werden des Menschen durch eine überwältigende Macht bezeichnet ‹I.› zunächst ein *religionsgeschichtliches* Phä-nomen, bevor es innerhalb der christlichen *Theologie* zur Ausbildung verschiedener I.-Lehren kommt, welche die Entstehung der biblischen Schriften erklären wollen und deren göttliche Autorität zu begründen suchen.

1. Schon in den *vorderorientalischen Religionen*, vor allem in Ägypten und im Judentum, findet sich die Vorstellung, daß heilige Texte von der Gottheit selbst geschrieben oder diktiert seien. – Ebenso zeigt sich im *Griechentum* der Glaube, daß die Gottheit ihre Offen-barungen auserwählten Menschen eingebe, so daß diese sowohl von den Zeiten der Weltentstehung berichten als auch die Zukunft voraussagen können. Die Über-zeugung, Empfänger solcher göttlicher Eingebungen zu sein, liegt z. B. bei HESIOD vor. DEMOKRIT erklärt: «Ein Dichter aber, was immer er mit Verzückung und göttli-chem Anhauch (μετ’ ἐνθουσιασμοῦ καὶ ἱεροῦ πνεύματος) schreibt, das ist gewiß schön» [1]. In der Antike war die Pythia des delphischen Orakels das bekannteste Bei-spiel für den Vorgang der I. Als ein Sonderfall der I. wurde die *Ekstase* (s. d.) aufgefaßt. PLATON hat sie als einen Zustand der göttlichen Eingebung beschrieben, bei dem der menschliche Körper als Gottes Wohnung dient und alles eigene Bewußtsein verschwindet [2].

2. Die Wurzeln der altkirchlichen und mittelalterlichen I.-Lehren liegen teilweise im *Alten Testament*, das mit einer prophetischen I. durch Gott rechnet. Der Geistbe-sitz gilt als die entscheidende Gabe und Beglaubigung für den Propheten, der im Auftrag Jahwes zu den Men-schen redet (z. B. Zach. 7, 12). Die Propheten sind als Empfänger von Gottesoffenbarungen der «Mund» Jah-wes (Jes. 30, 2; Jer. 15, 19; Apg. 1, 16). Die Vorstellung einer prophetischen I. führt zum Gedanken der Schrift-I., dem wir im *Spätjudentum* und im *Neuen Testament* be-gegnen. Propheten und Apostel sind Hagiographen, die geleitet und angetrieben von der Eingebung des Heiligen Geistes Bücher schreiben, welche als inspiriert angesehen werden. Der Begriff der I. bezeichnet daher im theologi-schen Sprachgebrauch primär den Vorgang der Einwir-kung des Heiligen Geistes auf die Propheten und Apostel bei der Abfassung der biblischen Texte, gilt dann aber auch für das Ergebnis dieses Vorgangs, die Inspiriert-heit der Schrift, welche geschriebenes Wort Gottes ist. Verbreitung fand das Wort ‹I.› durch die ‹Vulgata›, welche die Aussage πᾶσα γραφὴ θεόπνευστος (2. Tim. 3, 16) mit «omnis scriptura divinitus inspirata» übersetzt. Als Synonym zum Begriff der I. wird in den kirchlichen Lehren und im theologischen Sprachgebrauch bis auf die Gegenwart auch der aus dem Griechischen stammende Begriff ‹Theopneustie› verwandt.

3. Die Begriffsgeschichte von ‹I.› ist seit der frühchrist-lichen Literatur mit der theologiegeschichtlichen Ent-wicklung der Schriftlehre aufs engste verbunden. Die Ausdehnung der I. zu einer strengen Lehre von der Ver-bal-I. der Heiligen Schrift ist schon in der Frühscholastik nachweisbar [3]. Die *reformatorische* Anerkennung des Wortes Gottes, der Christusbotschaft als der entschei-denden Schriftmitte, bedarf keiner I.-Lehre und steht in deutlichem Widerspruch zu einer formalen und gesetzlichen Schriftautorität. Auch die ‹Confessio Augustana› und die lutherischen Bekenntnisschriften kennen keine I.-Lehre. Doch bei CALVIN und in der re-formierten Tradition vollzieht sich eine Wiederanknüp-fung an die spätmittelalterlichen Lehren von der I. und Irrtumsfreiheit der Schrift. Aus dem religiösen Verlangen nach Sicherheit und aus kontroverstheologischen Grün-den kommt es im 17. Jh. in der reformierten wie luthe-rischen Orthodoxie zu einer starken Betonung der Verbal-I.-Lehre, die bis zu einer genauen Erklärung des I.-Vor-ganges ausgebildet wird. Unter dem I.-Begriff wird dabei die von Gott bewirkte Eingebung der Sachen (suggestio rerum), der Worte (suggestio verborum) sowie den An-trieb zur Niederschrift (impulsus ad scribendum) ver-standen. Demzufolge haben die biblischen Verfasser nicht aus eigenem Antrieb gehandelt, als sie die Bücher des Alten und Neuen Testaments niederschrieben, son-dern sie haben dieselben unter Gottes Leitung und auf seinen direkten Befehl hin formuliert. Der I.-Vorgang wird als ein Diktat des Heiligen Geistes in die Feder der biblischen Verfasser (dictamen in calamum) geschildert. Gott ist somit als der eigentliche Urheber der Heiligen Schrift zu betrachten, während die Propheten und Apo-stel nur als Werkzeuge gelten. Die menschliche Mitwir-kung bei der Abfassung der Heiligen Schrift wird auf ein sachlich unbedeutendes Minimum reduziert, um ein Ma-ximum an Göttlichkeit, Zuverlässigkeit und Irrtumslo-sigkeit der Heiligen Schrift zu erreichen, die als Norm aller Glaubenslehren gelten soll. Die philologischen Ein-wände gegen die Verbal-I.-Lehre suchte man dadurch zu entkräften, daß man die in den biblischen Texten vor-handenen Unterschiede in Grammatik und Stil aus einer Akkommodation des Heiligen Geistes an die individuelle Ausdrucksweise der Empfänger der I. erklärte [4]. Ähn-lich wie zuvor bei holländischen und schweizerischen Vertretern der reformierten Orthodoxie wird auch in der Helvetischen Consensusformel von 1675, der letzten re-formierten Bekenntnisschrift, die gottgewirkte Verbal-I. der Heiligen Schrift bis hin zur I. der Konsonanten, Vokale und Punkte des vorliegenden hebräischen Ur-textes gelehrt [5].

4. Nachdem die mit der Aufklärung einsetzende hi-storisch-kritische Forschung die wissenschaftliche Un-haltbarkeit der Verbal-I.-Lehre erwiesen hatte, begnügte man sich in der protestantischen Theologie weithin mit der Annahme einer Real-I. oder Personal-I. Unter der Real-I. verstand man die Eingebung der in der Heiligen Schrift berichteten Geschehnisse und Sachverhalte, unter der Personal-I. dagegen nur die an auserwählte Personen (Propheten, Apostel, biblische Autoren) gerichtete gött-liche Eingebung, ohne jedoch alle ihre mündlichen oder schriftlichen Äußerungen als inspiriert zu betrachten. Unter den pietistischen Separatisten, die sich in besonde-rer Weise als geistbegabt ansahen, entstanden zu Beginn des 18. Jh. I.-Gemeinden. Sowohl der kirchliche Pietis-mus als auch konservative Richtungen der evangeli-schen Theologie des 19. Jh. haben in verschiedenen For-men an der Vorstellung einer gottgewirkten Schrift-I. festgehalten. In den ersten Jahrzehnten des 20. Jh. hat der nordamerikanische Fundamentalismus von dem Prinzip der Verbal-I. her den Kampf gegen den Darwi-nismus, die Evolutionslehre und den theologischen Libe-ralismus geführt. Eine sachlich berechtigte Kritik der überlieferten theologischen I.-Lehren hat in neuerer Zeit P. ALTHAUS (1888–1966) geboten. «Die Autorität der Schrift wird uns nicht durch eine apriorische Erkenntnis der I. gewiß, sondern umgekehrt: die Erfahrung der Au-torität der Schrift als Evangelium macht ihrer I., d. h. ihres Gewirktseins durch den Geist Gottes gewiß» [6].

5. Während in der neueren protestantischen Theologie die historische Bedingtheit, Irrtumsfähigkeit und Diver-

genz des Inhalts von Bibelaussagen in der Regel anerkannt und die Lehre von der Schrift-I. zur Vergewisserung und Begründung der Schriftautorität kaum noch
vertreten wird, hat der *Katholizismus* an ihr festgehalten.
In sachlicher Übereinstimmung mit der I.-Lehre des Vatikanum I (1870) und der päpstlichen Enzyklika ‹Pro-
videntissimus Deus› (1893) erklärt das Zweite Vatikani-
sche Konzil (1965) in der dogmatischen Konstitution
«Über die göttliche Offenbarung», daß die Bücher des
Alten und Neuen Testaments in ihrer Ganzheit als «heilig und kanonisch» gelten, «weil sie unter der Einwirkung
des Heiligen Geistes geschrieben (Spiritu sancto inspi-
rante conscripti) ..., Gott zum Urheber haben und als
solche der Kirche übergeben sind». Aus der dogmatischen Behauptung der Inspiriertheit der Bibel folgt ihre
Irrtumslosigkeit. «Da also alles, was die inspirierten Verfasser oder Hagiographen (auctores inspirati seu hagio-
graphi) aussagen, als vom Heiligen Geist ausgesagt zu
gelten hat, ist von den Büchern der Schrift zu bekennen,
daß sie sicher, getreu und ohne Irrtum die Wahrheit lehren, die Gott um unseres Heils willen in heiligen Schriften aufgezeichnet haben wollte» [7].

6. Ein weitgefaßter I.-Begriff, der das Phänomen der
Eingebung, Erleuchtung und Geistbegabung bezeichnet,
ohne jedoch mit einer bestimmten Theorie über die Herkunft solcher I. verbunden zu sein, hat außerhalb der
theologischen Fachsprache in der philosophischen Literatur und allgemeinen Umgangssprache Verwendung gefunden. Die zahlreich bezeugten I.-Erlebnisse bedeutender Dichter und Künstler haben zur Rede von der dichterischen und künstlerischen I. geführt. FR. NIETZSCHE
hat eine antimetaphysische und rein psychologische Deutung dieser «sogenannten Inspirationen» gegeben, indem
er ihnen den Charakter von plötzlichen, wunderbaren
Eingebungen oder Offenbarungen absprach und sie als
das durchaus natürlich zu erklärende Ergebnis vorange-
gangener Reflexionen und intensiver geistiger Anstrengungen deutete [8].

Anmerkungen. [1] DEMOKRIT, VS B 18. – [2] J. LEIPOLDT: Die
Frühgesch. der Lehre von der göttlichen Eingebung. Z. neutestamentl. Wiss. 44 (1952/53) 124. – [3] K. HOLZHEY: Die I. der hl.
Schrift in der Anschauung des MA (1895) 6ff. – [4] G. HORNIG:
Die Anfänge der hist.-krit. Theol. (1961) 42ff. 214. – [5] M. GEI-
GER: Die Basler Kirche und Theol. im Zeitalter der Hochortho-
doxie (1952) 132. – [6] P. ALTHAUS: Die christl. Wahrheit (⁶1962)
169. – [7] Zweites Vatikanisches Ökumenisches Konzil. Dogmatische Konstitution über die göttliche Offenbarung, hg. M. SCHMAUS
(1967) 44f. – [8] FR. NIETZSCHE, Werke, hg. K. SCHLECHTA 1
(⁷1973) 449. 549f.

Literaturhinweise. W. KÖLLING: Die Lehre von der Theopneustie (1891). – J. LEIPOLDT s. Anm. [2]. – K. RAHNER: Über die
Schrift-I. (1958). – Die evang. Lehre von der heiligen Schrift und
Tradition. Quellen zur Konfessionskunde B/2, hg. H. BEINTKER
(1961). – J. BEUMER: Die I. der Heiligen Schrift, in: Hb. der Dogmengesch., hg. M. SCHMAUS u. a. 1 (1968). – P. SCHÄFER: Die Vorstellung vom Heiligen Geist in der rabbinischen Lit. (1972).

G. HORNIG

II. *Der I.-Begriff in der Ästhetik.* – Seit HOMER gehören
Bekundungen des I.-Bewußtseins zum festen Bestand
der europäischen Literatur [1]. Ein frühes bedeutendes
Zeugnis besitzen wir von HESIOD, der in der ‹Theogonie›
seine Berufung zum Dichter durch die Musen schildert
[2]. PINDAR ist sich seiner Ohnmacht als Künstler so sehr
bewußt, daß er die Musen um ihre Gunst anfleht [3]. Die
Tradition reicht bis ins 20. Jh.: R. M. RILKE schildert
nach der Beendigung der ‹Duineser Elegien› seine Erfahrung der I. [4], und auch ST. GEORGE bezeugt die seit
der Antike bestehende Kontinuität dieses Dichterver-
ständnisses [5].

Freilich war diese Tradition nicht zu allen Zeiten gleichermaßen wirksam: So hatte das lateinische *Mittelalter*
lediglich aus HORAZ [6] und anderen Schriftstellern der
römischen Kaiserzeit Kenntnis von der griechischen Lehre vom Enthusiasmus [7]. Die Vorstellung vom Dichter
als «poeta insanus» ging zwar nicht verloren, doch stand
sie lange – über das Mittelalter hinaus – im Schatten der
Vorstellung vom Dichter als «poeta doctus». Wichtig jedoch ist, daß die Kontinuität nicht unterbrochen wurde.

PLATON vergleicht die I., die Wirkung der Musen auf
den Dichter und sein Publikum, mit einem Magneten [8].
Der späte NIETZSCHE schreibt in ‹Ecce homo› über sein
I.-Erlebnis: «Man hört, man sucht nicht, man nimmt,
man fragt nicht, wer da gibt, wie ein Blitz leuchtet ein
Gedanke auf, ohne Zögern ... Alles geschieht im höchsten Maße unfreiwillig, aber wie in einem Sturme von Frei-
heitsgefühl, von Unbedingtsein, von Macht, von Göttlichkeit ...». Und er schließt, als wolle er direkt an die
griechische Tradition anknüpfen: «Das ist meine Erfahrung von I., ich zweifle nicht, daß man Jahrtausende zurückgehen muß, um jemanden zu finden, der sagen darf,
‹es ist auch die meine›» [9].

Zugleich mit der Beschreibung des I.-Anspruchs der
Dichter setzt bei PLATON die philosophische Reflexion
über die I. ein [10], und zwar in der Form kritischer Distanzierung gegenüber dem auf Enthusiasmus (s.d.) sich
berufenden Selbstverständnis der Dichter. Gewirkt hat
jedoch weniger seine Kritik als seine Beschreibung, so
daß paradoxerweise die I.-Ästhetik sich auf Platon beruft
und in ihrer Geltung vom Ansehen seiner Philosophie
abhängig ist. Als in der *Renaissance* Platon wiederentdeckt wurde, kam auch die Lehre von der göttlichen Begeisterung wieder zu Ehren. M. FICINO schreibt im Anschluß an die Sokrates-Rede: [11] «Bei diesem Wiedererr-
langen der Flügel werde durch deren Kraft die Seele vom
Körper fortgezogen: sie schwebe und strebe dann des
Gottes voll mit Macht empor zum Überirdischen. Dieses
Fortgerissenwerden nun und dieses Streben nennt Platon
die göttliche Begeisterung ...» [12]. Und zu Beginn des
Briefes schreibt er an Pellegrino Agli: «Ich schreibe es
aber nicht nur Deiner dichterischen Begabung und Deinem Fleiße zu, als vielmehr jener göttlichen Begeisterung,
ohne die, nach Platon und Demokrit, es niemals einen
großen Mann gegeben hat, daß Du von dieser inspiriert
(ispirato) und völlig hingerissen [bist] ...» [13].

Die in der Renaissance neues Ansehen gewinnende
Theorie von der I. als Quelle poetischer Produktion und
die Anschauung von der Göttlichkeit der Poesie (BOC-
CACCIO nennt die Theologie eine «Poesie Gottes» [14])
verhalfen der I.-Ästhetik jedoch noch nicht zum Durchbruch. Von der Poesie galt vielmehr, was J. G. WALCH
noch zu Beginn des 18. Jh. schrieb: Sie «ist eine Art Wohl-
redenheit, da wir durch Hülfe des Ingenii einen Haupt-
gedancken in allerhand sinnreichen und artigen Neben-
gedancken, oder Bilder und Vorstellungen einkleiden, es
geschehe dieses in ungebundener, oder gebundener Rede
... Das Wesen der Poesie besteht in einer artigen und ge-
schickten Dichtkunst.» Den Alten hält er ihre «poetische
Raserey» vor und vermutet deren Ursache in der «ver-
stellten und erdichteten Raserey der heidnischen Priester» [15].

Gegen diese Poetologie wendet sich ein neues Verständnis der griechischen Antike. J. J. WINCKELMANN
schrieb 1759: «Gegen das eigene Denken setze ich das
Nachmachen, nicht die Nachahmung: unter jenem verstehe ich die knechtische Folge; in dieser aber kann das
Nachgeahmte, wenn es mit Vernunft geführt wird,

gleichsam eine andere Natur annehmen und etwas eigenes werden.» [16] Er knüpft an PSEUDO-LONGINUS an [17], der, an Platon erinnernd, geschrieben hatte: «Dieser Schriftsteller zeigt uns, wenn wir nur aufmerksam hinsehen, daß außer dem schon genannten noch ein anderer Weg zur erhabenen Rede führt. Wie sieht der Weg aus? welcher ist es? Das Nachahmen und Nacheifern großer Schriftsteller und Dichter früherer Zeiten. Und dieses Ziel, mein Freund, wollen wir unablässig verfolgen. Viele Autoren nämlich werden ergriffen von einem fremden Anhauch, der sie inspiriert, genauso, wie man es von der pythischen Priesterin sagt: wenn sie dem Dreifuß naht, über dem Erdspalt, aus dem, wie es heißt, der göttliche Atem emporsteigt, dann wird sie von dort mit der dämonischen Macht geschwängert und kündet sogleich die eingegebenen Weisungen. So entströmen wie aus heiliger Tiefe dem Genius der Alten Kräfte und dringen in die Seele derer, die ihnen nachstreben. Selbst, wer sonst nicht leicht in Verzückung gerät, läßt sich unter dem Anhauch fremder Größe zur Begeisterung hinreißen» [18]. – Auch für GOETHE ist Enthusiasmus die Voraussetzung, ohne die «die Kunst, besonders aber die der Alten sich ... weder fassen noch begreifen» läßt [19].

Zugleich mit dem neuen Verhältnis zur Kunst der Antike erwachte ein neues Lebensgefühl [20], das der schulmäßigen und als Wissenschaft betriebenen Dichtkunst verständnislos gegenüberstand. Es begriff die Poesie vielmehr als «ein Heiliges». Doch die Aufgabe objektiver Regeln barg die Möglichkeit eines extremen Subjektivismus in sich, und die Gefahr eines künstlerischen Anarchismus wird darum Thema in der ästhetischen Diskussion dieser Zeit. Der I.-Begriff taucht auf [21]: I. wird dem Dichter als selbstverständliche Gabe zugeschrieben; sie kennzeichnet ihn wie überhaupt das Genie (s.d.), das im Zentrum der kunstphilosophischen Auseinandersetzung der Epoche steht. SULZER beginnt den Artikel ‹Begeisterung› in seiner ‹Allgemeinen Theorie der Schönen Künste›: «Alle Künstler von einigem Genie versichern, daß sie bisweilen eine außerordentliche Würcksamkeit der Seele fühlen, bey welcher die Arbeit ungemein leicht wird, da die Vorstellungen sich ohne große Bestrebungen entwickeln und die Gedancken mit solchem Überfluß zuströmen, als wenn sie von einer hohen Kraft eingegeben würden» [22]. Auf die Gefahr, die in der Anerkennung der I. als der künstlerischen Werkes liegt, weist dagegen CH. BATTEUX anhand der lyrischen Poesie hin, die er in die Nähe der Musik stellt: «Die Begeisterung oder poetische Raserei wird also genannt, weil die Seele damit erfüllt ist, sich ganz dem Gegenstande überläßt, der ihr solches eingibt (qui le lui inspire)». «Das Herz bemächtigt sich in solchen Fällen des ganzen Stoffes, und das Licht wird fast gänzlich von der Empfindung verschlungen» [23]. – Rückblickend beschreibt auch HEGEL die Gefährdung der «sogenannten Genieperiode», in der «Verwirrungen ... über den Begriff von Begeisterung und Genie herrschend gewesen» waren [24].

Genie und Fleiß, Begeisterung und Reflexion – um diese Pole kreist Goethes und Hegels Nachdenken über das Sein des Künstlers. Beiden gelingt es, die Gegensätze im Gleichgewicht zu halten, freilich mit jeweils verschiedener Betonung. Nach ihrem Tode wird die Ästhetik dann von einer zunehmenden Polarisierung bestimmt.

GOETHE bezeugt an mehreren Stellen, inspiriert gewesen zu sein, ja, ohne I. ist ihm ein Hervorbringen von Kunstwerken nicht denkbar. Er hebt sie hervor in seiner Schilderung der Entstehung des ‹Werther› [25] und äußert sich über seine Gedichte: «Ich machte sie nicht, sie

machten mich» [26]. Die Gefahr subjektiver Willkür indes schloß er aus, da er die Poesie als eine «Naturgabe» – und die Natur als eine Ordnungsmacht – betrachtete und von sich bekannte, daß die Natur in ihm «größere und kleinere Werke unaufgefordert hervorbrachte» [27].

HEGEL hält einerseits daran fest, daß der Künstler begeistert sein müsse: «Fragen wir nun, worin die künstlerische Begeisterung bestehe, so ist sie nichts anderes, als von der Sache ganz erfüllt zu werden, ganz in der Sache gegenwärtig zu sein und nicht eher zu ruhen, als die Kunstgestalt ausgeprägt und in sich abgerundet ist» [28]. Er betont aber andererseits, daß «wenn auch Talent und Genie des Künstlers ein natürliches Moment in sich hat, dasselbe [doch] wesentlich der Bildung durch den Gedanken, der Reflexion auf die Weise seiner Hervorbringung sowie Übung und Fertigkeit im Produzieren bedarf» [29]. Hegel hält also am Begriff der Begeisterung fest, verschiebt aber den Akzent zugunsten von Arbeit und Reflexion.

Unter Berufung auf diese beiden Begriffe setzt NIETZSCHE in seiner mittleren Periode sich ganz von der I.-Ästhetik ab. Er verwirft sie, indem er sie entlarvt: «Die Künstler haben ein Interesse daran, daß man an die plötzlichen Eingebungen, die sogenannten I. glaubt» [30]. Mit dem Blick auf Beethovens Notizbücher führt er gegen die I. die Urteilskraft ins Feld, und schließlich: «Alle Großen waren große Arbeiter, unermüdlich nicht nur im Erfinden, sondern auch im Verwerfen, Sichten, Umgestalten, Ordnen» [31]. Man kann dies auch als eine Beschreibung der Künstlerschicksale Flauberts, Mallarmés oder Valérys lesen.

Die Verwerfung der I.-Ästhetik ist denn auch vor allem von Frankreich ausgegangen und hat von dort Eingang in die Theorie der modernen Poesie gefunden. CH. BAUDELAIRE bezeichnet den Stil des von ihm verehrten E. A. Poe als ein von Logik geknüpftes Gesetz [32], und P. VALÉRY schreibt über Degas: «Kunst – darunter verstand er Probleme einer gewissen Mathematik ... er pflegte zu sagen, ein Gemälde sei das Ergebnis einer Reihe rechnerischer Operationen» [33]. Ebenso radikal lehnt G. BENN die I.-Ästhetik ab [34], und in I. STRAWINSKYS ‹Musikalischer Poetik› ist zu lesen: «Ich behaupte nur, daß sie [die I.] keineswegs eine Voraussetzung für den schöpferischen Akt ist, sondern daß sie in der zeitlichen Folge eine Äußerung von sekundärer Art ist» [35].

Auf der anderen Seite ist eine Radikalisierung der I.-Ästhetik zu erkennen, nun aber verbunden mit der Absage sowohl an den Genie- wie an den Arbeitsbegriff, am konsequentesten in der Theorie des *Surrealismus*. Unter Berufung auf S. Freud empfiehlt A. BRETON: «Laß dich leiten, die Ereignisse [des Traumes] dulden keinen Aufschub. Du hast keinen Namen. Die Leichtigkeit, mit der alles geschieht, ist ohne jedes Maß» [36]. Und M. ERNST formuliert: «Als letzter Aberglaube blieb den westlichen Kulturkreis des Märchen vom Schöpfertum des Künstlers. Es gehört zu den revolutionären Akten des Surrealismus, diesen Mythos ... wohl auf immer vernichtet zu haben, indem er auf der rein passiven Rolle des Autors im Mechanismus der poetischen I. bestand und jede aktive Kontrolle durch Vernunft, Moral und ästhetische Erwägungen als inspirationswidrig entlarvte. Als Zuschauer kann er der Entstehung des Werkes beiwohnen und seine Entwicklungsphasen mit Gleichgültigkeit oder Leidenschaft verfolgen» [37].

Ganz verschwunden ist der «klassische» I.-Begriff allerdings nicht. Unter den konservativen Künstlern, die ihn bewahrten, hat der von Schopenhauer beeinflußte

H. PFITZNER am eindringlichsten auf ihn verwiesen, indem er im ersten Aufzug seiner ‹Musikalischen Legende Palestrina› den Akt der I. szenisch und musikalisch beschwört. Die Oper wurde zur gleichen Zeit uraufgeführt, als die Dadaisten, unter Berufung auf einen extrem verstandenen I.-Begriff, die künstlerische Tradition Europas zertrümmern wollten – ein Zeichen für den künstlerischen und ästhetischen Pluralismus, der die Situation des 20. Jh. ausmacht.

Anmerkungen [1] HOMER, Odyssee XXII, 344ff. – [2] HERODOT, Theogonie 22ff. – [3] PINDAR, Päan VIIb. – [4] Brief vom 11. 2. 1922, in: R. M. RILKE und MARIE V. THURN UND TAXIS: Briefwechsel 2 (1951) 697f. – [5] ST. GEORGE: Hymnen (1890) 15. – [6] HORAZ, Ars poetica 455. – [7] E. R. CURTIUS: Europ. Lit. und lat. MA (²1954) 467f. – [8] PLATON, Ion, 533d f. – [9] FR. NIETZSCHE, Werke, hg. SCHLECHTA 2, 1131f. – [10] PLATON, Phaidros 244 a ff. – [11] Phaidros 249 a. – [12] M. FICINO: Lettere (1548) 7, dtsch. K. Markgraf VON MONTORIOLA, in: Briefe des Mediceerkreises (1926) 104ff. – [13] ebda. – [14] G. BOCCACCIO, Opere, hg. D. GUERRI 1 (1918) 248ff. – [15] J. G. WALCH: Philos. Lex. (1726) 2020. – [16] J. J. WINCKELMANN: Erinnerung über die Betrachtung der Werke der Kunst (1759). Kl. Schr., Vorreden, Entwürfe, hg. W. REHM (1968) 151. – [17] Von der Nachahmung des Alterthums. Ms. Bibl. Nat. (Paris), Fonds Allemand, var. 69, 72r, zit. H. ZELLER: Winckelmanns Beschreibung des Apollo im Belvedere, in: Züricher Beitr. zur Dtsch. Lit.- und Geistesgesch. 8 (1955) 212. – [18] Ps.-LONGIN; De sublimitate 13, 2, dtsch. R. BRANDT (1966) 57. 59. – [19] J. W. GOETHE, Jub.-A. 37, 21. – [20] Vgl. W. DILTHEY: Das Erlebnis und die Dichtung (1965). – [21] Meist wird allerdings der Begriff ‹Begeisterung› gebraucht. LESSING z. B. benutzt den I.-Begriff nur in seinen theol. Schr.; ebenso vermißt man ihn bei SULZER oder GOETHE. – [22] J. G. SULZER: Allg. Theorie der schönen Künste (1786) 1, 248. – [23] CH. BATTEUX: Cours de Belles Lettres (1755) 7ff., dtsch. K. W. RAMLER: Einl. in die schönen Wiss. (1763) 3, 11ff. – [24] G. W. F. HEGEL, Aesthetik, hg. BASSENGE (²1966) 1, 38. – [25] GOETHE, a. a. O. [19] 24, 166f. – [26] 28, 25. – [27] 25, 11. – [28] HEGEL, a. a. O. [24] 282. – [29] 38. – [30] NIETZSCHE, a. a. O. [9] 1, 549. – [31] ebda. – [32] CH. BAUDELAIRE, Oeuvres compl., hg. M. A. RUFF (1965) 331. – [33] P. VALÉRY: Tanz, Zeichnung und Degas, dtsch. W. ZEMP (1962) 8. – [34] G. BENN: Probleme der Lyrik in: Ges. Werke, hg. D. WELLERSHOFF (²1962) 1, 494. – [35] I. STRAWINSKY: Musikalische Poetik, dtsch. H. STROBEL (1960) 34. – [36] A. BRETON: Die Manifeste des Surrealismus, dtsch. RUTH HENRY (1968) 18. – [37] M. ERNST: Was ist Surrealismus? in: W. HESS (Hg.): Dokumente zum Verständnis der modernen Malerei (1956) 119.

Literaturhinweise. H. KOLLER: Musik und Dichtung im alten Griechenland (1963). – E. R. CURTIUS s. Anm. [7]. – H. FRIEDRICH: Die Struktur der modernen Lyrik (⁶1968). – E. BARMEYER: Die Musen. Ein Beitrag zur I.-Theorie. Humanist. Bibl. I/2 (1968).

                        H. RATH

des Humanismus ein. R. GOCLENIUS definiert ‹I.› als «propositio contraria propositioni propositae» [7]; im ‹Novum Organum› F. BACONS ist sie «instantia crucis», also «von besonderer Wichtigkeit» [8]. In der von Bacon angestrebten Induktionsmethode (inductio legitima et vera) kommt den dem Verstand (intellectus) vorgelegten I. die Aufgabe zu, den Schluß von Einzelerfahrungen auf Grundsätze (axiomata) abzusichern. Dazu werden dem Verstand alle beobachteten Fälle vorgelegt, in denen sich eine Eigenschaft zeigt, die untersucht werden soll; so entsteht die Sammlung der affirmativen I.: die «tabula essentia et praesentiae» [9]. Danach werden Fälle aufgesucht, die den affirmativen I. ähnlich sind, die zu untersuchende Eigenschaft aber nicht aufweisen; so entsteht die Sammlung der negativen I.n: die «tabula declinationis sive absentiae in proximo» [10]. Aus der Vergleichung der affirmativen und negativen Instanzen ergibt sich die «differentia vera»: die unwesentlichen Bedingungen einer Sache werden als solche entlarvt, die wesentlichen werden von dem Einspruch der negativen I. nicht getroffen. Im Verfahren der Induktion führt Bacon noch eine dritte Art von I. ein, die prärogativen I. (praerogativae instantiarum) [11]. Es handelt sich dabei um solche Fälle, in denen sich die zu untersuchende Eigenschaft besonders deutlich zeigt, so daß wenige von ihnen einer Vielzahl von gewöhnlichen I. gleichwertig sind.

Im 20. Jh. werden Raum und Zeit – da in alles Wirkliche eingehend – von J. SYLVESTER als das ‹Insistente› oder als ‹I.› bezeichnet [12]. – S. FREUD verwendet den Begriff ‹I.› seit der ‹Traumdeutung› (1900) als Synonym für ‹System› [13].

Im heutigen Sprachgebrauch ist ‹I.› terminus technicus für Zuständigkeiten im politisch-rechtlichen Bereich (Gerichts- und Verwaltungswesen).

Anmerkungen. [1] ARISTOTELES, Rhet. II, 25, 1402 a 31. – [2] Analyt. priora II, 26, 69 a 37. – [3] Top. II, 2, 110 a 11. – [4] De caelo 294 b 3ff. – [5] a. a. O. 294 b 10ff. – [6] BOETHIUS, Priorum analyt. Arist. interpretatio. MPL 64, 710. – [7] R. GOCLENIUS: Lexicon philos. (1613) 245. – [8] F. BACON, Novum organum II, 12. 31. – [9] II, 11. – [10] II, 12. – [11] II, 21ff. – [12] J. SYLVESTER: Vom Wesen der Dinge (1920) 225ff. – [13] Vgl. J. LAPLANCHE und J. B. PONTALIS: Das Vokabular der Psychoanalyse (1972) 230f.

                        U. W. BARGENDA

Instanz (ἔνστασις, instantia). Bei ARISTOTELES gilt neben dem Gegenschluß auch die I. als Einwand und Mittel zur Entkräftung eines Beweises [1]. Die I. ist ein Einwurf, πρότασις προτάσει ἐναντία [2], ein Angriff auf eine These: ἐπιχείρημα πρὸς τὴν θέσιν [3]. Gegen die These, die Erde schwimme auf dem Wasser, führt Aristoteles als ἔνστασις an, daß, wenn die Erde als Ganzes auf dem Wasser schwimme, dann auch alle ihre Teile auf dem Wasser schwimmen müßten. Das eben sei aber nicht der Fall [4]. Jeder Beweis muß im Hinblick auf mögliche Gegenbehauptungen geführt werden, das Verfahren, I. zu finden, fordert den Forschenden zu ständiger Überprüfung seiner Grundsätze heraus. Für denjenigen, der in der Forschung richtig vorgehen will, ist es notwendig, die einem Gegenstand je eigentümlichen Einwände aufzufinden [5].

Lateinisch ‹instantia› (von instare, eine Sache verfolgen), das gewöhnlich in der Bedeutung «Gegenwart, Emsigkeit» begegnet, dient in einer – wohl fälschlich dem BOETHIUS zugeschriebenen – Aristoteles-Übertragung zur Übersetzung des Begriffes ἔνστασις [6]. In dieser Bedeutung geht es dann in die Gelehrtensprache

Instinkt (von lat. instinguere, antreiben; frz./engl. instinct)

I. ‹I.› wird zunächst die in bestimmten Grundantrieben des Lebens wurzelnde angeborene Fähigkeit zu artmäßig verschiedenen, vorbewußt zweckmäßigen Handlungs- und Tätigkeitsweisen genannt, die entweder als durchaus «natürlich» hingenommen (E. V. HARTMANN) oder als geschichtlich geworden und erworben erklärt werden soll (CONDILLAC). Philosophisch hat die Diskussion um die I. eine weltanschauliche Färbung erhalten, wenn ein Wertungsverhältnis zwischen Natur und Bewußtsein (Vernunft und Geist) behauptet wird, das einmal die Erhebung der Vernunft über die Natur und die Ausbildung eines frei gewordenen Vernunft-I. behauptet (FICHTE), zum anderen die höhere Vernunft der Natur und der I. gegenüber der entfesselten «Vernunft» proklamiert (NIETZSCHE) und das zum dritten Natur und Vernunft in einem Verhältnis wechselseitiger Durchdringung betrachtet, in dem I. und Gewohnheit als die einander nächsten Stufen von Natur und Kultur (MAINE DE BIRAN, RAVAISSON, CHEVALIER) angesetzt werden, wobei das Vordringen des Geistes (der Vernunft) in der leiblichen Welt bzw. die zunehmende Verleiblichung des Geistigen sichtbar wird.

1. Der Begriff des instinctus naturalis (Naturtrieb) findet sich seit SENECA, in der Scholastik (THOMAS VON AQUIN) und Renaissance (T. CAMPANELLA), als subjektive Quelle von Werteinsicht aber erst seit HERBERT VON CHERBURY [1] und danach bei SHAFTESBURY [2] und dem Wolffianer BILFINGER [3].

KANT akzentuiert beim I., daß er ohne Selbsteinsicht sei; er ist «die innere Nötigung des Begehrungsvermögens zur Inbesitznahme dieses Gegenstandes, ehe man ihn noch kennt» [4], oder er heißt «ein gefühltes Bedürfnis, etwas zu tun oder zu genießen, wovon man noch keinen Begriff hat» [5]; für ihn ist die Geschichte des Menschen in Freiheit begründet, weil sich der Mensch vom « Gängelwagen des I.», « aus der Vormundschaft der Natur» löst und alles, «was über die mechanische Anordnung seines thierischen Daseins geht, gänzlich aus sich selbst» herausbringe [6]. Für TH. REID ist «instinct» ein Impuls «without deliberation, and ... without any conception of what we do» [7].

Die Verbindung zwischen dieser zweiten, Einsicht verneinenden, und jener ersten, Einsicht behauptenden Auffassung stellt im 19. Jh. AENESIDEMUS-SCHULZE her, wenn er feststellt, es würde von I. dann gesprochen, wenn « mit dem Naturtrieb eine Vorstellung oder Ahnung dessen, was dem gefühlten Bedürfnis abhilft, schon auf angeborene Art» verbunden ist [8], und insofern kann I. dann bei SCHOPENHAUER die unbewußt-zweckmäßige Tätigkeit des Naturwillens sein [9] bzw. einen Schritt weiter, bei C. G. CARUS, als die sich «unbewußt einbildende und abbildende Idee» definiert werden [10].

Anmerkungen. [1] H. v. CHERBURY: De veritate (1624). – [2] SHAFTESBURY: The moralists 3 (1709). – [3] G. B. BILFINGER: Dilucidationes philosophicae de deo, anima humana, mundo (1725) § 292. – [4] I. KANT: Anthropol. (1798). Akad.-A. 7 (1907/17) 265. – [5] Die Religion innerhalb der Grenzen der bloßen Vernunft (1793) a. a. O. 6 (1907/14) 29. – [6] 8, 115. 19. – [7] TH. REID: Of the active powers of man (1789) III, 2. – [8] G. E. SCHULZE: Psychische Anthropol. (²1819) 411. – [9] A. SCHOPENHAUER: Die Welt als Wille und Vorstellung (1819). Werke, hg. FRAUENSTÄDT/HÜBSCHER 2 (1961) 180f. – [10] C. G. CARUS: Vergl. Tierpsychol. (1866) 59.

2. Die spekulative Idee, daß die Vernunft eine Entwicklung durchmachen könnte, verfolgt J. G. FICHTE [1]. Er verfährt dogmatisch, wenn er es zum «Zweck des Erdenlebens der Menschheit» erklärt, «daß sie in demselben alle ihre Verhältnisse mit Freiheit nach der Vernunft einrichte» [2]. Sie überwinde dabei diese Entwicklung in folgenden Etappen: Sie gehe aus von der «Epoche der unbedingten Herrschaft der Vernunft durch den I.», die den «Stand der Unschuld des Menschengeschlechts» bezeichne; sie gelange dann zu der «Epoche, da der Vernunft-I. in eine äußerlich zwingende Autorität verwandelt ist», wie es im Zeitalter der verschiedenen positiven Lehr- und Lebenssysteme der Fall sein muß, die nicht durch konsequenten Rückgang auf letzte Gründe überzeugen, sondern einfach zwingen, womit der «Stand der anhebenden Sünde» erreicht wird; sie gehe dann über zur Epoche der Befreiung sowohl «von der gebietenden Autorität» als auch «von der Botmäßigkeit des Vernunft-I. und der Vernunft überhaupt», die als solche gleichgültig gegen absolute Wahrheit und «ohne Leitfaden» ist und damit zum «Stand der vollendeten Sündhaftigkeit» wird; darauf wird die Epoche der «Vernunftwissenschaft» als das Zeitalter erreicht, «wo die Wahrheit als das Höchste anerkannt» wird und der «Stand der anhebenden Rechtfertigung» beginnt; zum

Schluß folgt die « Epoche der Vernunftkunst», also das « Zeitalter, da die Menschheit mit sicherer und unfehlbarer Hand sich selber zum getroffenen Abdrucke der Vernunft aufbaut», womit zugleich der «Stand der vollendeten Rechtfertigung und Heiligung» wirklich wird [3]. Es ist dieser Gang «ein Zurückgehen zu dem Punkte, auf welchem sie gleich anfangs stand», es ist «Rückkehr zu seinem Ursprung» [4].

Indem es sich bei Fichte *nicht* um die «Schilderung irgendeiner gegenwärtigen Zeit» [5] handelt, ist sie eigentlich idealtypisch gemeint und grundsätzlich gültig bzw. nicht selbst «historisch» überholt. Im ganzen wird dann beim jüngeren FICHTE in weiterführender metaphysischer Spekulation ein «vernunftvolles, aber vorbewußtes Wollen» angesetzt [6], womit in beiden Fällen ein «Vernunft-I.» im Hintergrund steht.

Anmerkungen. [1] J. G. FICHTE, Werke, hg. I. H. FICHTE (1834/46) 7, 3-254. – [2] a. a. O. 7. – [3] 11. – [4] 12. – [5] 13. – [6] I. H. FICHTE: Psychol. (1864-1873) 2, 41.

3. Daß das *Christentum* leib-, sinnen- und instinktfeindlich sei, ist die These des 19. und vor allem des mittleren 20. Jh., und die (versuchte) Rehabilitierung des Leibes wie der Sinne beginnt mit der Aufwertung der I. Unbelehrt durch LUTHER, wird die Abwertung des Sinnlichen verkürzt interpretiert. Im ‹Römerbrief› heißt es: « Fleisch und Geist mußt Du ... nicht also verstehen, daß Fleisch allein das sei, was die Unkeuschheit betreffe, und Geist, was das Innerliche im Herzen betreffe, sondern Fleisch nennt Paulus wie Christus (Joh. 3) alles, was aus Fleisch geboren ist, den ganzen Menschen, mit Leib und Seele, mit Vernunft und allen Sinnen, darum, daß alles an ihm nach dem Fleisch trachtet» [1].

Vor allem von der Lebensphilosophie des 19. Jh. wird aber das Verhältnis so gesehen, daß auf der einen Seite stehen soll das Christentum, der Gott jenseits der Natur, der disziplinierende Geist, der Überstieg über die Erde, die Vergeistigung und Naturentfremdung – auf der anderen Seite aber fände sich der unschuldige irdische I., das Gesetz der Erdenschwere, die physische Kraft, die Erdverbundenheit des Antäus [2]. Auf E. M. ARNDT ist die Höherwertung der I. zurückzuführen: «Wir sehen in allem Lebendigen diesen I., wollen ihn aber darum für nichts Gemeines halten, wie man es wohl bisher mit dem gemacht hat, was am einfältigsten und natürlichsten auftritt, und man ist mit einem «Mißbrauch» in «unserer verarmten Gedankenwelt» so weit gegangen, «daß Worte mit dem Vorwörtchen ‹Natur› gewöhnlich einen Begriff des Rohen, Ungestalten, Verwirrten in sich tragen» [3].

Diesen Mißbrauch will danach NIETZSCHE positiv beheben, wobei der Tenor bleibt: «Je mehr I. ein Mensch hat, desto trefflicher ist er organisiert» [4]. Hierher gehören Nietzsches Feststellungen, es sei «der I. unter allen Arten von Intelligenz, welche bisher entdeckt wurden, die intelligenteste» [5], und der «erste Imperativ des I.» sei, über gewisse Dinge nichts zu fragen [6], weil die Aufwerfung von Fragen die selbstverständliche, quasi-instinktiv geregelte Situation von Herrschenden und Sklaven an der Wurzel angreift [7]. Die Begründung des Rechts des I. und seiner Inthronisierung wird so gesehen, daß «die höhere Vernunft einer solchen Prozedur» in der Absicht zu suchen ist, «das Bewußtsein Schritt für Schritt von dem als richtig erkannten (das heißt durch eine ungeheure und scharf durchgesiebte Erfahrung bewiesenen) Leben zurückzudrängen». Denn nur so wird « der vollkommene Automatismus des Verstandes erreicht» [8]. Dabei bleibt bei allem I.-Enthusiasmus Nietzsches (der später bei Klages wieder auftaucht) das Verhältnis zum I. zweideutig. Nietzsche will das «alte theologische Problem von Glauben und Wissen» in dem von I. und Vernunft wiederfinden [9] und fragt, ob für die Wertschätzung der Dinge der I. mehr Autorität verdiene als die Vernünftigkeit. Er rühmt einerseits die Athener, daß sie « Menschen des I. waren gleich allen vornehmen Menschen und niemals genügend über die Gründe ihres Handelns Auskunft geben konnten» [10]; andererseits aber erklärt er, es hätte « in Dingen der Moral ... bisher der I., oder wie die Christen es nennen ‹der Glaube›, oder wie ich es nenne ‹die Herde› gesiegt» [11]. Anders gewendet, begegnet diese Doppeldeutigkeit auch an anderer Stelle, wenn vom I. einmal gesagt wird, er werde geschwächt, «wenn er sich rationalisiert» [12], man handle nur vollkommen, «sofern man instinktiv handelt» [13], es sei der «erhaltende Verband der I.» notwendig [14] und «alles Gute ist I.» [15], bzw. wenn Nietzsche zum anderen klagt, es sei immer noch «eine ganz neue und eben erst dem menschlichen Auge aufdämmernde, kaum noch deutlich erkennbare Aufgabe, das Wissen sich einzuverleiben und instinktiv zu machen – eine Aufgabe, welche nur von denen gesehen wird, die begriffen haben, daß bisher nur unsere Irrtümer uns einverleibt waren und daß alle unsre Bewußtheit sich auf Irrtümer bezieht» [16].

Wenn Nietzsche von «verleumdeten I.» spricht, die sich dennoch « auch ein Recht zu schaffen suchen», indem sie sich auf «heilige Namen» taufen lassen [17], so erkennt er diesen (doch offenbar ingeniösen) Kunstgriff nicht an, und wenn er von «krankhaften I.» spricht [18], die bekämpft werden müßten, so läßt er diesen Kampf zu, weil plötzlich nicht mehr das I.-Sein letztes Kriterium ist, sondern das Kranksein. Der irrationalistische I.-Begriff ist (weltanschaulich) vor allem in der Gegenwart (L. KLAGES, H. MARCUSE) in Anwendung [19].

Anmerkungen. [1] W. WIBBELING: Martin Luthers Vorreden zum NT (1924) 26. – [2] K. LEESE: Krisis und Wende des christl. Geistes. Stud. zum anthropol. und theol. Problem der Lebensphilos. (1932, ²1941). – [3] E. M. ARNDT, Frg. über Menschenbildung 1. 2 (1803/05) bes. 1, 69. – [4] a. a. O. 1, 69. – [5] FR. NIETZSCHE: Jenseits von Gut und Böse (1886). Werke, hg. SCHLECHTA (1956/64) 2, 683. – [6] Streifzüge eines Unzeitgemäßen: Götzendämmerung (1888) a. a. O. 2, 1017. – [7] 2, 1017. – [8] Der Antichrist (1888) a. a. O. 2, 1226. – [9] Jenseits von Gut und Böse a. a. O. 2, 648f. – [10] 2, 649. – [11] 2, 649. – [12] Der Fall Wagner. Nachschrift (1888) a. a. O. 2, 928. – [13] Aus dem Nachlaß der Achtziger Jahre a. a. O. 3, 824. – [14] Fröhliche Wissenschaft (1882) a. a. O. 2, 44. – [15] Götzendämmerung (1889) a. a. O. 2, 972. – [16] Fröhliche Wissenschaft a. a. O. 2, 44. – [17] Nachlaß a. a. O. 3, 614. – [18] 812. – [19] L. KLAGES: Der Geist als Widersacher der Seele (1929/32, ⁴1960); H. MARCUSE: Kultur und Gesellschaft 1. 2 (1966); Der eindimensionale Mensch (1967).

4. I. als Ersatz für Vernunft (vor allem beim Tier) anzusehen, geht auf eine alte Tradition zurück. So wird instinktives Verhalten als besonderer Habitus dort wichtig, wo die Vernunftlosigkeit der Tiere unterstrichen und die ersatzweise «erbliche Belehrung» eben durch den I. gezeigt werden soll, wie im ‹Hexaëmeron› des BASILIUS [1]. In der Neuzeit trennt LEIBNIZ «Natürliches» und «Vernünftiges» in anderer Weise, wenn er bei der Diskussion der Frage der eingeborenen Ideen das durch ein «natürliches Licht» zu Bewußtsein Kommende und das «Natürliche» überhaupt trennt, wobei es ihm allerdings schwerfällt, «die I. und manche andere natürliche Fertigkeiten von den Gewohnheiten zu unterscheiden» [2]. Im Gegensatz zu diesem radikalen späteren Transformatismus Condillacs, der I. für etwas durchaus nicht Natürliches, sondern für etwas Gewordenes erklärt, nimmt Leibniz I. als Naturgegebenheiten an [3]. Sie erscheinen aller-

dings für die psychogenetische Erklärung der Lockeschen Schule (eben bei CONDILLAC) noch eigentlich als « qualitates occultae», weil nicht gesehen wird, wie sehr I.e wie Inspirationen natürlich erworben werden, aber nicht von Natur aus gegeben sind, nur daß eben ihre Genese (aus Gewohnheiten) unbekannt ist [4] und I. im Grunde allein ein «moi d'habitude» ist [5]. Im Gegensatz zu dem aus Lockes Ansatz entwickelten Sensualismus der französischen Schule ist im späteren englischen Empirismus bei HUME Natur auch dort instinkthaft oder quasi-instinkthaft wirksam, wo sie zur Vernunft gelangt, d. h. «daß selbst unsere Vernunfttätigkeit auf Grund von Erfahrung, die wir mit den Tieren gemein haben oder von der unsere ganze Lebensführung abhängt, nichts als eine Art I. oder mechanische Kraft ist, die, uns selbst unbekannt, in uns wirkt» [6]. Nur wenn «die vernünftige Betätigung die Mitwirkung der Gewohnheit einschließt», läßt sich sagen, es sei « die ganze Vernunft ... selbst nichts als ein wundervoller, unerklärlicher I. in unserer Seele» [7]. Die sogenannte «Realität der Außenwelt», die zwischen Locke und Hume bei Berkeley kein Problem darstellt, ist als «extra-existence of the visible world» bei Hume durch eine Überzeugtheit (einen «Glauben») nichtintellektueller, sondern emotionaler Herkunft bestätigt, die zu einem nützlichen Lebens-I. uminterpretiert wird [8].

Den Gegensatz von erworbenen nützlichen Gewohnheiten (als Manifestationen der Perfektibilität des Menschen) und natürlichen I. hebt ROUSSEAU hervor. Wo nämlich (wie beim Menschen) die I. nicht ausreichen, werden Gewohnheiten ausgebildet, aber ihre Vervollkommnung und Einübung tangiert rückwirkend das schlichte Weiterfungieren eben dieser I. Verfällt also z. B. ein Mensch in Debilität, verliert er jene perfektionierende Möglichkeit sinnvoller Gewohnheitsbildung, und das natürliche Weiterwirken der I. hat er ohnehin eingebüßt [9]; er ist verloren. Für den Normalfall, vor allem für die Common-Sense-Philosophie des 18. Jh. gibt es dieses Problem insofern nicht, als – bei REID etwa – I.e und Gewohnheiten eine dem Menschen von Gott gegebene Ausstattung darstellen, wobei jedoch Recht und Reichweite der Natur-I. selbst sowie der wie Natur wirkenden Gewohnheiten nicht untersucht werden [10].

In der Schule MAINE DE BIRANS, besonders dann bei RAVAISSON, konstituiert die durch Übung und Wiederholung eintretende Gewöhnung der aktiven Teile der Sinne das Reich des vordringenden Bewußtseins. Mit dieser Auffassung wird die philosophische Interpretation der I. auf eine neue Ebene gehoben. Gewohnheits-, Bewußtseins- und Freiheitsproblematik werden von nun an zusammen behandelt [11]. Bewußtsein ist dann keine abstrakte Größe, sondern stellt das Ergebnis von Erlebnissen dar; es entzündet sich bei Gelegenheit von Wille und Widerstand [12]. Der «effort» (MAINE DE BIRAN) steht zwischen Tun und Leiden, und ebenso steht das zur Gewohnheit gewordene Wollen zwischen freier Initiative und starrem I. Dieser I. selbst zeigt sich in seiner Funktion als etwas Gewordenes, als natura naturata, der Wille bleibt demgegenüber das spontane Entwerfen im Sinne der natura naturans. Ein zur Gewohnheit gewordener Wille ist damit ein «naturalisierter» (damit quasi-instinktiv wirkender) Wille: «comme l'habitude, l'instinct est une tendance à un fin, sans volonté et sans conscience distincte» [13]. Wo dabei die unterste Stufe der Gewohnheit die erste Erscheinungsform von Natur (besser: von Quasi-Natur) erreicht, erstreckt sich ihre Möglichkeit bis in den Bereich des Vegetativen: Sie bildet I.e um, verändert Temperamente, übt Muskeln und Gelenke, erhöht die Funktion der Ernährung, steigert die Toleranz gegen Gifte und läßt schließlich ermüdende Verrichtungen und Stellungen bequemer werden; d. h. die letzten Strahlen möglichen Bewußtseins, die überhaupt in sonst unzugängliche Bereiche dringen, fallen durch die Gewohnheit dorthin [14].

Wo jedoch die Bedingungen für Bewegung (und Spontaneität) entfallen, verschwinden auch die Voraussetzungen für ein durch Gedächtnis und Reflexion gesteigertes Bewußtsein. Daraus ergibt sich, daß die unwillkürlichsten Prozesse des menschlichen Lebens, die Ernährungsprozesse, keine etwa in eine Art I. verwandelten Gewohnheiten sein können. Mit dieser Überlegung soll die grundsätzliche Trennung von I. und Gewohnheiten klargestellt werden [15].

Sie ist auch bei Ch. Renouvier (der an Leibniz anknüpft) zu finden [16]. Sein Beispiel ist das der Leidenschaft (passion). Denn: Gewohnheit konstituiert sich auf Grund von Veränderung, ausgehend von einem Zustand und mündend in einen Zustand, wobei die fundierende Absicht mehr oder weniger stark zurücktritt und im bloßen Zustand eben schläft, also zur natura naturata geworden ist. Eine mögliche Synthese von Zustand und Absicht ist bei Renouvier nun die Leidenschaft. Aus Leidenschaft ergibt sich eine unüberlegte Wahl der Mittel für Zwecke, und indem die Mittel immer schon zur Hand sind und nicht bedacht werden, sondern quasi-spontan zum Einsatz gelangen, ist Leidenschaft nichts anderes als I. [17], und eben damit ist sie gerade nicht Gewohnheit, die ohne zugrunde liegendes Geistiges, wirklich ursprünglich spontan Wirkendes nicht zu verstehen ist [18].

Daraus folgt für J. Chevalier: Gewohnheit steht zu I.en und Fähigkeiten in dem Verhältnis, daß sie sie verstärkt, unterstreicht, jedoch nicht schafft [19], oder daß sie sie schwächt, abstumpft, verkümmern läßt. Schließlich kann Tabuisierung und Enttabuisierung von Natur-I.en selbst zur Gewohnheit werden, womit sie eine mögliche innewohnende Vernunft vertiert.

Anmerkungen. [1] Basilius, Hexaëmeron IX, 4. MPG 29, 197 b. – [2] Leibniz, Nouveaux Essais (1704/65) I, 2. – [3] a. a. O. II, 1. – [4] E. B. de Condillac: Cours d'études pour l'instruction du Prince de Parme (Parma 1769-73). Oeuvres philos., hg. Le Roy (Paris 1947) 1, 400 b. – [5] Traité des animaux (1755). – [6] D. Hume: An inquiry conc. human understanding (1748). Philos. Works, hg. Green/Grose (1874) II, 9; dtsch. R. Richter (1907) 126. – [7] a. a. O. dtsch. 39; vgl. 59f. 71. 129. 133. 136. 154. 187. – [8] D. Hume: Treatise on human nature (1739). Philos. Works, hg. Green/Grose (1874) Bd. 1, I, 4, 1, 7; vgl. Inquiry V, 2. – [9] J.-J. Rousseau: Discours sur l'origine et les fondements de l'inégalité parmi les hommes (1755); frz./dtsch. (1955) 107f. – [10] Th. Reid: Essays on the active powers of man (1788) III, 3. Works, hg. W. Hamilton (Edinburgh 1849) 550ff. – [11] F. Maine de Biran: L'influence de l'habitude sur la faculté de penser (1802). Oeuvres, hg. P. Tisserand 2 (Paris 1922); F. Ravaisson-Mollien: De l'habitude (Paris 1834); Neu-A. J. Baruzi (Paris 1933); dtsch. G. Funke (1954). – [12] Ravaisson, a. a. O. (hg. Baruzi) 16f. – [13] 39. – [14] 46f. – [15] G. Funke: Abh. über die Gewohnheit (1954) 57. – [16] Ch. Renouvier: Nouvelle Monadol. (Paris 1899) 35. – [17] a. a. O. 29. – [18] 83. – [19] J. Chevalier: Cadences (1939) bes. 259: De l'habitude.

G. Funke

II. Die Ausbildung des modernen *biologischen* I.-Begriffs vollzieht sich zunächst in der Opposition gegen die teleologische Konzeption der Scholastik und des Rationalismus mit dem Ergebnis, daß der I.-Begriff zeitweise in Mißkredit gerät; er erhält dann aber im Rahmen der Evolutionstheorie und besonders in der Verhaltensforschung erneute Relevanz.

1. Nach der *mittelalterlichen Kirchenlehre* ist der I. eine Einrichtung der Natur (determinatio naturae), durch welche das Tier veranlaßt wird, das Zweckmäßige zu tun, ohne die Zweckmäßigkeit der Handlung einzusehen [1]. Während ältere griechische Philosophen, und auch einige jüngere (z. B. *Theophrastus* von Eresos), einen graduellen Unterschied zwischen Tier und Mensch annehmen, trifft die Kirchenlehre unter dem Einfluß des *Aristoteles* eine strenge Scheidung zwischen der Seele des Menschen und jener der Tiere und führt deren I. auf die göttliche Schöpfung zurück. So besitzen nach Thomas von Aquin Tiere nur ein sinnliches Erkenntnis- und Strebevermögen (anima sensitiva), hingegen keine Intelligenz und keinen Willen; zweckmäßige I.-Handlungen sind durch den Schöpfer gegeben [2]. Descartes nimmt an, daß den Tieren jedes Denken fehlt, und schließt daraus, daß sie Automaten sind [3]. Der physiko-theologische Gottesbeweis, der von der Ordnung und Zweckmäßigkeit der Natur auf einen Schöpfer schließt, beruht zu einem großen Teil auf der Zweckmäßigkeit der I. So schreibt Reimarus [4], daß die Fertigkeiten der Tiere nicht durch « Erfahrung und Vernunft erworben», sondern « angeborene Fertigkeiten sind» und daß sich eben darin « das Göttliche in der tierischen Natur» offenbart, daß diese Fertigkeiten so « weislich determiniret» und zum Nutzen der Tiere eingerichtet sind [5]. Die Kirchenlehre wirkt, obwohl pantheistisch abgewandelt, im I.-Begriff nach, wie er z. B. von dem Physiologen J. Müller vertreten wird: «Aus den instinktartigen Handlungen sehen wir, daß die nach ewigem Gesetz für einen bestimmten Zweck wirkende Kraft, dieses nicht in unser Bewußtsein fallende göttliche Denken (um im Sinne Spinozas zu reden) auch über die Entstehung und Organisation der organischen Wesen hinaus tätig ist und auf die willkürlichen Handlungen Einfluß hat» [5]. Unter den neueren Biologen vertritt der Jesuit E. Wasmann [6] einen der Scholastik nahestehenden Standpunkt, indem er den Tieren nur I. zubilligt, und zwar I.-Handlungen, die unmittelbar aus den ererbten Anlagen entspringen, und solche, die aus erblichen Anlagen durch Vermittlung der «Sinneserfahrung» hervorgehen.

Als Reaktion auf die mittelalterlich-kirchliche Tierseelenlehre ist die Tendenz mancher Autoren des 19. Jh. zu werten, das Wort ‹I.› ganz zu vermeiden. So schreibt L. Büchner: « Einen I. in dem gewöhnlichen Sinne eines unbewußten und unwiderstehlichen, nie irrenden und nie abändernden, in die Seelen der Tiere absichtlich hineingelegten Naturtriebes gibt es ebensowenig, wie es eine Lebenskraft oder ein für sich bestehendes Seelenwesen oder angeborene Ideen u. dgl. gibt» [7]. In extrem mechanistischer Einstellung führt später der Physiologe J. Loeb [8] gewisse I. auf Tropismen (einfache Orientierungsreaktionen) zurück; eine völlige Ablehnung des I.-Begriffes findet sich auch bei extremen Behavioristen wie Watson, nach dem « all that is inherited is a pattern reaction, the separate elements of which are movements principally of the striped muscles» [9]. Die angeborenen Reflexe werden durch Konditionieren später zu «compound reflexes». «All so-called instinctive behaviour is really learned behaviour». Andererseits werden die I., auf Anregung H. Spencers [10], als Kettenreflexe gedeutet, so auch von I. P. Pavlov [11], der folgende Argumente für diese Deutung angibt: 1. Es gibt zahlreiche Übergänge zwischen den einfachsten Reflexen und I. 2. Es gibt auch außerordentlich komplexe Reflexe. 3. Eine lange Handlungsfolge zeichnet nicht nur I., sondern auch Kettenreflexe aus. 4. Reflexe hängen wie I. vom inneren Zustand des Organismus ab. 5. Reflexe können wie I. den ganzen Organismus einbeziehen. In der sowjetischen Psychologie ist diese Ansicht bis heute verbreitet. Sogar der Drang des Menschen und der Tiere, die Umgebung zu untersuchen, wird auf einen «Was-ist-das-Reflex» zurückgeführt [12]. Ausgehend vom morphologischen Substrat der Reflexe, unterscheidet H. E. ZIEGLER [13] die instinktmäßigen Handlungen von den erlernten sogar histologisch. Die instinktmäßigen Handlungen beruhen nach ihm auf angeborenen, die verstandesmäßigen auf individuell erworbenen Bahnen. Selbst K. LORENZ war zuerst der Meinung, daß I. Kettenreflexe sind [14].

Die Zweckmäßigkeit der I., die sich bei sorgfältiger Beobachtung zahlreicher I.-Handlungen nicht leugnen ließ, jedoch als Reaktion auf kirchliche, vitalistische oder ähnliche Interpretationen oft abgestritten wurde, ließ sich schließlich durch die Selektionslehre DARWINS naturwissenschaftlich deuten. Darwin [15] erklärt sie (in moderner Terminologie) durch Mutationen und natürliche Zuchtwahl, obwohl er in beschränktem Rahmen auch noch die lamarckistische Erklärung einer erblich gewordenen Verstandestätigkeit heranzieht.

2. Die *moderne* I.-Forschung wird angebahnt durch die exakten Beobachtungen B. ALTUMS an Vögeln, G. und E. PECKHAMS an solitären Wespen und anderer Autoren an den verschiedensten Tiergruppen [16] sowie durch die Experimente D. SPALDINGS [17], der nachwies, daß Hühner tatsächlich I.-Handlungen ausführen können, die vorher nicht erlernt werden müssen. Die eigentlichen Wegbereiter der modernen I.-Forschung sind jedoch C. O. WHITMAN [18] und O. HEINROTH [19]. Sie analysierten Verhalten bis hinunter zu den kleinsten Elementen durch sorgfältige Beobachtung und fanden, daß bestimmte Verhaltensweisen bei Arten, Gattungen usw. so bezeichnend für die Taxa wie morphologische Merkmale sind, eine Einsicht, die schon vom Baron VON PERNAU [20] im frühen 18. Jh. vorweggenommen wurde. Ihre Arbeit wurde durch CRAIG und LORENZ fortgesetzt. Der letztere gab der modernen Ethologie in einer Reihe von Arbeiten, z. T. zusammen mit N. TINBERGEN [21], die theoretische Grundlage. Lorenz wendet sich gegen die Annahme, daß es fließende Übergänge zwischen Lernen und I.-Handlungen gebe. Vielmehr folgen zwar in einer Handlungskette instinktmäßig angeborene und individuell erworbene Glieder unvermittelt aufeinander (I.-Dressur-Verschränkung), doch sind die eigentlichen I.-Handlungen (Erbkoordinationen, fixed patterns) nicht durch Erfahrung modifizierbar. Nur das Appetenzverhalten («appetitive behaviour» Craigs), das die Tiere in eine Reizsituation bringt, in der eine I.-Handlung durch Ansprechen eines «angeborenen Auslöseschemas» (des der auslösenden Reizsituation entsprechenden hypothetischen nervösen Korrelats) ausgelöst wird, kann derartig modifiziert werden. Das Auftreten von Leerlaufreaktionen (d. h. das Auftreten von I.-Handlungen bei Fehlen der normalerweise auslösenden Reize) widerlegt nach Lorenz die Annahme Tolmans, daß I.-Handlungen Ketten von Appetenzen sind, die an jeder Stelle durch richtunggebende Reize (Verhaltensunterstützung) beeinflußbar sind. Die von Lorenz vorgenommene scharfe Trennung von I.-Handlung und Appetenz war von CRAIG vorbereitet worden [22], nach dem in einer instinktmäßigen Handlungskette das Endglied, die «consummatory action», stets angeboren ist. Auch SHERRINGTON (1906) [23] meinte mit «precurrent response» etwas der Appetenz und mit «consummatory response» etwas der «con-

summatory action» und damit der I.-Handlung Ähnliches. Unter dem Einfluß der Untersuchungen v. HOLSTS, der fand, daß bestimmte Bewegungsweisen in verschiedenen Organen auch bei weitgehender Ausschaltung der Rezeptoren durch automatisch-rhythmische Reizerzeugungsvorgänge im Zentralnervensystem verursacht und dort auch koordiniert werden, gelangten LORENZ und TINBERGEN zu der Arbeitshypothese, daß «die Rezeptoren im weitesten Sinne des Wortes auch bei höher differenzierten I.-Handlungen grundsätzlich keine Rolle bei dem Zustandekommen der arterhaltend sinnvollen Bewegungsnormen spielen» [24]. Hierfür spricht die Schwellenerniedrigung nach längerem Nichtauslösen einer I.-Handlung, die schließlich zu einer Leerlaufreaktion führen kann. Dies Phänomen wird erklärt durch «innere Kumulation einer reaktionsspezifischen Erregung» [25] (heute oft als S.A.P., ‹Specific Action Potential›, im Deutschen ‹spezifische Handlungsbereitschaft›, bezeichnet), deren Auswirkung durch die Tätigkeit hemmender Teile des Nervensystems verhindert wird. Wird die Reaktion längere Zeit nicht ausgelöst, d. h. die zentrale Hemmung lange nicht beseitigt, so kommt es neben einer Schwellenerniedrigung zur Verminderung der Selektivität der auslösenden Reize und schließlich zur Leerlaufreaktion. Für die zentrale Koordinierung der I.-Handlung spricht nach Lorenz und Tinbergen [26], daß die Leerlaufreaktion bis in kleinste Einzelheiten der normalen Reaktion gleicht. Sie konnten bei der von ihnen untersuchten I.-Handlung auch keine merkbaren rezeptorengesteuerten Anpassungen an veränderte räumliche Gegebenheiten erzielen.

Diese ursprünglichen Ansichten von Lorenz und Tinbergen sind durch zahlreiche neuere Untersuchungen bestätigt, modifiziert und ergänzt worden. So machte 1940 KORTLANDTS Nachweis von Übersprungbewegungen (Auftreten von I.-Handlungen, die dem gerade ausgelösten I.-Verhalten nicht angehören [27]), die zum Teil sehr häufig sind, es wahrscheinlich, daß die ‹spezifische Handlungsbereitschaft› nicht so spezifisch ist, wie zuerst angenommen wurde. Wesentliche Ergänzungen erfuhr die I.-Lehre durch das Aufstellen der *Reizsummenregel* (A. SEITZ [28]), wonach heterogene I.-Handlungen auslösende Reize sich im Zentralnervensystem summieren, und durch das von TINBERGEN [29] formulierte *Hierarchieprinzip*. Nach letzterem entsprechen einer I. eine Reihe von funktionellen (nicht morphologisch lokalisierbaren) nervösen Instanzen, die in einer Hierarchie verschiedener Ebenen so liegen, daß jede Ebene durch einen Trieb von der höher gelegenen Ebene aktiviert wird. Da sich Appetenzverhalten und Erbkoordination nicht immer scharf trennen lassen, setzte sich eine weitere Fassung des I.-Begriffs durch, die sich nicht wie bei Lorenz auf die Erbkoordination beschränkt. So definiert TINBERGEN [30]: Der I. entspricht einem «hierarchisch organisierten nervösen Mechanismus, der auf bestimmte vorwarnende, auslösende und richtende Impulse, sowohl innere wie äußere, anspricht und sie mit wohlkoordinierten, lebens- und arterhaltenden Bewegungen beantwortet.»

Neben dieser, die naturwissenschaftliche Analyse vorantreibenden Richtung haben sich bis in die neueste Zeit Vorstellungen gehalten, die den wissenschaftlichen Fortschritt nicht befruchten, sich vielmehr mit der Feststellung und Beschreibung instinktiver Handlungen begnügen. So hält BIERENS DE HAAN [31] die tierischen I. für ein «Urphänomen», das nicht weiter analysierbar sei. Ähnlich schreibt E. S. RUSSELL [32]: « biology must recognise and accept directive activity» (zu der auch das I.-Verhalten gehört) «as an ‹irreducible characteristic› of life».

Anmerkungen. [1] H. E. ZIEGLER: Der Begriff des I. einst und jetzt (1920). – [2] a. a. O. – [3] a. a. O. – [4] H. S. REIMARUS: Allgemeine Betrachtungen über die Triebe der Tiere, hauptsächlich über ihre Kunsttriebe (⁴1798). – [5] J. MÜLLER: Hb. der Physiologie des Menschen (1840). – [6] E. WASMANN: I. und Intelligenz im Tierreich (1897). – [7] L. BÜCHNER: Kraft und Stoff (⁷1902). – [8] J. LOEB: Die Tropismen, in: Hb. der vergl. Physiol. (1913) 451-519. – [9] J. B. WATSON: Psychology from the standpoint of a behaviourist (Philadelphia/London ³1919); vgl. Z. Y. KUO: Giving up I. in psychology. J. Philos. 18 (1921) 645-664. – [10] zit. nach R. FLETCHER: I. in man (London 1957). – [11] I. P. PAVLOV: Conditioned reflexes. An investigation of the physiological activity of the cerebral cortex (engl. Oxford 1927). – [12] a. a. O. – [13] ZIEGLER, a. a. O. [1]. – [14] K. LORENZ: Der Kumpan in der Umwelt des Vogels. Jb. Ornithol. 83 (1935) 137-213. 289-413. – [15] CH. DARWIN: The origin of species by means of natural selection (London 1859). – [16] G. TEMBROCK: Verhaltensforsch., eine Einf. in die Tier-Ethol. (1961). – [17] D. SPALDING: I., with original observations on young animals. MacMillyn Mag. 27 (1873) 282-293. – [18] C. O. WHITMAN: Animal behaviour. Biol. Lect. Mar. Biol. Lab. Wood's Hole 285 (1898). – [19] O. HEINROTH: Beitr. zur Biol., namentlich Ethologie und Psychologie der Anatiden. Verh. int. ornithol. Kongr. (Berlin 1911) 589-702. – [20] E. STRESEMANN: Baron von Pernau, pioneer student of bird behavior. The Auk 64 (1947) 35-52. – [21] Folia LORENZ: Über den Begriff des I.-Handlung. Folia biotheoret. 2 (1937) 17-50; Über die Bildung des I.-Begriffs. Naturwissenschaften 25 (1937) 289-331; K. LORENZ und N. TINBERGEN: Taxis und I.-Handlung in der Eirollbewegung der Graugans I. Z. Tierpsychol. 2 (1938) 1-29. – [22] zit. nach LORENZ: Bildung ... [21]. – [23] Zit. nach W. H. THORPE: Learning and I. in animals (London ²1963). – [24] LORENZ und TINBERGEN, a. a. O. [21]. – [25] ebda. – [26] LORENZ, Bildung ... [21]. – [27] THORPE, a. a. O. [23]. – [28] A. SEITZ: Die Paarbildung bei einigen Cichliden I. Z. Tierpsychol. 4 (1940) 40-84. – [29] Vgl. THORPE, a. a. O. [23]. – [30] N. TINBERGEN: I.-Lehre (dtsch. 1952). – [31] J. A. BIERENS DE HAAN: Die tier. I. und ihr Umbau durch Erfahrung (Leiden 1940). – [32] E. S. RUSSELL: The directiveness of organic activities (Cambridge 1946).

Literaturhinweis. H. E. ZIEGLER s. Anm. [1].   K. ROHDE

Instinktreduktion ist ein Schlüsselbegriff in der Anthropologie A. GEHLENS: «Es hat sich nämlich als ein fundamentaler Zug der menschlichen Konstitution die I. herausgestellt» [1]. Die I. hat drei Aspekte: Sie meint 1. den «stammesgeschichtlichen ‹Abbau› fast aller fest montierten Zuordnungen von ‹Auslösern› zu speziellen, angeborenen Bewegungsweisen» [2]. Sie meint 2.: «Von innen gesehen stellt sich die I. als *Entdifferenzierung* dar, d. h. Antriebsquanten, die von der Koppelung mit angeborenen Bewegungsformen frei geworden sind, deren instinktive Wurzel man aber noch deutlich spürt, können sich in fast jedem Verhältnis mischen und in verschiedenen Verteilungen in fast jedes gelernte Verhalten eingehen» [3]. Sie meint 3.: Die menschliche «Außenwelt zerfällt nicht, wie die der Tiere, in einen riesigen Hintergrund des Indifferenten, aus dem sich die speziellen Auslöser oder Signale, welche den Feind ... oder das Nest anzeigen, mit durchschlagenden Reizwerten abheben ... Die menschliche Welt dagegen ... enthält weder eine natürliche Indifferenzzone, noch angeboren wirksame Reizwerte, auf die hin wir instinktiv ‹richtig› handeln. Und dennoch gibt es eine Entdifferenzierung auch auf der Auslöserseite: alles Ungewöhnliche ... und ‹Unwahrscheinliche› in der Welt ist in einer ganz offenen, biologisch nicht mehr eindeutigen Weise ‹erregend›, es hat zwar seine Beziehung auf eindeutiges Instinktverhalten verloren, desto mehr aber an unbestimmbarer Mannigfaltigkeit gewonnen. Es ist also in dem Prozeß der Menschwerdung eine allgemeinste, sehr entdifferen-

zierte Auslöserfunktion prägnanter und unwahrscheinlicher Eindrücke auf die Antriebssphäre konservativ erhalten worden, aber sie ist zu einem unbestimmten ‹Appell› abgeblaßt, der jetzt von ganz beliebigen Eindrücken ausgehen kann, wenn sie nur die generellen Eigenschaften des Prägnanten und Unwahrscheinlichen haben. Denn es stehen zur Reaktion auf diese Eindrücke keinerlei angeborene, montierte und zweckmäßige Bewegungs- und Verhaltensformen mehr zur Verfügung. Erhalten geblieben ... ist also ein innen behaltener, quasi-automatischer und nur noch erlebter ‹Reaktionsdruck›, ein Rest zwangshafter Bindung an akute, überraschende Reize, an ‹Ungewöhnliches›, d. h. der Reduktionsbestand des tierischen Instinktautomatismus» [4]. Komplementär zur I. verhält sich dann der Antriebsüberschuß.

Anmerkungen. [1] A. GEHLEN: Studien zur Anthropol. und Soziol. (1963) 82. – [2] Der Mensch. Seine Natur und seine Stellung in der Welt (⁷1962) 26. – [3] a. a. O. [1] 83. – [4] 84f.

Literaturhinweis. A. GEHLEN: Anthropol. Forsch. Zur Selbstbegegnung und Selbstentdeckung des Menschen (1961).
     P. PROBST

Institution (von lat. institutio). Die Verwendung des Begriffs ‹I.› in der wissenschaftlichen Umgangssprache ist von einer kaum präzisierbaren Allgemeinheit. Signifikant ist, daß zur Zeit seine Verwendung in sozialwissenschaftlichen Zusammenhängen dominiert. Aber es gibt auch einen theologischen, ökonomischen, rechtstheoretischen und anthropologischen Gebrauch.

1. *Theologisch* und *religionsgeschichtlich* relevant ist der Begriff ‹institutio› in der Fassung, die sich in dem Grundtext lutherischer Theologie – der ‹Confessio Augustana› findet. ‹I.› bezeichnet dort und in der Theologie bis heute das Potential nicht hinterfragter Grundannahmen, die die Auslegungsorientierung der Exegese darstellen. Der Streit reformatorischer Theologie mit der römischen betrifft zentral das Problem der «institutio»: ob nämlich nur das institutionelle Autorität haben soll, was von Christus selbst eingesetzt wurde, oder ob – wie für die katholische Theologie – auch die von Christus nicht gestifteten Traditionen eine der ursprünglichen «institutio» entsprechende Verbindlichkeit beanspruchen können [1].

2. Einen spezifisch *ökonomischen* Begriff der I. gibt es nicht. Da, wo er von der ‹Institutionalismus› benannten, zu Beginn des 20. Jh. in den USA entstandenen nationalökonomischen Schule verwendet wird, unterscheidet er sich kaum von der sozialwissenschaftlichen Definition des Begriffs, wie sie etwa von SPENCER vertreten wurde. Die institutionalistische Wirtschaftslehre kritisiert die hedonistischen Grundannahmen der klassischen Wirtschaftstheorie und vertritt die These, daß das Wirtschaftsverhältnis des Menschen nicht durch einen als konstant verstandenen Bedürfnispegel, sondern durch soziale I. gelenkt wird.

3. *Rechtsgeschichtlich* bezeichnet der Begriff ‹institutiones› zunächst nur einen Teil der Justinianischen Gesetzgebung (corpus iuris I.). Später wurde er zur Bezeichnung der in die verschiedenen Sektionen des Römischen Rechts einführenden Lehrbücher verwendet.

4. M. HAURIOU (1856–1929) gilt als der Begründer einer *rechtsphilosophischen* Theorie der I. Ausgehend von den Aporien dezisionistischer und normativistischer Rechtsdeutung gelangt er zu einer Theorie der Wirklichkeit des Rechts, der gemäß Recht in sozialen Tatbeständen, den I., sich manifestiert. Er definiert ‹I.› als «eine Idee vom

Werk oder vom Unternehmen, die in einem sozialen Milieu Verwirklichung und Rechtsbestand findet» [2], und unterscheidet zwei Typen von I.: Personen-I. (institutions-personnes) und Sach-I. (institutions-choses), beschränkt seine Theorie dann aber im wesentlichen auf die Personen-I. Für die Beschreibung der Gründung und des Bestandes der I. hält Hauriou drei Momente für wichtig: die Idee eines in einem sozialen Verband zu schaffenden Unternehmens («idée directrice»), die im Dienste dieser Idee stehende Macht, die ihre Realisierung gewährleistet, und die Zugehörigkeitsbekundungen, die innerhalb des sozialen Verbandes in Rücksicht auf die idée directrice erfolgen. Die Integrations- und Organisationskraft der Personen-I.en kann so stark sein, daß die idée directrice zum Subjekt der korporativen I. – als «moralische Person» – wird, während das Verhältnis der Sach-I.en zu dem sozialen Milieu, in welches sie eingebettet sind, ein äußerliches und instrumentelles bleibt. Diesen I.-Typus bezeichnet Hauriou auch als Rechtsregel, die mit den Personen-I. so verklammert ist, daß sie für sie Sanktionen bereitstellt und umgekehrt durch die Beziehung zu ihnen an den Zugehörigkeitsbekundungen des sozialen Milieus teilhat. Den Primat der Personen-I.en begründet Hauriou damit, daß diese die Rechtsregeln machen und nicht die Rechtsregeln die I.en. Der idée directrice einer I., die nicht mit deren Zweck oder Funktion verwechselt werden darf, spricht Hauriou objektive Realität zu. «In Wirklichkeit kann man Ideen gar nicht erschaffen, man kann nur auf sie stoßen» [3]. Daß organisierter Macht bei der Gründung und Erhaltung von I. zwar eine Garantierolle, aber nicht die Initiativleistung zukommt, hält Hauriou für historisch erwiesen. Sein Argument ist, daß die Grundstruktur moderner Staaten ihrerseits ideelle Grundlagen hat (Gewaltenteilung, Repräsentativsystem). Initiativ bei der Schaffung von I. ist die idée directrice; sie objektiviert sich in der sozialen Lebenswelt als Gestalt von I. Für die Ausübung staatlicher Gewalt bildet die idée directrice den Legitimationsbezugspunkt. Die auf die idée directrice bezogenen Zugehörigkeitsbekundungen leitet Hauriou nicht aus einem Kollektivbewußtsein im Sinne Durkheims ab; vielmehr gilt ihm das subjektive Bewußtsein lediglich als Individuationsmedium der objektiven Idee. In Anlehnung an eine alteuropäische Rechtstradition beschreibt Hauriou institutionelle Verbände mit einer aus der Sphäre der Person abgeleiteten Metaphorik. Die Qualität einer «moralischen Person» will er nur den I. zusprechen, in denen ein Optimum an Identifikation des institutionalisierten Subjekts mit seiner I. gewährleistet ist. Mit den Begriffen ‹Einbeziehung›, ‹Verkörperung› und ‹Personifizierung› umschreibt er drei Stadien dieser Identifikation. Als «Person» kann demgemäß z. B. nur der Staat angesprochen werden, in dem durch ein funktionierendes Repräsentativsystem die Beteiligung der Bürger an der Regierungsgewalt sichergestellt ist.

Auch einen eher rechtsphilosophischen Begriff der I. formuliert SAINT-JUST: I.en gehen in Moral nicht auf; sie sind ihr gegenüber vielmehr potentiell eine Korrekturinstanz: «S'il y avait des mœurs, tout irait bien; il faut des institutions pour les épurer» [4]. Doch ebensowenig gehen I.en in Gesetzen auf. Während diese Mittel des Despotismus sein können, sind «institutions» potentielle Garanten der Freiheit des Volkes: «Il y a trop de lois, trop peu d'institutions civiles. Nous n'en avons que deux ou trois. A Athènes et à Rome, il y avait beaucoup d'institutions. Je crois que plus il y a d'institutions, plus le peuple est libre» [5].

Für Saint-Just sind I.en keine äußerlichen, heteronomen Handlungsregulierungen, über die positives Recht frei disponieren könnte, sondern kulturell tief sedimentierte Beziehungsformen von Gesellschaften – Beziehungsformen, die bei aller Verbindlichkeit zugleich die Erscheinungsformen korporativer Solidarität darstellen. – Eine solche Theorie der I. ist offenbar verknüpft mit dem Kontext des traditionellen I.-Begriffs innerhalb der Rechtstheorie, wo die I.en eben solche Gesetzeswerke sind, die eine zusätzliche, über die Legalität hinausreichende Legitimität haben. Jener legislative Respekt vor der zwar rechtlich durchaus relevanten, aber noch vorrechtlichen gesellschaftlichen Beziehungsform der I. ist dann in C. Schmitts Definition der «institutionellen Garantie» auf den Begriff gebracht worden.

Von Hauriou sagt C. SCHMITT, daß er das von ihm sogenannte «konkrete Ordnungsdenken» gegen Diguit [6] wiederhergestellt habe. Schmitts in bewußter Anlehnung an Hauriou entwickelte Theorie der Realität des Rechts versteht sich wie dessen I.-Lehre als eine Synthese der normativistischen und dezisionistischen Rechtstheorie. Mit dem Begriff des «konkreten Ordnungsdenkens» ist ein Rechtsdenken bezeichnet, das der rechtlich zu normierenden «konkreten», institutionellen Realität Rechnung trägt. Stiftung und Bestand solcher institutioneller Phänomene wie Ehe, Eigentum und Kirche seien immanent rechtlich nicht zu erklären. Das Recht beschränkt sich vielmehr auf die Funktion, die vorgegebenen I.en zu schützen. Für diese Schutzgewähr hat Schmitt den Begriff der «institutionellen Garantie» in das deutsche Verfassungsrecht eingebracht. Mit diesem Begriff wird die Kompetenz des Staates bezeichnet, Einrichtungen des öffentlichen, religiösen und privaten Lebens die Schutzwürdigkeit verfassungsrechtlicher Institute zu verleihen [7].

5. Im *sozialwissenschaftlichen* Sprachgebrauch sind I.en die der unmittelbaren Disposition des individuellen Subjekts weitgehend entzogenen, dieses als solches vielmehr erst konstituierenden (Sozialisation), durch rechtliche Fixierung auf Dauer gestellten und doch historisch beschränkten Beziehungsformen einer Gesellschaft. – Wer das Wort ‹I.› in die Sozialwissenschaften eingebracht hat, ist schwer auszumachen. Dies würde auch zur Problemgeschichte wenig beitragen, da es zahlreiche semantisch eng verwandte Worte gibt. Kompliziert wird die Situation dadurch, daß Nichtsoziologen, wie z. B. Hauriou, das Wort in soziologisch interessanten Zusammenhängen verwenden.

H. SPENCER hat das Problem der I. soziologisch zuerst namhaft gemacht. Orientiert am Paradigma des Organismus begriff er Gesellschaft als System, dessen Teile sich nach funktionalen Gesichtspunkten differenzieren. Diese Systemteile, die Spencer «Organe» der Gesellschaft nennt, sind die I.en. Spencer vertritt die These, daß es in jeder Gesellschaft mindestens sechs Arten von I.en gibt: familiäre, politische, kirchliche, industriell-ökonomische, zeremonielle und professionelle.

Der vor allem von B. MALINOWSKI geprägte I.-Begriff der funktionalistischen Ethnologie und Soziologie bildet sich in der Phase des Umschlags der Orientierung von biologischen Modellen des Sozialen und der Akzentuierung des «biological heritage» zu spezifischen «Kultur»-Theorien heraus [8]. Die funktionalistische Kulturtheorie Malinowskis markiert diesen Übergang, insofern er Existenz und Bestand von I.en aus der in ihnen jeweils geleisteten Befriedigung von menschlichen Grundbedürfnissen (basic needs) ableitet, wodurch in letzter Instanz die «Funktion» der Kultur insgesamt definiert wird. Die Kriterien von Überleben und Bestandserhaltung haben den Primat. Auf dem Hintergrund dieses globalen Kulturbegriffs grenzt Malinowski die I.en ab als «the concrete isolates of organized behaviour», soziale Einheiten, in denen die Befriedigung sozialer Bedürfnisse gruppenhaft organisiert wird [9]. Da die I.en um die Funktionen der Kultur herumgebaut sind, werden sie nach diesen Funktionen und den ihnen zugeordneten Bedürfnissen klassifiziert, wobei die organischen Bedürfnisse wiederum den kausalen Primat haben [10]. Entwicklung und Wandlung von I.en erklärt Malinowski dadurch, daß die I. als organisierte und auf Dauer gestellte Befriedigung von Bedürfnissen neue, abgeleitete Bedürfnisse (derivative needs) erzeugt, denen dann entsprechende I.en nachwachsen können. Die I. sind für Malinowski jeweils ein Querschnitt durch die komplexe Verflechtung von Bedürfnissen und Funktionen der Gesamtkultur, wobei die Rückbeziehung der I.en auf konkrete Gruppen das Spezifische des I.-Begriffs der funktionalistischen Ethnologie Malinowskis ausmacht. Dadurch läßt er sich von dem Begriff der Sozialstruktur unterscheiden, wie er von Radcliffe-Brown noch in großer Nähe zum Kulturbegriff Malinowskis entwickelt wurde, prägnanter jedoch vom Begriff des sozialen Systems, der die Ebene des Institutionellen explizit unter sich läßt (s. u.). Das in der anfangs gegebenen Definition des Begriffs ‹I.› genannte Moment, daß sie nämlich der unmittelbaren Disposition des individuellen Subjekts weitgehend entzogen ist, tritt bei Malinowski explizit zurück, ist jedoch dem Parallelismus von I. und Kultur (als einer zweiten Umwelt) implizit. Die Unterbetonung dieses Moments versteht sich auf dem Hintergrund seiner radikaleren Formulierung durch E. Durkheim, die Malinowski wegen der aus ihr folgenden Theorie des Kollektivbewußtseins abgelehnt hat.

DURKHEIM hält für den «soziologischen Tatbestand» die folgenden Merkmale fest: «sein dem Individualbewußtsein externer Charakter», «der Zwang, den er auf das Bewußtsein ausübt»; «seine Unabhängigkeit von den individuellen Manifestationen» [11]. Durkheims radikales methodologisches Postulat, soziale Phänomene wie Dinge zu betrachten, impliziert die fragwürdige These, daß die kollektiven Denk- und Handlungsmuster für die in ihnen befaßten Individuen das gleiche Maß an Widerständigkeit und Unverfügbarkeit haben wie die Objekte der physischen Außenwelt. Zur Kritik drängt sich – schon rein bildlogisch – Marx' Diktum von «den versteinerten Verhältnissen» auf. – In der zweiten Auflage seiner ‹Regeln der Soziologischen Methode› schlägt Durkheim vor, für die solcherart charakterisierten sozialen Phänomene den Terminus ‹I.› zu verwenden: «Es gibt ... ein Wort, das in geringer Erweiterung seiner gewöhnlichen Bedeutung diese ganz besondere Art des Seins ziemlich gut zum Ausdruck bringt, nämlich das Wort I. Tatsächlich kann man, ohne den Sinn dieses Ausdrucks zu entstellen, alle Glaubensvorstellungen und durch die Gesellschaft festgesetzten Verhaltensweisen I.en nennen; die Soziologie kann also definiert werden als die Wissenschaft von den I.en, deren Entstehung und Wirkungsart» [12].

Obgleich der Begriff der ‹I.› in M. WEBERS ‹Kategorien einer verstehenden Soziologie› und in seinen ‹Soziologischen Grundbegriffen› keinen theoretisch relevanten Stellenwert hat, bezeichnet der Begriff ‹institutionell› in seiner ‹Soziologie der Herrschaft› einen Sachverhalt, der zu dem von Durkheim als fundamental hervorgehobenen eine gewisse Entsprechung hat. Weber verweist dort auf diejenige Form der «Versachlichung» eines Charismas, die eintritt, wenn eine ursprünglich an die charismatische Autorität einer Einzelperson geknüpfte Herrschaft sich zu langfristigen, differenzierten Herrschaftsformen verfestigt: «... hier liegt der Übergang zu jener eigentümlichen *institutionellen* Wendung des Charismas; seine Anhaftung an ein soziales Gebilde als solches, als Folge der an die Stelle des charismatischen persönlichen Offenbarungs- und Heldenglaubens tretende Herrschaft der Dauergebilde und Traditionen» [13].

Für die *Systemtheorie* funktionalistischer Provenienz stehen derartige Versachlichungsprozesse, die zur Herausbildung einer spezifischen Sphäre des Institutionellen führen, bzw. Durkheims Grunderfahrung der durchgängigen «Sachlichkeit» des Sozialen nicht mehr zur Diskussion. Wie N. LUHMANN betont, definiert in der funktionalistischen Systemtheorie «nicht der Begriff der I., sondern der Begriff des sozialen Systems den Gegenstandsbereich der Soziologie» [14]. Der Begriff der ‹Institutionalisierung› wird festgehalten und erhält seinen «Aussagewert im Rahmen der Theorie sozialer Systeme» [15]. Die herkömmliche Theorie der I. ist durch eine «am elementaren Verhalten ansetzende Theorie der Funktion und des Mechanismus der Institutionalisierung» zu ersetzen [16].

Der Begriff der I. wird in PARSONS' theoretischer Entwicklung verschieden nuanciert. In der jüngsten Fassung bezeichnet er ganz allgemein typisierte Orientierungsmuster in sozialen Handlungszusammenhängen [17]. I.en sind nicht Komplexe von sozialen Rollen, sondern Komplexe von Normen, die sich legitimieren lassen durch ihre Kompatibilität mit dem allgemeinen kulturell verbürgten Wertsystem. – Parsons unterscheidet grundsätzlich zwei Systemtypen: kategoriale Satzsysteme (wissenschaftliche Theorien) und die sogenannten «empirischen Systeme». In diese Rubrik fallen die drei Hauptsysteme: personales, soziales, kulturelles System. Das personale System besteht aus dem Komplex der Handlungen eines Individuums, aus den verinnerlichten Normen, die die Weise seiner Bedürfnisbefriedigung regulieren. Das soziale System besteht aus dem Gefüge der Handlungen von Individuen, die ihr Verhalten aneinander orientieren, das wiederum gesteuert wird durch den Konsens über gemeinsame normative Grundlagen. Das kulturelle System wird gebildet aus dem Gefüge der kulturell verbürgten aufeinander abgestimmten Werte, Normen und Symbole, die für das soziale System das Legitimationspotential darstellen.

Der Begriff ‹Institutionalisierung› benennt den Vermittlungsprozeß der drei Systeme. Ein soziales System konstituiert sich durch den Bezug auf kulturelle Werte, Normen und Symbole, die dann in die Bedürfnisstruktur des Individuums eingehen müssen. In Anlehnung an uminterpretierte Teilstücke der Psychoanalyse bezeichnet Parsons dieses Eingehen von Normen in die Bedürfnisstruktur der Person als «Internalisierung». Dieser Begriff – relevant auf der Ebene des personalen Systems – ist der Parallelbegriff zu ‹Institutionalisierung› auf der Ebene des sozialen Systems.

6. A. GEHLEN gilt als der Autor einer spezifisch *anthropologischen* Theorie der I. In der Nachfolge einer von Herder begründeten theoretischen Tradition nennt er den Menschen ein «Mängelwesen». Als mangelhaft erscheint die Naturausstattung des Menschen dann, wenn man sie mit der des Tieres vergleicht. Der Mensch ist ein instinktreduziertes Wesen, d. h. er hat keine ihm arteigene Umwelt, die ihn von der Initiativleistung der Hand-

lungsführung entlastet. Der anthropologische Kern der I.-Lehre Gehlens ist also: I.en haben die Ersatzfunktion für das übernommen, was die reduzierten Instinkte nicht mehr leisten. Die Grundstruktur menschlichen Handelns ist für Gehlen der aus dem Instinktverlust resultierende «Hiatus» zwischen den Handlungsprämissen agierender Subjekte unter den spezifischen Erfordernissen der Situation, in die hinein gehandelt wird. Die Überbrückung dieses Hiatus muß vom Menschen in der Form von I.en erst geleistet werden, während sie beim Tier quasi automatisch durch Instinktmechanismen gesteuert wird. Diese Überbrückungsleistung, in Gehlens Terminologie «die Formierung von Plastizität», ist nun von zwei Seiten beschreibbar: Von «außen» ist es die gruppenhaft organisierte Veränderung der Natur zum Zwecke des Menschen, Aufbau seiner «zweiten Natur», von «innen» Bewältigung der dem Menschen eigenen «Weltoffenheit», Disziplinierung der bis ins Innere der Subjekte verlängerten Natur. Gehlens Kulturkritik geht davon aus, daß die durch die technologische Raffinierung der Produktivkräfte möglich gewordene Distanz des Menschen von der unmittelbar tätig zu bearbeitenden Natur, diesen außer Stand setzt, die Totalität seines psychischen Innern noch handelnd an der Außenwelt festzumachen. Dieses Phänomen nennt er «Subjektivismus»; die Epoche der Aufklärung ist der geistesgeschichtliche Reflex jenes Prozesses. Die Entwicklungsgeschichte von Technik ist für Gehlen zugleich der Zerfallsprozeß übergreifender Kulturmuster, universalistischer Moralen, stabiler I.en und Ichidentitäten [18].

H. SCHELSKY entwickelt eine Theorie der Entwicklung und Wandlung von I.en, die zwar von Gehlens I.-Lehre ausgeht, die dann aber – Malinowskis Verhältnisbestimmung von I. und Bedürfnis aufnehmend – uneingestanden zu einer Widerlegung Gehlens gerät [19]. Stabiler sozialer Wandel besteht nach Schelsky institutionstheoretisch darin, daß die in I.en gruppenhaft organisierte Befriedigung von Grundbedürfnissen jeweils raffiniertere Bedürfnisse – sogenannte Sekundärbedürfnisse – produziert, denen dann entsprechende I.en nachwachsen. Diese aus abgeleiteten Bedürfnissen entstandenen I.en produzieren ihrerseits wiederum Bedürfnisse von einem noch höheren Raffinierungsgrad, denen dann wiederum I.en nachwachsen usw. – Schelsky kritisiert Gehlens Kritik des aus der Aufklärung resultierenden modernen Subjektivismus, und legt sich die von Gehlen erst gar nicht gestellte Frage vor, wie unter den Bedingungen des modernen «dauerreflektierten» Bewußtseins stabile I.en überhaupt noch möglich sind. So bezeichnet er z. B. auch noch das Phänomen der Diskussion als I. und sieht darin die angemessene institutionelle Form des subjektiven reflektierten Bewußtseins.

Anmerkungen. [1] T. RENDTORFF: Das Problem der I. in der neueren Christentumsgesch. Ein Diskussionsbeitrag, in: Zur Theorie der I., hg. H. SCHELSKY (1970) 144. – [2] M. HAURIOU: Zur Theorie der I., hg. R. SCHNUR (1965) 34. – [3] a. a. O. 34. – [4] SAINT-JUST, Oeuvres complètes, hg. CH. VELLEY (Paris 1908) 2, 501. – [5] a. a. O. 503. – [6] C. SCHMITT: Über die drei Arten des rechtswiss. Denkens (1934) 6. – [7] Freiheitsrechte und institutionelle Garantie der Reichsverfassung, in: Verfassungsrechtl. Aufsätze aus den Jahren 1924-1954 (1958) 140ff. – [8] Vgl. A. J. RICHARDS: The concept of culture in Malinowski's Work, in: Man and culture, hg. R. FIRTH (London 1957) 15-31. – [9] B. MALINOWSKI: A sci. theory of culture (Chapel Hill 1944) Kap. 4; vgl. auch T. PARSONS: Malinowski and the theory of social systems, in: Man and culture a. a. O. [8] 53-70. – [10] PARSONS, a. a. O. [11] E. DURKHEIM: Die Regeln der soziol. Methode, hg. R. KÖNIG (1961) 105-115. – [12] a. a. O. 100. – [13] M. WEBER: Wirtschaft und Gesellschaft, hg. J. WINCKELMANN (1964) 857f. – [14] N. LUHMANN: Institutionalisierungsfunktion und Mechanismus im sozia-len System der Gesellschaft, in: SCHELSKY, a. a. O. [1] 28. – [15] ebda. – [16] a. a. O. [14] 36. – [17] T. PARSONS: Structure and process in modern societies (Glencoe, Ill. 1960). – [18] A. GEHLEN: Urmensch und Spätkultur (²1964) 97-116. – [19] H. SCHELSKY: Zur soziol. Theorie der I. a. a. O. [1] 9-26.

Literaturhinweise. A. MONTANER: Der Institutionalismus als Epoche amerikanischer Geistesgesch. (1948). – B. MALINOWSKI: Eine wiss. Theorie der Kultur und andere Aufsätze (1949). – T. PARSONS: The social system (Glencoe, Ill. 1964). – J. RITTER: I. – ethisch, in: Zur Theorie der I., hg. H. SCHELSKY (1970). – H. SCHELSKY s. Anm. [19]. – H. SPENCER: The study of sociol. Introd. by T. PARSONS (Ann Arbor, Mich. 1961). – Vgl. Anm. [1. 2. 6. 11. 13. 17-19].   H. DUBIEL

Instrumentalismus heißt die Auffassung, daß das Erkennen ein Mittel ist zur Erlangung von praktischen Zielen, zur Beherrschung von Natur und Gesellschaft. Aufgabe des Erkennens ist die Anpassung an wechselnde Umweltbedingungen, die Vorherberechnung der realen Ereignisse, die Umgestaltung unbefriedigender Situationen. Das Erkennen ist nicht Selbstzweck, sondern Instrument erfolgreichen Handelns. Das gilt a) von den Begriffen und Kategorien überhaupt und b) insbesondere von den wissenschaftlichen Theorien. – Obwohl der Terminus erst zur Bezeichnung des *Pragmatismus*, vor allem in der Version DEWEYS, eingeführt worden ist, hat es die «instrumentalistische» Position schon früher gegeben. So fordert etwa HERDER dazu auf, «Logik, Metaphysik, Moral, Physik» in ihrer wahren Funktion zu betrachten, und zwar als «Werkzeuge, mit denen man wirken soll» [1]. NIETZSCHE sieht die Erkenntnis «als Werkzeug zur Macht», bei der Bildung der Kategorien sei «das Bedürfnis» leitend gewesen [2].

Zuweilen versteht man aber unter ‹I.› nicht nur die Doktrin, daß das Erkennen Werkzeug zur Wirklichkeits*beherrschung*, sondern lediglich, daß es Instrument zur Wirklichkeits*erfassung* ist; dabei wird zwischen beiden Bedeutungen nicht immer klar unterschieden [3]. In der letzteren Bedeutung meint ‹I.› soviel wie «Nominalismus» [4]; für diesen I. zwei Beispiele: SCHILLER warnt Goethe davor, erklärende Hypothesen «den Dingen selbst» zu unterschieben und «aus einem bloßen Instrument für das Denken eine Realursache [zu machen]» [5]. Für HEGEL beruht das erkenntnistheoretische Programm KANTS nur auf der falschen Metapher, daß das Erkennen vorgestellt wird als ein «Werkzeug unserer Tätigkeit», «als ein Instrument, wie wir uns der Wahrheit bemächtigen wollen» [6]. – Vielleicht kann man sagen, daß jeder «nominalistische» I. tendenziell auch ein «pragmatistischer» I. ist, denn wenn das Erkennen nicht als «Abbild», sondern als bloßes «Werkzeug» zur Erfassung der Wirklichkeit gesehen wird, hat es keinen eigentlich deskriptiven, vielmehr in erster Linie prognostischen und damit wesentlich praktischen Wert.

Mit ‹I.› im engeren Sinne ist jedoch die Philosophie JOHN DEWEYS gemeint, der gleichwohl den Terminus nicht selbst geprägt zu haben scheint. Zwar spricht Dewey in den ‹Studies in Logical Theory› (1903), die als Grundlegung seines I. anzusehen sind, an mehreren Stellen von dem «instrumental character of thinking» [7]. Doch das Wort ‹I.› hat vermutlich erst J. ROYCE gebildet, zumindest aber entscheidend propagiert in einem Referat auf dem Internationalen Heidelberger Philosophenkongreß von 1908 [8]. Royce bezeichnet hier den kurrenten Pragmatismus als I.; dieser zusammen mit dem Individualismus ergebe als Synthese den von Royce selbst vertretenen «absoluten Pragmatismus». DEWEY glaubt sich von dieser Kritik am I. angesprochen [9] und übernimmt den Terminus, so vor allem in den ‹Essays in Experimental Logic› (1916) [10]. Später läßt er die Bezeichnung ‹I.› wieder fallen und bevorzugt die Prägung ‹Experimentalismus›. 1922 sind Pragmatismus, I. und Experimentalismus für ihn nahezu synonym; seine eigene Position kennzeichnet er auch als einen «instrumentalen Experimentalismus» [11]. Wie weitgehend homolog ‹I.› und ‹Pragmatismus› gebraucht wurden, zeigt sich auch daran, daß Dewey W. James gelegentlich einen «Instrumentalisten» nennt [12] und daß umgekehrt JAMES die Auffassung, alle Theorien seien «instrumental», für «pragmatistisch» hält [13].

Inhaltlich besagt DEWEYS I. als Erkenntnistheorie, daß das Erkenntnisobjekt – das *erkannte* Objekt im Unterschied zum bloß erfahrenen – nicht als auslösende Ursache, sondern als *Produkt* der Erkenntnisoperationen anzusetzen ist [14]. Geht es dem Pragmatismus um Klärung der Bedeutung von Begriffen, indem deren Konsequenzen für das Handeln erwogen werden, betont Dewey, daß das Erkennen selbst schon ein Handeln ist: «I. means that knowing is really something that we do»; denn Erkennen ist nicht nur ein passiver Reflex, sondern aktive Stellungnahme Tatsachen gegenüber [15]. – Ausgangspunkt für das Erkennen ist in der Regel eine unkontrollierte Problemsituation, die beseitigt werden muß; hierbei ist erfolgreiche Erkenntnis entweder als solche bereits ein Unter-Kontrolle-Bringen, oder sie hat die weitere Funktion, mittels intellektualer Operationen eine befriedigende Situation zu konzipieren, auf die hin die «gestörte», «chaotische» Situation geändert werden kann: Die Handlungen des Intellekts sind «umgestaltend» (reconstructive or transformatory), Gedanken antizipatorische Pläne [16]. – Als Ethik lehrt Deweys I., daß Verhaltensgewohnheiten nicht unbeeinflußt bleiben dürfen von sich ändernden Verhältnissen im sozialen Leben. Ethisch wertvoll ist eine Haltung, die bereit ist, sich auf neuartige, für die Gemeinschaft relevante Umstände einzustellen, nicht in alten Verhaltensweisen um ihrer selbst willen zu beharren [17]. Aufgabe der Sozialphilosophie ist es, veraltete Zielsetzungen ständig zu kritisieren und neue realisierbare Standards zu entwerfen.

Anfangs bekannten sich auch einige deutschsprachige Philosophen zum I. oder wurden ihm zugerechnet – so HÖFFDING, MACH, JERUSALEM, VAIHINGER, die in der Tat dem Deweyschen I. nahestehen [18]. VAIHINGER faßt in seiner 1911 erschienenen ‹Philosophie des Als-Ob› von ihm advozierte Auffassungen wie: «Die Vorstellungswelt ist lediglich ein Denkmittel, ein Instrument, um das Handeln in der wirklichen Welt zu ermöglichen», unter dem Titel ‹I.› zusammen [19]. – Doch schon 1921 macht der Dewey-Anhänger H. W. SCHNEIDER auf die Gefahren des Terminus ‹I.› aufmerksam. Während Dewey immer höchsten Wert auf die Konzeption erstrebenswerter Ziele gelegt habe und deshalb seine Philosophie eher als «functional or teleological» zu charakterisieren sei, komme im Begriff ‹I.› eine Überbewertung der Mittel, ein rein formales Mittel-Zweck-Denken zum Ausdruck, wobei allein die Wahl der Mittel rational sei, die konkrete Festsetzung der Zwecke dagegen anderen Instanzen überlassen werde [20].

Tatsächlich wird ‹I.› in der Folge eine durchweg pejorative Bezeichnung. Von marxistischer Seite kommt der Einwand, daß in Deweys «instrumentaler Wahrheitstheorie» die Ziele «durch Wunsch oder Willen, nicht durch Erkenntnis der objektiven Notwendigkeit bestimmt [werden]» [21]. Ähnlich ist für die kritische Sozial-

philosophie der Frankfurter Schule der I. Symptom einer falschen Gesellschaft und eines falschen Bewußtseins. So konstatiert TH. W. ADORNO, daß eine fortschreitende Rationalität der technischen Mittel eine wachsende Irrationalität der sozialen Zwecke zu implizieren drohe und daß dieser Tendenz das Bewußtsein des «bürgerlichen I.» entspreche, «welcher die Mittel fetischiert, weil seiner Art Praxis die Reflexion auf die Zwecke unerträglich ist» [22]. Mit gleicher Intention nennt M. HORKHEIMER eine Sammlung seiner Arbeiten ‹Zur Kritik der instrumentellen Vernunft› (1967).

Auch in der Theorie der *Naturwissenschaften* erhielt der Begriff «I.» eine negative Bedeutung. K. R. POPPER sieht im I. die offizielle Meinung der heutigen Physik [23], daß nämlich physikalische Systeme «in Wirklichkeit» nur Instrumente zur Vorhersage von Beobachtungen seien. Als Hauptvertreter des physikalischen I. nennt Popper *Berkeley, Mill, Duhem, Poincaré, Mach, Schlick, Wittgenstein, Bohr, Heisenberg, Ryle, Bridgman*. Popper lehnt den I. zusammen mit dessen Gegenposition, dem «Essentialismus», scharf ab: Der I. unterscheide nicht zwischen technischen Kalkulationen und «reinen» wissenschaftlichen Theorien, sondern reduziere diese auf jene. Nach Ansicht Poppers besteht aber der qualitative Unterschied, daß wissenschaftliche Theorien Falsifikationstests ausgesetzt werden können, während es bei bloßen Berechnungsmethoden nichts Vergleichbares gibt, sondern es nur auf die Anwendung ankommt. Theorien lassen sich *widerlegen*, Berechnungen und Instrumente sind dagegen nur mehr oder weniger «*geeignet*». Indem der I. die prinzipiell kritische Haltung des reinen Wissenschaftlers nicht anerkennt, sondern sich mit der «Anwendbarkeit» von Theorien zufrieden gibt, «ist es sehr gut möglich, daß er verantwortlich ist für die jüngste Stagnation in der theoretischen Physik» [24].

Gegen Popper hat J. HABERMAS daran festgehalten, daß den empirisch-analytischen Wissenschaften ein technisches Erkenntnisinteresse zugrunde liegt [25]. Gewiß lasse sich nicht die I.-Auffassung halten, daß die Theorien selbst Instrumente sind, doch entscheidend sei, daß in diesen Theorien «mit der Struktur der Aussagen (bedingter Prognosen über beobachtbares Verhalten) und mit dem Typus der Prüfungsbedingungen (Nachahmung einer in Systemen gesellschaftlicher Arbeit naturwüchsig eingebauten Kontrolle von Handlungserfolgen)» [26] prinzipiell sichergestellt ist, daß die realwissenschaftlichen Informationen technisch verwertbar sind. Die Gesetzmäßigkeitsaussagen der analytischen Erfahrungswissenschaften sind demnach Antizipationen empirischer Gleichförmigkeiten, wodurch «elementaren Bedürfnissen der Verhaltensstabilität» entsprochen wird [27]; sie beziehen sich damit «nicht auf ein regelmäßiges Verhalten der Dinge ‹an sich›, sondern auf ein Verhalten der Dinge, soweit es in den Erwartungshorizont orientierungsbedürftiger Handlungen eingeht» [28]. Dieses die Naturwissenschaften – vielfach unbewußt – leitende technische Interesse darf aber nicht verabsolutiert werden, sondern als fundamentaleres Interesse ist das an Mündigkeit, an «Emanzipation von naturwüchsigem Zwang» zur Geltung zu bringen [29]. Anders als in der Verfügung über die Natur, ist es deshalb in den Sozialwissenschaften unzulänglich, allein nach dem Zweck-Mittel-Schema zu verfahren, mit dessen Hilfe hier allenfalls «Sozialtechniken» entwickelt werden können. Vielmehr ist eine Gesellschaftstheorie zu konzipieren, die auch Selbstreflexion, Sinnverständnis, Kontrolle der erkenntnisleitenden Interessen einschließt, die methodisch nicht nur die «starren Monologe deduktiver Aussagensysteme», sondern auch die «nichtdeduktive Form der Argumentation» kennt [30] und so nicht nur zu einer «rationalen Verwaltung der Welt» und «pragmatisch erfolgreichen Anpassungsprozessen», sondern «zur Lösung der historisch gestellten praktischen Fragen» und «Klärung des Selbstverständnisses handelnder Subjekte» verhilft [31].

Der dem «kritischen Rationalismus» Poppers verpflichtete H. ALBERT [32] hat dieser «instrumentalistischen Interpretation der Realwissenschaften» [33], mit der Habermas Auffassungen des «Neopragmatismus» adoptiere [34], vehement widersprochen: «Der Rückschluß von der technischen Verwertung auf die technische Verwurzelung erweist sich [...] als ein ‹ Kurzschluß›» [35]. Die technische Verwertbarkeit ergebe sich nur dadurch, daß man den wirklichen Zusammenhängen nahegekommen ist; denn erfolgreiches Handeln sei als eine «Form des Umgangs mit den realen Gegebenheiten» [36] eben auf Informationen über die strukturellen Züge der Wirklichkeit angewiesen; insofern setze die instrumentalistische Deutung der Wissenschaft die realistische gerade voraus. Die Behauptung, daß die in der Erkenntnis der Natur bewährte empirisch-analytische Methode für die Erkenntnis der sozialen Bereiche nicht ausreicht, ist demnach eine bloße «Abschirmungsstrategie» [37], womit nicht ein andersgeartetes Erkennen legitimiert wird, sondern nur Raum gewonnen werden soll für «ein Unternehmen, das seine die Erkenntnis de facto transzendierenden Züge unter der Maske der Erkenntnis verbirgt» [38]. Die empirisch-analytischen Wissenschaften sind nicht etwa als eine instrumentalistische Reduktion von Rationalität anzusehen, sondern im Gegenteil als ein schlechthinniges «Paradigma kritischer Rationalität» [39]; so gelinge es ihnen durchaus, auch die Fragen zu klären, die sich auf das Selbstverständnis sozialer Gruppen beziehen. – Um seine instrumentalistische Auffassung der Naturwissenschaften gegenüber Popper zu verdeutlichen, stimmt HABERMAS neuerdings einer terminologischen Distinktion zu [40], die H. SCHNÄDELBACH vorgeschlagen hat: «Nicht die instrumentalistische, sondern nur die technizistische Interpretation des Faktums ‹Wissenschaft› ist [...] als unvereinbar mit der Idee des empirischen Wissensfortschritts zu kritisieren» [41].

Anmerkungen. [1] J. G. HERDER: Auch eine Philos. zur Gesch. der Menschheit (1774). Werke, hg. SUPHAN 5, 535. – [2] F. NIETZSCHE, Aus dem Nachlaß der Achtzigerjahre. Werke, hg. SCHLECHTA 3, 751 bzw. 729. – [3] So z. B. EISLER⁴. – [4] Vgl. P. K. FEYERABEND: [Conceptual] Realism and instrumentalism, in: M. BUNGE (Hg.): The critical approach to sci. and philos. (London 1964) 280-308. – [5] F. SCHILLER, Br. an Goethe vom 30. 11. 1798. – [6] G. W. F. HEGEL: Phänomenol. des Geistes (1807), hg. HOFFMEISTER 63; Vorles. über die Gesch. der Philos. Werke, hg. GLOCKNER 19, 555. – [7] J. DEWEY u. a.: Stud. in logical theory (Chicago 1903) 78f. 81 u. ö. – [8] J. ROYCE: The problem of truth in the light of recent discussion, in: Ber. 3. Int. Kongr. Philos. Heidelberg 1908, hg. T. ELSENHANS (1909) 62-90. – [9] J. DEWEY: A reply to Prof. Royce's critique of I. Philos. Rev. (Ithaca, N.Y.) 1912) 69-81. – [10] Hierin sind auch die Beiträge zu den ‹Studies› von 1903 enthalten. – [11] Le développement du pragmatisme américain. Rev. de mét. morale 29 (Paris 1922) 411. 428; engl. zuerst in: Stud. in the hist. of ideas 2 (New York 1925) 1-23. – [12] a. a. O. [9] 77. – [13] W. JAMES: Pragmatism (New York 1907) 194; vgl. 53. 202. – [14] Vgl. J. DEWEY: Essays in experimental logic (Chicago 1916) 334. – [15] a. a. O. 331. – [16] Vgl. Stud. in logical theory (Chicago 1903) X; The quest for certainty (New York 1929) 166. – [17] Vgl. Human nature and conduct (New York 1922) 67. – [18] Vgl. EISLER⁴. – [19] H. VAIHINGER: Philosophie des Als-Ob (1911) 93 bzw. Reg. 794. – [20] H. W. SCHNEIDER: Instrumental instrumentalism. J. of Philos. 18 (Lancaster, Pa. 1921) 113-117. – [21] H. K. WELLS: Der Pragmatismus – eine Philos. des Imperialismus (dtsch. 1957) 193. – [22] TH. W. ADORNO, Marginalien zu Theorie und Praxis, in: Stichworte (1969) 181; vgl. 23. 39. 97. 182-186; Zur Logik der Sozialwiss. Kölner Z. Soziol. Sozialpsychol. 14 (1962) 259. – [23] K. R. POPPER: Three views conc. human understanding (1956); ND Conjectures and refutations (London 1963) 97-117. – [24] a. a. O. 114. – [25] J. HABERMAS: Analyt. Wiss.theorie und Dialektik (1963); Gegen einen positivist. halbierten Rationalismus (1964); ND in: TH. W. ADORNO u. a.: Der Positivismusstreit in der dtsch. Soziol. (1969) 155-191. 235-266. – [26] a.a.O. 247. – [27] 244. – [28] 245. – [29] 191. – [30] 250. – [31] 175. 261. 263. – [32] H. ALBERT: Der Mythos der totalen Vernunft (1964); Im Rücken des Positivismus? (1965); ND in: Der Positivismusstreit a. a. O. [25] 193-234. 267-305. – [33] a. a. O. 201; vgl. 220. 231. 282; Traktat über krit. Vernunft (1968) 106. 150. – [34] Positivismusstreit a. a. O. 269 u. ö. – [35] a. a. O. 217. – [36] 202. – [37] Traktat ... a. a. O. [33] 150. – [38] Positivismusstreit a. a. O. [25] 282. – [39] a. a. O. 233. – [40] J. HABERMAS: Erkenntnis und Interesse (Neu-A. 1973) 397f. – [41] H. SCHNÄDELBACH: Über den Realismus. Z. allg. Wiss.theorie 3 (1972) 88ff.   R. HEEDE

Integration (von lat. integer, unversehrt, heil, ganz)

I. ‹I.› heißt der Vorgang und Zustand der Ganzheitlichkeit oder Verganzheitlichung des Organismus und der psychophysischen Person, während die Ganzheitlichkeit der psychischen Vorgänge (des Erlebens) in der Regel mit deutschsprachigen Ausdrücken (wie Gestalt, Gestaltung) benannt wird.

Wohl als erster hat H. SPENCER seiner biologischen und psychologischen Entwicklungstheorie das Konzept der I. zugrunde gelegt. Nach ihm ist Entwicklung immer I. von Materie bei gleichzeitiger Abgabe von Bewegung; zugleich, während die Masse sich integriert, differenzieren sich ihre Teile [1]. Spezieller physiologisch wurde dies vor allem von C. S. SHERRINGTON [2], später von U. EBBECKE [3] gefaßt als entwicklungsgeschichtlich zunehmende, hierarchische Koordination und Kooperation von Nervenzellen und -leitungen. Aus dieser ergibt sich die I. der Funktionen, physiologischer wie psychischer, wiederum aus dieser die I. oder Einheit der Persönlichkeit.

Der I.-Zusammenhang bestimmt nach P. JANET [4] den Normalfall der Persönlichkeit, Verlust an I. (Desintegration) deren pathologische Varianten und Zerfallsformen, extrem in Hysterie, Schizophrenie und Persönlichkeitsspaltung. Der Ansatz von Janet wurde einerseits in der Typologie, vor allem durch E. R. JAENSCH [5], andererseits in der konkreten Charakterkunde, vor allem bei W. McDOUGALL [6], G. W. ALLPORT [7] und PH. LERSCH [8] weitergeführt. So sagt ALLPORT: «... the motto of I. is *e pluribus unum*. We hasten to add that personality is never completely unified, but the trend of I. is toward this goal ... We should not speak of the infant as well integrated, in spite of the totality[!] of his response ...» [9].

Während H. DRIESCH zwischen organischer Ganzheit und bloßer (außerorganischer) «Einheit» unterscheidet [10], setzt PH. LERSCH Ganzheit allgemein an die Stelle der letzteren und definiert organische Ganzheit aus dem Hinzutreten der I.: «Es besteht ... zwischen den Teilen organischer Gebilde ein lebendiger Zusammenhang, der durch den Begriff der Ganzheit noch nicht hinreichend ausgedrückt ist. Wir bezeichnen ihn als I. und verstehen darunter die wechselseitige Abhängigkeit der Glieder und die gegenseitige Durchdringung ihrer Funktionen, die sich darin zeigt, daß die Veränderung eines Gliedes der Ganzheit nicht auf dieses beschränkt bleibt, sondern Veränderungen auch an den übrigen Gliedern hervorruft –, Veränderungen, die sich sowohl auf deren Gestalt als auch auf ihre Funktion erstrecken ... Die lebendigen Gebilde ... sind integrative Ganze» [11]. In der Terminologie der meisten Ganzheitstheoretiker (DRIESCH, auch F. KRUEGER und O. SPANN [12]) gilt dies als tautologisch: Die nicht-integrativen Ganzen werden aus deren Definition ausgeschlossen. Dementsprechend nimmt vor allem in der Strukturtheorie von KRUEGER und WELLEK der Begriff der Strukturierung die Stelle der I. ein: Struktur heißt immer I., ist aber wie diese dem Grade nach steigerbar; es gibt Strukturiertheitsgrade; Ziel der Personwerdung ist ihre Maximierung [13]. Im Gegensatz zu einer Strukturkonzeption der I. steht H. A. MURRAYS Auffassung einer I. als labilem Zustand «momentaner Übereinstimmung von Bedürfnis und Reaktionsmöglichkeiten» [14], die von ALLPORT wegen ihres Mangels an «lasting systems» kritisiert wird [15].

Für die *Charakterologie* leitet LERSCH aus der Tatsache der I. der Persönlichkeit verschiedene Grade der Zusammengehörigkeit oder des Zusammenpassens von Charaktereigenschaften ab – «Affinität» gegen «Diffugität» (= Diskordanz); ferner nimmt er verschiedene Grade der I. der «Schichten» der Person an, vor allem «vertikal», zwischen «Grund» und «Oberbau» [16]. Seinem amerikanischen Schüler A. GILBERT zufolge beruht Neurotizismus auf «Schichtendiskrepanz» [17]. LERSCH selbst verbindet eine Nichtübereinstimmung, d. h. Nicht-I. zwischen Grund und Oberbau mit dem charakterologischen Befund der Unechtheit, im Extremfall wiederum der Hysterie. WELLEK macht hiegegen geltend, daß solche intraindividuelle Spannung nicht notwendig zur Unechtheit führe, diese vielmehr in der Nicht-I. der «horizontalen» Schichtung zwischen «Kern und Mantel» der Person zu suchen sei [18].

Die Annahme von Graden und Weisen der I. legt JAENSCH seiner hiernach benannten Typologie zugrunde. I. ist nach Jaensch (lebendiges, flüssiges) Zusammenspiel von Funktionen, im Extremfall nach Art des «Basedowids», d. h. Annäherung an die Basedowsche Krankheit, Mangel daran führt zur Desintegration (Unverbundenheit), ein Übermaß von I. zur Vermischung und damit Auflösung der Funktionseinheiten wie im Falle der Synästhesie (des Doppelempfindens). Jaensch konstruiert hiernach eine I.-Reihe vom «Außenintegrierten» (I_a oder oder I_1) über einen Mitteltyp (I_2) zum «Inneninteg rierten» (I_i oder I_3) und, im konkret nie erreichten, idealtypischen Grenzfalle, zum Desintegrierten (D). Dieser wäre, im Zustand völliger Beziehungslosigkeit aller Funktionen, nicht lebensfähig. Vom Pol der maximalen I., des Außenintegrierten, abgezweigt nimmt Jaensch überdies eine S-(«Synästhetiker»-)Dimension zu fortschreitender Auflösung hin («Lyse», extrem im Untertyp «S lytisch») an. Den S-Typ sieht er zuletzt als *den* «Gegentypus» [19] im wertenden, d. h. hier abwertenden Sinne, «lebensphilosophisch» zugespitzt: Die I-Typen sind «virente», die S-Typen «invirente», leicht degenerative Lebensformen. I. ist sozialpsychologisch positiv gekennzeichnet, optimal bei Außen-I. durch «Gemeinschaftsgefühl», das begründet ist in «Umweltkohärenz» bzw. «Querschnitteinheit» (zum zeitlichen Verlauf des Lebens), doch bringt Innen-I. eine gleichfalls wünschenswerte Verfestigung bei «Längsschnitteinheit» und geringer Umweltkohärenz mit sich, während Einheit beiderlei Art bei «S», zumal «lytisch» und «S hy» («hysteriform») verlorengeht. Hier erscheint Janets Auffassung von der Hysterie als Nicht-I. in einer neuen, verbesserten Fassung.

Die I.-Typologie wird von Jaensch auch auf die Spezielle Entwicklungspsychologie angewandt zur Begründung einer Phasenlehre. Am Anfang steht I_1, d. h.

Außen-I., beim Neugeborenen und Kleinstkind, die Entwicklung verläuft im Sinne der I.-Reihe, mit eingeschobenen S-Phasen in den Krisenzeiten.

Die sozial- und zumal völkerpsychologischen Konsequenzen, von Jaensch in zeitbedingter politischer Absicht willkürlich ins Verstiegene getrieben, haben seine I.-Lehre ad absurdum geführt und auch deren sachlich vertretbaren Gehalt diskreditiert [20]. Gleichwohl hat, wie auch H. THOMAE [21] feststellt, «sein methodischer Ansatz, die Persönlichkeit über die Wahrnehmung zu erfassen», in den letzten Jahren zunehmende Beachtung erfahren. Der gleiche Ansatz war zugleich, unabhängig von Jaensch, in der Leipziger Typologie («Gestalterlebnistypologie» [22] von KRUEGER, F. SANDER und WELLEK), teilweise auch bei O. KROH und G. PFAHLER verfolgt worden, wobei I. als «Gefühlsganzheitlichkeit» [23] bzw. als «Typ der fließenden Gehalte» gefaßt wird [24]. Seither sind es vor allem H. WERNER [25] und dessen Schüler H. A. WITKIN [26], die den gleichen Ansatz neu aufgriffen. Werner selbst setzt in seiner Entwicklungspsychologie in der Regel anstelle von ‹I.› den Terminus «Zentralisation» (Hierarchisierung) [27], während er später (gemeinsam mit B. KAPLAN [28]) unter I. den Vorgang des Erwerbs des Satzzusammenhangs beim Erlernen der Muttersprache versteht. In der Typologie tritt bei Werner und Witkin die «Feldabhängigkeit» der Wahrnehmung, ohne ausdrücklich als Typ bezeichnet zu werden, vielmehr unter dem Titel einer «Differenzierungs»-Stufe, an die Stelle der I. Bei Witkin wird I. ihrerseits spezieller definiert, nämlich als eine Sonderbedingung des Strukturzusammenhangs der «Differenzierung»: als Grad der Zusammenstimmung innerhalb dieser, d. h. der «Zentralisation» im Sinne von Werner. Nach Witkin gibt es auch schlechte I., d. h. wenig Einheitlichkeit oder Stimmigkeit, bei hohem Grad der Differenzierung [29]. In diesem Zusammenhang vermißt man einen Verweis auf die sehr ähnlichen Überlegungen Jaenschs.

Anmerkungen. [1] H. SPENCER: First principles (London 1862; dtsch. 1875); Principles of psychol. (London 1855, ²1870/72; dtsch. B. VETTER 1882). – [2] C. S. SHERRINGTON: The integrative action of the nervous system (London 1906; ND Cambridge 1947). – [3] U. EBBECKE: Physiol. des Bewußtseins in entwicklungsgesch. Betrachtung (1959). – [4] P. JANET: L'automatisme psychol. (Paris 1889). – [5] E. R. JAENSCH: Grundformen menschl. Seins (1929). – [6] W. McDOUGALL: The energies of men (London ³1935); dtsch.: Aufbaukräfte der Seele (²1947). – [7] G. W. ALLPORT: Personality (New York 1937; dtsch. 1949); Neubearb.: Pattern and growth in personality (New York 1961). – [8] PH. LERSCH: Aufbau der Person (1951). – [9] ALLPORT, a. a. O. [7]; teilweise so schon 1937 (dtsch. 1949) 139ff.; (1961) 99f. – [10] H. DRIESCH: Ordnungslehre (²1923) 305f. – [11] LERSCH, a. a. O. [8] 5. – [12] O. SPANN: Kategorienlehre (²1939) bes. 232ff.; F. KRUEGER: Lehre von dem Ganzen (1948). – [13] A. WELLEK: Das Problem des seelischen Seins (¹1941, ²1953) 34ff. 46; Die Polarität im Aufbau des Charakters (³1966) 26. – [14] H. A. MURRAY: Explorations in personality (New York/Oxford 1938). – [15] ALLPORT, a. a. O. [7] (1961) 370. – [16] LERSCH, a. a. O. [8] 37. 450ff. – [17] A. GILBERT: On the stratification of personality, in: H. P. DAVID u. H. v. BRACKEN (Hg.): Perspectives in personality theory (New York 1957) 236; dtsch. (1959) 192. – [18] LERSCH, a. a. O. [8] 491ff.; WELLEK, a. a. O. [13] (³1966) 359ff. – [19] E. R. JAENSCH: Der Gegentypus (1938). – [20] a. a. O.; vgl. Grundformen menschl. Seins (1929); Zusammenfassung bei A. WELLEK: Psychol. der Gemeinschaft (Kongreßber.). Z. angew. Psychol. 47 (1934) 127-133. – [21] H. THOMAE: Das Individuum und seine Welt (1968) 28. – [22] So nach U. UNDEUTSCH: Gestalterlebnistypol. und I.-Typol. Arch. ges. Psychol. 105 (1940) 404ff. – [23] A. WELLEK: Ganzheitspsychol. und Strukturtheorie (¹1955, ²1969) 97f. 105f. – [24] G. PFAHLER: System der Typenlehren (1929, ⁴1943). – [25] H. WERNER: Einführung in die Entwicklungspsychologie (¹1926, ⁴1959); B. KAPLAN: Symbol formation (New York/London 1963). – [26] H. A. WITKIN u. a.: Personality through perception (New York

1953); Psychol. differentiation (New York 1962). – [27] WERNER, a. a. O. [25]. – [28] a. a. O. (1963) 145ff. – [29] WITKIN, a. a. O. [26].

Literaturhinweise. H. P. DAVID und H. v. BRACKEN (Hg.) s. Anm. [17]. – A. WELLEK s. Anm. [13] (³1966).　　　A. WELLEK

II. Die Evolutionstheorie H. SPENCERS führte I. (oder die entgegengesetzte Entwicklungsbewegung der Desintegration) als allgemeines Entwicklungsprinzip ein. Der Übergang von unorganisierten Aggregaten mit geringer Differenzierung führt in einem (Natur-)Geschichtsprozeß der Differenzierung der Elemente zu ihrer I. Spencer überträgt diese Formel sowohl auf anorganische Prozesse (Abkühlung als I.) [1] wie auf biologische, psychische und gesellschaftliche Prozesse. «Like evolving aggregates in general, societies show I. ...» [2]. In diesem Gesamtzusammenhang prägt er auch bereits den Begriff der politischen I. [3], die durch den Kampf ums Dasein motiviert sei.

L. VON WIESE verfolgt den Gedanken der Bezogenheit von Prozessen der I. (Uniformierung, Institutionalisierung, Professionalisierung, Sozialisierung) und von Prozessen der Differenzierung oder Desintegration (Individuation, Absonderung, Schichtenbildung, Auslese) weiter und setzt den Begriff innerhalb der Soziologie durch. In die Staats- und Verfassungslehre führte ihn R. SMEND ein zur Kennzeichnung der Daseinsweise des Staates als einer «Gruppe besonderer Art» [4], deren Realität von der stetigen Verwirklichung von Sinn als I.-Faktor abhängt.

Besonderes Gewicht erhält der Begriff der I. in der Systemtheorie T. PARSONS', die darin auf die Evolutionstheorie des 19. Jh. zurückgreift. I. wird behandelt als eines der vier funktionalen Systemprobleme von Handlungssystemen: «Normenerhaltung, I., Zielverwirklichung und Anpassung» [5]. Geleistet wird sie vor allem vom sozialen Subsystem, dessen Hauptfunktion I. geradezu ist. Auf der Darstellungsebene der Systemtheorie kann schließlich auch gezeigt werden, wie I. und Differenzierung sich nicht gegenseitig bedrohen müssen, sondern wie Sozialsysteme I.-Leistungskapazitäten zugleich mit ihrer eigenen Differenzierung steigern können [6].

Anmerkungen. [1] H. SPENCER, Works (1904) 1, 226. – [2] a. a. O. 6, 584. – [3] a. a. O. 7, 265f. – [4] R. SMEND: I.-Lehre, in: Handwb. der Sozialwiss. (1956) 5, 299; vgl. Verfassung und Verfassungsrecht (1928). – [5] T. PARSONS: Das System moderner Gesellschaften (1972) 12. 20; vgl. Societies. Evolutionary and comparative perspectives (Englewood Cliffs, N. J. 1966) 22. 28f. – [6] N. LUHMANN: Funktionen und Folgen formaler Organisation (1964) 79ff.; Soziol. Aufklärung (³1972) 149.　　　Red.

Intellectual History kam um die Wende zum 20. Jh. in den USA in Gebrauch als ein Begriff, der zur Überwindung der rein positivistisch orientierten Geschichtsbetrachtung motivieren sollte. Er bezeichnet den Versuch, geschichts- und geisteswissenschaftliche, aus der Tradition des Historismus stammende Anregungen «organisch» [1] mit aus der Soziologie stammenden Theorien und Modellen der Gesellschaftsbetrachtung zu verschmelzen. Der Terminus wurde zuerst von J. H. ROBINSON, einem der Väter der ‹New History› in Amerika 1904 [2] benutzt, erhält bei ihm aber noch keine programmatische Bedeutung. 1938 verwendete P. MILLER den Begriff erneut, und sein Werk ‹The New England Mind› [3] war wohl «die erste wissenschaftliche Arbeit, die es für sich in Anspruch nahm, eine I.H. zu sein» [4]. Nach dem Zweiten Weltkrieg wurde der Begriff als Weiterentwick-

lung, aber auch in Absetzung von A. O. LOVEJOYS ‹History of Ideas› (s.d.) wieder aufgenommen und die I.H. von einer breiteren Schicht amerikanischer Historiker als eigenständige Disziplin der Geschichtswissenschaften etabliert; der Ausdruck wurde jedoch bis in die jüngste Vergangenheit [5] gelegentlich noch als Synonym für ‹History of Ideas› benutzt.

Ein Programm dieses interdisziplinären Teilgebietes der Geschichtswissenschaften haben mit übereinstimmenden Schwerpunkten F. L. BAUMER [6], J. HIGHAM [7], M. MANDELBAUM [8], F. GILBERT [9] und neuestens wieder L. KRIEGER [10] zu geben versucht. Es geht darum, «jede Art von Gedachtem» [11], das sich als epochebeherrschende Idee in den Wissenschaften oder auch in jedem anderen Gebiet «der geistigen Landschaft eines Zeitraumes» [12] auffinden läßt, von seiner Genese bis zu seiner Ablösung in seinen vielfachen Zusammenhängen möglichst präzise darzustellen [13]. Dazu sollen dann sowohl die sozialen Kräfte (status, scholarly communications), die einen Autor beeinflussen, als auch die Wirkungsgeschichte – sowohl in der wissenschaftlichen Diskussion als auch bei einer eventuellen Popularisierung – in die Betrachtung mit einbezogen werden. Dieses breit angelegte Untersuchungsziel der I.H. erfordert eine Methodenvielfalt, die eine wechselseitig sich beeinflussende Verbindung von geistes- und sozialwissenschaftlichen Methoden bedingt. Die geisteswissenschaftlichen Methoden haben dabei ihren Schwerpunkt im biographischen und rekonstruierend verstehenden Teil der Untersuchung [14], während mit Hilfe sozialwissenschaftlicher Verfahren die gesellschaftliche Bedeutung etwa von Ideen verfolgt und bewiesen werden soll [15]. Spezielle Ansatzpunkte innerhalb des historischen Prozesses sind dabei für den Intellectual Historian Epochenübergänge bzw. Zeiten des intellektuellen Klimawechsels [16].

Anmerkungen. [1] A. SCHLESINGER jr.: Rez. von R. A. SKOTHEIM: Amer. I. H. and historians (Princeton 1966). Hist. a. Theory 77 (1968) bes. 223f.; J. HIGHAM: I.H. and its neighbours, J. Hist. of Ideas 15 (1954) 339-347, zit. 347. – [2] Titel eines Kurses: The I.H. of Western Europe, in: L. V. HENDRICKS: James Harvey Robinson. Teacher of hist. (New York 1946) 16ff. – [3] P. MILLER: The New England mind. The 17th century (Cambridge, Mass. 1939, ²1967) bes. VII. – [4] F. GILBERT: I.H. Its aims and methods. Daedalus 100 (1971) 80–97, zit. 80 (dtsch. vom A.). – [5] J. MAZZEO: Some interpretations of the hist. of ideas. J. Hist. of Ideas 33 (1972) 379-394. – [6] F. L. BAUMER: I.H. and its problems. J. mod. Hist. 21 (1949) 191-203. – [7] HIGHAM, a. a. O. [1]. – [8] M. MANDELBAUM: The hist. of ideas, I.H. and the hist. of philos. Hist. a. Theory, Beih. 5 (1965) 33-66. – [9] GILBERT, a. a. O. [4]. – [10] L. KRIEGER: The autonomy of I.H. J. Hist. of Ideas 34 (1973) 499-516. – [11] HIGHAM, a. a. O. [1] 340 (dtsch. vom A.); vgl. auch GILBERT, a. a. O. [4] 81; BAUMER, a. a. O. [6] 191; MANDELBAUM, a. a. O. [8] 37. – [12] HIGHAM, a. a. O. [1] 340f. (dtsch. vom A.). – [13] Vgl. GILBERT, a. a. O. [4] 90f.; HIGHAM, a. a. O. [1] 345f. – [14] Vgl. GILBERT, a. a. O. [4] 90f.; HIGHAM, a. a. O. [1] 344. – [15] Vgl. GILBERT, a. a. O. [4] 92; BAUMER, a. a. O. [6] 193f.; HIGHAM, a. a. O. [1] 346. – [16] Vgl. SCHLESINGER jr., a. a. O. [1] 223f.; GILBERT, a. a. O. [4] 93; KRIEGER, a. a. O. [10] 512.

Literaturhinweise. R. A. SKOTHEIM s. Anm. [1]. – F. GILBERT s. Anm. [4] mit weiterer Lit. – Vgl. aus der Perspektive des Historian of Sci. TH. S. KUHN: The relations between hist. and hist. of sci. Daedalus 100 (1971) 271-304.　　　R. HÜLSEWIESCHE

Intellectus agens / intellectus possibilis. Die seit der Aristoteles-Rezeption des Mittelalters übliche Terminologie ‹I.a./I.p.› (mit noch weiteren Fachausdrücken desselben Problemfeldes wie ‹I. acquisitus›, ‹I. materialis›, ‹I. passivus›) wurden und werden in deutschsprachigen philosophiehistorischen Texten häufig unübersetzt gebraucht [1], womit man auch die bis heute kontroverse Frage [2] nach der angemessenen deutschen Übersetzung umgehen kann. Als Übersetzungen kommen u. a. «wirkliche und mögliche Vernunft» (so schon in mhd. Übersetzungen [3]), «tätiger und bestimmbarer Verstand», «tätiger und leidender Geist» [4] in Frage. Die auch gegebene Möglichkeit, als Übersetzung ‹aktiver und passiver Intellekt› zu wählen, fordert, die weitere Differenzierung in ‹I. possibilis› und ‹I. passivus› etwa durch die Unterscheidung zwischen «rezeptivem» und «passivem» Intellekt einzubringen [5].

Selbst eine nur terminologische Erklärung dieser lateinischen Ausdrücke, die Übersetzungen von νοῦς ποιητικός (vielleicht auf THEOPHRAST zurückgehend, bei ALEXANDER VON APHRODISIAS belegt [6]) und νοῦς δυνάμει bz. νοῦς παθητικός sind, muß eine erste Orientierung über die durch ihre «Dunkelheit» und «übermäßige Kürze berüchtigte» [7] Problemführung des ARISTOTELES im 4. und besonders 5. Kap. des dritten Buches über ‹Die Seele› geben:

Um Vollzug und Wesen der auf Allgemeines gehenden Vernunfterkenntnis zu verstehen, vergleicht Aristoteles sie mit der das Einzelne erfassenden Wahrnehmung, die, wie die fühlende Hand durch die Wärme des gefühlten Wassers, durch ihre in den Sinn fallenden Objekte nicht als Wahrnehmung konstituiert, sondern nur in ihrem stets gegebenen (apriorischen) Wahrnehmen determiniert und konkretisiert wird: das Sinneswesen ist durch seine Erzeugung wahrnehmend analog dem Wissen, in dem ein Wissender, der schon gelernt hat, weiß, ohne dieses Wissen im «Betrachten» aktuell zu vollziehen [8]. Wie aber so der Sinn, etwa die fühlende Hand, ein immer schon wahrnehmendes Organ ist, ohne deshalb freilich schon aktuell einzelnes Sinnfälliges wahrzunehmen, so eignet auch der Vernunft eine solche mit ihrem Wesen gegebene Vollendung: «Aber nicht denkt sie [die Vernunft] bald, bald nicht», d. h. sie denkt immer [9].

Wie die stets fühlende Hand in der ihr wesentlich eigenen Vollendung noch nicht dieses oder jenes fühlbare Objekt fühlt, so erkennt auch die Vernunft nicht stets ihre Objekte, die allgemeinen Wesensformen der Dinge. Sie ist also zwar stets tätige Vernunft, aber doch zugleich in Möglichkeit zu den vernünftig erkennbaren Wesensformen, die sie im aktuellen Erkennen in sich erkennend rezipiert und dadurch selbst «gewissermaßen die Wesensformen wird» [10].

Die Aktualisierung und Konkretisierung der Vernunfterkenntnis kann jedoch nicht, ähnlich wie beim Wahrnehmen, durch den zu erfassenden Gegenstand erfolgen. Denn zwar fällt das Sinnfällige von sich her in den Sinn und determiniert und aktualisiert dadurch das Wahrnehmen, aber das vernünftig vernehmbare Allgemeine, die Wesensformen, sind in den materiellen Dingen nur «potentiell intelligibel», d. h. nur der Möglichkeit nach vernünftig – vernehmbar [11], können also nicht in die Vernunft fallen wie das aktuell Sinnenfällige in den Sinn; vielmehr muß die Vernunft selbst aktiv das Allgemeine vernünftig-vernehmbar machen, was sie tut, wie Licht die potentiell wahrnehmbaren Farben aktuell wahrnehmbar macht [12]. Im Licht der Vernunft werden so die in den sinnlichen Vorstellungen enthaltenen allgemeinen Wesensformen [13] derart aktuell intelligibel, daß die Vernunft das sich in ihrem Licht Zeigende rezipieren und erkennen kann.

Damit sind nun verschiedene Zustände und Funktionen der Vernunft genannt. Sie ist

a) I. in potentia oder I.p. (νοῦς δυνάμει [14]), d. h.

durch die zu rezipierenden Wesensformen «bestimmbare» Vernunft oder hinsichtlich der konkreten Erkenntnis bestimmter Wesensformen noch nicht verwirklichte, sondern «mögliche» Vernunft oder noch unbestimmtes Erkennen, wie es auch das zunächst noch nicht determinierte Fühlen der Hand ist;

b) I. in actu (νοῦς κατ' ἐνέργειαν, νοῦς ἐντελεχείᾳ [15]), d. h. in der Rezeption der Wesensformen aktualisierte oder aktuelle Vernunft. Aus solchem aktuellen Betrachten entsteht der Habitus der Wissenschaft;

c) I.a. (αἴτιον καὶ ποιητικόν [16]), d. h. kraft ihres Wesens aktuelle (τῇ οὐσίᾳ ὢν ἐνέργεια [17]) Vernunft und in der Erleuchtung der Sinnesbilder tätige, wirkende Vernunft.

Aristoteles spricht schließlich einmal vom νοῦς παθητικός [18], von der bestimmbaren, passiven, leidenden Vernunft. Soll sie nicht mit dem hinsichtlich der Wesensformen bestimmbaren I.p. identisch sein, kann damit nur die an ein materielles Organ gebundene Einbildungskraft (Phantasie) gemeint sein, deren Bilder das Objekt für die Erleuchtung der tätigen Vernunft sind; die Einbildungskraft wird von der Vernunft aber auch zur Bildung von Vorstellungen veranlaßt, erleidet so eine Einwirkung von der Vernunft und kann daher in uneigentlicher Benennung selbst «leidende Vernunft», nach der Übersetzung des WILHELM VON MOERBEKE «intellectus passivus», genannt werden.

Nach W. Theiler «gibt es kein Stück der antiken Philosophie, das wie die halbe Seite dieses Kapitels eine solche Masse der Erklärungen hervorgerufen hat» [19]; eine Basler Handschrift aus dem Anfang des 14. Jh. stellt z. B. «nicht weniger als 16 verschiedene Theorien über den i. agens» zusammen [20]. Kontrovers war vor allem:

a) hinsichtlich des I.a., ob er «Teil der menschlichen Seele» oder eine vom Menschen getrennte geistige Substanz, einer der «Gestirngeister» (s. d.) oder Gott bzw. der Gott im Menschen ist;

b) hinsichtlich des I.p., ob er nicht nur als Fähigkeit, sondern der Substanz nach vom I.a. verschieden und ob er in der angenommenen Verschiedenheit vom I.a. einer für alle Menschen sei, wie es AVERROES gelehrt hat, wobei er diesen rezeptiven Intellekt, der nach ihm eine geistige Substanz ist, «I. materialis» (bestimmbar) nennt [21];

c) hinsichtlich des I. passivus, d. h. der eine Einwirkung der Vernunft erleidenden Phantasie, ob sie mit ALEXANDER VON APHRODISIAS [22] bei einer Gleichsetzung des I.a. mit dem Gott als I. materialis (ὑλικὸς νοῦς) unter dem Einfluß des I.a. zum I. acquisitus (ἐπίκτητος νοῦς), d. h. zur «erworbenen Vernunft» werden kann, die zureichendes Prinzip des in unserer Macht stehenden vernünftigen Erkennens ist.

Eine differenziertere Darstellung der komplizierten Wirkungs- und Deutungsgeschichte der aristotelischen νοῦς-Lehre kann nur im Zusammenhang einer ausführlichen Begriffs- und Problemgeschichte von ‹Vernunft/Verstand› (s. d.) gegeben werden.

Anmerkungen. [1] Vgl. z. B. UEBERWEG/GEYER: Grundriß der Gesch. der Philos. 2 (¹²1951) 364f. 385. 391 u. ö.; UEBERWEG/FRISCHEISEN-KÖHLER: Grundriß ... 3 (¹³1953) 287; M. GRABMANN: Mittelalterl. Deutung und Umbildung der arist. Lehre vom NOUS POIETIKOS, Sber. Bayer. Akad. Wiss., philos.-hist. Klasse (1936) 4 u. passim; Art. ‹Abstraktion›, in: Hist. Wb. Philos. 1, 49f. – [2] Vgl. THOMAS VON AQUIN, S. gegen die Heiden, hg. und übers. K. ALBERT/P. ENGELHARDT (1974) XVIf. – [3] Vgl. GRABMANN, a. a. O. [1] 81f. – [4] Vgl. ARISTOTELES, Über die Seele, übers. W. THEILER (²1966) 142f. – [5] Vgl. Art. ‹Aristotelismus›, in: Hist. Wb. Philos. 1, 512. – [6] Vgl. F. NUYENS: L'évolution de la psychol. d'Aristote (Louvain 1948) 302. – [7] THEILER, a. a. O. [4] 142. – [8] ARISTOTELES, De an. II, 5, 417 b 16ff. – [9] a. a. O. III, 5, 430 a 22. – [10] III, 5, 430 a 14f. 8, 431 b 21ff. – [11] 4, 430 a 6f. – [12] 5, 430 a 15ff. – [13] 8, 432 a 4f. – [14] 4, 429 b 8. 30. – [15] 4, 429 b 6. 31. – [16] 5, 430 a 12. – [17] 5, 430 a 18. – [18] 5, 430 a 24. – [19] THEILER, a. a. O. [4] 142. – [20] GRABMANN, a. a. O. [1] 4. – [21] AVERROES, Comm. magn. in de an., hg. CRAWFORD 3, 5, 576. – [22] Vgl. UEBERWEG/PRAECHTER: Grundriß der Gesch. der Philos. 1 (¹³1953) 565.

L. OEING-HANHOFF

Intellekt. Das Wort ‹I.› oder ‹intellectus› [1] wird im Deutschen Idealismus nicht terminologisch gebraucht, trotz Kants Erwägungen über den Unterschied zwischen intellectus ectypus und intellectus archetypus [2] und der Diskussion über die intellektuelle Anschauung bei Kant, Fichte und Schelling. ‹I.› geht zunächst auf im Begriffsfeld von ‹Verstand›, ‹Vernunft›, ‹Bewußtsein› und ‹Geist›. Erst in der Absetzung vom transzendentalphilosophischen Bewußtseinsbegriff wird ‹I.› bei A. SCHOPENHAUER zum Zentralbegriff: Obwohl Kant richtig zeigte, «daß die objektive Welt, wie wir sie erkennen, nicht dem Wesen der Dinge an sich selbst angehört, sondern bloße Erscheinung desselben ist, bedingt durch eben jene Formen, die a priori im menschlichen I. (d. h. Gehirn) liegen» [3], reduzierte Kant im weiteren das Erkenntnisproblem auf das der subjektiven Gewißheit, der empirische Inhalte nur «gegeben» sind. Indem Kant die Gegebenheitsweise von Erfahrungen nur vom erkennenden Subjekt aus behandelte, vergab er die Chance einer objektiven Ableitung der empirischen Welt und des I. Erkanntes Objekt und erkennendes Subjekt sind wohl ihrer Erscheinungsform, nicht aber ihrem Dasein nach aus transzendentaler Erkenntnisleistung zu erklären. Ihrem Dasein nach gründet die Welt im Willen – so lautet Schopenhauers Kritik am Verlegenheitsbegriff des Dinges an sich. Der Wille objektiviert sich in der anorganischen und organischen Welt bis hin zum menschlichen I. Er verschafft sich damit eine Reflexionsinstanz: «der Wille ... ist es, welcher eben durch diesen Proceß die Form der Vorstellung annimmt, d. h. in das sekundäre Daseyn einer gegenständlichen Welt, oder die Erkennbarkeit eingeht» [4]. So bedingt der Wille den I. und gelangt durch ihn zur Selbsterkenntnis. «Der ganze Prozeß ist die Selbsterkenntniß des Willens, geht von diesem aus und läuft auf ihn zurück und macht Das aus, was Kant die Erscheinung, im Gegensatz des Dinges an sich benannt hat. Was daher erkannt, was Vorstellung wird, ist der Wille» [5] – hinzuzufügen wäre: was erkennt, in den Formen der Vorstellung, ist der I. Und Wille und I. werden selbst *nur* in Form der Vorstellung erkannt – insofern bleibt der transzendentalphilosophische Vorbehalt Kants in Geltung. Schopenhauers Schritt über Kant hinaus ist der, daß der I., im Medium der Vorstellung, «als die Basis seiner eigenen Erscheinung den Willen» erkennen kann. Er «fließt daher mit diesem in das Bewußtseyn eines Ich zusammen» [6]. Ursprünglich ist «der I., als aus dem Willen stammend, auch nur zum Dienste dieses, also zur Auffassung der Motive, bestimmt» [7]. Objektivität läßt sich aber nur erreichen in der Ablösung des I. vom Willen. Diese Emanzipation ist jedoch nur auf Augenblicke möglich: die Einsichten des I. sind dann nicht mehr dem Satz vom Grund, der Individuation, dem Einfluß und der Irritation durch den Willen unterworfen. «So verläßt er [der I.] mit dem Dienste des Willens, auch die Auffassung bloßer Relationen und ... die des einzelnen Dinges als eines solchen ... folglich hat er zu seinem Objekte jetzt die Ideen» [8]. – Da der I. dem Willen verpflichtet ist und

sich nur auf Augenblicke lösen kann, bleibt bei Schopenhauer unklar, wie die Erkenntnisformen des I. und die Erkenntnis der Ideen transzendentale Eigenständigkeit gewinnen und eine Metaphysik begründen können.

FR. NIETZSCHE hat die Inkonsequenz dieser Metaphysik vermieden und an der Abhängigkeit des I. vom Willen, an der Funktion des I. für das Leben festgehalten. Nietzsche argumentiert, «dass der I. nur ein Organ des Willens ist und somit in allem seinem Wirken auf das Dasein, mit nothwendiger Gier, hindrängt und dass es sich bei seinem Ziele nur um verschiedene Formen des Daseins, nie aber um die Frage nach Sein oder Nichtsein handeln kann. Für den I. giebt es kein Nichts als Ziel, somit auch keine absolute Erkenntnis, weil diese dem Sein gegenüber ein Nichtsein wäre. Das Leben unterstützen, zum Leben verführen, ist demnach die jeder Erkenntnis zu Grunde liegende Absicht, das unlogische Element, welches als der Vater jeder Erkenntnis auch die Grenzen derselben bestimmt» [9]. Der menschliche I. hat seine Auffassungen in die Dinge projiziert, im Dienst des Lebens, aber unbeweisbar im Sinn einer metaphysischen Wahrheit: «der menschliche I. hat die Erscheinung erscheinen lassen und seine irrtümlichen Grundauffassungen in die Dinge hineingetragen» [10]. So pointiert dann Nietzsche: «Wahr heißt: ‹für die Existenz des Menschen zweckmäßig›» [11]. Durch die zweckmäßige Umschaffung der Dinge ist «der I. ... ‹dem Wesen der Dinge› eingeboren» [12]. «Der I. als das Mittel der Täuschung» [13] ist zugleich Bemächtigung und Adäquation. Damit erledigt sich für Nietzsche die transzendentalphilosophische Fragestellung. Diese notwendigen Täuschungen, die perspektivischen Schätzungen, entstehen unter dem Druck des Willens zur Macht. Sie sind selbst decouvrierbar als Ausdruck von Wertschätzungen. «Unser I., unser Wille, ebenso unsere Empfindungen sind abhängig von unseren Werthschätzungen: diese entsprechen unsern Trieben und deren Existenzbedingungen ... Unsere Triebe sind reduzierbar auf den Willen zur Macht ... Unser I. ist ein Werkzeug» [14].

Schopenhauers Entgegensetzung von Wille und Vorstellung sucht E. V. HARTMANN in der ‹Philosophie des Unbewußten› aufzuheben. Im Unbewußten liegt der Einheitspunkt von Wille und Vorstellung, Sein und Bewußtsein; aus ihm entspringt – noch vor dem Bewußtseinsgegensatz, in «intellektueller Anschauung» – durch den Willen als Vorstellung die reale Welt. «Im Unbewußten ist Wille und Vorstellung in untrennbarer Einheit verbunden, es kann nichts gewollt werden, was nicht vorgestellt wird, und nichts vorgestellt werden, was nicht gewollt wird» [15]. Diese Einheit garantiert die Möglichkeit der Erkenntnis. Sie ist aber nur möglich, indem sich der I. vom Willen löst: als Bewußtsein. Der I. steht ursprünglich in der «blinden Vasallenschaft» [16] des Willens, aus der er als Bewußtsein heraustritt: «das Wesen des Bewusstseins [ist] Emancipation des I. vom Willen» [17] und erlöst damit «den Willen von der Unseligkeit seines Wollens» [18].

Unter Berufung vor allem auf Kant und in weitgehender subjektiver Übereinstimmung mit Nietzsche entwirft H. VAIHINGER die Philosophie des Als-Ob. Das Denken ist «als ein Mechanismus, eine Maschine, ein Instrument im Dienste des Lebens zu betrachten». Mit Nietzsche betont Vaihinger, daß die Fiktionen des I. dem Denken und Leben unentbehrlich sind [19]; im Unterschied zu Nietzsche allerdings exemplifiziert er die Notwendigkeit der Fiktionen an der zeitgenössischen Wissenschaftspraxis [20].

Bei L. KLAGES erhält die vorwiegend erkenntnistheoretische Diskussion über die Funktion von Geist und Bewußtsein einen neuen Akzent. Geist und Bewußtsein stehen nicht mehr in einem funktionalen oder affirmativen Verhältnis zum Leben, sondern werden als lebensfeindlich kritisiert. Die Rationalisierung des Lebens durch den Geist ist parasitär und zerstört mit dem Leben letztlich auch seine eigene Basis. Die Alternative zeigt sich im Rekurs auf den «I. in der Bedeutung des streng sachlich urteilenden Besinnungsvermögens» [21], als ein dem Leben verpflichtetes, seinem «rhythmischen Wechsel» [22] unterworfenes Bewußtsein. Der I. «bildet ... ein Zwischenreich», die Welt der Bilder, aus dem der Geist entartet. An die Stelle des lebensbezogenen I. tritt der verdinglichende Geist = Herrschaftswille: deshalb liegt der «Schlüssel zum Wesen des Geistes nicht im I., sondern im Willen». «Indem das Denken mehr und mehr in den Dienst des Willens tritt», desto mehr gelangt der Geist «mit absoluter Willkür zur Deckung» [23]. Der I. ist demgegenüber die verlorene Balance, in der das Leben in Bildern vergegenwärtigt wird.

Mit der Störung der Lebensunmittelbarkeit, an seinen «Störungsstellen» (Klages) entsteht das Bewußtsein. – Für TH. LESSING ist die Rationalisierung solcher «Schwärpunkte» notwendig: «das bewußtsein wurzelt in der Stauung, auf deren Behebung das Bewußtwerden hinauszielt» [24], es ist «nur die unentbehrliche Ersatzwelt eines am Menschen erkrankten Lebens» [25]. Die in verschiedene Sphären zerfallene Lebensunmittelbarkeit ist nicht restituierbar, das Bewußtsein sucht sie lediglich als einheits- und sinnstiftend zu versöhnen. «Nun ist das Element entbildet, ideelos, nichts als Leben ... die Sphäre der reinen Bilder, der reinen Gesichte: tot, ohne Leben. Die beiden auseinandergetretenen Sphären des Seins werden ausgeglichen und neu zusammengebaut innerhalb des Bewußtseins ... Es ist die Welt der bewußtseinsimmanenten Wirklichkeit. Und nur diese, nicht das Lebendige, nicht das Wahre hat Geschichte» [26]. Durch diesen «intellektuellen Akt» [27] wird «Geschichte Sinngebung des Sinnlosen». Der hypertrophe Geist dagegen wird sinnlos, eine Sackgasse der Natur.

Die lebensphilosophische Kritik des Bewußtseins und des I. berührt bei A. SEIDEL mit Marxismus und Psychoanalyse. «Wir formen die Erkenntnisse und setzen die Werte, wie wir sie brauchen, das heißt, wie sie unseren vitalen Notwendigkeiten entsprechen» [28]. Diese von Nietzsche, Freud und Marx vorbereitete Einsicht destruiert aber zugleich die Leistungsfähigkeit dieser Erkenntnisse. Denn wenn sie prinzipiell erklärbar und kritisierbar sind, verlieren sie ihre bis dahin fraglose Legitimation. Die fraglich gewordene vitale Notwendigkeit der kulturellen Sublimation kann auch nicht reflexiv erneuert werden: «das bewußte Wollen von Sublimierungen, von Umsetzungen triebhaften Lebens, die nur organisch wachsen können, d. h. nicht als solche bewußt gewollt sein können» [29], ist eine selbstzerstörerische Selbstüberschätzung des Bewußtseins. Das Bewußt*werden* durch Sublimation kann nicht übersetzt werden in ein Bewußt*machen*, das Ausdruck des aus seiner Funktion der Selbsterhaltung gelösten Willens wäre. In diesem Sinn ist «der Intellektualismus lebens- und vor allem erlebensfeindlich» [30].

Der Vitalismus erhält bei G. SIMMEL einen lebens- und geistbejahenden Sinn: Das Leben an sich wäre tragisch, wenn Leben nur rastloser Drang, «Mehr-Leben» wäre und nicht in ihm seine Transzendenz, «Mehr-als-Leben» [31], angelegt wäre. So aber findet das Leben durch seine «intellektuelle Formung» einen «transvitalen» Ausgleich, ein Zentrum, in dem das Leben bei sich ist [32]. Im Dienste des Lebens emanzipiert sich der I., der Geist und damit das Leben von seiner Endlosigkeit. Gleichwohl fällt jedes geistige Gebilde auch wieder der Lebenskontinuität anheim – es ist nur phasenweise Transzendenz des Lebens.

Anmerkungen. [1] Vgl. Art. ‹Intelligenz, Intelligentsia, Intellektueller I ›. – [2] Vgl. Art. ‹Archetypus ›. – [3] A. SCHOPENHAUER: Die Welt als Wille und Vorstellung ‹1819› 1, 499. – [4] a. a. O. 2, 312. – [5] 294. – [6] 314. – [7] 322f. – [8] 414. – [9] FR. NIETZSCHE, Musarion-A. 3, 311. – [10] a. a. O. 8, 31. – [11] 11, 28. – [12] 30. – [13] 264. – [14] 15, 287. – [15] E. V. HARTMANN: Philos. des Unbewußten (¹²1923) 2, 10. – [16] a. a. O. 2, 396. – [17] 395. – [18] 396. – [19] H. VAIHINGER: Die Philos. des Als-Ob (1911) 7. – [20] a. a. O. 771. 774. 777. – [21] L. KLAGES: Der Geist als Widersacher der Seele (1929-32) 2, 1420. – [22] Mensch und Erde (1929) 51. – [23] a. a. O. [21] 2, 1420. – [24] TH. LESSING: Gesch. als Sinngebung des Sinnlosen (1962) 9. – [25] a. a. O. 32. – [26] 33. – [27] 83. – [28] A. SEIDEL: Bewußtsein als Verhängnis (1927) 126. – [29] a. a. O. 182. – [30] 185. – [31] G. SIMMEL: Lebensanschauung (1918) 20. – [32] a. a. O. 185.   R. ROMBERG

Intellekt, reiner (intellectus purus). Die Rede vom ‹r.I.› kann, in weiterem Sinne verstanden, sowohl auf ARISTOTELES' Konzeption des νοῦς χωριστὸς καὶ ἀπαϑὴς καὶ ἀμιγής (abgetrennter, leidloser und reiner Geist) [1] und die ihr folgende begriffsgeschichtliche Tradition wie auch auf nachkantische – transzendentalphilosophische und erkenntnistheoretische – Konzeptionen bezogen werden; ihren spezifischen begriffsgeschichtlichen Ort hat sie jedoch in einer von DESCARTES formulierten und vor allem im nachcartesianischen Jh. explizierten Themenstellung: Bei Descartes und im Anschluß an ihn wird das Thema des ‹r.I.› vor allem unter dem Gesichtspunkt der «Reinheit», der irreduziblen Eigentümlichkeit seiner Leistung, der «intellectio pura» [2], gestellt, die, als bildlose, apodiktisch gewisse Einsicht, als Erfassen «eingeborener» eidetischer Gehalte, grundsätzlich jenseits der sinnlichen Wahrnehmung und der Imagination, d. h. der räumlich-anschaulichen Projektion liegt und jeder Mitwirkung körperlicher Organe entzogen ist [3]. Daß auch der menschliche Geist, freilich im engen Rahmen der Möglichkeiten, die das Faktum der leibseelischen Einheit ihm läßt, derart «reiner» Vollzüge fähig sei, ist die Meinung Descartes' und seiner unmittelbaren Nachfolger.

In der deutschen *Schulphilosophie* des 18. Jh. wird die cartesianische Problemstellung in der Weise modifiziert, daß ihr die «Reinheit» des I. die Bedeutung einer vollkommenen Aktuierung des als «facultas res distincte percipiendi» (Vermögen des deutlichen Erfassens der Dinge) [4] konzipierten intellektuellen Vermögens erhält. Ein solcher ‹intellectus purus›, zu dessen Begriff es gehört, daß ihm seine Inhalte in restloser Intelligibilität und grenzenloser Deutlichkeit und Durchsichtigkeit ihrer internen und externen Relationen erschlossen sind [5], wird freilich nicht im Bereiche menschlicher Möglichkeiten gesucht. – In grundsätzlich neue Bahnen weist KANTS Bestimmung des ‹reinen Verstandes› als formales und synthetisches Prinzip der Erfahrung.

Anmerkungen. [1] Vgl. ARISTOTELES, De an. 430 a 17. – [2] Vgl. z. B. DESCARTES, Med. de prima philos. V. Resp. Oeuvres, hg. ADAM/TANNERY 7, 387; Notae in progr. a. a. O. 8/2, 363. – [3] Vgl. J. CLAUBERG, Theoria corporum viventium §§ 834. 938. Opera omnia philos. (Amsterdam 1691) 197. 202; L. DE LA FORGE: Tractatus de mente humana (Paris 1669; frz. Original 1666) c. 20; J. G. WALCH: Philos. Lex. (²1733) Art. ‹Verstand des Menschen› mit Hinweis auf J. D. KOELER: Controversiae philosophorum de intellectu puro (1713); N. MALEBRANCHE: De la recherche de la vérité (Paris 1674/75) 1, 4; 3/2, 1ff. – [4] CHR. WOLFF: Psychol. empirica (1732) § 275; Psychol. rationalis (1734) § 387. – [5] G. B. BILFINGER: Dilucidationes philosophicae (²1740) § 274.

Literaturhinweise. J. BRUCKER: Historia philos. doctrinae de ideis (1723) 295ff. – J. G. WALCH s. Anm. [3] Art. ‹Reiner Verstand›, ‹Verstand des Menschen›. – P. BOUTROUX: L'imagination et les mathématiques selon Descartes (Paris 1900). – J. ROY: L'imagination selon Descartes (Paris 1944).   W. HALBFASS

Intellektualisierung. ANNA FREUD beschrieb 1936 erstmals diese Art von Abwehrmechanismus bei Jugendlichen in der Pubertät [1]. Die I. ist an die Funktion des Denkens gebunden und setzt eine gut ausgebildete Denkfähigkeit voraus. Ihre Abwehrleistung besteht darin, Triebkonflikte auf einer intellektuellen Ebene zu lösen, sie an Ideen zu knüpfen, die mit dem Bewußtsein manipuliert werden können. So diskutieren z. B. Jugendliche, die von Onanieskrupeln geplagt werden, über das Problem der Willensfreiheit. Dieser «Versuch, der Triebkräfte dadurch habhaft zu werden, daß man sie mit Vorstellungen verknüpft, mit denen sich im Bewußtsein hantieren läßt, gehört zu den allgemeinsten, frühesten und notwendigsten Erwerbungen des menschlichen Ichs. ... Die Zuwendung der intellektuellen Aufmerksamkeit auf die Triebvorgänge entspricht eben der Wachsamkeit, die das Ich des Menschen der gefährlichen Realität gegenüber als notwendig kennengelernt hat» [2]. Der Mechanismus stellt zugleich eine passagere Anpassungsleistung dar.

Anmerkungen. [1] A. FREUD: Das Ich und die Abwehrmechanismen (London 1946). – [2] a. a. O. 189.
Literaturhinweis. I. A. ARLOW und H. BRENNER: Psychoanalytic concepts and the structural theory (New York 1964).
J. CREMERIUS

Intellektualismus (ital. intelletualismo, frz. intellectualisme, engl. intellectualism). Der Begriff ‹I.› ist, wie viele andere Bildungen mit der Endung ‹-ismus› auch, eine Wortprägung mit ursprünglich pejorativer Bedeutung. Er wird zunächst zur Kennzeichnung einer zu überwindenden oder schon überwundenen Geisteshaltung, die selbst nur als Kontrast zu den Auffassungen des jeweiligen Autors konzipiert ist, gebraucht und hat daher so viele Bedeutungen und Verwendungsbereiche, wie er von verschiedenen Gegenbegriffen her verstanden wird. Erst nachdem dieser pejorative Gebrauch einmal Allgemeingut geworden ist, finden sich auch ausdrücklich positive Verwendungen, deren Vertreter sich jedoch jeweils genötigt sehen, in einen bewußten Gegensatz zum gewöhnlichen Sprachgebrauch zu treten.

Die Anfänge des nicht-terminologischen Gebrauchs des Wortes ‹I.› und der entsprechenden Ableitungen liegen im Dunkeln. Unter den Zeitgenossen der später so genannten «Intellektualisten» in Antike und Mittelalter war es offenbar nicht gebräuchlich. Der vorerst früheste Beleg scheint seine Verwendung bei F. BACON zu sein, der an einer Stelle abschätzig die «(si ita loqui licet) Intellectualistas» anspricht, deren den Fortschritt der Wissenschaften hemmender Irrtum «fluit ex nimia reverentia et quasi adoratione intellectus humani» [1]. In dieser Kennzeichnung sind Name, Grundbedeutung und pejorative Konnotation genau so vorgezeichnet, wie sie heute noch allgemein gültig sind; ein spezifischer Gegenbegriff fehlt jedoch.

Bei KANT tritt ein entsprechender Gedanke in den Bemerkungen über «die Geschichte der reinen Vernunft» auf. Hier ist die für allen späteren Gebrauch charakteri-stische dichotomische Betrachtungsweise voll ausgeprägt: «*In Ansehung des Gegenstandes* aller unserer Vernunfterkenntnisse, waren einige bloß *Sensual-*, andere bloß *Intellektualphilosophen*»[2]. Die letzteren behaupten: «in den Sinnen ist nichts als Schein, nur der Verstand erkennt das Wahre» [3]. Platon, an anderer Stelle auch Leibniz gelten Kant als die «vornehmsten» Intellektualphilosophen [4].

SCHELLING erwähnt den I. als eine der vier «großen und wahren Formen», «welche gleichsam die vier Weltgegenden der Philosophie bezeichnen», in denen diese das «Unzerlegbare der Vernunft» vorzüglich ausgesprochen habe. «Denn der Westwelt zwar scheint das zu gehören, was die Unsrigen Materialismus genannt haben, dem Orient aber das, was I., südlich aber können wir den Realismus nennen, nördlich den Idealismus» [5]. Doch fand dieser erste Versuch, den I. terminologisch festzulegen, wenig Resonanz. Zwar spricht auch HEGEL philosophiegeschichtlich von I., er wechselt aber im Ausdruck und identifiziert ihn mit Idealismus: «Die Idee der plotinischen Philosophie ist I., oder ein hoher Idealismus, der aber von Seiten des Begriffs noch nicht vollendeter Idealismus ist» [6]; die Philosophie des Proklus wird parallel dazu als «Intellektualsystem» bezeichnet [7].

So ergibt sich, daß einerseits der Begriff ‹I.› in der ersten Hälfte des 19. Jh. allmählich in den philosophischen Sprachgebrauch übergegangen ist, dabei aber andererseits weder der Ausdruck selbst noch seine Bedeutung terminologisch scharf bestimmt sind. Diese Sachlage spiegelt sich in den Lexika der Zeit, die stets «I. oder Intellectualphilosophie» angeben und diese etwa definieren als «dasjenige philos. System, welches alle Erkenntniß aus der bloßen Thätigkeit des Verstandes oder der Vernunft (beides als gleichgeltend genommen) ableitet» [8]. Als Beispiele werden die Eleaten angeführt, als Gegensatz werden, wie schon bei Kant, der Sensualismus oder Empirismus genannt, als Steigerungsform gilt «einseitiger Rationalismus, der in dem Idealismus sich vollendet» [9]. Aus dieser Allgemeingut gewordenen Gegenüberstellung entsteht, unter den Gegnern des Sensualismus, die erste positive Deutung des I. Nach K. H. SCHEIDLER ist der I. «nicht nur die eine Hauptrichtung aller Philosophie, sondern er kann auch schlechtweg als das System der Philosophie überhaupt im wahren Sinne dieses Worts bezeichnet werden, weil in der That von dieser letztern gar keine Rede sein könnte, wenn der I. (oder Rationalismus) keinen Grund hätte, und es also blos einen Sensualismus (oder Empirismus) gäbe» [10]. Nach einer ausführlichen Abhandlung des Kampfs der beiden Systeme durch die ganze Philosophiegeschichte hindurch bezeichnet Scheidler «*Teutschland* ... als das wahre Reich des *I.*» [11] und schließt mit der Behauptung, «daß auch *Fichte, Schelling, Hegel, Herbart, Krause*, und überhaupt *alle* bedeutende teutsche Philosophen bei aller Verschiedenheit ihrer Systeme doch sämmtlich auf der Seite des I. stehen und den Sensualismus oder Empirismus verwerfen» [12].

In der zweiten Hälfte des 19. Jh. wird der I. von einem neuen Gegenbegriff, dem *Voluntarismus,* her dargestellt. Erst in diesem Gegensatz löst sich sein Gebrauch allmählich von den Begriffen ‹Idealismus› und ‹Rationalismus› und gewinnt von seiner neuen Verwendung in der psychologischen Diskussion der Zeit schärfere Konturen und mehr Selbständigkeit. Auf die früheste bekannte Verwendung des Gegensatzpaares, die zugleich das früheste bekannte Auftreten des Wortes ‹I.› im französischen Sprachraum darstellt, verweist LITTRÉ, nachdem die 1. Auflage seines ‹Dictionnaire de la Langue Française⟩ von 1866 es nicht verzeichnete, im ⟨Supplément⟩ von 1886. Noch ganz neutral heißt es in einer anonymen Rezension von 1876: «Leibniz était *intellectualiste*, Kant est *volontarianiste:* l'un mettait l'entendement au-dessus de la volonté, l'autre met la volonté au-dessus de l'entendement» [13].

Die Absicht dieser Neubildung, eine Wende der allgemeinen Geisteshaltung vom I. zum Voluntarismus zu konstatieren oder wenigstens zu fordern, deutet sich klarer bei F. TÖNNIES in einer Artikelfolge für die ⟨Vierteljahrsschrift für wissenschaftliche Philosophie⟩ von 1883 an: Der «intellectualistischen Bestimmung» der Affekte, die bei Spinoza sonst die vorherrschende und in der Spinoza-Literatur die allein hervorgehobene sei, «begegnet nun die *voluntaristische* (wenn so zu sagen erlaubt ist), um, wenigstens in dieser P. III [der Ethik], bald allein sich geltend zu machen, bald mit jener sich zu vermischen» [14]. Zusammenfassend bezeichnet Tönnies den I. in der Psychologie Spinozas «als rationalistisch, hingegen die Theorie, welche in der P. III angelegt ist, als positivistisch» [15], und die «positive Psychologie ist voluntaristisch und materialistisch» [16].

Von Tönnies übernimmt FR. PAULSEN das Begriffspaar und stellt nun ausdrücklich fest, daß die Philosophie der Gegenwart «sich von der intellektualistischen zu einer *voluntaristischen* Auffassung» wende [17]. Insbesondere entwickelt er diese Auffassung für den Bereich der Psychologie, indem er den Gegensatz zwischen «intellektualistischer und voluntaristischer Psychologie» von den «zwei Arten seelischer Vorgänge», den «*Vorstellungen* und *Willenserregungen*» herleitet [18]. «Die nächstliegende ... Auffassung ist die, daß das Vorstellen im weitesten Sinne die erste und eigentlich charakteristische Funktion der Seele sei, wogegen Gefühl und Begehren als ein Gelegentliches und Sekundäres erscheint ... Auch die Psychologie geht vielfach von dieser Anschauung aus; ich will sie die *intellektualistische* nennen. *Herbart* hat sie systematisch durchgeführt» [19].

W. WUNDT wird als Mitherausgeber der ⟨Vierteljahrsschrift für wissenschaftliche Philosophie⟩ die Artikelfolge von Tönnies gelesen haben. Dennoch ist es nicht wahrscheinlich, daß er den Terminus ⟨I.⟩ unmittelbar von diesem übernahm. Denn in der ⟨Ethik⟩ von 1886 schildert Wundt gerade die Philosophie Spinozas der Sache nach durchaus, nicht aber dem Wort nach als I. [20]. Dagegen tritt der Terminus an einer anderen Stelle der ⟨Ethik⟩ auf: Die Annahme, «daß die Sittlichkeit überall auf der richtigen Einsicht, der recta ratio, beruhe, ... ist es, welche ganz und gar die Ethik des Cambridger Theologen *Cudworth* beherrscht, die nach dem Titel von Cudworths Hauptwerk [⟨The True Intellectual System of the World⟩] als ⟨I.⟩ bezeichnet wurde» [21]. Wundt nennt nicht die Herkunft seines Zitats [22], gibt aber schon bei dieser frühesten Verwendung eine gültige Definition dessen, was fortan bei ihm «ethischer I.» heissen soll, nämlich die Lehre, daß «*alle sittlichen Werthurtheile Resultate vernünftiger Einsicht und verständiger Überlegung sind*» [23].

Doch erst von Paulsen übernimmt Wundt das Begriffspaar ⟨I./Voluntarismus⟩ zur Kennzeichnung entgegengesetzter geistiger Grundhaltungen und verwendet es seither immer häufiger als allgemeines geistesgeschichtliches Einteilungsschema. Da seine Definitionen Eingang in die wissenschaftliche Terminologie fanden und bis heute Gliederung und Erläuterung des I. in den Nachschlagewerken bestimmen, seien sie hier kurz zusammengestellt. Im Bereich der *Metaphysik* «bezeichnen wir diejenigen Anschauungen, die das Wesen des Geistigen in die *Vorstellung* verlegen, als ⟨I.⟩, solche dagegen, die auf den *Willen* zurückgehen, als ⟨*Voluntarismus*»⟩ [24]. Innerhalb der *Psychologie* unterscheidet Wundt von der *metaphysischen* zunächst die *empirische* Psychologie, innerhalb dieser den *deskriptiven* und den *explikativen* Standpunkt und in letzterem eine *intellektualistische* und eine *voluntaristische* Richtung, die beide noch weiter zergliedert werden [25]. Unter einem anderen Gesichtspunkt unterscheidet er in dem Kapitel ⟨Die Logik der Psychologie⟩ drei allgemeine Richtungen, (a) die *materialistische*, (b) die *intellektualistische*, (c) die *voluntaristische* Psychologie; die intellektualistische wiederum teilt er ein in *Vermögenspsychologie* (Chr. Wolff), *Assoziationspsychologie* (Hartley, Hume), Psychologie des *Vorstellungsmechanismus* (Herbart) [26]. Ferner spricht Wundt von intellektualistischen *Gefühlstheorien*, intellektualistischen Affekttheorien, intellektualistischen Willenstheorien [27]. Daneben werden *ästhetischer* und *pädagogischer* I. erwähnt [28]. Endlich werden immer mehr Autoren, neben den Eleaten, Plato, Aristoteles und Thomas, von den Neueren besonders Descartes, Spinoza, Hobbes, Cudworth, Leibniz und Hegel, in irgendeiner Beziehung dem I. zugeordnet; so wird der Terminus immer umfassender und leerer. Die pejorative Konnotation jedoch bleibt auch in seiner weitesten Definition erhalten: Überbetonung des Intellekts gegenüber Willen, Tat, Gefühl, Glauben.

Seit den neunziger Jahren des 19. Jh. ist der I. zu einem allgemeinen Streitpunkt in der Philosophie und benachbarten Bereichen geworden. In Deutschland nimmt er teil an der Neubelebung des Streits zwischen Aufklärung und Romantik um die Vorherrschaft von Verstand oder Gefühl, «Kopf oder Herz» (Emotionalismus) und an der Wiederaufnahme der Auseinandersetzungen um das Primat der theoretischen oder der praktischen Vernunft (Voluntarismus, unter Berufung auf Kant, Schopenhauer). In Frankreich wird der I. in den Antagonismus zwischen positiver Wissenschaft und kirchlichem Dogma hineingezogen. So wenden sich die Gegner der Unfehlbarkeitslehre gegen die «restauration» des «intellectualisme de Thomas» [29]. Dieser Streit der Kirche mit den «Modernisten» gipfelt in der ⟨Enzyklika Pascendi⟩ von 1907, in der die Kirche gegen den «Agnostizismus» verteidigt wird und in der es von bestimmten Lehren heißt: «Ea nempe modernistae penitus e medio tollunt et ad *intellectualismum* amandant» [30]. In Deutschland gerät der I. zwischen die konfessionellen Fronten. FR. PAULSEN reklamiert Kant als «Philosoph des Protestantismus» und meint, «protestantisch» seien bei Kant auch «der Anti-I. und der *Voluntarismus*» [31]. J. KAFTAN bezeichnet Kant in gleicher Absicht gar als «Totengräber des I.» [32]. Aus dem Rahmen dieser Auseinandersetzungen hebt sich die Thomas-Interpretation des Jesuiten P. ROUSSELOT heraus, der sich mit seiner Definition des I. als «une doctrine qui met toute la valeur, toute l'intensité de la vie, et l'essence même du bien, identique à l'être, dans l'acte de l'intelligence, le reste ne pouvant être bon que par participation» [33] in einen bewußten Gegensatz zur «signification usuelle» des Wortes stellt. Der gewöhnliche I. sei «sur le modèle du discours humain» [34] gebildet und stelle eine «idolâtrie de l'entendement» dar, indem er aus der «connaissance humaine, – qui reste toujours conceptuelle et animale, – la connaissance absolue» zu machen versuche [35]. Er sei in Wahrheit «Rationalismus» und als solcher dem I. des Thomas nicht weniger entgegengesetzt als der Voluntarismus [36].

Sehr bald werden auch Stimmen laut, die nur in einer Vereinigung der beiden Seiten die Wahrheit der Zukunft erblicken. Charakteristisch für die rasche Entfaltung des Antagonismus I./Voluntarismus und das Bemühen um eine höhere Synthese ist das begriffsgeschichtliche Werk R. EUCKENS. Im Gegensatz zur 1. Auflage von 1878 enthält die 2. Auflage von 1893 einen eigenen Abschnitt ⟨Theoretisch – Praktisch⟩, der den Gegensatz von Intellekt und Willen thematisiert. Die 3. Auflage von 1904 endlich würdigt in dem Teil ⟨Grundbegriffe des Geisteslebens⟩ das Begriffspaar ⟨Theoretisch/Praktisch (I./Voluntarismus)⟩ einer eingehenden Darstellung [37]. Historisch wird der I. der griechischen Antike insgesamt, der christlichen Dogmatik, der Scholastik, der lutherischen Orthodoxie, der Aufklärung und dem Panlogismus Hegels zugeschrieben [38]. Er gilt als die Hauptströmung der abendländischen Philosophie, der zu allen Zeiten voluntaristische Bewegungen entgegengetreten seien. Beide Standpunkte seien jedoch einseitig und müßten zu einer ganzheitlichen «Selbsterfahrung des Geistes» vertieft werden [39].

Für die Bildungssprache des 20. Jh. ist der Gegensatz I./Voluntarismus in der Form einer historischen Bewegung auf letzteren hin und mit der Forderung nach einer Synthese beider Allgemeingut geworden. Der gelegentliche Rückgriff auf den I. bei philosophischen Autoren, der meist einer schematischen Abgrenzung des eigenen Standpunkts von möglichen oder wirklichen Gegenstandpunkten dienen soll, kann zur gedanklichen Klärung kaum jemals etwas beitragen. Wenn man etwa H. BERGSONS Betonung des «élan vital» gegenüber dem I. [40] und G. RYLES Ablehnung der «intellectualist doctrine which tries to define intelligence in terms of the apprehension of truths, instead of the apprehension of truths in terms of intelligence» [41] und FR. KAINZS Kennzeichnung des ästhetischen I., für den «das ästhetische Erleben im wesentlichen ein Akt des Gegenstandsbewußtseins, ein Anschauen oder Vorstellen ist» und für den Kainz gerade Schopenhauer als einen Hauptvertreter anführt [42], – wenn man nur diese drei willkürlich gewählten Beispiele nebeneinanderstellt, dann wird offenbar, daß von einer wirklichen Bedeutung des I.-Begriffs nichts übrigbleibt. Außer in der eigenwilligen und nicht weiter aufgenommenen thomistischen Deutung bei ROUSSELOT ist der I. nie über den Status eines diffusen Schlagworts zur Etikettierung fremder «Richtungen» hinausgediehen. Seine Verwendung ist stets als eine Flucht ins abstrakt Allgemeine und damit als eine Verlegenheitslösung zu betrachten.

Anmerkungen. [1] F. BACON, Works, hg. J. SPEDDING u. a. 1, 460. – [2] I. KANT, KrV A 853/B 881. – [3] KrV A 853f./B 881f. – [4] KrV A 853/B 881; A 267/B 323. – [5] F. W. J. SCHELLING, Werke, hg. K. F. A. SCHELLING 25, 309. – [6] G. W. F. HEGEL, Werke, hg. GLOCKNER 19, 47. – [7] a. a. O. 74. – [8] W. T. KRUG: Allg. Handwb. der philos. Wiss. 2 (1827) 467f.; vgl. Allg. Dtsch. Real-Encyclop. 5 (⁸1834) 567; Allg. Encycl. der Wiss. und Künste, hg. ERSCH/GRUBER, 2. Sect., 19. Theil (1841) 278-284. – [9] Real-Encyclop. a. a. O. 567. – [10] K. H. SCHEIDLER, in: Encyclop. der Wiss. und Künste a. a. O. [8] 278. – [11] a. a. O. 283. – [12] 284. – [13] Anonym, Rev. crit. Hist. et Litt. 10, NS 2 (1876) 203; vgl. LITTRÉ: Dict., Suppl. (1886) Art. ⟨intellectualiste⟩. – [14] F. TÖNNIES: Studie zur Entwicklungsgesch. des Spinoza. Vjschr. wiss. Philos. 7 (1883) 169. – [15] a. a. O. 362. – [16] 364. – [17] FR. PAULSEN: Einl. in die Philos. (¹1892) IX. – [18] a. a. O. 116. – [19] 117. – [20] W. WUNDT: Ethik (¹1886) 299-303. – [21] a. a. O. 273. – [22] Möglicherweise nach I. H. FICHTE: System der Ethik 1 (1850) 521. – [23] WUNDT, a. a. O. [20] 277f. – [24] System der Philos. (¹1897) 201; vgl. ebenso a. a. O. (¹1919) 1, 192; anders dagegen a. a. O. (¹1889) 210. – [25] Vgl. Grundriß der Psychol. (²1895) § 2, 7-22. – [26] Logik 2: Methodenlehre, 2. Abt. (²1895) 151-168. – [27] Grundzüge der physiol. Psychol. 2 (⁵1902) 353f.

363ff. (Gefühle); 3 (⁵1903) 234f. (Affekte). 298ff. (Willen). – [28] Vgl. Kleine Schr. 1 (1910) 581f.; 3 (1921) 491f. 513f. – [29] CH. SECRÉTAN: La restauration du Thomisme. Rev. philos. France l'Étrang. 9/18 (1884) 57-91, bes. 74-87; weitere Lit. a. a. O. 57; vgl. ferner z. B. E. LE ROY: Dogme et critique (Paris 1907) 111ff. – [30] DENZINGER/SCHÖNMETZER: Enchiridion symbolorum (³⁵1973) 3475.– [31] FR. PAULSEN, Kantstudien 4 (1900) 10. – [32] J. KAFTAN: Philos. des Protestantismus (1917) 281; vgl. H. SCHOLZ, Kantstudien 25 (1920) 36f. – [33] P. ROUSSELOT: L'I. de saint Thomas (Paris ¹1908, ²1924) III. – [34] ebda. – [35] Art. ⟨I.⟩, in: Dict. apologét. de la foi cath. 2 (Paris ¹1914, ⁴1925) 1068. – [36] Vgl. a. a. O. 1069; a. a. O. [33] 36. 56ff. 224. – [37] R. EUCKEN: Geistige Strömungen der Gegenwart (1904) 38-65. – [38] Vgl. a. a. O. 40-43. – [39] 49f. – [40] Vgl. H. BERGSON: Les deux sources de la morale et de la rélig. (Paris 1932) 84-96. – [41] G. RYLE: The concept of mind (London 1949) 27. – [42] FR. KAINZ: Vorles. über Ästhetik (1948) 52f.

T. BORSCHE

Intellektuell (griech. νοερόν, lat. intellectualis). Der Terminus νοερόν sagt in der *stoischen* Kosmologie die denkende, logoshafte Struktur des «Lebewesens» Welt aus oder charakterisiert deren πνεῦμα als denkendes [1]. Bei PLOTIN nennt er innerhalb des Ternars Sein – Leben – Denken den Akt des Denkens im νοῦς: In ihm ist jede Idee (νοητόν) eine νοερὰ δύναμις [2]; auch in uns ist er als eine eigenständige Wesenheit «das Lebendigste, Denkendste und am meisten Seiende» [3]. Zu einem systematisch bedeutsamen, das Seiende insgesamt differenzierenden Begriff wird νοερόν im späteren Neuplatonismus. Während Plotin den Geist als *eine* zwar in sich unterschiedene Hypostasis denkt, die jedoch nicht verschiedene Dimensionen (Stufen, τάξεις) in sich befaßt, die zueinander in einem subordinativen Verhältnis stünden, differenziert IAMBLICH diese *eine* Sphäre des νοῦς in einen dreifach in sich gestuften κόσμος νοητός und κόσμος νοερός. Letzterer ist denkend auf den ersten und verursachend auf den sinnfälligen Kosmos bezogen. Seine Struktur ist bestimmt durch den «zweiten» νοῦς, der, noch wesenhaft mit den νοητά verbunden, alle Monaden als einfache, unteilbare Ganzheit in sich befaßt, ferner durch einen das zeugende Leben der Götter einenden und vermittelnden νοῦς und schließlich durch den Alles gemäß den Ideen verursachenden demiurgischen νοῦς [4]. Nachdem schon THEODOROS VON ASINE dem «zweiten» iamblichischen νοῦς einen dritten Vermittlung zur Seele hinzugefügt hatte, führte PROKLOS die Trias νοητόν – νοητὸν ἅμα καὶ νοερόν – νοερόν als das allgemeine Strukturprinzip der verschiedenen Geist-Modi ein, in der sich, jeweils durch die dialektische Bewegung von Verharren – Hervorgang – Rückkehr verursacht, das Denken zugleich als intentionale Einheit mit und als subordinative Unterscheidung zu dem Sein vollzieht. νοητόν (das Intelligible) ist mit dem Sein (innerhalb der Dimension des Gesamt-Geistes) identisch, νοητὸν ἅμα καὶ νοερόν mit dem Leben, νοερόν (das Intellektuelle) mit dem «Geist». Die drei Glieder der Trias sind jeweils wiederum in 3 Triaden differenziert. Zugleich legen sie die für das gesamte System wesentliche Trias Sein – Leben – Denken (Geist) aus: Sein ist νοητόν, d. h. das dem Denken immer schon innewohnende Maß; Leben ist denkende Vermittlung des Seins an den Geist; dieser aber ist, sich selbst denkend, Denken des Seins durch das Leben. Da in jeder Trias die einzelnen Glieder eine dynamische Identität ausmachen, wird durch die Trias νοητόν – νοητὸν ἅμα καὶ νοερόν – νοερόν die Sinnbewegung des Systems von Sein und Geist sichtbar: Sie entspringt im Intelligiblen, wird durch die Intelligibles und Intellektuelles vereinende Mitte dem rein Denkenden (Intellektuellen) vermittelt. Vom Denkenden aus führt die Bewegung wieder in den Anfang zurück (ἐπιστροφή; intelligibler Kreis) [5].

Wie in der griechischen Tradition der Gebrauch von νοητόν und νοερόν trotz ihrer systematischen Relevanz nicht immer eindeutig war (Iamblich, Syrian), so bleibt auch in der *lateinischen* Tradition die Abgrenzung des Sinnes von ‹intelligibilis› und ‹intellectualis› zunächst undeutlich. AUGUSTINUS z. B. identifiziert beide des öfteren. Maßgeblich hierfür ist die Einheit von νοῦς, νοητόν und νόησις bei PLOTIN [6]; die Frage, warum jedes Intelligible zwar erkannt werden, nicht aber durchweg auch selbst erkennen solle, bleibt aporetisch: « Sive autem intellectuale dicamus sive intelligibile, hoc idem significamus. Quamquam nonnihil interesse nonnulli voluerint, ut intelligibilis sit res ipsa, quae solo intellectu percipi potest, intellectualis autem mens, quae intelligit; sed esse aliquam rem quae solo intellectu cerni possit ac non etiam intellegat magna et difficilis quaestio est» (Ob wir ‹intellektuell› oder ‹intelligibel› sagen, wir bezeichnen damit dasselbe. Obgleich manche einen beträchtlichen Unterschied darin sehen, so daß intelligibel die Sache selbst ist, die nur mit dem Intellekt erfaßt werden kann, intellektuell aber der Geist, der einsieht; daß es jedoch eine Sache geben soll, die nur durch den Intellekt gesehen werden kann und die nicht auch denkt, ist eine große und schwierige Frage) [7]. Eine gewisse Einheitlichkeit der Terminologie im sachlichen Verständnis von ‹intellectualis› wird u. a. durch die Aufnahme der neuplatonischen Tradition in den Ps.-Dionysios-Übersetzungen, den Ps.-Dionysios-Interpretationen des ERIUGENA [8] und den Proklos-Übersetzungen des WILHELM VON MOERBEKE erreicht [9]. Allerdings unterscheidet daneben die von BOETHIUS ausgehende terminologische Tradition das für νοητόν durch MARIUS VICTORINUS neu gebildete ‹intellectibile› (= nur dem intellectus zugänglich, so BOETHIUS) von ‹intelligibile› (denkend, Grundzug der intelligentia) [10]. Die *scholastische* Erkenntnislehre benennt (im Gegensatz zu Augustinus weitgehend unreflektiert) die geistige Wesenserkenntnis gegenüber der sinnlichen Wahrnehmungserkenntnis (cognitio sensibilis, sensitiva) unterschiedslos mit ‹cognitio intellectualis› *und* ‹intelligibilis› (oder intellectiva) [11]. Die Unterscheidung von cognitio intellectualis und cognitio sensitiva hat sich insbesondere durch KANT als « Sinnes- und Verstandeserkenntnis» zu einer Grundbegrifflichkeit sowohl der transzendentalen als auch der nicht-transzendentalen Erkenntnistheorie verfestigt.

Anmerkungen. [1] SVF II, 1009; 299, 11. – [2] PLOTIN, Enn. IV, 8, 3, 9. – [3] VI, 6, 8, 8ff. – [4] Bei PROCLOS, In Tim., hg. DIEHL I, 308, 24ff. – [5] W. BEIERWALTES: Proklos (1965) 89ff. – [6] PLOTIN, Enn. V, 5, 3, 1-9; 5, 1-2. – [7] AUGUSTIN, De Gen. ad litt. XII, 10, 21. – [8] Vgl. Dionysiaca, hg. CHEVALLIER (Paris 1937/50) 1, 42, 4. 168,4. 176, 3. – [9] z. B. In Parm., hg. KLIBANSKY VII, 26; 11; Elem. theol., hg. VANSTEENKISTE propp. 139. 175ff.; Korrektur bei THOMAS VON AQUIN, In div. nom., hg. PERA 276. – [10] M. VICTORINUS, Ad Cand. 7, 7; BOETHIUS, In Isag. Porph. I, 3; HUGO VON ST. VICTOR, Didasc. II, 2; RICHARD VON ST. VICTOR, Ben. maj. I, 7. MPL 196, 72. – [11] THOMAS, S. theol. I, 84, 6 c; 85, 3 c; De verit. 8, 12 ad 8; Exp. in lib. De causis 18.

Literaturhinweise. R. BEUTLER: Art. ‹Proklos›. RE 23/1 (1957) 224, 11ff. – E. R. DODDS: Proclus, The elements of theol. (Oxford ²1963) 284ff. – J. PÉPIN: Une hésitation de S. Augustin sur la distinction de l'intelligence et de l'intelligible, et sa source plotinienne. Act. 11e Congr. int. Philos. 12 (Amsterdam 1954) 137-145.

W. BEIERWALTES

Intelligenz, Intelligentsia, Intellektueller

I. Das deutsche ‹I.› geht zurück auf das lateinische ‹intellegentia›, das Abstraktum zu ‹intellegens› von ‹intellegere›, «dazwischen auswählen», das schon in klassi-

scher Zeit vom konkreten Vorgang in den geistigen Bereich übertragen wurde; im Mittellateinischen wird ‹intellegentia› durch Abschwächung des Stammvokals zu ‹intelligentia› [1]. Ebenfalls von ‹intellegere› abgeleitet ist das zunächst bedeutungsgleiche Abstraktum ‹intellectus›, das als Bezeichnung für das höhere Erkenntnisvermögen bei QUINTILIAN und TACITUS belegt ist.

1. ‹Intellegentia› (= I.a) ist bei CICERO neben ‹ratio› Bezeichnung für das höhere Seelenvermögen und bedeutet wie ‹intellegere› die Fähigkeit zu erkennen [2], das Erkennen selbst [3], besonders aber die gewonnene Erkenntnis [4]. Auch in der Folgezeit überschneiden sich beide Ausdrücke in ihren verschiedenen Bedeutungen. Bei THOMAS VON AQUIN hat I.a vier Bedeutungen: a) vernünftige Substanz, b) Vernunfttätigkeit, Vernunfterkenntnis, c) Vernunfteinsicht, d. i. unmittelbare Vernunfterkenntnis, d) Verständnis, intellektuelle Auffassung (synonym mit ‹intellectus›, das bei Thomas noch weitere Bedeutungen hat [5]). Die Differenzierung der Begriffe erfolgt erst im 19. Jh.

Die philosophische Terminologie der Spätantike und des Mittelalters prägte vor allem MARIUS VICTORINUS durch seine Übersetzungen und Erläuterungen zu Aristoteles, Porphyrios und besonders Plotin. Während die Lateiner ‹λόγος› mit ‹ratio› übersetzt hatten, gibt Victorinus ‹νοῦς› mit ‹I.a› wieder, so daß das Begriffspaar ‹νοῦς – λόγος› in der lateinischen Sprache als ‹I.a – ratio› wiederkehrt [6]. Bei HUGO VON ST. VICTOR ist, in der Tradition des Marius Victorinus, I.a das höchste Seelenvermögen zur Schau Gottes, zur contemplatio Dei. Über BONAVENTURA läßt sich diese Terminologie in der katholischen Mystik bis BOSSUET verfolgen.

2. Durch MARIUS VICTORINUS wird I.a auch zu einem wichtigen Aspekt des *Gottesbegriffes*. Der Vater ist die «I.a intus existens» oder «I.a interna», aus der der Sohn als «I.a foris existens» hervorgeht. Im Sohn ist die «omni-I.a» des Vaters nach außen getreten [7]. THOMAS VON AQUIN gebraucht zur Bezeichnung des Geistwesens Gottes neben ‹I.a divina› den Begriff ‹intellectus purus›, der jedoch im späten Mittelalter selten ist. Im Anschluß an diese Tradition wird im Französischen ‹intelligence suprême›, in Englischen ‹supreme intelligence› Bezeichnung für Gott schlechthin. Für KANT denkt die theologia rationalis ihren Gegenstand als «die höchste I.» [8].

‹I.a› als Benennung für himmlische Wesen (Engel) ist vor THOMAS VON AQUIN wahrscheinlich nicht gebräuchlich. Thomas führt sie auf Bücher in arabischer Sprache zurück: «In quibusdam tamen libris de arabico translatis substantiae seperatae, quas nos Angelos dicimus Intelligentiae vocantur, forte propter hoc quod huiusmodi substantiae semper actu intelligunt. In libris tamen de graeco translatis dicuntur Intellectus, seu Mentes» (In etlichen aus dem Arabischen übersetzten Büchern werden die [von der Materie] getrennten Substanzen, die wir Engel nennen, aber I.ae genannt, wohl deshalb, weil derartige Substanzen immer aktuell erkennen [sie können nicht schlafen]. In aus dem Griechischen übersetzten Büchern jedoch werden sie ‹Intellectus› oder ‹Mentes› genannt) [9]. Der Begriff ‹intellectus› hat sich nicht durchgesetzt.

Im 13. Jh. wird die christliche Vorstellung von der Hierarchie der Engel mit den körperlosen I.ae des Aristoteles gleichgesetzt [10], die als Beweger der Sphären des Himmelgewölbes gelten. Die nachkopernikanische Betrachtung des Universums macht die Annahme himmlischer I. überflüssig. Die Vorstellung überlebt in der Sprache der *Dichter*, z. B. bei J. MILTON («pur Intelligence of Heav'n, Angel serene» [11]), metaphorisch bei

JOHN DONNE, der mit ‹Sphäre› und ‹I.› die menschliche Seele und die sie bewegende Gottesfurcht bezeichnet [12].

3. Im französischen Absolutismus wird, in Kenntnis der Herkunft des Begriffs aus Theologie und scholastischer Kosmologie [13], der Monarch und seine Minister als «Intelligence de l'Etat» bezeichnet. Im Wörterbuch der Académie française (1694) heißt es: «se dit d'un personage qui joue dans l'Etat un rôle éminent» [14].

L. DE BONALD greift auf diese Vorstellungen zurück, um die Monarchie in göttlichem Recht zu verankern und analog der Herrschaft Gottes zu legitimieren. Das von Gott für die physische und moralische Welt gegebene Gesetz von Ursache, Mittel, Wirkung wiederholt sich im Verhältnis Gottes zum Menschen als Gott, Sohn, Mensch und in der Ordnung der Gesellschaft, in der drei «personnes» zu unterscheiden sind, die wiederum dem Wesen des Menschen entsprechen, «qui est une intelligence ou volonté servie par des organes pour agir sur un objet: intelligence, organes, objet, qui ont entre eux les mêmes rapports que pouvoir, ministre et sujet dans la société, que cause, moyen, effet dans l'univers» [15]. A. DE TOCQUEVILLE spricht von Napoleon als einer «intelligence presque divine» [16]. Als Kollektivbegriff wird ‹intelligence› bis Mitte des 19. Jh. in Frankreich nicht gebraucht, nur der Plural «les intelligences» als Staatsbürger allgemein und als Urteilsfähige im besonderen kommt dem nahe. Kollektivum wird ‹I.› bei LORENZ V. STEIN, der aber doppeldeutig auch noch den älteren Bezug auf den Souverän festhält, wenn er sagt: «... die Assemblée constituente war wirklich die höchste I. in Frankreich» [17].

Anmerkungen. [1] AE. FORCELLINI: Totius Latinitatis Lex. (Prato ⁴1865) 3, 559f.; vgl. zum Ganzen: O. W. MÜLLER: Intelligencija. Unters. zur Gesch. eines polit. Schlagwortes (1971) 27-85; R. SCHULTE: Intelligence, in: Europ. Schlüsselwörter 2 (1964) 19ff. – [2] CICERO, De divinatione I, 70. – [3] Tusc. disp. I, 51. – [4] De fin. II, 34; Rhet. I, 91; Rosc. Am. 49. – [5] L. SCHÜTZ: Thomas-Lex. (²1895) 406-414. – [6] Vgl. E. BENZ: Marius Victorinus und die Entw. der abendl. Willensmet. (1932). – [7] a. a. O. 195ff. 202ff. 230ff. – [8] I. KANT, KrV A 631. – [9] THOMAS VON AQUIN, S. theol. I, 79, X. – [10] Vgl. H. BAXTER/CHR. JOHNSON: Mediaeval latin word. list from British and Irish sources (London 1950). – [11] J. MILTON, Paradise lost VIII, 181. – [12] Vgl. H. GARDNER (Hg.): The metaphysical poets (Harmondsworth ²1959) 84ff. 74. – [13] TREVOUX: Dict. univ. françois et latin. Novelle éd. (Paris 1752) 4, 1458. – [14] Vgl. W. VON WARTBURG: Frz. Etymol. Wb. Eine Darstellung des galloromanischen Sprachschatzes (1952) 4, 738. – [15] L. DE BONALD: Législation primitive. Oeuvres (Paris ³1829) 2, 131. – [16] A. DE TOCQUEVILLE: Oeuvres, papiers et correspondance, hg. J.-P. MAYER (Paris 1951ff.) II/2, 301. – [17] L. v. STEIN: Gesch. der sozialen Bewegung in Frankreich 1789 bis auf unsere Tage, hg. G. SALOMON (1921) 1, 253.

Literaturhinweise. O. W. MÜLLER s. Anm. [1]. – R. SCHULTE s. Anm. [1]. – H.-G. GADAMER: Philos. Bemerkungen zum Problem der I. Kleine Schr. 1 (1967) 220-230.   R. PIEPMEIER

II. In den *Sozialwissenschaften* gibt es nicht nur keinen verbindlichen Begriff von I. und dem Intellektuellen (= I.em) [1], es scheinen sich sogar verschiedene geläufige Begriffe gegenseitig auszuschließen bzw. vollständig disjunkte Klassen von Phänomenen zu meinen [2]. Das heißt zugleich, daß jede soziologische Theorie, die dem Gesamtbereich dessen, was gegenwärtig in diesen Begriffen anklingt, gerecht werden will, ihre Schwierigkeiten hat, sei sie nun an sozialen Einheiten (Klassen, Berufsständen, Gruppen, Parteiungen) oder an sozialen Einstellungen oder Handlungstypen, sei sie an Funktionen des kulturellen oder des sozialen Systems orientiert. Danach differiert, was als Vorläufer des Begriffs der I.en angesehen werden soll: Gelehrte, Literaten, Gens des Lettres, Clercs, Ideologen, Gebildete, Geistesarbeiter, Genies usw. Obwohl manche Theoretiker die Geschichte des Phänomens gemäß einem sehr weit gefaßten Begriff mit

der arbeitsteiligen Herausbildung einer Priesterkaste in den frühen Hochkulturen beginnen lassen, ist man sich mehrheitlich darüber einig, I.e und I. als historische Resultate der Herausbildung der bürgerlichen Gesellschaft mit ihrer Freisetzung bestimmter gesellschaftlicher Funktionen aus den Institutionen des Feudalstaats (Entstehung des freien Schriftstellers, Lessing) und der relativen Überproduktion von Absolventen der philosophischen Fakultäten anzusetzen.

Bestimmende Aspekte des Int.-Habitus sind von KANT [3], FICHTE [4] und in der Folge immer häufiger beschrieben und gedeutet worden. Zugleich war, ausgehend vom philosophisch-psychologischen I.-Begriff [5], schon im deutschen Idealismus die Bezeichnung eines intelligenten Menschen als einer ‹I.› üblich [6]; organologisch-metaphorisch begegnet bereits die Übertragung dieses I.-Begriffs auf soziale Einheiten bei HEGEL [7], und auch F. VON BAADER betont die wesentliche Sozialität des menschlichen I. [8]. Die Publizistik der Zeit um 1842 kennt bereits die Forderung ständischer Gliederung in I., Industrie und Grundeigentum [9], gegen die noch MARX – sprachlich konservativ – polemisiert: I. sei eine *Eigenschaft* des Menschen als eines intelligenten Wesens und könne nicht landständisch repräsentiert werden [10]. Doch fehlt um die Mitte des 19. Jh. in auffälliger Weise die moderne Begrifflichkeit, obwohl die Funktionen der I. als einer bestimmten gesellschaftlichen Gruppierung bereits prägnant beschrieben werden [11].

Anmerkungen. [1] H. KLUTH: Art. ‹I.›, in: Staatslex. (⁶1959) 4, 346. – [2] J. BENDA: La trahison des clercs (Paris 1927) im Gegensatz zu R. ARON: L'opium des intellectuels (Paris 1956) und J. SCHUMPETER: Kapitalismus, Sozialismus und Demokratie (³1950) 235-251. – [3] I. KANT: Der Streit der Fakultäten. Akad.-A. 7, 1-116. – [4] J. G. FICHTE: Einige Vorles. über die Bestimmung des Gelehrten. Akad.-A. I/3, 1-68. – [5] W. T. KRUG: Handwb. der philos. Wiss. (²1833) 2, 535. – [6] G. W. F. HEGEL, Werke, hg. GLOCKNER 17, 20. – [7] ebda. – [8] F. VON BAADER: Über die Freiheit der I. Sämtl. Werke (1851) 1, 133-150. – [9] Vgl. R. SCHULTE: Intelligence, in: Europ. Schlüsselwörter 2 (1964) 18-49. – [10] K. MARX, MEGA I/1, 1, 329f. – [11] M. BAKUNIN: Gott und der Staat, in: Philos. der Tat (1968) 129ff.; vgl. auch zu Heß G. LUKÁCS: Moses Heß und die Probleme der idealist. Dialektik. Arch. Gesch. Sozialismus u. Arbeiterbewegung 12 (1926) 123.
K. RÖTTGERS

III. Der Terminus ‹Intelligéncija› (= I.ja) soll von dem in der Nachfolge I. S. Turgénevs (1818–1883) stehenden Publizisten und Romancier P.D. BOBORÝKIN (1836–1921) in der Mitte der 60er Jahre des 19.Jh. zuerst gebraucht worden sein [1]. Boborýkin wandte sich früh gegen die russischen Nihilisten, vor allem N. G. Černyševskij (1828 bis 1889), und jene Intelligenz (= I.), die – statt nützliche Arbeit zu leisten wie Landschaftsvertreter und Industrielle etwa – in Moskau, Paris und Wien müßigginge [2]. In vielen seiner späteren Romane ging Boborýkin dem Problem der liberalen russischen I. und ihrer Aufgabe nach [3]. Von Anfang an hat somit das Wort ‹I.ja› eine gewisse Zweideutigkeit an sich, es kann positiv wie negativ belegt werden und ist äußerst variabel.

Einen Beleg für den russischen Gebrauch des Wortes in Übernahme aus dem Österreichischen gibt O. W. Müller für 1861 an. Das französische ‹intelligence› wurde schon einige Jahrzehnte früher von russischen Autoren (z. B. P. J. ČAADAEV) in nicht-russischen Texten verwendet [3a].

Zum Abstraktum ‹I.ja›, das zunächst mit ‹Intelligéntnost› gleichbedeutend ist und mit «Intelligenz, Verstand, Geist, Bildung» übersetzt wird, gehört das Adjektiv ‹intelligéntnyj›, «intelligent, verständig, kundig, einsichtsvoll, gebildet» und das Konkretum ‹Intelligént› für eine

Person, die Intelligéntnost hat, den Intellektuellen. Weiterhin bedeutet ‹I.ja› die Gesamtheit derjenigen Personen, die durch Intelligentnost ausgezeichnet sind [4]. Man vermutet, daß die Wörter ‹I.ja›, ‹Intelligént› usw. vom lateinischen ‹intelligentia› und ‹intellegens› übernommen worden sind, weil die erste Fremdsprache, welche die vornehmlich nicht-adligen Gymnasiasten und Schüler der geistlichen Seminare lernten, das Lateinische war, das sie von den französisch sprechenden Adligen abhob [5]. Die sowjetische ‹Filosofskaja Enciklopedija› führt für ‹intellegens› die Bedeutungen «úmnyj» (klug), «ponimájuščij» (verständig), «znájuščij» (wissend), «znatók» (Kenner) und «specialist» an [6]. In letzterer Bedeutung ist der Wandel des Terminus und des Funktionsverständnisses von ‹I.ja› – der Intellektuelle als Spezialist – heute evident.

Die russische I.ja bildet sich in Abhebung von der staatstragenden Beamten-I. oder in Opposition zu ihr im ersten Drittel des 19. Jh. in Gruppen sehr verschiedener Observanz aus: Westler und Slavophile, Reformkonservative und Frühsozialisten wie Liberale, Idealisten und Vulgärmaterialisten gehören zu ihr. Das ist keine organisierte Bewegung, allenfalls erkennt man ex post an bestimmten gemeinsamen Tendenzen und vor allem Bewußtseinsstrukturen ihre Zusammengehörigkeit. Die Differenziertheit der I.ja bleibt bestimmt. So ist von den russischen Intelligénty, den Intellektuellen aller politischen und geistigen Strömungen des vorrevolutionären Rußland, die Frage der Zugehörigkeit zur I.ja und einer treffenden Definition heiß umstritten und sehr verschieden beantwortet worden. Philosophische *Idealisten*, wie N. A. BERDJÁEV (1874–1948), S. BULGÁKOV (1871–1944) und P. B. STRUVE (1870–1944) u. a. kritisierten den Konformismus und die Uniformität einer sozialistisch-marxistischen I.ja, der sie selbst entstammten und werteten sie als «intelligéntščina» (Intelligenzlerei) ab [7], *Marxisten* nahmen den Ehrentitel ‹I.ja› für sich in Anspruch [8], IVANOV-RAZUMNIK rechnete die bürgerliche I.ja zum Spieß- und Kleinbürgertum (meščánstvo) und hielt sie für den Feind der wahren I.ja [9], während P.N. MILJUKOV soziologisch vorging und sowohl Sozialisten wie Liberale als auch einen christlichen Denker wie Vl. SOLOV'ÉV (1853–1900) zur I.ja zählte [10].

Mit Miljukovs Bestimmung der I.ja als eines Sammelbegriffs für Intellektuelle aller möglichen geistigen, sozialen und politischen Einstellungen ist ein wichtiges Moment gefaßt; es gibt also in Rußland vor dem Oktober 1917 eine konservative und eine liberale I.ja ebenso wie eine christlich-soziale, wie eine radikalsozialistische und revolutionäre I.ja, welch letztere als die historisch bedeutsamste erscheint.

Zur I.ja gehört jedoch nicht schlechthin jeder «Gebildete», nicht die gebildete Schicht erfolgreicher Ärzte, etablierter Politiker, Professoren, Militärs, Beamter usw. Aber die Grenzen sind hier fließend. Ihrer sozialen Herkunft und Stellung nach ist die I.ja ebenfalls nicht eindeutig zu bestimmen. Ihr gehören «Leute aus verschiedenem Stand» (Raznočincy, Rasnotschínzen) an: Popensöhne, «reumütige» Adlige, freiberuflich Tätige, Schriftsteller, das 3. Element der Landschaftsverbände (Zémstva) – Ärzte, Lehrer, Ingenieure –, sogar Bauern. Gemeinsam ist die I.ja eine geistige Grundhaltung: Opposition und Kritik (sehr verschiedenen Grades) gegen die «Dreifaltigkeit» von Autokratie, Orthodoxie und Volkstum, wie sie sich im öffentlichen Leben Rußlands manifestierte; Option für (sehr unterschiedlich verstandenen) Fortschritt gegen eine allzu starre Tradition; Unab-

hängigkeit des Denkens und Hang zur Theorienbildung; das Streben nach Verbindung mit dem «Volk» gegen das Establishment, der Rigorismus moralischer Stellungnahmen und das damit verbundene Bewußtsein, Warner, Gewissen und Seele Rußlands zu sein.

So schwebt zumal die radikale I.ja in der «leeren Kiste» der unmenschlichen Autokratie, besessen von dem fast tödlichen Ziel, «sie mit sich selbst umzudrehen» [11]. Sie schließt sich aus der Gesellschaft aus und wird ausgeschlossen, ist «entfremdet». Die Angehörigen der I.ja sind die «überflüssigen Menschen», die «izgoi» (Ausgestoßenen) des modernen Rußland, «unpraktisch» im Sinne der bestehenden Gesellschaft, aber als geistige Macht von überragendem Einfluß auf deren intellektuelles Leben. Indem sich die Subjektivität dermaßen emanzipiert und autonom setzt und zugleich neue Bindung sucht, wird die Blüte des Geistes im vorrevolutionären Rußland ermöglicht. Auch eine Anzahl bedeutender russischer Philosophen und Ideologen kann zur I.ja gerechnet werden, z. B. *N. Berdjáev*, *S. L. Frank* (1877 bis 1950), *P. Novgoródcev* (1863–1924), Fürst *P. Kropótkin* (1842–1921), *A. A. Bogdánov* (1873–1928), *G. V. Plechánov* (1857–1918), *V. I. Lenin* (1870–1924), *P. Lavróv* (1823–1900), *N. K. Michajlóvskij* (1843–1904), *N. Bucharin* (1888–1938), *L. Šestov* (1866–1938) u. a., während man bei anderen zögert, sie hier einzuordnen, etwa A. I. Vvedénskij (1856–1925), L. M. Lopátin (1855–1920) und N. O. Lósskij (1870–1965). Aber Festlegungen sind hier kaum möglich.

Bedeutung und Funktion der russischen I.ja waren immer umstritten, besonders heftig um die Wende vom 19. zum 20. Jh. Die Gegensätze zwischen Gruppen und einzelnen Personen der I.ja waren unüberbrückbar geworden. Die Jahre nach der *Oktoberrevolution* zeigen dies deutlich. Ein großer Teil – auch der radikalen I.ja – stellte sich nicht auf die Seite der Sowjetmacht und der Diktatur des Proletariates. Das Ergebnis war Emigration und Ausbürgerung, was zur Entstehung der «Zarubéžnaja Rossija» (Rußland im Ausland), der «Málaja Rossija» (Das kleine Rußland) und des Wirkens einer nun auch aus der Heimat ausgestoßenen I.ja bis heute führte [12].

Die Sowjetmacht versuchte, von A. V. Lunačarskij angeleitet, die verbliebene I.ja auf ihre Seite zu ziehen und am Aufbau *Sowjetrußlands* teils in führender Position zu beteiligen. Nach sowjetischer Ansicht ist die I.ja «eine soziale Zwischenschicht (proslójka), zu welcher diejenigen Personen gehören, die sich professionell mit geistiger Arbeit beschäftigen». Ihre Entstehung wird im Rahmen des historischen Materialismus aus der Trennung von geistiger und körperlicher Arbeit hergeleitet. Die Besonderheiten der russischen I.ja werden in die allgemeine Aufeinanderfolge der Gesellschaftsformationen und die Entwicklung einer I.-Schicht überhaupt einbezogen, deren «echte Geschichte – erst mit dem Aufgang der kapitalistischen Epoche beginnt» [13].

Das Hauptbestreben der Sowjetmacht war, alsbald «eine neue I.ja aus Arbeitern und Bauern» [14] heranzubilden, was auch gelungen ist. Eine großartige Aufwärtsbewegung vor allem der «wissenschaftlich-technischen I.ja» begann. Sie sollte die Spezialisten des sozialistischen Aufbaus stellen. Sowjetphilosophen sind «neue» Intelligénty – aktiv und dynamisch in den 20er Jahren im Austrag ihrer Interpretationsdifferenzen um Marx, Engels, Lenin; starr konformistisch während der Stalinzeit und erst seit 1948, vor allem nach Stalins Tod, einige emanzipatorische Zeichen setzend [15].

Der Marxismus-Leninismus verneint die Möglichkeit einer grundsätzlichen Opposition von Intellektuellen beim Aufbau einer Gesellschaft auf sozialistischen Grundlagen und auf dem Weg zum Kommunismus als Verwirklichung des Humanismus. Auch innerparteiliche Opposition war und ist gefährdet. Eine breite oppositionelle I.ja vorrevolutionären Stils kann sich somit unter der Sowjetmacht öffentlich durchaus nicht artikulieren. Man muß aber feststellen, daß Teile der in der Sowjetunion verbliebenen «alten» I.ja und auch der «neuen», in der Sowjetunion aufgewachsenen, literarisch-humanistischen und wissenschaftlich-technischen I.ja das traditionelle Charakteristikum der Angehörigen der russischen I.ja als «izgoi», als um der hohen Ideale der Humanität aus der neuen Gesellschaft Ausgestoßene, vorlebten und vorleben, was wiederum zur Repression seitens eines autokratischen Staates in vielfältiger und abgestufter Form führt [16]. Der erste Schritt auf dem Wege zur Lösung des Problems der russischen I.ja gestern und heute ist die Gewährung der Menschenrechte, bürgerlicher und politischer Freiheiten in Rußland.

Anmerkungen. [1] M. MALIA: Was ist die I.ja? in R. PIPES: Die russ. I.ja (1962) 11; Filos. Enciklop. (FE) 2 (Moskau 1962) 285-291: Art. ‹I.ja›, zit. 285. – [2] P. D. BOBORÝKIN: Solidnye dobrodeteli (Gediegene Tugenden), Roman (1870); Russkie pisateli. Bibliogr. slovar (Russ. Schriftsteller. Bibliogr. Wb.), hg. D. S. LICHAČEV u. a. (Moskau 1971) 196-198; A. STENDER-PETERSEN: Gesch. der russ. Lit. 2 (1957) 440-442. – [3] Istorija russkoy literatury (Gesch. der russ. Lit.) IX/2 (Moskau/Leningrad 1956) 186-197. – [3a] O. W. MÜLLER: I.ja Untersuch. zur Gesch. eines. polit Schlagwortes (1971) 27. 105ff. – [4] I. JA. PAVLOVSKIJ: Russko-Nemeckij Slovar' (Russ.-dtsch. Wb.) (Riga/Leipzig ²1879) 332. – [5] MALIA, a. a. O. [1] 14, 214 (Anm.). – [6] FE 285. – [7] Vgl. Vechi. Sbornik statej o russkoj intelligencii (Wegzeichen. Aufsätze über die russ. I.ja) (Moskau ²1909) 1ff. – [8] Vgl.: Intelligencija v Rossii (Die I.ja in Rußland) (S.-Peterburg 1910) u. a. – [9] R. V. IVANOV-RAZUMNIK: Istorija russkoj obščestvennoj mysli (Gesch. des russ.sozialen Denkens) 1 (S.-Peterburg ²1908) 173-174. – [10] P. N. MILJUKOV: Iz istorii russkoj intelligencii (Aus der Gesch. der russ. I.ja) (S.-Peterburg 1902). – [11] Sočinenija N. A. Dobroljubova (N. A. Dobroljubovs Werke), hg. M. M. FILIPPOV 3 (S.-Peterburg o. J.) 240, in: Wann endlich kommt der wahre Tag? – [12] P. E. KOVALEVSKIJ: Zarubéžnaja Rossija (Rußland im Ausland) (Paris 1971); Dopolnitel'nyj vypusk (Erg.bd.) (1973). – G. OZERECKOVSKIJ: Rossija málaja (Das kleine Rußland) 1: Russkij blistatel'nyj Pariz do vojny (Das glanzvolle russ. Paris vor dem Krieg) (Paris 1973). – [13] FE 286. – [14] FE 289. – [15] R. AHLBERG: Dial. Philos. und Gesellschaft in der Sowjetunion (1960); W. GOERDT (Hg.): Die Sowjetphilos. Wendigkeit und Bestimmtheit. Dokumente (1967); H. DAHM: Meuterei auf den Knien. Die Krise des marxist. Welt- und Menschenbildes (1969); K. MARKO: Evolution wider Willen. Die Sowjetideol. zwischen Orthodoxie und Revision (1968); P. EHLEN: Die philos. Ethik in der Sowjetunion (1972). – [16] Vgl. O. MANDEL'ŠTAM (1891-1938), A. AMALRIK, VL. BUKOVSKIJ, JU. GALANSKOV (1939-1972), A. D. SACHAROV, R. und Ž. MEDVEDEV, A. SINJAVSKIJ, P. GRIGORENKO, JU. DANIEL, A. SOLŽENICYN u. a.

Literaturhinweise. O. W. MÜLLER, s. Anm. [3a]. – R. PIPES (Hg.): The Russ. I.ia (New York 1961); s. Anm. [1]. – S. V. UTECHIN: Gesch. der polit. Ideen in Rußland (1966). – K. v. BEYME: Polit. Soziol. im zarist. Rußland (1965); Intellektuelle, I., in: Sowjetsystem und demokrat. Gesellschaft 3 (1969) 185-207; Lit. 204-207. – DM. TSCHIŽEWSKIJ: Russ. Geistesgesch. (²1974). – W. GOERDT: Despotie und Subjektivität. Zu einem Leitmotiv des russ. Nihilismus. Arch. Philos. 13/1-2 (1964) 71-94. – WL. WEIDLÉ: Rußland, Weg und Abweg (1956). – A. V. LUNAČARSKIJ: Ob intelligencii (Über die I.) (Moskau 1923) u. a. – A. A. GALAKTIONOV und P. F. NIKANDROV: Russkaja filosofija XI-XIX vekov (Die russ. Philos. vom 11. bis 19. Jh.) (Leningrad 1970). – V. V. ZEN'KOVSKIJ: Istorija russkoj filosofii (Gesch. der russ. Philos.) 1. 2 (Paris 1948/1950) (engl. und frz. Übers.). – N. MANDELSTAM: Das Jh. der Wölfe (1971). – C. GERSTENMAIER: Die Stimme der Stummen. Die demokrat. Bewegung in der Sowjetunion (1972). – A. A. AMALRIK: Kann die Sowjetunion das Jahr 1984 erleben? (1970). – A. D. SACHAROV: Wie ich mir die Zukunft vorstelle (1968) Stellungnahme (1974). – A. SOLSCHENIZYN: Offener Brief an die sowjet. Führung (1974). – K. BURŽUADEMOV: Očerki rastuščej ideologii (Skizzen über eine wachsende Ideol.) (München 1974). – V. CHALIDZE: Prava čeloveka i Sovetskij Sojuz (Die Menschen-

rechte und die Sowjetunion) (New York 1974). – Chronika zaščity prav v SSSR, Vypusk 1-12 (Chronik der Verteidigung der Rechte in der UdSSR) 1-12 (New York 1973-1975). W. GOERDT

IV. Nach den Lehren des *Marxismus* ist die Intelligenz (= I.) in ihrem sozialen und geistigen Dasein typisch für Gesellschaften, die die aus der Aneignung entstandenen «gesellschaftlich-synthetisierenden» Tätigkeiten von der Aneignungsobjekte erzeugenden Arbeit trennen [1]. Drei Fragen stellt sich eine marxistische Theorie der I.: die Frage nach der Herausbildung funktionaler Zusammensetzungen geistiger Tätigkeiten («Qualifikation», «Kategorien») und deren sozial abgesonderter Träger; nach der Entfremdung des Universalitätsanspruchs des menschlichen Geistes in der Partikularität der Funktion und der Gruppe; nach der Stellung der I. als *revolutionärer* und *wissenschaftlicher* I. im Klassenkampf. Auf der Grundthese der Bestimmtheit des Denkens durch das gesellschaftliche Sein baut die Theorie der «Parteilichkeit» (LENIN) oder «Organizität» (GRAMSCI) der I. auf.

Nach ENGELS erzeugt die Entwicklung der Produktivkräfte unter Herrschaftsverhältnissen, die die Aneignung der Arbeitsprodukte vermitteln, die materiellen Bedingungen (Erzeugung von Mehrwert und dessen einseitige Aneignung von Nicht-Arbeitenden) für die Befreiung einer sozialen Schicht von der Handarbeit bzw. für die Zusammensetzung der sozial relevanten geistigen Tätigkeiten [2]. Im Kopf der nicht-arbeitenden Klasse bzw. ihrer I. verselbständigt sich die reelle Welt der Arbeitsprodukte, löst sich vom Arbeitsprozeß und wird in einer besonderen gesellschaftlichen Existenzweise gedacht und verwaltet, die als Fundament die jeweils herrschenden Formen der Aneignung hat. Im *Kapitalismus*, wo aufgrund der Lohnarbeit das Produkt auch schon im Produktionsprozeß von der herrschenden Klasse angeeignet wird, bestimmt die aus den gesellschaftlichen Verhältnissen den Privateigentums entstandene materielle Produktionsweise *unmittelbar* einen wesentlichen Teil der heutigen I. – die *wissenschaftlich-technische* –, die *während* der Produktion konzipierend und kontrollierend eingreift [3]. In beiden Fällen besagt «Parteilichkeit» oder «Organizität» der I. folgendes: In der I. gelangt eine Klasse zur Homogenität und zur Bewußtheit über die eigene ökonomische Funktion; die «ursprüngliche» (ökonomische) «Tätigkeit» des gegebenen Gesellschaftstypus, den eine Klasse hervorgebracht hat, wird durch die I. zu der ihr entsprechenden (politischen, rechtlichen, wissenschaftlich-technischen, ästhetischen usw.) Ordnung entfaltet [4]. Als soziale Gruppe ist also die I. nicht die die «ursprüngliche Tätigkeit» tragende Klasse – sie entsteht mit dieser und ist ihr Organ [5], aber sie ist zugleich ein Teil des «Gesamtarbeiters» [6]. In diesem Sinne ist die Funktion der I. «staatlich» [7] oder «gesellschaftlich-synthetisierend» [8]. Hier erweist sich der Universalitätsanspruch des menschlichen Geistes in der I. als falsches Bewußtsein. Auf die Entfremdung reagiert die I. mit der Ideologie der eigenen *Überparteilichkeit.* Diese ist stärker in den traditionsreichen I.-Kategorien (Philosophen, Kleriker, Künstler, Ärzte, Richter usw.), die – auf den Schein abstrakter Kontinuität sich berufend – die eigene Qualifikation in ihrem Korpsgeist wähnen [9]. Die neue wissenschaftlich-technische I. sucht dagegen die Quelle der Überparteilichkeit ihrer Qualifikation in dem vom Einzelnen nicht mehr kontrollierbaren Ausmaß des Objekts und in dessen (als sachlich empfundenen) Zwängen. Für den Marxismus jedoch ist gerade das Historisch-Besondere im Begriff der I. das Primäre, das konkret das Allgemeine im Begriff gestaltet und die historisch-soziale

Gesetzmäßigkeit der verschiedenen I.-*Kategorien* und deren historischen Wandel aufzeigt.

Sich auf den Marxismus berufende Theorien, die eine metasoziale Vernunft fingieren, verewigen die in der Gesellschaft der privaten Aneignung entstandene Gewalt der Kopf- über die Handarbeit bzw. über die aus ihr entstandene politische Praxis (wie z. B.: K. MANN-HEIMS «sozial freischwebende I.», G. LUKÁCS «Klassenbewußtsein» als metahistorischer Imperativ, die dem positiven Wissen antithetische kritische I. nach der *Frankfurter Schule*, die aus der Selbstnegation entstehende sozial privilegierte revolutionäre I. nach H. MARCUSE, die *stalinistische* Identifikation der I. mit dem bürokratischen Parteiapparat, die I.-Technokratie in heutigen sozialistischen Industriegesellschaften [9a]). Demgegenüber steht A. GRAMSCIS Begriff des «kollektiven Intellektuellen», der sich auf die theoretische Autonomie des historischen Proletariats beruft, mit den aus der Handarbeit resultierenden Lebensformen «organisch» ist, solidarisches Klassenhandeln entwickelt, die eigene Parteilichkeit – die Parteilichkeit für die durch die kapitalistischen Produktionsverhältnisse gehemmten Produktivkräfte – durchsetzt und die Gesellschaft vereinheitlicht, indem er gesellschaftlich-politisch und erkenntnistheoretisch allgemeingültige Verhältnisse («Praxis») zur erkennbaren Welt verwirklicht [10].

Am meisten diskutiert wird im heutigen Marxismus die Rolle der I. im Klassenkampf. Der junge LUKÁCS verlangte den «Klassenverrat» der I. [11]. Die in jüngster Zeit im Westen wiederbelebte stalinistische Parteigläubigkeit und Mythologisierung des Handarbeiters erzeugt neue I.-Feindlichkeit und kehrt zu dem in ihren Parteifunktionären verkörperten *elitär-voluntaristischen* I.-Begriff zurück [12]. In den sozialistischen Ländern ist die wissenschaftliche I. teilweise rehabilitiert worden, um darauf den Glauben an Kontinuität bürokratisch-technokratischer Herrschaft zu errichten [13]. Die offizielle marxistische Doktrin im Westen bewertet die Versuche radikaler Intellektueller positiv und neigt zu einem I.-Begriff als «trait-d'union» zwischen Proletariat und Kleinbourgeoisie; die pädagogisch-politische Aufgabe dieser I. besteht in der Arbeit und im Kampf für antifaschistische, allgemeinmenschliche Werte [14]. Eine fruchtbarere Frage ist die nach Politisierung und Stellung der instrumentalen Vernunft im Produktionsprozeß [15]. Die neue wissenschaftliche I. stellt im Keim die neue Produktionsmethode und die neue Form tätiger Einheit von Mensch und Natur dar [16] – ein Denken «universalen Typs», das, befreit von seiner Subsumierung unter das Kapitalverhältnis, aufhört, die Macht des Kapitals über die Arbeit darzustellen [17] und ein «organisches» Verhältnis zur «muskulären Anstrengung» entwickelt, so daß die materielle Arbeit «zur Grundlage einer neuen und integralen Weltanschauung» werden kann [18], deren Subjekt der selbstbewußt produzierende Mensch sein wird [19]. In einem ähnlichen Schema kann die Rolle der geistig schaffenden I. als Kulturorganisator [20] gedeutet werden. Nach dem russischen Proletkult unter Lunatscharski sollte die revolutionäre I. die drei Haupttätigkeiten der Arbeiterinternationale – die politische, die gewerkschaftliche und die genossenschaftliche – durch die Schaffung einer neuen Kultur ergänzen [20a]. Daran anknüpfend und an der Idee der theoretischen und politischen Autonomie des Proletariats, dessen Revolution zur Gründung eines Staates neuen Typs führen sollte, entstand wenig später die Bewegung ‹L'Ordine Nuovo›, die zunächst, wie andere ehemalige I.-Gruppen

(z. B. ‹Clarté› von H. Barbusse), von einem vagen Bündnis zwischen (kleinbürgerlicher) I. und Arbeitern ausging, aber dann ihre Aufgabe darin sah, einen «historischen Block» [21] mit dem Proletariat zu bilden und als zweite Kraft in der Partei zu fungieren [22], um in einer «kritisch-polemischen Haltung» [23] gegenüber der herrschenden Kultur dann die autonome Arbeiterpraxis der «Arbeitskontrolle» «staatlich»-bewußt zu machen, d. h. sie in eine Einheit mit ihrer Theorie – «neuer Kultur, neuer Sittlichkeit, neuen Lebens- und Denkformen» [24] – zu bringen, sie im «Konsensus» zur Grundlage der «Hegemonie» zu machen [25]. Ähnliche kommunistische I.-Gruppen sind auch in jüngster Zeit gegründet worden, z. B. in Italien die Gruppe um die Zeitschrift ‹Quaderni Rossi› (1961–1967).

Anmerkungen. [1] A. SOHN-RETHEL: Geistige und körperl. Arbeit (1972) 124. – [2] FR. ENGELS, MEW 20, 167ff.; K. MARX, MEW 26, 1, 255ff.; Dtsch. Ideol. (1960) 69f. – [3] Vgl. W. I. LENIN, Werke 30, 16; MARX, MEW 23, 382. 512; Grundrisse (1953) 586ff. – [4] A. GRAMSCI: Philos. der Praxis. Eine Auswahl (dtsch. 1967) 405f. 412. – [5] FR. ENGELS, Dtsch. Ideol. a. a. O. 44ff.; vgl. A. FOGARASI: Die Soziol. der I. und die I. der Soziol. Unter dem Banner des Marxismus 3 (1930) 373. – [6] K. MARX, MEW 23, 443; 26, 126f. – [7] L. KOFLER: Technol. Rationalität im Spätkapitalismus (1971). – [8] Vgl. SOHN-RETHEL, a. a. O. [1]. – [9] GRAMSCI, a. a. O. [4] 408; KOFLER, a. a. O. [7] 56. – [9a] Vgl. unten Anm. [13f.]. – [10] GRAMSCI, a. a. O. [4] 228. – [11] G. LUKÁCS: Zur Organisationsfrage der Intellektuellen. Kommunismus 3 (1920) 17-18. – [12] Vgl. Rote Presse Korrespondenz, Nr. 43-45 (1969). – [13] Vgl. G. KLAUS: Art. ‹I.›, Marxist.-Leninist. Wb. der Philos. (1972); W. HARICH, in: Technol. und Politik 2 (Hamburg 1975). – [14] Vgl. Tesi e documenti del X Congresso del PCI (Rom 1963) 84. – [15] A. GORZ: Schule und Fabrik (1972); A. SOHN-RETHEL: Technische I. zwischen Kapitalismus und Sozialismus (1971); A. DINA: Techniker, Macht und Klassenkampf (1972); Il Manifesto: Arbeitsteilung und Herrschaftstechnik, in: Sozialist. Jb. 3 (1971). – [16] GRAMSCI, a. a. O. [4] 229. – [17] K. MARX, MEW 23, 446. – [18] GRAMSCI, a. a. O. [4] 409; K. MARX: Grundrisse (1953) 313. – [19] GRAMSCI. a. a. O. [4] 409; Z. ZINI: Gli intellettuali e il proletariato. L'Ordine Nuovo (17./18. Dez. 1920) 169. – [20] A. GRAMSCI: Gli intelletuali e l'organizzazione della cultura (Rom 1966) 99ff. – [20a] LENIN, Werke 29, 55ff.; 31, 307f.; R. LORENZ: Proletarische Kulturrevolution in Sowjetrußland. Dokumente des Proletkult (München 1969). – [21] a. a. O. [4] 135; Il materalismo storico (Rom 1966) 115. – [22] a. a. O. [4] 136. – [23] Materialismo … a. a. O. [22] 89. – [24] ZINI, a. a. O. [20]. – [25] GRAMSCI, Materialismo … a. a. O. [22] 201f.

Literaturhinweise. Z. ZINI: L'Ordine Nuovo (1919/20, ND Mailand 1971). – A. BOGDANOW: Die Wiss. und die Arbeiterklasse (dtsch. 1920). – G. LUKÁCS: Gesch. und Klassenbewußtsein (1923). – Quaderni Rossi (1961-1967); dtsch. Auswahl: Arbeiteruntersuchung und kapitalist. Organisation der Produktion (1970); Spätkapitalismus und Klassenkampf (1972). – A. LUNATSCHARSKI: Die Kunst und die Revolution (dtsch. ND 1962). – S. MALLET: La nouvelle classe ouvrière (1963); dtsch. Die neue Arbeiterklasse (1972). – H. MARCUSE: The one-dimensional man (1964); dtsch. Der eindimensionale Mensch (1970). – L. KOFLER: Stalinismus und Bürokratie (1970). – K. MANNHEIM: Wissenssoziol. (1970). – Die neue Arbeiterklasse. Techn. I. und Gewerkschaften im organisierten Kapitalismus (1970). – J.-P. SARTRE: Der Intellektuelle und die Revolution (1970). – R. RICHTA: Polit. Ökonomie des 20. Jh. (1971). – A. GORZ (Hg.): Crit. de la division du travail (Paris 1973). – Vgl. auch Anm. [5. 20. 20a. 21].

J. RODRIGUEZ-LORES

V. Das Wort ‹*Intellektueller*› (= I.er) wurde im politischen Kontext der Dreyfusaffäre geprägt: Am 14. Januar 1898 veröffentlichte ‹L'Aurore› ein ‹Manifeste des intellectuels›, das, u. a. von E. ZOLA und A. FRANCE unterzeichnet, sich für die Revision des Prozesses von 1894 einsetzte und zugleich ein Muster intellektueller Aktivität prägte: den öffentlichen Protest [1]. Die elitäre Selbstbezeichnung, zusammen mit der übernommenen Rolle, Stimme des Gewissens der Nation zu sein, provozierte sofort als Reaktion den von nun an anscheinend universell gültigen Topos des anti-intellektuellen Affekts: den Vorwurf der Verantwortungslosigkeit gegenüber

Staat und Gesellschaft und die diffamierende Unterstellung sowohl sozialutopischen Denkens [2] als neuer geistesaristokratischer Prätention [3]. Es ist bemerkt worden, daß die I.en seitdem in der Polemik für und wider die I.en gespalten sind [4]. Die Kritiker halten insbesondere Willens- und Charakterstärke, Urteilskraft, praktische Erfahrung und Klugheit für wichtiger als die «Logik des Absoluten», deren M. BARRÈS die I.en bezichtigt [5]. G. SOREL sieht die Funktion einer proletarischen Revolution geradezu in der Abschaffung der I.en und ihrer sozialen Funktionen [6].

Der neue, gegen Ende des 18. Jh. entstandene Typ einer durch Leistungswissen statt – im weitesten Sinn philosophischen – Bildung ausgezeichneten Intelligenz (= I.) [7] rekrutierte sich vornehmlich aus den in ihrem Machtmonopol politisch wie ideologisch problematisch gewordenen Gesellschaftsschichten des Adels und der Kirche einerseits und aus dem an politischem Ansehen und ökonomischer Potenz erstarkenden Bürgertum andererseits [8]. Diese moderne «laizistische» I. stellte nun in ihrer Akkumulierung und Fetischisierung von Wissen (getreu dem Wissenschaftsprogramm ihres ersten Ideologen A. COMTE [9]) für die nachfolgenden Jahrzehnte die Weiche in Richtung auf die Institutionalisierung der angemaßten Kongruenz von Wissen und Gewissen.

Konzentriert sich die Diskussion um die Rolle der I.en, die von Frankreich ausging, vor allem auf Legitimität oder Illegitimität eines politischen Machtanspruchs der I.en [10], so ist der vom russischen Intelligentsia-Begriff mitgeprägte Begriff der I. an der sozialen Marginalität der I. orientiert. So wurde das Wort bereits vor 1900 von R. LUXEMBURG auf die zwischen Opposition gegen die herrschende staatliche Ordnung und Affinität zur politischen Praxis des Proletariats stehenden Gebildeten Osteuropas angewendet [11]. Bereits hier begegnet die die sozialistische Literatur zum Thema immer wieder beschäftigende Schwierigkeit der Zuordnung der I., deren gemeinsame Charakteristika auch nicht übersehen werden können, zu einer bestimmten Klasse einer im Modell einer in zwei sich bekämpfende Klassen zerfallend gedachten Gesellschaft. Luxemburg dividiert einerseits bürgerliche und proletarische I. auseinander, kann aber andererseits dann nicht ohne eine Zwischenschicht des Übergangs auskommen, die sie als solche – Mannheim antizipierend – als «in der Luft hängend» und eben deswegen als ohnmächtig bezeichnet [12]. Insbesondere die «deklassierte I.» wird als potentieller Verbündeter des Proletariats behandelt [13], die zur «revolutionären I.» [14] reifen kann. – Ohne Einfluß auf die Geschichte des I.-Begriffs blieb H. BALLS anarcho-klerikales Pamphlet von 1919 [15], in dem er eine «Internationale der religiösen I.», «eine gütige Konspiration der Geister» propagierte.

In der *wissenschaftlichen* Literatur setzen sich die Begriffe des I.en und der I. nur sehr zögernd durch. Hier mußten das ideologische Konzept des «Gebildeten» des Bürgertums des 19. Jh. und die sozialwissenschaftliche Neuprägung des «geistigen Arbeiters» ersetzt werden [16]. Die erste bedeutende *Soziologie* der I. wurde von K. MANNHEIM entwickelt [17]. Er sieht in der bemerkten Distanz der I. von der sozialen Wirklichkeit gerade ihre Chance zu Objektivität, die die sonstige allgemeine Standortgebundenheit des Wissens relativ überwinden kann, so daß bei Mannheim soziale Wahrheit geradezu als von der I. monopolisiert gedacht wird. Die Freiheit von Standortgebundenheit wird als historische Errungenschaft aufgefaßt und damit der Terminus der «relativ

freischwebenden Intelligenz» [18], den Mannheim A. Weber verdankt, in seiner Geltung auf die Phase der Konzentration nach der «Fundamentaldemokratisierung des Wissens» eingeschränkt [19]. Die I. hat die kulturelle Aufgabe, über allen elementaren Polarisierungen an der «dynamischen Vermittlung», an der «Kultursynthese» [20] im Interesse des Ganzen zu arbeiten; daraus erwächst ihr nach Mannheim zugleich auch die Berufung zu politischer Führung, was voraussetzt, daß die I. ein soziales Zusammengehörigkeitsgefühl und Selbstbewußtsein entwickelt und so allererst politisch handlungsfähig wird. In dem Maße, in dem ihr das gelingt, erweist sie zugleich eine auf den Klassenantagonismus gegründete Theorie der Gesellschaft als unbrauchbar.

Demgegenüber betont R. MICHELS [21] die Existenz eines geistigen Proletariats, das seine Existenzbedingungen nicht gelungener Integration in den bestehenden Staat, d. h. ihrer Marginalisierung verdankt, weil die I. stets ein Überangebot an geistigen Werten produziere und das Prinzip der Konkurrenz dann für die Auslese sorge. Während oft die Tendenz besteht, den revoltierenden Teil der I. für den wesentlichen zu halten und dementsprechend in die Definition aufzunehmen, gilt es nach Michels jedoch dafür aufgeschlossen zu bleiben, daß I.e Führer und Mitläufer *jeder* politischen Strömung sein können, so daß sich in den ideologischen Kämpfen auf beiden Seiten I.e gegenüberstehen, so daß I.e sowohl Wortführer des Proletariats (z. B. Marx, Engels, Lassalle, Lenin) waren als auch der Kapitalistenklasse. Wegen der sozialen Ungebundenheit stellen die I.en in der Bewegung aber immer auch eine Gefahr dar, da sie nicht aufgrund ihrer sozialen Position auf einer bestimmten Seite stehen, sondern oft Überläufer sind.

Läge es von der Herkunft der Begriffe nahe, zwischen ‹I.› und ‹I.en› im Sinne zu unterscheiden, daß man der I. soziale Deklassiertheit, Marginalität und revoltierendes Bewußtsein zuschreibt und die I.en als die Integrierten, deren Urteil etwas gilt, als Schöpfer und Vermittler von Kulturbeständen zu sehen, deren geistige Produkte ihren Absatz finden, so ist es doch nirgendwo zu einer solchen Unterscheidung gekommen. Einzig T. GEIGER versucht überhaupt, das Unterscheidungspotential zu nutzen, freilich nicht zur Differenzierung des Gegenstandsbereichs. Die Kategorien haben bei ihm vielmehr verschiedene analytische Wertigkeit: «I.e ist ein sozialpsychologischer, I. ein kultursoziologischer Begriff» [22]. Er definiert die I.en als diejenigen, «die im weitesten Sinn geistige, immaterielle Arbeit ausführen, insbesondere die akademisch Geschulten», und unterscheidet sie von der «kulturschöpferischen» I. [23] als der «Elite derer, die eine bestimmte gesellschaftliche Funktion ausfüllen, nämlich die repräsentativen Kulturbestände der Gesellschaft hervorbringen und verwalten» [24]. Allerdings hat sich Geigers Unterscheidung nicht durchsetzen können. Kultursoziologisch gesehen hat nach ihm die I. eine ähnlich innovatorische Funktion im Bereich des Geistigen wie das Unternehmertum im Wirtschaftlichen. Geiger weist ihr im wesentlichen drei Aufgaben zu: Vergeistigung des Daseins (in Religion, Kunst und Theorie), Rationalisierung des Lebens (vor allem als «wissenschaftlich-technische I.») sowie Kritik und Mäßigung der Macht [25]. Wenn die I. einerseits als Ideologie jeder politisch sozialen Gruppierung auftreten kann (Vergeistigungsfunktion), andererseits aber immer auch als Kritikerin der Macht (und damit der in ihren Diensten stehenden ideologischen I.) ist, so kommt Geiger in die gleichen Schwierigkeiten hinein, die er an Mannheims Konzept einer besonderen I.-Schicht kritisierte, denn es besteht kein Zweifel, daß auch er die ideologie-kritische, «sozialwissenschaftliche» Abseitsstellung der I. für legitimer ansieht als die ideologisch vergeistigende [26]. Zugrunde liegt hier die ontologisch fixierte Fundamentaldifferenz von Geist und Macht. Damit ist für Geiger wie auch für Mannheim die Theorie der I. ein Sonderfall der Theorie der Elite. In konsequenter Ablehnung materialistischer Motive bestreitet Geiger auch einen Zusammenhang zwischen Ideologiekritik der I. und ihrem sozialen Status. Die Deklassierten betrachtet er vielmehr als die Unqualifizierten, die in der Konkurrenz zu Recht gescheitert seien, als «Pseudo-I.» [27].

Es ist im wesentlichen die von Geiger gepriesene kritische Funktion der I., die J. Schumpeter ihr zum Vorwurf macht: ohne Verantwortung für Praxis und ohne Kenntnisse aus realer Erfahrung zu kritisieren und als permanenter Störungsfaktor zu wirken [28]. Gegenüber A. von Martins Zweierklassifikation in kulturtragende und technisch-organisatorische Funktionen der I. [29] und Geigers Dreiermodell versucht H. Kluth, fünf Funktionen der I. zu unterscheiden: Dynamisierung der Gesellschaft, Durchsetzung und Verteidigung des Rationalitätsprinzips, Vermittlung gesellschaftlicher Selbstverständigung, Erzeugung der Profankultur, Ausübung der Gesellschafts- und Kulturkritik [30]. Auf der Unterscheidung von Geist und Macht, von der Geiger ausgeht, beruht auch die systemtheoretische von sozialem und kulturellem System. T. Parsons verzichtet konsequenterweise auf den Versuch, den I.en in Begriffen des sozialen Systems zu beschreiben und glaubt so im wesentlichen dem Selbstverständnis des I.en gerecht zu werden, der kulturelle Erwägungen über soziale stelle. Es ist aber die Frage, ob man mit dieser Einschränkung dem Phänomen der I. noch hinreichend gerecht werden kann; denn immerhin füllt die I. zwischen Bohème bzw. intellektuellem Proletariat und bürokratisiertem Expertentum der technischen I. auch explizit Muster des sozialen Systems aus [31].

Wie wenig Konturen die Begriffe bislang gewonnen haben, ist nicht zuletzt ablesbar an der Tatsache, daß G. Simmel, wie verschiedentlich bemerkt wurde, unter dem Titel des «Fremden» eine Beschreibung gegeben hat, die von späteren Charakterisierungen des I.en nur wenig differiert [32]. Offenbar ist es gerade der Mangel derjenigen Qualität, die der I. oft zugeschrieben wird, der Mangel an Distanziertheit, der die sozialwissenschaftliche I. unfähig macht, I. zu begreifen; denn es sind die «I.en, die als einzige über die I.en schreiben ...» [33]. Die Schwierigkeiten im Begriff des I.en haben ihre Entsprechung in den Schwierigkeiten prominenter I.er mit ihrer Rolle: J.-P. Sartre muß einerseits sein eigenes I.er-Sein einer Gesellschaft zuschreiben, die ihm diese vom System definierte Rolle und deren Grenzen zuweist [34]; anderseits aber hat er sich als I.er gerade dadurch zu bewähren, daß er die Widersprüchlichkeit der Gesellschaft, deren Symptom er ist, aushält und bewußtmacht, indem er die Allgemeinheit seines Erkennens gegen die Partikularität des Rahmens als Kritik kehrt. Als Orientierung seiner Praxis antizipiert er einen Zustand, in dem es I.e nicht mehr gibt. – Selbst die Apologie des philosophierenden I.en, die Th. W. Adorno sich und anderen «Nachsokratikern» schrieb [35], ist davon gezeichnet, daß die «Suspension der Arbeitsteilung» und die Aufhebung der «Departementalisierung des Geistes» [36] zwar die Berufung des I.en ist, willentlich «allemal Unrecht [zu] behalten» [37] aber sein Schicksal sein muß.

Als *Selbst*bezeichnung unter Gebildeten ist ‹I.er› seit der Entstehung des Begriffs ein Indikator für die vollzogene Integration in einen emanzipatorischen Prozeß der Verwirklichung bürgerlicher Freiheitspostulate oder (alternativ dazu) für die Selbstermächtigung zur Führungsrolle in politischer Organisationspraxis [38]. Demgegenüber erhält sich die Funktion von ‹I.er› als diffamierende *Fremd*bezichtigung in der Tradition der pauschalisierenden Ächtung abweichenden Verhaltens auf politisch und sozial für relevant geltenden Sektoren. Insgesamt erscheinen so die Begriffe des I.en und der I. auch heute noch kaum der ideologisch-polemischen Verwendung entwachsen und wissenschaftlich diszipliniert zu sein. Deshalb ist keineswegs sicher vorauszusagen, *wer* sich oder andere mit dem Titel ‹I.er› auf- oder abwertet. Sowohl von Rechts wie von Links kommt die Polemik gegen den vermeintlich zu großen oder auch zu geringen Einfluß der I. auf das öffentliche und politische Leben [39].

Anmerkungen. [1] L. Bodin: Les intellectuels (Paris 1964) 6ff. – [2] J. P. Nettl: Ideas, intellectuals, and structures of dissent, in: P. Rieff (Hg.): On intellectuals (New York 1969) 87. – [3] M. Barrès, zit. bei Bodin, a. a. O. [1] 8. – [4] a. a. O. 73. 75. – [5] M. Barrès: Les intellectuels ou logiciens de l'absolu, in: Scènes et doctrines du nationalisme (Paris 1902) 40-64. – [6] G. Sorel: La décomposition du marxisme (Paris ³1926) 54; Über die Gewalt (1969) 45. 160. 190; vgl. E. Berth: Les méfaits des intellectuels (Paris ²1926). – [7] Vgl. H. Gerth: Die sozialgesch. Lage der bürgerl. I. um die Wende des 18. Jh. (Diss. Frankfurt a. M. 1935) 54f. – [8] a. a. O. 17ff. 31f. – [9] Vgl. P. Arnaud (Hg.): Politique d'Auguste Comte (Paris 1965). – [10] R. Aron: L'opium des intellectuels (Paris 1956) 258f. – [11] R. Luxemburg: Ges. Werke (1970) I/1, 48; I/2, 480f. – [12] a. a. O. I/1, 48f. – [13] I/2, 438. 481. – [14] I/1, 492. – [15] H. Ball: Zur Kritik der dtsch. I. (1970) 34. 38. – [16] Vgl. A. Weber: Die Not der geistigen Arbeiter (1923). – [17] K. Mannheim: Wissenssoziol. (1964); Ideol. und Utopie (⁵1969); Mensch und Gesellschaft im Zeitalter des Umbaus (1935); Essays on the sociol. of culture (London 1956). – [18] Zuerst 1927 in: Das konservative Denken, in: Wissenssoziol. a. a. O. 455. – [19] Über die Bedeutung der Konkurrenz im Gebiete des Geistigen, in: Wissenssoziol. a. a. O. [17] 575. – [20] Ideol. a. a. O. [17] 134ff. – [21] R. Michels: Art. ‹Intellectuals›, in: Encyclop. social Sci. 8 (New York 1959) 122. – [22] T. Geiger: Aufgaben und Stellung der I. in der Gesellschaft (1949) 13. – [23] ebda. – [24] a. a. O. 88. – [25] 43ff. – [26] 77. – [27] ebda. – [28] J. Schumpeter: Kapitalismus, Sozialismus und Demokratie (²1950) 237. – [29] A. von Martin: Geist und Gesellschaft (1948). – [30] H. Kluth: Art. ‹I.›, in: Staatslex. (⁶1959) 4, 347. – [31] T. Parsons: The intellectual: a social role category, in: On intellectuals a. a. O. [2]. – [32] K. Lenk: Die Rolle der I.-Soziol. in der Theorie Mannheims. Kölner Z. Soziol. u. Sozialpsychol. 15 (1963) 324; A. Neusüss: Utopisches Bewußtsein und freischwebende I. (1968) 195. – [33] Th. W. Adorno: Minima Moralia (1969) 25. – [34] J.-P. Sartre: Der I. und die Revolution (dtsch. 1971) 11. – [35] Adorno, a. a. O. [33] 15f. 85f. – [36] a. a. O. 15. – [37] 86. – [38] Vgl. A. Gehlen: Moral und Hypermoral. Eine pluralist. Ethik (1970). – [39] Michels, a. a. O. [21] 120ff.

Literaturhinweise. L. Bodin s. Anm. [1]. – K. von Beyme: Art. ‹I.›, in: Sowjetsystem und demokrat. Gesellschaft (1969) 3, 185-207. – M. Lepsius: Kritik als Beruf – Zur Soziol. der I.en. Kölner Z. Soziol. u. Sozialpsychol. 16 (1964) 75-91.

W. Mackenthun/K. Röttgers

VI. Als integrierende *psychische Funktion* wurde I. (von lat. intelligentia, frz./engl. intelligence) wohl zuerst von H. Spencer [1] sowie von Galton [2] und Binet [3], die an Spencer anknüpften, zum Problem gemacht. Sie unternahmen die ersten Versuche, I. durch Erfassung relevanter Leistungsbereiche zu messen. Danach setzte in der wissenschaftlichen *Psychologie* ein intensives Ringen ein, das Konstrukt ‹I.› begrifflich zu präzisieren und eindeutige Meßmethoden festzulegen. Seit W. Stern [4] und E. Claparède [5] wird ‹I.› meist definiert als eine allgemeine geistige Anpassungsfähigkeit an *neue* Aufgaben und Lebensbedingungen bzw. nach H. Rohracher als durchschnittlicher Leistungsgrad der psychischen Funktionen bei der Bewältigung neuer Situationen [6]. Die I.-Forschung verlief überaus vielschichtig, und verschiedene Ansätze erlangten in ihr wechselnde Bedeutung [7]; sie ist insbesondere Gegenstand der differentiellen und der Testpsychologie. In letzter Zeit wird sie weitgehend durch die statistische Technik der Faktorenanalyse bestimmt. – Drei verschiedene Ansätze können unterschieden werden:

1. Die Funktionalität der I. Anknüpfend an die Theorie von STERN wurde das Prozeßhafte der I. betont, oft in Anlehnung an ein homöostatisches Modell; für die Gestaltpsychologen M. WERTHEIMER und W. KÖHLER [8] waren die höchsten Formen dieses Gleichgewichtsprozesses die Umstrukturierung und Umzentrierung eines gegebenen Materials. Während diese Autoren von der Messung der I. Abstand nahmen, zeigte R. MEILI in Anlehnung an diese Theorie mit Hilfe der Faktorenanalyse Fähigkeiten auf, die mit gestaltpsychologischen Termini bestimmbar waren (Komplexität, Plastizität, Globalität, Fluidität) [9]. Mit R. HEISS lassen sich diese Fähigkeiten auch als «Organisationsfaktoren» der I. auffassen [10].

2. Aufbauend auf C. SPEARMAN [11] entwickelte THURSTONE [12] die Centroidmethode der Faktorenanalyse; die damit gewonnenen Faktoren wurden *inhaltlich* interpretiert. Primärfähigkeiten sind insbesondere Sprachverständnis (V = Verbal), Wortflüssigkeit (W = Wordfluency), numerisches (N = Number), räumliches (S = Space) und logisches Verständnis (R = Reasoning). Nach diesem Konzept sind bis heute die wichtigsten I.-Tests konstruiert worden. Die Extraktion derartiger Materialfaktoren ist nach Zahl und Art weitgehend von der Stichprobenbildung abhängig.

3. Von BURT [13], auch von VERNON [14] wird (innerhalb der «englischen Schule») die hierarchische Durchgliederung der I. herausgestellt. Ein Schichtmodell formaler Art gliedert die einzelnen I.-Faktoren.

J. P. GUILFORD hat auf Grund vieler systematischer und empirischer Untersuchungen diese drei Aspekte integriert. Sein dreidimensionales Ordnungssystem stellt den vorläufigen Endpunkt der I.-Forschung dar. Er unterscheidet fünf funktionale Faktoren oder Fähigkeitskategorien: Gedächtnis, Erfassung, konvergente Produktion, divergente Produktion, Beurteilung (Denkoperationen). Diese Gruppen werden durch zwei weitere Dimensionen untergliedert: erstens durch Materialfaktoren: figurale (einschl. räumliche), symbolische (einschl. numerische) und semantische (Denkinhalte), und zweitens durch den Grad der Komplexität: von einfachen Klassenbildungen bis hin zur Erfassung komplizierter Relationen und Transformationen (Denkprodukte). Das System hat Platz für weit über 100 Faktoren, von denen Guilford selbst bisher annähernd 50 nachgewiesen haben will [15]. Es ist Guilfords Verdienst, ein umfangreiches und klares Ordnungssystem geboten, auf die Bedeutung der produktiven Faktoren der I. hingewiesen und gezeigt zu haben, daß es «das Gedächtnis» nicht gibt. Er berücksichtigt weiterhin die besondere Rolle der sozialen Faktoren der I. Eine kritische Untersuchung der faktoriell orientierten I.-Theorien gibt A. O. JÄGER [16].

Guilford ist damit einer der entschiedensten Gegner der Konzeption einer «Allgemein-I.», die von SPEARMAN im Rahmen seiner Zwei-Faktoren-Theorie eingeführt worden ist; Spearman trennte den «general factor» (g) von den «specific factors» (s). Auch innerhalb der klinischen Psychologie wird die Effektivität eines allgemeinen

I.-Begriffes bestritten. Diesen Bedenken kommt die Konzeption von R. B. CATTELL entgegen. Er unterscheidet – gewonnen aus einer Vielzahl von Primärfähigkeiten – zwei allgemeine I.-Faktoren, einen Faktor der Flüssigkeit (Fluid Ability, GF) und einen Faktor der Gestaltung oder Verarbeitung (Crystallized Ability, GC). Eine Allgemein-I. könnte danach im Sinne des GF-Faktors interpretiert werden als Fähigkeit, schnell und ohne Mühe Relationen zu erfassen. Der GC-Faktor hingegen würde eher in die Richtung weisen, die durch den Begriff der Begabung bestimmt wird. Dieser «enge» Begriff einer Allgemein-I. wird wie folgt charakterisiert: «Fluid Ability» erreicht im Verlauf der menschlichen Entwicklung relativ früh ein Maximum (in den Altersstufen 14–16), sinkt nach dem 20. Lebensjahr ab; sie korreliert mit der Schnelligkeit des Lernens in neuer Umgebung, wird am sichersten mit «Speed»-Tests (Tests, bei denen es auf *schnelle* Leistungen ankommt) erfaßt und wird in ihrer Effizienz durch organische Hirnschädigungen leichter betroffen [17]. A. ANASTASI und J. P. FOLEY betonen, daß die angewendeten Verfahren zur Ermittlung der I.-Faktoren kulturabhängig sind. Sie definieren I. deshalb pragmatisch als die den innerhalb einer Kultur Erfolgreichen gemeinsamen Fähigkeiten [18].

Die Struktur der I. (oder die Befähigung) ist nur bedingt invariant. Sie ist abhängig vom Lebensalter; die gestaltpsychologische Theorie von der Entwicklung als Differenzierungsvorgang macht einen Strukturwandel verständlich. Empirische Untersuchungen (z. B. von H. E. GARRETT [19]) zeigen, daß mit Zunahme des Alters sich divergente Strukturbilder ergeben, die quantitative wie qualitative Veränderungen aufzeigen. Ohne Berücksichtigung faktorenanalytischer Konzepte hat J. PIAGET wohl den größten Beitrag zur Erforschung der I. geleistet [20]. Die I.-Struktur zeigte sich als abhängig vom allgemeinen Entwicklungsniveau. Schwachsinnige und retardierte Kinder bieten in Untersuchungen andere Strukturbilder der I. als normal intelligente Kinder. Weiterhin ergeben sich Abhängigkeiten von allgemeinen Persönlichkeitsmerkmalen (emotionale Stabilität z. B.) wie auch von hirnorganischen Schädigungen [21].

I. erscheint danach als gegliedertes Konstrukt zur Erklärung des unterschiedlichen Leistungsverhaltens, das je nach untersuchter Stichprobe besonderer Definition bedarf. Nur dann kann die Psychologie der I. den Anforderungen gerecht werden, die insbesondere von der psychologischen Diagnostik verlangt werden müssen, bei Fragen nach der Berufseignung, der Schulreife und des Schulerfolges. Eine befriedigende Theorie der I. steht noch aus; sie wird sich auch nur im Rahmen einer allgemeinen Persönlichkeitstheorie finden lassen.

Anmerkungen. [1] H. SPENCER: Die Prinzipien der Psychol., dtsch. (nach der 3. engl. Aufl.) B. VETTER (1882) 1, 400ff. – [2] F. GALTON: Human faculties (London 1883). – [3] A. BINET: Etude expérimental de l'I. (Paris 1903). – [4] W. STERN: Differentielle Psychol. (³1921); Die I. der Kinder und Jugendlichen und Methoden ihrer Untersuch. (1920). – [5] E. CLAPARÈDE: Comment diagnostiquer les apitudes chez les écoliers? (Paris 1924). – [6] H. ROHRACHER: Die Arbeitsweise des Gehirns und die psychischen Vorgänge (1953); Kleine Charakterkunde (Wien 1961). – [7] J. J. JENKINS und D. PATTERSON (Hg.): Stud. in individual differences. The search for I. (New York 1961). – [8] W. KÖHLER: Das Wesen der I., in: Kind und Umwelt, hg. A. KELLER (1930). – [9] R. MEILI: Recherches sur les formes d'I. Arch. de Psychol. 22 (1930) 201-284; Grundlegende Eigenschaften der I. Schweiz. Z. Psychol. 2 (1943) 166-174. 265-271; Gestalt und Struktur im Problem der I., in: WEINHANDL (Hg): Gestalthaftes Sehen (1960) 255-265. – [10] R. HEISS: Zum Begriff der I. Diagnostica 6 (1960) 3-11. – [11] C. SPEARMAN: The abilities of man (London 1927). – [12] L. L. THURSTONE: Primary mental abilities. Psychometric

Monogr. No. 1 (1938). – [13] C. BURT: The structure of mind. Brit. J. educ. Psychol. 19 (1949) 100. – [14] P. E. VERNON: The structure of human abilities (London 1950). – [15] J. P. GUILFORD: The nature of human I. (New York 1967). – [16] A. O. JÄGER: Dimensionen der I. (1967). – [17] R. B. CATTELL: Personality and motivation (New York 1957). – [18] A. ANASTASI und J. P. FOLEY: Differential psychol. (New York 1949). – [19] H. E. GARRETT: A developmental theory of I. Amer. Psychologist 12 (1946) 372. – [20] J. PIAGET: Psychol. der I. (dtsch. 1948). – [21] K. H. WEWETZER: Das hirngeschädigte Kind. Psychol. und Diagnostik (1959).

Literaturhinweis. H. J. BUTCHER: Human I., its nature and assessment (London 1968). K. H. WEWETZER

Intelligenz, praktische. Der Begriff ‹p.I.› gehört bei M. SCHELER zur Gliederung der «*Stufenfolge der psychischen Kräfte*» [1]. Die praktische I. ist «prinzipiell noch *organisch gebundene*» I. [2]: «Auch das ‹intelligente› Verhalten können wir definieren zunächst ohne Hinblick auf die psychischen Vorgänge. Ein Lebewesen verhält sich ‹intelligent›, wenn es ohne Probierversuche oder je neu hinzutretende Probierversuche ein sinngemäßes ... Verhalten *neuen*, weder art- noch individualtypischen Situationen gegenüber vollzieht, und zwar *plötzlich* und vor allem *unabhängig von der Anzahl* der vorher gemachten Versuche, eine triebhaft bestimmte Aufgabe zu lösen. Wir sprechen von ‹organisch gebundener› I., solange als das innere und äußere Verfahren, welches das Lebewesen einschlägt, im Dienste einer Triebregung oder einer Bedürfnisstillung steht, und wir nennen diese I. auch ‹praktisch›, da ihr Endsinn immer ein *Handeln* ist, durch das der Organismus sein Trieb-Ziel erreicht (bzw. verfehlt). Dieselbe I. kann beim Menschen in den Dienst spezifisch *geistiger* Ziele gestellt werden; erst dann erhebt sie sich über Schlauheit und List» [3]. Die p.I. wird nach unten und nach oben abgegrenzt. Nach unten wird sie abgehoben vom «*assoziativen Gedächtnis*» [4], das nicht mehr instinktorientiert ist, sondern den Verfall des Instinkts voraussetzt: «Die Wirksamkeit des assoziativen Prinzips bedeutet im Aufbau der psychischen Welt zugleich Zerfall des Instinktes und seiner Art von ‹Sinn› und Fortschritt der Zentralisierung und gleichzeitigen Mechanisierung des organischen Lebens. Sie bedeutet ferner zunehmende *Herauslösung* des organischen *Individuums* aus der Artgebundenheit und der anpassungslosen Starrheit des Instinktes» [5]. Zum assoziativen Gedächtnis, das mangels instinktiver Gebundenheit das Risiko seiner Störbarkeit einschließt, verhält sich dann die p.I. als Korrektiv: «Wo immer die Natur diese neue psychische Form des assoziativen Gedächtnisses aus sich hervorgehen ließ, hat sie ... zugleich das Korrektiv für ihre Gefahren schon in die ersten Anlagen dieser Fähigkeit mit hineingelegt. Dieses Korrektiv ist nichts anderes als die prinzipiell noch *organisch gebundene p.I.*» [6]. Ebenso wird die p.I. nach oben abgegrenzt vom «*Geist*», der die «*Sonderstellung*» des Menschen im Kosmos begründet [7]. Der Geist ist dann bestimmt durch «*seine existentielle Entbundenheit vom Organischen*», also durch seine Ablösbarkeit «vom ‹Leben› und allem, was zum Leben gehört – also auch von seiner eigenen triebhaften I.» [8].

Anmerkungen. [1] M. SCHELER: Die Stellung des Menschen im Kosmos (⁶1962) 11. – [2] a. a. O. 32. – [3] ebda. – [4] 25. – [5] 30. – [6] 32. – [7] 38. – [8] ebda. P. PROBST

Intelligenzquotient (IQ) heißt der Index, der die Höhe der von einem Individuum in einem Intelligenztest erzielten Leistung durch einen Vergleich mit den Leistungen einer Bezugsgruppe in diesem Test angibt.

Die Relativierung der individuellen Leistung auf die der Bezugspopulation kann nach zwei Verfahren erfolgen:

1. Durch Aufsuchen derjenigen Altersgruppe der Vergleichspopulation, die im Durchschnitt dasselbe Testergebnis erzielt hat wie der Proband, wird dessen Intelligenzalter (IA) ermittelt; das erreichte IA wird durch das Lebensalter (LA) des Probanden – theoretisch durchsichtiger formuliert: durch das aufgrund des LA zu erwartende IA – dividiert, der Quotient zur Vermeidung von Dezimalzahlen mit 100 multipliziert.

Allgemeine Formel: $IQ = \dfrac{IA}{LA} \cdot 100$

Der definierte Index – ‹klassischer IQ›, in der anglo-amerikanischen Literatur auch ‹ratio IQ› genannt – kennzeichnet den Leistungsvorsprung (IQ >100), -gleichstand (IQ = 100) oder -rückstand (IQ <100) eines Individuums gegenüber der Altersnorm auf dem Hintergrund der durchschnittlichen altersmäßigen Leistungsentwicklung in diesem Test.

2. Die Testleistung (X) des Probanden wird durch ihre Abweichung vom Mittelwert der altersentsprechenden Bezugsgruppe angegeben. Die Leistungspunktverteilung wird dabei so transformiert, daß eine Normalverteilung mit dem Mittelwert (μ) 100 und einer vom Testautor festgelegten Streuung, gemessen als Standardabweichung (σ) – meist 15 oder 16 IQ-Punkte –, resultiert. Im Falle einer Normalverteilung der Leistungspunkte mit den Statistiken M und s lautet die *allgemeine Formel:*

$$IQ = \mu + \frac{\sigma}{s} \cdot (X - M)$$

Der definierte Index – obwohl kein Quotient, ‹Abweichungs-IQ› bzw. ‹deviation-IQ› genannt – kennzeichnet die relative Position eines Individuums in der Leistungsverteilung seiner Altersklasse.

Die Entwicklung des IQ-Konzepts erfolgte im wesentlichen in den theoretischen und/oder praktischen Arbeiten von A. BINET, W. STERN, L. M. TERMAN und D. WECHSLER. Der Versuch BINETS und TH. SIMONS (1905), die Tatsache des Intelligenzleistungsanstiegs während der kindlichen Entwicklung für die Konstruktion einer «échelle métrique de l'intelligence» [1] nutzbar zu machen, führte zu dem Begriff des «âge mental» [2]. Das IA eines Probanden ist definiert als Äquivalent des LA derjenigen Altersklasse der Vergleichspopulation, die im Durchschnitt dasselbe Testergebnis erzielt hat wie der Proband. Den Intelligenzvorsprung bzw. -rückstand eines Probanden gegenüber der Altersnorm kennzeichnete BINET durch den Differenzwert IA − LA.

Um der offensichtlich unterschiedlichen Bedeutung einer numerisch gleichen Differenz auf verschiedenen Altersstufen Rechnung zu tragen, schlug STERN 1912 die Einführung des «Intelligenzquotienten» [3] als Quotienten aus IA und LA vor. Durch die Relativierung auf das jeweilige LA erhält z. B. ein Intelligenzrückstand von einem Jahr bei einem fünfjährigen Kind (IQ: 0,8 bzw. 80) ein stärkeres Gewicht als bei einem zehnjährigen (IQ: 0,9 bzw. 90). Der IQ – so die Erwartung STERNS – sollte ein von der Zunahme des LA des Probanden unabhängiger, konstanter Index der intellektuellen Leistungsfähigkeit sein.

Die Frage nach der Konstanz des IQ-Wertes im Laufe der individuellen Entwicklung hat jedoch neben einem psychologisch-inhaltlichen einen meßtechnisch-formalen Aspekt. IQ-Maßzahlen verschiedener Altersstufen sind statistisch nur dann vergleichbar, wenn die IQ-Verteilungen der verschiedenen Altersklassen untereinander gleich sind, d. h. im Falle der Normalverteilung: wenn sie denselben Mittelwert und dieselbe Standardabweichung haben, was bei wachsendem LA eine proportionale Zunahme der Streuung des IA und eine Abnahme des entwicklungsbezogen definierten Schwierigkeitsindexes der Testaufgaben impliziert [4]. Daß sich die resultierenden Forderungen an die Testkonstruktion für den Bereich kindlicher und jugendlicher Entwicklung in einer für die Praxis annehmbaren Weise einlösen lassen, zeigte die zweite Revision der Stanford-Binet Intelligence Scale, vorgelegt 1937 von L. M. TERMAN und M. A. MERILL [5], ergänzt durch die Korrekturtafeln von Q. McNEMAR [6].

Ungelöst blieb allerdings das Problem der Intelligenzmessung bei Erwachsenen. Das Konzept des IA – und damit das des klassischen IQ – hat eine testspezifische «natürliche Grenze der Anwendbarkeit» [7], die erreicht ist, wenn bei wachsendem LA die durchschnittliche Testleistung nicht mehr ansteigt oder sogar absinkt. Wird die definitorische Vorschrift zur Ermittlung des IA in solchen Altersbereichen eingehalten, so ist eine differenzierende Messung nicht mehr möglich. Wird als Aushilfsstrategie der Nenner des Quotienten $\frac{IA}{LA}$ auf einen maximalen Wert von z. B. 15 festgelegt [8], so sinkt der durchschnittliche IQ höherer Altersklassen unter einen Wert von 100, d. h. ein wesentliches begriffliches Merkmal des IQ wird zerstört. Deshalb führte WECHSLER 1939 den Abweichungs-IQ ein, der die Testleistung eines Probanden nicht durch das Verhältnis von IA zu LA, sondern durch die Abweichung vom Leistungsmittelwert der jeweiligen Altersgruppe definiert [9]. Als Statistiken der Abweichungs-IQ-Verteilung einer Altersklasse wählte Wechsler einen Mittelwert von 100 und eine Standardabweichung von 15 IQ-Punkten, so daß sich ein formal annähernd äquivalentes Maß zu dem IQ der Stanford-Binet-Revision von 1937 (Mittelwert 100; Standardabweichung 16) ergab.

Standardnormen mit der Bezeichnung ‹Abweichungs-IQ› finden sich seither in zahlreichen Tests. Allerdings hat sich keine verbindliche Konvention für die Festlegung des Wertes der Standardabweichung herausgebildet, so daß die numerisch gleichen IQ-Maßzahlen verschiedener Tests häufig statistisch nicht gleichwertig sind.

Anmerkungen. [1] A. BINET und TH. SIMON: Méthodes nouvelles pour le diagnostic du niveau intellectuel des anormaux. Année psychol. 11 (1905) 191-244, bes. 194. – [2] A. BINET und TH. SIMON: Le développement de l'intelligence chez les enfants. Année psychol. 14 (1908) 1-94. – [3] W. STERN: Über die psychol. Methoden der Intelligenzprüfung, in: Ber. 5. Kongr. exp. Psychol. Berlin, hg. F. SCHUMANN (1912) 1-109, bes. 28. – [4] Q. McNEMAR: The revision of the Stanford-Binet Scale. An analysis of the standardization data (Boston 1942) 9. – [5] L. M. TERMAN und M. A. MERRILL: Measuring intelligence (Boston/London 1937). – [6] McNEMAR, a. a. O. [4]. – [7] D. WECHSLER: Die Messung der Intelligenz Erwachsener, dtsch. Bearb. (von engl. ³1944) durch A. HARDESTY/H. LAUBER (1956) 33. – [8] TERMAN und MERRILL, a. a. O. [5]. – [9] WECHSLER, a. a. O. [7] 43-47.

Literaturhinweise. M. W. RICHARDSON: The logic of age scales. Educ. psychol. Measmt. 1 (1941) 25-34. – K. J. GROFFMANN: Zur Entwicklung der Intelligenzmessung in Theorie und Praxis. Z. diagnost. Psychol. 5 (1957) 67-81. – F. S. FREEMAN: Theory and practice of psychol. testing (New York/London ³1965).

E. LODEMANN

Intelligibel, das Intelligible, Intelligibilität. – 1. Die Intelligibilität (It.) des Seins ist ein zentrales Problem in der Philosophie des PARMENIDES, das gewöhnlich in der Frage nach der «Identität» von Denken und Sein formuliert wird. Präziser und frei von subjektivistischer Überformung ist zu sagen: Denken *ist* und Sein *ist* [1]. Weil beide im Sein, außerhalb dessen nichts ist, übereinkommen, ist Denken ausschließlich Vernehmen des Seins. Wenn also «Gedachtwerden» und «Sein» dasselbe sind, so gründet die Denkmöglichkeit von Sein in seiner *intelligiblen Struktur*. «Das ist dasselbe, daß Denken ist, und der Gedanke, daß Sein ist. Denn nicht ohne das Sein, in dem es ausgesprochen ist (πεφατισμένον), kannst Du das Denken finden» [2]. Daß Denken im Sein (nicht: Sein im Denken) ausgesprochen ist, heißt: Sein *ist* unmittelbar offen, unverborgen, verstehbar, antreffbar. Seine Antreffbarkeit oder Einsehbarkeit ist wesenhafter Bezug des Seins zum Denken, welches nicht ist ohne das Sein. Andererseits ist Denkbarkeit und Sagbarkeit von Etwas ein Verweis darauf, daß Sein *ist* und Denken immer Sein habendes Denken ist: «Was man sagen und denken kann, muß auch sein; Sein nämlich *ist*, Nicht-Sein ist nicht» [3].

2. Das parmenideische Offenbarsein des Seins dem Denken gegenüber hat PLATON im Bezug von *Idee* und Denken systematisch entfaltet. Idee ist das in sich seiende, eingestaltige, unwandelbare, wahre und deshalb grund- oder vorbildhafte Sein jedes Seienden, dessen Sein in seiner Teilhabe an dem Sein der Idee besteht. Diese ist im Gegensatz zum Sinnenfälligen (αἰσθητόν) nur dem Geist (νοῦς) oder der Seele begreifbar. Die Begreifbarkeit (It.) der Idee entspringt 1. daraus, daß ihr Sein durch das von der *Idee des Guten* ausgehende, metaphysische Licht (= ἀλήθεια) selbst licht, d. h. in sich und damit dem Denken unverborgen, intelligibel (νοητόν) ist [4], 2. daß das Sein des Denkens im Geiste oder in der Seele ebenso wie das Sein der Idee strukturiert ist: dem «Göttlichen und Unsterblichen und I. und Eingestaltigen und Unauflösbaren und sich immer auf die selbe Weise Verhaltenden am ähnlichsten» [5] und deshalb selbst (wie die Idee) nur dem Denken erfahrbar [6]. Die apriorische, idee-hafte Grundlegung der Möglichkeit von Denken und Erkennen überhaupt wird in der Anamnesis bewußt und zugleich aktiviert. So gründet der Sinnbezug der ontologischen und logischen It. von Idee und Denken in der Konnaturalität beider (ὅμοιον ὁμοίῳ [7]). Diese wiederum fordert als ethische Konsequenz vom Menschen Angleichung an Gott (ὁμοίωσις θεῷ) als Vollzug seiner Verwandtschaft (συγγένεια) mit dem Göttlichen.

3. Gegenüber Platon und dem Platonismus ist die It. des Seienden bei ARISTOTELES nicht transzendent begründet; das durch Denken vernehmbare Strukturprinzip ist vielmehr als intelligible Form (νοητὸν εἶδος) jedem Seienden immanent [8]. Das Denken erfaßt in dem sinnenfällig gegebenen Einzelnen das intelligible Allgemeine, indem es das der Möglichkeit nach Einsichtige in aktuale Einsicht überführt. Wahrgenommenes (αἴσθημα) und Vorstellung (φάντασμα) haben dabei eine die Wesenserkenntnis vermittelnde Funktion. – Im Akt des einsehenden Denkens wird die Geistseele (ψυχὴ νοητική) oder der Geist (νοῦς) als Ort (τόπος) oder Form der Formen (εἶδος εἰδῶν) [9] mit dem Eingesehenen (Gedachten) identisch. Die Geistseele ist der Möglichkeit nach die denkbaren Dinge, «irgendwie Alles» [10]. Die in der Reflexion auf die Erkenntnis gewonnene Einsicht, daß im Bereich des I. (ἐπὶ τῶν ἄνευ ὕλης [11]) Geist (νοῦς), Gedachtes (νοητόν) und Denken (νόησις) eine in sich dialektische Identität ausmachen, wird theologisch relevant: Der höchste Akt des Gottes ist Denken (νόησις). Wenn der Gott selbst das «Beste» ist und

deshalb nichts anderes als das Beste zu denken vermag, denkt er gemäß der Identität von Denken und Gedachtem in ihm sich selbst, er ist Denken des Denkens (νοήσεως νόησις) [12].

4. In der Philosophie PLOTINS werden der parmenideische Sinnbezug von Sein und Denken und die It. der platonischen Idee aufgehoben in die hypostatische Dialektik des sich selbst denkenden νοῦς. Das einzelne I. im νοῦς ist nicht «statisch», da es als zeitlos Gedachtes zugleich denkend ist (νοερὰ δύναμις [13]); Platons fünf «wichtigste» Gattungen (μέγιστα γένη) – Sein, Ständigkeit, Bewegung, Selbigkeit und Andersheit – integrieren sich im νοῦς gegenseitig in eine lebendige Einheit (ζωή als νοῦ ἐνέργεια). Gewiß wird im späteren Neuplatonismus (bes. bei PROKLOS) durch die subordinative Auffaltung des νοῦς insgesamt der Identitätsakt von Denken und Sein modifiziert. Das Sein bleibt jedoch νοητόν, und als solches ist es auch Ziel jeder Erkenntnis. Die verschiedenen aus dem göttlichen Geist (θεῖος νοῦς) entsprungenen Geist-Modi bilden eine *dynamische* Identität, in der die Differenz die ursprüngliche Einheit von Denken und Gedachtem nicht zerfallen läßt, sondern sie eher zu einem «*System*» aktiviert [14].

5. Die *Philosophie des Mittelalters* hat 1. die It. des (neuplatonischen) absoluten νοῦς trinitarisch und christologisch umgeformt, 2. die aristotelische Konzeption, daß der (auf Platon zurückgehenden) Unterscheidung von νοητόν und αἰσθητόν auch verschiedene Erkenntnisorgane entsprechen müssen [15], in einer differenzierten Abstraktionslehre entfaltet, deren zentrale Frage ist, wie aus den species sensibiles die species intelligibiles gewonnen werden können.

6. KANT bezeichnet als «intelligibel» (Noumena) diejenigen Gegenstände, die «bloß durch den Verstand vorgestellt werden können» und gegenüber der «intellektuellen» Erkenntnis keinen Bezug auf sinnliche Anschauung haben [16]. Durch seine Kritik setzt Kant jedoch zugleich den Anfang der Irrationalisierung des I.: «an sich» ist es unerkennbar, lediglich brauchbare Idee oder «Standpunkt», den die Vernunft sich genötigt sieht, «außer den Erscheinungen zu nehmen, um sich selbst als praktisch zu denken» [17]. Dadurch wird die intelligible Welt zur bloß «formalen Bedingung» oder Funktion der Praxis.

Anmerkungen. [1] PARMENIDES, VS B 3 = 1⁹, 231, 22. – [2] VS B 8, 34-36 = 1, 238, 3-5. – [3] VS B 6, 1 = 1, 232, 21. – [4] PLATON, Resp. 508 d ff. – [5] Phaid. 80 b 1-3; Tim. 34 c f. – [6] Leg. 898 e 2. – [7] Zu diesem Prinzip vgl. C. W. MÜLLER: Gleiches zu Gleichem (1965); É. DES PLACES: Syngeneia (Paris 1964). – [8] ARISTOTELES, De an. 432 a 4f. – [9] a. a. O. 429 a 27f. 432 a 2. – [10] 429 b 30f. 431 b 21. – [11] 430 a 3f. – [12] Met. 1072 b 18ff. 1074 b 34ff. – [13] PLOTIN, Enn. IV, 8, 3, 9. – [14] Vgl. W. BEIERWALTES: Proklos (1965) 89ff. 122. 126. – [15] ARIST., Magn. Moral. 1196 b 25ff.; Met. 987 b 8. 990 a 31f. (zu Platon). – [16] I. KANT, Prolegomena § 34 Anm.; KrV B 176ff. 294ff. 594. – [17] Grundleg. Met. Sitt. Akad.-A. 4, 458.

Literaturhinweise. C. BAEUMKER: Witelo. Beitr. Gesch. Philos. MA 3, 2 (1908) 484ff. – J. RITTER: Mundus intelligibilis (1937). – A.-J. FESTUGIÈRE: Contemplation et vie contemplative selon Platon (Paris 1950) 84ff. – H.-G. GADAMER: Zur Vorgesch. der Met., in: Anteile. Festschr. Heidegger (1950) 51-79, bes. 72ff.; Retraktationen zum Lehrgedicht des Parmenides, in: Varia Variorum. Festschr. Reinhardt (1952) 58-68. – J. PÉPIN: Éléments pour une hist. de la relation entre l'intelligence et l'I. chez Platon et dans le néoplatonisme. Rev. philos. Franc. Étrang. 146 (1956) 39-64. – G. SIEWERTH: Die Abstraktion und das Sein nach der Lehre des Thomas von Aquin (1958). – E. GILSON: Die Philos. des hl. Bonaventura (²1960) 398ff. – K. OEHLER: Die Lehre vom noetischen und dianoetischen Denken bei Platon und Aristoteles (1962). – W. BRÖCKER: Die Gesch. der Philos. vor Sokrates (1965) 57f.   W. BEIERWALTES

Intentio. THOMAS VON AQUIN schreibt über den Wortgebrauch: «... cum dicitur quod finis prior est in intentione, intentio sumitur pro *actu mentis, qui est intendere*. Cum autem comparamus intentionem boni et veri, intentio sumitur pro *ratione quam significat definitio;* unde *aequivoce* accipitur utrobique» (... wenn gesagt wird: das Ziel ist der in der Intention [= I.n], wird ‹I.n› zur Bezeichnung des Geistesaktes genommen, der im Beabsichtigen besteht. Wenn wir aber die I.n des Guten und Wahren vergleichen, wird ‹I.› genommen zur Bezeichnung des Wesensbegriffs, den die Definition angibt. Deshalb wird ‹I.n› in beiden Fällen äquivok gebraucht) [1]. Die neueren Versuche, die beiden verschiedenen Bedeutungen des mittelalterlichen Wortes ‹intentio› (= I.) zu einer spekulativ übergreifenden Einheit zusammenzufassen [2], erschweren die historische Erforschung. Die erste, der lateinischen Herkunft entsprechende Bedeutung, läßt mit ‹Absicht›, ‹Tendenz› u. ä. wiedergeben; die zweite, in der Übersetzung des arabischen *ma'na* eingeführte, «widersetzt sich jedem Übersetzungsversuch» [3]. HUSSERL, der in den ‹Logischen Untersuchungen› über mögliche Äquivokationen des Ausdrucks ‹I.n› Rechenschaft gibt, kann ihn vom Standpunkt der Subjektivität aus «auf die mannigfaltigen Akte, die sich ungezwungen und allgemeinverständlich als theoretische oder praktische Abzielen bezeichnen lassen», anwenden [4]. Die angedeutete Sachlage und ihre von J. LOHMANN mehrfach betonte Bedeutung für die abendländische Denkgeschichte [5] legen es nahe, das Material – das wahrscheinlich durch die Weiterführung der ‹Encyclopédie de l'Islam› umfassender zur Verfügung gestellt werden wird – sprachgeschichtlich zu ordnen.

Anmerkungen. [1] THOMAS VON AQUIN, Quaest. disp. De ver. 21, a. 3 ad 5. – [2] Vgl. A. M. HEIMLER: Die Bedeutung der Intentionalität im Bereich des Seins nach Thomas von Aquin (1962); A. ANZENBACHER: Die Intentionalität bei Thomas von Aquin und Edmund Husserl (1972). – [3] H. D. SIMONIN: La notion d'«I.» dans l'œuvre de s. Thomas d'Aquin. Rev. Sci. philos. et théol. 19 (1930) 445-463, zit. 448. – [4] E. HUSSERL: Log. Untersuch. 2/1 (⁴1928) 378. – [5] Zuletzt: J. LOHMANN: Die Sprache als das Fundament des Menschseins, in: Neue Anthropol., hg. GADAMER/VOGLER 7 (1975) 204-234.

Literaturhinweise. H. D. SIMONIN s. Anm. [3]. – A. HAYEN: L'intentionnel dans la philos. de saint Thomas (Bruges/Bruxelles ²1954). – H. SPIEGELBERG: «I.n» und «Intentionalität» in der Scholastik, bei Brentano und Husserl (1936). Stud. philos. 29 (Basel 1969) 189-216.

1. *Genuin lateinische Tradition.* – Im Bedeutungsfächer von ‹intentio› (intensio) [1] sind zwei Tendenzen von philosophiegeschichtlicher Bedeutung: einmal die Verbindung mit dem Willen und seinen Zielen, besonders dem letzten religiös verstandenen Lebensziel, zum anderen ein objektivierender Gebrauch: inhaltliche Aussageabsicht von Büchern, Briefen, Reden. Bei CICERO ist der Übergang vom physikalisch-physiologischen Spannungsverhältnis zur zielbestimmten körperbeherrschenden Anspannung der Seele fließend [2]. Bei AUGUSTIN gehört ‹I.› zu den weniger häufigen Worten, die sich wie die bevorzugten ‹amor› und ‹voluntas› [3] auf die grundlegende Ausrichtung der Seele auf ein Ziel, das im positiven Verhältnis nur Gott sein kann, beziehen [4]. Oft zitiert sind die Texte, besonders aus ‹De trinitate›, in denen die willensgeleitete I. das Element gegenwärtiger Aufmerksamkeit innerhalb von Erkenntnisvollzügen ist [5]. BOETHIUS faßt die grundlegende augustinische Perspektive in die Formel «I. voluntatis ad beatitudinem» [6]. ABAELARD radikalisiert die Qualifikation der Handlungen durch die zugrunde liegende I., die ihrerseits an der conscientia zu messen ist [7] und sich im consensus zu einer operatio auswirkt [8]. Nachdem das Konzil von Sens (1140) auch ethische «Irrtümer» Abaelards verurteilt hatte [9], reduzierte er scheinbar die Bedeutung der I. auf die an sich indifferenten Akte, dehnte die Indifferenz aber auf alle «opera» aus [10]. Die Schüler Abaelards sprechen statt von I. teilweise oder durchgehend von voluntas [11]. Gut (und böse) liegt allein im Willen [12]. Auch der Gegner Abaelards, BERNHARD VON CLAIRVAUX, stellt einen engen Zusammenhang zwischen «cordis I. et iudicium conscientiae» her [13]. Während Abaelard die Vernunftgemäßheit der evangelischen Ethik betont, orientieren sich Bernhard und seine Geistesverwandten am Willen jenes Gottes, dessen uns zugewandtes Antlitz uns erleuchtet und dem die I. cordis/mentis als unsere «facies» sich zuwendet [14]. PETRUS LOMBARDUS diskutiert ohne Namensnennung die These Abaelards über die allein qualifizierende Bedeutung der I. und nimmt von ihr nur die «opera ... per se mala» aus [15]. In der zweiten Hälfte des 12. und in der ersten Hälfte des 13. Jh. bemühen sich viele Autoren, die «objektiven» Kriterien der moralischen Bewertung gegenüber einer einseitigen Herausstellung der I. ins Spiel zu bringen [16]. Andererseits bringt STEPHAN LANGTON im Anschluß an das Evangelienwort vom «guten Schatz [des Herzens]» (Mt. 12, 35; Lk. 6, 45) und das erläuternde Axiom der Interlinearglosse: «*quantum intendis* tantum facis» (wieviel du beabsichtigst, soviel tust du) eine Differenzierung in die I. Wie es in der Aussagenlogik nicht nur das ‹ist› oder ‹ist nicht› substantialer Prädikate gibt, sondern auch ‹I. et remissio›, «hoc est magis et minus» (Intensivierung und Nachlassen, d. h. ein Mehr und Weniger) [17], als Qualifizierung von Qualitätsprädikaten, so gibt es in der Ethik nicht nur das ‹gut› oder ‹böse› der (Grund-)I., sondern auch ein ‹mehr oder weniger gut› (bzw. böse). Der Maßstab liegt allerdings mehr im Intendierten als in der Stärke der I.n [18]. Aber auch diese – von WILHELM VON AUXERRE in sprachgeschichtlich auffallender Weise «intensio intentionis» genannt [19] – interessiert die Theologen im Zusammenhang mit dem meritum.

Das systematische Interesse an psychologischer Zuordnung führt ALEXANDER VON HALES zu der Definition: «... I.: est voluntas directa per lumen» (I.n ist der durch das Licht geleitete Wille) [20]. Sie ist ein Akt des Vernunft und Wille umfassenden liberum arbitrium. Mit der Anbindung an die Vernunft bzw. den der Vernunft zugeordneten Glauben vermag Alexander den Dualismus von I. und Werk endgültig zu überwinden und objektive Kriterien der sittlichen Qualität in die I. selbst hineinzulegen. In der entsprechenden Quaestio der ‹Summa Alexandrina› wird in die Definition der I. das Ziel und «illud per quod venitur in finem» (das, wodurch man zum Ziel kommt) einbezogen und damit alles, was die Handlung sittlich qualifiziert [21]. ALBERT DER GROSSE stellt in seiner ersten uns bekannten Schrift die I. als Ordnungsprinzip sittlichen Handelns dar [22]. Bald darauf führt er die (praktische) Vernunft als das zielsetzende Vermögen ein und bezeichnet die I. im eigentlichen (ethischen) Sinne als Sache «voluntatis rectae sive regulatae a ratione» (des rechten oder von der Vernunft geleiteten Willens) [23]. BONAVENTURA stellt die «I. proprie accepta» als erleuchtete und gesammelte Ausrichtung auf Gott in den begrifflichen Zusammenhang der verschiedenen Stufen von Zielgerichtetheit [24] und neigt mit Alexander dazu, die Rücksicht auf die Mittel einzubeziehen [25]. Erst THOMAS VON AQUIN leitet diesen Bezug als einen notwendigen aus Etymologie und Phäno-

menologie der I. ab. Zugleich ordnet er sie wieder eindeutig dem Willen zu – aber insofern in ihm (praktische und theoretische) Vernunft wirksam ist [26]. In der ‹Summa theologiae› gelingt es ihm, I. und Wahl (electio) als die zwei von der praktischen Vernunft geleiteten Willensakte als zwei Konstitutionselemente des freien (sittlichen) Aktes darzustellen, in dem es immer um Ziele geht, die durch konkrete Entscheidungen zu erreichen sind (I.), und um konkrete Entscheidungen, die von Zielen her qualifiziert sind (electio) [27].

PETRUS AUREOLI kritisiert das komplizierte System und will die I. auf eine «circumstantia actus electivi» (einen Umstand des Wahlaktes) reduzieren [28]. MEISTER ECKHART konzentriert hingegen radikaler als Abaelard die Sittlichkeit des Handelns auf die I. Der Akt ist gut, wenn sein Ziel und damit sein Ursprung Gott ist. Dann ist er göttlich. Die Identifikation des «actus *intentionis*» – «werk der *meinunge*» – mit Gott nimmt Eckhart in der Rechtfertigungsschrift zurück [29]. Die bis heute weitergehende Begriffsgeschichte der «*guten Meinung*» in der katholischen Ethik, Moraltheologie und Asketik kann hier nicht dokumentiert werden [30]. Erwähnt sei wegen ihrer geschichtlichen Wirksamkeit die ungerechte Ironisierung der angeblich jesuitischen Methode «de diriger l'I.n» durch PASCAL: man würde dem Evangelium gerecht, wenn man sich im Innern sittlich einwandfreie I.nen suche, um sich in den faktischen Aktionen alles Mögliche erlauben zu können [31].

Anmerkungen. [1] NIELSEN, Thes. ling. lat. 7/1 (1934-64) 2120-2122. – [2] Vgl. CICERO, Tusc. disp. I, 10 (19); II, 23 (54. 56). 27 (65). – [3] Vgl. AUGUSTIN, De trin. XI, 2 (5). MPL 42, 987f. – [4] Vgl. De musica VI, 5 (9). MPL 32, 1168; De civ. Dei XIX, 20, CSEL 40/2, 407, 27-29. – [5] Vgl. De trin. XI, 2 (2). MPL 42, 985. – [6] BOETHIUS, De consol. philos. IV, 2, 10. 12. Corp. Christ. ser. lat. 94 (Turnholt 1957) 66f. 23-30. – [7] PETRUS ABAELARDUS, Ethica seu scito te ipsum 10ff. MPL 178, 652ff. – [8] a. a. O. 7 = 649 a. – [9] These 9. 13. 19. DENZINGER/SCHÖNMETZER, Enchir. Symbol. 729. 733. 739. – [10] ABAELARD, Dialogus inter philosophum, iudaeum et christianum. MPL 178, 1652 b. – [11] HERMANN, Epitome theol. christ. 34. MPL 178, 1755 a/b. – [12] Sent. Parisienses III, in: A. LANDGRAF: Ecrits théol. de l'école d'Abélard. Spicilegium sacrum lovaniense 14 (Louvain 1934) 57, 20-22. – [13] Bernhard von Clairveaux, Sermo 71 in Canticum 1. MPL 183, 1121 c. – [14] Texte bei R. JAVELET: Image et Ressemblance au 12e siècle de saint Anselme à Alain de Lille (Louvain 1967) II, XXXVI Anm. 23; 306 Anm. 58; vgl. Anm. 57. – [15] PETRUS LOMBARDUS, Sent. II, d. 40, n. 12. Spicilegium Bonaventurianum IV (Grottaferrata 1971) 560, 30-561, 2. – [16] Vgl. JAVELET, a. a. O. [14] 266 Anm. 253. – [17] Vgl. ABAELARD, Glossae super Porphyrium. Philos. Schr., hg. B. GEYER in: Beitr. zur Gesch. der Philos. des MA 21 (1919) 71, 7f. – [18] STEPHAN LANGTON, Quaestiones, zit. nach O. LOTTIN: L' I.n morale de Pierre Abélard à saint Thomas d'Aquin. Psychol. et Morale aux 12e et 13e siècles 4 (Louvain 1954) 360f. – [19] WILHELM VON AUXERRE: S. aurea, hg. PIGOUCHET (Paris 1500) II, tr. 29, c. 5, f. 99 va; vgl. THOMAS VON AQUIN, S. theol. I/II, q. 19, a. 8, c. – [20] ALEXANDER VON HALES, Quaest. disp. ‹antequam esset frater›. Bibl. Franciscana Scholast. Medii Aevi 19 (Quaracchi 1960) q. 24, membr. 2, sol. = 422, 10f. – [21] ALEXANDER VON HALES, S. univ. theol. II/II, inq. 2, tr. 3, q. 3, membr. 1, c. 2, sol. Ed. Quaracchi (= QR) 3 (1930) 71 b. – [22] ALBERT DER GROSSE, De natura boni tr. 1, p. 2, § 2, 6. Ed. Coloniensis 25/1 (1974) 3, 41-87. – [23] Comm. in lib. Sent. II, d. 38, a. 5, ad aliud = Ed. Borgnet 27 (Paris 1894) 615 b. – [24] BONAVENTURA, Comm. in lib. Sent. II, d. 38, a. 2, q. 1, concl. = QR 2 (1885) 890f. – [25] a. a. O. d. 40, a. 1, q. 1, concl. = 921 b. – [26] THOMAS VON AQUIN, Scriptum super lib. Sent. II, d. 38, a. 3, sol. ad 4. – [27] S. theol. I/II, q. 12f. – [28] PETRUS AUREOLI, Sent. I, d. 1, sect. 7, a. 2. Ed. BUYTAERT 1 (1953) 403f., 19-39. – [29] MEISTER ECKHART, Predigt 10, hg. QUINT 1 (1958) 164, 11-14; vgl. Pr. 30 a. a. O. 2 (1971) 104, 1-5; Eine lat. Rechtfertigungsschr. des Meister Eckhart, hg. A. DANIELS, in: Beitr. zur Gesch. der Philos. des MA 23/5 (1923) IX, 56 = 62, 5-14. – [30] Vgl. K. RAHNER: Über die gute Meinung, in: Schr. zur Theol. 3 (1956) 127-154. – [31] B. PASCAL, Lettres Provinciales, lettre 7; vgl. 8f.

Literaturhinweis. O. LOTTIN s. Anm. [18] 307-486.

2. Vielfalt des griechischen Hintergrundes.

2. Vielfalt des griechischen Hintergrundes. – In der Fülle der griechischen Wörter, die mit ‹I.› übersetzt werden [1], entspricht die mit τείνω (= tendo) zusammenhängende Substantivgruppe dem im Lateinischen vorherrschenden Moment (An-, Hin-)Spannung. Das stoische Traditionswort τόνος betrifft überwiegend den physikalisch-physiologischen Bereich [2]; in seinem Umkreis findet sich die verwandte Wortgruppe τάσις, ἐπίτασις und (συν)έντασις [3]. Die mit dieser Begrifflichkeit vorgenommene Analyse des Sehens wird im neuplatonischen Einflußbereich zur Deutung triadischer Erkenntnis- und Seinsstrukturen herangezogen [4]. ἐπίτασις mit dem Gegenbegriff ἄνεσις (I. = intensio und remissio) verweisen aus dem Bereich der Klassifikation von Prädikatsbegriffen auf das Mehr und Weniger prädizierter Qualitäten im Bereich der Natur und des menschlichen Verhaltens [5]. Die Vorsilben προ- und προς- in vielfältigen Wortverbindungen geben die Richtung auf Gegenstände, Bewußtseinsinhalte, (zukünftige) Ziele an [6]. ‹I.› als Übersetzung von σκόπος bezeichnet das Ziel selbst. Von den drei «noetischen» Worten διάνοια, ἐπίνοια und ἔννοια kann man das letzte als stoisch-neuplatonische Vermittlung des aristotelischen λόγος betrachten [7], das wiederum über das arabische *ma'na* zum erkenntnistheoretisch bedeutsamen ‹I.› führt. Über die (gerichtliche) Rhetorik gelangt κατάφασις = ‹I.› (anklagende Aussage) [8] in der durch Pseudo-Dionysius überlieferten logischen Bedeutung (bejahende Aussage) und die gelegentliche [9] Übersetzung mit ‹I.› durch Johannes Scotus Eriugena [10] in die Methodenproblematik der Theologie. Johannes entscheidet sich aber in der systematischen Behandlung gegen Cicero für die Übersetzung ‹affirmatio› [11].

Anmerkungen. [1] Thes. a. a. O. [1 zu 1]; vgl. Index zu Ammonius, Comm. sur le Peri Hermeneias. Trad. de G. Moerbeke, hg. G. Verbeke. Centre De Wulf-Mansion. Corpus lat. comm. in Arist. Graec. 2 (Louvain/Paris 1961) 493. – [2] Vgl. Cicero, a. a. O. [2 zu 1]; SVF 4, 145. – [3] Vgl. Alexander Aphrodisias, De anima mantissa, hg. I. Bruns (1887) 130, 14-131, 6. – [4] Vgl. W. Theiler: Porphyrius und Augustin (1933), in: Forsch. zum Neuplatonismus (1966) 221-224; Chalcidius, Comm. in Timaeum 237. Plato Latinus 4 (London/Leiden 1962) 11-20; Marius Victorinus, Adversus Arium III, 5, hg. Henry/Hadot, in: CSEL 83, 1 (1971) 199, 12. – [5] Porphyrius, Isagoge et In Arist Cat. comm., hg. A. Busse (1887) Indices s.v. ‹ANESIS› (147); ‹intentionem et remissionem ...› (177); Boethius, In Isagog. Porphyrii comm., hg. S. Brandt, in: CSEL 48 (1906) Index verborum s.v. ‹I.› ... (388); Abaelard, a. a. O. [17 zu 1]; Petrus Hispanus, Summulae logicales, hg. Bochenski (Turin 1947) 27: Nr. 3. 13. – [6] Vgl. Theiler, a. a. O. [4] 221. 223. – [7] Vgl. SVF 4, 51. – [8] Vgl. Cicero, Rhet. lib. duo qui vocantur De inventione I, 8 (10); II, 4 (15); 17 (52); 29 (86); 43 (125), hg. E. Stroebel (1915, ND 1965) 9, 19; 82, 17; 98, 24; 115, 7; 133, 1. – [9] Gegen P. G. Théry: Scot Erigène, traducteur de Denys. Extr. Bull. Du Cange 6 (Paris 1931) 82f. – [10] Ps. Dionysius, De mystica theol. 1, § 2. MPG 3, 1000 b = MPL 122, 1173 b = Dionysiaca (Solesmes 1937) 571 Gruppe 4; De coelesti hierarchia 2, § 3. MPG 3, 141 a = MPL 122, 1041 c, hingegen Dionysiaca 759 Gruppe 1: «affirmationes». – [11] Joh. Scotus Eriugena, De divisione naturae I, 14. MPL 122, 461 b.

3. Arabische Vorprägung.

3. Arabische Vorprägung. – Nicht die arabische Bezeichnung für die praktische, zielbezogene I. (maqsûd) wurde geschichtlich wirksam, sondern diejenige für die im weitesten Sinne theoretische [1]: ‹*ma'na*›. Bereits bei Al Farabi tritt neben ‹ma'qul› (bei Avicenna = Kategorie [2]) ‹ma'na› zur Bezeichnung der Wirklichkeit des Erkannten als solchen, im Mittelalter mit ‹intencio› übersetzt [3]. Um 1000 finden sich ‹ma'ani› als «I.nes visibiles» in der Optik [4], schon vorher als begriffliche Gehalte in der Erkenntnislehre [5]; in der mystischen Literatur nimmt ‹ma'na› die Stelle von ‹Nous› oder ‹Logos› ein [6]. Avicenna verbindet die beiden Termini Al Farabis,

etwa in seiner berühmten Bestimmung des logischen Gegenstandes: «Subiectum vero logicae ... sunt *I.nes intellectae secundo* [später einfach: I.nes secundae], quae apponuntur *intentionibus primo intellectis* [später einfach: I.nes primae] ...» (Gegenstand aber der Logik sind die an zweiter Stelle erkannten I.nen, die den zuerst erkannten I.nen [als Prädikate] hinzugefügt werden) [7]: Die Logik hat es mit Reflexionsbegriffen zu tun, hat metasprachlichen Charakter. Aber nicht nur die intellektuelle Bedeutung, sondern auch die animalische Lebensbedeutsamkeit wird mit ‹ma'na› = ‹I.› bezeichnet: «I. ... est id quod apprehendit anima ex sensibili, quamvis non prius apprehendat illud sensus exterior» (I.n ist das, was die Seele vom Sinnenfälligen erfaßt, obwohl der äußere Sinn jenes nicht zuvor erfaßt). So hat das Schaf eine I. von der Bedrohlichkeit des Wolfes und von der «concordia» mit seiner «socia» [8]. In der Analyse des Sehens ist I. das Verbindende zwischen dem Licht und der Farbe als dem Vermittelnden zwischen Licht und Körper [9], zwischen der erleuchteten Luft und dem Sehenden [10]. Nach Averroes ist I. in paralleler Weise das Verbindende zwischen dem intellectus agens und der Einbildungskraft, also das von einer Ordnung in die andere übergehende Sein [11]. Die Weite seines Gebrauches von ‹ma'na› = ‹I.› ist daran zu bemessen, daß er so den aristotelischen λόγος in den verschiedensten Zusammenhängen gern übersetzt [12].

Anmerkungen. [1] Vgl. J. Lohmann: Theorie und Praxis im Lichte der europ. und der allg. Begriffsgesch. Philos. Jb. 76 (1968/69) 5. – [2] A.-M. Goichon: Lex. de la langue philos. d'Ibn Sina (Paris 1938) 320f. – [3] Al Farabi, De intellectu et intellecto, hg. E. Gilson. Arch. Hist. doctr. et litt. du M.A. 4 (Paris 1929) 118. 126-119. 144. – [4] Mitt. A. I. Sabra, Speculum 46 (1971) 34 Anm. 11. – [5] Vgl. A. N. Nader: Le système philos. des Mu'tazila (Beyrouth 1956). – [6] Vgl. Husayn-b-Mansûr Hallaj, bei L. Massignon: Interférences philos. et percées mét. dans la mystique hallagienne: notion de «l'essentiel désir». Mélanges J. Maréchal 2 (Bruxelles/Paris 1950) 271. – [7] Avicenna, Met. tr. 1, c. 2 = (Venedig 1508, ND Louvain 1961) fol. 70v a, A. – [8] Avicenna, Lib. De anima p. 1, c. 5 = Avicenna Latinus 1 (Louvain/Leiden 1972) 86, 99ff.; p. 4, c. 1. 3 = 2 (1968) 7, 84ff. 38, 33-42, 94. – [9] a. a. O. p. 3, c. 1 = 1, 170f., 10-17. – [10] a. a. O. c. 5 = 220, 50-54. – [11] Averroes, Comm. magn. in De an. III, 18, hg. Crawford (Cambridge, Mass. 1953) 439, 58-80; vgl. Avicenna, a. a. O. [8] p. 5, c. 5 = 2, 128, 51-63; Algazel, Met. p. 2, tr. 5, hg. Muckle (Toronto 1933) 183, 22-184 33. – [12] Vgl. Aristoteles, De an. 403 a 25. b 8; 424 a 24. a 27f.; dazu Averroes, a. a. O. [11] 20, 12; 23, 17f.; 317, 10; 318, 5.

Literaturhinweise. H. A. Wolfson: Mu'ammar's theory of Ma'nâ, in: Arabic a. islamic stud. in honor of H. A. R. Gibb (Leiden 1965) 673-688. – R. M. Frank, J. Amer. oriental Soc. 87 (1967) 248-259. – K. Gyekye: The terms «Prima I.» and «Secunda I.» in Arabic logic. Speculum 46 (1971) 32-38.

4. Lateinische Aneignung.

4. Lateinische Aneignung. – Der Kompilator des dem Dominicus Gundissalinus zugeschriebenen, avicennischen Gedanken verpflichteten Traktats ‹De anima› verbindet die genuin lateinische Bedeutung von ‹I.› mit der arabischen Tradition: Die äußerste Möglichkeit des Erkennens «im Stande des Fleisches» ist seine kontemplative unwandelbare Ausrichtung auf Gott («uni soli intentioni adherebit» [1]). Durch Reinigung und Sammlung nähert sich die Seele jener «hec sola I.» an, in der sich das Wechselspiel von Selbst- und Gottesschau vollzieht [2]. In der Franziskaner- [3] und Dominikanerschule [4] wird ‹I.› gleichbedeutend mit ‹ratio› (λόγος) gebraucht, besonders in Hinblick auf Bedeutungsumfang und -zuordnung der Transzendentalien. Albert der Grosse kennzeichnet bereits früh mit ‹I.› eine der Natur gegenübergestellte Seinsweise [5] und beruft sich dabei sowohl auf Avicennas aus der Erfassung der Lebensbedeutsamkeit gewonnene Kennzeichnung [6] als auch auf die aristotelische Bestimmung der geistigen Aufnahme als einer Aufnahme des εἶδος (similitudo) [7]. Die Gegenüberstellung verschiedener Seinsweisen der Wesensform klärt er ebenfalls mit Avicenna durch ein zweifaches Verständnis von «forma rei»: als bestimmendes Prinzip in der Realkonstitution und als abstrakt-allgemeiner Gehalt des Ganzen (aus Materie und Form Zusammengesetzten) [8]. Insofern dieser Gehalt in einem der Sinne, in der Einbildungskraft, in den Vermögen der Erfahrung oder im Verstande anwesend und «die Sache individuell oder allgemein gemäß den verschiedenen Stufen der Abstraktion bezeichnet», wird er ‹I.› genannt [9]. Werden bestimmte abstrakte Hinblicke auf das Ganze des gemeinten Seienden wie genus, differentia, proprium und accidens in ihrer Formalität betrachtet, dann stellen sie als I.nes secundae «circa res per sermonem positas» den eigentlichen Gegenstand der Logik dar [10].

Drei Elemente des erkenntnistheoretischen I.-Begriffes gehen in den vielfältigen Wortgebrauch bei THOMAS VON AQUIN ein: die dem Natursein gegenübergestellte Seinsweise, die das Natursein repräsentierende Inhaltlichkeit und die (zur genuin lateinischen I. hinüberspielende) Tendentialität. Stärker als bei Vorgängern und Zeitgenossen steht Averroes im Hintergrund der semantischen Reflexion: mit seiner Deutung des aristotelischen Wahrseins als innerseelischen und von der Seele hervorgebrachten und damit minderen Seins [11] und mit seiner aristotelischen (für Thomas anti-augustinistischen) Deutung der Selbsterkenntnis unseres Verstandes als einer vermittelten [12]. In der Auseinandersetzung mit Augustin spielt einerseits die «I. volentis» in den Erkenntnisakt hinein [13], während andererseits die averroistische I. mit der «species intelligibilis» gleichgesetzt wird [14]. Im schöpferischen Erkennen Gottes kennzeichnet I. als ordnende Absicht das Erkennen selbst [15]. Erst ein erneutes Durchdenken des menschlichen Erkenntnisvorgangs in seiner Verweisung auf göttliches Erkennen erbringt einen Begriff der I., der das tendentielle Moment des lateinischen Wortverständnisses ohne Vermischung mit Willensmomenten in die arabische Überlieferung einbringt.

Anmerkungen. [1] DOMINICUS GUNDISSALINUS, De an. cap. 10, in: R. DE VAUX: Notes et textes sur l'Avicennisme latin aux confins des 12e-13e siècles. Bibl. Thomiste 20 (Paris 1934) 174, 11. - [2] a. a. O. 175, 3-23. - [3] Vgl. ALEXANDER VON HALES, S. univ. theol. I, inq. 1, tr. 3, q. 1, membr. 1, c. 2. QR 1, 113-116; Tract. de transcendentalibus entis conditionibus, hg. D. HALCOUR, in: Franziskan. Stud. 41 (1959) 41-106; q. 9 = 74, 17-25. - [4] Vgl. ALBERT DER GROSSE, De bono tr. 1, q. 1, a. 1, 2. 6 Ed. Coloniensis 28 (1951) 6, 67f. 7, 14; 11, 80-83; De an. I, tr. 1, c. 7. Ed. col. 7/1 (1968) 14, 19f. - [5] De incarnat. 1, q. 6, a. 1. Ed. Col. 26 (1958) 220, 24. - [6] a. a. O. a. 2 = 221, 22. 69; 222, 10f.; vgl. AVICENNA, De an., a. a. O. [8 zu 3] JEAN DE LA ROCHELLE, S. de anima, zit. bei: J. ROHMER: La théorie de l'abstraction dans l'école franciscaine de Alexandre de Halès à Jean Peckam. Arch. Hist. doctr. et litt. du M.A. 3 (Paris 1928) 130 Anm. 1. - [7] ALBERT DER GROSSE, a. a. O. [6] 221, 57-59. - [8] De an., I, tr. 1, c. 7 a a. O. [4] 15, 65-77; vgl. AVICENNA, Met. tr. 5, c. 5. = (Venedig 1508, ND Louvain 1961) fol. 89v a. - [9] ALBERT DER GROSSE, De an. II, tr. 3, c. 4 a. a. O. [4] 102, 31-33. - [10] Met. I, tr. 1, c. 1, Ed. Col. 16 (1960/64) 3, 8-10. - [11] THOMAS VON AQUIN, In Sent. IV, d. 1, a. 4, qa. 2 sol.; vgl. AVERROES, Comm. in Met. VI, 8 = (Venedig 1562, ND 1962) fol. 152 i; THOMAS VON AQUIN, In Sent. I, d. 8, q. 5, a. 2 ad 4; S. theol. I, q. 56, a. 2 ad 3. - [12] Quaest. disp. De ver. 10, a. 8, c. Ed. Leonina 22 (Rom 1970ff.) 322. 270-295. - [13] a. a. O. q. 8, a. 13 c = 261, 69-71; q. 22, a. 12 vgl. S. contra gent. I, 55, 458. - [14] De ver. 10, a. 8 c = 322. 290-292. - [15] S. contra gent. I, 50, 421; vgl. NIKOLAUS VON KUES, De beryllo 37. 54, hg. P. WILPERT (1967) 723. 729.

5. I. intellecta und verbum.

– In der ‹Summa contra gentiles› arbeitet THOMAS VON AQUIN eine Theorie des Geistes aus, in der das bereitliegende Wort [1] ‹I. intellecta› eine zentrale Deutungsfunktion erhält [2]. Zum systematischen Zusammenhang gehören die Tendenz des endlichen Geistes auf unendliches Wissen hin («intellektualistisches» Verständnis des desiderium naturale [3]), ein die Entgegensetzung von anima und res prinzipiell übersteigendes Wahrheitsverständnis [4] und der *philosophische* Beweis für die Existenz eines «Wortes» in Gott [5]. Gemeinsam ist diesen Theoriestücken eine Deutung der Reflexivität des Geistes, die Unterschied und analoge Gemeinsamkeit von menschlichem, engelhaftem und göttlichem Geist herauszuarbeiten erlaubt. So wird auch die im Wort ‹I. intellecta› ausgesprochene Reflexivität nicht wie in früheren Äußerungen [6] auf die ‹nomina secundae I.nis› oder ‹secunda intellecta/cognita› beschränkt, sondern als Wesensmoment jeder Erkenntnis aufgewiesen. Ob das Erkannte repräsentiert werden muß oder immer schon präsent ist, die Präsenz des Erkannten («intellecta») ist das Werk («formatum») des Erkennens: «I.» [7]: «Dico autem intentionem intellectam id quod intellectus in seipso concipit de re intellecta» (Ich nenne erkannte I.n das, was der Intellekt in sich von der erkannten Sache konzipiert) – die I. intellecta kann auch «verbum interius» genannt werden [8]. In späteren Ausführungen verschwindet der Terminus ‹I. intellecta› weitgehend, die Deutung bleibt und wird mit einer ‹verbum›-Terminologie dargestellt, vermutlich weil ‹verbum› das aktive Moment des Begreifens eindeutiger herausstellt und den Interessen theologischer Analogiebildung besser entspricht. Mit der analytischen Bestimmung: «esse intentionis intellectae in ipso intelligi consistit» (Das Sein der erkannten I.n besteht im Erkanntwerden selbst) [9] hat Thomas die traditionellen Bestimmungsversuche des ‹esse intentionale spirituale› [10] überholt. Eine wesentliche Gestalt der I. intellecta bzw. des inneren Wortes ist das Zu- und Absprechen von Sein (als Wirklichsein) in der Aussage [11]. Diesem Rang oder Vorrang des Seins läuft die weitere an Avicenna anknüpfende Begriffsgeschichte der I. entgegen.

Anmerkungen. [1] Vgl. Anm. [7 zu 3]. – [2] 3. (endgültige) Fassung von S. contra gent. I, c. 53. – [3] Vgl. P. ENGELHARDT: Zu den anthropol. Grundl. der Ethik des Thomas von Aquin. Die Enthüllung des maß-gebenden Lebenszieles durch das desiderium naturale, in: Sein und Ethos (1963) 186-212. - [4] Vgl. P. ENGELHARDT: Des Thomas von Aquin Fragen nach dem Wesen der Wahrheit. Eine lehrgesch. Betrachtung, in: Innerlichkeit und Erziehung. In memoriam G. Siewerth, hg. F. PÖGGELER (1964) 145-175. - [5] Vgl. H. PAISSAC: Théol. du Verbe. Saint Augustin et saint Thomas (Paris 1951). - [6] Vgl. THOMAS VON AQUIN, De natura generis (erhält umstritten), hg. PERRIER c. 5, n. 35; hg. SPIAZZI c. 6, n. 525; In Sent. I, d. 23, a. 3 sol.; De trin., q. 6, a. 1, ad 2am q. ad 3, hg. DECKER 210, 14; 1. Fassung von S. contra gent. I, c. 53. Ed. Leonina 13, 20* b, 32. - [7] a. a. O. I, c. 53, n. 443f. - [8] IV, c. 11 = 3466. - [9] ebda. - [10] In Sent. IV, 44, q. 2, a. 1, qa. 3 ad 2; Quaest. disp. De ver. 27, a. 7 c; In De an. II, 14, 420; 24, 553. - [11] Vgl. Quaest. disp. De ver. 4, a. 2c. Ed. Leonina 124, 108f.; Quaest. disp. De potentia 9, a. 5 c.; Quaest. quodl. 5, a. 9 c.; Super Ev. Ioannis 1, lect. 1, 25.

Literaturhinweise. H. D. SIMONIN s. Anm. [3 zu Einl.]. – A. HAYEN s. Lit. zu Einl. – R. W. SCHMIDT: The domain of logic according to Saint Thomas Aquinas (The Hague 1966). – L.-B. GEIGER: Les rédactions successives de Contra Gentiles I, 53 d'après l'autographe, in: Saint Thomas d'Aquin aujourd'hui. Rech. Philos. 6 (Paris 1963) 221-240.

6. Instrument für die Analyse der essentia.

– HEINRICH VON GENT scheint zunächst die Lehre der ‹Summa contra Gentiles› wiederzugeben: «... dicta species informans intellectum ... format sive generat in anima per ipsam actum intelligendi; immo potius totus homo intelligens per ipsam [speciem] mediante actu intelligendi [format] intentionem quandam ipsius rei intellectae, quae dicitur verbum sive notitia ...» (das genannte Erkenntnisbild, das den Intellekt informiert, bildet oder erzeugt durch sich in der Seele den Akt des Erkennens; jedoch bildet vielmehr der ganze erkennende Mensch durch dieses Bild mittels des Erkenntnisaktes eine I.n der erkannten Sache selbst, die Wort oder Erkenntnis heißt) [1]. Er versucht mit diesem vorliegenden Material auf neue Weise mit und gegen Avicenna und Averroes zu zeigen, daß die Seele Seinsprinzip der Materie *und* materieunabhängiges Erkenntnisprinzip zu sein vermag. Der Unterschied zur endgültigen Lehre des Thomas wird in späteren Äußerungen deutlich, in denen die formatio verbi als diskursiver Vorgang der Definitionsbildung beschrieben wird [2]. Die entscheidendenden Vorgänge werden als «quaedam notitia distinctiva et discretiva seu declarativa» (eine gewisse unterscheidende, gliedernde bzw. klärende Erkenntnis) zusammengefaßt [3]. Der definitorische Vorgang ist weder Nachzeichnen der *realen* Unterschiedenheiten zwischen den Dingen und innerhalb der Dinge noch rein *rationale* Unterscheidung von Blickrichtungen. Er erfaßt verschiedene sachgegründete Aspekte desselben. Für diese wird der Titel ‹I. (prima)› in seiner eigentlichen Bedeutung («quasi intus tentio»: sachbezogene Blickrichtung des Verstandes) genommen [4].

Von daher kann Duns Scotus die in der Franziskanerschule entwickelte distinctio formalis, die auf *rationes formales in re* = I.nes beruht, ausbauen. Diese Bedeutung von ‹I.› steht «äquivok» neben der als «conceptus» und beide wiederum zwischen der willensbezogenen und der sehr weiten als «ratio tendendi in obiectum» (Grund, sich auf ein Objekt zu richten) [5]. Nicht in diesem «mittleren» Bereich zwischen Sache und Verstand, sondern eindeutig im Bereich des Verstandes (und damit der Logik) hat die *I. secunda* Ursprung und Gegenstand. Sie ist «relatio rationis ... pertinens ad extremum (vor allem: Subjekt oder Prädikat) actus intellectus componentis et dividentis vel saltem conferentis unum ad alterum ...» (eine Verstandesbeziehung, die sich auf das Äußerste des Aktes des verbindenden oder trennenden Verstandes bezieht oder wenigstens des eines auf das andere beziehenden Verstandes) [6]. I.nes primae (Metaphysik) und secundae (Logik) kennzeichnen die Sachhaltigkeit der Wirklichkeit als strukturierbare und das Denken als Strukturieren. An die Stelle repräsentierbaren Wirklichseins sind die als (logische) Möglichkeitsstruktur zugänglichen Wesenheiten getreten [7]. Der häufige Umgang mit dem I.-Begriff ist ein Mittel, den Zusammenhang von Logik und Metaphysik präsent zu halten.

Petrus Aureoli zerstört die metaphysische Betrachtung, weil von den Dingen nur die apparentia (Erscheinung), das esse intentionale in intellectu, zugänglich ist [8], und den strukturellen Zusammenhang der Logik mit der Wirklichkeit, weil die secunda I. «ens in anima» ist, das als psychologische Wirklichkeit und als «objektive» Gegenwart der Erscheinung verstanden werden kann [9]. Wilhelm von Ockham versteht ebenfalls das, was man ‹I.›, ‹conceptus› oder anders nennt, als «existens in anima» [10], als «per animam fabricata» [11], polemisiert aber gegen die Theorie des Petrus Aureoli vom Begriff als «fictum». Die Seele «fabriziert» die I.nes nicht als Produkte, sondern als «actus intelligendi». Das Sparsamkeitsprinzip «frustra fit per plura quod potest fieri per pauciora» (was durch wenigere geschehen kann, braucht nicht durch mehrere zu geschehen) verbietet weitere Entitäten in der Seele [12]. Die Unterscheidungen zwischen ersten und zweiten I.n, die jeweils im weiteren und engeren Sinne verstanden werden können, hängen davon ab, für was sie supponieren [13], Die I.-Lehre geht in die *Suppositionstheorie* ein.

Anmerkungen. [1] Heinrich von Gent, Quodlibeta 3, q. 15 ad 4 = (Paris 1518, ND Louvain 1961) fol. 76r a; vgl. 2, q. 6 resp. = fol. 32r a. – [2] a. a. O. 6, q. 1 resp. fol. 216r b; 14, q. 6 resp. = fol. 556v e. – [3] S. quaest. ordin. a. 54, q. 9, resolv. q. = (Paris 1520, ND New York u. a. 1953) 2 ,fol. 104v c. – [4] Quodl. a. a. O. [1] 5, q. 6, resol. q. = fol. 161v l. – [5] Duns Scotus, Reportata Paris. II, d. 13, schol. 2 hg. Vivès 23, 44 a. – [6] Ordinatio I, d. 23, hg. Balić 5 (Vatikan 1959) 352, 12-14; vgl. Lectura I, d. 23, hg. Balić 17 (1966) 306, 10-13. – [7] Vgl. W. Kluxen: Bedeutung und Funktion der Allgemeinbegriffe in thomistischem und skotischem Denken, in: Problemata philos. Stud. Scholastica-Scotistica 2 (Rom 1968) 229-240. – [8] Vgl. Texte aus Petrus Aureoli, Sent. II. in: F. Ueberwegs Grundr. der Gesch. der Philos. 2 (¹³1958) 526. – [9] Sent. I, prooem. sect. 5, a. 5, hg. Buytaert (1953) 322, 16f. – [10] Wilhelm von Ockham, S. logicae I, c. 12, hg. Boehner 1 (1957) 39, 12-16. – [11] Expositio aurea, zit. nach Ph. Boehner: Collected articles on Ockham. Franciscan Inst. Publ., Philos. Ser. No. 12 (New York u. a. 1958) 64. – [12] a. a. O. [10] I, c. 12 = I, 39, 30-38; Quodl. 4, q 19 (Straßburg 1491, ND Louvain 1962); vgl. Expositio aurea III, 2 = (Bologna 1496) fol. 88r-91r. – [13] Texte vgl. Baudry: Lex. philos. de Guillaume d'Ockham (Paris 1958) s.v. ‹I.› (130-132); vgl. Ockham, S. logicae I, c. 11f. a. a. O. [10] 36-40.

Literaturhinweise. St. Swiezawski: Les I.ns premières et les I.ns secondes chez Jean Duns Scot. Arch. Hist. doctr. et litt. du M.A. 9 (Paris 1934) 205-260. – Ph. Boehner: Ockham's theory of signification (1946), in: Collected articles ... s. Anm. [11] 201-232, bes. 224-229. – Th. Nys: De Werking van het menselijk Verstand volgens Hendrik van Gent (Leuven 1949) 99-115.

                     P. Engelhardt

Intentionalanalyse ist bei E. Husserl die in der phänomenologischen Epoché und Reduktion mögliche deskriptive Enthüllung der universalen, durch den Begriff der Intentionalität bezeichneten Korrelation von Bewußtsein (Noesis) und Gegenstand (Noema). Die I. ist geleitet von der Einsicht, daß jeder vorgegebene Gegenstand «zurückweist auf eine korrelative Wesensform der mannigfaltigen wirklichen und möglichen ... Intentionalität» [1]. Ein vorgegebener Gegenstand wird zum transzendentalen oder intentionalen Leitfaden [2], indem er in diesem Sinne als «Index eines subjektiven Korrelationssystems» aufgefaßt wird [3]. Von den noematischen Momenten, die den gegenständlichen Sinn in seiner Einheit ausmachen, wird auf diejenigen noetischen Mannigfaltigkeiten zurückgefragt, die notwendig in Vollzug sein müssen, soll ein Gegenstand dieses Sinnes für das Bewußtsein gegeben sein [4]. Der Gegenstand erweist sich so als Resultat einer vielstufigen Synthesis; zugleich zeigt sich, daß aktuelle Vollzüge nur möglich sind als Aktualisierung von Systemen, die den Charakter der Potentionalität im Sinne der Vermöglichkeit haben. Die Leistung der I. ist so die «Enthüllung der in den Bewußtseinsaktualitäten implizierten Potentialitäten» [5]. Die I. bedarf, soll sie systematisch fruchtbar werden, der Bereitstellung geeigneter Leitfäden. Solche Leitfäden sind das von den regionalen Ontologien herausgestellte ontische Apriori [6]. Indem die I. dieses auf das ihm entsprechende konstitutive Apriori [7] zurückführt, ist sie die spezifische Methode der konstitutiven (zunächst statischen) Phänomenologie.

Anmerkungen. [1] E. Husserl: Formale und transzendentale Logik (1929) 217. – [2] Cartesianische Meditationen und Pariser Vorträge. Husserliana 1 (Den Haag ²1963) 87. – [3] Die Krisis der europ. Wiss. und die transzendentale Phänomenol. Eine Einf. in die phänomenol. Philos. Husserliana 6 (Den Haag ²1962) 168. – [4] a. a. O. [2] 87. – [5] 83. – [6] 88; vgl. a. a. O. [1] 220: Ideen zu einer reinen Phänomenol. und phänomenol. Philos. I. Husserliana 3 (Den Haag 1950) 364. – [7] a. a. O. [1] 220.

Literaturhinweis. E. Fink: L'analyse intentionnelle et le problème de la pensée spéculative, in: Problèmes actuels de la phénoménol. (Paris 1952).   U. Claesges

Intentionalität bezeichnet bei E. HUSSERL als « unentbehrlicher Ausgangs- und Grundbegriff» der Phänomenologie [1] die Eigenart jeglichen Bewußtseins, «Bewußtsein von Etwas» und als solches direkter Aufweisung und Deskription zugänglich zu sein. Bewußtsein von Etwas besagt die durchgängige Korrelation zwischen den Akten des Vermeinens im weitesten Sinn und dem vermeinten Gegenstand als solchem [2].

Husserl geht bei seiner Konzeption des Begriffes der I. auf F. BRENTANO zurück, der Begriffe wie « intentional», « intentionale Inexistenz» erstmalig in die Psychologie der Neuzeit eingeführt hat. Der Terminus « intentionale Inexistenz» [3] dient in der deskriptiven Psychologie Brentanos zur Wesensbestimmung der psychischen Phänomene im Gegensatz zu den physischen Phänomenen [4]. Psychische Phänomene sind durch ihre Beziehung auf einen Inhalt (Objekt) gekennzeichnet; sie sind solche, «welche intentional einen Gegenstand in sich enthalten» [5].

HUSSERL entwickelt seine Theorie der I. in einer Auseinandersetzung mit den Lehren Brentanos [6]. Die wesentlichen Grundbestimmungen des Bewußtseins, die in Husserls Begriff der I. impliziert sind, ergeben sich im Rahmen der phänomenologischen Epoché. I. besagt im wesentlichen ein Vierfaches: 1. Im Bewußtseinsleben ist zu scheiden zwischen reellen und intentionalen (irreellen) Gehalten [7]. Reelle Gehalte sind alle zeitlich verlaufenden Akte des Vermeinens (intentionale Akte). Zur Kennzeichnung der reellen Gehalte verwendet Husserl den Terminus « Noesis» [8]. Als irreeller Gehalt des Bewußtseins muß demgegenüber das Vermeinte als solches (intentionaler Gegenstand) angesehen werden. Dafür verwendet Husserl den Terminus « Noema» [9]. I. besagt so die Korrelation von Noesis und Noema. Zu der so bestimmten noetisch-noematischen Struktur des Bewußtseins gehört das « reine Ich» als Aktvollzieher (Ichpol), von dem die mannigfaltigen Noesen ausstrahlen und zugleich in der Einheit eines Bewußtseins zusammengehalten werden [10]. – 2. Der vermeinte Gegenstand (Noema) ist Resultat einer eventuell vielstufigen Synthesis, in der mannigfaltige Noesen zur Einheit eines Gegenstandsbewußtseins zusammengehen [11]. – 3. Den jeweils vermeinten Gegenstand umgibt ein Horizont von unthematisch Mitgemeintem. Ihm auf noematischer Seite entsprechen auf noetischer Seite Potentialitäten des Bewußtseins (Vermöglichkeiten), deren Aktualisierung die unthematisch Mitgemeinte zur Gegebenheit bringt [12]. – 4. I. bedeutet die Zielgerichtetheit des Bewußtseins auf Selbstgebung oder Selbsthabe des vermeinten Gegenstandes (Evidenz) [13].

Anmerkungen. [1] E. HUSSERL: Ideen zu einer reinen Phänomenol. und phänomenol. Philos. I. Husserliana 3 (Den Haag 1950) 207. 203ff. – [2] Cartesianische Meditationen ... Husserliana 1 (Den Haag ²1963) 70ff. – [3] F. BRENTANO: Psychol. vom empirischen Standpunkt 1 (³1955) 124. – [4] a. a. O. 125. – [5] ebda. – [6] Vgl. E. HUSSERL: Log. Untersuch. 2 (¹1901) V, 321ff. – [7] a. a. O. [1] 218; vgl. Die Idee der Phänomenol. Fünf Vorles. Husserliana 2 (Den Haag ²1958) 55. – [8] a. a. O. [1] 210. – [9] 219. – [10] 81; Ideen ... II. Husserliana 4 (Den Haag 1952) 105. – [11] Cartesianische Meditationen und Pariser Vorträge. Husserliana 1 (Den Haag ²1963) 80. – [12] a. a. O. 83. – [13] Formale und transzendentale Logik (1929) 143.

Literaturhinweise. H. SPIEGELBERG: The phenomenol. movement 1. 2 (Den Haag 1960). – L. LANDGREBE: Husserls Phänomenol. und die Motive zu ihrer Umbildung, in: Der Weg der Phänomenol. (²1967) 9–39. U. CLAESGES

Intentionsbewegung. Viele Verhaltensweisen der Tiere können in sehr verschiedener Intensität auftreten, ab-

hängig von der inneren Handlungsbereitschaft, den auslösenden Reizen, spezifischen Adaptationen, wechselseitigen Beeinflussungen zentralnervöser Mechanismen usw. Bei geringer effektiver Intensität der handlungsauslösenden Faktoren brauchen nur die Anfänge einer Handlung aufzutreten. Man nennt sie in der vergleichenden Verhaltensforschung ‹I.› oder ‹Intentionen›; sie erlauben dem Kenner vorherzusagen, was das Tier gleich darauf tun wird, falls die Handlungsintensität zunimmt. Viele Vögel knicksen, recken den Kopf oder heben etwas die Flügel als Intention zum Abflug, lassen es aber zunächst dabei bewenden. Da aber auch der Artgenosse daran die aufkommende Flugstimmung erkennen kann, werden derartige zunächst funktionslose Epiphänomene des Verhaltens zuweilen zu sozialen Signalen ritualisiert; bei in Gruppen lebenden Tieren kommt es so zur notwendigen Synchronisation aller Mitglieder der Gruppe. I. können aber auch den Partner vorwarnen; das Maulaufreißen als Intention zum Zubeißen ist im Tierreich zu einer weitverbreiteten Drohbewegung geworden, die häufig durch auffällige Farben des Maulinneren unterstrichen wird.

Literaturhinweis: J. EIBL-EIBESFELD: Grundriß der vergl. Verhaltensforsch. und Ethol. (1967). W. WICKLER

Interaktion, soziale (von lat. inter, zwischen, und agere, handeln). Der Ausdruck ‹s. I.› bedeutet gegenseitige Beeinflussung, wechselseitige Abhängigkeit zwischen Individuen und/oder sozialen Gebilden. Der Standpunkt des sog. « Interaktionismus» – zuerst von J. M. BALDWIN [1], C. H. COOLEY [2], W. I. THOMAS [3] und G. H. MEAD [4] vertreten – betont die ständigen Wechselwirkungen zwischen Individuum und Gesellschaft, lehnt jede einseitige Determinierung im Sinne des Psychologismus oder Soziologismus ab und führt auch die Entwicklung der individuellen Persönlichkeit auf zwischenmenschliche Wechselbeziehungen zurück. Die Erforschung von Interaktionsprozessen ist konstituierender Bestandteil der Sozialpsychologie, insbesondere der Gruppendynamik [5]; zahlreiche Autoren, so TH. M. NEWCOMB, R. H. TURNER und PH. E. CONVERSE [6], bezeichnen die s. I. als den eigentlichen Gegenstand der Sozialpsychologie.

Anmerkungen. [1] J. M. BALDWIN: Social and ethical interpretations in mental development, a study in social psychol. (London/New York ¹1897; ³1902). – [2] C. H. COOLEY: Human nature and the social order (New York ¹1902; Chicago ²1922). – [3] W. I. THOMAS: Social behavior and personality. Contributions of W. I. Thomas to theory and social research, hg. E. H. VOLKART (New York 1951). – [4] G. H. MEAD: Mind, self and society from the standpoint of a social behaviorist, hg. C. W. MORRIS (Chicago 1934). – [5] R. F. BALES: Interaction process analysis: a method for the study of small groups (Cambridge, Mass. 1950). – [6] TH. M. NEWCOMB, R. H. TURNER und PH. E. CONVERSE: Social psychol. The study of human interaction (New York 1965). H. ANGER

Interdisziplinär (engl. interdisciplinary, frz. interdisciplinaire). Der zunächst im Englischen eingeführte wissenschaftswissenschaftliche Begriff ‹interdisziplinär› tauchte anfangs der sechziger Jahre auch in der deutschen Diskussion um die Neuorganisation wissenschaftlicher *Forschung* auf [1]. Er hat seither Ausdrücke wie ‹interfachlich› und ‹interfakultär› bzw. ‹interfakultativ›, die bedeutungsanalog zur Kennzeichnung disziplinenüberschreitender Zusammenarbeit gebraucht wurden, und – in Zusammensetzungen wie ‹interdisziplinäre Forschung›, ‹interdisziplinäre Kooperation›, ‹interdisziplinäre Zusammenarbeit› verwendet – auch die in den fünfziger Jahren gängigen Ausdrücke ‹Gruppenforschung› und ‹Teamarbeit› (teamwork) weitgehend ersetzt. Mit den Denkschriften H. SCHELSKYS zur Gründung einer ostwestfälischen Universität (1965) [2] wurde die Rede von ‹interdisziplinärer Forschung› zum Bestandstück offizieller universitäts- und wissenschaftspolitischer Verlautbarungen. Schließlich erfuhr das Wort ‹interdisziplinär› Anwendung auf den Bereich von *Studium und Lehre* an den Hochschulen; es löste damit die nach dem Zweiten Weltkrieg sogar international ins Gespräch gekommene Formel vom ‹Studium generale› [3] ab.

Der Vieldeutigkeit des Begriffs, die mit der zunehmenden Differenzierung der Wissenschaftsorganisation auffällig wurde, versuchen (primär englisch- und französischsprachige) terminologische Vorschläge zu steuern, nach denen zwischen Multi- [4] bzw. Pluridisziplinarität (Nebeneinander verschiedener, nicht bzw. mehr oder weniger verwandter Disziplinen), Interdisziplinarität (It.) im engeren Sinn (koordinierte Zusammenarbeit, die vom einfachen Ideenaustausch bis zur gegenseitigen Integration der Leitbegriffe und Methoden reichen kann) und Transdisziplinarität («mise en œuvre d'une axiomatique commune à un ensemble de disciplines») zu unterscheiden wäre [5]. Unter den Formen interdisziplinärer Relation in einem mehrstufigen, auf mehrere Ziele ausgerichteten, hierarchischen «education/innovation system» bestimmt E. JANTSCH systemtheoretisch «cross-disciplinarity» als «rigid polarization toward specific mono-disciplinary concept» [6], It. (i.e.S.) als «coordination by higher-level concept», Transdisziplinarität als «multi-level coordination of entire education/innovation system» [7].

Das Auftreten des Ausdrucks ‹interdisziplinär› signalisierte zunächst ein *forschungsorganisatorisches* Postulat. Die klassischen Strukturen des größtenteils an die Universitäten gebundenen europäischen Forschungswesens (einschließlich der schon entwickelten Formen von Gruppenforschung) wurden angesichts der Komplexität der Probleme, deren Lösung Gesellschaft, Staat und Wirtschaft in wachsendem Maße der Wissenschaft abzuverlangen begannen, als ungenügend empfunden. War Zusammenarbeit zwischen den Sozialwissenschaften («synthetic co-operation» [8]) im Interesse der Gesellschaftsplanung [9] schon in den dreißiger Jahren gefordert worden, hatte die Entwicklung der Großforschung (big science) während des Zweiten Weltkrieges in den USA von praktisch-technischen Interessen her disziplinenüberschreitende Kooperation erzwungen, so stand die ausdrückliche Verwendung des Begriffs ‹interdisziplinär› bald im Zeichen einer nicht mehr bloß organisationstechnischen, sondern grundsätzlichen Reflexion auf den modernen Wissenschaftsprozeß. ‹It.› meint «nicht nur die kooperative Verbindung von verschiedenen Fachdisziplinen», sondern «ein *bestimmtes Wissenschaftsverständnis* ..., eine besondere Geisteshaltung, die den Teil nur im Ganzen zu sehen versucht und um den tragenden Sinn-Maßstab für das Ganze ständig sich bemüht» [10]. Nebst der theoretischen Forschung und der Entwicklung von Technologien im Felde einzeldisziplinär nicht bearbeitbarer Problemkomplexe dient interdisziplinäre Zusammenarbeit sowohl einer internen «Humanisierung der Wissenschaft» [11] wie der «Verwirklichung der Idee der Aufklärung» durch Information über und Distribution von Wissen, durch Ideologiekritik [12] und durch Verständigung über den gesamtgesellschaftlichen Sinn von Wissenschaft. Gesucht ist nicht eine «philosophische Universalsynthese der Wissenschaften oder ihrer Ergebnisse» [13]. Das philosophische Interesse gilt heute in

erster Linie epistemologischen [14] und unter diesen wieder in besonderer Weise den Problemen interdisziplinärer Verständigung. Denn neben institutionellen und psychologischen Hemmnissen stehen der interdisziplinären Zusammenarbeit vor allem Sprachbarrieren im Wege; zu deren Beseitigung werden sowohl die Konstruktion einer «Grundsprache, die *unter* allen Fachsprachen liegt», einer «infradisziplinären Sprache», die die für interdisziplinäre Forschung unzureichende Umgangssprache ersetzen müßte [15], wie auch die Realisierbarkeit einer Metasprache für das Gespräch zwischen Disziplinen mit «zweistufigen Wissenschaftssprachen» [16] in der philosophischen Diskussion erwogen.

Anmerkungen. [1] Der m. W. früheste Beleg bei H. P. BAHRDT, H. KRAUCH und H. RITTEL: Die wiss. Arbeit in Gruppen. Kölner Z. Soziol. u. Sozialpsychol. 12 (1960) 1-40; vgl. H. KRAUCH, W. KUNZ und H. RITTEL (Hg.): Forschungsplanung. Eine Studie über Ziele und Strukturen amer. Forschungsinstitute (1966) 22ff. 71ff.; H. P. BAHRDT: Moderne Forschungsorganisation – moderne Universität (1964), jetzt in: Wissenschaftssoziol. – ad hoc. Beitr. zur Wissenschaftssoziol. und Wissenschaftspolitik aus den letzten zehn Jahren (1971). – [2] Veröff. in P. MIKAT und H. SCHELSKY: Grundzüge einer neuen Universität. Zur Planung einer Hochschulgründung in Ostwestfalen (1966) 35ff. 71ff. – [3] Vgl. W. RÜEGG: Humanismus, Studium Generale und Studia Humanitatis in Deutschland (1954); vgl. auch Culture générale et enseignement européen. Actes du Congrès de Trieste (Paris 1956). – [4] ‹Multidiszip.› wurde häufig auch als übergreifende Kennzeichnung der Zusammenarbeit verschiedener Wiss. verwendet; vgl. das A. L. BENTON-Zitat bei J. W. EATON: Social processes of professional teamwork. Amer. sociol. Rev. 16 (1951) 707-713, zit. 712, oder die Rede von «multidiszip. Kooperation» bei KRAUCH u. a. (Hg.), a. a. O. [1] 8. 22. – [5] Nach G. MICHAUD und C. C. ABT, mitgeteilt in CERI (Centre pour la Recherche et l'Innovation dans l'Enseignement): L'Interdisciplinarité [= It.]. Problèmes d'enseignement et de recherche dans les universités (OCDE 1972) 23f. – [6] Gemeint ist, was N. A. LUYTEN «l'impérialisme d'une discipline» genannt hat, in: It.: un impératif de la recherche sci. Civitas 29 (1973) 222-236, zit. 226. – [7] E. JANTSCH: Vers l'It. et la transdisciparité dans l'enseignement et l'innovation, in: L'It. a. a. O. [5] 98-125; Inter- and transdisciplinary university: A systems approach to education and innovation. Policy Sci. 1 (1970) 403-428. – [8] A. LÖWE: Economics and sociol. A plea for co-operation in the social sci. (London 1935) 19ff. – [9] K. MANNHEIM: Mensch und Gesellschaft im Zeitalter des Umbaus (1935). – [10] R. SCHWARZ: It. der Wiss. als Problem und Aufgabe heute. Int. Jb. interdiszip. Forsch. 1 (1974) 1-131, zit. 58. 59. 63. – [11] W. TRAUPEL: Was können wir von interdiszip. Arbeit erwarten?, in: H. HOLZHEY (Hg.): interdisziplinär. Philosophie aktuell 2 (1974) 36-42, zit. 42. – [12] R. JOCHIMSEN: Zur gesellschaftspolit. Relevanz interdiszip. Zusammenarbeit, in: interdisziplinär a. a. O. [11] 9-35, zit. 15f. – [13] H. SCHELSKY: Das Zentrum für interdiszip. Forsch. Eine Denkschrift, in: MIKAT/SCHELSKY a. a. O. [2] 71-87, zit. 72. – [14] J. PIAGET: L'épistémol. des relations interdisc. Int. Jb. ... a. a. O. [10] 154-172; Problèmes généraux de la recherche interdiscip. et mécanismes communs, in: Tendances principales de la recherche dans les sci. sociales et humaines I: Sci. sociales (UNESCO 1970) chap. 7; dtsch. in: Erkenntnistheorie der Wiss. vom Menschen (1973) 197-293. – [15] P. LORENZEN: Interdiszip. Forsch. und infradiszip. Wissen, in: Konstruktive Wissenschaftstheorie (1974) 133-146, zit. 138. – [16] G. FREY: Methodenprobleme interdiszip. Gespräche. Ratio 15 (1973) 153-172.

Literaturhinweise. G. GUSDORF: Art. ‹Interdisciplinaire (connaissance)›, in: Encyclopaedia Universalis 8 (Paris 1970) 1086-1090. – CERI s. Anm. [5]. – H. von HENTIG: Magier oder Magister? Über die Einheit der Wiss. im Verständigungsprozeß (1972). – H. HOLZHEY (Hg.) s. Anm. [11]. – R. SCHWARZ (Hg.) s. Anm. [10] 1-2 (1974/75).
                                      H. HOLZHEY

Interessante (das). FR. SCHLEGEL hat dem Begriff des I. in der Literatur einen spezifischen Sinn verliehen und ihn zum Gegenbegriff des Klassischen ausgebildet. Es ist ein kritischer Begriff insofern, als der frühe Schlegel in der Abhandlung ‹Über das Studium der griechischen Poesie› von 1797 [1] die Höchstform der Dichtung in der klassischen Poesie der Griechen sieht, in ihrer Schönheit und Objektivität. In ihr wird « das Allgemeingültige, Beharrliche und Notwendige» harmonisch gestaltet [2]. Dagegen herrscht in der modernen (d. h. nachantiken) Poesie «das totale Übergewicht des Charakteristischen, Individuellen und I.» [3]. Der « isolierende Verstand», die intellektuelle Bildung bewirken, daß «das Ziel der modernen Poesie originelle und interessante Individualität» wird [4]. Schlegels kritischer Begriff des I. ist zugleich ein problematischer Begriff. «Im ganzen Gebiet der ästhetischen Wissenschaften ist die Deduktion des I. vielleicht die schwerste und verwickeltste Aufgabe» [5]. Es hat « provisorischen ästhetischen Wert» [6]. Shakespeare, «der Gipfel der modernen Poesie» ist unübertrefflich «an unerschöpflicher Fülle des I.» [7]. In seiner Gegenwart sieht Schlegel Symptome einer « wohltätigen Krise des I.» [8], die erneut zur Objektivität des Schönen führen kann [9]. Goethe «steht in der Mitte zwischen dem I. und dem Schönen» [10]. – Später hat Schlegel den Begriff nur wenig benützt und seinen Sinn zum Teil verändert, z. B.: « Interessant ist, was sich bezieht auf den noch unentschiedenen Kampf des Guten und Bösen in der Natur ...» [11].

Anmerkungen. [1] FR. SCHLEGEL, Prosaische Jugendschr., hg. J. MINOR 1 (1882). – [2] a. a. O. 110. – [3] 95. – [4] 105. – [5] 82. – [6] 83. – [7] 108f. – [8] 113. – [9] 116. – [10] 115. – [11] Krit. A., hg. E. BEHLER 12: Philos. Vorles. 1800-1807, hg. J.-J. ANSTETT (1964) 114.

Literaturhinweise. FR. SCHLEGEL: Über das Studium der griech. Poesie, Eg. und Einl. P. HANKAMER (1947). – R. BRINKMANN: Romantische Dichtungstheorie in Friedrich Schlegels Frühschriften und Schillers Begriffe des Naiven und Sentimentalischen. Dtsch. Vjschr. Lit.wiss. 32 (1958) 344-371. – K. BRIEGLEB: Ästhetische Sittlichkeit. Versuch über Friedrich Schlegels Systementwurf zur Begründung der Dichtungskritik (1962).

W. RASCH

Interesse (von lat. inter, zwischen, und esse bzw. est, sein, ist; ital. interesse; span. interés; frz. intérêt; engl. interest: Schaden, Entschädigung, Zinsen; Nutzen, Vorteil, Gewinn; Anteilnahme, Aufmerksamkeit, Gefallen; Belang)

I. Ausgangspunkt für alle *bedeutungsgeschichtlichen* Entwicklungen von ‹I.› ist die Ausbildung des I.-Begriffs in der Regelung des Schadenersatzes im *Römischen Recht* [1]. Die Quellen durchzieht der Hauptgegensatz zwischen öffentlichen und privaten I., zwischen Staatswohl und dem Vermögensvorteil des Einzelnen (id quod rei publicae interest/id quod privatim interest) [2]. Zu Beginn des 4. Jh. kommt ‹id quod interest› im Westen wie im Osten außer Gebrauch; erst JUSTINIAN belebt es wieder für den Osten durch die Schaffung des ‹Corpus iuris› [3] zur Bezeichnung der frei ermittelten Wertdifferenz, die der Kläger vom Beklagten als Schadenersatz verlangen kann.

Bereits die Jurisprudenz des *frühen Mittelalters* greift auf das ‹id quod interest› des Römischen Rechts zurück, wendet es aber auf alle Arten von Ansprüchen an und schafft gleichzeitig eine systematische Lehre vom I. Die Fähigkeit, die verschiedensten Leistungsinhalte aufzunehmen, führt zu immer größerer Beliebtheit des Begriffs, die sich sprachlich in der nicht erst im 13. Jh. (AZZO, LAURENTIUS HISPANUS) [4], sondern bereits um 1100 beginnenden substantivischen Verwendung des mittellateinischen Wortes ‹I.› zeigt [5]. Üblich wird die Dreiteilung: I. conventum (vereinbarter Preis), I. commune (Sachwert) und I. singulare (Zuschlag zum Sachwert, z.B. Entschädigung), während die französischen Kommentatoren (JACOBUS DE RAVANIS) das I. nur als

Schadenersatz (utilitas) verstehen wollen (damna et interesse) [6].

Als eine besondere Form des Schadenersatzes interpretiert das Mittelalter auch die *Zinsen*, nämlich als Entschädigung für den *Wertverlust*, der dem Gläubiger durch das Fehlen des Geldbetrags während eines bestimmten Zeitraums entstand; offiziell gestattete die scholastische Moraltheologie das Erheben von Zinsen nicht. Seit dem 13. Jh. wird die durch Bedeutungsverengung möglich gewordene euphemistische Verwendungsweise von ‹I.› für «Zinsen» (usura) immer häufiger und tritt neben die bisherigen Bedeutungen [7]. Nicht auszuschließen ist jedoch, daß sich ‹I.› in diesem Wortsinn vielleicht auch aus der Bezeichnung für die Zeitdifferenz entwickelte, die zwischen dem Entleihen und der Rückgabe des Geldes liegt (mora, tempus) [8].

Etwa zur gleichen Zeit erfolgen die ersten Entlehnungen des neu entstandenen Substantivs in einige der neueren Sprachen, und zwar zunächst ins Provenzalische (12. Jh.) [9], Italienische, Französische (beide 13. Jh.) [10] und früher als bislang vermutet auch ins Spanische (Anfang 14. Jh.) [11]. Mit deutlichem Abstand folgen das Englische (1374, CHAUCER) [12], das Deutsche und Niederländische (beide 15. Jh.) [13]. Während sich die südromanischen Sprachen und das Deutsche für den substantivierten Infinitiv entscheiden (interesse, interés), entwickeln das Französische, Englische und Niederländische die substantivierte finite Form weiter (intérêt, interest). Die chronologisch erste Bedeutung ist stets die juristische (Schaden/Entschädigung). Der finanzökonomische Wortinhalt («Zinsen») setzt sich in den modernen Sprachen Westeuropas allgemein zwischen 1450 und 1530 durch; LUTHER, der im Gegensatz zu Calvin das kanonische Zinsverbot in aller Strenge erneuert [14], und sein Zeitgenosse M. SCHWARZ («‹I.›, das ist höflich gewuchert») [15] verwenden ‹I.› bereits in diesem Sinn.

Ohne lateinisches Vorbild hingegen verläuft vom 15. bis 17. Jh. eine semantische Entwicklung der jeweiligen I.-Korrelate, die durch Abstraktion der bisher existierenden Wortinhalte («Schaden», «Entschädigung», «Zins[en]») die allgemeine Bedeutung «(insbesondere materieller) Nutzen, Vorteil, Profit, Gewinn», «Gesamtheit all dessen, was jemand nützt», entstehen läßt. An Belegen für das erste Auftauchen des neuen Wortsinns werden für das Englische das Jahr 1452, für das Französische die Zeit um 1460 genannt [16]. Im Deutschen läßt sie sich erstmals in S. ROTHS ‹Ein Teutscher Dictionarius› (1571) nachweisen [17].

In dieser Funktion wird ‹I.› langsam zum Kernbegriff für die sich in der *frühen Neuzeit* entwickelnde, in der Idee der Staatsräson gründende I.-Lehre der Staaten und deren, schon aus dem römischen Gemeinschaftsgedanken bekannten Gegensatz zu den I. des Einzelnen [18]. So stellt TH. MORUS dem commodum privatum das negotium publicum gegenüber [19]. MACHIAVELLI hingegen kennt ‹I.› durchaus schon in der Bedeutung «Nutzen, Vorteil» [20]; für die «I. der Staaten» gebraucht er jedoch den Ausdruck «cure principali» [21]. Die in Latein schreibenden Autoren verwenden für die Idee des ‹I.› bis ins 18. Jh. die kirchenlateinischen Termini ‹res›, ‹commodum›, ‹utilitas›, ‹negotium›.

Als Schlüsselwort für ein anthropologisch-gesellschaftliches Konzept fungiert ‹I.› erstmals klar erkennbar in den Schriften F. GUICCIARDINIS, insbesondere in den ‹Ricordi› (1512/30) [22]. Bereits hier und nicht erst seit der Mitte des 16. Jh. [23] erscheinen parallel zu ‹ragione dello stato› (Staatsräson) die Ausdrücke ‹I. dello stato (della città, de' populi)› und ‹I. (beneficio) commune (publico)›. Dem Gemeinwohl bzw. Staats-I. gegenüber steht in einem dichotomen Begriffssystem das Eigen-I. (I. (beneficio, vantaggio, frutto, bene, utile) proprio (suo, privato, particulare); utilità (commodità) propria [24]. Der Mensch handelt nur dann gut und im Sinne des allgemeinen I., wenn das Eigen-I. nicht im Widerspruch zum I. commune steht [25].

In der Weiterentwicklung der I.-Lehre der Staaten werden in der zweiten Hälfte des 16. Jh. die Italiener G. BOTERO und T. BOCCALINI bedeutsam, für die das I. das eigentliche Movens der alles dominierenden Staatsräson repräsentiert [26].

Bei allen italienischen Autoren des 16. Jh. bedeutet ‹I.› meist «Vorteil, Nutzen»; es hat noch nicht die oft übersehene [27] metonymische Bedeutungserweiterung von «privatum commodum» (der eigene Nutzen) zu «studium (affectio) privati commodi» (die Eigennützigkeit), d. h. von einem allgemeinen Wertbegriff zu einem moralischen Abstraktum vollzogen, durch die ‹I.› in der ideologischen Auseinandersetzung zwischen Feudalismus und Kapitalismus (16.–18. Jh.) in eine zentrale Position rückt. Vieles spricht dafür, in dieser Bedeutung eine Sonderentwicklung des Spanischen zu sehen, die bereits im 15. Jh. einsetzt und sich im 16. Jh. voll entfaltet. Kastilisch wird ‹I.› nicht nur wie im restlichen Westeuropa zu einem neuen Zeichen für den Wertbegriff «Nutzen», sondern darüber hinaus ein Schibboleth zur polemischen Abgrenzung gegenüber den materiell erfolgreichen Juden und Mauren und einer Ausrichtung auf den kommerziell-ökonomischen Nutzen, die mit eben diesem Wort diskriminiert wird. ‹Interés› in diesem Sinne heißt also «Eigennutz», «Eigennützigkeit», «Selbstsucht», «Egoismus». Den entscheidenden Beitrag zur Entstehung der neuen Bedeutung leistet die religiöse Literatur moralisierend-asketischer Ausprägung. Besonders deutlich wird die von ‹I.› implizierte antikapitalistische und aristokratische Tendenz in ALONSO DE CASTRILLOS ‹Tractado de República› (1521) [28].

Die neue Bedeutung erscheint in zahlreichen moralisierenden Schriften bereits des 15. Jh. [29] neben dem Wortinhalt «Vorteil, Nutzen» [30]; von ihrer Dynamik zeugt die Tatsache, daß sie auch in Übersetzungen eindringt, deren Vorlage ‹I.› nicht enthält [31]. Die religiöse Terminologie Spaniens unterscheidet sich in der Verwendung von ‹I.› als Synonym für ‹sündige Egozentrik› des Menschen scharf vom Sprachgebrauch aller anderen westeuropäischen Länder, bis die Bedeutung «Selbstsucht» für ‹I.› um die Wende zum 17. Jh. auch von anderen Sprachen übernommen wird.

Durch die Bedeutungserweiterung umfaßt ‹I.› nicht nur den materiell-ökonomischen Bereich, aus dem es stammt (Besitz, Genuß), sondern auch immer mehr die Sphäre der sozialen Wertschätzung des Individuums (Stolz, Ehre), der es in seiner originär spanischen Bedeutungsentwicklung eigentlich entgegengesetzt ist. Unter den Salmantiner Theologen bevorzugt DOMINGO DE SOTO in seinem Traktat über die Gottesliebe als Gegenbegriff zu ‹amor de Dios› klar das Wort ‹I.› [32]. ‹I.› findet sich auch in der Sprache aller spanischen *Mystiker*, z. B. IGNATIUS' VON LOYOLA [33], THERESAS VON AVILLA [34] und JOHANNES' VOM KREUZ [35]. Im Begriff des ‹I.› zeigt sich die innere Widersprüchlichkeit und die doppelte Moral des ‹Goldenen Jahrhunderts›: Das als «Gift der Tugend» [36] verurteilte I. prägt dennoch die Grundstrukturen vieler Lebensbereiche; die Gesetze der Geldwirtschaft dringen in die zwischenmenschlichen Beziehungen und sogar in die theologische Exegese ein (CERVANTES; pikarischer Roman). Schon am Anfang des Jh. klagt CASTRILLO, daß «die, die von der Gerechtigkeit leben mußten, nun vom I. leben» [37]. Liebe und Ehre sind vom I., dem «Señor de la mar y de la tierra» [38] überwältigt worden [39].

Durch Übersetzung gelangt die neue Bedeutung von ‹I.› («Egoismus», «Selbstsucht») als semantischer Hispanismus ins Französische, Englische und Italienische. Die Übertragung vollzieht sich in Frankreich vor allem im Rahmen der um 1570 einsetzenden Rezeption spanisch-italienischer Mystik; MONTAIGNE verwendet intérêt zwar häufig im Sinne von «Vorteil», «Nutzen», nicht jedoch als moralisches Abstraktum [40]. Als englischer Erstbeleg gilt eine Übersetzung von M. ALEMANS pikarischem Roman ‹La vida de Guzmán de Alfarache› (1622) [41]; wenig später erscheint um die Mitte des 17. Jh. ‹self-interest›, das zweifellos eine von puritanischen Autoren gebildete Lehnübersetzung von spanisch ‹interés propio› bzw. französisch ‹intérêt propre› ist [42].

Auch das *deutsche* ‹eigen nutz› entwickelt um 1500 neben der Bedeutung «der eigene Nutzen» eine Funktion als moralisches Abstraktum («Eigennützigkeit»; S. BRANT, Das Narrenschiff); Ursache dieses parallelen sprachlichen Phänomens ist jedoch der allgemein mit der Wende zur Neuzeit sich vollziehende Umbruch in den Lebensbedingungen und im Existenzhabitus des abendländischen Menschen.

Im *Frankreich des 17. Jh.* wird ‹intérêt (propre, privé, particulier, personnel)› zu einem Zentralbegriff in Philosophie, Theologie, Literatur und Staatswissenschaft. Die I.-Lehre der Staaten findet nach ihren Ansätzen im Italien des 16. Jh. ihre erste umfassende und systematische Darstellung in H. DE ROHANS ‹De l'Interest des Princes et Etats de la Chrestienté› (1638). Das I. des Staates ist dessen Erhaltung und Vergrößerung; selbst der Fürst repräsentiert nur ein Partikular-I., das dem Staats-I. untergeordnet werden muß. Die in der Epoche des erstarkenden Absolutismus sich formierende bürgerliche Ideologie beschreibt jedoch auch unverhohlen ihr eigentliches I.: «C'est l'Interest du public que les particuliers soient à leur aise» [43]. Auf dem Boden der politischen Empirie entstanden, hat die Lehre von den Staats-I. das Ziel, Gesetzmäßigkeiten politischen Handelns zu entwickeln und durchsichtiger zu machen; ihre weitere Vervollkommnung erfährt sie bei G. NAUDÉ, in COURTILZ DE SANDRAS' ‹Nouveaux intérêts des Princes de l'Europe› (1658) und in J. ROUSSET DE MISSYS ‹Les Intérêts présents et les prétentions des puissance de l'Europe› (1733/35) [44].

Diametral entgegengesetzt bewertet wird das I. in der *spirituellen Literatur* jener Epoche. Salesianer, Oratorianer, Jansenisten und Jesuiten sind trotz großer Meinungsverschiedenheiten weitgehend einig in der Verdammung der im I. sich verkörpernden menschlichen Egozentrik [45]. Von besonderer Subtilität erweist sich der I.-Begriff der quietistischen Diskussionen über das Wesen der reinen Gottesliebe (amour pur/amour intéressé) [46]; seine profundeste Analyse findet das I. bei FÉNELON, der die vom I.-Begriff implizierte Selbstbezogenheit in ihrem Kern als Reflexion entlarvt, in deren Zirkel das Selbst immer nur sich selbst wiederfindet [47].

Eine partielle *Rehabilitierung* des I. enthält J.-P. CAMUS' Differenzierung von ichbezogenem, illegitimem intérêt propre und auf Gott bezogenem, legitimem intérêt nôtre [48]. Auch LA ROCHEFOUCAULD, der den Begriff von den Jansenisten übernimmt und ihn bewußt weniger als ökonomischen Vorteil (intérêt de bien) denn als das in der höfischen Gesellschaft wichtigere Prestige-I. (intérêt d'honneur ou de gloire) verstanden haben will [49], benutzt ‹I.› keineswegs immer in negativer Wertung zur Denunzierung der egoistischen Motivation scheinbar uneigennütziger Handlungen [50] und Tugenden (Freundschaft, Liebe, Großmut, Mitleid) [51]. Vor allem in seinem späten Denken setzt sich immer mehr die Erkenntnis durch, daß die Idee «reiner» Tugend nicht zu verwirklichen ist und die moralische Wertung einer Handlung weniger von ihrer Motivation als von ihrem sozialen Effekt auszugehen hat: «L'intérêt, que l'on accuse de tous nos crimes, mérite souvent d'être loué de nos bonnes actions» [52].

Die gegen 1670 immer stärker werdende Akzentverlagerung von individualethischer auf gesellschaftliche Reflexion führt gerade im *Jansenismus* zu einer denkerischen Gegenbewegung, die die Ansätze La Rochefoucaulds aufnimmt und in Frankreich noch vor dem Einsetzen der Frühaufklärung erstmals das Konzept des «wohlverstandenen Eigen-I.» (meist noch ‹amour-propre raisonnable et éclairé› genannt) entstehen läßt (P. NICOLE, J. DOMAT) [53]. Es entfaltet sich voll in der englischen und französischen Aufklärungsphilosophie (MANDEVILLE, HELVÉTIUS, A. SMITH), um dem utilitaristischen Wirtschaftsliberalismus als ideologische Grundlage zu dienen. Durchgängig verwendet als erster HELVÉTIUS den Ausdruck ‹intérêt bien entendu›. In VAUVENARGUES' Versuch einer Wiederherstellung der aristokratischen Ethik der Gloire hingegen steht die I. noch einmal in Opposition zu Ehre und Großmut [54].

Eine für den modernen Begriff des I. (Psychologie, Ästhetik) sehr wichtige Entwicklung vollzieht sich in Frankreich. Das bisher in allen Wortverwendungsweisen noch implizierte Bedeutungsmerkmal «Nutzen» wird eliminiert und die erst um 1500 neu hinzugetretene Wortinhaltskomponente «psychische Anteilnahme» (studium, affectio) bzw. «Interessiertheit» in zwei Phasen jeweils spezifisch umgewandelt. ‹I.› in dieser Bedeutung «bezeichnet eine Beziehung zwischen einer Person oder einer Anzahl von Personen und einem Gut, dessen wirkliches oder mögliches Vorhandensein, Zustand oder Form eine Haltung oder ein Verhalten des Trägers des I. bedingt. Während das Urteil über I. als Nutzen vom Interessiertsein des Trägers absieht, ist eben dieses Inhalt des Urteils über I. als Anteilnahme» [55]. ‹I.› als «Selbstsucht», «Eigennutz», «Egozentrik» partizipiert gleichmäßig an beiden Bedeutungskomplexen.

Zunächst entsteht für ‹I.› der Wortinhalt «zwischenmenschliche Anteilnahme», «uneigennütziges Wohlwollen» (Mitleid, Sympathie; sogar Liebe): «Qui doit prendre à vos jours plus d'intérêt que moi?» [56].

Äußerlich sichtbares Signal für den Beginn einer weiteren begriffsgeschichtlichen Phase ist um 1700 die Entstehung des Adjektivs ‹intéressant› [57]. Die Ausgangsbedeutung «mitleiderregend» verändert sich bereits nach wenigen Jahrzehnten (1730/40) in Richtung auf den ästhetischen Bereich: ‹intéressant› bezeichnet nun alles, was in irgendeiner Weise die menschliche Aufmerksamkeit fesselt und beansprucht, insbesondere aber das literarische, musikalische und gestalterische Kunstwerk. Gleichzeitig erhält ‹I.› zusätzlich die Wortinhalte «allgemeine, besonders ästhetische Anteilnahme», «jede psychische Bezogenheit als spezifisches Gerichtetsein des Individuums» (Interessiertheit) und den spezifischen Charakter dessen, was dieses Gerichtetsein erzeugt (Interessantheit).

In diesen Bedeutungen wird ‹I.› zu einem Schlüsselbegriff der Ästhetik des 18. Jh., insbesondere bei J.-B. DU BOS und J.-F. MARMONTEL: Das I. als verbindende Beziehung zwischen Werk und Publikum einerseits (rapport) und als psychische Dynamik andererseits (affection) erzeugt letztlich alle seelischen Gestimmtheiten (Neugierde, Angst, Mitleid), die das Kunstwerk in uns bewirkt. «La beauté poétique n'est autre chose que l'intérêt» [58].

Anmerkungen. [1] Der Kleine Pauly 2 (1967) 1423; H. G. HEUMANN/E. SECKEL: Handlex. zu den Quellen des röm. Rechts (⁹1914, ND 1958) 280f.; D. MEDICUS: Id quod interest. Stud. zum röm. Recht des Schadenersatzes. Forsch. Röm. Recht 14 (1962) 294-344. – [2] A. MANIGK: Art. ‹I.›, in: Handwb. der Rechtswiss., hg. F. STIER/SOMLO/A. ELSTER 3 (1928) 297-309. – [3] MEDICUS, a. a. O. [1] 296. – [4] J. T. NOONAN: The scholastic analysis of usury (Cambridge, Mass. 1957) 106. – [5] MEDICUS, a. a. O. [1] 341. – [6] a. a. O. 343. – [7] W. v. WARTBURG: Frz. etymol. Wb. 4 (1952) 754; DU CANGE, Gloss. mediae latinitatis 4, 391. – [8] B. MIGLIORINI: Storia della lingua italiana (³1961) 164f.; F. H. KNIGHT: Art. ‹Interest›, in: Encyclop. of social sci. 8 (1950) 131. – [9] F. J. M. RAYNOUARD, Lexique roman 3, 565. – [10] v. WARTBURG, a. a. O. [7] 752. – [11] Documento desconocido de la Aljama de Zaragoza, del año 1331, hg. G. TILANDER, in: Leges Hispanicae Medii Aevi 7 (Stockholm 1958) 36-55. – [12] Oxf. Engl. dict. 5, Letter I, 392f. – [13] D. F. MALHERBE: Das Fremdwort im Reformationszeitalter (Diss. Freiburg i. Br. 1906) 77. – [14] E. VERWIJS und J. VERDAM: Middelnederlandsch Woordenboek 3 (1894) 938. – [14] I. v. SCHUBERT: Wirtschaftsethische Entscheidungen Luthers (Kauf und Darlehen). Arch. Reformationsgesch. 21 (1924) 74. – [15] J. STRIEDER: Kirche, Staat und Frühkapitalismus. In: Festschr. G. v. Hertling (1913) 528. – [16] Oxf. Engl. dict. 5, 393; v. WARTBURG, a. a. O. [7] 752. – [17] Publ. Mémoires de la soc. néo-philol. de Helsingfors 11 (1936) 318f. – [18] F. MEINECKE: Die Idee der Staatsräson in der neueren Gesch. (²1960) Kap. 6. – [19] SAINT THOMAS MORE, Yale compl. works, hg. SURTZ/HEXTER (New Haven/London 1965) 4, 238. – [20] N. MACHIAVELLI, Leg. Comm. 2, 296. 348; 3, 115. – [21] Il principe, cap. 11. – [22] F. GUICCIARDINI, Ricordi, hg. R. SPONGANO (Florenz 1951) 230 u. ö. – [23] F. OPPENHEIMER: System der Soziol. 2 (1926) 130. – [24] N. HONOLD: Menschenbild und Lebenstaktik F. Guicciardinis (Diss. Freiburg i. Br. 1951) 98f. – [25] a. a. O. 2. 12 a. – [26] OPPENHEIMER, a. a. O. [23] 124f. – [27] R. SPAEMANN: Reflexion und Spontaneität. Stud. über Fénelon (1963) 74. – [28] A. DE CASTRILLO: Tractado de república (Madrid 1958) 196. – [29] Flors de virtuts (Lerida 1489) cap. 3. 5; JUAN DE MENA: Coplas contra los siete pecados mortales (Madrid 1804) 227. – [30] Celestina, hg. E. KRAPF (Vigo 1899/1900) 20, 27; 31, 6; Amadís de Gaula, hg. RIVAD (Madrid 1954) 167. 280. 370; Cancionero Gomez Manrique (Madrid 1885) 320. – [31] THOMAS A KEMPIS: Imitacio de Jesuchrist, span. M. PEREZ (Valencia 1491) 2, 11. – [32] in: Tratados Espirituales. Bibl. de autores cristianos 221 (Madrid 1962). – [33] I. v. LOYOLA, Exercitia spiritualia Nr. 189. – [34] TH. V. AVILA, Camino de perfección VII, 1. – [35] JOH. VOM KREUZ, Subida del Monte Carmelo III, 28. – [36] S. DE COVARRUBIAS: Tesoro de la lengua castellana (²1674, ND Barcelona 1943) 739. – [37] a. a. O. [28]. – [38] A. DE LEDESMA BUITRAGO: Conceptos espirituales y morales 2 (Madrid 1969) 377. – [39] LOPE DE VEGA: El mayor imposible, hg. J. BROOKS (Tucson 1934) 154. – [40] M. DE MONTAIGNE, Essais, hg. STROWSKI/GEBELIN/VILLEY 5 (Bordeaux 1933) 372. – [41] Oxf. Engl. dict. 5, 394. – [42] a. a. O. 8/2, 421. – [43] L. P. MONET: Inventaire des deux langues, françoise et latine (Lyon 1635) 483. – [44] OPPENHEIMER, a. a. O. [23] 131f. – [45] FRANÇOIS DE SALES, Oeuvres (Annecy 1892-1932, ND 1964) 4, 144; 6, 126; 20, 348. 381. – [46] Vgl. Art. ‹Désintéressement›. – [47] SPAEMANN, a.a.O. [27]. – [48] J.-P. CAMUS: L'esprit de saint François de Sales 2 (Paris 1840) 297. – [49] LA ROCHEFOUCAULD, Oeuvres compl. (Paris 1964) 399. – [50] a. a. O. Max. 39. – [51] Max. 85. 116. 246. – [52] Max. 305. – [53] M. RAYMOND: Au principe de la morale de l'intérêt, in: Vérité et poésie (Neuenburg 1964) 61-86; G. CHINARD: En lisant Pascal (Lille/Genf 1948) 115f. – [54] VAUVENARGUES, Oeuvres compl., hg. BONNIER 1 (1968) 247. – [55] W. HIRSCH-WEBER: Politik als Interessenkonflikt (1969) 94f. – [56] J. RACINE, Iphigénie III, 6. – [57] Erstbeleg: LA ROCHE-GUILHELM: Hist. des favorites (Amsterdam 1697) 7. – [58] J.-F. MARMONTEL: Oeuvres compl. (Paris 1818-20) 14, 143-153.

Literaturhinweise. D. DIDEROT: Art. ‹Intérêt›, in: Encyclop. 18 (³1778) 126f. – RE 9/2 (1916) 1707f. – R. MAYR: Vocabularium codicis Justiniani 1 (Prag 1923, ND Hildesheim 1965)

1319f. – H. Sée: Note sur l'évolution du sens des mots ‹intérêt› et ‹capital›. Rev. Hist. économ. et soc. 12 (1924) 177-180. – H. Kantorowicz und W. W. Buckland: Stud. in the glossators of the Roman law (1938) 88-91. – J. M. Lacarra y de Miguel: Ideales de la vida en la España del siglo XV: el caballero y el moro (Zaragoza 1949). – F. Mehnert: Schlüsselwörter des psychol. Wortschatzes der zweiten Hälfte des 18. Jh. (Diss. Berlin 1956) 113-115. 126f. – B. Huber: Der Begriff des I. in den Sozialwiss. (1958). – C. v. Ferber: Die gesellschaftl. Rolle des I. Dtsch. Univ.-Ztg. 4/5 (1958). – A. Levy: Amour-propre. The rise of an ethical concept. The Month 207 (1959) 283-294. – G. Schubert: The public interest. A critique of the theory of a political concept (Glencoe 1960). – W. Weber: Geld und Zins in der span. Spätscholastik (1962). – L. G. Crocker: An age of crisis (²1963) 256-281. – H. Kellenbenz: Die wirtschaftl. Bedeutung und soziale Stellung der sephardischen Juden im spätmittelalterl. Spanien, in: Judentum im MA (1966) 99-127. – L. Hippeau: Essais sur la morale de La Rochefoucauld (1967). – P. Bollhagen: I. und Gesellschaft (1967). – Lalande¹⁰ 531f. – D. Patinkin: Art. ‹Interest›, in: Int. encyclop. social sci. 7 (1968) 471-485. – L. Döhn: Politik und I. (1970) 1-34. – R. G. Saisselin: The rule of reason and the cult of the heart (Cleveland/London 1970) 113-115. – Klaus/Buhr: Philos. Wb. 1 (⁸1971) 534-537. – A. Müller: Autonome Theorie und I.-Denken (1972). – H. Neuendorff: Der Begriff des I. Eine Studie zu den Gesellschaftstheorien von Hobbes, Smith und Marx (1973) (mit Lit.). – W. Euchner: Egoismus und Gemeinwohl. Stud. zur Gesch. der bürgerl. Philos. (1973). – P. E. Knabe: Schlüsselbegriffe des kunsttheoret. Denkens in Frankreich von der Spätantike bis zum Ende der Aufklärung (1972) 330-338. – A. Esser: Art. ‹I.›, in: Hb. philos. Grundbegriffe 2 (1973) 738-747. – E. W. Orth: Art. ‹I.›, in: Gesch. Grundbegriffe. Hist. Lex. zur polit.-sozialen Sprache in Deutschland 3 (angekündigt 1977).   H.-J. Fuchs

II. Als *philosophischer* Begriff wird ‹I.› erst in den Staats- und Morallehren des 17. und 18. Jh. in seiner heutigen Bedeutung verwendet. Von da hat der Terminus Eingang in die Alltagssprachen der westeuropäischen Länder und mannigfache, in der Regel wenig präzise Verwendung in Pädagogik, Psychologie, Rechtswissenschaften und Soziologie gefunden. Bereits Diderot beklagte die Vieldeutigkeit des I.-Begriffs [1].

Heute ist ‹I.› zunehmend auch als erkenntnistheoretische Kategorie in Gebrauch gekommen, die als Klammer zwischen individuellen bzw. sozialen Lebensprozessen und den Erkenntnisleistungen des Subjekts fungiert. Damit erhält der I.-Begriff eine zentrale Stellung; in ihm überschneiden sich die Objektbereiche von Anthropologie, Sozialwissenschaft und politischer Theorie.

Anmerkung. [1] D. Diderot, Philos. Schr. 1 (1967) 350f.

1. *Englische Philosophie.* – Hobbes ermittelt mit Hilfe seiner resolutiv-kompositiven Methode das Streben nach Selbsterhaltung als die Grundlage allen gesellschaftlichen Lebens. Es ist die – physikalisch vorgestellte – Bewegung im Innern des menschlichen Körpers und steht als materiales Prinzip verursachend hinter allen sichtbaren Handlungen [1]. Im Streben (endeavour) manifestiert sich die Zukunftsorientiertheit des menschlichen Handelns. Der Erwerb von Gütern ist selbst wieder Mittel und Voraussetzung für weiteres erfolgreiches Streben [2]. Diese Zweck-Mittel-Relation indiziert den Wandel der ethischen Ausgangssituation.

In dieser Form und auf diesem Hintergrund wird der Begriff des Strebens von den Nachfolgern Hobbes' als Eigennutz (self-interest) übernommen. Ausdrücklich von «interest» hatte Hobbes nur in negativer Bedeutung gesprochen: «systems of interests» sind bei ihm Handlungsorientierungen, die den Allgemeinheitscharakter der souveränen Staatsherrschaft bedrohen [3]. Diese Differenzierung wird bei den Nachfolgern nicht mehr vorgenommen, doch herrscht zunächst die negative Fassung vor. Locke polemisiert gegen Hobbes' Versuch, den Eigennutz als Basis des Naturrechts anzusetzen. Die

Frage, ob das I. der Menschen (utilitas) Recht begründen könne, verneint Locke zwar; trotzdem bereitet sich bei ihm ein Wandel in der Beurteilung des I. vor, der es erst möglich macht, daß ‹I.› zu einem Grundbegriff der Gesellschaftstheorie wird. Das geschieht durch die Rechtfertigung des Eigentums als allgemeines Gut, in dem die privaten Bestrebungen des Eigentümers und die der Allgemeinheit zur Deckung kommen. Das Anliegen des Einzelnen als Eigentümer ist nicht mehr Äußerung eines ruinösen Kampfes aller gegen alle, sondern beruht immer schon auf einer sozialen, allgemein akzeptierten Basis [4]. Die Vermittlungsaufgabe zwischen der Naturbasis der Gesellschaft und der öffentlichen Vernunft wird dem I. überantwortet, das sowohl durch die Natur – als Trieb und Bedürfnis – wie auch durch die Vernunft – als kalkulierter Vorteil und Achtung vor der Ordnung der Dinge und des Marktes – konstituiert ist.

Dieser von Locke vorbereitete Bedeutungswandel des Begriffes wird bei Hutcheson sichtbar. Für ihn ist das I. (interest oder self-love) vorherrschendes Motiv allen Handelns. Doch es ist unfähig, das moralische Gefühl (moral sense) aus sich heraus zu begründen. Tugend ist geradezu durch die Überwindung des I. definiert; das Gute geschieht durch «disinterest benevolence» [5]. Zunächst ist das I. also noch Ausdruck absoluter Partikularität und Immoralität des Tuns. Aber im Blick auf Arbeit und Gewerbe räumt Hutcheson ein, daß das allgemeine Wohlwollen als Motiv des Handelns allein nicht ausreiche: «Selbstliebe ist nicht weniger unentbehrlich für das allgemeine Wohl als Wohlwollen» [6]. Mit dieser Einsicht erfolgt der Umschlag im Verständnis des I.-Begriffs. Gerade in der Besonderung der privaten I. liegt ihre gesellschaftliche Allgemeinheit. Diese Dialektik ist auch Hume bewußt, wenn er vom Zusammenwirken des «self-interest» und der Einrichtung von Justizbehörden spricht [7]. Zur begrifflichen Klarheit kommt es jedoch erst bei A. Smith.

Nach A. Smith wird der Lebensprozeß der Gesellschaft getragen und gesteuert durch die freie Konkurrenz rivalisierender Einzel-I. I. ist gekennzeichnet durch den automatischen Einklang mit den I. der anderen und dem Gesamt-I. des Staates [8]. Es entspringt dem allen Menschen gemeinsamen Bedürfnis nach Lebenssicherung und sozialer Anerkennung, orientiert sich an den vorhandenen Möglichkeiten und erlernten Fertigkeiten und ist so der Träger der ökonomischen Kausalität [9]. In seiner Morallehre entwirft Smith eine ganze Stufenfolge von niederen und höheren I., vom Privat-I. des Einzelnen über das des Standes und des Staates bis zum höchsten «I. des Universums», dem «aller fühlenden und verstandesbegabten Wesen» [10]. Daß dennoch eine die I. regulierende Tugend notwendig ist, belegt die Mängel des ihnen unterstellten Automatismus. Tugend fordert die Prävalenz der zukunftsorientierten I. und der übergeordneten I. der Gemeinschaft. Entsprechend sieht auch Bentham im «selfinterest» das Bewegungsmoment der wirtschaftlichen Tätigkeit und hält die Tugend für die Fähigkeit, ein kleineres I. zugunsten eines größeren zurückzustellen [11].

Anmerkungen. [1] Th. Hobbes: Leviathan (1651, zit. Oxford 1947) 39. – [2] H. Neuendorff: Der Begriff des I. in der Theorie der bürgerl. Gesellschaft von Hobbes, Smith und Marx (1973) 36. – [3] Th. Hobbes, a. a. O. [1] 60. 182. – [4] J. Locke: Essays of the law of nature, hg. W. von Leyden (Oxford 1954) 53. 105f. 204f. – [5] F. Hutcheson, An inquiry into the origin of our ideas of beauty and virtue (London 1725). Coll. Works 1 (1971) 203. – [6] a. a. O. 263. – [7] D. Hume, A treatise on human nature (1739/40, zit. London 1909) 2, 271. – [8] A. SMITH, Untersuch. über Natur und Wesen des Volkswohlstandes (dtsch. 1923) 1, 18. – [9] ebda. – [10] Theorie der ethischen Gefühle (dtsch. 1926) 1, 415. – [11] J. BENTHAM: Introd. to the principles of morals and legislation (1730, zit. Oxford 1879) § 3.

2. *Französische Aufklärung.* – Mit dieser Positionierung des I. im Rahmen einer gesellschaftlich verstandenen Handlungsstruktur treffen sich die englischen Theorien mit den Lehren der französischen Enzyklopädisten und Materialisten. Deren Begriffsgebrauch geht vornehmlich auf LA ROCHEFOUCAULD zurück, der in seiner aphoristischen Kritik der Moral deren hintergründigen I.-Zusammenhang aufgedeckt hatte: «Was wir für Tugend halten, ist oft nur ein Gewebe verschiedener Handlungen und I.» [1]. Der Begriff ist hier in engem Zusammenhang mit wirtschaftlichem Vorteil (bei Hofe und in Ämtern) gedacht und trägt – im moralischen Sinn – ein negatives Vorzeichen. Das gilt auch für FÉNELON, der den Terminus ‹amour-propre› im Sinne von Vorteil versteht [2].

HELVÉTIUS wendet den Begriff positiv und macht ihn zur Grundlage aller zweckrationalen Tätigkeit in der Gemeinschaft. Wie Smith sieht er im wohlverstandenen I. (intérêt bien entendu) die universelle Triebfeder menschlichen Handelns und ordnet sie in einer Hierarchie jeweils höherer moralischer Qualität [3]. Helvétius' Absicht ist es, mit Hilfe des I. auch die verstandesmäßigen und moralischen Leistungen des Subjekts und der Gesellschaft auf ein materielles Substrat zurückzuführen. Dieser Versuch entzündet zwischen 1760 und 1780 eine heftige öffentliche Diskussion. Darin verteidigt DIDEROT Helvétius gegen die Unterstellung, er habe mit dem I. nichts anderes als die «niedrigen und verächtlichen Beweggründe» im Sinn [4].

ROUSSEAU nimmt im Gebrauch des I.-Begriffs eine Sonderstellung ein. Er stützt sich auf ein anthropologisches Schema, das in Frankreich durch die Diskussion zwischen Fénelon und Bossuet Verbreitung und durch Vauvenargues seinen – von Rousseau übernommenen – begrifflichen Niederschlag gefunden hat [5]. I. finden sich auf beiden Seiten des polar angelegten Menschenbildes. Der eine Pol ist die zur egoistischen Selbstsucht (amour propre, intérêt privé) entartete Selbstliebe des Menschen (amour de soi), die auf der Ebene der instinkthaften «bonté» angesiedelt ist [6]. Ihr Korrektiv findet sie in jenem anderen Pol der menschlichen Seele, in der «Liebe zur Schönheit der Ordnung des Ganzen» (amour de l'ordre) [7]. Sie äußert sich im moralischen I. (intérêt moral), das Bestandteil der Tugend (vertu) ist. Das Privat-I. führt allenfalls zu einer volonté de tous, einem Mehrheitswillen, der nicht fähig ist, ein umfassendes Gemeinwohl zu konstituieren; ließe man ihm freien Lauf, würde es zur Zerstörung der Ordnung führen. Erst die Selbstüberwindung des partikularen Willens mit Hilfe der Vernunft begründet die volonté générale. Am Beispiel Emiles hat Rousseau zu zeigen versucht, wie ein Gerechtigkeit und Nutzen verbindendes I. durch Erziehung befördert und mit der Einsicht in die Erfordernisse des allgemeinen Wohls versehen werden kann [8].

CONDORCET folgt ganz Helvétius, wenn er von der Vervollkommnung der Gesetze und staatlichen Einrichtungen, die ihrerseits eine Folge des Fortschritts der Wissenschaft ist, die unausweichliche Identifizierung des Einzel-I. mit dem I. aller erwartet [9]. HOLBACH und LA METRIE schließlich begründen das I. materialistisch in der Bedürfnisstruktur des Menschen und machen es zum Träger der ökonomischen Tätigkeit. Im I. tritt die Vermittlung von geistigem Prozeß und materiellem Substrat zutage [10]. Bei HOLBACH wird der ausführliche Versuch gemacht, mit Hilfe des I. nicht nur gesellschaftliche Verkehrsformen und moralisches Verhalten zu erklären, sondern beide ihrerseits mit den physiologisch-physikalischen und ökologischen Vorgängen in und um den Menschen zu verbinden. ‹I.› wird zu einem Begriff, der auch die Gemeinschaft und deren Normen durch Zurückführung auf Naturvorgänge begründen soll. Andererseits sind I. nicht bloß unmittelbare Naturtriebe, sondern bereits gesellschaftliche Produkte und unterstehen dem Bildungsgebot der Vernunft [11]. Im Unterschied dazu hatte MANDEVILLE in seiner ‹Bienenfabel› die Meinung vertreten, daß gerade die egoistischen Strebungen, selbst Laster und Leidenschaften, die Blüte der Kultur befördern. Sogar Armut und harte Arbeit sind notwendig und sichern den Reichtum der Nation [12]. Wie fundamental der Begriff des I. in dieser Zeit wird, zeigt auch das Beispiel CONDILLACS, der ihn sich beim Ausbau seiner sensualistischen Erkenntnislehre zunutze macht [13]. In dieser Zeit beginnen die Verästelungen des Begriffsgebrauchs in die sich ausdifferenzierenden Fachdisziplinen.

Anmerkungen. [1] F. DE LA ROCHEFOUCAULD: Refl. (1655) Nr. 1. – [2] F. FÉNELON, Geistliche Schr. (dtsch. 1885) 1, 277. – [3] C. A. DE HELVÉTIUS: De l'ésprit (Paris 1758). – [4] D. DIDEROT, Philos. Schr. (1967) 2, 183. – [5] Vgl. I. FETSCHER: Rousseaus polit. Philos. (²1968) 55. – [6] J.-J. ROUSSEAU, Oeuvres (Paris 1870) 2, 299. 183. – [7] a. a. O. 3, 64. – [8] J. – [9] M.-J.-A. CONDORCET, Esquisse d'un tableau hist. (dtsch. 1963) 380. – [10] D. v. HOLBACH, Système de la nature (dtsch. 1960), 231. – [11] Vgl. G. MENSCHING: Totalität und Autonomie (1971) 207. – [12] B. MANDEVILLE: Bienenfabel (dtsch. 1968) 318. – [13] E. B. CONDILLAC: Logique (Paris 1780) 88.

3. *Der I.-Begriff bei Kant.* – I. KANT lernt den Begriff des I. schon früh durch seine Lektüre englischer und französischer Autoren (Hutcheson, Rousseau) kennen und verwendet ihn bereits in Reflexionen der sechziger Jahre [1]. Sicherlich übernimmt er ihn nicht allein durch die Vermittlung von CHR. GARVE, der diesen Begriff popularisiert [2]. KANT verwendet als erster deutschschreibender Autor den Terminus ‹I.› in der theoretischen und praktischen Philosophie sowie auch in seinen ästhetischen, politischen und anthropologischen Schriften. Eingeführt wird er als «I. der Vernunft» bei der Erklärung und Auflösung der Antinomien in der transzendentalen Dialektik. These wie Antithese haben ihren Grund im «spekulativen I.» der Vernunft. Das ist der «Hang ihrer Natur» [3], ihr Bedürfnis nach Abgeschlossenheit in einem systematischen Ganzen, das I. an vollkommener Erkenntnis der Objektwelt, an Denkökonomie, Einheit und Konstanz [4]. Die Architektonik der reinen Vernunft stützt sich allein auf die spekulative Anlage der Vernunft. Erkenntnisleitend ist bereits in der theoretischen Philosophie ein «praktisches I.» der Vernunft. Es lenkt die Vernunft auf die «höchsten und angelegensten Zwecke» der Menschheit und auf Freiheit, Unsterblichkeit und göttliche Ordnung: «Alles I. der Vernunft (das spekulative sowohl wie das praktische) vereinigt sich in folgenden drei Fragen: 1. Was kann ich wissen? 2. Was soll ich tun? 3. Was darf ich hoffen?» [5]. Die Fundierung des Vernunftgebrauchs auf ein I. markiert den entscheidenden Wandel des neuzeitlichen Vernunftbegriffs im Hinblick auf zwei gleichermaßen hervortretende Züge: auf das geschlossene System als eine Konstruktion einerseits und auf die moralischen Zwecke der Menschheit andererseits. Die Vernunft wird mit Hilfe der in ihr selbst manifest werdenden, nicht von

außen an sie herangetragenen I. in Dienst genommen, ohne damit zum bloßen Werkzeug zu werden; denn was sie vollzieht, macht sie allererst auch selbst bewußt.

In der Ethik kommt ein I. nur einem menschlichen, abhängigen Willen zu und ist durch diese Einschränkung definiert: «Die Abhängigkeit eines zufällig bestimmten Willens ... von Prinzipien der Vernunft», heißt ein I. [6]. I. ist das, «wodurch Vernunft praktisch, d. i. eine den Willen bestimmende Ursache wird» [7]. Rein ist ein solches I., wenn es sich nur auf die Allgemeingültigkeit der Maxime bezieht; empirisch nennt Kant es, wenn es den Willen nur mit Hilfe eines «Objekts des Begehrens» oder unter Voraussetzung eines «besonderen Gefühls des Subjekts» bestimmen kann [8]. Im ersten Fall interessiert die Handlung als solche, im zweiten der Gegenstand der Handlung. I. ist so für Kant die Triebfeder im handelnden Subjekt, die es befähigt, seine empirische Vereinzelung zu überwinden und für eine allgemeine Gesetzlichkeit aufnahmefähig zu werden. Die reinen I. sind zwar auch anthropologisch verankert, ergeben sich aber erst aus der Logik des Vollzugs der Vernunft. Sie setzen die Trennung von Sinnlichkeit und Vernunft voraus und suchen die Verbindungsstelle im empirischen Bewußtsein zu fixieren.

Diese Funktion bildet auch den Hintergrund für die I.-Diskussion in der Kritik der Urteilskraft. «I. wird das Wohlgefallen genannt, das wir mit der Vorstellung der Existenz eines Gegenstandes verbinden» [9]. Als solches hat es Beziehung auf ein Begehrungsvermögen und ist damit parteilich. Es steht entweder im Kontext eines empirischen (Wohlgefallen am Angenehmen) oder eines sittlichen Zwecks (Wohlgefallen am Guten). Anders das interesselose ästhetische Urteil. Es ist kontemplativ und damit «indifferent in Ansehung des Daseins eines Gegenstandes» [10]. Durch die doppelte Negation sowohl des «I. der Sinne» wie auch des «I. der Vernunft» kommt erst die eigentümliche Freiheit des ästhetischen Urteils zustande, das die Vermittlung zwischen kausaler Notwendigkeit und praktischem Sollen, zwischen Natur (Verstand) und Freiheit (Vernunft) auf der Basis des Wohlgefallens (Urteilskraft) ermöglicht. Kant ist sich bei diesem Vorhaben stets auch der empirischen und moralischen Funktion des Wohlgefallens bewußt. Er weiß: «Empirisch interessiert das Schöne nur in der Gesellschaft» [11].

Anmerkungen. [1] I. KANT, Akad.-A. 19, Refl. 7779. – [2] Vgl. G. LUNK: Das I. 1. 2 (1926/27). – [3] KANT, KrV B 825. – [4] a. a. O. B 694. – [5] B 833. – [6] Grundl. Met. Sitten. Akad.-A. 4, 413. – [7] a. a. O. 459. – [8] 460. – [9] KU. Akad.-A. 5, 204. – [10] a. a. O. 209. – [11] 296.

4. Der I.-Begriff in der Ästhetik. – Diese mittelbaren Voraussetzungen und Konsequenzen der Schaffung und Betrachtung des Schönen in der Gesellschaft hat SCHILLER mit Rekurs auf den Begriff des I. zum Ausgangspunkt seiner Betrachtungen über die Kunst gemacht. Mit der stärkeren Einbeziehung der Kunst in die Erziehung des Menschen vollzieht sich ein Wandel im Kontext von Urteil und I. Die Anschauung des Schönen gewinnt praktisch-geschichtliche Funktion. Interesselose Kunst ist nicht ohne Intention und damit auch nicht gänzlich ohne I. hervorgebracht und betrachtet [1].

Der ebenfalls in der Folge der Kantischen Ästhetik stehende ästhetische Absolutismus HÖLDERLINS, SCHELLINGS und der *Romantik* versucht, die Grenzbestimmung menschlicher Erkenntnis, auf die Kants Kritiken abgezielt hatten, hinter sich zu lassen [2]. In der «Moralität des Instinkts» ist eine Identität natürlicher und sittlicher

Bestimmung unterstellt, die auf das I. als Abgrenzungsbegriff verzichten kann [3]. Dennoch sind sowohl die Stellung der schöpferischen Genialität wie auch die Negativität der Ironie bei FR. SCHLEGEL nur zu verstehen auf dem Hintergrund eines letztlich interesselosen Wohlgefallens. Der Akzent der Kunsttheorie hat sich von der Betrachtung des Kunstwerks auf die Produktivität des Künstlers verlagert, und die I.-Freiheit erscheint nun als die «Konzentration des Ich in sich, für welches alle Bande gebrochen sind und das nur in der Seligkeit des Selbstgenusses leben mag» [4].

Auch in HEGELS Vorlesungen über Ästhetik hat das I. die Systemfunktion verloren, ist aber zur Deskription der Eigenart des Kunstwerks von Bedeutung. Kunst ist zweckfrei, weder durch Moral und Politik noch durch Religion und Wissenschaft unmittelbar bestimmbar [5]. Das Kunstschöne durchbricht den engen Kreis des Daseins und seiner I., die durch das «Naturbedürfnis der Ernährung, des Geschlechtstriebs usf. beherrscht» werden [6]. Da aber das Kunstschöne nicht bei einem bloß allgemeinen Begriff stehenzubleiben vermag, sondern in eine «wirkliche Bestimmtheit» hinübertreten muß [7], ist die bloße Negation von I. unzureichend. Im Ideal kommt eine Inhaltlichkeit zum Ausdruck, die zugleich ein I. bindet. Damit ist eine andere Qualität des I.-Begriffs in der ästhetischen Diskussion erreicht. I. ist nicht mehr allein festgemacht an subjektiven Bedürfnissen oder Zwecken, sondern Ausdruck von Leben und Geist in ihrer Totalität [8].

Darauf rekurriert insbesondere die *marxistische* Ästhetik, die die Frage nach dem I. in der Kunst wieder aktualisiert. K. A. WITTFOGEL, W. BENJAMIN und G. LUKÁCS nehmen es in der Form des Klassen-I. auf, an das bürgerliche wie proletarische Kunst gebunden sein bzw. gebunden werden soll [9]. Für Lukács konstituieren die I. das Alltagsdenken, gegen das sich Kunst zwar abhebt, von dem es sich jedoch nicht isolieren kann. Für ihn bedeutet die Distanzierung vom I. in den Kunsttheorien des Idealismus nur das Indiz für die bloß ästhetisch gemeinte Wiederherstellung der verlorenen Totalität des Menschen. Interesselose Kunst ist entfremdete Kunst, die den falschen Schein der kapitalistischen Gesellschaft nur verdoppelt und aufhebt [10].

TH. W. ADORNO hat in seiner ästhetischen Theorie den Wahrheitsgehalt des Kunstwerks u. a. dadurch zu retten versucht, daß er beide Standpunkte – idealistische und marxistische Kunsttheorie – negiert. Er bestreitet die Interesselosigkeit der Kunst und hält trotzdem an ihr fest: «Dem Interesselosen muß der Schatten des wildesten I. gesellt sein, wenn es mehr sein soll als nur gleichgültig, und manches spricht dafür, daß die Dignität der Kunstwerke abhängt von der Größe des I., dem sie abgezwungen sind» [11].

Anmerkungen. [1] FR. SCHILLER, Ästh. Erziehung des Menschen 10. Br. – [2] Vgl. B. LYPP: Ästh. Absolutismus und polit. Vernunft (1972) 13. – [3] F. HÖLDERLIN, Gr. Stuttgarter A. 4, 211. – [4] G. W. F. HEGEL, Werke, hg. GLOCKNER 12, 102. – [5] Vgl. W. OELMÜLLER: Die unbefriedigte Aufklärung (1969) 260. – [6] HEGEL, a. a. O. [4] 187. – [7] 229. – [8] 231. – [9] K. A. WITTFOGEL: Zur Frage einer marxistischen Ästhetik, in: Linkskurve (1930); W. BENJAMIN: Eduard Fuchs ..., in: Das Kunstwerk im Zeitalter seiner technischen Reproduzierbarkeit (1963) 137; G. LUKÁCS: Die Eigenart des Ästhetischen (1963). – [10] Vgl. G. ROHRMOSER: Emanzipation und Freiheit (1970) 306. – [11] TH. W. ADORNO, Ästhetische Theorie (1970) 24.

5. I. in Erkenntnistheorie, praktischer und politischer Philosophie. – FICHTE nimmt das praktische I. als unmittelbares Kriterium für den Realitätsbezug der theoretischen Philosophie. Im I. kulminiert der praktische Ausgangspunkt der Wissenschaftslehre; es entscheidet schlechthin über den Systemcharakter einer ganzen Philosophie. So kann der Streit zwischen dem Idealisten und dem Dogmatiker nicht allein durch Vernunftgründe geschlichtet werden, denn deren Verschiedenheit stammt aus einem «absolut ersten Akt», welcher «lediglich von der Freiheit des Denkens abhängt». Dieser Akt wird daher «durch Willkür, und da der Entschluß der Willkür doch einen Grund haben soll, durch Neigung und I. bestimmt». «Der letzte Grund der Verschiedenheit des Idealisten und des Dogmatikers ist sonach die Verschiedenheit ihres I.» [1]. Das höchste I. sichert die Konsistenz des Ich und wahrt dessen praktische Absolutheit gegenüber den Dingen. Ethischer und erkenntnislogischer Anspruch vereinigen sich im I. des Selbst, das entsteht aus dem Trieb nach Übereinstimmung des wirklichen mit dem idealen Ich. Aber anders als der Trieb, der aus der vorgängigen Isoliertheit des Subjekts entspringt und das Ich mit dem Nicht-Ich gewissermaßen nur in einer Richtung verbindet, ist das I. bereits Ausdruck einer Vermittlung zwischen Subjekt und Objekt. Indem Fichte das I. benutzt, um «zwei Stufen der Menschheit» zu unterscheiden, wird es zum Indiz für die Bildungsgeschichte der Menschengattung [2]. Idealismus erscheint als die Philosophie des Fortschritts, Dogmatismus als die des finsteren, unaufgeklärten Zeitalters.

Der Subjekt und Objekt verbindende Charakter des I.-Begriffs tritt vollends bei HEGEL hervor. I. ist das Produkt der «Übersetzung der Subjektivität des Inhalts ... in die Objektivität». Es ist der «Inhalt des Triebes als Sache» und enthält «das Moment der subjektiven Einzelheit und deren Tätigkeit». Insofern also jedes menschliche Tun in irgendeiner Weise einen Trieb mit einem Gegenstand verbindet, kann Hegel sagen: «Es kommt ... nichts ohne I. zustande» [3]. I. entspringt der Durchdringung des Seins und des Tuns. Hegel stellt fest: Das I., «welches das Individuum an etwas findet, ist die schon gegebene Antwort auf die Frage: ob und was hier zu tun ist» [4]. Kennzeichen der bürgerlichen Gesellschaft ist die Besonderheit der Privat-I. In ihrer gegenseitigen Anerkennung vollzieht sich die Entwicklung des formellen Rechts. Im Unterschied zum Bedürfnis der bloßen Subjektivität ist das I. selbst schon ein gesellschaftliches und Äußerung der in Arbeit und Recht anerkannten Person [5]. Zugleich konstituiert aber die Sphäre des Rechts, z. B. im bürgerlichen Vertrag, ein «Allgemeines der I.» [6]. Auf der Ebene des an und für sich vernünftigen Staates wird die Partikularität der Systeme der Familie und der bürgerlichen Gesellschaft aufgehoben und in das «I. des Allgemeinen» überführt. Ähnlich wie Kant, der Geschichtsschreibung von einem «Standpunkt» aus gefordert hatte, und zwar «nur aus dem Gesichtspunkte dessen, was sie interessiert» [7], plädiert auch Hegel für eine «Parteilichkeit» für die Vernunft. Er vergleicht sie mit dem «ausschließenden I. für das Recht», das einen Richter leiten sollte [8]. Im Gang der Geschichte selbst kommt «überhaupt nichts ohne das I. derer, welche durch ihre Tätigkeit mitwirkten, zustande» [9]. Daß sie die Leistungen und Leidenschaften der Einzelnen für sich wirken läßt, ist «die List der Vernunft».

Das Verhältnis des Staats-I. zum I. der Person und des Standes ist der Ausgangspunkt für MARX' Kritik des Hegelschen Staatsrechts. Bei Hegel werde der Staatszweck mystifiziert; nicht die Rechtsphilosophie, sondern die Logik sei das wahre I. der Hegelschen Spekulation. Gegenüber dem «wirklichen I. des Volkes» habe das

Staats-I. nur «formelle Wirklichkeit» [10]. Marx übernimmt von Hegel Terminus und Bedeutung des I.-Begriffs, bestreitet aber das Vorhandensein eines allgemeinen I. in den Institutionen und Akten des Staates. Damit lehnt er zugleich die von A. Smith behauptete Identität des I. der Grundeigentümer und Unternehmer mit dem Allgemeinen ab. Marx zufolge entspringen I. vielmehr unmittelbar der arbeitenden Auseinandersetzung des Menschen mit der Natur und spiegeln sowohl die Entwicklung der Produktivkräfte und der damit zusammenhängenden Bedürfnisse wie auch die jeweilige Stellung in der Gesellschaft. Sie sind direkter Ausdruck der «Lebenslage» und damit der «Klassenlage» der Menschen [11]. Sie sind die Produkte der Vermittlung zwischen materiellen Verhältnissen und Äußerungen des Bewußtseins. Der wahre Inhalt allen Privat-I. ist die Allgemeinheit der ökonomischen Tauschverhältnisse. Der Begriff des I. hilft daher Marx bei der Aufdeckung des Scheins substantieller Allgemeinheit in den Tauschbeziehungen. Gleichzeitig aber faßt er ihn auch positiv im Sinn eines Repräsentanten ökonomischer Funktionen im Bewußtsein ihrer Träger. Die I. des Proletariats sind der immanente Widerspruch der kapitalistischen Gesellschaft. Sie zielen auf eine revolutionäre Veränderung [12].

Der *Marxismus-Leninismus* hat mit dem objektiven I. der Klassen auch die subjektiven I. der Einzelpersonen thematisiert. Während das erste aus dem «Sein des Menschen, seinen Existenzbedingungen und Bedürfnissen» erwächst und sein «Verhältnis zu Werten und Erlebnissen» determiniert, sofern alle Individuen in grundsätzlich gleicher sozialer Lage sind, ist das subjektive I. Ergebnis der Modifikation durch eigentümliche Sozialisations-, Existenz- und Triebbedingungen jeder Persönlichkeit. Es kann so deviant sein, daß es sich zum objektiven Klassen-I. in Widerspruch stellt [13].

Für LUKÁCS fallen nur beim Proletariat die «richtig begriffenen individuellen I.» mit den I. des Kollektivs zusammen. Ihm zufolge ist es das Kernproblem einer marxistischen Morallehre, «Neigungen, Gemütsbewegungen und momentane Launen» dem Klassen-I. unterzuordnen [14].

Marx ist nicht der einzige, in dessen Hegelkritik der Begriff des I. eine zentrale Rolle spielt. A. RUGE, B. BAUER und L. FEUERBACH klagen das Recht der «lebendigen Geschichte», der wahren Bedürfnisse und I. der Menschen gegen das abstrakte System Hegels ein. I. sind die Exponenten des realen Lebens [15]. Damit treffen sie sich mit Intentionen KIERKEGAARDS in seiner Auseinandersetzung mit Hegel und seiner Explikation der individuellen Existenz. Für ihn ist das I. die «Leidenschaft» oder das «Pathos» des Einzelnen und somit das antithetische Gegenüber zur spekulativen Vernunft. «Die Abstraktion ist interesselos; das Existieren ist des Existierenden I.» [16]. Wie Kierkegaards polemische Wendung auch gegen den materialistischen I.-Begriff belegt [17], ist das I. nicht Ausdruck einer sozialen Lebenslage, sondern Moment einer vor allem religiös erfahrenen Wirklichkeit. Die Praxis, die dieser Situation entspringt, ist dementsprechend kein politisches, sondern sittliches Handeln, verbunden mit der «Denkleidenschaft» des subjektiven Denkers [18].

In Anlehnung an SCHOPENHAUER, der den I.-Begriff nur im Sinn Kants in der Kunstbetrachtung hervorhebt [19], stellt ihn NIETZSCHE in den Zusammenhang menschlicher Erkenntnis. Das I. an der Wahrheit wird erhalten durch einen dynamischen, selbstregulatorischen Prozeß.

Das I. umgreift das triebhaft-lustvolle Moment der intellektuellen Eroberung der Welt und zugleich deren Kontrolle. Beide wirken im Bildungsprozeß der Menschheit zusammen. In dessen Verlauf verbucht Nietzsche eine stetige «Zunahme des Interessanten» und unterstellt damit die historische Wandlungsfähigkeit des I. [20].

Bei SCHELER ist das I. alternativ zur Tradition des Begriffsverständnisses konzipiert. I. ist gerade die gegen geschichtliche Veränderung resistente, gleichbleibende «Vor-Liebe» des Menschen, die aus unveränderlicher Werthaltung entspringende Aufmerksamkeit für die Idee. Erkenntnis-I. sind als Momente der «Ethosform» einer «Funktionalisierung» des Wissens gegenübergestellt. Nicht die Arbeit, nach Scheler die wesentliche Wurzel aller positiven Wissenschaft, sondern die «Contemplatio» ist Ausgangspunkt und Realisierungsfeld der I. [21].

Große Aufmerksamkeit schenkt auch SARTRE dem I. Er hat am entschiedensten dessen Subjekt-Objekt-Charakter im Kontext intentionalen Handelns hervorgehoben. «Das I. ist das Vollständig-außer-sich-sein-in-einer-Sache, insofern es die Praxis als kategorischen Imperativ bedingt» [22]. Es ist ein «bestimmtes Verhältnis des Menschen zum Ding in einem sozialen Feld». In enger Anlehnung an Marx diagnostiziert er für die «Konkurrenzumwelt», in ihr «geschehe» jedem sein I., «insofern es das I. der Anderen ist» [23].

Für die I.-Diskussion der letzten Jahrzehnte ist charakteristisch, das I. traditionellen Modellen philosophischer Theorie zu imponieren. Der Einsicht in die Gesellschaftlichkeit des Menschen wird Rechnung getragen. Das gilt z. B. für jene Vertreter des Neukantianismus (H. COHEN, K. VORLÄNDER), die sich um die Jahrhundertwende an der Auseinandersetzung um eine sozialistische Ethik beteiligen [24]. Stärker an Marx orientiert ist der Versuch M. ADLERS, den kategorischen Imperativ als «nichts anderes als die Form des sozialen Zusammenhanges» darzustellen [25]. Eher psychologisch versteht sich die Umformulierung der Kantischen Maxime durch L. NELSON: «Handle nie so, daß du nicht auch in deine Handlungsweise einwilligen könntest, wenn die I. der von ihr Betroffenen auch deine eigenen wären» [26].

J. HABERMAS hat den Begriff des I. als Fundamentalkategorie in die Erkenntnistheorie eingeführt. In Auseinandersetzung mit HUSSERLS Epoché als «universaler I.-Wendung» [27] und in Anknüpfung an HORKHEIMERS «I. an vernünftigen Zuständen» [28], versucht er die Kontroverse um die Logik der Natur- und Sozialwissenschaften durch Reduktion auf unterschiedliche, aber komplementäre I.-Konstellationen zu klären. Die empirisch-analytischen Wissenschaften sind gebunden an den «Funktionskreis instrumentalen Handelns», für den ein I. an technischer Verfügung konstitutiv ist. An die «Intersubjektivität handlungsorientierender Verständigung» sind die eigentlich praktischen I. gebunden, die für die hermeneutischen Wissenschaften leitend sind [29]. Beide I. werden in der Selbstreflexion vermittelt und mit dem «I. an Mündigkeit» zur Deckung gebracht. Alle erkenntnisleitenden I. «bilden sich im Medium von Arbeit, Sprache und Herrschaft» [30]. Sie sind zu verstehen als Ausdruck von «Imperativen» aus den soziokulturellen Lebensformen der Menschen und nicht als empirische Begriffe einer Erkenntnispsychologie oder Wissenssoziologie [31]. Ähnlich versucht auch K.-O. APEL in seinem Bemühen, «Szientistik» und «Hermeneutik» zu vermitteln, die Erkenntnis-I. im Sinne eines

«Leibapriori» zu definieren, die aber – anders als bei Habermas – ihren Platz in einer Erkenntnisanthropologie einnehmen [32]. Diese Ansätze haben eine breite Diskussion angeregt und zahlreiche Einzeluntersuchungen zum I.-Begriff veranlaßt [33].

In den *Einzelwissenschaften* ist der Gebrauch des I.-Begriffs kaum überschaubar. Das gilt insbesondere für die *Soziologie*, wo er von L. V. STEIN, M. WEBER, V. PARETO, K. MANNHEIM und – in Wiederaufnahme einer langen englischen Tradition seit J. St. MILL – von T. PARSON Beachtung und eingehende Untersuchung erfuhr [34]. Auch in der *Rechtswissenschaft* gewann er über seine übliche Verwendung in den Vertragslehren hinaus an Bedeutung, besonders in IHERINGS Explikation des Zwecks im Recht [35]. In der *Psychologie* hat bereits HERBART dem Begriff einen systematischen Stellenwert gegeben, der für die Entwicklung der Pädagogik folgenreich wurde [36]. Er findet sich ausführlich behandelt bei KLAGES und LERSCH sowie in der psychoanalytischen Theorie FREUDS [37].

Anmerkungen. [1] J. G. FICHTE, Werke, hg. F. MEDICUS 1, 433. – [2] ebda. – [3] HEGEL, Werke, hg. GLOCKNER 10, 376. – [4] a. a. O. 2, 307. – [5] 7, 94f. – [6] 10, 420. – [7] I. KANT, Akad.-A. 8, 31. – [8] HEGEL, a. a. O. [3] 10, 431. – [9] 11, 51. – [10] K. MARX, MEW 1, 268. – [11] a. a. O. 4, 470. – [12] 4, 474. – [13] Grundl. der marxistisch-leninistischen Philos. Aus dem Russ. (1971) 442f. – [14] G. LUKÁCS: Schr. zur Ideol. und Politik (1967) 78. – [15] Vgl. K. LÖWITH: Von Hegel zu Nietzsche (⁴1969) 72. – [16] S. KIERKEGAARD, Werke (1922ff.) 7, 11. – [17] Kritik der Gegenwart (1914) 54. – [18] a. a. O. [16] 7, 45. – [19] A. SCHOPENHAUER, Werke, hg. A. HÜBSCHER 2, 220. – [20] FR. NIETZSCHE, Krit. Gesamt-A. IV/2, 212ff. – [21] M. SCHELER, Werke (1954ff.) 8, 198. – [22] J.-P. SARTRE: Kritik der dialektischen Vernunft (dtsch. 1967) 209. – [23] a. a. O. 214. – [24] Vgl. K. VORLÄNDER: Kant und Marx (²1926) 164; Marxismus und Ethik, hg. R. DE LA VEGA/H. J. SANDKÜHLER (1970). – [25] M. ADLER, in: Marxismus und Ethik, a. a. O. 179. – [26] L. NELSON: Kritik der prakt. Vernunft (Göttingen 1916) 133. – [27] E. HUSSERL: Die Krisis der europ. Wiss. und die transzendental Phänomenol. Husserliana 6 (Den Haag 1962) 147ff. – [28] M. HORKHEIMER: Traditionelle und krit. Theorie (1937), in: Krit. Theorie 2 (1968) 155. – [29] J. HABERMAS: Erkenntnis und I. (1968) 241. – [30] Technik und Wiss. als Ideol. (1968) 163. – [31] Theorie und Praxis (⁴1971) 16. – [32] K.-O. APEL: Szientistik, Hermeneutik, Ideologiekritik, in: Man and World 1 (1968). – [33] HABERMAS, a. a. O. [29] 22 Anm. 21; Nachwort zur Neu-A. von: Erkenntnis und I. (1973) 367ff. – [34] NEUENDORFF, a. a. O. [2 zu 1] 12ff.; K. MANNHEIM: Wissenssoziol. (²1970) 377. – [35] z. B. R. v. IHERING: Der Zweck im Recht 1. 2 (1877, 1883). – [36] Dazu LUNK, a. a. O. [2 zu 3] 85ff. – [37] L. KLAGES: Die Grundl. der Charakterkunde (1926); PH. LERSCH: Aufbau der Person (⁷1956); S. FREUD, Werke 8, 307; 10, 145ff.; 11, 430.

V. GERHARDT

Interessenjurisprudenz (teleologische oder wertende Jurisprudenz, Zweckjurisprudenz, Wertungsjurisprudenz, Tübinger Schule der I.) heißt die aus dem juristischen Methodenstreit der ersten Jahrzehnte des 20. Jh. hervorgegangene, in Auseinandersetzung mit und Abgrenzung von den übrigen Schulrichtungen juristischer Methodenlehre entwickelte, gegenwärtig in praktischer Rechtswissenschaft und Rechtspraxis dominierende juristische Methodik des Umgangs mit dem geltenden Recht.

1. Der Terminus ‹I.› stammt von dem Tübinger Privatrechtsdogmatiker und Rechtshistoriker PH. VON HECK (1858–1943), der in seinem am 15. Dez. 1905 veröffentlichten, dem problematischen Verhältnis von Gesetz und Richter gewidmeten Aufsatz ‹I. und Gesetzestreue› als I. diejenige «Grundanschauung» bezeichnet, «daß die Rechtssätze nicht hervorgehen aus Vorstellungen, die sich in dem Gemeinbewußtsein hinsichtlich der juristischen Struktur von Rechtsgebilden entwickelt haben, sondern daß sie hervorgehen aus der Entscheidung ange-

schauter Interessenkonflikte, entschieden nach dem Werte, den die Rechtsgemeinschaft den beteiligten Interessen beilegt»[1]. Die Relevanz der von ihm vertretenen «Grundanschauung» erblickte er in ihrer «Bedeutung für das Verständnis des gesetzten Rechts, für die Entscheidung von Rechtsfällen nach dem gesetzten Rechte und für die Arbeit de lege ferenda»[2]. Im Hinblick auf die intra et praeter legem bestehenden «Rechtslücken» plädierte er dafür, «daß der Richter auch bei der Ergänzung von Lücken an den mittelbaren Gesetzesinhalt, an diejenigen Werturteile gebunden sein muß, welche das gesetzte Recht enthält», um auf diese Weise «die Gefahren des subjektiven Urteils abzuwehren», weil eine «ungebundene Rechtsschöpfung» die notwendige «Gleichbehandlung gleicher Fälle wie die Voraussehbarkeit des Richterspruchs gefährden» könnte[3]. Jedoch beschränkte er seine Überlegungen nicht auf das Lückenproblem und dessen Lösung «durch richterliche Abwägung der Interessen für den Einzelfall»[4]. Während Heck in seiner (von ihm selbst im nachhinein stets als «Programmschrift» deklarierten) Habilitationsschrift[5] und einigen frühen rechtsdogmatischen Arbeiten[6] seine gegenüber der Jurisprudenz des 19. Jh., insbesondere gegenüber der Begriffsjurisprudenz, gewandelten methodischen Anschauungen im Zusammenhang rechtsdogmatischer Argumentationen nur implizite vertreten hatte, nötigte ihn der Verlauf des juristischen Methodenstreits, der seit Inkrafttreten des im ‹Bürgerlichen Gesetzbuch› kodifizierten Privatrechts am 1. Jan. 1900 unter veränderten rechtspolitischen Gegebenheiten vor allem auf seiten der Freirechtsbewegung mit großer polemischer Schärfe ausgetragen wurde, nicht nur zur Abgrenzung gegenüber einer von ihm nachdrücklich bekämpften «technischen Begriffsjurisprudenz»[7] und einer Freirechtslehre, mit deren Ablehnung der Begriffsjurisprudenz er durchaus übereinstimmte[8], sondern vor allem zu einer expliziten programmatischen Ausarbeitung und Zusammenfassung seiner methodologischen Ansichten[9]. Bei den «drei Hauptaufgaben» seines rechtswissenschaftlichen Programms ging es deshalb «um eine kritische Stellungnahme nach zwei Fronten, gegen die technische Begriffsjurisprudenz und gegen die Freirechtslehre, und um den positiven Aufbau der eigenen Lehre»[10].

a) Die «Bekämpfung der technischen Begriffsjurisprudenz», die «den Ausgangspunkt und einen Hauptinhalt» seiner Lehren darstellte[11], war für Heck «nicht Widerspruch gegen die gesetzliche Begriffsbildung oder gegen die Bindung des Richters an das vorhandene Gesetz», «erst recht nicht Widerspruch gegen die wissenschaftliche Begriffsbildung» überhaupt, sondern Gegnerschaft gegen eine «scharf umrissene Art der Rechtsbehandlung», nämlich gegen «diejenige Richtung der Jurisprudenz, welche die allgemeinen Gebotsbegriffe als Grundlage derselben Rechtssätze behandelt, durch deren Zusammenfassung sie tatsächlich entstanden sind», und die aus diesen grundlegenden Begriffen neue Rechtsnormen zu gewinnen suchte[12]. Damit wandte er sich entschieden gegen alle begriffsjuristischen Versuche, auf konstruktivem Wege aus den bloß klassifikatorischen, zur vereinfachenden Darstellung des geltenden Rechts formulierten, systematisch geordneten Begriffen durch logische Deduktion neue Rechtsnormen abzuleiten, die praktisch weder durch gesetzgeberische Entscheidung gedeckt noch durch eine am Zweck der Rechtsvorschriften orientierte, auch die etwaigen Folgen der zu treffenden richterlichen Entscheidung in Betracht ziehende Gesetzesauslegung und Interessenabwägung gerechtfertigt waren.

In seinem Kampf gegen die Begriffsjurisprudenz wurde Heck von seinem Tübinger Kollegen M. VON RÜMELIN (1861–1932) wirksam unterstützt[13]. Da Rümelin den praktischen Stellenwert rechtsdogmatischer Konstruktionen keineswegs unterschätzte, jedoch ihre Grenzen beachtete[14], stand er den Möglichkeiten juristischer Begriffsbildung und begrifflicher Systembildung durchaus kritisch gegenüber. Mit Recht hat er darauf hingewiesen, daß «die Verkennung der reproduzierenden Begriffsbildung bewirkte, daß man um Formulierungsprobleme kämpfte, wie wenn sie Erkenntnisprobleme wären, und daß man nicht sah, wie oft verschiedene Formulierungen nebeneinander möglich sind, bei denen man nur über die größere und die geringere Angemessenheit, aber nicht um richtig oder falsch streiten kann»[15].

Während HECK mit der älteren «teleologischen Jurisprudenz»[16] übereinstimmte, weil sie ihm «in einem allgemeinen Sinn als Gesamtbezeichnung für alle Richtungen» geeignet schien, die «in Polemik gegen die technische Begriffsjurisprudenz stärkere Berücksichtigung des Lebens fordern»[17], sowie mit der gleichbedeutenden «Zweckjurisprudenz»[18], weil bei der Analyse von Rechtsnormen «jede Zweckuntersuchung von selbst auf die Interessenforschung zurückführt»[19], und auch dem Anliegen der Freirechtslehre jedenfalls insofern zustimmte, soweit sie «teleologische, aber gesetzestreue Jurisprudenz» betrieb, aber die Risiken und Gefahren der Freirechtsbewegung primär in einer «Abschwächung der Gesetzestreue» erblickte[20], war er zugleich bestrebt, im Rahmen dieser Richtungen teleologischer Jurisprudenz die Eigenständigkeit der von ihm postulierten Methode herauszuarbeiten.

b) Von Anfang an war ausgemacht, daß die von HECK betriebene «Umwandlung der juristischen Methode» sich «als I. im engeren Sinn bezeichnen läßt, weil sie die Interessenforschung und Interessenabwägung besonders betont»[21]. Jedoch sollte diese Abgrenzung «nicht als Gegensatz» zu den bisherigen Richtungen teleologischer Jurisprudenz begriffen werden, sondern als I. (im engeren Sinne) «diejenige Unterart zu bezeichnen sein, welche grundsätzlich mit dem Interessenbegriffe arbeitet»[22]. Folgerichtig forderte Heck, die Rechtswissenschaft solle «nicht nur ‹Gebotsbegriffe› (Vorstellungen von Rechtssätzen, ihren Gruppen und Teilen), sondern auch ‹Begriffe der Interessenseite› (Vorstellungen von Gesetzeszwecken, von Interessenlagen und ihrer Wertung)» bilden, weil der «Zusammenhang des Rechts mit den Lebensinteressen» nicht verdeckt werden dürfe[23].

Die «Hauptaufgabe der Rechtswissenschaft» erblickte er in der «Interessenforschung», d. h. in der «Untersuchung des Zusammenhanges zwischen den Rechtssätzen und den Interessenlagen»[24]. «Kein Rechtssatz ist erkannt oder dargestellt, wenn sein ‹Interessengehalt› nicht erkannt und dargestellt ist.» Dabei ließ sich Heck von der Vorstellung leiten, daß «durch die Einführung und Ausbildung der Interessenbegriffe, die grundsätzliche und ausnahmslose Untersuchung der Rechtsgebote auf Interessenwirkung», das von der Rechtswissenschaft zu analysierende Recht nicht nur immer «feiner zerteilt und gegliedert», sondern im Hinblick auf die Entscheidungsbedürfnisse der Rechtspraxis zugleich «eine Rechtsgewinnung ermöglicht [werde], die sich den Lebensbedingungen schmiegsamer und vollkommener anpaßt, als es bei der Beschränkung des Blicks auf den Inhalt der Gebote oder der sie zusammenfassenden Gebotsbegriffe möglich ist»[25]. Heck selbst hat gelegentlich bemerkt, man könne bei der von ihm vertretenen I. auch von «wertender Jurisprudenz» reden [26], «denn die Interessen sind eben Güterbegehrungen, sie richten sich auf Werte», und aller «Interessenschutz ist Zubilligung von Werten». Jedoch erschien ihm später der Ausdruck ‹wertende Jurisprudenz› [27] an Stelle von ‹I.› «etwas bedenklicher», weil der Rechtswissenschaftler «in der Regel nur die Werturteile des Gesetzgebers zu ermitteln», hingegen «nur in Ausnahmefällen selbst zu werten» habe.

c) Während seit Heck die von ihm benannte und eingehend begründete *ältere* Richtung der I. den Namen ‹I.› zur Kennzeichnung der von ihr entwickelten juristischen Methodenlehre bevorzugte, weil sie in ihm die «genaueste Bezeichnung» erblickte [28], erschien der *jüngeren* Richtung der I. seit H. STOLL (1891–1937) der Ausdruck ‹Wertungsjurisprudenz› [29] zur Kennzeichnung der «Art ihres Vorgehens» eher angemessen. Auch Stoll ging davon aus, daß «das Recht durch seine Gebote regelnd eingreifen» will und soll und deshalb alle «Gebote in Anschauung und Bewertung der verschiedenen Interessen [ausspricht], indem es bald diese Bestrebung anerkennt, bald jene bevorzugt oder unter ihnen einen Ausgleich schafft». Demzufolge enthält jeder selbständige Rechtssatz, «mag er auf Gesetz, Gewohnheit oder schöpferischer Tätigkeit der Gerichte oder Wissenschaft beruhen, mittelbar ein Werturteil über die zugrunde liegenden Interessengegensätze» [30]. «Die Begründungsvorstellungen des Gesetzgebers entscheiden über den Inhalt der Rechtssätze». Wo hingegen «gesetzliche Werturteile fehlen, muß der Richter die Rechtssätze in schöpferischer interessenwertender Tätigkeit neu schaffen, sei es, daß er die neuauftretenden, gesetzlich nicht erkannten Tatbestände in Anlehnung an verwandte Interessenwertungen des positiven Rechts beurteilt (Analogie), sei es, daß er die neuen Interessengegenstände in selbständiger Wertung entscheidet (richterliche Rechtsfortbildung durch Gebotsergänzung und eventuell Berichtigung, die sich nicht immer scharf abgrenzen lassen)» [31]. Die Gesetzesanwendung durch den Richter ist deshalb für die I. «keine begrifflich logische, sondern eine interessenvergleichende teleologische» Subsumtion [32], doch erfolgen die Wertungen des Richters «innerhalb der Grenzen des positiven Rechts», so daß kein «Hinübergleiten in eine gesetzes- und rechtsfremde, nicht mehr juristische Sphäre» stattfindet [33]. Sofern «gesetzliche Werturteile unmittelbar oder mittelbar vorhanden sind, gelten sie, andernfalls die herrschende Kulturanschauung oder endlich das richterliche Rechtsgefühl» [34], doch bleibt auch die im Ausnahmefall allein vom Richter methodisch erarbeitete und begründete Entscheidung objektiv nachprüfbar. Sein «methodisches Vorgehen» ist das des Gesetzgebers, d. h. der Richter «ermittelt und wertet die in dem konkreten Fall sich widerstreitenden Interessen des einzelnen wie der Rechtsgemeinschaft und spricht seine Wertung in einem selbstgewonnenen Rechtssatz aus» [35].

d) Gelegentlich wird die Interessen- und Wertungsjurisprudenz im Blick auf die Geschichte ihrer Entstehung auch als «Tübinger Schule» bezeichnet. Seit STOLL in einer anläßlich des 70. Geburtstags von Rümelins 1931 veröffentlichten, von ihm herausgegebenen ‹ Festgabe für Max von Rümelin, Philipp Heck und Arthur Benno Schmidt› in seiner Laudatio im Hinblick auf die durch gemeinsame Forschungen und jahrelange Lehrtätigkeit in Tübingen bedingten Einfluß der Jubilare geäußert hatte, daß in der Wissenschaft bereits von einer «Tübinger Schule der Privatrechtslehre» gesprochen werde [36] und in seinem Beitrag zu dieser Festgabe die Verdienste der «Tübinger Schule» eingehend würdigte [37], bürgerte

sich diese Bezeichnung, die ursprünglich nur als ehrenvolle Anrede der drei Jubilare diente, schnell als neuer Ausdruck [38] neben ‹I.› ein [39]. In der Tat konnte einem durch Schultradition geprägten Selbstverständnis dogmatischer Jurisprudenz der Name ‹Tübinger Schule› als zusammenfassende Bezeichnung für die Tübinger Begründer und Vertreter der älteren I. überaus einleuchtend erscheinen [40]. Der Sache nach ist die Bezeichnung durchaus zutreffend, jedoch mit der doppelten Einschränkung, daß einerseits der im Titel der Festgabe erwähnte A. B. Schmidt selbst keine methodologischen Schriften veröffentlichte und andererseits auch weitere Tübinger Kollegen in methodologischer Hinsicht der I. durchaus nahestanden, wie z. B. A. HEGLER auf dem Gebiete des Strafrechts [41] und (der ehemalige Tübinger) H. TRIEPEL auf dem Gebiete des öffentlichen Rechts [42]. Mit Grund hat deshalb STOLL darauf hingewiesen, «daß im Strafrecht und öffentlichen Recht dieselbe Methode von Bedeutung ist, wenn auch die maßgebenden Werturteile sich dort anders auswirken» [43]. Demgegenüber gelten heute VON RÜMELIN, HECK und STOLL als die wichtigsten Repräsentanten der «Tübinger Schule der I.», so daß diese Bezeichnung in personeller Hinsicht jetzt nicht nur die ältere Richtung umfaßt, sondern zum Teil auch die jüngere Richtung, doch bleibt sie insoweit in gegenständlicher Hinsicht im wesentlichen auf das Privatrecht beschränkt [44].

2. Eine so tiefgreifende methodische Neuorientierung des Rechtsdenkens, wie sie in der Interessen- und Wertungsjurisprudenz der Tübinger Schule zum Ausdruck kommt, mußte nicht nur zu einem gewandelten Verständnis praktischer juristischer Entscheidungsprobleme führen, sondern mit der Reflexion auf Gegenstand und Methode der Jurisprudenz zugleich eine «Umgestaltung der dogmatischen Rechtswissenschaft» zur Folge haben [45]. Dabei behandelte HECK von vornherein die «Aufgaben der normativen Entscheidung, der Erkenntnis ihrer empirischen Grundlagen und schließlich der Darstellung der Ergebnisse durch begriffliche Zusammenfassung und Formung» stets als «erkenntnistheoretisch scharf zu scheidende Probleme» [46].

a) Den eigentlichen «Kern des Methodenstreits» erblickte HECK in der «Einwirkung des Rechts auf das Leben, wie sie durch die richterliche Fallentscheidung vermittelt wird» [47]. Von Anfang an stand deshalb für ihn das «Problem der Rechtsgewinnung durch Richterspruch» im «Mittelpunkt der juristischen Methodenlehre» [48]. Folgerichtig widmete die I. den Problemen der richterlichen Auslegung rechtlicher Verhaltensvorschriften, durch die menschliches Verhalten geboten oder verboten, erlaubt oder ermächtigt wird, der Bestimmung mehr oder weniger unbestimmter Rechtsbegriffe, der Füllung von Lücken intra bzw. praeter legem, der Rechtsanalogie sowie der richterlichen Rechtsfortbildung und Präjudizienverwertung ihre besondere Aufmerksamkeit. Wohl im Hinblick auf die bleibenden Einsichten der historischen Rechtsschule des 19. Jh., die in der Geschichtlichkeit des jeweils gegenwärtigen positiven Rechts (und nicht in den Abstraktionen des Vernunftrechts) zugleich den Gegenstand der Rechtswissenschaft erblickte, ohne damit die dogmatische Jurisprudenz durch geschichtliche Erkenntnis ablösen zu wollen, betonte Heck, «daß die Pflicht zur Erkenntnis des historischen Gesetzesinhalts noch nicht gleichbedeutend ist mit der Beschränkung des Richters auf die Ausführung historisch festgestellter Gebote» [49]. Zwar forderte er eine «historische Auslegung» aller Rechtsvorschriften, insbesondere des Gesetzes [50], doch heißt diese Auslegung nur deswegen «historisch», weil jede rechtliche Äußerung erst «in dem Augenblicke, in dem sie in die Erscheinungswelt tritt», einer Auslegung zugänglich wird [51]. Damit ist nichts über die «Länge des Zeitablaufs» gesagt, der bei einer entstehungs- bzw. geltungszeitlich orientierten Gesetzesanwendung und Sinndeutung in Betracht zu ziehen ist. Zutreffend wird die historische Gesetzesauslegung «als erster Teil der Richteraufgabe und die sinngemäße Ergänzung als der zweite» begriffen [52]. Die historische Gesetzesauslegung Hecks unterscheidet sich «von den normalen Formen der Auslegung, wie sie Historiker und Philologen handhaben», vor allem «nach zwei Richtungen», weil sie «nicht nur Vorstellungsforschung sein [darf], sondern Interessenforschung» sein muß, und weil sich «an die historische Erkenntnis die normative Fortbildung auf das engste» anschließt [53]. Mit Recht hat Heck deshalb auf die Notwendigkeit der «Scheidung der historischen Auslegung von der späteren Anpassung» hingewiesen und darauf aufmerksam gemacht, daß der Richter «bei Veränderung der zeitlichen Umstände die zeitliche Anpassung durch Ergänzung und eventuell durch Umgestaltung des veralteten Gebots zu vollziehen hat» [54].

b) Da sich im Verhältnis von Gesetzgebung und Rechtsprechung spätestens bei zunehmender zeitlicher Differenz zwischen entstehungs- und geltungszeitlicher Auslegung jedes Gesetz als «notwendig unbestimmt und lückenhaft» erweist [55], muß der Richterspruch «ergänzend eingreifen» und die Rechtswissenschaft die «richtige Normgewinnung vorbereiten». Den Grund für die notwendige Unbestimmtheit allen Gesetzesrechts erblickte Heck – und hier liegt eine der wesentlichsten bleibenden Einsichten der I. – in den politischen und sozialen Bezugsproblemen der Positivität des Rechts. In der Tat steht jede Gesetzgebung – abgesehen von den umgangssprachlich bedingten, rechtssprachlich beschränkten Ausdrucksmöglichkeiten des Gesetzgebers, der seine Rechtsgedanken nicht immer völlig «unzweideutig und vollständig wiederzugeben» vermag [56] – angesichts der fast unendlichen «Mannigfaltigkeit des modernen Lebens», des fortlaufenden Wandels aller «Lebensbedingungen und Lebensprobleme» und der «Fülle der Lebensanschauungen», die gleichfalls einem «steten Wechsel unterworfen» sind [57], bei dem Versuch, «Vorschriften für die Zukunft [zu] treffen», wegen der mangelnden Überschaubarkeit der gegenwärtigen und künftigen Lebensverhältnisse vor überaus schwierigen Entscheidungsproblemen. Die «Beobachtung zeigt, daß der Gesetzgeber nicht in der Lage ist, für alle unendlich mannigfachen und stets wechselnden Lebensaufgaben die jeweils richtige Lösung im voraus zu sehen und vorzuschreiben» [58]. Deshalb ist die komplexe rechtliche Entscheidungsproblematik nur durch ein Zusammenspiel von Gesetzgebung und Rechtsprechung zu lösen. Grundlegend für die Rechtsvorstellungen der I. war dabei die Erwägung, «daß der Gesetzgeber die menschlichen Interessen nach Werturteilen gegeneinander abgrenzen will und daß der Richter die Aufgabe hat, dieses Endziel durch seine Fallentscheidung zu verwirklichen» [59]. Infolgedessen mußte die I. nicht nur an den Gesetzgeber, sondern auch an den Richter erhöhte Anforderungen stellen. Was die I. vom Richter fordert, ist «nicht ein blinder Gehorsam», sondern «ein suchender, ein ‹denkender Gehorsam›» [60]. «Was unser Gesetz und unser Leben braucht, das ist ein Richter, der dem Gesetzgeber als denkender Gehilfe zur Seite tritt, der nicht nur die Worte und die Gebote beach-

tet, sondern in die Absichten des Gesetzgebers eindringt und die Werturteile des Gesetzes auch für die nicht geregelten Sachlagen auf Grund eigener Interessenprüfung verwirklicht» [61].

c) Aus den Einsichten der I. in das Verhältnis von Gesetzgebung und Rechtsprechung ergaben sich jedoch nicht nur Folgerungen für die richterliche Fallentscheidung, sondern auch für «die Eigenart derjenigen Rechtswissenschaft, welche der Rechtspflege dienen will», d. h. für die «dogmatische Rechtswissenschaft», die «in erster Linie der Rechtsanwendung durch die Gerichte und Verwaltungsorgane zu dienen» beabsichtigt [62]. Als «praktische Rechtswissenschaft» bereitet sie einerseits «die Fallentscheidung des Richters vor, indem sie den Normenvorrat des Gesetzes durch ihre Vorschläge ergänzt», andererseits erleichtert sie «die Auffindung der gewünschten Norm, indem sie das normative Material in zweckdienlicher Weise, insbesondere übersichtlich», systematisch ordnet, so daß eine «Vereinfachung und Darstellung» des Rechts gewährleistet wird [63].

3. Folgt man dem Selbstverständnis der I., die sich als eine «Methodenlehre für die praktische Rechtswissenschaft» begreift, welche «die Grundsätze feststellen [will], die der Richter bei seiner Fallentscheidung befolgen soll und die deshalb auch für denjenigen Forscher bedeutsam sind, der die Arbeit des Richters vorbereiten will» [64], so überrascht der forcierte Autonomieanspruch, mit Hilfe dessen sie sich gegen Einflüsse aus anderen Disziplinen abzuschirmen und gegen Kritik zu immunisieren suchte. Indem Heck seine Untersuchung der Gesetzesauslegung vermeintlich nur auf «juristische Gründe, auf Fremdbeobachtung und Eigenbeobachtung und auf Alltagserfahrungen» aufbaut, die von ihm begründete I. ihre Methode angeblich «ganz allein aus den Erfahrungen und den Bedürfnissen der juristischen Arbeit» entnimmt und im Hinblick darauf ihre «juristische Selbständigkeit» betont, wird der juristische Methodenstreit «gleichsam eine interne juristische Streitfrage, eine Fachangelegenheit» [65]. Die «juristische Selbständigkeit der I.» wird von Heck geradezu dadurch definiert, daß die I. sich «nicht auf eine Weltanschauung, ein philosophisches System oder das Vorbild anderer Wissenschaften» stützt [66]. Fragt man gleichwohl nach den philosophischen Implikationen und weltanschaulichen Voraussetzungen der I. und ihrem Verhältnis zu den benachbarten Wissenschaften, so findet die Zurückhaltung gegenüber der Philosophie im allgemeinen ihre Erklärung darin, «daß die einzelnen philosophischen Systeme durch den übermächtigen Einfluß, den sie auf Juristen üben, auch ‹verwirrend› gewirkt haben» [67]. Nach Ansicht von Heck galt das vor allem «für die neukantianische Philosophie, für die Philosophie Rickerts, für Nelson, für die Phänomenologie Husserls, die Alsobphilosophie Vaihingers und für die Anlehnung an Hegel». Aber auch in ihrem Verhältnis zur Rechtsphilosophie im besonderen war die I. um eine scharfe Abgrenzung bemüht, indem sie zwar konzedierte, daß Rechtsphilosophie eine «wertvolle Belehrung bieten könne», sie jedoch nur abseits von der juristischen Methodenlehre «als besondere Wissenschaft neben der praktischen Rechtswissenschaft» anerkennen wollte [68], als eine «Juristenphilosophie», die «eine für ihre Zwecke geschaffene Philosophie der juristischen Sprache» betreibe, weil «diejenigen Vorgänge der sprachlichen Formung und der sprachlichen Auffassung (Auslegung), die für den Juristen bedeutsam sind», «von der Philosophie nicht erörtert» werden [69]. In weltanschaulicher Hinsicht bemerkenswert ist die Tatsache, daß die I. als juristische

Methodenlehre «in einer gegebenen Rechtsordnung an der Verwirklichung anerkannter Ideale» [70] in dem Bewußtsein mitarbeiten wollte, damit «aller von ihr jeweils anerkannten Interessen [zu] dienen, den idealen wie den materiellen», aber gleichwohl glaubte, dabei «von einer Weltanschauung ganz unabhängig und für jede Weltanschauung gleich wertvoll» zu sein [71]. In ihrem Streben nach fachwissenschaftlicher Eigenständigkeit und Voraussetzungslosigkeit behauptete die I. sogar, ihre Begründung «nirgends auf die Ergebnisse anderer Wissenschaften» zu stützen, auch eine «etwa verborgene innere Beeinflussung» sei «nirgends vorhanden» [72].

Bedenkt man, daß die Institutionalisierung von Fachwissenschaften nur eine relative Autonomie gewährleistet, weil es nicht möglich ist, sie auf der Basis einer Wissenschaftslehre zu etablieren, die nicht dem Einfluß des allgemeinen philosophischen Denkens unterliegt, so ist man geneigt, hinter den frühen Bestrebungen der I., eine gegen das philosophische Denken abgeschirmte und damit gegen kritische Einwände immunisierte fachwissenschaftliche Grundlagenkonzeption dogmatischer Rechtswissenschaft zu entwickeln, eine mangelnde Kongruenz zwischen dem Selbstverständnis der I. und ihren fachwissenschaftlichen Gegebenheiten und Voraussetzungen zu vermuten. Solche Vermutung wird genährt durch die Tatsache, daß die I. sich – verglichen mit den begriffsjuristischen Denkansätzen des ausgehenden 19. Jh., aber auch mit den zeitgenössischen Reformbestrebungen von der Freirechtslehre bis zur soziologischen Jurisprudenz und Rechtstatsachenforschung [73] – im methodischen Ansatz, in ihren Grundbegriffen und dem Systemkonzept dogmatischer Rechtswissenschaft nur zum Teil innerhalb der bisherigen vertrauten Rechtspragmatik bewegte. Auffällig – weil an der Entwicklung des grundbegrifflichen Instrumentariums ablesbar – ist der Umstand, daß in der Rechtsbetrachtung nur mehr partiell eine Distanzgewinnung mit Hilfe systemimmanenter Kategorien versucht wird. An die Stelle der konventionellen juristischen Begriffs- und Systembildung und der zugehörigen dogmatischen Theorie tritt eine, gemessen am bisherigen Entwicklungsstand des Rechtsdenkens metadogmatische kritische Reflexion, die nach den Voraussetzungen, Möglichkeiten und Grenzen der überkommenen Rechtsdogmatik fragt und damit zu einem gewandelten Verständnis der zugrunde liegenden Rechtstheorie führt.

a) Von der Einsicht ausgehend, daß bei der «Darstellung des geltenden Rechts» bislang die «Betrachtung und Darstellung des Gebotsgehalts zu sehr in den Vordergrund getreten» und die «Erforschung der Gebotszwecke und vor allem der Rechtswirkung, der funktionellen Seite des Rechtes», «stiefmütterlich behandelt» worden sei, verwendete HECK, der die I. als «Form der teleologischen Jurisprudenz» ansah, bei der «Analyse der normativen Probleme» in erster Linie «den Interessenbegriff und die mit ihm zusammenhängenden Vorstellungsreihen: Interessenabwägung, Interessenlage, Interessengehalt u. a. als methodische Hilfsbegriffe» [74]. Entschieden wandte er sich gegen alle «Versuche, den Interessenbegriff durch die Begriffe ‹Zweck›, ‹Rechtsgut› und ‹Wert› zu ersetzen» [75]. Zwar hatte die «Prüfung der Gesetze auf ihren Gehalt an Interessenabwägungen» auch nach der von der I. propagierten Methode jeweils «den Zweck des einzelnen Gesetzes ins Auge zu fassen», doch fiel seine rechtswissenschaftliche «Interessenforschung» nicht «mit der Frage nach dem Gesetzeszweck» zusammen. Vielmehr suchte sie die «einzelnen Elemente herauszuheben, deren Zusammenwirken die Zweckvorstellung des Gesetzgebers und die Wahl seiner Mittel, die Gebotsvorstellungen, bewirkt haben» [76]. Daß Heck dabei bevorzugt den grundlegenden «Arbeitsbegriff ‹Interesse›» verwandte, hatte somit «nicht nur terminologische Bedeutung». Es erschien ihm «nicht möglich, den Inhalt einer Gesetzesnorm nur aus ihrem Zwecke zu erklären», weil die Zweckvorstellung nur die «Förderung der überwiegenden Interessen» erschließt, aber nicht die «überwundenen Gegeninteressen» anzeigt. Um gleichwohl ein «volles Inhaltsverständnis» des Gesetzes zu gewährleisten, plädierte er dafür, daß die Forschung «nicht nur den Zweck beachtet, sondern auf die zugrunde liegenden Gegensätze zurückgreift», weil sich diese Gegensätze «nur unter Verwendung des weiteren Interessenbegriffs als Interessenkonflikte erkennen» lassen [77]. Auch die grundlegenden «Begriffe ‹Rechtsgut›, ‹Gut› und ‹Wert›» erschienen Heck nicht geeignet, an die Stelle des Interessenbegriffs zu treten. Der von Strafrechtlern bevorzugte Begriff des Rechtsguts schon allein deswegen nicht, weil das Wort ‹Rechtsgut› sprachlich das «rechtlich bereits geschützte Gut» bezeichnet; der Begriff ‹Gut› deshalb nicht, weil dabei «immer an einen objektiven, für alle bestehenden Wert gedacht» werde und die Bezeichnung «nicht anwendbar ist, wenn sich die Begehrungsdispositionen und ihre Grundlagen erst durch die besonderen Verhältnisse eines Interessenten ergeben». Gegen das Wort und den Begriff ‹Wert› erhob Heck analoge Bedenken, doch erschienen ihm alle diese Begriffe «als Arbeitsbegriffe zugleich erforderlich und anwendbar», sofern dabei dem Interessenbegriffe die «größte Bedeutung» eingeräumt werde, weil er die «tiefstgehende Zerlegung gestattet» [78]. Auch bei der Analyse richterlicher Fallentscheidungen führte die «Verwendung der Interessenbegriffe» dazu, «jede Fallentscheidung als eine Abgrenzung einander gegenüberstehender Interessen aufzufassen», die «durch eine Abwägung dieser Interessen nach Werturteilen und Wertideen» gewonnen wird, weil «bei der Gesetzesanwendung und der abhängigen Gebotsergänzung der Richter an diejenigen Werturteile gebunden ist, die sich aus dem Gesetz ergeben und eventuell an diejenigen, die in der Rechtsgemeinschaft herrschen, so daß die Eigenwertung des Richters nur ganz subsidiär eingreift». Die dabei vorzunehmende «Übertragung des Werturteils» wird «durch eine Vergleichung des entscheidungsbedürftigen Interessenkonflikts mit dem autoritativ entschiedenen» vollzogen, wobei der Richter «nicht die konkreten Interessen in der Gesamtheit des wirklichen Bestandes zu erfassen, sondern diejenigen Merkmale herauszuheben [hat], welche in der Rechtsordnung gewertet sind», weil nur die «Einordnung in die durch das Gesetz beachteten Typen» entscheidet [79].

b) In der grundbegrifflichen Entwicklung der I. tritt somit die deutliche Tendenz in Erscheinung, alles positive Recht endgültig aus der Verbindung mit Ethik und Wertphilosophie herauszulösen und vom fachwissenschaftlichen Standpunkt in seiner tatsächlichen Gegebenheit zu begreifen. Die in seinem gewandelten Rechtsverständnis implizierte Theorie des Rechts bezeichnete HECK als «Interessentheorie» [80]. Zwar wollte er auf eine «Strukturbetrachtung» des Rechts, die «die Tatbestände, Rechtsinhalte, Rechtsfolgen usw.» eingehend analysiert, nicht verzichten, doch erschien ihm die herkömmliche «strukturelle Betrachtung» als eine «auf den Gebotsinhalt gerichtete Forschung» zu eng, weil sie nur den «Zusammenhang der einzelnen Inhalte eines Gebots» betrachtete und sich streng auf die «Gebotsseite des Rechts» beschränkte [81]. Um der konventionellen «Beschränkung des Blicks auf den Inhalt der Gebote oder der sie zusammenfassenden Gebotsbegriffe» zu begegnen, plädierte er für eine ergänzende «Funktionsbetrachtung» des Rechts, die mit den rechtlichen Geboten zugleich auch die «Vorstellungen von ihrer Lebenswirkung» berücksichtigt [82]. Als «Untersuchung der Interessenseite» des Rechts ist dessen «funktionelle Betrachtung» für ihn gleichbedeutend mit «Interessenforschung».

Indem Heck «neben die Gebotsseite des Rechts seine Interessenseite» treten ließ und nach der «Lebensbedeutung der Rechtsnormen» fragte, wurde zugleich der konventionelle Denkansatz dogmatischer Jurisprudenz durch eine ergänzende – vom Standpunkt der überkommenen Dogmatik schon metadogmatische – Betrachtungsweise erweitert. In der Tat ermöglichte die «Untersuchung der Interessenseite des Rechts» durch eine «funktionelle Betrachtungsweise» Einsichten in die «Wirkung des Rechts, seine Funktion», die Heck in der «Sicherung der Lebensgüter» erblickte. Erst eine Funktionsbetrachtung derjenigen «Interessen, die das Recht schützt», vermag zu zeigen, daß bzw. in welchem Ausmaß das Recht die «in der Gemeinschaft verbundenen Privatinteressen» ordnet und sie «gegeneinander und gegen die unmittelbaren Gemeininteressen» abgrenzt [83]. «Das Gesetz ist, wie jede Handlung, die Resultante, gleichsam die Kraftdiagnonale ringender Faktoren, deren Wirkung wir nur als Interessenkonflikt erfassen können» [84]. Jeder «Schutz von Interessen durch das Gesetz» impliziert jedoch zugleich die «Zubilligung von Werten», weil in einer «interessenerfüllten Welt, in der alle Güter schon begehrt werden», der Schutz bestimmter Interessen «stets auf Kosten anderer Interessen» erfolgt [85]. Die Gesetzesgebote sind demzufolge «nicht nur darauf gerichtet, Interessen abzugrenzen, sondern sie selbst Interessenprodukte» [86].

Hier wie auch anderwärts argumentiert Heck geradezu dialektisch, wenn er die zugrunde liegende Einsicht thematisiert, daß die rechtliche Gebotsbildung von der «Anschauung des konkreten, wirklichen Lebens» ausgeht, um «durch die Fallentscheidung dieses konkrete Leben weiterzugestalten» [87]. Jedoch verdeutlichte er seine These, daß das Recht «geschichtlich Interessenprodukt» sei [88], von Anfang an – trotz oder gerade wegen ihrer weitreichenden Relevanz – bloß metaphorisch, indem er die komplexe Problematik rechtlicher Interessenabwägung durch sein der Physik entlehntes Beispiel vom Parallelogramm der Kräfte plausibel zu machen und das Gesetz als Resultante gesellschaftlicher Kräfte darzustellen suchte. «Die Gesetze sind die Resultanten der in jeder Rechtsgemeinschaft einander gegenübertretenden und um Anerkennung ringenden Interessen materieller, nationaler, religiöser und ethischer Richtung.» In der Tat kommt der von Heck stets festgehaltenen «Erkenntnis, daß jedes Rechtsgebot einen Interessenkonflikt entscheidet, auf einem Gegeneinanderwirken entgegenstehender Interessen beruht, gleichsam die Resultante dieser Kräfte darstellt», grundlegende Bedeutung zu, so daß er mit Recht darin den «Kern der I.» erblickte [89].

c) Da durch veränderte grundbegriffliche Optionen und kategoriale Vorentscheidungen zugunsten von Interessenbegriffen aufgrund einer mehr oder weniger expliziten Interessentheorie bei der rechtswissenschaftlichen Analyse des positiven Rechts zwar die Schwerpunkte der Forschung modifiziert und forschungsgünstigere Positionen bezogen werden können, die unter der Voraussetzung der Positivität des Rechts bestehende rechtliche Entscheidungsproblematik in ihrer Komplexität jedoch

in vollem Umfange erhalten bleibt, stellt sich die Frage, nach Maßgabe welcher Kriterien durch Gesetz über die jeweils tangierten Interessen entschieden und die angeschauten Interessenkonflikte geschlichtet werden.

Die I. hat von Anfang an sehr wohl gesehen, daß die «Einsicht in den Vorgang der Interessenabwägung» eine letztlich philosophische Stellungnahme zur Wertproblematik impliziert, weil die «Frage nach der Rangordnung der verschiedenen Interessen oder Güter» im Grunde als Frage «nach der Objektivität der Normgewinnung» und «nach dem Wertsysteme des Rechts» zu begreifen ist und damit eine «Aufgabe [darstellt], die von der Rechtsphilosophie als Hauptproblem behandelt wird» [90]. Angesichts ihrer konsequenten Beschränkung auf die Funktion praktischer Entscheidungsvorbereitung konnte sie jedoch mit einer gewissen Berechtigung darauf verweisen, daß sie «keine materiale Wertlehre» bieten wolle und gar «nicht daran [denke], der Rechtsgemeinschaft vorzuschreiben, welche Interessen sie bevorzugen» solle [91]. Gleichwohl blieb es HECK nicht verborgen, daß die vor allem von RÜMELIN und ihm propagierte I. auf diese Weise zu einer «Art von Relativismus» gelangte, doch erschien er auch ihm als «ein Relativismus, der sich einer Weltanschauung einfügt, die auf den Glauben an objektiv höchste Werte nicht verzichtet» [92].

Wer hier vorschnell mit der Diagnose des Wertrelativismus und Wertsubjektivismus zur Stelle ist, möge bedenken, daß die I. sich die Beantwortung der Frage, ob es stets möglich ist, «von allgemeinen Grundlagen aus für ein konkretes Problem eine Lösung zu finden, die für alle Beurteiler allgemeingültig ist», oder die Lösung «von individuellen Voraussetzungen ab[hängt], die bei den einzelnen Beurteilern verschieden sein können», nicht leicht gemacht hat. Wie von Rümelin ging auch HECK davon aus, «daß in unserem Innern die Überzeugung von dem Bestehen objektiv gültiger Normen vorhanden» ist, die «nicht widerlegbar, allerdings auch nicht objektiv erweislich, sondern Element der Weltanschauung» sei. Freilich erschien ihm diese Überzeugung als «inhaltlich nicht bestimmt genug, um die Entscheidung eines jeden Problems zu ermöglichen», doch sah er ein ausnahmsweises Versagen als für die überwiegende Mehrzahl der Entscheidungsprobleme «nicht bedeutsam» an, weil es «in der Regel genügend gemeinsame Grundlagen [gebe], um ein übereinstimmendes Ergebnis zu erzielen» [93]. Weit entfernt davon, der Jurisprudenz «Allheilmittel für juristische Nöte» zu verschreiben, verwies Heck offen auf die weltanschauliche Bedingtheit aller rechtlichen Entscheidungsprobleme und ihre Abhängigkeit von menschlichen Wertungen und begnügte sich im Hinblick auf die Eigenwertungen des Individuums mit der Feststellung, dem Einzelnen bleibe «nur übrig, seine Ideale gewissenhaft und mit dem Bewußtsein der Unsicherheit menschlicher Erkenntnis zu prüfen und dann für seine Überzeugung mannhaft einzutreten» [94].

Eine zureichende Antwort auf die Frage nach den werttheoretischen Implikationen der I. kann somit nur durch Analyse ihres Rechtsbegriffs gewonnen werden. Sie ermöglicht auch eine Beantwortung der Gretchenfrage, wie die I. es denn nun wirklich mit der Philosophie, insbesondere der Rechtsphilosophie halte.

4. In dem Bestreben, den Gefahren eines metaphysisch-spekulativen Naturrechtsdenkens einerseits und den Risiken des Gesetzes- und Rechtspositivismus andererseits zu entgehen, bezieht HECK das Wort und den Begriff ‹Recht› auf den «Komplex der empirisch vorhandenen Gebote» [95]. Von der Einsicht ausgehend, «daß wir

im Gesetz und in seiner Anwendung Gebots- und Gehorsamsvorgänge vor uns haben, wird es möglich, die Probleme richterlicher Fallentscheidung auf Elementarvorgänge zurückzuführen, die jedem aus ungezählter Erfahrung vertraut sind». Indem er auf die normativen Vorgänge rekurriert, in denen sich unser Leben von «der frühesten Kindheit bis zum Lebensende» in «Gebot und Gehorsam» bewegt, und das Recht sub specie functionis mit «den unpersönlichen Geboten der Moral, der Sitte, des Anstandes» vergleicht, gewinnt er in der Tat eine Möglichkeit, «die zusammengesetzten Denkoperationen der Gesetzesauslegung auf die einfachen Vorgänge zurückzuführen, die wir bei anderer Gelegenheit und namentlich im Alltage vollziehen», ohne dabei zu übersehen, daß es sich um «Reduktionen und Parallelen» handelt [96]. Nicht ohne Grund polemisierte Heck deshalb gegen diejenigen, für die das Gesetz «nichts anderes [ist] als eine unter gewissen, in der Verfassung bestimmten Modalitäten auf Grund gewisser verfassungsmäßiger Vorgänge hergestellte Kombination von Papier und Druckerschwärze, aus der wir einen bestimmten Gedankeninhalt entnehmen können» [97]. Für ihn gehörte das «objektive Recht», «gemeinsam mit den Normen der Religion, Moral und Sitte», «wenn wir es in die Gegenstände unserer Beobachtung einordnen, nicht zu der unmittelbar sinnlich wahrnehmbaren Welt, sondern zu den Bewußtseinsinhalten, und zwar zu den willensbestimmenden, den Gebots- oder Soll-Vorstellungen» [98]. Indem Heck die normativen Gebotsvorstellungen des Rechts – wie diejenigen der Religion, der Moral und der Sitte – «für die sozialpsychologische Beobachtung» einer diese verschiedenartigen Normen übergreifenden «Gebotstheorie» unterstellte, die normativ bestimmten «Handlungen des praktischen Lebens und anderer Wissenschaften in ihrer psychologischen und logischen Eigenart [untersuchte], um Anhaltspunkte für die Auslegung der Gesetze zu gewinnen», und die auf diese Weise gewonnenen «allgemeinen Maximen der Gebotsauslegung» auf die Gesetzesauslegung übertrug, gelang es ihm in der Tat, ein erkenntnistheoretisch, logisch und psychologisch reflektiertes Fundament für seine juristische Methodenlehre zu gewinnen [99].

a) Von Anfang an führte HECK jede «normative Überlegung» stets auch «auf gefühlsmäßig gewonnene Grundlagen zurück». Das galt «sowohl von der Anschauung der Wirkungen wie namentlich von den Maßstäben und Lebensidealen, deren Aufbau einer endgültigen verstandesmäßigen Zergliederung meist widerstrebt und auf individueller Eigentümlichkeit beruht». «Die normative Überlegung vollzieht sich dadurch, daß der Beurteiler sich die Wirkung der in Frage stehenden Entscheidungen auf die Lebensverhältnisse vorstellt, die Wirkungen nach Lebensidealen bewertet und daraufhin die Auswahl trifft» [100]. Von der Einsicht ausgehend, daß «die Gesetzesgebote auf selbständigen Interessenabwägungen beruhen», und in dem Bestreben, durch Interessenforschung «die einzelnen Elemente herauszuheben, deren Zusammenwirken die Zweckvorstellung des Gesetzgebers und die Wahl seiner Mittel, die Gebotsvorstellungen, bewirkt haben» [101], gelangte Heck bei der rechtswissenschaftlichen Analyse des positiven Rechts durch Verbindung von Gebots- und Interessentheorie schon früh zu einer rechtspolitisch reflektierten Auffassung des Verhältnisses von Gesetzgebung und Rechtsprechung.

Weil nur dasjenige interessiert, d. h. den Gegenstand eines Interesses bildet, was zu den aktuellen oder potentiellen Zwecken des Individuums bzw. der Gemeinschaft in Beziehung steht und als zweckmäßig bewertet wird, erschien das Wort und der Begriff ‹Interesse› besonders geeignet, die vom Leben gestellten rechtspolitischen Forderungen zu verdeutlichen. Da das «Leben» bei Heck als ein «zusammenfassender Ausdruck für die lebenden Individuen» bezeichnet wird, und die rechtspolitischen «Forderungen», «die das Leben an die Rechtsgewinnung stellt», jedenfalls zum Teil letztlich auf die individuellen «Wünsche oder Neigungen» zurückgeführt werden [102], konnte der Eindruck entstehen, daß der Rechtsbegriff der I. durch einen übersteigerten Individualismus bestimmt werde.

Dieser Vorwurf ist auf seiten der Rechtsphilosophie vor allem durch BINDER erhoben worden, der vom Standpunkt des Neuhegelianismus die Meinung äußerte, den Vertretern der I. sei der den Gesetzen und ihren Vorschriften eigentümliche «Rechtssinn» verschlossen geblieben. «Denn sie denken, als Kinder des liberalen Geistes des 19. Jh., individualistisch, und der Individualismus kann den Begriff des Rechts nicht erfassen. Indem er, wie sein Name besagt, alle sozialen und rechtlichen Gegebenheiten und Verhältnisse auf das abstrakte, d. h. aus allen Lebenszusammenhängen herausgelöste Individuum zurückführt, stellt er es dem Rechte, dem Staat und seinem Gesetz als sein Anderes gegenüber; so wird es möglich, Sonderinteressen und Gemeinschaftsinteressen nicht nur zu unterscheiden, sondern zu einander in Gegensatz zu stellen, sie als sich widerstreitend vorzustellen und nach einem Ausgleich dieser Gegensätze zu suchen. Das ist der eigentliche Mangel der Interessentheorie» [103].

Dieser Vorwurf ist nicht gerechtfertigt, weil die I. nicht vom abstrakten Individuum ausgeht, sondern im Gegenteil die nahezu unlösbare Verflochtenheit aller Individuen in die rechtlichen und sozialen Lebenszusammenhänge thematisiert und sie zur Grundlage und zum Ausgangspunkt ihrer Überlegungen macht. Nach Auffassung der I. schützen die Rechtsnormen «die Interessen der menschlichen Gemeinschaft und sichern dadurch ihre Lebensbedingungen». «Zu den Interessen der Gemeinschaft gehören auch die Interessen ihrer Mitglieder. Das Recht ordnet die in der Gemeinschaft verbundenen Privatinteressen, es grenzt sie gegeneinander und gegen die unmittelbaren Gemeininteressen ab» [104]. In seiner Auseinandersetzung mit Binder konnte HECK deshalb darauf verweisen, daß die richterliche Rechtsgewinnung stets «unter Würdigung aller legislativen Interessen und unter gleichzeitiger Auffassung und Beachtung der ganzen Rechtsordnung zu erfolgen habe», so daß «bei jeder Normgewinnung Interessen der Gemeinschaft beteiligt» seien [105]. Erst heute wird gesehen, daß Heck hier gegenüber Binders Neuhegelianismus genuin Hegelsches Gedankengut zur Geltung brachte [106]. Mit Recht betonte er ferner, daß es sich bei der von Binder scharf verurteilten «Konfliktsvorstellung» gar nicht um einen «Kampf feindlicher Interessen» handele, sondern um die «leidige, jedem aus Erfahrung bekannte Lebenslage, in der es nicht möglich ist, alle bestehenden Wünsche zugleich zu befriedigen, so daß die Notwendigkeit eintrat, auf gewisse Wünsche zugunsten anderer zu verzichten». Der mit Mitteln des Rechts zu erzielende «Ausgleich» fordere deshalb die Suche «nach einer vermittelnden Linie, welche die Opfer verteilt» [107]. «Der Schutz von Interessen durch das Gesetz vollzieht sich nicht im leeren Raume, sondern in der interessenerfüllten Welt und daher stets zum Nachteile anderer Interessen» [108].

b) Hauptansatzpunkt der kritischen Auseinandersetzung zwischen I. und Rechtsphilosophie wurde jedoch der Interessenbegriff. Als ‹Interessen› bezeichnete HECK alle «Begehrungsdispositionen, soweit sie sich auf Kulturgüter beziehen, und die begleitenden Vorstellungen, die Grundlagen und die Objekte», «ohne Rücksicht auf die besondere Art des begehrten Objekts». Im Sprachgebrauch der I. sollte das Wort ‹Interesse› «in dem weitesten Sinne, in dem es heute üblich ist», Verwendung finden und «nicht nur von materiellen, sondern ebenso von idealen, religiösen, nationalen, ethischen Interessen» die Rede sein. Die Besonderheit der I. erblickte er «in dem grundsätzlichen Bestreben, die Gebotsvorstellungen, die das Recht bilden, auf das Ineinandergreifen dieser Begehrungsdispositionen zurückzuführen» [109]. Das trug ihm die Gegnerschaft einer im Bereich der Rechtswissenschaft angesiedelten, der Philosophie Hegels nicht eigentlich verpflichteten, jedoch an sein dialektisches Denken angelehnten Rechts- und Staatsphilosophie [110] ein, die in dem von LARENZ artikulierten Vorwurf gipfelte, die I. erhebe die positivistische «Forderung nach völliger Philosophiefreiheit der Rechtswissenschaft» und wolle ihre Auslegungslehre mit einer «empirisch-psychologischen Theorie des Rechts» begründen [111].

Die Forderung nach Philosophiefreiheit schlechthin hat HECK nie erhoben. Eine «philosophiefreie Jurisprudenz» forderte er nur in dem Sinne, daß sich die I. «auf kein philosophisches System stützen», insbesondere «nicht einem philosophischen System entnommen [werden sollte], wie dies die Rechtsphilosophen des objektiven Idealismus von uns verlangen». Jedoch enthielt diese Frontstellung gegenüber der «Rechtsphilosophie des objektiven Idealismus» (Binder, Larenz, Schönfeld) keinen Verzicht auf «Erkenntniskritik», «auf die philosophische Methode der Erkenntnis, die allen Systemen zugrunde liegt», weil Heck die «Ergebnisse der allgemeinen Erkenntnistheorie» durchaus verwerten wollte [112]. Er war von der «Notwendigkeit einer möglichst tiefgehenden und umfassenden Untersuchung der juristischen Grundprobleme» überzeugt und plädierte für Rechtsphilosophie im Sinne einer «Prinzipienlehre oder Grundlehre», zu der er mit seiner Methodenlehre beitragen wollte. Auch war ihm durchaus deutlich, daß sich «die Berührung für gewisse Teile der juristischen Grundlehren mit den philosophischen Teilwissenschaften der Logik, der Psychologie und der Ethik» zwangsläufig «besonders eng» gestalten [113].

Ferner trifft es nicht zu, daß die I. ihre Auslegungslehre mit einer psychologischen Theorie des Rechts begründet. Zwar begreift Heck die praktische Rechtswissenschaft als «empirische Wissenschaft» und sucht infolgedessen die von ihm «nur für die praktische Rechtswissenschaft» vertretene Methode der I. in Übereinstimmung mit den alles Rechtserleben und Rechtshandeln kennzeichnenden, der Beobachtung zugänglichen psychischen und sozialen Tatsachen zu entwickeln. Gleichwohl ist die der I. zugrunde liegende Rechtstheorie weder eine psychologische noch eine soziologische, sondern eine genuin rechtswissenschaftliche, durch die praktischen Bedürfnisse der «Anwendung der Gesetze» bestimmte normative Theorie des Rechts [114]. Von Anfang an hat Heck stets hervorgehoben, «daß das Endziel der Gebotsdeutung gar nicht Reproduktion des psychologisch interessierenden Willens ist, sondern Interessenforschung und Interessengestaltung», und hat im Hinblick darauf die «Abweichung der normativen Willensfrage von der psychologischen» betont. Die richterliche Aufgabe einer «Forschung nach

dem Willen des Gesetzgebers» ist deshalb für ihn «keine Frage nach einem psychologischen Willen, sondern sie entspricht der normativen Willensfrage», d. h. sie gilt «den Gebotsvorstellungen, welche als Gehalt der Wortzeichen aufzufassen sind», und der jeweiligen «Interessengrundlage» der Gesetzesgebote [115].

c) Indem HECK die normative Gebotsbildung – sei es durch gesetzgeberische Rechtsetzung, sei es durch verwaltende oder richterliche Rechtsanwendung – als umweltbezogenes zweckgerichtetes menschliches Handeln und Entscheiden begreift, wird auch die «Methode der Rechtsgewinnung, der richterlichen Fallentscheidung und ihrer wissenschaftlichen Vorbereitung», zu einem Vorgang, dessen Ziel «nicht die Befriedigung des Erkenntnistriebs» ist. Deshalb ist diese Methode «auch nicht zu beurteilen nach den Kriterien der Wahrheit, sondern nach den Forderungen, die an die richterliche Rechtsgewinnung zu stellen sind» [116]. Für die I. ist dabei die Gesetzesauslegung nur ein «dienender Teilakt in dem Gedankenprozesse der richterlichen Fallentscheidung und von den Endzielen und den Bedingungen dieser Gesamttätigkeit abhängig». Da jede normative Entscheidung zugleich eine emotionale Wirkung auf den Adressaten intendiert und insofern volitivem Denken entspringt, begreift Heck die richterliche Fallentscheidung zutreffend nicht als bloßen «Urteilssyllogismus» im Sinne rechtstechnischer formallogischer Subsumtion. Die «Logik der Richtertätigkeit» gehört für ihn «nicht zu der Logik des erkennenden, sondern zu der des emotionalen Denkens», für die «nicht die Wahrheit, sondern der Lebens- oder Interessewert der Denkresultate», d. h. ihre «Anpassung an die Anforderungen des Lebens» im Sinne sachlicher Angemessenheit ausschlaggebend ist [117].

α) Erst eine eindringende Analyse dieser richterlichen Entscheidungstätigkeit offenbart, in welchem Ausmaße die I. und die in ihrer Theorie der Rechtsgewinnung implizierte Rechtsauffassung auf genuin philosophischen Reflexionsleistungen basieren. Das gilt vor allem für die verschiedenen Formen der Auslegung und Deutung des inhaltlichen Sinns gesetzlicher Gebotsvorstellungen durch den Richter, in denen die Darstellung Hecks den psychologischen und logischen Untersuchungen von TH. ELSENHANS (1862–1918) verpflichtet ist [118], der in seiner systematischen Grundlegung der Erkenntnistheorie in Auseinandersetzung mit Kant und Fries einen erfahrungsfremden Apriorismus einerseits und einen extremen Relativismus andererseits zu überwinden suchte, indem er das tatsächliche Erkennen und Erleben des Individuums in den Vordergrund stellte und damit der empirischen Psychologie und der Logik eine grundlegende Stellung gegenüber den anderen philosophischen Wissenschaften (Ethik, Ästhetik usw.) einräumte [119]. Den nachhaltigsten Einfluß auf das Rechtsdenken Hecks übte jedoch der Tübinger Philosoph Heinrich MAIER (1867 bis 1933), dessen schon 1908 erschienene ‹Psychologie des emotionalen Denkens› HECK «gleich nach dem Erscheinen mit größtem Interesse durchgearbeitet» hatte und die ihn dazu führte, das dogmatische Rechtsdenken und die spezifisch «juristische Logik» nicht ausschließlich unter das «kognitive Denken» zu rubrizieren, sondern als «emotionales Denken» zu begreifen, dem auch die Methodenlehre der I. einzuordnen sei [120].

β) In der Tat konnte der an umfangreichen Studien über die aristotelische Syllogistik geschulte, erkenntnistheoretisch reflektierte, kritische Realismus der praktischen Philosophie H. MAIERS, die von «der emotionalpraktischen Seite» her ein «Denken» untersuchte, das uns «in der ästhetischen Kontemplation, im religiösen Glauben, in Sitte, Recht und Moral entgegentritt» und «in der Welt der Zwecke, Normen, Werte und Güter wirksam» ist [121], seine Wirkung auf ein Rechtsdenken nicht verfehlen, das wie dasjenige Hecks auf eine methodologische und rechtstheoretische Grundlegung der «praktischen Rechtswissenschaft» bedacht war. In seiner «Analyse der volitiven Vorstellungen» bezeichnete Maier den «Typus des Vorstellens und Denkens, den volitive und affektive Vorstellungs- und Denkprozesse miteinander gemein haben», im Gegensatz zum kognitiven Denken als «emotional», doch sollte «aus dem Namen keinerlei Bekenntnis zu einer psychologischen Theorie über das Verhältnis von Fühlen und Wollen herausgelesen werden». Vielmehr war er bestrebt, dem tatsächlichen Einfluß der Gefühls- und Willensmomente auf das Denken nachzugehen, «dessen elementare Betätigungen in den Gefühls- und Begehrungsvorstellungen aufzusuchen» und die Eigenlogik des emotionalen Denkens, insbesondere des volitiven Denkens, «in Sitte, Recht und Moral» herauszuarbeiten, indem er die Objektvorstellungen «begehrter, also gewollter, gewünschter oder gebotener Wirklichkeit» analysierte [122].

Von der Absicht geleitet, die «hauptsächlichen Betätigungen des emotionalen Denkens psychologisch [zu] bestimmen» und die «in den emotionalen Vorstellungen wirksamen logischen Funktionen» aufzusuchen, gelangte Maier zu der Einsicht, «daß uns Grammatik, Psychologie und Logik in der Frage der Deutung der emotionalen Sätze völlig im Stiche lassen». Deshalb unterschied er in seiner Auseinandersetzung mit den logischen Untersuchungen von WUNDT, SIGWART und HUSSERL zwischen «Aussagesätzen», die «Erkenntnisvorstellungen, also Urteile» enthalten, und den «Wunsch-, Willens-, Gebotsätzen», die «Begehrungsvorstellungen, also emotionale Denkakte», beinhalten, in dem Bestreben, auf diese Weise «für diejenigen Wissenschaften, deren Grundlage nicht durch Aussageäußerungen, sondern durch andersgeartete Sätze, speziell durch Begehrungs-, Willens- und Gebotsätze gebildet werden – für Rechtswissenschaft und Ethik», durch psychologische und logische Reflexion zur Klärung der Problematik emotionaler Sätze beizutragen [123]. Folgerichtig ging Maier davon aus, daß für die «voluntaristische Betrachtung des Rechts», d. h. für «diejenige Auffassung, welche die Rechtssätze zuletzt aus einem willkürlichen oder unwillkürlichen zwecksetzenden und zwecktätigen Wollen ableitet», Gebote und Verbote sich als die «letzten und ursprünglichsten Erscheinungen im Rechtsleben» erweisen.

γ) Obwohl für H. Maier die Psychologie «im Reiche der sog. Geisteswissenschaften die fundamentale Gesetzeswissenschaft [darstellte], welche die Bestimmung hat, für die Erklärung des gesamten Komplexes von geistig-geschichtlichen Tatsachen die Interpretationsmittel zu liefern», erblickte er in der «Anwendung allgemeiner psychologischer Regelmäßigkeiten auf einzelne Tatsachen der Sprache, der Sitte, der Religion, des Rechts» gleichwohl «für die theoretische Betrachtung der geschichtlichen Wirklichkeit nur ein Vorspiel», denn es erschien ihm ausgemacht, daß auf induktiv vergleichendem Wege «auch Theorien des Rechts und des Staats zu suchen sind», was «in den allgemeinen (philosophischen) Teilen der Rechts- und Staatsphilosophie wenigstens geahnt worden» sei [124]. Da bei allem «Zug zur Verallgemeinerung, zur Theorie» stets «Tatsachen», d. h. «Erlebnisse und Handlungen» von «gleichzeitig und nach einander lebenden, wechselseitig durch einander bestimmten Individuen» als Induktionsbasis dienten, gelang es ihm in der Tat, auf dieser Grundlage einer «vergleichend-induktiven Betrachtung der geschichtlichen Rechtsentwicklungen» durch seine rechtsphilosophischen Überlegungen nicht nur der praktischen, sondern auch der theoretischen Rechtswissenschaft den Weg zu ebnen [125].

Auch in wertphilosophischer bzw. -theoretischer Hinsicht ist die Relevanz des Beitrags H. Maiers schon allein wegen des Einflusses, den er durch die Vermittlung Hecks auf die Grundlagenkonzeption der Interessen- und Wertungsjurisprudenz erlangte, kaum zu überschätzen. Indem Maier davon ausgeht, daß im Gebiete des Rechts «dem rechtschaffenden Subjekte die Inhalte der Rechtsnormen als Zweckobjekte [erscheinen], die von den Rechtsunterworfenen unter bestimmten Voraussetzungen verwirklicht werden sollen», jedoch zwischen den «Wertungen» des Subjekts eines «Zweckbegehrens» und den «Werturteilen» scharf unterscheidet und die Wertungen auf das Begehren von Objekten zurückführt, können die Objekte dem Bewußtsein als «Güter» bzw. «Werte» in Werturteilen «kognitiv» zugänglich gemacht werden [126]. Auf diese Weise begegnete er nicht nur der Gefahr eines Wertpsychologismus, der die Werte mit den Wertungen des Subjekts bzw. dessen Gefühlszuständen identifiziert, sondern er konnte zugleich Sitte und Recht als «soziale Aprioritäten» begreifen. Das Recht ist demzufolge ein «Komplex von Imperativen, von Geboten und Verboten, die von einem organisierten sozialen Machtwillen an die in seine Machtsphäre fallenden Personen gerichtet sind», eine «soziale Ordnung, welche den Zweck hat, die sittlichen Interessensphären der unter den Machtwillen fallenden Personen derart gegeneinander abzugrenzen, daß ein dem sittlichen Zweck dienendes Zusammenleben und Zusammenarbeiten derselben in der Gesellschaft möglich wird» [127].

δ) Der Einfluß der praktischen Philosophie H. Maiers erstreckt sich jedoch nicht nur auf die Grundlagenkonzeption der Interessen- und Wertungsjurisprudenz, sondern auch – wie deren Theorie der Gesetzesauslegung und Rechtsgewinnung im einzelnen beweist – auf Details ihrer Methodenlehre. Das wird deutlich bei der Unterstellung der «Logik der Richtertätigkeit» [128] unter das emotionale Denken und bei der Übernahme der Sitte, Recht und Moral übergreifenden Gebotstheorie Maiers [129] mit dem Ziel, die «im Gesetz und seiner Anwendung» auftretenden «Gebots- und Gehorsamsvorgänge» bei der richterlichen Fallentscheidung analytisch-theoretisch zu durchdringen, bei der Untersuchung der Grundlagen der Auslegung und Deutung des «Sinns» von Rechtsvorschriften [130] und ihrer Erstreckung auf eine «emotionale, ‹wertende Gebotsbildung›», die HECK dazu führte, die «richtige Methode der Gesetzesauslegung» als eine kognitive «historische Gebots- und Interessenforschung mit anschließender emotionaler Fortbildung» zu begreifen [131]. Wegen des deutlich ausgeprägten, allenthalben nachweisbaren, unmittelbaren Einflusses, den die Philosophie H. Maiers auf das Rechtsdenken Hecks ausübte, kann nach allem kein Zweifel daran bestehen, daß die I. nicht nur in ihren erkenntnis- und wissenschaftstheoretischen Voraussetzungen durchaus nicht unphilosophisch, sondern auch in ihrer methodologischen und rechtstheoretischen Konzeption keineswegs philosophiefrei ist. Jedoch wird durch diese Einsicht die Originalität des Rechtsdenkens von Heck nicht geschmälert, weil erst die Kenntnisse des philosophischen Fundaments der I. das wirkliche Ausmaß ihrer Eigenständigkeit offenbart.

d) Da die juristische Methodenlehre «sich auf die allgemeinen Vorschriften beschränkt, die der Richter bei allen Einzelproblemen zu beachten hat» und deshalb «gegenüber den Einzelproblemen notwendig begrenzt» ist, konnte HECK erst durch die Anwendung der I. auf «zwei große Spezialgebiete», das Schuldrecht [132] und das Sachenrecht [133], in «Fortführung» seiner Methodenlehre auf diese wichtigen «Teile der praktischen Rechtswissenschaft» zugleich die Eigenständigkeit dogmatischer Jurisprudenz begründen [134]. Es ist deshalb durchaus zutreffend, wenn Heck von Anfang an insoweit – aber auch nur insoweit – die «juristische Selbständigkeit der Reformbewegung» hervorhob und betonte, daß es sich «bei der Reformbewegung nur um eine neue juristische Methode handelt, nicht um die Übertragung irgend einer philosophischen Errungenschaft auf das Gebiet der Rechtswissenschaft» [135]. Andererseits hat Heck seine in methodologischer und rechtstheoretischer Hinsicht bestehende Verpflichtung gegenüber der Philosophie im allgemeinen wie gegenüber der praktischen Philosophie H. Maiers im besonderen nie geleugnet, sondern bereitwillig eingeräumt, daß er durch dessen Philosophie «weitgehende Förderung» erfahren habe und «Maier zu grossem Danke verpflichtet» sei [136]. In seiner Auseinandersetzung mit der zeitgenössischen «Rechtsphilosophie des objektiven Idealismus» berief Heck sich ausdrücklich auf die philosophische Kritik Maiers, mit dem er auch die Gegnerschaft gegen eine an Hegel angelehnte idealistische Rechtsphilosophie teilte [137].

Wenn heute von seiten der Rechtswissenschaft gleichwohl noch immer der Einfluß der Philosophie auf die I. unterschätzt oder gar völlig übersehen wird, so nicht zuletzt deswegen, weil Heck selbst – stets auf ihre fachwissenschaftliche «juristische Selbständigkeit» bedacht – dazu neigte, die Eigenständigkeit dogmatischer Rechtswissenschaft allzu pointiert hervorzuheben. Aber auch dort, wo – selten genug – die Beeinflussung der I. durch die praktische Philosophie H. Maiers durchaus erkannt wurde, steht der Einsicht in die philosophischen Implikationen der I. nicht selten die unzutreffende Annahme entgegen, daß MAIER in seinen Strukturanalysen das Rechtsdenken zum Gegenstand von «logischen» Untersuchungen gemacht habe [138], obwohl er keinen Zweifel daran ließ, daß «nicht eine Logik, [sondern] eine Methodologie der Erkenntnis des emotionalen Denkens» in Frage stehe [139].

Auch für die auf eine Methodologie der Erkenntnis emotionalen Denkens in Rechtsetzung und Rechtsanwendung bedachte juristische Methodenlehre HECKS, der die I. als «Form der teleologischen Jurisprudenz», als «gesetzestreues Zweckdenken» ansah, bestand niemals ein Zweifel daran, daß es bei der Rechtsgewinnung primär nicht um ein logisches, sondern um ein teleologisches Rechtsdenken geht, daß «die Frage nach dem Interessengehalte des Gesetzes nichts anderes ist, als die von alters übliche Frage nach der ratio legis, dem praktischen Grunde, dem Zwecke des Gesetzes» [140]. Bedenkt man, daß alles menschliche Handeln sich in seiner Daseinsauslegung und Umweltorientierung schon immer mehr oder weniger unreflektiert der Möglichkeiten einer Handlungsrationalisierung nach Maßgabe eines Mittel-Zweck-Denkens bediente, so ist man geneigt, der I. darin zu folgen, daß sich ein teleologisches Rechtsdenken «zum Teil schon durch die unmittelbare Lebensbeobachtung und Lebenserfahrung ohne besondere methodische Überlegung und Rechtfertigung» ergeben hat. In der Tat ist die «teleologische Behandlung», «die sich schon dem Laien durch die Erfahrungen des Alltags bei Gebot und Ausführung aufdrängt», auch «die nächstliegende Stellung zum Recht», doch konnte sich die I. mit der Einsicht in die «Notwendigkeit des teleologischen Denkens» nicht begnügen. Für Heck ist die I. «nichts anderes als die vertiefte Fortbildung der teleologischen Methode», die der «Gewinnung lebensrichtiger Normen» dient. «In der juristischen Methodenlehre erstrebt das teleologische Denken die Wertverwirklichung» [141]. In diesem Sinne faßt Heck die Auslegungslehre der I. in die einprägsame Formel, man könne die gesamte Tätigkeit der Rechtsgewinnung auch als eine «historisch-teleologische Auslegung» bezeichnen [142]. Da Heck die Voraussetzungen, Chancen und Risiken einer teleologischen Denkweise – wie allenthalben erkennbar – aus der Geschichte der Philosophie wohlvertraut waren [143], konnte er die Implikationen teleologischen Denkens im Bereich des Rechts und die methodologischen Prämissen dogmatischer Rechtswissenschaft kritisch reflektieren, ohne den Gefahren einer teleologischen juristischen Argumentation zu erliegen und die für alle Rechtsgewinnung sich ergebenden allgemeinen Lehren in der juristischen Methodenlehre der I. zusammenfassen.

Freilich hat Heck selbst stets R. VON IHERING (1818 bis 1892) als den eigentlichen «Begründer der teleologischen Richtung und mit ihr der I.» bezeichnet, dessen teleologischer Jurisprudenz er die «entscheidenden Anregungen» für seine «dogmatische Richtung» verdankte, «auf dessen Initiative die Reformbewegung wesentlich zurückgeht» und der ihn – wie HECK gelegentlich bekannte – «zum Interessenjuristen gemacht [hatte], bevor ich überhaupt Jurist war» [144]. Auch wenn man aus heutiger Sicht in Ihering den «Ahnherrn» der I. erblickt [145], lassen sich im Anschluß an Heck in der Entwicklung der I. gleichwohl «zwei Stufen» unterscheiden. Der «genetischen Interessentheorie» Iherings, der «die Interessen als die Grundlage der vorhandenen Rechtsnormen erkannt und hervorgehoben» habe, stellte Heck mit Grund seine «produktive Interessentheorie» gegenüber, die erst die notwendigen «Schlußfolgerungen für die richterliche Fallentscheidung und für die Gestaltung der wissenschaftlichen Arbeit» ziehe [146]. Jedoch wäre es verfehlt, wegen dieser Betonung der rechtspraktischen und fachwissenschaftlichen Autonomie die I. – einer noch immer verbreiteten Deutung folgend – als philosophisch abstinent oder gar philosophiefrei zu betrachten [147]. Neuerdings hat vor allem Coing in seinen bahnbrechenden Forschungen die «grundsätzliche Übereinstimmung zwischen Benthams Ideen und den Lehren der I.» belegt [148]. In der Tat basiert die juristische Methodenlehre der I. in rechtstheoretischer und rechtsphilosophischer Hinsicht auf dem Utilitarismus Benthams, doch ist eine eingehende Aufarbeitung der einschlägigen philosophischen Begriffsgeschichte noch Desiderat. So unangefochten die Interessen- und Wertungsjurisprudenz in der Rechtspraxis dominiert, so erfolgreich sich ihre Anwendung in den einzelnen Teildisziplinen dogmatischer Rechtswissenschaft erwiesen hat, so wenig gesichert sind heute ihre philosophischen Voraussetzungen und Implikationen.

Anmerkungen. [1] PH. HECK: I. und Gesetzestreue. Dtsch. Juristen-Ztg. (= DJZ) 10 (1905) 1140-1142, zit. 1140f. – [2] a. a. O. 1141. – [3] 1142. – [4] 1141f. – [5] Das Recht der Großen Haverei (1889) Vorwort und 589ff. – [6] Die Lebensversicherung zugunsten Dritter, eine Schenkung auf den Todesfall. Arch. bürgerl. Recht 4 (1890) 17-123; vgl. auch a. a. O. [1] 1140. – [7] Was ist diejenige Begriffsjurisprudenz, die wir bekämpfen? DJZ 14 (1909) 1457-1461, bes. 1458ff. – [8] Unmittelbaren Anlaß und Gelegenheit zur Abgrenzung gegenüber der Freirechtslehre bot eine Artikelserie von E. STAMPE: Rechtsfindung durch Konstruktion. DJZ 10 (1905) 417-422; Rechtsfindung durch Interessenwägung a. a. O. 713-719; Gesetz und Richtermacht a. a. O. 1017-1022, die – wie K. RIEBSCHLÄGER: Die Freirechtsbewegung (1968) 37 treffend bemerkt – der «Popularisierung des freirechtl. Gedankenguts» diente; vgl. die Kritik von HECK, a. a. O. [1] 1141f. – [9] Wichtigste methodol. Werke: Das Problem der Rechtsgewinnung (1912); Gesetzesauslegung und I. Arch. civilist. Praxis (= AcP) 112 (1914) 1-318; Begriffsbildung und I. (1932); sämtl. abgedruckt (in z. T. gekürzter, von R. DUBISCHAR red. Fassung) in: Stud. und Texte zur Theorie und Methodol. des Rechts 2, hg. J. ESSER (1968) mit Nachwort von ESSER, a. a. O. 213-229. – [10] PH. HECK: Begriffsbildung und I. (1932) 9ff. – [11] a. a. O. 9. – [12] a. a. O. [7] 1457f. – [13] M. VON RÜMELIN: Zur Lehre vom Schuldversprechen und Schuldanerkenntnis. AcP 97 (1905) 211-360; 98 (1906) 169-346; Bernhard Windscheid und sein Einfluß auf das Privatrecht und die Privatrechtswiss. (1907); vgl. ferner PH. HECK: Max von RÜMELIN: AcP 134 (1931) 259-288. – [14] M. VON RÜMELIN: Zur Lehre von der jur. Konstruktion. Arch. Rechts- u. Wirtschaftsphilos. 16 (1922/23) 343-355. – [15] Rechtspolitik und Doktrin in der bürgerl. Rechtspflege (1926) 21. – [16] PH. HECK: Das Problem der Rechtsgewinnung (¹1912), zit. (²1932) 20ff. 22f. 26. – [17] Vgl. ferner a. a. O. [10] 50. – [18] ebda.; Rechtserneuerung und jur. Methodenlehre (1936) 17. – [19] a. a. O. [10] 50. – [20] a. a. O. [1] 1142; a. a. O. [16] 26. – [21] a. a. O. [7] 1457; a. a. O. [16] 20. – [22] a. a. O. [10] 50. – [23] a. a. O. [7] 1458. – [24] Dazu und zum folgenden a. a. O. 1460. – [25] Die Ausdehnung des § 817 Satz 2 auf alle Bereicherungsansprüche. AcP 124 (1925) 1-68, zit. 68. – [26] Vgl. den Anhang ‹Begriffsjurisprudenz und I.› in: Grundriß des Schuldrechts (1929) 471-482, zit. 473. – [27] a. a. O. [10] 50f. – [28] a. a. O. 49f. – [29] H. STOLL: Begriff und Konstruktion in der Lehre der I. AcP Beilageh. 133 (1931) 60-117, zit. 67f. 75. – [30] Dazu und zum folgenden a. a. O. 67. – [31] 68. – [32] 70. – [33] 71. – [34] 74. – [35] 75. – [36] Vf. – [37] 65. 71f. – [38] Vgl. auch Jur. Methode. Prakt. Grundforderungen der I. und ihre Bedeutung in unserer Zeit, in: H. RICHTER (Hg.): Leben in der Justiz (1934) 83-113, bes. 83f. et passim; STOLL bezeichnet sich durchgängig als Anhänger und Vertreter der «Tübinger Schule». – [39] ST. DNISTRJANSKYJ: Beitr. zur jur. Methodol. AcP 141 (1935) 129-167, 145; H. KRELLER: Philipp Hecks Lebenswerk und die Romanistik. Z. Savigny-Stift. Rechtsgesch., roman. Abt. 64 (1944) 469-476, 475. – [40] B. DOMBECK: Das Verhältnis der Tübinger Schule zur dtsch. Rechtssoziol. (1969) 11f. – [41] A. HEGLER: Die Merkmale des Verbrechens. Z. ges. Strafrechtswiss. 36 (1915) 19-44, bes. 20ff.; a. a. O. 184-232; Subjektive Rechtswidrigkeitsmomente im Rahmen des allg. Verbrechensbegriffs, in: Festgabe für Reinhard von Frank zum 70. Geburtstag. Beitr. zur Strafrechtswiss. 1 (1930) 251-338, 270f.; über Hegler vgl. HECK, a. a. O. [10] 8. 42. – [42] H. TRIEPEL: Die Reichsaufsicht (1917, ND 1964) 166ff.; Staatsrecht und Politik (1927) 20ff. 39f.; zu Triepel vgl. HECK, a. a. O. [10] 8. – [43] STOLL, a. a. O. [29] 85. – [44] F. V. HIPPEL: Die Tübinger Schule der I., in: Festschr. für Rudolf Reinhardt zum 70. Geburtstag, hg. K. PLEYER u. a. (1972) 83-94. – [45] a. a. O. [13] 268. – [46] a. a. O. [16] 18. – [47] a. a. O. [10] 2f. – [48] a. a. O. [16] 3. – [49] Gesetzesausleg. und I. AcP 112 (1914) 1-318, zit. 3f. – [50] a. a. O. 89ff. – [51] Dazu und zum folgenden a. a. O. 3. – [52] 4. – [53] 65. – [54] a. a. O. [10] 107f. – [55] a. a. O. [26] 473. – [56] a. a. O. [16] 7. – [57] a. a. O. [49] 19f. – [58] Die I. und ihre neuen Gegner. AcP 142 (1936) 129-332, zit. 141. – [59] a. a. O. [10] 106. – [60] a. a. O. 107. – [61] 4. – [62] a. a. O. [49] 21; a. a. O. [26] 471. – [63] a. a. O. [10] 126. – [64] I. (1933) 7. – [65] a. a. O. [10] 25ff. 27f. – [66] a. a. O. 25. – [67] 27. – [68] a. a. O. [58] 298. – [69] a. a. O. [10] 131ff. 133. – [70] a. a. O. [64] 8. – [71] a. a. O. [72] a. a. O. 30. – [73] A. NUSSBAUM: Die Rechtstatsachenforsch. Programmschr. und prakt. Beispiele, ausgew. und eingel. M. REHBINDER (1968). – [74] HECK, a. a. O. [16] 18. 26f. – [75] a. a. O. [10] 43. – [76] a. a. O. [16] 31f. – [77] a. a. O. [10] 10. 46. – [78] a. a. O. 8. 43ff. 47f. – [79] a. a. O. [16] 29f. – [80] a. a. O. [10] 30ff. 33. – [81] a. a. O. [16] 472. – [82] a. a. O. [25] 68; a. a. O. [64] 10. – [83] Dazu und zum folgenden a. a. O. [26] 472. – [84] a. a. O. [10] 46. – [85] a. a. O. [26] 473; a. a. O. [64] 13. – [86] a. a. O. [49] 17. – [87] f. a. a. O. [64] 27. – [88] a. a. O. 12. – [89] a. a. O. [49] 17; a. a. O. [64] 13. – [90] a. a. O. [13] 270. – [91] a. a. O. [10] 28. 131ff.; a. a. O. [64] 7f. – [92] a. a. O. [13] 270. – [93] ebda. – [94] Rechtsphilos. und I. AcP 143 (1937) 129-196, zit. 152. – [95] a. a. O. [49] 167. – [96] a. a. O. [10] 16. – [97] 135. – [98] a. a. O. [26] 472. – [99] a. a. O. [16] 33; a. a. O. [49] 14ff. 23. 56f. 59. – [100] a. a. O. [16] 6. – [101] a. a. O. 31f. 33. – [102] 27. – [103] J. BINDER: Bemerk. zum Methodenstreit in der Privatrechtswiss. Z. ges. Handels- u. Konkursrecht 100 (1934) 4-83, zit. 64. – [104] HECK, a. a. O. [10] 107; a. a. O. [58] 174f. – [106] G. BOEHMER: Grundl. der Bürgerl. Rechtsordnung 2/1: Dogmengesch. Grundl. der bürgerl. Rechtes (1951) 97. 193ff. 203. – [107] HECK, a. a. O. [58] 180f. – [108] a. a. O. [10] 41. – [109] a. a. O. [16] 27f. 29. – [110] K. LARENZ: Rechts- und Staatsphilos. der

Gegenwart (²1935) 20ff. 168ff. – [111] Rechtswiss. und Rechtsphilos. AcP 143 (1937) 257-281. 273f. 276. – [112] HECK, a. a. O. [10] 131f.; a. a. O. [94] 130ff. 135. 148ff. – [113] a. a. O. [94] 131. 139. 151f. – [114] a. a. O. [10] 17; a. a. O. [94] 180f. – [115] a. a. O. [49] 17. 57f. 64. – [116] a. a. O. [16] 3. 13. – [117] a. a. O. [49] 10ff. 89ff. 99ff. 316. – [118] TH. ELSENHANS: Die Aufgabe einer Psychol. der Deutung als Vorarbeit für die Geisteswiss. (1904) 7ff. 11ff.; Lb. der Psychol. (1920) 171ff. 342ff.; HECK, a. a. O. [49] 23f. 37ff. 93ff. 95. – [119] TH. ELSENHANS: Fries und Kant (1906). – [120] H. MAIER: Psychol. des emotionalen Denkens (1908); HECK, a. a. O. [49] 11ff. passim; a. a. O. [10] 132; a. a. O. [94] 151f. – [121] H. MAIER: Die Syllogistik des Arist. (1896-1900); Logik und Erkenntnistheorie, in: Philos. Abh. zum 70. Geburtstage von Ch. Sigwart (1900); a. a. O. [120] IIIf. – [122] a. a. O. IIIf. 556ff. – [123] I, 15ff. 21ff. – [124] 21f. 27ff. 29ff. – [125] 29ff.; Das gesch. Erkennen (1914); Philos. der Wirklichkeit 3: Die psychisch-geistige Wirklichkeit (1935) 105ff. 107f. – [126] a. a. O. [120] 4. 640ff. 662ff. – [127] a. a. O. [125] 100ff. 105f. – [128] HECK, a. a. O. [49] 11ff.; a. a. O. [10] 132. – [129] a. a. O. [49] 16ff. passim. – [130] a. a. O. 23f. 26f. 35ff. 37ff. 90f. 93ff. 95. – [131] 59f. 100f. 242. 312. – [132] Grundriß des Schuldrechts (1929). – [133] Grundriß des Sachenrechts (1930). – [134] a. a. O. [94] 146. – [135] a. a. O. [49] 313. – [136] a. a. O. [10] 25f.; a. a. O. [94] 151. – [137] a. a. O. [94] 130ff. 151ff. 195f.; H. MAIER: Philos. der Wirklichkeit 1: Wahrheit und Wirklichkeit (1926) 12ff. 21f.; a. a. O. [125] 110. – [138] W. A. SCHEUERLE: Rechtsanwendung (1952) 47ff. 51ff. – [139] MAIER, a. a. O. [120] 40. – [140] HECK, a. a. O. [16] 26; a. a. O. [10] 90; a. a. O. [94] 171. – [141] a. a. O. [58] 310. 314f. 328f.; a. a. O. [94] 162ff. 165. – [142] a. a. O. [49] 8. – [143] a. a. O. [10] 132ff.; a. a. O. [94] 151f. – [144] a. a. O. [10] 31f. 51. – [145] BOEHMER, a. a. O. [106] 138. – [146] HECK, a. a. O. [10] 30ff. 34f. – [147] z. B. K. LARENZ: Methodenlehre der Rechtswiss. (³1975) 56f. – [148] H. COING: Benthams Bedeutung für die Entwick. der I. und der allg. Rechtslehre. Arch. Rechts- u. Sozialphilos. 54 (1968) 69-88. 75f. 78ff.

Literaturhinweise. J. ESSER: I. heute. Juristen-Jb. 1 (1960) 111-119. – J. EDELMANN: Die Entwickl. der I. (1967). – F. VON HIPPEL: Die Tübinger Schule der I., in: Festschr. für R. Reinhardt zum 70. Geburtstag, hg. K. PLEYER/D. SCHULTZ/E. SCHWINGE (1972) 83-94. – W. KALLFASS: Die Tübinger Schule der I. (1972). – W. KRAWIETZ: Jurist. Methodik und ihre rechtstheoretischen Implikationen, in: H. ALBERT/N. LUHMANN/W. MAIHOFER/O. WEINBERGER (Hg.): Rechtstheorie als Grundlagenwiss. der Rechtswiss. (1972) 12-42. 16ff. 32ff. – G. ELLSCHEID/W. HASSEMER (Hg.): I. (1974) 463-490: Bibliogr.

W. KRAWIETZ

Intermundien. CICERO gibt mit ‹intermundia› genauestens die epikureische Neubildung τὰ μετακόσμια wieder [1], womit die Räume zwischen (μετά) den (und also außerhalb der) unendlich vielen Welten (κόσμοι) bezeichnet werden (τὰ μεταξὺ τῶν κόσμων διαστήματα) [2]. In den ihrer besonderen Natur gemäßen I. genießen Epikurs Götter [3] – jeder Sorge um die Welten enthoben, den kosmischen Untergängen entrückt [4] – ein ewiges Dasein seliger Ruhe [5]. Wie die «metakosmischen Atomkombinationen der Götter» freilich der Auflösung entgehen, darin liegt das große Problem der epikureischen Theologie [6].

Anmerkungen. [1] CICERO, De fin. 2, 75; De nat. deor. 1, 18; vgl. J. WACKERNAGEL: Vorles. über Syntax 2 (²1928) 241. – [2] EPIKUR, hg. USENER Frg. 301 b; vgl. Ep. 2, 89. – [3] LUKREZ 5, 146-155. – [4] CICERO, De div. 2, 40: propter metum ruinarum; SENECA, De benef. 4, 19, 2 = EPIKUR, Frg. 364. – [5] EPIKUR, Frg. 359; LUKREZ 3, 18-24. – [6] Vgl. W. SCHMID: Art. ‹Epikur›, in Reallex. Antike u. Christentum 5 (1962) 735ff.

Literaturhinweise. A. S. PEASE: Ciceronis De natura deorum 1 (Cambridge, Mass. 1955) 174f. (zu 1, 18). – W. SCHMID s. Anm. [6]. – O. GIGON: Stud. zur antiken Philos. (1972) 308 Anm. 5; 344 Anm. 25.

CHR. SCHÄUBLIN

Interpretation ist sprachgeschichtlich das lateinische Äquivalent (interpretatio, interpres, interpretari) des griechischen ἑρμηνεία und kommt ursprünglich aus der römischen Handels- und Rechtssprache [1]. Während die Anwendung des Ausdrucks ‹ I. › in diesen Bereichen ebenso umstritten ist wie seine Etymologie, wird allgemein angenommen, daß sich die bald üblich werdende Bedeutung «Auslegung und Ausdeutung» des Wortes ‹ I.› von den Auguren und Traumdeutern als den «interpretes divum» herleitet [2]. So spricht PLINIUS der Ältere von «interpretatio fulgurum ostentorum et somniorum» [3]. Hierher gehört auch die «interpretatio fouagii», die Ausdeutung von Flammen und Rauch bei Herdfeuern [4].

Die spätere Begriffsgeschichte kennt ‹ I.› im Sinne von Auslegung und Ausdeutung jedoch vorrangig als «kunstmäßiges Verstehen schriftlich fixierter Lebensäußerung» [5]. So liefert auch die *Auslegung* (s.d.) *von Texten* das I.-Modell [6]. Das gilt selbst für F. BACON, der die Naturerkenntnis «interpretatio naturae» nennt und diese I. als Erklärung durch methodische Generalisation und Induktion versteht [7]. Der Vorrang des I.-Modells der Textauslegung entspricht weitgehend der Überlieferung des Begriffs in philosophischen und theologischen, in rhetorischen, philologischen und juristischen Traditionen der Schriftauslegung und Lehre des Verstehens [8]. Die Auslegung der juristischen Gesetze [9] ist nach LEIBNIZ mit der I. der Heiligen Schrift zu vergleichen [10]. Die Regeln der «Erklärung» (regulae interpretationis) zeigen die Übereinstimmung der geoffenbarten mit den Vernunftwahrheiten. Sie sind ein Teil der Logik [11]. Bei der biblischen Exegese als praktischer I. stehen sich unfehlbare göttliche und fehlbare menschliche I.-Versuche gegenüber [12]. Später macht HEGEL unter Hinweis auf exegetische Auslegungtraditionen darauf aufmerksam, daß I. nicht bloß Worterklärung, sondern Erklärung des Sinnes sein solle. «Bloße Wort-I. kann nur so sein, daß für ein Wort ein anderes von gleichem Umfange gesetzt wird, aber erklärend werden weitere Gedankenbestimmungen damit verbunden, denn ein erklärend werden weitere Gedankenbestimmungen damit verbunden, denn ein die Entwicklung ist Fortgang zu weiteren Gedanken, scheinbar bleibt man bei dem Sinn, entwickelt aber weitere Gedanken» [13].

Eine wichtige methodische Bedeutung hat der Begriff ‹ I.› auf dem Gebiete des *Rechts* [14]. Hier stehen einander die «interpretatio juris authentica» als Rechtsauslegung durch den Gesetzgeber bei Zweideutigkeit und Widersprüchlichkeit von Gesetzestexten und die «interpretatio juris doctrinalis» als deklarative, extensiv-kasuistische Lehrauslegung gegenüber. (Zum Problem der Gesetzes-I. und der richterlichen Rechtsfindung vgl. systematisch und zugleich historisch zusammenfassend E. FORSTHOFF [15].)

NIETZSCHES Gebrauch von ‹ I.› als Ausdruck des Rückgangs hinter das Selbstbewußtsein [16] und HEIDEGGERS Analysen der existenzialen Struktur des Verstehens, die ausdrücklich unter dem Leitbegriff der I. stehen [17], haben eine Kritik der traditionellen Hermeneutik (s.d.) möglich gemacht (auch an jener historischen DROYSENS, die «auf dem Wege der behutsamen und methodischen I. ... die festen und sicheren Resultate zu gewinnen» suchte, «die unsere Vorstellung von der Vergangenheit berichtigen und uns befähigen, sie nach ihrem eigenen Maße zu messen» [18]). Diese Kritik zeigte, daß I. ein Vorgang der Deutung ist, dessen hermeneutische Implikationen die philosophische Hermeneutik erörtert, während ihn die Logik der jeweiligen Wissenschaft als Methodenbegriff und Verfahrensweise begründen muß. Dabei scheinen das Niveau der einzelnen interpretatorischen Methodenbegriffe und die Differenziertheit der ihnen zugeordneten Verfahrensweisen von dem Ausmaß der hermeneutischen Bewußtheit abhängig zu sein, mit der die interpretierenden Wissenschaften sich ihres Verfahrens und ihrer Rechtsgründe (DILTHEY) vergewissern.

Zu ihr gehören die Einsicht in die *Geschichtlichkeit* des Verstehens und die Erkenntnis seiner *Zirkelstruktur* [19]. Da keine I. hinter sie zurückgehen kann, mußte auch der von Dilthey erhobene Anspruch auf *Allgemeingültigkeit* der I. modifiziert werden. Im Maße, wie sich die Methoden der I. mit ihren Gegenständen ändern, kann die Allgemeingültigkeit der I. weder in einer allgemeingültigen Methode und Methodenlehre begründet sein, noch darf das hermeneutische Ideal, das sie bleibt, allen interpretierenden Wissenschaften zum alleinigen Ziel des Verfahrens werden. Allgemeingültigkeit ist ein I.-Ziel unter anderen und kommt I.en dann zu, wenn sie Sachverhalte thematisieren, deren Bedeutungen rekonstruiert und intersubjektiv nachgeprüft werden können. Hier ist I. eine kontrollierbare Konsequenz kontrollierter Voraussetzungen, und nicht die Voraussetzung, sondern allein die Folgerichtigkeit der Beweisführung beansprucht Allgemeingültigkeit [20]. Da aber die Wissenschaften ihr Thema und ihren Gegenstand erst durch die Motivation der Fragestellung konstituieren (GADAMER), verwandelt sich dieses Verhältnis von System und Systemkonsequenz in eine hermeneutische Logik von Frage und Antwort; diese kennt Allgemeingültigkeit nur noch als *Bewährung*, «die eine Vormeinung durch ihre Ausarbeitung findet» [21]. Eine solche *Theorie der hermeneutischen Erfahrung* geht von der Voraussetzung aus, daß der Einheitspunkt der I. weder in einer idealen «mens dicentis», noch in der Sachverhaltswahrheit der gemeinten Sachen liegt, sondern je neu im Vorgang des Verstehens selbst gesucht werden muß. In ihm bilden die traditionelle «subtilitas intelligendi» (Erkennen), die «subtilitas explicandi» (Auslegen) und die «subtilitas applicandi» (Anwenden) eine unauflösbare Einheit [22]; diese wird von dem vorgängigen Lebensverhältnis zu der Sache getragen, die verstanden werden soll und ohne I. weder möglich noch motiviert wäre (BULTMANN [23]).

Die *Kritik* warnte hier vor den Konsequenzen, die solche hermeneutische Bedingtheit für die Wissenschaftlichkeit und Objektivität historischer Erkenntnis haben müsse [24]. Sie bestätigte dabei – gegen ihre eigene Intention – jedoch nur, daß ein Wissenschaftsbegriff, der von der Geschichtlichkeit des Verstehens und von seiner Endlichkeit absieht, weder eine Theorie noch eine Methodenlehre der I. zu begründen vermag, die Maßstäben der Wissenschaftlichkeit genügt.

Anmerkungen. [1] CICERO, De off. 1, 10. – [2] Vgl. WALDE-HOFMANN: Lat. etymol. Wb. 1 (1938) 710f.; Thes. ling. lat. VII/1 (1951) 2250ff. – [3] PLINIUS D. Ä. 2, 53-54 (§ 141); 7, 56-57 (§ 203). – [4] DU CANGE: Glossarium mediae et infimae latinitatis (1883-87) 4, 395. – [5] W. DILTHEY: Die Entstehung der Hermeneutik (1900). Ges. Schr. 5 (1924). – [6] H.-G. GADAMER: Wahrheit und Methode (¹1960, ³1972) 170. – [7] F. BACON, Novum Organon I, 1. 19. 28. 130. – [8] DILTHEY, a. a. O. [5] 317ff.; G. EBELING: Art. ‹ Hermeneutik›, in: RGG³ 2, 242ff. – [9] G. W. LEIBNIZ, Akad. A. VI/1, 329-340. 385f. – [10] a. a. O. 190f. – [11] CHR. WOLFF: Philosophia rationalis sive Logica (²1732) § 981; Vernünfftige Gedancken von den Kräften des menschl. Verstandes (³1719) 164ff. – [12] J. MICRAELIUS: Lex. philos. (²1662, ND 1966) 640. – [13] G. W. F. HEGEL, Werke, hg. GLOCKNER 15, 45f. – [14] ZEDLERS Universallex. (1735) 14, 781. – [15] E. FORSTHOFF: Recht und Sprache. Proleg. zu einer richterl. Hermeneutik (1964) bes. 18ff. – [16] FR. NIETZSCHE, Werke, hg. SCHLECHTA 2, 250. 374. – [17] M. Heidegger: Sein und Zeit (1927 u. ö.) Teil. 1. – [18] J. G. DROYSEN: Historik, hg. R. HÜBNER (⁶1971) 156; vgl. A. BOECKH: Enzyklop. und Methodenlehre der philol. Wiss. (²1886, ND 1966) 83ff. – [19] GADAMER, a. a. O. [6] 250ff. – [20] K. R. POPPER: Logik der Forsch. (²1966). – [21] GADAMER, a. a. O. [6] 251ff. – [22] GADAMER, a. a. O. [6] 290ff. – [23] R. BULTMANN: Das Problem der Hermeneutik, in: Glaube und Verstehen 2 (1952) 227ff. – [24] E. BETTI: Die Hermeneutik als allg. Methodik der Geisteswiss. (1962); vgl. Zur Grundlegung einer allg. Auslegungslehre (1954); Teoria generale dell' interpretazione 1. 2 (Mailand 1955);

gekürzte dtsch. Übers. Allg. Auslegungslehre als Methodik der Geisteswiss. (1967).

Literaturhinweise. F. W. FARRAR: Hist. of I. (London 1886). – E. v. DOBSCHÜTZ: Art. ‹I.›, in: Encyclop. of relig. and ethics 7 (1914) 390ff. – J. WACH: Das Verstehen 1-3 (1926-1933). – O. F. BOLLNOW: Das Verstehen (1949). – H.-G. GADAMER s. Anm. [6]. – E. BETTI s. Anm. [24]. – P. RICŒUR: De l'interprétation. Essai sur Freud (Paris 1965); dtsch. Die I. Ein Versuch über Freud (1969); Le conflit des interprétations. Essais d'herméneutique (1969).

H. ANTON

Interpretation, immanente. – Die i.I. wurde nach 1945 zum methodischen Postulat in der deutschen Literaturwissenschaft. In Abwehr der die Heteronomie der Literaturwissenschaft begünstigenden geistesgeschichtlichen Methode fordert K. MAY 1947 die «Reorganisation der deutschen Literaturgeschichte als Kunstwissenschaft» [1]. Die wichtigsten Autoren der sich in den Jahren 1945 bis 1955 unter internationalen Einflüssen durchsetzenden formalistischen Richtung sind E. STAIGER, W. KAYSER, P. BÖCKMANN und R. WELLEK. Dabei lehnen diese Forscher außerliterarische Methoden keineswegs völlig ab, sondern relativieren sie nur von einem «ergozentrischen» Standpunkt aus [2].

E. STAIGER fordert gegenüber einer genetisch-positivistischen Betrachtungsweise der Dichtung bereits in ‹Die Zeit als Einbildungskraft des Dichters› 1939, man solle «beschreiben statt erklären» [3]. Diese Art der Betrachtung, «die Stilkritik oder immanente Deutung der Texte» [4], nennt Staiger ‹I.›: Die Kunst des Interpreten ist es, das, was ihn an einem Kunstwerk ergreift, begreifend zur Evidenz zu bringen [5]. – W. KAYSER will mit seinem Buch ‹Das sprachliche Kunstwerk› (1948) ein Hilfsmittel geben zur Erschließung einer Dichtung «als eines in sich geschlossenen sprachlichen Gefüges» [6]. Damit tritt für Kayser die Poetik als die dem zentralen Gegenstand der Literaturwissenschaft, nämlich den Texten der «schönen» Literatur, angemessene Methode wieder gleichberechtigt neben die Literaturgeschichte [7]. – Die «Dichtung als Dichtung» macht P. BÖCKMANN in seiner ‹Formgeschichte der deutschen Dichtung› (1949) zum Gegenstand der Forschung. Die Grundlage der Formgeschichte sei die «I. der einzelnen Werke, und zwar so, daß wir uns ... auf die ihnen mitgegebene besondere Struktur richten ...» [8]. – Als Vertreter des amerikanischen «New Criticism» betont R. WELLEK in seiner ‹Theory of Literature› (1949) den Vorrang des «intrinsic approach» vor jedem «extrinsic approach of the study of literature»: «The natural and sensible starting point for work in literary scholarship is the interpretation and analysis of the works of literature themselves» [9].

Nach TH. W. ADORNO ist die i.I. in der Literaturwissenschaft die Wiederentdeckung des Prinzips der «*immanenten Analyse*» (i.A.), das HEGEL in der Ästhetik entwickelt: «Denn das Höchste und Vortrefflichste ist nicht etwa das Unaussprechbare, so daß der Dichter in sich noch von größerer Tiefe wäre, als das Werk darthut, sondern seine Werke sind das Beste des Künstlers, und das Wahre, was er ist, das *ist* er, was aber nur im Innern bleibt, das *ist* er nicht» [10]. Das Verfahren der i.A. muß nach ADORNO dialektisch sein, da sich der Wahrheitsgehalt, auf den Dichtung und die sie interpretierende Philosophie zielt, nur gewinnen läßt, wenn der Vollzug der i.A. über den «Immanenzzusammenhang» hinausweist: «Zu ihm [dem Wahrheitsgehalt] geleitet der Widerspruch, daß jegliches Werk rein aus sich verstanden werden will, aber keines rein aus sich verstanden werden kann» [11]. Die Wahrheit eines Gedichts übersteigt nach Adorno

die «Totalität seiner Momente»: «Nicht von außen her, durch gesagten philosophischen Inhalt, sondern vermöge der Konfiguration der Momente, die, zusammengenommen, mehr bedeuten, als das Gefüge meint» [12].

Anmerkungen. [1] K. MAY: Über die gegenwärtige Situation einer dtsch. Literaturwiss. Trivium 5 (1947) 303ff. – [2] R. WELLEK und A. WARREN: Theory of lit. (³1954) 66; dtsch. (1959) 80. – [3] E. STAIGER: Die Zeit als Einbildungskraft des Dichters (²1953) 13. – [4] Die Kunst der I. (1955) 9. – [5] a. a. O. 11. 19. – [6] W. KAYSER: Das sprachl. Kunstwerk (²1951) 5. – [7] a. a. O. 24. – [8] P. BÖCKMANN: Formgesch. der dtsch. Dichtung (²1965) 50. – [9] WELLEK, a. a. O. 139. – [10] G. W. F. HEGEL, Vorles. über die Ästh. Werke, hg. GLOCKNER 12, 390; zit. bei TH. W. ADORNO: Parataxis. Zur späten Lyrik Hölderlins (1963), in: Noten zur Lit. III (1965) 157f. – [11] ADORNO, a. a. O. 160. – [12] 161.

Literaturhinweise. P. SZONDI: Über philol. Erkenntnis, in: Hölderlin-Stud. (1967) 9ff. – J. HERMAND: Synthetisches Interpretieren. Zur Methodik der Lit.wiss. (1968).   E. KRÜCKEBERG

Interpretation, temporale. Der Ausdruck ‹t.I.› ist eine abkürzende und auch ungenaue Formel, die den methodischen Ansatz der «I. von Sein» [1] am «Leitfaden der Problematik der Temporalität» [2] bei M. HEIDEGGER bezeichnen soll. «Als der Sinn des Seins des Seienden, das wir Dasein nennen, wird die Zeitlichkeit aufgewiesen» [3]. «Dasein *ist* in der Weise, seiend so etwas wie Sein zu verstehen. Unter Festhaltung dieses Zusammenhangs soll gezeigt werden, daß das, von wo aus Dasein überhaupt so etwas wie Sein unausdrücklich versteht und auslegt, *die Zeit* ist. Diese muß als der Horizont alles Seinsverständnisses und jeder Seinauslegung ans Licht gebracht und genuin begriffen werden. Um das einsichtig werden zu lassen, bedarf es einer *ursprünglichen Explikation der Zeit als Horizont des Seinsverständnisses aus der Zeitlichkeit als Sein des seinverstehenden Daseins*» [4]. «Die fundamentale ontologische Aufgabe der I. von Sein als solchem begreift daher in sich die Herausarbeitung der *Temporalität des Seins*» [5]. Es ist zu zeigen, «*daß und wie im rechtgesehenen und rechtexplizierten Phänomen der Zeit die zentrale Problematik aller Ontologie verwurzelt ist*» [6].

Anmerkungen. [1] M. HEIDEGGER: Sein und Zeit (1927, ⁹1960) 19. – [2] a. a. O. 39. – [3] 17. – [4] ebda. – [5] 19. – [6] 18.

P. PROBST

Interrogativlogik (erotetische Logik, Fragelogik) ist die Untersuchung allgemeiner Eigenschaften und Beziehungen von Fragen und deren Relation zu Antworten. In vielfachen Ansätzen reicht diese Untersuchung weit in die traditionelle Philosophie zurück [1]; systematische Arbeiten größeren Umfangs entstammen jedoch erst dem 20. Jh.

Wie beim Behaupten kann man auch beim Fragen unterscheiden zwischen einem *Fragesatz*, der *Äußerung* dieses Satzes in einer konkreten Situation, und der *Frage*, die durch diese Äußerung (falls letztere «glückt») ausgedrückt wird. In der I. wird jedoch aus praktischen Gründen meist nicht zwischen Frage und Fragesatz unterschieden.

Nicht jede Frage wird durch einen Fragesatz im Sinne der traditionellen Grammatik ausgedrückt, und umgekehrt beinhaltet nicht jeder solche Fragesatz eine Frage im logischen Sinne. Fragen im Sinne der Logik beinhalten stets den Wunsch nach bestimmten Informationen, eventuell zusammen mit der Aufforderung an einen Adressaten, diese Information zu liefern. In diesem Sinne kann man nach L. ÅQVIST (vgl. Lit.) Fragen überhaupt als *epistemische Imperative* verstehen. Die Frage «Ist es wahr, daß *P*?» ist danach zu interpretieren als Imperativ

«Laß es dahin kommen, daß ich weiß, daß *P*, oder daß ich weiß, daß nicht-*P*!» In neueren Arbeiten hat J. HIN-TIKKA diesen Ansatz noch weiter ausgearbeitet. Deutlich wird der epistemische Teil der Frage etwa in «Wer lebt hier?» – eine Frage, die nach Hintikka nicht bloß die Angabe eines Namens verlangt, sondern die Nennung eines Namens einer Person, die der Fragesteller *kennt*. – Der Imperativ ist im allgemeinen immer der oben angeführte; jedoch kann man z. B. eine *Prüfungsfrage* durch den Imperativ «Zeige, daß du weißt, daß ...!» charakterisieren.

Fragen können implizite Behauptungen mitenthalten, deren Geltung auch in «normalen» Antworten nicht in Zweifel gezogen wird. Solche Behauptungen nennt man *Präsuppositionen* (vgl. etwa BELNAP 1969). Die Frage «Warum *P*?» präsupponiert, daß *P*; die Frage «Was müßte geschehen, damit *P*?» präsupponiert nicht-*P*; «Hast du aufgehört, dein Weib zu schlagen?» setzt voraus «Du hast dein Weib früher geschlagen»; «Ist der Kaiser von China schlitzohrig?» setzt die Existenz von genau einem Individuum voraus, dem die Eigenschaft zukommt, Kaiser von China zu sein. Fragen mit Präsuppositionen können auch als Fang- oder Suggestivfragen dienen. Trifft die Präsupposition einer Frage nicht zu, so muß letztere *zurückgewiesen* werden.

Analog zur Logik von Behauptungssätzen lassen sich auch zwischen Fragesätzen logische Beziehungen feststellen bzw. definieren, doch muß man dazu in irgendeiner Weise Relationen zwischen Antwortsätzen benutzen. G. STAHL (1962) nennt zwei Fragen F_1?, F_2? *identisch*, wenn sie dieselben Antworten haben; F_1? ist eine Teilfrage von F_2?, wenn alle Antworten auf F_1? auch Antworten auf F_2? sind. In analoger Weise definiert T. KU-BINSKY (1960) die Begriffe *Negation*, *Vereinigung* und *Durchschnitt* für Fragen.

Der Versuch, eine Frage zu beantworten, kann auf *Rückfragen* führen: «Welches Porto kostet dieses Paket?» – «Wie schwer ist es?». Zur Bewertung von Rückfragen kann man den Begriff der *Relevanz* von Fragen füreinander benutzen. N. BELNAP (1969) nennt *P*? relevant für *Q*?, wenn eine Antwort auf *P*? (zusammen mit dem verfügbaren Wissen) eine Antwort auf *Q*? liefern würde.

Für eine systematische logische Theorie erweist es sich als fruchtbar, nicht bloß die Beziehung zwischen Frage und Antwort, sondern auch die Beziehung zwischen Frage, vorhandenem Wissen (des Befragten) und Antwort zu studieren (vgl. H. SCHLEICHERT). Sei $\{W\} = W_1, ..., W_n$ die Menge von Sätzen, die das Wissen repräsentieren, und sei *P*? eine Entscheidungsfrage; relativ zu $\{W\}$ ist dann *P*? mit *ja!* beantwortbar, wenn der Satz *P* aus $\{W\}$ folgt, und mit *nein!* beantwortbar, wenn der Satz ¬*P* aus $\{W\}$ folgt. *P* bzw. ¬*P* aber folgt aus $\{W\}$, wenn der Satz $\{W\} \rightarrow P$ bzw. $\{W\} \rightarrow \neg P$ ein logisches Theorem ist. Systematisches Fragen/Beantworten steht also in engem Zusammenhang mit systematischem Theorembeweisen (vgl. C. CHANG und R. LEE).

Allgemein kann man behaupten, daß der Beantwortung jeder beliebigen Frage *F*? relativ zu einem Wissen $\{W\}$ eine entsprechende logische Folgebeziehung zwischen einem gewissen Satz *A* (bzw. einer Menge solcher Sätze) und $\{W\}$ entspricht. Welcher Art der Satz *A* ist, wird in *F*? mehr oder minder präzise festgelegt; deshalb kann man eine Frage auch als Beschreibung eines entsprechenden Satzes *A* auffassen. *A* ist jedoch nicht immer unmittelbar der Oberflächenform des Fragesatzes zu entnehmen und entspricht auch nicht immer der umgangssprachlichen Antwort: So verlangt z. B. «Wer ist

genial?» als *A* Sätze der Form «Genial *x*», «Welche Farbe hat der Himmel?» Sätze der Form «Φ Himmel ∧ Farbe Φ», und «Was ist der Unterschied zwischen Hans und Fritz?» verlangt als *A* Sätze etwa der Form «Φ Hans ∧ ¬Φ Fritz». Dabei sind in die Leerstellen (*x* bzw. Φ) entsprechende Konstanten einzusetzen. Fragen wie «Warum ...?» oder «Was muß geschehen, damit ...?» führen auf entsprechend komplexere Formen für *A*. Die natürlichsprachlichen Antworten auf eine Frage *F*? sind häufig Teile der Umformungen des bzw. der entsprechenden Sätze *A*; jedenfalls ergeben sie sich aus der Kenntnis von *A*.

Nebenbei ergibt sich, daß die traditionelle Einteilung aller Fragen in Entscheidungsfragen und Einsetzungsfragen entweder trivial oder unzureichend ist: Trivial, insoferne jede Frage, die keine Entscheidungsfrage ist, als Einsetzungs(Ergänzungs-)Frage zu zählen ist; unzureichend, insoferne sie die vielfältigen Unterschiede zwischen den vielen Arten von (Ergänzungs-)Fragen nicht berücksichtigt.

Die logische Relation zwischen *F*?, $\{W\}$ und *A* liegt prinzipiell auch allen automatisch-deduzierenden Fragen-Beantwortungssystemen zugrunde, wie sie in der «artificial intelligence» [2] oder in der angewandten Logik (vgl. SCHLEICHERT) entwickelt wurden. Diese Relation gibt gleichzeitig auch einen Maßstab zur Beurteilung von Antworten. Eine akzeptable Antwort muß ja 1. den Intentionen der Frage entsprechen (d. h. *A* muß eine korrekte Wiedergabe des Sinnes der Frage sein), und 2. muß die Antwort (d. h. genauer: der zugrundeliegende Satz *A*) aus dem Wissen folgen.

Eine Frage ist nur verständlich, wenn sie uns ein Mittel zur Hand gibt, um zwischen zulässigen und unzulässigen Antworten zu unterscheiden; dies ist jedoch nicht unbedingt eine hinreichende Bedingung dafür, daß eine Frage sinnvoll ist [3].

Anmerkungen. [1] Vgl. Art. ‹Frage›. – [2] Vgl. etwa T. WINO-GRAD oder die Zeitschrift ‹Artificial Intelligence›. – [3] Vgl. Art. ‹Scheinprobleme›.

Literaturhinweise (alphabetisch). L. ÅQVIST: A new approach to the logical theory of interrogatives (Uppsala 1965); Revised foundations for imperative epistemic and interrogative logic. Theoria 37 (1971) 33-73; On the analysis and logic of questions, in: R. E. OLSON/A. M. PAUL (Hg.): Contemporary philos. in Scandinavia. Johns Hopkins Univ. Press (1972) 27-39. – N. BELNAP JR.: Questions. Their presuppositions and how they can fail to arise, in: K. LAMBERT (Hg.): The logical way of doing things (Yale University 1969) 23-37. – C. CHANG/R. LEE: Symbolic logic and mechanical theorem proving (London 1973). – J. HINTIKKA: Answers to questions (im Druck); Multiple questions and the presuppositions of linguistic semantics (im Druck); Questions about questions (im Druck). – J. J. KATZ: The logic of questions, in: Logic, methodol. and philos. of sci. III, hg. B. VAN ROOTSELAR/J. F. STAAL (Amsterdam 1968) 463-493. – T. KUBINSKI: An essay in the logic of questions. Atti del XII. Congr. int. di Filos. 5 (Florenz 1960) 315; Wstep do logicnej teorii pytan (Warszawa 1970). – F. LOESER: I. (Berlin 1968). – F. LOEW: Logik der Frage. Arch. ges. Psychol. 66 (1928) 357-436. – A. und M. PRIOR: Erotetic logic. Philos. Rev. 64 (1955) 43-59. – N. RESCHER: Avicenna on the logic of questions. Arch. Gesch. Philos. 49 (1967) 1-6. – H. SCHLEICHERT: I. und automatische Fragenbeantwortung (im Druck). – G. STAHL: Fragenfolgen, in: M. KAESBAUER/F. KUTSCHERA (Hg.): Logik und Logikkalkül (Freiburg 1962) 149-157. – T. WINOGRAD: Understanding natural language (New York 1972). H. SCHLEICHERT

Intersensual. Nach einem Vorschlag von R. CARNAP [1] nennt man Aussagen über die (nicht-phänomenalen) physikalischen Zustände *intersensual* gültig, weil ihre empirische Überprüfung nicht an die Wahrnehmungen eines bestimmten Sinnes gebunden ist.

Anmerkung. [1] R. CARNAP: Die physik. Sprache als Universalsprache der Wiss. Erkenntnis 2 (1931) 445. Red.

Intersubjektiv. Seine heutige wissenschaftstheoretische Bedeutung hat der Terminus vor allem durch den logischen Empirismus erhalten. Jedoch ist das Wort bereits vorher im philosophischen Gebrauch. So bezeichnet ‹intersubjektiv› nach J. VOLKELT, «was jeder in seinem Bewußtsein unmittelbar vorfindet» [1]; bei späteren Autoren auch Beziehungen, die zwischen allen Subjekten bestehen können dadurch, daß diese über Gemeinsames verfügen [2]. – R. CARNAP verwendet den Terminus zunächst [3] zur Kennzeichnung einer Zuordnung der Weltpunkte verschiedener Konstitutionssysteme (s. d.), welche die raumzeitlichen und qualitativen Beziehungen unverändert läßt. Als «intersubjektive Gegenstände» faßt er die Klasse der auf diese Weise einander intersubjektiv zugeordneten Gegenstände der einzelnen Konstitutionssysteme auf. Im Zusammenhang damit nennt er «intersubjektiv übertragbar» Eigenschaften, die mit einem Element eines intersubjektiven Gegenstandes auch seinen sämtlichen anderen Elementen zukommen. Die entsprechenden Eigenschaften der (bzw. Aussagen über die) intersubjektiven Gegenstände heißen dann *intersubjektive Eigenschaften* (bzw. *intersubjektive Aussagen*). Die spätere philosophische Verwendung von ‹intersubjektiv› löst sich wieder von der Carnapschen Konstitutionstheorie. Man nennt jetzt ‹intersubjektiv› vor allem Aussagen, deren Gültigkeit prinzipiell von jedem Subjekt beurteilt werden kann [4].

Anmerkungen. [1] J. VOLKELT: Erfahrung und Denken (1886) 42. – [2] z. B. J. WARD: Naturalism and agnosticism (London 1915) 460ff.; N. HARTMANN: Grundzüge einer Met. der Erkenntnis (⁵1965) 336ff. – [3] R. CARNAP: Der log. Aufbau der Welt (1928) §§ 146-149. – [4] Vgl. auch bereits R. CARNAP: Die physik. Sprache als Universalsprache der Wiss. Erkenntnis 2 (1931) 432 bis 465, bes. 441. Red.

Intersubjektivität ist in der Phänomenologie E. HUSSERLS der Titel für alle Formen des Miteinander mehrerer transzendentaler oder mundaner Ich. Jeglichem Miteinander liegt eine von meinem transzendentalen Ich ausgehende Vergemeinschaftung zugrunde, deren Urform die Fremderfahrung, d. h. die Konstitution des an sich ersten Ich-Fremden oder Anderen ist. Der konstitutive Gang der Fremderfahrung führt über die Vergemeinschaftung der transzendentalen Monaden zum Monadenall und über ihre weltliche Objektivation zur Konstitution der Welt für Jedermann, die für Husserl die eigentlich objektive Welt ist [1].

Anmerkung. [1] Zum Ganzen E. HUSSERL: Cartesianische Meditationen und Pariser Vorträge. Husserliana 1 (Den Haag ²1963) 121ff.: 5. Med. K. HELD

Introjektion wurde von S. FREUD gelegentlich synonym mit ‹Identifikation› benutzt [1]. Zuweilen werden im psychoanalytischen Schrifttum die Termini ‹Identifikation›, ‹Inkorporation› und ‹Assimilation› benutzt, um den Sachverhalt der I. zu beschreiben [2]. Ursprünglich verstand S. FERENCZI, der Schöpfer des Begriffs, unter I. eine Hereinnahme von «möglichst großen Teilen der Außenwelt in das Ich», wodurch eine «Ich-Ausweitung» resultiert. I. ist demgemäß «jede Übertragung auf ein Objekt, also jede Objekt-Liebe» [3], die besonders intensiv bei Neurotikern in Funktion tritt [4]. Die Hereinnahme in das Ich bezeichnet P. FEDERN als «Verichung» [5]. S. E. FUCHS [6] und R. P. KNIGHT [7] benutzen ‹I.› zur Kennzeichnung von Es-Impulsen, vorwiegend der oralen Gruppe. Eine besonders große Rolle kommt

dem Begriff in der sogenannten «Objektbeziehungspsychologie» (M. KLEIN, W. R. D. FAIRBAIRN u. a.) zu. Hier spielt die I. «guter» und «schlechter» Objekte, die in frühesten Säuglingsphasen einsetzt und zum Aufbau einer intrapsychischen Objektwelt führt, eine große Rolle [8]. Die Externalisierung introjizierter Objekte (genauer der zwischen den Objekten bestehenden Beziehungsverhältnisse) führt zur Projektion. «Projektive Identifikation» liegt dann vor, wenn Teile des Selbstes in äußere belebte oder auch unbelebte Objekte übertragen werden [9]. Derselbe Vorgang wird auch «kernhafte Projektion» genannt, während umgekehrt von «kernhafter I.» (oder «introjektiver Identifikation») gesprochen wird, wenn durch Übernahme von Verhaltensmerkmalen einer als Modell dienenden Bezugsperson eine Abänderung des Selbst-Schemas zustande kommt [10].

Ein wesentliches Moment bei der I. besteht darin, daß ihr Produkt, das Introjekt, «die Macht bekommen ... muß, das Ich zu befriedigen und ihm als ausreichender Ersatz für die [in der äußeren Realität aufgegebenen] Objekte gilt» [11], so daß z. B. «das Kind in Abwesenheit der Eltern so reagiert, als wären sie anwesend» [12]. Es ist andererseits vorgeschlagen worden, I. als früheste «neurophysiologische Form» eines «allgemein[en] assimilatorischen Prozesses, der das Selbst mit den äußeren Objekten verbindet», zu definieren [13]. In I. WENDRICKS Begriffsanalyse wird I. der Prozeßcharakter abgesprochen, sie ist lediglich als *Wunsch* nach Vereinnahmung zu verstehen; Identifikation dagegen meint einen Prozeß, dem jedoch die orale Komponente fehlt [14].

Anmerkungen. [1] S. FREUD: Massenpsychol. und Ich-Analyse (1921). Werke 13, 118. 120. 125. – [2] A. BALINT: Identification. Int. J. Psychoanal. 24 (1943) 97-107. – [3] S. FERENCZI: I. und Übertragung (1910); Zur Begriffsbestimmung der I. (1912), beides in: Bausteine zur Psychoanalyse (1964) 1, 19. 59. – [4] a. a. O. (1910) 10-12. – [5] E. WEISS: The structure and dynamic of the human mind (New York/London 1960) 76. – [6] S. E. FUCHS: On I. Int. J. Psychoanal. 18 (1937); Über I. Imago 23 (1937) 420-446. – [7] R. P. KNIGHT: I., projection and identification. Psychoanal. Quart. 9 (1940). – [8] M. KLEIN: Die Psychoanalyse des Kindes (1932) 153; P. HEIMANN: Certain functions of I. and projection, in: Developments in psycho-analysis, hg. M. KLEIN u. a. (London 1952) 122ff.; W. R. D. FAIRBAIRN: Endopsychic structure considered in terms of object-relationships. Int. J. Psychoanal. 25 (1944). – [9] M. KLEIN: Notes on some schizoid mechanisms, in: Developments ... a. a. O. [8] 300; H. SEGAL: Introduction to the work of Melanie Klein (London 1964) 14ff. – [10] J. O. WISDOM: Ein methodol. Versuch zum Hysterieproblem. Psyche 15 (1961/62) 575ff., bes. 576. – [11] J. SANDLER: On the concept of the superego. Psychoanal. Stud. Child 15 (1960) 153/54. – [12] J. J. SANDLER und B. ROSENBLATT: The concept of the representational world. Psychoanal. Stud. Child 17 (1962) 138. – [13] V. P. MAHONY: I., identification and incorporation. Int. J. Psychoanal. 45 (1964) 57. – [14] J. WENDRICK: Early development of the ego: Identification in infancy. Psychoanal. Quart. 20 (1951) 1.

Literaturhinweis. D. WYSS: Die tiefenpsychol. Schulen von den Anfängen bis zur Gegenwart (1966). W. LOCH

Introspektion ist eine psychologische Methode, die oft auch mit ‹Selbstbeobachtung› bezeichnet wird. Im Sprachgebrauch der Psychologie sind die Begriffe ‹I.› und ‹Selbstbeobachtung› kaum gegeneinander abgegrenzt. Die psychologischen Schulen, die die I. als legitime Methode zulassen, sprechen meist von Selbstbeobachtung: die Assoziationspsychologie, die Würzburger Schule und die Gestaltpsychologie. Der Begriff ‹I.› wird dagegen von Kritikern der Methode oft in einem leicht abwertenden Sinne gebraucht, so schon von DILTHEY [1].

Bei einer Definition des Begriffes ‹I.› tritt die Schwierigkeit auf, daß die Grenze zwischen ‹Beobachtung›

und ‹I.› im Laufe der Geschichte der Psychologie fließend ist. Neue psychologische Richtungen legen diese
Grenze neu fest, so daß sie sich im Laufe der Zeit immer
weiter verschiebt: ‹Beobachtung› wird zunehmend
enger, ‹I.› zunehmend weiter definiert. Es lassen sich
drei Stadien unterscheiden.

1. *Die klassische Definition.* – Hier sprechen die Autoren von Selbstbeobachtung; diese wird eng definiert
als die «Beobachtung von inneren Erscheinungen oder
Inhalten des Selbstbewußtseins (Gefühlen, Stimmungen,
Befindlichkeiten, Neigungen, Gelüsten ...), vornehmlich
aber der offenkundig innenbedingten Sachgehalte (Gedanken, Vorstellungen, Erinnerungen, Wissensgehalte,
Erwartungen, Pläne ...)» [2]. W. JAMES glaubt, der Begriff brauche kaum definiert zu werden: «it means, of
course, looking into our own minds and reporting what
we there discover» [3]. Als Gegenstand der Selbstbeobachtung werden von James die «states of consciousness»
angesehen. Für W. WUNDT ist Selbstbeobachtung die
«unmittelbare subjektive Wahrnehmung der Bewußtseinsvorgänge» [4]. Das psychologische Experiment
stütze sich vornehmlich auf Selbstbeobachtung: «Man
bringt das Experiment in einen Gegensatz zur Selbstbeobachtung, während es eigentlich nur eine durch objektive Hilfsmittel verschärfte und streng genommen sogar erst ermöglichte Methode der Selbstbeobachtung
ist» [5]. Nur die kontrollierte Selbstbeobachtung gebe
gültige Ergebnisse. Die Kontrolle erfolgt durch Beobachtung der «Ausdrucksbewegungen, die den Bewußt-
seinserscheinungen korrespondieren» [6] oder – in der
Völkerpsychologie – die «Hülfsmittel von objektivem
Werte»: Sprache, Mythos und Sitte, «jene Erzeugnisse
des geistigen Gesamtlebens, die auf bestimmte psychische Motive zurückschließen lassen» [7].

Die Psychologen der *Würzburger Schule* suchen die
Selbstbeobachtung als Forschungsmethode in der Denkpsychologie gegenüber ungenauer definierten Formen
der I. abzugrenzen. ACH unterscheidet zwischen Selbstbeobachtung und «Systematischer Selbstbeobachtung»,
bei der die Erlebnisse von Versuchspersonen auf ausgewählte, systematisch variierte Reize bei gleichzeitiger
Zeitmessung systematisch erfaßt werden. «Das letzte
Ziel der [systematischen] Selbstbeobachtung muß darauf
gerichtet sein, die Gesamtheit der Erlebnisse zu beschreiben ...» [8]. K. BÜHLER gliedert die systematische
Selbstbeobachtung in zwei Schritte: 1. Umfassende Er-
lebnisregistrierung und 2. Interpretation des Erfaßten
[9]. Als Methode der Erlebniserfassung läßt auch K.
LEWIN in den Arbeiten der sogenannten Berliner Schule
der Gestaltpsychologie die Selbstbeobachtung zu [10].
H. THOMAE schlägt als Auswertungsmethode von Selbst-
beobachtungsprotokollen die Inhaltsanalyse vor [11].

Die *geisteswissenschaftliche* Psychologie definiert
Selbstbeobachtung im klassischen Sinne: Erfassung des
unmittelbaren Erlebens im Gegensatz zum Verstehen,
zum Auslegen des Objektivierten, Gestalteten. Diese
Selbstbeobachtung wird aber abgewertet. «Nicht durch
I. erfassen wir die menschliche Natur.» «Was der Mensch
sei, sagt ihm nur seine Geschichte» (DILTHEY [12]).

2. *Die behavioristische Definition.* – Als Beobachtung
wird nur die Erfassung physikalischer Tatbestände definiert. Die Registrierung von Ausdruckserscheinungen,
aber auch die Beobachtung zielvollen Verhaltens wird
als «Introspektionismus» abgelehnt. Introspektionismus
wird hier nicht weiter definiert. Alle Arten wissenschaftlich wertloser Erfassung werden unter diesem Namen
subsumiert, insbesondere alle nicht zahlenmäßigen Er-

fassungsarten. BRUNSWIK schrieb dazu: «Behaviorists
have often felt that there was an unholy alliance, if not
an intrinsic association, of verbal report and I.» [13].
Die verbalen Methoden vor allem der klinischen Psychologie, die sich auf I. stützen müssen, sind allenfalls als
grobe vorläufige Anhaltspunkte brauchbar: «I. reports
concerning internal conditions are useful for rough
qualitative purposes: nevertheless they become inadequate wherever primary quantitative laws are in the
process of systematic formulation or precise validation»
(HULL [14]).

3. *Die operationale Definition.* – Die äußerste Position
nehmen die operationalen Positivisten ein. I. ist jegliche
Beobachtung, die nicht den Erfordernissen entspricht,
die an eine Protokolloperation zu stellen sind. Gesicherte
Ergebnisse liefert nur die Beobachtung. Als Beobachtung wird ein Vorgehen definiert vom Typ der Registrierung von zwei Punkten im Raum-Zeit-Kontinuum:
«... the term ‹I.› in the technical sense has come to refer
to all the vast reminder of givenness, including most of
thing-perception» (BRUNSWIK [15]).

Mit zunehmender Berücksichtigung der verdrängten
Subjektivität in der psychologischen Forschung ist eine
Abkehr von derart weiten und unscharfen Definitionen
der I. wie der behavioristischen und der operationalen
zu erwarten [16].

Anmerkungen. [1] W. DILTHEY, Ges. Schr. (1957ff.) z. B. 7, 250.
279. – [2] W. METZGER: Das Experiment in der Psychol. Stud.
gen. 5 (1952) 148. – [3] W. JAMES: The principles of psychol. 1
(New York 1890) 185. – [4] W. WUNDT: Grundzüge der physiol.
Psychol. 1 (⁶1908) 25. – [5] Kleinere Schriften 3 (1921) 438. –
[6] a. a. O. [4] 40f. – [7] Grundzüge ... 1 (⁵1902) 5. – [8] N. ACH:
Analyse des Willens (1935) 54. – [9] K. BÜHLER: Tatsachen und
Probleme zu einer Psychol. der Denkvorgänge I: Über Gedanken. Arch. ges. Psychol. 9 (1907) 297-365. – [10] Vgl. z. B.
T. DEMBO: Der Ärger als dynamisches Problem. Psychol. Forsch.
15 (1931) 1-144. – [11] H. THOMAE: Der Mensch in der Entscheidung (1960). – [12] DILTHEY, a. a. O. [1] 7, 250; 8, 224. – [13]
E. BRUNSWIK: The conceptual framework of psychol. Int. encyclop. united sci. 1 (Chicago ²1952) 15. – [14] C. L. HULL: A
behavior system (New Haven ²1958) 345. – [15] BRUNSWIK,
a. a. O. [13] 10. – [16] S. KOCH: Epilogue, in: Psychol.: A study
of a sci. 3. Formulations of the person and the social context
(New York/Toronto/London 1959).

Literaturhinweis. E. C. BORING: A hist. of I. Psychol. Bull. 50
(1953) 169-189.   M. KOCH

Intuition (griech. ἐπιβολή, lat. intuitio, intuitus, ital. in-
tuizione, frz./engl. intuition). Als philosophischer Terminus ist ‹I.› die durch WILHELM VON MOERBEKE in seiner lateinischen Übersetzung der proklischen Schrift
Περὶ προνοίας bezeugte Übertragung von griechisch
ἐπιβολή. Anhand dieses Terminus läßt sich schon lange
vor der mittelalterlichen I.-Lehre eine Tradition feststellen, in der die Abgrenzung des intuitiven Erkennens gegenüber dem diskursiven eine maßgebende Rolle
spielt.

Ἐπιβολή als der philosophische Ausdruck für das intuitive Erkennen stammt aus der *epikureischen* Philosophie und bezeichnet das schlagartige Erfassen (ἀθρόα
ἐπιβολή) des ganzen Erkenntnisgegenstandes im Unterschied zur nur «partiellen Erkenntnis» (κατὰ μέρος) [1].
Im Zuge der Rezeption einzelner hellenistischer Philosopheme wird in der Spätantike auch der Begriff ἐπιβολή
aufgenommen und durch die neue terminologische Prägung des Gegenbegriffs, nämlich des «diskursiven Denkens» (διεξοδικὸς λόγος), inhaltlich neu gefüllt.

Die Unterscheidung des intuitiven vom diskursiven
Erkennen findet sich bei PHILON [2]. Nach PLOTIN, der
sie vielleicht von Philon übernahm, ist allein im Reich

des rein Geistigen eine intuitive Erkenntnis möglich, während alles welthafte, an sinnfällige Gegenstände gebundene Erkennen der menschlichen Seele notwendigerweise diskursiver Natur ist. So schließt Plotin im Rahmen der Erörterung darüber, ob die Seele im Reich des Geistigen Erinnerung an ihr Vorleben besäße oder nicht, von der Unmöglichkeit einer «transzendentalen Apperzeption», durch die im Denkakt das «ich dachte» (ἐνενοήκειν) mitgedacht und enthalten wäre – sie ist ja nach Plotin im Unterschied zur kantischen Auffassung wesentlich vielheitsstiftend – auf die Unmöglichkeit, sich zu erinnern, denn dem Denken in der Ewigkeit ist alles gegenwärtig, ἐπεὶ οὐδὲ διέξοδος οὐδὲ μετάβασις ἀφ'ἑτέρου ἐπ' ἄλλο (denn es gibt dort auch kein diskursives Denken und keinen Übergang von einem zum anderen) [3].

Plotin versucht, die I. als den allein dem Geist eigenen Erkenntnisakt dadurch zu verdeutlichen, daß er auf die Verwandtschaft zur einzig vergleichbaren Wahrnehmungserkenntnis, nämlich der des Sehens, hinweist [4], obwohl er zugleich um die Unzuverlässigkeit dieses Vergleichs weiß, denn im entscheidenden Punkt differieren sinnliches Schauen und intuitives Erkennen: Die Seele verliert beim Akt des sinnlichen Sehens ihre aktuelle Identität, weil sie sich veräußert an das Schauobjekt, während der Geist, wenn er sich denkt (und nichts anderes tut er), alles zugleich denkt, da er alles aktuell ist: τῇ μὲν εἰς ἑαυτὸν ὁ τοιοῦτος ἐπιβολῇ καὶ ἐνεργείᾳ ἑαυτὸν ὁρῶν τὰ πάντα ἐμπεριεχόμενα ἔχει (ein solcher hat durch die auf sich selbst gerichtete I. und dadurch, daß er sich selbst aktuell sieht, alles darin Eingeschlossene) [5]. Der Vergleich des sinnlichen mit dem geistigen Schauen ergibt noch einen weiteren bedeutsamen Unterschied: Die Seele, die beim Schauen eines Sinnendinges immer auch das Medium Licht miterkennt, ist nicht in der Lage, in einer «schlagartigen I.» das Licht rein für sich zu sehen, während der Geist in der intuitiven Erkenntnis, die immer auch Selbsterkenntnis ist, den sehenermöglichenden Grund der Sichtbarkeit der εἴδη (intelligiblen Wesenheiten) schaut: οὕτω δὴ καὶ νοῦς αὐτὸν ἀπὸ τῶν ἄλλων καλύψας καὶ συναγαγὼν εἰς τὸ εἴσω μηδὲν ὁρῶν θεάσεται οὐκ ἄλλο ἐν ἄλλῳ φῶς, ἀλλ' αὐτὸ καθ' ἑαυτὸ μόνον καθαρὸν ἐφ' αὑτοῦ ἐξαίφνης φανέν (So wird auch der Geist, wenn er sich vor den anderen Dingen verhüllt und sich ins Innere zusammenzieht und, ohne etwas zu sehen, ein Licht schaut, das nicht an einem anderen ist, sondern das selbst für sich allein rein bei sich plötzlich in Erscheinung tritt) [6]. Wenn Plotin in dieser Weise der in welthafter Zeitlichkeit gefangenen menschlichen Seele die Möglichkeit der intuitiven Erkenntnis abspricht, und sie dem Geist allein vorbehält, bedeutet dies freilich andererseits, daß die I. nicht die höchste Verwirklichung geistigen Seins ist. Vielmehr ist nach Plotin auch schon das Selbstdenken ein defizienter Seinsmodus, da es Bewegung, Andersheit und damit Vielheit voraussetzt. So ergibt sich für ihn, daß, während alle anderen Hypostasen es in irgendeiner Weise nötig haben zu denken, das Eine, das ἕν, sich selbst nicht denkt, nicht einmal ἁπλῇ ἐπιβολῇ (in einfacher I.) [7].

Auf diese grundlegende Unterscheidung des intuitiven vom diskursiven Denken greifen vor allem die *Aristoteleskommentatoren* zurück, teils zum Zweck einer Erkenntnislehre – dann stehen sie fast durchweg in der Nachfolge des ALEXANDER VON APHRODISIAS [8] – teils auch mit neuplatonisch gefärbten ontologischen Hintergedanken, wie sie Plotin hatte. Nach THEMISTIUS besteht der Unterschied beider Erkenntnisweisen darin, daß in der I. die «einfachen Begriffe» (ἁπλοῖ ὅροι) erfaßt wer-

den, das diskursive Denken aber mehrere solche zusammensetzt oder trennt. Daraus folgt auch, daß intuitives Erkennen sich wesensgemäß nie täuscht, denn Irrtum entsteht gerade durch die Synthese von Teilen oder durch Analyse des Ganzen. So entspricht nach Themistius den unzusammengesetzten und einfachen Erkenntnisgegenständen eine ebensolche unvermittelte, einfache Erkenntnis, die sich ohne Bewegung vollzieht im Unterschied zum diskursiven Erkennen: κἀκεῖνο μὲν ἐπιβολὴ καὶ θίξις ἐστι τοῦ νοουμένου, τοῦτο δὲ ὥσπερ κίνησις περὶ αὐτὸ καὶ ἐπέλευσις καὶ ἀσθένεια τοῦ κατασχεῖν ἄθρουν (jenes ist eine I. und ein Berühren des Gedachten, dies aber ist wie eine Bewegung um es herum und wie eine Approximation und eine Schwäche, es auf einmal zu erfassen) [9].

In der Folgezeit, d. h. vor allem im 5. und 6. Jh., ist insofern ein einheitliches Konzept in der I.-Lehre festzustellen, als sie fast immer in den Rahmen einer Art Wissenschafts- oder Methodenlehre eingeordnet ist. Nach SYRIAN gelangt eine analytisch verfahrende Wissenschaft zu den «Prinzipien des Seienden», während das dihairetische oder definitorische Verfahren das substanzielle Sein aller Dinge «betrachtet». Die dritte Art der Wissenschaft, die «demonstrative», die schlußfolgernd (συλλογιστικῶς) verfährt, hat die wesentlichen Akzidentien der Substanzen zu ihrem Gegenstand. Aber alle diese Wissenschaften mit ihren speziellen Methoden erreichen nicht die ἁπλουστάται καὶ κυρίως νοηταὶ οὐσίαι (die einfachsten und zuhöchst intelligiblen Substanzen), die ja ausschließlich und ganz das sind, was sie sind. Die Schau solcher Substanzen erfolgt deswegen μόνῃ ἐπιβολῇ (allein durch I.) [10] oder, wie Syrian sich auch ausdrückt, durch «intellektuelle Anschauungen» (ἐπιβολαῖς νοεραῖς) [11]. Diese Lehre von der speziell und ausschließlich auf die einfachen Substanzen des intelligiblen Seins gerichteten I. hat später der Ammoniusschüler ASKLEPIOS übernommen [12]. PROKLOS, der genau wie Syrian die «syllogistische» Erkenntnis als das «Geschäft» (ἔργον) der διάνοια und das intuitive Erfassen des «eingestaltigen» Seienden als das des νοῦς bezeichnet [13], hat seine I.-Lehre in das neuplatonische Schema des Erkenntnisaufstiegs der Seele eingeordnet und mit einer Wissenschaftslehre verbunden [14]. Danach gibt es noch über die Dialektik, die zum letzten Prinzip aller Dinge aufsteigt [15], eine höchste Erkenntnisstufe, die «keine Methoden und Auflösungen oder Zusammensetzungen oder Teilungen oder Beweise in Anspruch nimmt, sondern einfache I.en», durch welche das betrachtete Seiende «in sich sichtbar» ist. Auf diese Weise wird die Seele zum reinen Intellekt, der im ausschließlichen Gerichtetsein auf das Seiende dieses und sich selbst «zugleich» erkennt [16].

Proklos' Schüler AMMONIOS indes sieht die Unterscheidung verschiedener Erkenntnisarten nicht in einem der identischen Seele vorgezeichneten Erkenntnisweg begründet, sondern in drei Erkenntnisvermögen der Seele, dem intuitiven (νοερά), dem diskursiven (διανοητική) und dem bloß meinenden (δοξαστική). Von diesen kann nur das mittlere «schlußfolgernd» vorgehen, denn ἡ πρώτη διὰ τὴν ἀπὸ τοῦ νοῦ ἔλλαμψιν εἰς αὐτὴν ἐφήκουσαν ἁπλαῖς ἐπιβολαῖς γιγνώσκει ἃ γιγνώσκει (das erste erkennt, was es erkennt, durch die vom Geist in sie [die Seele] gelangende Erleuchtung mittels einfacher I.) und das dritte ist dem diskursiven Vermögen derart untergeordnet, daß es von ihm die Konklusionen, und nur diese, empfängt. Dieser trichotomischen Gliederung der Seelenvermögen als Erkenntnissubjekte ist die Unterscheidung dreier spezifischer Erkenntnisgegenstände koordiniert: das intellektiv-intuitive Vermögen erfaßt das Intelligibel-Allgemeine, die «Meinung», die mit der sinnlichen Wahrnehmung identifiziert wird, das Sinnfällige, das diskursive, schlußfolgernd verfahrende Erkennen aber erfaßt die zwischen rein Intelligiblem und Sinnfälligem eingeordneten Seienden, wie z. B. die Gegenstände der Wissenschaft (μαθήματα) [17]. Wie diese Einteilung der Seelenvermögen und der ihnen eigenen Erkenntnisart zu vereinbaren ist mit einer anderen, als Grundlage für eine Syllogismustheorie dienenden Einteilung in derselben Schrift muß freilich offenbleiben [18].

Deutlich wiederzuerkennen ist diese Lehre bei seinem Schüler PHILOPONOS. Auch er betont, daß sich mit dem Erkenntnissubjekt auch die Art der Erkenntnis ändert. Als mögliche Subjekte aber kommen in Frage der Geist (νοῦς), das diskursive Denken (διάνοια), die Meinung (δόξα), die Phantasie (φαντασία), die sinnliche Wahrnehmung (αἴσθησις). Die Erkenntnis «durch den Geist» ist dem schlußfolgernden Verfahren überlegen und, wie Philoponos mit Berufung auf Plotin sagt, «unfehlbar» [19]. Sie ist deswegen auch auf keinen «Beweis» angewiesen, mit Hilfe dessen sie die «Begriffe, aus denen sich die Axiome zusammensetzen», erkennen könnte, sondern ὁ νοῦς ἁπλαῖς ἐπιβολαῖς τούτοις ἐπιβάλλων ἀναποδείκτως τὴν φύσιν αὐτῶν αἱρεῖ (der Geist erfaßt ihre Natur ohne Beweis, indem er sie mit einfachen I. anschaut) [20]. Dessen er aber fähig, weil er als «ungeteiltes» Prinzip die Dinge quasi «zeitlos» erkennt [21].

Durch BOETHIUS schließlich gelangen Spuren dieser vorwiegend in Alexandria dozierten Erkenntnislehren in den lateinischen Westen, und Boethius ist es auch, der zum ersten Mal ‹intuitus› terminologisch verwendet: «simplices intellectus sine ulla compositione vel divisione animi puro capiuntur intuitu» (einfache Begriffe werden ohne eine Zusammensetzung oder Teilung des Geistes durch reine Anschauung erfaßt) [22]. Seitdem hat der Begriff der I. mit seinem stark neuplatonisch gefärbten Bedeutungshintergrund einen festen Platz in den verschiedenen Platonrenaissancen.

So ist die Lehre von der intuitiven Erkenntnis in Grundzügen sowohl bei NIKOLAUS VON KUES wiederzuerkennen, der die «intellektuelle Anschauung» (intellectualis intuitio) als höchste Erkenntnisstufe, auf der alles eins ist, mit dem Gedanken der Theosis verknüpft [23], als auch bei MARSILIUS FICINUS, der mit der (ursprünglich augustinischen) Unterscheidung der diskursiv denkenden Ratio und der intuitiv erkennenden Mens [24] oder auch durch die Trennung von scientia und intelligentia [25] an die alte Distinktion von νοῦς und διάνοια erinnert. Sie ist ferner rezipiert worden in der französischen Platonrenaissance von CHAMPIER [26] und schließlich, wenn auch nicht zuletzt, in der englischen von SHAFTESBURY, der im Rahmen der Lehre von der Spontaneität des künstlerischen Schaffens eine «Ästhetik der I.» erarbeitet und dabei vornehmlich Bezug nimmt auf Plotins Schrift ‹Über das Schöne› (I, 6) [27].

Während auch die Lehre THOMAS VON AQUINS von der intuitiven menschlichen Erkenntnis der ersten Prinzipien und der alles intuitiv erfassenden Erkenntnis der reinen Geister [28] vor dem Hintergrund der aristotelisch-neuplatonischen Tradition verständlich ist – freilich ist sie in sich hochkontrovers [29] –, und während auch die Lehre des BONAVENTURA von der Unmöglichkeit, das göttliche Licht «simplici intuitu» zu sehen [30], ganz im Rahmen der augustinischen Tradition bleibt, stellt die I.-Lehre des DUNS SCOTUS einen Einschnitt in der Entwicklung des

Erkenntnisproblems dar. Nach ihm gibt es einen spezifischen Unterschied zwischen intuitivem und abstraktivem Erkennen. Während bei der abstraktiven Erkenntnis von der aktuellen Existenz und Präsenz des Erkenntnisgegenstandes «abgesehen» werden kann, richtet sich intuitive Erkenntnis immer auf faktisch existierende und präsente Objekte als solche [31]. Mit dieser Bestimmung der intuitiven Erkenntnis als einer auf tatsächliches Vorhandensein oder gar Anwesenheit des Gegenstandes angewiesenen Einsicht steht Duns Scotus konträr zur antiken Anschauung [32]. Die auch «pro isto statu» schon mögliche intuitive Erkenntnis [33] ist nach Duns «vollkommener» als die abstraktive [34], weil jene das Objekt unmittelbar in sich zu erreichen vermag [35] und nicht – wie das abstraktive Erkennen – auf die Vermittlung der den Gegenstand in seiner Abwesenheit repräsentierenden abstrahierten Wesensform (species) angewiesen ist [36]. Freilich erfaßt auch die intuitive Erkenntnis den singulär existierenden Gegenstand nicht im Prinzip seiner Singularität, sondern das in allen artgleichen Dingen identische allgemeine Wesen, freilich als existierend [37].

WILHELM VON OCKHAM greift diese scotistische Unterscheidung auf und verändert zugleich in nicht unwichtigen Punkten ihre Bedeutung. Denn nach Ockham wird in der intuitiven Erkenntnis nicht mehr nur ein Gegenstand erkannt, insofern er aktuell existiert oder real präsent ist, sondern «patet, quod cognitio intuitiva est illa, per quam cognosco rem esse, quando est, et non esse, quando non est» (es ist klar, daß die intuitive Erkenntnis jene ist, durch die ich erkenne, daß ein Ding ist, wenn es ist, und daß es nicht ist, wenn es nicht ist) [38]. Damit ist das Gewicht und die Bedeutung der intuitiven Erkenntnis entscheidend verlagert: Denn während die inkomplexen Terme, z. B. ‹Sokrates› und ‹Weißheit›, sowohl intuitiv wie abstraktiv erfaßt werden können [39], vermag nach Ockham nur das intuitive Erkenntnisvermögen das in einem kontingenten Satz enthaltene komplexe Urteil, also die Tatsachenwahrheit, «Sokrates ist weiß» oder «Sokrates ist nicht weiß» für evident zu halten [40]. Auch der scotistische Grundsatz, daß intuitive Erkenntnis unbedingt an das aktuelle Vorhandensein des Gegenstandes gebunden ist, wird von Ockham, wenn nicht umgestoßen, so doch modifiziert, wenn er erklärt, daß Gott in seiner Allmacht eine I. eines nur Denkmöglichen und aktuell Nichtexistierenden bewirken könne [41]. Ausdrücklich heißt es gegen Duns Scotus: «intuitiva notitia tam sensitiva quam intellectiva potest esse de re non existente» [42].

Diese beiden Hauptpositionen des Duns Scotus und Wilhelm von Ockhams wurden im 14. Jh. fast durchweg mit Einschränkungen oder Erweiterungen von PETRUS AUREOLI, von JOHANNES VON BACONTHORP, der die apparitio als Mittlerin zwischen intuitiver und abstraktiver Erkenntnis einführt, von GREGOR VON RIMINI, PETER VON AILLY, JOHANNES VON MIRECOURT und andern übernommen [43]. Besonders erwähnenswert ist die Position W. CATTONS, der die Unmöglichkeit einer intuitiven Erkenntnis von kontingenten Sachverhalten, die durch complexa contingentia erkannt werden, betont. Zwar ist die intuitive Erkenntnis «Mitursache» für die Bildung eines wahren Satzes, aber «deswegen verursacht sie dennoch nicht unmittelbar die Erkenntnis oder Zustimmung, die jenen Satz zum erkannten Objekt hat». Diese reflektierte Zustimmung zur Wahrheit, nicht bloß zum Bestehen eines Sachverhalts (sic esse) kommt nach Catton nur durch ein anderes komplexes Urteil mit dem Inhalt: «dieser Satz ist wahr» zustande [43a].

Besonders wendet sich auch JOHANNES A S. THOMA dagegen, die Präsenz oder Absenz des Objektes als ein für dieses konstitutives und so für den Unterschied zwischen intuitiver und abstraktiver Erkenntnis wesentliches Merkmal zu verstehen. Die Tatsache, daß der Mensch durch eine die objektive Präsenz repräsentierende species Gott als präsent erkennen kann, ohne ihn doch intuitiv zu schauen, zeigt vielmehr nach Johannes die Möglichkeit, die Präsenz als repräsentierte in der abstraktiven Erkenntnis zu erkennen. Das bedeutet grundsätzlich, daß auch die Präsenz eines Gegenstandes vermittelt oder erschlossen werden kann. Deswegen «modifizieren» Präsenz oder Absenz nach Johannes nur das Objekt in sich und sind der Erkenntnis «koexistent» [44].

DESCARTES' Ausführungen über die I. sind den antiken Lehren insofern verwandt, als auch er diesen Begriff im Rahmen einer Methodenlehre näher bestimmt. Daß dabei sein Vorhaben, sich von der traditionellen Bedeutung des Wortes nicht leiten zu lassen, nicht ganz gelingt, zeigen schon seine Bemerkungen über die intuitive Gotteserkenntnis [45]. Nach der Methodenlehre seiner ‹Regulae› ist es mit Hilfe des (besonders von Pappus gepflegten) Analysisverfahrens möglich, ein Problem zu «zerteilen» und das jeweils Abgetrennte auf schon Bekanntes zurückzuführen, um so zum jeweils «Einfacheren» zu gelangen. Gegenstand der I. sind nun die Endglieder dieser Reihen, die Descartes als «maxime simplex», «simplicissimum» oder «pure simplex» bezeichnet [46]. Dem Gegenstand entsprechend bestimmte Descartes dann auch die intuitive Erkenntnis als «das so leichte und distinkte Begreifen des reinen und aufmerksamen Geistes, daß über das, was wir erkennen, weiterhin kein Zweifel übrigbleibt» [47]. Freilich sind sowohl I. als auch der andere Weg der Erkenntnis, die Deduktion, für sich genommen insuffizient, denn der I. sind nur die Anfangsgründe des Wissens, z. B. auch die Gewißheit der eigenen Existenz [48], und nicht mehr die abgeleiteten Wahrheiten zugänglich [49].

Relativ unabhängig von dieser cartesianischen Lehre scheint SPINOZA seinen «Grundbegriff der I., auf den die gesamte Lehre mittelbar hinzielt» [50], entwickelt zu haben, denn er ordnet ihn wie ein Platoniker in eine Theorie der stufenweise fortschreitenden Erkenntnis ein. Und zwar unterscheidet er drei Formen der Erkenntnis mit verschiedenem Vollkommenheitsgrad (in der Schrift ‹De intellectus emendatione› sogar vier). Die Sinneserkenntnis, die Spinoza auch als «cognitio primi generis» scharf von den zur «cognitio secundi generis» gehörenden beiden anderen Erkenntnisarten trennt, ist vor allem deswegen höchst mangelhaft, weil sie, auf einer Körperaffektion beruhend, nur eine konfuse und inadäquate Erkenntnis vermittelt [51] oder, wie Spinoza sagt, eine «vage Erfahrung» [52]. Das rationale Erkennen ist demgegenüber wesensnotwendig immer wahr [53], weil es auf adäquaten Ideen, d. h. (nach der 4. Definition des 2. Teils der ‹Ethik›) solchen mit den Eigenschaften und Merkmalen einer wahren Idee, beruht, aber es verfängt sich im obzwar distinkt erkannten, aber doch allgemeinen Wesen der Dinge, dem das Einzelne nur subsumtiv zugeordnet ist [54]. Die auf den durch imaginatio und ratio gewonnenen «Allgemeinbegriffen» aufbaue Erkenntnis des individuell Seienden bezeichnet Spinoza schließlich als «scientia intuitiva», von der er sagt: «procedit ad adaequata idea essentiae formalis quorundam Dei attributorum ad adaequatam cognitionem essentiae rerum» (Sie schreitet von der adäquaten Idee der formalen Wesenheit einiger Attribute Gottes fort zu der adä-

quaten Erkenntnis der Wesenheit der Dinge) [55]. So unterscheidet sich diese dritte, vom göttlichen Wissen abgeleitete Form der Erkenntnis [56] von der ja auch auf Einzeldinge (singularia) gerichteten Sinneserkenntnis dadurch, daß sie Wesenserkenntnis ist, aber nicht Erkenntnis der abstrakten Wesenheit vieler Dinge, sondern Erkenntnis des Wesens Einzelseiender [57].

Enger als bei Spinoza schließt sich an die einschlägige cartesianische Lehre an, was LEIBNIZ im Zusammenhang mit der Aufgabe, eine Analyse unserer Begriffe zur Erstellung eines «Gedankenalphabets» durchzuführen, zum Problem der I. ausführt. Alle aus vielen Merkmalen zusammengesetzten Begriffe leiten sich nämlich von «ursprünglichen Begriffen» (notiones primitivae) her, die als distinkte Begriffe nur in intuitiver Erkenntnis zu erfassen sind (notiones distinctae primitivae non alia datur cognitio quam intuitiva) [58]. Aber auch die in ursprünglichen Begriffen fundierten «ursprünglichen Wahrheiten», seien es «Vernunft- oder Tatsachenwahrheiten», werden «durch I.» erkannt [59]. Wird «die ganze Natur einer Sache nicht zugleich intuitiv erfaßt», sondern nur durch ein Zeichen oder ein Wort (‹Tausendeck›) vorgestellt, handelt es sich nicht um eine intuitive, sondern um eine «gewissermaßen blinde symbolische Erkenntnis» [60].

Nach LOCKE, dessen Lehre von der I. als wesentliches Indiz seiner Abhängigkeit von Descartes angesehen wird [61], gibt es ein Modell für alle Arten der Erkenntnis: das der Verknüpfung der Ideen [62]. I. ist nun die hervorragende Form der Erkenntnis, welche die elementarsten Ideenrelationen, wie Identität oder Verschiedenheit, erkennt. «So nimmt der Geist wahr, daß ‹weiß›, nicht ‹schwarz›, daß ein Kreis kein Dreieck, daß drei mehr als zwei und gleich eins plus zwei ist. Derartige Wahrheiten erfaßt der Geist das erste Mal, wenn er diese Ideen nebeneinander sieht, durch bloße I. ohne Vermittlung irgendwelcher anderer Ideen; und diese Art der Erkenntnis ist die klarste und gewisseste, deren wir schwache Menschen fähig sind» [63]. Zur Erfassung komplexerer Ideen und ihrer Relationen untereinander nimmt Locke freilich ein weiteres, von der intuitiven Erkenntnisart verschiedenes, obzwar genauso von aller Erfahrung unabhängiges Verfahren an, das er mit dem Titel «Demonstration» belegt und als eine schrittweise, mühevoll zustandekommende Analyse der Festsetzungen oder als Deduktion gewisser Ideenrelationen aus einmal getroffenen Festsetzungen versteht [64].

Lockes Terminologie, der Leibniz' Unterscheidung von intuitiv erkannten «primitiven Wahrheiten» und zu demonstrierenden «derivativen Wahrheiten» entspricht [65], schließt sich HUME an. Er versteht I. als die unmittelbare Erkenntnis der rein logischen und mathematischen Axiome, d. h. der Relationen der Ähnlichkeit, des Widerspruchs und der Qualitätsgrade. Das demonstrative Erkennen ist demgegenüber und gegenüber dem, was Hume «proof», also eine sich auf Erfahrung stützende Begründung nennt, mittelbare Vernunfterkenntnis, d. h. beide Erkenntnisarten sehen davon ab, ob das Erkenntnisobjekt der Erfahrung gegeben ist oder nicht [66].

In der *deutschen* Philosophie erlebt Leibniz' Lehre von der vom symbolischen Erkennen wesentlich unterschiedenen I. in vor- und nachkantischer Zeit bis hin zur dialektischen Theologie [67] eine neue Blüte. Nach A. G. BAUMGARTEN wird eine Erkenntnis symbolisch genannt, «wenn Zeichen und Bezeichnetes im Begreifen verbunden werden und wenn die Perzeption des Zeichens größer ist als die des Bezeichneten»; intuitiv heißt sie, «wenn die Repräsentation des Bezeichneten größer ist als die des

Zeichens» [68]. – In wesentlichen Punkten wird Leibniz' Ansatz modifiziert durch die schon auf Kant hinweisende Lehre von CHR. A. CRUSIUS. Symbolische und intuitive Erkenntnis werden nicht mehr im Hinblick auf die aktuelle Gegenwart inkomplexer Begriffe gegenüber einer nur durch Zeichen vermittelten Gegenwart des Gegenstandes unterschieden; das tut z. B. auch LESSING, der darauf hinweist, daß das Zeichen, welches in der symbolischen Erkenntnis «bewußter als die bezeichnete Sache» ist, auch selber intuitiv erfaßt wird [69]; CRUSIUS hingegen unterscheidet im Hinblick auf die erschaute oder nicht gegebene strukturelle Beschaffenheit des Objekts: «Es ist also die anschauende Erkenntnis diejenige, da man sich ein Ding durch dasjenige vorstellet, was es an sich selbst ist» [70], d. h. sie weiß positiv von den inneren Determinationen des Gegenstandes. Symbolische Erkenntnis wird demgegenüber «an die Stelle der ermangelnden Determinationen, die uns unbekannt sind, untergeschoben» [71], um so den Gegenstand durch etwas von ihm Verschiedenes, allerdings mit ihm in einer noch näher zu bestimmenden Beziehung Stehendes zu erkennen. Bei dieser Art der Erkenntnis bleibt das, was das Ding an sich selbst ist, «etwas Undeterminiertes, davon wir aber die wahre Beschaffenheit der Determination derselben nicht wissen, und uns daher dieselbe nur relative und negative vorstellen» [72]. Das Problem, woher man weiß, daß man das Ding an sich selbst erkennt oder nur Relationen desselben, löst Crusius durch den Hinweis auf «eine aufrichtige und deutliche innerliche Empfindung», durch die man gezwungen ist zu denken, «dasjenige, wodurch wir eine Sache denken, sey das, was sie an sich selbst ist, dergestalt, daß widrigenfalls, wenn wir solches nicht zugestehen wollten, aller Begriff davon verschwinden müßte» [73].

Gegen Leibniz und alle, die in seiner Nachfolge stehen, erklärt KANT die Entgegensetzung von symbolischer und intuitiver Vorstellungsart für falsch, weil «die symbolische nur eine Art der intuitiven ist» [74], und dies wiederum ist nach Kant deshalb so, weil durch eine symbolische «Darstellung» ein Vernunftbegriff auf «analoge» Weise, d. h. durch Regelvergleich, zur Anschauung kommt. Wenn auch alle menschliche Anschauung wesentlich sinnlicher Natur und somit rein passiv und rezeptiv ist und es infolgedessen in hohem Maße vom Zufall abhängt, «welcherlei und wie sehr verschieden das Besondere sein mag, das dem Verstand in der Natur gegeben werden und das unter seine Begriffe gebracht werden kann» [75], so scheint Kant ein intuitiver Verstand doch zumindest denkbar [76], «der vom Synthetisch-Allgemeinen zum Besonderen geht» [77], freilich nur als göttlicher intellectus archetypus.

Auf den zitierten berühmten § 77 der ‹Kritik der Urteilskraft› geht GOETHE direkt ein, um die kantischen Bedenken bezüglich der Möglichkeit eines solchen Verstandes im Bereich des Menschlichen zu zerstreuen: «Zwar scheint der Verfasser hier auf einen göttlichen Verstand zu deuten, allein wenn wir ja im Sittlichen durch Glauben an Gott, Tugend und Unsterblichkeit uns in eine obere Region erheben und an das erste Wesen annähern sollen, so dürft' es wohl im Intellektuellen derselbe Fall sein, daß wir uns durch das Anschaun einer immer schaffenden Natur zur geistigen Teilnahme an ihren Produktionen würdig machen» [78].

Trotz der Kant-Kritik an der herkömmlichen Einteilung der Erkenntnisarten greift vor allem S. MAIMON mit seinem bedeutenden, im Anhang zum ‹Versuch über die Transzendentalphilosophie› stehenden Aufsatz ‹Über symbolische Erkenntnis und philosophische Sprache› (1790) auf die alte Leibnizsche Unterscheidung zurück. Er kritisiert sowohl Chr. Wolff wie Baumgarten, weil sie nicht klar herausgestellt haben, daß eine symbolische Erkenntnis durch die Objekte bestimmt wird. Vielmehr hätten sie den Unterschied zwischen der auf Materie und Form im Objekt gerichteten intuitiven und der auf bloße Zeichen «eines überhaupt Bestimmbaren» gerichteten symbolischen Erkenntnis in das erkennende Subjekt gelegt. So könnte «derselbe Satz sowohl intuitiv als symbolisch seyn» [79]. Um diese erkenntnistheoretische Ambivalenz zu vermeiden, bestimmt Maimon als Objekt symbolischer Erkenntnis die Form, die ein reelles Objekt ist, aber nicht «anschaulich» erfaßbar, sondern nur durch Zeichen vorstellbar. Maimon erläutert das an einem Beispiel: Durch die Anschauung der zehn Finger ist es möglich, eine anschauliche Erkenntnis der Zahl «zehn» zu bekommen. Wenn diese Zahleinheit nun mit zehn oder hundert multipliziert wird, so ergibt sich keineswegs auch eine anschauliche Erkenntnis der Zahlen «hundert» oder «tausend», sondern diese Erkenntnis ist eine symbolische, da in Wirklichkeit immer nur die Einheit «zehn» als Prinzip anschauend erfaßt und mit Hilfe von Zeichen die Zahl «tausend» vergegenwärtigt wird. So kommt Maimon zu einer Aufwertung der symbolischen Erkenntnis, die an die Stelle der mittelalterlichen abstraktiven Erkenntnis getreten ist: Denn obwohl der Mensch schon durch die intuitive Erkenntnis dem unvernünftigen Tier überlegen ist, «wäre dieser Vorzug noch unbeträchtlich; wir könnten doch, so wie jene nur immer das Gegenwärtige, das, was wir vor Augen haben, wahrnehmen; durch die symbolische Erkenntnis hingegen gelangen wir auch zur Erkenntnis des Abwesenden, ja des Allerentferntesten, bis ins Unendliche» [80].

Der Eindruck, daß in der nachkantischen Zeit, d. h. vor allem in der ersten Hälfte des 19. Jh. der Begriff der I. an Glanz verliert, weil eine gewisse Abstinenz im Gebrauch dieses Begriffs festzustellen ist, täuscht freilich; denn Grund dafür ist lediglich die vor allem im Deutschen Idealismus propagierte terminologische Umänderung des Begriffs ‹I.› in den der ‹intellektuellen Anschauung› [80a]. Von dieser Namensänderung scheint im Bereich des deutschen Idealismus einzig J. G. FICHTES ‹Wissenschaftslehre› von 1804 ausgenommen werden zu müssen, die neben den verschiedenen Formen des «Realismus» auch den «höheren» Idealismus ablehnt, der die reine, sich selbst anschauende Tätigkeit des Selbstbewußtseins zwar als das Absolute verstehe, die Selbstanschauung selbst aber doch im Sinne einer «objektivierenden I.» auffasse. Demgegenüber begreift Fichte das Absolute als Selbstdarstellung durch die Erzeugung reiner Evidenz, d. h. als projizierendes Licht, das «sich» im Vollzug seines Lebens zu einer nicht objektivierenden I. «macht» [80b]. So erfährt denn der Begriff eine echte Wiederbelebung in einer dem deutschen Idealismus jedenfalls nicht genuin nahestehenden Richtung: im Ontologismus.

V. GIOBERTI, der dieser philosophischen Formation ihren Namen gab, lehrte die Möglichkeit der unmittelbaren, intuitiven Erkenntnis des unendlichen absoluten Seins, die nicht ausgeht von den Daten des Bewußtseins, «ma dall' Ente stesso concreto e assoluto, che si rivela all' intuito» [81]. Dieses dem menschlichen Verstand ständig gegenwärtige Sein offenbart sich in seiner Beziehung zum «Existenten» als schöpferisch: «L'ente assoluto ... si rivela all' intuito, come creante» [82]. Somit ist die I. des absoluten Seins – die nicht «vollkommen» ist

[83] – Quelle aller Erkenntnis: «dall' Ente dipende ogni esistenza e dall intuito di esso ogni conoscimento» [84]. Genau diese Theorie von der unmittelbaren I. des Absoluten, die auch T. MAMIANI übernahm [85], wurde der Streitpunkt zwischen Gioberti und seinem Zeitgenossen A. ROSMINI, welcher das ersterkannte, dem menschlichen Verstand stets präsente Sein nicht als Vergegenwärtigung Gottes versteht, sondern es vielmehr als unbestimmtes ideales Sein («essere ideale indeterminato») – das freilich Gottes Existenz zur denknotwendigen Voraussetzung hat – von ihm unterscheidet und so die unmittelbare I. des Absoluten ablehnt.

Im deutschen Raum wird die schon in Maimons Form nur scheinbar dem Vergessen anheimgefallene (weil unter anderem Namen kursierende), von Duns Scotus inaugurierte Unterscheidung der intuitiven von der abstraktiven Erkenntnis von Schopenhauer, nunmehr in ihrer ursprünglichen Form, d. h. mit den im Mittelalter so geprägten Namen, übernommen. Sie steht geradezu im Zentrum der Philosophie SCHOPENHAUERS, wie er selbst betont: «ich habe den großen, bisher zu wenig beachteten Unterschied, ja, Gegensatz zwischen dem anschauenden und dem abstrakten oder reflektierten Erkennen, dessen Feststellung Grundzug meiner Philosophie ist, hervorheben und belegen wollen» [86]. Im Rahmen der ‹Kritik der Kantischen Philosophie› (1819) bezeichnet es Schopenhauer als den «großen Fehler Kants, daß er die anschauliche und die abstrakte Erkenntnis nicht gehörig gesondert hat, woraus eine heillose Konfusion entstanden» sei [87], und weshalb Kants Objekt der Erfahrung nicht näher bestimmt werden könne. Schopenhauers Gegenposition zur Kantischen Lehre besteht darin, daß er den Verstand als Organ der unmittelbaren, intuitiven Erkenntnis erklärt, von der ausgegangen wird [88], um das intuitiv Erkannte «in ein abstraktes Wissen, in die Reflexion zu bringen» [89]. Die Vernunft erweitert somit nicht das Wissen, sondern gibt ihm nur eine andere Form [90], durch die diese Art der Erkenntnis eine eminent praktische Funktion erfüllt; denn nur im Bereich des Abstrakt-Allgemeinen gibt es nach Schopenhauer Kommunikation und Intersubjektivität [91]. Die ursprüngliche, intuitive Verstandeserkenntnis dagegen «gilt immer nur vom einzelnen Fall, geht nur auf das Nächste» [92], sie ist ein «Werk des Augenblicks, ein apperçu, ein Einfall, nicht das Produkt langer Schlußketten in abstracto» [93]. Ihre Auswirkung zeigt diese Lehre der Erkenntnis in Schopenhauers Theorie des Lächerlichen. Denn zum Lachen reizende Lächerlichkeit entsteht durch die «Inkongruenz des Gedachten zum Angeschauten». Da das Angeschaute immer unzweifelhaft Recht hat, muß das Gedachte, welches «mit seinen abstrakten Begriffen nicht herabkam zur endlosen Mannigfaltigkeit und Nuancierung des Anschaulichen» sich korrigieren. Dieser Sieg des Angeschauten erfreut und erzeugt so das Lachen. «Denn das Anschauen ist die ursprüngliche, von der tierischen Natur unzertrennliche Erkenntnisweise, in der sich alles, was dem Willen unmittelbares Genügen gibt, darstellt: es ist das Medium der Gegenwart, des Genusses und der Fröhlichkeit. Vom Denken gilt das Gegenteil: es ist die zweite Potenz des Erkennens, deren Ausübung stets einige, oft bedeutende Anstrengung erfordert, und deren Begriffe es sind, welche sich so oft der Befriedigung unserer unmittelbaren Wünsche entgegenstellen, indem sie das Medium der Vergangenheit, der Zukunft und des Ernstes, das Vehikel unserer Befürchtungen, unserer Reue und aller unserer Sorgen abgeben» [94].

Diese Lehre Schopenhauers von der I. als dem Angelpunkt der Philosophie revidiert in gewisser Weise E. v. HARTMANN, der sein System selbst «als eine Synthese Hegel's und Schopenhauer's unter entschiedenem Übergewicht des ersteren» bezeichnete [95], denn er warnt ausdrücklich vor «der Geringschätzung der bewußten Ratiocination» [96], die nicht so sehr wie das intuitive Erkennen Gefahr läuft, Irrtümer zu begehen. Die Pointe der Rezeption des I.-Begriffs durch v. Hartmann liegt freilich darin, daß er die I. als den Prototyp des Unbewußten begreift, dessen psychische Beschaffenheit er gerade aufweisen will: «Alles dies läßt schließen, daß die discursive oder deductive Methode der lahme Stelzengang des bewußt Logischen, während die logische I. der Pegasusflug des Unbewußten ist, der in einem Moment von der Erde zum Himmel fliegt» [97]. So ist nach v. Hartmann die I., die genau wie das diskursive Denken durch logische Gründe bestimmt wird, vor allem durch ihr «momentanes Erfassen» der gestellten Aufgabe ausgezeichnet; freilich liegt andererseits in intuitiven Erkenntnissen und Urteilen grundsätzlich die Gefahr – und nicht zuletzt diese Beobachtung macht die v. Hartmannsche Analyse so wertvoll –, daß sie intersubjektiv unkontrollierbar, undiskutierbar und unkommunizierbar bleiben, weil sie auf «Interessen und Neigungen», d. h. Vorurteilen beruhen können.

Es scheint evident, daß E. v. Hartmann auch mit diesem Ausschnitt aus seiner Lehre vom Unbewußten als Vorläufer der Psychoanalyse zu gelten hat. Denn auch von ihr, die sich von der Philosophie zu emanzipieren suchte, wird der I.-Begriff aufgenommen und besonders in der psychologischen Typenlehre C. G. JUNGS zu einem wichtigen Bestandteil. Jung definiert die I. als «diejenige psychologische Funktion, welche Wahrnehmungen auf unbewußtem Wege vermittelt» [98] und unterscheidet vier typische Verhaltensweisen des menschlichen Bewußtseins: den Denk-, Fühl-, Empfindungs- und I.-Typus. Das besondere Kennzeichen der beiden letztgenannten Typen besteht in ihrer Irrationalität – im Gegensatz zu v. Hartmanns Lehre – und Unvermitteltheit. Jung charakterisiert die I. geradezu als «einen in der Hauptsache unbewußten Prozeß» [99], der in sich weder rein intellektuell noch rein gefühlsmäßig ist, «sondern beides zugleich in ungesonderter Mischung» [100]. Wenn sich Jungs Beschreibung des I.-Aktes im ganzen auch in traditionellen Bahnen bewegt – er selbst bezieht sich öfters auf die scientia intuitiva Spinozas – so hat doch die Charakterisierung der I. als einer Art irrationalen Ahnens zur Folge, daß der Erkenntnisgegenstand anders als in traditionellen Lehren bestimmt wird: «Der Intuitive findet sich nie dort, wo allgemein anerkannte Wirklichkeitswerte zu finden sind, sondern immer da, wo Möglichkeiten vorhanden sind» [101], denn durch die Anschauung wird nach Jung die Ahnung am meisten befriedigt [102]. So gerät I. für Jung ganz in die Nähe dessen, was Instinkt bedeutet [103], welche beiden Begriffe einst FR. HEBBEL so unterschieden hatte: «Was im Genius die I., das ist bei der Masse der Instinct» [104].

Nicht unbeeinflußt von Schopenhauers Degradierung des Begriffsdenkens blieben FR. Nietzsche und H. Bergson. Für NIETZSCHE umfaßt die intuitive Vorstellung vor allem zweierlei: «einmal die gegenwärtige, in allen Erfahrungen an uns heran sich drängende bunte und wechselnde Welt, sodann die Bedingungen, durch die jede Erfahrung von dieser Welt erst möglich wird, Zeit und Raum» [105]. In der Lebensphilosophie H. BERGSONS nimmt der Begriff ‹I.› einen zentralen Platz ein. Bergson hält schon rein terminologisch an der Unterscheidung von I. und symbolischer Erkenntnis oder Analyse fest [106] und bestimmt letztere traditionell als das «Verfahren, das den Gegenstand auf schon bekannte, also diesem und anderen Gegenständen gemeinsame Elemente zurückführt» [107]. I. dagegen ist nach Bergson «la sympathie par laquelle on se transporte à l'intérieur d'un objet pour coïncider avec ce qu'il a d'unique et par conséquent d'inexprimable» [108]. Ausgehend von der Möglichkeit der Introspektion, in der eine «innere absolute Erkenntnis der Dauer des Ich durch das Ich» geschieht [109], schließt Bergson auf die Möglichkeit «sich» auch kraft der I. in ein ichfremdes Sein «hineinzuversetzen» (se placer à) [110], was bekanntlich auch nach DILTHEY das Verstehen ermöglicht, das sich – so DROYSEN – «wie eine unmittelbare I.» vollzieht [111]. BERGSON stellt beispielhaft die begriffliche Erkenntnis der Stadt Paris der intuitiven gegenüber: Jene entspricht der Summe verschiedener Ansichten des äußeren Aussehens der Stadt, diese dagegen vermittelt eine Totalschau der zur Stadt gehörenden einzelnen Teile der Stadt. Freilich ist damit und mit der Formaldefinition «une sympathie intellectuelle avec ce que la réalité a de plus intérieur» [112] noch keine Bestimmung darüber gegeben, was von der Realität im Moment des intuitiven Begreifens begriffen wird. Bergson scheint der Meinung gewesen zu sein, daß das intuitive Verstehen wesentlich die «Bedeutung» (signification) einer Sache vermittelt [113]. Die Pointe der I.-Lehre Bergsons besteht jedoch zweifellos darin, daß er diesen Begriff in einen lebensphilosophischen Zusammenhang gerückt und mit seinem neuen Verständnis der Zeit in Einklang gebracht hat: Er begreift die Zeit als ungeteiltes Kontinuum, einem Strom vergleichbar (le flux du temps) [114], in dem sich Leben entfaltet. Sich mit diesem Strom der durée ungetrennt eins zu wissen, das leistet der I.-Akt [115], der sich auch durch seine Einheitlichkeit und Zwecklosigkeit von der auf die Bezwingung toter Materie gerichteten Intelligenz unterscheidet [116].

Gegen diese Überschätzung der I. wendet sich M. BLONDEL und fordert eine Rehabilitierung des rationalen Denkens (l'intelligence): «L'intelligence ... unit à la vision de son objet un acte et un amour qui sont la vie même, la vie commune de l'esprit et de la vérité s'embrassant dans une lumineuse et féconde étreinte, le terme ‹I.› ignore ou laisse tomber ces richesses, qui sont essentielles à la perfection de la pensée» [117]. Zwar erkennt Blondel den relativen Wert der verschiedenen Formen der I. an, der Sinnes-I., der Gewissens-I. u. a., doch sie gelangen nie zu einer «vollständigen, umfassenden und voll begründeten Erhellung». Deswegen fordert Blondel den Primat des begrifflich rationalen Denkens mit dem Aufruf: «Cessons donc de glorifier inconsidérément l'I. au détriment de l'intelligence, au point de croire que l'obscurité mystique réside au terme suprême» [118]. Ähnlich hat letzthin F. ALQUIÉ «das seit Bergson modische Vorurteil» kritisiert, «jeder Philosoph verbringe sein Leben damit, eine einzige fundamentale I. zu fassen und auszudrücken» [119].

H. LARSSON dagegen erhebt die I. zum Prinzip aller dichterischen und auch gewisser wissenschaftlicher Erzeugnisse, denn letztlich strebe alle Wissenschaft auf eine intuitive Synthese hin. Larsson kommt zu diesem Ergebnis, indem er, ausgehend vom menschlichen Denkprozeß als einem sich in drei Stufen (Wahrnehmung, Abstraktion, I.) vollziehenden Akt, die Bedeutung unterstreicht, die das Gefühl zunächst als «isolierter, patholo-

gischer Affekt im niederen Seelenzustand» und dann als die «ästhetische Stimmung» der Endphase hat [120].

Für N. LOSSKIJ ist der I.-Begriff die Grundlage seiner Kritik am Psychologismus und an der ihm entstammenden Lehre, daß alles im Bewußtsein Vorhandene keine extramentale Existenz habe. Denn nach Losskij dient dem Intuitivismus allein «als Kennzeichen der Wahrheit einer Erkenntnis die Anwesenheit (das Vorhandensein) des dem Erkennen unterworfenen Seins» [121].

Einig mit Losskij in der Ablehnung des Psychologismus ist E. HUSSERL. Er kennt zwar den herkömmlichen Unterschied des symbolischen und intuitiven Denkens [122], versteht aber besonders die I. anders als in der Tradition, nämlich als «reine Wesensschau», die sich aufgrund einer «eidetischen Reduktion» und einer mit dieser zusammenhängenden Epoché aller erfahrungsmäßigen Tatsächlichkeit ergibt. Damit wendet sich Husserl gegen das empiristische Vorurteil, daß nur Individuelles anschaulich sein könne: «Es [ein Allgemeines] kann bald unklar bedacht und beredet, bald klar und in voller I. als es selbst, und als seiendes Allgemeines erschaut und erfaßt sein» [123]. Daher ist nach Husserl immer da, wo «Gegenständlichkeiten uns ursprünglich anschaulich zur Gegebenheit kommen, die Methode der Ideation zu üben und rein intuitiv Wesensallgemeinheiten herauszuschauen» [124]. Da sich nun dies allgemeine Wesen, das «Eidos», intuitiv in Erfahrungsgegebenheiten, aber auch in bloßen Phantasiegegebenheiten exemplifizieren kann [125], «erfaßt die Schauung das Wesen als Wesensein und setzt in keiner Weise Dasein» [126]. So kommt nach Husserl, der sich auf den Cusaner beruft [127], in der Wesens-I. das Wesen von Erfahrenem überhaupt und als solchem in den Blick [128]. In der Husserlschule, vor allem bei R. INGARDEN, wird ‹I.› zum Losungswort, wenn es z. B. um das Problem geht, ob nicht alle Erkenntnis auf einem Zirkel beruhe. Denn nach der Argumentation Ingardens wird dieser Zirkel deswegen durch die I. vermieden, weil in ihr zugleich auch miterkannt wird, daß man intuitiv erkennt [129]. Diese Theorie hatte schon 1868 der frühe PEIRCE mit einer der intelligentesten Widerlegungen der Lehre von der intuitiven Erkenntnis abgelehnt. Im Rahmen seiner partiellen Nominalismuskritik, vor allem in dem Aufsatz ‹Fragen hinsichtlich gewisser Vermögen, die man für den Menschen in Anspruch nimmt› [130], kritisiert er jene Art von Metaphysik, die unerkennbare Dinge an sich vorauszusetzen zu müssen glaubt, welche nicht durch Zeichen repräsentierbar sind. Und zwar gelangt er, ausgehend von der Kritik an der angeblich nicht verifizierbaren Bewußtseinsevidenz, zu der Überzeugung, daß «das einzige Denken, das also möglicherweise erkannt wird, das Denken in Zeichen ist, daß aber Denken, das nicht erkannt werden kann, nicht existiert und daß daher alles Denken notwendigerweise in Zeichen sein muß» [131]. Mit diesem Hinweis auf die Vermitteltheit alles Denkens durch vorhergehende «Gedanken» lehnt Peirce sonach die Möglichkeit einer instantanen, intuitiven Erkenntnis ab.

In B. CROCES Geistphilosophie, die in dem Satz «Es gibt nichts, was nicht eine Manifestation des Geistes wäre» am deutlichsten auf eine Formel gebracht worden ist, ist I. die Form der allgemeinen theoretischen Aktivität, die in der Kunst ihren Ausdruck findet. Daneben gibt es für Croce noch die zweite Form theoretischen Verhaltens, nämlich das intellektive Denken, wie es vor allem in der Philosophie gepflegt werde: «Zwei Formen der Erkenntnis sind zu unterscheiden: Erkenntnis ist entweder intuitive Erkenntnis oder logische Erkenntnis;

Erkenntnis aus Phantasie oder aus Verstand; Erkenntnis des Individuellen oder Erkenntnis des Universalen; Erkenntnis der Einzeldinge oder ihrer Beziehungen; Erkenntnis bringt in summa entweder Bilder oder Begriffe hervor», so beginnt Croce seine 1902 erschienene ‹Ästhetik› [132]. Das Besondere seiner I.-Theorie, welche die I. gegenüber dem «logischen» Denken ausdrücklich für autonom erklärt, besteht darin, daß I. in engem Zusammenhang mit der schöpferischen Geistestätigkeit des Menschen gesehen und deshalb mit der «Expression» geradezu identifiziert wird: «Die I. kommt zusammen mit dem Ausdruck zur Welt und gleichzeitig mit ihm, denn I. und Ausdruck sind nicht zweierlei, sondern ein und dasselbe» [133]. I. als die «Expression einer Impression» ist deshalb nach Croce das Wesen der Kunst schlechthin[134].

Gegen alle philosophischen Richtungen, die mit dem Namen ‹Intuitionismus› belegt werden können, ausdrücklich aber gegen Bergson und Husserl, macht M. SCHLICK den grundsätzlichen Unterschied zwischen I. und Erkenntnis geltend, denn jede Erkenntnis ist nach Schlick wesentlich zweigliedrig strukturiert (nämlich als das Etwas-begreifen-als-etwas), während I. von ihm nur als die unvermittelte Beziehung zum angeschauten Gegenstand verstanden wird. «I. hat deshalb mit der Erkenntnis gar keine Ähnlichkeit» oder schärfer: «Intuitive Erkenntnis ist eine contradictio in adiecto» [135]. In der I. werden zwar Gegenstände «erlebt und gegeben», aber dadurch «begreifen und erklären wir nichts» [136]. Nach Schlick besteht der Fehler der I.-Philosophen im Verwechseln von Kennen und Erkennen: «Kennen lernen wir alle Dinge durch I., denn alles, was uns von der Welt gegeben ist, ist uns in der Anschauung gegeben; aber wir erkennen die Dinge allein durch das Denken, denn das Ordnen und Zuordnen, das dazu nötig ist, macht eben das aus, was man als Denken bezeichnet» [137].

Aus der nach dem Zweiten Weltkrieg sich ohnehin nicht sehr intensiv mit dem Problem der I. beschäftigenden philosophischen Literatur ist die bemerkenswerte Kritik P. F. Strawsons am *ethischen* Intuitionismus hervorzuheben. Dieser lehrte (so etwa M. SCHELER), daß «sittliche Einsicht auf intuitiver Evidenz» beruhe [138] und nicht durch ein Symbol oder Bild vermittelt sei [139]. Nach STRAWSON trägt diese Lehre in keiner Weise der Allgemeinheit des Wissens Rechnung, denn der ethische Intuitionismus, diese «Metaphysik unmittelbar wahrgenommener, nicht analysierbarer ethischer Merkmale» verkenne, daß der intuitionistische Grundsatz «Ich weiß, daß das richtig bzw. gut ist» eine Einheit der ethischen Sprache ist. Die Alternative zum Intuitionismus ist deswegen für Strawson nicht die Substitution der ethischen durch eine andere, z. B. durch eine Gefühlssprache, sondern «um unsere moralischen Erfahrungen gegenseitig austauschen zu können, müssen wir die Werkzeuge, d. h. die ethische Sprache verwenden, die wir eben haben» [140].

Auch im *Kritischen Rationalismus* erwuchs dem Intuitionismus ein Gegner, der die Vorläufigkeit und Endlichkeit menschlichen Erkennens besonders betont, um sich mit dem kurzfristigen, jederzeit überprüfbaren und gegebenenfalls revidierbaren Erkennen des hier und jetzt Richtigen zu bescheiden. Im Gefolge von K. R. POPPER, der sich auch kritisch mit Brouwers Rechtfertigung einer intuitionistischen Mathematik auseinandersetzt [141], ist H. ALBERT die in der I. für den «Dogmatismus» stets implizierte Gewißheit höchst suspekt [142]. Er verwirft daher alle Sicherheiten in der Erkenntnis, besonders die intuitiv gewonnenen, weil sie «selbstfabriziert» und «damit für die Erfassung der Wirklichkeit wertlos» sind[143].

Stattdessen proklamiert Albert den grundsätzlichen Verzicht auf das Gewißheitsstreben und propagiert die Vorzüge einer «permanenten Ungewißheit, durch die man in den Stand versetzt wird, die ‹Idee der kritischen Prüfung› zu verwirklichen, d. h. eine kritische Diskussion aller in Frage kommender Aussagen mit Hilfe rationaler Argumente» durchzuführen [144]. Mit dieser Kritik an der I. als gewißheitsverschaffender Instanz greift Albert auch einen Gedanken RUSSELLS auf, der I. als einen instinkthaften Akt versteht [145].

Freilich zeigt sich dem kritisch Prüfenden und in permanenter Ungewißheit Lebenden die tiefe Wahrheit von Alberts Klage über das vorurteilsgebundene, unvollkommene, revidierbare menschliche Erkennen auch schon bei Albert selbst: ALBERT übersetzt – offenbar unter der Federführung Russells – «distinctus conceptus» aus Descartes' ‹Regulae› mit «instinktives Begreifen» [146].

Ob dieser Lapsus ein Indiz dafür ist, daß die zeitgenössische Kritik Begriff und Problem der I. nicht distinkt begriffen, sondern instinktiv mißverstanden hat, bleibe ebenso dahingestellt wie die Tragweite des Hinweises, daß anscheinend auch «in Yoga und Zen Abstraktion und I. als Wege zur Wahrheit» gelehrt werden [147].

Anmerkungen. [1] Vgl. EPICUR, Ep. ad Her. 35, S. 3 (Us.); C. BAILEY: Epicurus (1926) 259ff. – [2] Vgl. PHILON, Post. Caini 79. – [3] PLOTIN, Enn. IV, 4, 1. – [4] a. a. O. V, 5, 6. – [5] IV, 4, 2. – [6] V, 5, 7. – [7] VI, 7, 39. – [8] Vgl. ALEXANDER VON APHRODISIAS, In Met. 599, 33ff. – [9] Vgl. THEMISTIUS, In de an. 30, 32ff. – [10] SYRIAN, In Met. 4, 24ff. – [11] a. a. O. 109, 28. – [12] ASKLEPIOS, In Met. 374, 8. – [13] Vgl. PROKLOS, In Tim. I, 400, 20; II, 61, 16ff.; KLIBANSKI: Plato Latinus III (1953) 92. – [14] Vgl. PROKLOS, De prov. 27ff. – [15] Vgl. In Parm. 649, 25ff. – [16] Vgl. W. BEIERWALTES: Proklos (1965) 304f. – [17] Vgl. AMMONIOS, In Anal. pr. 24, 31ff. – [18] a. a. O. 2, 10ff. – [19] Vgl. PHILOPONOS, In Anal. pr. 1, 23; In de an. 2, 2ff. – [20] In Anal. post. 48, 14ff. – [21] In de an. 79, 24. – [22] Vgl. BOETHIUS, In de interpret. 1, 1 MPL 64, 300. – [23] Vgl. CUSANUS, De fil. dei 54. 70. – [24] Vgl. MARSILIUS FICINUS, Theol. Plat. II, 106. 210; III, 114. (hg. MARCEL). – [25] Vgl. Opera omnia 389. – [26] Vgl. CHAMPIER: De quadr. vita (1507) 4, 18 u. ö. – [27] Vgl. E. CASSIRER: Die Philos. der Aufklärung (1932) 424ff. – [28] Vgl. A. HUFNAGEL: Die intuitive Erkenntnis nach dem hl. Thomas von Aquin (1932). – [29] Vgl. K. RAHNER: Geist in Welt (²1957) 39ff. – [30] Vgl. BONAVENTURA, Hexaem. 12, 11 (V, 386); M. BISSEN: De la contuition. Études franç. (1934) 559-569. – [31] Vgl. DUNS SCOTUS, Quodl. q. 6, n. 8; Ord. II, d. 3, q. 9, n. 6. – [32] Vgl. JAMBLICHUS, Protr. 17, 23ff. (hg. PISTELLI). – [33] SCOTUS, Ord. IV, d. 49, q. 12, n. 3. – [34] a. a. O. II, d. 9, q. 2, n. 19. – [35] Quodl. q. 6, n. 8; q. 13 n. 10; q. 14 n. 10. – [36] Rep. Par. Prolog. q. 2, n. 15. – [37] a. a. O. IV, d. 45, q. 3, n. 13. – [38] WILHELM VON OCKHAM, Sent. II, q. 15 E. – [39] Sent. prol. q. 1 Z. – [40] ebda. – [41] Quodl. VI, q. 6. – [42] Sent. prol. q. 1 HH. – [43] Vgl. K. MICHALSKI: Les sources du criticisme et du scepticisme dans la philos. du 14e siècle (1924). – [43a] Vgl. J. O'CALLAGHAN: The second question of the prologue to Walter Catton's Comm. on the Sentences. On intuitive and abstractive knowledge, in: Pontif. Inst. mediev. Stud., Stud. a. Texts 1 (1955) 262. 268f. – [44] Vgl. JOH. A S. THOMA, Log. II, q. 23, a. 1, 724 b (hg. REISER). – [45] Vgl. R. DESCARTES, Oeuvres, hg. ADAM/TANNERY 5, 136. 138. – [46] a. a. O. 10, 381ff. 394. – [47] 368. – [48] 368; 7, 140. – [49] 10, 369f. 425. – [50] Vgl. E. CASSIRER: Das Erkenntnisproblem in der Philos. und Wiss. der neueren Zeit 2 (1911) 77. – [51] Vgl. SPINOZA, Ethica II, prop. 29, schol. = Opera, hg. GEBHARDT 2, 70. – [52] a. a. O. prop. 15, schol. = 2, 78, 6. – [53] prop. 41. – [54] prop. II, 44, coroll. 2, schol. = 2, 82, 28ff. – [55] II, 40, schol. 2 = 2, 122, 17-19. – [56] II, prop. 47, schol. = 2, 128, 15. – [57] Vgl. V, prop. 36, schol. = 2, 303, 17. – [58] G.W. LEIBNIZ, Med. de cogn. verit. Philos. Schr., hg. GERHARDT (= PSG) 4, 423. – [59] Nouv. Ess. IV, 2 = PSG 5, 343. – [60] a. a. O. [58]. – [61] Vgl. J. GIBSON: Locke's theory of knowledge and its hist. relations (1917). – [62] Vgl. LOCKE, Essay IV, 1, 2; IV, 6, 3. – [63] a. a. O. IV, 2, 2. – [64] IV, 2, 2-15. – [65] LEIBNIZ, Nouv. Ess. IV, 2 = PSG 5, 343. 348. – [66] Vgl. D. HUME: A treatise of human nature I, 3, 1. – [67] Vgl. E. REISNER: Kennen, Erkennen, Anerkennen. Eine Untersuch. über die Bedeutung von I. und Symbol in der dial. Theol. (1932). – [68] Vgl. A. G. BAUMGARTEN, Met. § 620. – [69] Vgl. G. E. LESSING, Laokoon, Anhang 23. Werke, hg. J. PETERSEN/W. VON OLSHAUSEN 4, 498. – [70] Vgl. CHR. A. CRUSIUS: Weg zur Gewißheit und Zuverläßigkeit der menschl. Erkenntnis = Logik § 184. – [71] a. a. O. § 186. – [72]

Entwurf der notwendigen Vernunftwahrheiten § 102. – [73] Logik § 185. – [74] Vgl. I. KANT, KU. Akad.-A. 5, 351. – [75] a. a. O. 406. – [76] 406f.; Proleg. § 34. Akad.-A. 4, 316 Anm. – [77] a. a. O. [74] 407. – [78] Vgl. J. W. GOETHE, Schr. zur Naturwiss. Jubiläums-A. 39, 34. – [79] Vgl. S. MAIMON, Ges. Werke, hg. V. VERRA 2, 270. – [80] a. a. O. 265. – [80a] Vgl. Art. ‹Anschauung, intellektuelle›. – [80b] J. G. FICHTE: Wiss.lehre (1804). Werke, hg. I. H. FICHTE 10, 275f. 308f. – [81] V. GIOBERTI: Introd. allo studio della filos. (1844) 2, 439. – [82] ebda. – [83] 171f. – [84] 3, 145. – [85] Vgl. FR. ÜBERWEG: Grundriß der Gesch. der Philos. (¹²1928) 5, 206. – [86] Vgl. A. SCHOPENHAUER, Die Welt als Wille und Vorstellung. Sämtl. Werke, hg. A. HÜBSCHER 3, 96. – [87] a. a. O. 2, 517. – [88] 537. – [89] 452. 25. – [90] 63. – [91] ebda. – [92] ebda. – [93] 25. – [94] 3, 107f. – [95] Vgl. E. v. HARTMANN: Philos. des Unbewußten (¹¹1904) XIV. – [96] a. a. O. 1, 280. – [97] 274. – [98] Vgl. C. G. JUNG: Psychol. Typen (1921). Ges. Werke, hg. M. NIEHUS-JUNG u. a. 6, 480. – [99] a. a. O. 398. – [100] 336. – [101] 400. – [102] 399; vgl. Die Dynamik des Unbewußten a. a. O. 8, 165. – [103] a. a. O. 153. – [104] Vgl. FR. HEBBEL, Tagebücher. Krit. A., hg. R. M. WERNER 3, 4981. – [105] Vgl. FR. NIETZSCHE, Die Philos. im tragischen Zeitalter der Griechen. Werke, hg. K. SCHLECHTA 3, 370. – [106] Vgl. C. HILPERT: Die Unterscheidung der intuitiven Erkenntnis von der Analyse bei Bergson (1914). – [107] Vgl. H. BERGSON: Introd. à la mét. (1903), in: La pensée et le mouvant. Essais et conférences (1941) 181. – [108] a. a. O. 181. – [109] 190. – [110] 202. – [111] J. G. DROYSEN: Historik. Vorles. über Enzyklop. und Methodol. der Gesch. (⁴1960) 26. – [112] a. a. O. 226. – [113] Vgl. W. MECKAUER: Der Intuitionismus und seine Elemente bei Henri Bergson (1917) 34. – [114] Vgl. H. BERGSON: L'évolution créatrice (1913) 10. – [115] Introd. 189. – [116] L'évolution 206. 224. – [117] M. BLONDEL: La pensée (1934), zit. 2 (⁴1954) 314. – [118] a. a. O. 316. – [119] FR. ALQUIÉ: La découverte mét. de l'homme chez Descartes (1950) 11. – [120] Vgl. H. LARSSON: I. Einige Worte über Dichtung und Wiss. (1892, dtsch. 1926). – [121] Vgl. N. LOSSKIJ: Die Grundlegung des Intuitivismus (1908) 283. – [122] Vgl. E. HUSSERL: Die Idee der Phänomenol. 2, in: Husserliana 2, 73. – [123] Erste Philos. a. a. O. 7, 129. – [124] Phänomenol. Psychol. a. a. O. 9, 88. – [125] Ideen zu einer reinen Phänomenol. und phänomenol. Philos. (1913) a. a. O. 3, 16. – [126] Philos. als strenge Wiss. (1910/11), hg. W. SZILASI (1965) 40. – [127] Husserliana 7, 330. – [128] 6, 91. – [129] Vgl. R. INGARDEN: Über die Gefahr einer Petitio Principii in der Erkenntnistheorie. Jb. für Philos. und phänomenol. Forsch. 4 (1921); UEBERWEG; a. a. O. [85] (1923) 4, 513. – [130] J. of speculat. philos. 2 (1868) 103-114; dtsch. APEL (Hg.): CH. S. PEIRCE, Schr. 1 (1967) 157-183. – [131] a. a. O. 175. – [132] Vgl. B. CROCE, Ges. philos. Schr., dtsch. hg. H. FEIST 1/1 (1930). – [133] a. a. O. 11. – [134] Vgl. Kl. Schr. zur Ästhetik a. a. O. 2/2, 18. – [135] Vgl. M. SCHLICK: Allg. Erkenntnislehre (1918) 69. – [136] ebda. – [137] ebda. – [138] M. SCHELER: Der Formalismus in der Ethik und die materiale Wertethik (1916, ⁴1954) 66. – [139] a. a. O. 69. – [140] Vgl. P. F. STRAWSON: Ethical intuitionism. Philosophy 24 (1949); dtsch. in: Seminar: Sprache und Ethik, hg. G. GREWNDORF/G. MEGGLE (1974) 113. – [141] Vgl. K. R. POPPER: Objective knowledge (1972); dtsch. (1973) 146ff. – [142] Vgl. H. ALBERT: Traktat über krit. Vernunft (²1969) 25. – [143] a. a. O. 30. – [144] 35. – [145] Vgl. B. RUSSELL: Mysticism and logic and other essays (1953) 9ff. – [146] a. a. O. 21. – [147] A. VERDÚ: Abstraktion und I. als Wege zur Wahrheit in Yoga und Zen (1965).

Literaturhinweise. – *Zu Antike und Mittelalter:* CHR. OVERBACH: Der I.-Begriff bei Nicolaus Cusanus und seine Auswirkung bei Giordano Bruno (1923). – E. HOCHSTETTER: Stud. zur Met. und Erkenntnislehre Wilhelms von Ockham (1927). – M.-D. ROLAND-GOSSELIN: Peut on parler d'I. intellectuelle dans la philos. thomiste? Philos. perennis. Festgabe für J. GEYSER (1930) 2, 711-730. – A. HUFNAGEL s. Anm. [28]. – R. JOLIVET: L'I. intellectuelle et le problème de la mét. (1934). – R. MESSNER: Schauendes und begriffliches Erkennen nach Duns Skotus (1942). – PH. BÖHNER: The notitia intuitiva of non-existents according to Ockham. Traditio 1 (1943) 223-275. – S. DAY: Intuitive cognition. A key to the significance of the later Scholastics (1947). – R. DUMONT: Scotus' I. viewed in the light of the intellect's present state, in: De doctrina Joannis Duns Scoti 2 (1968) 47-64; I. Prescript or postscript to Scotus' demonstration of God's existence, in: Deus et Homo ad mentem I. Duns Scoti (1972) 81-87. – J. BOLER: Ockham on intuitive cognition. J. Hist. Philos. 11 (1973) 95-106. – L. D. DAVIS: The intuitive knowledge of non-existents and the problem of late medieval skepticism. New Scholasticism 49 (1975) 410-430. – *Zur Neuzeit:* A. STEENBERGEN: H. Bergsons intuitive Philos. (1909). – E. CASSIRER s. Anm. [50]. – H. HEIMSOETH: Die Methode der Erkenntnis bei Descartes und Leibniz (1912-14). – J. SEGOND: L'I. bergsonienne (1943). – W. MECKAUER s. Anm. [113]. – R. INGARDEN: I. und Intellekt bei H. Bergson. Jb. Philos. und phänomenol. Forsch. 5 (1922). – J. KÖNIG: Der Begriff der I. (1926). – S. GEIGER: Der I.-Begriff in der kath. Religionsphilos. der Gegenwart (1926). – E. MATZUN: Der Begriff der intuitiven Erkenntnis bei Schopenhauer (1926). – J. BARION: Die intellektuelle Anschauung bei Fichte und Schelling und ihre religionsphilos. Bedeutung (1929). – J. R. RICHTER: I. und intellektuelle Anschauung bei Schelling und Bergson (1929). – E. REISNER s. Anm. [67]. – J. SANTELER: I. und Wahrheitserkenntnis (1934). – R. JOLIVET: L'I. intellectuelle et le problème de la mét. selon Descartes. Arch. de Philos. 2 (1934) I-III. – L. BRUNSCHVICG: La pensée intuitive chez Descartes et chez les cartésiens. Revue Mét. Morale 44 (1937) 1-20. – K. W. WILD: I. (1938). – F. GRÉGOIRE: Notes sur les termes I. et expérience. Rev. philos. Louvain (1946) 401-415. – J. N. ROMERA: La intuición del cogito. Revista cubana de Filos. (1950) 46-54. – L. J. BECK: The method of Descartes (1952). – B. KOKINS: L'I. intellectuelle et l'abstraction dans leur rapport mutuel (1952). – E. LEVINAS: La théorie de l'I. dans la phénomenol. de Husserl (1956). – E. W. BETH: Cogito ergo sum: raisonnement on I. Dialectica 12 (1958) 223-235. – A. VERDÚ s. Anm. [147]. – J. REITER: I. und Transzendenz (1967). – J. F. BJELKE: Das Problem der I. im Rationalismus und Empirismus. Z. philos. Forsch. 26 (1972) 46-62. – L. ELEY: Art. ‹I.›, in: Hb. philos. Grundbegriffe 2 (1973) 748-760. – CHR. FREY: Zwischen I. und Goldener Regel. Z. evang. Ethik 19 (1975) 215-233. TH. KOBUSCH

Intuitionismus (ital. intuitionismo, frz. intuitionisme, engl. intuitionism) ist eine Bezeichnung für *philosophische* Richtungen, die die Intuition zur einzigen oder doch hauptsächlichen Quelle philosophischer Erkenntnis erklären, sowie für eine Position im Grundlagenstreit (s.d.) der Mathematiker, nach der für die *mathematische* Erkenntnis dasselbe gilt.

I. Der von der logischen Evidenz ausgehende Intuitionsbegriff R. DESCARTES' [1] führte bei C. BUFFIER zu der Annahme einer Reihe von Sätzen, in denen – wie in den Axiomen der Geometrie – durch Intuition unmittelbar Gegebenes ausgesagt wird [2]. Auf diesem Ansatz eines I., der stark mit einer Philosophie des «sens commun» verbunden blieb, griff die *Schottische Schule* in ihrer Auseinandersetzung mit dem Skeptizismus Humes zurück. Auch sie (TH. REID, D. STEWART, W. HAMILTON) versucht, eine Liste von unmittelbar evidenten Sätzen zur Grundlage der Philosophie zu machen [3]. Von Schottland führte P. ROYER-COLLARD diesen I. nach Frankreich zurück, um mit seiner Hilfe den Sensualismus der Condillac-Nachfolge zu überwinden [4]. Unter seinen Nachfolgern V. COUSIN, A. GARNIER, TH. JOUFFROY und P. JANET verbanden sich die Ansätze der Schottischen Schule mit Elementen des deutschen Idealismus zu einer eklektischen Philosophie [5]. Ausgangspunkt dieser Richtung des I. blieb die Überwindung gewisser Schwierigkeiten der cartesischen Philosophie, vor allem die Sicherung der unmittelbaren Gewißheit der Realität der Außenwelt sowie der Existenz Gottes und der Unsterblichkeit der Seele. Die Bezeichnung ‹I.› wurde in der Mitte des 19. Jh. zum erstenmal auf die späteren Denker der Schottischen Schule sowie des französischen Eklektizismus angewandt, nachdem W. T. KRUG bereits im Blick auf F. H. Jacobi von einer «Intuitionsphilosophie» gesprochen hatte [6]. Wieder aufgenommen wird der intuitionistische Ansatz der französischen Philosophie von H. BERGSON, der ihn zu einer umfassenden philosophischen Methode weiterentwickelt. Vor allem seit 1911 [7] betont er den Gegensatz zwischen der diskursiven Methode der Wissenschaft und dem intuitiven Verfahren der Philosophie, ohne jedoch die wissenschaftliche Analyse der Fakten als Voraussetzung der philosophischen Erkenntnis aufzugeben.

Daneben bildete sich in England eine auf Intuition begründete Philosophie als Reaktion auf Locke, die in ihren Häuptern A. A. C. SHAFTESBURY [8] und F. HUTCHESON nicht nur die Schottische Schule beeinflußte, sondern mit ihrem deutlich gefühlsbetonten Ansatz – Begriffe wie ‹affection›, ‹feeling›, usf. spielen darin die Rolle unmit-

telbarer anschaulicher Erkenntnis – auch auf F. H. JA-
COBI einwirkte. Dabei geht es ihr um die Sicherung der
metaphysischen Erkenntnis gegenüber den Ansätzen von
Locke und Berkeley, bei Jacobi auch gegenüber Hume
und dem kantischen Kritizismus. Wiederum steht die
unmittelbare Evidenz der Existenz Gottes und der Realität der Außenwelt im Vordergrund. Auch sie sehen in der
philosophischen Erkenntnis die Möglichkeit, die Welt als
ein einheitliches Ganzes und die in ihr befindlichen Objekte als reale Gegebenheiten zu erfahren [9]. Dieser Ansatz wurde von F. W. J. SCHELLING in seiner Theorie der
intellektuellen Anschauung auf hoher spekulativer Ebene
erneuert. Schon 1800 erläutert er das allen Menschen
innewohnende Vermögen, unter der Form der Unwandelbarkeit das Ewige anzuschauen. In dieser intellektuellen Anschauung, die die Unmittelbarkeit der Anschauung mit dem Überindividuellen der Vernunft vereinigt,
transzendiert die Erkenntnis die subjektiven Bedingungen, die Kant aller menschlichen Erkenntnis gesetzt hat
und wird zur Grundlage der metaphysischen Erfahrung
[10].

Die Methode, den Gegenstand von Wissenschaft und
Philosophie in einer vom diskursiven Denken und von
der empirischen Wahrnehmung unabhängigen Erfahrung
unmittelbar zu erkennen, findet sich auch in der «Wesensschau» der *Phänomenologie* vertreten. Nach E. HUS-
SERL ist Intuition – im Rückgriff auf den cartesischen
Ansatz – Evidenz als das unmittelbare Selbsterscheinen
eines Seins, das sich sowohl als Ding wie als Wert offenbaren kann [11]. Wesensschau ist von wissenschaftlicher
Erkenntnis unabhängig; sie geht ihr als das in der ursprünglich gegebenen Anschauungsfülle Liegende voraus. Dieser Ansatz wird – vor allem auf dem Gebiet einer
Philosophie der Werte – bei M. SCHELER ausgebaut, der
in den Werten unwandelbare, dem Menschen in unmittelbarer Wesensschau gegebene Wesenheiten sieht [12].

Gemeinsam ist allen intuitionistischen Ansätzen das
Bestreben, die Ganzheit und die Unmittelbarkeit, die in
dem realen Lebensbezug zu den Gegebenheiten erfahren
werden, in einem eigenen Erkenntnisakt zu wahren und
philosophisch fruchtbar zu machen. Die Unterschiede
zwischen den Richtungen liegen in der unterschiedlichen
Interpretation, die sie dem Gefühl der Unmittelbarkeit
geben, indem sie sich entweder auf eine Common-sense-
Philosophie abstützen, die Emotion als Erkenntnisquelle
betonen oder bei der unmittelbaren Evidenz einsetzen,
die den mathematischen Einsichten innewohnt.

Anmerkungen. [1] R. DESCARTES, Regulae ad directionem ingenii, hg. A. BUCHENAU (107) reg XII. – [2] C. BUFFIER: Traité
des premières véritéz (Paris 1724). – [3] TH. REID: Inquiry into
the human mind on the principles of common sense (Edinburgh/
London 1764, ⁵1801). – [4] Vgl. H. TAINE: Les philosophes français
du 19e siécle (Paris 1857) Chap. 2. – [5] Vgl. bes. TH. JOUFFROY:
Oeuvres compl. de Th. Reid (Paris 1836) Bd. 1. – [6] W. T. KRUG:
Allg. Handwb. der philos. Wiss. 5 (1829) 140. – [7] H. BERGSON:
L'intuition philos., in: La pensée et le mouvant (Paris 1934). –
[8] A. Earl of SHAFTESBURY: An inquiry conc. virtue or merit
(1699, ND London 1900, dtsch. 1905). – [9] F. H. JACOBI: David
Hume über den Glauben (1787). – [10] F. W. J. SCHELLING,
Werke, hg. K. F. A. SCHELLING (1856-61) Bd. 3. – [11] E. HUSSERL:
Log. Untersuch. 2 (1901); Ideen zu einer reinen Phänomenol. u.
phänomenol. Philos. Jb. für Philos. 1 (1913, ²1922). – [12]
M. SCHELER: Vom Umsturz der Werte 2 (²1919).

Literaturhinweise. W. MECKAUER: Der I. und seine Elemente
bei Bergson (1916). – J. KÖNIG: Der Begriff der Intuition (1926). –
M. ADAM: Die intellektuelle Anschauung bei Schelling in ihrem
Verhältnis zur Methode der Intuition bei Bergson (1926). – E. LE
ROY: La pensée intuitive 1. 2 (1929/30). – R. PRICE: A rev. of the
principal questions in morals (1948). – A. ALIOTTA: Le origini
dell'irrazionalismo contemporaneo (1950). – K. MÖHLIG: Die
Intuition (1965).   G. PFLUG

II. Eine intuitionistische Schule, die die Klassifikation
‹I.› bewußt auf sich anwendet, entwickelt sich in der
englischen Ethik des 19. Jh. Unter dem Einfluß der schottischen Commonsense-Philosophie nimmt sie den Kampf
gegen den Utilitarismus J. Benthams und J. St. Mills auf
oder jedenfalls gegen dessen empiristische Begründung.
Damit stellt sie sich explizit in die Tradition
des englischen Intellektualismus (R. Cudworth, H.
More und S. Clarke), der mit aprioristischen Argumenten gegen Hobbes bzw. Locke polemisiert und hinsichtlich der Behauptung realer Wertunterschiede und einer
von der bloßen Beobachtung der Folgen unabhängigen
Sittlichkeit in Shaftesbury und R. Price Nachfolger gefunden hatte [1].

Nachdem der Schotte D. STEWART den ethischen Phänomenen, die weder von diskursiver Vernunft noch von
besonderen Gefühlsvermögen hervorzubringen seien, intuitive Anschauungen zugrunde gelegt hatte [2], dabei
aber wenig konsequent verfahren war, versucht H. SIDG-
WICK den I. methodisch zur Lösung ethischer Grundfragen heranzuziehen, wobei sein Vorgehen schon deutlich in die Nähe der metaethischen Diskussionen der
analytischen Sprachphilosophie rückt. Aus der Einsicht,
daß ethische Urteile ohne reduktionistischen Irrtum
nicht empirisch-induktiv herzuleiten sind [3], will er dem
Utilitarismus, dessen hedonistische Forderungen er im
Gegensatz zu den anderen Intuitionisten akzeptiert, das
logisch nicht anfechtbare Fundament unmittelbarer intuitiver Erkenntnis geben [4]. Dabei geht er von der
Grundannahme aus, «daß wir die Macht haben, klar zu
sehen, welche Handlungen an sich richtig und vernünftig
sind» [5]. Seine Intention ist, den ethischen Objektivitätsanspruch Cumberlands und Clarkes wiederaufzugreifen
und gegen den Subjektivismus Hutchesons und Humes
zu verteidigen [6].

G. E. MOORE beschränkt den Kompetenzbereich der
intuitionistischen Methode Sidgwicks auf die Erkenntnis der an sich guten Dinge. Die Frage, was zu tun sei,
müsse als Frage nach den Ursachen guter Wirkungen
gestellt werden. Erkenntnisse über solche Kausalver-
hältnisse seien nur mit Hilfe empirischer Untersuchungen zu gewinnen [7]. Mit allen intuitionistischen Ethikern
teilt er die Auffassung, daß fundamentale ethische Begriffe, bei ihm nur der eine Grundbegriff ‹gut›, ähnlich
elementar sind wie etwa der Begriff ‹gelb› [8] und wendet
die für den I. bezeichnende Argumentation, die sich ähnlich schon bei PRICE und SIDGWICK findet [9] nun auch
gegen die metaphysischen Ethiken, z. B. der Stoa,
Spinozas und Kants, an: Jeder Versuch, ‹gut› auf eine
sinnliche oder übersinnliche Realität zu beziehen, enthält einen naturalistischen Fehlschluß oder führt zu Tautologien [10]. Gleichwohl legt Moore die anschaulich zu
erfassenden ethischen Gehalte in der Weise idealer Gel-
tungsgehalte aus, ähnlich wie die sich an Phänomenologie und Neukantianismus anschließende *Wertphilosophie*
in Deutschland [11]. Dem intuitiven ethischen Hedonismus Sidgwicks kann er nicht logisch begegnen, ihm nur
seine eigene abstrakt-atomistische Intuition, deren Un-
begründbarkeit und Unvermittelbarkeit er eingesteht,
gegenüberstellen und dazu auffordern, sie nachzuvoll-
ziehen [12].

War es Moore noch gelungen, ein eindeutiges Kriterium für die Pflichtmäßigkeit von Handlungen anzubieten, wonach richtig sei, was «die größtmögliche Summe
des Guten in der Welt» hervorbringe [13], trägt W. D.
ROSS, obwohl von Moore stark beeinflußt, wieder ein
relativistisches Moment in die intuitionistische Ethik.

‹Gut› und ‹richtig› (pflichtgemäß) lassen sich nicht, soweit ist er mit den anderen Intuitionisten einig, mit nichtethischen Begriffen definieren. Die ethischen Grundbegriffe lassen sich aber auch nicht aufeinander reduzieren, so daß nicht etwas als richtig gelten kann, nur weil es Gutes hervorbringt [14]. Vielmehr gebe es eine Reihe prima-facie-Pflichten, die, obwohl sie gleich mathematischen Axiomen begriffen werden [15], bei ihrer Heranziehung zur Beurteilung besonderer moralischer Situationen zu einander widersprechenden Ergebnissen führen können. Entscheidungen bleiben also ein moralisches Risiko [16]. Aufgabe der intuitionistischen Ethik sei deshalb, die einzelnen evidenten Pflichten gegeneinander und situationsspezifisch zu relativieren, damit nicht die Erfahrung von Konfliktfällen der ethischen Grundprinzipien untereinander die Autorität der Moral als Ganzes untergrabe [17].

Anmerkungen. [1] F. JODL: Gesch. der Ethik (⁴1930, ND 1965) 1, 277. 317. – [2] a. a. O. 2 382f. – [3] H. SIDGWICK: The method of ethics (London ²1877, dtsch. 1909) 1, XVIII; 2, 166ff. – [4] a. a. O. 2, 174. – [5] 2, 174. – [6] 1, 119. – [7] G. E. MOORE: Principia ethica (Cambridge 1903, dtsch. 1970) 209. – [8] a. a. O. 36. – [9] W. D. HUDSON: Ethical I. (New York 1967) 14f. – [10] Moore, a. a. O. [7] 101. 201. – [11] Vgl. F. KAULBACH: Ethik und Metaethik (1974) 67f. – [12] MOORE, a. a. O. [7] 206f.; vgl. KAULBACH, a. a. O. 79. – [13] MOORE, a. a. O. [7] 210. – [14] W. D. ROSS: Foundations of ethics (Oxford 1939, ⁶1968) 316. – [15] a. a. O. 320. – [16] The right and the good (Oxford 1930, ⁸1967) 31. – [17] a. a. O. [14] 313.

Literaturhinweise. W. K. FRANKENA: Ethics (Englewood Cliffs 1963); dtsch. Analytische Ethik (1973). – G. GREWENDORF und G. MEGGLE (Hg.): Seminar: Sprache und Ethik (1974). – F. KAULBACH s. Anm. [11]   SUSANNE KUNKEL

III. In der *Mathematik* heißt ‹I.› die von L. E. J. BROUWER herrührende Auffassung über die Grundlagen dieser Wissenschaft. Brouwers Grundgedanke ist, man solle die Mathematik möglichst unabhängig von philosophischen Voraussetzungen begründen. Wenn man aber die mathematischen Objekte, wie z. B. die natürlichen Zahlen oder die reellen Zahlen, als unabhängig vom menschlichen Denken gegeben betrachtet, so wird die Mathematik abhängig von einem problematischen philosophischen Existenzbegriff. Deshalb betrachtet Brouwer die mathematischen Gegenstände als durch die geistige Aktivität des Mathematikers geschaffen. Wenn man schon eine transzendente Existenz der mathematischen Gegenstände anerkennen will, so soll diese doch in den mathematischen Beweisen keine Rolle spielen. Für den Mathematiker erschöpft sich die Mathematik dann in den von ihm ausgeführten mentalen Konstruktionen; sie ist objektiv insoweit, als andere die Beschreibung der Konstruktionen verstehen und diese nachbilden können. Die Existenz eines mathematischen Gegenstandes mit vorgegebenen Eigenschaften kann nur durch die Konstruktion dieses Gegenstandes nachgewiesen werden. Es genügt also nicht, aus der Annahme, die Konstruktion sei unmöglich, einen Widerspruch herzuleiten, d. h. der logische Satz vom ausgeschlossenen Dritten kann nicht allgemein angewandt werden. Da die mathematischen Aussagen sich nicht auf eine transzendente Wirklichkeit beziehen, kann die Negation einer Aussage nur dadurch bewiesen werden, dass aus der Annahme der in dieser Aussage geforderten Konstruktion ein Widerspruch hergeleitet wird. Solange weder die Konstruktion ausgeführt noch aus ihrer Annahme ein Widerspruch hergeleitet ist, kann man nichts über sie behaupten.

Brouwer stellte sich mit diesen Gedanken scharf sowohl dem Logizismus (s. d.) als dem Formalismus (s. d.)

gegenüber. Die Logik kann nicht zur Grundlegung der Mathematik dienen, weil sie schon mathematische Begriffe verwendet; sie ist also vielmehr angewandte Mathematik. Von dem Formalismus unterscheidet der I. sich vor allem durch seine Zielsetzung. Während die Formalisten, die Fragwürdigkeit mancher Beweismethoden anerkennend, versuchen, den vollen Bestand der Mathematik wenigstens der Form nach zu retten, will Brouwer die inhaltlich wohlfundierten Schlußweisen möglichst rein herausarbeiten. Während für die Formalisten die mathematische Sprache Hauptgegenstand der Untersuchung ist, ist sie für Brouwer nur Mittel zur Mitteilung.

In der Ausarbeitung führt der I. einerseits zu einer gewissen Verarmung durch den Wegfall gewisser Schlußweisen, andererseits aber auch zur Bereicherung, erstens durch Verfeinerung der Unterscheidungen, zweitens durch die Bildung neuer Begriffe, die in der üblichen Mathematik nicht sinnvoll gebildet werden können, wie z. B. des Begriffs einer immer unfertigen, aber unbestimmt weit fortsetzbaren Folge (Wahlfolge).

Die intuitionistische Logik ist formalisiert worden [1]. Neuerdings hat KLEENE eine Formalisierung der intuitionistischen Analysis unternommen, die, obgleich nicht grundlegend, doch wichtige Ergebnisse über ihre Struktur liefert [2].

Anmerkungen. [1] Vgl. A. HEYTING: Die formalen Regeln der intuitionistischen Logik (Math.). Sber. Akad. Wiss. Berlin (1930) 42-71; S. C. KLEENE: Introd. to metamath. (Amsterdam/New York 1952). – [2] S. C. KLEENE und R. E. VESLEY: The foundations of intuitionistic math. (Amsterdam 1965).

Literaturhinweise. L. E. J. BROUWER: Over de grondslagen der wiskunde (Über die Grundlagen der Math.) (Diss. Amsterdam 1907); Intuitionisme en formalisme (Groningen 1912), engl. in: Bull. Amer. math. Soc. 20 (1913) 81-96; Intuitionische Betrachtungen über den Formalismus. Sber. Akad. Wiss. Berlin (1928) 48-52; Math., Wiss. und Sprache. Mh. Math. Phys. 36 (1929) 153-164; Consciousness, philos. and math. 10. Intern. Kongr. Philos. (Amsterdam 1948) 1235-1249. – A. HEYTING s. Anm. [1]; Math. Grundlagenforsch. I. Beweistheorie (1934), rev. frz. (Paris/Louvain 1955); Intuitionism, an introd. (Amsterdam 1956, ³1971). – K. MENGER: Der I. Bl. dtsch. Philos. 4 (1930/31) 311-325. – S. C. KLEENE s. Anm. [1]. – S. C. KLEENE und R. E. VESLEY s. Anm. [2]. – A. S. TROELSTRA: Principles of intuitionism. Lecture notes in math. 95 (Berlin/Heidelberg/New York 1969).   A. HEYTING

Intussuszeption. Der Begriff spielt in naturphilosophischen Zusammenhängen eine Rolle und bezeichnet Lebensprozesse, wie z. B. die Nahrungsaufnahme, durch die ein zunächst fremder Stoff aufgenommen und vom Organismus angeeignet wird [1]. Bei KANT wird das organologische Modell für die Wachstumsbewegung des Systems der Wissenschaft maßgebend. Das System der Erkenntnis aus reiner Vernunft kenne «keine zufällige Hinzusetzung», sondern sei a priori gestaltet. Das Ganze könne zwar «innerlich», d. h. durch I. wachsen, aber nicht äußerlich durch bloße Hinzufügung «wie ein tierischer Körper, dessen Wachstum kein Glied hinzusetzt, sondern ohne Veränderung der Proportion ein jedes zu seinen Zwecken stärker und tüchtiger macht» [2].

Anmerkungen. [1] F. W. J. SCHELLING. Werke, hg. K. F. A. SCHELLING 5, 241. – [2] I. KANT, KrV B 861.   F. KAULBACH

Invention, Erfindung, Entdeckung (griech. εὕρεσις, Erfindung, Entdeckung (als Handlung), εὕρημα, das Erfundene, Entdeckte; lat. inventio; ital. invenzione, scoperta; frz. invention, découverte; engl. invention, discovery)

I. *Der ursprüngliche I.-Begriff und die Problematik der neuzeitlichen Unterscheidung zwischen Erfindung und Entdeckung.* – In dem lateinischen Wort ‹inventio›, abgeleitet von dem Verb ‹invenire› (drauf kommen, antreffen, finden, erfinden), fallen – wie in den griechischen Substantiven εὕρεσις und εὕρημα – noch alle jene Bedeutungsgehalte zusammen, welche die modernen europäischen Sprachen mit den Begriffen ‹Erfindung› (= E.) und ‹Entdeckung› (= En.) (bzw. ihren Äquivalenten) auseinanderzuhalten versuchen. ‹Inventio› bezeichnet einerseits die verschiedenen Weisen des Findens, Erfindens, Erdichtens und Entdeckens neuer Dinge und andererseits – wie die Wörter ‹E.› und ‹En.› auch heute noch – die durch diese Tätigkeiten und Prozesse hervor- oder zutagegebrachten Dinge selbst. Anfänglich wird zwar auch ‹erfinden› noch mit ‹entdecken› gleichgesetzt («Columbus hat America erfunden» [1]), aber als im 18. Jh. das Wort ‹entdecken› seine ursprüngliche Bedeutung von auf- oder abdecken, enthüllen oder entblössen bedeckter, verdeckter oder verhüllter Gegenstände (Tisch, Körperteile, Schwert) und, im übertragenen Sinn, von offenbarmachen verborgener äußerer oder innerer Tatsachen (Verschwörungen, Gedanken, Geheimnisse) [2] zusehends verliert und immer ausschließlicher für das Auffinden und Inbesitznehmen von geographischem und wissenschaftlichem Neuland verwendet wird, beginnt man ‹erfinden› und ‹entdecken› voneinander abzugrenzen. ‹Erfinden› bedeutet nun in erster Linie durch eigenes Nachsinnen [3] Dinge und Vorstellungen hervorbringen, die bisher noch nicht oder nicht auf die gleiche Art existierten [4]. Von ‹entdecken› dagegen wird dann gesprochen, wenn eine außerhalb von uns liegende, bereits existierende, aber bisher verborgene oder unbekannte Sache nach einem zumeist planmässigen Suchen erkannt oder aufgefunden wird [5]. Alltäglicher und philosophischer Sprachgebrauch stimmen in diesen Unterscheidungen weitgehend überein, und die einzige ernstliche Abweichung, D'ALEMBERTS Vorschlag, die Wichtigkeit des Gefundenen als Unterscheidungskriterium zu benützen [6] und von En. statt von E. nur im Hinblick auf eine Sache zu sprechen, «qui est non-seulement nouveau, mais en même temps curieux, utile, & difficile à trouver, & qui par conséquent a un certain degré d'importance» [7], ist höchstens von rechtshistorischem Interesse, denn die von d'Alembert genannten Merkmale einer En. entsprechen weitgehend den in der heutigen Patentpraxis mit den Begriffen ‹Neuheit›, ‹Fortschrittlichkeit›, ‹E.-Höhe› und ‹wirtschaftliche Verwertbarkeit› umschriebenen Kriterien für die Patentierbarkeit von E.

Weit strittiger als die verbale Definition von ‹erfinden› und ‹entdecken› ist die Frage, ob sich diese Begriffe überhaupt sinnvoll zur Beschreibung und Abgrenzung der spätestens seit F. Bacon unterschiedenen drei I.-Arten, den künstlerischen, technischen und wissenschaftlichen I., verwenden lassen. Nach gängiger und schon bei CONDORCET [8] nachweisbarer Auffassung werden En. von Wissenschaftern und E. von Künstlern und Technikern gemacht. Soweit *Wissenschaft* auf die Erkenntnis objektiver, von uns unabhängiger Tatsachen gerichtet ist, kann zwar mit einer gewissen Plausibilität gesagt werden, daß sie entdecke [9], aber ein wissenschaftliches System läßt sich, wie schon W. T. KRUG hervorgehoben hat [10], erst dann als eine En. bezeichnen, wenn es wahr ist. Eine unbestätigte Theorie ist keine En., sondern eine E. Mit P. SOURIAU ausgedrückt: «Pour découvrir une vérité, il faut commencer par la poser à l'état de l'hypothèse, c'est-à-dire par l'inventer» [11]. Wann eine Hypo-

these aufhört, eine E. zu sein, ist eine Frage der wissenschaftstheoretischen Position, und wenn man mit CH. S. PEIRCE [12] oder K. R. POPPER [13] die Möglichkeit der Verifikation von Gesetzesaussagen grundsätzlich bestreitet, ist der Ausdruck ‹En.› bestenfalls eine überkommene Redeweise [14]. Das Geschäft der Wissenschaft ist nicht mehr länger die En., sondern, wie bereits W. WHEWELL gesehen hat, die E. von mehr oder weniger befriedigenden Weisen der Beschreibung von Tatsachen [15]. – Selbst die weit verbreitete und etwas differenziertere These, daß Theorien zwar erfunden, experimentelle und empirische Fakten hingegen entdeckt würden [16] («The word ‹invention› ... is now appropriated to purely mental finding as distinct from the finding we do with our sense organs» [17]), kann ihre positivistische Herkunft nicht verleugnen. Sie steht nicht nur im Widerspruch zu neueren wissenschaftstheoretischen Einsichten, etwa der Erkenntnis, daß es keine sprach- und theorieunabhängige Faktenerkenntnis geben kann [18] oder daß – mit A. EDDINGTON gesprochen – experimentelle Fakten eher gemacht als gefunden werden [19], sondern auch zu der von E. CLAPARÈDE, L. DE BROGLIE u. a. [20] hervorgehobenen Tatsache, daß die Erkenntnis neuer Fakten so sehr an die E. neuer Instrumente, Methoden und Techniken gebunden ist, «que la découverte des faits expérimentaux, du moins dans la science actuelle est à bien des égards une invention» [21].

Ähnliche Schwierigkeiten ergeben sich mit dem Wort ‹E.› in *Kunst* und *Technik*. Die theologische Metapher von der E. als einer «Kreation» bisher nicht dagewesener Dinge («inventa quasi novae creationes sunt, et divinorum operum imitamenta» (F. BACON) [22]) darf, wie W. C. KNEALE mit Recht bemerkt, nicht so verstanden werden, als ob unser Geist die absolute Freiheit hätte, neue Dinge nicht bloß zu finden («finding-with-the-mind»), sondern zu schaffen («making-with-the-mind») [23]. Ein Künstler kann jedoch nicht mehr tun als verschiedene Möglichkeiten ausdenken und die ästhetisch interessanteste auswählen [24]. Dasselbe gilt für den Mathematiker und den technischen Erfinder, nur daß die für sie interessanten Möglichkeiten andern und strengern Bedingungen genügen müssen, die der Persönlichkeit des Erfinders wenig bis keinen Spielraum lassen: Die mathematischen Möglichkeiten sind «delimited by logically consistent sets of postulates» [25], die technischen Möglichkeiten haben der Erfüllung menschlicher Bedürfnisse und Zwecke zu dienen [26]. – Die technische E. in der Wahl einer bestimmten Art von Möglichkeit zu sehen ist sicher angemessener als sie, mit den Kommentatoren zum französischen Patentgesetz von 1844, als «objet matériel, saisissable, transmissible» anzusprechen [27] oder sie, im Sinne der Definition E. CLAPARÈDE – «*Inventer*, c'est donner à une corps à une idée (par exemple, réaliser l'idée de voler en construisant un aéroplane)» [28] –, als die materielle Verwirklichung einer Idee aufzufassen; denn erfunden werden nicht materielle Produkte, sondern Erzeugungs- und Herstellungsverfahren für materielle Produkte, die in Form einer «Lehre», «Anweisung» oder «Regel» festgehalten und verbreitet werden können [29]. In bezug auf solche Methoden und Verfahren ist es nicht nur vom Sprachgebrauch [30], sondern auch von der Sache her möglich, sowohl von En. wie von E. zu sprechen: Der eigentliche Gegenstand der erfinderischen Tätigkeit, das sogenannte «Inventat», ist, wie A. DU BOIS-REYMOND darlegt, stets die Erkenntnis der «Koinzidenz» bestimmter Kombinationen der Eigenschaften der Materie mit bestimmten menschlichen Bedürfnissen

[31]. Versteht man aber das «Inventat» «als diese Koinzidenz, so ist in der Tat E. ... immer die En. eines Inventats» [32], und zwar nicht nur, weil sie, worauf schon BACON hingewiesen hat, wissenschaftliche En. voraussetzt [33] oder zuweilen mit einer wissenschaftlichen En. zusammenfällt [34], sondern weil sie im eigentlichen Sinn des Wortes in der En. einer von uns unabhängigen Tatsache besteht. Nach DU BOIS-REYMOND kann dabei sogar dreierlei auf einmal entdeckt werden: die technische Möglichkeit, das menschliche Bedürfnis (sofern es nicht konstant, sondern kulturabhängig ist) und die Koinzidenz der beiden [35].

Die Ansicht, daß Wissenschaft auf En., Technik auf E. ausgerichtet sei, blieb wohl vor allem darum unangefochten, weil man mit ihr die rechts- und wirtschaftspolitisch wichtige Unterscheidung zwischen den nicht-patentierbaren Naturgesetzen und den bedingt patentierbaren technischen Erzeugungsregeln zu begründen hoffte [36]. Die Unterscheidung zwischen E. von noch nicht Vorhandenem und En. von bereits Existierendem ist jedoch weder für die *Patentpraxis* noch für die sie begleitenden *rechtsphilosophischen* Theorien von Bedeutung. Die Patentierbarkeit einer I. wird durch einen ganz andern Gesichtspunkt bestimmt: durch ihre gewerbliche oder industrielle Verwertung. Patente dienen entweder der Errichtung von Fabrikationsmonopolen oder der Belohnung des «ersten Erfinders» durch Lizenzgebühren und vorübergehenden Schutz seines Inventats [37] gegen unbefugte Nachahmung. Dies gilt für die heutige Patentpraxis nicht weniger als für die ersten E.-Privilegien im 14. und 15. Jh. [38]. Das wegweisende englische Patentgesetz von 1623 spricht daher weder von E. noch von En., sondern von «the sole Working or Making of any manner of new Manufactures» [39], das französische Gesetz von 1791 und 1844 von «découvertes utiles», «découvertes industrielles» und «nouvelle découverte ou invention dans tous les genres d'industrie» [40] und das deutsche Gesetz schließlich von «neuen E., welche eine gewerbliche Verwerthung gestatten» [41].

Neue wissenschaftliche Prinzipien, Theorien und Erkenntnisse gelten also nicht darum als patentunfähig, weil sie auf En. und nicht auf E. beruhen, sondern weil ihnen das bestimmende Merkmal technischer Dinge, die Nutzbarmachung naturgesetzlich bestimmter Vorgänge für menschliche Zwecke, abgeht [42]. An dieser Tatsache vermochte auch die rechtsphilosophische Begründung des französischen Patentgesetzes nichts zu ändern, die im Grunde den Schutz einer jeden Art von E. oder En. rechtfertigen würde; denn die Erteilung von Patenten wird hier, im Unterschied zum englischen Recht, nicht als ein Gnadenakt des Souveräns und, im Gegensatz etwa zum österreichischen, nicht als wirtschafts- und gesellschaftspolitisches Erfordernis betrachtet [43], sondern als die notwendige gesetzliche Folge eines natürlichen Rechts des Menschen auf sein «geistiges Eigentum» [44].

Die mit den Begriffen ‹E.› und ‹En.› verbundenen Schwierigkeiten sind philosophisch nicht uninteressant, aber zu einem philosophisch relevanten Begriff wurde ‹I.› aufgrund ihrer ursprünglichen, En. und E. umfassenden Bedeutung. Die Frage nach der Möglichkeit planmäßiger und methodischer En. und E. wurde ‹I.› zu einem Schlüsselbegriff der *Rhetorik und Ästhetik* und insbesondere der *Logik und Methodologie*. Die Analyse der menschlichen Fähigkeit des Erfindens und Entdeckens führte zu einer *Psychologie der E.* Die Frage nach dem Zusammenhang zwischen E., En. und kulturellem Fort-

schritt erhob die I. zu einem Gegenstand *kultur-* und *geschichtsphilosophischer* Betrachtung.

Anmerkungen. [1] Vgl. GRIMM 3 (1862) 798: Art. ‹Erfinden›. – [2] a. a. O. 506ff.: Art. ‹Entdecken›. – [3] Vgl. J. G. WALCH: Philos. Lex. (²1740) 793: Art. ‹E.›. – [4] Encyclop. ..., hg. DIDEROT/ D'ALEMBERT 18 (1779) 965: Art. ‹I.›; Enciclop. filos. 3 (²1967) 1034: Art. ‹I.›; Dic. de la langue philos. (1969) 384: Art. ‹I.›; J. CH. ADELUNG: Grammat.-krit. Wb. der hochdtsch. Mundart 1 (²1793) 1888f. : ‹Erfinden›; I. KANT: Anthropol. in pragmat. Hinsicht (1798) § 57. Akad.-A. 7, 224; W. T. KRUG: Allg. Handwb. der philos. Wiss. (1827) 767: Art. ‹En. und E.›. – [5] Vgl. Encyclop. a. a. O. 10, 446: Art. ‹Découverte›; KANT, ebda.; KRUG, ebda.; GRIMM, a. a. O. [1] 507; E. LITTRÉ: Dict. de la langue franç. (ed. int.) 2 (1956) 1418: Art. ‹découverte›; Dict. de la langue philos. ebda.; Shorter Oxford Engl. Dict. (³1972) 522: Art. ‹Discovery› 3. – [6] Encyclop. a. a. O. [4] ebda. – [7] a. a. O. 10, 443: Art. ‹Découverte›. – [8] Vgl. M. J. A. DE CONDORCET, Oeuvres (1847-49) 6, 209. 215. – [9] Vgl. P. SOURIAU: Théorie de l'I. (1881) 13; E. CLAPARÈDE: L'I. dirigée, in: L'I. 9e Sem. int. de Synthèse (1937) 42. – [10] KRUG, a. a. O. [4] 767. – [11] SOURIAU, a. a. O. [9] 14; vgl. auch L. BRUNSCHWICG: Idéalisme contempor. (²1921) 163; R. BOIREL: Théorie gén. de l'I. (1961) 15. – [12] Vgl. CH. S. PEIRCE, Coll. Papers 1, 141-175; 5, 498. 587. – [13] Vgl. K. R. POPPER: Logik der Forsch. (³1969) 14f. 35. 40f. 210f. 257. 376ff.; Conjectures and refutations (⁴1972) 228ff. – [14] Vgl. Logik a. a. O. 7. 19. 73. – [15] Vgl. C. J. DUCASSE: J. F. W. Herschel's methods of exp. inquiry, in: E. H. MADDEN (Hg.): Theories of sci. method (1960) 180. – [16] Vgl. L. DE BROGLIE: Les sci. exp., in: L'I. a. a. O. [9] 113; E. BAUER: Expérimentation, in: L'I. a. a. O. 126; J. HADAMARD: The psychol. of I. in the math. field (1945) XIIf. – [17] W. C. KNEALE: The idea of I. Proc. Brit. Acad. Sci. 41 (1955) 101. – [18] Vgl. u. a. POPPER, Logik a. a. O. [13] 72 Anm.; Objective knowledge (1972) 145f.; W. v. O. QUINE: Word and object (1960) 1-79; P. F. FEYERABEND: Consolations for the specialist, in: I. LAKATOS und A. MUSGRAVE (Hg.): Criticism and the growth of knowledge (1970) 222ff. – [19] A. EDDINGTON: The philos. of phys. sci. (1939) 109. – [20] Vgl. CLAPARÈDE, a. a. O. [9] 43; DE BROGLIE, a. a. O. [16] 114; E. LE ROY: L'I., in: La notion de progrès devant la sci. actuelle. 6e Sem. int. de Synthèse (1934) 72f. – [21] DE BROGLIE, a. a. O. [16] 114. – [22] F. BACON, Novum Organum scientiarum. Works, hg. SPEDDING/ ELLIS/HEATH (1858, ND 1963) 1, 129; vgl. auch Enciclop. filos. a. a. O. [4] 4, 1034f. – [23] KNEALE, a. a. O. [17] 101. – [24] ebda. 106. – [25] ebda. – [26] 101. – [27] Vgl. J. B. DUVERGIER (Hg.): Coll. compl. des lois, décrets ... 44 (1845) 557. – [28] CLAPARÈDE, a. a. O. [9] 42. – [29] Vgl. W. BERNHARDT: Lb. des dtsch. Patentrechts (1957) 18. – [30] Vgl. KNEALE, a. a. O. [17] 101. – [31] A. DU BOIS-REYMOND: E. und Erfinder (1906) 61ff. – [32] a. a. O. 65. – [33] Vgl. BACON, a. a. O. [22] 1, 66. 70. – [34] Vgl. etwa W. OSTWALD: Erfinder und Entdecker (1905) 20; CLAPARÈDE, a. a. O. [9] 43; HADAMARD, a. a. O. [16] XI. – [35] DU BOIS-REYMOND, a. a. O. [31] 65. – [36] Vgl. F. MACHLUP: E. und techn. Forsch., in: Handwb. der Sozialwiss. 3 (1961) 281. – [37] Vgl. MACHLUP: Patentwesen a. a. O. 8 (1964) 232f. – [38] Vgl. G. MANDICH: Le privative industriali veneziane (1450-1550). Riv. Diritto commerciale 34 (1936) 511-547; M. SILBERSTEIN: E.-Schutz und merkantilistische Gewerbeprivilegien (1961). – [39] Statutes at Large 3 (1763) 21 Jac. I, c. 3, sec. 5. – [40] DUVERGIER, a. a. O. [27] 2 (²1834) 136; 44 (1845) 564. – [41] Vgl. Reichs-Gesetzblatt (1877) Nr. 1193, S. 501, § 1. – [42] Vgl. A. OSTERRIETH: Wiss. Eigentum, in: Recht und Staat in Gesch. und Gegenwart 36 (1925) 27ff.; BERNHARDT, a. a. O. [29] 14. – [43] Vgl. MACHLUP, a. a. O. [37] 232. 234f. – [44] Vgl. DUVERGIER, a. a. O. [27] 2 (²1834) 136; ST.-J. DE BOUFFLER: Rapport fait à l'Assemblée Nationale sur la propriété des auteurs de nouvelles découvertes et inventions en tout genre d'industrie (1791).　　　　　　A. HÜGLI

II. *Der I.-Begriff in Rhetorik, Poetik und Ästhetik.* – Als Übersetzung von εὕρεσις, die schon PLATON von der διάθεσις (dispositio) abhebt [1], bezeichnet ‹inventio› eine Grundkategorie der lateinischen Rhetorik. I. ist « das ‹Finden› der Gedanken ... Die inventio ist ein produktiv-ausschöpfender Vorgang: das, was die res an mehr oder minder verborgenen Gedankenentwicklungsmöglichkeiten enthält, wird herausgeholt (excogitatio)» [1a]. Die inventio bildet den ersten von fünf Teilen, in die sich die Rhetorik als Kunstlehre gliedert; in der Aufzählung CICEROS folgen ihr dispositio, elocutio, memoria, pronuntiatio [2]. Die inventio selbst wird wiederum unterteilt nach der Einteilung antiker Gerichtsrede: exordium, narratio, argumentatio, refutatio, peroratio oder epilogus [3]. Cicero bestimmt die inventio als «excogitatio rerum verarum aut veri similium, qui causam probabilem reddant» (Ausdenken wahrer oder dem Wahren ähnlicher Dinge, die das Argument wahrscheinlich machen) [4]. Nach QUINTILIAN gehört die inventio zu den wertvollsten, weil nicht nachahmbaren Gaben eines Redners (daneben: ingenium, vis, facilitas), doch bedarf die inventio als iudicium als Korrektiv, da sie sonst zum Fehler ausarten könne [5]. Wie Quintilian sieht auch MARTIANUS CAPELLA das Wesen der inventio im ingenium begründet, jedoch fehlt bei ihm die Einschränkung durch das iudicium [6]. – Die lateinischen Poetiken des *Mittelalters* richten sich nach der antiken Rhetorik aus und übernehmen von ihr auch die Wertung der inventio [7]. In der mittelalterlichen Bibeldichtung spielt die Erfindung (E.) eine geringere Rolle, da dort die res mit der Bibel oder den Legenden vorgegeben war. In der weltlichen Dichtung des Mittelalters bedeutet mittelhochdeutsches ‹vinden› immer «die sprachliche oder musikalische Formung eines einzelnen Kunstwerks ..., niemals Inhaltliches, sondern stets Formales» [8].

Die italienischen *Renaissancepoetiken* werden auch für den E.-Begriff des *Barock* bestimmend, so z. B. J. C. SCALIGER: «Inventionem dico rei: formam, modum repraesentandi» [9]. M. OPITZ definiert «invention oder erfindung» als «eine sinnreiche faßung aller sachen die wir vns einbilden können», um dann zur weiteren Begriffsklärung auf Scaliger zu verweisen [10]. Nach PH. HARSDÖRFFER bringt die E. eines Kunstwerkes hervor, «welcher Gestalt der Inhalt desselben sich aufeinander binden sol», wobei Harsdörffer vier Bestandteile der E. zu nennen weiß: das Wort, die Dinge «darvon man handelt», die «Umstände der Zeit / und des Orts», die «Gleichniß» (d. i. die bildliche Ausschmückung) [11]. Eine Einschränkung des mehr inhaltlich bestimmten E.-Begriffs findet sich bei A. MOLLER; er leugnet zwar nicht den Wert der E., betont daneben aber auch die Formung: der Poet muß «mit beiderseits Gnaden-Gaben blühen und außgerüstet stehen» [12]. Hier, wie auch in den Poetiken von J. P. TITZ, B. KINDERMANN u. a., beobachtet B. Markwardt eine vielfach gebrochene Entwicklungstendenz des E.-Begriffs: «Der ‹Inventio›-Begriff bewegt sich in einem wenig fest begrenzten, elastischen Spielraum zwischen der ‹Inventio› ... der lat. Rhetorik ... und dem ‹scharffsinnigen Einfall›. Damit sind ohne weiteres Übergangsmöglichkeiten von Inhaltgebung, Inhaltgliederung (dispositio) und Formung (elocutio) gegeben, Übergänge, die vielfach fließend erscheinen» [13]. Demgegenüber bewegt sich J. MICRAELIUS noch ganz in antiker Tradition: «inventio poetis est, qua thema et argumentum invenitur ad docendum cum delectatione» [14]. HOFMANN VON HOFMANNSWALDAU betont die Vorrangigkeit der E. vor der Formung; die E. erst führt zu «der Poesie Seele», während die Reimübung «der Pritschmeisterey gar nahe kompt» [15]. In den weiteren Poetiken des beginnenden 18. Jh. wird das «Schwanken zwischen E. und Formung» bestätigt. So wird von D. G. MORHOF E. mit der Forderung der imitatio verknüpft, von M. A. CH. ROTTH die Forderung der Wahrscheinlichkeit erhoben; J. G. MEISTER setzt in der E. der Regelgeltung das «hurtige Naturell» entgegen, während E. UHSE E. ganz anhand rhetorischer Kunst-Griffe» erklärt und M. D. OMEIS E. in diesem Sinne für erlernbar hält und für sie die spontane Eingebung ablehnt [16]. – Von der Rhetorik übernimmt auch die *Musiktheorie* der Zeit den inventio-Begriff. Es gibt eine musikalische «Findekunst»; zu erinnern ist auch an

J. S. BACHS ‹Inventionen› [17]. J. A. SCHEIBE unterscheidet im musikalischen Schaffensvorgang zwischen E. und Schreibart, beide sind letztlich Äußerungen der menschlichen Natur, wobei die Regeln der Schreibart der E. zu Hilfe kommen [18].

Mit K. STIELERS Wendung «ein witziger Erfinder» [19] zeichnet sich bereits die Verknüpfung des E.-Begriffs mit dem Geniebegriff ab, die dann die Folgezeit kennzeichnet. CHR. WOLFF betont zunächst die Verbindung der E. mit dem Witz und Verstand und folgert: «Wo viel Witz, Scharfsinnigkeit und Gründlichkeit ist, da ist die Kunst zu erfinden in einem großen Grade» [20]. Der Witz aber entsteht aus der Einbildungskraft [21]; außer dem Witz gehören noch Verstand und die Kraft zu schließen zu den Voraussetzungen der E. [22]. Die an Wolff orientierte ‹Ästhetik› A. G. BAUMGARTENS versteht unter E. «ein Ding sich zum ersten Male so vorstellen, daß es in die Sinne fällt und rührt. Sie enthält die Regeln schön und rührend von Dingen zu denken, davon man bisher noch nicht gedacht hat» [23]. J. J. BODMER und BREITINGER gebrauchen den E.-Begriff nur gelegentlich, Bodmer in bezug auf die Fabel [24]; ebenso auch GOTTSCHED, der jedoch zwischen der E. und der regelmäßigen Einrichtung einer Fabel, der «längsterfundenen Sache» und ihrem «kunstvollen Ausputz» unterscheidet [25]. Insgesamt ist hier schon die beginnende Übertragung der Inhalte von E. auf andere Begriffe, besonders den Begriff der Einbildungskraft, stark zu bemerken. – Größeren Raum nimmt E. jedoch bei F. G. Klopstock und J. G. Sulzer ein. KLOPSTOCK grenzt E. genau ab von der Entdeckung und der Nachahmung; denn «Wer erfindet, setzt Vorhandenes auf neue Art und Weise zusammen. Wie du nun zusammensetzest, und was zuletzt ... vor ein Zweck, Ziel und Absicht daraus hervorblicken, das ist's eben, worauf es darbey gar sonderlich ankommt» [26]. SULZER versteht unter E. «die Überlegung und das Nachdenken, wodurch er diejenigen Theile seines Werkes findet, die es zu dem machen, was es seyn soll» [27]. Die E.-Kraft des Dichters entspricht dem Maß seines Genies, dennoch wäre es besser, «wenn die Kunst zu erfinden, so wie die Logik, als ein Theil der Philosophie besonders wäre bearbeitet worden» [28]. LESSING prägt die Verbindung: «Wer richtig raisonniert, erfindet auch: und wer erfinden will, muß raisonnieren können» [29], während die Verknüpfung mit dem Geniebegriff bei H. W. GERSTENBERG vollends deutlich wird: «wo Genie ist, da ist E., da ist Neuheit, da ist das Original, aber nicht umgekehrt» [30]. HERDER unterscheidet vier Lebensstufen der Dichtkunst, die für ihn zugleich die Alter der Menschheit repräsentieren: «das erste empfindet, das zweite denkt mechanisch, das dritte erfindet, das vierte denkt durch Freiheit» [31]. Der E.-Begriff von R. A. MENGS beeinflußte Goethe; für Mengs besteht in der E. die Poesie, die sich der Maler in der Einbildungskraft entworfen hat. Mengs «konzentriert den Begriff der E. auf die dichterische Behandlung und Klarlegung des Erzählenden im Bilde» [32]. Entsprechend verwendet auch GOETHE den E.-Begriff hauptsächlich in bezug auf Malerei und Bildhauerkunst. Die E. ist dann gelungen, «wenn die Auflösung der Aufgabe schön gedacht, und innig empfunden ist, wenn alles bis aufs geringste motiviert seyn wird, wenn die Motive aus der Sache fließen und Gehalt haben». Darstellung und Zeichnung selbst rangieren in der Beurteilung erst nach der E. [33]. – KANT erneuerte die Verknüpfung von E. und Genie: «Talent zum Erfinden heißt das Genie» [34]. J. JEITTELES bezeichnet E. im Sinne Kants als «die selbstthätige Geisteskraft, die sich nicht mit Nachahmung des schon vorhandenen begnügt, sondern etwas Neues hervorbringt, in Stoff oder in Form oder in beiden zugleich». Entsprechend unterscheidet er zwischen materialer E. und formaler E., räumt jedoch letzterer die größere Bedeutung ein, denn ohne die rechte künstlerische Behandlung verfehle das Werk seine Wirkung [35]. In der Folgezeit kam dem Begriff der E. keine größere Bedeutung mehr zu, auch wenn F. SPIELHAGEN seiner Autobiographie den Titel ‹Finder und Erfinder› gab und zwischen dem «Finden und Auffinden» des Gegebenen und dessen «erfinderischer» Gestaltung unterschied [36].

In neuerer Zeit wurde der Begriff noch einmal von Ch. Bühler und E. G. Wolff aufgenommen. BÜHLER bezeichnet ‹E.› als literaturpsychologischen Grundbegriff und versteht unter E. «die neuartige Zusammenfassung, neuartige Übertragung, steigernde Ausgestaltung» [37]. Denn E. «ist nicht Neufinden, sondern Neubilden» [38]. WOLFF faßt die «Gesamtheit der künstlerischen Merkmale aller Dichtung ... unter dem Sammelnamen Dichterische E.» zusammen [39]. Denn: «Dichtung ist E. im Sinn gegenständlicher Phantasie rein sinnlicher Phänomenalität, weil und soweit sie zugleich den Gegenpol aller Sinnlichkeit, das heißt eine Form seelischer Betätigung darstellt» [40].

Anmerkungen. [1] PLATON, Phaidros 236 a. – [1a] H. LAUS-BERG: Hb. der lit. Rhet. (1960) 146. – [2] CICERO, De inventione I, 9. – [3] E. R. CURTIUS: Europ. Lit. und lat. MA (¹1969) 75-77; zur verschiedenartigen Einteilung der inventio vgl. LAUSBERG, a. a. O. 148f. – [4] CICERO, De inventione I, 9. – [5] Vgl. CURTIUS, a. a. O. [3] 297. – [6] QUINTILIAN X, 2, 12; VIII, 3, 56; CURTIUS, a. a. O. [3] 298. – [7] Vgl. J. SCHILLEMEIT: Art. ‹Poetik›, in: Fischer Lex. Lit. 2/2 (1965) 430. – [8] W. J. SCHRÖDER: Vindaere wilder maere. Zum Lit.streit zwischen Gottfried und Wolfram, in: WOLFRAM VON ESCHENBACH, hg. H. RUPP (1966) 319-340. 328. – [9] J. C. SCALIGER: Poetices libri septem (1561, ND 1964) 19, Anm. 1. – [10] M. OPITZ: Buch von der Dtsch. Poeterey (1624), in: Poetik des Barock, hg. M. SZYROCKI (1968) 20. – [11] PH. HARSDÖRFFER: Poetischer Trichter 1 (Nürnberg 1648-1653, ND 1969) 10ff. – [12] A. MOLLER: Tyrocinium Poeseos Teutonicae (1656), zit. B. MARKWARDT: Gesch. der dtsch. Poetik 1 (²1958) 99f. – [13] a. a. O. 370. – [14] J. MICRAELIUS: Lex. philos. terminorum philosophis usitatorum (Stettin ²1662, ND 1966). 643. – [15] HOFMANN VON HOFMANNSWALDAU, Vorrede zu den ‹Helden-Briefen›, zit. MARKWARDT, a. a. O. [12] 1, 185. – [16] D. G. MORHOF: Unterricht von der Teutschen Sprache und Poesie (1682); M. A. CH. ROTTH: Vollständige Poesie in Drey Theilen (1688); J. G. MEISTER: Unvorgreiffliche Gedancken von Teutschen Epigrammatibus (1698); E. UHSE: Wohl-informierte Poeten ... (1703); M. D. OMEIS: Gründliche Anleitung zur Teutschen accuraten Reim- und Dichtkunst (1704), zit. MARKWARDT, a. a. O. [12] 1, 227ff. – [17] CURTIUS, a. a. O. [3] 85. – [18] J. A. SCHREIBENS ... Critischer Musikus (²1745); vgl. J. BIRKE: Chr. Wolffs Met. und die zeitgen. Lit.- und Musiktheorie: Gottsched, Scheibe, Mizler (1966) 58f. – [19] K. STIELER: Dichtkunst des Spaten (Ms. 1685), zit. MARKWARDT, a. a. O. [12] 1, 225. – [20] CHR. WOLFF: Vernünfftige Gedancken von Gott ... (⁹1743) § 861. – [21] J. BIRKE, a. a. O. [18] 14. – [22] a. a. O. 15. – [23] A. G. BAUMGARTEN, Vorles. zur Ästh., hg. B. POPPE (1907) 80, § 14. – [24] J. J. BODMER: Crit. Abh. von dem Wunderbaren in der Poesie und dessen Verbindung mit dem Wahrscheinlichen (1740) 15; J. J. BODMER: Krit. Briefe (1746) 143. – [25] J. C. GOTTSCHED: Versuch einer Crit. Dichtkunst (⁴1751, Nachdruck 1962) 167; vgl. 69. – [26] F. G. KLOPSTOCK: Gelehrtenrepublik. Werke 8 (1856) 93. – [27] J. G. SULZER: Allg. Theorie der Schönen Künste (²1792, Nachdruck 1967) 86. – [28] a. a. O. 87. – [29] G. E. LESSING, Hamburgische Dramaturgie, 96. Stück. Werke, hg. HAUSER 2, 255. – [30] H. W. VON GERSTENBERG: Briefe über die Merkwürdigkeiten der Lit., in: Sturm und Drang. Krit. Schriften (1949) 55. – [31] J. G. HERDER, Werke, hg. B. SUPHAN 32 (1899) 75. – [32] R. A. MENGS: Schreiben an Herrn Anton Pons, zit. H. KELLER: Goethe und das Laokoon-Problem (1935) 49. – [33] J. W. GOETHE: Propyläen (1798, Nachdruck 1965) 531f. – [34] I. KANT, Anthropol. § 57. Akad.-A. 7, 224. – [35] J. JEITTELES: Ästh. Lex. (Wien 1835) 253. – [36] F. SPIELHAGEN: Finder und Erfinder 2 (1890) 162. – [37] CH. BÜHLER: E. und Entdeckung. Zwei Grundbegriffe der Lit.psychol. Z. Ästh. u. allg. Kunstwiss. 15 (1921) 43-87. 46. – [38] a. a. O. 51. – [39] E. G. WOLFF: Ästh. der Dicht-

kunst (1944) 506. – [40] ebda.; vgl. dazu die Einwände B. MARKWARDTS, Dtsch. Lit.Ztg. 69 (1948) bes. 264/65.

Literaturhinweise. B. MARKWARDT: Gesch. der dtsch. Poetik 1-5 (1937ff.). – K. A. SCHLEIDEN: Klopstocks Dichtungstheorie (1954) bes. 104-109. – J. BIRKE s. Anm. [18]. – S. V. LEMPICKI: Gesch. der dtsch. Lit.wiss. bis zum Ende des 18.Jh. (²1968). – RENATE HILDEBRANDT-GÜNTHER: Antike Rhet. und dtsch.-lat. Theorie im 17. Jh. (1966) 74-77. – H. LAUSBERG s. Anm. [1].
                                                                        U. THEISSMANN

III. *Die I. in Logik und Methodologie.* – 1. *Die I. in der Methodendiskussion bis zur Neuzeit.* – Die I. von neuen Mitteln zur Befriedigung praktischer Bedürfnisse und von neuen Erkenntnissen stellte die Philosophie vor das Problem: Gibt es eine gültige Methode des Erfindens und Entdeckens? Wahrheitsfindung ist – wie das griechische Wort μέθοδος verrät – ursprünglich die eigentliche Aufgabe einer wissenschaftlichen Methode, und selbst nach der durch Aristoteles inaugurierten Unterscheidung zwischen I. und iudicium (Urteil, Beurteilung), bildet die I. einen wesentlichen, oft sogar den dominierenden Teil der Logik und Methodologie. Ein eigenes Wort zur Bezeichnung inventiver Methoden hat sich hingegen nicht herausgebildet. Der Ausdruck ‹ars inveniendi› bleibt bis in die Neuzeit einer bestimmten inventiven Methode, der sogenannten *Topik* oder *Dialektik* (s.d.) vorbehalten, und der in der beginnenden Neuzeit geprägte Gräzismus ‹Heuristik› (s.d.) wird lange Zeit nur selten und dann zumeist in einem sehr spezifischen Sinn verwendet und deckt sich in seiner heutigen Bedeutung nur zum Teil mit dem Begriff einer inventiven Methode: Eine solche sollte nicht nur zur Entdeckung (En.) oder Erfindung (E.) neuer Erkenntnisse führen, sondern auch – im Unterschied zu einem heuristischen Verfahren – die Richtigkeit des Gefundenen verbürgen können.

Die ersten grundlegenden Methoden des Findens wurden in der griechischen Mathematik entwickelt: das *synthetische* Verfahren, das vom Gegebenen zum Gesuchten fortschreitet, das *analytische* Verfahren, das vom Gesuchten zum Gegebenen zurückgeht, und das *apagogische* oder indirekte, welches das Gesuchte über die Unmöglichkeit des Gegenteils dartut [1]. Die synthetische und die apagogische Methode sind vermutlich schon in den Anfängen der griechischen Mathematik verwendet worden [2]; die analytische Methode dagegen ist nach dem Zeugnis von DIOGENES LAERTIUS und PROKLOS erst durch Platon entwickelt worden [3]. Die *Analyse* (s.d.) erwies sich als die fruchtbarste dieser Methoden; sie wurde nicht nur innerhalb, sondern auch außerhalb der Mathematik zu dem maßgebenden inventiven Verfahren. PLATON machte sie in Form seiner Hypothesis-Methode für die Philosophie fruchtbar [4], ARISTOTELES sah in ihr die Methode, mit deren Hilfe man die Mittel zur Verwirklichung eines praktischen Ziels auffinden kann [5], und GALEN übernahm diese Zielanalyse in seine medizinische Methodenlehre [6].

Zur eigentlichen «Kunst der E.» im Bereiche der Lebenspraxis und der Philosophie wurde jedoch nicht die Analyse, sondern die von ARISTOTELES in der ‹Topik› ausgebildete Dialektik. Diese soll uns helfen, die ersten Prinzipien der Einzelwissenschaften auszumachen und bei der Diskussion des Wahrscheinlichen die Grundsätze zur kritischen Prüfung von Meinungen und gesetzten Zwecken zu finden [7]. Bei einer dialektischen Auseinandersetzung geht es nach Aristoteles stets um eine der vier Fragen: Kommt in dem zur Diskussion stehenden Satz das Prädikat dem Subjekt als Akzidens, Genus, Proprium oder Definition zu? [8] Zur kritischen Prüfung der Antworten dienen dieselben Verfahren wie in den apodiktischen Wissenschaften: Syllogismus und Induktion [9]. Diese Prüfungsverfahren setzen aber voraus, daß man die entsprechenden Syllogismen und Induktionen auch zu finden weiß. Die Aufgabe der Topik besteht daher darin, die «Örter» (τόποι) zu nennen, aus denen man die Mittel (ὄργανα) zur Auffindung der dialektischen Schlüsse entnehmen kann. Wer die Örter kennt, weiß, wie man Prämissen ermitteln, die verschiedenen Bedeutungen der Wörter unterscheiden und die Unterschiede oder Übereinstimmungen zwischen den Dingen auffinden kann [10]. Er verfügt damit über die erforderlichen Mittel, um jedes dialektische Problem lösen zu können.

Die unter dem Namen ‹Organon› zusammengefaßten logischen Schriften des Aristoteles enthalten als Gegenstück zur Topik die Analytik, die, als Lehre von den syllogistischen und demonstrativen Sätzen, die rein deduktiven Beweismethoden zum Gegenstand hat [11]. Das Verhältnis zwischen Analytik und Topik bleibt bei Aristoteles aber noch unklar [12]. CICERO behebt diese Zweideutigkeit, indem er die Topik für die Grundlage der Logik schlechthin erklärt. Er unterscheidet zunächst zwischen zwei Teilen der «ars» oder «ratio disserendi»: «unam inveniendi alteram iudicandi», die er beide auf Aristoteles zurückführt. «Die Stoiker», fährt er dann fort, «haben nur den einen Zweig ausgearbeitet. Die Wege des Urteilens nämlich haben sie sorgfältig verfolgt in jener Wissenschaft, die sie ‹Dialektik› nennen, die Kunst des Findens (ars inveniendi) aber, welche ‹Topik› genannt wird und welche sowohl nützlicher als auch ganz gewiß in der Ordnung der Natur früher ist, haben sie völlig vernachlässigt» [13]. Ciceros Topik hat allerdings mit der aristotelischen Kunst der kritischen Prüfung des Wahrscheinlichen wenig mehr gemeinsam. Die dialektischen Künste, über Wahr und Falsch zu urteilen, verderben nach Cicero bloß den Stil und führen zu Schwierigkeiten, die man selbst nicht mehr auflösen kann. Das aber, worauf es ankommt, «quoniam, quem ad modum inveniam quid dicam», das lehrten sie uns nicht [14]. Seine Topik dagegen solle helfen, «argumentum autem rationem» zu finden, «quae rei dubiae faciat fidem» [15]. Die aristotelische Logik des Wahrscheinlichen wird dadurch reduziert auf eine vorwiegend juristisch orientierte Rhetorik, die I. von Mitteln zur kritischen Prüfung auf eine «excogitatio rerum verarum aut veri similium quae causam probabilem reddant» [16]. Die Topoi (loci) sind nur noch «sedes, e quibus argumenta promuntur» [17]; denn es sei leicht, die verborgenen Gegenstände zu finden, wenn man ihren Ort kenne [18].

Nach Cicero ist das Schicksal der ars inveniendi bis ins 17. Jh. hinein sehr eng mit dem der *Dialektik* (s.d.) verknüpft. Die Topik wird entweder im ciceronischen Sinn mit der Logik gleichgesetzt, oder sie tritt – so vor allem im 13. und 14. Jh. – wiederum unter dem ursprünglichen aristotelischen Namen ‹Dialektik› der *Analytik* (s.d.) oder Logik im engeren Sinn gegenüber [19]. Diese terminologischen Verschiebungen sind jedoch nur Ausdruck für die Auseinandersetzung zwischen zwei konkurrierenden Auffassungen über das Wesen der ars inveniendi: Auf der einen Seite stehen die «Altaristoteliker», nach deren Ansicht die ars inveniendi in den engeren Bereich des Probablen gehört, in dem die Fragen sich nicht formal lösen lassen, sondern nach einer kritischen Prüfung und Abwägung der Argumente verlangen [20], auf der andern Seite die sogenannten «Rhetoridialektiker», die mit Cicero, Quintilian und Boethius in der Topik

nicht einen Sonderfall, sondern die Voraussetzung der Logik sehen. Ob eine Frage formal richtig entschieden wird, erscheint ihnen nebensächlich gegenüber dem Problem, allgemeine inhaltliche Gesichtspunkte, Topoi, anzugeben, welche Argumente finden lassen, die eine Antwort vor allem sachlich wahrscheinlich machen [21]. Diese humanistische Tradition der ciceronisch-agricolinischen Rhetoridialektik erreicht ihren Höhepunkt und vorläufigen Abschluß in VICO, der den Vorrang der Topik vor der (judikativen) Kritik entwicklungspsychologisch und phylogenetisch begründet: Das Erkennen der Dinge und «die Auffindung der allgemeinen Beweisgründe» gehen dem «Urteil über ihre Wahrheit» ebenso voraus, wie die Phantasie der Jugend vor dem Verstand des Alters auftritt [22]. Die Vorsehung hat daher «die menschlichen Angelegenheiten wohl gelenkt, indem sie im menschlichen Geist früher die Topik als die Kritik entwickelte ... Denn die Topik ist die Disziplin, die den Geist schöpferisch, die Kritik die, die ihn exakt macht; und in jenen Urzeiten mußten alle zum menschlichen Leben notwendigen Dinge erfunden werden, das Erfinden aber ist Sache des schöpferischen Geistes» [23].

Die vernichtende Kritik DESCARTES’ und F. BACONS an der traditionellen Topik und die Umdeutung des Begriffs ‹Dialektik› bei Kant und Hegel haben die topische ars inveniendi aus dem neuzeitlichen Bewußtsein völlig verdrängt. Durch die ciceronisch-humanistische Topik ist jedoch eine erkenntnistheoretisch-sprachphilosophische Thematik wachgeworden, deren Tragweite man erst heute abzuschätzen beginnt: das Problem «einer transzendentalen (existentialen) ‹Hermeneutik› als der Lehre von dem in der Sprache sich auslegenden überhaupt möglichen Seinsverständnis» und die Erkenntnis des «natürlichen Vorrangs einer aus dem praereflexiven Sprachgebrauch schöpfenden Topik vor der logischen Beurteilung der Rede» durch einzelwissenschaftliche oder formallogische Verfahren [24]. Den entscheidenden Anstoß zu dieser Rückbesinnung gab M. HEIDEGGER mit seiner Deutung des ἀλήθεια-Begriffes. Nach Heideggers ‹Sein und Zeit› ist «Entdecken» oder «Entdeckendsein» ein Modus der «*Erschlossenheit*» (s.d.) des Daseins, nämlich dessen Offenheit für das Begegnenlassen von innerweltlichem Seienden [25], und «Entdecktheit (d. h. die mögliche Offenheit oder Unverborgenheit) des innerweltlich Seienden» «eine Seinsmöglichkeit alles *nicht* daseinsmässigen Seienden» [26], die ihrerseits in der Erschlossenheit gründet und mit ihr «gleichursprünglich» ist [27]. Als «ursprünglichste Wahrheit» ermöglicht Erschlossenheit, daß Dasein sich entdeckend zu entdecktem Seienden verhält und sich als entdeckendes in der Aussage über Entdecktes ausspricht [28]. Der traditionelle Wahrheitsbegriff (Übereinstimmung von Erkennen und Gegenstand in der Aussage) erweist sich daher nach Heidegger als abkünftig von dem «ursprünglichen Phänomen der Wahrheit» [29]: Der primäre «Ort» der Wahrheit ist nicht die Aussage, sondern umgekehrt, «die Aussage als Aneignungsmodus der Entdecktheit ... gründet im Entdecken, bzw. der *Erschlossenheit*». Diese ist die «ontologische Bedingung der Möglichkeit dafür, daß Aussagen wahr oder falsch (entdeckend oder verdeckend) sein können» [30]. – In den spätern Werken spricht Heidegger dann nicht mehr von «entdecken», sondern von «eröffnen» oder «entbergen», und ‹Entdecktheit› wird zumeist mit ‹Unverborgenheit› wiedergegeben, das schon in ‹Sein und Zeit› als Übersetzung von ἀλήθεια dient [31], dort aber noch nicht terminologisch verwendet wird.

Anmerkungen. [1] Vgl. Proklos, Eucl. Elem. Comm., hg. Friedlein (1873) 211f. – [2] Vgl. C. A. Bretschneider: Die Geometrie und die Geometer vor Euklides. Ein hist. Versuch (1870) 146f. – [3] Diog. Laert. III, 24; Proklos, a. a. O. [1] 211. – [4] Vgl. H.-P. Stahl: Ansätze zur Satzlogik bei Platon, Methode und Ontol. Hermes 88 (1960) 409-451; R. Robinson: Platos' earlier dialectic (²1953) 178. – [5] Vgl. Aristoteles, Eth. Nic. III, 5, 1112 b 20ff. – [6] Vgl. Galen, Ars medica. Werke, hg. C. G. Kuehn 1 (1821) 305. – [7] Vgl. Aristoteles, Top. I, 1. 2. – [8] a. a. O. I, 4. – [9] I, 8. 12, 103 b 1-9. 105 a 10f. – [10] I, 13, 105 a 21-25. – [11] Vgl. Anal. pr. I, 1, 24 a-22 b 12. – [12] Vgl. E. Kapp: Der Ursprung der Logik bei den Griechen (1965) 11ff. 80. – [13] Cicero, Top. II, 6. – [14] De orat. II, 158f.; vgl. De fin. IV, 10; Acad. II, 91, 95ff. – [15] Top. II, 8. – [16] De inventione I, 9. – [17] Top. II, 7. – [18] Top. II, 6. – [19] Vgl. Thomas von Aquin, In Post. Anal., Prooem. (6); S. theol. II/II, 53, 4 c; dazu G. Tonelli: Der hist. Ursprung der kant. Termini ‹Analytik› und ‹Dialektik›. Arch. Begriffsgesch. 7 (1962) 125ff. – [20] Vgl. Tonelli, a. a. O. 126f.; W. Risse: Die Logik der Neuzeit 1 (1964) 205f. 296. – [21] Vgl. R. Agricola: De inventione dialectica (1528) 1, 1ff.; dazu Risse, a. a. O. 1, 18ff. – [22] G. B. Vico: De nostri temporis studiorum ratione, lat.-dtsch. (1947, ND 1963) 29. – [23] Scienza Nuova. Opere 1 (1957) 222f.; Die neue Wiss., dtsch. E. Auerbach (1924) 209. – [24] K. O. Apel: Die Idee der Sprache in der Tradition des Humanismus von Dante bis Vico. Arch. Begriffsgesch. 8 (1963) 143f. – [25] M. Heidegger: Sein und Zeit (1927, zit. ¹¹1967) 220; vgl. 110. 129. 218f. 228. – [26] a. a. O. 85. – [27] 220f. – [28] 223f. – [29] 219-226. – [30] 226. – [31] Vgl. 219.

2. Die I. in den methodischen Entwürfen der beginnenden Neuzeit.

– Innerhalb des judikativen Teils der Logik war die I. nie völlig ausgeschlossen, die Zweiteilung in ars iudicii und ars inveniendi daher zum vornherein fragwürdig. Die I. spielte allerdings zunächst nur eine untergeordnete Rolle in der Gestalt der auf Aristoteles zurückgehenden *inventio medii* [1], der Grundlage der *Eselsbrücke* (s.d.) des Mittelalters, die der Suche nach den Prämissen zu einer gegebenen Aussage dient. Mit Hilfe der inventio medii kann jedoch «nur formal bestimmt werden, ob der gesuchte Mittelbegriff antecedens, consequens oder repugnans zu Subjekt und Prädikat des Ausgangssatzes sein muß», der Inhalt der Prämissen dagegen kann auf diesem Wege nicht ausgemacht werden [2]. Das Fehlen einer Methode inhaltlicher demonstrativer I. wurde in der Tradition der Logik anscheinend lange Zeit nicht als Mangel empfunden, führte dann aber in der ausgehenden Scholastik zu neuen methodischen Ansätzen [3]. Ein erster Versuch, die Lücke in der Methode der via iudicii zu schließen, findet sich in der ‹Ars Magna› (s.d.) von Raymundus Lullus, die es ermöglichen sollte, alle denkbaren Kombinationen von Begriffsverbindungen zu finden. Petrus da Fonseca will der Schwierigkeit dadurch begegnen, daß er, im Anschluß an Agricolas Aufwertung der Dialektik als Instrument aller Wissenschaften, die in der Dialektik geübte Methode der ars inveniendi auch für die Auffindung demonstrativer Argumente in der Analytik brauchbar zu machen versucht [4].

Zunehmend werden jedoch bereits unter den *Humanisten* Zweifel daran wach, ob Dialektik – gleichgültig, ob man sie als die eigentliche logische Disziplin oder als Teil der judikativen Logik betrachtet – überhaupt eine brauchbare inventive Methode sei. Man greift zum Teil wieder auf die Analyse zurück und preist sie als den einzigen Weg zur E., so etwa Alessandro Piccolomini unter Berufung auf die Methoden der Mathematik [5] und Sebastiano Erizzo und Giacomo Aconcio im Anschluß an Galen [6]. Jacopo Zabarella, in der Tradition der Schule von Padua, gibt bereits eine genaue Analyse des später durch Galilei bekannt gewordenen Rhythmus' von (inventiver) Analyse und (demonstrativer) Synthese – zergliedernder Rückschluß von der Wirkung auf die Ursache und synthetischer Prozeß von der Ursache zur Wirkung [7]. Aber selbst diese Versuche bleiben, wie alle methodologischen Bemühungen der Humanisten, letztlich im Literarischen stecken: Ihr Ziel ist die Diskussion und Analyse von Begriffen und Definitionen [8].

Auf der Suche nach einer inventiven Methode, die den Ansprüchen der sich herausbildenden neuzeitlichen Wissenschaft und Technik zu genügen vermag, übernehmen *Descartes* und *F. Bacon* die humanistische Kritik an der scholastischen Logik und Syllogistik. Nach Descartes hilft der Syllogismus bestenfalls, das bereits Bekannte deutlicher zu machen, aber er sei kein methodischer Weg, das Wissensmaterial zu erweitern [9], und Bacon wirft der herkömmlichen Logik vor, sie führe eher «zur Befestigung von Irrtümern als zur Aufdeckung der Wahrheit» und zur Erfindung (E.) wissenschaftlicher Prinzipien und Axiome [10]. Ebenso entschieden wenden sie sich aber auch gegen alle Versuche der Humanisten, die aristotelische Dialektik neu zu beleben. Die traditionelle logische I., schreibt Bacon, diene weder der E. von Werken (inventio operum) noch der E. von Wissenschaften (inventio scientiarum) [11], sondern nur der E. von Worten und Argumenten [12]. Dies sei aber keine En. von Unbekanntem, sondern bloß die Erinnerung an bereits Bekanntes; die loci inventionis seien daher nichts anderes als mnemotechnische Hilfsmittel [13]. Noch schärfer – und im selben Sinn wie später Kant [14] und Hegel [15] – urteilt Descartes: Die Dialektik mit ihren loci ermögliche es, über jede Sache zu schwätzen und selbst für die abwegigste Meinung irgendwelche scheinbar plausible Argumente beizubringen. Aber diese Kunst habe nichts mit Wissenschaft zu tun, sie mache nur hochmütig und verderbe die Vernunft [16]. – Einig sind sich Bacon und Descartes auch in der – allerdings mit unterschiedlicher Rhetorik vertretenen – Überzeugung, daß die gesuchte wissenschaftliche Methode inventiv sein muß; uneinig sie sich aber über das Wesen dieser Methode:

Das höchste Ziel aller Wissenschaft, die Begründung und Erweiterung der «Macht und Herrschaft des menschlichen Geschlechts über die Gesamtnatur», manifestiert sich nach Bacon in «fruchtbringenden» E. wie denen des Pulvers, des Kompasses und des Buchdruckes [17]. Alle diese E. habe man jedoch bisher dem Zufall oder dem bunten Experimentieren zu verdanken [18], weil sich die traditionellen Methoden als untauglich erwiesen hätten, die Formen oder Wesensgründe der Naturerscheinungen zu erforschen [19] und so die notwendige Voraussetzung für derartige E. zu schaffen [20]. Bacon sieht daher die «E. der E.en» [21] in der Entwicklung einer Methode, die uns künftig erlaubt, neue «lichtbringende» wissenschaftliche E. zu machen [22]. Diese Methode ist nach seiner Ansicht die im zweiten (unvollendeten) Teil seines ‹Novum Organon› dargestellte Methode der *Induktion* [23]. Damit die wahre «Interpretation der Natur», d. h. die methodische und reine Erfahrung, an die Stelle der bisherigen «Antizipation der Natur» mit ihren Vorurteilen und vorschnellen Verallgemeinerungen treten kann [24], muß zunächst der Verstand von allen Trugbildern und Täuschungen gereinigt werden: dies ist die Aufgabe der Idolenlehre [25]. Erst danach kann die Induktion einsetzen, die – im Sinne einer «Topica particularis» – im wesentlichen in einer Registrierung und Auswertung von Beobachtungen und Experimenten unter bestimmten «Gesichtspunkten» und «Tabellen» besteht: In der «tabula essentiae et praesentiae» sollen möglichst alle Fälle gesammelt und geordnet werden, in denen die untersuchte Eigenschaft (natura) deutlich zutage tritt, in der «tabula declinationis sive absentiae» alle jene Fälle, die den positiven in gewisser Hinsicht ähnlich sind, in denen aber die untersuchte Natur fehlt, und in der «tabula graduum» schließlich alle jene Fälle, in denen die untersuchte Eigenschaft in gradueller Abstufung auftritt [26]. Durch die «exclusio» oder «rejectio» sind nun alle unwesentlichen oder negativen Instanzen auszuschließen, und in der «Weinlese» (vindemiatio) alle wesentlichen oder positiven Instanzen zusammenzutragen [27]. Das Resultat dieses Verfahrens ist die Definition der Form oder des Wesensgrundes der untersuchten Eigenschaft. – Bacon hält seine Induktion für den einzig sicheren Weg zur Wahrheit. Sie ersetze nicht nur die zur E. untaugliche aristotelische Deduktion und Topik, sondern die aristotelische Induktion, die entweder in einer blossen Aufzählung von Einzelfällen bestehe (enumeratio simplex) oder in einem Sprung von einigen positiven Fällen zu allgemeinsten Gesetzen ohne methodische Berücksichtigung der Gegeninstanzen [28].

Obwohl DESCARTES trotz seines Rationalismus' Bacon darin recht gibt, daß Erfahrung und Experiment für die Entwicklung der Wissenschaften unentbehrlich sind, hält er Bacons Induktion für unzulänglich: Die sinnlichen Vorstellungen könnten wir erst dann begreifen, wenn wir sie auf klare eingeborene Elementarbegriffe, wie Ausdehnung, Zahl, Dauer und Bewegung, zurückzuführen vermöchten [29]. Beobachtungen und Experimente dienten daher nicht zur E. neuer Prinzipien, sondern weit eher zur Verifikation der aus unserem Verstand geschöpften Prinzipien aufgrund eines hypothetisch-deduktiven Verfahrens [30]. Eine Methode der E. gibt es nach Descartes nur bei der Erforschung der letzten metaphysischen Prinzipien: den in seinen ‹Meditationes› verwendeten «Weg der Analysis». «Die Analysis zeigt den wahren Weg, auf dem eine Sache methodisch und gleichsam a priori gefunden worden ist», so daß der Leser die Sache ebenso vollkommen einsehen kann, wie wenn er sie selbst gefunden hätte [31]. Die Synthesis dagegen, für die Mathematik angemessener als für die Metaphysik, geht den entgegengesetzten Weg und beweist den Schlußsatz gleichsam a posteriori mit Hilfe einer langen Reihe von Definitionen, Postulaten, Axiomen, Theoremen und Problemen, aber sie «füllt den Geist des Lernbegierigen nicht aus, weil sie die Art und Weise, wie die Sache gefunden worden ist, nicht lehrt» [32].

Die Differenz zwischen Bacon und Descartes – auf der einen Seite eine inventive Methode der Erfahrung, die zu absolut gewissen Resultaten führt, und auf der andern eine inventive Methode a priori, deren Resultate durch Erfahrung überprüft werden müssen – ist jedoch nicht so groß, wie es zunächst scheinen mag. BACON wurde sich zunehmend darüber klar, daß seine Methode, obwohl theoretisch hinreichend, praktisch doch nur zu provisorischen Hypothesen führt, deren Konsequenzen an neuen Fakten getestet werden müssen; denn die Tabellen seien nie vollständig und die Begriffe, in denen die Beobachtungen ausgedrückt werden, könnten nie vollkommen definiert werden [33]. DESCARTES seinerseits räumt ein, daß der Prozeß, durch den die «innatae ideae» zu Bewußtsein gebracht werden, von gewissen Einzelerfahrungen ausgehen muß [34]. Auf welche Weise aber generelle Aussagen aus singulären gewonnen werden können, darüber weiß Descartes nicht viel mehr zu sagen als HOBBES und alle Rationalisten nach ihm [35], und mit der Vorherrschaft der synthetischen Methode more geometrico verschwindet dieses Problem gänzlich. Es ist daher nicht verwunderlich, daß alle spätern Methodologen mit Newton an der Spitze direkt oder indirekt wieder an Bacons Induktionstheorie anknüpfen.

Unter Verwendung des Begriffspaares ‹analytisch/synthetisch› gibt NEWTON – ähnlich wie bereits Galilei – eine wohlausgewogene Beschreibung der mathematisch-physikalischen Methoden. Jede Wissenschaft, selbst die Geometrie [36], müsse mit der analytischen Methode beginnen, die darin bestehe, daß man Experimente und Beobachtungen mache und aus ihnen durch Induktion allgemeine Schlüße ziehe. Bei der Analyse sollen jedoch nicht – wie Bacon fordert – qualitative, sondern quantitative Begriffe verwendet werden, die auf exakten Messungen beruhen [37]. Wiederum im Gegensatz zu BACON [38] erhofft sich NEWTON Gewißheit allerdings weder von dieser quantitativen Analyse noch von dem synthetisch-deduktiven Verfahren, mit dessen Hilfe aus den gefundenen Prinzipien neue Theoreme abgeleitet und dem Experiment unterworfen werden können; denn die allfällige experimentelle Bestätigung garantiert nach seiner Ansicht keineswegs die Gewißheit der gefundenen Resultate, sondern erhöht bloß ihre Wahrscheinlichkeit [39].

Anmerkungen. [1] Vgl. ARISTOTELES, Anal. pr. I, 27–30. – [2] L. OEING-HANHOFF: Die Methoden der Met. im MA, in: P. WILPERT (Hg.): Die Met. im MA (1963) 76. – [3] Vgl. Art. ‹Dialektik III, 3›; ‹Analyse 4›. – [4] PETRUS DA FONSECA: Institutiones dialecticae VII, 9 (Köln 1610) 368; (Ingolstadt 1611) 379f. – [5] A. PICCOLOMINI: In mechanicas quaestiones Aristotelis, Paraphrasis (1547) 78f.; vgl. N. W. GILBERT: Renaissance concepts of method (1960) 174ff.; E. GARIN: Der ital. Humanismus (1947) 184f. – [6] G. ACONCIO: De Methodo, sive Recta investigandarum, tradendarumque artium, ac scientiarum ratione (1617) 86ff.; zu S. ERIZZO vgl. GARIN, a. a. O. 185. – [7] Vgl. J. ZABARELLA: De Regressu c. 1. Opera Logica (1608) 481; G. GALILEI: An Carcaville (1637). Ed. naz. 17, 90; vgl. dazu GARIN, a. a. O. [5] 186ff., bes. 188; J. H. RANDALL jr.: The School of Padua and the emergence of modern sci. (1961) 55ff. – [8] Vgl. GARIN, a. a. O. [5] 185; GILBERT, a. a. O. [5] 224. – [9] R. DESCARTES, Regulae X. Oeuvres, hg. ADAM/TANNERY (= AT) 10, 405f. 439f. – [10] F. BACON: Novum Organum scientiarum (= NO) (1620). Works, hg SPEDDING/ELLIS/HEATH 1 und 4 (1858, ND 1963) 1, 12f. 82. 89. 105. – [11] NO 1, 11. – [12] NO 1, 617. 633; 4, 407. 421f. – [13] ebda.; NO 1, 11f. – [14] I. KANT, KrV A 268f. – [15] G. W. F. HEGEL, Vorles. zur Gesch. der Philos. Werke, hg. GLOCKNER 18, 409. – [16] DESCARTES, An Voetius. A/T 13 (2), 50-55. – [17] Vgl. BACON, NO 1, 129. – [18] Vgl. NO 1, 8. 70. 73. 108. – [19] NO 2, 1ff.; De augm. sci. III, 4. – [20] NO 1, 11. 70. 88. 108f. – [21] Vgl. NO 1, 129. – [22] Vgl. NO 1, 99. 103. 117. 121. 124. – [23] Vgl. NO 1, 19; Art. ‹Induktion›. – [24] NO 1, 26. – [25] Vgl. NO 1, 38-68; De augm. sci. V, 4. – [26] Vgl. NO 2, 11-13. – [27] NO 2, 18ff.; vgl. Art. ‹Idol, Idolatrie›. – [28] Vgl. Cog. et Visa. Works 3, 607f.; NO 1, 19. 105. – [29] Vgl. DESCARTES, Regulae V. A/T 10, 379f.; Med. III, 47. A/T 7, 45. – [30] Disc. VI. A/T 6, 63ff.; Princ. 4, 204. A/T 8, 327ff.; an Mersenne (1638). A/T 2, 142ff. – [31] Med., Resp. II. A/T 7, 155f.; 9 (1), 121f. – [32] ebda. – [33] Vgl. BACON, NO 1, 61, 82; De interpret. nat. 8. Works 3, 786; dazu C. J. DUCASSE: Francis Bacon's philos. of sci., in: E. H. MADDEN (Hg.): Theories of sci. method (1960) 72. – [34] Vgl. DESCARTES, Regulae XII. A/T 10, 424; Sur les Ves objections. A/T 9, 205f.; Med., Resp. II. A/T 7, 140f. – [35] Vgl. R. M. BLAKE: The role of experience in Descartes' theory of method, in: MADDEN, a. a. O. [33] 100; E. H. MADDEN: Thomas Hobbes and the rationalistic ideal, in: MADDEN, a. a. O. [33] 108ff. – [36] Vgl. I. NEWTON: Philos. naturalis principia mathematica (1687); dtsch. Math. Prinzipien der Naturlehre, hg. J. PH. WOLFERS (1872, ND 1963) I, 9. – [37] Opticks III, 1, Q. 31 (⁴1730, zit. ND 1931) 404. – [38] Vgl. BACON, NO, Preface. Works 1, 154; 4, 42; vgl. auch 1, 137; 4, 25. – [39] Vgl. NEWTON, Opticks a. a. O. [37] 404f.; An Oldenburg (1672). Opera (1779-85) 4, 342; Principia III, Reg. IV.

Literaturhinweise. L. OEING-HANHOFF s. Anm. [2]. – E. GARIN s. Anm. [5]. – N. W. GILBERT s. Anm. [5]. – J. H. RANDALL s. Anm. [7]. – E. H. MADDEN s. Anm. [33].

3. Die I. bei Leibniz und bei den englischen Empiristen. – Die von Newton im Anschluß an die aristotelisch-galensche Tradition wieder aufgenommenen Begriffe ‹Analyse› und ‹Synthese› werden zu den Schlüsselbegriffen der Leibnizischen «Scientia generalis». Nach LEIBNIZ sind Analyse und Synthese die einzigen wissenschaftlichen Methoden und beide können sowohl inventiv wie judikativ verwendet werden [1]. Die Analyse, in der ein Begriff auf seine Grundbegriffe, eine Wahrheit auf elementarere Wahrheiten, eine Wirkung auf ihre Ursachen [2], kurz, das Bedingte auf das Bedingende zurückgeführt wird, ist inventiv, wenn man das Bedingte als das Gegebene, das Bedingende als das Gesuchte betrachtet, und judikativ, wenn das Bedingte problematisch, das Bedingende aber bereits bekannt ist [3]. Ähnliches gilt für die Synthese, in der mit Hilfe der Ars combinatoria aus den einfacheren Elementen die aus ihnen zusammengesetzten Begriffs- und Wahrheitskombinationen oder aus den Ursachen die ihnen entsprechenden Wirkungen abgeleitet werden: Die Synthese ist inventiv, wenn man aus den bereits bekannten Elementen bisher unbekannte Konsequenzen und Wirkungen ableitet, judikativ, wenn man eine zwar bekannte, aber problematische Konsequenz von den gegebenen Elementen her zu deduzieren vermag [4]. Für den endlichen Verstand besteht jedoch nach Leibniz die Möglichkeit der doppelseitigen, d. h. sowohl inventiven wie judikativen, Verwendung von Analyse und Synthese nur im Bereich der «vérités éternelles»: Unter Verwendung des Kontradiktionsprinzipes ist es für uns prinzipiell möglich, durch Analyse alle Wahrheiten auf die unmittelbar gewissen Grundwahrheiten zurückzuführen [5] (während eine vollständige Analyse der Begriffe auf die Grundbegriffe schon nicht mehr in unserer Macht steht [6]) und durch Synthese alle aus ihnen ableitbaren Folgesätze zu finden und zu beweisen [7]. Bei den «vérités de faits» dagegen, die nicht ausschließlich dem Kontradiktionsprinzip, sondern auch und besonders dem Satz vom zureichenden Grund unterworfen sind, bleibt uns nur die I. [8]. Die Analyse der sinnlichen Tatsachen – vergleichbar der Rekonstruktion des Chiffrierschlüssels eines Kryptogramms oder des Bildungsgesetzes einer mathematischen Reihe [9] – hilft uns auf der Suche nach den möglichen Ursachen und Gesetzen, aber sie reicht nicht aus, diese Ursachen oder Gesetze judikativ zu rechtfertigen, da der induktive Schluß von den Konsequenzen (in Form der sinnlichen Erscheinungen) auf die Ursachen und von Einzelphänomenen auf universale Gesetze ungültig ist [10].

Die logische Grundlage der Analyse ist darum nicht die Charakteristik, sondern der Wahrscheinlichkeitskalkül [11], der die Wahrscheinlichkeit der gefundenen Gesetze an ihrer Simplizität, Ökonomie (Erklärung der größtmöglichsten Zahl von Phänomenen durch die kleinstmöglichste Zahl an Postulaten) und Voraussagekraft bemißt [12]. Die Synthese andererseits, weiterhin im Zeichen der Charakteristik, erlaubt uns, die logischen Konsequenzen aus den hypothetischen Gesetzen zu ziehen und so neue Fragen an die Natur zu stellen, die zu neuen Beobachtungen oder Experimenten führen [13]. Der judikative Rückschluß auf die Wahrheit der hypothetischen Gesetze ist aber selbst dann nicht zulässig, wenn die abgeleiteten Konsequenzen durch die neuen Experimente verifiziert werden, da auch falsche Prämissen zu wahren Resultaten führen können [14]. Weder Synthese noch Analyse also können absolute Gewißheit garantieren, aber die Analyse hat in den theoretischen Erfahrungswissenschaften und insbesondere bei der Lösung technischer, moralischer, politischer, diplomatischer und militärischer Probleme insofern den Vorrang, als zumindest ihre Ausgangsbasis, die Welt der sinnlichen Tatsachen, als a posteriori gewiß angesehen werden kann [15]. Die Analyse ist daher in diesem Bereich nach Leibniz die eigentliche Methode der Erfindung (= E.) [16],

während die Synthese, die sich ja nur auf hypothetische Voraussetzungen stützen kann, ins Uferlose führen würde, wenn man sie isoliert verwendete [17].

Überlegungen ähnlicher Art führten wohl dazu, daß man später die Synthese – wenn man diesen Begriff überhaupt noch verwendet – nicht mehr als inventive Methode betrachtet. Erstaunlicherweise spielt aber auch der Begriff der Analyse in der methodologischen Diskussion nach Leibniz nur noch eine untergeordnete Rolle, obwohl die analytische Methode gelegentlich noch – wenn auch, wie bei KANT, eher im Sinne Descartes – als «Methode des *Erfindens*» bezeichnet wird [18]. Bedeutung gewinnt sie erst wieder bei E. MACH, nach dessen Ansicht, «die meisten großen technischen E.» und «gerade die größten und wichtigsten Entdeckungen [= En.] der analytischen Methode ihren Ursprung verdanken, wobei natürlich», wie er hinzufügt, «synthetische Prozeduren nicht ausgeschlossen werden können» [19]. Da «das praktisch-technische oder das theoretische Ziel den einzigen Unterschied zwischen» E. und wissenschaftlicher Problemlösung ausmacht [20], ist für Mach die Analyse die inventive Methode schlechthin, im Alltag und in der Technik ebenso wie in der Mathematik und der Naturwissenschaft. Im Lichte dieser Methode wird für ihn auch die Bedeutung der Hypothese in der wissenschaftlichen Wahrheitsfindung durchsichtig: «Wir wollen die *unbekannten* Bedingungen einer Tatsache ermitteln ... Wir erdichten also vorläufig anschauliche Bedingungen bekannter Art; wir betrachten die Aufgabe, die wir zu lösen haben, versuchsweise als *gelöst*. Der Weg von den angenommenen Bedingungen zur Tatsache ist nun verhältnismäßig leicht zu übersehen. Die Annahmen werden jetzt solange modifiziert, bis dieser Weg genau zur gegebenen Tatsache führt ... Nach Ausschaltung alles Überflüssigen und Erdichteten aus den Annahmen ist die Analyse beendigt» [21].

Einer der Gründe dafür, daß der Begriff der Analyse in der methodologischen Diskussion nach Leibniz mehr oder weniger fallen gelassen wurde, liegt wohl darin, daß die analytische Methode in den Erfahrungswissenschaften – wie schon BERNARD TOMITANUS gesehen [22] und wie sich bei Newton, Leibniz und Mach bestätigt hat – letztlich mit der *Induktion* zusammenfällt und alle Probleme mit sich führt, die mit der Induktion verbunden und nach Hume besonders akut geworden sind: Gibt es methodische Regeln, die uns erlauben, von den Erscheinungen auf ihre Ursachen und von individuellen Fakten auf allgemeine Gesetze zu schließen, und welche Gültigkeit kommt diesen Regeln zu?

Die Formulierung von Induktionsregeln war eines der Hauptgeschäfte der *englischen Empiristen* in der Tradition Bacons. Drei der wichtigsten Regeln hatte BACON mit seinen Tafeln bereits aufgestellt, die – in Mills Terminologie gesprochen – Methode der Übereinstimmung, des Unterschiedes und der begleitenden Veränderung. HUME hat diese Methoden präzisiert, allerdings ohne Verwendung des Wortes ‹Induktion› [23]. J. E. W. HERSCHEL hat sie weiter ausgebaut und als vierte Regel die Residualmethode hinzugefügt [24]. Durch J. ST. MILL schließlich erhielten sie ihre endgültige und heute noch bekannte Form [25]. Die Funktion und Gültigkeit der Induktionsregeln ist jedoch umstritten: HERSCHEL sieht in ihnen vor allem inventive Regeln zur Auffindung von brauchbaren Hypothesen, die durch die hypothetisch-deduktive Methode verifiziert werden müssen [26]. MILL dagegen betrachtet sie als reine Beweisregeln («Induction is proof ...: it requires ... an appropriate test of proof;

and to provide that test is the special purpose of inductive logic» [27]), während W. WHEWELL sie überhaupt nicht als methodische Regeln versteht, sondern als eine Formulierung der zu erforschenden kausalen Relationen [28]. Whewells und Mills Äußerungen zu diesem Punkt sind jedoch nicht so eindeutig, wie es zunächst scheinen mag. MILL widerspricht sich selbst, wenn er an anderer Stelle die Induktion nicht nur als Beweismethode, sondern auch als «operation of discovering ... general propositions» [29] definiert, und WHEWELL, unter Berufung auf Kant und in Widerspruch mit Mill, hebt zwar mit Recht hervor, daß generelle Aussagen nicht in reinen Beobachtungsaussagen enthalten sein können, sondern E. unseres Verstandes sind, die wir eher genialen und glücklichen Einfällen als einer erlernbaren «Art of Discovery» verdanken [30]. Aber dies schließt keineswegs aus, daß die Induktionsregeln zumindest dazu dienen könnten, bestimmte Hypothesen, wenn nicht zu finden, so doch nahezulegen [31]; denn – wie A. BAIN sagt – «everything that reduces information to the shape best suited for recollection and reference, everything that facilitates the comparison of resembling facts – must be enrolled among the means of Discovery» [32].

Anmerkungen. [1] Vgl. L. COUTURAT: La logique de Leibniz (1901, ND 1961) 177ff. – [2] COUTURAT, a. a. O. 178f. – [3] G. W. LEIBNIZ, Philos. Schr., hg. GERHARDT (= PSG) 7, 168f. 183. 477. – [4] ebda.; vgl. auch Opuscules et frg. inéd. de LEIBNIZ, hg. L. COUTURAT (= OFC) (1903, ND 1961) 557ff. – [5] PSG 7, 82. – [6] PSG 1, 392; OFC 514. – [7] OFC 170f. 560f.; PSG 7, 69. – [8] Vgl. PSG 7, 518. – [9] PSG 7, 61; Nouveaux Essais ... IV, 12, § 13 = PSG 5, 436; OFC 173f. 350. 562f. – [10] PSG 1, 195; 7, 331f.; Nouv. Ess. IV, 17, § 6 = PSG 5, 466. – [11] Vgl. OFC 273f. – [12] PSG 1, 195f. – [13] PSG 7, 23. 57. 126. 518. 526. – [14] PSG 1, 195; Nouv. Ess. IV, 17, § 6 = PSG 5, 466. – [15] PSG 3, 183. 193f.; 7, 22; Math. Schr., hg. GERHARDT 1, 181. – [16] COUTURAT, a. a. O. [1] 276ff. – [17] LEIBNIZ, Nouv. Ess. IV, 2, § 7 = PSG 5, 350. – [18] Vgl. I. KANT, Logik § 117. Akad.-A. 9, 149. – [19] E. MACH: Erkenntnis und Irrtum (⁵1926) 261. – [20] a. a. O. 255. – [21] 270. – [22] Vgl. J. H. RANDALL jr.: The School of Padua and the emergence of modern sci. (1961) 49. – [23] Vgl. D. HUME, Treatise of human nature, hg. L. A. SELBY-BIGGE (1946) I, 3, 15. 22, S. 173ff. – [24] J. F. W. HERSCHEL: Prelim. disc. on the study of nat. philos. (1842) sec. 146-162. – [25] J. ST. MILL: A. system of logic (⁸1874) 3, 8. – [26] HERSCHEL, a. a. O. [24] sec. 144. 170. 176f. 180. 184. – [27] MILL, a. a. O. [25] 3, 2, § 5, S. 222. – [28] Vgl. W. WHEWELL: On the philos. of discovery (³1860) 263ff. – C. J. DUCASSE: William Whewell's philos. of sci. discovery, in: E. H. MADDEN (Hg.): Theories of sci. method (1960) 208. – [29] MILL, a. a. O. [25] S. 208. – [30] W. WHEWELL: Novum Organon Renovatum (³1858) 44. 64. 142. – [31] Vgl. C. DUCASSE, a. a. O. [28] 209. – [32] A. BAIN: Logic 2 (²1873) 419f.

Literaturhinweis. E. H. MADDEN s. Anm. [28].

4. Die Diskussion über die Möglichkeit einer inventiven Methode im 19. und 20. Jh. – Durch den im 17. Jh. einsetzenden Geniekult wird die Idee einer methodisch geregelten I. von Grund auf in Frage gestellt. I. gilt nicht mehr länger als Sache der Logik, sondern als «Frucht des Zufalls oder des Genies», wie die zum Topos gewordene These lautet [1]. Das wissenschaftliche Genie wird dabei dem künstlerischen völlig gleichgesetzt; es ist dieselbe «faculty of *invention*; by means of which a man is qualified for making new discoveries in science, or for producing original works of art» [2]. Erst KANT beginnt diese Gleichsetzung anzuzweifeln. Der wissenschaftliche Erfinder unterscheidet sich nach seiner Ansicht vom künstlerischen Genie darin, daß er «alle seine Schritte ... nicht allein sich selbst, sondern jedem andern ganz anschaulich und zur Nachfolge bestimmt vormachen könnte; [wogegen] kein *Homer* aber oder *Wieland* anzeigen kann, wie sich seine phantasiereichen und doch zugleich gedankenvollen Ideen in seinem Kopfe hervor und zu-

sammen finden, darum weil er es selbst nicht weiß und es also auch keinen andern lehren kann» [3]. Mit der Behauptung, daß wissenschaftliche Erfindung (= E.) erlernbar sei, weil sie «auf dem natürlichen Wege des Forschens und Nachdenkens nach Regeln liegt und von dem, was durch Fleiß vermittelst der Nachahmung erworben werden kann, nicht specifisch unterschieden ist» [4], hat Kant im Grunde die Möglichkeit und die Berechtigung einer inventiven Logik wieder anerkannt. Seine Skepsis richtet sich eher gegen ihre Verwirklichung. Die «Logik der Schulen» lehre uns nichts darüber, «wie man gut suchen» und «den Dingen auf die Spur» kommen könne. Baco von Verulam habe zwar «ein glänzendes Beispiel» gegeben «an seinem Organon von der Methode», aber dieses Beispiel reiche nicht zu, «eine Belehrung nach bestimmten Regeln zu geben, wie man mit Glück suchen solle, denn man muß immer hiebei etwas zuerst voraussetzen (von einer Hypothese anfangen), von da man seinen Gang antreten will, und das muß nach Principien gewisser Anzeigen zu Folge geschehen, und daran liegts eben, wie man diese auswittern soll» [5]. Kant hält daher ein natürliches Talent «*vorläufig zu urtheilen* ... wo die Wahrheit wohl möchte zu finden sein ... und die kleinsten Anlässe der Verwandtschaft zu benutzen, um das Gesuchte zu entdecken oder zu erfinden», für unumgänglich [6].

Ähnlich wie Kant urteilt auch B. BOLZANO. Er hält es zwar für möglich, daß innerhalb der Logik – etwa im Sinne der im vierten Teil seiner ‹Wissenschaftslehre› dargestellten «E.-Kunst» oder «Heuristik» (s.d.) – ein Kanon von Regeln zur E. neuer Wahrheiten aufgestellt werden könne, aber er glaubt nicht, daß man durch die Kenntnis einer solchen E.-Kunst «auch bei den unglücklichsten Naturanlagen und ohne alle Hilfe des Zufalls, durch eine bloß mechanische Befolgung ihrer Regeln, jede beliebige, bisher verborgene Wahrheit sicheren Schrittes suchen und auffinden könnte» [7]. Apodiktischer, und wiederum im Sinne der alten Geniethese, formuliert W. T. KRUG: «Eine *Entdeckungs*- oder *E.-Kunst*, die man Jemanden lehren könnte, giebt es nicht, weil das Entdecken und Erfinden Sache des Genies oder des Zufalls ist» [8].

Zu einer ernsthaften Diskussion über die Möglichkeit oder Unmöglichkeit einer inventiven Logik kommt es, zumindest auf dem Kontinent, erst wieder in der zweiten Hälfte des 19. Jh., als führende Fachwissenschafter wie J. VON LIEBIG und CL. BERNARD unter Berufung auf die These von der I. als eines Produkts des Genies, der Imagination und des Zufalls den philosophischen Methodologien des Erfindens den Kampf ansagen und die Kompetenz philosophischer Logiker in Fragen der wissenschaftlichen Methode grundsätzlich bestreiten [9]. Im Zuge des in Frankreich erwachenden Spiritualismus findet diese Opposition gegen die traditionelle Methodologie auch bei gewissen Philosophen Anklang und wird von ihnen zunehmend radikalisiert.

«L'invention n'est ... pas une opération consciente et réfléchie», schreibt P. SOURIAU, «... elle n'est même pas une opération méthodique» [10]. Noch anti-intellektualistischer formuliert der von H. Bergson inspirierte E. LE ROY: «L'invention s'accomplit dans le nuageux, dans l'obscur, dans l'inintelligible, presque dans le contradictoire» [11]. Selbst die sogenannten Intellektualisten sind zwar bereit, dem Satz Cl. BERNARDS «Die experimentelle Methode wird nie neue und fruchtbare Ideen jenen geben, die sie nicht schon haben» [12] zuzustimmen oder – wie K. FISCHER und C. SIGWART – zumindest einzuräumen, daß bis anhin «eine Logik fehle, die sich zu den naturwissenschaftlichen Geistesoperationen, zu der Erzeugung und Bildung der Begriffe verhalte, wie die aristotelische Logik zu der Bildung der Urteile und Schlüsse» [13]. Aber sie bestreiten, daß man aus der Tatsache, daß sich Erfinder nicht produzieren lassen wie Mechaniker und Uhrmacher [14], auf die Nutzlosigkeit aller inventiven Methoden schließen könne [15]. Ihre Kritik richtet sich zunächst gegen die von der Gegenseite vertretenen These, die logischen Methoden seien nur ein Mittel zur Kontrolle und Rechtfertigung der durch Imagination oder Zufall gefundenen Hypothesen [16]. «La vérification», argumentiert J. Picard, «constitue souvent une véritable invention». «La vérification est souvent la partie essentielle de la découverte» [17]. Wie die Verifikation E.-Gabe voraussetze, so setze die E. Logik voraus. Das analogische Denken, auf das Anti-Intellektualisten wie Le Roy so großes Gewicht legten, sei nicht nur eine Frage der Intuition, sondern auch der diskursiven Logik, und zudem – neben Induktion, Deduktion, Analyse und Synthese – nur einer der möglichen Wege zur Gewinnung von Hypothesen [18].

Ebenso umstritten wie die Beschränkung der Logik auf bloße Verifikation ist die anti-intellektualistische These, daß es die Imagination sei, «qui invente, qui fournit aux facultés rationelles leur matière, la position et même la solution de leur problèmes» [19]. L. Brunschwicg und L. Couturat begegnen ihr mit der nicht weniger extremen Gegenthese, die Gesetze des inventiven Prozesses seien letztlich identisch mit den Regeln der demonstrativen Logik [20], denn es sei ein Charakteristikum der Wissenschaft «que l'invention s'y fait découverte, et cela grâce à un procédé intellectuel de vérification» [21], während E. Naville, etwas vorsichtiger, der Imagination zwar ein gewisses Recht zugesteht, aber anderseits darauf hinweist, daß der entscheidende inventive Akt nicht darin bestehe, neue Ideen und Kombinationen zu finden, sondern aus den vielen Möglichkeiten die fruchtbaren kritisch auszuwählen [22], eine Einsicht, die H. Poincaré auf die prägnante Formel gebracht hat: «Inventer, c'est discerner, c'est choisir» [23]. Die Wahl der fruchtbaren Möglichkeit mag zwar wiederum geleitet sein durch eine Intuition oder – wie H. Poincaré und J. Hadamard vermuten – durch einen «sense of scientific beauty» [24], aber sie unterliegt zugleich rein rationalen Kriterien, die sowohl die Bedingungen festlegen, denen die gesuchte Lösung genügen muß, wie auch die Richtung, in der die Lösung zu suchen ist. «Si le raisonnement ne produit pas toujours l'idée ...», schreibt F. Paulhan, «il ne s'oppose pas non plus à la création spontanée; il en détermine les conditions, il en limite à l'avance le champ et il la prépare en organisant la sélection qui, parmi toutes les idées diversement évoquées, retiendra celle qui s'adapte à la circonstance présente» [25]. Die von Paulhan angedeutete heuristische Bedeutung der rationalen Problemanalyse wird auch von Gestaltpsychologen wie M. Wertheimer, N. R. F. Maier und K. Duncker hervorgehoben: Eine Problemlösung kann nur dann gefunden werden, wenn das Geforderte oder Gesuchte immer wieder von neuem durch das Gegebene hindurch und das Gegebene auf das Gesuchte hin gesehen wird [26]. Nach C. Claparède schließlich gibt es überhaupt keinen Intelligenzakt, in dem sich logische und außerlogische Momente voneinander trennen ließen: Jede der drei an einem vollständigen Intelligenzakt beteiligten Operationen, Frage, Hypothese und Verifikation, enthält nach seiner Ansicht die übrigen zwei: Die Frage impliziert bereits eine vage Hypothese, die Hypothese tritt auf in Form

einer Frage und setzt eine grobe Verifikation voraus, und die Verifikation enthält die Frage nach dem Wie der Verifikation und eine Hypothese als Antwort auf diese Frage [27].

Die enge psychologische Verbindung von logischen und außerlogischen Operationen sowohl bei der Findung wie bei der Verifikation von Hypothesen stellt den Methodologen vor die grundlegende Frage, ob sich I. und Verifikation bei der Analyse wissenschaftlicher Prozesse überhaupt sinnvoll voneinander trennen lassen. Diese Frage hat schon Hugo von Siena beschäftigt [28] und sie hat durch die jüngste Kontroverse zwischen K. R. Popper und T. S. Kuhn erneut an Aktualität gewonnen. Popper – im Einklang mit H. Reichenbach [29], R. B. Braithwaite [30] und den übrigen Anhängern des hypothetisch-deduktiven Wissenschaftsbegriffs – beharrt auf der strikten Trennung zwischen der I. von Theorien und ihrer Rechtfertigung. Die Wissenschaftslogik beschäftige sich ausschließlich mit der Überprüfung und Rechtfertigung, «das Aufstellen der Theorien» dagegen «scheint uns einer logischen Analyse weder fähig noch bedürftig zu sein» [31]. Die Frage, wie jemandem etwas einfalle, interessiere die Psychologie, nicht aber die Erkenntnislogik [32]. Kuhn hält diese Unterscheidung für äußerst problematisch, weil sie den Einblick in die aktuelle Situation, «in which knowledge is gained, accepted, and assimilated», eher hinderlich als förderlich sei [33]. Popper habe übersehen, daß das von ihm vorgeschlagene Falsifikationsverfahren nur innerhalb der «normalen Wissenschaft» anwendbar sei, d. h. innerhalb einer etablierten wissenschaftlichen Tradition, die – auf das Paradigma einer normsetzenden wissenschaftlichen Errungenschaft gestützt – die Kriterien und Regeln festlege, mit deren Hilfe sich bestimmen lasse, wann ein wissenschaftliches «puzzle» als gelöst betrachtet werden könne [34]. Er sei daher der Täuschung verfallen, daß die Kriterien, welche die Gültigkeit der Artikulation oder der Anwendung einer bereits akzeptierten Theorie bestimmen, auch ausreichten, um zwischen den rivalisierenden Theorien in einer vorwissenschaftlichen Phase oder während eines revolutionären Umbruchs entscheiden zu können [35]. Die Wahl zwischen konkurrierenden Theorien sei jedoch in Wirklichkeit weit eher eine Frage der Rhetorik und der persönlichen Überzeugung als das Resultat eines zwingenden Beweis- oder Rechtfertigungsverfahrens. Sobald sich aber ein bestimmtes Paradigma durchgesetzt habe, so sei umgekehrt nicht nur die Überprüfung, sondern auch die I. von «puzzle»-Lösungen weit eher ein logischer als ein psychologischer Prozeß [36].

Wissenschaftslogiker der analytischen Schule haben unabhängig von Kuhn versucht, das von ihm als Paradigma bezeichnete Phänomen für eine Logik der I. fruchtbar zu machen. Der rationale Kern eines Paradigmas ist, wie M. Masterman aufgezeigt hat, stets eine Analogie oder ein konkretes Modell, «which guides and restricts the theory's articulation, excising and removing» [37]. Sie stützt sich dabei auf den Analogie- und Modellbegriff, der in den letzten Jahren von Autoren wie N. R. Hanson [38], M. Black [39], M. B. Hesse [40], R. Harré [41] im Anschluß an N. R. Campell analysiert und herausgearbeitet worden ist. Eine Analogie ist, wie Harré definiert, «a relationship between two entities, processes, or what you will, which allows inferences to be made about one of the things, usually that about which we know least, on the basis of what we know about the other» [42]. Die so verstandene Analogie erfüllt die inventive Funktion, die man seit F. Bacon der Induktion zugeschrieben hat: Wägt man die Gleichheiten zwischen dem Modell und seinem Gegenstand (positive Analogie) gegen die Ungleichheiten (negative Analogie) ab, so lassen sich daraus weitere Hypothesen über die zu erwartenden Gleichheiten oder Ungleichheiten in bezug auf andere, bisher noch nicht erforschte Eigenschaften des Modells (neutrale Analogie) erschließen [43]. Dieser erhellende Modell- und Analogiebegriff bedarf zweifellos noch weiterer Analyse, aber er ist zumindest ein entscheidender Schritt in Richtung auf die von C. S. Peirce [44] und F. C. S. Schiller [45] anfangs des 20. Jh. geforderte «purely logical doctrine of how discovery must take place» [46].

Anmerkungen. [1] Encyclop. ..., hg. Diderot/d'Alembert 10 (1779) 444: Art. ‹Découverte›; vgl. auch W. T. Krug: Allg. Handwb. der philos. Wiss. (1827) 767: Art. ‹En. und E.›. – [2] A. Gerard: Essay on genius (1774) 8. – [3] I. Kant, KU § 47. Akad.-A. 5, 309. – [4] Akad.-A. 5, 308. – [5] Anthropol. in pragmat. Hinsicht (1798) § 56. Akad.-A. 7, 223. – [6] ebda. – [7] B. Bolzano: Wissenschaftslehre (1837) § 9 Anm. 3. – [8] Krug, a. a. O. [1] 767. – [9] Vgl. J. von Liebig: Über Francis Bacon von Verulam und die Methode der Naturforsch. (1863) 1f. 44ff.; C. Bernard: Introd. à l'étude de la méd. exp. (1865) 56ff. 79ff. 358; dtsch. Einf. in das Studium der exp. Med. (1961) 57ff. 80f. – [10] P. Souriau: Théorie de l'I. (1881) 12. – [11] E. le Roy: Sur la logique de l'I. Rev. Mét. Morale 8 (1905) 196. – [12] Bernard, a. a. O. [9] 56; Einf. a. a. O. [9] 57. – [13] K. Fischer: Francis Bacon und seine Schule (⁴1923) 335; C. Sigwart: Ein Philosoph und ein Naturforscher über Franz Bacon von Verulam. Preuß. Jb. 12 (1863) 126. – [14] Th. Ribot: Imagination créatrice (1903) 204. – [15] Vgl. J. Picard: Essai sur la logique de l'I. dans les sci. (1928) 13. – [16] Vgl. etwa le Roy, a. a. O. [11] 214; Ribot, a. a. O. [14] 204. – [17] Picard, a. a. O. [15] 281. – [18] Essai sur les conditions positives de l'I. dans les sci. (1928) 161. – [19] Ribot, a. a. O. [14] 204. – [20] Vgl. L. Couturat: Pour la logistique. Rev. Mét. Morale 40 (1906) 215; La logique et la philos. contemporaine a. a. O. 325f. – [21] L. Brunschwicg: La philos. nouvelle et l'intellectualisme. Rev. Mét. Morale 9 (1901) 475; L'idéalisme contemporain (²1921) 163. – [22] E. Naville: La logique de l'hypothèse (1880) 208. – [23] H. Poincaré: Sci. et méthode (1927) 48. – [24] J. Hadamard: The psychol. of I. in the math. field (1945) 31; Poincaré, a. a. O. 57. – [25] F. Paulhan: Psychol. de l'I. (⁴1930) 91. – [26] Vgl. K. Duncker: Zur Psychol. des produktiven Denkens (1935, ND 1963) 24ff. – [27] E. Claparède: La genèse de l'hypothèse. Arch. Psychol. 24 (1934) 6. 19. – [28] Vgl. Hugo von Siena: Expositio Ugonis Jenensis super libros Tegni Galieni (1498) Comm. Text I. – [29] Vgl. H. Reichenbach: Experience and prediction (1938) 382. – [30] Vgl. R. B. Braithwaite: Sci. explanation (1955) 21f. – [31] K. R. Popper: Logik der Forsch. (³1969) 6. – [32] ebda. – [33] T. S. Kuhn: The structure of sci. revolutions (²1970) 9. – [34] Logic of discovery or psychol. of research? in: I. Lakatos/A. Musgrave (Hg.): Criticism and the growth of knowledge (1970) 19; dazu Structure a. a. O. 10-51. – [35] Logic ebda. – [36] Vgl. Structure a. a. O. [33] 198ff.; Reflections on my critics, in: Lakatos/Musgrave, a. a. O. [34] 259ff. – [37] M. Masterman: The nature of a paradigm, in: Lakatos/Musgrave, a. a. O. [34] 78. – [38] Vgl. N. R. Manson: Is there a logic of sci. discovery? in: H. Feigl/G. Maxwell (Hg.): Current issues in the philos. of sci. (1961) 20-35. – [39] M. Black: Models and metaphors (1962) ch. 3. 13. – [40] Vgl. M. B. Hesse: Models and anlogies in sci. (1966). – [41] Vgl. R. Harré: The principles of sci. thinking (1970) 33-62. – [42] R. Harré: The philos. of sci. (1972) 172. – [43] Vgl. etwa Hesse, a. a. O. [40] 8. – [44] Vgl. C. S. Peirce, Coll. Papers 2 (1932) sec. 107ff. – [45] Vgl. F. C. S. Schiller: Logic for use: An introd. to the voluntarist theory of knowledge (1929) 320f. – [46] Peirce, a. a. O. [44] 2, sec. 107.

IV. *Psychologie der Erfindung.* – Die Reaktion gegen die traditionelle Logik des Erfindens in der zweiten Hälfte des 19. Jh. führt in Frankreich zu den ersten Ansätzen einer Psychologie der Erfindung (= PdE.), dem Vorläufer der heute vor allem in den angelsächsischen Ländern betriebenen Kreativitätsforschung. Als empirische Grundlage dienen zunächst mehr oder weniger beiläufige Beobachtungen und Erfahrungen, sei es anhand der Geschichte der wissenschaftlichen Entdeckungen (= En.) (J. Picard, P. Souriau), einzelner Erfinderbiographien (W. Ostwald) oder der introspektiven Analyse führen-

der Forscher (H. Poincaré, J. Hadamard). Nach und nach werden aber auch experimentelle Methoden (*Würzburger Schule*, O. Selz, K. Duncker, C. Spearman, E. Claparède) und in jüngster Zeit psychometrische und diagnostische Techniken verwendet. Die Erforschung der psychologischen, sozialen und institutionellen Bedingungen des Erfindens ist von Anbeginn [1] nicht nur theoretisch, sondern auch praktisch motiviert. Man hofft, eine Art «Technologie» des Erfindens entwickeln zu können, die von methodischen Ratschlägen an den individuellen Forscher und Erfinder [2] über gruppendynamische Techniken der Problemlösung [3] bis zu wissenschafts- und erziehungspolitischen Maßnahmen in bezug auf Forschungsorganisation, Begabtenauslese, Curriculumgestaltung usw. reicht [4].

Die wissenschaftslogische Spannung zwischen I. und Verifikation tritt in der PdE. wieder auf als die Frage nach dem Verhältnis zwischen Kontinuität und Diskontinuität, Bewußtem und Unbewußtem im inventiven Prozeß und nach der Relation zwischen Intelligenz und kreativer Fähigkeit. Eine Vorentscheidung in dieser Frage bestimmt schon den der Forschung zugrunde liegenden E.-Begriff. Sind die sog. großen E. und En. qualitativ oder nur graduell verschieden von den alltäglichen Formen des Findens und Erfindens wie dem kreativen Spiel des Kindes oder der Lösung von Schachproblemen? Trotz der offensichtlichen Unterschiede im Niveau der E.en, etwa des schon von P. Souriau hervorgehobenen Unterschiedes zwischen einer Operation, d. h. der Anwendung einer bestehenden Methode auf ein vorgegebenes Problem, und der En. von neuen Methoden und Problemen [5] oder des später vor allem von N. R. F. Maier herausgearbeiteten Gegensatzes zwischen reproduktivem, auf der Anwendung von früheren Erfahrungen beruhendem und produktivem, Erfahrungen umwandelndem Denken [6], neigen die meisten Autoren zur Annahme des graduellen Modells. Nach F. Paulhan ist die I. der höchste Punkt einer Skala, an deren tiefstem die Routine und in deren Mitte die Imitation steht [7], und so wie die I. Routine und Imitation voraussetzt [8], so enthält – gemäß der Analyse von J. Royce – jede Routine und Imitation, wie etwa die Variation der Schriftnorm in den individuellen Handschriften beweise, «a considerable tendency to independent variation» [9]. Zur I. im sozialen Sinn kommt es nach Royce allerdings erst dann, «if these variations of our initiative activities themselves get imitations from others» [10]. Royces und Paulhans Grundgedanke ist in den neuern Arbeiten weitergeführt und verfeinert worden. So unterscheidet etwa I. A. Taylor nach eingehender Prüfung von über 100 Kreativitätsbegriffen zwischen fünf Stufen der Kreativität (expressive, productive, inventive, innovative, emergentive creativity), die seiner Ansicht nach nicht qualitativ, sondern nur in bezug auf Tiefe und Reichweite der Innovation differieren [11].

Die Wahl des graduellen Modells bedeutet zugleich eine Absage an den Topos von der E. als einer Sache des Genies und des Zufalls. Es läßt sich zwar nicht bestreiten, daß sich das Genie durch besonders hoch entwickelte intellektuelle Fähigkeiten und besonders ausgeprägte Persönlichkeitsmerkmale auszeichnet, und es ist eine offene Frage, wie weit es vom Durchschnitt abweicht, insbesondere, wie weit die von C. Lombroso [12], E. Kretschmer [13], W. Lange-Eichbaum [14] und anderen vertretene These zutrifft, das Genie sei die Manifestation einer die Grenzen des Normalen überschreitenden, emotional instabilen und pathologischen Persönlichkeit [15]; aber ihm irgendwelche besondern Fähigkeiten zuschreiben, wie es das griechische Wort ἐνθουσιασμός und das lateinische ‹ingenium› nahelegen, eine Art göttlicher Inspiration, käme nach Ansicht der meisten Autoren dem Eingeständnis gleich, daß für die Entstehung der großen kreativen Werke keine Erklärung gegeben werden kann [16]. Dasselbe gilt, wenn man E.en auf den Zufall zurückführt. Sofern die jeder Erklärung zugrunde liegende Idee der Determiniertheit allen Geschehens nicht preisgegeben werden soll, kann von Zufall, wie P. SOURIAU, einer der entschiedensten Vertreter der Zufallstheorie, einräumt, weder in bezug auf äußere noch in bezug auf innere Ereignisse (Einfälle, Intuitionen usw.) gesprochen werden [17]. Was wir Zufall nennen, sei das Zusammentreffen einer innern Disposition mit einem äußern Ereignis, «le conflict de la causalité externe et de la finalité interne» [18]. Das äußere Ereignis allein besage daher nichts. Mit einer von D'ALEMBERT geprägten [19] und von TH. RIBOT wiederaufgenommenen Formel ausgedrückt: «Le hasard heureux n'arrive qu'à ceux qui le méritent» [20]. Gegen Souriaus Versuch, den Zufall dennoch zum Prinzip der E. zu erheben, wird jedoch von J. PICARD und E. LE ROY mit Recht eingewandt, der Zufall in diesem Sinn könne niemals Prinzip, sondern nur Anlaß der E. sein [21]. Als Anlaß freilich, fügt später E. CLAPARÈDE hinzu, bleibt er ein von der Reflexion zwar kontrollierter, aber ihr letztlich unzugänglicher Faktor [22].

Die wesentlichen Unterschiede in der Erklärung des inventiven Prozesses ergeben sich aus dem unterschiedlichen Nachdruck, der auf die Kontinuität oder Diskontinuität der E. mit dem bereits Bekannten gelegt wird. Zur einseitigen Betonung der Kontinuität neigen jene Psychologen, welche die E. als eine Kombination oder Applikation gegebener Elemente betrachten: G. MOSKIEWICZ etwa, der die I. auf eine assoziative Ideenverbindung zurückführt [23], O. SELZ mit seiner These von der I. als einer Aktualisierung des bisherigen Wissens oder einer Abstraktion von neuen Lösungsmethoden (Mittelabstraktion) von einer vorgängigen Erfahrung [24] und C. SPEARMAN mit seinem Prinzip der «Eduktion der Korrelate», demzufolge ein gegebenes Element (a') und eine gegebene Relation ($a:b$) in unserem Geist ein neues Element (b') wachrufen kann, das zu dem gegebenen Element in der entsprechenden Relation steht ($a:b = a':[b']$) [25]. Wenn man hingegen – wie etwa E. LE ROY – in der E. in erster Linie einen Übergang von einer Ebene des Denkens zur andern sieht [26], so verschiebt sich der Akzent notwendigerweise auf die Diskontinuität. Man betont im Sinne H. BERGSONS[27] «la nouveauté, la synthèse originale, la création, l'intuition» [28] oder spricht mit den Gestaltpsychologen von einer plötzlichen Strukturation und Destrukturation, Zentralisation und Dezentralisation des Wahrnehmungs- oder Begriffsfeldes [29]. Eine ausgewogenere Beschreibung des inventiven Prozesses geben jene Theorien, die sowohl der Kontinuität wie der Diskontinuität gerecht zu werden versuchen. F. PAULHAN [30] und insbesondere TH. RIBOT [31] weisen als erste darauf hin, daß in jeder E. zwei komplementäre Operationen beteiligt sind, die *Dissoziation*, welche die etablierten Strukturen und Bilder aufbricht, und die *Assoziation*, welche mit Hilfe der Analogie neue Bilder und Ganzheiten schafft. M. REY [32] und H. DELACROIX [33] haben die Wichtigkeit dieser Unterscheidung erneut hervorgehoben. Sie taucht in anderer Form wieder auf in W. J. J. GORDONS Unterscheidung zwischen den zwei grundlegenden Operationen der «Synectics»: «making-the-strange-familiar» und «making-the-familiar-strange» [34], und mit der von A. S. LUCHINS

[35] im Anschluß an K. DUNCKER [36] aufgeworfenen Frage nach dem Verhältnis zwischen Rigidität (der Fixierung auf die in früheren Problemlösungen erworbenen Einstellungen) und Flexibilität (der Fähigkeit und Bereitschaft, in einer neuen Situation eine bestehende Einstellung zu ändern) wurde sie zur Grundlage zahlreicher experimenteller Untersuchungen.

Wie unterschiedlich die dem inventiven Prozeß zugrunde liegenden Mechanismen auch gedeutet werden mögen, in zwei Punkten hat sich eine gewisse Übereinstimmung ergeben. *Erstens:* E. ist ein gerichteter Prozeß [37], der seinen Anfang nimmt mit der Vorstellung oder Antizipation des gewünschten Zieles in Form einer Frage oder Aufgabe [38], eines vagen Wunsches, einer unbestimmten Idee [39] oder Tendenz [40] und der, geleitet durch diese «idée directrice générale» [41] allmählich oder sprunghaft zur gesuchten Lösung hinführt, sei es – wie PAULHAN [42] und die *Würzburger Schule* [43] behaupten – durch eine von unserem Willen unabhängige unbewußte Steuerung des spontanen Spiels der Ideen oder durch eine «Einsicht» [44] im Sinne der Gestaltpsychologen oder – wie CLAPARÈDE vermutet – durch zunächst unsichere und willkürliche, aber dann zunehmend bewußter und methodischer werdende «Versuche» («tâtonnements») [45]. – *Zweitens:* Wie bereits RIBOT [46] und PAULHAN [47] gesehen und G. WALLAS [48] im Anschluß an HELMHOLTZ und in Übereinstimmung mit POINCARÉS [49] und HADAMARDS [50] introspektiven Befunden und den experimentellen Untersuchungen von C. PATRICK [51], J. EINDHOVEN und W. E. VINACKE [52] klar formuliert hat, weist der inventive Prozeß in der Regel vier Stadien auf: die *Präparation*, in der das zu lösende Problem gestellt, Informationen gesammelt und erste Lösungsversuche unternommen werden; die *Inkubation*, die aus einer Ruheperiode ohne bewußte Beschäftigung mit dem Problem besteht und die erst mit der *Illumination* ihr Ende findet, d. h. mit der plötzlichen und unerwarteten Einsicht in die Problemlösung, gefolgt von der wiederum bewußten Überprüfung, Entwicklung oder Anwendung der gefundenen Lösung in der Phase der *Verifikation*.

Obwohl die meisten Autoren – mit der Ausnahme SPEARMANS [53] – anerkannt haben, daß die inventive Fähigkeit nicht auf reine Intelligenzfaktoren zurückgeführt werden kann, ist es erst J. P. GUILFORD gelungen, den Zusammenhang zwischen Intelligenz und Kreativität genauer zu untersuchen. Als besonders fruchtbar erwies sich dabei die – schon von ROYCE [54] in ähnlicher Form getroffene und in der Denkpsychologie unter der Bezeichnung «freies» und «gebundenes» Denken geläufige [55] – Unterscheidung zwischen *divergentem*, auf abweichende, ungewöhnliche und originelle Antworten hin tendierendem und *konvergentem*, zu konventionellen, festgelegten und ‹richtigen› Antworten neigendem Denken [56]. Zur Ergänzung der traditionellen, das konvergente Denken bevorzugenden Intelligenztests hat Guilford eine Reihe von sogenannten Kreativitätstests entwickelt, mit deren Hilfe die Fähigkeit zu divergentem Denken (Originalität, «Flüßigkeit», Flexibilität usw.) meßbar gemacht werden soll. Unter Verwendung solcher Kreativitätstests haben J. W. GETZELS und P. W. JACKSON den Nachweis zu erbringen versucht, daß keine direkte Korrelation zwischen kreativen Fähigkeiten und Intelligenzfaktoren besteht [57], ein Ergebnis, das durch die Untersuchungen von E. P. TORRANCE [58], D. W. MAC KINNON und F. BARRON [59] im wesentlichen bestätigt, von andern Autoren jedoch wegen des dabei verwendeten relativ vagen Kreativitätsbegriffs angefochten worden ist [60]. Die in diesen Studien aufgestellte These, daß nicht nur die herkömmlichen Intelligenztests, sondern auch Schule und Universität das kreative Kind zugunsten des intelligenten benachteiligen, führte zu einem direkten und weit diskutierten Angriff auf das bestehende Schul- und Erziehungssystem.

Eines der durchgehenden Themen in der PdE. ist die Vermutung, daß E. und kreative Arbeit weit mehr von Persönlichkeit, Charakter und Motivation abhängen als von intellektuellen Fähigkeiten. Durch eine Reihe von grundlegenden Untersuchungen, insbesondere durch die von D. W. Mac Kinnon und Mitarb. am ‹Institute for Personality Assessment and Research› (IPAR) der Universität Kalifornien durchgeführten Studien an Gruppen führender Wissenschafter, Schriftsteller Erfinder usw. [61] ist es gelungen, die entscheidenden Persönlichkeitsmerkmale kreativer Individuen – nach einer Zusammenstellung von E. P. Torrance [62] bisher insgesamt 84 – zu identifizieren und ein überzeugendes Bild der Persönlichkeitstypen kreativer Individuen auf den verschiedensten Gebieten zu erarbeiten. Die Ergebnisse des IPAR stimmen durchwegs mit den von A. Roe bereits 1952 veröffentlichten Befunden [63] überein und sind durch die Arbeiten R. B. Cattells erneut bestätigt worden [64]. Es besteht daher die berechtigte Hoffnung, daß die in diesen Untersuchungen verwendeten Techniken, Tests und Interviews und insbesondere die von C. W. Taylor entwickelten «Biographical Inventory Tests» [65] in Zukunft ein weit brauchbareres Mittel zur Selektion inventiver Studenten, Wissenschafter und Künstler abgeben als die blossen Fähigkeitstests [66].

Anmerkungen. [1] Vgl. P. Souriau: Théorie de l'I. (1881) 92. – [2] Vgl. u. a. Souriau, a. a. O. 92ff.; E. le Roy: La logique de l'I. Rev. Mét. Morale 8 (1905) 193ff.; G. Wallas: The art of thought (1926); J. Picard: Essai sur les conditions positives de l'I. (1928); C. A. Mace: The psychol. of study (1932); Ch. Nicolle: Biol. de l'I. (²1932). – [3] Vgl. A. F. Osborn: Creative imagination (³1963); W. J. J. Gordon: Synectics. The development of creative capacity (1961). – [4] Vgl. etwa W. Ostwald: Erfinder und Entdecker (1905); J. Hadamard: Les sci. dans l'enseignement sécondaire, in: l'éducation de la démocratie (1907) 223ff.; E. Claparède: Comment diagnostiquer les aptitudes chez les écoliers? (1925); Picard, a. a. O. [2]; E. P. Torrance: Guiding creative talent (1962); Education and creativity, in: C. W. Taylor (Hg.): Creativity: Progress and potentiality (1964) 50-128; F. A. Haddon und H. Lytton: Teaching approach and divergent thinking abilities in primary schools. Brit. J. educat. Psychol. 38 (1968) 171ff.; R. S. Crutchfield: Instructing the individual in creative thinking, in: R. L. Mooney/T. A. Razik (Hg.): Explorations in creativity (1967) 196-205. – [5] Souriau, a. a. O. [1] 15ff. – [6] N. R. F. Maier: Reasoning in humans: III. The mechanisms of equivalent stimuli and of reasoning. J. exp. Psychol. 35 (1945) 349-360. – [7] F. Paulhan: L'I. Rev. philos. France Étrang. 23 (1898) 248; vgl. auch Psychol. de l'I. (²1930) 58-65, bes. 62. – [8] ebda. – [9] J. Royce: The psychol. of I. Psychol. Rev. 5 (1898) 119f. – [10] a. a. O. 116. – [11] I. A. Taylor: The nature of the creative process, in P. Smith (Hg.): Creativity (1959) 51ff. – [12] C. Lombroso: Genio e follia (⁴1882); dtsch. Genie und Irrsinn (1887, ND 1920). – [13] E. Kretschmer: Geniale Menschen (1929, ³1958). – [14] W. Lange-Eichbaum: Das Genie-Problem (1931, ³1951). – [15] Vgl. E. Havelock: A study of Brit. genius (1904); C. M. Cox: The early mental traits of three hundred geniuses, in: L. M. Terman: Genetic stud. of genius 2 (1926); L. M. Terman: Psychol. approaches to the study of genius. Papers on Eugenics 4 (1947) 3ff. – [16] Vgl. C. Spearman: Creative mind (1930) 6f.; Terman, Psychol. a. a. O. 3. – [17] Souriau, a. a. O. [1] 45ff. – [18] 64; vgl. auch Th. Ribot: Essai sur l'imagination créatrice (1903) 135f. – [19] Vgl. Encyclop. ..., hg. Diderot/d'Alembert 10 (1779) 444: Art.‹Découverte›. – [20] Ribot, a. a. O. [18] 137. – [21] Vgl. Picard, a. a. O. [2] 288; Le Roy, a. a. O. [2] 208. – [22] E. Claparède: L'I. dirigée, in: 9e Sem. int. de Synthèse (1937) 50. – [23] Vgl. G. Moskievicz: Zur Psychol. des Denkens I. Arch. ges. Psychol. 18 (1910) 369ff. – [24] O. Selz: Die Gesetze der produktiven Tätigkeit. Arch. ges. Psychol. 27 (1913) 372ff.; Zur Psychol. des produktiven Denkens und des Irrtums. Eine exp. Unter-

such. (1922). – [25] Spearman, a. a. O. [16] 23ff. 77. – [26] Vgl. Le Roy, a. a. O. [2] 204. – [27] Vgl. H. Bergson: Les deux sources de la morale et de la relig. (1934) 43; La pensée et le mouvant (1934) 254. – [28] H. Delacroix: L'I. et le génie, in: G. Dumas: Nouveau traité de psychol. 6 (1939) 477; Le Roy, a. a. O. [2] 209. – [29] Vgl. K. Duncker: Zur Psychol. des produktiven Denkens (1935, ND 1963) 34ff.; M. Wertheimer: Produktives Denken (1959). – [30] Vgl. Paulhan, L'I. a. a. O. [7] 253f. – [31] Ribot, a. a. O. [18] 15ff. – [32] Vgl. M. Rey: L'I. artistique, sci., pratique, in: G. Dumas: Nouveau traité de psychol. 2 (1924) 441ff. – [33] Delacroix, a. a. O. [28] 472ff. – [34] Gordon, a. a. O. [3]. – [35] Vgl. A. S. Luchins: Mechanization in problem solving. Psychol. Monogr. 54 (1942); Proposed methods of studying degrees of rigidity in behavior. J. Personality 15 (1947); On recent usage of the Einstellung-effect as a test of rigidity. J. consult. Psychol. 15 (1951). – [36] Duncker, a. a. O. [29] 102ff. – [37] Vgl. C. F. Graumann: Denken als Gegenstand der Psychol., in: C. F. Graumann (Hg.): Denken (1965) 34. – [38] Vgl. H. J. Watt: Exp. Beitr. zu einer Theorie des Denkens. Arch. ges. Psychol. 4 (1905) 289-436; A. Messer: Die Würzburger Schule, in: E. Saupe (Hg.): Einf. in die neuere Psychol. (1917) 22f.; G. Humphrey: Thinking. An introd. to its exp. psychol. (1951, ND 1963) 71f. – [39] Vgl. Paulhan, L.I. a. a. O. [7] 229f. – [40] Vgl. N. Ach: Über die Willenstätigkeit und das Denken (1905) 223ff.; Le Roy, a. a. O. [2] 218. – [41] Paulhan, L'I. a. a. O. [7] 239; Psychol. de l'I. a. a. O. [7] 45; Picard, a. a. O. [2] 265. – [42] ebda. – [43] Vgl. Ach, a. a. O. [40] 223ff.; A. Messer: Exp.-psychol. Untersuch. über das Denken. Arch. ges. Psychol. 8 (1906) 208f.; Humphrey, a. a. O. [38] 104f. – [44] Vgl. M. Wertheimer: Untersuch. zur Lehre von der Gestalt I. Psychol. Forsch. 1 (1922) 55ff.; G. W. Hartmann: The concept and criteria of insight. Psychol. Rev. 38 (1931) 243ff.; W. Metzger: Psychol. (³1963) 193f. – [45] E. Claparède: La genèse de l'hypothèse. Arch. de Psychol. 24 (1934) 150. – [46] Vgl. Ribot, a. a. O. [18] 127ff. – [47] Paulhan, L'I., a. a. O. [7] 590ff. – [48] Wallas, a. a. O. [2] 79ff. – [49] H. Poincaré: Science et méthode (1927) 48ff. – [50] J. Hadamard: The psychol. of I. in the math. field (1945) 30ff. – [51] C. Patrick: Creative thought in poets. Arch. Psychol. 26 (1935) 1-74; Creative thought in artists. J. Psychol. 4 (1937) 35-73. – [52] J. Eindhoven und W. E. Vinacke: Creative processes in painting. J. gen. Psychol. 47 (1952) 139-164. – [53] Vgl. C. Spearman: The abilities of man (1927) 187. – [54] Vgl. Royce, a. a. O. [9] 121ff. – [55] Vgl. C. F. Graumann, a. a. O. [37] 42. – [56] Vgl. J. P. Guilford u. a.: The relations of creative thinking aptitudes to non-aptitude personality traits. Rep. psychol. Lab. Univ. Southern California No. 20 (1957); Traits of creativity, in: H. H. Anderson (Hg.): Creativity and its cultivation (1959) 154f. – [57] J. W. Getzels und P. W. Jackson: Creativity and intelligence: Explor. with gifted students (1962); The highly intelligent and the highly creative adolescent: A summary of some res. findings, in: C. W. Taylor/F. Barron (Hg.): Sci. creativity: Its recognition and development (1963) 161-172. – [58] E. P. Torrance: Creative talent a. a. O. [4]. – [59] Vgl. E. J. Brown: Highly intelligent but not necessarily highly creative. School a. Community 49 (1962) 24. – [60] Vgl. etwa L. Hudson: The question of creativity, in: Contrary imaginations (1966) 100-115; H. J. Butcher: Human intelligence, its nature and assessment (1968) 97-110. – [61] Vgl. etwa R. B. Cattell und J. E. Drevdahl: A comparison of the personality profile (16 PF) of eminent researchers with that of eminent teachers and administrators, and of the general population. Brit. J. Psychol. 46 (1955) 248-261; C. D. Tuska: Inventors and inventions (1957); J. E. Drevdahl und R. B. Cattell: Personality and creativity in artists and writers. J. clin. Psychol. 14 (1958) 107-111; D. W. Mac Kinnon: The personality correlates of creativity: a study of Amer. architects. Proc. 14th Congr. appl. Psychol. 2 (1962) 11ff. – [62] Torrance, Creative talent a. a. O. [4]. – [63] A. Roe: The making of a scientist (1952). – [64] Vgl. R. B. Cattell und H. J. Butcher: The prediction of achievement and creativity (1968) 276ff. 289ff. – [65] Vgl. C. W. Taylor und R. L. Ellison: Predicting creative performance from multiple measures, in: C. W. Taylor (Hg.): Widening horizons in creativity (1964) 230ff. – [66] Zum Ganzen vgl. auch Art. ‹Kreativität›.

Literaturhinweise. H. H. Anderson s. Anm. [56]. – F. Barron: The psychol. of creativity, in: T. M. Newcomb (Hg.): New directions in psychol. 2 (1965) 1-134. – H. E. Gruber, G. Terrell und M. Wertheimer (Hg.): Contemporary approaches to creative thinking (1962). – C. W. Taylor und F. Barron s. Anm. [57]. – C. W. Taylor: Creativity s. Anm. [4]. – C. W. Taylor, Widening Horizons s. Anm. [65]. – R. L. Mooney und T. A. Razik s. Anm. [4]. – P. E. Vernon: Creativity. Selected readings (1970). – Vgl. auch Lit. in Art. ‹Kreativität›.

V. Die I. in kultur- und geschichtsphilosophischer Hinsicht. – «Wahrlich nicht von Anfang an haben die Götter den Sterblichen alles enthüllt, sondern allmählich finden sie (ἐφευρίσκουσιν) suchend das Bessere» [1]. Dieser Satz von XENOPHANES enthält die erste nachweisbare Kritik an den Mythen vom göttlichen Ursprung der Kultur und den ersten Ansatz zu einer Theorie der kulturellen Entwicklung. Nicht Demeter und Dionysos, Athene, Hephaistos und Prometheus verdanken die Menschen ihre Bodenkultur und Technik, sondern ihrem eigenen Erfindungsgeist. Xenophanes erwähnt (vermutlich unter anderem) als Beispiel die Erfindung (= E.) des Geldes durch die Lyder [2]. HEKATAIOS führt später – meist mit Hilfe fragwürdiger Etymologien – eine große Zahl weiterer E., wie den Weinbau, die Erzbearbeitung und das Alphabet, auf einzelne Erfinder oder Völker zurück [3]. Durch HERODOT [4] und HELLANIKOS [5] wird diese Liste unter Präzisierung der örtlichen und zeitlichen Angaben weiter ausgebaut und Logik und Geschlossenheit in die Geschichte der Entlehnungen der einzelnen εὑρήματα gebracht. Sie legen damit den Grundstein für die zu Beginn des 4. Jh. v. Chr. aufkommende Literaturgattung der *Erfinderkataloge* [6].

Die Kulturentstehungstheorie führte zwangsläufig zur Frage nach den Motiven des menschlichen Erfindens. Nach SOPHOKLES [7] und ARCHELAOS [8] drückt sich in den E. die kulturschaffende Eigentümlichkeit des Menschen aus. Wohl in Anlehnung an den Mythos von Prometheus, der die Menschen mit seinen E. dafür zu kompensieren suchte, daß sie bei der Schöpfung leer ausgegangen waren, setzt sich aber mehr und mehr der Gedanke durch, daß die E. der Not (ἀνάγκη) und dem Bedürfnis entsprängen [9]. Nach DEMOKRITS [10] und PLATONS [11] Auffassung haben wir allerdings nur die lebensnotwendigen Dinge der Not zu verdanken, die Dinge dagegen, die – wie die Künste – dem Vergnügen dienen, seien nicht auf die Not, sondern auf den Überfluß zurückzuführen.

Durch die *Sophisten* wird die E.-Theorie auf Kult, Staat und Religion ausgedehnt. Sie dient ihnen als Stütze für die These, daß die sozialen und religiösen Einrichtungen nicht φύσει, sondern νόμῳ seien. So bezeichnet etwa PROTAGORAS die Gesetze des Staates als E. «trefflicher alter Gesetzgeber» [12], und Prodikos und Kritias benutzen die E.-Theorie, um die Entstehung der Religion zu erklären. PRODIKOS sieht den Ursprung der Religion in der Verehrung der Naturkräfte und der Erfinder nützlicher Dinge [13], während KRITIAS die Religion auf einen frommen «Betrug» zurückführt: Ein «schlauer und gedankenkluger Mann» hat die Furcht vor den allwissenden Göttern erfunden, um die Menschen von der heimlichen Übertretung der staatlichen und moralischen Gesetze abzuschrecken [14]. Die E.-Theorie in dieser radikalen Form wird später für die *Komödiendichter* zu einem Gegenstand des Spotts und der Denunziation [15] und ihre Verbreitung unter den Asebiegesetz zu einem Straftatbestand [16]. Aber auch die ursprüngliche Kulturentstehungstheorie selbst bleibt nicht unwidersprochen: In AISCHYLOS' ‹Prometheus› wird der Mythos von dem göttlichen Ursprung der Kultur erneuert [17], und PLATON nimmt in dieser Frage eine eigentümliche Zwischenstellung ein mit seiner Theorie, daß zwar Daidalos, Orpheus, Marsyas, Epimenides und Palamedes die Künste den Menschen offenbar gemacht hätten, daß diese aber aufgrund katastrophischer Überschwemmungen verloren gegangen seien und darum von den Menschen von neuem erfunden werden mußten [18].

Wie wenig die E.-Theorie den Bann des mythischen Denkens letztlich zu durchbrechen vermag, zeigt sich an der – von der modernen Fortschrittsidee her gesehen – entscheidenden Frage, ob künftige Generationen über die bisherigen kulturellen Leistungen hinaus zu neuen E. und Entdeckungen (= En.) fortschreiten werden. Die Kulturentstehungstheorie verbindet sich zwar meist mit der Vorstellung eines kulturellen Aufstiegs von dem primitiven Urzustand, der nach der auf Protagoras und Demokrit zurückgehenden [19] epikureischen Lehre nicht dem von Hesiod gepriesenen «goldenen Zeitalter», sondern einem «tierähnlichen Leben [20], bis hin zur kulturellen Höhe der Gegenwart. So glauben die Schüler des HIPPOKRATES, daß sich die Medizin dank der wachsenden Zahl von E. im Verlaufe der Zeit immer mehr vervollkommne [21]; die Sophisten halten ihre Kunst der Weisheit der Alten für überlegen [22], und nach ARISTOTELES gehört der Fortschritt wesentlich zu den Künsten, denn weil jeder das Fehlende ergänzen könne, werde die Zeit in diesen Dingen zum «Erfinder oder guten Helfer» (εὑρετὴς ἢ συνεργός) [23]. Aber die Idee eines unendlichen Fortschritts in die Zukunft ist selbst für jene antiken Autoren undenkbar, die nicht nur andeutungsweise, wie schon Xenophanes, sondern ausdrücklich – wie etwa LUCRETIUS [24] und SENECA [25] – einen künftigen Fortschritt der Wissenschaften und der Künste durch neue En. und E. postulieren; denn die mythische Vorstellung des kreisförmigen Umlaufs der Welt und des ständigen Entstehens und Vergehens der menschlichen und natürlichen Ordnungen [26] gehört zu den unbezweifelten Voraussetzungen des gesamten antiken Denkens.

Mit dem aufkommenden Christentum wird der E.-Gedanke bis zur Bedeutungslosigkeit verdrängt: Die ewige Wahrheit – und dies ist die einzige, die zählt – ist durch die Offenbarung vorgegeben. Neue Einsicht gibt es nur im subjektiven Sinn, für das Individuum, dessen höchstes Glück nach dem Wort des St. HUGO VON ST. VICTOR in dem Studium der göttlichen Weisheit besteht (quam qui invenit felix est, et qui possidet beatus) [27].

Der Gedanke eines objektiven Zuwachses an profaner Erkenntnis im Verlaufe der Zeit wird wohl erst im 13. Jh. wieder ausdrücklich vertreten. THOMAS VON AQUIN nimmt die aristotelische These des wissenschaftlichen Fortschritts wieder auf [28]; ALBERTUS MAGNUS gibt mit seiner Doktrin, daß wir in der Philosophie dank neuer Erfahrungen über die E. unserer Vorgänger hinaus fortschritten (ut ab inventis ab eis ulterius proficeremus) [29], dem Wort ‹invenire› seine ursprüngliche Bedeutung des entdeckenden Findens zurück, und ROGER BACON schließlich träumt von einem auf Mathematik, Erfahrung und Experiment [30] gegründeten Zuwachs an wissenschaftlichen und technischen En. und E., die alles bisher Bekannte weit übertreffen würden [31]. Aber selbst ein so modern anmutender Denker wie Roger Bacon sieht – wie das gesamte Mittelalter [32] – das wahre Ziel der Erkenntnis nicht in dem Glück künftiger Generationen, sondern in dem Bestreben, sich der Dinge zu versichern, die zur Glückseligkeit im nächsten Leben führen [33].

Mit dem Durchbruch des universalen Fortschrittsgedankens im 17. und 18. Jh. erhält die I. einen völlig neuen Stellenwert. Der in den E. und En. der beginnenden Neuzeit sichtbar gewordene wissenschaftlich-technische Fortschritt ist nicht nur Modell, sondern lange Zeit auch Inbegriff jeglichen Fortschritts.

Modellhaft wirkte der wissenschaftlich-technische Fortschritt in zumindest dreierlei Hinsicht: 1. E. und En. beruhen auf einer Akkumulation des Wissens und der

Erfahrung, deren Subjekt die Menschheit als ganze ist –
ein Gedanke, der sich niedergeschlagen hat in dem von
den ersten Verfechtern der Fortschrittsidee viel verwendeten Bild der geschichtlich Spätern als der «wahren Alten der Welt» [34]. 2. Weil wissenschaftliche und technische E. und En. ausschließlich vom Stand des Wissens
und der wissenschaftlichen Methoden abhängen, sind
sie – im Gegensatz zu den (allerdings erst von B. DE
FONTENELLE und CH. PERRAULT aus dem allgemeinen
Fortschritt ausgeklammerten [35]) schönen Künsten –
weder person- noch kulturgebunden. Wären die Alten an
der Stelle der Modernen gewesen, so hätten sie daher –
wie FONTENELLE erklärt – dieselben E. und En. wie diese
gemacht, und umgekehrt [36]. 3. E. und En. sind universal, denn ihre Wohltaten, so behauptet zumindest F.
BACON, erstrecken sich auf das ganze Menschengeschlecht, während Verbesserungen im politischen und
bürgerlichen Leben auf bestimmte Wohnsitze der Menschen und bestimmte Zeiten beschränkt bleiben [37].

Der Fortschritt der E. und En. wurde zum Fortschritt
schlechthin, weil das ihm inhärente Ziel, die Herrschaft
des Menschen über die Natur, von den Propagandisten
der modernen Fortschrittsidee – F. BACON, DESCARTES,
PERRAULT, GLANVILL u. a. – als das alleinige Ziel der Geschichte betrachtet [38] und die Geschichte des Menschen
– wie bei VOLTAIRE [39] und neuerdings wieder bei CH.
MORAZÉ, C. P. SNOW u. a. [40] – auf die Geschichte der
Künste und Wissenschaften, die wissenschaftlich-technische Zivilisation, reduziert wurde. Inbegriff des Fortschritts bleibt der wissenschaftlich-technische Fortschritt
aber auch dann, als im Zuge der Aufklärung der Fort-
schrittsgedanke auf den anfänglich vom Fortschritt aus-
gesparten politisch-sittlichen Bereich ausgedehnt wird;
denn dieselben Mittel, welche die fortschreitende Herrschaft über die Natur ermöglichen, werden nun auch für
den gesellschaftlichen Fortschritt verantwortlich gemacht. Die Natur hat «Wahrheit, Glück und Tugend un-
löslich miteinander verkettet», schreibt CONDORCET [41].
Die En. der historischen und gesellschaftlichen Entwicklungsgesetze wird uns – wie Abbé ST. PIERRE, CONDOR-
CET, COMTE und alle Sozialtechnologen nach ihnen verkünden – dazu verhelfen, bessere soziale und politische
Institutionen zu schaffen und den Fortschritt des Menschengeschlechts nicht nur vorauszusagen, sondern auch
zu lenken und zu beschleunigen [42].

Mit ROUSSEAUS These, daß unsere Seelen in dem Maße
verderbt würden, wie Wissenschaft und Künste zur Vollkommenheit fortschritten [43], tritt der Gegensatz zwischen materiellem Fortschritt und sittlicher Verfassung
in voller Schärfe wieder zutage, aber philosophisch in
seine Schranken gewiesen wird der Fortschritt der E. und
En. erst durch KANTS Neubestimmung des Fortschritts
als «Vollziehung eines verborgenen Plans der Natur»
mit dem Ziel, eine vollkommene Staatsverfassung und
schließlich ein «Weltbürgerrecht» heraufzuführen [44] –
ein Ziel, das nicht durch Sozialtechnologie, sondern nur
durch das freie Handeln mündiger Bürger erreicht werden kann [45]. Der in den En. und E. materialisierte Fortschritt ist inzwischen, dank seiner spektakulären Erfolge,
zu einer unabweisbaren und ökonomisch meßbaren [46]
Realität geworden; der Fortschritt im Sinne Kants hingegen scheint – den Versicherungen von HEGEL und den
Verheißungen von MARX zum Trotz – noch immer darum
kämpfen zu müssen, zumindest Philosophie zu bleiben [47].

Anmerkungen. [1] XENOPHANES, VS 11 B 18. – [2] VS 11 B 4;
vgl. auch HERODOT, in: F. JACOBY, Frg. Graec. Hist. 2, 91. – [3]

Vgl. HEKATAIOS, in: JACOBY, a. a. O. Frg. 15. 20. 93 129; dazu A.
KLEINGUENTHER: PRÔTOS HEURETÉS. Philol. Suppl. 26 (1933) 44f. –
[4] Vgl. HERODOT, in: JACOBY, a. a. O. [2] 1, 25. 94. 171; 2, 52. 109;
5, 58; KLEINGUENTHER, a. a. O. 46ff. – [5] HELLANNIKOS, in:
JACOBY, a. a. O. [2] Frg. 71 c. 175. 178. – [6] Vgl. P. EICHHOLTZ:
De scriptoribus PERÌ HEUREMÁTON (1867); M. KREMMER: De cata-
logis heurematum (1890); WENDLING: De peplo Aristotelico
(1891). – [7] Vgl. SOPHOKLES, Antig. V, 334ff. – [8] ARCHELAOS,
VS 47 A 4, 5f. – [9] Vgl. KLEINGUENTHER, a. a. O. [3] 102ff. – [10]
DEMOKRIT, VS 55 B 144. – [11] PLATON, Resp. 373 a. b. – [12] Vgl.
PLATON, Protag. 326 d. – [13] PRODIKOS, VS 77 B 5. – [14] KRITIAS,
VS 81 B 25. – [15] Vgl. EUPOLIS, Autolyk. Frg. 351. – [16] Vgl. W.
NESTLÉ: Vom Mythos zum Logos (1940) 476ff. – [17] AISCHYLOS,
Prom. 442-506; vgl. KLEINGUENTHER, a. a. O. [3] 66ff. – [18] PLA-
TON, Leg. III, 677 c. d; vgl. Art. ‹Kataklysmos›. – [19] DEMOKRIT,
VS 55 B 5; Diodor I, 7f.; NESTLÉ, a. a. O. [16] 197. 239. 284. –
[20] T. LUCRETIUS CARUS, De rerum natura V, 925-1160. – [21] Vgl.
HIPPOKRATES, PERÌ ARCHAÍES IETRIKÊS, hg. LITTRÉ 1 (1839, ND
1961) 3, 4. – [22] PLATON, Hipp. Maj. 281 d. – [23] ARISTOTE-
LES, Eth. Nic. 1098 a 24. – [24] LUCRETIUS, a. a. O. [20] V, 1440-
1457. – [25] Vgl. Quest. nat. VII, 30, 5f. – [26] Vgl. PLATON, Resp.
546 a; LUCRETIUS, a. a. O. [20] V, 91-109. – [27] HUGO VON ST.
VICTOR, Didasc. I, hg. C. H. BUTTIMER (1939) 6, 10. – [28] THOMAS
VON AQUIN, S. theol. II/II, 1, 7 ad 2; De substantiis separatis 7.
Opuscula omnia, hg. J. PERRIER (1949) 154. – [29] ALBERTUS MAG-
NUS, Met. II, 3. Opera omnia, hg. B. GEYER a. a. O. 16/1, 94.
– [30] ROGER BACON, Opus majus IV, 1, 1-3; VI, 1, hg. J. H. BRIDGES
(1897ff.) 1, 97-108; 2, 167-172. – [31] a. a. O. I, 6 = 1, 13ff. – [32]
Vgl. etwa AUGUSTIN, In Joh. Ev. Tract. 2, 4. MPL 35, 1390; Conf.
V, 3, 1; THOMAS VON AQUIN, S. theol. I/II, 114, 8 resp. – [33] Vgl.
J. B. BURY: The idea of progress (1932, ND 1955) 26. – [34] CH.
PERRAULT: Parallèle des anciens et des modernes ... (1688-1697) 1,
49f.; ND hg. H. R. JAUSS/M. IMDAHL (1964) 113; vgl. auch F.
BACON: Advancement of learning. Works, hg. SPEDDING/ELLIS/
HEATH (1859, ND 1963) 3, 291; Novum Organum scientiarum
a. a. O. 1, 84; R. DESCARTES, Oeuvres, hg. ADAM/TANNERY (= A/T)
10, 204. – [35] Vgl. B. DE FONTENELLE: Digressions sur les an-
ciens et les modernes. Oeuvres 5, 297/290; PERRAULT, a. a. O.
[34] IV, 292f. = ND 253. – [36] FONTENELLE, a. a. O. 5, 285. – [37] F.
BACON, Novum Organum a. a. O. [34] 1, 129. – [38] ebda.; DES-
CARTES, Discours VI, 2 = A/T 6, 62f.; J. G. GLANVILL: Plus ultra
or the progress and advancement of knowledge since the days of
Aristotle (1668, ND 1958) 7, 87. – [39] Vgl. Encyclop. ..., hg.
DIDEROT/D'ALEMBERT 17 (1779) 556ff.: Art. ‹Histoire›. – [40] CH.
MORAZÉ: La logique de l'hist. (1967) 307ff.; C. P. SNOW: The
two cultures and the sci. revolution. The Rede Lecture (1959),
bes. (²1964) 75ff.; vgl. dazu H. LÜTHY: Gesch. und Fortschritt,
in: Das Problem des Fortschritts heute, hg. R. W. MEYER (1969)
22ff. – [41] M. A. CONDORCET: Esquisse d'un tableau hist. des
progrès de l'esprit humain (1793f.); dtsch. W. ALFF (1963) 382f. –
[42] CONDORCET, a. a. O. 42f. vgl. 28f. 344f. – [43] J.-J. ROUS-
SEAU: Discours sur les sci. et les arts (1750); dtsch. K. WEIGAND
(1965) 14f. – [44] I. KANT: Idee zu einer allg. Gesch. in weltbürgerlicher Absicht (1784). Akad.-A. 8, 27; Met. der Sitten, Rechtslehre 2, § 43 a. a. O. 6, 311. – [45] KANT, a. a. O. 8, 18f. – [46] A. E.
OTT: Techn. Fortschritt, in: Handwb. der Sozialwiss., hg. E. v.
BECKERATH u. a. 10 (1959) 302-316. – [47] Vgl. Art. ‹Fortschritt 6›.

Literaturhinweise. A. KLEINGUENTHER s. Anm. [3]. – Vgl. auch
Lit. zu Abschn. I-V.   A. HÜGLI

Inventio medii. Unter dem Titel ‹I.m.› wird in der traditionellen Logik das Lehrstück der aristotelischen Syllogistik abgehandelt, das die Regeln zur Auffindung eines
Mittelbegriffes und damit die Technik des Beweises eines
vorgegebenen Satzes, der Konklusion, durch Deduktion
aus zwei den aufzufindenden Mittelbegriff als Subjekt
bzw. als Prädikat enthaltender Prämissen lehrt. Die
Kernregel stützt sich darauf, daß jeder Mittelbegriff sich
zu einem der Außenbegriffe, wie man Subjekt und Prädikat der zu beweisenden Konklusion mit einem Namen
bezeichnet, zu verhalten hat: entweder als Oberbegriff
(auch antecedens) oder Unterbegriff (auch consequens)
oder schließlich als Äußeres, d. h. als ein Begriff, der mit
dem anderen Außenbegriff konvertibel ist. Die Auffin-
dungstechnik wurde gewöhnlich in einem Diagramm, der
im Mittelalter so genannten *Eselsbrücke* (s.d.), dargestellt und mit Hilfe von Merkwörtern eingepaukt, die
basierend auf den Ausführungen bei ARISTOTELES (Anal.
pr. I, 27-30) erst später aufkamen.   H. SCHEPERS

Invers zu der Aussage *p* heißt die Aussage *q* dann, wenn sie durch die Operation der Inversion aus *p* hervorgegangen ist. So wäre z. B. die Inverse zu *r* → *s* die Aussage ¬ *r* → ¬ *s*, zu dem Urteil *SaP* das Urteil *S'aP'*.

Literaturhinweis. A. MENNE: Logik und Existenz (1954) 70f.
A. MENNE

Inversion

I. – ‹I.› heißt in der *Logik* die Operation, die Vorder- und Hinterglied einer Aussage jeweils verneint, ohne ihre Reihenfolge zu ändern. So ergibt z. B. die I. von *p* ∨ *q* die Aussage ¬*p* ∨ ¬*q*; die Aussage *SeP* ergibt durch Inversion *S'eP'*, wofür auch *SëP* geschrieben wird. Eine *gültige* I. ist in der Aussagenlogik z. B. die der Bisubjunktion. «Unreine» I. heißt in der Syllogistik der Übergang zur Inversen der subalternierten Aussage (von *SaP* zu *S'iP'* und von *SeP* zu *S'oP'*). Das Wort ‹I.› findet sich zuerst bei J. N. KEYNES [1].

Anmerkung. [1] J. N. KEYNES: Stud. and exercises in formal logic (London ⁴1906) 139.
A. MENNE

II. Der I.-Begriff wird als *psychologischer* Fachterminus vorwiegend in zwei Gegenstandsbereichen verwendet:

1. In der *Wahrnehmungslehre* begegnet man dem Ausdruck ‹I.› bereits in der Mitte des 19. Jh. in einigen physiologisch-psychologischen Studien über Probleme der Optik. ‹I.› bedeutet hier die Oben-Unten- bzw. Rechts-Links-Umkehrung des Netzhautbildes gegenüber der Lage des dargebotenen Objektes [1]. ‹Optische I.› kann aber auch die Aufhebung eben dieser Umkehrung durch eine Prismenvorrichtung meinen [2]; das Wahrnehmungsbild erscheint dann infolge der Prismenwirkung zunächst in seiner Lage verändert (invertiert). Auf eine dritte Variante des I.-Begriffes trifft man vor allem in der gestaltpsychologischen Literatur. Für die Untersuchung der Figur-Grund-Beziehung in Wahrnehmungsgebilden werden Vorlagen entworfen, die erlauben, figurale Teilbereiche abwechselnd als (hervortretende) Figur und als Hintergrund zu strukturieren. Nach dem gleichen Prinzip werden auch andere Muster zur Untersuchung des räumlichen Sehens konstruiert; sie lassen eine phänomenale I. von bestimmten Teilen des Musters in ihrer perspektivischen Anordnung zu [3].

2. In der *Psychoanalyse* versteht man unter ‹I.› die Bevorzugung eines gleichgeschlechtlichen Sexualpartners. Die Einführung dieser Bezeichnung durch S. FREUD anstelle des Synonyms ‹*Homosexualität*› und des früher in der psychiatrischen Literatur gebräuchlichen Ausdrucks ‹«konträre Sexualempfindung› [4] soll wohl einmal die psychoanalytische Auffassung über eine «Richtungsänderung» in der Objektwahl der sexuellen Energie vom gegengeschlechtlichen zum gleichgeschlechtlichen Partner verdeutlichen [5]; zum zweiten rechtfertigt die Wahl dieser Bezeichnung eine gewisse Erweiterung der Begriffsbedeutung, vor allem gegenüber dem Terminus ‹Homosexualität›. Das Wort ‹I.› entlehnte Freud wahrscheinlich fremdsprachigen Darstellungen des Problems abweichenden Sexualverhaltens und -empfindens, in denen ‹konträres Sexualempfinden› mit ‹I.› übersetzt worden war [6]. Freud unterscheidet drei Arten der I.: absolute, okkasionelle und amphigene. Mit ‹absoluter I.› bezeichnet er die ausschließliche Wahl eines gleichgeschlechtlichen Partners, während ‹okkasionelle I.› eine situativ bedingte Bevorzugung desselben meint. ‹Amphigene I.› bedeutet die Wahl von Partnern beiderlei Geschlechtes, ohne daß eine bisexuelle organische Grund-

lage vorhanden sein muß (psychosexueller Hermaphroditismus) [7].

In der *klinischen* (medizinischen) Psychologie kann der Begriff ‹sexuelle I.› noch weitere Varianten abweichenden Sexualempfindens und -verhaltens umfassen: zur Umschreibung von *Transvestismus* und bestimmten Formen von *Perversion* wird gelegentlich der I.-Begriff bevorzugt [8].

Anmerkungen. [1] J. LOEB: Über optische I. Pflügers Arch. ges. Physiol. 40 (1887) 247ff.; H. SCHROETER: Über eine optische I. bei Betrachtung verkehrter, durch optische Vorrichtung entworfener phys. Bilder. Poggendorffs Ann. Physik Chemie 105 (1858) 298-311. – [2] SCHROETER, a. a. O.; G. M. STRATTON: Some preliminary experiments on vision without I. of the retinal image. Psychol. Rev. 3 (1896) 611-617; I. KOHLER: Über Aufbau und Wandlungen der Wahrnehmungswelt. Sber. österr. Akad.Wiss. 227 (1951) 1-118. – [3] E. v. HORNBOSTEL: Über optische I. Psychol. Forsch. 1 (1922) 130-156; W. METZGER: Das einäugige Tiefensehen, in: Hb. Psychol. 1, hg. W. METZGER (1966) 576; zur Gesch. des Phänomens L. BURMESTER: Theorie der geometrisch-optischen Gestalttäuschungen. Z. Psychol. Physiol. Sinnesorgane 50 (1909) 260ff. – [4] S. FREUD: Drei Abh. zur Sexualtheorie (1905). Werke 5, 34ff.; H. BLÜHER: Die drei Grundformen der sexuellen I. (1913); C. STEIN: I. sado-masochique du complex d'Oedipe et du complexe d'objet paranoïaque. Rev. franç. Psychoanal. 24 (1960) 301-332. – [5] FREUD, a. a. O.; D. G. BROWN: I. and homosexuality. Amer. J. Orthopsychiat. 18 (1958) 424-429. – [6] Vgl. E. GLEY: Les aberrations de l'instinct sexuel. Rev. philos. 17 (1884) 66-92; J. CHEVALIER: De l' I. de l'instinct sexuel au point de vue médico-légal (Lyon 1885); L' I. sexuelle: psychophysiol., sociol., etc. (Lyon 1893); K. F. O. WESTPHAL: Die conträre Sexualempfindung. Arch. Psychiat. 2 (1870) 73ff. – [7] FREUD, a. a. O. [4]. – [8] Vgl. STEIN, a. a. O. [4]; H. BLÜHER: Die dtsch. Wandervogelbewegung als erotisches Phänomen (⁴1920) 50.
Red.

Irenik. Der Begriff ‹Irenicum› oder ‹Eirenikon› (von griech. εἰρηνικός, friedlich) kommt in der theologischen Literatur seit Ende des 16. Jh. auf. Er bildete den Titel vielbeachteter Bücher von F. JUNIUS [1] und D. PAREUS [2]. Unter ‹I.› verstanden beide die Wege und Mittel, zur Einigung der christlichen Konfessionen zu gelangen. Sachlich bedeutet der Begriff soviel wie ‹concordia› oder ‹unio› in der davorliegenden Epoche. Er kennzeichnet damit etwa das Anliegen ERASMUS' VON ROTTERDAM, M. BUCERS, G. WITZELS und G. CASSANDERS. Deren Ausgleichsmittel – die Unterscheidung von fundamentalen und nicht-fundamentalen Glaubensartikeln – übernahmen die Ireniker. Als Fundamentalartikel verstanden sie die im Credo enthaltenen Dogmen, als nichtfundamental die Unterscheidungslehren der Kirchen.

Sehr bald genügte diese formale Bestimmung jedoch nicht mehr, und es begann das Suchen nach einer neuen Begriffsbestimmung des «Irenicum». Während H. GROTIUS den Begriff ganz allgemein fassen wollte [3], bemühten sich die deutschen Theologen unter dem Eindruck des 30jährigen Krieges, ihn durch praktische Maßnahmen zu unterstreichen. Im Gegensatz zu Pareus betonte L. HÜTTER, daß Grundinhalt und theologische Ausgestaltung zusammengehörten [4]. Noch nachdrücklicher gab P. STEINIUS den Anstoß zur Erörterung des Begriffs [5]. Die grundlegende Abhandlung lieferte N. HUNNIUS [6]. Wer sich weiterhin mit I. befaßte, gründete sich auf dieses Werk. Sein «Fundamentum fidei» ist die Rechtfertigungslehre. In seiner Gustav Adolf von Schweden gewidmeten ‹Consultatio› von 1632 bezeichnet Hunnius die I. als praktische Aufgabe der Obrigkeit. Gegenüber dieser partikularistischen I. wies G. CALIXT wieder einen universalistischen Zug – von seinen Gegnern als Synkretismus bezeichnet – auf [7]. Inhalt seiner I. ist der «consensus» in den fundamentalen Glaubensartikeln.

Wie die deutschen Lutheraner, so bemühten sich auch die französischen Reformierten um einen tieferen Sinn der I. An M. AMYRAULT [8] schlossen sich J. DALLAEUS in Genf [9] und P. JURIEU [10] an. Zu ihrer Richtung gehört auch P. POIRET mit seinem «irenicum universale». – In England wirkte in ähnlichem Sinn – wenn auch ohne viel Erfolg, weil seine Anschauungen nicht klar genug waren – J. DURIE [11]. Der Begriff der I. ist – wie schon bei Calixt – um diese Zeit nicht mehr konfessionell bestimmt. So vertrat ihn auch J. A. COMENIUS (Komensky) in Polen, Deutschland, den Niederlanden und England. Sein Enkel D. E. JABLONSKI ging auf diesem Wege weiter [12]. Er verhandelte mit *Leibniz* und *Molanus* und wirkte nach England hinüber. Bei den «Berliner Gesprächen» 1703 wurde das in England übliche «moderierte Verfahren» als Muster genommen, um das «negotium irenicum» zu einem Anliegen der Öffentlichkeit zu machen. Seit dem 18. Jh. geriet die I., die zeitweise eine akademische Disziplin gewesen war, immer mehr in Vergessenheit. Erst in der Gegenwart wird ihr wieder größeres Interesse zugewandt. So wurde 1965 innerhalb der philosophischen Fakultät in Frankfurt a. M. ein ‹Institut für wissenschaftliche I.› gegründet.

Anmerkungen. [1] F. JUNIUS: Eirenici pars I et II (1593). – [2] D. PAREUS: Irenicum sive de unione et synodo Evangelicorum concilianda (1615). – [3] Vgl. C. W. HERING: Gesch. der kirchl. Unionsbestrebungen seit der Reformation 1 (1836); J. SCHLÜTER: Die Theol. des Hugo Grotius (1919); H. GROTIUS: Annotata ad consultationem Cassandri. Opera theol. 4 (Basel 1732). – [4] L. HUTTERUS: Irenicum vere christianum (1616). – [5] P. STEINIUS: Concio irenica (1618). – [6] N. HUNNIUS: DIÁSKEPSIS (1626). – [7] Vgl. bes. O. RITSCHL: Dogmengesch. des Prot. 4 (1927) 363ff. 448ff. – [8] M. AMYRAULT: Eirenikon sive de ratione pacis (1662). – [9] J. DALLAEUS: De usu patrum ad ea definienda religionis capita, quae sunt hodie controversa ... (Genevae 1686). – [10] P. JURIEU: Consultatio de pace inter protestantes ineunda (1688); darüber: J. G. WALCH: Hist. und theol. Einl. in die vornehmsten Religionsstreitigkeiten (1733). – [11] Vgl. K. BRAUER: Die Unionstätigkeit John Duries unter dem Protektorat Cromwells (1907). – [12] Vgl. H. DALTON: D. E. Jablonski (1903).

Literaturhinweise. O. RITSCHL s. Anm. [7] 4, 245ff. – R. STUPPERICH: Der Humanismus und die Wiedervereinigung der Konfessionen (1936); Einigungsbestrebungen im Zeitalter der Reformation und Orthodoxie, in: Um evang. Einheit. Beiträge zum Unionsproblem, hg. K. HERBERT (1967) 34-66. – F. W. KANTZENBACH: Das Ringen um die Einheit der Kirche (1957). – Von der Ökumenik zur I., hg. A. H. SWINNE (1969).   R. STUPPERICH

Ironie. – 1. Die Wortfamilie εἴρων, εἰρωνεία ist in der *griechischen* Sprache seit etwa 400 v. Chr. belegt. Die Etymologie ist ungeklärt. Der Ironiker (εἴρων) ist in der Moralistik und Sophistik sowie in der Komödie (*Aristophanes*) ein negativ bewerteter Charakter, der sich zum Geringeren hin verstellt («Tiefstapler»). Er hat eine Fuchsnatur und unterscheidet sich einerseits von dem Ehrlichen und Aufrichtigen, andererseits von demjenigen, der sich zum Höheren hin verstellt («Hochstapler»). W. Büchner übersetzt εἰρωνεία (I.) mit «Kleintun» (das Wort ist bei GOETHE belegt [1]). In den ‹Charakteren› des *Theophrast* ist der Ironiker der spießige Kleinbürger, der nicht auffallen will, um sich in seinem Behagen nicht stören zu lassen.

Seit ANAXIMENES VON LAMPSAKOS (Ps.-Aristoteles) erscheint die I. in der *Rhetorik*. In der Rhetorik ‹Περὶ τρόπων› des TRYPHON VON ALEXANDRIEN wird die I. als rhetorische Figur folgendermaßen definiert: «I. ist eine Redeweise, die einen Sachverhalt durch ihr Gegenteil ausdrückt in Verbindung mit einer ausdrucksvollen Betonung oder Haltung» [2]. Bei Tryphon findet sich auch bereits die Unterscheidung zwischen Fremd-I. und Selbst-

I. Die späteren Rhetoriken trennen besonders zwischen der I. als Wortfigur (τρόπος) und als Gedankenfigur (σχῆμα) und spezifizieren die Figur nach verschiedenen Einteilungsprinzipien [3].

Dadurch, daß der *Sokrates* der platonischen Schriften (nicht bei Xenophon) die Charaktereigenschaften des Ironikers, allerdings mit I.-Signalen für den Zuhörer/Leser, als Habitus einer kritischen Dialektik annimmt, zeigt sich zum ersten Mal das philosophische Vermögen der I. (KIERKEGAARD wird später die These aufstellen: «Sokrates hat als erster die I. eingeführt» [4].) Das ironische Verfahren des Sokrates besteht darin, daß er denen, die alles schon zu wissen glauben (Euthyphron, Protagoras, Gorgias und anderen «Großtuern») nicht als Wissender, sondern in der Rolle des Unwissenden und Wißbegierigen entgegentritt. Er verstellt sich also zum Geringeren hin und versucht, den Dialogpartner durch unablässiges Fragen zum Bekenntnis seiner Unwissenheit zu veranlassen, um auf diese Weise die Voraussetzung für den gemeinsamen Aufbau eines gesicherten Wissens zu schaffen. Diese I. ist «Überlegenheit im Schein der Unterlegenheit» (K. Reinhardt [5]). Sokrates bezeichnet jedoch selber seine philosophische Methode nicht als I., sondern metaphorisch als Hebammenkunst: Maieutik. (KIERKEGAARD sieht im Todesurteil gegen Sokrates eine Reaktion der Athener auf seine ständige I. [6].)

ARISTOTELES behandelt die I. in der ‹Nikomachischen Ethik›. Er unterscheidet in seiner Tugendlehre als Abweichungen von der Wahrhaftigkeit als der Tugendmitte die Verstellung durch Übertreibung von der Verstellung durch Untertreibung (I.). Inkonsequent gegenüber seinem System, nach dem die eine Abweichung ebenso tadelnswert wie die andere sein müßte, gibt er im Hinblick auf Sokrates der I. den Vorzug. Sie gilt ihm als vornehmere und feinere Art der Verstellung und wird als möglicher Ausdruck der Bescheidenheit gebilligt [7].

Anmerkungen. [1] W. BÜCHNER: Über den Begriff der Eironeia. Hermes 76 (1941) 341; vgl. E. ZINN, in: A. SCHAEFER (Hg.): I. und Dichtung (1970) 39-58. – [2] L. SPENGEL (Hg.): Rhetores Graeci 3 (1856) 205, 2; vgl. BÜCHNER, a. a. O. 356f. – [3] Vgl. H. LAUSBERG: Hb. der lit. Rhet. (1960) §§ 582ff. 902ff. – [4] S. KIERKEGAARD: Über den Begriff der I. ... (1841) These 10; vgl. PLATON, Resp. I, 337 a; Symp. 216 e. 218 d. – [5] K. REINHARDT: Vermächtnis der Antike (1960) 225. – [6] KIERKEGAARD, a. a. O. [4] These 6. – [7] ARISTOTELES, Eth. Nic. 1108 a 23. 1127 a 20-32.

2. In *Rom* bürgert CICERO die Figur der I. als Ausdrucksmittel der forensischen Beredsamkeit ein. Er behält gelegentlich den griechischen Begriff εἰρωνεία bei, meistens übersetzt er jedoch mit ‹simulatio› oder ‹dissimulatio›. Die ironische Maieutik des Sokrates («de se ipse detrahens in disputatione») versucht er in seinen Tuskulanischen Gesprächen nachzubilden. Die Aufwertung des Begriffes durch Aristoteles registriert er durch die Übersetzung «urbana dissimulatio». Er legt für sich selber ebenfalls auf den Habitus des Ironikers Wert [1].

QUINTILIAN tadelt Ciceros Übersetzung mit ‹dissimulatio›; er schlägt stattdessen, wenn er den griechischen Begriff nicht in latinisierter Form als ‹ironia› beibehält, als Übersetzung ‹simulatio›, ‹adsimulatio› oder ‹inlusio› vor. Er unterscheidet im Sinne der rhetorischen Tradition ebenfalls zwischen der I. als Wort- und als Gedankenfigur, will diesen Unterschied jedoch um der sokratischen I. willen nicht übermäßig betont wissen: «cum etiam vita universa ironiam habere videatur, qualis est visa Socratis» (da auch das ganze Leben I. zu haben scheint, wie es die Ansicht des Sokrates ist) [2].

In der späteren Rhetorik, die die I. als eine Sonderart der allegorischen Rede systematisiert, wird gelegentlich im Sinne der griechischen Tugendlehre unterschieden zwischen einer simulatio als Verstellung durch Übertreibung und einer dissimulatio als Verstellung durch Untertreibung. Die Verstellung durch Untertreibung im Sinne der sokratischen I. wird von PONTANUS ausdrücklich zur Tugend erklärt [3]. Die schulmäßige I.-Lehre der Rhetorik findet man noch bis ins 18. Jh., beispielsweise bei DU MARSAIS, von dem auch der Encyclopédie-Artikel ‹I.› stammt [4]. In neuerer Zeit wird die rhetorische I.-Lehre von der Stilistik weitergeführt; fast wörtlich wie QUINTILIAN («diversum ei quod dicit intellectum petit» [5]) definiert noch W. KAYSER: «Bei der I. ist das Gegenteil von dem gemeint, was mit den Worten gesagt wird» [6].

Anmerkungen. [1] CICERO, Acad. pr. II, 5, 15; Brutus 292f. 298f.; De oratore II, 269. – [2] QUINTILIAN, Inst. orat. VIII, 6, 44ff.; IX, 2, 44ff. – [3] PONTANUS, De sermone II, 7 und VI, 3. – [4] C. DU MARSAIS, Des tropes II, 14. – [5] QUINTILIAN, Inst. orat. VI, 2, 15. – [6] W. KAYSER: Das sprachl. Kunstwerk (¹⁰1964) 111f.

3. In der *Neuzeit* entdeckt die europäische Erzählliteratur (*Ariost, Cervantes, Sterne, Diderot, Wieland*) die I., gewöhnlich ohne Verwendung des Begriffs, als Erzählhaltung und regt damit im 19. Jh. die Kunsttheorie der *Frühromantik* dazu an, die I. auf der Grundlage der Philosophie Kants und Fichtes zur «romantischen I.» weiterzubilden. In der Rezeptionsgeschichte dieser Erzählliteratur gilt insbesondere der ‹Don Quijote› des *Cervantes* als das ironische Werk schlechthin. Die I. wird hier nicht bloß als erzählerische Technik aufgefaßt, sondern als eine poetische Grundhaltung, die für die gebrochene Modernität der neueren Literatur konstitutiv ist und mit dem Erzählen in epischer Behaglichkeit, wie es die Alten liebten, gleichrangig ist. GOETHE, der sich gegenüber dem «gewagten Wort» ‹I.› eher reserviert äußert, allenfalls aber eine «wohlwollende I.» als Gesinnung eines heiteren Gemüts zuläßt [1], wird selber von den romantischen Kritikern, insbesondere mit seinem ‹Wilhelm Meister›, den modernen, ironischen Autoren zugerechnet [2].

Als ironische Autoren der Romantik gelten weiterhin *L. Tieck, E. Th. A. Hoffmann, Cl. Brentano* und vor allem *H. Heine*, dessen Werk die «Welt-I.» oder «Gottes-I.» als Erfahrung seiner Epoche spiegeln will [3].

Die *Theorie der romantischen I.* wird dann insbesondere von FR. SCHLEGEL entwickelt. Der Begriff ‹I.› (gelegentlich auch schon ‹romantische I.›) erscheint in seinen theoretischen Schriften seit 1797. Er findet sich dann ausführlich in den Lyzeums- und Athenäumsfragmenten bis hin zu seinem Spätwerk der Philosophischen Vorlesungen. Schlegel meint mit seinem I.-Begriff nicht mehr die nunmehr als trivial empfundene rhetorische Figur, sondern ein «philosophisches Vermögen» [4], und eine Philosophie, die sich der Grenzen ihrer Sagbarkeit bewußt wird, ist ihm überhaupt die «eigentliche Heimat der I.» [5]. Die Erhebung der Poesie zur Philosophie geschieht in der Weise, daß die romantische Poesie als «progressive Universalpoesie» das entwerfende Vermögen (Genialität) und das urteilende Vermögen (Kritik) ständig miteinander mischt und verquickt, so daß der nervöse Geist des romantischen Autors in keiner «platten Harmonie» zur Ruhe kommen kann. Die Ästhetik wird hier zum Maß der Metaphysik: So wie der ironische Dichter sein notwendig fragmentarisches Werk nach seinem Belieben stimmen kann,

«wie man ein Instrument stimmt», so kann sich der ironische Mensch in einer Art «transzendentaler Buffonerie» über sein begrenztes Leben erheben und die metaphysische Spannung zwischen dem Unbedingten und dem Bedingten, zwischen Ideal und Wirklichkeit bestehen. Die Erhebung über das Bedingte ist nämlich selber unbedingt [6]. In seinen späteren Schriften tritt das ästhetische Element im I.-Begriff zurück; Fr. Schlegel meditiert nun besonders über die sokratische I. als einen philosophischen Habitus «der höchsten geistigen Klarheit und Heiterkeit». Diese I. bedeutet «das Erstaunen des denkenden Geistes über sich selbst». Sie entsteht aus dem Gefühl der Endlichkeit und der eigenen Beschränkung und ist in Wahrheit eine «I. der Liebe» [7].

Außer von *Tieck, A. W. Schlegel, Novalis, Schleiermacher* und *A. Müller* wird Fr. Schlegels I.-Theorie insbesondere von K. W. F. SOLGER weiterentwickelt, und zwar sowohl in seinen ‹Vorlesungen über Ästhetik› als auch in dem nach platonischem Vorbild gestalteten Dialog ‹Erwin›. Solger unterscheidet echte, wahre I. scharf von der «gefährlichen» I. solcher Spötter wie Lukian und Wieland und orientiert sich selber an der erhabenen und tragischen I. eines Sophokles oder Shakespeare. Er nennt diese I. «künstlerische I.» und versteht sie als Mittelpunkt der Kunst schlechthin. Stärker als Fr. Schlegel betont Solger in seiner Ästhetik an der I. den Aspekt der Negativität als Wahrnehmung des Untergangs der Idee in der Wirklichkeit; er vermerkt jedoch gleichzeitig die Korrelation von I. und Begeisterung, welche die Heiterkeit des Künstlers ermöglicht [8].

Ihren schärfsten Kritiker findet die romantische I. in HEGEL. Er unterstreicht im Anschluß an Solger die «unendliche absolute Negativität» der I. und kritisiert sie scharf als ein durch und durch unkünstlerisches Prinzip sowie als Ausdruck einer «Scheu vor der Wirklichkeit». Er betrachtet die I. der Frühromantiker als subjektiv und inhaltsleer und stellt ihr die Lebendigkeit der Vernunft und Wahrheit sowie das substantielle Interesse an der dargestellten Sache gegenüber [9].

KIERKEGAARD entwickelt seine I.-Lehre nicht nur «in ständiger Rücksicht auf Sokrates», sondern auch in ständiger Auseinandersetzung mit den Frühromantikern, und zwar durch Hegels Kritik hindurch. Er tadelt zwar an Hegel, daß er mit seiner Kritik an der romantischen I. die Wahrheit der I., nämlich die sokratische I., übersehen habe, übernimmt von ihm aber die kritische Auffassung der I. als Negativität, als das «unendlich leichte Spiel mit dem Nichts». Dieses Spiel, das seine poetisch-ästhetische Herkunft nicht verleugnen kann, wird von dem ethisch und religiös urteilenden Kierkegaard als zu leicht befunden. Im Blick auf Goethe stellt Kierkegaard dann eine «beherrschte I.» als «Reinigungstaufe» der Seele vor [10]. – NIETZSCHE, der sich die I. als stilistische Figur verbietet, bewundert dennoch die heilsame Demütigung des Denkens, die von der sokratischen I. ausgeht, und sieht in ihr eine Möglichkeit, das Dionysische und das Apollinische, Leben und Geist, zu vereinigen [11].

Im 19. Jh. gerät die I. in eine Begriffsnachbarschaft zum Humor. Im Unterschied zu diesem weist JEAN PAUL der I. die Qualitäten des Kalten und Bitteren zu und spricht vom «Ernst der I.» [12]. Bei ihm sowie bei *Keller, Raabe* und *Fontane* nimmt der Humor viele Merkmale an, die von den Frühromantikern der I. zugeschrieben werden. Die Gegenüberstellung von I. und Humor und ihre Definition als Komplementärbegriffe findet sich in der Ästhetik bei verschiedenen Philosophen (SCHOPEN-

HAUER, KIERKEGAARD, BERGSON, N. HARTMANN) bis ins 20. Jh. hinein; andere Autoren unterstreichen stärker die Verwandtschaft dieser beiden Begriffe und sprechen von «humoristischer I.» (GOETHE, HEINE). Die Unterscheidung von I. und Humor wird gelegentlich völkerpsychologisch ausgewertet. Die I., nationalisiert als «ironie française» (R. ROLLAND), wird dem traditionell englischen Humor oder dem traditionell deutschen Ernst (bei E. WECHSSLER auch dem «deutsch-germanischen» Humor) gegenübergestellt [13]. BAUDELAIRE rechnet die I. zu den literarischen Grundqualitäten und ordnet die «gefräßige I.» als feindliche Macht dem unerbittlich azurblauen Himmel zu [14]. TH. MANN gehört zu denjenigen, die zwischen I. und Humor nicht scharf unterscheiden. Er benutzt in seinen Romanen häufig die Rolle des Erzählers zur ironischen Distanzierung von der eigenen Position und erreicht auf diese Weise einen «ironischen Objektivismus der Epik». I. bedeutet für ihn Abstand, Vorbehalt, Freiheit. Es ist jedoch «eine I. des Herzens, eine liebevolle I.» gemeint. Sie bezeichnet ein künstlerisches Prinzip, zugleich aber auch den menschlichen Zwiespalt dessen, der zugleich Bürger und Künstler sein muß [15]. R. MUSIL entdeckt ebenfalls die I. als die ihm gemäße Schreibweise. Er ordnet ihr die Qualitäten des Genauen und Begrifflichen zu und stellt sie der Utopie sowie den gemüthaften Qualitäten entgegen. Die Rolle des Mannes, der ohne affirmative Eigenschaften ist, ist eine ironische Rolle [16].

In der *marxistischen* Literaturkritik erscheint der Roman, besonders insofern er ironisch getönt ist, als die repräsentative Literaturform eines bürgerlichen Zeitalters, in dem eine zu Ende gehende Subjektivität durch den Sprung in die I. eine gewisse Objektivität zu erlangen hofft. In Heines ironischer Dichtung sieht G. LUKÁCS den quasi-revolutionären Versuch, die verlogene romantische Harmonie der bürgerlichen Literatur zu durchstoßen und sich von der Ideologie seiner Klasse zu befreien. Der Marxismus überwindet nach Lukács' Überzeugung mit den Ideologien des Bürgertums zugleich die romantische I. als deren kritische Spätform [17].

In der neueren *Literaturwissenschaft* wird der I.-Begriff für die literarische Interpretation nutzbar gemacht. Sie entdeckt in der griechischen Schicksalstragödie die «I. des Schicksals» und untersucht in modernen Dramen (*Pirandello, Unamuno, Wilder, Brecht, Claudel, Giraudoux, Anouilh*) die verschiedenen Durchbrechungen der Fiktion als «Fiktions-I.». Andere Autoren des 20. Jh. verstehen die I. psychologisch und tiefenpsychologisch als Ausdruck der Scheu, Scham und Ehrfurcht (JANKÉLÉVITCH, JASPERS, BOLLNOW) oder setzen sie in Beziehung zum Spielbegriff (ALLEMANN), zur Melancholie (SZILASI, STAROBINSKI) oder zur Wahrheit (PAULHAN, SCHAERER).

Anmerkungen. [1] J. W. GOETHE, Farbenlehre, Vorwort; Brief an Zelter (1829); vgl. H.-E. HASS, in: A. SCHAEFER (Hg.): I. und Dichtung (1970) 59-83. – [2] Vgl. bes. FR. SCHLEGEL, Wilhelm-Meister-Rez. Werke, hg. FEUCHTERSLEBEN 2, 126-146. – [3] H. HEINE, Werke (1887–1890) 3, 423. 104; vgl. W. PREISENDANZ, in: SCHAEFER, a. a. O. [1] 85-112. – [4] FR. SCHLEGEL, Marburger Handschr. H. 3, 52. – [5] Lyzeums-Frg. 42; vgl. 48. 108. – [6] Vgl. bes. Philos. Vorles. a. a. O. [2] 15, 53ff.; hierzu und zu Fr. Schlegel insgesamt I. STROHSCHNEIDER-KOHRS: Die romantische I. in Theorie und Gestalt (1960). – [7] FR. SCHLEGEL, a. a. O. 15, 54ff.; vgl. STROHSCHNEIDER-KOHRS, a. a. O. 80ff. – [8] K. W. F. SOLGER: Erwin (1815) 2, 278f.; Vorles. über Ästhetik (1829, ND 1969) 199. 241-249. – [9] G. W. F. HEGEL, Ästhetik, Werke, hg. GLOCKNER 12, 105. 221. – [10] S. KIERKEGAARD, Über den Begriff der I. mit ständiger Rücksicht auf Sokrates (1841). – [11] Vgl. B. ALLEMANN: I. und Dichtung (²1968) 40-49. – [12] JEAN PAUL, Vorschule der Ästhetik, Abt. 1, Progr. 8, §§ 37f. – [13] R. ROLLAND: Jean-Christophe, hg.

MICHEL (1956) 771; L. CAZAMIAN, Rev. german. (1906) 17; E. WECHSSLER: Esprit und Geist (1927) 399; zur Humor-Kritik vgl. H. BÖLL und D. WELLERSHOFF: Akzente (1971) bes. 340-343. – [14] CH. BAUDELAIRE, Fusées 17; Fleurs du Mal 83. 89; vgl. ST. MALLARMÉ, L'Azur. – [15] TH. MANN: Die Kunst des Romans, in: Altes und Neues (1961) 368; vgl. J. PETERSEN: Die Rolle des Erzählers und die epische I. im Frühwerk Th. Manns (Diss. Köln 1967); P. BÖCKMANN, in: SCHAEFER, a. a. O. [1] 143-171. – [16] Vgl. zu Musil bes. ALLEMANN, a. a. O. [11] 177-182. – [17] Vgl. G. LUKÁCS: Schriften zur Lit.-Soziol. (³1968) 101ff. 358ff.; Andeutungen einer nichtmarxistischen Soziol. der I. als einer «I. der Dinge» bei H. v. HOFMANNSTHAL, Werke, Prosa 4 (1955) 40-44.

Literaturhinweise. S. KIERKEGAARD s. Anm. [10 zu 3]. – O. RIBBECK: Über den Begriff des EIRON. Rhein. Mus. 31 (1876) 381-398. – A. SCHÖNE: Über die I. in der griech. Dichtung, insbes. bei Homer, Äschylos und Sophokles (1897). – L. PIRANDELLO: L'ironia comica nella poesia cavalleresca (1908), in: Saggi, hg. M. LO VECCHIO MUSTI (1952). – F. PAULHAN: La morale de l'I. (Paris 1914, ⁴1933). – F. ERNST: Die romantische I. (Diss. Zürich 1915). – K. FRIEDEMANN: Die romantische I. Z. Ästh. 13 (1919) 270-282. – C. ENDERS: Fichte und die Lehre von der «romantischen I.». Z. Ästh. 14 (1920) 279-284. – G. LUKÁCS: Geschichtsphilos. Bedingtheit und Bedeutung des Romans, in: Die Theorie des Romans (1920). – J. E. HELLER: Solgers Philos. der ironischen Dialektik (Diss. Berlin 1928). – R. JANCKE: Das Wesen der I. Eine Strukturanalyse ihrer Erscheinungsformen (1929). – F. WAGENER: Die romantische und die dialektische I. (Diss. Freiburg 1931). – A. E. LUSSKY: Tieck's romantic irony with special emphasis upon the influence of Cervantes, Sterne and Goethe (Chapel Hill 1932). – K. P. BIETZ: Das Problem der I. in der neueren dtsch. Lit., insbes. bei Thomas Mann (Diss. Frankfurt 1933). – G. G. SEDGEWICK: Of irony, especially in drama (1936). – V. JANKÉLÉVITCH: L'I. ou la bonne conscience (1936, ²1950). – O. WALZEL: Methode? I. bei Fr. Schlegel und bei Solger. Helicon 1 (1939) 33-50. – W. BÜCHNER s. Anm. [1 zu 1]. – R. SCHAERER: Le mécanisme de l'I. dans ses rapports avec la dialectique. Rev. Mét. Morale 48 (1941) 181-209. – O. F. BOLLNOW: Die Ehrfurcht (1947, ²1958). – M. BOUCHER: L'I. romantique, in: Le Romantisme allemand (²1949). – H. E. HASS: Die I. als lit. Phänomen (Diss. Bonn 1950). – G. LUKÁCS: Heinrich Heine als nationaler Dichter, in: Dtsch. Realisten des 19. Jh. (1951). – P. SZONDI: Fr. Schlegel und die romantische I. Euphorion 48 (1954) 397-411; auch in: Satz und Gegensatz (1964) 5-25. – G. VOGT: Die I. in der romantischen Komödie (Diss. Frankfurt 1953). – B. ALLEMANN s. Anm. [11 zu 3]. – E. A. BLACKALL: Irony and imagery in Hamann. Publ. Engl. Goethe Soc. 26 (1957) 1-25. – E. HELLER: The ironic German. A study of Thomas Mann (London 1958); dtsch. Th. M., der ironische Deutsche (1959). – R. B. SHARPE: Irony in the drama (1959). – H. LAUSBERG s. Anm. [3 zu 1]. – E. PIVCEVIC: I. als Daseinsform bei Sören Kierkegaard (1960). – I. STROHSCHNEIDER-KOHRS s. Anm. [6 zu 3]. – H. WEINRICH: Fiktions-I. bei Calvino. Lit.wiss. Jb. 2 (1961) 239-253. – H. BOESCHENSTEIN: Von den Grenzen der I., in: Stoffe, Formen, Strukturen. Festschr. Borcherdt (1962). – W. ISER: Das Spiel im Spiel. Arch. Stud. neu. Sprachen 198 (1962) 209-226, auch in: Wege der Shakespeare-Forsch. (1971). – W. PREISENDANZ: Humor als dichterische Einbildungskraft (1963). – R. BAUMGART: Das Ironische und die I. in den Werken Thomas Manns (1964, ²1965). – J. STAROBINSKI: I. und Melancholie: Gozzi – E. Th. A. Hoffmann – Kierkegaard. Der Monat 18 (1966) 22-35. – H. WEINRICH: Linguistik der Lüge (1966, ⁴1970). – J. PETERSEN: Die Rolle des Erzählers und die epische I. im Frühwerk Thomas Manns (Diss. Köln 1967). – B. HEIMRICH: Fiktion und Fiktions-I. in Theorie und Dichtung der dtsch. Romantik (1968). – J. H. KOKOTT: Das Theater auf dem Theater im Drama der Neuzeit (Diss. Köln 1968). – F. N. MENNEMEIER: Fragment und I. beim jungen Friedrich Schlegel. Poetica 2 (1968) 348-370. – W. HIRDT: Antiromantische I. bei Xavier de Maistre. Riv. Lett. moderne e comparate 22 (1969) 47-63. – A. SCHAEFER s. Anm. [1 zu 3]. – H.-E. HASS und G.-A. MOHRLÜDER (Hg.): I. als lit. Phänomen, in: Neue wiss. Bibl. (1973).

H. WEINRICH

Irradiatio (Einstrahlung). Begriff und Bedeutung von ‹I.› sind aus dem Horizont von «Erleuchtung» (s. d. 4) und «Illuminationslehre» verstehbar. Für AUGUSTINUS ist die ontologische Relation von göttlicher «Einstrahlung» und dem lichten Grund menschlichen Denkens Bedingung von Wahrheitserkenntnis und wahrem Urteil [1]. Obgleich THOMAS VON AQUIN die augustinische Illuminationslehre auf die abstrahierende Tätigkeit des intellectus agens eingrenzt, bleibt auch für ihn jede Wahrheitserkenntnis «quaedam I.», die als eine das menschliche Denken konstituierende «Teilhabe» an der göttlichen Wahrheit zu fassen ist [2]. Der allgemeine theologische und religiöse Hintergrund des I.-Begriffs ist die Vorstellung, daß Gott in sich trinitarischer Strahl, nach außen aber «ursprunghafter Strahl» für alles lichthaft Seiende ist [3] und daß er dem Menschen als übermächtiger Lichtstrahl erscheint (Theophanie, Mystik): «Aeterna veritas ... deus meus ... radians in me vehementer» [4].

Anmerkungen. [1] AUGUSTIN, De civ. Dei XI, 27. – [2] THOMAS VON AQUIN, S. theol. I/II, 93, 2 c.; I, 94, 1 c; vgl. zum Gebrauch des Terminus ‹I.› ferner Unit. int. 4. Opusc. Philos. 245. – [3] LAMPE, Patr. Gr. Lex. s.v. AKTIS 2 a; PS.-DIONYSIUS, De div. nom. IV, 6/7. MPG 3, 702 a ff.; De cael. hier. I, 2. MPG 3, 122 b. – [4] AUGUSTIN, Conf. VII, 10.   W. BEIERWALTES

Irrational, das Irrationale, Irrationalismus. – 1. Zwar taucht das Substantiv ‹Irrationalismus› erst in der Mitte des 19. Jh. auf, doch erscheint das Adjektiv ‹*irrational*› mit seinen zugehörigen Substantivierungen (das Irrationale (= I.), die Irrationalität) als Übertragung eines mathematischen Sprachgebrauchs in die Philosophie bereits ein halbes Jh. früher. Erst als die Philosophie konsequent das Subjekt zu ihrem Mittelpunkt machte, stellte sich ihr das Problem des I. In der Auseinandersetzung mit *Kant* bezeichnet ‹irrational› einen der menschlichen Vernunft bzw. dem menschlichen Verstand nicht zugänglichen Bereich der Erkenntnis.

Während noch im ‹Lexicon Philosophicum› des JOH. MICRAELIUS (1662) nur «irrationales magnitudines» [1] innerhalb der Geometrie aufgeführt werden, vergleicht SALOMON MAIMON 1790 das Problem des Ding an sich bei Kant mit einer völlig zu lösenden irrationalen Wurzel: «Diese Unvollständigkeit des Bewußtseins [des Gegebenen] kann von einem bestimmten Bewußtsein bis zum völligen Nichts durch eine abnehmende unendliche Reihe von Geraden gedacht werden. Folglich ist das bloß Gegebene (dasjenige was ohne alles Bewußtsein der Vorstellungskraft gegenwärtig ist) eine bloße Idee von der Grenze dieser Reihe, zu der (wie etwa zu einer irrationalen Wurzel) man sich immer nähern, die man aber nie erreichen kann» [2].

Auch für SCHOPENHAUER ist die gegebene Welt ein «unauflösliches Problem, in dem selbst die vollkommenste Philosophie stets noch ein unerklärliches Element enthalten wird, gleich einem unauflöslichen Niederschlag, oder dem Rest, welcher das irrationale Verhältnis zweier Größen stets übrig läßt» [3].

In seiner ‹Wissenschaftslehre› von 1804 bezeichnet FICHTE die Leerstelle zwischen der Projektion eines Objektes und dem Objekt im Anschluß an Kants Erkenntniskritik, «wo es demnach in der Mitte zwischen Projektion und Projektum finster und leer ist», als «projectio per hiatum irrationalem» [4]. Sein Denken kreist um diese irrationale Leerstelle, und in einem Brief an Jacobi schreibt er, «daß dem Wissen immer etwas vom Begriff nicht zu Durchdringendes, ihm Inkommensurables und I. übrigbleibe. ... wie wäre es, wenn gerade in dieser Einsicht das Wesen der Philosophie läge und diese ganz und gar nichts anderes wäre als das Begreifen des Unbegreiflichen als solchen ...» [5].

Nicht nur Fichte, sondern auch Schelling und Hegel geht es darum, den Bereich des I. durch vernünftiges Philosophieren aufzuheben. Dabei knüpft HEGEL unmittelbar an das Irrationalitätsproblem in der Geometrie

an: «Sie [die Geometrie] stößt jedoch in ihrem Gange, ... zuletzt auf Inkommensurabilitäten und Irrationalitäten, wo sie, wenn sie im Bestimmen weitergehen will, über das verständige Prinzip hinausgetrieben wird. Auch hier tritt, wie sonst häufig, an der Terminologie die Verkehrung ein, daß, was rational genannt wird, das Verständige, was aber irrational, vielmehr ein Beginn und Spur der Vernünftigkeit ist» [6]. Dort, wo für die deduktiv verfahrenden Wissenschaften Rationalität an ihre Grenze gelangt, beginnt für Hegel das Terrain philosophischer Vernunft. Für Hegel wie für Fichte meint also ‹irrational› nicht etwas der Vernunft, sondern nur etwas dem Verstande Entgegengesetztes oder ihm Inkommensurables. – Ähnlich verwendet SCHELLING den Begriff in der ‹Philosophie der Kunst›: «Auf der höheren Stufe der Natur sowie der Kunst, wo sie wahrhaft symbolisch wird, wirft sie jene Schranke einer bloß endlichen Gesetzmäßigkeit ab. Es tritt eine höhere ein, die für den Verstand irrational ist, und nur von der Vernunft erfaßt und begriffen wird ...» [7].

Wird der zunächst als irrational geltende Bereich des Ding an sich in eine absolute philosophische Vernunft aufgehoben, taucht das Problem des I. auf einer anderen Ebene, auf der des Nicht-Absoluten, Besonderen, Individuellen wieder auf. So bezeichnet SCHELLING das Nicht-Absolute, das Zufällige als irrational: Das «irrationale Prinzip» widerstrebt dem «Verstande oder der Einheit und der Ordnung» [8]. Es ist zwar das «finstere Prinzip», aber es beweist – und hier zeigt sich eine gewisse Übereinstimmung mit Fichte und Hegel –, «daß es nicht bloß eine geometrische Notwendigkeit ist, die hier [besonders in den organischen Wesen] gewirkt hat, sondern daß Freiheit, Geist und Eigenwille mit im Spiel waren» [9]. – Auch SCHLEIERMACHER sieht eine enge Verbindung des I. mit dem Individuellen. Wo sich die Wissenschaft dem Einzelnen zuwendet, wird sie vom I. überrascht [10]. Diese Irrationalität läßt «nur Annäherung durch progressus in infinitum» zu: «Dort nimmt etwas ab, was noch geschehen muß, es verkürzt sich: und wenn wir sagen, es könne nicht gelöst werden, so ist es die Irrationalität zwischen der Welt und dem Menschen» [11]. Daher hat es die dem Einzelnen zugewandte Wissenschaft auch mit dem I. zu tun.

Die gegen Ende des 19. und zu Beginn des 20. Jh. geführten Diskussionen um die Methode der Geistes- und Sozialwissenschaften nehmen diesen Zusammenhang auf. W. DILTHEY kennzeichnet das Verstehen als methodisches Prinzip der Geisteswissenschaft: «So ist in allem Verstehen ein I., wie das Leben selber ein solches ist; es kann durch keine Formeln logischer Leistungen repräsentiert werden» [12]. Zwei Aspekte des I. werden hier zusammengefaßt: Einmal wird das Leben selbst in seiner Vielfalt als irrational verstanden, andererseits folgt aus dieser Auffassung, daß auch die diesem Leben angemessenen Verfahrensweisen irrationalen Charakter haben.

M. WEBER versucht die Frontstellung von individuell-irrational auf der einen und naturgesetzlich-rational auf der anderen Seite im Bereich der Sozialwissenschaften aufzubrechen und zu differenzieren. Er geht aus von dem Begriff der Irrationalität «in dem vulgären Sinn von jener ‹Unberechenbarkeit›, welche ... das Symptom der menschlichen ‹Willensfreiheit› sein soll und auf welche ... eine Art von spezifischer Dignität der ‹Geisteswissenschaften› zu begründen versucht wird» [13]. Er kommt zu dem Schluß: «... individuelles Handeln ist, seiner sinnvollen Deutbarkeit wegen – soweit diese reicht –

prinzipiell weniger ‹irrational› als der individuelle Naturvorgang» [14], der nur registriert und eingeordnet werden kann, nicht aber nacherlebbar und verstehbar ist. Diese «Verstehbarkeit» einer Handlung als Erschließung ihres Sinnes aus einer Situation setzt allerdings den «rationalen Charakter ihrer Motivierung» [15] voraus und dient nur als Hypothese, die der Verifizierung bedarf und ihr auch zugänglich ist. Unter dieser methodischen Voraussetzung sind auch die historisch verfahrenden Wissenschaften Teil des universellen Rationalisierungsprozesses. Dennoch gelingt es nicht, das Phänomen des I. völlig aufzulösen, das für Weber «die treibende Kraft aller Religionsentwicklung» war [16]. Irrational ist aber auch der Bereich des unmittelbaren Erlebens, Entscheidens und Handelns [17] sowie die «Welt des unverdienten Leidens» [18].

Wie Weber halten die *Neukantianer* Rickert und Lask an der Differenz von Erleben und Erkennen fest. Jedes Erkennen ist ein Rationalisierungsprozeß und setzt für H. RICKERT die Differenz zur «Unmittelbarkeit und irrationalen Anschaulichkeit» des erlebten Lebens voraus [19]. Durch wissenschaftliche Begriffe formen wir «das in jeder Wirklichkeit steckende heterogene Kontinuum zu einem homogenen Kontinuum oder zu einem heterogenen Diskretum um. Insofern als dies möglich ist, kann dann die Wirklichkeit auch selbst rational genannt werden. Irrational bleibt sie nur für die Erkenntnis, die sie abbilden will, ohne sie umzuformen» [20]. – E. LASK sieht «trotz allem Rationalismus innerhalb der apriorischen Welt doch das Empirische durch die Kluft der Irrationalität von dieser getrennt» [21]. Damit nimmt er ganz bewußt das Problem des I. in der Tradition von Fichtes Vorstellung eines «hiatus irrationalis» auf. Bei Lask findet sich dann ‹irrational› in einer doppelten Bedeutung: ‹Irrationalität bedeutet also im Verhältnis zu rationalem Gehalt entweder die Andersartigkeit oder die Nichtauflösbarkeit ihm gegenüber» [22].

Ähnlich ist die doppelte Bedeutung des Begriffs bei N. HARTMANN: Einerseits bezeichnet ‹irrational› das «Transobjektive», d. h. das, was über die Erkenntnis des Gegenstandes hinausgeht, andererseits das Transintelligible, das, was «gnoseologisch irrational» ist, das Unerkennbare, das «Grenzphänomen der Erkenntnis» [23]. Mit Hilfe dieses vom Subjekt unabhängigen I. versucht Hartmann die Evidenz des Ansichseins als einer Grundlage seiner Ontologie zu erweisen [24].

Wie stark die Bestimmung dessen, was als irrational bezeichnet wird, von dem jeweiligen Rationalitätsbegriff abhängt, läßt sich etwa bei LASK zeigen: «Auch der Kritiker wird Hegel darin recht geben müssen: wenn die dialektisch sich wandelnden Begriffe annehmbar sind, dann und nur dann gibt es eine Überwindung der Irrationalität. ... Aber der Kritiker leugnet allerdings die Bedingung des Vordersatzes» [25]. Durch die wachsende Abhängigkeit der Begriffsbestimmung von der jeweiligen eigenen Position und deren Rationalitätsbegriff wird seit der Konjunktur des Terminus nach 1900 eine allgemeine Definition sowie eine präzise Verwendung des Begriffs problematisch.

Anmerkungen. [1] J. MICRAELIUS: Lex. Philos. (²1662) 48. – [2] S. MAIMON: Versuch über Transzendentalphilos. (1790) 419f. – [3] A. SCHOPENHAUER, Werke, hg. A. HÜBSCHER (²1948-65) 3, 117. – [4] J. G. FICHTE, Werke, hg. MEDICUS 4, 288. – [5] I. H. FICHTE: J. G. Fichtes Leben und lit. Briefwechsel (1862) 2, 176. – [6] G. W. F. HEGEL, Enzyklop. § 231. Werke, hg. GLOCKNER 8, 442. – [7] F. W. J. SCHELLING, Philos. der Kunst. Werke, hg. K. F. A. SCHELLING 5, 576. – [8] Über das Wesen der menschl. Freiheit a. a. O. 7, 374. – [9] 376. – [10] FR. SCHLEIERMACHER: Ästhetik, hg. ODEBRECHT (1931) 21. – [11] a. a. O. 81.

– [12] W. DILTHEY, Ges. Schr. 7 (1914) 213. – [13] M. WEBER: Ges. Aufsätze zur Wiss.lehre (²1951) 64. – [14] a. a. O. 67. – [15] 100. – [16] Soziol., weltgeschichtl. Analysen, Politik, hg. J. WINCKELMANN (1968) 78. – [17] a. a. O. 322. 270. – [18] 177. 476. – [19] H. RICKERT: Die Philos. des Lebens (1920) 75. – [20] Kulturwiss. und Naturwiss. (⁷1926) 33. – [21] E. LASK, Werke, hg. HERRIGEL (1923) 1, 84. – [22] a. a. O. 2, 74. – [23] N. HARTMANN: Zur Grundlegung der Ontol. (1948) 170. – [24] a. a. O. 176; vgl. dazu Art. ‹Irrational und transintelligibel›. – [25] LASK, a. a. O. [21] 1, 72.

2. Das gilt in weit stärkerem Maße für den Begriff des *Irrationalismus* (= Im.), der ebenfalls seit dem Beginn des 20. Jh., besonders im Zusammenhang mit der Lebensphilosophie, immer häufiger auftaucht. Darin liegt die Tendenz, die dem «Leben» zugewandte Philosophie als irrational der rationalen, auf die Wissenschaft sich beschränkenden Philosophie entgegenzusetzen. Allerdings verwendet bereits L. FEUERBACH in seiner Schrift ‹Vorläufige Thesen zur Reform der Philosophie› (1842) den Begriff ‹Im.›: «Hegel fehlt es an Anschauung, Schelling an Denk-, an Bestimmungskraft ... Der Rationalismus bei Schelling ist nur Schein, der Im. Wahrheit. Hegel bringt es nur zu einem abstrakten, dem irrationalen Prinzip, Schelling nur zu einer dem rationellen Prinzip widersprechenden, mystischen, imaginären Existenz und Realität» [1]. Damit verwendet Feuerbach für Hegel wie für Schelling in je verschiedener Weise den Begriff ‹irrational›, bezichtigt aber nur Schelling des Im. W. WINDELBAND behandelt in seiner ‹Geschichte der neueren Philosophie› Schelling ebenso wie Jacobi, Schopenhauer und auch Feuerbach unter dem Titel ‹Im.›. Er sieht bei ihnen «Systeme der Philosophie», welche «durch die Reflexion auf die Grenzbegriffe des Rationalismus entstehen» [2]. Demgegenüber enthält für R. KRONER auch «der Rationalismus des Hegelschen Denkens ... einen Im. an ihm selbst: der Begriff setzt sich Grenzen und ist eben nur dadurch Begriff, daß er es ist, der sich die Grenzen setzt und diese gesetzten Grenzen als die von ihm gesetzten auch wieder aufhebt» [3].

A. BÄUMLER überträgt den Begriff generell auf das «Zeitalter des Geschmacks», er nennt das 18. Jh. «die klassische Zeit des Im.» [4]: «Man nennt diese klare Einsicht in das aller logischen Durchsichtigkeit entzogene Wesen der Individualität Im.» [5].

Gegen eine bloß negative Kennzeichnung versucht R. MÜLLER-FREIENFELS den Im. im Unterschied zum Antirationalismus unter Verwendung eines bestimmten Rationalitätsbegriffes positiv zu verstehen. Er veröffentlichte unter dem Titel ‹Im.› eine Erkenntnislehre in der Absicht, «nicht bloß das rationale Denken, sondern alle übrigen Erkenntnismöglichkeiten in ihrer Bedeutung zu würdigen». Dabei zeige sich dann, daß das rationalisierende Erkennen nur eine «Sonderform einer irrationalen Erkenntnisweise ist» [6].

Auch L. KLAGES versucht den pauschalen Vorwurf des Im. zu differenzieren und nimmt diese Bezeichnung für die eigenen Ansätze nur in Anspruch, sofern darunter eine Abwendung von der «Verstandeskunst» und «Vernunftkultur» verstanden wird. «Versteht man aber darunter die grundsätzliche Entmächtigung der Sachlichkeit (= Logik) zugunsten eines subjektivistischen oder relativistischen Denkens, ... so stände unser Werk auf der Seite des Rationalismus bei schärfster Verwerfung dieses Im.» [7].

M. HEIDEGGER geht in seiner Auseinandersetzung mit dem gegen ihn erhobenen Vorwurf des Im. noch weiter: «Gegen die ‹Logik› denken, das bedeutet nicht, für das Unlogische eine Lanze brechen, sondern heißt nur: dem logos und seinem in der Frühzeit des Denkens erschienenen Wesen nach-denken. ... statt dessen könnte man mit größerem Recht sagen: der Im. als Absage an die ratio herrscht unerkannt und unbestritten in der Verteidigung der ‹Logik›, die da glaubt, einer Besinnung auf den λόγος und auf das in ihm gründende Wesen der ratio ausweichen zu können» [8].

K. MANNHEIM analysiert unter den Begriffen ‹Rationalismus› und ‹Im.› im Zusammenhang seiner Wissenssoziologie zwei grundverschiedene Arten der Welterfahrung. Er versteht beide als «grundlegend verschiedene Einstellungen zum letzten Geheimnis, das durch ein jedes Ereignis hindurchschimmert» [9], und ordnet sie verschiedenen Phasen in der Entwicklung des Bürgertums zu. Er sieht den modernen Im. als «eine Antwort auf die Linkspolarisation des pantheistischen Elements bei den Junghegelianern» und bescheinigt dem Im. «eine immer konsequenter werdende Ausmerzung der liberal-rationalen Elemente aus dem nunmehr bewußt als irrational beabsichtigten Weltbilde» [10].

Die mangelnde Präzision und Differenziertheit des Begriffs wird dort am deutlichsten, wo man sich gegenseitig aus den verschiedensten Gründen des Im. bezichtigt, wie etwa in der Auseinandersetzung zwischen den Vertretern der *kritischen Theorie* und des *kritischen Rationalismus*: In der Beschränkung des Anspruchs kritischer Vernunft auf verabsolutierte Logik leiste der kritische Rationalismus nach Auffassung von TH. W. ADORNO und J. HABERMAS «dem Dezisionismus der Zwecke, dem Im. Vorschub» [11]. Dieser Vorwurf wird von H. ALBERT an die kritische Theorie unter entgegengesetzten Vorzeichen zurückgegeben: «Das totale Engagement, auch wenn es zur Stützung seiner Ansprüche und Forderungen den Namen einer dialektischen oder kritischen Vernunft ins Spiel bringt, kann uns also keineswegs die Rettung vor jenem Im. bringen, dem ein unter der Neutralitätsforderung stehendes analytisches oder ein an Überlieferungen irgendwelcher Art sich auslieferndes hermeneutisches Denken freien Raum zur Entfaltung geben mögen, und zwar deshalb, weil es selbst nur eine Form dieses Im. ist» [12]. K. R. POPPER hatte schon früher dem gesamten dialektischen Denken, das in der Tradition von Hegel und Marx steht, Im. vorgeworfen [13].

Ebenso pauschal-polemisch wird der Begriff von manchen *Marxisten* verwendet. 1954 veröffentlichte G. LUKÁCS ‹Die Zerstörung der Vernunft› [14], die später den Untertitel ‹Der Weg des Im. von Schelling zu Hitler› erhielt. Als Im. wird hier jede bürgerliche Philosophie behandelt, die sich gegen den dialektischen und historischen Materialismus wendet; ihre Kennzeichen seien: «Herabsetzung von Verstand und Vernunft, kritiklose Verherrlichung der Intuition, aristokratische Erkenntnistheorie, Ablehnung des gesellschaftlich-geschichtlichen Fortschritts, Schaffen von Mythen» [15]. Lukács versucht eine Verbindung zwischen diesem Im. und dem Aufstieg des Faschismus herzustellen. In ihrem ‹Philosophischen Wörterbuch› übernehmen G. KLAUS und M. BUHR fast wörtlich die bei Lukács gegebene Bestimmung des I., der ein «wesentliches Moment bürgerlicher Philosophie» sei [16].

Fazit des neueren Begriffsgebrauchs: Irrational denken und des Im. schuldig sind – die anderen.

Anmerkungen. [1] L. FEUERBACH, Werke, hg. BOLIN/JODL 2, 237. – [2] W. WINDELBAND: Die Gesch. der neueren Philos. (³1904) 2, 340. – [3] R. KRONER: Von Kant zu Hegel (²1961) 2, 20f. – [4] A. BÄUMLER: Kants KU 1: Das Irrationalitätsproblem in der Ästhetik und Logik des 18. Jh. (1923) 5. – [5] a. a. O. 4.

– [6] R. MÜLLER-FREIENFELS: Im. Umrisse einer Erkenntnislehre (1922) 4. – [7] L. KLAGES: Der Geist als Widersacher der Seele. Werke 2 (1966) 1419. – [8] M. HEIDEGGER: Über den Humanismus (1947) 34. – [9] K. MANNHEIM: Wissenssoziol. (1964) 273. – [10] a. a. O. 593f. – [11] TH. W. ADORNO: Der Positivismusstreit in der dtsch. Soziol. (1969) 36. – [12] H. ALBERT: Traktat über krit. Vernunft (²1969) 5. – [13] K. R. POPPER: Die offene Gesellschaft und ihre Feinde 1 (²1971) 227. – [14] G. LUKÁCS: Die Zerstörung der Vernunft (1954). – [15] a. a. O. 10f. – [16] G. KLAUS und M. BUHR: Philos. Wb. 1 (⁸1971) 540f.

Literaturhinweise. W. SESEMANN: Das Rationale und das I. im System der Philos. Logos 2 (1911/12) 208-241. – A. WILLWOLL: Über das I. in der Psychol. Scholastik 11 (1926) 346-366. – F. SAWICKI: Das I. in den Grundlagen der Erkenntnis. Philos. Jb. 41 (1928) 284-300. 432-448; Das I. und die Gottesbeweise. Phil. Jb. 44 (1931) 410-418; Das I. im Weltgrund a. a. O. 52 (1939) 369-383. – H. TINT: Heidegger and the ‹Irrational›. Proc. Arist. Soc. NS 57 (London 1956/57) 253-268. – J. W. ROSTEUTSCHER: Die Wiederkunft des Dionysos (1957). – E. BALOGH: Zur Kritik des Im. Dtsch. Z. Philos. 6 (1958) 58-76.   S. RÜCKER

Irrational und **transintelligibel** gehören bei N. HARTMANN eng zusammen, insofern sie metaphysisch zentrale Begriffe sind [1], die sowohl gnoseologisch wie auch ontologisch das «System» Hartmanns bestimmen, da das Irrationale das Negativum des rationalen Ausgangspunktes ist und so Stufen der Entrationalisierung dem systematischen Gang entsprechen, der von den sekundären rationalen Sphären in die primären und letztlich irrationalen und transintelligiblen hineinführt von der Erkenntnistheorie, Logik und Ethik zur Psychologie und Ontologie [2]. Die Einbettung des Rationalen [3] in die zwei Unendlichkeiten eröffnet den Blick auf die doppelte Irrationalität, einmal vom Subjekt auf das Objekt, von wo aus das Objektive, das Transobjektive und Objizierbare und sodann das Transintelligible sichtbar werden, und zum anderen auf das Subjekt, das für Erkenntnis insofern unzugänglich wird, als es sich der notwendigen Objektivierung entzieht und so irrational erscheint. Ist das Rationale der Innenaspekt [4], so das Irrationale der Außenaspekt, dem ontisch der Vorrang gehört, denn das Bewußtsein selber zwingt zum Verlassen des Bewußtseins. Die Transzendenz erzwingt die Erfahrung des Irrationalen, die Anerkennung der Grenze [5]. Die Grenzerfahrung, die Entzogenheit und Transzendenz, die Divergenz und die Antinomien bedeuten den Zwang zur Anerkennung des Metaphysischen der Probleme.

Besagt also Rationalität soviel wie Intelligibilität, das Kognitive, so bedeutet Irrationalität zugleich Transintelligibilität. Dieses «trans» ist kein leeres Negativum, sondern ein ontisch Positives, das aporetisch im Phänomen selber empfindlich wird. Rationalität und Irrationalität gehören somit auch ontologisch zusammen [6]. Das zeigt sich im allmählichen Übergang von Rationalität in Irrationalität, der im Wechsel von Diesseits und Jenseits der Erkenntnissphäre, des Innen und Außen, im notwendigen Übergang der Reflexion in die Reflektion (ontischer Natur) sichtbar wird bis zu den Stufen minimaler und maximaler Rationalität und Irrationalität. Letztere zeigt drei wesensverschiedene Stufen: 1. das alogisch Irrationale, 2. das transintelligibel Irrationale und 3. das alogisch *und* transintelligibel Irrationale [7]. Damit ist deutlich, daß nicht alles Logische rational, d. h. intelligibel ist (z. B. Mathematik) [8]. Das Transintelligible ist gnoseologisch die Grenze der Erkennbarkeit. Transintelligibilität ist zwar nicht eine Bestimmtheit des Seienden, das als solches indifferent gegen Erkenntnis bleibt, ist aber von ontischer Bedeutung, insofern als sie in der Struktur des Erkenntnisapparates, in seiner ontisch-kategorialen Funktion gründet [9]. Hartmann zieht daraus methodologische Konsequenzen [10], indem er die absolute Erkenntnismöglichkeit eines intellectus infinitus auf den intellectus finitus restringiert.

Die Modalanalyse und Kategorialanalyse bestätigen dies, denn die Erkenntnis steht selber unter Kategorien, die sich der Erkenntnis entziehen. Die partiale Deckung von Seins- und Erkenntniskategorien bestimmt den Bereich möglicher Intelligibilität. Die Kategorien haben selber einen Überschuß, der rational nicht mehr faßbar ist.

Anmerkungen. [1] N. HARTMANN: Grundzüge einer Met. der Erkenntnis (1921, ⁴1949) (= ME) Kap. 3 e-Kap. 5. 6. – [2] ME Kap. 29 d. – [3] ME Kap. 38. 39. – [4] ME Kap. 5. 27. 39. – [5] ME Kap. 35. – [6] Der Aufbau der realen Welt (²1949) (= ArW) Kap. 11. 12; Zur Grundlegung der Ontologie (1935, ³1948) (= GO) Kap. 9. 26. – [7] ME Kap. 32 a. – [8] ME Kap. 32 b, c; 38 a; GO Kap. 26. – [9] ArW Kap. 11. – [10] ArW Kap. 62-65.

Literaturhinweise. P. F. LINKE: Bild und Erkenntnis, in: Philos. Anz. 2 (1926). – H. HÜLSMANN: Die Methode in der Philos. N. Hartmanns (1959). – K. KANTHACK: N. Hartmann und das Ende der Ontol. (1962).   H. HÜLSMANN

Irrtum. – *Einführung.* – ‹I.› ist ein Begriff der natürlichen Sprache und bezeichnet eine menschliche Grunderfahrung. Das Wort ‹I.› und die anderen, vom lateinischen ‹error› stammenden Derivate (frz. erreur, ital. errore, engl. error) werden erfahrungsnah gebraucht, auch wo sie, wie etwa in der juristischen Sprache, als Fachwort auftreten. Das griech. ψεῦδος bedeutet «Trug, Täuschung, Lüge, Unwahrheit» und ist nur durch den Kontext dem Begriffswort ‹I.› zuzuordnen. Vor allem ist es als Adjektiv wichtig, etwa in der platonischen Verbindung ψευδὴς δόξα «irrige Meinung», die unserem Begriff ‹I.› am nächsten kommt; ἁμαρτία ist ein Wort mit moralischem Akzent für Vergehen, Sünde, Verirrung. Auch ἀπάτη (Trug, Täuschung, Betörung, Irreführung) bezeichnet nicht den I. als Resultat, sondern das, was Menschen zum I. verleitet, wie etwa «die Täuschungswirkung der Erscheinungsgebilde» (ἀπὸ φαντασίας ἀπάτη) [1].

a) Das Bild des Weges, der zur Wahrheit führt, von dem man ab-*irren* kann, ist durch PARMENIDES der ganzen Tradition des abendländischen Denkens so nachdrücklich eingeprägt, daß wir es auch heute noch gebrauchen [2]. Gerade der griechische Wortgebrauch, der kein genaues Äquivalent zu unserem vom lateinischen ‹error› geprägten Begriffswort besitzt, gibt Veranlassung, im folgenden nicht nur den I., sondern auch das, was zu ihm führt, *das Irren*, zu behandeln. Zur Problemgeschichte gehört beides, das «Tun» und das, was aus ihm folgt: das Irren und der I.

Irren widerfährt existentiell und elementar uns «inmitten unsres Wegs im Leben», wie DANTE es im Anfangsbild seiner ‹Divina Commedia› als Verirrung im dunklen Walde menschlicher Existenz darstellt; PASCAL bezeichnet das Erkennen und das mit ihm verflochtene Irren als «grandeur et misère de l'homme» [3]. «Humanum est errare» sagt der ältere SENECA [4]. Es gibt «I.-*Erfahrung*» nur im weiteren Sinne einer *Gesamt*erfahrung. Dies hängt mit dem komplexen Phänomen zusammen, daß sich im I. Objektives und Subjektives in einer ganz bestimmten Weise verbinden: «Irrtümer» sind nicht einfach «falsche Sätze», sondern solche «falschen» Sätze, deren Urheber (und Anhänger) die Überzeugung haben, es handle sich um wahre Sätze. Dem Satz selber – zumal dem in der Schrift fixierten – ist grundsätzlich das Verhältnis, das sein Urheber zu ihm hat, nicht anzusehen. Die tatsächliche («objektive»)

Falschheit des Satzes und die («subjektive») Überzeugung seines Urhebers, es handle sich um einen wahren Satz, müssen zusammenkommen, damit wir von «I.» sprechen können. *Falsche* Sätze können Lügen, Ansetzungen im «trial and error-Verfahren», Hypothesen, Beispiels-Sätze, ironische «Scheinbehauptungen» im Sinne des Sokrates, unfundierte Meinungsäußerungen usf. sein. In keinem dieser Fälle kann von I. gesprochen werden. Nur wo hinter der falschen Behauptung die Überzeugung steht, es handle sich um eine wahre, sprechen wir im vollen Sinne von I., wobei der erlebte Anspruch auf Gegründetheit, also das, was Erkenntnis (ἐπιστήμη) von bloßer Meinung (δόξα) im platonischen Sinn unterscheidet, als subjektives Phänomen wesentlich ist.

b) Wir erfassen etwas als I. nicht in direkter Erfahrung. Wegen des objektiven/subjektiven Doppelstruktur des I. muß *fremder* und *eigener* I. unterschieden werden. In den vernommenen (gelesenen) Behauptungssätzen eines anderen ist das Verhältnis, das der Urheber zu den von ihm aufgestellten Sätzen hat, nur aus dem Kontext – wenn überhaupt – zu entnehmen. Das «Durchschauen» fremden I., nämlich die Erkenntnis der Scheingründe für die Überzeugung des Autors, ist eine wichtige Phase in der I.-Erfassung – freilich kann es dabei I. geben. In anderer Weise wird der indirekte Charakter der I.-Erfassung deutlich beim eigenen I. Ich erfahre mich selbst als Irrenden niemals unmittelbar, d. h. jetzt, während ich irre, sondern immer nur retrospektiv. Der Satz «Ich irre jetzt», gefolgt von einem Behauptungssatz, ist sinnlos. Nur der Satz «Ich habe (mich) geirrt», ist sinnvoll.

c) In diesen Überlegungen wird deutlich, daß zur Komplexität des I.-Phänomens die Unmöglichkeit einer direkten Erfahrung des eigenen I. gehört. Der Irrende irrt im Grunde zweimal. Es kommen beim I. zwei negative Relationen zusammen: Die Inkongruenz zwischen Behauptung und Sachverhalt und die Inkongruenz zwischen Überzeugung und Behauptung. Erst durch das Auftreten der zweiten negativen Relation unterscheidet sich der Irrende vom Lügner. Wir gebrauchen das Verbum ‹irren› oder ‹sich irren› als ein Tätigkeitswort, das die Tätigkeit durch das faktische, nicht durch das intendierte Ergebnis der Tätigkeit bezeichnet.

d) Durchaus eigener Natur sind die I.-Probleme im Bereich der *philosophischen* Erkenntnis [5]. Hier eröffnet sich das weitschichtige Problemgebiet des Gegenstandes und der Methodik der Philosophie [6]. Daß Philosophen in ihrem tatsächlichen Forschen ihre Basissätze für keiner weiteren Begründung fähig und bedürftig erachtet haben, ist ein historisches Faktum. Damit erweist sich das Problem der Evidenz (s. d.) als zentral. «Evidenz ist das ‹Wie› und nicht das ‹Worüber› des Urteilens» [7]. Der ihr entsprechende Akt soll hier «Einsicht» genannt werden. Sie selber ist unbegründbar; so STEGMÜLLER: «Alle Argumente für die Evidenz stellen einen circulus vitiosus dar und alle Argumente gegen sie einen Selbstwiderspruch» [8].

I. im philosophischen Bereich ist auf unechter Evidenz gegründet. Wie solche möglich sei, ist *das* I.-Problem schlechthin. Philosophie hat es mit Sätzen zu tun, für die sie entweder Einsichtigkeit in Anspruch nimmt und damit ansetzt, daß jeder «an sich» sie einzusehen vermag, oder mit Schlüssen aus solchen Sätzen oder mit Erklärungsversuchen von aporetischen Beziehungen zwischen derartigen Sätzen. Bei spekulativen Sätzen ist die «Absicherung» durch etwas anderes als durch Sätze, für die wiederum Einsichtigkeit in Anspruch genommen wird, nicht möglich. An sich genügt «einsichtige Wahrheit» sich selbst. Etwas, was in seinem notwendigen Sosein (Wesen) sich darbietet und sprachlich gefaßt werden kann, ist hinreichender Überzeugungsgrund und besitzt (objektive) Evidenz. Nur klare Auseinanderfaltung des Gemeinten und Klarstellung des Sprachgebrauches, nicht Rekurs auf eine andere Erkenntnisquelle können sinnvollerweise gefordert werden, wenn es um die intersubjektive Begründung philosophischer Basissätze geht. Der Gegenstand der Philosophie ist, was die Griechen ἀρχή oder τὰ πρῶτα nannten: «Erstes», das nicht mehr hinterfragt werden kann [9].

Hinter dem «schlichten» Phänomen eröffnet sich die Sphäre, die wir erst in der Aporetik in den Griff bekommen: Die innere Spannung zwischen Wahrheitsanspruch des einsehenden Erkennens (Evidenz) und der Faktizität der irregehenden Erkenntnisbemühung. Hier ist das zentrale Problem, das die I.-Theorie im Bereich der Philosophie zu lösen versucht.

Sofern allerdings das Empirische und das Philosophische materialiter in engster Verbindung stehen (etwa in der Psychologie) und eine reine Abscheidung des philosophisch Relevanten weder wünschbar noch durchführbar ist, partizipieren auch die empirischen Wissenschaften an der I.-Problematik der Philosophie [10]. Dabei ist besonders die Gefahr des «Reduktionismus», die Zurückführung einer Wirklichkeitskategorie auf eine andere – etwa des Psychischen auf das Physische – wichtig. Generelle Thesen solcher Art werden oft als empirische Hypothesen aufgestellt oder als (angeblich evidente) Ausgangspositionen einfach als außer Diskussion stehend behandelt, während sie in Wahrheit pseudophilosophischen Charakter tragen und typische Irrtümer darstellen: schein-einsichtige Vorurteile [11].

Anmerkungen. [1] VS 28 A 1, 23. – [2] Zur Wegmetapher vgl.: B. SNELL: Die Entdeckung des Geistes, Kap. 13 (³1955) 320ff.: Das Symbol des Weges. – [3] DANTE, Divina Commedia I, 1, 1; B. PASCAL, Pensées, hg. BRUNSCHVICG Nr. 255. 264. 314 u. a. – [4] SENECA, Controv. 4, decl. 3. – [5] Vgl. B. SCHWARZ: Der I. in der Philos. Untersuch. über das Wesen, die Formen und die psychol. Genese des I. im Bereich der Philos. mit einem Überblick über die Gesch. der I.-Problematik in der abendländ. Philos. (1934); vgl. J. SEIFERT: Die Erkenntnis objektiver Wahrheit (1972). – [6] Vgl. D. v. HILDEBRAND: Der Sinn philos. Fragens und Erkennens (1950). – [7] W. STEGMÜLLER: Met., Skepsis, Wiss. (⁴1969) 168f.; vgl. 162ff.: Das Problem der Evidenz; vgl. CH. PERELMAN: Le champ de l'argumentation (Bruxelles 1970) Kap. 19. – [8] a. a. O. 168. – [9] ARISTOTELES, Anal. post. 100 b; vgl. J. H. NEWMAN: Grammar of assent (1870) c. 7. – [10] Vgl. H. FRIEDRICH-FRESKA: I. und Erkenntnis in der Biol., in: Die Wiss.en und die Wahrheit, hg. K. ULMER (1966) 48ff. – [11] Zum I.-Problem in der Theol. vgl. K. RAHNER: Was ist Häresie? in: Schr. zur Theol. 5 (1964) 527-576; zur fallacia-Theorie vgl. SCHWARZ, a. a. O. [5] 69-106.

2. *Antike.* – a) *Vorsokratiker.* – Griechische Philosophie ist entstanden im Kampf gegen das Irren im ursprünglichen Sinne, als blindes Umherirren. Der Philosoph setzt sich so in Gegensatz zu den vielen, den οἱ πολλοί. Er «verkündet, daß Alles ‹anders ist›» [1], als es eine als dumpf und unerleuchtet empfundene Umwelt meint. Sie irren nicht nur ziellos umher, sie sind, nach HERAKLIT, auch verstrickt im I., nämlich in den Widersprüchlichkeiten der homerischen Götterwelt [2]. Aber das Paradoxe ist, daß dieses Umherirren die Menschen in die «Idiotie», in die «Verschlossenheit ins Eigene» treibt: «für die Erwachten gibt es den *einen* und gemeinsamen Kosmos, die aber dahinschlafen, von denen wendet sich jeder weg ins Eigene» (εἰς ἴδιον) [3]. Ein weiteres Paradox kündigt sich darin an, daß die «Liebenden

der Weisheit», die «Philo-sophen» nur tiefer und schmerzlicher als die anderen erkennen, daß das Irren Menschenlos ist. Das bringt EMPEDOKLES zum Ausdruck, der sich des menschlichen Herumirrens «fern von den Seligen» bewußt ist: «Zu ihnen gehöre auch ich jetzt; vom Gott verworfen irre ich umher» [4]. Der Kampf gegen den menschlichen I. ist selbst am meisten vom I. bedroht: Früh wird diese Bedrohung erlebt [5].

Die frühe Bemühung geht um die Erkenntnis des Anfänglichen, der ἀρχή – seit ANAXIMANDER so genannt [6] – und des Unzurückführbaren. Es handelt sich dabei nicht um naturalistische Aufklärung, sondern um ein Ringen nach Licht und Tiefe in der Erkenntnis der göttlichen und irdischen Dinge [7]. Der in Torheit sich verstrickende Mythos wird als I. entlarvt, nicht aber das mythische Denken überhaupt – so bei XENOPHANES [8].

Ist Philosophie zunächst Kampf gegen den I. der Masse, so verschiebt sich dies bald: Der Kampf wird innerphilosophisch. Wechselseitig zeihen sich die Philosophen des I., sobald zwischen den Führenden Widersprüche sichtbar werden [9]. Dabei geht es schon früh um die Erkenntnisgrundlagen, nämlich um das Verhältnis von vernünftiger Einsicht und dem «Zeugnis der Sinne» [10]. SEXTUS EMPIRICUS hebt hervor [11], daß die ganze frühe spekulative Kosmologie und Metaphysik auf dem Vertrauen in die einsehende Vernunft gerade auch dann basiert, wenn sie mit dem Sichtbaren und Hörbaren in Konflikt steht. Am radikalsten ist in dieser Hinsicht die Position des PARMENIDES, der als erster das Evidenzprinzip der philosophischen Erkenntnis formuliert [12] und die Forderung erhebt, es durchzuhalten gegenüber allem Schein [13]. Hat K. Reinhardt recht, so wäre der zweite Teil des Parmenideischen Lehrgedichts «Eine Geschichte des menschlichen I. ..., der Nachweis, daß I. seinen Grund habe, die Erklärung, auf welchem Wege er in die Welt gekommen» [14].

ZENONS Versuch der indirekten Stützung der Parmenideischen Lehre durch den Nachweis, «daß die Voraussetzung unserer Gegner zu noch lächerlicheren Konsequenzen führt als die Lehre von dem *einen* Seienden» [15], hat die Logik des Widerlegens zum Aufweis des I. in Bewegung gesetzt. Die Phase der polemischen Dialektik beginnt. Die «geteilten Meinungen», die Widersprüche in den Lehren, führen zur ersten Erschütterung der abendländischen Philosophie; sie findet ihren Ausdruck im Relativismus der Sophisten und ruft als Gegenbewegung die Sokratik auf den Plan.

Aber gleichzeitig wirkt sich Parmenides' Position von der allein und immer wahren Vernunfterkenntnis, die sich der immer falschen Sinneserkenntnis entgegensetzt, dahin aus, daß die beginnende Naturwissenschaft in eine Grundlagenkrise gerät. Hierfür dürfte weitaus der wichtigste Zeuge DEMOKRIT sein, der im Grunde eine spekulative kosmologische Metaphysik vertritt. Wenn das Galensche Fragment echt ist, so «ließ er [Demokrit], als er den Sinnenschein verworfen hatte ..., die Sinne zum Verstande folgendermaßen sprechen: ‹Du armseliger Verstand, von *uns* hast du deine Gewißheiten genommen und nun willst du uns damit niederwerfen? Dein Sieg ist dein Fall›» [16]. Dennoch ließ er die Sinneserkenntnis als eine «durchdunkelte Erkenntnis» (γνώμη σκοτίη) gelten [17]. Sextus Empiricus spricht ihm zu, das berühmte Argument gegen den radikalen Skeptizismus durch seine Anwendung auf ihn selbst zuerst (gegen Protagoras) vorgebracht zu haben [18]. Auch eine Art psychosomatischer Erklärung des I. wird ihm zugeschrieben: Er entstehe aus dem Umschlagen der Wärmeharmonie der Psyche in der einen oder anderen Richtung [19]. Die Zeit ist erfüllt von Reflexionen über die Gefährdetheit der Wahrheitsgewinnung; so sagt EMPEDOKLES: «Ihr Freunde, ich weiß zwar, daß Wahrheit ist bei den Verkündungsworten (πάρα μύθοις), die ich lehre. Doch sehr schwer ist sie für die Menschen zu erfassen, und unter Schmerzen verankert sich im Geiste die vertrauende Überzeugung» [20].

Die *Sophisten* ziehen radikale skeptische Konsequenzen aus dem Streit der Lehren. Sie kommen, je nach Fassung des Wahrheitsbegriffes, zu entgegengesetzten Positionen: Es gibt nichts als I. (Gorgias) – Es gibt nichts als Wahrheit je für mich (Protagoras). In der Schrift des GORGIAS ‹Vom Nichtseienden› wimmelt es von Trugschlüssen, hinter denen die Dialektik Zenons steht. An ihnen hat sich späterhin die Argumentationskunst geübt. Der Subjektivismus des PROTAGORAS wird besonders wichtig durch die nach ihm benannte Schrift Platons. Im ‹Theätet› wird ihm das Wort in den Mund gelegt, «es sei der Mensch der Maßstab aller Dinge» [21]. Nicht mehr stellt er sich unter das Maß dessen, was so ist, wie es ist. Er vernimmt nicht mehr. Um so wichtiger wird ihm die sich selbst genügende Rede, die auch «die schwächere Seite zur stärkeren machen kann» [22]. Eine I.-Lehre gibt es in dieser, sich auf das vielfältige Irren der Denker berufenden relativistischen Skepsis nicht. Es kann sie nicht geben, denn sie setzt den Begriff der vom Individuum unabhängigen Wahrheit voraus.

b) *Platon und Aristoteles*. – Philosophie ist angetreten unter dem Zeichen des Kampfes gegen ein «spielerisch ungeordnetes Weltbild» [23]. *Sokrates* eröffnet die neue Phase des Kampfes gegen die Pseudophilosophien der Halbgebildeten. Beispiel dafür sind die für die «sokratischen Dialoge» PLATONS charakteristischen I.-Überführungen, wie etwa im ‹Menon›. Von weittragender Konsequenz ist seine These, daß sittliche Verfehlung I. sei. Damit wird «das Gute» zum wichtigsten Ziel der Erkenntnis. So wird für Platon der Kampf gegen den I. zum Ringen um das Heil. Er spricht von «Reinigung und Erlösung» [24]; die sokratische Identifizierung von moralisch-existentiellem «Verfehlen» und intellektuellem I. wurde so gesteigert, was für die ganze spätere Antike Vorbild und Maß sein wird: Philosophie ist der Weg zur Vergöttlichung der Seele, deren erstes Stadium der Kampf mit der vom I. durchformten, sich ins Leibliche und Sinnlose verstrickenden Lebensverwirrung ist. Philosophie ist der Weg, von dem man nicht abirren darf; er führt aus der nur von den Irrlichtern des I. erhellten Höhle [25] in das Sonnenlicht des Guten: Die philosophische Religion ist geboren. Neben dieser geschichtsmächtigen Vision der Philosophie als Erlösung aus dem Lebens-I. hat Platon auch die erste theoretische I.-Lehre geschaffen. Die Dialoge ‹Euthydemos› und ‹Kratylos› bekämpfen zunächst nur die sophistische These: «Es existiert kein irriges Reden» [26].

Im ‹Theaitet› ist der Ausgangspunkt die bekämpfte These, daß Erkennen Wahrnehmung sei. Da aber nur eine *Seelen*tätigkeit zur Wahrheit führt, ist Erkenntnis von sinnlicher Wahrnehmung verschieden [27]. Sie ist ἀληθὴς δόξα, wahres Meinen. Dies führt zur Frage, was falsches Meinen, was I. sei. Eine der Lösungen ist es, ein Seiendes für ein anderes, gemäß dem Wachstafel-Gleichnis und dem Bild vom Taubenschlag zu setzen, in den man eine falsche, der echten ähnliche Taube einbringt. Die Nebenfrage nach dem I. bleibt ohne Lösung, da man die Hauptfrage, was Erkenntnis sei, zuvor lösen müsse, wobei die für unseren Zusammenhang entscheidende Erkenntnisdefinition aufgestellt wird: «Erkenntnis ist das dem Logos gemäße (im Logos gegründete) wahre Meinen» (τὴν μετὰ λόγου ἀληθῆ δόξαν ἐπιστήμην εἶναι) [28].

Erst der ‹Sophistes› bringt dann die für die platonische I.-Theorie entscheidende Argumentation. Es geht zunächst um das Nichtseiende. Gegen Parmenides muß das Nichtseiende angenommen werden: Jedes Ding ist zugleich das, was es ist und anderes nicht. Verschiedenheit gehört zum Wesen des Nichtseienden. Der Sophist wird das angreifen, indem er sagt: Urteile seien immer wahr. Platon zeigt nun, daß es Urteile gibt, in denen Nichtseiendes für Seiendes genommen wird. Daß es ein Eidos des Nichtseienden gibt, ist für Platon die Bedingung der Möglichkeit des I. und daß es Ähnliches gibt, ist der psychologische Grund des Irrens: «Der Vorsichtige muß sich am meisten bezüglich der Ähnlichkeiten in acht nehmen, denn sie sind das Allergefährlichste» [29].

ARISTOTELES hat im Unterschied zu Platon keine eigentlichen I.-Theorien aufgestellt. Zwar geht die Lehre von der Evidenz auf ihn zurück, aber über Scheinevidenz hat er sich nicht ausgesprochen. Was er bringt, ist eine relativ ausführliche Diskussion des I.-Begriffs [30]. W. Jäger vermutet zwei Phasen der Entwicklung dieser Diskussion [31]. Unter den vier Deutungen von Sein befindet sich auch das Wahre/Falsche [32]. Daß Wahr/Falsch eine gedankliche Trennung oder Verbindung voraussetzt, wird näher ausgeführt in ‹De anima› (III, 6). In ‹De interpretatione› wird es auf die Behauptungssätze eingeschränkt [33]. In der ‹Metaphysik› schließt sich an die klassische Wahrheitsdefinition die Definition des Irrens: «Es irrt, wer es anders auffaßt, als die Dinge sich verhalten» [34]. Die I.-Freiheit der spezifischen Objektwahrnehmung verweist die I.-Möglichkeit in die auf Wahrnehmung gestützten *Urteile*. Der aristotelische «Gemeinsinn» ist nicht irrtumsfrei.

In der zweiten Phase tritt die – analog zur einfachen Wahrnehmung – behauptete I.-Freiheit derjenigen Tätigkeit des «Nous» in den Mittelpunkt, die sich nicht auf «Verbinden und Trennen» bezieht, sondern auf das «Erschauen» (ὁρᾶν) [35] oder «Berühren» (θιγεῖν) [36] «des Einfachen und des Wesens» (τὰ ἁπλᾶ καὶ τὰ τί ἐστιν) [35], Hier findet die Evidenzlehre durch Aristoteles zuerst die Formulierung, auf der dann die abendländische Metaphysik bis zu Leibniz und zur Wolffschen Schule basierte.

Es gibt ferner eine – schwer interpretierbare – aristotelische Lehre über Gegenstandsfalschheit [37]. Psychologisches bringt die ‹Nikomachische Ethik› [38]: Das Angenehme und Unangenehme seien Ablenkungsfaktoren der praktischen (nicht der theoretischen) Wahrheitsfindung.

c) Die *nacharistotelische Zeit* kennt den Rückzug aus der umfassenden Philosophie in die Diskussionen der Einzelfragen – so des Wahrheitskriteriums, das den Kampf zwischen akademischer Skepsis und Stoa beherrscht – und in die Vereinzelung des «Weisen», der in der Philosophie als philosophischer Religion die beata vita sucht. Das Ausgeliefertsein an den I. wird durch die Vieltönigkeit der Schulmeinungen eindringlich zum Bewußtsein gebracht. Sie ist das Grunderlebnis der *Skeptiker*, die sich die Vermeidung des I. zum Ziel setzen. Bei PYRRHO und TIMON führt das zum Rückzug aus der theoretischen Sphäre. Im Zwang der Auseinandersetzung mit dem Dogmatismus der Stoa wird die Frage des Wahrheitskriteriums ernsthaft geprüft. Die *jüngere Akademie* zweifelt nicht, um von der Befleckung mit dem I. frei zu bleiben, sondern entwickelt eine Theorie der Wahrscheinlichkeitsurteile angesichts der I.-Möglichkeit. Für die *Stoa* ist die auf Sokrates zurückgehende Gleichsetzung von Arete und Sophia sowie von Schuld und I. der Grund, für die Absolutheit der Wahrheit zu kämpfen. Darum ist sie an der Ausbildung eines Kriteriums für die Entdeckung von I. interessiert. Nur solchen Vorstellungen dürfen wir unsere Zustimmung geben, die «unausweichliche Überzeugungskraft» haben: φαντασία καταληπτική [39], was wohl auf die gleicherweise unbeweisbare, wie unabweisbare Evidenz hinausläuft. Von den zehn klassischen Tropen, die AENESIDE-MOS den Stoikern entgegenstellt, ist die zehnte, das skeptische Argument für die Unbezwingbarkeit des I. aus der Vielfalt der Meinungen, hier das wichtigste. Die Stoiker ziehen sich dagegen immer wieder auf das praktische Postulat wahrer Erkenntnis zurück. Ohne sie gibt es keine Tugend, ohne Tugend kein rechtes und glückseliges Leben.

EPIKUR hat die Philosophie als die Tätigkeit definiert, welche uns durch Reden und Erwägungen Glückseligkeit verschafft [40]; er verwirft die Dialektik; sein Wahrheitskriterium ist letzten Endes das Gefühl, mit dem wir Angenehmes und Unangenehmes unterscheiden. I. ist Wahl des auf die Dauer gesehen Unangenehmen. Der Weise lernt das im Augenblick Verlockende als irrtümliches Gefühl vom wahren Glück des dauernd Angenehmen zu unterscheiden [41]. Der Grund-I. ist die Annahme von Verhängnis, von strafenden Göttern sowie vom Nachleben nach dem Tode. Der Nachdruck liegt wiederum auf dem Leben des Weisen, der sich an das einfach Gegebene, die sinnlichen Dinge hält: «Trug und I. liegen immer in dem Hinzugedachten in bezug auf das, was der Bestätigung oder Widerlegung bedarf und dann nicht bestätigt oder widerlegt wird» [42]. «Nichts ist beglückender, als zu wohnen in den hochragenden, wohl befestigten stillen Tempeln der Lehren der Weisen, von wo man herabzuschauen vermag auf die anderen, um zu sehen, wie sie hin und her irren und den Weg suchen eines schwankenden Lebens» [43]. In der hellenistischen Zeit findet sich freilich auch die mit phantastischen Vorstellungen vermischte Halbphilosophie der *Gnosis*, die man als «Kenntnis des Weges» charakterisiert hat (Anz), als Befreiung vom Herumirren. So heißt es in einem gnostischen Fragment: «Der Weg, den wir zu gehen haben, ist weit und endlos. Ohne Ausweg *irrt* die Unselige [die Seele] umher im Labyrinth voller Pein, in das sie geriet ... Zu entfliehen sucht sie dem bitteren Chaos und weiß nicht, wie sie herauskommen soll» (Naassenerhymnus) [44].

d) *Paulus-Briefe und Apologeten.* – Gegen diesen Hintergrund muß man die PAULUS-Stelle sehen, in der eine neue Weisheit verkündet wird: «Wo ist er, der Weise, der Gelehrte, der Forscher dieses Äons? Hat Gott nicht zur Torheit gemacht die Weisheit dieser Welt ... Die Griechen suchen Weisheit, wir aber predigen den Gesalbten, der am Kreuz hingerichtet wurde ... Torheit für die Völker, für die Gerufenen aber ... Weisheit Gottes» (1. Kor. 1, 20ff.) [45]. Damit ist die Verkündigung *über* das der Einsicht Erreichbare gestellt [46]. Einsichtige Weisheit führt nicht zum Heil. Es gibt nur *eine* «Erlösungswahrheit», die der christlichen Botschaft vom Heil, als Evangelium. Paulus spricht von «Torheit» (moria) der σοφία τοῦ κοσμοῦ, der «Weltweisheit»: Die «Welt» hat durch die ihr zur Verfügung stehende «Weisheit» – die intellektuellen Bemühungen der Philosophen – «Gott nicht erkannt». Eine Weisheit aber, der dies Kernstück

fehlt, ist als Torheit erwiesen. Paulus gebraucht hier nicht das Wort «pseudologos» «Irrlehren vortragend», wie es vom Häretiker schon im Neuen Testament heißt, sondern «Gott überführte der *Torheit* (ἐμόρανεν)» die intellektuellen Selbsterlösungsversuche der Menschen des heidnischen Advent. Mit dieser Aussage wird der 1. Korintherbrief eines der wichtigsten Dokumente für die Geschichte der I.-Problematik; außerhalb der Philosophie stehend, wird er epochal für die Philosophiegeschichte. Das entwertet indes nicht die philosophische Wahrheit: Griechische Philosophie ist nicht I., aber sie hat nicht Erlösungskraft (χάρις). Der sich durch das Unvergleichliche seiner Bezeugung (Wort, Tat, Opfertod) als der Christos erweist, der gottgesandte, «erfüllt von Erlösungskraft und Wahrheit» (πλήρης χάριτος καὶ ἀλήθειας) (Joh. I, 14), *dem* man glaubt, *was* man glaubt, ist der Inhalt der Verkündigung. Damit ist das I-Problem entscheidend verschoben. I. wird jetzt als Hairesis gefaßt, als Abkehr von der Verkündigungswahrheit. Daneben bleiben die I.-Probleme des natürlichen Erkennens. Aber ein neues Kriterium entwickelt sich; zu der innerphilosophischen Beurteilung eines Theorems tritt nun seine Verträglichkeit mit dem Credo. Dennoch sind die griechischen philosophischen Erkenntnisse als solche im einzelnen nicht entwertet. Sie werden als «spolia», als Beute des Gottesvolkes heimgeholt (CLEMENS ALEXANDRINUS) und eingefügt in das Ganze (das «Katholon»). Das Komplement zur Stelle des 1. Korintherbriefes ist die Stelle im Römerbrief (1, 19f.), die die natürliche, d. h. nicht auf Offenbarung sich stützende Erkenntnis bejaht. So wird die Abwehr des heidnischen I. in der Heimholung der heidnischen Wahrheit zum Thema der Patristik und weitgehend auch der Scholastik. Die Apologeten verteidigen den Glauben, indem sie Irrtümer heidnischer Philosophen nachweisen. JUSTINUS beschreibt seine Irrwege durch alle Philosophenschulen hindurch und wie es ihm endlich gelang, als Christ «zum Philosophen zu werden» [47]. I. ist in diesem Zeitalter kaum Gegenstand der Reflexion; sehr breit aber ist die Auseinandersetzung mit den I. der Philosophen aus christlicher Sicht.

Anmerkungen. [1] O. GIGON: Grundprobleme der antiken Philos. (1959) 102. – [2] HERAKLIT, VS 22 B 56. – [3] VS 22 B 89. – [4] EMPEDOKLES, VS 31 B 115, 13. – [5] Vgl. XENOPHANES, VS 43 B 34; HERAKLIT ,VS 22 B 78. – [6] ANAXIMANDER, VS 12 A 15. – [7] Dazu W. JÄGER: Die Theol. der frühen griech. Denker (1964). – [8] XENOPHANES, VS 21 B 11-16 gegenüber 23-26. – [9] HERAKLIT, VS 22 B 40. – [10] VS 22 B 10; ANAXAGORAS, VS 59 B 21. – [11] SEXTUS EMPIRICUS, Adv. math. VII, 89. – [12] PARMENIDES, VS 28 B 4. – [13] VS 28 B 7. – [14] K. REINHARDT: Parmenides und die Gesch. der griech. Philos. (1916). – [15] PLATON, Parm. 128 b. – [16] DEMOKRIT, VS 68 B 125. – [17] VS 68 B 11. – [18] 68 A 114. – [19] 68 A 135. – [20] EMPEDOKLES, VS 31 B 114. – [21] PLATON, Theait. 151 e. – [22] ARISTOTELES, Rhet. II, 24, 1402 a. – [23] GIGON, a. a. O. [1] 103. – [24] PLATON, Phaid. 82 d. – [25] Resp. 514ff. – [26] Vgl. N. HARTMANN: Platos Logik des Seins (1909) 9ff. – [27] PLATON, Theait. 184-187. – [28] 201 c. – [29] Soph. 231 a. – [30] ARISTOTELES, Met. VI, 4. 10. 29; vgl. De an. III. – [31] W. JÄGER: Stud. z. Entwicklungsgesch. der Met. des Arist. (1912) 28. – [32] ARISTOTELES, Met. 1027 b 17-1028 a 5. – [33] De interpr. 4, 17 a 2ff. – [34] Met. 1051 b 3ff. – [35] De an. III, 430 b 29. – [36] a. a. O. 1051 b 24. – [37] Met. 1024 b 16. – [38] Eth. Nic. VI, 5. – [39] Vgl. SEXTUS EMPIRICUS, Adv. math. VII, 229. – [40] a. a. O. XI, 169. – [41] DIOGENES LAERTIOS X, 34. – [42] Ep. ad Herodot. 50. – [43] LUKREZ, De rerum natura II, 1. – [44] H. JONAS: Gnosis und spätantiker Geist 1 (³1964) 99. – [45] PAULUS, 1. Korinth. 1, 20ff. – [46] Vgl. E. GILSON: L'esprit de la philos. médievale (Paris 1932) I, 2. – [47] JUSTINUS, Dial. c. Tryphone Judaeo 8, 2.

Literaturhinweise. F. BRENTANO: Von den mannigfachen Bedeutungen des Seienden nach Aristoteles (1862). – H. MAIER: Die Syllogistik des Aristoteles (1896/1900). – P. BARTH: Die Stoa

(1908). – R. HERBERTS: Das Wahrheitsproblem in der griech. Philos. (1913). – V. BROCHARD: De l'erreur (Paris ³1926). – A. LEVI: La teoria stoica della verità e dell'errore (Paris 1928); Il problema dell'errore nella filos. greca prima di Platone. Rev. Hist. Philos. 6 (Paris 1930) 115-128. – L. W. KEELER: The problem of error from Plato to Kant (Rom 1934) 41-61. – H. KUHN: Sokrates (1959). – W. D. ROSS: Aristotle (London ³1959). – B. SCHWARZ s. Anm. [5 zu 1] 197-219.

3. *Spätantike und Mittelalter.* – a) Erst AUGUSTINUS bringt – im Zusammenhang mit seiner Metaphysik – eine eigentliche I.-Lehre; der I. wird in sich selbst und im Zusammenhang mit der Wahrheitssuche ins Auge gefaßt. Augustinus führt eine philosophische Auseinandersetzung mit der Skepsis. In ‹Contra Academicos› läßt er den Gegner sagen: «Niemand verfällt ihm [dem I.], der glaubt, die Wahrheit sei immer etwas, was noch zu suchen sei. Denn niemand kann dem Falschen seine Zustimmung geben, der überhaupt zu nichts seine Zustimmung gibt; er kann also auch nicht irren» [1]. Dies war nach der großen Enttäuschung mit dem Manichäismus seine eigene Position gewesen. In der neuplatonischen Phase ergreift ihn der Gedanke der überzeitlichen Wahrheit («veritates aeternae») und der Privativität des I. – PLOTIN, bei dem man nicht so sehr von einer I.-Theorie als einer Theorie des Irrens sprechen kann, hatte den I. mit dem Fall der Seele, der «ersten Verfehlung» (προτέρα ἑμαρτία), in Verbindung gebracht [2]. Auch bei AUGUSTINUS ist das Motiv: «I. ist Folge der Sünde» ausgebildet, aber nun wesentlich vertieft durch die Illuminationstheorie. So wie Christus «das wahre Licht ist, das jeden Menschen erleuchtet» (Joh. Prol.), so wird die Störung der seins- und lebensmäßigen Verbundenheit mit dem Logos, die innere Abkehr von Gott, zum Ursprung des I. [3]. – Das wesentliche Argument gegen den Skeptizismus und zugleich der Ausgang seiner gesamten Metaphysik, ist das «Si fallor, sum» (Wenn ich irre, bin ich) [4]. Die Sicherung der absoluten Wahrheit durch die Selbsterfassung des eigenen, wenngleich irrenden Seins, ist Ausgangspunkt der natürlichen Theologie: Im Scheitern ergreift der Mensch die Absolutheit Gottes als der substantiellen Wahrheit.

b) Bei ANSELM ist die Bejahung Gottes in der Glaubenshaltung des Intellekts Voraussetzung für die Vermeidung des I. auch im natürlichen Bereich der Erkenntnis [5]. Im Kampf gegen eine rationalisierende Theologie (BERENGAR, ROSCELIN) verwirft PETRUS DAMIANI alle natürliche Erkenntnis einschließlich der Logik und sogar des Widerspruchsprinzips als vom Teufel stammenden I., der die Menschen lehre «deum pluraliter declinare» [6]. Für BONAVENTURA ist nicht die Philosophie überhaupt, wohl aber die von der Glaubenswissenschaft getrennte Philosophie aufs äußerste gefährdet [7]; Philosophie ist ihm Vorstufe; isoliert wird sie zum I. [8].

Mit dem Auftauchen der aristotelischen Schriften erscheint die Philosophie als Gedanke der Einheit gegenüber der Vieltönigkeit der Theologie. AVERROES mag schon die Lehre von der doppelten Wahrheit vertreten haben. Sicher findet sie sich bei SIGER VON BRABANT. In dieser Zeit entwickelt sich die Literaturgattung der «I.-Listen» [9].

THOMAS VON AQUIN entwickelt eine I.-Lehre, die als die klassische Auseinandersetzung des abendländischen Objektivismus mit der I.-Problematik bezeichnet werden darf. Basis ist die Bejahung der Eigenkraft des Intellekts, obgleich er den Gesichtspunkten der Augustinisten ihr Recht zukommen läßt. Da der Intellekt seiner Natur nach auf Wahrheit ausgerichtet ist, ist I. privatives Seiendes [10]. I. ist nicht nur Grenze des Intellekts,

er ist gegen dessen Natur. Thomas vergleicht ihn mit einer monströsen Geburt. Die facultas cognoscendi kann als solche nicht Sitz des I. sein, denn die Betätigung eines Vermögens ist als solche fehlerfrei. In aristotelischer Tradition ist Erfassung der Wesenheit niemals als solche Ursache eines I. Thomas dehnt die I.-Freiheit auch auf die Sätze aus, in denen Beziehungen ausgedrückt werden, die aus der «conceptio quidditatis» gewonnen sind. Wo aber eine eigene Tätigkeit des Verstandes dem Urteil zugrunde liegt, setzt die I.-Möglichkeit ein [11]. Wichtig als causa erroris ist die unvermeidbare Verflechtung der intellektuellen Erkenntnis mit der Sinneswahrnehmung – als Stützpunkt und als Vergleichsmaterial für die sprachliche Formulierung. Wir bedürfen für die Verstandestätigkeit der imaginatio, «der Meisterin der Falschheit» [12]. Thomas unterstreicht die voluntativen Faktoren im Zustandekommen des I. [13]. I. ist letzten Endes Sünde. Aber die Bedeutung seiner I.-Lehre liegt in der Analyse der intellektuellen Bedingungen der Möglichkeit des I.

In den drei Jh., die das Ende der Scholastik von der philosophischen Neuzeit trennen, ist vor allem die ‹Docta ignorantia› des CUSANERS zu erwähnen, die allerdings keineswegs einem Erkenntnisrelativismus das Wort redet, sondern nur im Ausdruck der den Geist überflutenden Fülle des göttlichen Seins ist. Wer glaubt, er fasse diese Fülle, der lebt im I.

Anmerkungen. [1] A. AUGUSTIN, Contra academicos I, 4 n. 11. – [2] PLOTIN, Enn. IV, 3, 16. – [3] AUGUSTIN, De libero arbitrio III, 18 n. 52; Sermo CXLI, 1. – [4] De civ. Dei XI, 26. – [5] ANSELM VON CANTERBURY, Ep. de incarn. Verbi. Opera, hg. SCHMITT 2, 263. – [6] PETRUS DAMIANI, MPL 145, 695. – [7] Vgl. BONAVENTURA, De donis Spiritus Sancti VIII, 16ff. – [8] a. a. O. IV, 12; In Hexaem. XIX, 12. – [9] Vgl. J. KOCH: Philos. und theol. I.-Listen von 1270-1329. Mélanges Mandonnet (Paris 1930) 307ff. – [10] THOMAS VON AQUIN, De verit. q. 18, a. 6 und passim. – [11] S. theol. I, q. 17, a. 3. – [12] De verit. q. 1, a. 11. – [13] De malo q. 3, a. 7.

Literaturhinweise. M. D. ROLLAN-GOSELIN: La théorie thomiste de l'erreur. Mélanges Thomistes (Le Saulchoir 1923) 253-274. – E. GILSON: Introd. à l'étude de Saint Augustin (Paris ³1931). – JOH. HESSEN: Augustins Met. der Erkenntnis (1931). – L. W. KEELER: The problem of error from Plato to Kant (Rom 1934) 112ff. – A. LEVI: Il concetto dell'errore nella filosofia di Plotino (Turin 1951). – R. BERLINGER: Augustinus' dialogische Met. (1962).

4. *Neuzeit bis Hume.* – a) Die *antiaristotelische Bewegung* des 16. und frühen 17. Jh. kulminiert in F. BACONS Lehre von den Idolen, die er im ‹Novum Organum› (1620) entwickelt. Für eine «Instauratio magna» der Wissenschaften, wie er sie konzipiert, müssen zuvor die I.-Quellen eliminiert werden. Die Idole (s.d.), unter denen Bacon vier Arten unterscheidet, halten den Geist besetzt und verhindern die Wahrheitsfindung. Hervorzuheben ist die Anprangerung der aristotelischen Logik als I.-Quelle (idola theatri). Die Syllogistik muß durch eine Logik der induktiven Methode ersetzt werden. Interessant ist die Lehre von den «Idola fori», den Sprachgewohnheiten als I.-Quelle.

Die *französische Skepsis* (Montaigne, Charron) richtet sich gegen den Dogmatismus der Scholastik. MONTAIGNE skizziert ein Programm der psychologischen Erforschung der I.-Quellen, das Grundlage ist für viele Bemühungen dieser Art im 17. und 18. Jh. Er sieht den Menschen als ein schillerndes, unheimliches, unergründliches, in seiner Erkenntniskraft verwirrtes und gestörtes Wesen [1]. Unsystematisch, aber hellhörig ist er einer der Väter der Tiefenpsychologie.

b) DESCARTES sucht nach einer neuen Grundlegung philosophischer Wahrheit. Anderthalb Jahrtausende hat die Symbiose von Theologie und Philosophie mehr oder weniger alles beherrscht. Die Emanzipation von dieser Ordnung (mit zwar antischolastischem, nicht aber antichristlichem Affekt) und die Etablierung einer rein auf dem natürlichen Licht gegründeten Gesamtwissenschaft sind die Zielvorstellungen des Cartesianischen Unternehmens. Das rationale System soll zur irrtumsfreien Gesamterkenntnis kommen, und zwar mit Hilfe der Methode der Mathematiker, die sich als erfolgreich erwiesen hat. Wird man einmal auf mathematische Weise philosophieren, dann wird der I. eliminiert. Mit ganz ähnlichen Worten wie die, mit denen Kant 150 Jahre später seinen Neubeginn als notwendig begründen wird, schreibt Descartes: «Ich sage von der Philosophie nur, ...daß in ihr sich noch nichts findet, über das man nicht streitet» [2]. An die Stelle des unsystematischen Herumirrens soll die Methode – der Weg – treten, der zu gesicherter Wahrheit führt: «rectum veritatis iter quaerentes» [3]. Indem Descartes diese Methode der Mathematik abschaut, etabliert er die rationalistische Methode in der Philosophie: Wenige evidente Einsichten als Urbegründungen, dann «lange Ketten der Begründungen» [4]. Auf der Ableitbarkeit der Wahrheit liegt das Gewicht und damit auf den denkimmanenten Zusammenhängen. Wer denkgerecht vorgeht, kann nicht irren. Damit ist der Gedanke der Parallelität impliziert: Seinsstruktur und Denkstruktur sind isomorph. Descartes, der im «Cogito» die I.-Freiheit der «clarae et distinctae ideae» ergreift, sieht die Aporie: «Experior me tamen innumeris erroribus obnoxium» [5]. Gott kann nicht Urheber meiner Irrtümer sein – die veracitas dei ist ja ein Fundament des ganzen Systemgebäudes. Es genügt auch nicht zu sagen: Ich bin begrenzt, denn I. ist nicht nur negatio, sondern «privatio, sive carentia». Zur Lösung zieht Descartes das Zusammenwirken von Intellekt und Wille im Akt des Urteilens heran. (Schon WILHELM VON OCCAM hatte den I. auf eine unberechtigte Zustimmung des Willens zurückgeführt [6].) Der zum Urteilen notwendige Wille überschreitet die Grenzen der klaren und deutlichen Ideen. Dies ist die «forma erroris».

Damit wird das Thema «Leidenschaften und Vorurteile» wichtig für ein Zeitalter, dessen Ideal es ist, «more geometrico» vorzugehen. Affektivität als solche wird suspekt: Wer sich von ihr freihält, ist gegen allen I. gefeit. Der klassische Wahrheitsbegriff ist keineswegs aufgegeben, aber das Gewicht liegt auf dem Raisonnement und nicht auf dem «Sachkontakt». Eine sich mehr und mehr verselbständigende Begriffswelt, deren Übereinstimmung mit der Sache außer Frage steht (Parallelismusgedanke), läßt die I.-Gefährdetheit des Intellekts selber in den Schatten treten. «A nosse ad esse valet consequentia» – so hat E. Gilson einmal den Rationalismus gekennzeichnet.

Für SPINOZA ist alles Wirkliche, mit Einschluß von Gott, erkennbar, denn alles folgt aus der Definitionswahrheit der Substanz. Für diese Position ist die Wirklichkeit des I. ein Einbruch des Irrationalen in die Welt der Rationalität. Unbeirrbar an der Vernunft festhaltend, muß man die sich ihr entgegenstellende Vielfalt der Imagination ausschalten. I. bedeutet für Spinoza, die Gedächtnisbilder und ihre Begriffe mit den notiones communes, wie sie die Ratio liefert, zu verwechseln [7].

Die Parallelismusidee, die letzten Endes auf die cartesianische Trennung der res cogitans von der res extensa zurückgeht, wodurch die Erfahrungskontrolle der Vernunfterkenntnis behindert wird, muß im *Occasionalismus* das göttliche Wirken anrufen, um Gedanken und Wirklichkeit in Parallel-Übereinstimmung zu bringen, denn Wechselwirkung darf es im radikalisierten Cartesianismus nicht geben. MALEBRANCHE hat den I. in den Mittelpunkt seines Hauptwerkes gestellt, denn: «L'erreur est la cause de la misère des hommes» [8]. Er macht mit dem cartesianischen Voluntarismus in einer religiösen Terminologie radikal ernst, indem er I. mit Sünde gleichsetzt [9]. Alle topoi der traditionellen I.-Lehre erscheinen hier in breiter, systematischer Behandlung.

Die *Logik von Port-Royal* geht in der Ausgestaltung des psychologischen Motivs viel weiter als Descartes, verbleibt aber in dessen Grundannahmen befangen. – Bei PASCAL liegt letzten Endes nur in der Gnade die Befreiung von der Ausgeliefertheit an den I.: «L'homme n'est qu'un sujet plein d'erreur, naturelle et ineffaçable sans la grâce. Rien ne lui montre la vérité. Tout l'abuse» [10]. «Sinneswahrnehmung und Verstandestätigkeit betrügen sich wechselseitig und die Leidenschaften verstärken noch das Irren» [11]. Indem Pascal den Methodenmonismus Descartes' durchbricht, unterscheidet er zwischen dem «Esprit de géométrie» und dem «Esprit de finesse» und gibt damit eine gerade für die I.-Problematik entscheidende Begriffserklärung. Der Esprit de géométrie kennt nur das Hemmnis der Ungewohntheit seiner Blickrichtung. I. gibt es hier kaum. Man erfaßt die Wahrheit, wenn man nur imstande ist, den Geist auf sie zu lenken. Beim «Esprit de finesse» geht es nicht darum, den Kopf zu etwas Ungewohntem hinzuwenden. Alles liegt vor dem Geist. Aber er muß einen guten Blick haben, «denn die Grund- und Wesenswahrheiten (principes) sind so zart (déliés) und es gibt ihrer so viele, daß es fast unmöglich ist, daß uns nicht etwas davon entgeht. Nun aber führt das Auslassen einer Grundwahrheit zum I. So muß man denn eine klare Schau haben, um alle Grundwahrheiten zu sehen und einen gerechten Geist, um nicht falsch zu urteilen über die erkannten Grundwahrheiten» [12]. Damit bezeugt sich Pascals Bruch mit dem Grunddogma des Rationalismus.

Als Gegner der cartesianischen I.-Theorie ist vor allem LEIBNIZ zu nennen. In den ‹Animadversiones in partem generalem Principiorum Cartesianorum› wendet er sich gegen die voluntaristische Interpretation des I. Er sieht einen Ursprung im Erkenntnisorgan selber: «Nicht weil wir wollen, sondern weil es uns so scheint, fällen wir ein Urteil». Die ‹Nouveaux Essais› (IV, 20) enthalten die I.-Lehre. Hier geht es vor allem um mangelhaftes Beweisen und um die Kraft der Vorurteile.

In die Nähe von Leibniz gehört J. H. LAMBERT. Sein ‹Neues Organon oder Gedanken über die Erforschung und Bezeichnung des Wahren und dessen Unterscheidung von Irrtum und Schein› (1764) ist wichtig wegen seiner Lehre vom Schein («Phänomenologie») als objektiver Grundlage des I. Die *Aufklärung* ist, sozusagen schon vom Titel her, Kampf gegen den I. – insbesondere den populären, abergläubigen und religiösen. CHR. THOMASIUS klagt, «daß die Menschen muthwillig aus Liebe zu denen praejudiciis ihren Verstand verdunckelten» [13]. Es gibt kaum eine Zeit, in der mehr Bücher über den I. geschrieben wurden als das 18. Jh. Aber die Ernte ist inhaltlich unergiebig. Wichtig ist LESSING und sein bekanntes Wort, er würde das immer irrende Wahrheitsstreben dem Besitz der Wahrheit vorziehen.

c) *Empirismus.* – J. LOCKES I.-Lehre [14] will die Grenzen, innerhalb derer die «mind» zu echter Erkenntnis kommen kann, prüfen. Seine Grundthese ist: «Der Geist» kennt nur seine eigenen Ideen, die durch die Sinne in ihn hineinkommen, und die zwischen den Ideen bestehenden Beziehungen. Seine Ausführungen «On wrong Assent or Error» [15] sind voll von Beobachtungen von Motiven, Gewohnheiten, Umständen, die den Menschen zum I. verleiten, aber im Grundsätzlichen macht er vom eingangs proklamierten empiristischen Standpunkt keinerlei Gebrauch, sondern begnügt sich mit Anleihen beim Rationalismus. Der Einfluß von Vorurteil und Leidenschaft auf das menschliche Erkennen hat mit dem Grundproblem des Empirismus, «Wie kommt der Geist von den Sinneseindrücken zu den allgemeinen Ideen und wie sichert er deren Gültigkeit»? nichts zu tun.

Wichtiger für die Frage des I. ist D. Hume, der erfaßt, daß radikaler Empirismus zum skeptischen Subjektivismus führt und uns weder die Kenntnis der Außenwelt noch die Erkenntnis allgemeiner Erfahrungsinhalte vermittelt. (Daß konsequenter Empirismus eine Art Selbstvernichtung der Philosophie ist [16], hat Kant deutlich gesehen.) Hume erklärt alle jene «Ideen» als Fiktionen, die sich nicht auf Impressionen zurückführen lassen. Damit wird der Gesamtbestand der nicht-empirischen Vorstellungen als irrig erklärt. Dies ist indessen nicht eine I.-Theorie, d. h. eine Antwort auf die Frage: Wie sind Evidenzanspruch und I.-Faktum vereinbar? Hume hat vielmehr schlechthin den Bereich der einsichtigen allgemeinen Wahrheiten als irrtümlich erklärt (mit Ausnahme des Mathematischen) [17]. Mit der Annahme einer Kette von Impressionsereignissen wird die Frage nach Wahrheit und I. gegenstandslos. Nur die nackte Faktizität und die Assoziationen zwischen Vorstellungen bleiben. Trotzdem befaßt sich eigentlich der ganze ‹Treatise› mit der Entstehung des I., nämlich mit der Frage, wie kommen wir zu dem Gebäude unserer *leeren* Ideen? Antwort: durch die Einbildung und die Gewohnheit des Assoziierens. Verführt durch Ähnlichkeiten zwischen Eindrücken, formen wir Ideen [18]. Historisch besonders wichtig wurde Humes Denunzierung der Idee der Kausalität, denn hier setzte Kant ein, der realisiert, daß Wissenschaft, vor allem Newtons Physik, zusammenbricht, wenn Kausalität keine wahre Idee ist.

Anmerkungen. [1] M. de Montaigne, Apologie de Raimond de Sabonde II, 12. – [2] R. Descartes, Discours I; vgl. zur I.-Lehre bes. Medit. IV; Principia philosophiae passim. – [3] Regulae, Oeuvres, hg. Adam/Tannery 10, 366. – [4] Discours II. – [5] Medit. IV, 54. – [6] W. v. Occam, Sent. II, q. 25. – [7] B. Spinoza, Ethica II, pro. 35, Schol. – [8] N. Malebranche, De la rech. de la vérité I. – [9] a. a. O. I, 1, 2. – [10] B. Pascal, Pensées II, 83. – [11] ebda. – [12] Préf. gén. 21. – [13] Chr. Thomasius: Einl. zu der Vernunftlehre (1691) 288. – [14] J. Locke: An essay conc. human understanding (London 1690) IV, 22. – [15] ebda. – [16] L. W. Keeler: The problem of error from Plato to Kant (Rom 1934) 221. – [17] D. Hume, Treatise of human nature, hg. Selby Bigge (London 1896) 67. 139. – [18] a. a. O. 202.

Literaturhinweise. K. Mahler: Die Entstehung des I. bei Descartes und Spinoza (1910). – F. Mayer: Zur systemat. Stellung der Descartes'schen I.-Theorie (1920). – V. Brochard: De l'erreur (Paris ³1926) bes. 44ff. – E. Gilson: Études sur le rôle de la pensée médiévale dans la formation du système cartésien (Paris 1930). – L. W. Keeler s. Anm. [16]. – J. Hoffmeister: Einl. zu Hegels ‹Phänomenol. des Geistes› (⁶1952). – G. H. R. Parkinson: Spinoza's theory of knowledge (Oxford 1964) ch. 6. – B. Schwarz: Über das innere Prinzip der Periodisierung der Philosophiegesch. (1966).

5. Kant. – Ausgangspunkt ist für Kant das Faktum des Irrens, das er in der Reflexion auf die menschlichen Erkenntnisvermögen feststellt: «Wie wenig haben wir Ursache, Vertrauen in unsere Vernunft zu setzen, wenn sie uns in einem der wichtigsten Stücke unserer Wißbegierde [der Metaphysik] nicht bloß verläßt, sondern durch Vorspiegelungen hinhält und am Ende betrügt» [1]. Er

spricht von «völliger Anarchie» [2]. Sein Ziel ist «die Abstellung aller Irrungen ..., die bisher die Vernunft im erfahrungsfreien Gebrauch mit sich selbst entzweit hatten» [3]. Gegen Ende der ‹Kritik der reinen Vernunft› faßt er zusammen: «Der größte und vielleicht einzige Nutzen aller Philosophie der reinen Vernunft ist also wohl negativ: da sie nämlich nicht als Organ zur Erweiterung, sondern als Disziplin zur Grenzbestimmung dient und, anstatt Wahrheit zu entdecken, nur das stille Verdienst hat, Irrthümer zu verhüten» [4]. I. ist Mißbrauch der Funktionen der Vernunft durch die Vernunft, nämlich durch die unkritisch gebrauchten «Ideen»: «und wenn jene einen Schein bei sich führen, der leicht verleiten kann, so ist dieser Schein unvermeidlich, obzwar, ‹daß er nicht verführe›, gar wohl verhütet werden kann» [5]. Somit wird eine Selbsterkenntnis der reinen Vernunft und die Kritik ihres transzendenten (überschwenglichen) Gebrauchs das einzige Verwahrungsmittel gegen die Verirrungen sein, in welche die Vernunft gerät, «wenn sie ... transzendenter Weise aufs Objekt an sich selbst bezieht, was nur ihr eigenes Subjekt ... in allem immanenten Gebrauche angeht» [6]. Die transzendentale Analytik hat die Aufgabe, die Möglichkeit der Erkenntnis im Bereich der Erfahrung zu erweisen, die *transzendentale Dialektik* dagegen hat die Möglichkeit der Erkenntnis nicht erfahrungshafter Gegenstände (substantielle Einheit der Seele, Totalität eines Universums, Wirklichkeit von Freiheit, Unsterblichkeit, Gott) zu widerlegen. «In einem Erkenntnis, das mit den Verstandesgesetzen durchgängig zusammenstimmt, ist kein I. ... Keine Kraft der Natur kann aber von selbst von ihren eigenen Gesetzen abweichen»; «... so folgt: daß der I. nur durch den unbemerkten Einfluß der Sinnlichkeit auf den Verstand bewirkt werde». Es ist daher nötig, «das irrige Urteil als die Diagonale zwischen zwei Kräften anzusehen» [7]. Wie verführt aber die Sinnlichkeit? Indem sie die Anwendung der Vernunft auf das «Ding an sich» nahelegt, weil «in unserer Vernunft Grundregeln und Maximen ihres Gebrauches liegen, welche gänzlich das Ansehen objektiver Grundsätze haben». Dies ist «der transzendentale Schein», der nicht aufhört, «ob man ihn schon aufdeckt» [8] – nämlich durch die Kritik (die Analyse) der reinen (in sich selbst betrachteten) Vernunft. Somit wird die ‹Kritik der reinen Vernunft› eine I.-Lehre in dem Sinne sein, daß sie den transzendenten Gebrauch der Vernunft als I. aufdeckt. Die ‹Transzendentale Dialektik› ist jedoch im Grunde gar nicht, was sie zu sein vorgibt: Aufdecken der notwendigen Illusion, sondern, wie H. A. Prichard gezeigt hat [9], Hinweis auf eine Reihe irriger Urteile.

Kant denunziert als *den* fundamentalen I. die Einsichtigkeit notwendiger und allgemeiner Urteile über ein subjektunabhängiges Noumenon. Er ersetzt das Erfassen durch das Setzen a priori. Das hat weittragende Folgen für die Weise, wie sich nunmehr der I. darstellt. Der entscheidende Satz der Wahrheitstheorie Kants bringt das I.-Problem im klassischen Sinne zum Verschwinden: «Bisher nahm man an, alle unsere Erkenntniß müsse sich nach den Gegenständen richten; aber alle Versuche ... gingen unter dieser Voraussetzung zu nichte. Man versuche es daher einmal, ob wir ... nicht besser fortkommen, daß wir annehmen, die Gegenstände müssen sich nach unserem Erkenntniß richten» [10]. Diese «kopernikanische Wende» kennt nur einen I.: Die Weigerung, sie mitzuvollziehen. Innerhalb des Transzendentalismus kann es keinen I. geben – jedenfalls ist nie davon die Rede –, denn was die Vernunft notwendig beisteuert, hat die Notwendigkeit eines Faktums. Es ist gegründet in der Vernunft selber [11].

Anmerkungen. [1] I. KANT, KrV B XV. – [2] a. a. O. A IX. – [3] A XII. – [4] B 823. – [5] Proleg. § 40. – [6] a. a. O. § 40. – [7] KrV B 350f. – [8] a. a. O. B 353f. – [9] H. A. PRICHARD: Kant's theory of knowledge (Oxford 1909) passim. – [10] KANT, KrV B XVI. – [11] J. W. GOETHE hat in der Geschichte der Farbenlehre eine bedeutende, noch nicht im Zusammenhang dargestellte I.-Lehre entwickelt; bei Autoren wie G. Ch. LICHTENBERG, F. v. BAADER, E. HELLO und S. KIERKEGAARD finden sich zahlreiche Bemerkungen zum I.-Problem.

6. *Deutscher Idealismus.* – J. G. FICHTE hebt die dem Transzendentalismus innewohnende Notwendigkeit, die I.-Freiheit der Vernunftoperationen zu behaupten, ausdrücklich hervor: «Das System des menschlichen Geistes ... irret nie ... Wenn die Menschen irrten, so lag der Fehler nicht im Nothwendigen, sondern die reflectierende Urtheilskraft machte ihn in ihrer Freiheit». Das heißt, wo das Ich in der «intellektuellen Anschauung» [1] sich selbst setzt – wie die Wissenschaftslehre demonstriert –, da ist es «schlechthin gewiß und infallibel» [2]. Der I. ist die Verweigerung einer Wahl. Es gibt nur zwei mögliche Systeme: Dogmatismus und Idealismus. Keines kann das andere direkt widerlegen [3]. Die idealistische Philosophie geht von einer Tathandlung aus [4], und diese ist ihr eigener Beweis. Dogmatismus ist im Grund Trägheit: Verweigerung der Ursetzung des Ich, der Identifizierung des eigenen Bewußtseins mit dem allgemeinen Bewußtsein. «Was für eine Philosophie man wähle, hängt sonach davon ab, was man für ein Mensch ist ... Ein von Natur schlaffer oder durch Geistesknechtschaft ... erschlaffter und gekrümmter Charakter wird sich nie zum Idealismus erheben» [5]. Im ‹Bericht› von 1806 wird die Wahrheit als höchste Gut genannt, «der Irrthum dagegen die Quelle aller Uebel, und daß er Sünde und die Quelle aller anderen Sünden und Laster sey» [6]. In der ‹Anweisung zum seligen Leben› ist das Umherirren als das Menschenlos geschildert, wenn er, «der arme Abkömmling der Ewigkeit», nicht heimkehrt «in seines Vaters Haus» [7]. Im ‹Bericht› findet sich eine Stelle über Evidenz und I.: «Es ist ein himmlisch klarer Satz: daß die Evidenz eine specifisch verschiedene innere und überzeugende Kraft bei sich führe, welche niemals auf die Seite des Irrthums treten kann, ob das, was er denke, mit dieser Kraft ihn ergreife oder nicht, dass daher jedweder, von welchem hinterher sich findet, dass er geirrt habe, dennoch, obwohl er gar füglich seinen Irrthum nicht eingesehen haben kann als Irrthum, ihn doch auch sicher nicht als Wahrheit eingesehen hat». I. ist in der Tat Trägheit, Leichtsinn, Egoismus, tiefe moralische Auflösung [8]. Auch an einigen anderen Stellen hat sich Fichte mit dem Irren beschäftigt, z. B. in seiner Auseinandersetzung mit Rousseau [9].

SCHELLING bringt den I. in Zusammenhang mit dem Sündenfall und der intellektuellen Verderbnis, die ihm folgt [10]. Ursprünglich war für ihn der Geist unmittelbar das Absolute. Später revidiert er diese Position: «Es ist zwar die gewöhnliche Meinung, daß der Geist das Höchste im Menschen sei. Allein daß er es durchaus nicht sein kann, folgt daraus, daß er der Krankheit, des I., der Sünde oder des Bösen fähig ist». I. ist nicht nur Mangel an Geist, sondern verkehrter Geist: «Daher der I. höchst geistreich, und doch I. sein kann» [11]. «Das Böse, der I. ist in gewissem Betracht das reinste Geistige, denn es führt den heftigsten Krieg gegen alles *Sein*, ja es möchte den Grund der Schöpfung aufheben» [12]. – Schon bei Schelling kündigt sich der Gedanke vom I. an

als partieller Wahrheit an: «Alle I. des Verstandes entspringen aus einem Urteil über die Dinge in der Nichttotalität gesehen. Man zeige sie ihm wieder in der Totalität und er selbst wird seinen I. begreifen und bekennen» [13].

HEGELS idealistischer Grundansatz kommt in den Bemerkungen über den I. in der Einleitung zur ‹Phänomenologie des Geistes› zum Ausdruck: «Wenn die Besorgnis, in I. zu geraten, ein Mißtrauen in die Wissenschaft setzt, ... so ist nicht abzusehen, warum nicht umgekehrt ... besorgt werden soll, daß diese Furcht zu irren schon der I. selbst ist. In der Tat setzt sie ... Vorstellungen von dem Erkennen als einem Werkzeug und Medium, auch einen Unterschied unserer selbst von diesem Erkennen voraus; vorzüglich aber dies, daß das Absolute auf einer Seite stehe und das Erkennen auf der andern für sich und getrennt von dem Absoluten doch etwas Reelles ... sei, eine Annahme, wodurch sich das, was sich Furcht vor dem I. nennt, sich eher als Furcht vor der Wahrheit zu erkennen gibt» [14]. Für Hegel hat I. eine relative Bedeutung. Man kann dabei von seinem Verhältnis zum Widerspruchsprinzip ausgehen, das er nicht geleugnet, aber für eine rein «formale, abstrakte, unvollständige Wahrheit» erklärt hat. Die endlichen Dinge sind in sich selbst widerspruchsvoll – nur im Ganzen liegt die Wahrheit. Deswegen ist das Mitvollziehen der Widersprüche ein Eingehen in die Wahrheitsmomente. Wahrheit ist zeitgebunden: «Mumien unter das Lebendige gebracht können unter diesen nicht aushalten» [15]. Irrtümer: das ist das «Uneigentliche», die Gestaltungen, aus denen der Geist auf seinem Gang durch die Geschichte ausgezogen ist.

Um die Hegelsche I.-Theorie aus ihrem Grund zu begreifen, muß man vom Verhältnis des Individuums zum objektiven Geist ausgehen. Dieser hat immer recht. Er ist die Selbstdarlegung des Geistes. Alles in ihm ist echt und lebendig – dies sind Hegels eigentliche Kategorien des Beurteilens. Wahr als Äußerung eines Individuums ist etwas, sofern und so lange es mit der jeweiligen Wirklichkeitswahrheit des objektiven Geistes übereinstimmt. Alles ist wahr – zu seiner Zeit und damit als Moment am Ganzen, denn: «Das Wahre ist das Ganze» [16]. *Der* I. ist, das Einzelne für ein Wahres zu halten. I. sind die aus der Lebendigkeit des Geistes abgesunkenen und dennoch festgehaltenen und absolut gesetzten Wahrheitsmomente: Die Wahrheit hat sich in I. verwandelt. Jede Philosophie bleibt nur so lange wahr, als nicht eine neue ihren I. aufweist. Formalistische Unlebendigkeit, «toter Verstand» und stehengebliebener Wahrheitsanspruch, der nicht bemerkt, daß die Zeit über ihn hinweggegangen ist, sind für Hegel die eigentlichen Weisen des I. Damit aber ist die Kategorie der dialektischen Entwicklung an die Stelle der statischen Sachentsprechung getreten. I. ist letzten Endes Nichtübereinstimmung mit dem Wehen des Geistes in der Zeit.

Hegels Philosophie präsentiert sich als die Vollendung der Kantschen Wende, die letzten Endes darin besteht, daß der Mensch im Erkennen dem Sein nicht als seinem Gegenstand gegenübersteht, sondern daß sein Geist dieses Sein selber ist und es aus sich heraus- und entgegensetzt. Droysen nennt Hegels I., «die Schöpfung beweisen zu wollen ... vielleicht den großartigsten I., der dem Geiste vergönnt ist» [17].

Auf die wichtigen Analysen von FRIES [18] und BOLZANO [19] sei hier nur hingewiesen. SCHOPENHAUER sieht in seinem Hauptwerk den I. im Ganzen der «Unvollkommenheiten des Intellekts» [20] und hebt besonders die Sprache hervor: «Dieses eigentümliche Genügen an Worten trägt mehr als irgend etwas bei zur Perpetuierung der I.» [21].

Anmerkungen. [1] J. G. Fichte, Werke, hg. I. H. Fichte 1, 77. – [2] ebda. – [3] a. a. O. 1, 426ff. – [4] 2, 468. – [5] 1, 434. – [6] Sonnenklarer Bericht ... a. a. O. [1] 8, 378. – [7] Anweisung zum seligen Leben a. a. O. 5, 409. – [8] Bericht ... a. a. O. 8, 379. – [9] 6, 335ff. – [10] F. W. J. Schelling, Werke, hg. K. F. A. Schelling 7, 373. – [11] a. a. O. 7, 466. – [12] 7, 467. – [13] 7, 42. – [14] G. W. F. Hegel: Phänomenol., hg. J. Hoffmeister (⁴1937) 64ff. – [15] Werke, hg. Glockner 17, 77. – [16] a. a. O. [14] 21. – [17] zit. bei J. Wach: Das Verstehen 3 (1933) 143. – [18] J. Fr. Fries: System der Logik (ND 1914) 340ff. – [19] B. Bolzano: Wiss.lehre (1837, ND 1929-31) 3, § 309f. – [20] A. Schopenhauer, Die Welt als Wille und Vorstellung 2, 1 Kap. 15. – [21] ebda.

Literaturhinweise. N. Hartmann: Das Problem des geistigen Seins (²1949). – H. Fuhrmans: Schellings Philos. der Weltalter (1954). – A. Kojève: Hegel (dtsch. 1958). – S. Portmann: Das Böse – Die Ohnmacht der Vernunft. Das Böse und die Erlösung als Grundprobleme in Schellings philos. Entw. (1966). – X. Tilliette: Schelling. Une philos. en devenir 1-2 (Paris 1970).

7. St. Mill unterscheidet den Intuitions-I. vom Deduktions-I., nämlich die falschen Verallgemeinerungen von den Verwirrungen bezüglich des daraus Erschlossenen. Gleichgültigkeit und Voreingenommenheit sind psychologisch I. auslösende Faktoren [1]. – E. Mach sieht im I. das biologisch Schädliche [2]. Empfindungen werden falsch, wenn sie nicht mehr nützlich sind, Begriffe, wenn ihre Zweckmäßigkeit sich mindert. Hier ist der pragmatische Standpunkt zum Extrem entwickelt.

Der Zusammenhang zwischen I. und gesellschaftlicher Existenz des Menschen wird – ganz im Gegensinn zu Hegel – bewußt in den fundamentalen gesellschaftlichen Wandlungen um die Mitte des 19. Jh. So schreibt Donoso Cortes: «Wie der Mensch nicht allein vom Brote lebt, sondern von jedem Worte, das aus dem Munde Gottes kommt, so gehen die Gesellschaften nicht nur durch das Schwert zugrunde, sondern auch durch jedes Wort, das aus dem Munde der Philosophen kommt. Sie stirbt, weil der I. tötet und weil diese Gesellschaft auf I. aufgebaut ist» [3]. – Für Marx löst sich das I.-Problem auf im Begriff der Ideologie – des «falschen Bewußtseins»: «Die Nebelbildungen im Gehirn der Menschen sind notwendige Sublimate ihres materiellen, empirisch konstatierbaren und an materielle Voraussetzungen geknüpften Lebensprozesses». Philosophie als Teil des Überbaus wird nicht mehr gemessen am Maßstab der Beziehung zum metaphysischen Sein, sondern zum «Sein der Menschen» als «ihrem wirklichen Lebensprozeß» [4]. Philosophie ist eine Form des entfremdeten Bewußtseins und muß als Ganzes aufgehoben werden, indem sie verwirklicht, d. h. in soziale Veränderung verwandelt wird [5].

Nietzsches Irrationalismus des «Willens zur Macht» läßt die Wahrheit als nützlichen I. erscheinen. Nietzsche steht – trotz seiner Gegnerschaft zu Kant – letzten Endes in dessen Nachfolge: «Es gäbe nichts, was Erkenntnis zu nennen wäre, wenn nicht erst das Denken sich die Welt dergestalt umschüfe zu ‹Dingen›, Sich-selbst-Gleichen. Erst vermöge des Denkens gibt es Unwahrheit» [6]. Nietzsches Werk ist reich an Hinweisen für eine Psychologie des Irrens. – Husserl hat zwar in den ‹Logischen Untersuchungen› im Aufdecken von I. (etwa der Psychologismus) wichtige Klärungen vorgenommen, aber den I. selbst, so weit ich sehe, nicht thematisiert. – In der analytischen Philosophie wird die Tradition des abendländischen Philosophie in Frage gestellt. So Wittgenstein: «Die meisten Sätze und Fragen, welche über

philosophische Dinge geschrieben worden sind, sind nicht falsch, sondern unsinnig» [7].

Heideggers Lehre von der «Irre» und dem «Irr-tum» steht im Zusammenhang der Differenz von Sein und Seiendem: «Das Seiende selbst tritt nicht in das Licht des Seins. Die Unverborgenheit des Seienden, die ihm gewährte Helle, verdunkelt das Licht des Seins» – führt zur «Seinsvergessenheit». – «Das Sein entzieht sich, indem es sich in das Seiende entbirgt. Dergestalt beirrt das Sein, es lichtend, das Seiende mit der Irre. Das Seiende ist in die Irre ereignet, in der es das Sein umirrt und so den I. (zu sagen wie Fürsten- und Dichtertum) stiftet ... Jede Epoche der Weltgeschichte ist eine Epoche der Irre» [8]. In ‹Vom Wesen der Wahrheit› heißt es unter dem Titel ‹Die Un-wahrheit als die Irre›: «Die Ungetriebenheit des Menschen weg vom Geheimnis hin zum Gangbaren, fort von einem Gängigen, fort zum nächsten und vorbei am Geheimnis, ist das Irren. Der Mensch irrt. Der Mensch geht nicht erst in die Irre. Er geht immer nur in der Irre ... Die Irre ist das wesentliche Gegenwesen zum anfänglichen Wesen der Wahrheit. Die Irre öffnet sich als das Offene für jegliches Widerspiel zur wesentlichen Wahrheit. Die Irre ist die offene Stätte und der Grund des I. Nicht ein vereinzelter Fehler, sondern das Königtum ... aller Weisen des Irrens ist der I. ... Die Irre durchherrscht den Menschen, indem sie ihn beirrt. Als Beirrung schafft die Irre aber zugleich mit an der Möglichkeit, die der Mensch aus der Ek-sistenz zu heben vermag, sich nicht beirren zu lassen, indem er die Irre selbst erfährt und sich nicht versieht am Geheimnis des Da-seins» [9].

Diese Lehre Heideggers könnte man frei dahin interpretieren, daß es die *Not* des Menschen, der das Geheimnis des Seienden, des Seins und seines eigenen Daseins im Vorbei-Irren verliert, gewesen ist, die die Besinnung, die wir abendländische Philosophie nennen, *not*-wendig gemacht hat.

Anmerkungen. [1] J. St. Mill: On fallacies, in: A system of logic (London 1911). – [2] E. Mach: Erkenntnis und I. (1905). – [3] D. Cortes: Lettre aux redact. de El Pais (16. 7. 1849). Obras, Nueva ed. 2 (Madrid 1904) 144. – [4] K. Marx: MEW 3, 26. – [5] a. a. O. 3, 18ff.; vgl. die Frühschriften, hg. S. Landshut (1953) 171. 209. 215. – [6] F. Nietzsche, Der Wille zur Macht III, § 617; Werke 16 (1911). – [7] L. Wittgenstein: Tractatus Logico-Philosophicus (London 1921) 4.003. – [8] M. Heidegger: Holzwege (³1957) 310f. – [9] Vom Wesen der Wahrheit (1943, ³1954) Abschn. 7.

Literaturhinweise. W. Del Negro: Die Rolle der Fiktionen in der Erkenntnistheorie Fr. Nietzsches (1923). – K. Jaspers: Nietzsche (1936). – M. Heidegger: Seinsverlassenheit und Irrnis. Vorträge und Aufsätze (1954) 71-99. – De Waehlens: La philos. de M. Heidegger (Louvain ⁴1955). – N. Lobkowicz: Das ‹Dialektische› Wahrheitssein (Diss. Fribourg 1958, Ms.). – J. Granier: Le problème de la vérité dans la philos. de Nietzsche (Paris 1966). – Vgl. auch Lit. zu den Absch. 2-4 und 6.   B. Schwarz

Irrtum (Schlußfehler). – 1. Der Begriff des I. im *logischen* Sinne (lat. fallacia, engl. fallacy, frz. fallace) ist von der umfassenderen Bedeutung zu trennen, in welcher dieses Wort beliebige Arten falscher Überzeugungen oder gar falschen Glaubens bezeichnet. Vom Standpunkt der (formalen) Logik aus interessiert I. nicht als Ergebnis des Irrens, d. h. es interessiert nicht eine fehlgehende Überzeugung eines Irrenden (oder deren Folgen) von der Richtigkeit einer Aussage *A* und nicht etwa der Umstand, daß *A* falsch ist, sondern der irrige Gedankengang, durch den der Irrende die Richtigkeit einer (evtl. falschen) Aussage zu zeigen vermeint. Einen I. im logischen Sinne oder, wie man auch sagt, einen logischen I.

oder einen logischen Fehler begehen heißt nicht, einen falschen Satz zu behaupten, sondern in einer logisch nicht korrekten Weise in irgendeinem Kontext von einer Reihe von (Prämissen des Schlusses genannten) Aussagen A_1, ..., A_n auf eine (Konklusion genannte) Aussage B zu *schließen*, mit dem Anspruch, durch diese Argumentation die Richtigkeit von B nachgewiesen zu haben. Diese Bedeutung des Begriffs des I. im logischen Sinne wird in der deutschen Sprache vom Begriff des I. im weiteren Sinne auch durch die Namen ‹ *Schluß*- oder *Beweisfehler*›, ‹*Fehlschluß*› (manchmal auch ‹*Paralogismus*›), ‹*Trugschluß*›, ‹*Fangschluß*› und ‹*Sophismus*› unterschieden, wobei die Termini ‹Fangschluß› und ‹Sophismus› zusätzlich zum Ausdruck bringen, daß der unkorrekte Schluß von dem Beweisenden bewußt und mit dem Zweck der Täuschung seines Gesprächspartners vollzogen wird. Bei der Definition von ‹Fehlschluß› oder ‹Trugschluß› wird sehr häufig gefordert, daß die Unkorrektheit des Übergangs von den Prämissen zur Conclusio nicht offensichtlich sein darf und im Gegenteil dieser Schluß den Anschein logischer Gültigkeit erwecken muß; ohne daß jedoch eine solche Zusatzforderung notwendig in das Gebiet der Psychologie des Denkens führt, wie oft behauptet wird [1].

In einem weiteren Sinne kann auch der logisch inkorrekte *Aufbau* oder die definitionstheoretisch anfechtbare *Einführung* bzw. Verwendung eines sprachlichen Ausdrucks ein *logischer* I. heißen. Zu logischen I., die nicht Schlußfehler darstellen, vergleiche man die Art. ‹Antinomie II› und ‹Imprädikativität›.

2. Eine kritische Auseinandersetzung mit logischen I. findet sich in der abendländischen Literatur zum ersten Mal in den platonischen Dialogen. PLATON hat als erster und gegen sophistische Thesen die abendländische Logik begründende Idee allgemeingültiger Denkgesetze (Argumentationsregeln) formuliert und von den Bemühungen schon der vorplatonischen griechischen Dialektik um die Erkundung der Möglichkeiten, eine vorgelegte These zu widerlegen, und den dabei entwickelten Techniken apagogischer Beweise die Aufmerksamkeit auf die Untersuchung der Frage gelenkt, wie man eine konkrete Aussage positiv beweisen (und so die Anerkennung von deren Richtigkeit verbindlich machen) könne. Das erlaubt ihm, die Ungültigkeit sophistischer Argumentketten anzugreifen, die auf Grund einer Mißachtung (von Regeln) korrekten Redens keine zuverlässige Information über den wahren Zustand der in ihnen angesprochenen Dinge zu vermitteln gestatten [2]. An vielen Stellen präsentiert und diskutiert Platon konkrete Beispiele von Typen von Fehlschlüssen [3], die später durch Aristoteles als Fehlschlüsse der Verbindung, des *secundum quid*, der Umkehrung, der Homonymie (oft auch *Äquivokation* genannt) und der *plurium interrogationum* fixiert wurden (s. 3.). In den Platonischen Schriften findet sich zwar weder ein Begriff des Fehlschlusses im allgemeinen noch eine Benennung eines speziellen Typs von Fehlschlüssen, jedoch läßt sich trotz der Tatsache, daß Platon selbst an einigen Stellen logischen I. zum Opfer gefallen ist, ein deutliches Bewußtsein von einer Reihe logischer I. und mehrmals eine absichtliche Verwendung von solchen auch durch die literarisch schwierige Form des Dialogs hindurch feststellen [4].

3. Der Begriff und sogleich auch eine Theorie des logischen I. finden sich zum ersten Mal bei ARISTOTELES. Man hat zumindest zwei verschiedene Formulierungen der aristotelischen I.-Lehre zu unterscheiden, wenn nicht

gar von zwei Theorien gesprochen werden muß. Die erste und ausführlichere Version bilden die ‹ *Sophistischen Widerlegungen*›. Das Werk beginnt mit der Feststellung, daß es neben richtigen Schlüssen und Widerlegungen einer Behauptung auch scheinbare, in Wirklichkeit jedoch trügerische Schlüsse und Widerlegungen gibt und daß die Sophisten um Meisterschaft in der Anwendung der letzteren bemüht sind. Die ‹Sophistischen Widerlegungen› können nur auf dem Hintergrund der (stark von den Sophisten geprägten) Praxis öffentlicher Debatten, wie sie damals üblich waren, richtig verstanden werden, und in der Tat ist die in ihnen enthaltene Lehre logischer I. gerade durch die Loslösung aus diesem Kontext in der Geschichte der Logik häufig stark verfälscht worden. Aristoteles [5] beschreibt fünf Ziele derjenigen, die in Wortgefechten streiten: eine Behauptung des Gegners als unmöglich (ἔλεγχος) oder falsch (ψεῦδος) nachweisen, den Partner in eine Paradoxie (παράδοξον) oder zu Solözismus (σολοικισμός), d. h. zum Gebrauch einer ungrammatischen Redeweise infolge eines vorgebrachten Arguments treiben oder ihn zum Plappern bringen (τὸ ποιῆσαι ἀδολεσχεῖν), d. h. zur Wiederholung immer des gleichen Ausdrucks, insbesondere zu einem unendlichen Regreß durch iterierte Substitution des definiendum einer unkorrekten Definition durch das definiens ,wie ihn z. B. bei einer Definition «des Doppelten» als «das Doppelte der Hälfte» die unendlich fortsetzbare Folge: das Doppelte, das Doppelte der Hälfte, das Doppelte der Hälfte der Hälfte usw. liefert. Es soll auch versucht werden, nur den *Anschein* zu erwecken, eines dieser Ziele erreicht zu haben, wenn dies, der Wirklichkeit entsprechend und ohne Zuhilfenahme von Täuschungen, nicht möglich ist. Hier werden also, wie bei Platon, die absichtlich trügerischen sophistischen Argumentationen zum Thema gemacht, jedoch geht Aristoteles über Platon hinaus, indem er die zugrundeliegenden logischen I. auf einen Begriff bringt, Aristoteles setzt sich zum Ziel, eine Methode zu lehren, durch die man instand gesetzt wird, in einer Diskussion über beliebig vorgelegte Probleme von beliebig vorgegebenen Meinungen aus mit Erfolg zu argumentieren [6], und er gibt deshalb in der ‹Topik› und den ‹Sophistischen Widerlegungen› eine Fülle allgemeiner Anweisungen und taktischer Ratschläge (τόποι [7]) zur Bildung von Argumenteketten; das reicht von der Formulierung logischer Regeln und Gesetze über Verfahrensvorschläge bis hin zu psychologischen Bemerkungen und rein praktischen Hinweisen auch auf sophistische Tricks [8]. In diesem Stadium hat Aristoteles noch keinen formalen Begriff der Logik; er kennzeichnet hier einen Syllogismus als einen «Logos in welchem – indem gewisse (Voraussetzungen) gemacht werden – etwas anderes als die Voraussetzungen mit Notwendigkeit wegen dieser Voraussetzungen folgt» [9], und unterscheidet einen Syllogismus mit wahren und ersten Prämissen (einen Beweis) von einem dialektischen Syllogismus, dessen Prämissen nur wahrscheinlich (weithin akzeptiert) sind, und einem eristischen Syllogismus, dessen Prämissen nur scheinbar wahrscheinlich (scheinbar weithin akzeptiert) sind oder dessen Schluß nur scheinbar (weithin akzeptiert) ist [10].

Die ‹Sophistischen Widerlegungen› sind hauptsächlich einer Analyse des Auftretens eristischer Widerlegungen, der Natur ihrer Unkorrektheit und Möglichkeiten ihrer Vermeidung gewidmet. Aristoteles deckt in diesem Werk dreizehn Typen sophistischer (d. h. eristischer) Widerlegungen auf, die er in zwei Gruppen aufteilt, je nachdem, ob sie von der Sprache abhängen (παρὰ τὴν λέξιν, lat. in dictione) oder nicht (ἔξω τῆς λέξεως, lat. extra dictionem). Die erste Gruppe besteht aus den folgenden sechs Typen von Trugschlüssen: a) *Homonymie*, d. h. ein Trugschluß kommt durch stillschweigende Ausnutzung der Doppeldeutigkeit eines der in ihm vorkommenden Terme zustande [11]; b) *Amphibolie*, bei der ein illegitimer Schluß durch versteckte Verwendung einer Mehrdeutigkeit entsteht, welche durch die grammatikalische Verbindung zweier für sich allein eindeutiger Worte in einem Satz erzeugt wird [12]; c) *Verbindung* (σύνθεσις, lat. compositio), bei der ein Trugschluß durch Ausnutzung verschiedener Möglichkeiten zustande kommt, mehrere Worte in einem Satz als einen zusammengesetzten Ausdruck zu verstehen. Ein aristotelisches Beispiel ist «Ich sah einen Menschen, der geschlagen wurde, mit meinen eigenen Augen»; je nach Zusammenfassung von Worten zu Gruppen (unter Außerachtlassung der im griechischen Text nicht vorhandenen Zeichensetzung) kann man diesen Satz als «Ich sah einen Menschen, der mit meinen eigenen Augen geschlagen wurde», oder als «Ich sah mit meinen eigenen Augen einen Menschen, der geschlagen wurde», interpretieren [13]. Der Unterschied zwischen Verbindung und Amphibolie besteht darin, daß eine zu einem Trugschluß der Verbindung führende Doppeldeutigkeit nur in geschriebenem Text auftritt und in gesprochener Rede durch Betonung verschwindet [14]; d) *Trennung* (διαίρεσις, lat. divisio), ein der Verbindung entgegengesetzter Typus von Trugschluß [15]; e) *Prosodie* (häufig auch Trugschluß des Akzentes genannt), ein Typus von Trugschlüssen, die durch Ausnutzung verschiedener Aussprache-, insbesondere Betonungsmöglichkeiten eines Wortes zustande kommen [16]; f) *Form der Rede* (σχῆμα λέξεως), d. h. Ziehen falscher Schlüsse auf Grund einer irreführenden Struktur oder Bedeutungsgeschichte eines Wortes, die zur Verwechslung syntaktischer oder semantischer Kategorien verleitet [17].

Man kann sagen, daß alle diese von der Sprache abhängenden logischen I. von «Unvollkommenheiten» der Umgangssprache in bezug auf die Festlegung der syntaktischen und semantischen Eigenschaften ihrer Ausdrucksmittel herrühren und in einer zur korrekten Darstellung logischer Beziehungen hinreichend normierten Sprache vermieden werden können. Wir sehen Aristoteles in den ‹Sophistischen Widerlegungen› auf dem Weg zu einer formalen Fassung der Logik, und als ein Schritt in dieser Richtung läßt sich seine Forderung ansehen, daß in logischen Untersuchungen das wiederholte Vorkommen eines Wortes oder Satzes innerhalb eines Argumentes stets die gleiche Form und die gleiche Bedeutung haben müsse [18].

Die Gruppe der *nicht* von der Sprache abhängenden logischen I. konstituiert Aristoteles in den ‹Sophistischen Widerlegungen› [19] durch die folgenden sieben Typen: a) ein auf dem *Akzidens* beruhender Fehlschluß (παρὰ τὸ συμβεβηκὸς παρὰ λογισμός) kommt dadurch zustande, daß ein beliebiges Attribut in gleicher Weise einem Ding und irgendeinem Akzidens (lies: mit dem Ding nicht konvertible Eigenschaft [20]) dieses Dings zugesprochen wird; b) ein Trugschluß des *secundum quid* (τὸ ἁπλῶς ἢ μὴ ἁπλῶς ἀλλὰ πῆ ἢ ποῦ ἢ ποτὲ ἢ πρός τι λέγεσθαι) entsteht durch die Vermischung von absolutem und in irgendeiner Hinsicht spezifiziertem Gebrauch eines Wortes; c) eine *ignoratio elenchi* (τὸ παρὰ τὴν τοῦ ἐλέγχου ἄγνοιαν) kommt durch eine Verkennung dessen zustande, was eine Widerlegung (und was

ein Schluß) ist, insbesondere wenn man statt des zu widerlegenden Satzes einen anderen und nur in gewisser Hinsicht diesem ähnlich lautenden widerlegt; d) eine *petitio principii* (τὸ παρὰ τὸ ἐν ἀρχῇ λαμβάνειν) begeht jemand in einem Streitgespräch [21], wenn er sich die gerade zu beweisende Behauptung in einer versteckten Form seinem Gesprächspartner als Prämisse zugestehen läßt; e) ein Trugschluß der *Umkehrung* oder des *Consequens* (τὸ παρὰ τὸ ἐπόμενον) beruht auf der fälschlichen Umkehrung einer Folgerungsbeziehung, d. h. (aussagenlogisch formuliert) auf einem Schluß von einer konditionalen Aussage und deren Nachsatz auf ihren Vordersatz; f) den Trugschluß der *non-causa pro causa* (τὸ μὴ αἴτιον ὡς αἴτιον) begeht jemand in einer Diskussion, wenn er dadurch eine vorgegebene These *t* zu widerlegen sucht, daß er von *t* ausgehend einen Widerspruch erzeugt, sich aber im Laufe der Widerlegung dazu von seinem Gesprächsgegner irgendwelche weiteren Annahmen $a_1, ..., a_n$ garantieren läßt – denn durch solch ein Vorgehen wird lediglich die Widersprüchlichkeit der Konjunktion der Behauptungen $t, a_1, ..., a_n$, nicht aber schon der Aussage *t* gezeigt; g) jemand macht sich in einer Debatte eines Trugschlusses der *plurium interrogationum* (τὸ τὰ πλείω ἐρωτήματα ἓν ποιεῖν) schuldig, wenn er seinem Diskussionsgegner dadurch eine eventuell falsche Behauptung abnötigt, daß er ihn zu einer kategorischen Ja- oder Nein-Antwort auf eine Frage zwingt, in der mehrere und eventuell verschiedenartig zu beantwortende Fragen oder nicht gesicherte Voraussetzungen versteckt sind, oder daß er eine Alternative aus zwei falschen Aussagen in Form einer ausschließenden Frage vorbringt und dann als Antwort die Bestätigung einer dieser beiden Alternationsglieder erzwingt [22].

Trotz dieser Klassifikation der logischen I. sagt Aristoteles in den ‹Sophistischen Widerlegungen›, man könne alle Trugschlüsse auch als Beispiel von ignoratio elenchi auffassen [23] und diese wiederum auch unter die Gruppe der von der Sprache abhängigen Fehlschlüsse bringen [24].

In der ‹Rhetorik› hat Aristoteles die Klassifikation der ‹Sophistischen Widerlegungen› aufgegeben und präsentiert in einer neuen Liste neun Typen von Scheinenthymemen [25]. In dieser Liste treten Amphibolie, Prosodie, Form der Rede, petitio principii, plurium interrogationum und ignoratio elenchi nicht mehr auf. Zwei Scheinenthymeme sind völlig neu und beruhen auf speziell rhetorischen Praktiken [26]. Verbindung und Trennung haben eine neue Bedeutung erhalten, die üblicherweise beschrieben wird durch «vom Ganzen behaupten, was von den Teilen gilt» und umgekehrt [27]; non-causa pro causa wird bestimmt als fälschliche Interpretation einer zeitlichen Aufeinanderfolge als Ursache – post hoc, ergo propter hoc [28].

In den ‹Ersten Analytiken› [29] sind von den Trugschlüssen der ‹Sophistischen Widerlegungen› nur ignoratio elenchi, petitio principii, Umkehrung und noncausa pro causa mit einer im wesentlichen (mit Ausnahme einiger Hinweise für die diskussionstaktische Verwertung logischer Kenntnisse [30]) aus dem Kontext von Frage- und Antwortspiel öffentlicher Diskussionen gelösten formallogischen Analyse übriggeblieben; petitio principii, der Spezialfall des circulus vitiosus [31] eingeschlossen, nimmt insofern eine Sonderstellung ein, als Aristoteles die Gültigkeit der entsprechenden logischen Gesetze $p \wedge q \rightarrow p$ und $p \rightarrow p$ (aussagenlogisch formuliert) anerkennt und petitio principii als Beweis einer Aussage

A unter Zuhilfenahme einer noch unbewiesenen und zumindest genauso wie *A* beweisbedürftigen Aussage *B* definiert – beim circulus vitiosus wird für *B* gerade *A* selbst genommen. Im übrigen führt Aristoteles hier logische I. als Verletzungen von Gesetzen der gerade vorher in den ‹Ersten Analytiken› entwickelten Syllogistik vor.

4. Im Gegensatz zum Stadium der ‹Sophistischen Widerlegungen› hat Aristoteles in den ‹Ersten Analytiken› einen formalen Begriff von Syllogismus und ein axiomatisiertes deduktives System zur Verfügung, aus dessen (formal aussprechbaren) Axiomen mit seinen (ebenfalls formal angebbaren) Regeln alle logisch gültigen Syllogismen in diesem Sinne hergeleitet werden können [32]. Im Verlaufe der Geschichte der Logik ist häufig der Wert einer I.-Lehre vom Typ derjenigen der ‹Ersten Analytiken› bestritten worden, in der *der Begriff des logischen I. als Komplement des Begriffs des logisch gültigen Gesetzes* bestimmt wird. Dabei mag die Auffassung eine Rolle spielen, daß es für Zwecke der Logik genügt, eine kalkülmäßige vollständige Charakterisierung des Begriffs der logisch gültigen Aussage zu geben, ohne sich um die logisch ungültigen Aussagen weiter zu kümmern. Jedoch spielt hier der im 20. Jh. formulierte grundlegende Unterschied zwischen einer rekursiven und einer rekursiv aufzählbaren, nicht rekursiven Menge eine Rolle [33]. Der aristotelische Begriff des logisch gültigen Syllogismus (im Sinne der ‹Analytiken›) ist rekursiv aufzählbar, und vom Standpunkt der im 20. Jh. entwickelten Rekursionstheorie aus kann es vielerlei Gründe geben, das Komplement einer rekursiv aufzählbaren Menge und allgemeiner eines rekursiv aufzählbaren Prädikats zu untersuchen: Läßt sich zum Beispiel nachweisen, daß auch dieses Komplement (lies: der Begriff des logisch nicht gültigen Syllogismus) rekursiv aufzählbar ist, so hat man damit nach dem Negationstheorem der Rekursionstheorie [34] die Entscheidbarkeit des betrachteten Prädikats wie auch seines Komplements gezeigt, und ebenso kann man die Unentscheidbarkeit eines Prädikats wie auch seines Komplements durch den Nachweis zeigen, daß das Komplement nicht rekursiv aufzählbar ist. In den ‹Analytiken› entwickelt Aristoteles zusätzlich zur Erzeugung aller logisch gültigen Syllogismen mittels eines deduktiven Systems auch eine Methode zur Charakterisierung der logisch nicht gültigen Syllogismen; man findet in seinem Werk spezielle als logisch nicht gültig zu verwerfende Syllogismen sowie ein Verfahren, weitere Syllogismen durch Reduktion auf schon als ungültig nachgewiesene ebenfalls zu verwerfen. J. Słupecki [35] hat diesen aristotelischen Ansatz (verallgemeinert) formalisiert, seine Unvollständigkeit nachgewiesen – nicht alle logisch ungültigen (verallgemeinerten) Syllogismen werden bei diesem Ansatz erzeugt – und einen vollständigen Kalkül zur Ableitung aller logisch nicht gültigen Syllogismen angegeben. Mit diesem Ergebnis beherrscht man die (verallgemeinerte) aristotelische Theorie der logisch gültigen Syllogismen und der logisch nicht gültigen Syllogismen (lies: logischen I.) wegen der Entscheidbarkeit beider Begriffe im Prinzip vollständig.

5. In der *Zeit nach Aristoteles* beobachtet man in der Geschichte der abendländischen Logik ein bis heute unentschiedenes Auf und Ab zwischen vollständiger Ablehnung und eingehender Beschäftigung mit I.-Lehren im Rahmen logischer Untersuchungen. Ein tiefliegendes Argument zum Aufweis der Nutzlosigkeit einer Lehre von den logischen I. stammt von Sextus Empiricus [36]: Da kein umgangssprachlicher Ausdruck gegen Vieldeu-

tigkeiten gesichert und eine systematische Kenntnis aller Mehrdeutigkeiten unmöglich ist, kann auch ein von gesicherten Prämissen ausgehender und nach einem als logisch gültig anerkannten Schema vollzogener Schluß, in dem Ausdrücke der natürlichen Sprache auftreten, keine Garantie für die Richtigkeit der Conclusio liefern, weil der Schluß nur auf Grund einer versteckten Mehrdeutigkeit einiger in ihm vorkommender Ausdrücke zustande gekommen sein mag, und sind somit «Beweise» überhaupt ohne Verlaß und eigentlich gar keine Beweise im Sinne von stichhaltigen Begründungen für eben auf Grund des korrekten Beweises als gesichert zu geltende Behauptungen, so ist die Logik insgesamt und erst recht eine Theorie der logischen I. ohne praktischen Nutzen. Zu Sextus Empiricus gesellen sich, wenngleich nicht mit seinen und nicht immer mit ähnlich gründlichen Argumenten, als Gegner einer Lehre von den logischen I. Logiker wie Petrus Ramus, J. Locke, G. Boole und seit Frege die meisten Vertreter der mathematischen Logik.

Die Befürworter einer fallacia-Lehre haben einerseits von verschiedenen Gesichtspunkten aus *neue Klassifikationen* der (zum Teil auch anders als bei Aristoteles interpretierten) aristotelischen Typen logischer I. entwickelt, obgleich die Bedenken nicht verstummen, es könne keine vollständige Klassifikation aller möglichen Fehlschlüsse geben [37]. Andererseits wird die aristotelische Liste von Fehlschlüssen um *neues Material* vor allem aus der rhetorischen Tradition und dem Bereich der experimentellen Wissenschaften erweitert. Hierhin gehören von der erstgenannten Art die sogenannten «Trugschlüsse ad …», wie zum Beispiel argumenta ad hominem, ad baculum, ad misericordiam usw. [38]. Von der zweitgenannten Art finden wir hier jede Art von Verstößen gegen methodologische Festsetzungen «über die Art, wie mit wissenschaftlichen Sätzen verfahren werden muß, wenn man diese oder jene Ziele verfolgt» (K. R. Popper) [39]. Damit begibt man sich allerdings vom Gebiet der Logik in das der Methodologie der Wissenschaften [40].

Nach Aristoteles ist vom Aufbau neuer fallacia-Lehren keine ins Gewicht fallende Befruchtung der Logik ausgegangen, wohl aber hat die Beschäftigung mit der Problematik und dem Material logischer Irrtümer mehrmals zu bedeutenden Fragestellungen und Entwicklungen in der Logik geführt: Die *Stoiker* sind nicht durch ihre Klassifikation von Fehlschlüssen, sondern durch Aufstellung und Diskussion ihrer logischen Paradoxien einer wichtigen Gruppe logischer Probleme auf die Spur gekommen; die *scholastische Suppositionslehre* ist in Entstehung und Entwicklung stark beeinflußt von den aristotelischen Überlegungen zu den von der Sprache abhängenden Trugschlüssen, insbesondere zu Amphibolie und Homonymie.

6. Eine zufriedenstellende Theorie von den logischen I. darf sich nicht auf den Rahmen beschränken, wie er von der *seit Frege* bis zu Beginn der 60er Jahre in der Forschung vorherrschenden extensional ausgerichteten mathematischen Logik gesetzt wird, weil rein extensionale Begriffe und darauf aufbauende oder solche präzisierende Logikkalküle nicht zu einer Analyse aller wichtigen Argumentationsformen ausreichen, wie sie sowohl in von reiner Mathematik und theoretischer Logik verschiedenen wissenschaftlichen Disziplinen als auch im Alltagsleben ständig gebraucht werden. Schon wissenschaftliche Argumente treten im allgemeinen nicht in der Form von Ableitungen in formal über Zeichenreihen arbeitenden (evtl. semantisch gedeuteten) Kalkülen auf,

sondern sind in einen dialogischen Kontext eingebettet und zielen auf Gewinnung neuer Erkenntnis, Überzeugung der Gesprächspartner oder gar Auslösen von Handlungen bei diesen. Die den theoretischen, durch das Begriffspaar ‹wahr/falsch› bestimmten Interessen formaler extensionaler Logik entsprechende Argumentationssituation ist dagegen die des von keinem anderen Kontext als dem eines fest vorgegebenen Programms abhängigen «Monologs» einer Beweise (lies: formale Ableitungen) produzierenden Maschine, und der korrespondierende formale Begriff des logischen I. erfaßt nur Grenzfälle der *in dialogischen Argumentationssituationen auftretenden trügerischen Argumentformen;* z. B. kann eine petitio principii nur mit den Mitteln der üblichen Logikkalküle und ohne Bezugnahme auf deren Benutzer nicht als Trugschluß gekennzeichnet werden, da aus *p* und *q* stets *p* ableitbar ist; und trotz Aufbau und Verwendung einer formalen Sprache kann nicht verhindert werden, daß sich bei formallogischer Analyse von Argumenten mit Ausdrücken aus einer natürlichen Sprache im Verlauf der dazu nötigen Formalisierung, d. h. der Übersetzung aus der natürlichen in die Kunstsprache, Äquivokationen von Ausdrücken der natürlichen Sprache und damit logische I. der Art einschleichen mögen, wie sie Aristoteles als von der Sprache abhängige Fehlschlüsse analysiert hat [41]. Eine logische I.-Lehre ist einerseits Teil der in den letzten 20 Jahren stark entwickelten allgemeinen Argumentationstheorie [42], welche auf die dialogische (öffentliche) Argumentationssituation abstellt und – in der Nachfolge des späten WITTGENSTEIN – die Auffassung der Sprache als Werkzeug der dort Argumentierenden, deren Produkte, d. h. sprachliche Ausdrücke durch ihren Gebrauch in ihrer Bedeutung bestimmt werden, vertritt; daher drängen die Erfordernisse einer logischen I.-Lehre gemeinsam mit solchen der heute unter dem Namen «philosophische Logik» [43] vereinigten Strömungen wie auch der Linguistik [44] zu einer weiteren Entwicklung der formalen Logik im Hinblick auf eine Analyse der nicht-apophantischen Phänomene in den natürlichen Sprachen. Andererseits setzt sich die logische I.-Lehre dadurch als zur Logik gehörig von der allgemeinen Argumentationstheorie ab, daß sie die logischen I., und das sind nun Verstöße gegen Gesetze vernünftigen Diskutierens, durch formale, eventuell auch nur Teile der intuitiven Bedeutung der Explicanda, diese aber präzis festhaltende [45] Regelsysteme zu kennzeichnen und auszuschließen versucht. Neuere Ansätze zu einer solchen Theorie finden sich bei C. L. HAMBLIN [46].

Anmerkungen. [1] Vgl. z. B. M. BLACK: Critical thinking (Englewood Cliffs 1946) 230. – [2] Vgl. PLATON, bes. Euthyd.; Soph.; vgl. R. K. SPRAGUE: Plato's use of fallacy (London 1962); A. L. PECK: Plato and the MEGISTA GENE of the ‹Sophist›: a reinterpretation. Class. Quart. NS II/1. 2 (1952) 46-47. – [3] Vgl. PLATON, bes. a. a. O.; Theait. 163 a ff.; Krat. 429 b ff.; Hipp. Min.; Men.; Gorg. 466 c/d. 503 a; vgl. R. ROBINSON: Plato's consciousness of fallacy. Mind 51 (1942) 97-114; A criticism of Plato's ‹Cratylos›. Philos. Rev. 65 (1956) 328. – [4] Vgl. a. a. O. [2] und [3] sowie R. ROBINSON: Ambiguity. Mind 50 (1941) 140-155; Plato's earlier dialectic (Oxford ²1953) und die Rez. davon durch F. M. CORNFORD in Mind 51 (1942) 386-388. – [5] ARISTOTELES, Soph. El. 165 b 12-23. – [6] Top. I, 1, 100 a 18-20. – [7] Vgl. H. SCHOLZ: Abriß der Gesch. der Logik (1931) 26. – [8] Für prakt. Hinweise und Tricks vgl. z. B. ARISTOTELES, Top. VIII; Soph. El. 172 b 9-173 a 31; 174 a 17-174 b 40. – [9] Top. I, 1, 100 a 25-27, zit. nach J. M. BOCHEŃSKI: Formale Logik (²1962) 53; vgl. auch ARIST., Anal. pr. I, 1, 24 b 18f. – [10] Vgl. Top. I, 1, 100 a 27-101 a 4; vgl. auch die Unterteilung von Argumenten Soph. El. 165 a 38-165 b 8. – [11] Soph. El. 165 b 30-166 a 6. – [12] a. a. O. 166 a 6-22. – [13] 166 a 23-32; 177 a 33-177 b 26. – [14] 177 a 38-177 b 9. – [15] 166 a 33f. – [16]

166 b 1-9. – [17] 166 b 10-19. – [18] Vgl. J. M. BOCHEŃSKI: Ancient formal logic (Amsterdam ²1957) 35. – [19] ARISTOTELES, Soph. El. 166 b 20-168 a 16. – [20] Vgl. C. L. HAMBLIN: Fallacies (London 1970) 84f. – [21] ARISTOTELES, Top. 162 b 34-163 a 13. – [22] Top. VIII, 2, 158 a 14-21; zur modernen Analyse dieses Trugschlusses vgl. M. MORITZ: Zur Logik der Frage. Theoria 6 (1940) 123-149; weitere Lit. bei T. KUBINSKI: The logic of questions, in: R. KLIBANSKY (Hg.): La philos. contemporaine 1: Logique et fondements des math. (Florenz 1968) 185-189; vgl. auch L. ÅQVIST: Scattered topics in interrogative logic, in: J. W. DAVIS, D. J. HOCKNEY und W. K. WILSON (Hg.): Philos. logic (Dordrecht 1969) 114-121; N. D. BELNAP Jr.: Åqvist's corrections-accumulating question-sequences a. a. O. – [23] ARISTOTELES, Soph. El. 168 a 17-169 a 22. – [24] a. a. O. 167 a 35f. – [25] Rhet. II, 24, 1400 b 34-1402 a 28. – [26] a. a. O. 1401 b 3-14. – [27] 1401 a 25-1401 b 3; zur neueren Diskussion dieses Trugschlusses vgl. W. L. ROWE: The fallacy of composition. Mind 71 (1962) 87-92; Y. BAR-HILLEL: More on the fallacy of composition. Mind 73 (1964) 125f.; T. P. M. SOLON: Composition and quantification. J. symbolic logic 36 (1971) 585. – [28] ARISTOTELES, Rhet. II, 24, 1401 b 29-34. – [29] a. a. O. II, 16, 65 b 28-67 b 26. – [30] Anal. pr. II, 19, 66 a 25-66 b 3. – [31] a. a. O. II, 5, 57 b 18-58 a 35. – [32] Vgl. J. ŁUKASIEWICZ: Aristotle's syllogistic (Oxford ²1957). – [33] Vgl. Art. ‹Algorithmus› Nr. 4-6; zu den Begriffen der rekursiven Trennbarkeit und Untrennbarkeit für Satzmengen vgl. R. M. SMULLYAN: Theory of formal systems (Princeton 1961) Kap. V. – [34] Vgl. J. R. SHOENFIELD: Math. logic (Reading, Mass. u. a. 1967) 131f. – [35] J. SŁUPECKI: Z badań nad sylogistyką Arystotelesa. Trav. Soc. Sci. et Lett. Wrocław (1948) B 6, 5-30; vgl. a. a. O. [32] §§ 20f. 27f. ch. 5.; vgl. J. SŁUPECKI, G. BRYLL und U. WYBRANIEC-SKARDOWSKA: Theory of rejected propositions I. II. Studia logica 29 (1971) 75-115; 30 (1972) 97-145; W. STASZEK: On proofs of rejection a. a. O. 29 (1971) 17-23; A certain interpretation of the theory of rejected propositions a. a. O. 30 (1972) 147-157. – [36] SEXTUS EMPIRICUS, Hyp. Pyrrh. II, 229-259, bes. 248-253. 256-258. – [37] Vgl. z. B. A. DE MORGAN: Formal logic (1847), hg. A. E. TAYLOR (London 1926) 276; M. R. COHEN und E. NAGEL: An introd. to logic and sci. method (Washington 1944) 382; R. CLARK und P. WELSH: Introd. to logic (Princeton u. a. 1962) 137; BAR-HILLEL, a. a. O. [27] 125; vgl. die konstruktive Interpret. hiervon bei A. C. MICHALOS: Principles of logic (Englewood Cliffs 1969) 362 sowie die *Übungsaufgabe,* derartige Klassifikationen zu erfinden, bei BLACK, a. a. O. [1] 245: Übung B 1; T. P. M. SOLON: Informal fallacies and formal invalidity. J. symbol. Logic 38 (1973) 348f. – [38] Exemplarisch für diese Tendenz J. BENTHAM: The book of fallacies: From unfinished papers of Jeremy Bentham. By a friend (London 1824), als The handbook of polit. fallacies neu hg. H. A. LARRABEE (Baltimore 1952). – [39] K. R. POPPER: Logik der Forsch. (²1935) 19. – [40] Vgl. z. B. COHEN/NAGEL, a. a. O. [37] XIX: § 3; Abschn. ‹ Fallacies in nondeductive reasoning and in obesrvation› in: J. L. MACKIE: Art. ‹Fallacies›, in: Encyclop. of Philos 3 (New York/London 1967). – [41] Vgl. CH. PERELMAN: Logique, langage et communication. Atti XII Congr. int. Filos. 1 (1958) 123-135. – [42] Sach- und bibliogr. Übersicht bei H. W. JOHNSTONE Jr.: Theory of argumentation, in: KLIBANSKY, a. a. O. [22] 177-184. – [43] Vgl. Übersichtsart. N. RESCHER: Recent developments in philos. logic, in: KLIBANSKY, a. a. O. [22] 31-40; Topics in philos. logic (Dordrecht 1968). – [44] Vgl. die Thesen von BAR-HILLEL und die Diskussionsbeiträge dazu in: J. F. STAAL (Hg.): Formal logic and natural languages (a symposium). Foundations of language 5 (1969) 256-284. – [45] Vgl. z. B. E. STENIUS bei STAAL, a. a. O. 263; B. BLACK, a. a. O. 262. – [46] HAMBLIN, a. a. O. [20] Kap. 7-9; Math. models of dialogue. Theoria 37 (1971) 130-155.

Literaturhinweise. ARISTOTELES: Sophistische Widerlegungen; Analytica priora B 16-21. – A. DE MORGAN, a. a. O. [37] Kap. 13. – C. L. HAMBLIN s. Anm. [20. 46]. – H. W. JOHNSTONE s. Anm. [42]. – J. F. STAAL s. Anm. [44].   E. BÖRGER

Islam. Das Wort bedeutet im Koran (kur'ān): (Selbst-) Hingabe (an Gott) und in einem zweiten Schritt Annahme des Islams als Religion, wie sie im Koran verkündet wird. Das nomen agentis zu ‹Islam› heißt ‹Muslim›. – Die Grundbegriffe des I. sind kaum ins westlich-europäische Denken aufgenommen worden, wohl dagegen ‹I.› selbst als Bezeichnung für eine geistige und politische Erscheinung. Daher werden die Grundbegriffe und Hauptlehren des I. und seiner verschiedenen Richtungen hier zusammenfassend dargestellt.

1. *Die koranische Religion.* – Der Koran (das Rezitierte, zu Rezitierende) ist die ausschließlich als direkte Rede

erfahrene Botschaft Gottes (allāh) an die Menschen, die MOHAMMED (etwa 673–732 n. Chr.) in Mekka und in einer später ‹Medina› genannten Stadt in einem traditionell polytheistischem Milieu offenbart wurde.

Gott ist einer, weder zeugend, noch gezeugt, inkommensurabel. Es gibt keine Gottheit außer ihm. Er allein ist wirklich existent. Er ist überall: «Gott ist der Osten und der Westen. Wohin ihr euch auch wendet, dort ist Gottes Angesicht» (Koran 2, 115). Er ist verborgen, während ihm nichts verborgen bleibt. Er ist unbeschränkter Wille, tut, was er will. Er ist allmächtig, alles wissend, alles sehend, alles hörend, gnädig, gütig. Er ist Herr über Leben und Tod, regiert am Gerichtstag als gerechter Richter. Doch ist er auch barmherzig und verzeihend.

Schöpfung (khalk): Gott schuf und schafft noch alle Dinge. Die Welt, sieben Erden und sieben Himmel, schuf er in sechs Tagen. Die ganze Schöpfung preist Gott, der alles schafft, erhält, und sinnreich voller Wohlwollen für die Lebewesen eingerichtet hat. Die Schöpfung ist ein Wunder, besonders die des Menschen. Neben den grobmateriellen Lebewesen schuf Gott Erdgeister (djinn) aus Feuer, unter denen es Gläubige und Ungläubige gibt wie bei den Menschen. Daneben schuf er Engel (malā'ika) zu seinem Dienst, die teils seinen Thron umgeben und ihn preisen, teils über die Taten der Menschen wachen und sie aufschreiben, teils die Hölle verwalten. Ihr Gegenbild sind die Satane (shaytān), Dämonen, die die Menschen zum Bösen verleiten und von Iblīs angeführt werden, einem Engel, den Gott verflucht und aus dem Himmel verbannt hat, als er sich weigerte, sich vor dem eben erschaffenen Adam niederzuwerfen. Er hat die Macht, alle irrezuleiten, die nicht Gottes Diener sind. Beim Jüngsten Gericht wird er mit seinen Scharen in die Hölle geworfen. Gott hat *Adam* aus Erde geformt und ihm durch Ateneinhauchen den Lebensgeist eingeblasen. Er ist Gottes Stellvertreter auf der Erde. Mit seiner Frau lebte Adam zunächst im Paradies. Doch nachdem die beiden auf Satans Einflüsterung hin von einem verbotenen Baum gegessen hatten, wurden sie auf die Erde gewiesen. Die Erde ist den Menschen zur Nutzniessung gegeben. Alle Veränderungen in der Natur, aber auch die Resultate menschlichen Wollens sind dem Willen Gottes unterworfen. Selbst das dem Willen Gottes nicht Gehorchenwollen unterliegt dem Willen Gottes. Dennoch werden die Menschen am Jüngsten Gericht für ihre Taten zur Verantwortung gezogen.

Eschatologie: Der Vorstellungskomplex der Auferstehung (ḳiyāma) und des Jüngsten Gerichts spielt im Koran eine bedeutende Rolle. Nach dem bis ins Einzelne ausgemalten Untergang der Welt, dessen Stunde nur Gott weiß, erscheint Gott inmitten der Engel als königlicher Richter. Aus den sich öffnenden Gräbern steigen die zum zweiten Mal geschaffenen Menschen. Das Buch ihrer Taten wird ihnen zu lesen gegeben, oder die Taten werden gewogen. Darauf wird ihnen für immer das Paradies (djanna) oder die Hölle (djahannam) zubestimmt.

Offenbarung: An sich wäre die natürliche Beschaffenheit (fiṭra) des Menschen so, daß er von sich aus Monotheist (ḥanīf) wäre. Abraham (Ibrāhīm) hatte durch Raisonnement zum Monotheismus gefunden (Koran 6, 74–79). Doch gewöhnlich müssen die Menschen durch von Gott Beauftragte dazu aufgefordert werden, das rechte Verhältnis gegenüber Gott einzunehmen. Gott hat verschiedenen ethnisch-sprachlichen Gemeinschaften (sg. umma) Gesandte (sg. rasūl) und Propheten (sg. nabī) geschickt, die ihnen eine religiös-politische Verfassung gaben oder sie vor dem drohenden Gericht warnten. Der Koran nennt Noah (Nūḥ), Lot (Lūṭ), Ismael (Ismā'īl), Moses (Mūsā), Shu'ayb, Hūd, Ṣāliḥ, Jesus ('Īsā) und andere. Die von ihnen verkündigte Botschaft war grundsätzlich dieselbe. Deswegen hat Jesus die Thora (at-tawrāh) bestätigt, das Evangelium (al-indjīl) wird durch den Koran bestätigt. Doch haben die Empfänger vormohammedanischer Offenbarungen Gottes Wort verdreht, entstellt, Teile davon unterdrückt. Nach Jesus, der nicht gekreuzigt wurde, «es schien ihnen bloß so» (Koran 4, 156), ist Mohammed der letzte Prophet. Er wurde den Arabern gesandt, um den richtigen Glauben, die Religion Abrahams, wiederherzustellen.

Pflichtenlehre: Die richtige Religion besteht in der Anerkennung des überall wirksamen Gottes als einzigen Gegenstands der Anbetung, in der freiwilligen Unterwerfung unter seinen Willen, der Dankbarkeit gegen den gütigen Schöpfer, dem Bewußtsein dessen, daß das Diesseits nur ein Durchgang zum Jenseits ist, und in der Furcht vor dem Jüngsten Gericht. Die Heiden sind, da sie den Urheber der Welt nicht anerkennen wollen, in Undankbarkeit (kufr, nomen agentis kāfir) und gefährlicher Sorglosigkeit gegenüber dem drohenden Weltgericht befangen. Gott hat seinen Willen im Koran in zahlreichen kultischen, rituellen und sozialen Vorschriften kundgetan. Sie bilden den Kern des Korans und machen auch dem Umfang nach einen großen Teil des Buches aus. Unter den kultischen Pflichten des Muslims nehmen vier einen besonderen Rang ein: 1. das *Ritualgebet* (ṣalāh), d. h. der Gottesdienst im engeren Sinn, zusammengesetzt aus Koranrezitation, Glaubensbekenntnis, Lobpreisungen Gottes, Bitte um Segen für den Propheten, begleitet von bestimmten Verbeugungen, Kniefällen und Prosternationen; 2. das *Almosengeben* (zakāh) an die Armen, Gefangenen und Reisenden; 3. das *Fasten* (ṣawm) tagsüber im Monat Ramaḍān; 4. die *Pilgerfahrt* (ḥadjdj) nach Mekka und den ihr benachbarten Orten 'Arafāh und Minā. Diese Grundpflichten, die später zusammen mit dem *Glaubensbekenntnis* (shahāda) zu den «fünf Pfeilern des I.» zusammengefaßt wurden, erhielten erst nach Mohammed ihre endgültigen Ausführungsbestimmungen. Die sozialen Vorschriften beantworten vielfältige Fragen des Umgangs der Menschen miteinander. Sie sind nicht als Mahnungen, sondern als wörtlich zu nehmende Handlungsanweisungen zu verstehen.

2. *Die nachkoranische Religion.* – Die weitere Geschichte des I. war wesentlich durch die Tatsache bestimmt, daß Mohammed eine Gesetzesreligion gestiftet, einen Religionsstaat gegründet hatte in einem Land, das abgesehen von den Randfürstentümern der Ghassāniden und Lakhmiden an der Grenze des sasanidischen und des byzantinischen Reiches und einer Fremdherrschaft in Südarabien keine Herrschaftsinstitutionen mehr gekannt hatte. Die Halbinsel lebte in großen und ganzen im Zustand der Herrschaftslosigkeit. Mag es auch bruchstückhaftes Recht in einigen Handelsstädten gegeben haben, das Zusammenleben der Familien und Stämme regelte sich nicht durch gesetztes Recht, sondern nach Brauch und Übereinkunft, Konsens durch die Zeit und in der Gegenwart, als der einzigen Rechtsschöpfungsweise der Anarchie. Mohammeds Tod, kurz bevor der Heilige Krieg (djihād), der zunächst dazu bestimmt war, das geoffenbarte göttliche Gesetz in der arabischen Halbinsel durchzusetzen, außerhalb der eigentlichen arabischen Halbinsel liegende Gebiete unter die Herrschaft des I. brachte, überraschte die Gemeinde mit der sich von nun an wiederholenden Notwendigkeit, die Rechtssatzungen des Korans, da die eigentliche Rechtsquelle versiegt war,

so zu ergänzen und auszuarbeiten, daß sie den neuen Verhältnissen angemessen waren, aber dennoch Garanten des Heils der Gemeinde blieben. Eine allgemein anerkannte Koranauslegungs- und Entscheidungsinstanz, die diese Aufgabe hätte übernehmen können, gehörte nicht zu den Hinterlassenschaften Mohammeds. Schon die Bestellung eines Gemeindeoberhauptes nach seinem Tod machte der Gemeinde Schwierigkeiten. Es wurde dann auch nur, der es gesetzgebende Gewalt nicht besaß, «Anführer» (imām), nämlich beim Ritualgebet und im Heiligen Krieg, genannt. Nur in diesen beiden Funktionen war es Nachfolger (khalīfa) des Gesandten. Die religiös-politischen Auseinandersetzungen, zu denen es in der Geschichte des I. gekommen ist, gehören deshalb, so hat es den Anschein, hauptsächlich zwei Problemkreisen an, die sich überschneiden können, aber nicht müssen. Sie betrafen einmal die Frage, welche soziale Einheit rechtsschöpferisch tätig sein solle, zum anderen die, wieweit die Ratio zur Grundlage des sozialen und persönlichen Lebens gemacht werden dürfe. Im Lauf ihrer Geschichte stellte sich heraus, daß die Mehrheit in der Gemeinde weder dem Verstand noch dem Individuum allein die Möglichkeit zur Rechtsschöpfung zuzutrauen bereit war.

a) *Die Khāridjiten (khāridjiyya).* – Nach den beiden Kalifen Abū Bakr und ʿUmar kam es unter ʿUthmān, dem dritten Nachfolger Mohammeds in dessen Eigenschaft als Gemeindeoberhaupt, wegen der Diskrepanz zwischen politischer Notwendigkeit und bestehendem Recht zur Krise. In seinen, wie schon in seines Vorgängers ʿUmar, Augen waren Entscheidungen nötig, die weder im Koran noch im Gemeindebrauch eine Stütze fanden. Es gelang ihm nicht, den schwerfälligen Prozeß der Meinungsbildung in der Gemeinde im Sinn seiner Politik zu beeinflussen. Unter dem Vorwurf, Neuerungen eingeführt zu haben, wurde er 656 n. Chr. ermordet. An seine Stelle trat einer seiner Widersacher, ʿAlī b. Abī Ṭālib, eifriger Advokat der strikten Anwendung des Korans und des Gemeindebrauchs, Vetter und einziger Schwiegersohn Mohammeds mit Nachkommen, die mit dem Propheten verwandt waren. Während eines sich länger hinziehenden Krieges mit Muʿāwiya, ʿUthmāns selbsternanntem Rächer und damit nach altarabischem Rechtsbrauch Erben, ließ er sich auf die Einsetzung eines Schiedsgerichts ein, das darüber befinden sollte, ob ʿUthmān wirklich gegen Koran und Gemeindebrauch verstoßen habe, ob er also zurecht getötet worden sei oder nicht. Die Nachgiebigkeit des in ihren Augen die einzig gerechte Sache vertretenden ʿAlī führte, den arabischen Geschichtsschreibern zufolge, eine rigoristische Fraktion der ʿAlī begleitenden Glaubenskämpfer dazu, aus ʿAlīs Lager auszuziehen mit der Parole «Gott allein gibt Gesetzesvorschriften» in dem Sinn, daß die Vorschrift von Koran 49, 9 streng anzuwenden sei, nach den Rebellen zu bekämpfen seien, bis sie zum Gehorsam zurückkehrten, einer nach ihrer Ansicht schiedsrichterlicher Auslegung nicht bedürfenden Willensäußerung Gottes. Vielleicht darf man vermuten, daß sie die Einsetzung des Schiedsgerichts als Rückfall in den Rechtsbrauch des Heidentums sahen. Nach ihrer Ansicht hatte nun ʿAlī seinerseits gegen den Koran verstoßen und damit die Kalifenwürde verwirkt. Die Grundforderung dieser unter dem Namen ‹Ausziehende› (khawāridj) bekannten Muslime hieß demnach: Einzige Handlungsautorität sind Koran und Gemeindebrauch (sunna). Handlungsweisen, die sich durch sie nicht rechtfertigen lassen, stehen im Widerspruch zu den göttlichen Geboten.

In der Radikalität und Fortschrittlichkeit ihrer Forderung blieben die Khāridjiten allein und wurden zur Sekte. Ererbte altarabische Verfahrensweisen in der Rechtsfindung waren bei der Mehrheit der Muslime noch immer anerkannt. Eine von ihnen, der – von den Khāridjiten später ausdrücklich abgelehnte – Konsens (idjmāʿ), gilt grundsätzlich bei den Sunniten noch heute.

Zu einer genaueren Formulierung ihres religionsrechtlichen Standpunktes kamen die Khāridjiten vermutlich im Lauf des letzten Viertels des 7. Jh. Allen gemeinsam ist die Ansicht, der Imam, der eine Sünde begangen habe, sei abzusetzen. Jeder unbescholtene Muslim (Khāridjit) könne Imam werden. Eine große Sünde mache den Muslim zum Ungläubigen. Was unter großer Sünde zu verstehen sei und wie mit den Ungläubigen verfahren werden solle, darüber gab es bei ihnen verschiedene Ansichten.

Den radikalsten Standpunkt nahmen die nach ihrem Führer Nāfiʿ b. Azraḳ benannten Azraḳiten ein: Der Koran verbietet, unter Ungläubigen zu leben. Sünde macht den Muslim zu einem Ungläubigen, der wie ein Polytheist behandelt werden muß. Wer nicht bereit ist, Ungläubige mit den Waffen zu bekehren, gehört selbst mit Frauen und Kindern zu den Sündern und Ungläubigen. Christen, Juden und Zoroastrier werden, wie von den übrigen Muslimen auch, als unter einem Schutzvertrag (dhimma) stehende «Besitzer von (Propheten)Schriften» (ahl al-kitāb) nicht belästigt. – Weniger extreme Ansichten vertraten die Nadjditen nach Nadja b. ʿĀmir: Nur der ist ein großer Sünder, wer die Existenz Gottes, seines Gesandten und seiner Offenbarungen bestreitet, das Leben der Gläubigen (der Khāridjiten) nicht respektiert und andere Verfehlungen fortgesetzt begeht. Wer die Ungläubigen nicht tätig bekämpft, ist nicht ein Ungläubiger, sondern ein Heuchler (munāfiḳ), d. h. in der Gemeinde zu dulden. Es ist erlaubt, die eigene Gesinnung zu verschweigen (taḳiyya), also wenigstens zeitweise unter Nichtkhāridjiten zu leben, und es ist zulässig, über Koran und Sunna hinausgehend, Rechtsfragen nach eigener Einsicht zu entscheiden (idjtihād). – Den gemäßigten Flügel schließlich bildeten die Ṣufriten (Ursprung des Namens unklar) und Ibāḍiten nach ʿAbdallāh b. Ibāḍ: Verzicht auf den Kampf gegen die Ungläubigen ist kein Zeichen des Unglaubens. Ein eigener Staatsführer (imām) ist nicht unbedingt nötig, es ist also gestattet, auf die Dauer innerhalb der Gemeinden Ungläubiger zu leben. Die Verschweigung der Gesinnung (taḳiyya) hielten sie für zulässig. Ein Sünder ist dann ein Ungläubiger, wenn er gottesdienstliche Werke unterläßt wie Ritualgebet und Fasten im Ramaḍān. – In den später diskutierten theologischen Fragen entschieden sich die Khāridjiten nicht einhellig. Nur die Ṣufriten und die Ibāḍiten als die gemäßigteren Abspaltungen haben eigene Staaten gründen können. Reste beider Sekten leben noch in Oman, Ostafrika und an vereinzelten Orten in Nordafrika.

b) *Protoshīʿiten.* – Ein anderer Flügel der um ʿAlī gescharten Glaubenskämpfer sowie ihre Nachkommen bewahrten sich als «Partei ʿAlīs» (shīʿat ʿAlī) ihre Sympathien für den engen Vertrauten Mohammeds und ihren Haß auf ʿUthmān. Ihre mit der Zuschreibung besonderer Eigenschaften verbundene Zuneigung zu ʿAlī konnte sich einerseits auf seine Nachkommen, auch auf die ganze Sippe Mohammeds und ʿAlīs, die Banū Hāshim, ausdehnen, andererseits sich zum Glauben an charismatische Gaben mehrerer oder einzelner Nachkommen ʿAlīs steigern, gelegentlich bis zur Entwicklung eines messianischen Schemas. So glaubte die Karībiyya, die nach 700 entstand, Muḥammad b. al-Ḥanafiyya, ein nicht von Fāṭima, Mohammeds Tochter, stammender Sohn ʿAlīs, sei nicht gestorben, sondern in die Verborgenheit (ghayba) entrückt. Nach seiner Wiederkunft (radjʿa) werde er als von Gott Geleiteter (mahdī) ein Reich des Friedens und der Gerechtigkeit errichten, das bis zum Anbruch des Jüngsten Tages dauern werde. Protoshīʿa sowohl wie Shīʿa neigten und neigen dazu, den inspirierten Imam als Quelle des Rechts zu betrachten.

c) *Protosunniten*. – Eine dritte Gruppe war auf Einheit der Gemeinde und Ausgleich bedacht. Sie erkannte jeden der vier ersten Kalifen als rechtmäßig an. Sie überging den Streit, ob ʿUthmān und ʿAlī große Sünden begangen hätten. Sie weigerte sich ganz allgemein, einen großen Sünder als Ungläubigen aus der Gemeinde auszustoßen, zumal die großen Sünden im Koran weder spezifiziert, noch große Sünde und Unglaube ausdrücklich ineins gesetzt sind und nur Unglaube und Polytheismus nach dem Wortlaut des Korans nicht vergeben werden können. Gegenüber den nach ihm herrschenden Abkömmlingen Muʿāwiyas, den Umayyaden, nahm diese Gruppe, im Gegensatz zu den beiden anderen, eine distanziert gehorsame Haltung ein. In der bald auftauchenden Frage der Willensfreiheit entschied sie sich für Gottes Allmacht und Vorherbestimmung, die ein selbständiges Handeln des Menschen ausschließen. Der Rechtslehrer ABŪ ḤANĪFA (gest. 767) und seine Schüler faßten diese Haltung in Thesen: Die historische Reihenfolge der ersten vier Kalifen ist eine Reihenfolge in der Würdigkeit. Auch ein großer Sünder bleibt ein Muslim; über sein Geschick nach dem Tode entscheidet Gott. Im sozialen Leben beschränkt sich der Glaube auf das gesprochene Glaubensbekenntnis, die Werke sind, ihrer eventuellen Strafbarkeit unbeschadet, in der Frage des Glaubens außer Betracht zu lassen. Wer Gottes Einheit bekennt, darf auf das Paradies hoffen.

Charakteristisch an dieser Gruppe, die von den Häresiographen als ‹Murdjiʾa› (die sich zur Aufschiebung [des Urteils] Bekennenden) gekennzeichnet wird, ist, daß sie sich die Paradoxa der Religion zu erhalten bemühte. Obwohl sie an Vorherbestimmung glaubte, wurde zunächst in ihr das Gesetz entwickelt. Obwohl ihre Anhänger Gesetzeskenner waren, wußten sie doch nicht zu sagen, was zum Unglauben führe außer der Ablehnung des Glaubensbekenntnisses. Darüber hinaus ergänzten sie die Rechtsquellen Koran und, soweit entwickelt, Gemeindebrauch (sunna) durch individuelle Einsicht (raʾy), mißtrauten aber gleichzeitig der Möglichkeit der individuellen Ratio zur Wahrheitserkenntnis und zogen als Korrektiv den seinem Wesen nach irrationalen Konsens (idjmāʿ) heran. Damit stellten sie sich in die altarabische Tradition. Es ist nicht erstaunlich, in dieser Gruppe die Vorläufer der späteren Orthodoxie, der Sunniten, zu finden. Wenn auch Abū Ḥanīfas Definition des Glaubens von späteren sunnitischen Theologen durch die Formel ergänzt wurde, Glaubensbezeugung sei Aussprechen, Fürwahrhalten und Werke, konnte sie sich, ins Praktische gewendet, doch durchsetzen. Orthodoxe Anschauung ist: Wer (nach Koran 4, 48: «Gott vergibt nicht, daß man ihm [andere Götter] beigesellt, was darunter liegt, vergibt er») auf dem Totenbett das Glaubensbekenntnis spricht, erlangt das Paradies.

d) *Ḳadariten* (ḳadariyya). – Bei den Khāridjiten hatte sich die Tendenz abgezeichnet, der Vernunft den Vorrang vor dem Konsens zu geben. Sie war, was die Rechtsquellen betraf, auf die Ablehnung der Mehrheit gestoßen. Anfang des ersten Viertels des 8. Jh. wagten die Anhänger der Vernunft einen neuen Versuch. Eine inhomogene Gruppe von Werkfrömmigkeit und Askese zugeneigten Frommen, Khāridjiten und Shīʿiten, versuchte, angeregt durch das Studium des Korans, durch christlichen Einfluß oder beides, zu Schlüssen über das Verhältnis von Gottes Vorherwissen, Vorherbestimmung, Allmacht und Gerechtigkeit zum menschlichen Handeln und seiner Belohnung oder Bestrafung zu kommen. Von ihren Gegnern wurden sie mit dem Sammelnamen ‹Ḳadariyya› (die über Vorherbestimmung diskutieren) belegt. In ihren Thesen versuchten sie, das Postulat des freien Willens mit der koranischen Gottesvorstellung zu vereinigen: Gute Handlungen des Menschen und gutes Schicksal, das dem Menschen zuteil wird, sind von Gott, böse Handlungen stammen vom Menschen selbst, böses Schicksal kommt von anderen Menschen. – Gott hat den Menschen seine Macht delegiert, auch gute Handlungen hervorzubringen. – Die Menschen können sich für Glauben und für Unglauben entscheiden. – Gottes Wissen von menschlichen Handlungen geht diesen nicht voraus. – Gottes Wissen geht den menschlichen Handlungen voraus, beeinflußt sie aber nicht. – Natürliche Folgen, die böse Ursachen haben, sind nicht von Gott hervorgebracht. – Gott hat den Menschen Nahrung und Lebensdauer zubestimmt. Ein Mörder könnte Gottes Vorherbestimmung zunichte machen.

Die ḳadaritische Position wurde später von der Muʿtazila verfeinert und ausgebaut. Die Ḳadariyya, in ihrem Ursprung und in ihrer Absicht eine theologische Bewegung, hatte auch einen politischen Aspekt: Die Umayyaden ließen ihre Herrschaft mit einem gewohnheitsrechtlich-vorislamischen Argument verteidigen: Als Rächer ʿUthmāns hätten sie das Kalifat von ihm geerbt, und mit einem theologischen: Gott habe ihnen die Herrschaft anvertraut; sich ihnen zu widersetzen hieße, Gott den Gehorsam zu verweigern. Einmal akzeptiert, konnte die These von der Willensfreiheit leicht zu einem Mittel der Opposition gemacht werden.

e) *Muʿtaziliten*. – Der sich von einem nicht mit Mohammed in direkter Linie verwandten Sohn ʿAlīs herschreibenden protoshīʿitischen Fraktion der Hāshimiyya war es nach zwanzigjähriger Propaganda vor allem in Ostpersien gelungen, ein Heer von zum I. übergetretenen Iraniern und jemenitischen Arabern zu sammeln. 749 konnte sich das Sektenhaupt Abū l-ʿAbbās in Kufa von seinen Truppen zum Kalifen ausrufen lassen. Unzufriedenheit der höher gebildeten Perser und Iraker über den Anteil, der ihnen an der offiziellen Meinungsbildung zugestanden wurde, und die noch immer bedeutende Macht spätantiker synkretistischer Religionen in der Bevölkerung, mögen zu dem Sieg der ʿAbbāsiden, die hellenistische Gedanken in die von ihnen verbreitete Lehre aufgenommen zu haben scheinen, beigetragen haben. Die mit dem Sieg der ʿAbbāsiden verbundene Aufwertung irakisch-persischer Bildung im islamischen Staatswesen, die Förderung der antiken Wissenschaften durch die neue Dynastie, die schließlich in eine planvolle Übersetzung griechischer Philosophen aus dem Syrischen und seit Anfang des 9. Jh. auch aus dem Griechischen überging, gaben die Möglichkeit, und die Polemik der Christen und Zanādiḳa (sg. Zindīḳ), vermutlich Manichäer, lieferten den Anlaß, zur Ausbildung einer Glaubenslehre, deren Mittel denen ihrer nicht-islamischen Gegner entsprach. Die Vertreter sich griechischer Argumentationsmethoden (kalām, wörtlich: Rede) bedienender Theologie entstammten zunächst verschiedenen politisch-religiösen Lagern und vertraten demgemäß verschiedene Doktrinen.

Um 800 kam es zur Ausbildung einer Schule, die den Namen einer theologischen Untergruppe, ‹Muʿtazila›, bekam und ihre Lehre in fünf Programmpunkten zusammenfaßte: 1. Gottes *Einheit* (tawḥīd), gerichtet gegen die Manichäer und zum wörtlichen Verständnis des Korans neigende Fromme: Gott ist einer; seine Wesenseigenschaften sind nicht ewig selbständige Attribute; positive Aussagen über ihn sind nicht zulässig, außer der des ewigen Seins. Ewige Rede darf man ihm nicht zuschreiben. Der Koran als Gottes Rede ist geschaffen. Die Anthropomorphismen des Korans sind allegorisch zu verstehen. Gott nach der Auferstehung zu sehen (ruʾya) ist nicht möglich. – 2. Gottes *Gerechtigkeit* (ʿadl): Gott ist gerecht. Weder will er das Böse, noch befiehlt er es. Er tut kein Unrecht. Gott tut, was für die Schöpfung das Beste ist. Die menschlichen Handlungen entstammen dem freien Willen des Menschen. Die menschliche Macht zum Handeln ist vom Gott erschaffen. – 3. *Verheißung und Drohung* (waʿd wa-waʿīd): Gott ist an die im Koran niedergelegten Belohnungen und Strafen gebunden. Er behandelt alle, die Gleiches getan haben, gleich. Gott kann dem Menschen, der eine große Sünde begangen hat und nicht bereut, nicht verzeihen. – 4. Wer eine große Sünde begangen hat, ist weder ein Gläubiger noch ein Ungläubiger, sondern steht *zwischen* beiden. Die Frage, ob ʿUthmān als Muslim oder Ungläubiger anzusehen sei, bleibt im Widerspruch zu Khāridjiten und Murdjiten unentschieden. – 5. *Befehl* dessen, was recht ist, und *Verbot* dessen, was verwerflich ist (nach Koran 9, 112 u. ö.), mit Zunge, Hand und Schwert ist Pflicht des Muslims, soweit er die Möglichkeit dazu besitzt. – Den nichtmuslimischen Erben des Hellenismus suchte die Muʿtazila dadurch zu begegnen, daß sie Theologie und Naturwissenschaften miteinander verband.

Obwohl die Mehrheit der Muslime sich mit der muʿtazilitischen Lehre nicht befreunden konnte und diese von 758 bis 813, soweit erkennbar, durchaus nicht in ʿabbāsidischer Gunst gestanden hatte, wurde sie 827 zur offiziellen Doktrin erhoben und blieb es bis 848. Aus welchen Gründen die ʿAbbāsiden sich dazu entschlossen, ist nicht erwiesen. Die gewaltsame Art, mit der sie die Lehre propagierten, weist auf religiöse Motive hin, zumal ihnen von der muslimischen Mitte die Herrschaft nicht bestritten wurde. Sicher aber bestand ein Zusammenhang zwischen den von ihnen übernommenen persischen Regierungsformen, den politisch-religiösen Wunschvorstellungen der (gemäßigten) Protoshīʿa und der alexandrinischen politischen Philosophie. Bindeglied zwischen dieser und der muʿtazilitischen Theologie ist der Gerechtigkeitsbegriff. Hand in Hand mit der Bevorzugung der muʿtazilitischen Lehre ging die Begünstigung der Shīʿiten. Einer der späteren Imame der Zwölfershīʿa, der allerdings vorzeitig starb, wurde zum Reichserben eingesetzt. Die aus der muʿtazilitischen Negierung ewiger göttlicher Eigenschaften, aber auch aus ihrer Lehre vom freien Willen ableitbare These von der Erschaffenheit des Korans trifft mit der shīʿitischen Tendenz zusammen, den Wert des Korans als Rechtsquelle zu relativieren. Doch ist die Ähnlichkeit der beiden Erscheinungen nur äußerlich. Nicht zur Muʿtazila gehört der shīʿatypische Rückgriff auf eine einzige Lehrautorität. Die muʿtazilitische Schullehre darf nicht als theologisch-begriffliche Propaganda für die ʿAbbāsiden angesehen werden.

f) *Sunniten*. – Mit ihren Thesen hatte die Muʿtazila wesentlichen Anschauungen des Korans widersprochen, vor allem der von Gottes absoluter Macht und seinem sich in jeder Erscheinung manifestierenden Willen. Der Versuch, die Vernunft anstelle der Offenbarung zur höchsten Entscheidungsinstanz zu machen, rief den Widerstand der Mehrheit hervor. Sie war bis dahin kaum durch eine positive Lehre, sondern gegenüber den anderen religiösen Gruppen dadurch charakterisiert, daß sie eine irrational-demokratische Weise, zu Entscheidungen zu kommen, bevorzugte, z. B. Mehrheitsvotum als Auswahlkritierium bei einer Vielzahl von Koranlesarten; Konsens als Beurteilungsmittel bei Überlieferungen; Fiktion der ihrem Wesen nach nicht argumentierenden Überlieferungen; Rechtsetzung durch Konsens.

Hervorragender Vertreter dieser aus Religiosität dem Vernunftgebrauch abgeneigten Frommen war der Rechtslehrer AḤMAD B. ḤANBAL (gest. 855). Nach seiner Lehre müssen die die Metaphysik betreffenden Aussagen in Koran und Überlieferungen wörtlich genommen werden, ohne daß nach dem «wie» gefragt würde, das heißt, ohne spekulativ zu untermauern. Systematisch-logische Deduktion (ḳiyās) und individuelle Einsicht (raʾy) sind in Glaubensfragen ohne Wert, laufen vielmehr auf eine Vermenschlichung Gottes hinaus. Wer sie gebraucht, ist ein Ketzer. – Der Koran ist in der Fassung, in der er vorliegt, Gottes ungeschaffenes Wort. – Vorherbestimmung ist Glaubenspflicht, Fürsprache (shafāʿa, aus dem Volksglauben übernommen) durch Mohammed am Gerichtstag ist möglich. – Glaubensbezeugung ist Bekenntnis, Überzeugung, Werk. – Auch einem Gemeindeoberhaupt, das Sünden begeht, muß man gehorchen. Aufforderung zur Sünde hat man sich zu widersetzen, gewaltsamer Umsturz ist gegen das göttliche Gesetz. – Wer den Anschluß an eine Autorität (taḳlīd) ablehnt, wird dem Irrtum verfallen.

Dennoch kam es zu Versuchen, die Religion der Koranrezitatoren, Anhänger der Überlieferungen (ahl al-ḥadīsh) und der Rechtskenner mit den von der Muʿtazila in die I. eingebrachten Mitteln zu verteidigen. Auf weitgehende Zustimmung stieß damit, nach einigen früheren Versuchen, AL-ASHʿARĪ (gest. 935/36), der ursprünglich Muʿtazilit war, sich dann aber dem hanbalitischen Dogma zuwendete. Der Kern seiner Glaubenslehre ist: Gott hat ewige Eigenschaften wie Wissen, Sehen, Reden und nicht ewige Tateigenschaften wie Schöpfen. – Die Anthropomorphismen des Korans sind anzuerkennen und weder wörtlich zu nehmen, noch allegorisch umzudeuten. – Der Koran ist Rede Gottes, ewige Eigenschaft, ungeschaffen. – Die Gottesschau im Jenseits ist Realität. – Gott schafft auch die Handlungen des Menschen. – Wer eine große Sünde begangen hat, bleibt gläubig, hat aber die Hölle zu erwarten. – Der Glaube nimmt zu und ab. – Die eschatologischen Dinge wie Teich, Straße, Brücke sind Realität.

Dasselbe Ziel wie al-Ashʿarī verfolgte in Transoxanien sein Zeitgenosse AL-MĀTURĪDĪ (gest. 944), dessen Schule erst sehr viel später als die al-Ashʿarīs zu allgemeinem Einfluß gelangte. Den Menschen sprach er eine von Gott geschaffene Wahlfreiheit (ikhtiyār) zwischen gegensätzlichen von Gott geschaffenen Handlungen zu. Er lehrte, alle Eigenschaften Gottes, auch seine Tateigenschaften wie die seines Schöpferseins, seien ewig. In anderen Fragen folgte er dem Rechtslehrer Abū Ḥanīfa; Glaubensbezeugung (īmān) besteht in Fürwahrhalten und Aussprechen. Muslimische Sünder würden nicht ewig in der Hölle bleiben.

Ebenso wie die Theologie al-Māturīdīs wurde auch die al-Ashʿarīs von seinen Schülern, die ihr im ganzen arabisch sprechenden I.-Gebiet zur Anerkennung verhalfen, verfeinert und ausgebaut. Theologie und Naturphilosophie wurden nach dem Vorbild der Mu'tazila in einem gemeinsamen Gedankengebäude zusammengefaßt. Um die subjektive Möglichkeit der Willensfreiheit zu erklären, führten sie den Begriff der *Aneignung* (*kasb*) ein: Gott schafft die Taten, der Mensch eignet sie sich kraft seines von Gott geschaffenen Willens an. Sie behaupteten, theologische Forschung sei Pflicht aller Gläubigen.

Als die 'abbāsidische Herrschaft bereits zerfallen war und sich überall die Propaganda der in Ägypten herrschenden Fāṭimiden bemerkbar machte, kam es dank der Förderung der Saldjūken, die als die wahren Herren das Reich von Syrien bis an die Ostgrenzen regierten, zu einem Aufschwung der islamischen Theologie in der Lehre AL-GHAZZĀLĪS (1059–1111). Sein Verdienst war es, 1. die Glaubensverteidigung ganz auf die aristotelische Syllogistik zu stützen und 2. die lebendige Frömmigkeit der islamischen Mystik (Sufik, s. d.) in die Theologie einzuschmelzen. Nach seiner Überzeugung genügen logische Mittel zur Gotteserkenntnis nicht. Nur unmittelbare Frömmigkeit ist in der Lage, die Wahrheit der Existenz Gottes zu erfahren.

Al-Ghazzālīs Versuch, den Glauben, der sich in theologischen Spekulationen zu verlieren drohte, zu reformieren, wiederholte der Ḥanbalit IBN TAYMIYYA (gest. 1328) unter dem Eindruck des Sturzes des 'abbāsidischen Kalifats durch die Mongolen, einer Katastrophe, die er als Strafe Gottes für die Abweichung der Religionsgemeinschaft vom wahren I. ansah. Er griff nicht auf die Praxis der islamischen Mystiker zurück, sondern wollte den alten ḥanbalitischen, sich an den Wortlaut von Koran und Überlieferungen haltenden Glauben wiederherstellen und ihn von allen verderblichen Neuerungen reinigen. Er bekämpfte die islamischen Sekten, Philosophie, spekulative Theologie, Sufik, auch al-Ghazzālī und durch Koran und Überlieferungen nicht gerechtfertigte Volksbräuche, wie Gräberbesuch und Heiligenkult. Doch vermochte er sich nicht durchzusetzen. Der Schulbetrieb ging fort und beschäftigte sich mit der Neuordnung und Verfeinerung des theologischen Systems mit Hilfe der von Ghazzālī eingebrachten logischen Werkzeuge. Erst mit dem Wahhābismus in der Mitte des 18. Jh. und seinen durch die Familie Sa'ūd gestützten Reformen kam die Lehre Ibn Taymiyyas zur Wirkung.

g) *Shī'iten*. – Die Shī'a, wie sie aus den Häresiographien bekannt ist, formierte sich erst seit dem späten 9. Jh. Sie gliedert sich in drei, heute noch bestehende Hauptsekten. Ihnen gemeinsam ist das Bedürfnis, die Rechtsquelle in einem Menschen zu suchen, und der Glaube, sie am ehesten in einem der Nachkommen 'Alīs aus der Ehe mit Mohammeds Tochter Fāṭima zu finden. Sie unterscheiden sich nach dem Grad, in dem sie hellenistische Popularphilosophie und gnostische Vorstellungen in ihre Lehre aufgenommen haben:

α) *Ismā'īliten*. – Die Ismā'īliyya ist die extremste Ausformung der Shī'a. Von ihren Anfängen ist wenig bekannt, da sie bis zum Ende des 9. Jh. im Untergrund blieben; an verschiedenen Orten schufen sie hierarchisch strukturierte Organisationen von Missionaren, die dem (verborgenen) Imam unterstanden. 894 errichtete eine als ‹Ḳarmaṭen› bezeichnete Organisation einen Staat, der sein Zentrum in Bahrain hatte und wenigstens bis zum 11. Jh. bestand. 909 gelang es einer unter dem Namen ‹Fāṭimiden› bekannten Organisation nach Tunesien und Westalgerien auch Ägypten zu unterwerfen. Ismā'īlitische Herrschaften entstanden ferner in Persien und in Indien.

Als Beispiel ihrer Lehren mag die der Fāṭimiden dienen: Die heiligen Schriften haben einen äußeren zeitlichen und einen inneren verborgenen Sinn, der durch allegorische Interpretation herausgeschält werden kann. Diese Sinngehalte lassen sich zu einem, modern gesprochen, neuplatonisch-gnostischen Emanationssystem zusammenfügen. Die eigentliche Geschichte der Welt ist in sieben Zyklen unterteilt. Jeder steht unter dem Zeichen eines Gesetzgebers, eines Begleiters dieses Gesetzgebers, der den inneren Sinn des Gesetzes enthüllt, und unter dem von sieben Imamen. Der letzte Imam jedes Zyklus wird zum Propheten und Gesetzgeber des folgenden. Da schon sechs Propheten erschienen sind, wird mit dem letzten Imam, dem Mahdī, die Endzeit anbrechen, nachdem er eine Botschaft verkündigt hat, die nur inneren Sinn ausspricht. Bis zu seinem Kommen verwalten zwölf Autoritäten (sg. ḥudjdja), unterstützt von Missionaren (sg. dā'ī), die Erde. Den Neophyten pflegten die Fāṭimiden den inneren Sinn stufenweise zu enthüllen. Nachdem sie aus der Opposition zur Macht gelangt waren, erdachten sie verschiedene Hilfskonstruktionen, um die Imamreihe zu erweitern oder durch Stellvertreter des zu erwartenden Mahdī zu verbreitern. Bei denjenigen Ismā'īliten, die selbständige Gemeinschaften gründen konnten, steht der äußere Sinn der Schriften, stehen die Gesetze an Wert hinter dem inneren Sinn zurück.

β) *Zwölfershī'iten*. – Der Name ‹Imāmiyya›, mit dem sich die Zwölfershī'a selbst benennt, ist seit etwa 900 im Gebrauch. Zu dieser Zeit dürfte sich diese Religionspartei, an deren Bildung eine einzige Familie starken Anteil hatte, gebildet haben. Nach der Zahl der von ihr verehrten zwölf Imame heißt sie auch Ithnā'ashariyya. Ihre Lehre: Die Erde kann einer Autorität (ḥudjdja) nicht entbehren. Diese kann nicht gewählt werden, ist von Gott bestimmt, und von ihm bezieht sie ihr Wissen. Die Autorität ist Muḥammad b. al-Ḥasan b. 'Alī, Nachkomme al-Hasan al-'Askarīs, des 11. Imans. Muhammad soll als Kind entrückt worden sein, befindet sich seitdem in der Verborgenheit (ghayba), wird eines Tages als Mahdī wiedererscheinen und das Imamat beanspruchen. Für ihn wirkten nacheinander vier Bevollmächtigte (wukalā'), deren Reihe 940 endete. Seit dieser Zeit kann kein Heiliger Krieg und kein Freitagsgebet mehr stattfinden, da der Gemeinde der Leiter fehlt. Die Rechtsquellen sind Koran und in eigenen Sammlungen niedergelegte Überlieferungen, die inhaltlich oft mit denen der Sunniten übereinstimmen, deren Tradentenketten aber einen der zwölf Imame als Beglaubiger des Inhalts haben. In der imamlosen Zeit sind die Rechtsgelehrten die eigentlichen Gesetzgeber. Eine Gruppe von ihnen hält sich an die früheren Entscheidungen der Imame, eine andere verwendet in Theologie und Recht individuelle Einsicht (ra'y), logische Deduktion (qiyās) und Konsens (idjmā'). Doch hat der Konsens nicht die Koran und Überlieferungen abrogierende Kraft wie bei den Sunniten. Der Koran wird, entgegen sunnitischer Methode, allegorisch ausgelegt. Die ersten drei Kalifen werden nicht als rechtmäßig anerkannt. Dem Glaubensbekenntnis, das den gleichen Wortlaut hat wie bei den Sunniten, wird der Satz angefügt: «Ich bezeuge, daß 'Alī der Freund (walī) Gottes ist». Zwölfershī'iten leben heute vor allem in Irak und in Persien.

γ) *Zayditen*. – Die Zaydiyya hat ihren Namen nach Zayd b. 'Alī, einem von den beiden anderen shī'itischen Gemeinden nicht als Imam anerkannten Sohn des vierten Imams, der sich 740 gegen die Umayyaden auflehnte und scheiterte. Sie kommt unter den shī'itischen Bekenntnissen der religiösen Mitte am nächsten. Die drei Kalifen vor ʿAlī werden anerkannt, wenn ʿAlī auch würdiger war als sie. Gemeindevorsteher (Imāme) müssen die Eigenschaften eines Kriegers und eines Gelehrten in sich vereinigen und von Fāṭima abstammen. Derjenige ʿAlīde, der sich mit Waffengewalt seine Herrschaft erkämpft, ist Imam. Bei Unfähigkeit kann er abgesetzt werden. Es kann Zeiten ohne einen Imam geben, es können auch mehrere zugleich regieren. Die Dogmatik der Zaydiyya ähnelt der muʿtazilitischen. Die Überlieferungen haben sie mit den Sunniten zum großen Teil gemeinsam. Dem Konsens räumen sie nicht die Kraft ein, Koran und Überlieferungen zu abrogieren. Einen zayditischen Staat gab es bis vor kurzem im Jemen.

3. *Die Entwicklung des Gesetzes.* – Dem theokratischen Charakter des islamischen Staates entsprechend stehen potentiell alle Aktivitäten der Muslime unter religiösem Vorzeichen. Sie sind aber auch Rechtshandlungen, da Gott immer als Gesetzgeber und Richter mitgedacht werden muß. Schließlich ist Gott auch Vertragspartner im Handel um Lohn und Strafe. Er hat Anrechte, die erfüllt werden müssen. Garant für die Möglichkeit der Gesetzesbeobachtung ist der Herrscher. Er ist mitverantwortlich für das künftige Schicksal der Staatsglieder.

Der Koran enthält, wie erwähnt, eine Menge Anweisungen, die das Gebiet des Ritus verlassen und ins Familienrecht, Erbrecht, Strafrecht und in andere Rechte gehören, jedoch alle von der ihm eigenen Moral geprägt sind. Mohammed hatte Normen des arabischen Rechtsbrauches ersetzt, wenn sie seinen religiösen Absichten widersprachen, andere weiter in Geltung gelassen. Die Ausdehnung der islamischen Herrschaft durch den Glaubenskrieg konfrontierte dies aus religiösen Pflichten und sich gegen diese profan ausnehmenden heidenzeitlichen Rechtsgewohnheiten zusammengesetzte Recht mit Tatbeständen, für die dieses Recht zunächst keine Handlungsanweisung zu bieten in der Lage war. Die Gouverneure des Staates oder ihre Delegierten verfuhren nach individueller Einsicht (raʾy) oder übernahmen in den eroberten Gebieten vor der arabischen Herrschaft in Geltung gewesene Rechtsnormen. Entgegen dem Anspruch des I., alle Lebensbereiche religiös zu durchdringen und unter den göttlichen Willen zu stellen, vergrößerte sich zunächst das Gebiet des neben der Religion selbständig existierenden Rechts. Indessen wurden noch während der umayyadischen Herrschaft Anfang des 8. Jh. in zunehmendem Maß fromme Privatleute zur Rechtsfindung herangezogen, die sich damit beschäftigten, den Rechtsbrauch an den bis dahin bestehenden religiösen Grundsätzen zu messen und das profane Recht in eine Pflichtenlehre zu verwandeln. In den großen städtischen Zentren von Ägypten bis Irak bildeten sich im ersten Viertel des 8. Jh. gelehrte Zirkel, die mit den Mitteln individueller Einsicht (raʾy) und systematisch-logischer Deduktion (ḳiyās) das religiöse Recht anhand der koranischen Normen ausbauten. Ihre Gepflogenheit, die traditionellen Ansichten aller Generationen der Rechtsgelehrten des Ortes (sunna) und den Konsens (idjmāʿ) der dort ansässigen Rechtsforscher zu respektieren, begünstigte die Ausbildung von Schulen. Diese neigten dazu, die jeweilige Schulmeinung nur als Ausfaltung der früheren zu betrachten, sie zurückzudatieren und schließlich zu Mohammeds eigener Rechtsübung (sunna) zu erklären.

Allerdings wandten sich vom 8. Jh. an andere fromme Kreise gegen das mit dem Vernunftgebrauch der alten Rechtsschulen nach ihrer Ansicht notwendig verbundene subjektive Element in der Pflichtenlehre. Die Überzeugung der Schulen, sie hätten den Geist des alten I. bewahrt, teilten sie nicht, bestanden vielmehr darauf, allein partikulare, formal auf Mohammed rückführbare Überlieferungen über seine Handlungen und Äußerungen (ḥadīth) seien als Rechtsautorität neben dem Koran anzusehen, ja der Koran könne eine solche Überlieferung nicht abrogieren, jeder einzelnen von ihnen sei unbedingte Gültigkeit zuzusprechen.

In der Auseinandersetzung der beiden Parteien kam es im 9. Jh. zu einem Kompromiß, indem die Rechtsgelehrten den Parteigängern der Überlieferungen (ahl al-ḥadīth) zur Hälfte nachgaben. Die traditionelle Schulmeinung wurde durch die Überlieferungen ersetzt. Was normativer Brauch (sunna) sei, war nicht mehr der bewährten Schulmeinung zu entnehmen, sondern der Vielzahl der Überlieferungen, soweit sie formaler Kritik standhielten. Die Anerkennung der Überlieferungen ließ nach westlicher Ansicht der Subjektivität kaum weniger freien Raum als die Ansicht der Schule. Doch bedeutete sie gewiß eine größere Einflußmöglichkeit des Kollektivs auf das Recht. Als freie Meinungsäußerungen frommer Muslime entstanden solche Überlieferungen bis in die zweite Hälfte des 8. Jh. in großer Zahl neu. Vielfach wurden sie direkt, um aktuellen Absichten Nachdruck zu verleihen, geschaffen; ihrem Fundus waren die verschiedensten, einander ausschließenden Verfahrensweisen zu entnehmen. Der Konsens aber blieb nach einigen Auseinandersetzungen als Instanz, die die Art des Umgangs mit den Überlieferungen bestimmte, d. h. als Rechtsfindungsmethode der Gelehrten erhalten. Damit waren die Grundlagen des islamischen Rechts gelegt: Koran und Überlieferung (sunna) waren seine Rechtsquellen, Konsens (idjmāʿ) und Deduktion (ḳiyās) seine Rechtsfindungsmittel.

Bis Mitte des 9. Jh. hatten sich die ursprünglich geographisch bestimmten Schulen in solche verwandelt, die einem bestimmten Lehrer verpflichtet waren. Vier sunnitische, sich gegenseitig anerkennende und in ihrem materiellen Lehrgehalt wenig verschiedene Rechtsschulen (madhāhib, sg. madhhab) haben sich über das späte Mittelalter hinaus bis heute gehalten: die ḥanafitische, nach ABU ḤANĪFA, die mālikitische, nach MĀLIK B. ANAS, die shāfiʿitische, nach ASH-SHAFIʿI und die ḥanbalitische, nach AḤMAD B. ḤANBAL. Mit der Vervollkommnung des Rechts und der Erzielung eines allgemeinen Konsens innerhalb der Rechtsschulen verbreitete sich der Gedanke, die Epoche der persönlichen Rechtsfindung (idjtihād) sei zu Ende, man habe sich einer der bestehenden Schulen anzuschließen (taḳlīd), sei es in einzelnen, sei es in allen Fragen überhaupt. Im 10. Jh. wurde dieser Gedanke durch Konsens sanktioniert, wenn auch nicht von allen anerkannt. Traten Ereignisse ein, die einen Rückgriff auf das anerkannte Recht nicht erlaubten, gaben von nun an angesehene Gelehrte der Schulen als Muftīs nach den Methoden der Rechtslehrer der rechtsschöpferischen Zeit Gutachten ab, die, wenn allgemein anerkannt, dem Bestand des Rechts beigefügt wurden.

Die theoretisch entwickelte Pflichtenlehre war in der Praxis nicht immer zu verwirklichen. Das Staatsrecht mußte vor der Macht der Herrscher zurücktreten; für wirklichkeitsfremde Rechtsbestimmungen wurden Umgehungen (ḥiyal) entwickelt, des öfteren trat Gewohnheitsrecht an die Stelle des postulierten.

Literaturhinweise. Vgl. außer den Art. zu den unter ihren arab. Bezeichnungen nachzuschlagenden Gegenständen in: Enzyklop. des I. (¹1908-34) und Encyclop. de l'I. (Leyden ²1960ff.). – *Zu 1:* R. PARET: Der Koran. Übers. (1962); Der Koran. Komm. und

Konkordanz (1971). – W. Montgomery Watt: Bell's introd. to the Qur'ān (Edinburgh 1970). – *Zu 2:* A. J. Wesinck: The Muslim creed (Cambridge 1932). – A. S. Tritton: Muslim theol. (London 1947). – H. Laoust: Les schismes dans l'I. (Paris 1965). – W. Montgomery Watt: The formative period of Islamic thought (Edinburgh 1973). – J. van Ess: Die Erkenntnislehre des 'Adudaddīn al-Īcī (1966). – W. Madelung: Der Imam al-Qāsim ibn Ibrāhīm und die Glaubenslehre der Zaiditen (1965). – *Zu 3:* E. Pritsch und O. Spiess: Klass. islam. Recht, in: Hb. der Orientalistik Abt. 1, Erg.-Bd. 3: Oriental. Recht (1964). – J. Schacht: An introd. to Islamic law (Oxford 1964).   H. Cordt

Isomorphie bezeichnet im Rahmen der strukturtheoretisch aufgefaßten *Mathematik* eine grundlegende Relation zwischen mathematischen Gebilden. Ein *Gebilde* (auch *strukturierte Menge*) (A, σ) besteht aus einer Menge A von (mathematischen) Objekten und einer konkreten Struktur σ auf A. Dabei ist σ in vielen Fällen ein n-Tupel $(R_1, ..., R_n)$ von 0-, 1- oder mehrstelligen *Relationen* in A. Gebilde (A, σ) und (B, τ) mit $\sigma = (R_1, ..., R_n)$ und $\tau = (S_1, ..., S_m)$ heißen *homolog* genau dann, wenn $n = m$ ist und für jeden Index i die Stellenzahlen der Relationen R_i und S_i übereinstimmen. Spezialfälle von Gebilden sind die einfachen *Relationsgebilde* (A, R), wobei R eine zweistellige Relation in A ist, und die einfachen *Verknüpfungsgebilde* $(A, \perp)$, wobei $\perp$ eine Verknüpfung (Rechenoperation, spezielle dreistellige Relation) in A ist. Trifft R auf Elemente x, y von A zu, so schreiben wir xRy, trifft $\perp$ auf x, y, z aus A zu, so schreiben wir $x \perp y = z$. Es seien (a) (A, R) und (B, S) einfache Relationsgebilde und (b) $(A, \perp)$ und $(B, \top)$ einfache Verknüpfungsgebilde. Eine Abbildung f von A in B (d. h. Zuordnung, die jedem Element von A genau ein Element von B zuweist) heißt ein *Morphismus* genau dann, wenn für alle x, y, z aus A gilt:

aus xRy folgt $f(x)Sf(y)$ (im Falle (a)),
aus $x \perp y = z$ folgt $f(x) \top f(y) = f(z) = f(x \perp y)$ (im Falle (b)).

Ein Morphismus f heißt *Isomorphismus* genau dann, wenn gilt: f ist eine Abbildung von A auf B (d. h. jedes Element von B tritt als zugeordnetes auf), f ist umkehrbar (d. h. jedes Element von B wird nur einem Element von A zugeordnet) und die Umkehrabbildung f^{-1} von B auf A ist ebenfalls ein Morphismus. Ein bekanntes Beispiel eines I. ist die Logarithmusfunktion (zur Basis 10) log, und zwar im Falle (a) für die Gebilde $(\mathfrak{R}^+, <)$ und $(\mathfrak{R}, <)$, im Falle (b) für die Gebilde $(\mathfrak{R}^+, \cdot)$ und $(\mathfrak{R}, +)$, wobei $\mathfrak{R}^+$ die Menge aller positiven reellen und $\mathfrak{R}$ die Menge aller reellen Zahlen ist. Es gilt:

aus $x < y$ folgt $\log x < \log y$
aus $x \cdot y = z$ folgt $\log x + \log y = \log z = \log (x \cdot y)$.
Die für die einfachen Gebildearten angegebenen Definitionen lassen sich in naheliegender Weise auf homologe Gebilde einheitlich verallgemeinern. Man definiert allgemein: Sind (A, σ) und (B, τ) homologe Gebilde und existiert für sie ein Isomorphismus, so heißen die Gebilde *isomorph*. Die damit erklärte Relation der I. ist auf jeder Klasse von homologen Gebilden eine *Äquivalenzrelation*.
Die Bedeutung der I. liegt in der Abstraktion nach dieser Äquivalenzrelation und in der Übertragbarkeit der in dem einen Gebilde gegebenen Verhältnisse und deren Kenntnis auf ein isomorphes Gebilde (s. die Vorteile des logarithmischen Rechnens). Man sagt, daß isomorphe Gebilde dieselbe *abstrakte Struktur* haben, und versteht unter der abstrakten Struktur eines Gebildes die Klasse aller zu diesem Gebilde isomorphen Gebilde. Eine Aufgabe der mathematischen *Strukturtheorie* besteht darin, die I.-Klassen (Typen) der mathematischen

Gebilde durch genaue Kennzeichnung eines Repräsentanten zu identifizieren.
Der Begriff der I. wird zuerst im 19. Jh. im Rahmen der Entwicklung der sogenannten abstrakten Algebra in Verbindung mit dem Studium der *Gruppen* (einer speziellen Sorte von einfachen Verknüpfungsgebilden) eingeführt, wobei die heute in Verbindung mit Verknüpfungsgebilden als *Homomorphismen* bezeichneten Morphismen zunächst als holoedrische Isomorphismen bezeichnet werden [1]. Die I. von einfachen Relationsgebilden wird unter der Bezeichnung ‹ *Ähnlichkeit* ›, die gelegentlich auch für die I. von Gruppen verwendet wird [2], zuerst von G. Cantor am Beispiel der *wohlgeordneten Mengen* behandelt. Die Abstraktion nach dieser Äquivalenzrelation führt ihn zum Begriff der *Ordinalzahl* [3]. B. Russell verallgemeinert die Begriffsbildungen Cantors auf beliebige einfache Relationengebilde (mit den Termini ‹ ordinal similarity › und ‹ likeness ›) und nennt die I.-Klasse von einfachen Relationengebilden eine *Relationszahl* (relation-number) [4]. Auf der Grundlage einer unzulänglichen Abstraktionstheorie hat man in der Algebra gelegentlich die Auffassung vertreten, eine I.-Klasse von Gruppen sei selbst eine Gruppe, «deren Elemente die Gattungsbegriffe sind, die man erhält, wenn man die entsprechenden Elemente der einzelnen isomorphen Gruppen zu einem Allgemeinbegriffe zusammenfaßt» [5]. Eine derartige «abstrakte Gruppe» mit «allgemeinen Elementen» läßt sich jedoch nicht sinnvoll definieren, wohl aber gelingt es, eine I.-Klasse ohne Rückgriff auf Repräsentanten durch definierende Gleichungen eindeutig zu bestimmen. Andererseits läßt sich mit Hilfe von Axiomen und Bedingungen ein Gebilde auch immer nur bis auf I. charakterisieren.

Anmerkungen. [1] C. Jordan: Traité des substitutions et des équations algébriques (1870) 56; F. Klein: Vorles. über das Ikosaeder und die Auflösung der Gleichungen vom fünften Grade (1884) 8. – [2] S. Lie: Theorie der Transformationsgruppen. Erste Abh. Arch. Math. Naturwiss. (1876). – [3] G. Cantor: Ges. Abh. (^{2}1962) 167. 291. – [4] A. N. Whitehead und B. Russell: Principia math. 2 (1913, ND 1968). – [5] H. Weber: Die allg. Grundl. der Galois'schen Gleichungstheorie. Math. Ann. 43 (1893) 521-549.

Literaturhinweise. H. Weyl: Philos. der Math. und Naturwiss. (1928). – R. Carnap: Symbol. Logik (^{2}1960). – H. Gericke: Theorie der Verbände (1963). – H. G. Steiner: Mengen, Abbildungen, Strukturen. Fischer Lex.: Math. 1 (1964). – P. Lorenzen: Einf. in die operative Logik und Math. (^{2}1969). – H. Wussing: Die Genesis des abstrakten Gruppenbegriffs (1969). – H. Schubert: Kategorien I (1970).   H. G. Steiner

Isomorphie, psychophysische. Von I. in der Psychophysiologie sprach zuerst 1929 W. Köhler in folgendem Zusammenhang: «Offenbar brauche ich ein bestimmtes Leitprinzip, wenn ich aus gegebenen Eigenschaften unmittelbaren Erlebens auf Eigenschaften begleitender physiologischer Vorgänge schließen will. In einer spezielleren Weise wurde ein solches Prinzip vor vielen Jahren von *Hering* aufgestellt. Sein Inhalt ist folgender: Meine verschiedenen Erlebnisse können entsprechend den Arten und Graden der zwischen ihnen gefundenen Ähnlichkeit systematisch geordnet werden, genau so wie man in der Zoologie Tiere und in der Botanik Pflanzen ordnet. Die Vorgänge, von denen diese Erlebnisse abhängen, kennt man nicht unmittelbar; aber wären mir ihre Eigenschaften bekannt, würde ich sie so systematisch ordnen können, wie ich die Erlebnisse tatsächlich ordne. Es ist möglich, sich sehr viele verschiedene Beziehungen zwischen den beiden systematischen Ordnungen der Erlebnisse und der physiologischen Vorgänge

vorzustellen. Aber ich würde es schwer haben, bestimmte Erlebnisse mit bestimmten Vorgängen in Beziehung zu setzen, solange ich nicht eine spezifische Beziehung zwischen den beiden Ordnungen annähme, nämlich diejenige der Kongruenz oder I. ihrer systematischen Eigenschaften. Dieses Prinzip wird manchmal expliziter in eine Anzahl ‹psychologischer Axiome› gefaßt» [1]. Köhler meint hier das, was G. E. MÜLLER 1896 so formuliert hat:
«1. Jedem Zustand des Bewußtseins liegt ein materieller Vorgang, ein sogenannter psychophysischer Prozeß, zugrunde, an dessen Stattfinden das Vorhandensein des Bewußtseinszustandes geknüpft ist.
2. Einer Gleichheit, Ähnlichkeit, Verschiedenheit der Beschaffenheit [z. B.] der Empfindungen ... entspricht eine Gleichheit, Ähnlichkeit, Verschiedenheit der Beschaffenheit der psychophysischen Prozesse, und umgekehrt. Und zwar entspricht einer größeren oder geringeren Ähnlichkeit der Empfindungen auch eine größere, bzw. geringere Ähnlichkeit der psychophysischen Prozesse, und umgekehrt» [2].
Müller weist darauf hin, daß diese Axiome «stillschweigend oder mehr oder weniger deutlich ausgesprochen» schon Ausführungen in R. H. LOTZES ‹Medicinischer Psychologie› (1852), G. TH. FECHNERS ‹Elementen der Psychophysik› (1860), zwei Artikeln E. MACHS aus dem Jahre 1865 sowie E. HERINGS ‹Zur Lehre vom Lichtsinne› (1878) zugrunde liegen. Ging es nun Müller um die Frage nach dem physiologischen Korrelat solcher Erlebnisse, die sich aufgrund ihrer Ähnlichkeiten anordnen lassen, so fragte KÖHLER 1929 weiter nach dem physiologischen Korrelat bereits vorgefundener Ordnung. Hier sein erstes Beispiel:
«In diesem Augenblick habe ich drei weiße Punkte auf einer schwarzen Oberfläche vor mir, einen in der Mitte des Feldes und die anderen in symmetrischen Lagen auf beiden Seiten des zentralen. Dies ist auch eine Ordnung, aber keine abstrakte, logische Ordnung, sondern eine konkrete, erlebte Ordnung. Als erlebte hängt sie von physiologischen Vorgängen in meinem Organismus ab, derart, daß irgendeine Eigenart einer physiologischen Funktion ihr entsprechen muß. Und angewandt auf die konkrete Ordnung besagt unser Prinzip, daß es, in gegenseitiger Beziehung zu der visuell erlebten Symmetrie, eine homologe Symmetrie dynamischen Zusammenhangs im zugrunde liegenden Vorgang gibt. Oder, im gleichen Beispiel: ein Punkt wird zwischen den anderen gesehen, wobei diese Beziehung genauso erlebt wird wie das Weiß des Punktes. Wiederum muß es in den zugrunde liegenden Vorgängen etwas Funktionelles geben, das jenem ‹zwischen› entspricht» [3].
Verallgemeinert würde dann das I.-Prinzip besagen, daß jede erlebte Ordnung in Raum, Zeit und Dingzusammenhang eine echte Abbildung einer entsprechenden Ordnung im zugrunde liegenden dynamischen Zusammenhang physiologischer Prozesse ist. Köhler hatte dies schon 1920 [4] postuliert. Die Bezeichnung ‹I.-Prinzip› hat er aber erst von 1929 an gebraucht. 1938 handelt dann über I. eines der zehn Kapitel seines Buches ‹The Place of Value in a World of Facts› [5]. Es bringt 1. Klarstellungen mancher mißverstandener früherer Ausführungen und 2. Anwendungen auf erlebte Werte.
1. – a) Köhler betont, «daß die so betrachtete I. eine Beziehung zwischen z. B. optischer Erfahrung und *dynamischen* Wirklichkeiten ist» [6]. «In diesem, nicht aber in einem geometrischen Sinn, sind die Beziehungen aufzufassen, die im kortikalen Kontinuum mit den

strukturellen Eigenschaften des gesehenen Raumes isomorph sein sollen. So werden wahrgenommene Dinge ganz außerhalb der Ich-Wahrnehmung gesehen, wenn sich zwischen den Korrelaten dieser Dinge und dem Korrelat des optischen Ichs andere optische Prozesse abspielen. Ein gesehenes Ding berührt das optische Ich, wenn wenigstens in einem Punkte ein unmittelbarer funktioneller Kontakt zwischen dem kortikalen Korrelat des Sehdinges und dem Korrelat des gesehenen Ichs besteht» [7].
b) Worauf es Köhler einstweilen ankam, waren *topologische* Beziehungen, z. B. «innerhalb», «außerhalb», «zwischen», «in Berührung mit». *Metrische* Beziehungen, z. B. der Entfernung, bleiben zunächst außerhalb der Betrachtung, müßten aber nach Ansicht Köhlers in einer vollständigen Theorie des psychophysischen Raumes mit berücksichtigt werden [8].
c) «I. ist ein Postulat. Sie wird eine Theorie nicht durch Einführung einer einzelnen Hypothese, sondern einer ganzen Gruppe bestimmter Annahmen. In einer dieser Annahmen wird auf ein kortikales Korrelat der optischen Kontinuität hingewiesen; eine zweite bezieht sich auf das psychophysische Korrelat optischer Aussonderung, eine dritte auf die isomorphe kortikale Vertretung topologischer Beziehungen im Sehraum; eine vierte wird im Fall metrischer Beziehungen in diesem Raum erforderlich, eine fünfte für die dritte Dimension des Sehraumes usw., – für alle strukturellen Eigenschaften der phänomenalen Welt. [Dabei] ist unsere Freiheit im Erfinden solcher Hypothesen sehr begrenzt. Sie müssen nicht nur mit dem vorhandenen physikalischen und physiologischen Wissen übereinstimmen, sie müssen auch miteinander verträglich sein» [9].
2. Die Anwendung des I.-Prinzips auf Werterlebnisse, genauer auf erlebte Gefordertheit (requiredness) verdeutlicht Köhler an einem Beispiel aus der Wahrnehmung: Der Vergleich zweier teilidentischer Kurvenverläufe führt zum Erleben, daß der nicht übereinstimmende Teil der einen Kurve korrigiert werden müßte im Hinblick auf den Verlauf der anderen [10]. Das physische Korrelat des Werterlebnisses «Ablehnung» muß nach Köhler «ein neurales Faktum» sein, das «sich zwischen den homologen Teilen des Wahrnehmungsvorganges befindet» [11]. Er postuliert darüber hinaus, daß das Korrelat einer solchen «phänomenalen Einwendung», die zugleich die Forderung nach Änderung anderer phänomenaler Inhalte impliziert, nur aus physischen Kraftfeldern bestehen kann, da nur diese sich gegenseitig beeinflussen können [12].
Psychophysische I. hat für Köhler eine besondere Dignität: «Das Prinzip der Evolution postuliert, daß bestimmte Vorgänge, zu denen der Organismus fähig ist, die strukturellen Charakteristiken geistiger Tätigkeiten haben. Wenn es irgendwelche derartige Vorgänge gibt, so müssen sie offenbar die neuralen Korrelate dieser Tätigkeiten sein. Also müssen geistige Tätigkeiten und ihre neuralen Gegenstücke strukturell einander gleichen. Mit anderen Worten, das Prinzip der psychophysischen I. folgt aus dem Prinzip der Evolution» [13]. Aber für den Empiriker Köhler bleibt natürlich offen, in welchem Maße «I. naturwissenschaftliche Wahrheit darstellt» [14].

Anmerkungen. [1] W. KÖHLER: Gestalt psychology (1929) 61. – [2] G. E. MÜLLER: Zur Psychophys. der Gesichtsempfindungen. Z. Psychol. 10 (1896) 1ff. – [3] KÖHLER, a. a. O. [1] 64. – [4] Die phys. Gestalten in Ruhe und im stationären Zustand (1920). – [5] The place of value in a world of facts (1938); zit. dtsch. Werte und Tatsachen, übers. M. KOFFKA. O. C. SELBACH (1968). – [6] a. a. O. 159. – [7] 162. – [8] ebda. – [9] 164. – [10] 250. – [11] 251. – [12] 251f. – [13] 282f. – [14] 294.　W. WITTE

Isonomie (griech. ἰσονομία) kommt um 500 v. Chr. auf als Parole breiterer Kreise, vielleicht des griechischen Adels, jedenfalls bald der wohlhabenderen Schichten (Hopliten), die sich gegen die Tyrannis stellen und Gleichheit in Hinsicht auf zentrale politische Rechte fordern. Das Wort bezeichnet die von ihnen angestrebte «Gleichheitsordnung», eine Frühform der Demokratie, und kann auch für ‹Demokratie› stehen. Der Begriff schließt sich an archaische Ordnungsbegriffe wie ‹Eunomie› und ‹Dysnomie› an. Nachdem man aber zuvor wesentlich nur gute und schlechte Verwirklichungen eines vorgegebenen Nomos hatte unterscheiden können, wird hier erstmals ein bestimmtes Merkmal als konstitutiv für eine Verfassung akzentuiert. I. markiert damit eine Wende. Indem sie das alte Ideal der Eunomie nur modifizieren und in neuer Weise sichern soll, wird sie noch vom Einen Nomos her verstanden; indem Gleichheit Konsequenzen für die Herrschaftsstruktur nach sich zieht, steht sie an der Schwelle des Verfassungsdenkens der klassischen Zeit, das Verfassungen primär nach dem Kriterium der Herrschaft beurteilt und unterscheidet.

Das Wort hat immer etwas von seinem ursprünglichen Klang bewahrt, in dem die Auffassung der Gleichheit als Gerechtigkeit und Bürge für den Ausschluß von Willkür lebte. Es kann bis ins 4. Jh. sowohl die Demokratie [1] wie das Ideal der Demokratie als ausgewogener rechtlicher Verfassung bezeichnen (ein Ideal, das jetzt nach der Theorie eher von Mischverfassungen, für die man dann ‹Politeia› prägt, erfüllt wird [2]).

In diesem Sinn wird ‹I.› zuweilen auch für die Ausgewogenheit der Elemente im Kosmos und im menschlichen Körper gebraucht. Im ganzen werden hier allerdings präzisere Begriffe der Mischung und des Gleichgewichts (verschiedener oder gar entgegengesetzter, nicht demokratisch-gleichgerichteter Elemente) bevorzugt (Krasis, Isorrhopie u. a.).

Anmerkungen. [1] So z. B. PLATON, Resp. 561 e. 563 b. – [2] So z. B. PLATON, Ep. VII, 326 d; THUKYDIDES III, 82, 8; vgl. CHR. MEIER: Entstehung des Begriffs ‹Demokratie› (1970) 54f. 62f.; z. T. wird behauptet, gute Demokratie sei durch Gleichheit zwischen Ständen gekennzeichnet, vgl. THUKYDIDES VI, 39, 1; ARISTOTELES, Pol. 1291 b 30.

Literaturhinweise. V. EHRENBERG: Art. ‹I.›, in: RE Suppl. 7 (1940) 293-301. – G. VLASTOS: Equality and justice in early Greek cosmol. Class. philol. 41 (1946) 156-178; I. Amer. J. Philol. 74 (1953) 337-366. – J. MAU und E. G. SCHMIDT (Hg.): I. Stud. zur Gleichheitsvorstellung im griech. Denken (1964). – CHR. MEIER s. Anm. [2]; Clisthène et le probl. pol. de la polis grecque. Rev. int. Droits Antiquité 20 (1973) 115ff.   CHR. MEIER

J

Jainismus. Die Gründung des J. ist mit der des Buddhismus im 6. Jh. v. Chr. anzusetzen, sie geht auf den nordindischen Adligen *Vardhamāna* zurück, dessen späterem Ehrentitel ‹*Jina*› (der Sieger) das System seinen Namen verdankt. Wie der Buddhismus hauptsächlich der Erlösung des Menschen dienend, unterscheidet er sich von diesem durch eine wesentlich stärkere philosophische Fundierung der Dogmatik [1]. Die durch eine große Kirchenspaltung im 1. Jh. n. Chr. in ihrem Umfang begünstigte Überlieferungsmasse ist nur zum Teil erforscht [2]; moderne Darstellungen orientieren sich zumeist an dem ‹Tattvārthādhigamasūtra› des UMASVATI [3], das die Fülle der Lehrmeinungen des J. in der Form kurzer Merksprüche systematisiert [4].

Ontologischer Hintergrund der Dogmatik des J. ist ein naturphilosophisches Kategorienschema, dessen Systematik entwicklungsgeschichtlich der klassischen indischen Naturphilosophie nahesteht. Die «Grundtatsachen» des Seins zerfallen in die beiden Gruppen des Unbelebten und des Belebten, in denen sich die Materiestoffe, ihre als Seinskategorien verstandenen Verhaltensmodi «Bewegung» (dharma) und «Hemmung» (adharma) sowie der «Raum» (akāsa) einerseits und die «Seelen» andrerseits gegenüberstehen. Die ewigen, erkennenden, tätigen und ihrer Natur nach gleichartigen Individualseelen erfüllen sich vor allem in Seligkeit, Allwissenheit und sittlicher Vollkommenheit, jedoch werden diese Wesensanlagen im gewöhnlichen Leben nicht zur Entfaltung gebracht, womit die Unheilssituation des Menschen und die Begründung des Erlösungsstrebens gegeben sind. Die für den J. typische Rolle, die die Welt des Gegenständlichen hierbei spielt, besteht darin, daß die Seele als Prinzip der Tätigkeit in ihrer Betätigung in Gedanken, Worten und Werken aus dem Betätigungsfeld des Empirischen, dessen Gegenstände man sich als Atomaggregate vorstellt, Materieteilchen in sich einströmen läßt und sich mit ihnen infiziert. Die der Seele artfremde Materie wird in ihr als «Werkfrucht» (karma) dahin wirksam, daß sie deren natürliche Anlagen nicht zur Entfaltung kommen läßt, den unterschiedlichen sittlichen Wert der Individuen bedingt und die Bindung an die Sequenz der Wiedergeburten verursacht. Technische Mittel zur Lösung der Seele von der Materie sind die Abwehr des Einströmens neuen und die Tilgung schon vorhandenen Stoffes. Zur Erreichung dessen bedarf es vor allem der sittlichen Zucht und der Ausübung von Asketepraktiken. Vermag man solcherart die Seele von der Materie zu lösen, so erfährt die Seele mit dem Tode Selbstverwirklichung und scheidet aus der Geburtenkette aus.

Als Erlösungslehre hat der J. im Gegensatz zum Buddhismus noch heute große Bedeutung in seinem Ursprungsland.

Anmerkungen. [1] Zum Vergleich Buddha/Jina s. E. LEUMANN: Buddha und Mahāvîra, die beiden ind. Relig.-Stifter. Untersuch. zur Gesch. des Buddhismus 6 (1921). – [2] Knappe Darstellung der Überlieferungssituation bei E. FRAUWALLNER: Gesch. der ind. Philos. 2 (1956) 252-256. 333ff. – [3] H. JACOBI: Eine Jaina-Dogmatik, Umâsvâti's Tattvârthâdhigama Sûtra, übers. u. erläutert. Z. dtsch. morgenländ. Ges. 60 (1906). – [4] E. FRAUWALLNER zieht a. a. O. [2] auch die Werke Kundakundas heran

Literaturhinweise. H. V. GLASENAPP: Der Jainismus, eine ind. Erlösungs-Religion (1925). – W. SCHUBRING: Die Lehre der Jainas, Grundriß der indo-arischen Philol. und Altertumskunde III/7 (1935). – E. FRAUWALLNER s. Anm. [2] 1 (1953) 247-272; 2 (1956) 251-294.   F. ZANGENBERG

Jansenismus (frz. Jansénisme). Der Begriff ‹J.› wurde kurz nach 1640 vom Namen eines seiner Hauptvertreter, CORNELIUS JANSENIUS (1585–1638), abgeleitet; er versucht, ein Syndrom heterogener theologisch-politischer Strömungen vornehmlich des 17. und 18. Jh. in Frankreich und Belgien zu fassen. Die Wurzeln des J. reichen in die spätmittelalterlichen und frühneuzeitlichen Gnadenstreitigkeiten zurück und führen im Argumentationsfeld der Theodizee einige Gedanken der augustinisch orientierten Devotio moderna fort. Die Präponderanz der Gnadenfrage, die sich kirchenpolitisch gegen die Jesuiten richtet, verblaßt im Laufe der Entwicklung des J. neben einem sich immer stärker profilierenden politischen Verständnis dieser Bewegung. Der politische J., der von Beginn an in der Auseinandersetzung der Nationalstaatlichkeit und Kirchenanspruch beheimatet ist, variiert ununterbrochen in Abhängigkeit von veränderlichen, umschlagenden Interessen: von Gallikanismus und Ultramontanismus, von zentralistischen Bestrebungen der absoluten Monarchie und gegenläufigen Tendenzen der französischen Stadtparlamente. Aus vielen Komponenten, die einander teilweise ausschließen, entsteht die Verschiedenartigkeit der historischen Phänomene des J.

1. *Vorgeschichte und Grundlagen: der Bajanismus* (= B.). – Für den Katholizismus ist die Gnadenlehre seit dem Tridentinum auf «antinomistischen Libertinismus», auf Entscheidungsfreiheit [1], festgelegt. Die unterlegene Konzilspartei, deren hervorragender Repräsentant der Löwener Theologe M. BAJUS (1513–1589) war, vertrat auch nach 1564 eine augustinische Gnadenlehre, die leicht zum Calvinismus tendierte und 1567 für häretisch erklärt wurde: den B. Über einen Schüler des Bajus, J. JANSON, wurde der B. auf die beiden Hauptrepräsentanten des frühen J. übertragen: auf JANSENIUS selbst, der Professor in Löwen war, ehe er Bischof von Ypern wurde, und auf seinen Freund J. DU VERGIER DE HAURANNE, den späteren Abt von SAINT CYRAN (1581–1643) [2]. Einen zusätzlichen augustinisch-calvinistischen Einflußschub vermittelte die Synode von Dordrecht (1618 bis 1619) [3]. Saint Cyran und Jansenius waren aufgrund ihres Augustinismus Anhänger der kompromißlosen

Priorität einer Kirche, die gegen die thomistisch-philosophische, offizielle Tendenz verstanden wurde. Aus diesem Interesse schrieb JANSENIUS 1635 gegen Richelieus Deutschland- und Spanienpolitik seinen ‹Mars Gallicus›, unterstützt von der Politik Saint Cyrans [4].

Jansenius' Hauptwerk ‹Augustinus, in quo haereses & mores Pelagii contra naturae humanae sanitatem, aegritudinem & medicinam ex S. Augustino recensentur ac refutantur› (Löwen 1640) setzt den gnadentheologischen und damit kirchenpolitischen Streit fort, der zwischen Bajus und dem Jesuiten L. Lessius (1554–1623) geführt worden war. Mit L. MOLINAS ‹Liberi arbitrii cum gratiae donis ... concordia› (Lissabon 1588) war die Position gewonnen worden, die ein Höchstmaß menschlicher Freiheit mit der göttlichen Gnade koinzidieren ließ. Die Freiheit gründet sich auf einen optimistisch interpretierten Naturstand, der die Sicherheit menschlicher Erkenntnisse und Fähigkeiten garantiert und der durch die Erbsünde qualitativ nicht tangiert wird [5].

Diesen *Molinismus*, der aufgrund eines solch unbeschädigten Naturstandes die Freiheit als Entscheidungsfreiheit profilieren konnte und der sich in abgeschwächter Form als *Kongruismus* bei den Jesuiten durchgesetzt hatte, identifiziert JANSENIUS mit dem *Pelagianismus* bzw. *Semipelagianismus*, gegen die sich die Gnadenlehre des späten Augustinus gerichtet hatte [6]. Gegen den Kongruismus vertrat Jansenius die Bajanische Lehre, daß der status naturalis der paradiesische Stand sei, der mit der Erbsünde verlorengegangen sei. Das hat gnadentheologische Konsequenzen: Die gratia sufficiens, die den Naturstand garantiert, wird mit dem Verlust der natürlichen Eigenständigkeit und Freiheit hinfällig, es bleibt allein die gratia efficax, die souverän von Gott vergeben wird und der der Mensch nicht widerstehen kann. Er hat nur die Wahl zwischen der Akzeptation der Gnade und dem natürlichen Verderben.

Jansenius' Gleichsetzung des offiziell gebilligten Kongruismus mit dem häretischen Pelagianismus implizierte einen Angriff auf das Lehramt, der sich mit der kirchlich approbierten Autorität Augustins gegen die kirchliche Autorität richtete. Der Papst antwortete schon 1641 mit der Indizierung des ‹Augustinus›. 1643 erließ URBAN VIII. die Bulle ‹In eminenti›, die den Streit zwischen Jansenisten und Jesuiten untersagte. Unter den indizierten Schriften der Bulle taucht zuerst ‹jansenianus› als abstrakter, polemischer Begriff auf [7]. A. ARNAULD verteidigte schon 1642 den Begriff ‹Jansenisten› gegen den jesuitischen Häresievorwurf [8]. Seither ist ‹J.› ein Sammelbegriff für den späten französisch-niederländischen Augustinismus.

Anmerkungen. [1] A. PETERS: Art. ‹Gnade›; H. DENZINGER und A. SCHÖNMETZER: Enchiridion symbolorum (³⁴1967) Nr. 1561, 1528-1530. – [2] J. ORCIBAL: Jean Duvergier de Hauranne, Abbé de St. Cyran et son temps 1581-1638 (Paris/Löwen 1947) 137. – [3] J. CARREYRE: Art. ‹J.›, in: Dict. de Theol. cath. 8/1, 321f. – [4] R. TAVENEAUX: J. et politique (Paris 1965) 53. – [5] L. MOLINA: Liberi arbitrii ... Vgl. THOMAS VON AQUIN, S. theol. I, 95, 1. – [6] C. JANSENIUS: Augustinus (Löwen 1640) 3, 1068ff.; Erroris Massiliensum et opiniones quorundam recentiorum PARALLELON et statera. – [7] Magnum Bullarium Romanum 6/2 (Rom 1760, ND 1965) 271f. – [8] A. ARNAULD: Apol. pour M. l'Abbé de St. Cyran (1644). Oeuvres de Messire A. Arnauld ... (Paris 1775-1783) 29, 187.

2. *Arnaldismus*. – Der posthume ‹Augustinus› des Jansenius stieß auf die Rezeptionsbereitschaft, die die politische und publizistische Opposition Saint Cyrans in Frankreich bewirkt hatte. Dabei ging es dem oppositionellen J. nicht um eine aktive Veränderung des Staats,

sondern zunächst um die Möglichkeit, seine theologischen Interessen mit den jeweiligen Gegebenheiten des Staats in Einklang zu bringen, um Spielraum für seine Selbständigkeit zu gewinnen [1]. Diese Selbständigkeit des J. gegenüber Staat und Kirche ruht auf der Sicherheit des Wahrheitsbesitzes und legitimiert sich theologisch aus der augustinischen «illuminatio» [2], der unmittelbaren Evidenz und Sicherheit der individuellen Erkenntnis. Deswegen kann der J. nicht nominalistisch heißen; bei aller Unsicherheit hinsichtlich der endgültigen Rechtfertigung des Menschen durch die Gnade ist die Evidenzforderung an die Wissenschaft, wie sie DESCARTES aufgestellt hat, augustinisch sanktioniert; zugleich wird ihr Ungenügen für das Heilsinteresse des Menschen betont. Diese Argumente stellt ARNAULD in der ‹Logique de Port-Royal› [3] und in seiner Descartes- und Malebranchekritik [4] in Rechnung; PASCAL verschärft das Ungenügen zur Unvereinbarkeit, zur gleichzeitigen Offenbarung und Verborgenheit Gottes, die die Verderbtheit des Menschen und seine Unwürdigkeit, Gott zu erkennen, noch krasser hervortreten läßt [5].

Da in einer kontingenten Welt alles Wissen Gnade ist, verweist die Sicherheit der Logik auf die göttliche Allmacht. Diese Spur der göttlichen Verläßlichkeit gibt auch den theologischen Rückhalt für die Koalitionen, mit denen der J. sich in stets neuen Auseinandersetzungen politisch stärkte. So verband er sich mit den antijesuitischen Strömungen der Parlamente, aus deren Kreisen, der «noblesse de robe», sich seine Anhänger häufig rekrutierten [6]. Nach 1643 konnte der J. sich in mehreren Anläufen unter seinem Wortführer A. Arnauld, nach dem diese Phase gelegentlich *Arnaldismus* heißt [7], gegen den Ultramontanismus durchsetzen. Seinen Rückhalt fand er politisch im *Gallikanismus* des Pariser Parlaments und der Sorbonne, die die Freiheiten der französischen Kirche seit E. RICHER verteidigten [8]. Damit veränderte der J. in seiner zweiten Phase seine bisher übernational orientierte Kirchenpolitik zugunsten einer nationalen, konziliaren Position, aus der die römischen Disziplinierungsversuche abgewehrt werden sollten.

Nachdem sich Ludwig XIV. zum Sprecher des Gallikanismus gemacht und die Parlamente entmachtet hatte, geriet der J. dann aber als gemeinsamer Feind von König und Kirche in Bedrängnisse, die bis zum Beginn des 18. Jh. andauerten. Der literarische Höhepunkt der Streitigkeiten um den J. wurde im Anschluß an die 1653 verkündete Bulle INNOZENZ' X. ‹Cum occasione› erreicht. Sie erklärte fünf Thesen für häretisch, die dem Sinne nach aus Jansenius' ‹Augustinus› stammten [9]. ARNAULD verteidigte sich mit der Unterscheidung von quaestio iuris und quaestio facti: die Verurteilung der Thesen sei rechtmäßig, sie fänden sich tatsächlich aber nicht bei Jansenius. Seine Konsequenz: In frommem Stillschweigen solle man sich den Anordnungen des Papstes fügen. Gegen die Polemik vornehmlich von jesuitischer Seite, die auf Arnaulds provozierende Interpretation der Bulle folgte, wandten sich PASCALS ‹Lettres à un Provincial› (1556/57), die seit dem vierten Brief vornehmlich gegen die Kasuistik polemisieren. Die Tendenz der ‹Lettres ...› setzte Arnauld in seiner Sammelschrift ‹La morale pratique des Jésuites› fort (8 Bde. 1669–1675).

Überall steht der jansenistische, gnadentheologisch begründete Rigorismus dem weltoffeneren, versöhnlicheren, mit moralischen und theologischen Minimalansprüchen argumentierenden Probabilismus der Jesuiten unversöhnlich gegenüber. Die radikalen Positionen werden freilich nicht immer bezogen: In der literarisch glanzvollsten Phase des J. fächern sich die theodizeeorientierten Beurteilungen von Natur und Gesellschaft in ein Spektrum auf, das von unbedingter Ablehnung der sündigen Welt (M. BARCOS, M. ANGÉLIQUE ARNAULD) über Kompromißbereitschaft und gedämpften Pessimismus (P. NICOLE, A. ARNAULD bes. in den ‹Éléments de Géometrie› und in der ‹Logique de Port-Royal›) bis zu jener Radikalität reicht, die L. Goldmann «tragische Weltanschauung» [10] genannt hat, zur «innerweltlichen Ablehnung der Welt» [11], wie sie sich in PASCALS ‹Pensées› und RACINES ‹Phèdre› finden [12]. Eine solche tragische Spannung läßt einen Fortschritt der Welt nicht zu, sie benötigt vielmehr den nicht zu vermittelnden Gegensatz von erbsündenbedingter Konkupiszenz und beglückender, gnadenbedingter Caritas, einen rigorosen ethischen Dualismus zur Rechtfertigung Gottes vor den Übeln der Welt. Dieser entfremdeten Nähe zu Gott entspricht das Paradox, das in den ‹Pensées› zur literarischen Form und zur anticartesischen Methode wird: «Le cœur a ses raisons que la raison ne connaît point» [13]. Eine immanente, fortschrittliche Veränderung der Welt ist aufgrund der Macht der Erbsünde unmöglich; «l'amour pur» des Quietismus ist den Jansenisten bereits delectatio, mit der Gott die Erwählten begnadigt. Die Gnade allein bietet die Sicherheit, die auch den institutionenfeindlichen «Fanatismus» legitimiert [14].

Wegen der Außenpolitik Ludwigs XIV. und der «Milde» Clemens' IX. («Clementinischer Friede» 1669 bis etwa 1679) konnte sich der J. nach einigen Jahren unnachsichtiger Verfolgung durch den Pariser Erzbischof Péréfixe und durch den Jesuitenprior Annat zunächst in Frankreich behaupten. Nach dem holländischen Krieg flackerten jedoch die Streitigkeiten wieder auf; Arnauld mußte 1679 in die Niederlande emigrieren, wo er 1694 starb. Das Hauptgewicht des J. verlagerte sich in die spanische Niederlande; P. QUESNEL löste Arnauld in der Führungsrolle ab. Die Interessengleichheit von Kirche und Staat in Frankreich, die innenpolitischen Konsolidierungsmaßnahmen ließen gerade wegen des 1685 vom Königtum neu fixierten Gallikanismus keinen Platz mehr für die Jansenisten; 1710 wurde auf Anordnung Ludwigs XIV. das jansenistische Zentrum, das Kloster Port-Royal des Champs, geschleift.

Anmerkungen. [1] P. HONIGSHEIM: Die Staats- und Soziallehren der frz. Jansenisten im 17. Jh. (1914, ND 1969). – [2] Vgl. Art. ‹Augustinismus›. – [3] ARNAULD, Oeuvres a. a. O. [8 zu 1] 40, 411. – [4] a. a. O. 28, 33ff.: Objections contre M. Descartes; 177 ff.: Des Vraies et des Fausses Idées, contre ce qu'enseigne l'Auteur de la Recherches de la Vérité. – [5] B. PASCAL, Pensées, hg. BRUNSCHVICG (1925) Nr. 559. – [6] R. MOUSNIER: Le Conseil du Roi de la Mort de Henri IV. au Gouvernement personel de Louis XIV. Ét. Hist. moderne et contemporaine (Paris 1947); Recherches sur les soulèvements populaires en France avant la Fronde a. a. O. 5 (1958); L. GOLDMANN: Le Dieu caché (Paris 1955, dtsch. 1973) 153ff.; TAVENEAUX, a. a. O. [4 zu 1] 17f. – [7] G. ARNOLD: Kirchen- und Ketzerhist. II/XVII, 14 (1729) 1052ff.; A. ARNAULD erwähnt diese polemische Bezeichnung bereits 1644. Oeuvres a. a. O. [8 zu 1] 29, 187. – [8] TAVENEAUX, a. a. O. [4 zu 1] 40. – [9] Magn. Bull. Rom. a. a. O. [7 zu 1] 248. – [10] GOLDMANN, a. a. O. [6]. – [11] a. a. O. dtsch. 89. – [12] 86. – [13] PASCAL, a. a. O. [5] Nr. 277. – [14] R. SPAEMANN: Reflexion und Spontaneität. Stud. über Fénelon (1963) 159ff. –

3. *Quesnellismus*. – Die dritte Phase des J. setzt die geschwächte Position des französischen Königtums nach dem Spanischen Erbfolgekrieg voraus; in sie fällt die von der französischen Krone unterstützte Konstitution CLEMENS' XI. ‹Unigenitus› (1713) [1]. Nach dem Tode Ludwigs XIV. (1715) veränderte sich die Situation des J. schlagartig [2]. Der Regent Philipp von Orléans begünstigte zunächst die Jansenisten und gab den Parlamenten mehr Raum. Die Koalition mit den Parlamenten institutionalisierte den J. fast durch das ganze 18. Jh. hindurch und gab ihm einen politischen Einfluß, den er in den Jahren seiner großen literarischen Wirksamkeit nicht erreicht hatte. Zunächst unter der Leitung von P. QUESNEL (1634–1719), danach unter wechselnden Wortführern (N. LE GROS 1675–1751, J. BESOIGNE 1686–1756, C. MEY 1712–1796, G. N. MAULTROT 1714–1803) verteidigte die Koalition die gallikanischen Freiheiten gegen den Ultramontanismus des Heiligen Stuhls. Mit der Aufsässigkeit der Parlamente geriet der J. in den Auflösungsprozeß des Ancien Régime.

Die Politik eines antiabsolutistischen Gallikanismus, die von den Jansenisten besonders in ihrem von 1728 bis 1803 erschienenen Publikationsorgan ‹Nouvelles ecclésiastiques› vertreten wurde, stützte sich auf die Gallikanischen Freiheiten, die den Jurisdiktionsprimat des Papstes zugunsten eines Konzils einschränkten (Konziliarismus). Wortführer und Spitzenpolitiker der «Appellanten» an ein Konzil über die Bulle ‹Unigenitus› war der Pariser Kardinalerzbischof NOAILLES (1651–1729). Es gelang Clemens XI. während seines Pontifikats nicht, den jansenistisch orientierten Gallikanismus zum Kirchengehorsam zu bringen [3]. Infolge des jansenistischen Einflusses in den Niederlanden und der unnachgiebigen Politik Clemens' XI. spaltete sich 1724 die jansenistische Utrechter Kirche ab. Sie konstituierte sich konziliaristisch und schloß sich 1889 mit den Altkatholiken zusammen.

Die auf Clemens XI. folgenden Pontifikate konnten ebensowenig wie der Thron den J. unter Kontrolle bringen. Neben der durchgehenden Ablehnung der Bulle ‹Unigenitus›, die das französische Staats- und Kirchenleben im 18. Jh. tiefgreifend verändert hat [4], wird das Bild des J. in dieser Zeit von den «Convulsionnaires» geprägt, Mystikern, die seit 1731 Wunder am Grabe des Diakons Pâris festzustellen glaubten. Sie trieben den J. in eine Richtung, die auch dem Parlament von Paris suspekt war und mit der VOLTAIRE ebenso wenig zu tun haben wollte wie mit den Jesuiten [5]. Auf dem entgegengesetzten Flügel veränderten N. LE GROS und J. BESOIGNE mit liberalen Ideen die Lehre des J., der damit immer mehr von seinem philosophisch-theologischen Rigorismus verlor [6]. Die liberalen Tendenzen koinzidierten mit den politisch nachhaltigsten Strömungen des parlamentarischen J., der durchweg auch von der Sorbonne unterstützt wurde; mit der Parallelität von gallikanischem Konziliarismus und französischem Parlamentarismus. Der 2. gallikanische Artikel «quod concilium generale sit supra papam» schlug auf seine königlichen Urheber zurück: Die Priorität der allgemeinen Vertretung vor dem einzelnen Oberhaupt galt den Parlamenten sowohl theologisch als auch politisch. Mit der «entrée en scène de la petite bourgeoisie en robe» (1730 bezeichnen 40 Advokaten das Parlament als «Senat der Nation») wurde die Volkssouveränität unter dem Einfluß des J. mehr und mehr gegen die königliche Souveränität ausgespielt; auch die kirchliche Gewalt, beschließt das Parlament gegen den königlichen und päpstlichen Willen, sei den Parlamenten verantwortlich [7]. Der J. hatte sich im Klerus bis 1755 soweit durchgesetzt, daß zum erstenmal eine Mehrheit gegen den expliziten königlichen und päpstlichen Willen in der Jansenistenfrage an ein Konzil appellierte. Damit hatten Kirche und absolutes Königtum den Kampf gegen die jansenistischen Parlamente verloren.

Mit gewissem Recht kann man die späte politische Breitenwirkung des J. (auch in Italien [8]) trotz der Lehre von der menschlichen Ohnmacht als eine Emanzipationsbewegung bezeichnen: Über den Advokaten Maultrot hat er den *Girondismus* der Französischen Revolution mitbeeinflußt. In der Metamorphose durch politischen Druck verlor der J. seine theologische Prävalenz zugunsten einer politischen. Der ursprünglich auf antiinstitutionelle «Illuminatio» sich stützende J., der gegen Ludwig XIV. machtlos geblieben war, setzte sich gegen seine Nachfolger parlamentarisch institutionalisiert durch.

Die ungewöhnlich vielschichtige Struktur des J. spiegelt sich im diffusen Gebrauch des Begriffs; schon im 17. Jh. beginnen Bestrebungen, durch apologetische Geschichtsschreibung die Legitimität des eigenen Standpunktes darzustellen. G. GERBERON schrieb die bekannteste jansenistische ‹Histoire Générale du Jansénisme› (Amsterdam 1700), 1720 erschien in Lyon anonym die jesuitische ‹Bibliothèque des Livres Jansénistes› (von C. DE COLONIA), P. LAFITEAU veröffentlichte 1766 in Avignon die kirchenoffizielle ‹Histoire de la Constitution Unigenitus›. Schon gleichzeitig mit den historischen Streitigkeiten hat G. ARNOLD die Verbindung von J. und Gallikanismus gesehen [9], und S. J. BAUMGARTEN betonte bereits 1754 die Verbindung des J. mit dem vortridentinischen Augustinismus, der von den ohnmächtigen «effectus causarum secundarum» ausgegangen sei [10].

Außer auf einige kleinere theologische Kontroversen wirkte der Jurisdiktionsanspruch des Papstes, der durch die Bulle ‹Unigenitus› 1713 erhoben wurde, politisch auch ins Reich [11]. Nachdem der Kaiser zunächst absolute Neutralität der Bulle gegenüber verkündet hatte, ließ Josef II. sie unterdrücken. Die Zerfaserung des Begriffs ‹J.› freilich und seine kirchengeschichtliche Koppelung an die Wirkungsgeschichte der Bulle und des Gallikanismus, die auf den *Febronianismus* und *Josefinismus* Einfluß gewannen, machten den Begriff in den letzten Jahrzehnten des 18. Jh. unbenutzbar: Er galt als liberalistisch oder als rigoristisch, als aufklärerisch-freigeistig oder als fanatisch; schließlich war er nur noch ein «Schreckbild für Kinder» [12].

Anmerkungen. [1] Magn. Bull. Rom. 10/1 (Rom 1785) 340ff. – [2] J. CARREYRE: Le J. durant la Régence 1-3 (Löwen 1929-1932). – [3] A. SCHILL: Die Constitution Unigenitus, ihre Veranlassung und ihre Folgen (1876). – [4] B. GROETHUYSEN: Die Entstehung der bürgerl. Welt- und Lebensanschauung in Frankreich 1 (1927) 138. – [5] VOLTAIRE: Art. ‹Convulsionnaires›, in: Dict. philos. (1764). – [6] TAVENEAUX, a. a. O. [4 zu 1]. – [7] a. a. O. 43. 46. 200; SCHILL, a. a. O. [3] 263. – [8] P. STELLA: Il Giansenismo in Italia (Zürich 1966). – [9] ARNOLD, a. a. O. [7 zu 2] 1046f. – [10] S. J. BAUMGARTEN: Gesch. der Religionspartheyen, hg. SEMLER (1766) 711f. – [11] Vgl. dazu W. DEINHARDT: Der J. in Dtsch. Landen (1929). – [12] M. A. WITTOLA: Der J., ein Schreckbild für Kinder (1776) [ein jansenistisches Werk, das die kirchl. Unschädlichkeit des J. zeigen sollte].

Literaturhinweise. J. RACINE: Abrégé de l'hist. de Port-Royal (unvollendet). – G. GERBERON: Hist. gén. du J. 1-3 (Amsterdam 1700). – C. DE COLONIA: Bibliothèque des livres jansénistes (o. O. [Lyon] 1722). – P. LAFITEAU: Hist. de la Constitution Unigenitus (Avignon 1766). – A. ARNAULD, Oeuvres Bd. 43 [Biographie A.s] (Paris 1783). – C. A. DE SAINT-BEUVE: Port-Royal 1-5 (Paris 1840-1859). – A. SCHILL s. Anm. [3 zu 3]. – P. HONIGSHEIM s. Anm. [9 zu 1]; Art. ‹J.›, in: RGG³. – A. GAZIER: Hist. gén. du mouvement janséniste 1-2 (Paris 1923/24). – B. GROETHUYSEN s. Anm. [4 zu 3]. – J. CARREYRE s. Anm. [3 zu 1] und [2 zu 3]. – F. BORKENAU: Der Übergang vom feudalen zum bürgerlichen Weltbild (1934, ND 1973) 248ff. – L. CEYSSENS: Sources relatives aux débuts du J. et de l'anti-J. 1640-1643 (Löwen 1957); La première Bulle contre Jansénius. 1644-1653 1-2 (Brüssel/Rom 1961/62); La fin de la première période du J. 1-2 (Brüssel/Rom 1963-1965); Sources relatives à l'hist. du J. des années 1661-1672 (Löwen 1968); La seconde période du J. 1: Les débuts. Sources des années 1673-1676 (Brüssel/Rom 1968). – W. DEIN-HARDT s. Anm. [11 zu 3]. – J. ORCIBAL s. Anm. [2 zu 1]. – L. WILLAERT: Bibliotheca jansenistica belgica (Namur/Paris 1949-51). – L. GOLDMANN s. Anm. [6 zu 2]. – R. TAVENEAUX s. Anm. [4 zu 1]. – H. KORTUM: Art. ‹J.›, in: Philos. Wb., hg. KLAUS/BUHR (⁸1972).   W. SCHMIDT-BIGGEMANN

Jemeinigkeit wird als Begriff von M. HEIDEGGER in ‹Sein und Zeit› eingeführt [1]. Das Sein des Daseins ist «*je meines*» [2]. «Dasein ist daher nie ontologisch zu fassen als Fall und Exemplar einer Gattung von Seiendem als Vorhandenem ... Das Ansprechen von Dasein muß gemäß dem Charakter der *J.* dieses Seienden stets das *Personal*pronomen mitsagen: ‹ich bin›, ‹du bist›» [3]. Der Charakter des Daseins als J. wird deutlich im Blick auf die Existenzialien ‹Tod› und ‹Gewissen›: «Der Tod ist, sofern er ‹ist›, wesensmäßig je der meine» [4], und das Gewissen ist «im Grunde und Wesen *je meines*» [5].

Anmerkungen. [1] M. HEIDEGGER: Sein und Zeit (⁹1960). – [2] a. a. O. 41. – [3] 42. – [4] 240. – [5] 278.   P. PROBST

Je ne sais quoi. Französisch ‹J.n.s.q.› (ich weiß nicht was, ein (gewisses) Etwas) entspricht dem in der klassischen lateinischen Literatur häufig anzutreffenden ‹nescio quid› [1], leitet sich jedoch wie italienisch ‹non so che› und spanisch ‹no sé qué› von vulgärlateinisch ‹non sapio quid› ab [2] und begegnet meist als unbestimmtes Pronomen, oft auch in substantivierter Form.

Begriffsgeschichtlich sind zwei sich immer wieder berührende und beeinflussende Traditionen zu unterscheiden, deren eine, eher psychologisch-ästhetisch orientierte, von CICERO und deren andere, psychologisch-theologische bzw. mystische, von AUGUSTINUS ihren Ausgang nimmt. Dementsprechend deutet das mit ‹J.n.s.q.› umschriebene geheimnisvolle Etwas einmal auf ein an außerordentlichen Personen oder Kunstgegenständen einzigartig Aufleuchtendes, das andere Mal auf den Grund der Seele und des Gewissens.

Im *Mittelalter*, in dem ‹J.n.s.q.› bzw. ‹nescio quid› relativ selten belegt ist, wirkt, vermittelt wohl durch die frühscholastische Disputationsmethode, augustinisches «nescio quid magnum et divinum» [3], «nescio quid aliud, quod Deus iam promittit et homo nondum capit» [4], «nescio quid aliud, quod mecum est et ego non sum» [5] auf die Trobadors WILHELM IX. VON POITIERS und RAIMBAUT D'AURENGA («no sai que s'es» [6]), trifft sich, wie es scheint, mit dem aristotelischen τί ἐστι über scholastisches «aliquid in anima» in der «scintilla animae» der Mystiker, dem «vünkelin der sêle» MEISTER ECKHARTS, seinem «etwaz in der sêle» [7].

Steht DANTES «non so che divino» [8] noch im Zeichen des Augustinismus und zugleich der neuplatonischen Lichtmetaphysik wie das den Durchgang durch die Minnelyrik offenbarende, wunderwirkende «non so che negli occhi» PETRARCAS [9], so ist für die Blüte des ‹Ich-weiß-nicht-was› im *italienischen Humanismus* doch maßgeblich die Rezeption CICEROS: Sein «nescio quid praeclarum ac singulare» [10], «... in animo meo» [11], «nescio quid tenue, quod sentiri nullo modo, intelligi autem vix potest» [12] gerät in der Renaissance in den Bannkreis der «grazia», die unabdingbares Ingrediens der Schönheit, Ursache des ästhetischen Gefallens, mysteriöser Grund der Liebe, unergründliche Bedingung vollendeter Individualität, Anmut und übernatürliche Gnade bezeichnet. Ein «göttliches Ich-weiß-nicht-was» birgt alles Unerklärbare in der neuplatonischen Schönheits- und Liebestheorie von POLIZIANO [13] über FIRENZUOLA («un non so che di grazia» [14]) bis zu TASSO, für den die Schönheit der Seele in einem «non so che di eterno e divino» gründet [15]. Schon 1553 zieht VARCHI Bilanz: Das unbegreifliche Ich-weiß-nicht-was ist nichts anderes als die Kraft des platonischen Eros, den Aufstieg von den vergänglichen zu den ewigen Schönheiten zu bewirken [16]. Der «Glanz des Höchsten Gutes», als den FICINO in seinem berühmten Symposion-Kommentar die Schönheit definiert hatte, Kennzeichen der «grazia» CASTIGLIONES, signalisiert die Wirkung eines Ich-weiß-nicht-was, das mit der Ausbreitung der italienischen Renaissance nach Spanien (und Portugal – CAMÕES [17]) und Frankreich dringt. Zwar weist das älteste *spanische* Vorkommen der Wendung in ROJAS' ‹Celestina› (vor 1499 [18]) auf die in Italien sichtlich verdrängten tragischen Möglichkeiten jener schicksalhaften Mitgift der Sterne hin, die als ein «no sé qué» auch dem Schrecklichen und Dämonischen innewohnen oder, wie etwa bei CERVANTES [19], die Faszination des Lasters und des Trugs («engaño») bewirken kann. Indessen überwiegt auch in Spanien seit JUAN DE VALDÉS (1533 [20] und BOSCÁN [21]) bis zum oft parodierten Mißbrauch die Bezeichnung für unbegreifliche, aber glückhaft empfundene Seelenzustände, im Roman, in der dramatischen Dichtung (CALDERÓN [22]) wie in der religiös-didaktischen Literatur, so daß unsere Wendung bei MORETO [23] zum Synonym von Glück und Glückseligkeit wird. Die Spiritualisierung des Begriffs erreichte ihren Höhepunkt bei den großen Mystikern TERESA DE ÁVILA [24] und JUAN DE LA CRUZ [25] als Inbegriff mystischer Ekstase und Deificatio, während er gleichzeitig im Anschluß an Cicero und Castiglione zum suprarationalen Bezugspunkt höfischer wie extrahöfischer Urbanität wird (ANTONIO DE GUEVARA [26]). Der Versuch des bedeutendsten spanischen Moralisten GRACIÁN, dem unnennbaren Geheimnis der Vollendung jenseits aller rational erfaßbaren Schönheit und Genialität einen Namen zu geben, bleibt ohne Folgen: sein ‹despejo› ist unübersetzbar, es sei denn, auch für spanische Kommentatoren, mit einem ‹Ich-weiß-nicht-was› [27]. Ansätze zu einer ästhetischen Theorie, in deren Zentrum unser Begriff steht, werden erst 1733 voll entfaltet in der Abhandlung ‹El no sé qué› des Padre FEIJÓO [28], die alle bisherigen Bedeutungsvarianten des Begriffs auf einen vorromantischen Nenner bringt, indem sie das Ich-weiß-nicht-was des Kunstwerks wie der Persönlichkeit auf die individualisierende Abweichung von der klassischen Regelschönheit gründet und seine Wirkung auf den ebenso individuellen Geschmack des Rezipienten.

Die erstaunliche Modernität der Konzeption des frommen spanischen Aufklärers Feijóo setzt den zeitgenössischen Stand der *französischen* Entwicklung voraus. Seit MAROT [29] bezeugt auch französisch ‹J.n.s.q.› den tiefen Einfluß des italienischen Platonismus. Als Ausdruck für die ebenso unerklärbare wie unwiderstehliche Macht der Liebe überdauert es die Absage an den Petrarkismus, wird aber bis zu RONSARD [30] und MONTAIGNE [31] im Sinne der Fortuna-Konzeption als schicksalhafte Festlegung des Lebens auch zur Bezeichnung für einen negativen Befund. Wie der Dichter seinen Daimon als persönlichen Genius, so hat jedes Individuum sein eigenes «fatales» J.n.s.q. Hatte sich schon PETRARCA [32] eines «nescio quid occultum» bedient, um seine Theorie der künstlerischen Imitatio zu verdeutlichen, so benutzt DU BELLAY [33] das ‹J.n.s.q.› als Kennzeichen der unverwechselbaren Eigenart einer Sprache, um den Kampf um die Literaturfähigkeit der Nationalsprachen und den Wettstreit um ihren Vorrang zu instrumentieren.

Der Aspekt schicksalhafter Besonderung und Isolierung, dessen Fatalität das 16. Jh. mit einem im Geniebegriff gipfelnden Individualismus zugleich akzeptierte und überwand, mußte im 17. Jh. den überindividuellen Normen der sich durchsetzenden absolutistischen Gesellschaftsorganisation unterworfen oder integriert werden. Die Bedeutungsgeschichte von ‹J.n.s.q.› spiegelt variantenreich Widerstand und Affirmation. Das semantische Feld der letzten sprachlichen Citadelle des Irrationalen ist nie so weit und so reich an Konnotationen wie unter der Herrschaft von Rationalismus und Regel. Ungebrochen übersteht sublimiertes erotisches ‹J.n.s.q.› den Übergang von der Renaissance zum Barock, wird zum Modewort des preziösen Schrifttums und fällt mit diesem schließlich bei MOLIÈRE [34] und BOILEAU [35] der Lächerlichkeit anheim. Ein geheimnisvolles J.n.s.q. kettet bei CORNEILLE die Menschen unwiderruflich aneinander [36], setzt als Naturrecht die Ratio ins Unrecht und wird zur Stimme des Gewissens gegen das Gebot der Staatsraison [37]. Nach dem Sieg des Absolutismus entdeckt BOSSUET [38] an Ludwig XIV. ein «j.n.s.q. de divin», das «den Völkern Furcht einflößt». PASCAL [39] erhebt das J.n.s.q. Corneilles zu einer universalen Sündenmacht, die unaufhörlich die Welt erschüttert. Als Geschichte bestimmende Kraft heftet es sich auch an deren politische und menschliche Opfer – wie ein Wort BOSSUETS über Condé [40] und das berühmte literarische Porträt La Rochefoucaulds durch den Kardinal DE RETZ [41] bezeugen – doch eben nur an die Großen, und erst der Frühaufklärer P. BAYLE [42] wird gegen Ende des 17. Jh. die Frage nach jenem J.n.s.q. stellen, das sich «darin gefällt, die niederen Stände mit Kummer zu beladen».

PASCALS kühne Verbindung von erotischem und geschichtlichem J.n.s.q. impliziert die kontingente Willkür historischen Geschehens und gibt dem Begriff jene Dimension des Unbegreiflichen zurück, in dem die rational domestizierte Gesellschaft des Absolutismus ihren Lebensgrund zugleich bedingt und in Frage gestellt sieht. Das ideale, ebenso soziale, ethische wie ästhetische Menschenbild der «honnêteté», das sie erstellt, kreist bei deren konsequentestem Theoretiker MÉRÉ [43] unablässig um das J.n.s.q., von dem schon der Grammatiker VAUGELAS [44] gesagt hatte, daß es zu allen anderen Eigenschaften hinzutreten müsse, sollen diese nicht wirkungslos bleiben. Für MÉRÉ ist es eine im vorbildlichen Menschen wirkende Weltkraft, die alle Qualitäten erst in Szene setzt. Als Auszeichnendes ist es ein Unterscheidendes, als Postulat der honnêteté ein Gemeinsames. Es ist Ursache des Gefallens, aber auch des überlegenen Urteilsvermögens [45]. Noch in seiner Versagung kann ‹J.n.s.q.›, wie bei Mlle. DE SCUDÉRY [46], zur Chiffre für die Ursache der gefürchteten Langeweile («ennui») werden. Selbst DESCARTES [47] gesteht seine Verwunderung über jenes J.n.s.q. «in mir selbst, das nicht unter die Vorstellungskraft fällt». Für einen FÉNELON [48] ist die cartesianische Gewißheit des «cogito ergo sum» selber das Fragwürdigste, das menschliche Wesen ein J.n.s.q., dem keine eigene Existenz zukommt und das sich jedem rationalen Zugriff entzieht.

Inzwischen hatte der Begriff im Prozeß der Auflockerung der rationalistischen Poetik so nachhaltige Wirkungen gezeitigt, daß sogar der strenge «Gesetzgeber» des klassischen Parnaß, BOILEAU, ihm eine Rolle sowohl im Kunstwerk wie im Aufnahmevermögen des Betrachters einräumen mußte [49]. Die Wende hatte schon 1671 der vielgelesene Jesuit BOUHOURS vollzogen [50]. «Délicatesse» des guten Geschmacks und das J.n.s.q., dessen auch der «bon sens» nicht mehr entraten kann, erhalten höchsten Rang. «Génie» ist für Bouhours wieder ein «Geschenk des Himmels», ein «j.n.s.q. de divin» [51], schließlich gar identisch mit der göttlichen Gnade [52]. Das unbestimmbare Wesenselement im Kunstwerk hat seinen Subjektspartner im ebenso unbestimmbaren, spontan urteilenden Gefühl, das der Abbé du Bos 1719 zum sechsten Sinn und zur alleinigen ästhetischen Instanz erhebt [53]. Bouhours' Auffassung wird philosophisch von Leibniz' Theorie der «kleinen Perzeptionen» und der «cognitio confusa» gestützt [54]. Im Zuge der Verlagerung des ästhetischen Interesses von der Natur des Gegenstandes zur Natur des Betrachters wird die Überraschung («surprise»), bei Méré eher noch ein verdächtiger Effekt des J.n.s.q., bei Bouhours schon dessen Charakteristikum, bei Montesquieu zum Ausweis der Richtigkeit des spontanen Gefühlsurteils [55]. Bei Marivaux gelangt «J.n.s.q.» zum Triumph über die monotone Regelschönheit als geheimnisvoller Zauber, der einer «Unordnung vom besten Geschmack der Welt» innewohnt [56]. Rousseau vor allem setzt die vom aufklärerischen Rationalismus, der die Ästhetik vor schrankenlosem Relativismus bewahren wollte, gebremste Ausrichtung des ästhetischen Urteils nach der spontanen subjektiven Empfindung fort, über die allein das Gefühl des natürlichen Menschen verfügt. In diesem Gefühl sind für Rousseau alle J.n.s.q.s aufgehoben [57]. In der «schönen Seele» seiner Romanheldin überglänzt ein «j.n.s.q. d'inexprimable» noch die «grâce» [58], das J.n.s.q. des von ihr angelegten Gartens vermittelt dem empfindsamen Herzen ein erhabenes Erlebnis ebenso wie das «magische, übernatürliche j.n.s.q.» der Gebirgslandschaft [59]. Erst der Rousseau der ‹Rêveries› von 1777 findet den Ausdruck, in dem die Geschichte des ‹J.n.s.q.› als diejenige eines geistesgeschichtlich relevanten Begriffs sich erfüllt: «romantisch».

Nach wie vor, bis heute, in der gesamten Romania einschließlich Lateinamerikas, kann ein ‹J.n.s.q.› sich einstellen, wenn es gilt, Unerklärbares, das «ineffabile» einer Person, einer Stimmung, eines Kunstgegenstandes auszudrücken. Das Überleben der Wendung ist die Geschichte einer stets verfügbaren stilistischen Konstanten, die keine Polemik, keine Parodie und keine burleske Verwendung mehr provoziert wie noch im 18. Jh.

Anmerkungen. [1] Cicero, Ovid, Catull, Plautus, Terenz u. a. – [2] W. v. Wartburg: «Non sapio quid». Studia Philologica, Homenaje a D. Alonso (Madrid 1963) 3, 579-584. – [3] Augustin, Confessiones IV, 16. – [4] Sermones CXXVII, 16. – [5] Confessiones V, 10. – [6] E. Köhler: «No sai qui s'es – No sai que s'es» (Wilhelm IX. von Poitiers und Raimbaut von Orange), in: Esprit und arkadische Freiheit (²1972) 46-66. – [7] Vgl. E. v. Bracken: Meister Eckhart als Philosoph. Dtsch. Vjschr. Lit.wiss. 24 (1950) 32-52; H. Hof: Scintilla animae. Eine Studie zu einem Grundbegriff in Meister Eckharts Philos. (1952); J. Quint: Mystik und Sprache. Dtsch. Vjschr. Lit.wiss. 27 (1953) 48-76. – [8] Dante, Divina Commedia, Paradiso III, 59. – [9] Canzoniere I, Son. CLX («In nobil sangue»). – [10] Cicero, Pro A. Licinio Archia poeta oratio 15. – [11] De legibus II, 1, 3. – [12] De divinatione II, 94. – [13] A. Poliziano, Stanze I, 42. – [14] A. Firenzuola, Le Opere (Florenz 1848) 1, 288. – [15] T. Tasso, Opere (Pisa 1874) 9, 127. – [16] B. Varchi, Dell'amore I. Opere (Triest 1859) 2, 506. – [17] Lírica de Camões, hg. Rodrigues/L. Vieira (Coimbra 1932) 136. 269. 337. – [18] F. de Rojas, Celestina, hg. Cejador (Madrid 1913) 51. – [19] M. de Cervantes, Don Quijote II, 8; Los trabajos de Persiles y Sigismunda I, 10. – [20] J. de Valdes, Diálogo de la lengua, hg. Montesinos (Madrid 1928) 147. – [21] J. Boscán, Antologia de poetas líricos castellanos, hg. Menéndez Pelayo (Madrid 1916) 14, 56. 62. 64. – [22] P. Calderón, Biblioteca de autores españoles 7, 469, c. 1; 9, 493, c. 1; 12, 658, c. 3; 14, 502, c. 3. – [23] A. Moreto, Teatro, hg. Cortés (Madrid 1916) 169. – [24] Teresa de Ávila, Obras completas (Madrid 1942) 209. – [25] Juan de la Cruz, El cántico espiritual, hg. Martinez Burgos (Madrid 1952) 61; vgl. D. Alonso: Poesía española (Madrid 1950) 249ff. – [26] Antonio de Guevara, Menosprecio de corte y alabanza de aldea, hg. Martinez Burgos (Madrid 1915) 206. – [27] Völlig konsequent gibt Amelot de la Houssaye 1684 ‹despejo› mit ‹j.n.s.q.› wieder: L'Homme de Cour de Baltasar Gracian (Rotterdam ⁷1716) 155ff. – [28] Feijóo, Obras escogidas (Madrid 1863) 349ff. – [29] C. Marot, Oeuvres complètes, hg. Jeannet (Paris o. J.) 2, 206. – [30] P. Ronsard, Franciade (1578) Préface. – [31] M. Montaigne, Essais, II, 17; II, 20; III, 2. – [32] F. Petrarca, Br. an Boccaccio, Fam. XXIII, 19. – [33] J. du Bellay, Deffence et Illustration de la Langue Françoyse, hg. Humbert (Paris o. J.)52. – [34] J.-B. Molière, Critique de l'École des femmes, III. Sz.; Les Femmes savantes, III, 2. – [35] N. Boileau: Les Héros de Romans (1664). Oeuvres complètes (Paris 1862) 319. – [36] P. Corneille, Médée II, 5; Polyeucte V, 4; Oedipe IV, 1; Rodogune I, 2. – [37] Héraclius V, 3. – [38] J. B. Bossuet, Politique tirée de l'Écriture Sainte. Oeuvres complètes, hg. Lachat (Paris ⁴1862-64) 23, 645. – [39] B. Pascal, Pensées et Opuscules, hg. Brunschvicg (Paris o. J.) 404f. – [40] Bossuet, Oeuvres complètes (Besançon 1836) 2, 633. – [41] J.-F. P. de Retz, in: Oeuvres de La Rochefoucauld (Paris 1868) 1, 13. – [42] P. Bayle, Dictionnaire historique et critique. Art. ‹Lucrèce›. – [43] A. G. de Méré, Oeuvres complètes, hg. Boudhors (Paris 1930). – [44] C. F. de Vaugelas, Remarques sur la langue française, hg. Chassang (Versailles/Paris 1880). – [45] Méré, a. a. O. [43] 2, 12; 3, 136. – [46] Mlle de Scudéry: Conversations nouvelles (La Haye 1685) 2, 5. – [47] R. Descartes, Oeuvres et Lettres. Ed. Pléiade (Paris 1952) 279, vgl. 161. – [48] Fénelon, Oeuvres (Paris 1882) 2, 247. – [49] Boileau, Letztes Vorwort (1701) zu seinen Werken. Oeuvres poétiques, hg. Brunetière (Paris 1893) 11. – [50] D. Bouhours, Entretiens d'Ariste et d'Eugène, hg. Radouant (Paris 1920) 151. – [51] a. a. O. 178f. – [52] 211. – [53] J. B. du Bos: Réflexions critiques sur la poésie et la peinture (Paris 1719). – [54] Leibniz, Philos. Schr., hg. Gerhardt (1880) 5, 48. 237; 4, 423. – [55] Montesquieu, Art. ‹Goût›. Oeuvres complètes (Paris 1964) 849f. – [56] P. de Marivaux, Oeuvres complètes (Paris 1781) 9, 565f. – [57] J.-J. Rousseau, Julie ou La Nouvelle Heloïse. Ed. Classiques Garnier (Paris o. J.) 26. – [58] a. a. O. 156. – [59] 44.

Literaturhinweise. H. Jacoubet: A propos de J.n.s.q. Rev. Hist. litt. France 35 (1928) 73-77. – E. B. O. Borgerhoff: The freedom of French classicism (Princeton 1950) 186-209. – E. Köhler: «J.n.s.q.». Ein Kap. aus der Begriffsgesch. des Unbegreiflichen. Romanist. Jb. 6 (1953/54) 21-59; auch in: Esprit und arkadische Freiheit (²1972). – E. Köhler: Der Padre Feijóo und das «no sé qué». Romanist. Jb. 7 (1955/56) 272-290, auch in: Esprit und arkadische Freiheit (²1972) 328-352. – E. Haase: Zur Bedeutung von ‹J.n.s.q.› im 17. Jh. Z. frz. Sprache u. Lit. 67 (1956) 47-68. – V. Jankélévitch: Le J.n.s.q. et le Presque-rien (Paris 1957). – F. Schalk, Romanische Forsch. 69 (1957) 210-213. – W. E. Thormann: Again the «J.n.s.q.». Modern Language Notes 73 (1958) 351-355. – G. Natali: Storia del «non so che». Lingua Nostra 12 (1951) 45-49, 19 (1958) 13-16. – P. H. Simon: Le «J.n.s.q.» et l'ordre classique. Cahiers de l'Ass. Intern. des Etudes Françaises 11 (1959) 104-117, auch in: Le Jardin et la Ville (Paris 1962) 28-45. – V. Cerny: Le «J.n.s.q.» de Trissotin. Rev. Sci. Humaines 103 (1961) 367-378. – C. Samonà: I concetti di «gusto» e di «no sé qué» nel Padre Feijóo e la poetica dei Muratori. Giornale Storico della Letteratura Italiana 141 (1964) 117-124. – A. Porqueras Mayo: Función de la fórmula «no sé qué» en textos literarios españoles (siglos XVIII-XX). Bulletin Hispanique 67 (1965) 253-273; El «no sé qué» en la Edad de Oro española. Romanische Forsch. 78 (1966) 314-337. – J. M. Navarro de Adriaensens: J.n.s.q.: Bouhours – Feijóo – Montesquieu. Romanist. Jb. 21 (1970) 107-115. – F. Schalk: Nochmals zum «J.n.s.q.». Roman. Forsch. 86 (1974) 131-138.   E. Köhler

Jenseits von Gut und Böse. Nietzsche führt die aufklärerische Ideologiekritik fort und gibt ihr eine spezifische Wendung. In ihrer Anwendung auf die traditionelle Moral bezeichnet die Formel «Jenseits von Gut und Böse» den Versuch, einen Standpunkt zu gewinnen, von dem aus nach dem Wert moralischer Werte gefragt werden kann [1]. Sie bezeichnet somit den Ansatz einer «außermoralischen Betrachtung der moralischen Phänomena» [2]. Diese Perspektive ist angemessen, wenn moralische Werte, zumal die Grundwerte Gut und Böse, Setzungen sind, die aus individuellen oder Gruppeninteressen hervorgehen und so «gar keine moralischen Phänomene, sondern nur eine moralische Ausdeutung von Phänomenen» sind [3]. Moral wird damit als die zuletzt auf Platon zurückgehende Verschleierung realer Wirkkräfte gedeutet, die sich zur besseren Durchsetzung den Schein übersubjektiver, übergeschichtlicher Allgemeinheit geben. Es gilt zu fragen, welche realen Kräfte die vorgeblich ansichseienden Werte hervortreiben.

Nietzsche befragt die herkömmliche Moral auf die Interessen hin, deren Ausdruck sie sein soll, und relativiert sie. Doch der nicht relativistische Zweck seiner genealogischen Destruktion der Moral ist offenbar, jenseits von Gut und Böse den wirklichen Lebenskräften angemessene Geltung zu verschaffen. In der gegenwärtigen Zivilisation wird nach Nietzsche die Entfaltung der besten menschlichen Möglichkeiten dadurch verhindert, daß das Schwache und Mittelmäßige – durch Vereinigung stark geworden –, sich zum Maß aller Dinge aufspreizt. Indem das Ressentiment der Schwachen das Christentum als ideologisches Mittel benutzte, um die Starken durch Mitleid und schlechtes Gewissen zu schwächen, ist ein welthistorischer «Sklavenaufstand in der Moral» [4] erfolgreich gewesen. In Demokratie und Sozialismus wird die aus der vormaligen Sklavenmoral hervorgegangene «Herdentiermoral» herrschend, wodurch sich «die ‹Gleichheit der Rechte› allzuleicht ... in die Gleichheit im Unrechte umwandeln könnte: ich will sagen in gemeinsame Bekriegung alles Seltenen, Fremden, Bevorrechtigten, des höheren Menschen, der höheren Seele, der höheren Pflicht, der höheren Verantwortlichkeit, der schöpferischen Machtfülle und Herrschaftlichkeit» [5]. An die Stelle der antiken Wertpolarität von gut/schlecht, von vornehm/niedrig ist eine Moral und Weltanschauung getreten, die das Gute und Starke ‹böse›, das Schwache und Schlechte ‹gut› nennt [6]. Als Korrektiv [7] gegen solche Verkehrung versucht Nietzsche eine Rehabilitierung aristokratischer Werturteile in die Wege zu leiten. Nach dem Durchgang durch das Christentum und die «Herden»-Ideologien, die aus ihm entstanden sind, soll wieder oder gar erstmals dasjenige Leben ‹gut› und dasjenige ‹schlecht› genannt werden, das in seinem natürlichen «Instinkt der Freiheit» oder «Willen zur Macht» [8] stark oder schwach ist auch in bezug auf die verantwortliche Beherrschung seiner selbst.

Nietzsche stellt sich also zunächst auf den Boden des neuzeitlichen subjektivistischen Ansatzes, der alle Fundierungsversuche in übersubjektiven, ansichseienden Normen («Platonismus») ablehnt. Anders aber als der zur opinio communis gewordene Subjektivismus und Immoralismus sieht er die Gefährlichkeit des Standpunktes jenseits von Gut und Böse [9]. Die Emanzipation aus den überkommenen Wertungen hat nach Nietzsche nur dann Sinn und Ziel, wenn sie zur Freisetzung menschlicher Natur und der natürlichen Verschiedenheit der Menschen führt. Damit erhält die im je subjektiven «Willen zur Macht» sich manifestierende Natur anstelle der Moral normativen Charakter: «Wiederherstellung der Natur: moralinfrei» [10]. Wenn diese Natur in einer wissenschaftlich-technischen, egalitären Zivilisation vergessen und vergewaltigt wird [11], bleibt nach Nietzsche nichts mehr, woran man sich halten kann. Während es vorher wenigstens den scheinbaren Halt moralischer Werte gab, lauert jenseits von Gut und Böse der Nihilismus.

Anmerkungen. [1] Fr. NIETZSCHE, Zur Geneal. der Moral (= GM) Vorrede, Nr. 6. – [2] E. F. PODACH: Ein Blick in Notizbücher Nietzsches (1963) 40. – [3] NIETZSCHE, Jenseits von Gut und Böse (= JGB) Nr. 108. – [4] GM I, Nr. 7. – [5] JGB Nr. 212. – [6] GM I. – [7] JGB Nr. 202. 212. – [8] GM II, Nr. 18. – [9] JGB Nr. 44. – [10] Der Wille zur Macht, hg. BÄUMLER Nr. 401. – [11] GM III, Nr. 9; Menschliches, Allzumenschliches II, 2, Nr. 327.   R. MAURER

Jetzt (griech. νῦν; lat. nunc) bezeichnet sowohl den ausdehnungslosen Jetztpunkt als auch den gegenwärtigen Teil der Zeit (J.-Zeit).

Obwohl ARISTOTELES den zweifachen Sprachgebrauch kennt, verwendet er den Begriff zur Erläuterung der Zeit ausschließlich in der ersten Bedeutung [1]. Danach ist das J. nicht Teil, sondern lediglich die unteilbare Grenze und zugleich der Zusammenhalt der Zeit, das Ende der Vergangenheit und der Anfang der Zukunft; man kann es mit dem mathematischen Punkt vergleichen. Ohne das J. wäre die Zeit nicht und das J. nicht ohne die Zeit; in ihm gibt es weder Ruhe noch Bewegung. Wie die Zeit der Bewegung, deren Zahl sie ist, so entspricht das J. dem Bewegten. Die doppelte Funktion des J. und seine Analogie zum bewegten Gegenstand verweisen auf eine Antinomie des Begriffes, die Aristoteles ausführlich diskutiert, ohne sie endgültig zu lösen: Das J. ist zugleich identisch und nicht-identisch, vergleichbar dem bewegten Gegenstand, der in veränderter Lage derselbe und – hinsichtlich seiner Umgebung – stets ein anderer ist. Das identische J. kennzeichnet Aristoteles durch den Zusatz ὅ ποτε ὄν, das nicht-identische durch τὸ εἶναι αὐτῷ [2].

Entsprechend der platonischen Auffassung der Zeit als dem Bild der Ewigkeit steht bei PLOTIN neben dem innerzeitlichen das zeitlose, mit der Ewigkeit identische J. [3]. – PROKLOS spricht vom zeitlosen (νῦν ἄχρονον) und vom zeitlichen J. (τὸ νῦν τὸ χρονικόν). Beide beziehen sich aufeinander: «Das zeitlose J. der Ewigkeit nämlich ist in das immerwährend gegenwärtige J. der Zeit als ihr Bild übergegangen, das auf das *schlechthin* Unendliche, absolut Ewige zurückverweist» [4].

BOETHIUS unterscheidet zwischen dem die Zeit und dem die Ewigkeit konstituierenden J.: «nostrum nunc quasi currens tempus facit et sempiternitatem, divinum vero nunc permanens neque movens sese adque consistens aeternitatem facit» (unser J. macht nun gleichsam laufend die Zeit und die Dauer, das göttliche J. aber macht fortdauernd und nicht sich bewegend und stillstehend die Ewigkeit) [5]. Im wesentlichen bleibt dieser Gedanke für das ganze christliche Mittelalter bestimmend; er findet sich noch im philosophischen Wörterbuch des JOH. MICRAELIUS: «NUNC, Νῦν, tempus praesens. Dividitur in *Nunc semper stans*, id est, aeternitatem; & *in nunc semper fluens*, id est, tempus» (Das J., NŪN, sind die gegenwärtige Zeit. Sie wird geteilt in das immer stehende J., das ist die Ewigkeit und in das immer fließende J., das ist die Zeit) [6]. – Die zahlreichen Äußerungen der scholastischen Philosophie über das J. (nunc, instans) orientieren sich an der aristotelischen einerseits und der augustinischen Lehre von der Zeit sowie der Unterscheidung des Boethius andererseits. «Non enim potest intelligi esse nunc: sicut nec linea potest intelligi sine puncto. *Nunc* autem semper est *finis praeteriti* et *principium futuri*: haec enim est definitio ipsius *nunc*» (Man kann nämlich die Zeit nicht erkennen, ohne daß das J. sei, sowie man nicht eine Linie ohne Punkte erkennen kann. Das J. aber ist immer das Ende der Vergangenheit und der Anfang der Zukunft: dies ist nämlich die Definition des J. selbst) [7]. Aus der Vorstellung des «fließenden J.» (nunc fluens) wird der Begriff der Zeit, aus der Vorstellung des «stehenden J.» (nunc stans) der Begriff der Ewigkeit gewonnen [8].

HEGEL erörtert das J. – neben dem Hier – als das der sinnlichen Gewißheit unmittelbar Gegebene [9]. Indem man auf das J. hinweist, ist es vergangen; es ist wahr als gewesenes, nicht als seiendes. Das J. erhält sich lediglich in seiner Negation als unendliches und allgemeines. «J., indem ich dieß Bewußtseyn des J. habe, es spreche, ist es nicht mehr, sondern ein *Anderes.* – Es dauert ebenso, aber nicht als *dieses* J., und J. hat nur den Sinn *dieses*, in *diesem* Augenblick – ohne Länge, – nur ein Punkt zu seyn; – es dauert eben als Negation *dieses* J., Negation des Endlichen, – somit als unendliches, als allgemeines» [10]. – SCHOPENHAUER greift den Terminus des Nunc stans auf, um damit die metaphysische Auffassung der Gegenwart von der empirischen zu unterscheiden. Dem empirischen Blick erscheint die Gegenwart als das «Flüchtigste von Allem», dem metaphysischen stellt sie sich «als das allein Beharrende dar, das Nunc stans der Scholastiker» [11].

In der phänomenologischen Zeit HUSSERLS hat das J. zentrale Bedeutung als «absolut originäre Phase» der Urimpressionen [12]. «Urimpression hat zum Inhalt das, was das Wort J. besagt, wofern es im strengsten Sinne genommen wird. Jedes neue J. ist Inhalt einer neuen Urimpression» [13]. Kontinuierlich versinkt das J. in das Soeben; obwohl ein Punktuelles, ist das J. «verharrende Form für immer neue Materie» [14]. Jedes J. hält seine «strenge Identität» fest, indem es in die Vergangenheit versinkt: Dieser «allgemeinen und grundwesentlichen» Tatsache entspricht die phänomenologische Erfahrung, daß das J.-Bewußtsein stetig in ein Vergangenheitsbewußtsein wandelt, während ein neues J.-Bewußtsein gleichzeitig sich aufbaut [15]. – Nach VOLKELT stellt sich dem unmittelbaren Erleben der Zeit das J. nicht als ausdehnungsloser Punkt, sondern als ungeteiltes und unteilbares, fließendes Ausdehnungs- bzw. Erstreckungs-Minimum dar [16]. Bestünde die Zeit aus einer «Aneinanderreihung diskreter J.-Punkte», so «würden für jeden J.-Punkt die Grenzen der Ichexistenz mit den Grenzen des Jetztpunktes zusammenfallen» [17]. Das Ich bestünde wie die Zeit aus diskreten Punkten, Stetigkeits- und Identitätsbewußtsein wären unmöglich. Außerdem zerreibt man die Zeit in Nichts, wenn man das J. als ausdehnungslosen Punkt annimmt [18]. Obwohl das J. eine «innerhalb enger Grenzen schwankende Größe», etwas Fließendes, ist, muß man es als absolut betrachten [19]. – HEIDEGGER [20] unterscheidet die «eigentliche Zeitlichkeit» von dem «vulgären Zeitverständnis». Dieses sieht das «Grundphänomen der Zeit im J. und zwar dem in seiner vollen Struktur beschnittenen, puren J., das man ‹Gegenwart› nennt» [21]. Dem vulgären Zeitverständnis bleibt das zur eigentlichen Zeitlichkeit gehörende «ekstatisch horizontale Phänomen des *Augenblicks*» verschlossen; noch der Begriff der Ewigkeit als Nunc stans ist aus dem vulgären Zeitverständnis geschöpft [22]. Gegenüber der «J.-Zeit», die sich in der «uneigentlichen Zeitlichkeit des Daseins zeitigt», ist die Zeitlichkeit die ursprüngliche Zeit [23].

Heilsgeschichtliche Bedeutung trägt der Begriff des J. in den Schriften der Bibel [24].

Anmerkungen. [1] ARISTOTELES, Phys. IV, 218-224; VI, 233 b 33-234 b 9, 237 a 1-28, 239 a 26-241 a 25. – [2] Vgl. A. TORSTRIK: Über die Abh. des Aristoteles von der Zeit. Phys. IV, 10ff. Philologus 26 (1867) 446-523. – [3] PLOTIN, Enn. III, 7, 9; 7, 3. – [4] W. BEIERWALTES: Proklos (1965) 140; zum ewigen J. vgl. Plotin (1967) 170-172. – [5] BOETHIUS, De trin., 4, 72-73. – [6] J. MICRAELIUS: Lex. philos. (²1662) 905. – [7] THOMAS VON AQUIN, S. contra gent. II, 33, 5. – [8] S. theol. I, 10, 2; zum scholast. J.-Begriff vgl. C. BAEUMKER: Die Impossibilia des Siger von Brabant. Beitr. zur Gesch. der Philos. des MA 2 (1898) 148ff. – [9] G. W. F. HEGEL, Werke, hg. GLOCKNER 2 (1927) 83ff. – [10] a. a. O. 16 (1928) 494. – [11] A. SCHOPENHAUER, Werke, hg. A. HÜBSCHER 2 (²1949) 329. – [12] E. HUSSERL, Werke, hg. W. BIEMEL 3 (1950) 183. – [13] a. a. O. 10 (1966) 67. – [14] 3, 199. – [15] 10, 62. – [16] J. VOLKELT: Phänomenol. und Met. der Zeit (1925). –

[17] a. a. O. 22. – [18] 31f. – [19] 62ff. – [20] M. HEIDEGGER: Sein und Zeit (¹¹1967). – [21] a. a. O. 426f. – [22] 427. – [23] 426. – [24] STÄHLIN: Art. ‹NŪN›, in: Theol. Wb. zum NT 4 (1942) 1099-1117.

Literaturhinweis. W. GENT: Die Philos. des Raumes und der Zeit (²1962).   H. PRÖBSTING

Jetztzeit

I. ‹J.› erscheint bei JEAN PAUL für Gegenwart. Wie kann man, so fragt Jean Paul, vom «Geist der Zeit» sprechen, da «die Zeit in Zeiten zerspringt, wie der Regenbogen in fallende Tropfen» und ferner dieselbe Zeit «auf allen zahllosen Welten der Gegenwart» und in allen Ländern einen anderen Geist entwickelt. «Da folgt, daß dieselbe unausmeßbare Jetzo-Zeit Millionen verschiedene Zeit-Geister haben muß: so frag’ ich: wo erscheint euch denn der zitierte Zeit-Geist deutlich, in Deutschland, Frankreich oder wo?» [1].

SCHOPENHAUER kritisiert die Wortbildung wiederholt; er sieht sie symptomatisch für den Optimismus, die Überheblichkeit und den mangelnden ästhetischen Sinn seiner Zeit, «welche sich recht passend mit dem selbstfabrizierten, so prätentiösen, wie kakophonischen Worte ‹J.› bezeichnet, als wäre ihr Jetzt das Jetzt κατ᾿ ἐξοχήν, das Jetzt, welches herauszubringen alle anderen Jetzt allein dagewesen» [2].

Anmerkung. [1] JEAN PAUL, Levana oder Erziehlehre. Hist.-krit. A. I/12 (1937) 115f.; (Die Erstausgabe hat «Jetzt-Zeit». Levana (1807) 1, 103). – [2] A. SCHOPENHAUER, Werke, hg. A. HÜBSCHER 6 (²1947) 304; vgl. 275. 478. 575. 580; 5, 185.
                                                                   H. PRÖBSTING

II. ‹J.› und ‹Jetzt der Erkennbarkeit› gehören zu den Kategorien, die von der Geschichtstheorie W. BENJAMINS aus einer doppelten Frontstellung gegen Idealismus wie gegen positivistischen Historismus entwickelt werden. Während der letztere der Geschichtsschreiber gleichsam in die Vergangenheit zurückversetze, um alles Gewesene, das als bloße «Masse der Fakten» «die homogene und leere Zeit» [1] ausfülle, allein aus sich heraus, «einfühlend» zu verstehen, usurpierten die idealistischen Geschichtskonstruktionen umgekehrt die Perspektive der Zukunft und unterstellten in der Geschichte den Naturplan eines sowohl selbsttätig sich vollziehenden wie prinzipiell unabschließbaren Fortschritts. Von beiden Versionen wird «die Geschichte in allem was sie Unzeitiges, Leidvolles, Verfehltes von Beginn an hat» [2], dem Vergessen überantwortet. Gerade dieses jedoch: das in der Geschichte bereits Angelegte, aber von ihr noch nicht Eingelöste, wäre Gegenstand materialistischer Geschichtsschreibung und Geschichtsphilosophie, wie sie Benjamin fordert. So handele es sich für die Literaturgeschichte «nicht darum, die Werke des Schrifttums im Zusammenhang ihrer Zeit darzustellen, sondern in der Zeit, da sie entstehen, die Zeit, die sie erkennt – das ist die unsere – zur Darstellung zu bringen» [3]. Alles Vergangene komme erst in einer bestimmten Zeit zur ‹Lesbarkeit›, die nicht der Willkür des Historikers anheimgegeben ist, sondern eine objektive geschichtliche Konstellation darstellt: «So war für Robespierre das antike Rom eine mit J. geladene Vergangenheit, die er aus dem Kontinuum der Geschichte heraussprengte» [4]. Gegenwart und Vergangenheit treten Benjamin zum dialektischen Bild zusammen, in dem «die Wahrheit mit Zeit bis zum Zerspringen geladen» ist [5].

Geschichte ist für Benjamin so wenig wie für MARX vom politischen Interesse ablösbar; «Rettung» des Gewesenen durch den Historiker und Philosophen bleibt an die praktische Befreiung der Menschheit gebunden. Gegenüber der orthodox-marxistischen Vorstellung indessen, derzufolge «die kapitalistische Produktion ... mit der Notwendigkeit eines Naturprozesses ihre eigne Negation» [6] erzeuge, überleben in BENJAMINS politischer Geschichtstheorie anarchistische und blanquistische Elemente: «In Wirklichkeit gibt es nicht einen Augenblick, der *seine* revolutionäre Chance mit sich führte – sie will nur als eine spezifische definiert sein, nämlich als Chance einer ganz neuen Lösung im Angesicht einer ganz neuen Aufgabe. Dem revolutionären Denker bestätigt sich die eigentümliche revolutionäre Chance jedes geschichtlichen Augenblicks aus der politischen Situation heraus. Aber sie bestätigt sich ihm nicht minder durch die Schlüsselgewalt dieses Augenblicks über ein ganz bestimmtes, bis dahin verschlossenes Gemach der Vergangenheit. Der Eintritt in dieses Gemach fällt mit der politischen Aktion strikt zusammen» [7]. Diese politische Aktion soll sich, «wie vernichtend immer, als eine messianische zu erkennen» geben [8]. «Die J. [faßt] als Modell der messianischen in einer ungeheueren Abbreviatur die Geschichte der ganzen Menschheit zusammen» [9]. Wie die Vergangenheit «auf die Erlösung verwiesen» bleibe, so sei auch «uns», d. h. der J., ihrer geschichtlichen Praxis wie ihrer Theorie der Geschichte, «eine *schwache* messianische Kraft mitgegeben, an welche die Vergangenheit Anspruch hat» [10]. Diesem Anspruch stellt sich der historische Materialist, wenn er jenes «unwiederbringliche Bild der Vergangenheit» festhält, «das mit jeder Gegenwart zu verschwinden droht, die sich nicht als in ihm gemeint» erkennt [11]. «Das Jetzt der Erkennbarkeit ist der Augenblick des Erwachens» [12]; «das Subjekt historischer Erkenntnis» aber «die kämpfende, unterdrückte Klasse selbst» [13].

E. BLOCH hat den Begriff der J. aufgegriffen und erweitert: Seiner Hoffnungsmetaphysik stellt sich jede Zeit, wenngleich in verschiedenem Grad, als mit «Jetzt» erfüllt dar. «Die Konkordanzen der echten J. betreffen in Form wie Inhalt einzig Zukunft in der Vergangenheit, folglich Ungewordenes, im Werden» [14]. Den Blick von der J. als jeweiliger Gegenwart aus auf Vergangenes – an dem Benjamin als an dem historischen Blick festhält – löst bei Bloch der umgekehrte ab; für ihn «wird ein Blick von vergangenen Zeiten auf die eigene möglich, von objektivierbaren mithin, die trotzdem als J.en betreffen mögen und so im doppelten Sinn des Worts wieder angehen» [15]. In Blochs Philosophie liegt der Akzent von J. weniger auf Benjamins «Rettung des Vergangenen», sie versucht vielmehr, den «Inhalt von J. ... innerhalb objektiver ‹Antizipation›» zu fassen [16]: J.en sind «Abschlagszahlungen eines gefüllteren Da-Seins» «in einem Präteritum, das keines ist» [17], fragmentarische Vorwegnahmen utopischer Gehalte in der Geschichte als Vorgeschichte.

Anmerkungen. [1] W. BENJAMIN, Ges. Schr. 1 (1974) 702. – [2] a. a. O. 343. – [3] 3 (1972) 290. – [4] 1, 701. – [5] zit. bei R. TIEDEMANN: Stud. zur Philos. W. Benjamins (²1973) 159. – [6] K. MARX: Das Kapital I. MEW 23 (³1969) 791. – [7] BENJAMIN, a. a. O. [1] 1231. – [8] ebda. – [9] 703. – [10] 693f. – [11] 695. – [12] unveröff. Ms. – [13] a. a. O. [1] 700. – [14] E. BLOCH: Lit. Aufsätze (1965) 154. – [15] a. a. O. 153. – [16] 155. – [17] 152. 156.
R. TIEDEMANN

Judentum, Wesen des Judentums. Von einem «Wesen des J.» (= W.d.J.) zu sprechen, ist eigentlich «ganz unjüdisch» [1]; die Diskussion um das W.d.J. ging denn auch nicht so sehr darum, was dieses «Wesen» sei oder worin es sich zeige, sondern darum, ob man überhaupt von einem W.d.J. sprechen könne. Weder bei M. MENDELSSOHN – der nur bei Gelegenheit einmal von dem «Wesentlichen des Judenthums» spricht [2] – noch bei M. BUBER findet sich der Terminus ‹W.d.J.› als zentraler Begriff (Buber verwendet ‹W.d.J.› in Anführungszeichen [3]), und auch L. BAECK spricht vom *Wesen* des J. eigentlich nur auf der Titelseite und im Vorwort seines gleichnamigen Buches [4]. Den Grund dafür drückt H. COHEN mit den Worten aus: «Über das Fundament unserer Religion hat es niemals Streit unter uns gegeben; ebensowenig auch heute. Wir streiten uns nur über den ‹Zaun um die Lehre›» [5]. Die Lehre, das ist die Thora, warum man nicht zu «denken», sondern zu «lernen» habe, wie F. ROSENZWEIG sagt [6]. Besann man sich dennoch auf das W.d.J., dann nach M. WIENER nur wegen des «Diktats theologisch-christlicher Polemik» [7]; er betont gegenüber dem «Intellektualismus» des Christentums – «In seinem Ursprung steht ein Gedankliches, die verwickelte theologische Gnadenlehre» [8] –, «daß die Weise der jüdischen Frömmigkeit nicht Glauben, sondern Leben sei» [9]. Man kann auch sagen, daß das W.d.J. in dieser jüdischen «Frömmigkeit» besteht, in einem «von der biblischen Offenbarung ergriffenen, hierdurch aufgebrochenen Dasein» [10].

Die Frage nach dem W.d.J. – «eine hervorstechende Eigenart und auch Schwäche dieses [deutschen] J. und der deutschen Geistigkeit überhaupt» [11] – scheint (sieht man ab von S. ASCHER: Leviathan ... [11a]) zum ersten Mal mit einer Reflexion auf den Begriff ‹Wesen› in dem ‹Verein für die Cultur und Wissenschaft der Juden› gestellt worden zu sein: M. MOSER spricht 1823/24 vor dem Verein über das ‹W.d.J. und die Aufgabe des Vereins› [12]. I. WOLF fordert in seinem Aufsatz ‹Über den Begriff einer Wissenschaft des J.›, dieses nicht nur «historisch» darzustellen, sondern auch «philosophisch, seinem inneren Wesen und Begriffe nach» [13]. In einem Memorandum J. A. LISTS vom 7. 11. 1819 heißt es: «Wir fühlen und erkennen, daß das, was unserer Nation eigentümlich ist, unsere reine Nationalität, keine bloße Frucht der Zeit, keine vorübergehende Erscheinung ist. Unser vergängliches Äußere soll uns unser ewiges Innere, dessen wir uns selbst am überzeugendsten bewußt sind, keineswegs streitig machen; wir erkennen ein Wesen in uns, ein bleibendes Sein. Und weil wir wissen, daß wir sind, wollen wir uns erhalten, und weil wir uns erhalten wollen, müssen wir uns erhalten» [14]. Weil im Zuge der allmählichen Emanzipation das «vergängliche Äußere» abgestreift wurde, wurde die Frage nach dem «Wesen» («ewigen Inneren») notwendig, sollte das J. sich nicht ganz in der Assimilation auflösen. Das «bleibende Sein», das man fühlte, sollte die «Wissenschaft des J.» (s. d.) zur gesicherten Erkenntnis bringen. Die Frage nach dem W.d.J. konnte aber nur wissenschaftlich gestellt werden, weil das J. als solches in Frage gestellt wurde, weil die Männer des ‹Vereins› «im Begriff standen, es aufzugeben» [15]. Mit Hilfe der «Wissenschaft des J.» wurde das J. zum ersten Mal als historische Größe betrachtet, doch gerade diese Geschichtsbetrachtung diente «der Deutung der eigenen Existenz und der geistigen Selbstbehauptung in der Welt» [16]. Die zur «Rettung» des J. gestellte Frage nach dem W.d.J. barg aber die Gefahr in sich, «das J. zu einer Konfession einschrumpfen zu lassen» [17]. 1839 fragt J. DERNBURG nach dem «Glaubensbewußtsein des J.» [18], das er in acht «Glaubenssätzen» umschreibt. Er verbindet zum ersten Mal den Begriff ‹W.d.J.› mit der Frage nach den Glaubenssätzen, nachdem CREIZENACH 1835 in dem Aufsatz ‹Grundlehren des israelischen Glaubens» schon ansatzweise nach dem «eigentlichen Wesen im Begriffe der israelitischen Religion» gefragt hatte [18a]. Aber gerade gegen eine solche Verbindung ist z. B. von J. GUTTMANN eingewandt worden, «daß das W.d.J. nicht in einer Reihe von einzelnen Glaubenssätzen besteht, sondern in einer einheitlichen religiösen Grundüberzeugung, die den Glaubenssätzen zu Grunde liegt und ihnen erst ihren religiösen Sinn verleiht» [19]. Ähnlich meint M. GÜDEMANN, das «Wesen» des J. könne nicht durch «Formeln» ersetzt werden [20].

Nach dieser frühen Diskussion um das W.d.J. – zu einer Zeit, als die Juden «von der lebhaften Betätigung dieses Wesens weit genug entfernt» waren, «um in die Reflexion zu verfallen» [21] – lösten A. HARNACKS ‹Sechzehn Vorlesungen über das Wesen des Christentums› (1900) eine neue Diskussion um das W.d.J. aus. L. BAECK war einer der ersten Juden [22], die auf Harnack antworteten [23]; als dessen «Grundfehler» nennt er: «die apologetische Absichtlichkeit und dann die mangelnde Berücksichtigung jüdischer Literatur und jüdischer Wissenschaft» [24]. 1905 erschien – als erste Veröffentlichung der ‹Gesellschaft zur Förderung der Wissenschaft des J.› – sein ‹Das W.d.J.› [25], das frei ist von jeglicher Apologie [26]. Im Vorwort zur 2. Auflage heißt es: «Das Wesen aufzeigen, bedeutet daher zugleich, den Weg aufweisen, der allein der Weg der Zukunft sein kann.» Ähnlich hatte schon 1897 H. STEINTHAL gesagt, die «Wissenschaft des J.» sei «der vom J. gebotene Plan für unsere Zukunft». BAECK will einen Weg für die Zukunft weisen dadurch, daß er das «Grundproblem» der «Entwicklung» der jüdischen Religion aufzeigt, nicht die Entwicklung selbst. Geschichtliche Entwicklung ist für ihn die «Geschichte eines Problems», dessen Einheitlichkeit durch die geschichtliche Entwicklung hindurch verfolgt werden kann. Darum nennt er die jüdische Religion «vergangenheitslos» [27]; «die Religion erfährt ihre stetige Renaissance» [28], und die jüdische Religion könne diese besonders erfahren, weil das J. keine kirchliche Gewalt, keine Institution «Kirche», keine Dogmen und keine sicheren Bekenntnisformeln kenne. Der Garant dafür, daß das J. nicht zu einem «System abgeschlossener Begriffe» gekommen sei, sei die jüdische Religionsphilosophie: «Sie stand unter dem Gebot, den religiösen Besitz immer neu zu schaffen, und damit ist er schließlich doch am besten gesichert worden und zugleich davor bewahrt, daß die Formel und das System ihn umklammern» [29]. Darum spricht Baeck, trotz des Titels seines Buches, nicht vom W.d.J.

Gegen die einseitige religiöse Interpretation des J., gegen die 1862 zum ersten Mal schon M. HESS in seinem Buch ‹Rom und Jerusalem› polemisiert hatte mit der These vom «nationalen W.d.J.», wurde entgegnet: «Wer das W.d.J. betrachten will, muß sich zunächst darüber klar sein, daß die gesamte Geistesrichtung eines *Volkes* ins Auge zu fassen ist. Eine Beschränkung auf die Betrachtung der Religion ist bei der Frage nach dem W.d.J. nicht möglich» [30]. Seit der Entstehung des Zionismus und der Gründung des Staates Israel gilt besonders, was M. BUBER von den «zwei Grundauffassungen» vom W. d.J. gesagt hat: «die erste betrachtet das J. als eine konfessionelle, die andere als eine nationale Gemeinschaft» [31]. Darüber hinaus kann auch von einer Grundauffassung gesprochen werden, die das W.d.J. «nationalreligiös» interpretiert. Die Schwierigkeit, diese verschiedenen Grundauffassungen – die nicht nur im Weltjudentum, sondern auch im Staate Israel selbst vertreten werden – zu vereinen, kann daran abgelesen werden, daß keine jüdische oder israelische Enzyklopädie einen Artikel ‹W.d.J.› bringt. Auch daß der Staat Israel bis heute noch kein Grundgesetz besitzt, beruht unter anderem auf dieser Schwierigkeit. Jeder neue Versuch, das W.d.J. zu definieren, schafft – so J. BREUER 1924 – nur «neue Judentümer», welche die «Verwirrung» stets nur mehren [32] und die nur durch sich selbst zu bestimmende Einheit des J. gefährden.

Anmerkungen. [1] K. H. RENGSTORF: Leo Baeck als Theologe und im theol. Gespräch, in: Worte des Gedenkens für Leo Baeck (1959) 128. – [2] M. MENDELSSOHN, Nacherinnerungen. Ges. Schr. 7 (1930) 51. – [3] M. BUBER: Die Losung. Der Jude 1 (1916) 2. – [4] L. BAECK: W.d.J. (¹1905). – [5] H. COHEN: Die relig. Bewegungen der Gegenwart (1914). Jüd. Schr. 1 (1924) 60; vgl. G. W. LEIBNIZ im Vorwort zur ‹Theodizee›. – [6] F. ROSENZWEIG, Apologet. Denken. Kl. Schr. (1937) 34; vgl. K. WILHELM: Relig. Weltanschauungen im neuzeitl. J., in: H. J. SCHULTZ (Hg.): Juden, Christen, Deutsche (1961) 75. – [7] M. WIENER: Jüd. Frömmigkeit und relig. Dogma. Mschr. Gesch. u. Wiss. des J. (= MGWJ) 67 (1923) 242. – [8] a. a. O. 157. – [9] MGWJ 68 (1924) 34. – [10] H. L. GOLDSCHMIDT: Die Botschaft des J. (1960) 23. – [11] Das Vermächtnis des dtsch. J. (1957) 83. – [11a] S. ASCHER: Leviathan oder Über Relig. in Rücksicht des Judenthums (1792) 105ff. 110ff. 121ff. 144ff. – [12] Vgl. H. G. REISSNER: Eduard Gans (1965) 74. – [13] I. WOLF: Über den Begriff einer Wiss. des J. Z. Wiss. des J. 1 (1822) 17ff.; vgl. I. WOLF und G. SALOMON: Der Charakter des J. (1817) 71: «Wesen der Juden»; 95: «Wesen der göttl. Relig.». – [14] Vgl. S. UCKO: Geistesgesch. Grundl. der Wiss. des J. Wiss. des J. (= WJdS) 1 (1967) 325. – [15] K. WILHELM: Zur Einf. in die Wiss. des J. WJdS 1 (1967) 51. – [16] H. LIEBESCHÜTZ: Das J. im dtsch. Geschichtsbild von Hegel bis Max Weber (1967) 113. – [17] M. WIENER, MGWJ 68 (1924) 44. – [18] J. DERNBURG: Das W.d.J. nach seinen allg. Grundzügen. Wiss. Z. jüd. Theol. 4 (1839) 16. – [18a] Dr. CREIZENACH: Grundlehren des israelitischen Glaubens a. a. O. 1 (1835) 50. – [19] J. GUTTMANN: Die Normierung des Glaubensinhalts im J. MGWJ 71 (1927) 255 = WJdS 2 (1968) 768. – [20] M. GÜDEMANN: Das J. in seinen Grundzügen und nach seiner gesch. Grundl. dargestellt (²1902) 67. – [21] M. LEWINSKY: Wesen und Mission des J. MGWJ 60 (1916) 403. – [22] Vgl. J. ESCHELBACHER: Die Vorles. Ad. Harnacks über das Wesen des Christentums. MGWJ 46 (1902) 119-142. 229-239. 407-427; 47 (1903) 53-68. 136-149. 249-263. 434-446. 514-534; Das J. und das Wesen des Christentums (1905) (Rez. R. URBACH in: MGWJ 50 (1906) 129-151; Das J. im Urteil der modernen prot. Theol. (1907); vgl. U. TAL: Das Wesen des Deutschtums nach jüd. Auffassung. Fragment eines unbekannten Vortrags von Rabbiner Dr. J. ESCHELBACHER (1907), in: Michael 2 (Tel-Aviv 1973) 178-190; S. MANDEL: Das W.d.J. (1904); S. KAATZ: Das Wesen des prophet. J. (1907); F. PERLES: Was lehrt uns Harnack? (1902) = Jüd. Skizzen (1912) 208-232; M. SCHREINER: Die jüngsten Urteile über das J. (1902); M. STEIN: J. und Christentum (1906); GÜDEMANN, a. a. O. [20] 87-90. – [23] K. BAECK, in: MGWJ 45 (1901) 97-120; vgl. H. LIEBESCHÜTZ: J. und Religionsgesch. in Leo Baecks Werk, in: Worte des Gedenkens a. a. O. [1] 104-124. – [24] L. BAECK, MGWJ 45 (1901) 118. – [25] W.d.J. (völlig verändert ²1921, ⁶1966); engl. The essence of Judaism (New York 1948). – [26] Vgl. dagegen: M. GÜDEMANN: Apologetik (1906). – [27] L. BAECK: W.d.J. (⁶1966) 24. – [28] a. a. O. 23. – [29] 8; vgl. Das J., in: C. CLEMEN (Hg.): Die Religionen der Erde (²1949) 261-298. – [30] M. LEWINSKY: Wesen und Mission des J. MGWJ 60 (1916) 403. – [31] M. BUBER: Drei Reden über das J. (1916) 63. – [32] F. MÄNZER [= J. BREUER]: Achduss oder Von Mendelssohn bis Löb (1924); Lehre, Gesetz und Nation. Eine hist.-krit. Untersuch. über das W.d.J. (1914).

Literaturhinweise. I. KANT: Die Relig. innerhalb der Grenzen der blossen Vernunft (1793, zit. ²1794) 186. – I. WOLF: Über das Wesen, den Charakter und die Notwendigkeit der Relig., in: Sulamith 1 (1806) 117-125. 207-214. 314-319. 441-454. – G. SALOMON: Über das Charakteristische und das Wesentliche des israelischen Volkes a. a. O. 5 (1812) 28-47. – B. BAUER: Die Judenfrage (1843). – K. MARX: Zur Judenfrage (1844). – J. M. WISE: The essence of Judaism for teachers, pupils and for selfinstruction (Cincinnati 1861). – M. HESS: Rom und Jerusalem (1862, ND 1935). – A. GEIGER: Das Wesen der Relig., in: das J. und seine Gesch. (1864) 3-12. – R. HIRSCH: Über die Beziehung des Talmuds zum J. und zu der soz. Stellung seiner Bekenner (1884). – H. GRAETZ: The significance of Judaism for the present and the future. Jew. quart. Rev. 1 (1889) 4-13. – I. JELSKI: Das W.d.J. (1902). – A. ACKERMANN: J. und Christentum (1903). – L. BAECK: W.d.J. (1905, ²1921, ⁶1966). – J. FROMER [= ELIAS JACOB]: Das W.d.J. (1905). – R. URBACH: Zwei Bücher über das W.d.J. Mschr. Gesch. u. Wiss. des J. (= MGWJ) 50 (1906) 129-151 (zu

Baeck und Fromer). – H. L. STRACK: Das W.d.J. Vortrag (1906). – I. GOLDSCHMIDT: Das W.d.J. (1907). – J. WOHLGEMUTH: Das W.d.J. (1907). – M. CAHN: Die relig. Strömungen in der zeitgenöß. Judenheit (1912). – J. KLATZKIN: Krisis und Entscheid. im J. (²1921). – J. COHN: Die polit. Idee des J. (1924). – A. LEWKOWITZ: Mendelssohns Anschauung vom W.d.J. MGWJ 73 (1929) 257-263. – H. SACHS: Vom Wesen des liberalen J. (1933). – H. BERGMANN: Das J. (1933). – F. BÖHM und W. DIRKS (Hg.): J. Schicksal, Wesen und Gegenwart 1. 2 (1965). – U. TAL: Die Polemik zu Anfang des 20. Jh. über das W.d.J. nach jüd. und christl. Quellen, in: Leo Baeck Inst. Jerusalem (Hg.): Zur Gesch. der Juden in Deutschland im 19. und 20. Jh. (Jerusalem 1971) 69-74. – A. H. FRIEDLÄNDER: Leo Baeck (London 1973) 61-102: The essence of Judaism.
F. NIEWÖHNER

Judentum, Wissenschaft des Judentums. – Der Terminus ‹Wissenschaft des J.› (= W.J.) wurde zum ersten Mal am 27. 5. 1821 von E. GANS in der Diskussion um die Benennung des am 7. 11. 1819 gegründeten und am 5. 7. 1821 dann benannten ‹Vereins für die Cultur und Wissenschaft der Juden› geprägt [1]. Am 28. 10. 1821 schlägt Gans auch die Gründung eines «Instituts für die W.J.» vor [2], doch erscheint der Terminus ‹W.J.› zuerst auf der Titelseite der ersten Nummer der von dem Verrein 1822 gegründeten und von L. ZUNZ herausgegebenen ‹Zeitschrift für die W.J.›. Diese erste wissenschaftliche Zeitschrift der Juden in deutscher Sprache erschien nur in drei Nummern (März 1822 bis Juni 1823) [3]. Die Gründer des aus einem Berliner «Wissenschaftscirkel» (1816) hervorgegangenen Vereins, der am 7. 1. 1824 wieder aufgelöst wurde, sind: J. Hillmar, J. A. List, I. L. Auerbach, M. Moser (der Freund H. Heines, der auch Mitglied des Vereins war [4]), L. ZUNZ [5], I. M. JOST, E. GANS [6]; unter ihnen gilt L. ZUNZ (1794–1886) durch sein Buch ‹Die gottesdienstlichen Vorträge der Juden, historisch entwickelt› [7] als «der eigentliche Begründer der W.J.» [8].

In Anlehnung an Fichtes ‹Über den Begriff der Wissenschaftslehre› (1794) – «Uns ist durch die Wissenschaft unsere eigene geistige Natur aufgedeckt» – schreibt der durch Hegel stark beeinflußte I. WOLF in Nummer 1 der ‹Zeitschrift für die W.J.› «Über den Begriff einer W.J.» [9]. Unter ‹W.J.› will er nicht nur die Wissenschaft von der «Religion der Juden» verstanden wissen, sondern er sieht in ihr den «Inbegriff der gesamten Verhältnisse, Eigentümlichkeiten und Leistungen der Juden in Beziehung auf Religion, Philosophie, Geschichte, Rechtswesen, Literatur überhaupt, Bürgerleben und alle menschlichen Angelegenheiten» [10]. Das «Wesen» der W.J. sieht er in folgendem: «1. Die W.J. begreift das J. in seinem ganzen Umfange. 2. Sie entwickelt das Judentum seinem Begriffe gemäß, und stellt es systematisch dar, das Einzelne stets auf das Grundprinzip des Ganzen zurückführend. 3. Sie behandelt ihr Objekt an und für sich, um seiner selbst willen, nicht zu einem besonderen Zweck, oder aus einer bestimmten Absicht» [11]. Sie soll sich mit drei Gebieten befassen: 1. mit den literarischen Texten; 2. mit der Geschichte und 3. mit der Philosophie des J., wobei Wolf unter Philosophie das Selbstverständnis («die Idee») des J. in der Gegenwart versteht, zu dessen Erkenntnis eine generelle Statistik der Juden aller Länder im Hinblick auf ihre religiösen und politischen Umstände gehöre. – A. GEIGER verwirklicht 1872–1874 den schon 1829 von Zunz gefaßten Plan einer «Allgemeine[n] Einleitung in die W.J.» und teilt sie ähnlich wie Wolf in drei Teile ein: «1. den sprachwissenschaftlichen, 2. den historischen, namentlich den literar- und culturhistorischen, 3. den philosophisch-religiösen» [12].

Trotz Wolfs Forderung, die W.J. «nicht zu einem besonderen Zweck» zu betreiben, entstand sie doch aus apologetischer Absicht: «Was das nun wohl für ein Ding sei, diese W.J.? Zunächst der Nachweis, daß die Juden nicht zu allen Zeiten von alten Hosen und vom Wucher gelebt haben ..., daß der Löwenmut der Makkabäer nicht erstorben war ..., sondern oft aufgeflammt ... in der ungezählten Schar der Blutzeugen, die nicht vor jedem hep-hep-schreienden Angreifer das Banner ihres Glaubens senkten ... Dann aber auch die Kunde von dem Geistesleben der Verfolgten, von dem Anteil, den sie an der Ausarbeitung der Wissenschaften genommen» [13]. Nach der Proklamation der Gleichberechtigung der Juden in Frankreich am 28. 9. 1791, dem Gesetz vom 22. 2. 1812 von Friedrich Franz I. von Schwerin und dem am 11. 3. 1812 von Friedrich Wilhelm III. unterzeichneten ‹Edikt, betreffend die bürgerlichen Verhältnisse der Juden in dem Preußischen Staate›, kam es vom 2. 7. 1819 an zu erneuten Ausschreitungen gegenüber den Juden («Hep-Hep-Krawalle»), die zur Folge hatten, daß viele Juden sich taufen ließen (1822 wurde in Berlin die ‹Gesellschaft zur Beförderung des Christentums unter den Juden› gegründet). Die Gründung des ‹Vereins› 1819 kann zum Teil als Reaktion auf diese Verfolgung und den damit verbundenen Übertritten zum Christentum angesehen werden. Viele Juden ließen sich auch taufen, um in den Staatsdienst eintreten zu können (E. Gans am 12. 12. 1825). Noch am 30. 6. 1842 schreibt L. ZUNZ: «Der beste Damm gegen die Bekehrer ist die Ausbildung der Religion und der Wissenschaft innerhalb der Juden» [14]. Die W.J. wurde angesehen als «das einzige Regenerationsmittel des J.» [15]: «W.J. ist ein mächtiger Hebel, ohne sie kein Judenthum: es verfällt, so die Liebe zu seiner Wissenschaft sich verliert. Daher die andere Aufgabe: die Hebung der W.J.» [16].

L. Zunz selbst war in seinen ersten Entwürfen für eine W.J. [17] außer durch Herder, Kant, Fichte und Hegel stark beeinflußt durch die an der Berliner Universität lesenden Philologen F. A. Wolf und A. Boeckh, die er von 1815–1818 hörte [18]: «Genau so, wie ... Boeckh, hat es Zunz gemacht und damit das J. gerettet, indem er es wissenschaftlich in seiner geschichtlichen Entwicklung zu begreifen suchte» [19]. Diese Rettung des J. [20] durch eine W.J. mußte verbunden sein mit einer Kritik am J., einer Kritik an all dem, was einer «wohlwollende Anerkennung von Außen» [21] verhindern könnte, zumal von dieser Wissenschaft gefordert wurde, sie solle ihren Gegenstand behandeln, ohne sich «darum zu kümmern, ob ihr sämtlicher Inhalt auch Norm für unser eigenes Urteilen sein soll oder kann» [22]. Die W.J. als «kritische Wissenschaft» [23] wandte sich z. B. nicht nur gegen den Pilpul (s. d.) – diese «verwünschte Klopffechterei» – und jede Art von «vulgo-Rabbinismus» [24], nicht nur gegen den Talmud, dieses «Chaos spitzfindigen Unsinns» [25] – «Ehe der Talmud nicht gestürzt ist, ist nichts zu machen» [26] –, sondern sie sah auch mit einer gewissen Verachtung auf das J. als Ganzes herab: es war «zerrissen, überfließend in die christliche Notreligion, ohne Halt und Prinzip, zum Teil im alten Schmutz, von Europa beiseite geschoben, fortvegetierend, mit dem trockenen Auge nach dem Esel des Messias oder einem anderen Langohr hinschauend – zum Teil blätternd in Staatspapieren und den Konversations-Lexikon» [27]. Aus dieser Sicht heraus schlägt GANS am 12. 12. 1819 eine «Liquidierung des J.» vor. Die allgemeine Tendenz war aber nicht Liquidierung, sondern Reformation des J.: Nur wegen «einer nützlichen Judenreformation» meint MOSER «im offenen Kampf gegen den Talmud» auftreten zu müssen [28], und ZUNZ teilt die Gegenwart ein in die Zeit der «Aufklärung» (M. Mendelssohn), die der «Bildung» (1783–1807) und die der «Reform». «Aber Reform ist das Moment der jüngsten Generation» [29]. Im Hinblick auf die Verbesserung des synagogalen Gottesdienstes schlägt Zunz vor: «Einführung des Neuen, Abänderung des Bestehenden, Wiederherstellung des rechten Gebrauchs», wobei «der wichtigste Theil» in «der Wiederherstellung, in der Rückkehr von dem Mißbrauche zu dem Brauche, welches die Rückkehr von der erstarrten zu der lebenskräftigen Form ist» besteht [30]. Der Begründer der W.J. wollte aber diese Reform nicht allein der erhofften Emanzipation wegen, sondern: die Emanzipation in der Gesetzgebung war für ihn die Voraussetzung für die Reform der Bildung und der W.J.: «Einer vollständigen Emancipation bedarf die vollständige Reform, welche nur in Institutionen sichtbar wird, die beides, Glauben und Wissenschaft, schützen und das Erbtheil der Väter unverdorben den Söhnen überliefern» [31]. Wo die «innere» Reform stattgefunden hat, «wird die äußere Form leicht gefunden» [32].

Da die Väter der W.J. vorwiegend Philologen, Historiker und Rabbiner waren, wurde von ihnen mit besonderem Stolz auf die Leistungen des jüdischen Mittelalters verwiesen: ZUNZ schrieb über Raschi [33], und der erste wissenschaftliche Aufsatz in der von A. GEIGER in 5 Bänden herausgegebenen ‹Wissenschaftliche[n] Zeitschrift für jüdische Theologie› untersuchte ‹Die wissenschaftliche Ausbildung des Judenthums in den zwei ersten Jh. des zweiten Jahrtausends bis zum Auftreten des Maimonides› [34]. In diesem Band sagt auch J. DERNBURG (der später als J. Derenbourg in Paris die Werke Saadias herausgab): «Der Kampf, der jetzt vor unseren Augen in so vielen Gemeinden Deutschlands gekämpft wird, hat bereits in des Maimonides Brust gewogt» [35]. Man zog Parallelen zwischen der Gegenwart und dem neuentdeckten Mittelalter [36] und knüpfte auch ganz bewußt an dieses an: In seinem Aufruf ‹Die Gründung einer jüdisch-theologischen Facultät, ein dringendes Bedürfnis unserer Zeit› schlägt A. GEIGER die Gründung eines ‹Maimonides-Vereins› vor: «zur Ehre des Mannes, der uns mit seinem wissenschaftlichen Geiste getragen durch die Finsterniß des Mittelalters, der allen neuen Bestrebungen Anknüpfungspunkt war und ist» [37]. Wenig später (1856–1861) gab S. MUNK in Paris den arabischen Urtext ‹More Nebuchim› heraus.

Gerade diese Zuwendung zur philologisch-historischen Erforschung der jüdischen Vergangenheit, speziell der Theologie und der Literatur, wie sie besonders in der von Z. FRANKEL 1851 gegründeten, von H. GRAETZ, M. BRANN, D. KAUFMANN, I. HEINEMANN und L. BAECK bis 1939 fortgeführten ‹Monatsschrift für Geschichte und W.J.› gepflegt wurde [38], hatte aber zur Folge, daß die W.J. viele Bereiche des jüdischen Lebens in Vergangenheit und Gegenwart nicht erfaßte. Wenn I. ELBOGEN später die W.J. als «die Wissenschaft vom lebendigen, im Strom der Entwicklung stehenden J. als soziologischer und geschichtlicher Einheit» definierte und von ihr forderte, sie habe «alle Erscheinungs- und Betätigungsformen des J. aller Zeiten und Länder zu studieren und darzustellen» [39], so knüpft er damit zwar wieder an das Programm von Zunz und Wolf an, wendet sich aber auch gegen die W.J., wie sie 100 Jahre lang betrieben worden war. H. STEINTHAL sagt direkt: «W.J. ist uns nicht bloß eine Geschichte unserer Vergangenheit, sondern der vom J. gebotene Plan für unsere Zukunft» [40]. Schon H. HEINE hatte kritisiert, daß die Begründer der W.J. nur «die Rettung einer längst verlorenen Sache»

versucht hätten: «es gelang ihnen höchstens, auf den Wahlstätten der Vergangenheit die Gebeine der älteren Kämpfer aufzufinden» [41]. M. PHILIPPSON (Leiter der 1902 gegründeten ‹Gesellschaft zur Förderung der W.J.›) kritisierte noch schärfer, daß das J. diesen Männern «im letzten Grunde nur ein interessanter Kadaver» gewesen sei [42]. Kritik an der W.J. wurde schon früh auch von der jüdischen Orthodoxie geübt. So bemerkt S. R. HIRSCH: «Forschung war Ziel, nicht Mittel; der Gegenstand der Forschung schwebte wenigen vor; man forschte Leben des J. und hatte den Begriff des J. aus Th'nach [= Altes Testament] zu holen vergessen» [43]; gegen diese Kritik ließ sich einwenden: «Die W.J. ist vor allem keine jüdische Wissenschaft.» Sie solle «keiner Partei dienstbar» und «wie nur irgendeine Wissenschaft voraussetzungslos sein» [44]. Daß die W.J. eine Wissenschaft deutscher Sprache ist, verurteilt CH. N. BIALIK am 29. Ijar 5683 (= 1923) in einem Brief an den ‹Dwir›: die «W.J. in fremden Sprachen» sei eine «Mißgeburt»; wer eine solche «W.J. aufbaue – der betrügt nur sich selbst» [45]. In der Diskussion um die «Judenfrage» zu Beginn des 20. Jh. wurde im Hinblick auf die Assimilation vieler Juden von einer «Entjudung des Judentums» gesprochen [46]. S. RUBASCHOFF (= Z. SCHAZAR, der vor seinem Studium in Freiburg an den «Höheren Kursen für Orientalische Studien» – 1908/1916, auch «Jüdische Akademie» genannt – des Baron D. Günzburg und S. Dubnows in St. Petersburg teilgenommen hatte) wendet diese Bezeichnung auf die Begründer der W.J. an und nennt sie «Erstlinge der Entjudung» [47]; K. SCHUBERT spricht von den Jahrzehnten der Emanzipation als einer Zeit der «Entjudaisierung des J.» [48].

Bei aller Kritik sollte aber G. SCHOLEMS Urteil über die W.J. nicht vergessen werden [49]. Zwar setzt er der W.J. ein neues Programm entgegen: «Wir haben abgesagt dem von Flaschen Gezogenen, das in der Vergangenheit so oft Wissenschaft vom J. ausmachte. Wir haben uns dem Versuch verschrieben, das Lebendige im J. zu ergründen, statt einer antiquarisch-literarhistorischen eine phänomenologisch durchdringende, sachliche Betrachtung zu unternehmen» [50]; aber er betont zugleich: «Diese Erbschaft, die das deutsche J. mit der Grundlegung der Wissenschaft vom J. hinterlassen hat, ist auch noch heute wirksam ... Die Wissenschaft vom J. bedeutet für uns Erkenntnis unserer eigenen Wesensart und Geschichte; das ist es schließlich, worauf es ... ankommt» [51].

Nach der Schließung (1938) des 1854 gegründeten ‹Jüdisch-Theologischen Seminars Fraenckelscher Stiftung› in Breslau [52] und der Schließung (1942) der am 6. 5. 1872 eröffneten ‹Hochschule für die W.J.› (bzw. ‹Lehranstalt› von 1883–1923 und ab 1934) in Berlin [53] sind heute die Zentren der W.J. die 1925 eröffnete ‹Hebräische Universität› in Jerusalem, wo schon Ende 1924 das ‹Institut of Jewish Studies› eröffnet und an die 1934 die ‹Akademie für die W.J.› angegliedert worden war [54], und das am 3. 10. 1875 gegründete ‹Hebrew Union College› in Cincinnati. Die Erforschung der Geschichte des deutschen J. hat sich das 1955 unter der Leitung von S. MOSES gegründete ‹Leo Baeck Institut› (Jerusalem/London/New York) zur Aufgabe gemacht, dessen ‹Year Book› seit 1956 in London erscheint.

Anmerkungen. [1] S. UCKO: Geistesgesch. Grundl. der W.J. Z. Gesch. der Juden in Deutschland 5 (1934) 1–34 = W.J. im dtsch. Sprachbereich (= WJdS) 1 (1967) 315–352. – [2] S. RUBASCHOFF: Erstlinge der Entjudung. Der jüd. Wille 1 (1918/19) 41. – [3] J. RAPHAEL: Die Zeitschr. des Dr. Leopold Zunz. Z. Gesch.

Juden 7 (Tel-Aviv 1970) 31-36. – [4] A. Strodtmann: Heinrich Heine's Leben und Werke 1 (³1884) 275-335. – [5] L. Wallach: Liberty and letters. The thoughts of Leopold Zunz (London 1959); L. Zunz: Jude – Deutscher – Europäer, hg. N. N. Glatzer (1964); I. Elbogen: Art ‹Zunz, Leopold›, in: Univ. Jew. Encyclop. 10 (1948) 677-679. – [6] H. G. Reissner: Eduard Gans (1965) 59-83; Rebellious dilemma. The case histories of Eduard Gans and some of his partisans. Publ. Leo Baeck Inst. of Jews from Germany. Year Book 2 (London 1957) 179-193. – [7] L. Zunz: Die gottesdienstl. Vorträge der Juden, hist. entwickelt (1832); 2., bericht. Aufl. hg. N. Brüll (1892) VIIIf. – [8] H. Cohen: Deutschtum und J. (1915) 36; G. Scholem: Wiss. vom J. einst und jetzt. Judaica 1 (1963) 155. – [9] I. Wolf [= I. Wohlwill]: Über den Begriff einer W.J. Z. Wiss. Judentums (= ZWJ) 1 (1822) 1-24; engl. L. E. Kochan: On the concept of a sci. of Judaism, in: Year Book a. a. O. [6] 2, 194-204. – [10] a. a. O. 1; engl. 194; vgl. K. Wilhelm: Zur Einf. in die W.J., in: WJdS 1, 6f. – [11] Wolf, ZWJ 1, 17ff.; engl. 201ff. – [12] A. Geiger: Allg. Einl. in die W.J. (1872-74). Nachgel. Schr. 2 (1875) 33. – [13] D. Kaufmann: Die W.J. (1878). Ges. Schr. 1 (1908) 3. – [14] Zunz, a. a. O. [5] 216. – [15] W. Landau: Die Wiss., das einzige Regenerationsmittel des J. Mschr. Gesch. u. Wiss. Judentums (= MGWJ) 1 (1852) 483-499. – [16] Z. Frankel: Einleitendes. MGWJ 1, 5. – [17] L. Zunz: Etwas über die rabb. Lit. (1818); Grundlinien einer künftigen Statistik der Juden. ZWJ 1 (1823) 523-532 = WJdS 1, 361-366. – [18] L. Wallach: Leopold Zunz und die Grundlegung der W.J. (1938); The sci. and philos. background of Zunz's ‹Sci. of Judaism›. Hist. J. 4 (1942) 51-70; The beginnings of the sci. of Judaism in the 19th century. Hist. J. 8 (1946) 33-60; M. Wiener: The ideol. of the founders of Jew. sci. res. Yivo 5 (1950) 184-195; M. A. Meyer: Jew. relig. reform and W.J. The positions of Zunz, Geiger and Frankel. Year Book a. a. O. [6] 16 (1972) 19-41; G. Weil: Das Zunz-Archiv. Bull. Leo Baeck Inst. 2 (Tel Aviv 1958) 148-161. – [19] H. Steinthal: Dr. Leopold Zunz. Ein Nachruf (1886), in: Über Juden und J. (1906) 229. – [20] Vgl. A. Lewkowitz: The significance of ‹W.J.› for the development of Judaism. Hist. J. 16 (1954) 81-84. – [21] Zunz, a. a. O. [7] X. – [22] Etwas über ... a. a. O. [17] 5. – [23] I. Elbogen: Neuorientierung unserer Wiss. MGWJ 62 (1918) 84; Art. ‹W.J.›, in: Jüd. Lex. IV/2 (1930) 1461; Chomat Israel, in: Dwir 1 (1924) 1-16; Geiger, a. a. O. [12] 216-243. – [24] Zunz, Etwas über ... a. a. O. [17] 29. – [25] M. Moser am 7. 11. 1819 vor dem Verein; vgl. Ucko, a. a. O. [1] 331. – [26] L. Zunz an S. M. Ehrenberg, in: Leopold and Adelheid Zunz: An account in letters, hg. N. N. Glatzer (London 1958) 13. – [27] An I. Wolf (1824), in: S. Bernfeld: Juden und J. im 19. Jh. (1898) 79. – [28] Moser, a. a. O. [25]. – [29] Zunz, Gottesdienstl. Vorträge ... a. a. O. [7] 465. – [30] a. a. O. 490-494. – [31] a. a. O. [7] 465. – [32] 490. – [33] Salomon ben Isaac, gen. Raschi. ZWJ 1, 227-384. – [34] Wiss. Z. jüd. Theol., hg. A. Geiger 1 (1835) 13-38. 150-168. 307-326. – [35] a. a. O. 99. – [36] Vgl. J. Guttmann: Relig. und Wiss. im mittelalterl. und modernen Denken, in: Festschr. zum 50jähr. Bestehen der Hochschule für die W.J. (1922) 147-216. – [37] Geiger, a. a. O. [34] 2 (1836) 20; vgl. H. Liebeschütz: W.J. und Historismus bei A. Geiger, in: Essays presented to Leo Baeck (London 1954) 75-93; M. Wiener: A. Geiger and the sci. of Judaism. Judaism 2 (1953) 41-48. – [38] Vgl. K. Wilhelm: Die Mschr. für Gesch. und W.J. Ein geistesgesch. Versuch, in: Das Breslauer Seminar. Jüd.-theol. Sem. Fraenckelscher Stift. ... 1854-1938. Gedächtnisschr., hg. G. Kisch (1963) 327-349; M.Brann: Zur Gesch. der ‹Mschr.›. MGWJ 51 (1907) 1-16. – [39] Elbogen, Art. ‹W.J.› a. a. O. [23] 1461; Art. ‹Sci. of Judaism (W.J.)›, in: Univ. Jew. Encyclop. 9 (1948) 445; Ein Jh. W.J., in: Festschr. a. a. O. [36] 103-144; Die W.J. Festrede (1925). – [40] H. Steinthal: Festrede zum 25jähr. Jub. der Lehranstalt für die W.J. (1897) a. a. O. [19] 248. – [41] H. Bieber (Hg.): Heinrich Heine. Jüd. Manifest (New York 1946) 173. – [42] M. Philippson: Neuste Gesch. des jüd. Volkes 1 (1907) 168; vgl. S. Bernfeld: Jüd. Wiss. Der Jude 1 (1916) 53f. – [43] Ben Usiel [= S. R. Hirsch]: 19 Briefe über J. (1836) Br. 15; vgl. dazu Geiger, a. a. O. [34] 2 (1836) 351-359. 518-548; 3 (1837) 74-91. – [44] S. Maybaum: Die W.J., in MGWJ 51 (1907) 643. 648. – [45] Ch. N. Bialik: Essays (1925) 228ff. – [46] R. Salman: Emanzipation und Entjudung. Der Jude 1 (1916) 43. 46. – [47] Rubaschoff, a. a. O. [2] 36-42. 108-121. 193-203; vgl. dazu M. Braun, MGWJ 62 (1918) 278-281. – [48] K. Schubert: Die Relig. des nachbibl. J. (1955) 191. – [49] G. Scholem: Gedanken über die W.J.: Mitoch hirhurim al chokmat Israel), in: Luach Haaretz (Tel Aviv 1944) 94-112 = Essays on Judaism, hg. J. J. Petuchowsky (Jerusalem 1963) 312-327; W.J. einst und jetzt. Vortrag Leo Baeck Inst. (London 7. 9. 1959) = Bull. Leo Baeck Inst. 3 (Tel Aviv 1960) 10-20 = Scholem: Judaica 1 (1963) 147-164. – [50] a. a. O. 163f. – [51] 147f. – [52] Vgl. a. a. O. [38]; A. Kober: The Jew. theol. Seminary of Breslau and ‹W.J.›. Judaica 16 (1954) 85-122. – [53] L. Philippson: Die Hochschule (= HS) für die W.J. Festrede (1872). – I. Elbogen: Die HS, ihre Entstehung und Entwickl., in: Lehranstalt für die

W.J. Festschr. zur Einweihung des eigenen Heims (1907) 1-98; W. Schochow: Dtsch.-jüd. Gesch.wiss. (1969) 49-63; R. Fuchs: The ‹HS für die W.J.› in the period of Nazi rule. Year Book a. a. O. [6] 12 (1967) 3-31. – [54] F. Rosenzweig: Zeit ists (1917); H. Cohen: Zur Begründung einer Akad. für die W.J. (1918). Jüd. Schr. 2 (1924) 210-217; J. Guttmann: Die Akad. für die W.J., in Festgabe zum 10jähr. Bestehen der Akad. ... 1019-1929 (1929) 3-17; Korrespondenzbl. des Vereins zur Gründung und Erhaltung einer Akad. für die W.J. (1920-1930) H. 1: «Vertraulich!» (Mai 1919).

Literaturhinweise. G. Karpeles: Jew. lit. (Philadelphia 1895) 293-368. – L. Dreyfuss: W.J. Die Welt 8, Nr. 4 (22. 1. 1904) 13-15. – J. Freund: Die Emanzipation der Juden in Preußen unter bes. Berücksichtigung des Gesetzes vom 11. 3. 1812 1-2 (1912). – S. Schechter: The beginnings of Jew. ‹Wissenschaft›, in: Seminary Adresses (Cincinnati 1915) 173-193; The emancipation of Jew. sci. a. a. O. 1-7. – D. Feuchtwang: Moritz Güdemanns Anteil an der W.J. Mschr. Gesch. Wiss. Judentums (= MGWJ) 62 (1918) 161-177. – L. Lucas: Zum 25jähr. Jub. der Ges. zur Förderung der W.J., in: MGWJ 71 (1927) 321-331. – A. Lewkowitz: Das J. und die geistigen Strömungen des 19. Jh. (1935). – F. Bamberger: Zunz's conception of hist. A study of the philos. elements in early sci. of Judaism. Amer. Acad. Jew. Res. Proc. 11 (1941) 1-25. – A. Altmann: Jew. Stud., their scope and meaning today (1958). – S. Stern-Täubler: Eugen Täubler und die W.J. Bull. Leo Baeck Inst. 2 (1958) 72-88. – R. Gordis: Jew. learning and Jew. existence (New York 1964). – H. G. Reissner: Der Berliner ‹Wissenschaftszirkel› (1816/17). Bull. Leo Baeck Inst. 6 (Tel Aviv 1963) 101-112. – H. M. Graupe: Die Entstehung des modernen J. (1969) 172-203. – B. Dinur: Art. ‹W.J.›, in: Encyclop. Judaica (Jerusalem 1971) 16, 570-584. – Kolloquium (Leitung: E. E. Urbach): Die ‹W.J.› in Deutschland und ihr Einfluß auf die moderne Forsch., in: Leo Baeck Inst. Jerusalem (Hg.): Zur Gesch. der Juden in Deutschland im 19. und 20. Jh. (Jerusalem 1971) 43-52. – J. Maier: Gesch. der jüd. Relig. (1972) 548ff. – Emuna 7, 4 (1972): Weltoffenheit und W.J. (mit Beiträgen von W. P. Eckert, S. Sandmel, L. Trepp, G. Salzberger).

F. Niewöhner

Junghegelianismus wird im eigentlichen Wortsinn der von den jüngeren Anhängern Hegels im Unterschied zu dessen älteren, direkten Schülern vertretene Hegelianismus und als solcher der Hegelianismus der zweiten Schülergeneration genannt. Schon von den Zeitgenossen wurde aber der J. weitgehend mit dem *Linkshegelianismus* gleichgesetzt. Diese Identifikation ist heute allgemein gebräuchlich, doch wird gelegentlich unterschieden zwischen den Theorien der Junghegelianer im allgemeinen und jenen der radikalen Junghegelianer im besonderen. Nur der Radikalismus der Junghegelianer ist identisch mit dem Linkshegelianismus. «Links» bezieht sich dabei stets auf die in religionsphilosophisch-theologischer und/ oder politischer Hinsicht eingenommenen radikalen Positionen. Sie implizieren einerseits, gipfelnd im Atheismus, die entschieden *aufklärerische* Kritik und letztlich Destruktion des Christentums, andererseits die grundsätzlich kritisch-revolutionäre Opposition gegen die bestehenden politischen Verhältnisse zunächst auf dem Boden eines philosophisch-politischen Liberalismus («Vernunftstaat»), der sich dann zum Demokratismus verschärft und schließlich darüber hinaus entweder den Weg zum Sozialismus (Marx, Engels), zum Anarchismus (Stirner) oder zur «kritischen Kritik» (Bauer) beschreitet. Wie das Beispiel D. F. Strauss zeigt, schließt der theologische Radikalismus den politischen nicht notwendig ein. Cieszkowski und vor allem Kierkegaard gehören dagegen in keiner Weise zum Linkshegelianismus [1].

Letzterer umfaßt im Zusammenhang mit der ihn tragenden radikalen Bewegung die Jahre von 1835/38 bis 1845/46 und zählt zu seinen Vertretern namentlich Feuerbach (allerdings mit Einschränkungen), Ruge, Bauer und die Berliner Junghegelianer (die «Freien» einschließlich Stirner) sowie den jungen Marx und Engels, mit Vorbehalten auch M. Hess. Außer bei diesen radikalen Junghegelianern hat sich der Terminus ‹J.› am Rande nur noch bei der jüngeren Tübinger Theologenschule F. Chr. Baurs als geschlossener Gruppe gehalten. Trotz ihrer vor der Jahrhundertmitte eindeutig linksliberalen oder demokratischen Einstellung werden beispielsweise weder Bayrhoffer noch H. B. Oppenheim, C. Rössler oder K. Fischer zum J. gerechnet [2].

Im Prozeß ihrer wachsenden Radikalisierung ist die Bewegung des J. identisch mit dem Zersetzungs- und Auflösungsprozeß der Philosophie Hegels und dergestalt gleichermaßen Ausdruck wie Faktor der vormärzlichen Krise der Philosophie, indem sie konsequent die dialektische Methode aus dem metaphysisch-spekulativen Zusammenhang des Systems, das sie gleichzeitig einer totalen Historisierung unterwirft, freisetzt, weiter Hegels spekulativ-konkrete Vernunftbestimmungen auf abstrakt-negative Verstandesbestimmungen und den Geist auf das menschliche Selbstbewußtsein reduziert sowie die metaphysische Theoria in eine *bloße* Theorie umdeutet, der die Wirklichkeit als zu vermittelnde Praxis gegenübersteht. Das schließt nicht aus, daß der J. das «Entzweiungs»-Problem der Hegelschen Philosophie aufnimmt und Hegels spekulativen Historismus in atheistisch-‹idealistischer» (Bauer) und ökonomisch-materialistischer (Marx) Umkehrung weiterführt.

Mit der Spaltung des Hegelianismus einsetzend, steht der J. zunächst im Zeichen der Evangelien- und Religionskritik, aus der die Theorie der Selbstentfremdung des Menschen hervorgeht. Strauss' pantheistische Deutung des Absoluten als der sich in der Menschheit darstellenden Substanz [3] wird von Bauer im Rahmen eines historischen «Subjektivismus» zum Atheismus gewendet, indem er das Absolute in das freie, menschlichschöpferische Element des «unendlichen Selbstbewußtseins» auflöst, das nur als historische «Entwicklung seiner selbst» ist [4]. Feuerbach führt dann die Theologie überhaupt auf die Anthropologie zurück und erklärt die christliche Religion als eine Vergegenständlichung der Gattungseigenschaften und -bedürfnisse des Menschen im Zustand seiner Selbstentfremdung [5]. Gleichzeitig vollzieht er in der kritischen Abkehr von Hegel und der idealistischen Philosophie die Wendung zum Materialismus, der den «sinnlich-konkreten» Menschen zum Prinzip hat und in dieser Form starken Einfluß ausübte [6]. Mit Ruge bezieht der J. entscheidend die Hegelsche Rechtsphilosophie und die politischen Einrichtungen der Zeit in seine «Kritik des Bestehenden» ein [7], die sich – mit dem Höhepunkt 1842 – zu einem philosophisch-politischen Radikalismus steigert, der die revolutionäre «Verwirklichung der Philosophie» erstrebt. Mit dem Scheitern dieses Radikalismus gerät der J. in eine Krise, an der er zerbricht [8]. Während Marx aus ihr dazu gelangt, in der revolutionären Praxis des Proletariats den weltgeschichtlichen Träger der Verwirklichung der Philosophie zu erkennen, und in einer selbstkritischen Abrechnung mit dem J. die Grundlegung des historischen Materialismus unternimmt [9], im Anschluß an Feuerbach der philosophische oder Wahre Sozialismus (M. Hess, K. Grün) entsteht [10], nimmt Stirner den Standpunkt des «seine Sache auf Nichts» stellenden «Einzigen» ein [11], und geht Bauer zur permanenten «kritischen Kritik» über, die für ihn mit dem geschichtlichen «Ende der Philosophie» [12] zusammenfällt.

Anmerkungen. [1] Anders, aber unhaltbar bezüglich Kierkegaard K. Löwith: Von Hegel zu Nietzsche (²1951) 78ff. 125ff.; Die Hegelsche Linke. Texte, hg. K. Löwith (1962) 269ff. – [2] Vgl. auch A. E. Biedermann (ein Schüler W. Vatkes): Unsere junghegel. Weltanschauung und der sog. neueste Pantheismus (1849). – [3] D. F. Strauss: Das Leben Jesu, krit. bearb. (1835). – [4] B. Bauer: Kritik der evang. Gesch. des Johannes (1840); Kritik der evang. Gesch. der Synoptiker (1841/42, ²1846); Die Posaune des jüngsten Gerichts über Hegel den Atheisten und Antichristen (1841); Hegels Lehre von der Relig. und Kunst (1842); Die gute Sache der Freiheit und meine eigene Angelegenheit (1842); Das entdeckte Christentum (1843, ND 1927). – [5] L. Feuerbach: Das Wesen des Christentums (1841, ²1843). – [6] L. Feuerbach: Zur Kritik der Hegelschen Philos. (1839); Vorläufige Thesen zur Reform der Philos. (1842); Grundsätze der Philos. der Zukunft (1843). – [7] Vgl. die von A. Ruge/Th. Echtermeyer hg. Hallischen Jb. für dtsch. Wiss. und Kunst (1838 bis 1841) und Dtsch. Jb. für Wiss. und Kunst (1841-1843) sowie W. Neher: Arnold Ruge als Politiker und polit. Schriftsteller (1933). – [8] Vgl. G. Mayer: Die Anfänge des polit. Radikalismus im vormärzlichen Preußen. Z. Politik 6 (1913) 1-113; Die Junghegelianer und der preuß. Staat. Hist. Z. 121 (1920) 413-440. – [9] K. Marx: Zur Kritik der Hegelschen Rechtsphilos. Einl. (1844); K. Marx/F. Engels: Die heilige Familie (1845); Die dtsch. Ideol. (1845/46). – [10] Vgl. dazu H. Singer: Die Theorie des Wahren Sozialismus (1930). – [11] M. Stirner: Der Einzige und sein Eigentum (1845). – [12] B. Bauer: Rußland und das Germanentum (1853) 44ff.

Literaturhinweise. A. Cornu: Karl Marx. L'homme et l'œuvre. De l'hégélianisme au matérialisme hist. (1818-1845) (Paris 1934).; Karl Marx und Friedrich Engels. Leben und Werk 1 (1954). – M. Rossi: Hegeliana destra e sinistra, in: Enciclop. filos. 2 (Venedig/Rom 1957). – H. Stuke: Philos. der Tat (1963). – W. R. Beyer: Hegel-Bilder (²1967). H. Stuke

Jungschellingianismus erscheint – im Unterschied zu ‹Neu-› oder ‹Neoschellingianismus› als Bezeichnung der Schellingnachfolge – in der Auseinandersetzung von M. Hess mit dem Junghegelianismus und der «christlich-germanischen Reaktion» [1], als deren Vertreter Hess den im Gegensatz zur «negativen, junghegelschen Philosophie» [2] «positiven» [3] L. Stein nennt. Hess sieht im J. die «Reaktion in der sozialistischen Bewegung» [4], die «bewußt- und willenlos für die Verbreitung des Sozialismus mitgewirkt» hat [5].

Anmerkungen. [1] M. Hess: Neue Anekdota (1845) 211. – [2] a. a. O. 210. – [3] ebda. – [4] ebda. – [5] ebda.

Literaturhinweis. M. Hess s. Anm. [1]: jetzt auch in: M. Hess: Philos. und sozialistische Schr. 1837-1850. Eine Auswahl (1961). H. J. Sandkühler

Junktor heißen in der Logik sprachliche Ausdrücke, die Aussagen zu neuen Aussagen «verbinden». So entstehen etwa mit Hilfe der Junktoren ‹und›, ‹oder› und ‹wenn, so› aus zwei Aussagen a, b die zusammengesetzten Aussagen «a und b», «a oder b», «wenn a, so b». Häufig wird auch der Negator ‹nicht› als *einstelliger* Junktor charakterisiert. – Zur Definition und Systematik der logischen Junktoren vgl. die Artikel ‹Aussagenlogik› Nr. 6; ‹Logik, dialogische› Nr. 2; ‹Partikeln, logische (Begründung der logischen Partikeln)›; ‹Prädikatenlogik› Nr. 2 und 7.

Von den logischen Junktoren werden die logischen *Quantoren* «für alle x gilt: $a(x)$» und «es gibt ein x, so daß $a(x)$» unterschieden. Während mit Quantoren gegebenenfalls auf unendlich viele Aussagen (einer geeigneten Form $a(x)$) Bezug genommen wird, lassen sich mit Junktoren nur Verbindungen endlich vieler Teilaussagen aufbauen. Red.

K

Kabbala. Der Terminus ‹K.› hat nichts mit dem aramäischen Wort ‹*Qibhla*› (= Amulett) zu tun (so D. Kaufmann und N. H. Tur-Sinai), sondern ist abgeleitet von dem hebräischen Stamm ‹*kbl*› (= gegenüberstehen, entgegennehmen, dann: empfangen [1]. Im Piel (II. Stamm) hauptsächlich in der Bedeutung von «nehmen», entgegennehmen, annehmen, aufnehmen» gebraucht [2]. ‹K.› ist ursprünglich die Bezeichnung für die «exoterische Überlieferung» [3], mit der in der gaonäischen Zeit [4] im Gegensatz zum Pentateuch die Propheten, Hagiographen und die halachische mündliche Lehre [5] gemeint ist [6].

Als terminus technicus für die *jüdische Mystik* ist ‹K.› wahrscheinlich zuerst um 1200 von ISAAK DEM BLINDEN (ca. 1165–1235), Sohn des 1199 gest. Abraham ben David aus Posquières, verwendet worden [7]. In den erhaltenen Schriften – vorzüglich seinem Kommentar zum Sefär Jezira – und Fragmenten Isaaks [8] kommt zwar das Wort ‹K.› *nicht* vor, doch schließt Scholem «aus dem einhelligen Gebrauch seiner Schüler» (besonders seines Neffen Ascher ben David), daß «die Verwendung des Ausdrucks K. im Sinne von esoterischer Tradition, Geheimlehre, auf ihn zurückgehen» muß [9]. D. Neumark vermutet: «Der Ausdruck ‹K.›, den man irrtümlicherweise zuerst bei Gabriol gefunden haben wollte [10], ist vielleicht von Barsilai zuerst geprägt worden» [11]. JEHUDA BEN BARSILAI aus Barcelona – Lehrer des Abraham ben Isaak aus Narbonne, gest. 1179 [12], dessen Schwiegersohn RABED (= Abraham ben David), der Vater Isaaks des Blinden war [13] – schrieb seinen Kommentar zum Sefär Jezira etwa 1130 [14]. Dort [15] spricht er im Hinblick auf den Talmud (Chagiga II, 1): «... und daher pflegen sie diese Sache ihren Schülern und den Weisen flüsternd und im Geheimen als Tradition (*be-kabbala*) zu überliefern.» Gegen Neumarks These aber argumentiert Scholem, daß gerade dieses Werk von Barsilai bezeuge, «wie eine nichtkabbalistische Spekulation über diese Gegenstände unmittelbar vor dem Auftreten der K. aussah». Es fehlten in diesem Kommentar alle für die K. charakteristischen Gedankengänge [16]. Das Wort ‹K.› ist hier durchaus noch im ursprünglichen Sinne gemeint. Andererseits zeigt gerade diese Wendung, wie leicht den späteren Kabbalisten die Umdeutung des Wortes vom exoterischen zum esoterischen Sinn werden konnte («flüsternd und im Geheimen»). Scholem meint, daß gerade zwischen dem Jezira-Kommentar des Barsilai und dem Jezira-Kommentar Isaaks des Blinden die Anfänge der K. zu suchen seien und in dieser Zeit auch die Umdeutung des Wortes ‹K.› – von der exoterischen zur esoterischen Tradition und als Selbstbezeichnung der Kabbalisten für *ihre* Wissenschaft – zu lokalisieren sei [17].

Daß die jüdische Mystik um 1200 sich mit dieser Bezeichnung als in der traditionellen Überlieferung stehend ausweisen wollte, beruht nach manchen Forschern darauf, daß dies eben *nicht* der Fall gewesen sei [18]. Unter Tradition (K.) braucht aber nicht nur die geschichtliche Überlieferung verstanden zu werden, sondern damit kann auch das durch Offenbarung Weitergegebene, Überlieferte gemeint sein. Beides: Überlieferung der Alten und Inspiration durch göttliche Gnade sind – auch im Selbstverständnis der Kabbalisten [19] – die für die K. geltenden autoritativen Quellen [20]. Durch inspirierte Intuition sollte die eigentliche, die wahre Tradition wiederhergestellt werden, die mit der Offenbarung Gottes an Abraham (bzw. Moses am Sinai) begann. So war für die Kabbalisten Intuition und Tradition kein Widerspruch, sondern gerade die Intuition, die – historisch gesehen – die eigentliche Tradition unterbrach, war für sie die Quelle, um zur wahren Tradition zurückzukehren und gleichzeitig damit diese neu zu begründen [21]. Daß andererseits die Kabbalisten selbst sich als einen neuen Zweig der Wissenschaft verstanden, zeigt ein Ausspruch eines Kabbalisten im Jahre 1330, der die K. als eine etwa 200 Jahre alte Forschungsrichtung bezeichnet [22]. – Im 13. und 14. Jh. konnte mit ‹K.› aber auch weiterhin die mündliche Lehre überhaupt gemeint sein – zum Teil sogar mit Ausnahme der Geheimlehre [23] –, und erst vom 14. Jh. an hat sich ‹K.› als Bezeichnung für die Mystik durchgesetzt und damit auch die anderen Bezeichnungen für mystische Disziplinen [24] verdrängt.

Die K. [25] ist ein *religionsgeschichtliches* Phänomen des Judentums, das im *christlichen* Abendland (Provence, Languedoc, Aragon, Kastilien) des 13. und 14. Jh. begann. Geht man von dieser Terminierung aus, die sich streng an der Wortbedeutung von ‹K.› orientiert, dann gehört die Merkabah-Mystik [26] und das ‹Sefär Jezira› [27] *nicht* zur K. im eigentlichen Sinne, obwohl die K. in dem Jezira-Kommentar Isaaks des Blinden ihr erstes größeres schriftliches Dokument findet (es gibt mehr als 50 kabbalistische Kommentare zum Sefär Jezira) und z. B. MEIR BEN SALOMO ABI-SAHULA, Schüler des berühmten Salomon ben Adreth, 1330 die K. als «die Wissenschaft von den zehn Sephirot und von einigen Begründungen der [biblischen] Gebote» bezeichnet [28] – eben den Sephirot, die im ‹Sefär Jezira› («Buch der Schöpfung»; ca. 2.–3. Jh.) zum ersten Mal terminologisch belegt werden können.

Auch das ‹Sefär Ha-Bahir› [29] gehört streng genommen nicht zur K., da es – aus verschiedenen früheren Schichten bestehend – schon vor 1180 seine wahrscheinlich letzte Redaktion erfahren hat und eine eigentümliche Zwischenstellung zwischen der Merkabah-Mystik, die dort an verschiedenen Stellen vorgetragen wird [30], und der eigentlichen K. einnimmt. Der Terminus ‹K.› (bzw. die Verbform ‹ich habe empfangen› *qibbalti*) kommt zwar in dem Text (§ 134) vor, bezieht sich aber auf die talmudische Tradition, hat hier also exoterische Bedeutung [31]. «K. ist die Bezeichnung für die jüdische

Geheimlehre und Mystik, speziell in ihrer mittelalterlichen Form von etwa 1200 an» [32]. Auch H. Graetz meint, die K. beginne mit Isaak dem Blinden [33], und auch er trennt zwischen der jüdischen Mystik einerseits und der eigentlichen K. andererseits [34], doch aus der zeitlichen Übereinstimmung zwischen der Verbreitung des ‹Moreh Nebuchim› des Mose ben Maimon in Südfrankreich und der (in diesem Raum und zu dieser Zeit) Entstehung der K. schließt er: «Man ist also historisch berechtigt ... anzunehmen, daß die K. eben nur *gegen* die maimunische Theorie reagieren wollte» [35]. Wohl hat Mose ben Maimon einerseits die mystischen Richtungen der jüdischen Theologie seiner Zeit scharf angegriffen [36] und andererseits ist der ‹Moreh Nebuchim› von den Kabbalisten auch gelesen (zum Teil auch in ihrem Sinne uminterpretiert) worden [37] – es existiert sogar eine Übersetzung, die im Jahre 1264 extra für Moses de Leon angefertigt worden ist [38] –, aber die Ansicht von H. Graetz basiert einerseits auf der Annahme, Mose ben Maimon sei *nur* rationalistisch zu verstehen, andererseits darauf, die K. sei nur eine – philosophische – *Gegen*richtung zum Rationalismus des Mose ben Maimon, ein Rückschritt in der Geschichte der Vernunft gewissermaßen (ähnlich auch S. D. Luzzato). Dagegen hat G. Scholem aufgezeigt, daß die K. «nicht in den Kategorien der Philosophiegeschichte dargestellt werden kann, sondern nur in denen der *Religions*geschichte» [39]. Ältere Darstellungen (z. B. J. Brucker, W. G. Tennemann, G. W. F. Hegel) oder Lexica (z. B. R. Goclenius, I. Micraelius) sehen die K. durchweg als eine *Abart* der Philosophie an; W. T. Krug läßt ihr mehr Gerechtigkeit widerfahren, wenn er schreibt, die K. sei «ein Zwittergeschöpf der philosophierenden Vernunft und der dichtenden Einbildungskraft, eine phantastische Mischung von Philosophie und Theologie» [40]. Aber erst dank der Einordnung der K. in die Religionsgeschichte durch G. Scholem und seine Jerusalemer Schüler ist die K.-Forschung in den letzten 50 Jahren aus dem Stadium des Vermutens herausgetreten und zu wissenschaftlicher Höhe gelangt.

Auch wenn die K. nicht nur als Reaktion auf einen philosophischen «Rationalismus» anzusehen ist, so muß andererseits doch gesagt werden, daß sie wie jede mystische Strömung innerhalb der Religionsgeschichte eine Erkenntnis – sei es der Welt, sei es der Prinzipien, die der Welt zugrunde liegen oder der Kräfte, die die Welt hervorgebracht haben – anstrebte, die das Rationale zwar nicht gänzlich verleugnete, aber doch durch Intuition, Kontemplation, Erleuchtung oder Okkultismus zu überbieten suchte. Ab ca. 1250 wird die K. in «theoretische» oder «spekulative» einerseits und «praktische» oder «theurgische» (okkultische, magische) K. andererseits eingeteilt (lat. auch cabbala philosophica/cabbala symbolica). In älteren Darstellungen konnte auch fälschlicherweise die cabbala practica als «cabbala mercabbah» bezeichnet werden, die cabbala theoretica als «cabbala bereschith» [41]. Doch schon J. Brucker bezweifelt diese Identifizierung mit Berufung auf Mose ben Maimon [42].

Auf die Vorgeschichte (z. B. jüd. Gnosis, Merkabah-Mystik) der K., ihren Verlauf, ihre Entwicklung (z. B. prophetische, ekstatische K., Sabbatianismus, Frankismus, Chassidismus), ihre Hauptvertreter (z. B. Abraham Abulafia, Josef Gikatila, Moses de Leon, Isaak Ibn Latif, Moses Cordovero, Isaak Luria [43]) – ihre Hauptschriften (z. B. den ‹Sohar› [44]) und auch ihre Inhalte (Gott, Schöpfung aus dem Nichts, En Sof, Emanation, Sefirot,

Schemitot, Gilgul, Kawana) kann hier nicht eingegangen werden [45].

Neben der K. im eigentlichen Sinne – also der jüdischen Mystik ab etwa 1200 – wird auch von einer «*christlichen* K.» gesprochen [46]. Der Terminus ‹christliche K.› findet sich zuerst in dem Titel einer Schrift von Franciscus Mercurius van Helmont (1618–1699): ‹Adumbratio Cabbalae Christianae, idest Syncatabasis Hebraizanz, sive Brevis Applicatio Doctrinae Hebraeorum Cabbalisticae ad Dogmata novi foederis; pro formanda Hypothesi, ad Conversionem Judaeorum proficua› [47]. Sieht man von einigen jüdischen Konvertiten im 14. und 15. Jh. ab (z. B. Abner von Burgos und Samuel ben Nissim Abul Faradsch), die zuerst versucht haben, die K. christlich zu deuten, so gilt gemeinhin [48] als Begründer der christlichen K. Giovanni Pico della Mirandola mit seinen 1486 geschriebenen ‹Conclusiones Cabalistae numero LXXII, secundum opinionem propriam, ex ipsis Hebraeorum sapientum fundamentis Christianam religionem maxime confirmantes› [49]. Nach J. Reuchlin soll es auch Pico gewesen sein, der zum ersten Mal die termini «cabalistae aut Cabalici» in der lateinischen Sprache verwendet hat: «ante quem nomen eorum Romanae linguae incognitum erat» [50]. Unter christlicher K. wird der Versuch christlicher Philosophen und Theologen zwischen Pico und Fr. J. Molitor [51] verstanden, die K. im Sinne des Christentums zu deuten, kabbalistische Gedanken oder Methoden auf das Christentum anzuwenden oder gar das Christentum als den eigentlichen Kern, den von den Kabbalisten selbst noch nicht erkannten Sinn ihrer Lehren auszuweisen. Die kabbalistischen Schriften des ersten deutschen christlichen Kabbalisten J. Reuchlin – ‹De Verbo Mirifico› (1494) [52], ‹De Arte Cabalistica› (1517) [53] – hatten großen Einfluß auf Agrippa von Nettesheim [54], den jüdischen Konvertiten Paulus Riccius [55] und Knorr von Rosenroth [56], durch den G. W. Leibniz die K. kennen gelernt und auf den sich J. Bruckers Darstellung der K. – auf die sich wiederum G. W. F. Hegel beruft – ausdrücklich bezieht, da «was wir von der Cabbala Philosophica der Jüden wissen, meistentheils der Cabbalae Denudatae und deren Verfasser zu dancken haben» [57]. Bei Jakob Böhme – der weder Hebräisch noch Latein konnte – finden sich viele Parallelen zur K. [58], Fr. Chr. Oetinger verbindet sein Studium der K. mit Gedanken protestantischer Mystik des frühen deutschen Pietismus [59]. Über die vermuteten Beziehungen B. Spinoza's Pantheismus zur K. gibt es zahlreiche Spezialuntersuchungen [60].

Von dem Terminus ‹K.› ist auch das seit 1581 von J. Fischart zuerst verwendete Wort ‹Kabale› abgeleitet [61], da man ‹K.› als Pluralbildung ansah, darum von Kabalen sprach und daraus dann «die Kabale» bildete. W. T. Krug erklärt diese Ableitung damit, daß «manche Kabbalisten ihre angebliche Wissenschaft oder Kunst auch zu Betrügereien gemißbraucht haben» [62].

Anmerkungen. [1] W. Gesenius: Hebr. und aramäisches Handwb. (¹⁸1962) 698. – [2] Zu dem Stamm ‹kbl› vgl. E. Ben Jehuda: Milon Ha-Laschon Ha-Iwrit 4 (New York 1960) 5681-5701. – [3] G. Scholem: Art. ‹K.› I, 2, in: Encyclop. Judaica (= EJ) 9 (1932) 632. – [4] Vgl. J. Levy: Wb. über die Talmudim und Midraschim 4 (1963) 235-237. – [5] Vgl. Chag. 10 b; R. Ha. 7 a. 19 a. Chol. 137 a; Nid. 23 a; j. Kid. 4, 5. – [6] Vgl. L. Zunz: Die gottesdienstl. Vorträge der Juden hist. entwickelt (²1892, ND 1966) 46-47. – L. Baeck: Ursprung der jüd. Mystik, in: Aus drei Jahrtausenden (1958) 244-245. – N. M. Bronznick: Qabbālāh as metonym for the prophets and hagiographa. Hebr. Union College Ann. 38 (1967) 285-295. – [7] Scholem, a. a. O. [3] 632. – [8] Vgl. J. Heller: Art. ‹Isaak Saggi Nahor›, in: EJ 8 (1931) 544-545; G Scholem: Isaak der Blinde und seine Schr., in: Ursprung und Anfänge der K. (1962) 219-230. – [9] a. a. O. 230. – [10] Hinweise bei: St. S. Wise:

The improvement of the moral qualities (New York 1901) 34; SCHOLEM, a. a. O. [8] 32-33 Anm. 59; vgl. I. MYER: Qabbalah. The philos. writings of Solomom Ben Yehuda Ibn Gebirol or Avicebron (1888, ND New York 1970). – [11] D. NEUMARK: Gesch. der jüd. Philos. des MA 1 (1907) 194. – [12] Vgl. SCHOLEM, Abraham Isaak aus Narbonne a. a. O. [8] 175-180. – [13] a. a. O. 180-200. – [14] Hg. S. J. HALBERSTAMM (1885). – [15] a. a. O. 189, zit. nach SCHOLEM, a. a. O. [8] 230. – [16] a. a. O. 42. – [17] 230-231. 176-177. – [18] Vgl. M. STEINSCHNEIDER: Jew. lit. (1857, ND 1967) 304 Anm. 15; H. GRAETZ: Gesch. der Juden 7 (³1894) 59-61. – J. BRUCKER: Kurze Fragen aus der philos. Hist. 4 (1733) 647-648. – S. D. LUZZATO: Wikkuach al Ha-Kabbala we-al-Kadmut Sefär Ha-Sohar (Göritz 1852). – [19] Vgl. ISAAK HA-KOHEN AUS SORIA (ca. 1270), zit. bei G. SCHOLEM: Die jüd. Mystik in ihren Hauptströmungen (1957) 129. – [20] Vgl. G. SCHOLEM: Relig. Autorität und Mystik, in: Eranos-Jb. 26 (1957) 243-278; Offenbarung und Tradition als relig. Kat. im Judentum, in: Über einige Grundbegriffe des Judentums (1970) 90-120; The messianic idea in Judaism (London 1971) 282-303; J. L. BLAU: The story of Jew. philos. (New York 1966) 105-106. – [21] SCHOLEM, a. a. O. [19] 1-42; Tradition und Komm. als relig. Kat. im Judentum. in: Eranos-Jb. 31 (1962) 19-48. – [22] MEIR BEN SALOMO ABI-SAHULA bei SCHOLEM, a. a. O. [8] 33. – [23] Vgl. ZUNZ, a. a. O. [6] 414 Anm. b. – [24] Vgl. J. ALBO, Sefär Ikkarim II, 28; L. GINZBERG: Art. ‹Cabala›, in: Jew. Encyclop. 3 (1903) 456; SCHOLEM, a. a. O. [8] 231; EJ 9, 632-633. – [25] An älteren Darstellungen und zur Forschungslage vgl.: BRUCKER, a. a. O. [18] 622-955; Historia Critica Philos. (Leipzig 1766) 916-1068; W. G. TENNEMANN: Gesch. der Philos. 9 (1914) 167-185; A. JELLINEK: Beitr. zur Gesch. der K. 1. 2 H. (1852); vgl. B. BEER: Mschr. für Gesch. und Wiss. des Judentums (= MGWJ) 1 (1852) 427-430; Auswahl kabbalist. Mystik (1853); Philos. und K. (1854); D. H. JOËL: Die Relig.philos. des Sohar und ihr Verhältnis zur allg. jüd. Theol. (1849); A. FRANCK: La K. ou la philos. relig. des Hébreux (Paris 1834); dtsch. A. JELLINEK (1844, ³1922); engl. I. SOSSNITZ (1926, New York 1973); F. A. THOLUK: Commentatio de vi, quam graeca philos. tum Muhammedanorum tum Judaeorum exercuit. II. Particula: De ortu Cabbalae (1837); CH. D. GINSBURG: The Kabbalah (1863, ND New York 1956); PH. BLOCH: Gesch. der Entw. der K. und der jüd. Relig.philos. kurz zusammengefasst (1891); Die jüd. Mystik und K., in: J. WINTER/A. WÜNSCHE: Die jüd. Lit. seit Abschluß des Kanons III (1896, ND 1965) 219-286; Die K. auf ihrem Höhepunkt und ihre Meister. MGWJ 49 (1905) 129-166; H. GRAETZ: Gesch. der Juden 7 (³1894) 59-82; E. BISCHOFF: Die K. (1903 ²1917); D. NEUMARK, a. a. O. [11] 179-236; vermehrt in hebr. A.: Toldot Ha-Philosophia be-Jisrael (New York 1921) 166-354; I. ABELSON: Jew. mysticism. An introd. to the Kabbalah (New York 1913, ND 1969); GINZBERG, a. a. O. [24] 456-479; J. S. MINKIN: Art. ‹Cabala›, in: Univ. Jew. Encyclop. 2 (New York 1940) 614-620; L. LOEWE: Art. ‹K.›, in: Encyclop. Relig. a. Ethics 7 (⁴1959) 622-628; maßgebend heute die Publ. von SCHOLEM; vgl. Bibl. in der publ. writings of G. G. Scholem, in: Stud. in mysticism and relig. presented to G. G. Scholem (Jerusalem 1967) Ende des hebr. Teils; zur Forschungslage vgl. bes. SCHOLEM, a. a. O. [8] 1-42; Vgl. ‹K.›, in: EJ 10 (Jerusalem 1971) 489-653. – [26] Art. ‹Merkabah›. – [27] Bibl. Hinweise zum Sefär Jezira bei L. GINZBERG: Art. ‹Yezirah›, JE 12 (1906) 602-606; K. STENRING (Übers.): The book of formation (1923, ND New York 1970); G. SCHOLEM: Art. ‹Jezira›, in: EJ 9 (1932) 104-111; a. a. O. [8] 21-29; a. a. O. [19] 459-460; W. TOTOK: Hb. der Gesch. der Philos. II/1 (1971) 293; C. SUARÈS: Le Sepher Yetaira (1968). – [28] zit. nach SCHOLEM, a. a. O. [8] 33. – [29] Bibl. Hinweise zum Sefär Ha-Bahir bei A. NEUBAUER: The Bahir and the Zohar. Jew. Quart. Rev. 4 (1892) 357-367; J. BROYDÉ, in: JE 2 (1902) 442-443; G. SCHOLEM: Art. ‹Bahir›, in: EJ 3 (1929) 969-979; a. a. O. [8] 43-174; J. MAIER: Gesch. der jüd. Relig. (1972) 323. – [30] G. SCHOLEM (Hg.): Das Buch Bahir (²1970) §§ 33. 46. 48. 60. 88. 100. – [31] a. a. O. 147 Anm. 1; vgl. a. a. O. [8] 53. – [32] EJ 9, 630. – [33] GRAETZ, a. a. O. [25] 7, Note 3, 385ff. – [34] a. a. O. 382-385. – [35] 387; vgl. 397. 59-61; vgl. SCHOLEM: a. a. O. [8] 5. – [36] Vgl. A. ALTMANN: Das Verhältnis Maimunis zur jüd. Mystik, in: MGWJ 80 (1936) 305-330; I. FINKELSCHERER: Moses Maimunis Stellung zum Aberglauben und zur Mystik (1894); vgl. H. GRAETZ, in: MGWJ 8 (1859) 114-115. – [37] Vgl. R. MARGALIUTH: Ha-RMB'M we-Ha-Zohar (Jersulaem 1954); G. SCHOLEM: Mechoqer limqubbal. Tarbiz 6 (1934/35) 334-342; Maimonide dans l'œuvre des Kabbalistes. Cahier Juifs 3/2 (1935) 103-112; G. VADJA: Deux chap. du ‹Guide des Egarés› repensés par un Kabbaliste. in: Mélanges offerts à E. Gilson (Toronto/Paris 1959) 651-659; Un chap. de l'hist. du conflit entre la kabbale et la philos. A. H. D. .. 31 (1956) 45-144; E. J. DIENSTAG: Maimonides as viewed by the Cabalists (Hebr.), in: S. FEDERBUSCH (Hg.): Maimonides (New York 1956) 99-135. – [38] Vgl. SCHOLEM, a. a. O. [19] 212. 427 Anm. 131. – [39] a. a. O. [8] 8. – [40] W. T. KRUG: ‹Kabbalismus, Kabbalistik oder kabbalische Philos.›, in: Allg. Handwb. der philos. Wiss. 2 (1833, ND 1969) 565-567. – [41] J. G. WACHTER: Eluci-

darius cabbalisticus sive reconditae Ebraeorum philosophiae brevis recensio (Rom 1706) 67. – [42] BRUCKER, a. a. O. [18] 764-766. – [43] Vgl. auch S. BIALOBLOCKI: Abraham ben David aus Posquières, in: EJ 1 (1928) 450-459; G. SCHOLEM: Abraham ben Samuel Abulafia a. a. O. 637-641; S. A. HORODEZKY: Isaak ben Salomo Luria a. a. O. 10 (1934) 1198-1212; Josef ben Abraham Gikatila a. a. O. 7 (1932) 408-411; Mose ben Jakob Cordovero a. a. O. 5 (1930) 622-668; Torat Ha-Kabbala schel R. Mosche Cordovero (Berlin 1924); weitere Lit. bei MAIER, a. a. O. [29] 325ff. – [44] Bibl. Hinweise zum Sohar bei SCHOLEM, a. a. O. [19] 463-466; J. FÜRST, Bibliotheca judaica 3 (Leipzig 1863, ND 1960) 329-335 (unter dem Namen: Simon ben Jochai); M. GASTER: Art. ‹Zohar›, in: Encyclop. Relig. a. Ethics 12 (⁴1958) 858-862; I. BROYDÉ: Art. ‹Zohar›, in: JE 12 (1906) 689-693; TOTOK, a. a. O. [27] 293-294; MAIER, a. a. O. [29] 336-341. – [45] Vgl. a. a. O. [25] und folgende Bibl.; SCHOLEM: Bibl. Kabbalistica. Verz. der gedruckten die jüd. Mystik (Gnosis, K., Sabbatianismus, Frankismus, Chassidismus) behandelnden Bücher und Aufsätze von Reuchlin bis zur Gegenwart; mit einem Anhang: Bibl. des Zohar und seiner Komm. (1927, 1933) ergänzt in: Kirjat Sefär 30 (1954) 5, 412-416; a. a. O. [19] 457-474; Catalogus Codicum Cabbalisticorum, in: Bibliotheca Hierosolymitana (Hebr.) (Jerusalem 1930); S. SHUNAMI: Bibl. of Jew. bibl. (Jerusalem 1969) Nr. 739-748; Nr. 4533; J. CH. WOLF: Bibliotheca Hebraea 1-4 (Hamburg/Leipzig 1715/1733); G. VADJA: Les origines et le développement de la K. juive d'après quelques travaux récents. Rev. Hist. Relig. 134 (1947/48) 120-167; Recherches récentes sur l'ésotérisme juif a. a. O. 147 (1955) 62-92; 164 (1963) 39-86. 191-212; 165 (1964) 49-78; TOTOK: a. a. O. [27] 290-294; vgl. außerdem: A. SAFRAN: La cabbale (Paris 1960, dtsch. 1966); G. VADJA: Recherches sur la philos. et la Kabbale dans la pensée juive du MA (Paris 1962); G. SCHOLEM: The messianic idea in Judaism (London 1971); L. SCHAYA: The universal meaning of the K. (London 1971); Ursprung und Ziel der Menschen im Lichte der K. (1972); SCH. HALEVI: Tree of life. An introd. to the Cabala (London 1972); MAIER, a. a. O. [29] 319-345. 461-505 (mit neusten bibl. Angaben); SCHOLEM: K. (Jerusalem 1974). – [46] Vgl. G. SCHOLEM: Zur Gesch. der Anfänge der christl. K., in: Essays presented to Leo Baeck (London 1954) 158-193; Die Erforsch. der Reuchlin bis zur Gegenwart, in: Judaica 3 (1973) 247-263; J. L. BLAU: The christian interpretation of the cabala in the renaissance (New York 1944); SCHOLEM: Die christl. K., in: EJ 9, 726-729; E. BENZ: Die christl. K. (1958); W. A. SCHULZE: Schelling und die K. Judaica 13 (1958) 65-99. 143-170. 210-232; Der Einfluß der K. auf die Cambridger Platoniker Cudworth and More. Judaica 23 (1967) 75-126. 193-240; F. SECRET: Le Zohar chez les Kabbalistes chrétiens de la Renaissance (Paris 1958); J. FÜRST: Christl. Arbeiten über den Sohar. Bibliotheca Judaica 3, 332-335; G. B. WINKLER: Erasmus und die Juden, in: Festschr. F. Loidl 1. 2 (1970) 381-392; H. GREIVE: Raimund Lull und die K. Freiburg. Z. Philos. u. Theol. 20 (1973) 324-331. – [47] Beigebunden dem 3. Teil von CH. KNORR VON ROSENROTH: Cabbala Denudata seu doctrina Hebraeorum transcendentalis et met.atque theol. etc. 1 (Sulzbach 1677); 2 (Frankfurt 1684); vgl. BENZ, a. a. O. [46] 23. – [48] Vgl. BRUCKER, a. a. O. [18] 628. – [49] G. PICO DELLA MIRANDOLA, Opera omnia 1 (Basel 1557, ND 1969) 107-113. – [50] J. REUCHLIN, De arte cabbalistica (¹1517) 629; zur Begriffsgesch. von ‹K.› in der lat. Lit. vgl. auch BRUCKER, a. a. O. [18] 624-627. – [51] FR. J. MOLITOR: Philos. der Gesch. od. über die Tradition in dem alten Bunde und ihre Beziehung zur Kirche des neuen Bundes. Mit vorzügl. Rücksicht auf die K. 1-4 (1827-1853). – [52] REUCHLIN: Ars Cabbalistica, hg. J. PISTORIUS (1587, ND 1970) 873-979. – [53] a. a. O. 609-730. – [54] AGRIPPA VON NETTESHEIM: De occulta philos. (1531). Opera 1 (Lyon ca. 1600, ND 1970); De Cabala, in: De incertitudine et vanitate etc. (1530). Opera 2, 98-102. – [55] P. RICCIUS: De coelesti agricultura (1541). Ars Cabbalistica (1587) 1-192; vgl.: L. H. JAKOB: Peter Baylens Philos. Wb. oder die philos. Art. aus Baylens Hist.-Krit. Wb. 2 (1797) 513-516. – [56] Vgl. Anm. [47], engl. von S. L. MC. GREGOR-MATHERS (London 1962). – [57] BRUCKER, a. a. O. [18] 639; vgl. auch A. FOUCHER DE CAREIL: Leibniz, la philos. juive et la cabale (Paris 1861). – [58] Vgl. W. A. SCHULZE: J. Boehme und die K. Judaica 11 (1955) 12-29. – [59] FR. CHR. OETINGER: Öff. Denkmal der Lehrtafel einer weil. Wirttembergischen Prinzessin in Kupfer gestochen etc. Sämtl. Schr., hg. K. CHR. E. EHMANN, 2/1 (1858); vgl. W. A. SCHULZE: F. C. Oetinger und die K. Judaica 4 (1948) 268-274; BENZ, a. a. O. [46] 15-17. 39-55; J. BECK: Die Lehrtafel der Prinzessin Antonia von Württemberg in der Dreifaltigkeitskirche zu Teinach (1958). – [60] Vgl. A. Oko: The Spinoza-bibl. (Boston 1964) 379-381; s. bes. WACHTER: Der Spinozismus im Jüdenthumb oder die von dem heutigen Jüdenthumb und dessen Geheimen K. vergötterte Welt (Amsterdam 1699). – [61] Vgl. GRIMM 5 (1873) 6; F. KLUGE: Etymol. Wb. dtsch. Sprache (¹⁹1963) 336. – [62] KRUG, a. a. O. [40] 567.

Literaturhinweis. Neustes bio-bibliogr. Hb. zu allen Gebieten der K. ist: G. SCHOLEM: K. (Jerusalem 1974).   F. NIEWÖHNER

Kahlkopf (φαλακρός, Calvus) heißt die folgende Fangfrage des Megarikers EUBULIDES: «Wieviele Haare muß jemand verlieren, damit er ein Kahlkopf wird?» [1]. Das gleiche Problem liegt dem Sorites (s.d.) zugrunde.

Anmerkung. [1] DIOGENES LAERTIUS II, 108.   E. G. SCHMIDT

Kairos (griech. καιρός)

I. – 1. Ausgehend von der in mythischer Mentalität wurzelnden Überzeugung, daß alles Geschehen einer schicksalshaft festgelegten Symmetrie unterliegt, bezeichnen die frühgriechischen Weisen und Dichter (besonders HESIOD und PINDAR) mit K. (wie auch mit ὥρα und ἀκμή) die durch eine Gunst der Natur (oder Gottheit) ausgezeichnete Stelle in Raum (zunächst) und Zeit (später), deren Erkenntnis und Nutzung dem menschlichen Handeln Gelingen verspricht. Der Vergöttlichung des K. bei ION VON CHIOS [1] entspricht im philosophischen Bereich das besondere Interesse, das die *Schule des Pythagoras* dem K. entgegenbringt: Mit dem Vollendungsideal der Siebenzahl identifiziert [2], d. h. als Grundmaß kosmischer Rythmen verehrt, wird er zum Inbegriff des Ebenmäßigen und Glückenden, von woher wiederum sein Auftauchen in den Bereichen von Arbeit, Wettkampf und Gesang zu verstehen ist. GORGIAS erhebt den K. zu einem wichtigen Topos der Rhetorik, zur Norm einer auf das Interesse des Augenblicks gerichteten Überredungstechnik. Vom Naturzeitmaß zusehends zu einem vom Menschen berechenbaren Ideal des ethisch und ästhetisch Angemessenen relativiert, erhält der K. erst bei PLATON seine transsubjektive Verankerung zurück: In der metaphysisch unterbauten Ethik der μεσότης figuriert das καίριον als Synonym von μέτριον, ἱκανόν, τέλεον, d. h. als Inbegriff von Grenze, Vollkommenheit, Einheit und Glück [3], als das alle hiesige Angemessenheit ermöglichende Urmaß (das z. B. auch das «plötzliche», d. h. zeitlose Umschlagen von Sein und Nichtsein zumeßbar macht [4]).

2. Solcher sozusagen transzendenten Hoch-Zeitigkeit setzt ARISTOTELES wieder das an der sophistischen Rhetorik orientierte, aber nicht *nur* in menschliches Ermessen gestellte Ideal empirischer Rechtzeitigkeit entgegen. Im Rahmen seiner Kritik an Platons Idee des Guten definiert er den K. als das Gute in der Kategorie der Zeit, als das günstige Wann jeder Art von κίνησις [5]. Neben dem Aspekt des Tauglichen und Geeigneten (an der Zeit) betont er daher auch den des Vollendenden und Erfüllenden; so könnte man neben dem passenden Anfangspunkt einer Handlung auch deren Kulmination (entweder in der Mitte oder am Ende) mit ‹K.› bezeichnen, um den inzeptiven, kulminativen und finitiven K. zu unterscheiden. Allen Prozessen in Natur und Handeln ist vom ersten Beweger her eine Tendenz auf Ein- und Zuordnung mitgegeben, die auch im Menschen naturhaft arbeitet als das instinktive Aufspüren von Sinnvollem, Seinsangemessenem, Gestalthaftem. Regel für die Orientierung in Einzelfällen ist die Annahme, daß alle Situationen als untereinander verbunden gelten, einen Zusammenhang eventueller Konvergenzen (von Naturgeschehen und menschlichem Handeln) bilden, in den der Einzelne sich durch Erfahrung einfühlen lernt; da ein System von Vorschriften, eine Kasuistik, in einer «Situationsethik» fehlt, ist es für die Wahl des rechten Moments charakteristisch, daß die unvorhersehbaren Erfordernisse des Augenblicks die an sich sinnwidrigsten Aktionen zu sinnvollen, weil rechtzeitig unternommenen Handlungen werden lassen [6]. So spricht Aristoteles zwar von einer «Wissen-

schaft des K.» [7] – und sein Schüler Theophrast soll denn auch eine Kairologie der Politik verfaßt haben – fügt aber gleich hinzu, daß die verschiedenen Einzelwissenschaften (verstanden als Techniken der gegenseitigen Anpassung von Mitteln und Zielen) den K. je verschieden bestimmen werden; sie haben aber in der Kategorie des «Notwendigen im Kontingenten» eine das praktische Wissen ermöglichende Konstante. Jenseits des sophistischen «Opportunismus» der totalen Verfügbarkeit der geeigneten Augenblicke kalkuliert die ‹Nikomachische Ethik› den Unsicherheitsfaktor der τύχη mit ein, der die Sichtung (σκόπος) und Bestimmung (λόγος) der richtigen Zeit zu einer Art experimentellen Stochastik werden läßt. Zwar gilt es als Zeichen praktischer Weisheit, wenn vor jeder Aktion das Wann mitbedacht wird [8] – das zu früh oder zu spät Getane entwertet die Praxis –, aber gerade die kluge Ausmittelung situativer Möglichkeiten stößt auf ein Element des Unverfügbaren, das andererseits erst die Bedingung der Möglichkeit von Glück (εὐτυχία, εὐδαιμονία) zu sein scheint, ein Element von «Gunst», dessen Erleben als zeitlos (und plötzlich) charakterisiert wird [9]; solch ein «göttlicher» K. [10] wäre die Maßeinheit für alles an ihm gemessene Gelingen: Das herausgehobene νῦν verhält sich dann zur ganzen Handlung wie das Maß zum Abmeßbaren oder wie das Glücken zur Verwirklichung des Möglichen.

3. Diese an der Maßethik orientierte Kairologie wird von den *Stoikern* weiter ausgebaut [11]: Das Sicheinpassen in Naturabläufe, die Anmessung von physikalischem und ethischem Jetzt (commendatio), wird zur Maxime des Handelns; dem Ideal der εὐκαιρία tritt die ἀκαιρία als das unbedingt zu Meidende gegenüber. In der Auslegung dessen, was in einem jeweiligen Moment mit Bezug auf das Zeitganze gegeben, d. h. aktualisierbar ist, in der Ansetzung des Jetzt als *Zeichen* (von Vergangenem und Zukünftigem), d. h. von einer ewig wiederkehrenden, gleichgültigen Augenblicksfolge, sieht der Stoiker eben jene beglückende Erkenntnis «meiner» Stelle innerhalb des Ganzen sich artikulieren, die schon PHILOLAOS mit dem Wesen von Philosophie gleichgesetzt haben soll [12].

Anmerkungen. [1] ION VON CHIOS, nach PAUSANIAS V, 14, 9. – [2] Schule des Pythagoras, nach ARISTOTELES, Met. 985 b 27. – [3] PLATON, Phileb. 24 a–d. – [4] Vgl. Parmenides 156 e. – [5] ARISTOTELES, Eth. Nic. 1095 a 26. – [6] a. a. O. 1110 a 13. – [7] 1096 a 32. – [8] 1104 a 8. – [9] 1174 b 5. – [10] Vgl. aber Anal. pr. I, 48 b 35. – [11] Vgl. V. GOLDSCHMIDT: Le système stoïcien et l'idée du temps (Paris ²1969) bes. 168-211. – [12] PHILOLAOS, VS 1, 419.

Literaturhinweis. M. KERKHOFF: Zum antiken Begriff des K., Z. philos. Forsch. 27 (1973) 256-274.   M. KERKHOFF

II. Durch den Berliner Kreis der Religiösen Sozialisten (K.-Kreis) wird der Begriff ‹K.› um 1920 in die *theologische* Diskussion eingeführt. Er bedeutet im Gegensatz zu Chronos («die formale Zeit») [1] die rechte, die gefüllte Zeit. P. TILLICH findet den Sprachgebrauch zwar bei den Griechen vorgeformt [2], sieht ihn aber erst im Neuen Testament zur vollen Entfaltung kommen. Die zentrale Stelle für das Verständnis des Begriffes ist Mk. 1, 15.

K. als Fülle der Zeit bedeutet, daß das Unbedingte in einem bestimmten Moment der Geschichte in die Zeit einbricht und sie mit einem unbedingten Gehalt und mit einer unbedingten Forderung erfüllt [3]. In diesem Sinn wird der Begriff in der Auseinandersetzung mit den Problemen der Utopie aufgenommen: Die Idee des K. «enthält das Hereinbrechen der Ewigkeit in die Zeit, den unbedingten Entscheidungs- und Schicksalscharakter dieses geschichtlichen Augenblicks, aber sie enthält zugleich das Bewußtsein, daß es keinen Zustand der Ewigkeit in der Zeit geben kann, daß das Ewige wesensmäßig das in die Zeit Hereinbrechende, aber nie das in der Zeit Fixierbare ist» [4]. Der K. wird vom Propheten angekündigt, der eine Zeit in ihrer Tiefe existentiell erlebt; der Prophet steht in dialektischer Beziehung zum K.-Bewußtsein: Einerseits ist dieses ihm vorgegeben, andererseits schafft er es durch seine Botschaft. Er treibt die Geschichte vorwärts in Richtung auf eine neue Theonomie. K. bezeichnet zwar den Übergang von einer autonomen zu einer theonomen Kulturepoche, inhaltlich aber sind K. und Theonomie nahezu identisch.

Vom K. kann man in dreifacher Weise reden. «K. in seinem *einzigartigen* und universalen Sinn ist für den christlichen Glauben das Erscheinen Jesu als des ‹Christus›. K. in seinem *allgemeinen* und speziellen Sinn ist für den Geschichtsphilosophen jeder Wendepunkt in der Geschichte, in dem das Ewige das Zeitliche richtet und umwandelt. K. in seinem *besonderen Sinn für uns*, in seinem für unsere augenblickliche Lage entscheidenden Charakter ist das Hereinbrechen einer neuen Theonomie auf dem Boden einer profanierten und entleerten autonomen Kultur» [5].

Die dritte Bedeutung des Begriffs tritt bei Tillich in den späteren Jahren zurück. Es gibt den einen zentralen K., die Erscheinung des Christus, der durch viele Kairoi vorbereitet war und dem viele andere folgen: «Der ‹große K.› bedarf auch vieler ‹kleiner K.›, damit er von der ihm folgenden Entwicklung rezipiert werden kann.» Der Begriff K. «wird heute als Bezeichnung einer prophetischen Geschichtsdeutung gebraucht, die die ‹Zeichen der Zeit› sehen und die Geschichte als Ganzes verstehen will» [6].

Im breiteren Sprachgebrauch wird der Begriff heute sowohl im Sinne von ‹rechte Zeit› [7] als auch synonym zu ‹Gottes Zeit› und ‹Heilsgeschichte› verwandt [8].

Anmerkungen. [1] P. TILLICH: K. (1922). Ges. Werke 6 (1963) 9ff. – [2] Vgl. dazu Theol. Wb. zum NT, hg. KITTEL 3, 456ff. – [3] P. TILLICH: Grundlinien des Relig. Sozialismus (1923). Ges. Werke 2 (1962) 94. – [4] K. (1926) a. a. O. [1] 35. – [5] a. a. O. 24. – [6] K. (1958) a. a. O. [1] 138f. – [7] H. THIELICKE: Theol. Ethik 1 (²1958) 443. – [8] a. a. O. 459.　　　　E. AMELUNG

Kalām. Das Wort ‹kalāmun› hat im klassischen Arabisch die Grundbedeutung: «Reden, Sprechen, Rede, Sprache, Redeweise, Geschwätz, Unterhaltung, Worte, Wort, ungebundene Rede, Debatte, Disput, Streitfrage, Zwist, (scholastische) Theologie» [1]. In der nicht-islamischen Philosophiegeschichtsschreibung wird unter ‹K.› (oder Alcala, Kelam, Celam) meistens die islamische Religionsphilosophie vor al-Kindī (gest. ca. 866) oder ganz allgemein die frühe islamische Theologie verstanden, soweit sie nicht «Recht» (fiqh) oder «Mystik» (taṣawwuf) und nicht unter die anderen «religiösen Wissenschaften» zu subsumieren ist. Neben K. wird ebenso häufig von der ‘ilm al-kalām [2], der «Wissenschaft des K.» gesprochen [3], jedoch scheint diese Bezeichnung erst in der ersten Hälfte des 9. Jh. entstanden zu sein und wird in engerem Sinne meistens für die traditionelle sunnitische Theologie seit al-Aš‘arī (874–935) verwendet. Zwischen ‹kalām› und ‹‘ilm al-kalām› wird in älteren Darstellungen nicht unterschieden.

‹*Mutakallimūna*› (Mutakallimūn, Motekallemins, Mutekallimim, Mothakalim) ist Nominativ Plural mask. des Partizip aktiv des V. Stammes des Verbums ‹kallama› (II. Stamm) und heißt «die sich Beredenden, die mit-

einander Sprechenden, diejenigen, die einen Disput miteinander führen». Häufig ist zu lesen, die Mutakallimūn seien im Gegensatz zu den späteren «Philosophen» (Aristotelikern) und den früheren «liberalen» Mu‘taziliten nur die «orthodoxen», «scholastischen» oder «traditionellen» islamischen Theologen oder Religionsphilosophen (also diejenigen, die ‘ilm al-kalām betreiben). Dem aber ist entgegenzuhalten, daß der Terminus ‹K.› (im Sinne von argumentierendem Religionsdisput) und das, was als typische Methode der K.-Argumentation gilt (der Vorrang des Vernunftbeweises vor dem Tatsachenbeweis), gerade auch von den frühen Mu‘taziliten (ab Ende des 7. Jh.) benutzt worden ist, also von denen, gegen die sich die «Orthodoxie» besonders seit Ibn Ḥanbal (780–855) richtete.

Warum die nicht-«philosophische» islamische Religionsphilosophie ‹K.› genannt worden ist, ist noch nicht ganz geklärt. Die gängige Behauptung, ‹K.› sei eine Übersetzung von griechisch λόγος oder von διαλεκτικὴ τέχνη ist mit Vorsicht zu behandeln, da der Einfluß der griechischen Philosophie auf die frühen Mutakallimūn und die Mu‘taziliten nach neuerer Erkenntnis nicht sehr groß war [4]. Hinzu kommt, daß der K. in der Interpretation der islamischen Theologen selbst eine rein islamische und zudem eine praktische Wissenschaft ist [5]. Die bekanntesten islamischen Erklärungsversuche für den Begriff ‹K.› von aš-Šahrastānī, Ibn Ḥaldūn und al-Iǧī (diese Wissenschaft werde K. genannt, weil sie der Logik, manṭiq, der Philosophen entspreche oder weil eines ihrer Hauptprobleme das Reden Gottes, kalām Allāh, sei) hatten zwar seit E. POCOCK [6] großen Einfluß auf die europäische Philosophiegeschichtsschreibung, sie sind aber wertlos und zeigen nur «deutlich die Ratlosigkeit der einheimischen Philologen und Theologen vor dem Terminus ‹K.›» [7]. Es kann vermutet werden, der Ursprung des K. sei während der Schlacht von Ṣiffīn (657, zwischen ‘Alī und Mu‘āwiya) und der sich daran anschließenden Diskussion zwischen den Parteien zu suchen, in deren Verlauf sich die Ḥāriǧiten von ‘Alī trennten, weil er argumentiert statt gekämpft habe. Liegt hier der Ursprung des K., dann ist K. in seinen Anfängen die Methode einer theologisch-politischen Apologie in der Auseinandersetzung um den wahren Nachfolger des Propheten. Die Vermutung wird bestätigt durch ein Referat der mu‘tazilitischen Lehren bei AL-GHAZALI, in dem es im Zusammenhang über den Nutzen des K. – «das Glaubensbekenntnis dem Volke zu erhalten und auf dem Wege der Kontroverse gegen die Scheingründe der Irrlehrer zu verteidigen» – heißt: ‘Alī habe «das erste Beispiel gegeben, die Irrlehrer durch Gegengründe wieder auf den rechten Weg zu bringen». Dies sei dadurch geschehen, daß er Ibn ‘Abbās zu den Ḥāriǧiten geschickt habe und dieser viele von ihnen durch seinen K. bewegt habe, «zum Gehorsam zurückzukehren» [8]. Ibn ‘Abbās wäre demnach der erste Mutakallim. Aufgrund anderer Quellen vermutet S. Pines, die Mutakallimūn (vor 750) «have quite obviously been set the task of winning over the populations for the ‘Abbāsid cause and the religious ideology which went with it. In other words they are political and religious propagandists, or missionaries who, sometimes at least, accompanied the insurgent army» [9]. Ursprünglich scheint K. also keine «spekulativ-theologische Abhandlung» (M. Horten) gewesen zu sein, sondern die theologisch-philosophische Apologie der ‘abbāsidischen Machtpolitik, bevor al-‘Abbās as-Suffāḥ 749 die Macht erlangte. Die Wandlung dieser Apologie einer politisch-theologischen Machtpolitik zur

Apologie des Islam überhaupt «against the argument of non-Moslems» [10] – «K. ist der größte ‹heilige Krieg›, *ğihād*, gegen alle Feinde der Religion» [11] – weiter zur «aufklärerischen» und «liberalen» Vernunftargumentation der Muʻtaziliten (seit Wāṣil Ibn ʻAṭāʼ, gest. 748) und dann zur «orthodoxen» sunnitischen Theologie (seit al-Ašʻarī), kann hier nicht ausgebreitet werden. Philosophiegeschichtlich wichtig ist jedoch, daß die «Orthodoxie» zu verstehen ist als Reaktion auf die stärker werdende Rezeption der aristotelischen Logik im Islam, wie andererseits auch die Anhänger des «Philosophen» (z. B. Ibn Rušd) den K. als Geschwätz, Sophistik und räsonierende Dialektik bekämpften. Die nach philosophischen Gesichtspunkten systematischste und gleichzeitig wirkungsgeschichtlich bedeutsamste Darstellung des K. (Atomenlehre, Attributenlehre, Kosmologie) stammt von dem entschiedenen Gegner des K., dem Juden MOSE BEN MAIMON (1135–1204) [12]. Der hebräische Philologe S. Ibn Tibbon hat 1204 in Anlehnung an die abwertende Interpretation des K. durch Maimon die Mutakallimūn nicht ganz exakt (Piel statt Hitpael für den V. Stamm) übersetzt mit ‹medabberīm› [13]. Neben dieser hebräischen Übersetzung hat sich die lateinische mit ‹loquentes› (erste Hälfte des 13. Jh.), die auf die hebräische zurückzuführen ist, in den meisten älteren Darstellungen als hebräisches bzw. lateinisches Lehnwort durchgesetzt (Thomas von Aquin, Leibniz, Brucker, Zedler, Hegel, Ast). Im Deutschen heißen sie auch «die Redenden» oder «Wortphilosophen». Die Übersetzung von K. mit «Theologia Scholastica» geht auf E. Pocock [14] zurück. – Wenn vom *«jüdischen* K.» gesprochen wird, ist damit in erster Linie SAʻADYA BEN JOSEF AL-FAYYŪMĪ (892–942) gemeint; auch die durch die Mutakallimūn beeinflußten jüdischen Neuplatoniker vor Mose ben Maimon können damit gemeint sein [15].

Anmerkungen. [1] Wb. der klass. arab. Sprache 1 (1970) 334-335. – [2] Vgl. z. B. W. T. KRUG: Allg. Handwb. der philos. Wiss. 2 (1833) 510. – [3] L. GARDET: Art. ‹ʻilm al-kalām›, in: Encyclop. of Islam 3 (Leiden/London ²1971) 1141-1150. – D. B. MACDONALD: Art. ‹K.›, in: Enzyklop. des Islam 2 (1927) 717-723. – [4] O. PRETZL: Die frühislamische Atomenlehre. Der Islam 19 (1931) 117-130; Die frühislamische Attributenlehre (1940). – [5] AL-FĀRĀBĪ: Iḥṣāʼ al-ʻulūm. Catálogos del las Ciencias (Madrid ²1953) 100-101. – [6] E. POCOCK: Specimen Historiae Arabum (Oxford 1648) 195-198. – [7] J. VAN ESS: Die Erkenntnislehre des ʻAḍudaddīn al-Īcī (1966) 58-59. – [8] AL-GHAZALI: Ihyāʼ ʻulūm ad-dīn, Übers. H. BAUER: Die Dogmatik Al-Ghazālī's nach dem 2. Buche seines Hauptwerkes (1914) 16-33. – [9] S. PINES: A note on an early meaning of the term ‹mutakallim›, in: Israel oriental stud. 1 (1971) 225; Beitr. zur Islamischen Atomenlehre (Diss. Berlin 1936). – [10] PINES, A note ... a. a. O. 232, im Anschluß an al-Fārābī; vgl. IBN ḪALDŪN: Prolégomès, hg. M. QUATREMÈRE (Paris 1858) 3, 27. – [11] IBN ʻASĀKIR: Tabyīn kaḏib al-Muftarī, in: R. J. MCCARTHY: The theol. of Al-Ashʻarī (Beirut 1953) 186; vgl. M. BEN MAIMON: Dalālat al-Ḥāʼirīn, hg. S. MUNK (Paris 1856) I, Kap. 71. – [12] MAIMON, a. a. O. I, Kap. 71-76. – [13] Vgl. F. NIEWÖHNER: Die Diskussion um den K. und die Mutakallimūn in der europ. Philos.gesch.schreibung. Arch. Begriffsgesch. 19 (1974). – [14] POCOCK, a. a. O. [6]. – [15] H. A. WOLFSON: The Jew. K. Jew. Quart. Rev. 75 (Philadelphia 1967) 544-573; L. V. BERMAN: Art. K., in: Encyclop. Judaica (Jerusalem 1971) 10, 701-703. – M. SCHREINER: Der K. in der jüd. Lit. (1895).

Literaturhinweise. AL-AŠʻARĪ: Risālat Istiḥsān al-ḫauḍ fī ʻilm al-kalām, in: MCCARTHY s. Anm. [11] 85-97. – J. ANATOLI (Ibn Tibbon): Sefär ruach chen (Warschau 1826). – A. SCHMIEDL: Ein neuer Versuch zur Erklärung der Namen Kelam und Motekallim. Mschr. Gesch. u. Wiss. des Judentums 9 (1860) 104-108. – H. L. FLEISCHER: Kl. Schr. 2 (1888) 771f. – S. HOROVITZ: Über den Einfluß der griech. Philos. auf die Entwicklung des K. (1909). – AŠ-ŠAHRĀSTANĪ: Kitāb nihāyat al-iqdām fī ʻilm al-kalām hg. A. GUILLAUME (London 1934). – M. M. ANAWATI: Culture humaine et sci. relig. La place du K. (théol. musulmane) dans l'organisation du savoir. Rev. Inst. Belles Lettres Arabes 7 (1944) 157-183. 278-302. – G. MAKDISI: Ashʻarī und Ashʻ arites in Islamic religious hist. Stud. islamica 17 (1962) 37-80; 18 (1963) 19-39. –

L. GARDET: Quelques réflexions sur la place du ʻIlm Al-Kalām dans les «sci. relig.» musulmanes, in: G. MAKDISI (Hg.): Arabic and Islamic stud. in honor of Hamilton A. R. Gibb (Leiden 1965) 258-269; De quelques questions posées par l'étude du ʻIlm Al-Kalām. Stud. islamica 32 (1970) 129-142. – R. M. FRANK: The K., an art of contradictionmaking or theol. sci.? J. Amer. oriental Soc. 88 (1968) 295-309. – AL-ǦURǦĀNĪ: Kitāb at-taʼrīfāt, hg .G. FLÜGEL (Beirut 1969). – M. FAKHRY: A hist. of Islamic philos. (New York 1970) 56-81. – S. H. NASR: Al-Ḥikmat Al-Ilāhiyyah K. Stud. islamica 34 (1971) 139-149. – A.ʻBADAWI: Hist. de la philos. en Islam 1 (Paris 1972). – S. PINES: Some traits of Christian theol. writing in relation to Moslem K. and Jew. thought (Jerusalem 1973). – A. S. TRITTON: The speech of God. Stud. islamica 36 (1973) 5-22. – A. NADLER: Bibliogr. d'ouvrages en langues européennes conc. le K. Bull. Philos. médiévale 15 (1974). – H. A. WOLFSON: The philos. of the K. (Cambridge, Mass. 1975).

F. NIEWÖHNER

Kalkül (lat./engl. calculus, frz. calcul). – 1. Unter einem K. versteht man ein System zur Herstellung von Figuren aus gewissen Ausgangspositionen, den *Grundfiguren*, nach bestimmten Herstellungsvorschriften, den *Grundregeln* [1]. Die ursprünglich auf dem Rechenbrett (Abacus) verwendeten Rechensteine (calculi, griech. ψῆφοι) haben dem Kalkül seinen Namen gegeben [2], der sinngemäß dann auch auf die damit herstellbaren Tabellen für die Ausführung von Rechenoperationen (erhalten ist eine Multiplikationstabelle, der Calculus Victorii [3]) erweitert wurde. Jeder *Algorithmus*, d. h. jedes mechanisch kontrollierbare Verfahren zur Herstellung oder auch nur Approximation etwa der Werte einer Funktion bei gegebenen Argumenten, ist ein solcher Kalkül oder kann auf die Form eines Kalküls gebracht werden (vgl. 4).

Die Idee, auch die Regeln des *Denkens* ließen sich als Regeln eines Kalküls sprachlicher Ausdrücke auffassen, Schlußfolgern sei nichts anderes als Rechnen, tritt explizit und programmatisch dann sowohl bei Descartes als auch bei Hobbes auf [4]. So heißt es bei DESCARTES: «je trouve qu'on pourroit adjouter à cecy une invention, tant pour composer les mots primitifs de cette langue, que pour leurs caracteres en sorte quelle pourroit estre enseignée en fort peu de temps, et ce par le moyen de l'ordre ...» [5]. Dem fügt LEIBNIZ in einer in seinem Besitz befindlichen Abschrift dieses Briefes aus dem Jahre 1629 an Mersenne hinzu: «... elle [cette langue] sera d'un secours merveilleux ... surtout pour exterminer les controverses dans les matières qui dependent du raisonnement. Car alors raisonner et calculer sera la même chose» [6]. HOBBES schreibt: «for as arithmeticians teach to add and subtract in *numbers;* ... the logicians teach the same in *consequences of words;* adding together two *names* to make an *affirmation,* and two affirmations to make a *syllogism;* and many *syllogisms* to make a *demonstration;* and from the *sum,* or *conclusion* of a *syllogism,* they subtract one *proposition* to find the other» [7]. Der erste Teil von ‹De Corpore› ist sogar überschrieben ‹computatio sive logica›, und es heißt dann: «per ratiocinationem autem intelligo computationem. Computare vero est *plurium rerum simul additarum summam colligere, vel una re ab alia detracta, cognoscere residuum.* ... Recidit itaque ratiocinatio omnis ad duas operationes animi, *additionem* et *subtractionem*» (Unter Schlußfolgerung aber verstehe ich Rechnung. Rechnen aber ist *das Zusammenfassen mehrerer gleichzeitig aneinandergefügter Sachen zu einer Summe oder die Ermittlung des Restes, wenn eine Sache von einer anderen abgezogen worden ist.* ... Jede Schlußfolgerung geht demnach auf zwei Operationen des Geistes zurück, *die Addition* und *die Subtraktion.*) [8] (zit. bei LEIBNIZ [9]). Aber mehr als einige Andeutungen darüber, wie ein solcher

Logikkalkül im einzelnen nun auszusehen hätte, lassen sich bei Hobbes noch nicht finden.

Anmerkungen. [1] Vgl. P. LORENZEN: Formale Logik (³1967) § 6. – [2] Vgl. K. MENNINGER: Zahlwort und Ziffer (²1958). – [3] Vgl. M. CANTOR: Vorles. über Gesch. der Math. (1880-1908, ND 1965) 1, 531. – [4] Vgl. J. JØRGENSEN: A treatise of formal logic (Kopenhagen/London 1931, ND 1962) 1, 66ff.; W. KNEALE und M. KNEALE: The development of logic (Oxford 1962) 310ff. – [5] R. DESCARTES, Oeuvres, hg. C. ADAM/P. TANNERY (Paris 1897-1910) 1, 76ff. – [6] G. W. LEIBNIZ, Opuscules et frg. inéd., hg. L. COUTURAT (= OFC) (Paris 1903, ND 1966) 27f. – [7] TH. HOBBES, Engl. works, hg. W. MOLESWORTH (London 1839-1845, ND 1962) 3, 29f. – [8] Opera philos. lat., hg. W. MOLESWORTH (London 1839-45, ND 1961) 1, 3. – [9] G. W. LEIBNIZ, Philos. Schr., hg. C. I. GERHARDT (= PSG) (1875-90, ND 1965) 4, 64; Math. Schr., hg. C. I. GERHARDT (= MSG) (1849-63, ND 1962) 5, 42.

2. Der erste gelungene Versuch, Schlußregeln der Logik nach Art der Rechenregeln der Algebra darzustellen, findet sich bei LEIBNIZ. Neben der unmittelbaren Anregung durch die programmatischen Thesen von Descartes und Hobbes greift Leibniz auch auf ältere kombinatorische Traditionen zurück [1], insbesondere die ‹Ars Magna› (ca. 1270) des RAMÓN LULL [2] und ihre Auswirkungen auf die Idee einer Universalsprache, namentlich in den Schriften von J. WILKINS [3] und G. DALGARNO [4] sowie bei J. A. COMENIUS [5]. Die Sicherheit des bloß formalen Rechnens soll auf diese Weise auf die inhaltlichen Schlußweisen der Logik übertragen werden. So wie in der Arithmetik und Algebra aus genau angebbaren Grundfiguren, etwa zwei Zahlzeichen, durch ebenso genau angebbare Grundregeln oder Umformungsanweisungen, etwa eine Multiplikationsregel, eine neue Figur, dann also das Resultat der Multiplikation, hergestellt oder *ausgerechnet* werden kann, so soll ein Logikkalkül es erlauben, logische Schlußregeln durch bloße Umformungsregeln der dabei verwendeten sprachlichen Zeichen zu ersetzen: «nihil aliud enim est calculus quam operatio per characteres» (Ein Kalkül ist nämlich nichts anderes als eine mit Zeichen ausgeführte Operation) [6], noch genauer: «Calculus vel operatio consistit in relationum productione facta per transmutationes formularum secundum leges quasdam praescriptas factas» (Ein Kalkül oder eine Operation besteht in der Herstellung von Beziehungen, welche durch Umwandlung von Formeln bewerkstelligt wird, wobei [die Umwandlungen] entsprechend gewissen vorgeschriebenen Gesetzen vollzogen werden) [7]. Ein solcher Logikkalkül (calculus ratiocinator [8], calculus universalis [9], calculus logicus [10], calculus rationalis [11]) ist gedacht als Teil einer umfassenden lingua philosophica oder characteristica universalis [12], die «nous apprend le secret de fixer le raisonnement, et de l'obliger à laisser comme des traces visibles sur le papier en petit volume, pour estre examiné à loisir: c'est enfin elle, qui nous fait raisonner à peu de frais, en mettant des caracteres à la place des choses, pour desembarasser l'imagination» [13], und für die folgende zentrale Kennzeichnung zutreffen muß: «ars characteristica est ars ita formandi atque ordinandi characteres, ut referant cogitationes seu ut eam inter se habeant relationem, quam cogitationes inter se habent. Expressio est aggregatum characterum rem quae exprimitur repraesentantium. Lex expressionum haec est: ut ex quarum rerum ideis componitur rei exprimendae idea, ex illarum rerum characteribus componatur rei expressio» (Die Zeichenkunst ist die Kunst, Zeichen derart zu bilden und zu ordnen, daß sie [die] Gedanken darstellen bzw. daß sie untereinander jene Beziehung haben, welche [die] Gedanken [ihrerseits] untereinander haben. Ein Aus-

druck ist eine Ansammlung von Zeichen, welche die Sache, die ausgedrückt wird, vergegenwärtigen. Das Gesetz der Ausdrücke ist folgendes: daß ein Ausdruck für eine Sache aus den Zeichen für jene Sachen zusammengesetzt werde, aus deren Ideen die Idee der Sache, die ausgedrückt werden soll, zusammengesetzt wird) [14]. Er stellt eine leichte und sichere, nämlich *formale* Methode dar, schlüssige Konsequenzen zu ziehen, ohne inhaltliche Überlegungen anstellen zu müssen, und ist gleichwohl nur ein Hilfsmittel für das inhaltliche Schließen, das er kontrollieren, nicht aber ersetzen soll [15]. Leibniz orientiert sich bei seinen Versuchen an der zu seiner Zeit einzig überlieferten Logik, der Syllogistik, die zu kalkülisieren ihm auch gelingt. Nach Couturat [16] lassen sich dabei im wesentlichen drei Stufen unterscheiden, die sich zeitlich um die Jahre 1679, 1686 und 1690 konzentrieren:

Auf der *ersten* Stufe beginnt LEIBNIZ mit einem *arithmetischen* Kalkül [17], in dem die einfachen Begriffe durch Primzahlen und die Zusammensetzung dieser Begriffe durch Multiplikation der entsprechenden Primzahlen dargestellt werden. Die Kompliziertheit sowie verschiedene Schwierigkeiten der Darstellung führen zur Aufgabe dieses Verfahrens und zu ersten Versuchen eines *algebraischen* Kalküls für Gleichheit und Enthaltensein zwischen Begriffen, wobei für diese die Operationen der Komplementbildung und der Konjunktion verwendet werden [18]. Zu den Grundzeichen dieses K. (in Klammern stehen jeweils die Ausdrücke von Leibniz) gehören Prädikatsymbole $a, b \ldots$ (termini), ein Operationszeichen $-$ (non) und vier Relationszeichen $\subset, \not\subset =, \neq$ (est, non est, sunt idem oder eadem sunt, diversa sunt) sowie, bildungssprachlich gegeben, die logischen Partikeln (z. B. si … tunc, et, neque … neque, omne usw.). *Terme* sind dann (a) die Prädikatsymbole, (b) mit einem Term t auch $\bar{t}$, (c) mit Termen s und t auch st. Mit Termen s und t erhält man die *Primformeln* $s = t$, $s \neq t$, $s \subset t$ und $s \not\subset t$, und *Formeln* sind (a) die Primformeln, (b) mit Primformeln auch die daraus logisch zusammengesetzten Ausdrücke. Gewisse Formeln werden jetzt als Anfänge für Ableitungen im Kalkül gewählt, und zwar dürfen sowohl *Axiome* (propositiones per se verae) als auch *Hypothesen* (propositiones positae) den Anfang bilden. Die nach den Regeln aus Anfängen herstellbaren Formeln bilden die *Thesen* (propositiones verae). Als Kalkülregeln (principia calculi) werden explizit das Prinzip der logischen Gleichheit («eadem sunt quorum unum in alterius locum substitui potest, salva veritate») (Dasselbe ist dasjenige, wovon das eine an die Stelle des anderen gesetzt werden kann, ohne daß sich der Wahrheitswert ändert [19]), das Prinzip der gleichmäßigen Ersetzung von Prädikatsymbolen durch beliebige Terme («quicquid conclusum est in literis quibusquam indefinitis, idem intelligi debet conclusum in aliis quibuscumque easdem conditiones habentibus, ut quia verum est *ab* est *a*, etiam verum erit *bc* est *b*, imo et *bcd* est *bc*») (Man muß einsehen, daß alles, was man im Falle irgendwelcher unbestimmter Buchstaben geschlossen hat, identisch ist mit dem, was man im Falle welcher [Buchstaben] auch immer, welche dieselben Bedingungen haben, geschlossen hat, wie [beispielsweise], weil wahr ist: *ab* ist *a*, auch wahr sein wird: *bc* ist *b*, ja sogar: *bcd* ist *bc* [20]) und das Prinzip der logischen Implikation («propositio vera est, quae ex positis et per se veris per consequentias oritur») (Eine Aussage ist wahr, die aus Hypothesen und Axiomen durch [logische] Implikationen entsteht [21]) genannt. Bis auf Feinheiten einer genauen syntaktischen

Formulierung und einer expliziten Angabe der gültigen logischen Implikationen liegt damit erstmals ein *formales System* (vgl. 4.) vollständig beschrieben vor. Zu den Thesen gehören u.a. $a \subset a$, $a \subset b \wedge b \subset c \to a \subset c$ [22], $a \neq b \leftrightarrow \neg\, a = b$ [23], $a \not\subset \bar{a}$, sofern $\neg \vee_t a \subset t\bar{t}$ [24]. (Die Bedingung $\neg \vee_t a \subset t\bar{t}$ bedeutet, daß a kein logisch leerer Begriff ist, was generell erst später explizit formuliert wird: «in omnibus tamen tacite assumitur Terminum ingredientem esse Ens» (Es wird jedoch stillschweigend unterstellt, daß in allen [Termini] der Terminus Sein enthalten ist) [25]. Welche Formeln dabei als Axiome oder Hypothesen an die Spitze des formalen Systems gestellt werden sollen und welche abzuleiten sind, wird nicht ein für allemal entschieden, sondern in den verschiedenen Entwürfen auch verschieden beantwortet.

Auf der *zweiten* Stufe [26] wird der algebraische K. erweitert, nämlich um eine Prädikatkonstante ‹Ens› oder ‹res›, durch die logisch mögliche von logisch unmöglichen (leeren oder widerspruchsvollen) Begriffen unterschieden werden und die als erste Antizipation des Manch-Quantors ‹für einige› aufgefaßt werden kann [27]. Es ergeben sich dann weitere Thesen, z.B. $a\bar{a} \subset \overline{Ens}$ [28], und verschiedene äquivalente Formulierungen für die bisherigen Formeln; z. B. läßt sich $a \subset b$ jetzt (intensional) wiedergeben durch $a\bar{b} \not\subset res$ [29]. (Statt ‹est› wird auch – intensional – ‹continet›, statt ‹sunt idem› auch ‹∞› oder ‹∞› oder ‹coincidunt› verwendet.) Bei einer Interpretation dieses K. sind für die Terme nicht nur Begriffe, sondern auch Aussagen vorgesehen [30]. In diesem Fall stellt ‹est› nicht Enthaltensein von Begriffen, sondern Implikation (ex ... sequitur) von Aussagen dar, und der K. läßt sich als Kalkülisierung einer Theorie der Implikation von Aussagen im Sinne der formalen Logik oder auch einer Modallogik deuten.

Die *dritte* Stufe [31] stellt eine Dualisierung und Erweiterung des algebraischen K. zu einem «Plus-Minus-K.» [32] dar, die neben dem Enthaltensein (‹inest› oder – extensional – ‹continetur› anstelle von ‹est›) und der Gleichheit die Relation ‹Fremdheit› | (incommunicantia sunt) und ihre Negation (communicantia sunt oder compatibilia sunt) zwischen Begriffen kalkülisiert, wobei diesmal als Prädikatkonstante N (Nihil für non-Ens) sowie neben der Adjunktion ∪ (+ oder ⊕) anstelle der Konjunktion auch noch, beschränkt auf Teilbegriffe, die Subtraktion ⊢ (− oder ⊖) zur Termbildung hinzugezogen werden. Zu den Thesen gehören dementsprechend noch $a \subset b \wedge c \subset b \to a \cup c \subset b$,
$\neg\, a|b \leftrightarrow \vee_{c \neq N}(c \subset a \wedge c \subset b)$,
$a \vdash b = c \leftrightarrow a = b \cup c \wedge b \,|\, c$ u. a.
Verschiedene Schwierigkeiten führen wieder zur Aufgabe der Subtraktion und damit zu einem reinen ‹Plus-K.› [33], für den explizit sowohl eine extensionale als auch eine intensionale Interpretation vorgesehen ist.

Anmerkungen. [1] Belege vgl. L. COUTURAT: La logique de Leibniz (Paris 1901, ND 1961). – [2] R. LULLUS: Ars brevis (frz. Übers. Paris 1901); vgl. W. RISSE: Die Logik der Neuzeit 1 (1964) 532ff. – [3] J. WILKINS: An essay towards a real character and a philos. language (London 1668, ND 1968). – [4] D. DALGARNO: Ars signorum, vulgo character universalis et lingua philos. (London 1661, ND. 1968). – [5] J. A. COMENIUS: Janua linguarum reserata (Leiden 1681). Krit. A. (Prag 1959); vgl. D. MAHNKE: Unendliche Sphäre und Allmittelpunkt (1937). – [6] LEIBNIZ, MSG 4, 462; vgl. PSG 7, 31. – [7] PSG 7, 206. – [8] OFC 239. – [9] PSG 7, 218. – [10] OFC 421. – [11] OFC 229. – [12] PSG 7, 184. – [13] OFC 99. – [14] E. BODEMANN: Die Leibniz-Handschr. der Königl. Öff. Bibl. Hannover (1895, ND 1966) 80f. – [15] G. W. LEIBNIZ, OFC 420. 34f. u. ö. – [16] COUTURAT, a. a. O. [1]; vgl. auch C. I. LEWIS: A survey of symbolic logic (New York ²1960) 5-19; K. DÜRR: Die math. Logik von Leibniz. Stud. philos. 7 (Basel 1947) 87-102. – [17] LEIBNIZ, Elementa characteristicae
universalis. ... OFC 42-92. 245-247; vgl. K. DÜRR: Leibniz' Forsch. im Gebiet der Syllogistik. Leibniz zu seinem 300. Geburtstag 5 (1949). – [18] G. W. LEIBNIZ, Specimen calculi universalis. PSG 7, 218-227, OFC 239-243; vgl. N. RESCHER: Leibniz's interpretation of his logical calculi. J. symbol. Logic 19 (1954) 1-13; Einl. zu: LEIBNIZ, Logical Papers. A selection, hg. G. H. R. PARKINSON (Oxford 1966). – [19] LEIBNIZ, PSG 7, 219. – [20] a. a. O. 224. – [21] 219. – [22] 218. – [23] 225. – [24] 224. – [25] 214. – [26] Generales inquisitiones de analysi notionum et veritatum OFC 356-399; vgl. 259-264. 229-231 (Principia Calculi rationalis); PSG 7, 211-217 (Difficultates logicae). OFC 292-321 (De formae logicae comprobatione per linearum ductus). – [27] Vgl. OFC 259. 261. – [28] a. a. O. 233. – [29] 393. – [30] 259f. – [31] PSG 7, 228-235 (das ursprünglich überschriebene: Non inelegans specimen demonstrandi in abstractis); OFC 250-252. 264-270. – [32] Vgl. Frg. zur Logik, hg. F. SCHMIDT (1960). KNEALE/KNEALE, a. a. O. [6 zu 1] 340ff.; LEIBNIZ, Logical papers. A selection, hg. G. H. R. PARKINSON (Oxford 1966). – [33] P 7, 236-247.

3. Unter dem Einfluß der Ideen von Leibniz haben in der folgenden Zeit [1] insbesondere J. H. LAMBERT [2], G. PLOUCQUET [3] und G. F. CASTILLON [4] am Aufbau eines K. der Begriffslogik gearbeitet. Aber erst mit A. DE MORGAN [5] und G. BOOLE [6], die von der intensionalen Begriffslogik konsequent zur extensionalen Klassenlogik übergehen, gelingt eine, allerdings formal noch immer nicht völlig befriedigende Kalkülisierung der letzteren [7]. Leitender Gesichtspunkt für die Darstellung der Logik ist bis zu C. S. PEIRCE [8] und E. SCHRÖDERS groß angelegter ‹Algebra der Logik› [9] die Herausarbeitung der für die Logik charakteristischen algebraischen Struktur. Die Logik mit ihren Verknüpfungen und Schlüssen wird zu einer speziellen Interpretation einer durch ein Axiomensystem gegebenen rein symbolisch verfahrenden abstrakten Algebra (im Fall der Klassenlogik etwa der sogenannten «Booleschen Algebra» oder des «Booleschen Verbandes» [10]). «So charakterisirt es ... den *Logik-K.*, daß darin die Begriffe oder auch die Urtheile allgemein durch *Buchstaben* dargestellt und die Schlußfolgerungen in Gestalt von *Rechnungen* bewerkstelligt werden, die man nach bestimmten einfachen Gesetzen an diesen Buchstaben ausführt» [11]. Mit G. FREGE [12], G. PEANO [13] und B. RUSSELL [14] schließlich wird die Orientierung an algebraischen Strukturen prinzipiell gelöst und ein vollständiger Logik-K. mit der Unabhängigkeit und Strenge entworfen, wie sie von Leibniz beabsichtigt worden war [15].

Ein K. der *klassischen* Logik (es handelt sich hierbei um die Logik der *wertdefiniten* Aussagen: jede Aussage ist entweder wahr oder falsch) ist von FREGE auf folgende Weise angegeben worden (Notation und Terminologie wurden dem heutigen Stande angepaßt) [16]: (a) Grundzeichen des K. sind Aussagesymbole, mitgeteilt durch a°, b°, ... (nullstellige Prädikatsymbole) und Prädikatsymbole jeder Stellenzahl, mitgeteilt durch a^1, b^1, ..., a^2, b^2, ..., ... sowie Objektvariable, mitgeteilt durch x, y, ... und zwei Klammern als Hilfszeichen. Außerdem gehören die logischen Partikeln $\neg$ (nicht), $\to$ (wenn ... dann) und $\wedge$ (alle) zu den Grundzeichen. (b) Zu den Primformeln des K. gehören die Aussagesymbole und alle Ausdrücke, die entstehen, wenn einem n-stelligen Prädikatsymbol ein in Klammern gesetztes System von n Objektvariablen angefügt wird, z. B. $b^3(x, y, z)$. (Bei der Mitteilung ganzer Primformeln kann der die Stellenzahl angebende Index dann weggelassen werden.) (c) Die Formeln des K., mitgeteilt durch A, B, ... bestehen aus den Primformeln und den aus ihnen durch logische Zusammensetzung nach den folgenden drei Regeln entstehenden Ausdrücken: ist A eine Formel und x eine Objektvariable, so sind sowohl $\neg A$ als auch $\wedge_x A$ Formeln;

sind A und B Formeln, so ist auch $(A \to B)$ eine Formel; z. B. sind hiernach

$$\wedge_x(a \to b(x)) \text{ und } \neg(\wedge_y a(x,y) \to b(y))$$

Formeln. (d) Gewisse Formeln bilden die Anfänge (im Blick auf die Deutung des K. auch ‹Axiome› genannt) des klassischen Logik-K., nämlich sämtliche Formeln – das äußere Klammerpaar ist weggelassen – der Form

(d$_1$) $A \to (B \to A)$, also z. B.

$$a \to (\neg b \to a), (a \to b) \to (\neg a \to (a \to b)) \text{ usw.}$$

(d$_2$) $(A \to (B \to C)) \to ((A \to B) \to (A \to C))$

(d$_3$) $(\neg A \to B) \to (\neg B \to A)$

(d$_4$) $(A \to \neg B) \to (B \to \neg A)$,

(d$_5$) $\wedge_x A \to \sigma_x^y A$, sofern x frei für y in A

(man nennt eine Objektvariable x *frei für* y in einer Formel A, wenn keine Stelle, an der x frei in A vorkommt, im Wirkungsbereich eines y-Quantors $\wedge_y$ liegt; dabei heißt B der Wirkungsbereich des x-Quantors $\wedge_x$ in $\wedge_x B$; und von einer Objektvariablen x, die in einer Formel an einer Stelle vorkommt, die weder im Wirkungsbereich eines x-Allquantors liegt, noch zum Allquantor selbst gehört, sagt man, daß sie dort *frei vorkommt;* z. B. kommt y in

$$\neg(\wedge_y a(x,y) \to b(y))$$

sowohl frei als auch *gebunden* vor, und zwar unter dem Allquantor und in $a(x,y)$ gebunden, in $b(y)$ aber frei. $\sigma_y^x A$ schließlich teilt diejenige Formel mit, die aus A hervorgeht, wenn man x an allen Stellen, an denen es frei in A vorkommt, durch y ersetzt; z. B. ist $\sigma_x^y \neg(\wedge_y a(x,y) \to b(y))$ die Formel

$$\neg(\wedge_y a(x,y) \to b(y)), \text{ und}$$

$$\wedge_x \neg(\wedge_y a(x,y) \to b(y)) \to \neg(\wedge_y a(y,y) \to b(y))$$

ist kein Beispiel für (d$_5$), weil das x in $a(x,y)$ nicht frei für y in $\neg(\wedge_y a(x,y) \to b(y))$, die Nebenbedingung also verletzt ist).

Man nennt die in den Anfängen auftretenden Ausdrücke auch *Formelschemata*. Ihre Verwendung erlaubt es, auf eine eigene K.-Regel der Substitution von Formeln für Primformeln zu verzichten. Ein weiterer Anfang Freges, $(A \to (B \to C)) \to (B \to (A \to C))$, ist von J. Łukasiewicz [17] als überflüssig, nämlich als aus (d$_1$) und (d$_2$) ableitbar nachgewiesen worden; statt (d$_3$) und (d$_4$), die erst im Nachlaß Freges auftreten [18], enthält die ‹Begriffsschrift› die gleichwertigen

$$(A \to B) \to (\neg B \to \neg A), \neg\neg A \to A \text{ und } A \to \neg\neg A$$

als Anfänge. Die Anfänge sind als erste *klassisch logisch wahre* Aussagen zu deuten, aus denen weitere klassisch logisch wahre Aussagen durch die Regeln des K. hergestellt werden können. Die Regeln (im Vorgriff auf die Deutung auch *Schlußregeln* genannt) lauten: (d$_6$) *Abtrennungsregel* (modus ponens): sind A und $(A \to B)$ bereits im K. hergestellte Formeln, so darf auch B hergestellt werden, (d$_7$) *Hintere Generalisierung:* ist $(A \to B)$ bereits im K. hergestellt und kommt x nicht frei in A vor (also entweder gar nicht oder nur gebunden), so darf auch $(A \to \wedge_x B)$ hergestellt werden. Frege verwendet noch eine weitere Regel, nämlich: ist A bereits hergestellt, so darf auch $\wedge_x A$ hergestellt werden [19]. Man kann sich aber leicht überlegen, daß sie im angegebenen K. bereits zulässig (vgl. 4.) ist.

Anmerkungen. [1] Vgl. Lewis, a. a. O. [16 zu 2] pass.; Jørgensen, a. a. O. [6 zu 1] pass. – [2] J. H. Lambert, De universaliori calculi idea. Nova Acta Eruditorum (1765) 441-473; Sechs Versuche einer Zeichenkunst in der Vernunftlehre, in: Log. und philos. Abh., hg. J. Bernoulli 1 (1782); ND in: Philos. Schr. hg. H. W. Arndt (1965ff.). – [3] G. Ploucquet: Methodus tam demonstrandi directe omnes syllogismorum spezies, quam vitia formae detegendi ope unius regulae (1763); Methodus calculandi in logicis, praemissa commentatione de arte characteristica (1763), in: Slg. der Schr., welche den log. Calcul des Herrn Prof. Ploucquet betreffen, hg. F. A. Bök (1766, ND

1971). – [4] G. F. Castillon: Mém. sur un nouvel algorithme logique. Mém. Acad. roy. Sci. Belles-Lettres Berlin 53 (1805) Cl. de philos. spéculat. 3-24. – [5] A. de Morgan: Formal logic: or, The calculus of inference, necessary and probable (London 1847); ND in: On the syllogism and other logical writings (London 1966). – [6] G. Boole: The math. analysis of logic, being an essay towards a calculus of deductive reasoning (London/Cambridge 1847, ND Oxford 1951). – [7] Vgl. Jørgensen, a. a. O. [6 zu 1]; C. I. Lewis, a. a. O. [16 zu 2] pass. und Kneale/Kneale, a. a. O. [6 zu 1] pass. – [8] C. S. Peirce, Coll. Papers 1-6, hg. C. Hartshorne/P. Weiss (Cambridge, Mass. 1931-35); 7. 8, hg. A. W. Burks (Cambridge, Mass. 1958). – [9] E. Schröder: Vorles. über die Algebra der Logik 1-3 (1890-1905, ND New York 1966); vgl. dazu L. Couturat: L'algébre de la logique (Paris 1905); Lewis, a. a. O. [16 zu 2]. – [10] Vgl. dazu H. B. Curry: Leçons de logique algébrique (Paris/Louvain 1952); das erste völlig korrekte Axiomensystem für die Klassenlogik stammt von E. V. Huntington: Sets of independent postulates for the algebra of logic. Trans. amer. Math. Soc. 5 (1904) 288-309; das erste völlig korrekte Axiomensystem für die Relationenlogik bei A. Tarski: On the calculus of relations. J. symbol. Logic 6 (1941) 73-89. – [11] E. Schröder: Der Operationskreis des Logik-K. (1877, ND 1966). – [12] G. Frege: Begriffsschr. (¹1879, ²1964); Grundgesetze der Arithmetik 1 (1893, ²1962), 2 (1903, ²1962). – [13] G. Peano: Formulaire de math. (Turin 1895-1908). – [14] A. N. Whitehead und B. Russell: Principia math. 1-3 (Cambridge 1910-13, ²1925-27). – [15] Vgl. H. Scholz: Was ist ein K. und was hat Frege für eine pünktliche Beantwortung dieser Frage geleistet? Sem. Ber. Münster (1935) 16-47. – [16] Frege, Begriffsschr. a. a. O. [12] §§ 6. 11. 13-22; vgl. Kneale/Kneale, a. a. O. [6 zu 1] pass. – [17] J. Łukasiewicz: Zur Gesch. der Aussagenlogik. Erkenntnis 5 (1935) 111-131. – [18] Vgl. H. Hermes und H. Scholz: Ein neuer Vollständigkeitsbeweis für das reduzierte Fregesche Axiomensystem des Aussagen-K. Forsch. zur Logik und zur Grundleg. der exakten Wiss. 1 (1937) 10. – [19] Frege, Begriffsschrift a. a. O. [12] § 11.

4. Die Forschungen Freges haben mit der erstmals gelungenen vollständigen Kalkülisierung des logischen Schließens zu einer begrifflichen Klärung desselben geführt, die für die beginnende mathematische Grundlagenforschung [1] zur unerläßlichen Voraussetzung wurde. Das schon von Frege formulierte Programm [2] sah vor, nicht nur das logische Schließen, sondern die gesamte inhaltlich vorliegende Mathematik, also das inhaltliche Schließen in Arithmetik und Analysis in derselben Weise vollständig zu kalkülisieren, was allerdings durch K. Gödel [3] als unmöglich nachgewiesen wurde. Für geeignete Teilbereiche der Mathematik jedoch ließ sich fordern, daß ein beliebiger mathematischer Beweis einer genauen Prüfung dadurch zugänglich werden müsse, daß alle seine Schritte in einem passenden K. sich rein formal nachbilden lassen. Es entstand daher die Aufgabe, noch genauer zu bestimmen, wodurch eigentlich ein K. selbst ausgezeichnet sei. Dabei verwendet man im Blick auf seine Rolle, inhaltliche Schlußweisen formal zu repräsentieren, auch ‹Formalismus›, ‹formales System› und ‹logistisches System› im wesentlichen synonym mit ‹K.›, und man sagt ebenso dann auch ‹formalisieren› anstelle von ‹kalkülisieren› [4]. Ist eine bestimmte Interpretation eines K., also die ‹Bedeutung› seiner Grundzeichen und damit seiner Grundfiguren und Grundregeln, bereits festgelegt, so spricht man statt von einem K. meist von einer *formalisierten Sprache* oder einem *Kodifikat* [5]. Dementsprechend bleibt es zur Definition eines K. nicht bei der bloßen Angabe der Grundfiguren und Grundregeln zur Herstellung weiterer Figuren, sondern es wird von vornherein gleich weiter differenziert. Zunächst aber sollen am Beispiel eines einfachen K. die wichtigsten Begriffsbildungen der K.-Theorie erläutert werden. Der Beispiel-K. besteht aus dem folgenden dreigliedrigen System $K_\circ$ [6]:

$$R_0 \quad \Rightarrow +$$
$$R_1 \quad n \Rightarrow n\circ$$
$$R_2 \quad n \Rightarrow +n+$$

Einzige Grundfigur ist +, und die weiteren Figuren lassen sich nach zwei Grundregeln herstellen: (R₁) rechts ein o anfügen, (R₂) links und rechts je ein + anfügen. Der Pfeil ⇒ dient zur Mitteilung sowohl der Grundfiguren (Anfänge) als auch der Grundregeln. Man braucht dazu noch eine *Figurenvariable n*, die für jede Anwendung einer Regel durch eine beliebige, aus den Atomfiguren (primitiven Symbolen, Grundzeichen, Atomen) o und + durch Aneinanderreihung (Verkettung, engl. concatenation) hergestellte Figur zu ersetzen ist. Jede solche Anwendung bedient sich einer *Belegung* (engl. instance) der Regel, z. B.

$$+ \Rightarrow + o \text{ oder } + + \Rightarrow + + o$$

bei Regel R₁. In einer *Ableitung* einer Figur nach den Grundregeln des K. können aber natürlich nur Belegungen auftreten, bei denen die *Prämissen*, das sind die Figuren links von ⇒, der verwendeten Regeln selbst schon *ableitbar* waren, außer es handelt sich um eine *hypothetische Ableitung*: z. B. ist

$$\begin{array}{l} + \\ + o \\ + o o \\ + + o o + \end{array}$$

eine Ableitung von + + o o +, man sagt dann « + + o o + ist ableitbar in K_o», symbolisiert: $\vdash_{K_o} + + o o +$, aber + o + ist eine hypothetische Ableitung von + o + *aus* o, also + o + hypothetisch ableitbar aus o, symbolisiert: $o \vdash_{K_o} + o +$. (Das Zeichen ‹ ⊢ › für ‹ableitbar› stammt von FREGE [7], der es als Behauptungszeichen vor Aussagen verwendet; es ist von J. B. ROSSER [8] für die Ableitbarkeit in bezug auf die (Schluß)Regeln von Logik-K. und von S. C. KLEENE [9] auch für die hypothetische Ableitbarkeit übernommen worden.) Die Figur rechts von ⇒ heißt *Konklusion* der betreffenden Regel. Der Pfeil kann «wenn ... dann» gelesen werden, bei etwa Regel R₁: *wenn n dann n o*. Aber natürlich handelt es sich hier nicht um eine logische Zusammensetzung zweier Aussagen mit dem Junktor ‹wenn ... dann›, sondern um ein *praktisches* ‹wenn ... dann›, wie es z. B. in jeder Spielregel auftritt: wenn *n* schon hergestellt ist, dann stelle man danach auch *n o* her. Neben den Grundregeln eines K. sind noch diejenigen Regeln wichtig, die man als K. hinzufügen darf, ohne daß ursprünglich unableitbare Figuren nach Hinzunahme der neuen Regel ableitbar werden. Man nennt sie *zulässige* (abhängige, engl. derived) Regeln; z. B. ist $n \Rightarrow + + n$ in K_o zulässig und $n \Rightarrow n$ sogar zulässig in *jedem* K., also *allgemeinzulässig*. Läßt sich aus den eventuell mehreren Prämissen einer Regel die Konklusion für jede Belegung allein mit Hilfe der Grundregeln ableiten, so heißt die neue Regel sogar *ableitbar*, z. B. ist $n \Rightarrow + n o +$ ableitbar in K_o. Ableitbare Regeln sind stets auch zulässig, aber nicht umgekehrt: die in K_o zulässige Regel $n \Rightarrow + + n$ ist nicht ableitbar, weil z. B. aus o die Figur + + o nicht allein mit Hilfe der Grundregeln ableitbar ist.

Ein differenzierterer K., eben ein *Formalismus*, der als formales Abbild inhaltlicher Schlußweisen gedacht ist, besteht nun im wesentlichen aus mehreren ineinander geschachtelten einfachen K. Dazu gehört als erstes ein endlicher Zeichenvorrat oder ein *Alphabet*, aus dem mit Hilfs-K. die jeweils unendlich vielen *Konstanten*, *Variablen*, *Funktionssymbole* jeder Stellenzahl und *Prädikatsymbole* jeder Stellenzahl hergestellt werden können. Danach werden aus den Konstanten, den Variablen und den Funktionssymbolen die *Terme* des Formalismus nach den folgenden Termbildungsregeln gebildet: (T₁) Konstanten und Variablen sind Terme, (T₂) ist *f* ein *n*-stelliges

Funktionssymbol und sind $t_1, ..., t_n$ Terme, so ist auch $f(t_1, ..., t_n)$ ein Term (Hilfs-K. der Termbestimmungen). Aus den Termen wiederum werden mit Hilfe der Prädikatsymbole und der zum Alphabet gehörenden *logischen Partikeln*, etwa ¬ (nicht), ∧ (und), ∨ (oder), → (wenn ... dann), ∧ (alle), ∨ (einige) die *Formeln* (engl. well formed formulas, wffs) des Formalismus hergestellt: (F₁) ist P ein *n*-stelliges Prädikatsymbol und $t_1, ..., t_n$ Terme, so ist $P(t_1, ... t_n)$ eine Formel (Primformel, atomare Formel), (F₂) sind A und B Formeln, so sind auch $(A \land B)$, $(A \lor B)$, $(A \to B)$ Formeln, (F₃) ist A eine Formel und x eine Variable, so sind $\neg A$, $\bigwedge_x A$ und $\bigvee_x A$ Formeln (Hilfs-K. der Formelbestimmungen). Die beiden K. zur Bestimmung der Terme und der Formeln nennt man zusammen gern den K. der *Ausdrucksbestimmungen* (engl. formation rules; ist die Bedeutung der Zeichen ebenfalls bestimmt, liegt also sogar ein Kodifikat und nicht nur ein Formalismus vor, so verwendet man auch ‹ *Begriffsnetz* › anstelle von ‹K. der Ausdrucksbestimmungen›). Schließlich fehlt noch der eigentliche oberste K. der *Satzbestimmungen* (Umformungsbestimmungen, engl. transformation rules; liegt ein Kodifikat vor, so sagt man auch ‹ *Deduktionsgerüst* ›), dessen Anfänge gewisse Formeln sind, die üblicherweise ‹ *Axiome* › heißen und dessen Regeln, ‹ *Schlußregeln* › (engl. rules of inference, rules of deduction) genannt, von gewissen endlich vielen Formeln, den Prämissen des Schlusses, zu einer neuen Formel, der Konklusion des Schlusses, auf schematische Weise überzugehen erlauben. Die im K. der Satzbestimmungen ableitbaren Figuren heißen die ‹ *Sätze* › (engl. theorems) des Formalismus. Ein Beispiel für einen Formalismus ist das unter 3. angegebene Kodifikat der Theorie der klassischen logischen Wahrheit von Aussagen, wie es FREGE zuerst angegeben hat. An diesem Beispiel sieht man aber auch, daß einige Regeln keine rein schematischen Herstellungsanweisungen sind, sondern umgangssprachlich formulierte «Variablenbedingungen» (*x* frei für *y* in *A*) enthalten. Diese zusätzlichen Prämissen müssen ebenfalls noch unter Verwendung weiterer Hilfs-K. in die strenge Form von schematischen Regeln gebracht werden. Geschieht dies und wird der Aufbau der so mehrfach übereinandergetürmten K. dann seinerseits formalisiert, so läßt sich dafür eine Normalform finden, die als *normierter K.* (engl. canonical system [10]) oder *Vollformalismus* [11] zur heute allgemein akzeptierten [12] Präzisierung des Terminus ‹K.› geführt hat.

Anmerkungen. [1] Vgl. H. A. SCHMIDT: Art. ‹Math. Grundl.-forsch.›, in: Enzyklop. math. Wiss. I/1, H. 1, II (1950); D. HILBERT und P. BERNAYS: Grundl. der Math. 1 (1934, ²1968); 2 (1939, ²1970); E. W. BETH: The foundations of math. (Amsterdam 1959, ²1964) Vorwort. – [2] FREGE, Begriffsschr. a. a. O. [12 zu 3]. – [3] K. GÖDEL: Über formal unentscheidbare Sätze der Principia math. und verwandter Systeme I, Mh. Math. Phys. 38 (1931) 173-198. – [4] Für Belege und feinere Unterscheidungen vgl. A. CHURCH: Introd. to math. logic 1 (Princeton 1956) § 07; H. B. CURRY: Foundations of math. logic (New York u. a. 1963) ch. 2. – [5] Vgl. neben a. a. O. [1] und [4]: H. A. SCHMIDT: Math. Gesetze der Logik 1 (1960); R. CARNAP: Log. Syntax der Sprache (Wien 1934, ²1968). – [6] Vgl. P. LORENZEN: Einf. in die operative Logik und Math. (1955, ²1969) § 1; Formale Logik (³1967) § 6. – [7] FREGE, Begriffsschr. a. a. O. [12 zu 3] § 2. – [8] J. B. ROSSER: A math. logic without variables. Ann. Math. 2nd Ser. 36 (1935) 127-150; Duke math. J. 1 (1935) 328-355. – [9] S. C. KLEENE: Proof by cases in formal logic, Ann. Math. 2nd Ser. 35 (1934) 529-544. – [10] E. L. POST: Formal reductions of the general combinatorial decision problem. Amer. J. Math. 65 (1943) 197-215. – [11] Vgl. P. LORENZEN: Metamath. (1962). – [12] Vgl. die Lb. der Theorie der rekursiven Funktionen, z. B. S. C. KLEENE: Introd. to metamath. (Princeton 1952, Amsterdam ³1959); H. HERMES: Aufzählbarkeit, Entscheidbarkeit, Berechenbarkeit. Einf. in die Theorie der rekursiven Funktionen (1961).

Literaturhinweise. J. v. NEUMANN: Zur Hilbertschen Beweistheorie. Math. Z. 26 (1927) 1-46. – K. SCHRÖTER: Ein allg. K.-Begriff. Forsch. Logik Grundleg. der exakten Wiss. 6 (1941). – H. B. CURRY: Some aspects of the problem of math. rigor. Bull. Amer. Math. Soc. 47 (1941) 221-241; Calculuses and formal systems. Dialectica 12 (1958) 249-273. – R. M. SMULLYAN: Theory of formal systems (Princeton 1961). – A. CHURCH: Art. ‹Logic›, in: Encyclop. Britannica (London u. a. 1963) 14, 295-305. – H. HERMES: Einf. in die math. Logik (1963) bes. I, 5. II. – J. JØRGENSEN: Some remarks conc. language, calculuses and logic, in: Danish Yearbook of Philos. (1969) 61-71. – Vgl. auch die Lit. in den Anm. K. LORENZ

Kalokagathia

I. Καλοκἀγαθία ist eine Substantivierung des Hendiadyoin καλὸς καὶ ἀγαθός, das seit HOMER [1] ein griechisches Wertprädikat des Edlen und Guten ist, so daß die Analyse in ein ethisches und ein ästhetisches Moment spätere Vorstellungen auf den Begriff überträgt.

Zunächst in der Adelsethik beheimatet, meint K. die Angemessenheit an die Norm und wird dann als allgemeine Qualifikation des Trefflichen ausgedehnt auf alles, was Wert hat und nützt [2]. Der ethische Terminus gehört seit dem ausgehenden 5. Jh. zur populären Moral (XENOPHON) und ist im politischen Bereich zum Schlagwort und zur Standesbezeichnung (ähnlich den römischen Optimaten) geworden [3]. In der *sophistischen* Erziehung bezeichnet er das Ziel des ‹Bessermachens›, wobei das Ideal tradiert ist und sich zugleich als allgemein lehrbares von der Standesgebundenheit löst [4]. Dies Ziel recht zu verstehen als Wissen zu begreifen, wird das Motiv der Philosophie PLATONS. Obwohl für Sokrates der Tugendhafte durch K. bestimmt bleibt [5], führt die begriffliche Bestimmung der Tugend und des Wissens vom Guten, zusammen mit dem philosophischen Menschenideal, über bloße Anerkennung oder Neuformulierung des alten Wertes hinaus.

Die K., substantivisch ab XENOPHON gesichert, wird bei ARISTOTELES zum Inbegriff, der alle Tugenden umfaßt, jedoch nicht so sehr ihre Einheit thematisiert, als vielmehr, wie die Megalopsychie (Großmut, s. d.) [6], jede einzelne Tugend krönt. In der K. ist Tugend vollendet, insofern die als ἀγαθά unterschiedenen äußeren Güter (Reichtum, Gesundheit usw.) nur um des Tugendhaften (καλά) selber willen in Gebrauch sind [7]. Eine zentrale Rolle spielt die traditionelle Vollkommenheit der K. in der aristotelischen Ethik freilich kaum. Dennoch behält K. bis weit über den Hellenismus hinaus ihre Geltung. CICERO übersetzt: «bonum et honestum» [8].

Anmerkungen. [1] HOMER, Ilias XXIV, 52. – [2] Vgl. PLATON, Krat. 416 e 2f. – [3] THUKYDIDES VIII, 48, 6; PLATON, Resp. 569 a 4; ARISTOTELES, Pol. 1270 b 23ff. – [4] PLATON, Men. 92 e 4ff.; Apol. 20 b 1; Prot. 319 e 4; (Alk. 124 e 16ff.). – [5] Resp. 402 a 1; 505 b 3; 531 c 6; Gorg. 470 e 9f.; Leg. 788 c 7f. – [6] ARISTOTELES, Eth. Nic. 1224 a 4. – [7] Eth. Eud. VIII, 3, 1248 b 8-1249 b 25; vgl. I, 1, 1214 a 3ff.; II, 9, 1207 b 20-1208 a 4. – [8] CICERO, De off. III, 11; Tusc. IV, 45; De fin. III, 36.

Literaturhinweise. J. JÜNTHER: K., in: Charisteria. Festschr. A. Rzach (1930). – W. JAEGER: Paideia 1-3 (²/³1954/55). – H. WANKEL: K. (Diss. Würzburg 1961). – F. DIRLMEIER: Der Rang der äußeren Güter bei Aristoteles. Zu Eth. Eud. VIII, 3. Philologus 106 (1962) 123-126. R. BUBNER

II. Durch Adaption griechischer Philosopheme (insbesondere Platons), Plotinischer Gedanken und der Ideen der ‹Cambridge Platonists› (insbesondere Cumberland und Whichcotes) restituiert SHAFTESBURY in den ‹Characteristics of Men, Manners, Opinions, Times, etc.› (1711) die Idee der K. Die ungewöhnlich starke Verbreitung seiner Schriften im 18. Jh. bedingt eine wirkungsgeschichtlich mannigfach modifizierte Rezeption, jedoch weniger eine Rezeption des Begriffs ‹K.› als vielmehr der damit verbundenen Vorstellungen, die u. a. zu Konnotationen der Begriffe ‹schöne Seele› und ‹moralische/sittliche Schönheit› werden.

Bei Shaftesbury werden die ethisch-politischen Momente des Begriffs ‹K.› zugunsten der ethisch-ästhetischen Implikationen überdeckt. Schönheit ist nicht nur Attribut der dinglichen Welt, sondern auch Gestaltungsprinzip der sozialen Welt («schöne Gesellschaft» [1]) wie der psychisch-moralischen Bildung des Individuums, welches die angeborenen Anlagen zur harmonischen Vollkommenheit entfaltet. Die ästhetischen Prinzipien der Harmonie, Symmetrie, Proportion und Vollkommenheit sind zugleich Bestimmungen des ästhetischen Phänomens [2]: «Schönheit und Gut ist ... immer eins und eben dasselbe» [3]. Das angeborene Billigungsvermögen des moralischen Gefühls (moral sense) gleicht als Sinn für das innere Maß («innere Harmonie» [4]) die egoistischen und altruistischen Motive des Handelns aus und bildet sie zu einer harmonischen Übereinstimmung beider Triebsysteme.

Im «virtuoso» [5] verkörpert sich das Ideal der K.; sein anmutiges Äußere ist Zeichen seiner geistig-sittlichen Vollkommenheit, seines «inneren Wohlstandes» [6]. Er erstrebt die Tugend auf Grund der ihr innewohnenden inneren Schönheit, nicht einer künftigen Belohnung oder Strafe wegen. Die Schönheit der Tugend, «die moralische Grazie» [7], verbürgt eine unmittelbare Glückseligkeit im Genuß seiner selbst. Da «die Künste und die Tugenden gegenseitige Freundinnen sind» und so «auf eine gewisse Weise die Kenntniß des Kunstkenners und die Kenntniß des moralischen Vollkommenheit selbst in eins schmilzt» [8], unterscheiden sich Ästhet und Virtuoso nicht wesentlich voneinander; zumal beiden das Wissen um die «innere Schönheit» [9], das «Gefühl der inneren Harmonie, die Kenntniß und Übung der geselligen Tugenden, und die Vertraulichkeit und Gunst der moralischen Grazie» [10] gleich notwendig ist.

Für seinen Plan einer ‹Akademie zur Bildung des Verstandes und Herzens junger Leute› (1755/56) orientiert sich an WIELAND am griechischen Erziehungsideal der K., «in welchem Worte sie [die Griechen] alle Vorzüge und Vollkommenheiten begreifen, die einen freyen und edlen Menschen von einem Sclaven und menschenähnlichen Thiere unterscheiden, alle Eigenschaften und Geschicklichkeiten, welche den Menschen erhöhen, verschönern und zur Ausführung einer edeln Rolle im Leben tüchtig machen» [11]. Jedoch weist Wieland darauf hin, daß der «Begriff, den wir von der sittlichen K. der Griechen aus ... allen ihren Schriftstellern nach der grossen Epoche des Medischen Krieges, bekommen» ausschließlich «nach den Sitten, die uns im Homer so wohlgefallen ..., nach einer kleinen Anzahl durch Jahrhunderte zerstreuter sehr vortrefflicher Menschen – oder nach einigen guten politischen Gebräuchen, Gesetzen und Institutionen» gebildet ist und folglich nicht dazu berechtigt, «die ganze griechische Nation günstiger» [12] zu beurteilen; denn die Idee «von der Schönheit und Güte, von der K.» entspricht nicht der Realität. Vielmehr ist ein «vollkommen schöner Mensch ... ein Abstractum, das nie bestanden hat, nie existieren wird, und nie existieren kann» [13].

Die Shaftesbury-Rezeption Wielands bedingt andernorts die Gleichsetzung von Virtuoso und K.; jedoch verengt sich dabei die Vorstellung vom sittlich-ästhetisch kultivierten Weltmann auf den Kunstkenner [14].

LESSING kritisiert Wielands Meinung, daß «die Griechen den Shaftesburyschen Begriff eines ‹virtuoso› durch ihre K. ausgedrückt hätten» [15]. Er interpretiert dagegen ‹kalos kagathos› als das, «was wir einen hübschen guten Mann heißen» [16].

HERDER weist daraufhin sowohl die Interpretation der K. als «Shaftesburyschen Virtuoso, nach dem hohen Geschmack unsrer Zeit» [17] zurück als auch die Auslegung des Begriffs durch Lessing. In einer begriffsgeschichtlichen Untersuchung der Worte ‹kalos› und ‹agathos› weist er den Begriff in die «Politische Cultur» als Ausbildungsideal zum «redlichen Menschen und tüchtigen Bürger» [18]. Wieland, insbesondere aber Shaftesbury, macht er zum Vorwurf, in der Analogie von Virtuoso und K. den «Platonismus nach dem Modegeschmack seiner Zeit eingekleidet» [19] zu haben, um so den «real fine gentlemen» [20] in Griechenland wiederzufinden. Noch in seiner Schrift ‹Adrastea› (1801) liegt ihm an einer Vertiefung des Begriffs ‹kalon›, der «nicht den flachen Anschein der Dinge, mit welchem wir tändeln» bezeichne, sondern bei den Alten den «höchsten Begriff der Harmonie, des Anstandes, der Würde, die auch höchste Pflicht ist, mit dem süßesten Reiz» [21] verbinde. Die ästhetischen Implikationen des Begriffs werden zugunsten der ethischen Momente zurückgedrängt: «Vielmehr ist diese Schönheit des Menschen und im Menschen nichts als reiner Charakter»; im «Jünglinge von Stande» verbinden sich «Wohlanstand, innere und äußere Decenz, die Grazie des Lebens, Würde und Honettetät des Charakters» [22].

Einige Implikate des K.-Begriffes finden sich auch im Begriff der schönen Seele, zu dem jedoch noch andere Elemente, so pietistische, gehören. Außerdem werden die ständisch-aristokratischen Momente der K. hier zugunsten eines verbürgerlichten, empfindsamen Seelenaristokratismus aufgegeben. Die K. im Sinne der «schönen Seele» ist nicht mehr Bildungs- sondern Naturprodukt (vgl. ROUSSEAU: «ces deux belles âmes sortirent l'une pour l'autre des mains de la nature» [23]). SCHILLER nähert in seiner Abhandlung ‹Über Anmut und Würde› den Begriff der schönen Seele, kantische und shaftesburysche Positionen synthetisierend, erneut dem Begriff der K. an: «Daher sind bey einer schönen Seele die einzelnen Handlungen eigentlich nicht sittlich, sondern der ganze Charakter ist es ... Die schöne Seele hat kein andres Verdienst, als daß sie ist ... In einer schönen Seele ist es also, wo Sinnlichkeit und Vernunft, Pflicht und Neigung harmonieren, und Grazie ist ihr Ausdruck in der Erscheinung.» Die schöne Seele ist Bildungsprodukt: «Diese Charakterschönheit, die reifste Frucht seiner Humanität, ist bloß eine Idee, ... die er [der Mensch] bei aller Anstrengung nie ganz erreichen kann» [24]. Der Sinnentleerung des Begriffs ‹K.› zu «nichts weiter als Biederkeit und Rechtschaffenheit» [25] entspricht die Kritik am Begriff der schönen Seele bei GOETHE [26] und HEGEL [27].

In der Ästhetik, insbesondere aber in der Poetik des 18. Jh. begegnet der Begriff der K. als ‹moralische Schönheit› dort (KLOPSTOCK, SULZER, WIELAND, J. CHR. KÖNIG), wo in der ästhetischen oder poetologischen Theorie nicht scharf zwischen dem Guten und Schönen getrennt wird. ‹Moralische bzw. sittliche Schönheit› bezeichnet eine Qualität des ästhetischen Phänomens, die dessen sinnlich vollkommene Schönheit überbietet. Kraft der «viel erhabnern moralischen» [28] oder «höhern» [29] Schönheit werden die «vornehmsten Kräfte unserer Seele» in einem so hohen Grade beschäftigt, daß eine auf die andere wirkt, und dadurch die ganze Seele in Bewegung gesetzt wird [30]. «Je grösser die Innerliche Güte eines Dinges ist», das im ästhetischen Phänomen zur Darstellung kommt, «desto größer ist seine Schönheit» [31] und damit die Möglichkeit, daß der Rezipient durch Begeisterung zugleich für das Schöne und Gute sensibilisiert wird. In der Begegnung mit der moralischen Schönheit erfährt die ganze Seele, daß sie «unsterblich» ist und «auch schon in diesem Leben viel glückseliger sein könnte» [32]. In der Transformation des Begriffs ‹K.› zum ästhetisch-poetologischen Terminus hat ‹K.› endgültig seine unmittelbar politisch-ethische Dimension eingebüßt. Indirekt meint jedoch auch noch der ästhetische Terminus der moralischen Schönheit ein Bildungsideal; denn in der «Empfindlichkeit des Menschen für das sinnliche, moralische und intellectualische Schöne» besteht die «rechte Erziehung und Unterweisung» des Bürgers [33].

Anmerkungen. [1] Des Grafen von SHAFTESBURY philos. Werke (1776ff.) 2, 259. – [2] a. a. O. 1, 456. – [3] 2, 493. – [4] 1, 433. – [5] Vgl. 1, 177ff. 428ff. – [6] 1, 434. – [7] ebda. – [8] 1, 435. – [9] 1, 434. – [10] 1, 435. – [11] CHR. M. WIELAND: Slg. einiger prosaischen Schr. (1758) Theil III, 4; zit. nach G. E. LESSING, Sämtl. Werke, hg. LACHMANN 8, 19. – [12] CHR. M. WIELAND, Werke, hg. F. MARTINI (1967) 3, 371. – [13] a. a. O. 3, 364. – [14] Vgl. 3, 125. – [15] LESSING, a. a. O. [11] 8, 22. – [16] ebda. – [17] CHR. J. B. HERDER, Sämtl. Werke, hg. B. SUPHAN 1, 303. – [18] a. a. O. 1, 304. – [19] 1, 305. – [20] SHAFTESBURY, Characteristics, hg. J. M. ROBERTSON (Gloucester ND 1963) 2, 252. – [21] HERDER, a. a. O. [17] 23, 145. – [22] ebda. – [23] J.-J. ROUSSEAU, Oeuvres compl. (Paris 1823) 8, 273. – [24] Fr. SCHILLER, Werke, hg. G. FRICKE, 5, 468f. – [25] W. T. KRUG: Allg. Handwb. der philos. Wiss. (²1832ff.) 2, 570. – [26] J. W. GOETHE, Werke, Hamburger-A. 7, 358ff.: ‹Bekenntnisse einer schönen Seele›. – [27] G. W. F. HEGEL, Sämtl. Werke, hg. H. GLOCKNER 2, 504. – [28] F. G. KLOPSTOCK, Sämtl. sprachwiss. und ästhet. Schr. (1830) 4, 123. – [29] J. G. SULZER: Allg. Theorie der schönen Künste (²1787) 4, 252. – [30] KLOPSTOCK, a. a. O. [28] 4, 36. – [31] CHR. M. WIELAND, Sämtl. Werke (Hempel) 40, 585. – [32] KLOPSTOCK, a. a. O. [28] 4, 91. – [33] WIELAND, a. a. O. [31] 4, 585.

Literaturhinweise. O. WALZEL: Shaftesbury und das dtsch. Geistesleben des 18. Jh. German.-roman. Mschr. 1 (1909) 416-437. – CHR. F. WEISER: Shaftesbury und das dtsch. Geistesleben (1916). – H. SCHMEER: Der Begriff der ‹schönen Seele› (1926). – E. CASSIRER: Die platonische Renaissance in England und die Schule von Cambridge (1932). W. GROSSE

Kameradschaftlichkeit ist bereits in der Mitte des 19. Jh. [1] im heutigen Wortsinn belegt. Besondere Bedeutung gewinnt der Begriff in der deutschen Jugendbewegung und im Nationalsozialismus, meist in Form des einfacheren, synonym gebrauchten ‹Kameradschaft› (erstmalig bezeugt 1678 [2]), jedoch mit sehr unterschiedlichem Verständnis. In der Jugendbewegung ist K. – erwachsen aus dem ständische Unterschiede nivellierenden «Fronterlebnis» des Ersten Weltkriegs – ein selbständiger Wert in der Neuordnung bislang unparitätischer menschlicher Beziehungen, z. B. zwischen den Geschlechtern («Kameradschaftsehe») [3], zwischen Eltern und Kindern, Lehrern und Schülern [4], während im Nationalsozialismus [5] «Kameradschaftsgeist» – im Unterschied zur individuellen Prägung der K. in der Jugendbewegung – kollektiven Charakter hat als eine der «überindividuellen Lebensmächte», die – mit betont antiintellektueller Spitze – durch «volksorganische Anschauung» wirksam werden sollten [6]. Der K.-Betriff mußte in seiner Ausschließungstendenz als Surrogat der universal gemeinten christlichen Nächstenliebe erscheinen [7].

Anmerkungen. [1] z. B. bei J. G. DROYSEN: Das Leben des Feldmarschalls Grafen York von Wartenburg 1 (1854) 331. – [2] M. KRAMER: Das neue Dictionarium oder Wortbuch in Teutsch-Italiänischer Spraach (1678). – [3] E. BUSSE-WILSON: Liebe und Kameradschaft. Die freidtsch. Jugendbewegung, hg. A. GRABOWSKY/W. KOCH (1920) 50ff.; ND in: Grundschr. der

Dtsch. Jugendbewegung, hg. W. KINDT (1963) 327ff. – [4] J. KOENIG: Das Ethos der Jugendbewegung in Deutschland (1929) 222ff. – [5] Vgl. hierzu H. GÖRING: Kameradschaft, Pflichterfüllung und Opferbereitschaft. Reden und Aufsätze (1938) 226ff.; A. HENN: Kameradschaft als volksbildende Tugend. Deutsches Volk 1 (1933/34) 142ff. – [6] A. E. GÜNTHER: Kameradschaftslehre. Deutsches Volkstum 1 (1934) 11ff. – [7] Vgl. R. A. SCHRÖDERS versteckte Polemik in: Einer trage des andern Last. Die Stunde des Christentums (³1937) 251ff.   B. SCHWENK

Kampf (von lat. *campus* (Martius) = Marsfeld, Truppenübungsplatz; althochdeutsch *champf*) meint, was wir *K.-Spiel* oder *Zwei-K.* nennen. Begriffliche Bedeutung gewinnt das Wort im Kontext philosophischer Theorien des sozialen Konflikts und namentlich der geschichtsphilosophischen Lehren vom sozialen Wandel.

Zuerst hat in dieser Weise HEGEL [1] den K., selbst noch den K. «auf Leben und Tod», geistesphänomenologisch – d. h. von allen individuellen Antrieben, Zwecken und Erscheinungsformen abstrahierend – als *K. des Anerkennens*, nämlich als eine Stufe der Selbstvollendung des Geistes, in der die Gewalt als bloßes Übergangsmoment aufgehoben ist, als Prozeß der Anerkennung eines Selbstbewußtseins durch ein anderes begriffen. Im einzelnen unterscheiden sich die begrifflichen Verwendungen des Wortes danach, ob und wie sie das Moment unmittelbarer physischer Gewaltanwendung einbeziehen, ob und wie sie K. als durch bestimmte Triebkräfte inhaltlich und funktional determiniertes Entwicklungsmoment eines insgesamt zielgerichteten sozialen Prozesses auffassen, ferner danach, welche Rolle dem Recht im sozialen Konflikt zugewiesen wird, ob der K. als rechtlich regulierbar angesehen oder das Recht selbst nur als K.-Mittel betrachtet wird. Schließlich hängt seine Bedeutung wesentlich davon ab, ob und mit welchem Gewicht ihm eine theoretische Lösung der Frage des gesellschaftlichen Zusammenhalts, der sozialen Kooperation korrespondiert.

Infolge der relativ hohen Interessenhomogenität des aktiven Bürgertums und seiner politischen Vertretungen und entsprechend ihrer aufklärerischen Tradition neigt die liberale Publizistik des *Vormärz* dazu, soziale Konflikte als *Ideen-* oder *Meinungskämpfe* zu vergeistigen und folglich an deren rationale Auflösbarkeit durch öffentliche Diskussion zu glauben. Dagegen wendet sich MARX im ‹Kommunistischen Manifest› mit seinem Begriff des *Klassenkampfes*, welcher soziale Konflikte als ökonomische Interessenwidersprüche deutet und mit der geschichtsphilosophischen Rückführung aller Bewegung der zwischen Urgesellschaft und zukünftiger klassenloser Gesellschaft ausgespannten «Vorgeschichte» auf den Klassengegensatz von Ausbeutern und Ausgebeuteten die Unvermeidbarkeit politischer Gewalt als des Prinzips gesamtgesellschaftlicher («revolutionärer») Wandlungen betont [2]. Gegen das liberale Verständnis des K. wendet sich ferner der *Sozialdarwinismus*, der den vitalen Sinn aller menschlichen Konflikte hervorhebt, indem er die jeweiligen Machtverhältnisse als Ergebnis sozialer Auslese rechtfertigt und Konflikte als notwendige biologische Bewährungsproben deutet. Unbeschadet seiner eigentümlichen Randstellung gehört auch NIETZSCHE in diesen Zusammenhang, insofern er – CH. DARWINS *K. ums Dasein* (struggle for life) als eine bloß «zeitweilige Restriktion des Lebenswillens» übersteigend – in jedem Konflikt einen K. sieht «ums Übergewicht, um Wachstum und Ausbreitung, um Macht, gemäß dem Willen zur Macht, der eben der Wille des Lebens ist» [3]. In diesem Horizont wird K. gegen alle romantischen Lehren vom stillen

Wachstum des Rechts aus dem Volksgeist im notwendigen ‹K. ums Recht› bei R. v. JHERING zum wesentlichen Moment des Rechtsbegriffs [3a], erscheint bei GUMPLOWICZ der *Rassen-K.*, will sagen: der *Gruppen-K.* heterogener, geschlossener, durch Verschiedenheit ihrer Lebensinteressen gesonderter Verbände als die eigentliche Triebfeder der zyklischen Geschichte «ewigen Werdens und Vergehens» [4], und gilt bei SPENGLER der Krieg in dem Grade als «Urpolitik alles Lebendigen ..., daß K. und Leben in der Tiefe eins sind und mit dem Kämpfenwollen auch das Sein erlischt» [5]. *Sozialer K.* in Permanenz, der mit den gesellschaftlichen Differenzierungen Kultur hervorbringt und wieder verschlingt, soll als «höhere Lebensäußerung des K. um das Dasein der Einzelindividuen» das Gesetz allen gesellschaftlichen Lebens sein und die «Berührung fremdartiger Gesellschaftsgebilde» seine Ursache – kraft des Selbsterhaltungstriebes und aus dem Grunde naturgesetzlicher «absoluter Feindseligkeit» zwischen heterogenen Sozialverbänden als der «Urkraft» aller Politik [6]. Deren Endzweck ist für die Epoche des Imperialismus ganz selbstverständlich «Raumgewinn» [7], während in der Weimarer Zeit C. SCHMITT gegen das Ethos der westlichen Demokratien, gegen Parlamentarismus, Völkerbund und «Erfüllungspolitik» den «nur existenziellen Sinn des ... wirklichen K. gegen einen wirklichen», d. h. gegen einen durch sein Anderssein zum K. auf Leben und Tod herausfordernden «Feind» beschwört [8]. Eine Bereicherung der Theorie sozialer Konflikte bedeutet dabei die komplementäre Behandlung des Außen- und des Innenaspekts des Verbandes, derzufolge sein innerer Zusammenhalt samt dessen Verbürgung in (staatlicher) Herrschaft und (staatlich garantierter) Rechtsordnung als Gegenstück (Fremdenhaß als andere Seite der Liebe zur eigenen Blutsgemeinschaft) oder als Funktion ihrer Außenbeziehungen gesehen wird («Die innere Festigkeit der Gesellschaftsgebilde nimmt mit dem K. zu») [9].

Unmöglichkeit der Identifizierung eines Endzweckes der Geschichte und Unzulänglichkeit der Annahme eines naturgegebenen Sinnes aller gesellschaftlichen Prozesse machen es nötig, den K.-Begriff zu formalisieren, d. h. den Konflikt nicht länger als das «Wesen» gesellschaftlichen Lebens anzusehen, sondern als *soziale Beziehung* zu begreifen, in der «das Handeln an der Absicht der Durchsetzung des eigenen Willens gegen Widerstand des oder der Partner orientiert ist» [10]. Als antagonistische gesellschaftliche Beziehung verstanden ist sozialer K., wenn er nicht in «aktueller physischer Gewaltsamkeit» besteht, «formal friedlich» [11] und erscheint insofern als rechtlich regulierbar. Mehr noch: unbeschadet seines negativen Moments zeigt sich K. in dieser Perspektive als Beginn der Auflösung einer sozialen Spannung, als eine Form der Vergesellschaftung und damit in der Beziehung und im übergreifenden Bezugssystem der streitenden Parteien (und nicht nur für deren innere Struktur) als etwas nach menschlichem Maß Positives («Soziologische Positivität des K.»), insofern die Skala kämpferischer Beziehungen von den Grenzfällen des Vernichtungs-K. und des K. um des K. willen über oppositionelles Verhalten mit seiner sozialen Ventilwirkung bis zur «indirekten» K.-Form der *Konkurrenz*, d. h. der parallelen Bemühung um denselben K.-Preis mit ihrer gleichfalls integrierenden Funktion und ihrer objektiven Wertschöpfung reicht [12].

Von einem Begriff dieser Art gehen auch die juristischen Bestimmungen des *Arbeits-K.* aus. Darunter versteht man Störungen des Arbeitslebens durch kollektive

Maßnahmen der Arbeitnehmer oder Arbeitgeber (Streik, Aussperrung, Boykott), wobei der Nutzen zunehmender Einengung dieses an den K.-Mitteln orientierten weiten Begriffs durch das bei politischen Streiks und K.-Maßnahmen aus Sympathie fehlende objektive Merkmal der Identität von Gegnern und Geschädigten oder durch das bei Proteststreiks nicht vorhandene subjektive Merkmal eines bestimmten K.-Ziels, nämlich einer tariflichen Neuregelung (oder deren Abwehr), im Hinblick auf den stets entscheidenden Punkt der jeweiligen rechtlichen Beurteilung fragwürdig ist [13].

Anmerkungen. [1] G. W. F. HEGEL, Phänomenol. des Geistes (1807): Herr und Knecht; Enzyklop. (³1830) §§ 430/33. – [2] Vgl. auch F. ENGELS: Der Ursprung der Familie, des Privateigentums und des Staats (1884). – [3] FR. NIETZSCHE: Die fröhliche Wiss. (1882) Nr. 349. – [3a] R. v. JHERING: Der K. ums Recht (1872 u. ö.). – [4] L. GUMPLOWICZ: Der Rassenkampf (1883); Grundriss der Sociol. (1885): Die sociol. Erkenntnis (1898) 125ff.; Die sociol. Staatsidee (²1902) 140ff.; Socialphilos. im Umriss (1910). – [5] O. SPENGLER: Der Untergang des Abendlandes 2 (1922) 550. – [6] G. RATZENHOFER: Wesen und Zweck der Politik als Teil der Soziol. und Grundl. der Staatswiss. (1893) 1, 61. 7. 9. 63. – [7] a. a. O. 127. – [8] C. SCHMITT: Der Begriff des Politischen (ND 1963) 33. 49; H. HOFMANN: Legitimität gegen Legalität (1964). – [9] RATZENHOFER, a. a. O. [6] 9. 13. – [10] M. WEBER: Wirtschaft und Gesellschaft (⁴1964) 1, 27. – [11] ebda. – [12] G. SIMMEL: Soziol. (⁴1958) 186ff. – [13] TH. RAMM: Der Begriff Arbeits-K. Arch. civilist. Praxis 160 (1961) 336ff.; H. BROX und B. RÜTHERS: Arbeits-K.-Recht (1965); A. HUECK und H. C. NIPPERDEY: Lb. des Arbeitsrechts II/2 (⁷1970) 870ff.; A. SÖLLNER: Arbeitsrecht (⁴1974) 67ff.   HASSO HOFMANN

Kangaku bedeutet «China-Wissenschaft», im weiteren Sinne die in Japan betriebene Sinologie in ihrer historischen Entwicklung, im engeren Sinne die sinologischen Studien auf der Grundlage des Konfuzianismus (jap. jukyô, jugaku) sowie ihre philosophische und politische Wirkung während der Tokugawa-Zeit (1600–1868). In diesem Sinne gehört die K. neben den Kokugaku und Rangaku zu den bedeutendsten Geistesströmungen im spätmittelalterlichen Japan vor der Übernahme westlicher Philosopheme.

Die Tradition sinologischer Studien in Japan geht bis in die Vor-Nara-Zeit zurück und basiert auf der Einführung der chinesischen Schrift und Literatur seit dem 4. Jh. Seit der T'ang-Zeit (618–907) sind die chinesische Philosophie und Dichtung, ja selbst die chinesische Bildung und Erziehung Vorbild und Gegenstand des Nachvollzugs in Japan gewesen. Im feudalistischen Klassenstaat der Tokugawa-Schogune nahm unter dem Einfluß des führenden Ritterstandes der Konfuzianismus einen starken Aufschwung, und im Neudurchdenken der konfuzianischen Ideenwelt brach für Japan eine Zeit echten Philosophierens an, das sich vornehmlich auf die Gebiete Gesellschaft, Staat, Wirtschaft, Erziehung und Geschichte konzentrierte. Drei philosophische Schulrichtungen gewannen Gestalt.

Die erste stützte sich auf den Sung-Philosophen CHU HSI, dessen Lehrsystem den Neokonfuzianismus begründete und in Japan durch FUJIWARA SEIKA und dessen Schüler HAYASHI RAZAN unter dem Patronat der ersten Tokugawa-Schogune zur orthodoxen Staatsphilosophie erhoben wurde (*Shushigakuha*). Das Prinzip der Ordnung (jap. ri) als soziales Fundament und Garantie des Staates bildete den Kern der Lehre. Die japanischen Neokonfuzianer ließen den Shintô gelten, den sie konfuzianisch interpretierten (jugakushintô), lehnten aber den Buddhismus als Fremdreligion ab.

Die rationalistische Weltdeutung der Shushigakuha fand ihren Widerpart in der *Yômeigakuha*, der Schulrichtung des Ming-Philosophen WANG YANG-MING, dessen Hauptverfechter in Japan NAKAE TÔJU und sein Schüler KUMAZAWA BANZAN waren. Für sie sind nicht das äußere Ordnungsprinzip (ri), sondern die dem Menschen innewohnenden Geistesgaben (kokoro) das Maß der Dinge. Im sozialethischen Bereich wird die Pietät (kô) als Tugend des Familiensinns stärker als die Loyalität (chû), die Tugend des Staatsdenkens, betont.

Eine dritte Schulrichtung, die der alten Lehre (*kogakuha*), lehnte alle spätkonfuzianischen Deutungen ab und hielt sich an die kanonischen Schriften des K'UNGTZU und MENG-TZU. YAMAGA SOKÔ propagierte diese Auffassung, die ihm sogar die Verfolgung durch die Schogunatsregierung eintrug, obgleich er als Philosoph des Ritterethos (bushidô) einen Namen hatte.

Die K. war ein Sammelpunkt regen Geisteslebens; aus der Polemik gegen ihre Sinophilie (karagokoro) ist die Nationale Wissenschaft (kokugaku) hervorgegangen. Es gab jedoch zwischen beiden manche Berührungspunkte (Shintô, Soziallehre, Ethik), welche synkretistische Lehrrichtungen entstehen ließen, so etwa die Mito-Schule mit ihren nationalistischen Geschichtsstudien. Die konfuzianischen Ideen der Gesellschaftsordnung wirken noch im heutigen Japan nach.

Literaturhinweise. TETSUJIRÔ INOUE: Nihon-Yômeigakuha no tetsugaku (Die Philos. der jap. Yômei-Schule) (Tokio 1897); Nihon-Kogakuha no tetsugaku (Die Philos. der jap. Kogakuha-Schule) (Tokio 1915); Nihon-Shushigakuha no tetsugaku (Die Philos. der jap. Shushi-Schule) (Tokio 1915). – H. HAMMITZSCH: Kangaku und Kokugaku, in: Monumenta Nipponica II/1 (Tokio 1939). – SHINJI TAKADA: Nihon-jugakushi (Gesch. des jap. Konfuzianismus) (Tokio 1941). – O. BENL und H. HAMMITZSCH: Jap. Geisteswelt (1956). – W. W. SMITH: Confucianism in modern Japan (Tokio 1959). – O. KRESSLER: Leben und Werk des Nakae Tôju. Nachr. dtsch. Ges. Natur- u. Völkerk. Ostasiens 95/97 (1964/65). – L. BRÜLL: Prinzip (ri) und Materie (ki). Ein Beitr. zur Met. des Hayashi Razan. Jb. jap. Kulturinst. Köln 1 (1970). – O. G. LIDIN (Übers.): Ogyni Sorai. Distinguishing the Way (Tokio 1970).   B. LEWIN

Kanon. Das griechische Wort κανών ist ein Lehnwort aus dem Semitischen (vgl. hebr. qanae, aram. qanja, babyl.-assyr. qanu) und meint dort ein Rohr, aus dem Körbe, Meßruten usw. hergestellt werden. Im Griechischen war nun nicht mehr das *Material* der Stäbe, Meßruten usw., sondern deren *Form*, nämlich ihre Geradheit, für die Bedeutung des Wortes ausschlaggebend, so daß es jetzt, neben dem Werkzeug Richtscheit, Maßstab [1] auch – übertragen – jede Norm, vollendete Gestalt, jedes erstrebenswerte Ziel bezeichnen konnte. So ließ sich der Begriff jetzt auf den verschiedensten Gebieten verwenden:

1. In der *bildenden Kunst* galt der Speerträger des Bildhauers POLYKLET, der selbst auch ein ‹K.› betiteltes Buch über die richtigen Proportionen des menschlichen Körpers und dessen Teile schrieb [2], als K. der schönen menschlichen Gestalt, d. h. als Vorbild für andere Künstler [3].

2. In der *Musik* war bei den *Pythagoreern* der K. jenes zwölfgeteilte Meßinstrument, mit dessen Hilfe man die Verhältniszahlen der musikalischen Konsonanzen feststellen konnte. Wird nämlich eine Saite über ein zwölfgeteiltes Lineal ausgespannt, und ertönt dann zuerst die ganze Saite (alle zwölf Einheiten des K.) und danach nur die Hälfte der Saite (sechs Einheiten), so bekommt man die Konsonanz der Oktave, d. h. der zweite Ton liegt um eine Oktave höher als der erste. Darum sagt man, daß die Verhältniszahlen der Oktave am K. 12:6 sind. Nach demselben Verfahren kann man an dem K. auch die übrigen musikalischen Konsonanzen veranschaulichen. Die

Pythagoreer als Vertreter der geometrischen Methode in der Musik nannte man ‹Kanoniker› [4]; ihre Gegner waren die ‹Musiker›. Die Differenzen der beiden Schulen werden noch von Boethius geschildert [5]. – Die musikalischen Berechnungen am K. hatten zweifellos auch die Entwicklung der *mathematischen* Proportionenlehre vorbereitet. Mathematik und Musik waren nicht nur bei den Pythagoreern eng miteinander verbunden, auch das älteste Werk der theoretischen Musik, der ‹Schnitt des K.› blieb noch zusammen mit den ‹Elementen› der Geometrie unter Euklids Namen erhalten.

Anmerkungen. [1] HOMER, Ilias VIII 193,; XIII, 407 (Stäbe zur Spannung des Schildleders); XXIII, 760 (Stab zum Weben); EURIPIDES, Troades 6; HER. Fur. 945; ARISTOPHANES, Aves 1004; PLATON, Phileb. 56 b; ARISTOTELES, Eth. Nic. 1137 b 31 (hier gleichzeitig in übertragener Bedeutung); Rhet. 1354 a 26. – [2] GALENUS, De Hipp. et Plat. Decr. V, 3; vgl. CHRYSIPP, SVF 3, 122 Anm. – [3] PLINIUS D. Ä., Hist. nat. XXXIV, 8, 55. – [4] GELLIUS, Noct. Att. XVI, 18; PROKLOS, In I Eucl. elem. Comm., hg. G. FRIEDLEIN (1873, ND 1967) 40. – [5] BOETHIUS, De inst. mus.

Literaturhinweise. B. L. v. d. WAERDEN: Die Harmonielehre der Pythagoreer. Hermes 78 (1943) 163-199. – A. SZABÓ: Die frühgriech. Proportionenlehre im Spiegel ihrer Terminol. Arch. Hist. exact Sci. 2 (1965) 197-270.　　　　　　A. SZABÓ

3. In der *Rhetorik* verwendet z. B. CICERO das griechische Wort ‹K.› in der Bedeutung «Maßstab für einen Stil» [1].

4. Weiterhin meint ‹K.› Richtschnur, Maß und Regel für die *Unterscheidung* des Wahren vom Falschen und vor allem für das *Erkennen* des Guten. So ist DEMOKRIT als Autor von drei Büchern περὶ λογικῶν ἢ κανών, in denen er über die verschiedenen Erkenntnisarten handelte, bezeugt [2]. Für ARISTOTELES ist es das Kennzeichen des Tugendhaften, daß er «in jedem Ding das Wahre sieht und gleichsam die Richtschnur und das Maß (κανὼν καὶ μέτρον) ist» [3]. Bei EPIKUR, der sein (verlorenes) Buch über die Logik und Methodik περὶ κριτηρίων ἢ κανών nannte [4], werden die grundlegenden Regeln (οἵ κανόνες) der Erkenntnisgewinnung in Physik und Ethik formuliert [5]. Stärkere Betonung erhält K. im Sinne von Unterscheidungskriterien für das Gute und Wahre bei EPIKTET: Am Anfang des Philosophierens steht für ihn das «Gewahrwerden des Streites der Menschen untereinander ... und das Auffinden einer Richtschnur (εὕρεσις κανόνος τινός), wie wir bei den Gewichten die Waage erfanden, wie bei dem Geraden und Gekrümmten das Richtscheit» [6]. Philosophieren ist identisch mit «die Richtmaße untersuchen und festsetzen» (ἐπισκέπτεσθαι καὶ βεβαιοῦν τοὺς κανόνας) [7]. Der Gebrauch von ‹K.› als Bezeichnung für Regel und Norm eines klugen und tugendhaften Handelns setzte sich in der Antike weithin durch [8]. PHILO gebraucht ‹K.› häufig im Sinne von Maß, Richtschnur, Regel der Wahrheit, der rechten Vernunft, des Rechts usw. [9] und bezeichnet Gott als K. alles guten Handelns, der Weisheit und als oberstes Richtmaß, an dem alles gerade wird [10]. Außerdem verwendet er, wie schon die Septuaginta, ‹K.› für das alttestamentliche Gesetz (Dekalog) [11], während im Neuen Testament, in dem ‹K.› sonst nicht vorkommt, dieser Begriff PAULUS dazu dient, den neuen Maßstab (K.) der Christen vom alten Gesetz (νόμος) Israels abzusetzen [12].

5. In der *Patristik* erhält ‹K.› die bis heute geläufige Bedeutung «Sammlung der von der Kirche als göttlich inspiriert anerkannten Bücher», «Heilige Schriften des Alten und Neuen Testaments». Dabei ist oft darauf hingewiesen worden [13], daß in der *griechischen* Kirche [14] ‹K.› zunächst, und zwar im Anschluß an den Ge-

brauch von ‹K.› bei den antiken Astronomen, Historikern, Grammatikern, in der Metrik, Musiktheorie und in Steuerordnungen, nichts anderes als ‹Verzeichnis›, ‹Liste›, ‹Tabelle›, ‹Register› bedeutete [15], ‹K.› im kirchlichen Gebrauch also nur ‹Katalog› (der hl. Schriften) meinte und daß erst im 4. Jh. unter dem Einfluß der *Lateiner*, die, im Sinne der ursprünglichen Bedeutung des Wortes ‹K.› mit ‹Bibel› gleichsetzten [16], der Begriff wieder mit der Bedeutung «Norm», «Regel» verbunden wurde. Dem steht gegenüber, daß auch schon in den Tabellen der Charakter des Festsetzens, Normgebens liegt, daß auch schon vor dem 4. Jh. die Wendung κανών τῆς πίστεως (Glaubensregel) [17] und PHILOS Formel κανών τῆς ἀληθείας (Richtschnur der Wahrheit) [18] bei den Kirchenvätern gebräuchlich sind, ORIGENES z. B. die von Christus her überlieferte Richtschnur als K. bezeichnet [19] und CLEMENS VON ALEXANDRIEN den «kirchlichen K.» die «Übereinstimmung und den Einklang von Gesetz und Propheten mit dem durch die Erscheinung des Herrn gegebenen Testament» nennt [20]. Seit dem 4. Jh. können also, ohne daß im Begriff ‹K.› notwendig eine Bedeutungsverschiebung stattfinden mußte, die vorher mit διαθήκη (Testament; dafür in lateinischen Texten auch ‹canon› [21]) oder mit αἱ (ἅγιαι, ἱεραί, θεῖαι) γραφαί bezeichneten Heiligen Schriften als von der Kirche kanonisierte (κανονιζόμενα) im Gegensatz zu den nichtkanonisierten (οὐ κανονιζόμενα) Schriften bezeichnet werden, vor allem von ATHANASIUS, der im Jahre 367 auch den im späteren Sinne vollständigen, in der Ostkirche jedoch nicht sofort akzeptierten K. des Neuen Testaments angibt [22]. Der K. der hl. Bücher ist seitdem der Katalog der von der Kirche für göttlich inspiriert befundenen und daher gebilligten Schriften (LEONTIUS VON BYZANZ: τὰ κανονιζόμενα βίβλια ἐν τῇ ἐκκλησίᾳ; NICEPHORUS, Patriarch VON BYZANZ: θεῖαι γραφαὶ ἐκκλησιαζόμεναι καὶ κεκανονισμέναι) [23]. Daneben kann ‹K.› weiterhin Glaubensregel, Richtschnur, Gesetz, Regel für die Erkenntnis der Wahrheit, als welche z. B. bei GREGOR VON NYSSA die Bibel selbst dient (Gegensatz: die in Freiheit lehrenden heidnischen Philosophen), bedeuten [24]. Der Sinn von ‹K.› als bloßer ‹Katalog› kann jedoch auch jetzt gelegentlich nicht ausgeschlossen werden [25].

Die *katholische* Kirche legte im Konzil von Trient, das darin das Konzil von Florenz (1442) bestätigte, endgültig fest, welche Schriften als kanonisch anzusehen seien, um damit die im Mittelalter anhaltende Diskussion um die Kanonizität einzelner Schriften (Hebräer-Brief, Apokalypse, alttestamentliche Apokryphen u. a.) zu beenden. Die Kanonizität der übrigen Schriften war seit dem 2./3. Jh. im wesentlichen unbestritten.

Die *Reformatoren* schlossen Hebräer-Brief und Apokalypse ebenfalls ein, die nur griechisch vorliegenden alttestamentlichen Apokryphen dagegen beurteilt LUTHER als «Bücher: so nicht der heiligen Schrift gleich gehalten: und doch nützlich und gut zu lesen sind» [26]. In den protestantischen Kirchen wurde und wird jedoch die Möglichkeit offengehalten, den K. einer immer neuen kritischen Untersuchung zu unterziehen: Für J. S. SEMLER ist es nicht so sehr die historisch-philologische Kritik an den Schriften als vielmehr die Beurteilung «nach ihrem moralischen gemeinnützigen Wert», die für die «eigene Erkenntnis und Erfahrung» des Gläubigen bei der Frage nach dem K. der Schrift maßgeblich sein soll [27]. FR. SCHLEIERMACHER gründet den «Anspruch» der protestantischen Kirchen, «in der genaueren Bestimmung des K. noch immer begriffen zu sein», nicht zuletzt darauf, daß die Festlegung des K. in seiner jetzigen Gestalt eine Entscheidung gewesen sei, «welche wir ein über alle Prüfung erhobenes Ansehen nicht zugestehen» [28]. Nach K. BARTH kann die Antwort auf die Frage nach den Grenzen des K. nicht von der Kirche, sondern nur durch die aus sich sprechende Schrift, durch den «sich selber als solchen aufdrängenden Schrift-K.» gegeben werden. Da das Hören auf das Wort Gottes aber menschlich und damit fehlbar ist, «wird die Einsicht, daß die konkrete Gestalt des K. keine absolut, sondern immer nur eine in höchster Relativität geschlossene sein kann, auch im Hinblick auf die Zukunft nicht einfach zu leugnen sein» [29].

6. Im *Kirchenrecht* werden seit dem 4. Jh. die Beschlüsse der Synoden ‹canones› genannt und in K.-Kodices gesammelt, seit dem 9. Jh. auch die päpstlichen Dekretalen. Vom 12. Jh. an wird ‹K.› nicht nur für die einzelnen, sondern auch für die Gesamtheit der in einem Kodex zusammengefaßten Bestimmungen der Kirche gebraucht. So entstanden eine Vielzahl von K.-Sammlungen, bis zwischen 1139 und 1142 GRATIAN ein neues Werk, die ‹Concordantia discordantium canonum› zusammenstellte, das eine solche Geltung erlangte, daß es im 16. Jh. mit mehreren anderen Sammlungen in den dann allein maßgeblichen ‹Corpus juris canonici› einging [30].

7. In der *Musik* bedeutete ‹K.› zunächst lediglich die Anweisung, daß im ‹K.› zwei oder mehr Stimmen nacheinander in Abständen zu singen haben; später meint der Begriff dann diese Komposition selbst. Er löst damit im 16. Jh. den bisher gebräuchlichen Begriff ‹fuga› ab, der dann in der Instrumentalmusik eine speziellere Bedeutung gewinnt [31].

8. KANT spielt auf das Werk ‹Canonica Epicuri› an, wenn er die Logik «eine allgemeine Vernunftkunst» nennt, mit der «Erkenntnisse überhaupt der Form des Verstandes gemäß zu machen» sind [32]. Sie ist ein K. insofern, als sie für den «richtigen Gebrauch gewisser Erkenntnisvermögen» die von allem Inhalt abstrahierenden a priorischen, «nothwendigen Gesetze des Denkens, ohne welche gar kein Gebrauch des Verstandes und der Vernunft stattfindet», enthält und so «Propädeutik alles Verstandes- und Vernunftgebrauchs» ist [33]. Kant versteht K. ausdrücklich als Gesetz, nicht nur als «Norm», «Muster oder Richtschnur bloß zur Beurteilung» [34]. Ein K. dient nur zur Prüfung, nicht, wie ein Organon, zur Hervorbringung und Erweiterung von Erkenntnissen [35].

Anmerkungen. [1] CICERO, Ad famil. 16, 17, 1. – [2] DEMOKRIT, VS A 33 = DIOG. LAERT. IX, 47; VS B 10 b = SEXT. EMP., Adv. Math. VI, 3; B 11 = SEXT. EMP. a. a. O. VII, 138. – [3] ARISTOTELES, Eth. Nic. 1113 a 33. – [4] DIOG. LAERT. X, 27. 30. 31; EPIKTET, Diss. II, 23, 21; CICERO, De nat. deor. I, 16, 43: «De regula et iudicio»; SENECA, Ep. 89, 11. – [5] Vgl. Art. ‹Kanonik›. – [6] EPIKTET, Diss. II, 11, 13. – [7] a. a. O. 11, 24; vgl. I, 28, 28. 30; II, 20, 21; III, 4, 5. – [8] Vgl. z. B. PLUTARCH, Consol. ad Apoll. 4; Quo. adol. poet. aud. deb. 8. – [9] PHILO, Opera, hg. L. COHN/P. WENDLAND (1896-1930) 1, 286, 21; 2, 121, 8; 2, 230, 2; 1, 165, 3; 3, 142, 28; 4, 91, 15; 5, 195, 22; 6, 24, 5. – [10] a. a. O. 1, 226, 6; 2, 51, 21; 4, 137, 16. – [11] Mi. 7, 4. – [12] Gal. 6, 16; vgl. 2. Kor. 10, 13. – [13] Vgl. CHR. FR. BAUR: Bemerk. über die Bedeutung des Wortes KANON. Z. wiss. Theol. 1 (1858) 141ff.; TH. ZAHN: Art. ‹K. des NT›, in: Realencyclop. prot. Theol. und Kirche 9 (³1901) 769ff. – [14] EUSEBIUS, CHRONIKOÌ KANÓNES KAÍ ...; auch schon PLUTARCH, Solon 27. – [15] Belege bei ZAHN, a. a. O. [13]. – [16] PRISCILLIAN, Lib. de fide et apocr. CSEL 15 (1889) 55; RUFIN, MPL 21, 374; ORIGENES-Übers. MPG 13, 1637. 83; HIERONYMUS, MPL 22, 671; AUGUSTINUS, MPL 33, 277; 34, 41. 946; 38, 1426; 42, 471; 43, 489; 44, 137. – [17] CLEMENS VON ALEX., Strom. 4, 15 (98); POLYKARP VON SMYRNA bei EUSEBIUS, Hist. eccl. 5, 24, 6. – [18] CLEMENS, a. a. O. 7, 16 (94); 7, 15 (90); IRENAEUS, Contra haer. I, 9, 4; HYPPOLYT VON ROM, Haer. 10, 5; EUSEBIUS, Hist. eccl. VI, 13, 3: angebl. Schrift des Clemens von Alex. mit dem Titel KANON TES EKKLESIAS. – [19] ORIGENES, De princ. IV, 2, 2. – [20] CLEMENS, Strom 6, 15.

(125). – [21] DIDYMUS DER BLINDE, MPG 39, 1774; vgl. 1742. – [22] ATHANASIUS, MPG 25, 456; 26, 1436. 1437. 1440; vgl. 1176. 1177. 1180; vgl. die Athanasius zugeschr. Synopse MPG 28, 284. 289. 293. – [23] Konzil von Laodicea (um 360) bei J. D. MANSI: Sacrorum conciliorum ... collectio 2 (1759) 574; LEONTIUS VON BYZANZ, MPG 86, 1200. 1204; NICEPHORUS, MPG 100, 1056. 1057. 1060. – [24] GREGOR VON NYSSA, MPG 46, 49; ATHANASIUS, MPG 26, 385; 25, 225; ISIDOR VON PELUSIUM, MPG 78, 1185; CYRILL VON ALEX., MPG 77, 571. – [25] EUSEBIUS, Hist. eccl. 6, 25, 3. MPG 20, 581; AMPHILOCHOS, MPG 37, 1598; MACARIUS VON MAGNES, Apocr. 4, 10. – [26] M. LUTHER, Dtsch. Bibel, Weimarer A. 12, 2. – [27] J. S. SEMLER: Abh. von freier Unters. des K. (1771), hg. H. SCHEIBLE (1967) 29. – [28] FR. SCHLEIERMACHER: Kurze Darstellung des theol. Studiums, hg. H. SCHOLZ (1910, ND 1969) 45. – [29] K. BARTH: Die kirchl. Dogmatik I/2 (⁴1948) 526f.; dagegen W. G. KÜMMEL: Notwendigkeit und Grenze des nt.lichen K. Z. Theol. u. Kirche 47 (1950) 277-313. – [30] Vgl. KOENIGER: Art. ‹Kanonisches Recht›, in: RGG² 3, 605f.; VON SCHULTE: Art. ‹Kanon- und Dekretalensammlungen› und ‹Kanonisches Rechtsbuch›, in: Realencyclop. a. a. O. [13] 10, 1ff. 18ff. – [31] Vgl. W. BLANKENBURG/M. STÖHR/B. NETTE, Art. ‹K.›, in: Musik in Gesch. und Gegenwart 7 (1958) 513-550. – [32] KANT, Logik. Akad.-A. 9, 13. – [33] KrV B 824; Logik, a. a. O. 13; vgl. KrV B 77. – [34] Logik, a. a. O. [32] 15. – [35] a. a. O. 13; KrV B 77f. 85; vgl. B 26.

Literaturhinweise. TH. ZAHN: Forsch. zur Gesch. des nt.lichen K. und der altchristl. Lit. (1881-1929); Grundriß der Gesch. des nt.lichen K. (²1904); s. Anm. [13]. – H. L. STRACK, Art. ‹K. des AT›, in: Realencyclop. a. a. O. [13] 741-768. – H. OPPEL: K. Zur Bedeutungsgesch. des Wortes ... (1937). – H. W. BEYER, Art. KANON, in: Theol. Wb. zum NT 3 (1938) 600-606. – R. MEYER und A. OEPKE: Art. ‹kanonisch und apokryph› a. a. O. 979-999. – L. WENGER: Canon in den röm. Rechtsquellen und den Papyri. Sber. Akad. Wien Nr. 220/2 (1942). – E. KÄSEMANN: Begründet der nt.liche K. die Einheit der Kirche? Evang. Theol. 11 (1951/52) 201-217. – E. SCHOOT und L. VISCHER, Art. ‹K.›, in: RGG³ 3, 1116-1122. – P. LENGSFELD: Überlieferung (1960). – K. ALAND: Das Problem des nt.lichen K., Z. syst. Theol. 4 (1962) 220-242. – W. MARXSEN: Das Problem des nt.lichen K. aus der Sicht des Exegeten, in: Der Exeget als Theologe (1968) 91-103. – P. NEUENZEIT, Art. ‹K.›, in: Hb. theol. Grundbegriffe 1 (1962) 777-790. – I. FRANK: Der Sinn der K.-Bildung. Eine hist.-theol. Untersuch. der Zeit vom 1. Clemensbrief bis Irenäus von Lyon (1971).   Red.

Kanonik. Im Gegensatz zur stoischen Dreiteilung des Systems der Philosophie in Logik, Physik und Ethik behandelt EPIKUR Logik (bzw. Dialektik) nicht [1]. Gleichwohl behält er die trichotome Gliederung bei. An die Stelle der Logik tritt – vor Physik und Ethik – die K. «Die Kanonik gibt die Wege an zur Behandlung der Gegenstände und bildet den Inhalt eines einzigen Buches, betitelt ‹Kanonik›» [2]. Als sensualistische Erkenntnislehre geht die K. der epikurschen Physik methodisch voraus: In ihr werden die Regeln (οἱ κανόνες) der Erkenntnisgewinnung aufgestellt und deren Wahrheitskriterien formuliert. «Im Kanon also behauptet Epikur durchweg, Kriterien der Wahrheit seien die Wahrnehmungen, Begriffe und Affekte» [3]. Epikur erwähnt also drei Kriterien: das der Wahrnehmung (αἴσθησις) als irrtumsfreier sinnlicher Evidenz (ἐνάργεια) [4], das der Vorstellungen (προλήψεις), die lediglich erinnerte Wahrnehmungsbilder – «Erinnerung an das oft von außen her Erschienene» [5] – und als solche auf das fundamentale Kriterium der sinnlichen Evidenz zurückführbar sind, und schließlich das Kriterium der Gefühle (πάθη), durch die wir wissen, was uns förderlich bzw. abträglich ist. Wahrnehmungen, Vorstellungen und Gefühle sind stets wahr. Demgegenüber kann ein Urteil (ὑπόληψις, δόξα) wahr oder falsch sein und muß, um als wahr gelten zu können, von der Erfahrung bestätigt werden [6].

Anmerkungen. [1] CICERO, De fin. 1, 22; 1, 63; DIOG. LAERT. X, 31; SENECA, Ep. 89. – [2] DIOG. LAERT. X, 30. – [3] a. a. O. X, 31. – [4] SEXT. EMP., Adv. math. VII, 216. – [5] DIOG. LAERT. X, 33. – [6] a. a. O. X, 34.   TH. RENTSCH

Kantianismus ist – bei Gegnern und Anhängern – zunächst die Sammelbezeichnung für die unmittelbar an Kant anknüpfende und seinen Kritizismus fortsetzende Philosophie. Nach dem Erscheinen der ‹Kritik der reinen Vernunft› (1781) setzte alsbald philosophische Kritik – teilweise auch satirische Polemik (F. NICOLAI) – gegen Kants Philosophie ein, die teils vom Standpunkt der Leibniz-Wolffschen Philosophie, teils vom traditionell empiristischen Standpunkt, teils durch die auf die Sprache aufmerksamen Philosophien formuliert wurde: Kantkritiker sind EBERHARD, TIEDEMANN, F. H. JACOBI [1], J. G. HAMANN [2], J. G. HERDER [3], G. E. SCHULZE [4], B. STATTLER [5] u. a. Gegen diese Kritik formiert sich der K.: Seine erste – möglicherweise wichtigste – Bedeutung liegt darin, daß er durch Darstellung und Interpretation der Vernunftkritik für Verbreitung und Verständnis der Philosophie Kants sorgt in einer Situation, in der die Kantrezeption noch nicht selbstverständlich war: denn noch 1796 z. B. krönt die Berliner Akademie jene Preisschrift (von J. C. SCHWAB) zu der Frage «Welche Fortschritte hat die Metaphysik seit Leibnizens und Wolffs Zeiten in Deutschland gemacht?», die keinen Fortschritt feststellt. Aufsätze in der Jenaer ‹Allgemeinen Literaturzeitung›, vor allem aber die ‹Erläuterungen› von J. SCHULZ [6] und die ‹Briefe› von K. L. REINHOLD [7] haben Kants Philosophie allgemein bekannt gemacht und durchgesetzt, ferner die Arbeiten von CHR. E. SCHMID [8], G. S. A. MELLIN [9], S. HEINICKE [10], ebenso die von JÄSCHE, JAKOB, BENDAVID, KRUG, FRIES, MAASS, KIESEWETTER, HOFFBAUER, TIEFTRUNK, BUHLE, ABICHT, APELT u. a. Freilich: dieser K. hat Kants Philosophie nicht nur ‹propagiert›, er hat zugleich bestimmte Ergebnisse der Vernunftkritik akzentuiert; so etwa – insbesondere in seinen ästhetischen Schriften – SCHILLER, so aber auch REINHOLD: «Die Kritik der Vernunft hat die Bedingungen erfüllt, durch welche allein unsere Philosophie in Stand gesetzt werden konnte, die metaphysischen Beweise für das Dasein Gottes zum Vorteile des moralischen Erkenntnisgrundes aufzuheben, die Religion ... auf Moral zu gründen» [11]. Schließlich hat dieser K. – weithin in der Auseinandersetzung mit dem skeptischen Einspruch von G. E. SCHULZES ‹Aenesidemus› [12] – versucht, die Philosophie Kants zu präzisieren und weiterzuentwickeln, etwa durch Formulierung des «Satzes des Bewußtseins» (REINHOLD [13]), der Standpunktlehre (BECK [14]), durch den Versuch von S. MAIMON, den Ding-an-sich-Begriff zu eliminieren bzw. ihn in eine «bloße Idee von der Grenze» überzuführen [15]. Verbreitung, Erläuterung und erste konstruktive Kritik der Philosophie Kants: das war die Leistung dieses anfänglichen K., den man als ‹Altkantianismus› bezeichnen könnte. Überboten wurde er alsbald durch die Systeme des deutschen Idealismus. Modifiziert wiederholt und weiterentwickelt wurde er seit der Mitte des 19. Jh. durch den Neukantianismus.

Anmerkungen. [1] F. H. JACOBI: David Hume über den Glauben, oder Idealismus und Realismus (1787); Über das Unternehmen des Kritizismus, die Vernunft zu Verstande zu bringen (1802). – [2] J. G. HAMANN: Metakritik über den Purismus der Vernunft (1784, publ. 1800). – [3] J. G. HERDER: Verstand und Vernunft, eine Metakritik zur Kritik der reinen Vernunft (1799). – [4] G. E. SCHULZE: Aenesidemus oder über die Fundamente der Elementarphilos. (1792); Kritik der theoret. Philos. (1801). – [5] B. STATTLER: Anti-Kant (1788). – [6] J. SCHULTZ: Erl. über des Herrn Prof. Kant Kritik der reinen Vernunft (1784). – [7] K. L. REINHOLD: Briefe über die Kantische Philos. (1786, als Buch 1790). – [8] CHR. E. SCHMID, Wb. zum leichteren Gebrauch der Kantischen Schr. (1788). – [9] G. S. A. MELLIN: Marginalien und Reg. zu Kants Kritik der Erkenntnisvermögen (1794ff., ²1900ff.); Enzyklop. Wb. der krit. Philos. (1797-1803); Die Kunstsprache der krit. Philos. (1879-1800). – [10] S. HEINICKE: Wb. zur Kritik der reinen Vernunft (1788). – [11] K. L. REINHOLD: Briefe über die kantische Philos. (1790) 1, 163. – [12] Vgl. SCHULZE, a. a. O. [4]. – [13] K. L. REINHOLD: Versuch einer neuen Theorie des menschl. Vorstellungsvermögens (1789) 201ff.; vgl. Beitr. zur Berichtigung bisheriger Mißverständnisse in der Philos. (1790); Das Fundament des philos. Wissens (1791). – [14] S. BECK: Einzig möglicher Standpunkt, aus welchem die krit. Philos. beurteilt werden muß (1796). – [15] S. MAIMON: Versuch einer Transzendentalphilos. (1790); Versuch einer neuen Logik (1794). Ges. Werke (1965) 2, 415.

Literaturhinweise. W. WINDELBAND und H. HEIMSOETH: Lb. der Gesch. der Philos. (1935) VI, 2. – N. HARTMANN: Die Philos. des dtsch. Idealismus (²1960). – R. KRONER: Von Kant zu Hegel (²1961).   H. RATH/Red.

Kant-Laplacesche Theorie. Es handelt sich um zwei verschiedene, voneinander unabhängig entwickelte kosmogonische Theorien. In der Schrift ‹Allgemeine Naturgeschichte und Theorie des Himmels› (1755) und in der siebten Betrachtung der Schrift ‹Der einzig mögliche Beweisgrund zu einer Demonstration des Daseins Gottes› (1763) versucht KANT, die Bildung der Weltkörper und ihren Zusammenhang zu erklären, ohne andere als mechanische Gesetze anzunehmen. «Ich habe, nachdem ich die Welt in das einfachste Chaos versetzt, keine andere Kräfte als die Anziehungs- und Zurückstoßungskraft zur Entwicklung der großen Ordnung der Natur angewandt, zwei Kräfte, welche beide gleich gewiß, gleich einfach und zugleich gleich ursprünglich und allgemein sind» [1]. Dabei geht er davon aus, daß die Materie zunächst im ganzen Weltraum zerstreut war, dann durch die Wirkung der Gravitation in Bewegung kam, bis sich schließlich ein Zentralkörper (Sonne) bildete, in dessen Richtung sich alle Materiepartikel bewegten. Durch die hierbei auftretende gegenseitige Störung der Partikel entstanden Seitenbewegungen, die sich zu einer gemeinschaftlichen Umdrehung vereinigten. Die Materieteile, deren Seitenbewegung einen Grad erreichte, der ausreichte, ein Gleichgewicht zur Gravitation zu bilden, umlaufen die Sonne in konzentrischen Kreisen und bilden die Planeten.

Kant bestreitet durch die Behauptung dieser mechanischen Hypothese, daß es sich bei der Weltverfassung um eine unmittelbare göttliche Anordnung handle, betont aber, seine Erklärungsart könne als mit der Erkenntnis eines weisen Gottes zusammenstimmend angesehen werden [2].

P. LAPLACE setzt in seinen Überlegungen zur Kosmogonie die Existenz der Sonne voraus. Sie habe sich infolge übermäßiger Erhitzung über die Bahnen der Planeten hinaus als Nebelmasse ausgedehnt und dann durch Gravitationswirkung bis zu ihrer heutigen Gestalt zusammengezogen. Dabei sei aufgrund der Erhaltung des Drehimpulses die Rotation immer stärker geworden; wenn die auftretenden Fliehkräfte jeweils größer wurden als die Wirkung der Schwerkraft, lösten sich Gasmassen ab und umkreisten zunächst als Gasring, dann nachVerdichtung als Planeten die übrige Gasmasse [3]. Theologische Argumente spielen in der Theorie von Laplace keine Rolle.

Die Zusammenfassung beider Theorien zur sogenannten Kant-Laplaceschen Theorie begegnet bei SCHOPENHAUER [4], VON HELMHOLTZ [5] und ENGELS [6]. Als gemeinsame Leistung der unterschiedlichen Theorien wird dabei hervorgehoben, daß 1. die Frage nach den Grenzen und der Tragweite der bekannten Naturgesetze und der naturwissenschaftlichen Methoden gestellt wird (von Helmholtz), daß 2. der Kosmos als etwas Gewordenes dargestellt wird, also eine Geschichte hat.

Anmerkungen. [1] I. KANT: Allg. Naturgesch. ... (1755). Akad.-A. 1, 234. – [2] Der einzig mögliche Beweisgrund ... a. a. O. 2, 147f.; vgl. 1, 333f. – [3] P. LAPLACE: Exposition du système du monde (1796). – [4] A. SCHOPENHAUER: Parerga und Paralipomena 2, in: Sämtl. Werke 6 (1947) 142f. – [5] H. V. HELMHOLTZ: Über die Entstehung des Planetensystems, in: Vorträge und Reden 2 (³1903) 55ff. 77. – [6] K. MARX und F. ENGELS, MEW 20 (1968) 316f. 466.

Literaturhinweise. FR. ENGELS: Anti-Dühring. MEW 20, 52ff. – H. V. HELMHOLTZ: Über die Entstehung des Planetensystems (1871), in: Vorträge und Reden (1896) 2, 53ff. – C. F. VON WEIZSÄCKER: Die Tragweite der Wiss. 1 (1964) 131ff. 156ff.

U. W. BARGENDA

Kardinaltugenden (virtutes cardinales, virtutes principales). Seit AMBROSIUS [1] bezeichnet man die Gruppe der vier Haupttugenden – im allgemeinen: Besonnenheit (σωφροσύνη, *temperantia*), Tapferkeit (ἀνδρεία, *fortitudo*), Weisheit (φρόνησις, *sapientia*) und Gerechtigkeit (δικαιοσύνη, *iustitia*) – als K. Die Benennung dieser für die gesamte abendländische Geistesgeschichte bedeutsamen Tetras ist vom Bild der Türangel genommen, z. B. «virtus aliqua dicitur cardinalis, quasi principalis, quia super eam aliae virtutes firmantur, sicut ostium in cardine» (Eine Tugend heißt K. als Haupttugend, weil in ihr die anderen Tugenden befestigt sind wie die Tür in der Angel) [2].

In systematischer Ausgestaltung finden sich die K. erstmals bei PLATON [3], der die Gerechtigkeit den drei übrigen, aus den Seelenteilen des Menschen abgeleiteten K. überordnet. Während ARISTOTELES keine besonders hervorgehobenen K. kennt, gelangen sie über die *Stoa* in die hellenistisch-römische Popularphilosophie (CICERO [4], SENECA [5]) und gewinnen vor allem auch in der politischen Propaganda Roms eine erhebliche Bedeutung (AUGUSTUS [6], TIBERIUS [7]).

Nach Anfängen einer Rezeption durch die jüdisch-christliche Philosophie (PHILON [8]) bezieht AMBROSIUS [9] die K. in die Bibelexegese ein. In diesem Zusammenhang begegnen sie bei HIERONYMUS, AUGUSTINUS, BEDA, HRABANUS MAURUS und anderen [10]. Daneben wirken die K. auch in Form von spätantiken Exzerpten aus SENECA auf das Mittelalter ein [11]. Dies findet seinen Niederschlag bei ALKUIN, der die K. umfassender berücksichtigt und darüber hinaus als Bestandteile einer allgemeinen philosophia moralis faßt [12]. In seine Zeit fallen auch die ersten bildlichen Darstellungen, die die K. meist als einzelne, durch typische Attribute unterschiedene Frauengestalten wiedergeben [13].

Vollends ganz in die Ausgestaltung einer Morallehre werden die K. durch THOMAS VON AQUIN integriert [14]. In einer Synopse der antiken Philosophie und der vorausgehenden Theologie verbindet er sie mit den drei theologischen Tugenden Glaube, Liebe, Hoffnung und begründet durch Einbeziehung des Gesichtspunkts der göttlichen Gnade das System der scholastischen Tugendlehre und Ethik. An seiner Darstellung orientieren sich in der Folge alle weiteren, gerade auch modifizierenden Behandlungen der K.: z. B. bei GEULINCX [15], SCHLEIERMACHER [16] und anderen bis hin zu NATORP [17] und N. HARTMANN [18].

Anmerkungen. [1] AMBROSIUS, De sacram. 3, 2, 9; Expos. in Lucam 5, 62-68. – [2] THOMAS VON AQUIN, De virt. 1, 12-24; ähnlich III Sent. 33, 2, 1, 2 c. – [3] PLATON, Resp. 4, 427 e 10f. 433 b 7-c 2. 9, 580 d 10-581 a 1 u. ö. – [4] CICERO, De off. 1, 5, 15-17; De fin. 1, 13, 42-16, 53. – [5] SENECA, bes. in der verlorenen Schrift De off.; vgl. auch Anm. [11]. – [6] AUGUSTUS, Res gestae 34, 2 und numismat. Darstellungen; vgl. dazu bes. H. MARKOWSKI: De quattuor virtutibus Augusti in clupeo aureo ei dato inscriptis. Eos 37 (1936) 109-128 sowie allg. K. MEISTER: Die Tugenden der Römer. Heidelb. Univ.-Reden 11 (1930) 15-20; zur

numismat. Seite A. ALFÖLDI: Die zwei Lorbeerbäume des Augustus. Antiquitas R. 3/14 (1973) 15-17 mit Abb. und D. MANNSPERGER: ROM. ET AVG. Die Selbstdarst. des Kaisertums in der röm. Reichsprägung. Aufstieg und Niedergang der röm. Welt II/1 (1974) 941. 985. – [7] MANNSPERGER, a. a. O. 948. 986 mit Hinweis auf G. DOWNEY: Tiberiana I. Imperial propaganda: the ‹Virtues› of Tiberius. Aufstieg und Niedergang der röm. Welt II/2 (1975) 95-105. – [8] PHILON, Legum alleg. 1, 63. – [9] Vgl. außer den a. a. O. [1] genannten Stellen u. a. De off. ministror. 1, 24, 115ff.; De Paradiso 3, 18; De excessu fratris 1, 57. – [10] Vgl. dazu insgesamt S. MÄHL: Quadriga Virtutum. Die K. in der Geistesgesch. der Karolingerzeit. Arch. Kulturgesch. Beih. 9 (1969) 15-49. – [11] Vgl. zur Formula vitae honestae des MARTINUS VON BRACARA (6. Jh.), die auf SENECA, De off. zurückgreift; Text in MPL 72 (1849) 21-28 und Martini Episcopi Bracarensis Opera omnia, hg. C. W. BARLOW, in: Papers a. Monogr. 12 (New Haven 1950) 204-250; zur Fortwirkung auch K. D. NOTHDURFT: Stud. zum Einfluß Senecas auf die Philos. und Theol. des 12. Jh. Stud. u. Texte zur Geistesgesch. des MA 7 (1963) 30f. 83-87; W. TRILLITZSCH: Seneca im lit. Urteil der Antike (Amsterdam 1971) 1, 214f. 264; H. HASELBACH: Sénèque des IIII vertus. La form. hon. vie de Martin de Braga (Pseudo-Sénèque) trad. et glosée par Jean Courtecuisse (1403). Europ. Hochschulschr. R. 13/30 (1975). – [12] MÄHL, a. a. O. [10] 83-125. – [13] 171-176. – [14] THOMAS VON AQUIN, S. theol. I/II, 61 u. ö. (vgl. Lexika und Indices). – [15] A. GEULINCX: Ethik (oder über die K.) (1665). Ges.-A. (1893, ND 1968); dtsch. Ausz. (1948) passim, bes. 1, 2. – [16] F. SCHLEIERMACHER: Syst. der Sittenl. (postum 1835) §§ 296ff.; vgl. auch Ausgew. Werke 2 (²1927, ND 1967) 379-405. – [17] P. NATORP: Sozialpädag. (1899, ¹1925) bes. 2, 107-148; §§ 12-15. – [18] N. HARTMANN: Ethik (1926, ⁶1962) T. 2, Abschn. 5, bes. 416-439.

Literaturhinweise. P. KESELING: Die vier K. Ein Beitrag zu dem Thema Antike und Christentum. Philos. Jb. 58 (1948) 283-288. – J. PIEPER: Das Viergespann (1964). – S. MÄHL s. Anm. [10].

U. KLEIN

Karikatur (ital. caricatura, frz. caricature, engl. caricature, cartoon). ‹Caricatura› ist eine Substantivierung des italienischen Verbs ‹caricare› (beladen, überladen) im 17. Jh. und dient zur Bezeichnung einer damals von italienischen Künstlern entwickelten, neuen Kunstart, der satirischen Portraitkunst [1]. BERNINI führte den Begriff in Frankreich ein, wo er im Jahre 1665 noch unbekannt war [2]; mit LACOMBE (1752) setzt sich ‹C.› hier ab Mitte des 18. Jh. durch [3]; der Begriff findet Eingang in Wörterbücher und Umgangssprache [4]; die ‹Encyclopédie› (1751ff.) bestimmt ‹C.› als unterhaltende, Lachen erregende Darstellung grotesker, disproportionierter Figuren in Zeichnung, Skulptur und Stich sowie in der Poesie (burlesque en peinture comme en poésie) [5]. Etwa gleichzeitig wie in Frankreich taucht ‹K.› in Deutschland (1756 bei WINCKELMANN) als Übernahme aus dem Französischen auf [6]; auch später noch folgen die aus dem Substantiv gebildeten Ableitungen im Deutschen den französischen Neubildungen. Der Verbreitung des Wortes parallel läuft der Versuch seiner adäquaten Eindeutschung: ‹After› oder ‹Abergestalt› (ESCHENBURG), ‹Mißgestalt› (BRUMLEN), ‹Mißbild› (TRAPP), ‹Fratzenbild› (STUVE), ‹Fratze› (ANTON); am geläufigsten wird gegen Ende des 18. Jh. ‹Zerrbild› [7].

In polemischer Zuspitzung gegen sein eigenes Klassizismuskonzept bestimmt WINCKELMANN K. (1756) als Widerpart des Klassizismus [8], «als das ganz andere, in dem er seinen Todfeind sehen mußte» [9]. Er räumt drei Rechtfertigungsmöglichkeiten für eine ästhetische Lizenz der K. ein: 1. In der Kunst sei nichts zu klein und zu gering; 2. das formale Experiment mit Extremen steigere die Kunstfertigkeit (vgl. dasselbe Argument bei SULZER [10]) und diene einer künstlerischen Darstellung der Menschen, «wie sie sind»; 3. wenn für die Künstler des Altertums als Vorzug gelte, «die Grenzen der gemeinen Natur» zu überschreiten, so träfe dieser auch auf «unsere Meister in C.en» zu – «und niemand bewundert sie» [11]. Der erste Legitimationsversuch argumentiert inhaltsbezogen; er wird in der Diskussion um das Häßliche und Charakteristische seinen Ort und größere Entschiedenheit gewinnen. – Der zweite Versuch akzentuiert die technisch formale Seite; er wird in zwei Varianten geschichtlich relevant: a) Die im formal experimentierenden Spiel mit Extremen zu einer realistischen Menschendarstellung führende K., die Winckelmanns Klassizismus noch antithetisch entgegensteht, muß für einen dialektisch entwickelten Klassizismus nicht notwendig als Realismus enden: INGRES z. B. empfahl die Verwandlung des Ideals in K., um das Ideal gegen abstrakte Idealität zu sichern [12]. b) Unter dem Aspekt des Formalen, Technischen, Experimentellen wird früh bereits das Problem der Reproduzierbarkeit künstlerischer Originale bedacht (vgl. LAVATERS berühmte Gegenüberstellung eines Bildnisses von Goethe mit dessen «vierte[r] Copie von Copien [als] Beweis – wie Abweichung von Wahrheit und Schönheit – einmal angefangen – von Moment zu Moment furchtbarer wird – [als] Beweis aber auch, daß gewisse Gesichter, auch in der erbärmlichsten C., beinah immer noch etwas behalten – das sie von gemeinen Gesichtern unterscheidet» [13]). Spätestens seit Erfindung der Lithographie (1795) stellt sich das Problem der K. nicht mehr negativ als Abweichung vom Original, sondern positiv als Problem einer veränderten Bestimmung von Kunst: Die reproduzierbare Kunst der K. ist Kunst für die Massen [14] und löst geschichtlich die schöne Kunst ab [15]. – Die dritte Legitimationsüberlegung läßt erkennen: Beide, K. und Klassizismus, einigt punktuell die Opposition gegen die einfache Naturnachahmung, doch führt diese Annäherung zu um so unversöhnlicherem Widerstreit als das Eingeständnis partieller Übereinstimmung in der Behandlung der «gemeinen Natur» erst die Anerkennung der K. als eines ebenbürtigen Gegners des Klassizismus bedeutet.

Bereits die aufklärerischen Poetiken notieren ein gespanntes, immanent widersprüchliches Verhältnis der K. zur Naturnachahmungslehre; es gibt Versuche, sie mit der Theorie des Wunderbaren zu verbinden [16]; sie wird geduldet als «une espèce de libertinage d'imagination» [17], doch steht sie im Verdacht, allzu leicht der Einbildungskraft nachzugeben; ihr Vorteil, die «Stärke des Ausdrucks», nähere sie eher dem «Wahn» als der Kunst [18]. Dagegen neigt man aus didaktischen Erwägungen zu ihrer positiven Einschätzung. WIELAND erörtert die Vor- und Nachteile idealisierender bzw. karikierender Personendarstellung [19]. MÖSER und FLÖGEL diskutieren K. innerhalb des Niedrigkomischen, erlauben sie als «Übertreibung des Possierlichen», weil bei standesmäßigen Bildungsunterschieden manche Fehler nur unterm «Vergrößerungsglas» [20] oder durch Stigmatisierung erkannt werden [21]. KNIGGE und MÖSER nutzen die K. als abschreckende öffentliche Strafe; sie tritt regulierend in die immer breiter werdende Kluft zwischen der Legalität und der Moralität von Handlungen ein [22], während die ästhetisch und psychologisch interessierte Mimik und Physiognomik eine dem Bürger privat wichtige Menschenkenntnis vermitteln, die die Identität bzw. Differenz von Innerlichkeit und äußerer Erscheinung, von Empfinden und Ausdruck berücksichtigt [23]. WIELAND hebt je nach ihrem Naturverhältnis drei Arten von K.en gegeneinander ab, wobei er die einsetzende Differenzierung zwischen K. und Groteske notiert. Negativ beurteilt er die der Natur am nächsten bzw. fernsten stehenden K., die bloßen Abbildungen der Natur bzw. ihren gänzlichen Verlust in bloß rezeptionsbezogenen Produkten, positiv hingegen die richtig produzierten, der

Natur analog geschaffenen K. Er unterscheidet «die C.en in wahre, wo der Maler die verunstaltete Natur bloß abbildet, wie er sie findet; übertriebene, wo er aus irgend einer besonderen Absicht die Ungestalt seines Gegenstandes zwar vermehrt, aber doch auf eine der Natur so analoge Art dabei zu Werke geht, daß das Original noch immer kenntlich bleibt; und in bloß phantastische, oder eigentlich sogenannte Grotesken, wo der Maler, unbekümmert um Wahrheit und Ähnlichkeit, sich ... einer wilden Einbildungskraft überläßt, und ... bloß Gelächter, Ekel und Erstaunen über die Kühnheit seiner ungeheuern Schöpfungen erwecken will» [24].

Wielands speziell künstlerisches Interesse an K. gilt der individualisierenden, im Gegensatz zur idealisierenden Menschendarstellung. K. wird ein Grenzproblem des Charakteristischen (s. d.). KANT und in seinem Gefolge RAMDOHR [25] und BENDAVID [26] verhandeln K. als das extrem Charakteristische, das der Idee der Gattung, der Bedingung des Ideals der Schönheit, durch Vereinzelung widerspricht: Das übertrieben «Charakteristische ..., welches der Normalidee (der Zweckmäßigkeit der Gattung) selbst Abbruch tut, heißt K.» [27].

Bei Goethe und nach ihm bei Hegel und Schasler wird das Charakteristische bzw. seine Übertreibung, die K., ein Problem des Häßlichen. «Man kann», so GOETHE, «mit Verstand und Vorsatz von der Harmonie abweichen und dann bringt man das Charakteristische hervor, geht man aber weiter, übertreibt man diese Abweichung ..., so entsteht die K., die endlich Fratze und völlige Disharmonie wird» [28]; die K. ist «realistischer Überschlag des Charakteristischen» [29]. In Auseinandersetzung mit HIRTS [30] und MEYERS [31] Ausführungen zum Charakteristischen, auf die sich auch Goethe bezieht, beschreibt HEGEL K. als «Überfluß des Charakteristischen». Ergänzend fügt er hinzu, das K.-Mäßige sei «die Charakteristik des Häßlichen» [32]. Während dieser Gedanke Voraussetzung für ROSENKRANZ' zentrale Lokalisierung der K. in der «Ästhetik des Häßlichen» wird [33], ist für SCHASLERS Ästhetik [34] Hegels Dictum richtungsweisend, «daß mit dem Prinzip des Charakteristischen auch das Häßliche und die Darstellung des Häßlichen als Grundbestimmung angenommen sei» [35]. Zwar widerspricht Schasler Hegel, K. sei nicht «Charakteristik des Häßlichen», sondern ‹Verhäßlichung des Charakteristischen›; die Intention seiner Hegelkritik jedoch, die Integration des Häßlichen und der K. in die Kunst, stellt sich in der Durchführung nur als Bestätigung des von Hegel behaupteten prinzipiellen Zusammenhanges von Charakteristischem und Häßlichem heraus. «Der Begriff des Häßlichen», so Schasler, «ist in der Kunst mit einem Worte in den des Charakteristischen aufgegangen. Denn selbst die K., die man etwa als die Potenzierung des im Charakteristischen liegenden negativen Moments [des Häßlichen] bezeichnen kann, ist vom künstlerischen Gesichtspunkt aus nicht mehr häßlich, sondern komisch, also schön» [36].

Im Feld des Komischen war K. in der Aufklärung von Möser und Flögel mehr unter kulturgeschichtlichem Aspekt bearbeitet worden, weniger unter streng ästhetischem Anspruch. Erst nachdem in der nachhegelschen Ästhetik Bemühungen einsetzen, das bei Kant noch nebengeordnete Schöne und Erhabene [37] einschließlich ihrer Negationen, des Häßlichen und des Komischen, im dialektischen Prozeß zu vermitteln, gewinnt K. in der Ästhetik systematische Bedeutung; sie nimmt die logische Form der Negation der Negation ein. Erprobt wird dabei eine Dialektik, die den Sieg des Ideals auch im Gemeinsten und Partikulärsten noch garantiert. (LUKÁCS erhebt gegen sie den Vorwurf gesellschaftlicher Apologetik [38].)

Der Versuch beginnt zunächst in der spätaufklärerischen Ästhetik mit der Umdeutung von K. als «Gegenfüßler des Ideals» zu K. als ‹umgekehrtem Ideal› im Gefolge SCHILLERS und BOUTERWEKS [39] z. B. bei DAMBECK [40] und FICKER [41]; Hand in Hand damit geht die Kontamination von Komischem und K., die ZSCHOKKE mit Rücksicht auf die Wahrscheinlichkeitslehre noch abgelehnt [42], AST hingegen vollzogen hatte [43]; zugleich richtet sich die Reflexion auf das Verhältnis von Schönheit und Komischem: «C. ist also im Grunde das *umgekehrte Ideal der Schönheit.* Denn wie der Künstler bei ernster Darstellung eines Ideals *aufwärts* strebt, und bis zum höchstmöglichen Grade gesteigerte Vollkommenheit für die Empfindung liefert, so arbeitet der carikirende Künstler *abwärts,* indem er Unvollkommenheiten wenigstens bis zur tiefsten Gränzlinie des Ästhetischen treibt, aber freilich nicht in der unkünstlerischen Absicht, das Ideal blos willkürlich zu verletzen, sondern vielmehr gerade deshalb, um mittelst dieser Verletzung desto kräftiger an die Forderungen des Ideals zu mahnen, wodurch die K., so wie das Komische überhaupt, allein noch den Charakter indirekter Schönheit behaupten kann. Dem zufolge läßt sich die C. definieren, als die Steigerung des Komischen bis zum Hyperbolischen in Form oder Ausdruck» [44]. Der Versuch gipfelt vorläufig im ersten Entwurf einer ‹Ästhetik des Häßlichen›, den ROSENKRANZ 1837, wohl unter dem Eindruck von Ruges ‹Ästhetik des Komischen› notiert: «Ich bin im Besitz einer Entwicklung, die ... streng dialektisch ist ... Das ist eine Entwicklung des Häßlichen und Komischen, wo ich den Begriff der K. als den Übergang vom Häßlichen zum Komischen stringent nachgewiesen habe» [45]. Der Hauptunterschied von RUGES idealistischer Bestimmung von K. zu allem bisherigen ist, daß sie, wie das Komische, eine Gestalt des Prozesses des Selbstbewußtseins ist. K. ist «die Erscheinung im Überschreiten ihrer eigenen Schranke»; im Extrem der sich zur vermeintlichen Wahrheit aufblähenden Endlichkeit, d. i. Häßlichkeit, vollzieht sich die Selbstvernichtung der endlichen Erscheinung durch Bewußtwerden ihrer Nichtigkeit, der Umschlag vom Häßlichen ins Komische [46]. K. als aufgeklärtes Bewußtsein, das sich aus seiner «Trübung» (der Verstrickung in Endlichkeit) herausgearbeitet hat, steht im Gegensatz zum «Gespenstischen» und «Dämonischen» irrationalistischer Theorien des Häßlichen der Romantik [47]. Für die ‹Ästhetik des Häßlichen› von ROSENKRANZ gewährleistet K. in der logischen Form der Negation der Negation die dialektische Aufhebung des Häßlichen im Komischen zugunsten des Schönen. K. ist die «intensivste Formation» «in der unendlichen Mannigfaltigkeit der Desorganisation des Schönen» [48], der Inbegriff des Häßlichen [49]. Als das Charakteristische des Häßlichen [50] ist sie Resultat einerseits der Übertreibung des Charakteristisch-Schönen [51], andererseits der Übertreibung aller einfachen Formen des Häßlichen (des Formlosen, Inkorrekten, Gemeinen und Widrigen) [52]. Komisch wird der Gegensatz zwischen Schönem und Häßlichem dadurch, daß sich in der K. das Häßliche als Schönes ausgibt, in dieser Anmaßung den Vergleich mit dem wirklich Schönen provoziert und dabei, seine «Scheinrealität» [53] offenbarend, sich selbst negiert.

In der zweiten Hälfte des 19. Jh., teilweise schon eingeleitet von spätidealistischen Ästhetiken, wird einerseits mit Blick auf den Witz die psychologische (FISCHER [54],

HECKER [55], LIPPS [56], FREUD [57], VOLKELT [58]), andererseits die kulturgeschichtliche bzw. in Ansätzen sozialgeschichtlich und sozialpsychologisch verfahrende Deutung von K. dominant. Ohne Rücksicht auf den philosophischen Begriff der Kunst, das Auseinandertreten von Kunstbegriff und faktisch produzierter Kunst in der Ästhetik selbst dokumentierend, versucht ROSENKRANZ innerhalb seiner ‹Ästhetik des Häßlichen› eine Erklärung der Konjunktur von K.en in der Gegenwart: «Die fortwährende Zersetzung der Gesellschaft» in den Großstädten sei «unerschöpflich an zerrbildnerischen Stoffen ... Das Proletariat ... besteht fast nur aus C.en» [59]. Speziell mit Rücksicht auf Kunst hat VISCHER das Verhältnis von K., Gesellschaft und Kunst als geschichtlich sich änderndes gedacht, wenn er K.en in «gärenden, kritischen Zeiten» interimistisch Vorrang gegenüber der «idealischen Schönheit» zuspricht [60]. FUCHS, der seine Kulturgeschichte der K. unter Berufung auf Vischer beginnt, sieht demgegenüber in der K. die Voraussetzung «aller objektiven Kunst» [61] und in der Moderne «die gesamte Kunst unter dem Einfluß der K.» [62], eine These, die GOMBRICH [63] und GORSEN [64] erweitern. Die «aus dem Humoristischen emanzipierte K.» ist ihnen «ein Schlüssel zum Verständnis der Abstraktion in der Gegenwartskunst insgesamt» [65]. Einen Anhaltspunkt zu dieser Einschätzung von K. gibt es bereits bei frühen HOFMANNSTHAL; sie vereinigt die polaren Kunsttendenzen der Zeit, «Lebensnähe» und «Stilisierung», durch die «Gabe der eindringlichen, übereindringlichen Charakteristik» [66] und die «wichtige künstlerische Eroberung, die Dinge unbeschadet ihrer konventionellen Bedeutung als Form an sich zu erblicken» [67]. Für SIMMEL ist lebensphilosophisch K. nur das in Kunst gefaßte Wesen des Menschen, grenzüberschreitend zu sein [68], während für BENJAMIN Daumiers K.en das Wesen der bürgerlichen Gleichheit verlachen, indem sie in der Übertreibung des Individuellen auf das immer Gleiche dieser Gesellschaft stoßen, ihre «windige égalité», die sie, «als geschichtlichen Schein dingfest machen» [69].

Anmerkungen. [1] G. BELLORI: Le vite de' pittori, scultori et architetti moderni (Rom 1672); G. BALDINUCCI: Vocabulario Toscano dell' arte del disegno (Florenz 1681). – [2] G. BALDINUCCI: Vita del Cavalier G. L. Bernini (Florenz 1682). – [3] Vgl. W. HOFFMANN: Gesch. der K. des 19. Jh. (1956) 16. – [4] A. DAUZAT, J. DUBOIS und H. MITTERAND: Nouv. dict. etymol. et hist. (Paris 1964) 137. – [5] Encyclop. ou dict. raisonné ... hg. DIDEROT/D'ALEMBERT 6 (Genf 1777) 335. – [6] J. J. WINCKELMANN: Sendschr. über die Gedanken: Von der Nachahmung der griech. Werke in der Malerey und Bildhauerkunst, Kl. Schr., hg. W. BEHM (1968) 77. – [7] F. G. KLOPSTOCK: Gelehrtenrepublik. Werke 8 (1856) 148. – [8] WINCKELMANN, a. a. O. [6]. – [9] P. SZONDI: Antike und Moderne in der Goethezeit, in: Poetik und Gesch.philos. 1 (1974) 36f. – [10] J. G. SULZER: Allg. Theorie der schönen Künste (1792) 450. – [11] WINCKELMANN, a. a. O. [6]. – [12] Vgl. F. TH. VISCHER: Polit. Poesie, in: Krit. Gänge, hg. R. VISCHER 2 (²1914) 165. – [13] J. C. LAVATER: Physiognom. Frg. zur Beförderung der Menschenkenntnis und Menschenliebe. 3. Versuch (1777) 219. – [14] E. FUCHS: Die K. der europ. Völker (⁴1921). – [15] P. GORSEN: Das Prinzip Obszön (1969) 25f. – [16] K. L. PÖRSCHKE: Gedanken über etliche Gegenstände der Philos. des Schönen (1794) 160. – [17] Encyclop. a. a. O. [5]. – [18] L. v. HAGEDORN: Von den Gaben und Werken des Herrn Hogarths und der C. überhaupt ... (1762) 814f. – [19] CH. M. WIELAND: Unterredungen mit dem Pfarrer von xxx (1775). Werke 36 (1858) 250. – [20] C. F. FLÖGEL: Gesch. der Komischen Lit. (1784) 89. – [21] J. MÖSER: Harlekin, hg. H. BOETIUS (1968) 21. – [22] A. v. KNIGGE: Über Schriftsteller und Schriftstellerey (1793) 64f. – [23] MÖSER, a. a. O. [21] 89; J. J. ENGEL: Ideen zur Mimik (1785) 365. – [24] WIELAND, a. a. O. [19]. – [25] F. W. B. v. RAMDOHR: Charis oder über das Schöne und die Schönheit in den nachbildenden Künsten 2 (1793) 152f. – [26] L. BENDAVID: Versuche einer Geschmackslehre (1799) 209. – [27] I. KANT, KU § 17, hg. VORLÄNDER (1924) 76. – [28] J. W. GOETHE, Jub.-A. 33, 253. – [29] 164. – [30] A. HIRT: Versuch über das Kunstschöne. Die Horen (1797) 7. St. – [31] J. H. MEYER:

Gesch. der bildenden Künste bei den Griechen 1-3 (1824-36). – [32] G. W. F. HEGEL, Vorles. über die Ästh., hg. F. BASSENGE 1, 35. – [33] K. ROSENKRANZ: Ästh. des Häßlichen (1853) 64. – [34] M. SCHASLER: Krit Gesch. der Ästh. 2 (1872) 963. – [35] HEGEL, a. a. O. [32]. – [36] SCHASLER, a. a. O. [34]. – [37] Vgl. W. OELMÜLLER, in: F. TH. VISCHER. Über das Erhabene und Komische (1967) 11f. – [38] G. LUKÁCS: Karl Marx und Fr. Th. Vischer, in: Beitr. zur Gesch. der Ästh. (1956) 254. – [39] F. BOUTERWEK: Ästh. 2 (1806). – [40] J. H. DAMBECK: Vorles. über Ästh., hg. J. A. HANSLIK (Prag 1823) 272. – [41] F. FICKER: Ästh. oder Lehre vom Schönen und der Kunst (1830) 85. – [42] H. ZSCHOKKE: Ideen zur psychol. Ästh. (1793) 391f. – [43] F. AST: System der Kunstlehre (1805) 238 .– [44] DAMBECK, a. a. O. [40]. – [45] K. ROSENKRANZ an Varnhagen von Ense (19. 11. 1837). Briefwechsel, hg. WARDA (1926) 59. – [46] A. RUGE: Neue Vorschule zur Ästh. Das Komische mit einem komischen Anhang (1837) 199. – [47] A. W. BOHTZ: Über das Komische und die Komödie. Ein Beitr. zur Philos. des Schönen (1844) 50. – [48] ROSENKRANZ, a. a. O. [33] IV. – [49] a. a. O. 171. – [50] 64. – [51] 171. – [52] 387. – [53] 176. – [54] K. FISCHER: Über die Entstehung und die Entwicklungsformen des Witzes (1871) 27. 89f. – [55] E. HECKER: Die Physiol. und Psychol. des Lachens und des Komischen (1873) 62. – [56] TH. LIPPS: Komik und Humor (1898) .– [57] S. FREUD: Der Witz und seine Beziehung zum Unbewußten, in: Werke 6, 228f. – [58] J. VOLKELT: System der Ästh. 2 (1924) 417. – [59] ROSENKRANZ, a. a. O. [33] 415. – [60] F. TH. VISCHER: Satirische Zeichnung, in: Krit. Gänge 5 (1922) 277. – [61] FUCHS, a. a. O. [14] 4. – [62] a. a. O. 16. – [63] E. GOMBRICH: Kunst und Illusion. Zur Psychol. der bildlichen Darstellung (1967) 393f. – [64] P. GORSEN: Sexualästhetik. Zur bürgerl. Rezeption von Obszönität und Pornogr. (1972) 155f. – [65] ebda. – [66] H. v. HOFMANNSTHAL: Franz Stuck. Werke, Prosa I, hg. H. STEINER (1956) 171. – [67] a. a. O. 170. – [68] G. SIMMEL: Über die K., in: Zur Philos. der Kunst (1922) 89. – [69] W. BENJAMIN an Th. W. Adorno (23. 2. 39). Briefe 2 (1966) 806.

Literaturhinweise. CH. BAUDELAIRE: De l'essence du rire (1855). – J. CHAMPFLEURY: Hist. de la C. (Paris [o.J.]). – TH. WRIGHT: A hist. of C. and grotesque in lit. and art (London 1865). – J. GRAND-CARTERET: Les mœurs et la C. en Allemagne, en Austriche, en Suisse (Paris 1885); Les mœurs et la C. en France (Paris 1888). – H. SCHNEEGANS: Gesch. der grotesken Satire (Straßburg 1894). – TH. HEUSS: Zur Ästh. der K. (1954). – L. REFORT: La C. litt. (Paris 1932). – E. KRIS und E. GOMBRICH: The principles of C. Brit. J. med. Psychol. 17 (1938) 319. – W. KAYSER: Das Groteske in Malerei und Dichtung (1960). – P. GORSEN s. Anm. [15].

                                  G. und I. OESTERLE

Karman (Tat, Werk). ‹K.› bedeutet zunächst Tat oder Werk im allgemeinen, bezeichnet aber häufig speziell die moralisch oder rituell – d. h. im Sinne des Dharma bzw. seines Gegenteils – qualifizierte Tat. Dabei kann ‹K.› den Vollzug bezeichnen, vor allem aber das unmittelbare Resultat dieses Vollzugs: das dem Täter wie ein feiner Stoff anhaftende Residuum der Tat, das die folgende Existenz des Täters bestimmt und durch den Vollzug dieser Existenz aufgezehrt wird. Die Verwendung von ‹K.› in diesem speziellen Sinne geht höchstwahrscheinlich auf die Stelle Brhadāranyaka-Upanischad III, 2, 13 zurück.

Im *Vaiśeschika* hat ‹K.› die spezielle Bedeutung ‹Bewegung› [1].

Anmerkung. [1] E. FRAUWALLNER: Gesch. der ind. Philos. 1 (1953) 238ff.   L. SCHMITHAUSEN

Kaste nennt man ein aus Familien gruppiertes endogames Generationsgebilde, das, in sich ideell isoliert, eine bestimmte Lebensform stilmäßig kultiviert und mehr oder weniger scharfe Tabu-Distanzen gegen andere K. einhält. Das äußere Kennzeichen dieser Abriegelung ist ideologisch betonte Verweigerung von Konnubium und Kommensalität mit anderen K., die Seelenhaltung in Extremfällen neuropathisch gespannte Berührungsfurcht und Fernhaltung der «Anderen» von der eigenen Sphäre. Das institutionelle System, in das die K. sich einbetten, ist eine hierarchische Ordnung, von oben nach unten gestuft in sozial «besser», «schlechter» und «ganz schlecht»,

am ausgeprägtesten im *hinduistischen Indien* mit der Stufung in Brahmanen, Kshatriyas, Vaishyas und Shudras. Jedoch bezeichnen diese Namen keine soziologisch realen K., sondern nur den sozialen Ranganspruch (Status) innerhalb des hierarchischen Systems, der von den – sozial allein realen – Unter-K. (gotra) eingenommen, oft auch bloß usurpiert, demgemäß von der höheren Unter-K. bestritten wird. Ausgewogen ist das System also nicht. Die dem K.-Denken zugrunde liegende Ritualisierung der Tätigkeiten knüpft an die familiäre Arbeitsspezialisierung an, die wir ethnologisch weit verbreitet finden und die unter Umständen bestimmte Künste und Fertigkeiten monopolistisch bestimmten Familien oder Sippen vorbehält, sozusagen als deren «geistiges Eigentum». Dagegen ist die wertmäßige *Stufung* der Tätigkeiten eine Eigentümlichkeit des durchgebildeten K.-Systems, mit der unvermeidlichen Konsequenz der sozialen Diskriminierung bestimmter Berufsarten, bis zur äußersten Verachtung und Perhorreszierung von deren Trägern. Diese Verhältnisse finden sich am ausgeprägtesten im hinduistischen Indien, wo bestimmte Beschäftigungen, wie das Abdecken der Tiere, Straßen- und Abortreinigen, doch vielfach auch die Künste der Kesselflicker, Gaukler, Tänzer und Schausteller den «Unberührbaren» vorbehalten sind (Pariaberufe).

Das Wort ‹K.›, das aus dem Portugiesischen stammt und zuerst an den sozialen Verhältnissen der Malabarküste abgelesen wurde, hat in Deutschland seit dem letzten Drittel des 18. Jh. Anwendung gefunden, zuerst anscheinend durch C. M. WIELAND [1]. Erst später werden Ausdrücke wie ‹K.-Geist›, ‹K.-Ungeist› und ‹K.-Stolz› verwandt, um im Sinne der Emanzipation des Bürgertums antiquierte Einstellungen der ständischen Gesellschaft zu disqualifizieren.

M. WEBER versteht unter dem Begriff der K. ein Extrem des soziologischen Begriffs des Standes und hat ihre hinduistische Ausprägung gleichsam als seine idealtypische Steigerung aufgefaßt, indem hier die Sozialdistanz zusätzlich eine «rituelle Garantie» erhalte [2]. Sie ist von hier aus unserem modernen Verständnis am nächsten zu bringen; aber nur historisch, nicht als Lebensform, da das Höher- oder Niedrigstehen als ein geburtsmäßig gegebenes Sein, also als ontologisch gegeben, uns nicht mehr voll weiteres nachvollziehbar ist. Wie tief diese ontologische Auffassung verwurzelt sein kann, zeigen die vergeblichen legislativen Bemühungen in Indien, das Los der «Unberührbaren» zu verbessern. Ein wichtiges Merkmal der Parialage ist nach M. Weber die «Paria-Ethik» [3]. Hierunter versteht er die ethische Verklärung der Verhaltensformen, die den Gruppen in Parialage im Verkehr mit anderen K. diktiert sind: das Gehen des «unteren Weges», das geduldige Ausharren, die Anempfehlung des passiven Widerstandes usw. Im frühen Christentum sind diese Haltungen ins Positive gewendet, ihrer sozialen Ausgangsbasis enthoben und universal geworden.

Die K.-Systeme außerhalb Indiens – im Vorderen Orient, im Sudan, im alten Japan, in Polynesien – zeigen diese Merkmale nur abgeschwächt. Dagegen ist die Rassenschranke in den Südstaaten der USA soziologisch korrekt mit den einschlägigen Begriffen der K. beschrieben worden. Dabei findet sich das K.-System allerdings mit Merkmalen der Klassenstruktur verschränkt, wie auch im modernen Indien.

Anmerkungen. [1] C. M. WIELAND, Sämtl. Werke (1794ff.) 6, 313. 355. 357. – [2] M. WEBER: Wirtschaft und Gesellschaft (⁴1956) 536. – [3] Ges. Aufsätze zur Religionssoziol. (²1923) 1, 181; 3, 12ff.

Literaturhinweise. G. MYRDAL: An American dilemma (New York 1944). – M. WEBER s. Anm. [3]. – W. E. MÜHLMANN: Chiliasmus und Nativismus (²1964) 335ff. 233ff.; Art. ‹K.›, in: Wb. der Soziol., hg. W. BERNSDORF (²1969) 534-537, dort weitere Lit. – D. G. MANDELBAUM: Society in India 1, 2 (Berkeley 1970). – C. BOUGLÉ: Essays on the caste system (Cambridge 1971).
W. E. MÜHLMANN

Kasuistik

I. K. in Recht, theologischer und philosophischer Ethik. – Wo immer es darum geht, konkrete Erscheinungen oder Fälle (casūs) unter allgemeine Normen bzw. Prinzipien zu fassen, zu ordnen, sie abzugrenzen und zu beurteilen, hat K. als Methode ihren Ort. Vor allem die auf Handeln ausgehenden Normwissenschaften versuchen mit ihrer Hilfe komplexe Situationen zu erhellen, widerstreitende Interessen und Pflichten zu lösen, Weisung zum Handeln in Konflikten zu geben. Dabei kann es sich um theoretisch konstruierte Fälle oder um praktisch drängende Aufgaben handeln. Nach Umfang und Art ist diese K. in den einzelnen Bereichen verschieden. Der Sprachgebrauch des Begriffs ist darum nicht einheitlich. ‹K.› kann im allgemeineren Sinn schon ein empirisches Vergleichen nach Analogie und Ähnlichkeit meinen, besagt im engeren aber die Subsumtion nach streng logisch-rationaler Gesetzmäßigkeit. Sie kann dem Verfahren nach analytisch oder synthetisch vorgehen, also den Einzelfall nach dem vorweg gegebenen Gesetz beurteilen oder aber aus einzelnen Erscheinungen ein allgemeines Gesetz abzuleiten versuchen. Ob mit Hilfe von Deduktion oder Abstraktion geht es kasuistischem Denken stets darum, im konkreten Fall das Allgemeingültige zu erfassen. K. erstrebt gern das geschlossene System aller umfaßten Fälle.

K. besitzt ihren Ursprung im *Recht.* Beide Weisen ihres Vorgehens sind dort zu Hause. Das ursprüngliche *römische* Recht gewinnt vom Einzelfall aus die Regel, die dann für ähnlich gelagerte Fälle Maßstab wird, so das ius honorarium, das aus den Erlassen des jeweiligen Prätors erfließt, oder das edictum perpetuum, die gemeingültige Sammlung früher Edikte der Prätoren, der jeder Prätor weitere Bestimmungen hinzufügen kann [1]. Ähnlich ist das *englische* Recht bis heute case law. Das Naturrecht der Aufklärung und der Rechtspositivismus im 19. Jh. entwickelten die K. zur rationalen Deduktion aus abstraktem Normativismus.

In *außerchristlichen Religionen* hängt K. weithin zusammen mit rituellen Vorschriften, die in Tabus wurzeln, und mit damit verbundenen Vorstellungen von Rein und Unrein. Die Heilswege *östlicher* Erlösungsreligionen enthalten K. sowohl in ihrer Differenzierung (z. B. hinduistisches Karmamarga, buddhistisches Hinayana und Mahayana) wie in ihren religiösen, ethischen und asketischen Vorschriften [2]. – Die Gesetzesreligion des *Judentums* bietet der K. ein weites Feld. Ihre Aufgabe ist der Ausgleich von Thora, Mischna und Gemara (letztere enthalten den zunächst mündlich überlieferten Lehrstoff), die Auslegung des Gesetzes für den Einzelfall, um die gewissenhafte Erfüllung, aber auch die erstrebte Erleichterung zu erreichen, schließlich die scharfsinnige Übung des Lehrdisputs, ‹pilpul› (Pfeffer) genannt. Heimstätte von Lehre und Disput waren die rabbinischen Akademien in Palästina und Babylon, dort entstanden aus Mischna und jeweiliger Gemara der Jerusalemische bzw. Babylonische Talmud. «The danger of casuistry in Judaism was not that of misuse for personal advantage, but rather in the preoccupation of discussing hypothetical cases as a matter of intellectual pleasure and rivalry» [3].

In der *Ethik* entwickelte erst die *mittlere Stoa* eine ausführliche K. Die sittliche Pflicht wird vom ewigen Logos des Naturrechts abgeleitet, ihm entspricht die recta ratio; sie fordert naturgemäßes Leben (ὁμολογουμένως τῇ φύσει ζῆν), wie es zuerst ZENON VON KITION formuliert. Vor allem über PANAITIOS und POSEIDONIOS kommt die stoische Ethik zu CICERO und SENECA. Sie unterscheidet zwischen κατόρθωμα (officium perfectum) für Weise und καθῆκον (officium medium) für gewöhnliche Menschen [4]. Für letztere gilt die Regel: «Est autem officium, quod ita factum est, ut eius facti probabilis ratio reddi possit» (Pflichterfüllung ist auch eine Tat, für die es eine einleuchtende Begründung gibt) [5]. Erörtert wird auch schon, ob im Falle einer Kollision das Tugendhafte (honestum) oder das Nützliche (utile) gewählt werden solle [6].

Der *christlichen Theologie* geht es von Anfang an um die Verwirklichung des Willens Gottes. Das *Neue Testament* fordert Gehorsam gegen das «Gesetz Christi» (Gal. 6, 2) oder das «vollkommene Gesetz der Freiheit» (Jak. 1, 25); die Verkündigung Jesu und der Apostel entfaltet konkrete sittliche Weisungen. Nicht unrichtig spricht Y. Congar von einer K. des hl. Paulus [7]. Sie wird von den Kirchenvätern in der praktischen Begegnung mit ihrer Umwelt und den sich dem christlichen Gewissen stellenden Fragen (heidnischer Kult, Schauspiele, Kriegsdienst) weiterentwickelt (z. B. von AMBROSIUS [8]). So gewiß die christliche Ethik Einflüsse der Stoa und der alttestamentlichen Tradition aufnimmt, ihre sich herausbildende K. ist eine durchaus eigenständige, um der Seelsorge willen sachlich geforderte Notwendigkeit [9].

Eine stark schematisierte Form der K. kommt mit der Entwicklung der Bußdisziplin und der ihr dienenden *Bußbücher* auf, die ihren Ursprung seit dem 6. Jh. im iroschottischen und angelsächsischen Raum haben. Zunächst boten sie als Hilfe für die Priester eine K. der nach Art und Schwere der gebeichteten Sünden aufzuerlegenden Buße. Aus ihr wurde dann auch eine K. der Sünden selber. Die Bußbücher bestimmen die Praxis bis ins 11. Jh. Sie werden in den *Beichtsummen* des ausgehenden Mittelalters, wie sie etwa von ROBERT VON FLAMESBURY, RAIMUND VON PENAFORT, ANTONINUS VON FLORENZ, SYLVESTER PRIERIAS verfaßt wurden, weitergebildet. Verrechtlichung der Ethik, der nominalistische Gesetzespositivismus wie die betonte Beschäftigung mit den praktischen Einzelfragen wirken dabei entscheidend mit. Die *Scholastik,* um die ethische Prinzipienlehre bemüht und selber ohne ausführliche K., steuert höchstens den Ethik und Recht umfassenden Gesetzesbegriff bei.

Erst in der katholischen Theologie des *17./18. Jh.* trennt sich ein eigenes Fach der praktischen casus conscientiae von der systematischen Grundlage. Als reine K. sollen durch rationale Deduktion aus allgemeinen Prinzipien Einzelfälle gelöst, in Grenzfällen das unbedingte sittliche Minimum festgelegt und Gewissenszweifel mit Hilfe besonders entwickelter Moralsysteme behoben werden. Die so systematisierte und verselbständigte K. wird ‹*Moraltheologie*› genannt und hat als solche bis ins 19. Jh. Geltung in den Schulen, obwohl sie für ihre Grundlegung die systematische Theologie voraussetzt und zu ihrer Vertiefung auf die asketisch-mystische angewiesen ist. Ihre Einseitigkeit und Gefahren haben schon Zeitgenossen, wie PASCAL, scharf kritisiert [10]. Die von der K. gebotene Lösung sittlicher Fragen erreicht nicht die individuelle Einmaligkeit der Situation, bleibt bei einem abstrakten, gesetzhaften Verständnis des Sittlichen stehen und führt, gern mit den Grenzfragen nach dem noch Erlaubten beschäftigt, zu sittlichem Minimalismus [11].

Die katholische Moraltheologie des *19./20. Jh.* hat die vereinseitigte K. überwunden, sie aber innerhalb eines Gesamtsystems christlicher Sittlichkeit als mögliche Methode der Urteilsfindung eingeordnet. Als solche hat sie Berechtigung. Ethik aus okkasionalistischer Führung des Geistes, aus absolut autonomem Gewissen oder der Situationsbestimmtheit, die K. grundsätzlich als Heteronomie ablehnen, führen rasch zu Willkür und subjektivistischer Freizügigkeit. Keine von ihnen wird der Rolle des Gesetzes und der Weise seiner konkretisierenden Übersetzung gerecht. «Without the use of some form of casuistry of this sort, any faith would become a religious anarchy» [12].

Eine terminologische Frage bleibt schließlich offen. K. «mag typische Fälle, mehr oder weniger wiederkehrender Situationen herausstellen und in ihnen zu sittlicher Entscheidung anleiten» [13]. Sie ist dann im engeren Sinn als Methode legalistischer Deduktion verstanden. Oder «Die K. als Methode der Konkretisierung des christlichen Ethos ist ein Wesensbestandteil der katholischen Moraltheologie, sofern diese immer auch Existenz- und Situationsethik ist» [14]. In umfassenderem Sinn wird sie so zur Situationsethik ausgeweitet. Nach diesem weiteren Verständnis wird die Methode der K. den Aufgaben der Moraltheologie viel mehr gerecht. Sie entspricht dann weithin der von der Scholastik überlieferten und in der katholischen Ethik bewahrten Lehre von der Klugheit [15].

Anmerkungen. [1] Vgl. F. SCHULZ: Prinzipien des röm. Rechts (1934). – [2] H. v. GLASENAPP: Brahma und Buddha (1926). Der Buddhismus in Indien und im fernen Osten (1936); W. KÖNIG: Relig.wiss. Wb. (1956); vgl. RGG³ und LThK² Art. ‹Buddhismus›, ‹Hinduismus›, ‹Heilsweg›, ‹Fahrzeug› usw. – [3] The univ. Jew. encyclop. 3, 63ff.; vgl. Encyclop. judaica 13, 524ff. – [4] STOBAEUS, Ecl. 158 = MPL 45, 19 = SVF 3, Frg. 494. – [5] CICERO, De fin. III, 17, 58; aber auch schon DIOGENES LAERTIOS VII, 107. – [6] CICERO, De off. III, 2, 7ff. – [7] Y. M.-J. CONGAR: Die K. des hl. Paulus, in: Verkündigung und Glaube. Festgabe F. X. Arnold (1958) 16ff. – [8] AMBROSIUS, De off. – [9] Vgl. dagegen z. B. J. KLEIN, RGG³ 3, 1168. – [10] B. PASCAL: Pensées, hg. BRUNSCHVICG Nr. 907; Lettres provinciales VIII, X. Oeuvres, hg. L. BRUNSCHVICG/E. BOUTROUX 5 (1914, ND 1965) 135ff. 249ff. – [11] So weithin nach der neueren prot. Ethik, z. B. BETH: Art. ‹K. I›, in RGG¹ 643; KLEIN, a. a. O. [9]; E. BRUNNER: Das Gebot und die Ordnungen (1932) 78f. 118; N. H. SØE: Christl. Ethik (1949) 92ff. – [12] The universal Jew. encyclop. 3, 64. – [13] TH. STEINBÜCHEL: Die philos. Grundlegung der kath. Sittenlehre, in: Hb. der kath. Sittenlehre I/1 (⁴1951) 246. – [14] R. EGENTER: K. als christl. Situationsethik. Münch. theol. Z. 1/H. 4 (1950) 55; vgl. M. PRIBILLA: Klugheit und K. Stimmen der Zeit 133 (1938) 210f.; F. SCHOLZ: Situationsethik und situationsgerechtes Verhalten im Lichte der jüngsten kirchl. Verlautbarungen, in: Der Mensch unter Gottes Anruf und Ordnung. Festgabe Th. Müncker (1958) 32ff. – [15] J. PIEPER: Traktat über die Klugheit (1937) 54ff.; vgl. THOMAS VON AQUIN, S. theol. II/II 47ff.

Literaturhinweise. Encyclop. of relig. and ethics 3, 239ff. (casuistry). – Dict. Théol. cath. 2, 1859ff. (casuistique); 2, 1815ff. (cas de conscience). – RGG³, 1166ff. (K.). – LThK² VI, 18ff. (K.). – R. THAMIN: Un problème moral dans l'antiquité. Étude sur la casuistique stoïcienne (Paris 1884). – J. KLEIN: Ursprung und Grenzen der K., in: Aus Theol. und Philos. Festschr. F. Tillmann (1950) 229ff. – R. HOFMANN: Moraltheol. Erkenntnis- und Methodenlehre (1963) 197f. 199ff. – J. MAUSBACH: Die kath. Moral und ihre Gegner (1921) 62ff.   R. HAUSER

II. Die ethische und rechtsphilosophische Problematik der K.

– Während man sich in frühen religiösen Vorschriftensammlungen auch in kontroversen Fällen kasuistischer Verfahren bedient [1], geht die eigenständige Reflexion ethischer und rechtlicher Fragen historisch von solchen Fällen aus, die die traditionellen Vorschriften in Frage zu stellen schienen [2]. Die Integration solcher Fälle in die traditionelle Lebensordnung wird aber erst

nach der völligen Auflösung der Poliswirklichkeit an Stelle der zunächst geforderten sittlichen Erfahrung zur Aufgabe einer ethischen Literatur, die mögliche oder historische Fälle des praktischen Lebens sammelt und nach ethischen Regeln beurteilen lehrt [3]: In deren stoischer Ausprägung hat das Festhalten an dem auf den Kosmos projizierten Nomos der Alten eine solche Analyse der Situationen des gegenwärtigen «tätigen Lebens» als besonders dringlich erscheinen lassen [4].

In der Beurteilung der K. als Methode und Disziplin in der Neuzeit, die von der seit dem Laterankonzil (1215) ausgebildeten moraltheologischen K. ausgeht, sind drei verschiedene Ansätze der Kritik zu unterscheiden: Die mehrfache Vermittlung von Regel und Einzelfall, die die K. vollzieht, lasse die Beurteilung eines gegebenen Falls schließlich zu einer Frage des Geschmacks (goût) werden (MONTESQUIEU) [5]; sie verkehre die «heiligsten Vorschriften des christlichen Lebens» in ihr Gegenteil (PASCAL) [6]; ihre Institutionalisierung in der kirchlichen Bußpraxis hebe die Autonomie des Individuums auf: «Das Gewissen ist der beste Kasuist» (ROUSSEAU) [7]. Im Anschluß an KANTS technische Verwendung von K., in der er allerdings eine K. nur dort zuläßt, wo «unvollkommene Pflichten» einen «Spielraum» lassen und ihr nur den Status einer (notwendig fragmentarischen) *Übung* zuweist [8], ist Begriff und Problematik der K. im 19. Jh. gelegentlich wieder aufgenommen worden [9]. Unabhängig davon hat G. E. MOORE die K. als wissenschaftliche Untersuchung der Frage, «welche Handlungen gut sind, *wann immer sie geschehen*» geradezu zum eigentlichen «Ziel der ethischen Forschung» erklärt [10].

Anmerkungen. [1] Encyclop. of religion and ethics 3, 239ff. (casuistry); The Jew. Encyclop. 9, 326ff. (nomism). – [2] z. B. Att. Tragödie; DISSOI LOGOI. – [3] THEOPHRAST, De amicitia; vgl. A. GELLIUS, Noctes Atticae I, 3; methodisch noch im Ausgang von ARISTOTELES, Eth. Nic. I, 3, 1095 a 1ff. – [4] CICERO, De off. bes. III; SENECA, Ep.; vgl. R. THAMIN: Un problème moral dans l'antiquité. Étude sur la casuistique stoïcienne (Paris 1884). – [5] MONTESQUIEU, Le casuiste. Oeuvres compl., hg. CAILLOIS 1, 1036f.; Lettres persanes passim; ähnlich J. S. MILL, Utilitarianism II. Werke, hg. TH. GOMPERZ 1 (1869, ND 1968) 155. – [6] PASCAL, Lettres provinciales 10. Oeuvres, hg. L. BRUNSCHVICG/P. BOUTROUX 5 (1914, ND 1965) 273; strukturell ähnlich R. CUDWORTH (gegen Hobbes): The true intellectual system of the universe (London 1678, ND 1964) 898. – [7] J.-J. ROUSSEAU, Emile IV, hg. F. und P. RICHARD (Paris 1961) 348; ähnlich F. H. BRADLEY: Ethical stud. (London ²1927) 196f. n. 1. – [8] I. KANT, Met. der Sitten II. Akad.-A. 6, 411. – [9] F. SCHULTZE: Über den Widerstreit der Pflichten (1878). – [10] G. E. MOORE: Principia ethica (London 1903) 4f.

Literaturhinweise. F. V. HIPPEL: Richtlinie und K. im Aufbau von Rechtsverordnungen (1942). – A. TROOST: Casuistik en Situatie-Ethiek (Diss. Utrecht 1958) mit Lit.   FR. O. WOLF

III. In der Medizin

bedeutet ‹K.› die Beschreibung und Sammlung einzelner Krankheitsfälle. – Obwohl derartige Fallbeschreibungen bereits in der hippokratischen Medizin mit beispielhafter Präzision durchgeführt wurden [1], fehlt der Begriff ‹K.› im medizinischen Schrifttum vor dem 18. Jh. In der Medizin dieser Zeit unterschied man zwei Arten von Krankheitsbeschreibungen (historiae morbi), nämlich die «historiae medicae» als allgemeine Beschreibungen von typischen Verlaufsformen der Krankheiten und die «observationes» oder «casus», in denen über seltene oder komplizierte Einzelfälle berichtet wurde, an denen sich die gültige pathologische Theorie bewähren konnte [2]. Sammlungen derartiger kommentierter Einzelbeobachtungen wurden zuweilen auch «Collegium casuale» genannt [3]. Das Verfahren selbst bezeichneten einige Autoren als «medicina casuistica sive consultatoria» [4]. Dieser Begriff scheint jedoch nicht allgemein verbreitet gewesen zu sein und wird in den medizinischen Lexika des 18. und 19. Jh. nicht erwähnt.

Um die Mitte des 19. Jh. taucht der Begriff ‹Casuistik› in der medizinischen Literatur auf. Wenngleich nicht häufig verwandt, scheint er bereits im Sinne der exakten Beschreibung und Sammlung von Krankheitsfällen fixiert zu sein. Wie der Zusammenhang, in dem der Begriff vorkommt, zeigt, versteht man unter K. ein methodologisches Verfahren, das, im Gegensatz zu der in der vorangegangenen Zeit üblichen deduktiven Methode, dazu dienen soll, durch genaue Beschreibung von Einzelfällen das allen Fällen Gemeinsame zu erfassen [5].

Anmerkungen. [1] Vgl. z. B. HIPPOKRATES, Epid. I, 3, 13 = hg. LITTRÉ 2, 683-717; III, 1. 2 = 3, 25-67; III, 3, 17 = 3, 103-149. – [2] G. E. STAHL: Collegium casuale magnum, hg. u. übers. J. STORCHEN (Leipzig 1733) 1/2; F. HOFFMANN, Med. consultatoria 1 (Halle 1721) Vorrede (unpag.). – [3] B. CASTELLUS: Amaltheum castello-brunonianum sive lex. med., hg. J. RHODIUS (Padua 1721) 147. – [4] C. G. LUDWIG: Methodus doctrinae medicae universae (Leipzig 1766) 33. 59. 72. – [5] Vgl. z. B. C. A. WUNDERLICH: Über die Mängel der heutigen dtsch. Med. und über die Nothwendigkeit einer entschieden wiss. Richtung in derselben. Arch. physiol. Heilk. 1 (1842) I-XXX, bes. V.   JOHANNA BLEKER

Kataklysmos. Der Gedanke periodisch wiederkehrender sintflutartiger Überschwemmungen (κατακλυσμοί) der bewohnten Erde gehörte im Zusammenhang der Diskussion kultureller Phänomene zum festen Argumentationsbestand der *platonischen Akademie*. Es wurde angenommen, daß durch solche sich in großen Zeitabständen wiederholende Katastrophen (deren Ursachen neben den kataklysmatischen Wasserfluten auch Feuersbrünste und «tausend andere geringere Zufälle» sein können [1]) alle Lebewesen und so auch das Menschengeschlecht mitsamt seinen zivilisatorischen, technischen, politisch-ethischen und intellektuellen Produkten und Errungenschaften zwar nicht völlig, aber doch bis auf geringe Reste vernichtet worden seien. Auf diese Überbleibsel aufbauend müssen demnach die menschlichen Lebensbedingungen, d. h. sowohl die Bedingungen der bloßen Daseinsfristung wie auch die Voraussetzungen des guten Lebens in Schrift, gesellschaftlichen Institutionen, Kult und Philosophie immer wieder neu geschaffen werden. Es verbinden sich in dieser Vorstellung umfassende kosmologische und anthropologische Spekulationen, die Erklärung spezieller geographischer und topographischer Besonderheiten mit sagenhaften Überlieferungen von einem untergegangenen goldenen Zeitalter und der großen Deukalionischen Flut.

Im ‹Timaios› [2] läßt PLATON weise ägyptische Priester die Kunde solcher Vernichtungen an Solon weitergeben. Seien diese durch Feuer (d. h. aber durch Abweichungen der Sonne und anderer Gestirne von ihren Bahnen) bewirkt worden, so hätte der Untergang die Bewohner der Berge und hoher trockener Gegenden betroffen; wenn dagegen die Götter die Erde, um sie zu reinigen, mit Wasser überschwemmen, so kommen die Rinder- und Schafhirten auf den Bergen mit dem Leben davon, während die Bewohner der Städte in den Ebenen ins Meer fortgerissen würden. Allein die Ägypter seien von solchen flutartigen Vernichtungen ausgenommen; sie stünden daher in ungebrochener Kontinuität alter Weisheitsüberlieferung, wogegen sich die Traditionen der Griechen und der anderen Völker nur wie Kindergeschichten ausnähmen, da sie sich nur bis zur jeweils letzten Überschwemmung erstreckten. Die ausgeführteste Schilderung des kulturellen Neuanfanges durch auf Berggipfeln aus einem K. geretteten Hirten hat Platon im III. Buche

der ‹Gesetze› gegeben [3]. Der Gedanke solcher zyklischer Perioden gestattet einmal, daß die Frage nach einem absoluten Anfang der Menschheitsgeschichte nicht gestellt zu werden braucht, er ermöglicht zum anderen eine Erklärung dafür, daß Erfindungen und Entdeckungen immer wieder nötig und überhaupt möglich sind: Wäre alles in ununterbrochener Dauer in dem jetzt gegebenen geordneten Zustand erhalten geblieben, wie hätte dann irgendetwas Neues erfunden werden können, läßt Platon den Athener fragen [4].

ARISTOTELES hat den Gedanken, daß dieselben Theorien, Benennungen, Künste, Wissenschaften und politischen Institutionen «nicht nur einmal oder zweimal, sondern unendlich oft» von den Menschen erfunden worden und dann wieder verlorengegangen seien, an vielen Stellen seiner Werke ausgesprochen [5]. In bezug auf den Umgang mit der Tradition ermöglichte er zwei, auf den ersten Blick einander entgegengesetzte Verhaltensweisen. Insofern die jeweiligen kulturellen Neuanfänge nichts anderes als barbarische und primitive Versuche sein können, ist ein Aufgreifen der Fortschritte in allen Künsten, Wissenschaften und Fähigkeiten notwendig; «es ist eben anzunehmen, daß die ersten Menschen, mögen sie nun aus der Erde entsprungen sein oder sich aus irgendwelchen Katastrophen gerettet haben, gleich gewesen sind wie die jetzigen ersten besten und einfältigen Menschen. So wäre es denn töricht, bei deren Ansichten zu bleiben» [6]. Insofern jene Anfänge aber zugleich die Überreste eines älteren, bereits entwickelten Zustandes darstellen, kann die Berufung auf die recht interpretierten, von den Alten und Uralten bis in unsere Gegenwart überkommenen Vorstellungen und Bezeichnungen zur Verifikation von Grundvorstellungen der eigenen Theologie [7], Kosmologie [8] und Meteorologie [9] dienen. Aristoteles hat in diesem Zusammenhang schließlich eine bemerkenswerte Legitimation des Wahrheitswertes der Sprichwörter gegeben. Diese sind demnach aufgrund ihrer knappen und prägnanten Formulierung erhaltene Reste von in Kulturkatastrophen untergegangener Philosophie [10].

Eine meteorologisch-astronomische Erklärung für solche Überflutungen wie die zur Zeit des Deukalion hat Aristoteles darin gesehen, daß in vorbestimmten Zeiten der Kreislauf des größeren Jahres den größeren Winter (wohl eine Art Eiszeit) und ein Übermaß an Regen herbeiführt, wie der (kleinere) Jahreslauf den (normalen) Winter [11]. Wenn eine Überflutung zusammen mit einem Erdbeben auftritt, so liegt dies an einem eigenartigen Widerspiel der Winde [12].

Anmerkungen. [1] PLATON, Timaios 22 a ff. – [2] Tim. 21 e ff; vgl. Kritias 109 d. – [3] Leg. 676 a ff. – [4] Leg. 677 c 7-9. – [5] ARISTOTELES, 270 b 16 ff. 339 b 19 ff. 1269 a 4. 1329 b 25. 1074 b 13ff. – [6] Pol. II, 8, 1268 b 34-1269 a 8. – [7] Met. XII, 8, 1074 a 34 – b 10. – [8] De coelo I, 270 b 19. – [9] Meteor. I, 3, 339 b 27. – [10] Über die Philos. Frg. 8. Aristotelis frg. selecta, hg. W. D. Ross (1955) 75. – [11] Meteor. II, 14, 352 a 33. – [12] a. a. O. II, 8, 368 b 5. K. als Beispiele für vergangene Ereignisse (neben dem trojanischen Krieg) im Zusammenhang der Zeitdiskussion: Phys. IV, 13, 222 a 23. 26.

Literaturhinweise. O. APELT: Die Ansichten der griech. Philosophen über den Anfang der Kultur (1901) – W. NESTLE: Griech. Geschichtsphilos. Arch. Gesch. Philos. 41 (1932) 93ff. – G. ROHR: Platons Stellung zur Gesch. (1932) 9f. 59f. – K. GAISER: Platon und die Gesch. (1961).   G. BIEN

Katalepsis (griech. κατάληψις, lat. comprehensio, Erfassung). Auf der Suche nach dem Wahrheitskriterium (κριτήριον τῆς ἀληθείας), dessen Existenz von der skeptischen Akademie in Zweifel gezogen wurde, stellt die *Stoa* ein neues System auf, das PLATONS Bild von der Wachstafel [1], modifiziert durch CHRYSIPPOS [2], wieder aufnimmt. Eine Phantasia, d. h. eine durch die Sinne oder auch durch eine Gemütsbewegung hervorgerufene Vorstellung (τύπωσις ἐν ψυχῇ, von KLEANTHES noch räumlich konkret gedacht) kann begriffsbildend (καταληπτική) sein oder nicht. Ob sie es ist, hängt von der Beantwortung von fünf Alternativfragen ab [3]: sie muß plausibel sein (πιθανή) und nicht nicht-plausibel, wahr und nicht falsch und schließlich καταληπτική im engeren Sinne, d. h. sie muß von Vorhandenem ausgehen und so sein, wie sie von Nicht-Vorhandenem nicht ausgehen könnte. Der einschlägige Text bei SEXTUS EMPIRICUS, in dem die Lehre des Chrysipp entwickelt wird, läßt sich schematisch veranschaulichen (vgl. Abb.); dabei ist

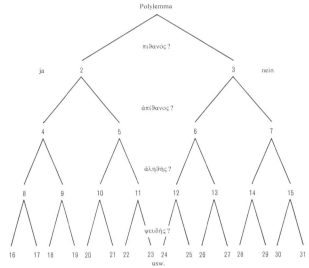

glaubwürdig (2 und 5) das, was eine sanfte Bewegung in der Seele hervorruft, unglaubwürdig (3 und 6) das, bei dem dies nicht zutrifft und was uns von der Anerkennung (συγκατάθεσις) abwendet; glaub- und zugleich unglaubwürdig (4) sind z. B. die Aporien, weder glaub- noch unglaubwürdig (7) ist Unentscheidbares, z. B. der Satz «die Anzahl der Sterne ist gerade». Weiter werden definiert und mit Beispielen illustriert die Stellen 20–23, 42 und 43. Die Erörterung von Fällen wie «wahr und falsch», «glaub- und unglaubwürdig» beweist, daß Stoa und Akademie mit der hier dargestellten formalen Strenge in dieser Frage vorgingen (links und gerade bedeuten in der Abb. stets ‹ja›, rechts und ungerade ‹nein›). So steht die K. zwischen ἐπιστήμη und δόξα, indem sie unter Umständen aus einer unsicheren Meinung (δόξα) ein festes Wissen (ἐπιστήμη) machen kann. Tritt eine K. als erstes Glied in einer konditionalen Verknüpfung auf, ist sie ein σημεῖον (Zeichen), weil dann das zweite Glied notwendig wahr ist [4]. Der Gegensatz zu K., die ἀκαταληψία, gehört mit dem Satz πάντα ἐστὶν ἀκατάληπτα (alles ist unbegreiflich) zu dem Katechismus beider skeptischen Schulen. SEXTUS EMPIRICUS interpretiert den Satz gegen die Akademiker, die ihn dogmatisch gebrauchen, im pyrrhonischen Sinne [5] und sagt, daß der Akademiker Philon von Larissa sich dem pyrrhonischen Standpunkt nähere [6].

Die *Epikureer* bevorzugen den Terminus πρόληψις, definiert als Erinnerung an häufig Wahrgenommenes (bei Diogenes Laertius mit der K. verglichen [7]); sie ist Wahrheitskriterium zusammen mit Sinneswahr-

nehmung und Eindrücken (πάθη). Ein systematisches Prüfverfahren wird, wie die strenge Logik überhaupt, abgelehnt; jede Sinneswahrnehmung ist an sich wahr, bedarf aber grundsätzlich der Bestätigung bzw. Widerlegung (ἐπι- bzw. ἀντι-μαρτύρησις) durch weitere Wahrnehmungen, wenn ein auf den Sachverhalt selbst bezogenes Urteil gefällt werden soll. Irrtum kommt dadurch zustande, daß ein positives Urteil ohne ἐπι- bzw. trotz ἀντιμαρτύρησις gefällt wird. An der Existenz von Wahrheitskriterien hält EPIKUR gegen die Akademiker und Skeptiker ausdrücklich fest. Einen Gegensatz zur πρόληψις bildet die ὑπόληψις, die mit der δόξα gleichgesetzt wird [8], ähnlich wie das Wort unterminologisch von Aristoteles gebraucht wird. Bei ihm erscheinen alle diese Wörter noch in der ganzen Breite des allgemeinen Sprachgebrauchs.

Anmerkungen. [1] PLATON, Theaet. 190 e 5-192 d 2. – [2] Nach SEXT. EMPIRICUS, Adv. Math. VII, 227. SVF II, 56ff. – [3] a. a. O. VII, 242ff. – [4] VIII, 176ff. 245ff. – [5] Pyrrh. Hyp. I, 200. – [6] a. a. O. 235. – [7] DIOG. LAERT. X, 33. – [8] X, 34.   J. MAU

Katechese (Katechetisch, Katechismus). – 1. K. wird als kirchlicher (später besonders Jugend-)Unterricht verstanden. Das zugrunde liegende κατηχεῖν [1] ist ein von PAULUS (1. Kor. 14, 19) für die Besonderheit der Unterweisung aufgrund des Evangeliums geprägter Terminus, der durch seinen Bezug auf Tatsachenwahrheit und gezielte personale Anrede von dem jüdischen wie von dem philosophischen Lehrbegriff unterschieden ist. Das Wort, in der Septuaginta unbekannt, stammt wahrscheinlich aus popularphilosophisch-protreptischem Gebrauch (SUIDAS [2]), richtet sich an Hörer, bezieht sich auf Zeugnis (Bericht) und beansprucht Autorität. Es wird früh (Hebr. 5, 11ff.) zum terminus technicus für den christlichen Vorbereitungs- und Taufunterricht (Lk. 1, 4) und zur Grundlage der kirchlichen Institution des Katechumenats. Die ‹Alexandrinische Katechetenschule› [3] dagegen ist unter PANTAINOS und CLEMENS eher ein freies christliches Bildungswerk und erst unter ORIGENES ein Zentrum kirchlicher Wissenschaft. AUGUSTINUS baut unter den seelsorgerischen Bedingungen Afrikas in ‹De catechizandis rudibus› [4] die Aufnahme-K. zu einer theologisch, seelsorgerisch und didaktisch durchdachten Lehre vom kirchlichen Unterricht (Katechetik) und zur Religionspädagogik aus: «Durchs Hören glauben, durchs Glauben hoffen, durchs Hoffen lieben lernen».

2. Der nach Karl dem Großen (ALKUIN) in der mittelalterlichen Kirche vernachlässigte religiöse Kinder- und Volksunterricht wird seit dem 14. Jh. dringendes pädagogisches und Reformanliegen [5] und heißt zunächst selbst ‹Katechismus›. Das Wort erscheint erst im Fortgang der Reformation (zuerst 1525) als Bezeichnung eines Buches. Es knüpft sich dann an LUTHERS ‹Catechismus pro pueris et familia› (‹Kleiner Katechismus›, anfangs in Tafeln), 1528/29 neben dem ‹Catechismus praedicatus› (später ‹Großer Katechismus›) erschienen, bevor es, besonders in der Zeit der Glaubensgegensätze, zur Gattungsbezeichnung lehrhafter Kurzfassungen des Selbstverständnisses der Konfessionen (CALVIN 1545, CANISIUS 1556) wird.

3. Der schon von LUTHER, verstärkt von der Orthodoxie, mit dem Katechismusunterricht verbundene Lernzweck läßt eine autoritative Methode der «Katechisation» entstehen («Text», «Verstand», Anwendung zur Gedächtnisaneignung des Glaubensinhalts [6]). Gegen den Mechanismus dieses Lernverfahrens entwickelt der Pietismus das Anschauungsprinzip [7], die Aufklärung

die «Sokratik» [8] (die Aufgegebenes aus bekannten Voraussetzungen finden lassende Entwicklungsfrage), PESTALOZZI das reformpädagogische Motiv der sittlich-religiösen Elementarbildung. KANT dagegen bejaht die didaktische Notwendigkeit katechetischer Lehrart für einen im Unterschied von dem religiösen Katechismus und gesondert von ihm als Ganzes «aus der gemeinen Menschenvernunft (seinem Inhalte nach)» zu entwikkelnden «rein moralischen Katechism» als «das erste und nothwendigste doctrinale Instrument der Tugendlehre für den noch rohen Zögling» [9].

4. Eine säkulare Neuorientierung erfährt die Katechismusform selbst im Zeitalter der Aufklärung und der Revolution im Dienst der politischen und nationalen Erziehung. In Deutschland erscheint der Gedanke eines «bürgerlichen Katechismus» lehrhafter, in «patriotischer» und volkspädagogischer Absicht [10], als Mittel der Verbreitung elementarer Kenntnisse und der Einübung in bürgerlichen, sittlichen, wirtschaftlichen und gesundheitlichen Pflichten [11], in Frankreich auf Gemeinschaftshandeln bezogener, kultischer [12], im Sinne der von ROUSSEAU im ‹Contrat social› [13] geforderten «religion civile», bis zu SAINT-SIMONS ‹Catéchisme des industriels›, in dem die Wissenschaft die Aufgabe der sozialen Einigung und Steuerung übernimmt: «Le catéchisme est le plus important de tous les livres, parce qu'il est le lien scientifique qui unit entre elles toutes les classes de la société» [14]. In der Nachfolge Saint-Simons veröffentlicht A. COMTE 1852 seinen ‹Catéchisme positiviste› als «catéchisme pour la Religion de l'Humanité» [15] in der Absicht, auf diese Weise auch jenen seine Lehre zu vermitteln, die seine Werke nicht systematisch zu studieren vermochten.

5. In der mit dem II. Vatikanischen Konzil im Katholizismus einsetzenden Bewegung des «Aggiornamento» (Papst JOHANNES XXIII.) der kirchlichen Glaubensverkündigung entsteht das gegenüber dem autoritativen Lehrstil der bisherigen Katechismen neue Bedürfnis eines statt Abfragens Unmündiger die Sprache, Erfahrung und radikalen Fragen der mündigen Laien an die Kirche in kritisch-theologischer Reflexion ernst nehmenden und diskutierenden «Erwachsenenkatechismus»; so bahnbrechend in dem am 7. 10. 1967 von Kardinal AL-FRINK nach fünfjähriger Vorarbeit des Höheren Katechetischen Instituts in Nijmwegen der Öffentlichkeit übergebenen Holländischen Katechismus [16]. Die neuen Wege in der Katechetik blieben nicht unbestritten [17].

Anmerkungen. [1] Neutestamentlich nur 1. Kor. 14, 19; Röm. 2, 18; Gal. 6, 6; Act. 18, 25. – [2] SUIDAE LEXICON, hg. A. ADLER (1928-38) 1, 73; 3, 77. – [3] EUSEBIUS, Hist. eccl. 5, 10; 1, 4. – [4] AUGUSTIN, MPL 40, 309-348; Oeuvres de St. Augustin (lat.-frz.) 11 (1949). – [5] J. GERSON: De parvulis ad Christum trahendis (1409/12); J. COLET: Catechyzon (1510); «Kinderfragen der Böhmischen Brüder». – [6] J. FELBIGER: Vorles. über die Kunst zu katechisieren (1774). – [7] PH. J. SPENER: Einfältige Erklärung der christl. Lehr, nach der Ordnung dess kleinen Catechismi, ... Luther (1677); A. H. FRANCKE: Öffentl. Zeugnis von Wort, Werck und Dienst Gottes (1703), darin: Kurzer einfältiger Unterricht, wie die Kinder zur wahren Gottseligkeit und christl. Klugheit anzuführen sind; J. J. RAMBACH: Wohlunterrichteter Katechet (1722, ¹⁰1762); Betrachtungen über den Katechismus Lutheri ... (1736). – [8] C. F. DINTER: Die vorzüglichsten Regeln der Katechetik (1800). – [9] I. KANT, Met. Sitten. Tugendlehre (1797) §§ 50. 51. Akad.-A. 6, 478f. – [10] A. FLITNER: Die polit. Erziehung in Deutschland 1750-1880 (1957) 26ff.; H. KÖNIG: Zur Gesch. der Nationalerziehung in Deutschland im letzten Drittel des 18. Jh., in: Monumenta paedag. 1 (1960) 453ff. – [11] z. B. J. G. SCHLOSSER: K. der Sittlichkeit der Landvolk (1771); F. E. VON ROCHOW: ... Menschenkatechismus (1796); CH. F. FAUST: Gesundheitskatechismus (1792); F. D. E. SCHLEIERMACHER: Idee zu einem Katechismus der Vernunft für edle Frauen (1798); G. F. SCHRADER: Vaterlandskatechismus für

die Jugend ... (1800); J. S. RICHTER: Lb. in katechetischer Form für Bürger-, Land- und Stadtschulen der preuß. Monarchie über die wichtigsten Pflichten des gesellschaftl. Lebens (1800); vgl. H. VON KLEIST: Katechismus der Deutschen (1809); E. M. ARNDT: Kurzer Katechismus für dtsch. Soldaten (1812) und später M. HESS: Rother Katechismus für das dtsch. Volk (1850), in: Philos. u. sozialist. Schr. 1837-1850, hg. A. CORNU/W. MÖNKE (1961) 445-457; M. BAKUNIN: Revolutionskatechismus (1869), abgedruckt in: MEW 18, 427-430. – [12] C. F. VOLNEY: La loi naturelle, ou Catéchisme du citoyen français (Paris 1793, dtsch. 1794); vgl. Abbé A. SICARD: L'éducation morale et civique avant et pendant la Révolution (Paris 1884) 156ff.; P.-M. ROEDER: Erziehung und Gesellschaft, ein Beitrag zur Problemgesch. (1968) 20. 70. – [13] J.-J. ROUSSEAU, Contrat social IV, 8. – [14] Oeuvres choisies de C.-H. DE SAINT-SIMON (Bruxelles 1859) 1, 223. – [15] A. COMTE: Catéchisme positiviste (Paris 1966) 36. – [16] Glaubensverkündigung für Erwachsene. Dtsch. A. des Holländ. Katechismus (Nijmwegen/Utrecht 1968). – [17] Vgl. H. HALBFAS: Fundamentalkatechetik. Sprache und Erfahrung im Religionsunterricht (1968).

Literaturhinweise. – C. A. VON ZEZSCHWITZ: System der christl. kirchl. Katechetik (1863-71). – J. MAYER: Gesch. des Katechumenats und der K. in den ersten 6 Jh. (1868). – F. X. THALHOFER: Die Entwickl. des kath. Katechismus in Deutschland von Canisius bis Deharbe (1899). – F. COHRS: Die evang. Katechismusversuche vor Luthers Enchiridion (1902). – E. SCHWANTZ: Bußstrafen und Katechumenenklassen (1911). – W. BOUSSET: Jüd.-christl. Schulbetrieb in Alexandrien und Rom (1915). – H. MAYER: Katechetik (²1928). – J. M. REU: D. Martin Luthers Kleiner Katechismus, die Gesch. seiner Entstehung, seiner Verbreitung und seines Gebrauchs (1929). – J. MUNCK: Untersuch. über Clemens von Alexandrien (1933). – H.-W. BEYER: Art. ΚΑΤΗΧΈΟ, in: Theol. Wb. zum NT, hg. KITTEL 3 (1938) 638ff. – F. VAN DER MEER: Augustinus der Seelsorger (²1952). – E. LICHTENSTEIN: «... auf daß ich auch andere unterweise», in: Pädag. und didakt. Reflexionen. Festschr. M. Rang (1966) 66ff. – Polit. Katechismen. Volney, Kleist, Heß, hg. K. M. MICHEL (1966) mit weiteren Quellenhinweisen.

E. LICHTENSTEIN

Kategorema, kategorematisch (von griech. κατηγόρημα, das von jemandem Ausgesagte, Punkt der Anklage; bzw. von lat. categorematicus, etwas Bestimmtes bedeutend) dient als metalogischer Begriff in den semiotischen Theorien der *neueren scholastischen Logik* zur Bezeichnung der semantisch selbständigen, eine feststehende gegenständliche Bedeutung besitzenden, vollständigen Ausdrücke, Zeichen bzw. Zeichenkombinationen (Namen) im Unterschied zu den inhaltlich unvollständigen, semantisch unselbständigen, d. h. rein funktionalen Zeichen, insbesondere zu den sogenannten logischen Konstanten, die nur im Kontext mit anderen, selbständigen Zeichen eine eigene materiale Bedeutung gewinnen [1].

Während Kategorema (K.) bei ARISTOTELES ursprünglich allein den prädikativen Teil des Satzes bezeichnet [2] – was BOETHIUS durch seine Übersetzung mit «praedicatum» bestätigt [3] – und die *stoischen* Philosophen zum Teil das aristotelische Verständnis übernehmen [4], zum Teil aber den Gebrauch des Wortes ‹K.› im Zusammenhang ihrer Lehre von den unvollständigen Urteilen auf bloß verbale Prädikate einschränken [5], findet sich der neuere semantische Gebrauch im Zusammenhang terminologischer Erörterungen der *scholastischen Logica Modernorum.* So schreibt etwa WILHELM VON OCKHAM: «Die kategorematischen Termini haben eine bestimmte und feststehende (certam) Bedeutung; wie [etwa] das Nomen ‹Mensch› alle Menschen und das Nomen ‹Lebewesen› alle Lebewesen und das Nomen ‹Weißsein› jedes Weißsein bezeichnet. Die synkategorematischen Termini aber, zu denen [etwa] ‹jeder›, ‹kein›, ‹irgendein›, ‹ganz›, ‹außer›, ‹nur›, ‹insofern als› und ähnliche gehören, haben keine bestimmte und feststehende Bedeutung, und sie bedeuten auch nicht gewisse Dinge, die von den durch die K. bedeuteten verschieden sind. ... So bedeutet das Synkategorem im eigentlichen Sinne nichts, sondern macht vielmehr, zu einem anderen [Zeichen] hinzugefügt, dieses etwas bedeuten, oder macht es für etwas oder einiges in einer bestimmten Weise stehen, oder übt sonst eine Funktion (officium) bei einem K. aus» [6].

Anmerkungen. [1] Vgl. E. HUSSERL: Log. Untersuch. 2 (1901) 293ff. – [2] Vgl. ARISTOTELES, De interpret. 20 b 32; Met. 1053 b 19; Top. 169 b 5; Phys. 201 a 1. – [3] BOETHIUS, In Arist. De interpret. Com. MPL 64, 356. – [4] Vgl. CICERO, Tusc. Disp. IV, 9, 21. – [5] Vgl. SEXTUS EMPIRICUS, Pyrrh. Hyp. III, 4, 14; ebenso DIOGENES LAERTIUS VII, 63. – [6] W. VON OCKHAM, S. log. I, 4, 3ff.

Literaturhinweise. C. PRANTL: Gesch. der Logik im Abendlande 1-4 (1855-1870, ND 1955), bes. Bde. 1. 4. – I. M. BOCHENSKI: Formale Logik (1956). – W. V. QUINE: Word and object (London/ New York 1960) 132ff. – G. KÜNG: Ontol. und logist. Analyse der Sprache (1963) 128-132. 136-149. – G. BERGMANN: Logic and reality (Madison 1964) 129f. – J. PINBORG: Logik und Semantik im MA. Ein Überblick mit einem Nachwort von H. KOHLENBERGER (1972). – W. V. QUINE: Philos. der Logik (1973). – G. SCHENK: Zur Gesch. der log. Form 1 (1973).   H. M. BAUMGARTNER

Kategorialanalyse, gleichbedeutend mit Kategorienforschung, ist zentraler Terminus der Philosophie N. HARTMANNS zur Charakteristik von Gegenstand und Methode, von Wesen und Idee einer kritischen Ontologie, «einer echten, legitimen, an der ganzen Mannigfaltigkeit der Phänomene orientierten philosophia prima» [1].

Vom Gegenstand her benennt er die Aufgabe der Philosophie als Aufweis, Erhellung und Gültigkeitsnachweis der Prinzipien des Konkreten, der Grundbestimmungen des Seins, welches sich in vier Seins-Sphären (Realität, Idealität, Erkenntnissphäre und logische Sphäre) und innerhalb dieser in jeweils spezifische Seins-Stufen oder Seins-Schichten gliedert. Dabei ergeben sich grundsätzlich zwei Hauptgruppen von Kategorien bzw. Seins-Bestimmungen: die durch alle Sphären und ihre Schichten hindurchgehenden, sich jedoch abwandelnden *Fundamentalkategorien* (1. Modalkategorien, wie Möglichkeit und Notwendigkeit; 2. Elementarkategorien, wie die Gegensatzpaare Form – Materie, Element – Gefüge usw.; 3. die die Struktur des Kategorienreiches und mithin den Aufbau des Seins bestimmenden kategorialen Gesetze, wie etwa die Gesetze der kategorialen Wiederkehr und Abwandlung, der kategorialen Stärke, der kategorialen Freiheit) und die regional verschiedenen, nur einzelne Seins-Sphären bzw. einzelne ihrer Seins-Schichten bestimmenden *Gebietskategorien.*

Als philosophische Methode umgreift K. vier aufeinander aufbauende und zusammenhängende Verfahrensweisen: 1. die phänomenologisch-deskriptive, 2. die analytisch-rückschließende, 3. die dialektisch-synthetische und 4. die der Schichtungsperspektive folgende zusammenschauende Methode. Zwar «erweist sich die Methode des Rückschlusses als ... das eigentliche Grundverfahren der K.: sie analysiert das Concretum auf die in ihm enthaltenen Kategorien hin» [2]. Doch bedarf man bereits zur präzisen Bestimmung jeder einzelnen Kategorie wie insbesondere zur Analyse der ihr zukommenden Funktion und Tragweite des ganzen Methodenapparates: «In der Beweglichkeit solchen Ineinandergreifens besteht die alleinige Möglichkeit, daß die K. ihrer großen Aufgabe in den Grenzen endlicher Erkenntnis Herr werde» [3].

Auf Grund seiner sachlichen wie methodischen Implikate benennt der Terminus ‹K.› zugleich eine philosophische Grundhaltung, eine sowohl den bisherigen Kategorienlehren als auch der spekulativen philosophischen Tradition im ganzen gegenüber kritische Einstellung, für die Welt wie Sein nicht mehr einen spekulativ konstruierten Einheitsentwurf, ein in seinen Grundbestim-

mungen apriori deduzierbares System darstellt, sondern ausschließlich ein gegliedertes Gefüge von in mühsamer und langwieriger, letztlich unabschließbarer Detailforschung zu erhellenden Strukturen und Prinzipien.

Anmerkungen. [1] N. HARTMANN: Wie ist krit. Ontol. überhaupt möglich? Ein Kap. zur Grundlegung der allg. Kategorienlehre (Festschr. P. Natorp), in: Kleinere Schr. 3 (1958) 302. – [2] Der Aufbau der realen Welt (²1949) 529. – [3] a. a. O. 559.

Literaturhinweise. N. HARTMANN s. Anm. [2]. – H. WEIN: Nicolai Hartmanns K. und die Idee einer Strukturlogik, in: Nicolai Hartmann. Der Denker und sein Werk. 15 Abh. mit Bibliogr., hg. H. HEIMSOETH/R. HEISS (1952) 173-185. – H.-J. HÖFERT: K. und phys. Grundlagenforsch., in: Nicolai Hartmann ... a. a. O. 186-207. – N. HARTMANN: Ziele und Wege der K. Kleinere Schr. 1 (1955) 89-122; Die Erkenntnis im Lichte der Ontol. a. a. O. 122-180.   H. M. BAUMGARTNER

Kategorie (griech. κατηγορία, wörtl. Anklage, i. ü. S. Aussageform, von κατηγορέω, ich spreche gegen jemanden, ich klage an; lat./ital. categoria, frz. catégorie, engl. category), **Kategorienlehre.** – Die philosophische Entdeckung des K.-Begriffs ist nicht gleichen Ursprungs mit dem Anfang philosophischer Reflexion selbst. Der Terminus ‹K.› verdankt seinen Ursprung nicht der die anfängliche philosophische Fragestellung bestimmenden Erkenntnishaltung der intentio recta, sondern einer eigenartig kritischen Rückwendung der philosophischen Reflexion auf sich selbst, auf Bestimmungen des «Logos», die ebenso dem Sprechen wie dem Denken eignen, sofern beides auf Sein und Seiendes bezogen ist und dieses inhaltlich auslegend zu definieren und zu klassifizieren unternimmt. Aus diesem Grunde indizieren Verständnis und Bestimmung des K.-Begriffs ebenso ein spezifisches Selbstverständnis von Philosophie im Ganzen, wie umgekehrt jene durch dieses erklärt und interpretiert werden können. «Was für eine K.-Lehre man wählt, hängt davon ab, was für ein Philosoph man ist» [1]. In dieser Perspektive ist die Geschichte des K.-Begriffs [2] zugleich eine Geschichte philosophischer Selbstinterpretation.

Anmerkungen. [1] E. LASK: Die Logik der Philos. und die Kl., in: Ges. Schr. 2, 4. – [2] Vgl. A. TRENDELENBURG: Gesch. der Kl. (1846); C. PRANTL: Gesch. der Logik im Abendlande 1-3 (1855-1885); P. RAGNISCO: Storica crit. delle cat., dai primordi della filos. greca sino ad Hegel 1. 2 (Florenz 1870).

Literaturhinweise. A. TRENDELENBURG s. Anm. [2]. – C. PRANTL s. Anm. [2]. – P. RAGNISCO s. Anm. [2]. – B. ERDMANN: Logik (1923) bes. 98-107. – R. KYNAST: Grundriß der Logik und Erkenntnistheorie (1932) bes. Kap. 10: Das K.-Problem. – A. MARC: Dial. de l'affirmation (1952) 541-663. – H. MEYER: Systemat. Philos. 1 (1955) 202-216. – W. CRAMER: Aufgaben und Methoden einer Kl. Kantstudien 52 (1960/61) 351-379. – J. SIMON: Sprachphilos. Aspekte der Kl. (1971). – G. SCHENK: Zur Gesch. der log. Form 1 (1973) bes. 142-161: Zu einigen Problemen der Kl., Prädikabilienlehre und Begriffsbestimmung.

I. Antike. – 1. *Die Vorgeschichte der Kategorienlehre: die Vorsokratiker und Platon.* – Die Einführung des Terminus ‹K.› in die philosophische Diskussion ist eine originale Leistung des Aristoteles. Gleichwohl lassen sich Elemente seines Konzepts wie auch Problemstellungen und Motivationen, die die Ausarbeitung einer philosophischen Theorie der K. nahelegen, in den philosophischen Entwürfen der *Vorsokratiker* wie auch in der aktuellen philosophischen Diskussion der *Platonischen Akademie* nachweisen.

Retrospektiv sind daher u. a. die zehn Gegensatzpaare der *Pythagoreer,* die, als verschiedene Modifikationen des Verhältnisses von Grenze (πέρας) und Unbegrenztem (ἄπειρον), jeweils den Doppelursprung alles Wirklichen bezeichnen, von Bedeutung [1]. In ihnen leitet weniger der Begriff des Ursprungs (ἀρχή) auf die Bedeutung von

K. hin als vielmehr das in ihnen gedachte, obgleich noch nicht ausgearbeitete Verhältnis von Allgemeinem und Einzelnem, von Einheit und Mannigfaltigkeit, von Begriff und Realität.

Das Gemeinsame, das Vieles betrifft, erscheint insbesondere in den Diskussionen des *platonischen Sokrates* als zentraler Gesichtspunkt. Erst wenn im Allgemeinen das Moment des Begriffsbestimmung des Vielen vom Allgemeinen als Seinsprinzip bzw. Ursprung gedanklich getrennt wird, ergibt sich der eigentümliche Ort des K.-Begriffs: Erst unter dieser Voraussetzung nämlich läßt sich das Allgemeine primär als mögliches Prädikat begreifen [2] und nachweisen, daß nicht jedes allgemeine Prädikat von vornherein die Bedeutung von «Ursprung» besitzt. Noch die fünf obersten Gattungen (μέγιστα γένη) des PLATON – Sein, Ruhe, Bewegung, Dasselbe und das Andere [3] – sind primär als Ursprünge (ἀρχαί) zu verstehen; ebenso die an anderer Stelle genannten Seinsprinzipien: Unbegrenztes, das mit Grenze, die Mischung aus beiden und die Ursache der Mischung [4].

Nur PLATONS jüngst herausgestellte ‹sogenannte K.-Lehre› (= Kl.) [5] läßt eine klare und vollständige Prädikatenklassifikation vermuten. Gemäß der auch bei XENO-KRATES nachweisbaren Unterscheidung von καθ' αὐτό (an sich) und πρός τι (auf etwas hin) [6] stellt sich die von W. Bröcker rekonstruierte, in der esoterischen Lehre der Vorlesung über das Gute vermutlich vorgetragene Kl. PLATONS [7] als eine Verschränkung der Perspektiven des An-sich-Seienden, des Gegensätzlichen und des Relativen, wonach sich jeweils sowohl ein- als zweistellige Prädikate für die drei Bereiche des Seienden ohne Gegenteil, des Seienden mit Gegenteil ohne Mittleres und des Seienden mit Gegensatz und mit Mittlerem ergeben.

Neben den genannten bei Platon vorfindlichen Spuren einer Kl. wird für ARISTOTELES in besonderer Weise das platonische Verständnis der Idee (εἶδος) thematisch: Seine Kritik an der Ideenlehre bezieht sich vor allem auf das in der Idee gedachte Ineinander von Prinzip bzw. Ursprung einerseits und Begriff, Gattung und Allgemeinem andererseits. So war er gezwungen, in dem, was Platon ‹Idee› nannte, das Moment des Seinsprinzips, des Ursprungs, der ἀρχή, vom Moment des allgemeinen und abstrakten Begriffs zu scheiden. Mit diesem Unterschied wird ihm aber zugleich die Eindeutigkeit der obersten Gattungen selbst als Ideen fraglich. Das ‹Seiend› (ὄν) als die erste oberste Gattung Platons enthält daher mindestens zwei verschiedene Bedeutungen; eine Überlegung, die Aristoteles schließlich zu einer Untersuchung der vielfältigen Bedeutung des ‹Seiend› – τὸ ὂν λέγεται πολλαχῶς – nötigt [8]. Durch die verschiedenen bei Platon nebeneinander stehenden Ansätze und durch die Kritik am Ideenbegriff motiviert, entwickelt Aristoteles im Rahmen seiner Lehrtätigkeit in der Akademie eine Theorie der verschiedenen möglichen allgemeinen Prädikate, die sich mit einer Bedeutungslehre des ‹Seiend› verschränkt. Indem der Begriff des τὸ τί ἦν εἶναι, des Wesens, von den möglichen universalen Aussagebegriffen der später so genannten πέντε φωναί (quinque voces) oder Prädikabilien (γένος, Gattung; διαφορά, (Art-) Unterschied; ὅρος, Definition; ἴδιον, Eigentümlichkeit; συμβεβηκός, Zufälliges, Akzidens) unterschieden und mit nur einem identifiziert wird, klärt sich auch sein Verhältnis zu den K. Auf diese Weise wird die von Sokrates-Platon mit der Sophistik geführte Auseinandersetzung weiterverfolgt und in den später unter dem Titel ‹Organon› zusammengefaßten logischen Schriften des Aristoteles ausgearbeitet. Von entscheidender Bedeutung für

die K.-Theorie des Aristoteles ist daher die differenzierende Betrachtung von Ursprung, Wesen, Allgemeinem, Prädikabilien, K. Obgleich das Verhältnis von Denken und Sache bei Aristoteles nicht von vornherein äquivalent ist mit dem späteren Unterschied von Logik und Metaphysik, seine K.-Auffassung daher nicht von vornherein als bloß logische Theorie zu verstehen ist, hat der Begriff der K. doch aus der Perspektive der ‹Topik› mindestens disputationslogisch kritischen Stellenwert. Bestimmt als Primärschema möglicher Prädikation, innerhalb deren alle besonderen Weisen des Allgemeinen ebenso auftreten können wie die Seins- bzw. Modalprinzipien ‹Potenz› (δύναμις) und ‹Akt› (ἐνέργεια), lassen sich die zehn von Aristoteles aufgeführten K. jedenfalls nicht als metaphysische Prinzipien (ἀρχαί) des Wirklichen denken.

Anmerkungen. [1] Vgl. VS (⁵1933) 452; ARISTOTELES, Met. I,5, 986 a 15. – [2] Vgl. A. TRENDELENBURG: Gesch. der Kl. (1846) 204. – [3] PLATON, Sophistes 254 b-e. – [4] Philebos 23 c-25 b. – [5] W. BRÖCKER: Platos sog. Kl., in: Materialien zur Gesch. der Philos. (1972) 13f. – [6] Vgl. SIMPLICIUS, In Arist. Opp. IV (1836) 47 b 26. – [7] Vgl. BRÖCKER, a. a. O. [5] 13. – [8] ARISTOTELES, Met. VII, 1.

2. *Die Kategorienlehre des Aristoteles.* – Der von ARI-STOTELES aus der griechischen Gerichtssprache übernommene Terminus ‹K.› (κατηγορία) erhält auf diese Weise den gegenüber seiner ursprünglichen Bedeutung «Anklage» modifizierten Sinn von «Aussageschema», «Art der Aussage» oder «Form von K.» [1]. Durch ihn werden daher voneinander abzugrenzende und zu unterscheidende Aussageschemata bezeichnet, deren Analyse Mehrdeutigkeiten der philosophischen Argumentation und der Diskussionssprache, insbesondere bei der Verwendung des vieldeutigen ‹ist›, vermeiden soll. Bei der Durchsicht der ohne Verbindung gesprochenen Worte – ‹Mensch›, ‹läuft›, ‹sitzt› – [2] ergeben sich die von Aristoteles aufgezählten zehn K.: *Substanz* (οὐσία, substantia), *Quantität* (ποσόν, quantitas), *Qualität* (ποιόν, qualitas), *Relation* (πρός τι, relatio), *Wo* (ποῦ, ubi), *Wann* (ποτέ, quando), *Lage* (κεῖσθαι, situs), *Haben* (ἔχειν, habitus), *Wirken* (ποιεῖν, actio), *Leiden* (πάσχειν, passio) [3]. Nimmt man die von Aristoteles in den Begriff der Substanz eingetragene Differenz von erster und zweiter Substanz mit hinzu, so liegt die wesentliche Leistung dieser ersten Kl. in der Unterscheidung der verschiedenen Funktionen von Individuen bzw. Eigennamen bzw. definiter Beschreibungen von den Funktionen allgemeiner Terme bzw. Prädikatoren. Diese Unterscheidung ist begründet in der möglichen Kombinatorik zweier grundlegender miteinander verknüpfbarer Tatbestände, die sich in den folgenden Aussageformen darstellen lassen: «*X* ist in Etwas als einem Zugrundeliegenden oder nicht» und «*X* wird von etwas als Zugrundeliegenden ausgesagt oder nicht» [4]. Trifft es zu, daß etwas weder von einem Zugrundeliegenden ausgesagt wird noch sich in einem Zugrundeliegenden befindet, so handelt es sich um individuelle Substanzen, die durch Eigennamen repräsentiert werden. Wird etwas von einem Zugrundeliegenden ausgesagt, ohne daß es in etwas als einem Zugrundeliegenden enthalten ist, so handelt es sich um Arten und Gattungen von Substanzen, z. B. ‹Mensch› als Art von ‹Lebewesen› bzw. umgekehrt ‹Lebewesen› als Gattung von ‹Mensch› (zweite Substanz). Wird etwas von einem Zugrundeliegenden ausgesagt und ist es andererseits in etwas als einem Zugrundeliegenden enthalten, so betrifft dies Gattungen und Arten aus nicht-substanziellen K., z. B. ‹Wissenschaft› als Gattung von ‹Logik›, die nur in der Seele eines Individuums sein kann. Ist schließlich Etwas in einem Zugrundeliegenden enthalten, wird aber nicht von einem ihm Zugrundeliegenden ausgesagt, so handelt es sich um individuelle Instanzen von Seiendem der nicht-substanziellen K., z. B. individuelle Akzidenzien wie die bestimmte konkrete Farbe eines Individuums [5]. Diese Übersicht macht deutlich, daß einerseits Individuen aus beliebigen K. nicht von etwas ausgesagt werden können, und andererseits Elemente der Substanz-K., seien es nun Individuen oder Arten oder Gattungen, nicht in einem anderen als Zugrundeliegendem sein können.

Durch die Unterscheidung von erster bzw. zweiter Substanz und Akzidenzien [6] wird nicht vorliegendes Seiendes deduktiv aus einem Prinzip oder Ursprung entfaltet, sondern der mögliche Sinn von Seiendem als solchem festgelegt. Was immer in Aussagen als ‹seiend› behauptet wird, fällt unter irgendeine der angegebenen K.; nicht ist umgekehrt jedes als ‹seiend› Beanspruchte systematisch durch alle gegebenen K. bestimmt. Daher sind die K. nicht Konstitutionsformen im Aufbau von vorliegenden Seienden, sondern voneinander unabhängige Aussageklassen, die einen jeweils verschiedenen Sinn von Seiend-sein bestimmen. Ist ihre Aufgabe daher nicht die eines möglichen ontologischen Aufbaus des Wirklichen, so besitzen sie vielmehr die disputationslogische bzw. argumentationsstrategische Funktion, Verwechslungen des Bedeutungssinnes von ‹Sein› zu verhindern. Dem entspricht es, daß die zehn K. als «oberste Gattungen» nicht aufeinander zurückführbar sind, daß das durch sie bedeutungsverschieden ausgelegte Seiend-sein nicht selbst oberste K. sein kann und als intendierter Begriff nur analogen Charakter besitzt.

Die aristotelische Kl. erscheint mindestens an zwei Stellen als *problematisch*: 1. Mit der Einführung des Begriffes einer zweiten Substanz kann sie die Differenz der Substanz-K. zur K. der Qualität nicht streng aufrecht erhalten. Außerdem müßte hinsichtlich des Begriffs des «Unteilbaren» und «der Zahl nach Einen» [7] auch in die nicht-substanziellen K. das Verhältnis von erster und zweiter Rangstelle innerhalb dieser K. eingeführt werden. – 2. Ein weiteres Problem ist dadurch bezeichnet, daß bei der Entwicklung der K.-Theorie von Aristoteles selbst nirgends der Anspruch auf Vollständigkeit erhoben wird; gleichwohl nimmt er in der Anwendung in anderem, insbesondere in physischem und metaphysischem Kontext [8] eine Vollständigkeit der kategorialen Bestimmungen in Anspruch.

Mit dieser beanspruchten Vollständigkeit und den darin eingeschlossenen Intentionen der Symmetrie der K.-Einteilung wie der Ableitbarkeit aller K. aus einem Prinzip wurde ein *wirkungsgeschichtlich* gesehen höchst bedeutsames Problemfeld philosophischer Kl. eröffnet, das in je verschiedenem Kontext immer wieder bearbeitet und noch in der nachidealistischen historiographischen Rezeption und Interpretation der aristotelischen Philosophie diskutiert wurde [9].

Anmerkungen. [1] Vgl. E. KAPP: Der Ursprung der Logik bei den Griechen (1965) 28. – [2] Vgl. ARISTOTELES, De cat. 2 a. – [3] Top. 103 b 20ff.; De cat. 1 b 25ff. – [4] De cat. 2 a f. – [5] Vgl. dazu ausführlich G. PATZIG: Bemerk. zu den K. des Arist., in: Einheit und Vielheit. C. F. v. Weizsäcker zum 60. Geburtstag, hg. E. SCHEIBE/G. SÜSSMANN (1973) 60-76. – [6] Vgl. ARIST., De cat. 2 a f. – [7] Vgl. a. a. O. 4a. – [8] Met. XII, 4, 1070 b 1; Anal. post. I, 22, 83 b 15. – [9] Vgl. H. BONITZ: Über die K. des Arist. (1853); CH. A. BRANDIS, Hb. der Gesch. der griech.-röm. Philos. II/2: Arist., seine akad. Zeitgenossen und nächsten Nachfolger (1853); C. PRANTL: Gesch. der Logik ... (1855-1885) 1, 182-210; W. SCHUPPE: Die arist. K. (1871); O. APELT: Beitr. zur Gesch. der griech. Philos. (1891) III: Die Kl. des Arist.

3. Die Stoa. – Rezeption und Verwandlung der aristotelischen Kl. durch die frühe Stoa sind in besonderer Weise dadurch geprägt, daß der von Aristoteles intendierte und berücksichtigte Unterschied von Seinsprinzip und K. trotz der durch die Stoa beförderten logischen Zeichentheorie (Semantik) für das K.-Problem jedenfalls nicht beachtet wird. Im Gegensatz zur aristotelischen Konzeption besitzen die vier von der Stoa herausgestellten K.: – *Substrat* (ὑποκείμενον), *Qualität* (τὸ ποιόν), *Sich-Verhalten* (τὸ πῶς ἔχων) und *Relation* (τὸ πρός τι πῶς ἔχων) – vielmehr die Bedeutung von Konstitutionsprinzipien des realen Seienden [1]. Als ontologische Aufbau- und Strukturelemente, von denen das erste den unqualifizierten Stoff, das zweite die artbildende Kraft, das dritte die nicht-substanziellen K. des Aristoteles und das vierte das Relative bezeichnet, bestimmen sie die genannten K. insgesamt jedes einzelne konkret Wirkliche so, daß jeweils das folgende kategoriale Element auf dem vorhergehenden aufbaut bzw. es voraussetzt. Als diese konstituierenden Bestimmungen des konkret Wirklichen sind die genannten K. zugleich die obersten Geschlechter des Seienden überhaupt, des Etwas schlechthin (τι) [2].

Die nach dem Bericht des SIMPLICIUS von der Stoa beabsichtigte Reduktion der aristotelischen K. auf vier oberste Bestimmungen [3] ist bereits geleitet von der gegenüber Aristoteles verschobenen Perspektive einer ontologischen Determination des Wirklichen. Diese Verschiebung der Problemlage wird auch daran deutlich, daß die erste K. der Stoa und mit ihr in der weiteren Bestimmung des Wirklichen jede jeweils vorausgehende den Stellenwert der bloßen Möglichkeit gegenüber der Aktualisierung durch die folgende einnimmt. Während für Aristoteles ‹Potenz› (δύναμις) und ‹Akt› (ἐνέργεια), sofern sie einer anderen Intention genügten, gerade keine kategorialen Prinzipien sein konnten, werden Möglichkeit und Wirklichkeit Strukturmomente der als Aufbauprinzipien verstandenen K. selbst. Andererseits wird gerade dadurch deutlich, daß als Leitfaden der stoischen Rekonstruktion des Wirklichen trotz des in den Bereich der zweiten K. gehörigen Begriffs πνεῦμα (Geist, aber als feinste Materie verstanden) die physisch-kosmische Welt fungiert, da nur diese Welt prinzipiell nach dem Verhältnis des Übergangs von Möglichem zu Wirklichem zu denken ist; war das «Etwas schlechthin» noch undifferenziert sowohl als «geistige» wie als physische Wirklichkeit zu verstehen, so schränken es die in ihrem Verhältnis nach dem Schema von Möglichkeit und Wirklichkeit konzipierten K. auf die vorliegende physische Wirklichkeit ein. Durch die Veränderung der aristotelischen K.-Konzeption zu einer eingeschränkten Theorie des Aufbaues des physisch gegebenen Kosmos fordert die Stoa die an der dualen Konzeption Platons orientierte neuplatonische Kritik durch Plotin heraus.

Anmerkungen. [1] SIMPLICIUS, In Arist. cat. 66, 32; DEXIPPUS, In Arist. Cat., hg. BUSSE 5, 18ff.; 23, 25ff.; PLOTIN, Enn. VI, 1, 25; IV, 7, 9. – [2] Vgl. E. ZELLER: Die Philos. der Griechen in ihrer gesch. Entwickl. III/1 (³1879) 103f. – [3] SIMPLICIUS, Ad Arist. cat. hg. BASIL fol. 16 b, § 36.

4. Plotin. – Die Auseinandersetzung sowohl mit der aristotelischen wie der stoischen Kl., die durch die Rezeption der platonischen Philosophie, insbesondere des Dialogs ‹Sophistes› geleitet ist, führt PLOTIN zu einer zweistufigen Kl. [1], in der K. des Denkbaren (νοητόν) von K. der sichtbaren Welt (κόσμος αἰσθητός) unterschieden werden. Während die aristotelischen zehn K., reduziert auf fünf, als K. der sinnlichen Welt wiederkehren – *Substanz* (οὐσία), *Relation* (πρός τι), *Quantum* (ποσόν) und *Quale* (ποιόν) als Akzidenzien in der Substanz, *Ort* (ποῦ) und *Zeit* (ποτέ) als das Worin der Substanzen, und Bewegungen (κινήσεις) als *Actio* (ποιεῖν) und *Passio* (πάσχειν) der Substanzen –, so erscheinen Platons oberste Gattungen (μέγιστα γένη) im ‹Sophistes› – *Sein, Ruhe, Bewegung, Dasselbe*, das *Andere* – als die Grundbestimmungen der denkbaren Welt (κόσμος νοητός).

Die im Platonismus vorausgesetzte Zweiteilung der Welt nötigt die Konzeption der K. entweder selbst zu einer Zweiteilung oder zur Restriktion des K.-Begriffs auf die Welt des Sinnlichen. Plotins Verbindung aristotelischer und platonischer Theorie ist das erste Konzept einer nach *Regionen des Seins* sich differenzierenden Kl., indem es zwei verschiedene Arten grundlegender Bestimmungen in Entsprechung zu qualitativ verschiedenen Wirklichkeitsbereichen entwirft. Zugleich ist seine Kl. darin, daß sie die Bedeutung der aristotelischen K. auf die sinnliche Welt restringiert, für die neuplatonische Tradition der mittelalterlichen Philosophie folgenreich.

In der Konsequenz der prinzipiellen Ungleichartigkeit der beiden K.-Gruppen besteht die innere *Problematik* dieser Konzeption einerseits darin, daß die fünf obersten Gattungen auf Grund ihrer wechselseitigen Durchdringung eine eindeutige begriffliche Subsumtion unter sie als allgemeine Bestimmungen ausschließen, während die K. des Sinnlichen gleichwohl als allgemeine Begriffe gelten können. Zum anderen bleibt es bei qualitativen Bestimmungen, die nach Art der Tugenden oder der Wissenschaften zugleich sinnliche und geistige Züge besitzen, unklar, ob sie unter das Denkbare (νοητόν) oder unter das sinnlich Wahrnehmbare (αἰσθητόν) oder unter beides einzureihen sind. Die Schwierigkeiten einer spekulativen Kl. oberster Gattungen, die schon Aristoteles gegenüber Platon geltend machte, kehren so auf veränderte Weise in Plotins Lehre wieder.

Anmerkung. [1] PLOTIN, Enn. VI, 1f.: ΠΕΡΊ ΤῶΝ ΓΕΝῶΝ ΤΟῦ ὌΝΤΟΣ (Über die Gattungen des Seienden).

5. *Spätantike Aristoteleskommentatoren.* – Nur ihrer allgemeinen Intention nach ist darum Plotins Kl. von Bedeutung geblieben. Entscheidenden Einfluß insbesondere auf die Entwicklung der mittelalterlichen Logik, gewann hingegen die ‹Einleitung› (Εἰσαγωγή, Isagoge) seines Schülers PORPHYRIUS [1]. Durch ihre frühe Rezeption wurde dem mittelalterlichen Denken das Problem der K. überliefert und zugleich begründet, daß die K.-Schrift des Aristoteles als eine Art Einleitung in die Philosophie den philosophischen Lehrbetrieb der Schulen maßgeblich bestimmen konnte. Daß die Problemsicht der aristotelischen K.-Konzeption sich gegenüber Plotins Versuch auf die Dauer durchzusetzen vermochte, bezeugt die umfangreiche Tätigkeit der Aristoteleskommentatoren [2], insbesondere der Kommentar des SIMPLICIUS [3], der Plotins Kritik an den Kategorien des Aristoteles ausführlich widerlegt. Entscheidend ist die von den Kommentatoren vertretene Auffassung, daß die K. eine vollständige Klassifikation aller Dinge ermöglichen. Gleichzeitig wird der Stellenwert des K.-Begriffs dahingehend präzisiert, daß K. weder als rein logische noch als rein metaphysische Begriffe zu denken sind, weswegen der ihnen jeweils zugeschriebene Status als lediglich von der jeweiligen Betrachtungsweise abhängig betrachtet wird.

Anmerkungen. [1] PORPHYRIUS, ΕΙΣΑΓΟΓῈ ΕΙΣ ΤᾺΣ ΑΡΙΣΤΟΤΈΛΟΥΣ ΚΑΤΗΓΟΡΊΑΣ (Einl. in die K. des Arist.). – [2] Vgl. die bei PRANTL, a. a. O. [9 zu 2] 1, 618-659 behandelten Kommentatoren: ATTIKUS, LUCIUS, NIKOSTRATUS, ACHAICUS, SOTION, ALEXANDER VON APHRODISIA, PORPHYRIUS, JAMBLICHUS, THEMISTIUS, SYRIANUS, AMMONIUS, DAVID, SIMPLICIUS, PHILOPONUS, DAMASCENUS, PHOTIUS, PSELLUS, BLEMMIDES, PACHYMERES, ANEPONYMUS. – [3] SIMPLICII in Arist. cat. comm., hg. C. KALBFLEISCH (Berlin 1907), in: Comm. in Arist. graeca 8.

Literaturhinweise. A. TRENDELENBURG: Erl. zu den Elementen der arist. Logik (²1861). – G. BAUCH: Arist.-Stud. I: Der Ursprung der arist. K.; II: Zur Charakteristik der arist. Schrift ΚΑΤΗΓΟΡΊΑΙ (1884). – O. APELT s. Anm. [9 zu 2]. – A. GERCKE: Ursprung der arist. K. Arch. Gesch. Philos. 4 (1891) 424-441. – K. WOTKE: Über die Quelle der Kl. des Arist., in: Serta Harteliana (1896) 33-35. – R. WITTEN: Die K. des Arist. Arch. Gesch. Philos. 17 (1904) 52-59. – A. CAPPELLAZZI: Le cat. di Arist. e la filos. class. (1911). – H. RITTER und L. PRELLER: Hist. philosophiae graecae, hg. E. WELLMANN (⁹1913). – C. M. GILLESPIE: Die arist. K. (1925), ND in: Logik und Erkenntnislehre des Arist., hg. F.-P. HAGER (1972). – G. NEBEL: Plotins K. der intelligiblen Welt (1929). – K. V. FRITZ: Der Ursprung der arist. Kl. Arch. Gesch. Philos. 40 (1931) 449-496, ND in: Logik ..., hg. F.-P. HAGER (1972). – TH. GOMPERZ: Griech. Denken. Eine Gesch. der antiken Philos. 1-3 (⁴1931) bes. 1, 29-35. – K. V. FRITZ: Zur arist. Kl. Philologus 90 (1935) 244-248. – M. POHLENZ: Die Stoa. Gesch. einer geistigen Bewegung 1. 2 (1948/49), bes. 1, 69f. – I. DÜRING: Arist. (1966) bes. 59-64. – E. KAPP: Die Kl. in der arist. Topik (Habilschrift 1920). Ausg. Schr. (1968). – E. VOLLRATH: Stud. zur Kl. des Arist. (1969). – K. BÄRTHLEIN: Die Transzendentalienlehre der alten Ontol. I: Die Transzendentalienlehre im Corpus Arist. (1972).

II. *Patristik, Mittelalter und Humanismus.* – 1. *Boethius.* – Obgleich mit der pseudo-augustinischen, vermutlich eine Übersetzung der Paraphrase des THEMISTIUS darstellenden Schrift ‹Categoriae decem ex Aristotele decerptae› [1] sich bereits eine lateinische Version der K.-Schrift in Umlauf befand und auch MARIUS VICTORINUS die ‹Isagoge› des Porphyrius schon ins Lateinische übersetzt hatte, wurden erst Übersetzung und Erklärung der K. durch BOETHIUS [2] sowie sein Kommentar zur ‹Isagoge› des Porphyrius in besonderer Weise wirkungsgeschichtlich bedeutsam. Die von ihm zum Teil erst geschaffene lateinische Terminologie der Philosophie bildete über Jahrhunderte den begrifflichen Rahmen der philosophischen K.-Diskussion. Von didaktischem Wert erwiesen sich auch die durch ihn propagierten Schemadarstellungen komplizierter logischer Verhältnisse, wie z. B. die übersichtliche Anordnung des von Aristoteles herausgestellten vierfachen Grundverhältnisses von «von einem Subjekt (ὑποκείμενον) ausgesagt werden» und «in einem Subjekt sein», dessen Glieder Boethius durch die Wendungen «de subiecto dicitur» und «in subiecto est» wiedergibt (vgl. Schema [3]).

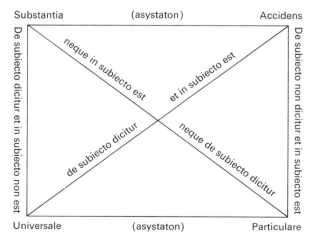

Substantia   (asystaton)   Accidens

De subiecto dicitur et in subiecto non est

neque in subiecto est

et in subiecto est

de subiecto dicitur

neque de subiecto dicitur

De subiecto non dicitur et in subiecto est

Universale   (asystaton)   Particulare

Obgleich Boethius in der Tradition der griechischen Kommentatoren und des Porphyrius im allgemeinen die Diskussion um die aristotelischen K. von der Sache her bloß rezipiert, stellt er doch den Gedanken der *Vollständigkeit* der K. unter einer neuen Perspektive in den Vordergrund. So hebt er gleich zu Anfang seines Kommentars die wissensbegründende Funktion der zehn K. hervor: «Die unbestimmte und unbegrenzte Menge der verschiedenen Dinge umgreifen die zehn K. in geringster Zahl, so daß die nicht wißbare unendliche Menge durch die zehn Bestimmungen des Wissens in bestimmter Weise umfaßt wird» [4]. Wie die griechischen Kommentatoren ist Boethius der Überzeugung, daß die K. als die obersten «genera significationum» zugleich die obersten «genera rerum» seien [5]. Nicht nur die Zahl der Dinge ist unendlich, sondern auch die Zahl der Möglichkeiten von significatio. Dienen die K. der genauen Begriffsfindung, die als solche bereits den Sinn von Seiendem verbürgt, so sind sie gleichsam Bedingung der Möglichkeit dafür, daß Etwas gewußt wird. Ist nun das gesamte mögliche Wissen durch diese zehn K. erfaßt [6], so erscheint dasjenige, was Gegenstand des Wissens sein kann, durch die K. prinzipiell präjudiziert. Da jedoch die K. als die obersten Gattungen selber keine ihnen übergeordnete Gattung besitzen, muß die Möglichkeit einer Deduktion der K. negiert werden. So stellt zwar der Rückgang auf den Zusammenhang von K. und wißbarem Gegenstand die Funktion der K. für das Wissen überhaupt heraus, jedoch ohne daß diese Funktion selbst als konstitutiv für die Geltung der K. hätte eingesehen und mithin die Behauptung der Vollständigkeit hätte legitimiert werden können.

Anmerkungen. [1] Vgl. C. PRANTL: Gesch. der Logik ... (1855-1885) 1, 669f. 640. – [2] BOETHIUS, De Trin. IV, 7-11. – [3] Vgl. PRANTL, a. a. O. [1] 685. 633 Anm. 66. – [4] BOETHIUS, MPL 64, 161. – [5] ebda.; 178. – [6] a. a. O. 169. 180.

2. *Augustin.*

Bestimmte die von Boethius aufgegriffene und weitergeführte Diskussion des K.-Problems namentlich ihre logisch-ontologische Rezeption in der patristischen und mittelalterlichen Philosophie, so entwickelte sich parallel dazu ein durch neuplatonisches Gedankengut motiviertes *spekulatives* Interesse am K.-Begriff. Urheber dieser neuplatonischen Tradition der mittelalterlichen Philosophie ist in besonderer Weise AUGUSTINUS [1], der die Bedeutung der K. hinsichtlich einer durch sie möglichen Erkenntnis Gottes in Abrede stellt. Obgleich wir die K. als Leitfaden der Explikation des göttlichen Wesens gebrauchen müssen, kann Gott weder gemäß der K. der Substanz noch gemäß den neun K. der Akzidenzien in seinem Wesen erkannt werden. Die hierbei maßgeblichen Grundgedanken, daß die K. zwar Leitfaden der Bestimmung, nicht jedoch inhaltliche Momente der Erkenntnis Gottes sein können, daß es ferner jenseits der K. transkategoriale Begriffe (transcendentia oder transcendentalia) geben müsse, begründen die Tradition sowohl der spekulativen mittelalterlichen Philosophie wie der negativen Theologie. «So können denn auch die Bezeichnungen (significationes) der K., die vornehmlich in den geschaffenen Dingen (in rebus conditis) erkannt werden, mit Grund (causa) aller Dinge nicht unzutreffend (non absurde) ausgesagt werden, allerdings nicht so, als bezeichneten sie diesen wesensmäßig, vielmehr raten sie uns in einem übertragenen Sinne (translative) was wir, die wir diesen Grund suchen, über ihn rechtens (probabiliter) zu denken haben» [2].

Mit Augustinus und Boethius sind diejenigen Traditionsströme bezeichnet, die als logisch-ontologisches und spekulativ-theologisches Interesse mehr oder minder bei allen Denkern des *Mittelalters* sich in wenn auch individuell verschiedener Weise verschränken. Erinnert sei in diesem Zusammenhang vor allem an ANSELM VON CANTERBURY, ABÄLARD, BONAVENTURA und THOMAS VON AQUIN. Besitzen die aristotelischen K. im Bereich logischer und ontologischer Reflexionen grundlegende Bedeutung für die philosophische Ausbildung an Schulen und Universitäten, so sind sie auf der anderen Seite zugleich Index und Vehikel philosophisch-theologischer Spekulation. Als oberste Gattungen des geschaffenen Seienden, d. h. als Strukturbegriffe alles Endlichen, dienen sie gleichzeitig als Leitfaden einer spekulativen Erkenntnis des Wesens Gottes, deren Anspruch sie selbst jedoch nicht genügen.

Anmerkungen. [1] AUGUSTINUS, De Trin. 5, 1. 2; Conf. IV, 28. – [2] SCOTUS ERIUGENA, De divisione naturae I, 17.

3. *Der Einfluß der arabischen Philosophie.*

Nachhaltigen Einfluß erfährt die hochmittelalterliche Diskussion über die Bedeutung der aristotelischen K. durch die allmählich einsetzende Rezeption der arabischen Philosophie: Da sich indessen ALFARABI, AVICENNA, ALGAZELI und AVERROES im großen und ganzen nur auf die bereits von Porphyrius diskutierten Probleme der aristotelischen K. beziehen [1], vermochte das Bekanntwerden der arabischen Philosophie zwar die exegetische Diskussion des aristotelischen ‹Organon› wesentlich zu beleben, jedoch ohne daß die Sachdiskussion um das K.-Thema dadurch entscheidend über den durch die Rezeption des Porphyrius bereits abgesteckten Problembereich hinaus erweitert und gefördert worden wäre.

Anmerkung. [1] Vgl. PRANTL a. a. O. [1 zu 1] 1, 314ff. 358ff. 372ff. 382ff.

4. *Thomas von Aquin.*

Trotz der pünktlichen Übernahme der zehn K. des Aristoteles ergibt sich eine wesentlich neue Perspektive bei THOMAS VON AQUIN, der zum ersten Mal den Versuch einer *systematischen Ableitung* der K. unternimmt [1]. Da auch für Thomas die Ableitung der einzelnen K. aus einem obersten allgemeinen Begriff des Seienden, der als Gattung oberster Gattungen widersprüchlich wäre, sich als unmöglich darstellt, wählt er als Prinzip der Deduktion die «praedicatio» in den sie bestimmenden strukturellen Implikaten, die als aufeinander aufbauende Aussagemuster am Leitfaden des voll konstituierten wirklichen Dinges orientiert sind [2]. Entsprechen aber die Seinsweisen den Aussageweisen, die «modi essendi» den «modi praedicandi» [3], so läßt sich gemäß dieser Parallelität von Denken und Sein die Zehnzahl der K. aus den verschiedenen Arten der «praedicatio» rechtfertigen:

Da und sofern sich jede Prädikation auf eine individuelle Substanz bezieht, ergibt sich daraus die grundlegende Einteilung in Substanz und Akzidenzien: *Erste Substanz* ist das Subjekt, über das alle anderen Aussagen gemacht werden. Je nach dem Verhältnis des prädizierten Inhalts der Aussage zur vorauszusetzenden individuellen ersten Substanz, wonach die Aussagen essentielle oder nicht-essentielle oder solche Aussagen sein können, deren Bestimmungen der ersten Substanz schlechthin äußerlich sind, lassen sich die einzelnen K. bzw. K.-Gruppen als nacheinander den Gegenstand bestimmend entwickeln. Aus der Struktur der essentiellen Prädikation, die über das Subjekt etwas zu dessen Wesen Gehöriges aussagt, ergibt sich die K. der *zweiten Substanz.* Aus der zweiten Prädikationsweise, deren Bestimmungen zwar nicht zum Wesen des Dinges gehören, jedoch als der ersten Substanz inhärierend gedacht sind, entspringen die K. der *Quantität* und *Qualität*, wobei beide inhärierenden Momente dem Subjekt an sich und absolut zukommen und nur in der Hinordnung auf die Prinzipienbegriffe ‹Materie› bzw. ‹Form› sich voneinander unterscheiden. Betrifft das inhärierendes Moment das Subjekt nicht absolut, sondern im Verhältnis zu einem anderen, so entspringt dieser Aussageweise die K. der *Relation*. Die dritte Aussageweise nennt Bestimmungen, die der ersten Substanz schlechthin äußerlich sind, und läßt am Leitfaden des Ursachebegriffs (causa agens) einerseits, am Begriff des Maßes (mensura) andererseits die K. *actio* und *passio* sowie *quando*, *ubi* und *situs* entspringen. Die zehnte K. des *habitus* bildet dabei eine gewisse Schwierigkeit, da sie sich ausschließlich auf menschliche Subjekte beziehen kann.

Gemäß dem Leitfaden verschiedener Prädikationsweisen und der für Wirklichkeit konstitutiven metaphysischen Begriffe ‹Form›, ‹Materie›, ‹causa› usw. ergibt sich auf diese Weise eine wohlgeordnete Anzahl von K., die sich nach der jeweils größeren oder geringeren Nähe zur ersten Substanz bestimmen. Insbesondere die Anordnung in der Abfolge der K. ‹Quantität› und ‹Qualität› zeigt, daß die jeweils frühere als Voraussetzung für die jeweils spätere konzipiert ist. Die Kl. des Thomas von Aquin ist sonach die erste systematische und geschlossene Ableitung der obersten Gattungen, von denen er explizit fordert, daß eine nicht in der anderen enthalten sein dürfe [4].

Daß seine K.-Liste indessen diesem Anspruch nicht genügt und genügen kann, sofern mindestens die Relations-K. eine Reihe von anderen einschließt (z. B. actio und passio, ubi und quando), ist ein Kritikpunkt, der bereits in der späteren Diskussion gegenüber Thomas zur Geltung gebracht wurde. Als problematisch erweist sich auch der Ansatzpunkt der K.-Deduktion bei der individuellen Substanz, die damit implicite als die entscheidende Realität beansprucht wird. Demgegenüber macht schon THOMAS VON ERFURT [5] aus der Schule des Duns Scotus (ebenso übrigens wie HEINRICH VON GENT [6]) geltend, daß eine K.-Theorie keineswegs nur den Bereich der physischen Wirklichkeit betreffen, sondern ebenso die Bereiche des Logischen, Mathematischen, des Psychischen und Metaphysischen einbeziehen müsse. Durch die damit ins Auge gefaßte Unterscheidung mehrerer Gegenstandsbereiche, angesichts deren die Kl. des Thomas von Aquin als zu eng erscheint, stellt sich analog wie schon für Plotin und die neuplatonische Tradition das Problem einer Differenzierung der K. nach verschiedenen Regionen der Wirklichkeit [7].

Anmerkungen. [1] Vgl. S. BRETON: La déduction thomiste des cat. Rev. philos. Louvain 60 (1962) 5-32, bes. 8ff.: La déduction des cat. – [2] THOMAS VON AQUIN, De ver. I, 1. – [3] In Arist. Phys. III, 1, 5. – [4] S. theol. I/II, 49, 1 obj. 2. – [5] THOMAS VON ERFURT, De modis significandi (1. Hälfte 14. Jh.); vor 1922 Duns Scotus zugeschrieben; vgl. UEBERWEG/GEYER (¹¹1927) 456f. – [6] Vgl. H. MEYER: Thomas von Aquin. Sein System und seine geistesgesch. Stellung (1938) 150. – [7] M. HEIDEGGER: Die K.- und Bedeutungslehre des Duns Scotus [recte: Thomas von Erfurt] (1916), ND in: Frühschr. (1972) 133ff.

5. *Wilhelm von Ockham und Raimundus Lullus.*

Gegenüber den verschiedenen Spielarten der aristotelischen Tradition der Kl., die insgesamt und ohne Unterschied an der objektiven Bedeutung kategorialer Begriffe festhalten, verändert erst die an einem theologischen Voluntarismus und an der Vorstellung göttlicher Allmacht orientierte *nominalistische* Erkenntniskritik den *Status*

des K.-Begriffes selbst. Ohne auf die internen Diskussionen möglicher Systematisierung der aristotelischen K.-Begriffe sich einzulassen, hebt OCKHAM – wie schon früher teils ABÄLARD [1], teils auch DUNS SCOTUS – die bisher unmittelbar angenommene Parallelität von Denken und Sein hinsichtlich universaler Prädikate auf und bezieht die K. primär auf einen der Seele angeborenen Bezeichnungstrieb [2]. Durch die Unterscheidung von «intentio prima», die den Bezug von Zeichen auf etwas, was selbst nicht signum ist, zum Ausdruck bringt, und «intentio secunda» als Bezeichnung von Bezeichnungen erhalten die K. den Stellenwert von «entia rationis» [3]. «Est autem sciendum, quod hoc nomen praedicamentum est nomen secundae intentionis sicut hoc nomen genus, quamvis illa, de quibus praedicatur, sint incomplexa primae intentionis» (Man muß aber wissen, daß ‹Prädikament› wie auch ‹Genus› Namen der intentio secunda sind, wenngleich jenes, worüber etwas ausgesagt wird, einfache und unverbundene Ausdrücke der intentio prima sind) [4]. Die kategorialen Bestimmungen sind für Ockham keine realistisch zu deutenden Dingstrukturen oder gar selbst Dinge. Als entia rationis verweisen sie auf den Akt des Bezeichnens, dem sie entspringen. So sagt Ockham beispielsweise über das Verhältnis von erster und zweiter Substanz: «Et ita substantiae primae non sunt subjecta realiter subsistentia substantiis secundis, sed sunt subjecta per praedicationem» (und so sind die ersten Substanzen nicht Gegenstände, die den zweiten Substanzen wirklich subsistieren, sie sind vielmehr Träger von Bestimmungen nur aufgrund der Prädikation) [5]. Obgleich auf diese Weise der geistige Akt, aus dem die K. entspringen, genauer untersucht wird und die Spontaneität der Bezeichnungsfunktion als konstitutives Moment erfaßt ist, wird gleichwohl der darin liegende Konstitutionsvorgang nicht als solcher thematisiert. Ockhams nominalistischer Versuch, den erkenntnistheoretischen Status der K.-Begriffe in der subjektiven Tätigkeit des menschlichen Geistes zu lokalisieren, besitzt sowohl auf den neuzeitlichen Empirismus (Locke, Hume) wie auch auf die kantische Transzendentalphilosophie vorausweisende Bedeutung. An dem durch Aristoteles vorgegebenen begrifflich inhaltlichen Umriß der Kl. änderte er jedoch nichts.

Demgegenüber erscheint die unter kombinatorischen Gesichtspunkten sicher interessante und bis zu Leibniz' ‹Mathesis universalis› und darüber hinaus fortwirkende Idee von RAIMUNDUS LULLUS, die K. als Elemente einer allgemeinen Begriffskombinatorik zu verwenden, vergleichsweise abstrakt. Mit einigem Recht bezeichnet darum Trendelenburg die ‹Ars Magna› als «Glücksrad der Logik» [6].

Anmerkungen. [1] Vgl. PETRUS ABAELARD, Glossulae super Porphyrium, bei CH. DE RÉMUSAT: Abélard II, (Paris 1845) 109. – [2] WILHELM VON OCKHAM, S. Logica (= SL) I, c. 2, 6-7. – [3] SL I, 40, 65-72. – [4] SL I, 40, 2-5. – [5] SL I, 42, 122-124. – [6] A. TRENDELENBURG: Gesch. der Kl. (1846) 250.

6. *Humanismus.*

– Die Diskussion des K.-Themas in der Zeit des ausgehenden Mittelalters kehrte im allgemeinen zu den Bestimmungen der aristotelischen Kl. zurück und stand vor allem im Zeichen der durch Humanismus und Renaissance geprägten Auseinandersetzung mit dem Aristotelismus der Scholastik. Rundweg ablehnende Stellungnahmen zur K.-Theorie des Aristoteles im ganzen (LAURENTIUS VALLA [1], LUDOVICUS VIVES [2], PETRUS RAMUS [3]) wechseln ab mit die aristotelisierende Scholastik kritisierenden Konzeptionen, die gleichwohl entweder die aristotelische Kl. selbst repristinieren (PH.

MELANCHTHON [4]) oder im Anschluß an bzw. gegen Aristoteles eine eigene Kl., mehr oder minder aristotelische Elemente kompilierend, entwerfen: so etwa TOMMASO CAMPANELLA mit den von ihm zusammengestellten zehn K.: substantia, quantitas, forma seu figura, vis vel facultas, operatio seu actus, actio, passio, similitudo, dissimilitudo, circumstantia [5]. Ebenso wie die Kritik an der aristotelischen Auffassung der K. zeigen auch die Versuche, Aristoteles gegen die Aristoteliker zu erneuern, sofern jedenfalls Kritik wie Erneuerung in systematischer Hinsicht von untergeordneter Bedeutung bleiben, daß das philosophische Interesse der Zeit des Humanismus und der Renaissance primär weniger an logisch-ontologischen als an anthropologischen und theologischen Problemstellungen orientiert war.

Anmerkungen. [1] L. VALLA: Disputationes dialecticae (1499). – [2] L. VIVES, De causis corruptarum artium III, 2. – [3] P. RAMUS, Animadversionum Aristophilicarum libri XX. – [4] PH. MELANCHTHON: De dialectica (1534); Erotemata dialectices (1547). – [5] Vgl. T. CAMPANELLA: Philos. rationalis partes quinque 2 (1637) bes. Dialecticorum lib. I, c. 4-6.

Literaturhinweise. BOETHIUS, Comm. in Porphyrium. MPL 64, 78 d ff. – THOMAS VON AQUIN, S. theol. I, q. 28, a. 2. – ANSELM VON CANTERBURY, De grammatico c. 17. 21. – R. LULLUS: Arbor scientiae (1515). – L. VALLA s. Anm. [1 zu 6]. – PH. MELANCHTHON: Erotemata dialectices (1549). – L. VIVES: De disciplinis lib. XX (1586) 100f. – G. MARTIN: Wilhelm von Ockham. Untersuch. zur Ontol. der Ordnungen (1949). – R. LAY: Passiones entis disiunctae (= P.e.d.). Ein Beitrag zur Problemgesch. der Transzendentalienlehre. Theol. u. Philos. 42 (1967) 51-78; P.e.d. (II). Die Lehre von den P.e.d. in der prot. Scholastik a. a. O. 359-389. – J. PINBORG: Logik und Semantik im MA. Ein Überblick (1972). – G. SCHENK: Zur Gesch. der log. Form 1: Einige Entwickl.tendenzen von der Antike bis zum Ausgang des MA (1973).
H. M. BAUMGARTNER/G. GERHARDT/
K. KONHARDT/G. SCHÖNRICH

III. *Neuzeit bis Kant.*

– Die Kl. wurde im 17. Jh. vorwiegend von den *Aristotelikern* vertreten, die ihren Hauptsitz in Deutschland und zum Teil in den Niederlanden hatten, wobei, nach MELANCHTHONS Auffassung, die zehn K. als die obersten Gattungen der Dinge galten [1], so bei KECKERMANN [2], ALSTED [3] (beide Eklektiker), TIMPLER [4], BURGERSDIJK [5], GUTKE [6], MICRAELIUS [7], STAHL [8], ISENDOORN [9], GEILFUS [10], EBEL [11]. Eine der öfter besprochenen Fragen dabei war, ob die K. ihren eigentlichen locus in der Logik oder in der Metaphysik haben sollten: so z. B. bei TIMPLER, der sie hauptsächlich der Metaphysik zuschrieb [12].

In der *Logik* wurden die K. unter den Termini unterschiedlich eingereiht: manchmal folgen sie den *supra praedicamenta* (transcendentia, transcendentalia: ens, essentia, unum, verum ...), wie z. B. bei SCHARF [13]; manchmal den *universalia* bzw. *praedicabilia* (genus, species, differentia, proprium, accidens) und den *antepraedicamenta* (aequivoca, univoca, paronyma), wie z. B. bei BECHMANN [14]. Den K. folgen gewöhnlich die *postpraedicamenta*. Über K. erschienen auch mehrere spezielle Abhandlungen [15]: die letzte von dem Königsberger Professor RABE [16].

Auch außerhalb des Aristotelismus wurden gelegentlich die aristotelischen K. angenommen, obwohl gewöhnlich anders aufgefaßt: so bei den *Conimbricenses* [17], bei BACO VON VERULAM [18], bei CAMPANELLA [19]. BRUNO anerkannte zwölf Formen der Dinge, wozu bei den zehn K. noch ‹motus› und ‹causa› hinzukommen [20]. HOBBES stellte eine eigene K.-Tafel auf, wobei die K., als Gattungen, der ersten, der ‹Formula praedicamenti corporum›, subordiniert werden [21].

Von einigen *Cartesianern* wurden sieben K. angenommen: mens, mensura, quies, motus, positura, figura, materia [22]. Indessen wurden von den antiaristotelisch gesinnten Denkern die aristotelischen K. auch stark angegriffen, wie schon in der Renaissance (z. B. durch RAMUS [23]). Die Anzahl und Auswahl der K. wird als willkürlich und unbegründet, die K. selbst als bloß menschliche, nicht der Realität entsprechende Vorstellungen erklärt: so bei GASSENDI [24] und bei den Cartesianern, wie z. B. DU ROURE (1652), ARNAULD (1662), RÉGIS (1691) [25] und LE CLERC [26]; so auch bei einigen britischen Philosophen, wie CARPENTER (1621) und KENELM DIGBY (1665) [27]; in Holland bei SCHULER [28].

In der ersten Hälfte des 18. Jh. wurde die aristotelische Kl. hauptsächlich von den deutschen katholischen Philosophen vertreten, oder wenigstens eingehend dargestellt und besprochen: z. B. bei AMORT [29], SCHNELL [30], FORTUNATUS A BRIXIA [31], GORDON [32], HAUSER [33], CARTIER [34]. Der protestantische Eklektiker DARJES nahm zwar die K. an, betrachtete sie aber bloß als «series rerum gradatim subordinatarum» [35]. Die Kl. wurde sonst zwar häufig mehr oder weniger flüchtig erwähnt, dabei aber im allgemeinen mit den bekannten Begründungen schroff abgelehnt; so schon bei CHR. THOMASIUS [36] und bei seinen Schülern, wie z. B. LANGE [37] und WALCH [38]; so in der *Wolffischen Schule*, wo REUSCH als einziger K., aber bloß als willkürliche logische Klassifikationsprinzipien, und in unbeschränkter Zahl, annahm [39].

Auch außerhalb Deutschlands wurden die Anklagen gegen die aristotelische Kl. mehrmals wiederholt, wie z. B. von CROUSAZ [40] und von WATTS [41]. Dadurch blieb der Terminus ‹K.› bis zur Zeit Kants ein Bestandteil des lebendigen Gedankenguts, sein aristotelischer Sinn wurde aber dabei meistens entweder abgelehnt oder beträchtlich verändert [42].

Anmerkungen. [1] PH. MELANCHTHON: Erotemata dialectices (Witbergae 1547) fol. 16ff. – [2] B. KECKERMANN: Systema logicae (¹1600). Opera omnia (Genevae 1614) 1, 175ff.; vgl. W. RISSE: Die Logik der Neuzeit (1964) 1, 446. – [3] J. H. ALSTED: Logicae systema harmonicum (Herbornae 1614) 241ff. – [4] C. TIMPLER: Logicae systema methodicum (Hanoviae 1612) 77ff. – [5] F. BURGERSDICIUS: Institutionem logicarum libri duo (¹1626, zit. Amstelaedami 1685) 10. – [6] G. GUTKE: Logicae divinae seu Peripateticae libri duo (¹1626, zit. Coloniae 1631) 190ff. – [7] J. MICRAELIUS: Lex. philosophicum (¹1653, zit. Stetini 1662) s.v. – [8] D. STAHL: Institutiones logicae (Hildesiae 1655) 12ff. 60ff. – [9] G. ISENDOORN: Cursus logicus (Francofurti 1666) 108ff. – [10] J. GEILFUS: Exercitationes academicae (Tubingae 1656) 63. 77. – [11] CH. EBEL: Compendii logici plenioris I, 13, 20ff. Opera philosophica (Francof. 1677). – [12] TIMPLER, a. a. O. [4]. – [13] J. SCHARF: Institutiones logicae (¹1632, zit. Wittembergae 1656) 232ff. 242ff. 234-237. – [14] F. BECHMANN: Institutiones logicae ex Aristotele (¹1664, zit. Jenae 1672) 41-42. – [15] Vgl. W. RISSE: Bibliogr. logica (1965) 1, 287; s.v. – [16] P. RABE: Primitia professionis logico-metaphysicae sive commentarii in librum categoriarum Aristotelis (Regiomonti 1704). – [17] Vgl. RISSE, a. a. O. [2] 1, 376. – [18] F. BACON: De augmentis sci. (1623) V, 4. – [19] T. CAMPANELLA: Philosophiae rationalis partes V (Parisiis 1638) Logicorum libri III, 72ff. – [20] P. RAGNISCO: Storia crit. delle cat. (Florenz 1871) 565. – [21] TH. HOBBES: De corpore (1655). Opera philos. (Amstelodami 1668) 13-14. – [22] J. G. WALCH: Philos. Lex. (Leipzig 1737) Art. ‹Praedicamentum›; J. H. ZEDLER: Universal-Lex. (Leipzig/Halle 1732-54) Art. ‹Praedicamentum›. – [23] P. RAMUS: Animadversionum aristotelicarum libri XX (Lutetiae 1549) 80ff. – [24] P. GASSENDI: Exercitationes peripateticae (1624). Opera omnia (Lugduni 1656) 3, 165ff. – [25] Vgl. G. TONELLI: L'origine della tavola dei giudizi ... Filos. 7 (1956) 137. – [26] J. CLERICUS: Logica (1692). Opera philos. (Lipsiae 1710) 1, 26. – [27] CH. DE RÉMUSAT: Hist. de la philos. en Angleterre de Bacon jusqu'à Locke (Paris 1875) 1, 162-303. – [28] J. SCHULER, Diss. philos. de decem categoriis aristotelicorum (Bredae 1663) passim. – [29] E. AMORT: Philos. pollingiana (Augustae Vind. 1730) 113. – [30] A. SCHNELL: Cursus philos. (Augustae Vind. 1737) 162ff. – [31]

FORTUNATUS A BRIXIA: Philos. mentis (Brixiae 1741) 1, 28. – [32] A. GORDON: Philos. utilis et jucunda (Pedemonti prope Ratisbonam 1755) Logica 30ff. – [33] B. HAUSER: Elementa philosophiae (Augustae Vind. et Oeniponti 1755) 1, Logica, 87. – [34] G. CARTIER: Philos. eclectica (Augustae Vind. et Wirceburgi 1750) 30ff. – [35] J. G. DARJES, Introd. in Artem inveniendi (Jenae 1732) Anal. §§ 120f. – [36] CHR. THOMASIUS: Introd. in philosophiam aulicam (¹1688, zit. Halae Magd. 1702) 135. – [37] J. LANGE: Medicina mentis (¹1704, zit. Berolini 1708) 664-667. – [38] WALCH, a. a. O. [22]. – [39] J. P. REUSCH: Systema logicum (Jenae 1734) 155. 159f. – [40] J. P. DE CROUSAZ: Tentamen novum metaphysicum (Groningae 1725) I, § 46. – [41] I. WATTS: Logick (¹1725, zit. London 1731) 25. – [42] Vgl. G. TONELLI: Das Wiederaufleben der dtsch.-arist. Terminol. bei Kant. Arch. Begriffsgesch. 9 (1964).

Literaturhinweise. A. TRENDELENBURG: Gesch. der Kl. (1846) – P. RAGNISCO s. Anm. [20]. – H. KNITTERMEYER: Der Terminus Transzendental in seiner hist. Entwickl. bis Kant (Diss. Marburg 1920). – G. TONELLI: La tradizione delle cat. aristoteliche nella filos. moderna sino a Kant. Studi Urbinati 32-B (1958). – W. RISSE: Die Logik der Neuzeit 1, 2 (1964/70). G. TONELLI

IV. Kant, deutscher Idealismus, 19. Jahrhundert. –

1. *Kant.* – Die *Neufassung* des K.-Begriffs in I. KANTS ‹Kritik der reinen Vernunft› bezeichnet den zweiten Schwerpunkt der Geschichte dieses Problems. Obgleich ausdrücklich an Aristoteles und seine Terminologie anknüpfend, verändern sich in Kants Theorie nicht nur der Stellenwert des Begriffs, sondern auch mit der Anzahl die einzelnen K.-Titel selbst.

Das Problem, wie es sich Kant stellt, ist bestimmt durch die Tradition des Rationalismus wie auch durch Theoreme des Empirismus, die jenen kritisch in Frage stellten. Motiviert durch die Intention der rationalistischen Philosophie seit Descartes, einfachste Elementarbegriffe des Denkens in einem vollständigen System anzuordnen, versuchte Kant, unter dem Eindruck der empiristischen Kritik an universalen Begriffen und ihrer Erkenntnisbedeutung, aus der rationalistischen Philosophie von Chr. Wolff und A. Baumgarten vorgegebenen termini ontologici genau diejenigen auszusondern, die als apriorische Begriffe des Verstandes zugleich objektive Gültigkeit beanspruchen konnten [1]. Entscheidendes Problem war die Entdeckung eines Auswahlprinzips, das den beiden Gesichtspunkten Rechnung trug, daß diese Begriffe zugleich dem reinen Verstand entspringen und Erfahrungserkenntnis begründen sollten. Als reine Verstandesbegriffe unterschieden sie sich daher von vornherein von Prinzipien der Sinnlichkeit wie Raum und Zeit; und als Begriffe mit Erkenntnisbedeutung hatten sie den Grundzügen von Erfahrungserkenntnis, die unter anderem in den Naturwissenschaften vorlag, zu entsprechen. Daher mußten, sofern jede Erfahrungserkenntnis synthetischen Charakter besitzt, die auszuwählenden Begriffe selbst als Bedingungen der Möglichkeit von Synthesis dargestellt werden können. Allgemeingültige Erkenntnis im Bereich möglicher Erfahrung war mithin nur dann als möglich zu begreifen, wenn es gelang, unter den termini ontologici Begriffe auszuzeichnen, die die Funktion apriorischer Synthesis im Hinblick auf eine Mannigfaltigkeit gegebener Sinnesdaten bzw. Erscheinungen erfüllen konnten.

Die Aufgabe der «metaphysischen Deduktion» [2] der K. bestand daher darin, in der Tätigkeit des Verstandes selbst Funktionen der Synthesis zu entdecken, so daß die gesuchten Begriffe als Explikationen dieser Synthesisfunktionen nachgewiesen werden konnten. «Um aber ein solches Prinzip aufzufinden, sah ich mich nach einer Verstandeshandlung um, die alle übrigen enthält und sich nur durch verschiedene Modifikationen oder Momente unterscheidet, das Mannigfaltige der Vorstellung

unter die Einheit des Denkens überhaupt zu bringen, und da fand ich, diese Verstandeshandlung bestehe im Urteilen. Hier lag nun schon fertige ... Arbeit der Logiker vor mir, dadurch ich in den Stand gesetzt wurde, eine vollständige Tafel reiner Verstandesfunktionen, die aber in Ansehung alles Objekts unbestimmt waren, darzustellen. Ich bezog endlich diese Funktionen zu urteilen auf Objekte überhaupt, oder vielmehr auf die Bedingung, Urteile als objektiv-gültig zu bestimmen, und es entsprangen reine Verstandesbegriffe, bei denen ich außer Zweifel sein konnte, daß gerade nur diese und ihrer nur soviel, nicht mehr noch weniger, unsere ganze Erkenntnis der Dinge aus bloßem Verstande ausmachen können. Ich nannte sie wie billig nach ihrem alten Namen K. ...» [3].

Die von Kant als systematisch geordnet aufgefaßte Tafel der Urteile bildete daher den Leitfaden für die Entwicklung einer vollständigen *Tafel der K.*, in deren Konzeption die alte didaktische Idee der «tabula logica» mit der Vorstellung sowohl der Vollständigkeit wie der systematischen Deduzierbarkeit verbunden ist. Die K. der *Quantität – Einheit, Vielheit, Allheit –* korrespondieren der Einteilung der Urteile nach ihrer Quantität in allgemeine, besondere, einzelne; die K. der *Qualität – Realität, Negation, Einschränkung –* der Einteilung in die bejahenden, verneinenden, unendlichen Urteile der Qualität; die K. der *Relation – Substanz, Ursache, Gemeinschaft –* der Einteilung der Urteile nach der Relation in kategorische, hypothetische, disjunktive; und die K. der *Modalität – Möglichkeit, Dasein, Notwendigkeit –* der modalen Einteilung der Urteile in problematische, assertorische und apodiktische [4].

Als den Urteilsfunktionen und ihrer Synthesis entsprechende reine Verstandesbegriffe, die, anderen Ursprungs als die Prinzipien der Sinnlichkeit, sich von den «überkategorialen» oder «transzendentalen» Begriffen der klassischen Tradition ebenso unterscheiden wie von den «Ideen» der reinen Vernunft, besitzen die von Kant entwickelten K. sowohl Intentionsgeltung für Objekte des Verstandes überhaupt als auch mögliche Bedeutung für Erfahrungserkenntnis. Sie sind darum einerseits Strukturbegriffe einer jeden Wissenschaft, sofern diese auf Begriffen a priori beruhen können soll [5]; so daß, was immer als Objekt einer möglichen Wissenschaft auftritt, durch K. mindestens gedacht wird. Andererseits erlangen die reinen Verstandesbegriffe Erkenntnisbedeutung nur, wenn ihre Anwendung auf Erscheinungen durch eine «transzendentale Deduktion» grundsätzlich [6] gewährleistet ist; die hier geforderte Garantie und den Nachweis im einzelnen übernimmt in der kantischen Theorie die die Erfahrungswelt konstituierende transzendentale Urteilskraft. Da nach ihr (Schematismus des reinen Verstandes [7]) die Erfahrungswelt als Welt möglicher Erfahrung konstitutiv durch schematisierte K. bestimmt ist, besitzen die K. als reine Verstandesbegriffe nur dann objektive Geltung, wenn ihr *Gebrauch* auf die Bedingungen möglicher Erfahrung restringiert wird. «Die reinen K., ohne formale Bedingungen der Sinnlichkeit, haben bloß transzendentale Bedeutung, sind aber von keinem transzendentalen Gebrauch, weil dieser an sich selbst unmöglich ist ... Da sie also (als bloß reine K.) nicht von empirischem Gebrauche sein sollen, und von transzendentalem nicht sein können, so sind sie von gar keinem Gebrauche, wenn man sie von aller Sinnlichkeit absondert, d. i. sie können auf gar keinen angeblichen Gegenstand angewandt werden; vielmehr sind sie bloß die reine Form des Verstandesgebrauchs in Ansehung der Gegenstände überhaupt und des Denkens, ohne doch durch sie allein irgendein Objekt denken oder bestimmen zu können» [8]. Die für Kants kritische Philosophie entscheidende Differenzierung von Denken und Erkennen [9] kehrt sonach in der Konstruktion des K.-Begriffes derart wieder, daß die K. als reiner Verstandesbegriff Denkgeltung für Objekte überhaupt, Erkenntnisbedeutung jedoch nur als schematisierte K. besitzt.

Kants Begriff der K. ist so konstruiert, daß er, als Explikat der Synthesisfunktion des Urteils (metaphysische und transzendentale Deduktion) und in seiner Restriktion auf das Schema der Zeit (Schematismus), zugleich mit den apriorischen Anschauungsformen von Raum und Zeit als den Bedingungen möglicher Erfahrung die Gegenstände dieser Erfahrung konstituiert. Die in Anspruch genommene Vollständigkeit der Urteilstafel garantiert die vollständige apriorische Bestimmtheit der Gegenstände der Erfahrung. Da insofern die zwölf K. quasiontologische Strukturbegriffe der erkennbaren Gegenstandswelt darstellen, ist die kantische Kl. intentionsanalog der aristotelischen: Sie enthält die obersten allgemeinen Begriffe, unter denen die partikularen Begriffsbestimmungen der Gegenstände der Erfahrung subsumiert werden können. Die obersten vier Gattungen der Quantität, Qualität, Relation und Modalität sind wohlbestimmt und schließen einander aus, da sie sich ebenso wie die einzelnen K. voneinander unabhängigen Verstandesakten verdanken. Die unter ihnen befaßten zwölf K. sind in einem System geordnet und bestimmen die apriorischen Hinsichten, unter denen Gegenstände überhaupt erkannt werden können. Gleichwohl besteht eine entscheidende Differenz zur aristotelischen Tradition darin, daß einerseits das Problem des Ursprungs ausdrücklich formuliert und andererseits sowohl der Nachweis der Vollständigkeit [10] als auch die Rechtfertigung der K. als objektiv gültiger Strukturen in einer transzendentalen Reflexion versucht werden. Sofern es dabei gerade der Ausgangspunkt der kantischen Transzendentalphilosophie ist, daß sie die Offenbarkeit des Seins im Logos, die Aristoteles voraussetzen muß, nicht bloß poniert, sondern, wenngleich nur in einem zwar wohldefinierten, aber eingeschränkten Bereich, nachweist, ist die kantische Theorie immun gegen die nominalistische Kritik.

Vom Standpunkt der transzendentalen Kritik aus bemerkte Kant mit Recht, daß Aristoteles die K. bloß rhapsodisch aufgegriffen habe [11]. Verfolgt man indessen den Gedanken der Rechtfertigung der zwölf K. aus einem Prinzip im Sinne von Kant selbst, so erscheint sein Rückgriff auf die als vollständig behauptete Urteilstafel als ebenso problematisch und ungeklärt wie die von ihm als «artig» [12] unterstellten Probleme sowohl des Zusammenhangs der vier K.-Gruppen im ganzen wie der internen Beziehungen und Verhältnisse der je drei zu einer Gruppe gehörigen K. untereinander. Die an dieser problematischen Stelle der Deduktion aus einem Prinzip einsetzende idealistische Kantkritik eröffnet die zweite wirkungsgeschichtlich bedeutsame Tradition philosophischer Kl.

Anmerkungen. [1] Vgl. H. HEIMSOETH: Zur Herkunft und Entwickl. von Kants K.-Tafel, in: Stud. zur Philos. Immanuel Kants II. Kantstudien Erg.h. 100 (1970) 109-132; Chr. Wolffs Ontol. und die Prinzipienforsch. Immanuel Kants, in: Stud. ... a. a. O. Erg.h. 71 (1956) 2-92. – [2] Vgl. I. KANT, KrV B 102ff. 159. 378; Proleg. § 21. – [3] Proleg. § 39. – [4] a. a. O. § 21. – [5] KrV § 11. – [6] Vgl. a. a. O. § 22, B 146ff. – [7] Vgl. B 179. – [8] B 305. – [9] Vgl. E. ADICKES: Kant und das Ding an sich (1924). – [10] Vgl. bes. K. REICH: Die Vollständigkeit der kantischen Urteilstafel (²1948). – [11] KANT, KrV B 107. – [12] a. a. O. B 109.

2. Schelling und Fichte. – a) Unter dem Gesichtspunkt der mangelnden Einheit der kantischen K.-Konzeption stellt F. W. J. SCHELLING in einer seiner frühen Schriften [1] die Begründung allen Wissens durch einen schlechthin unbedingten Satz in den Mittelpunkt. Dieser Grundsatz darf als Bedingung allen Inhalts und aller Form selber weder nur formal noch nur material sein; als erster und oberster Grundsatz muß er vielmehr die Verbindung von Form und Inhalt in der Weise enthalten, daß sie sich wechselseitig bestimmen. Indem der erste Grundsatz «Ich ist Ich» [2] das unbedingte Gesetztsein von Form und Inhalt ausdrückt und insofern analytisch ist, der zweite Grundsatz «Nichtich ist nicht Ich» [3] dem Inhalt nach bedingt gilt und als Satz des Grundes die synthetische Form bezeichnet, der dritte Grundsatz die beiden ersten dadurch vereinigt, daß sich das Ich ein Nichtich entgegensetzt [4] und insofern eine Theorie des Bewußtseins und der Vorstellung allererst ermöglicht, ist durch die drei Grundsätze sowohl aller Inhalt wie alle Form der Wissenschaft überhaupt erschöpft. «Diese Grundsätze enthalten die Urform aller Wissenschaft, die Form der Unbedingtheit, der Bedingtheit und der durch Unbedingtheit bestimmten Bedingtheit» [5].

Mit dieser Exposition der drei Grundsätze weist Schelling auch K. L. REINHOLDS Versuch, der kantischen Lehre durch den allgemeingeltenden «Satz des Bewußtseins» ein tieferes Fundament zu geben, als unzureichend ab. Denn dieser kann zwar einen bestimmten Inhalt der Philosophie begründen, nämlich die Theorie der Vorstellung überhaupt [6], bleibt aber als materialer Satz immer ein bedingter Satz [7].

Die Beziehung der drei von Schelling herausgestellten Grundsätze auf die kantische Kl. liegt darin, daß durch die gegebenen Grundsätze die bei Kant noch unvermittelten Formen des analytischen und des synthetischen Urteils auf die eine Urform alles Wissens bezogen werden können, indem die analytische Form der Form der Unbedingtheit, die synthetische Form der Form der Bedingtheit und die Vermittlung beider der im dritten Grundsatz zum Ausdruck gebrachten Form der durch Unbedingtheit bestimmten Bedingtheit entsprechen. Da die ersten drei Grundsätze zugleich den von Kant herausgestellten K.-Momenten der Relations-K. (Substanz, Ursache, Gemeinschaft) entsprechen, wird bei Schelling die K. der Relation allen anderen K.-Gruppen übergeordnet und enthält in ihrer dreifachen Gliederung den Leitfaden für die jeweils dreifach gegliederten anderen K.-Gruppen. In jeder K.-Gruppe kehrt die kategorische, die hypothetische und die disjunktive Form der Relations-K. wieder. Obgleich die einzelnen K. der kantischen K.-Tafel dadurch auf die eine Urform allen Wissens bezogen sind, kann von einer eigentlichen genetischen Deduktion der K. jedoch nicht gesprochen werden, da Schelling die ihm von Kant überlieferten K. in ihrer jeweils dreifachen Gliederung nur von der Urform her verständlich macht, nicht jedoch aus ihr noch im einzelnen herleitet.

Anmerkungen. [1] F. W. J. SCHELLING, Über die Möglichkeit einer Form der Philos. überhaupt (1794). – [2] a. a. O. Werke, hg. SCHRÖTER 1, 57. – [3] 58. – [4] 59. – [5] 61. – [6] Vgl. K. L. REINHOLD: Versuch einer neuen Theorie des menschl. Vorstellungsvermögens (1789). – [7] Vgl. A. KLEMMT: Karl Leonhard Reinholds Elementarphilos. (1958) 572-581.

b) In derselben Perspektive wie Schellings Versuch steht auch J. G. FICHTES Konzeption in der ‹Grundlage der gesamten Wissenschaftslehre› (1794); jedoch wird der Gesichtspunkt der genetischen Ableitung der K. dadurch noch stärker herausgestellt, daß der bei Schelling verbliebene Rest an Faktizität der K.-Begriffe dem Anspruch nach noch einmal in eine genetische Darstellung aufgelöst wird. Auf diese Weise werden die kantischen K.-Begriffe nicht nur umgeordnet und in eine Beziehung zur Urform allen Wissens gebracht, sondern unmittelbar aus der als Wechselbegründung und Wechselbestimmung charakterisierten Form des dritten Grundsatzes der ‹Wissenschaftslehre› hergeleitet. Fichtes Kl. unterscheidet sich von der Schellings daher nicht im Hinblick auf die den anderen K. übergeordnete Relations-K., sondern ausschließlich durch die Art der Ableitung der anderen aus ihr. Maßgeblich ist hierfür die Fassung des dritten Grundsatzes der Wissenschaftslehre, in der in nuce bereits alle möglichen Synthesen sowohl des theoretischen wie des praktischen Wissens enthalten sind, mithin auch die Grundbestimmungen der K. der Quantität und der Qualität. Durch die im dritten Grundsatz geforderte Vermittlung von absoluter Realität des Ich und absoluter Negation des Nichtich müssen Ich und Nichtich, sofern sie im Ich zusammenbestehen sollen, hinsichtlich der qualitativen Grundbestimmung ihrer Realität als prinzipiell teilbar gesetzt werden, und das heißt, die Grundbestimmung der Quantität geht aus der K. der Qualität dadurch hervor, daß sie den Widerspruch von Realität und Negation vermittelt. In der Formulierung des dritten Grundsatzes: «Ich setze im Ich dem teilbaren Ich ein teilbares Nichtich entgegen» [1] wird daher deutlich, daß die K. der Relation als Wechselwirkung die erste K. darstellt, der die Bestimmungen der Realität und Negation (Qualität) sowie die quantitativen Bestimmungen der Einschränkung, Begrenzung und Bestimmung unmittelbar entspringen. Sofern im dritten Grundsatz als der Vermittlung der beiden ersten Grundsätze der Wissenschaftslehre unendliche Tätigkeit und beschränkte, d. h. endliche Tätigkeit miteinander verbunden sind [2], sind die in ihm entspringenden K. gleichursprünglich mit der von Fichte so bezeichneten schwebenden produzierenden Einbildungskraft, deren Status dadurch gegenüber der kantischen Theorie, in der sie die Funktion der Vermittlung von reinen Verstandesbegriffen und Sinnlichkeit hatte, wesentlich verändert ist. Wird durch die produzierende Einbildungskraft die absolute Tätigkeit des Ich zu einer objektiven Tätigkeit eingeschränkt und zugleich als Tätigkeit festgehalten, so entsteht durch sie ein Wechselspiel zwischen Endlichem und Unendlichem, das Fichte als «Schweben» bezeichnet, und das, sofern es auf der einen Seite die absolute Tätigkeit einschränkt, Notwendigkeit, sofern es auf der anderen Seite über jede gesetzte Schranke zugleich hinausgeht, Möglichkeit als Modal-K. hervorbringt. Entspringt durch die synthetische Verknüpfung der beiden genannten K. die K. der Wirklichkeit, so sind auch die K. der Modalität unmittelbar mit der Einbildungskraft gegeben, sofern die Produkte ihrer Tätigkeit durch den Verstand fixiert werden. Im Unterschied zur kantischen Zweiteilung von Sinnlichkeit und Verstand, durch die die K. des reinen Verstandes von den unabhängigen Anschauungsformen Raum und Zeit gesondert sind, erscheinen in Fichtes Theorie des gesamten Wissens auch die Bestimmungen ‹Raum› und ‹Zeit› noch als nicht-unabhängige, sondern abgeleitete Momente der aus dem Spiel der Einbildungskraft hervorgehenden Gegenstandsbestimmungen.

Fichtes K. erweisen sich in ihrer genetischen Ableitung aus dem dritten Grundsatz als Grundbestimmungen jeden Wissens; sofern sie als jeweilige Lösungsversuche des immer neu entstehenden Widerspruchs zwischen un-

endlichem und endlichem Ich, das sich in seiner absoluten Tätigkeit erkennen soll, begriffen werden können, erscheinen in diesem Prozeß möglicher Selbsterkenntnis das theoretische, subjektive Ich und seine Gegenstandswelt, seine Objekte, als dem absoluten Ich untergeordnet und untereinander gleichrangig. Sind sie aber gleichrangig, so sind die Grundbestimmungen, die K., zugleich Bestimmungen der Objekte wie Bestimmungen des endlichen Ich. Die hier konzipierte Identität des Subjektiven und Objektiven schlägt indessen zurück auf Sinn und Status der beiden ersten Grundsätze selbst. Werden diese nämlich im Hinblick auf ihre Vermittlung im dritten Grundsatz als gleichursprünglich gedacht, so erscheint der dritte Grundsatz als die Einheit von Ich und Nicht-Ich, als die Identität von Identität und Nicht-Identität des Nicht-Ich, welche den Vorrang des von Fichte noch festgehaltenen absoluten Ich negiert. Die Idee der Wechselbestimmung und Wechselbegründung, die der dritte Grundsatz auch in der Fichteschen Theorie formuliert, scheint eine Rangordnung der beiden ersten Grundsätze aufzuheben.

Anmerkungen. [1] J. G. FICHTE: Grundlage der ges. Wiss.-lehre (1794). Werke, hg. I. H. FICHTE 1 (1845/46) 110. – [2] Vgl. a. a. O. 114.

c) Analog formuliert SCHELLING bereits im ‹System des transzendentalen Idealismus› [1] das Absolute als die Identität von Subjektivem und Objektivem und damit die philosophische Aufgabe, die K. des Wirklichen in zwei parallelen Reihen als Bestimmungen des Objektiven (K. der Natur) wie als Bestimmungen des Subjektiven (K. des Selbstbewußtseins) zu entwickeln. Die unter der Idee der Wechselbestimmung des dritten Grundsatzes gefaßte absolute Identität verändert sonach den bei Fichte leitenden Grundriß des K.-Problems: Als ein Zusichkommen des Geistes aus dem Objektiven, dem er als bewußtloser zum Subjektiven immanent ist, über den subjektiven zum absoluten Geist wird nun ein Prozeß der Selbsterkenntnis des absoluten Wissens konzipiert, dem die einzelnen und differenten K. je nach Zugehörigkeit zum Objektiven bzw. Subjektiven oder Absoluten nicht mehr als objektive Bestimmungen des Wirklichen, sondern als jeweils verschiedene Stadien dieses Prozesses inhärieren. Die Auseinandersetzung mit der Kl. Kants führt Schelling zu der Einsicht, daß «der allgemeine Mechanismus der K.» auf einem «höheren Gegensatz» als dem zwischen logischen Begriffen einerseits und sinnlicher Anschauung andererseits beruhen muß, der aber vom «Standpunkt der Reflexion» aus nicht mehr zureichend begriffen werden kann [2].

Die K. der Relation ist den übrigen deshalb übergeordnet, weil sie sich unmittelbar aus der spezifischen Struktur des Ich ergibt, welches als Widerstreit von reeller (endlicher) und ideeller (unendlicher) Tätigkeit beschrieben werden kann. Das Ich wird sich des ersten ursprünglichen Aktes des Selbstbewußtseins, in dem die reelle Tätigkeit des Ich, im Streben sich anzuschauen, durch die ideelle notwendigerweise begrenzt werden muß, noch nicht bewußt; es versucht sich deshalb in dieser ursprünglichen Begrenztheit anzuschauen, wobei es die beiden ursprünglich vereinigten Tätigkeiten in Ich an sich und Ding an sich fixiert, ohne sie jedoch als Resultat seiner eigenen Tätigkeit zu erkennen. In einer weiteren Potenzierung des Ich zur Intelligenz, in dem sich das Ich als empfindend zum Objekt macht, erscheinen ihm die widerstreitenden Tätigkeiten in produktiver Anschauung vereinigt. Die «Konstruktion der Materie», die Darstellung dieser Synthesis in einem Produkt, bezeichnet so den Versuch des Ich, sich selbst anzuschauen: In der Konstruktion wiederholt das Ich die drei Stufen der Intelligenz. Der erste Akt, in dem die beiden Tätigkeiten noch vereinigt sind, erklärt die erste Dimension der Materie: die Linie, auf die Physik übertragen: den Magnetismus. Im zweiten Akt erscheinen die beiden Tätigkeiten des Ich durch eine Grenze getrennt, wodurch die Linie in zwei Teile zerfällt und zur Länge die Breite als zweite Dimension hinzutritt, auf die Physik übertragen: zum Magnetismus die Elektrizität. Die wechselseitige Durchdringung beider Tätigkeiten in einer dritten fügt den bereits deduzierten Dimensionen schließlich die dritte hinzu, in der Physik: den chemischen Prozeß.

Das Ich, das sich in produktiver Anschauung der ursprünglichen «Identität in der Duplizität» bewußt werden soll, bestimmt die durch den ersten Akt der Selbstanschauung entstandene ursprüngliche Begrenztheit, indem es dem Ich (Bewußtes) ein Objekt (Bewußtloses) entgegensetzt. Die Grenze zeigt sich nun nicht mehr als Begrenzung des reellen durch das ideelle Ich, sondern als Begrenzung des ideellen Ich selber; denn die Grenze des passiven, empfindenden Ich ist identisch mit der Grenze des aktiven, affizierenden Dinges an sich, dem Grund der Passivität des reellen Ich. Da das Ding an sich aber nichts anderes ist als die fixierte ideelle Tätigkeit des Ich, erscheint die Grenze als zugleich abhängig und unabhängig vom Ich: Reflektiert man darauf, daß sie gegenwärtig ist, so erscheint sie als unabhängig vom Ich; reflektiert man dagegen darauf, daß sie überhaupt ist, so erfaßt man ihren Grund im unbewußten Produzieren des Ich. Durch eine Handlung entsteht der Intelligenz zugleich das Universum (absolute ursprüngliche Synthesis, mit der für das Ich alles zugleich gesetzt ist) und der bestimmte Punkt in der «Evolution» dieses Universums, an den das empirische Bewußtsein gebunden ist. Diese zweite Beschränktheit, in die die Intelligenz treten muß, wenn sie sich mit Bewußtsein wieder erzeugen soll, zwingt die «bestimmte Intelligenz» zur sukzessiven Synthesis der Vorstellungen. Aus der Entgegensetzung von Ich und Objekt, in der das Ich als reine Intensität und das Objekt als reine Extensität erscheinen, leitet Schelling die sich wie Substanz und Akzidens verhaltenden Bestimmungen Raum und Zeit ab. Indem das Ich Substanz und Akzidens in Ursache und Wirkung trennt, fixiert es die Abfolge von beharrender Substanz und wechselnden Akzidenzien. Während in einem ersten Schritt, der Potenzierung des Kausalverhältnisses zur Wechselwirkung, das Zugleichsein von Substanz und Akzidens wiederhergestellt wird, schließt erst das Fortschreiten der Intelligenz zur «Organisation», der letzten und höchsten Potenzierung der Anschauung, die Reihe der Bedingungen der Möglichkeit des Objektes überhaupt. Die Wechselwirkung ist nur möglich, wenn das Ich die unendliche Sukzession so begrenzt, daß sie in sich zurückläuft, d. h. in der Endlichkeit als unendlich angeschaut werden kann: «Die Organisation im allgemeinen ist also nichts anderes als das verkleinerte und gleichsam zusammengezogene Bild des Universums» [3].

In den bisher abgeleiteten K., die zugleich Anschauungsformen und Handlungsweisen der Intelligenz sind, gelangt das Ich nicht zum Bewußtsein seiner selbst als Tätigkeit, verliert sich vielmehr durch die produktive Anschauung im Objekt. Um sich selbst als Intelligenz zu erkennen, muß es sich durch eine absolut freie, theoretisch nicht weiter deduzierbare und deshalb nur praktisch postulierbare Handlung vom empirischen Objekt los-

reißen. Indem das Ich lediglich auf das Objekt reflektiert, kann nur die K. der Relation entstehen. Reflektiert es auf sich, während es gleichzeitig anschauend ist, entsteht ihm die K. der Quantität, wohingegen Qualität durch die gleichzeitige Reflexion und Empfindung des Grades entspringt, in welchem ihm die Zeit erfüllt erscheint. Erst im höchsten Reflexionsakt erkennt sich das Ich als Intelligenz, wenn es zugleich auf sich und auf das Objekt reflektiert. Diese simultane Reflexion auf das Objekt und auf sich als reelle, d. h. freie Tätigkeit bringt die K. der Möglichkeit, die gleichzeitige Reflexion auf das Objekt und auf sich, insofern es ideelle (begrenzte) Tätigkeit ist, die K. der Wirklichkeit hervor. Den Widerspruch zwischen ideeller und reeller Tätigkeit vereinigt die Intelligenz schließlich im Begriff der Notwendigkeit [4].

Es lassen sich bei Schelling drei der Dignität nach unterschiedene Verwendungsweisen des Terminus ‹K.› aufzeigen: Die Ur-K. der Relation ist unmittelbares Resultat des Mechanismus der unbewußten Produktion des Ich, wie sie durch die sich selbst anschauende und damit sich selbst begrenzende Tätigkeit beschrieben wurde, wohingegen Quantität und Qualität erst aus der reflexiven Tätigkeit des Ich abgeleitet werden können, deren höchste Form die K. der Modalität hervorbringt und das «Gewölbe der theoretischen Philosophie» [5] schließt und zur praktischen überleitet.

Obgleich Schellings Konstruktion einer absoluten Identität von Ich und Nichtich bzw. Subjekt und Objekt mit der endgültigen Aufhebung des Dinges an sich als eines Ausdrucks der Faktizität des Wissens selbst zugleich die Einheit von Setzen und Sein, die bei Fichte ausschließlich den ersten Grundsatz charakterisiert, gemäß der Parallelisierung von Transzendentalphilosophie und Naturphilosophie zur Parallelität von Objekt und Subjekt uminterpretiert, sind beide K.-Auffassungen noch an der Selbstkonstitution des endlichen Bewußtseins orientiert. Erst die aus einer Kritik an der kantischen und der transzendentalen Reflexionsphilosophie Fichtes und Schellings hervorgegangene Hegelsche ‹Logik› faßt den bis dahin leitenden Begriff der K. unabhängig von seinem Bezug auf endlichen Verstand und Sinnlichkeit (Einbildungskraft) und interpretiert ihn als Grundbestimmung des absoluten Wissens selbst, das sich in ihm als es selbst zum Gegenstand hat.

Anmerkungen. [1] F. W. J. SCHELLING: System des transzendentalen Idealismus (1800). Werke, hg. SCHRÖTER 3. – [2] Vgl. a. a. O. 3, 514. – [3] 492. – [4] Vgl. 526f. – [5] Vgl. 527.

3. *Hegel.* – Mit dem Resultat der ‹Phänomenologie des Geistes› als der Wissenschaft der Erfahrungen, die das endliche Bewußtsein über sich macht, hat sich das Wissen in seinem Anderssein erkannt. Dieses absolute Wissen (synonym mit Substanz, die Subjekt ist; reines Wissen, das tätige Allgemeine, reines Ich, Begriff, reine K., reines Denken oder Einheit von Sache und Denken, Idee, Wahrheit [1]) bedeutet an dieser Stelle nicht eine apriorische Form eines Gegebenen – das würde in den bloßen Gegensatz des endlichen Verstandes zurückfallen –, sondern das Ganze des synthetischen Erkennens; nicht eine Form, unter die Inhalte subsumiert werden, sondern den Begriff als tätige Beziehung auf sich selbst. Das Resultat der ‹Phänomenologie› ist zugleich Standpunkt und Element der ‹Logik›. Standpunkt, insofern die ‹Logik› das absolute Wissen voraussetzt, Element, insofern sich das sich selbst bestimmende Denken im Medium seiner eigenen K. bewegt, die daher nichts anderes darstellen als die Strukturmomente des absoluten

Wissens selber. Die ‹Logik› G. W. F. HEGELS ist somit die Darstellung der Erfahrung, die das Denken als reine Gegenstandsbeziehung, d. h. als reine Beziehung des Denkens auf den Begriff oder die K. (ohne jeden «sinnlichen und geistigen geläufigen Stoff» [2]) mit sich selbst macht. In der K. hat sich das Denken in der Weise zum Gegenstand, daß es sich unter der Bedingung gerade dieser Gegenstandsbeziehung zum Gegenstand macht. In der ‹Logik› als reiner Kl. bezieht sich das Denken der K. als ein eben durch diese K. vermitteltes Denken auf sich selbst, wodurch sich drei verschiedene Weisen der Gegenstandsbeziehung und damit auch drei verschiedene K.-Bereiche ableiten lassen, in denen das Denken sich denkt [3]:

1. In der *Seinslogik* denkt das Denken das Bestimmte. Es hat sich als ein die Bestimmtheit (Begriff an sich) denkendes Denken unter der Bedingungen eben dieser Bestimmtheit zum Gegenstand. 2. In der *Reflexionslogik* denkt sich das Denken als Beziehung (Begriff für sich). Es hat sich unter den Bedingungen dieser Beziehung zum Gegenstand. 3. Erst in der *Begriffslogik* erkennt sich der Begriff als Einheit dieser einseitigen Weisen (Begriff an und für sich). Der Begriff an und für sich ist die Idee, die reine K., die sich als Wesen der Kategorialität überhaupt erkennt und sich als die sich selbst vermittelnde Subjektivität setzt, die die Momente (K.) ihrer Genesis begreifend einholt. Mit dem Erreichen der absoluten Idee ist der Prozeß des zu-sich-selbst-kommenden absoluten Geistes der Form nach vollendet. Die Logik geht in die Naturphilosophie über, indem sich der Logos zur Natur entäußert. In der Philosophie des Geistes schließlich begreift sich die Idee als Rückkehr aus ihrem Anderssein. Im Vergleich zum absoluten Wissen als Ausgangspunkt gewinnt sie die zusätzliche Bestimmung einer «bewährten Allgemeinheit» [4]. Der Terminus ‹K.› erhält je nach seiner Stelle im System Hegels eine jeweils andere Bedeutung. Der Systemteil der Logik vereinigt K. des Seins, des Wesens, des Begriffes und führt zur absoluten Idee als dem Inbegriff aller K.; in ihr stellen die K. die reinen Denkbestimmungen der Dinge, die Wesenheiten der Dinge, dar, so daß Logik und Metaphysik zusammenfallen [5]. Im Systemteil Naturphilosophie sind die K. nur Bestimmungen des äußerlich bleibenden Denkens (z. B. Mechanismus, Chemismus ...). Im Bereich des endlichen Geistes sind sie Bestimmungen jener Subjektivität, die sich aus den gegenständlichen Beziehungen zu sich selbst befreit (Herrschaft, Knechtschaft, selbständiges Selbstbewußtsein).

Hegels Kl. läßt sich sicher als ein Versuch der Selbstbegründung der kantischen Transzendentalphilosophie verstehen [6]. In ihr werden die bei Kant getrennten Momente der reinen Anschauung und des reinen Begriffs derart in den Prozeß der sich begreifenden Vernunft einbezogen, daß sowohl der Unterschied von Verstandesbegriff und Anschauungsform als auch die Differenz kategorialer und nicht-kategorialer Begriffe der Philosophie aufgehoben werden. Da in der Konsequenz der hegelschen Intention aber jede mögliche – sei es innere, sei es äußere – Gegenständlichkeit in den Vernunftprozeß integriert ist, können die K. als Verstandesbegriffe im kantischen Sinne nur noch auf sich selbst als das, was unter sie fällt, bezogen werden. Ist die absolute Idee selbst die K. der K., so ist zwar der Entfaltungsprozeß aus ihr rekonstruierbar, nicht jedoch das, im Hinblick worauf sie als oberste Bestimmungen sollen gelten können. Indem die kantische Differenz von Denken und Erkennen für Hegels «K.» nicht mehr gilt, verlieren sie nicht nur ihren kritischen, sondern auch ihren logischen Stellenwert. Mindestens jedoch sind im Sinne der hegelschen Identität von Logik und Metaphysik K. identisch mit metaphysischen Prinzipien des Wirklichen. Im Gegensatz sowohl zur aristotelischen wie zur kantischen Auffassung der K., innerhalb deren zwischen Seinsprinzipien und K. einerseits und zwischen Erkennbarem und Denkbarem andererseits unterschieden wurde, bezeichnet ‹K.› bei Hegel die mannigfaltig sich abwandelnde Identität von Seins- und Denkbestimmung. Kann sie als eine bestimmte Denkform neben anderen nicht mehr gedacht werden, so verliert sie zugleich ihre Relevanz als Sonderbestimmung logischer Reflexion. Die spekulative Umwandlung des K.-Begriffs zum Begriff eines Prinzips schlechthin erweist sich als wirkungsgeschichtlich ebenso bedeutsam wie die im Systemkonzept Hegels liegende Konsequenz, daß die Gebiete der Natur und des Geistes, deren philosophische Reflexion sich zyklisch an die Logik als Metaphysik anschließt bzw. auf sie zurückführt, jeweils der Form und dem Inhalt nach eigene K. als Reflexionsstufen des zu sich kommenden Geistes erhalten: Natur und Geist, und dieser wiederum als endlicher und absoluter Geist erscheinen als kategorial differente Regionen.

Anmerkungen. [1] Vgl. K. HARLANDER: Absolute Subjektivität und kat. Anschauung (1969) 31. – [2] G. W. F. HEGEL, Enzyklop. § 3. – [3] Vgl. M. WETZEL: Reflexion und Bestimmtheit in Hegels Wiss. der Logik (1971) 52f. – [4] HEGEL, a. a. O. [2] § 574. – [5] a. a. O. § 24. – [6] Vgl. WETZEL, a. a. O. [3] 4.

4. *Fries, Krause und Herbart.* – Neben der skizzierten Hauptströmung der auf systematische Ableitung und Vollständigkeit der K.-Begriffe zielenden philosophischen K.-Reflexion in den Systemen des deutschen Idealismus finden sich eine Reihe von Versuchen, die zum Teil auf Kant und Aristoteles, zum Teil auf Fichte und Schelling zurückgreifen: So etwa vereinigt die Kl. von J. FR. FRIES in ihrem Grundansatz den kantischen Gedanken, wonach K. ursprüngliche Tätigkeitsformen des Denkens darstellen, die die Einheit der Erfahrung ermöglichen, mit der an Aristoteles orientierten Einteilung der K. in solche des Dings, der Beschaffenheit, des Verhältnisses, der Art und Weise, des Ortes und der Zeit [1].

In andrer Weise greift K. CHR. F. KRAUSE in ‹Entwurf des Systems der Philosophie› [2] auf Fragmente von Schellings Theorie ebenso wie auf Methodenelemente der Fichteschen Analyse zurück. Seine theologische Intention, der gemäß K. als die obersten Grundgedanken der Gotteserkenntnis und einschlußweise demgemäß als die obersten K. alles Endlichen verstanden werden, erscheint im skizzierten Kontext als durchaus originär.

In ähnlicher Weise eigenständig ist die im Anschluß an die Auseinandersetzung mit Fichte gewonnene Kl. J. FR. HERBARTS. Obgleich er im Kontext seiner formalen Logik die von Kant herausgestellten K. übernimmt, entwirft er im Rahmen der von ihm als Wissenschaft herausgestellten Psychologie ein neuartiges K.-Konzept. K. bezeichnen bei ihm die auf Begriffe gebrachten allgemeinsten Regelmäßigkeiten der Erfahrung. Sie sind Produkte eines psychischen Mechanismus, eine Art Stabilisierungsinstrument der Seele, dessen Aufgabe es ist, Störungen auszuschließen, um die Selbsterhaltung der Seele zu garantieren. Dieser psychische Mechanismus scheidet nach dem Gesetz der Reproduktion alles Zufällige aus den Wahrnehmungen aus und hält gleichzeitig deren elementarste Merkmale fest. Neben den K. der Außenwelt – Ding, Eigenschaft, Verhältnis, Verneintes – unterscheidet Herbart noch K., die innerpsychische Vorgänge zusammenfassen (K. des inneren Geschehens bzw. Apperzeption): Empfinden, Wissen, Wollen, Handeln [3]. Diese Psychologisierung des K.-Problems läßt sich als eine ins Psychologische umgedeutete transzendentale Theorie der K.-Genese begreifen. Damit verliert der Begriff der K., insofern er als empirisches Produkt der an ihrer Stabilisierung interessierten Seele erscheint, die ihm in der transzendentalen Theorie eigentümliche apriorische Geltung für Erscheinungen. Ebenso wie in dieser Theorie das Verhältnis von Reproduktion und ursprünglicher Produktion im Aufbau allgemeiner Vorstellungen unberücksichtigt gelassen wird, bleibt auch die ontologische Bedeutung der K. fraglich. Dennoch zeichnet sich gerade im Verlauf des 19. Jh. vor allem in den Varianten einer pragmatischen Lebensphilosophie wie auch in allen psychologisierenden Wahrheitstheorien eine Tendenz zur subjektiven Reduktion des Geltungsproblems ab.

Anmerkungen. [1] Vgl. J. Fr. Fries: System der Logik (1811) 387; Neue Krit. der Vernunft 1-3 (1807, ²1828-31) bes. Bd. 2. – [2] K. Chr. Krause: Entwurf des Systems der Philos. (1804). – [3] Vgl. J. Fr. Herbart: Psychol. als Wiss. neu gegründet auf Erfahrung, Met. und Math. (1825).

5. *Die Entwicklung des Begriffs der Kategorie im späteren 19. Jahrhundert.* – Sie ist abhängig von der gegenüber dem deutschen Idealismus grundlegend veränderten systematischen und erkenntnistheoretischen Auffassung. Das in der idealistischen Tradition von Kant bis Hegel vorherrschende Interesse an der Konzeption universaler Systeme, oftmals verbunden mit dem Anspruch auf Geschlossenheit und Vollständigkeit, wird abgelöst durch Philosopheme, die den zunehmend an Boden gewinnenden Erfahrungswissenschaften Rechnung zu tragen bestrebt sind.

Für die Kl. bedeutete diese veränderte Problemlage einen Verzicht auf Konzeptionen vollständiger und geschlossener K.-Systeme, an deren Stelle mannigfache Versuche traten, entsprechend der in der Konsequenz der einzelwissenschaftlichen Forschungen unvermeidlichen Auffächerung der Wirklichkeit in voneinander unabhängige Teilbereiche, regionale K. zu eruieren. Leitfaden für das Auffinden von K., deren Geltung auf disparate Seinsbereiche beschränkt ist, kann weder die apriorische Analyse des Verstandes oder der Vernunft noch die Selbstreflexion des Ich als Selbstkonstitution bzw. als Vernunftprozeß sein, sondern einzig die dem Stand der jeweiligen Wissenschaften entsprechenden Antizipationen regionaler Seins- und Denkprinzipien mit den ihnen korrespondierenden spezifischen Erkenntnisinteressen. Durchaus in Übereinstimmung mit Hegel wurde nicht mehr zwischen K. als Prinzipien des Realen einerseits und als empirieunabhängigen apriorischen Denkbestimmungen, d. h. invarianten Strukturen des Erkennens oder der Sprache anderseits unterschieden. Hatte schon Hegel gegenüber Kant ein viel breiteres Gefüge von K. ausgearbeitet, so wurde im späten 19. und beginnenden 20. Jh. – gemäß der sich allmählich durchsetzenden Idee eines nicht von vornherein bestimmbaren offenen Prozesses der wissenschaftlichen Forschung – die Leitvorstellung einer a priori überschaubaren Anzahl der K. vollends aufgegeben [1]. Sofern nun mit Hilfe der aus den Erfahrungswissenschaften übernommenen induktiven Methode K. eines bestimmten Wirklichen gleichsam am Objekt abgelesen wurden, hatte dies eine Erweiterung der Bedeutung des Terminus ‹K.› zu «Bestimmung überhaupt» zur Folge. Neben dem Einfluß der *Erfahrungswissenschaften* auf die Theorie der K. läßt sich im 19. Jh. zugleich ein dezidiertes, zunächst durch

ein Wiederaufgreifen der aristotelischen, später der kantischen Tradition charakterisierbares Interesse an der *Begriffsgeschichte* feststellen.

Anmerkung. [1] Vgl. H. Heimsoth: Zur Herkunft und Entwickl. von Kants K.-Tafel ... Kantstudien Erg.h. 100 (1970) 112f.

a) In der ersten umfassenden historischen Darstellung des Problems, A. Trendelenburgs ‹Geschichte der Kl.› [1], wurde die aristotelische Konzeption des K.-Begriffs wieder aufgenommen und auf dieser Grundlage und in Auseinandersetzung mit Hegel eine eigene Kl. vorgelegt [2]. Da Aristoteles keinen ersten Einteilungsgrund der Begriffsgeschlechter, mindestens keinen einheitlichen Leitfaden der inhaltlichen Analyse einzelner K. gefunden habe, führt Trendelenburg als Prinzip der Ableitung der K. den Begriff der «konstruktiven Bewegung» ein [3], die ebenso als allgemeine Bedingung des Denkens wie als Prinzip der Anschauung einsichtig gemacht werden kann. Lassen sich die K. als fixierte Begriffe von Grundverhältnissen abstraktiv aus der konstruktiven Bewegung gewinnen, so sind sie als Begriffe zugleich anschaulich [4] und bedürfen mithin im Gegensatz zur kantischen Problemstellung keiner Schematisierung. Da die konstruktive Bewegung als Grundprinzip der Vermittlung von Sein und Denken fungiert, erweist sie sich als eine weiter nicht ableitbare Tätigkeit, die nur aus sich selbst erkannt werden kann. Ihre Produkte sind die K., allgemeine Grundbegriffe, die sowohl für das Denken als auch für die Dinge, sofern diese gedacht werden müssen, gelten.

Im einzelnen unterscheidet Trendelenburg reale und modale K., wobei die *realen* die Formen sind, durch welche «das Denken das Wesen der Sachen ausdrücken will» [5], «die Grundbegriffe, unter welche wir die Dinge fassen, weil sie ihr Wesen sind» [6], die *modalen* «die Grundbegriffe, welche erst im Akt unseres Erkennens entstehen, indem sie dessen Beziehungen und Stufen bezeichnen» [7]. Innerhalb der *realen* K. werden die Stufen der mathematischen, physischen, organischen, ethischen und absoluten K. [8] gemäß den zur konstruktiven Bewegung hinzukommenden Prinzipien Materie und Zweck, die sich indessen nur auf die Bereiche des Physischen, Organischen, Ethischen beziehen, unterschieden. Diese «Stufen» der Kl. sind keinesfalls Abstufungen einer und derselben Entität; vielmehr handelt es sich um eine Art «geistige Metamorphose der K.», um wirklichen Formwechsel zur jeweils höheren Stufe [9].

Obwohl Trendelenburgs Versuch der systematischen Entwicklung der K. aus einem Prinzip seiner eigenen Kritik an Aristoteles nicht genügt, sofern der Charakter der Einheitlichkeit der Ableitung durch die Hinzunahme von Prinzipien wie Materie und Zweck nicht gewahrt bleibt, ist seine Unterscheidung realer und modaler K. für die weitere Diskussion des K.-Themas richtungsweisend geworden (vgl. Windelband, N. Hartmann). Zugleich blieb die von ihm durchgeführte Analyse der aristotelischen Kl. das Fundament auch für die folgenden, die aristotelische Konzeption des K.-Begriffs adaptierenden Philosopheme, insbesondere für die aus den begriffsgeschichtlichen Darstellungen herausragenden wissenschaftslogischen Bemühungen von Franz Brentano.

Anmerkungen. [1] A. Trendelenburg: Gesch. der Kl. (1846). – [2] Ausführlich in: Log. Untersuch. (1840, ²1862). – [3] a. a. O. 142f. – [4] 330. – [5] 329. – [6] a. a. O. [1] 364. – [7] ebda. – [8] 367-375. – [9] Vgl. H. Heimsoeth: Zur Gesch. der Kl., in: Nicolai Hartmann. Der Denker und sein Werk, hg. H. Heimsoeth/R. Heiss (1952) 164f.

b) Von der Intention Trendelenburgs geleitet, die Kl. des Aristoteles neu aufzugreifen, entwirft F. BRENTANO zunächst in weitgehender Anlehnung an Aristoteles, später in einiger Distanz zu ihm eine eigene, in der Folgezeit allerdings unberücksichtigt gebliebene Kl. [1]. Anders als für Aristoteles ist das Akzidens für Brentano nicht ein abstraktes Merkmal an einem Ding, sondern etwas, welches die Substanz mittelbar oder unmittelbar einschließt. So ist ein Akzidens ein Relativum («Akzidentalrelatives» oder «Modalbefassendes»), etwa derart, daß im Erkennenden der Urteilende, im Urteilenden der Vorstellende als Subjekt eingeschlossen, modalbefaßt ist. Wenn das in einem Modalbefassenden als Subjekt Eingeschlossene letztes Subjekt ist, d. h. selbst nicht wieder ein Subjekt einschließt, kann es Substanz genannt werden. Demgegenüber ist das Akzidens das modalbefassende Ganze, welches das letzte Subjekt einschließt [2]. Das Subjekt kann nun auf verschiedene Weise dem Modalbefassenden, d. h. dem Akzidens, innewohnen. Eben diese verschiedenen Weisen des Innewohnens werden als K. bezeichnet. Die K. sind also nicht apriorische Stammbegriffe des Verstandes – wie Kants K., von deren Konzeption sich Brentano entschieden absetzt [3] –, ebensowenig höchste Gattungsbegriffe, sondern verschiedene Relationen des modalbefassenden Akzidens zum letzten Subjekt. Diese «Prädikationsweisen» werden daher nicht als Urteilsmodi, sondern als Unterschiede der Dinge selbst begriffen. Gleichzeitig steht alles Akzidentelle in einer realen Beziehung «zu dem ihm zugrundeliegenden und in ihm beschlossenen Subjekte» [4].

Die Differenzierung der Prädikationsweisen führt auf eine K.-Tafel, in der substantielle von akzidentellen Prädikationen unterschieden werden. Letztere teilen sich in Inhärenzen und passive Affektionen, die Inhärenzen wiederum in Eigenschaften, welche verschiedenen letzten Gattungen angehören, und in Eigenschaften, die unter ein und dieselbe letzte Gattung fallen. Die passiven Affektionen (Erleidungen) enthalten Umwandlungen (die zu einem Werke führen und daher je nach dem genus ultimum des Werkes verschieden sind) und Affektionen ohne Umwandlung [5]. Problematisch bleibt in dieser Einteilung allerdings, daß der Unterschied von Substanz und Akzidens nach einem anderen Prinzip gewonnen wird als die Einteilung der akzidentellen Prädikationen in Inhärenzen und passive Affektionen: Das Verhältnis von modalbefassendem Akzidens und letzteinheitlichem Subjekt ist am Leitfaden des logischen Einschlusses entworfen, während die passiven Affektionen durch das metaphysische Prinzip der Wirkursächlichkeit von den Inhärenzen abgesondert sind. Obgleich also Brentano das Verhältnis von Akzidens und Substanz gegenüber Aristoteles präziser faßt, bleibt sein Versuch der Ableitung der K. selber uneinheitlich und hinsichtlich der Auffassung der Akzidenzien als realer Bestimmungen eines nach dem Prinzip der Wirkursache doch wieder real unterstellten Subjekts seiner eigenen Kritik an Aristoteles ausgesetzt.

Anmerkungen. [1] F. BRENTANO, Kl., hg. A. KASTIL (¹1933, ND 1968). – [2] a. a. O. X. – [3] Vgl. 113f. – [4] 259. – [5] Vgl. 405.

c) Im Unterschied zu der systematisch interessierten Kl. Brentanos haben in der zweiten Hälfte des 19. Jh. zum Teil im Anschluß an Trendelenburg auch namhafte *Philosophiehistoriker und Philologen* [1] in ihren Lehrbüchern wenigstens sporadisch Herkunft und Entwicklung des Terminus ‹K.› thematisiert. Überdies sind in dieser Zeit, aufbauend auf Trendelenburg, zwei bedeu-

tende, dessen Skizze wesentlich erweiternde Werke zur Geschichte des K.-Begriffs entstanden, so P. RAGNISCOS ‹Storia critica della categorie, dai primordi della philosophia greca sino ad Hegel› (Florenz 1870) und A. ROSMINI-SERBATIS ‹Saggio storico-critico sulle categorie e la dialetica› (Turin 1883). Einen breiteren Raum gab dem Thema der Geschichte der Kl. außerdem CH. RENOUVIER [2].

Anmerkungen. [1] Vgl. bes. C. PRANTL: Gesch. der Logik im Abendlande 1-3 (1855-1885); H. RITTER: Gesch. der Philos. 1-12 (1829-1853); W. G. TENNEMANN: Gesch. der Philos. 1-11 (1798-1819); E. ZELLER: Die Philos. der Griechen in ihrer gesch. Entwicklung (1879). – [2] CH. RENOUVIER: Essais de crit. gén. (1854); Esquisse d'une classif. systémat. des doctrines philos. 1. 2 (1886).

d) E. VON HARTMANN, selbst ein bedeutender Kenner der Philosophiegeschichte, arbeitete gegen Ende des 19. Jh. eine eigene Kl. aus [1], die ähnlich der Brentanos ohne größere Resonanz geblieben ist. Er legt ein aufgefächertes System von Kategorialfunktionen vor, das, seinem transzendentalen Realismus entsprechend, eine Übersicht über die Gliederungen der Dinge geben soll. In Übereinstimmung mit Hegel sind die K. in letzter Konsequenz wenn auch induktiv erschlossene, so doch metaphysische Seinsprinzipien: so als K. der Sinnlichkeit die K. des Empfindens und des Anschauens; als K. des Denkens die Ur-K. der Relation und die K. des reflektierenden und des spekulativen Denkens.

Hartmanns Kl. wird getragen von einer metaphysischen Theorie der unbewußten logischen Determinationen und der unpersönlichen Vernunft. Als Selbstdifferenzierungen der logischen Determination sind die K. keineswegs deduktiv zu gewinnen, sie repräsentieren vielmehr im Bewußtsein die induktiv erschlossenen Kategorialfunktionen [2], die in jeder der von Hartmann eingeführten metaphysischen Sphären (der subjektiv idealen, der objektiv realen und der metaphysischen Sphäre: das Reich des bewußten Geistes, das Reich der Natur und die Natur und Geist vermittelnde einheitliche Wurzel des Bewußtseins und des Daseins) in induktiver Weise untersucht werden. Sofern K. «eine unbewußte Intellektual-Funktion von bestimmter Art und Weise, oder eine unbewußte logische Determination, die eine bestimmte Beziehung setzt» [3] ist, erweist sich Hartmanns K.-Theorie als integrierender Teil seiner metaphysischen Prinzipienlehre. Ursprung der K. ist die unbewußte synthetische und summierende Intellektual-Funktion [4], eine simultane Synthesis, die von der bewußten, diskursiven Reflexion als ihr Ursprung zu unterscheiden ist [5]. Ist das intuitiv Logische die unbewußte Wurzel der logischen Reflexion [6], so besitzen die K. als unbewußte Intellektual-Funktionen einen doppelten Ursprung sowohl im Logischen (terminus a quo) wie im «Unlogischen» (terminus ad quem). Aufgrund dieses Ursprungs der K. im Unbewußten als dem «intuitiv Logischen», das nicht als Ableitungsprinzip, sondern ausschließlich als Urquell der K.-Funktionen gedacht werden darf, wird der Metaphysik und Transzendentalphilosophie vermittelnde Charakter der Hartmannschen Theorie deutlich. Gründend in unbewußten Kategorialfunktionen sind die explizit formulierten K. reflexive Produkte der ursprünglichen Beziehung zwischen Logischem und Unlogischem und besitzen für den diskursiven Verstand den Status vorläufiger Hypothesen.

Anmerkungen. [1] E. v. HARTMANN: Kl. (1896). – [2] Vgl. a. a. O. VIII. – [3] VII. – [4] Vgl. 55. – [5] Vgl. 116. – [6] Vgl. 185.

e) Im Gefolge der Auseinandersetzung zwischen logischem und transzendentalphilosophischem Verständnis des Terminus ‹K.› stellt HEINRICH MAIER in seinem Hauptwerk [1] zwei in der Geschichte des Problems verfolgte Auffassungsweisen von K. (und damit zwei Typen von Kl.) einander gegenüber: K. als Gegenstandsformen und als apriorische Formen des synthetischen Denkens. Indem Maier selbst K. als «Formen der Wirklichkeit» versteht, entscheidet er sich zunächst für die ontologische Interpretationsweise. Dennoch sind K. für ihn apriorische Elemente der Erkenntnis, können aber gleichwohl nicht a priori erkannt werden. Wenn das Bewußtsein erst im Vollzug der Erfahrung von Gegenständen um die K. weiß, stellt sich damit das Problem ihrer «objektiven Gültigkeit», d. h. des Aufweises ihrer Geltung für die Gegenstände der Erkenntnis. Wie Kant, sucht auch Maier ihre Legitimation und findet sie in der logischen Notwendigkeit der kategorialen Funktionen, die aber mit apriorischer Apodiktizität nicht identisch ist. «Die logische Notwendigkeit knüpft zwischen den gegenständlichen Formen des erkennenden Denkens und den Formen der kognitiven Gegenstände das innere Band, auf dem der Rechtsgrund der letzteren allein beruhen kann» [2]. Daß jede logisch notwendige Denkfunktion durch Gegebenes gefordert ist, nennt Maier «Geltungsvoraussetzung» [3]. Die Unabdingbarkeit dieses Postulats kann «erfahren» werden und bestätigt sich permanent in faktischen Urteilen. Die Gültigkeit der Geltungsvoraussetzung ist nicht evident (wie etwa die Wesensschau in der Phänomenologie), sondern muß im denkenden Umgang mit Gegenständen erst erwiesen werden. Dieser notwendige Aufweis der Geltung der Formen der kognitiven Gegenstände erinnert an Kants transzendentale Deduktion der reinen Verstandesbegriffe, nur daß bei Maier die K. von vornherein nicht als Stammbegriffe des Verstandes, sondern als «Formen der Wirklichkeit» angesetzt werden, deren Verifikation einen unabschließbaren Prozeß darstellt. Aber dafür, daß überhaupt eine Konvenienz zwischen Formen der Wirklichkeit und Formen des erkennenden Denkens angenommen werden muß, ist die zu postulierende logische Notwendigkeit die Gewähr; Maier sichert sie gleichsam institutionell ab, indem er ein «universales Weltdenken» konzipiert, dem das menschliche Denken als «vollkommen immanent» gedacht werden muß [4]. Die Intention, eine Verbindung von «präsentativen» und «noetischen» K. (Wirklichkeits- und Denk-K.) herzustellen, erinnert an das Identitätspostulat von Denken und Sein in der klassischen Metaphysik ebenso wie an die «unpersönliche Vernunft» E. von Hartmanns; auch Maiers K.-Theorie versucht die Geltungsfrage zu lösen und kann insofern einer metaphysischen Fundierung nicht entraten.

Anmerkungen. [1] H. MAIER: Philos. der Wirklichkeit 2: Die physische Wirklichkeit (1934). – [2] a. a. O. 415. – [3] Vgl. 362. 373-385. – [4] Vgl. N. HARTMANN: Heinrich Maiers Beitrag zum Problem der K., in: Kleinere Schr. 2 (1957) 346-364, bes. 360f.

f) Als eine Art Vorläufer des Neukantianismus greift CH. S. PEIRCE im Gegensatz zu dem bisher üblichen Interesse an Aristoteles in seiner Konzeption der Kl. auf die kantische Theorie zurück, indem er am Leitfaden des Verhältnisses von metaphysischer und transzendentaler Deduktion der K.-Begriffe sowohl eine relationslogische wie eine transzendental-semiotische Deduktion von fundamentalen K. versucht. Im Gegensatz zu seinem ersten Versuch [1], der gemäß der Idee der «Dreistelligkeit aller geistigen Operationen» [2] aus einer Analyse der Zeichen-

funktionen und des semiotisch verstandenen Urphänomens der Erkenntnis die drei Fundamental-K. Qualität, Relation und Repräsentation entwickelt, unterbaut Peirce später [3] die in der semiotischen Logik konzipierte triadische Fundamentalstruktur durch eine logische Mathematik der für alle weiteren Bestimmungen notwendigen und zureichenden Fundamentalrelationen: der Firstness (relationsfreie Qualität oder monadische Relation), der Secondness (der dyadischen Relation) und der Thirdness (der triadischen Vermittlungsrelation). Diese drei Fundamental-K., denen einerseits die Zeichentypen des Ikons, des Index und des konventionellen Symbols, andererseits die drei Schlußarten der Abduktion oder Hypothesis, der Induktion und der Deduktion entsprechen [4], bestimmen nach Peirce zugleich die Struktur eines jeden gegebenen Phänomens wie auch die hierarchische Gliederung möglicher Wissenschaftstypen: Die Mathematik der Logik als formale Logik der Relationen; die Phänomenologie als erste Philosophie; die semiotische Logik der Forschung als Logik der Erkenntnis; die Metaphysik und die Disziplinen der Psychologie, Physiologie bis zur Theologie einschließlich. Den universalen Fundamental-K., die Peirce in Analogie zu Hegel verstanden wissen will, obgleich er gegen Hegel ihre gegenseitige Unabhängigkeit betont, stellt er partikulare K., von denen jeweils nur eine ein gegebenes Phänomen bestimmt, an die Seite. Für sie macht er den Unterschied zwischen den vier K.-Gruppen und den zwölf einzelnen K. in der Kl. Kants geltend. Während Kants Problem der metaphysischen Deduktion bei Peirce durch die relationslogische Ableitung der K. beantwortet wird, ist das Problem der transzendentalen Deduktion der K. Thema der semiotischen Logik der Forschung. «Die ‹ultimate opinion› der ‹indefinite community of investigators› ist der ‹höchste Punkt› der Peirceschen Transformation der ‹transzendentalen Logik› Kants. In ihm konvergieren das semiotische Postulat einer über-individuellen *Einheit der Interpretation* und das forschungslogische Postulat einer *experimentellen Bewährung der Erfahrung in the long run*. Das quasi-transzendentale Subjekt dieser postulierten Einheit ist die unbegrenzte *Experimentiergemeinschaft*, die zugleich unbegrenzte *Interpretationsgemeinschaft* ist» [5].

Die in einer Analyse der Zeichenfunktion fundierte Kl. von Peirce gewinnt ihre Bedeutung aus dem Konzept einer pragmatisch verwandelten Transzendentalphilosophie. Vor allem aufgrund der Umwandlung des Problems metaphysischer und transzendentaler Deduktion reicht ihre Wirkung bis in die an der Sprachanalyse orientierten Rekonstruktionsversuche wissenschaftlichen und philosophischen Wissens der jüngsten Zeit (vgl. Apel, Habermas). Durch die Formulierung dreier unabhängiger Fundamentalrelationen der Zeichen, und mithin jeder semiotisch interpretierten Erkenntnis, werden ebenso transzendentale wie spekulative und analytische Elemente miteinander verknüpft. Obgleich dadurch gegenüber bloß syntaktischen und semantischen Fragestellungen die pragmatische Relation der Thirdness begründet ins Spiel gebracht wird, besteht das Problem dieses Ansatzes jedoch in der zu Paradoxien führenden Umformulierung des kantischen «Ich denke» (der transzendentalen Apperzeption) zu einem an der Idee der Konsistenz verleihenden Interpretationsgemeinschaft orientierten, unendlichen und gleichwohl approximativen Prozeß der Erkenntnisgewinnung.

Anmerkungen. [1] CH. S. PEIRCE: New list of cat. (1867). – [2] Vgl. K. O. APEL: Peirces Denkweg vom Pragmatismus zum Pragmatizismus, in: Ch. S. Peirce, Schr. 2 (1970) 11-211, zit. 79. – [3] Vgl. Ch. S. Peirce: One, two, three: Fundamental cat. of thought and of nature (Ms. 1885) zit. Schr. 1, hg. K. O. Apel (1967) 49. – [4] Vgl. K. O. Apel: Von Kant zu Peirce: Die semiotische Transformation der Transzendentalen Logik, in: Transformation der Philos. 2 (1973) 157-177, bes. 170. – [5] a. a. O. 173.

g) In seiner großangelegten Analyse der Systeme der theoretischen, praktischen und religiösen Fiktionen der Menschheit, der ‹Philosophie des Als-Ob› [1], weist H. Vaihinger den K. einen zentralen Platz innerhalb der erkenntnistheoretischen Erörterung zu. Ausgehend von der in der Konsequenz seines «idealistischen Positivismus» liegenden Beurteilung aller logischen Formen als Veränderungen bzw. Verfälschungen der Wirklichkeit, werden alle K. als «aus dem eigenen Fonds der Seele» geschöpfte, subjektive Vorstellungen bezeichnet [2], denen die unumgängliche, wenn auch theoretisch widersprüchliche Aufgabe zukommt, das Empfindungsmaterial fiktional umzuformen, um es zugänglich und im weitesten Sinne erkennbar zu machen. «Aber die K. sind für die Menschheit schließlich doch nur psychologische und mnemonische Hilfsmittel, wie sie beim Kinde in Anwendung kommen zur Erleichterung der Erziehung» [3]. Die Psyche kreiert zu praktischen Zwecken Verbindungs- und Subsumtionsformen, um der chaotischen Mannigfaltigkeit der Erscheinungen Struktur und Umriß zu verleihen. Am Beispiel der Ding-Eigenschaft-K. erläutert Vaihinger die für das diskursive Denken bestehende Notwendigkeit, über die durch die Sinne gelieferten Eigenschaften (Empfindungsqualitäten) hinaus das «Ding» als einen Träger der Eigenschaften zu fingieren und damit einen die Wirklichkeit alterierenden «Hilfsbegriff» einzuführen, den Vaihinger «K.» nennt.

Gleichwohl wird mit den auf diese Weise eingeführten K. als Intellektualformen [4] keinesfalls die Wirklichkeit erkannt; vielmehr besitzen sie lediglich eine auch für die Wissenschaften geltende praktische Bedeutung für die Rubrizierung des empfindungsmäßig Gegebenen. Unter Berufung auf Kants Restriktion der Gültigkeit der K. auf die Erfahrung bezeichnet Vaihinger die K. als «bequeme Hilfsmittel, um die Empfindungsmassen zu bewältigen» [5]. Die auf diese Weise als «Hilfsformen» für den begreifenden Umgang mit der Wirklichkeit bezeichneten K. können selber – abgesehen von ihrem systematischen Stellenwert in der Gesamtanalyse der ‹Philosophie des Als-Ob› – nicht mehr eigens thematisiert, geschweige denn begriffen werden: «... die K. selbst begreifen zu wollen, ist ein törichter Wunsch» [6]. Demzufolge kann Vaihinger die traditionellen Überlegungen zur Vollständigkeit, Deduktion und Systematik der K. (vor allem kantischer Provenienz) nur als Fehlversuche eines den Nachweis der Genese der K. als «besonders prominenter Analogien, nach denen die verschiedenen Successionen am passendsten gedacht werden» [7] ignorierenden Denkens interpretieren. Von allen begrifflichen, logischen Fiktionen, die das diskursive Denken leiten – Ding-Eigenschaft, Ganzes-Teil, Ursache–Wirkung, Allgemeines–Besonderes [8] – können nach Vaihinger nur noch die Ding–Eigenschaft- und die Ursache–Wirkung-K. als eigentliche K. akzeptiert werden, wobei die Ding-Eigenschaft-K. nach seiner auf die naturwissenschaftlichen Resultate gestützten Vermutung möglicherweise noch auf die Ursache–Wirkung-K. reduziert werden kann [9]. Die unübersehbar große Anzahl der ursprünglich in der Psyche vorhandenen K. – die von Vaihinger in einem Versuch genetischer Ableitung als auf sinnliche Anschauung rückführbare «Analogien» verstanden werden: «Die K. sind nichts als Analogien, nach denen die objektiv geschehenden Vorgänge erfaßt werden» [10] – ist in einem Prozeß «natürlicher Selektion» auf eine möglichst überschaubare Anzahl von Hilfsformen reduziert worden, die ihre praktisch notwendige Funktion dann erfüllt haben, wenn das «gewünschte Resultat» erreicht ist; «Der Mensch will nicht ‹Dinge› haben, sondern er will den Eintritt gewisser Empfindungen» [11].

Vaihingers K.-Theorie ist geprägt von dem das späte 19. Jh. bestimmenden Verständnis des K.-Begriffs als «Form», «Hilfsbegriff» zur Bewältigung der gegebenen Mannigfaltigkeit des Wirklichen. Gleichwohl bleibt seine in bewußter Abkehr vom Verständnis des K.-Begriffs als Seinsprinzip («... daß die Wege des Denkens nicht die des Seins sein können» [12]) konzipierte K.-Theorie Ausdruck einer dem ursprünglichen – aristotelischen wie kantischen – Sinn dieses Terminus verpflichteten philosophischen Grundhaltung, die bis hin zu den neukantianischen Beiträgen zur K.-Problematik virulent geblieben ist.

Anmerkungen. [1] H. Vaihinger, Die Philos. des Als-Ob. System der theoret., prakt. und relig. Fiktionen der Menschheit (1877, ¹⁰1927). – [2] Vgl. a. a. O. 287. – [3] 327. – [4] Vgl. 308. – [5] 310. – [6] 310. – [7] 319. – [8] Vgl. 308. – [9] 319. – [10] 313. – [11] 323. – [12] 288.

Literaturhinweise. H. Ulrici: System der Logik (1851). – V. Gioberti: Della protologia 1. 2 (1857). – P. Hohlfeld: Die Krausesche Philos. in ihrem gesch. Zusammenhang und ihrer Bedeutung für das Geistesleben der Gegenwart (1879). – B. Martin: K. Chr. F. Krauses Leben, Lehre und Bedeutung (1881). – J. Volkelt: Erfahrung und Denken (1886). – M. Rackwitz: Hegels Ansicht über die Apriorität von Zeit und Raum und die Kantschen K. Eine philos. Kritik nach Hegels Phänomenol. des Geistes (1891). – A. Riehl: Beiträge zur Logik (1892). – J. M. E. McTaggart: Hegel's treatment of the cat. of the subjective. Mind NS 6 (1897) 164-181; 342-358. – E. König: E. v. Hartmanns Kl. Z. Philos. 113 (1898); 114 (1899). – E. Zwermann: Die transzendentale Deduktion der K. in Kants KrV. Kantstudien 5 (1901) 444-471. – J. M. E. McTaggart: Hegel's treatment of the cat. of the idea. Mind NS 9 (1900) 145-183. – T. Elsenhans: Das Kant-Friessche Problem (Habilschr. 1902); Fries und Kant. Ein Beitrag zur Gesch. und zur systemat. Grundlegung der Erkenntnistheorie 1. 2 (1906). – M. Schröter, Der Ausgangspunkt der Met. Schellings, entwickelt aus seiner ersten Philos. Abh. «Über die Möglichkeit einer Form der Philos. überhaupt» (Diss. 1908). – S. Gewürz: Stud. zur Entwickl.gesch. der Schellingschen Philos. unter bes. Berücks. seiner Beziehungen zu Fichte (Diss. 1909). – K. Smirnow: Leibniz' und Herbarts met. Lehre von der Seele (1910). – M. Zynda: Kant – Reinhold – Fichte. Stud. zur Gesch. des Transzendentalbegriffs (1910). – W. Mechler: Die Erkenntnislehre bei Fries aus ihren Grundbegriffen dargestellt und krit. beleuchtet (1911). – W. Metzger: Die Epochen der Schellingschen Philos. von 1795-1802 (1911). – W. Ripke: Über die Beziehungen der Fichteschen Kl. zur Kantischen (1913). – B. Erdmann: Kritik der Problemlage in Kants transzendentaler Deduktion der K. Sber. Berl. Akad. Wiss. (1915). – M. Frischeisen-Köhler: Herbarts Begründung des Realismus, in: Volkelt-Festschr. (1918). – A. Riehl: Der philos. Kritizismus 1 (³1924). – E. Freeman: The cat. of Ch. S. Peirce (1934). – A. Pfeifer: Die Philos. der Kantperiode K. L. Reinholds (Diss. 1935). – O. Klein: Schellings Kl. (1939). – J. v. Kempski: Ch. S. Peirce und der Pragmatismus (1952). – A. Klemmt: Karl Leonhard Reinholds Elementarphilos. Eine Stud. über den Ursprung des spekulat. dtsch. Idealismus (1958). – P. Krausser: Die drei fundamentalen Struktur-K. bei Ch. S. Peirce. Philos. nat. 6/1 (1960) 3-31. – M. G. Murphey: The develop. of Peirce's philos. (1961). – K. O. Apel: Der philos. Hintergrund der Entstehung des Pragmatismus bei Ch. S. Peirce, in: Ch. S. Peirce, Schr. 1 (1967) 11-153. – N. Hinske: Die hist. Vorlagen der kantischen Transzendentalphilos. Arch. Begriffsgesch. 12 (1968) 86-113; Verschiedenheit und Einheit der transzendentalen Philos. a. a. O. 14 (1970) 41-68. – W. Marx: Hegels Theorie log. Vermittlung. Krit. der dial. Begriffskonstruktionen in der ‹Wiss. der Logik› (1972).

V. Vom Neukantianismus bis zur Gegenwart. – 1. Die Neukantianer.

Gegenüber dem spätromantischen Versuch E. von Hartmanns, den Urquell der K. in unbewußten Intellektualfunktionen zu suchen, und H. Vaihingers Verständnis der K. als praktisch nützlicher Hilfsbegriffe, stellen die unter der Bezeichnung ‹Neukantianismus› zusammenzufassenden Theorien von Cohen, Natorp, Windelband, Rickert, Cohn und Lask unter mehr oder minder ausdrücklicher Berufung auf Kant, zum Teil auch im Rückgriff auf die idealistische Systemphilosophie, erneut das Problem einer transzendentalen Begründung objektiven Wissens, mithin die Frage einer apriorischen Konstitution der Gegenstände in den Mittelpunkt ihrer Überlegungen. Der aus einer kritischen Auseinandersetzung mit der positivistischen Interpretation wissenschaftlichen Wissens und ihren materialistischen Konsequenzen und im Gegenzug zu der im Gefolge der exakten Naturwissenschaften um sich greifenden naiven Fortschrittsgläubigkeit entstandene Neukantianismus trug maßgeblich zum Wiedererwachen einer an der Tradition kritischer Philosophie orientierten erkenntnistheoretischen Reflexion der für die Einzelwissenschaften gültigen Prämissen bei; sollte in diesem Sinne die objektive Gültigkeit des Erfahrungswissens erwiesen werden, – wobei der Titel ‹Erfahrung› jetzt nicht mehr ausschließlich für die nomothetischen, sondern auch für die idiographischen Wissenschaften Geltung beanspruchte [1] –, so lag der Rückgriff auf Kant nahe, in dessen Kl. die Objektivität der Wissenschaften erstmals zureichend begründet werden sollte. Die Kl. wurde auf diese Weise ein methodischer Leitfaden für die exakte Fassung dessen, was als Gegenstand der Erkenntnis gelten konnte. Gleichwohl wurde mit der Rückbesinnung auf Kants Kl. nicht dessen Anspruch auf Vollständigkeit seiner Tafel der reinen Verstandesbegriffe übernommen.

Anmerkung. [1] Vgl. W. WINDELBAND: Gesch. und Naturwiss. (1894).

a) Innerhalb der Problemstellung einer Begründung der reinen Erkenntnis hat H. COHEN eine eigenständige, in engem Zusammenhang mit seiner Urteilslehre stehende Kl. entwickelt [1]. Indem das Denken, von Cohen letztlich als absolutes Denken des Ursprungs, dem nichts Gegebenes äußerlich sein kann, verstanden [2], sich immer in Urteilen vollziehen muß, wenn es die Dignität des Erkennens besitzen soll, sind Einheit des Urteils, der Erkenntnis und des Gegenstandes nur verschiedene Explikationsweisen ein und derselben Einheit des Denkens. Dem Denken gilt nur das als «gegeben», was es selbst erzeugen kann [3]. Die Einheit des Urteils muß sich daher in verschiedene Urteilsarten – Urteile der Denkgesetze, der Mathematik, der mathematischen Naturwissenschaft und der Methodik [4] – entfalten können, die den Gegenständen der Erkenntnis korrespondieren. Genau diese verschiedenen Urteilsarten sind als «Betätigungsweisen des Urteils» [5] die K., die sich als ursprüngliche Verknüpfungsweisen des Mannigfaltigen, notwendige, logische Bedingungen der Erfahrung begreifen lassen [6]. Hängen auf diese Weise für Cohen das reine ursprüngliche Denken, das Urteil, die K. und der Gegenstand zusammen, so ist K. der Ausdruck der Gesetzmäßigkeit des reinen, sich durch Urteile auf Gegenstände beziehenden Denkens. Gleichwohl können Urteile nicht, wie bei Kant, zum Leitfaden des Aufsuchens der K. dienen, da nach Cohens Konzept eine Mehrheit von K. in einer Urteilsart, wie auch eine K. in mehreren Urteilsarten enthalten sein kann [7]. Außerdem werden in seiner Kl. im Gegensatz zu Kant nicht nur die Differenz von Anschauung und Denken, sondern auch der für die kantische Kl. fundamentale Unterschied zwischen Denken und Erken-

nen einbezogen. Dadurch, daß K. als Betätigungsweisen des Urteils konzipiert werden, erhalten sie den Status von Denkgesetzen [8]. Da das Mannigfaltige im Urteils-(Denk-)Akt miterzeugt wird, ist uns überhaupt nur dasjenige «gegeben», was zugleich kategorial geformt ist. Das reine Denken schafft im Urteilen die Objekte der Erfahrung; dadurch ist die kantische Intention, K. als reine Verstandesbegriffe zu konzipieren, die ohne ihre Schematisierung die Zeit zwar für das Denken, nicht aber für das Erkennen von Gegenständen hinreichend sind, endgültig aufgegeben. Die kantische strenge Korrespondenz von Urteil und K. gibt Cohen ausdrücklich auf [9], und hält eine Vielzahl von K. (gleichbedeutend mit «reiner Erkenntnis, welche die Voraussetzung der Wissenschaft ist» [10]) für notwendig. Während Kants zwölf K. für alle mögliche Erfahrung gelten sollten, hängt der Charakter der Endlichkeit der Erkenntnis, der bei Kant u. a. noch an die Differenz von Sinnlichkeit und Verstand geknüpft war, bei Cohen durch die Abhängigkeit der K. von im Fortgang der erfahrungswissenschaftlichen Forschung neu entstehenden Problemen ab; die hinreichende Anzahl der K. kann deshalb am Auftauchen neuer Probleme gleichsam abgelesen werden [11].

Auf eine eigenartige Weise verschränkt sich daher in Cohens Theorie die Logik der reinen Erkenntnis mit einer «Logik» der Forschung. Es entsteht die Paradoxie, daß die K. jeweils dem Stand der wissenschaftlichen Forschung entnommen und gleichwohl als apriorische Momente des erzeugenden Denkens verstanden werden sollen. Daß der wissenschaftliche Fortschritt zugleich als Fortschritt der reinen Erkenntnis selbst gedacht werden muß, hat zur Konsequenz, daß der im Sinne Kants eindeutige Begriff des Apriori in Frage gestellt erscheint.

Anmerkungen. [1] H. COHEN: Logik der reinen Erkenntnis (²1914). – [2] Vgl. a. a. O. 36. – [3] Vgl. 82. – [4] Vgl. 77f. – [5] 47. – [6] Vgl. Kants Theorie der Erfahrung (²1871-1885). – [7] Vgl. a. a. O. [1] 52. – [8] Vgl. 596. – [9] Vgl. 396f. – [10] 259. – [11] Vgl. 396.

b) Das bei Cohen ungelöste Problem des Verhältnisses von apriorischer Erzeugung und wissenschaftlichem Progreß wird durch P. NATORPS Unterscheidung von Grund-K., die er von Grundfragen der philosophischen Reflexion ableitet, und dem «offenen System» einer unabschließbaren Vielzahl von K. entscheidend modifiziert; die Grund-K. der Modalität, der Relation (Spezifikation) und der Individuation werden hergeleitet aus den Substraten philosophischen Fragens überhaupt: dem Sein, dem Sinn und der allbefassenden Einheit beider [1], während der Reichtum der K. sich daraus ergibt, daß in jedem der drei Grundmomente wiederum alle drei enthalten sind, und so ohne Ende weiter [2]. In Anlehnung an Kant behält Natorp in seiner ‹Logik› (1904) jedoch zunächst die Vierteilung der K.-Tafel bei [3], bestimmt die K. als denkend gesetzte Grundlegungen der Erfahrung, deren Mannigfaltiges durch sie auf die Einheit des Gesetzes zurückgeführt wird [4], und verdeutlicht an den als Formgesetzen des Denkens verstandenen K. die von Kant mit Nachdruck behauptete Priorität der Synthesis vor jeder Analysis. Unter dem Einfluß Cohens gewinnt der zentrale Begriff der synthetischen Einheit analogen Stellenwert zu Cohens «Ursprung»: Als Bedingung für die logischen Grundmomente liegt er dem K.-System voraus. Als Synthesis ist der Wechselbezug des Denkens sowohl Vereinigung des Auseinanderliegenden als auch Auseinanderhalten des zugleich Geeinten [5].

Erst der *späte* Natorp [6] entwickelt gegenüber Cohen eine neue Variante der Kl., indem er im Rückgriff auf

Aristoteles, für den die K. mindestens in einer Hinsicht Aussageweisen waren, von K. als Konstruktionslinien spricht, «die ... alle Form des Denkens, des Lebens, ja des Seins selbst, bis zu den letzten erreichbaren Grenzen der Formungsmöglichkeit, gesetzmäßig zu entwickeln dienen sollen» [7]. Diese Interpretation der K. impliziert eine Ablehnung der Deutung der K. als Ordnungsschemata von schon Vorgegebenem, als bloßer Denkmittel, und faßt sie als Elemente lebendiger Formung («fieri», nicht «factum»), als «erzeugende Funktionen des inneren, konkreten Seinsaufbaus selbst» [8]. In dem Versuch einer kategorialen Grundlegung alles Geistigen behauptet Natorp die Unabschließbarkeit des K.-Systems, leitet aber von den festgelegten Grundfragen philosophischer Reflexion die drei Grund-K. ab. Die fundamentale Unterscheidung von K. und Grund-K. versucht, sowohl dem kantischen Ansatz einer überschaubaren Anzahl von Stammbegriffen des Verstandes als auch der durch den Forschungsprogreß der Wissenschaften bedingten a priori nicht festlegbaren Vielzahl der K. gerecht zu werden. Die Grund-K. dienen als Leitfaden dafür, dem offenen System der K. dennoch die Geschlossenheit eines Aufbaugesetzes zu verleihen und bieten die Möglichkeit, «das System der K. selbst kategorial zu begründen» [9]. Natorps Konzeption, aus den Grund-K. die Bestimmung der Struktur des offenen K.-Systems abzuleiten und auf diese Weise die philosophische Systematik mit Rücksicht auf die Bedeutung des K.-Problems als «Allgemeine Kl.» [10] zu begreifen, enthält wirkungsgeschichtlich bedeutungsvolle Elemente für die weitere Ausgestaltung der Kl. im 20. Jh., vor allem von N. Hartmann.

Anmerkungen. [1] Vgl. P. NATORP: Philos. Systematik, aus dem Nachlaß hg. H. NATORP (1958) 72. – [2] Vgl. a. a. O. 86. – [3] Vgl. Logik. Grundlegung und log. Aufbau der Math. und math. Naturwiss. (1904). – [4] Vgl. Die log. Grundl. der exakten Wiss. (1910) 49ff. – [5] Vgl. a. a. O. 26. – [6] a. a. O. [1]; Vorles. über prakt. Philos. (1925). – [7] a. a. O. [1] 13. – [8] 14. – [9] 17. – [10] Vgl. 19.

c) Unabhängig von der Problematik eines offenen oder geschlossenen Systems der K. entwickelt W. WINDELBAND in enger Anlehnung an Kants transzendentale Logik den Grundriß eines jedoch nicht im Detail ausgeführten Systems der K. [1], indem er die Unterscheidung von reflexiven und konstitutiven K. einführt. Vergleichbar der Konzeption des frühen Natorp macht Windelband das seit Kant letzte Prinzip aller theoretischen Philosophie, den Begriff der Synthesis, zum Ausgangspunkt eines eigenen Systems der K.; im Bewußtsein verknüpfte Vorstellungen gelangen zu einer Einheit, werden dadurch aber nicht schlechterdings identifiziert, sondern nur in eine Beziehung zueinander gesetzt, die die Heterogenität der Vorstellungsinhalte nicht aufhebt. Die durch die Anschauung gegebenen Inhalte präformieren die Art und Weise ihrer Synthesis im Bewußtsein, das nichts anderes ist als die Funktion von Beziehung überhaupt. Diese Weisen des Aufeinanderbeziehens anschaulich gegebener Inhalte nennt Windelband ‹K.›. Ob nun der Vorgang des Synthetisierens als Urteil oder als Begriff auftritt, ist dabei letztlich gleichgültig, da Urteil und Begriff nur psychologisch unterscheidbare Stadien derselben Funktion, der Verknüpfung verschiedener Inhalte durch eine K., darstellen [2]. Durch die genannte Relativierung des in der Tradition häufig als gravierend angesehenen Unterschiedes zwischen Urteil und Begriff hinsichtlich ihrer Bedeutung für den Terminus ‹K.› versucht Windelband die aristotelische und die kantische Auffassung der Kl. in dieser Hinsicht zu vereinigen. Insistierend auf einem systematischen Ableitungsprinzip für die K. hält er das

Auffinden eines solchen Prinzips jedoch nur dann für möglich, wenn die einzelnen K. als Formen des beziehenden Denkens verstanden werden und insofern erst eruierbar sind, wenn es gelingt, den Zusammenhang der Beziehungsweisen des Denkens transparent zu machen.

Aus der Unabhängigkeit des Bewußtseinsinhaltes von der Funktion des Bewußtseins, Inhalte miteinander zu verknüpfen, ergibt sich die Unterscheidung zwischen K. gegenständlicher und nur vorgestellter Geltung, wobei die gedachte Beziehung (K.) im ersten Falle zum «wirklichen» Wesen der Inhalte selbst, im zweiten Falle nur zum Bewußtsein gehört [3]. Die gegenständlichen K. nennt Windelband «konstitutiv», die nur vorgestellten «reflexiv». Konstitutiv sind diejenigen K., «welche das gegenständliche Verhältnis der Vorstellungselemente ausmachen», reflexiv diejenigen, «welche das zusammenfassende Bewußtsein aus den übernommenen Inhalten durch seine kombinierende Tätigkeit zu entwickeln vermag» [4]. Reflexive K. sind Gleichheit, Unterscheidung, Zahl usw., konstitutive Substanz, Kausalität usw. Beide Arten von K. stammen aus derselben Quelle, der im Bewußtsein hergestellten Einheit des Mannigfaltigen der Vorstellungsinhalte. Das «Gegebene» ist also für Windelband keineswegs durch die K. vorgeformt, wie bei Cohen, vielmehr sind Raum und Zeit, die selber im kantischen Sinne nicht als K. verstanden werden, notwendig, um den ohne sie bloß reflexiven K. die Dignität konstitutiver Beziehungsweisen zu verleihen. Windelbands Entwurf zu einem System der K. bewahrt gerade durch seine Nähe zur kantischen Theorie einen streng gefaßten und kritisch bedeutsamen K.-Begriff, der es verhindert, K. als unspezifische Bestimmung vom Seienden überhaupt mißzuverstehen.

Anmerkungen. [1] W. WINDELBAND: Vom System der K., in: Philos. Abh. Chr. Sigwart zum 70. Geburtstag, hg. B. ERDMANN u. a. (1900) 41-58. – [2] Vgl. a. a. O. 46. – [3] Vgl. 48. – [4] 49.

d) H. RICKERTS Kl., die in mannigfaltigen Bezügen zu Kants und auch Windelbands Überlegungen steht, bietet nicht ein ausgearbeitetes System einzelner K.; ihr neuer Ansatz beruht vielmehr auf der Veränderung des funktionalen Stellenwerts des K.-Begriffes selbst. Trotz des ebenso von Aristoteles wie von Kant übernommenen Ausgangspunktes einer Analyse des Urteilsaktes geht es ihr nicht primär um die apriorische, den Gegenstand konstituierende Synthesis von Vorstellungsgehalten, sondern um den «Gegenstand der Erkenntnis» [1], der als Korrelat eines wahren Urteils bereits Wirklichkeitscharakter einschließt. K. im Sinne Rickerts sind daher nicht primär apriorische Formen vorgestellter Gegenstände, sondern funktionale Strukturen wirklicher Erkenntnis. Im bejahenden Urteil wird unter Anerkennung des transzendenten Sollens der Übereinstimmung von Form und Inhalt dem Urteilsinhalt primär die Form der Wirklichkeit zugesprochen, der Gegenstand der Erkenntnis daher durch die Vermittlung der K. im Übergang vom Sollen zum Sein produziert. Die Differenz von Sollen, Wert und Sein garantiert nicht nur die bewußtseinsunabhängige Geltung des produzierten Gegenstandes der Erkenntnis, sondern auch die Verträglichkeit des erkenntnistheoretischen transzendentalen Idealismus mit dem empirischen Realismus sowohl des alltäglichen wie des wissenschaftlichen Erkennens. Was für die transzendentale Rekonstruktion produzierte Form des Gegenstandes ist, ist für die Erfahrung die Struktur des Gegenstandes selbst. K. fungieren darum als formgebende

Momente in dem das transzendente Sollen anerkennenden Urteilsakt und bestimmen über die Form des fertigen Urteils die Form des wirklichen Erkenntnisgegenstandes. Sie erscheinen daher zugleich als formgebende Prinzipien transzendentaler Konstruktion wie als reproduzierbare Gestalten und Strukturen der Gegenstände. «Wenn das Sollen oder die formale Norm der Zusammengehörigkeit, die der Urteilsakt bejaht, transzendent gilt, so muß die K. dem Urteil mit der Form zugleich die Gegenständlichkeit geben und damit das Moment, aufgrund dessen sein Gehalt vom Standpunkt des empirischen Realismus als Reproduktion des Wirklichen anzusehen ist» [2]. Der fertige Urteilsgehalt besitzt dieselbe Form wie der vom Subjekt losgelöste Gegenstand.

Diese Funktionsbestimmung des K.-Begriffs, die nicht am Vorstellungsgegenstand, sondern am bejahenden Urteilsakt als Bedingung der Möglichkeit von Erkenntnis entwickelt ist, markiert eine bedeutsame Veränderung der kantischen Konzeption: Einerseits wird durch den Bezug auf Erkenntnis die K. des Wirklichen oder der Gegebenheit allen anderen kategorialen Bestimmungen vorgeordnet, andererseits schließt der K.-Begriff, indem er den Übergang vom Bereich des Sollens zum Bereich des Seins vermittelt, seine eigene Schematisierung ein. Die K. sind daher nicht mehr reine Verstandesbegriffe, deren objektive Gültigkeit nur unter der Bedingung eines restriktiven Gebrauchs garantiert ist, sondern eo ipso Strukturen der Erkenntnis.

Neben dieser Veränderung des funktionalen Stellenwerts des K.-Begriffs und neben der Vorrangstellung der K. der Gegebenheit verläßt Rickert auch darin den kantischen Grundriß des Problems, daß er die Konstitution einer objektiven Wirklichkeit von jenen möglichen Wirklichkeitsperspektiven unterscheidet, die durch die Natur- bzw. Geisteswissenschaften als Welt der Natur bzw. Welt der Geschichte entfaltet werden. War mit der K. der Gegebenheit lediglich eine zusammenhanglose Vielfalt einzelner Tatsachen konstituiert, so bedurfte es zur Rekonstruktion einer zusammenhängenden Wirklichkeitserkenntnis als Korrelat der gewöhnlichen Erfahrung zusätzlicher konstitutiver K. des Wirklichen, die – wie die K. des Dinges bzw. Eigenschaften bzw. des Zusammenhanges von Ursache und Wirkung – ein Ganzes objektiver Erfahrung ermöglichen [3]. Die so konstituierte objektive Wirklichkeit, verstanden als die Totalität, in der wir leben (heterogenes Kontinuum), erweist sich ihrerseits wieder als Material für die Bearbeitung durch die Wissenschaften der Natur und der Geschichte. Sofern diese im Sinne Rickerts die objektive Wirklichkeit nicht reproduzieren sondern ausschließlich bearbeiten, setzen sich die konstitutiven Wirklichkeitsformen nicht unmittelbar in die Bereiche von Natur und Geschichte fort, enden vielmehr mit der Konstitution der objektiven Wirklichkeit. Die Konstitution der «Gegenstände» Natur und Geschichte verdankt sich daher nicht mehr spezifisch der Funktion konstitutiver K., sondern den eigentümlichen Auffassungsweisen der methodologischen Erkenntnisformen. In der Auseinandersetzung mit Windelbands Unterscheidung der K. in konstitutive und reflexive [4] stellt Rickert heraus, daß insbesondere die K. der Gesetzmäßigkeit und d. h. in der Konsequenz der Begriff der Natur nicht als konstitutive Wirklichkeitsform, sondern allein als methodologische Erkenntnisform gedacht werden kann. Rickerts und Windelbands Unterscheidung der Kategorien erweisen sich daher als nicht äquivalent. Mit der Unterscheidung von Kausalität und

Naturgesetz, wonach Kausalität zu den konstitutiven und Naturgesetz zu den methodologischen K. zählt, wird paradigmatisch der Bereich des vorwissenschaftlichen vom Bereich des wissenschaftlichen Wissens und Erkennens geschieden. Obgleich die Wissenschaften als Wissenschaften der Natur und der Geschichte in methodologischen Auffassungsformen der von ihnen unabhängig konstituierten objektiven Wirklichkeit begründet sind, produzieren sie gleichwohl nicht ungültiges Wissen. Sofern die methodologischen K. als Auffassungsformen der von den Wissenschaften bearbeiteten objektiven Wirklichkeit dem Gesichtspunkt des Allgemeinen sich verdanken, während doch die «K. der Gegebenheit» ein «Dieses da» als Individuelles und die «K. der objektiven Wirklichkeit» individuelle Zusammenhänge des Individuellen konstituieren, verbürgt gerade das Individuelle als der Bezugspunkt des Allgemeinen die Gültigkeit wissenschaftlichen Erkennens. Ihre Gültigkeit ist daher nicht unmittelbare, sondern durch die konstitutiven K. und deren Bezug auf das transzendente Sollen vermittelte Gültigkeit. Zugleich bringt die Differenz von konstitutiven Wirklichkeitsformen und methodologischen Erkenntnisformen den Tatbestand zur Geltung, daß wissenschaftliches Wissen bereits ein konstituiertes erkennendes Subjekt voraussetzt [5].

Durch die Unterscheidung von konstitutiven und methodologischen K. wird die Theorie der K. erstmals in der Geschichte des Problems unmittelbar *wissenschaftstheoretisch* von Bedeutung. Während wissenschaftliches Wissen bisher immer nur als Reproduktion kategorial konstituierter Wirklichkeit oder Wirklichkeitsbereiche aufgefaßt wurde, wird durch Rickerts Konzept ein konstruktives Verständnis und damit eine Theorie der Wissenschaften möglich, die den Gesichtspunkt einer freien, wenn auch nicht willkürlichen Bearbeitung eines a priori konstituierten, vorgegebenen Materials in den Mittelpunkt stellt. In der Konsequenz dieses Gedankens liegt ebenso die Möglichkeit, die Philosophie als eine sekundäre Reflexion auf schon konstituierte Gegenstände – und sei es der «Gegenstand» des Konstitutionsvorganges selbst bzw. die in ihn integrierten Bedingungen des Geltens bzw. Sollens – zu interpretieren. Konstitutive K. im Sinne Rickerts sind jedenfalls nicht jene Prinzipien der durch die Wissenschaften objektivierten Wirklichkeit, die im Fortgang des wissenschaftlichen Erkenntnisprozesses als Prinzipien des Aufbaus ihrer Gegenstände aufgefunden werden. Obgleich die im Verfolg der kantischen Frage nach der objektiven Gültigkeit aufgeworfene Problematik der Geltung unbedingter Werte einerseits und die Differenzierung von kategorial konstituierter objektiver Wirklichkeit und methodologisch konstituierter Gegenständlichkeit der Wissenschaften andererseits den durch Kant vorgezeichneten Grundriß des K.-Problems in verschiedener Richtung differenzieren bzw. erweitern, ist die mit dem kantischen K.-Begriff formulierte kritische Intention einer Begründung objektiv gültiger Erkenntnis prinzipiell bewahrt. Problematisch in Rickerts Konzeption bleiben indessen sowohl die Theorie unbedingt gültiger Werte als auch das Verhältnis der Gegenstandsbereiche der Wissenschaften zum Erkenntnisbereich objektiver Wirklichkeit, dessen interne Schwierigkeit auf dem nicht zureichend geklärten Verhältnis von konstitutiven Wirklichkeitsformen und methodologischen Erkenntnisformen beruht.

Anmerkungen. [1] H. RICKERT: Der Gegenstand der Erkenntnis (³1915). – [2] a. a. O. 372. – [3] Vgl. 411. – [4] Vgl. 411 Anm. 1. – [5] Vgl. 408f.

e) Im Rückgriff auf Rickerts Unterscheidung von konstitutiven und methodologischen K. versucht J. Cohn, die Verknüpfung beider K.-Gruppen durch die Idee eines kategorialen Postulats zu denken. Rickerts Konzept modifizierend, erscheinen demgemäß die methodologischen K. als für die Erkenntnis der Wirklichkeit notwendige Postulate und die konstitutiven als deren reale Geltung (Suffizienz), d. h. als eigentliche K. [1]. Ausgehend von der Fragestellung, welche Bedingungen erfüllt sein müssen, damit in der Wirklichkeit Zusammenhänge gesehen werden können, entwickelt Cohn seine Lehre von der «realen Suffizienz» der für Wirklichkeitserkenntnis notwendigen Postulate der Vergleichbarkeit, der Substantialität und der Kausalität [2]. Da die K. die Erkennbarkeit der Wirklichkeitszusammenhänge begründen, sofern sie zugleich als Voraussetzung der Wirklichkeit selbst und ihrer Erkennbarkeit gedacht werden müssen, erweisen sie sich als «reale Suffizienzen notwendiger Postulate» [3]. Obgleich die kategorialen Postulate für alle Realität gelten, ist die Wirklichkeit selbst jedoch nicht durchgängig kategorial geformt; sie enthält nicht-kategoriale Bestandteile, die als irrationale Bestandteile der Gegenstände allerdings erst dann erkennbar werden, wenn die notwendigen Erkenntnispostulate sich an der Realität bewähren. Die Geltung der K. zeigt sich in nichts anderem als in ihrer Notwendigkeit in aller Erkenntnis von Wirklichem, weswegen man ihnen «relativ zur Wirklichkeit konstitutive Bedeutung zuschreiben» kann [4]. Sofern auch die der Anschauung zugängliche Erlebniswirklichkeit mit ihren irrationalen Gegebenheitsmomenten begriffen werden muß, beschränkt sich die Bedeutung der K. nicht auf die Wissenschaften, die nur einen eingeschränkten Bereich des überhaupt Erkennbaren objektivieren. Erkenntnis besteht nach Cohns «Utraquismus» gleichermaßen aus Irrationalem und Rationalem, sofern der Gegenstand der Erkenntnis nur aus dem Denken entspringen kann.

Die von Cohn in den Mittelpunkt gestellte Differenzierung der erkenntnisbedingenden Momente nach notwendigen Postulaten (Denkformen) und irrationalen Gegebenheitsmomenten verändert zugleich mit dem Begriff des Erkenntnis die Bedeutung des konstitutiven Charakters von K. Bestimmt als reale Suffizienz von Postulaten erhält K. selbst postulatorisch-instrumentellen Charakter, sofern ihre Geltung nicht mehr a priori begründet werden kann, sondern auf den Nachweis der Bestimmbarkeit des irrational Gegebenen durch denknotwendige Hypothesen eingeschränkt ist. Der Gedanke nur noch asymptomatisch möglicher Erkenntnis erinnert an lebensphilosophische Theoreme ebenso wie an die Idee von sich erst im Progreß der Forschung als gültig ausweisenden apriorischen Begriffen.

Anmerkungen. [1] J. Cohn: Voraussetz. und Ziele des Erkennens. Untersuch. über die Grundfragen der Logik (1908) 521. – [2] Vgl. a. a. O. 360-422: Zur Kl. – [3] 405. – [4] Vgl. 416.

f) Im Anschluß an Rickerts aus der Urteilsanalyse erwachsenen Formbegriff stellt E. Lask die Unterscheidung von K. als Form und K.-Material in den Mittelpunkt seiner Kl. [1]: «K. und K.-Material und nichts anderes sind in letzter Linie die Elemente, die in den Urteilsgefügen einander ‹zukommen› und nicht zukommen. Das Material ist das, *worum* oder *worüber* gewußt wird, die K. das, *was* das Erkennen darüber weiß und ‹auszusagen› hat» [2]. Da die kategoriale Form den relativ zu ihr formlosen Inhalt, das «logisch-nackte» Material [3], noch vor aller urteilsartigen «zerstückelnden» [4] Er-

kenntnis als Gegenstand bestimmt, besitzt Lasks K.-Theorie einen gegenüber den anderen neukantianischen Ansätzen vergleichsweise phänomenologischen bzw. ontologischen Wesenszug. Der Gedanke apriorischer Synthesis tritt gegenüber der kategorialen Form als Aufbauprinzip der dem Erkenntnisakt voraufliegenden, schon konstituierten Gegenstände der Erkenntnis in den Hintergrund. Andererseits ist durch den Charakter des «Hingeltens» und des «Betreffens» [5], wonach die K. als ergänzungsbedürftig erscheint und ihre Bedeutung ebenso wie ihre Differenzierung in verschiedene kategoriale Formen allererst dem K.-Material verdankt, eine Selbständigkeit des K.-Materials intendiert, die nicht nur die mögliche Beziehbarkeit von Form auf Materie, sondern auch den kantischen Gedanken der Konstitution zweideutig werden läßt. Gleichwohl sind für Lask K. als am Leitfaden der Form-Materie-Duplizität entwickelte Gegenstandsbestimmungen Konstitutionsbegriffe, von denen er «reflexiv-generelle K.» [6] unterscheidet, die, obgleich ebenso wie die konstitutiven K. an das Material «gebunden» [7], sofern sie sich allein der Subjekt-Objekt-Duplizität verdanken, gegenüber den Konstitutionsbegriffen lediglich «parasitären, enklitischen Charakter» besitzen [8]. «... Gerade wegen des enklitischen Charakters der reflexiven K. ist damit bereits eine freilich schematisch gebliebene Hindeutung, eine leergelassene Anweisung auf die konstitutive K. gegeben ... Die reflexive K. als ein bloßer Stellvertreter drückt stets die unerfüllte Sehnsucht nach der dabei verschwiegenen konstitutiven K. aus» [9].

Die Originalität der Laskschen Kl. liegt jedoch nicht so sehr in der allgemeinen Bestimmung des K.-Begriffs als vielmehr in der am Leitfaden der philosophischen «Zwei-Weltentheorie» [10] des «Sinnlichen» und des «Nichtsinnlichen» ausgearbeiteten Differenzierung der K.-Gebiete des sinnlich gegebenen Seienden und des Geltens bzw. Sollens. Diese im Neukantianismus von Lotze her zur Geltung gebrachte Unterscheidung von Seiendem und Gelten, durch die der philosophischen Reflexion ein eigenständig konstituierter Gegenstandsbereich zugewiesen ist, führt Lask auf die Idee, die bisher übliche K.-Analyse der Erkenntnis des sinnlichen Seienden durch eine «Logik der Philosophie» [11] in Richtung auf eine «zweireihige Kl.» [12] zu erweitern. Sein Projekt einer umfassenden Kl. enthält daher nach Maßgabe der Gegenstandsgebiete des sinnlichen Seienden wie des unsinnlichen Geltenden zwei kategoriale Regionen, die durch die «Gebiets-K.» [13] Sein und Gelten bestimmt sind und deren Zusammenhang nach dem Verhältnis von Form und Material zu denken ist. Entsprechend dieser Stufung analysiert philosophische Erkenntnis die kategorialen Formen der Seinserkenntnis, d. h. das in aller Erkenntnis des Seienden geltende Sein. Die Logik der Philosophie hingegen analysiert den seinerseits kategorial konstituierten Gegenstand der philosophischen Reflexion, die Mannigfaltigkeit des Geltenden als Materie der Form des Geltens selbst. Deshalb stehen sich in diesem Aufriß die Urmaterie des Seienden und die Ur-K. des Geltens, durch die alle Erkenntnisgegenstände ihre kategoriale «Besiegelung» erhalten, gegenüber [14]. Indem Lask die Kl. um die Logik der Philosophie, d. h. um die Logik der Geltungssphäre, erweitert, gelingt ihm nicht nur eine Erweiterung der philosophischen Fragestellung selbst, sondern zugleich eine Art Selbstreflexion des philosophischen Ansatzes des Neukantianismus. Die am Leitfaden verschiedener Erkenntnisgegenständlichkeit gewonnene Auffächerung in verschiedene K.-Gebiete, die freilich bei ihm noch durch die Ur-K. des Geltens hierarchisch bestimmt bleibt, wird in der Folge ebenso bedeutsam wie die Zweideutigkeit des von Lask verwendeten Formbegriffs.

Anmerkungen. [1] E. LASK: Die Logik der Philos. und die Kl., in: Ges. Schr. 2 (1923) 1-282; Die Lehre vom Urteil a. a. O. 283-463. – [2] a. a. O. 333. – [3] Vgl. 74. – [4] Vgl. 364. – [5] Vgl. 32. – [6] Vgl. 137ff. – [7] Vgl. 146. – [8] Vgl. 160. – [9] 162. – [10] Vgl. 7ff. – [11] 23. – [12] 153. – [13] Vgl. 98f. 71. – [14] Vgl. 121.

2. *Lebensphilosophie.* – a) Die im Zuge der alle Erkenntnisinteressen auf sich ziehenden Entwicklung der exakten Naturwissenschaften vordringlich gewordene Aufgabe der Erklärung von Naturvorgängen hatte auch die philosophischen Entwürfe des ausgehenden 19. Jh. entscheidend mitgeprägt. Der naturwissenschaftlich und psychologistisch orientierte Positivismus dehnt die kausal-monistische Erklärungsweise auf alle philosophischen Fragebereiche aus. Diesen Tendenzen trat neben Rickerts Abgrenzungsversuch W. DILTHEY sowohl mit der Absicht einer philosophischen Durchdringung der Geschichte als auch mit dem Plan einer Grundlegung der nicht mit naturwissenschaftlichen Methoden erfaßbaren «Geisteswissenschaften» entgegen. Der bloßen Erklärung von kausalen Zusammenhängen in der Natur setzte er das Verstehen als eigenständige Weise des Erkennens gegenüber. Seine im ‹Aufbau der geschichtlichen Welt in den Geisteswissenschaften› [1] intendierte Grundlegung der Geisteswissenschaften, die sich im bewußten Anklang an Kant als eine auch die theoretische Erkenntnis mitumfassende «Kritik der historischen Vernunft» [2] verstand, bezog sich auf die allem Wissen zugrunde liegende Lebenswirklichkeit und suchte im Grundbegriff des «Lebens/Erlebens» die elementaren Strukturen des Erkennens zu begründen. Obgleich damit der Begriff des Lebens als der grundlegenden Wirklichkeit, aus dessen Objektivation alle Gegenständlichkeit des Wissens verstanden werden sollte, in den Mittelpunkt seiner Erkenntnistheorie einrückte, ist Diltheys Konzeption von jener Lebensphilosophie grundsätzlich verschieden, die das rationale Begriffswissen zugunsten irrationaler Intuition, die Wissenschaften zugunsten intuitiver Lebensanschauung aufzuheben sucht.

Der auf den Zentralbegriff des Lebens geschlüsselte K.-Begriff («K. des Lebens» [3]) entspringt dem das Leben begleitenden und es explizierenden Verstehen. Leben wird durch K. «verstanden», die gleichwohl nicht als apriorische Strukturen im Verstehen, sondern im Wesen des Lebens als dessen Bedeutungsstrukturen selber liegen [4]. Da das Leben nichts anderes als das Ganze der einzelnen Beziehungen ist, die abstrakt als K. bezeichnet werden können, werden K. als «Arten der Auffassung» verstanden [5], welche in den Prädikaten, die wir auf Gegenstände beziehen, enthalten sind [6]. Daraus erhellt für Dilthey unmittelbar, daß die Anzahl der K. nicht feststehen «und ihr Verhältnis nicht auf eine logische Form gebracht werden kann» [7]. Gleichwohl bilden sie in sich systematische Zusammenhänge, so daß die obersten K. «höchste Standpunkte der Auffassung der Wirklichkeit» darstellen [8]. Als solche bezeichnen sie «eine eigene Welt der Prädizierungen» [9] und schließen sich gegenseitig aus.

Gegenüber dieser allgemeinen mehr historisierenden Bestimmung des K.-Begriffs, der am allgemeinen Leitfaden der Analyse des Lebens gewonnen und in systematischer Hinsicht nicht ohne Bruch entwickelt wird, expliziert Dilthey in einer Analyse der primären Erlebnisstruktur den grundlegenden Unterschied von forma-

len und realen K. [10]. Sofern dem Erleben Denkleistungen bereits immanent sind, entstehen die formalen K., wie Einheit, Vielheit, Gleichheit, Unterschied, Beziehung, die für alle Wirklichkeit schlechthin Geltung beanspruchen [11]. Sofern Erleben aber zugleich Verstehen einschließt und im Verstehen aufgefaßt wird, entspringen mit der Zeitlichkeit [12] als der ersten K. des Lebens die Struktur-K. Wert (Gegenwart), Zweck (Zukunft) und Bedeutung (Vergangenheit) [13], aus denen Ineinander kategoriale Begriffe wie Gestaltung und Entwicklung des Lebens sich herleiten lassen. Indem nur durch die K. der Bedeutung «das bloße Nebeneinander, die bloße Unterordnung der Teile des Lebens» [14] im Gegensatz zu den anderen Primär-K. überwunden wird, erweist sich die K. der Bedeutung als die erste K. In ihr sind alle Formen der Aussage über Leben und Geschichte grundgelegt, die als reale K. der geschichtlichen Welt bis hin zur Idee des Wirkungszusammenhangs entfaltet werden. Diesen dem Verstehen des Lebens entnommenen realen K. der Geschichte stehen die realen K. der Natur als K. eines anderen Bereichs gegenüber. Während also die formalen K. für alles Auffaßbare überhaupt gelten, differenzieren sich die realen K. nach den Bereichen Natur und Geschichte. Sofern allerdings die Welt der Geschichte gegenüber der Naturwelt die grundlegende Wirklichkeit darstellt, da die Naturgestalten wiederum als Objektivationen des Lebens begriffen werden können, bleibt die von Dilthey herausgestellte Nebenordnung realer Natur- und Geschichts-K. ebenso zweideutig, wie das Verhältnis von K. als Auffassungsart zu K. als allgemeine Strukturbestimmung des Erlebens.

Anmerkungen. [1] W. DILTHEY: Der Aufbau der gesch. Welt in den Geisteswiss. (1910). Ges. Schr. 7, hg. B. GROETHUYSEN (⁵1968). – [2] Vgl. a. a. O. 191ff.; vgl. auch P. KRAUSSER: Krit. der endlichen Vernunft. Diltheys Revolution der allg. Wiss.- und Handlungstheorie (1968) 84ff. 210-219. – [3] Vgl. DILTHEY, a.a.O. [1] 282ff. – [4] 232. – [5] 192. – [6] Vgl. ebda. – [7] 232. – [8] 192. – [9] ebda. – [10] 196. – [11] ebda. – [12] 192. – [13] Vgl. 201f. 362 Anm. – [14] 202.

b) G. SIMMELS später lebensmetaphysischer Ansatz enthält eine eigentümliche Vermittlung transzendentalphilosophischer Theoreme mit lebensphilosophischen Fragestellungen, die auf einen K.-Begriff führt, der, obgleich er nicht zu einer detaillierten Theorie ausgearbeitet wird, seine philosophische Grundhaltung gleichwohl paradigmatisch zum Ausdruck bringt. Ausgehend von der Einsicht, daß der Mensch in allen seinen Lebensäußerungen notwendig auf Grenzen stößt, die er nur durch den Akt der Selbsttranszendenz überschreiten kann, konzipiert Simmel einen Begriff von Leben, dem die Transzendenz immanent sein muß, d. h. ein Leben, das sich geistig permanent selbst überwinden muß, grenzenlose Kontinuität und Grenzbestimmung zugleich ist. Das Leben ist mit dem Paradoxon behaftet, sowohl der Form zu bedürfen als auch sie in der Kreation neuer Formen immer wieder überwinden zu müssen, um Leben sein zu können. Die auf diese Weise unhintergehbare Leben-Form-Korrelation ist bei Simmel Ausdruck einer Problematisierung der Lebensphilosophie, auch diltheyscher Provenienz; wenn auch Begriffe das Leben nicht adäquat erfassen können, sind sie dennoch unabdingbar für sinnvolles Reden über das Leben.

So fordert die Mannigfaltigkeit der Lebensinhalte eine ebenso große Mannigfaltigkeit von Formen, mit deren Hilfe «die ungefüge Masse des Daseienden gefügig» gemacht werden muß [1]. Diese Formen sind die K., apriorische, aber gleichwohl geschichtlich bedingte Formen der Transformation von Weltinhalten in Erkenntnis- und Wissenschaftsinhalte. Aber die Formen der wissenschaftlichen Erkenntnis, die allgemeinsten Regeln für die Umformung der Vielheit der Erscheinungen zu einer Ganzheit, sind selbst historische Gebilde, «die deshalb die Totalität der Weltinhalte nie völlig adäquat aufnehmen» [2]. Die K. sind nichts anderes als «die großen Formen» wie Wissenschaft, Kunst, Religion usw., in die jeder überhaupt vorhandene Inhalt aufgenommen werden muß. Da unsere Reflexion «denselben Inhalt bald unter dieser, bald unter jener K. zu erblicken» meint [3], ist weder die Zuordnung von K. und unter ihr begriffenem Inhalt eindeutig, noch der Prozeß des Ergreifens der Inhalte durch die K. als abschließbar zu denken; denn die Formen stehen nicht für alle Zeiten fest, sondern sind abhängig von den «Grenzen und Besonderheiten, die die jeweilige Geisteslage ihnen läßt» [4].

Simmels Konzeption der K. ist von Kants K.-Begriff, wonach die reinen Verstandesbegriffe a priori gelten, ebenso bestimmt wie von einer lebensphilosophisch geprägten, unter dem Einfluß geschichtsphilosophischer Theoreme stehenden philosophischen Anthropologie, in der der Mensch als historisch-evolutionistisches Wesen verstanden wird, dem die mannigfaltigen Kontingenzen des Lebens ein totales Erfassen aller möglichen Inhalte verwehren. Gleichwohl ist für Simmel – vergleichbar mit den Intentionen des amerikanischen Pragmatismus – die Idee der Vollendung der Menschheit Maßstab der Bewertung dieser oder jener Formen und K., die für die Menschheit «in jedem Jetzt Wissenschaft bedeuten» [5].

Anmerkungen. [1] G. SIMMEL: Hauptprobleme der Philos. (³1913) 16. – [2] a. a. O. 20. – [3] Vgl. 16. – [4] 17. – [5] Vgl. 19.

c) Aus der Auseinandersetzung mit dem mechanistisch-atomisierenden Verfahren der Naturwissenschaften einerseits und in Abgrenzung gegen Hegels triadische Dialektik andererseits entwickelt O. SPANN eine Theorie des «Ganzen» als beabsichtigte Grundlage des Wissensbegriffs, um in bewußter Kontraposition zu den Naturwissenschaften neue Wege und Verfahren der Forschung zu gewinnen [1]. Spanns Deutung der Dinge als Glieder sinnvoller Ganzheiten wendet sich gegen den toten Mechanismus monokausalen Denkens zugunsten der «lebendigen Fülle» universalistischen, ursächlichen Wissens. Weil aber der «verderbliche Einfluß» des alle Wirklichkeit bloß quantifizierenden Kausalbegriffs nicht durch eine Rehabilitierung des antiken und scholastischen Zweckbegriffs – der sich durch die Resultate der Relativitäts- und Quantentheorie innerhalb der Physik als unzureichend erwiesen hat – ausgeschaltet werden kann, fordert Spann eine K., «die die Schwäche des Zweckbegriffs vermeidet, ohne in die Unwahrheit des Kausalbegriffs zurückzufallen» [2]. Dieser alles umfassende Begriff ist die «Ganzheit», die alle nicht-ursächlichen Begriffe in sich befaßt, insbesondere auch den Zweckbegriff und den antiken Formbegriff [3]. Spann gebraucht den Begriff der Ganzheit nahezu synonym zum Begriff des Seins und entscheidet sich demgemäß in dem alten Streit zwischen erkenntnistheoretischem und ontologischem Verständnis des Begriffs ‹K.› für die ontologische Interpretationsweise, nach der K. letzte Aussagen über ein Gegenständliches schlechthin bedeuten.

Spann faßt in der Folge dieser Entscheidung den Begriff der K. im Sinne von letzter objektiver Bestimmtheit und spricht daher von den K. als den «Seinsweisen oder den Urweisen des Seins» [4]. In einem wesentlichen Punkt setzt sich Spann allerdings von der von ihm als

ontologisch bezeichneten aristotelischen und scholastischen Kl. ab: δύναμις und ἐνέργεια, sowie die vier «Prinzipien» – Form, Zweck, Bewegung und Stoff – müssen mit den eigentlichen aristotelischen K. zusammen in einer einzigen geschlossenen Kl. erscheinen. Alle diese Begriffe zählen zum «Gebäude der Urweisen des Seins» [5], deren Darstellung und Entfaltung das eigentliche Thema von Spanns Kl. darstellt. Aus den von ihm selbst ausgezeichneten «Lehrsätzen zur Bestimmung des Wesens der Ganzheit», wonach das Ganze in den Gliedern geboren wird, vor den Gliedern ist und in ihnen nicht untergeht, entwickelt Spann seine Einteilung der Urweisen in die K. der Ausgliederung, Rückverbindung und Vollkommenheit [6]. Die Urweise, wie Ganzheit zur Erscheinung gelangt, ist die Ausgliederung. Da das Ausgegliederte aber in der Ganzheit verwurzelt bleibt, sind die Glieder im Grunde enthalten (Rückverbindung). «Fortdauernde Rückverbindung ist notwendig, um die Ausgliederung, wie das Ausgegliederte weiter lebendig zu erhalten» [7]. Aus Ausgliederung und Rückverbindung ergibt sich die Vollkommenheit, das Gesollte und zugleich Gewollte. Aus der Ganzheit könnte nichts ausgegliedert werden, wenn nicht das Ganze als Beharrendes vorgestellt werden könnte; somit ist das Ausgegliederte nur ein solches, weil es im Ganzen zugleich gebunden ist. «Sein ist kein ruhendes, in sich verharrendes Sein, sondern alles Sein ist ein stetes Vergehen und Neugeschaffenwerden» [8].

Die Interpretation des Seins als entweder unterbrochenes oder intermittierendes Sein erinnert an Diltheys schaffende Kraft des «Lebens» wie an Hegels von Spann abgelehnte und dennoch in modifizierter Gestalt übernommene dialektische Grundfigur. Wenn auch die differenten Inhalte der «Welt» nicht von den notwendig formalen Seinsweisen, K., abgeleitet werden können, so besteht dennoch eine Abhängigkeit eben dieser Inhalte von dem Urbild der Ganzheit, dessen «Ebenbild» die Welt ist. Diese Konzeption der Welt als eine Entsprechung zum Urbild der Ganzheit führt Spann in die Nähe einer an Platon und Aristoteles orientierten, von ihm so genannten «klassischen Ontologie», in die seine Kl. einmünden soll. Die Verbindung ontologischer Grundannahmen mit lebensphilosophischen Theoremen in Spanns Kl. kann als Repräsentant einer sowohl klassische Konzeptionen des Terminus ‹K.› adaptierenden als auch zeitgebundene Ausgestaltungen überkommener Termini aufgreifenden Philosophie verstanden werden, in welcher der Terminus ‹K.› allerdings primär nur noch Surrogatfunktion für totgesagte, aber dennoch virulente metaphysische Systemkonzeptionen besitzt.

Anmerkungen. [1] Vgl. O. SPANN: Kl. (1924) 3. – [2] a. a. O. 46. – [3] Vgl. 53. – [4] 49. – [5] Vgl. ebda. – [6] Vgl. 88f. – [7] 288. – [8] 320.

3. *Inflation des Kategorienbegriffs; O. Külpes Versuch seiner Wiedergewinnung.* – Während die neukantianischen und lebensphilosophischen Interpretationen des K.-Begriffs bei aller Disparatheit ihrer Grundansätze doch noch als Versuche einer jeweils einheitlichen philosophischen Konzeption verstanden werden können, bilden sich zur selben Zeit nahezu unübersehbare, voneinander weitgehend unabhängige Deutungen der Kl. heraus, die größtenteils im Umkreis des «*Kritischen Realismus*» und der «*Induktiven Metaphysik*» die Idee einer an den divergenten einzelwissenschaftlichen Fragestellungen orientierten Regionalisierung des K.-Begriffs vorantreiben, in geringerem Maße aber auch eine Verbindung

klassischer, d. h. vorwiegend aristotelischer, kantischer und idealistischer Konzeptionen mit erfahrungswissenschaftlichen Methoden und Resultaten anstreben.

R. EISLER führt allein für die Zeit des späten 19. und frühen 20. Jh. etwa 100 sowohl historiographische als auch systematische Arbeiten zur K.-Problematik an [1], in denen sich – von wenigen konstruktiven Ausnahmen abgesehen – jene aporetische Grundsituation widerspiegelt, die aus der radikalen Abwendung von den universalen Konzeptionen des deutschen Idealismus und der gleichzeitigen Übernahme und Weiterbildung der induktiven Methode der Naturwissenschaften in der Diskussion um die Kl. entstanden war. Durchgehend ist lediglich die Einsicht in die Unmöglichkeit, die für die Wissenschaften geltenden K. aus einem letzten Prinzip herzuleiten; andererseits konnte die Vielzahl der Gegenstände der Wissenschaften nicht zum Maßstab der Auffindung der K. dienen, wenn der Terminus ‹K.› nicht die ihm von Aristoteles und Kant verliehene allgemein philosophische bzw. erkenntniskritische Bedeutung vollends verlieren sollte.

Repräsentativ für die Intention, nach Maßgabe der neuen Problemlage einen konsistenten und eindeutigen K.-Begriff wiederzugewinnen, ist der Versuch O. KÜLPES, in der Auseinandersetzung mit der idealistischen Konzeption des K.-Begriffs eine eigene, dem psychologisch-kritischen Realismus entsprechende Kl. zu gewinnen [2]. In Gegenwendung zum Idealismus, in dem nach Külpe das Denken seine Gegenstände nicht nur beeinflußt, sondern geradezu schafft, bedeuten die K. für ihn allgemeinste Bestimmtheiten von Gegenständen und müssen deshalb als die Begriffe dieser Bestimmtheiten bezeichnet werden [3]. Aus dieser Voraussetzung folgt unmittelbar, daß die K. «sich nach den Gegenständen und deren Einteilung in ihrer eigenen Klassifikation richten» [4]. Die Interpretation der K. als Gegenstandsbestimmtheiten kann nach Külpe in der Tradition des K.-Problems von Aristoteles bis zum Beginn der Neuzeit nachgewiesen werden und fand ihr Ende erst in der durch Locke angebahnten und von Kant durchgeführten Umwandlung der K. zu spezifischen Produkten des oberen Erkenntnisvermögens [5]. Erst neuere Konzeptionen der Kl. (REHMKE, W. WUNDT, DRIESCH, KÜLPE, GEYSER) bestreiten die Möglichkeit, die Mannigfaltigkeit der kategorialen Bestimmungen aus der Natur des Denkens ableiten zu können, indem sie betonen, daß K. als «inhaltlich bestimmte Begriffe» nicht ausschließlich als Leistung des Verstandes gedacht werden können [6]. «Alle Arten der Synthesis sind nur auf Grund der Gegenstände, an denen sie statthaben, zu differenzieren» [7]. Wenn die Gegenstände selbst nicht auf gewisse Weise bestimmt sind, so können auch die Denkfunktionen nicht auf sie «angewandt» werden; denn «die K. selbst sagen uns ja nicht, worauf sie angewandt werden wollen» [8]. Die Orientierung der K. an den Gegenständen einerseits und der Verschiedenheit der Gegenstandsbereiche andererseits hat zur Konsequenz, daß kategoriale Bestimmtheiten als objektive Beschaffenheiten bzw. Beziehungen der Gegenstände verstanden werden müssen und ihr jeweiliger Geltungsbereich sowohl von den mannigfaltigen Gegenstandsgebieten als auch von der Vielfalt möglicher, sei es allgemeinerer oder spezieller Gegenstandsbestimmtheiten abhängig ist [9].

Anmerkungen. [1] R. EISLER: Art. ‹K.›, in: Wb. der philos. Begriffe 1-3 (⁴1927-1930) 1, 793-810, bes. 799ff. – [2] O. KÜLPE: Zur Kl. (1915). – [3] Vgl. a. a. O. 4. – [4] 66. – [5] Vgl. 8f. – [6] Vgl. 37. – [7] 41. – [8] 54. – [9] Vgl. 46.

4. *Phänomenologie und existenziale Hermeneutik.* – a) E. HUSSERLS Kl. gewinnt ihre Grundbestimmungen im Rahmen des von ihm skizzierten Entwurfs einer umfassenden Wissenschaftstheorie, die in den Werken ‹Logische Untersuchungen› [1], ‹Formale und transzendentale Logik› [2] und in den ‹Ideen ...› [3] fortschreitend entfaltet wird. Ausgehend von der Idee einer vollständigen Bestimmung der Gegenstände empirischer Tatsachenwissenschaften skizziert Husserl die eidetischen Wissenschaften als materiale Ontologien, in denen die obersten materialapriorischen Grundbestimmungen als Korrelate einer Wesenserschauung zur Darstellung gebracht werden: «Jede Tatsachenwissenschaft (Erfahrungswissenschaft) hat wesentliche theoretische Fundamente in eidetischen Ontologien» [4]. Sofern sich jede empirische Gegenständlichkeit gemäß ihrem materialen Wesen einer obersten materialen Gattung, d. h. einer «Region» von empirischen Gegenständen einordnet [5], entwickeln die materialeidetischen Ontologien regionale K. als synthetisch-apriorische Wesenswahrheiten, die zugleich irreduktible Klassen synthetischer Erkenntnisse a priori (regionale Axiome) begründen [6]. Sofern jedoch mit den regionalen Bestimmungen der Gegenständlichkeit noch nicht Gegenständlichkeit überhaupt ihrem Begriffe nach erschöpft ist, muß im Sinne Husserls den materialen regionalen Ontologien eine formale Ontologie vorgeordnet werden, die die Grundbestimmungen der Gegenstände als solcher unabhängig von jeder spezifischen materialen Bestimmtheit analysiert. Das in ihr thematisierte «formale Wesen ‹Gegenstand überhaupt›» [7] führt ihn zu den diesem Wesen zugehörigen «formalen K.» als den zugleich logischen und analytischen K. der sogenannten formalen Region, die im Gegensatz zu den materialen Regionen nicht eigentlich Region, «sondern leere Form von Region überhaupt» [8] ist. «Diese Unterordnung des Materialen unter das Formale bekundet sich nun darin, daß die formale Ontologie zugleich die Formen aller möglichen Ontologien überhaupt ... in sich birgt, daß sie den materialen Ontologien eine ihnen allen gemeinsame formale Verfassung vorschreibt» [9]. Sofern die formale Ontologie als Wissenschaft von der logischen Region des Gegenstandes überhaupt im umfassenden Sinne auch die formale Apophantik als Bedeutungslehre mit umfaßt, gehören nach Husserl zu den formalen und logischen K. im weiteren Sinne neben den allgemeinsten Bestimmungen eines Gegenstandes überhaupt auch die «Bedeutungs-K.» [10].

Neben dieser Gliederung der formalen logischen K. in Bedeutungs-K. und formal gegenständliche K. im engeren Sinne entwickelt Husserl am Leitfaden der logischen Grammatik eine weitere Unterscheidung in syntaktische K. und Substrat-K. Gemäß den ihnen zugeordneten Korrelaten der syntaktischen Formen bzw. syntaktischen Gegenständlichkeiten (Sachverhalt, Relation, Beschaffenheit usw.) einerseits, den analog zu syntaktischen Substraten oder Stoffen gewonnenen letzten Substraten andererseits teilt sich ihm die formale Region «Gegenständlichkeit – überhaupt» in letzte Substrate und syntaktische Gegenständlichkeiten [11]. In der Anwendung dieser K.-Differenz auf die materialen sachhaltigen Regionen führen insbesondere die Substrat-K. zu der für alle materialen Ontologien wesentlichen Grunddisjunktion von «sachhaltigem letzten Wesen» und «dies da» (τόδε τι) [12].

Husserls Grundunterscheidung der K., für deren reflexiv-kritische Verwendung in philosophischen Kontexten und zur Vermeidung von Mißverständnissen er die strikte Unterscheidung von K. als Begriff (Bedeutung) und K. als kategoriales Wesen (bedeutete Gegenständlichkeit) einführt [13], ist gewonnen am Leitfaden der wissenschaftstheoretisch relevanten Unterscheidung von formaler Ontologie (logische Region des Gegenstandes überhaupt) und materialer Ontologie (materiale Regionen letzter sachhaltiger Bestimmtheiten verschiedener Gegenstände). Sie führt ihn zu einer Differenzierung der K. nach formalen, d. h. sowohl logisch-apophantischen wie logisch-ontologischen Grundbegriffen von Gegenständen überhaupt, die als unbedingt notwendige Konstitutionsbestimmungen eines Irgendetwas analytischen Charakter besitzen; und nach regionalen K., die als oberste materiale Gattungen synthetisch-apriorische Wesenswahrheiten zum Ausdruck bringen.

Wirkungsgeschichtlich bedeutsam ist in diesem Konzept nicht nur die Ortsverschiebung des K.-Problems von der transzendentalen Logik auf formale und materiale Ontologie, in deren Zusammenhang auch die in der Linguistik aufgegriffene Vorstellung syntaktischer K. gewonnen wird, sondern auch die mit der Differenzierung von analytischen und synthetisch-apriorischen K. inaugurierte Auffächerung des K.-Themas, die sowohl für die spätere Unterscheidung von Fundamental- und Regional-K. wie auch für die im Zeichen der Regionalisierung des K.-Problems stehende Veränderung des Sinnes von K. als wesenhafter Seinsbestimmung maßgeblich geworden ist.

Anmerkungen. [1] E. HUSSERL: Log. Untersuch. (1900, ¹1968). – [2] Formale und transzendentale Logik, in: Jb. Philos. u. phänomenol. Forsch. 10, hg. E. HUSSERL (1929) 1-298. – [3] Ideen zu einer reinen Phänomenol. und phänomenol. Philos. 1 (1913). Husserliana 3 (Den Haag 1950). – [4] a. a. O. 24. – [5] Vgl. 23. – [6] Vgl. 38. – [7] Vgl. 26. – [8] Vgl. 27. – [9] ebda. – [10] Vgl. 28. – [11] Vgl. 30. – [12] Vgl. 34. – [13] Vgl. 29.

b) Der frühe M. HEIDEGGER bestimmt in seiner Habilitationsschrift [1] K. als «Elemente und Mittel der Sinnesdeutung des Erlebbaren – des Gegenständlichen überhaupt» [2], deutet aber die Unvollkommenheit und Einseitigkeit bloß erkenntnistheoretischer Fragestellungen in der K.-Problematik bereits an, indem er über das bloße «Buchstabieren der Wirklichkeit» [3] – vergleichbar dem von Leibniz geforderten «Alphabet der menschlichen Gedanken» – hinaus einen «Durchbruch in die wahre Wirklichkeit und wirkliche Wahrheit» [4] als vordringliche Aufgabe der Philosophie ansieht.

In der «Daseinsanalytik» in ‹Sein und Zeit›, in der in Anlehnung an Kierkegaards Sprachgebrauch das Sein des Daseins, des Menschen, als Existenz bezeichnet wird, sollen in existenzialer Analyse die Seinsstrukturen der Existenz herausgehoben werden; diese «Seinscharaktere des Daseins» werden als «Existenzialien» bezeichnet und «sind scharf zu trennen von den Seinsbestimmungen des nichtdaseinsmäßigen Seienden, die wir K. nennen» [5]. «Existenzialien und K. sind die beiden Grundmöglichkeiten von Seinscharakteren» [6]. Heidegger hält ausdrücklich an der von ihm so bezeichneten «ontologischen» Bedeutung der K. fest: «Das je schon vorgängige Ansprechen des Seins im Besprechen (λόγος) des Seienden ist das κατηγορεῖσθαι» [7]. Das von ihm entwickelte Programm der Klärung des Sinnes des Seins des ausgezeichneten Seienden (des Menschen, dem allein die Seinsweise des Daseins zukommt) rückt die K.-Problematik zugunsten der Freilegung der Existenzialien in den Hintergrund. Obgleich aus der Analogie zur ontologischen Verwendungsweise des Terminus ‹K.› gewonnen, besitzt der Terminus ‹Existenzial› eine der Erkennt-

nistheorie übergeordnete sinnkritische Funktion. Heideggers Umwandlung der transzendentalen Logik als Analyse der transzendentalen Subjektivität zu einer existenzialen Hermeneutik des Daseins wiederholt so in verändertem Kontext Husserls Restriktion des K.-Problems auf einen gegenüber der transzendentalen Logik sekundären Bereich.

Anmerkungen. [1] M. HEIDEGGER: Die K.- und Bedeutungslehre des Duns Scotus (Habil.schr. 1915, publ. 1916), ND in: Frühschr. (1972) 133ff.; vgl. Anm. [5. 7. zu II/4]. – [2] a. a. O. 229. – [3] Vgl. 236. – [4] Vgl. ebda. – [5] Sein und Zeit (1927, zit. ¹¹1967) 44. – [6] a. a. O. 45. – [7] 44.

5. *Neue Kosmologie und Ontologie.* – a) In Auseinandersetzung mit der rationalistischen philosophischen Tradition von Descartes bis Kant und unter Rückgriff auf lebensphilosophische Theoreme (Bergson) und den amerikanischen Pragmatismus (William James, Dewey) entwickelt A. N. WHITEHEAD in seinem späten Hauptwerk ‹Process and Reality› [1] eine am Begriff der «experience», der Erlebnisrealität im weitesten Sinne [2] orientierte spekulative Kosmologie, die mit dem Gedanken des Werdens zugleich den der Bezüglichkeit (relatedness) [3] in den Mittelpunkt stellt. Die in diesem Zusammenhang als «categoreal scheme» [4] entwickelten K. besitzen den Stellenwert hypothetischer, universaler und kosmologischer Grundbegriffe. Als «generic notions inevitably presupposed in our reflective experience» [5] sind sie Begriffe, die aus der Analyse der Erlebnisrealität (experience) gewonnen sind und durch die wiederum jedes Element unserer Erfahrung interpretiert werden kann. Dem Anspruch nach soll daher die K. in ihrer Gesamtheit als «categoreal scheme» ein kohärentes, logisches, notwendiges System allgemeiner Begriffe [6], das sich in der Interpretation der im common sense gegebenen Erfahrungswelt als zugleich applikabel und adäquat erweisen muß. Die philosophische Erfahrungsanalyse führt demgemäß nach Art der empirischen Wissenschaften zu einem System universaler Hypothesen, die an der Tauglichkeit zur Interpretation eben dieser Erfahrungswirklichkeit falsifiziert werden können. In diesem Sinne soll der Fortgang des Werkes ‹Process and Reality› die von Whitehead im ersten Teil skizzierten kategorialen Grundbegriffe bewähren. Ausgehend von den «most concrete elements in our experience» [7] – «actual entity» (aktuale Entität, Ereignisse, Vorgänge), «prehension» (Erfassungsakte im weitesten Sinne) und «nexus» (Verhältnis der wechselseitigen Immanenz) – skizziert Whitehead die vier K.-Gruppen: the Category of the Ultimate, categories of existence, categories of explanation, categoreal obligations [8], wobei die «Category of the Ultimate» als das letzte Prinzip, «by which the many, which are the universe disjunctively, become the one actual occasion, which is the universe conjunctively» [9], das allgemeine Prinzip zum Ausdruck bringt, welches in den drei mehr speziellen K.-Gruppen vorausgesetzt ist. Während dieses gemäß den Begriffen der Einheit, Vielheit, Identität und Verschiedenheit die vielen verschiedenen Entitäten in einen schöpferischen dynamischen Zusammenhang verknüpft (creativity, production of novel togetherness) [10], formulieren die acht K. der Existenz, die siebenundzwanzig K. der Erklärung und die neun kategorialen Gesetzmäßigkeiten (obligations) einzelne kategoriale Bestimmungen, die in der Category of the Ultimate, als dem letzten metaphysischen Prinzip des Übergangs von Disjunktion zu Konjunktion, bereits als Strukturmomente enthalten sind.

Der Ansatz seiner Kl. bei der dynamisch verstandenen Lebens- und Erlebniswirklichkeit und ihren letzten konkretesten Elementen der «actual entity», «prehension» und des «nexus» führt Whitehead zu einer begrifflichen Reproduktion der nach Art eines Organismus sich dynamisch entfaltenden Prozess-Werde-Wirklichkeit. Seine K. stellen sich daher als allgemeine und hypothetische Interpretationsbegriffe dar, die der Intention nach die allgemeinsten Strukturen der Wirklichkeit abbilden sollen. Gemäß seiner Kantkritik, wonach er die «doctrine of the objective world as a construct from subjective experience» [11] für undurchführbar hält, besitzen die von ihm entwickelten K.-Begriffe weder apriorischen noch transzendental-erkenntniskritischen Charakter. Sie erscheinen als Begriffe, durch die das endliche menschliche Erkennen sich – hypothetisch verfahrend – den allgemeinsten Bestimmungen der Wirklichkeit annähert. Unter seinem eigenen Anspruch, ein kohärentes logisches System skizziert zu haben, bleibt jedoch die Anordnung seiner K. problematisch; während nämlich die aktualen Entitäten, die Prehensionen und die Nexūs als die grundlegenden Begriffe, denen gegenüber alles andere als abgeleitet erscheint, eingeführt werden, und damit zur «Category of the Ultimate» gehören müßten, kehren sie als die ersten drei der acht K. der Existenz in der ersten speziellen K.-Gruppe wieder, für die «the Category of the Ultimate» letzte Voraussetzung ist. Obgleich Whiteheads Kl. in diesem Sinne als inkonsistent und nicht logisch streng ausgearbeitet erscheint, ist sie im Hinblick auf den durch sie konzipierten Stellenwert des K.-Begriffs von wesentlicher Bedeutung: Mit der Bestimmung der K. als analytisch gewonnener hypothetischer Allgemeinbegriffe, welche objektive Grundbestimmungen des Seins, mithin Seinsprinzipien zum Ausdruck bringen, ist das klassische Problemfeld der Kl. zugunsten empiristisch verfahrender K.-Analyse verlassen.

Anmerkungen. [1] A. N. WHITEHEAD: Process and reality. An essay in cosmology (New York 1929). – [2] Vgl. a. a. O. 24. – [3] Vgl. VIII. – [4] Vgl. 24. – [5] ebda. – [6] 3. – [7] 24. – [8] Vgl. 27. – [9] 28. – [10] Vgl. 28f. – [11] 218.

b) In einer Auseinandersetzung mit Kant versucht H. HEYSE [1] das Problem der K. in einer an Platon orientierten Ideenlehre zu fundieren. Das Problem der Erkennbarkeit der Gegenstände, das nach Heyses Interpretation von Kant als ein Problem des Denkens verstanden worden war, kann nur unter der Voraussetzung des absoluten Seins des Logos selbst diskutiert werden, der als «reines Gesetz des Zusammenhangs eines Sachverhalts» [2] die K. als Funktionen der Einheit von Gegenständen und damit als Vergegenwärtigungsweisen des Logos allererst begründet. Sofern die Welt der Dinge unter der Bedingung ihrer Erkennbarkeit in platonischem Sinne als ein «Gemischtes» (μικτόν), in dem die Idee permanent anwesend ist, verstanden werden muß, sind die Dinge immer auch von theoretischem Gehalt durchwaltet [3]. Wird auf diese Weise die Erkennbarkeit der Gegenstände durch Ideen begründet, so müssen auf Grund der von Heyse geltend gemachten Parallelität von Unbedingtem (ἀνυπόθετον) und Ding an sich – als der die Geltung der K. verbürgenden Gesetzlichkeit der Erscheinung – K. und Ideen letztlich eine Einheit bilden; die K. als gesetzlich formulierte Setzungen und Beziehungen sind nur unter der Form der Idee denkbar und setzbar [4]. Die auf diese Weise in den Ideen fundierten Ur-K. Identität, Differenz und Kontinuität bilden das «gemeinschaftliche Band», das sich durch alle spezifischen regio-

nalen K. «hindurchschlingt» und den K. als Gesetzen spezifischer Gegenständlichkeit Einheit verleiht. Mit der Fundierung der K. in einer Ideenlehre ist der allerdings folgenlos gebliebene Versuch unternommen, die kantischen K. durch eine – dem Neukantianismus verwandte – transzendental-spekulative Letztbegründung zu fundieren und die der kantischen Theorie eigene Restriktion auf die Welt der Erfahrung bzw. Natur durch den Nachweis der Identität von Idee und K. zu vermeiden.

Anmerkungen. [1] H. HEYSE: Einl. in die Kl. (1921). – [2] Vgl. a. a. O. 6ff. – [3] Vgl. 9f. – [4] Vgl. 60f.

c) N. HARTMANNS Konzeption der Kl., die in bisher einzigartiger Weise die gesamte philosophische Tradition des K.-Problems in ihre Erörterungen mit aufnimmt, ist identisch mit dem Aufriß der von ihm in der Auseinandersetzung vor allem mit dem Neukantianismus versuchten neuen und kritischen Ontologie. Entsprechend der Gliederung seiner ontologischen Hauptwerke baut seine allgemeine Kl. [1] auf den in der Grundlegung der Ontologie analysierten Seinsmomenten des Daseins und Soseins wie auf den in der Reflexion der Intermodalverhältnisse aufgewiesenen Seinsweisen der Idealität und Realität auf [2]. «Im Gegensatz zu der grundlegenden Behandlung des Seienden als solchen und der Seinsweisen ist die Kl. die inhaltliche Durchführung der Ontologie» [3]. Gliedert sich diese in die Abschnitte «Allgemeiner Begriff der K.» [4], «Die Lehre von den Fundamental-K.» [5] und in die «kategorialen Gesetze» [6], und werden diese Untersuchungen ergänzt durch spezielle Abhandlungen zur Naturphilosophie ebenso wie zur Philosophie des Geistes und zur Theorie der Ästhetik [7], so ergibt sich als allgemeiner Umriß der von Hartmann intendierten K.-Analyse [8] die grundlegende Aufteilung der K. in Fundamental-K. und Gebiets-K. der Naturphilosophie und der Philosophie des Geistes. Innerhalb der Fundamental-K. finden sich neben den Modal-K. die elementaren Gegensatz-K. und die K. der Quantität und Qualität, von denen in Sonderheit die K. der Quantität eine merkwürdige Zwischenstellung einnehmen [9]. Obgleich die von Hartmann ebenfalls zu den Fundamental-K. gerechneten kategorialen Gesetze der «Geltung», «Kohärenz», «Schichtung», «Dependenz» [10], in denen nicht nur der Strukturaufbau der realen Welt widerspiegelt, sondern zugleich «der eigentliche Einheitstypus der realen Welt», «der Systemtypus des Seienden» [11] formuliert ist, die primäre und eigenständigste Leistung Hartmanns darstellen, entscheidet sich der eigentümliche Charakter und der Stellenwert seines K.-Begriffs nicht erst in deren Analyse, sondern vorgängig dazu in seinen vielfältigen Auseinandersetzungen mit der traditionellen Kl.

Diese Auseinandersetzungen beziehen sich in Sonderheit auf den phänomenologischen Wesensbegriff, die Theoreme eines kategorialen Chorismos und kategorialer Homonymie, auf teleologistische, normativistische und formalistische Konzeptionen der traditionellen Ontologie; sie diskutieren neben den Konzeptionen eines kategorialen Apriorismus und Rationalismus und neben den Vorurteilen, die aus der beanspruchten Identität von Erkenntnis-K. und Seins-K. hervorgehen, ebenso die aus philosophischer Systematik entspringenden Vorurteile des Einheitspostulates (kategorialer Monismus), kategorialen Dualismus sowie des Harmoniepostulats [12]. Die Folge dieser Auseinandersetzung ist eine spekulative Neutralisierung des K.-Begriffs, die sich in folgende negative Bestimmungen zusammenfassen läßt: K. sind weder identisch mit den Wesenheiten der idealen Sphäre, noch sind sie selber a priori erkennbare, apriorische subjektive Prinzipien des Erkenntnisgegenstandes, noch reine Erkenntnisse; sie sind nicht den platonischen Ideen vergleichbare Prinzipien, die einem eigenen durch Chorismos von seinen Prinzipiaten getrennten Gegenstandsbereich angehören; sie sind nicht Formen, die rational, d. h. durch sich selbst erkennbar wären und ebensowenig Prädikate oder Begriffe. In positiver Formulierung bleibt für die Bestimmung der K. nur der Begriff des allgemeinen determinierenden Prinzips eines Konkretum; K. sind demnach allgemeine inhaltliche Bestimmungen des je nach den Seinssphären (Realität, Idealität, Erkenntnissphäre und logische Sphäre) sich verschieden bestimmenden konkreten Daseins. Sofern die genannten einzelnen Seinssphären auf je verschiedene Weise mannigfaltig in sich abgestuft sind, ergeben sich sowohl je nach Schichtenzugehörigkeit allgemeinere und speziellere K. wie auch der spezifische Unterschied von Fundamental-K., die sich in minimaler Abwandlung durch die jeweiligen Schichten bzw. Stufen einer Seinssphäre durchhalten, und der auf den Fundamental-K. aufruhenden speziellen Gebiets-K.

Zentraler Gesichtspunkt der Hartmannschen Konzeption des K.-Begriffs in seiner Allgemeinheit, der bereits seit seiner ‹Metaphysik der Erkenntnis› [13] seine Auseinandersetzung mit der Tradition als Leitfaden bestimmte, ist die realistische Konzeption der Erkenntnistheorie, die Erkenntnis als ein Erfassen [14] und d. h. als ein sekundäres Realverhältnis zwischen einem realen Subjekt und einem realen Objekt begreift, welches wesentlich als übergegenständlich gedacht wird. Aus der Transzendenz des Erkenntnisverhältnisses auf das Seiende und aus der vorweg in Anspruch genommenen Möglichkeit wahrer Erkenntnis der einen übergegenständlichen Welt [15] ergeben sich die beiden grundlegenden, einander überschneidenden und für Hartmanns Ontologie im ganzen maßgeblichen Disjunktionen von Denken und Welt (von Begriff und selbständigem unabhängigem Erkenntnisgegenstand) und von intentio recta der ontologischen Erkenntnis und intentio obliqua der Erkenntnistheorie, aufgrund deren die erkenntnistheoretische Reflexion als ein prinzipiell sekundäres Produkt philosophischer Erkenntnis erscheint. In diesem Sinn verdankt sich die Erkenntnis der K. der Erkenntnishaltung der intentio recta, die selbst allerdings durch eine Vielfalt funktionierender kategorialer Bestimmungen und durch mannigfache, unter der Voraussetzung möglicher Wahrheitserkenntnis postulierte K.-Identitäten bestimmend ist.

Hartmanns spekulative Neutralisierung des K.-Begriffs, die hinsichtlich der philosophischen Tradition der Kl. einer merkwürdigen Trivialisierung des Problems gleichkommt, hat mit der Auffassung der K. als allgemeiner determinierender Seinsprinzipien des sphärenspezifisch-verschiedenen Konkreten nicht nur einen inflationistischen Gebrauch des Terminus zur Folge, sondern auch eine gerade Hartmanns eigenen Intentionen widersprechende Verletzung des wissenschaftlichen Ökonomieprinzips, der zufolge die Erklärung des Erkenntnisvorgangs selbst grundsätzlich aporetisch bleibt: Müssen doch zu seiner Möglichkeit die wenigstens partiale Identität bzw. partiale grundsätzliche Übereinstimmung von mindestens sechs verschiedenen K.-Gruppen behauptet werden. Die Frage, wie die Real-K. des Subjekts bis hin zu den psychischen Akt-K. der Erkenntnis, die K. des Erkenntnisgebildes, die K. der idealen und logischen Sphäre und die Real-K. des Erkenntnisgegenstandes prinzipiell aufeinander bezogen sein können, bedürfte zu ihrer Klärung eines Wissens, das Hartmann auf Grund seiner Theorie als spekulatives Wissen jedoch ablehnt, und bleibt daher notwendig offen. Ist auf diese Weise auf Grund der Voraussetzung eines naiven Wahrheitsverständnisses die erkenntnisbegründende Identität von K. nur beansprucht, ohne daß ihre eigene Möglichkeit gezeigt werden kann, so wirkt die durch die Komplizierung des Problems indizierte Problematik auf die Beurteilung der philosophischen Tragfähigkeit eines derart neutralisierten K.-Konzepts zurück. Die Plausibilität des erkenntnisrealistischen ontologischen Ansatzes erscheint durch die Konzequenzen prinzipiell in Frage gestellt.

Auf Grund der Umformulierung des K.-Begriffs zu einem nur noch aus der Funktion der Bestimmung gedachten allgemeinen Seinsprinzip wurde Hartmanns Kl. jedoch gleichwohl in mehrfacher Hinsicht wirkungsgeschichtlich bedeutungsvoll: Die durch ihn begründete Hinwendung zur empirischen Forschung, die die Philosophie in einen engen Konnex mit allen Einzelwissenschaften bringt, verweist die philosophische Reflexion in eine mehr oder weniger rezeptive Rolle und motiviert deren Hinwendung zu einer Historiographie, die u. a. unter dem Titel ‹Geschichte der Kl.› eine umfassende Geschichte aller philosophischen Prinzipienbegriffe intendiert. Andererseits ist der dem K.-Begriff von Hartmann verliehene unspezifische Charakter vermutlich Ursache dafür, daß weder in den gleichzeitigen noch in den späteren philosophischen Untersuchungen sowohl sprachanalytischer wie transzendentaler Provenienz das Hartmannsche Konzept weiter reflektiert wird.

Anmerkungen. [1] N. Hartmann: Der Aufbau der realen Welt (1940, ²1949). – [2] Vgl. Zur Grundlegung der Ontol. (1935); Möglichkeit und Wirklichkeit (1938). – [3] a. a. O. [1] 2. – [4] Vgl. IX. – [5] Vgl. XI. – [6] Vgl. XIV. – [7] Vgl. Das Problem des geistigen Seins (1933); Philos. der Natur. Abriß der spez. Kl. (1950); Ästhetik (1953, ²1966). – [8] Vgl. Art. ‹Kategorialanalyse›. – [9] Vgl. a. a. O. [1] 207f. – [10] Vgl. 412-574. – [11] Vgl. 575. – [12] Vgl. 41-170: Allg. Begriff der K. – [13] Grundzüge einer Met. der Erkenntnis (1921, ⁴1949). – [14] Vgl. a. a. O. [1] 8. – [15] Vgl. 20 u. ö.

d) In Anlehnung an N. Hartmanns Deutung der Philosophie als Kategorialanalyse entwickelt H. Wein [1] die Grundzüge einer «Strukturlogik», die in bewußter Abgrenzung gegen formale, transzendentale und subjektivspekulative Auffassungsweisen der Logik auf den Resultaten der neuen Ontologie und Kosmologie aufbaut. Demzufolge weist Wein alle Versuche ab, die Grundweisen durchgängiger Strukturiertheit aller «Etwasse», die er K. nennt, traditionsgemäß aus einem obersten Prinzip abzuleiten und in einer Tafel festzuhalten. Die K. als «Ordnungszüge», die durch die Bereiche der einzelnen Wissenschaften «hindurchgehen» [2], bilden ein Netzwerk und stehen in gegenseitiger Implikation [3], was ihre «Deduktion» bereits im Ansatz als transzendentalspekulative Absurdität erscheinen läßt. Ihre Zusammengehörigkeit wird einzig durch die immer schon «strukturierte» Welt, dem «Inbegriff aller Etwasse» [4] verbürgt. Die auf diese Weise als Ordnungszüge eines zusammenhängenden Kosmos interpretierten K. sind in Hartmanns Sinne «K. der Welt», können demzufolge nicht mehr auf «diese oder jene simplices» zurückgeführt, sondern nur mit Hilfe der induktiven Methode gewonnen werden. Gleichwohl verzichtet Wein im Gegensatz zum Positivismus nicht auf einen «prinzipiellen Zugang zum Problem der Systematik der K.». «Alle K. haben zur Voraussetzung, daß die ‹Welt der Etwasse› geordnete Welt, ‹Welt-mit-

Struktur › ist » [5]. Auf dieser Basis, die Wein in Heraklits «Harmonie» ebenso wie in Whiteheads «General interconnectedness of things» und N. Hartmanns «Dimensionalität» der Welt wiederfindet, kann er den Zusammenhang des «einen» mit dem «anderen» [6], die «Reihenordnung» aus dem elementarsten Typ kosmologischer Ordnung darstellen, sie prozessual interpretieren [7] und als Symbol für die Synthesis heterogener Etwasse verstehen. Weins «Strukturlogik», die Erforschung «neutraler» Ordnungsbefunde [8], bestimmt die K. letztlich als «Ordnungszüge der allgemeinen Bezüglichkeit» [9] und läßt demzufolge seine «metakategoriale Systematik» [10] auf einem «Minimum» an Ordnung in der Welt basieren.

Anmerkungen. [1] H. Wein: Nicolai Hartmanns «Kategorialanalyse» und die Idee einer «Strukturlogik», in: Nicolai Hartmann. Der Denker und sein Werk, hg. H. Heimsoeth/R. Heiss (1952) 173-185. – [2] Vgl. a. a. O. 174. – [3] Vgl. ebda. – [4] Vgl. ebda. – [5] 179. – [6] Vgl. 180. – [7] Vgl. ebda. – [8] Vgl. 181. – [9] Vgl. ebda. – [10] Vgl. 182.

e) Nachhaltig beeinflußt durch N. Hartmanns Kategorialanalyse und im Bewußtsein des gegenwärtigen Fehlens einer ausführlichen Historiographie zur Kl. gibt H. Heimsoeth [1] Hinweise für künftige Darstellungen der *Geschichte* des K.-Problems, indem er die für Hartmann ausschlaggebenden historischen Vorbedingungen einer als Kategorialanalyse verstandenen ontologischen Philosophie aufzeigt. Aus der Analyse der verschiedenen zu berücksichtigenden Perspektiven: der Differenz von Erkenntnis- und Seins-K., der systematischen «Tafel», der Angabe des Weges der Erkenntnis der K. und der für die Konzeption einzelner Kl. relevanten metaphysischen Gedankengänge ergeben sich für Heimsoeth als wesentliche Gesichtspunkte, daß eine Geschichte der Kl. sich nicht auf solche Werke beschränken dürfe, in denen der Terminus ‹ K. › ausdrücklich genannt wird, daß jede zahlenmäßige Fixierung der K. trotz ihrer Übersichtlichkeit der von Hartmann herausgestellten Vielzahl und Verflochtenheit nicht gerecht werde und daß die jeweiligen Kl. immer auch im Zusammenhang mit den jeweiligen erkenntnistheoretischen und metaphysischen Grundpositionen dargestellt werden müssen. «Die K. eines Denkers geben immer Aufschlüsse über die ihn leitenden Realprinzipien» [2]. Heimsoeths besondere Berücksichtigung der «regionalen K.» im 19. und 20. Jh. ist zum größten Teil als eine rekonstruierende Erhellung der unmittelbar zu N. Hartmann führenden Problemlinien zu verstehen. Seine in der Perspektive von Hartmanns Kategorialanalyse konzipierte, obgleich nicht im Detail ausgearbeitete Geschichte der Kl. bildet in gewisser Weise den historiographischen Abschluß eines spekulativ-neutralisierten ontologischen K.-Konzepts, das philosophisch allerdings nur für den engeren Schülerkreis von N. Hartmann von Bedeutung geblieben ist.

Anmerkungen. [1] H. Heimsoeth: Zur Gesch. der Kl., in: Nicolai Hartmann. Der Denker und sein Werk, hg. H. Heimsoeth/R. Heiss (1952) 144-172. – [2] a. a. O. 153f.

6. *Marxismus-Leninismus.* – Die Auseinandersetzungen der marxistisch-leninistischen Philosophie mit der K.-Problematik sind – obwohl so gut wie keine Arbeiten über die westliche nachhegelsche Kl. vorliegen – von dem nachidealistischen unspezifischen Gebrauch des Terminus ‹ K. › ebenso geprägt wie von der damit in engem Zusammenhang stehenden vorwiegenden Orientierung an (natur-)wissenschaftlichen Forschungsmethoden [1]. Als K. werden «Grundbegriffe, die die allgemeinsten und wesentlichsten Seiten der Wirklichkeit, die

wesentlichsten Zusammenhänge und Beziehungen der Gegenstände widerspiegeln» [2] bezeichnet. Sie dienen als Ordnungsmomente der Analyse der materiellen Welt und haben zugleich objektiven ontologischen Inhalt, indem sich in ihnen die Wirklichkeit widerspiegelt. Neben Marx' Polemik gegen die K. des philosophischen Bewußtseins – «Für das Bewußtsein ..., dem das begreifende Denken der wirkliche Mensch und daher die begreifne Welt als solche erst das Wirkliche ist, erscheint daher die Bewegung der K. als der wirkliche Produktionsakt ..., dessen Resultat die Welt ist» [3] – ist W. I. Lenins Charakterisierung der K. als «Stufen des Heraushebens, d. h. der Erkenntnis der Welt, [als] Knotenpunkte in dem Netz, die helfen, es zu erkennen und es sich zu eigen zu machen» [4], wegweisend geblieben auch für neuere Versuche in der marxistisch-leninistischen Philosophie, den systematischen Zusammenhang der K. darzulegen: Nicht die gedanklich zu konstruierende Einheit der K. bedingt die Einheit der Mannigfaltigkeit der Dinge, sondern die Einheit der Erscheinungen in der materiellen Welt bedingt die systematische Einheit der K. [5]. Die Bedeutung der K. wird restringiert auf ihre Brauchbarkeit als «Grundbegriffe» für die Einzelwissenschaften.

Innerhalb der Philosophie wird zwischen universalen (Materie, Bewegung, Raum, Zeit usw.) und regionalen K. (differenziert nach K. der Grundlehre des historischen Materialismus, der Ethik und der Ästhetik) unterschieden, welche – ähnlich den «Dimensionen» der Welt bei N. Hartmann und den «Ordnungszügen» bei H. Wein – nicht auf eine bestimmte Anzahl von unveränderlichen «Stammbegriffen» festgelegt werden können, sondern aufgrund ihrer «Elastizität» und «Historizität» [6] allenfalls ein «offenes», d. h. der Erweiterung und Modifikation fähiges System bilden können.

Die bei Losev und Kopnin gegebene Deskription des gegenwärtigen Standes der K.-Diskussion: «Was die Zusammenfassung aller K. in einem strengen System betrifft, so ist sie im gegenwärtigen Augenblick der wissenschaftlichen Entwicklung noch nicht endgültig durchgeführt und bedarf weiterer Ausarbeitung» [7], kann als paradigmatische Stellungnahme der neueren marxistisch-leninistischen Philosophie zur Problematik der K.-Theorie gewertet werden; analog zu dem bis zu N. Hartmann reichenden Desinteresse gegenüber dem Problem der Legitimität eines in sich konsistenten K.-Begriffs und seiner Verwendung enträt auch die marxistisch-leninistische Philosophie einer philosophischen, d. h. allen bloß pragmatischen Gebrauch transzendierenden Begründung des Terminus ‹ K. › [8].

Anmerkungen. [1] Vgl. E. Vollrath und H. Fleischer: Art. ‹ K. ›, in: Sowjetsystem und demokrat. Gesellschaft. Eine vergl. Enzyklop., hg. C. D. Kernig (1969) 3, 564-573. – [2] Kategorii materialističeskoj dialektiki, hg. M. M. Rozental'/G. M. Štraks (1956); dtsch. K. der materialist. Dial. (Berlin 1959) 15. – [3] K. Marx: Einl. zur Krit. der polit. Ök. MEW 13, 632. – [4] W. I. Lenin, Philos. Hefte. Werke 38, 85. – [5] Vgl. P. V. Kopnin: Dialektika kak logika (Kiev 1961) 130f. – [6] Vgl. Fleischer, a. a. O. [1] 571. – [7] A. Losev und P. Kopnin: Art. ‹ Kategorii ›, in: Filosofskaja enciklop., hg. F. V. Konstantinov u. a. (Moskau 1962) 472-475. – [8] Vgl. Vollrath, a. a. O. [1] 572.

7. *Analytische Philosophie.* – Ohne direkten Kontakt, wenngleich gelegentlich in kritischer Einstellung zur philosophischen Tradition beginnt im Umkreis der analytischen Philosophie, insbesondere innerhalb der beiden Traditions- und Problemstränge der mathematisch-logischen Grundlagenforschung und der zunächst empiristisch orientierten «logic of science», eine K.-Diskussion im Rahmen des Aufbaus und der Konstruktion einer lo-

gisch perfekten Sprache, deren Methoden und Ergebnisse von Y. Bar-Hillel und N. Chomsky teilweise auch für die Linguistik fruchtbar gemacht wurden. Konstruktionen logischer «Gerüste» der Welt waren das zweite Gebiet, auf dem man sich kategorialer Unterscheidungen bediente. Auch diese Versuche standen unter einem strengen, gegen die Alltagssprache gerichteten Exaktheitsideal. Als Folge der strikten Abwendung des späten Wittgenstein vom Ziel der Konstruktion einer idealen Sprache wendeten sich die späteren Ordinary-language-Philosophen der Untersuchung der Logik der Umgangssprachen zu und erweiterten den Horizont der bisher weitgehend auf syntaktische Probleme beschränkten Forschungen der analytischen Philosophie um den bereits von phänomenologischen und linguistischen Ansätzen einbezogenen Bereich der semantischen K., wodurch jedoch auch die Bemühungen um die strenge Definition eines operationalisierbaren K.-Begriffs erheblich erschwert wurden. Bei nahezu allen Auseinandersetzungen der angelsächsischen Sprachphilosophien mit dem K.-Problem wird die kritische Funktion des Begriffs hervorgehoben: K. dienen als Schemata sinnvoller Aussagen. Die Einführung des Begriffs ‹K.› als Synonym des originär Russellschen ‹type› zeigt jedoch, daß dieser kritische Sinn nur sekundär als Wiederaufnahme der aristotelischen Bedeutung interpretiert werden kann; primär ist diese Haltung aus der grundsätzlichen Skepsis gegenüber der traditionellen Metaphysik und dem verbreiteten Bemühen um Aufdeckung philosophischer Pseudoprobleme erwachsen.

a) Wegbereiter der *idealsprachlichen* Philosophie wurde G. FREGE durch den Aufbau einer formalen Sprache und die Einteilung aller Satzfunktionen in Stufen und Arten [1]. Wie R. CARNAP konstatiert [2], löste B. RUSSELL zwei Fehler in Freges System [3]. Er erweiterte die Einteilung aller Ausdrücke in wahre und falsche durch die Klasse der sinnlosen Ausdrücke, die Ansatzpunkt für die Kl. der späteren Ordinary-language-Philosophen waren. Der zweite Fehler Freges veranlaßte Russell zusammen mit Whitehead zur Konstruktion der Typentheorie. Frege hatte die den Prädikaten entsprechenden Klassen nicht analog zu den Prädikaten gestuft, sondern als Individuen betrachtet; auch die Kardinalzahlen, definiert als Klassen von Klassen, sah er als Individuen an. Russell erkannte, daß dieses System zu dem widersprüchlichen Begriff einer Klasse aller Klassen führte und vermied dieses Paradoxon, indem er die Klassen nicht mehr nur als Individuen auffaßte, sondern sie hierarchisch «logischen Typen» zuordnete: Werden Individuen dem Typ 0 zugeordnet, so sind Prädikate erster Stufe (Typ 1) Klassen von Individuen und Prädikate zweiter Stufe (Typ 2) Klassen von Klassen von Individuen. Gemäß dem «vicious-circle-principle» können z. B. die Klasse aller weißen Objekte und die weißen Objekte selbst keine legitime Totalität bilden, da sie verschiedenen logischen Typen angehören; umgekehrt gehören zwei Entitäten dann zu verschiedenen K., wenn ihre Vereinigung eine illegitime Totalität, also einen K.-Fehler (s.d.) hervorruft, z. B. in dem Satz «die Farbe weiß ist weiß». Daß Russell seine Typenhierarchie ursprünglich außersprachlichen Entitäten zuschrieb, führte zu einigen unlösbaren Schwierigkeiten [4], die ihn veranlaßten, seinen platonischen Realismus aufzugeben und die Typen nur noch linguistischen Entitäten (Ausdrücken) zuzuschreiben, deren Unterschied dann syntaktisch, z. B. durch Permutationstest, bestimmt werden kann. Um den Preis der Relativität auf ein bestimmtes Sprachsystem konnte nun das bisher Widersprüchli-

che am Begriff ‹K.›, der sich auf alle Entitäten beziehen sollte, während er doch selbst eine dieser Entitäten war, aufgehoben werden, indem man ihn dem Bereich der Metasprache zuwies.

Nach einem unbefriedigenden Versuch der Abwandlung von Russells verzweigter Typentheorie entwickelte ST. LEŚNIEWSKI eine an Husserl orientierte Theorie der semantischen K. [5], die seinen intuitiven Einsichten in syntaktische und semantische Strukturen korrekter Sprache gerecht werden sollte. Nach BAR-HILLEL [6] hatte Husserl angenommen, daß eine Folge sprachlicher Zeichen, die in einem bestimmten Kontext «salva bene formatione» austauschbar ist, in allen Kontexten austauschbar sein müßte. Diese Annahme, gemäß der Wohlgeformtheit (als Thema der Syntax) und Bedeutungshaftigkeit (als Thema der Semantik) koextensiv sind, erhob Leśniewski zum Hauptprinzip seiner semantischen K.

Bar-Hillel übernahm ein von Ajdukiewicz zur genauen Bestimmung der syntaktischen Struktur formaler Sprachen entworfenes System und übertrug es auf die natürliche Sprache [7]. Leśniewskis Einschätzung des Kontextes als hinreichend kategorienbestimmendes Moment konnte Bar-Hillel durch die Feststellung syntaktischer Mehrdeutigkeiten von wohlgeformten Ausdrücken falsifizieren. Außerdem zog er es vor, die strikte Trennung der K., die Leśniewskis genauer Zuordnung jedes Ausdrucks zu je einer K. aus einer unendlich erweiterungsfähigen Hierarchie impliziert war, zu lockern, indem er sprachliche Ausdrücke auch mehreren K. zuordnete. Ausgehend von R. CARNAPS Beziehungen der bedingten und der vollkommenen Austauschbarkeit [8] entwickelte BAR-HILLEL eine Theorie syntaktischer K., die CHOMSKY durch Berücksichtigung zusätzlicher Kontextbeziehungen intensivierte [9]. Nach BAR-HILLELS Urteil ist die Austauschbarkeit in Kontexten keine grundlegende Relation einer für natürliche Sprachen adäquaten Grammatik; wohl kann sie Basis für Konstituentengrammatiken sein, in einer generativen Transformationsgrammatik, wie CHOMSKY sie entwickelte, ist sie jedoch lediglich zur Beschreibung von Oberflächenstrukturen brauchbar.

Neben lexikalische und syntaktische K., wie sie in den Strukturbeschreibungen der verschiedenen Grammatiken aufgezeigt werden, stellt J. J. KATZ [10] semantische K., die er empirisch mittels Redundanzregeln aus allgemeinste semantische Merkmale gewinnt, wobei auf die Möglichkeit universaler semantischer K., gewonnen als Durchschnitt aus den einzelsprachlichen K., hingewiesen wird.

Beeinflußt durch Frege und den logischen Atomismus Russells trifft der frühe WITTGENSTEIN bei der Beschreibung der logischen Struktur der Welt im ontologischen Teil des ‹Tractatus› Unterscheidungen, die nicht er selbst, jedoch seine Interpretatoren (E. STENIUS, W. STEGMÜLLER [11]) als kategoriale Differenzierungen bezeichnen. So stellt er den «Tatsachen» in Attribute und Einzeldinge untergliederte Nicht-Tatsachen gegenüber. Diese kategorialen Unterscheidungen können jedoch streng genommen nur durch Beispiele und Analogien erklärt werden, da sie die undarstellbare «logische Form» der Begriffe betreffen [12]. Im Gegensatz zur traditionellen Ontologie will Wittgenstein seine Bestimmung der K. relativ zu einer bestimmten Art der logischen Analyse der Welt sehen – eine Auffassung, die sich auch bei CARNAP und GOODMAN, ähnlich sogar bei STRAWSON wiederfindet.

Das von Frege, Russell und Whitehead bereits untersuchte Problem des Zusammenhangs logischer und mathematischer Begriffe und deren Zurückführbarkeit auf wenige Grundbegriffe wirft R. CARNAP für die empirischen Begriffe auf [13], indem er neben Elementarerlebnissen als Grundelementen Grundrelationen einführt, die er als ‹K.› bezeichnet. Alle bisherigen K.-Tafeln, die er für zu reichhaltig hält, sollen auf eine einzige K. zurückgeführt werden, weswegen Carnap in seiner Konstitutionstheorie lediglich die Erinnerungsrelation verwendet. Nach dem Scheitern dieses Versuchs entwarf N. GOODMAN ein ähnliches System unter Verwendung einer anderen Basis, derzufolge Qualia als Grundelemente und das gemeinsame Auftreten zweier Qualitäten verschiedener K. als einzige Grundrelation eingeführt werden [14]. Bei CARNAP ließe sich auch der syntaktisch definierte Begriff der «Gegenstandssphäre» als kategorialer Begriff bezeichnen, zumal er diese Sphären selbst den «Russellschen ‹Typen›, angewendet auf nicht-logische Begriffe» [15], gleichsetzt. Bei Nichtbeachtung des Unterschiedes dieser «Ordnungsformen» entsteht eine «Sphärenvermengung», ein K.-Fehler. Beispielsweise führt so die Vermischung von Eigenpsychischem und Fremdpsychischem zu Scheinproblemen.

Anmerkungen. [1] G. FREGE: Begriffsschr. (1879); Die Grundl. der Arith. (1884). – [2] R. CARNAP: Log. Syntax der Sprache (²1968) 98ff. – [3] A. N. WHITEHEAD und B. RUSSELL: Principia math. 1-3 (1925-1927). – [4] Vgl. die Kritik von M. BLACK: Russells' philos. of language, in: The philos. of Bertrand Russell, hg. P. A. SCHILPP (1944). – [5] Vgl. E. C. LUSCHEI: The log. systems of Leśniewski (1962). – [6] Y. BAR-HILLEL: Art. ‹Syntactical and semantical cat.›, in: Encyclop. of philos., hg. P. EDWARDS 8 (1967) 57-61. – [7] ebda. – [8] CARNAP, a. a. O. [2]. – [9] N. CHOMSKY: Aspects of the theory of syntax (1964, dtsch. 1972). – [10] J. J. KATZ: The philos. of language (1966, dtsch. 1969); vgl. S. J. SCHMIDT: Bedeutung und Begriff (1969) 115f. – [11] E. STENIUS: Wittgenstein's Tractatus. A crit. expos. of the main lines of thought (1960, dtsch. 1969); W. STEGMÜLLER: Hauptströmungen der Gegenwartsphilos. (⁴1969) 526ff. – [12] Vgl. L. WITTGENSTEIN, Tractatus logico-philos. 4.12; 4.1212. – [13] R. CARNAP: Der log. Aufbau der Welt (²1961). – [14] N. GOODMAN: The structure of appearance (1951). – [15] CARNAP, a. a. O. [13] 40.

b) Weitgehend losgelöst zwar von der Diskussion in der Logik und Wissenschaftstheorie im logischen Empirismus, jedoch mit ausdrücklichem Bezug auf Aristoteles greift G. RYLE [1] das K.-Problem für die *Ordinary-language-Philosophy* auf, die seit G. E. Moore in Reaktion gegen den englischen Hegelianismus (Bradley, McTaggart) im «common sense» eine Basis philosophischer Reflexion sucht. In Übereinstimmung mit E. ERWIN [2] verwendet RYLE den Begriff ‹K.› bewußt «auf eine unpräzise, amateurhafte Weise», der die Türen zu ungelösten Sprachproblemen «wie ein Vorschlaghammer» sprengen soll [3]. Den scholastizistischen Glauben an eine vollständige K.-Tafel lehnt er ab, da die Anzahl der K. vielmehr völlig unbestimmt sei; wie es beliebig viele, ohne systematischen Zusammenhang untereinander bestehende K., also auch keine obersten grundlegenden K. gibt, so kann auch kein vorgegebenes Register logischer Formen zur Klassifikation existieren, zumal die Syntax als Kriterium der K.-Bestimmung keineswegs ausreicht, vielmehr durch das Kriterium semantischer Bedeutungshaftigkeit bzw. Absurdität ergänzt werden muß. Hinsichtlich ihrer Bedeutung sind die K.-Regeln als der Sprache immanente Regeln sinnvoller Rede bei offensichtlichen Verfehlungen aufgrund ihrer Trivialität unbedeutend, von besonderer Relevanz hingegen bei verborgenen, hinterhältigen K.-Fehlern, wie sie etwa in der Verwechslung von Dispositionen mit Manifestationen oder in Sätzen wie «Ich lüge jetzt» zum Ausdruck kommen [4]. Beliebig komplexe Ausdrücke, die einen

unvollständigen Satzrahmen («sentence-frame») vervollständigen können, nennt Ryle «sentence-factors»; deren Index im Satzfragment ist ein Leerstellenzeichen («gap sign»), welches eine bestimmte Gruppe von sentence-factors mit gleichartiger grammatischer Rolle vertritt (z. B.: «... ist im Bett»). Demgegenüber sind es die von diesen sentence factors abstrahierten übersprachlichen «proposition factors», wovon die K. gelten. Mögliche Ergänzungen eines Satzrahmens müssen einem bestimmten grammatischen Typ angehören und proposition factors von bestimmtem logischem Typ ausdrücken. Ryle, und im Anschluß an ihn auch D. J. HILLMAN [5], ordnet zwei proposition factors dann verschiedenen K. zu, wenn die die proposition factors vertretenden Ausdrücke als alternative Einsetzungen in bestimmte Satzrahmen in einem Fall bedeutungsvolle, im anderen absurde Sätze erzeugen. Doch kann, wie RYLE betont, nicht jedes Leerstellenzeichen eines Satzrahmens die K. aller möglichen Einsetzungen allein bestimmen [6]. Mit diesem Vorbehalt wollte Ryle anscheinend das abwehren, was J. J. C. SMART [7] und ihm folgend später auch Thompson und Harrison herausstellten: Ryles Test differenter K. bleibe so lange fragwürdig, als z. B. die zum gemeinsamen Gattungsbegriff ‹Mobiliar› gehörigen Begriffe ‹Tisch› und ‹Stuhl› bei Einsetzung in den Satzrahmen «der Sitz des ... ist hart» sich als zu verschiedenen K. gehörig erweisen. Akzeptiert man diese Konsequenzen, so wird im Sinne der von Smart geübten Kritik die Aussagekraft von Ryles Kl. belanglos. Eine nähere Bestimmung des Begriffs ‹proposition-factor› hält Ryle für sinnlos, da ‹factor› für ihn den Sammelplatz aller K.-Unbestimmtheiten repräsentiert. ‹Proposition-factor› ist insofern ein Scheinbegriff, als er nicht losgelöst von einer K. aus der unbestimmten Menge der K., über die der Ausdruck spricht, bestimmt werden kann. Ähnlich problematisch sind Ausdrücke wie «... ist interessant» oder «bezeichnet als ...», von denen Schwierigkeit sich Russell entband, indem er solche «high predicates» im Gegensatz zu J. W. CORNMAN [8] als mehrdeutig auffaßte. Cornman formalisiert ein genaues, wenn auch noch zu verfeinerndes Kriterium für K.-Verschiedenheit, das von Fall zu Fall angewendet werden soll, wobei er – unter Berufung auf SOMMERS [9] – die «high-predicates» explizit ausschließt. Solange jedoch für die Festlegung von high-predicates selbst kein Kriterium gefunden ist, bleibt auch dieser Lösungsversuch unabgeschlossen, zumal CORNMAN trotz seiner klaren Definition eines K.-Unterschiedes letztlich auf unsere Intuitionen verweist.

Eine Verbindung von Sprachphilosophie und Ontologie stellt F. SOMMERS' Kl. dar. Ausgehend von den zwei K.-Definitionen Russells und Ryles, versucht er zu zeigen, daß K., die durch Prädikate einer natürlichen Sprache definiert sind, in ihrer Anzahl endlich sein müssen und formuliert ein «law of categorial inclusion», wonach gilt: Sind C 1 und C 2 beliebige K., dann besitzen sie keine gemeinsamen Glieder, oder die eine K. ist in der anderen enthalten. Daraus folgt, daß es eine höchste K., die alle anderen enthält, und einige K., die keine anderen enthalten, geben muß. Sommers' Bestimmung der K. als einer Klasse, die durch ein absolutes Prädikat definiert ist, enthält einen Leitfaden, jene in die Umgangssprache eingebettete K.-Sprache offenzulegen. Absolute Prädikate entspringen dabei dem Vorgang der Verabsolutierung und bezeichnen jenen Gegenstandsbereich, auf den ein bestimmtes Prädikat anwendbar oder nicht anwendbar ist. Das absolute Prädikat *P*- bezeichnet daher die Klasse, auf die *P* oder nicht-*P* zutrifft. Die durch Verabsolutierung von Prädikaten auf diese Weise erhaltene Sprache absoluter Prädikate repräsentiert das ontologische Gerüst der jeweiligen natürlichen Sprache [10]. Gegen Sommers These von der Isomorphie sprachlicher und ontologischer Strukturen wenden sich R. und V. ROUTLEY [11], die sich ebenso gegen eine rein essentielle sowie eine rein sprachliche Theorie der K. aussprechen. Im Gegensatz zu Hillman treten sie für eine Kl. auf der Basis eines Kriteriums für Bedeutungshaftigkeit und Absurdität nach Art des Ryleschen Versuches ein.

B. HARRISON hält den K.-Begriff insofern für sinnvoll, als sich mit ihm linguistische Irrtümer bestimmen lassen, die von Fehlern des Sprachgebrauchs unterschieden werden können. K.-Fehler entspringen nach ihm aus einer Kombination von «linguistic devices» (Regeln des Erlernens des Sprachgebrauchs, die von physikalischen Vorbedingungen abhängig sind), deren physikalische Vorbedingungen unvereinbar sind [12]. Rein sprachlichen Fehlern werden solche gegenübergestellt, zu deren Erklärung über den sprachlichen Kontext hinaus der Verweis auf die unsprachliche Realität nötig ist. Als Konsequenz dieser Genese der K. vermutet Harrison, daß sich K. weder als einander ausschließend definieren lassen, noch daß jemals eine abgeschlossene K.-Liste zusammengestellt werden könne.

A. D. CARSTAIRS [13] kritisiert an Hillman, daß dessen Kriterium im Gegensatz zu Ryles logischen K. nicht sprachneutral sei; Harrison werde zwar dieser Forderung durch den Rekurs auf physikalische Vorbedingungen gerecht, aber diese Lösung des K.-Problems werde dadurch fraglich, daß diese Vorbedingungen in verschiedenen Sprachen in jeweils verschiedener Zusammenstellung wiedergegeben werden; so gibt es z. B. keine universale Menge physikalischer Vorbedingungen, die eine logische K. von Farbausdrücken bestimmt. In Abwandlung von Harrisons Ansatz sollen nach Carstairs' Vorschlag logische K. als universale Zwänge des Sprachgebrauchs im Rahmen der Suche nach linguistischen Universalien im allgemeinen bestimmt werden, wobei die linguistische Forschung nach Universalien einer philosophischen Kl. vorgeordnet wird.

Skeptischer als Carstairs und z. B. auch Erwin äußert sich K. R. POPPER zur Diskussion der K.-Fehler [14]. Logiker wie Zermelo, Leśniewski, Quine und andere konnten zeigen, daß formale Sprachen konstruierbar sind, in denen Ausdrücke, die nach Russells Typentheorie einen K.-Fehler aufweisen, durchaus wohlgeformt sein können. Damit ist im Sinne Poppers bewiesen, daß es keine im eigentlichen Sinne (inherently) bedeutungslosen Ausdrücke geben kann. Vor allem bestreitet er, daß es eine logische Methode zur Aufdeckung philosophischen Unsinns geben könne. In natürlichen Sprachen erübrige bereits die Beachtung des konventionellen Sprachgebrauchs und der Grammatik die Rede von K.-Fehlern.

Gemäß M. THOMPSONS Intention einer Verbindung der traditionellen aristotelischen Position mit einer linguistischen Behandlung des Problems [15] sucht P. F. STRAWSON in seiner «deskriptiven Metaphysik» [16], ohne jedoch eine ausgearbeitete Kl. vorzulegen, mit Hilfe des kategorialen Kriteriums der Unterscheidung von «particulars» und «universals» nach einer möglichen Erklärung der Unterscheidung von Subjekt und Prädikat, die SEARLE im Hinblick auf die unreflektierte Identifikation des Allgemeinen durch Prädikate kritisiert [17]. Jedes «Individuum», d. h. jede Identität, die immer als einzelne gegenüber allen anderen auszumachen ist, gehört kraft dessen, daß es eine bestimmte Art von Individu-

um ist, zu einer (relativen oder absoluten) K. Ein K.-Fehler entsteht durch die Anwendung eines Prädikats auf ein Individuum, für das es a priori abweisbar ist. Die Kl. soll somit auf den noch unbestimmten Begriff einer identifizierenden Beschreibung des Individuums durch das Prädikat und auf die noch genauer zu fassenden Prinzipien der Identität für Individuen aufgebaut werden. Eine solche Kl., so fordert Strawson, muß erklärende Kraft haben und unseren Intuitionen gemäß sein, zugleich aber einige unserer Intuitionen im Lichte der Theorie korrigieren dürfen.

Die sehr vage Konstruktion eines «categorial framework» durch S. KÖRNER [18] führt zu einer Subjektivierung, Psychologisierung wie auch Historisierung des K.-Begriffs. Da jeder Mensch gemäß einem der Möglichkeit nach sich ändernden «categorial framework» die Objekte seiner Erfahrungswelt klassifiziert und interpretiert, erweist sich jener kategoriale Rahmen als psychologische Struktur, als der Inbegriff einer Reihe intellektueller Annahmen und Gewohnheiten, deren Erforschung nicht nur Gegenstand der Philosophie, sondern ebenso Thema der Anthropologie, Linguistik und Ideengeschichte ist. Im weitesten Sinne ist ‹K.› demnach eine empirisch-subjektive Formbestimmung des menschlichen Denkens und Erkennens.

Anmerkungen. [1] G. RYLE: Cat. Proc. Arist. Soc. (1937/38) 189-206; ND in: Logic and language, 2nd Ser., hg. A. G. N. FLEW (1953) 65-81. – [2] E. ERWIN: Farewell to the cat. mistake argument, in: Philos. stud. (1968). – [3] G. RYLE: Dilemmas (1954); dtsch. Begriffskonflikte (1970) 16. – [4] The concept of mind (1949); dtsch. Der Begriff des Geistes (1969). – [5] D. J. HILLMAN: On grammars and cat.-mistakes. Mind 72 (1963) 223-234. – [6] RYLE, a. a. O. [1] 78. – [7] J. J. C. SMART: A note on cat. Brit. J. Philos. Sci. 4 (1953) 227f. – [8] J. W. CORNMAN: Types, cat., and nonsense. Amer. philos. Quart. Monogr. Ser. Nr. 2: Stud. in log. theory (1968) 73-97, bes. 87. – [9] F. SOMMERS: Types and ontology. Philos. Rev. 72 (1963) 327-363. – [10] The ordinary language tree. Mind 68 (1959) 160-185. – [11] R. und V. ROUTLEY: Cat. – expressions or things? Theoria 35 (1969) 215-238. – [12] B. HARRISON: Cat. mistakes and rules of language. Mind 74 (1965) 309-325. – [13] A. D. CARSTAIRS: Ryle, Hillman, and Harrison on cat. Mind 80 (1971) 403-408. – [14] K. R. POPPER: Conjectures and refutations (1963) 71. 263f. 293. – [15] M. THOMPSON: Art. ‹Categories›, in: Encyclop. of philos., hg. P. EDWARDS 2 (1967) 46-55. – [16] P. F. STRAWSON: Individuals (1959); dtsch. Einzelding und log. Subjekt. Ein Beitrag zur deskript. Met. (1972). – [17] J. R. SEARLE: Speech acts (1969);dtsch. Sprechakte (1971) Kap. 5.4. – [18] S. KÖRNER: Cat. frameworks (1970).

c) Die Diskussion des K.-Problems in der im weiteren Sinne analytischen Philosophie ist im Prinzip an dem trotz aller Verzweigungen der Diskussion einheitlichen Leitfaden der Vermeidung von Paradoxien bzw. K.-Fehlern orientiert. Sie erscheint als die nicht-gelingende Suche nach eineindeutigen Anwendungskriterien sowohl hinsichtlich syntaktischer wie semantischer Fragestellungen, die letztlich die Aufgabe einer exakten Theorie des K.-Gebrauchs für nicht-formale Sprachen als undurchführbar nachweist und eine unsystematische Verwendung und einen kritischen ad-hoc-Gebrauch des Terminus ‹K.› in negativer Absicht empfiehlt. Demgemäß ist jeweils mit Sicherheit zu sagen, was ad hoc syntaktisch bzw. semantisch sinnlose Verknüpfungen in bestimmten Kontexten sind, nicht jedoch positiv anzugeben, welche Verknüpfungen auf jeden Fall sinnhaft sein können. Da die gelegentlich versuchten Rückgriffe auf ontologische bzw. naturwissenschaftliche Grundannahmen die gestellte Aufgabe nicht lösen können, sofern jede derartige Begründung des K.-Begriffs bereits den Anspruch erheben muß, kategorial sinnvolle, und d. h. K.-Fehler ausschließende Aussagen machen zu können, erscheint es plausibel. den K.-Begriff entweder lediglich als ad-hoc-Instrument mit kritischer Funktion für die Diskussion philosophischer Probleme beizubehalten oder eine weiterführende Lösung des bisher aporetisch bleibenden Theorems durch die Weiterführung linguistischer Untersuchung in Richtung auf eine Tiefengrammatik menschlicher Sprache überhaupt zu erwarten. Wenn indessen dieser zweite Weg wiederum auf ontologische, metaphysische oder naturwissenschaftliche Hypothesen angewiesen sein sollte, bleibt systematisch vermutlich nur der Ausweg Körners in eine mit verschiedenen Weltauffassungen verbundene quasi-epochale Historisierung als Alternative zur K. in kritischer Funktion offen, ein Weg, der allem Anschein nach in K. O. APELS an Peirce's semiotischer Erkenntnistheorie orientierten Transformation der Transzendentalphilosophie [1] ebenso intendiert zu sein scheint wie in der idealistische Theoreme aufgreifenden und zum Teil erneuernden dialektischen Wissenschaftstheorie bei J. HABERMAS [2].

Anmerkungen. [1] K. O. APEL: Transformation der Philos. 1. 2 (1973). – [2] J. HABERMAS: Wahrheitstheorien, in: Festschr. W. Schulz (1973); Einl. zur Neu-A. von ‹Theorie und Praxis› (1971) 23ff.; Erkenntnis und Interesse (1968, ²1973); Arbeit und Interaktion. Bemerk. zu Hegels Jenenser «Philos. des Geistes», in: Technik und Wiss. als «Ideol.» (1969) 9-47.

8. *H. Krings' transzendentale Rekonstruktion der Kategorienlehre.* – Obgleich die im Rahmen seiner ‹transzendentalen Logik› ausgearbeitete K.-Theorie [1] in ähnlicher Weise die Geschichtlichkeit kategorialer Begriffstafeln und einzelner kategorialer Bestimmungen betont, stellt die Konzeption des K.-Begriffs von H. KRINGS durch die bewußte und kritisch modifizierte Aufnahme der transzendentalphilosophischen Tradition von Kant über Fichte bis zu Husserl und zum Neukantianismus die transzendental-apriorische Funktion des K.-Begriffs in den Vordergrund. Im Rahmen seiner transzendentalen Theorie des theoretischen Wissens, in der die Transzendenzstruktur des Wissens von der Anschauungseinheit bis zur affirmativen Synthesis des Urteils verfolgt wird, die sowohl begriffliche wie kategoriale Synthesis einschließt, gewinnt Krings nicht nur den klassischen, an der Idee der apriorischen Synthesis orientierten K.-Begriff wieder, sondern formuliert zugleich das Problem der Genesis der K. in Auseinandersetzung mit Kant und den neueren Kl. des 19. Jh. «Ebenso wie die traditionelle Logik das Denken im Ganzen als Faktum voraussetzt, annimmt und als solches untersucht, behandelt sie in ihrer Kl. auch den Formgehalt der Aussage oder des Urteils als ein Faktum, das festgestellt, benannt und eingeordnet wird ... Diese Kl. ruhen allesamt auf einem unerforschten Fundament, nämlich auf dem Faktum, daß das Seiende schlechthin oder daß ein bestimmtes Seiendes, nämlich der Verstand, diese Formen nun einmal enthält und besitzt» [2]. Diese Intention, das Faktum des K.-Besitzes, sei es des Seienden oder des Verstandes, zu erklären, führt zu detaillierten Analysen, die die Funktion der K. in allem theoretischen Wissen aus der in der affirmativen Synthesis des Urteils terminierenden transzendentalen Aktualität des Wissens begründen. Ist der Ursprung der K. als formaler Gehalt und funktionale Form auf diese Weise weder das Ich noch das Seiende, weder die Anschauung noch der Verstand, so muß K. als mit dem Denken gleichursprünglich gedacht werden. «Die Freisetzung des kategorialen Elementes ist also selbig mit dem Selbstvollzug des Denkens. ... Das Denken denkt in K.» [3]. Da indessen mit dem Ursprung der K. *im* Denken nicht zugleich die Mannigfaltigkeit der kate-

gorialen Bedeutungen *aus* dem Denken entspringt [4], führt die Frage nach dem Ursprung des transzendentalen Inhalts der K. auf den Begriff einer «transzendentalen Erfahrung» [5], durch die «der transzendentale Aktus im Vollzug seiner selbst und vermittels der inhaltlichen Bestimmtheit des Terminus eine formale Bestimmtheit gewinnt» [6]. Daher entspricht die Mannigfaltigkeit der K. der Mannigfaltigkeit der transzendentalen Inhalte des Aktus, und, durch sie vermittelt, der Mannigfaltigkeit der transzendentalen Erfahrungen des Ich.

Im Zuge dieser Ableitung der K. als Funktionen der Synthesis im Selbstvollzug des Denkens und aus transzendentaler Erfahrung, ergibt sich eine Reihe von den K.-Begriff in der herkömmlichen Fassung entscheidend modifizierenden Konsequenzen: Der K.-Begriff ist nicht an die bereits objektivierten Bestimmungen der Subjektivität oder der Objektivität anzuknüpfen; die Unterscheidung von Erkenntnis- und Seins-K. ist transzendental sinnlos, sofern sie allererst durch objektivierende Rückübertragung auf schon konstituierte Subjekte bzw. Objekte gebildet werden kann; darüberhinaus sind die K. hinsichtlich ihrer möglichen Mannigfaltigkeit unableitbar und unabmeßbar [7], da sie auf ein in der Ursprünglichkeit und Unbedingtheit der Transzendenz liegendes geschichtliches Element des «Sich-entschließens» verweisen [8]. Die hierin gedachte Verknüpfung von transzendental gültiger Struktur des Wissens und geschichtlicher Mannigfaltigkeit in den Formen dieses Wissens bestätigt sich in der von Krings hervorgehobenen Differenz von K. «in Funktion», K. als K.-Begriff und der Mannigfaltigkeit sprachlicher Ausdrücke für K. in Funktion. Sie verdeutlicht noch einmal die wesentlichen Bestimmungen von K. als eines formalen, nicht materialen Gehalts, als einer funktionalen und nicht substanzialen Form, und als eines transzendentalen Inhalts, der in die Konstitution der medialen Sphäre als eines urteilsartig aufgeliederten Gegenstandes eingeht [9]. Die Orientierung der Kl. an einer transzendentallogischen Analyse der in der Urteilssynthesis sich vollendenden Transzendenz des Wissens wird so nicht nur sowohl dem apriorischen Status der Funktionen wie der Geschichtlichkeit der Begriffe des theoretischen Wissens gerecht, sie erlaubt auch eine Analyse sprachlich-grammatischer Strukturen, deren oberster Maßstab nicht die pure Faktizität des Sprechens ist, die vielmehr in der terminalen Bezogenheit des Wissens auf Anschauung und deren Einheit zugleich Kriterien des Absurden zu explizieren vermag. Auf ihre Weise verdeutlicht die transzendentale Rekonstruktion des K.-Problems durch Krings die Möglichkeit der Verknüpfung und die Notwendigkeit der Berücksichtigung sowohl transzendentaler wie ontologischer als auch sprachanalytischer Ansätze. In der ebenso von Apel wie von Habermas und Krings auf je verschiedene Weise intendierten Transformation der klassischen Transzendentalphilosophie erweist sich ‹K.› als unverzichtbarer Grundbegriff der Selbstreflexion endlichen Wissens.

Anmerkungen. [1] H. KRINGS: Transzendentale Logik (1964) bes. 156-161. 230-284. – [2] a. a. O. 231. 234. – [3] 254. – [4] Vgl. ebda. – [5] 261. – [6] 258. – [7] 269ff. – [8] 272. – [9] 278f.

Literaturhinweise. W. DILTHEY: Stud. zur Grundlegung der Geisteswiss. (1905). Ges. Schr. 7 (1958); Die K. des Lebens. Ges. Schr. 7 (1958) 228-245. – A. DREWS: Der transzendentale Idealismus der Gegenwart. Preuß. Jb. 117 (1904) 193-224. – G. SIMMEL: Philos. des Geldes (1900, ²1907, ⁶1958). – H. HÖFFDING: Über K. Ann. Naturphilos. 7 (1908). – T. KEHR: Über das K.-Problem (Diss. 1910). – O. KÜLPE: Erkenntnistheorie und Naturwiss. (1910). – J. REHMKE: Philos. als Grundwiss. (1910). – H. DRIESCH:

Ordnungslehre (1912). – O. KÜLPE: Die Realisierung (1912). – E. LYSINSKI: Die K.-Systeme der Philos. der Gegenwart (Diss. 1913). – H. RICKERT: Die Grenzen der naturwiss. Begriffsbildung (²1913). – A. LIEBERT: Das Problem der Geltung. Kantstudien, Erg.h. 32 (1914). – G. SIMMEL: Der Konflikt der modernen Kultur (1918, ⁵1930). – J. VOLKELT: Gewißheit und Wahrheit (1918). – H. RICKERT: Die Philos. des Lebens (1920); System der Philos. (1921). – E. SPRANGER: Rickerts System (1923). – P. NATORP: Vorles. über prakt. Philos. (1925). – A. DIRKSEN: Individualität als K. (Diss. 1926). – J. GEYSER: Über Begriff und Wesensschau. Philos. Jb. 39 (1926) 8-44. 128-151. – A. v. PAULER: Logik. Versuch einer Theorie der Wahrheit (1929). – H. PICHLER: Zum System der K. Logos (1930); Einf. in die Kl. (1937). – G. RYLE s. Anm. [1 zu 7b]. – E. P. SITKOVSKIJ: Kategorii marksistkoj dialektiki (1941). – R. CARNAP: Meaning and necessity (1947, ²1956). – W. HEISENBERG: Der Begriff ‹abgeschlossene Theorie› in der modernen Wiss. Dialectica 2 (1948) 331-336. – G. RYLE s. Anm. [4 zu 7b]. – H. WEIN: Philos. als Kategorialanalyse. Stud. gen. 4 (1951) 115-118. – H.-J. HÖFERT: Kategorialanalyse und phys. Grundl.forsch., in: Nicolai Hartmann. Der Denker und sein Werk, Hg. H. HEIMSOETH/R. HEISS (1952) 186-207. – G. RYLE s. Anm. [3 zu 7b]. – TH. W. ADORNO: Zur Metakrit. der Erkenntnistheorie. Stud. über Husserl und die phänomenol. K. (1956). – M. M. ROZENTAL' und G. M. ŠTRAKS (Hg.) s. Anm. [2 zu 6]. – H. FLEISCHER: On cat. in Soviet philos., in: Stud. Sov. Thought 1 (1961) 64-77. – F. SOMMERS s. Anm. [9 zu 7b]. – N. CHOMSKY s. Anm. [9 zu 7a]. – L. M. ARCHANGEL'SKIJ: Kategorii marksistkoj etiki (1963); dtsch. K. der marxist. Ethik (1965). – B. HARRISON s. Anm. [12 zu 7b]. – G. RYLE: Art. ‹Cat.›, in: Encyclop. Brit. 5 (1964) 67-69. – Y. BAR-HILLEL s. Anm. [6 zu 7a]. – M. THOMPSON: Art. ‹Cat.›, in: The Encyclop. of Philos., hg. P. EDWARDS 2 (1967) 46-55. – J. W. CORNMAN s. Anm. [8 zu 7b]. – J. KRAUSSER s. Anm. [2 zu 2a]. – W. STEGMÜLLER: Das Wahrheitsproblem und die Idee der Semantik (1968) 76ff. – J. J. KATZ s. Anm. [10 zu 7a]. – E. v. SAVIGNY: Die normalen Sprache (1969). – J. R. SEARLE s. Anm. [17 zu 7b]. – W. STEGMÜLLER s. Anm. [11 zu 7a]. – A. D. CARSTAIRS s. Anm. [13 zu 7b]. – R. WIEHL, Einl. in die Philos. A. N. Whiteheads, in: A. N. WHITEHEAD: Adventures of ideas (1933); dtsch. Abenteuer der Ideen (1971) 7-71. – E. BUBSER: A. N. Whitehead: Organismus-Philos. und Spekulation, in: Die Grundprobleme der großen Philsphen. Philos. der Gegenwart 1 (1972) 264-299.

Zusammenfassung. – Die Geschichte des K.-Begriffs besitzt ihre Schwerpunkte in den Traditionslinien von zwei differenten philosophischen Grundkonzeptionen, der logisch-ontologischen Philosophie des Aristoteles und der transzendental-logischen Theorie Kants. Ein dritter, im Vergleich zu den genannten sekundärer Schwerpunkt bildet sich im 19. und 20. Jh. durch die mannigfaltigen Vergleichs- und Vermittlungsversuche beider Traditionslinien heraus, die aufgrund des Einflusses der aufkommenden exakten Naturwissenschaften zugleich zu einer merkwürdigen Neutralisierung des Begriffs und in der Konsequenz zu einem mehr oder weniger inflationären Gebrauch von ‹K.› als einem allgemeinen Bestimmungsprinzip von Seiendem im weitesten Sinne führen. Die unüberschaubare Vielzahl hervortretender Kl., hinter denen sich zugleich die Resignation an systematisch-philosophischer Theorie verbirgt, markiert so nicht nur auf ihre Weise die philosophische Relevanz des Begriffs, sondern zugleich den eigenartigen Verfall philosophischer Theorie überhaupt. Das Zurücktreten der K.-Diskussion in der gegenwärtigen Philosophie erscheint demgegenüber in merkwürdiger Umkehrung als Möglichkeit einer Wiedergewinnung eines philosophisch unverzichtbaren Terminus von eminent systematischer und kritischer Bedeutung.

Ansätze dazu finden sich sowohl in den linguistisch orientierten sprachanalytischen Theoremen wie auch in den durch den Idealismus hindurchgegangenen neuen Konzeptionen, sei es semiotisch, sei es ontologisch transformierter Transzendentalphilosophie. Für diese Ansätze ist die Auffassung der K. als Elementen des Denkens und Sprechens über «Dinge» charakteristisch, deren Funktion nicht einer direkten Hinwendung auf Gegen-

stände, sondern allein einer philosophischen Reflexion auf Sprache und Denken und deren Grundstrukturen zugänglich ist. Ebendeshalb ist der gegenwärtige Stand der Diskussion immer noch durch die Theoreme von Aristoteles und Kant gleichsam wie durch noch nicht vollständig ausgelotete Vorgaben bestimmt.

Literaturhinweise s. unter den Teilen I-V.
H. M. BAUMGARTNER/G. GERHARDT/
K. KONHARDT/G. SCHÖNRICH

Kategorie, syntaktische, semantische. Jeder der beiden Termini ‹syntaktische K.› und ‹semantische K.› wird heute auf mindestens zwei Weisen gebraucht.

Im *ersten* Falle ergibt sich eine syntaktische K. aus einer Klassifizierung von Teilausdrücken einer Sprache nach syntaktischen Gesichtspunkten, d. h. aufgrund von Gemeinsamkeiten bezüglich ihres Vorkommens in syntaktisch wohlgeformten Ausdrücken dieser Sprache. So werden z. B. die beiden deutschen Wörter ‹Primzahl› und ‹Giraffe› üblicherweise derselben syntaktischen K. zugewiesen, da sie in allen deutschen Sätzen unter der Erhaltung der syntaktischen Wohlgeformtheit austauschbar sind. In diesem Sinne wird der Terminus ‹syntaktische K.› von BAR-HILLEL [1] verwendet. – Entsprechend ergibt sich eine semantische K. aus einer Klassifizierung von Teilausdrücken einer Sprache nach semantischen Gesichtspunkten, d. h. aufgrund von Gemeinsamkeiten in ihrer Bedeutung. Eine Möglichkeit, Teilausdrücke einer Sprache nach ihrer Bedeutung zu klassifizieren, besteht nun darin, all diejenigen Teilausdrücke derselben semantischen K. zuzuweisen, die in allen Ausdrücken dieser Sprache unter Erhaltung der Sinnhaftigkeit (oder semantischen Wohlgeformtheit) dieser Ausdrücke miteinander austauschbar sind. In diesem Sinne würden die beiden deutschen Wörter ‹Primzahl› und ‹Giraffe› verschiedenen semantischen K. angehören müssen, da wohl ein Satz wie «die Giraffe hat ein geflecktes Fell», nicht aber ein Satz wie «die Primzahl hat ein geflecktes Fell» ein sinnvoller deutscher Satz ist. Diese Verwendungsweise des Terminus ‹semantische K.› findet sich ebenfalls bei BAR-HILLEL [2], aber auch bereits bei HUSSERL [3], LEŚNIEWSKI [4] und AJDUKIEWICZ [5], wobei jedoch bei den letztgenannten drei Autoren keine klare Grenze zwischen syntaktisch und semantisch wohlgeformten Ausdrücken einer Sprache gezogen wird.

Bei der *zweiten* Verwendungsweise der beiden Termini fallen unter die syntaktischen K. einer Sprache Klassen von Teilausdrücken dieser Sprache, unter ihre semantische K. hingegen Klassen von Entitäten eines ihr zugeordneten Bedeutungsbereiches. In diesem Sinne werden die beiden Termini ‹syntaktische K.› und ‹semantische K.› heute in der modell-theoretischen Semantik, so beispielsweise bei MONTAGUE [6] verwendet.

Dieser Gebrauch hat seinen Ursprung in Untersuchungen der Redeteile (griech.: μέρη λόγου, lat. partes orationis) und der ihnen entsprechenden ontologischen K. oder Bedeutungsarten durch griechische und lateinische Autoren.

PLATON unterscheidet zwei Redeteile, ὄνομα und ῥῆμα, eine nominale und eine verbale Komponente [7]; diese Bezeichnungen finden sich bei den nachfolgenden Autoren wieder, jedoch werden die Definitionen der von ihnen bezeichneten Redeteile nach und nach verfeinert. ARISTOTELES [8] übernimmt ebenfalls die Unterscheidung zwischen onoma und rhema, wobei er ‹onoma› weitgehend im Sinne des heutigen Gebrauchs von ‹Nomen› und ‹rhema› weitgehend im heutigen Sinne von ‹Verb› gebraucht. Er fügt noch zwei weitere Wortarten, die σύνδεσμοι und die ἄρθρα hinzu [9]. Die syndesmoi umfaßten auf jeden Fall Partikel wie ‹schon› (δή) oder ‹aber› (δε), aber auch die Präpositionen. Die Bestimmung der arthra in der überlieferten Poetikstelle ist unklar und umstritten.

Die nachfolgenden Generationen *stoischer* Philosophen erweiterten das aristotelische Wortklassensystem auf folgende Weise: CHRYSIPP [10] unterschied fünf Redeteile: ὄνομα, προσηγορία, ῥῆμα, σύνδεσμος und ἄρθρον. Die Klasse der onomata umfaßte die Eigennamen, die der prosegoriai die Gemeinnamen und die der rhemata die Verben. Unter die arthra fielen die Pronomina und Artikel, unter die syndesmoi die Konjunktionen und Präpositionen. ANTIPATER [11] erkannte auch noch das Adverb (μεσότης) als eigenen Redeteil an.

Die Stoiker gingen auch der Frage nach, welche *Bedeutungs*-K. den einzelnen Redeteilen entsprächen. Bedeutungen von sprachlichen Ausdrücken wurden λεκτά genannt. Auf dieser Ebene wurden verschiedene K. unterschieden, von denen einige den chrysippischen Redeteilen entsprachen [12]. Nach DIOGENES VON BABYLON [13] bezeichnet ein Gemeinname eine allgemeine Eigenschaft (κοινὴν ποιότητα), ein Eigenname eine individuelle Eigenschaft (ἰδίαν ποιότητα) und ein Verb ein nicht-zusammengesetztes Prädikat (ἀσύνθετον κατηγόρημα). Zum ersten Mal findet sich bei den stoischen Sprachtheoretikern auch ein Ansatz zur funktionalen Betrachtungsweise der Bedeutungs-K. [14]: So werden «gerade» (zweistellige, aktive) Prädikate dadurch bestimmt, daß sie mit einem Subjekt in einem obliquen Fall zusammengesetzt (einstellige) Prädikate ergeben: (ὀρθὰ μὲν οὖν ἐστι τὰ [κατηγορήματα] συντασσόμενα μιᾷ τῶν πλαγίων πτώσεων πρὸς κατηγορήματος γένεσιν [15]). Ein (einstelliges) Prädikat wiederum ist ein unvollständiges lekton, das, mit einem Subjekt im Nominativ zusammengesetzt, eine Aussage ergibt (ἔστι δὲ τὸ κατηγόρημα ... λεκτὸν ἐλλιπὲς συντακτὸν ὀρθῇ πτώσει πρὸς ἀξιώματος γένεσιν [16]).

Die stoische Sprachtheorie ist nur in Bruchstücken überliefert und später ziemlich in Vergessenheit geraten. Unser heutiges Wortklassensystem geht auf die τέχνη γραμματικὴ des Schülers des alexandrinischen Grammatikers Aristarch, DIONYSIOS THRAX (etwa 100 v. Chr.) zurück. Dionysios überliefert acht Wortklassen, die er nach den ihnen entsprechenden Bedeutungs-K. und Flektionsmerkmalen bestimmt. Die acht Wortklassen sind: ὄνομα (Nomen), ῥῆμα (Verb), μετοχή (Partizip), ἄρθρον (Artikel), ἀντωνυμία (Pronomen), πρόθεσις (Präposition), ἐπίρρημα (Adverb) und σύνδεσμος (Konjunktion) [17]. Vom Nomen sagt Dionysios, daß «es einen körperlichen oder nicht-körperlichen Gegenstand bedeutet» (σῶμα ἢ πρᾶγμα σημαῖνον), und gibt als Beispiele die Wörter λίθος (Stein) und παιδεία (Erziehung) [18]. Das Verb hingegen drückt nach Dionysios «ein Wirken oder Leiden» (ἐνέργειαν ἢ πάθος) aus [19].

Die nachfolgenden griechischen und lateinischen Grammatiker übernehmen weitgehend die von Dionysios Thrax überlieferten Wortklassen (Redeteile), legen jedoch zunehmend Wert auf die den Wortklassen entsprechenden Bedeutungs-K. PRISCIAN (5. Jh. n. Chr.) wiederholt die Forderung des Apollonios Dyskolos (2. Jh. n. Chr.), daß die Redeteile einzig und allein nach ihrer Bedeutung zu bestimmen seien (Igitur non aliter possunt discerni a se partes orationis, nisi uniuscuiusque proprietates significationum attendamus [20]). In seinen ‹Institutiones grammaticae› folgt er weitgehend seinen griechischen

Vorbildern, insbesondere dem Apollonios Dyskolos, wobei er sich jedoch etwas durchgängiger an aristotelische Lehren hält. Für jede Wortart gibt Priscian die sie konstituierende Eigenschaft, das proprium, und ihre akzidentiellen Eigenschaften, die accidentia, an. Konstituierende Eigenschaft des Nomens ist es, Substanz und Qualität zu bezeichnen (proprium est nominis substantiam et qualitatem significare [21]). Zu den Akzidentien des Nomens rechnet Priscian, wie auch schon seine Vorgänger, beispielsweise die Eigenschaften, Genus und Numerus zu haben.

Die *mittelalterliche* Grammatiklehre entwickelte sich aus der antiken Sprachlehre, wie sie in den spätantiken Kompendien überliefert worden war [22]. Im frühen Mittelalter hielt man sich meist getreulich an die antiken Vorbilder. Dies ändert sich mit der Boethius-Renaissance des 10. Jh. Die Logik tritt mehr und mehr in den Vordergrund. Die Verbindung von Grammatik und aristotelischer Logik war nichts Neues: Die Definitionen der Redeteile bei den Stoikern, Dionysios Thrax und Priscian lassen deutlich den Einfluß der aristotelischen Lehren erkennen. – Vom 12. Jh. an wird der Einfluß der Logik auf die Grammatik besonders deutlich: Die Priscian-Kommentatoren betrachten es als ihre Aufgabe, Priscian vom logischen Gesichtspunkt aus zu vervollständigen, damit die Definitionen der Redeteile klarer und einheitlicher würden. Hier trat PETRUS HELIAS (um 1140) hervor. Er erklärte die überlieferten grammatischen K. mit einer den Ansprüchen der Logik genügenden Terminologie, wobei den einzelnen Wortarten die folgenden Bedeutungsarten entsprechen [23]: *Nomen:* Substanz mit Qualität (substantia cum qualitate); *Verbum:* Wirken oder Leiden (actio vel passio); *Partizip:* das Wirkende oder Leidende (agens vel patiens); *Pronomen:* Substanz ohne Qualität (substantia sine qualitate); *Adverb:* Qualität des Wirkens oder Leidens (qualitas actionis vel passionis); *Präposition:* Verhältnisse der Sachen (circumstantiae rerum); *Konjunktion:* Verbindung oder Trennung der Sachen (coniunctio vel disiunctio rerum). – Die K. des Artikels war weggefallen, da es diese Wortart im Lateinischen nicht gibt.

Vom 13. Jh. an finden Untersuchungen über die den Redeteilen entsprechenden Bedeutungsarten ihren Platz im Rahmen von allgemeinen Bedeutungstheorien und werden dort unter den Überschriften ‹significata generalia› oder bei den Modisten unter der Bezeichnung ‹modi significandi essentiales› abgehandelt. Im späten Mittelalter wird die Autorität des Aristoteles mehr und mehr angezweifelt. Die Grammatik versucht, sich als eigene Wissenschaft durchzusetzen. Die Frage nach dem Verhältnis von logischen und grammatischen K. rückt ins Zentrum des Interesses. Diese Frage wird um so akuter und strittiger, als die Beschreibungen von Sprachen aus Asien und der neuen Welt die Universalität der aus dem Griechischen und Lateinischen gewonnenen K. in Frage stellen und die Forderung nach einzelsprachspezifischen grammatischen K. immer stärker wird. Der Streit zwischen den Verfechtern der logischen (d. h. hier meist noch an der aristotelischen Lehre orientierten) und grammatischen (d. h. einzelsprachspezifischen) K. reicht bis in unsere Zeit hinein: 1855 wirft STEINTHAL in seinem ‹Grammatik, Logik und Psychologie› betitelten Buch dem logischen Grammatiker vor, daß er «gar nicht mehr bei der Sprache» sei und daß er nur von Dingen spricht, die in «näherer oder fernerer Beziehung zu ihr stehen» [24]. Diese Vorwürfe richten sich gegen eine Logik, die sich seit Aristoteles wenig geändert hatte.

Erst die Fortschritte der formalen Logik im 20. Jh. ermöglichen es, Logik und Grammatik wieder zu versöhnen und die Bestimmung der Redeteile und der ihnen entsprechenden Bedeutungsarten erneut in Angriff zu nehmen. Zwei Entwicklungen sind hier bedeutsam: Die *erste* betrifft die Möglichkeit der rekursiven Zuordnung von Satzteilen zu einzelnen syntaktischen K. und eine daraus resultierende rekursive Definition der syntaktischen Wohlgeformtheit von Sätzen. Dieser Ansatz findet sich zum ersten Mal in voll ausgearbeiteter Form bei AJDUKIEWICZ [25] und führte zur Entwicklung von generativen Syntaxen ganz allgemein, so beispielsweise durch CHOMSKY [26]. Die *zweite* Entwicklung betrifft die Präzisierung des Begriffes ‹Bedeutungsart› innerhalb der Mengentheorie und die daraus entstehende Möglichkeit der vollständig parallelen Behandlung von syntaktischen und semantischen K. Dieser Ansatz erwuchs aus der logischen Typentheorie und wurde von MONTAGUE [27] erstmals für die Beschreibung von natürlichen Sprachen fruchtbar gemacht.

Wie sich diese neuesten Entwicklungen in einer modelltheoretisch gedeuteten kategorialen Sprache niederschlagen, soll nun am Beispiel einer einfachen Sprache L gezeigt werden, die in Anlehnung an CRESSWELL [28] formuliert ist:

1. *Definition der K. von L.* – Die Menge *Syn* von K. von L ist die kleinste Menge, die die folgenden Bedingungen erfüllt:
(1) Die Zahlen 0 und 1 sind Elemente von *Syn*.
(2) Falls τ, σ_1, ..., σ_n Elemente von *Syn* sind, so ist $\langle \tau, \sigma_1, ..., \sigma_n \rangle$ ein Element von *Syn*.

2. *Syntax von L.* – Die Syntax von L wird durch zwei Funktionen, F und E, festgelegt:
F ist eine Funktion, deren Argumentbereich *Syn* und deren Wertebereich eine Menge von paarweise disjunkten, endlichen Mengen ist, die fast alle leer sind und deren Elemente Symbole von L sind. Für eine K. $\sigma \in Syn$ ist F_σ die Menge aller Symbole der K. σ von L.

Die Symbole der Sprache L entsprechen deutschen Worten, sie werden aber, um sie von diesen zu unterscheiden, fett gedruckt. Die Symbole von L sind: **Sokrates, läuft, jemand** und **und**.
$F_1 = \{$**Sokrates**$\}$, d. h. F_1 ist die Menge der Namen.
$F_{\langle 0,1 \rangle} = \{$**läuft**$\}$, d. h. $F_{\langle 0,1 \rangle}$ ist die Menge der einstelligen Verben: Sie machen aus Namen Ausdrücke der K. 0, das sind Sätze.
$F_{\langle 0, \langle 0,1 \rangle \rangle} = \{$**jemand**$\}$, d. h. $F_{\langle 0, \langle 0,1 \rangle \rangle}$ ist die Menge der Nominalien: Sie machen Sätze aus einstelligen Verben.
$F_{\langle 0,0,0 \rangle} = \{$**und**$\}$, d. h. $F_{\langle 0,0,0 \rangle}$ ist die Menge der zweistelligen Konjunktionen: Sie machen aus zwei Sätzen wieder einen Satz.
Für alle anderen $\sigma \in Syn$ gilt: $F_\sigma = \emptyset$.
E ist diejenige Abbildung von *Syn*, so daß für alle $\sigma \in Syn$ E_σ, das ist die Menge der wohlgeformten Ausdrücke der Kategorie σ, die kleinste Menge ist, die folgenden Bedingungen genügt:
(1) $F_\sigma \subseteq E_\sigma$.
(2) Für τ, σ_1, ..., $\sigma_n \in Syn$: Wenn $\sigma = \langle \tau, \sigma_1, ..., \sigma_n \rangle$, und $\delta \in E_\sigma$ und $a_1 \in E_{\sigma_1}$, ..., $a_n \in E_{\sigma_n}$,
dann gilt: $\langle \delta, a_1, ..., a_n \rangle \in E_\tau$.
E_0 ist die Menge der Sätze von L.

Aus den Definitionen von F und E geht hervor, daß beispielsweise die Ausdrücke ‹läuft, Sokrates›, ‹jemand, läuft› und ‹und, ‹jemand, läuft›, ‹jemand, läuft›› Sätze von L sind.

Durch eine spezielle Vereinbarung können wir festlegen, daß es in einem Ausdruck der Form $\langle \delta, a_1, ..., a_n \rangle$

auf die Reihenfolge der a_1, ..., a_n, nicht aber auf die Stellung des Funktors δ, ankommt. Wir erreichen hiermit, daß auch Ausdrücke wie ‹**Sokrates, läuft**› und ‹‹**jemand, läuft**›, **und**, ‹**jemand, läuft**›› Sätze von L sind.

3. *Allgemeine Semantik von L.* – Um die Ausdrücke der Sprache L zu deuten, benötigen wir zunächst eine Funktion D, die jeder K. σ aus *Syn*, die Menge der möglichen Bedeutungen, D_σ, zuordnet. (D_σ kann auch «die durch σ festgelegte Bedeutungsart» genannt werden.) – Im einzelnen gilt:
D_0 ist die Menge der beiden Wahrheitswerte W und F.
D_1 ist eine zu D_0 disjunkte Menge, die Menge der Individuen. Für $\sigma \in Syn$ und $\sigma = \langle \tau, \sigma_1, ..., \sigma_n \rangle$ ist D eine Teilmenge aller Funktionen von $D_{\sigma_1} \times$, ..., $\times D_{\sigma_n}$ nach D_τ.

Eine Bewertung V für die Symbole von L ist eine Funktion, so daß für alle $a \in F_\sigma$, $V(a) \in D_\sigma$.
Eine Bewertung V für die Symbole von L induziert eine Deutung V^+ für alle Ausdrücke von L wie folgt:
(1) Wenn $a \in F_\sigma$, dann $V^+(a) = V(a)$.
(2) Wenn $a = \langle \delta, a_1, ..., a_n \rangle$, dann
$V^+(a) = V^+(\delta) (V^+(a_1), ..., V^+(a_n))$.
Ein Satz a von L ist wahr bezüglich einer Bewertung V genau dann, wenn $V^+(a) = W$.

Aus den obenstehenden Bedingungen geht hervor, daß eine Bewertung V dem Symbol **Sokrates** ein Individuum und dem Symbol **läuft** eine Funktion von Individuen in Wahrheitswerte (eine Eigenschaft von Individuen) zugeordnet. Dem Symbol **jemand** weist jede Bewertung V eine Funktion von Eigenschaften von Individuen in Wahrheitswerte (eine Eigenschaft von Eigenschaften von Individuen) zu und dem Symbol **und** eine Funktion von Paaren von Wahrheitswerten in Wahrheitswerte. Sätze erhalten durch jede durch eine Bewertung V induzierte Deutung V^+ einen Wahrheitswert.

So wird durch die obenstehenden Definitionen sichergestellt, daß jede zulässige Deutung der Ausdrücke von L diesen Ausdrücken stets eine Bedeutung der «richtigen» Bedeutungsart zuweist.

Die Sprache L zeichnet sich durch eine völlige Parallelität von syntaktischen und semantischen K. aus, wobei die syntaktischen K. weitgehend an den überlieferten grammatischen K. orientiert sind. Ganz allgemein kann man sagen, daß sich ein Zusammenfallen von syntaktischen und semantischen K. bei Sprachen wie L stets erreichen läßt.

Anmerkungen. [1] Y. BAR-HILLEL: Art. ‹Syntactical and semantical categories›, in: Encyclop. of philos., hg. P. EDWARDS (1967). – [2] ebda. – [3] E. HUSSERL: Log. Untersuch. 2/1 (²1913). – [4] S. LEŚNIEWSKI: Grundzüge eines neuen Systems der Grundl. der Math. Fundamenta math. 14 (Warschau 1929). – [5] K. AJDUKIEWICZ: Die syntaktische Konnexität. Studia Philos. 1 (Lodz 1935). – [6] R. MONTAGUE: English as a formal language. Linguaggi nella società e nella tecnica, hg. B. VISENTINI (Mailand 1970). – [7] PLATON, Krat. 399 b, 425 a. – [8] ARISTOTELES, De interpret. 2, 3. – [9] Poetica 20, 6-9. – [10] Vgl. DIOGENES LAERTIOS VII, 57. 58. – [11] a. a. O. VII, 57. – [12] Vgl. U. EGLI: Die stoische Sprachtheorie (erscheint 1976); Zwei Aufsätze zum Vergl. der stoischen Sprachtheorie mit modernen Theorien. Arbeitspapiere, Inst. Sprachwiss. Univ. Bern (1970). – [13] Vgl. DIOGENES LAERTIOS VII, 58. – [14] Vgl. EGLI, a. a. O. [12]. – [15] DIOGENES LAERTIOS VII, 64. – [16] ebda. – [17] DIONYSIOS THRAX, Ars grammatica. Grammatici Graeci, hg. G. UHLIG 1, 1 (1883) § 11. – [18] a. a. O. § 12. – [19] § 13. – [20] PRISCIAN, Instit. grammat. II, 17. – [21] a. a. O. II, 18. – [22] Vgl. J. PINBORG: Die Entwickl. der Sprachtheorie im MA (1967); Logik und Semantik im MA. Ein Überblick (1972). – [23] Vgl. H. ARENS: Sprachwiss., der Gang ihrer Entwickl. von der Antike bis zur Gegenwart 1 (1974) 43. – [24] H. STEINTHAL: Grammatik, Logik und Psychol. Ihre Prinzipien und ihr Verhältnis zueinander (1855, ND 1968) 111. – [25] AJDUKIEWICZ, a. a. O. [5]. – [26] N. CHOMSKY: Syntactic structures (Den Haag 1967). – [27] MONTAGUE, a. a. O. [6]. – [28] M. J. CRESSWELL: Logics and languages (London 1973). ANGELIKA KRATZER

Kategorienfehler. In seinem Aufsatz ‹Categories› [1], 1938, gibt G. RYLE folgendes Kriterium dafür an, daß zwei Begriffe verschiedenen Kategorien oder logischen Typen angehören: Zwei Begriffe *A* und *B* gehören verschiedenen Kategorien an, wenn es einen Satzrahmen gibt, in dessen Leerstelle nur der sprachliche Ausdruck für *A* oder nur der sprachliche Ausdruck für *B* eingesetzt werden kann, ohne daß ein sinnloser Satz entsteht. (Der Terminus ‹Begriff› wird hier als Bezeichnung für Signifikata von sprachlichen Ausdrücken jeder Art – einfachen und beliebig komplexen – verwandt, die in einem syntaktisch korrekten Satz auftreten können.) In dem Satzrahmen «Alkibiades war einer der berühmtesten ... der Weltgeschichte» kann das Leerstellenzeichen z. B. durch Ausdrücke wie ‹Feldherrn›, ‹Olympiasieger› oder ‹Bayern› ersetzt werden, ohne daß ein sinnloser Satz entsteht – allerdings kann sich ein vollständig falscher Satz ergeben. Bei der Einsetzung von Ausdrücken wie ‹Modaloperatoren›, ‹Quintenzirkel› oder ‹Primzahlzwillinge› entsteht jedoch ein sinnloser Satz. Die durch die ersten drei Ausdrücke repräsentierten Begriffe gehören gemäß dem Kriterium Ryles also einer anderen Kategorie an als die Begriffe, die durch die letzten drei Ausdrücke repräsentiert werden.

Ryles Kriterium hat gewichtige Schwächen: 1. Die aus ihm folgerbare notwendige Bedingung dafür, daß zwei Begriffe derselben Kategorie angehören, ist zu stark. Nicht einmal die beiden zweistelligen Junktoren ‹und› und ‹oder› gehörten derselben Kategorie an, da der Satzrahmen «Willst du nun ... willst du nicht?» nur bei der Einsetzung von ‹oder› zu einem sinnvollen Satz wird. – 2. Da kein Verfahren zur Feststellung lexikalischer Ambiguität bereitgestellt wird, könnten ambige Ausdrücke wie ‹König›, ‹Bauer›, ‹Schloß›, ‹Bank› (bzw. die durch sie repräsentierten Begriffe) nicht derselben Kategorie zugeordnet werden wie nichtambige Ausdrücke (bzw. deren Begriffe), die mit einer Lesart von ihnen synonym sind. Ryles Kriterium gewährleistet also nicht, daß synonyme Begriffe derselben Kategorie angehören. – 3. Ebenso fehlt ein Kriterium dafür, ob die Bedeutung der Ausdrücke, die in einem Satzrahmen vorkommen, bei verschiedenen Einsetzungen konstant bleibt. Das führt zu kontraintuitiven Ergebnissen bei der Anwendung des Kriteriums: Der Satzrahmen «Hans gab ... auf» reicht schon aus, um zu zeigen, daß ‹das Paket› und ‹die Hoffnung› verschiedenen Kategorien angehören. – 4. Da kein Kriterium dafür angegeben wird, ob ein Satz sinnlos ist oder nicht, liefert Ryles Ersetzungstest kein befriedigendes Entscheidungsverfahren dafür, ob zwei Begriffe verschiedenen Kategorien angehören. Insbesondere für die philosophisch interessanten Fälle muß als ungenügend erscheinen, daß die Zuordnung von Begriffen zu Kategorien auf einem ad hoc-Verfahren beruht.
Gemäß Ryles Kriterium sind wohl alle Kategorien nichts anderes als eine Klasse von synonymen Begriffen, die durch nichtambige Ausdrücke repräsentiert werden; und solch ein enger Begriff der Kategorie taugt nicht für philosophisch interessante Generalisierungen. Es wurde vielfach versucht [2], Ryles Kriterium zu verbessern; alle diese Versuche müssen als gescheitert betrachtet werden. Der bislang ambitionierteste und meistversprechende Versuch, eine akzeptable Unterscheidung zwischen sinnvollen und sinnlosen Sätzen zu explizieren, wurde innerhalb der Semantik der generativen Transformationsgrammatik unternommen [3].

Einzig der intuitive Grundgedanke aus ‹Categories› bleibt in Ryles Rede von ‹K.› – hauptsächlich in seinem Werk ‹The Concept of Mind› [4] – übrig: Was für eine Art von Ding etwas ist, zeigt sich daran, was man über es sagen kann, ohne Unsinn zu reden. Die ontologische Bestimmung, zu welcher Kategorie etwas gehört, ist in der Sprachlogik gegeben. Es findet sich keine Explikation oder Definition von K., dieser Begriff wird dort auch nicht innerhalb einer Theorie der Kategorien oder mit Rückgriff auf das Kriterium in ‹Categories› verwandt, sondern nur durch Beispiele eingeführt. In ‹Dilemmas› [5] betont Ryle, daß er den Begriff der Kategorie «amateurhaft», «unexakt» und ohne erklärenden Anspruch bloß als informelles Hilfsmittel verwende, das passende Assoziationen wecken könne.

Einige Beispiele für K.: «Hans traf gestern den *Durchschnittssteuerzahler*» (– «Hans traf gestern den *Bruder seiner Frau*»); «Hans *sah* das Buch gründlich» (– «Hans *las* das Buch gründlich»); «Hans *weiß* irrtümlich, daß heute frei ist» (– «Hans *glaubt* irrtümlich, daß heute frei ist›); «Hans *entdeckte* das Buch erfolglos» (– «Hans *suchte* das Buch erfolglos»).

Die mit den nicht-eingeklammerten Sätzen dieser Liste begangenen Fehler lassen sich in einer materialen (ontologischen) wie auch in einer formalen (sprachlogischen) Redeweise kennzeichnen. Die beiden Feststellungen «Entdecken gehört nicht zu der Art von Dingen, die man erfolglos tun kann» und «Das Verb ‹entdecken› gehört nicht zu der Art von Verben, die durch das Adverb ‹erfolglos› näher bestimmt werden können» sind für Ryle nur sprachliche Varianten derselben Erklärung dafür, warum der letzte Satz der Liste sinnlos ist. Für die ontologische Behauptung spricht nicht mehr als die Richtigkeit der sprachlogischen. Und ob die sprachlogische Behauptung zutrifft, zeigt sich daran, wie das Wort ‹entdecken› im Alltag gebraucht wird. Wer etwas ontologisch Falsches sagt, sagt nichts empirisch Falsches, sondern verstößt gegen die Sprachregeln.
In ‹The Concept of Mind› versucht Ryle nachzuweisen, daß die traditionelle Theorie der Dichotomie von Körper und Geist nichts anderes ist, als ein eklatanter K. bzw. ein Bündel von solchen. Der in dieser Theorie begangene K. zeigt sich daran, daß sie Aussagen impliziert und Fragen aufwirft, die deshalb sinnlos sind, weil in ihnen, sprachwidrig, über den Geist so gesprochen wird, als gehöre er zu der gleichen Art von Dingen wie der Körper, nur daß er sich in wesentlichen Punkten von ihm unterscheide – etwa wie ein Sessel und ein Schrank zwar sehr verschieden, aber dennoch beide Möbelstücke sind. Nach Ryle ist diese Theorie nicht falsch, weil sie über gewisse Dinge empirisch falsche Feststellungen trifft, sondern sinnlos, weil sie über gewisse Dinge etwas sagt, was sich über solche Dinge gar nicht sagen läßt. Der mit der Gegenüberstellung von Körper und Geist begangene K. ist allerdings nicht von so leicht durchschaubarer Art wie die in den Beispielen der Liste begangenen; er zeigt sich vielfach nur mittelbar. Eine Behauptung wie «Der Geist ist nichts, was man sehen könnte» ist nicht sinnlos, sondern wahr. Sinnlos ist sie jedoch in der Lesart, in der sie in der von Ryle angegriffenen Theorie auftritt. Dort wird sie nämlich so verstanden, als folgte aus ihr der Satz «Der Geist ist ein unsichtbares Etwas», und diese Folgerung ist – wie Ryle durch zahlreiche subtile Detailuntersuchungen des Sprechens über Geistiges zu belegen versucht – sinnlos, weil die Dichotomie ‹sichtbar/unsichtbar› überhaupt nicht sinnvoll auf den Geist angewandt werden kann. Im Verlaufe dieser Detailuntersuchungen unterscheidet Ryle, en passant, einige Kategorien, die in der traditionellen Theorie des Geistes durcheinandergebracht werden; der grundlegendste K. der Theorie besteht in der Verwechslung von Dispositionen mit Ereignissen (Dispositionswörtern mit Ereigniswörtern) [6]. Formale und universal anwendbare Kriterien für die Zuordnung eines Begriffs zu einer Kategorie werden nicht angegeben; die von ihm benutzten sprachlichen Tests dienen nur als heuristisches Mittel.

Anmerkungen. [1] G. RYLE: Cat. Proc. Arist. Soc. 38 (1937/38) 189-206. – [2] TH. DRANGE: Type crossings (Den Haag 1966); D. J. HILLMAN: On grammars and category-mistakes. Mind 72 (1963) 223-234; F. SOMMERS: The ordinary language tree. Mind 68 (1959) 160-185; Predicability, in: M. BLACK (Hg.): Philos. in America (Ithaca 1965) 262-281. – [3] Vgl. z. B. J. J. KATZ: Semantic theory (New York 1972) Kap. 3. – [4] G. RYLE: The concept of mind

(Oxford 1949). – [5] Dilemmas (Cambridge 1954) 9. – [6] Vgl. A. KEMMERLING: Gilbert Ryle – Können und Wissen, in: J. SPECK (Hg.): Grundprobleme der großen Philosophen – Philos. der Gegenwart 3 (1975) 126-166; E. VON SAVIGNY: Die Philos. der normalen Sprache (²1974) Kap. 2.

Literaturhinweise. A. D. CARSTAIRS: Ryle, Hillman and Harrison on cat. Mind 80 (1971) 403-408. – J. W. CORNMAN: Cat., grammar, and semantics. Inquiry 13 (1970) 297-307. – R. C. CROSS: Category differences. Proc. Arist. Soc. 59 (1958/59) 255-270. – TH. DRANGE s. Anm. [2]. – B. HARRISON: Category mistakes and rules of language. Mind 74 (1965) 309-325. – D. J. HILLMAN s. Anm. [2]. – A. KEMMERLING s. Anm. [6]. – C. W. K. MUNDLE: A critique of linguistic philos. (Oxford 1970) Kap. 6. – G. RYLE s. Anm [1. 4. 5]. – E. VON SAVIGNY s. Anm. [6]. – J. J. C. SMART: A note on categor. Brit. J. Philos. Sci. 5 (1953/54). – F. SOMMERS s. Anm. [2]. A. KEMMERLING

Kategorientheorie ist eine Form der Modelltheorie [1], bei der Modelle (eines Axiomensystems) als Objekte und ein System von strukturübertragenden Abbildungen (Morphismen) mit deren Verknüpfungen selbst als algebraische Struktur behandelt werden [2]. Sollen alle Modelle eines Axiomensystems in eine solche Struktur einbezogen werden, so ist wegen der Möglichkeit von Antinomien vom Typus: Menge aller Mengen, Vorsicht geboten.

Anmerkungen. [1] Vgl. Art. ‹Modell, Modelltheorie›. – [2] S. EILENBERG und S. MAC LANE: Natural isomorphisms in group theory. Proc. nat. Acad. Sci. USA 28 (1942) 537-543; General theory of natural equivalences. Trans. amer. math. Soc. 58 (1945) 231-294.

Literaturhinweise. S. EILENBERG und S. MAC LANE s. Anm. [2]. – B. MITCHELL: Theory of categories (New York/London 1965). – S. MAC LANE: Kategorien (1972) 30f.: Motivierung des Sprachgebrauchs; 281ff.: Lit. G. HASENJAEGER

Kategorisch/hypothetisch. Diese Termini bezeichnen zunächst eine Unterscheidung für *Urteile* [1]. KANT nennt dann auch bestimmte *Imperative* ‹kategorisch› bzw. ‹hypothetisch›. Wie G. Patzig nachgewiesen hat, besteht zwischen den beiden Verwendungen von ‹kategorisch› keine *formale* Gemeinsamkeit [2]. Kant versteht unter *hypothetischen Urteilen* Behauptungen der Form «wenn *p*, so *q*», bei denen *p* und *q* im Verhältnis von «Grund» und «Folge» stehen [3]. In Kants Logikvorlesung wird dies dann mißverständlich so weiter erläutert, daß ein hypothetisches Urteil (wenn *p*, so *q*) «*q* unter der Bedingung *p* behauptet» [4]. Im Gegensatz dazu stellen sich dann nach Kant die *kategorischen* Urteile als *unbedingte* Behauptungen dar. (Tatsächlich wird selbstverständlich auch im Falle des hypothetischen Urteiles das Bestehen des Grund-Folge-Verhältnisses zwischen *p* und *q* «unbedingt» behauptet.)

Entsprechend der methodisch problematischen Unterscheidung zwischen bedingten (hypothetischen) und unbedingten (kategorischen) Urteilen stellt Kant dann *hypothetische* und *kategorische Imperative* als *bedingte* und *unbedingte Aufforderungen* einander gegenüber [5]. – Andererseits schreibt Kant den hypothetischen Imperativen die Form (∗) «wenn du *z* willst, so handle gemäß *h*» zu. Offenbar ist eine Aufforderung wie «wenn du satt bist, höre auf zu essen» nicht von der Art (∗), wäre also, obwohl der Form nach «bedingt», als kategorischer Imperativ einzustufen. Daher lassen sich die hypothetischen und kategorischen *Imperative* nicht als schlichte formale Entsprechung zu den hypothetischen und kategorischen *Urteilen* begreifen.

Anmerkungen. [1] Vgl. Art. ‹Urteil›. – [2] G. PATZIG: Die logischen Formen praktischer Sätze in Kants Ethik. Kantstudien 56 (1966) 237-252. – [3] KANT, KrV B 98. – [4] Logik, hg. JÄSCHE § 25, Anm. 2. – [5] PATZIG, a. a. O. [2] 240f. Red.

Kategorisch [1] oder **monomorph** [2] heißt ein Axiomensystem (bzw. die dadurch definierte Theorie), wenn alle seine Modelle (s.d.) untereinander isomorph sind. Auch ein syntaktisch vollständiges Axiomensystem (aus dem jede einschlägige Aussage beweisbar oder widerlegbar ist) wird manchmal *kategorisch* genannt. Der Zusammenhang ist locker; denn jede, auch eine vollständige, Theorie erster Stufe mit unendlichem Modell ist nichtkategorisch [3]. Für reichere Sprachen gilt: Wird die Axiomatisierung des typen- oder mengentheoretischen Rahmens mit in Betracht gezogen, so ist – außer in trivialen Grenzfällen – kein Axiomensystem kategorisch. Wird aber der typen- bzw. mengentheoretische Rahmen im Sinne der Standardmodelle [4] vorausgesetzt, so können gegebenenfalls Strukturen bis auf Isomorphie charakterisiert werden (z. B. als kleinste oder größte Modelle eines allgemeineren Axiomensystems). Aus einem kategorischen Axiomensystem folgt (im Sinne der Standardmodelle) jede einschlägige Aussage oder ihr Negat. Es gibt kategorische Axiomensysteme, die auch syntaktisch vollständig sind [5] und solche, die es nicht sein können [6].

Anmerkungen. [1] O. VEBLEN: A system of axioms for geometry. Trans. amer. math. Soc. 5 (1904) 343-384. – [2] R. CARNAP: Ber. über Untersuch. zur allg. Axiomatik. Erkenntnis 1 (1930/31) 303-307. – [3] Vgl. Art. ‹Satz von Löwenheim-Skolem›. – [4] Vgl. Art. ‹Modell, Modelltheorie›. – [5] M. PRESBURGER: Über die Vollständigkeit eines gewissen Systems der Arithmetik ganzer Zahlen, in welchem die Addition als einzige Operation hervortritt. C. R. 1er Congr. Mathématiciens Pays slaves 1929 (Warschau 1930). – [6] K. GÖDEL: Über formal unentscheidbare Sätze der Principia Mathematica und verwandter Systeme. Mh. Math. Phys. 38 (1931) 173-198.

Literaturhinweise. R. CARNAP: Symbol. Logik (Wien ²1960) 175ff. – A. TARSKI: Logic, semantics, metamath. (Oxford 1956) Art. III. V. X. XIII. G. HASENJAEGER

Katharsis heißt «Reinigung» in einem ganz allgemeinen Sinn, wie sie die Griechen in den Bereichen des Kultes, der Medizin, der Musik und der Philosophie kannten [1]. Im Folgenden wird allein diejenige K. betrachtet, die ARISTOTELES als Wirkung der Tragödie bestimmt hat. In der berühmten Tragödiendefinition heißt es am Schluß: δι’ ἐλέου καὶ φόβου περαίνουσα τὴν τῶν τοιούτων παθημάτων κάθαρσιν. (Die Tragödie ... im Durchgang durch Jammer und Schauder schließlich eine Reinigung von derartigen Leidenschaften bewirkend) [2]. Über diese Stelle gibt es unendlich viel Literatur mit stark divergierenden Erklärungen. Doch scheint sich allmählich in den meisten strittigen Punkten eine communis opinio durchzusetzen. ‹K.› bezeichnet demnach keinerlei moralische, sittlich bessernde Wirkung der Tragödie, sondern meint ihre spezifische Lust (οἰκεία ἡδονή [3]), die darin besteht, daß Schauder und Jammer in der Tragödie zunächst erregt, dann aber auch wieder ausgeschieden werden. An der einzigen Stelle, an der Aristoteles das Wort κάθαρσις sonst noch gebraucht, ist der Begriff im Zusammenhang mit verschiedenen Arten der Musik klar von dem Bereich der Erziehung und Charakterbildung geschieden und als Wirkung eben der «kathartischen» Musik der Erholung, Entspannung, Befreiung zugeordnet [4] und dabei mit der medizinischen Purgation in ausdrückliche Analogie gesetzt [5]. Gerade die medizinische Analogie bestätigt die Deutung von παθημάτων als Genitivus separativus («Reinigung *von* den Leidenschaften»), während die sich auch heute noch behauptenden Deutungen als Genitivus objectivus («Reinigung der Leidenschaften von ihrem Übermaß») oder Genitivus subjectivus («von den Leidenschaften ausgehende Reinigung») nicht überzeugen. Das Wort τοιούτων meint die Leidenschaften im Umkreis von ἔλεος und φόβος, nicht diese beiden Affekte allein, aber auch nicht alle Affekte, sondern diese beiden und ähnliche (vgl. Art. ‹Furcht und Mitleid›).

Die Bestimmung der Wirkung der Tragödie als K. ist bei Aristoteles vor allem gegen Platon gerichtet: Während PLATON in der Dichtung, die ἔλεος und φόβος erregt, eine Gefahr für das Gleichgewicht der Seele sah [6], will ARISTOTELES zeigen, daß die Tragödie diese Affekte auch wieder beseitigt und die durch K. bewirkte Freude eine unschädliche ist [7].

Wie sich Aristoteles die Erzeugung von K. durch die Tragödie konkret vorstellt, darüber sagt er nichts, während er sich über die Art und Weise, wie der Dichter ἔλεος und φόβος durch die Mittel der Handlungsführung zu suchen hat, in der ‹Poetik› mehrfach äußert. Offenbar bleibt die K. als Erleichterung von Schrecken und Furcht auf diese bezogen und charakterisiert die tragische Lust, von der in der ‹Poetik› mehrfach die Rede ist.

Die aristotelische Auffassung von der K. hat stark weitergewirkt und ist vielfach mißverstanden worden. Die Hauptstationen sind durch Corneille, Lessing und Goethe markiert, deren Deutungen teils rein, teils abgewandelt bis in unsere Zeit hinein bewußte oder unbewußte Ehrenrettungen erfahren haben. CORNEILLE hat in seinem ‹Discours de la tragédie› von 1660 die K. als ein «modérer, rectifier, déraciner» der Leidenschaften gedeutet [8], was auf eine moralische Abzweckung hinausläuft in dem Sinne, daß die Tragödie als das warnende Beispiel für die eigenen Leidenschaften angesehen wird. Daß Corneille dann bei der Auseinandersetzung mit den einzelnen griechischen Tragödien keine findet, die die Forderung der «purgation des passions» erfüllt, erweist, daß seine Deutung von der eigenen dichterischen Praxis her bestimmt ist. Für LESSING bedeutet K. die Umwandlung des zu starken Mitleidsaffektes (die Furcht wird als «das auf uns bezogene Mitleid» gedeutet) in die milde Form der philanthropen Regung: «Die Verwandlung der Leidenschaften in tugendhafte Fertigkeiten» [9] wird so zur Läuterung. GOETHE schließlich, der entschieden leugnet, daß mit der aristotelischen K. an eine moralische Wirkung gedacht sei, sieht in ihr eine «Versöhnung»: «Er [Aristoteles] versteht unter K. die aussöhnende Abrundung», die in der Tragödie «durch eine Art Menschenopfer» geschieht [10]; Aristoteles habe also «in seiner jederzeit auf den Gegenstand weisenden Art» gar nicht «an die entfernte Wirkung» gedacht, «welche eine Tragödie auf den Zuschauer vielleicht machen würde» [11].

Anmerkungen. [1] Vgl. L. MOULINIER: Le pur et l'impur dans la pensée des Grecs d'Homère à Aristote (Paris 1952). – [2] ARISTOTELES, Poet. 6, 1449 b 24-27. – [3] Poet. 14, 1453 b 11. 12. – [4] Polit. VIII, 5, 1339 b 11ff.; 7, 1341 b 19ff. – [5] Polit. VIII, 7, 1342 a 10f.; über die Tragweite der mem. Analogie vgl. H. FLASHAR, Hermes 84 (1956) 12ff. – [6] PLATON, Resp. III, 1, 387 b ff. – [7] ARISTOTELES, Polit. VIII, 5, 1339 b 25. – [8] P. CORNEILLE, Oeuvres, hg. MARTY-LAVEAUX 1 (Paris 1910) 53. – [9] G. E. LESSING, Hamburgische Dramaturgie 74.-78. Stück; dazu M. KOMMERELL: Lessing und Aristoteles (1940, ³1960) 63ff. – [10] J. W. GOETHE, Nachlese zu Aristoteles' Poetik. Sophien-A. I, 41/2, 247-251 (= E. GRUMACH: Goethe und die Antike 2 (1947) 776-778). – [11] Sophien-A. I, 41/2, 248.

Literaturhinweise. Aus der Fülle der *älteren* Arbeiten zur K. verdient hervorgehoben zu werden J. BERNAYS: Zwei Abh. über die arist. Theorie des Dramas (1880). – *Neuere Untersuchungen:* F. DIRLMEIER: kátharsis pathemáton. Hermes 75 (1940) 81ff. – W. SCHADEWALDT: Furcht und Mitleid? Hermes 83 (1955) 129ff. (= Hellas und Hesperien (1960) 346ff.; dort weitere Lit. –

H. FLASHAR: Die med. Grundl. der Lehre von der Wirkung der Dichtung in der griech. Poetik. Hermes 84 (1956) 12ff. (dort Überblick über die neuere Forsch. zur K.). – C. W. VAN BOEKEL: K. Een filologische reconstructie van de psychologie van Aristoteles omtrent het gevoelsleven (Diss. Nijmwegen 1957); dazu H. FLASHAR, Gnomon 31 (1959) 210ff. – K. GRÜNDER: Jacob Bernays und der Streit um die K. Epirrhosis, Festgabe C. Schmitt (1968) 495ff. – M. FUHRMANN: Einf. in die antike Dichtungstheorie (1973) 94ff.   H. FLASHAR

Kathederphilosophie ist ein Topos in SCHOPENHAUERS Polemik gegen die «Universitätsphilosophie» und den die deutschen Universitäten beherrschenden Idealismus Fichtes, Schellings und Hegels [1]. Synonym mit ‹Universitätsphilosophie›, aber weit seltener als dieser Begriff gebraucht, dient ‹K.› dazu, «die Philosophie als Profession» der «Philosophie als freier Wahrheitsforschung» entgegenzusetzen [2]. Ihre Aufgabe wird, als einer im Solde des Staates stehenden und so seinen Zwecken dienlichen Philosophie disqualifizierend dahingehend bestimmt, «den Studenten diejenige Geisteshaltung zu geben, welche das die Professuren besetzende Ministerium seinen Absichten angemessen hält» [3]. Anstatt sich auf den Vortrag der Logik und einen kurzen Kursus der Geschichte der Philosophie zu beschränken [4], ist es ihr Bestreben, «die Gegenstände der Landesreligion für Ergebnisse der Philosophie auszugeben» [5]. So ist sie nur «eine Paraphrase und Apologie der Landesreligion» [6]. Ihr «oberstes Kriterium philosophischer Wahrheit» ist «der Landeskatechismus» [7].

Anmerkungen. [1] A. SCHOPENHAUER, Sämtl. Werke, hg. A. HÜBSCHER (1937) 2, XXVII; 3, XV. XXVIII. 146; 5, 144. 149-210. – [2] a. a. O. 5, 149. – [3] 3, 180. – [4] 5, 208. – [5] 1, 123. – [6] 5, 151. – [7] 4, 147.   U. NIEDERWEMMER

Kathedersozialismus ist ein von dem Liberalen OPPENHEIM 1871 geprägter Spottname [1] für die im letzten Drittel des 19. Jh. führende Richtung der deutschen Nationalökonomie, die wegen der wachsenden Schärfe der Arbeiterfrage und der Gefahr einer sozialistischen Revolution umfangreiche Reformen und das Eingreifen des Staates in die Wirtschaft forderte. Hauptvertreter waren die Professoren Wagner, Schmoller, Brentano, Schäffle und Herkner. Der K. lehnte die Auffassung des Manchesterliberalismus ab, jede Intervention sei eine Störung des sich selbst regelnden Wirtschaftsprozesses, verteidigte aber im Gegensatz zum Sozialismus Recht und Notwendigkeit privaten Eigentums. Der 1873 gegründete ‹Verein für Sozialpolitik› [2] verbreitete seine Ziele in der Öffentlichkeit und lieferte durch Einzeluntersuchungen Grundlagen für Reformvorschläge. Durch Regelung des Arbeitsvertrages, Versicherungen, staatliche Steuerpolitik, Fürsorge für Erziehung und Bildung der Arbeiter und andere Maßnahmen sollten die Klassengegensätze ausgeglichen und die unteren Klassen harmonisch in den Organismus der Gesellschaft und des Staates eingefügt werden. Das staatliche Eingreifen sollte jeweils im Einzelfall festgelegt werden, doch herrschte über das notwendige Ausmaß keine Einigkeit. Linksliberale (BRENTANO) befürworteten die Selbsthilfe der Arbeiter durch Gewerkschaften nach englischem Vorbild [3]. Eine konservative Gruppe um SCHMOLLER fußte auf einer durch die idealistische Philosophie beeinflußten Auffassung vom Staat als Kulturträger und sittlicher Institution und L. v. Steins Lehre vom sozialen Königtum und forderte eine Zusammenarbeit des Staates mit freien gesellschaftlichen Organisationen [4]. Eine staatssozialistische Richtung

(WAGNER) ging vom «Gesetz der wachsenden Staatstätigkeit» [5] und den gemäßigten sozialistischen Ideen von Rodbertus aus und trat für umfassendere staatliche Lenkung ein [6]. Die meisten Kathedersozialisten waren Anhänger der jüngeren historischen Schule, die unter weitgehendem Verzicht auf wissenschaftliche Theorien durch Materialsammlungen und historische Detailanalysen Kategorien für sozialpolitisches Handeln finden wollte. Das sozialpolitische Engagement des K. gründete in der Überzeugung, die Nationalökonomie müsse auf ethischer Grundlage ruhen, da nur durch die Versittlichung der ökonomischen Beziehungen die bestehenden Mißstände zu beseitigen seien. Im Methodenstreit und später im Werturteilsstreit wurde die Einseitigkeit der Methodik bzw. die unreflektierte ethisch-praktische Orientierung des K. kritisiert, doch gilt das zeitnahe Eintreten des K. für Reformen und die Beeinflussung der staatlichen Sozialgesetzgebung als sein bleibendes Verdienst.

Anmerkungen. [1] H. B. OPPENHEIM: Der K. (²1873). – [2] F. BOESE: Gesch. des Vereins für Sozialpolitik (1939). – [3] L. BRENTANO: Abstrakte und realistische Volkswirte. Z. des preuß. staatl. Bureaus (1871). – [4] G. SCHMOLLER: Über einige Grundfragen der Sozialpolitik und Volkswirtschaftslehre (²1904). – [5] A. WAGNER: Finanzwiss. 1 (³1883) 76. – [6] Grundl. der polit. Ökonomie (³1892).

Literaturhinweis. F. VÖLKERING: Der deutsche K. (1959).

W. MÖHL

Katholisch, Katholizität (von griech. καθολικός, allgemein, allumfassend, in voller Integrität) galt im allgemeinen Sprachgebrauch bis vor kurzem fast ausschließlich als protokollarischer Würdename und, in der Pluralität der christlichen Gemeinschaften, als diakritische Konfessionsbezeichnung der römischen Kirche bzw. als Terminus für einen bestimmten Kirchentypus (zum Wesen der Kirche gehört ihre sichtbare Kontinuität und die apostolisch-historische Sukzession des Bischofsamtes) [1]. Die ökumenische Bewegung führt ebenso wie die in beinahe allen christlichen Kirchen festzustellende Revision des Verhältnisses zur «Welt» heute zu einer Neubesinnung auf den vollen Inhalt des Katholischen. Dieses wird als Wesenseigenschaft der Kirche, die *Katholizität* als Bedingung echter Kirchlichkeit und, damit zusammenhängend, als Schlüsselbegriff in der dialogischen Auseinandersetzung des Christentums mit der Vielfalt der theologischen, philosophischen, soziologischen und kulturellen Wirklichkeit in ihrer ganzen Auffächerung erkannt.

Die Wurzeln dieses Begriffsverständnisses reichen in die griechische Geisteswelt zurück. Im philosophischen Bereich erstmals bei PLATON nachweisbar [2], erscheint καθόλου (die adverbiale Form ist ursprünglich) und καθολικός in reicher Bedeutungsvielfalt, die auf den Grundsinn *umfassend* reduziert werden kann. Gegensatzbegriffe sind ἴδιος und μερικός; die lateinische Entsprechung ist «communis, universalis, secundum totum, perpetualis» [3].

Geistesgeschichtlich relevant werden zwei Bedeutungen: a) katholisch = *sich auf ein Ganzes beziehend, ein Ganzes umfassend.* Seit ARISTOTELES bezeichnet das Wort in Logik und Metaphysik den Allgemeinbegriff, den universalen Satz oder das Objekt einer Wissenschaft, die vom Allgemeinen handelt [4];

b) katholisch = *vollkommen, integral, in Fülle bestehend.* In metaphysischem oder historischem Kontext ist damit eine organische Ganzheit oder ein geistesgeschichtlicher Zusammenhang gemeint [5].

‹Katholisch› in der ersten Bedeutung findet sich gelegentlich in der lateinischen und im Vokabular der neueren Philosophie, etwa bei J. CLAUBERG, der die Metaphysik «aptius Ontologia vel Scientia catholica et philosophia universalis» nennen will [6], oder bei E. MEYERSON, der die Existenz einer «science catholique» leugnet, jedoch von einer «sorte de catholicité des fondements de la raison» spricht [7]. Die zweite Bedeutung wurde in der Theologie maßgebend, seitdem sich die christliche Kirche, erstmals bei IGNATIOS VON ANTIOCHEIA [8], dieses Epitheton zum Ausdruck ihres Selbstverständnisses zulegte. Höchstwahrscheinlich trat das Adjektiv an die Stelle des biblisch-ekklesiologischen Begriffsfeldes von πλήρωμα[9]. Da dieses Wort im gnostischen Sprachschatz eine wichtige Rolle spielte, schied es bald für den orthodoxen Gebrauch aus, blieb aber seinem Inhalt nach auch für das Ersatzwort bestimmend. Demnach bezeichnet ‹katholisch› die Fülle und Vollkommenheit der Kirche und die Universalität ihrer Sendung, die sich aus ihrer Christusbezogenheit ableitet.

Diese Grundbedeutung hält sich bis in die Mitte des 3. Jh. durch, erfährt aber bald Entfaltungen und Weiterentwicklungen. ‹Katholisch› wird zum Synonym für ‹wahr, echt, rechtgläubig› (HIPPOLYT, TERTULLIAN, CYPRIAN, ENKRATIOS VON THENIS). Um die Wende im 3. Jh. taucht es in Symbola auf (erstmals im Papyrus von Dêr-Balyzeh); durch die Rezeption ins Apostolische und Nizänische Glaubensbekenntnis gewinnt es dogmatische Bedeutung für alle Kirchen, die diese Formeln in ihre Bekenntnisschriften aufnehmen [10]. AUGUSTINUS legt seinem Katholizitätsverständnis zwar die Integralität der kirchlichen Heilssendung für die Totalität der Schöpfung zugrunde [11], doch hebt er im antidonatistischen Kampf die geographisch-numerische Universalität der Catholica, welche seit dem 4. Jh. das qualitative Element des Katholizitätsverständnisses illustrieren wollte, von der sektiererischen Partikularität (pars Donati) ab. In der Folge wird das antihäretische Sekundärelement zur Primärbedeutung. VINZENZ VON LÉRINS ergänzt es durch den temporalen Aspekt der Selbstidentität der Kirche durch alle Zeiten. Universitas, antiquitas und consensio sind nun die Bestandteile des Katholischen [12].

Das *Mittelalter* übernimmt das augustinisch-vinzentinische Verständnis und spricht von der Katholizität des Raumes, der Zeit und der Personen. Als in den kirchenpolitischen Auseinandersetzungen des 13. und 15. Jh. JACOBUS VON VITERBO und JUAN DE TORQUEMADA systematisch-ekklesiologische Reflexionen anstellen, wird die Grundbedeutung von ‹katholisch› wieder entdeckt, kommt aber nicht zum Tragen.

LUTHER und die Reformatoren verstehen unter Katholizität der Kirche im vinzentinischen Sinn den Konsens mit der apostolisch-evangelischen Lehre [13]. Die unter apologetischen Vorzeichen angetretene gegenreformatorische Ekklesiologie betrachtet sie vorwiegend als Kennzeichen (nota) der Kirche und stellt dementsprechend die geographisch-numerische und temporale Komponente in den Vordergrund (BELLARMIN, Catechismus Romanus) [14]. Dank vertiefter patristischer Studien und den Ansätzen ökumenischen Denkens beginnt im 19. Jh. die Rückbesinnung auf die Grundbedeutung (MÖHLER, KLEE, GUTBERLET, VILMAR, LÖHE).

Im 20. Jh. nimmt zuerst die römisch-katholische Theologie diese Gedanken auf (A. DE POULPIQUET, 1909). Heute wird zuweilen das Katholische als Denk- und Glaubensprinzip gegenüber reformatorischem Denken in Gegensatz gestellt [15], im allgemeinen versteht man aber nach dem II. Vatikanischen Konzil darunter die als Gabe und Aufgabe ihres Stifters begriffene Universalität der Kirche, die in sich die Fülle der Heilsgüter in der Ausrichtung auf die gesamte Menschheit mit ihren Relationen zur Welt als Ziel des göttlichen Handelns schließt [16]. Insofern damit die Weltoffenheit der Kirche impliziert ist, begründet sich aus ihrer Katholizität unter anderem die Forderung nach ständiger Selbstreform als Voraussetzung ihres konkreten Eingehens in die aktuale Situation (aggiornamento) sowie nach grundsätzlicher Gesprächsbereitschaft gegenüber allen von außen wie von innen an sie ergehenden Anfragen. Daraus wieder ergibt sich die Konsequenz steter Lehrentwicklung im Sinn der Entfaltung der dogmatischen Grundlagen.

In der russisch-orthodoxen Kirche wird unter ‹katholisch› heute teils die kirchliche Synodal- und Kollegialstruktur (sobornost'-Lehre von A. S. CHOMJAKOV), teils die apostolisch-hierarchisch fundierte universale Eucharistiegemeinschaft als genuine Realisation von Kirche (G. W. FLOROVSKIJ) oder die pneumatologisch begründete eschatologische Ein-Vielheit der Kirche (S. BOULGAKOFF) verstanden.

Im reformatorischen Raum wird in der Gegenwart nachdrücklich der Anspruch auf Katholizität geltend gemacht, ohne die einer Kirche ihre Kirchlichkeit fehlte (K. BARTH). Man versteht darunter vornehmlich die lebendige Kontinuität der Kirche mit dem in ihr allezeit verkündeten und in etwa realisierten Evangelium Christi, das allen Menschen zu verkünden ist (E. KINDER, W. ELERT, E. SCHLINK).

Die fundamentale Übereinstimmung der Kirchen im Verständnis der Katholizität fand ihren Ausdruck auf der 4. Vollversammlung des Ökumenischen Rates der Kirchen in Uppsala 1968 [17].

Anmerkungen. [1] Vgl. Die Kirche in Gottes Heilsplan I. Ber. über die Vollversammlung des Ökumen. Rates der Kirchen in Amsterdam 1948 (1948). – [2] PLATON, Menon 77 a. – [3] Vgl. QUINTILIAN, Inst. orat. II, 13, 14. – [4] ARISTOTELES, Anal. pr., 24 a 17f.; Anal. post. 73 b 26; Met. IV, 1023 b 29. – [5] Met. IV, 1023 b 26; POLYBIOS, Hist. I, 4, 2. – [6] J. CLAUBERG: Met. (1646) 1, 1f. – [7] E. MEYERSON: De l'explication dans les sci. (1921) 703. – [8] IGNATIOS V. ANTIOCHEIA, Smyrn. 8, 2. – [9] Kol. 1, 19; 2, 9; Eph. 1, 23 mit Kontext. – [10] DENZINGER/SCHÖNMETZER, Enchiridion Symbolorum Nrn. 2. 3. 4. 5. 12. 15. 19. 21. 23. 27-36. 41-43. 51. 60. 150. – [11] AUGUSTINUS, Sermo 3, 1 De sacr. alt. ad inf. MPL 46, 828. – [12] VINZENZ VON LÉRINS, Commonit. 1, 2. – [13] Z. B. M. LUTHER, Weimarer A. 50, 12; 30/III, 552; PH. MELANCHTHON: Apol. Conf. Aug. VII, 9f.; Conf. Helvetica, hg. NIESEL 249. – [14] R. BELLARMIN, Disp. c. christ. fid. I, 4. 3. 18; Cat. Rom. 1. 10. 11. 16. – [15] H. SCHLIER: Das bleibend Katholische. Cath. 24 (1970) 1-21. – [16] Vgl. Vaticanum II, Const. dogm. «Lumen gentium» 11, 13. – [17] Ber. aus Uppsala 1968. Offiz. Ber. über die 4. Vollversammlung des Ökumen. Rates der Kirchen in Uppsala 4.-20. Juli 1968 (1968) 8-16; vgl. auch 3-8. 16-18.

Literaturhinweise. F. KATTENBUSCH: Das Apostolische Symbol 2 (1900). – F. HEILER, Altkirchl. Autonomie u. päpstl. Zentralismus (1941). – G. FLOROVSKY u. a.: La Sainte Eglise Universelle (Neuchâtel/Paris 1948). – A. GARCIADIEGO: Katholiké Ekklesia (Mexico 1953). – A. RÉTIF: Was ist katholisch? (1956). – E. SCHLINK: Der kommende Christus und die kirchl. Traditionen (1961). – W. BEINERT: Um das dritte Kirchenattribut 1. 2 (1964). – J. RATZINGER: Einf. in das Christentum (1968). – H. DE LUBAC: Glauben aus der Liebe (1970). – R. GROSCURTH (Hg.): Katholizität und Apostolizität (1971). – Y. CONGAR: Die Wesenseigenschaften der Kirche. Mysterium Salutis IV/1 (1972) 357-599.
W. BEINERT

Kausalgesetz. Abgesehen von der zu thematisierenden, tieferliegenden Mehrdeutigkeit hat das Wort vordergründig zwei Hauptbedeutungen erhalten. Es bezeichnet entweder a) im Singular (*das* K.) die Aussage, daß jede Veränderung eine Ursache hat, oder b) im Singular (*das*

und das K.) und im Plural (die K.) empirische Gesetze, insbesondere Naturgesetze, die kausale Zusammenhänge ausdrücken. – Im Sinne a) ist ‹K.› eine sprachliche Vereinfachung der von KANT eingeführten Formulierung «Gesetz (oder Grundsatz) der Kausalität» [1]. Sie wird von der Mitte des 19. Jh. an üblich. In derselben Bedeutung wird häufig auch ‹Kausalitätsprinzip›, ‹Kausalprinzip› u. ä. verwendet. Gelegentlich wird vorgeschlagen, von K. bzw. Kausalprinzip zu reden, je nachdem ob man eine deskriptive Aussage oder eine methodologische Regel im Sinne hat [2]. Im englischen Sprachbereich ist seit J. ST. MILL [3] «law (principle) of causation (causality)» geläufig. – Im Sinne b) wird K. erst zu Beginn des 20. Jh. Bestandteil einer festen Terminologie. KANT spricht gelegentlich im Plural von (empirischen) «Gesetzen der Kausalität» [4]. Andere Autoren helfen sich mit ‹Kausalzusammenhang›, ‹Kausalverhältnis› u. ä. Erst RUSSELL führt ‹K.› (causal law) als Begriffswort (im Unterschied zum Gebrauch als Name für ein bestimmtes Gesetz) systematisch ein [5]. Seitdem erhält es weite Verbreitung in der einschlägigen Literatur auch des deutschen Sprachbereichs (s. u.).

Der mit a) und b) verbundene *sachliche Unterschied* läßt sich in der Philosophiegeschichte bis in die klassische Antike zurückverfolgen. Es ist jedoch lange Zeit hindurch zu keiner ausdrücklichen Reflexion über ihn gekommen. Erst HUME sieht sich wenigstens zu einer klaren Gegenüberstellung gezwungen, da er über die schon von den Okkasionalisten betonte Unmöglichkeit einer Einsicht in die Notwendigkeit eines einzelnen Kausalzusammenhanges hinaus, wie vor ihm schon NICOLAUS VON AUTRECOURT [5a], auch die Evidenz oder Demonstrierbarkeit des allgemeinen K. leugnet. So beginnt seine Analyse mit der ausdrücklichen Unterscheidung der beiden Fragen [6]: a) Aus welchem Grunde erklären wir es für notwendig, daß es zu jedem Ding, dessen Existenz einen Anfang hat, auch eine Ursache gibt? b) Warum schließen wir, daß die und die besonderen Ursachen notwendig die und die besonderen Wirkungen haben? Hier formuliert die daß-Klausel in a) das K., in b) die allgemeine Form einzelner K. Eigentlich reflektiert wird der Unterschied jedoch erst von KANT, für den K. im Sinne a) ein Grundsatz a priori des reinen Verstandes ist, der Erfahrung allererst möglich macht, während ein K. im Sinne b) als ein einzelnes empirisches Gesetz innerhalb der Erfahrung auftritt und somit einen völlig anderen Status hat [7]. Daß K. im Sinne a) mit Hilfe von K. im Sinne b) formulierbar ist, deutet sich ebenfalls schon bei Kant an: Er paraphrasiert K. im Sinne a) als «Grundsatz von dem durchgängigen Zusammenhange aller Begebenheiten der Sinnenwelt nach unwandelbaren Naturgesetzen» [8]. Besonders prägnant und fast paradox formuliert in dieser Hinsicht MILL: «es ist ein Gesetz, daß jedes Ereignis von einem Gesetz bestimmt wird» [9]. Im neuesten Sprachgebrauch wird denn auch ‹K.› im Sinne a) durch ‹Kausalitätsprinzip› (s.d.) verdrängt.

Wortbildung und derzeit vorherrschende Bedeutung von ‹K.› im Sinne b) sind das Ergebnis einer allmählichen Konvergenz philosophischer und physikalischer Sprech- und Denkweise. Die philosophischen Kausaltheorien des 17. Jh. waren trotz des mächtigen Aufstrebens der neuen Physik noch stark theologisch ausgerichtet, und es kam zu einer gewissen Überbeanspruchung kausaler Begrifflichkeit durch die gleichzeitige Verwendung in beiden Bereichen. Erst in der zweiten Hälfte des 18. Jh. beginnt die Tendenz zu überwiegen, Kausalität vornehmlich dort zu suchen, wo *Naturgesetzlichkeit* ist. Allerdings ist dieser Vorgang insofern ambivalent, als er genau so gut als eine *Verdrängung* der Kausalität durch Naturgesetzlichkeit bezeichnet werden kann. Nachdem noch BERKELEY, gewarnt durch die Entwicklung im 17. Jh., zur Bewahrung eines Begriffs eigentlicher Kausalität sich emphatisch gegen dessen Identifikation mit dem Begriff der Naturgesetzlichkeit wehrt [10], beginnt mit HUME eine bis auf weiteres bestimmend bleibende Einengung des Ursachenbegriffs auf Entitäten mit Ereignischarakter. Mitte des 19. Jh. kann COMTE eine «Revolution» konstatieren, die darin besteht, «überall anstelle der unerreichbaren Bestimmung der eigentlichen Ursachen die einfache Erforschung von *Gesetzen*, d. h. der konstanten Beziehungen zu setzen, die zwischen den beobachteten Phänomenen bestehen» [11]. Ende des 19. Jh. setzt dann die zweite Phase des Vorganges ein, in dessen Verlauf häufig mit geradezu anti-kausaler Tendenz auch dem Humeschen Begriff der Ursache als wissenschaftlich unbrauchbar der Abschied erteilt wird. Wenn es im Selbstverständnis der heutigen Physik rückblickend heißt «Der Begriff der Kausalität erhielt zum ersten Mal eine präzise Definition durch die Gesetze der klassischen Mechanik» [12], so kann dies nur als ein lakonisches Fazit des ganzen Vorganges verstanden werden.

Philosophiehistorisch setzt dieser Vorgang als geschlossene Tradition für den Empirismus mit HUME und unmittelbar darauf in aprioristischer Wendung mit KANT ein. Durch beide Denker wird die Behandlung des theoretischen Kausalproblems von der ontologischen auf die erkenntnistheoretische Ebene verlagert, und eine durchgreifende Erkenntniskritik beschränkt den Anwendungsbereich kausaler Begrifflichkeit auf die durch gewöhnliche Beobachtung oder physikalisches Experiment zu sichernde natürliche Erfahrung. Beider Interessen und Ergebnisse sind dabei insofern komplementär, als Humes Analyse auf die Natur der einzelnen Kausalzusammenhänge konzentriert ist und sich sein negatives Ergebnis bezüglich der Gewißheit des allgemeinen Kausalitätsprinzips nur als Nebenprodukt ergibt, während Kant umgekehrt alles auf die apriorische Gewißheit dieses Prinzips ankommt und er sich die Natur des einzelnen Kausalzusammenhanges von daher bestimmt denkt. Aus beider im übrigen noch weitgehend in der Terminologie von Ursache und Wirkung geführten, auf die causa efficiens beschränkten und noch wenig an die Tatsächlichkeiten der Physik anknüpfenden Untersuchungen läßt sich entnehmen, daß für beide ein K. in formaler Hinsicht eine Beziehung ist zwischen Entitäten einer (jeweiligen) Art *A* und Entitäten einer Art *B*. Diese Entitäten sind für sich genommen in Raum und Zeit lokalisierte *Ereignisse*. (Hinsichtlich der Berücksichtigung psychischer Entitäten ist Hume unentschlossen. Seine Terminologie schwankt zwischen ‹object›, ‹thing›, ‹matter of fact› und ‹event› [13]. Für Kant ergibt sich die Beschränkung aus dem Schematismus der reinen Verstandesbegriffe; terminologisch spricht er von «Zustandsänderungen» [13a]). In zeitlicher Hinsicht haben diese Vorkommnisse eine endliche Ausdehnung, und in einer Kausalbeziehung stehende Ereignisse erfolgen nacheinander, die Ursache vor der Wirkung. Kant lehrt insbesondere, daß die Zeitordnung in der Kausalordnung begründet, gleichwohl aber der letzteren einziges empirisches Kriterium sei [14]. In räumlicher Hinsicht vertritt Hume den Standpunkt der Nahewirkung (contiguity), während Kant für gewisse Kräfte (z. B. die Gravitation) Fernwirkung zuläßt [15]. Die hauptsächliche Differenz der Auffassungen betrifft aber erst die traditionelle Vorstellung der *notwendigen Verknüpfung* von Ursache und Wirkung. Hume leugnet den objektiven Charakter derselben, indem er in typisch empiristischer Manier argumentiert, daß wir zunächst dem einzelnen Ereignis als mögliche Ursache nicht ansehen, welche Wirkung es haben wird, und daß wir auch dem einzelnen Paar von Ereignissen auf keine Weise anmerken, ob letztere kausal verknüpft sind. Erst die bei ständiger Wiederholung angestellte Beobachtung, daß *B*-Ereignisse aufgetreten sind, wenn immer *A*-Ereignisse vorhergingen (constant conjunction), belehrt uns darüber, daß letztere mit ersteren mehr zu tun haben als mit Ereignissen irgendeiner dritten Art. Von hierher erklärt sich Hume dann die angebliche Notwendigkeit als bloß subjektiv, auf der Gewohnheit des bislang Erfahrenen beruhend [16]. Demgegenüber argumentiert Kant von einer aprioristischen Theorie *möglicher* Erfahrung, der Begriff der Ursache verlange, «daß etwas A von der Art sei, daß ein anderes B daraus *notwendig und nach einer schlechthin allgemeinen Regel* folge» [17]. Andererseits gibt er zu, daß uns diese objektiv gemeinte Notwendigkeit als solche verborgen bleibt: «Nun sind aber die Gegenstände der empirischen Erkenntnis ... auf mancherlei Art bestimmt ..., so daß specifisch-verschiedene Naturen außer dem, was sie als zur Natur überhaupt gehörig gemein haben, noch auf unendlich mannigfaltige Weise Ursachen sein können; und eine jede dieser Arten muß (nach dem Begriffe einer Ursache überhaupt) ihre Regel haben, die Gesetz ist, mithin Nothwendigkeit bei sich führt: ob wir gleich nach der Beschaffenheit und den Schranken unserer Erkenntnisvermögen diese Nothwendigkeit gar nicht einsehen» [18]. Kant gibt weiterhin zu, daß wir das einzelne K. nur durch Erfahrung kennen lernen [19], und es bleibt mithin als einziger wesentlicher Differenzpunkt zu Hume der Notwendigkeitscharakter der einzelnen Kausalbeziehung und damit die apriorische Herkunft des Begriffs einer solchen.

Mit Humes und Kants in dem entscheidenden Punkte der Beschränkung kausaler Begrifflichkeit auf Vorkommnisse in Raum und Zeit weitgehend übereinstimmenden Konzeptionen ist an der Schwelle des 19. Jh. eine bedeutsame Zwischenstufe in der Annäherung von Kausalität und Naturgesetzlichkeit erreicht, die durch Kants extensiven Gebrauch des Begriffs eines Naturgesetzes und durch beider Auffassung von der Monopolstellung der Kausalbeziehung für Schlüsse auf nicht unmittelbar gegenwärtige Ereignisse noch weiter gefestigt erscheint [20]. Im Laufe des 19. Jh. wird diese Annäherung durch epigonale Verdeutlichungen nur noch verstärkt. Hierhin gehören z. B. eines Kantianers, wie SCHOPENHAUER, und eines Empiristen, wie J. ST. MILL, weitgehend parallel laufende Insistenz auf dem phänomenalen Charakter der Ursachen sowie auf der alleinigen Zulässigkeit der Totalität aller für das Eintreten einer Wirkung relevanten Bedingungen als Ursache der letzteren [21]. Aber auch die tieferliegende, in der eigenen metaphysischen (SCHOPENHAUER) bzw. antimetaphysischen (MILL) Einstellung wurzelnde Abwehr neuerlicher Versuche (MAINE DE BIRAN und TH. REID), eigentliche Ursächlichkeit nur dem menschlichen Willen zuzubilligen, wirken in dieselbe Richtung. SCHOPENHAUER kann in diesem Zusammenhang Sätze sagen wie: «Nicht auf eigentlicher [!] Kausalität, sondern auf der Identität des erkennenden mit dem wollenden Subjekt, beruht der Einfluß, den der Wille auf das Erkennen ausübt ...» [22]. Gegen Ende des 19. Jh. findet man dann bei W. WUNDT zum ersten Mal in philosophiegeschichtlicher Reflexion dargestellt, welch bedeutende Transformation das Kausalverständnis seit Hume erfahren hatte [23].

Um dieselbe Zeit kommt aber auch die Wirkung der Naturwissenschaften durch die Vollendung der *klassischen Physik* voll zur Geltung. Schon mit GALILEI und spätestens mit NEWTON war deutlich geworden, was zum Kernstück der im 17. Jh. entstehenden neuen Physik werden sollte: weder das im kontrollierten Experiment gesicherte Phänomen, noch irgendwelche letzten Ursachen der Erscheinungen, sondern – zwischen diesen Extremen liegend – das mathematisch formulierte und durch die Erfahrung bewährte Naturgesetz, das eine Gesamtheit möglicher, quantitativ bestimmbarer Erscheinungen zu einer Einheit zusammenfaßt. Ausdrücklich abgelehnt wird die aristotelisch-mittelalterliche Tradition der Ursachenforschung etwa mit den Worten NEWTONS: «Uns zu lehren, daß jede Art von Dingen mit einer verborgenen spezifischen Qualität versehen ist, durch welche sie wirkt und sichtbare Effekte hervorbringt, heißt uns nichts zu lehren. Aber zwei oder drei allgemeine Prinzipien der Bewegung von den Phänomenen abzuleiten, und uns dann zu zeigen, wie die Eigenschaften und Wirkungen aller körperlichen Dinge aus diesen Prinzipien folgen, wäre ein sehr großer Schritt in der Wissenschaft, selbst wenn die Ursachen dieser Prinzipien noch nicht entdeckt wären» [24]. Wenn hier von Ursachen mechanischer Prinzipien die Rede ist, so ist damit auf die für die Entwicklung der Physik weiterhin so bedeutsam werdende Reduktion schon bekannter Gesetze auf noch unbekannte, tiefer liegende Gesetze angespielt. Ursache ist also in diesem Zusammenhang gleichbedeutend mit Erklärung, und mit den gesuchten Erklärungen sollen nicht wieder essentialistische Elemente in die Physik eingeführt werden, sondern nur weitere Gesetze von *grundsätzlich* derselben Art, wie die zu erklärenden Gesetze.

Neben der Herausbildung der Grundgesetze der Mechanik (s. u.) war es gerade eine versuchte Reduktion der genannten Art, die das Kausalverständnis der Physiker im 18. und 19. Jh. beeinflußt hat. Durch NEWTONS zweites Grundgesetz war der Begriff der *Kraft* mit einer bis dahin nicht gekannten Verbindlichkeit in die Mechanik eingeführt worden. Ganz im Einklang mit jenem Gesetz, nicht aber mit den Festlegungen Humes und Kants, stellte man sich Kräfte als Ursachen von Beschleunigungen der Körper vor, auf welche die Kräfte einwirken. Eine spezielle Kraft, die Gravitation, machte nun insofern Schwierigkeiten, als einerseits Newton für sie einen Ansatz gemacht hatte, der als sein Gravitationsgesetz ab Mitte des 18. Jh. zum Paradigma eines empirisch erfolgreichen, mathematischen Naturgesetzes wurde, andererseits aber die Gravitation als Fernkraft eingeführt war, die der Erklärung durch materielle Nahewirkung (Druck oder Stoß) eingestellten Denkweise des 17. Jh. widersprach. Die Reduktion des Gravitationsgesetzes auf eine mechanische Nahewirkungstheorie wurde damit zu einem Kausalproblem ersten Ranges. Das Scheitern aller, bis weit in das 19. Jh. unternommenen Reduktionsversuche führte zu zwei Hauptreaktionen [25]. Indem sich allmählich, nicht zuletzt auch unter dem Einfluß der Analysen Humes, die Auffassung durchsetzte, daß Nahewirkung nicht verständlicher ist als Fernwirkung, wurden entweder Fernkräfte auch unerklärt akzeptiert, oder es wurde vorgeschlagen, den Kraftbegriff überhaupt aus der Physik zu eliminieren. Eine dritte Möglichkeit bot sich dann jedoch durch den von FARADAY und MAXWELL eingeführten Feldbegriff der Elektrodynamik an. Da elektromagnetische Felder im wesentlichen Kraftfelder sind und alle Versuche einer mechanischen Erklärung derselben durch Äthertheorien ebenfalls scheiterten, mußten diese Felder als selbständige Realitäten (neben der Materie) aufgefaßt werden. Daher kam die Elimination des Kraftbegriffes nicht mehr in Frage, während sich andererseits die Möglichkeit bot, auch die Gravitation im Rahmen einer Feldtheorie zu behandeln und ihr durch die Idee eines kontinuierlich im Raum ausgebreiteten Feldes Nahewirkungscharakter zu verleihen.

Mit der Elektrodynamik hatte die Physik eine Abstraktionsstufe erreicht, die trotz der Wiedereinbringung der Nahewirkungsidee eine kausale Interpretation ihrer Grundgesetze mit Hilfe von außerhalb der Physik stammenden Kausalvorstellungen noch schwieriger machen mußte, als dies selbst für die Mechanik war. Auch in dieser ist nur für fest gegebene Kräfte deren eindeutige Identifikation als Ursachen möglich. Im mechanischen Mehrkörperproblem und erst recht bei der Wechselwirkung von geladener Materie mit dem elektromagnetischen Feld verhindert die «Rückwirkung» der bewegten Materie auf die bewegenden Kräfte jede eindeutige Verteilung von Ursache und Wirkung auf physikalische Daten innerhalb *einer* Kausalbeziehung. Gegen Ende des 19. Jh. verstärkte sich insgesamt der Eindruck, den MACH mit den Worten wiedergibt: «In den höher entwickelten Naturwissenschaften wird der Gebrauch der Begriffe Ursache und Wirkung immer mehr eingeschränkt ... Es hat dies seinen guten Grund darin, daß diese Begriffe nur sehr vorläufig und unvollständig einen Sachverhalt bezeichnen, daß ihnen die Schärfe mangelt ... Sobald es gelingt, die Elemente der Ereignisse durch meßbare Größen zu charakterisieren ... läßt sich die Abhängigkeit der Elemente voneinander durch den *Funktionsbegriff* viel vollständiger und präziser darstellen, als durch so wenig bestimmte Begriffe, wie Ursache und Wirkung» [26]. Mit ungewöhnlicher Radikalität stellt RUSSELL fest, «daß das Wort ‹ Ursache › so unentwirrbar verwickelt ist mit irreführenden Assoziationen, daß seine vollständige Austreibung aus dem philosophischen Vokabular wünschenswert erscheint ... Alle Philosophen ... stellen sich vor, daß Kausalität (causation) eines der fundamentalen Axiome ... der Naturwissenschaft sei. Jedoch kommt ... das Wort ‹ Ursache › in den höheren Naturwissenschaften wie etwa der die Gravitationstheorie anwendenden Astronomie niemals vor ... In den Bewegungen gravitierender Körper findet sich nichts, das eine Ursache genannt werden kann» [27].

Diese Äußerungen kündigen das Eingreifen der *analytischen Philosophie* an, deren empiristischer Zweig, nunmehr ganz von den Gegebenheiten der Physik ausgehend, schlicht feststellt, daß deren Gesetze im allgemeinen noch nicht einmal die formale Struktur der traditionellen Kausalrelation haben – nicht einmal die von Kant der Physik zugedachten. In der Frage, was im Rahmen der neuen funktionalen Denkweise wenigstens einige Gesetze der Physik noch als kausale Gesetze auszeichnet, übernimmt nun die Mechanik eine führende Rolle. Nach Grundlegung dieser Disziplin durch Newton war ein nächster entscheidender Schritt die Erkenntnis EULERS, daß das zweite Newtonsche Gesetz zur alleinigen Grundlage der Mechanik gemacht werden konnte, wenn man ihm die allgemeine Form eines Systems von Differentialgleichungen für die Bewegungen einer beliebigen Anzahl von Körpern gab [28]. Hierdurch wurden die ersten über KEPLERS Theorie hinausgehenden Erfolge der Newtonschen Mechanik in Anwendung auf das Planetensystem ermöglicht. Zugleich mit diesen empirischen Erfolgen wurde in theoretischer Hinsicht deutlich, daß Newtons zweites Gesetz in der Eulerschen Fassung für jeden speziellen Kraftansatz zu einem System von Bewegungsgleichungen mit *deterministischem* Charakter wird: Für ein System von Körpern bestimmen die Massen, sowie die zu einer Zeit t_o gegebenen Orte und Geschwindigkeiten eindeutig den Wert jeder mechanischen Größe des Systems zu einer beliebigen anderen Zeit t. LAPLACE hat diesen Umstand sofort mit dem Kausalitätsprinzip in Verbindung gebracht: «Gegenwärtige Ereignisse sind mit den vorhergehenden aufgrund des evidenten Prinzips verbunden, daß eine Sache nicht zu existieren anfangen kann, ohne eine Ursache zu haben, die sie hervorbringt ... Wir müssen also den gegenwärtigen Zustand des Universums als Wirkung des vorhergegangenen Zustandes ansehen und als Ursache des auf ihn folgenden. Eine Intelligenz, die für einen gegebenen Augenblick alle Kräfte in der Natur und die jeweilige Situation all ihrer Elemente kennen würde, ... würde in einer einzigen Formel die Bewegungen der größten Körper des Universums und seiner leichtesten Atome überblicken ...» [29]. Dieser fiktive, aber durch die astronomischen Erfolge der Mechanik gestützte und auch durch die Einwände E. DU BOIS-REYMONDS [30] eher popularisierte als verdrängte epistemische Determinismus, oder auch der ihm zugrunde liegende logische Determinismus, wird mit Beginn des 20. Jh. zur Idealvorstellung von Kausalität. Es heißt nun: «Kausale Beziehung bedeutet Voraussagbarkeit» oder: «Determination und Verursachung sind identische Begriffe» [31]. K.e – hier wird nun RUSSELLS Terminus allenthalben aufgegriffen – sind Bedingungen an Beschreibungen zeitlicher Abläufe in einem abgeschlossenen physikalischen System mit der Eigenschaft, daß schon auf einen einzigen Zeitpunkt bezogene Anfangsbedingungen und gegebenenfalls auch räumliche Randbedingungen zusammen mit dem Gesetz das ganze Geschehen eindeutig bestimmen und daß weder die Zeit noch der Raum selbst als «Ursachen» des Geschehens auftreten [32]. Unter diesen neuen Begriff lassen sich neben den Bewegungsgleichungen der älteren Mechanik auch die Grundgleichungen der Mechanik der Kontinua und der Elektrodynamik subsumieren. Aber aus den Hume-Kantschen Ereignissen sind momentane (!) Zustände geworden, es ist keine Zeitordnung mehr ausgezeichnet, und die Determination bezieht sich gleichermaßen auf Zukunft und Vergangenheit. Auch Kants Notwendigkeit muß mutatis mutandis in neuem Licht gesehen werden [33].

Die Überführung des älteren Kausalverständnisses, mindestens aber der zugehörigen Terminologie, in die von der klassischen Physik geprägte Auffassung vom Begriff des Naturgesetzes ist nicht unwidersprochen geblieben, und es ist bis zum Vorwurf völliger Begriffsverwirrung gekommen [34]. In ausdrücklicher Auseinandersetzung mit der Monopolisierung des Bereichs kausaler Phänomene durch die klassische Physik ist zugunsten erneuter Systematisierung eines ursprünglicher ansetzenden Kausalverständnisses insbesondere für die Verwendung des Begriffs der Ursache in singulären Kausalurteilen argumentiert worden, sei es, daß in diesen Urteilen gerade die Abweichung von einem Regelverhalten begründet werden soll [35], sei es, daß im Zusammenhang historischer Phänomene die prinzipielle Unwiederholbarkeit hinzunehmen ist [36] oder daß es um den Eingriff durch menschliches Handeln, die Herbeiführung oder Verhinderung von Ereignissen (auch im naturwissenschaftlichen Experiment) geht [37].

Aber auch die Entwicklung jüngerer Zweige der Physik zwingt zu einer Neubesinnung. Die Entwicklung der *Quantentheorie* hat den heutigen Begriff eines K. insofern mitgeprägt, als sie für Mikroobjekte eine wesentlich probabilistische Zustandsbeschreibung vorsieht und in *diesem* Sinne eine indeterministische Theorie ist. Da sie im übrigen ähnlich deterministische Verlaufsgesetze hat wie die klassische Physik, mußte verlangt werden, daß die Zustandsbeschreibungen in einem K. wahrscheinlichkeitsfrei sind. Die Quantentheorie hat aber auch Untersuchungen provoziert, welche einen epistemischen Determinismus schon im Anwendungsbereich der klassischen Physik in der Regel als illusorisch erscheinen lassen. Die Gründe hierfür sind eine zu hohe Komplexität der Bewegungs- und Feldgleichungen, die Instabilität ihrer Lösungen im Zusammenwirken mit der begrenzten Meßgenauigkeit und eine begrenzte Schnelligkeit in der Informationsgewinnung und -verarbeitung [38]. Andererseits haben K. hinsichtlich ihres logischen Determinismus ein neues Interesse gefunden, seit man versucht, die Quantentheorie durch kausale Theorien verborgener Parameter zu erklären [39].

Der orthodoxe Begriff des K. ist mit der *speziellen Relativitätstheorie* so lange verträglich, als man strikt auf die Abgeschlossenheit des jeweiligen physikalischen Systems achtet. Eben dieselbe Theorie hat aber gelehrt, daß die Einbeziehung offener Systeme obligatorisch ist für die Realisierung derjenigen Verhältnisse, unter denen die Anwendung eines K. allein physikalisch sinnvoll ist. Die Gefahr, solche «metaphysikalischen» Überlegungen außer acht zu lassen, ist für die raum-zeitlichen Beziehungen besonders groß. Die Überlegung EINSTEINS, daß der Begriff der Gleichzeitigkeit zweier an verschiedenen Orten stattfindender Ereignisse eigens physikalisch eingeführt werden muß, war daher von weitreichender Bedeutung. Zusammen mit dem Prinzip der Konstanz der Lichtgeschwindigkeit führte seine Definition dieses Begriffs zu einer völlig neuen Struktur der Raum-Zeit-Mannigfaltigkeit. Indem sich die Lichtgeschwindigkeit zugleich als eine obere Grenze der Geschwindigkeit von Wirkungsausbreitungen erweist, änderte sich auch die Kausalstruktur der Raum-Zeit in dem Sinne, daß nicht nur gleichzeitige Ereignisse mit räumlicher Distanz nicht kausal verknüpft sein können, sondern mit jedem Ereignis die Ereignisse eines ganzen, 4dimensionalen Raum-Zeit-Gebiets. An Feststellungen dieser Art, die man heute in jedem Lehrbuch der Relativitätstheorie finden kann, ist vor allem bemerkenswert, daß sie eine Rückkehr zu Kausalvorstellungen bedeuten, die durch die vorangegangene Entwicklung gerade überwunden zu sein schienen. Signale, wie sie zur physikalischen Raum-Zeit-Koordinierung benützt werden müssen, sind wesentlich offene Systeme, die mit Abgang und Empfang irreversible Prozesse einschließen, ohne die eine Informationsübertragung nicht möglich wäre. Die Vernachlässigung des Unterschiedes zwischen Kausalität in offenen und in abgeschlossenen Systemen hat zu Fehlbeurteilungen des Begriffs der Fernwirkung und der Möglichkeit einer relativistischen Vielteilchenmechanik geführt [40].

Auch von seiten der *Thermodynamik* irreversibler Prozesse werden diese Umstände in letzter Zeit einer Klärung zugeführt. An der zweiten Phase der Entwicklung des Begriffs ‹K.› mußte auffallen, daß sie an mindestens zweierlei vorbeigeht: an dem für Kant so zentralen Problemkreis der Kausalordnung, der Zeitordnung und des Verhältnisses der beiden zueinander, und ferner an dem Umstand, daß auch die außerordentlich komplizierten

Vorgänge der alltäglichen Erfahrung, die das Kausalverständnis der älteren Philosophie so wesentlich bestimmt hatten, *physikalische* Vorgänge sind, die genau so gut der Frage nach einer Erklärung durch Gesetze unterliegen wie die elementaren Prozesse, welche die Physik zugunsten der Aufstellung möglichst universaler Gesetze in erster Linie ins Auge faßte. An den Vorgängen, bei denen wir Ursache und Wirkung unterscheiden, fällt auf, daß sie irreversibel sind, daß das System, an dem die Wirkung dokumentiert wird, in der Vergangenheit nicht abgeschlossen war und die Ursache in die Zeit vor Beendigung der Abgeschlossenheit verlegt wird. Die zeitumkehrinvarianten und auf abgeschlossene Systeme beschränkten Grundgesetze der Physik können daher für diese Verhältnisse nicht aufkommen. Eine detaillierte Explikation derselben hat REICHENBACH gegeben [41]. Sie beruht auf seiner später von GRÜNBAUM [42] verbesserten Theorie der Zweigsysteme, mit der auf statistisch-entropischer Basis eine letztlich kontingente Verfassung unserer Welt für die Zeit- und Kausalordnung in derselben verantwortlich gemacht wird.

Anmerkungen. [1] I. KANT, Kr V passim. - [2] W. WUNDT: Die physikalischen Axiome und ihre Beziehung zum Causalprinzip (1866) 88ff. - [3] J. ST. MILL: A system of logic (London 1841) II, 5. - [4] KANT, KrV. Akad.-A. (= AA) 3, 194. 316. 366ff. - [5] B. RUSSELL: Our knowledge of the external world (London 1914) Lect. 8. - [5a] Vgl. Fr. Ueberwegs Grundriss der Gesch. der Philos. 2 (¹¹1928) 592f. - [6] D. HUME: A treatise of human nature (London 1739) I, 3, 2. - [7] KANT, KrV. AA 4, 92f.; 3, 178. 193f. 499f.; KU. AA 5, 182ff. 359ff. - [8] KrV. AA 3, 365. - [9] MILL, a. a. O. [3] III, 5, 1. - [10] G. BERKELEY: The principles of human knowledge (Dublin 1710) §§ 30-32. 60-66. 101-107; De motu (London 1721) §§ 35-42. 67-72. - [11] A. COMTE: Discours sur l'esprit positif (Paris 1844) § 12. - [12] V. F. LENZEN: Causality in natural sci. (Springfield, Ill. 1954) 40. - [13] HUME, a. a. O. [6] I, 3, 2; I, 4, 5. - [13a] KANT, KrV. AA 3, 133ff. 166ff. - [14] HUME, a. a. O. [6] I, 3, 2; KANT, KrV. AA 3, 166ff. - [15] HUME, ebda.; KANT, Met. Anfangsgründe der Naturwiss. AA 4, 511ff. - [16] HUME, a. a. O. [6] I, 3 passim. - [17] KANT, KrV. AA 3, 103. - [18] KU. AA 5, 183. - [19] KrV. AA 3, 499f. - [20] HUME, a. a. O. [6] I, 3. 2; KANT, a. a. O. 3, 194. - [21] A. SCHOPENHAUER: Über die vierfache Wurzel des Satzes vom zureichenden Grunde (²1847) § 20; MILL, a. a. O. [3] III, 5, 2. 3. - [22] SCHOPENHAUER, a. a. O. [3] § 44; MILL, a. a. O. [3] 3, 5, 11. - [23] W. WUNDT: Logik 1 (1880, ³1906) IV, 2, 1. - [24] NEWTON: Opticks (London ⁴1730) III, qu. 31. - [25] Über Einzelheiten des komplizierten Vorgangs vgl. M. JAMMER: Concepts of force (Cambridge, Mass. 1957) Kap. 9-12 und Art. ‹Kraft I›; M. B. HESSE: Forces and fields (London 1961) Kap. 5-8. - [26] E. MACH: Erkenntnis und Irrtum (1905) 278. - [27] B. RUSSELL: On the notion of cause. Proc. Arist. Soc. 13 (1912-13) 1. 14. - [28] C. TRUESDELL: Essays in the hist. of mechanics (1968) Kap. 2. - [29] P. S. LAPLACE: Essai philos. sur les probabilités (Paris 1814) 2. - [30] E. DU BOIS-REYMOND: Über die Grenzen des Naturerkennens (1872). - [31] R. CARNAP: Philos. foundations of physics (New York u. a. 1966) 192; G. P. ADAMS u. a.: Knowledge and society (New York 1938) 159. - [32] M. SCHLICK: Causality in everyday life and in recent sci. Univ. California Publ. in Philos. 15 (1932); H. FEIGL: Notes on causality, in: Readings in the philos. of sci., hg. H. FEIGL/M. BRODBECK (New York 1953) 408-418; A. PAP: Analyt. Erkenntnistheorie (Wien 1955) Kap. 4; E. NAGEL: The structure of sci. (New York 1961) Kap. 4, V, 10. I und II; W. STEGMÜLLER: Wiss. Erklärung und Begründung (1969) Kap. 7. - [33] Vgl. z. B. K. POPPER: Logik der Forschung (²1966) Anhg. *X sowie neuere Lit. zum Begriff der Gesetzesartigkeit. - [34] P. H. VAN LAER: Philosophico-scientific problems (Pittsburgh 1953) 115ff. - [35] Zusammenstellung in E. SCHEIBE: Ursache und Erklärung, in: Erkenntnisprobleme der Naturwiss., hg. L. KRÜGER (1970) 253-275. - [36] W. DRAY: Laws and explanation in hist. (Oxford 1957) Kap. 4. - [37] N. R. CAMPBELL: Physics. The elements (Cambridge 1920); R. G. COLLINGWOOD: An essay on met. (Oxford 1940) Teil IIIC. - [38] PH. FRANK: Philos. of sci. (Englewood Cliffs, N. J. 1957) Kap. 11; M. BORN: Vorhersagbarkeit in der klass. Mechanik. Z. Phys. 153 (1958) 372-388; K. POPPER: Indeterminism in quantum physics and in class. physics. Brit. J. Philos. Sci. 1 (1950/51) 117-133. 173-195. - [39] F. J. BELINFANTE: A survey of hidden-variables theories (Oxford 1973). - [40] P. HAVAS: Relativity and causality. Proc. int. Congr. Logic, Methodol. a. Philos. Sci. 1964, hg. Y. BAR-HILLEL (Amsterdam 1965) 347-362; Causality requirements and the theory of relativity. Synthese 18 (1968) 75-102. - [41] H. REICHENBACH: The direction of time (Berkeley, Cal. 1956). - [42] A. GRÜNBAUM: Philosophical problems of space and time (Dordrecht ²1973) Teil II.

Literaturhinweise. - Zur historischen Orientierung: F. ENRIQUES: Causalité et déterminisme dans la philos. et l'hist. des sci. (Paris 1941). - W. A. WALLACE: Causality and scientific explanation 1. 2 (Ann Arbor 1972/1974). - *Zum Problem:* PH. FRANK: Das K. und seine Grenzen (1932). - M. BORN: Natural philos. of cause and chance (Oxford 1949). - D. BOHM: Causality and chance in modern physics (London 1957). - M. BUNGE: Causality. The place of the causal principle in modern sci. (New York 1959). - E. SCHEIBE s. Anm. [35]. - J. L. MACKIE: The cement of the universe. A study of causation (Oxford 1974).   E. SCHEIBE

Kausalität

I. *Mittelalter und Schulphilosophie der Neuzeit.* - Der vieldeutige Terminus ‹causalitas› bezeichnet im *Mittelalter* a) das Ursache-Sein, b) die Tätigkeit der Ursache, c) das Abstraktum von ‹Ursache›, d) die Beschaffenheit, die die Ursache zur Ursache macht, e) die Ursache-Wirkung-Relation; als deutscher Ausdruck gilt in allen Fällen ‹Ursächlichkeit›.

Das Wort ‹causalitas› (sinnverwandt sind ‹causatio› und ‹ratio causandi›) erscheint zuerst in lateinischen Übersetzungen aus dem Arabischen, z. B. des AVERROES: «Anima igitur precedit omnia elementa causalitate et nobilitate» (Die Seele geht also allen Elementen an K. und Edelkeit voran) [1]. ‹Causalitas› gibt ein dort entwickeltes Abstraktum wieder, das in der griechischen und lateinischen Tradition noch keine Entsprechung besaß. Das Wort wird zunächst ohne feste Konvention verwendet, z. B. THOMAS VON AQUIN: «causalitas alicuius causae» (die K. irgendeiner Ursache) [2], «ad universalem causalitatem» (zur allgemeinen K.) [3]; JOHANNES NEAPOLITANUS: «causalitas Dei» (die K. Gottes) [4]; WILHELM VON OCKHAM: «causalitas in uno respectu alterius» (K. in dem einen hinsichtlich des anderen) [5]; «videntur attribuere ipsi operationi causalitatem respectu delectationis» (sie scheinen der Handlung selbst K. in Hinsicht auf die Erfreuung zuzuschreiben) [6]; GABRIEL BIEL: «occasionaliter habere causalitatem» (occasionell K. haben) [7].

Das *16. Jh.* bringt nähere Bestimmungen, z. B. PEDRO DE FONSECA: die «ratio causandi, quam recentiores causalitatem appellant» (der Grund des Verursachens, den die Neueren K. nennen) [8], ist keine Tätigkeit, keine Relation der Ursachen, kein accidens absolutum, sondern: «rationes causandi esse res ipsas quae denominantur causae, non absolute tamen, sed quatenus actu concurrunt ad sua effecta» (die Gründe des Verursachens seien die Dinge selbst, die man Ursachen benennt, jedoch nicht schlechthin, sondern sofern sie aktuell bei ihren Wirkungen mitwirken) [9]. Anders F. SUÁREZ: die causatio oder causalitas, die die causa im causa-Sein konstituiert: «nihil aliud est quam influxus ille, seu concursus, quo unaquaeque causa in suo genere actu influit esse in effectum» (ist nichts anderes als jener Einfluß oder jene Mitwirkung, durch die jegliche Ursache in ihrer Gattung aktuell in die Wirkung Sein fließen läßt); sie bildet ein Mittelding «inter entitatem et relationem causae» (zwischen Entität und Relation der Ursache) [10], das bei den einzelnen Ursacharten näher bestimmt wird [11].

In der Tradition der schulphilosophischen Definitionen steht deutlich noch die von CHR. WOLFF: «Ratio illa in causa contenta, cur causatum vel simpliciter existat, vel tale existat, est illud ipsum, quod causalitatem appellarunt Scholastici» (jener in der Ursache enthaltene Grund, dessentwegen das Verursachte entweder schlechthin existiert oder als ein solches existiert, ist eben jenes, was die Scholastiker K. nannten) [12]. Aus diesem Bereich, nicht etwa von den Empiristen, die ‹causation› setzen, rezipiert KANT den Terminus für seine Kategorie der K.

Anmerkungen. [1] AVERROES, In I de Anima comm. 82, hg. CRAWFORD (Cambridge, Mass. 1953). – [2] THOMAS, S. contra gent. III, 9. – [3] S. theol. I, q. 13, a. 8 ad 2. – [4] JOH. NEAPOLITANUS, Quaestiones variae, hg. GRAVINA (Neapel 1618) q. 27, p. 3 ad 1. – [5] W. v. OCKHAM, In I Sent. d. 1, q. 3 P. – [6] a. a. O. Q. – [7] G. BIEL, In II Sent. d. 15 Q. – [8] P. DE FONSECA, In V Met. c. 2, q. 1, s. 2. – [9] a. a. O. q. 13, s. 3. – [10] F. SUÁREZ: Disp. 12 Met. s. 2, n. 3. – [11] Für die causa materialis: Disp. 13 Met., s. 9; für die c. formalis: disp. 15, s. 6 und disp. 16, s. 1; für die c. efficiens: disp. 18, s. 10; für die c. finalis: disp. 23, s. 4. – [12] CHR. WOLFF: Philos. prima sive Ontol. (²1734) § 884.

R. SPECHT

II. Während des 19. Jh. und bis in das 20. Jh. hinein findet sich das Thema K. in systematischer Hinsicht überwiegend im Rahmen der *Logik* abgehandelt [1]. Bei dieser Einordnung machen sich unterschiedliche und teilweise ineinander fließende Einflüsse von Hume, Kant und Hegel geltend. Auf HUME, der die K. so eng mit dem Induktionsproblem verband [2], geht die Einbringung der K. in eine induktive Logik zurück, die seit J. ST. MILL häufig mit der deduktiven Logik zusammengefaßt wird [3]. Für KANT war die ‹K.› eine Kategorie, die er im Rahmen seiner Ableitung aller Kategorien aus der Urteilstafel mit dem hypothetischen Urteil verband [4]. Unklarheiten über die Natur dieser Urteile behafteten in der Folge die K. mit einem logischen Element. HEGEL konnte durch seine Aufhebung des Unterschieds von Form und Inhalt die K. ohne weiteres in seine ‹Logik› aufnehmen [5]. Erst nach Restaurierung und Weiterentwicklung der Logik als einer reinen Formalwissenschaft durch FREGE und RUSSELL verschwindet die K. aus diesem Zusammenhang und wird neuerdings, abgesehen von ihrem Auftreten in umfassenderen, in sich geschlossenen philosophischen Konzeptionen, hauptsächlich in der allgemeinen *Wissenschaftstheorie* abgehandelt [6]. Auch eingehende, der Rolle der K. in besonderen Wissensbereichen gewidmete Untersuchungen sind in letzter Zeit vorgelegt worden [7].

In der neueren einschlägigen Literatur ist die *Bedeutung* des Wortes ‹K.› kaum noch fixierbar, weder insgesamt, noch im Einzelfall. Der überaus lose Gebrauch reicht bis zur syntaktischen Unbestimmtheit. Häufig ist nicht viel mehr als ein thematischer Hinweis (z. B. in Überschriften) beabsichtigt. Eine dementsprechend schwierige Klassifikation der Auffassungen kann heute vielleicht noch drei Bedeutungsfelder unterscheiden.

Aus der von Hume und Kant noch als Ursächlichkeit aufgenommenen bzw. verstandenen Ereignis-K. für Naturvorgänge ist unter Preisgabe der zugrunde liegenden Begriffe von Ursache und Wirkung *Gesetzesartigkeit* unter (eventueller) Einschränkung auf dynamische Gesetze der klassischen Physik geworden [8]. Wesentliche Elemente, die an ältere Vorstellungen zumindest erinnern, sind hierin noch die Zustandsdetermination und die darauf fußende Vorhersagbarkeit. Durch die spezifische Gestalt physikalischer Gesetze, wie z. B. der Newtonschen Gravitationsgleichungen, wird aber die K. als das, was eine Aussage zu einem Kausalgesetz macht, zu einer wesentlich komplizierteren Beziehung als das alte K.-Verhältnis zwischen Ursache und Wirkung. Daher kann die auch heute noch oft im Zusammenhang mit der neueren Physik zitierte, auf Hume zurückgehende *Regularitäts-*

theorie der K., derzufolge die bei wiederholtem Auftreten konstante Verbindung zweier Ereignisse (als Ursache und Wirkung) nicht nur das Kriterium der K., sondern diese selbst ist, nur als historisches Beiwerk angesehen werden [9].

Neben der empiristischen, vornehmlich an der Physik orientierten und durch deren Entwicklung modifizierten Auffassung hat sich auch eine rationalistische Theorie der K. gehalten, die seit Hegel durch den Idealismus tradiert wird: K. ist entweder ein (einseitiger oder beiderseitiger) *logischer Zusammenhang* zwischen Ursache und Wirkung oder mindestens ein Zusammenhang, der *verstehen* läßt, wie die Wirkung aus der Ursache erfolgt. Der traditionelle Notwendigkeits- und Verhältnischarakter der K. ist hier also gewahrt. HEGEL selbst erreicht diesen Standpunkt durch Wiederbelebung des rationalistischen Grundsatzes der Identität von Ursache und Wirkung, den er – wie schon LEIBNIZ – auch im Anwendungsbereich der Physik in Gestalt der Erhaltungssätze der Mechanik gesichert findet [10]. In der jüngsten Phase des Idealismus wird für die K. als logischer oder erklärender Zusammenhang hauptsächlich aus der Abwehrstellung gegenüber der Regularitätstheorie heraus argumentiert. Positive Argumente werden von Vorgängen in der psychischen Erlebnissphäre her gesucht. Für Naturvorgänge wird das Wirken eines Dinges in dem Sinne als verständlich angesehen, daß es «wirkt, wie es wirkt, weil es ist, was es ist» [11]. Sprachanalytische Untersuchungen können eine solche Auffassung in gewissem Umfang bestätigen, da viele Wörter der gewöhnlichen Sprache mit kausalen Konnotationen theorieträchtig sind [12].

Eine dritte Bedeutung wird der K. im *handlungstheoretischen* Kontext gegeben. Die ältere Auffassung, daß K. nur dort auftritt, wo ein zielbewußter Wille aktiv ist, findet sich in der Form wieder, daß, wenn nicht ein Wille selbst, so doch die *Mittel*, deren er sich zu gewissen Zwecken bedient, Ursächlichkeit erhalten, indem sie dazu dienen, Ereignisse herbeizuführen, ihr Eintreten zu verhindern oder ihm entgegenzuwirken [13]. Die traditionelle Vorstellung, daß Ursachen ihre Wirkungen *hervorbringen*, ist hier noch am ehesten lebendig. K. in diesem Sinne kann zwischen Personen, auch zwischen Personen und Sachen, niemals aber nur zwischen Sachen bestehen.

Eine schwer einzuordnende, aber bemerkenswerte Theorie der K. hat C. J. DUCASSE vertreten [14]. Sie verbindet den Notwendigkeitsaspekt mit dem handlungstheoretischen im Sinne einer potentiell experimentellen Situation. Die K. ist hier eine *dreistellige* Relation zwischen einer konkreten Situation und zwei Veränderungen, die als *einzige* in dieser Situation auftreten und nacheinander beginnen. Durch diese Beschränkung auf den Einzelfall kann Ducasse die heute selten gewordene Behauptung vertreten, daß K. zwischen äußeren Ereignissen direkt wahrnehmbar ist. Von psychologischer Seite hat A. MICHOTTE dasselbe behauptet und experimentell zu belegen versucht [15].

Anmerkungen. [1] G. W. F. HEGEL: Wiss. der Logik 2 (1813); J. ST. MILL: A system of logic (London 1841); W. ST. JEVONS: Elementary lessons in logic (London 1870); CH. SIGWART: Logik (1873); W. WUNDT: Logik 1 (1880); F. H. BRADLEY: The principles of logic (Oxford 1883); B. BOSANQUET: Logic, or the morphology of knowledge (Oxford 1888); H. W. B. JOSEPH: An introd. to logic (Oxford 1906); W. E. JOHNSON: Logic 3 (Cambridge 1924); u. a. – [2] D. HUME: A treatise of human nature (London 1739) I, III. – [3] MILL, a. a. O. [1]. – [4] I. KANT, KrV. Akad.-A. 3, 74ff. – [5] HEGEL, vgl. bes. a. a. O. [1] Einl. – [6] A. PAP: Analyt. Erkenntnistheorie (Wien 1955); PH. FRANK: Philos. of sci. (Englewood Cliffs, N.J. 1957); E. NAGEL: The structure of sci. (New York 1961); W. STEGMÜLLER: Wiss. Erklärung und Begründung

(1969); F. v. KUTSCHERA: Wiss.theorie (1972). – [7] V. F. LENZEN: Causality in natural sci. (Springfield, Ill. 1954); W. DRAY: Laws and explanation in hist. (Oxford 1957); R. M. MAC IVER: Social causation (Boston 1942); H. L. A. HART und A. M. HONORÉ: Causation in the law (Oxford 1959). – [8] Vgl. Art. ‹Kausalgesetz›. – [9] Vgl. Anm. [6]. – [10] HEGEL, Werke, hg. H. GLOCKNER (1928) 4, 701ff. – [11] JOSEPH, a. a. O. [1] 408; neben BRADLEY und BOSANQUET, a. a. O. [1], sind wichtig: G. F. STOUT: Mind and matter (Cambridge 1931); A. C. EWING: Idealism (London 1937); The fundamental questions of philos. (London 1951); B. BLANCHARD: The nature of thought (London 1939); Reason and analysis (La Salle, Ill. 1962). – [12] N. R. HANSON: Causal chains. Mind 64 (1955) 289-311. – [13] G. R. COLLINGWOOD: An essay on met. (Oxford 1940); ST. TOULMIN: The philos. of sci. (London 1953) 119ff.; D. GASKING: Causation and recipes. Mind 64 (1955) 479-487; G. H. VON WRIGHT: On the logic and epistemol. of the causal relation, in: Logic, methodol. and philos. of sci. 4, hg. P. SUPPES u. a. (Amsterdam 1973) 293-312. – [14] C. J. DUCASSE: Truth, knowledge and causation (London 1968); Causation and the types of necessity (New York 1969). – [15] A. MICHOTTE: La perception de la causalité (Louvain ²1954).

Literaturhinweise. E. KÖNIG: Die Entwickl. des Causalproblems von Cartesius bis Kant (1888); Die Entwickl. des Causalproblems in der Philos. seit Kant (1890). – A. LANG: Das Kausalproblem. 1: Gesch. des Kausalproblems (1904). – E. WENTSCHER: Gesch. des Kausalproblems in der neueren Philos. (1921). – M. BUNGE: Causality. The place of the causal principle in modern sci. (New York 1959). – W. A. WALLACE: Causality and sci. explanation 1. 2 (Ann Arbor 1972/74). – J. L. MACKIE: The cement of the universe. A study of causation (Oxford 1974).   F. SCHEIBE

Kausalität, formale. ‹f.K.› (causalitas formae, seltener causalitas formalis) ist ein später Terminus zur Bezeichnung der K. der Formalursache. Die gebräuchlichen Distinktionen sind vorgegeben, sofern die *causa exemplaris* als äußere im Gegensatz zur inneren Formalursache verstanden werden kann und sofern zwischen substantieller und akzidenteller Formalursache unterschieden wird.

Eine knappe Theorie zur zweiten Distinktion entwickelt F. SUÁREZ: a) Die *substantielle* f.K. muß von der Form selber, von der Materie und dem Compositum aus beiden unterschieden werden; sie besteht in der aktuellen *unio* der Form mit der Materie [1]. Diese unio ist aber nicht als Tätigkeit oder als Relation zu verstehen, sondern als der «modus unionis vel inhaerentiae permanentis in facto esse inter materiam et formam» (der Modus der Vereinigung oder Inhärenz, der im Gewordenen zwischen Materie und Form bestehen bleibt) und der von Form, Materie und Wirkursache gemeinsam verursacht wird [2]. – b) Die *akzidentelle* f.K. muß von der Form selber und von der Substanz unterschieden werden; sie besteht in der aktuellen *unio* oder Inhärenz des Akzidens in seinem Subjekte [3]. Auch hier ist unter unio ein Modus zu verstehen, und zwar der des Vereintseins oder der aktuellen Information [4]. – Die systematische Behandlung des Ausdrucks erübrigte sich schon bald nach Suárez durch den Erfolg der korpuskularen und atomistischen Theorien.

Anmerkungen. [1] F. SUÁREZ: Disp. 15 Met., s. 6, n. 7. – [2] a. a. O. n. 10. – [3] Disp. 16 Met., s. 1, n. 6. – [4] a. a. O. n. 9.   R. SPECHT

Kausalität, phänomenale, ist die unmittelbare Erfahrung, daß ein Ereignis einen Einfluß auf ein anderes Ereignis ausübt. Daß sie möglich sei, wird von D. HUME bestritten [1], praktisch aufgrund der Annahme, daß phänomenale Gegebenheiten keinerlei Eigenschaften haben können außer denjenigen ihrer Einzelbestandteile. I. KANT nimmt die gegenwärtige Auffassung vorweg: Er räumt ein, daß Verursachungsphänomene nicht von außen herangetragen sein können, anerkennt aber ihr Vorkommen und schließt aus diesen Prämissen auf ihren Ursprung in der Natur des Erkennenden [2]. – Die Argumente HUMES entfallen mit der atomistischen Grundannahme: Verursachungserscheinungen gehören, wie Form und Bewegung von Wahrnehmungsgebilden, zu den Eigenschaften raumzeitlich ausgedehnter Bereiche, die nicht aus artgleichen Eigenschaften ihrer Elemente, sondern aus sehr bestimmten *Struktur*eigenschaften der zugrunde liegenden Reizkonfigurationen hervorgehen. Diese Vermutung, von A. MICHOTTE und W. KÖHLER 1929 [3] fast gleichzeitig ausgesprochen, wurde von dem ersteren seit 1941 in umfassenden – inzwischen vielfach wiederholten und ergänzten – Untersuchungen bestätigt.

Anmerkungen. [1] D. HUME: Eine Unters. über den menschlichen Verstand, dtsch. hg. R. RICHTER (1907) 77ff. – [2] I. KANT, KrV, hg. W. WEISCHEDEL (1956) 47f. – [3] A. MICHOTTE: Quelques aspects de la psychol. de la perception négligés dans les rech. expérimentales, in: E. G. BORING (Hg.): 9th int. Congr. Psychol. 1929 (Princeton, N.Y. 1930) 307-308; W. KÖHLER: Gestalt psychology (New York 1929, ²1947) 320-359.

Literaturhinweise. A. MICHOTTE: La perception de la causalité (Louvain/Paris 1946, ²1954); Die Kausalitätswahrnehmung. Hb. Psychol. I/1 (1966) 954-977. – K. KOFFKA: Principles of Gestalt psychol. (London 1935, ³1950). – K. DUNCKER: Zur Psychol. des produktiven Denkens (1935). – W. METZGER: Psychol. (1941, ⁴1968). – G. KANIZSA und F. METELLI: Connessioni di tipo causale fra eventi percettivi: l'effetto attrazione e l'effetto lancio inverso, Atti XI Congr. Psicologi ital. 1956 (Mailand 1957) 131-140. – F. METELLI und D. P. TOGNAZZO: Risultati di una serie di esperimenti sull'effetto di attrazione fenomenica. Riv. Psicolsper. Padova (1958). – A. GEMELLI und A. CAPPELLINI: The influence of the subject's attitude in perception. Acta psychol. (Amst.) 14 (1958) 12-23.   W. METZGER

Kausalität, psychische. Das gesamte Erleben ist durchwoben von zum großen Teil unmittelbar einsichtigen Phänomenen und Erlebnissen der Verursachung, wie bei dem Zusammenhang zwischen Anmutungsweise und Zumutesein, zwischen Verlockung und Antrieb oder Vornahme und Handlung, zwischen Suchen und Finden im Gedächtnis und bei produktiven Vorgängen, zwischen Frage und Antwort, zwischen Auftrag und Erledigung. – Es lassen sich auch über das Verhalten und sogar das Erleben von Menschen – bei aller Unbestimmtheit und Ungreifbarkeit im einzelnen – zum Teil weit sicherere *Voraussagen* machen als etwa über das Wetter.

Für die *Psychologie als empirische Wissenschaft* reduziert sich das K.-Problem auf zwei Grundfragen: 1. ob das psychische Geschehen gesetzmäßig bzw. streng determiniert sei; 2. ob es sich ohne Sprung in den Zusammenhang des allgemeinen Weltgeschehens eingefügt denken lasse.

Zu 1: Seit Psychologie als empirische Wissenschaft konzipiert ist, wird – bis auf Widerruf – meist die strenge Gesetzmäßigkeit auch des Psychischen vorausgesetzt (HERBART [1], FECHNER [2], MACH [3], FREUD [4], KÖHLER [5]).

Zu 2: Die Einfügung in den Weltzusammenhang ist widerspruchsfrei möglich bei einer parallelistischen, speziell isomorphistischen Auffassung vom Leib-Seele-Verhältnis (FECHNER [6], G. E. MÜLLER [7], TITCHENER [8], WERTHEIMER [9], KÖHLER [10], METZGER [11], BISCHOF [12]).

Gegen die Anwendbarkeit naturwissenschaftlicher K.-Begriffe werden von verschiedenen Seiten Bedenken vorgebracht: a) Aus der Einheitlichkeit und Ganzbedingtheit allen seelischen Geschehens (DILTHEY 1894 [13]); b) aus der Regulationsfähigkeit seelischer Vorgänge (DRIESCH, noch 1935 [14]); c) aus der Zielbestimmtheit psychischen Geschehens (z. B. McDOUGALL, A. ADLER und Schüler [15]); d) aus der vielfach zu beobachtenden

Spontaneität des Psychischen (dieses sei etwas anderes als ein «Schlachtfeld der Reize», PETERMANN 1929 [16]). Diese Bedenken sucht die Gestalttheorie auszuräumen [17]. – Zu einem Übergang von der deterministischen zu einer probabilistischen Auffassung im Sinne der modernen Atomphysik liegt bei der Größenordnung psychischer und psychophysischer Vorgänge und bei dem Stand der psychologischen Forschung noch kein Anlaß vor.

Anmerkungen. [1] J. F. HERBART: Psychol. als Wiss. (1824). – [2] G. TH. FECHNER: Elemente der Psychophysik (1860). – [3] E. MACH: Die Analyse der Empfindungen (1885, ⁹1922). – [4] S. FREUD: Die Traumdeutung (1900); Zur Psychopathol. des Alltagslebens (1904). – [5] W. KÖHLER: Die physischen Gestalten in Ruhe und im stationären Zustand (1920). – [6] FECHNER, a. a. O. [2]. – [7] G. E. MÜLLER: Zur Psychophys. der Gesichtsempfindungen. Z. Psychol. 10 (1896) 1-82. 321-413. – [8] E. B. TITCHENER: Lb. der Psychol. (1910). – [9] M. WERTHEIMER: Experimentelle Stud. über das Sehen von Bewegung. Z. Psychol. 61 (1912) 161-265. – [10] s. Anm. [5]. – [11] W. METZGER: Psychol. (1941, ⁴1968). – [12] N. BISCHOF: Erkenntnistheoret. Grundlagenprobleme der Wahrnehmungspsychol. Hb. der Psychol. I/1 (1966) 21-78. – [13] W. DILTHEY: Ideen zu einer beschreibenden und zergliedernden Psychol. Sber. preuß. Akad. Wiss. (1894). – [14] H. DRIESCH: Die Maschine und der Organismus. Bios 4 (1935). – [15] W. McDOUGALL: Aufbaukräfte der Seele (1937, ²1947); A. ADLER: Praxis und Theorie der Individualpsychol. (1927, ⁴1930, ND 1974); F. KÜNKEL: Vitale Dialektik (1929). – [16] B. PETERMANN: Die Wertheimer-Koffka-Köhlersche Gestalttheorie und das Gestaltproblem (1929). – [17] METZGER, a. a. O. [11] 241-275; Der Ort der Wahrnehmungslehre im Aufbau der Psychol. Hb. der Psychol. I/1 (1966) 1-20.   W. METZGER

Kausalitätsprinzip (auch Kausalprinzip; frz. principe de causalité, engl. causal principle).

Im Unterschied zu den Kausalgesetzen (s.d.), die allgemeine Aussagen über spezifische Ereignisklassen und singuläre Kausalerklärungen machen, wird im K. die kausale Bedingtheit allen Geschehens ausgesagt. Frühe Formulierungen dieses Prinzips werden HERAKLIT (πάντα δὲ καθ' εἱμαρμένην; alles [geschieht] nach vernünftiger Notwendigkeit [1]) und DEMOKRIT (οὐδὲν χρῆμα μάτην γίγνεται, ἀλλὰ πάντα ἐκ λόγου τε καὶ ὑπ' ἀνάγκης; nichts entsteht zufällig, sondern alles aus einem Grund und mit Notwendigkeit [2]) zugeschrieben und finden sich z. B. bei PLATON (ἀναγκαῖον εἶναι πάντα τὰ γιγνόμενα διά τινα αἰτίαν γίγνεσθαι; alles Gewordene ist notwendigerweise durch eine Ursache entstanden [3]) und AUGUSTIN (nihil fieri sine causa [4]).

Im *Rationalismus* des 17. und 18. Jh. erhält das K. im «Satz vom zureichenden Grunde» herausragende Bedeutung für Logik und Ontologie. In LEIBNIZ' Formulierung lautet es: «Rien n'arrive sans qu'il y ait une cause ou du moins une raison déterminante, c'est-à-dire quelque chose qui puisse servir à rendre raison a priori, pourquoy cela est existant plustost que non existant et pourquoy cela est ainsi plustost que de toute autre façon» (Nichts geschieht, ohne daß es eine Ursache oder zumindest einen zureichenden Grund gäbe, d. h. etwas, das dazu dienen könnte, einen Grund a priori abzugeben, warum dieses existiert und nicht vielmehr nicht existiert und warum es so ist und nicht vielmehr irgendwie anders) [5]. Während Leibniz den Erkenntnischarakter seines Prinzips hervorhebt, betont SPINOZA die ontologische Relevanz: «Ex data causa determinata necessario sequitur effectus; et contra, si nulla detur determinata causa, impossibile est, ut effectus sequatur» (Aus einer gegebenen bestimmten Ursache folgt mit Notwendigkeit eine Wirkung, und umgekehrt, wenn keine bestimmte Ursache gegeben ist, kann unmöglich eine Wirkung folgen) [6] ... «cuiuscunque rei assignari debet causa, seu ratio, tam

cur existit quam cur non existit» (... von jedem Dinge muß sich eine Ursache oder ein Grund angeben lassen, weshalb es existiert oder weshalb es nicht existiert) [7].

In Absetzung von der aristotelisch-scholastischen Tradition, die nach formalen, materialen, effizienten und finalen Ursachen unterscheidet, bezieht KANT das K. nur auf die effiziente Kausalität: «Alles, was *geschieht* (anhebt zu sein), setzt etwas voraus, worauf es *nach einer Regel* folgt» [8] bzw. «Alle Veränderungen geschehen nach dem Gesetz der Verknüpfung der Ursache und Wirkung» [9].

Die Behauptung der Geltung des K. impliziert diejenige des Bestehens eines ausnahmslosen, wenn auch nicht durchweg erkennbaren Determinismus im Naturgeschehen. Als allgemeiner, eine Existenzbehauptung enthaltender Satz von der Form $(x)(Ey) xRy$ [10] ist das K. weder verifizierbar noch falsifizierbar. Seine Interpretation hängt ab von der jeweilig eingenommenen erkenntnistheoretischen Position: K. bezogen auf *Wesensgesetzlichkeit*, so wie es am ausgeprägtesten in den konstruktiv-rationalistischen Theorien des 17. und 18. Jh. geschieht, oder aber auf *Naturgesetzlichkeit* im Sinne der galileisch-newtonschen Tradition der modernen Naturwissenschaften. Dem entsprechen die Annahmen, daß Kausalgesetze entweder als notwendige Verhältnisse zwischen Eigenschaften und Zuständen von Substanzen zu begreifen oder aber als funktionale Abhängigkeiten zwischen beobachtbaren Ereignisklassen aufzufassen seien.

In den Lehren von Leibniz und CHR. WOLFF wird der Kausalnexus, unter dem dasjenige steht, was in der existierenden Welt (mundus adspectabilis) geschieht, sowohl bezogen auf die Wesensgesetzlichkeit der jeder möglichen Welt angehörigen Essenzen der Dinge (indem auch deren modale Bestimmungen als mögliche Bestimmungen in den Essenzen enthalten sind) als auch auf den Realnexus der existierenden Welt, der auf einen von Gott geschaffenen Anfangszustand zurückgeht. Der unglückliche Versuch einer Rückführung des Satzes vom Grunde und damit des K. auf das Widerspruchsprinzip, den schon LEIBNIZ vor Wolff und den Wolffianern unternahm [11], ist ein beiläufiger; denn im Einklang mit der Tradition wird auch hier das Principium rationis sufficientis als keines Beweises bedürftig erachtet, da ihm keine Erfahrung widerspricht und es die Natur des Menschen als eines erkennenden Wesens zum Ausdruck bringt.

Die im Rationalismus des 17. und 18. Jh. «sub specie aeternitatis» konzipierte prinzipielle apriorische Erkennbarkeit der Kausalverknüpfung, d. h. die Behauptung der durchgängig bestehenden Möglichkeit, Kausalgesetze aus den notwendigen Bestimmungen der Substanzen logisch abzuleiten, wurde bisweilen schon in der deutschen Schulphilosophie des 18. Jh. eingeschränkt oder bestritten [12]; bei HUME und KANT ist sie im Zusammenhang mit der veränderten philosophischen Gesamtposition gänzlich aufgegeben, obwohl auch hier noch – im besonderen bei Kant – Momente der älteren Kausalitätskonzeption mitgeführt werden [13].

Die *moderne Interpretation* des K. und die Diskussion um seine durchgängige Geltung sind orientiert an der durch die klassische Physik hervorgebrachten Auffassung der Kausalgesetze im Sinne von beobachtbaren Abhängigkeiten in abgeschlossenen Systemen. Als exemplarisch hierfür kann das Denkmodell von LAPLACE angesehen werden [14]. Formulierung und Interpretation des K. ist fortan abhängig von der Auffassung der Kausalgesetze, die durch funktionelle Beziehungen zwischen exakt meßbaren Größen makrophysikalischer Nahwirkungsvorgänge charakterisiert werden, durch welche diese voraussagbar und berechenbar werden (E. MACH, B. RUSSELL, M. SCHLICK [15]). In der Quantentheorie wurde unter Verweis auf mikrophysikalische Prozesse die allgemeine Gültigkeit des K. in Frage gestellt, wobei der in Anspruch genommene Indeterminismus gewöhnlich mit Hinweis auf HEISENBERGS Unbestimmtheitsrelation begründet wird.

Auch in der Beschränkung auf makrophysikalische Vorgänge sind Aussagegehalt und Geltung des K. umstritten. Eine pauschale Ablehnung in Form eines Verweises in den Bereich des «Aberglaubens» (L. WITTGENSTEIN [16]) oder «Mythos» (ST. TOULMIN [17]) findet sich allerdings selten. Die gegenwärtige, noch unabgeschlossene Diskussion schwankt zwischen den Extremen einer Wertung des K. als empirischer Hypothese von hohem Allgemeinheitsgrad und der pragmatischen Auffassung des K. als unabdingbarer Maxime der Ausrichtung wissenschaftlicher Forschung, der kein kognitiver Wert für die Beschreibung der Welt beizumessen sei [18]. In der Gegenwart tritt stärker eine pragmatisch-heuristische Interpretation des K. als einer Forschungsmaxime hervor. In diesem Sinne wird es betrachtet als eine natürliche Voraussetzung wissenschaftlicher Tätigkeit (B. RUSSELL [19]), insofern «jeder Wissenschaftler an die Richtigkeit dieses Prinzips glaubt und diesem Glauben gemäß handelt» (A. PAP [20]); gleichwohl wird ihm auch, gegebenenfalls unter Einschränkung seines Geltungsbereiches, der Status einer zwar sehr allgemeinen, doch sukzessiver Bestätigung fähigen Hypothese eingeräumt (M. BUNGE) [21].

Der kognitive Wert des Prinzips wird dort aufgegeben, wo sein hypothetischer Charakter und damit seine Bestätigungsfähigkeit umstritten ist. Es reduziert sich dann auf die Forderung, «nichts unerklärt zu lassen» und kann «als eine Konsequenz der Forderung nach Theorien von größtmöglicher Allgemeinheit und Bestimmtheit ... auf die Forderung nach möglichst strenger Prüfbarkeit zurückgeführt werden» (K. POPPER [22]). Selbst als pragmatische Regel wird es mitunter nur in der verallgemeinerten Form «Für jedes Ereignis gibt es eine adäquate wissenschaftliche Erklärung» für akzeptabel gehalten (W. STEGMÜLLER, H. FEIGL [23]). Die allgemeine Anerkennung des K. als einer Untersuchungsmaxime wird so schließlich als analytische Folgerung aus einem gemeinhin akzeptierten Begriff theoretischer Naturwissenschaft betrachtet (E. NAGEL [24]). Dafür, daß der Begriff des allgemeinen K. in der weiteren Diskussion einen präzisen Sinn erhält, ist vor allem eine vorgängige Klärung des Gesetzes- und Ereignisbegriffes Voraussetzung (W. STEGMÜLLER [25]).

Anmerkungen. [1] Nach J. STOBAIOS, Ecl., hg. C. WACHSMUTH/O. HENSE (1884, ND 1923) I, 178. – [2] a. a. O. I, 160. – [3] PLATON, Phileb. 26e. – [4] AUGUSTIN, De ord. I, 11. – [5] G. W. LEIBNIZ, Essais de Théodicée I, § 44 = Philos. Schr., hg. GERHARDT (= PSG) 6, 127; vgl. 2. Brief an Clarke. PSG 7, 356; Monadol. §§ 31-33 = PSG 6, 612; Principes de la nature et de la grâce § 7 = PSG 6, 602; Nouveaux essais ... II, 21, § 13 = PSG 5, 163; Opuscules et frg., hg. COUTURAT (Paris 1903, ND 1961, ²1966) 11-12. – [6] B. DE SPINOZA, Ethica I, Axiom 3 = Opera, hg. GEBHARDT 2, 46, Axiom 3 a, 2, 52. – [7] a. a. O., 2, 52. – [8] I. KANT, KrV A 223. Akad.-A. 4, 128. – [9] KrV B 225. Akad.-A. 3, 166. – [10] Vgl. A. PAP: Analyt. Erkenntnistheorie (1955) 134-138. – [11] LEIBNIZ' Versuch wurde erstmals veröffentlicht von R. ZOCHER, in: Leibniz, Zu seinem 300. Geburtstag, hg. E. HOCHSTETTER (1952) 7. Lief., Anh.; CHR. WOLFF: Philos. prima sive ontol. (1730), hg. J. ECOLE (1962) § 70. – [12] A. F. HOFFMANN: Vernunftlehre (1737) Vorw.; CHR. A. CRUSIUS: Diss. philos. de usu et limitibus principii rationis determinantis vulgo sufficientis (1743). – [13] Vgl. G. TONELLI: Die Anfänge von Kants Kritik der Kausalbeziehungen und ihre Voraussetzungen im 18. Jh. Kantstudien 57 (1966). – [14] P. S. LAPLACE: Théorie analyt. des probabilités (Paris 1812); vgl. Introd. zu: Essai philos. sur les probabilités (Paris ²1814, dtsch. 1932). – [15] E. MACH: Erkenntnis und Irrtum (1905, ⁵1926) 278; B. RUSSELL: On the notion of cause. Proc. Arist. Soc. 8 (1912/13); M. SCHLICK: Causality in everyday life and recent sci. (Berkeley 1932); ND in: H. FEIGL und W. SELLARS (Hg.): Readings in philos. analysis (New York 1949); dtsch. in: Erkenntnisprobleme der Naturwiss., hg. L. KRÜGER (1970). – [16] L. WITTGENSTEIN: Tractatus logico-philosophicus (London 1922, ⁵1951) 5. 1361. – [17] ST. TOULMIN: The philos. of sci. (London 1953); dtsch. Einf. in die Philos. der Wiss. (o. J.) 165. – [18] Vgl. J. S. MILL: A System of Logic (London 1879, dtsch. 1884) Buch 3, Kap. 3, Sec. 1; M. SCHLICK: Die Kausalität in der gegenwärtigen Physik, in: Ges. Aufsätze (1938) 155. – [19] B. RUSSELL: Human knowledge (New York 1948, dtsch. 1952) 319. – [20] A. PAP, a. a. O. [10] 137ff. – [21] M. BUNGE: Causality. The place of the causal principle in modern sci. (Cambridge, Mass. 1959) 353; als ältere Autoren zur regulativ-methodischen Interpretation vgl. auch: J. C. MAXWELL: Matter in motion (1873, ND London 1920) 13; L. SILBERSTEIN: Causality (London 1933) 71; E. CASSIRER: Determinismus und Indeterminismus in der modernen Physik (Göteborg 1937) Teil 2. – [22] K. POPPER: Logik der Forsch. (1934, ⁴1971) 87. – [23] W. STEGMÜLLER: Das Problem der Kausalität, in: E. TOPITSCH (Hg.): Probleme der Wiss.theorie (1960) 189; H. FEIGL: Notes on causality, in: H. FEIGL und M. BRODBECK (Hg.): Readings in philos. of sci. (New York 1953) 408-418. – [24] E. NAGEL: The structure of sci. (New York 1961) 316-324. – [25] W. STEGMÜLLER, in: L. KRÜGER (Hg.), a. a. O. [15] 137f.

Literaturhinweise. I. KANT: Principiorum primorum cognitionis metaphysicae nova dilucidatio (1755). Akad.-A. 1, 385-416. – A. SCHOPENHAUER: Über die vierfache Wurzel vom Satze des zureichenden Grundes. (1813) Werke, hg. A. HÜBSCHER (²1948-50) Bd. 7. – E. MEYERSON: Identité et réalité (Paris 1907, dtsch. 1930). – J. HESSEN: Das K. (1928). – J. GEYSER: Das Prinzip vom zureichenden Grunde (1929). – PH. FRANK: Das Kausalgesetz und seine Grenzen (1932). – J. KÖNIG: Bemerk. zum Begriff der Ursache, in: Das Problem der Gesetzlichkeit, hg. J.-Jungius-Gesellschaft 2 (1949). – V. F. LENZEN: Causality in natural sci. (Springfield, Ill. 1954). – R. LAUN: Der Satz vom Grunde. Ein System der Erkenntnistheorie (²1956). – W. STEGMÜLLER: Wiss. Erklärung und Begründung, in: Probleme und Resultate der Wiss.theorie und analyt. Philos. 1 (²1974) Kap. 7.   H. W. ARNDT

Kehre. Der von M. HEIDEGGER selbst eingeführte Terminus bezeichnet eine fundamentale Wandlung in seinem Denken: die K. vom frühen existenzialontologischen Ansatz zum späteren seinsgeschichtlichen Denken. Während in ‹Sein und Zeit› (= SuZ) die Frage nach dem Sinn von Sein vom Dasein (= vom Menschen) ausgeht, d. h. von demjenigen Seienden, dessen Seinsverfassung selbst durch Seinsverständnis ausgezeichnet ist [1], versucht das spätere Denken einen unmittelbaren Zugang zum Sein; dieses wird dabei aber nicht mehr, wie noch in SuZ, als dasjenige begriffen, was es nur im Entwurf und Verstehen des Menschen gibt [2], sondern umgekehrt ist es nun das alles tragende, dabei selbst geschichtliche Sein, welches sich seinerseits den Menschen erwirft [3], um sich ihm zu lichten. Die abendländische Geschichte der Philosophie wird dadurch geprägt, daß sich seit ihrem Beginn das Sein dem Menschen gerade entzogen und mit seiner Wahrheit an sich gehalten hat.

Im ‹Humanismusbrief› (1947) schreibt Heidegger, der Nachvollzug des neuen Denkens sei dadurch erschwert, daß bei der Veröffentlichung von SuZ der 3. Abschnitt des 1. Teils zurückgehalten wurde. «Hier kehrt sich das Ganze um. Der fragliche Abschnitt wurde zurückgehalten, weil das Denken im zureichenden Sagen dieser K. versagte und mit Hilfe der Sprache der Metaphysik nicht durchkam» [4]. Nach der «Interpretation des Daseins auf die Zeitlichkeit», die in den beiden ersten (1927 erschienenen) Abschnitten von SuZ vorgelegt wurde, sollte im dritten (nicht erschienenen) Abschnitt ‹Zeit und Sein› «die Explikation der Zeit als des transzendentalen

Horizontes der Frage nach dem Sein» durchgeführt [5] und der Sinn von Sein aus der Zeit her interpretiert werden. *Diese* Umkehrung gelang aber nicht so, wie sie ursprünglich für SuZ geplant war: Der Versuch, von der Seinsverfassung des Daseins her zum Sinn von Sein vorzustoßen, scheiterte. Die *tatsächlich vollzogene* K. bedeutet also zweifellos das Aufgeben jenes Versuches zugunsten eines andersartigen Zugangs zum Sein.

Dieses neue Denken der K. wendet sich sehr bald von der phänomenologischen Methode in SuZ ab [6] und entfaltet sich zunehmend in sehr eigenwilligen Deutungen philosophischer (und dichterischer) Zeugnisse der abendländischen Geschichte sowie im Hin- und Herwenden philosophischer Schlüsselworte und -sätze. Dieses Denken will die Seinsvergessenheit der abendländischen Metaphysik (und Geschichte überhaupt) von ihren Anfängen bei den Griechen bis hin zu Nietzsches Nihilismus [7] und der auf die totale Beherrschbarkeit alles Seienden abzielenden modernen Technik [8] aufweisen und sie zugleich überwinden, um so eine neue, «anfängliche» (nämlich auf den *vor*metaphysischen Seinssinn [9] rekurrierende) Lichtung der Wahrheit des Seins vorzubereiten [10]. In den um 1930/31 konzipierten (jedoch erst 1942 bzw. 1943 in überarbeiteter Form erstmals publizierten) Vorträgen ‹Platons Lehre von der Wahrheit› und ‹Vom Wesen der Wahrheit› bahnen sich diese neuen Tendenzen an. Im ersten Vortrag erscheint *Platon* als der Initiator jener Entwicklung, die die «Richtigkeit» zum Maße der Wahrheit [11] und das Denken über das Sein zur Philosophie, genauer: zur Metaphysik [12] mache und den Menschen in den Mittelpunkt des Seienden rücke [13]; kurz: Platon stehe damit am Anfang der abendländischen Seinsvergessenheit, in der immer nur das Seiende, nie aber das Sein fragwürdig werde [14]. In ‹Vom Wesen der Wahrheit› zeigt sich bereits das Abrücken von dem im Grunde transzendental-philosophischen Ansatz auf existenzialer Basis in SuZ; nicht mehr ist es nun der Mensch, der Sein entwirft und Wahrheit hervorbringt [15], sondern Wahrheit beruht auf einem von sich selbst her schon Offenen und Offenbaren des Seienden [16], in das der Mensch eingelassen und ausgesetzt ist [17] und auf das er sich einzulassen hat [18]. Der Mensch sei nur der dem Zuspruch des Seins entsprechende und gehorchende [19]. Nach der Selbstdeutung Heideggers gibt dieser Vortrag (der ursprünglich durch einen zweiten mit dem Titel ‹Von der Wahrheit des Wesens› hätte ergänzt werden sollen [20]) «einen gewissen Einblick in das Denken der K.» [21]. Die Antwort auf die Frage nach dem Wesen der Wahrheit laute: «das Wesen der Wahrheit ist die Wahrheit des Wesens» und sei «die Sage einer K. innerhalb der Geschichte des Seyns» [22]. – Indessen sieht Heidegger selbst (im Humanismusbrief [23] und neuerdings in einem Brief an Richardson [24]) in der K. gerade «nicht eine Änderung des Standpunktes von SuZ, sondern in ihr gelangt das versuchte Denken erst in die Ortschaft der Dimension, aus der SuZ erfahren ist» [25]. «Das Denken der K. *ist* eine Wendung in meinem Denken» [26], jedoch ergibt sich diese gerade daraus, «daß ich bei der zu denkenden Sache ‹Sein und Zeit› geblieben bin» [27]. Demgemäß werden die Bestimmungen in SuZ (bes. die Existenzialien) vom Horizont des späteren Denkens umgedeutet [28], so etwa ‹Existenz› in ‹Ek-sistenz› [29]. Diese Tendenz ergibt sich aus Heideggers Theorie der Seinsgeschichte: Wenn jegliches Denken vom Sein geschickt und ereignet sein soll, dann ist auch dasjenige von SuZ vom Sein selbst auf den Weg gebracht. Daher heißt es: «Die K.

ist in erster Linie nicht ein Vorgang im fragenden Denken», sondern sie «spielt im Sachverhalt selbst». «Demzufolge ist schon im Ansatz der Seinsfrage in SuZ auch das Denken auf eine Wendung angesprochen, die seinen Gang der K. entsprechen läßt» [30]. «Das ‹Geschehen› der K. ... ‹ist› das Seyn als solches. Es läßt sich nur *aus* der K. denken. Dieser eignet keine besondere Art von Geschehen. Vielmehr bestimmt sich die K. zwischen Sein und Zeit, zwischen Zeit und Sein aus dem, wie Es Sein, wie Es Zeit gibt» [31]. Das spätere Denken sei nur möglich, sofern es im Denken der Seinsgeschichte enthalten sei [32].

K. ist so Ereignis der Seinsgeschichte selbst. In der Gefahr, welche in der letzten Aufgipfelung der Seinsvergessenheit in der Gestalt der Technik west, verbirgt sich zugleich die Möglichkeit einer «K. der Vergessenheit des Seins in die Wahrnis des Seins» [33]. Diese «K. im Sein» als die «K. der Verweigerung seines Wesens in das Ereignen seiner Wahrnis» [34], in deren «vorausgeworfenem Schatten» wir vielleicht schon stehen [35], wird aber nicht primär vom Menschen herbeigeführt, sondern sagt sich ihm als «Konstellation des Seins» zu [36]. Heideggers eigenes Denken will demnach schon in SuZ die Überwindung der Vergessenheit des Seins vorbereiten [37]. So wird die Wandlung des Heideggerschen Denkens nach SuZ zu einer K. (im engeren Sinne) *innerhalb* der K. (im weiteren Sinne): Weil sein frühes Denken sich in gewisser Weise als metaphysisches einführen [38], das Sein selbst noch vorstellen [39] und auf Bisheriges zurückgreifen mußte [40], kam es in Gefahr, erneut nur zu einer Verfestigung der Subjektivität zu werden. Es mußte daher abgebrochen werden [41], um einem andersartigen Denken Platz zu machen.

Die K. ist zu einem der meistbesprochenen Themen der Heideggerdeutung geworden; in ihr zeichnet sich die Tendenz ab, Heideggers Selbstinterpretation weitgehend zu folgen, d. h. die K. zum späteren Denken als Einkehr in denjenigen Grund zu verstehen, auf dem auch schon das frühe Denken stand [42], mithin als Wiederholung und ursprüngliche Aneignung des Ansatzes von SuZ [43]. Demgegenüber ist jedoch festzuhalten, daß das frühe und das spätere Denken Heideggers – bei allerdings weitgehender Gleichheit des appellativen Charakters – sich inhaltlich fundamental unterscheiden. Die Frage, wie die politischen Ereignisse und vor allem Heideggers politische Stellungnahme 1933/34 mit seiner Philosophie im allgemeinen und der K. im besonderen zusammenhängen, dürfte von nicht zu unterschätzender Bedeutung sein; sie ist jedoch erst dann zureichend zu beantworten, wenn die Entwicklung Heideggers genauer erforscht und dokumentiert sein wird [44].

Anmerkungen. [1] Vgl. M. HEIDEGGER: Sein und Zeit (= SuZ) (1927) Einl. – [2] Vgl. a. a. O. 147. 212. 230. 315 u. passim. – [3] Vgl. Platons Lehre von der Wahrheit. Mit einem Br. über den ‹Humanismus› (²1954) 71. 75. 100. – [4] SuZ 72. – [5] Vgl. SuZ 39 u. Inhaltsverz. – [6] Vgl. SuZ 27-39. – [7] Vgl. Nietzsche 1. 2 (publ. 1961, verfaßt 1936-46). – [8] Vgl. bes. Die Technik und die Kehre (1962) 5-36. – [9] Vgl. die Interpret. zu *Anaximander, Parmenides, Heraklit* in: Holzwege (1950); Vorträge und Aufsätze (1954); Was ist Met.? (¹1943) Nachwort; (⁵1949) Einl.; Die Überwindung der Met., in: Vorträge und Aufsätze a. a. O. [9]; Die Technik und die Kehre a. a. O. [8]; Zur Seinsfrage (1959); ferner alle nach 1945 erschienenen, jedoch teilweise vorher verfaßten Schriften. – [11] Platons Lehre ... a. a. O. [3] 44. – [12] a. a. O. 48. – [13] 49. – [14] Vgl. 52. – [15] Vgl. SuZ 220. 226f. u. passim. – [16] Vom Wesen der Wahrheit (⁴1961) 12. – [17] Vgl. a. a. O. 15. – [18] Vgl. 14. – [19] Vgl. z. B. Was heißt Denken? in: Vorträge und Aufsätze a. a. O. [9]; Was ist Met.? (⁹1965) 10. – [20] Vgl. Vom Wesen der Wahrheit a. a. O. [16] 26 (in einem den Aufl. seit 1949 hinzugefügten Absatz der Schlußanmerkung). – [21] Platons Lehre

... a. a. O. [3] 72. – [22] Vom Wesen der Wahrheit a. a. O. [16] 26. – [23] ebda.; vorher schon in: Was ist Met.? (⁴1943) Nachwort. – [24] Abgedruckt bei W. J. Richardson: Heidegger. Through phenomenol. to thought (Den Haag 1963) VIII–XXIII. – [25] Heidegger, Platons Lehre ... a. a. O. [3] 2; vgl. Brief an Richardson a. a. O. XVII. – [26] a. a. O. XVII. – [27] ebda. – [28] Vgl. bes. a. a. O. [3] und [10]; dazu F. W. von Herrmann: Die Selbstinterpret. Martin Heideggers (1964). – [29] Heidegger, Platons Lehre ... a. a. O. [3] 68-71; Was ist Met.? a. a. O. [10] 14-16. – [30] Brief an Richardson. a. a. O. [24] XIX. – [31] a. a. O. XXI. – [32] Vgl. XXIII. – [33] Die Technik und die Kehre a. a. O. [8] 42. – [34] a. a. O. 44. – [35] 40. – [36] 46. – [37] Vgl. Was ist Met.? a. a. O. [10] 9f. – [38] Vgl. Platons Lehre ... a. a. O. [3] 64. – [39] Vgl. Was ist Met.? a. a. O. [10] 18. – [40] Nietzsche. a. a. O. [7] 2, 194. – [41] a. a. O. 194f. – [42] Vgl. exemplarisch R. Pflaumer: Sein und Mensch im Denken Heideggers. Philos. Rdsch. 13 (1965) 161-234, bes. 175; O. Pöggeler: Sein als Ereignis. Z. philos. Forsch. 13 (1959) 597-632, bes. 617. – [43] Vgl. z. B. die Interpret. von Richardson, a. a. O. [24]; O. Pöggeler: Der Denkweg Martin Heideggers (1963); O. Pugliese: Vermittlung und Kehre. Grundzüge des Geschichtsdenkens bei Martin Heidegger (1965); vgl. ferner W. Schulz: Über den philosophiegesch. Ort Martin Heideggers. Philos. Rdsch. 1 (1953/54) 65-93. 211-232; H. Ott: Denken und Sein. Der Weg Martin Heideggers und der Weg der Theol. (1959); J. van der Meulen: Heidegger und Hegel oder Widerstreit und Widerspruch (²1954) bes. 167, auch 18; B. Allemann: Hölderlin und Heidegger (²1956); M. Müller: Existenzphilos. im geistigen Leben der Gegenwart (³1964) 217ff. 222ff. – [44] Vgl. jetzt O. Pöggeler: Philosophie und Politik bei Heidegger (1972).

Literaturhinweise. G. Lukács: Heidegger redivivus. Sinn und Form 1 H. 3 (1949) 37-62, ND in: Existentialismus oder Marxismus? (1951). – M. Müller s. Anm. [43]. – K. Löwith: Heidegger – Denken in dürftiger Zeit (²1960). – W. Schulz s. Anm. [43]. – H. Ott s. Anm. [43]. – F. Wiplinger: Wahrheit und Geschichtlichkeit. Eine Untersuchung über die Frage nach dem Wesen der Wahrheit im Denken Martin Heideggers (1961). – W. J. Richardson s. Anm. [24]. – O. Pöggeler s. Anm. [43]. – F. W. von Herrmann s. Anm. [28]. – A. Schwan: Polit. Philos. im Denken Heideggers (1965). – D. Sinn: Heideggers Spätphilosophie. Philos. Rdsch. 14 (1967) 81-182. – E. Tugendhat: Der Wahrheitsbegriff bei Husserl und Heidegger (1967). – H. M. Sass: Heidegger-Bibliographie (1968). – O. Pöggeler s. Anm. [44]. – W. Franzen: Von der Existentialontol. zur Seinsgesch. Eine Untersuch. über die Entwicklung der Philos. Martin Heideggers (Diss. Gießen 1972).   W. Franzen

Keim. Während in der Mikrobiologie jeder lebende Mikroorganismus gleich welcher Art mit ‹K.› bezeichnet wird, versteht man unter diesem Begriff bei den höheren Lebewesen nur deren Frühstadien. Dabei ist der Beginn der K.-Entwicklung unscharf definiert. Entweder wird als Kriterium die erfolgte Kernverschmelzung nach der Besamung der Eizelle angesehen oder das äußerlich gut erkennbare Auftreten der ersten Furche. Die K.-Periode umfaßt sowohl die Primitiventwicklung mit Zellvermehrung und Sonderung der K.-Blätter als auch die Embryonalentwicklung, die durch die Differenzierung der Organe gekennzeichnet ist, so daß für den zweiten Abschnitt ‹K.› und ‹Embryo› synonym gebraucht werden können. Das Ende der K.-Periode ist erreicht, wenn der junge Organismus die Eihüllen bzw. bei der Geburt den Mutterleib verläßt. Bei den meisten Tieren wird der K. damit zur freibeweglichen Larve. Werden die Eier ohne Hüllen abgelegt, so stößt die Abgrenzung der Larval- von der K.-Periode häufig auf Schwierigkeiten. Auch für die auf ungeschlechtliche Weise entstehenden neuen Organismen wird, solange sie ihre endgültige Form noch nicht erreicht haben, die Bezeichnung ‹K.› verwandt.

Das Wort ‹K.› kommt schon im 18. Jh. vor und wird sowohl für pflanzliche als auch für tierische Ausgangsgebilde gebraucht, wenn auch zuweilen nur der eine Anwendungsbereich angegeben ist [1]. Es findet sich in einer größeren Zahl zusammengesetzter Begriffe, wie ‹K.-Zellen›, ‹K.-Drüsen› und ‹K.-Bahn›. Besondere Bedeutung erlangte die Bezeichnung ‹K.-Blätter›, worunter C. F. Wolff (1734–1794) [2] die sich differenzierenden Anlagen des tierischen K. verstand. Ch. H. Pander (1794–1865) [3] unterschied zwei K.-Blätter, das seröse Blatt und das Schleimblatt. Durch die Untersuchungen K. E. von Baers (1792–1876) [4] wurden die K.-Blätter genauer definiert. Unserer heutigen Einteilung in Ektoderm, Mesoderm und Entoderm entspricht die Auffassung R. Remaks (1815–1865) [5]. Die Meinungen der älteren Untersucher, die eine strenge Spezifität der K.-Blätter hinsichtlich ihrer prospektiven Bedeutung annahmen, lassen sich aufgrund modernerer entwicklungsphysiologischer Untersuchungen nur noch bedingt aufrechterhalten. Trotzdem ist die Abgrenzung der K.-Blätter und der aus ihnen hervorgehenden Organbezirke für die deskriptive und experimentelle Embryologie von hohem Wert.

Anmerkungen. [1] Vgl. etwa die Definition in Zedlers Universallex. (1737), die sich *auf* den pflanzlichen K. beschränkt. – [2] C. F. Wolff: Theoria generationis (1764, ²1774). – [3] Ch. H. Pander: Beiträge zur Entwicklungsgesch. des Hühnchens im Eye (1817). – [4] K. E. von Baer: Über Entwicklungsgesch. der Thiere. Beobachtung und Reflexion (1828). – [5] R. Remak: Unters. über die Entwicklungsgesch. der Wirbelthiere (1855).   H. Engländer

Kennzeichnung, Kennzeichnungstheorie. Der Terminus ‹Kennzeichnung› (K.) ist die in der Logik und Sprachphilosophie übliche Übersetzung des englischen ‹definite (singular) description›. Diese Bezeichnung ist von B. Russell [1] eingeführt worden für Ausdrücke der Form ‹der (die, das) Soundso›, für Ausdrücke also, die zusammengesetzt sind aus dem bestimmten Artikel im Singular und einem eventuell attributiv erweiterten Substantiv, bzw. für Ausdrücke, die sich auf diese Form bringen lassen. So kann z. B. ‹Ottos Vater› umgeformt werden in ‹der Vater von Otto› und ‹derjenige, der die elliptische Gestalt der Planetenbahnen entdeckte› in ‹der Entdecker der elliptischen Gestalt der Planetenbahnen›.

Abgrenzend ist hervorzuheben, daß es sich bei Ausdrücken mit dem bestimmten Artikel im Plural von der Form ‹die Soundso› nach Russell nicht um K., sondern um Klassenausdrücke handelt; aber auch der bestimmte Artikel im Singular kommt in Ausdrücken vor, die keine K. sind. In Sätzen der Art ‹der Mensch ist ein Lebewesen› dient er der Gattungsbezeichnung. Im Sinne der logischen Sprachanalyse ist dieser Satz synonym mit ‹Menschen sind Lebewesen› (‹alle Menschen sind Lebewesen›; ‹wenn etwas ein Mensch ist, so ist es ein Lebewesen›). Auch wenn ‹der (die, das)› als Demonstrativpronomen fungiert im Sinne von ‹dieser (diese, dieses)›, nennt man den Gesamtausdruck im allgemeinen nicht ‹K.›, da für K. die situationsunabhängige Verwendbarkeit gefordert wird.

Die Symbolisierung der K. erfolgt durch «$\iota_x (x \, \varepsilon \, P)$», in Worten: «dasjenige x, dem P zukommt». «ι_x» wird «K.-Operator» oder «Iotaoperator» genannt. Er bindet die in «$x \, \varepsilon \, P$» frei vorkommende Individuenvariable «x». Die Benutzung des umgekehrten griechischen Buchstabens Iota (ι) geht auf G. Peano zurück [2]. Statt einer Aussageform ‹$x \, \varepsilon \, P$› für eine Elementaraussage kann auch ein komplexer, logisch zusammengesetzter prädikativer Ausdruck stehen.

Falls es ein und nur ein Individuum x gibt, dem P zukommt, sagt man, daß die K. die *Einzigkeitsbedingung* erfüllt. In diesem Fall ist das, was durch die K. gekennzeichnet wird, dieses eine Individuum. Die Frage, wie K.

zu interpretieren sind, die die Einzigkeitsbedingung nicht erfüllen, wird in den verschiedenen K.-Theorien unterschiedlich beantwortet. Für eine Beurteilung dieser Theorien ist zu berücksichtigen, ob sie Theorien der gebrauchssprachlichen oder der wissenschaftssprachlichen Verwendung von K. sind.

Als erster hat sich J. ST. MILL mit der Analyse von K. beschäftigt [3]. Er ist der Auffassung, daß eine K. aufgrund ihrer «Form», d. h. insbesondere aufgrund der Verwendung des bestimmten Artikels im Singular, «impliziert» (implies), daß es ein und nur ein Individuum gibt, welchem der in der K. vorkommende Prädikator zukommt. Die Einzigkeit ist nach Mill Teil des Bedeutungsinhalts einer jeden K.

G. FREGE lehnt diese Auffassung, allerdings ohne Bezug auf Mill, ab [4]. Die Einzigkeit werde nicht mitgemeint, gehöre nicht zum «Sinn» einer K., sondern die Verwendung einer K. in behauptender Rede setze als selbstverständlich voraus, daß die Einzigkeitsbedingung erfüllt sei. Würde die Einzigkeit zum Sinn einer K. dazugehören, so müßte eine Behauptung wie z. B. ‹der Entdecker der elliptischen Gestalt der Planetenbahnen starb im Elend› vollständig hingeschrieben lauten: ‹der Entdecker der elliptischen Gestalt der Planetenbahnen starb im Elend *und* es gab genau einen Entdecker der elliptischen Gestalt der Planetenbahnen›. Die Verneinung würde entsprechend nicht einfach ‹der Entdecker der elliptischen Gestalt der Planetenbahnen starb nicht im Elend› lauten, sondern müßte den Zusatz enthalten ‹oder es gab nicht genau einen Entdecker der elliptischen Gestalt der Planetenbahnen›. Eine solche Auffassung entspricht aber, darauf läuft Freges Argument hinaus, nicht unserem normalen Verständnis von Behauptungen. Behauptungen, die die Einzigkeitsbedingung in der Weise nicht erfüllen, daß sie, wie Frege sich ausdrückt, «bedeutungslose» K. enthalten, stuft Frege als insgesamt bedeutungslos ein, und d. h. als «weder wahr noch falsch». Daß es K. gibt, die grammatisch richtig bildbar sind und die Einzigkeitsbedingung nicht erfüllen, sei ein Mangel der Sprache (= Gebrauchssprache), der in einer «logisch vollkommenen Sprache (Begriffsschrift)» (= Wissenschaftssprache) von vornherein vermieden werden müsse, indem man für diesen Fall geeignete Bedeutungsfestsetzungen treffe.

Während Frege die gebrauchssprachliche Behandlung von K. klar von der wissenschaftssprachlichen Behandlung unterscheidet, entwirft RUSSELL eine K.-Theorie, die eher wissenschaftssprachlich ausgerichtet ist. Er vertritt nahezu die Auffassung Mills, spricht aber den K. im Gegensatz zu den Eigennamen Bedeutung (= meaning; er unterscheidet nicht wie Frege zwischen Sinn und Bedeutung eines sprachlichen Ausdrucks) außerhalb von Aussagen (propositions) allgemein ab. Deshalb dürfe man auch nicht das Symbol für K. explizit definieren, sondern nur seinen Gebrauch [5], d. h. die Aussagen bzw. Aussageformen, in deren symbolischen Ausdrücken es vorkomme [6]. Dies geschieht z. B. für Aussagen der Form «$(1_x (x \varepsilon P)) \varepsilon Q$» so, daß die kennzeichnenden Teile eliminiert werden, indem sie umgewandelt werden in die Aussage der eindeutigen Existenz, der Einzigkeit, für diese Teile. Demnach rechnet Russell wie Mill, aber im Gegensatz zu Frege, die Einzigkeit den Inhalten der Aussagen zu, so daß die Aussage wie ‹der gegenwärtige König von Frankreich ist kahlköpfig› für Russell falsch ist, weil es niemanden gibt, der gegenwärtig König von Frankreich ist, während sie für Frege aus demselben Grunde weder wahr noch falsch ist.

Ist bei Russell jede Aussage, die eine K. enthält, als Aussage zugelassen, so will D. HILBERT (in der mathematischen Wissenschaftssprache) K. nur dann zulassen, wenn die Einzigkeitsbedingung, die bei ihm wiedergegeben wird durch sogenannte «Unitätsformeln», erfüllt ist [7]. R. CARNAP [8], W. v. O. QUINE [9], A. CHURCH [10] u. a. machen diese Einschränkung nicht; im Gegensatz zu Russell jedoch schlagen sie wie Frege vor, daß für K., die die Einzigkeitsbedingung nicht erfüllen, geeignete Festsetzungen getroffen werden. Dies geschieht meist so, daß solchen K. innerhalb eines bestimmten sprachlichen Systems ein und dasselbe Element des Systems zugeordnet wird. Von FREGE selbst stammt der Vorschlag, für die Arithmetik die Zahl 0 festzusetzen [11].

All diese Vorschläge beziehen sich eindeutig auf künstliche Wissenschaftssprachen und haben als solche keinen Anlaß zu Adäquatheitsüberlegungen, sondern nur zu Zweckmäßigkeitsüberlegungen gegeben. Dies unterscheidet sie von RUSSELLS K.-Theorie. Russell hat zwar später ausdrücklich betont [12], daß seine K.-Theorie keine Adäquatheit z. B. zur Gebrauchssprache beanspruche, sondern die Präzisierung der Gebrauchssprache für wissenschaftliche Zwecke anstrebe; aber von vornherein war diese eingeschränkte Absicht nicht so klar. So kam es, daß um die K.-Theorie ein exemplarischer Streit innerhalb der analytischen Philosophie entbrannte.

Bei diesem Streit geht es um die Frage, ob Philosophie Sprachgebrauch normieren oder beschreiben (aufzeigen) solle. Da Russells K.-Theorie weithin als das Paradebeispiel einer idealsprachlich orientierten analytischen Philosophie galt, war es nicht zu verwundern, daß von seiten der gebrauchssprachlich orientierten analytischen Philosophie, der sogenannten «Ordinary Language Philosophy», gerade diese K.-Theorie Gegenstand der Kritik wurde. In diesem Sinne macht P. F. STRAWSON folgendes geltend: Auf eine normale Frage, ob der gegenwärtige König von Frankreich weise sei, würde man zum gegenwärtigen Zeitpunkt weder mit ‹ja› noch mit ‹nein› antworten, sondern mit dem Hinweis, daß Frankreich keine Monarchie mehr sei und es deshalb gar keinen König von Frankreich gebe, die Frage nach Wahrheit oder Falschheit also gar nicht aufkommen könne. Insbesondere sei dann eine Aussage wie ‹Der gegenwärtige König von Frankreich ist weise› nicht falsch [13]. Strawsons Analyse stimmt in diesem Punkt vollkommen mit derjenigen Freges überein. Die bei Frege so genannte «selbstverständliche Voraussetzung» der Einzigkeit (eindeutigen Existenz) heißt bei Strawson [14] «Präsupposition» (s.d.). Eine wesentliche Nuance bekommt die Strawsonsche Analyse dadurch, daß zwischen einem Ausdruck bzw. Satz, dem Gebrauch (use) eines Ausdrucks bzw. Satzes und der Äußerung (utterance) eines Ausdrucks bzw. Satzes unterschieden wird. Diese Unterscheidung führt dann z. B. dazu, nicht Sätze, die Sätze aufgrund der durch sie ausgedrückten «Gedanken» (s.d.) wahr oder falsch sind, sondern ihren (behauptenden) Gebrauch als wahr oder falsch zu beurteilen. Damit ist dann die Feststellung möglich, daß der (behauptende) Gebrauch des Satzes ‹Der gegenwärtige König von Frankreich ist weise› zwar 1971 weder wahr noch falsch war, weil die Präsupposition der (eindeutigen) Existenz nicht erfüllt war, daß er aber im 17. Jh. sehr wohl wahr oder falsch war.

Abschließend läßt sich zusammenfassen, daß, wie man die Mill-Russellsche K.-Theorie auch sonst beurteilen mag, die Frege-Strawsonsche der gebrauchssprachlichen Verwendung von K. jedenfalls adäquater ist. Darüber hinaus hat letztere noch einen weiteren Vorteil. Sie erlaubt eine adäquate Analyse auch der legitim fiktionale K. enthaltenden fiktionalen Rede [15].

Anmerkungen. [1] A. N. WHITEHEAD und B. RUSSELL: Principia math. 1 (Cambridge ²1925) 30; vgl. ferner: B. RUSSELL: On denoting. Mind 14 (1905) 479-493. – [2] G. PEANO: Formulaire de math. 3 (Paris 1901) 31. – [3] J. ST. MILL: A system of logic I, 2, § 5. – [4] G. FREGE: Über Sinn und Bedeutung. Z. Philos. philos. Kritik 100 (1892) 39ff. – [5] Vgl. Art. ‹Gebrauchsdefinition›. – [6] WHITEHEAD/RUSSELL, a. a. O. [1] 1, 67. – [7] D. HILBERT und P. BERNAYS: Grundl. der Math. 1 (1934) 384. – [8] R. CARNAP: Meaning and necessity (Chicago ²1956) § 8. – [9] W. v. O. QUINE: Math. logic (Cambridge ²1951) 147. – [10] A. CHURCH: Introd. to math. logic 1 (Princeton 1956) 41. – [11] FREGE, a. a. O. [4] 42 Anm. 1. – [12] B. RUSSELL: Mr. Strawson on referring. Mind 66 (1957) 385-389. – [13] P. F. STRAWSON: On referring. Mind 59 (1950) 320-344. – [14] Introd. to logical theory (London 1952) bes. 175. – [15] G. GABRIEL: Fiktion und Wahrheit (1975).

Literaturhinweise. P. T. GEACH: Russell's theory of descriptions. Analysis (Oxford) 10 (1950) 84-88. – R. CARNAP s. Anm. [8]. – P. WEINGARTNER (Hg.): Deskription, Analytizität und Existenz (1966). – L. LINSKY: Referring (London 1967). – H. HOCHBERG: Strawson, Russell and the King of France. Philos. Sci. 37 (1970) 363-384.   G. GABRIEL

Kenose (griech. κένωσις, lat. exinanitio, seltener evacuatio, Ausleerung, Entäußerung) ist ein Begriff der Christologie, der in der lutherischen Theologie des 17. und dann des 19. Jh. ein bestimmtes Moment der Menschwerdung des Gottessohnes bezeichnet und dessen Geschichte in diesen Phasen deshalb besonders beachtet wird. Er steht im Mittelpunkt der Exegese von Phil. 2, 6-11, wo PAULUS – eher beiläufig – davon spricht, daß Christus, «ob er wol in göttlicher gestalt war», sich doch «[ent-]eussert sich selbs» (ἑαυτὸν ἐκένωσεν) «und nam Knechts gestalt an, ward gleich wie ein ander Mensch, ... ernidriget sich selbs und ward gehorsam bis zum Tode, ja zum tode am Creutz» (LUTHER). Zusammen mit dem benachbarten ἐταπείνωσεν ἑαυτόν (humiliavit se, erniedrigte sich) und dem patristischen Begriff der συγκατάβασις (Herunterlassung, Kondeszendenz, s.d.) wird der nur in Phil. 2,7 gebrauchte Begriff der K. fortan oft als wichtigstes Kennzeichen der Menschwerdung Christi (σάρκωσις, incarnatio) gesehen.

Dies gilt schon für die *Patristik*. Wird in der Frühzeit Phil. 2,7 nur zitiert oder umschrieben, so wird die K. seit ORIGENES, besonders aber seit dem 4. Jh. häufig in der Christologie der griechischen [1] und lateinischen [2] Kirchenväter erörtert und spielt auch eine Rolle in der Auseinandersetzung mit den Häresien der Arianer und Nestorianer. Allgemeine Auffassung ist, daß die K. eine des in Gott präexistenten Sohnes, des λόγος ἄσαρκος, sei und Christi Annahme der menschlichen Natur keine völlige Ablegung der göttlichen Natur bedeute, sondern nur eine Entäußerung der göttlichen Macht und Herrlichkeit (δόξα, gloria). Die Zweinaturen-Lehre wird so durch die K.-Lehre bestätigt. AUGUSTINUS: «Sic se exinanivit, formam servi accipiens, non formam Dei amittens» [3]. NOVATIAN kennt eine zweistufige K., die der Menschwerdung und darüberhinaus die Erniedrigung, die Christus als Mensch auf sich nimmt [4].

Von der Theologie des Mittelalters wird der Begriff K. fast gar nicht rezipiert. LUTHER gibt verschiedentlich eine Exegese von Phil. 2,7 [5], doch bildet er keine ausdrückliche K.-Lehre aus. Das geschieht erst in der *lutherischen Orthodoxie* des 17. Jh. Hatten J. GERHARD und D. HOLLAZ bereits gelehrt, daß die K. nicht mit der Inkarnation identisch sei, sondern sich erst im menschgewordenen Sohn, dem λόγος ἔνσαρκος, vollziehe [6], so führen die noch verbliebenen Unklarheiten zum Streit zwischen Gießener und Tübinger Theologen. Die Gießener B.

MENTZER (d. Ä.) und J. FEURBORN interpretieren die K. so, daß die menschliche Natur des *menschgewordenen* Sohnes Gottes göttliche Eigenschaften besitze, sich aber ihres Gebrauchs enthalte [7], die Tübinger L. OSIANDER (d. J.), TH. THUMM und M. NICOLAI dagegen, daß sie diese verberge [8].

Die Kenotiker des 19. Jh., die zwischen lutherischer Zweinaturenlehre und einem nachromantischen Personbegriff vermitteln wollen, vertreten eine «Selbstbeschränkung des Göttlichen», eine K. nicht des menschgewordenen, sondern des *menschwerdenden* Sohnes Gottes, der sich zumindest der Allmacht, Allgegenwart und Allwissenheit entäußert habe [9]. Schließlich hat S. BOULGAKOF den Begriff ‹K.› so weit gefaßt, daß bereits die innertrinitarische Liebe der drei göttlichen Personen zueinander, die Schöpfung und eine metaphysische Inkarnation, von der die historisch-empirische Menschwerdung nur die Folge ist, als K. begriffen werden [10].

Ob der philosophische Begriff der Entäußerung bei FICHTE und HEGEL eine Wurzel auch in der K.-Lehre hat (wie ‹Entfremdung› neben seiner juristischen auch eine theologische Wurzel hat), bleibt zu untersuchen.

Anmerkungen. [1] THEODOT bei CLEMENS VON ALEXANDRIEN, MPG 9, 676 c; CLEMENS ALEX., MPG 8, 64 c. 65 a. 557 a; ORIGENES, MPG 11, 136 c-137 a. 406 c. 488 b. 1045 b. 1052 a. 1313 a/b; 13, 93 c. 98 a. 264 a-b. 1853 b; METHODIUS VON OLYMPIA, MPG 18, 73 b. 157 a; ATHANASIUS, MPG 26, 93 c. 384 b-c; 27, 105 a. 200 a. 260 c; EUSEBIUS VON CÄSAREA, MPG 22, 785 c; 24, 765 a. 884 b; APOLLINARIS VON LAODICEA, in: H. LIETZMANN: Apollinaris und seine Schule 1 (1904) 187f. 221. 237. 240. 243f.; GREGOR VON NYSSA, MPG 45, 688 a-b. 689 c. 705 d. 1149 a. 1164 c; THEODOR VON MOPSUESTIA, MPG 66, 924 b; JOHANNES CHRYSOSTOMUS, MPG 62, 57. 217f. 229. 231; 63, 64; ALEXANDER ALEXANDRINUS, MPG 18, 561 b; Ps.-DIONYSIUS AREOPAGITA, MPG 3, 649 a; DIDYMUS DER BLINDE, MPG 39, 389 a; GREGOR VON NAZIANZ, MPG 35, 432 b. 805 c. 980 b; 36, 97 c. 284 c. 285 b. 636 a; 37, 459 a. 533 a. 656 a; THEOPHILUS VON ALEXANDRIEN bei HIERONYMUS, MPL 22, 767 a. 804 c; CYRILL VON ALEXANDRIEN, MPG 68, 620 b. 692 a; 69, 268 a: 70, 1036 c. 1065 d; 75, 816 c. 828 c. 1301 b. 967 b; 76, 43 c. 44 c. 115 a. 145 a. 413 b. 424 c. 440 d. 797 b. 961 d. 1108 c. 1109 c. 1112 d. 1169 a. 1205 b. 1244 a. 1305 d. 1340 c. 1357 c-1360 c. 1404 d; 77, 109 c. 116 c. 193 c. 261 a. 301 c-d. 611 a. 703 c. 741 a. 773 b-c. 813 b. 868 d. 940 b. 1092 b; ATTICUS bei CYRILL, MPG 76, 301 b; THEODOT VON ANCYRA, MPG 77, 1317 a. 1341 a-b. 1389 a-b. 1352 b; THEODORET, MPG 82, 569-573; 83, 104 b; AMMONIUS VON ALEXANDRIEN, MPG 85, 1396 b; SOPHRONIUS VON JERUSALEM, MPG 87, 3160 b. 3161 a. 3273 c; MAXIMUS CONFESSOR, MPG 91, 57 b. 457 b. 592 d. 1044 c. 1048 c. 1316 d; JOHANNES DAMASCENUS, MPG 94, 793 b; Konzil von Chalcedon s. MPL 54, 765 a; Konzil von Ephesus, Sacrorum conciliorum nova et amplissima collectio, hg. J. D. MANSI 4 (1901) 1196. 1201; 5, 181, 983 c; PHILOXENUS VON MABBUG, hg. A. VASCHALDE, in: Corpus script. christ. orient. (= CSCO) 10 (Löwen 1907) 75. 77. 78. 79. 98; SEVERUS VON ANTIOCHIEN, hg. J. LEBON, in: CSCO 102 (Löwen 1933) 22; 120 (Löwen 1949) 105. – [2] TERTULLIAN, MPL 2, 522; MARIUS VICTORINUS, MPL 8, 1206 d-1208 b; HILARIUS VON POITIERS, MPL 9, 472 b. 485 c-486 a. 846 d; 10, 270 a-b. 292 b-293 a. 322 b. 431 c-432 a. 437 b; LUCIFER CALARITANUS, MPL 13, 864 a-b; AMBROSIUS, MPL 16, 573f. 1146 f.; AMBROSIASTER, MPL 17, 408 d; HIERONYMUS, MPL 26, 389 b. 1026 a; PELAGIUS, MPL 30, 845 b. – [3] AUGUSTINUS, MPL 38, 990. 1002; 42, 938; CÄSAR VON ARLES, MPL 39, 1830. – [4] NOVATIAN, MPL 3, 957-959. – [5] LUTHER, Weimarer A. 1, 268f.; 2, 147; 7, 65; 10/I/1, 448; 17/II, 237. 243. 326; 45, 240; 46, 453; 43, 182. – [6] J. GERHARD: Loci theologici, hg. PREUSS 1 (1863) 592ff.; D. HOLLAZ: Examen theologiae acroamaticae (⁵1734) 2, 157. – [7] B. MENTZER: Examen demonstrat. ... (1617); Sanae et orthodoxae de Jesu Christo theantropo ... (1621); Historia controversiae Tubingensis ... (1623); J. FEURBORN: Kenosigraphia christologike ... (1627). – [8] L. OSIANDER: Diss. de Christi hominis apud omnes creaturas praesentia ... (1619); M. NICOLAI: Consideratio theol. ... de profundissima Kenosei Christi (1622); TH. THUMM: Tapeinosigraphia sacra sive de exinanitione Christi (1623); Acta Mentzeriana (1625); Amica admonitio ... (1624); weitere Schriften bei M. LIPENIUS: Bibliotheca real. theol. 2 (1685) 786-788; J. G. WALCH: Bibliotheca theol. 2 (1758) 653-660; vgl. G. FRANK: Gesch. der prot. Theol. 1 (1862) 336-340. – [9] G. THOMASIUS: Beitr. zur kirchl. Christol. (1845); Christi Person und Werk 1-3 (1853-61, ³1886-88); W. G. GESS: Die Lehre von der

Person Christi (1856); Das Dogma von Christi Person und Werk (1887); F. H. R. FRANK: System der christl. Wahrheit (1878-80) § 34; TH. A. LIEBNER: Die christl. Dogmatik, 1/1: Christol. (1849); E. SARTORIUS: Die Lehre von Christi Person und Werk (⁴1841); Die Lehre von der heiligen Liebe 2 (²1855) 21f.; CH. GORE: Dissertations on subjects connected with the incarnation (London 1895); F. WESTON: The one Christ. An inquiry into the manner of the incarnation (London 1907); gegen die K.-Lehre I. A. DORNER, Ges. Schr. (1883) 188ff. – [10] S. BOULGAKOF (Bulgakow): Du verbe incarné (Paris 1943) 139ff.

Literaturhinweise. F. LOOFS: Art. ‹K.›, in: Realenzykl. prot. Theol. und Kirche 10 (1901) 246-263. – O. BENSOW: Die Lehre von der K. (1903). – A. OEPKE: Art. κηρύσσω, in: Theol. Wb. zum NT, hg. KITTEL 3 (1938) 661. – P. HENRY: Art. ‹K.›, in: Dict. de la Bible, Suppl.bd. 5 (Paris 1957) 7-161 (dort weitere Lit.). – K. GRÜNDER: Figur und Gesch. (1958) 39-47. – G. DELLING und P. ALTHAUS: Art. ‹K.›, in: RGG³. – W. GRUNDMANN: Art. ταπαινος, in: Theol. Wb. zum NT, hg. KITTEL 8 (1969) 1-27.   M. SEILS.

Kerygma (griech. κήρυγμα, Proklamation, Verkündigung)

I. Das Wort ‹K.› bezeichnet innerhalb der *Patristik* [1] in Anlehnung an den Gebrauch der kanonischen Texte [2] zunächst einfach die Art und Weise religiöser Verkündigung. Dabei kann der K.-Begriff auch auf nichtchristliche Religionen Anwendung finden [3]. ORIGENES bezieht dann K. ausdrücklich auf die kirchliche Verkündigung; er spricht von τὸ κήρυγμα τὸ ἐκκλησιαστικόν [4]. Dieser für die Öffentlichkeit bestimmten Lehre treten Dogmen (δόγματα) an die Seite, die als eigentliche Theologie allein Klerikern vorbehalten sind [5].

Anmerkungen. [1] Ausführliche Belege bei G. W. H. LAMPE: A Patristic Greek Lex. (London 1961) 751f. – [2] Mat. 12, 41; Luk. 11, 32; vgl. G. FRIEDRICH: Art. KERYX, KERYSSO usw., in: Theol. Wb. zum NT 3 (1938) 682ff. – [3] EUSEBIUS, Hist. eccl. 6, 41, 7. MPG 20, 608a. – [4] ORIGENES, De principiis III, 1, 1 (152). – [5] a. a. O. Praef.

Literaturhinweis. K. GOLDAMMER: Der K.-Begriff in der ältesten christl. Lit. Z. neutestamentl. Wiss. 48 (1957) 77-101.   G. PLUMPE.

II. In die kritische Darstellung der Dogmengeschichte und die zeitgenössische Auseinandersetzung um die Verbindlichkeit der kirchlichen Lehrüberlieferung hat der Hallenser Theologe J. S. SEMLER (1725-1791) den K.-Begriff eingeführt, wobei er sich seit 1764 wiederholt auf die patristische Unterscheidung von K. und Dogma (bzw. Dogmen) berufen hat [1]. Als Beleg nennt er die griechischen Kirchenväter *Origenes, Basilios* und *Eulogius.* Der K.-Begriff bezeichnet für ihn den «Unterricht von dem Verhalten der Christen, was sie zu glauben, anzunehmen und zu beobachten haben» [2]. Das K. impliziert sowohl dogmatische als auch ethische Elemente. Es ist bezogen auf das neutestamentliche Zeugnis von bestimmten Heilsereignissen (Lehre, Tod und Auferstehung Jesu Christi), welche die bleibende Wahrheit des Christentums ausmachen und als öffentliche Lehre der Kirche in leicht faßlicher und allgemeinverständlicher Form verkündet werden sollen. Insofern gehört zum K. sowohl die zeitgemäße Anrede als auch der Bericht von historisch Geschehenem. Das K. richtet sich unmittelbar auf den individuellen Glauben und ist als der wesentliche Glaubensinhalt für die Gewinnung und Bewahrung der geistlichen Religion unerläßlich. Von dem K.-Begriff ist deutlich zu unterscheiden der Dogmenbegriff, mit dem theologische Lehren gemeint sind, die keineswegs notwendig zum christlichen Glauben gehören und deshalb von den Christen auch nicht angeeignet zu werden brauchen. Die erforderliche Kenntnis der Dogmen bleibt auf den Kreis der in der Kirche tätigen Lehrer und Geistlichen beschränkt. Es ist von dieser Distinktion her verständlich,

daß die mit dem K.-Begriff bezeichneten Verkündigungsinhalte für Semler ein größeres Gewicht und einen weit höheren Grad an Verbindlichkeit besitzen als die mit dem Dogmenbegriff bezeichneten theologischen Lehrbildungen. Semler kennt jedoch weder die moderne Unterscheidung von K. und Lehre, noch darf sein K.-Begriff auf ein von der Verkündigung des historischen Jesus unabhängiges Christus-K. beschränkt werden. Die Aufnahme des K.-Begriffs in die theologische Begrifflichkeit ist bei ihm von der Absicht geleitet, den Zugang zum christlichen Glauben zu erleichtern, die Privatreligion zu legitimieren und die Emanzipation aus dem Geltungsanspruch der überlieferten dogmatischen Lehrsysteme zu befördern. – Bei K. G. BRETSCHNEIDER (1776-1848) wird der altkirchliche K.-Begriff auf «den populären Glauben» bezogen, der inhaltlich nicht über das apostolische Glaubensbekenntnis hinausgeht [3]. – Angeregt von Semler hat auch F. CHR. BAUR (1792-1860), der Begründer der Tübinger Schule, die Unterscheidung von K. und Dogma aufgegriffen, wobei er unter K. ebenfalls «die öffentlich ausgesprochene Lehre» versteht. Im Unterschied zu Semler sucht er jedoch das K. in eine Abhängigkeit von dem geschichtlich sich entwickelnden Dogma zu bringen [4].

Anmerkungen. [1] J. S. SEMLER: Hist. Slg. über die Beweisstellen der Dogmatik 2 (1768) 163; Versuch eines fruchtbaren Auszugs der Kirchengesch. 1 (1773) 204; Versuch einer bibl. Dämonol. (1776) 353; Ausführl. Erklärung über einige neue theol. Aufgaben, Censuren und Klagen (1777) Vorrede; Versuch einer freiern theol. Lehrart (1777) 5; Theol. Br. 1 (1781) 89; 2 (1781) 36; Lebensbeschr. von ihm selbst abgefaßt 2 (1782) 163. 249; Unterhaltungen mit Herrn Lavater über die freie pract. Relig. (1787) 82. 126; Zur Revision der kirchl. Hermeneutik und Dogmatik (1788) 21f. 75f. – [2] Hist. Einl. zu: S. J. BAUMGARTEN: Unters. theol. Streitigkeiten 3 (1764) 149. – [3] K. G. BRETSCHNEIDER: Hb. der Dogmatik der evang.-luth. Kirche 1 (³1828) 17. – [4] F. CHR. BAUR: Lb. der christl. Dogmengesch. (1847) 3; Vorles. über die christl. Dogmengesch. 1 (1865) 11.   G. HORNIG.

III. In der *neueren Theologie* gelangte der Begriff ‹K.› zu programmatischer Bedeutung. Er wurde von M. KÄHLER verwandt, um das Wesen der frühchristlichen Überlieferung im Gegensatz zu dem Historismus der Leben-Jesu-Forschung gegen Ende des 19. Jh. als *Predigt* zu charakterisieren [1]. Diese systematisch gewonnene Erkenntnis hat eine unabhängige Parallele in der exegetischen Forschung, insofern die Formgeschichte des Evangeliums ergab, daß der «Sitz im Leben» für die gesamte Überlieferung des Neuen Testaments in der urchristlichen Predigt zu sehen ist. Eine andere Wurzel für die gegenwärtige Bedeutung des Begriffs ist die auf die gegenwärtige Predigt bezogene dialektische Theologie in Verbindung mit dem Einfluß der Existenzphilosophie auf die Theologie.

Die «kerygmatische Theologie» R. BULTMANNS [2] verbindet beide Wurzeln und zeigt die von daher resultierende Spannung. Bultmann sucht das K. der neutestamentlichen Texte dadurch zu erheben, daß er sie auf das in ihnen dem Hörer begegnende Angebot und den damit verbundenen Anspruch hin interpretiert. Im K. selbst ist das von ihm bezeugte Heilsgeschehen Gegenwart. Dieser Satz zeigt die genannte Spannung, da er entweder besagt, daß das K. Hinweis auf Heilsgeschehen ist oder daß das Geschehen des K. selbst das Heilsgeschehen ist. Die Problematik des Verhältnisses zwischen K. und Historie und die Rückwendung zur Erforschung des historischen Jesus führten zu einer modifizierten Verwendung des Begriffs als Bezeichnung für urchristliche Predigt und Bekenntnisformulierungen. Die systematische Bedeutung ist demgegenüber zurückgetreten.

Anmerkungen. [1] M. KÄHLER: Der sog. hist. Jesus und der geschichtl. bibl. Christus (²1896, ND 1928) 26; vgl. 66. – [2] R. BULTMANN: Theol. des NT (1953, ⁵1965); Glauben und Verstehen 1 (²1954) 280; vgl. G. EBELING: Wort und Glaube 3 (1975) 215ff.

Literaturhinweise. H. OTT: Art. ‹K.›, in: RGG³ 3, 1251ff. – H. W. BARTSCH: Kerygma – Theologie? Evang. Theol. 11 (1951/52) 571-577; ders. (Hg.): Kerygma und Mythos I-IV (1948-55). – F. MILDENBERGER: Kerygmatische Historie? Evang. Theol. 18 (1958) 419-424. – J. M. ROBINSON: Kerygma und hist. Jesus (1960, ²1967); Hermeneutik des K. als Hermeneutik der christl. Freiheit, in: F. THEUNIS (Hg.): K. und Mythos VI/5 (1974) 174ff. – R. BULTMANN: Das Verhältnis der urchristl. Christusbotschaft zum hist. Jesus (1960, ⁴1965). – C. E. BRAATEN und R. A. HARRISVILLE (Hg.): The hist. Jesus and the kerygmatic Christ (1964). – H. CONZELMANN: Grundriß der Theol. des NT (1968) 45ff.

H.-W. BARTSCH

Keuschheit. Ähnlich dem althochdeutschen ‹kiuski› und dem mittelhochdeutschen ‹kiush› haben die entsprechenden lateinischen Ausdrücke ‹castus› und ‹castitas› die Grundbedeutung «rein, unberührt, unschuldig»; sie können von Personen und Dingen ausgesagt werden. So sagt AUGUSTINUS: «Custodienda est autem in animi castitate, quod ad dilectionem proximi pertinet, innocentia et benevolentia, quod autem ad dei, pietas» (Hüten muß man bei der Reinheit der Seele, was die Nächstenliebe angeht, die Unschuld und das Wohlwollen, was die Gottesliebe betrifft, die Frömmigkeit) [1]. Auch THOMAS VON AQUIN kennt neben dem eigentlichen einen metaphorischen Sinn der K., der sich von jeder Tugend aussagen läßt [2]. Bildhaft wird ‹K.› so in gehobener Sprache für Unberührtheit und Ursprünglichkeit verwendet. (Keusch sind z. B. der Frühling, der Schnee, die Flamme, Brot oder Wort).

Eigentlich aber meint ‹K.› zuchtvolle Haltung im sinnlichen Genießen allgemein und im geschlechtlichen besonders: «Die K. ist eindeutig der sinnlichen Sphäre zugeordnet, und das ‹Hüten› des hier obwaltenden Geheimnisses ist die Seele der K.» [3]. «Feingefühl, K., Schamhaftigkeit ist die Reinheit in der Sphäre der Sinnlichkeit» [4]. – Im Bereich des Geschlechtlichen hat ‹K.› eine religiöse und eine sittliche Bedeutung:

Religiöses Verständnis erkennt Geheimnis und Macht geschlechtlichen Lebens. K. strebt danach, an dieser Macht Anteil zu erhalten oder sie in ursprünglicher Unberührtheit der Gottheit zu weihen. Hier hat die kultische K. ihren Ort. Sie verwirklicht sich in Formen der «himmlischen Hochzeit», in der Gestalt des göttlichen Mädchens (Artemis, Athene Parthenos) oder in den römischen Vestalinnen ebenso wie in den Reinheitsvorschriften oder der «Tobiaszeit» (Tob. 8) des Alten Testaments oder im christlichen Gelübde der K. Geübt wird sie bei besonderen Anlässen, um Glück zu erlangen oder sich zu schützen (Jagd, Ernte, Krieg), oder sie soll in institutioneller Form dem Einzelnen oder einer Gemeinschaft Heil verbürgen.

Als *sittliche* Haltung bemüht sich die K. um geordnetes Verhalten im geschlechtlichen Bereich. Sie ist nicht einfach die Unberührtheit unerwachter Jugendlichkeit, sondern Tugend aus bewußter sittlicher Entscheidung. Je nach dem Lebensstand hat sie ihre eigene Gestalt (voreheliche, eheliche und K. des Verwitweten).

Die castitas ist so schon in der *Antike* geschätzt [5]. Nach dem Neuen Testament ist K. Gabe des Geistes, führt zur Heiligung und überwindet die Unzucht (Gal. 5, 23; 1. Thess. 4, 3ff.; Röm. 6, 19; 2. Kor. 6, 6); ἐγκράτεια und ἁγνεία vor allem sagen sie aus. Damit sind zugleich die beiden Aspekte der K., die Ehrfurcht vor der Schöpfungsgabe und die zuchtvolle Beherrschung, bezeichnet. Je nach der gesamten Einstellung einer Zeit

wird in der Ethik das eine oder andere Element stärker betont. Die Theologie der Väter sieht die K. vor allem als Enthaltsamkeit; wird auch die castitas jedem Lebensstand zugesprochen, so wird sie doch wertmäßig abgestuft [6]. AUGUSTINUS verweist die geschlechtliche Liebe auf den ordo amoris: «Nam et amor ipse ordinate amandus est, quo bene amatur quod amandus est, ut sit in nobis virtus qua vivitur bene» (Denn damit in uns die Tugend wohne, kraft deren man gut lebt, muß in rechter Ordnung auch die Liebe selber geliebt werden, die das Liebenswerte gut liebt) [7].

Bis ins hohe *Mittelalter* wirken stoische und unterströmig manichäische Einflüsse wie das mönchische Ideal in der Beurteilung des Geschlechtlichen nach. Erst für THOMAS ist auch die sexuelle Lust werthaft und ihre in der Ehe geordnete Erfüllung Tugend. K. zählt nach ihm zur Kardinaltugend der Mäßigkeit und ist der reinen continentia vorgeordnet. Sie soll im Bereich der Geschlechtskraft den ordo rationis verwirklichen [8]. Innerhalb dieser Ordnung kann sich die K. als Werthaltung entfalten. Als ehrfürchtige Annahme der Schöpfungsgabe besitzt sie immer auch kultische Qualität und entfaltet in der liebenden Begegnung ihre soziale Dimension. «Die K. ist keine physiologische, sondern eine soziale Tugend. Anders ausgedrückt: Die Versittlichung des Sexuellen liegt in seiner Humanisierung, nicht in seiner Naturalisierung» [9]. Als gleichsam naturhafte Vorstufe der K. besitzt der Mensch das Schamgefühl, das nach M. SCHELER im «Clair-obscur» der menschlichen Natur wurzelt.

In der *neueren Ethik* wurde K. teilweise als Verneinung der Geschlechtslust verstanden. HEGEL nimmt als Beispiel der Befreiung des Weltlichen durch den göttlichen Geist, daß statt des Gelübdes der K. nun die Ehe als das Sittliche gelte [10]. Auch M. SCHELER fürchtet, daß christliche bzw. kirchliche K.-Ideen das natürliche Schamgefühl verbiegen können. Umgekehrt hat A. SCHOPENHAUER die «freiwillige, vollkommene K.» als «ersten Schritt in die Askese oder die Verneinung des Willens zum Leben» beschrieben [11].

Anmerkungen. [1] AUGUSTIN, De mendacio 19, 40. – [2] THOMAS VON AQUIN, S. theol. II/II, 151, 2. – [3] D. v. HILDEBRAND: Reinheit und Jungfräulichkeit (1927) 69. – [4] N. HARTMANN: Ethik (1926) 375. – [5] CICERO, De legibus 2, 29; HORAZ, Carmina 3, 24, 23; PLINIUS, Ep. 1, 14, 8. – [6] z. B. HIERONYMUS, Ep. 66, 2; AUGUSTINUS, De civ. Dei XV, 26. – [7] a. a. O. XV, 22. – [8] THOMAS VON AQUIN, S. theol. II/II 141, 4; 151. – [9] J. RATZINGER: Zur Theol. der Ehe, in: GREEVEN/RATZINGER/SCHNACKENBURG/WENDLAND: Theol. der Ehe (1969) 99. – [10] G. W. F. HEGEL, System der Philos. III. Philos. des Geistes II, § 552, hg. GLOCKNER 10 (1929) 438f.; vgl. Vorles. über Philos. der Gesch. a. a. O. 11 (1928) 4, 2. – [11] A. SCHOPENHAUER, Die Welt als Wille und Vorstellung. Werke, hg. A. HÜBSCHER (²1949) 4, 449 u. ö.

Literaturhinweise. E. FEHRLE: Die kultische K. im Altertum (1910). – R. GOODLAND: A bibliogr. of sex rites and customs (London 1931). – D. v. HILDEBRAND s. Anm. [2]. – C. G. JUNG/K. KERÉNYI: Das göttliche Mädchen (Amsterdam 1941). – J. PIEPER: Zucht und Maß (1939). – M. SCHELER, Über Scham und Schamgefühl. Schr. aus dem Nachlaß 1 (1957). – B. HÄRING: Das Gesetz Christi (1963) 3, 292ff. – Art. ‹K.› in RGG und LThK.

R. HAUSER

Kinästhese («Bewegungsempfindung», von griech. κίνησις «Bewegung» und αἴσθησις «Empfindung») ist ein in der Psychologie des ausgehenden 19. Jh. gebräuchlicher Begriff, der auf H. CH. BASTIAN [1] zurückgeht und der die mit der leiblichen Bewegung verknüpfte Empfindung («Muskelsinn») bezeichnet. Philosophisch relevant wird der Begriff der K. in der Phänomenologie E. HUSSERLS.

Hier bezeichnet K. die in der deskriptiven Analyse der Wahrnehmung aufweisbare Einheit von Rezeptivität (Empfindung) und Spontaneität (Bewegung) [2]. Die in mundaner Einstellung als Bewegung eines Wahrnehmungsorganes (z. B. der Augen) beschreibbare K. wird in phänomenologischer Einstellung auf das reduziert, was von ihr bewußtseinsmäßig gegeben ist. So zeigt sich, daß zur K., die als Noesis der Wahrnehmung angesehen wird, folgende Momente gehören: 1. Das Moment der Spontaneität; dieses ist gegeben als Bewußtsein des «Ich tue», «Ich bewege mich», wobei auch das Stillhalten ein Modus des «Ich bewege mich» ist [3]. 2. Das Moment der Rezeptivität; in ihm sind zweierlei Empfindungen impliziert: a) Empfindungen im üblichen Sinne als Farb-, Ton-, Tastempfindungen usw. (Datenempfindung) [4]; b) Empfindungen, in denen die Bewegung (und als Grenzfall: Ruhe) selbst empfindungsmäßig gegeben ist (kinästhetische Empfindung) [5]. Die Datenempfindungen sind im Sinne der Motivation («wenn – so») auf die Spontaneität als Bewegung zurückbezogen [6]. Alle K., die Empfindungsdaten einer und derselben Gattung zur Gegebenheit bringen, bilden ein kinästhetisches System als ein System der Vermöglichkeit. Dieses ist aktualisiert in der jeweiligen kinästhetischen Situation [7]. Dem kinästhetischen System entspricht als Korrelat das Sinnesfeld, in dem alle Empfindungsdaten lokalisiert sind. Diese Korrelation von kinästhetischem System und Sinnesfeld hat eine zentrale Bedeutung im Rahmen einer phänomenologischen Theorie der Raumkonstitution [8].

Anmerkungen. [1] Vgl. H. CH. BASTIAN: The muscular sense. Brain 10 (London 1887) 1-88. 119-137. – [2] U. CLAESGES: Edmund Husserls Theorie der Raumkonstitution (Den Haag 1964) 126ff.; vgl. E. HUSSERL: Ding und Raum. Vorles. 1907. Husserliana 16 (Den Haag 1974). – [3] E. HUSSERL: Die Krisis der europ. Wiss. und die transzendentale Phänomenol. Eine Einf. in die phänomenol. Philos. Husserliana 6 (Den Haag ²1962) 108. – [4] Ideen zu einer reinen Phänomenol. und phänomenol. Philos. 2. Buch. Husserliana 4 (Den Haag 1952) 57. – [5] ebda. – [6] ebda. – [7] Die Krisis ... a. a. O. [3] 109. – [8] Ideen ... a. a. O. [4] 57.

Literaturhinweise. L. LANDGREBE: Prinzipien einer Lehre vom Empfinden. Z. philos. Forsch. 8 (1954) 193-209; auch in: Der Weg der Phänomenol. (²1967) 111-123. – U. CLAESGES s. Anm. [2].

U. CLAESGES

Kinästhesie. Der Begriff ‹K.› hat seit seiner Prägung durch H. C. BASTIAN (1880) [1] keinen spektakulären Bedeutungswandel erfahren. Immerhin legen seine Verwendungsmodi eine Differenzierung im Hinblick auf den wissenschaftstheoretischen Status des Begriffs in Physiologie und Psychologie nahe, und außerdem bedürfen die Verwendungsweisen bedeutungsgleicher bzw. -ähnlicher Termini und Konzepte (*Muskelsinn, Bewegungsempfindung, Propriozeption, Tiefensensibilität*) sowie die Kriterien ihrer Abgrenzungen von ‹K.› der Erörterung.

In der *Physiologie* steht ‹K.› im allgemeinen als klassifikatorisches Konzept im Dienste der Systematisierung von Sinnesleistungen. In der Rolle eines eher theoretischen Konzepts präsentiert sich ‹K.› vornehmlich in der *Psychologie*; die amerikanische experimentelle Bewußtseinspsychologie (E. B. TITCHENER) erhebt K. ins Zentrum ihrer Theoriebildung [2].

1. Innerhalb des *physiologischen* Sprachgebrauchs wiederum ist zu unterscheiden zwischen einer weiten und einer neuerdings sich einbürgernden engen Fassung des K.-Begriffes. Das *weitere* K.-Konzept, mit dem das in der Psychologie geläufige inhaltlich weitgehend identisch ist [3], meint die Gesamtheit sensorischer Leistungen, die von Rezeptorsystemen in Muskeln, Sehnen und Gelenken erbracht werden und funktionell dadurch charakte-

risiert sind, daß sie dem Zentralnervensystem Informationen übermitteln über die räumliche Stellung der Körperglieder (zueinander), Richtung und Geschwindigkeit ihrer aktiven und passiven Bewegungen sowie das Ausmaß an Kraft, das bei Ausführung einer Bewegung und zur Beibehaltung einer Gliedstellung gegen einen Widerstand aufgewandt werden muß [4]. Der *engere* K.-Begriff trägt neueren experimentalphysiologischen Befunden Rechnung, wonach Stellungs- und Bewegungsmeldungen – und nur auf diese bezieht er sich im allgemeinen [5] – in erster Linie an Gelenkrezeptoren gebunden sind: «By kinesthetic sensations we understand the appreciation of movement and position of the joints» [6].

Kinästhetische Sinnesleistungen thematisierende Forschungstraditionen in Physiologie und Psychologie sind entscheidend geprägt durch die biologisch-funktionalistisch zentrierte Frage nach dem adaptiv-instrumentellen Wert der K. Nicht zuletzt in Anknüpfung an Überlegungen BASTIANS wird unter diesem Aspekt primär auf die bedeutsame Rolle verwiesen, die der K. im Rahmen des Vollzugs koordinierter motorischer Handlungsverläufe zufällt: Durch den motorischen Akt selbst hervorgerufene kinästhetische Erregungsmuster stehen insoweit im Dienste der Überwachung und Korrektur des Bewegungsablaufs, als sie fortlaufend das Resultat des zentral initiierten motorischen Impulses an zentralnervöse Instanzen zurückmelden [7]. Dieser Funktionszusammenhang ist bereits vor ca. 150 Jahren durch den schottischen Physiologen C. BELL als «Nervenzirkel» (Gehirn-Muskel-Gehirn) beschrieben worden. Tatsächlich fällt der Beginn einer Begriffsgeschichte der K. zeitlich keineswegs zusammen mit dem Ursprung der in die erste Hälfte des 19. Jh. zurückreichenden Forschungstradition, die sich der experimentellen, aber auch der klinisch-beobachtenden Analyse der heute gemeinhin unter K. subsumierten Leistungen widmet. Sie wurden seinerzeit als Manifestationen des «*Muskelsinns*» aufgefaßt.

Die Studien Bells erheben den Muskelsinn zum Gegenstand physiologischer Forschung [8]. Diesem «sechsten Sinn» werden drei Gruppen von Qualitäten zugeschrieben: «pain and fatigue, weight and resistance, movement and position (and, thus, coordination)» [9]. Bells Konzept des «Nervenzirkels» läßt die Bedeutung des Muskelsinns für die Ausführung koordinierter Bewegungen deutlich hervortreten: «Beim Stehen, Gehen, Laufen wird jeder Willensact, welcher dem Körper Bewegung erteilt, von dem Gefühle des Zustandes der Muskeln geleitet, und ohne dieses Gefühl würden wir nicht im Stande sein, ihre Thätigkeit zu ordnen» [10]. Bells Ansatz bildet den theoretischen Rahmen für zumindest einen der beiden Arbeitsbereiche, in denen sich die Forschungsaktivitäten zum Muskelsinn in der Folgezeit entfalten:

a) Das Studium pathologischer Ausfallserscheinungen (Ataxie) bei Tabes dorsalis ist mit den Namen E. LEYDEN [11] und A. STRÜMPELL assoziiert. Die «Leitungsanästhesien des Muskelsinns» [12] durch tabische Degeneration des Hinterstrangs führt zu ataktischen Koordinationsstörungen.

b) Auf der Grundlage der Erkenntnis, daß «wir außer den Tastorganen noch eine zweite Klasse von Organen besitzen, welche uns von der Größe des auf unseren Körper wirkenden Druckes oder Zuges eine Vorstellung verschaffen: die unserem Willen gehorchenden Muskeln nebst den Nerven und deren Zentralorganen» [13], unternimmt E. H. WEBER Versuche, die insbesondere der Erstellung eines Methodeninventars dienen; dieses ermöglicht einerseits gesonderte Analysen für Tast- und Muskelsinn – Weber verwendet allerdings häufiger den Ausdruck ‹Kraftsinn› –, andererseits eine Bestimmung des Differenzierungsvermögens des Kraftsinns [14].

Der Terminus ‹Muskelsinn› war mißverständlich, weil er den Eindruck erwecken mußte, daß die Frage nach dem anatomisch-histologischen Substrat der in Rede stehenden Sinnesleistungen bereits beantwortet sei.

Der schottische Philosoph T. BROWN hatte zu Beginn des 19. Jh. die These vertreten, den Muskeln sei der Status von Sinnesorganen einzuräumen, deren Leistungen als Empfindungen des Muskelkontraktionsgrades aufweisbar sind [15]. BELL stellte diese Annahme auf eine tragfähige physiologische Basis, indem er geltend machte, daß Muskeln sowohl motorisch wie sensorisch innerviert sein können, und diesen Befund in die Konzipierung des sensorisch-motorischen Nervenzirkels einbrachte. Sie gewann zunehmend an Stringenz mit W. KÜHNES Entdeckung der «Muskelspindeln» [16] und C. SACHS' ‹Untersuchungen über die sensiblen Nerven der Muskeln› [17] und erfuhr ihre empirische Absicherung, nachdem A. RUFFINI (durch präzise histologische Analyse) [18] und C. S. SHERRINGTON [19] den Nachweis der sensiblen Natur der Muskelspindeln überzeugend geführt hatten.

In den 60er Jahren des 19. Jh. werden zunehmend – insbesondere von LEYDEN im Rahmen seiner Ataxieforschungen [20] und von G. B. DUCHENNE [21] – Bedenken gegen die prominente Rolle angemeldet, die den Muskeln in der Stellungs- und Bewegungswahrnehmung bis dahin zugeschrieben worden war. Duchenne verweist auf den erheblichen Anteil der Gelenksensibilität am «Coordinationsvermögen der Locomotion». A. GOLDSCHEIDER schließlich sieht es nach umfangreichen Versuchsreihen, in denen er u. a. ebenmerkliche Gelenkexkursionen mit und ohne Faradisierung der Gelenke ermittelt, als «im Grunde für erwiesen» an, daß zumindest für die Entstehung von «Bewegungsempfindungen» «das Gelenk allein in Betracht» komme [22]. Der Sehnensensibilität wiederum falle vorrangige Bedeutung für die «Empfindung der Schwere und des Widerstandes» zu [23]. Konsequenterweise plädiert GOLDSCHEIDER (1889) dafür, den im Hinblick auf die organismischen Grundlagen der fraglichen Empfindungen zu viel präjudizierenden Begriff ‹Muskelsinn› fallen zu lassen zugunsten einer differenzierenden Benennung der bis dato «unter Muskelsinn zusammengefaßten Fähigkeiten ...»: 1. Gefühl für passive Bewegungen, 2. Gefühl für aktive Bewegungen, 3. Wahrnehmung der Lage, 4. Empfindung der Schwere und des Widerstandes» [24].

Im gesamten 19. Jh. behauptete sich eine Diskussionstradition, die den Muskelsinn in einen zum Teil als Gegenposition zu Bell konzipierten theoretischen Erklärungszusammenhang stellte. Sie entwickelte sich auf dem Boden des britischen Sensualismus und hatte als prominenteste Vertreter J. MÜLLER, H. v. HELMHOLTZ und W. WUNDT.

In seinem ‹Handbuch der Physiologie› (1837) gibt MÜLLER im Rahmen einer Besprechung der Versuche Webers zu bedenken, «daß die Vorstellung des Gewichtes und des Druckes beim Heben und Widerstehen auch zum Teil nicht Gefühl im Muskel, sondern ein Wissen von dem Maass der vom Gehirn incitirten Nervenwirkung ist» [25]. Müller propagiert hier die von WUNDT später aufgegriffene und weiter elaborierte These, daß die Leistungen des Muskelsinns zumindest nicht nur auf «Muskelempfindungen» beruhen, die auf der Grundlage afferenter Impulse vom Muskel entstehen, sondern in

«sensorischen Miterregungen» gründen, die genetisch von zentralen motorischen Willensimpulsen abhängig sind und sie begleiten. Da diese motorischen Innervationen auf den Vollzug von willkürlichen Muskelbewegungen gerichtet sind, nennt Wundt die an sie geknüpften Miterregungen («Innervations»- oder) «*Bewegungsempfindungen*»; ihnen ist ein «genaues Maass sowohl für die Kraft wie für den Umfang» auch nur intendierter Bewegungen zu entnehmen [26]. Den Innervationen der motorischen Zentren fällt somit eine quasisensorische Qualität zu [27]. Im Jahre 1900 legt SHERRINGTON eine kritische Bestandsaufnahme der Diskussion um die Theorie der Innervationsempfindungen vor. Sein Resümee («‹sensation of innervation› ... remains unproven») war mitverantwortlich für die Tatsache, daß diese Konzeption in der physiologischen Fachliteratur der Folgezeit kaum noch Resonanz fand [28]. Obwohl die Auseinandersetzung um die Hypothese der Innervationsempfindungen Ende des 19. Jh. theoriegeschichtlich abgeschlossen ist, wirkt sie terminologiegeschichtlich noch bis ins 20. Jh. hinein fort. Wundt hatte in seinen späteren Fassungen der ‹Grundzüge› unter Wahrung theoretischer Grundpositionen den Ausdruck ‹Innervationsempfindungen› durch den Begriff der (zentralen) ‹Bewegungsempfindungen› abgelöst [29]. Dieser Terminus behauptet sich noch in deutschsprachigen physiologischen Standardwerken des 20. Jh., ist seiner ursprünglich theoretischen Implikationen allerdings weitgehend beraubt [30]. Mit eben dieser Einschränkung gilt, daß das Konzept ‹Bewegungsempfindung› auch Aufnahme in den Begriffskatalog der neuen experimentellen Bewußtseinspsychologie findet, wo es mit dem sich einbürgernden Synonym ‹K.› (bzw. «kinästhetische Empfindungen») in Konkurrenz tritt [31].

Wundts Vorstellungen finden innerhalb der britischen *Neurologie* des 19. Jh. renommierte Verfechter in A. BAIN, H. JACKSON u. a. Gegenposition bezieht neben SHERRINGTON der englische Mediziner H. C. BASTIAN [32]. Dieser hat die Problemgeschichte des «Muskelsinns» durch theorie- und begriffshistorisch bedeutsame Beiträge mitgeprägt. Nachhaltig ist namentlich sein Einfluß auf die Entwicklung der Begrifflichkeit: Im Jahre 1880 führt Bastian in seiner Monographie ‹The Brain as an Organ of Mind› den Ausdruck ‹kinaesthesis› im Kontext seiner Ausführungen über die Steuerung (guidance) willkürlicher motorischer Aktivität ein [33]. Die Gründe, die ihn bewogen, terminologische Neuerungen vorzuschlagen sowie seine Theoriebildung auf den «sense of movement» (= K.) zu beschränken, sind darin zu suchen, daß über den damaligen Status des «Muskelsinns» als Konzept und Gegenstandsbereich der Forschung kaum noch eine Verständigung herbeizuführen war.

Bastians definitorische Bestimmung weist ‹K.› als ein für seinen Ansatz zentrales theoretisches Konzept aus. Sie macht überdies wahrscheinlich, daß ‹K.› aus der Perspektive einer prinzipiell «funktionalen» Betrachtungsweise heraus entwickelt worden ist: Thematisch ist die Funktionsanalyse der organismischen Leistung («guidance of volitional impulses» [34]), zweitrangig dagegen die Frage nach der Struktur des anatomischen Substrats, insbesondere den Aufbaueigenschaften der «Bewegungssinn»-Rezeptoren. Bastians «kinaesthesis theory of voluntary action» postuliert zwei Hauptmechanismen, die für das Zustandekommen eines geordneten Bewegungsvollzugs zusammenwirken. Beteiligt sind 1. ein peripherer Prozeß, über den die kinästhetischen Erregungen («impressions») aus Muskeln, Gelenken usw. vermittelt werden, 2. ein zentraler Prozeß – konzipiert in psychologischer Terminologie: die Reaktivierung kinästhetischer Gedächtnispräsentationen (images) von Empfindungen (vgl. H. Münsterbergs «Erinnerungsvorstellung der Bewegungsempfindung» [35]), die an die früheren Ausführungen des aktuell intendierten Bewegungsentwurfs gebunden sind [36]. Die Annahme dieser zentralen Komponente ist im übrigen vor einem gedanklichen Hintergrund verständlich zu machen, der von dem mit Bastian befreundeten Philosophen H. SPENCER bereitgestellt worden ist [37].

2. In der *Psychologie* des frühen 20. Jh. findet die K. ein weit lebhafteres Interesse als in der damaligen physiologischen Forschung. Zumal in den USA ist K. zeitweilig Hauptgegenstand experimentalpsychologischer Analyse. Sie wird betrieben auf einer subjektiv-introspektiven, aber auch auf einer objektiv-verhaltensanalytischen Datenbasis (durch Selbst- bzw. Fremdbeobachtung)[38].

a) TITCHENER, Schüler Wundts, Wegbereiter seines Systems und Protagonist der experimentellen Bewußtseinspsychologie in Nordamerika, sowie seine *Cornell-Schule* lassen als einzig legitimen Datenfundus auf dem Wege kontrollierter Selbstbeobachtung gewonnene Protokolle zu [39]. Eine denkpsychologische Kontroverse um den introspektiv-experimentellen Nachweis unanschaulicher Bewußtseinsinhalte, an der Titchener und seine Schule einerseits und die *Würzburger Schule* (O. Külpe, K. Bühler, K. Marbe) andererseits beteiligt waren, wirft Licht auf den prominenten Stellenwert der K. in der Theoriebildung der amerikanischen Strukturalisten. Titchener weist die von den «Würzburgern» behauptete Tatsache unanschaulicher Denkprozesse mit der aus seiner sensualistischen Position resultierenden Gegenbehauptung zurück, daß diese – wie alle «conscious mental processes» – reduzierbar seien auf «either sensations, images, or feelings (affections)» [40]. Die Protokolle der Cornell-Experimente belegen nach seiner Ansicht, daß in der Introspektion vor allem Organempfindungen – und insbesondere kinästhetische Empfindungen – erlebt werden. So läßt sich etwa N. ACHS Bewußtheit (awareness of meaning), «das unanschauliche Gegebensein eines Wissens» [41], nach Titchener letztlich auf kinästhetische Empfindungen zurückführen: «Meaning is originally K.; the organism faces the situation by some bodily attitude, and the characteristic sensations which the attitude involves give meaning to the process» [42]. Das geradezu universelle Vorhandensein eines kinästhetischen «Kontexts» fördert überdies die Analyse der Wahrnehmung von Rhythmen zu Tage [43].

b) Zeitlich parallel, im übrigen aber weitgehend unabhängig von Ansätzen der Cornell-Schule, entwickelt sich in den USA eine Forschungs- und Methodentradition, die K. experimentellen *Leistungsanalysen* unterzieht. Sie hat sich bis in die Gegenwart hinein behaupten können, während Titcheners Introspektionspsychologie sehr bald der wachsenden Kritik seitens funktionalistischer Positionen zum Opfer gefallen ist [44]. Bereits in frühen leistungsanalytisch orientierten Arbeiten, die zum Teil noch eine Zwitterstellung zwischen *physiologischer* und *psychologischer* Problemzentrierung einnehmen [45], konturiert sich ein methodisches Grundparadigma, das psychologische Forschungsaktivitäten der Folgezeit im Gegenstandsbereich «Motorisches Lernen» prägt: Zwecks Spezifikation des Beitrages, den K. im Zuge des Erwerbs motorischer Fertigkeiten leistet, wird im Rahmen systematischer Bedingungsvariation geprüft, inwieweit sich kinästhetische «cues» im Vergleich etwa zu optischen Informationen über die zu beherrschende Handlung im Sinne eines Lernfortschritts nutzbar machen lassen [46]. Der Ertrag dieser Forschungsrichtung (comparison of cues [47]), die auch durch jüngste Arbeiten fortgeführt wird [48], beschränkt sich bislang vornehmlich auf die Erkenntnis, daß die Frage nach der Effektivität bestimmter Informationsmodi (kinästhetisch, visuell, verbal usw.) je nach Anforderungscharakteristika der zu lernenden Fertigkeit sowie nach Maßgabe der je untersuchten Trainingsphase unterschiedlich zu beantworten ist [49].

In enger Nachbarschaft zu dieser Forschungslinie trifft man auf eine zweite, die sich insbesondere in den letzten zwei Jahrzehnten der psychodiagnostischen Erfassung der als sensorische Fähigkeit konzipierten K. widmet [50]. Der noch weitgehend ungeklärte prognostische Wert dieser Tests für die Vorhersage von Leistungen in psychomotorischen Prüfverfahren (gegebenenfalls auf verschiedenen Übungsniveaus) wird in entsprechenden Untersuchungen thematisiert [51]. Für die zum Teil bedeutende Heterogenität der Items in den K.-Tests sind nicht zuletzt sehr weite – etwa auch labyrinthäre Leistungen einschließende – Fassungen des K.-Begriffs mitverantwortlich [52].

3. Eine Inspektion der Stichwortkataloge von weit verbreiteten Lehrbüchern und sinnesphysiologischen Abhandlungen, die seit 1900 erschienen sind, führt zu dem Ergebnis, daß K. im *physiologischen* Begriffssystem zunächst keinen festen Platz gefunden hat. Hierfür mögen zumindest zwei Gründe anzuführen sein: a) Der Terminus ‹Muskelsinn› hatte im 19. Jh. eine so weitgehende Verbreitung erfahren, daß er auch noch bis ins 20. Jh. hinein gebräuchlich geblieben ist (vgl. z. B. M. v. FREY [53]). b) Der britische Physiologe SHERRINGTON entwirft 1906 eine funktionelle Taxonomie der Sinnesleistungen, die eine «Dreiteilung von Sinnessystemen für die Umwelt- und Körperwelt-Beziehungen» [54] vorsieht; er schlägt hier zum ersten Male den Ausdruck ‹*Propriozeptoren*› zur Benennung einer Klasse von Organen vor, die von «Exterozeptoren» einerseits und «Interozeptoren» andererseits zu sondern sind. Propriozeptoren, «adapted for excitation by changes going forward in the organism itself» [55], sind funktional dadurch charakterisiert, daß sie aus Muskeln, Sehnen, Gelenken und Labyrinth Meldungen über Stellung und Bewegung des eigenen Körpers übermitteln [56].

Speziell der Stellenwert, den Sherrington der Propriozeption im Zusammenhang der (reflektorischen) Kontrolle der Skelettmuskulatur, und damit der Bewegung und Haltung des Körpers im Raum, zuweist, ist Anstoß für einschlägige Detailanalysen (z. B. funktionaler und struktureller Merkmale der Muskelspindelsysteme), die auch in der gegenwärtigen *Neurophysiologie* einen breiten Raum einnehmen [57]. In dem Maße, wie sich – begriffshistorisch betrachtet – der Terminus ‹Propriozeption› durchzusetzen beginnt, taucht ‹K.› im physiologischen Sprachgebrauch immer seltener auf. T. C. RUCH bemerkt 1950, daß die Leistungen des Vestibularapparates zunehmend nicht mehr unter ‹Propriozeption› subsumiert werden [58] (vgl. N. BISCHOF [59] oder M. MONNIER [60]); d. h. ‹Propriozeption› und ‹K.› sind praktisch bedeutungsgleich geworden [61]. In der neueren Literatur ist die von RUCH behauptete Bedeutungseinengung von ‹Propriozeption› keineswegs durchgängig zu beobachten. So handeln etwa M. A. WENGER, F. N. JONES und M. H. JONES sowohl K. wie den «Vestibularsinn» unter dem Leitbegriff ‹proprioception› ab [62]. Auch P. H. MITCHELL [63] und B. A. HOUSSAY [64] fühlen sich der ursprünglichen Klassifikation Sherringtons noch grundsätzlich verpflichtet.

Neben Sherringtons Einteilung der Sinnesleistungen ist vielfach eine «klinische» Systematik insbesondere in der medizinischen Literatur anzutreffen, die nicht funktionellen, sondern anatomisch-strukturellen Ordnungsprinzipien folgt: Nach Maßgabe der anatomischen Lage der Rezeptoren werden deren Leistungen entweder der «Oberflächen»- oder der «*Tiefensensibilität*» zugerechnet [65]. K. kann als Dimension der Tiefensensibilität gelten [66]; nach Ruch umfaßt «Tiefensensibilität» über den «position sense» hinaus noch «deep pain» und «deep pressure» [67] (nicht aber wiederum die vestibulären Leistungen). Der Ausdruck ‹Tiefensensibilität› hat im Gegensatz zu ‹K.› zumindest während der letzten hundert Jahre immer wieder Verwendung gefunden. Goldscheider spricht bereits 1889 von der «tiefen Sensibilität» [68] in prinzipiell gleichem Sinne wie H. Rein fünfzig Jahre später – als von einem Sammelbegriff für Stell- und Kraftwahrnehmung [69]. In einer der neusten sinnesphysiologischen Abhandlungen (1973) nennt R. F. Schmidt drei «Qualitäten» der Tiefensensibilität: Stellungssinn, Bewegungssinn, Kraftsinn [70].

In der *neueren* Neurophysiologie lebt der Terminus ‹K.› wieder auf [71]. Als gemeinsame Konstituentia der Begriffsbestimmungen von ‹K.› begegnen hier Spezifikationen der anatomischen Lage der Organe, die über Stellung und Bewegung informieren. Die definitorische Akzentuierung verweist zugleich auf den Schwerpunkt der einschlägigen Forschungsaktivitäten, die wahrscheinlich gemacht haben, daß als Quelle von Stellungs- und Bewegungsmeldungen in erster Linie die Rezeptoren in den Gelenkkapseln in Betracht kommen [72]. Entsprechend wird in jüngsten Veröffentlichungen im Hinblick auf die Verwendungsweise von ‹K.› festgestellt, «[that] the term K. is commonly used to refer to the perception of changes in joint angles» [73]. Diese operationale Definition steht ebenso im Dienste von Bemühungen um unmißverständliche begriffliche Konventionen und Neutralisierung des Sprachgebrauchs wie die Renaissance des K.-Konzepts überhaupt: In der Physiologie begriffsgeschichtlich sozusagen ohne Vergangenheit, tritt es zur Bezeichnung der Leistungen der Gelenksensibilität an die Stelle von ‹Propriozeption› [74], die insoweit «vorbelastet» ist, als ihre Verwendung seit Sherrington zunehmend auf den Arbeitsbereich beschränkt worden ist, der Rezeptoren «im Bereich von Muskeln und Sehnen des Bewegungsapparates» und ihre «funktionelle Bedeutung für die Arbeitsweise der Skelettmuskulatur» untersucht [75]. Die aktuelle Neurophysiologie macht sich auch hier die in den Naturwissenschaften dominierende kybernetische Systembetrachtung zu eigen. Als heuristisch recht zweckmäßig erweist es sich in diesem Zusammenhang, den funktionalen Stellenwert kinästhetischer und propriozeptiver Steuerungs- und Korrekturprozesse u. a. im Hinblick auf Koordinationsleistungen in Termini ganzheitlicher (sensomotorischer) «Wirkungsgefüge» [76] (Prototyp: der «Regelkreis») modellhaft zu veranschaulichen [77]. Entkleidet man diese «Regelkreis»-Konzeption ihrer informationstheoretischen Terminologie, so konturiert sich eine Struktur von Funktionsprinzipien, die umrißhaft bereits in Bells «Nervenzirkel»-Konzept erkennbar ist.

Anmerkungen. [1] H. C. Bastian: The brain as an organ of mind (London 1880) 543. – [2] E. G. Boring: Sensation and perception in the hist. of exp. psychol. (New York 1942) 533. – [3] H. B. und A. C. English: A comprehensive dict. of psychol. and psycholanal. terms (New York ⁹1968) 284. – [4] T. C. Ruch:

Somatic sensation, in: Physiol. and biophys., hg. T. C. Ruch/ H. D. Patton (Philadelphia/London ¹⁹1965) 302-317. – [5] E. Gardner: Spinal cord and brain stem pathways for afferents from joints. Myotatic, kinesthetic and vestibular mechanisms, hg. A. V. S. de Reuck/J. Knight (London 1967) 56ff. – [6] J. E. Rose und V. B. Mountcastle: Touch and kinesthesis, in: Handbook of physiol. 1: Neurophysiol., hg. J. Field/H. W. Magoun/ J. E. Hall (Washington, D. C. 1959) 388. – [7] B. Ricci: Physiol. basis of human performance (Philadelphia 1967) 33. – [8] C. Bell: On the nervous circle which connects the voluntary muscles with the brain. Philos. Trans. 116 (1826) 163-173. – [9] E. G. Jones: The development of the ‹muscular sense› concept during the 19th century and the work of H. Charlton Bastian. J. Hist. Med. all. Sci. 27 (1972) 298-311. – [10] C. Bell: The nervous system of the human body (1830); dtsch. M. H. Romberg (1836) 188. – [11] E. Leyden: Die graue Degeneration der hinteren Rükkenmarksstränge (1863) 167ff. – [12] A. Strümpell: Über die Störungen der Bewegung bei fast vollständiger Anästhesie eines Armes durch Stichverletzung des Rückenmarks. Nebst Bemerk. zur Lehre von der Coordination und Ataxie. Dtsch. Z. Nervenheilk. 23 (1903) 1-38. – [13] E. H. Weber: Der Tastsinn und das Gemeingefühl, in: Handwb. der Physiol. 3/2, hg. R. Wagner (1846) 546. – [14] a. a. O. 546ff. – [15] T. Brown: Lectures on the philos. of the human mind (Edinburgh 1820) 1, 496ff. – [16] W. Kühne: Die Muskelspindeln. Ein Beitr. zur Lehre von der Entwickl. der Muskeln und Nervenfasern. Virchows Arch. path. Anat. 28 (1863) 528-538. – [17] C. Sachs: Physiol. und anat. Untersuch. über die sensiblen Nerven der Muskeln. Arch. Anat. Physiol. (1874) 175-195. 491-509. 645-678. – [18] A. Ruffini: Sulla terminazione nervosa nei fusi muscolari e sul loro significato fisiol. Atti Accad. Lincei, Cl. sci., 5 ser., 1 (1892) sem. 2, 31-38. – [19] C. S. Sherrington: On the anat. constitution of nerves of skeletal muscles with remarks on the recurrent fibres in the ventral spinal nerve-root. J. Physiol. 17 (1894) 211-258. – [20] Leyden, a. a. O. [11] 185. – [21] G. B. Duchenne: Physiol. der Bewegungen (1885) 612. – [22] A. Goldscheider: Über den Muskelsinn und die Theorie der Ataxie. Z. klin. Med. 15 (1889) 99ff. – [23] a. a. O. 123ff. – [24] a. a. O. 89ff. – [25] J. Müller: Hb. der Physiol. des Menschen für Vorles. (1837) 2, 500ff. – [26] W. Wundt: Lb. der Physiol. des Menschen (⁴1878) 600ff. – [27] C. S. Sherrington: The muscular sense, in: Textbook of physiol. 2, hg. E. A. Schäfer (Edinburgh/London 1900) 1002. – [28] a. a. O. 1005. – [29] W. Wundt: Grundzüge der physiol. Psychol. (⁶1910) 2, 39. – [30] R. Tigerstedt: Lb. der Physiol. des Menschen (⁴1908) 2, Kap. 18. – [31] H. Ebbinghaus: Grundzüge der Psychol. (⁴1919) 2, § 32. – [32] H. C. Bastian: On the muscular sense and the physiol. of thinking. Brit. med. J. 1 (1869) 394-396. 437-439. 461-463. 509-512. – [33] a. a. O. [1]. – [34] E. A. Schäfer: The cerebral cortex, in: Textbook of Physiol. 2, hg. E. A. Schäfer (Edinburgh/London 1900) 729. – [35] H. Münsterberg: Die Willenshandlung (1888) 145. – [36] H. C. Bastian: Note on the relations of sensory impressions and sensory centres to voluntary movements. Proc. roy. Soc. 58 (1895) 89-98. – [37] H. Spencer: The principles of psychol. 1 (London ²1870-72) 228-249. – [38] N. Bischof: Erkenntnistheoret. Grundlagenprobleme der Wahrnehmungspsychol. Hb. der Psychol. 1/1, hg. W. Metzger (1966) 21ff. – [39] E. B. Titchener: Lectures on the exp.psychol. of the thought-processes (New York 1909) 5. – [40] G. Humphrey: Thinking (New York 1963) 119. – [41] N. Ach: Über den Willensakt und das Temperament (1910) I. – [42] Titchener, a. a. O. [39] 176. – [43] C. A. Ruckmich: The role of K. in perception of rhythm. Amer. J. Psychol. 24 (1913) 305-359. – [44] M. H. Marx und W. A. Hillix: Systems and theories in psychol. (New York u. a. 1963) 80. – [45] G. van Ness Dearborn: K. and the intelligent will. Amer. J. Psychol. 24 (1913) 204-255. – [46] H. Carr: The influence of visual guidance in maze learning. J. exp. Psychol. 4 (1921) 399-417. – [47] R. N. Singer. Motor learning and human performance (London ²1969) 237. – [48] J. I. Laszlo und J. E. Baker: The role of visual cues in movement control and motor memory. J. mot. Behav. 4 (1972) 71-77. – [49] M. D. Robb: The dynamics of motor-skill acquisition (New Jersey 1972) 100. – [50] G. M. Scott: Measurement of K. Res. Quart. 26 (1955) 324-341. – [51] E. A. Fleishman und S. Rich: Role of K. and spatial-visual abilities in perceptual-motor learning. J. exp. Psychol. 66 (1963) 6-11. – [52] J. B. Oxendine: Psychol. of motor learning (New York 1968) 291. – [53] M. von Frey: Stud. über den Kraftsinn. Z. Biol. 63 (1914) 129-154. – [54] R. Jung: Einf. in die Sinnesphysiol., in: J. Boeckh u. a.: Somatische Sensibilität, Geruch und Geschmack (1972) 1ff. – [55] Sherrington: The integrative action of the nervous system (New Haven ²1961) 132. – [56] Jung, a. a. O. [54] 6. – [57] R. F. Schmidt: Motorische Systeme, in: Grundriß der Neurophysiol., hg. R. F. Schmidt (²1972) 160ff. – [58] Ruch, a. a. O. [4] 304. – [59] N. Bischof: Stellungs-, Spannungs- und Lagewahrnehmung, in: Hb. der Psychol. 1/1, hg. W. Metzger (1966) 411. – [60] M. Monnier: Functions of the nervous system (Amsterdam/London/New York 1970) 2, 116. – [61] Boring,

a. a. O. [2] 535. – [62] M. A. WENGER, F. N. und M. H. JONES: Physiol. psychol. (New York u. a. 1956) 109ff. – [63] P. H. MITCHELL: A textbook of gen. physiol. (New York u. a. 1956) 181. – [64] B. A. HOUSSAY u. a.: Human physiol. (New York u. a. 1955) 898ff. – [55] H. H. KORNHUBER: Tastsinn und Lagesinn, in: J. BOECKH, a. a. O. [54] 51ff. – [66] ROSE und MOUNTCASTLE, a. a. O. [6] 389. – [67] RUCH, a. a. O. [4] 313. – [68] GOLDSCHEIDER, a. a. O. [22] 98. – [69] H. REIN: Einf. in die Physiol. des Menschen (²1938) 342ff. – [70] R. F. SCHMIDT: Somato-viscerale Sensibilität, in: Grundriß der Sinnesphysiol., hg. R. F. SCHMIDT (1973) 57-65. – [71] ROSE und MOUNTCASTLE, a. a. O. [6]. – [72] S. SKOGLUND: Joint receptors and K., in: Handbook of sensory physiol. 2: Somatosensory system, hg. A. IGGO (Berlin u. a. 1973) 111-136. – [73] GARDNER, a. a. O. [5] 57. – [74] ROSE und MOUNTCASTLE, a. a. O. [6]. – [75] D. E. W. TRINCKER: Taschenb. der Physiol. 3/1 (1974). – [76] H. MITTELSTAEDT: Die Regelungstheorie als methodisches Werkzeug der Verhaltensanalyse. Naturwiss. 48 (1961) 246-254. – [77] O. F. RANKE: Physiol. des Zentralnervensystems vom Standpunkt der Regelungslehre, hg. W. D. KEIDEL (1960); F. KLIX: Information und Verhalten (1973) 417.

Literaturhinweise. E. G. BORING s. Anm. [2]. – J. E. ROSE und V. B. MOUNTCASTLE s. Anm. [6]. – E. G. JONES s. Anm. [9]. – C. S. SHERRINGTON s. Anm. [27]. – G. HUMPHREY s. Anm. [40]. – N. BISCHOF s. Anm. [59].   P. LASSLOP

Kind (griech. παῖς, τέκνον; lat. puer, infans; ital. bambino, fanciullo; frz. enfant; engl. child). Die Vorstellungen von der Dauer der Kindheit als einer nach Jahren bemessenen Altersstufe variieren im Lauf der Geschichte: ‹Puer› kann bei mittelalterlichen Autoren einen 25jährigen, aber auch ein Kleinkind bezeichnen. Das Lebensalter der «juventus» reicht unter Umständen bis zum 50. Lebensjahr. Andererseits sprechen Autoren des 16. Jh. schon bei einem Alter von 45 Jahren von «senectus» [1]. Im Mittelhochdeutschen werden die Worte ‹kint›, ‹knabe›, ‹jungelinc› wechselweise bis zum reifen Mannesalter gebraucht [2]. ISIDOR VON SEVILLA nennt das Alter bis zu 7 Jahren «infantia», bis 14 «pueritia», bis 28 «adolescentia» [3]. Auch Einteilungen in vier, fünf oder sechs Stufen sind bekannt [4]. Wichtiger als die Einteilung nach Jahren erscheint die Zuweisung an sozial oder biologisch bestimmten Lebensstufen: die vollzogene Schwertleite, die zugesprochene Mündigkeit, die Fruchtbarkeit der Frau. Erst in der Renaissance erwacht das Interesse an biographisch genauer Angabe des Alters [5].

1. Antike. – Daß die Griechen eine große Liebe zum K. gehabt haben, beweisen Dichtung und bildende Kunst seit Homer [6]. Nur Rom hat seine K. nicht mit Namen, sondern mit Zahlen benannt. Wenn man am K.-Spielzeug die Liebe zum K. erkennen kann, meint C. SCHNEIDER, dann stünden die Griechen an der Spitze [7]. Bemerkenswerte Zeugnisse für die Liebe der Antike zum K. liefern die Grabinschriften. Sie gelten dem «besten Sohn», der «süßesten Tochter». K.-Sarkophage zeigen das K. in der Schule zwischen kindlichen Eroten sitzend oder spielend in einem herrlichen Garten [8]. Das alles haben auch die Römer übernommen.

Die römische Stoa sieht im K. den eigentlichen Sinn der Ehe. Antike Hochzeitslieder weisen darauf hin. Aussetzungen von K. stehen schon in archaischer Zeit unter Todesstrafe, obgleich sie, wie die griechische Tragödie beweist, häufig vorkamen. Allerdings hat man das kränkliche K. schon immer verachtet. Selbst ARISTOTELES befürwortet dessen Ausstoßung. Auch Abtreibungen waren keine Seltenheit. Um so heftiger war der Kampf gegen sie. SOLON, LYKURG, AISCHYLOS, SOKRATES verwerfen sie. HIPPOKRATES läßt die Ärzte schwören, keiner Frau ein abtreibendes Mittel zu geben.

Im religiösen Kult wird den K. eine aktive Rolle eingeräumt. Sie werden in die Mysterien eingeweiht, wirken als Chorsänger und Opferdiener mit, tanzen in Prozes-

sionen und bringen unblutige Opfer dar [9]. Überhaupt werden K. in religiöser Sicht höher bewertet als Erwachsene: Sie preisen die Götter aus reinem Herzen, lügen und betrügen nicht und haben noch keinen Bezug zum Schmutz der Hyle [10]. Daß das K. seinen Platz auch in der Götterwelt und im Mythos hat, zeigen die K.-Götter Eros und Ganymed und beweisen die Kindheitsgeschichten von Apoll, Dionys und Zeus.

Dieser Hochschätzung des K. steht die Unsitte der Aussetzung kranker und verkrüppelter K. gegenüber und als Beispiel philosophischer Abwertung, das Urteil ZENONS VON KITION, K. unter 15 Jahren seien als vernunftlose Wesen den Tieren gleichzusetzen. Auch wird die besondere Eigenart des K., seine für den Menschen als solchen höchst bedeutsame Existenzform, noch nicht erkannt. K.-Sein ist für die Antike ein defizienter Modus des Menschseins, der möglichst rasch zu überwinden ist.

Das erstrebt die antike Pädagogik auf dem Weg der Gedächtnisschulung. So soll nach QUINTILIANS ‹Institutio oratoria›, die der Erziehung in früher Kindheit große Aufmerksamkeit schenkt, der Erzieher vor allem die Natur des K. genau betrachten und dessen Gedächtnis durch Übung und Nachahmung schulen. Denn Gedächtnis sei beinahe das einzige Vermögen, das gefördert werden kann [11]. Äußerungen kindlicher Spontaneität werden von Quintilian eher als störend denn als förderungswürdig beurteilt, da sie der künftigen Unterweisung in den Künsten hinderlich sei. Diese Ansicht entsprach dem in der Antike allgemein akzeptierten pädagogischen Dogma, das die Praxis des griechisch-römischen Schulwesens vom Anfang bis zum Ende beherrschte: Das Gedächtnis war damals ebenso fragloses Richtmaß wie heute die «Intelligenz». Von einer schöpferischen Selbsttätigkeit des K. hat man in der Antike wenig gewußt und wenig gehalten [12].

2. Frühchristentum und Patristik. – Ein erster Wandel im Verständnis des K. erwächst aus dem Zusammentreffen christlicher Gedanken mit der antiken Paideia. Von drei Gedankenkreisen geht dieser Wandel aus: 1. von der Lehre von Gott als dem Vater aller menschlichen Geschöpfe; 2. von der Lehre vom neuen Menschen als dem von Gott nach seinem Bild Geschaffenen und von Christus Erlösten; 3. von der Lehre von Christus als dem alleinigen Erzieher des Menschengeschlechts. Das in den Evangelien verwendete K.-Vater-Bild sowie besonders das neutestamentliche Wort: «Wenn ihr nicht werdet wie die K., werdet ihr nicht in das Himmelreich eingehen» (Matth. 18, 3), bot nach C. Schneider «viele Möglichkeiten für die Aufnahme hellenistischer K.-Liebe in das Zentralste und mußte zugleich zu einer besonderen Wertung des K. führen» [13] So wurde die «pädagogische Entdeckung der Kindheit, die der [hellenistischen] Zeit angehört, ... durch die ganz andersartige christliche Glaubensgewißheit von der Gotteskindschaft des Menschen ... überhöht» [14]. Dies geschieht beispielhaft im ‹Paidagogos› des CLEMENS VON ALEXANDRIEN. Wenn wir von Paidagogia sprechen, meint er, ehren wir die schönsten und vollkommensten Lebensgüter mit dem K.-Namen [15]. Wie nach ihm LEO DER GROSSE und andere Kirchenväter sieht CLEMENS im K.-Werden die Möglichkeit der Rückkehr zur verlorenen Unschuld und zur ursprünglichen Spontaneität. E. Lichtenstein faßt die clementinische Lehre vom K.-Sein des Menschen so zusammen: «K.-Haftigkeit als Grundkonstitution des Menschen heißt nicht Unvernünftigkeit und Torheit, sondern Bildsamkeit und Einfachheit des Geistes, jene beeindruckbare

Zartsinnigkeit, ahnende Aufgeschlossenheit, Lockerheit und Willigkeit des Gemüts, die auch das eigentliche Wesen der ‹Einfachheit und Wahrheit› ist. Clemens hebt ferner an dieser kindliche Bildsamkeit, Leichtbestimmbarkeit und Leichtlenkbarkeit zum Guten und die Lernbereitschaft, das ewige Schülersein hervor. Aber es gehört zu ihr auch die Sorglosigkeit, die auf einen lieben-den Vater (Gott) vertraut und die liebliche Schwäche und Hilfsbedürftigkeit, die der Mutter (der Kirche) ans Herz drängt». «Diese Bildsamkeit des K.-Seins, die Clemens als ‹Frühling alles Lebens› feiert, ist aber nicht als objektive Feststellung, nicht als bloße Charakterisierung einer Altersstufe, nicht als K.-Psychologie gedacht, son-dern als qualifiziert durch eine Wahrheit, die diese Frei-heit und Bildsamkeit erst schenkt und möglich macht. K. in diesem Sinne ist man nur ‹nach dem Bilde› des gött-lichen K., von dem Jesaias spricht» [16].

Solche Hochschätzung der Kindheit ist jedoch keines-wegs gesamtpatristisches Gemeingut. Bei AUGUSTINUS finden wir eine weitaus pessimistischere Beurteilung der Kindheit. Er spricht von Sünde, in der ein K. geboren ist. Darum will er auch seine eigene Kindheit erst gar nicht zu seinem Leben rechnen. Selbst noch im kindli-chen Spiel sieht er die Sünde am Werk [17]. Ähnlich wehrt auch AMBROSIUS den Gedanken ab, im K. die «Un-mittelbarkeit» und «Unschuld» schätzen zu sollen [18]. – Allgemein kann man sagen, «daß die Hochschätzung des K. mehr bei den griechischen als bei den lateinischen Vätern zu finden ist» [19].

3. *Mittelalter.* – Der in der patristischen Literatur her-vorgehobene und in der Auslegung biblischer Texte ent-faltete Gedanke von der Unschuld und Schutzbedürftig-keit des K. setzt sich in das Mittelalter hinein fort. Auch hier wird, sofern das Erziehungsverhalten angesprochen wird, mit der Kindheit Christi argumentiert. H. Wentzel hat anhand ikonographischen Materials herausgearbei-tet, daß die «Infantia Christi» im 14. und 15. Jh. im deutschen Sprachgebiet ein bedeutendes Bild- und An-dachtsmotiv gewesen ist. Das Jesus-K. wird in der Schul-klasse sitzend und Maria, die es führt, mit der Rute «Grammatica» in der Hand dargestellt [20]. Die Sorge für den Schutz der K.-Seele, die in ihrer Schwäche mehr der Gefährdung ausgesetzt ist als die der Erwachsenen, spricht sich deutlich in der ‹Tractatus de parvulis trahendis ad Christum› von JOHANNES GERSON aus. Er weist dar-aufhin, wie sehr es in Rücksicht auf die Wohlfahrt der K. notwendig ist, daß die Kleinen zu Christus kommen. Darüber hinaus liefert er den Beweis, daß die hellenisti-sche Entdeckung des Jugendlich-Natürlichen, Einfachen und Bildbaren am K. immer noch lebendig ist. «Nichts ist liebenswürdiger als Jugend, und nichts vermag eine größere Anziehungskraft auszuüben als sie ... Die Klei-nen sind rein und arglos ... Sie lieben das Spiel, geben schnell nach und lassen sich leicht besänftigen ... Sie sind in der Tat geschickt, die Anfangsgründe guter Lehren in sich aufzunehmen, weil sie falsche Absichten noch nicht tief eingesogen haben» [21].

Ph. Ariès hat nachgewiesen, daß sich seit dem 14./15. Jh. etwa auch in der darstellenden Kunst, in der Dich-tung, aber auch im Totengedächtnis das Bewußtsein von der besonderen Eigenart des K. durchzusetzen beginnt [22]. Gesichtszüge nehmen kindliche Formen an. Die Kleidung der K. ist nicht mehr die der Erwachsenen. Dies gilt zunächst für die Knaben und später dann auch für die Mädchen. Ariès weist aber auch darauf hin, daß die gesteigerte Zuneigung zum Charme, zur Anmut und zur Naivität des K. bisweilen recht sonderbare Formen angenommen hat, so daß das K. der Entspannung, Be-lustigung und dem Zeitvertreib der Erwachsenen diente. Gegen solche «äffische» Liebe richtete sich bald harte Kritik: «Ich kann diese Sucht, kleine K. zu umarmen, nicht gutheißen ...», schrieb MONTAIGNE [23].

4. *Neuzeit.* – Wohl in bewußter Abkehr von bestimm-ten Fehlformen der K.-Begeisterung, aber auch aus Gründen einer zunehmenden Sorge für den seelischen Schutz des K. wird in der Erziehungsliteratur der Huma-nisten und der französischen Moralisten eine besondere Asketik für K. und Jugendliche ausgebaut. K. sollen aus der sexuellen Sphäre der Erwachsenen herausgehalten werden, vor Liebkosungen geschützt, vom Dienstperso-nal getrennt, den Unterhaltungen und Tänzen der Er-wachsenen nicht ausgesetzt, aber auch nicht allein ge-lassen werden. Die eigens für K. und Jugendliche ge-schriebene Literatur (ERASMUS VON ROTTERDAM: De civilitate morum (1530); M. DE GRENAILLE: L'honneste garçon; l'honneste fille (1643); VARET: De l'education chrétienne des enfants (1666); DE LA SALLE: Règles de la bienséance (1713)) hat hier ebenso ihre Wurzeln wie MELANCHTHONS Auswahl- und Expurgationsgebot: «Man sol aus den Colloquiis Erasmi welen, die den K. nützlich und züchtig sind» [24]. «In usum delphini» läßt später Ludwig XIV. durch BOSSUET und HUET die Klas-siker von allen anstößigen Stellen reinigen. Auch die Schulordnungen der Reformatoren, Jesuiten, Oratoria-ner und Jansenisten lassen dieselbe asketische Einstel-lung erkennen [25].

Für DESCARTES ist das K. ein Gegenstand des Er-schreckens; denn daß der Mensch, ehe er Mensch wird, K. ist, ist das nicht aufzuhebende Unglück, durch das es dem Menschen fast unmöglich wird, sich je ganz zum reinen Menschsein, d. h. zur vernünftigen Selbstbesin-nung, zu erheben [26]. Das Fehlen der Vernunft und die Abwesenheit der Reflexion, also der Selbstkontrolle und der vernünftigen Selbstlenkung, macht den kindlichen Zustand so bedauerlich. Die jansenistischen Pädagogen sehen darin ein Moment sündhafter Begierde, die erst durch die Herrschaft der Vernunft überwunden werden kann.

Bei F. FÉNELON [27] dagegen und mit ihm bei bestimm-ten Kreisen der Hocharistokratie tritt an die Stelle der Vernunft der Begriff der Natur und des Natürlichen. Statt die fehlende Reflexion als Mangel zu empfinden, begrüßt Fénelon die Unmittelbarkeit und ungebrochene Spontaneität als absoluten Vorzug der kindlichen Natur und rückt sie in Parallele zum Wirken der Gnade, mit der sie die Sicherheit teilt, unfehlbar das Richtige zu tun. Abwesenheit der Reflexion bedeutet ihm Gegenwärtig-keit, Leben im Augenblick, Hingabe an die jeweilige Si-tuation, Freiheit von den Zwängen der Vergangenheit und vom beherrschen wollenden Vorgriff in die Zukunft. Darum wird für Fénelon das Spiel des K. zum Analogon der christlichen Existenz. «Zum K. werden» ist das The-ma seiner geistlichen Lehre, «Simplicité» und «Esprit d'en-fance» sind die zentralen Begriffe. Der Gedanke einer wieder zu gewinnenden Naivität, der später bei Herder und Goethe eine so bedeutende Rolle spielt, hat hier, d. h. in jener Spiritualität seine Wurzeln, in deren Tradi-tion Fénelon selbst steht und die er zur Vollendung bringt: in der asketisch-mystischen Verehrung der Kind-heit Jesu. Sie lenkte mit ihrer Betonung der menschlichen Einfalt als «Geist der Kindheit» die Aufmerksamkeit auf das K. selbst und wurde so zur unmittelbaren Vorberei-terin jener «Entdeckung des K.», die in Rousseau ihren eigentlichen Urheber sieht. Aber während die Betrachtung des Mysteriums der Kindheit für den rationalistischen Humanismus und für die Theologen von Port-Royal den Gedanken eines absoluten Gegensatzes zu dem, was Größe und Würde des menschlichen Lebens ausmacht, aufkommen läßt, der dann im «K.-Werden» den Höhepunkt der Selbstentäußerung sieht, entdeckt Fénelon in der Betrachtung der Kindheit deren immanente Liebenswürdigkeit und ungebrochene Spontaneität.

Die Einsicht Fénelons in die Eigentümlichkeit des kindlichen Geistes kehrt bei ROUSSEAU wieder. Entgegen der verbreiteten Meinung, die Kindheit sei nur Vorbereitungszeit für das spätere Leben verhalf er dem Gedanken vom Eigenwert und Eigenrecht des K. zum Durchbruch: «Jedes Alter, jeder Lebenszustand hat seine ihm gemäße Vollkommenheit, seine Art von Reife, die nur ihm eigen ist» [28]. Ob dieser jedem Alter zukommenden Vollkommenheit kann Rousseau sagen, daß das K. «allein» ist [29]: Es ist allein, nicht weil es nicht geliebt wird, sondern weil es das Zentrum seiner Existenz in sich selber hat, und eben darum ist es glücklich. Damit ist die Kindheit vom Erwachsensein ebenso abgehoben wie vom Jugendalter. Man muß den entwicklungspsychologischen Standpunkt verlassen, wenn man das Alleinsein des K. als Glück verstehen will. Darum ist auch der Übergang vom K. zum Jugendalter kein Fortgang von einer Altersphase zur nächsten, sondern ein Sprung von einer Stufe zur anderen, ja eine zweite Geburt. «Wir werden sozusagen zweimal geboren, einmal um zu existieren, das andere Mal um zu leben» [30]. Wer aber «leben» will, muß erst die Seinsweise der Kindheit erfahren haben, und diese ist «Ursprünglichkeit» und «Natürlichkeit». Von beiden gilt, daß sie gut sind. «Alle ersten Bewegungen der Natur sind gut und richtig» [31]. Das ursprüngliche Gutsein der menschlichen Natur wird im K. konkret.

Das allerdings gilt nur für das ältere K.; denn «Rousseau sieht in der frühen Kindheit, in der die mütterliche Pflege dem K. noch unentbehrlich ist, nur das Negativum der Schwäche, der Hilfsbedürftigkeit und Abhängigkeit. Es paßt zu dieser Ignorierung der frühkindlichen Existenz, daß das K.-Mutter-Verhältnis und die Familie aus dem natürlichen Entwicklungsgang ... ausgeschlossen» sind [32].

PESTALOZZI hingegen hat in der Bindung des K. an die Mutter gerade das Wesen der Kindheit erkannt und in der Auflösung dieser Bindung den Verlust der Kindheit gesehen. «Das K. ist deinem Herzen entrissen; die neue Welt wird ihm Mutter, die neue Welt wird ihm Gott» [33]. Da Pestalozzi an die Notwendigkeit der seelischen Gemeinschaft des K. mit der Mutter glaubt, ist ihm nicht Schreien und Weinen das Merkmal des K.-Seins, sondern das Lächeln. Die physische Schwäche des K. macht nach ihm die Entfaltung der Kräfte des Gemüts erst möglich. Deshalb ist diese Schwäche nicht Mangel, sondern Vorzug; darum soll sie nicht möglichst rasch überwunden, sondern lang genug erhalten werden. Die Mutter-K.-Beziehung als eine Beziehung der Liebe – «und welche Kraft kann einflußreicher, anspornender sein als die mütterliche Liebe!» [34] – ist für das Menschwerden derart konstitutiv, daß Pestalozzi sie als «das einzige, das ewige Fundament der Bildung unserer Natur zur Menschlichkeit» bezeichnet [35]. Aber diese liebende Hingabe, die bis zur Selbstaufgabe des Erziehers führen kann, hat für Pestalozzi noch einen anderen Grund: er liegt in dem «Göttlichen» und «Heiligen», das in der Natur des K. wirkt und das nicht primär durch Vernunft

und Wille, sondern durch Liebe geweckt werden kann. Damit löst Pestalozzi ein Problem, das die Pädagogik seit je bewegt hat, nämlich die Frage, ob ein «verdorbener» Erwachsener «unverdorbene» K. erziehen könne. Wie Rousseau bejaht Pestalozzi diese Möglichkeit: «Es ist ferne von uns, aus euch Menschen zu machen, wie wir sind», sagt er zu seinen Schülern in Yverdon. «Ihr sollt an unserer Hand Menschen werden, wie eure Natur will, wie das Göttliche, das Heilige, das in eurer Natur ist, will, daß ihr Menschen werdet» [36].

Die Idee der «natürlichen» Entwicklung des K., verstanden als eine normative, ja sittlich-religiöse Idee, insofern diese Norm die von Gott gewollte Bestimmung des Menschen meint, führt in der deutschen Romantik zu einer vertieften Besinnung auf die «wahre», «ursprüngliche», «göttliche» Natur des Menschen, die als einigender Grund die Gegensätze von Innen und Außen, Sichtbarem und Unsichtbarem, Bewußtem und Unbewußtem zu vermitteln vermag. In der Kindheit, in der die Menschheit immer wieder aufs Neue beginnt, und in der die ursprüngliche Einheit und Harmonie noch ungebrochen, weil durch keine Reflexion zerstört, anzutreffen ist, wird daher die große Chance menschlicher Zukunft gesehen. «Ein K. sei euch heiliger als die Gegenwart, die aus Sachen und Erwachsenen besteht» [37]. Nach FRÖBEL wird das K. zum Maß und Spiegel der Menschlichkeit. Denn durch die Beachtung der Kindheit «wird der Mensch sich selbst und ihm sein Leben klar, es kommt Einheit in dasselbe, das eigene Leben wird ihm zum ungestückten Ganzen» [38]. Fröbels Spieltheorie versteht sich gerade aus dem Gesichtspunkt eines «Lebens im Ganzen», in dem der kosmische Zusammenhang noch sichtbar ist und in dem die Spiel-Sachen noch ihren Symbolcharakter bewahrt haben. Das Spiel des K. ist ihm weder Vorübung für Aufgaben des künftigen Lebens noch Befriedigung der Funktionslust. Es ist weder soziale Kontaktaufnahme noch bloße Nachahmung. Vielmehr führt das Spiel in die Sinnzusammenhänge des Kosmos ein und läßt dem K. am Einfachen den verborgenen Reichtum der Sinnbeziehungen ahnen [39].

Nicht minder aber ist hier bereits der Entwicklungsgedanke, im Sinne einer am Wachstum der Pflanze veranschaulichten organischen Entfaltung, in die Kindheit eingebracht. ROUSSEAUS Entdeckung der kindlichen Eigenart beruhte noch weitgehend auf einem «imaginierten Gegenbilde zu der üblichen Lebens- und Denkweise der damaligen K.» [40]. Bei FRÖBEL, JEAN PAUL und E. M. ARNDT wird die Kindheit ähnlich wie bei HERDER, HUMBOLDT und GOETHE mit der Knospenhülle einer Pflanze verglichen, die der Knabe aufsprengt und der Jüngling ganz abstreift [41]. JEAN PAUL spricht, ganz in diesem Bilde bleibend, von der «Dämmerperiode» der Kindheit [42], und F. C. H. SCHWARZ nennt die «infantia» das «gleichsam mystische, dunkle Zeitalter» [43].

5. Gegenwart. – Gegen Ende des 19. Jh. kann man ein Anwachsen des Interesses am K. beobachten [44]. In erster Linie sind es entwicklungspsychologische Gesichtspunkte, die zu Wort kommen. 1882 schrieb W. PREYER ‹Die Seele des K.›; 1883 veröffentlichte M. W. SHINN ihre ‹Notes on the development of a child›. Im selben Jahr gründete HALL ‹The National Association for the Study of Children› und gab ein Jahr später (1884) die Zeitschrift ‹The Pedagogical Seminary› heraus. 1893 folgten in England SULLYS ‹Studies in Childhood›, und 1896 erschien in Deutschland die Zeitschrift ‹K.-Fehler›. 1904 schrieb K. GROOS sein ‹Seelenleben des K.›, in dem er sich wieder auf SPENCERS ‹Principles of Psychology›

(1855, ²1870–72) bezieht. Zu erwähnen sind freilich auch TAINES Tagebücher über die Sprachentwicklung des K. von 1876 und die schon geraume Zeit vorher erschienene ‹Entwicklungsgeschichte der Seele des K.› (1851) von LÖBISCH, B. SIGISMUNDS ‹K. und Welt› (1856) und KUSS-MAULS ‹Untersuchungen über das Seelenleben des neugeborenen Menschen› (1859). Aber diese frühen Arbeiten erregten wenig Aufmerksamkeit.

Um so einflußreicher ist eine K.-Psychologie geworden, die das K. auf biologische Tatsachen reduzierte und in der tierpsychologische und kinderpsychologische Beobachtungen auf einen Nenner gebracht wurden. So schreibt K. BÜHLER: «Nichts wird einen Forschenden mehr ermutigen als solche unerwartete Übereinstimmung» [45]. Gemeint sind W. KÖHLERS Untersuchungen über die Intelligenz der Schimpansen. Ähnliche Ansichten vertreten CLAPARÈDES ‹Psychologie de l'enfant› (1905), K. KOFFKAS ‹Die Grundlagen der psychischen Entwicklung› (1921) und M. SIMONEITS ‹Die seelische Entwicklung beim Menschen› (1928), die insgesamt von DARWINS ‹The Expression of the Emotions in Man and Animals› (1872) beeinflußt sind.

Unser gegenwärtiges Bild vom K. hat sich durch die zunehmende Spezialisierung der einzelnen Forschungsbereiche und durch die Ergebnisse der Psychoanalyse zwar erheblich differenziert, aber gegenüber den Einsichten Rousseaus und Pestalozzis nicht grundsätzlich geändert: Die Aufklärung hat das K. zum K. erklärt, seither gilt, daß «zwei gesonderte Stände des menschlichen Lebens zu unterscheiden sind: der Stand der Erwachsenheit mit allen zu diesem Stand passenden, äußerst erwachsenen Attributen wie Geburt, Tod, Glaube und Sexualität – und der Stand der Unerwachsenheit, in dem diese Attribute fehlen» [46].

Anmerkungen. [1] A. HOFMEISTER: Puer, juvenis, senex, in: Papsttum und Kaisertum (1926) 287ff. – [2] GRIMM IV/2, 2395ff.; V, 707ff.; V, 1311ff. – [3] W. WACKERNAGEL: Die Lebensalter (1862). – [4] F. BOLL: Die Lebensalter. Neue Jb. klass. Altertum 31/XVI (1931/32) 89-145. – [5] A. FLITNER und W. HORNSTEIN: Kindheit und Jugendalter in gesch. Betrachtung. Z. Pädag. 10 (1964) 317. – [6] E. KLEIN: Child life in greek art (1932). – [7] C. SCHNEIDER: Geistesgesch. des antiken Christentums (1954) 652; Vgl. L. DEUBNER: Attische Feste (1932); Spiele und Spielzeug der Griechen. Antike 6 (1930). – [8] SCHNEIDER, a. a. O. 652ff. – [9] SOPHOKLES, Oed. rex 16f. – [10] PLATON, Prot. 325 a; PLUTARCH, Cons. ad ux. 11. – [11] QUINTILIAN, Inst. orat. I, 1, 36. – [12] TH. BALLAUFF: Pädagogik 1 (1969) 195. – [13] SCHNEIDER, a. a. O. [7] 654. – [14] E. LICHTENSTEIN: Logos Paidagogos. Vjschr. wiss. Pädag. 32 (1956) 30. – [15] CLEMENS VON ALEXANDRIEN, Paidagogos I, 16, 1. – [16] LICHTENSTEIN, a. a. O. [14] 30f. – [17] AUGUSTIN, Conf., I, 3-10. – [18] AMBROSIUS, Exp. in Luc. VIII, MPL 15, 1873f. – [19] R. SPAEMANN: Reflexion und Spontaneität (1963) 139 Anm. 7. – [20] H. WENTZEL: Ad Infantiam Christi – Zu der Kindheit unseres Herrn, in: H. FEGERS (Hg.): Das Werk des Künstlers (1960) 134ff. 155. – [21] Zit. n. Ballauff, a. a. O. [12] 432. – [22] PH. ARIÈS: L'enfant et la vie familiale sous l'ancien régime (Paris 1973). – [23] Zit. a. a. O. 137. – [24] Zit. FLITNER/HORNSTEIN, a. a. O. [5] 316. – [25] a. a. O. 352. – [26] Vgl. SPAEMANN, a. a. O. [19] 141. – [27] a. a. O. 138-158. – [28] J.-J. ROUSSEAU, Emile, ed. Hachette 2, 130. – [29] a. a. O. 4, 189. – [30] 181. – [31] 20. – [32] M. RANG: Rousseaus Lehre vom Menschen (1965) 276. – [33] H. PESTALOZZI: 13. Brief der ‹Gertrud›. – [34] Mutter und K., hg. H. LOCHNER/W. SCHOHAUS (1924) 21. – [35] Reden an mein Haus, hg. W. MUSCHG (1943) 36. – [36] a. a. O. 56. – [37] JEAN PAUL: Levana (³1845) 1. – [38] F. FRÖBEL, Ausgewählte Schr., hg. E. HOFFMANN (1951) 85. – [39] M. LANGEVELD: Stud. zur Anthropol. des K. (³1968) 12. – [40] RANG, a. a. O. [32] 344. – [41] E. M. ARNDT: Fragmente S. 72; vgl. O. F. BOLLNOW: Die Pädag. der dtsch. Romantik (²1967). – [42] JEAN PAUL, a. a. O. [37] Vorrede. – [43] F. C. H. SCHWARZ: Erziehungslehre 2 (²1829) 62. – [44] LANGEVELD, a. a. O. [39] 22-30. – [45] K. BÜHLER: Die geistige Entw. des K. (1918) Vorwort. – [46] J. H. VAN DEN BERG: Metabletica. Über die Wandlung des Menschen. Grundl. einer hist. Psychol. (1960) 33, zit. H. ST. HERZKA: Das K. von der Geburt bis zur Schule (³1975) 227.

Literaturhinweise. W. REST: Das Menschen-K. (²o. J.). – G. SIEWERTH: Met. der Kindheit (1957). – A. FLITNER und W. HORNSTEIN: Kindheit und Jugendalter in gesch. Betrachtung. Z. Pädag. 10 (1964). – E. H. ERIKSON: Kindheit und Gesellschaft (²1965). – P. FÜRSTENAU: Soziol. der Kindheit (1967). – M. J. LANGEVELD: Stud. zur Anthropol. des K. (³1968). – R. SÜSSMUTH: Zur Anthropol. des K. (1968). – F. ULRICH: Der Mensch als Anfang (1970). – W. BEHLER (Hg.): Das K. (1971). – G. BITTNER und E. SCHMID-CORDS (Hg.): Erziehung in früher Kindheit (⁴1971). – L. DE MAUSE (Hg.): The hist. of childhood (New York 1974). – PH. ARIÈS: Gesch. der Kindheit (dtsch. 1975).   R. MÜHLBAUER

Kindgemäß, Kindgemäßheit (Kh.). Beide Ausdrücke werden seit Ende des 19. Jh. in der kinderpsychologischen und pädagogischen Literatur gelegentlich gebraucht – so spricht W. STERN von «kindgemäßen Formen der Bestrafung» [1], und TH. BALLAUFF charakterisiert das Werk M. Montessoris als «Pädagogik der Kh.» [2] –, ohne daß sie aber zu zentralen Begriffen der Kinderkunde oder zu Kennworten pädagogischer Reformprogramme geworden wären. – Beide Ausdrücke implizieren die Forderung, das Kind (nicht als kleinen Erwachsenen, sondern) gemäß seiner Eigenart und besonderen Existenzform zu erziehen, und sind so modern versachlichte Äquivalente der Begriffe ‹naturgemäß›, und ‹Naturgemäßheit›, die unter dem Einfluß Rousseaus bei PESTALOZZI eine die «Natur» des Kindes, seine «Naturlage» und den «Gang der Natur in der Entwicklung des Menschengeschlechts» (d. h. sein Kindsein, seine soziale Situation und seine Entwicklungsphasen) berücksichtigende Erziehung empfehlen [3].

Anmerkungen. [1] W. STERN: Psychol. der frühen Kindheit (1914) 338ff. – [2] TH. BALLAUFF und KL. SCHALLER: Pädagogik 3 (1973) 694. – [3] Vgl. Art. ‹Kind› und ‹Naturgemäß›.

Literaturhinweise vgl. Art. ‹Kind›.   R. MÜHLBAUER/Red.

Kinematik

I. K. (synonym: Phoronomie) heißt in der *Physik* die Lehre von den Bewegungen der Körper oder physikalischer Systeme *ohne* Bezugnahme auf bewegende Kräfte. Kinematische Aussagen betreffen die Bahnen, den Zeitablauf, die Form und die Zusammensetzung oder Überlagerung von Bewegungen. Die Grundbegriffe der K. sind ‹Länge› und ‹Dauer›. Durch einen rein geometrischen Vergleich (gleichzeitiger) Bewegungen, nämlich durch Längenvergleich gleichzeitig zurückgelegter Wege, können viele kinematische Aussagen auch ohne Bezug auf Zeitmessung formuliert werden. Zu diesen zählen Sätze über die Relativität von Bewegungen (z. B. Wenn der Körper K_1 sich bezüglich K_2 mit einer momentane Relativgeschwindigkeit v bewegt, so bewegt sich auch K_2 bezüglich K_1 mit v.), über die Zusammensetzung von Bewegungen oder momentanen Relativgeschwindigkeiten (z. B. nach der Parallelogrammregel) oder über den (kinematischen) Unterschied von (relativer) Ruhe und Bewegung.

Im Gefolge der Newtonschen Mechanik wurde vielfach angenommen, daß Bewegungsformen, wie z. B. die geradlinig gleichförmige Bewegung, nicht kinematisch, sondern nur dynamisch (nämlich als kräftefreie oder Trägheitsbewegung in einem Inertialsystem) bestimmt werden können. Solche Bestimmungen weisen aber nicht nur ein definitorisches Defizit auf (‹kräftefrei› im Definiens von ‹Trägheitsbewegung› oder ‹Inertialsystem› nimmt in der Definition von ‹Kraft› bereits auf Zeitmessung und damit auf die Gleichförmigkeit von Bewegungen Bezug), dem die analytische Wissenschaftstheorie durch spezielle Vorschläge gerecht zu werden versucht, wonach nur ganze Satzsysteme der Mechanik, nicht aber einzelne ihrer Sätze interpretierbar seien. Es konnte im Rahmen der Protophysik (s. d.) auch gezeigt werden, daß auf der Grundlage der rein geometrischen, also uhrenfreien K. Ununterscheidbarkeitsforderungen für Abschnitte einer Bewegung formuliert werden können, die zur Auszeichnung geradlinig gleichförmiger Bewegungen ausreichen. Damit kann auch die Charakterisierung von Bewegungsformen einschließlich der Begründung der Zeitmessung zur K. gezählt werden.

Literaturhinweise. P. JANICH: Die Protophysik der Zeit (1969, engl. Dordrecht 1976). – W. STEGMÜLLER: Probleme und Resultate der Wiss.theorie und Analyt. Philos. II A (1969-70). – G. BÖHME: Protophysik der Zeit – Eine nicht-empirische Theorie der Zeitmessung? Philos. Rdsch. 20 (1974) 94-111. – P. JANICH: Zur Kritik an der Protophysik, in: Protophysik, hg. G. BÖHME (1975).

P. JANICH

II. Der Terminus ‹K.› wurde von A. AMPÈRE eingeführt und bezeichnet seitdem die Wissenschaft von den Bewegungsmechanismen, die vorher zerstreut in verschiedenen wissenschaftlichen Disziplinen, wie Geometrie, Mechanik und Maschinenlehre, behandelt worden war. «Dieser Wissenschaft, in welcher die Bewegungen an sich betrachtet werden, so wie wir sie an den uns umgebenden Körpern und insbesondere an den Apparaten beobachten, welche Maschinen genannt werden, habe ich den Namen K. [cinématique] von κίνημα, Bewegung, gegeben› [1].

Ohne daß der Begriff selbst explizit nachzuweisen ist, kann man bereits in der Antike und in noch stärkerem Maße im Spätmittelalter von einer K. sprechen, sofern die «scientia de ponderibus», die spätmittelalterliche Mechanik, auch die Bewegungen in sich selbst betrachtete, bzw. die räumlich-zeitlichen Aspekte einer Bewegung von den Kräften abtrennte, die diese Bewegung bzw. ihre Veränderung hervorrufen.

Eine Reihe kinematischer Definitionen, Theoreme und Gesichtspunkte können in ihrer Vorgeschichte bis ins 4., ja bis ins 5. Jh. v. Chr. zurückverfolgt werden. Im Altertum kam eine kinematische Betrachtungsweise vor allem in der geometrischen Astronomie auf, ferner in der Geometrie, die ihre Gebilde durch Bewegung erzeugt (generativ) verstand, und bei der Entwicklung physikalischer und mechanischer Traktate, deren theoretische Teile geometrischen Charakter haben [2]. So stellt z. B. das System des PTOLEMÄUS eine rein kinematische Theorie dar. Das gleiche gilt später auch noch von den Systemen des COPERNICUS und TYCHO BRAHES. Hier handelt es sich um rein kinematische Betrachtungen, da die Bewegungskräfte, die zwar in der antik-mittelalterlichen Lehre vom Himmel eine Rolle spielen, in diesen Systemen außer acht gelassen werden. Auch die in ihrem Grundkern als aristotelisch anzusehende Schrift Περὶ μεχανικῆς (Quaestiones mechanicae) behandelt größtenteils kinematische Probleme im Zusammenhang mit der dort vorgelegten Lehre von den einfachen Maschinen. Diese Schrift, die im 12. und 13. Jh. ins Lateinische übersetzt wurde, stellt zusammen mit dem Werk des griechischen Mathematikers AUTOLYKOS VON PITANE (Ende des 4. Jh. v. Chr.) ‹De sp[h]era mota› die Quelle zur antiken K. dar, die im Mittelalter von Gelehrten wie GHERARDUS BRUXELLENSIS, ALBERTUS SAXONIUS, NICOLAUS ORESMIUS und BLASIUS PARMENSIS weiterentwickelt wurde [3]. Vor allem wurde das Problem der exakten Bestimmbarkeit gleichmäßiger Beschleunigung (acceleratio uniformis) im Merton-College, dem THOMAS BRADWARDINE, WILHELM HEYTESBURY, SWINESHEAD und DUMBLETON angehörten, und auch noch bei GALILEI diskutiert, weil es für den

freien Fall von Bedeutung war [4]. Weiter entwickelt wurde die K. neben der Maschinenlehre in den Kommentaren zu den ‹Quaestiones mechanicae› im 16. und in den sich mit dieser Schrift auseinandersetzenden Mechaniklehrbüchern im 17. Jh. Erst kurz nach der Gründung der polytechnischen Schule in Paris 1794 wurde die K. durch G. MONGE und L. CARNOT von der allgemeinen Maschinenlehre gesondert und an dieser Schule, entsprechend den älteren Vorstellungen, als Unterabteilung der darstellenden Geometrie z. B. von J. N. P. HACHETTE gelehrt [5].

Eine K. als Theorie des Maschinenwesens entwickelte F. REULEAUX. Sie betrifft den Kausalzusammenhang der Bewegungserscheinungen in der Maschine. Diese werden auf einfache Grundgedanken und kinematische Elemente zurückgeführt. Aus ihrer Verbindung zu Elementengruppen entsteht eine kinematische Kette, die entweder offen oder geschlossen sein kann. Eine geschlossene kinematische Kette ist dadurch definiert, «daß jede Stellungsveränderung eines Gliedes gegen das Benachbarte eine Stellungsveränderung aller anderen Glieder gegen das Genannte hervorruft» [6]. Der Mechanismus oder das Getriebe als Grundlage der Maschine entsteht durch eine gezwungene absolute Bewegung, indem innerhalb einer geschlossenen Kette ein Glied festgestellt wird. Die Abtrennung der reinen von der angewandten K. (cinématique pure et appliquée) findet sich erstmals 1862 bei H. A. RÉSAL [7].

Anmerkungen. [1] A. AMPÈRE: Essai sur la philos. des sci. (Paris 1834) 43 I. – [2] ARCHIMEDES, Über das Gleichgewicht ebener Flächen oder über den Schwerpunkt der Flächen, dtsch. A. CZWALINA (1923); Über schwimmende Körper, dtsch. A. CZWALINA (1925); ARISTOTELES, Mechanica. Vat. Reg. graec. 113. – [3] AUTOLYCOS, De spera mota. Bibl. nat. Paris Ms. lat. 9335; dtsch.: Rotierende Kugel; Aufgang und Untergang der Gestirne; THEODOSIUS VON TRIPLOS, Sphaerik, hg. A. CZWALINA (1931); GERHARD VON BRÜSSEL, Liber de motu; vgl. M. CLAGETT: The Liber de motu of Gerard of Brussels and the origins of kinematics in the West. Osiris 12 (1956) 73-175; ALBERTUS SAXONIUS, Questiones ... in octo libros physicorum Ms. Marc. lat. VI, 62, 111v-117r; NICOLAUS VON ORESME, De proportionibus velocitatum in motibus. Bibl. de l'Arsénal Paris Ms. 522, 126r-168v; BLASIUS VON PARMA, Quaestiones super tractatum de proportionibus Ms. Ambros. F 145 sup. 5r-18r. – [4] THOMAS BRADWARDINE, Tractatus de proportionibus, hg. u. übers. H. L. COSBY (Madison 1955); G. GALILEI, Discorsi e dimostrazioni matematiche intorno a due nuove scienze. Ed naz. 8, 191; dtsch. A. v. ÖTTINGEN (1964). – [5] J. N. P. HACHETTE: Traité de géométrie descriptive (Paris 1822). – [6] F. REULEAUX: Grundzüge einer Theorie des Maschinenwesens (1875). – [7] H. A. RÉSAL: Traité de cinématique pure (Paris 1862).

Literaturhinweise. M. CLAGETT: The science of mechanics in the Middle Ages (Madison 1952). – F. REULEAUX s. Anm. [6]. – W. BREIDERT: Das aristotelische Kontinuum in der Scholastik (1970).

H. M. NOBIS

Kinetik heißt in der *Physik* die Lehre von den Bewegungen der Körper oder physikalischer Systeme in Abhängigkeit von Kräften, die von außen auf das Bewegte einwirken oder zwischen den Teilen eines bewegten Systems auftreten. Die Bedeutung von ‹K.› überschneidet sich mit der von ‹Mechanik› (s.d.) und ‹Dynamik› (s.d.) und hebt – häufig in Gegenüberstellung zum Begriff ‹Statik› – lediglich einen bestimmten Aspekt mechanischer Fragestellungen hervor: Es werden die Bahnen, der zeitliche Ablauf und die Energiebilanz von Bewegungen unter Bezugnahme auf Kraftgesetze, wie z. B. Erhaltungssätze, diskutiert. Die (operativ bestimmbaren) Grundbegriffe der K. sind ‹Länge›, ‹Dauer› und ‹(träge) Masse›; aus ihnen lassen sich alle anderen kinetischen Termini definieren. Die Kinematik (s.d.) kann dann als jenes Teilgebiet der K. angesehen werden, das auf Längen- und Zeitmessung beruht.

Der Terminus ‹K.› hat über die statistische Physik (kinetische Gastheorie) auch Eingang in die *Chemie* gefunden, wo man unter ‹K.› die Lehre vom zeitlichen Ablauf chemischer Reaktionen in Abhängigkeit von physikalischen (z. B. Druck) und chemischen (z. B. Katalysatoren) Parametern versteht. P. JANICH

Kirche (griech. ἐκκλησία, lat. ecclesia, ital. chiesa, frz. église, engl. church). – 1. Das *Wort* ‹K.› (wahrscheinlich von griech. τὸ κυριακόν, das Haus des Herrn, abgeleitet, angelsächs. ‹cyrice›, später engl. ‹church›, skand. ‹kirke›) ist in seiner griechischen Form seit dem 4. Jh. als Bezeichnung christlicher Kirchengebäude nachgewiesen [1]. Von der Bezeichnung des Lokals für den Gottesdienst ist es dann zum Namen auch für die gottesdienstliche Gemeinde geworden, d. h. es hat die Bedeutungsgehalte des neutestamentlichen ἐκκλησία [2] mit sich aufgenommen. Doch ist dies im Sprachgebrauch nicht völlig vollzogen. Es überwiegt das Bedeutungsfeld, das es mit Bauwerk, Ort des Gottesdienstes sowie mit Veranstaltungen und Einrichtungen zu tun hat bis hin zu Hierarchie, Rechtsordnung und Lehrbildung. Die Bedeutungen von Gemeinde, Versammlung, Mission, Glaubensgemeinschaft sind auch immer wieder in Spannung zum Wort ‹K.› geltend gemacht worden. LUTHER sprach deswegen von dem «blinden, undeutlichen Wort K.» [3] und favorisierte zugleich die Worte ‹Gemeine›, ‹heilig christlich Volk›, ‹Christenheit› [4]. In seiner Übersetzung des Neuen Testamentes wird das griechische Wort ἐκκλησία durchgehend mit ‹Gemeinde› wiedergegeben, während das Wort ‹K.› als Gebäude des Götzendienstes Verwendung findet (1. Moses 49,6) und erst in der revidierten Bibelübersetzung von 1892 durch die Übersetzung ‹Versammlung› ersetzt wurde. Entsprechend dieser *protestantischen* Zurückhaltung gegenüber dem Wort ‹K.› galten als Regel für seine Auslegung immer wieder Begriffe wie ‹ethisches gemeines Wesen› (KANT [5]), ‹Gemeinde› (HEGEL [6]), ‹fromme Gemeinschaft›, ‹christliches Gesamtleben› (SCHLEIERMACHER [7]), ‹Christengemeinde› (K. BARTH [8]).

Daß K. und ἐκκλησία nicht ohne weiteres gleichsinnig verwendet werden können, zeigt sich nicht nur im durchgehenden Reflex auf die Differenz in der protestantischen Theologiegeschichte, sondern neuerdings auch im *katholischen* Wortgebrauch, der sich den neutestamentlichen Bildworten zuwendet [9]. Gleichwohl ist ‹K.› im allgemeinen Sprachgebrauch als das alle Ausdrucks- und Lebensformen der christlichen Gemeinde umfassende Wort durchaus im Schwange.

2. Der *Begriff* ‹K.› hat vollen Anteil an der Geschichte der Selbstauslegung des christlichen Glaubens und der Lehre christlicher Theologie, da er spätestens im dem Apostolikum Bestandteil der zentralen Lehraussagen des Glaubensbekenntnisses ist, in dessen 3. Artikel «die heilige christliche K.» dem Glauben an den Heiligen Geist zugeordnet ist [10]. Im Nicänum sind die vier Charakterisierungen des Begriffes formuliert, die seine dogmatische Definition leiten sollen, als «unam, sanctam, catholicam et apostolicam ecclesiam» [11], in der Fassung des Konkordienbuches [12] mit «einig, heilig, christlich, apostolisch» übertragen. Die Geschichte des Begriffs ist insofern nur als eine Variante der christlichen Dogmen- und Theologiegeschichte umfassend darstellbar [13].

Aus dem fast völligen Fehlen eines neutestamentlichen Vorbegriffs im Vokabular des synoptischen Jesus [14]

sind immer wieder die Argumente für einen einschneidenden Bedeutungswandel des christlichen Selbstverständnisses mit der Thematisierung der K. verbunden worden, in der populär gewordenen Fassung etwa bei A. LOISY, der für diese Differenz im Verhältnis zu der von Jesus verkündeten Nähe des Gottesreiches die kritische Wendung geprägt hat: «Jesus verkündigte das Reich Gottes, und gekommen ist die K.» [15]. Das häufige Vorkommen in der Lukanischen *Apostelgeschichte* wurde entsprechend als erster Schritt einer Verzeitlichung der eschatologischen Verkündigung Jesu kritisch vermerkt [16]. Die Terminologie der PAULUS-Briefe bietet als Äquivalente zu ἐκκλησία inhaltlich gefüllte Vorstellungen vom Leib Christi und Volk Gottes, in denen Zusammenhang und Einheit mit Christus zum Ausdruck kommen, die spezifisch lokalen und rechtlichen Elemente einer zur K. sich gestaltenden Gemeinde aber nur in ersten Umrissen erkennbar werden. Daß der Übergang vom Auferstehungsglauben der ersten Christen zur ausgebreiteten Verkündigung des Kerygma zugleich der Übergang in die erst später ausgestaltete Selbstthematisierung der K. sei, ist These der Exegese des Paulinischen Schrifttums. So spricht R. BULTMANN davon, daß «es keinen Glauben an Christus gibt, der nicht zugleich Glaube an die K. als Träger des Kerygma wäre» [17]. Auf dieser Stufe der Begriffsbildung gilt der eschatologische Charakter des Kerygma auch für die K., so daß es naheliegt, den Begriff noch von dem einer Institution K. zu unterscheiden.

Die Verbindung der K. mit dem Geist im Bekenntnis, das die Zugehörigkeit zur christlichen Gemeinde definiert, bildet den Bezugsrahmen für Konkretisierung und Präzisierung des Begriffs bei den *Apostolischen Vätern* [18]; sie vollzieht sich vor allem als Präzisierung der maßgebenden Instanzen zur Abgrenzung der Einheit der K. und geht deswegen Hand in Hand mit der Entwicklung des Episkopats. Die Ausbildung der Regula fidei steht in sachlichem Zusammenhang mit der Stärkung der kirchlichen Autorität. Die Attribute ‹una›, ‹apostolica›, ‹catholica› finden ihre Repräsentanz in dem Führungsanspruch der Bischöfe, in der apostolischen Sukzession sowie in der Vorrangstellung des römischen Bischofs. Der theologische Gehalt der sich bildenden Verfassung der K. wird bei IRENÄUS [19] in den Satz gefaßt: «Ubi ecclesia, ibi spiritus sanctus dei, et ubi spiritus dei, illic ecclesia et omnis gratia» (Wo die K., dort ist auch der Heilige Geist, und wo der Geist Gottes, dort ist die K. und alle Gnade). Auseinandersetzungen um die wahre Lehre, dabei fällige Abgrenzungen, die in der Form der Häretikerdefinitionen tradiert werden, führen zu einer Intensivierung des K.-Begriffs, wobei die Identifizierung von K. und Geist immer wieder Kritik auf sich zieht (Montanismus). Die Verfassung der K. wird unter der Oberformel «Salus extra ecclesiam non est» (Außerhalb der K. gibt es kein Heil) [20] zum Maß der Lehrentwicklung, wobei die mariologische Komponente den Anteil der K. in den Gehalt der Lehre selbst verlegt: «habere non potest deum patrem, qui ecclesiam non habet matrem» (Es kann der nicht Gott zum Vater haben, nicht die K. zur Mutter hat) [21].

Eine neue Stufe in der Entwicklung des Begriffs wird durch AUGUSTINUS formuliert [22] in der weltgeschichtlichen Perspektive des Verhältnisses von civitas coelestis und civitas terrena sowie durch die Unterscheidung innerhalb des K.-Begriffs, die die Formel vom corpus permixtum erbringt, in dem in dieser Weltzeit die wahren Christen mit den falschen noch zusammenbestehen müssen. Die Abgrenzungen nach außen verlagern sich zunehmend nach innen als Differenzierungen des K.-Begriffs und verbinden diesen mit dem Weltverständnis überhaupt.

3. Die *reformatorische* Kritik der amtskirchlichen Hierarchie setzte vor allem an deren Kernstück, dem Sakramentsverständnis [23], ein und konsolidierte sich folgerichtig in dem Verständnis der K. als «communio sanctorum». Das ‹sanctorum› der alten Bekenntnisformel läßt die Deutung einer gemeinsamen Teilhabe an den sancta (Gen. obiectivus) ebenso zu wie die einer Gemeinschaft der sancti (Gen. subiectivus). Der Abbau der Elemente, in denen die K. als hierarchische Rechtsinstitution erscheint, findet seine prägnante Fassung im «Priestertum aller Gläubigen» [24]; darüber hinaus wird der Begriff auf seine elementaren Bestandteile zurückgenommen in der lapidaren Formel der Confessio Augustana: «Est autem ecclesia congregatio sanctorum, in qua evangelium pure docetur et recte administrantur sacramenta» (Die K. aber ist die Versammlung der Heiligen, in der das Evangelium rein gelehrt wird und die Sakramente richtig verwaltet werden) mit dem folgenden nachdrücklichen «satis est» (das genügt), mit dem der heilsnotwendige Konsensus gegenüber allen anderen Ansprüchen der Hierarchie auf das Evangelium und den schriftgemäßen Gebrauch der Sakramente von Taufe und Abendmahl gegründet wird [25]. Kontinuität und relative Objektivität des K.-Begriffs werden in Art. 8 der Confessio Augustana in Aufnahme des Problems eines corpus permixtum so formuliert, daß die Wirksamkeit der Sakramente von der subjektiven Frömmigkeit der Priester abgehoben und der ordo ecclesiasticus durch Art. 14 ausdrücklich festgehalten wird, sofern dieser von der Gemeinde rite vocatus est.

Der *lutherische* K.-Begriff entspricht insofern genau der Lehre von den zwei Reichen, er findet auch in der oberdeutschen Reformation weithin Nachfolge, allerdings mit dem charakteristischen Unterschied, daß die *reformierte* Theologie in den K.-Begriff stärker die Unterscheidung von sichtbarer und unsichtbarer K. einführt und ihn mit der Prädestinationslehre verbindet. Die K. als «corpus fidelium, quos deus ad vitam aeternam praedestinavit» (Gemeinschaft der Gläubigen, die Gott zum ewigen Leben bestimmt hat) [26], bekommt so einen direkten Bezug zur christlichen Lebensführung im Lichte des Erwählungsglaubens, was sich in der engen Verbindung von K.-Ordnung und K.-Zucht niederschlägt, die für die *calvinistischen* K.en charakteristisch wird mit erheblichen Folgen im angelsächsischen Puritanismus.

4. Im Gefolge der Reformation kommt es zur Ausbildung der Konfessions-K. (status confessionis) und damit zu einer Diskrepanz zwischen der festzuhaltenden Universalität der K. als Fall von Selbstthematisierung christlicher Theologie nach innen und der Partikularität der K. im Verhältnis zueinander. So gibt der K.-Begriff wichtige Bedeutungsgehalte an den Religionsbegriff sowie an die Frage nach dem Wesen des Christentums ab, wo die Grundelemente der Einheit der christlichen Theologie thematisch werden.

Die *altprotestantische* Orthodoxie hält allerdings an der Universalität der K. fest. Dies geschieht durch die Lehre von den drei ordines oder status, die in der K. auf Erden von Gott eingesetzt sind, den «status ecclesiasticus, politicus et oeconomicus» [27], die insgesamt die K. als Gesellschaft formulieren. K. ist hier im Sinne der Christenheit gedacht. Die kirchliche Institution und ihre Amtshierarchie sind eingeordnet in den Gesamtzusammenhang der christlichen Welt. Daneben werden Distinktionen im Lehrbegriff ausgearbeitet, so die Unterscheidung der «ecclesia synthetica», der alle Berufenen angehören, von der «ecclesia repraesentativa», der lehrenden K. [28]. Bestimmend wird aber die Selbständigkeit der Christen gegenüber der Institution. So fordert im *Pietismus* Ph. J. SPENER die Einlösung des in der Ständelehre definierten eigenen Rechtes des ‹dritten Standes›, weil «zu dem K.-Wesen» gehöre, daß «alle drei Stände selbst ihr Werk haben, und miteinander konkurrieren» [29]. Die collegia pietatis nehmen für sich die Definition der «ecclesiola in ecclesia» in Anspruch, die bis heute in der Vorstellung einer Kerngemeinde in der Volks-K. lebendig bleibt [30].

Vollends im *18. Jh.* wird der «denkende Christ» zum Gegenbegriff der historisch-institutionellen K. und ihrer Lehrordnung. Bei J. S. SEMLER [31] wird der «kirchliche Lehrbegriff», der zu einer «Vereinigung aller K.-Christen in Eine, hiemit verbundene Gesellschaft» führt, unterschieden von der Theorie des denkenden oder moralischen Christen, der seine «Privattheologie» entwickelt, «wozu jeder denkende Mensch ein wirkliches Recht hat». Im Sinne seiner Theorie der zwei «Classen» von Christen der zu eigenem Denken Fähigen und der auf die kirchliche Unterweisung Angewiesenen, kommt Semler zu einer Versöhnung des Unterschiedes, die allerdings nicht mehr in K.-, sondern im Religionsbegriff definiert ist. Im Staats-K.-Recht wird der Begriff ‹K.› entsprechend dem der Religionsgesellschaft oder Religionsgemeinschaft subsumiert: «Religionsgesellschaften, welche sich zur öffentlichen Feier des Gottesdienstes verbunden haben, werden K.-Gesellschaften genannt» [32].

KANTS Begriff der K. als eines «ethisch gemeinen Wesens» weist diesem «ein besonderes und ihm eigentümliches Vereinigungsprinzip» zu: die Tugend [33]. K. ist notwendig zur Gründung eines Reiches Gottes auf Erden, als Veranstaltung, durch die «die für sich unzulänglichen Kräfte der einzelnen zu einer gemeinsamen Wirkung vereinigt werden» [34]. Ihre Idee ist die «unsichtbare K.»; für den religionsphilosophischen Begriff werden die Attribute des altkirchlichen Bekenntnisses wieder aufgenommen und modifiziert: Allgemeinheit, Lauterkeit, Freiheit, Unveränderlichkeit [35], eine K., deren Verfassung «am besten mit der einer Hausgenossenschaft unter einem gemeinschaftlichen, obzwar unsichtbaren, moralischen Vater» verglichen wird.

Die Rekonstruktion der Gründe für eine historische K. folgt in Theologie und Philosophie der Aufklärung dem allgemeinen Religionsbegriff, als dessen Mittel die K. im Prozeß der Realisierung gedacht wird. So wird bei HEGEL ‹K.› vom Begriff der Gemeinde her im Prozeß der Realisierung des Geistes bestimmt: «Das Allgemeine der K. ist, daß die Wahrheit hier vorausgesetzt ist, nicht, wie im Entstehen, wo der Heilige Geist erst ausgegossen, erst erzeugt wird, sondern daß die Wahrheit als vorhandene Wahrheit ist» [36]. K. ist die Veranstaltung dafür, «daß die Subjekte zu der Wahrheit kommen», sie steht im Dienste der vorausgesetzten Freiheit für die konkret empirischen Subjekte. «Das Kind, sofern es in der K. geboren ist, ist in der Freiheit und zur Freiheit geboren». Daß der Begriff ‹K.› aus dem der Religion entwickelt ist, wird bei Hegel vor allem aus der Funktion erkennbar, die er der K.-Trennung zuspricht. Während die Pflichten gegenüber Staat und Gesellschaft durch die Religion «die höchste Bewährung und die höchste Verbindlichkeit» erhalten, hat der Staat «die *sich wissende* sittliche Wirklichkeit des Geistes» erst durch die kirchliche Trennung werden können [37].

5. Die neue Thematisierung der K. seit Schleiermacher verbindet die Notwendigkeit einer geschichtlichen K. mit der Kritik an der natürlichen Religion [38]. SCHLEIERMACHER hat vom frommen Selbstbewußtsein gelehrt, daß es «notwendig auch Gemeinschaft werde», und das heißt immer auch «eine bestimmt-begrenzte, d. h. K.» [39]. In der ‹Enzyklopädie› wird die Theologie deshalb als eine Funktion der K. bestimmt [40]; vor allem aber ist die christologische Begründung der K. als «des Gemeingeistes des von Christo gestifteten neuen Gesamtlebens» [41] zu nennen bis dahin, daß «die absolute Vollständigkeit der K. nur in der Totalität des menschlichen Geschlechtes überhaupt» erscheint [42]. Als «Kirchenvater» gerühmt [43], hat Schleiermacher Einsichten Geltung verschafft, die im 19. Jh. zu einer steigenden Thematisierung der K. geführt haben. Mit ihr bereitet sich die Selbständigkeit der K. gegenüber dem Staate vor, die schließlich in der Trennung von K. und Staat im Deutschland der Weimarer Republik ihre bisher maßgebende Gestalt findet. Mit der Formel «Jh. der K.» hat O. DIBELIUS dieser Situation eine programmatische Fassung gegeben [44].

Eine zugleich theologische wie politische Intensivierung des Begriffes vollzieht sich dann in der Bildung der *bekennenden K.* im Dritten Reich, die maßgeblich durch die Barmer theologische Erklärung formuliert worden ist [45]. Diese wurde nach 1945 in einigen deutschen Landes-K. den tradierten Bekenntnissen gleichgestellt und so in den Rang einer Regel für die Selbstauslegung der Theologie erhoben.

Das in der *ökumenischen* Bewegung bewußt gewordene aufeinander Angewiesensein der verschiedenen, in der Lehre getrennten christlichen K. hat einerseits die Aufmerksamkeit auf Gemeinsamkeiten des Lebens und Handelns gelenkt, andererseits die Differenzen geschärft wahrnehmen lassen. Die *römisch-katholische* Ekklesiologie hat, aufbauend auf der K.-Konstitution des Vatikanum I (1869/70) in der Enzyklika ‹Mystici Corporis› von 1943 die Identität der empirischen Hierarchie mit dem Leib Christi vertieft. In diesem Prozeß ist auch dem K.-Recht in seiner abgrenzenden Funktion eine neue theologische Verbindlichkeit zugewachsen, z. B. als Folge des Modernistenstreites im sogenannten Antimodernisteneid: «Der wirkliche und historische Christus hat, als er bei uns weilte, unmittelbar und ohne Zwischenstufen die K. gegründet» [46]. (Dieser Eid ist inzwischen durch den neuen Glaubenseid von 1967 abgelöst worden.)

Die von den Anfängen her geltende zentrale Bedeutung des K.-Begriffs für die Selbstauslegung der christlichen Theologie ist insgesamt im 20. Jh. noch stärker hervorgetreten. Dies gilt besonders für die neue Phase der katholischen Ekklesiologie seit dem Vaticanum II (1964) [47]. Die Bedeutung des Begriffs reicht insofern über die traditionellen dogmatischen Bestimmungen der Ekklesiologie auch weit hinaus [48].

Anmerkungen. [1] Vgl. GRIMM 5 (1873) 790f.; C. G. BRETSCHNEIDER: Systemat. Entwickl. aller in der Dogmatik vorkommender Begriffe nach den symbolischen Schr. der evang.-luth. und ref. K. ... (⁴1841); J. KÖSTLIN: Art. ‹K.›, Realencykl. prot. Theol. u. K. 10 (³1901) 316. 749ff. – [2] Vgl. K. L. SCHMIDT, Art. EKKLESÍA, Theol. Wb. zum NT 3 (1938) 505ff. – [3] M. LUTHER, Erlanger A. 25, 354. – [4] Im Großen Katechismus, Weimarer A. (= WA) 30/1, 189. – [5] I. KANT: Die Relig. innerhalb der Grenzen der bloßen Vernunft (1793) 130. Akad.-A. 6, 98. – [6] G. W. F. HEGEL, Philos. der Relig., hg. G. LASSON (1927, ND 1966) III. Teil. – [7] FR. SCHLEIERMACHER: Der christl. Glaube (²1830) hg. M. REDEKER (1960) § 6. § 121. – [8] K. BARTH: Christengemeinde und Bürgergemeinde (1946). – [9] Belege bei U. VALESKE: Votum Ecclesiae (1962). – [10] Text in: Bekenntnisschr. der evang.-luth.

K. (1930) 21ff. – [11] a. a. O. 26f. – [12] 21. – [13] Vgl. A. v. HARNACK: Lb. der Dogmengesch. (⁴1909/10); FR. LOOFS: Leitfaden zum Studium der Dogmengesch. (⁷1968); R. SEEBERG: Lb. der Dogmengesch. (⁵1959); E. HIRSCH: Gesch. der neueren evang. Theol. (³1964) bes. 5, Kap. 49. – [14] Außer der exegetisch umstrittenen Stelle Matth. 16, 18. – [15] A. LOISY: L'Évangile et l'église (1902) 111. – [16] Vgl. dazu H. CONZELMANN: Die Mitte der Zeit. Stud. zur Theol. des Lukas (⁵1964). – [17] R. BULTMANN: Das Verhältnis der urchristl. Christusbotschaft zum hist. Jesus (1961) 26. – [18] Bes. in den Ignatiusbriefen; vgl. die A. der Apostolischen Väter von J. A. FISCHER (1958). – [19] IRENAEUS, Contra haer. III, 24, 1. – [20] CYPRIAN, Ep. 73, 21, hg. BAYARD (Paris ²1961/62) 2, 275; vgl. die unit. eccl. 23. – [21] De unit. eccl. 6. – [22] AUGUSTIN, De civ. Dei, cap. XX-XXII. – [23] M. LUTHER, De captivitate Babylonica Ecclesiae (1520). WA 6, 496ff. – [24] An den christlichen Adel deutscher Nation von des christlichen Standes Besserung (1520) WA 6, 404ff. – [25] Art. VII, Text in: Bekenntnisschr. a. a. O. [10] 61. – [26] Belege in HEPPE/BIZER: Ref. Dogmatik (1935) 525ff. – [27] Nach J. A. QUENSTEDT: Theol. didactica-polemica sive systema theologicum (1715) 2, 149f. – [28] Nach D. HOLLAZ: Examen theologicum acroamaticum (1705). – [29] PH. J. SPENER: Von der Verfassung unserer K., betr. die Gewalt des K.-Standes (1691). – [30] Vgl. J. WALLMANN: Ph. J. Spener und die Anfänge des Pietismus (1970) bes. 253ff. – [31] Vgl. T. RENDTORFF: K. und Theol. (²1970) 27ff. 36ff.; H.-E. HESS: Theol. und Relig. bei J. S. Semler (Diss. Berlin 1974) bes. 208ff. – [32] Allg. Landrecht für die Preuß. Staaten (5. 2. 1794) Teil II, Titel 11, § 11, Text in: E. R. HUBER/W. HUBER: Staat und K. im 19. und 20. Jh. 1 (1973) 3. – [33] KANT, Die Religion innerhalb ... a. a. O. Anm. [5]. – [34] a. a. O. 129. Akad.-A. 6, 98. – [35] 135. Akad.-A. 6, 101f. – [36] HEGEL, Philos. der Relig. Werke, hg. H. GLOCKNER 16, 331. 335. – [37] Grundlinien der Philos. des Rechts, hg. J. HOFFMEISTER (⁴1955) § 270, S. 221. 232. – [38] FR. SCHLEIERMACHER: Über die Relig. (1799). – [39] a. a. O. [7] § 6. – [40] Kurze Darstellung des theol. Studiums (1810) neu hg. H. SCHOLZ (ND 1960) § 1. § 6. – [41] Der christl. Glaube a. a. O. [7] § 121. – [42] a. a. O. § 125; vgl. § 89. – [43] C. A. BERNOULLI: Die wiss. und die kirchl. Methode in der Theol. (1897) 146; CHR. LÜLMANN: Schleiermacher, der Kirchenvater des 19. Jh. (1907). – [44] O. DIBELIUS: Das Jh. der K. (1927). – [45] Vgl. dazu Text und Interpretation bei E. WOLF: Barmen (1957). – [46] Acta apost. Sedis 11 (1910) 655f. – [47] Vgl. G. BARAÚNA u. a.: De Ecclesia. Beitr. zur Konstitution «Über die K.» des 2. Vatikan. Konzils 1. 2 (1966). – [48] z. B. W. PANNENBERG: Thesen zur Theol. der K. (1970); H. KÜNG: Die K. (1967).

Literaturhinweise. R. SEEBERG: Stud. zur Gesch. des Begriffs der K. (1885). – K. HOLL: Der K.-Begriff des Paulus in seinem Verhältnis zu dem der Urgemeinde, in: Ges. Aufsätze zur K.-Gesch. 2 (1928) 44-67. – F. HOFMANN: Der K.-Begriff des hl. Augustinus (1933). – K. L. SCHMIDT s. Anm. [2]. – W. G. KÜMMEL: K.-Begriff und Gesch.bewußtsein in der Ur-K. und bei Jesus (1943, ²1968). – G. BARDY: La théol. de l'église de S. Clément de Rome à S. Irénée (Paris 1945); La théol. de l'église de S. Irénée au Concile de Nicée (Paris 1947). – E. KINDER: Der evang. Glaube und die K. (²1960). – K. G. STECK: Lehre und K. bei Luther (1963). – H. DE LUBAC: Méditation sur l'église (Paris 1953, dtsch. 1954). – K. RAHNER: Schr. zur Theol. 6 (1965) 301-367. 499-520; 7 (1966) 103-120; 8 (1967) 329-373. 426-444. – G. BARAÚNA u. a. s. Anm. [47]. – H. KÜNG s. Anm. [48]. – K. G. STECK: Neue Lit. zur röm.-kath. Ekklesiol. Theol. Rdsch. NF 32 (1967) 273ff. – T. RENDTORFF s. Anm. [31]. – R. STRUNK: Polit. Ekklesiol. im Zeitalter der Revolution (1971). – Concilium 7 (1971) 385ff. 459.

T. RENDTORFF

Kirchenglaube. «Die Konstitution einer jeden Kirche geht allemal von irgend einem historischen (Offenbarungs-)Glauben aus, den man K. nennen kann, und dieser wird am besten auf eine heilige Schrift gegründet» [1]. Der so nur von KANT verwendete Ausdruck ‹K.› ist im Unterschied zum reinen Religionsglauben gebildet. In dieser Unterscheidung wird das Verhältnis von systematischem und empirischem Fundierungsverhältnis von Religion und Kirche thematisch. K. ist nötig wegen der «Schwäche der menschlichen Natur». Der K. «geht also in der Bearbeitung des Menschen zu einem ethisch gemeinen Wesen, natürlicherweise, vor dem reinen Religionsglauben vorher»; aber: «Moralischerweise sollte es umgekehrt zugehen» [2]. Denn der reine Religionsglaube ist es, «welcher alleine eine allgemeine Kirche gründen kann» [3].

Das Sachproblem der Religionsschrift Kants ist im dritten Stück dieses: Es muß ein «ethisches gemeines Wesen» postuliert werden [4], weil der einzelne Mensch, «wenn er unter Menschen ist» [5], der ständigen Anfechtung des Bösen ausgesetzt ist. Zur Konstitution eines solchen ethischen gemeinen Wesens bedarf es der Idee eines «höheren moralischen Wesens», «durch dessen allgemeine Veranstaltung die für sich unzulänglichen Kräfte der einzelnen zu einer gemeinsamen Wirkung vereinigt werden» [6]. Das führt auf die Idee eines Volkes Gottes. Dieses als Begriff der Kirche baut sich originär aus dem reinen Religionsglauben auf, den Kant auch als «unbedingten Glauben», «natürliche Religion» oder «reine Religionsgesinnung» bezeichnet. In der empirischen Realisierung treten dann die Bestimmungen «historischer Glaube», «statuarische Religion», «Geschichtsglaube» oder «K.» auf. Wichtigstes Merkmal des Statuarischen ist die Gründung auf eine heilige Schrift. Ort des K. ist die sichtbare Kirche, «die wirkliche Vereinigung der Menschen zu einem Ganzen, das mit jenem Ideal [der unsichtbaren Kirche] zusammenstimmt» [7].

Die Unterscheidungen und Zuordnungen des K. im Verhältnis zum Religionsbegriff haben an der Ambivalenz der Phänomene vollen Anteil. So kann Kant seine Definition des K. auch mit heftigen polemischen Formulierungen verbinden, wie «Afterdienst», «Fetischglaube», wo nämlich die von der historischen unabhängige Begründung der Religion nicht gewußt wird, oder in der moderierten Form als bloß «gelehrter Glaube». Die systematische Priorität findet dann, angesichts der zeitlichen Priorität des K. vor dem reinen Religionsglauben, ihre Deutung in der Wende zur Hermeneutik: «Der K. hat zu seinem höchsten Ausleger den reinen Religionsglauben» [8]. Indem die Vernunftreligion als Auslegungsinstanz des geschichtlichen K. fungiert, bringt sie auf der empirischen Ebene das zeitunabhängige, wie überhaupt unbedingte Wahrheit der Religion für das den Menschen als Menschen konstituierende moralische Bewußtsein aktuell zur Geltung. Daß K. gleichwohl notwendig ist, bedeutet, daß Religion als allgemeine empirisch nur realisiert werden kann, wenn sie am Ort des individuellen Bewußtseins realisiert wird.

Die zweideutige Wertigkeit von ‹K.› ist der Sache nach charakteristisches Merkmal auch der Aufklärungstheologie und ihrer Folgen, sofern diese in der Kritik der historischen Religion zugleich veranlaßt ist, die historische Gestalt der Religion zu rekonstruieren. In anderer Terminologie sind die damit verbundenen Probleme vor allem bei J. S. SEMLER ausgearbeitet worden [9] in seiner vielseitig durchgeführten Unterscheidung von Theologie und Religion, öffentlicher und privater Theologie, öffentlicher und privater Religion, von kirchlicher und liberaler Lehrart, oder auch des moralischen Christen vom «Kirchenchristen» [10].

Anmerkungen. [1] I. KANT: Die Relig. innerhalb der Grenzen der bloßen Vernunft (²1794) 157. – [2] a. a. O. 152f. – [3] 145. – [4] 130. – [5] 128. – [6] 137. – [7] 142. – [8] 157. – [9] Ausführl. Belege jetzt bei H. E. HESS: Theol. und Relig. bei J. S. Semler (Diss. Berlin 1974). – [10] Des Kardinals NICOLAUS VON CUSA Dialogus von der Übereinstimmung oder Einheit des Glaubens. Mit Zusätzen von D. J. S. SEMLER (1787) Vorrede 43; vgl. HESS, a. a. O. 215.   T. RENDTORFF

Kitsch. Das Adjektiv ‹gekitscht› ist seit 1877, das Substantiv ‹K.› seit 1881 nachweisbar [1]. F. AVENARIUS schrieb 1920 über den Ursprung des Wortes selbstsicher: «Es ist ja klar, daß es mit dem englischen ‹sketch› ... zu-

sammenhängt. Zufällig weiß ich aus eigener Erinnerung noch recht deutlich, wie das Wort aufkam. Im Anfang der achtziger Jahre war's und in München» [2]. Amerikanische Touristen sollen damals mit dem Ausdruck ‹sketch› nach effekthaschenden und süßlich-sentimentalen, künstlerisch wertlosen Bildern verlangt haben. Die Herleitung aus dem Englischen wird gelegentlich auch heute noch als gesichert angesehen. Doch hat E. KOELWEL bereits 1937 auf einen wesentlich wahrscheinlicheren Ursprung des Wortes hingewiesen: Er leitet es von dem in Südwestdeutschland gebräuchlichen Ausdruck ‹Kitsche› her, der «ein beim Bau, bei der Unterhaltung und Reinigung der Straßen verwendetes Gerät [bezeichnet], das ... vor allem zum Abziehen des Schlammes von der Straße ... gebraucht wird» [3]. Die «soßigbraune Farbe» des mit der Kitsche geglätteten Schlammes war der Anlaß der Bedeutungsübertragung; man nannte die süßlichen Farbton damals modischer Bilder «soßigbraunen K.». Ungefähr seit 1890 kann ‹K.› auch literarische und musikalische Werke bezeichnen; das Wort entwickelte sich nach 1900 rasch zum gängigsten Schlag- und Schimpfwort der Kunstkritik, ohne daß es vorerst einen abgrenzbaren Begriffsinhalt hatte.

In den zwanziger Jahren tritt es in einen Prozeß ein, der es begriffsgeschichtlich zu einem höchst interessanten Fall werden läßt: Es zieht einen Begriffsinhalt an sich, der in der früh- und hochklassischen Ästhetik ausgebildet und bis dahin durch eine Vielzahl von Ausdrücken sprachlich umschrieben worden war (z. B. Dilettantismus, Unkunst, Modekunst, Schund), ohne daß einer dieser Ausdrücke eine feste Verknüpfung mit dem Begriffsinhalt eingegangen wäre.

Die um 1770 einsetzende rasche wirtschaftliche Entwicklung des belletristischen Marktes in Deutschland hatte zu einer Zweiteilung des Literaturbetriebes in den publikumswirksamen Bereich der empfindsam-sentimentalen Massenliteratur und den relativ esoterischen Bereich der «hohen» Literatur geführt. Diese Entwicklung ließ bei Künstlern und Kunsttheoretikern die Erkenntnis reifen, daß schlechte Kunst nicht – wie bis dahin angenommen – allein auf fehlendes Können ihrer Schöpfer und die unausgebildete Beurteilungskraft ihrer Konsumenten rückführbar ist. Kunsttheoretiker wie K. PH. MORITZ, J. CH. F. BÄHRENS, M. HERZ, Fr. SCHILLER u. a. sahen mehr und mehr ein, daß die Massenliteratur spezifische Bedürfnisse ihrer Konsumenten befriedigte und daß eine Theorie populärer Kunst ein Desiderat der Ästhetik war [4]. Schiller entdeckte einen wichtigen Wesenszug der Modeliteratur in ihrem Kompilationscharakter [5], d. h. in ihrer nachdrücklichen Akzentuierung von Einzelteilen, die nicht zu einem organischen Ganzen verbunden werden. Dieser (notwendige) Kompilationscharakter korrespondiert für Schiller mit Wünschen des Modelesers, die eine «vollkommene Auflösung der Theile in einem reinen Ganzen» auch an einem Kunstwerk nicht wahrnehmen würden, da sie durchweg «nur für das Einzelne Sinn» haben [6], das sie als Einzelnes sinnlich-sentimental genießen wollen. – Die für Theorie und Begriff des K. später so zentrale Kategorie des (Selbst-)Genusses eigener, vom Werk evozierter Stimmungen spielt bereits in der klassischen Ästhetik bei der Bestimmung dessen, was damals noch ‹Modekunst› hieß, eine herausragende Rolle: «Man muß [ästhetisches] Vergnügen und Gefallen an dem Vergnügen haben voneinander unterscheiden ... es läßt sich doch nicht leugnen, daß es etwas anders ist eine angenehme Empfindung zu haben, etwas anders an dem Genuß derselben Lust zu finden» (M. HERZ [7]). Der

Modeleser strebt die zweite Form des Vergnügens, die Gefühlspotenzierung und den emotionalen Selbstbezug, an. Der Modeliteraturleser «genießt *sich*», nicht das ästhetische Objekt (J. G. Hoche [8]). Während der Leser der *Dichtung* in ästhetischer Distanz die künstlerische Einheit des Werkes überblickt und das erkannte bzw. nacherlebte Zusammenspiel aller Teile im Kunstwerk hier Voraussetzung des ästhetischen Vergnügens ist, streben Modeliteratur wie -leser ästhetische Distanz*losigkeit* an [9].

In die skizzierte Tradition des ästhetischen Denkens trat das Wort ‹K.› in den zwanziger Jahren ein. Unter K. verstand man bald einen notwendig in seine Einzelteile zerfallenden ästhetischen Gegenstand, der auf Effektkumulation hin angelegt ist und dem «die Wirkung des Augenblicks vorzüglich wichtig sein» muß (W. Killy [10]); in ihm «ist der Stellenwert der einzelnen Szenen lediglich durch die Ökonomie der ... Wunscherfüllung bestimmt; alles erscheint eindeutig, durch sich selbst bedeutungsgeladen; der Leser darf sich unmittelbar identifizieren» (K. M. Michel [11]). Kumulatives Strukturprinzip und die vom Konsumenten angestrebte Gefühlszuständlichkeit schienen einander zu entsprechen.

Im Anschluß an existenzphilosophische Überlegungen haben vor allem O. F. Bollnow [12] und L. Giesz [13] darauf bestanden, daß K. nicht als ein immanent ästhetisches, sondern als ein philosophisch-anthropologisches Phänomen zu behandeln ist. Für Giesz sind die «kitschigen Objekte» lediglich «Niederschläge kitschiger Zuständlichkeiten» [14], die es primär zu untersuchen gelte; K. entspringt bzw. evoziert «Selbstgenuß, in dem der rein (also nicht ästhetisch und nicht spielend) Genießende sich als Genießenden genießt» [15]. K.-Produzent und -Konsument verfehlen das Wesen des Menschseins; sie sind der Uneigentlichkeit, dem «Man», verfallen.

Gegen die traditionelle K.-Theorie und ihre Tendenz, K. als eine «latente Möglichkeit des Menschen überhaupt» (Giesz [16]) zu deuten und das Verlangen nach K. als individuelles, selbstverschuldetes Versagen den Konsumenten anzulasten, ist in jüngster Zeit heftig polemisiert worden: «Giesz, wie vor ihm schon Broch, löst das Wesen des K. in das menschliche Wesen auf, das ihm letztlich abstrakt bleiben muß, da er es von seiner gesellschaftlichen Entstehung trennt ... damit wird unterschlagen, daß es ein gesellschaftliches Produkt ist, abhängig von ganz bestimmten analysierbaren historischen Verhältnissen» (G. Ueding) [17]. Eine über Thesen hinausgehende historische Erklärung des Phänomens K. steht jedoch trotz der höchst positiven Ansätze bei Ueding und Moles [18] noch aus.

Anmerkungen. [1] Vgl. den Art. ‹K.› in A. Götze (Hg.): Trübners Dtsch. Wb. 4 (1943) 152f. – [2] F. Avenarius: K. Kunstwart und Kulturwart 33 (1920) 222. – [3] E. Koelwel: K. und Schwäb., in: Muttersprache 52 (1937) 58f. – [4] Belege bei J. Schulte-Sasse: Die Kritik an der Triviallit. seit der Aufklärung. Stud. zur Gesch. des modernen K.-Begriffs (1971). – [5] Fr. Schiller, National-A. (1941ff.) 22, 253. – [6] a. a. O. 21, 14. – [7] M. Herz: Versuch über den Geschmack und die Ursachen seiner Verschiedenheit (²1790) 94f. – [8] J. G. Hoche: Vertraute Briefe über die jetzige abentheuerliche Lesesucht und über den Einfluß derselben auf die Verminderung des häusl. und öffentl. Glücks (1794) 76. – [9] Vgl. Art. ‹Distanz/Distanzlosigkeit, ästhet.›. – [10] W. Killy: Dtsch. K. Ein Versuch mit Beisp. (²1962) 14. – [11] K. M. Michel: Gefühl als Ware. Zur Phänomenol. des K. Neue dtsch. H. 6 (1959/60) 47. – [12] O. F. Bollnow: Das Wesen der Stimmungen (³1956). – [13] K. Giesz: Phänomenol. des K. (1960). – [14] a. a. O. 28. – [15] 41. – [16] 55. – [17] G. Ueding: Glanzvolles Elend. Versuch über K. und Kolportage (1973) 15f. – [18] A. Moles: Psychol. des K. (1972).

Literaturhinweise. H. Broch: Einige Bemerk. zum Problem des K., in: Essays 1 (1955) 295-309; Das Böse im Wertsystem der Kunst a. a. O. 311-350. – L. Giesz s. Anm. [13]. – W. Killy s. Anm. [10]. – P. Beylin: Der K. als ästhet. und außerästhet. Erscheinung, in: H. R. Jauss (Hg.): Die nicht mehr schönen Künste (1968) 393-406. – A. Moles s. Anm. [18]. – G. Ueding s. Anm. [17]. – G. Waldmann: Theorie und Didaktik der Triviallit. (1973). – J. Schulte-Sasse: Lit. Wertung (²1976).

J. Schulte-Sasse

Klar und deutlich (lat. clare et distincte). Die bereits in der Scholastik vorkommende Formel gewinnt bei Descartes eine zentrale Stellung, indem die Forderung nach Klarheit und Deutlichkeit zum Wahrheitskriterium für Erkenntnisse (perceptiones), zu denen Descartes auch die Ideen zählt, erhoben wird. «Klar» (clara) nennt Descartes eine Erkenntnis, «die dem aufmerkenden Geiste gegenwärtig und offenkundig ist» (quae menti attendenti praesens et aperta est); «deutlich» (distincta) nennt er eine bereits klare Erkenntnis, die «von allen übrigen Erkenntnissen so getrennt und unterschieden ist, daß sie gar nichts anderes, als was klar ist, in sich enthält» (ab omnibus aliis ita sejuncta est et praecisa, ut nihil plane aliud, quam quod clarum est, in se contineat) [1]. Das Kriterium der *Klarheit und Deutlichkeit* besteht demnach nicht aus der Verbindung zweier voneinander unabhängiger Kriterien der *Klarheit* und der *Deutlichkeit*, sondern die Deutlichkeit ist eine vollkommenere Art der Klarheit. Deutlichkeit impliziert Klarheit, aber nicht umgekehrt [2]. Descartes' Formulierung des Kriteriums der Deutlichkeit enthält genaugenommen zwei verschiedene Auffassungen der Deutlichkeit: Die erste ist die *äußere* Deutlichkeit, die Unterscheidbarkeit einer Erkenntnis (Idee) von allen anderen (ab omnibus aliis) Erkenntnissen (Ideen); die zweite ist die *innere* Deutlichkeit, die Zerlegtheit des Inhalts (quod ... in se contineat) einer Erkenntnis (Idee). Im Sinne dieser Terminologie scheint Descartes implizit zu meinen, daß die äußere Deutlichkeit die innere bedingt (ita ... ut). Dies ist aber keinesfalls der Fall. Wenn man z. B. Dreiecke von allen anderen geometrischen Figuren unterscheiden kann, heißt dies noch nicht, daß man eine Merkmalzerlegung des Begriffs ‹Dreieck› angeben kann.

Die Ungenauigkeit der Descartesschen Bestimmung von ‹klar und deutlich› versuchte Leibniz zu beheben. Er bestimmt die Klarheit als Wiedererkennbarkeit und unterteilt sie in Verworrenheit und Deutlichkeit. Dabei entspricht die Verworrenheit der äußeren Deutlichkeit, die Deutlichkeit selbst der inneren Deutlichkeit [3].

Die Leibnizschen Unterscheidungen sind für die Folgezeit bestimmend geblieben. Terminologisch stellt man meist «klar und (aber) verworren (confuse)» (an der Verbindung von «klar» und «verworren» darf man sich hier nicht stören, «verworren» ist nicht im alltagssprachlichen Sinne zu verstehen) und «klar und deutlich» gegenüber und versteht die Klarheit als Oberbegriff zu Verworrenheit und Deutlichkeit. Da aber außerdem, wie bereits bei Descartes, die Deutlichkeit höher eingestuft wird als die Klarheit ohne Deutlichkeit, wird terminologisch auch diese bloße Klarheit, d. i. die Verworrenheit, als Klarheit der Deutlichkeit gegenüber gestellt, z. B. bei H. Lotze [4]. Diese Gegenüberstellung läßt sich auch im Rahmen sprachphilosophischer Überlegungen fruchtbar machen. Danach ist z. B. ein Prädikator klar, wenn es gelingt, ihn richtig zu- und abzusprechen, also Beispiele und Gegenbeispiele für ihn richtig wiederzuerkennen, und er ist deutlich, wenn eine Definition im Sinne der Merkmalzerlegung für ihn vorliegt. Im Anschluß hieran wird auch eine Aufhebung des Abhängigkeitsverhältnisses von klar und deutlich notwendig. Wie es möglich ist, daß das Zu- und Absprechen eines Prädikators gelingt, ohne für ihn eine Definition zu haben (Klarheit impliziert nicht Deutlichkeit), so ist es umgekehrt auch möglich, daß eine Definition vorliegt, ohne daß das Zu- und Absprechen des Prädikators gelingt (Deutlichkeit impliziert nicht Klarheit). Letzteres kann daran liegen, daß es keine Gegenstände gibt, denen der Prädikator zukommt, nämlich im Falle der leeren fiktionalen Prädikatoren, oder daran, daß *empirische* Gegenstände *idealisierende* Prädikatoren nicht realisieren können, nämlich im Falle solcher Prädikatoren, die Kants regulative Ideen zum Ausdruck bringen [5]. Aber nicht nur die Art der Prädikatoren, auch die Art der Erkenntnisvermögen spielt hier eine Rolle. Kantisch gesprochen: Das richtige Zu- und Absprechen ist die Tätigkeit der Urteilskraft, das Definieren eine Tätigkeit des Verstandes. In diesem Sinne ist Urteilskraft ohne Verstand (Anschauungen ohne Begriffe) genausogut möglich wie Verstand ohne Urteilskraft (Begriffe ohne Anschauungen). Auch dies spricht dafür, Klarheit und Deutlichkeit als voneinander unabhängige Kriterien anzuerkennen.

Obwohl diese Unabhängigkeit in Kantischer Terminologie plausibel gemacht werden kann, hat KANT selbst sie – zumindest terminologisch – nicht vertreten. Denn für ihn ist die Deutlichkeit «ein höherer Grad der Klarheit» [6]. Damit bewertet er nicht nur die Deutlichkeit *höher* als die Klarheit, er erkennt auch Klarheit und Deutlichkeit nicht als voneinander unabhängige Kriterien an (Deutlichkeit als *Grad* der Klarheit).

Vor Kant hat es jedoch bereits BAUMGARTEN in Absetzung von Leibniz unternommen, die Eigenständigkeit der bloß klaren, verworrenen Erkenntnis (cognitio confusa) zu begründen [7]. Der Grund ist folgender: Als Beispiele für verworrene Erkenntnisse werden in der Tradition stets sinnlich verbleibende Erkenntnisse genannt, z. B. bei DESCARTES die Schmerzempfindung [8], bei LEIBNIZ die Wahrnehmung von Farben, Gerüchen und Geschmäcken [9], aber auch, in einem weiteren Sinne von sinnlicher Erkenntnis, die ästhetische Erkenntnis: «Auf diese Weise erkennen wir manchmal *ganz klar*, ohne irgendwie im Zweifel zu sein, ob ein Gedicht oder ein Gemälde gut oder schlecht gemacht ist, weil *ein gewisses Etwas* hat, das uns befriedigt oder unseren Anstoß erregt» [10]. Auf die fehlende Deutlichkeit wird hier durch den Ausdruck ‹ein gewisses Etwas› hingewiesen. Würde man Leibniz' Hierarchisierung der Erkenntnisarten zustimmen, so würde die ästhetische Erkenntnis als bloß klare Erkenntnis insbesondere gegenüber der wissenschaftlichen Erkenntnis abgewertet werden. Genau dieses versucht BAUMGARTEN zu verhindern, indem er die cognitio confusa von der pejorativen Konnotation befreit, die noch in der üblichen deutschen Übersetzung «verworrene Erkenntnis» zum Ausdruck kommt, und ihr als sinnlicher Erkenntnis (cognitio sensitiva) einen eigenen Platz gegenüber der Verstandeserkenntnis einräumt. Dieser Aufwertung der cognitio confusa entsprechend ist dann «confusa» auch positiv als «komplex» zu übersetzen und in Verbindung zu bringen mit «Fülle» [11] und «Totalität der Erscheinungen» [12]. Ausgehend von diesem Verständnis wird die cognitio confusa zur Grundlage einer Ästhetik als Theorie der Sinnlichkeit.

Anmerkungen. [1] R. DESCARTES, Princ. phil. I, § 45. – [2] a. a. O. I, § 46. – [3] G. W. LEIBNIZ, Philos. Schr., hg. GERHARDT 4, 422. – [4] H. LOTZE: Logik, hg. G. MISCH (1912) § 168. – [5] Vgl. G. GABRIEL: Definitionen und Interessen (1972) Kap. 5, 2. – [6] I. KANT, Logik, hg. JÄSCHE. Akad.-A. 9, 61f. – [7] A. G. BAUMGARTEN, Aesthetica 1. 2 Tl. (1750/1758 ND 1961). Teilabdr. mit dtsch. Übers. bei H. R. SCHWEIZER: Ästhetik als Philos. der sinnlichen Erkenntnis (1973). – [8] DESCARTES, a. a. O. I, § 46. – [9] LEIBNIZ, a. a. O. [3]. – [10] a. a. O. 4, 449. – [11] U. FRANKE: Kunst als Erkenntnis (1972) Kap. III, 4; vgl. Art. ‹Analogon rationis›. – [12] E. CASSIRER: Die Philos. der Aufklärung (³1973) 467.

G. GABRIEL

Klasse, soziale (auch: Gesellschaftsklasse; lat. classis, ital./frz. classe, engl. class) ist in seiner allgemeinen Bedeutung der begrifflich-kategoriale Ausdruck des Bemühens um die Erfassung der Unterschiede zwischen Menschen bzw. der Differenzierung von Gesellschaft in Menschengruppen. Sobald die gesellschaftlichen Unterschiede nicht mehr als gottgegeben angesehen werden, erhält der K.-Begriff politische Bedeutung entweder im Sinne einer Kritik an den bestehenden gesellschaftlichen Verhältnissen und damit einer gedanklichen Vorwegnahme der Veränderung der Gesellschaftsordnung oder aber im Sinne einer Apologie der als naturgegeben bezeichneten K.-Unterschiede. Insofern impliziert die jeweilige Definition von K. nicht nur eine Vorentscheidung bezüglich der wissenschaftlichen Behandlung des damit bezeichneten Sachverhalts der gesellschaftlichen Unterschiede, sondern zugleich eine (beabsichtigte oder unbeabsichtigte) Stellungnahme zu den jeweiligen gesellschaftlichen Verhältnissen.

1. Zur Einteilung von Individuen nach Art und Umfang ihres Besitzes wird das lateinische Wort ‹classis› zuerst im Zusammenhang mit der Servianischen Zenturienreform (5.–4. Jh. v. Chr.) verwandt, wobei es sich um die Gliederung der voll leistungspflichtigen Bürger in bezug auf militärische Funktionen und politisches Stimmgewicht handelt [1]. Dieser Begriff der K. scheint bei seiner Wiederverwendung im 16./17. Jh. vergessen zu sein, denn zu dieser Zeit wird der Terminus im Englischen (class) und Französischen (classe) ganz allgemein zur Einteilung von Sachen und von Personen (z. B. Schülern) gebraucht [2]. In den Naturwissenschaften gewinnt ‹K.› seit dem 18. Jh. große Bedeutung im Zusammenhang mit der systematischen Ordnung der empirisch beobachtbaren «Objekte der Naturgeschichte» [3]. Dabei ist den Encyclopädisten durchaus bekannt, daß der Terminus gemäß seiner griechisch-lateinischen Herkunft auch eine Unterteilung von Personen – «entsprechend ihrer Natur oder dem Motiv, das zum gegebenen Arrangement den Anlaß gab» [4] – bezeichnet; sie verwenden jedoch bei der Beschreibung oder Kritik gesellschaftlicher Zustände nur die Termini ‹ordre›, ‹état› u. ä. Das gleiche gilt im wesentlichen auch für die englischen Politökonomen bis zu A. SMITH; dieser gebraucht den Terminus ‹class› lediglich bei der Kennzeichnung von Angehörigen einzelner Stände im Hinblick auf besondere Merkmale (z. B. Berufsparte eines Lohnbeziehers) [5]. Auch A. FERGUSON bevorzugt die damals übliche Terminologie, verwendet jedoch an einigen Stellen das Wort ‹class› neben Ausdrücken wie ‹station›, ‹order› und ‹rank› zur Kennzeichnung von mit der gesellschaftlichen Arbeitsteilung verbundenen Unterschieden im Bildungsniveau, im Eigentum und in den politischen Teilhabemöglichkeiten [6].

2. In diesem Sinne tritt ‹classe› bzw. ‹class› vor allem in Frankreich und den USA in der 2. Hälfte des 18. Jh. zunehmend neben die herkömmlichen Termini. Während die *Physiokraten* den Terminus dabei noch fast ausschließlich im beschreibend-ordnenden Sinne gebrau-

chen, klingen bei den Verfassern des ‹Federalist› bereits deutlich die Bezüge zwischen wirtschaftlicher Position, wirtschaftlichen Interessengegensätzen und politischer Machtausübung an. So begreift J. MADISON die Begründung der amerikanischen Verfassung auf dem Prinzip der Gewaltenteilung als Ausdruck der Notwendigkeit, eine Balance zwischen widerstreitenden ‹Interessengruppen›, ‹Parteien› und ‹K.› (classes) sicherzustellen [7], und A. HAMILTON verteidigt die dominierende Rolle der Kaufleute, Händler und geistigen Berufe in der Volksvertretung gegen jene «Gegner der Verfassung», die ein zu großes Übergewicht der «sogenannten» K. der «Reichen und Hochgeborenen» behaupten [8]. Unter den Physiokraten ist J. NECKER derjenige, bei dem noch am ehesten anklingt, daß die Unterschiede bezüglich der wirtschaftlichen Funktionen und der Vermögenslage die Möglichkeit der Entstehung und Verschärfung der Interessengegensätze zwischen Reicherwerdenden und Verarmenden enthält [9].

Vorbereitet wird diese Betrachtungsweise durch die Schriften von Quesnay und Turgot, die versuchen, den Tatbestand der forgeschrittenen gesellschaftlichen Arbeitsteilung und der damit verbundenen Differenzierung der Wertschaffungsarten mit der grundherrschaftlich-feudalen Tradition in Einklang zu bringen. F.QUESNAY unterscheidet zwischen der «classe productive», welche den Boden *bearbeitet*, der «classe des propriétaires» der adligen und bürgerlichen Grund*eigentümer* und der «classe stérile», deren Angehörige mit der Herstellung und Verteilung von Gütern und Leistungen *außerhalb* der Landwirtschaft befaßt sind [10]. A. TURGOT berücksichtigt stärker den historischen Prozeß der Entstehung von K.: Die Gesellschaft gliedert sich zunächst in die «classe productive» der den Boden Bearbeitenden und die «classe stipendiaire» der aus anderen Arbeiten ‹Sold› Beziehenden; auf der nächsten historischen Stufe zerfällt die produktive K. in die Nicht-Eigentümer und die Eigentümer, wobei die letzteren als «classe disponible» die politischen und militärischen Leitungsfunktionen wahrnehmen; auch die K. der Bezieher von Einkommen aus Handel, Handwerk und Industrie zerfällt im Verlaufe der Geschichte, und zwar in die K. der «Kapitaleigentümer» und diejenige der «gewöhnlichen Handwerker», die nur über ihre Arbeitskraft verfügen [11].

Anknüpfend an die primär ökonomischen Kriterien der K.-Teilung bei den Physiokraten wenden sich führende Köpfe der französischen Revolution zunehmend den politisch-rechtlichen Implikationen der gesellschaftlichen Unterschiede zu: SIÈYES unterscheidet unter Bezug auf vier K. «nützlicher» Bürger und Tätigkeiten (Landarbeit; Handwerk/Industrie; Handel; Dienstleistungen) vier politische Aufgabenbereiche («fonctions publiques»: Schwertadel, Amtsadel, Klerus, Administration); nur dem letzteren, der sich in den Händen des «tiers état» befinde, spricht er die Fähigkeit zu positiven Leistungen für das Gemeinwohl zu, während er Adel und Klerus als «classes inutiles» bezeichnet [12]. Mit der Forderung nach einem angemessenen Gleichgewicht von politischen Rechten und politisch-ökonomischen Leistungen [13] – allerdings beschränkt auf die Besitzenden – erhält der K.-Begriff die kämpferische Note, die seine Verbreitung während der Revolutionsjahre mitbedingt haben mag [14]. Auch wurde hier bereits in politischer Absicht der Begriff der *Arbeiter-K.* (classe ouvrière) geprägt und verbreitet, deren Elend mit dem relativen Wohlergehen der restlichen Nation kontrastiert [15].

3. Den kritisch-aktionistischen Akzent übernehmen – allerdings mit unterschiedlichen Zielrichtungen – in der Folgezeit die *frühen Radikaldemokraten und Sozialisten*, wobei zunehmend die gewerblich-industriellen Produktionszweige sowie die Probleme der besitz*losen* Schichten in den Mittelpunkt des Interesses rücken. Außerdem werden die politisch-ökonomischen Grundlagen der K.-Teilung ergänzt durch eine verstärkte Berücksichtigung psychologischer, ideologischer und erzieherisch-kultureller Gesichtspunkte, womit die Möglichkeit gegeben ist, Veränderungen in der gesellschaftlichen Gliederung auf dem Wege über Veränderungen des Bewußtseins (beispielsweise durch Aufklärung und Erziehung) zu begreifen [16]. Im Unterschied zu den Physiokraten umfaßt bei H. DE SAINT-SIMON die produktive «classe des industriels» nicht nur die in der Landwirtschaft Tätigen, sondern vor allem die Fabrikanten, Manufakturiers, Händler, Kaufleute und Bankiers sowie die Masse der (unselbständigen) Handwerker und Lohnarbeiter [17]; ihr stehen gegenüber die unproduktive «classe bourgeoise», bestehend aus den – so Saint-Simon – vor und während der französischen Revolution noch fortschrittlichen Juristen, Metaphysikern und Staatsbeamten, sowie die schon früher unproduktiv gewordene «classe noble», bestehend aus Klerus, Grundrentiers, Höflingen und Militärs [18]. Zwar erkennt Saint-Simon zum einen, daß die Geschichte ein Prozeß der ständigen Auseinandersetzung zwischen «classes gouvernantes» (herrschenden K.) und «gouvernés» (Beherrschten) ist, und zum anderen, daß Adel und Bourgeoisie im geschichtlichen Ablauf nur «classes intermédiaires» (Zwischen- bzw. Übergangs-K.) sind, aber er glaubt, daß mit der Übernahme der Herrschaft durch die «classe des industriels» die K.-Antagonismen allmählich verschwinden werden.

Damit unterscheidet sich Saint-Simon (und mit ihm FOURIER, OWEN u. a.) von einer zweiten Richtung der frühsozialistischen Gesellschaftskritiker, für die der Kampf zwischen den K. um die politische Macht unausweichlich ist [19]: Im Anschluß an *Robespierre* und *Babeuf* wird hier die Ergänzung der formalen bürgerlichen Gleichheit (Rechtsgleichheit) um die Gleichheit der wirtschaftlichen und politischen Chancen durch eine verstärkte Sozialbindung des Eigentums und durch die Abschaffung des K.-Wahlrechts gefordert. AUG. BLANQUI faßt diese Forderungen zu dem wohl ersten relativ geschlossenen Ansatz einer Theorie zusammen, die die historischen Gesetzmäßigkeiten und gesellschaftlichen Zusammenhänge mit Hilfe der Kategorie der sozialen K. interpretiert [20]. Unter Bezug auf die Stellung der «classes très élevées» und der «classe laborieuse» wird hier auch der Terminus ‹Mittel-K.› («classe moyenne») eingeführt; bemerkenswert ist dabei der Tatbestand, daß Blanqui – ebenso wie W. THOMPSON – in diesem Zusammenhang die Abgrenzung der K. nicht mehr nur unter Rückgriff auf die Kriterien der Produktivität sowie der (Nicht-)Verfügung über Produktionsmittel, sondern auch im Hinblick auf das Kriterium der Größe des verfügbaren Besitzes bzw. Einkommens vornimmt [21].

4. Wie Marx auf der Philosophie *Hegels* basierend, übertrifft L. VON STEIN mit seiner Verknüpfung von Freiheits-, Gleichheits- und Persönlichkeitsideal einerseits und Rechtfertigung der K.-Unterschiede andererseits die bisherigen Interpretationsversuche der industriellen (K.-) Gesellschaft. – Die spezifische Leistung von MARX besteht in dem – allerdings an vielen Stellen seines Werkes verstreuten – Versuch einer systematischen Verknüpfung der vielfältigen Dimensionen, die seine Vorläufer bei der

diachronen und synchronen Analyse der gesellschaftlichen Gliederung angesprochen hatten: «Was ich neu tat [so Marx], war 1. nachzuweisen, daß die Existenz der K. bloß an bestimmte historische Entwicklungsphasen der Produktion gebunden ist; 2. daß der K.-Kampf notwendig zur Diktatur des Proletariats führt; 3. daß diese Diktatur selbst nur den Übergang zur Aufhebung aller K. und zu einer klassenlosen Gesellschaft bildet» [22]. Mit Blick auf die ökonomische Sphäre unterscheidet Marx zum einen (bezüglich der Art der Produktionsmittel, über die eine Menschengruppe verfügt) zwischen Kapitaleigentümern, Grundeigentümern und Eigentümern bloßer Arbeitskraft, und zum anderen (bezüglich des Ausmaßes, in dem eine Menschengruppe über die jeweils fortgeschrittensten Produktionsmittel verfügt) zwischen «Grundklassen» (BUCHARIN) und «Übergangsklassen»; für seine Zeit begreift er die kapitalistische Bourgeoisie und das Proletariat als Haupt-K. und das Kleinbürgertum, die Bauern sowie die feudalen Grundeigentümer als «Übergangs»- bzw. Neben-K. [23]. Mit Blick auf die politische Sphäre differenziert Marx zwischen der bzw. den herrschenden K., die über die in der betreffenden Gesellschaftsformation als legitim angesehenen Mittel der Machtausübung verfügen, und den beherrschten bzw. unterdrückten K. [24]. Mit Blick auf die geistig-kulturelle Sphäre unterscheidet er zwischen der K., die «über die Mittel zur geistigen Produktion» verfügt, und der bzw. den K., «denen die Mittel zur geistigen Produktion abgehen» [25]. *Systematisch* verknüpft werden diese verschiedenen Sphären im Konzept der «ökonomischen Gesellschaftsformation», so daß in jeder historischen Epoche eine bestimmte Form der Verfügung über die Mittel der materiellen Produktion mit einer bestimmten Form der Verfügung über die Mittel der politischen Machtausübung einhergeht; daraus folgt, daß die (vorkommunistische) gesellschaftliche Gliederung notwendigerweise ein K.-Verhältnis ausdrückt, das sich weder in eine graduelle Abstufung von Unterschieden im Einkommens- oder Bildungsniveau noch in bloße politische oder wirtschaftliche Interessengegensätze zwischen konkurrierenden Gruppen auflösen läßt. *Historisch* verknüpft werden die ökonomische, die politische und die geistig-kulturelle Sphäre im Konzept des K.-Kampfes, der die Geschichte vorantreibt und in dessen Verlauf die K., welche über die jeweils am weitesten entwickelten Produktivkräfte verfügt, die bestehenden Produktionsverhältnisse sprengt und die herrschende K. verdrängt [26]. Hierzu ist es notwendig, daß die Angehörigen der jeweils fortschrittlichen K. nicht nur durch die «Dieselbigkeit» ihrer (objektiven) ökonomischen, sozialen, rechtlichen und politischen Situation als «K. an sich» existieren, sondern durch das gemeinsame (K.-)Bewußtsein dieser «Dieselbigkeit» und der damit gegebenen Stellung im gesellschaftlichen und historischen Zusammenhang zur politisch aktiven «K. für sich» werden [27]. Damit wird zugleich die soziologische Dimension des Marxschen K.-Begriffs angesprochen: Die Eigentums-, Tausch- und Verkehrsverhältnisse, in denen die Menschen unter den Bedingungen einer bestimmten «Produktionsweise» leben, konstituieren historisch-konkrete Muster der sozialen Beziehungen in der Familie, am Arbeitsplatz, im öffentlichen Leben usw. so lange als «naturgegebene» Zwänge wirken (z. B. in Form der K.-Zugehörigkeit), wie die Menschen nicht zum Bewußtsein der Ursachen des K.-Charakters aller vorkommunistischen Gesellschaften gekommen sind [28].

5. Die Entwicklung des K.-Begriffs nach Marx' Tod läßt sich vereinfachend entweder als dogmatische Re-

duktion der in der Sache enthaltenen Dimensionen oder als Versuch der systematischen Weiterentwicklung und Verknüpfung einzelner (Teil-)Dimensionen bezeichnet. LENIN hat einerseits die Abgrenzung des Verhältnisses von K., Schicht, Fraktion und sozialen Triebkräften präzisiert und andererseits die politischen Implikationen des K.-Konzepts akzentuiert [29]. STALIN hat bei seinem Bemühen um die Rechtfertigung der bestehenden Verhältnisse in der UdSSR den K.-Begriff auf einzelne Teile der ökonomischen Dimension reduziert, indem er die verbliebenen Unterschiede zwischen Arbeitern und Bauern sowie zwischen den unmittelbar produktiven ‹Menschengruppen› und der ‹Intelligenz› als «nicht-antagonistisch» im Sinne des Fehlens der Ausbeutung bezeichnet [30]. – Demgegenüber haben G. LUKÁCS und H. MARCUSE die subjektiv-bewußtseinsmäßige Dimension hervorgehoben und die K. als dynamisch-aktive Träger und Promotoren der geschichtlichen Entwicklung im Unterschied zu den als eher statisch begriffenen Produktionsverhältnissen (einschließlich der Sozialstruktur) ausgewiesen [31].

M. WEBER hat mit seiner Formel von der «K.-Lage», durch welche die für eine angebbare Menschengruppe typische Chance der Güterversorgung, der äußeren Lebensstellung (und deren Sozialprestige) und der Verhaltensdispositionen bezeichnet wird [32], den Boden bereitet für jene Sozialwissenschaftler, bei denen sich die K.-Gegensätze auflösen in graduelle Unterschiede des Einkommens, der Bildung, der politischen Teilhabemöglichkeiten usw., weshalb sie auch lieber von Schichten und von Stratifikation sprechen als von K. [33]. Die konflikttheoretisch orientierten Vertreter des (Struktur-) Funktionalismus verbinden Teile dieser Betrachtungsweise mit dem Hinweis auf die zwischen den verschiedenen K. in der modernen «Industriegesellschaft» bestehenden funktionellen Abhängigkeiten und Interessengegensätze sowie auf deren Veränderungen bewirkende Kraft [34]. Bei dem seit der Mitte der sechziger Jahre in den westlichen Industrienationen erneut expandierenden Gebrauch von ‹K.› als politischem Schlagwort und als sozialwissenschaftlicher Kategorie stellt sich die Frage, inwiefern die Ausbreitung der «nicht produktiven» Tätigkeiten (vor allem bei den Staats-, Partei- und Verbandsbediensteten) sowie die gesellschaftlichen Änderungen in der 'Dritten Welt' mit Hilfe der Marxschen K.-Theorie noch angemessen erklärt werden können [35].

Anmerkungen. [1] LIVIUS, Ab urbe condita I, 42-43. – [2] W. v. WARTBURG: Frz. etymol. Wb. 2/1 (Leipzig 1940) 745; The Oxford Engl. Dict. (1970) 2, 466f.; GRIMM 5 (1873) 1005f. – [3] Encyclopédie, hg. DIDEROT/d'ALEMBERT (Paris 1751ff.) 3, 506; J. LOCKE: An essay conc. human understanding (1690) III, 3, hg. WOOZLEY (London 1964) 268; C. LINNAEI (LINNÉS): Classes plantarum (Lugduni Batavorum [Leyden] 1738). – [4] Encyclopédie a. a. O. [3]. – [5] A. SMITH: Inquiry into the nature and the causes of the wealth of nations (London 1776) Introd.; I, 10, 1; vgl. auch IV, 9. – [6] A. FERGUSON: Essay on the hist. of civil soc. (London 1773, ND 1969) IV, 2. – [7] J. MADISON, Federalist (1787) Nr. 10; dtsch. hg. ERMACORA (Wien 1958) 73ff. – [8] A. HAMILTON, Federalist Nr. 35. 60 a. a. O. 197ff. 339ff. – [9] J. NECKER: De l'administration des finances de la France (1784). Oeuvres (Lausanne/Paris 1789) 2, 285f. – [10] F. QUESNAY: Tableau économique (1758/59) Oeuvres économiques et philos., hg. A. ONCKEN (1888, ND New York 1969) 305ff. – [11] A. TURGOT: Réfl. sur la formation et la distribution des richesses (1788) VIII-XCIV; engl. hg. MEEK (Cambridge 1973) 123ff. – [12] E. SIÈYES: Qu'est-ce que le tiers état? (1789) ch. I, hg. ZAPPERI (Genf 1970) 121ff. – [13] a. a. O. ebda. ch. IV = 153ff. – [14] MIRABEAU, Discours (1789-91), hg. FURET (Paris 1973) 43ff.; CHR. GIRTANNER: Hist. Nachr. und polit. Betracht. über die Frz. Revolution (1791) 2, 48. 110; BARNAVE: Introd. à la révolution franç. (1792), zit. A. SOBOUL: La révolution franç. (Paris 1965) 9; MARAT, in: L'ami du peuple (Paris 1789ff.), zit. R. HERRNSTADT: Die Entdeckung der K. (1965)

156. – [15] M. FREY: Les transformations du vocabulaire franç. à l'époque de la révolution (Diss. Zürich, publ. Paris 1925) 92. – [16] Vgl. E. P. THOMPSON: Making of the Engl. working class (Harmondsworth 1968) ch. 15. 16; M. VESTER: Entstehung des Proletariats als Lernprozeß (1970). – [17] H. DE SAINT-SIMON: L'organisateur (1819/20) 1er extrait. Oeuvres, hg. DENTU (Paris 1865ff.) 4, 17ff. – [18] Catéchisme des industriels (1823) 1er cahier a. a. O. 8, 1ff. 37ff. – [19] M. DOMMANGET: Sur Babeuf et la conjuration des Égaux (Paris 1970); G. D. H. COLE: Chartist portraits (London 1941). – [20] A. BLANQUI: Crit. sociale 1. 2 (Paris 1885); vgl. auch M. DOMMANGET: Aug. Blanqui (Paris 1969). – [21] Défense du citoyen Blanqui devant la cour d'assises (Paris 1832) 5ff.; W. THOMPSON: Inquiry into the principles of the distribution of wealth (London 1824, ND 1968) 208ff. – [22] K. MARX, Brief vom 5. 3. 1852. MEW 28, 508. – [23] Dtsch. Ideol. I, B. 1 = MEW 3, 53f.; Kommunist. Manifest I u. III = MEW 4, 462ff. 484; 18. Brumaire III u. VII = MEW 8, 144. 204f.; Kapital III, 52 = MEW 25, 892f. – [24] MEW 3, 46ff.; 8, 120ff. 150ff. 196ff.; Bürgerkrieg in Frankreich III = MEW 17, 336ff. – [25] MEW 3, 46. – [26] MEW 3, 69f. 73f.; 4, 462ff. – [27] Misère de la philos. II, § 5 = MEW 4, 181f.; Kommunistisches Manifest I = MEW 4, 470f.; 18. Brumaire = MEW 8, 198ff.; 25, 893. – [28] MEW 3, 33f. 54. 76f. – [29] W. I. LENIN: Werke 29, 369. 410; 30, 100; 31, 282; 4, 204ff.; 5, 380ff. 412f. 423ff. – [30] J. STALIN: Rechenschaftsber. an den XVIII. Parteitag II/3. III/4; Werke 8, 125ff. – [31] G. LUKÁCS: Gesch. und K.-Bewußtsein (1923) 57f.; H. MARCUSE: Vernunft und Revolution, dtsch. (1962) 277ff. – [32] M. WEBER: Wirtschaft und Gesellschaft, hg. WINCKELMANN (1964) 1, 223ff. dtsch. – [33] K. DAVIS: Human society (New York 1948) ch. 14; T. PARSONS: Social system (Glencoe 1951) ch. V, IX; P. A. SOROKIN: Social and cultural mobility (Glencoe 1959); H. SCHELSKY: Auf der Suche nach Wirklichkeit (1965) 331-336. 352. 388. – [34] L. COSER: Functions of social conflict (London 1956) ch. 2; R. DAHRENDORF: Soziale K. und K.-Konflikte in der industr. Gesellschaft (1957); erw. u. verändert. engl. A. (Stanford Univ. Press 1959). – [35] J. ISRAEL: Quelques problèmes de la théorie marxiste des classes. Homme et Soc. 15 (1970) 269-294.

Literaturhinweise. TH. GEIGER: Zur Theorie des K.-Begriffs und der sozialen K. Schmollers Jb. 54 (1930) 377-428; Soziale Schichtung des dtsch. Volkes (1932). – G. GURVITCH: Le concept des classes sociales de Marx à nos jours (Paris 1956). – S. OSSOWSKI: K.-Struktur im sozialen Bewußtsein (poln. 1957, dtsch. 1962). – R. HERRNSTADT s. Anm. [14]. – K.-Bildung und Sozialschichtung, hg. B. SEIDEL/S. JENKNER (1968). – K. v. BEYME, Art. ‹K., K.-Kampf›, in: Sowjetsystem und demokrat. Gesellschaft, hg. KERNIG 3 (1969) 633-669. – M. MAUKE: K.-Theorie von Marx und Engels (1970). – N. POULANTZAS: Les classes sociales. Homme et Soc. 24/25 (1972) 23-55.   F. HEGNER

Klassische (das). Der Begriff samt seinen Ableitungen (Klassiker, Klassik, Klassizismus, Klassizität) entstammt einer Übertragung von lateinisch ‹classicus› (Angehöriger der höchsten Steuerklasse) im 2. Jh. n. Chr. zunächst auf die Literatur (GELLIUS: scriptor classicus [1]), dann auch auf die andern Künste. Im weitesten und heute noch dem allgemeinen Sprachgebrauch geläufigen Sinne meint das K. das Vorzügliche und Musterhafte. Als Klassiker kann jeder Autor und Künstler bezeichnet werden, dessen Werk zu den Gipfelleistungen seiner Art gehört.

1. In der Neuzeit erfährt das Begriffsfeld aber auch eine historische Festlegung, und zwar zunächst auf die Werke der antiken Literatur und Kunst. Die erste philosophische Begriffsbestimmung des K. durch HEGEL hält sich noch durchaus in diesem Rahmen: «Was die *historische* Verwirklichung des K. angeht, so ist kaum zu bemerken nötig, daß wir sie bei den Griechen aufzusuchen haben» [2]. Hegel vermeidet es sorgfältig, die Werke Goethes und Schillers, in denen er den Gipfel der deutschen Nationalliteratur sieht, als klassisch zu bezeichnen. Dagegen wurde in Frankreich schon früh das Adjektiv ‹classique› auch neueren Autoren zuerkannt, seit der Mitte des 18. Jh. dann speziell auf die literarische Blütezeit im 17. Jh. bezogen. Diesem Vorgehen schließt sich noch im 18. Jh. der deutsche Sprachgebrauch an, wenn

dabei auch Bedenken laut werden (HERDER [3]). Bei WINCKELMANN hat der Begriff des K. noch keine besondere programmatische Prägnanz, so wenig wie später bei SCHILLER. Auch GOETHE verneint 1795 die Frage, ob es einen deutschen klassischen Autor geben könne [4]. Gleichzeitig stellt allerdings SCHILLER mit der Unterscheidung von naiver und sentimentalischer Dichtung das gedankliche Schema bereit, das die Frühromantik unter der Führung von FR. SCHLEGEL sogleich übernimmt, um einen generellen Gegensatz zwischen klassischer (antiker) und romantischer (moderner) Kunstübung zu postulieren. Die Diskussion um diesen Gegensatz greift in den folgenden Jahrzehnten nach Italien und Frankreich über und erscheint in gewisser Hinsicht als eine historische Repetition der «Querelle des anciens et des modernes» im Frankreich des ausgehenden 17. Jh. [5].

2. Erst in dieser Polarisierung gewinnt der Begriff des K. seine feste kunstsystematische Funktion, die ihm bei geringen Modifikationen bis in die Gegenwart erhalten geblieben ist, wenn auch die Gegensatzbegriffe wechselten. Im Lauf des 19. Jh. verschiebt sich die zunächst historisch eindeutig auf den Unterschied zwischen antiker und nach-antiker Kunstübung festgelegte Grenze zwischen klassisch und modern immer mehr in Richtung auf die jüngere Vergangenheit. Es bürgert sich in den Literaturgeschichten die Gewohnheit ein, nun die Leistungen der Goethezeit, speziell die Goethes und Schillers in der Zeit ihres Zusammenwirkens, als klassisch zu bezeichnen. Der Epochenbegriff einer (Weimarer) Klassik setzt sich allerdings erst im 20. Jh. durch. Demgegenüber hält die Kunstgeschichte an der klaren terminologischen Trennung zwischen Klassik (Antike) und Klassizismus (moderne Strömungen, die am antiken Vorbild orientiert sind) fest. In der Literaturwissenschaft und der Ästhetik hat sich diese terminologische Unterscheidung so wenig durchgesetzt wie in der Musikwissenschaft. Hier gewinnt der Ausdruck ‹Klassizismus› leicht einen pejorativen Nebensinn. In den andern westlichen Kultursprachen ist die Unterscheidung ohnehin nicht möglich. Wohl aber ist in der deutschen Literaturwissenschaft dem Begriff einer Weimarer Klassik aufgrund von Periodisierungsvorstellungen, die seit der Mitte des 19. Jh. auftauchen, der Begriff einer mittelhochdeutschen Klassik (um 1200) zur Seite gestellt worden.

3. Die Schwierigkeiten einer klaren Definition setzen schon mit dem Bestreben FR. SCHLEGELS ein, auch der modernen gegenklassischen Kunstübung eine besondere Form von Klassizität zuzuschreiben. Das eigentliche Ziel der später als frühromantisch bezeichneten Schule ist geradezu die Vereinigung des Klassisch-Antiken mit dem Modern-Romantischen. In diesem Punkt stimmt auch GOETHE mit den Frühromantikern im Grunde überein, trotz gelegentlicher einseitiger Parteinahmen zugunsten des klassischen Prinzips. Während HEGEL den Gedanken einer solchen Vermittlung ablehnt und deshalb auch das klassizistische Programm verwirft, das GOETHE vor allem als Mentor der bildenden Künstler vorgelegt hat, nimmt FR. TH. VISCHER in seiner Weiterentwicklung der Hegelschen Ästhetik diesen Vermittlungsgedanken auf und erhebt ihn nach frühromantischem Vorbild zum Prinzip einer künftigen Kunstübung, indem er als «Aufgabe des modernen Ideals» bestimmt, «den romantischen Gehalt mit der klassischen Form, die subjektiv gestimmte Phantasie mit der objektiven zu vereinigen» [6]. NIETZSCHE findet sich damit ab, daß zu allen Zeiten klassisch und romantisch gesinnte Geister nebeneinanderleben, sucht aber dem Begriff des K. seine Dignität

zurückzugeben, indem er wie schon Herder gegen seine Verflachung protestiert und dabei auf den Anteil der Buchhändler mit ihren «Klassikerausgaben» an der Begriffsinflation hinweist. «Nietzsche ist der erste, wenn wir von Hölderlin absehen, der das ‹K.› wieder aus der Mißdeutung des Klassizistischen und Humanistischen gelöst hat» [7]. Im Bestreben, den Begriff des K. auf möglichst wenig Werke einzuschränken, ist ihm T. S. ELIOT gefolgt, der als einzigen wirklichen Klassiker nur *Vergil* gelten lassen möchte [8].

4. Als die wichtigsten Bestimmungen der klassischen Kunst werden seit dem ausgehenden 18. Jh. erkannt: Objektivität, Natürlichkeit, plastische Gestaltung (Geschlossenheit), Sinn für das Reale, Maß und Harmonie. Diese Grundvorstellungen prägen den Begriff des K. bis heute, doch ist die Theorie des K. in der Formulierung, die sie bei HEGEL gefunden hat, nach Vollständigkeit und innerer Konsequenz nie mehr übertroffen worden. Nach Hegel ist «das K. überhaupt» «die zu freier Totalität in sich abgeschlossene Einigung des Inhalts und der ihm schlechthin angemessenen Gestalt», die als Realität mit dem Begriff des Schönen zusammenfällt [9]. Das Innere dieser klassischen Schönheit ist das Geistige, das sich das Natürliche ideell setzt und sich in und an ihm ausdrückt. Die Opposition gegen die Hegelsche Ästhetik hat diesen Begriff des K. nicht als solchen in Frage zu stellen vermocht, sondern nur auf die stärkere Akzentuierung der gegenklassischen Erscheinungen, bis hin zur Ausarbeitung einer ‹Ästhetik des Häßlichen›, verlegt [10].

5. Die Differenzierung zwischen dem K. und seinen Gegenbegriffen hat sich in der Kunst- und Literaturwissenschaft des 20. Jh. als ein fruchtbares heuristisches Prinzip erwiesen. Das gilt vor allem für die kunsthistorischen Analysen H. WÖLFFLINS, die von dem Gegensatz zwischen Renaissance und Barock ausgehen, aber wie geschaffen schienen, verallgemeinert und auch in die Literaturwissenschaft methodisch übertragen zu werden [11]. In jüngerer Zeit ist unter dem Einfluß des Romanisten E. R. CURTIUS als Gegenbegriff der Manierismus in den Vordergrund getreten [12]. Mag in all diesen Fällen das primäre Interesse den Phänomenen des Gegen-K. gelten, so haben sie doch auch zur weiteren Ausarbeitung des Begriffes des K. beigetragen.

6. Versuche, den Begriff des K. aus der Ästhetik auf die Geschichte der Philosophie und Nationalökonomie zu übertragen, haben lediglich im Bereich des Marxismus Anklang gefunden, sei es durch distanzierende Kennzeichnung der früheren Philosophie als klassisch [13], sei es in Form der geläufigen Bezeichnung ‹Klassiker› für die Begründer des Marxismus. Dagegen hat sich in der modernen Naturwissenschaft, speziell in der Physik, ‹klassisch› als Beiwort für den neuzeitlichen Stand einer Disziplin vor dem 20. Jh. eingebürgert. Von da ist der Ausdruck in den allgemeinen szientifisch orientierten Sprachgebrauch eingedrungen, so daß es heute nicht ungewöhnlich ist, von einer «klassischen Müllabfuhr» (im Gegensatz zu moderneren Verfahren der Kehrichtbeseitigung) zu sprechen. Es zeigt sich hier nochmals die Tendenz des Begriffes, im Sprachgebrauch rasch zu verflachen, die schon NESTROY veranlaßte, ihn parodistisch einzusetzen [14]; sie behindert einen streng philosophischen Gebrauch.

Anmerkungen. [1] GELLIUS 19, 8, 15. – [2] G. W. F. HEGEL, Vorles. über die Ästhetik. Werke, hg. GLOCKNER 13, 15. – [3] J. G. HERDER, Werke, hg. SUPHAN 1, 412; 2, 47. 55. – [4] J. W. GOETHE, Lit. Sansculottismus. Die Horen 1, 5. Stück. – [5] Vgl. Art. ‹Antiqui/moderni (Querelle ...)›. – [6] FR. TH. VISCHER:
Ästhetik oder Wiss. des Schönen 3 (1857) 1252. – [7] M. HEIDEGGER: Nietzsche 1 (1961) 150. – [8] T. S. ELIOT: What is a classic? (London 1945); dtsch. Was ist ein Klassiker? in: Ausgew. Essays (1950). – [9] HEGEL, a. a. O. [2] 13, 3. – [10] K. ROSENKRANZ: Ästhetik des Häßlichen (1853). – [11] H. WÖLFFLIN: Kunstgesch. Grundbegriffe (1915); F. STRICH: Dtsch. Klassik und Romantik oder Vollendung und Unendlichkeit. Ein Vergleich (1922); K. H. HALBACH: Gottfried von Straßburg und Konrad von Würzburg. ‹Klassik› und ‹Barock› im 13. Jh. (1930). – [12] E. R. CURTIUS: Europ. Lit. und lat. MA (1948) Kap. 14: Klassik. Kap. 15: Manierismus. – [13] FR. ENGELS: Ludwig Feuerbach und der Ausgang der klassischen dtsch. Philos. (1888). MEGA 13, 10ff. = MEW 21, 263. – [14] J. NESTROY: Einen Jux will er sich machen (1844).

Literaturhinweise. W. JÄGER (Hg.): Das Problem des K. und die Antike (1931). – K. BAUCH: Klassik, Klassizität, Klassizismus. Werk des Künstlers 1 (1939/40). – H. PEYRE: Qu'est-ce que le classicisme? (Paris ²1942). – K. H. HALBACH: Zu Begriff und Wesen der Klassik, in: Festschr. P. Kluckhohn und H. Schneider (1948) 146-194. – A. HEUSSLER: Klassik und Klassizismus in der dtsch. Lit. (Diss. Bern 1952). – R. BENZ: Dtsch. Klassik. Revision eines Begriffs. Neues Abendland 8 (1953). – E. BECKER: ‹Klassiker› in der dtsch. Lit.geschichtsschreibung zwischen 1780 und 1860, in: Zur Lit. der Restaurationsepoche 1815-1848, hg. J. HERMAND/M. WINDFUHR (1970) 349-370. – J. HERMAND und R. GRIMM (Hg.): Die Klassik-Legende (1971). – H.-O. BURGER (Hg.): Begriffsbestimmung der Klassik und der K. (1972). – R. WELLEK: Das Wort und der Begriff «Klassizismus» in der Lit.gesch., in: Grenzziehungen. Beitr. zur Lit.kritik (1972) 44-64. – H. RÜDIGER: Klassik und Kanonbildung. Zur Frage der Wertung in der Komparatistik. Zur Frage der Wertung in der Komparatistik, hg. H. RÜDIGER (1973) 127-144.   B. ALLEMANN

Kliometrie (amer. cliometrics) entstammt als Begriff der Diskussion des ‹Perdue Seminar on Quantitative Methods in Economic History›, dem akademischen Zentrum der ‹New Economic History›, die Ende der fünfziger Jahre in den USA entstanden ist [1]. Die Disziplin, die im Schnittfeld von Geschichte, Ökonomie und Statistik liegt und deshalb auch «ökonometrische Geschichte» genannt wurde [2], betont die Bedeutung des Messens historischer Phänomene mit mathematischen und statistischen Mitteln, wobei zunehmend die elektronische Datenverarbeitung zu Hilfe genommen wird. Der jeweils neueste Stand der Wirtschaftstheorie wird dabei auf die Auswahl explikatorischer Hypothesen und indikatorischer Variablen ebenso angewandt, wie der aus der historischen Realität gewonnene empirische Befund der Modifizierung von Modellen und Theorien in der Wirtschaftswissenschaft dient. Die Kliometriker erheben den Anspruch, auf diese Weise die Spaltung der Nationalökonomie in eine deduktive Wirtschaftstheorie und eine induktiv vorgehende Wirtschaftsgeschichte zu überwinden, die aus der Kontroverse der ‹Historischen Schule› mit den deduktiven Theorien der nationalökonomischen Klassik entstanden ist und zur Etablierung der Wirtschaftsgeschichte als selbständiger universitärer Disziplin geführt hat [3]. Der ausgeprägte Charakter der K. als historische Wirtschaftswissenschaft und ihre in der wissenschaftlichen Praxis nur von wenigen bedeutenden Arbeiten [4] überwundene Verengung auf das Feld der retrospektiven Ökonometrie haben ihre Verbreitung im deutschen Sprachgebiet, wo die organisatorische Trennung von Wirtschaftswissenschaft und Wirtschaftsgeschichte an den Universitäten in der Regel schärfer ist als im angelsächsischen Raum, bis heute stark behindert.

Anmerkungen. [1] L. E. DAVIS, J. R. T. HUGHES und S. REITER: Aspects of quantitative research in economic hist. J. econom. Hist. 20 (1960) 540. – [2] J. MARCZEWSKI: Quantitative hist. J. contemp. Hist. 3 (1968) 179. – [3] R. W. FOGEL: The reunification of economic hist. with economic theory. Amer. econom. Rev. 55 (1965) papers a. proc. 94ff. – [4] So z. B. R. W. FOGEL: Railroads and Amer. growth (1964); J. R. MEYER und A. H. CONRAD: The economics of slavery (1964).

Literaturhinweise. J. R. MEYER und A. H. CONRAD: Economic theory, statistical inference, and economic hist. J. econom. Hist. 17 (1957) 524-544; Economic hist.: Its contribution to economic education, research and policy. Amer. econom. Rev. 55 (1965) papers a. proc. 86-118. – P. VILAR: Pour une meilleur compréhension entre économistes et historiens. Rev. hist. 233 (1965) 293-312. – R. ANDREANO (Hg.): The new economic hist. (1970). – R. W. FOGEL: From the Marxists to the Mormons. Times lit. Suppl. 74 (1975) 667-670. – R. W. FOGEL: The limits of quantitative methods in hist. Amer. hist. Rev. 80 (1975) 329-350.

W. ABELSHAUSER

Klugheit (griech. φρόνησις, σωφροσύνη; lat. prudentia; engl./frz. prudence). Mittelhochdeutsch ‹Klucheit› und ‹Klukeit› zeigen alle Variationsmöglichkeiten des Adjektivs und Adverbs ‹kluoc› (fein, zierlich, zart), das nach 1150 durch WOLFRAM VON ESCHENBACH für ‹behend, gewandt, listig, glatt, beweglich, gescheit› geläufig wird. K. steht zwischen Einsicht (Verständigkeit, Wissen um das Richtige und Zweckmäßige) und Weisheit (σοφία, sapientia). Sie ist nicht so theoretisch wie die Einsicht, aber auch nicht so abgeklärt wie die Weisheit. K., auch als K.-Lehre, wurde unsystematisch schon bei den Hebräern – durch die Vorsehung Gottes – möglich und betrieben. Bei den Barbaren findet sie ihren Niederschlag in Fabeln, und auch in den mythischen Tugendlehren der Vorsokratiker wird der K. ein vorrangiger Platz eingeräumt, wie z. B. in den Leitsätzen der «Sieben Weisen» [1]. K. gilt als Voraussetzung sittlicher Grundhaltungen und wird daher später – zuerst von AMBROSIUS – zu den Kardinaltugenden gerechnet.

1. *Altertum und Patristik.* – Im Dialog ‹Charmides› wird K. von PLATON in Einzelaspekten bestimmt als Bedächtigkeit, Besonnenheit, Sichselbsterkennen und schließlich als Erkenntnis der Erkenntnis: «... sie allein aber ist sowohl der andern Erkenntnisse Erkenntnis als auch ihrer selbst» [2]. Alle Definitionsversuche werden jedoch wieder in Frage gestellt. Als sichere These bleibt, daß keine Tugend (ἀρετή) ohne Klugheit sein könne. ARISTOTELES stellt die K. allen Verstandestugenden voran. In der ‹Nikomachischen Ethik› sucht er, im Gegensatz zu Platon, nicht nach transzendenten, außer uns liegenden Ideen des Erkennens und Handelns, sondern nach den richtigen λόγοι in uns selbst. So beginnt das Kapitel über die K. mit dem Satz: «... wir werden nur dann einen klaren Begriff gewinnen, wenn wir erwägen, welche Menschen wir als Träger dieser φρόνησις bezeichnen» [3]. K. zeigt sich nach Aristoteles eher im Handeln, in der Staatsführung, im praktischen Beruf. Sie darf dabei aber nicht mit intellektueller Gewandtheit oder gar Gerissenheit verwechselt werden und ist wissenschaftlicher Erkenntnis nicht gleichzusetzen, weil sie neben dem Allgemeinen auch das Besondere (als Gegenstand des Handelns) berücksichtigt [4]. φρόνησις ist im Bereich der praktischen Philosophie «kluges Situationsverständnis» [5], ein «wahrheitserreichendes, vernünftiges Gehaben (ἕξις, habitus) im Handeln in bezug auf menschliches Gut und Übel» [6]. Aristoteles ordnet – wie später Thomas von Aquin – der K. Teiltugenden zu: εὐβολία als Fähigkeit, richtig beraten zu sein hinsichtlich eines zweckdienlichen Erreichens des Handlungszieles, σύνεσις (Verstehen), das aber – im Gegensatz zur K. – nicht präzeptiv befiehlt, sondern versucht, die Äußerungen anderer im Bereich der K. richtig zu beurteilen, und γνώμη schließlich als Ausdruck für die rechte Beurteilung dessen, was «billig» ist. K. und moralische Tugend stehen im Verhältnis von Ziel und Mittel zueinander [7]. Da K. ethisch nicht neutral sein kann, setzt Aristoteles neben die K. die ethisch neutrale Schlauheit

(δεινότης), die beim Verfolgen eines bösen Ziels zur Verschlagenheit (πανουργία) wird. Schlauheit kann eine Eigenschaft sowohl des Klugen als auch des Verschlagenen sein.

In der Stoa wird K. als Vermittlerin zwischen göttlicher Weltordnung und menschlicher Selbstverwirklichung verstanden. ATHANASIUS [8] sieht in der K. die vernunftgemäße Lenkung der Emotionen. Andere Kirchenväter, wie HIERONYMUS [9] und GREGOR I. [10], betonen mehr ihren Nutzen für die Beherrschung der Triebe. Nach AUGUSTIN [11] ist K. das Richtmaß bei der Wahl zwischen Angenehmem und Widrigem.

2. *Im Hochmittelalter* treten die Aussagen über K. (bei Bonaventura oder Duns Scotus) hinter denen des THOMAS VON AQUIN fast völlig zurück. Nach Thomas ist die K. als dianoetische Tugend Gebärerin und der Formgrund aller übrigen Haupttugenden: «Prudentia dicitur genitrix virtutum» [12]. Das heißt auch, es gibt keine Gerechtigkeit, keine Tapferkeit, die der K. entbehren. Jede Tugend ist notwendig klug: «Omnis virtus moralis debet esse prudens» [13]. K. ist die Ursache, das Maß, das «vollendete Können» aller Tüchtigkeit des Menschen und «informiert» die übrigen Tugenden, die ihrer moralischen Natur nach und dem Anteil der Vernunft gemäß graduiert sind, als deren Lenkerin. K. wirkt in allen und vollendet alle zu ihrem eigenen Wesen. An ihr haben alle teil und sind eben kraft dieser Teilhabe Tugend [14]. Im Unterschied zu Bonaventura (K. als Teilhabe am lumen divinum) richtet sich nach Thomas die K. nicht auf die letzten (natürlichen und übernatürlichen) Ziele des Lebens, sondern nur auf die Wege zu diesen Zielen. K. ist nicht theoretisch, sondern bezieht sich als praktische Vernunft auf den Bereich der konkreten Wirklichkeit des menschlichen Handelns, das sie leitet (recta ratio agibilium) [15]. Die richtigen Mittel zum Zweck dieses Handelns beurteilt die K. in Übereinstimmung mit dem richtigen Wollen. K. ist als ratio practica Wirklichkeitserkenntnis und koordiniert Wollen und Tun der Menschen mit Hilfe von acht integralen Bestandteilen, die ihr Thomas zuordnet: memoria, intellectus, docilitas, sollertia, ratio, providentia, circumspectio und cautio [16]. Als wichtigsten Bestandteil vollendeter K. nennt Thomas die providentia [17], von der die K. ihren Namen ‹prudentia› empfangen habe. Gemeint ist damit das Vermögen, mit Vorsicht abzuschätzen, ob man auf dem rechten Weg zu dem in der Zukunft liegenden Ziel menschlicher Handlungen ist. Dabei bleibt der K. durchaus ein Moment der Ungewißheit, denn der Kluge erwartet nicht Gewißheit, wo es sie nicht gibt, und täuscht sich nicht selbst durch Scheingewißheiten [18]. K. unterscheidet sich je nach dem Felde ihrer Wirkung. In bezug auf den Einzelnen ist sie K. schlechthin. In bezug auf das Gemeinwesen (bonum commune) gliedert sich K. in die prudentia regis, die dem Herrscher zukommt (pars regnativa), weiter in die pars politica der K., vermöge derer sich der ... Untergebene durch Gehorsam dem Vorgesetzten gegenüber in den rechten ordo in Hinsicht auf das bonum commune verhält», sowie in die pars oeconomica, «durch die eine Familie oder eine Hausgemeinschaft richtig geleitet wird, endlich in die species militaris prudentiae» als K. militärischer Führer [19]. Ähnlich wie bei Aristoteles spielen als virtutes adiunctae prudentiae εὐβολία (Wohlberatensein) σύνεσις (rechtes Urteil) und γνώμη (Scharfsinn) eine wesentliche Rolle bei der Vorbereitung dessen, wozu K. schließlich rät [20].

3. *Neuzeit.* – Gegen die nach seiner Meinung zu theoretische, kontemplative Tugendlehre der aristotelischen

Scholastik wendet sich F. BACON. Er sucht ein Ideal, durch dessen Verwirklichung der Mensch ein sinnlich-vernünftiges Wesen bleiben kann und findet es in der moralischen Tugend, die er mit der K. gleichsetzt. Entscheidend aber ist, daß K. ihre Normen und die daraus resultierenden Anwendungen durch Induktion aus Lebenserfahrung oder Geschichte gewinnt [21]. – Das findet sich verstärkt schon bei N. MACHIAVELLI, demzufolge K. (prudenzia) als eine individuelle Anlage erscheint, «die durch Erfahrung [aus eigenem Handeln und aus dem Studium der Geschichte] entwickelt ... wird» und in engem Zusammenhang mit der «virtu» zu sehen ist, als deren praktisch-intellektueller Teil sie anzusehen ist und mit der zusammen sie die Mächtigkeit der «fortuna» als einer sonst kaum beeinflußbaren Größe reduzieren kann [22]. – Auch nach TH. HOBBES wird K. durch Erfahrung gewonnen; d. h. Geschichte, nicht Philosophie macht den Menschen klug [23]: «K. ist nur Erfahrung, die alle Menschen, die sich gleich lang mit den gleichen Dingen beschäftigen, gleichermaßen erwerben» [24]. Sie ist nun auch nicht mehr der zureichende Grund für Tugendverhalten, allerdings immer noch dessen «unerläßliche Bedingung» [25]. K. und Weisheit verhalten sich zueinander wie Erfahrung und Wissen. Hobbes beschreibt die Verstandestugenden hinsichtlich der ihnen entgegengesetzten Mängel sowohl positiv als auch negativ. Der Umschlag erfolgt bei der K. durch den Gebrauch «von unrechtmäßigen oder unehrenhaften Mitteln, auf die die Menschen gewöhnlich aus Furcht oder Not kommen». Daraus «ergibt sich diese unsaubere K., die man List nennt» [26]. Man hat die gesamte Morallehre von Hobbes als «K.-Moral» bezeichnet. L. Strauß läßt dies nur mit der wesentlichen Einschränkung gelten, «daß diese Moral ihr Fundament hat in der nicht an sich selbst klugen, sondern nur klug *machenden* Furcht vor gewaltsamem Tod. Eben dieser Versuch einer radikalen *Begründung* der K.-Moral durch Rückgang auf eine zur K. gebieterisch zwingende Macht ist das Eigentümliche von Hobbes' politischer Wissenschaft» [27].

K. spielt eine gewisse Rolle in den Werken der *französischen Moralisten* LA ROCHEFOUCAULD, VAUVENARGUES, MONTESQUIEU, CHAMFORT, RIVAROL. Sie findet dort jedoch keine erwähnenswerte definitorische Neufassung oder verschiedene Einordnung in die Gesamtmoral [28]. Nach der Ethik des Okkasionalisten ARNOLD GEULINCX ist K. selbst keine der Kardinaltugenden, sondern «der Tugend Stütze und Frucht», die sie, ebenso wie die Weisheit, entspringt [29].

Für LEIBNIZ wird K. im Zusammenhang mit Gerechtigkeit und der diese fundierenden Liebe bedeutsam. Gerechtigkeit ist die K., anderen wohlzutun oder wenigstens ihnen nicht zu schaden, um durch diese Willensbekundung sich selbst zu nützen oder sich nicht zu schaden, d. h. um Lohn zu erwerben oder Strafe zu vermeiden [30]. Garant der Durchführung und Aufrechterhaltung der ewigen Gerechtigkeit ist Gott. Der mit der Tugend der Gerechtigkeit ausgestattete «vir bonus» ist zugleich ein «vir prudens» oder «sapiens», zumal die «caritas ordinata» nur auf K. oder Weisheit beruht [31]. Die Wurzeln der Gerechtigkeit sind K. und Liebe, wobei schließlich die K. auf die Weisheit reduziert wird, da der Ursprung aller Gerechtigkeit dem Bereich göttlicher Weisheit zugeordnet werden muß. In diesem Sinne gilt der Satz: «Scientia optimi sapientia est ut scientia boni Prudentia» [32].

CHR. THOMASIUS beschreibt K. in mehrfacher Hinsicht. Sie «bedeutet eine Neigung zum Guten, welche von der Neigung zum Bösen oder von der Furcht des Bösen bestritten wird», im Gegensatz zur «Weißheit», die «eine lautere Neigung zum Guten ohne eintzige Neigung zum Bösen» ist [33]. In diesem Sinne ist Gott weise, sind die Menschen klug. K. lehrt uns, die rechten Mittel anzuwenden, um den dank der Weisheit erkannten und daher gewünschten «Endzweck» zu verwirklichen [34]. Hinsichtlich der Vergangenheit lehrt uns K. zu «urtheilen», hinsichtlich der Zukunft «Rath» zu geben, denn «geschehenen Dingen ist nichts zu rathen, über künfftige aber ist noch kein Urtheil zu fällen» [35]. Die einzelnen Kapitel der Schrift bieten eine Fülle praktischer Anweisungen, etwa «sich in täglicher Conversation wohl einzuführen» [36], was auf den späteren Freiherrn KNIGGE [37] hinweist. Wichtig ist für THOMASIUS K. – neben ihrer rein praktischen Bedeutung, wie sie in seiner Zeit vielfach nachgewiesen wird – im Zusammenhang mit seiner als Handlungslehre konzipierten Liebesethik. «Amor ex prudentia» ist vernünftgeordnete Liebe [38].

CHR. WOLFF übernimmt die traditionelle Unterscheidung zwischen prudentia und sapientia. Die Weisheit ist der K. übergeordnet, weil sie den freien Handlungen des Menschen ihre naturgemäßen Zwecke vorschreibt, die Mittel zu ihrer Verwirklichung auswählt und die Teilziele zueinander in Beziehung setzt [39]. K. dagegen ist ein Habitus, der beim Handeln nicht nur an den Zweck denken läßt, den es zu verwirklichen gilt, sondern auch den förderlichen oder hinderlichen Umständen Rechnung trägt, die erst bei der Verwirklichung auftreten [40].

K. ist im 17. und bis weit in das 18. Jh. hinein besonders hinsichtlich ihrer Anwendung auf politisches Verhalten wichtig, so daß ‹klug› und ‹politisch› fast synonym werden [41]. Die «practische Weltweisheit» als «Philosophia practica» oder «Philosophia moralis» umfaßt dabei in der Regel neben «Ethik oder Tugendlehre» das «Recht der Natur» und die «K.-Lehre oder Politik» [42]. Letztere umschreibt die Mittel, durch die man «in erlaubten und gleichgültigen Dingen seinen Nutzen befördern kann. «Recht der Natur» und «K.-Lehre» sind die Pfeiler, auf denen die politische Philosophie des 17. und 18. Jh. ruht. FABRICIUS scheidet von der allgemeinen K.-Lehre als universale Politik, «welche die Gründe aller übrigen in sich hält», die besondere «particulare» K.-Lehre. Diese wiederum gliedert sich in «Privatpolitik», die das Verhalten von Mensch zu Mensch oder kleinen Gruppen untereinander regelt, und in die «Staatspolitik» (Staats-K.-Lehre) der Staaten und Völker untereinander [43]. Die «Privatpolitik oder Kunst zu leben» handelt davon, «was Menschen an und vor sich betrachtet, in ihrem bloß moralischen Zustande, vor Mittel anwenden können, ihren Nutzen zu machen» oder – als «Politica privata conservandi, prudentia vivendi» – vom «Umgang mit anderen», und endlich, im Sinne einer Haushaltungskunst, davon, in den «kleinen Gesellschaften zu wirthschaften und Haus zu halten» [44]. K. ist, wie es der Lexikograph Chr. Wolffs, H. A. MEISSNER, ausdrückt, «die Fertigkeit, weislich erwehlte Mittel wohl auszuführen» [45]. Sie bezieht sich als solche auf Verstand und Willen, die eingesetzt werden, wenn es darum geht, einen als «rechtschaffen» erkannten «Endzweck» mit den nötigen Mitteln zu erreichen und etwaige Hindernisse auf diesem Wege zu beseitigen. Zur K. gelangt man durch Unterweisung (als Lehre von der K.), durch Erfahrung (experientia est mater prudentiae) und durch Umgang mit anderen [46]. K. umgrenzt gleichsam den praktischen Anwendungsbereich der theoretisch in den Naturrechtslehren der Zeit aufgezeigten Pflichten Einzelnen oder der

Gemeinschaft gegenüber. So ist es eine der Aufgaben obrigkeitlicher Wohlfahrt, für «Belustigung der Bürger» zu sorgen. Die K.-Lehre empfiehlt dann etwa, um dieser Aufgabe zu genügen, die Anlage öffentlicher Lustgärten [47].

Ähnliche Beispiele finden sich bei einer Reihe von Philosophen, die die traditionelle aristotelische Trichotomie der praktischen Philosophie von Ethik, Ökonomie und Politik eben durch Hinzunahme einer Naturrechtslehre (meist als Pflichtenlehre) überwinden, so z. B. für J. F. Budde (Buddeus), J. G. Walch und A. Rüdiger. Politik oder K.-Lehre hat dann die Aufgabe, Anwendungsbereiche oder Ausübungsmöglichkeiten dieser Pflichten anzugeben. Für BUDDE ist Politik als «prudentia civilis» Teil einer allgemeinen K.-Lehre, die eine K.-Lehre der Ökonomik als «prudentia status oeconomici» umschließt. WALCH unterteilt seine praktische Philosophie in die «natürliche Rechts-Gelehrsamkeit» und in die K. zu leben, worunter auch die Ökonomik als Haushaltungs-K. fällt [48]. RÜDIGER unterteilt die praktische Philosophie systematisch in eine Naturrechts- und eine K.-Lehre, wobei im Sinne einer Zweck-Mittel-Relation die «prudentia» als «philosophia mediorum» angesehen wird. Für Rüdiger fällt zudem die Ethik als Tugendlehre – im Gegensatz zu Walch und Budde, die sie gesondert abhandeln – unter die K.-Lehre. «Prudentia ethica est prudentia, seu doctrina de mediis iis, quibus optime in hoc aevo vivitur, seu de summo hominis cujusque in hac vita bono» [49]. Überhaupt «praesupponiert die Politic die Ethicam» (so beispielhaft nach CHR. A. HEUMANN). Der vollkommene «Politicus» muß als zugleich guter «Ethicus» zwischen «wahrer K.» (prudentia) und Schein-K. (calliditas), d. h. zwischen «wahrem bonum» und «falschem bonum» unterscheiden. Wer ein «falsches bonum» zu seinem Zweck erwählt, ist nur scheinklug, auch wenn er, um zu diesem Ziel zu gelangen, «die Mittel eben so wohl zu erfinden und zu gebrauchen weiß, als ein recht kluger und weiser Mensch» [50]. So nennt auch BUDDE eine von der Moral gelöste Politik (K.-Lehre) eine ars «fallendi saltem et decipiendi» [51]. Ähnlich wie Heumann betont A. F. MÜLLER, daß «K. aller arten die moral tugend» voraussetzt, denn «ohne tugend ist sie nicht K.», sondern arglistigkeit, diese aber ist eine art thorheit» [52]. Staats-K. ohne Moral ist «Machiavellisterey»; wer in diesem Sinne seine Politik unter «Hintansetzung der innerlichen und der ewigen Glückseligkeit» betreibt, ist als «Pseudo-Politicus» ein Machiavellist [53]. Politik oder praktische «politische Philosophie» als Staats-K. finden wir weiterhin auch bei den Wolff-Schülern L. PH. THÜMMIG [54], JOH. CHR. GOTTSCHED [55], bei G. ACHENWALL [56], aber auch dem Aristoteliker P. RABE [57].

Am Beispiel J. H. FEDERS erhellt besonders der damalige, uneinheitliche Sprachgebrauch von ‹Politik› hinsichtlich der Frage, ob der Begriff für «die allgemeine K.-Lehre, d. h. jede K. überhaupt, stehen solle, oder aber speziell auf die Staats-K. zu beschränken sei» [58]. In Feders ‹Grundriß der Philosophischen Wissenschaften› (1767) ist Politik K.-Lehre überhaupt und die Staats-K. deren «vornehmster Teil». In dem ‹Lehrbuch der Praktischen Philosophie› (1770) bezeichnet ‹Politik› speziell die Staats-K. In den ‹Grundlehren zur Kenntniß des Menschlichen Willens› (1782) ist die «Wissenschaft von der Politik» eine Untergruppe der «Staatswirtschaft oder politischen Haushaltskunst», die ihrerseits unter die «Staats-K.» fällt [59].

Eine wesentliche Abwertung erfährt K. als Tugend durch die empiristischen Ethiker. Schon für HUME ist K. nur noch eine «natürliche Fähigkeit», so daß es für ihn uneinsichtig ist, inwiefern sie «by some moralists at the head of the virtues» plaziert werden konnte; ihre Funktion sei «to conform our actions to the general usage and custom» [60]. Bei A. SMITH erscheint K. als das Vermögen, sein eigenes Glück zu besorgen; ihr Anwendungsbereich wird die Sphäre des Wirtschaftslebens [61].

KANT unterscheidet als die drei Imperative der praktischen Vernunft die Regeln der Geschicklichkeit, die Ratschläge der K. und die Gesetze der Sittlichkeit [62]. Unter dem Imperativ der K. versteht er pragmatische Prinzipien, die entweder die Verwirklichung der individuellen oder die der sozialen Eudämonie zum Ziele haben. Man kann «die Geschicklichkeit in der Wahl der Mittel zu seinem eigenen größten Wohlsein K. im engsten Verstande nennen» [63]. «Das Wort K. wird in zwiefachem Sinn genommen, einmal kann es den Namen Welt-K., im zweiten den der Privat-K. führen. Die erste ist die Geschicklichkeit eines Menschen, auf andere Einfluß zu haben, um sie zu seinen Absichten zu gebrauchen. Die zweite [ist] die Einsicht, alle diese Absichten zu seinem eigenen dauernden Vorteil zu vereinigen. Die letztere ist eigentlich diejenige, worauf selbst der Wert der ersteren zurückgeführt wird, und wer in der erstern Art klug ist, nicht aber in der zweiten, von dem könnte man besser sagen: er ist gescheit und verschlagen, im Ganzen aber doch unklug» [64].

4. In der Philosophie der *Gegenwart* gibt es zwar einige Versuche über die K. (u. a. SCHELERS Rehabilitierung der Tugenden und Ideale), aber keine Weiterführung der griechischen und scholastischen Bestimmungen. So hat auch in Schelers Wertethik eine Akzentverschiebung stattgefunden. Nicht mehr das Moment dauerhafter (Tugend-)Haltung ist wichtig, sondern die Art und Weise, wie auf den Forderungsgehalt einer Situation geantwortet wird: Die ethische Stilform kann hier mehr oder weniger wertvoll sein.

Im heutigen Sprachgebrauch überwiegt die politische K. vor der individuellen Lebens-K. Von der K. als Tugend wird kaum noch gesprochen. Nicht ganz verschwunden ist dagegen der Zusammenhang mit der Ethik bzw. der Sittlichkeit des Verhaltens. Die K. bedarf immer noch, um nicht zur bloßen Cleverness, zur Gerissenheit und Gewitztheit zu werden, ihrer Rückbindung an die Sittlichkeit. Die Erklärung für das mangelnde Verständnis der K. als Tugend findet J. PIEPER einerseits in der zunehmenden «Loslösung aus der Verbindlichkeit des christlich-abendländischen Menschenbildes überhaupt und dem beginnenden Mangel an Verständnis für die Fundamente der christlichen Lehre von der Grundverfassung der Wirklichkeit insgesamt», andererseits darin, daß man eine Rangordnung der Tugenden für etwas im Grunde Müßiges hält. Einen wesensmäßigen Zusammenhang der K. mit dem Guten kann freilich nicht mehr sehen, wer die K. in die Nähe des Nützlichen (bonum utile) und Taktischen rückt und nicht mehr mit dem Edlen (bonum honestum) und der Wahrhaftigkeit verbindet [65].

Anmerkungen. [1] Vgl. J. G. WALCH: Einl. in die Philos. (1727) 594ff.; J. A. FABRICIUS: Abriß einer allg. Hist. der Gelehrsamkeit 1-3 (1752-54) 1, 412; vgl. D. M. MEYRING: Polit. Weltweisheit. Stud. zur dtsch. polit. Philos. des 18. Jh. (Diss. Münster 1965) 18. - [2] PLATON, Charm. 166 c. - [3] ARISTOTELES, Eth. Nic. IV, 5. - [4] a. a. O. VI, 8. 12. - [5] J. HABERMAS: Theorie und Praxis (²1967) 14. - [6] ARISTOTELES, a. a. O. [3] VI, V, 1-4. - [7] Vgl. K. H. MULAGK: Phänomene des polit. Menschen im 17. Jh. (1973) 122ff.; V. CATHREIN: Der Zusammenhang der K. und der sittl. Tugenden nach Aristoteles. Scholastik 6 (1931) 75-83. - [8] ATHANASIUS, Vita S. Antonii Cap. 20. - [9] HYRONIMUS, Ep. 148. - [10] GREGOR

I., Hom. 5 in Ez. – [11] AUGUSTINUS, De mor. eccl. 1, 15. – [12] THOMAS VON AQUIN, Sent. Petr. Lombard. 3, d. 33, 2, 5. – [13] Virt. Comm. 12 ad 23. – [14] De ver. 14, 5 ad 11; 3 d. 27, 2, 4; S. theol. II/II. 47, 5 ad 1 und ad 2. – [15] S. theol. I/II, 57, 4 ad Resp.; 5 ad 1, 58, 3 ad 1 u. ö. – [16] S. theol. II/II, 47, 2 ad 1, 47, 4; I/II, 58, 4 u. ö. – [17] S. theol. II/II, 49, 6 ad 1; vgl. J. PIEPER: Traktat über die K. (⁶1960) 37. – [18] Vgl. a. a. O. 37. 84. – [19] THOMAS VON AQUIN, S. theol. II/II, 50, 1-4; vgl. MULAGK, a. a. O. [7] 220ff. – [20] THOMAS VON AQUIN, S. theol. I/II, 57, 6; II, 51, 1-4. – [21] F. BACON, Philos. Works, hg. SPEDDING/ELLIS 1, 674. – [22] Vgl. MULAGK, a. a. O. [7] 62f.; T. WOODTLI: Die Staatsräson im Roman des dtsch. Barock (1943) 144. – [23] TH. HOBBES, Works, hg. MOLESWORTH 8, VII. – [24] Leviathan (1651) cap. 13, hg. I. FETSCHER (1966) 94. – [25] Vgl. L. STRAUSS: Hobbes' polit. Wiss. (1965) 83. – [26] HOBBES, Leviathan Cap. 8 a. a. O. [23] 55. – [27] STRAUSS, a. a. O. [25] 116. – [28] F. SCHALK (Hg.): Frz. Moralisten 1 (1938) 35. 62. 81. 96. 115. 140f. 218. – [29] A. GEULINCX: Disp. ethica ... (Leiden 1664), dtsch. Ethik oder Über die Kardinaltugenden (1948). – [30] G. MOLLAT: Rechtsphilos. aus Leibnizens ungedr. Schr. (1855) 35; vgl. H. WELZEL, Naturrecht und Gerechtigkeit (1962) 152f.; W. SCHNEIDERS: Naturrecht und Gerechtigkeit bei Leibniz. Z. philos. Forsch. 20 (1966) 607ff. – [31] G. GRUA (Hg.): Leibniz. Textes inédits (Paris 1948) 2, 605f.; vgl. H.-P. SCHNEIDER: Justitia universalis. Quellenstud. zur Gesch. des «christl. Naturrechts» bei G. W. Leibniz (1967) 366f. – [32] G. W. LEIBNIZ, Akad.-A. 4/1, 36. – [33] CHR. THOMASIUS: Kurtzer Entwurff der polit. K. (1705) Kap. 1, § 11. – [34] a. a. O. Kap. 1, § 27; vgl. u. Anm. [46]. – [35] Kap. 1, § 51. – [36] Kap. 5. – [37] A. FREIHERR VON KNIGGE: Über den Umgang mit Menschen 1. 2 (1788). – [38] Vgl. W. SCHNEIDERS: Naturrecht und Liebesethik (1971) 58. – [39] CHR. WOLFF: Philos. moralis 1-5 (1750-53) 1, § 436. – [40] Jus naturae methodo scientif. pertract. 1-8 (1740-48) 1, § 256. – [41] MULAGK, a. a. O. [7] 121; vgl. MEYRING, a. a. O. [1] 16-60. – [42] J. A. FABRICIUS: Abriß einer allg. Hist. der Gelehrsamkeit 1-3 (1752-54) 1, 596f. – [43] a. a. O. 402. 409. – [44] ebda. – [45] H. A. MEISSNER: Philos. Lex. aus Chr. Wolffs sämtl. Dtsch. Schr. (1737, ND 1970); vgl. Art. ‹K.› in J. H. ZEDLER: Großes Universallex. 15 s.v. – [46] Vgl. J. G. WALCH: Philos. Lex. (1740). – [47] J. CHR. GOTTSCHED: Erste Gründe der gesamten Weltweisheit 2 (1743) 259ff. – [48] J. G. WALCH: Einl. in die Philos. II, 6 (1727) 457-592; F. BUDDE: Elementa philos. practicae III, 1 (1697) 435-440. – [49] A. RÜDIGER: Philos. pragmatica (1723, ²1729) 673; vgl. MEYRING, a. a. O. [1] 31ff.; vgl. SCHNEIDERS, a. a. O. [38] 304f. 318f. – [50] CHR. A. HEUMANN: Der polit. Philosophus, das ist vernunftmäßige Anweisung zur K. im gemeinen Leben (1724) 3. – [51] BUDDE, a. a. O. [48] 12; vgl. 437. – [52] A. F. MÜLLER: Einl. in die philos. Wiss. (1728, ²1733) 812. – [53] [A. RÜDIGER:] K. zu Leben, und zu Herrschen (1722) 103; HEUMANN, a. a. O. [50] 3. – [54] L. PH. THÜMMIG: Institutiones Philos. Wolfianae ... 1-2 (1725/26). – [55] GOTTSCHED, a. a. O. [46]. – [56] G. ACHENWALL: Die Staats-K. nach ihren Grundsätzen (1761). – [57] P. RABE: Cursus philos., sive compendium sci. philos. (1704). – [58] Vgl. MEYRING, a. a. O. [1] 56f. – [59] J. G. H. FEDER: Grundriß der philos. Wiss. (1767, ²1769) 318. 327; Lb. der prakt. Philos. (1770) 478. – [60] D. HUME: Treatise on human nature (1739/40) III, 3, 1. 2. – [61] A. SMITH: Theory of moral sentiment (1759) III, 1. – [62] I. KANT, Akad-A. 4, 416. – [63] ebda. – [64] a. a. O. – [65] PIEPER, a. a. O. [17] 12f.

Literaturhinweise. N. PFEIFFER: Die K. in der Ethik von Aristoteles und Thomas von Aquin (1943.) – J. PIEPER s. Anm. [17]. – L. E. PALACIOS: La prudencia politica (³1957). – F. BURGER: Gewissen und K. in der kath. Moraltheol. (1965). – D. M. MEYRING s. Anm. [1]. – G. EIFLER (Hg.): Ritterl. Tugendsystem (1970). – W. SCHNEIDERS s. Anm. [38]. – K. H. MULAGK s. Anm. [7] (bes. zu D. S. Fajardo und B. Gracián). F. WIEDMANN/G. BILLER

Koäternität. Der Begriff findet sich hauptsächlich in der patristischen Diskussion um das Geheimnis der Trinität. Vorher wird er einmal (vermutlich zwischen 199 und 207) von TERTULLIAN gebraucht in der Auseinandersetzung mit dem philosophierenden Maler Hermogenes, der, eine Vermittlung zwischen Kirchenlehre und Gnosis versuchend, eine von Ewigkeit her bestehende Materie annimmt, in der zugleich die Ursache des Bösen zu suchen sei. In Tertullians Erwiderung ist besonders aufschlußreich, daß K. ein qualitatives Weniger ausschließen müßte: «definivimus diminutionem et subiectionem capere non posse, quod sit aeternum, ut alii coaeterno inferius deputatur» (Wir haben festgestellt, daß das Ewige keine Verminderung oder Unterordnung zuläßt und ei-

nem zweiten Gleichewigen gegenüber nicht geringer ist) [1]. Etwas später spricht ORIGENES von der K. Christi [2]. In den späteren Bemühungen der Kirchenväter um den Mittelweg zwischen der arianischen (die Gleichheit Christi mit dem Vater leugnenden) und der modalistischen (Christus mit dem Vater identifizierenden und damit die Personalität des Gottesbildes gefährdenden) Häresie wird der Begriff ‹ K.› zum Stichwort für das nur dialektisch umkreisend aussprechbare Geheimnis der Trinität. Antiarianisch gewendet findet sich der Begriff bei mehreren Vätern des 4. Jh., so bei ZENO VON VERONA (gest. ca. 380): «Alter in altero exsultat, cum spiritus sancti plenitudine una originali coaeternitate renitens» (Der eine frohlockt im anderen, in der Fülle des heiligen Geistes auf einer ursprünglichen K. beruhend) [3]. Näher umschrieben wird das Geheimnis etwa mit folgenden Formulierungen: «De Deo nascitur, totum Patris habens, nihil derogans Patri. Alter renitet in altero, cuiusvis gloria communis est honor» (Von Gott geboren hat [Christus] das Ganze des Vaters und entzieht ihm nichts. Der eine beruht auf dem anderen, dessen Herrlichkeit eine gemeinsame Zierde ist) [4]. Etwa gleichzeitig gebraucht HILARIUS VON POITIERS (gest. 366) den Begriff in demselben Sinne: Gegenüber den arianischen Einwendungen gegen die K. [5] unterscheidet er die ursprungslose Ewigkeit des Schöpfers von der K. des Sohnes, der zwar vom Vater gezeugt sei, dies aber in Ewigkeit jenseits der Zeit: «aliud est sine auctore esse semper aeternum, aliud quod patri, i.e. auctori est coaeternum» [6]. In anderem Sinne gebraucht derselbe Autor das Wort zur Kennzeichnung des Unterschieds zwischen den vergänglichen Gütern und dem Ewigen, das die Christen erhoffen: «non ... haec spebus nostris bona sunt coaeterna» [7]. Relativ häufig gebraucht AUGUSTIN das Wort im Zusammenhang der Trinitätslehre: Gott, Vater, Sohn und Heiliger Geist sind, trotz ihres Ursprungs auseinander, coaeterni, gleich an Rang und Vollkommenheit [8]. Besonders instruktiv sind dabei die Ausführungen zu Joh. 8, 15–18, wo Augustin mit Hilfe des Begriffs ‹ K.› den oben erwähnten Weg «zwischen Skylla und Charybdis», zwischen Arianern und Modalisten zu finden sucht: «Verliere nicht eine Person, unterscheide die Personen ..., aber sage nicht, der Vater sei größer, der Sohn kleiner ... Eine Substanz ist es, eine Gottheit, K., volle Gleichheit» [9]. Der wesentlich qualitative Charakter dieses Ewigkeitsbegriffs wird besonders deutlich, wenn Augustin die K. des dreieinigen Gottes abhebt gegen die bloße Zeitlosigkeit geschaffener Wesen; nicht nur der menschlichen Seele (hier besonders begründet mit der miseria) [10], sondern auch der Engel, die von jeher, zumindest seit Erschaffung der Zeit, existierten; die ihrerseits zwar erschaffen, aber immer dagewesen ist – denn es wäre absurd, etwa zu sagen, es gab eine Zeit, in der keine Zeit war [11]; denn Gott war von jeher Herr, was die Existenz der Geschöpfe impliziert: «angelos sanctos in sublimis sedibus non quidem Deo coaeternos, sed tamen de sua sempiterna et vera felicitate securos et certos esse nemo abnegat» [12]. Aber auch die qualitative Ewigkeit der begrenzten Zeiten göttlicher Offenbarung wird ausdrücklich von der trinitarischen K. abgehoben [13].

Der Übergang zum frühen Mittelalter bringt eine gewisse Erweiterung des Sprachgebrauchs: Außer den trinitarischen Personen werden jetzt auch Prädikationen als «coaeternum» charakterisiert, so z. B. die Weisheit [14]. Von hier aus erweitert PETRUS DAMIANI den Wortsinn – ihn kombinierend mit der These Augustins vom nunc aeternum praesens (dem «ewig gegenwärtigen Jetzt» Gottes, in dem alles Vergangene, Gegenwärtige und Zukünftige zugleich besteht) und von der Bindung der Zeit an das menschliche Bewußtsein – zur Idee der K. aller Ereignisse in der Weisheit Gottes und begründet von daher sein originelle These, daß es in der Allmacht Gottes liege, auch Geschehenes nachträglich ungeschehen zu machen (ein Gedanke, der in der islamischen Theologie des 9. Jh. entwickelt und später von der Scholastik abgelehnt wurde): «Quoniam Creatori omnium Deo omnia posse coaeternum est, sicut et omnia nosse ... potest Deus facere in illa invariabili et constantissima semper aeternitate sua, ut quod factum fuerat apud hoc transire nostrum factum non sit: scilicet ut dicamus: Roma, quae antiquitus condita est, potest Deus agere, ut condita non fuerit.» – «Illud enim posse, quod habebat Deus antequam Roma fieret, immutabile semper apud aeternitatem Dei ... perseverat – quia posse eius, fixum sibi coaeternum est, fixum semper et immutabile est» (Da Gott, dem Schöpfer aller Dinge, alles Können und ebenso alles Wissen coaeternum ist, kann Gott in seiner unveränderlichen und allerbeständigsten Ewigkeit bewirken, daß, was geschehen war – in der Dimension unsrer fließenden Zeit – nicht geschehen sei: so daß wir sagen können: Gott kann machen, daß Rom, das vor langer Zeit gegründet wurde, nicht gegründet worden sei. – Denn jenes Können, das Gott besaß, bevor Rom wurde, steht unveränderlich fest bei der Ewigkeit Gottes ... weil sein Können, ihm selbst coaeternum, für immer fest und unveränderlich ist) [15].

Anmerkungen. [1] TERTULLIAN, Adv. Hermog. 11. – [2] ORIGENES, In I Reg. 1, 13. – [3] ZENO VON VERONA, Tract. II, 2. – [4] a. a. O. II, 5. – [5] HILARIUS VON POITIERS, Ref. in De Trin. IV, 12. 13. – [6] a. a. O. XII, 21. – [7] Zu Psalm 61, 8. – [8] AUGUSTINUS, z. B. Serm. 117, 10. 11; 126, 8. 10; De civ. Dei XI, 26 (hier als Parallelbegriff zu consubstantialis). – [9] Tract. in Evg. Joh. 36, 9. – [10] De civ. Dei X, 31; XI, 4 u. a. – [11] a. a. O. XII, 61f. – [12] XI, 32; vgl. XII, 11. 12ff. – [13] XII, 17. – [14] GREGOR DER GROSSE, Moralia 18, 74. – [15] PETRUS DAMIANI, MPL 145, 595-622, bes. 618f., Ziff. 636 b ff. H. ECHTERNACH

Koexistenz im weitesten Sinne bedeutet das Nebeneinander gegensätzlicher Prinzipien. Vom Dualismus unterscheidet sich die K. dadurch, daß sie nicht die Vorgänge der Welt im Sinne eines notwendigen Widerstreits der beiden gegensätzlichen Prinzipien deuten will, sondern nur deren Vorhandensein akzeptiert und daraus die praktischen Konsequenzen zieht. Vom Pluralismus unterscheidet sie sich dadurch, daß die einander gegenüberstehenden Prinzipien und Werte stets nicht nur verschiedenartig, sondern auch gegensätzlich und miteinander unversöhnlich sind und daß sie für ihren Bereich kein integrierendes Gesamtgefüge schafft oder voraussetzt. Jedoch kann die K. ihrerseits in einem pluralistischen Gesamtgefüge stehen und wird dort am ehesten erhalten werden können, weil eine pluralistische Ordnung am ehesten die Grundhaltung der Toleranz hervorbringt, ohne die eine K. undenkbar ist. Der Zusatz «friedlich» ist im Zusammenhang der K. an sich überflüssig; denn wo das Nebeneinander nicht mehr friedlich ist, sich also im Kampf abspielt, wird es zum Gegeneinander.

Im engeren Sinne bedeutet die K. das Nebeneinander der westlichen und kommunistischen Ideologien im Bereich der Weltpolitik. Der Ausdruck kam auf sowjetischer Seite in der nachstalinistischen Ära in Mode, wobei Wert auf den Nachweis gelegt wurde, daß bereits Lenin den K.-Gedanken vertreten habe [1]. In der Stalin-Ära wurde eine Art introvertiertes K.-Prinzip angewendet, indem mit Hilfe der Einkreisungstheorie der Fort-

bestand des Staates – entgegen der marxistischen These vom Absterben des Staates in der klassenlosen Gesellschaft – gerechtfertigt wurde [2].

Die Meinung, daß der Begriff der K. erst nach dem zweiten Weltkrieg in die Theorie des Völkerrechts Eingang gefunden habe [3], ist nur bedingt richtig. Zwar ist der Ausdruck erst nach dem zweiten Weltkrieg geläufig geworden, aber der Sache nach war der Grundsatz der K. seit der Französischen Revolution und der Anerkennung der Vereinigten Staaten von Nordamerika vorhanden. Das Nebeneinander von Monarchien und Republiken stellte um die Wende des 18. Jh. ein K.-Problem dar, dessen ideologisches Gewicht dem der Ost-West-Spaltung in der Mitte des 20. Jh. gleichkam. Mit der Entscheidung für die Gleichberechtigung der Staaten mit gegensätzlichen Verfassungsformen legte das moderne Völkerrecht den Grundstein für die Entwicklung des K.-Prinzips. Mit der Aufnahme nicht-christlicher Staaten in den Kreis der Völkerrechtssubjekte seit der Mitte des 19. Jh. wurde eine weitere K.-Ebene geschaffen. Im Zuge der Ausdehnung der Völkerrechtsgemeinschaft (Globalisierung, s. d.) nahmen die K.-Probleme an Bedeutung zu. Das K.-Prinzip ist keine vorübergehende Erscheinung von der Art eines Waffenstillstandes im ‹Kalten› Krieg, sondern ein seit langem im Völkerrecht verankertes Grundprinzip der internationalen Ordnung, das in einer pluralistischen Weltgesellschaft wahrscheinlich besser zur Entfaltung gelangen wird.

Anmerkungen. [1] A. A. GROMYKO: Die friedliche K. (1962); J. P. FRANZEW: Kommunismus heute und morgen (1965) 394. – [2] Rede J. STALINS auf dem 18. Parteikongreß der KPdSU im März 1939; dtsch. in: J. STALIN: Fragen des Leninismus (1947) 723. – [3] F. A. v. d. HEYDTE, in STRUPP/SCHLOCHAUER: Wb. des Völkerrechts 2 (1961) 237.

Literaturhinweise. R. PINTO: Le droit int. et la coexistence. J. Droit int. 82 (1955) 306. – J. A. v. RANTZAU: K. in gesch. Betrachtung. Außenpolitik 7 (1956). – M. LACHS: Die Charta der Vereinten Nationen als Grundl. der friedl. K. Neue Justiz (1956) 353ff. – J. N. HAZARD: Legal research on «peaceful co-existence». Amer. J. int. Law 51 (1957) 63. – J. HOMMES: K. – philos. beleuchtet (²1958). – E. VAN BOGAERT: Coexistence et droit int. Rev. gén. Droit int. publ. 63 (1959) 209. – R. L. ROTHSTEIN: Peaceful coexistence (New York 1959). – G. A. WETTER: Die sowjet. Konzeption der K. (1959). – W. DURDENJEWSKI und M. LASAREW: Für den Frieden zwischen den Völkern. Die fünf Prinzipien der friedl. K. (1959). – H. KRÜGER: K. und Völkerrecht. Moderne Welt (1959) 13ff. – V. DAVID: Für eine Kodifikation der Prinzipien der K. Dtsch. Außenpolitik (1960) 161. – P. A. STEINIGER: Friedl. K. – Grundgesetz der int. Beziehungen zwischen Staaten mit unterschiedl. Gesellschaftsordnung in der Übergangsperiode. Staat und Recht (1961) 189ff. – K. H. KUNZMANN: Die «friedl. K.» im Recht (1961) 189ff. – P. QUARONI: K. zwischen Freiheit und Diktatur (1961). – W. BRANDT: K. – Zwang zum Wagnis (1963). – K. H. KUNZMANN: Die «friedl. K.» im sowjet. Völkerrecht. Europa-Arch. (1962) 741ff. – E. MCWHINNEY: Peaceful coexistence and Soviet-Western int. law (Leiden 1964). – K. H. KUNZMANN: Friedl. K. oder freundschaftl. Beziehungen? Vereinte Nationen (1964) 202ff. – F. MÜNCH: Die K. im Völkerrecht. Vereinte Nationen (1964) 207ff. – L. FREUND: K. und Entspannung (1966); Außenpolit. Grundsätze (1963). – U. SCHMIEDERER: Die sowjet. Theorie der friedl. K. (1968). – H. J. UIBOPUU: Die sowjet. Doktrin der friedl. K. als Völkerrechtsproblem (1971). O. KIMMINICH

Kognition, kognitiv. Die Ausdrücke ‹K.› und ‹kognitiv› treten in der deutschsprachigen *psychologischen* Literatur erst in neuerer Zeit auf. Das Bedeutungsspektrum, in dem sie vorkommen, ist sehr breit. In ihm lassen sich aber drei voneinander ziemlich unabhängige Verwendungstraditionen unterscheiden. Jede von ihnen geht auf eine Entlehnung aus dem angloamerikanischen Sprachgebrauch zurück.

1. Diese Ausdrücke werden gebraucht, um eines der klassischen Hauptprobleme auf der Grenze zwischen

Philosophie und Psychologie zu kennzeichnen: Die kognitive Frage ist die Frage nach dem *Verhältnis zwischen Phänomenalem und Transphänomenalem*.

2. ‹K.› und Ausdrücke wie ‹kognitive Funktionen› oder ‹kognitive Prozesse› dienen zur Bezeichnung bestimmter Klassen oder Bereiche von Phänomenen: ‹K.› als *systematischer Terminus* mit einer Reihe von Bedeutungsvarianten.

3. Das Wort ‹kognitiv› wird als Attribut in zusammengesetzten Ausdrücken wie ‹kognitive Psychologie› oder ‹kognitive Theorie› zur Charakterisierung eines *theoretisch-methodischen Ansatzes* (cognitive approach) verwendet. ‹Kognitive Theorie› meint dann also nicht das gleiche wie ‹Theorie der kognitiven Funktionen›; der erste Ausdruck spezifiziert Merkmale eines Forschungsansatzes, der zweite den Phänomenbereich, auf den sich Theorie und methodischer Ansatz beziehen.

1. *Die kognitive Frage.* – In der akademischen Psychologie Kontinentaleuropas galt es um die Wende vom 19. zum 20. Jh. als ausgemacht, daß Psychologie die Lehre von den «Bewußtseinsvorgängen in ihrem eigenen Zusammenhang» ist. Mit diesen Worten charakterisierte W. WUNDT die erste Aufgabe jeglicher Psychologie [1]. Diese freiwillige Selbstbeschränkung auf eine reine Bewußtseinslehre machte es der Psychologie erst möglich, sich gegenüber der Philosophie klar abzugrenzen. Diese Grenzziehung blieb aber nicht lange wirksam: bereits die nächste Psychologengeneration begann wieder damit, erneut die Frage nach der Beziehung zwischen Erlebnis und Erlebnisjenseitigem zu thematisieren, und zwar sowohl im erkenntnistheoretischen wie auch im biologischen Sinne. K. KOFFKA hat dieses für die strenge Bewußtseinspsychologie neue Problem als die Frage nach der *kognitiven Wertigkeit des phänomenal Gegebenen* formuliert (cognitive value) [2]. Offenbar schon durch den pragmatisch-funktionalistischen Charakter der nordamerikanischen Psychologie beeinflußt, legt Koffka dar, daß die Kennzeichnung von Phänomenbeständen nach ihrer kognitiven Wertigkeit zwei Teilfragen umfaßt: 1. ob und wie weit phänomenal Gegebenes wahr ist und 2. wie weit es als Basis für angepaßtes Verhalten dienen kann («true cognition» und «adequate or adaptive behaviour» [3]). Da beide Fragen auf die Beziehung von Bewußtseinsinhalten zu etwas von ihnen Verschiedenem abzielen, ist für ihre Behandlung innerhalb einer reinen Bewußtseinspsychologie kein Platz. Dementsprechend erklärte Koffka die Philosophie für die Beschäftigung mit dem Problem des Erkenntniswertes der Bewußtseinsgegebenheiten für zuständig [4]. So ließ sich seine Konzeption von der Psychologie als Bewußtseinslehre aufrechterhalten.

Fast gleichzeitig mit K. Koffka hat E. BRUNSWIK einen (vor allem wahrnehmungs-)psychologischen Ansatz entwickelt, der zwar noch deutlich seine Herkunft aus der introspektionspsychologischen Tradition verrät, aber zugleich die Möglichkeit eröffnet, die Erlebnisinhalte zu überschreiten und sie auf der Folie einer anderen Gegebenheitsart zu betrachten. Paradigma ist die Situation, in der ich mich selbst einer Sinnestäuschung überführe. Dabei zeigt sich, daß es neben dem spontanen Wahrnehmen, dessen Inhalt sich ja angesichts der Entdeckung des Fehlers ändert, eine Form des Erkennens gibt, die mir – obgleich sie sich letztlich auch der Wahrnehmungsfunktion bedient – verläßlicher erscheint als der unmittelbare Eindruck: neben den «unmittelbaren Gegebenheiten» der «gewöhnlichen Wahrnehmung» sind mir – gleichsam mittelbar – durch «*Messung*» und ähnliche

Prozeduren «Gegenstände» gegeben. Ich bemerke die Täuschung, wenn ich jene auf diese vergleichend beziehe [5]. Der Psychologie fällt in diesem Zusammenhang die Aufgabe zu, die Leistungsfähigkeit der Wahrnehmung zu bestimmen, indem sie die Wahrnehmungsdaten mit den Daten vergleicht, die aus Meßprozeduren stammen. In dieser Aufgabenbestimmung spiegelt sich Brunswiks Ansicht, daß in der Wahrnehmung eine «kognitive Intention» angelegt ist, d. h. Wahrnehmung ist (wie auch Denken, Erinnern) auf das kognitiv-intentionale Erreichen der Gegenstände ausgerichtet [6]. Im Gegensatz zu Koffka kann Brunswik in seinem Ansatz die Frage nach dem kognitiven Wert der Bewußtseinsphänomene als empirisches Problem innerhalb der Psychologie abhandeln – zumindest, soweit darunter die Frage nach dem praktisch-kognitiven Wert der Wahrnehmung verstanden wird. Die zweite Komponente von Koffkas Frage, die sich auf den erkenntnistheoretisch-kognitiven Wert bezieht, bleibt dadurch natürlich völlig unberührt.

Die durch Brunswik vorbereitete Konzeption eines doppelten Zugangs zur Welt als der Ausgangsbasis für eine Aufgabenbestimmung der Psychologie ist – unter anderen Bezeichnungen und auch unter Vernachlässigung der für Brunswik zentralen «kognitiven Intentionalität» – im deutschen Sprachraum weitgehend Bestandteil des Selbstverständnisses besonders der Wahrnehmungspsychologie geworden [7]. Brunswik selbst hat nach seiner Emigration in die USA seine ursprüngliche Position im Sinne eines funktionalistisch orientierten molaren Behaviorismus radikalisiert; nicht mehr subjektive Erfahrungsdeskription, sondern objektive Verhaltensbeobachtung wird als Datenbasis bevorzugt; das Problem der kognitiven Intentionalität transformiert sich zu der Frage nach Korrelationen zwischen Umweltbedingungen und organismischen Verhalten [8]. Die Verwendung des Ausdrucks ‹K.› im Sinne Koffkas und Brunswiks ist demnach auf eine historisch fixierbare Stelle begrenzt: auf denjenigen Zeitpunkt, zu dem die Psychologie Ansprüche geltend macht, die innerhalb der reinen Bewußtseinslehre nicht zu befriedigen sind.

Neuerdings hat N. BISCHOF die wahrnehmungspsychologischen Konzeptionen Koffkas und Brunswiks im Anschluß an eine ähnliche Unterscheidung bei Brunswik [9] als die Dimension «autonomes (produktions-orientiertes, ‹formalistisches›)» versus «teleonomes (kognitions-orientiertes, ‹funktionalistisches›)» Verständnis der Wahrnehmung gekennzeichnet [10]. Beide Positionen schließen sich nicht aus; es handelt sich vielmehr um eine bipolare Ordnungsdimension zur Charakterisierung verschiedener Schwerpunktsetzungen.

Anmerkungen. [1] W. WUNDT: Grundzüge der physiol. Psychol. 1 (⁵1902/03) 2. – [2] K. KOFFKA: Principles of Gestalt-Psychol. (London 1935) 381f. – [3] a. a. O. 68; vgl. auch 75f. – [4] a. a. O. [2] 68. – [5] E. BRUNSWIK: Wahrnehmung und Gegenstandswelt (1934) 4f. – [6] a. a. O. 18f. (Zitate im Original hervorgehoben). – [7] Vgl. z. B.: P. R. HOFSTÄTTER: Zur Grundlagenforsch. in der Psychol. Z. Psychol. 156 (1944) 1-33; K. HOLZKAMP: Theorie und Experiment in der Psychol. (1964) 50ff. – [8] E. BRUNSWIK: The conceptual framework of psychol. (Chicago 1950) 16ff. – [9] Discussion: remarks on functionalism in perception. J. Personality 18 (1949) 56-65. – [10] N. BISCHOF: Erkenntnistheoret. Grundlagenprobleme der Wahrnehmungspsychol. Hb. der Psychol., hg. W. METZGER 1/1 (1966) 45-55; vgl. METZGER: Der Ort der Wahrnehmungslehre im Aufbau der Psychol. a. a. O. Kap. 3. 11ff.

2. Als *systematischer Terminus* kommen ‹K.› und Ausdrücke wie ‹kognitive Funktion› oder ähnliches in verschiedenen Bedeutungsvarianten vor, die sich danach ordnen lassen, ob sie als Sammelbegriffe zur Kennzeich-

nung einer *umfassenden Phänomenklasse* oder als Bezeichnung für *konkrete psychische Ereignisse* dienen.

a) *Umfassende Phänomenklasse.* – Die Vermögenspsychologien des 18. und 19. Jh. pflegten drei Grundvermögen zu unterscheiden: Erkenntnisvermögen, Gefühl und Wille. Soweit diese hauptsächlich bewußtseinsdeskriptiv fundierte Klassifikation psychischer Erscheinungen im englisch-amerikanischen Schrifttum Verbreitung fand, wurde die erste der drei Grundfunktionen des Bewußtseins bisweilen durch den Ausdruck ‹cognition› übersetzt [1]. Das Wort diente als ein lockerer Sammelbegriff zur Etikettierung derjenigen Bewußtseinsvorgänge die etwas mit der Entstehung von Erkenntnis, von Wissen zu tun haben. Darunter fallen so disparate Vorgänge wie Wahrnehmen, Denken, Verstehen, Urteilen. Disparat sind diese Vorgänge aber nur dann, wenn man nach gemeinsamen Merkmalen auf der Ebene ihrer bewußtseinsmäßigen Repräsentanz sucht. Nimmt man stattdessen einen mehr funktionalistischen Standpunkt ein und klassifiziert statt nach inhaltlichen Aspekten der beteiligten Erlebnisse nach Zielen und Zwecken der beteiligten psychischen Funktionen [2], dann fällt es leicht, für die genannten, ansonsten disparaten Vorgänge ein gemeinsames Merkmal anzugeben: ‹K.› ist dann Inbegriff derjenigen Funktionen, die zur Orientierung des Organismus in seiner Umgebung als der hauptsächlichen Grundlage für angepaßtes Verhalten beitragen. In dieser sehr lockeren und unverbindlichen Redeweise, die seit den früheren amerikanischen Funktionalisten – so etwa durch J. R. ANGELL [3] – eingeführt ist, tritt ‹K.› als systematischer Terminus auf. Dem Bereich der K. wird aber nur eine beschränkte Zugänglichkeit durch Introspektion zugesprochen [4].

In neuerer Zeit ist der Ausdruck ‹K.› wieder zunehmend stärker in Gebrauch gekommen, ohne daß aber eine Präzisierung seines Umfangs vorgenommen worden wäre. Allerdings geht die Tendenz offenbar dahin, ‹K.› durch Pluralbezeichnungen wie ‹kognitive Prozesse› oder ‹kognitive Funktionen› zu ersetzen – durch Ausdrücke also, die neben dem gemeinsamen Zweck die Vielfalt der prozessualen Strukturen betonen [5]. LEEPER hat in einer ziemlich unscharfen Definition vorgeschlagen, alles zu den kognitiven Prozessen zu rechnen, was zur Repräsentation der Welt im Individuum und zur Verhaltenssteuerung auf der Basis dieser Repräsentation gehört [6]. Diese Bestimmung ist deshalb so unklar, weil der Autor versichert, daß er nicht an einen introspektiv-deskriptiven Zugang zu den gemeinten Formen der Repräsentation denkt, sondern sie aus Verhaltensdaten erschließen will. Hier liegt also im Ansatz ein Versuch zur Abgrenzung auf der Ebene einer theoretisch erschlossenen (statt empirisch anzutreffenden) Realität vor.

Explizite Definitions- und Abgrenzungsversuche sind in neuerer Zeit kaum noch unternommen worden; inflationäre Tendenzen hinsichtlich der Gebrauchshäufigkeit und des Bedeutungsumfanges sind die Folge: Bisweilen deckt der Terminus ‹kognitive Prozesse› fast den gesamten Bereich der Allgemeinen und auch Differentiellen Psychologie ab [7], bisweilen hauptsächlich Perzeption, Imagination und verwandte Kategorien [8], oder der Anwendungsbereich der Ausdrücke wird auf Denkvorgänge beschränkt [9]. Einige lehrbuchartige Texte liegen hinsichtlich des Bedeutungsumfangs zwischen diesen Polen [10]. Eine gewisse Einigkeit besteht allenfalls in der Auffassung, daß für das Studium kognitiver Funktionen die Untersuchung von Vorgängen der Begriffsbildung geradezu paradigmatisch ist [11]. Im übri-

gen gilt, daß der Umfang der systematischen Ausdrücke ‹K.› oder ‹kognitive Funktionen› zur Zeit nicht festliegt und von jedem Autor implizit neu bestimmt wird, indem er gewisse Sachverhalte unter dieser Überschrift abhandelt, andere nicht. Eine ausführliche Zusammenstellung hat G. KAMINSKY gegeben [12]. Auch in diesem Bericht steht das Interesse an der Begriffsbildung im Vordergrund. Das macht deutlich, daß das Prädikat ‹kognitiv› gegenwärtig auch die Funktion hat, eine bestimmte Forschungstradition zu kennzeichnen.

Vereinzelt findet sich im 19. Jh. ein Sprachgebrauch, der ‹cognition› fast promiscue mit ‹knowledge› verwendet, also mit diesem Wort nicht Vorgänge des Wissenserwerbs, sondern die Gesamtheit der Produkte dieser Vorgänge bezeichnet.

b) *Einzelereignisse.* – An anderer Stelle hat SPENCER den Ausdruck ‹cognition› in einer taxonomisch verbindlichen Form eingeführt: zur Bezeichnung einer Klasse von individuell-konkreten Bewußtseinsgegebenheiten, nämlich der Klasse der Relationen zwischen den eigentlichen Bewußtseinselementen, die er als «feelings» bezeichnet. Je nach der Herkunft der in einer «cognition» zueinander in Beziehung gesetzten «feelings» unterscheidet er mehrere Arten von K. [13]. Diese «cognitions» haben einen ähnlichen systematischen Status wie WUNDTS «Vorstellungen» [14]: Sie sind zwar nicht die letzten isolierbaren Elemente des intellektuellen Seelenlebens, sondern selbst schon Aggregate dieser Elemente, repräsentieren aber die niedrigste Integrationsstufe, die dem bewußten Erleben direkt zugänglich ist und nicht nur als Kunstprodukt reduzierender Analyse verstanden sein will. SPENCER hat diesen Ansatz einer bewußtseinsstrukturellen Systematik nicht weiter durchgeführt, so daß der darin angedeutete Versuch einer terminologischen Fixierung des K.-Begriffs von späteren Autoren nicht wieder aufgenommen wurde.

Stellenweise finden sich bei Spencer auch Formulierungen, die verdeutlichen, daß er unter dem hauptsächlich auf Inhalte abzielenden Titel «cognition» bisweilen prozessuale Elemente miteinbezieht bzw. beide Aspekte nicht trennt. Die strenge Trennung zwischen prozessualen und strukturellen Aspekten geht auf Diskussionen zurück, die wissenschaftsgeschichtlich auf Spencer folgten. Beide Aspekte sind bei ihm nur im Ansatz geschieden. Neuerdings taucht ‹K.› als Schlüsselbegriff in der von L. FESTINGER formulierten «Theorie der kognitiven Dissonanz» auf. K. ist hier entsprechend der umgangssprachlichen Bedeutung [15] jeder isolierbare inhaltliche Bestandteil des Wissens, der Vermutungen, der Meinungen, der Vorurteile, die man über sich selbst und seine Umgebung hat; «cognition» heißt alles, woran man überhaupt denken kann [16]. ‹K.› ist hier ein kaum noch definierbarer Grundbegriff, dessen wissenschaftlicher Wert stark in Zweifel gezogen werden muß. Er kann beinahe schlechthin mit ‹Bewußtseinsinhalt› gleichgesetzt werden, denn offenbar fehlt die für fast alle sonstigen Bedeutungen von ‹cognition› kennzeichnende Abgrenzung gegen nebengeordnete Begriffe wie ‹emotion› oder ‹conation›.

Anmerkungen. [1] So bei G. F. STOUT: Manual of psychol. (New York 1899) 56. – [2] J. R. ANGELL: The province of functional psychol. Psychol. review 14 (1907) 73f. – [3] a. a. O. 63ff. – [4] R. LEEPER: Cognitive processes. Handbook of experimental psychol., hg. S. S. STEVENS (New York 1951) 37-734. – [5] z. B. bei R. LEEPER, a. a. O.; J. P. VAN DE GEER und J. M. F. JASPARS: Cognitive functions. Annual review of psychol. 17 (1966) 145-176. – [6] LEEPER, a. a. O. [4] 736. – [7] J. C. HARPER, CH. C. ANDERSON, C. M. CHRISTENSEN, ST. M. HUNKA: The cognitive processes: Readings (Englewood Cliffs 1964). – [8] U. NEISSER:

Cognitive psychol. (New York 1967) 4. – [9] R. BERGIUS: Einl.: Begriffe, Prinzipien, Methoden. Hb. der. Psychol., hg. R. BERGIUS 1/2 (1964) 24f. – [10] z. B. M. MANIS: Cognitive processes (Belmont 1966); F. H. GEORGE: Cognition (London 1962). – [11] Vgl. auch G. SEIDENSTÜCKER und N. GROEBEN: Möglichkeiten einer Theoriesynthese auf dem Gebiet des kognitiven Lernens. Psychol. Beitr. 13 (1971) 499ff. – [12] G. KAMINSKY: Ordnungsstrukturen und Ordnungsprozesse. Hb. d. Psychol., hg. R. BERGIUS 1/2 (1964) 373-492. – [13] H. SPENCER, Principles of psychol. (London ⁴1899) 2, 480. – [14] W. WUNDT: a. a. O. [1 zu 1] 2, 370. – [15] Webster's New World Dictionary of the American Language, Concise Edition, hg. D. GURALNIK (New York ⁷1966). – [16] L. FESTINGER: The motivating effects of cognitive dissonance. Assessments of human motives, hg. G. LINDSLEY (New York 1958) 65ff.

3. *Der kognitive Ansatz.* – Der Bedeutungsinflation der Termini ‹K.› und ‹kognitiv› auf der Ebene der Deskription steht eine Tendenz zu zunehmender Präzisierung ihrer *Bedeutung auf theoretischer Ebene* gegenüber. Die beiden Ausdrücke – vor allem das Adjektiv – werden immer häufiger zur Bezeichnung eines bestimmten Stils des Theoretisierens in der Psychologie verwendet. Daß als ‹kognitiv› sowohl Sachverhalte wie auch Theorien über Sachverhalte bezeichnet worden sind, trägt nicht gerade zur Klarheit und Eindeutigkeit des Sprachgebrauchs bei. Bisweilen spielen neuere Autoren mit der Doppelgesichtigkeit des Ausdrucks. So U. NEISSER, wenn er darauf hinweist, daß er ‹Kognitive Psychologie› ähnlich gebraucht wie etwa die Ausdrücke ‹Verhaltenstheorie› oder ‹Gestaltpsychologie›: nicht nur zur Bezeichnung eines Gegenstandsbereiches, sondern zugleich als Namen für die vom Autor favorisierte Theorie und ihre methodischen Implikationen [1]. All dies faßt man dann gern unter dem Titel eines kongitiven Ansatzes in der Psychologie zusammen (cognitive approach [2]).

a) *Kognitive Lerntheorie.* – Die Kennzeichnung von Theorien als ‹kognitiv› hat sich aus der lerntheoretischen Diskussion entwickelt. Zur vorläufigen Charakterisierung dieser Gruppe von Theorien folgt man am besten einer provisorischen Negativbestimmung von D. O. HEBB: Jemand betreibt kognitive Psychologie, wenn er glaubt, daß zur Erklärung komplexerer Verhaltensweisen das Konstrukt von Reiz-Reaktions-Verbindungen nicht ausreicht [3]. Damit öffnet sich dem «Kognitivisten» ein weites Feld theoretisch-methodischer Ansätze, das sich nach Auffassung von J. P. VAN DE GEER und J. M. F. JASPARS zwischen den Polen neobehavioristischer Vermittlung und phänomenologischer Interpretation erstreckt [4]. Gewöhnlich wird dann diese ziemlich großzügige Bestimmung doch etwas eingeschränkt, indem das Prädikat ‹kognitiv› solchen Ansätzen vorbehalten bleibt, die als Vermittlungsinstanzen zwischen Reizen und Reaktionen nur Bindeglieder zulassen, die nicht selbst wieder verinnerlichte Reiz-Reaktions-Verbindungen sind (typische Beispiele für in diesem Sinne zulässige Konstrukte: ‹kognitive Strukturen›, ‹kognitive Landkarten›, ‹kognitive Kategorien› u. ä.). Dieser engere Begriff von ‹kognitiver Theorie› schließt also die neobehavioristischen Vermittlungstheorien aus, die sich ja im Grunde ausschließlich der Reiz-Reaktions-Formel bedienen. Nach dieser inzwischen terminologisch verfestigten Begriffsabgrenzung (vgl. etwa das lerntheoretische Standardwerk von E. R. HILGARD und G. H. BOWER [5]) stehen sich dann hinsichtlich der Erklärung des Lernens kognitive Theorie und Vermittlungstheorie rivalisierend gegenüber.

In der Tradition der nordamerikanischen Psychologie gilt E. C. TOLMAN als Hauptexponent der kognitiven Richtung innerhalb der klassischen Lerntheorien. Auf der einen Seite tritt er mit dem Anspruch auf, molare Verhaltensbestandteile zu erklären [6]. Diesen Anspruch glaubt er nur dadurch einlösen zu können, daß er zwischen den beobachteten Ein- und Ausgangsgrößen (d. h. zwischen Reiz und Reaktion) besondere Vermittlungsinstanzen annimmt, die als das eigentliche Produkt des Lernvorgangs zu betrachten sind: Die Ratte lernt nach dieser Auffassung im Labyrinth nicht etwa die Zuordnung einzelner Reaktionen zu einzelnen Reizen, sie erlernt eine kognitive Landkarte, die aus einem geordneten Gefüge von Zeichen-Bedeutungs-Relationen besteht; sie lernt «not movements, but meanings» [7]. Darin liegt das kognitive Element der Theorie: Die Bedeutung der Reize wird gelernt – und nicht die Kontrolle der Motorik durch die Reize. Auf der anderen Seite weigert er sich aber zugleich ganz entschieden, für seine zentralen theoretischen Begriffe (z. B. «expectancy»; «cognitive maps»; «demand»; «hypothesis») eine introspektive Interpretation oder auch nur Nebeninterpretation zuzulassen. Stattdessen verankert er sie an öffentlich beobachtbaren Daten, gegebenenfalls an experimentell manipulierbaren Größen [8]. In dieser methodischen Restriktion liegt das behavioristische Element seiner Theorie.

b) *Neuere kognitive Theorieansätze.* – In der Nachfolge von Tolmans kognitiver Lerntheorie lassen sich heute zwei Forschungstraditionen unterscheiden, die sich beide als ‹kognitiv› bezeichnen und sich gegen neobehavioristische Ansätze absetzen, allerdings nicht mehr ausschließlich auf dem Gebiet des Lernens. Die eine dieser Forschungsrichtungen stellt das Desiderat der *Bestimmung kognitiver Strukturen* in den Mittelpunkt ihres Interesses – unter Nichtbeachtung der für Tolman sakrosankten behavioristisch-positivistischen Restriktionen hinsichtlich der Zulässigkeit von Erlebnisdaten. Sie ist mit Namen wie K. LEWIN und J. PIAGET verknüpft (α). Die andere Tradition ist darum bemüht, die *Arbeitsweise der zwischen Reiz und Reaktion anzunehmenden Verarbeitungsinstanzen* soweit wie möglich auf der Basis von Verhaltensdaten zu erschließen. Sie neigt im Unterschied zu Tolman auf theoretischer Ebene eher dazu, Prozesse (anstelle von Strukturen) zu postulieren [9]. D. E. BROADBENT und U. NEISSER sind gegenwärtig führende Vertreter dieses Ansatzes (β). Etwas vereinfacht kann man diese beiden Richtungen einander als *kognitive Theorien mit strukturalistischem oder funktionalistischem Akzent* gegenüberstellen. Beiden gemeinsam ist, daß sie als Fusionen zwischen behavioristischen Forschungstraditionen und Theoriesystemen europäischer Provenienz entstanden sind – kontinentaleuropäischer Herkunft im Falle der strukturalistischen, angelsächsischer Herkunft im Falle der funktionalistischen Richtung.

α) K. LEWIN hat als erster – und bislang wohl als einziger – ein einigermaßen geschlossenes Begriffssystem zur Kennzeichnung kognitiver Strukturen und ihrer Wandlungen vorgelegt. In seiner ‹Topologischen Psychologie› entwickelte er ein ausgearbeitetes System theoretischer Modellbegriffe, die als Instrumentarium zur Beschreibung und Analyse sowohl aktueller Situationen wie auch umfassenderer Lagebefindlichkeiten, letztlich: des Lebensraumes eines Individuums dienen [10]. Lewin erläuterte kognitive Strukturen durch räumliche Modelldarstellungen, in deren topologischer Struktur die funktionale oder phänomenale Ordnung der jeweiligen Situation abgebildet wird. Seine kognitive Theorie ist somit eine Theorie der kognitiven Struktur; in einer seiner letzten Veröffentlichungen hat er explizit den Ausdruck ‹cognitive structure› als systematischen Schlüsselbegriff verwendet [11]. Einen besonderen Stellenwert nehmen in

Lewins System – wie überhaupt in der Gestaltpsychologie – Änderungen der kognitiven Strukturen ein, die als Umorganisationen, Differenzierungen und Integrationen in einzelnen Teilbereichen der «psychologischen Situation» dargestellt werden [12]. Trotz der Faszination, die von Lewins begrifflichen Analysen ausgeht, ist sein System von nur geringem Einfluß auf andere kognitive Theorien strukturalistischer Färbung geblieben. Offenbar leisten diese Situationsanalysen kaum etwas, was über eine – allerdings bestechende – Deskription hinausgeht; sie bleiben im Quasi-Explikativen stecken. Sehr viel nachhaltiger war Lewins Einfluß im Bereich der dynamischen Psychologie. Hier gilt er als einer der Begründer «kognitiver Motivationstheorien», d. h. solcher Theorien, die in kognitiven Strukturen nicht nur kognitive Komponenten, sondern auch eigenständige dynamische Momente mitgegeben sehen [13].

Andere Autoren haben sich darum bemüht, den von ihnen postulierten kognitiven Strukturen einen mehr explikativen Status zu verleihen. Sie verlagerten das Interesse von den phänomenal relativ direkt zugänglichen auf die funktional wirksamen und nur indirekt aus Phänomenbeständen (oder auch aus Verhalten) erschließbaren kognitiven Ordnungen [14]. Hypostasiert man in dieser Form eine nicht direkt zugängliche Realität – z. B. ein Bezugssystem, ein System kognitiver Kategorien oder ein geordnetes Spurensystem –, so benötigt man neben Annahmen über die Struktur dieser Realität auch Annahmen über die in und an ihr möglichen Vorgänge. Dabei sind zwei Arten von Vorgängen zu unterscheiden: erstens solche der strukturellen Veränderung des hypothetisch angenommenen Systems, z. B. im Verlauf von Lernvorgängen oder auch während der ontogenetischen Entwicklung, und zweitens solche der Kommunikation zwischen latenter kognitiver Struktur und manifestem Erleben und Verhalten, einfacher gesagt, Vorgänge der «Benutzung» [15] der verborgenen Systeme. Aus der Notwendigkeit der Berücksichtigung struktureller Systemveränderungen (Vorgänge erster Art) ergibt sich dann zwingend, daß Theorien der kognitiven Struktur nur als genetische Theorien möglich sind, d. h. als Theorien der Transformationen kognitiver Strukturen, und es ist naheliegend, daß sie häufig einen deutlichen pädagogischen Einschlag haben und dann zu Theorien über die Schaffung günstiger Voraussetzungen für bestimmte Strukturveränderungen werden. Aus der Notwendigkeit der Berücksichtigung der Benutzungsvorgänge (Vorgänge zweiter Art) ergibt sich, daß prozeßhaft-operatorische Komponenten in diesen (der Intention nach ja vorwiegend strukturalistisch orientierten) kognitiven Theorien einen relativ breiten Raum einnehmen müssen.

Das System J. PIAGETS gilt geradezu als Musterfall einer strukturell orientierten kognitiven Theorie [16]. Die ständige Veränderbarkeit und Veränderung durch kognitive Operationen nach dem Grundmuster von Assimilation und Akkomodation ist das tragende Kennzeichen dieser Strukturen. Sie sind nicht statisch-inhaltlich gedacht, sondern sozusagen als (in der Zeit veränderliche) Bedingungen der Möglichkeit konkreter oder symbolischer Operationen [17]. Die kindliche Entwicklung ist gekennzeichnet durch – voneinander logisch abgrenzbare – Stadien der Entwicklung der inneren Repräsentation äußerer Gegebenheiten, denen Stadien operatorischer Möglichkeiten entsprechen [18]. Pädagogische Implikation des Piagetschen Ansatzes sind außer von ihm selbst im deutschen Sprachraum vor allem von seinem Schüler H. AEBLI diskutiert worden. Aebli stellte die operatorischen Komponenten gegenüber den strukturellen noch stärker in den Vordergrund als Piaget selbst [19].

Unter den amerikanischen Forschungsgruppen, die von der Piaget-Rezeption besonders stark beeinflußt worden sind, sind vor allem die um J. S. BRUNER [20] und D. P. AUSUBEL [21] zu nennen. Beide Autoren bezeichnen sich ausdrücklich als kognitive Theoretiker. BRUNER verfolgt neuerdings ganz explizit einen kognitiv-strukturellen Ansatz [22], nachdem er zuvor – anfangs der 50er Jahre – in einer eher funktionalistisch orientierten wahrnehmungspsychologischen Tradition gearbeitet hatte [23]. In seinen neueren Ansätzen spielt das Konzept der «Repräsentation» eine Schlüsselrolle. Im Sinne einer Stufentheorie werden verschiedene Repräsentationsformen unterschieden. Auch dieser Autor hat psychologisch-didaktische Ansätze entwickelt [24]. AUSUBEL hat – gleichsam in Arbeitsteilung mit den anderen kognitiven Theoretikern – die Aufgabe der Abgrenzung des strukturell-kognitiven Ansatzes gegenüber anderen Positionen und der Verteidigung gegen Angriffe, vor allem seitens der Vermittlungstheorie, übernommen [25].

β) Wie die Explikation strukturalistischer kognitiver Theorien deutlich macht, kann dieser Ansatz in einer völlig reinen, d. h. nur auf struktureller Analyse fußenden Form nicht durchgeführt werden. Vielmehr bedarf er der Ergänzung durch Prozeßkomponenten, wenn er nicht bei der Phänomenbeschreibung stehenbleiben will. Entsprechend läßt sich umgekehrt zeigen, daß im Rahmen einer funktionalistisch verstandenen kognitiven Theorie strukturelle Elemente unentbehrlich sind. In dieser Forschungsrichtung stehen die aktuellen Prozesse der Informationsaufnahme und -verarbeitung im Vordergrund des Interesses – und nicht so sehr ihre eher überdauernden strukturellen Voraussetzungen. NEISSER – einer der wichtigsten Vertreter dieser Art von «kognitiver Psychologie» – hat eine Formel S. FREUDS ausgeborgt («Triebe und Triebschicksale»), um den empirischen und theoretischen Gegenstand dieses Ansatzes zu kennzeichnen: ‹Reizinformation und Reizinformationsschicksale› [26]. Obgleich die Beanspruchung des Titels einer ‹kognitiven Psychologie› für diese funktionalistisch eingefärbte Tradition noch sehr jungen Datums ist (Neissers Buch erschien 1967), gehen ihre sachlichen Anfänge auf zwei voneinander relativ unabhängige Quellen Ende der 40er Jahre zurück.

Einer dieser Ansatzpunkte war die Entdeckung von reizunabhängigen Determinanten der Wahrnehmung. Das komplizierte Bedingungsgefüge, das sich darin zeigte, ließ sich mit dem noch ziemlich bescheidenen theoretischen Instrumentarium, das der kognitive Behaviorismus in der Tolman-Schule bis dahin entwickelt hatte, nur schwer verständlich machen. Tolman war es, der dann 1949 forderte, die selbstverordnete Beschränkung auf die Annahme weniger empirisch verankerter intervenierender Variablen aufzugeben und an ihre Stelle «pseudo-brain models» zu setzen [27], die den Status hypothetischer Konstrukte im Sinne des Verständnisses von K. MACCORQUODALE und P. E. MEEHL haben sollten [28].

Ähnlich argumentierten gleichzeitig J. S. BRUNER und L. POSTMAN: sie postulierten «intervenierende Mechanismen» zwischen Reiz und Reaktion und entwickelten in exemplarischer Form lockere Vorstellungen über solche Mechanismen für das Gebiet des perzeptiven Erkennens [29]. Die Ausdrücke ‹Modell› und ‹Mechanismus› sind seitdem Schlüsselbegriffe für funktionalistisch orientierte kognitive Theorien.

Der zweite Ansatzpunkt ist in der englischen Human-Performance-Forschung zu sehen. Die Untersuchung sensomotorischer Fertigkeiten stützt sich natürlich – mehr aus praktischen Gründen als aus wissenschaftstheoretischer Reflexion – auf die Analyse von Beziehungen zwischen Reizsituationen und Reaktionen. Je komplexer die geforderten Leistungen, desto weniger direkt sind dann die beobachtbaren Relationen, und desto mehr geben sie Anlaß zur Postulierung zwischengeschalteter Verarbeitungsstufen und -mechanismen. A. T. WELFORD [30] und D. E. BROADBENT [31] haben entscheidend zur Entwicklung der Konzeption derartiger vermittelnder Mechanismen beigetragen.

In letzter Zeit sind die Hauptelemente aus beiden Theorieansätzen unter der Bezeichnung «Kognitive Psychologie» zusammengefaßt worden – zunächst von Neisser [32], neuerdings wieder von Broadbent [33]. NEISSER betont als zusätzliches konstituierendes Moment seiner kognitiven Theorie den besonderen Wert von Begriffen und Modellvorstellungen aus dem Bereich der Informationswissenschaften. Er bestimmt auch von daher die Aufgabe des kognitiven Theoretikers: als den Versuch, herauszufinden, wie das informationsverarbeitende System des Menschen in verschiedenen Situationen programmiert ist [34] –. Ein konkretes Beispiel hierzu bietet der von R. N. HABER beschriebene «information-processing approach» in der Wahrnehmungspsychologie, der am Wahrnehmungsvorgang den Aspekt der Informationsverarbeitung isoliert betrachtet [35].

Im Rahmen dieses Ansatzes wird von einigen Autoren auch die maschinelle Simulation psychischer Vorgänge als wichtiges methodisches Hilfsmittel betrachtet. Simulationsmethoden sind vor allem im Bereich des Denkens verbreitet [36].

BROADBENT spezifiziert den besonderen methodisch-theoretischen Charakter des kognitiven Forschungsansatzes durch Herauslösung von fünf Kennzeichen: 1. Bevorzugung von Stufentheorien der Informationsverarbeitung, 2. Annahme hierarchischer Organisation kognitiver Prozesse, 3. Postulierung von Gruppen von Operationen, die abrufbar zur Verfügung stehen, 4. besonderes Interesse für die Zeitparameter kognitiver Vorgänge und 5. erneute Aufnahme der Lernen/Reifen-Kontroverse im Hinblick auf die Erklärung kognitiver Leistungen [37]. Auch möchte er in Zukunft unter der Überschrift ‹Kognitive Psychologie› differentialpsychologische Fragen miteinbezogen wissen. Damit würde man – sozusagen als Gegenstück zu den genetischen Typologien der kognitiven Strukturtheorien – differentialpsychologische Typologien in kognitiven Funktionstheorien einbauen. Vorarbeiten wie die Theorie der «kognitiven Steuerung» und der «kognitiven Stile» liegen bereits vor [38], bedürfen aber offenbar noch weiter funktionsanalytischer Ausarbeitung, bevor sie in einen Ansatz wie den Broadbents aufgenommen werden können. – Das differentialpsychologische Moment war zuvor schon von VAN DE GEER und JASPARS betont worden. Für diese Autoren stehen Informationsselektions- und -verarbeitungsstrategien des Individuums sogar im Zentrum des Interesses der kognitiven Psychologie; allerdings ist dabei wohl eher an einen methodischen Zugang auf der Basis von Erlebnisdaten gedacht [39].

Die von NEISSER vorgelegte kognitive Theorie baut zwar in erster Linie auf Daten aus Verhaltens- und Leistungsexperimenten auf, aber sie bedient sich – zumal im Hinblick auf die «höheren geistigen Prozesse» [40] – auch sehr wohl solcher Argumente, die durch introspektiv gewonnene Befunde abgesichert sind oder doch wenigstens durch Selbstbeobachtung plausibel gemacht werden können. Es ist sicher kein Zufall, daß gerade an diesen Stellen strukturalistische Komponenten in der Argumentation des Autors die Oberhand gewinnen: er führt hier das Konzept der ‹kognitiven Struktur› ein [41], und zwar in Anlehnung an F. BARTLETTS Theorie des Erinnerns [42]. Hier wird deutlich, daß offenbar eine «strukturlose» Funktionstheorie ebensowenig durchgehalten werden kann wie eine «funktionslose» Strukturtheorie; kognitive Struktur- und Funktionstheorien sind offenbar auf dem Wege zur Fusion, wenn Prozesse als Vorgänge der aktuellen Benutzung von latenten Strukturen aufgefaßt werden. Genau dies ist sowohl Neissers Position [43] wie auch Piagets Auffassung [44]. Ausdrücklich wurde sie in letzter Zeit ferner durch H. AEBLI [45] und durch den holländischen Forscher J. A. MICHON [46] formuliert.

c) *Status der theoretischen Begriffe in kognitiven Theorien.* – Die theoretischen Begriffe vieler kognitiver Theorien sind reinen Strukturwissenschaften entnommen (Mathematik, Kybernetik, Logik u. ä.). Insofern bedienen sich diese Theorien einer Sprache, die mit unbenannten, dimensionslosen Größen operiert und die deshalb in ganz verschiedenen Datensprachen interpretationsfähig ist – d. h. prinzipiell auf jeder der drei Sprachebenen, mit denen die Psychologie zu tun hat: der Erlebnissprache, der Sprache der Verhaltensbeschreibung und der Sprache der Physiologie.

Dieser zwischen den verschiedenen Datenebenen vermittelnde Charakter der Theorie trifft sowohl für solche Konstruktionen zu, die mehr zur Verwendung *mathematischer* und *logischer* Konzepte neigen – dies wohl vor allem auf seiten der «Strukturalisten», am explizitesten bei PIAGET [47] –, als auch für diejenigen, die Modellvorstellungen aus den Bereichen der *Informationstheorie* oder der *Theorie der Informationsverarbeitung* verwenden – dies wohl am ehesten bei den «Funktionalisten» wie NEISSER, HABER oder BROADBENT –, als auch schließlich für diejenigen, die *kybernetischen* Konstrukten den Vorzug geben – dies hauptsächlich mit dem Ziel, die (von Gegnern häufig als fehlend reklamierte) Dimension der Exekutive, d. h. des Handelns, in die kognitive Psychologie miteinbeziehen zu können wie bei G. A. MILLER, E. GALANTER und K. H. PRIBRAM [48] und bei F. H. GEORGE [49]. Als Vorläufer solcher theoretischen Begriffe, die in verschiedenen Datensprachen verankert werden können, kann der Gestalt-Begriff in seiner weiteren Fassung – etwa bei W. METZGER [50] – gelten, mit dessen Hilfe nicht nur phänomenale Gegebenheiten, sondern ebenso physiologische Vorgänge und Verhalten – und darüberhinaus sogar grundlegende physikalische Sachverhalte – erklärt werden sollen. Der (neben vielen anderen) entscheidende Unterschied zwischen diesem Konstrukt und den theoretischen Ausdrücken neuerer kognitiver Ansätze liegt wohl darin, daß die in den neueren Theorien verwendeten Begriffssysteme inzwischen die Reste der im Gestaltbegriff noch mitgedachten energetisch-dynamischen Komponenten abgestreift haben und nur noch strukturell verstanden sein wollen [51]. Hinzu kommt, daß es sich durchweg um Begriffssysteme handelt, die in anderen Strukturwissenschaften mit exakter Bedeutung fest verankert sind. Mit ihrer Übernahme in die psychologischen Theorien hat man die Chance, diese Bestimmtheit für die Psychologie fruchtbar zu machen.

Anmerkungen. [1] NEISSER, a. a. O. [8 zu 2] 10. – [2] Kap. 1; VAN DE GEER und JASPARS, a. a. O. [5 zu 2] 146. – [3] D. O. HEBB: The American revolution. Amer. psychologist 14 (1960) 737. –

[4] VAN DE GEER und JASPARS, a. a. O. [5 zu 2] 148. – [5] E. R. HILGARD und G. H. BOWER: Theories of learning (New York ³1966) 8ff. – [6] E. C. TOLMAN: Purposive behavior in animals and men (New York 1932) Kap. 1. – [7] a. a. O. 195; vgl. Cognitive maps in rats and men. Psychol. Review 55 (1948) 192ff. – [8] The determinants of behavior at a choice point. Psychol. Rev. 45 (1938) 1-41. – [9] Vgl. dazu SEIDENSTÜCKER und GROEBEN, a. a. O. [11 zu 2] 506f. – [10] K. LEWIN, Principles of topological psychology (New York 1936). – [11] Behavior and development as a function of the total situation. Manual of child psychol., hg. L. CARMICHAEL (New York ²1954) 923. – [12] a. a. O. [10] 929; a. a. O. [11] Kap. 14. – [13] Vgl. H. HECKHAUSEN: Hoffnung und Furcht in der Leistungsmotivation (1963) 6ff. – [14] Vgl. TH. HERRMANN: Psychol. der kognitiven Ordnung (1964) 89f. – [15] NEISSER, a. a. O. [8 zu 2] 286ff. – [16] J. H. FLAVELL: The developmental psychol. of Jean Piaget (Princeton 1963) 17f. – [17] a. a. O. 168ff. – [18] Vgl. J. PIAGET und B. INHELDER: Die Psychol. der frühen Kindheit. Hb. der Psychol., hg. D. KATZ (²1960) 275ff. – [19] H. AEBLI: Psychol. Didaktik (³1968) 53ff. – [20] Z. B. J. S. BRUNER u. a. (Hg.): Studies in cognitive growth (New York 1966). – [21] R. C. ANDERSON und D. P. AUSUBEL (Hg.): Readings in the psychol. of cognition (New York 1965). – [22] BRUNER: On cognitive growth I; a. a. O. [20] 1-29. – [23] Z. B. in: On perceptual readiness. Psychol. Rev. 64 (1957) 123-152; vgl. a. a. O. [11 zu 2]. – [24] BRUNER: Towards a theory of instruction (Cambridge, Ma. 1966). – [25] AUSUBEL, Introduction, a. a. O. [21] 3-17; A cognitive structure view of word and concept meaning, a. a. O. 58-75. – [26] NEISSER, a. a. O. [8 zu 2] 4. – [27] E. C. TOLMAN: Discussion. J. Personality 18 (1949) 48f. – [28] K. MACCORQUODALE und P. E. MEEHL: On a distinction between hypothetical constructs and intervening variables. Psychol. Rev. 55 (1948) 95ff. – [29] BRUNER und L. POSTMAN: Perception, cognition and behavior. J. Personality 18 (1949) 14-31. – [30] A. T. WELFORD: Fundamentals of skills (London 1968) Kap. 3-4. – [31] D. E. BROADBENT: Perception and communication (Oxford 1958) bes. Kap. 2-4. – [32] NEISSER, a. a. O. [8 zu 2]. – [33] BROADBENT: Cognitive psychol., introduction, in: Cognitive psychol., hg. A. SUMMERFIELD. Brit. medical bulletin 27 (1971) 3, 191-194. – [34] NEISSER, a. a. O. [8 zu 2] 8. – [35] R. N. HABER: Introduction. Information-processing approaches to visual perception (New York 1969) 1-15. – [36] Vgl. z. B. A. NEWELL und H. SIMON: Human problem solving (Englewood Cliffs, N. J. 1972); F. KLIX (Hg.): Kybernetische Analysen geistiger Prozesse (1968; Lizenz-A. 1968). – [37] BROADBENT, a. a. O. [33] 193. – [38] Vgl. z. B. R. W. GARDNER u. a.: Cognitive control: A study of individual consistency in cognitive behavior (New York 1959) 1-4. – [39] VAN DE GEER und JASPARS, a. a. O. [5 zu 2] 147. – [40] NEISSER, a. a. O. [8 zu 2] T. 4. – [41] 286ff. – [42] F. C. BARTLETT: Remembering (Cambridge 1932). – [43] NEISSER, a. a. O. [8 zu 2] 284. – [44] PIAGET: Le structuralisme (Paris ⁴1970) 58ff. – [45] H. AEBLI: Kognitive Systeme als Tiefenstrukturen des Denkens. Schweiz. Z. Psychol. 29 (1970) 106-116. – [46] J. A. MICHON: On the internal representation of associative data networks. Nederlands Tijdschr. v. d. Psychol. 23 (1968) 428-457. – [47] E. W. BETH und PIAGET: Épistémologie mathématique et Psychol. Études d'Épistémologie génétique, hg. PIAGET (Paris 1961) Kap. 8. – [48] G. A. MILLER, E. GALANTER, K. H. PRIBRAM: Plans and the structure of behavior (New York 1960) 9-19. – [49] GEORGE, a. a. O. [10 zu 2] Kap. 13. 14. – [50] W. METZGER, Psychol. (²1954). – [51] Vgl. HABER, a. a. O. [35] 2.

Literaturhinweise. Zu 1: N. BISCHOF s. Anm. [10]. – *Zu 2:* R. LEEPER s. Anm. [4]; G. KAMINSKY s. Anm. [12]. – *Zu 3:* U. NEISSER s. Anm. [8 zu 2]. W. PRINZ

Kohärenz (von lat. cohaerentia, Zusammenhang, z. B. mundi) dient allgemein zur Kennzeichnung der Zusammengehörigkeit einzelner Elemente oder Faktoren. Explizit philosophische Bedeutung gewinnt der Begriff bei N. HARTMANN, der unter Hinweis auf den platonischen Gedanken der «Gemeinschaft (κοινωνία) der Ideen» die Einheit in einer Kategorienschicht als K. bezeichnet. K.-Gesetze sind jene kategorialen Gesetze, die auf die der kategorialen Geltung folgen. Sie machen die Einheit einer Schicht aus und sind Gesetze der inhaltlichen Zusammengehörigkeit der Kategorien einer Schicht. Das besagt, daß jede Kategorie durch den Verband der ganzen Schicht gebunden und inhaltlich mitbestimmt ist. Vier Momente sind bedeutsam: die Gemeinsamkeit der Geltung, die inhaltliche Zusammengehörigkeit, der Totalitätscharakter des Schichtenverbands und das inhaltliche

Mitbestimmtsein der Einzelkategorie durch ihn. Die Gesetze der K. sind also: das Gesetz der Verbundenheit, das der interkategorialen Relation, das der kategorialen Implikation. Das erste artikuliert die kategoriale Verbundenheit als komplexe Determination und Verflechtung, die grundsätzlich unlösbar ist. Dem entspricht eine durchgehende Identität der kategorialen Elemente. Die Implikation betrifft das Ineinanderstehen der Kategorien, so daß alle in jeder vertreten sind. Innerhalb der K. gibt es keine Über- oder Unterordnung [1].

Anmerkung. [1] N. HARTMANN: Der Aufbau der realen Welt (1940) Kp. 45-49. H. HÜLSMANN

Kohäsion, Kohärenz. Die lateinische Schulterminologie gibt dem griechischen συνεχές (zusammenhaltend), das zunächst sowohl das continuum (ἡνωμένον) als auch das cohaerens (συνημμένον) umfaßt, eine engere Bedeutung. Die cohaerentia oder cohaesio wird abgesetzt von der continuitas und mehr noch von der naturalis concretio (σύμφυσις), dem Zusammenwachsen oder Einswerden. Kohärent sind demnach Ganzheiten, deren Teile zusammengehalten werden, entweder künstlich, z. B. durch Leim, Nägel u. ä., oder natürlich durch eine äußere Kraft [1].

In der erwachenden Naturwissenschaft des 17. Jh. wurde in der Frage nach der Kohäsion (= K.) oder Kohärenz (Kr.) der Teilchen in festen Körpern und Flüssigkeiten zunächst größte Bedeutung beigemessen. GALILEI nahm noch Zuflucht zur antiken Anschauung vom «horror vacui», wenn er die K. durch eine «repugnanza del vacuo» und die Annahme unendlich vieler, den Zusammenhalt verursachender «vacuola» im Kohärierenden erklärte [2].

GASSENDI [3] erneuerte unter Berufung auf LUKREZ [4] die Ansichten der antiken Atomisten, insbesondere die Leukipps und Demokrits, gegen die schon CICERO [5] und LAKTANZ [6] polemisiert hatten. Dieser Ansicht zufolge sind die in sich höchst soliden Atome vielgestaltig, mit Häkchen (hamuli uncinulive) versehen und ermöglichen so die Kr. der aus ihnen zusammengesetzten Körper und Flüssigkeiten. Aber auch DESCARTES' Lösung fiel kaum befriedigender aus. Für ihn stellte die Ruhe der benachbarten Teilchen den einzigen «Leim» dar, der ihren Zusammenhalt bewirkt [7].

Auch für CHR. HUYGENS lag die Konsistenz der Stoffe zunächst lediglich in der Privation der Bewegung der Teile, die er jedoch mit den Atomisten und ausdrücklich gegen Descartes in der Gestalt der Atome begründet sah, die sich mit ihren Häkchen (accroches) aneinanderklammern. CL. PERRAULT, ein Gegner der Häkchen-Hypothese, führte die Schwere und den atmosphärischen Druck als Ursache der K. an (wogegen aber Versuche in leergepumpten Gefäßen sprachen) [8]. O. VON GUERICKE erklärte auf der Grundlage seiner Magdeburger Experimente, die «fuga vacui» sei nichts anderes als die Schwere der Luft, die sie selbst und alles unter ihr zusammenpresse [9]. HUYGENS und mit ihm R. HOOKE und zunächst auch NEWTON nahmen darauf den Druck des Äthers oder einer subtilen Luft, die sich in den Poren aller Stoffe befinde, als Ursache – oder als wenigstens eine der Ursachen – für die Phänomene der K. und Adhäsion an [10].

Eine neue Antwort gab der junge LEIBNIZ. Nachdem er sich zuvor schon sowohl gegen die Erneuerung der atomistischen Erklärung als auch gegen die Deutung des Aneinanderhaftens durch das Fehlen von dazwischenliegendem Leeren, eine seit alters durch das Phänomen polierter Flächen demonstrierten Theorie, geäußert hatte [11], führte er die Kr.-Eigenschaften (wie Härte, Zähigkeit, Elastizität usw.) auf eine innere Bewegung der Teilchen zurück: «ultima cohaesionis ratio est motus intestinus» [12]. Ohne diese Bewegung würden die Körper unvermeidlich in ihre Teilchen auseinanderfallen: «nulla est cohaesio quiescentis» [13].

NEWTON sah später die K. als eines der Phänomene der gegenseitigen Anziehung der Massen an [14], wogegen sich damals die noch konsequent mechanistisch Denkenden, wie HUYGENS und LEIBNIZ, mit dem Vorwurf wandten, die Annahme einer allgemeinen Gravitation sei ebenso zu verwerfen wie die scholastischen qualitates occultae [15], ein Vorwurf, den Newton mit dem Hinweis auf die empirische Feststellbarkeit, auf die Ableitung aus Erscheinungen zurückwies [16]. Mit der durchgängigen Anerkennung der Newtonschen Mechanik im 18. Jh. war das allgemeine Problem der K. erledigt und der Terminus freigesetzt zur Benennung spezieller Phänomene der Molekulartheorie, wie z. B. DALTONS Unterscheidung einer Attraktion durch K. von einer durch Aggregation, oder den durch Existenz bzw. Nichtexistenz der van-der-Waals-Kräfte unterscheidbaren K.-Typen.

Anmerkungen. [1] Vgl. R. GOCLENIUS: Lex. philos. (1613, ND 1964) 391; G. W. LEIBNIZ, Akad.-A. VI/1, 92; CHR. WOLFF: Philos. prima sive Ontol. §§ 564f., hg. J. ÉCOLE (1962) 436f. – [2] G. GALILEI, Discorsi 1 (1538). Ed. Naz. 8, 54–67. – [3] P. GASSENDI, Syntagma philos., Physicae sectio I, lib. IV. Opera (Lyon 1658, ND 1964) I, 403. – [4] LUKREZ, De rerum natura II, v. 444–446. – [5] CICERO, De natura deorum I, 24, 66. – [6] LAKTANZ, Inst. divinae III, 17, 22. – [7] R. DESCARTES, Principia philosophiae II, 54, 55. 65, hg. ADAM/TANNERY 8, 71. – [8] Vgl. CHR. HUYGENS, Oeuvres 19 (La Haye 1937) 328. 331f. – [9] Vgl. O. V. GUERICKE: Experimenta nova (Amsterdam 1672) 96. – [10] Vgl. HUYGENS, a. a. O. [8] 243f. – [11] Akad.-A. VI/1 491f. – [12] a. a. O. VI/2, 238. 248. – [13] 176f. 223. 479. – [14] I. NEWTON: Opticks (London 1704) q. 31. – [15] Vgl. E. J. DIJKSTERHUIS: Die Mechanisierung des Weltbildes (1956) 536. – [16] I. NEWTON: Philosophiae naturalis principia math. III, Scholium Generale (London ³1726) 530.
                                                                     H. SCHEPERS

Köhlerglaube ist nach einer spätmittelalterlichen, von LUTHER [1] überlieferten Volkserzählung zunächst die fides implicita («ich glaube, was die Kirche glaubt»), dann auch überhaupt der schlichte Glaube des einfachen Mannes [2]. Teils gelobt [3], teils kritisiert [4], kam der K. (jetzt verstanden als kritikloser Glaube an die naturwissenschaftlichen Aussagen des Schöpfungsberichts) bei weiten Kreisen in Verruf durch K. VOGT [5]. Von W. BRAUBACH [6] wurde Vogt Köhler*un*glauben vorgeworfen, von dem vorher schon J. K. LAVATER [7], FR. L. Graf ZU STOLBERG [8] und KANT [9] geredet hatten.

Anmerkungen. [1] M. LUTHER, Weimarer A. 30, 3, 562, 27–30. – [2] a. a. O. 45, 379, 25–33. – [3] J. H. MERCK an Goethe, Briefsammlung 3, 280. – [4] LOGAU, Werke 3, 2, 85. – [5] K. VOGT: K. und Wiss. (1855). – [6] W. BRAUBACH: Köhlerunglaube und Materialismus oder die Wahrheit des geistigen Lebens (1856). – [7] J. K. LAVATER: Ausgew. Schr., hg. VON ORELLI 4, 235. – [8] FR. L. Graf ZU STOLBERG: Reise in Deutschland, der Schweiz, Italien und Sizilien 2 (1794) 240, 57. Br. – [9] I. KANT, Akad.-A. 8, 394 Anm.

Literaturhinweise. G. HOFFMANN: Die Lehre von der fides implicita 1–3 (1909). – R. M. SCHULTES: Fides implicita. Gesch. der Lehre von der fides implicita und explicita in der kath. Theol. (1920).   E. SCHOTT

Koinzidenz ist die eingedeutschte Form des lateinischen Terminus «coincidentia oppositorum» (Zusammenfall der Gegensätze) und hat als solche ihren Ort in der Wirkungsgeschichte des *Nikolaus von Kues* und der platonisch-neuplatonischen Implikate seiner Philosophie. Ob-

wohl diese Wirkungsgeschichte auf weiten Strecken noch ein Forschungsdesiderat darstellt, sind einzelne markante Punkte aufweisbar. Eine wesentliche Vermittlungsfunktion hat zunächst G. BRUNO. Er schätzt Cusanus sehr hoch [1], kennt ganz offensichtlich – im Gegensatz zu Späteren – seine Schriften noch ausführlich und benutzt sie bis an die Grenze des Plagiats [2]. Das K.-Prinzip hat eine zentrale Funktion in Brunos philosophischer Theologie: In Gott ist, «was sonst widersprechend und entgegengesetzt ist (contrario ed opposito), ein und dasselbe». «Absoluteste Wirklichkeit» und «absolutestes Vermögen» sind identisch; dieses «Zusammenfallen» (concidenza) «kann allerdings von dem Verstande nur auf dem Wege der Negationen begriffen werden» [3]. Im Bereich des Endlichen finden sich nur hinweisende Analogien [4].

Der fast vergessene Bruno wird gegen Ende des 18. Jh. neu entdeckt, freilich unter der einengenden Klassifizierung des Pantheismus. FR. H. JACOBI veröffentlicht 1789 eine auszugsweise Übersetzung aus Brunos Dialog ‹De la causa ...› [5] als «Umriß des Pantheismus im weitesten Verstande» [6]. Der im Auszug zentral enthaltene K.-Gedanke (er enthält auch die oben angegebenen Stellen) wird pantheistisch verstanden.

Die Bruno-Exzerpte Jacobis veranlassen F. W. J. SCHELLING 1802 zur Abfassung seines Dialoges ‹Bruno oder über das göttliche und natürliche Prinzip der Dinge›. Er zitiert aus den Exzerpten gerade solche Stellen, die den K.-Gedanken enthalten [7]; als «das Symbol der wahren Philosophie» [8] deklariert er einen Satz aus den Schlußbemerkungen von ‹De la causa ...›: «Um in die tiefsten Geheimnisse der Natur einzudringen, muß man nicht müde werden, den entgegengesetzten und widerstreitenden äußersten Enden der Dinge nachzuforschen; den Punkt der Vereinigung zu finden, ist nicht das Größte, sondern aus demselben auch sein Entgegengesetztes zu entwickeln, dieses ist das eigentliche und tiefste Geheimnis der Kunst» [9]. Das ist kusanisches K.-Denken, über die eigene Affinität hinaus von Bruno noch neuplatonisch angereichert; es wird so zum Symbol der idealistischen Identitätsphilosophie Schellings. Schellings intensive Neuplatonismusstudien beginnen nach der Abfassung des Bruno, sie dürften auf Hegels positive Wertung des Neuplatonismus nicht ohne Einfluß gewesen sein. So kommt dem K.-Prinzip eine Art Schlüsselstellung bei der Öffnung des Deutschen Idealismus für den Neuplatonismus zu. – Daß Hegels «Dialektik» mit der Tradition des Koinzidenzgedankens etwas zu tun hat, ist richtig. Freilich ist eine Interpretation, die diese Herkunftsgeschichte – exakt aufgehellt – für das inhaltliche Verständnis eingearbeitet enthielte, weithin noch Desiderat.

Schon vor Hegel und Schelling hatte J. G. HAMANN mit anderen Intentionen das K.-Prinzip (dessen Quelle er bei G. Bruno vermutete) aufgegriffen: Es war ihm ein Kampfmittel gegen die rationalistisch verkürzte Aufklärungsphilosophie mit ihren beiden Prinzipien des Widerspruchs und des zureichenden Grundes. Er stellte diesen Prinzipien das Principium coincidentiae oppositorum als sein logisch-ontologisches Grundprinzip gegenüber, das nicht nur in der Philosophie, sondern vor allem für eine lebendige Theologie der geglaubten Offenbarung fruchtbar sein sollte: Das «Geheimnis der göttlichen Weisheit» besteht darin, Dinge zu vereinigen, die einander widersprechen und sich zu vernichten scheinen [10]; Gott offenbart sich gerade im Mysterium des «Widerspruchs am Schandpfahl des Kreuzes» [11].

Anmerkungen. [1] Vgl. G. Bruno, Wittenberger Abschiedsrede. Op. latine conscripta, rec. Fiorentino I, 1 (Neapel 1879, ND 1962) 17. – [2] Vgl. den Testimonienapparat zu Nicolai de Cusa De docta ignorantia, hg. Hoffmann/Klibansky (1932). – [3] G. Bruno, De la causa, principio e uno. Dialoghi italiani, hg. G. Gentile/G. Aquilecchia (Florenz ³1958) 285f. – [4] a. a. O. 338ff. – [5] Fr. H. Jacobi: Über die Lehre des Spinoza in Briefen an Herrn Moses Mendelssohn (²1789) Beylage I. – [6] a. a. O. Vorrede. – [7] F. W. J. Schelling, Werke, hg. K. F. A. Schelling (1856ff.) 4, 310 Anm. – [8] a. a. O. 328 Anm. – [9] Vgl. Bruno a. a. O. [3] 340. – [10] J. G. Hamann: Betrachtungen zu Kirchenliedern (1758). Werke, hg. J. Nadler 1 (1949) 264. – [11] Konxompax (1779) a. a. O. 3, 223.

Literaturhinweise. F. J. Clemens: Giordano Bruno und Nicolaus von Cusa (1847). – E. Metzke: Coincidentia oppositorum (1961). – J. Stallmach: Zusammenfall der Gegensätze. Das Prinzip der Dialektik bei Nikolaus von Kues, in: Mitt. u. Forschungsbeitr. der Cusanus-Ges. 1 (1961) 52-75. – Gerda von Bredow: Art. ‹Coincidentia oppositorum›. Hist. Wb. Philos. 1 (1971) 1022f. – W. Beierwaltes: Platonismus und Idealismus (1972); Absolute Identität. Neuplatonische Implikationen in Schellings «Bruno». Philos. Jb. 80 (1973) 242-266. – H. Meinhardt: Das Eine vor den Gegensätzen, Marginalien zur Gesch. des K.-Prinzips. Arch. Begriffsgesch. 21 (1977).   H. Meinhardt

Kokugaku (Nationale Wissenschaft; auch *wagaku*, Japanische Wissenschaft, *kôkokugaku*, Wissenschaft des Kaiserlandes, *kodôgaku*, Wissenschaft des Alten Weges oder *kogaku*, Wissenschaft der Alten genannt) ist ein Terminus, der von der Hirata-Schule geprägt wurde. Gemeint ist die Erforschung des japanischen Altertums auf philologischer Grundlage, wie sie von einheimischen Gelehrten während der Tokugawa-Zeit (1600-1868) als Gegengewicht zum staatlich geförderten Konfuzianismus der Sinologischen Wissenschaft (kangaku, s. d.) betrieben wurde. Ausgangspunkt war die sprachliche und sachliche Erschließung der großen Literaturdenkmäler der Nara- und Heian-Zeit, insbesondere des ‹Kojiki› (712), ‹Nihongi› (720), ‹Manyôshû› (ca. 760) und ‹Genji-monogatari› (ca. 1010). Das Wirken von Keichû, Kada Azumamaro, Kamo Mabuchi und Motoori Norinaga markiert die Entwicklung zur wissenschaftlichen Japanologie.

Wesentlich für die K. war die Beschäftigung mit der japanischen Mythologie, dem sogenannten Götterzeitalter (shindai), dessen Überlieferungen als Tatsachen (jijitsu) interpretiert wurden. Politischer Effekt war die Wiederbelebung des alten Shintô (fukko-shintô), die Propagierung eines auf dem Shintô als «Weg der Wahrheit» (makoto no michi) beruhenden Staatsdenkens und schließlich die Auslösung von Restaurationsbestrebungen des Kaisertums, welches im Schatten der konfuzianisch orientierten Schogunatsregierung stand. Auf die philologisch begründete K. folgte so eine staatsphilosophisch wirkende Richtung, welche durch Männer wie Hirata Atsutane oder Ôkuni Takamasa repräsentiert wird. Sie brachte wesentliche Impulse zum Sturz des Schogunats und zur Meiji-Restauration.

Die K. wurde ab 1870 durch eine Aufklärungsbewegung zur Verbreitung westlicher Zivilisation verdrängt (bummei-kaika), gilt aber als Basis der einheimischen Japanologie und erlangte in der ultranationalistischen Periode der 1930er Jahre wiederum politische Bedeutung.

Literaturhinweise. Tasaburô Itô: K. no shiteki-kôsatsu (Hist. Betrachtung der K. (Tokio 1932). – Shôzô Kôno: K. no kenkyû (Studien über die K.) (Tokio 1932). – H. Hammitzsch: Kangaku und K., in: Monumenta Nipponica II/1 (Tokio 1939). – H. Dumoulin, H. Stolte und W. Schiffer: Die Entwickl. der K., in: Monumenta Nipponica II/1 (Tokio 1939). – Yoshio Yamada: K. no hongi (Das Wesen der K.) (Tokio 1942). – L. Brüll: Ôkuni Takamasa und seine Weltanschauung. Stud. zur Japanol. 7 (1966).   B. Lewin

Kollektivbegriff. Die Bildung des Terminus geht auf die grammatischen Theorien der *stoischen* Epoche zurück. Insbesondere Dionysius Thrax, Priscian und später Boethius [1] legen die aristotelisch-stoische Einteilung der Namen in individuelle oder Eigennamen und allgemeine oder Gattungsnamen fest und unterscheiden von diesen unter anderem ὀνόματα περιεκτικά bzw. περιλεπτικά (lat. nomina collectiva bzw. complexiva oder comprehensiva). So bestimmt Boethius: «Collectivum enim multorum in unam naturam species et et magis id quod genus est» (Ein K. ist nämlich ein Begriff vieler [Dinge] mit einer [gemeinsamen] Eigenschaft und eher ein Gattungsbegriff [als ein Eigenname]) [2]. Nach Thomas von Aquin ist dabei zweierlei zu beachten, nämlich daß einerseits eine Mehrheit von Supposita vorliege und andererseits eine gewisse Einheit, nämlich die einer gewissen Ordnung [3]. Diese Unterscheidung, die auch auf stoische und neupythagoreische Spekulationen über verschiedene Arten von quantitativen Begriffen zurückgeht, wird jedenfalls bis ins 17. Jh. tradiert und später durch die Unterscheidung von generischen und spezifischen K. manifestiert [4]. Die ersteren umfassen Aggregate einer Art, die erst durch die Angabe von zusätzlichen Prädikaten bestimmt werden, wie ‹Menge›, ‹Gruppe›, ‹Haufen› usw., sind also Relativnamen *von* bestimmten Individuen. Die letzteren bedeuten für sich eine einheitliche Zusammenfassung einer Gruppe von Individuen, wie Volk, Heer, Wald, die von Beginn an klassische Beispiele blieben. In der Lehre von der Supposition werden die kollektiven den distributiven Begriffen gegenübergestellt: Bei den ersteren steht der Terminus für eine einheitliche Gruppe und nicht für alle einzelnen Individuen. J. St. Mill rechnet die Kollektivnamen zu den individuellen, d. h. zu den Eigennamen. Im Gegensatz zu den allgemeinen Namen kann ein kollektiver nicht von jedem einzelnen Element einer Menge, «sondern nur von allen zusammen ausgesagt werden» [5]. «Das 76. Regiment» ist z. B. ein Kollektivname: «obgleich er von einer Menge Soldaten zusammen genommen ausgesagt werden kann, so kann er doch nicht von den einzelnen prädiziert werden» [6]. Eine Verwechslung der verschiedenen logischen Stufen solcher Begriffe führt, nach G. Ryle, zu ‹Kategorienfehlern› (s. d.) [7].

Die Entscheidung, inwieweit K. sich auf Gesamtheiten von Individuen, Aggregate oder Ganzheiten diskreter oder auch unbestimmter Teile beziehen, hängt ebenso vom semantischen Apparat und Einteilungsprinzip des Systems ab wie die Lösung der Frage, ob sie durch individuelle oder generelle Terme ausgedrückt werden bzw. solche sind. Nach Ch. Sigwart etwa können sie sowohl zu den «Substanzbegriffen» wie zu den «Relationsbegriffen» gezählt werden [8], nach A. Meinong handelt es sich gegenständlich entweder um «objektive Kollektive» oder, bei Gestalten, um Gegenstände höherer Ordnung von Komplexen und Relationen [9]. Th. Ziehen faßt die K. als eine Unterklasse der Komplexionsbegriffe auf [10]. Nach W. v. O. Quine hängt es von der Art der Prädikation ab, ob sie – wie die Stoffnamen – zu den singulären oder generellen Termen zu zählen sind [11].

Eine einheitliche Begriffsbildung und Einteilung der K. fehlt freilich in der neueren und neuesten logischen und philosophischen Literatur, in der sie häufig gar keine Erwähnung finden.

Anmerkungen. [1] Dionysius Thrax, Gramm., hg. Bekker/Uhlig 636, 14; 637, 13; Priscian, Inst. gramm., hg. Keil II 59, 23; 61, 21; Boethius, In Porphyr. Isag. CSEL 37, 15f. – [2] Boethius, a. a. O. 228, 6. – [3] Thomas von Aquin, S. theol. 1,

31, 1 ad 2. – [4] Vgl. J. JUNGIUS, Logica Hamb.; I, 13, 13f. –
[5] J. ST. MILL: Logik 1, 2, § 3. – [6] ebda. – [7] G. RYLE: The concept of mind (1949) 16-20. – [8] CH. SIGWART: Logik (³1924) 2,
266-269. – [9] A. MEINONG, Ges. A. 2, 388. – [10] TH. ZIEHEN: Lb.
der Logik (1920) 474; vgl. 322. – [11] W. V. O. QUINE: Word and
object (1960) §§ 19. 20.   R. HALLER

Kollektivbewußtsein. Der Begriff des K. weist Beziehungen zu philosophischen und geisteswissenschaftlichen Begriffen, wie ‹Bewußtsein überhaupt›, ‹Gesamtbewußtsein›, ‹Gesellschaftsbewußtsein›, ‹Gesamtgeist›, ‹Volksgeist› usw., auf, ist aber vorab den Bereichen der Soziologie und Psychologie zugehörig. Da letztlich jedoch die Bestimmung des K. eine Angelegenheit der Metaphysik ist, kann die soziologische und psychologische Fassung vom philosophischen Standpunkt her nur eine vor- oder beiläufige Kennzeichnung sein.

Der Begriff ‹K.› ist seinem Wesen nach widersprüchlich und zweideutig, denn das Bewußtsein eines realen Subjekts kann kein K. und das K. kein Bewußtsein eines realen Subjekts sein. Hierüber setzt sich die extrem organologische Betrachtung hinweg, denn sie faßt K. als eine besondere Realität neben und über dem individuellen Bewußtsein [1]. Einen vermittelnden Standpunkt nimmt A. SCHÄFFLE ein, der zwar im K. im substantiellen Sinne ablehnt und ausdrücklich auf biologisch-psychologische Analogien verzichten will, jedoch (hinsichtlich des «Volksgeistes») von einem System geistiger Energien und Spannkräfte spricht, «welches über alle aktiven Elemente des Volkskörpers verteilt, die Einzelnen zu einer geistigen Kollektivkraft vereinigt» [2].

Dieser energetische Bezug ist in der von J. F. HERBART bis W. WUNDT immer deutlicher betonten voluntaristischen Fundierung der Auffassung vom Sozialen ausgeprägt. Wundt spricht von der «Gesamtpersönlichkeit» der Gemeinschaft, bei der «Selbstbewußtsein und Wille nicht zu einer unmittelbaren Einheit verbunden, sondern auf zahlreiche individuelle Persönlichkeiten verteilt» seien und aus der sich der «Gesamtwille», der an Umfang und Macht dem Einzelwillen überlegen sei, extrahieren lasse. Ohne daß eine substantielle Einheit des Gesellschaftlichen postuliert werden müsse, erscheine doch dieser Gesamtwille als selbständiger Lebensinhalt und somit real. Ziel und Sinn der Ethik sei die Willensgemeinschaft der Menschheit als Grundlage der Entfaltung menschlicher Geisteskräfte zur Hervorbringung geistiger und kultureller Güter [3]. Diese geistigen Erzeugnisse seien «nicht allein aus den Eigenschaften des einzelnen Bewußtseins zu erklären, weil sie die Wechselwirkung vieler voraussetzen» [4].

Eine die Eigenständigkeit des K. stärker betonende Auffassung findet sich in der französischen Soziologenschule um E. Durkheim. Diese geht auf A. COMTES Überzeugung zurück, der Einzelmensch sei im Grunde nur eine Abstraktion, wirklich hingegen die Menschheit, vor allem in geistiger und sittlicher Hinsicht [5]. Deshalb kommt E. DURKHEIM zu der vor allem an primitiven Gesellschaften gewonnenen Unterscheidung des K. (conscience collective) vom individuellen Bewußtsein. Der Begriff ‹K.› ist seiner Meinung nach gerechtfertigt, weil «die Zustände, die es konstituieren, sich deutlich von jenen unterscheiden, die das Einzelbewußtsein formen». Aus den isoliert betrachteten leiblich-seelischen Bedingungen ergebe sich das Individualbewußtsein, aus der Verbindung einer Mehrzahl von Wesen dieser Art das K. Das soziale Leben lasse sich nur aus dieser Kombination erklären, durch die «eine psychische Indivi-

dualität neuer Art» entstehe. «In der Natur dieser Individualität, nicht in zusammengefügten Einheiten» liege die bestimmende Ursache der sozialen Erscheinungen [6]. Wenn aber diese Synthese sui generis, welche jede Gesellschaft darstelle, neuartige Erscheinungen hervorbringe, dann müsse auch zugegeben werden, daß diese spezifischen Erscheinungen in der Gesellschaft selbst ihren Sitz haben und nicht in den Einzelnen. «Sie stehen also, für sich betrachtet, außerhalb des individuellen Bewußtseins» [7].

Die Kritik an Durkheim richtet sich auf die Vermengung genetischer und logischer Bedingungen. Auch das Zusammenwirken vieler Einzelner könne nicht das Entstehen eines kategorial Neuen begründen. Vielmehr sei das individuelle Bewußtsein immer schon in das K. eingebunden, umgekehrt werde dieses durch das individuelle Bewußtsein als ein sich selbst Bestimmendes modifiziert. Auf die Frage nach der Realität findet sich die Antwort, daß das K. «real» sei, «wenn das unbewußte Streben das wollende Agens meiner Mitwelt, und wenn zugleich der unbewußte Wille der Gemeinschaft der Antrieb eigenen Strebens» sei [8]. Hier wird eine problematische Gleichsetzung von Wollen der Gemeinschaft und Streben des Einzelnen vorgenommen, worin sich die Gefahr der voluntaristischen Fassung verdeutlicht.

Eine stark eingeschränkte Verwendung des Begriffs ‹K.› findet sich bei C. G. JUNG, der das Ichbewußtsein als abhängig von zwei Faktoren ansieht: «erstens von den Bedingungen des kollektiven, respektive sozialen Bewußtseins, und zweitens von den unbewußten kollektiven Dominanten, respektive Archetypen», die dem kollektiven Unbewußten zugehören. Die Inhalte des K. präsentieren sich als «allgemein anerkannte Wahrheiten» oder «vernünftige Allgemeinbegriffe», welche dem Durchschnittsverständnis keine Schwierigkeiten bereiten». Zwischen kollektivem Bewußtsein und kollektivem Unbewußten bestehe «ein beinahe unüberbrückbarer Gegensatz, in welchen sich das Subjekt hineingestellt sieht». Völlige Identifizierung mit den Meinungen und Tendenzen des K. bringe den «Massenmenschen» hervor [9].

Dem Begriff des K. kommt kaum noch eine entscheidende Bedeutung in der soziologischen oder psychologischen Theoriebildung zu; er hatte eine wichtige historische Funktion bei der Begründung der Soziologie ebenso wie bei der Ausweitung der zunächst auf das Individualbewußtsein eingeengten psychologischen Betrachtung. In neuerer Zeit vertritt jedoch noch R. B. CATTELL ähnliche Gedanken. Er spricht von «Syntalität» einer Gruppe und postuliert damit eine Art Gruppenpersönlichkeit [10].

Anmerkungen. [1] P. VON LILIENFELD: Zur Verteidigung der organischen Methode in der Soziol. (1898); O. F. VON GIERKE: Das Wesen der menschl. Verbände (1902). – [2] A. SCHÄFFLE: Abriß der Soziol. (1906) 2; Bau und Leben des sozialen Körpers (1875) 420. – [3] W. WUNDT: System der Philos. (1889) 606ff. – [4] Ziele und Wege der Völkerpsychol. (1886) in: Elemente der Völkerpsychol. (²1921) 3. – [5] A. COMTE: Cours de philos. positive 6 (³1869) 590. – [6] E. DURKHEIM: Les règles de la méthode sociol. (1895, ¹³1956) 103. – [7] a. a. O. XVIf. – [8] G. LEHMANN: Das K. (1928) 217. 223f. – [9] C. G. JUNG: Theoret. Überlegungen zum Wesen des Psychischen (1946), in: Von den Wurzeln des Bewußtseins (1954) 583ff. – [10] R. B. CATTELL: Concepts and methods in the measurement of group syntality, in: A. P. HARE/E. F. BORGATTA/R. F. BALES: Small groups (1965) 107-126.
                                                      G. MÜHLE

Kollektivismus, Kollektiv. Das Wort ‹collectivisme› taucht um 1850 erstmals in der politisch-ökonomischen Literatur Frankreichs auf [1]. Allgemein durchgesetzt hat es sich seit dem Basler Kongreß der Internationalen 1869, auf dem Bakunin es als Ersatzwort für ‹Kommunismus› eingeführt hat. Der Vorteil dieser wortpolitischen Neuerung war einerseits, daß sie erlaubte, K. (reinen Kommunismus, Babouvismus, Bakunismus) sowohl vom marxistischen, autoritären Sozialismus als auch vom Assoziationswesen der Mutualisten zu unterscheiden, andererseits für das zum Teil diffamierte Wort ‹Kommunismus› eine aus der Wissenschaftssprache kommende Umbenennung zu verwenden, der sich insbesondere Sympathisanten bürgerlicher Herkunft bedienten. Dieser Sprachgebrauch hat sich nicht durchsetzen können, so daß heute K. wie Humanismus als kommunistische Erziehungsideale gelten [2], denen die Sozialisation in Kollektiven dient, wobei unter ‹Kollektiven› soziale Einheiten von der Familie bis zur Gesamtheit der Werktätigen der kommunistischen Gesellschaft verstanden werden [3].

In der westlichen Soziologie wird der Begriff des Kollektivs dagegen eher formal-typologisch verwendet. L. v. WIESE spricht in seiner Dreiteilung der sozialen Gebilde neben den Massen und den Gruppen von «abstrakten Kollektiva» (Staat, Kirche), die durch die Distanz vom Einzelmenschen und höchste Intensität der Vergesellschaftung alle anderen Gesellungsformen überragen [4]. Die gruppensoziologische Deutung, die sich bei J. PLENGE und ähnlich schon in DURKHEIMS Begriff des Kollektivbewußtseins findet, meint die Vereinigung von Personen, die durch gleichgerichtete Verhaltensweisen sowie Interessen- und Zielvorstellungen zum gemeinsamen Werk verbunden sind. In ähnlichem Sinn spricht man z. B. arbeitsrechtlich vom Tarifvertrag als «Kollektivvertrag», von «kollektiven Arbeitsregeln» oder auch «kollektiver Sicherheit».

Einen ganz anderen Sinngehalt hat der Begriff ‹Kollektiv›, insofern er dem K. als gesellschaftstheoretischer Antithese zum Individualismus zugrunde liegt. In diesem Sinne tritt der K. in vielfältiger Gestalt auf, immer aber besitzt die Gesellschaft als ein Ganzes seins- und wertmäßig den unbedingten Vorrang. Der einzelne Mensch hat nur ein abgeleitetes Sein als Glied oder Teil des Ganzen. Ebenso wenig wie der Individualismus vermag der K. das Grundverhältnis von Einzelmensch und Gesellschaft in befriedigender Weise zu klären.

Anmerkungen. [1] J. DUBOIS: Le vocabulaire politique et social en France de 1869 à 1872 (Diss. Paris 1962) 132. – [2] Grundl. des Marxismus-Leninismus (⁸1964) 826. – [3] A. S. MAKARENKO, Werke 5 (1961) 827. – [4] L. v. WIESE: System der allg. Soziol. (²1933) 386; vgl. A. M. KNOLL: Von den drei Wesenstheorien der Gesellschaft (1949); G. GUNDLACH: Die Ordnung der menschl. Gesellschaft 1 (1964) 92f.; W. RÖPKE: Civitas Humana (³1949) 33; C. MÜNSTER: Mengen, Massen, Kollektive (1952) 98-174.

Literaturhinweise. G. ADLER: Gesch. des Sozialismus und Kommunismus von Plato bis zur Gegenwart 1. 2 (1899). – L. LIÈVRE: Le collectivisme aux cent visages (Paris 1946). – W. RÖPKE: Die Krise des K. (1948).   A. RAUSCHER

Kollektivseele. Der Begriff ‹K.› wird häufig gleichbedeutend mit ‹Kollektivbewußtsein› gebraucht und bezeichnet die den Gliedern einer Gruppe oder Gesellschaft gemeinsamen Weisen des Auffassens, Denkens, Wertens und Strebens im Sinne einer gleichgerichteten psychischen Aktivität. Der Akzent liegt bei ‹K.› mehr auf dem emotionalen Gehalt, während ‹Kollektivbewußtsein› eher in Verbindung mit einem kognitiven Bezugssystem gebraucht wird [1]. SPRANGER benützt den Begriff ‹Kollektiv-Ich›, das für ihn Träger des Kollektivbewußtseins ist, synonym mit ‹K.› [2].

Eine genauere begriffliche Abgrenzung versucht C. G. JUNG. Er unterscheidet die Kollektivpsyche von der persönlichen Psyche und nimmt an, diese verhalte sich zu jener wie das Individuum zur Gesellschaft. Mit ‹Kollektivpsyche› ist «die gesamte kollektive psychische Funktion» bezeichnet, deren gleichartige Ausprägung im gesamtmenschlichen Bereich auf der «universalen Ähnlichkeit der Gehirne» beruhen soll. Sie umfaßt für Jung sowohl das kollektive Bewußtsein als auch das kollektive Unbewußte [3]. – In neuerer Zeit verwendet R. B. CATTELL den Ausdruck ‹Syntalität› für eine überindividuelle Gruppenpersönlichkeit und das daraus resultierende Verhalten [4].

Anmerkungen. [1] CH. BLONDEL: Einf. in die Kollektivpsychol. (1948). – [2] E. SPRANGER: Lebensformen (⁵1925) 112f. 104ff. – [3] C. G. JUNG: Zwei Schr. über Analyt. Psychol. (1964) 161ff. 301. – [4] R. B. CATTELL: Concepts and methods in the measurement of group syntality, in: A. P. HARE/E. F. BORGATTA/R. F. BALES: Small groups (1965) 107-126.   G. MÜHLE

Kollektivvorstellung. Als Zentralbegriff der französischen Soziologenschule um E. DURKHEIM meint der Begriff der K. (représentation collective) die sich bei der Analyse sozialer Zusammenhänge ergebende Grundeinheit der psychischen Prozesse, die den Mitgliedern mehr oder weniger umfassender Gruppen gemeinsam sind und sich in den soziokulturellen Erscheinungen, Organisationen und Institutionen konkretisiert haben. In diesem Sinne besteht nach Durkheim alles Soziale aus Vorstellungen und ist ein Produkt von Vorstellungen.

1. Wenig bekannt ist, daß bereits im 18. Jh. J. WEG[U]ELIN (1721–1791), Mitglied der Académie Royale des Sciences et Belles-Lettres Friedrichs des Großen, in seiner massenpsychologisch begründeten Geschichtsphilosophie in analoger Weise von Kollektivbegriffen oder Kollektivideen (idées collectives, auch notions communes, sociales oder collectives) spricht. Zwischen Begriff, Idee und Vorstellung wird dabei nicht ausdrücklich unterschieden; gemeint sind in jedem Falle die psychosozialen Determinanten des geschichtlichen Geschehens. Die Kollektivideen, deren Zahl gering ist, gehen aus der Einheit der menschlichen Natur, ihren Strebungen und Kräften, hervor und bleiben sich immer gleich. Sie sind ihrer Art nach vage und konfus und stark gefühlsgeladen [1]. Der menschliche Geist variiert im Zusammenhang mit den jeweiligen historischen und lebensgeschichtlichen Bedingungen nur ihre Auslegung und Anwendung in vielfältiger Weise. Die einzelnen Gesellschaften unterscheiden sich voneinander nach der Art der systematischen Verknüpfung der wenigen Kollektivideen zu einer besonderen Anzahl von Grundsätzen, die, als Ganzes betrachtet, den «esprit de la société» ausmachen. Jeder Angehörige der Gesellschaft verfügt über einen «Extrakt der sozialen Begriffe, den er für seinen eigenen Gebrauch entnommen hat» [2]. Als bewegende Kräfte der Geschichte dienen die den Kollektivideen scheinbar entgegengesetzten klaren und distinkten «Leitbegriffe» (notions directrices) und «originären und produktiven Ideen», aber auch diese sind nur die von herausragenden Einzelnen an die gegebenen Umstände adaptierten Kollektivideen, «wenn man sie ihrer veränderlichen und imposanten Ansichten entkleidet» [3].

2. Für E. DURKHEIM lassen sich die K. nicht einfach aus den individuellen Vorstellungen des Einzelnen ableiten [4], sie sind vielmehr «das Produkt einer unermeßlichen Kooperation» der Geistestätigkeit zahlloser Menschen, die ihre Ideen und Gefühle verschmolzen und

kombiniert haben [5]. Weitaus «stabiler» als die individuellen Vorstellungen, besitzen sie begrifflichen und kategorialen Charakter. Von den allgemeinen Ideen, als die Begriffe auch angesehen werden können, unterscheiden sie sich wesentlich dadurch, daß sie zu der generalisierten persönlichen Erfahrung «alles das hinzufügen, was das Kollektiv im Laufe der Jahrhunderte an Weisheit und Kenntnis angehäuft hat». Sie existieren außerhalb des individuellen Bewußtseins als ein System von Vorstellungen, die, gerade weil sie von Natur aus kollektiv sind, nur verändert und teilweise verzerrt individualisiert werden können. Da die K. der ständigen Kontrolle durch die Menschen, die sie in ihrer Erfahrung verifizieren, unterliegen, eignet ihnen eine «Garantie der Objektivität». Das Unterscheidende aber ist, daß sie aus der Gesellschaft nicht nur entstehen, sondern daß auch die Gegebenheiten, die sie zum Ausdruck bringen, sozialer Natur sind. So bedeuten z. B. die Kategorien der Art, des Raumes, der Zeit, der Kausalität zunächst Aspekte des sozialen Lebens, aber sie beschränken sich nicht auf das Soziale, sondern greifen auf die gesamte Wirklichkeit aus [6]. Der Mensch scheint so letztlich zweifacher Art zu sein: ein individuelles Wesen, das, organismisch fundiert, von begrenzter Handlungsfähigkeit ist, und ein soziales Wesen, das «in uns eine höhere Realität repräsentiert». Diese höhere psychische Realität ist nicht auf die individuelle Erfahrung rückführbar, der Mensch überschreitet in dem Maße, wie er an der Gesellschaft «partizipiert», denkend und handelnd sich selbst [7].

3. Gegenüber dieser strengen kategoriellen Trennung des Individuellen und Sozialen nimmt L. LÉVY-BRUHL als Anhänger Durkheims einen eher vermittelnden Standpunkt ein. Seiner Auffassung nach sind die K. für die «primitive Mentalität» kennzeichnend und enthalten deshalb undifferenziert auch emotionale und motorische Elemente in sich [8]. Nach ihrem Inhalt bestimmt, sind sie «mystisch» oder Ausdruck der «mystischen» Denkweise, das heißt sie assoziieren sinnlich-anschauliche Gegebenheiten mit außersinnlichen Wirklichkeiten. Der Art ihrer Verbindung nach sind sie «prälogisch», das heißt sie gehorchen dem Gesetz der Partizipation und sind indifferent gegen die Gesetze des Logischen [9]. Mit Partizipation ist die Eigenart des mystischen Zusammenhangs gemeint, wonach es keinen vom Subjekt losgelösten Gegenstand gibt, sondern das Subjekt mit allen Gegenständen in «mystischer Teilhabe» vereinigt ist oder sein kann. Die K. sind immer schon «synthetisch» in «Vorverbindungen» (préliaisons) gegeben, die je nachdem als «Vorwahrnehmungen» (préperceptions), «Vorbegriffe» (préconceptions) oder «Vorbegründungen» (préraisonnements) charakterisiert sind. Die Entwicklung zum logisch-analytischen Denken ergibt sich durch die allmähliche Auflösung der Vorverbindungen und den «Sieg der logischen Bedürfnisse über das Gesetz der Partizipation», wodurch die K. sich den eigentlichen Vorstellungen und Begriffen der differenzierten Geistesart nähern [10]. Doch ist festzuhalten, daß es sich nach Lévy-Bruhl nicht eigentlich um einen genetischen Zusammenhang, sondern allenfalls um einen Dominanzwechsel von einem Denktypus zum andern handelt.

4. Das Problem der K. und die damit verknüpfte kollektivistische Deutung erfährt in neuerer Zeit kaum noch nennenswerte Beachtung, wenn man von der Übernahme der Grundgedanken bei C. G. JUNG [11] absieht. Als Prinzip der Erklärung sozialer Denkweisen und Gewohnheiten erscheint der Begriff der K. in der gegebenen Fassung nicht mehr zureichend.

Anmerkungen. [1] J. WEG[U]ELIN: Sur la philos. de l'hist. Nouv. Mém. Acad. roy. Sci. Belles-Lettres (Berlin 1770ff.); vgl. J. GOLDFRIEDRICH: Die hist. Ideenlehre in Deutschland (1902) 22ff. – [2] WEGUELIN, a. a. O. 2 (1772) 457. – [3] a. a. O. 1 (1770) 367f. – [4] E. DURKHEIM: Représentations individuelles et représentations collectives. Rév. Mét. Morale 6 (1898); Les règles de la méthode sociol. (1895, ¹³¹956). – [5] Les formes élémentaires de la vie relig. (1912, ⁴1960) 23. – [6] a. a. O. 620ff. – [7] 23. – [8] L. LÉVY-BRUHL: Les fonctions mentales dans les sociétés inférieures (1910, ⁷1922); dtsch. Das Denken der Naturvölker (²1926) 3. – [9] La mentalité primitive (1922, ⁴1925); dtsch. Die geistige Welt der Primitiven (1959) 23. 76ff. – [10] a. a. O. 85f. – [11] C. G. JUNG: Psychol. Typen (1921, ⁹1960) 483; Zwei Schr. über analyt. Psychol. (1964) 159. G. MÜHLE

Komfort, in der verengten Bedeutung «Behaglichkeit, Bequemlichkeit» seit Ende des 18. Jh. aus dem Englischen (comfort(s)) entlehnt, erstmals bei K. G. KÜTTNER [1] und anderen Reiseschriftstellern, insbesondere durch Fürst PÜCKLER [2] im Deutschen verbreitet, wird bis ca. 1870 als Wesensmerkmal der soliden, behaglich-bequemen Wohn- und Lebensverhältnisse des englischen Bürgertums empfunden und anstelle des zumeist negativ gewerteten ‹Luxus› vom verbürgerlichenden Adel und bemittelten Bürgertum in Deutschland übernommen und nachgeahmt. Aus wirtschafts- und kulturgeschichtlicher Sicht bezeichnen unter anderen W. ROSCHER, K. WALCKER und E. UTITZ [3] den verbürgerlichten englischen Luxus mit ‹K.›.

Im Rahmen der Reflexion der Bedürfnisse der bürgerlichen Gesellschaft führt HEGEL das, «was die Engländer comfortable nennen», in seiner fortdauernden Unerschöpflichkeit auf das Gewinnstreben der Produzenten zurück [4]. – MARX und ENGELS übernehmen Wort und Begriff ‹comfort(s)› von RICARDO bzw. F. M. EDEN, ebenso die damit verbundene Kritik an der bürgerlichen Gesellschaft, die den Arbeitern und Armen die Annehmlichkeiten des Lebens (comforts) vorenthalte [5].

Entsprechend dem zunehmenden Einfluß der Technik auf die Wohn- und Lebensverhältnisse wandelt sich seit ca. 1870 der Begriff ‹K.› («technischer K.») [6]. K. ist heute als relative Größe abhängig von der Entwicklungshöhe der technischen Zivilisation, des Wohlstandes und der Güterverteilung innerhalb eines Landes. Erhöhung und Verbreitung des (technischen) K. in allen Schichten ist, verstärkt durch die Wirtschaftswerbung, in der hochindustrialisierten Gesellschaft der Nachkriegszeit zur Leitvorstellung geworden [7].

Seit Anfang des 20. Jh. wird der technische K. öfter aus kulturkritischer Sicht ambivalent oder negativ beurteilt, so z. B. durch E. v. KEYSERLING, W. SOMBART und F. G. JÜNGER auf Grund der Gefahr der Materialisierung des Lebens, des Verlustes der Individualität durch die Normierung des K., des sozialen und humanen Indifferenz. A. MITSCHERLICH, J. HABERMAS, H. FREYER, H. MARCUSE und andere befürchten die totale Manipulation des sich selbst entfremdeten Menschen in einer durchaus gemachten und außengesteuerten «Konsumkultur», die «komfortable Knechtschaft» in der Überflußgesellschaft [8].

Anmerkungen. [1] K. G. KÜTTNER: Beyträge zur Kenntniß vorzüglich des Innern von England und seiner Einwohner 1 (1791) 111f.; Reise durch Deutschland 1 (1801) 292f. – [2] Fürst PÜCKLER: H. Fürst Pückler reist nach England (1938) 367. 432. – [3] W. ROSCHER: Ansichten der Volkswirtschaft 1 (³1878) 135; K. WALCKER: Hb. der Nationalök. 1 (²1888) 52; E. UTITZ: Die Kultur der Gegenwart (1921) 46. – [4] G. W. F. HEGEL: Grundlinien der Philos. des Rechts § 191 Zusatz. – [5] K. MARX: Auszüge aus Ricardos ‹On the principles of political economy and taxation› (1841) 818; FR. ENGELS: Exzerptheft zu F. M. Edens ‹The state of the poor›. MEGA 1, 4, 492; Die Lage der arbeitenden Klasse in England. MEGA 1, 4, 251. – [6] E. HERRMANN: Miniaturbilder aus dem Gebiete der Wirtschaft (1872) 288. 305ff. – [7] O. v. NELL-BREUNING: Armutsidee und Entwicklungshilfe. Stimmen der Zeit 90 (1964/65) 338f. – [8] E. v. KEYSERLING: Zur Psychol. des K. Neue Rdsch. 16/1 (1905) 315-326; W. SOMBART: Der moderne Kapitalismus (1928) 3, 2, 621. 625; F. G. JÜNGER: Die Perfektion der Technik (²1949) 98f.; A. MITSCHERLICH: Die Metapsychol. des K. Baukunst und Werkform 7 (1954) 191ff.; J. HABERMAS: Vortrag, in: Kulturkonsum und Konsumkultur (1955) 17; H. FREYER: Theorie des gegenwärtigen Zeitalters (1956) 233. 247; H. MARCUSE: Befreiung von der Überflußgesellschaft. Kursbuch 16 (1969) 190.

Literaturhinweise. A. GÖRLAND: Über den Begriff des Luxus. Kantstudien 31 (1926) 34. – A. v. GLEICHEN-RUSSWURM und F. WENCKER (Hg.): Kultur- und Sittengesch. aller Zeiten und Völker 15/16 (o. J.). – M. WEBER: Die prot. Ethik und der Geist des Kapitalismus (1934) 100. – H. MÜHLMANN: Luxus und K. Wortgesch. und Wortvergleich (Diss. Bonn 1975).

H. MÜHLMANN

Komische (das), **Lachen** (das). Der begriffsgeschichtliche Ansatzpunkt ist schwer zu markieren, weil das Wort, das den aktuellen Gebrauch des Begriffs bestimmt, verhältnismäßig spät auftritt und weil die Zuordnung fremdsprachlicher Äquivalente Schwierigkeiten aufwirft. Erst in der Neuzeit stellt sich das bis heute geltende Verhältnis von Begriff, Wort und Sache her, indem das K. vom schlechtweg Lächerlichen abgehoben wird. Aber trotz fortgesetzter Bemühungen, diese beiden Begriffe auseinanderzuhalten, kann ihre Austauschbarkeit nicht für definitiv desavouiert gelten. Dies zeigt sich vor allem in der seit etwa 1700 dichten Folge der Theorien des Lachens, die zumeist eine Theorie des K. implizieren oder explizieren, ohne doch allemal die Unterscheidung von ‹ridiculous› bzw. ‹risible› und ‹comic› bzw. ‹ludicrous› zu beachten und zu reflektieren. Die begriffsgeschichtliche Darstellung muß daher den Begriff des K. hinsichtlich seiner Vorgeschichte wie seiner Geschichte mit Rücksicht auf diese unterschiedlichen, aber dem Begriff und der Sache nach synonymen Termini ins Auge fassen.

Obwohl wir vom K. sprechen, als ob es die Beschaffenheit eines Gegenständlichen ausmache, ist es doch ohne die Beziehung auf die Auffassung eines Subjekts nichts für sich. Den Beginn einer diesem Gesichtspunkt verpflichteten intensiven und anhaltenden Diskussion macht um 1650 HOBBES. Seine Bestimmung des Lächerlichen nimmt von den – mehr oder weniger marginalen oder fragmentarischen – Überlegungen der Antike (Platon, Aristoteles, Cicero, Quintillian) die Momente des Schadlos-Überraschenden und des Harmlos-Unzulänglichen auf, ordnet sie aber dem Bewußtsein eigener Superiorität angesichts der Inferiorität anderer unter; im Lachen manifestiert sich für Hobbes «a sudden glory arising from some sudden conception of some eminency in ourselves, by comparison with the infirmity of others, or with our own formerly» [1]. Entscheidend ist an dieser psychologischen Bestimmung das Hervorkehren der im stimulus-response-Verhältnis von Lächerlichem, als dem letztlich Nichtigen, und Lachen, als dem Ausdruck einer «Positivität des Lebensgefühls» [2], liegenden Positivierung von Negativität. Deren Problematik bildet in der Folge den roten Faden der Begriffsgeschichte. Obwohl Hobbes' Auffassung bis hin zu BAUDELAIRE [3] immer wieder affirmativ aufgegriffen wird, erhebt sich sogleich und zunächst in England vielfältiger Widerspruch gegen diese die «good nature» des Menschen diffamierende Erklärung der Lust am Lachhaften. Als erstes Ergebnis erbringt die Auseinandersetzung mit Hobbes die systematische Unterscheidung von Verlachen und Lachen,

mithin von Lächerlichem und K.: «There is a difference too betwixt laughing *about* a thing and laughing *at* a thing», gibt POPE 1710 zu bedenken [4]. Das Interesse an dem nunmehr vom Lächerlichen abgehobenen K. verlagert sich dann zunehmend von den psychischen auf die referentiellen Bedingungen des Lachens, und diese referentiellen Bedingungen eines jetzt ausdrücklich dem K., «as the referent and the experience of it» [5], zugeordneten Lachens definiert die englische Philosophie des 18. Jh., angeführt von HUTCHESON [6], immer entschiedener im Sinn wahrgenommener und lachend beantworteter «incongruity». J. BEATTIE formuliert diesen auf das entscheidende Moment der Inkongruenz abgestellten Begriff des K. erstmals im Zuge einer konsistenten Theorie: «Laughter arises from the view of two or more inconsistent, unsuitable, or incongruous parts or circumstances, considered as united in one complex object or assemblage, or as acquiring a sort of mutual relation from the peculiar manner in which the mind takes notice of them» [7].

Mit der Inkongruenz- oder Kontrasttheorie entwickelt das ausgehende 18. Jh. in England und Deutschland ein Konzept, das K. als einen spezifischen, nicht mit dem bloß Lächerlich-Nichtigen der Aristotelestradition zusammenfallenden «Referenten» des Lachens zu statuieren; das Moment der Inkongruenz bleibt denn auch fortan im wesentlichen die Basis der nach ihrem historischen und hermeneutischen Standort und Horizont unterschiedlichsten Definitionen des K. Differenziert, variiert oder modifiziert werden allerdings – in allmählich unüberschaubarer Vielfalt – die konkreten Bestimmungen komischer Inkongruenz bzw. Kontrastivität:

Für SCHOPENHAUER handelt es sich beim K. allemal um «die paradoxe und daher unerwartete Subsumtion eines Gegenstandes unter einen ihm übrigens heterogenen Begriff», somit um «die Inkongruenz zwischen einem Begriff und dem durch denselben gedachten Gegenstand, also zwischen dem Abstrakten und dem Anschaulichen» [8]. Für L. DUMONT (1862) ist komisch jeder Gegenstand, angesichts dessen der Geist gezwungen ist, ein und dieselbe Sache zugleich zu bejahen und zu verneinen [9]. Für C. MÉLINAND (1895) ergibt sich das K. durch den irritierenden Kontrast von zugleich Vernunftgemäßem und Vernunftentzogenem: «Ce qui fait rire, c'est ce qui est à la fois d'un côté, absurde, et de l'autre, familier» [10]. C. SAULNIER (1940) definiert die komische Inkongruenz als «l'oscillation entre un fictif et un réel, qui se teintent alternativement de doute, par suite de l'hésitation de l'esprit» [11]. CH. LALO beschreibt das komische Syndrom als Kontrast plus Degradation: was die allen Manifestationen ästhetischen, d. h. durch Komik stimulierten Lachens gemeinsame Gegebenheit ist, «c'est une dissonance, résolue par en bas, entre deux ou plusieurs valeurs contrepointées; ou, d'un mot, une dévaluation» [12]. Die vielbeachtete These BERGSONS, Komik und Anlaß zu Lachen entstehe stets dort, wo etwas Lebendiges von etwas Mechanischem überdeckt wird [13], generalisiert H. PLESSNER zur Formel, konstitutiv für das K. sei «Gegensinnigkeit, die gleichwohl als Einheit sich vorstellt und hingenommen werden will» [14].

Auch die *romantische Ästhetik* um 1800 (A. und FR. SCHLEGEL, SCHLEIERMACHER, SCHELLING, AST, SOLGER) legt ihren so zahlreichen wie komplexen, spekulativ ausgreifenden und oft geschichtsphilosophisch fundierten Erörterungen des K. die Inkongruenzlehre zugrunde. Matrix des K. ist hier durchweg das Verhältnis des Subjekts zum Absoluten, der Widerspruch zwischen der unendlichen Freiheit des Geistes und der notwendigen Beschränkung seiner endlichen Existenz auf der einen Seite, der Widerspruch zwischen Idee und Erscheinung andererseits. Das mit diesen Widersprüchen hervortretende Nichtige wird im K. positiviert, sofern Komik die Welt, sie aller Notwendigkeit und Vernünftigkeit enthebend, zum Spiegel der subjektiven Freiheit und Willkür macht. Damit ist das K., im Gegensatz zum Erhabenen, die Darstellung des Unendlichen als subjektiven Lebens; es ist, etwa für F. Ast, «durch die Vernichtung des Endlichen, so wie alles Positiven und Begrenzten (also auch Beschränkten und Befangenen) die negative Darstellung des Unendlichen, so wie das Erhabene die positive ist» [15]; die nicht nur an dieser Stelle offensichtliche Konfusion der Begriffe ‹K.› und ‹Humor› muß vermerkt werden. Aus einer anderen Richtung deutet K. W. F. Solger die wiederum aus dem Widerspruch von Idee und Existenz hergeleitete Lust am K. als «die edle Freude darüber, daß auch das Schlechteste und Gemeinste von dem Wesen und dessen Ausdruck durch die Schönheit nicht entblößt sind, sollte sich dasselbe auch auf eine etwas verzerrte Weise offenbaren» [16].

Die auf *Hegel* fußenden deutschen Kunstphilosophien halten dieses spekulative Konzept der Kontrasttheorie fest; das K. erscheint dann als ein Streich, den die Wirklichkeit der Idee spielt (Vischer) oder als Erweis der Unverjagbarkeit der Idee aus der Wirklichkeit (Lotze). Indessen verfallen die Bestimmungen in pure, von allen psychischen, sozialen und historischen Implikationen des Phänomens absehende, begriffsdialektische Konstruktionen. So wie Fr. Th. Vischer (1837) das Erhabene und das K. als notwendige Entwicklungsstufen aus der Idee des Schönen hervorgehen und, als das mit seinen Gegensätzen vermittelte Schöne, wieder in sie zurückgehen läßt [17], so entfaltet ein System der Ästhetik um das andere den Begriff des K. nach seiner Konstellation zu den Manifestationen des Absoluten oder nach seiner Beziehung zur Idee des Schönen. Die in der romantischen Ästhetik aufgerissene Perspektive auf die mit dem K. verbundene Grenzerfahrung der Vernunft wird ebenso wie der geschichtsphilosophische Bezugsrahmen dieser Perspektive preisgegeben.

Ausgeklammert bleibt in solcher begriffsdialektischer Konstruktion ferner das Problem, welche historischen, sozialen und kulturellen Bedingungen und Faktoren das Substrat der komischen Kontrast- bzw. Inkongruenzstruktur bilden, also die Frage: Wer lacht unter welcher Voraussetzung worüber? Dieser Gesichtspunkt orientiert seit der zweiten Hälfte des 19. Jh. einen guten Teil der Versuche, die empirische Bewandtnis des Lachens und also der Rezeption von K. zu klären. Allerdings lassen diese Versuche den in der Inkongruenzlehre ausgesprochenen Begriff des K. im großen und ganzen unangetastet, und besonders die psychologischen Konzepte verlieren weithin die referentielle Seite des Lachens aus dem Blick. Erheblicher ist die Diskussion der sozialen Implikationen und Funktionen des Lachens, weil in ihr die Historizität des K. bzw. dessen Determiniertheit von soziokulturellen Kontexten wenigstens angeschnitten wird.

Mit den Thesen «le rire est le rire d'un groupe» und «le rire est, avant tout, une correction» eröffnet Bergson [18] eine Perspektive auf die soziale Bedeutung und Funktion des K., die E. Dupréel als ausschließliche zu begründen sucht, und zwar mit der Maßgabe, daß die Natur des Lachens aus seinen Anlässen erklärt werden

muß. Anlaß des Lachens und komisch ist aber stets die ungenügende Anpassung des Belachten an die normativen Erwartungen der Gruppe des oder der Lachenden; daraus ergibt sich die Dichotomie des Lachens: «il y a deux rires, le rire d'accueil et le rire d'exclusion» [19]; das K. konstituiert sich einmal durch Gruppensolidarität, zum andern durch Gruppenopposition. Wenn Dupréel unter dieser Voraussetzung den Humor als Kombination der beiden Modi des Lachens auffaßt, weil in ihm das «rire d'accueil» vorwiege und folglich das Motiv der Ausschließung zu einem Motiv der Anerkennung werde [20], so zeigt sich vollends der unvermerkte Anschluß an die englische Auseinandersetzung um Hobbes. Indessen hat sich, als Konsequenz der Forderung nach einer sozialtheoretisch fundierten Hermeneutik, in letzter Zeit die Diskussion verstärkt, inwiefern das K. aus der Dialektik von sozialer Integration und Emanzipation zu begreifen sei, wieweit es an das gesellschaftlich Akzeptierte gebunden bleibe oder im Gegenteil daraus freisetze. Im K. als Einheit von Gegensinnigem erfährt der Mensch nach Plessner eine Grenze «nicht nur subjektiv als sein Unvermögen, mit der Sache fertig zu werden, sondern zugleich als Struktur der Sache, die es verbietet» [21]: dieser Zusammenhang von komischer Ambivalenz und Grenzreaktion des Lachens macht die Frage nach der sozialen Funktion und Bedeutung des K. verständlich, aber vielleicht auch aussichtslos.

Jedenfalls wird kein Versuch, ein funktionales Modell des K. zu entwerfen, hinter die einschneidende Korrektur der Inkongruenztheorie durch J. Ritter zurückfallen dürfen. Ritter geht davon aus, daß es zwar im Lachen immer um Dinge geht, «die als solche und pragmatisch genommen ... den Lebensmächten zugehören können, die der Heiterkeit und dem Glück entgegenstehen», daß es aber gleichwohl «als Ausdrucksbewegung gesehen nicht dem Gefühl der Nichtigkeit und der Verstimmung, sondern vornehmlich dem positiv bejahenden Verfassungen der Freude, der Lust, des Vergnügens ... zugehört» [22]. Dieser Vereinbarkeit von Entgegenstehendem und Nichtigem mit der Positivität des Lebensgefühls muß der Begriff des K. gerecht werden; er tut es, wenn erfaßt wird, daß die Normen und Ordnungen, nach deren Maßgabe etwas als Nichtiges und Entgegenstehendes erscheint, vom Lachen selbst mitbetroffen sind. Denn das Lachen macht etwas von der je bestimmten Lebensordnung Ausgegrenztes als solches bemerkbar, es macht aber umgekehrt zugleich die Beschränktheit eines ausgrenzenden, verdrängenden, reduzierenden Prinzips offenbar. Im Lachen tritt also der für den normativen Ernst nicht faßbare oder nur negativ faßbare geheime Zusammenhang des Ausgegrenzten mit der durch Ausgrenzung gesetzten Ordnung hervor: «was mit dem Lachen ausgespielt und ergriffen wird, ist diese geheime Zugehörigkeit des Nichtigen zum Dasein; sie wird ergriffen und ausgespielt, nicht in der Weise des ausgrenzenden Ernstes, der es nur als das Nichtige von sich weghalten kann, sondern so, daß in der ausgrenzenden Ordnung selbst als gleichsam zu ihr gehörig sichtbar und lautbar wird» [23]. Was sich im K. herstellt, ist demnach «die Identität eines Entgegenstehenden und Ausgegrenzten mit dem Ausgrenzenden» [24]; es stellt sich her «einmal im Hinausgehen über die jeweilig gegebene Ordnung zu einem von ihr ausgeschlossenen Bereich, und zweitens darin, daß dieser ausgeschlossene Bereich in und an dem ihn ausschließenden Bereich selbst sichtbar gemacht wird» [25]. Mit diesem Befund, der das triftigste Potential der besonders von Ast repräsentierten idealistischen Kunstphilosophie aktualisiert, ist allen Herleitungen des K. aus dem Wesen des Kontrasts und aus der Lust am Kontrast die generelle Einsicht in die geschichtliche, soziokulturelle Relativität des K. zugeordnet: «Grundsätzlich gilt: das Entgegenstehende und Kontrastierende ist im Ganzen des Seins und des Daseins nichts Festes, es folgt als das Andere aus das, was nicht ist, jeweils dem, was als Sein und als Wesen gesetzt und verstanden ist. Was sich als das Entgegenstehende kundtut ..., entscheidet allein der Begriff des Wirklichen selbst» [26]. Damit ist jedem zeitlos-normativen Begriff des K. die Geltung genommen.

Anmerkungen. [1] TH. HOBBES: Human nature. Engl. works, hg. MOLESWORTH 4 (London 1848) 46f. – [2] J. RITTER: Über das Lachen. Bl. dtsch. Philos. 14 (1940) 15. – [3] CH. BAUDELAIRE: De l'essence du rire (Paris 1855). – [4] Zit. ST. M. TAVE: The amiable humorist. A study in the comic theory and criticism of the 18th and early 19th centuries (Chicago 1960) 54. – [5] M. C. SWABEY: Comic laughter. A philos. essay (New Haven/London 1961) 4. – [6] F. HUTCHESON: Thoughts on laughter (1727). Works 5 (Glasgow 1772). – [7] J. BEATTIE: On laughter and ludicrous composition (Edinburgh 1776) 590f. – [8] A. SCHOPENHAUER: Die Welt als Wille und Vorstellung 2 (³1859) 99. – [9] L. DUMONT: Les causes du rire (Paris 1862). – [10] C. MÉLINAND: Pourquoi rit-on? Rev. Deux Mondes 127 (1895) 612-630. – [11] C. SAULNIER: Le sens du comique. Essai sur le caractère esthétique du rire (Paris 1940) 80. – [12] CH. LALO: Esthétique du rire (Paris 1949) 233. – [13] H. BERGSON: Le rire (Paris 1900) passim. – [14] H. PLESSNER: Lachen und Weinen. Eine Unters. nach den Grenzen menschl. Verhaltens (²1950) 111. – [15] F. AST [*nicht* F. Schlegel]: Jean Pauls ‹Vorschule der Aesthetik›. Neue Rdsch. 68 (1957) 665. – [16] K. W. F. SOLGER: Vorles. über Ästhetik, hg. K. W. L. HEYSE 1 (1829) 248. – [17] FR. TH. VISCHER: Krit. Gänge, hg. R. VISCHER 4 (1914-1922). – [18] BERGSON, a.a.O. [13] 8. 15. – [19] E. DUPRÉEL: Le problème sociol. du rire. Rev. Philos. France Etranger 106 (1928) 228. – [20] a.a.O. 253ff. – [21] PLESSNER, a.a.O. [14] 121. – [22] RITTER, a.a.O. [2] 1f. – [23] a.a.O. 10. – [24] 12. – [25] 9. – [26] 7.

Literaturhinweise. M. SCHASLER: Ästhetik als Philos. des Schönen und der Kunst 1: Krit. Gesch. der Ästhetik von Platon bis zur Gegenwart (1871/72). – J. SULLY: An essay on laughter. Its forms, its causes, its development, and its value (London 1902). – L. DUGAS: Le rire (Paris 1902). – F. JAHN: Das Problem des K. in seiner gesch. Entwicklung (1904). – M. CHAPIRO: L'illusion comique (Paris 1940). – J. RITTER s. Anm. [2]; ND in: Subjektivität (1974). – O. ROMMEL: Die wiss. Bemühungen um die Analyse des K. Dtsch. Vjschr. Lit.wiss. 21 (1943) 161-193. – E. SOURIAU: Le risible et le comique. J. Psychol. normale et pathol. 41 (1948) 145-183. – ST. M. TAVE s. Anm. [4]. – M. C. SWABEY s. Anm. [5]. – R. PIDDINGTON: The psychol. of laughter. A study in social adaption (New York ²1963).   W. PREISENDANZ

Kommunikation (lat. communicatio, frz./engl. communication, ital. communicazione). – 1. Das *lateinische* Wort ‹communicatio› hat seit der Antike ein weites Bedeutungsfeld im Umkreis von Mitteilung, Gewährung, Verbindung, Austausch, Verkehr, Umgang, Gemeinschaft [1]. Es findet zugleich als terminus technicus bei den Grammatikern (für Adverbialbezeichnungen [2]) und bei den Rhetorikern (als Bezeichnung einer rhetorischen Frageform nach dem einzuschlagenden Handeln [3]) Verwendung. Seine größte Ausfaltung in die Weisen der communicatio erfährt es, allerdings noch ohne ein eigenständiger philosophischer Begriff zu werden, bei THOMAS VON AQUIN [4], eine besondere Auslegung als Erschaffen und Erschaffenwerden durch Mitteilung des göttlichen Seins (Nec est aliud creare pariter creari quam esse tuum omnibus communicare ...) bei CUSANUS [5]. Als «communicatio idiomatum» (ontologische Gemeinsamkeit der Eigentümlichkeiten beider Naturen Christi [6]) und als «communicatio in sacris» (Teilnahme an den gottesdienstlichen Handlungen Andersgläubiger [7]) wird es Ausdruck theologischer Begriffe. Diesen oder vielleicht auch dem ab 1370 nachweisbaren französischen

‹communication› [8] ist das deutsche Wort nachgebildet, ohne daß zur Zeit feststünde, wann und durch wen.

Als *philosophischer* Begriff wird ‹K.› erstmals relevant bei JASPERS und nimmt in seinem Denken eine zentrale Stellung ein [9]. K. ist geschichtliche, durch Mitteilung erwirkte «Gemeinschaft gegenseitigen bewußten Verständlichwerdens» [10]. Es gibt sie «nur zwischen Menschen» [11]. («Selbst-K.» ist ihr Grenzfall [12]; von außermenschlicher K. darf nur «gleichnisweise» gesprochen werden [13].) In der Existenzerhellung unterscheidet Jaspers zwischen Daseins-K. und existentieller K. Der erste Begriff wird später in der Periechontologie weiter ausgefaltet in K. des Daseins, K. des Bewußtseins überhaupt und K. des Geistes. – K. des Daseins ist die «das Dasein in Gegenseitigkeit erhaltende und fördernde» [14] «Gemeinschaft der vitalen Sympathien und der Interessen» [15]. K. des Bewußtseins überhaupt ist die Gemeinschaft durch die «Universalität eines Allgemeinen, alle Menschen als Verstandeswesen Verbindenden» [16]. K. des Geistes ist Gemeinschaft «aus der gemeinschaftlichen Substanz der Idee eines Ganzen» [17]. Diese drei «objektiven» [18] und immanenten Formen der K. verbinden Menschen in ihrer Kontingenz um partikulare Ziele. Sie verweisen durch ihr Ungenügen auf die existentielle K., von der sie durch einen Sprung getrennt sind. – Existentielle K. ist der geschichtliche, den Menschen in seiner Totalität erfassende Prozeß zwischen zwei je einmaligen Selbst, in dem diese, in der Spannung von Selbstsein und Hingabe, für sich und für einander «in gegenseitiger Schöpfung» [19] immer erst werden. Als dialektischer Prozeß gegenseitigen Offenbarwerdens setzt sie Einsamkeit voraus und führt, hinzielend auf das Einssein, in die Zweiheit. Ihr Grund ist das zirkelhafte Durch-einander-sein von Selbstsein und K., die, objektiv getrennt, existentiell ineins sind [20]; ihr vorantreibendes Medium ist der auf allen Machtwillen verzichtende liebende Kampf [21], in dem Existenz, «objektiv unbegreiflich» [22], in ihrer Freiheit sich geschenkt werden kann; ihr Ziel ist die Erscheinung des Ich-Selbst in der Wirklichkeit. – K. ist als Ganzes, im Kampf und Zusammenspiel all ihrer Formen, die «universale Bedingung des Menschseins» [23] und der umfassendste Ursprung des Philosophierens [24].

Der Begriff der K. wird gelegentlich in Anlehnung an Jaspers wieder aufgenommen. Bei BERDJAJEW wird er in der Bedeutung von zeichenhafter, symbolischer, letztlich noch konventioneller Verbindung mit Objektiviertem den Begriffen der Participation als reeller Teilnehmung und der Kommunion als existentieller, gegenseitiger, aber nicht an Menschen gebundener Gemeinschaft gegenübergestellt [25]. Für MOUNIER ist K. die menschliche Grundgegebenheit (fait primitif) und Grunderfahrung (l'expérience fondamentale) schlechthin [26]. F. KAUFMANN gliedert, in der Berufung auf Thomas und Buber, die K. in unpersönliche, zwischenpersönliche und überpersönliche K. [27]. Die oft engere, oft weitere Anwendung des Begriffs hat bisher nicht mehr die Weite der dialektischen Ausfaltung erreicht, wie sie bei Jaspers vorliegt.

Die Sache selbst ist in der neueren Philosophie in verschiedener Terminologie vielfach ausgebreitet worden, so bei KIERKEGAARD (Mitteilung) [28], bei FEUERBACH [29] und in seiner Nachfolge bei EBNER [30], ROSENZWEIG [31] (der zugleich auf COHENS Begriff der Korrelation [32] zurückgreift) und BUBER [33] (Ich-Du-Beziehung), bei SCHELER (Sympathie, Person) [34], HEIDEGGER (Mitsein) [35], MARCEL (participation, commu-

nion, présence) [36], SARTRE (le pour-autrui) [37], bei
HEINRICH BARTH (Koexistenz) [38] u. a.

Als terminus technicus dringt ‹K.› von der Mathematik
her (Kommunikationstheorien) in immer mehr mathema-
tisierbare Wissenschaften und von der Theologie und Psychologie her auch in die Geisteswissenschaften ein.

Anmerkungen. [1] Thes. ling. lat. 3 (1906-1912) 1952ff. – [2]
a. a. O. 1953f. – [3] H. LAUSBERG: Hb. der lit. Rhet. (1960) § 779.
– [4] L. SCHÜTZ: Thomas-Lex. (²1895) 131f. – [5] CUSANUS, De
visione Dei 12 (Paris 1514) 1, 105. – [6] Vgl. LThK 5 (²1960)
607ff. – [7] Vgl. a. a. O. 3 (²1959) 25f. – [8] Vgl. W. v. WART-
BURG: Frz. etymol. Wb. II/2, 960. – [9] K. JASPERS: Philos. (1932,
³1956) 2, 50-117. – [10] Vernunft und Existenz (1935, ⁴1960) 72.
– [11] Antwort, in: Philosophen des 20. Jh. Karl Jaspers, hg.
P. A. SCHILPP (1957) 782. – [12] Philos. a. a. O. [9] 2, 55. –
[13] Antwort a. a. O. [11] 784. – [14] Von der Wahrheit (1947,
²1958) 375. – [15] a. a. O. 379. – [16] ebda. – [17] 376. – [18]
Philos. a. a. O. [9] 2, 55. – [19] a. a. O. 58. – [20] 14. – [21] 242-
246; auch schon: Psychol. der Weltanschauungen (1919, ⁵1960)
125ff. – [22] Philos. a. a. O. [9] 2, 58. – [23] Vernunft und Existenz
(⁴1960) 74. – [24] Vgl. Einf. in die Philos. (1950, ¹⁴1965) 27. –
[25] N. A. BERDJAJEW: Das Ich und die Welt der Objekte (1933,
dtsch. 1952) bes. 136-147. – [26] E. MOUNIER: Le personnalisme
(1950). Oeuvres 3 (Paris 1962) 451-461. – [27] F. KAUFMANN:
Karl Jaspers und die Philos. der K., in: Philosophen des 20. Jh.
a. a. O. [11] 193-284. – [28] S. KIERKEGAARD: Einübung im
Christentum (1850); dtsch. E. HIRSCH (1951) 127-138; Tagebücher 2 (1963) 111-127. – [29] L. FEUERBACH: Grundsätze einer
Philos. der Zukunft (1843). Werke 2 (1846) bes. 344ff. – [30]
F. EBNER: Das Wort und die geistigen Realitäten (1919). Schr.,
hg. M. PFLIEGLER/L. HAENSEL 1 (1963) bes. 87-95. 645-650. 800-
819. – [31] F. ROSENZWEIG: Der Stern der Erlösung (1921) 222f.;
Kleinere Schr. (1937) 364f. – [32] H. COHEN: Der Nächste, hg.
M. BUBER (1935). – [33] M. BUBER: Ich und Du (1923). Werke 1
(1962) bes. 79-101. – [34] M. SCHELER: Zur Phänomenol. und
Theorie der Sympathiegefühle und von Liebe und Haß (1913)
bes. 118-148; Wesen und Formen der Sympathie (1923) bes.
244-307. – [35] M. HEIDEGGER: Sein und Zeit (1927) § 26 =
(⁹1960) 117-125. – [36] G. MARCEL: Journal mét. (Paris 1927) 67.
133. 155. 157. 162. 241. 245 u. ö. – [37] J.-P. SARTRE: L'être et le
néant (1943); dtsch.: Das Sein und das Nichts (1952, ²1962)
297-548. – [38] HEINRICH BARTH: Erkenntnis der Existenz (1965)
361-431.

Literaturhinweise. H. BÄCKER: Die Frage nach Gemeinschaft
bei Karl Jaspers (Diss. Wien 1953). – F. KAUFMANN s. Anm. [27].
– O. BORELLO: Il problema della comunicazione nella filos. e
nell'estetica di K. Jaspers. Riv. Filos. 49 (1958) 379-395. –
G. JUNGHÄNEL: Der Begriff der K. bei Karl Jaspers (Potsdam,
Diss. 1960); Über den Begriff der K. bei Karl Jaspers. Dtsch. Z.
Philos. 9 (1961) 472-489. – TH. W. ADORNO: Jargon der Eigentlichkeit. Zur dtsch. Ideologie (1964). – J. HABERMAS: Strukturwandel der Öffentlichkeit. Untersuchung zu einer Kategorie der
bürgerl. Gesellschaft (²1965). – R. SCHÉRER: Structure et fondement de la communication humaine. Essai crit. sur les théories
contemporaines de la communication (Paris 1965). H. SANER

2. Nachdem ‹communication› schon in der älteren ame-
rikanischen Soziologie als Grundkategorie verwendet
worden war (C. H. COOLEY [1]), führt die Diskussion des
K.-Problems unter Einbeziehung der Nachrichtentechnik
(C. E. SHANNON [2]) und der Kybernetik (N. WIENER [3])
in den USA schließlich zu einer eigenständigen sozial-
wissenschaftlichen K.-Forschung, als deren Begründer P. F.
LAZARSFELD (Wahlanalysen, Medienwirkungsforschung),
K. LEWIN (gruppendynamische Untersuchungen), H. D.
LASSWELL (Arbeiten über Formen und Wirkungen der
Propaganda) und C. J. HOVLAND (Erforschung der Änderung von Einstellungen durch Mitteilungen) gelten
[4]. In Orientierung an informationstheoretischen Erkenntnissen und an quantitativen Methoden gewinnt der
Begriff in der sprachanalytischen Forschung und in der
Soziolinguistik zunehmend an Bedeutung [5], so z. B.
im Ausgang von sprachtheoretischen Überlegungen
N. CHOMSKYS bei J. HABERMAS, der den Begriff im Rahmen einer vorkonzipierten «Theorie der kommunikativen Kompetenz» unter Einbeziehung der Interaktionen
im menschlichen Handlungsbereich analysiert [6].

Anmerkungen. [1] C. H. COOLEY: Human nature and the social
order (New York 1902, rev. ²1922); Social organization. A study
of the larger mind (New York 1909). – [2] C. E. SHANNON: A
math. theory of communication. Bell Syst. Techn. J. 27 (1948)
379-423. 623-656. – [3] N. WIENER: Cybernetics or control and
communication in the animal and the machine (New York/Paris
1948); The human use of human beings. Cybernetics and society
(London 1950). – [4] E. KATZ und P. F. LAZARSFELD: Personal
influence. The part played by people in the flow of mass communications (Glencoe, Ill. 1955); K. LEWIN: Resolving social
conflicts (New York 1948); B. L. SMITH, H. D. LASSWELL und
R. D. CASEY: Propaganda. Communication and public opinion.
A comprehensive reference guide (Princeton, N.J. 1946); H. D.
LASSWELL: The structure and function of communication in
society, in: L. BRYSON (Hg.): The communication of ideas (New
York 1948); C. I. HOVLAND, A. A. LUMSDAINE und F. D. SHEF-
FIELD: Experiments on mass communication (Princeton, N.J.
1949); C. I. HOVLAND, I. L. JANIS und H. H. KELLEY: Com-
munication and persuasion. Psychol. stud. of opinion change
(New Haven, Conn. 1953); C. I. HOVLAND u. a.: The order of
presentation in persuasion (New Haven, Conn. 1957). – [5] Vgl.
z. B. C. W. MORRIS: Signs, language and behavior (New York
1946); M. HARTIG und U. KURZ: Sprache als soziale Kontrolle.
Neue Ansätze zur Soziolinguistik (²1971). – [6] J. HABERMAS:
Vorbereitende Bemerk. zu einer Theorie der kommunikativen
Kompetenz, in: J. HABERMAS und N. LUHMANN: Theorie der
Gesellschaft oder Sozialtechnologie – Was leistet die System-
forsch. (1971) 101-141; vgl. N. CHOMSKY: Aspekte der Syntax-
Theorie (1969).

Literaturhinweise. J. THAYER (Hg.): Communication. Concepts
and perspectives (New York/London 1967). – F. SCHNEIDER:
Politik und K. (1967). – H. REIMANN: K.-Systeme. Umrisse einer
Soziol. der Vermittlungs- und Mitteilungsprozesse (1968). –
R. ZIEGLER: K.-Struktur und Leistung sozialer Systeme (1968).
– Art. ‹K.›, in: Sowjetsystem und demokratische Gesellschaft,
hg. C. D. KERNIG 3 (1969) 714-731. – Art. ‹K.›, in: Wb. der
Soziol., hg. W. BERNSDORF (²1969) 577ff. – M. HARTIG und
U. KURZ s. Anm. [5]. – J. HABERMAS s. Anm. [6].

K. P. STERNSCHULTE

Kommunikation, visuelle. Der Begriff ‹visuelle K.› (= v.K.)
entstand im Zusammenhang der allgemeinen Grundlagendiskussion zum Problem der K. Sie wurde von der
Informationstheorie, der Linguistik, Semiotik, Soziologie, praktischen Philosophie und marxistischen Gesellschaftstheorie in Gang gebracht und tendiert mittlerweile zu einer Theorie der K., die sich als selbständige
Disziplin begreifen möchte. Die verschiedene sachliche
Ausfüllung und Differenzierung des einfachen K.-Mo-
dells (Sender-Empfänger-Code) hat schließlich auch zur
Berücksichtigung visueller Aspekte geführt. Dabei lassen
sich bislang vor allem zwei Richtungen unterscheiden:
Die eine nimmt ihren Ausgang von Semiotik und Strukturalismus und sucht v.K. im Zusammenhang einer
Theorie der kulturellen Codes zu behandeln. Dabei
spielt die Bestimmung des Ikonischen am Zeichen eine
zentrale Rolle (ECO, METZ u. a.). Auch die Erneuerung
und Weiterentwicklung rhetorischer Lehren zu einer allgemeinen Rhetorik der Kulturphänomene hat dafür anregend gewirkt [1]. – Die andere Richtung behandelt v.K.
als ein Feld sozialer Manipulationen, die es zu durchschauen gilt. Sie tendiert zu einer kritischen Medientheorie. Für beide Tendenzen fallen unter v.K. alle überhaupt visuell spezifizierbaren Phänomene, über die im
engeren Sinne ikonografischen (im Bereich der bildenden
Kunst) hinaus, solche des Films, der Reklame, der Massenmedien, der Mode, der Choreographie, der Farb-
theorie usw.

Eine eigene Theorie der v.K. welche die Grundlagen
und Spezifika des visuellen Bereichs von anderen K.-For-
men abhebt, zeichnet sich bislang erst in Umrissen ab.
So bleibt es fraglich, ob das Visuelle und Bildliche durch
das bisher eingesetzte Modell von K. hinreichend darzustellen ist.

Anmerkung. [1] R. BARTHES: Rhétorique de l'image. Communications 4 (1964); dtsch. in: G. SCHIWY: Der frz. Strukturalismus
(1969) 158ff.; vgl. auch Communications Nr. 15 (1970).

Literaturhinweise. D. PROKOP: Soziol. des Films (1970). – W. F.
HAUG: Kritik der Warenästhetik (1971). – D. PROKOP (Hg.):
Materialien zur Theorie des Films (1971, ²1974). – H. K. EHMER
(Hg.): V.K. (1971). – F. KNILLI (Hg.): Semiotik des Films (1971,
²1974). – U. ECO: Einf. in die Semiotik (1972). – CH. METZ:
Semiol. des Films (1972). – D. BAAKE (Hg.): Krit. Medientheorie
(1973). – R. BARTHES s. Anm. [1]. – D. PROKOP: Massenkultur
und Spontaneität (1974).   G. BOEHM

Kommunikationsforschung. Die K. behandelt die Prozesse der zwischenmenschlichen Mitteilung und die damit zusammenhängenden Erscheinungen. Die Entstehung der K. hängt eng mit der Entstehung und Ausweitung neuer Techniken der Massenmedien (Zeitung, Massenproduktion von Büchern, Rundfunk, Fernsehen) und
der Arbeitsorganisation zusammen. Ihre Entwicklung
machte eine theoretische Erforschung von Nachrichten-
übertragungskanälen und den Bedingungen ihrer Nutzung, von Gruppenstrukturen menschlicher Organisation und von verhaltensorientierenden Faktoren erforderlich. In den fünfziger und sechziger Jahren dieses Jh.
wurden eine Fülle von Arbeiten zu diesem Forschungs-
bereich publiziert [1], der sich im engen Zusammenhang
mit der Kybernetik (s. d.) und anderen Wissenschaften
entwickelte [2]. Die detaillierte Beschreibung der Kommunikation zwischen zwei oder wenigen Personen ist
Gegenstand der K. im engeren Sinne [3]. Sie führte
zu Theorien wie der Informationstheorie (s. d.), der
Spieltheorie (s. d.), der mathematischen Linguistik [4],
die den theoretischen Kern einer entstehenden Kommunikationswissenschaft (s. d.) bilden. Die Erfassung
der Phänomene des Informationsflusses und der diese
bedingenden gruppendynamischen Faktoren im Gesamt-
system und in Teilsystemen einer Gesellschaft ist Aufgabe der (Massen-)K. [5].
Beide Arten der K. entwickeln sich im Kontext der
rein empirischen Forschung. Ziel ist die Beschreibung
bestehender Kommunikationsstrukturen und deren partielle Rekonstruktion in formalen Modellen. Der Beitrag der K. zur Philosophie ist gering (sofern man die
moderne Linguistik nicht zur K. rechnet). Es dürfte eher
umgekehrt sein, daß z. B. sprachphilosophische Analysen die weitere Entwicklung der K. anregen [6]. Die
hermeneutische Problematik, die zumindest die sprachliche Kommunikation einer restlosen Rekonstruktion
zu entziehen scheint [7], als auch Kommunikation als
transzendentale Kategorie [8] oder als «reines kommunikatives Handeln» [9], als «forschungstranszendentaler
Gesichtspunkt und erkenntnisleitendes Interesse», der
gegenüber die jeweils bestehenden Kommunikationen
Züge verzerrter Kommunikation aufweisen [10], werden
in der K., wie sie sich derzeit entwickelt, nicht in Betracht
gezogen.

Anmerkungen. [1] Vgl. die Sammlung der bedeutsamsten Ar-
beiten bei A. G. SMITH (Hg.): Communication and culture (New
York 1966). – [2] Zur Einf. vgl. C. CHERRY: On human com-
munication (Cambridge, Mass. 1957); dtsch. K. (²1967). – [3]
Zur Einf. vgl. W. SCHRAMM: The sci. of human communication
(New York 1963), dtsch.: Grundl. der K. (1964); H. REIMANN:
Kommunikationssysteme (1968). – [4] Vgl. Art. ‹Analyse› (logi-
sche Analyse der Sprache). – [5] Vgl. F. E. X. DANCE (Hg.):
Human communication theory (New York 1967). – [6] Vgl.
J. R. SEARLE: Art. ‹Human communication theory and the
philos. of language. Some remarks›, in: DANCE (Hg.), a. a. O.
[5] 116–129. – [7] H.-G. GADAMER: Wahrheit und Methode (1965).
– [8] K. JASPERS: Philos. (1932, ³1956) 1, 16 u. ö. – [9] J. HABER-
MAS: Erkenntnis und Interesse (1968) 285; Vorber. Bemerk. zu
einer Theorie der kommunikat. Kompetenz, in: J. HABERMAS und
N. LUHMANN: Theorie der Gesellschaft oder Sozialtechnol. (1971)
120 u. ö. – [10] J. HABERMAS: Erkenntnis und Interesse (1968)
351ff.   H. SCHNELLE

Kommunikationswissenschaft. Die Entwicklung der K.
wurde eingeleitet durch die Beschäftigung mit technischen Problemen der Nachrichtenübertragung, deren
Lösung gewisse statistische Kenntnisse über die Struktur
der sprachlichen Kommunikation zwischen Menschen –
allgemeiner: der Kommunikation mit Hilfe sensorisch
wahrnehmbarer Zeichen – voraussetzt [1]. Dabei spielte
der enge Zusammenhang, der Fragen der zwischenmenschlichen Kommunikation mit den Fragestellungen
anderer junger Wissenschaften, wie der Kybernetik
(s. d.), der Spieltheorie (s. d.) und der Theorie und Technologie von Automaten, verbindet, eine große Rolle. In
jedem der zuletzt genannten Gebiete wurden kommu-
nikationstheoretisch relevante Fragen angeschnitten und
Lösungen vorgeschlagen. Die Wechselwirkung war und
ist so stark, daß eine scharfe Scheidung der verschiedenen Gebiete kaum möglich ist. Als theoretischer Kern
der K. entwickelte sich zunächst die Informationstheorie
(s. d.). Später traten andere theoretische Disziplinen
gleichrangig dazu, so z. B. die mathematische Linguistik [2].
Das Problem der K. läßt sich folgendermaßen beschreiben: Eine bedeutungstragende *Nachricht* (z. B. die
Äußerung eines Satzes oder eines Textes), die der *Sender*
der Nachricht formuliert, soll an einem anderen Ort in
kürzester Zeit reproduziert werden. Die Reproduktion
muß so beschaffen sein, daß der *Empfänger* der Nachricht in der Lage ist, den vom Sender formulierten Inhalt der Nachricht der Reproduktion zu entnehmen. Da
die Kosten der Übertragung von der Länge des zu übertragenden Nachrichtenträgers abhängen, wird versucht,
die Nachricht in eine ökonomischere Zeichenfolge als
die ursprüngliche umzusetzen und diese beim Empfänger
mit Hilfe eines entsprechenden Kodes rückzuübersetzen.
Der Überschuß an Länge der ursprünglichen Nachricht
gegenüber einer optimal kodierten Nachricht heißt ‹ *Redundanz* ›. Zur Konstruktion eines optimalen Kodes
braucht man statistische Kenntnisse über die kombinatorischen Beschränkungen zwischen Teilen der Nachricht, der Nachricht als ganzer und ihrem verfügbaren
oder voraussetzbaren Kontext; diese Beschränkungen
sind der Grund für das Auftreten der Redundanz. Um
den Kode vom Sender zum Empfänger zu übertragen,
muß ein Medium für die Nachrichtenübertragung zwischen beiden, ein sogenannter (Nachrichten-)Kanal, existieren. Die kodierte Nachricht muß in ein *Signal* (z. B.
eine elektromagnetische Schwingung) gewandelt und
beim Empfänger zurückverwandelt werden; unter Umständen sind unterwegs Relais-Stationen erforderlich.
In jedem Kanal treten *Störungen* auf, die sich dem Signal
überlagern und dadurch die Wahrscheinlichkeit mindern, daß der Empfänger eine verständliche, der ursprünglichen Nachricht entsprechende Nachricht erhält.
Durch geeignete Kodes, die die Redundanz nunmehr
erhöhen, können durch Störungen auftretende Fehler
im Signal in beliebig hohem Maße entdeckt und beseitigt
werden, allerdings nicht ohne entsprechende Erhöhung
der Übertragungskosten.
Die K. entwickelte sich daher zunächst als eine Theorie der optimalen Kodierung und der störungseliminie-
renden Signalübertragung auf der Grundlage statistischer Kenntnisse der Nachrichtenstruktur. In Entsprechung zu den technischen Einrichtungen eines Nachrich-

tenübertragungssystems versuchte man auch die sensorischen Prozesse der Wahrnehmung und diejenigen der Sprechaktion (z. B. Artikulation) als Kodier- oder Wandler-Einrichtungen zu erklären, mit weithin großem Erfolg [3]. Überschätzt wurde jedoch der wissenschaftliche Aufschlußwert der statistischen Struktur der Sprache. Die neuere theoretische und algebraische Linguistik brachte hier einen weit besseren Ansatz [4], der unter dem Einfluß von Sprachphilosophie und formaler Logik weiter systematisiert und vor allem im Bereich der Semantik präzisiert wurde [5]. Ebenso dürfte der wissenschaftliche Beitrag der K. zur Erklärung von Denkvorgängen gering sein.

Anmerkungen. [1] C. E. SHANNON/W. WEAVER: The math. theory of communication (Urbana, Ill. 1949). – [2] Vgl. Y. BAR-HILLEL: Language and information (Reading, Mass. 1964). – [3] W. MEYER-EPPLER: Grundl. und Anwendungen der Informationstheorie (1959). – [4] BAR-HILLEL, a. a. O. [2]. – [5] Vgl. R. MONTAGUE: Formal philos. (New Haven 1974); F. KUTSCHE-RA: Sprachphilos. (²1975). H. SCHNELLE

Kommunismus (frz. communisme, ital. communismo, engl. communism, russ. kommunizm). Kommunistische Gesellschaftsvorstellungen existieren bereits seit der Antike [1]. In einem modernen, mit den Lebensbedingungen der Industriegesellschaft verknüpften Sinn hat der Begriff ‹K.› seit den vierziger Jahren des 19. Jh. literarische Verbreitung gefunden, nachdem er zuvor in französischen Geheimzirkeln (u. a. auch in den Geheimbünden, die der Gründung des Bundes der Kommunisten vorangingen) gebraucht worden war, um einen neuen Zustand der gesellschaftlichen Organisation, den es herbeizuführen gelte, zu bezeichnen [2]. K. ist danach eine auf dem Weg über revolutionäre Neuerungen herbeigeführte innere Befriedung und Harmonisierung der in Unausgeglichenheiten, Willkürakten, einseitigen Bereicherungen, Entrechtungen und Knechtungen sich ergehenden oder befangenen bürgerlichen Gesellschaft. Als Haupterrungenschaft des K. gilt die Aufhebung des Privateigentums. Damit verbunden werden positive Vorstellungen von Gütergemeinschaft und von freier Assoziation der Menschen zum Zweck gemeinsamer und koordinierter Arbeit in Landwirtschaft, Gewerbe und Industrie. Gleichartige Befriedigung der Bedürfnisse soll Konkurrenz, Differenzierung und somit Herrschaft zum Verschwinden bringen. Freie Assoziation, d. h. ungezwungene Geselligkeit in der Arbeit, gilt als Organisationsform der kommunistischen Gesellschaft der Zukunft. Durch sie soll eine vernünftige Form der Organisation der Produktion und eine gerechte Form der Distribution erreicht werden. Allgemein wird angenommen, im K. sei eine reichliche Güterproduktion durch die Nutzung der bereits vorhandenen und sich sodann blühend weiterentwickelnden Technik und Wissenschaft garantiert. Überhaupt nimmt man an, daß alle guten Seiten des Menschen in dem Moment zu voller und freier Entfaltung gelangen, von dem ab durch den Wegfall materieller Not und durch Herstellung wirklicher Gleichheit aus der Gesellschaft heraus kein Appell an die niederen Gefühle des Menschen mehr in Gang gesetzt werde und zu setzen sei. Damit gehen in den K. alle positiven Errungenschaften und Eigenheiten der bürgerlichen Gesellschaft ein, während all ihre mißliebigen und negativen Charakterzüge abgestreift werden.

Ohne Zweifel hat der französische Frühsozialismus [3] des ausgehenden 18. und beginnenden 19. Jh. den geistigen, die Restauration den politischen sowie die sich herausbildende Industriearbeit den sozialen Nährboden für das Avancement des K. abgegeben. Dabei hat SAINT-SIMON (1760–1825) sicherlich als derjenige gewirkt, der die Ideen des Sozialismus von ihrem Bezug auf vorindustrielle Verhältnisse befreit und auf den Industrialismus angewandt hat [4]. Die Wendung von der althergebrachten Staatslehre zu einer neuen, in der die Gesellschaft als das Primäre und der Staat als das Sekundäre (und nicht umgekehrt wie vordem) betrachtet wird, ist ganz wesentlich von ihm forciert und vollendet und in seiner Schule bzw. unter seinem geistigen Einfluß von BAZARD, EN-FANTIN, LEROUX, PECQUEUR, BUCHEZ, LAMENAIS, LACOR-DAIRE u. a. immer wieder verdeutlicht worden. Neben Saint-Simon ist vor allem CH. FOURIER (1792–1837) zu nennen, in dessen Anschauungen von der «*anarchie industrielle*» die Akkumulation des Kapitals, die Verelendung der Massen und der Zusammenbruch des Systems der modernen Industrie beschrieben wird [5].

Als Vorläufer der modernen K.-Theorien muß F. N. BABEUF (1760–1797) angesehen werden, dessen zwar weitgehend auf Agrar-K. bezogene Ideen [6] aber von F. BUONAROTI (1761–1837) [7] und L.-A. BLANQUI (1805 bis 1881) weiter entwickelt und verbreitet wurden; wobei Blanqui in den politischen Clubs vor allem nach Kampfgenossen suchte, die einen revolutionären Umsturz zu riskieren bereit waren, ohne zuvor allzu viele Aufmerksamkeit auf die Konzeption der künftig daraus hervorgehenden Gesellschaft zu verwenden [8]. Ganz im Gegensatz dazu hat E. CABET (1788–1856) Ideen eines friedfertig zuwege zu bringenden, ikarischen K. entwickelt, der sich auf die Überzeugung von einer den K. tragenden Brüderlichkeit der Menschen gründete und den er in (freilich mißlingenden) Kommunegründungen in Übersee zu erproben suchte [9]. Von den deutschen Mitgliedern französischer Geheimbünde ist W. WEITLING (1808 bis 1871) als Verfechter eines kämpferisch herbeizuführenden K. bekannt geworden [10]. Die Geheimgesellschaften blühten vor allem in den vierziger Jahren des 19. Jh. und hatten ihre Medien in den Zeitschriften ‹*L'Humanitaire*› und ‹*L'Intelligence*›.

War ‹K.› bei den erwähnten französischen Frühsozialisten der Begriff zur Kennzeichnung ihrer allgemeinen politischen und sozialen Zielsetzungen und die Benennung ‹Kommunist›, die z. B. E. CABET auf sich selbst bezogen gebrauchte, der Ausdruck für eine Person, die sich mit Tat und Gedanke für die Erfüllung dieser Zielsetzung engagierte, so erlangte der Begriff ‹K.› bei M. HESS (1812–1875), K. MARX, FR. ENGELS und im kritischen Sinn bei L. VON STEIN (1815–1890) eine von utopischen Erwartungen und subjektiv-voluntaristischen Haltungen losgelöste, objektiv-historisch gefestigte und dabei auf Kollektivsubjekte (Proletariat bzw. Arbeiterklasse im kämpferischen Gegensatz zur Bourgeoisie) bezogene, geschichtsphilosophisch begründete und im Klassenbewußtsein der Unterdrückten sich manifestierende Bedeutung [11].

Wenn bei VON STEIN und MARX ein unterschiedliches bis gegensätzliches Engagement auf gleichartige Beschreibung und Deutung der Lage der Arbeiterschaft gegründet wird, so liegt das Gleichartige an der gemeinsamen Wurzel im *Hegel*schen Verständnis von Struktur und Geschichte der bürgerlichen Gesellschaft. Die Anschauungen vom K. erhalten mit dieser geschichtsphilosophisch fundierten Deutung den methodischen Zuschnitt idealistischen Philosophierens von spezifisch deutscher Provenienz [12]. Die dialektische Philosophie wird zum Grundmuster des historischen Materialismus [13].

Ein philosophischer Ansatz dieser Art ließ sich weder in England noch in Frankreich als reflektiver Hintergrund des Räsonierens über die jeweilige Lage der Arbeiterklasse und über die weitere Entwicklung der Gesellschaft fruchtbar machen. Das führte zu der Diskrepanz, daß die weittragendste Reflexion über den K. merkwürdigerweise aus dem Land stammte, das seiner industriellen Entwicklung nach erst ab den siebziger Jahren des 19. Jh. bis in den Beginn des 20. Jh. die Merkmale der Klassenspaltung auf der Grundlage einer sich herausbildenden Industriearbeiterschaft aufzuweisen vermochte, während sich in den in dieser Hinsicht fortgeschrittensten Ländern England und Frankreich andere und weniger umfassende Konzepte des K. schon herausgebildet hatten. In England und Frankreich, die in der industriellen Revolution den größten Fortschritt zu verzeichnen hatten, erwiesen sich auch für die Sozialphilosophie Denkmuster, die nach Sache und Methode an den Naturwissenschaften wie an einem Symbol des Fortschritts orientiert blieben, breitenwirksamer, während in Deutschland, wo Hegels Ansätze nahezu allenthalben verstanden wurden, Marxsches Denken von daher also leicht zu rezipieren gewesen wäre, sowie in Rußland, wo man sich dafür nicht verschlossen zeigte, wirtschaftliche Gegebenheiten vorherrschend waren, die einer Analyse der Entwicklung, wie sie sodann in Marx' Hauptwerk ‹Das Kapital› zustande kam, noch für lange Zeit nicht zu entsprechen vermochten.

Marx und Engels haben sich nur in dem einen Moment ihrer eigenen Entwicklung, nämlich in den Jahren 1847 und 1848, in denen von Engels die ‹Grundsätze des K.› [14] verfaßt und von beiden sodann das ‹Manifest der kommunistischen Partei› [15] verabschiedet wurde, in vollem Einklang mit der allgemeinen Stimmung und Gesinnung kritisch eingestellter Kreise befunden. Während diese Stimmung bei teilweise wechselnder Trägerschaft anhielt, ging insbesondere Marxens Begründung des K. mit der vertieften Analyse der bürgerlichen Gesellschaft und der Untersuchung der ökonomischen Entwicklungsgesetze des Kapitals bald über den allgemeinen Stand der Einsicht in die Notwendigkeit grundlegender Veränderungen hinaus. Freilich dauerte es beinahe zwei Jahrzehnte, ehe 1867 im ersten Band des ‹Kapitals› [16] für einen geschlossenen Nachvollzug der Gedankengänge ein Text vorlag. Auf jeden Fall konnten die von Marx entwickelten und von Engels sodann Ende der siebziger Jahre im ‹Anti-Dühring› [17] breitenwirksam publik gemachten K.-Vorstellungen im 19. Jh. in den verschiedenen Ländern Europas nur in regional-historisch differenzierender Spezifizierung rezipiert und weiter verarbeitet werden. Dem organisatorischen Zentrum der Internationale hat zwar in London ein geistiges Zentrum entsprochen, aber es hat ebenso wenig, wie es in organisatorischer Hinsicht vollauf disziplinierend zu wirken wußte, eine Gleichartigkeit in der Theoriebildung hervorzubringen vermocht.

In der ersten Internationale (I.A.A.) ist es insbesondere Bakunin gewesen, der die politischen Zielvorstellungen der Kommunisten in einem anderen organisatorischen Rahmen zu verwirklichen bestrebt war [18]. Proudhon hatte zuvor die Anarchie als die am meisten dem entwickelten wirtschaftlichen Tauschverkehr angemessene Reduzierung aller politischen Gewalt auf bloß ökonomische Funktionen verstanden und hat – vor allem in seinen Spätschriften – den K. als eine autoritäre Regierungsform bezeichnet, der gegenüber die Anarchie den Vorteil der gleichberechtigten Partizipation eines je-

den am System der Selbstbestimmung der Gesellschaft habe, indessen man im K. darauf angewiesen sei, die Wirtschaft mittels Zentralinstanzen zu regulieren [19].

M. A. Bakunin (1814–1876), der den Proudhonismus in Zuspitzung übernahm, hat den Anarchismus zunächst und zuvorderst als revolutionäre Praxis verstanden, als ein Sich-Ausleben der revolutionär-befreienden Kräfte des Volkes, das sich nach Abschaffung aller Herrschaft einem K. der freien Assoziation von Bauern, Handwerkern und Industriearbeitern hingeben könne. Er sah daher in der zentralistischen Leitung der Internationale ein Organisationsprinzip, das zur Unterdrückung der revolutionären Kräfte mehr bewirke als zu ihrer Freisetzung, so daß sich sein Kampf für die Revolution bald mehr in einen solchen gegen die I.A.A. und gegen Marx [20] verwandelte.

Demgegenüber hat P. A. Kropotkin (1842–1921) in seinem Konzept von einem anarchistischen K. später eine Synthese von politischer Herrschaftsfreiheit und ökonomischer Organisationsnotwendigkeit herzustellen versucht, wobei er sich freilich an dem Entwicklungsstand der Ökonomie in Rußland orientierte [21]. Das wiederum ließ ihm die Marxschen Lehren von der Akkumulation des Kapitals und der damit einhergehenden Vermehrung der Arbeitsbevölkerung bei deren gleichzeitig wachsender Verelendung als Voraussetzungen des Heranreifens der Weltrevolution als eine autoritäre und einengende Doktrin erscheinen. Kropotkin meinte vielmehr – hierin völlig undialektisch –, der anarchistische K. folge dem Vorbild der Wissenschaften, die ebenfalls jedem seiner Vertreter die Freiheit des Denkens und Forschens bei gleichzeitiger Anerkennung gesicherter Ergebnisse einräumten, die aber nicht forderten, sich einer einzigen (für ihn im Fall von Marx zudem unbewiesenen) Anschauung zu unterwerfen.

Die bereits in der Auseinandersetzung der Anarchisten mit dem K. der in der ersten Internationale assoziierten Vertreter des europäischen Sozialismus zutage tretende Tendenz, K. in dreifacher Weise zu verstehen, nämlich 1. als Zielsetzung, 2. als Lehre von Gründen, Motiven, Mitteln und Wegen der Erfüllung dieser Zielsetzung und 3. als zentralisierte Organisation (der Anhänger des K. vor der Revolution und nach ihr der künftigen Wirtschaft und Gesellschaft), ist für die Deutung des K. seither maßgebend geblieben.

Diese Tendenz wurde zudem durch die Reaktion herrschender Kreise auf den K. und die öffentliche Verarbeitung des K. verstärkt. Denn in der öffentlichen Perzeption von Sozialismus und K. hat es nach der bemerkenswerten Klarheit, zu der L. von Steins Darstellung gediehen war, statt kritisch differenzierender oder klärender Beschäftigung mehr eine Mischung aus Aversion und Konfusion über die diversen Ansätze und Bestrebungen der Kommunisten gegeben. Daran haben sicherlich Umstände mitgewirkt, die den K. primär – wenngleich darin vordergründig – als bloße Umsturz- statt als gesellschaftliche Erneuerungsbewegung, eher als revolutionäre Diktatur und Tyrannei denn als Umformung des Bestehenden in humanitärer Absicht erscheinen ließen. In diesem Sinn hat nicht nur das ‹Manifest der kommunistischen Partei› von 1848 gewirkt. Nachhaltiger Einfluß ist vor allem im Blick auf die Einschätzung von *Marx* in der bürgerlichen Öffentlichkeit auch von den Kölner Kommunistenprozessen ausgegangen. In ihnen waren 1852 ehemalige Angehörige des Bundes der Kommunisten, für den das Manifest seinerzeit verfaßt worden war, als Verschwörer vor Gericht gestellt worden. Dabei wurde der Eindruck von der Existenz einer von Marx geführten internationalen Verschwörung gegen Europas Throne und Regierungen hervorgerufen [22] und infolgedessen wurde der K. als besonderes Gedankengut von Marx im Sinne solchen Verschwörertums interpretiert. Später war sicherlich die von Marx abgegebene eindeutige Stellungnahme zugunsten der Pariser Kommune von 1870 [23] ein neuerlicher Grund, weiten Kreisen das Fürchten vor dem K. zu lehren.

Zum Teil balanciert und eingeebnet wurden solche Eindrücke durch die immer breiter wirkende und mächtiger werdende Arbeiterbewegung in fast allen Ländern Europas mit ihrem vielgestaltigen Gewerkschafts-, Genossenschafts- und Parteienwesen. Durch deren Tätigkeit wurde zugleich der Begriff ‹K.› mehr und mehr durch die Verwendung des Begriffs ‹Sozialismus› in den Hintergrund gedrängt. Die synonyme Bedeutung wurde dadurch nicht aufgehoben. K. gilt der Sache nach zu dieser Zeit durchaus als das, was mit ‹Sozialismus› als einer Zielvorstellung zu bezeichnen ist, wie Engels selbst [24], W. Liebknecht [25] und K. Kautsky [26] es gelegentlich auch betonten. In der Arbeiterbewegung traten zudem mehr und mehr Führungspersönlichkeiten in den Vordergrund, die selbst bürgerlichen Schichten entstammten, deren Aktivität weniger der theoretischen als der praktischen Absicherung von Arbeits- und Lebensbelangen der Arbeiterschaft galt. Durch sie und die theoretisch ohnehin weniger versierten Parteiführer aus der Arbeiterschaft erhielt der Sozialismus mehr und mehr den Charakter einer alle Arbeiter verbindenden und einfordernden, großen, gemeinsamen Sache, bei der es weniger auf theoretische Finessen als auf die Durchsetzung praktischer Anliegen ankam. Von Lassalle mit seiner eigentümlichen Mischung von philosophischen und ökonomischen Gedanken, denen allen nur halbe Originalität und nie ganze Stimmigkeit zukam, bis zum idealistisch engagierten, großen Parteiführer Bebel (der von dem revolutionsermöglichenden Zusammenbruch des Kapitalismus als von dem großen «Kladderadatsch» sprach) konnten daher in Deutschland wie auch in anderen Ländern sehr unterschiedliche Auffassungen über Sozialismus und K. vorgetragen werden.

Marx und Engels haben zuweilen gegen solche Äußerungen Stellung genommen. So verdankt die Arbeiterbewegung dem Werk von Engels über ‹Herrn Dührings Umwälzung der Wissenschaft› [27] einen faßlichen Aufschluß über das gedankliche System von Marx und Engels; denn dieses Buch wurde mehr als ‹Das Kapital› zum eigentlichen theoretischen Lehrbuch interessierter Kreise in der Sozialdemokratie. Schließlich war es 1875 das Gothaer Programm, das Marx dazu veranlaßte, Erläuterungen über einige seiner Vorstellungen vom vollendeten K. zu geben.

Wahrscheinlich gibt es kein Element der Marxschen Theorie, das nicht in dieser oder jener Form bei seinen Vorläufern und Zeitgenossen zu finden ist. Die gründlichste analytische Aufreihung aller geistigen Anleihen kann aber über die spezifische Leistung von Marx nicht hinwegtäuschen. Sie besteht darin, die Verknüpfung und Verquickung der von den Frühsozialisten vertretenen Ansichten mit dem zwingenden Charakterzug Hegelscher Geschichtsphilosophie ausgestattet zu haben, was ohne eine konsequente Nutzung und Verwendung der Methode des dialektischen Denkens nicht möglich gewesen wäre. Die Stadien, die dieser Verknüpfungsprozeß durchlaufen hat, sind als Wandlung des Marxschen Denkens deutlich sichtbar. In der Phase der *philosophischen Begründung* des K. erscheint dieser als «das aufgelöste Rätsel der Geschichte», als «die wahre Auflösung des Streits zwischen Existenz und Wesen» [28]. Der K. als neue Organisationsform der Gesellschaft ist für Marx humaner Naturalismus und natürlicher Humanismus. In ihm wird die freie Auseinandersetzung des Menschen mit der Natur (dies ist der philosophische Arbeitsbegriff des jungen Marx) nicht mehr über die entstellenden und entfremdenden Mechanismen der Arbeitsteilung, der Entrechtung und der unterjochenden Beherrschung vieler durch wenige, die das Privateigentum mit sich bringt, zu bewerkstelligen sein. Natur als Vorrat potentieller Menschlichkeit und Menschlichkeit als verwirklichte Natürlichkeit sind Begriffsraster des vollendeten K. [29], der nur durch Revolution herbeigeführt werden kann; wobei Marx in seiner Jugend meint, das begreifende Subjekt der Geschichte, durch welches die Revolution bewerkstelligt werde, könnte in Deutschland von philosophischer Provenienz sein, – eine Meinung, die er freilich nicht lange behielt, um das Proletariat sodann als Vollstrecker und Vollender und dessen sich herausbildendes Klassenbewußtsein als reflektierende Entität der inneren Notwendigkeit der geschichtlichen Entwicklung zu entdecken.

In der Phase der *ökonomischen Begründung* des K. beginnt Marx gegenüber der zum Teil undifferenzierten Haltung, die im ‹Manifest› zum Ausdruck kommt, im Blick auf die Abschaffung des Eigentums schlechthin ebenso zu differenzieren wie im Blick auf die Momente, die zur Auslösung der Revolution führen. Er erkennt, daß es das *Privateigentum an den Produktionsmitteln* ist, das einen Aneignungsprozeß ermöglicht, in dem die Arbeiter ihre Arbeitskraft wie eine Ware handeln, deren Preis – der Lohn – weit unter dem Wert jener Waren liegt, die sie produzieren, ohne sie hernach kaufen zu können, dergestalt also den Kapitalisten bereichernd. Von da an beschäftigt sich Marx nahezu ausschließlich mit der Analyse der Ermöglichungsbedingungen des K. aus den Lebensbedingungen der bürgerlichen Gesellschaft und ihrer kapitalistischen Wirtschaftsweise heraus. Die Revolution hat seiner Meinung nach das freizusetzen, was im Schoß der alten Gesellschaft bereits herangereift ist [30]. Diese Formel zeigt, daß Marx die materiell-technische Basis des K. mit der des Kapitalismus für identisch hält. Dennoch heben sich Kapitalismus und K. in epochaler Weise voneinander ab. Unter kapitalistischer Produktionsweise reift zwar die sozialistische Revolution heran, die – wie insbesondere Engels betont – den Staat zum Verschwinden bringt, ihn in gesellschaftlichen Beziehungen freier Assoziation untergehen, ertrinken, absterben läßt; aber eben durch das Verschwinden der Herrschaft von Menschen über Menschen zugunsten einer Verwaltung von Sachen [31] zeigt sich eine völlig neue Qualität des Zusammenlebens.

Was Marx zum Hauptinhalt seiner ökonomischen Anschauungen erkoren hat, nämlich, die dialektisch wirkenden ökonomischen Mechanismen von der Unabwendbarkeit der Revolution herauszustellen und die sozialistische Qualität dieser kommenden Revolution als innere Schlüssigkeit des Industrialisierungsprozesses und des damit verbundenen Zivilisationsprozesses aufscheinen zu lassen, das ist von den meisten Anhängern und Mitgliedern der Arbeiterbewegung mehr gläubig als in wissendem Nachvollzug aufgenommen worden [32]. Das Gothaer Programm zeigte gerade das mit großer, für Marx und Engels freilich wenig wünschenswerter Deutlichkeit. Denn alle analytischen Anstrengungen der Londoner hatten nicht vermocht, grundlegende Begriffe des Marxschen Gedankensystems einer breiteren Schicht von Funktionären so vertraut zu machen, daß sie diese mit Trefflichkeit hätten verwenden können. Gerade dadurch aber kommt es zur Kritik des Gothaer Programms, in der Marx eine Deskription von zwei für ihn denkbaren Stadien des K. nach erfolgter Revolution gibt. Marx spricht von der Periode der Diktatur des Proletariats als einer Übergangsphase, die von einer höheren Phase vollendeten K. abgelöst wird, wobei er aufzeigt, welche grundlegenden Investitions- und Distributionsprobleme auch darin immer wieder zu lösen sind, so daß sich von daher Vordeutungen auf eine zentral gelenkte Wirtschaft ergeben [33]. Gerade das hat für die Zukunft die Frage aufgegeben, wie sich denn eine Zentralbehörde zur ursprünglich durchgängig angenommenen freien Assoziation der Gesellschaft und zu der gedachten gesellschaftlichen Selbstregulierung verhält und welcher Unterschied wohl zwischen dem Staat, der ja verschwinden sollte, und derartigen Zentralinstanzen bestehen würde.

In der Beschäftigung mit Fragen künftiger Körperschaften zur Organisation und Regulierung der Produktion gehen die Ansichten bei den wenigen wirklich theoretisch geschulten Persönlichkeiten der Sozialdemokratie in charakteristischer Weise auseinander. A. Bebel (1840–1913) entwickelt hier Vorstellungen, die dem Anarchismus nahe kommen [34]; E. Bernstein (1850–1932) meint in seinem revisionistischen Bestreben, Zukunftsfragen dieser Art könnten allenfalls aus Wunschvorstellungen heraus idealisierend, nicht aber wissenschaftlich verbindlich beantwortet werden [35]; demgegenüber spricht K. Kautsky (1854–1938) von der klaren Notwendigkeit einer planvollen und zentralen Direktion [36] der Wirtschaft im K. der Zukunft.

Ein besonderes Feld der Argumentation bildete sich mit zunehmender Verrechtlichung der Kampfziele der Arbeiterbewegung heraus. Je mehr soziale Anliegen in Obhut des bestehenden Staates auf arbeits- und sozialrechtlichem Weg geregelt wurden, desto eindringlicher stellte sich die Frage nach dem Verhältnis der Sozialdemokratie als Partei zum Staat, den es aller bisherigen Ideologie nach als Herrschaftsinstrument abzuschaffen galt. Mit zunehmend stärkerem Abschneiden sozialistischer Parteien in Parlamentswahlen kommt daher selbst bei Engels in seinen letzten Jahren der Gedanke auf, eine Übernahme der Macht könne auch auf legalem Weg eingeleitet werden [37]. Das mußte zu besonderen Problemen natürlich im Blick auf jene Länder führen, in denen, wie in Rußland, keine Aussicht auf die Etablierung eines parlamentarischen Systems bestand. In der Konsequenz dieser Entwicklung kam daher für die Russische Sozialdemokratische Arbeiterpartei der Frage nach Rolle und Aufbau der Partei eine besondere Bedeutung zu. Im Streit um die entsprechenden Prinzipien spaltete sich die Partei in Menschewiki und die von Lenin geführten Bolschewiki. Als ein besonderes Phänomen Rußlands bildeten sich im Zug der Revolution von 1905 die Räte, die Sowjets, heraus. Lenins Partei der Bolschewiki und die Sowjets sind es sodann gewesen, die der Geschichte des K. im Gefolge der russischen Revolution von 1917 eine besondere Wende gegeben haben.

Von herkömmlichen russischen Vorstellungen eines besonderen Weges zum Sozialismus, der auf Grund der russischen Umverteilungsgemeinde (*mir* bzw. *obščina*) begangen werden könnte, weil diese gewissermaßen einen Agrar-K. vorstrukturiere, der insbesondere von A. Her-

zen (1812–1870) [38] propagiert wurde und den N. G. Černyševskij (1828–1889) als Möglichkeit des Erreichens des K. ohne Umweg über den Kapitalismus empfohlen und durch möglichst frühzeitige Revolution zu beschreiten angeregt hat [39], konnte nach der Machtübernahme der Bolschewiki keine Rede mehr sein. W. I. Lenin (1870–1924) hat den Begriff ‹K.› weit mehr durch ständige Benutzung in politischen Reden gängig und durch die Umbenennung der Bolschewiki in ‹Russische Kommunistische Partei (Bolschewiki)› [40] offiziell verbindlich gemacht, als daß er durch theoretische Überlegungen zu einer weiteren Klärung dieses Begriffes im Sinn der Deskription einer nachrevolutionären Gesellschaftsordnung beigetragen hätte. In ‹Staat und Revolution› [41] hat er zwar das Absterben des Staates näher beschrieben (Stadium des Sozialismus mit Verteilung nach Leistung und des K. mit Verteilung nach Bedürfnissen), ist aber eben darin nicht über das schon Gesagtes hinausgekommen; oder er hat sich hinsichtlich der realen Gegebenheiten geirrt, so etwa, wenn er meinte, man könne die bisherige Führungsschicht unter der Kontrolle des bewaffneten Proletariats zu mäßig bezahlten, verantwortlichen und absetzbaren Buchhaltern der Nation im Übergangsstadium von der Revolution zur neuen Gesellschaft machen, eine Spekulation, die gründlich danebenging. Unter Lenin mußten schließlich mit zunehmend klarer werdender Einsicht in das Ausbleiben der Revolution in Westeuropa, insbesondere in Deutschland, alle Hoffnungen auf das in absehbarer Zeit erfolgende Erreichen eines kommunistischen Endstadiums der gesellschaftlichen Entwicklung begraben werden. N. Bucharins (1888–1938) Ansichten über den K., die weitgehend als Lehr- und Lernbuch der russischen Bevölkerung in Marxismus gedacht waren [42], wurden damit ebenfalls zu jenen Teilen gegenstandslos, die sich mit dem zukünftigen Zustand der Gesellschaft befassen. J. W. Stalin (1879–1953) hat sich nur an wenigen Stellen [43] über den K. geäußert, ohne dabei irgendeine theoretische Neuerung beizubringen, die den Endzustand selbst betrifft. Neuerungscharakter aber hat seine (von ihm auf Lenin zurückgeführte) Lehre vom Aufbau des Sozialismus in *einem* Land. Nach ihm hat sich von den Sowjetführern nur N. S. Chrustschew (1894–1971) in programmatischer Art über den Aufbau des K. geäußert, wobei er das Erreichen des Endstadiums zeitlich auf die achtziger Jahre des 20. Jh. in Form eines Parteiprogramms [44] festlegen ließ. Dabei wurde kein Zweifel darüber gelassen, daß die Organisation der Wirtschaft sich kaum von der heutigen Form der Wirtschaftsführung unterscheiden werde. Der Prozeß des Festschreibens des K.-Begriffs auf die heutigen Zustände der Sowjetunion unter Einrechnung technischer Weiterentwicklung des Produktionsapparates hat damit auch auf sowjetischer Seite fast denselben Grad erreicht, wie das zuvor schon im Sprachgebrauch in westlichen Ländern der Fall gewesen ist. In angelsächsischen Ländern versteht man unter ‹Communism› nahezu ausschließlich das politische System der Sowjetunion und anderer sozialistischer Länder und registriert darunter auch die Ideologie als eine besondere Legitimationsbasis des Systems. Diesen vorwiegend politischen Bedeutungsgehalt hat der Begriff ‹K.› schon seit der Umbenennung der Bolschewiki dadurch in immer stärkerem Maß erlangt, daß in Folge der Gründung der Kommunistischen Internationale (Komintern) im März 1919 alle kommunistischen Parteien des Westens, die bereit waren, sich den Aufnahmebedingungen der Komintern zu unterwerfen, in Sektionen einer einzigen großen kommunistischen Weltpartei verwandelt wurden, die ihre Zentrale in Moskau hatte. Auf diese Weise ergab sich eine nahezu geschlossene kommunistische Frontstellung in der politischen Konfrontation des Sowjetsystems mit seiner kapitalistischen Umwelt. Die politischen Auseinandersetzungen der Zeit nach dem Zweiten Weltkrieg haben sodann den Begriff ‹K.› lange Zeit als den weltanschaulich-politischen Gegenbegriff zu «freie Welt» verwendet sein lassen. Damit war dem Bedeutungswandel im Sinn einer Enttheoretisierung ein Endpunkt gesetzt. Auch heute, in einer Zeit, in der die Ost-West-Konfrontation andere Züge angenommen hat und in der durch den chinesischen K. Hoffnungen auf neue soziale und theoretische Gehalte des K. erweckt werden, läßt sich keine theoretische Rekonstruktion absehen, die dem einstmals vorhandenen Theoriepotential Vergleichbares zur Seite zu stellen vermöchte.

Anmerkungen. [1] R. PÖHLMANN: Gesch. des antiken K. und Sozialismus 1. 2 (1893/1901); G. ADLER: Gesch. des Sozialismus und K. von Plato bis zur Gegenwart 1/1 (1899). – [2] G. MORANGE: Les idées comm. dans les sociétés secrètes dans la presse sous la monarchie de juillet (Paris 1905); V. P. VOLGIN: Idei socializma i kommunizma vo francuzskoj obščestwach 1835-1937gg., in: Vopr. istorii (1949) 3, 64-81; frz. Idées socialistes et comm. dans les sociétés secrètes 1835-40, in: Questions d'hist. 2 (Paris 1954) 9-37; zum Bund der Kommunisten selbst: FR. ENGELS: Zur Gesch. des Bundes der Kommunisten, in: K. MARX: Enthüllungen über den Kommunisten-Prozeß zu Köln (³1885). Einl. MEW 8 (1960) 577-593; A. W. FEHLING: Karl Schapper und die Anfänge der Arbeiterbewegung bis zur Revolution von 1848 (Diss. Rostock 1922, masch.); F. SCHRAEPLER: Der Bund der Gerechten. Arch. Sozialgesch. 2 (1962) 5-29; W. SCHIEDER: Anfänge der dtsch. Arbeiterbewegung (1963). – [3] Die frühen Sozialisten, hg. F. KOOL/W. KRAUSE, (1967); V. P. VOLGIN: Francuszkij utopičeskij kommunizm (Moskau 1960); R. GARAUDY: Les sources franç. du socialisme sc. (Paris 1948). – [4] G. WEIL: L'école Saint-Simonienne, son hist., son influence jusqu'à nos jours (Paris 1896); G. G. IGGERS: The cult of authority. The polit. philos. of the Saint-Simonians (Den Haag 1958). – [5] H. BOURGIN: Fourier. Contribution à l'étude du socialisme franç. (Paris 1905). – [6] G. LEFÈBVRE: Les origines du C. de Babeuf. C.R. 9e Congr. int. Sci. hist. 1 (1950); F. JONAS: Die Gesellschaftslehre des Babeuf. Jb. Sozialwiss. 16 (1965) 3, 317-336. – [7] A. GALLANTE GARRONE: Buonarroti e Babeuf (Turin 1948). – [8] A. B. SPITZER: The revolutionary theories of Louis-Auguste Blanqui (New York 1957); M. DOMMANGET: Les idées polit. et sociales d'August Blanqui (Paris 1958). – [9] P. CARRÉ: Cabet. De la démocratie au C. (Lille 1903). – [10] W. SEIDEL-HÖPPNER: Wilhelm Weitling – der erste dtsch. Theoretiker und Agitator des K. (Berlin [Ost] 1961); G. M. BRAVO: Wilhelm Weitling e il C. tedesco prima del quarantotto (Turin 1963). – [11] J. GOITEIN: Probleme der Gesellschaft und des Staates bei Moses Heß. Ein Beitr. zu dem Thema Heß und Marx (1931); K. MIELKE: Dtsch. Frühsozialismus. Gesellschaft und Gesch. in den Schr. von Weitling und Heß (1931). – [12] H. STUKE: Philos. der Tat. Stud. zur «Verwirklichung der Philos.» bei den Junghegelianern und den Wahren Sozialisten (1963). – [13] J. HYPPOLITE: Etudes sur Marx et Hegel (Paris 1955); G. DICKE: Der Identitätsgedanke bei Feuerbach und Marx (1960); M. ROSSI: Marx e la dialettica hegeliana 1. 2 (Rom 1960/63). – [14] ENGELS, MEW 4, 361-380. – [15] MARX/ENGELS, 4, 459-493. – [16] MARX, MEW, Bd. 23. – [17] ENGELS, MEW, Bd. 20. – [18] V. POLONSKIJ: Bakunin v pervouj Internationale, in: Istorik marksist 2 (Moskau 1926) 5-43; M. NETTLAU: Bakunin und die Internationale in Italien bis zum Herbst 1872. Arch. Gesch. Sozialismus u. Arbeiterbewegung 2 (1912) 275-329; Bakunin und die Internationale in Spanien, 1868-1873 (1913); Michel Bakounine et les conflits dans l'internationale, 1872. Textes établis et annotés par A. LEHNING (Leiden 1965). – [19] Vgl. P. J. PROUDHON: Du principe fédératif (Paris 1863) 25; P. HEINTZ: Die Autoritätsproblematik bei Proudhon (1957); J.-L. PUECH: Le Proudhonisme dans l'Association Internationale des Travailleurs. (Paris 1907). – [20] F. BRUPBACHER: Marx und Bakunin (München 1913). – [21] M. NETTLAU: Der Anarchismus von Proudhon zu Kropotkin (1927); Anarchisten und Sozialrevolutionäre (1931). – [22] N. WERMUTH und W. STIEBER: Die Kommunisten-Verschwörungen des 19. Jh. 1. 2 (1853/54). – [23] K. MARX, Der Bürgerkrieg in Frankreich. MEW 17, 319-362. – [24] Vgl. ENGELS, MEW 4, 580. – [25] H. MÜLLER: Ursprung und Gesch. des Wortes Sozialismus und seiner Verwandten (1967) 168. – [26] K. KAUTSKY: Die hist. Leistung von Karl Marx (1908, ²1919) 44. – [27] Vgl. ENGELS, a. a. O.

[17]. – [28] K. MARX: Ökonom.-philos. Mss. aus dem Jahre 1844. MEW Erg.-Bd. 1, 536. – [29] A. SCHMIDT: Der Begriff der Natur in der Lehre von Marx (1962, ²1967). – [30] MARX, MEW 17, 343. – [31] ENGELS, MEW 20, 262. – [32] Vgl. treffend dazu: VAHLTEICH in der Festschr. der Leipziger Arbeiter zum 23. Mai 1913 (1913) 16. – [33] MARX, MEW 19, 15-32. – [34] A. BEBEL: Die Frau und der Sozialismus (1878). – [35] E. BERNSTEIN: Wie ist wiss. Sozialismus möglich? (1901) 16-36. – [36] K. KAUTZKY: Die soziale Revolution 2: Am Tage der sozialen Revolution (1902) 39. – [37] ENGELS, MEW 22, 525. – [38] M. MALIA: Alexander Herzen and the birth of Russ. socialism, 1812 to 1855 (Cambridge, Mass. 1961). – [39] N. G. ČERNYŠEVSKIJ: Was tun? (1863). – [40] W. I. LENIN auf dem VII. Parteitag, März 1918. – [41] Werke 25, 393-507, bes. 478ff. – [42] N. BUCHARIN: Das Programm der Kommunisten (Bolschewiki) (1919); N. BUCHARIN und E. A. PREOBRAŽENSKIJ: Das ABC des K. (1920). – [43] J. W. STALIN, z. B. Werke 10, 116f. – [44] N. S. CHRUSTSCHEW, Parteiprogramm, verabschiedet vom XXII. Parteitag (Oktober 1961).

Literaturhinweise. TH. OELKERS: Die Bewegung des Sozialismus und K. (1844). – W. SCHULZ: Art. ‹C.›, in: Staatslexik., hg. ROTTECK/WELKER 3 (1846) 290-339. – A. SUDRE: Hist. du C., une réfutation hist. des utopies socialistes (Paris 1848). – K. MARX und FR. ENGELS: Manifest der Komm. Partei (London 1848) MEW 4, 459-493. – L. v. STEIN: Gesch. der socialen Bewegung in Frankreich von 1789 bis auf unsere Tage 1-3 (1850, Neu-A. 1921, ND 1959). – G. COHN: Was ist Sozialismus? (1878). – B. MALON: Hist. du socialisme 1. 2 (Paris 1882-84). – FR. ENGELS: Die Entwickl. des Sozialismus von der Utopie zur Wiss. (1882). MEW 19, 177-228. – C. GRÜNBERG: Art. ‹Sozialismus und K.›, in: Wb. der Volkswirtschaft, hg. L. ELSTER 2 (1898, ²1907) 875-924. – E. BERNSTEIN: Die Voraussetzungen des Sozialismus und die Aufgaben der Sozialdemokratie (1899). – M. TUGAN-BARANOWSKY: Der moderne Sozialismus in seiner gesch. Entwick. (1908). – C. GRÜNBERG: Der Ursprung der Worte «Sozialismus» und «Sozialist». Arch. Gesch. Sozialismus u. Arbeiterbewegung 2 (1912) 372-379. – M. TUGAN-BARANOWSKY: Die komm. Gemeinwesen der Neuzeit (1921). – E. DURKHEIM: Définition du socialisme. Rev. Mét. Morale 28 (1921) 479-495. – CH. GIDE: Les colonies comm. et coopératives (Paris 1930). – A. E. BESTOR: Evolution of the socialist vocabulary. J. Hist. Ideas 9 (1948) 259-302. – S. KRUPKA: «Sozialismus». Ein Beitrag zur hist.-soziol. Begriffsbildung (Diss. Tübingen 1953). – G. D. H. COLE: A Hist. of socialist thought 1-6 (London 1953ff.). – L. H. A. GECK: Über das Eindringen des Wortes «sozial» in die dtsch. Sprache (1963). – H. MÜLLER: Ursprung und Gesch. des Wortes Sozialismus und seiner Verwandten (1967). – E. OBERLÄNDER und C. D KERNIG: Art. ‹K.›, in: Sowjetsystem und Demokratische Gesellschaft. Eine vergl. Enzyklop., hg. C. D. KERNIG 1-6, zit. 3 (1969) 731-771.

C. D. KERNIG

Komparatistik (von lat. comparatio, Vergleich; comparare, gleichmachen, vergleichen) bedeutet im weiteren Sinne ein zur wissenschaftlichen Methodik ausgebildetes Verfahren des Vergleichs zweier oder mehrerer Objekte, die ein gemeinsames tertium comparationis besitzen. Im engeren Sinne wird unter K. im deutschen Sprachbereich die wissenschaftliche Disziplin der vergleichenden Literaturwissenschaft verstanden (Frankreich: littérature comparée, Italien: letteratura comparata, Spanien: literatura comparada, England und USA: comparative literature, Holland: vergelijkende literatuurwetenschap usf.). Der Terminus ‹K.› wird erst nach dem Zweiten Weltkrieg gebräuchlich.

1. Der Ursprung der K. ist in der neuzeitlichen westeuropäischen Naturwissenschaft zu finden. Die Methode des Vergleichs wissenschaftlicher Objekte gleicher oder ähnlicher Bereiche, Arten, Gattungen usf. wurde erstmals von dem Engländer N. GREW 1675 als ‹komparativ› bezeichnet [1]. Der Franzose G. CUVIER [2] bildete das vergleichende Verfahren weiter aus und schuf die Voraussetzung für das Entstehen der vergleichenden Physiologie (H. BLAINVILLE [3]) und vergleichenden Embryologie (V. COSTE [4]) in der ersten Hälfte des 19. Jh. In dieser Zeit übernahmen in Frankreich auch die Geisteswissenschaften den Begriff: Es entstanden Arbeiten zur vergleichenden Grammatik (F. RAYNOUARD [5]), zur vergleichenden Mythologie (ABBÉ TRESSAN [6]), zur

vergleichenden Philosophie (M.-J. DEGÉRANDO [7]) und Ästhetik (J. F. SOBRY [8]) und zu anderen Disziplinen (Geschichte, Geographie). F. NOËLS ‹Cours de littérature comparée› (1806–1826) ist noch kein Lehrbuch der Vergleichenden Literaturwissenschaft, sondern ein Schulbuch ohne komparatistische Methodik. Auch in Deutschland erschienen in der ersten Hälfte des 19. Jh. wissenschaftliche Arbeiten, die in ihren Titeln vergleichende Verfahren indizierten [9].

2. Nationale und sprachliche Grenzen übergreifende Literaturauffassungen kennzeichneten das Mittelalter und die beginnende Neuzeit bis ins 18. Jh. Erst im 19. Jh. mußte dieses «universalistische» [10] Verständnis den zumeist ideologisch begründeten Forderungen nach nationalen Literaturen weichen, auf deren Grundlage sich entsprechende Fachdisziplinen konstituierten. Die sich ebenfalls in Westeuropa zu dieser Zeit herausbildende K., die die bislang vorherrschende universalistische Literaturauffassung zur akademischen Disziplin werden ließ, konnte gegenüber den nationalliterarisch orientierten Einzelphilologien nur ein Schattendasein führen. Lediglich die Forderung nach einer «Weltliteratur», vornehmlich von J. W. GOETHE vertreten, bildete eine gegenläufige Bewegung zu den nationalliterarischen Bestrebungen des 19. Jh. Die Geschichte der K. als einer Wissenschaftsdisziplin und damit auch des Begriffs der vergleichenden Literaturwissenschaft ist geprägt von der frühen Herausbildung von Schulrichtungen: der «französischen Schule» folgte die «amerikanische Schule» der K.; später traten marxistische und strukturalistische Varianten hinzu.

3. Die *französische* K. (littérature comparée) richtete sich in den 30er und 40er Jahren des 19. Jh. als wissenschaftliche Disziplin ein (F. NOËL, LAPLACE, J.-J. AMPÈRE, A. F. VILLEMAIN) und hatte sich am Ende des Jh. an den Universitäten etabliert. Seit CH.-A. SAINTE-BEUVE setzte sich der Begriff ‹littérature comparée› zudem terminologisch durch [11]; er ist nachweisbar schon von VILLEMAIN 1827 verwendet worden [12]. Schwerpunkte dieser älteren französischen K. (u. a. L. P. BETZ, G. PARIS, F. BRUNETIÈRE) waren literaturtheoretische Fragen, vergleichende Volkskunde und Mythologie, vergleichendes Studium der zeitgenössischen Literatur und allgemeine Literaturgeschichtsschreibung. Mit F. Baldensperger, P. Hazard und P. van Tieghem sowie der Gründung ‹Institut des littératures modernes et comparées› an der Sorbonne errang die französische K. eine international dominierende Stellung. F. BALDENSPERGER klammerte vor allem stoffgeschichtliche Aspekte und das beliebige Suchen nach literarischen Quellen und Parallelen zugunsten der Rezeptionsforschung aus der K. aus [13]. P. VAN TIEGHEM leistete als erster eine systematische Beschreibung der Aufgaben der K. [14]. Nach dem Zweiten Weltkrieg verliehen R. Etiemble und R. Escarpit der littérature comparée neue Impulse: ETIEMBLE, indem er die Gattungsgeschichte neu definierte und sie auch auf entfernteste Kulturen angewandt wissen wollte, und ESCARPIT durch den verstärkten Einbezug literatursoziologischer Ansätze in das K.-Verständnis [15] sowie durch die Ausweitung des Objektbereichs auf außereuropäische, besonders asiatische Literaturen und auf vergleichende Metrik, Stilistik, Metaphorik und Poetik.

4. Gegen Ende des 19. Jh. wurde der Begriff ‹comparative literature› in den *USA* gebräuchlich; CH. SHACKFORD behandelte 1871 in einer Vorlesung Fragen der «general or comparative literature» [16]; um die Jh.-Wende richtete man die ersten ‹Departments of Comparative Literature› ein. Ein homogenes Verständnis des Begriffs fehlte in der Folgezeit ebenso wie in der französischen K.; sein Gebrauch schwankte zwischen der Verwendung im Sinne von ‹general literature›, ‹world literature› und der Festlegung auf bestimmte Einzelbereiche (Motive, Einflüsse, Quellen, Folklore, Mythologie, Bezüge zwischen Nationalliteraturen usf.) und verstellte die Herausbildung eines stringenten methodologischen Ansatzes [17]. Nach dem Zweiten Weltkrieg geriet der Begriff mehr und mehr in Abhängigkeit von ‹New Criticism›, der sich für vergleichende Literaturtheorie, vergleichende Literaturgeschichte und vergleichende Literaturkritik gleichermaßen offen zeigte (R. WELLEK, A. WARREN [18]), literatursoziologische Ansätze aber bewußt ausklammerte. Wellek und Warren weiteten den Begriff in erklärtem Gegensatz zu den nationalliterarischen Restriktionen der älteren französischen K. so aus, daß er «praktisch identisch mit der gesamten Literaturgeschichte» wurde [19] und auf die universalen Grundlagen der Nationalliteraturen abzielte.

5. In den *östlichen* Ländern stand die vergleichende Literaturwissenschaft (russ. sravnitel'noje literaturovedenije) zunächst formalistischen und strukturalistischen Ansätzen offen. In Rußland hatte schon im 19. Jh. A. N. VESELOVSKIJ, der als Begründer der russischen K. gilt, mit seiner ‹Historischen Poetik› versucht, das Wesen der Poesie genetisch aus der Geschichte zu erklären und durch die Annahme parallel entstandener Erscheinungen im dichterischen Schaffen der Völker die Grundlage für eine komparatistische Theorie zu schaffen [20]. Der russische Formalismus gelangte zwar zu keinem expliziten Verständnis des Begriffs der vergleichenden Literaturwissenschaft, kam aber um vergleichende Analysen literarischer Erscheinungen nicht herum (V. ŠKLOVSKIJ, B. EJCHENBAUM, J. N. TYNJANOV, V. ŽIRMUNSKIJ, B. TOMAŠEVSKIJ). Aber nicht nur in den komparatistischen Ansätzen des russischen Formalismus, sondern auch im tschechoslowakischen Strukturalismus (Prager Schule) sieht die in den letzten Jahren sich profilierende, marxistische strukturelle K. ihre Vorstufe; auch auf den ersten tschechischen Strukturalisten J. MUKAŘOVSKÝ beziehen sich die tschechoslowakischen Komparatisten bewußt zurück [21]. Als ihr Ziel geben sie eine «strukturelle Interpretation des supranationalen Prozesses», die Fixierung «höherer (supranationaler) literarischer Ganzheiten» und schließlich die Erschließung der «finalen komparativen strukturellen Einheit: des Prozesses der Weltliteratur» an [22]. Insgesamt wird ein «dialektisch-strukturelles Verständnis literarischer Werke und Prozesse» angestrebt, «das auf einer marxistisch-leninistischen Methodologie der Literaturwissenschaft beruht» [23].

Die nicht-strukturelle slawische K. der Nachfolger A. N. Veselovskijs war geprägt von der Theorie des *Stadialismus* (Hauptvertreter: V. ŠIRMUNSKIJ), die statt Einflüssen einer Nationalliteratur auf die andere Analogiebildungen annahm. Nach 1955 setzte eine Neuorientierung der marxistischen K.-Auffassung in den ost- und südosteuropäischen Ländern, vor allem in Ungarn und der UdSSR, ein. Die sowjetische Literaturwissenschaftlerin I. G. NEUPOKOEVA formulierte folgende Inhaltsbeschreibung der K.: «Gegenstand der Erforschung von Wechselbeziehungen und Wechselwirkungen von Literaturen durch die marxistische Wissenschaft sind sowohl die historisch sich bildenden ideell-ästhetischen Beziehungen zwischen den verschiedenen Nationalliteraturen und die Wechselwirkungen zwischen ihnen, als auch die unter ähnlichen historischen Bedingungen entstehenden typologisch ähnlichen literarischen Phänomene. Diese beiden Typen von Wechselbeziehungen zwischen den Literaturen im Prozeß der Geschichte der Weltliteratur werden in einem System allgemeiner Gesetzmäßigkeiten seiner Entwicklung betrachtet» [24]. Die marxistische Literaturwissenschaft glaubt die traditionelle Unterteilung in littérature comparée und littérature générale durch Betonung der «nationalen Vielfalt der Weltliteratur» und des «nationalspezifischen» historischen Kontextes überwunden zu haben, so daß der Begriff ‹vergleichende Literaturwissenschaft› nunmehr durch «Erforschung der Wechselbeziehungen und Wechselwirkungen der Literaturen» ersetzt werden könne [25]. Auch terminologisch wird dies deutlich: Russisch ‹komparativism› bezeichnet die reaktionär-bürgerliche, vom historisch-gesellschaftlichen Kontext abstrahierende, vormarxistische K.

6. In *Deutschland* galt in der zweiten Hälfte des 19.Jh. noch die Bezeichnung ‹vergleichende Literaturgeschichte› (M. CARRIÈRE, M. KOCH u. a.), und die philologischen Disziplinen waren nationalliterarisch orientiert. Den Begriff ‹vergleichende Literaturwissenschaft› führte W. SCHERER 1874 in einem Nachruf auf M. Haupt ein [26]: als Bezeichnung für die Erforschung analoger Entwicklungen im Epos verschiedener Nationalitäten. Auf Scherer geht auch der Terminus ‹vergleichende Poetik› zurück. Das K.-Verständnis jener Zeit war bis in den Beginn des 20. Jh. stoffgeschichtlich bestimmt; es geriet danach, vor allem durch J. PETERSEN, in das Fahrwasser der sich durchsetzenden Geistesgeschichte, die dichterische Texte in epochalen kulturgeschichtlichen Zusammenhängen als Dokumente eines einheitlich wirkenden Geistes begriff. Während des Nationalsozialismus verkümmerte die K. zur ideologischen Absicherung völkischer Theoreme. In der Nachkriegszeit gingen von K. WAIS, F. HIRTH und W. HÖLLERER erste Impulse zu einer Neuformulierung der vergleichenden Literaturwissenschaft aus, ohne daß der Begriff einheitlich definiert werden konnte. Durch den Anschluß an die internationale K. wurde nun der Begriff ‹K.› in Anlehnung an die westlichen Bezeichnungen immer mehr gebräuchlich. H. RÜDIGER setzte sich für eine Erneuerung der K. durch das Studium des Fortwirkens antiker Traditionen bis in die Neuzeit ein und formulierte in der Zeitschrift ‹Arcadia› ein Programm für die deutsche K., das auch die Wechselwirkungen zwischen den slawischen und den westlichen sowie zwischen den europäischen und den nicht-europäischen Literaturen einbezieht [27]. In der DDR stellte vor allem W. KRAUSS den Anschluß der K. an die sowjetrussische Auffassung des Begriffs her; terminologisch setzte sich in der DDR der Begriff ‹vergleichende Literaturforschung› durch [28].

Anmerkungen. [1] N. GREW: The comparative anat. of truncks (London 1675). – [2] G. CUVIER: Anat. comparée (Paris 1800-1805). – [3] H. BLAINVILLE: Physiol. comparée (Paris 1833). – [4] V. COSTE: Embryogénie comparée (Paris 1837). – [5] F. RAYNOUARD: Gramm. comparée des langues de l'Europe lat. dans leurs rapports avec la langue des troubadours (Paris 1821). – [6] ABBÉ M. DE TRESSAN: Mythol. comparée avec l'hist. (Paris/Amsterdam 1802). – [7] M.-J. DEGÉRANDO: Hist. comparée des systèmes de philos. (Paris 1804). – [8] J. F. SOBRY: Cours de peinture et de litt. comparées (Paris 1810). – [9] Z. B. C. RITTER: Die Erdkunde, im Verhältnis zur Natur und zur Gesch. des Menschen, oder allg. vergl. Geogr. (1817ff.). – [10] H. RÜDIGER (Hg.): K. Aufgaben und Methoden (1973) 7. – [11] CH.-A. SAINTE-BEUVE, Rev. des Deux Mondes (1. 9. 1868). Nouveaux Lundis 13 (1868). – [12] Vgl. U. WEISSTEIN: Einf. in die vergl. Lit.wiss. (1968) 25. – [13] F. BALDENSPERGER: La litt. comparée. Le mot et la chose. Rev. Litt. comparée 1 (1921) 5-29; dtsch. in: H. N. FÜGEN: Vergl. Lit.wiss. (1973) 19-39. – [14] P. VAN TIEGHEM: La litt. comparée (Paris 1931). – [15] R. ETIEMBLE: Comparaison n'est pas raison. La crise de la litt. comparée (Paris 1963). – [16] Vgl. WEISSTEIN,

a. a. O. [12] 53. – [17] Vgl. a. a. O. 54ff. – [18] R. WELLEK und A. WARREN: Theory of lit. (New York 1949); dtsch. Theorie der Lit. (1963). – [19] a. a. O. 43. – [20] A. N. VESELOVSKIJ: Istoričeskaja poetika (Leningrad 1940). – [21] D. DURIŠIN: Quellen der dialektisch-strukturellen K. (1970); dtsch. in: FÜGEN, a. a. O. [13] 57-69. – [22] a. a. O. 66f. – [23] D. DURIŠIN: Ein Abriß grundlegender Thesen der vergl. Lit.wiss., in: FÜGEN, a. a. O. [13] 207-219, zit. 219. – [24] I. G. NEUPOKOEVA: Methodol. Fragen bei der Erforsch. der Lit.en in ihren Wechselbeziehungen (1963), in: FÜGEN, a. a. O. [13] 152-166, zit. 159. – [25] a. a. O. 157-160. – [26] W. SCHERER: Kl. Schr. (1893) 120; ebenfalls Dtsch. Ztg. (18./21. 2. 1874), nach WEISSTEIN, a. a. O. [12] 37. – [27] H. RÜDIGER: Zur Einf. Arcadia 1 (1966) 1-4. – [28] Aktuelle Probleme der vergl. Lit.forsch., hg. G. ZIEGENGEIST (1968) IXf.

Literaturhinweise. H. RÜDIGER: Nationallit. und europ. Lit. Schweiz. Mh. Politik, Wirtschaft, Kultur 42 (1962) 195-211. – W. KRAUSS: Probleme der vergl. Lit.gesch. (1963). – F. JOST: Essais de litt. comparée (Fribourg 1964). – W. B. FLEISCHMANN: Das Arbeitsgebiet der vergl. Lit.wiss. Arcadia 1 (1966) 221-230. – C. PICHOIS und A.-M. ROUSSEAU: Vergl. Lit.wiss. Eine Einf. in die Gesch., die Methoden und Probleme der K. (1971). – H. RÜDIGER (Hg.): Zur Theorie der vergl. Lit.wiss. Komparat. Stud. Arcadia, Beih. 1 (1971). H. RÜCKER

Kompensation ist ein Wort, dessen philosophische Karriere nur scheinbar im Umkreis der Psychoanalyse begann: denn auch dieser individualpsychologische Begriff wurde zum philosophischen, weil er ein philosophischer schon war, ehe er zum individualpsychologischen wurde.

1. ‹Compensatio› kommt aus der römischen *Handelssprache*; noch im Mittelalter kann ‹compensatio› bzw. ‹compensus› schlicht Geschäft bedeuten: «Non licet compensos ... in festivitatibus Sanctorum facere» (Es ist nicht erlaubt, an den Feiertagen der Heiligen Geschäfte abzuschließen) [1]. Früh schon wird in diesem Kontext ‹compensatio› zum rechtsfähigen Begriff; im 2. Jh. n. Chr. bestimmt GAIUS: «inter conpensationem ... quae argentario opponitur et deductionem, quae obicitur bonorum emptori, illa differentia est, quod in conpensatione hoc solum vocatur, quod eiusdem generis et naturae est ... in deductionem ... vocatur et quod non est eiusdem generis» (K. [Tilgung durch Gegenforderung], die gegenüber einem Bankier, und deductio [vermindernder Abzug], die gegenüber einem Käufer von Gütern erfolgt, unterscheiden sich darin, daß bei einer K. nur das benannt wird, was von gleicher Art und Natur, hinsichtlich einer deductio auch das, was nicht von gleicher Art ist) [2]. Bezugnehmend auf THOMAS VON AQUIN [3] fragt im ausgehenden 16. Jh. F. SUÁREZ: «an in iuramento implendo liceat compensatione uti?» (ob es bei der Erfüllung eines Eides erlaubt ist, von einer K. Gebrauch zu machen?) [4]; und Mitte des 18. Jh. definieren die *Enzyklopädisten*: «Compensation (Jurisprud.) est la confusion qui se fait d'une dette mobiliaire liquide, avec une autre dette de même nature» [5]; der *juristische* Wortsinn – daß er Bedeutung gehabt haben könnte in der ethischen Diskussion der judicia commutativa, bleibt einstweilen Vermutung – hat sich erhalten: in der Juristensprache ist ‹K.› heutzutage das Synonym für «Aufrechnung» [6]. Umgangssprachlich blieb ‹K.› in Zeiten der Zwangswirtschaft das Wort für den zwangsumgehenden geldvermeidenden Rückgriff auf Naturaltausch. Die *ökonomische* Bedeutung behält ‹K.› 1843 bei A. COURNOT im Kontext der Neudiskussion des Gesetzes der großen Zahl [7] und später als Wort für eine Technik des Haushaltsausgleichs [8]. Im weiteren Sinn ökonomischer Bedeutung hat ‹K.› auch – schon früh – im *Argumentationsrhetorik*; Ende des 3. Jh. n. Chr. definiert – seinerseits bereits kompilierend – AQUILA: «ἀντεισαγωγή, compensatio. Est autem huius modi, ubi aliquid difficile et contrarium confitendum est, sed contra inducitur non minus firmum»

(ἀντεισαγωγή), K. liegt dagegen dort vor, wo etwas Schwieriges und ganz Entgegengesetztes einzugestehen ist, jedoch etwas nicht weniger Sicheres dagegen angeführt wird) [9]; diese Bedeutung von ‹compensatio› findet sich – dort als lateinisches Äquivalenzwort für ἀνθυπο-φορά, aber auch für ἀντεισαγωγή – noch 1662 bei J. MICRAELIUS [10], jedoch nicht mehr 1960 bei H. LAUSBERG [11]: Compensatio ist argumentationsrhetorisch ein Verfahren, im Argumentenhaushalt einen vom Gegner beigebrachten Argumentationsnachteil durch einen argumentativen Gegenzug auszugleichen. Eine ähnlich ökonomische Bedeutung im weiteren Sinn behält ‹K.› auch noch spät – nach 1900 – in der *Moraltheologie*: dort legitimiert das «K.-System» von D. M. PRÜMMER [12] ein Ausgleichsverfahren im Haushalt probabler sittlicher Regeln.

2. Es ist – obwohl auch dies bisher nicht untersucht wurde – aufgrund seiner ökonomisch-juristischen Ausgangs- und Grundbedeutung zu erwarten, daß der Begriff ‹K.› schon früh dort eine Rolle spielen muß, wo von menschlicher Schuld bzw. Sünde sowie von göttlicher Rechtfertigung und Ausgleichsfürsorge die Rede ist: in der Tradition der *christlichen Theologie* im Blick auf die soteriologisch-providentielle Ökonomie Gottes. Die durch die Sünde geschehene Korruption der Schöpfung macht der menschgewordene Gott wieder gut durch seinen Opfertod, «compensatione sanguinis sui», wie im 2. Jh. n. Chr. TERTULLIAN [13] das formuliert: durch diese erlösende «compensatione res acta est ... Compensatio autem revocabilis non est, nisi denique revocabitur iteratione moechiae utique et sanguinis et idololatriae» (Durch eine K. ist die Sache erledigt worden ... Die K. aber ist unwiderruflich, es sei denn, daß sie widerrufen wird durch Wiederholung des Ehebruchs zumal, des Blutvergießens und des Götzendienstes) [14]; sie fordert freilich menschliche Beteiligung durch Werke: durch Leidensbereitschaft, Martyrium, «paenitentiae conpensatione» [15], doch dieser Einsatz lohnt sich: «sed respice conpensationem, cum caro et anima dependitur» (Aber denke an die K., wenn Leib und Seele auf dem Spiele steht) [16]. AUGUSTINUS verweist angesichts des Leidens von Kindern auf Gott: «Quis ... novit, quid ipsis parvulis in secreto iudiciorum suorum bonae compensationis reservet Deus ...?» (Wer weiß, was Gott eben den Kindern in der Verborgenheit seiner Ratschlüsse an gütigem Ausgleich aufbehält ...?) [17]. Wieweit menschliche Werke zu derlei erlösender K. beitragen, wird nachreformatorisch kontrovers; differenzierter als Tertullian antwortet daher J. A. QUENSTEDT, der in bezug auf die «quaestio ... an deus bona opera praemiis temporalibus et aeternis compenset» (die Frage ... ob Gott gute Werke durch zeitliche und ewige Belohnungen aufwiegt) betont, daß Gott durch «gratuita compensatione» (durch eine gnadenhafte K.) belohnt in einer «compensatio ... qua propter unum non redditur aliud» (eine K., bei der nicht wegen einer Sache eine andere zurückgegeben wird) [18]. Jedenfalls: Gottes Erlösungshandeln ist in dieser Tradition ein – durch die Sünde, die insofern «felix culpa» ist, erforderlich gewordener, jedoch ungeschuldeter – kompensatorischer Akt. In der ersten Hälfte des 17. Jh. schließt J. CLAUBERG seine ‹Ontosophia› mit einem Kapitel ‹Compensatio rerum› [19] und definiert dort: «Compensationis nomine hic generaliter intelligimus affirmationis relationem, qua unum sumitur pro alio, ponitur loco alterius, vices ejus supplet, utpote simile vel aequivalens seu tantundem praestans. Vocatur alias commutatio, subrogatio, substitutio» (Unter dem Begriff ‹K.› verstehen wir

hier ganz allgemein eine Relation der Bejahung, bei der das eine für das andere genommen, an den Platz des anderen gesetzt wird, dessen Stelle ausfüllt, nämlich als ähnlich oder gleichwertig oder als ebensoviel leistend. Sonst wird sie commutatio, subrogatio, substitutio genannt. [Clauberg hatte die Relationen in bezug auf die Akte des Geistes eingeteilt in relatio originis, negationis, affirmationis, zugeordnet den Akten des Schließens, Einteilens und Zusammensetzens, denen bei den Wörtern Etymologie, Homonymie und Synonymie entsprechen; unter die Synonymie ordnet er die K. ein.]) [20]. Clauberg versichert, J. CAMERARIUS zitierend: die «Creatoris mira providentia ac sollicitudo ... membris ... omnino deficientibus ... tale robur et dexteritatem ex diuturna consuetudine suppeditat, ut dicere aliquis possit, non in distinctione membrorum, sed in continuo usu perfectionem consistere» (Die wunderbare Vorsehung und Sorge des Schöpfers verschafft den Gliedern, denen völlig die Kraft versagt, eine solche Stärke und Gewandtheit durch lange Gewohnheit, daß man sagen kann, nicht in der Verschiedenheit der Glieder, sondern in ihrem ständigen Gebrauch besteht die Vollkommenheit); dies biete «exempla varia ... compensationis» [21].

Hier meldet sich bereits die im 18. Jh. in der Diskussion um die *Theodizee* – dort mit primärem Blick nicht mehr auf die Sünde, sondern auf die Übel – dominierende Frage nach einer innerweltlichen Bilanz von Übeln und Gütern; bei LEIBNIZ kommt es dabei zur «optimistischen» Behauptung einer durch die vernünftige Güte Gottes bewirkten innerweltlichen K.: «L'auteur de la nature a compensé ces maux et autres qui n'arrivant que rarement, par mille commodités ordinaires et continuelles» [22]. Ganz ähnlich denkt noch der frühe KANT: «Nam ea ipsa malorum ... compensatio ... est proprie ille finis, quem ob oculos habuit divinus artifex» (Denn eben diese K. der Übel ist eigentlich jener Zweck, den der göttliche Künstler vor Augen gehabt hat) [23]. Scheinbar schon rückblickend erinnert A. COMTE an diese Überlegungen: bei der «ancienne philosophie» war die «éternelle perspective» eine «immense compensation spontanée de toutes les misères quelconques» [24]; aber noch C. G. JUNG formuliert: «Das allgemeine Problem des Übels ... erzeugt ... kollektive K. wie kein anderes» [25]. In all diesen Erwägungen behält das Wort ‹K.› seine ökonomische Anfangsbedeutung.

3. Sie erlaubt es, seit nach den pantheistischen Wendungen die Natur in die Stelle Gottes einzutreten vermag, den K.-Gedanken als «Idee eines haushälterischen Gebens und Nehmens» auch auf die *Ökonomie der Natur* anzuwenden: so bei GOETHE durch das «Gesetz: ... daß keinem Teil etwas zugelegt werden könne ohne daß einem andern dagegen etwas abgezogen werde, und umgekehrt»; dem natürlichen «Bildungstrieb ... [sind] die Rubriken seines Etats, in welche sein Aufwand zu verteilen ist, ... vorgeschrieben, was er auf jedes wenden will, steht ihm, bis auf einen gewissen Grad, frei. Will er der einen mehr zuwenden, so ist er nicht ganz gehindert, allein er ist genötigt an einer andern sogleich etwas fehlen zu lassen; und so kann die Natur sich niemals verschulden, oder wohl gar bankrott werden» [26]. Dieses Gesetz – «principe du balancement des organes» (ST. HILAIRE 1818 und A. DE CANDOLLE 1861), mit dem R. W. EMERSON [27] und beiläufig auch DARWIN operieren – wiederholt im 20. Jh. der *Vitalismus* von H. DRIESCH, für den K. einer der «Typen restitutiver Prozesse» ist [28], und der *Holismus* von A. MEYER-ABICH unter dem Namen «K.-Prinzip» [29] mit ausdrücklichem Bezug auf Goethe.

Ein ähnlicher Ansatz findet sich bei K. GOLDSTEIN [30]. Die sarkastische Version dieses Prinzips gab W. SZILASI: «Natur ist gerecht: macht sie ein Bein kurz, macht sie das andere dafür um so länger» [31]. Aufwand an einer Stelle erzwingt Sparsamkeit an einer anderen; Sparsamkeit an einer Stelle ermöglicht oder erzwingt Aufwand an einer anderen: in diesem Sinne ist ein Kompendium eine K., indem es dem Leser durch Detailersparung Orientierungsgewinne verschafft; nach dem gleichen Prinzip der K. arbeiten für W. WUNDT [32] und N. ACH («K.- oder Produktionsprinzip der Identifikation» [33]) die menschlichen Sinnessysteme; und just in dieser Form sind wohl auch für N. LUHMANN Stabilisierungs- und Identitätserträge durch «Komplexitätsreduktion» eine K.

4. Dieser allgemeine Ansatz wurde – abgesehen davon, daß er als Benennungsspender für physikalische Meß-techniken («K.-Methode») und geographisch erhebliche Strömungsbefunde («K.-Ströme») fungierte – um 1900 empirisch präzisiert und modifiziert in der *Medizin*, und zwar zunächst in der Hirnphysiologie: nach dem Vorgang von L. LUCIANI [34] und G. EWALD [35] untersucht 1906 G. ANTON den ‹Wiederersatz der Funktion bei Erkrankungen des Gehirns› [36]: in die Funktion verletzter Partien und Organe treten kompensierend und vikariierend andere ein; K. ist dabei ein «selbsterzeugter Kontrast». Hier knüpft 1907 A. ADLER mit seiner ‹Studie über Minderwertigkeit von Organen› an: «alle Erscheinungen der Neurosen und Psychoneurosen [sind] zurückzuführen auf Organminderwertigkeit, den Grad und die Art der nicht völlig gelungenen zentralen K. und auf eintretende K.-Störungen» [37]: sie sind psychische Fehl-K. Hier in Adlers *Individualpsychologie*, deren K.-Begriff [38] u. a. von H. SCHULTZ-HENCKE [39] und K. JASPERS [40] aufgenommen bzw. diskutiert wird, bekommt – bei gleichzeitiger Einsicht in den blockierenden Zusammenhang zwischen «Minderwertigkeitsgefühl» und «Über-K.» – der K.-Begriff jene brisante Wendung, derzufolge Mängel Ersatz- und Ausgleichsleistungen provozieren bzw. produzieren, Defekte in Chancen umgearbeitet werden können. FREUD meidet den Begriff ‹K.› [41], C. G. JUNG domestiziert ihn durch Wendung ins Allgemeinere: «K. bedeutet Ausgleichung oder Ersetzung ... Während Adler seinen Begriff der K. auf die Ausgleichung des Minderwertigkeitsgefühles einschränkt, fasse ich den Begriff der K. allgemein als funktionelle Ausgleichung, als Selbstregulierung des psychischen Apparates auf. In diesem Sinne fasse ich die Tätigkeit des Unbewußten als Ausgleichung der durch die Bewußtseinsfunktion erzeugte Einseitigkeit der allgemeinen Einstellung auf» [42]. In der *psychologischen Persönlichkeitstheorie* haben PH. LERSCH [43], G. W. ALLPORT [44], K. H. SEIFFERT [45] dieses Konzept der K. weitergeführt, modifiziert, differenziert.

5. In der ihm von Adler gegebenen Schärfe wurde der Gedanke der K. erneut philosophisch relevant durch seine *anthropologische* Generalisierung: im Rückgriff auf J. G. HERDER – der angesichts «der allgemeinen thierischen Ökonomie» beim Menschen «eben in der Mitte» seiner «Mängel ... den Keim zum Ersatze» finden und «diese Schadloshaltung» als «seine Eigenheit», den «Charakter seines Geschlechts» verstehen will [46] – hat A. GEHLEN den Menschen insgesamt als ‹Mängelwesen› definiert, der «sich entlasten, d. h. die Mängelbedingungen seiner Existenz eigentätig in Chancen seiner Lebensfristung umarbeiten» muß [47], «so die Mängel seiner Ausstattung irgendwie ersetzend» [48] durch erfolgreiche K. seiner fundamentalen Defektlage: der Mensch führt ein

K.-Leben. Gehlen gebraucht – obwohl man es bei ihm erwartet – das Wort ‹K.› gerade nicht, meidet es angestrengt: seine Entlastungsanthropologie gehört darum in die *negative* Begriffsgeschichte von ‹K.› ebenso hinein wie die Existenzphilosophie von J.-P. SARTRE, die den Menschen als den versteht, der seine «néantisation» [49] zur puren Existenz durch Erfindung – «projet», «choix» – seiner selbst kompensieren muß: auch hier fehlt offenbar der Wortgebrauch, obwohl er vom Ansatz her erwartet werden könnte; denn das genichtete Mängelwesen Mensch ist dort – bei Gehlen wie bei Sartre – stets zugleich das K.-Wesen: «Menschen sind in hohem Maß gezwungen und in der Lage, etwas stattdessen zu tun» [50].

6. Darum auch kann ‹K.› wesentliche Kategorie für den menscheneigentümlichen Bereich der *Geschichte* sein. Ähnlich wie AZAïS in ‹Les compensations des destinées› [50a] – eine Restgestalt der Theodizeefrage weitererörternd, wie das in der Geschichtsphilosophie generell geschieht – 1868 J. BURCKHARDT in seinen ‹Weltgeschichtlichen Betrachtungen› «über Glück und Unglück in der Weltgeschichte» mit Blick auf «die Ökonomie der Weltgeschichte» [51] «das geheimnisvolle Gesetz der K., nachweisbar wenigstens an einer Stelle: an der Zunahme der Bevölkerung nach großen Seuchen und Kriegen. Es scheint ein Gesamtleben der Menschheit zu existieren, welches die Verluste ersetzt. So ist es ... wahrscheinlich, daß das Zurückweichen der Weltkultur aus dem östlichen Becken des Mittelmeeres im 15. Jh. ... kompensiert wurde durch die ozeanische Ausbreitung der westeuropäischen Völker; der Weltakzent rückte nur auf eine andere Stelle ... so substituiert hier statt eines untergegangenen Lebens die allgemeine Lebenskraft der Welt ein neues. Nur ist die K. nicht etwa ein Ersatz der Leiden, auf welchen der Täter hinweisen könnte, sondern nur ein Weiterleben der verletzten Menschheit mit Verlegung des Schwerpunktes» [52]; «Schattierungen» dieser K. sind «Verschiebung» und «Ersatz» [53]; indes: «Die Lehre von der K. ist meist doch nur eine verkappte Lehre von der Wünschbarkeit, und es ist und bleibt ratsam, mit diesem aus ihr zu gewinnenden Troste sparsam umzugehen, da wir doch kein bündiges Urteil über diese Verluste und Gewinste haben» [54]. In der Gegenwartsphilosophie hat – rückgreifend auf Hegels Begriffe der «Entzweiung» und «Versöhnung» – J. RITTER angesichts der sich verschärfenden Entfremdung, Versachlichung, Geschichtslosigkeit der Gesellschaft die Kategorie der K. eingesetzt: Subjektivität, ästhetischer und historischer Sinn, Geisteswissenschaften «werden auf ihrem Boden ausgebildet, weil die Gesellschaft notwendig eines Organs bedarf, das ihre Geschichtslosigkeit kompensiert und für sie die geschichtliche und geistige Welt der Menschen offen und gegenwärtig hält, die sie außer sich setzen muß» [55]: diese These ist Beleg dafür, daß sich «die Philosophie inzwischen den K.-Begriff aneignete» [56], ihn zurückholte: als geschichtsphilosophische Fundamentalkategorie. In diesem Sinn meint H. LÜBBE: «K. ist das entscheidende Stichwort. Wir haben es ... zu tun mit ... K.en eines änderungstempobedingten Vertrautheitsschwunds» [56a].

7. Auf das K.-Feld der Geschichte blicken auch die, die aus dem Schicksal der K. eine vom Menschen gezielt in die Hand genommene Aufgabe machen wollen. Dies tun – im Blick auf das Problem der Konjunkturzyklen – die Ökonomen: im Ausgang von den Recherchen nach «compensating changes» durch J. M. KEYNES [56b] etwa A. H. HANSEN mit dem Projekt einer «compensatory fiscal policy» [56c]: «the concept of compensation» [56d]

«implies ... that public expenditures may be used to compensate for the decline in private investment» [56e]; es hat – resümiert J. HABERMAS – «der Staat ... marktkompensierende Aufgaben übernommen» [56f]. Und ähnlich tun dies die Pädagogen: etwa – in bereits modifizierter Reaktion auf den ‹National Defense Education Act› der USA von 1958 angesichts der «socially advantaged» und «culturally deprived» [57] – durch «Compensatory Education» (Demonstration Guidance Project 1957/62; Higher Horizons Program 1959/62; Head Start 1964ff. [58]). Hier kommt die Erweiterung eines Grundsatzes zum Zuge, den 1647 J. CLAUBERG so formulierte: «Causa universalis compensat particularem, uti respublica in educandis orphanis supplet vices parentum» (Der allgemeine Grund kompensiert den besonderen, wie der Staat bei der Erziehung der Waisenkinder die Stelle der Eltern vertritt) [59]. «Kompensatorische Erziehungsprogramme wollen Eingriffe in soziale Systeme sein ... Durch K. von Sozialisationsmängeln wird ein Funktionszusammenhang verändert. Die von nun an kompensatorisch Erzogenen gelangen in ein anderes Verhältnis zur Gesellschaft» [60]: ob diese Verhältnisänderung möglich [61] oder richtig [62] sei, wird kontrovers diskutiert, bei der Rezeption der «kompensatorischen Erziehung» in der Bundesrepublik häufig kritisch [63]: «als K. zur Anpassung, zur Integration in das bestehende System» [64] schädige diese K. den Impuls zur radikalen Emanzipation: diese – intentionaliter die Total-K. durch Erlösung von allen Entfremdungen [65] sine ullis meritis aut ulla dignitate educationis compensatoriae sola emancipatione seu revolutione – löst aber nicht nur nicht, sie bedenkt in der Regel nicht einmal die durch diese «Innovation» als «Folgelast» [66] erzeugten Neudefizite: so perenniert – bei dieser Wanderung der Täterschaft in bezug auf die K. vom ökonomisch-providentiellen Gott über die auf Balance bedachte Natur und die auf Ausgleich bedachte Geschichte bis zum emanzipatorischen Sozialisationsprogramm des absoluten Pädagogen – erneut ein K.-Problem: das der K.-Folgeschäden-K.

Anmerkungen. [1] DU CANGE: Glossarium mediae et infimae latinitatis (ˣ1937) Art. ‹Compensus, Compensum›; vgl. Art. ‹Compensa, Compensatio›. – [2] GAIUS, Institutiones 4, 66. – [3] THOMAS VON AQUIN, S. theol. II/II, q. 89. – [4] F. SUÁREZ, Commentaria in Secundam Secundae D. Thomae, Tractatus V De juramento et adjuratione, lib. II, cap. 37. Opera omnia 14, 646-652. – [5] Encyclop. ou dict. raisonné ..., hg. DIDEROT/D'ALEMBERT (Paris 1751ff., ND 1966) Art. ‹Compensation›. – [6] BGB §§ 387ff. – [7] A. COURNOT: Exposition de la théorie des chances et des probabilités (Paris 1843) ch. 9, § 103. – [8] Görres Gesellschaft (Hg.): Staatslex. (1957ff.) 1207: Art. ‹Öffentlicher Haushalt›. – [9] Aquilae Romanae de figuris sententiarum et elocutionis liber § 14, in: C. HALM: Rhet. Lat. min. (1863, ND 1964) 26. – [10] J. MICRAELIUS: Lex. philos. terminorum philosophis usitatorum (²1662, ND 1966) Verweis von ‹Compensatio› auf Art. ‹ANTHYPOPHORA›. – [11] H. LAUSBERG: Hb. der lit. Rhet. (1960). – [12] D. M. PRÜMMER: Manuale theologiae moralis (1915). – [13] TERTULLIAN, Apologeticum 50, 15, in: Opera (Corpus Christianorum Ser. Lat.) 1, 171. – [14] De pudicitia 12, 8 = Opera 2, 1303. – [15] De paenitentia 6, 4 = Opera 1, 330. – [16] Scorpiace 6, 8 = Opera 2, 1080. – [17] AUGUSTINUS: De libero arbitrio 3, 23, 68. – [18] J. A. QUENSTEDT: Theol. didactico-polemica (1696) IV, cap. IX sect. II q. 4. – [19] J. CLAUBERG: Ontosophia (1647) XXIV, §§ 350-356. Opera omnia philos. (Amsterdam 1691, ND 1968) 1, 339f. – [20] a. a. O. § 351 = 1, 339. – [21] Corporis et animae in homine conjunctio plenus descripta XXI, § 24. Opera ... a. a. O. 1, 226. – [22] G. W. LEIBNIZ: Essais de Théodicée (1710). Philos. Schr., hg. C. J. GERHARDT 6, 409. – [23] I. KANT: Principiorum primorum cognitionis metaphysicae nova dilucidatio (1755). Akad.-A. 1, 405. – [24] A. COMTE: Discours sur l'esprit positif 3, 2, 1, 1 (1844) 66. – [25] C. G. JUNG: Die Beziehungen zwischen dem Ich und dem Unbewußten (1933, ⁵1950) 104. – [26] J. W. v. GOETHE: Erster Entwurf einer allg. Einl. in die vergl. Anat., ausgehend von der Osteol. (1795). Hamburger A. 13, 176f. – [27] R. W. EMERSON: Essays (London 1840ff.). – [28] H. DRIESCH:

Philos. des Organischen (1909, ⁴1928) 90ff.; vgl. Die organischen Regulationen (1901). – [29] A. MEYER-ABICH: Naturphilos. auf neuen Wegen (1948) 268; vgl. Goethes K.-Prinzip, das erste holistische Grundgesetz der modernen Biol., in: Biol. der Goethezeit (1949). – [30] K. GOLDSTEIN: Der Aufbau des Organismus (1934, ND 1963) 71. 236f. – [31] W. SZILASI: mündlich (1954). – [32] W. WUNDT: Physiol. Psychol. (⁶1910) 2, 55. – [33] N. ACH: Das K.- oder Produktionsprinzip der Identifikation. Ber. XII. Kongr. exp. Psychol. (1931) 280-288. – [34] L. LUCIANI: Das Kleinhirn (1893). – [35] J. R. EWALD: Über die Beziehungen zwischen der excitabilen Zone des Großhirns und dem Ohrlabyrinth. Berl. klin. Wschr. 33 (1896) 929-932. – [36] G. ANTON: Über den Wiederersatz der Funktion bei Erkrankungen des Gehirns. Mschr. Neurol. 19 (1906) 1-16. – [37] A. ADLER: Studie über Minderwertigkeit von Organen (1907, ²1927) 69. – [38] Praxis und Theorie der Individualpsychol. (1912, ²1924) 4. 10. 22ff.; vgl. Über den nervösen Charakter (³1922) bes. 25ff. – [39] H. SCHULTZ-HENCKE: Der gehemmte Mensch (²1947) 52f. 80f. – [40] K. JASPERS: Allg. Psychopathol. (1913, ⁸1965) 330f. 372. – [41] Vgl. S. FREUD: Selbstdarstellung (1925). Ges. Werke 14, 79. – [42] C. G. JUNG: Psychol. Typen. Ges. Werke 6, 484f.; zuerst: Über die Psychol. der dementia praecox (1906) a. a. O. 3, 34. – [43] PH. LERSCH: Aufbau der Person (⁹1964). – [44] G. W. ALLPORT: Persönlichkeit (1949) 174ff. 603. – [45] K. H. SEIFERT: Grundformen und theoret. Perspektiven psychol. K. Psychologia universalis 12 (1969) bes. 35. – [46] J. G. HERDER: Abh. über den Ursprung der Sprache (1772). Werke, hg. SUPHAN 7, 27. – [47] A. GEHLEN: Der Mensch (1940, ⁹1971) 36. – [48] a. a. O. 40. – [49] J.-P. SARTRE: L'être et le néant (1943) 58ff. – [50] O. MARQUARD: Schwierigkeiten mit der Geschichtsphilos. (1973) 81. – [50a] P. H. AZAÏS (zusammen mit Mme AZAÏS): Des compensations dans les destinées humaines 1-3 (Paris 1808, ³1818, ⁵1846). – [51] J. BURCKHARDT: Weltgesch. Betrachtungen (1868). Ges. Werke (1955ff.) 4, 192. – [52] a. a. O. 193. – [53] 194. – [54] 193f. – [55] J. RITTER: Die Aufgabe der Geisteswiss. in der modernen Gesellschaft (1963), in: Subjektivität (1974) 131. – [56] O. MARQUARD: Skeptische Methode im Blick auf Kant (1958) 20 Anm. 31 – [56a] H. LÜBBE: Zukunft ohne Verheißung? (o. J. [1976]) 9. – [56b] J. M. KEYNES: The general theory of employment, interest and money (1936). Coll. Writings 7, 254. – [56c] A. H. HANSEN: Fiscal policy and business cycles (o. O. u. J. [New York 1941]) 261-300. – [56d] a. a. O. 261. 263. – [56e] 263. – [56f] J. HABERMAS: Legitimationsprobleme im Spätkapitalismus (1973) 97; vgl. 78ff. – [57] B. S. BLOOM/A. DAVIS/R. HESS (Hg.): Compensat. education for cultural deprivation (New York 1965). – [58] B. BRÜGGEMANN u. a. (Red.): Sozialisation und Kompensat. Erziehung (Berlin, Juni 1969) 176ff. – [59] CLAUBERG, a. a. O. [19] § 356 = 1, 340. – [60] Vgl. G. IBEN: Kompensat. Erziehung (³1974) 14. – [61] A. JENSEN: How much can we boost IQ and scholastic achievement? (1969), in: Genetics and education (London 1972) 69-204. – [62] B. BERNSTEIN: Der Unfug mit der ‹kompensat. Erziehung›, in: betrifft: erziehung (1970) bes. 16. – [63] IBEN, a. a. O. [60] bes. 58ff. – [64] I. N. SOMMERKORN: Kompensat. Erziehung. Dtsch. Schule 61 (1969) 720. – [65] Vgl. oben Abschn. 2. – [66] R. SPECHT: Innovation und Folgelast (1972).

Literaturhinweis. D. L. HART: Der tiefenpsychol. Begriff der K. (1956).   O. MARQUARD

Kompetenz (lat. competentia von competere, zusammentreffen; dann auch: zukommen, zustehen; ital. competenza, frz. compétence; engl. competence, -cy). Das Substantiv ‹C.› wird im klassischen Latein nur in der ursprünglichen Bedeutung von «Zusammentreffen» z. B. für die Konstellation von Gestirnen gebraucht [1].

Anmerkung. [1] GELLIUS XIV, 1, 25; MACROBIUS, Somnium Scipionis I, 6, 24.   Red.

I. *Der K.-Begriff im römischen, gemeinen und kanonischen Recht.*

– ‹C.› und ‹Competenz› bezeichnen seit dem 13. Jh. die jemandem zustehenden Einkünfte, den notwendigen Lebensunterhalt, besonders den Notbedarf eines Klerikers [1]: «clerici nihil possidere deberent praeter rationalem competentiam» [2].

‹*Beneficium competentiae*› (= B.c.) ist der wohl aus der Kanonistik stammende, im 16. Jh. (FREIGIUS, GIPHANIUS) aufkommende terminus technicus für das römischrechtliche Institut der Verurteilung des Schuldners in «id quod facere potest». Im klassischen römischen

Recht konnten gewisse Personenkreise (Väter gegen Kinder [3], der Ehemann gegen die Ehefrau [4], Soldaten [5], aus einem Schenkungsversprechen Beklagte [6] u. a.) einredeweise eine Begrenzung der Verurteilung bis zur Höhe ihres Vermögens verlangen und damit die Personalexekution und die mit der venditio bonorum verbundene Infamie vermeiden [7]. Die Gründe für das B.c. der einzelnen Schuldnergruppen sind verschieden [8]. Während das klassische Recht nur dem Schenker seinen notwendigen Lebensunterhalt beließ [9], erweiterte JUSTINIAN das B.c. auf den Notbedarf aller privilegierten Schuldnergruppen [10]. Die ‹Glossa ordinaria› (1227) dehnte das B.c. der Soldaten auf Kleriker als «milites coelestis militiae» aus [11]. Im gemeinen Recht ist das B.c. die Einrede des Notbedarfs gegenüber Verurteilung und Vollstreckung. Ein Relikt findet sich in § 519 BGB: Der Schenker ist berechtigt, die Erfüllung eines Schenkungsversprechens zu verweigern, sofern dadurch sein angemessener Unterhalt gefährdet würde. Im übrigen ist das B.c. durch die Bestimmungen über unpfändbare Sachen (§ 811 ZPO) obsolet geworden [12].

Im *kanonischen Recht* gehört das B.c. zu den Standesrechten der Kleriker: Ihnen ist bei der Zwangsvollstreckung so viel zu belassen, wie nach dem klugen Urteil des kirchlichen Richters «ad honestam sui sustentationem», d. h. zum notwendigen Lebensunterhalt, erforderlich ist [13]. Zweck des Privilegs ist, «den Klerus nicht in die Lage zu bringen, seinen Unterhalt auf eine die Würde der Kirche und seine eigenen Pflichten verletzende Art zu suchen» [14]. Vom B.c. des römischen Rechts unterscheidet sich das kanonistische u. a. dadurch, daß es nur Vollstreckungs-, nicht schon Verurteilungsschutz gewährt und daß es für den einzelnen Kleriker unverzichtbar ist [15]. Es ist gewohnheitsrechtlich entstanden; seine Herleitung aus lib. III, tit. 23, cap. 3 der Dekretalen Gregors IX. ist inkorrekt [16]. Nach staatlichem Recht genießen Geistliche in der BRD gemäß Art. 8 des Reichskonkordats und §§ 811 Nr. 7, 910 ZPO besonderen Vollstreckungsschutz.

Anmerkungen. [1] Quellenbelege bei DU CANGE: Glossarium mediae et infimiae latinitatis (Paris 1840ff.) s.v. ‹C.›; M. PLEZIA: Słownik łaciny średniowiecznej w Polsce (Lexicon mediae et infimae latinitatis Polonorum) (Breslau/Krakau/Warschau 1953ff.) s.v. ‹C. I›; A. BARTAL: Glossarium mediae et infimae latinitatis regni Hungariae (Leipzig 1901) s.v. ‹C. 2›. – [2] I. DŁUGOSZ (LONGINUS): Historiae Polonicae libri XII (Krakau 1873ff.) 1, 308 [a. 1445]. – [3] IULIUS PAULUS, Digesta 24, 3, 54; ULPIAN, Dig. 42, 1, 16f. – [4] Schol. Sin. 6, 12. – [5] ULPIAN, Dig. 42, 1, 6 pr. – [6] a. a. O. 23, 3, 33 = 50, 17, 28. – [7] H. SIBER, Savigny-Z., romanist. Abt. 49 (1929) 561; W. LITEWSKI: Das «B.c.» im röm. Recht, in: Studi in onore di E. Volterra 4 (Mailand 1971) 470. 479. – [8] LITEWSKI, a. a. O. 501. – [9] IULIUS PAULUS, Dig. 42, 1, 19, 1. – [10] a. a. O. 50, 17, 153 pr.; vgl. LITEWSKI, a. a. O. [7] 479f. – [11] Gloss. b 2 ad Dig. 42, 1, 6. – [12] SIBER, a. a. O. 568. – [13] c. 122 CIC. – [14] P. HINSCHIUS: System des kath. Kirchenrechts 1 (1869) 128. – [15] ebda. – [16] a. a. O. 127; J. H. BOEHMER: Ius Ecclesiasticum Protestantium (Halle 1717-1736) 2, 938-951.

Literaturhinweise. – Zum *römischen Recht:* A. LEVET: Le bénéfice de C. (Paris 1928). – E. WEISS: Art. ‹Notbedarf›, in: RE XVII 1 (1936) 1058-1062. – W. LITEWSKI s. Anm. [7] 469-572. – Zum *gemeinen Recht:* PUCHTA-RUDORFF: Pandekten (¹¹1872) § 244. – H. DERNBURG: Pandekten 2 (⁵1894) § 57. – WINDSCHEID/KIPP: Lehrb. der Pandekten (⁹1906) §§ 267. 268. – Zum *kanonischen Recht:* P. HINSCHIUS s. Anm. [14] 127ff. – W. KOCH: Die klerikalen Standesprivilegien nach Kirchen- und Staatsrecht (Diss. Freiburg 1949). – EICHMANN-MÖRSDORFF: Lehrb. des Kirchenrechts 1 (¹⁰1959) 265ff. E. KLINGENBERG

II. In der deutschen *Militärsprache* des 19. Jh. bezeichnete ‹K.› allgemein das, was nach militärrechtlichen Bestimmungen «Teilen oder Angehörigen des Heeres u. der Marine an Geld, Naturalien, Unterkunft, Bekleidung usw. ... gewährt werden muß» [1]. Die verschiedenen K., wie etwa «Löhnungs-K.», «Feld-K.», «Marsch-K.», wurden im Haushalt des Heeres geregelt [2]. Dieser Sprachgebrauch im militärischen Bereich hing noch mit der älteren juristischen Bedeutung des Wortes zusammen, nämlich «was einer zur Nothdurfft hat» [3]. Allmählich scheint der Terminus dem kanzleisprachigen ‹Gebührnis› (frz. allocation; engl. allowance) gewichen zu sein [4]. Freilich konnte noch 1944 ein Hauptfeldwebel Flakhelfer (ironisch-)förmlich fragen: «Hat jemand noch Forderungen an Sold, Brot oder anderen K.?» [5].

Anmerkungen. [1] Hb. für Heer und Flotte, hg. G. v. ALTEN/ H. v. ALBERT 4 (1912) 72. – [2] Vgl. Heerwesen und Infanteriedienst der Königl. Preuß. Armee, hg. A. v. WITZLEBEN (¹1867) 193ff. – [3] ZEDLER, Universal-Lex. (1733) s.v. ‹Competenz›. – [4] Hb. für Heer ... a. a. O. [1]. – [5] Mündl. Überlief. Red.

III. *Der K.-Begriff im öffentlichen Recht.* – Die römischen Rechtsgelehrten gebrauchten das Substantiv ‹competentia› nicht [1], sondern nur das Adjektiv ‹competens› (zuständig, befugt, rechtmäßig, ordentlich), etwa ‹competens iudex› [2] oder ‹competens tribunal› [3]. Der Ausdruck ist stets auf einen einzelnen Magistrat oder Beamten bezogen und kennzeichnet ihn als (persönlich) geeignet, angemessen. Für ‹zuständig› wird esse mit Genitiv verwendet: «is cui ea re iurisdictio est» [4].

In der mittelalterlichen Verfassungsgeschichte war die Sache, aber nicht der Begriff der K. bekannt. In ZEDLERS ‹Universal-Lexikon› (1733) werden die Begriffe ‹competens› und ‹competentia› erstmals systematisch aufgearbeitet und mit dem heutigen Wortsinn verbunden. Seither sind ‹K.›, ‹K.-Streit› und ‹K.-Konflikt› wesenhaft mit der arbeitsteiligen und komplizierten Organisation des modernen Staates verbunden. Der Begriff ‹K.› im Sinne von Rechten und Pflichten eines Staatsorgans wurde seit 1817 im Deutschen Bundesstaatsrecht heimisch [5].

Für die mit dem Ausbau der Justiz- und Behördenapparate verbundenen Zuständigkeitsstreitigkeiten wurden, z. B. in Preußen seit 1847, eigene K.-Konflikts-Gerichtshöfe geschaffen, um den Streit zwischen Behörden und/oder Gerichten durch Rechtsspruch zu beenden [6].

Staatsrechtlich bedeutet K. die Zuständigkeit staatsorgane und nachgeordneter Behörden, Anstalten und Körperschaften hinsichtlich der Erfüllung öffentlicher Aufgaben und der Ausübung hoheitlicher Befugnisse; im Bundesstaat die Aufteilung der staatlichen Aufgaben der Gesetzgebung, Verwaltung und Rechtspflege auf Gesamtstaat und Gliedstaaten bzw. deren Organe. Besitzt ein Staatsorgan ausnahmsweise die Befugnis zur selbständigen Erweiterung der eigenen Zuständigkeit unter Ausschluß der bisher kompetenten Stelle, so hat es die sogenannte K.-K. [7].

Verwaltungsrechtlich vermittelt die K. die Bindung der Behörde an ihre Funktion. ‹K.› ist der zentrale Begriff, von dem aus die Beziehungen der Behörden untereinander zu würdigen sind [8]. Der Begriff ‹Zuständigkeit› dient mehr der Abgrenzung der Aufgaben, während der Begriff ‹K.› stärker an die Aufgaben selbst gebunden ist [9].

Prozeßrechtlich versteht man unter K. die Zuständigkeit eines Gerichts zur Behandlung einer Prozeßsache, begründet durch den Prozeßgegenstand und durch den Wohnsitz der belangten Person. K.-Konflikte zwischen verschiedenen Gerichtszweigen sind heute durch gesetzliche Regelungen [10] ausgeschlossen. Bei behördlichen K.-Konflikten entscheidet die übergeordnete Behörde, notfalls das Bundesverfassungsgericht.

Anmerkungen. [1] M. KASER: Das röm. Zivilprozeßrecht (1966) 183. – [2] z. B. ULPIAN, Digesta 2, 1, 19 pr.; JULIUS PAULUS, Dig. 2, 5, 2, 1. – [3] z. B. ULPIAN, Dig. 3, 3, 35, 2. – [4] z. B. a. a. O. 3, 1, 3, pr. – [5] Provis. Competenz-Bestimmung vom 12. 6. 1817, abgedr. bei KLÜBER: Quellenslg. (1830) 233f. sowie Wiener Schlußacte von 1820, abgedr. bei ZACHARIAE: Dtsch. Staatsrecht 2 (1867) 717ff.: Art. 3. 9. 10. 31; vgl. KLÜBER: Öffentl. Recht des Teutschen Bundes und der Bundesstaaten 1 (1831) § 117 Anm. a. – [6] K. F. V. STENGEL: Das Staatsrecht des Königreichs Preußen (1894) 225. – [7] H. J. WOLFF: Verwaltungsrecht 2 (1967) 14. – [8] E. FORSTHOFF: Lb. des Verwaltungsrechts 1 (1966) 418f. – [9] WOLFF, a. a. O. [7]. – [10] Art. 19 IV GG, § 17 GVG, § 178 VwGO.

Literaturhinweise. H. HARTMANN: Das Verfahren bei K.-Konflikten zwischen den Gerichten und Verwaltungsgerichten in Preußen (1860). – H. TRIEPEL: Die K. des Bundesstaats und die geschriebene Verfassung (1908). – F. STEIN: Grenzen und Beziehungen zwischen Justiz und Verwaltung (1912). – J. POPPITZ: Der K.-Konflikt (1941). – M. WOITE: Die K.-Aufteilung im Landkreis und im Amt (Diss. Köln 1963). – K. NEUSSER: Die Gesetzgebungs-K. für das Verwaltungsverfahren (Diss. Göttingen 1974).
F. V. REDECKER

IV. Der K.-Begriff in Biologie und Immunologie. – 1. In der *Biologie* versteht man unter dem Begriff ‹K.› allgemein einen physiologischen Zustand eines tierischen oder pflanzlichen Organismus, der es erlaubt, eine bestimmte Entwicklungsreaktion zu induzieren.

Am Beispiel des Algenpilzes Saprolegnia läßt sich die K. eines *pflanzlichen* Organismus bei der Ausbildung männlicher Geschlechtsorgane (Antheridien) gut demonstrieren. Die Antheridien können nur dann ausgebildet werden, wenn weibliche Geschlechtsorgane (Oogonien) eines bestimmten Alterszustandes vorhanden sind, die deren Entwicklung induzieren (biologische Induktion) und so räumlich und zeitlich festlegen. Dieser Vorgang ist jedoch nur in solchen Pilzgeflechten möglich, die bereits selbst Oogonien entwickelt haben. In einem jungen Saprolegniageflecht können reife Oogonien eines anderen Individuums keine Antheridienbildung induzieren, da dieses hierfür noch keine K. ausgebildet hat.

In der *Zoologie* wird der K.-Begriff vorwiegend in der Entwicklungsphysiologie gebraucht. Er ist in diesem Bereich gut am Beispiel der Bildung der Augenlinse bei der Entwicklung der Lurche zu verdeutlichen. Die Linsenbildung erfolgt durch die Außenhaut des Keimes und wird häufig durch den zugrunde liegenden Augenbecher induziert. Die K. zur Linsenbildung in der Außenhaut kann unterschiedlich ausgebildet sein. Beim Laubfroschkeim ist die gesamte Außenhaut zur Linsenbildung kompetent, d. h., eine künstlich über den Augenbecher transplantierte präsumptive Bauchhaut kann sich zu einer Linse ausdifferenzieren. Bei Unken ist diese K. hingegen auf die präsumptive Kopfhaut beschränkt. Im Falle der Laubfroschentwicklung ist die allgemeine K. jedoch beschränkt; sie bildet sich im Laufe der Keimesentwicklung immer weiter räumlich zurück und bleibt zuletzt auf die Region der präsumptiven Linsenepidermis beschränkt. Dieser Verlust der K. läuft autonom ab und ist zeitlich determiniert.

2. In der *Immunologie* beschreibt der Begriff ‹K.› die Fähigkeit bestimmter Zellen des lymphatischen Systems, auf Kontakt mit jeder einzelnen antigenen Determinante (z. B. eines körperfremden Eiweißstoffes) mit der Entwicklung oder dem Vorhandensein immunologischer Fähigkeiten zu antworten. Der Begriff der «immunologisch kompetenten Zelle» wurde von P. B. MEDAWAR geprägt [1]. Die Reaktionsbereitschaft der immunologisch kompetenten Zelle umfaßt die Bildung von spezifischen Antikörpern oder die Fähigkeit, spezielle zellvermittelte Abwehrreaktionen des tierischen Organismus hervorzurufen. Die immunologische K. liegt in der Physiologie der Zelle selbst begründet, d. h., eine Zelle ist auch dann immunologisch kompetent, wenn sie noch nicht durch einen Kontakt mit einem körperfremden Stoff stimuliert worden ist. Durch ihre Fähigkeit, sich spezifisch und selektiv durch einen solchen Kontakt zu einer definierten Antwortreaktion anregen zu lassen, ist diese Zelle ebenso kompetent wie diejenige, die diesen Prozeß bereits hinter sich hat.

Anmerkung. [1] P. B. MEDAWAR: Theories of immunol. tolerance, in: Cellular aspects of immunol. Ciba Foundation (London 1960).
V. BLÜM

V. Der Begriff ‹K.› (competence) wurde 1959 von R. W. WHITE in die *Motivationspsychologie* eingeführt und bezeichnet die Ergebnisse der Entwicklung grundlegender Fähigkeiten, die nicht bloß angeboren oder das Produkt von Reifungsprozessen sind und auch nicht ausreichend durch die klassischen Triebtheorien der Psychoanalyse und der psychologischen Lerntheorien erklärt werden können. Die Ergebnisse der Entwicklung sind zum großen Teil vom Individuum selbst besorgt. White nimmt ein Wirksamkeitsmotiv (effectance motive) an, das auf wirkungsvolle Interaktionen mit der Umwelt drängt und so die Entwicklung der K. fördert. Das Individuum entwickelt seine K. weniger im Dienste der Bedürfnisbefriedigung oder Triebstillung als um der Fähigkeiten und der Interaktion mit der Umwelt selbst willen. Entwicklungspsychologisch liegt allen kompetenzbezogenen Aktivitäten zunächst ein undifferenziertes Wirksamkeitsmotiv zugrunde, das sich im Laufe der Entwicklung in einzelne Motive (Erkenntnisgewinn, Leistung u. a.) differenziert. Die affektiven Begleiterscheinungen der Interaktion mit der Umwelt werden als *Wirksamkeitsgefühl* bezeichnet (feeling of efficacy). Das Wirksamkeitsgefühl begleitet bereits die Ausführung von Handlungen, während bei anderen Trieben, z. B. beim Hungertrieb, die Befriedigung erst der letzten Handlungsphase, der konsumatorischen Reaktion, folgt [1].

Mit Hilfe des K.-Begriffs hat White als erster versucht, die vielfältige Kritik zu integrieren, die seit den vierziger Jahren gegen die Reduktion aller Verhaltenserklärungen auf triebtheoretische Positionen vorgebracht worden war. Aufgrund tierexperimenteller Beobachtungen zum Neugier-, Explorations- und Manipulationsverhalten bei fehlenden primären Bedürfniszuständen waren spezifische Triebe postuliert worden, so z. B. der Neugiertrieb [2] und der Manipulationstrieb [3]. Unter den K.-Begriff lassen sich sowohl diese Beobachtungen als auch entwicklungspsychologische Phänomene der frühen Kindheit einordnen, die K. BÜHLER [4] als «Funktionslust» bezeichnet und die J. PIAGET [5] als Kreisreaktionen beim Aufbau der Sensumotorik beschrieben hat.

WHITE hat den K.-Begriff auch mit neopsychoanalytischer Theoriebildung in Verbindung gebracht, die – abweichend von der klassischen Psychoanalyse Freuds – den Ich-Funktionen eine eigene Energie zuweist. Im Wirksamkeitsmotiv sieht White die Energie des Ichs (effectance). Erst in einem späteren Stadium der Ich-Entwicklung werden die erreichten Fähigkeiten als K.-Gefühl (sense of competence) erlebt [6].

Verglichen mit dem später durch N. CHOMSKY [7] eingeführten Begriffspaar ‹Kompetenz vs. Performanz› meint ‹K.› im Sinne WHITES eine Performanz, wie sie das Individuum aufgrund *intrinsisch* (zweckfrei) motivierter Interaktion mit seiner Umwelt selbst herausgebildet hat. Theoretisch ist Whites K.-Begriff bis heute nicht weiterentwickelt worden. Inhaltlich wird er nicht nur im Hinblick auf die Interaktion mit der dinglichen Umwelt gebraucht, sondern, wie von White bereits vorgesehen, zunehmend auch als *soziale* K. im Zusammenhang mit der Entwicklung sozialer Fähigkeiten [8].

In loser Anknüpfung an White findet der K.-Begriff in entwicklungspsychologischen Problemzusammenhängen Verwendung, so z. B. bei der Betonung der extrem hinausgezögerten, nachgeburtlichen Entwicklung des Menschen von völliger Hilflosigkeit bis zu den vielerlei umweltgestaltenden Fähigkeiten und bei dem Versuch, den Fähigkeitsbegriff aus seiner Verengung auf «Intelligenz» (im Sinne von Testwertunterschieden Gleichaltriger) zu lösen. In der neueren Motivationspsychologie sind zwei weitgehend synonyme Begriffe für das kompetenzbezogene Wirksamkeitsmotiv eingeführt worden, *persönliche Verursachung* (personal causation) [9] und *intrinsische Motivation* (intrinsic motivation) [10].

Anmerkungen. [1] R. W. WHITE: Motivation reconsidered: The concept of C. Psychol. Rev. 66 (1959) 297-333; C. and the psychosexual stages of development. Nebraska Symp. on Motivation 8 (1960) 97-141. – [2] R. A. BUTLER: Discrimination learning by rhesus monkeys to visual-exploration motivation. J. comp. physiol. Psychol. 46 (1953) 95-98. – [3] H. F. HARLOW, M. K. HARLOW und D. R. MEYER: Learning motivated by a manipulation drive. J. exp. Psychol. 40 (1950) 228-234. – [4] K. BÜHLER: Die geistige Entwickl. des Kindes ('1924). – [5] J. PIAGET: Das Erwachen der Intelligenz beim Kinde (1969). – [6] R. W. WHITE: Ego and reality in psychoanalytic theory. Psychol. Issues 3 (1963) No. 3, Monogr. 11. – [7] N. CHOMSKY: Aspekte der Syntaxtheorie (1969). – [8] Vgl. WHITE, a. a. O. [6]; M. D. S. AINSWORTH und S. M. BELL: Mother-infant interaction and the development of C., in: B. K. J. CONNOLLY und J. BRUNER (Hg.): The growth of C. (London 1974) 97-118. – [9] R. deCHARMS: Personal causation (New York 1968). – [10] E. L. DECI: Intrinsic motivation (New York 1975).

H. HECKHAUSEN

VI. *Sprach-K. und kommunikative K.* – Den sprachtheoretischen Begriff ‹K.›, verstanden als Sprach-K., hat N. CHOMSKY nach 1960 zusammen mit dem Korrelatbegriff ‹Performanz› in die linguistische Terminologie eingeführt. Zuvor hieß «Sprachfähigkeit» bei ihm unterminologisch ‹ability›. Die paradigmatische Opposition des neuen Begriffs ‹K.› zum strukturalistischen Terminus ‹langue›, sein Anspruch, die schöpferische Seite der Sprechtätigkeit zum Ausdruck zu bringen, haben ihn zu einem der signifikantesten Grundbegriffe der generativen Grammatik werden lassen. «Die Unterscheidung [zwischen K. und Performanz], die ich hier vermerke, ist verwandt der Saussureschen Trennung in langue-parole, es ist jedoch notwendig, von Saussures Begriff der langue als lediglich einem systematischen Inventar von Einheiten abzugehen und zurückzugehen auf das Humboldtsche Verständnis der zugrunde liegenden K. als einem System generativer (‹erzeugender›) Prozesse» [1]. ‹K.› bezeichnet die Fähigkeit von (für die Zwecke der Linguistik) idealisierten Sprechern/Hörern, die in einer homogenen Sprachgemeinschaft leben [2], die mit Hilfe eines begrenzten Inventars von Kombinationsregeln und Grundelementen potentiell unendlich viele (auch neue, von ihnen noch nie gehörte) grammatische Sätze zu bilden und zu verstehen, d. h., die Fähigkeit, eine potentiell unendliche Menge von Ausdrucksstrukturen einer potentiell unendlichen Menge von Inhaltsstrukturen zuzuordnen. K. ist die wirkliche Kenntnis ihrer Sprache, über die reale Sprecher/Hörer intuitiv verfügen, über die sie aber nur in seltenen Fällen explizit Rechenschaft ablegen können. Die K. ist zentraler Gegenstand der Linguistik. In der Performanz, dem konkreten Sprechen, wird die K. nicht spiegelbildlichkorrekt zur Anwendung gebracht, sondern durch Faktoren wie ein «begrenztes Gedächtnis, Zerstreutheit und Verwirrung, Verschiebung in der Aufmerksamkeit und

im Interesse und – zufällige wie typische – Fehler» verzerrt [3]. Deshalb muß der Linguist, der um die Beschreibung der K. in Form einer Grammatik bemüht ist, sich auf die Konstruktion eines idealisierten Sprecher/Hörers stützen, kann sich aber gleichwohl auf die Intuition gegebener Sprecher/Hörer als Kontrollinstanz berufen. Die intuitive Kenntnis bewährt sich etwa [4], wenn die Fähigkeiten kompetenter Sprecher zum Tragen kommen, «über die Identität zweier Äußerungen zu entscheiden», «eine bestimmte sprachliche Einheit als Element der eigenen Sprache zu erkennen und ... [grammatisch] abweichende Sätze hinsichtlich ihres Abweichungsgrades einstufen zu können», «über formale Ähnlichkeiten» zwischen Sätzen «zu entscheiden», «die zwischen Äußerungen bestehenden ... semantischen Relationen festzustellen», «Ambiguitäten (lexikalischer wie struktureller Natur) auflösen zu können», und – was in der zuletzt semantisch orientierten generativen Grammatik hinzugefügt wird – «Präsuppositionen von Sätzen angeben zu können» [5].

Die Struktur der K., die so beschaffen ist, daß sie regelgeleitete Kreativität ermöglicht, kann nur dann adäquat erfaßt werden, wenn der sie beschreibenden Grammatik die Form einer generativen Grammatik gegeben wird. Diese besteht aus einem mit mathematischen Mitteln konstruierten «System von Regeln, die bei wiederholter Anwendung alle Sätze der Sprache erzeugen oder, mit einem mathematischen Begriff: aufzählen» [6]. Die Grammatik ist ein Mechanismus, der die potentiell unendliche Menge von Sätzen einer Sprache hervorbringt und mittels «rekursiver Definition eines Begriffs» festlegt, was als «Satz» in dieser Sprache gelten soll [7]. Sie enthält die syntaktischen, semantischen und phonologischen Konsistenzbedingungen, denen Sätze genügen müssen. Eine generative Grammatik kann mit anderen Worten und präziser definiert werden «als Mechanismus, der eine unendliche Menge von Strukturbeschreibungen auswirft» [8]. «Eine völlig adäquate Grammatik muß jedem Satz aus einer infiniten Menge von Sätzen eine Strukturbeschreibung zuordnen, aus der hervorgeht, wie dieser Satz vom idealen Sprecher/Hörer verstanden wird» [9]. Eine solche Grammatik bietet folglich ein Modell der sprachlichen K., oder, wenn man den Begriff ‹Grammatik› mit der systematischen Ambiguität verwendet wie in der generativen Linguistik üblich: sie beschreibt die Grammatik, über die ein idealer Sprecher/Hörer verfügt. Sollen K. bzw. Grammatik *erklärt* werden, muß die Sprachtheorie Aussagen über sprachliche Universalien und den Modus des Spracherwerbs treffen. Die Linguistik muß sich dann als Teildisziplin der Psychologie verstehen. Den Spracherwerb kann man nach Chomskys Auffassung nicht behaviouristisch erklären, denn ein Kind lernt viel schneller sprechen, als es möglich wäre, wenn es die Sätze, die es beherrscht, etwa alle gehört haben müßte. Deshalb nimmt Chomsky, durch Ergebnisse der Psychologie gestützt, spezifische mentale Dispositionen an, die es einem Kind erlauben, auf der Basis *weniger* primärer sprachlicher Daten eine Grammatik auszubilden. Spracherlernung funktioniert nach dem Modell eines Eingabe/Ausgabe-Mechanismus [10]. «Ein Kind, das fähig ist, eine Sprache zu lernen, muß folgendes besitzen»: a) «eine Technik zur Repräsentation von Eingabesignalen», b) «ein Mittel zur Repräsentation struktureller Informationen über diese Signale», c) «einige Anfangseingrenzungen für eine Klasse von möglichen Hypothesen über die Sprechstruktur», d) «eine Methode zur Bestimmung, was jede solche Hypothese für einen jeden Satz impliziert» und e) «eine

Methode zur Selektion einer der (vermutlich infinit vielen) Hypothesen, die [nach c)] erlaubt sind und den gegebenen primären sprachlichen Daten gerecht werden» [11]. «Dementsprechend muß eine Theorie der Sprachstruktur, die explanative Adäquatheit anstrebt, folgendes enthalten»: a) «eine universelle phonetische Theorie, die den Begriff ‹Möglicher Satz› definiert», b) «eine Definition von ‹Struktur-Beschreibung›», c) «eine Definition von ‹generative Grammatik›», d) «eine Methode für die Bestimmung der Struktur-Beschreibung eines Satzes bei gegebener Grammatik» und e) «ein Mittel zur Bewertung alternativer vorgeschlagener Grammatiken» [12].

Chomskys K.-Begriff ist in der Zeit, die seit seiner Formulierung vergangen ist, *Kritiken* und *Modifikationen* unterzogen worden. Die Abstraktionen, die ihn ermöglichten, sind in Frage gestellt worden, so insbesondere das Absehen von der kommunikativen Funktion der Sprache und die Beschränkung der die K. beschreibenden Grammatik auf ein Satzerzeugungsmodell. Ferner ist die für die Sprachgemeinschaft postulierte Homogenität bezweifelt und die Frage gestellt worden, auf welche Weise in der generativen Grammatik das für die Mitglieder einer Sprachgemeinschaft tendenziell normativ geltende Sprachsystem behandelt werden soll – wenn die K. ein individuelles Vermögen sein soll [13]. Mit diesen Einwänden ist die Gültigkeit der Abgrenzung von K. und Performanz in der Weise, wie Chomsky sie vorgenommen hat, bestritten worden. N. STEMMER etwa verneint die theoretisch-methodische Korrektheit der Trennung von K. und Performanz, denn «a theory of competence depends ultimately on performances since the adaequancy of such a theory can only be determined on the basis of performances. Therefore, the claim that it is possible or even necessary to develop a theory of competence indepent of a theory of performance becomes methodologically incorrect» [14]. P. H. MATTHEWS kritisiert, daß in Chomskys ‹Aspects›-Grammatikmodell Textbildungsregeln nicht vorgesehen sind, und hält angesichts dieses Umstands die Dichotomie von K. und Performanz für vorschnell konzipiert [15]. Ähnlich argumentiert M. A. K. HALLIDAY, der von der Linguistik erwartet, daß sie sich mit «language in use» befasse und deshalb «Sprechakte» und «Texte» zu ihrem Gegenstandsbereich erklären solle. «Here we shall not need to draw a distinction between an idealized knowledge of a language and its actualized use ... or between ‹competence› and ‹performance›. Such a dichotomy runs the risk of being either unnecessary or misleading: unnecessary, if it is just another name for the distinction between what we have been able to describe in the grammar and what we have not, and misleading in any other interpretation. The study of language in relation to the situations in which it is used – to situation types, i.e. the study of language as ‹text› – is a theoretical pursuit, no less interesting and central to linguistics than psycholinguistic investigations relating the structure of language to the structure of brain» [16]. Zu fragen ist allerdings, ob die ‹language in use›-Linguistik die Unterscheidung von K. und Performanz nicht doch aufrechterhalten sollte: Es scheint nämlich keinem Zweifel zu unterliegen, daß das Sprechen in Redesituationen und das Bilden von Texten Regeln gehorchen, die beim konkreten Sprechen nicht allesamt und nicht vollständig korrekt zur Erscheinung kommen, so daß ihre idealtypische Rekonstruktion – in Form der Annahme einer spezifischen K. – nicht allein gestattet, sondern sogar erfordert ist.

In *psycholinguistischer* Perspektive unterziehen R. CAMPBELL und R. WALES den K.-Begriff Chomskys und der an ihm orientierten Sprachpsychologen einer Revision. Deren Konzeption von grammatischer K. greife zu kurz, weil sie «the most important linguistic ability» außer acht läßt, nämlich «the ability to produce or understand utterances which are not so much grammatical but, more important, appropriate to the context in which they are made. ... By ‹context› we mean both the situational and the verbal context of utterances» [17]. Eine psychologische Erforschung der Sprache, die den Kontext angemessen berücksichtigt, hat es weniger mit der den Kontext aussparenden grammatischen K. und deren Kreativität, als vielmehr mit einer «communicative competence» zu tun. ‹Communicative competence› bezeichnet genau jene menschlichen Fähigkeiten «that are specific to language» [18] und abstrahiert lediglich von den kognitiven Prozessen, die im Zusammenhang mit dem Sprachverhalten stehen. Campbell und Wales warnen vor einer Hypostasierung der «innate ideas» oder angeborenen mentalen Vorrichtungen, denn: «The current neglect of environmental factors in favour of ‹innate ideas› is doubly unfortunate in view of the common tendency to equate linguistic universals with innate predispositions and to overlook the possible contribution of similarities of environment and upbringing» [19].

Mehrere Modifikationsvorschläge zum Begriff der K. hat E. COSERIU unterbreitet. Er fordert einmal, stärker zu betonen, daß kompetente Sprecher über ein offenes Regelsystem verfügen, welches ihnen die Veränderung der Konstruktionsregeln erlaubt; erst diese Fähigkeit vermag die Sprachentwicklung, die mittels der geregelten Erzeugung neuer Regeln vorangetrieben wird, zu erklären [20]. Weiter schlägt er vor – und dieser Vorschlag zielt in semantische und pragmalinguistische Richtung –, für die K. drei Schichten anzunehmen, deren erste in der generativen Grammatik fehlt, nämlich: a) die Kenntnis eines Sprechers von der Welt, b) die Kenntnis allgemeiner Regularitäten von Sprachsystemen und c) die Kenntnis einer Einzelsprache. Über die Fähigkeit zur Satzerzeugung geht die K. somit hinaus [21]. Auch die Abgrenzungen der K. von Sprechsituationen hält Coseriu für nicht sinnvoll, «da es auch eine K. gerade in bezug auf Situationen gibt: eine K., die kaum als reine Performanz interpretiert werden kann, z. B. im Fall der Sprachstile» [22]. Der Begriff ‹Stil-K.› wird dann von W. ABRAHAM und K. BRAUNMÜLLER eingeführt [23]. Ihnen geht es um die Strukturbeschreibung stilistischer Ausdrucksformen (bes. Metaphern) in einer Grammatik, die derartige, von Chomsky und seinen Anhängern als semi- oder ungrammatisch ausgeschlossene Formen generiert. Denn stilistische Ausdrucksformen kennzeichnen das Sprechen innerhalb einer Sprachgruppe in bedeutsamem Ausmaße, und sie sind – nach Maßgabe des individuell, etwa durch Dialekt bzw. Soziolekt, durch Alter und Ausbildungsstand variierenden Entwicklungsstandes der sprachlichen K. oder der durch die Fähigkeit des Fremdwörterverstehens bestimmten Erwartungsnormen – akzeptierbar bzw. verstehbar. Die individuelle Erwartungsnorm – eine pragmatische Variable – nennen Abraham und Braunmüller «stilistische K.». Da wir als Teilnehmer am Prozeß der sozialen Kommunikation immer über die sprachliche Grund-K. und die stilistische K. zusammen verfügen, ist eine Integration von Grund- und Stil-K. in einem gegenüber Chomskys Deutung veränderten K.-Begriff gerechtfertigt. Die K. eines Sprechers «entscheidet» nicht länger «nur über Grammatikalität, sondern auch über stilistische Erwartungsnormen, allgemein über Ausdrucksformen des sprachlichen Verhaltens, die für bestimmte Teilklassen aller Sprecher einer Sprache typisch sind (typisch = der Erwartung entsprechend)» [24]. K. kann nicht als statisch fixierte Größe unterstellt werden, sondern sie verändert sich – mitunter schnell, weil sich die stilistischen Erwartungsnormen mitunter schnell verändern – im Laufe der allgemeinen Entwicklung von Sprecher und Sprache. «Der K.-Begriff dieser Konzeption ist also viel weiter gefaßt als der Chomskys und zwar in Richtung auf den Performanzbegriff hin. Er stellt möglicherweise bei größerer Präzisierung ein Übergangsglied zwischen jenen beiden polaren Begriffen dar» [25]. Die Autoren haben erste Konsequenzen aus ihren Annahmen für den Aufbau einer Grammatik bereits gezogen; gerade wegen der Genauigkeit, mit der etwa der Prozeß der Metaphernbildung linguistisch beschrieben wird, ist die Konzeption Abrahams und Braunmüllers von großem Interesse auch für die Literaturtheorie.

Kritik an der Enge des K.-Begriffs von Chomsky wird auch seitens der *Ethno-* und *Soziolinguistik* geübt. Im Anschluß an den Vorschlag von D. HYMES [26] fordert E. OKSAAR einen Begriff von kommunikativer K., welcher der Bezogenheit von Sprechen auf einen situativen Kontext, den Erfahrungshorizont von Sprechern und Hörern und auf gesellschaftlich stabilisierte Sprachcodes (von denen es in einer Sprachgemeinschaft stets mehrere gibt) gerecht werden soll. Gegen Chomsky argumentiert er (wie D. WUNDERLICH u. a.), daß die «sprachliche Interaktion ... regelgebunden [ist], das Regelsystem ... aber weit über die grammatischen Regeln [hinausgeht]. Es umfaßt Merkmale der Kodeumschaltung und des Registerwechsels, die zweifelsohne auch zur sprachlichen K. des Menschen gehören» [27]. «Umschaltung» und «Wechsel» sind von soziokulturellen und situativen Variablen abhängig, die in linguistische Regelsysteme eingeführt werden können [28]. Für die Sprachkontakt- und Mehrsprachigkeitsforschung, um die es Oksaar in der Hauptsache geht, ist der generative K.-Begriff unzureichend, weil sie es mit Lernsituationen zu tun hat, in denen «der Erwerb der neuen sprachlichen Verhaltensweisen in vielen Fällen mehr ist, als nur die Aneignung der Aussprache, der Lexik und der Grammatik. Er ist gleichzeitig der Erwerb von neuen Verhaltensweisen, die situationsbedingt sind und zur kommunikativen K. gehören» [29]. Über die Kenntnis der Situationsmerkmale hinaus, schließt die kommunikative K. die Kenntnis der allgemeinen Gebrauchsnormen sprachlicher Zeichen ein, die Kommunikation allererst ermöglicht. Die Soziolinguistin S. H. HOUSTON beantwortet die Frage, ob die «Register-Variation» – die für Sprachbenutzer in allen Gesellschaften in einem von dem Grad der Klassen- und Schichtendifferenzierung bestimmten Ausmaß die Regel ist – «eine Angelegenheit der Performanz oder verschiedener K. für jedes Register oder was sonst» sei [30], mit dem Vorschlag, «eine Sprache eher dreigeteilt als zweigeteilt anzusehen, indem sie damit in folgender Reihenfolge aus K., systematischer Performanz und aktualisierter Performanz (actualized performance) besteht». «Die Sprach-K. ist für alle Sprecher einer Sprache die gleiche. Die systematische Performanz enthält Regeln, die diese zugrunde liegende K. in Dialektformen umwandelt, in Formen des Registers und in regelhafte Muster des Idiolekts – mit Betonung auf *regel*haft» [31].

Die *semantische* und *pragmatische* Wende in der generativen Linguistik, die von der Reaktualisierung des semiotischen Zeichenmodells (Peirce, Morris) und der In-

tegration soziologischer und psychologischer Aussagen in die sprachwissenschaftliche Theoriebildung gekennzeichnet ist, vollzieht in exemplarischer Weise D. WUNDERLICH. Er hat die Abstraktionen, die Chomsky zur Annahme eines sprachkompetenten idealen Sprecher/ Hörers führen, einer dezidierten Kritik unterzogen und den Begriff ‹kommunikative K.› entwickelt. «Die Beschreibung der sprachlichen K. von Sprechern einer Sprache kann sich nicht im Formulieren von syntaktischen und semantischen [sowie phonologischen] Wohlgeformtheitsbedingungen erfüllen, denen Sätze oder zusammenhängende Textstücke dieser Sprache genügen müssen» [32]. Denn ein «Kind erlernt die Regeln seiner Sprach-K. nicht als isolierte Regeln zur Konstruktion von Ausdrücken, sondern nur zusammen mit den typischen Handlungs- und Rollenbeziehungen seiner primären Umwelt. In ihnen kommen sozial bestimmte Strategien zum Ausdruck. Produktions- und Wahrnehmungsstrategien sind deshalb primär als Strategien eines typischen Interaktions- und Rollenverhaltens aufzufassen» [33]. Das Modell der K. muß deshalb «im Sinne der Beherrschung möglicher Redesituationen erweitert werden, und zwar so, daß damit die Distributionseigenschaften und die Bedeutung zahlreicher Ausdrücke einer Sprache als auf Redesituationen hin angelegt erklärt werden» [34]. Gegenstand der um die pragmatische Komponente erweiterten linguistischen Theorie, welche die kommunikative K. beschreiben soll, ist folglich die idealisierte Sprech- oder Redesituation. «An die Stelle von Sätzen (bestenfalls Texten) idealisierter Sprecher in der bisherigen syntaktisch-semantischen Theorie treten Äußerungen von Sprechern in idealisierten Sprechsituationen» [35]. Beim Aufbau einer dieser Theorie entsprechenden Grammatik müssen die Logik der Verwendung deiktischer Ausdrücke der Person, der Zeit und des Ortes ebenso berücksichtigt werden wie grammatische Formen der Kontaktaufnahme und die Logik von Fragen und Imperativen sowie von semantisch beschreibbaren Präsuppositionen; die Generierung von Sprechakten (im Sinne Searles) wird in ihr einen gewichtigen Platz einnehmen. Schließlich darf eine Theorie der kommunikativen K. paralinguistische Phänomene, außerverbale Ausdrucksformen nicht vernachlässigen – was zu tun Wunderlich Habermas (s. u.) vorwirft [36]. Seine sprachtheoretischen Voraussetzungen erlauben Wunderlich eine Kritik an der in der generativen Grammatik verbreiteten Verhältnisbestimmung von K. und Performanz, die diese als bestimmt durch die K. + Sprecher/Hörer-Strategien ansieht. Jene Verhältnisbestimmung übersieht einmal die pragmatisch und psychologisch nachweisbare Interdependenz der K. mit auf Redesituationen bezogenen Produktions- und Wahrnehmungsstrategien von Dialogpartnern, isoliert deshalb die K. falsch und schiebt vieles von dem, was zu ihrer Konstitution gehört, der Performanz zu. Aber auch die Liste der Merkmale, mit der letztere beschrieben werden soll, wird von der pragmatisch orientierten Linguistik erweitert: Zu Chomskys Performanzmerkmalen, die die Anwendung der K. im konkreten Sprechen charakterisieren sollen – begrenztes Gedächtnis, Zerstreutheit und Verwirrung, Verschiebung in der Aufmerksamkeit und im Interesse, zufällige und typische Fehler in der Sprachverwendung –, treten Merkmale wie z. B. Geübtheit, Motivation, sozialpsychologisch determinierte Hemmungen, wie Schüchternheit, Angst, Neid, Abneigung, Rollenerwartung in einer Gesprächssituation, Verstellung und Aggressions- oder Schutzverhalten [37]. Für die Theorie der allgemeinen

Sprachlernfähigkeit und der Sprachentwicklung, die er von der K.-Theorie nicht länger trennen will, zieht Wunderlich aus seinem Begriff der kommunikativen K. Konsequenzen, die implizit denen Apels (s. u.) entsprechen: «Zur sprachlichen K. gehört ... auch eine Art von Meta-K., nämlich das Vermögen, eine bereits internalisierte Grammatik neu zu organisieren, vorhandene Regeln zur Satzerzeugung und Sprachwahrnehmung abzuändern, neue Elemente in das Lexikon aufzunehmen. Das geschieht immer dann, wenn ein Hörer die andersgeartete sprachliche K. eines seiner Kommunikationspartner akzeptiert und sich ihr anzugleichen sucht. Erst diese Meta-K. erklärt das Faktum, daß Sprachen gelernt werden, daß sich die K. en der Sprecher soziologisch differenzieren – je nach den Sprechsituationen, an denen sie teilhaben – schließlich, daß Sprachsysteme veränderliche Systeme sind» [38].

Um eine *wissenschaftstheoretische* Einordnung der generativen Grammatik bemüht, die angemessener als das Selbstverständnis ihres Protagonisten ist, möchte K. O. APEL die Fallibilität der These Chomskys nachweisen, K. lasse sich als ausschließlich grammatische Regelkenntnis rekonstruieren. Die generative Grammatik muß objektiv einen transzendental-hermeneutischen Begriff von Sprache unterstellen, weil Spracherwerb und Sprachverwendung immer mit einem (sich zunehmend herausbildenden) hermeneutischen Normbewußtsein verbunden sind, welches uns in Form pragmatischer Universalien gegeben ist. Der Begriff ‹K.› ist dialektisch mit dem der kommunikativen K. zu verbinden; darüber hinausgehend, nimmt Apel eine metakommunikative K. an, die allererst das Verhältnis «reflexiver Distanz» und «kreativer Souveränität» erklären kann [39], das zwischen Menschen und jeder Einzelsprache und damit jeder einzelsprachlichen K. besteht: Diese kann z. B. mittels Übersetzung in eine andere Sprache oder einen anderen Code oder hermeneutischer Sprach-Rekonstruktion transzendiert bzw. korrigiert werden. «Nun liegt aber in dieser der kommunikativen K. zugehörigen metakommunikativen K. offensichtlich auch eine wesentliche Bedingung der Möglichkeit der *Sprachwissenschaft*. Diese kann sich der grammatischen K. der *native speaker* als einer ‹mentalen Wirklichkeit› im Sinne Chomskys nur über die Vermittlung der kommunikativ-metakommunikativen K. sowohl des Subjekts wie des Objekts der Wissenschaft vergewissern» [40].

J. HABERMAS' Kritik an Chomskys K.-Begriff und dessen Fortentwicklung zum Begriff ‹kommunikative K.› ist zwar durch Wunderlich angeregt (wie dessen «kommunikative K.» auch umgekehrt durch Habermas inspiriert ist), aber gleichwohl nicht linguistisch motiviert. Vorschläge für eine die linguistische und die kommunikative K. integrierende Grammatik finden sich bei ihm nicht. Habermas ist es vielmehr darum zu tun, sich einer sowohl transzendentalen als auch empirischen Basis für die «kritische Theorie der Gesellschaft» zu versichern und die Grundlegung einer kommunikativen Ethik auszuarbeiten. Die Universalpragmatik, deren Konstituentien es in einer Theorie der kommunikativen K. zu bestimmen gilt, stellt eine Bedingung der Möglichkeit dar, die Wahrheits- bzw. Konsensusfähigkeit von Interessen, Normen, Legitimationen zu prüfen bzw. zu sichern. Die pragmatischen oder «dialogkonstituierenden» Universalien, mit deren Hilfe wir die allgemeinen Strukturen möglicher Redesituationen herstellen, gestatten uns nämlich, im «kommunikativen Handeln» implizit und im Diskurs explizit die «ideale Sprechsituation» und in dieser die ideale Lebensform zu antizipieren.

Die Theorie der kommunikativen K. hat es nicht wie die Linguistik mit Sätzen, sondern mit elementaren Äußerungen zu tun; anders als die Chomsky-Grammatik berücksichtigt sie den Umstand, daß die kraft linguistischer K. hervorgebrachten Äußerungen (Sätze) wiederum durch sprachliche Ausdrücke pragmatisch situiert werden, so daß sich als Vorkommensweise von Sprache pragmatische Einheiten der Rede, d. h. Äußerungen als in Redesituationen gegebene Sätze ergeben [41]. Die hier gemeinten pragmatischen Leistungen sind einzelsprachlich realisiert *und* universell. Sie kehren mit Notwendigkeit in jeder möglichen Redesituation wieder und bestimmen deren allgemeine Struktur, indem sie die Ebene der Intersubjektivität zwischen Dialogpartnern und die Ebene, auf der über Gegenstände kommuniziert wird, spezifieren. Deshalb ist die Abstraktion elementarer Äußerungen als Objektbereichsebene der Theorie kommunikativer K. legitim. Deren Aufgabe ist «die Nachkonstruktion des Regelsystems, nach dem wir [Rede-]Situationen überhaupt hervorbringen oder generieren» [42]. Die pragmatischen Universalien können in Form von Klassen sprachlicher Ausdrücke allgemeinen Strukturen der Redesituation zugeordnet werden. Nicht untersucht hat Habermas bislang die regelgeleitete Verwendung der Personalpronomia und der deiktischen Ausdrücke. Hingegen schlägt er eine Systematisierung der Sprechakte vor, derjenigen sprachlichen Einheiten also, in denen ein abhängiger Satz propositionalen Gehaltes von einem performativen Satz dominiert wird und die das Verhältnis des Sprechers zu seiner Äußerung und zum Hörer indizieren. Habermas unterscheidet Kommunikativa, Konstativa, Repräsentativa und Regulativa. Diese vier Klassen von Sprechakten bilden die «zureichenden Konstruktionsmittel für den Entwurf der idealen Sprechsituation» [43]; letztere wird im Diskurs, in dem die im kommunikativen Handeln implizit geltenden Meinungen und Normen problematisiert werden, lediglich bewußt unterstellt. Die ideale Sprechsituation ist durch die Möglichkeit der Konsensusbildung mittels symmetrischer Verteilung der Sprechchancen gekennzeichnet. Die aufgezählten Sprechaktklassen bilden «zureichende Konstruktionsmittel», weil wir mit ihrer Hilfe die für die Wahrheitsfindung so zentralen Unterscheidungen treffen wie die zwischen Sein und Schein (mit Hilfe der Konstativa, sprechaktkennzeichnendes Verb z. B. ‹behaupten›), Wesen und Erscheinung (mit Hilfe der Repräsentativa, Sprechakt-Verb z. B. ‹gestehen›) und Sein und Sollen (mit Hilfe der Regulativa, Sprechakt-Verb z. B. ‹befehlen›). «Diese drei Unterscheidungen zusammengenommen erlauben schließlich die zentrale Unterscheidung zwischen einem ‹wahren› (wirklichen) und einem ‹falschen› (täuschenden) Konsensus. Diese Unterscheidung wiederum geht in den pragmatischen Sinn von Rede überhaupt ein ...» [44]. Diesen bringen die Kommunikativa zum Ausdruck, die «den Sinn von Äußerungen qua Äußerungen» explizieren (Sprechakt-Verben z. B. ‹sagen›, ‹erwidern›) [45].

B. BADURA betrachtet die Theorie der kommunikativen K. als Element einer Theorie des kommunikativen Handelns, dessen Strukturierung auf den Ebenen der kommunikativen K. und der Interaktion erfolgt. Badura geht es, anders als Habermas, nicht um die Explikation einer Universalpragmatik; er möchte in empirisch-analytischer Absicht der sozialen Determinierung des Sprachverhaltens Rechnung tragen. Eine Theorie der kommunikativen K. – der Fähigkeit zu kommunizieren und auf die kommunikativen Akte von Partnern einzugehen –

muß die linguistische K. als Bestandteil behandeln, darf bei ihr aber nicht stehenbleiben. Das Programm einer Theorie der kommunikativen K. besteht darin, «prognoserelevante Sätze in bezug auf *Entstehung, Verteilung* und *Realisierungschancen* ... kommunikativer Fähigkeiten zu formulieren» [46]. Als Variablenbereich sozialer und situationsabhängiger Determinierung des sprachlichen Kommunizierens kommen die Biographien der Beteiligten, mikrosoziale Prozesse in deren Lernmilieu, makrosoziale Prozesse sowie Stand und Entwicklung der sozialen Beziehung zwischen ihnen in Betracht. Auf die Dialogsituation bezogen, gliedert Badura die kommunikative K. in eine hermeneutisch-analytische K. und eine taktisch-rhetorische K. Unter der ersten versteht er «die Fähigkeit zu adäquater Situationserfassung, d. h. zur adäquaten Aufnahme, Transformation und Erzeugung von Informationen, die Kommunikationspartner benötigen, um eine ‹kompetente› Behandlung von Kommunikationsthemen und eine korrekte Einschätzung ihrer selbst und der Entwicklung ihrer Beziehungen zu den jeweiligen Kommunikationspartnern zu ermöglichen» [47]. Die «Dialoghermeneutik» dient also dem korrekten Beziehungs-, Rede- und Dialogthemenverstehen sowie dem Verständnis der Intentionen und Strategien der anderen Kommunikationspartner. Maßstab für Adäquatheit ist dabei die Erreichung des Ziels, eigene Kommunikationsintentionen zu realisieren. Dieser Maßstab hat auch Gültigkeit für die Umsetzung der taktisch-rhetorischen K., unter der «situationsbezogene Geschicklichkeiten, Fähigkeiten, Techniken zur effektiven Umwandlung der im Verlauf hermeneutischer Arbeit langfristig und/oder kurzfristig gewonnenen und verarbeiteten Informationen» verstanden werden [48]. Zwischen den beiden Komponenten der kommunikativen K. besteht ein Verhältnis der korrektiven Wechselseitigkeit.

Eine Theorie der kommunikativen K. fordert auch H. E. BREKLE von einer die pragmatische Komponente angemessen einbeziehenden Linguistik. Sie soll sich aus Theorien der «faculté de langage» (des allgemeinen Sprachvermögens), der «langue» (eines einzelsprachlichen Systems) und der «parole» (der aktualen Redeakte) zusammensetzen, deren Zusammenhang erklären und somit die Gesamtheit der Bedingungen für das Zustandekommen von Sprechakten spezifizieren. Jeder der drei Teiltheorien ist eine pragmatische Komponente eigen; die Theorie der «parole» stellt nicht etwa den Pragmatikteil einer Theorie der kommunikativen K. dar. Für jene postuliert Brekle eine «Performanz-K.», nämlich die durchaus auf Regularitäten beruhende Fähigkeit von Sprechern/Hörern, an konkreten Sprechsituationen zu partizipieren. Mit der «einzelsprachlichen System-K.» hängt die Performanz-K. eng zusammen; für die «Auswahl- und Restriktionsprozesse», die den Übergang von der einen zur anderen kennzeichnen, ist im wesentlichen eine Steuerung durch sozial- und individualpsychologische Bedingungen anzunehmen [49]. Wegen der komplexen Beziehungen, die sie somit zu berücksichtigen hat, wird die Theorie einer einzelsprachlichen Performanz-K. nach Brekles Meinung vermutlich «als ein dynamisches selbstregulierendes System darzustellen sein» [50]. Von Habermas' Begriff der kommunikativen K. grenzt Brekle den seinen explizit ab. Während er das allgemeine Sprachvermögen, die K. über ein einzelsprachliches System und die Performanz-K. zur kommunikativen K. zählt, bezieht sich Habermas' Begriff lediglich auf die pragmatischen Universalien (s. o.), die Brekle in

der pragmatischen Dimension des allgemeinen Sprachvermögens situiert [51].

Über die verzeichneten K.-Begriffe hinaus finden sich in der semiotischen und linguistischen Literatur weitere Verwendungen des K.-Begriffs und verwandte Begriffsbildungen. Aus ihnen lassen sich entweder keine theoretisch relevanten Bedeutungsverschiebungen extrapolieren, oder es kann über Breite und Intensität ihrer Rezeption zum gegenwärtigen Zeitpunkt noch nichts ausgesagt werden, so daß die Beschränkung auf eine bloße Aufzählung gerechtfertigt erscheint. Die «persuasive K.», von der J. KOPPERSCHMIDT [52] in Anlehnung an Habermas' Begriff der kommunikativen K. als deren Teil-K. spricht und die die allgemeine Fähigkeit zur Partizipation an persuasiven Redesituationen meint, gehört zum Stichwort ‹Rhetorik›. Die poetische oder literarische K. als Fähigkeit, spezifisch literarische und vom sprachlichen Standort abweichende Sätze zu produzieren und zu verstehen, muß im Zusammenhang mit der literaturtheoretischen Diskussion problematisiert werden, ebenso die ästhetische K. [53]. Begriffe wie ‹Aktions-K.› und ‹Sozial-K.› (die Sprach- und Aktions-K. integriert), verstanden als «virtuale und individuale» Fähigkeit (nicht sprachlich) aktional zu handeln (Aktions-K.) bzw. als Fähigkeit «innerhalb der Sozialkommunikation aktional und sprachlich zu handeln» [54], werden sich hinsichtlich ihres Stellenwertes erst in einer umfassenden Theorie der Sozialkommunikation bestimmen lassen.

Anmerkungen. [1] N. CHOMSKY: Aspekte der Syntaxtheorie (1969) 14f. – [2] a. a. O. 13. – [3] ebda. – [4] W. WELTE: moderne linguistik: terminol./bibliogr. 1. 2 (1974) 256f.: Art. K.; Welte orientiert sich hier an BECHERT/CLÉMENT/THÜMMEL/WAGNER: Einf. in die generat. Transformationsgrammatik (1970) 14-17. – ·[5] WELTE, a. a. O. 257. – [6] M. BIERWISCH: Strukturalismus. Gesch., Probleme und Methoden. Kursbuch 5 (1966) 77-152, zit. nach dem verbesserten Abdruck in: Lit.wiss. u. Linguistik 1, hg. J. IHWE (1971) 17-90, zit. 45. – [7] a. a. O. 45f. – [8] 51. – [9] CHOMSKY, a. a. O. [1] 15. – [10] Vgl. 57. – [11] 47. – [12] 48. – [13] Vgl. L. ANTAL: Some remarks on a controversial issue. Lingua 26 (1971) 171-180; H.-H. LIEB: Das System eines Verständigungsmittels und seine Grundl. im Sprecher: Zur Krit. des K.-Begriffs, in: Probleme und Fortschritte der Transformationsgrammatik. Referate des 4. Ling. Kolloquiums Berlin 6.-10. Okt. 1969, hg. D. WUNDERLICH (1971) 16-23. – [14] N. STEMMER: A note on competence and performance. Linguistics 65 (1971) 83-89, zit. 88. – [15] P. H. MATTHEWS: Rev. of Chomsky's ‹Aspects of the theory of syntax›. J. of Linguistics 3 (1967) 119-152, zit. 120. – [16] M. A. K. HALLIDAY: Language structure and language function, in: New horizons in linguistics, hg. J. LYONS (Harmonsworth, Middlesex u. a. 1970) 140-165, zit. 145. – [17] R. CAMPBELL und R. WALES: The study of language acquisition, in: LYONS (Hg.), a. a. O. 242-260, zit. 242. – [18] a. a. O. 253. – [19] 257. – [20] E. COSERIU: Einf. in die transformationelle Grammatik. Vorles. Nachschr. G. NARR/R. WINDISCH (1968) 39. – [21] Vgl. B. SIGURD: Die generat. Grammatik, mit einem Anhang hg. U. PETERSEN, in: Beitr. zur Linguistik, hg. G. NARR 15 (1970) 33. – [22] COSERIU, a. a. O. [20] 48. – [23] Vgl. W. ABRAHAM: Stil, Pragmatik und Abweichungsgrammatik, in: Beitr. zur generat. Grammatik, hg. A. v. STECHOW (1971) 1-13; W. ABRAHAM und K. BRAUNMÜLLER: Stil, Metapher und Pragmatik. Lingua 28 (1971) 1-47. – [24] ABRAHAM/BRAUNMÜLLER, a. a. O. 11. – [25] ebda. – [26] Vgl. D. HYMES: Models of the interaction of language and social setting. J. soc. Issues 23 (1967) 8-28; Competence and performance in linguistic theory, in: Language acquisition: models and methods, hg. R. HUXLEY/E. INGRAM (New York/London 1971) 3-23. – [27] E. OKSAAR: Sprachl. Interferenzen und kommunikative K., in: Indo-Celtica. Gedächtnisschr. Alf. Sommerfeldt, hg. H. PILCH/J. THUROW (1972) 126-142, zit. 129. – [28] Vgl. a. a. O. 134. – [29] 126. – [30] S. H. HOUSTON: K. und Performanz im «Black English» von Kindern, in: Aspekte der Soziolinguistik, hg. W. KLEIN/D. WUNDERLICH (1971) 195-208, zit. 198. – [31] a. a. O. 202. – [32] D. WUNDERLICH: Pragmatik, Sprechsituation, Deixis. Z. Lit.wiss. u. Linguistik 1 (1971) 153-190, zit. 153. – [33] Die Rolle der Pragmatik in der Linguistik. Deutschunterricht 22 (1970) 5-41, zit. 13. – [34] a. a. O. 18. – [35] a. a. O. [32] 175. – [36] a. a. O. [33] 30. – [37] Vgl. a. a. O. [33] 11. – [38] WUNDERLICH, a. a. O. [32] 175. – [39] K. O. APEL: Noam Chomskys

Sprachtheorie und die Philos. der Gegenwart, in: Transformation der Philos. 2 (1973) 264-310, zit. 302. – [40] a. a. O. 307. – [41] J. HABERMAS: Vorbereitende Bemerk. zu einer Theorie der Kommunikativen K., in: J. HABERMAS und N. LUHMANN: Theorie der Gesellschaft oder Sozialtechnol. (1971) 101-141, zit. 102. – [42] ebda. – [43] ebda. 122. – [44] 114. – [45] 111. – [46] B. BADURA: Kommunikative K., Dialoghermeneutik und Interaktion. Eine theoret. Skizze, in: Soziol. der Kommunikation. Eine Textauswahl zur Einf., hg. B. BADURA/K. GLOY (1972) 246-264, zit. 250. – [47] a. a. O. 251. – [48] ebda. – [49] H. E. BREKLE: Semantik (1972) 132f. – [50] a. a. O. 134. – [51] 127f. – [52] J. KOPPERSCHMIDT: Rhetorik (1973) bes. 45-49. – [53] Vgl. z. B. M. BIERWISCH: Poetik und Linguistik, in: Math. und Dichtung, hg. H. KREUZER/R. GUNZENHÄUSER (²1967) 49-65; J. IHWE: K. und Performanz in der Lit.-theorie, in: Text, Bedeutung, Ästhetik, hg. S. J. SCHMIDT (1970) 136-152; C. BEZZEL: Grundprobleme einer poetischen Grammatik. Ling. Ber. 9 (1970) 1-17; A. BERGER: Poesie zwischen Linguistik und Lit.wiss. Ling. Ber. 17 (1972) 1-11. – [54] H. P. ALTHAUS und H. HENNE: Sozial-K. und Sozialperformanz. Z. Dialektol. u. Linguistik 38 (1971) 1-15, passim und 8f.

Literaturhinweise. N. CHOMSKY: Current issues in ling. theory (The Hague/Paris ⁴1969) 7-27; Topics in the theory of generat. grammar (The Hague/Paris 1966); Sprache und Geist (1970). – J. A. FODOR und M. GARRETT: Some reflections on competence and performance, in: Psycholing. Papers, hg. J. LYONS/R. J. WALES (Edinburgh 1966) 135-179. – D. McNEILL: The creation of language by children, in: LYONS/WALES, a. a. O. 99-115. – H. M. GAUGER: Die Semantik in der Sprachtheorie der transformationellen Grammatik. Ling. Ber. 1 (1969) 1-18. – G. A. MILLER und D. McNEILL: Art.‹Psycholing.›, in: Handbook of soc. psychol., hg. G. LINDZEY/ E. AARONSON 3 (1969) 666-734. – J. LYONS: Chomsky (London 1970) 38ff. – J. W. OLLER: Transformat. theory and pragmatics, Modern Language 54 (1970) 504-507. – E. WEIGL und M. BIERWISCH: Neurophysiol. and ling. Topics of common research. Found. Lang. 6 (1970) 1-18. – J. HABERMAS: Der Universalitätsanspruch der Hermeneutik, in: Hermeneutik und Ideologiekritik, hg. R. BUBNER (1971) 120-159. – D. WUNDERLICH: Zum Status der Sozioling., in: KLEIN/WUNDERLICH (Hg.) s. Anm. [30] 297-321. – G. LIST: Psycholing. Eine Einf. (1972). – B. L. DERWING: Transformational grammar as a theory of language acquisition (Cambridge 1973) bes. 259-300.   G. BEHSE

Komplementarität.

Der Begriff ‹K.› stammt von N. BOHR (1927) und ist von ihm ursprünglich zum Verständnis der in der *Quantentheorie* aufgetretenen Schwierigkeiten (vgl. Art. ‹Unbestimmtheitsrelation›) in die Philosophie eingeführt worden. Die in der Quantentheorie gegebene Naturbeschreibung heißt daher nach der Kopenhagener Deutung (s. d.) auch selbst komplementär. Der Sache nach handelt es sich jedoch von Anfang an keineswegs um einen physikalischen Begriff, sondern Bohr sah in jenen Schwierigkeiten vielmehr «eine lehrreiche Erinnerung an die allgemeinen Bedingungen der menschlichen Begriffsbildungen», so wie sie z. B. auch aus der Psychologie bekannt sind, «wo wir stets an die Schwierigkeit der Unterscheidung zwischen Subjekt und Objekt erinnert werden» [1]. Hinsichtlich der Physik wird damit geltend gemacht, daß wir selbst ein Teil der Natur sind, die durch die Physik beschrieben werden soll.

‹K.› heißt die Zusammengehörigkeit verschiedener Möglichkeiten, dasselbe Objekt als verschiedenes zu erfahren. Komplementäre Erkenntnisse gehören zusammen, insofern sie Erkenntnis desselben Objekts sind; sie schließen einander jedoch insofern aus, als sie nicht zugleich und für denselben Zeitpunkt erfolgen können. Die Struktur des Objekts, die darin zum Ausdruck kommt, daß es komplementär erfahren und beschrieben wird, kann mit Bohr als Individualität oder Ganzheit bezeichnet werden.

Die Frage, auf die unter dem Titel ‹K.› eine Antwort gegeben werden soll, ist die nach dem Verhältnis von Selbsterkenntnis und Erkenntnis von Objekten. Wenn dabei auf die Tatsache rekurriert wird, daß man sich auch selbst zum Objekt werden und in dieser Unterscheidung doch als man selbst sich selbst gegenwärtig

sein kann, so ist die Meinung gleichwohl nicht, daß es sich bei der K. in höherem Maße um ein psychologisches Phänomen handelt als beim Problem der Selbsterkenntnis in der philosophischen Tradition: «Das in Frage stehende Erkenntnisproblem läßt sich wohl kurz dahin kennzeichnen, daß einerseits die Beschreibung unserer Gedankentätigkeit die Gegenüberstellung eines objektiv gegebenen Inhalts und eines betrachtenden Subjekts verlangt, während andererseits – wie schon aus einer solchen Aussage einleuchtet – keine strenge Trennung zwischen Objekt und Subjekt aufrechtzuerhalten ist, da ja auch der letztere Begriff dem Gedankeninhalt angehört. Aus dieser Sachlage folgt nicht nur die relative von der Willkür in der Wahl des Gesichtspunktes abhängige Bedeutung eines jeden Begriffes, oder besser jeden Wortes, sondern wir müssen im allgemeinen darauf gefaßt sein, daß eine allseitige Beleuchtung eines und desselben Gegenstandes verschiedene Gesichtspunkte verlangen kann, die eine eindeutige Beschreibung verhindern. Streng genommen steht ja die bewußte Analyse eines jeden Begriffes in einem ausschließenden Verhältnis zu seiner unmittelbaren Anwendung. Mit der Notwendigkeit, zu einer in diesem Sinn komplementären ... Beschreibungsweise Zuflucht zu nehmen, sind wir wohl besonders durch psychologische Probleme vertraut» [2]. K. kann danach auch von Gesichtspunkten oder Aspekten behauptet werden. Dabei darf freilich nicht außer acht gelassen werden, in welcher Richtung hier ein Begründungsverhältnis besteht. Man kann also den Begriff ‹K.› nicht durch den des Aspekts erklären, geschweige denn ihn durch einen Hinsichtenrelativismus legitimieren. Ausgangspunkt ist vielmehr unsere Grunderfahrung, wie Bohr sich ausdrückte: sowohl Zuschauer als auch Mitspieler im Drama des Lebens zu sein.

Die Wurzeln des Begriffs ‹K.› liegen bei Bohr einerseits im Problem der Willensfreiheit, andererseits in der Besinnung auf Sprache und Ausdrucksmittel. In einem komplementären Verhältnis stehen nach Bohr z. B. Denken und Wollen; Liebe und Gerechtigkeit; die strenge Anwendung der an die Beschreibung der leblosen Natur angepaßten Begriffsbildungen zu der Berücksichtigung der Gesetzmäßigkeiten der Lebenserscheinungen; die physiologische Verfolgung der Gehirnvorgänge und das Gefühl des freien Willens.

Anmerkungen. [1] N. BOHR: Atomtheorie und Naturbeschreibung (1931) 10. – [2] a. a. O. 62f.

Literaturhinweise. N. BOHR s. Anm. [1]; Atomphysik und menschl. Erkenntnis 1 (1958); 2 (1966). – C. F. v. WEIZSÄCKER: Zum Weltbild der Physik (⁸1960) 251. 281. 332. – A. PETERSEN, Bull. atomic Scientists (Sept. 1963) 8-14. – K. M. MEYER-ABICH: Korrespondenz, Individualität und K. (1965) (mit Bohr-Bibliogr. und weiterer Lit.).   K. M. MEYER-ABICH

Komplex

Komplex heißt ein Gegenstand oder ein Vorgang, wenn er als mehrheitlich und «verwickelt» imponiert und in dieser Kompliziertheit aus dem Zusammengeraten oder -wirken von Teilbeständen oder «Elementen» ableitbar gedacht wird. Komplex ist in diesem Sinne alles «höhere» Seelenleben; es wird nach der durch mehr als zwei Jahrhunderte vorherrschenden Theorie der Elementen- bzw. Assoziationspsychologie als nach angenommenen «Assoziationsgesetzen» zustande gekommen erklärt. Das erscheinungsmäßige ganzheitlich-mehrheitliche Resultat wurde – als formaler Gegenbegriff zu EHRENFELS' ‹Gestaltqualität› [1] – von F. KRUEGER mit dem Terminus ‹Komplexqualität› belegt [2], wobei jedoch die Ableitbarkeit aus Teilgegebenheiten (Elementen) zunehmend schärfer bestritten wird. Während schon EHRENFELS [3], HUSSERL [4], vor allem aber F. KRUEGER und die Berliner «Gestalttheoretiker» den Primat des Ganzen auch im Erleben betonen [5], versucht G. E. MÜLLER in seiner «Komplextheorie» die Annahme zu halten, daß der komplexe Gesamteindruck durch einen (zum Reizangebot) zusätzlichen synthetisierenden Akt des Wahrnehmenden («kollektive Aufmerksamkeit») produziert werde [6]; A. v. MEINONG nennt diese Lehre auch «Produktionstheorie», weil hier das produzierte Ganze als ein zusätzlicher Inhalt zu den Elementarinhalten gedacht wird [7].

‹Komplex› heißt die von C. G. JUNG begründete Richtung der Psychologie des Unbewußten oder «Tiefenpsychologie», die in zunehmend betontem Gegensatz zu der ursprünglich als Ausgangspunkt dienenden Psychoanalyse Freuds steht und sich von dieser zunächst – und später – auch als «analytische» (oder «analytisch-komplexe») Psychologie abzuheben versucht. Die letztere Bezeichnung wurde nie ganz aufgegeben, ja es ist neuestens sogar ein Rückzug von der «komplexen» zur «analytischen Psychologie», ein Rivalisieren beider Bezeichnungen zu beobachten [8], obwohl Jung selbst sich mit T. WOLFF zur «komplexen Psychologie» bekennt [9]. Die Titelwahl ‹komplex› ist in dem Bestreben begründet, das Seelenleben in seiner ganzen natürlichen Komplexität und Ganzheitlichkeit, nicht in naturwissenschaftlich gemeinten Reduktionen zu erfassen. Höchstens in zweiter Linie kann sich der Begriff ‹komplexe Psychologie› von der Tatsache herleiten, daß sie sich, wie die Freudsche, mit «Komplexen» beschäftigt und deren Erklärung oder Auflösung bezweckt. Diese Ableitung wird zwar neuestens von J. HILLMAN, dem gegenwärtigen Leiter des C. G. Jung-Instituts in Zürich, in Anspruch genommen [10], ist aber wohl kaum authentisch. Es müßte sonst nicht ‹komplexe Psychologie›, sondern Komplex-Psychologie heißen (eine Unterscheidung, die allerdings im Englischen entfällt).

Anmerkungen. [1] CH. v. EHRENFELS: Über Gestaltqualitäten. Vjschr. wiss. Philos. 14 (1890) 249–292; ND in: Gestalthaftes Sehen, hg. F. WEINHANDL (1960) 11ff. – [2] F. KRUEGER: Differenztöne und Konsonanz. Arch. ges. Psychol. 1 (1903) 205–275; 2 (1904) 1–80; Theorie der Konsonanz. Wundt's psychol. Stud. 2 (1907) 205–255. – [3] v. EHRENFELS, a. a. O. [1]. – [4] E. HUSSERL: Philos. der Arithmetik 1 (1891) 227ff. – [5] Vgl. W. METZGER: Psychol. (²1954). – [6] G. E. MÜLLER: Komplextheorie und Gestalttheorie (1923). – [7] A. v. MEINONG: Zur Psychol. der Komplexionen und Relationen. Z. Psychol. 2 (1891) 245–265; vgl. TH. HERRMANN: Problem und Begriff der Ganzheit in der Psychol. Sber. öster. Akad. Wiss. 231/3 (1957) 98. – [8] Die Festschr. zu C. G. Jungs 60. Geburtstag trägt den Titel ‹Die kulturelle Bedeutung der komplexen Psychol.› (1935), die zum 80. heißt ‹Stud. zur anal. Psychol. C. G. Jungs (1955). – [9] T. WOLFF: Stud. zur Psychol. C. G. Jungs› (1959). – [10] J. HILLMAN: C. G. Jungs contribution to ‹Feelings and emotions›, in: MAGDA ARNOLD (Hg.): Feelings and emotions (New York/London 1970) 131.

Literaturhinweise. TH. HERRMANN s. Anm. [7]. – T. WOLFF s. Anm. [9].   A. WELLEK

Komplex (der). ‹K.› ist ein Grundbegriff 1. der *Tiefenpsychologie*, zunächst der Psychoanalyse FREUDS, dann auch von deren Tochterschulen, insbesondere der «komplexen Psychologie» C. G. JUNGS; 2. der K.-Theorie der *Allgemeinen Psychologie* im Sinne von G. E. MÜLLER einerseits und O. SELZ andererseits; 3. der sich um die Jahrhundertwende entwickelnden genetischen *Ganzheitspsychologie*.

1. Im Jahr vor dem ersten Gebrauch des Terminus ‹Psychoanalyse› führt S. FREUD in den gemeinsam mit J. BREUER verfaßten ‹Studien über Hysterie› 1895 den Begriff ‹unbewußter Vorstellungs-K.› ein [1]. Gemeint sind die Erinnerung unzugänglichen, «verdrängten» Gedächtnisinhalte bzw. eine assoziative Gruppe solcher, die eben infolge dieser unnatürlichen, gewaltsamen Ausstoßung aus dem Bewußtsein in dieses störend hineinwirken und zu affektiv abwegigen Reaktionen auf mit ihnen zusammenhängende Gegenstände und Situationen führen. Später entwickelt Freud die Theorie, daß durch die Verdrängung der Vorstellungsinhalt vom Affekt getrennt, «dissoziiert» werde, so daß der Affekt gewissermaßen deplaciert, an falscher, unerwarteter, nicht verstehbarer Stelle auftritt, zumeist als zwanghafte Angst. Demnach ist ein verdrängter K. die Ursache der Neurose. Die K. werden von Freud und anderen Psychoanalytikern teils nach mythologischen Themen oder Figuren, teils inhaltlich etikettiert; die wichtigsten und bekanntesten der ersten Art sind der Ödipus- und der (komplementäre) Elektra-K., der von Freud selbst als terminus technicus nicht akzeptiert wurde [2]; der zweiten Art die zum Ödipus-K. gehörige Kastrations-K.

In der Individualpsychologie A. ADLERS nimmt ein einziger solcher inhaltlicher K. eine beherrschende Stellung ein: der Minderwertigkeits-K., den nach Adler jedermann entwickelt, zumal zwischen Minderwertigkeit und rein faktischer Unterlegenheit terminologisch nicht unterschieden wird. Auch dieser K. wirkt neurotisierend, indem er zur Kompensation und Überkompensation drängt, d. h. das Macht- und Geltungsstreben und die «Ichhaftigkeit» übersteigert, das Gemeinschaftsgefühl stört und inhibiert [3].

Das reichste Spektrum der K. hat aber erst C. G. JUNG entwickelt; er und seine Anhänger haben den Begriff populär gemacht. Jung leitet ihn aus dem scholastischen Konzept der complexio oppositorum im Sinne der dialektischen Synthesis ab. Auch für ihn ist der K. eine affektgeladene Vorstellungsgruppe, er ist ichfremd, wird als Eindringling erlebt; die Affektbesetzung ist ambivalent (im Sinne E. Bleulers). Der K. hat einen «archetypischen», d. h. menschheits-urbildlichen Kern sowohl triebhafter als zugleich auch imaginativer Art. Der Unterschied zwischen mythologischer und inhaltlicher Benennung entfällt: K. sind zugleich Ausfluß archetypischer Symbole und nach diesen zu bezeichnen (z. B. Mutter-K. – Magna Mater) [4]. – Aus allen drei tiefenpsychologischen Lehren läßt sich die heute populär gewordene Formel herleiten, ein Mensch «habe K.», im Sinne von: er sei ein Neurotiker.

2. In der *Allgemeinen Psychologie* heißt ein K. jede einheitlich wirkende, aber aus dem Zusammengeraten oder -wirken von Teilen ableitbar gedachte psychische Gegebenheit. Die «phänomenologische Einheitlichkeit eines K.» wird von G. E. MÜLLER nicht bestritten, aber als das Werk einer «kollektiven Aufmerksamkeit», die die für sich bestehenden Elemente «zusammenfaßt», angenommen. Die K.-Theorie definiert demnach als K., was die Gestalttheorie als Gestalt bezeichnet. Über die Berechtigung der einen und der anderen Interpretation wurde nach G. E. Müllers einschlägigem Hauptwerk (1923) zwischen ihm und W. KÖHLER eine eingehende Diskussion geführt, als deren Resultat die Widerlegung der K.-Theorie nicht allein durch theoretische, sondern vor allem auch durch empirische Argumente betrachtet werden muß [5]. Bezog sich die K.-Theorie von G. E. Müller auf die Rezeption in der Wahrnehmung, so die von O. SELZ auf den sinnvollen Verlauf des Geschehens, die Sinndynamik zumal des Denkens und Wollens. Mit

Recht nennt Selz seine K.-Theorie «eine Gestalttheorie» und lehnt diejenige Müllers ab, der er diesen Namen abspricht, indem er sie vielmehr als eine «Konstellationstheorie» anspricht [6].

3. In den Anfängen der Genetischen *Ganzheitspsychologie* führte F. KRUEGER (1903/06) einen neuen phänomenologischen Grundbegriff, die «K.-Qualität» ein. Der vorausgesetzte Begriff des K. ist in seiner Bedeutung weitgehend ähnlich dem der Allgemeinen Psychologie, doch wird er mehr und mehr in Abhebung zum Begriff der Gestalt bzw. Gestaltqualität nach CHR. V. EHRENFELS gesehen [7]. K. sind weiter verbreitete, weil weniger streng umschriebene Phänomene als Gestalten, unterscheiden sich von diesen, bei gemeinsamer Einheitlichkeit in der Mehrheitlichkeit, durch das Fehlen scharfer und deutlicher Gliederung (*non* clare et distincte). «K.» – so sagt KRUEGER – «sind uns unmittelbar gegeben; von den Elementen wissen wir nur durch vergleichende Zergliederung», also ex post [8]. Zunächst handelt es sich für ihn um die Notwendigkeit, auch Einheiten in der Zeitfolge (später Sukzessiv- oder Zeitgestalten genannt) und vor allem nicht-räumliche Simultaneinheiten wie (im Akustischen) Klangfarbe und Zusammenklang (Akkord) mit einem Terminus zu belegen, als welcher zunächst der weithin übliche ‹ K.› – öfter auch mit dem Zusatz: «unanalysierter» K. [9] – übernommen wird. Später, im Zusammenhang mit seinen Untersuchungen zur Konsonanztheorie und in der Vorbereitung seiner Theorie der Gefühle und des von ihm so benannten «Gefühlsartigen», gelangt Krueger mehr und mehr dazu, den Begriff der Gestaltqualität auf das Figurale, Vordergründige, Konturierte, Umrißhafte und Gegliederte einzuzuengen und diesem als einen korrelativen Begriff die «K.-Qualität» zur Seite oder gegenüberzustellen. Fürs erste spricht Krueger wenig prägnant von «Eigenschaften von K.» [10]; doch bereits 1905 schreibt ihm in der Diskussion um die Konsonanztheorie sein Kontrahent TH. LIPPS den prägnanten Ausdruck «K.-Qualität» als Kruegers eigenen Terminus zu. Bei KRUEGER selbst findet er sich so zuerst 1906, in seiner Antwort auf Lipps' Beiträge [11]. Krueger wendet sich hier gegen eine unbegrenzte, überdehnte Verwendung des Gestaltbegriffs, dessen «Übertragung auf unräumliche K.», «wie Melodien, Akkorde, Geschmäcke, Stimmungen, Bekanntheitserlebnisse» Schwierigkeiten bereite und zu widerraten sei; unter «Gestalt» und «Form» meine man in der Regel «etwas im prägnanten[!] Sinne, d. h. relativ *bestimmt* und *deutlich* ‹Geformtes›, ‹Gestaltetes›», was vor allem für die Gefühle nicht zutreffe. (Die Anspielung auf Descartes ist unverkennbar.) Eine zu weite Ausdehnung des Gestaltbegriffs würde voraussetzen, daß von dem zweiten Ehrenfels-Kriterium, der «Transponierbarkeit», zum mindesten im Grenzfall abgesehen, ‹Gestaltqualität› für «übersummative» Ganzheit schlechthin gesetzt wird. Wenn nach der Gefühlsdefinition von H. CORNELIUS, die Krueger von seinem Lehrer übernimmt, Gefühle die «Gestaltqualitäten unseres jeweiligen Gesamtbewußtseinsinhaltes», also «Prädikate des Gesamterlebnisses» sein sollen, dann können sie nicht transponierbar sein, weil sie alles umgreifen, also keinen Platz lassen, auf den sie transponiert werden können, mit anderen Worten: weil sie nicht Figur sind, sondern Grund, nicht eingebettet, sondern einbettend [12]. KRUEGER modifiziert hiernach die Gefühlsformel von Cornelius, indem er statt ‹Gestalt-Qualität› den Ausdruck ‹K.-Qualität› einsetzt. Den Vorschlag von Lipps, lieber «Gesamtqualität» zu sagen, lehnt Krueger ab, geht aber

selbst später zu der handlicheren Bezeichnung ‹Ganzqualität› über (so später auch E. BRUNSWIK [13]). Allem nach ist A. RÜSSEL recht zu geben, wenn er sagt: «Die Wortprägung ‹K.-Qualität› ist nur historisch verständlich» [14]. Zuweilen wird K.-Qualität in einem weiteren und in einem engeren Sinne gebraucht (so bei E. BRUNSWIK): Im weiteren nimmt dann dieser Begriff die Stelle des überdehnten Gestaltbegriffs ein, was dem Wortsinn besser angemessen ist – deutlicher noch bei Umwandlung in den Terminus ‹Ganzqualität›. Gestalt ist dann ein (ausgezeichneter) Sonderfall von (erlebter) Ganzheit (Brunswik nach Krueger [15]) – nicht umgekehrt. K.-Qualitäten im engeren Sinne sind dann diesem Sonderfall nebengeordnet als alle jene ganzheitlichen Erlebnisweisen, die das Merkmal der Abgehobenheit und Gliederung nicht erfüllen. KRUEGER legt jedoch zunehmend Wert darauf, daß gestalt- und komplexqualitatives Erleben sich nicht ausschließen, sondern sehr wohl vereinbaren, ja in aller Regel Hand in Hand gehen. Von der Unterscheidung nach «raumhaft» und «nicht raumhaft», zeitlich oder nicht, kommt er demnach ab. Es gibt z. B. Bewegungsgestalten so gut wie Bewegungskomplexe, die ersteren deutlich gegliedert, die letzteren nicht; aber auch die ersteren tragen komplexqualitative Züge, haben physiognomische Anmutungsqualitäten (etwa in Tanz und Pantomimik, auch sportlicher Zielbewegung). Dieser Begriff der Anmutungsqualität wird aus der K.-Qualität herausgeschält und verselbständigt. Für die (unräumlichen) Tongestalten wurde 1934 von A. WELLEK grundsätzlich zwischen «Gefügequalitäten» und «Niveauqualitäten» (d. h. Lageeigenschaften) unterschieden, deren erste «transpositionsecht», also Gestaltqualitäten im Sinne Ehrenfels' sind, während die anderen mit der Transposition variieren, d. h. farbenartige, komplexqualitative Züge am selben (gemeinsamen) Ganzen darstellen. Derselbe Autor geht später dazu über, die komplexqualitativen, physiognomischen Züge an hochgestalteten Gebilden als eine besondere Dimension der Gestalt anzusetzen, die er «Gestalt*tiefe*» nennt [16].

Die Krueger-Schüler H. Volkelt und A. Rüssel schritten dazu fort, die Ganz- oder K.-Qualitäten in verschiedenen Richtungen unterzuteilen. VOLKELT legt, ein wenig formalistisch, zunächst Wert auf Unterscheidungen wie «Sonderganzqualität» und «Vollganzqualität», während RÜSSEL, stärker inhaltlich interessiert, Unterbegriffe wie Tuns-, Funktions-, Umgangsqualitäten herausarbeitet [17]. Alle diese sind vor allem für die Genetische Psychologie von Bedeutung, einschließlich der «Aktualgenese» nach SANDER; die «Vorgestalten» der Frühphase der Aktualgenese sind stets farbig diffuse, stark dynamische K.-Qualitäten, also nicht Gestalten im eigentlichen Sinne, daher inhaltlich präziser «Gestaltkeime» (VOLKELT) oder «Keimqualitäten» (WELLEK) zu nennen [18]. In einem Spätwerk hat VOLKELT die inhaltliche Systematik der K.-Qualitäten noch weiter ausgebaut und vor allem auch auf die Weisen des «erlebten Ich» ausgedehnt, das in der Gefühlspsychologie von Cornelius und Krueger in eigentümlicher Weise zu kurz komme [19].

In der Genetischen Ganzheitspsychologie wird die Meinung vertreten, daß über die Erlebnisweisen hochorganisierter Tiere wie auch des menschlichen Kleinkindes zwar Aussagen nicht in inhaltlicher, wohl aber in formaler Hinsicht gemacht werden können, und zwar in dem Sinne, daß das gesamte Erleben sich in der Form von Komplex- oder Ganzqualitäten abspielt [20].

In der Sicht der Berliner Gestalttheorie, die alle (auch hier ausnahmslos ganzheitlichen) Erlebnisse als «Gestalten» definiert, demnach zwischen Gestalt und Ganzheit nicht unterscheidet, tritt das Phänomen des gefühlsartigen Erlebens und damit der diffusen Ganzqualitäten völlig zurück. Immerhin hat unter den späten Vertretern dieser Richtung W. METZGER unter den «drei Arten der Gestalteigenschaften» ausdrücklich die «Ganzqualität» oder «-beschaffenheit» (mit Bezugnahme auf Volkelt) und die «Wesens-» (auch «Ausdrucks-»)Eigenschaften im Sinne von Klages mit subsumiert. Dies widerspricht dem Satz von Krueger und Brunswik, daß Ganzheit, nicht Gestalt Oberbegriff sein müsse aus Gründen, die keineswegs bloß in der Wortwahl gelegen sind [21].

Anmerkungen. [1] S. FREUD, Werke 1 (1952) 122. – [2] Vgl. A. WELLEK: Die Polarität im Aufbau des Charakters (³1966) 95ff. – [3] Dazu H. und R. ANSBACHER: The individual psychol. of A. Adler: A systematic presentation in selections from his writings (New York 1956, dtsch. 1971). – [4] Vgl. J. HILLMAN: C. G. Jung's contribution to ‹Feelings and emotions›, in: MAGDA ARNOLD (Hg.): Feelings and emotions (New York/London 1970) 131f.; C. G. JUNG, Werke (1958ff.). – [5] G. E. MÜLLER: K.-Theorie und Gestalttheorie (1923); Bemerk. zu W. KÖHLERS Art. in: Z. Psychol. 99 (1926) 1-15; W. KÖHLER: K.-Theorie und Gestalttheorie. Psychol. Forsch. 6 (1925) 358-416; Zur K.-Theorie a. a. O. 8 (1926) 236-243. – [6] O. SELZ: K.-Theorie und Konstellationstheorie. Z. Psychol. 83 (1920) 211-237; zu beiden Autoren vgl. E. BRUNSWIK: Prinzipienfragen der Gestalttheorie, in: Beiträge zur Problemgesch. der Psychol. Festschr. K. Bühler (1929) 126ff. 129. – [7] CHR. v. EHRENFELS: Über Gestaltqualitäten. Vjschr. wiss. Philos. 14 (1890) 249-292; ND in: Gestalthaftes Sehen, hg. F. WEINHANDL (1960) 11ff. – [8] F. KRUEGER: Differenztöne und Konsonanz. Arch. ges. Psychol. 2 (1903) 28. – [9] a. a. O. 1 (1903) 230. – [10] 242f. – [11] TH. LIPPS: Psychol. Studien (²1905) 151ff.; F. KRUEGER: Theorie der Konsonanz. Wundts Psychol. Stud. 2 (1906) 214. 221ff. – [12] H. CORNELIUS: Psychol. als Erfahrungswiss. (1897) 76f.; dazu A. WELLEK: Ganzheit, Gestalt und Nichtgestalt: Wandel und Grenzen des Gestaltbegriffs und der Gestaltkriterien, in: F. WEINHANDL (Hg.) a. a. O. [7] 384ff., ND in: A. WELLEK: Ganzheitspsychol. und Strukturtheorie (²1969) 151ff. – [13] F. KRUEGER, a. a. O. [11] 222; BRUNSWICK, a. a. O. [6] 94. – [14] A. RÜSSEL: Die Auslöser der Instinkthandlungen. Z. angew. Psychol. 6 (1959) 617. – [15] F. KRUEGER: Der Strukturbegriff in der Psychol. Ber. 8. Kongr. exp. Psychol. (1924) 36; Erlebnisganzheit, in: Forsch. u. Fortschr. 6 (1930) 447, ND in: Zur Philos. und Psychol. der Ganzheit (1953) 128. 147; BRUNSWIK, a. a. O. [6] 90. – [16] A. WELLEK: Musik. Neue psychol. Stud. 12/1 (1934, ²1954) 185ff.; Gefühl und Kunst a. a. O. 14/1 (1939) 8ff.; a. a. O. [12] 153f. – [17] H. VOLKELT: Grundbegriffe der Ganzheitspsychol. Neue psychol. Stud. 12/1 (1934, ²1954) 23f.; Grundfragen der Psychol. (1963) 94ff. 113ff.; A. RÜSSEL: Zur Psychol. der optischen Agnosien. Neue psychol. Stud. 13/1 (1937) 8ff. – [18] F. SANDER: Exp. Ergebnisse der Gestaltpsychol. Ber. 10. Kongr. exp. Psychol. (1928) 23-88; ND in: F. SANDER und H. VOLKELT: Ganzheitspsychol. (1962, ²1967) 73-112; WELLEK, Ganzheitspsychol. ... a. a. O. [12] 62. – [19] Grundfragen der Psychol. (1963) 184ff. – [20] F. KRUEGER: Gefühlsartiges im tierischen Verhalten. Z. Tierpsychol. 1 (1937) 97-128, ND in: WELLEK, Ganzheitspsychol. a. a. O. [12] 222-259; H. VOLKELT: Tierpsychol. als genetische Ganzheitspsychol. Z. Tierpsychol. 1 (1937) 49-65, ND in: SANDER/VOLKELT, a. a. O. [18] 159-173. – [21] W. METZGER: Psychol. (²1954) 64f.; vgl. a. a. O. [13].

Literaturhinweise. TH. HERRMANN: Problem und Begriff der Ganzheit in der Psychol. Sber. österr. Akad. Wiss. 231/3 (1957). – H. VOLKELT s. Anm. [17]. – W. KÖHLER s. Anm. [5]. – E. BRUNSWIK s. Anm. [6]. A. WELLEK

Komplexität. Der Begriff ‹K.› wird in den *Fachwissenschaften* gegenwärtig zumeist undefiniert und jedenfalls in sehr verschiedenartigen Bedeutungen gebraucht. In psychologischen Forschungen über kognitive K. [1] dient er zur Bezeichnung der Struktur von Persönlichkeitssystemen unter dem Gesichtspunkt ihrer Fähigkeit, Umweltinformationen unter differenzierten und abstrahierten Kategorien zu verarbeiten und sich so von einem allzu konkreten Umweltdruck abzulösen. Die Organisationstheorie [2] braucht den Begriff ‹K.› als Maß für den Grad arbeitsteiliger Differenzierung. In der Theorie so-

zio-kultureller Evolution bezeichnet man mit ‹K.› die Evolution selbst, soweit sie mit Guttman-Skalen zu messen ist, also akkumulativ wirkt [3]. Die Formalwissenschaften denken bei ‹K.› zumeist an die Zahl und Verschiedenartigkeit der Relationen, die nach der Struktur des Systems zwischen den Elementen möglich sind [4]. Danach muß K. mehrdimensional gemessen werden; sie nimmt zu mit der Zahl der Elemente, aber auch mit der Zahl und der Verschiedenartigkeit von Verknüpfungen zwischen Elementen, die das System vorsehen kann. Andere Autoren verzichten auf jede Definition und geben nur ein Folgeproblem an: die Schwierigkeit, von Teilen aufs Ganze zu schließen oder umgekehrt [5].

Diese Verwendungsbreite macht eine *geschichtliche Rückorientierung* schwierig. Jedenfalls wird K. nur als Einheit zum Problem; sonst könnte man sich einen Begriff dafür schenken. In letzter Abstraktion meint der Begriff daher die Einheit des Mannigfaltigen. Schon anhand der Wortgeschichte von ‹complexum› und ‹complexio› kann man sehen, daß dieses Problem Modalisierungen erzwungen hat, und zwar sowohl möglichkeitstheoretische (complexio contingens) als auch erkenntnistheoretische (complexe significabile) [6]; denn anders kann die Einheit des Mannigfaltigen nicht auf einen Ausdruck gebracht werden. Von da her erschien das Problem der Einheit teils als Frage nach der concomitierenden Notwendigkeit bei kontingent Zusammengesetztem [7], teils als Frage der kategorialen Identität von Sein und Erkennen oder in letzter Abstraktion als Modus des Seins [8]. Dabei scheint Voraussetzung der Problemstellung gewesen zu sein, daß es um die Einheit des Komplexen selbst gehe. Zugleich wird in der Einheit des Komplexen seine Perfektion gesehen.

Neuere wissenschaftliche Erfahrungen mit dem Begriff ‹K.› zeigen indes, daß System-K., wie immer begriffen, nur situativ als Einheit wirkt oder, nach anderer Auffassung, daß sie überhaupt keinen prozessual wirksamen Faktor darstellt, sondern nur eine strukturelle Beziehung zwischen System und Umwelt. Im Zusammenhang damit ist die Frage aufgetaucht, ob die Begriffe ‹Einfachheit› und ‹K.› überhaupt Sachverhalte bezeichnen, die auf einer Dimension der Steigerbarkeit liegen [9]. Vor ähnliche Probleme führt die Einsicht, daß es nicht möglich ist, einen mehrdimensional zu messenden Sachverhalt ohne Informationsverlust zur Einheit zu aggregieren; man muß also wissen bzw. vorweg entscheiden, für welche Zwecke man welche Aggregationsweise wählen und welche Informationsverluste in Kauf nehmen kann.

Diese Schwierigkeiten legen es nahe, als K. nicht die Einheit und Gesamtheit des Mannigfaltigen selbst zu bezeichnen, sondern dessen Relation auf anderes, und zwar eine Relation, die Mannigfaltiges als Einheit nimmt. Der Begriff ‹K.› bringt dazu zum Ausdruck, daß die Vielheit relevant wird. In diesem Sinne setzen *systemtheoretische Analysen* die K. der Umwelt in Relation zu Strukturen und Prozessen eines Systems, die es ermöglichen, daß das System als identisches trotz hoher K. der Umwelt bestehen kann, ohne auf jedes Ereignis der Umwelt parieren zu können. Entsprechend bezeichnet in der Informationstheorie der Begriff der Information die Einheit des Ereignisses, das die K. eines Bereichs von Möglichkeiten reduziert und so in seinem Eliminierungseffekt meßbar ist. Dasselbe gilt für den Begriff der Entscheidung. Was jeweils komplex ist, kann dann nur im Hinblick auf relationierende Gesichtspunkte ausgemacht werden.

Ein solcher Begriff wird theoretisch faßbar erst, wenn man diese Relation nochmals relationiert und von da her limitiert. In diesem Sinne unterscheidet die Systemtheorie zwei Arten von K., deren Relation auf die Umwelt relationiert wird. In einem abstrakten, rein quantitativen Sinne besteht die K. (oder Kompliziertheit) des Systems in der Zahl aller denkbaren Beziehungen zwischen allen Elementen (alles mit allem). Aus diesem abstrakten Relationierungspotential wählt die Struktur des Systems nach engeren Bedingungen die im System als möglich zugelassenen Beziehungen aus unter Reduktion der vollständigen Interdependenz. Erst diese interne Reduktion ermöglicht es, Grenzen gegenüber der Umwelt zu ziehen und Elemente als systemzugehörig zu qualifizieren. Welche Reduktionen intern gewählt werden können, ergibt sich aus der System/Umwelt-Relation, nämlich daraus, daß das System nur begrenzte Möglichkeiten findet, sich in einer Umwelt zu erhalten, die komplexer ist als es selbst.

In der *soziologischen Gesellschaftstheorie* kann heute die Bewußtseinsänderung reflektiert werden, die zu erwarten ist, wenn sich ein System der Weltgesellschaft bildet, das auf der abstraktesten Ebene des Möglichen alle möglichen Kommunikationen umfaßt. Bei so hoher K. wird die Unmöglichkeit des Möglichen bewußt. Das impliziert zugleich die Notwendigkeit kontingenter Reduktionen. Die Reflexion solcher K. klinkt eine Theorie der Modalitäten aus, die das possibile/impossibile und das necessarium/contingens durch wechselseitige Negation zu bestimmen gewohnt war. Zugleich verbaut eine Soziologie, die ihre Reflexion als Rekonstruktion gesellschaftlicher K.-Erfahrung begreift, den Ausweg zu einem rein erkenntnistheoretischen, nur analytisch gemeinten Begriff der K. Die Abstraktheit des K.-Begriffs zielt dann nicht mehr auf die Versöhnung des Einen mit dem Vielen und nicht mehr auf die Perfektion der besten der möglichen Welten durch Kombination von Ordnung und Varietät. Sie bleibt abstrakt, weil sie die Erfahrung des Wechsels der K.-Bezüge im Alltag des gesellschaftlichen Lebens reflektieren muß.

Anmerkungen. [1] Zur Einf. TH. B. SEILER (Hg.): Kognitive Strukturiertheit (1973). – [2] R. H. HALL: Organization (Englewood Cliffs, N. J. 1972). – [3] L. C. FREEMAN und R. F. WINCH: Societal complexity: An emp. test of a typol. of societies. Amer. J. Sociol. 62 (1957) 461-466; M. ABRAHAMSON: Correlates of polit. complexity. Amer. sociol. Rev. 34 (1969) 690-701. – [4] So auch im Lex. zur Soziol. (1973) Art. ‹K., strukturelle›; ferner G. KLAUS: Wb. der Kybernetik (1968) Art. ‹K.›. – [5] So H. A. SIMON: The architecture of complexity. General Systems 10 (1965) 63-76, bes. 63f.; R. D. BRUNNER und G. D. BREWER: Organized complexity: Emp. theories of polit. development (New York/London 1971) 92. – [6] Vgl. Art. ‹Complexe significabile›. – [7] Vgl. JOHANNES DUNS SCOTUS, Ordinatio I, dist. 39. – [8] Vgl. Art. ‹Einheit›. – [9] Vgl. E. LEEUWENBERG: Meaning of perceptual complexity, in: D. E. BERLYNE/K. B. MADSEN (Hg.): Pleasure, reward, preference (New York/London 1973) 99-114; R. BARTSCH: Gibt es einen sinnvollen Begriff von linguistischer K.? Z. germanist. Linguistik 1 (1973) 6-31.

Literaturhinweise. J. W. S. PRINGLE: On the parallel between learning and evolution. Behavior 3 (1951) 174-215. – N. LUHMANN: Vertrauen. Ein Mechanismus der Reduktion sozialer K. (1968, ²1973); Systemtheoretische Argumentationen. Eine Entgegnung auf Jürgen Habermas, in: J. HABERMAS/N. LUHMANN: Theorie der Gesellschaft oder Sozialtechnologie (1971) 291-405. – F. A. v. HAYEK: Die Theorie komplexer Phänomene (1972). – H. NURMI: On the concept of complexity and its relationship to the methodol. of policy-oriented research. Soc. Sci. Inform. 13 (1974) 55-80.   N. LUHMANN

Kompromiß. Das lateinische ‹compromissum› (von compromittere, versprechen) meint im römischen *Zivilprozeß* zunächst die Vereinbarung zweier oder mehrerer streitender Parteien, sich dem Spruch eines selbstgewählten Schiedsrichters zu unterwerfen. Später bezeichnet es diese schiedsrichterliche Entscheidung selbst. – In der Bedeutung der gegenseitigen Übereinkunft, des Urteils, dem sich zu unterwerfen man bereit ist, ist das Wort ‹K.› in der deutschen Sprache im 15. Jh. belegt [1]. Der Übergang von der juristischen Fachsprache zu allgemeiner Anwendung auf den gesellschaftlichen und staatlichen Bereich läßt sich bei L. VON RANKE [2] belegen: «Der K. [ist] dadurch charakterisiert, daß beide Parteien zugunsten der anderen und zur Ermöglichung einer (größeren oder geringeren) Kooperation Ansprüche aufgeben» [3]. K. gilt als das Ergebnis der Angleichung verschiedener Standpunkte, als ein Modus zur Lösung von Konflikten, indem alle Parteien darin übereinstimmen, einige ihrer Forderungen zu reduzieren. Das bedeutet die Preisgabe voller Zielverwirklichung durch Teilverzicht aller Parteien zugunsten einer für alle akzeptablen, zur Konfliktlösung führenden Regelung.

Abgesehen von popularethischen Überlegungen, die entweder den K. pejorativ sehen («fauler K.») oder Höflichkeit, diplomatischen Stil oder Modifikation der Wahrheitsaussage als K. mißverstehen [4], liegt das Hauptgewicht der Überlegungen über den K. im Bereich der Intergruppenbeziehungen. Moderne Großgesellschaften wie auch zwischenstaatliche Beziehungen basieren in ihren Funktionsmechanismen auf K.en. Der dilatorische *Formel-K.*, der ein *Schein-K.* ist, erreicht keine eindeutige Sachentscheidung durch Nachgeben aller beteiligten Parteien; dagegen bezweckt ein echter *Sach-K.* [5] die Sicherung eines höheren Gutes in freier gegenseitiger Vereinbarung. Der K., «eine der größten Erfindungen der Menschheit» [6], ist in der modernen Demokratie Grundlage der Verfassung, die selbst schon als *Verfassungs-K.* durch einen K. der verschiedenen gesellschaftlichen Gruppen zustande gekommen ist. Abgesehen vom Wahlakt, der keinen K. darstellt, ist der *Parteien-K.* grundlegend für das parlamentarische System, wie auch der K. als Erledigungsform wirtschaftlicher Auseinandersetzungen gelten kann [7]. Für die internationalen Beziehungen war der K. bis zum Beginn des 20. Jh. in der römischen Form des compromissum, des gemeinsamen Anrufens eines Schiedsrichters, die einzige Möglichkeit, für einen internationalen Streitfall einzeln eine Entscheidung anzustreben.

Anmerkungen. [1] ÖHEIMS Chronik von Reichenau, hg. BARACK (1866) 154. 13. – [2] L. VON RANKE: Dtsch. Gesch. im Zeitalter der Reformation 2 (1840) 476. – [3] L. VON WIESE: System der allg. Soziol. (³1955) 245. – [4] W. TRILLHAAS: Zum Problem des K. Z. evang. Ethik 4 (1960) 355. – [5] Zur Unterscheidung vgl. C. SCHMITT: Verfassungslehre (1928) 31ff. – [6] G. SIMMEL: Soziol. Untersuch. über die Formen der Vergesellschaftung (¹1958) 250. – [7] M. WEBER, Ges. polit. Schr., hg. J. WINCKELMANN (1958) 252f.

Literaturhinweise. A. MEUSEL: Der K. Jb. für Soziol. 2 (1926) 212ff. – E. BAUMGARTEN: Von der Kunst des K., Stud. über den Unterschied zwischen Deutschen und Amerikanern (1949). – D. H. N. JOHNSON: The constitution of an arbitral tribunal. Brit. Year Book 30 (1953) 152ff. – P. FURTH: Der K. als Wesensmerkmal der Demokratie. Die Kirche in der Welt 7 (1954) 89ff. – H. STEUBING: Der K. als ethisches Problem (1955). – W. A. JÖHR: Der K. als Problem der Gesellschafts-, Wirtschafts- und Sozialethik. Recht und Staat in Gesch. und Gegenwart (1958) 208f. – N. MONZEL: Der K. im demokratischen Staat. Hochland 51 (1958/59) 237ff. – J. L. SIMPSON und H. Fox: Int. arbitration (1959).   K.-D. OSSWALD

Kondeszendenz (griech. συγκατάβασις, lat. condescensio, Herabsteigen, Herablassung, Herunterlassung [Gottes]) ist ein Begriff, der verschiedene theologische Lehrstücke und Leitworte wie ‹Kenose› (s.d.) und ‹Akkomodation› (s.d.) übergreift. Seine philosophische Bedeutung liegt darin, daß ‹K.› einen kontingenten Akt bezeichnet, den die Abstraktion der Entgegensetzung von ‹Immanenz› und ‹Transzendenz› verfehlt; der Begriff überwindet dieses Schema.

Wahrscheinlich erst die Theologie H. v. BEZZELS (1861–1917) und ihre systematische Entfaltung und Darstellung (J. RUPPRECHT) [1] hoben den Begriff ‹K.› hervor und machten deutlich, daß er nicht ein theologisches Spezialproblem, sondern das Zentrum des christlichen Glaubens benannte. Bezzel, der Erlanger Schule und besonders Luther verpflichtet, verstand unter K. die gnädige und liebende Herunterlassung Gottes, die Annahme der Knechtsgestalt, die sich in der Schöpfung, in Christus und dem Evangelium zeige. Der Begriff, das «Leitmotiv» der Bezzelschen Theologie [2], ermöglichte, sowohl an der Majestät, Aseität (s.d.) und Jenseitigkeit Gottes festzuhalten wie sein wirkliches und ernstes Sicheinlassen auf die endlich-sündige Welt hervorzuheben.

Die Frage nach seiner Herkunft führte zu H. L. MARTENSEN, F. CH. OETINGER und vor allem zu J. G. HAMANN [3]. H. Schreiner [4] und nach ihm K. Gründer [5] haben die K., bei Hamann «Herunterlassung», als «Tenor» von Hamanns Denken herausgearbeitet: Die gesamte Wirklichkeit, Natur und Geschichte, ist hier von Gottes K. «durchherrscht». Hamann wendet diesen Gedanken kritisch gegen die Aufklärung, die im Deismus Gott und Welt auseinanderreißt [6]; der K.-Begriff macht die Wirklichkeit in ihrer Kontingenz, Faktizität und Geschichtlichkeit als Ort des Heilshandelns Gottes und Werk seiner Liebe und Gnade verständlich.

Die im Zusammenhang der Interpretation des Gedankens bei Bezzel und Hamann einsetzende begriffsgeschichtliche Forschung [7] hat den Begriff bis in die Antike und zu den Kirchenvätern zurückverfolgt. Seine Geschichte spiegelt insgesamt einmal mehr die Spannung zwischen der Tradition der griechischen Philosophie (und der auf ihr basierenden Metaphysik) und der Tradition des jüdisch-christlichen Glaubens.

Die *griechischen Väter* der christlichen Kirche nehmen den Begriff συγκατάβασις (von συγκαταβαίνειν, mitherabsteigen, sich einlassen auf) aus der griechischen Profanliteratur, die schon vom Herabsteigen der Götter reden konnte [8], und aus der antiken Rhetorik, wo er die Anpassung des Redners an die Zuhörerschaft meinte [9] (ähnlich gebraucht ihn noch CLEMENS VON ALEXANDRIEN [10]); sie verwenden ihn theologisch: besonders für die Inkarnation, aber auch für die Schöpfung und die Lehre Christi, also für jene Momente der christlichen Lehre, denen zufolge Gott nicht so wie er ist, sondern in uneigentlicher, dem Aufnahmevermögen des Menschen angepaßter Gestalt erschien (CHRYSOSTOMUS, ATHANASIUS, GREGOR VON NYSSA, JOHANNES DAMASCENUS u. a. [11]). Die Autoren wollen also mit dem Begriff συγκατάβασις – zum Teil in apologetischer Absicht – die Spannung zwischen der metaphysisch-spekulativ festgelegten Unerkennbarkeit Gottes und seinem biblisch bezeugten Reden, Handeln und Erscheinen bezeichnen, wollen diese Spannung von Gott her verständlich machen und benennen sie doch eher, als daß sie sie aufhöben oder vermittelten. Allein ORIGENES schwächt dabei (in der Apologie des Christentums gegen die Vorwürfe des Celsus) die Inkarnation zugunsten der Unveränderlichkeit des Gott-Logos ab: Die K. ist nur dessen momentane pädagogische Veranstaltung [12]. – Insofern die K. ein Grundzug des göttlichen Heilsplans ist, kann in der griechischen

Patristik συγκατάβασις weithin synonym mit οἰκονομία sein.

Wohl von IRENAEUS mit ‹condescensio› ins Lateinische übersetzt [13], findet sich der Begriff und die bezeichnete Problematik ähnlich auch in der *lateinischen Patristik*, bei TERTULLIAN, NOVATIAN, HILARIUS, AMBROSIUS, AUGUSTINUS und im christlichen Platonismus des MARIUS VICTORINUS [14], schließlich – wenn auch offenbar weniger häufig – in der *Scholastik* (BONAVENTURA, ALEXANDER VON HALES [15]). Auch im *nachbiblischen Judentum* findet sich der K.-Gedanke [16], bei MOSES MAIMONIDES in Verbindung mit der Schechina [17].

M. LUTHER scheint zwar mit der griechischen und lateinischen Wortform zurückzuhalten, macht aber den Gedanken von der Herunterlassung Gottes zum Kernpunkt seiner Theologie: Gottes Menschwerdung und seine Erlösung sind Werk seiner Gnade und Herunterlassung, eine Offenbarung, die zugleich seine Verhüllung in die Knechtsgestalt ist [18]. Während die altprotestantische Patrologie (J. C. SUICER, K. RITTERSHUSIUS) den συγκατάβασις-Begriff historisch erinnert und ihn definiert, brauchen ihn die altprotestantischen Dogmatiker vielleicht deshalb nicht, weil das zugrunde liegende Problem beim Lehrstück vom status exinanitionis und beim Streit um die Kenosis (s.d.) diskutiert wird (N. SELNECKER, J. GERHARD, D. HOLLAZ [19]).

In der *englischen Theologie* des 16. bis zum 18. Jh. taucht dann der Begriff ‹K.› im Zusammenhang der Lehre von der Erniedrigung Christi (humiliation of Christ) auf (J. JEWEL, R. SIBBES u. a. [20]), dient bei J. TILLOTSON zur Vermittlung von Heilsgeschichte und säkularer Religionsgeschichte (Gott bedient sich für die Offenbarung der vorhandenen Religionen [21]) und spaltet sich dann auf: Er bleibt einerseits Bestandteil der subjektiv-erbaulichen Frömmigkeitsvorstellungen (z. B. J. HERVEY) und mündet andererseits in den Akkommodationsbegriff der rationalistischen Hermeneutik ein, wo er die Angleichung der biblischen Autoren an die Hörer bezeichnet (J. LIGHTFOOT [22]). Der Übergang in diesen Akkommodationsbegriff vollzieht sich augenfällig auch in der *deutschen Aufklärungstheologie* der zweiten Hälfte des 18. Jh. im Zuge der vielfältigen Bemühungen, die unvollkommenen biblischen Berichte mit den Forderungen der Vernunft zu vereinbaren: Noch bei G. T. ZACHARIÄ ist es Gott selbst, der sich herunter läßt und in der Bibel einen Teil seiner Vollkommenheiten zurückhält, um dem Menschen seine vollkommene Liebe mitzuteilen [23]; J. S. SEMLER, W. A. TELLER u. a. hingegen machen zum Subjekt der K. Jesus und die Apostel, die die vernünftigen Religionswahrheiten in die Vorstellungen und Denkweisen der jeweiligen Hörerschaft einkleideten. Aufgabe der Exegese ist es somit, dem mündig gewordenen Publikum den vernünftigen Lehrinhalt der Bibel aus der zufälligen Lehrform herauszuheben [24]. Hier fällt also wieder auseinander, was der theologisch verankerte K.-Gedanke zusammenhalten konnte: zufällige Welt und zufälliges Bibelwort hier – notwendiger Gott und allgemeine Vernunftwahrheit dort. Die Unterscheidung von Lehrform und -inhalt führt zu einer ausführlichen Diskussion über Möglichkeit und Konsequenzen der Akkommodationsthese [25].

J. G. HAMANN nimmt kritisch und polemisch gegen diese Aufklärungstheologie mit dem K.-Gedanken die Theologie der Väter und Luthers auf und führt sie unter den Bedingungen des 18. Jh. fort; dabei knüpft er möglicherweise an Überlegungen des Königsberger Wolffianers und Pietisten MARTIN KNUTZEN (1713–1751) an [26].

Die Sprachgestalt der Bibel wird ausdrücklich zur Knechtsgestalt Christi in Beziehung gesetzt und die Schöpfung analog zur Bibel als Sprache interpretiert. Die ‹Hellenistischen Briefe› (1760) begründen (gegen die historisch-philologische Bibelkritik J. D. MICHAELIS') eine genuin theologische Hermeneutik in der «Herunterlassung Gottes», der K. [27]. – BEZZEL nimmt die Theologie Hamanns wieder auf; knüpft aber mit dem *Wort* ‹K.› wahrscheinlich an F. CH. OETINGER an, der auch das Verhältnis des Frommen zur unvollkommenen Kirche und das der Kirche zum Staat ‹K.› nennen konnte, wobei freilich Oetingers K.-Begriff wohl eher an Origenes als an Luther orientiert war [28].

In der Zeitspanne zwischen Hamann und Bezzel findet sich der Herunterlassungsgedanke in der spekulativen Philosophie des *deutschen Idealismus*, der – mit dem Blick auf die Logos-Lehre des Johannesevangeliums und zum Teil auf die Kenosis-Theologie – von seiten der Philosophie mit diesem Gedanken die Entzweiungsstruktur der Aufklärung und die fixe Entgegensetzung von Transzendenz und Immanenz, Gott und Vernunft, aufheben möchte. F. v. BAADER nimmt die Kenosis-Lehre auf, wenn er sagt, daß es zur Erlösung des gefallenen Menschen einer «Herablassung» Gottes bedürfe, und er führt sie, etymologisch anknüpfend, in die Philosophie hinüber: «Wenn die Creatur nicht begreift, und also bewundert, was über ihr steht, so begreift sie noch minder, wie dieses über ihr Stehende zugleich sich in sie und unter sie herabläßt. Unsere Philosophie hat aber diese Herablassung noch nicht klar erfaßt, obschon selbe schon im Wort: Substanz als Unterhalt bestimmt ausgesprochen ist, als Grund oder Begründung» [29]. Demgegenüber bedeutet für SCHELLING gerade auch die Schöpfung, da schon sie eine Auflösung der anfänglichen Einheit in Gott ist, eine K. Gottes: «er läßt sich eigentlich herab ins Reale, contrahirt sich ganz in dieses» [30]. Wie Schelling sieht auch HEGEL die Lehre von der K. als eines der für die Philosophie bedeutsamsten Stücke der christlichen Doktrin an. Durch sie wird der Begriff eines «metaphysisch hinaufgeschraubten Gottes» vermieden [31]. Das «Herabsteigen des göttlichen Wesens aus seiner Jenseitigkeit» zum Menschen ist bei Hegel nicht nur die Voraussetzung, daß Gott erkannt werden kann, sondern auch die Verpflichtung für den Menschen, dies zu tun und ihn nicht länger als das ihm ferne «unwirkliche und nur gegenständliche» Sein aus dem Selbstbewußtsein auszuschließen [32]. KIERKEGAARD verweist dann auf Gottes K. gerade als auf ein Paradox, an dem die philosophische Spekulation zerbricht [33].

Anmerkungen. [1] H. v. BEZZEL: Der Knecht Gottes (1921); J. RUPPRECHT: H. Bezzel als Theologe (1925). – [2] RUPPRECHT, a. a. O. 9. – [3] 330ff. 346ff.; W. RODEMANN: Die Demut Gottes bei Hamann und Bezzel. Kirchl. Z. evang.-luth. Synode von Iowa ... 53 (Chicago 1929) 16-25. 78-88; M. SEITZ: H. Bezzel (1960) bes. 84ff. 181ff. – [4] H. SCHREINER: Die Menschwerdung Gottes in der Theol. J. G. Hamanns (1950). – [5] K. GRÜNDER: Figur und Gesch. (1958). – [6] a. a. O. bes. 78-92. 189ff. – [7] RUPPRECHT, a. a. O. [1] 346ff.; SEITZ, a. a. O. [3], GRÜNDER, a. a. O. [5] 28-74; Die Hamann-Forsch. (1956) = Hamann-Komm., hg. F. BLANKE/ L. SCHREINER Bd. 1. – [8] SEITZ, a. a. O. [3] 181. – [9] GRÜNDER, a. a. O. [5] 28. – [10] W. ELERT: Der Ausgang der altkirchl. Christologie (1957) 272. – [11] JOHANNES CHRYSOSTOMOS, De incompr. Dei nat. III. MPG 48, 722. 730; In Joan. hom. XV. XXVII. XXXVIII. MPG 59, 98. 157. 214; In ep. ad Tit. hom. III. MPG 62, 678; vgl. GRÜNDER, a. a. O. [5] 28ff.; ATHANASIUS, De incarn. VIII, 1f. XV, 1. MPG 25, 109ff.; Adv. Ar. I, 40; II, 51. 62. 64. 78. MPG 26, 96. 256, 280, 284. 312; GREGOR VON NYSSA, Adv. Apoll. 9. MPG 45, 1141; Contra Eunom. 6. MPG 45, 716; Ov. Catech. magna 14. MPG 45, 45; JOHANNES DAMASCENUS, De fide orthod. III, 1. MPG 94, 984; vgl. DIDYMOS DER BLINDE: De trin. III, 18. MPG 39, 884f. – [12] ELERT, a. a. O. [10] 264ff.;

ORIGENES, MPG 11, 1033. 1041. 1044f. 1197. 1509. – [13] SEITZ, a. a. O. [3] 183; vgl. IRENAEUS, Contra Haer. II, 14, 7; III, 19. MPG 7, 755. 940f. – [14] TERTULLIAN, Adv. Marc. II, 25; V, 9; NOVATIAN, De trin. 15. MPL 3, 938f.; HILARIUS, De trin. I, 16. MPL 10, 36; AMBROSIUS, De Isaak VII, 57. MPL 14, 523; AUGUSTIN, Contra Adamant. 12, 2; De civ. Dei XVI, 37; vgl. MPL 36, 203, 842; 37, 1205. 1233. 1598; MARIUS VICTORINUS, MPL 8, 1059f. 1121. 1210. – [15] GRÜNDER, a. a. O. [5] 33f.; ALEXANDER VON HALES, Glossa in I. lib. sent. P. Lombardi, intr. 6. (15a u. b). – [16] Vgl. P. KUHN: Gottes Selbsterniedrigung in der Theol. der Rabbinen (1968). – [17] MOSES MAIMONIDES, Führer der Unschlüssigen I, 10, hg. A. WEISS (1972) 1, 48f. – [18] GRÜNDER, a. a. O. [5] 34-37. – [19] 37-47. – [20] 47ff. – [21] 49ff. – [22] 50f. – [23] 61ff. – [24] 63ff. – [25] 66ff. – [26] 56ff. – [27] 173ff. – [28] SEITZ, a. a. O. [3] 186ff.; ELERT, a. a. O. [10]; GRÜNDER, a. a. O. [5] 52ff. – [29] F. v. BAADER, Sämtl. Werke, hg. F. HOFFMANN 4, 183f.; vgl. 9, 374. – [30] F. W. J. SCHELLING, Sämtl. Werke, hg. K. F. A. SCHELLING 7, 429. – [31] ebda. – [32] G. W. F. HEGEL, Phänomenol., hg. J. HOFFMEISTER (1952) 498f.; Vorles. über die Beweise vom Dasein Gottes, hg. G. LASSON (1966) 47. – [33] S. KIERKEGAARD, Philos. Brocken. Werke, hg. E. HIRSCH 10, 29f.

Literaturhinweise s. Anm. [1. 3. 5] und K. DUCHATELEZ: La «condescendance» divine et l'hist. du salut. Nouvelle Rev. theol. 95 (Tournai 1973) 593-621.   Red.

Kondition(al)ismus.

Kondition(al)ismus. Der Ausdruck ‹K.› wird zuerst von dem Biologen und Physiologen M. VERWORN [1] als Bezeichnung für die (insbesondere von ihm selbst vertretene) Auffassung verwendet, daß es keine in der Natur wirkenden Ursachen gebe, sondern nur *Bedingungen* für das Eintreten von Vorgängen oder Zuständen. Der Sache nach geht diese Auffassung zurück auf *D. Hume* und *E. Mach.* Im Unterschied zu diesen ist aber Verworn der (unhaltbaren) Ansicht, daß jeder Vorgang oder Zustand eineindeutig durch einen Komplex von Bedingungen bestimmt sei [2].

Eine Diskussion um den K. hat es vornehmlich in der marxistischen Erkenntnistheorie im Anschluß an LENINS Kritik des Empiriokritizismus gegeben [3].

Anmerkungen. [1] M. VERWORN: Kausale und konditionale Weltanschauung (1921). – [2] a. a. O. 45. – [3] W. I. LENIN, Materialismus und Empiriokritizismus (dtsch. ⁹1970); vgl. dazu den Art. ‹K.›, in: G. KLAUS/M. BUHR (Hg.): Philos. Wb. (⁶1969) 1, 588–592.   G. GABRIEL

Konfiguration. WITTGENSTEIN benutzt im ‹Tractatus logico-philosophicus› den Terminus ‹K.› zur Bezeichnung dessen, was verschiedene mögliche Welten voneinander unterscheidet im Gegensatz zu den Elementen nebst ihrer logischen Form, die allen möglichen Welten gemeinsam sind [1]. Die K. wird durch die (wahren) Sätze bestimmt und ist somit nicht schon dadurch gegeben, daß wir die Bedeutungen der Elemente der Sätze, also der «Namen» im Sinne Wittgensteins kennen.

Anmerkung. [1] L. WITTGENSTEIN: Tractatus logico-philosophicus (London 1922) 2.0231. 2.0271.   E. STENIUS

Konfirmierbar (engl. confirmable) ist von CARNAP im Zusammenhang mit dem Begriff der Verifikation eingeführt worden [1]: ‹Konfirmierbar› bedeutet bestätigungsfähig. Eine empirische Aussage ist bestätigungsfähig, wenn ihr Inhalt durch beobachtbare Prädikate gegeben wird oder auf solche zurückgeführt werden kann, so daß es möglich ist, direkt oder indirekt festzustellen, ob die Aussage mit entsprechenden Beobachtungen übereinstimmt. Damit soll allerdings nicht bereits gesagt sein, daß diese Prüfung auch tatsächlich durchgeführt werden kann. Das Adverb ‹konfirmierbar› bringt also nur die «logische» Möglichkeit der Bestätigung zum Ausdruck. POPPER hat Konfirmierbarkeit dann allgemeiner als das Verhältnis aufgefaßt, in dem eine Aussage durch andere Aussagen (die nicht Beobachtungsaussage sein müssen) eine Bestätigung erhält [2].

Anmerkungen. [1] R. CARNAP: Testability and meaning. Philos. of sci. 3 (1936) bes. § 12; 4 (1937). – [2] K. R. POPPER: Degree of confirmation. Brit. J. Philos. Sci. 5 (1955).   V. KRAFT

Konflikt (lat. conflictus, frz. conflit, engl. conflict, ital. conflitto)

I. Das Wort ‹K.› kommt von lateinisch ‹confligere›, zusammenstoßen, streiten, kämpfen (Subst. conflictus und conflictio) und von ‹conflictare›, zu kämpfen haben mit oder heimgesucht werden von, z. B. dem Schicksal. Weitere Bedeutungsmomente des modernen K.-Begriffs sind in dem philosophisch-logischen Terminus ‹Dilemma› und dem ethisch-juristischen Begriff ‹Kollision (oder Widerstreit) der Pflichten› vorweggenommen. Konstituierend für den neueren K.-Begriff wurde dann der Gebrauch des Ausdrucks bei HERBART, der ihn 1850 im Rahmen seiner «Statik des Geistes» sowohl für die innere seelische Hemmung (von Vorstellungen) als auch für die mit Gruppen verbundene äußere Kräfteentgegensetzung verwandte [1]. In der Folgezeit wurde der psychologische Sinn zur engeren Bedeutung des K.-Begriffs, während die weitere Bedeutung (Kampf, Streit) – oft auch in Verbindung mit der engeren – für die *Sozialwissenschaften* wichtig wurde.

K. MARX verwandte ‹K.› synonym mit ‹Widerspruch›, und zwar, über Hegels logisch-philosophische Entgegensetzung hinausgehend, primär für Widersprüche in der materiellen «Basis», insbesondere zwischen gesellschaftlichen Produktivkräften und Produktionsverhältnissen, und erst in zweiter Linie für die Ausfechtung von Gegensätzen durch Menschen auch im «Überbau» (in juristischen, politischen, religiösen, künstlerischen, philosophischen, kurz: ideologischen Formen) [2].

Angeregt durch den ökonomischen und sozialdarwinistischen Konkurrenzbegriff führten die Begründer der amerikanischen Soziologie (u. a. TH. N. CARVER, 1907) den K.-Begriff (conflict) im weitesten Sinn – ähnlich wie M. WEBER den des «Kampfes» – in die Soziologie ein und sahen im K. ein unvermeidliches Phänomen der menschlichen Gesellschaft und einen Antrieb des sozialen Wandels [3]. G. SIMMEL gebrauchte als vergleichbare Kategorie den Ausdruck ‹Streit› und definierte ‹K.› als psychologisch aufgeladene Unterart des (nach sozialen Regeln verlaufenden) Streits mit übergeordneten Autoritäten und seelisch nahestehenden Personen [4]. Aus diesen sozialwissenschaftlichen Ansätzen und der bei KANT, PROUDHON und SOREL angelegten Idee der Umwandlung der Energien des Widerstreits oder des Antagonismus' in kulturelle Leistung [5] – die L. VON WIESE an der Umformung des K. in Arbeit und Verhandlungsleistung aufzeigt – entwickelte sich eine Sicht der Einordnung des (sozialen) K. in die Gesellschaft durch friedliche Regelung oder Institutionalisierung (der geringeren K.-Kosten wegen) z. B. des Arbeitskampfes [6], die allmählich die sozialdarwinistische Vorstellung vom tödlichen «Kampf als Auslese» [7] aus dem K.-Begriff ausschied. F. MÜLLER-LYER konnte sich mit seiner Definition von K. als Sammelbegriff für Übel und Leiden (1914) nicht durchsetzen [8].

Seit etwa den 30er Jahren wurde besonders in der überwiegend integrationsorientierten amerikanischen Soziologie (verstärkt durch den Einfluß der Psychoanalyse und unter dem Eindruck der Weltwirtschaftskrise) zunehmend eine Auffassung vorherrschend, die den K. als psychologisch (z. B. durch Human-Relations-Betreuung unzufriedener Arbeiter) zu behandelnde Krankheit [9] und mit normativen Mitteln und Sanktionen gegen Uneinsichtige zu behebende Störung (MERTON: dysfunction) des sozialen Organismus verstand [10]. Ein wichtiger Schritt in Richtung auf die neuere K.-Forschung wurde die «Feldtheorie» K. LEWINS, der die Kräftekonstellationen im Sinne von Herbarts «Statik des Geistes» im (von H. MEY so genannten) «K.-Feld» als Vektoren darstellte, so daß die Möglichkeiten ihrer Umstrukturierung deutlich wurden. LEWIN geht von seelischen Energiefeldern aus, deren Konstellation Hemmung oder Förderung von Handlungen bedeutet, und überträgt dieses Modell auch auf soziale K. sowie auf Beständigkeit und Wandel sozialen Geschehens [11]. Obwohl er den Kampf um menschliche Rechte stets befürwortete – und so mit Myrdal entscheidend zum Verständnis des Rassen-K. beitrug – wirkte Lewins nachgelassenes Werk ‹Resolving Social Conflicts› (1948) durch seinen Titel noch als Bestätigung der K.-Abwiegelung [12]. Gleichzeitig entdeckte S. A. STOUFFER die Norm- und Loyalitäts-K. in der Rolle des amerikanischen Soldaten [13]; damit entwickelte ein verstärktes Interesse an soziologischer K.-Forschung.

R. DUBIN, M. GLUCKMAN und L. COSER (im Anschluß an Simmel) nahmen das Verständnis des K. als eines nützlichen Beitrags zur menschlichen Gesellung aus der frühen amerikanischen Tradition wieder auf (Gruppenbildung, Kräfteausgleich) und erneuerten die Vorstellung von der Verbindung von K. und gesellschaftlichem Wandel [14]. In Neuinterpretation von Marx' und in Verteidigung von Hobbes' Lösung des Problems der Ordnung durch Herrschaftszwang und nicht durch Konsensus [15] konzipierte R. DAHRENDORF Soziologie überhaupt als K.-Theorie: Klassen-K. ist nur *eine* Form des sozialen K., der K. zwischen verschiedenen gesellschaftlichen Gruppierungen und Herrschaft und Widerstand einschließt. Unterdrückung (und Leugnung) von K. ruft – wie in der psychologischen Frustration [16] – schwereren K. hervor, während Regelung des K.-Verlaufs eher zu kontrollierbarer Evolution führt [17].

Nahezu unberührt von der genannten Theoretisierung des K. erstand das ethische K.-Problem (aus Kasuistik und Tragödie) in der *Entscheidungsproblematik* der Existenzphilosophie wieder. Sie wurde von M. WEBER für die Person des Wissenschaftlers vorgeahnt, dem der innerste K. um seinen moralischen Standort von keiner Theorie abgenommen wird [18]. Von philosophischer Seite stehen den Sozialwissenschaften am nächsten in der Situationssicht (vor dem marxistischen Hintergrund) die französischen Existentialisten [19].

Seit den 60er Jahren zeigt sich unter jungen Akademikern der westlichen Industrienationen eine lebhafte Marx-Rezeption und Diskussion mit meist anarchistischen bis direktdemokratischen gegen die technokratische Leistungsgesellschaft gerichteten Untertönen [20], die auch in ihrem weiteren Umkreis die Beschäftigung mit gesellschaftlichen und internationalen K. wiederbelebte. Neue konflikttheoretische Ansätze entstehen in den letzten Jahren insbesondere in der K.- und Friedensforschung, zum Teil als Weiterentwicklung internationaler politischer Theorie und Systemtheorie, zum Teil in Wiederaufnahme der Imperialismustheorie im Hinblick auf den Nord-Süd-K. zwischen reichen und armen Ländern [21].

Anmerkungen. [1] J. F. HERBART: Psychol. als Wiss. (1850, ND Amsterdam 1968) 2, 31f. – [2] K. MARX: Zur Kritik der polit. Ökonomie (1859, ND 1947). – [3] H. SPENCER: The study of sociol. (London 1873); über WARD, VEBLEN, ROSS, SMALL, COOLEY, GIDDINGS, SUMNER, PARK vgl. L. COSER: Theorie sozialer K. Soziol. Texte 30 (1966) Einf.; M. WEBER: Soziol. Grundbegriffe (1921) § 8. – [4] G. SIMMEL: Soziol. (1908, ⁴1958) 135f. 206. 248. – [5] Vgl. HANS BARTH: Masse und Mythos. Die Theorie der Gewalt: Georges Sorel. Rowohlts dtsch. Enzyklop. 88 (1959) 35-37. 55f. – [6] L. VON WIESE: System der allg. Soziol. (1924-29, ³1955) 290f.; E. A. ROSS: Principles of sociol. (Chicago 1929) Teil 4. – [7] Vgl. SPENCER, a. a. O. [3]; WEBER, a. a. O. [3]. – [8] F. MÜLLER-LYER: Soziol. des Leidens (1914). – [9] E. MAYO: The human problems of an industrial civilisation (New York 1933). – [10] R. K. MERTON: Social theory and social structure (New York 1948, ²1964) 51; T. PARSONS: The social system (New York 1951) Kap. 7. – [11] K. LEWIN: Feldtheorie in den Sozialwiss., hg. D. CARTWRIGHT (New York 1951, dtsch. 1963); H. MEY: Stud. zur Anwendung des Feldbegriffs in den Sozialwiss. Stud. zur Soziol., hg. R. DAHRENDORF 5 (1965) 56. – [12] K. LEWIN: Die Lösung sozialer K., hg. G. WEISS LEWIN (New York 1948, dtsch. 1953) 9; Psychosoziol. Probleme einer Minderheitengruppe (1935) 218-219; G. MYRDAL: An American dilemma (1944). – [13] S. A. STOUFFER: An analysis of conflicting social norms. Amer. sociol. Rev. 14 (1949); S. A. STOUFFER, E. A. SUCHMAN, L. C. DE VINNEY, S. A. STAR und R. M. WILLIAMS: The American soldier (Princeton 1949-50). – [14] R. DUBIN: Constructive aspects of industrial conflict, in: A. KORNHAUSER, R. DUBIN und A. R. ROSS (Hg.): Industrial conflict (New York 1954); M. GLUCKMAN: Custom and conflict in Africa (London 1956); COSER, a. a. O. [3]; Social conflict and social change. Brit. J. Sociol. 8/3 (1957). – [15] R. DAHRENDORF: Out of utopia (1957), dtsch.: Pfade aus Utopia (1967) 242f.; K. und Freiheit (1972). – [16] Vgl. LEWIN, a. a. O. [11]; TH. W. ADORNO, E. FRENKEL-BRUNSWIK, D. J. LEVINSON und R. N. SANFORD: The authoritarian personality (New York 1950). – [17] R. DAHRENDORF: Klassen und Klassen-K. in der industriellen Gesellschaft (1957); erw. engl. A.: Class and class conflict ... (Stanford 1959) 314f.; Die Funktionen sozialer K., in: Pfade aus Utopia (1967) 263f.; Elemente einer Theorie des sozialen K., in: Gesellschaft und Freiheit (1961) 197f. – [18] M. WEBER: Wiss. als Beruf (1919); K. JASPERS: Max Weber. Politiker, Forscher, Philos. (1932, 1958) 68. – [19] Vgl. J.-P. SARTRE: Situations (1947f.); Ist der Existenzialismus ein Humanismus? (Paris 1946, dtsch. 1947); N. ABBAGNANO: Philos. des menschl. K. Rowohlts dtsch. Enzyklop. 43 (1957). – [20] L. BASSO: Zur Theorie des polit. K., ed. Suhrkamp 308 (1969); H. MARCUSE: Repressive Toleranz, in: R. P. WOLF, B. MOORE und H. MARCUSE: Kritik der reinen Toleranz, ed. Suhrkamp 181 (1966). – [21] O. WRIGHT: A study of war (Chicago 1942); Measurement of variations in internat. tensions, in: BRYSON, FINKELSTEIN und McIVER: Learning and world peace. 8th symposon on sci., philos. and relig. (New York 1947); K. E. BOULDING: Conflict and defense (New York 1962); K. W. DEUTSCH: Macht und Kommunikation in der int. Gesellschaft, in: W. ZAPF (Hg.): Theorien des sozialen Wandels. Neue wiss. Bibl. Soziol. 31 (1969) 471-484; D. SENGHAAS (Hg.): Krit. Friedensforsch. ed. Suhrkamp 478 (1971).

Literaturhinweise. L. COSER, s. Anm. [3]. – J. S. BROWN: Principles of intrapersonal conflict. J. Conflict Resolution 1 (1957). – J. BERNARD: Current research in the sociol. of conflict. Working paper for the Liège Congr. int. sociol. Ass. (Oslo 1957). – Int. sociol. Ass.: The nature of conflict (Unesco, Paris 1957). – R. DAHRENDORF s. Anm. [17]. – J.M.G. THURLINGS: Het Sociale Conflict (Nijmegen 1960). – J. REX: Key problems of sociol. theory (London 1961) Kap. 7. – E. B. MacNEIL (Hg.): The nature of conflict (New York 1965). – H. FEGER: Beitr. zur exp. Analyse des K., in: H. THOMAE (Hg.): Hb. der Psychol. 2 (1965) 332-422; Gruppensolidarität und K. a. a. O. 7 (1972) 1594-1653. – W. L. BÜHL: K. und K.-Strategie. Nymphenburger Texte zur Wiss. (1972). H. MEY

II.

Schon die vorwissenschaftliche *Psychologie* verwendete ‹K.› zur Bezeichnung des Zusammentreffens unvereinbarer Bewußtseinsinhalte oder divergenter Strebungen [1]. Besonders die ältere Trieb- und Willenspsychologie versuchte den moralischen K. empirisch faßbar zu machen, während der soziale K. noch kein Thema der Psychologie war. Die neuere Psychologie verfügt in der allgemeinen, klinischen und Sozialpsychologie über mehrere K.-Begriffe, die immerhin eine gemeinsame Grundbedeutung erkennen lassen, nämlich das gleichzeitige Auftreten zweier oder mehrerer Verhaltenstendenzen, die als einander ausschließend, zumindest aber als gegensätzlich gelten. Je nach theoretischer Orientierung stehen statt der Verhaltenstendenzen Motive, Strebungen, Triebe, Bedürfnisse für den intrapsychischen bzw. *intrapersonalen* K. Ein *interpersonaler* oder *sozialer* K. liegt dann vor, wenn mehrere Personen miteinander Ziele zu erreichen suchen, die in der gegebenen Situation nicht gleichzeitig zu erreichen sind.

Die Problematik dieser Klassifizierung vermeiden die *behavioristische* und die *feldtheoretische* Psychologie durch ihren Ausgang von der *K.-Situation*. Für erstere ist K. eine Situation, in der Reize für zwei unvereinbare Reaktionen gleichzeitig unter Bedingungen vorliegen, unter denen einer allein eine Reaktion auslösen würde [2]. Die Bindung der betreffenden Reaktion an den Reiz kann dabei entweder unbedingt-reflektorisch oder gelernt sein, z. B. als bedingte Reaktion. In der Feldtheorie (s. d.) spricht man von K.-Situationen, wenn «Kräfte von etwa gleicher Stärke aber entgegengesetzter Richtung auf eine Person einwirken» [3]. K. LEWIN verdankt die K.-Forschung die Unterscheidung von *K.-Typen:* 1. Wirken auf eine Person zwei gleich starke positive Aufforderungscharaktere (s. d.), so kommt es bei der Unmöglichkeit, beide Ziele zu erreichen, zum *Appetenz-Appetenz-K.* 2. Steht die Person zwischen zwei negativen Valenzen ohne die Möglichkeit, «aus dem Felde zu gehen», herrscht ein *Aversion-Aversions-K.* 3. Hat ein Handlungsziel positive und negative Valenzen gleicher Stärke oder steht vor einem erstrebten Ziel eine «Barriere», so liegt, wenn wiederum keine Ausweichmöglichkeit besteht, ein *Appetenz-Aversions-K.* vor. Vermehrt um noch einen vierten K.-Typus, den *doppelten Appetenz-Aversions-K.* bei der Wahl zwischen zwei ambivalenten Zielen, wurde der feldtheoretische Ansatz von N. E. MILLER aufgegriffen, der eine behavioristische *Appetenz-Aversions-K.-Theorie* entwickelte [4]. Die Konstruktion eines Appetenz- und eines Aversionsgradienten gestattet die Bestimmung der *K.-Stärke* und die Vorhersage von Verhalten in einfachen K.-Situationen. Durch die Liberalisierung ihrer Grundbegriffe haben J. DOLLARD und N. E. MILLER auch einige der von Freud beschriebenen Formen der K.-Bewältigung bzw. Abwehrmechanismen (s. d.) lerntheoretisch zu erklären versucht [5]. Auch der Assoziationstheoretiker E. R. GUTHRIE, der im K. den Wegfall von Hemmungen bei zugleich aktualisierten unvereinbaren Handlungssystemen sieht, glaubt rein lerntheoretisch Ehe, Familie und sozialen Status als K.-Quellen beschreiben zu können. Einen kritischen Überblick über die neuere behavioristische K.-Forschung gibt H. FEGER [6].

Die *Psychoanalyse* postuliert als dynamische Theorie die (z. T. unbewußte) Wirksamkeit seelischer Kräfte. Da das typische Modell FREUDS einen (zumindest partiellen) Antagonismus zwischen Es, Ich und Über-Ich ansetzt, wird K. zum psychologischen Regelfall: «der K. zweier psychischer Instanzen, die wir – ungenau – als das unbewußte Verdrängte und das Bewußte bezeichnen, [beherrscht] überhaupt unser Seelenleben» [7]. Kommt es im K. – vor allem zwischen «Ichtrieben» und «Sexualtrieben» – zu Versagung und Verdrängung, so ist eine der wichtigsten Bedingungen zur Entstehung von Neurosen gegeben. Hinzu tritt Fixierung der Libido und eine aus der Ichentwicklung erkennbare K.-Neigung [8]. Weithin werden heute Neurosen als mißlungene Verarbeitung von K. aufgefaßt [9]. Gehört auch für J. NUTTIN der K. zum «psychischen Leben überhaupt», so betont er doch weniger dessen pathogenen Charakter als die «schöpferisch-konstruktive Spannung» der K.-Situation [10].

Die in den letzten Jahren sich anbahnende Integration von allgemein-, sozial- und klinisch-psychologischer Forschung hat der «K.-Psychologie» (LÜCKERT) einen starken Auftrieb gegeben. Der Lösung sozialer K., die K. LEWIN zum psychologischen Forschungsthema machte, ist ein eigenes Publikationsorgan gewidmet: ‹The Journal of Conflict Resolution› (1957ff.).

Anmerkungen. [1] G. F. STOUT: Analytical psychol. 1 (1896) 281ff. – [2] W. S. VERPLANCK: A glossary of some terms used in the objective sci. of behavior. Psychol. Rev. 64 (1957) Suppl. 8. – [3] K. LEWIN: Behavior and development as a function of the total situation, in: L. CARMICHAEL (Hg.): Manual of child psychol. (New York ²1954) 936. – [4] N. E. MILLER: Experimental studies of conflict, in: J. McV HUNT (Hg.): Personality and the behavior disorders 1 (New York 1944) 431-465. – [5] J. DOLLARD und N. E. MILLER: Personality and psychotherapy (New York 1950). – [6] H. FEGER: Neobehavioristische K.-Forschung. Arch. ges. Psychol. 116 (1964) 424-449. – [7] S. FREUD, Ges. Werke 15, 14f. – [8] a. a. O. 11, 302f. – [9] L. J. PONGRATZ: Die Reifungsfunktion seelischer K. (1957). – [10] J. NUTTIN: Psychoanalyse und Persönlichkeit (1956) 184ff.

Literaturhinweise. H. R. LÜCKERT: K.-Psychol. (1957). – D. E. BERLYNE: Conflict, arousal, and curiosity (New York 1960). – A. J. YATES: Frustration and conflict (London 1962). – H. FEGER s. Anm. [5]; Beitr. zur exp. Analyse des K., in: Hb. der Psychol., hg. H. THOMAE 2 (1965) 332-412. – U. LEHR: Erscheinungsweisen des K., in: Hb. der Psychol., hg. H. THOMAE 2 (1965) 306-331.

C. F. GRAUMANN

Konform, Konformität (lat. conformis, gleichförmig; conformitas, Gleichförmigkeit) sind (polemisch verstärkt durch Konformismus und Nonkonformismus) zu gesellschaftsbezogenen Schlagworten geworden. Ihr Bedeutungswandel hängt am Wandel des Verständnisses maßgebender Wirklichkeit (heute: Gesellschaftsprozeß; vorher: Gott, Natur, Subjekt).

1. Die *ontotheologische* Tradition von Gleichförmigkeit *als Teilhabe* entwickelt sich in der Patristik im Anschluß an Röm. 8, 29 [1]. ORIGENES/RUFINUS entfalten den neutestamentlichen forma-conformis-Textbefund [2], BASILIUS und CYRILL VON ALEXANDRIEN den innertrinitarischen und den durch die Schöpfung konstituierten Ähnlichkeit-Bild-Teilhabe-Gleichförmigkeit-Bezug [3]. GREGOR VON NYSSA weist die Konsequenzen für den Lebensweg als Christusgleichgestaltung auf [4]. Aus der vielfältigen Partizipationsterminologie des Ps.-DIONYSIUS ergeben sich für die Paraphrase des THOMAS GALLUS (1238) ‹conformis›, ‹conformare›, ‹conformitas› als übergreifende Termini. Bereits JOHANNES SCOTUS ERIUGENA übersetzte (um 867) u. a. ὁμοειδής (besonders im Kontext von θεοειδής) mit ‹conformis› (deiformis) und gebrauchte auch das Substantiv ‹conformatio› [5]. ‹Conformitas› (= C.) setzt sich in der theologischen Sprache seit etwa 1100 durch. In den ‹Sententiae Anselmi› (ANSELM VON LAON) ist die C. zum höchsten und wahren Sein Maßstab des Seinsranges alles Seienden [6]. Das Wort wird sowohl synonym mit ‹similitudo› gebraucht als auch in einem genaueren Sinne der «*imago* (quae) est *expressa* similitudo rei» zugeordnet (vgl. Gen. 1, 26f.) [7] bzw. als «similitudo naturalis substantialis» definiert [8]. Diese dem Sohn Gottes zugeordnete Bestimmung führt die «magistri» dazu, eine dreifache similitudo zu unterscheiden und mit der similitudo conformitatis die Gleichförmigkeit des Sohnes gegenüber dem Vater von der Gottähnlichkeit von Mensch und Welt zu unterscheiden [9].

Der *Mensch* nähert sich der Einheit des Sohnes mit dem Vater «insoweit der Mensch das, was unter ihm liegt, sich gleichförmig macht» und seine «*Vernunft* (ra-

tio) der [ewigen] Weisheit» [10]. BERNHARD VON CLAIRVAUX vergleicht die C. des liebenden *Willens* mit einer Hochzeit von Seele und Wort (= Sohn Gottes) [11]. In der Kommentierung von Petrus Lombardus, Sent. I d. 48 werden die Hinsichten der C. des menschlichen mit dem göttlichen Willen entfaltet [12].

Anmerkungen. [1] Vgl. K. H. SCHELKLE: Paulus, Lehrer der Väter (1956) 310. 313-315. – [2] ORIGENES, Comm. in Ep. ad Rom. lib. VII, 7. MPG 14, 1122 a-1124 a. – [3] BASILIUS, Contra Eunomium V. MPG 29, 724; CYRILLUS, De ss. trinitate VII. MPG 75, 1089 a/b. – [4] GREGOR VON NYSSA, De perfectione, hg. W. JÄGER (Leiden 1963) 181, 17ff. – [5] Vgl. JOH. SCOTUS ERIUGENA, Dionysiaca, Indices 1, CXXVIII, CXXXI; 2, CLXXV, CLXXVII. – [6] ANSELM VON LAON, Sententiae, hg. F. BLIEMETZRIEDER, in: Beitr. zur Gesch. der Philos. des MA 18, 2-3 (1919) 69. 5f. – [7] Sententiae divinitatis tr. II, hg. B. GEYER, in: Beitr. ... a. a. O. 7/2-3 (1909) 19*f.; vgl. PETER ABAELARD, Expositio in Ep. Pauli ad Rom. III, c. 8. MPL 178, 906 d. – [8] ALANUS VON LILLE, «Quoniam homines» 10 a, hg. P. GLORIEUX. Arch. Hist. doctr. et litt. du M.A. 28 (1953; Paris 1954) 147; vgl. RICHARD VON ST. VIKTOR, De trinitate VI, c. 17, hg. J. RIBAILLER. Textes philos. du M.A. 6 (Paris 1958) 251, 34; 252, 58f.; 253, 34ff. – [9] WILHELM VON AUXERRE, S. aurea II, tr. 10, q. 2, hg. GUILLERMUS DE QUERCU (Paris 1500) fol. 58r b. – [10] WILHELM VON ST. THIERRY, Ep. ad fratres de Monte Dei 117; 116, hg. M.-M. DAVY, in: Études Philos. médiévale 29 (Paris 1940) 153, 12f.; 152, 19; vgl. AELRED VON RIEVAULX, Sermo 24. MPL 195, 352 a. – [11] Vgl. BERNHARD VON CLAIRVAUX, Serm. in Cantica 83, 2f. MPL 183, 1182 b/c. – [12] Vgl. ALEXANDER VON HALES, Glossa in quatuor lib. Sent. Ed. Quaracchi (= QR) 1 (1951) 481, 23-485, 11; ähnlich S. theol. I, inq. 1, tr. 6, q. 6. QR 1 (1924) 407-412; anders WILHELM VON AUXERRE, a. a. O. [9] I, c. 14 = fol. 27r b-29r b.

Literaturhinweis. R. JAVELET: Image et ressemblance au 12e siècle de saint Anselme à Alain de Lille (Straßburg 1967).

2. Eine *Ablösung vom Kosmos gestufter Teilhabe* beginnt mit der von GILBERT VON POITIERS entwickelten «Theorie der C.» [1]. Sie hängt nicht am neuplatonischen Restbestand einer «conformativa deductio» der «Formen ... in Materie ... von ihrem Urbild her» [2]. Gilbert entwickelt vielmehr aus der boethianischen Funktionsbestimmung der *species*: «... substantialem similitudinem individuorum ... colligere» (die substantiale Ähnlichkeit der Individuen zusammenfassen) [3] eine Universalienlehre, die von der Singularität alles (an seinen substantiellen und akzidentellen Formen partizipierenden) Seienden ausgeht. Die damit zahlenmäßig verschiedenen konkreten «Naturen» [4] (im Gegensatz zur einen Natur des Dreifaltigen Gottes) oder Seienden («quod est») treten nur vermittelt in einen Zusammenhang, in dem die sie konstituierenden Formen («quo est») übereinstimmen, also eine «C.» und damit eine Allgemeinheit (genus, species oder differentia) darstellen. Der «C.» der konstitutiven Prinzipien entspricht die «C.» der Prädikate [5], weil in jener begründet [6]. Während Gilbert als Realphilosoph («physicus» [7]), Logiker und Grammatiker spricht, kritisiert JOHANNES VON SALISBURY das in diesem Anspruch liegende Schwanken zwischen aristotelischer Kritik und platonischer Grundstellung [8] und reduziert die C. auf Ähnlichkeiten *zwischen* den Einzeldingen, die der vergleichend-forschende Intellekt «ermißt» (perpendit) und «bildet» (format, conformat – figmenta rationis) [9]. Dabei ist er von der Grammatik unterstützt, welche die Natur nachahmend dieser konform zu werden strebt [10]. ALANUS VON LILLE führt diese Möglichkeit wiederum allegorisch auf einen zwischen dem weltstiftenden geistigen Wort Gottes und der menschlichen Vernunft vermittelnden Konformationsprozeß der Natur («ex conformibus conformando conformia») zurück [11].

Anmerkungen. [1] H. C. VAN ELSWIJK: Gilbert Porreta. Sa vie, son œuvre, sa pensée (Leuven 1966) 201. – [2] GILBERT VON POITIERS, Expos. in Boecii lib. primum De trin., hg. HÄRING (Toronto 1966) 2, 97. 100. 17-19; vgl. 22. 83, 25-27; VAN ELSWIJK, a. a. O.

[1] 200-203. – [3] BOETHIUS, In Isagog. Porphyrii comm. ed. secunda III, c. 9, hg. S. BRANDT (1906) 228, 21f.; vgl. GILBERT, Expos. in Boecii lib. De bonorum ebdomade, hg. HÄRING (Toronto 1966) 1, 76. 204, 41f. – [4] GILBERT, a. a. O. [2] 1, 28, 76, 75f.; vgl. Expos. in Boecii lib. Contra Euticen et Nestorium, hg. HÄRING (Toronto 1966) 2, 29. 270, 73-77; 6, 42. 335. 35. – [5] GILBERT, a. a. O. [2] 1, 28-31. 76f., 72-95; 4, 13. 117, 75-83; vgl. In Boecii lib. secundum De trin., hg. HÄRING 2, 60-63. 175f., 11-27; a. a. O. [4] 3, 14. 274, 85-88; dazu: BOETHIUS, a. a. O. [3] III, c. 11, 234, 14-235, 1. – [6] GILBERT, a. a. O. [2] 1, 12. 72, 56-62; vgl. a. a. O. [4] 4, 118. 312, 5-9. – [7] CLAREMBALD VON ARRAS, Tract. super lib. Boethii De trin., hg. HÄRING (Toronto 1965) 1, 27. 96. – [8] JOHANNES VON SALISBURY, Metalogicus II, c. 17. MPL 199, 875 d. – [9] a. a. O. II, c. 20 = 878 b. 885 b/c; III, c. 3 = 897 d. – [10] I, c. 14 = 840 d. – [11] ALANUS VON LILLE, De planctu naturae. MPL 210, 453 d-454 a.

Literaturhinweis. H. C. VAN ELSWIJK s. Anm. [1] 188-203.

3. ‹ *C.* › *als Indikator des Wahrheitsverständnisses.* – Die von ANSELM VON CANTERBURY mit dem Leitwort ‹rectitudo› durchgeführte augustinische Rückführung der Wahrheit auf die Eine Wahrheit, die Gott (das «Wort») ist, übersetzt ROBERT GROSSETESTE teilweise in die C.-Terminologie [1] und entfaltet neu eine ontotheologische Weltdeutung: «... veritas cuiuscunque est eius conformitas rationi suae in aeterno Verbo ...» (die Wahrheit eines jeden Dings ist seine K. mit seiner Idee im ewigen Wort) [2]. In dieser Linie liegt die Einordnung der Wahrheit in die dreifache Ursachbeziehung der Geschöpfe zu Gott, wie sie in der ‹Summa fratris ALEXANDRI› vorgenommen [3] und von BONAVENTURA auf die K. des Menschen mit Gott angewandt wird, welche die caritas bringt [4]. Dagegen geht es THOMAS VON AQUIN darum, die K.-Verhältnisse zwischen Dingen und Verstand ohne vorschnellen Rückgriff auf den diese Verhältnisse ermöglichenden göttlichen Grund aufzuhellen [5]. Bei der Frage nach Erkenntnis und Wahrheit geht es zuerst um die C. als jene «convenientia in forma una», in der Seiendes und Verstand durch (verschiedenartige, aber gleichrangige) Teilhabe an derselben Form konstituiert werden, und erst in weiteren Begründungsschritten um die abständige Teilhabe von Dingen *und* menschlichem Verstand am Sein = an der Wahrheit Gottes [6]. Der eigentliche «Ort» innerweltlicher Wahrheit ist der urteilende Akt des Verstandes, in dem er nicht die Dinge «trifft», sondern sich seiner K. mit ihnen reflexiv bewußt ist [7]. Die Orientierung des Handelns setzt die «praktische Wahrheit» als K. (ὁμολόγως ἔχουσα) der praktischen Vernunft mit dem «rechten», d. h. auf die «naturgegebenen Ziele», gerichteten Streben voraus [8]. «Technisches» Handeln bedarf der K. seiner Modellvorstellungen (exemplaria) mit der konkreten Lebenswirklichkeit [9]. Wird Gott nach augustinischer Tradition als «Künstler» vorgestellt, dann hat die Ordnung der Welt die Struktur der K. mit den Ideen seiner schöpferischen Vernunft [10]. Dem Werk der Schöpfung und Lenkung der Welt mit seinen Vermittlungen entspricht das Werk der Neuschöpfung/Erlösung. Die im Lieben und Handeln zu aktualisierende K. aus Gnade ist durch den menschgewordenen Logos, die Kirche als den Leib Christi und die mit Christus verähnlichenden Sakramente vermittelt [11].

Der Übergang zum Wahrheitsverständnis aus der *Subjektivität* bahnt sich mit der These des DURANDUS DE S. PORCIANO an, die Wahrheit sei ein ens rationis und die sie definierende K. die Selbstidentität des Objekts in seinen zwei Seinsweisen: dem Erkanntsein und dem Realsein [12]. Der frühe Thomist HERVEUS NATALIS (†1323) versuchte, die K. zwischen Objekt und Intellekt mit Hilfe einer essentialistischen Repräsentationstheorie zu retten [12a], während sein Gegner PETRUS AUREOLI die K.-Be-

ziehung an die «einfache Sache» mißt, auf die sich mehr oder weniger klare Begriffe beziehen [12b]. Die Ideen überhaupt und unterschiedslos als «similes ... sive conformes» mit Außendingen anzusehen, ist nach DESCARTES die hauptsächliche Quelle des Irrtums [13]. LEIBNIZ sieht im spontanen Selbstbezug der Seele bzw. einer entsprechenden «unité réelle» gerade den Grund für «une parfaite conformité aux choses de dehors» [14]. Umgreifender ist ihm, dem Kenner des alten Streites zwischen Glauben und Wissen, um die «conformité de la foy avec la raison», d. h. um die Einheit der Wahrheit [15].

Anmerkungen. [1] ROBERT GROSSETESTE, De ver. Philos. Werke, hg. L. BAUR (1912) 130-143; vgl. ANSELM VON CANTERBURY, De ver. Opera omnia, hg. F. S. SCHMITT 1 (1938) 169-199. – [2] ROBERT GROSSETESTE, a. a. O. [1] 137. – [3] Alexander von HALES, S. theol. I, inq. 1, tr. 3, q. 1, m. 1, c. 2 resp. QR 1 (1924) 115 a. – [4] BONAVENTURA, Sent. III, d. 27, a. 2, q. 1 resp. QR 3 (1887) 604 a. – [5] Vgl. THOMAS VON AQUIN, Quaestio disp. De ver. 1, aa. 1. 9. Ed. Leonina 22 (1970ff.) 5f., 150-176. 29, 16-33; S. theol. I, q. 16, a. 1f. – [6] Sent. I d. 48, a. 1 sol.; De ver. 1, aa. 2. 4ff.; S. theol. I, q. 16, aa. 5ff. u. a. – [7] De ver. 1, a. 9 c., 29, 25-30; S. theol. I, q. 16, a. 2 c. – [8] In Peri hermeneias I, lect. 3, n. 31. – [8] Vgl. S. theol. I/II, q. 19, a. 3 arg. 2; ARISTOTELES, Eth. Nic. VI, 2, 1139 a 30f.; THOMAS, in Eth. VI, lect. 2, n. 1129f. – [9] In Eth. I, lect. 8, n. 101. – [10] Vgl. S. theol. I, q. 21, a. 2 c. – [11] Vgl. Index Thomisticus sect. 2, vol. 5 (1974) 13-24. – [12] DURANDUS, Sent. I, d. 19, q. 5 (3. Redaktion). Ed. Lyon (1587) 150 b-151 a. – [12a] HERVEUS, Determinatio de intellectu et specie, hg. P. STELLA, in: Salesianum 21 (1959) 161, 26-162, 5; vgl. Stent. I, d. 43, g. 1, a. 1. (Paris 1647, ND Farnborough ²1969) 187 a; II, d. 7 g. 2, a. 1 = 221 b. – [12b] Vgl. R. DREILING: Der Konzeptualismus in der Universalienlehre des Franziskanerbischofs Petrus Aureoli. Beitr. zur Gesch. der Philos. des MA 11/6 (1913) 98ff. – [13] R. DESCARTES, Meditatio 3a de prima philos. Oeuvres, hg. ADAM/ TANNERY 7 (ND Paris 1957) 37, 22-25. – [14] G. W. LEIBNIZ, Système nouveau de la nature et de la communication des substances, aussi bien que de l'union qu'il y a entre l'âme et le corps, Philos. Schr., hg. G. I. GERHARDT 4 (1880, ND 1960) 484. – [15] Discours préliminaire de la conformité de la foy avec la raison a. a. O. 6 (1885, ND 1961) 49. 52.

Literaturhinweis. H. KÜHLE: Sakramentale Christusgleichgestaltung. Studie zur allg. Sakramententheol. (²1964).

4. In der *neoliberalen Nationalökonomie* ist *Markt-K.* ein Schlüsselbegriff – der «zuerst im Laufe der 30er Jahre ... in die theoretische Volkswirtschaftspolitik eingeführt» worden ist [1]. «Marktkonform sind nach RÖPKE, der den Begriff in diesem Sinne geprägt hat, alle wirtschaftspolitischen Maßnahmen, die der auf dem Markt beruhenden Wirtschaftsverfassung gemäß sind, d. h. die die Preismechanik und die dadurch bewirkte Selbststeuerung des Marktes nicht aufheben, sondern sich ihr als neue Daten einordnen und von ihr assimiliert werden» [2]. Die Wortwahl offenbart die Hypostasierung eines als ‹natürlich› dargestellten technischen Wirklichkeitsmodells.

Von *gruppen-* und *gesellschaftskonformem Verhalten* spricht man meist negativ wertend, von *Konformismus* als «Anpassung an bestehende Meinungen oder Vorgänge» [3] polemisch. Auch der experimentellen Kleingruppenforschung gelingt es oft nicht, aus der wertenden Gegenüberstellung von Autonomie und Anpassung herauszukommen, wie bereits die Ausgangsdefinitionen von K. zeigen, etwa als «Veränderung eines Verhaltens oder einer Überzeugung in Richtung der Gruppenmeinung, und zwar als Ergebnis realen oder vorgestellten Gruppendruckes» [3a]. In systemtheoretischen Entwürfen der *Gesellschaft* und des sozialen Wandels bestimmt das sich selbst regulierende System, wer und was *systemkonform* (gemessen an der Verfassung: *verfassungskonform*) ist, wer und was in den Teilsystemen *schichtkonform* und in den Segmenten *rollenkonform* ist. Der *Konformitätsdruck* kann zur «*konformistischen Aggression*» [4] führen.

Anmerkungen. [1] E.-M. DOHRENDORF: Das Problem der Markt-K. wirtschaftspolit. Mittel. Jb. Sozialwiss. 3 (1952) 22. – [2] a. a. O. 23f.; vgl. W. RÖPKE: Die Gesellschaftskrise der Gegenwart (¹1942) 253. – [3] F. KARRENBERG: ‹Konformismus›, in: Evang. Soziallex., hg. F. KARRENBERG (¹1963) 712. – [3a] C. A. und S. B. KIESLER: Conformity (Menlo Park u. a. 1970) 2. – [4] E. FROMM: Anatomie der menschl. Destruktivität (1974) 185f.

Literaturhinweise. U. BRANDT und B. KÖHLER: Norm und K. in: Hb. der Psychol. 7/2 (1972) 1710-1789. – R. PEUCKERT: K. Erscheinungsformen - Ursachen - Wirkungen (1975).

P. ENGELHARDT

Konformismus (Konformität)/Nonkonformismus. – 1. Die Entstehung der Begriffe ‹Konformismus› (K.) und ‹Non-K.› wird auf die «Acts of Uniformity» (1551–59, 1662) in England zurückgeführt; diese Gesetze haben englischen Bürgern die Zugehörigkeit zur «established church», der Staatskirche, zwingend vorgeschrieben. Von Anfang an wurde nicht nur der religiöse, sondern auch der politische Charakter dieses Zwanges empfunden: Kirchenverwaltung und Episkopat, die Liturgie und Ritus kontrollierten, waren unmittelbar mit der Gewalt des Staates verbunden, während der Zugang zu öffentlichen Ämtern umgekehrt das Bekenntnis zur Staatskirche zur Voraussetzung hatte.

Wurde der Bekenntnis-K. in England mehr und mehr – so in der politischen Philosophie etwa von J. LOCKE [1] – als bloß äußerlicher Akt und nicht als Gewissenseinverständnis aufgefaßt, so erschien das Nicht-Bekennen zur «established church» – religionsgeschichtlich bis in die neuere Zeit als «Dissentismus» oder «Non-K.» bezeichnet – immer stärker in positivem Licht und wurde der Freiheit und religiösen Autonomie der einzelnen Bürger selbst zugeschrieben. Non-K., der vor allem den Puritanismus, den Presbyterianismus und das Quäkertum hervorgebracht hat, steht vor diesem Hintergrund mit religiösen Erneuerungsbewegungen wie dem Protestantismus in einer Linie, hat für Sektenbildungen und konfessionelle Zersplitterung faktisch aber weite Spielräume offengelassen.

Erstmals unter soziologischem Aspekt, wenngleich noch in religions- und kirchengeschichtlichem Zusammenhang, hat H. SPENCER die These vertreten, daß Non-K. ein kardinales Merkmal differenzierter, entwickelter Gesellschaften sei, während K. mit der etablierten kirchlichen Autorität, das Festhalten an den überlieferten Kulten, das Stadium niedriger sozialer Organisation charakterisiere [2]. Spencer hat die Merkmale K. und Non-K. im Rahmen seiner Evolutionstheorie damit auf die zeitgenössische bürgerliche Gesellschaft und ihre Betonung individualistischer Freiheiten selbst bezogen und die Errungenschaften, die er dieser Gesellschaft auf religiöser, rechtlicher und schließlich wirtschaftlicher Ebene zuerkannte, von fortschreitendem Non-K. abhängig gemacht.

Von ihrer begriffsgeschichtlichen Herkunft abgelöst und auf die bürgerliche Gesellschaft übertragen, konnten die Merkmale K. und Non-K. in der Folge im Sinne einer revolutionären Dialektik von Freiheit und Gleichheit interpretiert und schließlich – in Umkehrung der Wertakzente Spencers – in konservativem Affekt als Wegmarken eines Verfalls kultureller Standards und elitärer Möglichkeiten zugunsten von Nivellierungs- und Vermassungserscheinungen gedeutet werden. Hatte schon A. DE TOCQUEVILLE auf die Konsequenzen der «uniformité», die der bürgerliche Liberalismus und seine Revolution hervorrufen würden, aufmerksam gemacht [3], so führten Autoren der späteren Kultur- und Massenkritik,

wie J. ORTEGA Y GASSET [4] bis hin zu H. FREYER [5], diese Perspektive in verschiedener Weise fort; sie versuchten zu zeigen, daß ein als leer begriffener, schließlich durch Egalitarismus abgestützter Non-K. nur bewirkt habe, daß genuine geschichtliche Strukturen und ihr Gehalt an Humanität zerbrochen und die Einzelnen auf ein Dasein in der Masse oder in beziehungsloser Vereinzelung zurückgeworfen wurden. Da Kulturkritik dieser Art rückwärtsgerichtet und in der aktuellen sozialen Praxis kaum verwertbar war, konnte sich in genauer Gegenposition als progressive Perspektive am Ende die Ansicht präsentieren, daß zwar nicht der Non-K. von Einzelnen und einzelnen Gruppen und auch nicht von spätbürgerlichen, romantischen Orientierungen, sondern, wie bereits von K. MARX gefordert [6], die geschlossene Aktion von Massen, d. h. ökonomischer «Klassen» oder des ganzen «Volkes», die Entwicklung der Gesellschaft vorantreibe. Daß diese Massen bewußtseinsmäßig angeleitet und von politischen Eliten organisiert sein müßten, hat für den Kommunismus und die dortige Führungsrolle der Partei dann besonders W. I. LENIN herausgestellt. Der Perspektivenwechsel, der im Verhältnis von K. und Non-K. hier zum Ausdruck kam, ist mit der Heraufkunft der Industriegesellschaft aber auch sonst bestimmend geworden; er hat Non-K. immer weniger auf das Handeln von Einzelnen und einzelnen Gruppen – also die Eigenbewegung von Teilmomenten – als auf die Dynamik von Kollektiven bezogen.

2. Außerhalb geschichtsphilosophischer und ideologisch-politischer Zusammenhänge werden die Begriffe ‹K.› und ‹Non-K.› heute vor allem in der *Sozialpsychologie* und der *Soziologie* verwendet. Sie haben in diesen Disziplinen eine zum Teil strategische Bedeutung erlangt, von der her theoretische Konzepte wie Persönlichkeit, Gruppe, Führung (sozialpsychologisch), Normen, Devianz und Anomie (soziologisch) erschlossen werden können.

a) *Konformität* erscheint *sozialpsychologisch* gesehen als eine Verhaltensform, die für die Entwicklung und Sicherung der Personstruktur des Menschen, seiner Persönlichkeit, unerläßlich ist. Das Ich des Menschen konstituiert sich auf dem Wege der Konfrontation des Individuums mit und seiner Integration in sozialen Gruppen, deren spezifische Aktivität durch Nachahmung (so schon G. TARDE [7]), Anpassung usw. – durch konformes Verhalten also – übernommen und je nach Dauer des Gruppenkontaktes verinnerlicht werden. Die paradigmatischen experimentellen Versuchsanordnungen, die den Einfluß von Gruppenvariablen auf das individuelle Verhalten getestet und Konformität als Konvergenz des Verhaltens spezifisch gemessen haben, sind von M. SHERIF [8] und S. ASCH [9] entwickelt worden. Während ihre Arbeiten vor allem zeigen, daß Individuen in gruppendynamischen Prozessen nahezu zwangshaft angepaßt werden und mit der Gruppe, wie auch weitere Untersuchungen bestätigt haben, nicht nur auf der Ebene aktuellen Verhaltens, sondern durch Übernahme des Gruppenkonsens, damit aber tendenziell von Stereotypen, Vorurteilen usw. (G. W. ALLPORT) [10] auch auf Bewußtseinsebene konform gehen, ist in anderen Experimenten zusätzlich versucht worden, die Dispositionen zur Konformität auf der Seite der Individuen selbst freizulegen, sie also auf deren vorgegebene Persönlichkeits- und Charakterstrukturen zu beziehen (R. CRUTCHFIELD) [11]. – In Untersuchungen zum Phänomen des K. wird besonders auch das Verhältnis von Gruppe und Gruppenführer behandelt. Nach G. C. HOMANS erlangen diejenigen Personen hohen Gruppenstatus und damit Führungsrollen, die den Konformitätserwartungen der Gruppe in größter Näherung entsprechen und in der Lage sind, auch künftige Gruppenpräferenzen bereits vorwegzunehmen [12]. E. P. HOLLANDER hat dieses Theorem insofern modifiziert, als er nachweisen konnte, daß kumuliertes konformes Verhalten dem Gruppenführer nach und nach die Freiheit gibt, auch non-konforme, d. h. spezifisch initiative, das Gruppendasein verändernde Aktivitäten zu entwickeln. Hohe Konformität vergrößert in diesem Sinne den Kredit an Idiosynkrasie, den die Gruppe einräumt; hoher Idiosynkrasiekredit wiederum ermöglicht Unabhängigkeit und Non-K. [13].

b) In der *Soziologie* werden K. und Non-K. zentral im Hinblick auf die Integration, die Desintegration oder den Wandel von Gesellschaftssystemen insgesamt, damit aber im Zusammenhang mit dem Begriff der sozialen Norm (Struktur) diskutiert. Wie E. DURKHEIM [14] in klassischer Weise gezeigt hat, setzt jede Gesellschaft als organisiertes, in sich gegliedertes Gebilde, in dem bestimmte Normen und Sanktionen gegeben sind, ebensosehr ein Maß an Normenkonformität voraus, wie sie Normenabweichung (Devianz, z. B. Kriminalität) zugleich auch produziert und im Grenzfall, bei überzogenen normativen Ansprüchen und veränderten sozialökonomischen Bedingungen, Anomie, d. h. erratische Zusammenbrüche des Gesamtverhaltens (z. B. Selbstmord) bedingt. Im Maße, in dem am Rande jeder Gesellschaft, etwa in der Schnittlinie verschiedener Kulturen, «Randpersönlichkeiten» (E. V. STONEQUIST [15]) und Außenseiter stehen, sind – wie auch in Sub- und Gegenkulturen (M. YINGER [16]) – Entfremdungs- und Abweichungstendenzen dem normativen Gefüge gerade innerhalb der Gesellschaften selbst gegeben.

Diesen Grundsatz, demzufolge soziales Dasein K. zwar voraussetzt, zugleich aber Non-K. erzeugt, hat R. K. MERTON funktionalistisch präzisiert. Er führt abweichendes Verhalten auf spezifische, in der Struktur der Gesellschaft liegende Diskrepanzen zwischen allgemein verbindlichen kulturellen Zielen und legitimen, nur beschränkt zur Verfügung stehenden institutionalisierten Mitteln, mit Hilfe derer diese Ziele zu erreichen seien, zurück. Merton hat in diesem Zusammenhang eine Typologie der Anpassung, der Näherungsmodi der Individuen an kulturelle Ziele bzw. Mittel entwickelt, die vom K. einer fraglosen Hinnahme bis zum Non-K. von Rebellen reicht [17].

Die Diskussion von Mertons Thesen hat in der Folge betont, daß die Übergänge zwischen konformem und non-konformen Verhalten fließend und nicht nur die Befolgung, sondern auch die Nichtbefolgung von vorgegebenen Zielen bzw. die Orientierung an Alternativen von funktionalem Interesse sind und die gesellschaftliche Evolution befördern können. Die soziologische Analyse mündet hier in eine Theorie des Opportunismus ein (N. LUHMANN [18]), für die gesellschaftliches Verhalten auf der Ebene der normativen Realität die Strategie der elastischen Abweichung, d. h. eines partiellen Non-K. verfolgt, auf der Ebene (ökonomischer) Möglichkeiten jedoch versucht, auf jeweils «brauchbare», «pragmatische», auch außerhalb der «Legalität» stehende Angebote konformistisch einzugehen.

3. Theoreme dieser Art berühren sich in eigentümlicher Weise mit Typologien, die die neuere *Theorie und Kritik der industriellen Zivilisation* entwickelt hat. Nach D. RIESMAN, der soziale Konformität kulturspezifisch

differenziert und sozialgeschichtlich verortet hat, ist die moderne im Unterschied zur traditionalen und bürgerlichen Gesellschaft, die durch «traditions-» und «innengeleitetes» Verhalten bestimmt waren, fundamental durch den Konformitätstyp der «Außenleitung» charakterisiert [19]: durch Verhaltensdruck von wechselnden, okkasionell gegebenen Rollenzumutungen, Machtlagen, Meinungen und Moden, deren Verantwortlichkeiten nach Riesman schwer durchschaubar sind und letztlich anonym bleiben. E. FROMM hat in ähnlichem Zusammenhang von «Marktorientierung» gesprochen [20] und kritisch festgehalten, daß K. dieser Art – als «automatische Anpassung» ein Phänomen des sozialen Eskapismus – nicht nur den Kern der menschlichen Person zerstöre, sondern weitreichende, autoritär-repressive Rückwirkungen auf die Gesellschaft selbst bedinge [21]. K. setzt, mit anderen Worten, Führungspotentiale frei, die in Gefahr stehen, in Demagogie umzuschlagen.

Vor diesem Hintergrund ist es nicht unverständlich, daß Autoren wie H. MARCUSE zur «großen Weigerung», zu einem Non-K. neuer, prinzipieller Prägung aufgerufen haben, der die Zwänge und Folgen jenes der modernen Gesellschaft vindizierten, anonymen K. durchbrechen solle [22]. Marcuse konzentriert sich in einer Situation, in der die Alternative K./Non-K., sei es durch Außenleitung, sei es durch ubiquitären Opportunismus, zu verschwimmen scheint, nicht ohne Konsequenz auf anthropologische Grundsatzfragen und ästhetisierende, am Ende utopische Entwürfe.

Anmerkungen. [1] J. LOCKE, Works (1823) 6, 73. – [2] H. SPENCER: The principles of sociol. (London 1896) II/2, 134ff. – [3] A. DE TOCQUEVILLE: De la démocratie en Amérique (Paris 1835, 1840). – [4] J. ORTEGA Y GASSET: La rebelion de las masas (Madrid 1930); dtsch.: Der Aufstand der Massen (1963). – [5] H. FREYER: Theorie des gegenwärtigen Zeitalters (1955). – [6] K. MARX: Zur Kritik der Hegelschen Rechtsphilos. Einl. (Paris 1844); K. MARX und FR. ENGELS: Die heilige Familie (1845). – [7] G. TARDE: Les lois de l'imitation (Paris 1890); dtsch.: Die sozialen Gesetze (1907). – [8] M. SHERIF: The psychol. of social norms (New York 1936). – [9] S. ASCH: Social psychol. (Englewood Cliffs, N.J. 1952); Stud. of independence and conformity: A minority of one against an unanimous majority. Psychol. Monogr. 70/9, Nr. 416 (1956). – [10] G. W. ALLPORT: The nature of prejudice (Cambridge, Mass. 1954); dtsch.: Die Natur des Vorurteils (1973). – [11] R. CRUTCHFIELD: Conformity and character. Amer. Psychologist 10 (1955) 191-198. – [12] G. C. HOMANS: The human group (New York 1951); dtsch.: Theorie der sozialen Gruppe (1966) 156. – [13] E. P. HOLLANDER: Conformity, status, and idiosyncrasy credit. Psychol. Rev. 65 (1958) 117-127. – [14] E. DURKHEIM: Le suicide (Paris 1897); dtsch.: Der Selbstmord (1973). – [15] E. V. STONEQUIST: The marginal man (New York 1937). – [16] M. YINGER: Contraculture and subculture. Amer. sociol. Rev. 25 (1960) 625-635. – [17] R. K. MERTON: Social structure and anomia, in: Social theory and social structure (New York 1949); Social conformity, deviation, and opportunity-structures. Amer. sociol. Rev. 24 (1959) 177-189. – [18] N. LUHMANN (Hg.): Polit. Planung (1971) 165ff. – [19] D. RIESMAN u. a. The lonely crowd (New Haven 1950); dtsch.: Die einsame Masse, hg. H. SCHELSKY (1958). – [20] E. FROMM: Man for himself (London 1949); dtsch.: Psychoanalyse und Ethik (1954) 82ff. – [21] Escape from freedom (New York 1941); dtsch.: Die Flucht vor der Freiheit (1966) 137ff. – [22] H. MARCUSE: One dimensional man (New York 1964); dtsch.: Der eindimensionale Mensch (1967).

Literaturhinweise. W. B. SELBIE: Nonconformity. Its origin and progress (London 1912). – I. A. BERG und B. M. BASS (Hg.): Conformity and deviation (New York 1961). – F. SACK und R. KÖNIG (Hg.): Kriminalsoziol. (1968). – W. LIPP (Hg.): K. – Non-K. (1975). W. LIPP

Konfuzianismus, abgeleitet von chinesisch ‹K'ung-futse›, Meister K'ung (in der lat. Form ‹Konfuzius› seit etwa 1600 [1] bekannt und schon 1687 in einem eigenen

Werk [2] der europäischen Geisteswelt vermittelt), wird als Begriff im deutschen Sprachgebiet durch R. WILHELM neu interpretiert [3].

Der K. gründet sich auf *K'ung Ch'iu* (genannt Chungni, trad. 552–478), er stellt darüber hinaus jedoch ein Konglomerat verschiedener Ideen, Lebenshaltungen und Kultformen dar. Am Ideal des wahren Königs (Wang), dessen Urbild die frühen Könige der Chou (seit 1027 v. Chr.) abgaben, orientiert der K. den Herrscherbegriff, der im Prinzip nicht charismatisch, sondern leistungsethisch zu verstehen ist. Der «gute» König regiert durch «Gerechtigkeit» und im Einklang mit den «Sitten»; seine Autorität erweist sich durch Milde und freiwillige Unterwerfung der Menschen. Legitimierende Kraft hat aber außer der ethischen Qualität, die a posteriori in der geglückten Machtergreifung eines Eroberers gesehen werden kann, auch die rechte Erbfolge vom Gründungskaiser her. Das Kriterium der ethischen Norm bleibt maßgebend, wo der «Auftrag des Himmels» (s. d.) in Frage steht; der Sturz einer Dynastie ist daher stets mit einem Verstoß gegen die ethische Norm begründet worden. Dem guten Herrscher werden, angezogen von dessen Hoheit und Milde, gute Staatsdiener (Ch'en) zur Seite stehen. Sie haben die Pflicht, für die Einhaltung der ethischen Norm zu sorgen. Ihr Verhalten vermittelt dem Volk die vom Herrscher ausgehende Kraft zur Harmonie. Das Volk soll in das Gefüge der Herrschaft möglichst durch Erziehung und Überredung einbezogen werden, nicht allein durch Strafen [4]. Ziel politischen Handelns bleibt somit die «Eins-heit» gestalteter Harmonie, in welche Kosmos und Gesellschaft einbezogen sind. Himmel, Erde und Mensch finden in der Person des Herrschers ihre gemeinsame Mitte. Sein Verhalten garantiert deren Einheit. Der Herrscher wird so auch zum «Sachwalter» kosmischer Aufgaben: Leiter des großen Himmelsopfers, Hüter der rechten Bahn, auf der die Himmelskörper ziehen (astronomisches Amt), erster Ackerbauer der Welt (Pflugzeremonie und Seidenraupenzeremonie der Kaiserin im Frühjahr), Garant der jahreszeitlichen Weltordnung. Sein Versagen bewirkt Unordnung, sein herrscherliches Eingreifen kann die Ordnung erhalten.

Die gedanklichen Grundlagen für diesen «Cäsaropapismus» (M. Weber) stammen außer von KONFUZIUS selber, dem regelmäßig zweimal im Jahr Opfer als dem ersten der «Gelehrten» dargebracht wurden, von seinen Nachfolgern (MENZIUS, HSÜNTSE), ferner von anderen Schulen, z. B. Mohismus (s. d.), Legismus (s. d.) und Kosmologen (Yin-Yang-Schule (s. d.)). Im aktuellen Vollzug chinesischen Kaisertums gelten sie jedoch als K. Für die Gesellschaft wird der K. relevant als System von Riten (s. d.); unter diesem Begriff werden Kultformen und Verhaltensnormen des Einzelnen (Angehörigen der Oberschicht) zusammengefaßt. Im personellen Bereich (Namensgebung, Bekappung, Hochzeit, Begräbnis) vermischen sich Kult und Ethik. Zumal der komplizierte Totenkult für Vater und Mutter ist unabdingbare ethische Pflicht des pietätvollen Sohns. Darüberhinaus haben bestimmte ethische Forderungen im Laufe der Zeit in ganz Ostasien (China, Korea, Japan, Vietnam) Gültigkeit erlangt: außer kindlicher Pietät und Loyalität der Untertanen vor allem Humanität und Gerechtigkeit seitens der Oberen sowie Verpflichtung zum Studium und Zuverlässigkeit des Charakters für alle. Die konfuzianische Ethik kann generell als System reziproker ethischer Haltungen verstanden werden; die zwischenmenschlichen Beziehungen werden darin formuliert, unter ihnen dominieren die Vater-Sohn-, die Herrscher-Staatsdiener- und die Lehrer-Schüler-Beziehungen.

Der K. ist in Europa im 17. und 18. Jh. als «scientia Sinensis» oder «scientia politico-moralis» lebhaft beachtet worden; er hat den Philosophen als ideales Modell einer «natürlichen Religion» gegolten (LEIBNIZ), die von der Vernunft allein bestimmt wird (VOLTAIRE). Wo hier der europäische Drang zur «aufgeklärten» Haltung des Antiklerikalismus maßgebend war, haben spätere Würdigungen des K. die asiatische Weisheit hervorgehoben, aus welcher der durch Technik verfremdete europäische Mensch zusätzliches Heil gewinnen könne.

Unter dem Diktum «Kritisiert Konfuzius» wird in den Jahren 1973/74 in der Volksrepublik China eine Kampagne zur Massenerziehung eingeleitet, der es darum geht, alles elitäre Bildungsstreben aufzuheben, autoritäres Verhalten in Leitungsgremien aller Art einzuschränken und eine neue Identität mit sich selbst in der Gerichtetheit auf die Zukunft zu finden. Diese Kampagne hat als anti-konfuzianisch zu gelten, insofern ‹K.› mit Begriffen wie ‹elitär›, ‹autoritär› und ‹vergangenheitsbezogen› umschrieben werden kann. Wiederum scheint es sich auch hier um eine abgewandelte Fortführung konfuzianischer Erziehungskonzeptionen zu handeln, die in Verhaltensbestimmung, Internalisierung ethischer Formeln und sozialer Verpflichtung des führenden Menschen ihr Wesen hatten.

Anmerkungen. [1] NICOLAS TRIGAULT: De Christiana Expeditione apud Sinas (1615); engl. China in the 16th century, übers. L. J. GALLAGHAR (New York 1953). – [2] Confucius Sinarum philosophus (Paris 1687). – [3] R. WILHELM: Kungfutse. Gespräche (²1955); K'ungtse und der K. (1928). – [4] Vgl. Art. ‹Legismus›.

Literaturhinweise. M. WEBER: K. und Taoismus (1920). – H. HACKMANN: Chin. Philos. (1927). – FUNG YU-LAN: A hist. of Chinese philos. 1. 2 (Princeton 1953). T. GRIMM

Konjekturalsätze. – 1. Für NIKOLAUS VON KUES, der das Wort ‹coniecturari› «der Neuheit seines coniectura-Gedankens entsprechend wohl eigens gebildet hatte» [1], bedeutet ‹coniectura› nicht eine vorläufige Vermutung bzw. unbewiesene Annahme oder noch zu beweisende Hypothese, die es durch sichere Ergebnisse bzw. Theorien zu ersetzen gilt, sondern «die menschliche Weise, die Wahrheit in Andersheit zu erkennen» [2]: «Da ... die letzte Genauigkeit der Wahrheit unerreichbar ist, ergibt sich ..., daß jede menschliche Behauptung über das Wahre, die positiv ist, eine Mut-Maßung darstellt» [3]. Mayr [4] hat wahrscheinlich gemacht, daß der Cusaner diesen Begriff von seiner Muttersprache her denkt: unter «coniectura» kann deshalb ein «Messen mit dem Geiste» verstanden werden, weil es das Ergebnis des *mensurare*, dieses aber nach ALBERTUS MAGNUS die Funktion der *mens* ist [5]. Da nun aber im älteren Deutsch ‹Mut› (ahd. muot) das gesamte Seelenleben, die «Kraft des Denkens, Empfindens, Wollens; Sinn, Seele, Geist» bezeichnet [6] und «lat. anima, animus, cor, spiritus, am häufigsten mens» wiedergibt [7], kann Cusanus unter ‹Mut(muot)-Maßung› (coniectura) durchaus ein «Messen mit dem (menschlichen) Geiste» verstehen. In den Bildungen ‹ars coniecturalis› [8], ‹ars coniectandi› und ‹ars generalis coniectandi› kommt auch die Bildhaftigkeit der Sprache des Cusanus zum Ausdruck [9], da sie eine Form der «symbolica investigatio» ist. Für die ars coniecturalis ist das concordantia/differentia-Prinzip grundlegend: «Denn wenn alles mit allem übereinstimmt und von allem verschieden ist, dann kann alles für etwas anderes *Symbol* werden» [10]. Zwar kann ein Einfluß der ‹Ars generalis› des RAYMUNDUS LLULLUS in Ziel und Methode auf die ‹Ars coniecturalis› nachgewiesen werden [11], zwar hat bereits Llull das Wort ‹coniecturare› im Sinne der Kreisdrehungen der vierten Figur gebraucht [12] und der Anspruch der ars coniecturalis ist jedenfalls auch der eines Denkmittels, «das uns Menschen, freilich innerhalb der in der Docta Ignorantia festgelegten Grenzen, über alles Erkennbare verfügen läßt» [13], aber es muß doch auch gesehen werden, daß es Llull «gerade auf strengste rationale Beweise ankommt» [14], während die ars coniecturalis des Cusanus mehr umfaßt als den Bereich des Rationalen. Als «Aussage über die Tragweite der menschlichen Erkenntnis» [15] betrifft sie deren ganzen Umkreis. So unterscheidet Cusanus «sinnfällige, rationale und intellektuelle Mutmaßungen, d. h. Erörterungen auf dem Boden der ungeordneten Sinneserfahrung, Schlußfolgerungen aus vorgegebenen Prinzipien und Hingabe an die intellektuelle, in abstrakter Höhe sich bewegende Schau» [16].

2. Im *allgemeinen philosophischen Sprachgebrauch* bedeutete «bona coniectura» zunächst das glückliche Auffinden (εὐστοχία) der wahren Konklusion ohne Hilfe eines (beweisenden) Mittels, dann die unsichere Aussage bzw. Annahme: «Coniectamus ea, quorum rationes certas ignoramus» [17], die im Bereich zwischen Wissen und Nichtwissen angesiedelt wird: «Conjectura est media inter scientiam et ignorantiam: habitus intellectualis imperfectus, quo non certo causam novimus, sed tamen praesumimus ex medio aliquo probabili de facto incerto» [18]. Bei ZEDLER, der (auch hier) den Artikel über «Muthmassung» aus WALCHS ‹Philosophischem Lexicon› (wörtlich) übernimmt, findet sich dann «coniectura» gleichbehandelt mit «Conjectur, Errathung, Muthmassung, Vermuthung» als «eine wahrscheinliche Meynung, so aus gewissen Umständen entstehet» [19]. Dabei wird näher zwischen einer «Muthmassung» bzw. «Conjectura» im weiteren und im engeren Sinn unterschieden: Die erste ist «ein wahrscheinlicher Schluß, da man aus gewissen Umständen, die man unmittelbar empfindet, die Wahrheit eines Satzes mit einer solchen Gewißheit, die noch einige Ausnahme leidet, folgert» [20]; um eine Konjektur im engeren Sinn handelt es sich, «wenn wir aus den gegenwärtigen Umständen eines Menschen seine künfftige Begebenheit, Glück und Unglück muthmassen» [21]. Zugrunde liegt die Einteilung in «physische» und «moralische» und bei beiden wiederum in «theoretische» und «practische Muthmassung»: «Die physische und zwar theoretische Muthmassung ist, wenn wir die Ursach einer natürlichen Wirckung wahrscheinlich erkennen, die practische aber, wenn wir aus der gegenwärtigen Verknüpfung verschiedener Ursachen einen gewissen Erfolg vermuthen. Die Moralische und zwar theoretische besteht darinnen, daß wir aus den Reden und Thaten eines Menschen seine Gemüths-Art, so wohl in Ansehung des Verstands, als Willens wahrscheinlich schließen» [22] (die moralisch-practische ist mit der erwähnten Konjektur im engeren Sinn identisch). Konjekturalsätze beruhen also sowohl auf Physik, Moral wie Logik bzw. Mathematik: «Wer vernünfftig muthmassen will, der muß die Grund-Sätze der Physic und Moral und aus der Logic die Lehre von der Wahrscheinlichkeit wohl verstehen» [23]. Insbesondere werden die Hypothesen der Naturwissenschaften einbezogen: «Vermuthungen oder Hypotheses werden die Möglichkeiten der Grund-Ursachen genennet, welche mit der Erfahrung übereinstimmend und dahero wahrscheinlich befunden werden» [24].

3. Dabei verweist Zedler auch auf JAKOB BERNOULLIS 1713 unter dem Titel ‹Ars conjectandi› erschienene *mathematische* «Muthmaßungs-Kunst» [25], die neben den Untersuchungen besonders von PASCAL, FERMAT und LAPLACE die klassische Periode der mathematischen Wahrscheinlichkeitsrechnung begründete. «Vermutungen» werden heute in der Mathematik auch Sätze genannt, deren Beweis noch nicht gefunden werden konnte (z. B. die FERMATsche Vermutung (1670): Die diophantische Gleichung $x^n + y^n = z^n$, $n > 2$, nat. Zahl, besitzt keine Lösung in von Null verschiedenen ganzen Zahlen x,y,z; oder die GOLDBACHsche Vermutung (1742): Jede gerade natürliche Zahl $n \neq 2$ ist darstellbar als Summe zweier Primzahlen).

4. «Konjekturalkritik» ist in der *Philologie* seit der Renaissance, insbesondere seit FR. ROBORTELLUS [26], C. SCIOPPIUS [27], J. SCALIGER [28], J. CLERICUS [29] und H. VALESIUS [30] Bestandteil der textkritischen Methode, die die Richtigkeit eines (bes. antiken Klassiker-, theologischen, rechtswissenschaftlichen bzw. -dogmatischen und medizinischen) Textes durch Verbesserung bzw. Beseitigung der Fehler und Verfälschungen sowie Ergänzung fehlender Teile zum Ziele hat. Allerdings erreichte diese Methode erst mit K. LACHMANN einen gewissen «klassischen» Höhepunkt. Er unterscheidet drei Stufen der kritischen Tätigkeit: die der Feststellung dessen, was als überliefert gelten muß oder darf (Rezensio); die Verbesserung der Verderbniß der Überlieferung (Emendatio – später: Examinatio) und die Aufdeckung des Ursprungs des Werkes (originem detegere) [31]. Lachmann kann daher neben G. HERMANN und FR. W. RITSCHL als Begründer der modernen philologischen Textkritik angesehen werden. «Wie man von LACHMANN an die Epoche der Textrezension, so kann man von WILAMOWITZ-MOELLENDORFF an die Epoche der Textgeschichte rechnen» [32]. Während der «Sprachphilologe» HERMANN die Erforschung der Sprache als wichtigstes Mittel zum Verständnis antiker Literatur ansah, die Philologie dementsprechend in erster Linie auf Grammatik und die auf sie gegründete Erklärung beschränken wollte und daher einer mehr formalen Betrachtungsweise zuneigte, sahen die «Sachphilologen» A. BOECKH und K. O. MÜLLER für eine Textinterpretation die Einbeziehung des allgemeinen geschichtlich-kulturellen Hintergrundes als unerläßlich an und forderten, indem sie das Ideal einer umgreifenden Altertumswissenschaft aufzustellen suchten, eine materiale Kritik: «Man nehme die Kritik weg und lasse die falsche Tradition unangefochten bestehen, so werden bald Wissenschaft und Leben, soweit sie auf historischem Grunde ruhen, auf die größten Irrwege gerathen ... Ohne Kritik geht alle historische Wahrheit zu Grunde ... Ferner bildet die Kritik durch die Auffindung des *Unangemessenen*; sie tödtet dadurch alle leere Phantasterei, alle Hirngespinnste in Bezug auf das historisch Gegebene. Zugleich übt sie eine Wirkung auf das eigene Produciren aus, indem sie zur Selbstkritik wird. Sie ist für jede Wissenschaft die Wage der Wahrheit, welche das Gewicht der Gründe abwägt, das Wahrscheinliche und Scheinbare, das Gewisse und Ungewisse, das bloß Spitzfindige und Anschauliche unterscheiden lehrt, und wenn mehr Kritik in der Welt wäre, würden die literarischen Speicher nicht statt mit Weizen mit Spreu gefüllt sein, hervorgebracht durch Unkritik, die sehr häufig sogar den Namen der Kritik führt; denn nichts ist unkritischer als die schlüpfrigen Conjecturen vieler sogenannter Kritiker ... Es gab eine Zeit, wo man meinte, in der Ergründung der Silben und Wortspitzen liege das Heil der Welt, und mit einer

Eitelkeit, welche den Philologen oft eigen ist, erklärte man diese grammatische Industrie für den Gipfel aller Wissenschaft und nannte sie *diva critica*» [33]. W. WUNDT erkannte in den Konjekturen «hermeneutische Hypothesen» und gab zwei Kriterien für ihre «Richtigkeit» an: 1. die Beseitigung des hermeneutischen Widerspruches und 2. die Möglichkeit einer kausalen Interpretation der Entwicklung der falschen Lesart aus der richtigen [34]. Welchen Einfluß die «Konjekturalkritik» als methodologisches Instrumentarium im 19. Jh. gehabt hat, mag man an der Nennung von «Conjecturalmedizin», «-politik» und «-Künsten» bei KRUG [35] ermessen. Hier wird aber auch auf die Gefahren der «Konjekturenjägerei» [36] auch in der Philosophie aufmerksam gemacht: «manches System, von welchem die Geschichte dieser Wissenschaft berichtet, war nichts weiter als eine glückliche oder unglückliche Conjectur» [37]. Heute unterscheidet man zwischen Emendation, Konjektur und «crux»: «Erweist sich die Überlieferung als verdorben, so muß versucht werden, sie durch *divinatio* zu heilen. Dieser Versuch führt entweder zu einer evidenten *Emendation* oder zu mehreren etwa gleichmäßig befriedigenden *Konjekturen* oder zu der Erkenntnis, daß eine Heilung durch divination nicht zu erhoffen ist (crux)» [38].

Typische Konjekturen sind die Beseitigungen von «Anomalien», die als vom Schriftsteller unmöglich beabsichtigt oder zugelassen erkannt sein müssen, wobei aber eine Lesung deshalb noch nicht falsch zu sein braucht, «weil sich eine einleuchtende Erklärung des durch sie vorausgesetzten Fehlers der Überlieferung nicht finden läßt. Denn die Fehler sind ... nur im Durchschnitt, nicht im Einzelfall berechenbar ... Kein Fehler ist so unmöglich, wie ein Text notwendig sein kann, selbst ein durch *divinatio* gefundener» [39].

5. Auch im wissenschaftstheoretischen Verständnis der *Naturwissenschaften* kann man im 19. Jh. eine Strömung feststellen, deren Vertreter in mehr oder weniger durchgreifender Form die «Hypothesität» bzw. «Konjekturalität» naturwissenschaftlicher Aussagen betonten und das «Tentative», Versuchsmäßige, Experimentell-Vorläufige *jeder* Hypothese bzw. Theorie hervorhoben. Von D. STEWARTS Betonung der «fortunate conjectures or hypotheses concerning the laws of nature» [40] führt diese «hypothetisch-konjekturale» Entwicklungslinie über M. E. CHEVREULS «Aucune science expérimentale n'est exempte d'hypothèse» [41]; W. WHEWELLS Beschreibung des wissenschaftlichen Vorgehens als «guessing», als «framing several *tentative hypotheses* and selecting the right one» [42]; J. DUHAMELS Hinweis auf Konjekturen, die jeder Wissenschaft notwendig inhärieren [43]; A. COURNOTS Überzeugung, daß Wissenschaft überhaupt nur Wahrscheinlichkeitsdignität erreicht [44]; C. BERNARDS Feststellung der Fragwürdigkeit, ja Falschheit jeder Theorie [45] und S. JEVONS' Hervorhebung der Freiheit der Hypothesenbildung [46] bis zu den Untersuchungen von G. MILHAUD, P. DUHEM, E. MEYERSON, E. BOUTROUX, H. POINCARÉ, H. HERTZ, L. BOLTZMANN und E. LE ROY, in dessen Bestimmung der Theorie als Leistung der «freien Aktivität des Geistes» diese Richtung kulminiert. Die genannte «Hypothesierungstendenz» kommt hier in der Entwicklung vom bloßen «Hypothesenpluralismus» des frühen WHEWELL über den «Klassifikationspluralismus» von JEVONS sowie den «Theorienpluralismus der unteren Ebene» von HERTZ zur Anerkennung eines «vollen Theorienpluralismus» des späten WHEWELL, POINCARÉS, BOLTZMANNS und LE ROYS zum Ausdruck. «Erfahrung» gilt dabei zwar als prinzipielle Überprü-

fungsinstanz der Theorien, was für die Aprioristen zumindest bezüglich des «reinen» Teils der Naturwissenschaft einzugestehen unmöglich ist, aber eine solche Überprüfungsinstanz fungiert immer als Letztinstanz und nicht als Erstinstanz, wie bei den Empiristen. Daher spielt die Vorhersagekraft der Theorien eine wichtige Rolle. Weder die «Gedanken» bzw. «Ideen» noch die «Tatsachen» werden «naiv» hingenommen, sondern eben neben die «Ideogenese» eine «Tatsachengenese» gestellt. So setzt schon WHEWELL bei der Bestimmung des Verhältnisses von Theorie und Tatsache eine relative Reziprozität an. Die genannten Momente haben zur Folge, daß in dieser Strömung sich einerseits die «Logik der Hypothesen» stark ausbildete und daß es hierbei zur Entdeckung der Unmöglichkeit des «experimentum crucis» im Sinn F. BACONS kommt, daß sich andererseits aber auch die Methode der Deduktion – nun aber nicht mehr als psychologische oder transzendentalphilosophische Regression, sondern als logische Abfolge – der Induktion gegenüber als mindestens gleichwertig (WHEWELL, JEVONS), wenn nicht sogar als prävalent ergibt (DUHEM, HERTZ, BOLTZMANN, POINCARÉ). Naturforschung kommt hierbei nicht um die von F. BACON zu Unrecht diffamierten Antizipationen herum, aber diese Antizipationen gelten eben keineswegs als durch ein starres Kategorienschema als ein für allemal gegeben.

6. K. R. POPPERS «Antizipations-Methodologie» [47] ist also im 19. Jh. vielfältig antizipiert worden; sie bestreitet das Bestehen eines Induktionsprinzipes überhaupt und sieht im «Vermutungswissen» (conjectural knowledge) [48] die Lösung des rekonstruierten Induktionsproblems HUMES: «Läßt sich die Behauptung, eine erklärende allgemeine Theorie sei wahr, mit ‹empirischen Gründen› rechtfertigen, das heißt, dadurch, daß man bestimmte Prüfaussagen oder Beobachtungsaussagen (die sozusagen ‹auf der Erfahrung beruhen›) als wahr annimmt? Meine Antwort ist ...: nein; noch so viele wahre Prüfaussagen könnten nicht die Behauptung rechtfertigen, eine erklärende allgemeine Theorie sei wahr» [49], denn «alle Gesetze oder Theorien [müssen] als Hypothesen oder Vermutungen betrachtet» werden [50]; «Unser Wissen ist ein kritisches Raten; ein Netz von Hypothesen; ein Gewebe von Vermutungen» [51]; «The way in which knowledge progresses, and especially our scientific knowledge, is by unjustified (and unjustifiable) anticipations, by guesses, by tentative solutions to our problems, by *conjectures*. These conjectures are controlled by criticism; that is, by attempted *refutations*» [52]. Für B. RUSSELL diente die «art of rational conjecture» lediglich zur Kennzeichnung der Philosophie: «It is not definite knowledge, for that is science. Nor is it groundless credulity, such as that of savages. It is something between these two extremes; perhaps it might be called ‹The art of rational conjecture›. According to this definition, philosophy tells us how to proceed when we want to find out what may be true, or is *most likely* to be true, where it is impossible to know with certainty what is true» [53]. Neben diese philosophisch-erkenntnistheoretische Neubewertung des alten Gedankens des NIKOLAUS VON KUES tritt im gleichen Zuge eine Neubewertung des «conjecture» als theoretisch-spekulativen Wissenschaftsbegriffs; P. ACHINSTEIN erkennt in den Begriffen «conjecture, hypothesis, inference» eine dritte Bedeutungskomponente von «theoretical» (neben der Bedeutung von «theoretisch» als «part of a theory» und der als «depending upon a theory»): «all three involve a ‹going beyond further than› what is given or established» [54].

7. Eine neuartige Verkettung von «Evidenz» und «Gewißheit» bzw. «Vermutung» findet sich bereits bei A. MEINONG: «Angesichts der Verwandtschaft der evidenten Vermutungen mit den evidenten Gewißheiten empfiehlt es sich mit Rücksicht auf die fundamentale Rolle, die solchen Vermutungen ... beim Erkennen zukommt, den Geltungsbereich des Wortes ‹Erkenntnis› ... derart zu erweitern, daß er neben den evidenten Gewißheiten auch die evidenten Vermutungen in sich faßt und so außer von Gewißheitserkenntnissen auch von *Vermutungserkenntnissen* zu reden gestattet» [55]. Meinong differenziert weiter zwischen «Vermutungswahrscheinlichkeit» und «vermutungsfreier Wahrscheinlichkeit». Seine Theorie der Vermutungsevidenz gestattet es, das Induktionsprinzip als «Quasiprämisse» *nach* der geschlossen wird (nicht als Prämisse, *aus* der geschlossen wird) zu formulieren: «Alles Induktionswissen ... ist im Prinzip nicht Gewißheits-, sondern nur Vermutungswissen ... Kommt ein Wirkliches zusammen vor mit einem anderen Wirklichen, so begründet diese Tatsache das Recht im Falle des Auftretens eines dem einen Wirklichen Ähnlichen das Vorhandensein eines dem anderen Wirklichen Ähnlichen in einem ähnlichen Zusammen zu vermuten, und zwar mit um so größerer Zuversicht, je größer die betreffenden Ähnlichkeiten sind» [56]. Er entwickelt sodann auf der Grundlage dieser Theorie der Vermutungsevidenz und einer die «Wahrscheinlichkeit i. e. S.» betreffenden Konzeption des Möglichkeitsbegriffs eine Theorie der Vermutungswahrscheinlichkeit im weiteren Sinn [57].

In einigen Punkten knüpft die ebenfalls «hypothetische Schlüsse» sondierende Untersuchung N. RESCHERS an Meinong an; er unterscheidet drei Typen solcher Schlüsse: «A hypothetical inference is, of course, an inference made from a ‹hypothesis›, that is, from a proposition whose truth-status is doubtful or undetermined, or from a proposition known or believed to be false. Thus, hypothetical inference is reasoning which derives a conclusion from premises one or more of which is *problematic* (of unknown truth-status) or *belief-contravening* (negating some accepted belief and thus taken to be false) or outright *counterfactual* (i.e., actually known to be false)» [58].

Anmerkungen. [1] D. und W. DUPRÉ: Vorbemerk. zu: NIKOLAUS VON KUES, Philos.-theol. Schr., hg. L. GABRIEL 2 (1966) XV. – [2] E. COLOMER S. J.: Nikolaus von Kues und Raimund Llull. Aus Handschr. der Kueser Bibl. (1961) 82 Anm. 72. – [3] NIKOLAUS VON KUES, De coniecturis. Philos.-theol. Schr. a. a. O. [1] 3. – [4] Der Auslegung des Vater Unsers, dtsch. MAYR (1839) 1. – [5] M. DE GANDILLAC: Nikolaus von Cues. Stud. zu seiner Philos. und philos. Weltanschauung (Paris 1942, dtsch. 1953) 14 Anm. 8. 159. – [6] F. KLUGE und W. MITZKA: Etymol. Wb. der dtsch. Sprache (¹⁹1963) 496. – [7] TRÜBNERS Dtsch. Wb., hg. A. GÖTZE (1943) 4, 714ff. – [8] Vgl. Art. ‹Ars coniecturalis›. – [9] Vgl. K. JACOBI: Die Methode der Cusanischen Philos. (1969) 204ff. – [10] J. KOCH: Die Ars coniecturalis des Nikolaus von Kues (1956) 25. – [11] E. VANSTEENBERGHE: Le Cardinal Nicolas de Cues (Paris 1920); E. W. PLATZECK: Llullische Gedanken bei Nikolaus von Kues. Trier. Theol. Z. 62 (1953) 357-364; E. COLOMER, a. a. O. [2]. – [12] E. W. PLATZEK: Die llullische Kombinatorik. Franzikan. Stud. 34 (1952) 32-60. 377-407, zit. 402; vgl. COLOMER, a. a. O. [2] 82 Anm. 72. – [13] a. a. O. 83. – [14] KOCH, a. a. O. [10] 14. – [15] a. a. O. 36. – [16] 25. – [17] R. GOCLENIUS: Lex. philos. (1613, ND 1964) 441. – [18] J. MICRAELIUS: Lex. philos. (²1662, ND 1966) 317. – [19] J. H. ZEDLER: Großes vollst. Universal-Lex. aller Wiss. ... 6 (1733, ND 1961) 976; J. G. WALCH: Philos. Lex. (1726) 1850. – [20] ZEDLER, a. a. O. 22 (1739) 1583. – [21] ebda. – [22] ebda. – [23] ebda. – [24] 47 (1746) 1338. – [25] Vgl. I. HAKKING: Jacques Bernoulli's Art of Conjecturing. Brit. J. philos. Sci. 22 (1971) 209-229. – [26] F. ROBORTELLUS: De arte sive ratione corrigendi antiquorum libros disputatio (Padua 1557). – [27] C. SCIOPPIUS: De arte critica et praecipue de altera ejus parte emendatrice (1597). – [28] J. SCALIGER: De arte critica diatribe (Leyden 1619). – [29] J. CLERICUS: Ars critica (Amsterdam 1696-1700). – [30] H. VALESIUS: De critica, bei dessen Emendationes, hg. P. BURMANNUS (Amsterdam 1740). – [31] C. LACHMANNUS (rec.): Novum testamentum graece et latine (1842); vgl. C. BURSIAN: Gesch. der class. Philol. in Deutschland von den Anfängen bis zur Gegenwart 2 (1883). – [32] H. HUNGER u. a.: Gesch. der Textüberlieferung der antiken und mittelalterl. Lit. 1 (1961) 312f.; vgl. auch G. PASQUALI: Storia della tradizione e critica del testo (Florenz ²1952). – [33] A. BOECKH: Encyklop. und Methodol. der philol. Wiss., hg. E. BRATUSCHECK/R. KLUSSMANN (²1886) 172f. – [34] W. WUNDT: Logik 3: Logik der Geisteswiss. (⁴1921) 110. 316. – [35] W. T. KRUG: Allg. Handwb. der philos. Wiss. nebst ihrer Lit. und Gesch. 5 (1838) Suppl. zur 2. Aufl. 234. – [36] W. KROLL: Die Altertumswiss. im letzten Vierteljahrhundert (1905) 17. – [37] KRUG, a. a. O. [35] 1 (1827) 437. – [38] P. MAAS: Textkritik (1960) 10. – [39] a. a. O. 11. – [40] D. STEWART, Coll. works, hg. W. HAMILTON 3 (Edinburgh 1854) 393. – [41] M. E. CHEVREUL: Introd. à l'hist. des connaissances chimiques (Paris 1866) 29. – [42] W. WHEWELL: The philosophy of inductive sci. 2 (²1847, ND New York/London 1967) 467. – [43] J. DUHAMEL: Les methodes dans les sci. de raisonnement 1-5 (Paris 1866-72). – [44] A. COURNOT: Essai sur les fondements de nos connaissances 1. 2 (Paris 1861). – [45] CL. BERNARD: Introd. à la méd. exp. (Paris 1865, dtsch. 1961). – [46] S. JEVONS: The principles of sci. A treatise of logic and sci. method (1874), hg. E. NAGEL (New York 1958). – [47] Vgl. K. R. POPPER: Logik der Forsch. (³1969) 224: «Nur die Idee, der unbegründete Antizipation, der kühne Gedanke ist es, mit dem wir ... die Natur einzufangen versuchen». – [48] Conjectural knowledge: my solution of the problem of induction (1971); dtsch. in: Objektive Erkenntnis. Ein evolutionärer Entwurf (1973) 13-43. – [49] a. a. O. 19. – [50] 21. – [51] a. a. O. [47] XXVII. – [52] Conjectures and refutations. The growth of sci. knowledge (London ³1969) VII. – [53] B. RUSSELL: The art of philosophizing and other essays (New York 1968) 1; auch in: The art of rational conjecture. J. crit. Analysis 1 (1970) 169. – [54] P. ACHINSTEIN: Concepts of sci. A philos. analysis (Baltimore 1968) 189ff. – [55] A. MEINONG: Über Möglichkeit und Wahrscheinlichkeit. Beitr. zur Gegenstandstheorie und Erkenntnistheorie (1915); ND, hg. CHISHOLM (1972) 439. – [56] a. a. O. 666. 692. – [57] Vgl. R. M. CHISHOLM: Vorwort a. a. O. [55] XII. – [58] N. RESCHER: Hypothetical reasoning (Amsterdam 1964) 1.   G. KÖNIG

Konjunktion heißt die aussagenlogische Verbindung «*p* und *q*», die dann und nur dann wahr ist, wenn die verbundenen Aussagen beide wahr sind. Seit FREGE wird die K. demgemäß durch die Wahrheits(wert)tafel:

$\wedge$	W	F
W	W	F
F	F	F

definiert. Von der Wahrheitswerttafelmethode unabhängig läßt sich die K. im Rahmen der *dialogischen Logik* (s.d.) einführen. Man schreibt die K. heute in der Regel «$p \wedge q$».

Unter der Bezeichnung συμπεπλεγμένον [1] behandelt bereits die *Stoa* die K. GELLIUS führt dafür die lateinische Bezeichnungen ‹coniunctum› und ‹copulatum› ein [2]. Durchgesetzt hat sich in der *Scholastik* ‹Propositio copulativa› [3]. JUNGIUS sagt ‹enuntiatio copulata› [4], die *Logik von Port-Royal* nennt die K.en ‹propositions copulatives› [5]. LAMBERT dagegen versteht unter copulativen Sätzen die umgangssprachlichen Zusammenziehungen mit gleichem Subjekt oder Prädikat [6].

In der Algebra der Logik wendet MCCOLL die bisher nur für Klassen übliche Multiplikation auch auf Aussagen an [7]. Demnach wird die K. dann ‹logische Multiplikation› oder ‹logisches Produkt› genannt. PEIRCE [8] verwendet auch den Terminus ‹colligation›. FREGE definiert die K., ohne ihr einen Namen zu geben, mit Hilfe von Subjunktion und Negation wie folgt: $a \wedge b \leftrightharpoons \neg(a \to \neg b)$ [9]. Die ‹Principia Mathematica› [10] führen die K. über Adjunktion (s.d.) und Negation ein. In der *modernen Logik* hat sich der Terminus ‹K.› vor allem durch das Lehrbuch HILBERT/ACKERMANN [11] eingebürgert. Neben «$p \wedge q$» sind die Schreibweisen $p \cdot q$ (‹Principia Mathematica›), $p \& q$ (HILBERT/ACKERMANN) und Kpq (ŁUKASIEWICZ) gebräuchlich.

Anmerkungen. [1] DIOGENES LAERTIUS, De clarorum philosophorum vitis, hg. C. G. COBET (Paris 1888) VII, S. 69. 72. – [2] AULUS GELLIUS, Noctium Atticorum libri XX, hg. M. HERTZ/C. HOSIUS (Leipzig 1903) XVI, 8. – [3] u. a. bei WILHELM VON SHYRESWOOD, Introductiones in logicam, hg. M. GRABMANN (München 1937) 37; PETRI HISPANI, Summulae Logicales, hg. I. M. BOCHEŃSKI (Turin 1947) 7; WILHELM VON OCKHAM, Summa Logicae, hg. PH. BOEHNER (Paderborn 1957) 315. – [4] J. JUNGIUS, Logica Hamburgensis, hg. R. W. MEYER (Hamburg 1957) 101f. – [5] A. ARNAULD und P. NICOLE: La logique ou l'art de penser (Paris 1662) 129f. – [6] J. H. LAMBERT: Neues Organon 1 (1764) 86f. – [7] H. McCOLL, The calculus of equivalent statements. Proc. Lond. math. Soc. 9 (1877) 10. – [8] C. S. PEIRCE, Elements of logic, in: Coll. Papers, hg. CH. HARTSHORNE/P. WEISS 2 (Cambridge ²1960) 146. – [9] G. FREGE: Begriffsschrift (ND 1964) 12. – [10] A. N. WHITEHEAD und B. RUSSELL: Principia Mathematica 1 (Cambridge 1910) 109. – [11] D. HILBERT und W. ACKERMANN: Grundzüge der theoretischen Logik (1928) 5.   A. MENNE

Konjunktor heißt das Zeichen für die logische Konjunktion (s. d.) zweier Aussagen p und q. Der Ausdruck ‹conjoncteur› findet sich zuerst bei DOPP [1], die deutsche Bezeichnung ‹K.› bei BOCHEŃSKI/MENNE [2].

Anmerkungen. [1] J. DOPP: Leçons de logique formelle 2 (Louvain 1950) 38. – [2] I. M. BOCHEŃSKI und A. MENNE: Grundriß der Logistik (1954) 25.   A. MENNE

Konkomitanz (lat. concomitantia). Wohl im Rückgriff auf AVICENNAS Differenzierung: «praedicabile aliud est praedicabile constituens quidditatem subjecti, et aliud est praedicabile *comitans* quidditatem eius non constituens illud» [1], spricht THOMAS VON AQUIN von einer «praedicatio non per essentiam sed per concomitantiam» [2], womit er eine das Wesen eines Dinges zwar notwendig begleitende, aber nicht konstituierende Prädikation meint, wie sie z. B. vorliegt bei der «concomitantia naturalis formae ad materiam» [3], oder bei der K. von Blut und Leib, insbesondere dem Leib Christi [4], eine Terminologie die in der Sakramentenlehre große Bedeutung erlangt hat.

BONAVENTURA macht einen ähnlichen Gebrauch von der Unterscheidung «per essentiam – per concomitantiam», wenn er die Aristotelische Bestimmung «früher ist dasjenige, dessen Folge nicht umgekehrt werden kann», eingeschränkt auf dasjenige, was in einem essentiellen Folgeverhältnis steht und dasjenige ausnimmt, was zueinander lediglich *konkomitant* ist, so z. B. ist die Aussage «Wenn A Schnee ist, so ist A weiß» nicht umkehrbar. In diesem Sinn sind für Bonaventura auch Hoffen und Lieben konkomitante Akte [5].

Die Unterscheidung «gratia concomitantiae – gratia causae» spielt eine Rolle in der Logik WILHELMS VON OCKHAM bei der Analyse der reduplikativen Aussagen, d. h. solcher Aussagen, die einen Ausdruck wie ‹insofern› (inquantum) oder etwas damit Äquivalentes enthalten. Wenn eine affirmative, gratia concomitantiae reduplikative Aussage, wie «Sortes inquantum homo est coloratus» wahr sein soll, dann müssen folgende vier sie exponierenden Aussagen wahr sein: «Sortes est coloratus», «Sortes est homo», «Omnis homo est coloratus» und schließlich «Si A est homo, A est coloratus». Da offensichtlich die letzte der exponierenden Aussagen falsch ist, kann auch die zu verifizierende Aussage nicht wahr sein. Eine weitere, das Kausalverhältnis beachtende Bedingung muß erfüllt sein, wenn die Reduplikation gratia

causae erfolgt und entsprechende Explikationen sind für den Fall einer negativen reduplikativen Aussage zu überprüfen [6]. Mit diesem logischen Instrument wird eine Vielzahl theologischer Kontroversen durch den bloßen Aufweis, daß die zur Diskussion stehenden Aussagen bei der geforderten Analyse «de virtute sermonis» schlechthin falsch werden, aus der Welt geschafft.

In der Logik von JUNGIUS bekommt der Terminus eine neutrale, rein temporale Bedeutung: in der Abfolge von antecedens, concomitans und consequens wird konkomitant dasjenige genannt, «quod cum re existit eodem tempore», und es gelten die Regeln: Wird eines der Konkomitanten gesetzt (aufgehoben), so folgt (wird aufgehoben) auch das andere [7].

Dieser temporale Aspekt liegt auch dem Gebrauch von ‹concomitantia› bei LEIBNIZ zugrunde, der das, was er später «prästabilierte Harmonie» nannte, zunächst als «Hypothesis concomitantium» faßte. Dieser Hypothese zufolge ist die seit Descartes' Dualismus problematisch gewordene Interaktion von Körper und Seele weder mit der verbreiteten Lehre vom influxus physicus, noch mit der Lehre von den okkasionellen Ursachen zu erklären. An die Stelle der Ursächlichkeit tritt für Leibniz die K. Gott hat jede einzelne Seele oder einfache Substanz (später spricht er von Monaden) von Anbeginn so erschaffen, daß sie keinen äußeren Einflüssen und damit auch keiner Kausalität ausgesetzt ist und alles, was ihr zustößt, sich aus ihr selbst ergibt, gemäß dem Gesetz, wie Goethe es formulierte, nach dem sie angetreten. Ohne deswegen ihre Freiheit zu verlieren, findet jede einzelne Substanz sich mit den übrigen in denselben Phänomenen in einem «accord universel», insofern jede auf ihre Weise den jeweiligen Zustand des Universums ausdrückt [8].

Als *Methode der konkomitanten Variation* bezeichnet J. ST. MILL eine der vier Methoden der experimentellen Forschung, die der Tatsache Rechnung trägt, daß sich Erscheinungen in ihren Veränderungen stets begleiten können, modern ausgedrückt, in einem Funktionsverhältnis zueinander stehen, ohne daß die eine Ursache oder Wirkung der anderen zu sein braucht [9].

Anmerkungen. [1] AVICENNA, Met. tract. 5, cap. 6 B. Opera (Venedig 1508, ND 1961) fol. 90r a. – [2] THOMAS VON AQUIN, S. theol. I, q. 54, a. 1 ad 1. – [3] IV. Sent. dist. 12, q., a. 2, q. 4 c, hg. Moos (Paris 1947) 514. – [4] a. a. O. 10, q. 1, a. 2, q. 1 c = 408-410. – [5] BONAVENTURA, III. Sent. dist. 26, a. 2, q. 3, ad. 5. Opera 3 (Quaracchi 1887) 575. – [6] WILHELM VON OCKHAM, S. logicae II, cap. 16, hg. PH. BÖHNER (St. Bonaventure, N.Y. 1954) 261-267. – [7] J. JUNGIUS; Logica Hamburgensis (1638), hg. R. W. MEYER (1957) 304-306. – [8] G. W. LEIBNIZ, Philos. Schr., hg. GERHARDT (1879) 2, 58. 70; Opusc. et frg., hg. COUTURAT (Paris 1903) 521. – [9] J. ST. MILL: A system of logic (London 1843) III, 8, § 6.   H. SCHEPERS

Konkupiszenz (lat. concupiscentia) ist die von den Kirchenvätern gewählte Übersetzung des griechischen Wortes ἐπιθυμία [1]. Grundlegend für die Patristik und das Mittelalter wurde folgende Definition des ARISTOTELES: ἡ γὰρ ἐπιθυμία τοῦ ἡδέος ἐστὶ ὄρεξις (die Begierde nämlich ist das Streben nach Lust) [2]. Diese und der θυμός (das Wallen der Seele, Zorn) bilden zusammen den die Vernunft entbehrenden (ἄλογος) Teil des Strebevermögens, das auch eine vernunftbestimmte (λογιστικός) Form entfaltet: das Wollen (βούλησις) [3]. Die so definierte Begierde kann einmal unreflex sein (ἄλογος), und zwar im Falle der natürlich-körperlichen Begierden; zum anderen kennt Aristoteles die reflexe, durch Kultur entstandene Begierde (μετὰ λόγου) [4]. Die moralische Bewertung der Begierden war für Aristoteles wie für eine breite Tradition griechischer Ethik eine Frage des rech-

ten Maßes: «Kindes, nicht Mannes Sache ist es, ohne
Maß zu begehren» [5].

Der aristotelische Begriff der Begierde ist schon bei
PLATON vorgezeichnet. Dort ist er allgemeiner gefaßt:
Platon nennt jegliches Streben der Seele Begierde (ἐπιθυμία) [6]; dieses Streben zerfällt in ein körperlich-sinn-
liches und ein geistig-vernünftiges («das nach der rechten
Meinung und der Wissenschaft und der Vernunft und
jeglicher Tugend überhaupt») [7]. Die körperlichen Begierden sind für Platon niedrig und unvollkommen: die
nach Weisheit streben, werden sich ihrer enthalten [8].

Die *Stoa* sieht in der Begierde ein *widervernünftiges*
Streben nach einem scheinbaren Gut (ὄρεξις ἄλογος,
ἀπειθὴς λόγου) [9]. – Nach PLOTIN ist Begierde (ἐπιθυμία,
ἔφεσις) eine notwendige Folge der Bindung der Seele
an den Leib [10]: Die Seele, ausgeschlossen vom intimen
Besitz (θεωρία) ihres gesuchten Gutes, strebt danach,
mit ihm völlig eins zu werden [11]. Die Begierde ist ein zu
sinnlich-körperlichen Gütern hingezogenes und damit
sich selbst verkennendes Streben nach dem Gut schlechthin. Insofern ist sie etwas «Schönes», wenn auch Unvoll-
kommenes, weil an den Leib Gebundenes [12].

Die griechische dualistische Psychologie eines niedrigen (körperlichen) Teiles der menschlichen Natur und
eines geistig-seelischen, zum Göttlichen strebenden war
auch für die *Patristik* bestimmend. Hinzu kommt hier der
Einfluß des Neuen Testaments. Wenn PAULUS vor der
Begierde als der «Lust des Fleisches» warnt, das wider
den Geist kämpft [13], so verurteilen mit ihm die Kirchenväter die Begehrlichkeit als eine die Seele gefährden-
de, böse Sinnenlust. Eine eigentlich theologische Dimension gewinnt der Begriff von nun an dadurch, daß die K.
in Anlehnung an das Alte und das Neue Testament [14]
als Folge der Erbsünde betrachtet wird [15]. – Dieser
theologische Gesichtspunkt herrscht auch bei AUGUSTI-
NUS vor. Nach ihm hatte der Mensch im Paradies eine
willentlich-geistige Herrschaft über alle Funktionen seines Leibes («carne spiritualis»), die der Begierde keinen
Raum ließ. Der Ungehorsam des Menschen (scl. die Ur-
sünde) wurde mit dem Ungehorsam seiner leiblich-sinnlichen Natur gegenüber seinem Willen bestraft: Der
Geist des Menschen war nunmehr von einem unkontrol-
lierbaren leiblich-sinnlichen Streben nach Lust durchdrungen («mente carnalis») [16], das die Seele gefährdete
und die Person beschämte. Nicht von sich aus ist die
Begehrlichkeit (cupiditas) sündhaft, aber sie ist es, insofern sie zum Bösen bzw. zur Abkehr von Gott drängt
[17].

THOMAS VON AQUIN steht wieder stärker in der aristotelischen Tradition. Für ihn heißt concupiscentia zunächst:
«appetere aliquid sub ratione boni delectabilis secundum
sensum» (etwas in der sinnlichen Sphäre anstreben in
Hinsicht auf ein lustbringendes Gut) [18]. Insofern der
Mensch ein gewisses Maß an körperlicher Lust (delectatio) nicht entbehren kann, ist auch das Streben nach ihr
moralisch gut, solange es in der natürlichen Ordnung
bleibt [19]. Allerdings hat der Mensch durch die Erbsünde jene Einheit von Seele und Leib, von Vernunft
(ratio) und Sinnlichkeit verloren, die dem paradiesischen
Menschen vor der Sünde nicht von Natur, sondern durch
eine besondere Gnade Gottes eigen war. (An sich gehört
die K. als notwendige Folge der Gebundenheit an die
Materie zur Natur des Menschen [20]). Da nun die ursprüngliche rechte Herrschaft (originalis iustitia) des
Menschen über sich selbst verlorengegangen war, wurde
die Begierde zur «pronitas ad inordinate appetendum»
(Geneigtheit zu ungeordnetem Streben) [21].

Die *Reformatoren* sahen in ihrem vorwiegend augustinischen Verständnis der biblischen Tradition nicht mehr
das natürlich-gute Moment der Begierde: Durch die in
der Erbsünde geschehene Verkehrung des Verhältnisses
zu Gott wird der Mensch auch seiner Natur nach in sich
verkehrt; der ganze Mensch – auch und gerade in seinen
höheren Vermögen – ist von nun an böse; seine Neigung
zum Bösen ist die K. CALVIN schreibt: «Omnes hominum
cupiditates malas esse docemus, ... quia ex natura corrup-
ta et polluta nihil puri et sinceri prodire potest» (Wir
lehren, daß alle menschlichen Begierden schlecht sind,
weil aus der verderbten und besudelten Natur nichts
Reines und Echtes hervorgehen kann) [22].

DESCARTES kennt wieder einen Begriff der K. ohne
theologische Dimension. Für ihn ist die «passio cupidi-
tatis» eine durch die «Lebensgeister» bewirkte Erregung,
auf Grund derer die Seele nach angenehmen Objekten
verlangt [23]. – Nach SPINOZA ist Begehrlichkeit jener
Teil der Triebhaftigkeit, der zu Bewußtsein kommt: «cupiditas est appetitus cum eiusdem conscientia» [24]. –
Für die Anthropologie KANTS ist K. kein Akt des Strebens, sondern der lustversprechende Anreiz der Sinne,
der das Begehrungsvermögen in Richtung auf dieses
oder jenes Objekt in Gang zu setzen sucht. Daher «ist die
K. von dem Begehren selbst als Anreiz zur Bestimmung
desselben zu unterscheiden» [25]. – Im nachfolgenden
Deutschen Idealismus wird das engere Problem der K.
aufgehoben in das allgemeine Problem des Triebes, des
Begehrens, des Strebens überhaupt.

Die *katholische Theologie* bemüht sich gegenwärtig um
ein positiveres Verständnis der K. Für K. RAHNER ist sie
jener totale, sinnlich-geistige Strebeakt des Menschen,
welcher auf Grund seiner Naturdynamik spontan entsteht, der freien Entscheidung vorausliegt und ihr als bestimmendes Moment innewohnt. Als spontanes Natur-
streben kann die K. den Willen ebenso zum Bösen treiben
wie ihn davon zurückhalten [26].

Anmerkungen. [1] Vgl. ORIGENES, Princ. 3, 4; Gen. 1, 17; 2, 6;
TERTULLIAN, Idol. 1, 2 (8); AMBROSIUS, Jac. 1, 2, 5; AUGUSTINUS,
De civ. Dei 14, 9, 1. – [2] ARISTOTELES, Rhet. 1370 a 17; vgl. Eth.
Eud. 1223 a 25f. – [3] De anima 432 b 5; 414 b 1. – [4] Reth. 1370 a
25. – [5] DEMOKRIT, VS 68 B 70. – [6] PLATON, Resp. 580 d ff. –
[7] Resp. 585 c; vgl. Phaid. 82 a. – [8] Phaid. 82 c; Krat. 404 a. –
[9] STOBAIOS, Ecl. II, 172. – [10] a. a. O. III, 2, 4. – [11] III, 8, 6. –
[12] III, 2, 4. – [13] Gal. 5, 16f.; Röm. 6, 19. – [14] Gen. 2, 25;
Röm. 5. – [15] Vgl. IRENAEUS, Contra Haer. III, 23. MPG 7,
963. – [16] AUGUSTINUS, De civ. Dei 14, 15; vgl. 16-18. – [17]
Contra Jul. 6, 60; De Trin. 9, 13. – [18] THOMAS VON AQUIN, S.
theol. I/II, 30, 1 ad 1. – [19] a. a. O. 34, 1. – [20] S. contra gent.
IV, 52. – [21] De malo 4, 2. – [22] J. CALVIN, Inst. christ. III, III, 2.
Corpus Reform. 2, 442. – [23] R. DESCARTES, Pass. animae 86. –
[24] B. SPINOZA, Ethica III, prop. IX, Schol. – [25] I. KANT, Met.
der Sitten, Einl. I. – [26] K. RAHNER, Schr. zur Theol. 1 (1954)
377-414.

Literaturhinweise. A. CHOLLET: Art. K. in: Dict. de théol. cath.
3 (Paris 1908) 803-814. – B. BARTMANN: Die K., Herkunft und
Wesen. Theol. u. Glaube 21 (1932) 405-426. – P. LOTTIN: Psychol.
et morale au 12e et 13e siècle IV/1 (Löwen 1954) 11-350. – P. WIL-
PERT, Reallex. für Antike und Christentum 2 (1954) 62-78. – J. B.
METZ: LThK² 2, 108-112; Hb. Theol. Grundbegriffe 1 (1962)
843-851. – K. RAHNER, s. Anm. [26]. – M. D. CHENU: Les passions vertueuses. Rev. philos. Louvain 72 (1974) 11-17.

J. HENGELBROCK

Konkurrenz (von lat. concurrere, zusammenlaufen, zusammentreffen; ital. concurrenza, frz. concurrence, engl.
competition). Das Wort wird heute weitgehend synonym
mit ‹Wettbewerb› verwendet und ist nicht eindeutig, da es
für eine zwischenmenschliche Aktionsform, für das Verhältnis von substituierbaren Gütern auf dem Markt und

für die Gesetzmäßigkeit eines Selektionsvorganges benutzt wird. Diese Unklarheit des Begriffs ‹K.› ergibt sich nicht nur aus unterschiedlichen Verwendungen in verschiedenen Wissenschaftsbereichen, sondern selbst in marktanalytischen Betrachtungen der Ökonomie, in denen ‹K.› ein Zentralbegriff ist, wird ‹K.› nicht als einheitlich definiert vorausgesetzt [1]. Bild und begriffliche Bedeutung kommen bereits bei LUIS DE MOLINA (1535 bis 1600) vor: «Multitudo emptorum *concurrentium* plus uno tempore quam alio et majori aviditate facit illud decrescere» (Die Menge der zur einen mehr als zur anderen Zeit und mit größerer Begier zusammentreffenden konkurrierenden Käufer macht, daß jenes [Angebot] abnimmt) [2].

Bei HOBBES bezieht sich ‹competition› zwar nicht auf ökonomisches Handeln, sondern meint, wie später im K.-Verständnis des ausgehenden 19. Jh., allgemein das Ringen um knappe, der Selbsterhaltung dienende Güter, indem alle trachten, «to destroy, or subdue one an other» [3]. – Erst die Frühliberalisten und die Physiokraten verwenden den K.-Begriff nicht mehr umgangssprachlich, sondern für eine spezielle zwischenmenschliche Verhaltensform wie für deren Ergebnis.

Eine spezifische Bedeutung bekommt der Begriff als «freie K.» bei A. SMITH: Gegenüber dem auf dem Markt durch Angebot und Nachfrage sich ergebenden «wirklichen Preis» heißt K.-Preis der «natürliche Preis» [4], der sich aus dem Wettstreit der Produktenanbieter um Optimierung ihrer Gewinnspannen, vor dem Hintergrund der «absoluten Nachfrage», als der langfristig niedrigste Preis ergibt. Damit wird das egoistisch motivierte, auf Bereicherung als Vergrößerung der Konsumtion [5] zielende ökonomische Handeln in der Tauschgesellschaft zum sozialen Handeln. Während Smith als Subjekt der politischen Ökonomie nur den Konsumenten sieht [6], liegt das Primat bei seinen Nachfolgern (Malthus, Ricardo, Say, Mill) in der Produktion und, synchron zur Ausweitung der Industrialisierung, in der Betonung des Tauschwerts. D. RICARDO sieht K. als Mechanismus, der die optimale Rekrutierung aller wirtschaftlichen Ressourcen bewirkt [7]. TH. R. MALTHUS entleert den Smithschen K.-Preis seines Sinns, indem er die Wertbildung weitestgehend als vom Angebot/Nachfrage-Prinzip abhängig annimmt. ‹K.› meint bei Malthus das Verhältnis substituierbarer Waren, so (in seinem Bevölkerungsgesetz) die K. der Arbeitskraft der «unteren Klassen» [8]. K. wird damit bei Malthus zum strukturierenden Prinzip in Wirtschaft und Gesellschaft, gerade weil es unabhängig von der Einsicht der Handelnden wirksam ist. Trotz aller Kritik an Malthus sieht auch J. ST. MILL K. als Marktmechanismus, dessen Auswirkung auf die Subjekte zum (positiven) sozialen Zwang werde, indem die K. der «natürlichen Trägheit der Menschen» entgegenwirkt [9].

Der Optimismus, der sich mit der Anerkennung der K. als Ordnungsprinzip der Gesellschaft verbindet, findet sich wohl am klarsten formuliert bei F. BASTIAT: «Les intérêts, abandonnés à eux-mêmes, tendent à des combinaisons harmoniques, à la prépondérance progressive du bien général» [10].

Die *Kritik* an der K., die bereits im 18. Jh. einsetzt, versteht K. immer als Symptom der sozialen Frage. So sieht CL. A. HELVÉTIUS als Folge der K., daß die Masse der Armen immer größer und noch ärmer wird [11], und C. FILANGIERI nimmt an, daß sich die K. notwendig aus der Größe «der Klasse der Lohnarbeiter» ergäbe, die untereinander um die wenigen Arbeitsplätze kämpfen müßten; die freie K. bewirke eine Schrumpfung der Bevölke-

rung [12]. J. DE SISMONDI schildert die Leiden der Arbeiterschaft in den industrialisierenden Staaten in Abhängigkeit von der freien K.: Die K. verleite die Unternehmer dazu, den Produktionsfaktor Arbeit vom realen Menschen abzuheben und an ihm am meisten zu sparen, d. h. auf Kosten des Proletariats zu leben [13]. CH. FOURIER nennt die K. eine verlogene (la concurrence mensongère), da um des Handelsprofits willen keine Äquivalente getauscht würden; die K. setze einen «falschen Kreislauf» in Gang, der Armut und Krisen erzeuge, und zwar wegen einer Überflußproduktion [14]. Die *Saint-Simonisten* (ENFANTIN, BAZARD) sehen in der K. einen «mörderischen Krieg», der unvermeidlich sozioökonomische Krisen hervorruft; von einem anthropologisch hypostasierten Egoismus aus werde der Einzelne in der industriellen Gesellschaft in die Isolation getrieben; der Glaube an die freie K. fördere einen falsch verstandenen Individualismus und unterbinde, das sozial Verbindende zu sehen [15]. Nach P. J. PROUDHON hat das K.-Prinzip das Ziel der «Vereinbarung der höchsten Befriedigung des Egoismus mit den sozialen Nothwendigkeiten» [16]; jedoch verfügten in der kapitalistischen Gesellschaft immer weniger über die notwendigen Ressourcen, um sich am K.-Kampf zu beteiligen; daher sei nun die K., obwohl «in ihrem Prinzip analysirt, eine Inspirazion der Gerechtigkeit», in «ihren Resultaten ungerecht» [17]; denn «in der durch die Arbeit geregelten Gesellschaft sind Würde, Reichthum und Ehre der Wettbewerbung ausgesetzt; sie sind die Belohnung der Starken, und man kann die K. erklären als das Reich der Gewalt» [18].

Mit DARWINS Festlegung des «struggle for life» als K. bekam die Diskussion um den Begriff ‹K.› eine neue Dimension und ermöglichte zugleich der Ökonomie, ihr K.-Verständnis aus dem gesellschaftlichen Kontext zu lösen. Der Kampf ums Dasein ergibt sich nach Darwin aus dem Verhältnis von Überpopulation zur Knappheit der zur Lebenserhaltung notwendigen Mittel. Darwin versteht seine Selektionstheorie als «die Lehre von *Malthus*, angewendet auf das gesamte Tier- und Pflanzenreich» [19], auch wenn der K.-Begriff bei ihm anders gefaßt ist: Der Kampf ums Dasein ist eine Situation, in der «alle Lebewesen in einer harten K. zueinander stehen» [20], um ihre eigene Existenz zu erhalten und um sich fortpflanzen zu können. K. finde statt «entweder zwischen den Individuen einer Art, oder zwischen denen verschiedener Arten, oder zwischen ihnen und den Lebensbedingungen» [21]. Damit ist K. nicht mehr eine Art der sozialen Interaktion zwischen Gleichen um Verbesserung des Gegenwärtigen, sondern ein Kampf der einzelnen Organismen oder Arten mit ihren Umweltbedingungen um Existenzerhaltung mittels des Einsatzes ihrer je unterschiedlichen Anlagen.

Im Unterschied zu Darwin ist für H. SPENCER K. nur eine spezielle Form des Daseinskampfes, der zwischen den Teilen eines Ganzen ausgetragen wird und dort seine Grenze findet, wo die Existenz des Ganzen gefährdet ist. Der Sieger im K.-Kampf der ungleichen Individuen um Aneignung knapper Güter [22] ist nach Spencer der, der dem Ganzen den größten Nutzen bringt und so zum Fortschritt beiträgt [23], so daß vom Status des Einzelnen in der Gesellschaft auf dessen natürliche Anlagen und auf seine Bedeutung für das soziale Ganze geschlossen werden kann [24].

Darwins und Spencers Verständnis von K. als natürlichem Verhalten aller Organismen setzte sich in den *Sozialwissenschaften* durch, so daß L. VON WIESE 1928 auf dem Deutschen Soziologentag die K. «als Erscheinung des organischen Lebens schlechtweg», beruhend auf dem «Verlangen nach Anerkennung und der Neigung nach Rivalität» apostrophieren konnte [25]. Selbst wenn der Anarchismus den Kampf ums Dasein als Naturgesetz und als Selektionsmechanismus strikt ablehnte, so beruht auch sein Gegenprinzip der «gegenseitigen Hilfe» (P. KROPOTKIN) in seiner Funktion für die evolutionäre Selektion auf dem K.-Mechanismus [26].

Im wesentlichen bewegte sich die Diskussion um die K. nun darum, ob auch soziale Gebilde in Analogie zu Organismen in K. miteinander stehen und ob, wie vom *Sozialdarwinismus* behauptet (AMMON, GOLDSCHEID, RATZENHOFER, SUMNER), der K.-Mechanismus gesetzmäßig gewährleistet, daß sich das Bessere durchsetzt, was von ENGELS, SCHMOLLER und EISLER bestritten wurde; und darum, ob die K. eine Form des Wettstreits (F. OPPENHEIMER) oder des Wettkampfes (M. WEBER) sei. Eine Ausnahme bildet G. SIMMEL, der in der K. eine sozial vermittelte Form des indirekten Konflikts sieht [26a].

In der *ökonomischen Theorie* verliert der K.-Begriff an Bedeutung mit ihrer Lösung vom politisch-gesellschaftlichen Kontext, mit dem Bemühen, ubiquitäre Gesetze des Ökonomischen zu finden (WALRAS, PARETO). Zwar ging man noch von den klassischen Voraussetzungen für die K. auf dem Markt aus; jedoch sah man die Funktion der K. nur noch für statische Gleichgewichtsmodelle. Der dynamische Aspekt der K. wurde als Gefährdung des Marktgeschehens interpretiert. Das Modell der «vollkommenen K.» (COURNOT), das eine sozial gerechte Distribution, eine optimale Bedürfnisbefriedigung und Faktorenallokation beinhaltete, wurde zuerst auf das der «reinen K.» reduziert, das nur noch ein Marktgeschehen ohne monopolistische Beeinflussungen meinte (A. MARSHALL), dann auf das der «unvollkommenen K.» (J. ROBINSON), das das Vorhandensein von monopolistischen Elementen in allem Marktgeschehen berücksichtigte, jedoch die Gleichgewichtsfunktion von K. beibehielt, und schließlich auf das der «monopolistischen K.» (E. H. CHAMBERLAIN), das der K. selbst noch diese Funktion absprach.

Mit den Konzepten der «wirksamen (workable) K.» (J. M. CLARK), nach der durch den K.-Mechanismus ökonomisch gesteckte Ziele erreichbar werden, und der «latenten K.» (S. E. KÜNG), nach der eine Angst vor einem möglichen Auftreten von Konkurrenten oder vor staatlichen Interventionen die Monopolisten dazu zwingt, sich zu verhalten, als ob K. auf dem Markt bestehe, verliert die K. ihre zentrale Bedeutung als ökonomisch-politische Legitimation für privatwirtschaftliche Systeme; je nach Marktform kann im (statischen) Modell von einer anderen Form von K. gesprochen werden [27].

Wenn auch die bürgerlich-emanzipatorischen Implikationen in den K.-Konzepten der ökonomischen Theorie verloren gegangen sind, so klingen diese in der von ihr vorausgesetzten K. als zwischenmenschlicher Interaktionsform noch an: Gleiche ringen im K.-Kampf miteinander um die Chance, Anspruch auf etwas zu erhalten, das für sie von (verschieden großer) Nützlichkeit ist; es gehört zur Freiheit des Einzelnen in der K., je nach der Einschätzung der Nützlichkeit für ihn, sich von den anderen Konkurrierenden zu unterscheiden, z. B. als Nachfrager mehr zu bieten. Der Spielraum der Unterscheidungsfähigkeit ist bei allen gleich groß (objektiv oder subjektiv); dies ist die Voraussetzung für eine Beteiligung an der K., d. h. jeder Konkurrent sieht für sich die Chance, im K.-Kampf zu siegen. Es setzt sich derjenige durch, dem die umkämpfte Chance am nützlichsten erscheint.

Demgegenüber wird in den übrigen Sozialwissenschaften, in der Politikwissenschaft (SCHUMPETER, JÄGGI), in der Sozialpsychologie (McDOUGLAS), in der Kleingruppenforschung (HOMANS), in der Soziologie (VON WIESE, MANNHEIM) und in der Wissenschaftstheorie (POPPER, KUHN) von einem darwinistischen Verständnis des K.-Prozesses ausgegangen: Ungleiche ringen im K.-Kampf miteinander um die Chance, Anspruch auf etwas zu erhalten, das für alle gleich nützlich ist (gleiche Bedürfnisstruktur). Aus der vorausgesetzten Ungleichheit leitet sich ab, wer siegen wird; infolge der gleich großen Nützlichkeit für alle, ist jeder gezwungen, sich am K.-Kampf zu beteiligen, auch wenn er keine Chance für sich sieht. Nicht problematisiert wird hier die selektive Funktion von K. Ist hier also Voraussetzung für den K.-Kampf der Überfluß insofern, als in der K. als Selektionsprozeß etwas für das Ganze ausgewählt wird nach Kriterien bzw. Gesetzen des Ganzen, so ist dort die Knappheit Voraussetzung, wenn im K.-Kampf als Wettkampf viele miteinander um etwas Weniges streiten, das alle besitzen wollen.

Wenn das Konkurrieren als sinnvolles, rationales Handeln verstanden werden soll, muß unterstellt werden, daß der Einzelne erwartet, das Ganze erwarte, daß der Einzelne unter der Voraussetzung der Knappheit mit anderen in einen K.-Kampf eintrete, um seine Entäußerungen zur Ware werden zu lassen; zugleich muß die Erwartung des Einzelnen vorausgesetzt werden, daß seine Entäußerungen zur Ware werden, wenn er im K.-Kampf siegt, da das Ganze das K.-Prinzip als Selektionsmechanismus einsetzt.

Anmerkungen. [1] Vgl. D. LYNCH: The concentration of economic power (New York 1946) 64ff. – [2] L. MOLINA: De Justitia et Jure (1593ff.) Tr. II, d. 348, n. 3. – [3] TH. HOBBES, Leviathan (London 1651), hg. MACPHERSON (Harmondsworth 1968) 184. – [4] A. SMITH: An inquiry into the nature and causes of the wealth of nations (London 1776), dtsch. Der Reichtum der Nationen, hg. M. STIRNER (1910) 1, 31-35. – [5] a. a. O. 2, 1. – [6] a. a. O. 143. – [7] D. RICARDO: On the principles of polit. economy, and taxation (1817), dtsch. Grundsätze der polit. Ökonomie und der Besteuerung, hg. F. NEUMARK (1972) 35ff. 283ff. – [8] TH. R. MALTHUS: An essay on the principle of population ... (London 1798), dtsch. Eine Abh. über das Bevölkerungsgesetz ... (1925) 1, 29. – [9] J. ST. MILL: Principles of political economy (London 1848), dtsch. Grundsätze der polit. Ökonomie ... (1913/21) 2, 453f. – [10] F. BASTIAT, Oeuvres complètes (1864) 4, 7. – [11] CL. A. HELVÉTIUS: De l'homme ... (London [Amst.] 1772), dtsch. Vom Menschen ..., hg. G. MENSCHING (1972) 318f. – [12] C. FILANGIERI: System der Gesetzgebung 2 (1794) 49. – [13] J. C. L. S. DE SISMONDI: Nouveaux principes d'économie politique 1 (Paris 1819) 35. – [14] CH. FOURIER: De l'anarchie industrielle et scientifique (Paris 1847) 23; Théorie des quatre mouvements ... (Lyon/Leipzig 1808), dtsch. Theorie der vier Bewegungen und der allg. Bestimmungen, hg. TH. W. ADORNO (1966) 145. 292ff. – [15] Die Lehre SAINT-SIMONS (Exposition 1ère année), hg. G. SALOMON-DELATOUR (1962) 122ff. – [16] P. J. PROUDHON: Système des contradictions économ. ou philos. de la misère (1846), dtsch. Philos. der Staatsökonomie oder Nothwendigkeit des Elends, hg. K. GRÜN (1847) 1, 173. – [17] a. a. O. 184. – [18] a. a. O. 185. – [19] CH. DARWIN: On the origin of species by means of natural selection (1859), dtsch. Die Entstehung der Arten durch natürliche Zuchtwahl, hg. H. SCHMIDT (o. J.) 40. – [20] a. a. O. 39. – [21] a. a. O. 40. – [22] H. SPENCER: Principles of sociol. 1-3 (1877-1896), dtsch. Die Principien der Sociol., hg. B. VETTER 2 (1887) § 247. – [23] a. a. O. § 322. – [24] Einl. in das Studium der Sociol. 2 (1896) 48ff. – [25] Verh. 6. dtsch. Soziologentag (1929) 15-35 (15). – [26] P. KROPOTKIN: Mutual aid: A factor in evolution (1902), dtsch. Gegenseitige Hilfe in der Tier- und Menschenwelt, hg. G. LANDAUER (³1923) 21ff. – [26a] G. SIMMEL: Soziol. der K. Neue dtsch. Rdsch. 14 (1903) 1009-1023. – [27] F. MACHLUP: Art. ‹Wettbewerb III›, in: Handwb. der Sozialwiss. 12 (1965) 36-49.

Literaturhinweise. A. PIATIER u. a.: Les formes modernes de la concurrence (Paris 1964). – E. KANTZENBACH: Die Funktionsfähigkeit des Wettbewerbs (²1967). – Wettbewerb und Monopol, hg. H.-H. BARNIKEL (1968). – O. RAMMSTEDT: K.: Zur Genesis einer sich universell gebenden Formel, in: Polit. Psychol. (1974).
                                                                    O. RAMMSTEDT

Konnotation (lat. connotatio)

I. Der Ausdruck ‹connotatio› (= C.) ist aus lateinisch con (mit) und notare (bezeichnen) gebildet. Dieser terminologische Gebrauch von ‹notare› statt ‹significare› hat antike Voraussetzungen und begegnet uns noch häufig in der Sentenzenliteratur des 12. Jh. besonders in Diskussionen um den Sinn der Wörter, die von Gott und seinen drei Personen prädiziert werden. Aus diesem Verb wurden in charakteristischer Weise Ableitungen gebildet, die heute noch verwendet werden, während das Stammverb nach dem 12. Jh. immer seltener wird. Die wichtigsten Ableitungen wurden ‹denotare› (schon in der Antike nachweisbar mit ungefähr derselben Bedeutung wie das Stammverb) und ‹connotare›. Der erste mir bekannte Beleg für ‹connotare› steht im ‹Hexaëmeron› des ANDERS SUNESØN (um 1200) [1]. Der damit ausgedrückte Begriff «etwas zugleich oder mit-bezeichnen» war aber schon vorgebildet und in Formeln wie «secundario notare», «cum hoc notare» usw. geläufig. Es unterliegt keinem Zweifel, daß bei dieser Begriffsbildung analog gebildete Wörter aus demselben Bedeutungsfeld wie ‹consignificare› (s. Modus significandi), ‹conpraedicare› und ‹cointelligere› mit hineingespielt haben.

Im 13. Jh. wird ‹C.› noch unsystematisch und in Konkurrenz mit gleichwertigen Termini wie ‹consignificare›, ‹denominare› (s. Denomination), ‹dare intelligere› verwendet. Erst im 14. Jh. wird C. dominant und systematisch herangezogen, um brennende semantische Probleme zu lösen, vor allem in Verbindung mit den relativen Termini und mit der Distinktion von abstrakten und konkreten Termini. Besonders aufschlußreich scheint mir die Diskussion bei DURANDUS VON ST. POURÇAIN (um 1310) zu sein [2]. Nach Durandus sind alle konkreten Termini (etwa ‹Mensch›, ‹weiß›) konnotativ, weil sie nicht nur eine Eigenschaft an sich bezeichnen (significant), sondern darüber hinaus den Träger der Eigenschaft konnotieren, und zwar so, daß der Träger im Nominativ (in recto) bezeichnet wird, während die primär bezeichnete Eigenschaft in anderem Kasus (in obliquo) hinzutritt (etwa: alb*us* habens albedin*em*). Obwohl der abstrakte und der konkrete Terminus dieselbe Bedeutung haben (idem significant), haben sie jeweils verschiedene modi significandi, eben weil der konkrete Terminus den Träger konnotiert; deshalb sind sie auch nicht synonym, d. h. sie können nicht gegenseitig prädiziert werden. Ein konkreter Terminus steht nämlich immer für (supponit) das, was er in recto bezeichnet und nicht für seine primäre Bedeutung. Eine Ausnahme machen nur die konkreten Termini in der Kategorie der Substanz, die nach Durandus mit den zugehörigen abstrakten Termini synonym sind. Eine ähnliche Analyse der konkreten Termini und ihrer K. begegnet uns bei späteren Realisten, etwa bei WYCLIF [3].

In der Philosophie OCKHAMS spielt die K. eine zentrale Rolle. In Einklang mit seiner Tendenz, kein vermittelndes Glied zwischen Zeichen und Bezeichnetem zuzulassen, setzt er an die Stelle der früheren Interpretation der K. eine Deutung, die das Hauptgewicht auf die extensionellen Züge der Bedeutungsfunktion legt. Für ihn ist das durch die konnotativen Termini primär Bezeichnete das, wofür sie stehen, während die bezeichnete Eigenschaft das ist, was konnotiert wird [4]. Nach Ockham besteht auch keine Parallelität mehr zwischen der Teilung in abstrakte und konkrete Termini und der zwischen absoluten und konnotativen Termini. Nur die (konkreten und abstrakten) Termini der Substanzkategorie und die abstrakten Termini der Qualitätskategorie sind absolute

Termini, weil nur sie eindeutig unterscheidbaren Mengen zugeordnet werden können. Alle anderen Termini sind konnotativ, was bedeutet, daß sie wenigstens zweierlei bezeichnen: ein Suppositum in recto und etwas davon Verschiedenes in obliquo: deshalb können sie auch nur nominal, nicht aber real definiert werden. Daraus folgt für Ockham, daß abstrakte und konkrete Termini – mit Ausnahme solcher der Qualitätskategorie – synonym sind. Mit Hilfe dieser Theorie der K. wird es möglich, die komplexe Sprachstruktur auf eine einfache basale ontologische Struktur zu reduzieren, die nur noch Substanzen und Qualitäten als eigenständige Größen zuläßt. Die K. wird deshalb von Ockham bei derartigen Reduktionen sehr oft verwendet; hier sei nur auf seine Theorie der Relation und Quantität [5], der Analogie [6] und der Wahrheit [7] hingewiesen.

Die spätere Nominalisten folgen meistens der Analyse Ockhams. Erwähnung verdient besonders BURIDANS Diskussion der obliquen Texte, deren Probleme mit Hilfe der K. gelöst werden [8]. Bei noch späteren Nominalisten, z. B. MARSILIUS VON INGHEN [9] und PETER VON AILLY [10] wird das durch die Konnotativa primär Bezeichnete, also der Träger, «significatum materiale» genannt, während die konnotierte Eigenschaft «significatum formale» heißt. Dies dürfte nicht ohne Bedeutung für die spätere Anwendung des Terminus gewesen sein.

Anmerkungen. [1] ANDREAS SUNONIS, Hexaëmeron, hg. M. CL. GERTZ (Kopenhagen 1902) 7198. – [2] DURANDUS DE S. PORCIANO, In IV libros Sententiarum I, d. 34, q. 1. – [3] WYCLIF, Miscellanea philosophica II, hg. M. H. DZIEWICKI (London 1905) 162-163. – [4] GUILELMUS OCKHAM, Quodlibet V, 25; S. logicae I, 10, hg. BOEHNER 33-35. – [5] S. logicae I, 49. – [6] In I. Sent. d. 2, q. 9. Opera philos. et theol., cura Instituti Franciscani 2 (1970) 328. – [7] S. logicae, I 43. – [8] Vgl. JOHN BURIDAN, Sophisms on meaning and truth, transl. and with an introd. by T. K. SCOTT (New York 1966) 42-49. 109-142. – [9] MARSILIUS VON INGHEN, Textus dialectices; vgl. A. MAIERÙ: Terminol. logica della tarda scolastica, in: Lessico intellettuale europeo 8 (Rom 1972) 111. – [10] PETRUS DE ALLIACO: Conceptus et insolubilia (Paris 1498) fol. a 3v.

Literaturhinweise. A. MAIERÙ s. Anm. [9]. – J. PINBORG: Logik und Semantik im MA (1972).　　　　　　　　　　　J. PINBORG

II. Mittelalterliche Traditionen aufgreifend, versteht J. ST. MILL unter der K. eines sprachlichen Ausdrucks den Bedeutungs*inhalt* dieses Ausdrucks, d. h. seine intensionale Bedeutung, und unterscheidet sie so vom Bedeutungs*bezug*, d. h. der extensionalen Bedeutung, die er ‹Denotation› (s.d.) nennt [1].

Für den Semiotiker U. ECO, der die Auffassung der Bedeutung eines Ausdrucks als dessen Bezugsgegenstand (oder Bezugsgegenstände) ablehnt [2], ist die Denotation eine sprachinvariante semantische «kulturelle Einheit», die als «soziales Phänomen» verstanden werden soll [3]. Die K. im Sinne Ecos läßt sich demgegenüber am ehesten als die Gegebenheitsweise einer Denotation charakterisieren. Das Spektrum solcher Gegebenheitsweisen reicht bei Eco von der wissenschaftlichen Definition über die emotionale Präsentation bis zur stilistischen Nuancierung [4].

In der gegenwärtigen Sprachphilosophie kommt der Terminus ‹K.› im Sinne Mills nur noch vereinzelt vor. Stattdessen spricht man vom «Sinn» (im Anschluß an FREGE) oder von der «intensionalen Bedeutung», wobei diese meist deskriptiv verstanden wird. Dafür steht dann ‹K.› für die *emotive* (intensionale) Bedeutung. So kann man z. B. sagen, daß die Prädikatoren ‹Roß› und ‹Klepper› die deskriptive Bedeutungskomponente ‹Pferd› gemeinsam haben, sich aber durch die emotive Bedeutungskomponente *konnotativ* unterscheiden. Der Unterschied ließe sich etwa durch ‹stolz› (als zusätzliche positive Komponente für ‹Roß›) und ‹klapprig› (als zusätzliche pejorative Komponente für ‹Klepper›) lexikalisch festmachen. Diese Möglichkeit besteht allerdings nicht in allen Fällen. ‹K.› wird deshalb auch gerade im Sinne einer impliziten, nicht explizit lexikalisch angebbaren, sich erst aus dem Rede*kontext* ergebenden Bedeutungskomponente verwendet.

Anmerkungen. [1] J. St. Mill, System of logic I, 2, § 5. – [2] U.Eco: Einf. in die Semiotik (dtsch. 1972) 69ff. – [3] a. a. O. 75. – [4] 108ff.   G. Gabriel

III. Der Begriff ‹K.› wurde für die Theorie der *bildenden Kunst* in dem Maße bedeutsam, als sie dazu überging, die Begriffsbildung der Semiotik auf Bildphänomene anzuwenden. Während Ch. Morris [1] ‹K.› von ‹Denotation› nicht eigens unterscheidet, haben vor allem A. Gehlen [2] und U. Eco [3] den K.-Begriff in die Analyse der bildenden Kunst eingeführt.

Für A. Gehlen sind traditionelle Bildformen von der Antike bis ins 19. Jh. durch Wiedererkenntnis mimetisch beigeordneter Inhalte geprägt. «Der Inhalt des Dargestellten ist dem Bilde allein nicht zu entnehmen, man muß ihn als K. dem Bilde zuführen, und was im Bilde dargestellt ist, hat außerhalb desselben bereits seine Gültigkeit» [4]. Davon hebt er die moderne abstrakte Kunst ab, die konnotationsfrei, sich als ‹peinture conceptuelle› verwirklicht. Nun übernimmt der begleitende Kommentar, z. B. in Gestalt der künstlerischen Selbstreflexion, die alte Rolle der K. Die Erkenntnis von Kunst vollzieht sich darüberhinaus in der Sphäre einer autonomen Sichtbarkeit, die Gehlen unter Berufung auf die Theorie K. Fiedlers erneuert, in der jedoch der Begriff der K. noch nicht verwendet worden war.

Im verwandelnden Rückgriff auf semiotische Tendenzen (R. Barthes u. a.) im französischen Strukturalismus, der auch die Verwendung von ‹K.› in der Semiologie des Films angeregt hat (vgl. Chr. Metz: «Gerade weil die Denotation selbst konstruiert ist ... gelingt es dem Film, ohne ständige Hilfe von diskontinuierlichen Konnotatoren zu konnotieren» [5]) versteht Eco ‹K.› umfassender als Gehlen. Für Eco ist sie die «Summe aller kulturellen Einheiten, die das Signifikans dem Empfänger institutionell ins Gedächtnis rufen kann» [6]. Er gebraucht dieses Instrument bei der semiotischen Analyse visueller (Bilder, Film, Reklame usw.) und architektonischer Codes, wobei diese auf die Eigenart ihrer jeweiligen K.-Weise untersucht werden.

Anmerkungen. [1] Ch. Morris: Grundl. der Zeichentheorie. Ästhetik und Zeichentheorie (1938/39, dtsch. 1972). – [2] A. Gehlen: Zeit-Bilder (1960, ²1965). – [3] U. Eco: Struttura Assente (1968), dtsch.: Einf. in die Semiotik (1972). – [4] Gehlen, a. a. O. [2] 23. – [5] Chr. Metz: Semiologie des Films (1967) 163f. – [6] Eco, a. a. O. [3] 108.   G. Boehm

Konsequenz (lat. consequentia) findet sich als Fachausdruck der mittelalterlichen Logik besonders häufig in der Zeit vom 14. bis zur Mitte des 16. Jh. und ist bereits voll entwickelt bei Ockham, Buridan und Pseudo-Scotus. Letzterer definiert: «consequentia est propositio hypothetica, composita ex antecedente et consequente, mediante conjunctione conditionali vel rationali, quae denotat quod impossibile est ipsis, scil. antecedente et consequente simul formatis quod antecedens sit verum et consequens falsum» [1].

In dieser Definition begegnen uns alle Elemente dieses wichtigen Begriffes: Die K. ist eine Wenn-so-Aussage, die

aus zwei gleichzeitigen Teilaussagen zusammengesetzt ist. Die eine, das Antecedens, ist die Bedingung und wird in der Regel durch die konditionale Konjunktion ‹si› eingeleitet; die andere, das Consequens, ist das Bedingte und steht, wenn dem Antecedens kein ‹si› vorangeht, gewöhnlich nach Konjunktionen, wie ‹ergo› oder ‹igitur›. Eine K. ist damit also einerseits eine konditionale *Aussage* und als solche entweder wahr oder falsch; sie wird andererseits aber vielfach als eine *Folgerung* oder Schlußregel angesehen und als solche ist sie gültig (consequentia bona) oder ungültig (consequentia mala). Diese beiden Aspekte werden nicht immer hinreichend deutlich auseinandergehalten, selbst bei Pseudo-Scotus nicht.

Primär werden die K. eingeteilt in materiale und formale K. Eine *formale* K. liegt vor, wenn sie für alle Termini bei gleicher Anordnung unter Beibehaltung der logischen Form gilt. Die Form der K. beruht erstens auf den Syncategoremata, die in ihr vorkommen, d. h. auf den Konjunktionen, auf den Zeichen der Allgemeinheit und Partikularität, auf den Negationen und dergleichen, zweitens auf der Kopula, aufgrund deren sie assertorisch oder modal ist, drittens auf der Anzahl der Prämissen und letztlich auf der Bejahung oder Verneinung der einzelnen in sie eingehenden Aussagen. Um die geforderten Entscheidungen treffen zu können, wurden die Lehren von der «similitudo formae» unter den Aussagen, die eine K. zusammensetzen, entwickelt [2]. Mit der Unterteilung der formalen K. in syllogistische und nicht-syllogistische K. – je nachdem ob als Antecedens, wie im Fall der kategorischen Syllogismen, eine «hypothetische» Aussage (zu denen auch die kopulativen Aussagen zählen) oder, wie bei Konversionen und Äquivalenzen, eine kategorische Aussage fungiert – bestimmte die Lehre von den K. umfassend den ganzen Bereich der formalen Logik. *Materiale* K. sind solche, die nicht für alle Termini bei gleicher Anordnung und Beibehaltung der logischen Form Gültigkeit haben. Von den materialen K. heißen diejenigen, die man unter Hinzunahme einer notwendigen Aussage in eine formale K. verwandeln kann, «c. verae simpliciter», die anderen jedoch, die man in eine formale K. nur durch Hinzunahme einer kontingenten Aussage (Prämisse) überführen kann, werden «c. bonae ut nunc» genannt [3]. Wilhelm von Ockham [4] und Walter Burleigh [5] brauchten ähnliche Begriffe. Sie unterscheiden trotz ihrer Gegnerschaft primär, beide in gleicher Weise, die «c. simplex», die für alle Zeiten gilt, da in ihr das Antecedens niemals wahr ist, ohne daß zugleich auch das Consequens wahr ist, von der «c. ut nunc», die lediglich für einen bestimmten Zeitraum wahr ist. Zweitens stellen sie die K., die aufgrund innerer Mittel (per media intrinseca) gelten, d. h. die Enthymeme, deren Antecedens im Consequens enthalten ist, solchen K. gegenüber, die aufgrund eines äußeren Mittels (per media extrinseca), d. h. einer allgemeinen Regel, gelten, worunter z. B. die Syllogismen fallen. Burleigh faßt diesen Gegensatz mit dem Namen «c. naturalis» bzw. «c. accidentalis». Drittens schließlich unterscheidet Ockham die formale und die materiale K. derart, daß eine formale K. immer dann vorliegt, wenn es eine notwendige Verbindung zwischen Antecedens und Consequens gibt, eine materiale K. hingegen dann, wenn eine solche Verbindung fehlt und demnach aufgrund der Termini, d. h. der Wahrheit oder Falschheit der sie ausmachenden Aussagen, eine gültige K. vorliegt.

Burleigh scheint der erste gewesen zu sein, der die K. als Basis für seine gesamte Logik nahm und den Syllogismus als untergeordnetes Lehrstück behandelte. Bei den

Autoren, die die Lehre von der K. weiterentwickelten (zu denen außer den wiederholt Genannten vor allem JOHANNES BURIDAN zählt, der eine Systematisierung dieser Logik anstrebte, sowie sein Schüler ALBERT VON SACHSEN, des weiteren RADULPH STRODE, PAULUS VENETUS, JAKOB ALMAIN, GASPAR LAX, JOHANNES DE ORIA, A. CORONEL, JOHANNES DE CELAYA und eine Reihe anderer), sind insbesondere die «regulae de bonis consequentiis», interessant, die wir heute als metalogische Regeln der Folgerung bezeichnen würden. In der ersten Hälfte des 16. Jh. verlor die Logik der K. an Bedeutung und geriet schnell in Vergessenheit, mit Ausnahme einiger Elemente, die bis heute in der traditionellen Logik außerhalb ihres Kontextes überdauerten [6].

Das Hauptproblem, das sich uns heute stellt, ist die Frage nach dem Ursprung der Lehre, die in den ‹Tractatus consequentiarum› oder ‹de consequentiis› enthalten ist. Als erste Vorgänger dürften wohl einerseits bereits die Logik des Aristoteles, andererseits die Lehren der Stoiker dafür in Anspruch genommen werden, wobei Boethius und Abaelard wichtige Mittlerrollen zukommen. Auch wären hier einige Regeln aus der ‹Ersten Analytik› des Stagiriten zu berücksichtigen. O. Bird hat kürzlich eine kontinuierliche Linie von den «loci» des Aristoteles über Abaelard zu Ockham gezogen, wobei das medium extrinsecum Ockhams mit dem locus maxima bei Boethius und Petrus Hispanus gleichgestellt wird [7]. Das zweite Problem ist das der Deutung der K. im Lichte der modernen Logik. Im Ausgang von den Ansichten von J. ŁUKASIEWICZ [8] glauben einige in den scholastischen Traktaten die materiale Implikation von Russell wieder zu finden, die beispielsweise der c. ut nunc des Pseudo-Scotus entsprechen soll, wo hingegen die c. simplex oder, in anderer Terminologie, die c. formalis der strikten Implikation von C. I. Lewis gleichzusetzen wäre. Damit wäre eine gewisse Kontinuität gegeben zwischen den beiden im Altertum berühmten Implikationen, zwischen der Philonischen und der Diodorischen, die entweder auf noch nicht ganz bekannten Wegen zu den Scholastikern gelangten oder aber vielleicht von neuem entdeckt wurden. Auch wäre die K. in ihren beiden Aspekten, dem logischen und dem metalogischen, zu untersuchen und letzterem wohl vor allem die verschiedenen Regeln der c. bona zuzuordnen, wie das insbesondere E. A. MOODY getan hat [9].

Diese Fragestellungen, die eine Revision der ganzen Geschichte der Logik, angefangen bei den Griechen, erforderlich machten, haben insbesondere den großen Einfluß der stoischen Logik deutlich werden lassen und inzwischen zu einer großartigen Rehabilitierung der Logik der Scholastik geführt. Wenn auch einige Philosophen in dieser Annäherung zwischen scholastischer und mathematischer Logik eine Verdrehung der Geschichte der Logik sehen und die Anwendung der modernen Formalismen zur Deutung der überlieferten Theoreme verwerfen [10], bleibt doch das große Interesse, das die scholastische Lehre der K. im Zusammenhang der aktuellen Diskussion des Begriffs der Folgerung genießt, bei weitem dominierend.

Anmerkungen. [1] PSEUDO-SCOTUS, Super lib. I priorum analyticorum q. 10, in: JOH. DUNS SCOTUS, Opera Omnia, hg. WADDING I, (Lyon 1639, ND 1968) 287 b; vgl. B. MATES: Pseudo-Scotus on the soundness of consequentiae, in: Contributions to logic and methodol. in honor of I. M. Bocheński (1965) 132-141; J. BENDIEK: Die Lehre von den K. bei Pseudo-Scotus. Franziskan. Stud. 34 (1952) 205-234. – [2] Vgl. V. MUÑOZ DELGADO: La lógica nominalista en Salamanca (1964) 257-262. – [3] Pseudo-Scotus, a. a. O. [1]. – [4] WILHELM VON OCKHAM, S. totius logicae III, III, 1; vgl. J. SALAMUCHA (übers. von J. BENDIEK): Die Aussagenlogik bei Wilhelm Ockham. Franziskan. Stud. 32 (1950) 97-134; PH. BOEHNER: Does Ockham know of material implications? Franciscan. Stud. 11 (1951) 203-230. – [5] WALTER BURLEIGH, De puritate artis logicae, hg. PH. BOEHNER (1958) 61. – [6] A. GONZALEZ: The theory of assertoric consequences in Albert of Saxony. Franciscan. Stud. 18 (1958) 290-334; 19 (1959) 13-114. – [7] O. BIRD: The tradition of the logical topics: Aristotle to Ockham. J. Hist. Ideas 23 (1962) 307-323; Topic and consequence in Ockham's logic, Notre Dame J. formal Logic 2 (1961) 65-79. – [8] J. ŁUKASIEWICZ: Zur Gesch. der Aussagenlogik. Erkenntnis 5 (1935) 111-131. – [9] E. A. MOODY: Truth and consequence in medieval logic (Amsterdam 1953) 64ff. – [10] G. JACOBY: Die Ansprüche der Logistiker auf die Logik und ihre Geschichtsschreibung (1962) 88-98.
V. MUÑOZ DELGADO

Konservativ, Konservatismus. – 1. ‹Le Conservateur› nannte 1818 CHATEAUBRIAND seine Zeitschrift. Der Begriff ‹K.› wanderte von Frankreich durch ganz Europa und wurde in den dreißiger Jahren in Deutschland heimisch.

Die meisten *Begriffsbestimmungen* gehen von einer Unterscheidung zwischen K., Reaktion und Restauration aus. K. EPSTEIN unterteilt Konservative in Status-quo-Konservative, Reformkonservative und Reaktionäre: Die Status-quo-Konservativen sind unhistorisch und berufen sich auf ewige Prinzipien einer angeblich «natürlichen» Gesellschaft. Die Vertreter dieses Typs sind in der Regel Angehörige der höheren Klassen. Der Reformkonservative ist von der Unausweichlichkeit historischen Wandels überzeugt und nimmt an Reformen, wenn auch zögernd, teil. Der Reaktionär ist das, was man gemeinhin als Restaurativen bezeichnet. Er will zu einer früheren gesellschaftlichen und historischen Situation zurückkehren und bekämpft die bestehende Gesellschaft. Auch der Reaktionär arbeitet mit dem Begriff einer «natürlichen Ordnung» [1].

Problematisch sind materiale Definitionen, weil Inhalte wie Natur, Geschichte, Tradition, Autorität, Volk, Heimat, Freiheit, Eigentum, Anschauung, Erfahrung, Religion usw. ambivalenten Deutungen offen stehen.

Die meisten Autoren folgen dem Definitionsversuch K. MANNHEIMS, der den K. einerseits als eine der Moderne zugehörige Denkrichtung, andererseits als Erscheinungsform einer anthropologisch-psychologischen Grundstruktur begreift, die er «Traditionalismus» nennt: «Es gibt eine allgemein menschliche seelische Veranlagung, die sich darin äußert, daß wir am Althergebrachten zäh festhalten und nur ungerne auf Neuerungen eingehen. Man hat diese Eigenschaft auch ‹natürlichen K.› genannt» [2]. «Der Traditionalismus war noch eine in jedem schlummernde Tendenz, die sich ihrer selbst keineswegs bewußt ward ... Der K. dagegen ist als Gegenbewegung bereits reflektiv» [3]. Die Unterscheidung von Traditionalismus und K. ist problematisch, weil die Grenze zwischen anthropologisch-struktureller und historischer Betrachtung methodisch verwischt wird. Sie zeigt jedoch deutlich den *ontologischen Grundzug* konservativen Denkens. G. QUABBE spricht von einer konservativen Anlage als einer Einrichtung der Natur, «von dieser zu ihrer eigenen Aufrechterhaltung in die menschliche Seele gelegt» [4]. A. E. GÜNTHER definiert, das Konservative sei «nicht ... ein Hängen an dem, was gestern war, sondern ... ein Leben aus dem, was immer gilt» [5]. JAN ROMEIN versteht den K. unter dem leitenden Gesichtspunkt eines «Allgemein Menschlichen Musters» [6].

Die ontologische Bindung konservativen Denkens zeigt sich in der Favorisierung eines *Zeitbegriffes*, der eher am kosmologischen Kreissymbol als an christlichheilsgeschichtlicher Dynamik sich orientiert. Die Vereinbarkeit konservativen Denkens mit christlichen Glaubenssätzen ist in der Geschichte des K. zwar immer wieder befragt, aber selten geleugnet worden [7]. F. J. STAHL hat seine hochkirchlich-preußische Theologie und Kirchenlehre gegen den Vorwurf geschrieben, der Protestantismus habe mit seiner Kritik katholischer Ontologie den Beginn des «Zeitalters der Revolutionen» zu verantworten: «Es wird als eine fast nicht mehr zu bestreitende Behauptung hingestellt, die Reformation habe auf religiösem Gebiete begonnen, was die Revolutionen auf politischem Gebiete vollendet: die Reformation sey die Auflehnung gegen die kirchliche Autorität, die Revolution die Auflehnung gegen die weltliche Autorität; die Reformation vernichte die Monarchie in der Kirche, die Revolution vernichte die Monarchie im Staate; ... Man greift aber noch tiefer: der Protestantismus indem er Jeden an die eigene Schriftforschung verweist, begründe damit das Princip der Subjektivität, d. h. der Lostrennung des Menschen von der gegebenen, überlieferten Wahrheit und Ordnung, und daß dies das Princip des Rationalismus und der Revolution ist, bestreitet Niemand. Darum sey die Reformation die letzte Quelle des religiösen und politischen Abfalls, ja dieser Abfall selbst, und sey nur mit dem Katholicismus Autorität, Objektivität, Konservation» [8].

2. Konservatives Denken ist *Ausdruck eines Zeitwendebewußtseins*, wie es FR. SCHLEGEL 1820 beschreibt: «Es war überall eine gewisse unangenehme Spannung, eine heimliche Beklemmung und Spaltung, eine verborgene Unruhe sichtbar, welche mehr oder minder alle Kreise des menschlichen Lebens bis in die innersten Familienverhältnisse durchdrang, ja auch jeden einzelnen in der eignen Brust mit sich selbst in Zwiespalt und inneren Unfrieden versetzte. Auch das individuelle und innere Familienglück war durch den Umsturz der alten Ordnung in einem so großen Teile von Europa, und hie und da selbst durch den gewaltsamen Umschwung der Rettung auf das heftigste mit erschüttert worden» [9]. Wer immer nach den «Grundzügen des gegenwärtigen Zeitalters» (J. G. Fichte 1804) fragt oder eine «Theorie des gegenwärtigen Zeitalters» (H. Freyer 1955) entwickelt, läßt erkennen, daß er nicht in selbstverständlichem Einklang mit seiner Zeit lebt, sondern das Bewußtsein hat, in einer Epoche des Umbruchs, der Wende zu leben. Der K. signalisiert solche Zeitwende als Abfall von der alten Ordnung, als eine Krankheit des Kultursystems.

Wenn auch konservative *Kulturkritik* erst an der Schwelle zum 19. Jh. als allgemeines europäisches Phänomen auftritt, läßt sich konservativ gestimmtes Zeitwendebewußtsein schon sehr viel früher beobachten. M. GREIFFENHAGEN weist konservative Aufklärungskritik für England schon im 17. Jh. nach und behauptet die *Gleichursprünglichkeit von K. und Rationalismus* [10]. Im Gegensatz zu Mannheim versteht er K. als ausschließlich historisches Phänomen. Die Behauptung, dem K. liege eine natürliche Anlage zum Traditionalismus zugrunde, gilt ihm als Kernstück der konservativen Ideologie. Der K. ist vom Rationalismus als seinem definitorischen Gegner bis in kleine Details hinein abhängig und deshalb wie der Rationalismus einer systematischen Darstellung zugänglich. Der Rationalismus zwingt den K. zu einer rational-verteidigenden Selbstauslegung und also dazu, die Waffen des Gegners zu gebrauchen. Dieses «Dilemma des K.» begleitet seine Geschichte bis in das Stadium der sogenannten «Konservativen Revolution», deren Wahlspruch, «Dinge zu schaffen, deren Erhaltung sich lohnt»

[11] von P. DE LAGARDE schon 1853 aufgestellt worden war [12].

3. Der Auffassung des K. als einer der Emanzipation gleichursprünglich verbundenen antirationalistischen Denkbewegung entspricht die *sozialhistorische Deutung*, wie sie H. GREBING gibt: «K. ist ein Produkt der bürgerlichen Gesellschaft selbst. Der K. entsteht nicht als ahistorisch-retrospektiver Gegenentwurf zur bürgerlichen Gesellschaft, sondern geht aus deren eigenen ideologischen Bedürfnissen insofern hervor, als die bürgerliche Gesellschaft selbst mit dem K. eine ihr inhärente Gegenstrategie gegen die ihr immanenten emanzipatorischen Momente, die die bürgerliche Gesellschaft über sich selbst hinausweisen, hervorbringt, und zwar bereits in einem historischen Zusammenhang, in dem gleichzeitig die alte Produktionsweise sich in der Auflösung befindet und die neue, kapitalistische, sich durchzusetzen beginnt. Weder im Hinblick auf den Ursprung noch auf die weitere Entwicklung des K. dürfte dieser als Rechtfertigung vorkapitalistischer feudaler Produktionsverhältnisse schlechthin im Sinne einer schematischen Basis-Überbau-Zurechnung zu stationieren sein. Der K. ist vielmehr als ein integrierter Bestandteil der Genesis der bürgerlichen Gesellschaft selbst zu begreifen» [13].

In dem Maße, in dem der Satz H. LEOS gilt «Das Conserviren ist eben bei jedem Volke ein anderes, wie jedes Volk selbst ein anderes ist» [14], ist der K. als bürgerlich-antibürgerliche Überlebensideologie in verschiedenen Ländern jeweils verschiedene Bündnisse eingegangen. Das Bürgertum gelangte in Deutschland lange nicht zur Macht, sondern suchte im 19. Jh. vor dem andrängenden Proletariat bei der Krone Zuflucht.

Auf zwei Wegen versuchte der *deutsche K.* sich zu behaupten: als romantisch-völkische Bewegung und als reaktionärer Legitimismus, der die Macht des feudalen Obrigkeitsstaates zu einer Zeit noch stützte, als in anderen Staaten Europas das Bürgertum längst parlamentarische Regime durchgesetzt hatte. Beide Wege waren anachronistisch, haben aber noch im K. der Weimarer Republik eine Rolle gespielt und sich teilweise verbunden, so daß Hitler am sogenannten ‹Tag von Potsdam› einen großen Teil der Konservativen zu täuschen vermochte.

Der *romantische K.* beförderte den Rückzug des deutschen Bürgertums in Innerlichkeit und Naturmystik [15]. Im Unterschied zum englischen K., welcher der sozioökonomischen Entwicklung gemäßigten Schrittes folgte und seine naturrechtliche Philosophie nie aufgab, hat die romantisch-völkische Bewegung den deutschen K. eine sinnvolle Kontinuität zu Epochen und Gesellschaftsformen, die zu erhalten gewesen wären, nicht mehr sehen lassen. Je weiter der deutsche K. in der Geschichte voranschritt, desto ferner gelegene Maßstäbe und Idole wählte er sich für sein goldenes Zeitalter. NOVALIS bezog sich bereits auf das Mittelalter. Später ging man noch weiter zurück, zu Karl dem Großen, zur Völkerwanderungszeit, bis man in Verfolgung dieser Linie schließlich in der germanischen Frühzeit angelangt war. Dieser paradoxe *Rückgriff auf immer entfernter liegende Zeiten* findet sich in keinem anderen europäischen K. Der Historismus verschob den politischen Impuls des K. auf die Ebene der Erinnerung. Damit geriet der K. in eine politisch unfruchtbare Besinnung auf das, was er in längst entschwundener Zeit als das alte Wahre zu entdecken glaubte.

Den genau umgekehrten Weg einer betonten Zuwendung zur Gegenwart beschritt der *konservative Legitimismus*. In seiner reaktionären Verteidigung des ‹Monarchischen Prinzips› stützte er sich auf die Trias von Königtum, Beamtentum und Heer und verteidigte damit eine staatliche Wirklichkeit, die J. Möser noch als rationalistisch bekämpft hatte. Vorbild dieser politischen Ordnung war Preußen, dessen nationale Hegemonie mit Eifer verteidigt wurde. Gegen Ende des 19. Jh. wird es immer schwieriger, die Konservativ-Nationalen von den Nationalliberalen zu unterscheiden. Schließlich wird selbst die ursprünglich konservative Verbindung von ‹Thron und Altar› eine nationalliberale Maxime.

4. In seine eigentliche Krise geriet der deutsche K. erst nach dem Ersten Weltkrieg. Der Ausdruck ‹Konservative Revolution› bezeichnet seinen verzweifelten Versuch, auf revolutionärem Wege das alte Wahre wiederzuholen. Dieser Schritt war von Anfang an im deutschen K. angelegt und läßt sich schon bei J. Möser nachweisen, dem bedeutendsten Kritiker des absoluten Staates [16]. Es gilt, so wird durchgängig argumentiert, die bestehenden Verhältnisse umzustürzen und solchermaßen den Boden zu säubern, auf dem dann das Neue, d. h. aber das Alte, «wachsen» kann. Ziel der Revolution ist die *zukünftige Rückgewinnung eines vergangenen Zustandes.* A. MOELLER VAN DEN BRUCK schrieb: «Der konservative Mensch ... sucht heute wieder die Stelle, die Anfang ist. Er ist jetzt notwendig Erhalter und Empörer zugleich. Er wirft die Frage auf: was ist erhaltenswert?» [17]. Der K. läßt seinem eigenen Selbstverständnis zufolge nur das «Gewachsene» gelten und bekämpft im Rationalismus den Geist des «Machens», das herstellende Denken. In seinem revolutionären Stadium wird er jedoch gezwungen, den Geist des Machens als bei sich selbst herrschend zu offenbaren. Er muß sich damit als eine im Horizont der Moderne argumentierende ‹Bewegung› erkennen und geht auch praktisch vielfältige Verbindungen mit dem *politischen Vitalismus* jener Jahre ein.

Das zeigt sich z. B. in einer für den vitalistischen Nihilismus bezeichnenden Verkehrung des Sinnes von Opfer, Entscheidung, Kampf und Macht: nicht *wofür* man sich opfert oder entscheidet, ist wichtig, sondern *daß* man des Opfers, der Entscheidung überhaupt fähig ist. «Nicht wofür wir kämpfen, ist das Wesentliche, sondern wie wir kämpfen», schreibt ERNST JÜNGER 1922 [18]. Auf den guten Kampf kommt es an, nicht auf das gute Ziel. Ebenso wird der Wert der Führung wesentlich in der Kraft, Ziele zu setzen, gesehen. Die in der ‹Konservativen Revolution› sich zeigende Spannung von Herkunfts- und Zukunftsbezogenheit wird häufig in der Weise vermittelt, daß konservativ-revolutionäre Forderungen als Ergebnis eines «Denkens aus dem Ursprung» begriffen werden, welches sich empört gegen rationalistische Überfremdung. Die Rede vom «Wachsen lassen» verbirgt die Unmöglichkeit, den Ausdruck ‹wachsen› (anstelle des rationalistischen Machens) weiterhin zu verwenden.

Der revolutionäre K. hat mit seinem Versuch der gewaltsamen Wiederherstellung auf vielen Feldern dem *Faschismus,* häufig ohne es zu wollen, den Weg bereitet. «Autorität, die wiederhergestellt werden soll, wird totale Macht; Religion, deren politisch-integrierende Wirkung man allein will, wird Mythos, und zwar notwendig der Gewalt; die künstliche Wiederherstellung der Einheit von privater und öffentlicher Tugend wird zum Terror der Volksgemeinschaft; und der Kampf gegen die Rationalität führt am Ende zu einem unvernünftigen Begriff rein aktivistischen ‹Lebens›. Wie der Versuch, gegen die Aufklärung zu denken, einen unvernünftigen Antirationalismus gebiert, führt der Versuch zur Umgehung der

politischen Folgerungen aus der aufklärerischen Humanitätsforderung zu einer barbarischen Politik» [19].

5. Der ‹*technokratische K.*› (GREIFFENHAGEN) ist seine modernste Erscheinungsform. Er läßt die prinzipielle Aufklärungskritik hinter sich und stellt sich offen auf die Seite des Fortschritts. Indem die Technokratie die technischen Konsequenzen, in Grenzen auch die sozialen Ergebnisse der Aufklärung akzeptiert und in Dienst stellt, versucht sie gleichzeitig, die politischen Konsequenzen der Emanzipationsforderung zu vermeiden und zu bekämpfen. Technokratische Vorstellungen sind nicht notwendig auf die politische Rechte beschränkt, aber nur auf dem konservativen Flügel findet sich ein offenes Bekenntnis zum «Sachzwang» und der diesem Sachzwang entsprechenden Herrschaft von Sachverständigen. Man führt den Sachverstand von Experten offen gegen das demokratische Mehrheitsprinzip ins Feld und rät dem Bürger zu weislicher Bescheidung in seiner politischen Aktivität. Mit diesem Staatsverständnis hat der K. einen Grundwert seiner Philosophie wieder ins Spiel gebracht: Autorität soll in durchgängigem Sinne wieder Geltung haben, jetzt nicht mehr als die naturwüchsige Distanz zwischen Vätern und Kindern, Landesvätern und Landeskindern, sondern als eine durch Sachzwänge gegebene, prinzipiell unaufhebbare Distanz zwischen dem Fachmann, der sich auskennt, und der Masse des unwissenden Volkes. Die Herrschaft einer Elite von Experten über die ungebildete Masse entspricht dem Modell des aufgeklärten, wohlfahrtsstaatlichen Absolutismus.

In Aufnahme der These GEHLENS von der «Kristallisation», einem Zustand, «der eintritt, wenn die darin angelegten Möglichkeiten in ihren grundsätzlichen Beständen alle entwickelt sind» [20], vermutet dieser moderne K. den *Stop einer dynamischen Gesellschaftsentwicklung.* Die politische Umsetzung der Behauptung Gehlens, wir seien an der Schwelle zum «Post-histoire» angelangt, versucht R. ALTMANN mit dem von ihm geprägten Begriff der ‹Formierten Gesellschaft›. GEHLEN, dessen ‹Institutionenlehre› die wohl ausgeführteste moderne konservative Theorie enthält, zieht eine Parallele zwischen kapitalistischer Funktionseinheit von Wirtschaft und Staat und alter Naturordnung: «Die Union Gesellschaft-Staat-Wirtschaft ist auf Produktionszuwachs, Umverteilung, Soziale Sicherheit und Internationale Kooperation hin gebaut. Sie ist seit zwanzig Jahren eingelaufen und vollkommen irreversibel, es handelt sich um eine stationäre Subventionsordnung der Gesamtgesellschaft. Sie ist, so könnte man sagen, ein Äquivalent der alten Naturordnung: nur an der Oberfläche durchsichtig, zur Mythenbildung anregend, zur Anpassung zwingend» [21]. Hier spricht bereits wieder der Geist der ‹Konservativen Revolution›, die auf ‹Organische Konstruktion› (E. JÜNGER) bedacht ist.

Anmerkungen. [1] K. EPSTEIN: Die Ursprünge des K. in Deutschland (1973) 19ff. – [2] K. MANNHEIM: Das konservative Denken. Arch. Sozialwiss. u. Sozialpol. 57 (1927) 72. – [3] a. a. O. 78. – [4] G. QUABBE: Tar a Ri. Variationen über ein konservatives Thema (1927) 25. – [5] zit. nach A. MOHLER: Die frz. Rechte (1958) 22f. – [6] J. ROMEIN: Über den K. als hist. Kategorie, in: Wesen und Wirklichkeit des Menschen. Festschr. H. Plessner (1957) 215ff. – [7] Vgl. M. GREIFFENHAGEN: Das Dilemma des K. (1971) 108ff. – [8] F. J. STAHL: Der Protestantismus als polit. Prinzip (²1853) 1. – [9] F. SCHLEGEL: Signatur des Zeitalters. Concordia H. 1-4 (1823), in: F. SCHLEGEL, Werke. Krit. A., hg. E. BEHLER 7 (1966) 484f. – [10] GREIFFENHAGEN, a. a. O. [7] 62ff. – [11] A. MOELLER VAN DEN BRUCK: Das dritte Reich (³1931) 202. – [12] P. DE LAGARDE: Konservativ? (1853). Dtsch. Schr., hg. K. A. FISCHER (²1934) 13. – [13] H. GREBING: Aktuelle Theorien über Faschismus und K. Eine Kritik (1974) 26f. – [14] H. LEO: Was ist conservativ? (1864) 23. – [15] W. LEPENIES: Melancholie und Gesellschaft (1969) 79ff.

– [16] Vgl. GREIFFENHAGEN, a. a. O. [7] 54ff. – [17] MOELLER VAN DEN BRUCK, a. a. O. [11] 189. – [18] E. JÜNGER: Der Kampf als inneres Erlebnis (1922) 76. – [19] GREIFFENHAGEN, a. a. O. [7] 349. – [20] A. GEHLEN: Über kulturelle Kristallisation, in: Studien zur Anthropol. und Soziol. (1963) 321. – [21] Die Chancen der Intellektuellen in der Industriegesellschaft. Neue dtsch. Hefte 17 (1970) 8.

Literaturhinweise. – *Historisch:* F. VALJAVEC: Die Entstehung des europ. K. (1954); ND in: H. G. SCHUMANN (Hg.): Konservativismus (1974) 138ff.; – K. EPSTEIN s. Anm. [1]. – *Geistesgeschichtlich:* K. MANNHEIM s. Anm. [2]; ND in: SCHUMANN a. a. O. – M. GREIFFENHAGEN s. Anm. [7]. – R. SPAEMANN: Der Ursprung der Soziol. aus dem Geist der Restauration. Studien über L. G. A. DE BONALD (1959). – W. LEPENIES s. Anm. [15]. – *Politische Gruppierungen:* E. R. HUBER: Dtsch. Verfassungsgesch. seit 1789. 2 (1960) 331ff. – S. NEUMANN: Die Stufen des preuß. K. (1930, 1965). – J. B. MÜLLER: Der dtsch. Sozial-K. in: H. GREBING/M. GREIFFENHAGEN/CHR. v. KROCKOW/J. B. MÜLLER: K. – Eine dtsch. Bilanz (1971) 67ff.; ND in: SCHUMANN a. a. O. – *Zur‹Konservativen Revolution›:* K. V. KLEMPERER: Konservative Bewegungen zwischen Kaiserreich und Nationalsozialismus (1961). – A. MOHLER: Die konservative Revolution in Deutschland 1918-1932 (1972). – *Moderner K.:* A. MOHLER: Konservativ 1969, in: H. J. SCHOEPS, CHR. DANNENMANN (Hg.): Formeln deutscher Politik (1969). – H. GREBING: Konservative gegen die Demokratie. Konservative Kritik an der Demokratie in der Bundesrepublik nach 1945 (1971). – A. GEHLEN: Urmensch und Spätkultur (1956). – C. KOCH und D. SENGHAAS (Hg.): Texte zur Technokratiediskussion (1970). – GREBING s. Anm. [13]. – G.-K. KALTENBRUNNER (Hg.): Rekonstruktion des K. (1972); (Hg.): K. international (1973); Prospektiver K. Neue dtsch. H. 21 (1974) 227-245; Der Konservative im nachliberalen Zeitalter. Neue Rdsch. 85 (1974) 7-22; Brauchen Konservative eine Theorie? Die polit. Meinung 18 (1973) H. 150, 29-35. – I. FETSCHER: Konservative Reflexionen eines Nicht-Konservativen. Merkur 27 (1973) 917ff. – E. KLETT: Konservativ. Merkur 25 (1971) 841-854. – J. GÜNTHER: Zukunftschancen der Konservativen. Neue dtsch. H. 20 (1973) 3-18. – M. GREIFFENHAGEN (Hg.): Der neue K. der siebziger Jahre (1974).

M. GREIFFENHAGEN

Konstanz

I. Ohne besondere Schärfe wird in der *Physik* mit Bezug auf das Verhalten von Meßgeräten, die reproduzierbare Messungen gestatten, von *Meßgeräte-K.* gesprochen. Ferner wird bei Naturgesetzen deren zeitliche Invarianz des öfteren als *K. der Naturgesetze* bezeichnet.

II. Terminologisch wird das Wort. ‹K.› (constantia) auch in der älteren *Tugendlehre* gleichbedeutend mit dem deutschen ‹Beständigkeit› gebraucht. Zur Definition dieser Tugend, in Abgrenzung von der Tugend der Beharrlichkeit (lat. perseverantia) vgl. Art. ‹Beharrlichkeit›.   Red.

III. Die K. oder Unveränderlichkeit einer Größe (z. B. in mathematischen Ausdrücken) hat in der neueren *Psychologie* mehrere spezielle Bedeutungen angenommen:

1. Die Unveränderlichkeit der Beziehungen zwischen «Reiz» und «Empfindung» (s. Art. ‹Konstanzannahme›).

2. In dem Variabilitäts-K.-Verhältnis zweier Haupterstreckungen eines wahrgenommenen Gebildes heißt (nach E. RAUSCH) ‹konstant› diejenige, die *anschaulich bestimmt* ist und bei der schon geringfügige Abweichungen genügen, um den Charakter des Gebildes grundlegend zu ändern (bei einem Band z. B. die Breite im Gegensatz zu seiner variablen Länge) [1].

3. Die «Beständigkeit» der Wahrnehmungsdinge; d. h. die Tatsache, daß gewisse Eigenschaften eines Wahrnehmungsdinges, wenn ihre Reizgrundlagen sich ändern, in größerer oder geringerer Annäherung dieselben bleiben. Da in den fraglichen Fällen die «zugeordnete» Eigenschaft des abgebildeten Objekts ebenfalls (und zwar völlig) unveränderlich ist, ist das Wahrnehmungsding insofern diesem ähnlicher als die zwischen beiden vermittelnde Reizmannigfaltigkeit. Die biologische Bedeutung dieser Tatsache leuchtet ein. – Ältestes bekanntes Beispiel: Die Sehgrößen-K. bei wechselnder Entfernung des Gegenstandes vom Auge [2], die schon von EUKLID bemerkt wurde [3], ferner die Helligkeits-K. bei wechselnder Beleuchtungsstärke (seit etwa 1850 vielfach diskutiert); weitere Beispiele: die Farben-K. bei wechselnder Farbe der Beleuchtung [4]; die Form-K. eines sich (um eine nicht mit der Sehrichtung zusammenfallende Achse) drehenden Gebildes; die Ruhe der Gegenstände bei Blickbewegungen; die Erhaltung der Raumsenkrechten bei Neigungen des Beobachters; die Lautstärken-K. bei wechselndem Abstand der Schallquelle [5].

Obwohl die Tatsachen großenteils viel früher bekannt waren [6], sind die Ausdrücke ‹K.› und ‹Beständigkeit› erst seit 1915 (W. KÖHLER) zu belegen und seit 1922 gebräuchlich [7]. Ältere Termini sind: ‹Umdeutung›, ‹Umformung›, ‹Transformation› der Netzhauteindrücke; die ‹Berücksichtigung›, das ‹In-Rechnung-Stellen› oder die ‹Abstraktion von› den Nebenumständen (wie Entfernung oder Beleuchtungsart; neuerdings auch ‹Regression zum Objekt› (R. H. THOULESS [8]). E. HERING spricht einfach von «Gedächtnisfarben» [9]; doch sind die anderen Bezeichnungen ebensowenig hypothesenfrei.

4. Bei PIAGET wird Objekt-K. ebenfalls als «Beständigkeit der Gegenstandswelt» definiert, doch versteht er darunter – neben dem oben aufgeführten dritten Bedeutungsaspekt – das Identisch-Bleiben eines wahrgenommenen Gegenstandes mit sich selbst, auch dann noch, wenn er aus dem Wahrnehmungsfeld verschwunden ist. Im Gegensatz zu den Gestalttheoretikern sieht Piaget in der Objekt-K. also keine Wahrnehmungsleistung, sondern eine Konstruktionsleistung der Intelligenz, welche im Laufe der intellektuellen Entwicklung in früher Kindheit entsteht [10].

Anmerkungen. [1] E. RAUSCH: Variabilität und K. als phänomenol. Kat. Psychol. Forsch. 23 (1949) 69-114. – [2] W. KÖHLER: Optische Untersuch. am Schimpansen und am Haushuhn. Abh. preuß. Akad. Wiss. 3 (1915); Zur Psychophysik des Vergleichs und des Raumes. Psychol. Forsch. 18 (1933) 343-360; H. FRANK: Untersuch. über Sehgrößen-K. bei Kindern. Psychol. Forsch. 7 (1926) 137-145; F. BEYRL: Über die Größenauffassung bei Kindern. Z. Psychol. 100 (1926) 344-371; H. FRANK: Über den Einfluß inadäquater Konvergenz und Akkomodation auf die Sehgröße. Psychol. Forsch. 13 (1930) 135-144; W. GÖTZ: Exp. Untersuch. zum Problem der Sehgrößen-K. beim Haushuhn. Z. Psychol. 99 (1926) 247-260; J. J. GIBSON: The perception of the visual world (Boston 1950); W. H. ITTELSON: Size as a cue to distance. Amer. J. Psychol. 64 (1951) 54-67. 188-202; The constancies in perceptual theory. Psychol. Rev. 58 (1951) 285-294; E. VON HOLST: Aktive Leistungen der menschl. Gesichtswahrnehmung. Stud. gen. 10 (1957) 231-243; F. KLIX: Elementaranalysen zur Psychophysik der Raumwahrnehmung (1962); H. W. LEIBOWITZ: Multiple mechanisms of size perception and size constancy. Hiroshima Forum for Psychol. 1 (1974) 47-53; W. METZGER: Psychol. (⁴1968) 170-175. – [3] J. HIRSCHBERG: Die Optik der alten Griechen. Z. Psychol. 16 (1898) 326f. – [4] D. KATZ: Die Erscheinungsweisen der Farben. Z. Psychol. Erg.-Bd. 7 (1911); O. KROH: Über Farben-K. und Farbentransformation. Z. Sinnesphysiol. 52 (1921) 181-216; K. BÜHLER: Die Erscheinungsweisen der Farben (1922); A. GELB: Die «Farben-K.» der Sehdinge. Hb. norm. pathol. Physiol., hg. A. BETHE/ G. v. BERGMANN II/1 (1929); L. KARDOS: Ding und Schatten (1934). – [5] K. MOHRMANN: Lautheits-K. im Entfernungswechsel. Z. Psychol. 145 (1939) 145-199. – [6] J. PRIESTLEY: The hist. and present state of discoveries relating to vision, light and colour (London 1772, dtsch. 1776); G. T. FECHNER: Elemente der Psychophysik (1860, ²1889); E. HERING: Zur Lehre vom Ortssinne der Netzhaut (1861); H. v. HELMHOLTZ: Hb. der physiol. Optik (1866, ²1896); E. EMMERT: Größenverhältnisse der Nachbilder. Klin. Mbl. Augenheilk. 19 (1881) 443-450; G. MARTIUS: Über die scheinbare Größe der Gegenstände und ihre Beziehung zur Größe der Netzhautbilder. Philos. Stud. 5 (1889) 661-671; F. HILLEBRAND: Theorie der scheinbaren Größe bei binokularem Sehen. Denkschr. Wiener Akad. Wiss. 72 (1902) 225-307; E. R. JAENSCH: Zur Analyse der Gesichtswahrnehmungen. Z. Psychol. Erg.-Bd. 4 (1909); W. POPPELREUTER: Beiträge zur Raumpsychol. Z. Psychol. 58 (1911) 200-262; W. BLUMENFELD: Untersuch. über die scheinbare Größe im Sehraume. Z. Psychol.

65 (1913) 241-404. – [7] Vgl. a. a. O. [2]. – [8] R. H. THOULESS: Phenomenal regression to the real object. Brit. J. Psychol. 21 (1931) 339-359; 22 (1931) 1-30. – [9] E. HERING: Grundzüge der Lehre vom Lichtsinn (1920). – [10] J. PIAGET: Les mécanismes perceptifs (Paris 1961); Psychol. der Intelligenz (²1966).

Literaturhinweise. W. KÖHLER: Über unbemerkte Empfindungen und Urteilstäuschungen. Z. Psychol. 66 (1913) 51-80. – K. KOFFKA: Some remarks on the theory of colour constancy. Psychol. Forsch. 16 (1932) 329-354. – E. BRUNSWIK (Hg.): Untersuch. über Wahrnehmungsgegenstände. Arch. ges. Psychol. 88 (1933) 377-628. – K. KOFFLER: The constancies, in: Principles of Gestalt psychology (London 1935, ³1950) 211-264. – W. METZGER: Das Problem des Bezugssystems, in: Psychol. (1941, ³1963) 131-175. – E. G. BORING: Size and distance, in: Sensation and perception in the hist. of exp. psychol. (New York 1942) 288-299. – N. BISCHOF: Psychophysik der Raumwahrnehmung, in: Hb. Psychol. I/1 (1966) 307-408. – E. RAUSCH: Probleme der Metrik (Geometrisch-optische Täuschungen), in: Hb. Psychol. I/1 (1966) 776-865. W. METZGER

Konstanzannahme. Der Ausdruck ‹K.› stammt von W. KÖHLER (1913) und hat seitdem seine Bedeutung nicht geändert. Er kennzeichnet eine Folgerung aus dem psychologischen Atomismus (s. d.) hinsichtlich der Beziehung zwischen Reizarten, -orten und -verteilungen (beispielsweise auf der Netzhaut) einerseits und den Qualitäten, Orten und Verteilungen der durch sie veranlaßten Erscheinungskomplexe (beispielsweise im Sehfeld) andererseits. Die Folgerung besagt für das angeführte Beispiel, daß jedem Punkt einer Reizfläche ein bestimmter Punkt des Wahrnehmungsraumes sowie jeder Reizbeschaffenheit an diesem Punkt (etwa dem Licht einer bestimmten Wellenlänge) eine ganz bestimmte Sinnesqualität (z. B. Farbton) zugeordnet ist. Dies ist der Grundfall der K. [1].

Schon als sich die Psychologie als Wissenschaft konstituierte, war es bekannt, daß diese Annahme in vielen Fällen (wie wir heute wissen, ausnahmslos) der Beobachtung widerspricht, so in den optisch-haptischen Maßtäuschungen (E. RAUSCH [2]), den Kontrasterscheinungen der verschiedenen Sinne, nicht zuletzt in der biologisch besonders bedeutsamen angenäherten Konstanz der Eigenschaften von Wahrnehmungsdingen bei gewissen Veränderungen ihrer Reizgrundlage. Der konsequenteste Versuch, die atomistische Teilannahme trotzdem zu retten, ist HELMHOLTZ' Theorie der unbemerkten Empfindungen und Urteilstäuschungen [3]. Dabei wird dem unmittelbar beobachtbaren Wahrnehmungsfeld ein – unbemerktes – Empfindungsfeld hypothetisch vorgeordnet, für welches die Annahme der eindeutigen örtlichen Zuordnung zwischen Reiz und «Empfindung» zutreffen soll, und zugleich wird in jedem Wahrnehmungsvorgang ein blitzschnell und ebenfalls unbemerkt ablaufender Beurteilungsakt hypostasiert, durch welchen das streng «reizgemäße», aber unbeobachtbare «Empfindungsfeld» in das beobachtbare, aber nicht mehr Punkt für Punkt reizadäquate Wahrnehmungsfeld transformiert wird. Nach W. KÖHLER werden die – wissenschaftstechnisch unzweckmäßigen, weil weder beweis- noch widerlegbaren – Helmholtzschen Hypostasierungen überflüssig, sobald man die Annahme zuläßt, daß zwischen den Erregungen, die in benachbarten Leitungen von den Sinnesflächen zu den zugehörigen Sinneszentren aufsteigen, mindestens streckenweise Wechselwirkungen, sogenannte «Querfunktionen» (neuerdings als «lateral interactions» physiologisch gesichert) möglich sind, durch welche der Ort und die Art eines Punktes des Wahrnehmungsfeldes ohne das Eingreifen «höherer» Geistestätigkeiten modifiziert werden können derart, daß für das, was an einem Ort des Wahrneh-

mungsfeldes geschieht, neben dem örtlichen Reiz auch außerörtliche Reize mitbestimmend sind, was von der Gestalttheorie (s. d.) grundsätzlich allgemein gefordert wird.

Sinngemäß ist es auch als K. zu bezeichnen, wenn einem bestimmten *Traumerlebnis*, unabhängig von seiner Einbettung in die Gesamtlage des Träumers, eine bestimmte (z. B. sexuelle) Bedeutung zugeschrieben wird; oder wenn, ohne Rücksicht auf Alter und Entwicklungsstand, hinter einem bestimmten *Verhalten* eines kleinen Kindes ungeprüft derselbe Antrieb angenommen wird, aus dem unter Umständen ein ebenso oder ähnlich aussehendes Verhalten eines Erwachsenen in der Regel hervorgehen würde.

In bezug auf die örtlichen Zuordnungen ist die K. identisch mit dem neurophysiologischen «*Leitungsprinzip*», d. h. mit der Annahme, daß die Ordnung des Geschehens im Zentralnervensystem ausschließlich auf anatomischen Zwangsvorrichtungen beruhe, die das Abirren des Geschehens von den biologisch zweckmäßigen Bahnen von außen verhindern [4].

Aus der Erkenntnis der Unzulänglichkeit des Leitungsprinzips gelangte H. DRIESCH, da ihm andere Ordnung stiftende und erhaltende natürliche Faktoren nicht bekannt waren, zu seiner Annahme außernatürlicher steuernder Prinzipien (sogenannter «Neovitalismus»); diese Annahme ist nach dem Nachweis der Selbstregulation auch physischer Systeme nicht mehr erforderlich [5].

Anmerkungen. [1] W. KÖHLER: Über unbemerkte Empfindungen und Urteilstäuschungen. Z. Psychol. 66 (1913) 51-80. – [2] E. RAUSCH: Struktur und Metrik figural-optischer Wahrnehmung (1952). – [3] H. v. HELMHOLTZ: Hb. der physiol. Optik (²1886) 602ff. – [4] Vgl. Art. ‹Gestaltkreis›. – [5] Vgl. Art. ‹Gestalten, physische›.

Literaturhinweise. W. KÖHLER: Psychol. Probleme (1933). – K. KOFFKA: Principles of Gestalt psychol. (London 1935, ³1950). – W. METZGER: Psychol. (1941, ⁴1968). – E. RAUSCH: Probleme der Metrik (Geometrisch-optische Täuschungen), in: Hb. Psychol. I/1 (1966) 776-865. – N. BISCHOF: Psychophysik der Raumwahrnehmung, in: Hb. Psychol. I/1, 307-408. W. METZGER

Konstellation bedeutet allgemein die Gruppierung (das Zueinander) von Faktoren (Personen, Ereignissen); das Wort ist hergeleitet von lateinischem ‹constellatio›. In der Astronomie und Astrologie, aber auch in der Psychologie begegnet ‹K.› als Fachterminus mit eingeengter Bedeutung.

1. In der *Astronomie* und *Astrologie* bezeichnet K. einmal eine Gruppe benachbarter Fixsterne und ihre räumliche Beziehung zueinander (Fixstern-K., synonym Sternbild), zum zweiten die Stellung der Planeten zueinander [1] und/oder in bezug auf bestimmte Fixsterne in einem gegebenen Augenblick.

Die Zusammenstellung von Sternbildern, ihre Benennung und Mythologisierung läßt sich auf semitischen Ursprung zurückführen. Ausführlichere Aufzeichnungen über Sternbilder sind jedoch nur griechischen Quellen zu entnehmen. In antiken Schriften findet sich das Wort ἄστρον zur Bezeichnung von Fixsterngruppen (EUDOXOS [2]). Die Neutrumform weist auf den Gebrauch des Wortes als Kollektivum hin (Gestirn, Sternbild). Das genauere griechische Äquivalent für ‹constellatio› ist aber nach F. Boll συναστρία [3]. Bei GREGOR VON NYSSA (335–394 n. Chr.) bedeutet der Begriff «die Gesamtheit der Gestirne, die in einem gegebenen Augenblick gleichzeitig am Himmel stehen» [4]. Synonym findet sich bei ihm: ἡ τῶν ἄστρων συμπλοκή (die Verknüpfung der

Sterne); αἱ τῶν ἄστρων ἐπιπλοκαί (die Anknüpfungen der Sterne); τῶν ἄστρων διαπλοκή (Vermischung der Sterne) [5]. Bolls begriffsgeschichtliche Betrachtung ergibt, daß sich die Bedeutung des Ausdrucks συναστρία unter dem Einfluß der Astrologie von ‹Gesamtheit der Sterne› zu ‹Freundschaft› gewandelt hat. Klar vollzogen sieht Boll diese Entwicklung bei PTOLEMÄUS [6]. In anderen begriffsgeschichtlichen Studien wird συναστρία paradoxerweise auch mit ‹simultas› (Feindschaft) übersetzt, was nach Boll nur auf einem Mißverständnis beruhen kann [7]. Als weiteres griechisches Äquivalent für ‹K.› wird auch ἀστροθεσία (Sterngruppe) genannt [8].

Im 4. Jh. n. Chr. ist das lateinische ‹constellatio› zum ersten Mal nachgewiesen [9]. Auch hier überwiegt die astrologische Akzentuierung des Wortsinnes, wie sie z. B. bei AUGUSTINUS nachweisbar ist [10]. Sie lebt weiter in der Bedeutung von ‹K.› in der gegenwärtigen Sterndeutekunde. Keiner der genannten Begriffe entspricht genau der gegenwärtig in der Astronomie verbreiteten Bedeutung von ‹K.›. Dieser Sinngehalt hat sich nach A. Scherer erst bei der Übernahme in die englische, französische und spanische Sprache ergeben [11].

Anmerkungen. [1] G. SEYFFARTH: Berichtigung der röm.griech. pers.ägypt.hebr. Gesch. und Zeitrechnung, Mythol. und alten Religionsgesch. (1855). – [2] F. LASSERRE (Hg.): Die Frg. des EUDOXOS VON KNIDOS (1966). – [3] F. BOLL: Kleine Schr. zur Sternkunde des Altertums (1950) 115ff. – [4] ebda. – [5] GREGOR VON NYSSA, MPG 45, 149 d. 169 c. 173 d. – [6] PTOLEMÄUS, Tetrablios IV, 7, in Manetho-Ptolemäus, Tetrabios (London 1948). – [7] Thes. ling. graec. (1829, ND 1954); BOLL, a. a. O. [3] 120f. – [8] A. SCHERER: Gestirnnamen bei den idg. Völkern (1953) 43. – [9] Thes. ling. lat. (1751). – [10] Vgl. AMMIANI MARCELLINI rerum gestarum libri, qui supersunt XIV–XXV (1915); SIDONII Epistulae, hg. B. KRUSCH (1887); AUGUSTIN, De civ. Dei, hg. E. HOFFMANN (1899) V, 6. – [11] SCHERER, a. a. O. [8].

2. In der *Psychologie* bezeichnet K. meist das organisierte Zueinander bewußter und unbewußter psychischer Inhalte. Außerdem begegnen individuell geprägte Begriffsbedeutungen bei K. LEWIN, der K. versteht als Zusammenhang psychologischer Gesetze [1], und bei C. G. JUNG, der neben der aus der Bewußtseinspsychologie abgeleiteten Bedeutung (s. u.) noch einen K.-Begriff mit antikem astrologisch-astronomischem Sinngehalt verwendet: Den sieben Planeten entsprechen symbolisch die allgemeinen Konstituenten der Persönlichkeit, deren spezifische K. die Einmaligkeit des Individuums (Selbst) ausmacht [2]. In der *Soziologie* und *Sozialpsychologie* wird K. im engen Sinne der Beziehungen von Individuen zueinander verstanden (z. B. Familien-K. bei W. TOMAN [3]).

Der in der *Psychologie* mit ‹K.› bezeichnete Sachverhalt wird mit dem Vordringen der Assoziationspsychologie Gegenstand theoretischer Analysen. Der Terminus ‹K.› ist jedoch erst gegen Mitte des 19. Jh. im denkpsychologischen Zusammenhang nachgewiesen. Bis zu den ersten beiden Jahrzehnten dieses Jh. blieb ‹K.› ein Fachterminus, aber mit dem Vordringen anderer theoretischer Strömungen verlor der K.-Begriff an Erklärungswert.

Eine Analogie in der Gesetzmäßigkeit des menschlichen Bewußtseins und der Sternbewegungen des Himmels weist J. F. HERBART auf: Vorstellungen assoziieren sich zu Gedanken und verfolgen einen regelmäßigen Ablauf wie die Planeten. Herbart prägt den Vorläuferbegriff der ‹Hülfe› für die gegenseitige Unterstützung der Assoziationen bei der Reproduktion [4]. TH. ZIEHEN greift die Analogie und das Problem auf, indem er einen Faktor K. postuliert, der die Reihenfolge der Vorstellun-

gen bestimmt: «Die Gunst oder Ungunst dieser K. kann offenbar als vorübergehende Erhöhung oder Herabsetzung der Intensität oder Energie der begünstigten oder benachteiligten latenten Vorstellung aufgefaßt werden» [5]. Ziehen verwendet zur Veranschaulichung seiner Aussage ein Beispiel von R. WAHLE, der jedoch anstelle von ‹K.› die Ausdrücke ‹Supplement- und Concurrenzassoziationen› verwendet [6]. Herbart und Wahle bezeichnen mit ihren Begriffen die Wirkung der vorausgegangenen Vorstellungen auf die nachfolgenden, die entweder in einer Unterstützung oder Hemmung bestehen kann; Ziehen bezieht darüberhinaus eine physiologische Grundlage mit ein [7]. Die weite Fassung des Begriffes bei Ziehen erleichtert seine Übernahme in die *Psychopathologie:* G. STÖRRING definiert K. als Organempfindungen und -gefühle, die Durchblutung des Gehirns und den Bewußtseinsumfang. Die pathologische Änderung der genannten Faktoren bedeutet daher immer eine (qualitative) Änderung der K. [8].

Der von Herbart eingeleiteten Begriffstradition schließen sich M. Offner und G. Moskiewicz an. OFFNER verwendet ‹K.› synonym mit ‹konvergente Dispositionsanregung›: verschiedene gleichzeitig erregte Vorstellungsdispositionen erregen eine weitere, mit ihnen in Kontiguitäts- oder Ähnlichkeitsbeziehung stehende Disposition. Die solchermaßen begünstigte Vorstellung kann ins Bewußtsein treten [9]. Durch die K. werden simultane und sukzessive Bewußtseinsabläufe gesteuert. In die K. gehen außer rein intellektuellen Vorgängen auch ökologische und physiologische Faktoren ein [10]. Die Konzeption MOSKIEWICZs bleibt konsequenter im Rahmen der Assoziationspsychologie. Die K. wird definiert als vielfache assoziative Verknüpfung von Vorstellungen, ist also ein ‹Vorstellungskomplex›, in dem mehrere Reproduktionstendenzen in eine einheitliche Richtung weisen [11]. Eine Vorstellung wird nur dann durch eine andere angeregt, wenn die Beziehung zwischen beiden mit ins Bewußtsein tritt: Das Bewußtsein der Beziehung wirkt «konstellierend». Moskiewicz stellt heraus, daß durch seinen K.-Begriff der prinzipielle Unterschied im Ablauf willkürlicher und unwillkürlicher Denkprozesse aufgehoben sei [12], da er zusätzlich noch den Begriff der Sekundärfunktion bei K. GROOS mit umfasse, der nur das unbewußte Wirken von Vorstellungen beinhalte [13].

Insbesondere gegen Moskiewicz, aber auch gegen Ziehen wird der Vorwurf einer zu intellektualistischen Auffassung der K. erhoben. R. MÜLLER-FREIENFELS formuliert ihn, indem er auf die Vernachlässigung der emotionalen Komponente als einem bestimmenden Einfluß auf das Vorstellungsleben hinweist: «Die K. ist der *gesamte* momentane Status unseres Ich, der in der Hauptsache durch affektive Momente bedingt ist» [14]. E. BLEULER vertritt ein Jahrzehnt später den gleichen Gedanken [15]. Auch bei C. G. JUNG bestimmt die emotionale Komponente die K. weitgehend. Jedes psychische Moment wird «konstelliert» durch alle vorausgegangenen psychologischen Ereignisse, und affektive Erlebnisse haben dabei die größte konstellationsbildende Kraft. Unbewußte K. finden ihren Ausdruck im Traum, aber auch in Symptomhandlungen wie Vergessen und Versprechen [16].

MÜLLER-FREIENFELS interpretiert die K. als verantwortlich für die ganze Stetigkeit unseres Denkverlaufs. Dieser Folgerung widerspricht H. EBBINGHAUS: Die K. sei nicht ausreichend zur Erklärung eines geordneten Denkverlaufes, denn auch den Ideenflüchtigen sei eine

K. eigen. Er setzt der Annahme von Müller-Freienfels sein Postulat der Notwendigkeit einer «Obervorstellung» entgegen, die den Denkverlauf steuern muß und die dem Ideenflüchtigen fehle [17].

Um 1900 gehört der Begriff ‹K.› als Erklärungsbegriff für Denkvorgänge und Gedächtnistätigkeit zu den Fachtermini der allgemeinen Psychologie. In den Gedächtnisuntersuchungen G. E. MÜLLERS dient er als Erklärungskonzept dafür, daß Silben reproduziert werden, die in den Versuchen nicht verwendet worden waren. K. ist das «Nachklingen auf bestimmte Silben gerichteter Reproduktionstendenzen, der Einfluß gewisser Wörter der Sprache etc.» [18]. In seiner Analyse der Gedächtnistätigkeit faßt er den Begriff aber allgemein als «alle Faktoren, die bei der Berücksichtigung dessen beachtet werden müssen, was nach psychologischen Gesetzen aus gewissen Antezedenzien eines Vorstellungsbildes für die Beurteilung des letzteren folgt» [19]. In diese Beurteilung gehen die Berücksichtigung von Naturgesetzen ein und der Vergleich des vorgestellten Erlebnisses mit den Tatsachen, die man durch die gegenwärtige Wahrnehmung kennt [20]. O. SELZ stellt erneut den Erklärungswert der K. für den geordneten Denkablauf in Frage und prägt den Ausdruck ‹K.-Theorie›, um ihn als Gegenbegriff zu ‹Komplextheorie› verwenden zu können [21]. Nur eine Komplextheorie könne plausibel erscheinen lassen, daß eine bestimmte Reihenfolge der Bewußtseinselemente eingehalten werde, indem nämlich die Elemente als Komplexteile einen festen Platz im Komplexgefüge einnehmen [22]. Grundfehler der K.-Theorie sei es, das psychische Geschehen als eine Summe unorganisierter Reproduktionstendenzen, basierend auf physiologischen Erregungsvorgängen, zu betrachten; man müsse vielmehr – wie in der Komplextheorie – davon ausgehen, daß im Idealfall die auslösenden Reize so scharf differenziert sind, daß ein Diffundieren verschiedener Reproduktionstendenzen unmöglich ist [23].

Mit der Ablösung der Assoziationspsychologie in Deutschland durch die neuen Denkrichtungen der Würzburger Schule, der Ganzheits- und Gestaltpsychologie in den ersten Jahrzehnten des 20. Jh. wird auch der Begriff ‹K.› aufgegeben. In der kognitiven Psychologie der Gegenwart ist der Terminus nur noch in problemgeschichtlichem Zusammenhang von Bedeutung.

Anmerkungen. [1] K. LEWIN: Field theory in social sciences, hg. D. CARTWRIGHT (London 1962) 61f. – [2] C. G. JUNG: Mysterium coniunctionis, hg. M. L. v. FRANZ (1957) 3, 264. – [3] W. TOMAN: Die Familien-K. und ihre psychol. Bedeutung. Psychol. Rdsch. 10 (1959) 1-15. – [4] J. F. HERBART: Lb. der Psychol. Werke, hg. KEHRBACH 4 (1891) 373-378. – [5] TH. ZIEHEN: Leitfaden der physiol. Psychol. (⁸1908) 192. – [6] R. WAHLE: Beschreibung und Einteilung von Ideenassoziationen. Vjschr. wiss. Philos. 9 (1855) 404. – [7] TH. ZIEHEN: Grundl. der Psychol. 2 (1915) 274. – [8] G. STÖRRING: Vorles. über Psychopathol. (1900). – [9] M. OFFNER: Das Gedächtnis (²1911) 171. – [10] a. a. O. 178. – [11] G. MOSKIEWICZ: Zur Psychol. des Denkens I. Arch. ges. Psychol. 18 (1910) 305-400, bes. 328ff. – [12] a. a. O. 335. – [13] K. GROOS: Das Seelenleben des Kindes (1904) 95. – [14] R. MÜLLER-FREIENFELS: Das Denken und die Phantasie (1916) 226ff.; Stud. zur Lehre vom Gedächtnis. Arch. ges. Psychol. 34 (1914) 65-105. – [15] E. BLEULER: Naturgesch. der Seele und ihres Bewußtwerdens (1921) 186ff. – [16] C. G. JUNG: Freud und die Psychoanalyse. Werke 4, 20. 174ff.; Die Dynamik des Unbewußten. Werke 8, 12ff. – [17] H. EBBINGHAUS: Grundzüge der Psychol., hg. E. DÜRR (1913) 2, 297ff. – [18] G. E. MÜLLER: Zur Analyse der Gedächtnistätigkeit und des Vorstellungsverlaufs 3 (1913) 298-303. – [19] a. a. O. 476. – [21] O. SELZ: Zur Psychol. der Gegenwart. Z. Psychol. 99 (1926) 160; Komplextheorie und K.-Theorie. Z. Psychol. 83 (1920) 211-234. – [22] Über die Gesetze des geordneten Denkverlaufes (1913). – [23] Gesetze der produktiven und reproduktiven Geistestätigkeit (1924) 9ff.

Literaturhinweise. W. POPPELREUTER: Über die Ordnung des Vorstellungsverlaufes I. Arch. ges. Psychol. 25 (1912) 208-349. – J. LINDWORSKY: Die K., in: Exp. Psychol. (1927) 150f. – F. BOLL s. Anm. [3 zu 1]. – A. PANNEKOEK: A hist. of astronomy (London 1961).
W. B. EMMINGHAUS

Konstitution (griech. σύστασις, lat. constitutio, ital. constituzione, frz./engl. constitution). Die Vielschichtigkeit des Verwendungsspektrums von ‹K.› bzw. ‹konstitutiv› und ‹konstituieren› läßt sich auf den operationalen Charakter der Grundbedeutung von lateinisch ‹constitutio›, ‹constitutivus› und ‹constituo› zurückführen, der sich folgendermaßen umreißen läßt:

1. In einem «horizontalen» Sinn meint ‹constitutio› zunächst nichts anderes als den Vollzug einer Handlung, die wie auch immer Unverbundenes zusammenbringt, d. h. wörtlich: ‹Zusammenstellung›. In diese kompositive Bedeutung geht gleichursprünglich der ordnende, determinative Charakter des Zusammenstellens mit ein im Sinn von ‹Bestimmung›. Dieser Charakter gestattet am Leitfaden einer Dimensionierung des Zusammenstellens die Ableitung der drei wesentlichen, miteinander zusammenhängenden Bedeutungsmomente von ‹constitutio›.

2. So ist im Ausgang von einem «vertikalen» Sinn ‹constitutio› als orientierte Zusammenstellung aufzufassen, und zwar a) «nach unten» orientiert in der Bedeutung von ‹Grundlegung›, ‹Begründung›, ‹Fundierung›, oder b) «nach oben» orientiert in der Bedeutung von ‹Aufbau›, ‹Konstruktion›, möglicherweise unter Voraussetzung der Bedeutung a), d. h. «a primis fundamentis»; c) wird ein solcher Aufbau als vollendet und als objektiv aufgefaßt, kann ‹constitutio› schließlich auch in einem die Art des Aufgebauten betreffenden Sinn verwendet werden in der Bedeutung von ‹Struktur›, ‹Beschaffenheit›.

I. Antike. – 1. *Nicht-philosophischer Wortgebrauch.* – Den hohen Abstraktheitsgrad von ‹constitutio› belegt die Feststellung des ‹Thesaurus Linguae Latinae›, daß der Ausdruck in der lateinischen Dichtung überhaupt nicht vorkommt («deest poetis»). Um so häufiger ist seine Verwendung in *Jurisprudenz* und *Politik* (c. = Definition, Dekret, positives Recht) [1], *Rhetorik* (c. = status, quaestio) [2] und *Medizin* (c. = Körperbau) [3]. GOCLENIUS kennzeichnet den nicht-philosophischen Wortgebrauch knapp folgendermaßen: «In Politicis constituere definire est: et ius Civile constituere & constitutum dicitur; vulgo positivum. In Oratoria constitutio est status causae seu prima conflictio causarum ex depulsione intentionis profecta sic: Fecisti: non feci, aut iure feci. [...] In Physicis usurpatur pro corporis Habitudine temperationeque, ut corporis firma vel infirma constitutio» (Im Politischen heißt ‹constituere› festlegen: und das bürgerliche Recht, sagt man, konstituiert und ist konstituiert; d. h. gewöhnlich, ist positiv. In der [Gerichts-]Rhetorik heißt ‹constitutio› der Stand des Klagefalles oder der erste Konflikt der Parteien, der aus der Zurückweisung der Anklage hervorgegangen ist, und zwar so: du hast es getan – ich habe es nicht, oder mit Recht getan. [...] In der Physik wird K. für äußeres Gehaben und innere Verfassung eines Körpers verwendet, etwa als starke oder schwache K. eines Körpers) [4].

2. In *philosophischem* Zusammenhang gebraucht erstmals SENECA das Wort bei der Behandlung des Themas, ‹An omnibus animalibus constitutionis suae sensus» (ob alle Sinnenwesen ein Gefühl ihrer K. haben), zur Bestimmung der Leib-Seele-Beziehung: «Constitutio est ... principale animi quodam modo se habens erga corpus» (Die K. ist das leitende Prinzip der Seele, das sich in einer ge-

wissen Weise zum Körper verhält) [5]. In die philosophische Terminologie wird ‹constitutio› bzw. ‹constitutivus› aber erst gegen Ende des 3. Jh. n. Chr. durch die Übersetzung der griechisch abgefaßten ‹Isagoge› des PORPHYRIOS durch BOETHIUS eingeführt [6]. Begriffsgeschichtlich ist dabei bemerkenswert, daß bereits bei PORPHYRIOS die Entgegensetzung eines *logischen* und *ontologischen* Wortgebrauchs vorgezeichnet ist (wie sie noch im 20. Jh. etwa bei HUSSERL und CARNAP greifbar ist.)

a) In seinen Ausführungen zur Differenz (διαφορά) unterscheidet PORPHYRIOS hinsichtlich der untrennbaren und zudem wesentlichen Differenzen (διαφοραὶ καθ' αὑτάς, differentiae per se; z. B. ‹wahrnehmend›, ‹sterblich›, ‹vernünftig›) zwei Funktionen: Erstens können sie zur Unterteilung der Gattung dienen, zweitens zur Bestimmung der Arten. Dabei treten sie in der ersten Funktion als «divisive Differenzen» (διαφοραὶ διαιρετικαί, differentiae divisivae) in der Gestalt einer Konjunktion konträrer Eigenschaftspaare (z. B. ‹vernünftig/unvernünftig› und ‹sterblich/unsterblich›) auf, die die Gattung (hier z. B. ‹Sinnenwesen›) vollständig unterteilen. In der zweiten Funktion treten sie als «konstitutive Differenzen» (διαφοραὶ συστατικαί, differentiae constitutivae) in der Gestalt kombinativer Konjunktionen dieser gegensätzlichen Eigenschaften (z. B. ‹vernünftig› und ‹sterblich›, ‹unvernünftig› und ‹sterblich›) auf, die jeweils in Verbindung mit dem genus (z. B. ‹Sinnenwesen› und ‹vernünftig› und ‹sterblich›) die Arten (hier z. B. ‹Mensch›) definieren. In diesem Sinne taugen die divisiven Differenzen zur begriffszergliedernden Dihairesis [7], die konstitutiven Differenzen, die in dieser Funktion zumeist unter dem Titel ‹spezifische Differenzen› bekannt sind, zur Definition. Porphyrios gibt zur Erläuterung das folgende Beispiel: «Denn [die Gattung] Sinnenwesen wird unterteilt durch die Differenz vernünftig/unvernünftig und wiederum durch die Differenz sterblich/unsterblich. Aber die Differenzen sterblich und vernünftig werden zu konstitutiven (συστατικαί, constitutivae) Differenzen des Menschen, vernünftig und unsterblich zu solchen Gottes, unvernünftig und sterblich zu solchen der unvernünftigen Sinnenwesen» [8].

Da Porphyrios zufolge alle Arten als Ableitungen des höchsten genus, nämlich der höchsten Substanz, aufgefaßt werden können, ergibt sich, ausgehend von dieser höchsten Substanz (suprema substantia), mittels Division (Dihairesis; s. d.) und K. (Synthesis) abwärts der «porphyrische Baum» [9], den man als ein logisch-ontologisches K.-System auffassen kann.

b) Wesentlich für die nachfolgende Begriffsgeschichte ist eine weitere Bemerkung des Porphyrios zur Differenz, die den eher logischen Charakter der konstitutiven Differenz *ontologisch* formuliert: Das genus als ὕλη (materia) und die konstitutive Differenz als μορφή oder εἶδος (forma) begriffen, um demzufolge Stoff und Form oder ihre Analoga als ‹Konstitutiva› der Dinge überhaupt kennzeichnen zu können. «Denn», erläutert Porphyrios am aristotelischen Beispiel der Bildsäule [10], «da die Dinge aus Stoff und Form bestehen oder Analoga von Stoff und Form zu Konstitutiven haben (τῶν γὰρ πραγμάτων ἐξ ὕλης καὶ εἴδους συνεστώτων ἢ ἀνάλογόν γε ὕλῃ καὶ εἴδει τὴν σύστασιν ἐχόντων/rebus enim ex materia et forma constantibus vel ad similitudinem materiae et formae constitutionem habentibus), wie z. B. die Bildsäule aus Erz als Stoff und aus der Figur als Form besteht, so ist in gleicher Weise auch der Mensch, als Allgemeines und als Art gedacht, aus Gattung als Analogon des Stoffes und aus Differenz als Analogon der

Form zusammengesetzt. Dieses Ganze aber: vernünftiges, sterbliches Sinnenwesen, ist der Mensch, wie dort die Bildsäule» [11].

Anmerkungen. [1] Vgl. L. WENGER: Die Quellen des röm. Rechts, in: Öst. Akad. Wiss., Denkschr. der Gesamtakad. 2 (1953) § 74: «Die kaiserl. K.en». – [2] Vgl. CICERO, De inventione rhet. I, 8, 10; 11, 16; II, 17, 52 passim; QUINTILIAN, Inst. orat. III, 6, 2-3; VII, 4, 6 et passim; vgl. dazu R. VOLKMANN: Die Rhet. der Griechen und Römer in systemat. Übersicht (²1885, ND 1964) §§ 4-8; H. LAUSBERG: Hb. der lit. Rhet. Eine Grundlg. der Lit.wiss. (1960) §§ 79-138. – [3] Vgl. Epitome Galeni Operum, Ed. nov. (Lugduni 1643) fol. 230 A; zum modernen med. Sprachgebrauch vgl. F. MARTIUS: K. und Vererbung in ihren Beziehungen zur Pathol. (1914); E. KRETSCHMER: Körperbau und Charakter. Untersuch. zum K.-Problem und zur Lehre von den Temperamenten (¹⁸1944). – [4] R. GOCLENIUS: Lex. philos. (Francofurti 1613, ND 1964) 457. – [5] SENECA, Ep. 121, 5. 10. – [6] PORPHYRII Isagoge et in Aristotelis Categorias Commentarium, in: Commentaria in Aristotelem Graeca 4, hg. A. BUSSE (Berlin 1887) 1-22; lat. Übers. des BOETHIUS, a. a. O. 23-51. – [7] Vgl. PLATON, Sophistes 267 d. – [8] PORPHYRIOS, Isag. 3 b. – [9] Vgl. Art. ‹Arbor porphyriana›. – [10] ARISTOTELES, Met. VII, 3, 1029 a 1f. – [11] PORPHYRIOS, a. a. O. [8]. W. HOGREBE

II. *Scholastik*. – 1. Der bei PORPHYRIOS und BOETHIUS greifbare Unterschied eines logischen und ontologischen Wortgebrauchs von σύστασις und συστατικός bzw. ‹constitutio› und ‹constitutivus›, der zwar nicht dem Wort [1], aber der Sache nach ausschließlich aristotelische Bestimmungen aufnimmt, bleibt im ganzen Mittelalter selbstverständlich. Eine ausdrückliche Reflexion dieses Wortes in seinen Bedeutungen scheint jedoch, bis auf einen Ansatz bei Ockham, zu fehlen. Entsprechend der differenzierter werdenden *ontologischen* Problemführung wird nun aber nicht mehr nur von Form und Materie als den Konstituenten der natürlichen Dinge gesprochen, sondern diese Bezeichnung wird allgemeiner, d. h. unter Verlust ihrer differenzierenden Kraft, für jede Art von Teilen gebraucht, aus denen ein Ganzes bestehen kann. Dies gilt für selbständige wie unselbständige Teile, und zwar sowohl im Sinne der äußerlichen K. eines Aggregats durch den Zusammenschluß verschiedener Teile [2] wie im Sinne der mathematischen K. eines Kontinuums aus Teilen, die unter sich gleich und von der Art des Ganzen sind [3], als auch im Sinne der innerlichen K. der Natur der Dinge, etwa der Natur des Menschen durch die Einheit von Körper und vernünftiger Seele [4]. – Dasselbe gilt, wenn in der Hochscholastik erklärt wird, «esse constituit ens» [5], und wenn die Natur oder das Wesen als ‹constituens› gegenüber dem ‹suppositum› genannten wirklichen Träger dieser Natur als ‹constitutum› bezeichnet wird [6]. – In ähnlicher Weise schließlich gelten auch die Beziehungen (z. B. relatio paternitatis et filiationis) als konstitutiv und zugleich distinktiv für die göttlichen Personen innerhalb der einen göttlichen Natur (relationes constituunt et distingunt personas) [7]. (Dieser scholastischen Orientierung am Substanzbegriff ist der Gedanke z. B. ROUSSEAUS, daß Besitz, Leben und Freiheit für die Menschen «pour ainsi dire, les éléments constitutifs de leur être» seien, entgegengesetzt [8].)

Für die K. ist im allgemeinen charakteristisch, daß die Konstituentien «causae essendi rerum», nicht aber «causae fieri (fiendi)» für das durch sie Konstituierte sind, und zwar weil sie als wesentliche Bestandteile in seine K. eingehen (quia intrant eius constitutionem) [9]. In einer besonderen Bedeutung allerdings, wenn von der «constitutio mundi» durch Gott [10] oder der Tätigkeit des Handwerkers «propter constitutionem artificiati» [11] oder den rechtsetzenden «constitutiones», etwa des Papstes, die Rede ist [12], ist das Konstituierende, obwohl auch hier «causa essendi rebus» [13], doch in keiner

Weise integrierender Bestandteil des durch es Konstituierten und daher nach der strengen Wortbedeutung nicht eigentlich konstituierend, sondern die eigentliche innere K. nur äußerlich bewirkend. Stets bleibt jedoch anerkannt, daß die Konstituentien ontologisch früher sind als das durch sie Konstituierte (constiuentia sunt priora constituto) [14]. Nach einer den Sprachgebrauch der Zeit resümierenden Unterscheidung WILHELM VON OCKHAMS bezeichnet das Konstituierende in seiner weiteren Bedeutung alles, was das Wesen einer Sache betrifft, ohne welches diese also nicht sein könnte (pro omni illo quod est de essentia et quidditate alicuius, ita quod ipsum sine illo esse non posset) [15]. Nur im übertragenen Sinne also kann die Schöpfung und Erhaltung der Welt durch Gott, der außerhalb ihrer bleibt, als für sie konstitutiv angesehen werden; keine Sache aber könnte Bestand haben ohne Stoff und Form oder allgemeiner ohne diejenigen Konstituentien, durch welche sie, der jeweiligen Ontologie gemäß, «tamquam ex intrinsecis» konstituiert ist [16]. In einer engeren Bedeutung bezeichnet nach Ockham das Konstituierende dasjenige, durch welches eine Sache gegenüber allen anderen Bestand hat, ihren unterscheidenden, sie allein auszeichnenden Wesensbestandteil [17]. Im gleichen Zusammenhang, nämlich der Erörterung der K. der göttlichen Personen, heißt es ganz ähnlich schon bei J. DUNS SCOTUS: «Durch die konstitutive Formbestimmung unterscheidet sich das Konstituierte von allem anderen» (Per formale constitutivum distinguitur constitutum ab omni alio) [18].

In dieser philosophischen Tradition ist auch die Hervorhebung des jeweils einen konstitutiven Wesensattributs der Substanz in den ‹Prinzipien› DESCARTES’ zu sehen: «Et quidem ex quolibet attributo substantia cognoscitur; sed una tamen est cuiusque substantiae praecipua proprietas, quae ipsius naturam essentiamque constituit, & ad quam aliae omnes referuntur. Nempe extensio ... substantiae corporeae naturam constituit; et cogitatio constituit naturam substantiae cogitantis» (Nun wird allerdings aus jedem beliebigen Attribut die Substanz erkannt, aber es gibt doch für jede Substanz eine vorzügliche Eigenschaft, welche ihre Natur und ihr Wesen konstituiert und auf die sich alle anderen beziehen. Und zwar konstituiert Ausdehnung die Natur der körperlichen Substanz, und Denken konstituiert die Natur der denkenden Substanz) [19]. Diesen Sprachgebrauch übernimmt SPINOZA in der ‹Ethica›, wenn auch in kritischer Abhebung von dem Gedanken Descartes’ [20], für die Definition des Attributs [21].

2. Ein weiterer Verwendungsbereich für ‹constituere› im Mittelalter ist das Problem der *sprachlichen K. der Erkenntnis*. Das Verhältnis von Vorstellung und Sache wird von J. SCOTUS ERIUGENA noch sprachfrei bestimmt: «notio illa interior quae menti inest humanae, rerum quarum notio est substantia constituitur» (Jene innere Vorstellung, die im menschlichen Verstand ist, wird durch die Substanz der Dinge, deren Vorstellung sie ist, konstituiert) [22].

ANSELM VON CANTERBURY dagegen hebt die die Sache und die Vorstellung vermittelnde und unterscheidende Rolle der Rede (oratio, vox, nomen) hervor [23]. Unmittelbar konstituiert das Wort immer einen Begriff, etwa ‹weiß› (intellectum albedinis). Zugleich aber bedeutet es eine Sache (substantiam significat), und zwar entweder «per se», z. B. ‹Pferd›, oder «per aliud», z. B. ‹Weißes› (albus); und durch seine Bedeutung konstituiert es den Begriff der Sache (constituit intellectum rei) [24]. Nega-

tive Worte aber, insbesondere ‹nihil›, das gleichbedeutend ist mit ‹non-aliud›, bedeuten nicht auf diese Weise durch K. (constituendo) einer Sache, sondern durch deren Hinwegnahme (removendo). «Aus diesem Grund bedeutet das Wort ‹nichts›, indem es [eine Sache] zerstört, nicht nichts, sondern etwas, und, indem es [keine Sache] konstituiert, bedeutet es nicht etwas, sondern nichts» [25].

PETRUS ABAELARDUS unterscheidet, indem er aristotelische Unterscheidungen kommentiert, noch bestimmter eine doppelte Bedeutung jedes Wortes, «eine gewissermaßen von den Dingen, eine andere von den Begriffen» (unam quidem de rebus, alteram de intellectibus) [26]. In der Kategorienschrift, in der es um die Erkenntnis der Dinge gehe, habe Aristoteles «über die Worte gemäß ihrer dinglichen Bedeutung» gehandelt und daher «zurecht die unverbundenen Worte gemäß den zehn Wesensbestimmungen (naturas) der Dinge eingeteilt» [27]. Diese aber können weder die Rede konstituieren noch selbst durch die Rede konstituiert werden, denn «die Bedeutung der Dinge ist vorrübergehend» (rerum significatio transitoria est) [28]. Hingegen habe Aristoteles in der Schrift ‹De interpretatione›, in der es um die «constitutio orationis» gehe, «über die Worte nur gemäß ihrer begrifflichen Bedeutung» gehandelt [29]. Da aber «propter constitutionem orationis» deren Bestandteile unterschieden werden müssen und da «diese Unterscheidung der Redeteile nicht gemäß der Vielfalt der Dinge, sondern [nur gemäß der Vielfalt] der Begriffe geschehen kann», und zwar im einfachsten Fall, nämlich «propter constitutionem propositionis», durch Einteilung der Worte in nomina und verba, kann allein die begriffliche Bedeutung der Worte die Rede konstituieren, denn nur diese Bedeutung ist «permanens»: «significatio intellectuum non vacuatur, quia sive res sit, sive non, intellectus semper constituuntur» (die Bedeutung der Begriffe ist niemals leer, denn eine Sache sei oder sei nicht, Begriffe werden [durch die Worte] immer konstituiert) [30].

3. Für den *logischen* Wortgebrauch von ‹K.› gilt, daß, abgesehen von den mittelalterlichen Kommentaren zur ‹Isagoge› des Porphyrios [31], der Ausdruck ‹konstitutive Differenz› allmählich zugunsten der Wendung ‹spezifische Differenz› verschwindet dort, wo es um die Kennzeichnung der Definition geht. Hingegen findet sich in der letzten großen Zusammenfassung der aristotelischen Tradition der Dialektik bei J. JUNGIUS in dem Gegensatzpaar ‹constituens/dirigens›, das eine alte Unterscheidung neu bezeichnet, ein bis dahin unbekannter Gebrauch von ‹K.›. Während noch z. B. J. ZABARELLA, dem traditionellen Sprachgebrauch folgend, die «principia communia», mit denen man keinen Beweis führen kann, obwohl sie für alle Beweisführungen gelten, von den «principia propria» unterscheidet, die als Voraussetzungen (praecognitiones) in jeden Beweis eingehen [32], und während auch z. B. P. FONSECA nach dem gleichen Kriterium die «loci» in «communes & proprii» einteilt [33], spricht JUNGIUS in dem genau entsprechenden Zusammenhang von einem doppelten Gebrauch der Maximen: «*Usus Maximarum* duplex est, vel enim *constituunt* ipsam argumentationem ut partes; vel *dirigunt* tantum nec argumentum ut sumptiones ingrediuntur. Illae *constituentes; hae dirigentes dici* possunt» (Die Verwendung der Maximen ist eine doppelte; entweder konstituieren sie nämlich die Argumentation selbst als deren Teile, oder sie dirigieren sie bloß, gehen aber nicht in das Argument als Prämissen ein. Jene kann man als konstituierende, diese als dirigierende bezeichnen) [34]. Die

Grundregeln des Syllogismus, die ebenfalls keinen Beweis konstituieren können, nennt Jungius an anderer Stelle, einem von FONSECA vorgezeichneten Wortgebrauch [35] folgend, «Regulativa Syllogismorum principia» [36]. Möglicherweise sind diese Unterscheidung und dieser Sprachgebrauch für Kant fruchtbar geworden.

Anmerkungen. [1] Vgl. H. BONITZ: Index Aristotelicus (1870, ND 1955); auch in seiner lat. Übersetzung findet sich das Wort ‹constitutivus› nicht; vgl. Aristotelici Opera Omnia, hg. A. F. DIDOT 5 (Paris 1874) Index. – [2] z. B. THOMAS VON AQUIN, II Sent. 17, 3, 1, solutio; vgl. in analogem Sinn die Seele «separata a corpore et in corpore posita» als «pars constitutiva» des Menschen bei GILBERT VON POITIERS, in: N. M. HÄRING: The commentaries on Boethius by Gilbert of Poitiers (Toronto 1966) 272. – [3] z. B. THOMAS, S. theol. I, 11, 2, ad 2. – [4] z. B. a. a. O. IV, 2, 1, obj. 2. – [5] J. DUNS SCOTUS, Rep. Par. 3, 6, 1, 1 = Opera, hg. WADDING 11 (Lyon 1639, ND 1968) 442. – [6] THOMAS, Quaest. quodl. 2, 2, 2 (4). – [7] De pot. 8, 3, resp.; entsprechend J. DUNS SCOTUS, Ord. 1, 28, 3, 3 = a. a. O. [5] 5, 1168. – [8] J.-J. ROUSSEAU, Discours sur l'origine de l'inégalité parmi les hommes, hg. K. WEIGAND (1955) 234f. – [9] THOMAS, De ver. 2, 3, obj. 20. – [10] Comm. de coelo et mundo 1, 23, 4; u. v. a.; NICOLAUS CUSANUS, De Princ., hg. L. GABRIEL 2 (1966) 222. 234. – [11] THOMAS, S. contra gent. 2, 35, 7; ähnlich Quaest. quodl. 9, 1, 1. – [12] Quaest. quodl. 1, 9, 3 (19). – [13] De ver. 2, 3, ad 20. – [14] ALBERTUS MAGNUS, Met. 7, 3, 1 = Opera, hg. B. GEYER 14 (1964) 356. – [15] WILHELM VON OCKHAM, I Sent. 26, 3C. – [16] I Sent. 9, 2F. – [17] a. a. O. [15]. – [18] J. DUNS SCOTUS, Ord. 1, 11, 2, 7 = a. a. O. [5] 5, 867; vgl. Ord. 1, 7, 1, 12 = 5, 692; Quaest. quodl. 4, 20 = 12, 104. – [19] R. DESCARTES, Princ. philos. I, 53. – [20] B. SPINOZA, Ethica I, prop. 10, dem. – [21] a. a. O. I, def. 4; vgl. prop. 20, dem. – [22] J. SCOTUS ERIUGENA, De divisione naturae 4, 7 (Oxford 1681, ND 1964) 175. – [23] ANSELM VON CANTERBURY, De grammatico 14. Opera, hg. S. SCHMITT 1 (1968) 159ff.; De casu diaboli 11. a. a. O. 248ff. – [24] a. a. O. 160. – [25] a. a. O. 249. – [26] PETRUS ABAELARDUS, Glossae Peri ermenias. Beitr. Gesch. Philos. MA, hg. C. BÄUMKER 21 (1919) 307. – [27] a. a. O. 309. – [28] ebda. – [29] ebda. – [30] 308f. – [31] Vgl. AVICENNA, Logica. Opera ... (Venedig 1508, ND 1961) fol. 8f.; ALBERTUS MAGNUS, De praedicab. 5, 65 A; THOMAS VON AQUIN, S. theol. I, 48, 1, obj. 2. ad 2; II, 18, 7 resp.; II, 54, 3 ad 2; auch I Sent. 27, 1, 1 ad 1; II Sent. 40, 1, 1, obj. 3 et passim; J. DUNS SCOTUS, Quaestiones super universalia Porphyrii, q. 29: «An mortale sit Differentia animalis rationalis divisiva, et hominis constitutiva» a. a. O. [5] 1, 114f. – [32] J. ZABARELLA, Liber de tribus praecognitis. Opera logica (1597, ND 1966) 504f.; zu dieser Unterscheidung vgl. Art. ‹Axiom› II. Hist. Wb. Philos. 1, 743. – [33] P. FONSECA, Institutionum dialecticarum libri octo 7, 12 (1611) 390. – [34] J. JUNGIUS, Logica Hamburgensis 5, 5, 4, hg. R. W. MEYER (1957) 257; vgl. Art. ‹Dialektik› III, 2. Hist. Wb. Philos. 2, 179. – [35] FONSECA, a. a. O. [33] 6, 21 (1611) 315. – [36] JUNGIUS, a. a. O. [34] 3, 10, 1 (1957) 137. Red.

III. Neuzeit. – 1. Logischer Wortgebrauch. – In den philosophischen Wörterbüchern taucht die alte Unterscheidung von ‹konstitutiv/divisiv› gelegentlich noch auf, wie etwa bei MICRAELIUS in den Wendungen «Differentia generis divisiva, quae genus in specie restringit» (die die Gattung teilende Differenz, die die Gattung zur Art einschränkt) und «Differentia speciei constitutiva, genus determinans» (die die Art konstituierende Differenz, die die Gattung bestimmt) [1]. Die zweite Formulierung weist jedoch auf eine terminologische Eigenart der späteren Schulphilosophie hin, die den Gebrauch von ‹constitutivus› zugunsten von ‹determinans› vermeidet, so daß bei CHR. WOLFF und BAUMGARTEN ‹constitutivus› in systematisch relevanten Zusammenhängen nicht mehr vorkommt.

Der logische Wortgebrauch von ‹constitutivus› und später ‹konstitutiv› geht in die philosophische Terminologie der Moderne nicht mehr im Gegensatzpaar ‹konstitutiv/divisiv›, sondern in der Entgegensetzung von ‹konstitutiv/konsekutiv› oder ‹konstitutiv/attributiv› ein. Diese Wendungen wiederholen aber weniger die bei Porphyrios getroffene Unterscheidung von Differenzen «an sich» und «beiläufigen» Differenzen [2], sondern eher die diesen noch zugrundeliegende alte aristotelische Unterscheidung zwischen Merkmalen oder Zeichen (σημεῖα), die einem Ding «wesentlich» (καθ᾽ αὐτό) oder «beiläufig» (συμβεβηκότον) zugehören [3], in Analogie zur grundlegenden Scheidung von Substanz und Akzidens. In diesem Sinne findet sich im ersten deutschsprachigen Wörterbuch der Philosophie von WALCH sogar das Tripel ‹constitutiv/consecutiv/respectiv› [4].

Die für die Neuzeit geläufige logische Entgegensetzung von konstitutiven und konsekutiven oder attributiven Merkmalen nimmt auch KANT in seine Logik auf [5]; J. FR. FRIES resümiert: «Die wesentlichen Merkmahle sind [...] entweder konstitutiv, wenn sie unmittelbar gebraucht werden, den Inhalt des Begriffes zusammenzusetzen, oder Attribute, wenn sie nur Folgen der konstitutiven Merkmahle sind» [6]. In dieser Bestimmung geht ‹konstitutiv› teils aus systematischen, teils aus historischen Intentionen in die Logiken des ausgehenden 19. und beginnenden 20. Jh. ein (FR. UEBERWEG [7], H. LOTZE [8], TH. ZIEHEN [9], O. KÜLPE [10] u. a.). Von den tradierten Entgegensetzungen befreit den logischen K.-Begriff schließlich R. CARNAP 1928 durch seinen formallogisch präzisierten Gebrauch in seinem Werk ‹Der logische Aufbau der Welt› [10a].

2. Ontologischer Wortgebrauch. – Die Kennzeichnung von Form und Materie (auch «causae internae» genannt) als ‹konstitutive› Prinzipien bleibt bis zum Beginn der Neuzeit konstant, wie immer auch Form und Materie inhaltlich bestimmt werden. In diesem Sinne bemerkt noch GOCLENIUS, nachdem er eine ungebräuchlichere Verwendung von ‹constitutio› bzw. ‹constitutivus› zur Bezeichnung der causae externae angeführt hat: «Strictius tamen & κατ᾽ ἐξοχὴν constitutio causis internis tribuitur. Materia enim & Forma saepissime & significantissime dicuntur principia constitutiva (ἀρχαὶ συστατικαί) & causae constituentes» (Genauer jedoch und vorzüglich wird K. den inneren Ursachen zugerechnet. Denn sehr oft und am treffendsten werden Materie und Form konstitutive Prinzipien und konstituierende Ursachen genannt) [11]. Im Rahmen dieser Bestimmung waren Form und Materie schon bei PORPHYRIOS [12] nach aristotelischem Vorbild [13] zugleich als essentia (οὐσία) begriffen worden, die das Seiende «innerlich» konstituiert. Wesentlich für die philosophische Terminologie der Neuzeit wurde ferner diejenige Tradition in der Geschichte des Form-Materie-Problems, die, wie auch Porphyrios, der Form gegenüber der Materie konstitutiven Vorrang zuschrieb. Auch diese Konzeption findet sich noch bei GOCLENIUS in der scholastischen Formulierung: «Essentia seu materia & Forma ens constituitur intrinsecus, ac quidem forma principaliter. Quo fit, ut dici soleat, Forma dat rei esse (scilicet excellenter)» (Durch das Wesen oder durch Materie und Form wird das Seiende innerlich konstituiert, und zwar hauptsächlich durch die Form. Daher kommt es, daß man zu sagen pflegt, die Form gibt der Sache Sein (nämlich in hervorragender Weise)) [14]. Demgegenüber kommentiert, im Zuge der cartesianischen Frontstellung gegenüber der scholastischen Philosophie und Terminologie, der Cartesianer CHAUVIN die alte Wendung «principium essendi seu constituendi» in seinem Wörterbuch eher kritisch [15]. Vollends unmöglich wird eine positive Aufnahme der alten ontologischen Bestimmungen für den Empiristen J. LOCKE. In seinem ‹Essay Concerning Human Understanding› (1690) unterscheidet er anläßlich seiner Diskussion des Wesensbegriffs ein «reales» und ein «nominales Wesen» und führt ersteres zugleich als «the real constitution of things» ein. Obwohl gegenüber diesem ontologischen

Wesensbegriff der alte logische bloß als «the artificial constitution of genus and species» erscheint, kann das «reale» Wesen in seiner Bestimmung als innere, d. h. empirisch nicht greifbare Verfassung der Dinge, im Gegensatz zu ihrem «nominalen» Wesen doch gerade kein Gegenstand der Erkenntnis sein, sondern es bleibt «the real internal, but generally, in substances, unknown constitution of things»[16], «a real, but unknown constitution of their insensible parts»[17]. Damit ist lediglich das «nominale» Wesen über die Bezeichnungen erfahrbarer Eigenschaften von Dingen zugänglich, mit Ausnahme der geometrischen Bestimmungen, in denen nach Locke Real- und Nominalwesen zusammenfallen [18].

3. LEIBNIZ diskutiert in seinen ‹Nouveaux Essais› kritisch Lockes Unterscheidung, wobei er das «reale» Wesen im Sinn der Tradition auch als «constitution interieur» bezeichnet [19]. In Analogie zu dieser Unterscheidung führt er dann die Entgegensetzung von Real- und Nominaldefinition ein. In der Annahme, daß die Realdefinition die Möglichkeit des Definiendums («la possibilité du defini») zu erkennen gebe, was die Nominaldefinition gerade nicht leiste, stimmt er Locke zwar darin zu, daß es problematisch sei, Realdefinitionen der Körper («definitions reelles des corps») zu erhalten, weil ihre innere Verfassung empirisch nicht zugänglich sei; er läßt dies aber – gegen Locke – keineswegs für alle Dinge gelten: Realdefinitionen sind zwar nicht von empirischen Gegenständen, wohl aber von den wahren Substanzen, («des vrayes substances ou des Unités»), etwa von Gott und Seele, möglich [20]. So wird z. B. die ursprüngliche Verfassung («constitution originale») der Seele von Leibniz in den Bestimmungen von «Spontaneität in Anbetracht ihrer selbst» und «Konformität bzw. Übereinstimmung mit den Dingen außer ihr» als «nature representative» gedacht [21]. Um aber die Konformität der Seele mit den Dingen außer ihr überhaupt denken zu können, ist Leibniz genötigt, auf die «substantiellen Formen» der Scholastik, die er auch «formes constitutives» nennt [22], zurückzugreifen. Deren wesentliche Bestimmung exponiert er als Kraft («force»), die ihrerseits entsprechend dem Begriff verstanden werden muß, den wir von der Seele haben [23]. Somit kann zwar die Konformität der Seele mit den Dingen außer ihr gedacht werden, aber letztere sind in diesem Kontext durch ‹Kraft› bloß hinsichtlich ihrer aktiven Verfassung begriffen. Das passive Moment, die Materie, bestimmte Leibniz allerdings schon früher gegen Descartes nicht nur als «Extension», sondern auch als «Antitypie» (Widerständigkeit), wobei wir erstere «a visu» und letztere «a tactu» wahrnehmen. In diesem Sinne trifft der frühe Leibniz (Brief vom April 1669 an seinen Lehrer J. Thomasius) sogar noch die Feststellung: «naturam Corporis constitui per Extensionem et Antitypiam, cumque nihil sit in rebus sine causa, nihil etiam poni debet in Corporibus, cujus Causa reddi non possit in eorum constitutivis» (Die Natur des Körpers wird durch Ausdehnung und Widerständigkeit konstituiert, und da nichts in den Dingen ist ohne Grund, darf auch nichts in den Körpern gesetzt werden, dessen Grund nicht in ihren Konstituentien angegeben werden könnte) [24].

4. Mit KANT tritt erst das auf den Plan, was man ein K.-Problem nennen kann: das Problem nämlich, ob eine Anzahl von Regeln angegeben und als derjenige Rahmen expliziert werden kann, innerhalb dessen kognitive Handlungen empirisch überhaupt möglich sind. Es tritt dieses Problem im Grunde stets da auf, wo zunächst, wie bei Kant [25], an der empiristischen Basis festgehalten und

schließlich doch eine Begründung der Erfahrung für möglich gehalten wird. Das eigentliche Dilemma dieses Problems liegt dann im Status dieser Begründung, die weder empirisch noch logisch zureichend bestimmt sein kann. In diesem Sinne ist die Frage nach der Möglichkeit synthetischer Sätze a priori auch die Kernfrage des K.-Problems.

a) Im Hinblick auf die *theoretische* Vernunft werden solche Sätze von Kant in der ‹Kritik der reinen Vernunft› als «Regeln des objektiven Gebrauchs der Kategorien» [26] bzw. als die «Grundsätze des reinen Verstandes» [27] expliziert. Sie legen den Rahmen möglicher Erfahrungserkenntnis fest und haben als synthetisch-apriorische Bedeutungspostulate weder einen empirischen noch einen logischen, sondern einen transzendentalen Status. So legen die ersten beiden Grundsätze, «Axiome» und «Antizipationen», den weder logisch noch empirisch, sondern nur transzendental verständlichen und prüfbaren formalen Sinn von «Erscheinung», insofern sie «Anschauung» und «Wahrnehmung» ist, als «extensive» und «intensive Größe» fest. In diesen Bestimmungen kann eine transzendentallogisch gewendete Formulierung dessen gesehen werden, was der frühe Leibniz mit den Bestimmungen «Extension» und «Antitypie» als «Konstitutiva» des Körperwesens oder der Materie exponiert hatte. So nennt auch Kant diese ersten beiden Grundsätze «konstitutiv» [28], wobei die in ihnen ausgesagten Bestimmung ihre Konstitutivität wesentlich dem transzendentalen Status dieser Grundsätze verdanken. Werden «Extension» und «Antitypie» nämlich, wie bei Leibniz, bloß als oberste empirische Prinzipien verstanden, können sie Kant zufolge nur ein «regulatives» Moment beanspruchen [29].

Diese neue Entgegensetzung ‹konstitutiv/regulativ› bei Kant, die das kritische Potential seiner Philosophie markiert, ist, neben der transzendentallogischen Wendung des K.-Begriffs überhaupt, begriffsgeschichtlich von großer Bedeutung. Dabei ist es nicht auszuschließen, daß Kant das Wort ‹regulativ› (ebenso wie ‹konstitutiv›) von LEIBNIZ übernommen hat, der in seinen ‹Nouveaux Essais› einmal die Wendung «le principe regulatif» verzeichnet [30].

So scheidet KANT bereits auf der Ebene des Verstandes die genannten «mathematischen Grundsätze», «Axiome» und «Antizipationen», von den «dynamischen», den «Analogien» und «Postulaten», im Verhältnis von «konstitutiv» und «regulativ», wobei diese Entgegensetzung eben den unterschiedlichen Leistungscharakter der beiden Gruppen der Grundsätze bezeichnet. Denn die «mathematischen» gehen «auf Erscheinungen ihrer bloßen Möglichkeit nach» [31] und garantieren ihre Konstruierbarkeit mit «intuitiver Gewißheit», sind mithin «konstitutiv», während die «dynamischen Grundsätze» «das Dasein der Erscheinungen a priori unter Regeln bringen sollen» [32], somit nur über «diskursive Gewißheit» verfügen und «bloß regulativ gelten» [33]. Auf der Ebene der Entgegensetzung von Verstand und Vernunft erhalten nun aber auch die «dynamischen Grundsätze» konstitutiven Charakter [34] und die «Ideen» als «Principien der systematischen Einheit des Mannigfaltigen der empirischen Erkenntniß überhaupt» regulativen [35]. So heißt es im ‹Anhang› zur ‹Transscendentalen Dialektik›, ihrem konstruktiven Teil, der zugleich die Kritik der teleologischen Urteilskraft antizipiert [36]: «die transscendentalen Ideen sind niemals von constitutivem Gebrauche, so daß dadurch Begriffe gewisser Gegenstände gegeben würden, und in dem Falle, daß man sie so versteht, sind es bloß vernünftelnde (dialektische)

Begriffe. Dagegen aber haben sie einen vortrefflichen und unentbehrlich nothwendigen regulativen Gebrauch, nämlich den Verstand zu einem gewissen Ziele zu richten, in Aussicht auf welches die Richtungslinien aller seiner Regeln in einen Punkt zusammenlaufen, der, ob er zwar nur eine Idee (focus imaginarius), d. i. ein Punkt, ist, aus welchem die Verstandesbegriffe wirklich nicht ausgehen, indem er ganz außerhalb den Grenzen möglicher Erfahrung liegt, dennoch dazu dient, ihnen die größte Einheit neben der größten Ausbreitung zu verschaffen» [37].

Auf dem Hintergrund dieser kritischen Distinktion von regulativen und konstitutiven Prinzipien kann auch das Eigentümliche des Gegensatzes von Empirismus und Rationalismus im Verhältnis zur Transzendentalphilosophie Kants verdeutlicht werden, insofern, pointiert formuliert, der Empirismus konstitutive Prinzipien des Verstandes nur als regulative, und der Rationalismus regulative Prinzipien der Vernunft als konstitutive zuläßt.

b) Die «Ideen», die im Dienste der spekulativen Vernunft bei Kant solchermaßen nur einen «regulativen» Leistungscharakter behaupten als «nothwendige Maxime[n] der Vernunft» [38] oder «Schemate» [39] des Verfahrens der Erschließung systematischer Zusammenhänge, erhalten ferner als Postulate der *praktischen* Vernunft [40] einen Status, den im Funktionskreis der theoretischen Vernunft die «Grundsätze» innehaben. «Hier», sagt Kant von den «Ideen» nämlich, «werden sie immanent und constitutiv, indem sie Gründe der Möglichkeit sind, das nothwendige Object der reinen praktischen Vernunft (das höchste Gut) wirklich zu machen, da sie ohne dies transscendent und blos regulative Principien der speculativen Vernunft sind, die ihr nicht ein neues Object über die Erfahrung hinaus anzunehmen, sondern nur ihren Gebrauch in der Erfahrung der Vollständigkeit zu nähern auferlegen» [41].

c) In der ‹Kritik der Urteilskraft› schließlich erhält das Prinzip der ästhetischen *Urteilskraft*, die subjektive formale Zweckmäßigkeit, ebenfalls einen konstitutiven Status hinsichtlich des «Gefühls», so daß Kant am Schluß der Einleitung das gesamte Inventar seiner konstitutiven Prinzipien resümieren kann: «In Ansehung der Seelenvermögen überhaupt, sofern sie als obere, d. i. als solche, die eine Autonomie enthalten, betrachtet werden, ist für das Erkenntnißvermögen [...] der Verstand dasjenige, welches die constitutiven Principien a priori enthält; für das Gefühl der Lust und Unlust ist es die [ästhetische] Urtheilskraft [...]; für das Begehrungsvermögen die [praktische] Vernunft» [42].

Damit heißen ‹konstitutiv› solche Prinzipien, die eine jeweils wohlbestimmte Anwendung von Kategorien (theoretischer Verstand), Ideen (praktische Vernunft) und Zweckmäßigkeit (ästhetische Urteilskraft) garantieren; d. h. solche Prinzipien und die Regeln ihrer Anwendung legen a priori den transzendentalen Bedeutungsrahmen fest, innerhalb dessen empirisch verständlich erst wissenschaftlich erkannt, sittlich gewollt und ästhetisch beurteilt werden kann. (Es sei hier angemerkt, daß Kant nie die *Kategorien* als ‹konstitutiv› bezeichnet hat, wie in den meisten Wörterbüchern angegeben [43], sondern nur die *Regeln* ihres objektiven Gebrauchs.)

d) Verwendet Kant im kritischen Werk stets nur das Adjektiv ‹konstitutiv›, so findet sich im ersten Konvolut des ‹*Opus postumum*› auch die reflexive Wendung ‹sich selbst konstituieren›. Hier geht es nicht mehr um konstitutive Prinzipien für die einzelnen Kompetenzen des transzendentalen Subjekts, sondern um die K. des «den-

kenden Subjekts» durch das System selbst: «Tr[anscentendal-] Ph[ilosophie] ist das Princip des Systems der *Ideen*[,] sich selbst (mich) a priori zu einem Objecte der reinen Vernunft zu constituiren (die ihres eigenen Subjects Urheber sind)» [44]. Oder: «Transc[endentale] Phil[osophie] ist das Princip[,] sich selbst nach Ideen zu einem Object zu constituiren noch vor seiner Selbstbestimmung im Raum u. der Zeit[,] doch zum Behufe derselben» [45].

5. Da Kants Unterscheidung eines konstitutiven und eines regulativen Leistungscharakters von Prinzipien bzw. der Regeln ihrer Anwendung letztlich an die Unterscheidung einer «bestimmenden» und einer «reflektierenden Urteilskraft» gebunden ist (‹konstitutiv› heißen die Prinzipien der «bestimmenden» Urteilskraft, wie auch die «ästhetische», insofern sie über ein konstitutives Prinzip, ein «bestimmendes» Moment zu eigen hat), wird die Entgegensetzung ‹konstitutiv/regulativ› überall dort, wo die Differenzierung der Urteilskraft oder gar sie selber angegriffen oder abgelehnt wird, überflüssig. Tatsächlich verschwindet die Entgegensetzung ‹konstitutiv/regulativ› dann gerade bei den führenden Denkern des deutschen Idealismus. FICHTE, SCHELLING und HEGEL verwenden weder diese Entgegensetzung noch das Wort ‹konstitutiv› mit systematisch relevanten Intentionen. Dabei scheint übrigens S. MAIMON der erste gewesen zu sein, der den regulativen Leistungscharakter der Ideen bei Kant ausdrücklich als entbehrlich kritisierte [46]. J. FR. FRIES dagegen nimmt die kantische Unterscheidung ‹konstitutiv/regulativ› in seinem ‹System der Logik› orthodox auf in der Entgegensetzung von konstitutiven und regulativen Theorien: «Einmal nach der progressiven Methode der subsumierenden Urtheilskraft erhalten wir *konstitutive Theorien* und dann nach der regressiven Methode der reflektierenden Urtheilskraft *regulative Theorien*» [47].

Erst gegen Ende des 19. Jh. beginnt der Wortgebrauch von ‹konstitutiv und ...›, initiiert durch die Kantrenaissance, wieder eine systematische Rolle zu spielen in neuen Entgegensetzungen wie ‹konstitutiv/reflexiv› (WINDELBAND, LASK [48]), ‹konstitutiv/methodologisch› (RICKERT [49]), denen die Wendung ‹naiv/kritisch› von H. COHEN entspricht [50]. Zugleich nimmt, bezeichnenderweise um den Ausgang der «Gründerjahre», um die Jahrhundertwende der Gebrauch von ‹konstitutiv›, ‹konstituieren› und ‹K.› rapide zu [51].

Der eigentliche Durchbruch von Wort und Problem erfolgte aber zweifellos erst bei E. HUSSERL [51a], dessen transzendentalphänomenologischer K.-Begriff gegenüber dem formallogischen Carnaps die alte Entgegensetzung eines ontologischen und logischen K.-Begriffs wiederholte und sie zum Kennzeichen eines wesentlichen Antagonismus in der ersten Hälfte des 20. Jh. machte.

6. Heute scheint sich eine Überwindung dieses Antagonismus’ in der Analytischen Philosophie abzuzeichnen, etwa bei JOHN R. SEARLE, der in seiner Arbeit ‹Speech Acts› (1969) die Unterscheidung von «konstitutiven» und «regulativen Regeln» aufnimmt: Regeln, die Sprechakten, ihrem intensionalen Gehalt und dessen Realisation zugrunde liegen, müssen geschieden werden in «konstitutive», d. h. solche, die Sprechakte erst möglich machen und erzeugen, und «regulative», d. h. solche, die bereits existierende Sprechakte bloß leiten [52].

Diese Gedanken nimmt J. HABERMAS auf dem Niveau einer «Universalpragmatik» oder innerhalb einer «Theorie der kommunikativen Kompetenz» so auf, daß solche «konstitutiven Regeln» für kommunikative Sprechakte als «dialogkonstituierende Universalien» expliziert werden können [53]. Auf diesem Hintergrund fordert und skizziert er in seiner Auseinandersetzung mit N. LUHMANN [54], der seinerseits das Verhältnis «von Sinn und System» als «K.» bezeichnet [55], eine «K.-Theorie der Erfahrungswelt», die aber nicht mehr, wie die Tradition, auf den «Funktionskreis instrumentalen Handelns» beschränkt sein soll, sondern den «kommunikativen Handelns» mit einschließt. In diesem Sinne faßt HABERMAS zusammen: «Im Hinblick auf die K. der Erfahrungswelt unterscheiden wir zwei Objektbereiche (Dinge, Ereignisse; Personen, Äußerungen), denen verschiedene Modi der Erfahrung (sensorische, kommunikative), zwei verschiedene Formen der empirischen Sprache (physikalische und intentionale Sprache) und zwei Typen von Handlungen (instrumentales, kommunikatives) zugeordnet werden können. Die doppelte K. von Gegenständen der Erfahrung hängt offensichtlich damit zusammen, daß wir umgangssprachlich kommunizieren können» [56]. Für die hier und anderswo [57] gegenwärtig aufkommende Diskussion des K.-Problems ist es schließlich wesentlich, daß sie Profil und Grenzen eines auf sprachliche Handlungen abgestellten Einsatzes hat.

Anmerkungen. [1] J. MICRAELIUS: Lex. philos. (²1662, ND 1966) 383. – [2] PORPHYRIOS, Isag. 3 b. – [3] ARISTOTELES, Rhet. I, 2, 1357 b. – [4] J. G. WALCH: Philos. Lex. (²1733) 841: s.v. ‹Essentiale›. – [5] I. KANT, Akad.-A. 9, 58ff., bes. 60. – [6] J. FR. FRIES: System der Logik (³1837, ND 1971) § 27. – [7] FR. UEBERWEG: System der Logik und Gesch. der log. Lehren (1857), hg. J. BONA MEYER (⁵1882) 170. – [8] H. LOTZE: Logik (1874), hg. G. MISCH (1912) 145. – [9] TH. ZIEHEN: Lb. der Logik auf positivist. Grundl. ... (1920) 530. – [10] O. KÜLPE: Vorles. über Logik, hg. O. SELZ (1923) 33. – [10a] Vgl. Art. ‹K., logische›. – [11] Vgl. Art. ‹Form/Materie›. – [12] PORPHYRIOS, Isag. 3 b 1 a. – [13] ARISTOTELES, Met. VII, 3 1028 b 32ff. – [14] R. GOCLENIUS: Lex. philos. (1613, ND 1964) 457. – [15] ST. CHAUVIN: Lex. philos. (Leeuwarden ²1713, ND 1967) 222. – [16] J. LOCKE, Essay conc. human understanding III, 3, § 15. Works (London 1823) 181ff. – [17] a. a. O. § 17. – [18] § 18. – [19] G. W. LEIBNIZ, Philos. Schr., hg. C. J. GERHARDT 5, 272f. – [20] a. a. O. 274. – [21] 4, 484. – [22] 479. – [23] ebda. – [24] 173. – [25] Vgl. F. KAMBARTEL: Erfahrung und Struktur. Bausteine zu einer Kritik des Empirismus und Formalismus (1968) 100. – [26] KANT, KrV B 200. – [27] a. a. O. B 197ff. – [28] B 221ff. – [29] B 646. – [30] LEIBNIZ, a. a. O. [19] 5, 429. – [31] KANT, KrV B 221. – [32] ebda. – [33] B 222. – [34] B 692. – [35] B 699. – [36] M. LIEDTKE: Der Begriff der refl. Urteilskraft in Kants KrV (Diss. Hamburg 1964). – [37] KANT, KrV B 672. – [38] Vgl. a. a. O. B 699. – [39] B 693. – [40] A 219ff. 223ff. 238ff. – [41] KpV A 244. – [42] KrV B LVI. – [43] So z. B. in allen A. des EISLER. – [44] KANT, Akad.-A. 21, 98. – [45] ebda. – [46] S. MAIMON: Versuch einer neuen Logik und Theorie des Denkens (1794) 206. – [47] FRIES, a. a. O. [6] 602. – [48] W. WINDELBAND: Vom System der Kat., in: Philos. Abh., Chr. Sigwart zu seinem 70. Geburtstag (1900) 41-58; E. LASK, Ges. Schr. hg. E. HERRIGEL 2 (1923) 133ff. – [49] H. RICKERT: Der Gegenstand der Erkenntnis. Einf. in die Transzendentalphilos. (1892, ²1914) 205ff. – [50] H. COHEN: Logik der reinen Erkenntnis (1902, ²1914) 402f. 487; vgl. J. SOLOWIEJCZYK: Das reine Denken und die Seins-K. bei Hermann Cohen (Diss. Berlin 1932). – [51] Vgl. H. COHEN: Das Prinzip der Infinitesimalmethode und seine Gesch. (1883), hg. W. FLACH (1968) 93. 190. 207. 809 et passim; P. NATORP: Einl. in die Psychol. nach krit. Methode (1888) 108: «Constitution des Gegenstandes»; Philos. Propädeutik ... (²1905) § 21: «Die K. des Erfahrungsgegenstandes ...»; aus einer anderen Schule: F. J. SCHMIDT: Grundzüge der konstit. Erfahrungstheorie des immanenten Erfahrungsmonismus (1901). – [51a] Vgl. Art. ‹K., phänomenologische›. – [52] J. R. SEARLE: Speech acts (Cambridge 1969); dtsch. Sprechakte (1971) 54ff. – [53] J. HABERMAS: Vorbereitende Bemerk. zu einer Theorie der kommunikativen Kompetenz, in: J. HABERMAS und N. LUHMANN: Theorie der Gesellschaft oder Sozialtechnol.? (1971) 101-141. – [54] Theorie ... a. a. O. – [55] N. LUHMANN: Sinn als Grundbegriff der Soziol. a. a. O. [53] 25-200, bes. 30. – [56] J. HABERMAS: Theorie der Gesellschaft oder Sozialtechnol.? a. a. O. [53] 142-290, bes. 212f. – [57] Vgl. z. B. E. HEINTEL: Gegenstands-K. und sprachl. Weltbild in: Sprache – Schlüssel zur Welt. Festschr. Leo Weisgerber, hg. H. GIPPER (1959) 47-55; K.-O. APEL: Der philos. Wahrheitsbegriff als Voraussetz. einer inhaltl. orientierten Sprachwiss. III: Muttersprachl. erschlossene Wahrheit als seinsgesch., entdeckend-verdeckende Welt-K., in: Sprache ... a. a. O. 29ff.

Literaturhinweise. ST. G. FRENCH: Kant's constitutive-regulative distinction. Monist 51 (1967) 623-639. – W. HOGREBE: Kant und das Problem einer transzendentalen Semantik (1974).
W. HOGREBE

Konstitution, logische. K. eines Begriffs heißt im Rahmen der von R. CARNAP entwickelten *K.-Theorie* [1] die logische Zurückführung dieses Begriffs auf erkenntnismäßig frühere Begriffe. Der Begriff *A* wird aus den Begriffen *B*, *C*, ..., konstituiert durch Angabe seiner *konstitutionalen Definition*, d. h. einer Regel, die allgemein beschreibt, wie jede Aussageform, die *A* enthält, umgeformt werden kann in eine extensionsgleiche Aussageform, die *B*, *C*, ..., aber nicht *A* enthält [2]. Die konstitutionale Definition kann eine explizite Definition oder eine Gebrauchsdefinition (s.d.) sein [3].

Anmerkungen. [1] Vgl. Art. ‹K.-System, K.-Theorie›. – [2] R. CARNAP: Der log. Aufbau der Welt (1928) 1f. 46f. – [3] a. a. O. 51-53.
K. BROCKHAUS

Konstitution, phänomenologische. »*Phänomenologische*» oder »*transzendentale K.*» ist der zentrale Problemtitel der Phänomenologie E. HUSSERLS und durchzieht dessen gesamtes philosophisches Schaffen.

Die formale, sich durchhaltende Bedeutung von ‹K.› ist mit dem Begriff der Intentionalität als deren Leistung gegeben: «Aufbau» von gegenständlicher Identität durch Mannigfaltigkeiten von Bewußtseinsakten. (Dies gilt schon für den ersten Teil der ‹Philosophie der Arithmetik›, der die K. des eigentlichen Zahlbegriffs zum Thema hat [1].) Die Theorie der transzendentalen K. setzt an der mit dem Begriff der Intentionalität bezeichneten Korrelation von Bewußtsein (noesis) und Gegenstand (noema) an [2]. Da diese Korrelation notwendig zwei Aspekte bietet, muß diese transzendentale K. in «statische» und «genetische» K. unterschieden werden [3].

1. Der auf die *statische* K. führende Aspekt der genannten Korrelation ist damit gegeben, daß diese durch eine invariante, apriorische Gesetzlichkeit bestimmt ist, die Husserl «konstitutives Apriori» [4] nennt. Dieses ermöglicht und bestimmt als «Regelstruktur» [5] die Synthesis der nach Passivität und Aktivität [6], nach Rezeptivität und Spontaneität [7] zu differenzierenden Mannigfaltigkeiten des Bewußtseinslebens. Seine Ausfaltung erfährt dieser erste Aspekt in der Theorie der statischen K. der Gegenstandsregionen (statische Phänomenologie); in einer entsprechenden Intentionalanalyse wird das «ontische Apriori» [8] der Seinsregionen auf das ihm entsprechende konstitutive Apriori zurückgeführt. Von der genannten Synthesis als «Sinnbildung» [9], als Aufbau des Wasgehaltes des Gegenstandes, muß die ihm je zugehörige «Seinssetzung» [10] als Bestimmung des Seinscharakters des Gegenstandes unterschieden werden.

2. Der zweite, auf die *genetische* K. führende Aspekt ist dadurch bestimmt, daß vom konstitutiven Apriori dessen Aktualisierung im konkreten Bewußtseinsleben, d. h. im Medium der immanenten Zeit, unterschieden werden muß [11]. Die Ausfaltung dieses Aspektes (genetische Phänomenologie) hat neben der zeitlichen Aktualisierung des konstitutiven Apriori auch die Selbst-K. der transzendentalen Subjektivität und damit auch die Genesis des konstitutiven Apriori selbst zum Thema.

Im Rahmen des Gesamtvollzuges der transzendentalen Phänomenologie ist die transzendentale K. die wiedergewinnende Rückkehr zur Welt, die in der Epoché und Reduktion zwecks Gewinnung eines letzten Erkenntnis- und Erfahrungsstandpunktes verlassen wird

[12]. In dieser Rückkehr zeigt sich eine Fundierungsordnung, die ihren Ausdruck in Stufen der K. findet. Husserl unterscheidet drei Stufen der K.: 1. «Ur-K.». Als solche wird die passive K. der immanenten Zeit und ihrer primären Inhalte sowie die zeitliche Selbst-K. der transzendentalen Subjektivität bezeichnet [13]. Sie ist im wesentlichen genetische K. 2. «Primordiale K.». Sie ist die K. des je einzelnen psychophysischen Subjektes und seiner originär zugänglichen Umwelt [14]. Das konstitutive Apriori ist hier das «kinästhetische Bewußtsein» als Einheit von Selbstbewußtsein, Leibbewußtsein und Weltbewußtsein [15]. 3. «Intersubjektive K.». Sie bezeichnet die K. der Gemeinschaft der transzendentalen Subjekte («Monadenall») und der Menschengemeinschaft in ihrer gemeinsamen objektiven Welt [16]. Auch die beiden letzten Stufen sind Thema der konstitutiven Phänomenologie wie im statischen so auch im genetischen Sinne [17].

Der Begriff der K. bleibt bei Husserl in einer unaufhebbaren Zweideutigkeit und Unentschiedenheit. Er schwankt zwischen «Sinnbildung», deren Leistung das Gegebensein des Gegenstandes für das Bewußtsein ist, und «Creation» im Sinne von schöpferischer Produktion der Totalität des Seienden [18]. Diese Zweideutigkeit schlägt auf andere zentrale Begriffe der Phänomenologie Husserls zurück und bestimmt damit wesentlich deren Gesamtcharakter.

Anmerkungen. [1] Vgl. E. HUSSERL: Philos. der Arithmetik. Psychol. und log. Untersuch. 1 (1891) Kap. 1. 4. – [2] Vgl. z. B. Die Krisis der europ. Wiss. und die transzendentale Phänomenol. Eine Einl. in die Transzendentale Phänomenol. Husserliana 6 (Den Haag ²1962) 174f. – [3] Vgl. Formale und transzendentale Logik (1929) 221. – [4] a. a. O. 220. – [5] Cartesianische Meditationen und Pariser Vorträge. Husserliana 1 (Den Haag ²1963) 22. 99. – [6] a. a. O. 80. – [7] Analysen zur passiven Synthesis. Aus Vorles.- und Forsch.-Ms. 1918-1926. Husserliana 11 (Den Haag 1966) 358. – [8] a. a. O. [3] 220. – [9] Vgl. a. a. O. [2] 170ff. – [10] Vgl. Ideen zu einer reinen Phänomenol. und phänomenol. Philos. 1 Husserliana 3 (Den Haag 1950) 256ff. – [11] a. a. O. [7] 336ff. – [12] a. a. O. [5] 15. – [13] a. a. O. [7] XIV. – [14] a. a. O. [5] 125ff. – [15] Vgl. U. CLAESGES: Edmund Husserls Theorie der Raumkonstitution (Den Haag 1964) 131f. – [16] HUSSERL, a. a. O. [5] 149ff. – [17] a. a. O. [7] 342ff. – [18] Vgl. E. FINK: L'analyse intentionnelle et le problème de la pensée spéculative, in: Problèmes actuels de la phénoménol. (Paris 1958) 78.

Literaturhinweise. E. FINK s. Anm. [18]. – W. BIEMEL: Die entscheidenden Phasen der Entfaltung von Husserls Philos. Z. philos. Forsch. 13 (1959) 187-213. – R. SOKOLOWSKI: The formation of Husserl's concept of constitution (Den Haag 1964). – K. HELD: Das Problem der Intersubjektivität und die Idee einer phänomenol. Transzendentalphilos. Perspektiven transzendentalphänomenol. Forsch., in: Ludwig Landgrebe zum 70. Geburtstag, hg. U. CLAESGES/K. HELD (Den Haag 1972) 3-60.
                                                        U. CLAESGES

Konstitutionalismus ist eine Neubildung aus lateinisch ‹constitutio›, Verfassung. Das französische Wort ‹constitutionalisme› findet sich zum ersten Male 1842 bei C. PECQUEUR [1]. In Deutschland ist zu Anfang des 19. Jh. der Terminus ‹konstitutionelles System› gebräuchlich [2].

Im Gegensatz zu anderen Wortgebräuchen, besonders anglo-amerikanischer Autoren, die den Begriff zumeist sehr weit fassen [3], wird hier unter ‹ K. › diejenige schriftlich festgelegte Staatsform verstanden, in der der Monarch in Ausübung der Staatsgewalt durch ein Parlament beschränkt ist. Begrifflich ist K. zwischen absoluter und parlamentarischer Monarchie anzusiedeln.

Zwei wesentliche Momente des K. sind: a) die von LOCKE [4] zuerst explizierte, von MONTESQUIEU [5] erweiterte und systematisierte Lehre von der Gewaltenteilung; b) das Prinzip der Fürstensouveränität, nach dem alle Staatsgewalt vom Fürsten ausgeht und diesem Unverletzlichkeit und Nicht-Verantwortung vor dem Volk zuspricht. Aus dem Gegensatz zur ständischen und zur absoluten Monarchie entstanden, läßt sich eine Bewegung zum K., früher als in anderen Ländern, im England des 17. Jh. erkennen (Bill of Rights, 1689), die allerdings bald zur parlamentarischen Monarchie überleitet. Montesquieus an englischen Verhältnissen orientierte Lehre der Teilung der Gewalten unter voneinander unabhängige Staatsorgane beeinflußte, neben Rousseaus Idee der «volonté générale», die Ideen der Französischen Revolution. Diese führte in Frankreich jedoch, da sie anstelle der Fürstensouveränität die Volkssouveränität setzte, nicht zum K. Erst nach dem Fall Napoleons beginnt hier die Periode des K.; die Charte constitutionnelle Ludwigs XVIII. vom 4. 6. 1814, die das Prinzip der Fürstensouveränität ausdrücklich anerkennt, wird dann zum Vorbild aller konstitutionellen Verfassungen des 19. Jh.

Die konstitutionelle Bewegung nach den Befreiungskriegen in Deutschland weist, gegenüber der in Frankreich und England, spezifische Eigenheiten auf. Deutschland ist kein geeinter Nationalstaat, sondern ein Fürstenbund (Deutscher Bund 1815-1866) von Einzelstaaten. Außerdem sind die Träger der Bewegung weniger im Wirtschaftsbürgertum, das sich emanzipieren will, als vielmehr Literaten und Publizisten. Beide Momente bewirken, daß ein neues Nationalgefühl sich in einem politisch sich nicht durchsetzenden ethnischen Volksbegriff (HERDER) manifestiert und daß das monarchische Prinzip nie ernsthaft in Frage gestellt wird.

Die staatsrechtliche Diskussion im liberal-konstitutionellen Lager [6] bewegt sich, bestimmt von negativen Erfahrungen der Französischen Revolution und relativ unabhängig von der theoretischen bzw. politischen Provenienz der Autoren [7], um den Fragenkomplex: Wie ist eine Synthese von überkommenen monarchischen Strukturen und Mitwirkung des Volkes bzw. des dritten Standes an Staatsgeschäften denkbar; HEGEL versteht dies als Aufgabe der Versöhnung von Freiheit und Ordnung [8]. Großen Einfluß auf die deutsche Ausprägung des K. üben, neben Montesquieu, E. BURKES ‹Reflections on the Revolution in France› (1790) aus, in dem er, ähnlich wie MÖSER [9] in Deutschland, entwicklungsgeschichtlich-traditionalistisch argumentiert und Verfassung als Teilhabe zu entwickeln versucht.

Anmerkungen. [1] C. PECQUEUR: Théorie nouvelle d'économie sociale et politique (Paris 1842) 95. – [2] Vgl. dazu Art. ‹Constitution, constitutionelles Prinzip›, in: Staatslex., hg. C. v. ROTTECK/K. WELCKER (1834ff.) 3, 761ff. – [3] Repräsentativ dafür: Int. Encycl. of the social sciences, hg. D. L. SILLS (New York 1968) 3, 318-326. – [4] J. LOCKE: Two treatises of government (London 1690). – [5] CH. DE S. MONTESQUIEU: De l'esprit des lois 1. 2 (Paris 1748) – [6] Vgl. dazu H. BRANDT: Landständische Repräsentation im dtsch. Vormärz (1968). – [7] Vgl. E. SCHMIDT-ASSMANN: Der Verfassungsbegriff in der dtsch. Staatslehre der Aufklärung und des Historismus (1967). – [8] G. W. F. HEGEL, Werke, hg. GLOCKNER 6, 349-490. – [9] J. MÖSER: Patriotische Phantasien ... (1946-1958) IV-VII, bes. IX.

Literaturhinweise. H. BRANDT s. Anm. [6]. – G. DE RUGGIERO: Gesch. des Liberalismus in Europa (²1964). – E. SCHMIDT-ASSMANN s. Anm. [7]. – F. D. WORMUTH: The origins of modern constitutionalism (New York 1949).   Red.

Konstitutionssystem, Konstitutionstheorie. ‹Konstitutionssystem› (K.) (engl. constitutional system) heißt ein alle empirischen Begriffe umfassendes, die logischen Zusammenhänge zwischen den einzelnen Begriffen aufzeigendes System, in dem jeder Begriff durch eine *konsti-*

tutionale Definition auf die *Basis* des K. zurückgeführt wird. Die Basis besteht aus einer möglichst kleinen Zahl undefinierter Grundbegriffe. Die allgemeine Form eines K. und die zum Aufbau eines K. verwendbaren Methoden werden in der *Konstitutionstheorie* untersucht.

HUME und LOCKE haben die Zurückführbarkeit aller empirischen Begriffe auf die Wahrnehmung und damit die Möglichkeit eines K. mit einer aus Wahrnehmungsbegriffen bestehenden Basis behauptet [1]. R. CARNAP hat in seinem Buch ‹ Der logische Aufbau der Welt › den Versuch gemacht, ein K. wenigstens in den Grundzügen zu entwerfen. Dabei stützt er sich auf die Methoden der formalen Logik, insbesondere der Relationentheorie. Er legt den Akzent seiner Arbeit allerdings nicht auf die tatsächliche Errichtung eines K., sondern auf die «logische Untersuchung der zu einem solchen System führenden Methode» [2], also auf die *Konstitutionstheorie*.

Der erste Schritt zur Errichtung eines K. besteht in der Festlegung der Basis [3]. Dabei ist zu beachten, daß die Zurückführung aller Begriffe auf die Basisbegriffe möglich sein muß. Carnap folgt der Forderung des Empirismus, daß die Grundbegriffe sich auf unmittelbar Aufweisbares beziehen müssen [4], und entscheidet sich für eine *eigenpsychische* Basis; er hält aber auch die Wahl einer allgemeinpsychischen oder einer physischen Basis für vertretbar. Bei einer physischen Basis könnten etwa die räumlichen und zeitlichen Beziehungen zwischen den Elementarteilchen der Physik als Grundrelationen gewählt werden [5]. Der einzige Grundbegriff in Carnaps Basis ist die zweistellige Relation der *Ähnlichkeitserinnerung*. Den Bereich dieser Relation bilden die *Elementarerlebnisse* als unzerlegbare Einheiten des in einem Augenblick Erlebten [6]. Die Ähnlichkeitserinnerung besteht zwischen zwei Elementarerlebnissen x und y genau dann, wenn x und y «durch Vergleich einer Erinnerungsvorstellung von x mit y als teilähnlich erkannt sind» [7]. Hiermit ist nur eine Erläuterung gegeben und nicht eine Definition der Ähnlichkeitserinnerung im K., die als Grundrelation des K. nicht im System definiert werden kann. Mittels relationentheoretischer Methoden, unter denen das Verfahren der Quasianalyse besonders wichtig ist, werden in der ersten Konstitutionsstufe die eigenpsychischen Begriffe konstituiert; dazu gehören die Qualitätsklassen, die Ähnlichkeit zwischen Qualitäten, die Sinnesklassen, der Gesichtssinn, die Sehfeldstellen und das Sehfeld, die Farben und der Farbkörper und eine vorläufige Zeitordnung [8]. Wie mit denselben Mitteln in weiteren Konstitutionsstufen die physischen, fremdpsychischen und geistigen Begriffe sowie der Begriff der empirischen Wirklichkeit konstituiert werden können, wird von Carnap nur skizziert [9]. In einer späteren Arbeit bemerkt er, daß die *Dispositionsbegriffe* (s. d.) nicht mit den ursprünglich in der Konstitutionstheorie vorgesehenen Mitteln konstituiert werden können, und schlägt ein neues Verfahren für ihre Definition vor, das Verfahren der *Reduktionssätze* [10]. Nach N. GOODMAN läuft dieser Vorschlag aber darauf hinaus, die Dispositionsbegriffe als weitere Grundbegriffe zur Basis des K. hinzuzunehmen [11].

In ‹The structure of appearance › setzt Goodman die Untersuchungen Carnaps zur Konstitutionstheorie fort. Er teilt diese Theorien nach der Art ihrer Basis ein in *partikularistische* oder *realistische*, *phänomenalistische* oder *physikalistische*, ferner nach den verwendeten logischen Mitteln in *platonistische* oder *nominalistische* [12]. Entsprechend diesen Unterscheidungen ist Carnaps K. partikularistisch, phänomenalistisch und platonistisch.

Goodman entwirft ein realistisches, phänomenalistisches und nominalistisches K. Die Basis besteht aus einer zweistelligen Grundrelation; der Bereich der Grundrelation, die Menge der Individuen des Systems, ist eine Menge von atomaren Qualitäten (qualia) und deren Aggregaten. Zu diesen Qualitäten gehören unter anderem die Farben, die Zeiten, die Sehfeldstellen und die Töne, dagegen nicht Formen und Größen [13]. Mittels der Grundrelation lassen sich drei zweistellige Relationen definieren, das Zusammensein, die Umfangsgleichheit und die Übereinstimmung von Individuen. Die Zusammensein-Relation (togetherness) besteht etwa zwischen einer Farbe und einer Stelle, an der die Farbe vorkommt [14]. Zwei Individuen sind umfangsgleich (of equal aggregate size), wenn sie dieselbe Anzahl von atomaren Qualitäten enthalten [15], sie stimmen überein (match), wenn sie atomare Qualitäten sind und bei direktem Vergleich kein Unterschied feststellbar ist [16]. Die weiteren Begriffe des K. werden auf diese drei Relationen zurückgeführt.

Anmerkungen. [1] V. KRAFT: Der Wiener Kreis (1950) 94. – [2] R. CARNAP: Der log. Aufbau der Welt (1928) 148. – [3] a.a.O. 83-87. – [4] W. STEGMÜLLER: Hauptströmungen der Gegenwartsphilos. (³1965) 388. – [5] CARNAP, a.a.O. [2] 84. – [6] 91-94. – [7] 110. – [8] 147-162. – [9] 163-204. – [10] Testability and meaning. Philos. of Sci. 3 (1936) 440-444. – [11] N. GOODMAN: The significance of Der logische Aufbau der Welt, in: P. A. SCHILPP (Hg.): The philos. of Rudolf Carnap (1963) 556. – [12] N. GOODMAN: The structure of appearance (1951) 101-110. – [13] a. a. O. 151-157. – [14] 157-160. – [15] 205-206. – [16] 221f.

Literaturhinweise. R. CARNAP s. Anm. [2]. – N. GOODMAN s. Anm. [12]. K. BROCKHAUS

Konstitutionstypus (von lat. constitutio, Beschaffenheit) wird definiert durch signifikante Unterschiede zwischen Menschengruppen hinsichtlich ihrer relativ dauernden Eigentümlichkeit (insoweit ist der K. auch kennzeichnend für die Individualkonstitution) [1]. Maßgebend für die Abgrenzung von K.en sind körperliche (z.B. L. L. ROSTAN [2] und C. SIGAUD [3]), geistige und seelische (z.B. E. SPRANGER [4], K. JASPERS [5], C. G. JUNG [6] und L. KLAGES [7]) oder mehrere Aspekte (E. KRETSCHMER [8], W. H. SHELDON [9] und K. CONRAD [10], letztere beide betont genetisch akzentuiert).

Bekannt sind die K. von E. KRETSCHMER. Sie sind jeweils aufzufassen als «die Gesamtheit aller der individuellen Eigenschaften, die in erster Linie auf Vererbung beruhen, d. h. genotypisch verankert sind» [11]. Methodisch ist der K. die anschauliche Beschreibung einer Zuordnung von «Schnittpunkten häufiger zusammen vorkommender Merkmalsgruppen ...» [12], der morphologisch-anatomischen, der psychischen und der funktionell-pathophysiologischen Aspekte der psychophysischen Gesamtpersönlichkeit. – Eine elastischere Definition bot W. KRETSCHMER, für den der K. «das vorwiegend vererbte, in gewissen Grenzen akzentuierbare oder bis zur Todesgrenze reduzierbare Reaktionspotential bzw. den organismischen Reaktionsstil» darstellt [13]. Andere Konzeptionen erwähnen noch Intelligenz, Leistungsfähigkeit, Widerstandsfähigkeit gegen Krankheiten und Sozialverhalten.

Anmerkungen. [1] W. KRETSCHMER, in: E. KRETSCHMER: Körperbau und Charakter. Untersuch. zum Konstitutionsproblem und zur Lehre von den Temperamenten (1921, zit. ²⁵1967) XI Lit. – [2] L. L. ROSTAN: Cours élémentaire d'hygiène (Paris 1822). – [3] C. SIGAUD: La forme humaine (Paris 1914). – [4] E. SPRANGER: Lebensformen (⁷1930). – [5] K. JASPERS: Allg. Psychopathol. (1913) 209f.; (⁴1946) bes. 537-560. – [6] C. G. JUNG: Psychol. Typen (1921). – [7] L. KLAGES: Die Grundlagen der Charakterkunde (⁶1928). – [8] E. KRETSCHMER, a. a. O. [1]. – [9] W. H. SHELDON: The varieties of human physique (New York 1940). – [10] K. CONRAD: Der K. als genetisches Problem (1941, ²1963). – [11] E. KRETSCHMER, a. a. O. [1]. – [12] a. a. O. 397. – [13] W. KRETSCHMER, a. a. O. [1] VIII.

Literaturhinweis. A. WELLEK: Typus und Struktur. Arch. ges. Psychol. 100 (1938); jetzt in: Ganzheitspsychol. and Struktur-theorie (²1969).   G. MITTELSTÄDT

Konstruierbarkeit ist neben der Widerspruchsfreiheit als negativem Kriterium das positive Kriterium für die Existenzmöglichkeit mathematischer Begriffe und Theoreme. Im Zuge der Besinnung auf die Grundlagen der Mathematik und ihrer philosophischen Fassung, provoziert durch die Untersuchungen zum Parallelenpostulat, setzt bereits im 17. Jh. (später dann vor allem mit J. H. LAMBERT) eine bewußte Rückkehr zur Existenzbestimmung der Mathematika durch Konstruktion in Anlehnung an Euklid ein. Mit KANT wird dann die Forderung nach K. der mathematischen Objekte, die deren Widerspruchsfreiheit voraussetzt, zum entscheidenden Existenzkriterium der kritischen Wissenschaftstheorie. Die Forderung nach K. für die mathematischen Strukturen ist schlechthin die Forderung nach einem Mittel, das es erlaubt, die Etablierung eines Systems von Sätzen über deren nur logische Verknüpfbarkeit hinaus praktisch zu vollziehen. Sie ist das Postulat nach einem Schema, einer «Regel», die die Folgerungen über die freilich notwendige Widerspruchsfreiheit hinaus von den an sich schon synthetischen Grundelementen weiter bis zum endgültig formulierten Theorem gerecht verknüpft. Damit beschränkt sie den Umfang des im mathematischen Sinne Existenten von dem umfassenderen Bereich des logisch Widerspruchsfreien auf den engeren des Konstruierbaren. So ist für KANT das gerade Zweieck zwar widerspruchsfrei, aber nicht existent, da es (im System der euklidischen Geometrie) nicht konstruierbar ist [1].

Anmerkung. [1] I. KANT, Akad.-A. 3, 187.

Literaturhinweise. O. BECKER: Math. Existenz (1927). – W. S. PETERS: J. H. Lamberts Konzeption einer Geometrie auf einer imaginären Kugel. Kantstudien 53 (1961/62) 51-67; Widerspruchsfreiheit und K. als Kriterien der math. Existenz in Kants Wiss.-theorie. Kantstudien 57 (1966) 178-185.   W. S. PETERS

Konstruktion (von lat. constructio, Zusammenschichtung, Zusammenfügung; griech. κατασκευή, γένεσις, σύστημα, σύνταξις, σύνταγμα; ital. costruzione; frz./engl. construction)

I. Das lateinische ‹constructio› taucht erstmals im 1. Jh. v. Chr. bei CICERO als rhetorischer terminus technicus auf und bezeichnet die Verbindung und Gliederung der einzelnen Wörter zu einem Satz im Sinne der «concinnitas» oder der «constructio verborum» [1]. Die Idee der K. läßt sich allerdings schon früher nachweisen.

Aus der Tatsache, daß die *Griechen* das, was man als ‹geometrische K.› bezeichnet, bei mathematischen Problemen sehr viel häufiger anwandten, als es heute der Fall ist, auch wenn sie ohne praktischen Nutzen war, folgerte H. G. Zeuthen, daß die K. «ein theoretisches Mittel, ein Mittel zur Erweiterung der Erkenntnis war»[2]. Diese theoretische Auffassung von der K. als Existenzbeweis läßt sich bis zu EUDOXOS' mathematischer Schule zurückverfolgen [3], die im Streit mit PLATONS philosophischer Schule um die Bedeutung von «Theorem» und «Problem» die These vertrat, daß die Existenz eines mathematischen Gegenstandes nicht schon von «aller Ewigkeit her» gegeben sei, sondern erst in der K. entstehe.

Diese Auffassung läßt sich später in EUKLIDS ‹Elementen›, in denen zur Existenz einer Figur deren K. gefordert wird, aber auch bei POSEIDONIOS, KARPOS und dem Mathematiker PAPPOS nachweisen [4].

Im *Mittelalter* bestimmt die K. – die Auffassung von der Welt als einem «artificium naturae», wobei Gott als artifex und die Welt als machina angesehen wird – als eine der Leitideen die Umwandlung der mittelalterlichen in die «moderne» Naturvorstellung [5]. Dieser «Konstruktivismus» führte zu einer neuen methodischen Wissenschaftshaltung: Man begnügt sich nicht mehr mit einer Evidenz, die auf der «conclusio ex intellectu principiorum» beruht, sondern fordert nunmehr die K. Im Übergang vom Mittelalter zur *Neuzeit* entstehen durch die Euklidrenaissance zwei Strömungen innerhalb der Mathematik, deren Wirksamkeit sich auch auf die Philosophie erstreckt: Die eine Richtung betont den konstruktiven Charakter der ‹Elemente› Euklids, also die Erzeugung bzw. K. geometrischer Gebilde; die andere Richtung macht die logische Deduktion zum Vorbild jeder wissenschaftlichen Methode, so daß sie in der Folgezeit auch in der Philosophie Anwendung findet (vgl. die Systembegriffe von DESCARTES, SPINOZA und CHR. WOLFF). Eine Vertiefung erfährt der K.-Begriff dann in LEIBNIZ' Möglichkeitsbegriff. Die Möglichkeit eines Begriffs und einer Definition garantieren zugleich die Realitätsentsprechung der Definition und des in ihr ausgesagten Gegenstandes. Die Möglichkeit als das Denknotwendige und Konstruierbare führt also zur (mathematischen) Existenz. Die Garantie der Möglichkeit eines Begriffs kann entweder durch die empirische Wirklichkeit des Objekts gegeben werden oder durch die apriorische im Verstand vollzogene K. des Gegenstandes, wobei Leibniz – zu Kant hinführend – nur der letzteren Exaktheit zubilligt: «Triplex constructio est; Geometrica, id est imaginaria, sed exacta; Mechanica, id est realis, sed non exacta; et Physica, id est realis et exacta» [6]. LAMBERT überträgt den K.-Begriff dann weiter auf die Logik, in der er den Vorgang der Zusammensetzung komplexer Gebilde aus einfachen Elementen bezeichnet [7]. Auf Euklids Begriff des «Machens» zurückgreifend fordert Lambert von jeder wissenschaftlichen Erkenntnis den Nachweis der Möglichkeit zusammengesetzter Begriffe, der nach Abschluß der analytischen Zergliederung nur von der K. geliefert werden kann: «Die Widerspruchsfreiheit ist das negative Kriterium, die Konstruierbarkeit das positive Kriterium für die Wahrheit eines Satzes ...» [8], wobei Konstruierbarkeit als Charakteristikum der Mathematik nicht an irgendeine Anschauung gebunden ist, da es Lambert gerade um eine Eliminierung der Anschauung aus der Geometrie geht: «Damit rückt Lambert also ab von der Anschauung der geometrischen Figur in eine symbolische Formalistik der K.» [9]. Anders bei KÄSTNER, der Möglichkeit und Konstruierbarkeit im Sinne von Machen (Herstellen) gleichsetzt [10]. In einem Brief an Kant läßt Kästner allerdings Zweifel an der Übertragbarkeit der K.-Methode auf die Philosophie aufkommen, «weil die philosophischen Begriffe nicht so leicht gestatten, dem Verstand durch sinnliche Bilder zu Hülfe zu kommen» [11]. Diese Skepsis führt dann bei *Kant* zu einer prinzipiellen Trennung zwischen der Philosophie als einer analytischen und der Mathematik als einer konstruktiven Wissenschaft.

Anmerkungen. [1] Vgl. CICERO, De oratore I, § 17; Brutus, sive de claris oratoribus § 272. – [2] H. G. ZEUTHEN: Die geometrische Construction als Existenzbeweis in der antiken Geometrie. Math. Ann. 47 (1896) 222-228, bes. 223. – [3] Belege bei E. NIEBEL: Untersuch. über die Bedeutung der geometrischen K. in der Antike. Kantstudien, Erg.-H. 76 (1959). – [4] Belege a. a. O. – [5] H. M. NOBIS: Die Umwandlung der mittelalterl. Naturvorstellung. Ihre Ursachen und ihre wiss. Folgen. Arch. Begriffsgesch. 13 (1969) 34-57. – [6] G. W. LEIBNIZ: Brief an J. Thomasius (1670). Sämtl. Schr. und Briefe, hg. Dtsch. Akad. Wiss. Berlin VI: Philos. Schriften 2 (1966) 270 (Theoria motus abstracti, 1670/71). – [7] Belege bei W. S. PETERS: Johann Heinrich Lamberts Konzeption einer Geometrie auf einer imaginären Kugel. Kantstudien 53 (1961/62). – [8] Vgl. a. a. O. 57f. – [9] ebda. – [10] Vgl. A. G. KÄSTNER: Was heißt bei Euklid möglich? Philos. Mag., hg. J. A. EBERHARD 2 (1790) 391-402. – [11] Brief an I. Kant (2. Okt. 1790). Briefe aus sechs Jahrzehnten (1745-1800). (1912) 170.   HELGA KÖNIG

II. Der K.-Begriff bei Kant.
– Bei KANT meint ‹K.› ein (synthetisches) Verfahren zur Realisierung von Urteilsformen im Raum und in der Zeit der Anschauung.

1. Jede Erkenntnis ist nach Kant mit *Anschauung* verbunden, deren Formen [1] die Gegenstände der Erkenntnis als Erscheinungen in einem Nacheinander in der Zeit und einem Nebeneinander im Raum gliedern. Neben der Fähigkeit, Vorstellungen zu empfangen (Rezeptivität der Anschauung), unterscheidet Kant das Vermögen, Vorstellungen selbst hervorzubringen. Diesen spontanen Anteil an der Erkenntnis leistet der *Verstand* [2]. Die verstandesmäßige Arbeitsweise ist diskursiv nach Regeln zur Herleitung von Urteilsformen, wobei sich Kant neben dem aristotelischen ‹Organon› insbesondere an Lambert orientiert [3].

2. Die Vereinigung (Synthesis) von Urteilsformen des Verstandes und Erscheinungen in der Anschauung leistet die *Einbildungskraft*. Sie ordnet jedoch den Urteilsformen bzw. Begriffen nicht bloß an sich bestehende Sachverhalte oder Objekte zu, die in der Anschauung erscheinen [4]. Vielmehr sind die Sachverhalte und Objekte nach den formalen Regeln des Verstandes erst in der Anschauung zu *konstruieren* (z. B. bei den reinen Anschauungsformen der Mathematik) bzw. zu *rekonstruieren* (aus empirischem Datenmaterial z. B. bei Erfahrungsurteilen der Physik). Wird einem formalen Urteil oder Begriff des Verstandes ein solcher (re-)konstruierter Sachverhalt zugeordnet, so wird er nach Kant in der Anschauung realisiert. Ein solches Realisationsverfahren für formale Urteile nennt Kant auch *Schema(tismus)* [5]. Diejenigen Urteilsformen bzw. Verstandesbegriffe, welche die Möglichkeit der Anwendung auf Vorstellungen der Anschauung berücksichtigen (d. h. mit einem Schematismus versehen sind), nennt Kant ‹Kategorien›. So wird dem Begriff der natürlichen Zahl durch ein sukzessives (synthetisches) Zählverfahren zur Hintereinanderschreibung von Ziffern /,//,///,... ein Bild in der Anschauung (und damit Realität) verschafft. Demgegenüber haben PLATON und LEIBNIZ die Zahlen nicht als operative Zählzeichen für K.-Schritte, sondern als ideelle Seinsbegriffe definiert [6]. Die Bilder dieser Schemata der *Kategorie der Quantität* heißen bei KANT ‹extensive Größe› [7].

Umgekehrt wird eine spezielle Empfindung (z. B. Schwere eines Körpers) durch ein K.-Verfahren für einen Meßapparat (z. B. Waage) auf den allgemeinen Begriff (z. B. des physikalischen Gewichts) gebracht. Weitere Eigenschaften (Qualitäten) von empirisch rekonstruierten Größen sind z. B. Farbe, Wärme, Geschmack u. ä. Das Schema, das solchen *Qualitäten* Realität verschafft, wird von Kant beschrieben als die «kontinuierliche und gleichförmige Erzeugung» der «*intensiven Größen*» in der Zeit, «indem man von der Empfindung, die einen gewissen Grad hat, in der Zeit bis zum Verschwinden derselben hinabgeht, oder von der Negation (= 0) zu der Größe derselben allmählich aufsteigt» [8]. Zur Beschreibung der kontinuierlich schwächer und stärker werdenden Emp-

findung orientiert sich Kant am geometrischen Bild stetiger Funktionen, deren K. ohne «Sprünge» und an allen Stellen «dicht» ist. Die K. der intensiven Größe entnimmt Kant der Leibnizschen geometrischen K. des Differentialquotienten [9]. – Der *Neukantianismus* hat versucht, die Differentialrechnung des 19. Jh. durch Kants Lehre von der K. intensiver Größen zu begründen [10]. Der Differentialbegriff gerät bei H. COHEN zur «conditio sine qua non» eines exakten K.-Verfahrens, welches die «Konstitution des Materiellen und Realen» garantiert [11].

3. Auf dem Hintergrund dieses erkenntnistheoretischen Modells ist die Leibnizsche *Urteilsklassifikation* in analytische und Tatsachenurteile nicht mehr haltbar. KANT unterscheidet neben den analytischen (d. h. den formal-logischen oder per definitionem wahren) Urteilen die synthetischen, die sich in empirische (a posteriori) und nicht empirische (a priori) gliedern. Synthetische Urteile sind nicht nur formal widerspruchsfrei, sondern zusätzlich mit einem (Re-)K.-Verfahren für Gegenstände in der Anschauung versehen [12]. Da die K.-Verfahren für physikalische Begriffe auf empirische Daten zurückgreifen, sind Erfahrungsurteile synthetisch a posteriori. Da die K.-Verfahren für mathematische Begriffe nur auf die apriorischen Formen der Anschauung (nämlich Raum und Zeit) zurückgreifen, sind sie nach Kant synthetisch a priori. Für LEIBNIZ war ein mathematischer Sachverhalt schon dann existent, wenn das entsprechende Urteil formal widerspruchsfrei, also analytisch wahr ist [13]. Für Kant muß zu der *formalen Widerspruchsfreiheit* noch ein *Realisationsverfahren in Raum und Zeit* hinzukommen. Begriffe, für die es ein solches Realisationsverfahren nicht gibt (z. B. nicht-euklidische Geometrie), sind bloße *Ideen*, die zwar widerspruchsfrei aber ohne Realität in der Anschauung sind: «Vom Kantischen Standpunkt ist dazu warnend zu bemerken, daß die Ideen nichts als Blendwerke und «transzendentaler Schein» sind, von dem ein konstruktiver Gebrauch nicht gemacht werden darf, so notwendig er sich auch der menschlichen Vernunft aufdrängt!» [14].

Anmerkungen. [1] Vgl. I. KANT, KrV, Transz. Ästh. – [2] Vgl. KrV, Von den log. Funktionen des Verstandes in Urteilen. – [3] Vgl. G. TONELLI: Die Voraussetz. zur Kantischen Urteilstafel in der Logik des 18. Jh., in: Kritik und Met., hg. F. KAULBACH/J. RITTER (1966). – [4] Vgl. G. PRAUSS: Kant und das Problem der Dinge an sich (1974). – [5] Zur zentralen Rolle des Schematismuskapitels in der KrV., vgl. auch F. KAULBACH: Kants transz. Theorie der Beschreibung, in: Der Methoden- und Theorienpluralismus in den Wiss., hg. A. DIEMER (1971). – [6] J. KLÜVER: Operationalismus (1971). – [7] Vgl. KANT, KrV B 202. – [8] Vgl. B 183. – [9] Vgl. K. MAINZER: Math. Konstruktivismus (Diss. Münster 1973) 67f. – [10] Vgl. H. COHEN: Das Prinzip der Infinitesimalmethode und seine Gesch. (1883, ND 1968). – [11] Vgl. a. a. O Nr. 68. 77. – [12] Vgl. S. KÖRNER: Philos. der Math. (1968) 162f. – [13] Vgl. das formalistische Existenzkriterium im Art. ‹Gültigkeit›. – [14] Vgl. O. BECKER: Math. Existenz. Jb. Philos. phänomenol. Forsch. 8 (1927) 739.   K. MAINZER

III.
Der bei Kant als wesentlichstes Unterscheidungsmerkmal der Mathematik von der Philosophie fungierende K.-Begriff wird nun im *Deutschen Idealismus* auch für die Philosophie fruchtbar gemacht und weiter auf die Logik, Naturphilosophie und Psychologie ausgedehnt. Die verschiedenen Ausprägungen des K.-Begriffs ergeben dabei auch die Unterlage für die verschiedenen Systembegriffe des Deutschen Idealismus.

Als unmittelbare Fortführer des K.-Begriffs, so wie er bei Kant vorliegt, lassen sich MAIMON, SCHOPENHAUER, FRIES und APELT nennen. Über Kant hinaus geht MAIMON in seiner Unterscheidung zweier K.-Arten, der ursprünglichen oder an sich möglichen und der abgeleiteten, wobei ein Zirkel an sich konstruiert werden kann, ein gleichseitiges Dreieck hingegen nur durch den Zirkel [1]. Zum ersten Mal wird bei Maimon [2] auch der Unterschied zwischen Nach-K. (bzw. Urteilen) – ein Terminus, den auch FICHTE in der Gegenüberstellung von ursprünglicher K. im Ich und Nach-K. durch den Philosophen aufgreift [3] – und apriorischer K. thematisiert. Ebenfalls neuartig ist die Erweiterung der K. (als Verfahren zur Beschreibung von Figuren oder zur Lösung von Aufgaben) zur K. des Konstruierenden (Ich), die auch als indirekte K. bei NOVALIS auftaucht [4]. – In der Tradition des Kantischen K.-Begriffs steht auch FRIES, für den – ebenso wie für Kant – die Mathematik «die Wissenschaft aus der K. der Begriffe in reiner Anschauung» [5] ist, deren Apodiktizität Fries aber nicht wie Kant aus der idealistischen Raumauffassung ableitet, sondern aus der Vernunft, da für ihn alle apodiktische Erkenntnis diskursiv ist. Damit weicht also der Apodiktizitätsdualismus Kants in der Trennung von Philosophie als diskursiv-apodiktischer und Mathematik als intuitiv-apodiktischer Wissenschaft einem Apodiktizitätsmonismus bei Fries. Die Anschauung ist kein Beweismittel – auch nicht für die Mathematik –, sondern lediglich ein Hilfsmittel zur deutlichen Erkenntnis [6].

Bei FICHTE und im Deutschen Idealismus überhaupt tritt nun neben die sinnliche Anschauung, die auf Gegenstände gerichtet ist, die «intellektuelle Anschauung», deren Objekt das Handeln des Ich ist [7]. Damit wird nun auch der K.-Begriff, der bei Kant auf die sinnliche Anschauung beschränkt war, auf die intellektuelle Anschauung ausgedehnt. So stellt Fichte neben die mathematische die philosophische K., die zwar aus der Mathematik entlehnt wurde, aber in ihrem Anwendungsbereich weit über hinausgeht, da sie nicht nur auf Größen beschränkt ist: «So nun, wie jene den Triangel, construiren wir das Wissen, zum Beispiel das Denken, das Begreifen» [8]. Besteht die K. mathematischer Begriffe in der Beschränkung des Raums, so liegt die Eigenart philosophischer K. in der Beschränkung des Handelns [9]. Den K.-Prinzipien der Mathematik, Raum und Zeit, stellt Fichte ein operationales K.-Prinzip – das Handeln – entgegen. Die Allgemeinheit und Evidenz der K. beruht nicht allein auf der Allgemeinheit des K.-Objekts, sondern auch darauf, daß das konstruierende Subjekt ein allgemeines ist, daß also die K. nach einer Regel vollzogen ist, also Handlung eines vernünftigen Wesens ist und als solche angeschaut wird [10]. Bloße Begriffe reichen bei Fichte also nicht mehr zur Grundlegung der Wissenschaft aus. Vielmehr müssen ihr konstruierbare Begriffe zugrunde gelegt werden [11]. So geht auch die Wissenschaftslehre nicht analytisch, sondern synthetisch, durch K. der Begriffe, vor. Damit wird für Fichte die K. zum unabdingbaren Bestandteil jeder Wissenschaft, die ja ihrerseits in ihren Anfängen in der Wissenschaftslehre fundiert ist. Dieser Gedanke, die K. zum entscheidenden Wissenschaftskriterium zu erklären, findet sich auch bei HOYER wieder, der in seiner Forderung nach Rückführung aller K. auf die ursprüngliche – die philosophische – K., in der allein Evidenz und Objektivität liegt, den Standpunkt vertritt, daß alle «übrigen Wissenschaften nichts als eine fortgesetzte Philosophie sind, die in ihnen auf Objekte angewandt und aus welcher alle Wirklichkeit herzuleiten ist» [12].

Eine Erweiterung auf anderer Ebene als bei Fichte und Hoyer erfährt der K.-Begriff bei KRUG, SCHLEIERMACHER [13], HERBART und BENEKE, indem er nicht nur an das Anschauungsvermögen gebunden ist, sondern darüber hinaus auch für das Denkvermögen Verwendung findet und auf Erfahrungswissenschaften, insbesondere die Psychologie, ausgedehnt wird. K. wird hier unter dem Einheitsaspekt begriffen, entweder in der «Begriffsexposition» (KRUG [14]) oder in der Zusammenfügung der Einzelbestandteile zu einem Ganzen, entweder von Vorstellungen – so in der Psychologie die K. des Geistes aus Vorstellungsreihen[15] – oder von Begriffen oder Worten. Wieweit man sich inzwischen von der ursprünglich angesetzten Apriorität der K. entfernt hat, zeigt sich bei BENEKE, der für die Erfahrungswissenschaften grundsätzlich Überprüfung der K. fordert [16]. NOVALIS versteht K. genau umgekehrt wie Kant: als begriffliche Fixierung der Anschauungen [17], als Mittel, mit dem die Erfahrung geordnet wird.

Als Fortführung und Weiterbildung des K.-Begriffs in Kants ‹Metaphysischen Anfangsgründen der Naturwissenschaft› kann der K.-Begriff verstanden werden, der sich bei SCHELLING, JACOBI [18], WAGNER [19], KRAUSE [20], BACHMANN [21] und SCHLEGEL [22] findet. Bei SCHELLING besteht die K. im Ableitungsvorgang der Einzelgegebenheit aus einem Prinzip, wobei das Allgemeine am Besonderen konstruiert wird. K. ist entweder möglich als Selbst-K. des betreffenden Gebietes oder als K. aufgrund von Experimenten [23]. Zur Erstellung einer erfahrungskonstituierenden Theorie ist es allerdings notwendig, das Objekt in seiner Selbst-K. zu zeigen, wohingegen die subjektive K. des Wissenschaftlers den mit der Theorie zu erfassenden Bereich verfälscht [24]. Die Richtigkeit der Methode bestätigt die Koinzidenz von konstruierender und konstruierter Natur. Damit ist die Erfahrung nicht «Princip, wohl aber Aufgabe, nicht terminus a quo, wohl aber terminus ad quem der Construction» [25]. Anders JACOBI, für den das wissenschaftliche Verfahren in der Erklärung bzw. der kausal-regressiven K. oder Ableitung besteht [26], die SCHELLING gerade aus der Wissenschaft verbannen wollte: «Der Begriff von der Erklärung der Naturerscheinungen muß also aus der wahren Naturwissenschaft völlig verschwinden. In der Mathematik wird nicht erklärt, sondern es wird bewiesen. Der Beweis – die Construction – ist die Erklärung» [27].

Als dialektische Entwicklung zu einer höheren Stufe, als Vollendung der Spekulation findet sich der K.-Begriff bei BACHMANN, der damit ganz unhegelianisch verfährt, denn für HEGEL ist die K. allerhöchstens der erste äußere Schritt der Dialektik: «Der Formalismus hat sich zwar der Triplicität gleichfalls bemächtigt, und sich an das leere Schema derselben gehalten; der seichte Unfug und das Kahle des modernen philosophischen sogenannten Construirens, das in nichts besteht, als jenes formelle Schema, ohne Begriffe und immanente Bestimmung überall anzuhängen, und zu einem äußerlichen Ordnen zu gebrauchen, hat jene Form langweilig und übel berüchtigt gemacht» [28]. Gemeint ist hier insbesondere die K., so wie sie in Schellings Naturphilosophie vorgenommen wurde, der HEGEL die «Manifestation des Begriffs» entgegenhält [29]. Als ein in bezug auf den Gegenstand äußerliches Tun bezeichnet Hegel auch die mathematische K., wie sie bei Kant vorliegt, als ein Verfahren, das nicht aus dem Begriff hervorgehe, sondern nur eine erfundene Vorrichtung sei, deren Notwendigkeit sich erst hinterher einstelle [30], und darum von einer Art sei, die die Philosophie verschmähen müsse. BOLZANO treibt diese Kritik noch weiter, da er einerseits die empirische Anschauung als Beweismittel in der Mathematik überhaupt ablehnt und andererseits den Begriff der «reinen Anschauung» als widersprüchlich verwirft, womit er also die K. aus der Mathematik ausschließt [31].

Anmerkungen. [1] Vgl. S. MAIMON: Versuch einer neuen Logik oder Theorie des Denkens. Nebst angehängten Briefen des Philaletes an Aenesidemus (1794, ND 1912) 165. – [2] a. a. O. 233. – [3] J. G. FICHTE, Nachgel. Werke, hg. I. H. FICHTE 2, 283. – [4] Vgl. U. GAIER: Krumme Regel. Novalis' K.-Lehre des schaffenden Geistes und ihre Tradition (1970). – [5] J. F. FRIES: System der Logik (³1837). Sämtl. Schr., hg. G. KÖNIG/ L. GELDSETZER 7, 416. – [6] System der Philos. als evidente Wiss. (1804) a. a. O. 3, 235. – [7] J. G. FICHTE: Zweite Einl. in die Wiss.-lehre für Leser, die schon ein philos. System haben (1797) a. a. O. [3] 1, 466. – [8] Einl.vorles. in die Wiss.-lehre, die transcendentale Logik und die Thatsachen des Bewußtseins (1812/13). Nachgel. Werke, hg. I. H. FICHTE (1834, ND 1962) 1, 29. – [9] a. a. O. [7] 467. – [10] Darstellung der Wiss.-lehre (1801) a. a. O. 2, 6f. – [11] Über den Begriff der Wiss.lehre oder der sogenannten Philos. (1794) a. a. O. 1, 45. – [12] B. C. H. HOYER: Abh. über die philos. Construction als Einl. zu den Vorles. in der Philos. (Stockholm 1801) 8. – [13] Vgl. F. SCHLEIERMACHER: Dialektik (1839). Ges. Werke, hg. L. JONAS 4/2, 176. – [14] Vgl. W. T. KRUG: Fundamentalphilos. (1803) 266. – [15] J. F. HERBART: Sämtl. Werke, hg. K. KEHRBACH/O. FLÜGEL 5, 180. – [16] F. E. BENEKE: Die Philos. in ihrem Verhältnis zur Erfahrung, zur Spekulation und zum Leben (1833) 78. – [17] NOVALIS: Math. Stud. zu Bossuet und Murhard (1798/99). Schr., hg. P. KLUCKHOHN/R. SAMUEL 3 (1968) 123. – [18] F. H. JACOBI: Beylagen zu den Briefen über die Lehre des Spinoza. Ges. Werke, hg. F. ROTH 4/2 (1819) 49ff. – [19] J. J. WAGNER: Math. Philos. (1811) 333. – [20] K. CH. F. KRAUSE: Vorles. über die Grundwahrheiten der Wiss., hg. A. WÜNSCHE (³1911) 261f. – [21] C. F. BACHMANN: System der Logik. Ein Hb. zum Selbststudium (1828) 373. – [22] F. SCHLEGEL: Anhang zur Logik. Kritik der philos. Systeme (1805-1806). Ges. Werke, hg. E. BEHLER 13, 323. – [23] F. W. J. SCHELLING: Einl. zu dem Entwurf eines Systems der Naturphilos. ... (1799). Ges. Werke, hg. M. SCHRÖTER 2, 278. – [24] Anhang zu dem Aufsatz des Herrn Eschenmayer betreffend den wahren Begriff der Naturphilos. ... Z. spekulat. Phys., hg. F. W. J. SCHELLING/G. W. F. HEGEL 2 (1801) 136. – [25] a. a. O. 136. – [26] JACOBI, a. a. O. [18]. – [27] F. W. J. SCHELLING: Miszellen aus der Z. spekulat. Phys. (1803). a. a. O. [23] Erg.-Bd. 1, 582. – [28] G. W. F. HEGEL: Wiss. der Logik II: Die subjektive Logik oder Lehre vom Begriff (1816). Werke, hg. H. GLOCKNER 5, 344. – [29] a. a. O. 5, 6. – [30] 3, 165f. – [31] Vgl. B. BOLZANO: Philos. der Math. oder Beitr. zu einer begründeteren Darstellung der Math. (1810), hg. H. FELS (1926) 16.

Literaturhinweise. E. J. LEUFVÉN: Kritisk Exposition af Benj. Höijers K.-Filosofi i Relation till den samtida transcendentala Spekulationen (Upsala 1897). – H. KNITTERMEYER: Schelling und die Romantische Schule (1929). – P. RUCKER: Math. und Philos. Philos. Jb. 53 (1940) 17-29; 234-245. – I. PAPE: Tradition und Transformation der Modalität 1: Möglichkeit – Unmöglichkeit (1966). – F. KAULBACH: Philos. der Beschreibung (1968). – H. ENDE: Der K.-Begriff im Umkreis des Dtsch. Idealismus, in: Stud. zur Wiss.theorie 7 (1973). HELGA KÖNIG

IV. Präzisierungen des K.-Begriffs in Logik und Mathematik der Gegenwart. – 1. Die Präzisierungen im Anschluß an *Kant* wurden vorbereitet durch *Neukantianismus* (COHEN, NATORP u. a.), *Sprachphilosophie* (WITTGENSTEIN), *Grundlagenforschung* (DINGLER) und *Mathematik* (BROUWER u. a.).

a) Der *Neukantianismus* tritt zwar expressis verbis die Kant-Nachfolge an, eliminiert aber aus wissenschaftspragmatischen Gründen den Begriff der ‹reinen› Anschauung, den er als psychologische Kategorie mißversteht. Übrig bleibt ein verblaßter Synthesisbegriff, der jede Symbolverknüpfung als «synthetisch» bezeichnet [1]. Demgegenüber betont DINGLER die erkenntniskonstituierende Funktion der K. (Schematismus) bei der Begründung wissenschaftlicher Aussagen: Begründung ist nicht in der Art widerspruchsfreier Axiomensysteme zu gewinnen, wie der logische Empirismus (Russell) und der mathematische Formalismus (Hilbert) im Anschluß an Leibniz glaubten. Da mit jeder Aussage eine Begründungspflicht eingegangen wird, kann es keine «ersten» Aussagen (Axiome) geben, denn sie würden wieder eine Begründung verlangen. Die Grundbegriffe einer

Theorie (wie z. B. ‹Punkt›, ‹Gerade› in der Geometrie) müssen zunächst durch ein K.-Verfahren in Raum und Zeit evident geworden sein. Solche K.-*Verfahren* setzen sich aus *elementaren handwerklichen Tätigkeiten* zusammen, wie z. B. dem Aneinanderschleifen dreier vorgeebneter Glasflächen zur Realisierung des Begriffs der euklidischen Ebene. Den Bereich der elementaren Handlungen, der die Grundbegriffe axiomatischer Theorien realisieren und damit begründen soll, nennt Dingler die «pragmatische Ordnung», in deren Zentrum der «Wille des handelnden Ichs» steht [2]. Dingler skizziert K.-*Verfahren für die Grundbegriffe der Arithmetik, Geometrie, Chronometrie und Mechanik.* Für einen konstruktiven Aufbau der Mathematik und Physik bleiben sie oft unbrauchbar, da sie nicht in einer hinreichend begründeten und eindeutigen Sprache vorgetragen werden.

b) Als konstituierendes Verfahren der Mathematik erweist sich der Zählprozeß, der nach Kant durch das Schema der Quantität synthetisch apriorisch und intuitiv (im Sinne evidenter ‹Anschauung›) gegeben ist [3]. Für den *Intuitionisten* BROUWER ist im Sinne Kants nur dieser Prozeß evident. Alle anderen Begriffe müssen effektiv daraus hergestellt werden: Das geschieht durch K. der Brouwerschen *Wahlfolgen*, wonach zunächst eine Folge natürlicher Zahlen a_n gewählt und dann jede Wahl a_n durch ein effektives Verfahren f mit einem Objekt b_n, das von der Wahl der Folge abhängt, verknüpft wird. Die Objekte, die Brouwer seinen Wahlfolgen zuordnet, sind natürliche und rationale Zahlen, Intervalle mit rationalen Zahlen u. ä. Diesem K.-Prozeß liegt jedoch eine Gesetzmäßigkeit zugrunde, die dem klassischen *Auswahlaxiom* widerspricht: Falls für jede beliebige Wahl a_n ein Objekt b_n angegeben werden kann, so läßt sich das Objekt b_n durch ein effektives und determinierendes Verfahren f in endlich vielen Schritten angeben, d. h.

$$\wedge a_n \vee b_n\, \alpha(a_n,b_n) \to \vee_f \wedge a_n\, \alpha(a_n, f(a_n)) \ [4].$$

Das klassische Auswahlaxiom fordert aber nicht notwendig die Existenz eines effektiven, sondern nur eines beliebigen Verfahrens *f*. Brouwer entwirft so eine zwar konstruktiv begründete, aber nichtklassische Analysis. Sein Entwurf blieb jedoch vielen klassischen Mathematikern unverständlich, da er in einer unzugänglichen Sprache vorgetragen wurde [5].

c) Um die Einführung inhaltlich begründeter Rede geht es in WITTGENSTEINS später Sprachphilosophie. Behauptet jemand $3 + 1 = 4$, so verfügt er über ein operatives Verfahren, um von den Strichfiguren ///,/ zu der Strichfigur //// überzugehen. Dem Beherrschen eines Verfahrens geht eine Lernbemühung voraus, indem der Gebrauch an Beispielen (exemplarisch) eingeübt und seine Korrektheit getestet wird. Über die Lehr- und Lernbedingungen des Verfahrens muß man sich sprachlich verständigen. Wittgenstein spricht deshalb von ‹*Sprachspielen*›, in denen sich Partner über ihr Vorgehen nach Regeln verständigen können [6].

2. Eine logische Präzisierung von Sprachspielen und die Auszeichnung effektiver Sprachspiele zur konstruktiven Begründung von Mathematik und Physik hat P. LORENZEN mit seiner *Dialogtheorie* ausgearbeitet.

a) Sprachspiele finden statt in Rede (Angriff) und Gegenrede (Verteidigung) zwischen Gesprächspartnern (Proponent und Opponent) um arithmetische Behauptungen. Arithmetische Aussagen setzen sich zusammen aus Primaussagen und logischen Verknüpfungen. Dabei sind Primaussagen abgeschlossene arithmetische Aussagen ohne Quantoren und Junktoren. Für Behauptungen, die durch Verknüpfung zweier Teilaussagen α, β entstehen, ergeben sich aus kombinatorischen Gründen die folgenden drei Möglichkeiten von *Verteidigungspflichten*: Bei der Behauptung der Konjunktion $\alpha \wedge \beta$ muß der Proponent bei Bezweiflung von α (α?) und β (β?) durch den Opponenten sowohl α als auch β verteidigen. Bei der Behauptung der Adjunktion $\alpha \vee \beta$ muß der Proponent bei Bezweiflung (?) wenigstens eine der beiden Teilaussagen verteidigen. Bei der Implikation bezweifelt der Opponent $\alpha \rightarrow \beta$ unter Voraussetzung von α. Der Proponent hat dann β zu zeigen. Die intuitionistische Negation $\neg \alpha$ ist dann der Spezialfall $\alpha \rightarrow F$, wobei F eine falsche, d. h. nicht verteidigbare Aussage ist. Existenz- und Allaussage entstehen durch begründete Verallgemeinerung von Disjunktion und Konjunktion: Wer die Existenz eines $\alpha(x)$ mit $\bigvee_x \alpha(x)$ behauptet, muß bei Befragung ein selbstgewähltes Zahlenbeispiel m mit $\alpha(m)$ effektiv angeben. Wer die Allaussage $\bigwedge_x \alpha(x)$ behauptet, muß für beliebige Zahlenbeispiele m des Opponenten $\alpha(m)$ zeigen können.

Eine allgemeine Spielregel zur Regulierung von Rede und Gegenrede lautet für den Opponenten: Die Behauptung des Proponenten im letzten Zug darf höchstens 1 mal angegriffen werden; die im letzten Zug durch den Proponenten angegriffene Behauptung des Opponenten darf höchstens 1 mal verteidigt werden. Der Proponent muß verteidigen wie der Opponent, darf jedoch beliebige Behauptungen des Opponenten beliebig oft angreifen. Dieses Sprachspiel liefert die *konstruktive Logik* mit Geltung der Widerspruchsfreiheit, aber ohne Geltung des Tertium non datur $\neg \alpha \vee \alpha$ und ist äquivalent mit E. W. BETHS *Tableaukonstruktionen* und HEYTINGS *Formalisierung der intuitionistischen Logik nach Brouwer*. Mit der allgemeinen Spielregel und den Verwendungsregeln für Quantoren und Junktoren werden zusammengesetzte arithmetische Aussagen in Angriff und Gegenangriff nach Primaussagen abgebaut. Der Proponent hat den Dialog gewonnen, 1. wenn er eine Primaussage verteidigt oder der Opponent eine vom Proponenten angegriffene Primaussage nicht verteidigen kann (materialer Dialog), 2. wenn er eine Primaussage zu verteidigen hat, die der Opponent vorher gesetzt hat (formaler Dialog). Im 2. Fall heißt die Behauptung konstruktiv logisch-wahr. Im 1. Fall entscheiden arithmetische K.-Regeln, ob Primaussagen verteidigbar sind oder nicht [7].

b) Beispiel für *arithmetische K.-Regeln* ist die K. von Ziffern: (*i*) $\Rightarrow /$, (*ii*) $n \Rightarrow n/$, wobei (*i*) notiert, daß mit einem Strich / angefangen wird, und (*ii*) notiert, daß zu jedem schon konstruierten Zählzeichen ein Strich / hinzuzufügen ist. n ist Leerzeichen für bereits konstruierte Strichfolgen. Arithmetische Gleichungen liefern die K.-Regeln (*i*) $\Rightarrow /$ $= /$, (*ii*) $n = m \Rightarrow n/ = m/$. Die allgemeine Form einer arithmetischen K.-Regel lautet:

$$(i) \Rightarrow a(/), (ii) a(n) \Rightarrow a(n/).$$

Mit Hilfe dieser K. und den konstruktiven Dialogregeln läßt sich das in der klassischen Mathematik vorausgesetzte Induktionsaxiomschema konstruktiv rechtfertigen [8].

c) Ebenso versucht die *Protophysik* die Grundbegriffe der (klassischen) Physik durch K.-Verfahren zu begründen. Analog zu Dinglers Programm werden K.-Verfahren zur Messung von Längen (Geometrie), von Dauer (Chronometrie), von (träger) Masse (Hylometrie) entwickelt. Da Längenmessung die Geometrie des (dreidimensionalen) Raumes voraussetzt, werden geometrische Grundbegriffe wie ‹Punkt›, ‹Gerade›, ‹Ebene›, ‹Körper› durch K.-Verfahren im Sinne Dinglers begründet, die vom Schleifen konkreter Ecken, Kanten, Seiten und Dinge ausgehen. Der geometrische Begriff der Ebene ist dann eine K.-Regel zur Bearbeitung konkreter Flächen, welche die *Homogenitätsprinzipien* der Ebene konstruktiv begründen. Der Eindeutigkeitsbeweis, daß eine Ebene durch drei ihrer nicht-kollinearen Punkte bestimmt ist, garantiert, daß Meßgeräte, welche die Homogenitätsprinzipien realisieren, zu eindeutigen Meßergebnissen führen. K.-Verfahren zur Realisierung gleichförmiger Bewegung und von Zusammenstößen von Körpern begründen Chrono- und Hylometrie. Geometrie, Chronometrie und Hylometrie sind dann apriorische Theorien, die empirische Messung von Raum, Zeit und Materie ermöglichen. Die wahren Sätze der Protophysik sind mit den konstruktiven Dialogregeln, arithmetischen und protophysikalischen K.-Anweisungen verteidigbar. Da in der Protophysik K.-Anweisungen für (materielle) Meßapparate und nicht für (formale) Symbolfiguren wie in der Arithmetik gegeben werden, spricht man auch von der *material-synthetischen Wahrheit* in der Physik und der *formal-synthetischen Wahrheit* in der Arithmetik [9].

3. TURING definiert arithmetische K. durch determinierte *Maschinenverfahren*, die zu vorgegebenem Ziffern-Input nach Programmregeln in endlich vielen Schritten Funktionswerte berechnen. Die so erfaßten Funktionen stimmen mit den *μ-rekursiven Funktionen* überein, die aus im intuitiven Sinn berechenbaren Anfangsfunktionen wie Addition, Multiplikation, Projektion und Ordnungsfunktion durch verallgemeinerte Induktionen entstehen. Wenn z. B. $g, h_1, ..., h_n, p$ als μ-rekursiv vorausgesetzt werden, so heißt $f(x) = g(h_1(x), ..., h_n(x))$ durch Einsetzung und $f(x) = \mu y\, p(y, x) = 0$ durch μ-Operator rekursiv, wobei vorausgesetzt wird, daß für alle x ein y mit $p(y, x) = 0$ existiert und der μ-Operator das kleinste y mit dieser Eigenschaft kennzeichnet. Andere mathematisch äquivalente Charakterisierungen führten CHURCH zu der These, daß mit der Klasse der Turing-berechenbaren Funktionen die im intuitiven Sinn berechenbaren und damit *konstruktiven* Funktionen adäquat präzisiert seien [10]. Damit wird eine allgemeine Präzisierung des *Entscheidungsproblems* zahlentheoretischer Prädikate möglich: P heißt entscheidbar, wenn die Funktion χ_P, die definiert ist durch $\chi_P(x) = 0$ (falls $P(x)$ gilt) und $\chi_P(x) = 1$ (falls $P(x)$ nicht gilt), berechenbar ist. Nicht-entscheidbare Prädikate lassen sich formal klassifizieren nach der Kompliziertheit ihres Quantorenpräfixes wie z. B. $Q(x) \Leftrightarrow \bigwedge_y \bigvee_z P(y, z, x)$ für entscheidbares P. Die so definierten Entscheidbarkeitsgrade geben Hinweise auf die *Konstruktivitätsgrade mathematischer Probleme* und führen zu einem verallgemeinerten Berechenbarkeitsbegriff [11]. Die so präzisierten K.-Verfahren werden in der *Beweistheorie* bei Widerspruchsfreiheitsbeweisen für formalisierte mathematische Theorien verwendet [12]. In der *Informatik* findet die Berechenbarkeitstheorie Anwendung durch Theorien effektiver Algorithmen und Kodifikationsverfahren zur Informationsbewältigung [13].

Anmerkungen. [1] Vgl. H. LENK: Kritik der log. Konstanten (1968). – [2] Vgl. H. DINGLER: Die Ergreifung des Wirklichen (1955). – [3] Vgl. Art. ‹K. II›. – [4] Zur Symbolik vgl. Art. ‹Formalisierung›; $\alpha(x, y)$ ist eine Aussageform mit Variablen x, y. – [5] Vgl. A. HEYTING: Intuitionism. An Introd. (Amsterdam 1956). – [6] L. WITTGENSTEIN: Philos. Grammatik (1973) 192f. – [7] K. LORENZ: Dialogspiele als semant. Grundl. von Logikkalkülen I. II. Arch. math. Logik Grundlagenforsch. 11 (1968) 32-55. 73-100.; P. LORENZEN und O. SCHWEMMER: Konstruktive Logik, Ethik, Wiss.theorie (1973) Kap. I. – [8] CH. THIEL: Das Begründungsproblem der Math. und die Philos., in: Zum normat. Fundament der Wiss. (1973) 91-114; zur Begründung axiomat. Theorien durch K.-Verfahren vgl. auch F. KAMBARTEL: Zur Rede von «formal» und «Form» in sprachanalyt. Absicht. Neue Hefte für Philos. 1 (1971) 51-67. – [9] P. JANICH: Die Protophys. der Zeit (1969). –

[10] Vgl. H. HERMES: Aufzählbarkeit – Entscheidbarkeit – Berechenbarkeit (1961). – [11] Vgl. K. MAINZER: Math. Konstruktivismus (Diss. Münster 1973) Kap. IV. – [12] Vgl. K. SCHÜTTE: Beweistheorie (1960). – Vgl. Art. ‹Konstruktivismus›. – [13] Vgl. Art. ‹Kodifikation›. K. MAINZER

Konstruktivismus heißt der methodische Ansatz der von P. LORENZEN begründeten konstruktiven Wissenschaftstheorie (s.d.). Er wird mit dem Anspruch eines schrittweise übersehbaren und gerechtfertigten, nicht-zirkulären argumentativen Vorgehens vertreten.

In Orientierung an einem auf mathematische Verfahren bezogenen Konstruktivitätsbegriff bezeichnet man mit ‹K.› im engeren und ursprünglichen Sinne ein weitverzweigtes Forschungsfeld in *Logik*, *Mathematik* und *Informatik*, in dem es um die Begründung und Anwendung konstruktiver Methoden geht.

1. Nach den philosophischen Vorbereitungen durch LEIBNIZ und KANT [1] und verschiedenen Kritiken der klassischen Analysis durch KRONECKER, POINCARÉ, BOREL und andere schien die klassische Mathematik nicht mehr haltbar, als RUSSELL in der von FREGE logisch präzisierten Fassung Antinomien ableiten konnte [2] und damit eine *Grundlagenkrise der Mathematik* auslöste [3].

a) BROUWER reagierte auf diese Gefahr, indem er zentrale Hilfsmittel der klassischen Mathematik wie klassische (aristotelische) Logik und Cantors Mengenlehre ablehnte. Die klassische *Logik* fordert z. B., daß für jede Aussage der Wahrheitswert (‹wahr› bzw. ‹falsch›) entscheidbar ist. Über den unendlichen Individuenbereichen der Zahlentheorie ist dieses Prinzip des Tertium non datur schon nicht mehr effektiv nachprüfbar. Cantors *Mengenlehre* läßt unbegrenzt Mengenbildungen zu, deren Widerspruchsfreiheit nicht mehr effektiv nachprüfbar ist. Unproblematisch ist von vornherein nur der *Zählprozeß*, der bereits im vorwissenschaftlichen Alltag mit Erfolg praktiziert wird. Das Zählen ist der einfachste Fall eines konstruktiven Verfahrens, nach dem von einem Anfangszeichen | ausgehend in endlich vielen Schritten («effektiv») jedes weitere Zählzeichen hergestellt werden kann [4]. Brouwer forderte, daß alle Konstruktionen der Mathematik auf das Zählen zurückzuführen seien [5] und die Logik den besonderen Anwendungsbedingungen in der Mathematik Rechnung zu tragen habe [6].

b) HILBERT reagierte auf die Antinomiengefahr mit der Forderung nach einem *axiomatischen Aufbau* der klassischen Mathematik, dessen *Widerspruchsfreiheit* nachzuweisen sei. Dazu sind die Axiome und Lehrsätze einer mathematischen Theorie zunächst zu formalisieren [7]. Ein so formalisierter Zeichenkalkül wird dann zum Objekt metasprachlicher Untersuchungen, in denen man nachzuweisen versucht: 1. Formale Widersprüche sind nicht ableitbar (z. B. die Formel $0 = 1$); 2. Jeder im Kalkül ableitbaren Formel entspricht ein wahrer Lehrsatz der Theorie (*Zulässigkeit des Kalküls*); 3. Jedem wahren Lehrsatz der Theorie entspricht eine im Kalkül ableitbare Formel (*Vollständigkeit des Kalküls*). Bei diesen metasprachlichen Beweisen zur widerspruchsfreien Begründung der Theorie dürfen nur Verfahren verwendet werden, die auch Brouwer akzeptieren würde: z. B. die vollständige Induktion als Beweisverfahren entlang dem Zählprozeß. Mit dieser Einschränkung der metasprachlichen Beweismethoden auf das «finite» Schließen läßt sich ein Widerspruchsfreiheitsbeweis bereits schon nicht mehr für die formale Zahlentheorie durchführen. GENTZEN erweiterte daher die zugelassenen metasprachlichen

Konstruktionen für bestimmte *transfinite Ordialzahlen*, die zwar größer als alle natürlichen Zahlen sind, aber durch finite Verfahren kodiert werden können (konstruktive Ordinalzahlen) [8]. Eine Induktion bis zu diesen Zahlen reicht für einen Widerspruchsfreiheitsbeweis der formalen Zahlentheorie aus [9].

c) TURINGS Analyse von arithmetischen Konstruktionen durch *determinierte Maschinenprogramme* führte zu einer allgemein akzeptierten Präzisierung von Ableitungskalkülen für Sätze: Es sind maschinelle Aufzählungsverfahren für die wahren Lehrsätze einer Theorie [10]. Ein Maschinenprogramm, nach dem man für jede Formel des Kalküls entscheiden könnte, ob er ableitbar ist oder nicht, gibt es jedoch bereits für die Quantorenlogik nicht mehr [11].

2. Bei weiteren metamathematischen Untersuchungen stellten sich die Begriffe der *konstruktiven Logik* und der *Ordinalzahl* als zentral heraus.

a) HEYTING lieferte bereits 1930 den ersten *formalisierten konstruktiven Logikkalkül* [12]. Eine Semantik für konstruktive Logikkalküle formulierte LORENZEN 1955 zunächst durch eine operative Deutung der Mathematik und Logik, welche jedoch zu Unterscheidungsschwierigkeiten zwischen dem Kalkül und seiner Semantik führte [13]. Ebenfalls 1955 legte BETH mit Tableaufolgenkonstruktionen eine Semantik von Heytings Formalisierung vor [14]. LORENZEN gelang 1958 eine dialogische Deutung der Kalküle, die mit der Bethschen Interpretation äquivalent ist [15]. HINTIKKA und KRIPKE entwickelten zunächst Semantiksysteme für modallogische Kalküle, die Kripke für weitere semantische Analysen der konstruktiven Logik verwendete [16]. KLEENE erarbeitete eine maschinentheoretische Semantik zunächst der konstruktiven Zahlentheorie, später auch eines konstruktiven Kalküls der Analysis [17].

b) Die Frage, wie kompliziert metamathematische Verfahren sein dürfen, um als noch konstruktiv zu gelten, wurde bei den ersten Formalisierungen der Analysis relevant. GENTZENS ε_0-Induktion erwies sich für einen Widerspruchsfreiheitsbeweis der Analysis als zu schwach. Es mußten *größere Ordinalzahlen* für immer größere Teilsysteme der Analysis gewählt werden. Solche Ordinalzahlen waren dann mit den Methoden der Berechenbarkeitstheorie auf ihre Kompliziertheit hin zu messen [18]. KREISEL vertritt deshalb die Auffassung, daß es eine *unendliche Hierarchie von zunehmend abstrakteren Konstruktivitätsbegriffen* gibt, weshalb man nicht mehr von *einem* Hilbert-Programm sprechen kann, sondern nur noch von einer *unendlichen Hierarchie von Hilbert-Programmen* [19]. Diese Hierarchie von Beweisprogrammen bearbeitet die Beweistheorie [20]. Eine umfangreiche beweistheoretische Forschung löste weiterhin GÖDELS Vorschlag von 1959 ‹Über eine bisher noch nicht benützte Erweiterung des finiten Standpunktes› aus, wonach Kalkülinterpretationen mit Funktionalen vom endlichen Typ durchgeführt werden können [21].

c) Die Theorie der Berechenbarkeit hat sich von einer Hilfsdisziplin der Metamathematik zu einer eigenen mathematischen Theorie entwickelt, welche die *mathematischen Grundlagen für alle determinierten und digitalen Rechenprozesse* liefert und deshalb auf die Informatik Einfluß nimmt [22]. Unter anderem arbeitet man an einer rekursiven Analysis, um rekursive Analogien zu Strukturen der klassischen Mathematik zu entwickeln. Die Bedeutung der dabei entwickelten effektiven Lösungsverfahren für die angewandte Mathematik ist noch nicht abschätzbar [23].

Anmerkungen. [1] Vgl. Art. ‹Konstruktion II›. – [2] Vgl. Art. ‹Antinomie›. – [3] Vgl. Art. ‹Grundlagenstreit›. – [4] Vgl. Art. ‹Arithmetik›. – [5] Vgl. Art. ‹Konstruktion IV›. – [6] L. E. J. BROUWER: Über die Bedeutungen des Satzes vom ausgeschlossenen Dritten in der Math., insbes. in der Funktionentheorie. J. reine u. angewandte Math. 154 (1925) 1-7. – [7] Vgl. Art. ‹Formalisierung›. – [8] Vgl. Art. ‹Sequenzenkalkül›. – [9] G. GENTZEN: Die Widerspruchsfreiheit der reinen Zahlentheorie. Math. Ann. 112 (1936) 493-565. – [10] Vgl. Art. ‹Algorithmus 8›. – [11] Vgl. A. TARSKI, A. MOSTOWSKI und R. M. ROBINSON: Undecidable theories (Amsterdam 1953). – [12] A. HEYTING: Die formalen Regeln der intuitionistischen Logik. Sber. Preuß. Akad. Wiss., phys.-math. Kl. (1930) 42-56. – [13] Vgl. P. LORENZEN: Einführung in die operative Logik und Mathematik (1955). – [14] E. W. BETH: Semantic entailment and formal derivability. Mededelingen van de Koninklijke Nederlandse Akademie van Wetenschappen, Afdeling Letterkunde, NR 18/13 (Amsterdam 1955) 309-342. – [15] P. LORENZEN: Logik und Agon. Atti 12 Congr. int. Filos., Venedig 1958 (Florenz 1960) 4. – [16] S. KRIPKE: A completeness theorem in modal logic. J. symbol. Logic 24 (1959) 1-14; J. HINTIKKA: Modality and quantification. Theoria 27 (1961) 119-128; S. KRIPKE: Semantical analysis of intuitionistic logic I, in: J. N. CROSSLEY/M. A. E. DUMMETT (Hg.): Formal systems and recursive functions (Amsterdam 1965) 92-130. – [17] Vgl. Art. ‹Gültigkeit›. – [18] S. FEFERMAN: Systems of predicative analysis. J. symbol. Logic 29 (1964) 1-30. – [19] G. KREISEL: Five notes on transfinite progressions. Technical rep. Nr. 5 (Stanford, Calif. 1962); K. MAINZER: Math. K. (Diss. Münster 1973) 337f. – [20] K. SCHÜTTE: Beweistheorie (1960). – [21] K. GÖDEL: Über eine bisher noch nicht benützte Erweiterung des finiten Standpunktes, in: Logica: Studia Paul Bernays Dedicata (1959) 76-83. – [22] H. ROGERS: The present theory of Turing machine computability. J. Soc. industrial a. appl. Math. 7 (1959) 114-130. – [23] D. KLAUA: Konstruktive Analysis. Math. Forsch.ber. 11 (Berlin 1961).   K. MAINZER

Konsumgesellschaft. Nach dem Ersten Weltkrieg, verstärkt seit der Jahrhundertmitte, kennzeichnen Schlagworte wie ‹Konsumzeitalter›, ‹demonstrativer Konsum›, ‹Massenkonsum›, ‹Konsumkultur› oder ‹K.› eine Vielzahl von Analysen wirtschaftlicher und sozialer Phänomene, die zunächst am Beispiel der amerikanischen, später auch der europäischen entfalteten Industriegesellschaften vorgenommen werden [1]. Als diese Gesellschaften unter dem Einfluß der technisch-wirtschaftlichen Entwicklung und einem damit parallel verlaufenden Verblassen ihrer älteren, u. a. stark im Ideologischen fundierten Gesellschaftsstrukturen durch einen sich ständig verbreiternden Mittel«stand» gekennzeichnet werden, problematisieren nicht-marxistische Erfahrungswissenschaftler wie Kulturkritiker eine zugleich konstatierbare zunehmende Konsumorientierung der Gesamtgesellschaft, zum Teil differenziert nach deren neuen sozialen Schichten, wobei diese Konsumorientierung sich in der Art der gewünschten Güter und ihrer Mengen wie im Konsumverhalten der sozialen Schichten selbst manifestiert. Einerseits werden die Charakteristika der sich etablierenden K. in der Vermassung und Nivellierung der Bevölkerung gesehen; wenngleich sie auch als Überfluß- oder Wohlstandsgesellschaft charakterisiert wird, auf die jedoch eine verführende, manipulierende und fremdbestimmte Werbung wirkt, die ihr die Folgegesetze der Massenproduktion aufzwingt (Konsumzwang). Andererseits aber werden Charakteristika der K. auch in der Entstehung einer eigenständigen, weitgehend konservativen Verbraucherhaltung gesehen. Sie sei nicht nur hinsichtlich eines sozial-demonstrativen Konsums auf dem Sektor der (dauerhaften) Verbrauchsgüter feststellbar, sondern dokumentiere sich ebenso auch auf politischem wie kulturellem Gebiet und werde damit typisch für den Lebensstil der gehobenen Schichten [2]. Ist man von einer individuell-autonomen Komponente im Menschen überzeugt, dann analysiert man: Unabhängig vom jeweiligen politischen System

(Grad der Demokratisierung) entstanden die Charakteristika der modernen K. bislang immer dann, wenn eine zu pluralistischer Interdependenz der sozialen Potenzen entwickelte Industriegesellschaft dem Verbraucher die Chance gab, auf Qualität und Quantität der Befriedigung seiner materiellen Wünsche wenigstens graduell Einfluß zu nehmen. Die K. steht dann zwar einerseits unter dem (versuchten) Diktat der Massenproduktion, die an sich ein reichhaltiges und preislich erschwingliches, jedoch für die Masse der Bevölkerung auch ein weitgehend standardisiertes und uniformes Angebot bietet. Sie kann dabei darauf bauen, daß in allen sozialen Schichten das Sozialprestige des Einzelnen zwar nicht ausschließlich, aber doch weitgehend durch seine quantitativen wie qualitativen Möglichkeiten des Verbrauchs bestimmt wird. Andererseits aber ist die K. doch durch die Notwendigkeit gekennzeichnet, sich im Produktionsbereich auch nach originären Modeströmungen richten zu müssen, die gerade aus dem Bereich der oberen Mittelschichten, in jedem Fall aber aus den auf längerfristige Gültigkeiten konzipierten sozialen Oberschichten resultieren. – Angesichts der Möglichkeiten der entfalteten industriellen Produktionsweise wird jedoch von keiner Position bestritten, daß für eine so (mit-)bestimmte individuelle, «demonstrative» oder «unauffällige» Konsumtion mehr Güter zur Verfügung stehen als in anderen Gesellschaften, wobei Marxisten allerdings einwenden würden, daß allein durch die gesteigerten Chancen individualisierten Konsums noch nicht die in ihrem Sinne definierten Klassenschranken überwunden werden. – Die auf die individuell-autonomen Komponente im Menschen fundierte, spätestens seit KEYNES [3] in den liberalen westlichen Gesellschaften vorherrschende Wirtschaftstheorie kennt die Konsumnachfrage [4] als eine der wichtigsten Einkommens-, zugleich aber auch sozial-determinierten Komponenten des Wirtschaftsablaufs, als dessen Sinn die «Erfüllung menschlicher, aus Bedürfnissen und Wünschen resultierender Zwecke» postuliert wird [5]. Diese Konzeption der ökonomischen Theorie wird volkswirtschaftlicherseits ergänzt durch die Feststellung, Massenkonsum und -produktion stünden in gegenseitig sich determinierender Abhängigkeit, durch die der Konsument die Chance erhalte, als Abnehmer Orientierungsinstanz und als wachsend besser gestellter Einkommensempfänger Impulse setzend zugleich zu sein. Soziologischerseits wird diese Konzeption allerdings durch Hinweise auf die sozialstrukturelle, durch Gruppenbeziehungen geformte, wie historische Bedingtheit von Verhaltensweisen gerade im Konsumbereich wieder relativiert [6]. – Ein weiteres Charakteristikum moderner K. wird in dem sich ausweitenden Sozialkonsum gesehen, der über «den» Staat umgeschlagen wird und letztlich nichts anderes als ein Zeichen andersartigen Sicherheitsstrebens unter den Bedingungen der Wohlhabenheit sei.

Die Chance, die man dem einzelnen Konsumenten einzuräumen bereit ist, gegenüber der Produkt- und Werbeflut eigene Impulse setzen zu können, gründet sich nun spezifischer vor allem auf sein von manchen Autoren als letzte bleibende Hoffnung beschworenes [7], von anderen als gegeben konstatiertes Vermögen [8], verzögernde Widerstandskräfte zu entwickeln, die aus dem Wirksamwerden der durch die «soziale Integration» entwickelten Sozialperson und aus der jeweiligen Aktualisierung von individuell-moralischen Charaktereigenschaften resultieren. Neben der empirisch erhärteten Chance zur Widerstandsfähigkeit gegen Werbung und Standardisierung [9] und der Feststellung einer sich um-

schichtenden Gesellschaft, die unter anderem durch er-
höhtes Bildungsstreben, eine neue Wertung der Familie
und weiter individualisierte Aspirationsniveaus, die den
schichtenspezifischen Konsumstandard «determinieren»,
gekennzeichnet ist, können diese Autoren auch auf das
entstandene «Wachsystem der Konsumenten» [10] (Wett-
bewerbsregelungen, Verbraucherverbände, Warentests),
die Existenz von «Käufermärkten» sowie eine allgemein
mit steigendem Ausbildungsniveau gerade auch der mittleren Schichten gestiegene Markttransparenz hinweisen.
Die Bereitschaft zum Sozialkonsum mag als Ausdruck
der schon gewonnenen Selbstsicherheit als Konsument
angesehen werden. – Aus dieser Perspektive erscheinen
kulturpessimistische Darstellungen der K. als «schlechte»
Kulturkritik [11], da sie – meist einfaktorbegrenzt – nur
sehr selten «handlungsbezogen», nicht aber «realitäts-
offen» auf alternative Zukünfte hin argumentieren. Als
Beispiel sei auf MARCUSE verwiesen, dem die westlich
industriellen K.en Verschwendungsgesellschaften sind,
in denen die Einzelnen einem repressiven, bedürfnisma-
nipulierenden Konsumterror unterliegen [12].

Anmerkungen. [1] z. B. D. RIESMAN u. a.: Die einsame Masse
(1964) 92 u. passim; J. K. GALBRAITH: Gesellschaft im Über-
fluß (1963); H.-D. ORTLIEB: Unsere K., in: Hamburger Jb. für
Wirtschafts- und Gesellschaftpolitik 4 (1959) 223ff.; G. KATONA:
The powerful consumer (New York/Toronto/London 1960); Der
Massenkonsum (1965); W. W. ROSTOW: Stadien wirtschaftl.
Wachstums (1960); E. ZAHN: Soziol. der Prosperität. Wirtschaft
und Gesellschaft im Zeichen des Wohlstandes (1964); A. J.
TOYNBEE: America and the world revolution (London 1962);
V. PACKARD: Die große Verschwendung (1964); Die geheimen
Verführer (1964); R. KÖNIG: Probleme des Konsumverhaltens
in den fortgeschrittenen Industriegesellschaften (1961); W. H.
WHYTE: Herr und Opfer der Organisation (1958); P. MEYER-
DOHM: Sozialökonomische Aspekte der Konsumfreiheit (1965);
G. SCHERHORN: Soziol. des Konsums. Hb. der Empir. Sozial-
forsch., hg. R. KÖNIG 2 (1969) 834ff.; K.-H. HILLMANN: Soziale
Bestimmungsgründe des Konsumentenverhaltens (1971). – [2]
S. LAMBRECHT: Die Soziol. (³1958) 412f.; R. MILLAR: The affluent
sheep (London 1963) 25ff.; KATONA, a. a. O. [1] 398 u. passim;
G. HARTFIEL: Wb. der Soziol. (1972) Stichworte: Konsumsoziol.,
Mode. – [3] J. M. KEYNES: The general theory of employment,
interest and money (New York 1936). – [4] vgl. bes. E. und M.
STREISSLER (Hg.): Konsum und Nachfrage (1966). – [5] E.
SCHNEIDER: Einf. in die Wirtschaftstheorie 1 (⁷1958) 1. – [6]
SCHERHORN, a. a. O. [1] bes. 849f.; K. H. HÖRNING: Ansätze
zu einer Konsumsoziol. (1970); KATONA, a. a. O. [1] 34ff.; G.
WISWEDE: Soziol. des Verbraucherverhaltens (1972) 118ff.;
HARTFIEL, a. a. O. [2] s.v. Konsumsoziol., Massenkonsum. – [7]
H. FREYER: Theorie der gegenwärtigen Zeitalters (1956) 253 u.
passim; V. PACKARD: Die große Verschwendung a. a. O. [1]
278ff.; RIESMAN, a. a. O. [1] 317ff.; ZAHN, a. a. O. [1] 41ff.
u. passim. – [8] LAMBRECHT, a. a. O. [1] 412ff.; H. SCHOECK:
USA, Motive und Strukturen (1958) passim; W. H. BIERFELDER:
Der Mensch als Verbraucher, in: Soziale Welt 10 (1959) 193ff.;
KATONA, a. a. O. [1] (1960) passim; KÖNIG, a. a. O. [1] 507f.;
MEYER-DOHM, a. a. O. [1] 111ff.; D. McCLELLAND: Die Leistungs-
gesellschaft (1966) 380. – [9] LAMBRECHT, a. a. O. [1] 347;
SCHOECK, a. a. O. [8] 19f. 85ff.; KÖNIG, a. a. O. [1] 509ff.;
KATONA, Der Massenkonsum a. a. O. [1] 86ff. 352ff.; MEYER-
DOHM, a. a. O. [1] 223ff. – [10] SCHOECK, a. a. O. [8] 89ff. – [11]
H. KLAGES: Das Risiko der Kulturkritik, in: Soziale Welt 17
(1966) 97ff. – [12] Vgl. z. B. H. MARCUSE: Der eindimensionale
Mensch (1967); Ideen zu einer krit. Theorie der Gesellschaft (1969);
Kritik der reinen Toleranz (⁷1970); P. HUNZIKER: Erziehung zum
Überfluß. Soziol. des Konsums (1972).   R. HÖTTLER

Kontakt. Das Wort ‹contactus› wird in der Bedeutung
von Berührung im heutigen umgangssprachlichen Sinn
von den klassischen lateinischen Autoren (LIVIUS, OVID,
PLINIUS, TACITUS) verwandt. Im mittelalterlichen Latein
ist der Gebrauch des Wortes bislang nicht nachgewiesen;
jedoch findet das Wort im Neulatein der Humanisten
Eingang sowohl in die lateinische Umgangs- wie Fach-
sprache der Gelehrten. In beiden Bereichen bleibt es auch
beim Zurücktreten der lateinischen Sprache – bzw. später

der lateinischen Wendungen – in den europäischen Nationalsprachen erhalten.

Im deutschen Sprachbereich heißt es noch 1681 in
LEBENWALDTS ‹Teuffels List› in stark latinisierter Sprache: «Die Difficultet ist allein per quod medium diser
Contact geschehe» [1]; gegen Ende des 18. Jh. benutzt
LICHTENBERG [2], und um die Mitte des 19. Jh. A. VON
HUMBOLDT [3], das Wort ‹Contact› im heutigen umgangssprachlichen Sinne. Das Wort erfährt in der Folge
bei wechselseitigem – auch internationalem – Einfluß des
umgangs- und fachsprachlichen Wortgebrauchs aufeinander weitere Akzentuierungen, denen Bedeutungen wie
«Berührung», «in Verbindung stehen», «in Beziehung treten» zugrunde liegen.

Im *wissenschaftlichen* Sprachgebrauch bezeichnet das
Wort ‹K.› zumeist einen Wirkungszusammenhang zwischen Objekten der belebten oder unbelebten Natur, von
denen mindestens eines durch den K. eine Änderung in
seinem Gesamt- oder in einem Teilzustand erfährt, z. B.
in der Elektrotechnik Berührung zwischen elektrischen
Leitern zur Herstellung eines Stromkreises; in der Chemie fester Katalysator, der eine Gas- oder Flüssigkeits-
reaktion beschleunigt; in der Geologie (K.-Metamorpho-
se) Umsetzungsprozesse zwischen Gesteinen und Magma;
in der Medizin (K.-Person) an der Übertragung von In-
fektionskrankheiten beteiligte Person; in der empirischen
Unterrichtsforschung eine isolierte Einheit des komplexen Unterrichtsgeschehens [4]; in der Psychopathologie
(K.-Störung) Störung der zwischenmenschlichen Bezie-
hungsfähigkeit; in der Psychologie (K.-Fähigkeit) Möglichkeit und Leichtigkeit mitmenschlicher Beziehungs-
aufnahme [5]; in der Sozialpsychologie und den Sozialwissenschaften vor allem im Rahmen der Interaktions-
theorie (Sozial-K.) wechselseitige mitmenschliche Einwirkung zwischen Einzelpersonen oder Gruppen [6]; in
diesem Zusammenhang wird auch u. a. zwischen Nah-K.
(K. zwischen Anwesenden) und Fern-K. (K. über größere Entfernungen unter Einschaltung von Hilfsmitteln),
zwischen emotionalem und rationalem K. unterschieden.

Anmerkungen. [1] A. v. LEBENWALDT: Acht curiöse Tractätlein
von des Teuffels List (1681) 6, 103. – [2] G. C. LICHTENBERG: Ausführl. Erklärung der Hogarthischen Kupferstiche, in: Schr. und
Briefe, hg. W. PROMIES (1972) 3, 670. – [3] A. V. HUMBOLDT: Kos-
mos. Entwurf einer physischen Weltbeschreibung (1845) 1, 15. 71.
– [4] F. WINNEFELD: Pädag. K. im pädag. Feld (⁵1971). – [5] E.
SPEER: Die Liebesfähigkeit (1935, ³1951). – [6] L. v. WIESE: Tafel
der menschl. Beziehungen in soziol. Betrachtung. Kölner Vjh.
Soziol. 3 (1923/24) 250ff.; Philos. und Soziol. (1959) 30; P. R.
HOFSTÄTTER: Einf. in die Sozialpsychol. (1954) 359ff.; G.C.
HOMANS: Elementarformen sozialen Verhaltens (dtsch. 1968); H.
WIENOLD: K., Einfühlung und Attraktion (1972).   W. ROESSLER

Kontemplation leitet sich her von lateinisch ‹contemplatio› (= C.), Schau, und bezeichnet ursprünglich die Him-
melsbetrachtung der Augurn; darin sind bereits die sinnlichen, geistigen und religiösen Komponenten des
Schauens angelegt. Seit CICERO kommt ‹C.› auch als
Name für rein geistiges Schauen vor und wird zur Wiedergabe des griechischen θεωρεῖν verwendet [1]. Die
aristotelische Lehre von der philosophia contemplativa
und activa kommt jedoch nur einmal bei SENECA vor
[2]; dieses Gedankengut wird sonst in die Lehre über
das otium aufgenommen.

Für AUGUSTINUS ist die K. zunächst die rein geistige
Schau Gottes von Angesicht zu Angesicht im ewigen
Leben; sie ist Ende aller Tätigkeit (actio), ewige Ruhe
und Vollendung der Freude [3]. Maria ist im Gegensatz
zu Martha biblisches Vorbild für die K. in ihrer irdi-

schen Vorform [4]. Das Wort ‹contemplari› kommt nur durch Psalmenzitate in diesen Zusammenhang [5]; eine begriffliche Verbindung mit der aristotelischen ϑεωρία-Lehre ist kaum erkennbar [6].

Der Höhepunkt der Lehre von der K. liegt im *12. Jh.* BERNHARD VON CLAIRVAUX definiert C. als «verus certusque intuitus animi de quacumque re sive apprehensio veri non dubia» (wahre und gewisse Geistesschau eines jeden beliebigen Dinges oder unzweifelhafte Erfassung des Wahren) [7]. Die wahre Schau geschieht im Abstieg des Wortes Gottes zur menschlichen Natur und in der Erhöhung des Menschen durch Gottesliebe [8]. Die eigentliche K. ist nur im Zustand der Ekstase möglich, wie sie Paulus vor Damaskus geschenkt wurde [9]. K. ist Gnade und göttliches Geschenk; niemandem aber wird es zuteil ohne eifriges Studium und glühendes Verlangen [10]. Es werden Vorstufen der K. beschrieben: die cogitatio als umherschweifendes Bedenken und die meditatio als zielgerichtete Erkenntnisbemühung oder auch die consideratio und die speculatio als das Sehen im Spiegel (speculum) und Gleichnis [11]. ALANUS AB INSULIS schreibt dem Menschen verschiedene Seelenkräfte zu: ratio, intellectus und intellectualitas; nur die letztere befähigt zur K. und ermöglicht die «deificatio» in der Schau des Göttlichen [12]. RICHARD VON ST. VICTOR unterscheidet innerhalb der K. sechs Stufen; die höchste Stufe ist die Erkenntnis der göttlichen Wahrheit, die der menschlichen Vernunft zu widersprechen scheint, z. B. die Betrachtung der Trinität [13]. Von der Höhe der K. sieht man auf alle Philosophie verachtend herab [14].

Bei THOMAS VON AQUIN finden sich in der Lehre über die K. mystische und aristotelische Komponenten. Vollkommene K. ist auch für ihn die Schau Gottes in seinem eigentlichen Sein, wie sie nur im zukünftigen Leben und im Zustand der Ekstase (in raptu) möglich ist [15]. Alles irdische, philosophierende Erkenntnisbemühen, das Aristoteles in seiner ϑεωρία-Lehre angesprochen hat, ist unvollständige K. oder Vorstufe. Es ist aber auch letztlich auf Gott gerichtet, insofern es Gott im Spiegel seiner Schöpfung sieht [16]. Es wird in dieser Hinsicht mit ‹speculari› (cognitio specularis) bezeichnet, während ‹C.› das einfache Blicken (simplex intuitus) meint [17]. Im Akt der K. vollzieht sich die Angleichung an Gott im Sinne einer unio und informatio [18]. Darin liegt die Substanz menschlichen Glücks, wenn dieses auch die Liebe als bleibende Voraussetzung der Schau und die Freude über Gottes Gegenwart einschließt [19]. Die irdisch-wissenschaftliche Bemühung im aristotelischen Sinne führt nur zu einer Teilhabe am wahren und vollkommenen Glück [20]. C. und cognitio speculativa werden jedoch auch als identische und austauschbare Wiedergabe der aristotelischen ϑεωρία-Lehre behandelt; als solche stehen sie im Gegensatz zur cognitio (vita, scientia) practica [21]. ‹Contemplari› bezeichnet so den Akt des intellectus speculativus [22]. Schwerpunktmäßig werden beide Worte aber auch hier unterschieden, indem ‹C.› das reine Schauen, den Besitz der Wahrheit, ‹speculatio› das wissenschaftliche, diskursive Denken und Suchen bezeichnet [23]; ‹contemplativus› steht in Verbindung mit ‹vita› und ‹beatitudo›, ‹speculativus› in Verbindung mit ‹cognitio›, ‹intellectus› und ‹scientia›.

In allgemeinerer Form kann ‹C.› auch Schriftlesung und Gebet bezeichnen, insofern der Mensch sich frei von äußeren Tätigkeiten ganz Gott zuwendet [24]. Die Lehre von der vita contemplativa entfaltet die Zusammenhänge zwischen dem Akt der K. und der übrigen Lebensführung [25].

Anmerkungen. [1] CICERO, z. B. De nat. deor. II, 14, 37. – [2] SENECA, Ep. 95, 10 = Ep. mor. 15, 3. – [3] AUGUSTIN, De immortalitate animae 6, 10; De Trin. 1, 8, 17; 1, 10, 20; Ep. II, 120, 1, 4. – [4] Serm. 169, c. 13f.; 255, c. 6. – [5] Ps. 5, 4; 26, 4. – [6] Vielleicht im Begriff ‹virtus contemplativa›, De consensu Evangelistarum 1, 5. – [7] BERNHARD VON CLAIRVAUX, De consideratione II, 2. MPL 182, 745 b. – [8] Sermones de diversis 87, 3. MPL 183, 704 c. – [9] a. a. O. 87, 2. MPL 183, 704 a; RICHARD VON ST. VICTOR, Benjamin minor (= B. min.) c. 72. MPL 196, 52; ALANUS AB INSULIS, Theologicae regulae 99. MPL 210, 673. – [10] BERNHARD, a. a. O. [8] 87. MPL 183, 704 b; RICHARD, Benjamin maior (= B. mai.) I, 1. MPL 196, 65; B. min. c. 73. MPL 196, 52 c. – [11] RICHARD, B. mai. I, 3. MPL 196, 66f.; B. min. c. 18-24. MPL 196, 12ff.; BERNHARD, a. a. O. [7] II, 2. MPL 182, 745. – [12] ALANUS, a. a. O. [9] ebda.; In cant. canticorum. MPL 210, 66 d. – [13] RICHARD, B. mai. I, 6. MPL 196, 70ff.; vgl. THOMAS VON AQUIN, S. theol. II/II, 180, 4 ad 3. – [14] RICHARD, B. min. c. 75. MPL 196, 54. – [15] THOMAS, I Sent. prol. 1, 1 c; S. theol. II/II, 180, 4 c; 180, 5 c. – [16] S. theol. II/II, 180, 3 c; 180, 4 c. – [17] III Sent. 35, 1, 2, 3 c; S. theol. II/II, 180, 3 ad 2. – [18] S. theol. I/II, 3, 5 ad 1. – [19] S. theol. II/II, 180, 1 c. – [20] S. theol. I/II, 3, 6 c und ad 1; vgl. I/II, 69, 3 c. – [21] z. B. III Sent. 35, 1, 3, 2; S. theol. II/II, 179, 10 b 2. – [22] S. theol. I/II 3, 5. – [23] Vgl. aber auch In Eth. 10, 10, Nr. 2092. – [24] IV Sent. 15, 4, 1, 2 ad 1. – [25] S. theol. II/II, 180.

Literaturhinweise. L. KERSTIENS: Die Lehre von der theoret. Erkenntnis in der lat. Tradition. Philos. Jb. 67 (1959) 375-424. – D. J. LECLERCQ: Etudes sur le vocabulaire monastique du moyenâge. Stud. Anselmiana 48 (Rom 1961). – J. PIEPER: Glück und K. (³1962).

L. KERSTIENS.

Kontiguität (von lat. contiguus, benachbart, angrenzend; griech. ἐχόμενον, ἁπτόμενον)

I. Eine philosophische Theorie der K. begegnet zuerst bei ARISTOTELES, der im 5. Buch der ‹Physik› [1] die verschiedenen Arten des «Beisammenseins», d. h. der Lage ausgedehnter Körper zueinander, und zwar in bezug auf ihren räumlichen Abstand und ihre Unterscheidbarkeit (nicht hinsichtlich der Gegenden im Raume), untersucht, wobei er zu stets intensiveren Graden des Zusammenhaltens (-hängens) fortschreitet; die K. erhält dabei ihre Stelle zwischen der «Folge» und der «Kontinuität». Diese drei Termini sind jeweils zweistellige Prädikatoren: x folgt auf y; x grenzt an y; x hängt mit y zusammen. Zur korrekten Verwendung dieser Prädikatoren muß gesichert sein, daß es um diese Relationen zulassende Gegenstände geht, d. h. solche, an denen Grenzen von Nicht-Grenzen unterschieden werden können. Die «Folge» (τὸ ἐφεξῆς) ist gegeben, wenn zwischen dem Vorhergehenden und dem Nächsten nichts von derselben Art liegt. K. (ἔχεσϑαι, ἅπτεσϑαι) liegt vor, wenn sich Nachfolgendes *berührt*, wenn die Grenzen beider Gegenstände so zusammenliegen, daß nicht etwas anderes gleicher oder anderer Art dazwischentritt. Kontinuität sieht Aristoteles gegeben, wenn aus zwei einander berührenden Gegenständen ein neuer entsteht; dies tritt ein, «wenn die Grenzen beider einswerden» [2]. Dieser Prozeß setzt nach Aristoteles ein einheitsbildendes Prinzip voraus, das die Leistung des «Zusammenwachsens» (σύμφυσις) vollbringt [3]. – Die K. wird von Aristoteles nur von der Berührung von Gegenständen im Raum ausgesagt; die «Nachbarschaft» in der Zeit wird ebenso wie die Affinität von Begriffen nicht durch den Terminus «ἅπτεσϑαι» wiedergegeben.

THOMAS VON AQUIN bestimmt die K. wie Aristoteles in ihrem Verhältnis zur Kontinuität; er unterscheidet das «totum contiguum» vom «totum continuum»: das nur durch Berührung seiner Teile entstandene Ganze von dem in sich zusammenhängenden Ganzen [4]. Auch hier macht ein durch den Zusammenhalt des Formprinzips geleisteter Einheitsvollzug den entscheidenden Unterschied zwischen Kontinuität und K. aus. Die Definition der K. übernimmt Thomas von Aristoteles [5]: «contigua sunt, quorum ultima sunt simul» [6].

Später bedeutet ‹K.› häufig das unmittelbare Neben- oder Nacheinander in Raum und Zeit, ohne daß sie einer als durch ein Prinzip des Zusammenhaltens geleistet verstandenen Kontinuität gegenübergestellt wird.

Anmerkungen. [1] ARISTOTELES, Physik V, 3, 226 b 18-227 b 2. – [2] a. a. O. 227 a 11ff.; vgl. F. KAULBACH: Philos. und math. Kontinuum 131ff. – [3] ARISTOTELES, Physik V, 3, 227 a 23-27. – [4] THOMAS VON AQUIN, 1 phys. 3 b. – [5] ARISTOTELES, Physik V, 3, 226 b 23. – [6] THOMAS VON AQUIN, 4 sent. 44. 2. 2. 2. ob. 5.

Literaturhinweise. W. WIELAND: Die aristotelische Physik (1962) 278-316. – F. KAULBACH: Philos. und math. Kontinuum, in: Rationalität – Phänomenalität – Individualität, Festschr. f. H. u. M. Glockner, hg. W. RITZEL (1966) 125-147. – H. WAGNER: Aristoteles. Physikvorlesung (1967) 602ff. – P. JANICH: Die Protophysik der Zeit (1969) 159f. – M. GATZEMEIER: Die Naturphilos. des Straton von Lampsakos. Zur Gesch. des Problems der Bewegung im Bereich des frühen Peripatos (1970) 82-86 (Monograph. z. Naturphilos. H. 10). M. GATZEMEIER

II. K. ist der lateinische Name für einen von ARISTO-TELES so beschriebenen Sachverhalt: Wenn z. B. zwei begrenzte Gegenstände, etwa zwei geometrische Strecken *a* und *b* aneinandergrenzen und sich berühren, dann gibt es einen Ort der Berührung, in welchem die Grenzen von *a* und die von *b* einander überdecken, obwohl beide Grenzen ebenso getrennt bleiben wie die Strecken, zu denen sie gehören. Im Falle des Identischwerdens beider Grenzen würden auch die dazugehörigen Strecken zu Teilstrecken einer einzigen, sie beide umfassenden ganzen werden; dann würde es sich um ein Kontinuum handeln [1]. LEIBNIZ verbindet den K.-Gedanken mit der Überlegung, daß jeder Körper des Universums mit jedem andern auch noch so entfernten durch K. in Wechselwirkung stehe [2]. Er bringt die Aristotelische Unterscheidung zwischen Kontinuum und Kontiguum, THO-MAS folgend [3], auf die Formel, daß beim ersteren die «extrema unum sunt», beim letzteren die «extrema simul sunt» [4]. WOLFF bestimmt zwei ausgedehnte Dinge als «contigua», «quorum, superficies se mutuo contingunt, ita ut ipsa duo maneant, minime autem unum efficiant extensum. Contiguitas adeo excludit existentiam tertii intermedii actualem» (Kontigua, deren Oberflächen sich gegenseitig berühren, so daß sie selbst zwei bleiben, keineswegs aber ein Ausgedehntes bilden. Daher schließt die K. die aktuale Existenz eines dazwischen liegenden Dritten aus). Als Beispiel für Kontigues gibt er zwei aufeinanderliegende Bücher an [5].

Anmerkungen. [1] ARISTOTELES, Physik, 227 a; vgl. F. KAULBACH: Der philos. Begriff der Bewegung (1965) 17ff. – [2] G. W. LEIBNIZ, Opuscules et frg. inéd., hg. L. COUTURAT (ND 1961, ²1966) 14f. – [3] Vgl. THOMAS VON AQUIN: Scriptum in 4 libros sententiarum magristri Petri Lombardi (Venedig 1775-1785) IV, 44, 2, 2, ob. 5; In octo libros physicorum Aristotelis, VI, 1, 1, hg. P. M. MAGGIÒLO (Turin 1954) 373f. – [4] LEIBNIZ, a. a. O. [2] 601. – [5] CHR. WOLFF, Philosophia prima sive ontologia ... (²1736) § 556. F. KAULBACH

Kontingenz (griech. ἐνδεχόμενον, lat. contingentia, ital. contingenza, frz. contingence, engl. contingency, dtsch. auch *Zufälligkeit*)

I. *Der Begriff der K. in der Philosophie.* – 1. *Vorbemerkung.* – ‹K.› und ‹kontigent› kommen vom lateinischen ‹contingentia› (fem.) und ‹contingere›, wörtlich «zusammen (sich) berühren», was etwa dem deutschen ‹zu(sammen)fallen›, wovon ‹Zufall› und ‹Zufälligkeit› abgeleitet sind, entspricht. Eine philosophische Bedeutung

hat ‹K.› im Lateinischen erst gewonnen, als es als Übersetzung für das griechische ἐνδεχόμενον (von ἐνδέχεσ-θαι, aufnehmen, annehmen) in Gebrauch kam (s. II).

Das Wort ‹K.› wird philosophisch in drei verschiedenen, aber miteinander in Zusammenhang stehenden Dimensionen gebraucht: in der Logik, der Naturphilosophie und der Metaphysik. Die Geschichte des Begriffs der K. ist vielfach verschlungen und nicht leicht zu entwirren. Hier können nur einige wenige Hinweise gegeben werden. Die entsprechende Sachproblematik wird nicht immer unter dem Begriff ‹K.› geführt, sondern auch unter dem des Zufalls, der Indetermination u. a.

2. *Die Vorgeschichte des griechischen* ἐνδεχόμενον. – Das Wort hat bei ARISTOTELES meist dieselbe Bedeutung wie δυνατόν, möglich. So auch in ‹De Interpretatione› (Kap. 9), wo die Bezeichnung der zufälligen künftigen Ereignisse nicht durch ἐνδέχεσθαι allein, sondern nur durch Verbindung mit zusätzlichen Ausdrücken hergestellt wird [1]. Für das ἐνδεχόμενον (= ἐ.) im Sinne des Möglichen und für dieses selbst stellt sich dann die Frage, wie es sich zum Notwendigen verhält. Diese Frage wird schließlich im 13. Kapitel dahin beantwortet, daß das ἐ. außer dem Unmöglichen alles, auch das Notwendige umfaßt [2]. Im 13. Kapitel der ‹Analytica Priora› führt Aristoteles einen durch den Gegensatz zur Notwendigkeit verschärften Begriff von ἐ. ein, und zwar zunächst durch den bloß kontradiktorischen Gegensatz des Nicht-Notwendigen [3], schließlich aber durch eine definitorisch festgesetzte Bezeichnung für die symmetrische Möglichkeit zu sein und nicht zu sein [4]. Im Hintergrund der logischen Bedeutung des ἐ. steht bei Aristoteles jedoch die naturphilosophische und metaphysische Problematik, so daß das, was möglich ist, nach dem Vermögen (δύναμις), etwas wirklich zu tun oder zu sein, beurteilt werden muß. ‹Vermögen› und ‹möglich› sind jedoch homonym. Wir nennen einmal etwas möglich, weil es wirklich das ist oder tut, was es dem Vermögen nach sein soll (so gilt es auch vom Notwendigen); das andere mal aber, weil es, ohne tätig zu sein, doch in diese Tätigkeit kommen kann (so gilt es nur vom Veränderlichen, Nicht-Notwendigen). Das notwendig Seiende, Ewige, hat aber als Wirklichkeit den Vorrang vor dem Vermögen, so daß die wirklichen Substanzen ohne Vermögen die ersten Substanzen sind. Nur auf die veränderlichen Substanzen kann der Begriff der symmetrischen Möglichkeit angewandt werden [5]. In diesem Sinne heißt es in der ‹Metaphysik›: «es kann der Fall sein, daß etwas möglich ist zu sein, aber nicht ist, und daß etwas möglich ist, nicht zu sein, und doch ist [6]. Die formale K. differenziert sich jedoch in der Wirklichkeit. So heißt es in ‹De interpretatione›: Es ist also offenbar, daß nicht alles notwendig ist oder entsteht, sondern das eine, wie es eben zufällig kommt, so daß weder die Bejahung noch die Verneinung einen Vorzug der Wahrheit hat (daß es gleich oft vorkommt); das andere aber zwar in der weitaus größeren Anzahl (ist oder entsteht), aber dennoch so, daß auch das andere entstehen kann, obwohl es nicht entsteht [7].

Anmerkungen. [1] Vgl. A. BECKER-FREYSENG: Die Vorgesch. des philos. Terminus ‹contingens› (1938) §§ 15. 19. – [2] ARISTO-TELES, De int. 13, 22 b-28; so auch Anal. pr. 3, 25 a 37-39; vgl. BECKER-FREYSENG, a. a. O. [1] §§ 20-22. – [3] ARIST., Anal. pr. 13, 32 a 21-29. – [4] a. a. O. 13, 32 a 18-20; 32 a 29-32 b 3. – [5] De int. 13, 23 a 6-25. – [6] Met. IX, 3, 1047 a 20-26. – [7] De int. 9, 19 a 18-22.

3. *Die Übersetzung ‹contingens›.* – Aus dem verschärften Begriff des symmetrisch «Möglichen» (ἐ.) ist der spä-

tere Ausdruck ‹contingens› in seiner engeren Bedeutung hervorgegangen. Der Übergang vollzog sich jedoch nicht ohne Schwierigkeiten. MARIUS VICTORINUS († um 360), auf den die De-interpretatione-Übersetzung des Boethius im wesentlichen zurückgeht, übersetzt ἐνδέχεσθαι immer mit ‹contingere›, was aber von BOETHIUS nicht immer richtig verstanden wurde [1]. Im zweiten Kommentar zu Kapitel 9 von ‹De interpretatione› gebraucht er jedoch ‹contingens› (wohl abhängig von Erläuterungen des Marius Victorinus, die dieser einem griechischen Kommentar entnahm) in dem von ARISTOTELES in den ‹Analytica priora› (Kap. 13–22) verwendeten Sinn der symmetrischen Möglichkeit, der gegen die Notwendigkeit und Unmöglichkeit abgegrenzt ist [2].

Anmerkungen. [1] Vgl. BECKER-FREYSENG, a. a. O. [1 zu 2] §§ 6. 28. – [2] a. a. O. § 15.

4. *Der Ausdruck ‹contingens› (contingenter, contingentia) im Mittelalter.* – Dieser Ausdruck erhielt im 12. und 13. Jh. in den Disputationen, die sich an den BOETHIUS-Kommentar zum 9. Kapitel von ‹De interpretatione› anschlossen, die feste, gegen das Notwendige abgegrenzte Bedeutung [1].

a) Nach dem ‹Index Thomisticus› [2] kommt ‹contingentia› (fem. sing.) in den THOMAS VON AQUIN eigenen Texten 77mal, ‹contingens› 283, ‹contingenter› 74 und ‹contingentia› (neutr. plur.) 237mal vor. Thomas benutzte für seinen Kommentar zu ‹De interpretatione› eine lateinische Übersetzung des AMMONIUS-Kommentars zu diesem Werk, die von seinem Ordensbruder WILHELM VON MOERBEKE (1268) angefertigt war [3]. Nach A. Busse hingen alle späteren griechischen Kommentare vom (griech.) Ammonius-Kommentar ab, der in der Tat von höchster Qualität ist [4].

THOMAS unterscheidet in seinem eigenen Kommentar zu ‹De interpretatione› [5], Aristoteles folgend, drei Gattungen kontingenten Geschehens: seltene Geschehnisse (ut in paucioribus), die auf Zufall und Glück beruhen (a casu vel fortuna); dann das, was sich gleicherweise zu beidem verhält (ad utrumlibet), d.i. was aus freier Wahl hervorgeht (ex electione); schließlich was sich in den meisten Fällen ereignet (ut in pluribus) und von der Natur verursacht wird (ex natura). In der lectio 14 behandelt Thomas, nachdem er Aristoteles kommentiert hat, die Problematik des realen kontingenten Geschehens und seiner Möglichkeit. Die Berufung auf die Potentialität der Materie scheint nicht hinreichend für die K. des Naturgeschehens (nr. 8–9). Die Verflechtung der Naturursachen (fatum der Stoiker) erscheint wie eine nötigende Gesamtursache. Doch ist zu unterscheiden zwischen dem, was per se und per accidens geschieht. Die Wirkung von Naturursachen kann durch andere, auch freie Ursachen verhindert werden (nr. 11). Der indirekte Einfluß des Kosmos auf den menschlichen Verstand und Willen wird zugestanden, nicht aber eine direkte Nötigung. Die aus einer Vielheit per accidens sich ergebende Gesamtwirkung des Geschehens kann nicht auf *eine* naturhaft wirkende Ursache zurückgeführt werden (nr. 14). Aber ist sie nicht auf eine determinierende göttliche Vorsehung zurückführbar? (nr. 17). Sie umfaßt zwar alles freie und naturhafte Geschehen, aber Gottes Erkennen und Wollen sind von anderer Art als das unsere (nr. 18). Die Erkenntnis Gottes ist ganz außer der Zeitordnung. Zwischen ihr und dem Zeitlichen gibt es keine Zeitbeziehung. Wie eine gegenwärtige Beobachtung eines kontingenten Geschehens dessen K. nicht aufhebt, so auch nicht die überzeitliche Erkentnnis Gottes (nr. 19–21), eine Lösung,

zu der schon AMMONIUS und IAMBLICHOS das Vorspiel gaben [6]. Auch der Wille Gottes ist nach THOMAS durchaus transzendent (extra ordinem entium existens) und Ursache alles Seienden und seiner Differenzen, auch der Differenz des möglichen (kontingenten) und notwendig Seienden (nr. 22). Ein letzter Einwand betrifft die K. des frei Gewollten. Thomas bejaht die notwendige Ausrichtung des Willens auf das Gute als solches. Aus ihr folgt nur, daß kein Wille aus der Zuordnung zur Glückseligkeit als dem vollendeten Guten herausfallen kann, nicht aber die Determination bezüglich partikulärer Güter (nr. 23–24). – Die lectio 15 zeigt die Überschneidung der Begriffe ‹Notwendigkeit› und ‹K.› im wirklich Existierenden: Für alles, was ist, ist es notwendig, daß es ist, wann es ist, nicht mit absoluter Notwendigkeit, aber ex suppositione (nr. 2–3). Darum gilt der Grundsatz: Nichts ist so kontingent, daß es nicht in sich etwas Notwendiges hätte [7]. Der entscheidende Schritt zum ens per se necessarium im Gottesbeweis geschieht daher bei Thomas nicht vom Kontingenten aus, insofern es kontingent ist, sondern insofern in ihm etwas Notwendiges ist [8].

Anmerkungen. [1] BECKER-FREYSENG, a. a. O. [1 zu 2] § 29. – [2] S. THOMAE AQUINATIS operum omnium Indices et concordantiae, hg. R. BUSA. Sectio secunda. Concordantia prima (Stuttgart 1974) 5, Nr. 20 440f. – [3] Vgl. G. VERBEKE (Hg.); AMMONIUS, Comm. sur le Peri Hermeneias d'Aristote. Trad. de GUILLAUME DE MOERBEKE, in: Corp. lat. comm. in Arist. graec. (Paris 1961) S. XXXVI–LXVII. – [4] Praefatio der Ed. A. BUSSE, AMMONIUS, In Arist. De int. comm., in: Comm. in Arist. Graeca IV/5. – [5] In libros Peri Hermeneias Expositio, Ed. Leonina I, lect. 13, Nr. 8-9. – [6] Vgl. AMMONIUS, hg. VERBEKE 255, 10-17 zu ARIST. 18 a 28-33; vgl. 258f. – [7] THOMAS VON AQUIN, S. theol. I, q. 86, a. 3 co. – [8] S. theol. I, q. 2, a. 3 co: tertia via.

b) Nach DUNS SCOTUS ist kontingent verursacht dasjenige, dessen Gegenteil entstehen kann, wenn jenes entsteht [1]. Das kontingent Seiende setzt zwar das notwendig Seiende voraus, aber ist nicht mit ihm seinshaft korrelativ. Die Wahrheit des Satzes, daß etwas kontingent existiert, läßt sich nur feststellen, nicht aber aus etwas Notwendigem ableiten [2]. Während nach THOMAS die freie Kausalität Gottes über dem Gegensatz der notwendig und kontingent wirkenden Ursachen steht, ist nach DUNS SCOTUS die kontingente Kausalität der Erstursache die Bedingung der Möglichkeit aller K. [3].

Anmerkungen. [1] DUNS SCOTUS, Ordinatio I, dist. 2, pars 1, q. 1-2. Op. omnia, Ed. Vatic. 2, Nr. 86. – [2] a. a. O. I, dist. 39, q. 1-5 = 6, App. A, Nr. 13. – [3] I, dist. 39, Nr. 14 = 6, App. A, Nr. 14.

c) WILHELM VON OCKHAM, der die bisher entwickelten Differenzierungen des Kontingenten aufnimmt, weist den von Duns Scotus behaupteten Zusammenhang zwischen geschöpflicher Freiheit und kontingenter Kausalität Gottes zurück, da die Wirkung beim Zusammenwirken einer notwendig und kontingent wirkenden Ursache kontingent bleibe [1]. In seinem ‹Tractatus de praedestinatione› [2] stellt er fest, daß alle Sätze über freie Geschehnisse, ob vergangen, gegenwärtig oder zukünftig, sowie über das solches Geschehen betreffende Wissen Gottes zwar kontingent seien, daß aber Gott deren Wahrheit mit Gewißheit wisse. Korrekt unterscheidet er zwischen dem notwendig wahren Wissen Gottes, mit dem er um das Kontingente weiß, das er bejaht, und der Behauptung, daß das Wissen Gottes sich auf ein notwendig zukünftiges Geschehen bezieht, was er verneint [3].

Anmerkungen. [1] WILHELM VON OCKHAM, Quodl. II, q. 2; vgl. L. BAUDRY: Lexique philos. de Guillaume d'Ockham (Paris 1958) Art. ‹C.›. – [2] Tract de praedest., hg. PH. BOEHNER (New York 1945) q. I, L. O. – [3] a. a. O. q. II, L.

d) Nach NIKOLAUS VON KUES hat das Universum eine
vernünftige und (für die Welt) notwendige Ursache seiner Verendlichung (contractionis, wörtlich: Zusammenziehung), so daß die Welt, die ein verendlichtes Sein ist
(esse contractum), nicht zufällig (contingenter) von Gott
ist [1]. Daß damit die K. der Welt im Sinne der Nicht-
Notwendigkeit nicht geleugnet wird, sondern nur der unbeabsichtigte Zufall, geht daraus hervor, daß das absolut
Größte, die absolute Notwendigkeit, nur eine einzige
sein kann [2], daß ferner die Einheit der Kreatur als solcher in einer nicht notwendigen Vielheit besteht (in quadam pluralitate contingenter) [3].

Anmerkungen. [1] CUSANUS, De docta ignorantia, hg. HOFF-
MANN/KLIBANSKY (1932) II, 8, S. 89. – [2] a. a. O. I, 6, S. 14. –
[3] II, 2, S. 66.

5. Neuzeit. – a) Nach F. SUÁREZ bezeichnet ‹K.› im
weiteren Sinn alles Mögliche, auch wenn es notwendig
hervorgebracht wird, im engeren Sinn das, was nicht
notwendig ist oder geschieht. Diese K. wird entweder
Dingen als solchen oder Wirkungen als solchen zuerteilt.
Dinglich kontingent sind erstens alle geschaffenen Wesen, insofern sie nicht schlechthin notwendig sind und
wenigstens von ihrer Ursache her (saltem per potentiam
extrinsecam) auch nicht sein können. Zweitens sind Dinge kontingent, insofern sie vergänglich und veränderbar
sind, obwohl sie vielleicht notwendig bewirkt werden [1].
Dem Bewirktsein nach ist etwas kontingent entweder im
Sinne des Zufälligen, weil es ohne besondere Ausrichtung oder Absicht des Bewirkenden entsteht oder im
Sinne des Mittleren zwischen dem Notwendigen und
Unmöglichen, wie das, was zugleich möglich ist zu sein
und nicht zu sein [2]. Diese beidseitige Möglichkeit kann
auf die nächste und spezifische Ursache (secundum virtutem intrinsecam) bezogen werden oder auf das gesamte Spiel der Ursachen des Universums, mit oder ohne
die Erstursache. Im Hinblick auf die Erstursache gibt es
keine absolute Notwendigkeit, da alle Zweitursachen
von der freien Mitwirkung der Erstursache abhängen.
Die Frage nach der K. kann aber sinnvoll auch im Hinblick auf die Gesamtheit der Zweitursachen allein gestellt werden, da die Erstursache grundsätzlich (definita
lege) zur Mitwirkung bereit ist [3]. Im Gesamtzusammenhang der Zweitursachen gibt es K. durch die freien
Ursachen und die Veränderungen, die von ihnen ausgehen. Was die nächsten Ursachen angeht, kommt innere
K. nur den Wirkungen der freien Ursachen zu. Bei den
naturhaft wirkenden Ursachen gibt es bloß äußere K.,
weil ihre Wirkung durch andere Ursachen (wozu auch
die Materialursache gehört) verhindert werden kann [4].
Nach Suárez haben die Sätze, die ein durch Freiheit bestimmtes Geschehen der Zukunft zum Gegenstande haben, eine bestimmte Wahrheit (gegen Aristoteles), ohne
daß dies ihrer K. widerspräche [5]. Äußere K. ist möglich unabhängig davon, ob die Welt frei oder notwendig
hervorgebracht ist [6]. Zur Frage, ob Gott etwas kontingent (contingenter) wolle, meint Suárez, es sei ein Streit
ums Wort. Die Redeweise, Gottes Wollen sei nicht kontingent, sei jedoch vorzuziehen [7].

Anmerkungen. [1] F. SUÁREZ, Opusc. II: De scientia quam Deus
habet de futuris contingentibus, Introd. – [2] Dispt. met. XIX,
sect. 10, Nr. 1. – [3] a. a. O. Nr. 2. – [4] Nr. 3-4. – [5] Nr. 11. –
[6] Nr. 13. – [7] XXX, sec. 16, Nr. 43.

b) SPINOZA definiert Einzeldinge als kontingent, so-
fern wir von ihrer Wesenheit her nichts finden, was ihre
Existenz notwendig machen oder ausschließen würde [1].
Bezüglich ihrer Ursachen heißen sie «möglich», soweit

wir nicht wissen, daß diese Ursachen zur Hervorbringung
dieser Dinge determiniert sind [2]. In Wirklichkeit gibt
es im System Spinozas keine K. (In rerum natura nullum
datur contingens) [3]. K.-Aussagen beruhen allein auf
unserer Unkenntnis der Ursachen [4].

Anmerkungen. [1] B. SPINOZA, Ethica IV, def. 3. – [2] a. a. O.
def. 4. – [3] I, prop. 29. – [4] I, prop. 33, schol. 1.

c) Nach LEIBNIZ ist kontingent oder nicht-notwendig
das, dessen Gegenteil keinen Widerspruch einschließt [1].
Die Geschöpfe sind kontingent, d. h. ihre Existenz folgt
nicht aus ihrer Wesenheit [2]. Die K. schließt jedoch das
Determiniertsein nicht aus [3]. Bei den notwendigen Vernunftwahrheiten, die dem Kontradiktionsprinzip folgen,
gibt es einen endlichen Abschluß der Begründung. Bei
den kontingenten Tatsachenwahrheiten, die außerdem
auch dem Prinzip vom zureichenden Grund folgen, führt
der Fortschritt der Analyse ins Unendliche, so daß die
Begründung von Gott allein vollkommen eingesehen
werden kann. Wir können sie nur a posteriori, durch Erfahrung erkennen [4].

Auch bei CHR. WOLFF ist kontingent dasjenige, dessen
Gegenteil keinen Widerspruch einschließt, und kontingent seiend das, dessen Existenz keinen hinreichenden
Grund in seiner Wesenheit hat, sondern in einem anderen
[5]. Die ratio sufficiens ist aber auch determinans, und
die Existenz und Beschaffenheit zusammengesetzter kontingenter Dinge durch die Gesamtwelt determiniert [6].

Anmerkungen. [1] G. W. LEIBNIZ, De libertate. Opera philos.,
hg. ERDMANN 669 a. – [2] De contingentia, hg. GRUA (Paris 1948)
1, 302f. – [3] Nouveaux Essais II, 21, § 13. – [4] De contingentia 1,
303. – [5] CHR. WOLFF, Ontologia, §§ 294. 297. 310. – [6] Cosmologia generalis, § 87.

d) Bei KANT ist *Zufälligkeit* (= Z.) – das ist fortan die
deutsche Entsprechung zu K. – in der Tafel der Modali-
tätskategorien die Negation der Notwendigkeit, wobei
Notwendigkeit nichts anderes ist als «die Existenz, die
durch die Möglichkeit selbst gegeben ist». Empirische
Urteile sind zufällig [1]. Um das zufällig Existierende zu
begreifen, bedarf es der Beziehung zu einer Ursache.
Daraus folgt nicht, daß diese auch die Bedingung der
Möglichkeit der Sachen selbst sei. Die Evidenz des Kau-
salprinzips beruht nicht auf der reinen Kategorie der Z.
(daß sich das Nichtsein von etwas denken läßt), sondern
auf der Kategorie der Relation (daß das im Dasein Bedingte, d.i. das empirisch Zufällige, nach der Regel des
Verstandes auf eine Bedingung hinweise) [2]. Aus der
empirischen Z. folgt nicht die intelligible, da das empirisch Zufällige dasjenige ist, dessen Gegenteil nicht zur
selben Zeit, sondern nur zu einer anderen Zeit wirklich
ist; mithin ist dieses nicht das kontradiktorische Gegenteil [3]. Zwar bleibt uns der Ausweg offen, daß alle Dinge
der Sinnenwelt durchaus zufällig sind, daß man aber
gleichwohl für die ganze Reihe der Erscheinungen auch
eine nicht-empirische Bedingung denken könne; nur
läßt sich das nicht beweisen [4]. Kant gibt allerdings zu,
«wenn das Bedingte sowohl als seine Bedingung Dinge
an sich selbst sind, so ist, wenn das Erstere gegeben worden, nicht bloß der Regressus zu dem Zweiten aufgegeben, sondern dieses ist dadurch wirklich schon mit gegeben ... mithin auch das Unbedingte dadurch zugleich gegeben» [5]. – Das Fundament eines solchen Schlusses
könnte allerdings nicht die bloße Denkbarkeit des Nicht-
seins empirischer Dinge sein, sondern müßte von einer
Seinsanalyse wirklicher Dinge ausgehen.

Anmerkungen. [1] I. KANT, KrV B 106. 111. 142. – [2] KrV B
289-290. 442. – [3] B 486. – [4] B 588-590. – [5] B 526.

e) Nach J. G. FICHTE wird das Produkt des Ich und seiner Freiheit als *zufällig* gesetzt, als ein solches, das nicht notwendig so sein müßte, wie es ist, sondern auch anders sein könnte [1]. Wenn jedoch etwas als zufällig vorausgesetzt wird und dennoch nicht aus Freiheit bestimmt sein soll, entsteht die Aufgabe, den Grund des Zufälligen zu suchen, d. h. jenes, aus dessen Bestimmtheit sich einsehen läßt, warum das Zufällige gerade so bestimmt ist [2]. Beide Gesetzgebungen, der Natur und der Freiheit, gehen auf Gott zurück. «Ihm also ist ... nichts notwendig und nichts zufällig ... Dies können wir negativ behaupten ...» [3].

Nach HEGEL kann die erfüllte Welt «näher bestimmt werden als eine Sammlung von unendlich vielen Z. überhaupt ... Dieses erfüllte Sein denken heißt, ihm die Form von Einzelheiten und Z. abstreifen und es als ein allgemeines, an und für sich notwendiges ... Sein, welches von jenem ersten verschieden ist, fassen: – als Gott. – Der Hauptsinn der Kritik dieses Ganges [des kosmologischen Beweises] ist, daß derselbe ein Schließen, ein Übergang ist.» Der Welt kommt zwar Sein zu, das aber nur Schein ist, während das wahrhafte Sein Gott ist. Die Nichtigkeit des Seins der Welt ist nur das Vermittelnde, das in der Vermittlung selbst verschwindet [4].

Auch im *dialektischen Materialismus* ist der Zufall nur die Erscheinungsform der Notwendigkeit, wobei diese jedoch nicht die Notwendigkeit Gottes, sondern der Welt ist [5].

Anmerkungen. [1] J. G. FICHTE: Grundl. der ges. Wissenschaftslehre (= WL) (1794) Akad.-A. I/2, 441; Grundriß des Eigentümlichen der WL (1795) a. a. O. I/3, 193. 203. – [2] Versuch einer neuen Darstellung der WL (1797) a. a. O. I, 4, 187. – [3] Critik aller Offenbarung. Nachlaß-Ms. a. a. O. II/2, 65. – [4] G. W. F. HEGEL, Enzykl., hg. NICOLIN/PÖGGELER, § 50, S. 74-76. – [5] Vgl. KLAUS/BUHR, Philos. Wb. (³1972) Art. ‹Zufall›.

f) Was die *K. der Naturvorgänge* angeht, so ist zwischen der K. der Vorgänge gegenüber den Naturgesetzen (relative Indetermination) und der Soseins-K. der Naturgesetze selbst zu unterscheiden. Eine K. der Naturgesetze selbst, in Abhängigkeit von der Freiheit Gottes, war wohl im Sinne der meisten theistischen Systeme, wird aber ausdrücklich von É. BOUTROUX gelehrt (sog. Kontingentismus). Diese K. ist nicht identisch mit Z. im Sinne des Unbeabsichtigten. Das wirklich gegebene Sein ist nach Boutroux nicht eine notwendige Folge des Möglichen, sondern eine kontingente Form desselben. Obwohl das Kausalprinzip, aufgrund der tatsächlich gegebenen Welt, jede Veränderung an eine andere, und zwar bestimmte Veränderung bindet, zeigt die Welt, von der Seite der Einheit ihres wirklichen Seins betrachtet, eine radikale Indeterminiertheit [1].

Demgegenüber tendiert heute C. FR. v. WEIZSÄCKER zu der Annahme, daß sich wenigstens die Gesetze der Physik aus den allgemeinen und notwendigen Bedingungen der Möglichkeit von Erfahrung ableiten lassen [2]. Die Frage ist jedoch, ob ‹Erfahrung überhaupt› mit ‹unserer› Art von Erfahrung, die korrelativ zu den Gesetzen der Physik ist, identisch ist [3].

Anmerkungen. [1] É. BOUTROUX: Die K. der Naturgesetze (1911) V. 18. 20. 27. – [2] C. FR. v. WEIZSÄCKER: Die Einheit der Natur (³1972) 183-276. – [3] Über die kausale Indetermination der Einzelvorgänge der Natur vgl. Art. ‹Unbestimmtheitsrelation›.

g) Z. ist nach N. HARTMANN kein einfach negativer Modus, sondern ein zur Hälfte positiver, insofern das Zufällige wirklich ist, aber die Notwendigkeit negiert [1]. Das Wort ‹Z.› ist im Sprachgebrauch äquivok. Es kann bedeuten: das Unbeabsichtigte, das Unerwartete, das

Unberechenbare der bloßen Tatsache – was alles Modi der Auffassung sind –, ferner das Unwesentliche des besonderen Falles gegenüber der Notwendigkeit des Idealen, endlich aber auch das real Grundlose. Nur diese letzte Bedeutung, die *Real-K.*, in der der Satz vom zureichenden, bestimmenden Grund aufgehoben ist, ist ein philosophisches Problem. Die Real-Z., aber auch die Isoliertheit der idealen Sphäre, ist an sich denkbar, ohne inneren Widerspruch [2]. Alle Arten der Notwendigkeit (des Logischen, Idealen und Realen) sind solche der Bezogenheit, der Abhängigkeit von etwas, nicht Notwendigkeit der Grundlagen selbst. «Die Prinzipien, Axiome, Grundgesetze bleiben ideal-zufällig» [3]. «Auch das Reale ist notwendig nur auf Grund von etwas», seien es Wirkursachen, organische, seelische, personale oder geschichtliche Determinanten. Was aufgrund solcher Determinanten möglich ist, dessen Nichtsein ist real unmöglich, also nicht kontingent. «Da die Reihe der Gründe weder ins Unendliche zurückgehen noch in sich selbst zurückgehen kann, so muß es erste Gründe geben, die real zufällig sind» [4]. Alle Arten der Notwendigkeit haben ihre innere Grenze, sind auf ihr modales Gegenteil, einen Z.-Typus zurückbezogen [5]. Damit wird der Gottesbeweis aus der K. hinfällig. Wiederum ist darauf hinzuweisen, daß dies nur gilt, wenn man die in jeder Wirklichkeit enthaltene Notwendigkeit außer acht läßt. N. Hartmann ist auch zu fragen, welche Modalität die von ihm aufgestellten Modalitätsgesetze haben: Sind sie notwendig, dann gibt es eine alle Modi übergreifende Übermodalität der Notwendigkeit; sind sie es nicht, dann sind sie beliebig bestreitbar. Auch Hartmann muß zugestehen, daß beim Ersten die Möglichkeit in einen nicht-relationalen Modus übergeht [6].

Anmerkungen. [1] N. HARTMANN: Möglichkeit und Wirklichkeit (1958) 33. 36. – [2] a. a. O. 37-39. – [3] 43. – [4] 44. – [5] 45. – [6] 54.

Literaturhinweise. – Zur Antike: A. BECKER-FREYSENG: Die Vorgesch. des philos. Terminus ‹contingens› (1938). – O. BECKER: Untersuch. über den Modalkalkül (1952). – La modalité du jugement chez Aristote et dans la logique moderne. Colloque. Bukarest (1969). – D. FREDE: Aristoteles und die Seeschlacht. Das Problem der C. futura, in De interpretatione 9. Hypomnemata 27 (1970). – TH. O'SHAUGHNESSY: La théorie thomiste de la C. chez Plotin et les penseurs arabes. Rev. philos. Louvain 65 (1967) 36-52. – Zum Mittelalter: J. G. DAWSON: Necessity and C. in the «De libero arbitrio» of Grosseteste, in: La filos. della natura nel Medioevo (Mailand 1966). – G. JALBERT: Nécessité et C. chez S. Thomas d'Aquin et ses prédécesseurs (Ottawa 1961). – P. C. COURTÈS: Participation et C. selon S. Thomas d'Aquin. Rev. thomiste 69 (1969) 201-235. – P. SCAPIN: C. e libertà divina in Giovanni Duns Scoto. Miscell. francescana 64 (1964) 3-37. 277-324. – L. IAMMARRONE: C. e creazione nel pensiero di Duns Scoto. Deus et Homo ad mentem I. Duns Scoti (Rom 1972) 461-480. – Zur Neuzeit: J. I. ALCORTA: La creacion y la C. de los seres, Linea suareziana. Anales de la Cátedra Fr. Suarez 2 (1962) 265-292. – K. REINHARDT: Pedro Luis S. J. (1538-1602) und sein Verständnis der K., Präscienz und Prädestination (1965). – H. SCHEPERS: Möglichkeit und K. Zur Gesch. der philos. Terminol. vor Leibniz. Filos. 14 (1963) 901-914; Zum Problem der K. bei Leibniz. Collegium philos. (Basel 1965) 326-350. – J. SCHMUCKER: Das Problem der K. der Welt. Versuch einer positiven Aufarbeitung der Kritik Kants an dem kosmol. Argument (1969). – H. A. OGIERMANN: Hegels Gottesbeweise, in: Analecta Gregoriana 49 (Rom 1948). – F. PELIKÁN: Entstehung und Entwickl. des Kontingentismus (1915). – H. BECK: Möglichkeit und Notwendigkeit. Eine Entfaltung der ontol. Modalitätenlehre im Ausgang von Nicolai Hartmann (1961). W. BRUGGER S. J.

II. In der *soziologischen Systemtheorie* N. LUHMANNS meint ‹K.› das Zurverfügungstehen einer Vielfalt von wählbaren Möglichkeiten (in einer «Umwelt»), aus denen durch Systeme selegiert wird, Reduktionen von Komplexität durchgeführt werden [1]. Kontingent ist (wie bei Aristoteles), was «auch anders möglich» ist [2]. K.-Formeln kontrollieren den Zugang zu den noch unbestimmten Möglichkeiten durch Setzungen, von denen diese Möglichkeiten abhängig sind, z. B. in der Politik die Legitimität, in der Wirtschaft die Knappheit der Güter usf. Sie reduzieren «auf bestimmte Relationen» [3]. Die K.-Formel im System Religion ist Gott [4]. H. LÜBBE nennt Religion «Kontingenzbewältigungspraxis» [5].

Anmerkungen. [1] N. LUHMANN: Soziol. Aufklärung (1970) 145. – [2] K.-W. DAHM, N. LUHMANN und D. STODT: Religion, System und Sozialisation (1972) 22. – [3] a. a. O. 29. – [4] 29ff. – [5] H. LÜBBE: Vollendung der Säkularisierung – Ende der Relig.? in: Fortschritt als Orientierungsproblem. Aufklärung in der Gegenwart (1975) 169-181, zit. 177.   Red.

III. *Die heute üblichen Verwendungsweisen des Begriffs* ‹*kontingent*›. – Wir geben drei Explikationen des Begriffs an und diskutieren das Verhältnis von semantischer und syntaktischer Explikation. Abschließend werden einige Spezialarbeiten behandelt. Eine erste, gröbste Explikation entspricht dem Aristotelischen Begriff der symmetrischen Möglichkeit (vgl. oben I, 2).

a) Ein Satz *p* ist *kontingent* genau dann, wenn weder *p* noch non-*p* notwendig wahr ist [1]. (K. ist demgemäß eine Eigenschaft von Sätzen – nicht von Dingen. Es gibt aber modallogische Spezialarbeiten, in denen auch von ‹possible› und ‹virtual objects› gesprochen wird [2].) Je nachdem, welche Mittel man in a) zur Feststellung des Notwendigerweise-wahr-Seins zuläßt – Logik allein, Logik plus Bedeutungspostulate [3] für die in *p* vorkommenden Termini oder Logik plus Bedeutungspostulate plus Naturgesetze – erhält man verschiedene Begriffe von kontingent: logisch, analytisch und naturgesetzlich kontingent. Die ersten beiden Begriffe sind die Komplementärbegriffe zu ‹logisch› bzw. ‹analytisch determiniert› und demgemäß rein logische Begriffe.

Man kann jedoch behaupten, daß auch die naturgesetzliche Notwendigkeit auf die logische zurückführbar ist. Der logische Atomismus L. WITTGENSTEINS [4] kann in dieser Weise interpretiert werden. Man nimmt an, es gebe eine Grundsprache, in der die in den Naturgesetzen auftretenden Begriffe definierbar sind, und zwar derart, daß die Naturgesetze zu logischen Gesetzen werden – in gleicher Weise etwa, wie man aus $\bigwedge x(P(x) \to Q(x))$ durch die Substitution

$$P(x) \leftrightarrow_{Df} A(x) \wedge B(x), \quad Q(x) \leftrightarrow_{Df} B(x)$$

eine logische Wahrheit machen kann. – Zu analytischen Wahrheiten in der Sprache der *Ähnlichkeitserinnerung* hätte R. CARNAPS ‹Logischer Aufbau der Welt› die Naturgesetze gemacht, wäre er erfolgreich gewesen [5]. Heute scheint es, daß das Programm des logischen Atomismus ähnlich wie das verwandte Programm des Logizismus trivial erfüllbar ist [6].

Im Folgenden wird ohne Berücksichtigung der eben skizzierten Reduktionsmöglichkeit nur der Begriff ‹*naturgesetzlich kontingent*› behandelt; hierbei wird aber von nun an – wie dies auch sonst oft geschieht – das qualifizierende Adjektiv weglassen.

b) Ein *kontingenter Satz* ist wahr in einigen, aber nicht allen *naturgesetzlich möglichen Welten* (*semantische* Charakterisierung von K.). Diese Explikation erhält einen exakten Sinn erst dann, wenn die hierbei vorausgesetzte Menge der Naturgesetze sowie die Sprache spezifiziert wird, in der diese und die Welten beschrieben werden sollen. Verwendet man eine formale Sprache *S*, so wird man auf eine exakt beschreibbare, in ihrer Grobstruktur einfache und von dem speziellen Gehalt der Gesetze unabhängige Hierarchie von Mengen geführt.

Eine Welt *w* wird charakterisiert durch eine vollständige Belegung der Atomsätze von *S* mit Wahrheitswerten. (Sind $P_1(x)$, $P_2(x, y, z)$ Prädikate aus *S* und *a*, *b*, *c* Individuenkonstante aus *S*, dann sind z. B. $P_1(a)$ und $P_2(b, a, c)$ *Atomsätze* von *S*.) Aus der Bewertung der Atomsätze folgt eine Bewertung auch der quantifizierten Sätze von *S* durch *w*. Die Menge aller Welten (aller möglichen Belegungen der Atomsätze) nennen wir *W*. – Es läge nahe, WITTGENSTEINS Begriff ‹logischer Raum› mit *W* und ‹Tatsachen› mit den Sätzen von *S* zu identifizieren; das wäre aber bereits eine Rekonstruktion, keine Direktinterpretation mehr [7]. – Ein Satz *p* von *S* (eine Menge von Gesetzen G_i) entspricht einer Menge von Welten – nämlich der Menge jener Welten, in denen *p* gilt (alle G_i gelten). Mit anderen Worten: *p* entspricht einem Element von *PW*. (Hier wurde die Potenzmenge (die Menge aller Teilmengen) von *W* mit *PW* bezeichnet – wie man auch sonst für beliebige Mengen *X* die Menge ihrer Untermengen mit *PX* bezeichnet.)

Das eben angegebene semantische Schema hat den Nachteil, daß in ihm sämtliche widerspruchsvollen Sätze durch die gleiche Menge – nämlich die leere Menge – repräsentiert werden. Daher gibt M. J. CRESSWELL [8] ein etwas komplizierteres semantisches Schema an, in welchem dieser Nachteil nicht mehr auftritt. Hier entspricht einem Satz *p* ein Element von P^3W. Spezialisierungen dieses Schemas liefern Interpretationen für Systeme der Kausal- und der Modallogik [9]. Da jedoch in diese Systeme die spezielle Gestalt der Naturgesetze nicht eingeht, kann man in ihnen auch nur sehr allgemeine Eigenschaften der kontingenten Sätze gewinnen.

c) *Syntaktische Charakterisierung* der kontingenten Sätze: Wir setzen voraus, wir hätten eine korrekte und vollständige Axiomatisierung A_s der analytischen Wahrheit von *S* (also auch der zu *S* gehörigen Logik) sowie der in *S* formulierbaren Naturgesetze zur Verfügung. Dann sind genau die *in A_s unentscheidbaren Sätze* die *kontingenten*. (CARNAP nennt diese Sätze *nicht P-determiniert* [10].)

Man würde wünschen, daß diese syntaktische Explikation von ‹kontingent› genau so korrekt ist wie die semantische, aber leichter auszuwerten. Dies trifft leider nicht zu, denn ihre Voraussetzungen sind selten erfüllt. Wegen der von GÖDEL entdeckten *Unvollständigkeit* von beliebigen rekursiv aufzählbaren Formalisierungen der *Arithmetik* und der *Analysis* liefert die Explikation c) bei quantitativen Theorien *zu viele* Sätze als *kontingent*. Ebenso verhält es sich bei der Verwendung eines Logiksystems zweiter oder höherer Stufe [11]. Auch die *Wahl der Logik* (klassische Logik, intuitionistische Logik, dreiwertige Logik von BLAU [12]) hat einen Einfluß auf den Bereich der durch c) als kontingent gelieferten Sätze.

Die eben genannten Schwierigkeiten bei der Anwendung der syntaktischen Explikation stammen aus dem Bereich der Grundlagen von Mathematik und Logik. Ähnlich ernste Schwierigkeiten bringt aber auch der *Begriff des Naturgesetzes* selbst mit sich. Naturgesetze sind 1. als Sätze, die eine nicht eliminierbare Allbehauptung enthalten, stets nicht verifizierbar [13], 2. zu keinem Zeitpunkt durch (eine beliebig umfassende Menge von) Aussagen über vergangene Ereignisse in ihrer Totalität bestimmt (D. HUME) und 3. auch dann nicht festgelegt, wenn man den ganzen Ablauf der Welt überblicken könnte – weil man dann zwar die Wahrheit jedes reinen Allsatzes entscheiden könnte, aber nicht, ob dieser ein Gesetz oder kontingent ist. Es scheint, daß man bei der

Suche nach neuen Gesetzen nicht ohne Hypothese über die Form von Gesetzen bzw. von kontingenten Aussagen auskommt. Diese Hypothesen werden im allgemeinen in der Metasprache zu formulieren sein und sich als kontingent bezüglich der zuvor akzeptierten Gesetze herausstellen [14]. Die eben skizzierten Argumente lassen sich im Falle formaler Sprachen exakt explizieren und anwenden; sie betreffen aber Sachverhalte, die auch bei natürlichen Sprachen auftreten, dort aber durch den Mangel an Präzision dieser Sprachen verdeckt werden. Bei *natürlichen Sprachen* ist die *Behauptung*, daß ein bestimmter Satz analytisch wahr sei, eine *Hypothese über den Sprachgebrauch* einer unübersehbaren Gesamtheit von Sprachbenutzern und als solche eine nicht verifizierbare synthetische Aussage. Nach W. V. QUINE gerät man sogar automatisch in einen Zirkel, da die Analytizität erst dann festgestellt werden könne, wenn man wisse, was Synonymität sei und umgekehrt [15]. G. MAXWELL betont die unvermeidbare Willkür bei der Wahl von Bedeutungsregeln – insbesondere für theoretische Begriffe [16]. Auch ein *Bedeutungswandel durch Änderung der Gesetze* könnte den K.-Begriff verändern. Es gibt Begriffe, die man in verschiedener Weise mit Hilfe von Naturgesetzen, in denen sie vorkommen, charakterisieren kann («Gesetzesknotenbegriffe» nach H. PUTNAM [17]). Bei diesen wird man die Extensionsgleichheit der verschiedenen Charakterisierungen nicht für eine Definition des Begriffs ausnützen, denn es könnte sich später eines der benutzten Gesetze als falsch herausstellen.

Spezielle Arbeiten. – J. A. WHEELER stellt in einer etwas spekulativen Arbeit [18] die These auf, daß die Massenwerte der Elementarteilchen in unserer Welt zufällige Resultate des letzten Gravitationszusammenbruchs des Universums und damit kontingent seien. Hiermit argumentiert er gegen Versuche, diese Werte theoretisch abzuleiten. Die Vorstellung, daß die Naturgesetze selbst als kontingent aufzufassen sein könnten, hat Vorgänger (vgl. oben I, 5 f.)

Für die Quantentheorie wird oft in Anspruch genommen, sie erfordere eine eigene, nicht-klassische Logik [19]. E. SCHEIBE zeigt jedoch [20], daß die 2wertige Logik durchaus ausreicht, wenn man den *kontingenten Grundaussagen* der Theorie nicht eine *ontische*, sondern eine *epistemische* Gestalt gibt, welche unser Wissen über den Zustand des Systems ausdrückt. Dies stimmt damit überein, daß man mehrwertige Systeme stets in einer 2wertigen Metasprache beschreiben kann.

S. KRIPKE rekonstruiert ⟨a priori⟩ und ⟨notwendig⟩ als voneinander unabhängige Begriffe [21]. Demgemäß gibt es nicht nur Aussagen, die kontingent und a priori, sondern auch solche, die notwendig und a posteriori sind. Kripke baut eine ganz neue Theorie der Namen, Kennzeichnungen und Artbezeichnungen auf und verbindet sie mit einer besonderen Auffassung des Begriffs ⟨mögliche Welt⟩.

Anmerkungen. [1] Vgl. Art. ⟨Modallogik⟩, Abschn. 4. – [2] K. LAMBERT und B. C. v. FRAASSEN: Meaning relations, possible objects, and possible worlds, in: K. LAMBERT (Hg.): Philos. problems in logic (Dordrecht 1970); D. SCOTT: Advice on modal logic a. a. O.; N. RESCHER und Z. PARKS: Possible individuals, trans world identity and quantified modal logic. Nous 7 (1973) 330-350; M. J. CRESSWELL: Logic and languages (London 1973) 68ff. – [3] R. CARNAP: Meaning postulates. Philos. Stud. 3 (1953) 65-73. – [4] L. WITTGENSTEIN: Log.-philos. Abh. Ann. der Philos. (1921) vgl. 6.3. 6.362; dtsch.-engl. A.: Tractatus logico-philos. (¹1922); B. RUSSELL: Philos. of logical atomism. Monist 27 (1918) 495-527; 29 (1919) 32-63. 190-222. 345-380; Logical atomism, in: Contemp. Brit. Philos. First Ser. (London 1924); W. HOERING: Wittgensteins Begriff der Naturgesetzlichkeit und das Programm des Logizismus, Arch. f. Begriffsgesch. 21 (1977). – [5] R. CARNAP:

Der log. Aufbau der Welt (¹1928, ²1961); vgl. auch W. STEGMÜLLER: Hauptströmungen der Gegenwartsphilos. 1 (Stuttgart ⁵1975) 387-392; W. HOERING: Konstruktion, in: H. KRINGS und H. M. BAUMGARTNER (Hg.): Hb. philos. Grundbegriffe 2 (1973) Abschn. 2.2. – [6] W. HOERING: Logizismus gestern und heute, in: C. THIEL (Hg.): Frege und die moderne Grundlagenforsch. (1975). – [7] M. BLACK: A companion to Wittgenstein's ⟨Tractatus⟩ (Cambridge 1964); E. STENIUS: Wittgensteins Traktat (Frankfurt 1969); W. STEGMÜLLER: Eine modelltheoret. Präzisierung der Wittgensteinschen Bildtheorie. Notre Dame. J. formal Logic 7 (1966) 181-195; J. HINTIKKA: Logic, language-games and information (Oxford 1973). – [8] CRESSWELL, a. a. O. [2] 42. – [9] D. FØLLESDAL: A model theoretic approach to causal logic. Kgl. norske videnskabers selskabs Skrifter (1966) Nr. 2; S. KRIPKE: Semantical considerations on modal logic. Acta philos. fenn. (1963) 387-94; G. E. HUGHES und M. J. CRESSWELL: An introd. to modal logic (London 1968); B. C. v. FRAASSEN: Meaning relations among predicates. Nous 1 (1967) 161-179. – [10] R. CARNAP: Philos. der Naturwiss. (1969) Kap. 28. – [11] H. HERMES: Aufzählbarkeit, Entscheidbarkeit, Berechenbarkeit (1961) §§ 26f.; H. SCHOLZ und G. HASENJÄGER: Grundzüge der math. Logik (1961). – [12] U. BLAU: Zur 3wertigen Logik der natürlichen Sprache. Papiere zur Linguistik 4 (1973) 20-96; vgl. auch Lit. zu Art. ⟨Intuitionismus⟩. – [13] K. POPPER: Logik der Forsch. (⁵1973). – [14] W. HOERING: Logic, laws and meta-laws. Critica (1976). – [15] W. V. QUINE: Two dogmas of empiricism, in: From a logical point of view (Cambridge, Mass. ²1961); R. CARNAP: Quine on logical truth, in: P. A. SCHILPP (Hg.): The philos. of Rudolf Carnap (La Salle, Ill. 1963) 915; J. L. THOMPSON: Über Kriterien. Ratio 13 (1971) 26-38; W. V. QUINE: The roots of reference (La Salle, Ill. 1974) Kap. 21. – [16] G. MAXWELL: The necessary and the contingent, in: H. FEIGL und G. MAXWELL (Hg.): Minnesota Stud. Philos. Sci. 3 (1962) 398-404. – [17] H. PUTNAM: The analytic and the synthetic. Minnesota Stud. 3 (1962) 358-397. – [18] J. A. WHEELER: From Mendeléevs atom to the collapsing star, in: R. SEEGER und R. S. COHEN (Hg.): Philos. foundations of sci. (Dordrecht 1974) 257-302. – [19] B. C. v. FRAASSEN: The labyrinth of quantum logics, in: R. S. COHEN und M. W. WARTOWSKI (Hg.): Logical and epistemol. studies in contemp. physics (Dordrecht 1974) 196-209. – [20] E. SCHEIBE: Die kontingenten Aussagen der Phys. (1964). – [21] S. KRIPKE: Naming and necessity, in: D. DAVIDSON und G. HARMAN (Hg.): Semantics of natural language (Dordrecht 1972) 253-355. 763-769; vgl. auch STEGMÜLLER, a. a. O. [5] 2 (1975) 221-252.

Literaturhinweise. L. LINSKI (Hg.): Semantics and the philos. of language (Urbana 1952) Art. von A. TARSKI, W. V. QUINE und M. WHITE. – E. SCHEIBE s. Anm. [20]. – G. E. HUGHES und M. J. CRESSWELL s. Anm. [9]. – K. LAMBERT (Hg.) s. Anm. [2] Art. von K. LAMBERT, D. SCOTT und J. HINTIKKA. – W. STEGMÜLLER: Theorie und Erfahrung II/1. 2 (1970/73). – M. J. CRESSWELL s. Anm. [2]. – W. HOERING s. Anm. [14].　　W. HOERING

Kontinuität, historische. Mit dem Begriff der h.K. ist die Frage nach der Möglichkeit und den Voraussetzungen eines Zusammenhanges von Geschichte gestellt. Seine Verwendung kennzeichnet eine historische Situation, in welcher der Zusammenhalt von Vergangenheit und Gegenwart fraglich geworden ist.

1. Der Begriff ⟨K.⟩ erhält explizit bei J. G. DROYSEN geschichtstheoretische Bedeutung. Die Möglichkeit des Neuen in der Geschichte und die Offenheit der Zukunft bewegen Droysen dazu, die spekulative Geschichtsphilosophie Hegels abzulehnen [1]. Der K.-Begriff erscheint bei ihm sowohl als Charakteristikum eines objektiv gegebenen und vorfindlichen Prozesses wie auch als subjektive Leistung der Reflexion [2]. Er dient zunächst dazu, den Zusammenhang der menschlich-sittlichen Welt als Ergebnis geschichtlicher Arbeit zu kennzeichnen. Die Menschenwelt ist als geschichtliche durch einen beständigen Zuwachs zu sich selbst gekennzeichnet. «Es ist eine K., in der jedes Frühere sich erweitert und ergänzt durch das Spätere ...» [3]. Jedes einzelne Element dieses kontinuierlichen Werdeganges der Geschichte, dessen Anfang und Ziel freilich nicht auszumachen ist [4], ist Ergebnis und Zusammenfassung des Vorherigen. Der logische Ort des in der Geschichte aufscheinenden Zusammenhanges

ist das historische Bewußtsein. Nur weil allen Menschen eine «Kongenialität» eigen ist, die ein gegenseitiges Verstehen ermöglicht, «darum ist, was die Menschen allerorten und aller Zeiten wahrnehmend, denkend und sprechend, wollend, handelnd und schaffend getan haben, ein Ganzes, eine K., ein Gemeinbesitz, eine stete ἐπίδοσις εἰς αὑτό» [5]. Auch wenn sich die Idee der K. der geschichtlichen Welt weder apriorisch fixieren noch als ganze empirisch bestätigen läßt, erhebt sie doch Wahrheitsanspruch [6], weil ihr ein grundlegendes Interesse des Menschen zugrunde liegt. Wir haben «das Bedürfnis ..., uns solcher K. bewußt zu sein und immer mehr bewußt zu werden», weil sich Wert und Bedeutung des Einzelnen erst in diesem umfassenden Prozeß von Bildung und Weiterarbeit erweisen [7].

J. BURCKHARDT geht von der Erfahrung des Traditionszerfalls aus und sucht mit Hilfe des Begriffs der K., die «mehr als ein bloßes Weitergehen und weniger als eine fortschrittliche Entwicklung» ist [8], der drohenden Geschichtslosigkeit der Gegenwart zu begegnen. Da die Verpflichtung der Vergangenheit gegenüber als Verpflichtung und Aufgabe uns selbst gegenüber aufzufassen ist, muß der Historiker bemüht sein, jede einzelne Erkenntnis von Tatsachen in den richtigen Zusammenhang zu bringen, um so «Zeugnis von der K. und Unvergleichlichkeit dieses Geistes» zu geben [9]. Die K.-Vorstellung hat für Burckhardt den Charakter eines Postulates, in dem ein wesentliches Interesse des Menschen an Dauer, Einmaligkeit und Zusammenhang des Geistes zum Ausdruck kommt [10].

Anmerkungen. [1] Vgl. J. G. DROYSEN: Historik, hg. R. HÜBNER (1937) 378. – [2] Vgl. a. a. O. 346. – [3] Vgl. 12. – [4] 150. 270; vgl. D. BENNER: Zur Fragestellung einer Wiss.theorie der Historie. Wiener Jb. Philos. 2 (1969) 96f. – [5] Vgl. DROYSEN, a. a. O. [1] 14. – [6] 30. – [7] 14. – [8] Vgl. K. LÖWITH: Weltgesch. und Heilsgeschehen (³1953) 28. – [9] Vgl. J. BURCKHARDT: Weltgeschichtl. Betrachtungen, hg. R. MARX (1955) 18. – [10] Vgl. a. a. O. 269.

2. Das Problem einer Vernunftkritik unter den Bedingungen des Historismus zeigt sich in voller Schärfe bei W. DILTHEY [1]. Er begreift die K. der Geschichte von der K. des individuellen Lebensverlaufs her, der «durch den merkwürdigen Sachverhalt» charakterisiert ist, «daß jeder Teil desselben im Bewußtsein durch ein irgendwie charakterisiertes Erlebnis von K., Zusammenhang, Selbigkeit des so Ablaufenden verbunden ist» [2]. Vom Aufbau des Zusammenhangs in der Lebenserfahrung des Einzelnen wird der Schritt getan zu geschichtlichen Zusammenhängen (Epochen, Nationen, Kultursystemen usw.), wobei für alle geschichtliche Wirklichkeit die gleiche Struktur des Erlebens vorausgesetzt wird: «Es gibt aber nur den Weg von der Deutung des Lebens zur Welt. Und das Leben ist nur da im Erleben, Verstehen und geschichtlichen Auffassen» [3].

In diesem Übergang von wirklichen Subjekten zu logischen, von der psychologischen zur hermeneutischen Grundlegung der Geschichts- und Geisteswissenschaften liegt die eigentliche Schwierigkeit und das spekulative Moment des Diltheyschen Ansatzes [4]. Der Begriff der K. erscheint so ausgeweitet, daß er den Bezug zur Selbstidentifikation endlicher Subjekte verliert und keine erkenntniskritische Bedeutung mehr besitzt [5]. «Geschichte ist nur das Leben, aufgefaßt unter dem Gesichtspunkt des Ganzen der Menschheit, das einen Zusammenhang bildet» [6].

G. SIMMEL geht von der Differenz von Leben und Geschichte aus. Die K. versteht er als theoretische Konstruktion. Seine Grundfrage lautet daher, «wie aus dem

Stoffe der unmittelbaren, gelebten Wirklichkeit das theoretische Gebilde werde, das wir Geschichte nennen» [7]. Orientiert am naturwissenschaftlichen Ideal eines kontinuierlich vorgestellten Naturprozesses, dem «Ideal der Stetigkeit des realen Geschehens» [8], hält Simmel an dem begrifflich-abstrakten Charakter jeder historischen Erkenntnis fest. «Nur insoweit historische Inhalte, unter einem Begriff zusammengefaßt, als jeweilige *Einheit* gelten, haben sie die Form des Lebens, der erlebten Wirklichkeit: die Stetigkeit» [9]. Die Verbindung der einzelnen historischen Inhalte geschieht dadurch, daß wir die K. des Geschehens in die historischen Inhalte «hineinmeinen» [10] «durch eine Art von Interpolation, die die leeren Spatien von der Idee eines lebendigen ununterbrochenen Geschehens durchströmen läßt» [11]. Dabei ergibt sich für Simmel die Paradoxie, «daß diejenige Vorstellung von der Form des Geschehens, die dessen Realität sicher allein entspricht, die kontinuierliche, nur ein von dem konkreten historischen Inhalt zurücktretender, abstrakt reflektierender Gedanke ist» [12].

E. TROELTSCH versteht h. K. im Rahmen seiner materialen Geschichtsphilosophie, deren Aufgabe er in der «Weiterbildung des geschichtlichen Lebens aus der historisch verstandenen Gegenwart heraus» sieht [13], als Produkt einer geschichtsphilosophischen Konstruktion in praktischer Absicht. Weil eine absolute Begründung des menschlichen Handelns – im Gegensatz und in Frontstellung zu H. RICKERTS werttheoretischer Konzeption [14] – als unmöglich erkannt wird, erhält die Vorstellung einer Sinn-K. in der Historie für TROELTSCH die Funktion der Legitimation des Handelns. Eine derartige Konstruktion muß den Kulturkreis des Betrachters «vom Standpunkt seiner Gegenwart so durchdringen, daß der ganze Prozeß als in innerer Kontinuierlichkeit auf diese Gegenwart hinführend und wiederum diese Gegenwart in ihrer tieferen Struktur als von dieser ganzen Vergangenheit her gebildet erscheint» [15].

Anmerkungen. [1] W. DILTHEY: Der Aufbau der gesch. Welt in den Geisteswiss., hg. M. RIEDEL (1970). – [2] a. a. O. 282. – [3] 364. – [4] Vgl. H.-G. GADAMER: Wahrheit und Methode (²1965) 211. – [5] Vgl. H. M. BAUMGARTNER: K. und Gesch. Zur Kritik und Metakritik der hist. Vernunft (1972) 108ff. – [6] DILTHEY, a. a. O. [1] 317. – [7] Vgl. G. SIMMEL: Die Probleme der Geschichtsphilos. (⁵1923) V. – [8] Das Problem der hist. Zeit, in: Brücke und Tür, hg. M. LANDMANN (1957) 57. – [9] a. a. O. 54. – [10] 55. – [11] 54. – [12] 53. – [13] Vgl. E. TROELTSCH: Der Historismus und seine Probleme (1922) 79. – [14] Vgl. H. RICKERT: Die Grenzen der naturwiss. Begriffsbildung (²1913); Kulturwiss. und Naturwiss. (³1915). – [15] TROELTSCH, a. a. O. [13] 75.

3. L. LANDGREBE geht in Weiterführung von Heideggers existenzialer Interpretation von Zeitlichkeit und Verstehen und im Anschluß an Husserl von einer Analyse der zeitlichen Struktur des Handelns aus. Im Ereignis des Handelns wird das Vergangene auf das künftig zu Verwirklichende bezogen und so die Vorstellung eines Zusammenhanges hergestellt, welcher den Hiatus im Geschehen überbrückt, der durch die Reflexion von Zielentwürfen entsteht. «Die K. der Geschichte, so wie wir sie als Geschichte erfahren ..., beruht in ihrer Finalität ..., über die in der Freiheit des Handelns entschieden wird» [1].

H. G. GADAMER konzipiert die K. der Geschichte vom Dialogmodell des hermeneutischen Verstehens her. Aus der Analyse des Verstehensprozesses, welche die «Vorurteilshaftigkeit» und die «wirkungsgeschichtliche Bestimmtheit» unseres Bewußtseins sichtbar macht [2], ergibt sich die Unmöglichkeit, Vergangenheit zu objektivieren. «Wir sind immer schon mitten in der Geschichte darin» [3]. Mit dem Begriff der h.K. wird nicht der Zusammenhang einer bestehenden, objektiven Geschichte angesprochen, sondern der Horizont, in dem Vergangenheit und Gegenwart prinzipiell vermittelt sind, wobei die Sprache als die «Weise der Vermittlung» fungiert [4]. Da nach dem Dialogmodell die K. der Geschichte mit der geforderten existentiellen K. des Erfahrenden zusammenfällt, liegt «gerade in der Auszeichnung des Augenblicks, Dis-K. im Fortgang des Geschehens zu sein, die Möglichkeit begründet ... geschichtliche K. zu wahren und zu erfahren» [5].

J. Habermas erweitert die Problemstellung durch die Einbeziehung der Kategorien ‹Arbeit› und ‹Herrschaft› [6]. Der Begriff der K. dient zur Bezeichnung der durchgehenden Identität, welche die Einheit einer individuellen Lebensgeschichte oder die Geschichte der Menschheit im ganzen ausmacht. Die Geschichte der Menschheit wird als realer Prozeß der Bildung und Aufklärung begriffen, der sich in den Strukturen von Arbeit, Sprache und Herrschaft vollzieht. Analog zum Psychoanalytiker, der sich mit dem Patienten um die Rekonstruktion der gestörten Lebensgeschichte bemüht, bietet sich der Menschheit in ihren Erzählungen das Angebot eines Selbstverständnisses, das als die eigene Geschichte akzeptiert werden und der Handlungsorientierung dienen soll. Die K. dieses fortschreitenden Prozesses, in dem sich die Einheit von Vernunft und Interesse erweist, ist für Habermas durch die Evidenz der Idee der Selbstreflexion garantiert [7].

Anmerkungen. [1] L. Landgrebe: Phänomenologie und Gesch. (1968) 198f. – [2] H.-G. Gadamer: Wahrheit und Methode (²1965) 250ff. – [3] Die K. der Gesch. und der Augenblick der Existenz. Kleine Schr. 1 (1967) 158. – [4] a. a. O. 159. – [5] ebda. Zur Kritik an Gadamer vgl. Baumgartner, a. a. O. [5 zu 2] 194. – [6] J. Habermas: Erkenntnis und Interesse (1968); Technik und Wiss. als ‹Ideol.› (1968). – [7] Vgl. Baumgartner, a. a. O. [5 zu 2] 217ff.

4. Dem französischen *Strukturalismus*, vor allem C. Levi-Strauß und M. Foucault, dient der Hinweis auf die Selbstreflexion des Subjektes gerade als Argument *gegen* die Vorstellung eines kontinuierlichen Geschichtsprozesses. Nur weil wir «unser persönliches Werden als einen kontinuierlichen Wandel» zu erfassen glauben, ziehen wir nach Lévi-Strauss den Schluß, daß die historische Erkenntnis mit der Gewißheit des inneren Sinnes zusammenfällt. Das führe zu dem Irrtum, die Geschichte restituiere dank ihrer zeitlichen Dimension «den Übergang von einem Zustand in einen anderen in kontinuierlicher Form» [1]. Wie jedoch schon die historische Tatsache vom Historiker «durch Abstraktion und gleichsam unter der Drohung eines unendlichen Regressus» konstituiert werde, so sei auch der Gedanke einer totalen Geschichte illusorisch [2]. Geschichte wird verstanden als «ein diskontinuierliches Ganzes, das aus Geschichtsgebieten besteht, von denen jedes durch eine Eigenfrequenz und eine differentielle Kodierung des Vorher und des Nachher definiert ist» [3]. Unter Hinweis auf den abstraktiven und selektiven Charakter des geschichtlichen Wissens wird der Prozeß- und Ereignischarakter der Geschichte auf struktursynchrone Systeme reduziert. Wird das Problem ihrer Übergänge von Foucault zunächst überhaupt nicht gedeutet [4], so sieht er später [5] immerhin die Möglichkeit, daß sich über einzelne Diskurssysteme hinweg Elemente von Ordnungstypen erhalten.

Anmerkungen. [1] Vgl. C. Lévi-Strauss: Das wilde Denken (dtsch. 1968) 295. – [2] a. a. O. 296. – [3] 299. – [4] Vgl. M. Foucault: Les mots et les choses (Paris 1966). – [5] L'archéol. du savoir (Paris 1969, dtsch. 1973); vgl. P. Sloterdigh: Michel Foucaults strukturale Theorie der Gesch. Philos. Jb. 79 (1972) 161-184.

5. A. C. Danto stellt sich das Problem der h.K. als Frage nach der immanenten Struktur historischer Erzählungen. Für Danto repräsentieren erzählende Sätze (narrative sentences) die Grundstruktur des Geschichtlichen. Sie beschreiben vom Standpunkt des rückblickenden Erzählers aus vergangene Ereignisse unter Bezugnahme auf spätere. Der Historiker entwirft so temporale Strukturen, in die ein Ereignis als Bestandteil eingehen kann. Derartige «temporal wholes» (z. B. ein Buch schreiben) sind hinsichtlich der Zeit, die sie abdecken, diskontinuierlich und in bezug auf die Art ihrer Deskription selektiv [1]. Geschichte realisiert sich nur in der Einheit von Geschichten, deren Aufgabe darin besteht, die Veränderungen innerhalb der Zeit «offenbar zu machen, die Vergangenheit zu zeitlichen Ganzheiten zu organisieren und diese Veränderungen gleichzeitig mit der Erzählung dessen, was sich zugetragen hat, zu erklären ...» [2]. Danto hält ein kontinuierliches Subjekt der Erzählung «von einem formalen Gesichtspunkt her gesehen» für erforderlich, läßt sich aber auf die metaphysische Frage nach der zugrunde liegenden Substanz oder dem Gegenstand (subject) von Geschichte nicht ein [3].

H. M. Baumgartner sucht die Idee der h.K. «primär von der narrativen Struktur des historischen Wissens her zu konzipieren» [4]. Zwischen einer als Geschichte interpretierten Vergangenheit und der Gegenwart besteht ein unüberbrückbarer Hiatus, der nicht durch einen unkritischen Gebrauch des K.-Begriffs verdeckt werden darf. Deshalb unterscheidet Baumgartner den Begriff der h.K., der allein dem retrospektiv entworfenen Erzählzusammenhang zugesprochen werden kann, von der praktischen Idee einer Handlungs-K. Da sich der Mensch selbst nur als das Ergebnis geschichtlicher Veränderung begreifen kann, ist die historische Konstruktion durch ein grundlegendes Interesse an universaler Sinngebung motiviert. Schon vor aller Handlungsorientierung wird der Zusammenhang des Vergangenen als etwas Wünschenswertes und Sinnvolles eingeschätzt [5]. Weil jedoch der Gedanke der K. des Vergangenen immer nur im partikulären Erzählzusammenhang einzelner und begrenzter Geschichten realisiert werden kann, erweist sich die Idee der K. als «eine Utopie, derentwillen erzählt wird, die aber im Erzählen selbst nicht eingelöst werden kann» [6]. K. der Geschichte erscheint so «als freie Konstruktion wie als regulative Idee wie als transzendentales Interesse an universaler Sinngebung» [7]. Diese Elemente lassen sich erst trennen und sinnvoll aufeinander beziehen, wenn man die Idee der Totalität «als notwendige Voraussetzung jener freien Konstruktion [begreift], die ihrerseits Geschichte und ihre K. allererst hervorbringt» [8].

Anmerkungen. [1] Vgl. A. C. Danto: Analytical philos. of hist. (Cambridge 1965, dtsch. 1974) 267. – [2] a. a. O. 405. – [3] 396. – [4] Vgl. H. M. Baumgartner: K. und Gesch. Zur Kritik und Metakritik der hist. Vernunft (1972) 249; vgl. 295. – [5] a. a. O. 320. – [6] 326. – [7] 326. – [8] 326.

Literaturhinweise. A. Schmidt: Der strukturalistische Angriff auf die Gesch. Beitr. zur marxistischen Erkenntnistheorie (1969) 194f.; Gesch. und Struktur (1971). – H. M. Baumgartner s. oben Anm. [4]; K. als Paradigma hist. Konstruktion. Philos. Jb. 79 (1972) 254-268. – H. Schnädelbach: Geschichtsphilos. nach Hegel. Die Probleme des Historismus (1974).   N. Herold

Kontinuitätsgesetz (lex continuitatis). Die aristotelische Lehre des stetigen Übergangs von den unbeseelten Dingen zu den höheren Lebewesen [1] fand in der neuplatonischen Lehre, daß Gott als Ordner aller Dinge jeweils das Ende des Vorangehenden mit dem Anfang des Folgenden verknüpfe [2], seine Ausweitung über den physischen Bereich hinaus, war aber im 17. Jh. vor allem in der eingeschränkten, prägnanten Formel, daß die Natur keine Sprünge mache, geläufig (Operatur natura quantum, et quamdiu potest, ... ab extremis ad extrema: natura enim in suis operationibus non facit saltum [3]). LEIBNIZ verbindet dieses auf die Hierarchie der Arten bezogene Gesetz mit dem 16. und 17. Jh. bekannten Gedanken, daß der Kreis ein Polygon mit unendlich vielen Seiten sei [4] und daß die Ruhe (Geschwindigkeit Null) als Grenzfall in die Bewegungsbetrachtungen einbezogen werden könne [5], und stellt im Zusammenhang mit Überlegungen zum elastischen Stoß sein allgemeines Ordnungsprinzip auf, das aus der göttlichen Weisheit entspringe und uns gestatte, Naturgesetze zu explizieren. Er formuliert das K. zum erstenmal 1687 in dem ‹Lettre de M. Leibniz sur un principe général› bei der Auseinandersetzung mit den Cartesianern: «Kann auf seiten des Gegebenen der Unterschied zwischen zwei Daten kleiner als jede gegebene Größe werden, so muß auch der Unterschied zwischen den zugehörigen gesuchten oder daraus resultierenden Daten kleiner als jede gegebene Größe werden» [6]. Leibniz begegnet damit der cartesianischen Vorstellung von einer sprunghaften Bewegungsänderung beim Stoß [7]. Das K. unterwirft die sonst ausgeschlossenen Grenzfälle einer kontinuierlichen Mannigfaltigkeit dem in den anderen Fällen geltenden Gesetz (in continuis extremum exclusivum tractari possit ut inclusivum, et ita ultimus casus, licet tota natura diversus, lateat in generali lege caeterorum) [8]. Durch Einführung des unendlich Kleinen (bzw. Großen) erreicht Leibniz diese für die Entwicklung der Wissenschaften nützliche, einheitliche Betrachtungsweise z. B. des Punktes als Linie, des Kreises als Vieleck, der Parabel als Ellipse, der Ruhe als Bewegung, des Parallelismus als Konvergenz, der Gleichheit als Ungleichheit [9]. Alle Perzeptions- oder Zustandsänderungen erfolgen stetig [10]. Manche Interpreten versuchten, das Leibnizsche K. auf den Bereich der Natur einzuschränken [11], doch für Leibniz selbst war es ein allgemeines rationales Prinzip, denn unvermittelte Übergänge bedeuten immer Irrationalität (in saltibus ... analysis nos ut dicam ad ἄρρητα ducit) [12]. «Man kann allgemein sagen, daß die Kontinuität etwas Ideales ist und es in der Natur nichts gibt, das vollkommen gleichförmige Teile hat ...» [13]. Wo die Natur das K. zu verletzen scheint, handelt es sich gleichsam um Intervalle und Spannungen, die zur Schönheit der Natur erforderlich sind [14].

Im Anschluß an P. L. DE MAUPERTUIS [15] unternahm A. G. KÄSTNER [16] eine Kritik am K.: Als ein Gesetz vom Unendlichen in der Veränderung lasse es sich nicht durch *Erfahrung* bestätigen, andererseits sei es als *rationaler* Grund der Naturerfassung nicht erforderlich, denn «wie Ruhe gleich auf Bewegung folgt, ist meines Erachtens nicht unbegreiflicher, als wie geringere Geschwindigkeit auf größere folgt. ... unendlich kleine Sprünge sind doch auch Sprünge ...» [17]. Wir können zwar das K. in bezug auf bloße Erscheinungen erfolgreich anwenden, «wer aber dieses Gesetz auf das Wirkliche erstrecken will, muß seine Schlüsse durch ein anderes Verfahren rechtfertigen ...» [18]. Das damit akut gewordene Problem der Herkunft des K. greift KANT auf, indem er die *lex continui in natura* als ein transzendentales Prinzip der Einheit bezüglich der Dinge, ihrer Eigenschaften und Kräfte aufstellt, woraus sowohl die regulative Idee der Kontinuität der Formen [19] als auch – in Verbindung mit dem Gesetz der Trägheit der Materie – das mechanische

Stetigkeitsgesetz entspringe, aufgrund dessen es keine ruckartigen Bewegungsänderungen gebe [20].

Anmerkungen. [1] ARISTOTELES, De part. anim. IV, 5, 681 a 12-15. – [2] PROCLUS, Inst. theol. Theor. 111f. 147; Ps.-DIONYSIUS AREOPAGITA, De div. nom. c. 7, § 3. MPG 3, 872. – [3] J. TISSOT: Discours véritable de la vie, mort et des os du géant Theutobocus (Lyon 1613) 3. – [4] J. COHN: Die Gesch. des Unendlichkeitsproblems (1896) 129f. – [5] G. GALILEI: Discorsi e dimostrazioni matematiche III; dtsch. Unterredungen und math. Demonstrationen, hg. A. v. OETTINGEN (1964) 150. – [6] G. W. LEIBNIZ, Philos. Schr., hg. C. I. GERHARDT (= LPG) 3, 52; vgl. Math. Schr., hg. C. I. GERHARDT (= LMG) 6, 129. – [7] Dazu: I. KANT: Wahre Schätzung der lebend. Kräfte § 26. Akad.-A. 1, 37. – [8] LEIBNIZ, LMG 5, 385. – [9] LPG 3, 52f.; LMG 3, 432; 4, 105f. 219; 7, 25; LPG 6, 321; vgl. KANT, KrV A 662/B 690. – [10] LEIBNIZ, LPG 5, 49. – [11] G. J. HOLLAND: Abh. über die Math. (1764) 46. – [12] G. W. LEIBNIZ: Hauptschr. z. Grundlegung der Philos., hg. E. CASSIRER (³1966) 2, 559; LPG 2, 168; LMG 4, 218. – [13] LMG 4, 93f. – [14] LPG 5, 455; vgl. F. KAULBACH: Philos. und math. Kontinuum, in: Rationalität, Phänomenalität, Individualität. Festgabe H. und M. Glockner, hg. W. RITZEL (1966) 139-145. – [15] P. L. DE MAUPERTUIS: Les loix du mouvement et du repos. Hist. Acad. roy. Sci., Berlin 1746 (1748) 284; vgl. E. CASSIRER: Das Erkenntnisproblem in der Philos. und Wiss. der neueren Zeit (²1911) 2, 510. – [16] A. G. KÄSTNER: De lege continui in natura (1750), abgedr. in: Diss. math. et phys. (1771) 142-149. – [17] Anfangsgründe der höheren Mechanik (1766) 358f. – [18] a. a. O. 363. – [19] KANT, KrV A 657/B 685f. A 663/B 691. A 209/B 254. A 228f./B 281f. Akad.-A. 2, 399f. – [20] Akad.-A. 4, 552f.

Literaturhinweise. R. J. BOSCOVICH: De continuitatis lege (Rom 1754). – A. L. DE FOUCHER DE CAREIL: Note sur la loi de continuité, in: G. W. LEIBNIZ: Nouvelles lettres et opuscules inéd., hg. A. L. FOUCHER DE CAREIL (Paris 1857) 412-437. – H. COHEN: Das Prinzip der Infinitesimalmethode und seine Gesch. (1883) neu hg. W. FLACH (1968) 106-108. – F. A. MÜLLER: Das Problem der Continuität in Math. und Mechanik (1886). – G. WANKE: Das Stetigkeitsgesetz bei Leibniz (1892). – L. COUTURAT: La logique de Leibniz (Paris 1901, ND 1969) 233-237. – E. CASSIRER s. Anm. [15] 2, 158-160. 508-519. – H.-J. KANITZ: Das Übergegensätzliche gezeigt am Kontinuitätsprinzip bei Leibniz (1951). – B. MONTAGNES: L'axiome de continuité chez Saint Thomas. Rev. Sci. philos. et théol. 52 (1968) 201-221. W. BREIDERT

Kontinuum, Kontinuität (griech. συνεχές; lat. continuum, continuitas; ital. continuo, continuità; frz. continu, continuité; engl. continuum, continuity; dtsch. Stetiges, Stetigkeit). Die Begriffe ‹Kontinuum› (K.) und ‹Kontinuität› (Kt.) haben über ihre Funktion als grundlegende einzelwissenschaftliche Kategorien (z. B. math., hist.) hinaus eine zentrale *philosophische* Bedeutung. Sie dienen allgemein gesagt der Kennzeichnung eines Ganzen, welches sich über mögliche Einschnitte und Grenzen hinweg, die man an ihm anbringen kann, als Eines erhält [1].

I. Antike. – 1. Der dem lateinischen Begriff ‹continuum› entsprechende griechische Terminus συνεχές findet sich schon bei den *Vorsokratikern* zur Kennzeichnung des einheitlichen Alls. ANAXIMANDER, der im Grenzlos-Unbestimmten (Apeiron) den Ursprung aller seienden Dinge sieht [2], versteht darunter eine stoffliche Urmasse ohne zeitliche und räumliche Grenzen, die alles umfaßt [3]. Auf diesen Begriff des Unendlichen zurückgreifend entwickelt ANAXAGORAS seine Lehre, daß alles in allem sei. Ohne den Begriff ‹K.› zu verwenden, formuliert er die doppelte Unendlichkeit des mathematischen ‹K.›: «Denn weder gibt es beim Kleinen je ein Kleinstes, sondern stets ein noch Kleineres (denn es ist unmöglich, daß das Seiende [durch Teilung?] zu sein aufhöre) – aber auch beim Großen gibt es immer ein Größeres, und es ist dem Kleinen an Menge gleich, ...» [4]. Charakteristikum der materiellen Welt – der Geist bleibt ihr gegenüber «allein, selbständig, für sich» [5] – ist die unendliche Teilbarkeit des Stoffes, die mit der fortschreitenden Verkleinerung der Teile eine entsprechende Vergrößerung ihrer Zahl bis ins Unendliche nach sich zieht. Die Unmöglichkeit, zu einem Kleinsten vorzudringen, erweist für Anaxagoras den Zusammenhang des Ganzen. War der Urzustand der Welt gekennzeichnet durch das Beisammensein aller Dinge, «grenzenlos nach Menge wie nach Kleinheit» [6], so kann es auch nach der Abtrennung in Vieles «kein Sonderdasein (χωρίς) geben, sondern alles hat an allem seinen Anteil ..., wie anfangs so auch jetzt muß alles beisammen sein (πάντα ὁμοῦ)» [7].

PARMENIDES, der von der Identität von Denken und Sein ausgeht, sieht die logische Widersprüchlichkeit des Satzes, daß Nicht-Seiendes sei. Er vertritt daher in Frontstellung gegen die These des Heraklit, daß alles im Fluß sei, die Konzeption eines unbeweglichen und in sich ruhenden Seins innerhalb der Umgrenzung eines einzigen Kosmos, der als Kugel alles Seiende gleichförmig umschließt und alles Nichtseiende von sich ausschließt. Das Seiende wird als unteilbares (οὐδε διαιρετόν), gleichartiges (ὁμοῖον), kontinuierlich zusammenhängendes Ganzes (ξυνεχές πᾶν) angesprochen [8]. Es kann kein Werden und Vergehen geben, alles Seiende ist «im Jetzt zusammen vorhanden ... als Ganzes, Eines, Zusammenhängendes [Kontinuierliches]» [9].

Anmerkungen. [1] Vgl. F. KAULBACH: Philos. und math. K., in: Rationalität-Phänomenalität-Individualität Festschr. H. Glockner, hg. W. RITZEL (1966) 125ff. – [2] ANAXIMANDER, VS B1. – [3] a. a. O. A 15; vgl. D. MAHNKE: Unendliche Sphäre und Allmittelpunkt (1937) 239. – [4] ANAXAGORAS, VS B 3. – [5] a. a. O. B 12. – [6] B 1. – [7] B 6, Z. 15ff.; vgl. B 8. – [8] PARMENIDES, VS B 8, Z. 22/25. – [9] B 8, Z. 5.

2. Gegen das Verdikt des Parmenides hält PLATON zwar mit Hilfe des Teilhabegedankens an der Verbindung des Seins und des Nicht-Seins in allem Gewordenen fest, aber erst ARISTOTELES gelingt es mit Hilfe des K.-Begriffes, zu einem vertieften Verständnis der Veränderung und des Werdens zu gelangen. Gegen die Einwände des Zenon von Elea sucht er die Bewegung durch den Nachweis ihrer Kontinuierlichkeit theoretisch zu sichern; daher findet sich bei ihm zuerst eine systematische Entfaltung der philosophischen Problematik des Begriffs ‹K.›.

ZENON VON ELEA suchte mit seinen Paradoxien [1] im Sinne seines Lehrers Parmenides nachzuweisen, daß sich nur das Eine widerspruchslos denken läßt, während die Annahme, daß vieles sei, zu widersprüchlichen Sätzen bezüglich der Bewegung, der Zeit und des Gegensatzes von Bewegung und Ruhe führe. ARISTOTELES löst die zenonischen Paradoxien auf, indem er die Bewegung (κίνησις, als Veränderung der Qualität, der Quantität und des Ortes) strukturell mit den räumlichen Größen (μεγέϑη, d. h. Linien, Flächen und Körpern) und der Zeit (χρόνος) verbindet. Diese strukturelle Verbindung leistet der Begriff des K.; denn die Annahme der Strukturgleichheit von Raum, Zeit und Bewegung [2] ermöglicht es Aristoteles, von der vorausgesetzten Kt. der räumlichen Größen auf die Kt. der Bewegung und weiter auf die Kt. der Zeit zu schließen [3].

Das K. wird durch zwei Momente definiert: a) Stetigkeit kann nur da vorkommen, «wo aus mehreren durch Berührung eine Einheit entstehen kann» [4]. Innerhalb eines K. bestehen daher keine festen Grenzen, seine Teile haben gemeinsame Grenzen und sind deshalb zu einem Ganzen vereint. – b) Das K. ist entsprechend dadurch gekennzeichnet, daß die Möglichkeit einer unendlichen Teilbarkeit in immer wieder Teilbares besteht.

a) Aristoteles unterscheidet drei Relationen, in denen verschiedene Dinge der gleichen Gattung zueinander stehen können: Aufeinanderfolge (ἐφεξῆς), Berührung (ἁπτόμενον, Kontiguität) und Stetigkeit (συνεχές, Kt.). Sie bedeuten einen zunehmenden Grad des Zusammenhaltens. Die Aufeinanderfolge ist dadurch gekennzeichnet, daß zwischen ihren Gliedern nichts Artgleiches liegt (z. B. Zahlenreihe, Häuserreihe). Charakteristikum der Berührung ist es, «daß die Enden der Stücke miteinander ortsgleich sind» [5], d. h. daß zwischen den Grenzen von zwei sich (äußerlich) berührenden Dingen nichts anderes liegt (Aneinanderfügung von Elementen, Aggregat). Kt. bedeutet demgegenüber eine besondere Form des Zusammenschlusses: Ein K. «liegt dort vor, wo die sich berührenden Enden der beiden Gegenstände zur völligen Identität verschmelzen und also, wie der Name sagt, die Gegenstände zusammenhängen. Das ist nicht möglich, solange die beiden Grenzen noch als zwei auseinanderzuhalten sind. Diese Definition macht deutlich, daß ein stetiger Zusammenhang nur zwischen solchen Gegenständen besteht, die zu einem einzigen einheitlichen Gegenstand werden» [6]. Das K. stellt sich Aristoteles als Prozeß der Vereinigung dar. Die einzelnen Teile, die getrennt nebeneinanderstehen und sich zunächst nur äußerlich berühren, werden dadurch zu einem einheitlichen Ganzen, daß sich in einer Bewegung des Zusammenwachsens (σύμφυσις) über die einzelnen Grenzen hinweg die kontinuierliche Einheit des Ganzen herstellt. Als Modell dienen etwa das Aufpropfen von Reisern auf Bäume oder das Zusammenleimen verschiedener Holzteile zu einem einzigen Stuhl [7].

b) Nach den Definitionen des Aristoteles kann daher das K. nicht aus unteilbaren Elementen (Indivisibilien) zusammengesetzt sein. Folglich ist es z. B. «unmöglich», eine Linie als Punktmenge aufzufassen [8]. K. bedeutet vielmehr: Teilbarkeit in immer wieder Teilbares der gleichen Gattung. Zwischen zwei Grenzpunkten einer Linie müssen also prinzipiell immer weitere Punkte als Einschnitte möglich sein. Stellt man etwa eine kontinuierliche räumliche Bewegung figürlich als Strecke dar, so erscheint der jeweilige Gegenwartsmoment als Punkt auf der Strecke. Der Gegenwartspunkt des Jetzt muß prinzipiell in jedem Moment des Bewegungsverlaufs als Einschnitt *möglich* sein, andererseits darf aber die unendliche Teilbarkeit der Bewegungsstrecke nicht – wie in den Paradoxien des Zenon – als *aktuale* Teilung mißverstanden werden. Auf der Bewegungsstrecke sind zwar Grenzen in unendlicher Anzahl möglich, aber sie sind insofern immer schon überschritten, als von jedem Gegenwartspunkt aus der Rückblick auf den Anfang und der Durchblick auf das Ziel (τέλος) der Bewegung offen bleiben muß, damit sie als *eine* Bewegung angesprochen werden kann. Mit Hilfe der Begriffe Potenz (δύναμις), Akt (ἐνέργεια) und Entelechie (ἐντελέχεια) sucht Aristoteles einsichtig zu machen, daß der Zusammenhang des Ganzen trotz der unendlichen Teilbarkeit nicht verloren geht. Die Kt. einer jeden Bewegung erweist sich in dem Ineinander von entelechialer Unteilbarkeit des Bewegungsvollzugs und seiner unendlichen Teilbarkeit [9].

Aristoteles stellt zwar fest, daß jede Bewegung kontinuierlich sei [10], aber im Zusammenhang der Frage nach der (rangmäßig) ersten Bewegung bezeichnet er die Kreisbewegung als «allein vollkommen» und «allein wahrhaft kontinuierlich» [11]; denn im Gegensatz zu der begrenzten Kt. der anderen Bewegungsarten, die jeweils Anfang und Ende haben, ist die Kt. der Kreisbewegung ohne Grenzen [12], einzigartig und ewig [13]. Diese Auffassung ist grundlegend für seine Theorie des unbewegten Bewegers, von dem die in einer Kreisbahn in steter Regelmäßigkeit verlaufende Kreisbewegung der Fixsternsphäre als die erste und vollkommenste Bewegung ausgeht und der so den Grund für die – allerdings nicht kontinuierliche – Einheit des ganzen Kosmos ist; denn die verschiedenen Sphären berühren sich nur, ihr Zusammenhang ist nicht kontinuierlich [14]. In der ‹Naturgeschichte› wird dagegen der Übergang zwischen Pflanzen- und Tierwelt kontinuierlich genannt [15], auch wenn es im strengen Sinne nur innerhalb der Gattung ein K. gibt[16].

Anmerkungen. [1] Vgl. Art. ‹Bewegung›. – [2] Vgl. ARISTOTELES, Phys. 6, 231 b 18-232 a 22. – [3] Vgl. W. BREIDERT: Das arist. K. in der Scholastik (1970) 10ff. – [4] ARIST., Met. 11, 1069 a 5. – [5] Phys. 6, 231 a 22. – [6] Phys. 5, 227 a 10ff. – [7] ebda.; vgl. F. KAULBACH: Der philos. Begriff der Bewegung (1965) 15. – [8] ARIST., Phys. 6, 231 a 24. – [9] Vgl. KAULBACH, a. a. O. [7] 11ff. – [10] ARIST., Phys. 5, 228 a 20. – [11] a. a. O. 8, 264 b 10; 264 b 28; 265 a 1. – [12] 8, 265 a 29-32, – [13] 8, 263 a 2f.; 265 a 10f.; De caelo 287 a 25. – [14] a. a. O. 287 a 37. – [15] Hist. anim. 8, 1, 588 b 4ff.; vgl. De part. anim. 681 a 12. – [16] Vgl. De caelo 268 a/b.

3. Die Überlegungen des Aristoteles werden schon innerhalb des *Peripatos* kritisiert und modifiziert. So bezweifelt THEOPHRAST, daß jede Bewegung als ein Nacheinander in der Zeit und damit als K. anzusehen sei [1]. STRATON VON LAMPSAKOS sieht die Kt. der Bewegung ausschließlich in der Ununterbrochenheit (ἀδιάκοπον) [2] und der unbegrenzten Teilbarkeit. Unter Verzicht auf das Formprinzip fordert er die Kt. der Bewegung an sich (καθ' αὐτήν) [3] mit dem Argument, daß alle Bewegungsabschnitte einer stetigen Bewegung wieder kontinuierlich seien. Mit der weiteren Folgerung, daß *jede* Bewegung als stetig anzusehen sei, spricht sich Straton gegen ein Primat der Orts- und Kreisbewegung aus, wie sie in Aristoteles' These von der vollendeten Kt. der ewig-stetigen Kreisbewegung zum Ausdruck kommt. Straton kritisiert ferner Aristoteles' Definition der Zeit mit dem Argument, daß ihre Kt. verloren gehe, wenn man sie als Zahl ansehe. Darin erweist er sich ebenso als Verfechter der Kt. wie in der Behauptung der stetigen Erfülltheit des Raumes [4] oder in der Annahme einer ins Endlose gehenden Teilbarkeit der Körper [5].

Die *stoische* Physik versteht die Welt als ein einheitliches, kontinuierliches Wesen, als einen lebendigen Organismus, dessen Glieder alle durch Sympathie wechselseitig aufeinander einwirken. Jede Veränderung in der Welt vollzieht sich nach einem lückenlosen Kausalzusammenhang (εἱρμὸς αἰτιῶν, series causarum). Die Heimarmene als die strenge Vorherbestimmung allen Geschehens wird entsprechend schon von CHRYSIPP bestimmt als «ewige, kontinuierliche und gesetzmäßige Bewegung (κίνησις ἀίδιος συνεχής καὶ τεταγμένη) [6]. Wie sich schon Aristoteles gegen die Lehren des Demokrit und Leukipp von der Zusammensetzung der Körperwelt aus diskreten Elementen gewandt hatte [7], so widersprechen die Stoiker aufs heftigste den Thesen EPIKURS, daß erst durch ein grundloses Abweichen der Atome von ihrer ursprünglich geraden Fallbewegung im leeren Raum (παρέγκλισις, declinatio) ein äußerlicher und zufälliger Zusammenhang der Elemente zustandegekommen sei [8].

Anmerkungen. [1] Vgl. P. STEINMETZ: Die Phys. des Theophrast (1964) 155. – [2] STRATON VON LAMPSAKOS bei F. WEHRLI (Hg.): Die Schule des Arist. 5: ST. V. L. (1950) Frg. 70; vgl. M. GATZEMEIER: Die Naturphilos. des Straton von Lampsakos (1970) 90ff. – [3] STRATON, a. a. O. Frg. 70f. – [4] Frg. 59f. – [5] Frg. 82. – [6] CHRYSIPP, SVF 2, 916; vgl. M. POHLENZ: Die Stoa (1959) 102f. – [7] ARISTOTELES, Phys. 213b. – [8] Vgl. z. B. EPIKUR, Ep. ad Herodotos §§ 40ff., hg. USENER 6ff.

4. CICERO gebraucht zuerst in philosophischem Zusammenhang die lateinischen Termini ‹continuus›, ‹continuatio› und ‹continuare›. Ihre Bedeutung ist gegen-

über den aristotelischen Unterscheidungen sowie den stoisch-epikureischen Schulstreitigkeiten freilich unspezifisch. So verwendet er ‹continuare› zur Bezeichnung des mechanischen Zusammenhanges der Atome gemäß der Auffassung des Demokrit und Epikur [1], übersetzt den aristotelischen Begriff ‹Entelechie› mit «quaedam continuata motio et perennis» [2] und spricht bei der Darstellung der stoischen Lehre über den Zusammenhang des Kosmos von der «continuatio coniunctioque naturae» bzw. «natura continuata» als Übersetzung des griechischen Terminus ‹Sympathie› [3]. Der notwendige Zusammenhang aller Dinge wird umschrieben als «quasi fatalis et immutabilis continuatio ordinis sempiterni» [4].

Eine Differenzierung des Wortgebrauchs wird erst in der Folgezeit vorgenommen; sie läßt sich dann aber bis in die Spätantike nachweisen. So unterscheidet SENECA zwischen kontinuierlichen Körpern, unter denen er ein organisches Ganzes versteht (z. B. Mensch), und zusammengesetzten Körpern (z. B. Schiff, Haus) [5]. MARTIANUS CAPELLA stellt die diskrete Quantität der Zahl oder der Rede (als Wortfolge) der kontinuierlichen Quantität der Linie oder der Zeit gegenüber [6]. BOETHIUS benutzt in musikalischem Zusammenhang den Begriff ‹K.› zur Kennzeichnung einer ununterbrochenen Tonfolge: «omnis vox aut συνεχής est, quae continua, aut διαστηματική, quae dicitur cum intervallo suspensa» [7].

Anmerkungen. [1] CICERO, De nat. deor. I, 20, 54. – [2] Tusc. 1, 22. – [3] De div. 2, 142; De nat. deor. 2, 84. – [4] Akad. I, 29; vgl. De nat. deor. I, 55. – [5] Seneca. Ep. 102, 6. – [6] MARTIANUS CAPELLA 4, 371; vgl. BOETHIUS, De inst. mus. 1, 6; CASSIODOR, Art. 3, 1170 B. – [7] BOETHIUS, De inst. mus. 1, 12.

5. Einen neuen und wichtigen Aspekt für die Kt.-Problematik eröffnet PLOTIN und in seiner Nachfolge die neuplatonische Schule. Er verwendet den Terminus ‹K.› zwar nur für den Zusammenhang des Körperlich-Stofflichen, erweist aber die Seele und den Geist als dessen Einheit stiftende Kraft. Während der Körper, dessen Teile gegeneinander verschieden sind, nur «durch Kt. eins» ist (τῷ γὰρ συνεχεῖ τὸ σῶμα ἕν) [1], erweist sich die Seele darin als einigende Kraft, daß sie «in allen diesen Teilen als ganze und in jedem Teil als ganze ist» [2]. Als Abbild des All-Lebens, welches das ganze Dasein quantitativ nicht bestimmte, unendliche Kraft erfüllt und daher auch bei unendlicher Teilung immer als dieselbe unerschöpfliche Kraft gedacht werden muß [3], erweist sie sich als Prinzip der Identität in der Veränderung. Die Einheit der Seele ist als Kt. stiftende Kraft verstanden, wie insbesondere in Plotins Lehre von der Zeit sichtbar wird. Das Auseinandertreten des Lebens (διάστασις) ist mit Zeit behaftet [4]. Anstelle der unzerteilten Einheit tritt das Nachbild der Einheit, das in Kt. besteht, anstelle der unerreichten Unendlichkeit und Ganzheit das ständige schrittweise Fortgehen ins Unendliche [5]. Weil die Kt. der Zeit in der Kt. der Seele gründet, die in ihrer Betätigung das Nacheinander (ἐφεξῆς) erzeugt [6], ist Zeit definiert als «das Leben der in ihrer Bewegung von einer zur andern Lebensform übergehenden Seele» [7]. Das Nacheinander und Auseinander von Zeit fügt die Seele zur Einheit, sie ist «der tragende und die Kt. stiftende Grund der Zeit-Dimensionen» [8]. Wie der Gegenwartsmoment des Jetzt bei Aristoteles zugleich Grenze und Zusammenhalt (πέρας – συνέχεια) von Zeit war, so ist auch bei Plotin das Jetzt «der Punkt, von dem aus Zeit als Einheit und das in ihr Seiende als Etwas überhaupt erkannt werden kann» [9]. Zeit als Leben der menschlichen Seele gründet allerdings bei Plotin – darin

unterscheidet er sich von neuzeitlichen Konzeptionen – immer in der Zeit als dem Leben der Welt-Seele. Die Rolle des subjektiven Bewußtseins tritt in den Hintergrund gegenüber der kosmologischen und ontologischen Dimension. Immerhin wird aber der Weg sichtbar, durch den Rückgriff auf die kontinuierende Kraft des Geistes das philosophische Problem des K. aufzulösen.

Anmerkungen. [1] PLOTIN, Enn. IV, 2 (4) 1, 60. – [2] a. a. O. 1, 66. – [3] VI, 5 (23) 12. – [4] III, 7 (45) 11, 41. – [5] 11, 53. – [6] 11, 37. – [7] 11, 43. – [8] W. BEIERWALTES (Hg.): Plotin: Über Ewigkeit und Zeit (1967) 65. – [9] a. a. O. 66.

Literaturhinweise s. Abschn. II.   N. HEROLD

II. Zum Beweis der freien Schöpfertätigkeit Gottes entwickelten die *Mutakallimun* vielleicht unter dem Einfluß buddhistischer Lehren [1] die Vorstellung einer ständig neuen Schöpfung (creatio continua), bei der Zeit und Raum aus Indivisibilien (Punkten) erzeugt werden [2]. Die Vermittlung mit der griechischen Philosophie gelang in bezug auf Demokrit dadurch, daß man seine Atome als nicht-quantitative Punkte mißdeutete; die entstandenen Differenzen zur aristotelischen Physik wurden dagegen kaum überbrückt. Der von AVERROES hervorgehobene Unterschied zwischen physikalischem und mathematischem Kontinuum (= K.) – beim mathematischen sei Berührung identisch mit kontinuierlicher Verbindung (omne contiguum in mathematicis est continuum [3]) – wurde wenig beachtet, und selbst dort, wo man sich allgemein auf den Gegensatz zwischen rationaler und sinnlicher Erfassung der Dinge berief, verstummte die Diskussion des Problems der Kontinuität (= Kt.) während der christlichen Scholastik nicht mehr.

Auf zwei Gebieten wurde die Kt.-Problematik akut: 1. bei der Interpretation der naturphilosophischen Schriften des *Aristoteles*, vor allem des sechsten Buchs der ‹Physik›, 2. im Rahmen der *Sentenzenkommentare* bei der Behandlung der Frage, ob Engel durch ihre besondere Wirkungsweise im Raum eine kontinuierliche Ortsbewegung ausführen [4].

Nicht immer wird so deutlich wie bei THOMAS VON AQUIN zwischen den beiden von Aristoteles verwendeten Definitionen der Kt. unterschieden. Im Kt.-Begriff ist eine Relation zwischen dem Ganzen und seinen Teilen enthalten. Geht man a) von den Teilen aus (secundum viam compositionis), gelangt man zur Wesensbestimmung (definitio formalis) des K. als etwas, dessen Teile durch *eine* gemeinsame Grenze verbunden sind [5]. Da die kontinuierliche Verbindung somit mehr an Einheit und Durchgängigkeit enthält als die bloße Aufeinanderfolge, ist jene höher als diese zu bewerten [6]. b) Ausgehend vom Ganzen (secundum viam resolutionis) enthält der Begriff der Kt. die Teilbarkeit in immer wieder Teilbares [7]. Daraus ergibt sich, daß das K. nicht aus unteilbaren Bestandteilen zusammengesetzt sein kann, doch läßt jede Teilung eines K. unteilbare Grenzen entstehen. Die Beziehung zwischen dem K. und seinen Grenzen wird in der Regel so bestimmt, wie es ALBERTUS MAGNUS tut: Unter dem materialen Aspekt ist der Punkt nur ein Accidens des K., doch unter dem formalen (absolute et secundum diffinitionem) ist er ein notwendiger «Teil» des K., eine substantielle Form, denn zum K. gehört sowohl das Verbundene als auch das Verbindende. Der Punkt ist also nicht nur verbindende Mitte der Teile und Grenze der Linie, sondern auch ihr Prinzip, aus dem die Linie «fließt» [8].

Die Kt.-Diskussion wird mit zahlreichen physikalischen, mathematischen und metaphysischen Argumenten geführt, die oft auf antiken Gedanken beruhen und vor allem durch *Algazel* und *Roger Bacon* der Scholastik vermittelt wurden. Gegen die Zusammensetzung des K. aus Indivisibilien werden häufig angeführt: a) Strecken ließen sich nicht mehr in beliebigen Proportionen teilen (z. B. nicht halbieren bei ungerader Indivisibilienzahl). b) Entgegen der Lehre Euklids gäbe es keine inkommensurablen Strecken. c) Linien mit offensichtlich verschiedenen Längen hätten aufgrund der bekannten umkehrbar eindeutigen Zuordnungen gleich viele Indivisibilien (z. B. Quadratseite und Diagonale oder konzentrische Kreise). Auf der anderen Seite werden die Indivisibilien vor allem bei den Realisten häufig nicht mehr als etwas bloß Negatives oder Privatives, sondern als positive Entitäten aufgefaßt [9], so daß es zu Beginn des 14. Jh. zu verschiedenen Lehren kommt, nach denen das K. aus Indivisibilien besteht. Vor allem drei Argumente werden dafür angeführt: a) Rollt eine vollkommene Kugel auf einer völlig ebenen Fläche, die sie nur in jeweils einem Punkt berührt, besteht die Bahn der Kugel aus einer Linie, die aus Punkten erzeugt ist. b) Die Körperoberfläche reflektiert das Licht, muß also etwas Reales sein. c) Die Zeit besitzt ihre Realität nur aufgrund eines in ihr aktual vorhandenen Jetztpunktes. – Darüber hinaus wurde durch die wachsende Bedeutung der Allmachtsspekulationen die Frage akut, ob Gott nicht die im K. liegende unendliche Teilbarkeit in eine unendliche Geteiltheit überführen könne, und ob Gott nicht die unendlich vielen Punkte des K. wirklich sehe.

Mit Bezug auf die Inkommensurabilität von Linien hatte ROBERT GROSSETESTE im 13. Jh. eine Relativität des Unendlichen gelehrt: Wie die Menschen endliche Zahlen unterscheiden, so unterscheide Gott die Anzahlen der Punkte auf verschieden langen Linien; für uns seien sie unendlich, für ihn endlich [10]. Indem THOMAS BRADWARDINE diesen Gedanken zur Indivisibilienlehre deutet, kann er in seinem Traktat ‹De continuo› (ca. 1330) fünf konkurrierende Auffassungen der Kt. zusammenstellen [11]: 1. Das K. besteht aus Teilen, die immer wieder teilbar sind (Aristoteles, Averroes), 2. aus unteilbaren Körperchen (Demokrit), 3. aus endlich vielen Punkten (Walter Catton (ca. 1330), auch Pythagoras und Platon werden genannt), 4. aus unendlich vielen unmittelbar zusammenhängenden Punkten (Heinrich von Harclay, gest. 1317), 5. aus unendlich vielen mittelbar verbundenen Punkten (fälschlicherweise wird Grosseteste genannt).

GERHARD VON BRÜSSEL (Anfang 13. Jh.) war sich darüber klar, daß es unter bestimmten Voraussetzungen möglich ist, zwei kontinuierliche Gebilde mathematisch zu vergleichen, indem man ihre umkehrbar eindeutig zugeordneten Indivisibilien (Linien, Flächen) vergleicht [12]. Im Unterschied zu Cavalieri (s. u.) benutzt er oft gebogene Indivisibilien (z. B. Kreislinien), doch ohne eine Zusammensetzung des K. aus Indivisibilien zu implizieren; diese dienen gleichsam nur als Indikatoren.

Die trotz der genannten Ansätze geringe Verbreitung nicht-aristotelischer Kt.-Auffassungen im 15. und 16. Jh. rührt wohl u. a. daher, daß man sie in Zusammenhang mit dem Epikureismus oder anderen kirchlich verpönten Lehren zu sehen pflegte [13]. J. WYCLIF, der in der Kt.-Lehre nicht, wie in anderen Fragen, Duns Scotus oder Thomas Bradwardine folgt, betont mit Berufung auf Grosseteste, im Bereich der sinnlichen Erfahrung seien die aristotelische Kt.-Auffassung und die Geometrie Euklids sehr wohl anwendbar, doch dies sei durchaus verträglich mit der Zusammensetzung des K. aus nicht-quantitativen Teilen (Monaden, Punkten) im metaphysisch-ontologischen Bereich [14]. Trotz dieser Einschränkung verdammt man 1415 auf dem Konzil zu Konstanz als Wyclifs Lehre: «Jede mathematische stetige Linie ist aus endlich vielen einfachen Punkten zusammengesetzt. Die Zeit ist, war oder wird sein zusammengesetzt aus unmittelbar aufeinanderfolgenden Augenblicken. Es ist unmöglich, daß Zeit und Linie, wenn sie sind, anders zusammengesetzt sind» [15]. Die erste Aussage sei eine philosophische Irrlehre, die zweite verstoße gegen die göttliche Allmacht.

Während Aristoteles zunächst die Kt. ohne Bezug auf Bewegung als Relationsbegriff eingeführt hatte, wird sie in der beginnenden Neuzeit häufig mit der im Mittelalter viel gebrauchten Vorstellung der «fließenden» Erzeugung von Größen [16] verknüpft. NIKOLAUS VON KUES erklärt die Linie als *evolutio* oder *explicatio* des Punktes oder auch als «ausgedehnten Punkt» [17], trotzdem hält er mit Berufung auf Boethius an der aristotelischen Lehre fest, daß das K. nicht aus Punkten bestehe oder zusammengesetzt sei [18].

Die Kt.-Auffassungen des 16. und 17. Jh. – J. Ch. Magnenus (1646) behauptete, er könne 42 Meinungen referieren – lassen sich unter folgenden Hauptaspekten zusammenfassen: 1. Trennung zwischen dem unendlich teilbaren mathematischen K. und dem nur bis zu endlichen Atomen teilbaren physikalischen, um die traditionelle Geometrie trotz der Atomistik oder Korpuskulartheorie beibehalten zu können (P. RAMUS [19], D. SENNERT [20], J. CH. MAGNENUS [21], P. GASSENDI [22]). 2. Ablehnung des aristotelischen Akt-Potenz-Dualismus als Lösung für die Kt.-Probleme, wobei die Teilung des K. entweder als endlich, aber jenseits aller faktisch erreichbaren Grenze endend (in indefinitum) vorgestellt (G. BRUNO) oder als aktual unendlich gedacht wird (G. GALILEI) [23].

Einige Mathematiker des 17. Jh. verwenden zur Lösung von Integrationsproblemen Indivisibilienmethoden [24]. Während J. KEPLER geometrische Körper in unendlich viele kleinste Scheiben zerlegt [25], bemerkt B. CAVALIERI, ohne eine Entscheidung zu treffen, daß es für die Brauchbarkeit seiner Indivisibilienmethode gleichgültig sei, ob das K. aus Indivisibilien bestehe [26]. ROBERVAL schließt sich der Keplerschen Auffassung an, läßt aber die scholastische Methode (Gerhard von Brüssel, Cavalieri) als façon de parler zu [27].

Wie L. FROMONDUS [28] bezeichnet G. W. LEIBNIZ die Frage nach der Zusammensetzung des K. als ein «Labyrinth für den menschlichen Geist». Entsprechend den Atomisten leitet er jegliche Realität von den letzten Bestandteilen her und spricht deswegen dem mathematischen K., das nichts als eine unbestimmte Möglichkeit von Teilen, also etwas Gedankliches, bedeute, alle Substantialität ab, denn es sei kein Aggregat von Grundbestandteilen [29]. Jeder materielle Teil der Welt sei zwar nicht unendlich teilbar, sondern sogar aktual unendlich geteilt, doch komme nur diesen unendlich vielen konstitutiven Einheiten (Monaden) Realität zu, die ausgedehnte Masse (Materie) sei nur ein daraus resultierendes «wohlgegründetes Phänomen» (phaenomenon bene fundatum) [30].

Anmerkungen. [1] D. B. MACDONALD: Continous re-creation and atomic time in Muslim scholastic theol. Isis 9 (Cambridge, Mass. 1927, ND New York 1969) 341-344; vgl. L. SILBURN: Instant et cause (Paris 1955). – [2] K. LASSWITZ: Gesch. der Atomistik (1890, ND 1963) 1, 134-150; S. PINES: Beitr. zur islam. Atomenlehre (1936). – [3] ARISTOTELES: Opera cum Averrois Commentariis (Venetiis 1562ff., ND 1962) 4, 226 (Phys. V, comm. 30.);

ALBERTUS MAGNUS, In Phys. VI, tr. 1, c. 1; DUNS SCOTUS, In Phys. I, lect. 9, 9. – [4] DUNS SCOTUS, Ordinatio II, d. 2, p. 2 q. 5. Opera (Vatikanstadt 1973) 7, 278-350; THOMAS VON AQUIN: S. theol. I, q. 53, a. 2; L. CORONEL: Physice perscrutationes (Paris 1511) fol. 104r-108r; W. WIELAND: K. und Engelzeit bei Thomas von Aquino, in: Einheit und Vielheit. Festschr. C. F. v. Weizsäcker, hg. E. SCHEIBE/G. SÜSSMANN (1973) 77-90. – [5] THOMAS VON AQUIN, In Phys. III, 1; De caelo I, 2; E. BODEWIG: Zahl und K. in der Philos. des hl. Thomas. Divus Thomas 13 (1935) 187-207. – [6] THOMAS VON AQUIN, In Phys. VIII, 14. – [7] a. a. O. III, 1. – [8] ALBERTUS MAGNUS, In Phys. VI, tr. 1, c. 1; vgl. H. BLUMENBERG: Licht als Metapher der Wahrheit. Studium Generale 10 (1957) 441. 443; W. BREIDERT: Das arist. K. in der Scholastik (1970) 27f. – [9] Darüber: F. MURCIA DE LA LLANA: Selecta circa octo libros physicorum Aristotelis VI, d. 1, q. 3 (Matriti 1616) 547-557. – [10] A. MAIER: Zwischen Philos. und Mechanik (Rom 1958) 24f.; J. WYCLIF: Logica, hg. M. H. DZIEWICKI (London 1893-1899) 3, 35. 37 (c. 9). – [11] THOMAS BRADWARDINE, De continuo, concl. 31; vgl. LASSWITZ, a. a. O. [2] 198. – [12] M. CLAGETT: The liber de motu of Gerard of Brussels. Osiris 12 (Bruges 1956) 73-175; BREIDERT, a. a. O. [8] 47-70. – [13] C. E. DU BOULAY: Hist. Universitatis Parisiensis (Paris 1665-73, ND 1966) 4, 310f. (Nr. 37f. 42. 48); LASSWITZ, a. a. O. [2] 1, 482ff.; G. GALILEI: Discorsi e dimostrazioni mat. I; dtsch. Unterred. und math. Demonstrationen, hg. A. v. OETTINGEN (1964) 25. – [14] WYCLIF, a. a. O. [10] 32-37; Trialogus II, 3, hg. G. LECHLER (Oxford 1869) 83f. – [15] H. VON DER HARDT (Hg.): Res Concilii Constantiensis (1699) 4, 148; L. FROMONDUS: Labyrinthus (Antwerpen 1631) 11-22. – [16] Vgl. Anm. [20]. – [17] NIKOLAUS VON KUES, De docta ignorantia II, 3; Apologia doct. ignor.; Idiota de mente IX. Philos.-theol. Schr., hg. L. GABRIEL (1964-1967) 1, 330. 550; 3, 556f. – [18] ebda.; vgl. De beryllo XVII (3, 26); De ludo globi I (3, 228). – [19] P. RAMUS: Scholarum physicarum libri octo VI, 2, hg. J. PISCATOR (1583, ND 1967) 151f. – [20] D. SENNERT: Epitome scientiae naturalis (³1632) cap. 5. 6; vgl. LASSWITZ, a. a. O. [2] 1, 438f. Anm. 6; R. RAMSAUER: Die Atomistik des Daniel Sennert (1935) 33. – [21] J. CH. MAGNENUS: Democritus reviviscens (Londini 1658) 174. 188. – [22] P. GASSENDI, Syntagma philos. II; Physica III, 5. Opera omnia, hg. H. L. HABERT DE MONTMOR (Lugduni 1658) 1, 262. – [23] P.-H. MICHEL: Les notions de continu et de discontinu dans les systèmes physiques de Bruno et Galilée, in: L'aventure de l'ésprit – Mélanges A. Koyré (Paris 1964) 2, 346-359. – [24] M. E. BARON: The origins of the infinitesimal calculus (Oxford u. a. 1969) 108-154. – [25] J. KEPLER: De stereometria figurarum, Theor. 18. Opera, hg. FRISCH (1858-71) 4, 583. – [26] B. CAVALIERI: Geometria indivisibilibus continuorum (Bononiae ²1653) 111; A. KOYRÉ: Bonaventura Cavalieri et la géométrie des continus, in: Hommage à Lucien Febvre (Paris 1954) 1, 319-340; BREIDERT, a. a. O. [8] 68-70. – [27] G. P. ROBERVAL: Traité des indivisibles, in: Divers ouvrages de math. et phys. par Messieurs de l'Acad. roy. Sci., hg. P. DE LA HIRE (Paris 1693) 190. – [28] Vgl. Anm. [15]. – [29] G. W. LEIBNIZ, Philos. Schr., hg. C. I. GERHARDT, 2, 268. – [30] a. a. O. 2, 77. 268f.; Nouvelles lettres et opuscules inéd., hg. A. L. FOUCHER DE CAREIL (Paris 1857, ND 1971) 179.

Literaturhinweise. K. LASSWITZ s. Anm. [2]. – V. P. ZOUBOV: Walter Catton, Gerard d'Odon et Nicolas Bonet. Physis 1 (1959) 261-278; Jean Buridan et les concepts du point au 14 siècle. Mediaeval and Renaissance Studies 5 (1961) 43-95. – J. E. MURDOCH und E. A. SYNAN: Two questions on the continuum. Franciscan Stud. 26 (1966) 212-288. – W. BREIDERT s. Anm. [8].

W. BREIDERT

III. *Die philosophische Diskussion des Kontinuums und der Kontinuität von Kant bis zur Gegenwart.* – Mit der Entwicklung der Infinitesimalmathematik im 17. Jh. gelingt es, kontinuierliche Veränderungen einem mathematischen Kalkül zu unterwerfen. Die Diskussion des Kontinuums (= K.) und der Kontinuität (= Kt.) verlagert sich damit in der Neuzeit weitgehend in den Bereich der *Mathematik* (vgl. IV); sie behält aber im Zusammenhang der Frage nach der Einheit stiftenden Kraft des Bewußtseins sowie nach den Prinzipien des Naturzusammenhanges ihre philosophische Relevanz.

KANT bezeichnet die Kt. der Erscheinungen als apriorisches Prinzip menschlicher Erkenntnis. «Alle Erscheinungen überhaupt sind ... continuierliche Größen, sowohl ihrer Anschauung nach als extensive oder der bloßen Wahrnehmung (Empfindung und mithin Realität) nach, als intensive Größen» [1]. Ihre Kt. zeigt sich als einfacher Bewegungsfluß, «weil die Synthesis [der produktiven Einbildungskraft] in ihrer Erzeugung ein Fortgang in der Zeit ist ...» [2]. Kt. wird definiert als «die Eigenschaft der Größen, nach welcher an ihnen kein Teil der kleinstmögliche (kein Teil einfach) ist ... Raum und Zeit sind quanta continua, weil kein Teil derselben gegeben werden kann, ohne ihn zwischen Grenzen (Punkten und Augenblicken) einzuschließen, mithin nur so, daß dieser Teil selbst wiederum ein Raum oder eine Zeit ist» [3]. Der Gedanke der reinen Kt. aller raum-zeitlichen Gebilde ermöglicht Kant die Auflösung der zweiten Vernunftantinomie, nach der alles Zusammengesetzte in der Welt entweder aus einfachen Teilen besteht oder unendlich teilbar sein soll. Kant zeigt, daß unendliche Teilbarkeit ein regulatives Prinzip der Vernunft ist, was aber zugleich ausschließt, daß der Regressus in der empirischen Teilung als vollendet gedacht werden darf. «Die unendliche Teilung bezeichnet nur die Erscheinung als quantum continuum und ist von der Erfüllung des Raumes unzertrennlich, weil eben in derselben der Grund der unendlichen Teilbarkeit liegt. Sobald aber etwas als quantum discretum angenommen wird, so ist die Menge der Einheiten darin bestimmt, daher auch jederzeit einer Zahl gleich» [4]. Der Grundsatz von der Kt. aller Erscheinungen wie auch das «Gesetz der Continuität aller Veränderung», nach dem alle Veränderung «nur durch eine continierliche Handlung der Causalität» möglich ist [5], können apriorisch erkannt werden, weil damit nur formale Bedingungen aller Apprehension antizipiert werden. Kontinuierendes Prinzip ist die Einheit der transzendentalen Apperzeption, welche im Zuge einer transzendentalen Bewegung die Einheit der Erfahrung ermöglicht.

SCHELLING sieht die Schwierigkeiten, in die eine mechanistische, damit Dis-Kt. voraussetzende Naturphilosophie gerät, wenn sie zu einer befriedigenden Erklärung des Naturzusammenhanges gelangen will [6]. Die Kt. der Natur kann für ihn daher nur in ihrem erzeugenden Prinzip aufgewiesen werden: Kt. ist «nie in den Produkten (für die Reflexion), sondern immer nur in der Produktivität ...» [7]. «Continuität ist nur die Produktivität selbst» [8]. Gegen den Wortlaut der Naturphilosophie Kants, aber seiner Überzeugung nach in dessen Sinn und Geist versteht Schelling Natur als «fortgehende Handlung des unendlichen Geistes, in welcher er erst zum Selbstbewußtsein kommt, und durch welche er diesem Selbstbewußtsein Ausdehnung, Fortdauer, Continuität und Notwendigkeit gibt» [9]. Aus der Einheit der Intelligenz, die als Tätigkeit und ewiges Produzieren in der ursprünglichen Sukzession der Vorstellungen immer wieder ihre Identität herstellt, leitet er die Kt. von Zeit, Bewegung und Raum ab [10]. Alle Veränderungen in der Zeit sind «nichts anderes als Evolutionen der absoluten Synthesis», daher ist «das Gesetz der Stetigkeit ein Grundgesetz aller Bewegung» [11]. Das Leben erscheint entsprechend als Bild des intellektuellen Lebens: «So wie der Geist nur in der Continuität seiner Vorstellungen fortdauert, so das Lebendige nur in der Continuität seiner innern Bewegungen» [12]. HEGEL faßt die Kategorien der Kt. und der Diskretion als zwei Momente, deren Zusammengehörigkeit in der Einheit der Quantität erst bei einer dialektischen Betrachtungsweise deutlich wird. Die Kantische Antinomie der unendlichen Teilbarkeit des Raumes, der Zeit und der Materie beruht für Hegel allein auf der einseitigen Verabsolutierung eines dieser beiden Momente. Sie «ist nichts anderes als die Behauptung der Quantität das eine-

mal als kontinuierlicher, das anderemal als diskreter» [13]. Es darf aber keine der beiden entgegengesetzten Seiten ohne die andere gedacht werden, jede enthält die andere an ihr selbst [14]. Entsprechend löst Hegel die Zenonischen Einwände gegen die Bewegung auf. Bewegung ist insofern «der daseiende Widerspruch selbst» [15], als zu ihrem Begriff zwei gegensätzliche Momente gehören: Kt. und Negativität, Punktualität oder Grenze. «Die Sichselbstgleichheit, Kt. ist absoluter Zusammenhang, Vertilgtsein alles Unterschiedes, alles Negativen, des Fürsichseins; der Punkt ist hingegen das reine Fürsichsein, das absolute Sichunterscheiden, und Aufheben aller Gleichheit und Zusammenhangs mit Anderem» [16]. Beide Momente zusammen machen erst die Einheit der Bewegung aus [17].

Von der äußeren, quantitativen Kt., die als Aneinanderreihung unendlich vieler Teile ohne Anfang und Ende «schlechte Unendlichkeit» bedeutet, unterscheidet Hegel den inneren Zusammenhalt qualitativer Einheiten, die als solche unmittelbar aus sich hervorgehen [18]. Veränderung als der Übergang zwischen verschiedenen, selbständigen Realitäten geschieht nach Hegel nicht kontinuierlich, sondern durch einen Sprung. «Die Allmählichkeit betrifft bloß das Äußerliche der Veränderung, nicht das Qualitative derselben» [19]. Der Verstand spiegelt sich mit der Vorstellung, es gäbe keinen Sprung in der Natur, nur «die Identität und die Veränderung als die gleichgültige, äußerliche des Quantitativen vor» [20]. Veränderungen des Seins müssen als «Übergang vom Qualitativen in das Quantitative und umgekehrt» begriffen werden, d. h. aber: als «ein Anderswerden, das ein Abbrechen des Allmählichen und ein Qualitativ-Anderes gegen das vorhergehende Dasein ist» [21].

Hegels Gedanke der Einheit von Kt. und Dis-Kt. – von LENIN in seinen Randglossen zu Hegels Logik als «wahrhafte Dialektik» hervorgehoben [22] – wird vor allem von den Theoretikern des dialektischen Materialismus aufgenommen und zur Grundlage einer materialistischen Naturdialektik gemacht. Dabei wird besonders der objektive Charakter beider Momente betont [23].

Unter den Vertretern des Neukantianismus ist vor allem H. COHEN mit seiner Interpretation der Kantischen Erfahrungstheorie [24] dem philosophischen Problem der Kt. gerecht geworden, wenn er auf die Identität der einheitlichen Handlung des Bewußtseins und der sich vollziehenden Einheit des Objekts hinweist und so die synthetische Einheit als objektive versteht. Die synthetisierende Leistung des Bewußtseins interpretiert er als transzendentale Bewegung und bezieht über Kant hinaus die Frage des erzeugenden Ursprungs in die Fragestellung ein. Indem er auf den Zusammenhang von Erzeugung, Denken und Bewegung hinweist, gelangt er zur Einsicht in die «Herrschaft der Kt.» [25].

Im Zusammenhang lebensphilosophischer Überlegungen wird der aus Zuständen (statisch) konstruierenden Wissenschaft die ursprüngliche Kt. des Lebens gegenübergestellt. Diese wissenschaftskritische Komponente des Kt.-Begriffs zeigt sich – etwa gleichzeitig mit dem Programm einer kritischen, d. h. nicht-rationalistischen Psychologie bei dem Neukantianer P. NATORP [26] – besonders bei H. BERGSON. Es komme darauf an, «die Kt. im Ganzen unserer Erkenntnis wieder herzustellen, eine Kt., die dann nicht mehr hypothetisch und konstruiert wäre, sondern erfahren und erlebt» [27]. Im Gegensatz zu aller bisherigen Wissenschaft und Metaphysik, die stets den Versuch gemacht habe, «Veränderung aus Zuständen zu rekonstruieren» [28], gelte es, durch unmittelbare

Wahrnehmung, durch lebendige Intuition die Bewegung als Wirklichkeit zu erfassen. Bergson prägt den Begriff der «durée», der die absolute Kt. des Psychischen besagt [29]. Wie wir die unteilbare, ununterbrochene Kt. einer Melodie hören können, ohne sie gleich als eine diskontinuierliche Reihe von Noten vorstellen zu müssen, so kann man sich auch im Bereich unseres inneren Lebens die Substantialität des Ich als seine wahre Dauer vorstellen. Sie ist die «unteilbare und unzerstörbare Kt. einer Melodie, in der die Vergangenheit die Gegenwart durchdringt und mit ihr ein unteilbares Ganzes bildet ...» [30]. Von der Erfahrung des inneren Lebens wird auf die Substantialität der Veränderung überhaupt geschlossen [31]. Die Kt. der Wirklichkeit stellt sich dar als «die ununterbrochene Schöpfung von unvorhersehbar Neuem, die sich im Universum fortzusetzen scheint» [32].

Im Unterschied zum kosmisch-metaphysischen Lebensbegriff Bergsons befassen sich Dilthey und Simmel mit dem Leben und Erleben des Menschen in der Geschichte. Stellt sich bei Dilthey [33] das Problem der historischen Kt. (s.d.) als die Aufgabe, ursprünglich im Erleben gegebene Kt.-Phänomene fortzusetzen und zu erweitern, so geht G. Simmel von der grundsätzlichen Differenz von Leben und Geschichte aus [34]. Leben bezeichnet er einerseits als grenzenlose Kt., die als kontinuierliches Strömen, als absatzloses Fließen vorgestellt werde. Gleichzeitig aber ist das Leben – als individuelles Leben – «ein in seinen Trägern und Inhalten Geschlossenes, um Mittelpunkte Geformtes, Individualisiertes, und deshalb, in der anderen Richtung gesehen, eine immer begrenzte Gestaltung, die ihre Begrenztheit dauernd überschreitet» [35]. Kt. – als «extensive Darstellung der absoluten Einheit des Seins» [36] – steht so im Widerspruch zur Individualität als geprägter Form. Diesen Gegensatz sucht Simmel dadurch zu überwinden, daß er entsprechend klassischen Überlegungen zum philosophischen K. Leben als grenzbildende und grenzüberschreitende Kraft versteht. Es zeigt sich kein Gegensatz mehr, wenn man «das Übergreifen über sich selbst als das Urphänomen des Lebens überhaupt erfasst hat» [36a]. Das Leben offenbart sich dann «als der kontinuierliche Prozeß des Sich-über-sich-selbst-Erhebens» [37].

E. Husserls Phänomenologie betont die Kt. des transzendentalen Bewußtseins, das als konstitutiver Boden aller Seinssetzung begriffen wird. In der Kritik am Objektivismus von Psychologie und Erkenntnistheorie sieht daher vor allem der späte Husserl die Gemeinsamkeit seines phänomenologischen Ansatzes mit der transzendentalen Fragestellung Kants und Fichtes [38]. Das durch ursprüngliche Synthesen des Zeitbewußtseins geeinigte Bewußtsein aktualisiert sich in einem K. von Retentionen und Protentionen. Gegenüber der Einzelheit des Erlebnisses erweist sich so die Einheit des Erlebnisstromes als vorgängig. Mit jedem Erlebnis kommt immer schon die Welt als der universale Horizont aller Vermeintheiten in den Blick. Die Bedeutung der Einsicht Husserls in die Horizontintentionalität des Bewußtseins für das Kt.-Problem machen insbesondere seine Untersuchungen zur Konstitution des Zeitbewußtseins sichtbar. Insofern, als jedes Erlebnis der Zeitlichkeit unterliegt, impliziert es Horizonte des Vorher und Nachher und gehört in das K. eines sich perspektivisch verlierenden Ganzen: «Jedes wirkliche Erlebnis ... ist notwendig ein dauerndes; und mit dieser Dauer ordnet es sich einem endlosen K. von Dauern ein, einem *erfüllten* K. Es hat notwendig einen allseitig unendlichen erfüllten Zeithorizont» [39]. Bei der Wahrnehmung einer Melodie bei-

spielsweise zeigt sich in doppelter Hinsicht Kt.: das lineare K. einer Folge von neuen Jetzt-Punkten und die Abschattungs-Kt. oder retentionale Kt.: der kontinuierliche Wandel der Impression in Retention, die sich wieder kontinuierlich in modifizierte Retention wandelt usw. [40]. «In einem kontinuierlich sich entfaltenden Akte konstituiert sich das Zeitobjekt so, daß Moment für Moment ein Jetzt des Zeitobjektes als sein Gegenwartspunkt wahrgenommen wird, während zugleich Moment für Moment ein Vergangenheitsbewußtsein sich mit dem Bewußtsein des Gegenwartspunktes kontinuiert und das bisher abgelaufene Stück des Zeitobjekts als soeben-vergangen erscheinen läßt» [41]. Insofern als jedes aktuelle Jetzt erinnerungsmäßig immer wieder neu Erinnerungs-Kt. einschließt, spricht Husserl auch von einem «K. von Kontinuen» [42].

Die Behandlung der Kt.-Problematik in Lebensphilosophie und Phänomenologie hat weiterhin nachhaltigen Einfluß auf die Grundlegungsprobleme der historischen Geisteswissenschaften. Im Vergleich zu der häufigen, dafür in der Regel aber wenig präzisen Verwendung des Kt.-Begriffs in den historisch ausgerichteten Wissenschaften und in der gesellschaftlich-politischen Sprache der Gegenwart gibt es nur vereinzelte Versuche, unter Einbeziehung und Weiterführung des historisch wirksam gewordenen Begriffsgehaltes der wissenschaftstheoretischen [43] und der ontologischen [44] Dimension des Begriffes gerecht zu werden. In der Diskussion um die Kt. der Natur ist besonders durch die Quantenmechanik der Begriff der Sprunghaftigkeit neben den der Kt. getreten [45]. Sofern die natur*geschichtliche* Dimension einbezogen ist, sind die Termini ‹Entwicklung› und ‹Evolution› maßgeblich [46].

Anmerkungen. [1] I. Kant, KrV B 212; vgl. F. Kaulbach: Der philos. Begriff der Bewegung (1965) 188ff. – [2] KrV B 211/12. – [3] KrV B 211. – [4] KrV B 555. – [5] KrV B 254; vgl. dazu Art. ‹Kt.-Gesetz›. – [6] Vgl. F. W. J. Schelling: Einl. zu dem Entwurf eines Systems der Naturphilos. (1799). Werke, hg. Schröter 2, 301. – [7] a. a. O. 302. – [8] 301. – [9] Abh. zur Erläut. des Idealismus der Wissenschaftslehre a. a. O. 1, 285. – [10] System des transzendentalen Idealismus a. a. O. 2, 487f.; 1, 309. – [11] a. a. O. 2, 488. – [12] 1, 312; vgl. 2, 496. – [13] G. W. F. Hegel, System der Philos. I, § 100. Werke, hg. Glockner 8, 239. – [14] Logik I a. a. O. 4, 226. – [15] 4, 547. – [16] Vorles. über die Gesch. der Philos. a. a. O. [13] 17, 331. – [17] Vgl. 17, 333. – [18] Vgl. 4, 457. – [19] 4, 458. – [20] 4, 461. – [21] 4, 460. – [22] W. I. Lenin, Werke 38, 108. – [23] Vgl. z. B. H. Laitko: Zur Dial. von Kt. und Dis-Kt. und einigen physikal. Problemen. Dtsch. Z. Philos. 12/1 (1964) 54-64; H. Hörz: Materialismus und moderne Physik. Dtsch. Z. Philos. Sonderh. Materialismus und moderne Naturwiss. (1966) 67-69; Naturforsch. und Weltbild, hg. M. Guntau/H. Wendt (²1967); M. E. Omeljanowski: Lenin und die Dial. in der modernen Physik. Dtsch. Z. Philos. 18/1 (1970) 5-19; H. Hörz: Lenin und die moderne Naturwiss. Dt. Z. Philos. Sonderh. (1970) 202-223. – [24] H. Cohen: Kants Theorie der Erfahrung (1885); vgl. Kaulbach, a. a. O. [1] 159f. – [25] Logik der reinen Erkenntnis (1914) 237f.; vgl. auch Das Prinzip der Infinitesimalmethode und seine Gesch. (1883), hg. W. Flach (1968). – [26] P. Natorp: Einl. in die Psychol. nach krit. Methode (1888); Allg. Psychol. nach krit. Methode (1912). – [27] H. Bergson: La pensée et le mouvant; dtsch. Denken und schöpferisches Werden (1948) 162. – [28] L'evolution créatrice, dtsch. Schöpferische Entwicklung (²1921) 311. – [29] Essai sur les données immédiates de la conscience (Paris 1889); dtsch. Zeit und Freiheit (²1920). – [30] a. a. O. [27] 88; vgl. 169f. – [31] a. a. O. [28] 6 Anm. – [32] a. a. O. [27] 110. – [33] W. Dilthey: Der Aufbau der gesch. Welt in den Geisteswiss., hg. Riedel (1970). – [34] Vgl. G. Simmel: Die Probleme der Geschichtsphilos. (²1905); Die hist. Formung. Logos 7 (1917/18) 113-152. – [35] Lebensanschauung (1918) 13. – [36] a. a. O. 16. – [36a] 14. – [37] 16. – [38] E. Husserl: Formale und transzendentale Logik (1929) § 107. Husserliana 17 (1974) 291ff.; vgl. Die Krisis der europ. Wiss., hg. W. Biemel, in: Husserliana 6 (1962) 339. 271f. – [39] Ideen zu einer reinen Phänomenol. und phänomenol. Philos. I, hg. W. Biemel, in: Husserliana 3 (1950) 198. – [40] Vgl. a. a. O. 199. – [41] Zur Phänomenol. des inneren Zeitbewußtseins, hg. R. Boehm, in: Husserliana 10 (1966)

234. – [42] a. a. O. 328. – [43] Vgl. z. B. H. M. BAUMGARTNER: Kt. und Gesch. (1972); Art. ‹Kt., hist.›. – [44] So z. B. KAULBACH, a. a. O. [1]. – [45] Vgl. L. DE BROGLIE: Matière et lumière (1939); dtsch. Licht und Materie (1944) bes. 201ff.; A. EINSTEIN und L. INFELD: Die Evolution der Physik (1950) bes. 293ff.; W. HEISEN-BERG: Physik und Philos. (1959). – [46] Vgl. z. B. W. ZIMMERMANN: Evolution. Die Gesch. ihrer Probleme und Erkenntnisse (²1953).

N. HEROLD

IV. *Kontinuum und Kontinuität als mathematische Probleme.* – Um die mathematische Fassung des Kontinuums (= K.) (als Klasse der reellen Zahlen) und der Kontinuität (= Kt.) (als Stetigkeit von Funktionen) bemühen sich seit Beginn der Neuzeit Mathematik, Grundlagenforschung und Philosophie.

1. *Von den Anfängen der mathematischen Analysis bis zu Kant.* – a) Nach Entdeckung der Irrationalzahl π z. B. durch die Bestimmung von Kugelfläche und Kreisumfang bei ARCHIMEDES, NIKOLAUS VON KUES u. a.) wird mit LEIBNIZ' und NEWTONS *Begründung des Infinitesimalkalküls das K. in seiner Gesamtheit* Thema der Mathematik [1]. Ausgehend von geometrischen Problemen (Flächeninhaltsbestimmung eines Kreisquadranten) beschäftigt sich LEIBNIZ mit Reihenuntersuchungen

($\frac{\pi}{4} = 1 - \frac{1}{3} + \frac{1}{5} - \frac{1}{7} + \dots$) und benutzt das Tangentenproblem (Steigung einer Kurventangente im Berührungspunkt) zur Einführung des Differentialquotienten $\frac{\Delta y}{\Delta x}$ durch eine unendliche Folge von Koordinaten- und Abszissendifferenzen, die gegen Null streben. Diese anschaulich-geometrische Heuristik motiviert schließlich auch die unklare Redeweisen von «benachbarten Punkten» im K., die durch «unendlich ofte Intervallteilungen» entstehen bzw. vom K. als dem «Erzeugnis unendlich kleiner Größen». Dennoch betont Leibniz, daß «man die mathematische Analysis von metaphysischen Streitigkeiten nicht abhängig zu machen braucht» [2], und gibt bereits Hinweise auf eine arithmetische Präzisierung solcher Redeweisen: So entsteht z. B. die Zahl 2 als Element des K. durch die unendliche Reihe $1 + \frac{1}{2} + \frac{1}{4} + \frac{1}{8} + \dots$ In diesem Sinn bestimmt EULER die Differentialrechnung als «die Methode, das *Verhältnis* der verschwindenden Inkremente zu bestimmen» [3]. Die «Inkremente» (z. B. Δy, Δx im Differentialquotienten) selber seien Nullen. Da die «Verhältnisse der Inkremente» (z. B. als Divisionsterm im Differentialquotienten) in Zahlen bzw. Funktionen ausgedrückt werden, hat es die Differentialrechnung nach Euler mit «endlichen Größen» zu tun, und die unklare Rede von den «unendlich kleinen Größen» im K. läßt sich eliminieren. Die mathematische Diskussion zur Zeit Kants ist beherrscht von Spekulationen über das «Prinzip der Kt.» und die «Metaphysik des K.» (LAGRANGE) [4].

b) Demgegenüber fragt KANT nach der *Bedingung der Möglichkeit infinitesimaler Begriffsbildungen.* Bei der Anwendung der Kategorien als Erkenntnisbedingungen überhaupt ist der Gebrauch der Begriffsschemata entweder «mathematisch» oder «dynamisch». Zur mathematischen Anwendung werden die beiden Schemata der Quantität und Qualität, zur dynamischen die beiden Schemata der Relation und Modalität gezählt. Das Schema der Größe (Quantität) beschreibt die Erscheinung im Raum unter dem Aspekt der Ausdehnung: «Alle Erscheinungen sind ihrer Anschauung nach extensive Größen» [5]. Eine solche Beschreibung (Konstruktion) vollzieht sich in der sukzessiven Vereinigung von Teilen zu einem Ganzen. (Vgl. die Konstruktion der natürli-

chen Zahlen durch die Strichfolge /,//,///,...) Kant hat zwar das *Schema der Zahl* durch die Kategorie der Quantität bestimmt, läßt aber ungeklärt (entsprechend der mathematischen Diskussion seiner Zeit), ob den Elementen des K. (also den «reellen Zahlen») Zahlcharakter zukommt oder nicht. Das Schema der Kategorie der Realität (Qualität) wird von Kant beschrieben als die «kontinuierliche und gleichförmige Erzeugung» der Größen in der Zeit, «indem man von der Empfindung, die einen gewissen Grad hat, in der Zeit bis zum Verschwinden derselben hinabgeht, oder von der Negation (= 0) zu der Größe derselben allmählich aufsteigt» [6]. Deshalb hat «das Reale, was ein Gegenstand der Empfindung ist, in allen Erscheinungen eine intensive Größe, d.i. einen Grad» [7]. Nach Kants Urteilslehre sind aposteriorisch (d. h. empirisch) und apriorisch bestimmte *intensive Größen* zu unterscheiden. Die Qualitäten empirisch bestimmter Größen sind z. B. Farbe, Wärme, Geschmack u. ä. Der materiale Reiz (also Farbwellen, Nervenreizungen u. ä.) ist jederzeit bloß empirisch und kann a priori nicht vorgestellt werden. Indem wir aber z. B. den Begriff der Temperatur nach der Kategorie der Qualität bilden, konstruieren wir nach Kant kontinuierlich eine intensive Größe, die dann anschaulich vorstellbar wird (etwa in der Gestalt einer Temperaturkurve im Schaubild).

Ebenso wie sich z. B. die natürlichen Zahlen als extensive Größen durch spontane Verstandestätigkeit a priori konstruieren lassen, kann auch eine *intensive Größe a priori* gebildet werden. Dem Raum der Anschauung entspricht bei Kant mathematisch ein dreidimensionales K. Eine geometrische Figur (z. B. Kurve, gekrümmte Fläche) in diesem K. läßt sich nicht nur ihrer Extension nach (also als Menge der sie darstellenden Punkte bzw. Zahlen), sondern auch ihrer Stetigkeit (bei Kant: Kt.) nach untersuchen: «Es ist merkwürdig, daß wir an Grössen überhaupt a priori nur eine einzige Qualität, nämlich die Kt. ... erkennen können» [8]. Die Qualität (Eigenschaft) der Stetigkeit stellt sich dar als intensive Größe. Kant bezeichnet sie als das «Reale», das den Empfindungen korrespondiert.

2. *Der Neukantianismus und die mathematische Analysis im 19. Jh.* – a) Einen weiteren Versuch zur Präzisierung der Begriffe ‹K.› und ‹Kt.› unter den Kategorien Kantischer Erkenntniskritik unternimmt H. COHEN mit seinen Untersuchungen über das Prinzip der Infinitesimalmethode [9]. Seine Hauptfrage lautet, «ob die Flächen und Körper nur aus Indivisibilien bestehen, oder ob zwischen denselben noch aliquid aliud in dem K. enthalten sei» [10]. Die Erkenntniskritik hat *einen solchen unendlichen Prozeß* auf seine Legitimation zu befragen: *Nach welchem Schema und nach welcher Kategorie ist das K. zu konstruieren* [11]. «Das K. wird aus «kontinuierlichen Raumgebilden verbunden» [12]. Kt. und K. werden dabei noch einmal wie in NEWTONS Begriff der Fluxion mit dem Prinzip der Bewegung und der Zeit in Verbindung gebracht [13]. Kants Schematismuslehre, nach der die Begriffsschemata nichts als Zeitbestimmungen a priori nach den Regeln der Kategorien sind, wird damit von COHEN auf die Infinitesimalmethode angewandt. Da Zeit naturwissenschaftlich als physikalische Maßeinheit verstanden wurde, blieb den Mathematikern weitgehend unverständlich, wie Kant und seine Nachfolger den Zeitbegriff zur Begründung apriorisch-mathematischer Begriffe verwenden wollten. Alle Bemühungen Cohens um die Infinitesimalmethode sind nicht nur als philosophische Begründungsversuche einer bestimmten Disziplin der Mathematik gedacht. Das Prinzip der Kt. wird als die

Bestimmung der intensiven Größe aufgefaßt, «in der die Empfindung der apriorischen Gegenstandskonstitution integriert ist» [14]. Diese Gegenstandskonstitution sei Konstitution des Materiellen und Realen: «So gewiß es ist, daß in letzter Instanz alle Operationen für die Konstitution des Materiellen und Realen auf der Infinitesimalanalysis beruhen, so unzweifelhaft ist es demnach, daß in dem Differentialbegriff die Realität nicht bloß gesetzt, sondern zugleich *gegründet* wird. Denn der Begriff des Differentials ist die conditio qua non eines exakten Verfahrens ...» [15]. Eine *Mathesis Intensorum als Lehre von der Kt.* wird so zur *Bedingung der Möglichkeit von Realität*.

b) Für die notwendige Klärung der mathematischen Grundbegriffe haben die neukantianischen Spekulationen wenig beigetragen. Entscheidend wurde für die mathematische Entwicklung vielmehr die von K. WEIERSTRASS und seiner Schule eingeleitete «*Arithmetisierung der Analysis*» [16]. Weierstraß führt die moderne Sprache der Analysis ein, indem er die dubiose Rede vom «unendlich Kleinen» eliminiert und Aussagen über Grenzwert- und Stetigkeitsprozesse zurückführt auf Gleichungen oder Ungleichungen zwischen rationalen Zahlen. Damit werden die Ansätze Eulers einer arithmetisch-algebraischen Präzisierung zugeführt. Der Zahlentheoretiker R. DEDEKIND versteht die K. als Klasse der reellen Zahlen, die er auf der Klasse der rationalen Zahlen aufbaut [17]. Er schließt sich dabei der heuristischen Vorstellung der Tradition an, daß nämlich das eindimensionale K. als eine Gerade aufzufassen sei und seine Elemente («reelle Zahlen») durch beliebige «Einschnitte» in die Gerade entstehen. Die Klasse Q der rationalen Zahlen läßt sich durch eine Relation $\leqslant$ ordnen (z. B. $\frac{1}{2} \leqslant \frac{2}{3}$). Dann ist ein «*Dedekindscher Schnitt*» eine Zerlegung der angeordneten Klasse $(Q, \leqslant)$ in zwei Klassen A (Unterklasse) und B (Oberklasse), die folgenden Forderungen genügt: (S1) Keine Klasse ist leer. (S2) Jedes Element von Q gehört zu (genau) einer Klasse. (S3) Wenn a zu A und b zu B gehören, so gilt stets $a \leqslant b$. Aussagen über das K. sind danach Aussagen über eine Klasse von Klassen rationaler Zahlen.

3. *Nach der Grundlagenkrise der Mathematik.* – Nachdem beliebige (insbesondere unendliche) Mengenbildungen z. B. durch RUSSELLS Antinomie problematisch wurden [18], war die Frage nach der Präzisierung des K.-Begriffes erneut aufgeworfen.

a) *Der formalistische Ansatz* zur Vermeidung von Antinomien präzisiert das K. durch ein formales Axiomensystem für eine Struktur $\langle \mathfrak{R}; +, \cdot, \leqslant \rangle$ [19]. Die Trägerklasse $\mathfrak{R}$ dieser Struktur besteht aus einer Klasse **R**, und zwei ausgezeichneten Elementen $-\infty$, $+\infty$. **R** erhält eine *algebraische Struktur* (nämlich die sogenannte Körperstruktur) durch folgende Axiome für die additive Verknüpfung $+$ und die multiplikative Verknüpfung $\cdot$: (A1) Je zwei Elementen a,b aus **R** ist eindeutig ein zu **R** gehörendes Element, das mit $a+b$ bezeichnet wird, als Summe zugeordnet. (A2) Für alle a,b,c aus **R** gilt: $(a+b) + c = a + (b+c)$. (A3) Es existiert ein neutrales Element 0 (Null) in **R** mit: Für alle a aus **R** ist $a+0 = a$. (A4) Zu jedem a aus **R** ist ein inverses Element $-a$ aus **R** gegeben mit $a + (-a) = 0$. (A5) Für alle a,b aus **R** ist $a+b = b+a$. (Mit A1)-(A5) ist **R** eine sogenannte *Abelsche Gruppe*.) (M1) Je zwei Elementen a,b aus **R** ist eindeutig ein zu **R** gehörendes Element, das mit $a \cdot b$ bezeichnet wird, zugeordnet. (M2)-(M5) besagen dann analog zu (A2)-(A5), daß die Klasse **R** ohne Nullelement unter der multiplika-

tiven Verknüpfung eine Abelsche Gruppe bildet. Das neutrale Element aus (M3) wird dabei mit 1, das inverse Element aus (M4) mit a^{-1} bezeichnet. Die additive und multiplikative Abelsche Gruppenstruktur werden durch die folgenden Distributivgesetze zur *Körperstruktur* verbunden: (D1) Für alle a,b,c aus **R**: $a \cdot (b+c) = a \cdot b + a \cdot c$; (D2) für alle a,b,c aus **R**: $(b+c) \cdot a = b \cdot a + c \cdot a$. Durch folgende Axiome für die Relation $\leqslant$ über $\mathfrak{R}$ wird **R** zu einem *angeordneten Körper*: (O1) Von je zwei Elementen a,b aus $\mathfrak{R}$ steht fest, ob $a \leqslant b$ oder nicht. (02) Für alle a aus $\mathfrak{R}$: $a \leqslant a$. (03) Wenn $a \leqslant b$ und $b \leqslant a$, so $a = b$. (04) Wenn $a \leqslant b$ und $b \leqslant c$, so $a \leqslant c$. (05) Für alle a,b aus $\mathfrak{R}$: $a \leqslant b$ oder $b \leqslant a$. (06) $-\infty \leqslant a \leqslant +\infty$ für alle a aus $\mathfrak{R}$. (07) Wenn a,b,c aus **R** und $a \leqslant b$, so $a+c \leqslant b+c$. (08) Wenn $0 \leqslant a$ und $0 \leqslant b$, so $0 \leqslant a \cdot b$. (09) (Vollständigkeitsaxiom bzw. Axiom vom Dedekindschen Schnitt). Seien A,B zwei Teilklassen von $\mathfrak{R}$, die über $\mathfrak{R}$ einen Dedekindschen Schnitt bilden. Dann existiert ein Element s aus $\mathfrak{R}$, so daß für alle a aus A und b aus B gilt: $a \leqslant s \leqslant b$. Die auf diese Weise charakterisierte Struktur $\langle \mathfrak{R}; +, \cdot, \leqslant \rangle$ heißt das *(klassische) K.* bzw. die Klasse der reellen Zahlen [20].

Für dieses oder ein ihm logisch äquivalentes Axiomensystem gilt es selbstverständlich, noch *die Widerspruchsfreiheit* zu zeigen. Ein Widerspruchsfreiheitsbeweis hat dabei alle problematischen Begriffsbildungen (z. B. beliebige Mengenbildungen und Quantifizierung von Aussagen über beliebige unendliche Mengen) der Theorie des (klassischen) K. zu vermeiden. Alle bisher bekannten Widerspruchsfreiheitsbeweise für das K. sind jedoch umstritten.

Behält man gleichwohl den naiven mengentheoretischen Standpunkt bei und nimmt die Struktur $\langle \mathfrak{R}; +, \cdot, \leqslant \rangle$ als K., so erlaubt die mengentheoretische Schreibweise gewisse anschaulich-geometrische Vorstellungen bei der Präzisierung der Kt.: Der reelle Grenzwert x_o, den eine unendliche Folge reeller Zahlen x_n anstrebt $(x_n \longrightarrow x_o)$, läßt sich vorstellen als Mittelpunkt einer unendlichen Folge von Kreisen $U_\varepsilon(x_o)$ mit immer kleiner werdendem Radius ε, aus denen jeweils nur endlich viele Folgenglieder «herausfallen». Dabei ist $U_\varepsilon(x_o)$ die Klasse aller Punkte x mit $|x-x_o| < \varepsilon$. Man spricht deshalb von ε-Umgebungen von x_o, die per definitionem den offenen Intervallen $(x_o-\varepsilon, x_o+\varepsilon)$ auf der reellen Gerade entsprechen. In der Sprache von WEIERSTRASS heißt x_o demgemäß Grenzwert, wenn für jede rationale Zahl $\varepsilon > 0$ eine Folgennummer N existiert, so daß gilt $|x_n-x_o| < \varepsilon$ für alle $n > N$. Eine in einem abgeschlossenen Intervall $[a,b]$ des reellen K. definierte Funktion f heißt *kontinuierlich* (stetig) an der Stelle x_o aus $[a,b]$ (dabei ist $[a,b]$ die Klasse aller Punkte x aus $\mathfrak{R}$ mit $a \leqslant x \leqslant b$), wenn für jede Folge von x_n aus $[a,b]$, die gegen x_o strebt, die Folge der Funktionswerte gegen $f(x_o)$ strebt: Wenn $x_n \longrightarrow x_o$, so $f(x_n) \longrightarrow f(x_o)$. Die Funktion heißt stetig über $[a,b]$, wenn sie für jedes Element aus $[a,b]$ stetig ist.

Die *zeitgenössische Strukturmathematik* hat versucht, den Begriff der Kt. weiter zu verallgemeinern. Sie geht davon aus, daß *das K.* $\langle \mathfrak{R}; +, \cdot, \leqslant \rangle$ *ein spezieller Strukturkomplex von sehr viel allgemeineren Strukturen ist*, z. B. der algebraischen Körperstruktur $\langle \mathfrak{R}; +, \cdot \rangle$ und der Ordnungsstruktur $\langle \mathfrak{R}; \leqslant \rangle$ [21]. Für Grenzwertprozesse und Kt. sind die offenen Intervalle wesentlich. Deshalb ist mit Bezug auf **R** das System T der offenen Mengen ausgezeichnet (eine Punktemenge M aus **R** heißt offen, wenn jeder Punkt von einem offenen Intervall in M umgeben ist). Wie man leicht sieht, hat das Mengensystem T die folgenden Eigenschaften: (T1) Die Vereinigung von Mengen aus T ist eine Menge aus T (d. h. eine offene

Menge). (T2) Die leere Menge und **R** gehören zu *T*.
(T3) Der Durchschnitt endlich vieler Mengen aus *T* ist
eine Menge aus *T*. *T* heißt *die topologische Struktur auf*
R. Offenbar hängen Grenzwertprozesse und Kt. nur von
der topologischen Struktur der offenen Mengen über
R ab. Es liegt deshalb nahe, für eine beliebige Träger-
menge *M* ein System *T* von Teilmengen aus *M* auszuzeichnen, das den Axiomen (T1)–(T3) genügt: (*M,T*)
heißt *topologischer Raum. Der Begriff der Kt. ist also
beim formalistischen Ansatz nicht abhängig von der Struktur des K., sondern von der des topologischen Raumes* [22].

b) Da ein allgemein anerkannter Widerspruchsfreiheitsbeweis für die axiomatische Analysis bislang nicht
geführt werden konnte, schlägt *der konstruktivistische
Lösungsversuch der Grundlagenkrise* vor, von vornherein
nur solche Klassenbildungen zuzulassen, die *nachweislich* nicht zu Widersprüchen führen. Diese Forderung ist
dann erfüllt, wenn sich die Elemente einer (eventuell unendlichen) Klasse *M* durch ein Konstruktionsverfahren
V herstellen lassen (*Konstruktivität*). Dabei darf *V* die
noch erst zu konstruierende Klasse *M* nicht verwenden
(*Prädikativität*) [23]. RUSSELLS Klasse aller Klassen, die
sich selber nicht als Element enthalten, ist z. B. weder
konstruktiv noch prädikativ.

Aus der klassischen Mathematik kennt man bereits
das Verfahren, reelle Zahlen und damit das (klassische)
K. durch CAUCHY-Folgen einzuführen. Zur Einführung
von Folgen rationaler Zahlen benötigen wir rationale
Funktionen *S* mit $\bigwedge_x \bigvee_y (y = S(x) \wedge y \epsilon Q))$, wobei *x*
Variable für natürliche Zahlen ist. In der klassischen
Analysis kommt es häufig vor, daß ein solcher Term
S(x) Quantoren enthält über beliebige Klassen (also abstrakte Objekte), für die keine Konstruktionsverfahren
bekannt sind. Man sagt: Der Variabilitätsbereich solcher
Quantoren ist nicht definit, und man spricht deshalb
auch von indefiniten Quantoren (im folgenden gekenn-
zeichnet durch $\mathbb{A}$, $\mathbb{V}$). Für eine konstruktive Einführung
des K. ist es deshalb wichtig zu fordern, daß die Terme,
welche Folgen rationaler Zahlen darstellen, definit sind.
Mit dieser Zusatzforderung läßt sich jetzt der Begriff der
rationalen Cauchy-Folge einführen: *T(n)* heißt rationale
Cauchy-Folge $\bigwedge_{\epsilon>0} \bigvee_m \bigwedge_{n1} \bigwedge_{n2} (n_1 > m \wedge n_2 > m \to$
$|T(n_1)-T(n_2)| < \epsilon)$, wobei m, n_1, n_2 Variable für natürliche
Zahlen und ϵ Variable für beliebige rationale Zahlen
sind. Für rationale Cauchy-Folgen *T,S* läßt sich eine
Äquivalenzrelation definieren durch: $T \sim S \leftrightarrows T, S$ rationale Cauchy-Folgen $\wedge$ *T–S* Nullfolge, wobei $(T-S)(n) \leftrightarrows$
$T(n)-S(n)$ und eine Nullfolge eine Folge mit dem Grenz-
wert 0 (wie üblich definiert) sei. Dieselben Zahlen lassen
sich dann als abstrakte Objekte verstehen im Sinne der
façon de parler von der einer rationalen Cauchy-Folgen
S zugerechneten reellen Zahl $\lambda_R S$.: $A(S), S \sim T \Rightarrow A(\lambda_R S),$
$A(\lambda_R T)$, wobei *S,T* rationale Cauchy-Folgen sind. *Das
Schema der Quantität für reelle Zahlen ist also konstruktiv präzisiert durch den Abstraktor* λ_R.

Die Redeweise von «der» Menge der reellen Zahlen als
einem abgeschlossenen aktual unendlichen Bereich ist
vom konstruktiven Standpunkt aus nicht geklärt. Das K.
als Quantität (als extensive Größe) kann deshalb auch
nur als etwas zu Konstruierendes, als eine Aufforderung
für eine operative Tätigkeit, als ein «Regulativ», «eine
Idee» (im Sinne Kants) verstanden werden [24].
Eine konstruktive Präzisierung des K. wurde bereits
1918 von H. WEYL angekündigt [25]. Im Rahmen einer
allgemeinen konstruktiven Grundlagenforschung sind
diese Begründungsversuche in jüngster Zeit wieder aufgenommen worden [26].

c) Ist das K. einmal präzisiert und faßt man es im Sinne
der Strukturmathematik als axiomatisch bestimmte aktual unendliche Klasse auf, so läßt sich im Rahmen der
Cantorschen Kardinalzahltheorie die Frage nach der
«*Mächtigkeit*» des *K.* stellen [27]. CANTOR konnte zwischen der Klasse *Q* der rationalen und der Klasse *N* der
natürlichen Zahlen eine umkehrbar-eindeutige Zuordnung ihrer Elemente (also gleiche Mächtigkeit) nachweisen. Da dem Zählprozeß die natürlichen Zahlen zugrunde liegen, sagt man: *Q* ist abzählbar. Andererseits bewies Cantor: *Das K. ist nicht abzählbar.*

Wesentlich für den Aufbau des Zahlensystems wird
die Frage, ob eine Klasse existiert, die mächtiger ist als
die natürlichen Zahlen, aber weniger mächtig als das *K*.
Die Verneinung dieser Vermutung wurde als *K.-Hypo-
these* bekannt. P. S. COHEN konnte unter der Voraussetzung der Widerspruchsfreiheit der axiomatischen
Mengenlehre ZF nach Zermelo-Fraenkel zeigen, daß
weder die K.-Hypothese noch ihre Negation im Axiomensystem von ZF (erweitert um das Auswahlaxiom) ableitbar ist [28]. Diesen *Unabhängigkeitsbeweis der K.-Hypo-
these* führte P. S. Cohen mit einem Interpretationsver-
fahren der axiomatischen Mengenlehre, das als Forcing-
Verfahren weitere Anwendung in der Logik fand [29].

Geht man jedoch von einem konstruktiven K. aus, so
sind – wie bereits KRONECKER gegenüber Cantor betonte
– die Prämissen dieser Fragestellung nicht geklärt: Dann
ist nämlich zunächst eine konstruktive Kardinalzahltheorie zu entwickeln, bevor nach der «Mächtigkeit des
K.» gefragt werden kann.

Anmerkungen. [1] H. MESCHKOWSKI: Denkweisen großer Mathematiker (1961). – [2] G. W. LEIBNIZ, Hauptschr. zur Grundlegung der Philos., dtsch. A. BUCHENAU, hg. E. CASSIRER 1 (³1966)
94-100: Briefwechsel mit Varignon. – [3] L. EULER: Vollst. Anleitung zur Differentialrechnung, dtsch. hg. J. A. CH. MICHELSEN
1 (1790) LI. – [4] J. L. LAGRANGE: Théorie des fonctions analy-
tiques contenant les principes du calcul différentiel (Paris 1797). –
[5] I. KANT: KrV B 202. – [6] a. a. O. B 183. – [7] B 207. – [8]
B 218. – [9] H. COHEN: Das Prinzip der Infinitesimalmethode und
seine Gesch. (ND 1968). – [10] a. a. O. § 36. – [11] Zum Unterschied von math. und philos. K. vgl. F. KAULBACH: Philos. und
math. K., in: Rationalität – Phänomenalität – Individualität, hg.
W. RITZEL (1966). – [12] COHEN, a. a. O. [9] § 46. – [13] Untersuch.
zum Fluxionsbegriff bei F. KAULBACH: Der philos. Begriff der
Bewegung (1965); vgl. Art. ‹Infinitesimalrechnung II›. – [14] W.
FLACH (Einleitg. zu [9]) S. 17. – [15] COHEN, a. a. O. [9] § 98. –
[16] R. WEIERSTRASS: Math. Werke (1894). – [17] R. DEDEKIND:
Stetigkeit und irrationale Zahlen (⁶1960); Was sind und was sollen
die Zahlen (⁹1961). – [18] Vgl. Art. ‹Antinomie›. – [19] Vgl. Art.
‹Formalisierung›. – [20] H. GRAUERT und I. LIEB: Differential-
und Integralrechnung (1967). – [21] N. BOURBAKI: Éléments de
math. (1936ff.). – [22] J. DIEUDONNÉ: Foundations of modern
analysis (1960). – [23] G. KREISEL: La Predicativité, Bull. Soc.
Math. France 88 (1960) 371-391. – [24] K. MAINZER: Math. Konstruktivismus (Diss. Münster 1973). – [25] H. WEYL: Das K.
(1918). – [26] P. LORENZEN: Konstruktive Logik, Ethik und Wissenschaftstheorie (1973); K. MAINZER: Zur math. Präzisierung
des konstruktiven Prädikativismus a. a. O. [24] 338-497. – [27] G.
CANTOR: Ges. Abh. math. und philos. Inhalts (1932). – [28] P. S.
COHEN: Set theory and the continuum hypothesis (1966). – [29]
Vgl. Art. ‹Formalisierung›.

Literaturhinweise. N. BOURBAKI s. Anm. [21]. – H. COHEN s.
Anm. [9]. – R. DEDEKIND s. Anm. [17]. – P. LORENZEN: Differential und Integral (1965); Einf. in die operative Logik und Math.
(1955). – H. WEYL s. Anm. [25].   K. MAINZER

Kontradiktion heißt im Anschluß an WITTGENSTEIN [1]
ein Satz (eine Aussage), der (die) aus logischen Gründen
falsch ist. Außerdem wird ‹K.› synonym mit ‹Widerspruch› (s.d.) verwendet.

Anmerkung. [1] L. WITTGENSTEIN, Tractatus logico-philos.
4.46ff.   Red.

Kontradiktorisch. – 1. In der Logik bezeichnet ‹kontradiktorisch› bestimmte Formen des Gegensatzes zwischen Begriffen bzw. Aussagen [1]. So heißen in der Syllogistik die Urteile *SaP* und *SoP* sowie *SeP* und *SiP* kontradiktorisch zueinander. Zwei Prädikatoren (bzw. die entsprechenden Begriffe) *P* und *Q* sind kontradiktorisch zueinander, wenn die terminologische Regel $x\varepsilon P \Leftrightarrow x\varepsilon' Q$ gilt.

2. In der neueren Logik heißt ‹kontradiktorisch› häufig eine Aussage *a* genau dann, wenn aus ihr zwei Aussagen der Form *b* und ¬*b* herleitbar sind. Von daher hat sich das Wort ‹kontradiktorisch› auch als Synonym für ‹logisch falsch› eingebürgert.

Anmerkung. [1] Zur Gesch. des kontradiktorischen Gegensatzes vgl. Art. ‹Gegensatz II›. Red.

Kontraktilität (lat. contractilitas). Der Begriff geht auf den lateinischen Terminus ‹contractio› (Zusammenziehung) zurück, der seinerseits dem griechischen συστολή entspricht. Im medizinischen Zusammenhang bezeichnet der Ausdruck ‹contractio nervorum› das Kontraktsein der Sehnen, ‹contractio animi› die krankhafte Anspannung des Geistes [1]. Von GALEN [2] aus gelangte der Begriff ‹contractio› in die Physiologie der Neuzeit und wurde hier zunächst auf die Muskeltätigkeit angewandt. NICOLAUS STENO war der erste, der physiologische K. der Muskeln unter einem exakt-wissenschaftlichen Gesichtspunkt, nämlich unter dem einer descriptio geometrica betrachtete, und damit die im 17. und in der ersten Hälfte des 18. Jh. maßgebliche Methode des mos geometricus auf die Physiologie anwandte [3]. Seit dem 19. Jh. versteht man in der Physiologie unter K. die Fähigkeit, Kontraktionsbewegungen auszuführen [4], die heute als eine allgemeine Eigenschaft aller lebenden Substanzen gilt [5]. M. VERWORN [6] rechnet zu dieser Bewegungsform amöboide Bewegungen (einschließlich Plasmaströmung), Flimmer-(Geißel- und Zilien-)bewegungen und Muskelbewegungen.

L. C. PRÉVOST übertrug 1830 den Begriff der K. auf geologische Erscheinungen, indem er erstmals die Ansicht aussprach, daß die durch Abkühlung des Erdballs verursachte Schrumpfung die Erdoberfläche in Runzeln lege [7]. Gleichzeitig mit ihm bezeichnet J. THURMANN die Faltenbildung durch doppelseitige Lateralverschiebung als ein wichtiges Moment der Gebirgsbildung. Endgültig wurde die geologische Kontraktionstheorie der Erdbildung von R. MALLET 1874 begründet [8]; sie wurde dann durch J. D. DANA weiterentwickelt, der den architektonischen Aufbau der Erdkruste als Ergebnis der infolge der K. des Erdinnern ununterbrochen vor sich gehenden Stauungs- und Fältelungsprozesse ansah [9]. A. HEIM führte später die K. der Erdrinde auf die latente Plastizität der Gebirgsmassen zurück [10], und E. SUESS gab 1880 in seinen Schriften der geologischen Kontraktionshypothese ihre vollständige Abrundung [11].

Anmerkungen. [1] SENECA, Ep. 82, 3. – [2] GALEN, De motu musculorum 9. – [3] N. STENO: Elementorum myologiae specimen seu musculi descriptio geometrica (Florenz 1677); vgl. G. B. VICO: De nostri temporis studiorum ratione (1708); lat./dtsch. (1947, ND 1963) 20ff. – [4] X. BICHAT: Allg. Anat. (1802); dtsch.: C. H. PFAFF (1802/03). – [5] H. W. ZIEGLER und E. BRESSLAU: Zool. Wb. (1912). – [6] M. VERWORN: Allg. Physiol. (²1897) 277. – [7] L. C. PRÉVOST: Sur le mode de formation des cônes volcaniques et sur celui des chaînes de montagnes (Paris 1830). – [8] R. MALLET: On volcanic energy (London 1874). – [9] J. D. DANA: Geological results of the earth's contraction (New Haven 1847). – [10] A. HEIM: Untersuch. über den Mechanismus der Gebirgsbildung (1878). – [11] E. SUESS: Das Antlitz der Erde (1883-1909); Über unterbrochene Gebirgsfaltung (1883).

Literaturhinweise. B. CASTELLI: Lex. medicum 1 (Padua 1762) Art. ‹Contractio›. – K. E. ROTHSCHUH: Gesch. der Physiol. (1953). – G. SCHERZ: Pionier der Wiss. Niels Stenson in seinen Schriften (Munksgaard 1963). H. M. NOBIS.

Kontraktion Gottes ist ein theosophisch-metaphysischer Begriff, der sich aus Platonismus und Kabbala (Zimzum) herleitet und zur Darstellung der Lebendigkeit Gottes und des Kosmos dient. Die Welt als Ganzes ist für NIKOLAUS VON KUES als eine gegenüber Gott als der absoluten Einheit durch Vielfalt «kontrahierte» bestimmt: «unitas contracta ... per pluralitatem» [1]. Der verschiedene Grad der weiter absteigenden «Contractionen» bestimmt die unverwechselbare Individualität des Seienden auf allen Seinsstufen [2]. In seiner Abhandlung ‹Von der Ursache, dem Prinzip und dem Einen› erörtert G. BRUNO den Unterschied zwischen körperlichen und unkörperlichen Dingen; beide sind verschiedene Wirklichkeitsformen der einen und selben Materie: «Der Unterschied sei so groß, wie er wolle, in bezug auf die eigentümliche Art und Weise, kraft deren die eine zum körperlichen Sein herabsteigt und die andere nicht, die eine sinnlich wahrnehmbare Eigenschaften annimmt, die andere nicht ... Dennoch sind beide ein und dasselbe, und der ganze Unterschied beruht ... auf der Zusammenziehung der einen zu körperlichem Sein, während die andere unkörperlich ist» [3].

Das «dialektische» Denken J. BÖHMES erkennt – analog zum menschlichen Prozeß schöpferischen Gestaltens und Sichbewußtwerdens – im «Ungrund» einen unendlichen, subjektlosen Willen, der sich selbst erst zum Subjekt macht in der Sehnsucht nach Selbsterkenntnis und Selbstoffenbarung durch Selbstgebärung. Im Begehren des Willens ist ein «Anziehen» (Attraktion), «das das Faßliche im Willen zeucht» [4]. Aber erst ein Sich-zusammen-Ziehen (K.) macht dieses «Faßliche» zu einem Etwas, d. h. zur ersten Naturgestalt Gottes. Was im Willenssubjekt als Sehnsucht erscheint, erweist sich im Willensobjekt als Selbstsucht (K.), die nun den Willen in einer Finsternis gefangen setzt, aus der er sich befreien will. Dadurch gerät er in einen Selbstwiderspruch, in dessen Zentrum die «begehrende Angst» [5] steht. Diese Willensspaltung im «Ungrund» löst eine Kettenreaktion aus, die den dialektischen Übergang von der Einheit zur Vielheit darstellt und die noch unaufgeschlossene Seinstotalität durch die Verengung in der K. individualisiert, wodurch erst sich Gott sich selbst offenbaren kann.

Auch F. W. J. SCHELLING findet in der «contrahierenden Kraft» die eigentliche Wuzelkraft alles Lebens, den «ewigen Keim Gottes» [6]: «In der Anziehung liegt der Anfang. Alles Seyn ist Contraction und die zusammenziehende Grundkraft die eigentliche Original- und Wurzelkraft der Natur» [7]. Die K. ist die erste Potenz der Natur in Gott und bedeutet die Verneinung des Prinzips der Liebe: «Die bloße Liebe für sich könnte nicht sein, nicht subsistieren, denn eben weil sie ihrer Natur nach expansiv, unendlich mitteilsam ist, so würde sie zerfließen, wenn nicht eine contractive Urkraft in ihr wäre. So wenig der Mensch aus bloßer Liebe bestehen kann, so wenig Gott. Ist eine Liebe in Gott, so auch ein Zorn, und dieser Zorn oder die Eigenkraft in Gott ist, was der Liebe Halt, Grund und Bestand gibt» [8]. Die Liebe als die zweite Potenz der Natur in Gott kann sich deshalb erst in der Negation ihrer Verneinung erweisen; und deshalb offenbart sich Gott zuerst als Leidender: «Alles, was wird, kann nur im Unmut werden ..., sind nicht die meisten Produkte der unorganischen Natur offenbar Kinder der

Angst, des Schreckens, ja der Verzweiflung?» [9]; denn «der wahre Grundstoff alles Lebens und Daseyns» ist «eben das Schreckliche» [10]. Diese Überlegungen sind bezogen auf die Philosophie des «Weltalter»; und in diesem Zusammenhang sind drei Topoi wichtig: «Die Vorstellung von einer Natur in Gott, ferner von einem Rückzug Gottes in sich selbst, schließlich vom Abfall des ersten Menschen, der die Schöpfung mit sich herabzieht und die Geschichte zum Zwecke der Widerherstellung eines ursprünglichen Zustandes eröffnet» [11].

Anmerkungen. [1] NIKOLAUS VON KUES, Docta ignorantia II, 6, h 79, 4. – [2] a. a. O. III, 1, h 119, 8ff. – [3] G. BRUNO: Dialoghi Italiani, hg. G. GENTILE/G. AQUILECCHIA (Florenz ³1958) 303. – [4] J. BÖHME, Beschreibung der Drey Principien Göttliches Wesens Kap. 14, Nr. 63. – [5] Vom Dreyfachen Leben des Menschen Kap. 4, Nr. 16. – [6] F. W. J. SCHELLING, Werke, hg. K. F. A. SCHELLING 8, 311ff. – [7] Die Weltalter. Fragmente, hg. M. SCHRÖTER (1946) 23f. – [8] Werke, a. a. O. [6] 4, 331. – [9] a. a. O. 8, 322. – [10] 8, 339. – [11] J. HABERMAS: Dial. Idealismus im Übergang zum Materialismus – Geschichtsphilos. Folgerungen aus Schellings Idee einer Contraction Gottes, in: Theorie und Praxis (²1967) 121.

Literaturhinweise. H. ZELTNER: Schelling (1954). – F. LOMBARDI: Studia in onore di G. Bruno (1955). – H. GRUNSKY: J. Böhme (1956). – J. VON KEMPSKI: Zimzum: Die Schöpfung aus dem Nichts. Merkur 14 (1960) 1107-1126. – K. HUBER: Einheit und Vielheit in Denken und Sprache G. Brunos (1965). – J. HABERMAS s. Anm. [11].   ST. PORTMANN

Kontraposition (contrapositio, conversio per contrapositionem) nennt man in der traditionellen Logik Schlußregeln mit einer syllogistischen Normalform als einziger Prämisse (unmittelbare Schlüsse), deren Konklusion aus der Prämisse durch Vertauschung und gleichzeitige Verneinung der beiden Terme resultiert. In diesem Sinne durch einen gültigen Schluß kontraponibel sind lediglich die beiden Urteilsformen *a* und *o*: *SaP* ⇒ non-*P* *a* non-*S*; *SoP* ⇒ non-*P* *o* non-*S*. – Der Ausdruck ‹contrapositio› tritt zuerst bei BOETHIUS auf [1], ebenso wie die von der mittelalterlichen Logik übernommene Einordnung der K. als eine Art der Konversion (s.d.). ARISTOTELES behandelt die K. bereits der Sache nach z. B. in der ‹Topik› [2].

In der modernen Logik wird der Terminus ‹K.› zumeist für die aussagenlogische Schlußregel

«*p → q ⇒ ¬ q → ¬ p*»

gebraucht. Die allgemeingültige Aussageform

«*(p → q) → (¬ q → ¬ p)*»

wird entsprechend «Gesetz der K.» genannt. Der Zusammenhang mit der syllogistischen Wortgebrauchstradition ist dadurch gegeben, daß bei der *aussagenlogischen* K. mit den Aussagen *p, q* analog verfahren wird wie oben mit den Termen *S, P*. Auch die quantorenlogische Formulierung der *a*-Konversion liefert einen Zusammenhang, weil die Gültigkeit dieser Regel sich aus der aussagenlogischen K. ergibt:

$$\wedge x (S(x) \to P(x)) \Rightarrow \wedge x (\neg P(x) \to \neg S(x)).$$

Anmerkungen. [1] BOETHIUS, MPL 64, 807 a. – [2] ARISTOTELES, Top. II, 8, 113 b 17f.   Red.

Konträr bezeichnet in der Logik bestimmte Formen des Gegensatzes zwischen Begriffen bzw. Aussagen [1]. So heißen in der Syllogistik die Urteile *SaP* und *SeP* konträr zueinander. Zwei Prädikatoren (bzw. die entsprechenden Begriffe) *P* und *Q* sind konträr zueinander, wenn die folgende Prädikatorenregel gilt: *xεP ⇒ xε'Q.*

Anmerkung. [1] Zur Gesch. des konträren Gegensatzes vgl. Art. ‹Gegensatz II›.   Red.

Kontrast (ital. contrasto (lat. contra, gegen; stare, stehen), frz. contraste, engl. contrast)

I. Der Ausdruck ‹contrasto› wird von LEONARDO DA VINCI [1], G. VASARI [2] und F. ZUCCARO [3] nur beiläufig gebraucht; der Begriff erhält zentrale Bedeutung in der französischen *Malereitheorie* des 17. Jh. Obwohl «durchgehends über alle Theile der Malerei extendirt» [4], wird der K. im allgemeinen als Teil der «Ordonnance» aufgefaßt, d. h. als Mannigfaltigkeit stiftende «diversité dans la disposition des objets & des figures» [5], und zwar sowohl in den «Actionen, welche auf unzählige Weise können variiert werden», als auch in den «Aspecten / und wie eine Sache anzusehen / und zu Gesicht kommt» sowie in der «Situation und Stellung / nach welcher eine Sache entweder oben oder unten, nahe oder ferne gestellet wird» [6]. Im besonderen spricht man bei der Farbenökonomie vom «Contrast, oder der Contrarietät» als einer durch Störung bewirkten Steigerung des Ungestörten in dem Sinne, daß «eine liebliche und gelinde Interruption» den Glanz der Farben «um ein merckliches vergrössert und erhebt» [7].

Im K.-Begriff des 17. Jh. nur impliziert, aber nicht expliziert, werden später «contraste de simple différence» und «contraste d'antagonisme» grundsätzlich auseinandergehalten [8]: Während jener die spannungslose «analogie des semblables» zugunsten einer interessanten, aber chaotischen Mannigfaltigkeit aufhebt, überwindet dieser das Chaotische der Mannigfaltigkeit durch deren äußerste Polarisierung zur «analogie des contraires» [9]. Gerade im letzteren Sinne hat schon CL. PERRAULT die aus dem Gegensatz resultierende Art der Symmetrie ‹K.› genannt im Unterschied zur eigentlich ‹Symmetrie› genannten spiegelbildlichen Gleichheit [10]. Vor dem K. der bloßen Verschiedenheit, der den Beschauer zu sukzessiver Wahrnehmung veranlaßt, ist der antagonistische K. durch simultane Überschaubarkeit ausgezeichnet, und zwar im Gegensatz zur statischen Simultaneität des Einförmigen durch dynamische Simultaneität, wie sie im «contraste simultané des couleurs» als der fortwährend sich erneuernden wechselseitigen Intensivierung der Komplementärfarben augenfällig wird [11].

Als Prinzip dynamischer Simultaneität wird der K. des Gegensatzes für die Malerei vornehmlich in zweifacher Hinsicht wichtig: 1. für die Konstitution eines übergegenständlichen, das Bildganze akzentuierenden «Tout-Ensemble», wie es DE PILES im malerischen, die dargestellten Dinge «à la manière d'une grappe de raisin» übergreifenden «clair-obscur» von Rubens verwirklicht sieht [12]; 2. für den Ausdruck von Bewegung, sei diese nun mechanisch-sukzessiver Art wie in der figürlichen Malerei, wo De Piles zufolge der K. als «une espèce de guerre, qui met les parties opposées en mouvement», «dans les figures une sorte de contradiction» stiftet, «qui semble les animer» [13], oder sei diese mit der dem K. selbst innewohnenden dynamischen Simultaneität konkret identisch wie in der «peinture abstraite vivante» DELAUNAYS, der in den Simultankontrasten der Farben das visuelle Äquivalent für die «simultanéité rythmique» des «mouvement vital du monde» erblickt [14]. Als dynamischer «Gegenstand» von Senkrechte und Waagrechte wird der K. im Neoplastizismus MONDRIANS zum Diagramm einer allen individuellen Dingerscheinungen zugrunde liegenden universalen Seinsspannung [15].

Anmerkungen. [1] LEONARDO DA VINCI: Trattato della Pittura, hg. A. BORZELLI (Lanciano 1924) 101. – [2] G. VASARI: Le vite de' più eccellenti pittori scultori e architetti (1550), hg. C. L.

RAGGHIANTI (Mailand/Rom 1942) 135. – [3] F. ZUCCARO: Origine, e progresso dell'Academia del Disegno ... (Pavia 1604) 63. – [4] H. TESTELIN: Sentiments des plus habiles peintres sur la pratique de la peinture et sculpture ... (Paris 1680); zit. nach der dtsch. Übers. (1798) 13. – [5] Termes de Peinture: Contraste, in: R. DE PILES: Conversations sur la connoissance de la peinture ... (Paris 17C8) Anhang; vgl. auch Cours de peinture par principes (Paris 17C8) 101ff.: Du contraste. – [6] a. a. O. [4] 12f. – [7] 15; vgl. auch DE PILES, Conversations ... a. a. O. [5] 194ff. über «l'opposition du coloris». – [8] M. E. CHEVREUL: De la loi du contraste simultané des couleurs ... (Paris 1839) 8; vgl. auch FR. TH. VISCHERS Unterscheidung zwischen «K. des Unterschieds» und «K. des Gegensatzes» in: Ästhetik oder Wiss. des Schönen (1846-1857) § 498. – [9] G. SEURAT: «Esthétique», in: H. DORRA und J. REWALD: Seurat (Paris 1959) LXXII. XCIX Fig. 37. – [10] CL. PERRAULT: Les dix livres d'Architecture de Vitruve ... (Paris 1673) 10 note 3; vgl. dazu die Unterscheidung zwischen «wahrem» und «falschem K.» bei K. ROSENKRANZ: Ästhetik des Häßlichen (1853) 89ff. – [11] a. a. O. [8] passim. – [12] DE PILES: Abrégé de la vie des Peintres avec des réflexions sur leurs ouvrages ... (Paris 1699, zit. 1715) 394. – [13] DE PILES, Cours ... a. a. O. [5] 112. – [14] R. DELAUNAY: Du cubisme à l'art abstrait. Documents inéd., hg. P. FRANCASTEL (Paris 1957) 95. 146. – [15] Vgl. H. L. C. JAFFÉ: Mondrian und De Stijl (1967).

Literaturhinweise. J. G. SULZER: Allg. Theorie der schönen Künste (1777) 2, Art. ‹Gegensatz› mit Lit. – S. BATTAGLIA: Art. ‹Contrasto›, in: Grande dizionario della lingua italiana 3 (Rom 1964) 687f. W. KAMBARTEL

II. ‹K.› bedeutet in der *Psychologie* die Wechselwirkung zweier oder mehrerer Bewußtseinsinhalte, die einen gegebenen Unterschied (Gegensatz) zwischen diesen verstärkt und ihren subjektiven Abstand voneinander vergrößert. Schon ARISTOTELES (später HUME und andere) betrachtete den K. von Vorstellungen als eigenständige Assoziations- oder Reproduktionsgrundlage [1]. KANT bezeichnet K. als «die Aufmerksamkeit erregende Nebeneinanderstellung einander widerwärtiger Sinnesvorstellungen unter einem und demselben Begriffe» [2]. Nach W. WUNDT gleichen sich die Eindrücke nicht aneinander an, sondern «steigern sich im Sinne eines Gegensatzes» [3]. Gefühle «die aus einer *Folge* von Lust- und Unlustgefühlen bestehen, in der je nach Umständen bald das eine, bald das andere vorherrschen kann», nennt er *K.-Gefühle* (z. B. Liebe) [4]. Im engeren Sinne versteht man in der Sinnespsychologie unter *K.-Erscheinungen* (K.-Phänomenen) hauptsächlich Phänomene aus dem Gebiet der Gesichtswahrnehmungen, so z. B. Helligkeits-K., Farb-K., Rand-K., Binnen-K. usw. Man unterscheidet nach ihrem zeitlichen Ablauf simultane oder sukzessive K.-Phänomene. HELMHOLTZ erklärte die K.-Phänomene durch Urteilstäuschungen [5]. A. VON TSCHERMAK, wie schon AUBERT, MACH, HERING und andere, nimmt physiologische Ursachen an, wonach K. durch die «gegensinnige Wechselbeziehung der einzelnen Elemente des Sehorgans» entsteht [6]. Neuere neurophysiologische Theorien betonen dies ebenfalls. Der K. spielt eine wesentliche Rolle für die Unterschiedsempfindlichkeit, ferner für Konstanzphänomene.

Im Gegensatz zum K. steht *Angleichung* für die Wechselwirkung zweier Bewußtseinsinhalte, die deren subjektiven Abstand verkleinert. TH. LIPPS betont die Gültigkeit der Angleichung für alle psychischen Vorgänge, im Gegensatz zur Ansicht, daß Angleichung nur durch auf Assoziation beruhende «Anähnlichung» von Vorstellungen bestehe [7]. W. METZGER faßt K. und Angleichung als «qualitative Wechselwirkungen» zusammen, die an anschaulichen Grenzen figuraler Gebilde auftreten [8]. E. RAUSCH nennt für K. und Angleichung bei figuralen Größen als Kriterium, «ob die beiden Größen eine anschauliche Einheit oder eine anschauliche Zweiheit bilden: Im ersteren Falle resultiert Angleichung, im letzteren Falle K.». Nach ihm sind Anglei-

chung und K. unter die Prägnanzprinzipien im Bereich geometrisch-optischer Täuschungen zu stellen. «Der Sinn beider Arten von Täuschungswirkungen kann im Zustandekommen einer deutlicheren Gliederung des Sehfeldes erblickt werden» [9]. Gelegentlich wird Angleichung mit ‹Assimilation› und K. mit ‹Dissimilation› bezeichnet, besonders in der älteren Literatur.

Anmerkungen. [1] Vgl. ARISTOTELES, De memor. 451 b 18-20. – [2] I. KANT, Anthropol. I, § 25. Akad.-A. 7, 162. – [3] W. WUNDT: Grundriß der Psychol. (⁵1900) 313f. – [4] a. a. O. 193. – [5] H. v. HELMHOLTZ: Hb. der physiol. Optik. (²1886ff.) 543ff. – [6] A. v. TSCHERMAK-SEYSENEGG: Einf. in die physiol. Optik (²1947) 7ff. – [7] TH. LIPPS: Leitfaden der Psychol. (1903) 3ff. – [8] W. METZGER: Psychol. (³1963) 119. – [9] E. RAUSCH: Probleme der Metrik (Geometrisch-optische Täuschungen), in: Hb. Psychol. I/1 (1966) 776. 809. A. HAJOS

Kontravalenz heißt bisweilen die in der modernen Logik meistens «Disjunktion» genannte Aussagenverbindung «entweder *p* oder *q*» [1]. Sie ist genau dann wahr, wenn beide Aussagen verschiedenen Wahrheitswert haben.

Durch die Wahrheits(wert)tafel wird K. wie folgt definiert:

		W	F
W		F	W
F		W	F

Man schreibt «*p*≻≺*q*», LUKASIEWICZ verwendet «*Jpq*».

Anmerkung. [1] Vgl. Art. «Disjunktion Nr. 3». A. MENNE

Kontrolle, soziale. Der von E. A. ROSS geprägte Begriff ‹s. K.› bezieht sich auf die Verhaltenssteuerung des Individuums durch seine soziale Umwelt, im weiteren Sinne auf den Aufbau der sozio-kulturellen Person im Zuge des Sozialisierungsprozesses [1]. Instrumente der s.K. sind nicht nur positive oder negative Sanktionen (äußere K.), sondern auch jene informalen, oft unbewußt und ungewollt wirkenden Normierungen des Erlebens und Verhaltens, die unmittelbar aus der Interaktion mit anderen Menschen und der Übernahme reziproker Rollenerwartungen resultieren. Diese «Selbstdomestikation» (F. OPPENHEIMER [2]) ist eine notwendige, auf Systemstabilisierung gerichtete Begleiterscheinung jeglicher Vergesellschaftung; die entsprechenden K. werden vom Einzelnen weitgehend verinnerlicht (innere K.) und bilden unter Umständen einen wesentlichen Teil seiner Persönlichkeit.

Anmerkungen. [1] E. A. ROSS: Social control. A survey of the foundations of order (New York 1901, ND Cleveland/London 1969) passim. – [2] F. OPPENHEIMER: System der Soziol. 1 (1922) 106f.

Literaturhinweise. L. L. BERNARD: Social control in its sociol. aspects (New York 1939). – R. T. LAPIERE: A theory of social control (London/New York 1954). H. ANGER

Konvenienz. Der heutige Bedeutungsbereich von ‹K.› umfaßt nur noch die Bedeutungen: Eignung und Brauchbarkeit, Vorteil und Nutzen, Annehmlichkeit und Bequemlichkeit, und läßt die ursprüngliche, noch bildhaft ausgedrückte Bedeutung des convenire, das Zukommen, auch Übereinkommen, Übereinstimmen, weitgehend außer acht. CICERO umschrieb mit ‹convenientia› (c.) die von den Stoikern als Sympathie begriffene natürliche Verwandtschaft der Dinge [1], übersetzte damit ausdrücklich [2] den stoischen Begriff der Homologie [3] und bediente sich dieses so verstandenen Begriffes wiederholt an zentralen Stellen [4]. Für AUGUSTINUS ist es die c., wir würden übersetzen: die Harmonie, die in allen Künsten das Gefallen hervorruft, durch sie allein ist alles heil und schön; sie ist es, die nach Gleichheit und Einheit strebt, sei es durch Ähnlichkeit des Gleichen, sei es durch Abstufung des Ungleichen [5]. Oft zitiert wurde im Mittelalter auch AVICENNAS Diktum, jeglicher Genuß (delectatio), der sinnliche ebenso wie der geistige, sei nichts als die Wahrnehmung des Konvenienten (apprehensio convenientis) [6]. BOETHIUS macht Gebrauch von diesem Terminus, wenn er die Äquivalenz von Aussagen bezeichnen will [7].

THOMAS VON AQUIN, der dieses Wort extensiv gebraucht und es auch im Sinne von ‹consonantia› und ‹harmonia› verwendet [8], unterscheidet unter anderem die «c. secundum proprietatem naturae» von derjenigen «secundum proportionem potentiae ad actum»; in erster Hinsicht seien Seele und Körper grundverschieden, in der anderen jedoch seien sie unmittelbar vereint, insofern der Körper als Potenz erst in der Seele als seinem Akt zur Verwirklichung komme [9]. Im Bereich der logischen Prädikation, insbesondere innerhalb des sich an die Diskussion der Prädikabilien des Porphyrius anschließenden Universalienstreites, hat der Begriff der K. eine weitere Bedeutungskomponente, die vom neutralen Zukommen, der Nichtrepugnanz eines Prädikats (convenire alicui), bis zum problematischen Übereinstimmen von Dingen in einem Dritten (convenire in aliquo) reicht. K., sagt BONAVENTURA, ist eine Beziehung der Gleichstellung (relatio aequiparantiae), die es nur gibt bei demjenigen, das Vielem und Gemeinsamem vermittelbar ist, Distinktion dagegen nur im Eigentümlichen und Unvermittelbaren [10].

Im Hervorbringen von weiteren Unterscheidungen, die jeweils im Hinblick auf dasjenige getroffen wurden, das den Grund für die ausgesagte Übereinstimmung ausmacht, war die theologische Spekulation besonders erfinderisch. So findet man beispielsweise bei Bonaventura den Unterschied zwischen Univokation und Analogie zurückgeführt auf die verschiedenen Arten von Gemeinsamkeit, die im Falle der Univokation durch Teilhaben an einer Natur (c. per unius naturae participationem), im Falle der Analogie hingegen durch allgemeinen Vergleich (c. proportionis seu per comparationem communem) bewirkt wird, die aber wiederum nicht zu verwechseln ist mit der «c. proportionalitatis» [11]. Andererseits unterscheidet Bonaventura die c. essentialis von der c. originis: obgleich etwas dem Wesen nach (formaliter) mit einem anderen nicht übereinstimmt, kann das doch dem Ursprung nach (originaliter) der Fall sein, das aber wiederum zweifach, entweder so, daß aus einem zwei hervorgehen und die Einheit im Ursprung der Verschiedenheit vorangeht, oder so, daß aus zweien eines hervorgeht und die Einheit der Verschiedenheit folgt [12]. Im Rückgriff auf ARISTOTELES [13] bildete vor allem JOHANNES DUNS SCOTUS [14] die Unterscheidung des convenire primo vom convenire secundum partem aus.

Für die Realisten bedeutet c. dasselbe wie «conformitas» [15], das Übereinstimmen in der realiter zugrunde liegenden Form, wohingegen ihre Gegner das Allgemeine auf eine bloße «c. individui respectu alterius» zurückführen und in dieser K. nichts als eine Leistung des abstrahierenden Verstandes sehen [16]. Mit Nachdruck unterscheidet daher WILHELM VON OCKHAM die «c. per realem inexistentiam» von der «c. per praedicationem» [17]; so wie das «convenire in aliquo reali», in einem

Dritten, das verschieden ist von den Konvenierenden, und das «convenire cum aliquo», oder «c. se ipsis», bei dem ein Drittes nicht gebraucht wird, es sei denn, man begnügt sich mit einem Begriff (convenire in conceptu) [18]. Eben diesen, das Ding repräsentierenden Begriff, gewinnt man nach Ockham durch Abstraktion aus der K. Bei seinem Anhänger und Ausleger GABRIEL BIEL findet man dieses Lehrstück vom Grund der Abstraktion systematisch ausgebaut: Aus der essentiellen K., die man von der bloß akzidentellen zu unterscheiden hat, kann man einen quidditativen und absoluten Begriff abstrahieren, und auch einen wesentlich konnotativen, wie einen akzidentell konnotativen Begriff, wohingegen man aus der akzidentellen K. lediglich einen akzidentell konnotativen, das Ding nicht repräsentierenden Begriff gewinnen kann [19]. Noch in J. LOCKES bekannter Lehre von «agreement and disagreement» der Ideen, was PIERRE COSTE mit «convenance et disconvenance» übersetzt, klingt diese ockhamistische Abstraktion nach [20]. Unter Berufung auf S. SANCTORIOS Begriff des Syndroms [21], das die K. der Phänomene bezeichnet, sieht A. RÜDIGER in der K. vieler Wahrnehmungen das Kriterium, das die empirische Wahrscheinlichkeit von den bloßen Möglichkeiten abhebt [22].

«Principium convenientiae» nennt LEIBNIZ gelegentlich seine «lex melioris», die durch Weisheit bestimmte Wahl Gottes, derzufolge unsere Welt deshalb die beste der möglichen Welten ist, weil Gott von allen konkurrierenden Möglichkeiten jeweils diejenigen zur Existenz bringt, die aufs Ganze gesehen ein Maximum an Realität wirklich werden lassen [23]. «Conveniens» ist für Leibniz daher alles das, was zur größeren Vollkommenheit beiträgt [24].

KANT hingegen versteht unter «principia convenientiae» die Regeln, denen wir uns beim Urteilen bereitwillig unterwerfen und die wir gleichsam als Axiome anerkennen, einzig weil unserem Verstand, wollten wir von ihnen abgehen, fast kein Urteil über einen vorgegebenen Gegenstand möglich wäre. Als solche gibt er an, das allgemeine Kausalitätsprinzip: «omnia in universum fieri secundum ordinem naturae», das Ökonomieprinzip: «principia non esse multiplicanda praeter summam necessitatem» und drittens das Prinzip von der Erhaltung der Materie: «nihil omnino materiae oriri aut interire» [25].

Anmerkungen. [1] CICERO, De divinatione II, 34. 124. – [2] De finibus bonorum et malorum III, 21. – [3] Vgl. ZENO VON KITION bei DIOGENES LAERTIOS VII, 89; SENECA, Ep. 74, 30. – [4] CICERO, De natura deorum III, 18; De officiis I, 14. 100; Laelius 100. – [5] AUGUSTINUS, De vera religione 30, 55. – [6] AVICENNA, Philos. prima sive Met. tr. VIII, c. 7; vgl. z. B. BONAVENTURA, Opera omnia (Quaracchi 1882ff.) 1, 38; HEINRICH VON GENT: S. quaestionum ordinariarum (Venedig 1520, ND 1953) a. 50, q. 2. – [7] BOETHIUS, Introd. ad syllogismos categoricos. MPL 64 (1860) 784-786. – [8] THOMAS VON AQUIN, S. theol. I/II. q. 29, a. 2c; S. contra gent. III, cap. 77. – [9] II. Sent. dist. 1, q. 2, a. 4 ad 3, hg. MANDONNET (Paris 1929) 2, 53f. – [10] BONAVENTURA. a. a. O. [6] 1, 350. – [11] 1, 38; 2, 394f.; 3, 11; THOMAS, De veritate q. 2, a. 11 c. – [12] BONAVENTURA, a. a. O. [6] 1, 203. – [13] ARISTOTELES, Phys. V, 1. – [14] J. DUNS SCOTUS, Oxon. I, dist. 19, q. 2 (n. 5-6), hg. WADDING (Lyon 1639) 4, 2; vgl. auch WILHELM VON OCKHAM, Quodlibeta I, q. 2. – [15] THOMAS, S. totius logicae tr. 1, c. 2-4, in: Opuscula omnia, hg. MANDONNET (Paris 1927) 5, 3–9; zu ‹conformitas› vgl. GILBERT VON POITIERS, Commentaries on Boethius, hg. N. HÄRING (Toronto 1966) 75f. 94. 168. 204. 312. – [16] Vgl. C. PRANTL, Gesch. der Logik 3 (1867) 126 Anm. 573. – [17] WILHELM VON OCKHAM, I Sent. dist. 24, q. 1; vgl. auch S. logicae I, c. 32. – [18] I Sent. dist. 2 q. 6 EE. – [19] GABRIEL BIEL, Collectorium circa quattuor lib. Sent. hg. H. RÜCKERT 1 (1973) 314-316. – [20] Vgl. J. LOCKE, Essay ... IV 1, § 3; 6, § 3; 7, § 2 und LEIBNIZ' Einwände dazu in: Nouveaux Essais ... Akad.-A. VI/6, 317. 399. 401. – [21] S. SANCTORIO: Methodus vitandorum errorum omnium qui in arte medica contingunt (Venedig 1602). – [22] A. RÜDIGER: De sensu veri et falsi 1, c. 12 (1721) 207-218. – [23] Vgl.

G. W. LEIBNIZ, Frg. et opusc. inéd., hg. L. COUTURAT (Paris 1903) 528; Principes de la nature et de la grâce § 11; Monadol. § 53-55; Theod. § 8 u. ö. – [24] Frg. ... hg. COUTURAT 473. – [25] I. KANT: De mundi sensibilis atque intelligibilis forma et principiis (1770) § 30.   H. SCHEPERS

Konvention (griech. συνθήκη, lat. conventio, ital. convenzione, frz./engl. convention).
I. Der Terminus ‹K.› bedeutet ursprünglich «Zusammenkunft» und bezeichnet zugleich auch das Resultat der Zusammenkunft, die «Übereinkunft» [1]; davon abgeleitet ist die Bedeutung von ‹K.› als «willkürlicher Setzung». Auch griechisch νόμος wurde häufig in diesem Sinne verstanden und somit die antike Diskussion um die Begründung von Recht und Sprache auf den Gegensatz von K. und Natur gebracht [2]. Aber νόμος heißt zunächst «Sitte», «Brauch», so daß die Übersetzung mit ‹K.› sich zu leicht auf den Argumentationstrick der Sophisten (νόμος = συνθήκη) einläßt und so, wenn nicht entsprechend relativiert und eingeordnet, eine spätere Abstraktion zurücküberträgt. Eigens thematisiert wurde der Begriff ‹K.› in der Antike nicht. Noch in der von DIDEROT und D'ALEMBERT herausgegebenen ‹Encyclopédie› – in der der Begriff der K. vor allem in praktischer Absicht geklärt werden soll – heißt es: «le mot convention est un terme général qui comprend toutes sortes de pactes, traités, contrats, stipulations, promesses, & obligations» [3].
Eine klare Abgrenzung des Ausdrucks ‹K.› gegenüber Begriffen wie ‹Vertrag›, ‹Versprechen› usw. unternimmt erstmals D. HUME. Er definiert K. als «a general sense of common interest; which sense all the members of the society express to one another, and which induces them to regulate their conduct by certain rules» [4]. Die K. beruht nicht auf expliziter Übereinkunft (wie Vertrag und Versprechen) [5]; als ihre Voraussetzungen sind lediglich die (nicht notwendig sprachliche) Kommunikationsfähigkeit, das Interesse an geregelter Kooperation und die durch Interaktion entstehenden wechselseitigen Verhaltenserwartungen von Individuen anzusehen. – Im Rückgriff auf moderne Spiel- und Entscheidungstheorien und im Anschluß an die Theorie Humes hat D. K. LEWIS versucht, den Begriff der K. neu zu bestimmen. Er geht davon aus, daß interagierende Akteure vor Koordinationsprobleme gestellt sind, die für jeden von ihnen erst dann befriedigend gelöst sind, wenn «an equilibrium combination» ihrer Handlungen hergestellt ist; dann gilt: «no agent could have produced an outcome more to his liking by acting differently, unless some of the other's actions also had been different» [6]. Wenn aufgrund dergestalt erfolgreicher Koordination ein sich selbst perpetuierendes System «of preferences, expectations and actions capable of persisting indefinitely» entsteht, kann es als «convention» bezeichnet werden [7].
In neuerer Zeit haben K. R. Popper, J. N. Findlay und W. D. Falk den Begriff der K. in die Diskussion ethischer Probleme eingebracht: Ausgehend von a) der Unterscheidung zwischen Tatsachen und Entscheidungen und b) der Überlegung, daß aus Sätzen über Fakten Sätze über Normen nicht ableitbar sind, zeigt POPPER, daß Normen durch persönliche (intersubjektiv vermittelte) Entscheidungen gesetzt werden; die Annahme naturgegebener sittlicher oder rechtlicher Normen ist für ihn das Resultat eines magischen Weltverständnisses und daher für das Denken «geschlossener Gesellschaften» (tribal societies) charakteristisch [8]. – Für FINDLAY ist der Rekurs auf den Begriff der K. motiviert durch die positivi-

stische These [9], moralische Urteile seien Aussagen über Gefühle bzw. Haltungen; durch Explikation der sprachlichen K.en, die den Gebrauch der Wörter ‹ethisch› bzw. ‹moralisch› bestimmen, will er Methoden der Rechtfertigung moralischer (also: nicht-kognitiver) Aussagen entwickeln [10]. – Dagegen versteht FALK auf K.en gegründete moralische Urteile als materiale Aussagen über unmittelbare («natürliche») Verpflichtungen zu einem bestimmten Verhalten; sein Rekurs auf K.en als «primary concept[s] of the moral bond» [11] steht im Zusammenhang mit dem Versuch der Begründung einer nicht-formalistischen Theorie der Ethik.
In Deutschland haben die Soziologen F. Tönnies, M. Weber und A. Gehlen Überlegungen zur Bestimmung des Begriffs der K. vorgetragen. Gegenüber der Problemstellung Humes hat sich jedoch bei ihnen der Ausgangspunkt der Erörterung verkehrt. Während nach Hume die durch K. begründeten und als Konstitutionsprinzipien gesellschaftlichen Lebens fungierenden Regeln durch Gewohnheit den Charakter ihrer Künstlichkeit verlieren und insofern als naturwüchsig gegebene akzeptiert werden [12], gehen TÖNNIES und M. WEBER davon aus, daß sich ursprünglich auf Grund von «Gewohnheit» [13] bzw. «Eingelebtheit» [14] geregeltes soziales Verhalten herausbildet und zur «zweiten Natur» (d.i. zur «Sitte» oder zum «Herkommen») wird [15]. Erst infolge des Verlusts der «Natürlichkeit» der Sitte entsteht nach TÖNNIES die K. [16]; eine Handlung wird dann nicht mehr «aus dem Grunde» der Überlieferung» gewollt, sondern «um des allgemeinen Nutzens willen, und der allgemeine Nutzen um seines eigenen Nutzens willen» [17]. Dadurch verlieren sich die «ursprünglichen und natürlichen Beziehungen der Menschen zueinander», so daß die Gesellschaft, deren «Wille als natürlicher und einfacher ... K.» ist [18], begriffen werden muß als «eine Menge von Individuen, deren Willen ... voneinander unabhängig und ohne gegenseitige *innere* Einwirkungen bleiben» («bürgerliche Gesellschaft» oder «Tauschgesellschaft») [19]. Als Folge bildet sich aus die «konventionelle Geselligkeit ..., deren oberste Regel die Höflichkeit ist» [20]. Sitte wird zur (kodifizierten) «Kunstsitte» (Etikette, Zeremoniell) [21]. – Im Unterschied zu Tönnies beschränkt sich M. WEBER weitgehend auf die typologische Kontrastierung der Begriffe ‹Sitte› und ‹K.›. Er bezeichnet Sitte als den «Fall eines typisch gleichmäßigen Verhaltens ..., welches *lediglich* durch seine ‹Gewohnheit› und unreflektierte ‹Nachahmung› in den überkommenen Geleisen gehalten wird», während durch K. auf ein bestimmtes Verhalten «*hingewirkt*» werde, jedoch (anders als in der Rechtssphäre) ohne die Anwendung eines äußeren Zwanges, allein durch die «Billigung oder Mißbilligung eines Kreises von Menschen, welche eine spezifische ‹Umwelt› des Handelnden bilden» [22]. Insofern wird mit dem Übergang von der Sitte zur K. naturwüchsiges «Massenhandeln» transformiert in «Einverständnishandeln» [23]. – GEHLEN stellt abstrakt ‹Natur› und ‹K.› gegenüber und bestimmt K. als einen Geltungsanspruch, der zwar ursprünglich als von Natur gegebener vermeint, dann aber aufgrund distanzierender Betrachtung als bloß willkürlich gesetzter begriffen wird. Der Rekurs auf den Begriff der K. erfolgt im Zusammenhang mit dem Versuch, das Phänomen kultureller Krisensituationen zu erklären: Während «ungebrochene Kulturstilisierungen» empfunden werden, «als ob sie aus dem eigenen Willen, der innersten Natur der Beteiligten kämen», so daß ihre normative Kraft von jenen nicht bezweifelt wird, erscheinen sie, sobald die Tradition, in der sie stehen, fragwürdig wird, als bloß

konventionelle (willkürliche) Setzungen, gegen die kritisch die «Entstehung einer neuen (angeblichen) Natürlichkeit» geltend gemacht wird [24].

Anmerkungen. [1] Vgl. Thes. ling. lat. s.v. – [2] Vgl. F. HEINIMANN: Nomos und Physis (1945, ²1965); M. POHLENZ: Kl. Schr. 2 (1965) 341ff.; vgl. Art. ‹Gesetz II/1›. – [3] Encyclop. ou dict. raisonné ..., hg. DIDEROT/D'ALEMBERT 3 (Paris 1754, ND 1966) 161; vgl. 163. – [4] D. HUME: A treatise of human nature (1738-40) III, 2, 2. – [5] ebda. – [6] D. K. LEWIS: C. (Cambr. Mass. 1969) 8. – [7] a. a. O. 42. – [8] K. POPPER: The open society and its enemies (London 1950) ch. 5. – [9] A. J. AYER: Language, truth and logic (London 1936) ch. 6. – [10] J. N. FINDLAY: Morality by C. Mind 53 (1944); vgl.: The justification of attitudes. Mind 63 (1954). – [11] W. D. FALK: Morality and C. J. Philosophy 58 (1960) 682; vgl. Morality, self, and others, in: CASTAÑEDA/NAKHNIKIAN (Hg.): Morality and the language of conduct (²1965). – [12] HUME, a. a. O. [4] III, 2, 2. – [13] F. TÖNNIES: Die Sitte (1909) 7f. – [14] M. WEBER: Wirtschaft und Gesellschaft (¹1922, zit. ND 1964) 21. – [15] TÖNNIES, a. a. O. [13] ebda. – [16] 63f. – [17] Gemeinschaft und Gesellschaft (¹1887, ⁸1935, ND 1963) 52. – [18] a. a. O. 195. – [19] 52. – [20] 54. – [21] P. SARTORI: Sitte und Brauch 1-3 (1910-14) 1, 3f. – [22] WEBER, a. a. O. [14] 240. – [23] 246. – [24] A. GEHLEN: Anthropol. Forsch. (1961) 81.

Literaturhinweise. W. NESTLE: Vom Mythos zum Logos (1942). – F. HEINIMANN s. Anm. [2]. – A. VERDROSS-DROSSBERG: Grundlinien der antiken Rechts- und Staatsphilos. (1948). – J. LADD: The structure of a moral code (1957). – W. D. FALK s. Anm. [11]. – K. NIELSEN: On morality and C. Philos. a. phenomenol. Res. 24 (1963). – H. H. TITUS und H. KEETON: Ethics for today (⁴1966) ch. 15. – J. RITTER: ‹Naturrecht› bei Arist., in: Met. und Politik (1969) 133ff. – N. ELIAS: Über den Prozeß der Zivilisation 1. 2 (²1969). – P. WINCH: Nature and C., in: Ethics and action (London 1972).

II. Daß *Sprache* K. zum Ursprung habe, kommt bereits bei den Vorsokratikern PARMENIDES [1] und DEMOKRIT [2] vor. Eine ausdrückliche Erörterung des zum Tagesgespräch der Zeit gewordenen Problems [3] findet sich jedoch erstmals in PLATONS Dialog ‹Kratylos›. Die Frage, ob die Richtigkeit der die Dinge benennenden Namen auf Natur (φύσει) oder auf Übereinkunft und Vertrag bzw. auf Brauch und Sitte (συνθήκῃ καὶ ὁμολογίᾳ, νόμος καὶ ἔθος) beruhe [4], entscheidet er im ersten Teil der Unterredung durch den Nachweis, daß Namen nicht ein willkürliches Erzeugnis der jeweiligen Sprechergemeinschaft sein können, sondern daß es nur einem verständigen wortprägenden Gesetzgeber zukomme, einem jeden Ding das ihm von Natur zugehörige Wort zuzuordnen [5]. Im zweiten Teil des Gesprächs (zwischen dem Heraklit-Schüler Kratylos und Sokrates) modifiziert Platon indessen die These von der natürlichen Richtigkeit der Namen. Er zeigt, daß das sprachliche Zeichen zufolge seiner Zeichenhaftigkeit verschieden ist von der bezeichneten Sache; insofern aber eignet ihm zugleich auch der Charakter willkürlicher, durch Brauch und Übereinkunft (ἔθους τε καὶ συνθήκης) legitimierter Setzung [6]. Im ‹7. Brief› vertieft Platon diesen Gedanken und betont stärker als im ‹Kratylos› den K.-Charakter der Sprache [7]. Nach ARISTOTELES sind sprachliche Verlautbarungen Zeichen (σύμβολα) für die die Dinge abbildenden Erregungen der Seele [8]. Eindeutiger als Platon behauptet er die Konventionalität sprachlicher Äußerungen (der Wörter und Sätze); sie haben nach Aristoteles grundsätzlich nicht von Natur aus, sondern gemäß Übereinkunft (κατὰ συνθήκην) Bedeutung [9]. Allerdings wird durch diese Aussage weder eine historische Aussage über den Ursprung der Sprache intendiert noch eine willkürliche Setzung der Sprachzeichen durch die einzelnen Individuen behauptet, sondern die Sprache wird von ihrer Funktion her, Verständigung zu ermöglichen, interpretiert: Die Konstitution von Bedeutung wird begriffen als abhängig von der Mitwirkung derer, die sich verständigen wollen. – In der hellenistisch-römischen Epo-

che knüpften EPIKUR und seine Anhänger und vor allem die *Stoa* an die Naturtheorie der Sprache an und entwickelten sie [10]. Demgegenüber verstehen die *Skeptiker* Sprache strikt als Resultat willkürlicher Setzung [11].

Im *Mittelalter* und in der *frühen Neuzeit* gibt es Auffassungen von Sprache, die eine Theorie von K. implizieren; jedoch fehlt zunächst der Gebrauch des Wortes ‹K.›. Daher können diese Auffassungen nur nachträglich unter diesem Aspekt gesehen und ‹konventionalistisch› genannt werden. Später wird er wieder ausdrücklich gemacht und tritt mit Synonymen von ‹K.› hervor.

In der *christlichen* Philosophie bis zum Ausgang des Mittelalters wird unterschieden zwischen der Sprache als Lautgestalt und als Bedeutungsträger. Während die Bedeutung der sprachlichen Ausdrücke bestimmt ist durch ihre Funktion, Bild des «inneren Wortes», des innerlich Erkannten (ipsum interius intellectum), zu sein, gilt in bezug auf die verlautbarte Sprache selbst, das bloß «äußere Wort», daß sie nichts als ein (willkürlich gesetztes) Zeichensystem zum Zweck der Mitteilung sei [12]. Diese Auffassung wird grundsätzlich von Nominalisten und Realisten vertreten; der Streit geht allein um den logischen Status der begrifflichen (aber nicht notwendig lautlich artikulierten) Erkenntnis, nicht um die Funktion und den Ursprung der Sprache. Im Nominalismus der Hochscholastik (AURIFABER) wird die K.-Theorie der Sprache verschärft zu der These, Sprache sei nichts anderes als ein System von «Etiketten» zur Bezeichnung der durch die Tätigkeit des Intellekts gewonnenen Einsicht [13].

In der *frühen Neuzeit* wird die Tradition der K.-Theorie der Sprache fortgeführt von TH. HOBBES. Er erklärt zwar, «the first author of speech was God» und die Sprachentstehung sei aufgrund der Beschaffenheit der menschlichen Natur notwendig gewesen [14], vertritt aber in semantischer Hinsicht eine rein konventionalistische Auffassung. Für ihn sind Wörter willkürlich gesetzte Merkzeichen (marks) zur Erinnerung an unsere an sich flüchtigen Vorstellungen (Phantasma) und Gedanken; sie werden zu Anzeichen (signs), wenn ihre Bedeutung nicht von einem einzelnen Individuum für den privaten Gebrauch, sondern von einer Sprechergemeinschaft durch Übereinkunft (agreement) festgelegt wird [15]. Die Verbindung von Wörtern heißt Sprache oder Rede, und «the general use of speech is to transfer our mental discourse into verbal; or the trayne of our thoughts into a trayne of words» [16]. Auf dem rechten Gebrauch der Namen und ihrer korrekten Verbindung in Sätzen gründet die Möglichkeit wahrer Erkenntnis [17].

Wie Hobbes geht auch J. LOCKE davon aus, daß der Mensch zwar von Gott mit Sprachfähigkeit ausgestattet worden sei [18], daß aber die Sprachzeichen Resultat einer «perfect arbitrary imposition» des Menschen seien [19]. Wörter fungieren als «sensible marks of ideas; and the ideas they stand for, are their proper and immediate signification» [20]. Gleichwohl wird die Verwendung der Wörter nach Locke durch den allgemeinen, zufolge eines «tacit consent» akzeptierten Sprachgebrauch geregelt [21]. Allerdings bildet der Sprachgebrauch nur «a very uncertain rule, ... a very variable standard» [22]. Er ist insofern zwar hinreichend für die Ermöglichung von Kommunikation in «common conversation», bedarf aber der Klärung bzw. Korrektur, sobald die Sprecher eintreten in «Philosophical Discourses» [23].

Für D. HUME gilt in gleicher Weise wie für Locke, daß Wörter nur als Repräsentanten mentaler Vorstellungsbilder (ideas) Bedeutung zukommt. Aber anders als sein

Vorgänger begreift er Sprache grundsätzlich als soziales Phänomen. Sie ist nicht das Resultat willkürlicher Setzung isolierter Individuen, sondern entsteht durch das Interesse der Menschen an (geregelter) Kooperation und wird daher – wie das gesellschaftliche Leben überhaupt – «gradually established by human conventions» [24]. Der Gefahr, daß sozial eingeübtes, aber inkorrektes, d.i. ein den Vorstellungsbildern (ideas) nicht entsprechendes Sprechverhalten zu falschen Urteilen über die bezeichneten Sachverhalte führt, ist durch kritische Überprüfung des Sprachgebrauchs zu begegnen [25].

Mit dem Aufkommen der «anthropologischen» Sprachbetrachtung (HERDER [26]) und der Entfaltung der historisch-philologisch orientierten Sprachwissenschaft verlor der Gedanke der Konventionalität der Sprache an Bedeutung. Erst im 20. Jh. wurde er – vor allem aufgrund der Anregungen, die von dem Spätwerk Wittgensteins ausgingen – im Zusammenhang der sprachanalytischen Diskussion (Strawson, Austin, Searle) erneut explizit thematisiert.

In den ‹Philosophischen Untersuchungen› erklärt L. WITTGENSTEIN ausdrücklich, daß Sprache auf Übereinkunft beruhe [27]. In Beziehung dazu steht die andere Aussage, «daß das Sprechen der Sprache ein Teil ist einer Tätigkeit oder einer Lebensform» [28]: Sprache setzt einen sozialen Kontext voraus, in dem der Gebrauch der Wörter (durch den sich ihre Bedeutung herstellt) und in dem die ihre Verwendung im Satz bestimmenden Regeln konstituiert sind. (Das Regelsystem selbst, die Grammatik, nennt Wittgenstein ein «System von K.en» [29].) Wittgenstein nimmt damit zwar faktisch die Überlegung Humes auf, daß Namen und die Art ihrer Verbindung das Resultat von K.en seien, eliminiert jedoch die (von Locke überkommene) These, sinnvolles Sprechen bzw. das Verstehen sprachlicher Äußerungen sei möglich nur aufgrund korrekter Zuordnung der Sprachzeichen zu mentalen Vorstellungsbildern (ideas): Sprechen und das Verstehen von Sprache erfordert nach Wittgenstein allein Einübung in den Gebrauch der Wörter und Regelbeherrschung.

An diese Untersuchungen knüpft P. STRAWSON an, wenn er im Zusammenhang mit der Erörterung der Frage nach der Bedeutung von Ausdrücken und Sätzen ausführt, die Darstellung bzw. Erklärung der (linguistischen) K., die den Gebrauch von Ausdrücken und Sätzen regeln, sei die Angabe der Bedeutung der Ausdrücke oder Sätze [30].

J. L. AUSTIN gebraucht im Unterschied zu Wittgenstein und Strawson den Begriff ‹K.› zur Charakterisierung nur einer Klasse von Sprachhandlungen, der illokutionären Akte (an anderer Stelle nennt er sie auch «performative» Akte [31]), durch die wir eben das tun, was wir sagen, wenn wir sie aussprechen (z. B. Versprechen, Befehlen usw.); sie sind dadurch ausgezeichnet, nur als «conventional act[s]», d. i. als «act[s] done as conforming to a convention» erfolgreich sein zu können [32]. Dagegen gilt nach Austin für die «wirkliche Sprache» im allgemeinen, daß sie, «wenn überhaupt, wenige ausdrückliche K., keine scharfen Geltungsbereiche von Regeln» hat [33]. Allerdings bleibt unklar, in welchem Sinne Austin den Begriff ‹K.› gebraucht; Strawson vermutet, daß Austin (zumindest bei seinen Aussagen über illokutionäre Akte) nicht die linguistischen K. meint, sondern «conventions of procedure additional to the conventions governing the *meanings* of our utterances» [34].

Gegenüber den drei vorgenannten Autoren grenzt J. R. SEARLE Regel und K. strikt voneinander ab. Er definiert

Sprache als «eine (höchst komplexe) Form regelgeleiteten Verhaltens» [35] und zeigt, daß die die sprachlichen Äußerungen konstituierenden Regeln grundsätzlich die gleichen sind für die verschiedenen natürlichen Sprachen [36]. (Daher sind Äußerungen der einen Sprache in eine andere übersetzbar.) Der linguistischen K. dagegen, die als «Manifestation oder Realisierung» der Regeln aufzufassen sind [37], bedient man sich, «wenn man diese oder jene Sprache spricht»; sie begründen die jeweilige Besonderheit der «aktuellen Strukturen natürlicher menschlicher Sprachen» [38].

Anmerkungen. [1] PARMENIDES, VS 28 (18) B 8. – [2] DEMOKRIT, VS 68 (55) B 26. – [3] XENOPHON, Mem. III, 13 (2-4). – [4] PLATON, Krat. 384 c-e. 435 a-c. – [5] a. a. O. 388 c-389 a. – [6] 432 c/d. 435 a-d. – [7] Ep. VII 343 a/b. – [8] ARISTOTELES, De interpret. 16 a. – [9] a. a. O. 16 a/b; vgl. Top. 110 a. 148 b. – [10] H. STEINTHAL: Gesch. der Sprachwiss. 1. 2 (1890/91) 1, 325ff. – [11] SEXT. EMP., Pyrrh. hyp. II, 214. – [12] Vgl. THOMAS V. AQUIN, De ver. IV, 1; AUGUSTIN, De trin. XV, 10-15; WILHELM VON OCKHAM, Summa logicae II, 4, hg. BOEHNER (1954) 234; weitere Belege bei V. WARNACH: Erkennen und Sprechen bei Th. v. Aquin. Divus Thomas 15 (1937); 16 (1938). – [13] J. PINBORG: Die Entwickl. der Sprachtheorie im MA. Beitr. zur Gesch. der Philos. und Theol. des MA 17/H. 2 (1967) 180f. 200. – [14] TH. HOBBES: Leviathan (London 1651) I, 4. – [15] ebda.; vgl. De corpore (London 1656) I, 2. – [16] ebda.; vgl. De homine (London 1658) 10, 1. – [17] De corpore I, 3, 7f. – [18] J. LOCKE, An essay conc. human understanding (London 1690) III, 1, 1. – [19] a. a. O. 2, 8. – [20] 2, 1; vgl. 2, 2; 5, 7; 11, 1; vgl. die Kritik von G. BERKELEY: A treatise conc. the principles of human knowledge (Dublin 1710) Introd. §§ 19f. – [21] a. a. O. [18] III, 2, 8. – [22] 11, 25. – [23] 9, 8. – [24] D. HUME: A treatise of human nature 1-3 (London 1739/40) III, 2, 2. – [25] Vgl. z. B. a. a. O. 3, 1; vgl. die ähnlichen Positionen von A. SMITH: A diss. on the origines of languages, in: The theory of moral sentiments (1759, London ²1761) Anhang; E. B. DE CONDILLAC: Essai sur l'origine des connoissances humaines (Amsterdam 1746) II, 1, 1, 2; II, 9; P. M. DE MAUPERTUIS, Diss. sur les différents moyens dont les hommes se sont servis pour exprimer leurs idées (Berlin 1756). – [26] Vgl. H. ARENS: Sprachwiss. (1955) 102ff. – [27] L. WITTGENSTEIN, Philos. Untersuch. (1960) § 355. – [28] a. a. O. § 23; vgl. § 241. – [29] Schr. 2 (1964) 55. – [30] P. STRAWSON: On referring. Mind 59 (1950); dtsch. in: Sprache und Analysis, hg. R. BUBNER (1968) 63ff., bes. 74f. – [31] Vgl. J. L. AUSTIN: Philos. papers (²1970) 233ff. – [32] How to do things with words (¹1962, 1971) 105. – [33] The meaning of a word, a. a. O. [31] 55ff.; dtsch. in: Sprache und Analysis a. a. O. [30] 130. – [34] P. STRAWSON: Intention and convention in speech acts, in: J. R. SEARLE (Hg.): The philos. of language (Oxford 1971) 26. – [35] J. R. SEARLE: Speech acts (London/New York 1969, dtsch. 1971) 24. – [36] a. a. O. 64. – [37] 56; vgl. 59. – [38] 65; vgl. 60.

Literaturhinweise. TH. BENFEY: Gesch. der Sprachwiss. (1869). – H. STEINTHAL: Gesch. der Sprachwiss. 1. 2 (1890/91). – E. HOFFMANN: Die Sprache und die archaische Logik (1925). – V. THOMSEN: Gesch. der Sprachwiss. bis zum Ausgang des 19. Jh. (1927). – K. BÜCHNER: Platons Kratylos und die moderne Sprachphilos. (1936). – V. WARNACH s. Anm. [12]; Das äußere Sprechen und seine Funktionen nach der Lehre des hl. Thomas v. Aquin. Divus Thomas 16 (1938). – J. DERBOLAV: Der Dialog ‹Kratylos› im Rahmen der plat. Sprach- und Erkenntnisphilos. (1953). – H. ARENS s. Anm. [26]. – J. PINBORG: Interjektionen und Naturlaute. Class. et Mediaevalia 22 (1961). – W. WIELAND: Die arist. Phys. (1962). – K. O. APEL: Die Idee der Sprache in der Tradition des Humanismus von Dante bis Vico (1963). – E. CASSIRER: Philos. der symbol. Formen 1 (⁴1964). – J. PINBORG s. Anm. [13]. – S. J. SCHMIDT: Sprache und Denken als sprachphilos. Problem von Locke bis Wittgenstein (1968). – E. COSERIU: Die Gesch. der Sprachphilos. 1 (1970); 2 (1972). – F. v. KUTSCHERA: Sprachphilos. (1971). – M. WANDRUSZKA: Interlinguistik. Umrisse einer neuen Sprachwiss. (1971). – J. PINBORG: Logik und Semantik im MA (1972).
W. H. SCHRADER

III. Als K. wird im *Völkerrecht* ein Vertrag bezeichnet, der zwischen mehr als zwei Völkerrechtssubjekten abgeschlossen wurde. Die K. ist daher ein Kollektiv- oder multilateraler Vertrag im Gegensatz zum bilateralen Vertrag, an dem nur zwei Vertragspartner beteiligt sind. Völkerrechtssubjekte sind in der Regel souveräne Staaten, aber auch internationale Organisationen.

Die K. schafft Rechtsbeziehungen zwischen sämtlichen Vertragspartnern in der Weise, daß jeder zugleich Berechtigter und Verpflichteter aus dem Vertrag ist. Rechte und Pflichten müssen nicht unbedingt für alle Partner gleich sein, jedoch ergibt sich eine solche Gleichheit als Regel aus den Grundsätzen der Gegenseitigkeit und der Staatengleichheit.

Es gibt auch völkerrechtliche Verträge, an denen eine größere Zahl von Staaten in der Weise beteiligt ist, daß auf jeder Seite eine Staatengruppe steht, wie z. B. bei den Friedensverträgen, die nach Koalitionskriegen geschlossen werden. Trotz der Vielzahl der beteiligten Staaten sind solche Verträge ihrem Wesen nach bilaterale Verträge, die nicht notwendigerweise wechselseitige Rechte und Pflichten zwischen den Mitgliedern der jeweiligen Staatengruppen entstehen lassen. Solche Verträge werden gelegentlich als Halbkollektivverträge bezeichnet, nicht aber als K.

Die K. ist als Instrument des Völkerrechts seit dem Wiener Kongreß gebräuchlich. Die Wiener Schlußakte vom 9. 6. 1815 gilt als erster echter Kollektivvertrag. Früher mußten die Rechtswirkungen, die jetzt durch K. erreicht werden, durch den Abschluß einer Mehrzahl gleichlautender bilateraler Verträge herbeigeführt werden. Die zunehmende Verdichtung der Völkerrechtsgemeinschaft brachte es mit sich, daß immer mehr K. abgeschlossen wurden, wie z. B. die Rotkreuz-K. von 1864, 1906, 1925 und 1929, die Haager Landkriegsordnung von 1907, die vier Genfer K. von 1949 über das Recht der Kriegsgefangenen, Verwundeten und Zivilpersonen im Kriege, die Genfer Flüchtlings-K. von 1951, die K. über die Staatenlosen von 1954, die K. zum Schutz von Kulturgütern bei bewaffneten Konflikten von 1954, die Vertragsrechts-K. von 1969.

In den K. werden jeweils für ein bestimmtes Gebiet völkerrechtliche Normen aufgestellt. Die K. erfüllt daher im internationalen Bereich die Funktion der Gesetzgebung. Da die Völkerrechtsgemeinschaft genossenschaftlich organisiert ist, sind ihre Mitglieder gleichzeitig Rechtssubjekte und Rechtsschöpfer: Durch ihren Willensakt setzen sie Recht. Einen den einzelnen Völkerrechtssubjekten übergeordneten Gesetzgeber gibt es nicht. Der rechtsetzende Willensakt besteht in der Beteiligung am Abschluß der K. oder im Beitritt zu ihr. Der Beitritt erfolgt durch einseitige Erklärung eines Völkerrechtssubjekts, das nicht am Abschluß der K. beteiligt war. Er ist erst nach Inkrafttreten der K. möglich, da vorher in der Regel noch unterzeichnet werden kann. Ferner setzt er eine Beitrittsklausel in der K. oder die Zustimmung aller Vertragspartner voraus.

Der Geltungsbereich dieser Normsetzung ist stets auf den Kreis der K.-Partner beschränkt. Wenn dieser alle oder fast alle souveränen Staaten umfaßt, so ist universales Völkerrecht entstanden. Jedoch kann ein Staat, der nicht Partner der K. ist, nicht zu einem ihr gemäßen Handeln verpflichtet werden, es sei denn, die in der K. enthaltenen Regeln wären völkerrechtliches Gewohnheitsrecht geworden. Daher wird stets angestrebt, den K.-Normen durch Unterzeichnungen und Beitritte Universalität zu sichern oder sie zur Grundlage der Staatenpraxis und damit des völkerrechtlichen Gewohnheitsrechts zu machen. Auf dem Weg des K.-Abschlusses hat die Kodifikation des Völkerrechts unter den Auspizien der Vereinten Nationen beträchtliche Fortschritte gemacht. Sämtliche K.-Texte werden beim Sekretariat der UNO hinterlegt.

Die Rechtsregeln für den Abschluß von K., ihre Anwendung, Auslegung und Beendigung, die Erklärung von Vorbehalten, Rücktritten usw., sind Teil des völkerrechtlichen Vertragsrechts, das durch jahrhundertelange Praxis gewohnheitsrechtlich gewachsen ist. Erst in jüngster Zeit ist es durch die Wiener Vertragsrechts-K. vom 23. Mai 1969 kodifiziert worden. Sie ist ihrerseits ein multilateraler Vertrag, der zahlreiche Begriffe des Vertragsrechts (z. B. Vertrag, Ratifizierung, Beitritt, Vorbehalt, Vollmacht) definiert und sich selbst ausdrücklich an mehreren Stellen als ‹K.› bezeichnet, gleichwohl aber keine Definition dieses Begriffs enthält, sondern den historisch gewachsenen K.-Begriff stillschweigend zugrunde legt.

Literaturhinweise. H. SABA: Certains aspects de l'évolution dans la technique des traités et conventions int. Rev. gén. Droit int. publ. 54 (Paris 1950) 417. – S. ROSENNE: United Nations treaty practice. Recueil Cours Acad. Droit int. 86 (Paris 1954). – M. LACHS: Evolution des Kollektivvertrags. Jb. int. Recht 8 (1959) 23; Les conventions multilatérales et les organisations int. contemporaines. Annuaire franç. Droit int. 2 (Paris 1956) 234. – ST. VEROSTA: Die Vertragsrechts-Konferenz der Vereinten Nationen 1968/69 und die Wiener K. über das Recht der Verträge. Z. ausl. öff. Recht u. Völkerrecht 29 (1969) 654–710. – P. REUTER: La convention de Vienne du 29 mai 1969 sur le droit des traités (Paris 1970).   O. KIMMINICH

Konventionalismus ist die allgemeine Bezeichnung für jede Meinung, die die wissenschaftlichen Gesetze und Theorien als Konventionen in Abhängigkeit von der mehr oder weniger freien menschlichen Wahl zwischen alternativen Wegen der «Beschreibung» von Sachverhalten ansieht. Insbesondere ist K. die Auffassung, daß in der Mathematik und den exakten Wissenschaften außer den empirischen Erkenntnissen a posteriori nicht synthetische Erkenntnisse a priori, sondern Konventionen eine Rolle spielen. Als eigentlicher Begründer des K. wird H. POINCARÉ angesehen.

I. Die Entwicklung der *Geometrie* im 19. Jh. hat durch die Entdeckung, daß auch nicht-euklidische Geometrien widerspruchsfrei denk- und konstruierbar sind, den Glauben an die Allgemeingültigkeit der euklidischen Geometrie untergraben. Danach ist umstritten, ob Kants Gedanke, daß die geometrischen Sätze synthetische Sätze a priori seien, aufrecht zu erhalten ist [1]. Poincaré hat daraus die Folgerung gezogen, daß die Axiome und Definitionen der Mathematik Konventionen seien. «Die geometrischen Axiome sind weder synthetische Urteile a priori, noch experimentelle Tatsachen; sie sind Konventionen ... Die geometrischen Axiome sind nur verkleidete Definitionen ... Eine Geometrie kann nicht richtiger sein als eine andere, sie kann nur bequemer (plus commode) sein» [2]. Er lehnt daher eine Verifikation einer Geometrie durch die Erfahrung ab. A. Einstein hat in der allgemeinen Relativitätstheorie B. RIEMANNS Gedanken aufgenommen, daß der physikalische Raum nicht euklidisch zu sein brauche und daß durch Messung zu entscheiden sei, welche Geometrie physikalisch Geltung habe [3]. Demgegenüber stellt POINCARÉ fest, daß keine Erfahrung jemals mit der euklidischen oder mit einer nicht-euklidischen Geometrie in Widerspruch sein könne. Die astronomisch beobachtete Aberration des Lichtes im Schwerefeld der Sonne z. B. kann nämlich anstatt durch die Annahme einer Raumkrümmung auch durch die Annahme einer zusätzlichen Gesetzmäßigkeit erklärt werden.

Für die *Mechanik* nimmt Poincaré an, daß ihre Postulate sich «auf ein einfaches Übereinkommen reduzieren, welches wir mit Recht eingehen, da wir im voraus wissen, daß keine Erfahrung ihm widersprechen kann». Die Konventionen sind nicht willkürlich, sondern Experimente haben uns gezeigt, daß sie bequem sind. Den Prinzipien der Mechanik liegt das Experiment zwar zugrunde, es kann diese Prinzipien aber niemals umstoßen.

E. LE ROY zeigt eine extremere Einstellung. Für ihn ist schon das, was wir Wirklichkeit (réalité) nennen, durch eine Definition konstituiert, durch die es aus einem «Ozean der Bilder» gebildet wird [4]. In ähnlicher Weise wie Poincaré sagt er: «Der geometrische Raum ... ist durch eine Liste von Eigenschaften *definiert*; er existiert tatsächlich nicht außerhalb und unabhängig von diesen Eigenschaften» [5]. Und «zwischen dem vorstellbaren Raum und dem geometrischen Raum besteht eine Korrespondenz derart, daß der letztere ein zweckmäßiges (commode) Symbol des ersteren ist» [6]. Schon die Tatsachen sind für ihn weniger festgestellt als *konstituiert*, und die wissenschaftlichen Gesetze sind symbolische Konstruktionen, die ihrem Wesen nach nicht-verifizierbar sind. Wir machen Konventionen, und aus diesen folgen die Theorien, und deshalb glauben wir an ihre Objektivität [7]. – H. DINGLER hat Geometrie, Arithmetik und Mechanik auf einen Willensentschluß zurückgeführt, auf die Übereinkunft, eine exakte, intersubjektiv kommunizierbare Wissenschaft zu begründen [8].

POINCARÉ hält – im Gegensatz zu Geometrie und Mechanik – die *Arithmetik* und die *logischen Gesetze* für notwendige Aussagen, die sich a priori unserem Geiste darbieten, weil sie analytisch sind. Demgegenüber hat R. CARNAP das logische Toleranzprinzip aufgestellt: «Jeder mag seine Logik, d. h. seine Sprachform, aufbauen wie er will» [9]. Logik und Sprachform sind Festsetzungen.

Der K. hat die moderne Wissenschaftstheorie sehr befruchtet. Er hat zu der Erkenntnis geführt, daß wir nur aufgrund gewisser Übereinkünfte Wissenschaft betreiben können. Es ist dann Aufgabe einer Wissenschaftstheorie, jene meist stillschweigenden Konventionen festzustellen, indem man die Wissenschaften einer methodischen Analyse unterzieht.

Anmerkungen. [1] Vgl. Art. ‹Geometrie› und Art. ‹Protophysik›. – [2] H. POINCARÉ: Wiss. und Hypothese (1904) 51. – [3] B. RIEMANN: Über die Hypothesen, welche der Geometrie zugrunde liegen. Abh. Kgl. Ges. Wiss. Gött. 13 (1867). – [4] E. LE ROY: Sci. et philos. Rev. Mét. Morale (1899) 381. – [5] a. a. O. 394. – [6] ebda. – [7] 533. – [8] H. DINGLER: Aufbau der exakten Fundamentalwiss. (1964); vgl. auch Art. ‹Operativismus›. – [9] R. CARNAP: Die logische Syntax der Sprache (1934) 45.

Literaturhinweise. E. LE ROY und R. VINCENT: Sur l'idée de nombre. Rev. Mét. Morale (1896) 745-748. – E. LE ROY s. Anm. [4] 375. 708; a. a. O. (1900) 37, bes. Teil 1. – H. POINCARÉ s. Anm. [2]. – F. ENRIQUES: Probleme der Wiss. (1910) II, § 5: Kritik an Poincaré. – V. KRAFT: Mathematik, Logik und Erfahrung (1947) Teil 2: ausf. Auseinandersetz. mit dem K. – G. FREY: Zum Problem des K. Z. philos. Forsch. 9 (1955). G. FREY

II. K. heißt in der Semantik eine Auffassung, nach der die Wörter ihre Bedeutung durch bloße stillschweigende oder ausdrückliche Übereinkunft der sie verwendenden Sprachgemeinschaft erhalten haben bzw. erhalten sollen.

Historisch primär wendet sich der K. gegen den Naturalismus, demgemäß die Wörter als Abbilder eine natürliche Bindung an dasjenige haben, für das sie stehen. Vorsokratisch steht DEMOKRIT als Vertreter eines K. im Gegensatz zu Pythagoras, der einem Naturalismus anhängt [1]. PLATON stellt im Rahmen einer Diskussion «über die Richtigkeit der Namen» im ‹Kratylos› beide Anschauungen vor, entscheidet sich für keine, neigt aber zum K.

hin. In der Folge findet sich ein K. bei den meisten Verfassern, die diese Frage erörtert haben, stark ausgeprägt etwa bei HOBBES [2].

Für die neuere *Linguistik* hat DE SAUSSURE den K. formuliert: «Tatsächlich beruht jedes in einer Gesellschaft rezipierte Ausdrucksmittel im Grunde auf einer Kollektivgewohnheit, oder, was auf dasselbe hinauskommt, auf einer Konvention.» Das Zeichen sei «beliebig (arbitraire)» im Verhältnis zum Bezeichneten, mit welchem es keinerlei natürliche Verbindung (attache naturelle) in der Wirklichkeit hat» [3].

Seit J. ST. MILL eine Art von Definitionen verhandelt hat, die nicht über empirisch vorfindbare allgemeine Wortgebräuche Aufschluß geben, sondern mit Gründen (gegebenenfalls neue) Wortgebräuche vorschreiben [4], ist für die *Wissenschaftstheorie* ein K. bedeutsam, sofern er gegen die Ansicht gerichtet ist, daß einzuführende Termini über die Zweckmäßigkeit des Abkürzens hinaus als «vernünftig» bzw. «adäquat» gerechtfertigt werden können.

Anmerkungen. [1] VS 1 (²1906) 395; Frg. 26. – [2] TH. HOBBES: De corpore (1655). – [3] F. DE SAUSSURE: Cours de linguistique générale, hg. CH. BALLY/A. SECHEHAYE (Paris 1968) 100f.; dtsch. Grundfragen der allg. Sprachwiss. (²1967) 80. – [4] J. ST. MILL: System of logic (1843).

Literaturhinweise. F. V. KUTSCHERA: Sprachphilos. (²1975) 32-38. – G. GABRIEL: Definitionen und Interessen (1972). J. SCHNEIDER

Konvergenz

I. ‹K.› nennt man in der *Phylogenie* die zunehmende Ähnlichkeit systematisch entfernter Lebewesen, z. B. die habituelle Ähnlichkeit von Kakteen und manchen Wolfsmilchgewächsen oder die von Beutelwolf und Wolf. Sie entsteht meist in Anpassung an gleiche Lebensweise oder gleichen Lebensraum. Oft wird zwischen K. und paralleler Entwicklung unterschieden, K. bedeutet dann sukzessive Annäherung des Baues von ganz verschiedenen Ausgangsformen, parallele Entwicklung, gleichsinnige Abänderung ähnlicher Organisationen. A. REMANE

II. *Konvergenztheorie.* – Der Begriff ‹K.› bringt sozialwissenschaftlich gewendet zum Ausdruck, daß hochentwickelte, komplexe industrielle Gesellschaften ähnliche oder gleiche Binnenstrukturen aufweisen, ohne politisch uniform zu sein. Während man Ansätze zu konvergenztheoretischem Denken bis zur französischen Aufklärung (HOLBACH, HELVÉTIUS) zurückverlegen und sie dann in den geschichtsphilosophischen Entwürfen des 19. Jh. (SAINT-SIMON, MARX, TOCQUEVILLE, SPENCER) ebenso finden kann wie in unserer Zeit in H. FREYERS Konzept des «sekundären Systems» [1] und bei A. GEHLEN [2], hat P. A. SOROKIN wohl als erster 1944 den Begriff ‹K.› im skizzierten Sinne im Hinblick auf die USA und die UdSSR gebraucht [3] und später prognostiziert, daß beide Gesellschaften sich zu einem sozio-kulturellen Mischtyp entwickeln würden [4].

Derartig weiträumige kultur- und sozialphilosophische Konzepte haben vor allem die Vertreter des Marxismus-Leninismus veranlaßt, marxistische Geschichtsauffassung und K.-Theorie scharf voneinander abzugrenzen, während die im Verlauf der Debatte der 1950er und 1960er Jahre von westlichen Wirtschaftswissenschaftlern und Soziologen (wie W. W. ROSTOW, J. K. GALBRAITH, J. TINBERGEN, R. ARON u. a.) beigebrachten technisch-wirtschaftlichen und soziologischen Daten zur «K.» auch im sozialistischen Lager en détail erörtert werden.

Die konstitutiven *Thesen* der K.-Theorie, die auch in der westlichen Forschung jeweils bestritten worden sind (Z. K. BRZEZINSKI, S. P. HUNTINGTON u. a.), können etwa so zusammengefaßt werden: 1. Der Industrialismus schreitet universell fort, das wirtschaftliche Wachstum ist ein einheitlicher Prozeß. – 2. Der wachsende Wohlstand führt zur Entideologisierung und Entpolitisierung in West und Ost. Technik und Wirtschaft sind Primärfaktoren, Ideologie und Politik nur sekundär. Damit wird Pluralismus gefördert. – 3. Der Industrialismus zerreibt die alte Klassenstruktur der Gesellschaft durch eminente Ausbildung des tertiären Sektors (Verwaltung, Verkehr, Dienstleistungsbetriebe) gegenüber Landwirtschaft und industrieller Produktion. – 4. Unterschiedliche Systeme bzw. deren Bestandteile beeinflussen einander und wandeln sich damit.

Der *Marxismus-Leninismus* lehnt die These von einer kommenden industriellen Weltgesellschaft als eines Dritten zwischen Kapitalismus und Sozialismus konsequent ab: Klassenkampf sei nicht durch technischen Fortschritt überholbar, objektiv-gesetzmäßig gehe die Entwicklung auf den Kommunismus zu, während die K.-Theorie zweitrangige Übereinstimmungen verabsolutiere. Zwar wird zugegeben, daß im nicht-eindeutigen Prozeß der wissenschaftlich-technischen Revolution der Kapitalismus «nicht wenige seine Position festigende Faktoren nutzen kann» [5], und damit die Offenheit der gegenwärtigen sozialen Entwicklung konstatiert. Anderseits habe der Sozialismus aber in seiner Eigentumsordnung und in der führenden Rolle der Arbeiterklasse bzw. der kommunistischen Parteien den besten Anreiz zur Produktivität. Für den Marxismus-Leninismus läuft die Intention der K.-Theorie auf die Restitution des Kapitalismus im Weltmaßstab hinaus. Sie entspreche damit nicht dem Koexistenzprojekt, eröffne keinerlei Perspektiven und sei philosophisch agnostisch. Die K.-Theorie stelle somit nicht den Versuch einer Überwindung spezifischer Schwächen kapitalistischer und sozialistischer industrieller Gesellschaften zugunsten eines neuen «Mischtyps» dar, sondern sei ein «Betrugsmanöver» zur Erschwerung des Sieges des Sozialismus und «eine nur notdürftig verhüllte Apologie der kapitalistischen Ordnung» [6].

Anmerkungen. [1] H. FREYER: Theorie des gegenwärtigen Zeitalters (1956). – [2] A. GEHLEN: Sozialpsychol. Probleme der industriellen Gesellschaft (1949). – [3] P. A. SOROKIN, Russia and the United States (New York 1944, London ²1950). – [4] P. A. SOROKIN: Mutual convergence of the United States and the U.S.S.R. to the mixed sociocultural type. Int. J. comparat. Sociol. 1 (1960) 143-176; dtsch.: Soziol. und kulturelle Annäherungen zwischen den Vereinigten Staaten und der Sowjetunion. Z. Politik NF 7 (1960) 341-370. – [5] Peredovaja: Naučno-techničeskaja revoljucija i ee social'naja problematika (Leitartikel: Die wiss.-techn. Revolution und ihre soziale Problematik), in: Voprosy filosofii (Fragen der Philosophie) (1971) Nr. 12, 3-16, zit. 7. – [6] G. KLAUS und M. BUHR (Hg.): Philos. Wb. 2 (1972) 599-601, zit. 600f.

Literaturhinweise. W. W. ROSTOW: The stages of economic growth (Cambridge, Mass. 1960); dtsch.: Stadien wirtschaftlichen Wachstums. Eine Alternative zur marxist. Entwicklungstheorie (1960). – J. TINBERGEN: Do communist and free economics show a converging pattern? Soviet Stud. 12 (1961) 333-341; dtsch.: Kommt es zu einer Annäherung zwischen den kommunist. und den freiheitl. Wirtschaftsordnungen? Hamburger Jb. Wirtschafts- u. Gesellschaftspolitik 8 (1963) 11-20. – Z. K. BRZEZINSKI und S. P. HUNTINGTON: Political Power: USA/USSR (New York 1964); dtsch.: Politische Macht. USA/UdSSR. Ein Vergleich (1966). – B. D. WOLFE: A historian looks at the convergence theory, in: P. W. KURTZ (Hg.): Sidney Hook and the contemporary world (New York 1968) 54-75. – M. B. MITIN und V. S. SEMENOV: Dviženie čelovečestva k kommunizmu i buržuaznaja koncepcija 'edinogo industrial'nogo obščestva', in: Voprosy filosofii (1965) Nr. 5, 35-47; dtsch.: Der Weg der Menschheit

zum Kommunismus und die bürgerl. Konzeption von der «einheitlichen Industriegesellschaft», in: Sowjetwiss., gesellschaftswiss. Beiträge (1965) Nr. 9, 897-910. – G. ROSE: Industriegesellschaft und K.-Theorie. Genesis, Strukturen, Funktionen (1969). – C. P. LUDZ: Art. ‹K., K.-Theorie›, in: Sowjetsystem und demokratische Gesellschaft (1969) 3, 889-903.　　　W. GOERDT

Konversion. – 1. ‹K.› nennt man in der traditionellen Logik zunächst Schlußregeln mit einer syllogistischen Normalform als einziger Prämisse (unmittelbare Schlüsse), deren Konklusion aus der Prämisse durch Vertauschung der Terme resultiert (conversio simplex). Einfache K. sind: *SeP ⇒ PeS, SiP ⇒ PiS*. Liegt zusätzlich eine Abänderung der Quantität des Urteils vor, so spricht man von conversio per accidens (unreine oder subalterne K.). Als subalterne K. gilt: *SaP ⇒ PiS*. Außerdem wird in der Regel die Kontraposition (s.d.) zu den K. gerechnet. – Die Bezeichnung geht auf APULEIUS' [1] Übersetzung des Ausdrucks ἀντιστροφή bei ARISTOTELES [2] durch ‹conversio› zurück. Die Einteilung in conversio simplex (principaliter), conversio per accidens und conversio per contrapositionem tritt zuerst bei BOETHIUS auf [3]. – Die K. spielt eine Rolle vor allem bei der Reduktion der Syllogismen auf die erste Figur.

Anmerkungen. [1] Nach C. PRANTL: Gesch. der Logik im Abendlande 1 (1855) 584f. – [2] ARISTOTELES, Anal. pr. I, 2, 25 a 6; vgl. II, 8, 59 b 1. – [3] BOETHIUS, MPL, 64, 787 a.

2. ‹K.› heißt in der Relationenlogik ferner der Übergang zur konversen Relation. Dabei ist der zu einem zweistelligen Relator *R* konvers (synonym manchmal: *inverse*) Relator *R̃* (kurz auch genannt: die *Konverse* von *R*) definiert durch: $x,y \varepsilon \tilde{R} \leftrightharpoons y,x \varepsilon R$. In diesem Sinne ist z. B. der Relator: «Schüler von» konvers zu «Lehrer von». Der relationslogische Gebrauch von ‹konvers› und ‹Konverse› geht zurück auf A. DE MORGAN [1] und C. S. PEIRCE [2].

Anmerkungen. [1] A. DE MORGAN: On the syllogism IV. Trans. Cambr. philos. Soc. 10 (1864) 342f. – [2] C. S. PEIRCE, Coll. papers 3, 195f.　　　　　　Red.

Konzept (lat. conceptus), **konzeptibel** (lat. conceptibile). Im übertragenen Sinne tritt ‹conceptus› als Bezeichnung für den Vollzug und die immanenten Produkte geistiger Tätigkeit seit dem 4. Jh. gelegentlich neben dem älteren ‹conceptio› auf (FIRMICUS MATERNUS: «conceptus animi»; MACROBIUS: «conceptus mentis») [1]. Der Ausdruck fehlt noch in der spätantiken lateinischen Platon- und Aristotelesrezeption. CHALCIDIUS sagt «mentis (animi) conceptio» [2], umschreibt die innergöttlichen Ideen jedoch als «intelligibiles species» oder «intellectus» (plur.) [3]. Auch BOETHIUS hat für die «passiones animae» von Aristoteles (De interpretatione I. 1) vorzugsweise «intellectus» (plur.), daneben aber auch «conceptio(nes) animi (mentis)». Die *stoischen* κοιναὶ ἔννοιαι sind als «communes animi conceptiones» latinisiert worden, das aristotelische ἐνθύμημα als «mentis conceptio» [4]. AUGUSTIN unterscheidet im affektiven Bereich der Liebe zu weltlichen Dingen einmal einen «conceptus verbi» von seinem «partus» («quod cupiendo concipitur adipiscendo nascitur») [5], entwickelt seine verbum-Theorie aber nicht mittels der später applizierten Synonyme ‹conceptus› oder ‹conceptio›. Für die Tradition ist eine PRISCIAN-Stelle wichtig geworden, nach der die vox Ausdruck des Gedankens ist («indicans mentis conceptum, id est cogitationem»)[6]. Die griechisch-lateinische Synonymik von «mentis conceptus» (MONLORIO 1569: νόημα, ἐννόημα, ἔννοια,

πρόληψις, λόγος, notio, notitia, verbum, ratio, intentio[7])
ist Zutat späterer Interpretation. In der Früh- und Hochscholastik bleibt ‹conceptio› der bevorzugte Ausdruck.
SCOTUS ERIUGENA bestimmt zwar das geistige Vorwissen
des Künstlers als «artificiosae mentis conceptum» [8],
bevorzugt aber die (bei ihm mit den κοιναὶ ἔννοιαι ver-
schmelzenden) enthymematischen «conceptiones animi»
und begreift von ihnen her auch die Dialektik als «com-
munium animi conceptionum rationabilium ... disciplina»
[9]. Auch bei ABÄLARD sind die Belege für ‹conceptus›
noch zu zählen [10], während ‹conceptio› und ‹intellectus› einen ausgedehnten Anwendungsbereich haben. Die
intersubjektive Verbindlichkeit der stoischen conceptio
communis verwandelt sich ihm in eine Geltung von vielem (communis multorum similitudo, intellectus universalis) [11]. Der ursprüngliche Sinn des Topos bleibt jedoch weiterhin in Geltung [12]. Während noch THOMAS
VON AQUIN das vergegenständlichte Resultat der Erkenntnistätigkeit («id ad quod operatio intellectus nostri
terminatur» als «quoddam per ipsam constitutum») vorzugsweise als «conceptio intellectus» bezeichnet [13], bürgert sich die knappere Form ‹C.› – späterhin auch ohne
Appositionen, wie «mentis» u. ä. – zunehmend ein. In
der Spätscholastik bildet sich eine eigene K.-Literatur
heraus (AILLY, GERSON, BOIX). Noch GREGOR VON RI-
MINI galt jedoch ‹C.› als ein erst in jüngerer Zeit in ver-
breiteteren Gebrauch gekommener Ausdruck für die gegenständlichen Abstraktionen im Geist («conceptus,
quod ultimum vocabulum nunc apud modernos est magis in usu»), der freilich dieselbe Bedeutung habe wie
‹species›, ‹intentio› oder ‹forma› bei den antiqui [14].
Seit der Renaissance ist die Entwicklung rückläufig. Im
Cartesianismus und Wolffianismus treten ‹idea› und ‹notio› an die Stelle von ‹K.›, das seinen Vorrang allerdings
bei HOBBES und LEIBNIZ noch behauptet und nach HA-
MILTON und BAYNES [15] auch in der englischsprachigen
Logik des 16. und 17. Jh. (WILSON, FRAUNCE, GRANGER,
HARVAY u. a.) als ‹conceit› oder ‹conceipt› in geläufigem
Gebrauch war. HAMILTON selbst führt ‹concept› wieder
ein im Sinne von «id quod conceptum est» oder «object
of conception», während er ‹conception› für den «act of
conceiving» reserviert [16]. Schon BAUMGARTEN hatte die
«repraesentatio rei per intellectum» terminologisch als
«conceptio» im Sinne des Verstehen oder Verstaend-
niß einer Sache» zu fassen versucht [17]. Mit der Annahme einer Unbegreiflichkeit eines in sich Begreiflichen für
diesen oder jenen oder eines «relative inconceptibile (supra datum intellectum positum)» [18] psychologisiert er
jedoch das «conceptibile», das CHR. WOLFF zum terminus technicus seiner von Tschirnhausen beeinflußten
Wahrheitstheorie erhoben hatte. Jedem wahren bejahenden Satz muß danach ein möglicher, keinen Widerspruch
einschließender Begriff (notio) entsprechen. Läßt sich ein
solcher Begriff bilden, ist der Satz konzeptibel und folglich wahr [19]. Dieser Konzeptibilitätsbegriff mutet freilich schlicht an gegenüber AUREOLIS Theorie des con-
ceptibiliter differre, nach der sich die Begriffe von Sein
und Wesen nicht «per aliud et aliud conceptibile», sondern nur «per alium modum concipiendi» unterscheiden.
Auf der Grundlage der Synonymie von ‹conceptibile›,
‹ratio› und ‹conceptus obiectalis› leugnet Aureoli gegen
Gerhard von Bologna eine «distincta conceptibilitas» der
göttlichen Personen und der divina essentia nach Art von
gegenständlich unterschiedenen rationes formales con-
ceptibiles oder – skotisch gesprochen – formalitates [20].
Bis in die Barockscholastik wird die Bildung des K. im
Rekurs auf die Fökundation bestimmt. So sind für HER-

VEUS NATALIS verbum und K. ein und dieselbe Sache und
unterscheiden sich nur gedanklich. Im verbum liegt das
Moment des «manifestare aliquid sibi vel alteri», im K.
das des inwendigen Hervorgangs «ad modum quo foetus
vocatur conceptus, quamdiu manet in utero matris» [21].
Noch RADA deutet die Beziehung von Gegenstand und
Erkenntnis als Kopulationsvorgang, in dem die Seele
durch eine species impressa, «quae se habet veluti obiecti
semen», geschwängert wird und als proles den K. hervorbringt [22]. Die Zuordnung des K. zum Gegenstandsbereich der Logik ist strittig geblieben. Nach AEGIDIUS
ROMANUS und DUNS SCOTUS handelt die Logik als scientia rationalis von den «ab actu rationis» gebildeten Begriffen [23], während andere die Behandlung des ens in
anima entweder, wie AUREOLI, dem Metaphysiker [24]
oder, wie DURANDUS, dem Physiker [25] oder aber beiden
zuweisen, wie TIMPLER («de conceptibus rerum agere
proprie pertinet partim ad Physicam, partim ad Meta-
physicam») [26]. Aber auch AUREOLI macht die vox nur
«ut expressiva conceptus» zum Gegenstand der Logik
(«praedicatio non fit ratione vocum, sed ratione conceptuum») [27]. Das einflußreichste Modell einer mentalisti-
schen Logik hat WILHELM VON OCKHAM entwickelt. Auch
PETRUS RAMUS verstand sich als Mentalist («tota Logica
est intelligentia mentis ... et tota sine symbolis interpretationis potest in animo consistere» [28]). CARAMUEL hat
unter dem Eindruck der Verdrängung der nach ihm von
HUNAEUS «proscriptis mentalibus ingenii monstris» wie-
derbegründeten «Dialectica vocalis» erstmals eine saubere Trennung von Logica vocalis und mentalis für geboten
gehalten [29].

Für ABÄLARD ist die konzipierende Tätigkeit nicht auf
die vernünftige Erkenntnis beschränkt, denn wir haben
sie in Gestalt der imaginatio mit den Tieren gemein [30].
Sie ist auch nicht durch sich selbst realitätsgerecht, denn
der Intellekt kann ein Ding anders konzipieren, als es ist,
und demzufolge mit Porphyrius eitel und nichtig sein.
Nur der engere Bereich der sanae conceptiones fällt mit
den aristotelischen passiones animae, die mit dem status
rei übereinstimmen und in allen Menschen gleich sind,
zusammen [31]. Diese Unterscheidungen haben sich im
strengeren Aristotelismus nicht terminologisch verfestigen können, sind aber nicht wieder verlorengegangen.
GERSON etwa baut die Hierarchie der ‹Begriffe› bis hinunter zu den nicht reflexiven, experimentellen «conceptus
exterioris sensus» aus [32]. JOHANNES VON JANDUN hebt
die «conceptus secundum veritatem» von den nicht washeitlichen «conceptus simpliciter ficti» und den auf Impressionen ein und desselben Dinges zurückgehenden
«conceptus existimati» im Sinne der Lehre Aureolis ab
[33]. Von den Figmenten im pejorativen Sinne ist jedoch
OCKHAMS ursprüngliche Deutung des conceptus universalis als eines der res extra ähnlichen fictum scharf zu
unterscheiden.

Unabhängig vom Wahrheitsbezug zählt der Skotist
STEPHAN BRULEFER fünf Bedeutungen von ‹K.› auf: 1.
potentia conceptiva (intellectus), 2. ratio concipiendi
(species intelligibilis), 3. actus concipiendi (intellectio),
4. res concepta vel conceptibilis (omne ens quod potest
terminare actum intellectus), 5. aliquid formatum per
actum comparativum intellectus (intentiones secundae)
[34]. In dieser Einteilung ist der lange währende Streit um
die Seinsweise der immanenten Resultate unseres Erkennens, der in der Kritik von Durandus und Aureoli an
dem von Herveus Natalis zu einer forma specularis verfestigten thomasischen verbum mentis kulminiert, nur
noch undeutlich faßbar. Für RICHARD VON MIDDLETON

war der K. als «quid constitutum a ratione» nur ein gegenständliches ens diminutum gewesen [35]. DURANDUS sieht ihn dagegen als «aliquid existens subiective in intellectu» an, das nicht Produkt des Aktes, sondern mit ihm identisch ist («per operationem intra manentem nihil constituitur vel producitur») [36]. AUREOLI wiederum erklärt es für unmöglich, daß der K., als gegenständliche forma specularis verstanden, dem Intellekt real inhärieren könne, und deutet letztere um zur «ipsamet res habens esse apparens». Diese die Realität des äußeren Dinges unscheidbar einschließende «apparentia obiectiva», auch «conceptio passiva», «conceptus formatus obiective» oder kurz «conceptus obiectivus» genannt, ist Produkt des erscheinenmachenden Erkenntnisaktes, der auch «apparitio formalis» oder «conceptus formalis» heißt [37]. Damit ist eine Unterscheidung geprägt, die fortan für die K.-Lehre konstitutiv sein sollte. Das untrennbare Ganze von Realität und Erscheinung, das weder «praecise res» noch «praecise ratio» ist [38], zerfällt in der Kontroverse zwischen Chatton und Ockham über die Natur des conceptus universalis wieder in getrennte Momente. OCKHAMS Ausgangsthese «secundum omnes vocatur conceptus mentis quod terminat actum intelligendi» [39] hätte Aureoli ebenso einseitig erscheinen müssen, wie CHATTONS Gegenthese «res terminat intellectionem» [40]. Durch Abschwächung der thomistischen Unterscheidung des verbum mentis von der actio intellectus zu einer distinctio modalis gelingt es SUÁREZ, den Terminus des Aktes in diesen zurückzunehmen («verbum conceptus obiectivus mentis non est, sed formalis» [41]). Er hat damit jedoch den Meinungsstreit um die Zahl der zu unterscheidenden Erkenntniselemente und die Art ihrer Verknüpfung nur um eine neue Variante bereichert.

Zum Grundbestand der K.-Theorie gehört die seit Boethius immer wieder behandelte Frage, ob die voces, wie noch HOBBES annimmt [42], «signa conceptuum» sind oder sich, wie OCKHAM will [43], nur auf andere Art als die Begriffe, denen sie subordiniert sind, bezeichnend auf deren Gegenstände beziehen. Das mit ihren Mitteln am eingehendsten behandelte Lehrstück ist das Problem der Eigenart des conceptus entis, der in einer auf Avicenna zurückreichenden Tradition immer deutlicher zum weitesten Verständnishorizont des Verstandes («forma generalissima ipsius intellectus») [44] wird.

Anmerkungen. [1] Vgl. Thesaurus ling. lat. 4 s. v. ‹conceptio, conceptus›. – [2] PLATO lat. 4 (1962) 167. 324. 336. – [3] a. a. O. 306. 334. – [4] Vgl. Thesaurus ... 4, 22, 43ff. 56ff. – [5] AUGUSTIN, De trin. IX, 9, 14. Corp. Christ. Ser. lat. 50 (1968) 305. – [6] Vgl. Thesaurus ... 4, 24, 18. – [7] J. B. MONLORIO: In Arist. Anal. pr. ... lib. duos ... paraphrasis et scholia (1593) 430. – [8] SCOTUS ERIUGENA, MPL 122, 577 B. – [9] a. a. O. 391 B. 475 A. 491 C. 868 C. – [10] Vgl. C. PRANTL: Gesch. der Logik im Abendlande 1-4 (1855-70) 2, 183 Anm. 314f.; 211 Anm. 435; B. GEYER: Peter Abaelards philos. Schr. 2 (1933) 531. – [11] a. a. O. 1/1 (1919) 24; 2, 513. – [12] Vgl. THOMAS VON AQUIN, De pot. 3, 1 ad 7; PETRUS AUREOLI: Scriptum super primum Sententiarum II (1956) 885. – [13] Vgl. THOMAS, De ver. 4, 2 cor.; De pot. 8, 1 cor. u. ö. – [14] GREGOR VON RIMINI: Super primum et secundum Sententiarum (1522, ND 1955) 1, 43 J/K. – [15] W. HAMILTON: Lect. on met. and logic 3 (1866, ND 1969) 42; T. S. BAYNES: An essay on the new analytic of logical forms (1850, ND 1971) 5f. – [16] HAMILTON, a. a. O. 42. – [17] A. G. BAUMGARTEN, Met. § 632 = (⁷1779, ND 1963) 231. – [18] a. a. O. § 633 = 232. – [19] CHR. WOLFF: Philos. rationalis sive Logica §§ 520-522, 528 = (³1740) 396ff. – [20] PETRUS AUREOLI, a. a. O. [12] 1 (1953) 370; 2, 508. 910. – [21] HERVEUS NATALIS: Tractatus de verbo, in: Quolibeta (1508, ND 1966) 12r b. – [22] I. DE RADA: Controversiae theol. inter S. Thomam et Scotum ... (1620) 1, 111b. – [23] Vgl. PRANTL, a. a. O. [10] 3, 205f. Anm. 91. 96; 259f. Anm. 371. – [24] a. a. O. 1, 322. – [25] DURANDUS DE S. PORCIANO: In Petri Lombardi sententias ... comm. lib. IV (1571, ND 1964) 1,

78v a. – [26] TIMPLER: Logicae systema methodicum ... (1612) 83. – [27] PETRUS AUREOLI, a. a. O. [12] 1, 323; 2, 473. 551. – [28] PETRUS RAMUS: Scholarum dialecticarum ... lib. XX (1594, ND 1965) 146. – [29] CARAMUEL: Praecursor logicus (1654) 137 b-138 b. – [30] GEYER, a. a. O. [10] 1/3 (1927) 316. – [31] a. a. O. 1/1 25; 1/2 (1921) 136; 1/3 321; 2, 530. – [32] JEAN GERSON: Centilogium de conceptibus. Opera omnia (1706) 4, 793ff. – [33] JOHANNES VON JANDUN: Quaestiones ... in duodecim lib. Met. (1553, ND 1966) 76 D-G. – [34] Vgl. STEPHAN BRULEFER: Formalitatum textus ... (1501) 29v a/b. – [35] RICHARD VON MIDDLETON: Super quatuor lib. Sententiarum ... quaestiones ... (1591) 1, 205 a. – [36] DURANDUS, a. a. O. [25] 1, 77r b/v a. – [37] PETRUS AUREOLI, I Sent., d. 9, p. 1, a. 1 = (1596) 319 a B ff. 320 b B; a. 4 = 331 a A; d. 23, a. 2 = 531 a A B et passim. – [38] a. a. O. d. 23, a. 2 = 533 a D. – [39] WILHELM VON OCKHAM, I Sent., d. 2, q. 8 B. Opera 2 (1970) 268. – [40] Vgl. Franciscan Stud. 27 (1967) 205. – [41] F. SUÁREZ, Opera omnia 3 (1856) 633 b. – [42] TH. HOBBES, Opera lat. 1 (1839, ND 1961) 15. – [43] WILHELM VON OCKHAM: S. logicae 1 (1488, ND 1951) 9. – [44] THOMAS DE VIO CAJETANUS: In de ente et essentia D. Thomae Aquinatis comm. (1934) 11.
W. HÜBENER

II. ‹K.› wird in der *Psychologie* vor allem im Zusammenhang mit der Begriffsbildung (concept-formation) und dem Begriffslernen (concept-learning) als Terminus verwendet, mit dem man Begriffe bezeichnet, die unter experimentellen Bedingungen gebildet wurden. Der Gebrauch ist aber nicht eindeutig festgelegt, so daß ‹K.› gelegentlich auch als Synonym für ‹Begriff› (im allgemeinen) oder – spezieller – für ‹theoretisches Konstrukt› verwendet wird.

Literaturhinweise. G. KAMINSKI: Ordnungsstrukturen und Ordnungsprozesse, in: R. BERGIUS (Hg.): Hb. Psychol. I/1 (1964) 373-492. – D. M. JOHNSON: Systemat. introd. to the psychol. of thinking (1972).
K. FOPPA

Konzeptualismus (PETRUS NIGRI (1481) und noch J. CARAMUEL Y LOBKOWITZ (1654): ‹conceptistae›; B. KECKERMANN, ALSTED, GOCLENIUS u. a.: ‹conceptuales›; V. COUSIN (wohl seit 1829): frz. conceptualisme›; engl. ‹conceptualism›). Der Terminus bezeichnet in der vorherrschenden Bedeutung eine als gemilderte Form des Nominalismus geltende Zwischenposition unter den Lösungsversuchen des Universalienproblems, nach der die Allgemeinbegriffe kein selbst in irgendeinem Sinne allgemeines reales Korrelat haben, mithin das Allgemeine als solches nicht außerhalb unseres Geistes in re existiert, sondern primär begrifflicher Natur ist («universale est conceptus mentis» [1]). Gegen einen reinen Vokalismus oder die Annahme einer bloß sprachlichen Existenz des Allgemeinen grenzt die K. sich durch die Unterscheidung von natürlicher, gleichbleibender und willkürlicher, veränderlicher Bezeichnungsweise ab («conceptus sive passio animae naturaliter significat quidquid significat, terminus autem prolatus vel scriptus nihil significat nisi secundum voluntariam institutionem» [2]). Wäre das Allgemeine nur vox, wäre nichts seinem Wesen oder seiner Natur nach (ex natura sua) allgemein [3]. In der durch WILHELM VON OCKHAM begründeten konzeptualistischen Tradition gelten die konventionellen Sprachzeichen als den vor- und außersprachlichen natürlichen Mentalzeichen für Weltdinge subordiniert («vocalia et scripta subordinantur mentalibus; et mentalia correspondent vocalibus et scriptis» [4]). Dieser Primat des Mentalen wird in der Darstellung der begriffsrealistischen Widersacher dadurch verdunkelt, daß sie K. und Vokalismus unter dem Namen der sententia nominalium zusammenfassen und hierbei (so noch Baumgartner/ Geyer) in der Regel die voces vor den conceptus nennen.

In Ockhams Rezeption der augustinischen verbum-Theorie war die durch das lautlose innere Sprechen (co-

gitatio oder imaginatio vocis) konstituierte Zwischen-
ebene eines inneren Abbildes des äußeren Sprechens
(verbum interius, quod habet imaginem vocis) vor der
Deutung des reinen Begriffs als verbum nullius linguae
zurückgetreten. CRATHORN hat geglaubt, ihm deswegen
einen äquivoken Gebrauch von ‹verbum mentale› vor-
werfen zu können, aber mit der Mentalisierung jenes
mittleren, im 13. Jh. in der imaginatio angesiedelten verbum speciei vocis und der Einführung einer eigenen mentalen similitudo nominis scripti gerade die Äquivozität
des verbum mentale begründet. Termini und Sätze können für ihn grundsätzlich nicht als natürliche Ding-
zeichen verstanden werden. Der terminus conceptus und
die propositio mentalis Ockhams sind in Wahrheit nur
natürliche mentale Ähnlichkeiten konventioneller Ding-
namen und ihrem Bezeichnungssinn nach nicht weniger
willkürlich als diese [5]. Auch HUGOLIN VON ORVIETO hat
neben den natürlichen Dingbegriffen willkürliche begriffliche Ähnlichkeiten der voces angenommen. Aristoteles
habe nicht sagen wollen, daß alle passiones animae
«eaedem apud omnes» seien [6]. PIERRE D'AILLY hat diese
Kritik am trichotomischen Subordinationsschema Ockhams dadurch aufzufangen versucht, daß er vom «terminus mentalis proprie dictus» einen «conceptus vocis vel
scripturae synonymae tali voci» unterschieden hat, der
für ihn wie für Crathorn eine natürliche Ähnlichkeit von
konventioneller Sprache und Schrift ist, aber doch zugleich dem natürlichen Dingbegriff subordiniert bleibt
und so ein und dasselbe Weltding sowohl natürlich als
willkürlich bezeichnet [7]. Die intramentale Konzeptua-
lisierung des verbum imaginabile entspringt nicht zuletzt dem Bedürfnis nach angemessener Berücksichtigung des von Ockham außer acht gelassenen geistigen
Hörvorganges. Nach ABÄLARD hatte Aristoteles die Be-
zeichnungsleistung der Sprache nicht in der Manifestation, sondern in der Erzeugung von begrifflicher Einsicht
gesehen (significare = constituere intellectum de rebus
in auditore) [8]. DUNS SCOTUS hat hierfür die vox einen
eigenen «conceptus vocis» im Geist des Hörenden verursachen lassen [9].

Der Thomist PETRUS NIGRI führt die «conceptistae»
mit Bezugnahme auf Ockham (Summa logicae I, 14) als
Verfechter der These ein, «quod omne universale sit
qualitas mentis et quod solum universale sit qualitas
mentis, ita quod nullum universale reale sit extra mentem» (daß jedes Allgemeine eine geistige Qualität und
daß das Allgemeine nur eine geistige Qualität sei, so daß
kein Allgemeines außerhalb des Geistes real existiere).
Die damit behauptete seinsmäßige Trennung der Begriffe von den Einzeldingen ist für Petrus Nigri ein Rückfall
in den «error Platonis» (eine Zuordnung, die von ABÄ-
LARD [10] bis zu LOEMKERS «augustinischem K.» [11] immer wieder in Erwägung gezogen worden ist). Von Vielem
werde nichts ausgesagt, was nicht als universale reale
auch in ihm sei («dici de alio praesupponit esse in alio»).
Die konzeptistische Position, der Ockham im Unterschied zu den Nominales zuzustimmen scheine, gelte daher wohl für das universale in repraesentando, nicht jedoch für das logische Allgemeine (universale in praedi-
cando) [12]. Für CARAMUEL rekurrieren die conceptistae
in der Frage der Realitätsgeltung der universalitas im
Unterschied zu den Thomisten auf real unterschiedene
Formalbegriffe oder «rationes ratiocinantes» [13].

Von einer extrem realistischen Position hat KEK-
KERMANN unter Berufung auf Monlorio und die substantiae secundae des Aristoteles gegen Melanchthon die
kindische Annahme der «Conceptuales» bekämpft, die

Universalien seien «meri conceptus», «figmenta» und
«phantasiae, quae nihil sunt nisi cum quis esse cogitat».
Gott habe zusätzlich zu den Einzeldingen die ihnen «simul sumptis» innewohnenden allgemeinen Naturen
(res universales) geschaffen, deren Einheit und Gemeinsamkeit von unserem Denken unabhängig sei [14]. Hinter der von der protestantischen Schulphilosophie übernommenen [15] merus-conceptus-Formel steht das be-
griffsrealistische Vorurteil, mit der Leugnung einer res
universalis solle ausgedrückt werden, die Allgemeinbegriffe seien etwas, «cui nulla res subsit» [16].

Die darauf beruhende Konstruktion eines «idealistischen K.» hat in der pointierten Form, in der ihn die
Neuscholastik vorgetragen hat (T. PESCH, FRICK, REMER,
GREDT u. a.: conceptus universales = penitus subiectivi,
merum figmentum mentis absque ullo fundamento suae
unitatis in rebus), in der thomistisch-skotistischen Tradition des 17. Jh. keine Entsprechung; gegen sie setzt BÖH-
NER den «realistischen K.» Ockhams, für den die Allgemeinbegriffe ohne Mitwirkung von Intellekt und Willen
auf natürliche Weise durch die ihrerseits vom äußeren
Gegenstand bewirkte intuitive Einzelerkenntnis verursacht werden, das substanzielle Wesen der Einzeldinge
ausdrücken und zumindest in der intellectio-Theorie des
Allgemeinen in einer realen Ähnlichkeitsbeziehung zur
extramentalen Realität stehen [17]. Sie supponieren darüber hinaus im Mentalurteil als realitätshaltige «rerum
vicarii» (SALABERT) für die Einzeldinge, deren natürliche
Mentalzeichen sie sind. Die Thomisten haben früh bemerkt, wie gering die Differenz zwischen gemäßigtem
Realismus und recht verstandenem Nominalismus ist.
Schon DOMINGO DE SOTO hat die «minima differentia inter Reales et Nominales» betont (eine Feststellung, die
im Munde der Skotisten zum Vorwurf werden mußte
[18]). Die Nominales abstrahierten den conceptus communis von der wesensmäßigen Übereinkunft der Einzeldinge, während die Reales ihn diese ratio communis der
Dinge auch unmittelbar bezeichnen und so dem conceptus formali einen conceptus obiectivus in rebus entsprechen ließen [19]. Die Einheit des letzteren reduziert
SUÁREZ auf die Ähnlichkeit der Einzeldinge, die für die
zum Vollbegriff des Allgemeinen erforderliche aktuale
Ungeteiltheit nicht ausreiche. Die Nominales hätten dies
vermutlich sagen wollen, aber mißverständlich ausgedrückt («in re fortasse non dissident a vera sententia»)
[20]. HURTADO DE MENDOZA schlägt dann die von Suárez
als denkunabhängig verstandene distinctio rationis von
formaler und individueller Einheit konsequent auf die
Seite des conceptus formalis; ‹ratio› sei so viel wie ‹conceptio›, «conceptiones non se tenent ex parte obiecti»;
folglich gelte: «in obiecto non est pluralitas conceptuum
nec compositio, sed in solo intellectu, quod Nominales
volunt». Diesen habe man fälschlich unterstellt, sie er-
höben die voces und nicht, wie Ockham, den conceptus
mentis zum Objekt der Logik [21]. CARAMUEL hat daraufhin Ockham kurzerhand zum Nichtnominalisten erklärt
[22].

J. TURMAIRS Rekurs auf die stoische Umdeutung der
platonischen Ideen zu notiones in animo und den früh-
scholastischen Universalienstreit [23] hat vielleicht den
Anstoß zu einer Verlagerung des historischen Interesses
gegeben. Die Stoiker gelten fortan als Ahnherren des
reinen K. [24]. Das Hauptinteresse wendet sich bis ins
19. Jh. der Frühscholastik zu. Nur für diese Zeit hat die
Unterscheidung von Conceptuales und Nominales nach
J. THOMASIUS einen Sinn, denn die Ockhamisten hätten
beide Ansichten zugleich vertreten [25]. COUSIN hat spä-

ter die neuzeitliche Philosophie als folgerichtige Entwicklung vom Nominalismus Hobbes' über den K. der schottischen Schule, der Ideologen und Kants zum Ultrarealismus Hegels konstruiert [26].

Der Begriff des K., dessen Ambiguität schon HAMILTON als Ursache der unnötigen Kontroverse um die abstrakten Ideen gegolten hat [27], ist bis heute schwankend geblieben. PRANTL findet K. überall dort, wo die Logik als Begriffswissenschaft bestimmt wird, und folglich, «wenn je irgendwo», bei Duns Scotus [28]. ERDMANN setzt die «konzeptualistische Formel» irrig mit dem universale in re gleich [29]. ZIMMERMANN sieht das Wesen des K. in der Annahme eines denkunabhängig wirkenden Bildungsgesetzes des Objekts [30]. Für R. GROSSMANN ist der fundamentale Dualismus von leiblichem und geistigem Auge (the eye of perception and the eye of the mind) für den K. charakteristisch; mit dem letzteren «schauen» wir das Allgemeine [31]. Bei ihm wie in der gesamten neueren Diskussion des Universalienproblems figurieren Realismus, K. und Nominalismus vorzugsweise als fiktive Argumentationshorizonte ohne bestimmbaren Bezug zur älteren philosophischen Tradition. W. v. O. QUINE etwa versteht den K., der nach ihm im 20. Jh. hauptsächlich in Gestalt des mathematischen Intuitionismus in Erscheinung tritt, als die Annahme einer konstruktiven Neuschöpfung der von den «Platonisten» als präexistent angesehenen Klassen, die ihrem ontologischen Status nach «abstract entities» sind und logisch durch die auf höherer Abstraktionsebene als die (auch entwicklungsgeschichtlich früheren) «general terms» anzusiedelnden «abstract singular terms» (wie ‹squareness›) bezeichnet werden [32]. («... classes are conceptual in nature and created by man.» – ‹Thus theory of classes ... represents ... a position of conceptualism as opposed to Platonic realism; it treats classes as constructions rather than discoveries» [33]). Da wir unsere konzeptualen Schemata nicht objektiv mit der nichtkonzeptualisierten Realität vergleichen können, haben sie nur einen pragmatischen Standard von Realitätsentsprechung («the purpose of concepts and of language is efficacy in communication and in prediction» [34]). Dieser «konstruktive K.» ist nach W. STEGMÜLLER keine selbständige Zwischenposition, sondern nur die die Theorie des Transfiniten verwerfende «Abart des Platonismus» im Sinne des Inbegriffs aller Theorien, die abstrakte Gegenstandsvariable zulassen [35].

Strittig sind weiterhin die historischen Zuordnungen. GRABMANN hat einen K. Roscellins zuerst verneint, dann bejaht [36]. Was COUSIN und GEYER über das Verhältnis von Nominalismus und K. bei Abälard gesagt haben [37], berücksichtigt nicht den Doppelsinn des conceptus mentis, im Sprecher Ursache, im Hörer aber Wirkung zu sein. Die conceptio animi hat nur in Rücksicht fremden Sprechens einen genetischen Sprachbezug, stellt aber auch hier nicht das eigentliche «Terrain der Universalien» (PRANTL) dar. Abälard ist nicht, wie Ockham, vorrangig Mentalist. MICHALSKIS Unterscheidung eines Oxforder psychologischen K., der von der species (impressa) als id quo ausgehe, von einem Pariser logischen K., der das Allgemeine nur in der Sphäre des esse intentionale als id quod ansiedle [38], ist nicht haltbar. Für OCKHAM kann das universale gerade als «illud quod intelligitur» nicht species sein [39], während für AUREOLI das esse apparens auf etwas Reales im Intellekt zurückgeführt werden muß [40]. AUREOLI ist im übrigen insofern in höherem Grade Realist als Thomas, als für ihn die begriffliche Unterscheidung der allgemeinen Prädi-

kate von den Dingen selbst bewirkt wird («diversitas objectiva, quae est diversitas conceptuum, est ex diversitate formali impressionum factarum in intellectu») und die Begriffe so «aliquid verae realitatis» enthalten («conceptus obiectivi ... claudunt in se realitates rerum, quae sunt extra») [41]. Beharrlich ignoriert man jedoch seine Bemühungen, das esse conceptum nicht nur als Denkprodukt zu verstehen, und macht ihn nach dem Vorgang DREILINGS, der den gemäßigten Realismus mit dem platonischen Standpunkt verwechselt hat, zum Anwalt eines strengen K. im Sinne der merus-conceptus-Formel [42]. Locke ist für STEGMÜLLER der moderne Hauptvertreter eines psychologischen K. (im Sinne MICHALSKIS [43]). MEINONG hat auch bei Berkeley und Mill Belege für konzeptualistische Tendenzen gefunden [44]. HUSSERL ist ihm hierin nicht gefolgt [45]. In der Ockham-Interpretation scheint sich BOEHNERS (wegen der Vieldeutigkeit von ‹Realismus› nicht ganz unbedenkliche) Nomenklatur durchzusetzen. Neuere Einsprüche gegen die Zuordnung Ockhams zum K. und die Aufgabe des Nominalismus-Klischees (BAUMGARTNER/GEYER, EHRLE gegen MERCIER, DE WULF) übersehen, daß hinter der Abhebung der «Schola Okamica» gegen den Vulgärnominalismus eine jahrhundertealte Tradition steht (NIGRI, HURTADO, ARRIAGA, OVIEDO, CARAMUEL).

Anmerkungen. [1] PETRUS NIGRI: Clypeus Thomistarum (1481, ND 1967) In Isag. q. 31, fol. 14v b. – [2] WILHELM VON OCKHAM: S. logicae I/1 (1951) 9. – [3] I Sent. d. 2, q. 8 E. Opera 2 (1495, ND 1970) 271. – [4] Ps.-MARSILIUS VON INGHEN: Comm. ... in I et IV tract. Petri Hispani (1495, ND 1967), fol. b 2r. – [5] H. SCHEPERS: Holkot contra dicta Crathorn II. Philos. Jb. 79 (1972) 116ff. – [6] W. ECKERMANN: Der Physikkomm. Hugolins von Orvieto OESA (1972) 78f. – [7] Vgl. P. D'AILLY: Destructiones modorum significandi ... (o. J. u. O.), fol. b 1v a/b. – [8] P. ABÄLARD: Dialectica (1956) 562; B. GEYER: Peter Abaelards philos. Schr. 1/3 (1927) 308 u. ö. – [9] DUNS SCOTUS, Opus Oxon. II, d. 42, q. 2, ad 2, n. 17. Opera omnia 6 (1639, ND 1968) 1058. – [10] GEYER, a. a. O. [8] 1/1 (1919) 24; 2 (1933) 513f.; J. THOMASIUS: Orationes (1683) 254f. – [11] L. E. LOEMKER: Struggle for synthesis (1972) 106. – [12] PETRUS NIGRI, a. a. O. [1] q. 12, fol. f 4r a/b; q. 17, fol. i 4v b/5r a; q. 31, fol. 14v b. – [13] J. CARAMUEL: Metalogica (1654) 63a. – [14] B. KECKERMANN: Systema systematum (1613) 87 a. 332 bff. 1892 b. – [15] J. H. ALSTED: Scientiarum omnium Encyclop. 1 (1649) 112 a; R. GOCLENIUS: Lex philos. 1613, ND 1964) 757 b ff.; J. MICRAELIUS: Lex. philos. (²1662, ND 1966) 312 a/b; THOMASIUS, a. a. O. [10] 259ff. – [16] KECKERMANN, a. a. O. [14] 1892 b. – [17] PH. BOEHNER: Coll. articles on Ockham (1958) 156ff. – [18] Vgl. B. MASTRIUS DE MELDOLA, Philosophiae ... cursus integer 5 (Met. pars II), d. 9, q. 1, n. 4 = (1708) 77 b u. ö. – [19] DOMINGO DE SOTO: In Porphyrii Isagogen ... comm. q. 1 = (1587, ND 1967) 30M-31A. 33A/B. – [20] F. SUÁREZ: Disp. met. d. 6, s. 2, n. 1. Opera omnia 25 (1877) 206 a. – [21] H. DE MENDOZA: Disputationes in universam philosophiam ... (1619) 1, 71b; 2, 408 a/b u. ö. – [22] CARAMUEL: Praecursor logicus (1654) 139 a. – [23] Vgl. C. PRANTL: Gesch. der Logik im Abendlande 4 (1870) 296. – [24] Vgl. THOMASIUS, a. a. O. [10] 251ff.; ST. CHAUVIN: Lex. philos. (1692) s. v. ‹Universale›. – [25] THOMASIUS, a. a. O. 260. – [26] V. COUSIN: Ouvrages inéd. d'Abélard (Paris 1836) CLXXXIIff. – [27] W. HAMILTON: Lect. on met. and logic 2 (1861, ND 1969) 296. – [28] PRANTL, a. a. O. [23] 3, 206. – [29] J. E. ERDMANN: Grundriß der Gesch. der Philos. (⁴1896) 1, 451. – [30] R. ZIMMERMANN: Stud. und Kritiken ... (1870) 1, 113. 125. – [31] R. GROSSMANN: The Rev. of Met. XIV, 2 (1960) 252. 254. – [32] W. v. O. QUINE: From a logical point of view (1953) 14. 76f. 125ff. – [33] a. a. O. 123. 125. – [34] 79. – [35] W. STEGMÜLLER: Glauben, Wissen und Erkennen ... (1965) 52. 97. 113ff. – [36] M. GRABMANN: Die Gesch. der scholast. Methode 1 (1909, ND 1957) 298ff.; vgl. LThK¹ 8 (1936) 986. – [37] COUSIN, a. a. O. [26] CLXXXIff.; GEYER, a. a. O. [8] 2, 628. – [38] K. MICHALSKI: La philos. au 14e siècle (1969) 3. 10. 19. 307. – [39] WILHELM VON OCKHAM, I Sent., d. 2, q. 8 C. Opera 2, 269. – [40] PETRUS AUREOLIS, I Sent., d. 9, p. 1, a. 1 = (1596) 320 b C. – [41] II Sent. d. 3, q. 2, a. 4 = (1605) 66 b C; I Sent. d. 23, a. 2 = 533 a D; d. 36, a. 2 = 739 b C; d. 36, a. 2 = 836 b E. – [42] R. DREILING: Der K. in der Universalienlehre des ... Petrus Aureoli (1913) 80ff. 130ff. 147; vgl. Dict. Théol. cath. 13 (1933) 1852 (TEETAERT). – [43] MICHALSKI, a. a. O. [38] 71ff. – [44] A. MEINONG, Gesamt-A. 1 (1969) 32. 64. 70. – [45] E. HUSSERL: Log. Untersuch. 2/1 (⁴1928) 144.

Literaturhinweise. Thematisch außer J. THOMASIUS, COUSIN, ZIM-
MERMANN, DREILING, BOEHNER, GROSSMANN (s. o.): J. R. WEIN-
BERG: Occam's conceptualism. Philos. Rev. 50 (1941) 523-528. –
L. O. KATTSOFF: Conceptualisme, réalisme ou nominalisme en
logique. Etudes philos. NF 1 (1950) 312-327. – G. MARTIN: Ist
Ockhams Relationstheorie Nominalismus? Franziskan. Stud. 32
(1950) 31-49. – *Außerdem:* H. RITTER: Gesch. der Philos. 7 (1844)
361ff. – A. STÖCKL: Gesch. der Philos. des MA 1 (1864) 144ff.
223f. – B. HAURÉAU: Hist. de la philos. scolast. 2, 2 (1880, ND
1966) 424f. – ÜBERWEG/BAUMGARTNER: Grundriß der Gesch. der
Philos. (1915) 598f. – M. DE WULF: Hist. de la philos. médieval
(⁶1934-47) 1, 144; 3, 38. – J. R. WEINBERG: A short hist. of medieval
philos. (1964) 245ff. – F. MORANDINI: Art. ‹Concettualismo›, in:
Enciclop. filos. 1 (¹1957) 1150-1154; 1 (²1968) 1547-1551. – Alle
neuscholast. Lb. der Philos.   W. HÜBENER

Kooperation (frz. coopération, engl. co-operation, ital.
cooperazione) bedeutet ursprünglich allgemein Mitwirkung und wurde zunächst in der *Theologie* begrifflich
als einerseits die Beteiligung an einem sündhaften Vergehen eines anderen, andererseits aber auch als das Zusammenwirken von menschlichem Willen und göttlicher
Gnade in Heilsakten aufgefaßt [1].

Halb schon ökonomisch gemeint, jedoch noch von
dem Heilsgedanken profitierend, führt R. OWEN ‹K.›
1817 als erster mit seinem Projekt ‹Agricultural and
Manufacturing Villages of Unity and Mutual Co-operation› in *sozialpolitische* Zusammenhänge ein [2]. Hier
ist ‹K.› als Gegensatzbegriff zum Konkurrenzprinzip
des ökonomischen Liberalismus gemeint. Bei A. SMITH
steht der Begriff noch im Zusammenhang eines sich
durch zunehmende Arbeitsteilung herstellenden Gemeinwohls [3]. Erst J. ST. MILL bietet 1848 eine Theorie
der K., die von Erinnerungen an den Owenismus frei
ist. Während Smith in der K. nur einen bestimmten
Aspekt der Arbeitsteilung sieht, stellt Mill die grundlegende Bedeutung der K. «oder dem gemeinsamen Handeln einer Anzahl» für die Steigerung der Produktivität
der Arbeit und damit der rationalen Gestaltung der Arbeitsorganisation dar [4].

K. MARX definiert im ‹Kapital›: «Die Form der
Arbeit vieler, die in demselben Produktionsprozeß
oder in verschiedenen, aber zusammenhängenden Pro-
duktionsprozessen planmäßig neben- und miteinander arbeiten, heißt *K.*» [5]. Er erkennt auch die Bedeutung der Arbeitsorganisation, in der die Arbeiter
im Prozeß der Selbstverwertung des Kapitals mit Hilfe
von Produktionsmitteln kooperieren, die nicht ihr Eigentum sind.

In der *Soziologie* wurde der Begriff der K. weiter eingeengt. So verstehen POPITZ und seine Mitarbeiter unter
K. «die technisch bedingte Zusammenarbeit von Ar-
beitskräften» [6]. Entsprechend der Art des Bezugs der
K. auf die technische Apparatur unterscheiden sie eine
teamartige und eine gefügeartige Form der K. Ferner
muß nach dieser Auffassung bei der «K. der Arbeits-
kräfte ... ihre Arbeit unmittelbar durch andere bedingt
und auf diese ausgerichtet sein». Eine direkte Ausrichtung des Einzelnen auf diese kooperative Aufgabe ist
ein weiteres Kriterium dieser K.

Anmerkungen. [1] So noch D. DIDEROT: Art. ‹Coopération›,
in: Encyclop., hg. DIDEROT/D'ALEMBERT (Paris 1751ff.). Oeuvres
compl. (1876) 14, 222f. – [2] Vgl. A. L. MORTON: The life and
ideas of Robert Owen (London 1962). – [3] A. SMITH, Works 2
(1811) 19. – [4] J. ST. MILL: Principles of political economy, hg.
W. J. ASHELEY (ND New York 1965) 116. – [5] K. MARX, MEW
23, 344. – [6] H. POPITZ, H. P. BAHRDT, E. A. JÜRES und H.
KESTING: Technik und Industriearbeit (1957) 34.

Literaturhinweis. H. F. INFIELD: The sociol. study of co-operation (1956).   FR. LANDWEHRMANN

Koordination ist das Zusammenfügen, Beiordnen, Zu-
sammenordnen, Zusammenbefehlen von zwei oder mehreren Variablen durch eine übergeordnete Variable in
sinnvoller, ökonomischer, harmonischer Weise. Bei der
K. werden zwei oder mehrere Variable durch einen Koordinator in indirekte funktionelle Beziehung zueinander gebracht, im Unterschied zur Kooperation (Zusammenarbeiten) bei welcher zwei oder mehrere Variable in
(gleichwertiger) direkter funktioneller Beziehung zueinander stehen. Als koordinierte Variable können umfang-
gleiche Begriffe, die einem gemeinsamen Gattungsbegriff
untergeordnet sind (W. WUNDT [1]), Daten, die einem
Datum (oder einer Dimension) untergeordnet sind,
Klassen, die zu einer höheren Klasse zusammengefügt
sind, und ähnliches betrachtet werden. Stehen Variable
gleichzeitig mit mehreren Koordinatoren in Beziehung,
so spricht man von mehrdimensionaler K. W. R. ASHBY
sieht in der K. eine der Garantien für die Stabilität eines
Systems, das aus Teilsystemen besteht. Eine besondere
Art der K. tritt bei Ashbys Modell des ultra-(multi-)
stabilen Systems hervor, wobei jedes der Teilsysteme
eines Gesamtsystems zum Koordinator für die übrigen
Teilsysteme werden kann [2].

In der *Physiologie* versteht man unter K. das harmonische (ökonomisch aufeinander abgestimmte) Zusammenspiel von Effektoren (hauptsächlich Muskeln oder
Muskelgruppen) sowie die Art nervlich geregelter (gesteuerter) Funktionen, wie Puls, Kreislauf, Atmung,
Tonus, Blutdruck usw. Bei einer Reihe von Verhaltensweisen (Instinktverhalten) nimmt man angeborene K.
der Bewegung (Erb-K.) und deren Zuordnung zu Signalen der Umgebung (angeborene Auslösemechanismen)
an. A. RÜSSEL [3] hebt den Unterschied zwischen der
(organspezifischen und «unverlierbaren») Rahmen-K.
und der (übungsbedingten) Fein-K. hervor. In der Geschichte der Physiologie bieten sich als K.-Modelle das
Reflexmodell PAWLOWS (Reflexketten), neuerdings aus
mehr dynamischer Betrachtungsweise Regulationsmo-
delle (Reafferenzprinzip nach E. VON HOLST [4]; Kas-
kadenregelung u. ä. in der Kybernetik) an.

In der *Psychologie* fand der Begriff ‹K.› – verstanden
als räumliche und zeitliche Geordnetheit eines Prozesses
– besonderen Anklang durch die Erforschung der Dynamik des sensomotorischen Geschehens (I. KOHLER
[5], W. WITTE [6], R. HELD [7], C. S. HARRIS [8] u. a.).
K. ist hier mehr als das harmonische und ökonomische
Zusammenspiel von Muskeln oder Muskelgruppen. Der
Begriff bezeichnet den Kreisprozeß zwischen den aufeinander abgestimmten Funktionen von Sensorium und
Motorik (sensomotorische K.), wobei das Funktionieren des Sensoriums durch die Kenntnisnahme der Fehler
und Erfolge der Motorik (im Sinne der sogenannten
reafferenten Reizung nach HELD) garantiert wird oder
(wie bei J. G. TAYLOR [9]) durch Erfolge und Mißerfolge
der Motorik erst aufgebaut werden kann. Unter intersensorischer K. versteht man die Beziehungen einzelner
Sinnessysteme zu allgemeinen sensorischen Parametern
(Raum, Zeit, aber auch zu intermodalen Qualitäten, wie
z. B. Rauheit, Helle u. ä.); durch diese Beziehungen wird
die intermodale Synthese der Einzelmeldungen (Empfindungen) zu Wahrnehmungsdingen ermöglicht. Bei bestimmten Erkrankungen oder unter Einfluß bestimmter
Drogen kommt es zu Störungen der K. (Gleichgewichts-,
Geh-, Schreibstörungen usw.). Die experimentell (durch
Pharmaka, optische Mittel, wie Prismen, Linsen, Spiegel,
weiter durch galvanische Reizung u. dgl.) hervorgerufene K.-Störung ist eine Maßnahme zum Studium der

Stabilität und der Stabilisierungsprozesse (Adaptation) sowie des funktionalen Ablaufs sensomotorischer und intersensorischer Prozesse.

Anmerkungen. [1] W. Wundt: Logik 1 (²1893) 115ff. – [2] W. R. Ashby: Design for a brain (London 1960) 57. 67. 103. – [3] A. Rüssel: Das Wesen der Bewegungs-K. Arch. ges. Psychol. 112 (1944) 1. 19. – [4] E. von Holst und H. Mittelstaedt: Das Reafferenzprinzip. Naturwiss. 37 (1950) 464ff.; E. von Holst: Aktive Leistungen der menschl. Gesichtswahrnehmung. Stud. gen. 10 (1957) 231ff. – [5] I. Kohler: Die Zusammenarbeit der Sinne und das allg. Adaptationsproblem, in: Hb. Psychol. I/1 (1966) 616ff. – [6] W. Witte: Haptik, in: Hb. Psychol. I/1 (1966) 498ff. – [7] R. Held und A. V. Hein: Adaptation of disarranged hand-eye-coordination contingent upon re-afferent stimulation. Percept. mot. Skills 8 (1958) 87-90. – [8] C. S. Harris: Adaptation to displaced vision: Visual, motor, or proprioceptive change? Science 140 (1963) 812-813. – [9] J. G. Taylor: The behavioral basis of perception (New Haven/London 1962) 14ff.   A. Hajos

Kopenhagener Deutung der Quantentheorie heißt die von N. Bohr und W. Heisenberg 1927 angegebene Lösung der beim Verständnis der Quantentheorie aufgetretenen Schwierigkeit. Um dem Formalismus der Quantentheorie einen Sinn zu geben und um anderen mitteilen zu können, was man getan und erfahren hat, war einerseits eine Objektivierung [1] mit Begriffen der klassischen Physik unumgänglich; andererseits ließen sich aber atomare Objekte nicht so objektivieren wie die Gegenstände der klassischen Physik [2]. Die mit der K.D. vorgeschlagene Lösung ist der Übergang zu einer komplementären Naturbeschreibung. Der Begriff der Komplementarität (s. d.) wird eingeführt, um auch Phänomenen Rechnung tragen zu können, die nicht in einem einzigen Bild verstanden werden können. Solche Phänomene werden nicht als einander widersprechend, sondern als komplementär zueinander angesehen: «Nach dem Wesen der Quantentheorie müssen wir uns also damit begnügen, die Raum-Zeit-Darstellung und die Forderung der Kausalität, deren Vereinigung für die klassischen Theorien kennzeichnend ist, als komplementäre, aber einander ausschließende Züge der Beschreibung des Inhalts der Erfahrung aufzufassen, die die Idealisation der Beobachtungs- bzw. Definitionsmöglichkeiten symbolisieren» [3]. Wesentlich für die K.D. ist die Erinnerung daran, «daß es zur objektiven Beschreibung und harmonischen Zusammenfassung auf fast jedem Wissenschaftsgebiete notwendig ist, den Beobachtungsbedingungen besondere Aufmerksamkeit zu widmen» [4]. Wegen der verschiedenen Möglichkeiten der Stellung von Subjekt und Objekt ist nämlich eine objektivierende Aussage nur dann eindeutig, wenn auch die Weise der Objektivierung angegeben wird. Diese aber ist in der Physik durch die Beobachtungsbedingungen gekennzeichnet. Deshalb redet man in dem Bereich der Physik, in dem die Komplementarität von Möglichkeiten der Objektivierung nach der K.D. relevant wird, d. h. in der Quantentheorie, nur dann objektiv bzw. eindeutig, wenn man auch die Beobachtungsbedingungen mit in Anschlag bringt.

Angesichts der Komplementarität verschiedener Möglichkeiten der Stellung von Subjekt und Objekt kann die allgemeine Aufgabe der Physik nach der K.D. nicht mehr in der Beschreibung einer starr begrenzten Welt an sich vorhandener Objekte gesehen werden, die ganz unabhängig davon, ob und wie wir sie wirklich beobachten, bestimmte Kreise zieht, sondern vielmehr in der Formulierung von Gesetzen, nach denen unter Versuchsbedingungen, die sich in der durch Begriffe der klassischen Physik geeignet präzisierten Umgangssprache beschreiben lassen, Erfahrungen stattfinden. Die Beibehaltung der klassischen Begriffe sorgt dafür, daß die so verstandene Physik nicht «subjektiv» wird. Dabei handelt es sich im Bereich der Quantenmechanik nach der Bornschen Deutung um statistische Gesetze. Die K.D. versteht die Schwierigkeiten in der Quantentheorie als eine lehrreiche Erinnerung an die Bestimmung unseres Wissens durch die Bedingungen der Möglichkeit von Erfahrung und an das allgemeine Problem der menschlichen Begriffsbildung. Sie ist nicht aus der Quantentheorie deduzierbar, sondern geht ihr voraus und macht diese Theorie erst zu einer physikalischen Theorie.

Einwände gegen die K.D., die insofern Einwände gegen die gegenwärtige Quantentheorie überhaupt sind, haben vor allem M. Planck, A. Einstein, E. Schrödinger, L. de Broglie, D. Bohm und J.-P. Vigier erhoben. Diese Auseinandersetzung ist nicht abgeschlossen. Weitere Einwände werden von seiten des dialektischen Materialismus und der katholischen Kirche erhoben [5].

Anmerkungen. [1] Vgl. Art. ‹Objektivierbar›. – [2] Vgl. Art. ‹Unbestimmtheitsrelation›. – [3] N. Bohr: Atomtheorie und Naturbeschreibung (1931) 36. – [4] Atomphysik und menschl. Erkenntnis 1 (1958) 2. – [5] Vgl. Art. ‹Idealismus, physikalischer›.

Literaturhinweise. W. Heisenberg: Über den anschaulichen Inhalt der quantentheoret. Kinematik und Mech. Z. Phys. 43 (1927) 172-198 (Unbestimmtheitsrelationen); Phys. Prinzipien der Quantentheorie (1930, ND 1958). – N. Bohr s. Anm.: Can quantum-mechanical description of physical reality be considered complete? Phys. Rev. (1935) 696-702, Entgegnung auf: A. Einstein/B. Podolsky und N. Rosen: Can quantum-mechanical description of physical reality be considered complete? Phys. Rev. (1935) 777-780. – N. Bohr s. Anm. [4]. – W. Heisenberg: Phys. und Philos. (1959, ²1972). – C. F. v. Weizsäcker: Zum Weltbild der Phys. (⁸1960, ¹¹1970). – E. Scheibe: Die kontingenten Aussagen der Phys. (1964). – K. M. Meyer-Abich: Korrespondenz, Individualität und Komplementarität (1965) mit Lit.   K. M. Meyer-Abich

Kopernikanische Wende. Der Ausdruck ‹K.W.› dient als eine «absolute» kosmologische Metapher (H. Blumenberg), die die astronomische Bauformel des Kopernikus als Orientierungsmodell für die Beantwortung der theoretisch-begrifflich nicht entscheidbaren Frage nach der Weltstellung des Menschen verwendet: «Der kopernikanische Umsturz ist nicht als theoretischer Vorgang Geschichte geworden, sondern als Metapher: die Umkonstruktion des Weltgebäudes wurde zum Zeichen für den Wandel des menschlichen Selbstverständnisses» [1].

1. Kopernikus wurde zu seiner heliozentrischen Reform durch seine – vor allem stoische Philosopheme (z. B. Cicero) aktualisierende – teleologische Überzeugung veranlaßt, daß die Welt «propter nos ab optimo et regularissimo omnium opifice» geschaffen sei [2] und daß es in einer solchen, um des Menschen willen geschaffenen Welt keine der Vernunft prinzipiell transzendente Wirklichkeit geben dürfe. Dieser (humanistische) rational-teleologische Anthropozentrismus wehrt sich gegen die gespaltene Kosmologie des lateinischen Averroismus (Unterscheidung von sublunarer und supralunarer Welt; über letztere können nur Hypothesen aufgestellt werden; vgl. Ptolemäus) mit ihrer Kompliziertheit und metaphysischen Sanktion der Ungenauigkeit astronomischer Leistung. Demgegenüber wollte Kopernikus (in «konservativer» Absicht) das metaphysische Prinzip der durchgehenden Rationalität des Kosmos retten und zugleich den Menschen als einen seiner theoretischen Bestimmung nach wahrheitsfähigen, dem Kosmos rational gewachsenen «Contemplator caeli» ausweisen. (Auf (initiierende oder justifizierende?) Einwirkungen der in der italienischen Renaissance erneuerten neuplatonisch-hermetischen

Sonnenvergottung auf Kopernikus hat z. B. W. Philipp hingewiesen [3].) Geozentrik bzw. Heliozentrik besaßen für Kopernikus (anders als für die Stoa) keine metaphorische, d. h. eine Rangstellung des Menschen in der Welt anzeigende Bedeutung. Der historische Kopernikus war kein «Kopernikaner».

2. Die Bedeutung der kopernikanischen Reform für das neuzeitliche Selbstverständnis beruht auf der *metaphorischen* Deutung der theoretischen Leistung des Kopernikus, d. h. auf der Annahme, daß die Natur dem Menschen eine (bewußtseinsunabhängige) Aussage über seine Rangstellung bereithalte, ein Vorgang, den H. Blumenberg die «Kopernikanische Inkonsequenz der Neuzeit» nennt. Das «metaphorische Potential» der K.W. wurde zuerst im Barock entdeckt, der den in der Stoa zur Metapher für die Weltstellung des Menschen gewordenen geozentrischen Kosmos anthropologisch aktualisierte: «Was das abgelöste Weltbild an Bedeutung getragen haben sollte, wurde erst am Fazit seines Verlustes demonstriert» [4]. Auch die (z. B. den Reformatoren unbekannte) Verchristlichung der Geozentrik ist ein Werk des barocken Neustoizismus: «Die geozentrische Überzeugung ist ein Theologumenon ex eventu, das sich erst an der kopernikanischen Metapher in die Tradition projizieren ließ» [5]. Im Vorgang der Metaphorisierung wurde die kopernikanische Reform vor allem als (positiv oder negativ zu wertende) Metapher für die kritische Entrechtung des Teleologieprinzips in Anspruch genommen, als Formel für die Selbstbehauptung des Menschen, der nicht mehr auf vorgefundene Ordnungen festgelegt ist, mithin als anthropologische Denk- und Ergriffenheitsform.

a) Die im Bewußtsein noch nachwirkende seitherige Kosmologie ließ die tremendären Affekte der Veränderung des Weltmodells nicht sofort zur Wirkung kommen. Historisch primär sind die faszinierenden Bewußtseinswirkungen. Ansätze zu einem «kopernikanischen Pathos» lassen sich bei J. Rheticus beobachten. Dieses ruht hier auf dem von Kopernikus für sein Weltmodell erhobenen, aber noch mittelalterlich (Schöpfungsoptimismus) motivierten und noch nicht in seiner metaphorischen Potenz erkannten Wahrheitsanspruch auf, während z. B. A. Osiander in seiner Vorrede zum Werk des Kopernikus auf dessen «Hypothesencharakter» hingewiesen hatte. Wichtig ist die «Barockisierung» des Kopernikus, die Verkehrung des Theoretischen ins Heroische als Ausdruck barocken Machtgefühls gegenüber der Natur (vgl. die Kopernikusapotheose des N. Zoraruij und die erstmals 1611 erfolgte Beigabe des sog. Telluriums zum Kopernikusbild). Kopernikus erscheint hier nicht mehr als der Theoretiker oder grübelnde Himmelsbetrachter, sondern als ein «gegen das Recht der Natur» handelnder «Gewalttäter». Im Hintergrund steht die Umwandlung der aristotelisch-scholastischen Annahme der «selbsttätigen Macht» der Wahrheit in ein Wahrheitsverständnis, das geprägt ist von der «Gewalt», die der Mensch der Natur antun muß, um sie zu gewinnen (vgl. Bacons und Kants Metaphorik der Bewältigung und Überwältigung der Wahrheit). G. Bruno hat als erster die kopernikanische Reform mit dem Bild des Aufgangs eines neuen Lichtes verbunden. Sein als Befreiung des Menschen aus dem «Kerker» der Welt verstandenes Unendlichkeitspathos nimmt die Leistung des Kopernikus als absolute Metapher für die neue Standortbestimmung des Menschen in der Welt: Der Unendlichkeit des Kosmos soll die Verneinung der Erlösungsbedürftigkeit des Menschen entsprechen. Bruno dürfte für dieses metaphysische

Pathos und nicht für eine astronomische Theorie gestorben sein. Auch G. Galilei ist weniger an der Weltmodell- als an der Weltbildkonsequenz des Kopernikus interessiert. Er versucht, die bisherige Auszeichnung der Gestirnwelt zu bewahren, um auch die Erde daran teilhaben zu lassen («Stellarisierung» der Erde). Sein kopernikanisches Pathos sucht in diesem Vorgang die Metapher: die Rangerhöhung der Erde. Allerdings nahm der «Herold des Kopernikanismus» das treibende Motiv des Kopernikus (im Gegensatz zu Kepler) nicht mehr ernst: die Rettung des Kosmos. Galilei tendiert bereits zum «System» (vgl. auch Descartes) als einem rationalen Leitgefüge für eine Orientierung im Medium der Fakten (H. Blumenberg). Die Metaphorisierung des kopernikanischen Wahrheitsanspruchs führt zur Ausbildung des «kopernikanischen Prinzips», demzufolge auf jede errungene Position die kopernikanische Konsequenz erneut angewandt werden kann. Für J. H. Lambert ist die Reform des Kopernikus nur der Beginn der Durchführung eines fundamentalen Prinzips kosmologischer Konstruktion [6]. I. Kant hat seine transzendentale Umbegründung des menschlichen Weltverhältnisses (nicht die Natur setzt die Zeichen für den Menschen, sondern umgekehrt) ausdrücklich zur Tat des Kopernikus in Parallele gesetzt [7]. Er steht damit in der Tradition der metaphorischen Kopernikusdeutung: Kants K.W. erscheint als ein Akt der Selbsterhaltung des Menschen gegenüber den vermeintlichen (d. h. metaphorischen) Konsequenzen der ersten K.W. Spätestens mit J. W. v. Goethe ist diese Bewußtseinsvirulenz des kopernikanischen Weltmodells allgemein sichtbar geworden: «Unter allen Entdeckungen und Überzeugungen möchte nichts eine größere Wirkung auf den menschlichen Geist hervorgebracht haben, als die Lehre des Kopernikus. Kaum war die Welt als rund anerkannt und in sich selbst abgeschlossen, so sollte sie auf das ungeheure Vorrecht Verzicht tun, der Mittelpunkt des Weltalls zu sein. Vielleicht ist noch nie eine größere Forderung an die Menschheit geschehen: denn was ging nicht alles durch diese Anerkennung in Dunst und Rauch auf: ein zweites Paradies, eine Welt der Unschuld ...; kein Wunder ..., daß man sich ... einer solchen Lehre entgegensetzte, die denjenigen, der sie annahm, zu einer bisher unbekannten, ja ungeahnten Denkfreiheit und Großheit der Gesinnungen berechtigte und aufforderte» [8]. E. du-Bois-Reymond verglich 1882 triumphierend Kopernikus mit Darwin und sah in beiden die Begründer einer neuen Stellung des Menschen in der Natur: «Für mich ist Darwin der Kopernikus der organischen Welt» [9]. Bei W. Dilthey spielt Kopernikus eine entscheidende Rolle für das «souveräne Bewußtsein der Autonomie des menschlichen Intellekts und seine Macht über die Dinge» [10]. Die positivistische Metaphorisierung des Kopernikus beginnt mit A. Comte, der in ihm den «spontanen Ursprung des wahrhaft wissenschaftlichen Geistes» sah [11]. Bei K. Marx dient die kopernikanische Metapher als «Sprengmetaphorik» [12], als Zurückweisung der Zumutung vorfindbarer Orientierungen: «Die Religion ist nur die illusorische Sonne, die sich um den Menschen bewegt, solange er sich nicht um sich selbst bewegt» [13]. In der neomarxistischen Kopernikusinterpretation, z. B. bei G. Klaus, wird die kopernikanische Reform metaphorisch als «völliger Umsturz des feudalen Weltbildes», als «Angriff gegen die Lehren der Kirche» und als «Banner des weltanschaulichen Fortschritts» gefeiert [14]. Die weltanschauliche Verwendung der metaphorisierten Kosmologie findet sich auch bei O. Spengler, demzufolge in Kopernikus «das altnordische

Lebensgefühl, die Wikingersehnsucht nach dem Grenzenlosen, zu ihrem Rechte kam». Das «den heutigen Westeuropäern geläufige Schema, in dem die hohen Kulturen ihre Bahnen um uns als den vermeintlichen Mittelpunkt alles Weltgeschehens ziehen», nennt Spengler «das ptolemäische System der Geschichte», und er betrachtet es «als die kopernikanische Entdeckung im Bereich der Historie», daß in seiner Geschichtsschau Antike und Abendland keine Vorzugsstellung mehr den anderen Kulturen gegenüber einnehmen [15].

b) Die tremendären Affekte der K. W. beginnen nicht erst in der frühen Aufklärung mit FONTENELLE (so H. Blumenberg), sondern bereits im «Unendlichkeitsgrauen» des Barocks, dessen «kosmischer Nihilismus» das Gegenstück zum «Kosmischen Rausch» der Eroici Furori (Bruno, Vanini) darstellt und die (negativen) metaphorischen Konsequenzen (die «Zertrümmerung des antik-mittelalterlichen Sphärenhauses» [16] mit seinen soteriologischen und anthropologischen Implikationen) aus der kopernikanischen Reform zieht, was dann – als Gegenbewegung – die Frühaufklärung mit ihrem wesentlich durch die Physikotheologie geprägten neuen Transzendenzerlebnis (als «Transzendenz jenseits der Unendlichkeit») hervorruft. Die negative Auslegung der K. W. im 19. und 20. Jh. ist denn auch eng mit einer Aktualisierung barocken Denkens verbunden, wobei vorausgesetzt wird, die Geozentrik sei als spezifisch christlicher Gehalt verteidigt worden und verloren gegangen.

Das kopernikanische Prinzip wurde von S. KIERKEGAARD als «pathologisches Moment» heftig kritisiert [17]. Für FR. NIETZSCHE ist Kopernikus zur Metapher für den neuzeitlichen Nihilismus geworden: «Seit Kopernikus rollt der Mensch aus dem Zentrum in's x» [18]. Durch die «Niederlage der theologischen Astronomie» sei das menschliche Dasein «noch beliebiger, eckensteherischer, entbehrlicher in der sichtbaren Ordnung der Dinge» geworden. «Ist nicht gerade die Selbstverkleinerung des Menschen seit Kopernikus in einem unaufhaltsamen Fortschritte?» Wenn Nietzsche aus der «exzentrischen Verlorenheit» der Erde im Weltall eine Metapher für den «durch die Wissenschaft herbeigeführten Nihilismus des menschlichen Selbstbewußtseins macht, so gab er der Kosmologie eine Funktion und Aussagefähigkeit zurück, die sie gerade durch Kopernikus verloren hatte» [19]. Nietzsche folgt hierbei dem neuzeitlichen Selbstbewußtsein, das das Modell der K. W. erst durch jene Prämisse anthropologisch relevant machte, daß die Natur dem Menschen eine (bewußtseinsunabhängige) Aussage über seine Rangstellung in der Welt bereithalte, was faktisch einen Schritt zurück in den Vorkopernikanismus bedeutet. Eine ähnliche Sicht des Kopernikus findet sich bei C. F. MEYER: «Wir nahmen Welt und Himmel nun im Raub, wir wähnten uns das All und sind nur Staub» [20]. S. FREUD zielt in die gleiche Richtung: «Die zentrale Stellung der Erde war [dem Menschen] ... eine Gewähr für ihre herrschende Rolle im Weltall und schien in guter Übereinstimmung mit seiner Neigung, sich als den Herrn dieser Welt zu fühlen. Die Zerstörung dieser narzißhaften Illusion knüpft sich für uns an den Namen und das Werk Nik. Kopernikus ... Als [die kopernikanische Reform] aber allgemeine Anerkennung fand, hatte die menschliche Eigenliebe ihre erste, die kosmologische Kränkung erfahren». Dies hat für Freud eine therapeutische Funktion: Kopernikanischer, darwinistischer und psychoanalytischer Schock sind für ihn ein Kulturgewinn, insofern sie zu einer «Entwicklung der Menschheit zur verständigen Resignation» hinführen [21]. Nach M. BORN besteht

die anthropologische Bedeutung des Weltmodellwandels darin, «daß die Erde, die Menschheit, das einzelne Ich entthront werden», «daß der Mensch der Astronomie nicht mehr wichtig ist, höchstens für sich selbst» [22].

Das metaphorisierte Kopernikusbild Nietzsches und Freuds und der mit dem Darwinismus sich verbindenden Lebensphilosophie bestimmt bis heute weithin das historische Urteil über Kopernikus (vgl. auch K. BARTH und E. HIRSCH [23]). Demgegenüber gilt es, die Differenz zwischen der metaphorischen Deutbarkeit eines theoretischen Ereignisses und der Annahme seiner (historischen) Kausalität für das aus ihm Gefolgerte wieder stärker zur Geltung zu bringen (vgl. H. Blumenberg).

Kopernikanisches Pathos und kopernikanische Resignation haben beide mit der kopernikanischen Reform als einem theoretisch-astronomischen Werk nichts zu tun. Beide nehmen die Leistung des Kopernikus nicht als Erkenntnis, sondern als absolute Metapher: als ambivalentes Orientierungsmodell für die Rangindikation des Menschen in der Welt. Beide bleiben an dem von Kopernikus überwundenen Metaphernrealismus hängen. Das Schema der K. W. ist kein astronomisch-naturwissenschaftliches Modell, das mit Wissenschaftsanspruch auch auf geistesgeschichtliche Vorgänge angewandt werden kann, sondern eine Metapher für die Auslegung menschlichen Selbstbewußtseins, eine Weltanschauungsprämisse.

3. Die Metapher der K. W. wird vor allem als Interpretationsschema für Ereignisse und Gestalten, die einen Epochenwandel anzeigen sollen, benutzt. Sie ist – infolge der für absolute Metaphern geltenden Bedingungen – vielfacher Übertragungen und Aktualisierungen fähig. Hingewiesen sei hier z. B. auf die Deutung des Thesenanschlages Luthers als «Zertrümmerung» der mittelalterlichen Kirche (Luther als «kirchlicher Kopernikaner»; K. Aland), auf das marxistische Verständnis Luthers als eines «frühbürgerlichen Revolutionärs», auf die Interpretation der Aufklärung als Entdeckung und Absolutsetzung der Vernunft im Sinne des Rationalismus und als Ansetzung des Menschen als des Maßes aller Dinge im Sinne des Eudämonismus, auf das (vorwiegend neukantianische) Kantverständnis (Kant als der große Antimetaphysiker und «Alleszermalmer»), auf die «Antimetaphysik» des 19. und 20. Jh. und auf die gegenwärtige Debatte über die «Säkularisation». Die Metaphorisierung des Kopernikus läßt sich vorwiegend dort feststellen, wo Barockphänomene auf neuen Ebenen aktualisiert werden.

Die «Wahrheit» der Metapher der K. W. ist «pragmatischer» Natur. Sie ist – in der Sprache Kants – «ein Prinzip nicht der theoretischen Bestimmung des Gegenstandes ..., was er an sich [ist], sondern der praktischen, was die Idee von ihm für uns und den zweckmäßigen Gebrauch derselben werden soll» [24]. Kopernikus ist in diesem Kontext eine Gestalt der Bewußtseinsgeschichte geworden: «Die Welt, wissenschaftlich objektiviert, ist stumm geworden auf die Frage, welche Stellung der Mensch in ihr einnimmt. Der Mensch ist darauf angewiesen, diese Frage nur noch an sich selbst zu stellen» [25].

Anmerkungen. [1] H. BLUMENBERG: K.W. (1965) 100. – [2] KOPERNIKUS, Widmungsvorrede an Papst Paul III. –[3] W. PHILIPP: Das Zeitalter der Aufklärung (1963) XXIV. – [4] BLUMENBERG, a. a. O. [1] 129. – [5] 134. – [6] J. H. LAMBERT: Cosmol. Briefe über die Einrichtung des Weltbaues (1761). – [7] I. KANT, KrV B Vorrede; KU § 28. – [8] J. W. GOETHE, Materialien zur Gesch. der Farbenlehre I, 4. Zwischenbemerk. – [9] E. DU BOIS-REYMOND:

Darwin und Kopernikus, in: Drei Reden (1884) 49. – [10] W. DILTHEY: Ges. Schr. 2 (³1923) 260. – [11] A. COMTE: Discours sur l'esprit positif (1844). – [12] Vgl. BLUMENBERG, a. a. O. [1] 163. – [13] K. MARX: Einl. zur Kritik der Hegelschen Rechtsphilos. (1843/44). Werke, hg. H. J. LIEBER 1, 488f. – [14] G. KLAUS: Einl. zu N. COPERNICUS, Über die Kreisbewegungen der Himmelskörper (1959). – [15] O. SPENGLER: Der Untergang des Abendlandes (³³1923) 1, 428. – [16] PHILIPP, a. a. O. [3] XXVII. XXXVI. – [17] S. KIERKEGAARD, Tagebuch (20. 7. 1839). – [18] FR. NIETZSCHE, Der Wille zur Macht. Musarion-A. 18, 8; Zur Geneal. der Moral II a. a. O. 15, 438ff. – [19] BLUMENBERG, a. a. O. [1] 157. – [20] C. F. MEYER, Huttens letzte Tage, Nachtgespräch. Sämtl. Werke (Knauer Klass.) 964. – [21] Vgl. S. FREUD, Werke 6, 128ff.; 11, 294f. – [22] M. BORN: Die Relativitätstheorie Einsteins (³1922) 10. – [23] Vgl. K. DIENST: K. W.en. Jb. Hess. Kirchengesch. Vgg. 18 (1967) 1-49, bes. 29ff. – [24] I. KANT, KU § 59. – [25] H. BLUMENBERG: Kopernikus im Selbstverständnis der Neuzeit. Abh. Akad. Mainz, geistes- und soz.wiss. Kl. (1969) Nr. 5, 368.

Literaturhinweise. G. KLAUS s. Anm. [14]. – H. BLUMENBERG: Paradigmen zu einer Metaphorol. (1960); s. Anm. [1. 25]. – W. PHILIPP s. Anm. [3]. – K. DIENST s. Anm. [23] (Lit.); Zur marxist. Kopernikus- und Lutherinterpretation. Dtsch. Pfarrer-Bl. 66 (1966) 715-719; Die Reformation und Kopernikus a. a. O. 68 (1968) 85-94; Die Interpretation der Reformation als «frühbürgerliche Revolution». Ebernburg-Hefte 2 (1968) 40-50. – H. BLUMENBERG: Die Genesis der kopernikanischen Welt (1975).

K. DIENST

Kopula (lat. copula, das Band)

I. ‹K.› werden die finiten Formen des Verbums ‹sein› (meist ‹ist› oder ‹sind›) genannt, die in Aussagesätzen bzw. Urteilen mit nominalem Prädikat (Adjektiv oder Substantiv) das grammatische Subjekt mit dem Prädikat (bzw. Prädikatsnomen) verbinden. Das hier gebrauchte Verbum ‹sein› hat ausgesprochene Hilfsverbfunktion und ist zu trennen von dem in philosophischen Existenzaussagen auftretenden ‹sein› in Wendungen wie «Gott ist (existiert)».

Geltung und Funktion der K. sind umstritten. Manche *sprachkritische Logiker* (A. J. AYER, S. K. LANGER, W. STEGMÜLLER u. a.) wollen ihr in verschiedenen Sätzen mehrere logische Bedeutungen zuerkennen (z. B. Identität, Element-Klassen-Relation usw.) [1]. Der Umgangssprache wird vorgeworfen, für diese verschiedenen Funktionen nur eine Form, eben ‹ist› oder ‹sind›, bereitzustellen, die also mehrdeutig ist.

Eine *sprachwissenschaftliche* Analyse der fraglichen Aussagen führt jedoch bei Berücksichtigung der inhaltlichen Leistung der K. zu der Einsicht, daß sie im Grunde dem Ausdruck der Prädikation dient, und zwar erfüllt das in diesem Falle existentiell wertneutrale ‹ist› oder ‹sind›, indem es als finites Verb zwischen Subjekt und nominales Prädikativum tritt, die im Deutschen und in anderen Sprachen bestehende Forderung nach einer solchen Verbalform in entsprechenden Aussagesätzen. Die verschiedenen logischen Bedeutungen liegen demnach also nicht in der K., sondern bereits in dem logischen Verhältnis der durch sie verbundenen Begriffe. Diese Auffassung wird durch den Vergleich mit analogen Aussagen in kopulalosen Sprachen gestützt, bei denen es meist abwegig ist, von einer «mitgedachten, aber nicht ausgedrückten» K. zu sprechen, wie es mitunter geschieht [2]. Nicht auszuschließen ist jedoch, daß durch betonende Hervorhebung des ‹ist/sind› der Charakter der einfach konstatierenden Aussage verändert und unter Umständen auch eine Existenzaussage mit ausgedrückt bzw. ein Urteil mit Wahrheitsanspruch formuliert werden soll.

Anmerkungen. [1] H. GIPPER: Bausteine zur Sprachinhaltsforsch. (²1969) 135-214: 2. Kap. Das Problem der sog. Vieldeutigkeit der K. in log., philos. und inhaltbezogener Sicht. – [2] a. a. O. 211ff.

Literaturhinweise. A. GROTE: Über die Funktion der Copula. Eine Unters. der log. und sprachl. Grundlagen des Urteils (1935). – W. STEGMÜLLER: Sprache und Logik. Stud. gen. 9 (1956) 57-77. – H. GIPPER s. Anm. [1], weitere Lit.angaben 502ff. – P. HACKER: Die Seinsbegriffe des Hindi: hotā hai und hai, in: Z. vergl. Sprachforsch. 78 (1963) 249-295. – J. W. M. VERHAAR (Hg.): The verb «be» and its synonyms. Philos. and grammatical stud. 1: Classical Chinese/Mundari (Dordrecht 1967); 2: Eskimo/Hindi/Zuni/Modern Greek/Mlayalam/Kurukh (ebda. 1968); 3: Japanese/Kashmiri/Armenian/Hungarian/Sumerian/Shona (ebda. 1968); 4: Twi/Modern Chinese/Arabic (ebda. 1969); 5: Urdu/Turkish/Bengali/Amharic/Indonesian/Teluju/Estonian (ebda. 1972).

H. GIPPER

II. ‹K.› heißt in der *traditionellen Logik* eine sprachliche Partikel, die Subjekt (s.d.) und Prädikat (s.d.) zum Urteil (s.d.) verbindet, also z. B. das ‹ist› in «Eisen ist magnetisch». Ein so zusammengesetztes Urteil heißt dann dreigliedrig. Es ist umstritten, ob die K. auch entbehrlich sein kann, d. h. ob es auch zweigliederige oder eingliederige Urteile geben kann.

ARISTOTELES verwendet zwar oft ὑπάρχει, um die K. anzudeuten und erwägt auch einmal, daß ἐστί ein dritter Bestandteil des Urteils sein könne [1]. Doch findet sich bei ihm weder ein eigener Terminus noch eine Theorie für die K. Letztere hat jedoch BOETHIUS: «Dividitur autem simplex propositio in duas partes: in subiectum et praedicatum ... hae autem partes termini nominantur ... ‹Est› enim et ‹non est› non magis termini sunt quam affirmationis vel negationis designativa sunt ...» (Der einfache Satz wird in zwei Teile geteilt: in Subjekt und Prädikat ... Jene Teile nun werden Termini genannt ... Denn ‹ist› und ‹ist nicht› sind keine Termini, sondern vielmehr Bezeichnungen der Bejahung oder Verneinung ...) [2]. Der Ausdruck ‹copula› läßt sich wohl zuerst nachweisen bei ABAELARD [3]. Jedoch bleibt die K. als eigener Bestandteil der Aussage umstritten. Ablehnend äußert sich WILHELM VON SHYRESWOOD [4], zustimmend PETRUS HISPANUS [5] und WILHELM VON OCKHAM, der definiert: «Copula autem vocatur verbum copulans praedicatum cum subiecto» (K. wird das Wort genannt, das Prädikat mit Subjekt verbindet) [6]. BURIDAN trifft dann ferner die Unterscheidung, daß Subjekt und Prädikat die Materie des Urteils, die K. seine Form bilden. LAMBERT unterscheidet dann positive und negative K.: «Das Prädicat, die Copula und das Subject machen daher die drey Theile eines Urtheils oder Satzes aus ... das Wort *ist* heißt hier das *Bindewörtgen* weil es die Bejahung anzeigt ... die beyden Wörter *ist nicht* sind die Copula, die hier verneint» [7].

Die positive (affirmative) K. wird in der modernen Logik durch ‹ε›, die negative durch ‹ε′› symbolisiert. Die Symbole stehen dabei für Sprachhandlungen: Ein Prädikator wird einem Gegenstand zugesprochen (aεP) oder abgesprochen (aε′P). Diese symbolische Darstellung bedeutet nicht, daß die K. im logischen Sinne eine eigene Bedeutung besitzt. Vielmehr hat sich im Anschluß an KANT [8] die Auffassung durchgesetzt, daß die K., wie es FREGE [9] formuliert hat, ein «bloßes Formwort der Aussage» ist. Frege ist auch die Einsicht zu verdanken, daß das ‹ist› in dem eingangs erwähnten Beispiel «Eisen ist magnetisch» logisch von dem ‹ist› z. B. in «Sokrates ist sterblich» zu unterscheiden ist. Im ersten Fall wird eine Klasse («Eisen») einer anderen Klasse («magnetisch») untergeordnet, da es sich um einen generellen Satz handelt, und nur im zweiten Fall wird ein Prädikator («sterblich») einem Gegenstand (Sokrates) zugesprochen. Deshalb nennt man das Wörtchen ‹ist› nur in der zweiten Verwendung ‹K.›.

Anmerkungen. [1] ARISTOTELES, z. B. Anal. pr. I, 2, 25 a 15f.; De interpretatione 10, 19 b 19. – [2] A. M. S. BOETII De syllogismo categorico. MPL 64, 797 D-798 A. – [3] Nach C. PRANTL: Die Gesch. der Logik im Abendlande 2 (1855) 197. – [4] WILHELM VON SHYRESWOOD, Introductiones in logicam, hg. M. GRABMANN (1937) 33. – [5] PETRI HISPANI Summulae Logicales, hg. I. M. BOCHEŃSKI (Turin 1947) 3. – [6] WILHELM VON OCKHAM, Summa Logicae, hg. PH. BOEHNER (1957) 86. – [7] J. H. LAMBERT: Neues Organon 1 (1764) 77f. – [8] Vgl. I. KANT, Logik, hg. G. B. JÄSCHE (1800) 162f.; KrV B 626. – [9] G. FREGE: Über Begriff und Gegenstand. Vjschr. wiss. Philos. 16 (1892) 194.   A. MENNE/Red.

Korollar heißt ein Satz, der einem anderen nachgestellt ist, weil er durch dessen Beweis zugleich selbst mitbewiesen ist. Der Begriff taucht zuerst unter dem Terminus πόρισμα in den ‹Elementen› des EUKLID auf. Später verwendete Synonyma sind ‹Corollarium›, ‹Consectarium›, ‹Zusatz› und ‹Zugabe› [1].

Anmerkung. [1] Verdeutschungen bei CHR. WOLFF: Math. Lex. (1716) Art. ‹Corollarium›.   Red.

Körper, starrer. Ein s. K. ist ein zur Längenmessung geeigneter, d. h. bei Transport seine Länge nicht verändernder Körper. Die Kennzeichnung, daß ein s. K. jede Strecke in zu ihr kongruente, d. h. längengleiche Strecken abbildet, ist dort für eine Theorie der Längenmessung unbrauchbar, wo keine operative Definition der Kongruenz vorliegt. In der mathematischen oder formalen Geometrie zählt ‹kongruent› zu den (undefinierten) Grundbegriffen; so werden z. B. in der Geometrie D. HILBERTS eigene Kongruenzaxiome formuliert. H. v. HELMHOLTZ wies nach, daß die Annahme der freien Beweglichkeit eines s. K. äquivalent ist der Annahme einer konstanten Raumkrümmung. H. DINGLER schlug vor, im Zusammenhang mit der Herstellung von Meßinstrumenten einer Geometrie der Krümmung Null, d. h. der euklidischen Geometrie, aus methodischen Gründen den Vorzug zu geben. P. LORENZEN präzisierte diesen Vorschlag durch eine Kongruenzdefinition mit Hilfe geometrischer Termini, die ihrerseits durch Homogenitätspostulate (operativ) bestimmt sind. P. JANICH wies nach, daß dieser Ansatz unter gewissen Modifikationen zu einer Definition von «kongruent» führt, nach der die Kongruenz eine Äquivalenzrelation wird. Damit kann die konstruktivistische Definition des s. K. in ihren definitorischen und die Herstellungsverfahren betreffenden Schritten als Mittel zur Ermöglichung eines intersubjektiven, d. h. in den Meßgeräteeigenschaften reproduzierbaren Längenvergleichs verstanden werden.

Literaturhinweise. H. v. HELMHOLTZ: Über die Tatsachen, die der Geometrie zum Grunde liegen. Nachr. Königl. Ges. Wiss. und der Georg-August-Univ. 9 (1868) 193-221; Über den Ursprung und die Bedeutung der geometr. Axiome. Vorträge und Reden 2 (³1884) 1-31; beides in: H. v. HELMHOLTZ: Über Geometrie (1968). – H. POINCARÉ: Wiss. und Hypothese (³1914). – H. DINGLER: Der starre Körper. Phys. Z. 21 (1920) 487-492; Die Grundl. der Geometrie. Ihre Bedeutung für Philos., Math., Phys. und Technik (1933). – P. LORENZEN: Das Begründungsproblem der Geometrie als Wiss. der räuml. Ordnung. Philos. nat. 6 (1960); ND in: Methodisches Denken (1968) 120-141. – M. JAMMER: Das Problem des Raumes (1960). – P. JANICH: Zur Protophys. des Raumes, in: G. BÖHME (Hg.): Protophys. (1975).   P. JANICH

Körperschaft. Das Wort und der Begriff ‹K.› verdanken – was den aktuellen juristischen Sprachgebrauch angeht – ihre im geltenden Recht nur partiell zum Ausdruck gelangende begriffliche Bestimmung vor allem den Bemühungen der auf eine wissenschaftliche Durchdringung der vielfältigen körperschaftsrechtlichen Regelungen bedachten Rechtswissenschaft des 19. Jh., deren systematische Leistungen bis in die Gegenwart hinein fortwirken. Wegen der Vielzahl der in körperschaftlicher Rechtsform verfaßten Personenverbände und der Vielfalt körperschaftsimmanenter Interessen, Ziele und Zwecke erschließt sich jedoch auch heute die K. nur schwer einer die vielschichtigen körperschaftlichen Erscheinungsformen übergreifenden juristischen Begriffsbildung. Will man nicht überhaupt auf eine für alle K.en zutreffende Definition verzichten, so dürfte es unumgänglich sein, in Auseinandersetzung mit dem die bisherige begriffliche Entwicklung bestimmenden, fachsystematisch heterogenen Schrifttum die allen K.en zugrunde liegenden, in ihrer arbeitsteilig funktionierenden Organisation erfahrungsgemäß auftretenden rechtlichen Probleme körperschaftlichen Handelns, durch welches Rechte und Pflichten der K. als solcher (und nicht ihrer Mitglieder!) begründet werden, einer eingehenden Analyse zu unterziehen. An Stelle des älteren Ausdrucks ‹Korporation› (abgeleitet von lateinisch ‹corpus› im zunächst wörtlichen und später im übertragenen Sinne von Körper) bezeichnet der Ausdruck ‹K.› der Sache nach den menschlichen, zumindest ansatzweise mit einer arbeitsteiligen Organisation ausgestatteten, eine mehr oder weniger selbständige rechtliche, wirtschaftliche und soziale Einheit darstellenden Personalverband, der zur gemeinschaftlichen Verfolgung überindividueller, aber auch durch die individuellen Interessen und Zwecke der Mitglieder mitbestimmter Anliegen dient, jedoch in seiner jeweiligen Identität von einem Mitgliederwechsel, d. h. dem Ein- und Austritt einzelner Mitglieder, unberührt bleibt, weil die Rechte und Pflichten der K. als solcher von denen der Mitglieder streng unterschieden werden. Eine begriffsgeschichtliche Analyse wird das Wort und den Begriff ‹K.› jedoch nicht nur auf der Grundlage der bisherigen juristischen Definitionsbemühungen als Resultat aus dem sich wandelnden rechtlichen Sprachgebrauch zu bestimmen suchen, sondern ihre begriffliche Bestimmung auch aus den in der jeweiligen juristischen Sprachverwendung nicht hinreichend reflektierten philosophischen Voraussetzungen und Implikationen zu erschließen haben. In begriffsgeschichtlicher Hinsicht problemaufschließend hat sich dabei vor allem der Gedanke ausgewirkt, daß von Natur zwar nur der Mensch mit einem als Einheit zu begreifenden Geist, Bewußtsein und Willen begabt ist, die in der sichtbaren körperlichen Erscheinung der natürlichen Person sinnfällig zum Ausdruck gelangt, daß aber auch Verbindungen von Menschen zu einem Personenverband mit einer mehr oder weniger festen Organisation, deren Organe der Bildung eines Gemeinbewußtseins und eines Gemeinwillens dienen, unter der Bezeichnung ‹K.› gleichsam als ein einheitlicher sozialer Körper begriffen werden können, mit der Folge, daß im Hinblick auf die wirkliche bzw. im übertragenen Sinne bestehende Körperlichkeit von Rechts wegen nicht nur dem Menschen als natürlicher Person, sondern auch der K. als juristischer Person die Fähigkeit zugebilligt werden kann, als Rechtssubjekt Träger von Rechten und Pflichten zu sein.

I. Römisches Recht und romanistische Jurisprudenz. – 1. Seit alters her sind den Römern mit der modernen K. vergleichbare Vereinigungen und Personenverbände durchaus geläufig. Zu ihnen zählen neben Kultgemeinschaften, Priesterkollegien, religiösen Vereinigungen, Sterbe- und Begräbnisvereinen auch wirtschaftliche und berufliche Anliegen verfolgende Personenverbände sowie verbandliche Organisationen der Stadtteile, Munizipien und Kolonien. Sie werden von ihren Mitgliedern zur gemeinschaftlichen Wahrnehmung religiös-sakraler, wirtschaftlicher oder politischer Interessen geschaffen und basieren auf gegenseitiger Unterstützung bei der Verfolgung ihrer jeweiligen Anliegen. In dem Maße, in dem derartige K.en die Erledigung ihrer Aufgaben einer arbeitsteilig funktionierenden Organisation anvertrauen, gewinnt diese ihre Identität im eigenen Zweckhandeln. Die Identität einer mehr oder weniger organisierten, auf dem wechselnden Bestande ihrer Mitglieder basierenden K. wird durch den Ein- und Austritt einzelner Mitglieder nicht berührt, so daß derartige Personenverbände von Leib und Leben ihrer konkreten Mitglieder und jeweiligen Amtsträger letztlich unabhängig sind. Obwohl die K. naturgemäß nur durch die eigens hierzu berufenen, von Amts wegen tätig werdenden Menschen handeln in Erscheinung tritt, macht die in der Identität des gemeinschaftlichen Zweckhandelns zutage tretende Einheit es möglich, ihr von Rechts wegen eigene Kompetenzen, Befugnisse und Rechte zuzubilligen, die von denen der Mitglieder getrennt bleiben.

2. Im klassischen römischen Recht ist die rechtliche Vorstellung der Einheit des von den Mitgliedern unterschiedenen Personenverbandes, welche die Voraussetzung für seine Anerkennung als eigenständiger Rechtsträger bildet, durch die Annahme ermöglicht worden, daß die in der K. organisierte Personenmehrheit trotz des Fehlens einer mit der natürlichen Person des Menschen vergleichbaren körperlichen Erscheinung gleichsam «corpus habet» [1]. Jedoch ist damit eine ausdrückliche systematische Gleichstellung der natürlichen Person und der körperschaftlichen Personenmehrheiten nicht beabsichtigt. Auch dort, wo das römische Recht gelegentlich, wie beispielsweise bei der ruhenden Erbschaft (hereditas iacens), die Annahme eines körperschaftlich verbindenden Rechtsverhältnisses durch dessen Personifizierung zu verdeutlichen sucht (hereditas personae defuncti, qui eam reliquit, vice fungitur) [2], geschieht dies offensichtlich nur zur Veranschaulichung, so daß begrifflich-systematische Folgerungen zugunsten eines bestimmten römischrechtlichen K.-Begriffs hieraus nicht gezogen werden können. Immerhin wird deutlich, daß nach römischem Recht das Wort und der Begriff ‹corpus› in dem durchaus doppeldeutigen Sinne des normativ verbindenden Verhältnisses und der durch dasselbe verbundenen Personengesamtheit zu begreifen ist. Da den römischen Juristen, die sich hauptsächlich mit dem Privatrecht befaßten, die prägnante Begrifflichkeit und die juristischen Denkschemata modernen Rechtsdenkens fremd waren, wurde das Recht der K.en von ihnen nur wenig durchgebildet. Auch in den Kommentaren zum Edikt beschränkten sie sich auf das Notwendigste, ohne auf die Frage nach dem organisatorischen Aufbau der K.en näher einzugehen. Entsprechendes gilt für das *collegium*, das eine Personenmehrheit zu nicht bloß vorübergehenden, dauerhaften, gemeinsamen Zwecken vereinigte und vorzugsweise der Wahrnehmung sakraler oder öffentlicher Aufgaben diente. Was die Entstehung dieser Kollegien angeht, wissen wir u. a., daß erst drei Personen ein Kollegium ausmachen (tres facere existimat collegium) [3]. Sein körperschaftlicher Charakter kommt in der Auffassung zum Ausdruck, daß das Kollegium ein trotz des Wechsels seiner Mitglieder identisches corpus besitzt [4]. Im Verlaufe der Entwicklung wird die Unterscheidung von ‹collegium› und ‹corpus› zunehmend obsolet, so daß schließlich beide Bezeichnungen gleichwertig neben-

einander (collegium vel corpus, collegia vel corpora) Verwendung finden [5]. Daneben kennt das römische Recht für K.en noch den Ausdruck ‹*universitas*›, der zunächst als mehr oder weniger untechnische Bezeichnung für Personen- und Sachgesamtheiten aller Art Verwendung findet [6]. Zu den dem römischen Recht geläufigen körperschaftlich verfaßten Personenverbänden, die einen Mitgliederwechsel gestatten, ohne durch die veränderte personelle Zusammensetzung ihre rechtliche Identität zu verlieren, gehören schließlich auch der römische Staat, der nichts anderes ist als die organisierte Gesamtheit seiner Bürger (populus Romanus), sowie die italienischen Städte außerhalb Roms und die Provinzstädte. Unter dem Prinzipat treten zu diesen K.en noch die christlichen Kongregationen.

3. Grundlage einer vom römischen Recht ausgehenden K.-Lehre werden die um die Mitte des 6. Jh. n. Chr. auf Anordnung des oströmischen Kaisers Justinian zusammengestellten Rechtsbücher (Codex, Digesten, Institutionen, Novellen), in denen freilich das Privatrecht den weitaus größten Anteil unter den hier berücksichtigten Rechtsgebieten einnimmt. Als Kompilation aus den römischrechtlichen Quellentexten enthält das (erst 1583 durch DIONYSIUS GODOFREDUS ausdrücklich so bezeichnete) ‹Corpus iuris civilis› aber bei aller Vorliebe für Gegenstände des privaten auch solche des öffentlichen Rechts, doch handelt es sich bei den die Gemeinden, den Staat oder sonstige weltliche Verbände betreffenden Stellen um eher gelegentliche, vereinzelte und weit verstreute Aussprüche. Die von verschiedenen Autoren zu verschiedenen Zeiten auf einzelne Fragen des K.-Rechts erteilten Antworten bilden naturgemäß kein in sich kohärentes System des Verbandsrechts. Das römische Recht des ‹Corpus iuris civilis› kann somit weder explizit noch implizit eine einheitliche Theorie des Verbandswesens begründen, insbesondere keine kohärente Theorie des staatlichen Gemeinwesens, auch wenn auf seiten der romanistischen Jurisprudenz immer wieder Versuche unternommen worden sind, die verstreuten einschlägigen Textstellen in das Mosaikbild einer vorgefaßten Theorie einzurücken. Trotz des im römischen Recht nicht voll entwickelten K.-Begriffs läßt sich jedoch zumindest in den Konturen ein auf einheitlicher Grundlage entwickelter Kernbereich körperschaftlicher Vorstellungen herausschälen. Hierzu gehört vor allem die aus dem Kollegial- und Munizipalrecht der Quellen ersichtliche Auffassung, daß die im übertragenen Sinne mit Körperlichkeit ausgestatteten menschlichen Verbände (corpora, collegia, universitates) als soziale Körper sinnfällig in der Einheit ihrer zu kollektiver Willensbildung und Entscheidung befähigten Versammlung in Erscheinung treten. Maßgebend ist dabei die Einsicht, daß unabhängig von der Art körperschaftlicher Verbandseinheit die verfassungsgemäße Mitgliederversammlung für und gegen den Verband rechtlich wirksame Beschlüsse nur als Gesamtheit zu treffen vermag, doch kann unter der Geltung des Majoritätsprinzips (refertur ad universos quod publice fit per maiorem partem) als Wille aller Mitglieder das angesehen werden, was die Mehrheit beschließt (quod maior pars curiae effecit pro eo habetur, ac si omnes egerint) [7]. Grundlegend für die im römischen Rechtsleben ausgebildeten Verbandstypen ist die Auffassung, daß der als sozialer Körper vorgestellte Verband im eigenen Zweckhandeln und der hierzu erforderlichen Willensbildung und Entscheidung eine in sich selbst ruhende soziale Identität und Einheit gewinnt, die von der bloßen Summe der Teile dieser Einheit durchaus verschieden ist.

Die soziale Identität der K. als solcher wird infolgedessen durch den Ein- und Austritt einzelner Verbandsmitglieder ebensowenig berührt (in decurionibus vel aliis universitatibus nihil refert, utrum omnes iidem maneant, an pars maneat, vel omnes immutati sint) wie ihre Rechtssubjektivität, die in der strikten Trennung der Rechte und Pflichten des Verbandes von denen der Mitglieder zum Ausdruck gelangt (si quid universitati debetur, singulis non debetur, nec quod debet universitas, singuli debent) [8]. Grundlage und Schranke aller körperschaftlichen Aktivitäten bildet bei den Kollegien wie bei den Stadtgemeinden die in der jeweiligen Verfassung der K. verankerte, staatlicher Anerkennung und Autorisation bedürftige Verbandsordnung (lex collegii, lex municipalis), die sich damit zugleich als Bestandteil der vom Staate gesetzten öffentlichen Ordnung erweist. Was immer von einer körperschaftlichen Verbandseinheit und ihren Amtsträgern an Kompetenzen und Befugnissen, seien es die staatlichen officia, seien es die städtischen munera et honores, ausgeübt wurde, stets handelte es sich – wie vor allem der Sprachgebrauch der Quellentexte zum munizipalen Verfassungs- und Verwaltungsrecht erkennen läßt – um letztlich staatliche, kraft öffentlicher Ordnung zugewiesene Funktionen (functiones publicae) [9].

4. Begreift man derart die körperschaftlich verfaßten Verbände als Teile und Glieder des Staatsganzen, so können neben der Ordnung dieses Staatsganzen auch die Ordnungen der Stadtgemeinden und der sonstigen K.en als Bestandteile einer im System der Quellen des ‹Corpus iuris› – wenn nicht enthaltenen, so doch zumindest vorausgesetzten – Verbandslehre gelten, die auch die im Kodex und in den Novellen enthaltene Ordnung der Kirche und ihrer Teilverbände umgreift. Den eigentlichen Kern bildet das aus den altrömischen Amtsinstitutionen erwachsene, einer permanenten Umbildung unterzogene, in den Quellen zusammengefaßte Amtsrecht, das nicht nur den Umfang und Inhalt der von den ordnungsgemäß bestellten Behörden und Beamten benötigten amtlichen Kompetenzen (imperium, iurisdictio) regelt, sondern darüber hinaus zahlreiche Einsichten in die Organisationsstruktur dieser mit vielfältigen Ämtern ausgestatteten K.en bietet. Darüber hinaus enthalten die Quellen eine detaillierte, der weiteren Entwicklung fähige, aber auch bedürftige Begrifflichkeit, ohne welche die Genese einer Theorie der K.en gar nicht denkbar gewesen wäre. Jedoch verdankt eine im eigentlichen Sinne gelehrte K.-Theorie ihre Entstehung erst der wissenschaftlichen Behandlung der justinianischen Rechtsbücher durch die mittelalterliche Jurisprudenz, die mit der Wiederauffindung der vollständigen Texte des ‹Corpus iuris› von der eingehenden wissenschaftlichen Beschäftigung mit den Quellen des römischen Rechts in der Legistik ihren Ausgang nahm. Was das rechtliche Wesen menschlicher Personenverbände angeht, brachten es die Glossatoren jedoch, wie der von ihnen verwendete K.-Begriff erkennen läßt, bei aller Einfühlung in den Inhalt der Quellen in der juristischen Ausdeutung der Quellenstellen, ihres Zusammenhangs und in ihrer Vergleichung zu kaum mehr als den ersten Anfängen einer körperschaftlichen Verbandslehre. In dem Maße, in dem freilich die Legisten auch die christliche Kirche und deren Institutionen ihren römischrechtlichen körperschaftlichen Anschauungen unterstellten, vermochten andererseits auch die Kanonisten römisches K.-Recht auf das kirchliche Verbandsleben anzuwenden, so daß in der körperschaftlichen Verbandslehre im Verhältnis von Legistik und Kanonistik ein Prozeß wechselseitiger Beeinflussung und

gegenseitiger Durchdringung unvermeidlich war. Systematische Relevanz gewann diese Verbandslehre zuerst in ihrer Ausprägung, Fortentwicklung und Zuspitzung durch die Kanonistik, die auf diese Weise ihre bis in die Gegenwart reichenden Fernwirkungen entfaltete.

Anmerkungen. [1] GAI. D. 3, 4, 1 pr./1. – [2] FLOR. D. 46, 1, 22. – [3] MARCELL. D. 50, 16, 85. – [4] D. 3, 4, 1 pr. – [5] ULP. D. 4, 2, 9, 1; 36, 1, 1, 15; CALL. D. 50, 6, 6, 12. – [6] GAI. D. 1, 8, 1, pr.; MARCI. D. 1, 8, 2 pr.; ULP. D. 3, 4, 7, 1. – [7] SCAEV. D. 50, 1, 19; ULP. D. 50, 17, 160. – [8] ULP. D. 3, 4 7, 1. – [9] D. 1, 10-22; C. 16-48.

Literaturhinweise. L. SCHNORR VON CAROLSFELD: Gesch. der Jur. Person 1.: Universitas, Corpus, Collegium im klass. röm. Recht (1933). – A. PHILIPSBORN: Der Begriff der Jur. Person im röm. Recht. Z. Savigny-Stift. Rechtsgesch., roman. Abt. (ZRG RA) 71 (1954) 41-70. – P. MICHAUD-QUANTIN: Universitas. Expressions du mouvement communautaire dans le M.A. lat. (Paris 1970).

II. *Kanonistik.* – 1. Entscheidende Ansätze zu einer auf die begriffliche Bestimmung der K. bedachten kanonistischen K.-Theorie finden sich in den ‹Dicta GRATIANI›, dessen abschließendes Sammelwerk um 1150 vollendet war, in den Glossen und Summen zum Dekret, in den kanonistischen Prozeßschriften und Praktiken sowie in zahlreichen anderen Schriften des 12. und des beginnenden 13. Jh., in denen aber die durchaus eigenständige Bedeutung der kanonistischen Auffassung von Begriff und Wesen des Personenverbandes zunächst nicht hinreichend entfaltet wurde, weil den Dekretisten die abstrakte Formulierung der einschlägigen Begriffe und ihre spekulative Ausdeutung noch fern lagen. Beigetragen haben mag dazu auch der noch vorherrschende Einfluß der juristischen Denkweise der Legisten, deren K.-Begriff von der Kanonistik anfänglich im wesentlichen bloß reproduziert wurde. Wo hingegen die Kanonisten sich den geistigen Ertrag romanistischer Jurisprudenz wirklich zu eigen machten, kam es, wie vor allem in der Dekretalengesetzgebung der Päpste und besonders deutlich sichtbar in der Dekretalensammlung Papst Gregors IX., zu einer tiefgreifenden Umwandlung dieses K.-Begriffs. Die zum Bestande des ‹Corpus iuris canonici› später hinzutretenden Quellen haben dem hier errichteten Gedankensystem, abgesehen von einigen wenigen Dekretalen des ‹Liber Sextus› (1298), nur mehr unwesentliche Ergänzungen hinzugefügt. Die Formulierung einer kanonistischen K.-Theorie bleibt damit jedoch eine Aufgabe, die vorzugsweise erst in den Kommentaren, Summen und Einzelschriften der Dekretalisten in Angriff genommen wurde.

2. Ihren Begriff der K. entlehnten die Kanonisten bei den Legisten, indem sie vornehmlich den Begriff der universitas auf die von ihnen als Einheiten anerkannten Personenverbände anwandten. Einen ersten Höhepunkt erreichte die kanonistische K.-Theorie im Lehrgebäude von INNOZENZ IV. (SINIBALDUS FLISCUS), der in Bologna nicht nur kanonisches, sondern auch römisches Recht studiert hatte und vermöge der scharf umrissenen Gestalt, die er seinen K.-Lehren gab, in den folgenden Jh. das Denken von Kanonisten und Legisten nachhaltig beeinflußte. Bestimmend für den K.-Begriff der Kanonistik wurde nicht nur die Vorstellung, daß die universitas als solche von den sie bildenden singuli scharf zu unterscheiden ist [1], sondern vor allem die am Personenverband der Kirche ablesbare Einsicht in die trotz des Wechsels ihrer Mitglieder bestehende Identität der K. (nam omnibus illis mortuis, et aliis substitutis est eadem Ecclesia [2]), die das einheitliche Wesen und die Dauerhaftigkeit der K. zum Bewußtsein brachte und die Annahme einer eigenen Rechtssubjektivität sinnfällig nahelegte. Letztere

wurde auch nachhaltig gefördert durch mehr oder weniger allegorische Bezeichnungen, in denen die Kirche als sponsa, uxor oder mater gedacht und damit die Vorstellung einer Personhaftigkeit der Kirche zumindest impliziert wurde (z. B. bei GREGOR VII.: Ecclesia, quae est sponsa Dei et mater nostra [3]). Gleichwohl gelangte man nur allmählich dazu, der als universitas begriffenen K. den Charakter einer einheitlichen Persönlichkeit zuzuerkennen, etwa indem ROFFREDUS BENEVENTANUS die K. als eine unteilbare Individualität betrachtete (universitas est quoddam individuum, unde partes non habet) [4]. Ähnlich sprechen die Glosse zum ‹Liber Extra› (1234) und GUILELMUS DURANTIS in seinem nach 1271 vollendeten ‹Speculum iudiciale› von einer «persona universitatis, collegii, municipii» [5]. Jedoch blieb es den spekulativen Betrachtungen der Kanonistik über Natur und Wesen einer solchen Person vorbehalten, die Leib und Seele entbehrende universitas als ein Wesen zu begreifen, das nur durch seine Organe bzw. seine Mitglieder zu handeln vermag (quia capitulum, quod est nomen intellectuale et res incorporalis, nihil facere potest, nisi per membra sua) [6]. Auch dort, wo anstelle von ‹universitas› andere rechtliche Ausdrücke (z. B. collegium, communitas, corpus o. ä.) Verwendung finden, geht es der Sache nach stets um K.en, bei denen neben den staatlichen und gemeindlichen Verbänden in der Kanonistik naturgemäß vor allem die christliche Gesamtkirche in den Vordergrund der Betrachtung rückt. Nicht von ungefähr tritt das Wort ‹corpus› überall dort hervor, wo es um die Betonung der Einheit des jeweiligen Personenverbandes geht, doch ist damit keine vom Begriff der universitas abweichende Bedeutung gemeint. Das wird vor allem deutlich bei JOHANNES ANDREAE, der zu Beginn des 14. Jh. in seinem die bisherige Entwicklung übergreifenden und zugleich abschließenden, umfangreichen Werk die kanonistische K.-Theorie gleichsam im Rückblick und Ausblick zusammenfaßt und resümiert: «universitas, communitas, collegium, corpus, societas sunt quasi idem significantia» [7]. Mit dem Vorliegen der kanonistischen Rechtsbücher und ihrer jeweiligen Glossen gelangten auch die zur kanonistischen K.-Theorie vorgetragenen Lehren vorerst zu einem gewissen Abschluß.

3. Fragt man nach dem am Beispiel der Kirche erzielten denkgeschichtlichen Ertrag der kanonistischen K.-Theorie, so wird man ihn vor allem in der unter dem Einfluß christlicher Theologie gewonnenen Einsicht zu erblicken haben, daß die Kirche ihre Einheit nicht bloß äußerlich im körperschaftlichen Verbande, sondern in der den sozialen Körper der Kirche beherrschenden geistigen Einheit findet. Zwar deckt sich die christliche Gesamtkirche ihrer Basis nach mit der Vereinigung der Gläubigen (congregatio fidelium) [8], doch ist nach kanonischem Recht der Auffassung maßgebend, daß die lebendige Einheit der Kirche auf göttlicher Stiftung beruht, welche auch die kirchliche Organisation und ihre Gliederung bestimmt. Unter Berufung auf die Schriftworte des Paulus begreift die Kanonistik infolgedessen die von Gott gestiftete, geleitete und beseelte Kirche zwar als den mystischen Leib, dessen Haupt Christus ist (corpus mysticum Christi), doch gründet die gemäß der Heiligen Schrift in Christus geeinigte Menschheit wesentlich in Geist und Willen Gottes, der sich durch den Papst als vicarius Christi bzw. vicarius Dei den Gliedern seiner Kirche mitteilt [9]. Im Anschluß an die scholastische Denktradition konnte daher STEPHANUS TORNACENSIS die Kirche als einen Gottesstaat begreifen, der vom himmlischen König regiert wird (Civitas ecclesia; civitatis rex

Christus) [10]. In der Tat hat nach kanonistischer Auffassung der göttliche Stifter seiner Kirche mit der Heilsvollmacht zugleich die Rechtssubjektivität verliehen, so daß auch alle einzelnen Privilegien und Rechte sich letztlich allein von Gott bzw. dem Papst als vicarius Dei herleiten, unbeschadet der Meinungsverschiedenheiten, welche sich hinsichtlich der Stellung des Papstes spätestens seit der Auseinandersetzung mit dem Konziliarismus ergaben, der die Oberhoheit des ökumenischen Konzils über den Papst postulierte. Auch die höchste weltliche Macht vermochte diese Rechte nicht zu mindern, sondern allenfalls weltliche Privilegien hinzuzufügen. Die Einheit und das Leben der Kirche verdanken sich somit einem in ihr in Erscheinung tretenden göttlichen Willen, der trotz oder gerade wegen seines transzendenten Ursprungs in der ihm untergeordneten, in sich gegliederten Vielheit der als K. begriffenen Kirche nicht nur in dem Primat der römischen Kirche und in der souveränen monarchischen Stellung des Hauptes dieser Kirche in Erscheinung tritt, sondern als bindendes, von einer höheren Macht gesetztes Prinzip zugleich auf allen Stufen des weitverzweigten hierarchischen Aufbaus dieser Kirche die letzlich vom göttlichen Willen abgeleitete und bevollmächtigte Einheit gewährleistet. Begreift man derart die Kirche mit ihren kollegialen Einrichtungen als einen aus Haupt und Gliedern bestehenden Verband, so konnte trotz der körperschaftlichen Grundauffassung vermöge der Vorstellung, daß das Haupt als maßgebender Teil für das Ganze stehe, weil letztlich in ihm der Körper seine Einheit finde, freilich auch die Rechtsmeinung entwickelt werden, daß Subjekt von Rechten letztlich nur das transzendente Haupt der Kirche bzw. der Papst als sein irdischer Statthalter sein kann. Dieser Denkschritt führte bezüglich des Eigentums am Kirchengut zu der Ansicht, daß Subjekt des für die Universalkirche in Anspruch genommenen Eigentumsrechts (ecclesia i. e. congregatio fidelium, cuius Christus est caput, habet dominium) eigentlich nur Gott bzw. Christus sein kann (Christus proprie habet dominium rerum ecclesiae) [11]. Infolgedessen konnte dem Papst auch nur die Verwaltung der kirchlichen Güter zugestanden werden (loquitur de ecclesia, non de pontifice, qui habet solum administrationem, non dominium; praelatus non habet dominium rerum ecclesiae, sed Christus) [12]. Es lag ferner durchaus in der Konsequenz dieses Gedankens, die als K. begriffene Kirche und die ihr zugebilligte Rechtssubjektivität auf die engere, von Bischof, Abt oder Prälat und dem Kolleg gebildete Gesamtheit zu reduzieren, mit der Folge, daß die übrigen Angehörigen des Kirchensprengels – seien es die Laien, seien es nicht inkorporierte Kleriker – aus dem einheitlichen Körper der Kirche im engeren Sinne verdrängt wurden (Episcopus cum Capitulo suo facit unum corpus, cuius ipse est caput, sed cum clero civitatis, vel dioecesis non dicitur facere unum corpus) [13], doch vermochte sich schon bald die Ansicht durchzusetzen, daß der als Haupt des Körpers vorgestellte Prälat und sein Kolleg in ihrer Verbindung nicht mit der Kirche selbst identisch sind, sondern diese nur repräsentieren. Immerhin ist durch die Gegenüberstellung eines von Prälat und Kolleg gebildeten Körpers einerseits und der einzelnen Kirche andererseits die Ausdifferenzierung mehr oder weniger eigenständiger Prälaturrechte bzw. Kollegialrechte wesentlich gefördert worden. Der sich hier in den Umrissen abzeichnenden kanonistischen Theorie körperschaftlicher Ämter liegt die Vorstellung zugrunde, daß in einem körperschaftlich verfaßten Personenverband – in Analogie zum menschlichen Körper – die verschiedenen Funktionen kompetenzmäßig als Ämter (officia) auf die Glieder der K. zu verteilen sind. Auf diese Weise wurde es möglich, das als Teil der K. begriffene Amt zugleich als Inbegriff scharf umrissener Verwaltungs- und Vertretungskompetenzen von seinem jeweiligen individuellen Träger zu lösen, mit der Folge, daß beispielsweise diejenigen Handlungen, die der Prälat in amtlicher Eigenschaft und Kompetenz (nomine dignitatis suae) vornahm, sich klar unterscheiden ließen von denjenigen, die er mit Wirkung für und gegen seine Person (nomine proprio) tätigte [14]. Wenn auch die K. per se weder willens- noch handlungsfähig war, vermochte sie doch per alium tätig zu werden. Die Grundlage hierfür bot der nach kanonistischer Auffassung allgemeingültige, von BONIFAZ VIII. in den ‹Liber Sextus› als regula iuris aufgenommene Satz: «Qui facit per alium, est perinde, ac si faciat per se ipsum» [15]. Auf diese Weise konnten auch die Handlungen der jeweiligen Amtsträger rechtlich als Handlungen der K. begriffen werden (quod quis per alium facit ipse facere videtur) [16]. Die nach Analogie des menschlichen Körpers auf die Kirche bezogene Vorstellung eines einheitlichen körperschaftlichen Zusammenhanges von Haupt und Gliedern galt naturgemäß nicht nur für die Gesamtkirche (ecclesia universalis), sondern gleichermaßen auch für die nach Maßgabe der körperschaftlichen Grundauffassung als Glieder des Gesamtkörpers begriffenen Einzelkirchen (ecclesia singulares), unter denen die römische Kirche (ecclesia Romana) das Haupt darstellte. Von diesem Haupte leiteten die übrigen Kirchen als Glieder der Gesamtkirche teils unmittelbar, teils mittelbar ihre Existenz her (universalis ecclesia est unum Christi corpus ..., cuius caput est Romana ecclesia; ... inferiores ecclesiae sunt huius capitis membra, quae sunt vel membra ex capite, vel membra ex membris, sicut in corpore humano, a brachio manus, a manu digiti, a digitis ungulae proveniunt) [17]. Der wesentlichste Ertrag der Kanonistik liegt jedoch nicht allein in der Entwicklung der Ansätze zu einer hochdifferenzierten Theorie körperschaftlicher Ämter als solcher, sondern in der Tatsache, daß die sehr weitgehende Ausdifferenzierung kirchenamtlicher Institutionen (dignitates), die weder mit der K. der Kirche als ganzer noch mit der Persönlichkeit ihrer jeweiligen Träger zusammenfielen (quia dignitas non perit decedente persona, unde imperium in perpetuum est) [18], einen Abstraktionsgrad erreichte, der es erlaubte, die an der Kirche exemplarisch entwickelte K.-Theorie nebst der von der Kanonistik auf römischrechtlicher Grundlage entwickelten Begrifflichkeit auf das weltliche Verbandswesen zu übertragen. In der Tat konnten im Hinblick auf den gesellschaftlichen Gesamtkörper auch die weltlichen Personenverbände gleichsam als mehr oder weniger selbständige Gliedkörper begriffen werden, so daß die für die Kirche entwickelte Theorie körperschaftlicher Ämter auch für die weltlichen Ämter und Herrschaftsrechte des frühmodernen Staates Relevanz gewann. Die gleichwohl bestehenden Unterschiede zwischen kirchlichen und weltlichen K. wurden dabei keineswegs vernachlässigt. Innerhalb der als universitas bezeichneten körperschaftlichen Erscheinungsformen unterschied die romanistisch-kanonistische K.-Lehre bei aller Vorliebe für die als K. begriffene Kirche durchaus verschiedene Arten. Folgerichtig begriff PAULUS DE CASTRO um die Mitte des 15. Jh. die ruhende Erbschaft als «universitas repraesentans personam mortuam», die weltliche K. als «universitas repraesentans personas vivas» und die Kirche als «universitas repraesentans personam quae nunquam potest dici vixisse, quia non est corporalis nec mortalis, ut est Deus» [19].

Anmerkungen. [1] INNOCENTIUS IV: Commentaria. Apparatus in quinque Libros Decretalium (Francoforti 1570, ND Frankfurt a. M. 1968) lib. I, tit. XXXI, nr. 1, fol. 152r.; lib. III, tit. XI, cap. II, nr. 1, fol. 386r. – [2] Corpus iuris canonici. In tres partes distinctum. Glossis diversorum illustratum. Pars Prima (Lugduni 1671) C. 7, q. 1, c. 11, v. «adulterata», Sp. 822. – [3] GREGOR VII: Epistolae et diplomata pontificia. Operum pars secunda: Epistolae extra registrum vagantes LXIV (Anno 1084). MPL 148, 708; HOSTIENSIS (HENRICUS DE SEGUSIO): S. aurea (Venetiis 1574, ND Turin 1963) lib. III, tit. XXXII (De conversione coniugatorum) nr. 12, Sp. 1122 – [4] ROFFREDUS BENEVENTANUS: Quaestiones Sabbatinae (Avenione 1500, ND Augustae Taurinorum 1968) qu. XXVII, S. 455. – [5] Corpus iuris canonici: Continens hac parte Decretales ... cum Glossis ordinariis. Pars Secunda (Lugduni 1671) lib. I, tit. XXXIX, cap. I, v. «generaliter», Sp. 477; GUILELMUS DURANTIS: Speculum iudiciale (Basileae 1574, ND Aalen 1975) tom. I, lib. I, part. III, nr. 4, p. 202. – [6] INNOCENTIUS IV, a.a.O. [1] lib. V, tit. XXXIX, cap. LXIV, nr. 3, fol. 564r. – [7] JOHANNES ANDREAE: In sextum Decretalium librum Novella Commentaria (Venetiis 1581, ND Turin 1966) lib. V, tit. XI (De sententia excommunicationis), cap. V, nr. 9, p. 162 A. – [8] Glossa ordinaria (= Gl.) C. 7, q. 1, cap. 7, v. «in Ecclesia», Sp. 819. – [9] Vgl. Gl. X, lib. V, tit. XXXI, cap. XIV, v. «unum corpus», Sp. 1972f.; vgl. 1. Kor. 12, 12-27 und Röm. 12,4f.; ferner: Eph. 4.25; A. WIKENHAUSER: Die Kirche als der mystische Leib Christi nach dem Apostel Paulus (1937); E. SCHWEIZER: Die Kirche als Leib Christi in der paulin. Homologumena. Theol. Lit.-ztg. 86 (1961) 161-174; vgl. hierzu auch: Gl. X, lib. V, tit. XXXI, cap. XIV, v. «unum corpus», Sp. 1792f.; H. DE LUBAC: Corpus mysticum. L'eucharistie et l'église au M. A. (Paris ²1949); J. AUER: Corpus Christi mysticum. Das «Leib-Modell» in seiner Bedeutung für das Verständnis der Kirche und ihrer Ämter. Münch. theol. Z. 12 (1961) 14-38; M. MACCARONE: Vicarius Christi. Storia del titolo papale (Rom 1952); M. G. WILKS: Papa est nomen iurisdictionis: Augustus Triumphus and the vicariate of Christ. J. theol. Stud. 8 (1957) 71-91; The problem of sovereignty in the later M. A. The papal monarchy with Augustus Triumphus and the Publicists (Cambridge 1963); N. GUSSONE: Thron und Inthronisation des Papstes von den Anfängen bis zum 12. Jh. (1976) 42f. 110-110f. 196f. 298. – [10] STEPHANUS TORNACENSIS (STEPHAN VON DOORNICK): S. Decreti, hg. J. F. VON SCHULTE (Gießen 1891, ND Aalen 1965) Introd. 1-6, 1f. – [11] JOHANNES ANDREAE: In secundum Decretalium librum Novella Commentaria (Venetiis 1581, ND Turin 1963) tit. XII (De causa possessionis) cap. IV, nr. 4, p. 67; a.a.O. [7] lib. III, tit. IX (De rebus ecclesiae) cap. IX, nr. 7, p. 115. – [12] ANTONIUS DE BUTRIO: Super Prima Secundi Decretalium Commentarii, Tom. III (Venetiis 1578, ND Turin 1967) lib. II, tit. XII, cap. IV, nr. 9, S. 104 A; PHILIPPUS DECIUS: Super Decretalibus (Lugduni 1564) lib. I, tit. VI, cap. IV, nr. 12, 13, fol. 90. – [13] Gl. X, lib. V, tit. XXXI, cap. XIV, v. «unum corpus», Sp. 1793. – [14] INNOCENTIUS IV, a.a.O. [1] lib. II, tit. XIX, cap. III, nr. 1, fol. 248r; ANDREAE, a.a.O. [11] Tit. XIX (De probationibus) cap. III, nr. 3, S. 111 A. – [15] BONIFATIUS VIII, Liber Sextus. De Regulis iuris, Reg. LXXII. – [16] Vgl. a.a.O. Reg. LXVIII: «potest quis per alium, quod potest facere per se ipsum». – [17] JOHANNES ANDREAE: In Primum Decretalium librum Novella Commentaria (Venetiis 1581, ND Turin 1963) tit. VI (De electione) cap. IV, nr. 13, p. 74. – [18] GOFFREDUS DE TRANO (GOFFREDUS TRANENSIS): S. super titulos Decretalium (Lugduni 1519, ND Aalen 1968) lib. I, tit. XXIX (De officio et potestate iudicis delegati), nr. 18, p. 101f. – [19] PAULUS DE CASTRO: Digestum vetus (Lugduni 1561) lib. III, tit. IV (Quod cuiusque universitatis nomine), lex VII, § 1, nr. 11, fol. 110v; § 2, nr. 11, fol. 111r; Digestum novum lib. XLI, tit. II (De adquirenda), lex I, § 22, nr. 1-2.

Literaturhinweise. M. W. ROBINSON: The Hebrew conception of corporate personality. Z. alttestamentl. Wiss. Beih. 66 (1936) 49-61. – S. MOCHI-ONORY: Fonti canonistiche dell' idea moderna dello stato. Imperium spirituale, jurisdictio divisa, sovranità (Mailand 1951). – A. EHRHARDT: Das Corpus Christi und die Korporationen im spät-röm. Recht. ZRG RA 70 (1953) 299-347; 71 (1954) 25-40. – W. ULLMANN: Die Machtstellung des Papsttums im MA (London 1955, dtsch. Graz 1960). – H. E. FEINE: Vom Fortleben des röm. Rechts in der Kirche. ZRG kanon. Abt. 42 (1956) 1-24. – E. H. KANTOROWICZ: The King's two bodies. A study in mediaeval political theology (Princeton, N. J. 1959). – J. DE FRAINE: Adam und seine Nachkommen. Der Begriff der «Korporativen Persönlichkeit» in der Heiligen Schrift (1962). – G. LE BRAS (u. a.): L'âge classique 1140-1378. Sources et théorie du droit (Paris 1965). – ST. CHODOROW: Christian political theory and Church politics in the mid-twelfth century. The ecclesiol. of Gratian's Decretum (Berkeley, Calif. 1972). – S. PANIZO ORALLO: Persona iuridica y ficcion. Estudio de la obra de Sinibaldo de Fieschi (Innocencio IV) (Pamplona 1975).

III. *Legistik.* – 1. Mit dem Aufschwung, den die Pflege des römischen Rechts seit dem Ausgang des 11. Jh. in Italien durch die aufblühende Jurisprudenz erfuhr, wurden auch die Grundlagen einer auf Begriff und Wesen der K. gerichteten Reflexion verändert. Der K.-Begriff der Legistik war so weit und unbestimmt, daß er auf jeden organisierten menschlichen Verband anwendbar blieb, doch konnten gerade deswegen die römischen Rechtsanschauungen über Personenverbände nahezu ungehindert Eingang in das mittelalterliche Rechtsdenken finden. Die Glossatoren bezeichnen die von ihnen als K. begriffenen Verbände – außer mit den Ausdrücken ‹corpus› und ‹collegium› – mit Vorliebe als ‹universitas›. Jedoch enthält noch die ‹Glossa ordinaria› des Bologneser Rechtslehrers ACCURSIUS, der in der ersten Hälfte des 13. Jh. die Ergebnisse der voraufgehenden Glossatorengenerationen in einem Glossenapparat zum gesamten ‹Corpus iuris› zusammenfaßte, keine Definition. Hingegen findet sich bei PILIUS – verbunden mit der ‹Summa Trium librorum› seines Lehrers PLACENTINUS, jedoch abgedruckt unter dem Namen und in den Ausgaben der Codexsumme des AZO – eine Darstellung der fehlenden Titel zu den ‹Tres libri Codicis›, in der es heißt: «Collegium est personarum plurium in corpus unum quasi coniunctio sive collectio, quod generali sermone universitas appellatur, corpus quoque vulgariter apud nos consortium, sive schola» [1]. Noch allgemeiner lautet die begriffliche Bestimmung des HUGOLINUS DE PRESBYTERIS: «universitas est plurium corporum collectio inter se distantium, uno nomine specialiter eis deputato» [2]. Bei einer so unbestimmten begrifflichen Umschreibung der universitas vermochten die Glossatoren – auch wenn sie sich weit enger als ihre Nachfolger an den Wortlaut der Quellen hielten, ohne auf das abweichende Rechtsleben hinreichend Rücksicht zu nehmen – letztlich alle weltlichen und kirchlichen Verbandseinheiten als universitates zu begreifen. In der Tat war dieses körperschaftliche Denkschema auch zur Anwendung auf die Kirche geeignet, wie bei PLACENTINUS deutlich wird: «ecclesia dicitur, collectio, vel coadunatio virorum vel mulierum in aliquo sacro loco constitutorum vel constitutarum, ad serviendum Deo» [3]. Kollegiatskirchen, Kapitel und Klöster lieferten den Legisten geradezu den Stoff, um in exemplarischer Weise das römische K.-Recht zu behandeln. Eher noch wichtiger war, daß die Glossatoren auch die körperschaftlichen Ausprägungen im staatlichen Gemeinwesen ihrer Zeit ihrem K.-Begriff und damit auch dem römischen K.-Recht unterordneten. Da sie jedoch in engem Anschluß an die Quellen den römischen Staatsbegriff allein dem Reich ihrer Zeit vorbehielten, blieb für alle übrigen staatlichen Verbände – seien es ein Königreiche, seien es unabhängige Republiken – nur der Begriff der universitas übrig, so daß das Reich und die übrigen körperschaftlichen Ausprägungen im frühmodernen Staatswesen auch unter dem Aspekt juristischer Sprachverwendung zueinander in einen gewissen Gegensatz gerieten. Für die Glossatoren existierte neben dem Kaiser, der als solus Imperator angesehen wurde [4], sonst kein weltlicher Souverän, neben der respublica, die auf das Reich bezogen wurde, sonst keine wahre respublica [5]. Infolgedessen konnten alle anderen Inhaber öffentlicher Gewalt – seien es auch Könige und Fürsten – zunächst nur als Inhaber römischer Magistrate mit abgeleitetem imperium gelten, während die von ihnen beherrschten Territorien die Stelle römischer Provinzen oder Stadtgemeinden einnahmen. Genau hier erweist sich der unbestimmte K.-Begriff der Glossatoren als

überaus nützliches Requisit einer Überleitung römisch-rechtlicher auf mittelalterliche Rechtsanschauungen, da – unbeschadet der Problematik von Kaiser und Reich – jede sonstige in sich verbundene Gesamtheit, die üblicherweise mit den Ausdrücken ‹populus›, ‹civitas› oder ‹respublica› belegt wurde, jedenfalls als römische universitas [6] begriffen werden konnte, unabhängig davon, ob sie im übrigen bei monarchischer Verfassung als bloße universitas provinciae unter dem praeses provinciae angesehen oder bei eher republikanischer Verfassung gar dem römischen municipium gleichgestellt wurde. Freilich konnte den Glossatoren auf die Dauer nicht verborgen bleiben, daß die mehr oder weniger unabhängigen mittelalterlichen Territorien und die mächtigen Stadtrepubliken, in denen sie lebten, mit Hilfe der überkommenen Kategorien des römischen Staatsrechts ohne Berücksichtigung ihres Bedeutungswandels im Sinne der mittelalterlichen Gegebenheiten und Rechtsanschauungen gar nicht zureichend zu begreifen waren.

2. Seit der Mitte des 13. Jh. begann der Aufbau einer gelehrten K.-Theorie sich zunehmend von den tradierten Grundlagen des römischen K.-Rechts zu lösen. In dem Maße, in dem bei der Pflege des römischen Rechts in der Textbehandlung durch die Legistik die typische Darstellungsform der Glossatoren, die in und an den Einzeltext gefügte Glosse, durch den größere Freiheiten im Umgang mit den Quellentexten gewährenden Kommentar ersetzt wurde, vermochten die Postglossatoren bzw. Kommentatoren das spätantike Gesetzeswerk des ‹Corpus iuris› den veränderten politischen, wirtschaftlichen und gesellschaftlichen Verhältnissen des vorgerückten Mittelalters anzupassen. Die legistischen Auffassungen über Begriff und Wesen der K. gerieten dabei zusehends unter den Einfluß der Kanonistik. Während noch ODOFREDUS DE DENARIIS († 1265) die körperschaftlichen Lehren der Glossatoren nahezu unverändert vortrug, finden sich bei JACOBUS DE ARENA († um 1296) schon deutliche Kennzeichen kanonistischer Einwirkung, bei ALBERICUS DE ROSCIATE († 1360) sogar eine ausdrückliche Anlehnung an, Erörterung von und Auseinandersetzung mit den kanonistischen Verbandslehren. Eine alle anderen Kommentatoren überragende Stellung nahm jedoch BARTOLUS DE SAXOFERRATO (1313–1357) ein, der – vor seinem Lehrer CINUS DE PISTOIA und seinem Schüler BALDUS DE UBALDIS – auf der Grundlage zuerst von kanonistischer Seite ausgesprochener Lehrsätze, aber nicht unschöpferisch, sondern durchaus selbständig vorgehend, durch die Wirkung seiner Lehren auf Zeitgenossen und Nachwelt die Entwicklung der K.-Theorie nachhaltig beeinflußte.

Mit der zunehmenden Verbreitung der Glosse des ACCURSIUS, dessen allgemein anerkannte Kommentierung des ‹Corpus iuris› der Legistik seit der Mitte des 13. Jh. als Grundlage jeglicher Beschäftigung mit den römischrechtlichen Quellen diente, wurde der bei den Glossatoren ohnehin schon weite und unbestimmte K.-Begriff von den Postglossatoren (oder besser: Kommentatoren) nicht bloß reproduziert, sondern eher noch vager gefaßt, weil zu den universitates nach weltlichem Recht auch die neuen mittelalterlichen Verbandsbildungen (z. B. Kollegien der Scholaren, Eidgenossenschaften, Bünde) gezählt werden mußten und die eher territorial geprägten, kommunalen und staatlichen Personenverbände, für die sich neben ‹universitas› auch der Ausdruck ‹civitas› eingebürgert hatte, sowohl die unselbständige Stadtgemeinde als auch den relativ selbständigen italienischen Stadtstaat umfaßten. Die vielgestaltigen

Ausprägungen innerhalb der territorialen Verbandstypen suchte man durch den Begriff der universitas triplex zu vereinheitlichen, indem man für universitates eine dreifache Unterteilung und Abstufung nach Ortsgemeinde (vicus, castrum, oppidum), städtischem Verband (civitas) und Provinzialverband (provincia, regnum) gelten ließ, die ihrerseits im Reich als der universitas des populus Romanus aufging [7]. Das stets prekäre Verhältnis zwischen dem Reich und den übrigen Gemeinwesen wurde jedoch seit BARTOLUS mehr und mehr dahingehend begriffen, daß die in den römischrechtlichen Quellen allein dem Kaiser bzw. dem populus Romanus eingeräumte souveräne Stellung auch unabhängigen Königreichen und Stadtstaaten de iure vel de facto zugestanden werden durfte [8]. Zwar unterschied man zwischen unabhängigen Gemeinwesen (universitates quae superiorem non recognoscunt) und abhängigen Gemeinwesen (universitates quae superiorem recognoscunt), doch wurde der Staatsbegriff nur ersteren zugebilligt. Immerhin konnte auf diese Weise nicht bloß Rom bzw. das Kaiserreich (totum imperium), sondern quaelibet civitas den Charakter einer respublica erringen [9]. Für PAULUS DE CASTRO († nach 1441) besitzt daher jeder populus superiorem non recognoscens nach mittelalterlicher Staats- und Körperschaftslehre eine eigentliche respublica, Gemeinden hingegen besitzen sie nur largo modo, während sonstige collegia als partes reipublicae angesehen werden, denen insofern bestenfalls eine gewisse similitudo zugesprochen werden kann [10]. Im Verhältnis zu ihren Mitgliedern kommt der K. jedoch stets nicht bloß eine von der Gesamtheit der Mitglieder unterschiedene Identität, sondern auch eine höhere Einheit zu, die in der überlegenen Herrschaftsgewalt (potestas) über die einzelnen Mitglieder zum Ausdruck gelangt (civitatis potestas est maior in civem suum quam potestas patris in filium) [11].

In dem Maße, in dem die Kommentatoren alle menschlichen Personenverbände einem gemeinsamen Gattungsbegriff unterwarfen, geriet auch eine für alle Personenverbände gemeinsame K.-Theorie in den Blick. Daher betrachtete BARTOLUS als communitas jede «universitas castri vel villae cuiuslibet municipii, quod ab ipsa hominum communitate principaliter regitur» [12]. Auf diese Weise wurde zugleich – unbeschadet der bestehenden Unterschiede in der jeweiligen Verfassung der vielfältigen K.en – durch die Betonung des einheitlichen Gemeinwesens gegenüber der Vielheit der Mitglieder die Identität der K. schärfer herausgestellt. Wie am Mitgliederbestande des politischen Gemeinwesens und der Kirche abzulesen war, wurde diese Identität der K. auch durch den ständigen Mitgliederwechsel nicht berührt, weil die im Wandel der Zeiten unvermeidbare, durch den Wechsel der Mitglieder bedingte Ungewißheit hinsichtlich des jeweiligen Mitgliederbestandes einer K. keineswegs auch eine Ungewißheit hinsichtlich der Existenz der K. als solcher zur Folge hatte. Auch wenn das Volk, wie CINUS (1270–1336) hervorhob, aus Vielen besteht, konnte es gleichwohl unter dem Gesichtspunkt körperschaftlicher Gemeinschaftsbildung als Einheit gelten (licet populus sint plures, pro uno tamen reputatur) [13]. Im Hinblick darauf bemerkte unter kanonistischem Einfluß ALBERICUS DE ROSCIATE sehr treffend, das Volk (populus i. e. universitas cuiusque civitatis et loci) sei «idem qui fuit retro mille annis, quia successores repraesentant eandem universitatem; ecclesia etiam eadem iudicatur quae fuit retro mille annis» [14]. Wie die Kirche als sichtbare Repräsentation der Einheit des menschgewordenen Christus und aller Gläubigen gewinnt auch die weltliche K. durch

Repräsentation ihre im körperschaftlichen gemeinschaftlichen Zweckhandeln zutage tretende Identität: «collegium licet constituatur ex pluribus, est tamen unum repraesentatione» [15]. Das wird auch bei ALBERTUS GANDINUS († ca. 1310) deutlich (in omnibus corpus universitatis unius personae vicem repraesentat) [16]. Ähnlich stand für JACQUES DE RÉVIGNY (JACOBUS DE RAVANIS † 1296) beim Kolleg die Unbestimmtheit der canonici praeteriti et futuri der Annahme einer K. nicht entgegen, «quia semper reputantur idem cum illis qui reperiuntur in praesenti». Auch wenn auf die Dauer gesehen die wechselnden Mitglieder einer K. als personae incertae gelten mußten, folgte daraus in der Tat noch nicht, daß auch die K. als solche in ihrer Identität als eine persona incerta zu begreifen war: «dico..., quod collegium est certa persona, quia collegium repraesentat certam personam». Hier wie anderwärts wurde die Annahme einer Einheit und Identität der K. durch das offensichtlich der Antike entlehnte Schulbeispiel vom Schiff des Theseus vermittelt, das als ganzes im Hafen von Piraeus verblieb, obwohl seine Teile nach und nach ersetzt werden mußten (navis vel domus refecta per partes) [17]. Die in der Personifikation eines in sich gegliederten, aus Teilen bestehenden Ganzen zum Ausdruck gelangende Vorstellung einer Identität der jeweiligen K. als solcher erschöpft sich jedoch nicht in der bei allem Wechsel der Mitglieder bzw. der Teile präsent bleibenden Einheit des sozialen Ganzen, sondern besteht vor allem in der das Leben der einzelnen Mitglieder zeitlich überdauernden Kontinuität des Wirkens der K., deren auf Dauer gestellte Aktivitäten die Verwirklichung der von ihr verkörperten überindividuellen Interessen, Ziele und Zwecke gewährleisten. Im Hinblick auf diese ihr innewohnende Tendenz zur Dauerhaftigkeit ist bei LUCAS DE PENNA († nach 1382) mit Grund von der Unsterblichkeit der K. die Rede (nam ecclesia nunquam moritur, sicut nec sedes apostolica sic nec imperium, quod semper est) [18].

Die Annahme einer vom Wechsel ihrer Mitglieder unabhängigen Identität der K. stellt nach allem ein hochkomplexes, überaus vielschichtiges rechtliches Vorstellungssyndrom dar, das in der Legistik – jedenfalls was die Kommentatoren angeht – durch die charakteristische Verbindung des Gedankens einer Personifikation menschlicher Verbände, ihrer Ämter und Organe mit dem Gedanken der Repräsentation gekennzeichnet wurde, aufgrund deren das eine Personenmehrheit normativ verbindende, an sich nicht sichtbare Rechtsverhältnis zumindest partiell, beispielsweise im aktuellen Verhalten der Amtsträger oder der Mitglieder, zu einer sichtbaren, der Erfahrung präsenten Darstellung gelangte, weil die K. nicht bloß eine sprachliche Vergegenständlichung beinhaltet, sondern sich als eine über die verbale Bezeichnung hinausgehende, durch das körperschaftliche Verhalten repräsentierte und wirksame Einheit manifestiert. Die Frage nach Begriff und Wesen der K. erweist sich damit letztlich als ein Problem, das sich durch eine bloß anthropomorphisierende Denkweise im Wege der Personifikation körperschaftlicher Rechtsverhältnisse gar nicht zureichend lösen läßt, sondern sich überhaupt erst einem Denken erschließt, das die mittelalterliche Staats- und K.-Lehre unter Berücksichtigung ihrer philosophischen Voraussetzungen und Implikationen zu begreifen sucht. Offensichtlich läßt sich die Annahme einer vom ständigen Mitgliederwechsel unabhängigen Identität der K. im Grunde nur aufrechterhalten, wenn man in ihrer körperschaftlichen Einheit etwas anderes sieht als die bloße Summe ihrer Teile bzw. Mitglieder. Infolgedessen erblickte BARTOLUS in der Frage, ob die universitas als ganze etwas anderes sei als die Summe ihrer Mitglieder (an universitas sit aliud quam homines universitatis) das eigentliche Zentralproblem der Staats- und K.-Lehre seiner Zeit. Ging man mit einigen Philosophen und Kanonisten von der nominalistischen Auffassung aus, daß das Ganze sich in Wahrheit und Wirklichkeit nicht von seinen Teilen unterscheide (universitas non est aliud quam homines universitatis, secundum philosophos et canonistas), so mochte man in der universitas in der Tat nichts anderes erblicken als ihre Mitglieder (nam nil aliud est universitas scholarium, quam scholares). Ging man hingegen, wie Bartolus es tat, von einer rechtlichen Betrachtung der jeden Mitgliederwechsel überdauernden Identität der K. aus (recedentibus omnibus istis scholaribus, et aliis redeuntibus, eadem tamen universitas est), so konnte man die universitas rechtlich durchaus als eine Person begreifen (sed secundum fictionem iuris ... universitas repraesentat unam personam, quae est aliud a scholaribus, seu ab hominibus), die etwas anderes und zugleich mehr war als die Summe ihrer Mitglieder (Et sic aliud est universitas, quam personae, quae faciunt universitatem, secundum iuris fictionem: qua est quaedam persona repraesentata) [19]. Ähnlich existierte für BALDUS die universitas nicht nur in der Vorstellung, sondern von Rechts wegen (in iure tantum et in intellectu constitit) [20]. Am Beispiel der universitas wurde somit deutlich, daß juristische und herkömmliche philosophische Betrachtung – was das Wesen der K. angeht – auseinandergehen können.

Bereits am Ausgang des Mittelalters war somit die begriffsgeschichtliche Entwicklung der K. in ein Stadium eingetreten, in dem die körperschaftlichen Aspekte in Kirche und Staat in ihren sozialstrukturellen Voraussetzungen und Implikationen als prinzipiell zeitabhängig und damit wandelbar durchschaut waren, mit der Folge, daß auch die zugehörigen rechts- und staatsphilosophischen Lehren diesen Wandel in der Ausbildung körperschaftlicher Theorien kritisch reflektierten. Diese Theoriebildung war im wesentlichen das Ergebnis einer – aus heutiger Sicht fachsystematisch heterogenen – wissenschaftlichen Zusammenarbeit zwischen Theologie, scholastischer Philosophie und Jurisprudenz, die – durch etablierte Fächergrenzen noch nicht behindert – auf der Basis der als lingua franca dienenden römischen Rechtssprache, aber nicht gesteuert und determiniert durch römische Rechtsvorstellungen, zunächst rasch voranzuschreiten vermochte. In ihr erfuhren die Bestrebungen der Kanonistik wie der Legistik, Kirche und Staat als menschliche Verbandsbildungen in ihrer körperschaftlichen Struktur ihrem Wesen nach zu begreifen, nicht nur ihren systematischen Ausdruck und eine wechselseitige Durchdringung, sondern auch eine frühe, schon im 14. Jh. sich vollziehende Vollendung, so daß die denkgeschichtliche Entwicklung des K.-Begriffs schon am Ausgang des Mittelalters zu einem gewissen Abschluß gelangte. Im Rückblick auf die kanonistische und legistische Provenienz von ‹K.› wird deutlich, daß es sich bei dieser begriffsgeschichtlichen Entwicklung letztlich um die Säkularisierung einer in ihrem Kern theologischen Kategorie handelt, die mit der immer schärfer hervortretenden Trennung von geistlicher und weltlicher Gewalt schließlich ihre ursprünglich christliche Orientierung sowie ihren theologischen Gehalt endgültig abstreifte.

Anmerkungen. [1] PILIUS: Continuatio summae Trium librorum Placentini, abgedr. in: AZONIS S. aurea (Lugduni 1557, ND Frankfurt a. M. 1968) lib. XI, tit. XVIII (De collegiatis), nr. 1,

fol. 251r. – [2]HUGOLINUS: Summa Digestorum, in: AZONIS S. aurea (1596) Tom. II, lib. XXXXI, tit. III, lex XXX. – [3] PLACENTINUS: In Codicis DN. Iustiniani ... libros IX summa a Placentino ... conscripta ... (Moguntiae 1536, ND Turin 1962) lib. I, tit. II, p. 3. – [4] Gl. «non ambigitur» zu D. 1, 3, 9; Gl. «solus imperator» zu C. 1, 14, 12, 5. – [5] Gl. «inter publica» zu D. 50, 16, 17; Gl. «respublica» zu C. 2, 53 (54), 4; Gl. zu C. 11, 29; vgl. ferner: PILIUS, a.a.O. [1] lib. XI, tit. XXIX (De iure reipublicae), nr. 1, fol. 252r.: «Nimirum vere et proprie, sola Romana civitas recte appelatur respublica.» – [6] Gl. «aliorum» zu D. 3, 4, 1, 1; Gl. «nomen universitatis» zu D. 3, 4, 7, 2. – [7] BARTOLUS DE SAXOFERRATO: Consilia, Quaestiones et Tractatus (Basileae 1588) Cons. 189, nr. 1, p. 118f.; In primum partem Digesti Novi Commentaria (Basileae 1588) lib. XXXIX, tit. II, lex I, nr. 3, p. 68f. – [8] In secundam et tertiam partem Codicis Commentaria (Basileae 1588) lib. X, tit. X, lex I, nr. 7, p. 18. – [9] BALDUS DE UBALDIS: Commentaria in primum Digesti veteris partem (Venetiis 1572) lib. I, tit. VIII (De divisione rerum) lex I, nr. 19, fol. 48v. – [10] PAULUS DE CASTRO: Digestum vetus (Lugduni 1561) lib. III, tit. IV (Quod cuiusque universitatis nomine), lex I, nr. 1, fol. 108v; lib. I, tit. I (De iustitia et iure), lex V, nr. 7, fol. 4v, 5r. – [11] BARTOLUS, Tractatus represaliarum a.a. O. [7] q. V, nr. 8, p. 334. – [12] Tractatus super Constitutione Extravaganti a.a.O. [11] v. «communitas», p. 277. – [13] CINUS DE PISTOIA: In Codicem Commentaria (Francoforti 1578, ND Turin 1964) lib. I, tit. XIV (De Legibus), lex XII, nr. 4, p. 29. – [14] ALBERICUS DE ROSCIATE [DE ROSATE]: Im Primum Digesti Veteris Commentarii (Venetiis 1585, ND Bologna 1974) lib. V, tit. I (De iudiciis), lex LXXIV, nr. 1. – [15] Dictionarium (Lugduni 1539) v. «collegium». – [16] ALBERTUS GANDINUS: Tractatus de maleficiis, hg. KANTOROWICZ (1926) De homicidiariis §14, S. 293. – [17] JACOBUS DE RAVANIS: Lectura super Codice (ab editore Parisiensi adscripto Petro de Ballapertica, sed vero Jacobi de Ravani) (Parisiis 1519, ND Bologna 1967) lib. I, tit. I (De Sacrosanctis ecclesiis), nr. 2, fol. IIIr; lib. I, tit. III (De Episcopis et clericis), nr. 1, fol. XIXr; lib. VI, tit. XXXXIIII (Ad trebellianun), fol. CCCCXIXr; wegen der Fehlzuschreibung an Petrus de Bellapertica vgl. H. KIEFNER: Zur gedruckten Codexlectura des Jacques de Révigny. Tijdschr. voor Rechtsgeschiedenis 31 (1963) 5-38. – [18] LUCAS DE PENNA: Commentaria in Tres posteriores Libros Codicis Justiniani (Lugduni 1582) lib. XI, tit. LXIX, lex V, nr. 2, p. 165. – [19] BARTOLUS: In secundam partem Digesti Novi Commentaria (Basileae 1578) lib. XXXXVIII, tit. XIX, lex XVI, § 10, nr. 3, p. 560. – [20] a.a.O. [9] lib. III, tit. IV (Quod cuiusque universitatis nomine), lex II, nr. 1, fol. 214v.

Literaturhinweise. F. ERCOLE: Da Bartolo all' Althusio (Florenz 1932). – E. H. KANTOROWICZ: Stud. in the Glossators of the Roman law (Cambridge 1938, ND Aalen 1969). – M. P. GILMORE: Argument from Roman law in political thought 1200-1600 (Cambridge, Mass. 1941). – F. CALASSO: I glossatori e la teoria della sovranità. Studio di diritto comune pubblico (Mailand ³1957). – E. M. MEIJERS: Le droit romain au M.A. 1.2 (Leiden 1959/66. – W. ULLMANN: Principles of government and politics in the M.A. (London 1961). – G. POST: Stud. in medieval legal thought. Public law and the state, 1100-1322 (Princeton 1964). – G. DOLEZALEK: Verz. der Handschriften zum röm. Recht bis 1600. 1-4 (1972).

IV. *Von der Publizistik zur positiven Rechtswissenschaft.* – 1. Der am Ausgang des Mittelalters sich abzeichnenden Gefahr einer Stagnation des körperschaftlichen Rechtsdenkens vermochte die mittelalterliche Publizistik vor allem durch die Wiederaufnahme und Anverwandlung antiker Rechts- und Staatsideen zu begegnen. Die zunehmende Verschmelzung der seit der Aristoteles-Rezeption im hohen und späten Mittelalter aus der Antike wiederaufgenommenen, auf menschliche Verbandsbildungen bezogenen Denküberlieferungen mit der mittelalterlichen Denkweise mußte jedoch bei ihrer Anwendung auf die obersten Verbandsbildungen unbeabsichtigt zu einer allmählichen Auflösung, Modifikation und Neuformulierung der von der mittelalterlichen Publizistik entwickelten Theorie der K. führen. Schon seit dem 12. Jh. war am Beispiel der im Verhältnis zu höheren Verbandsbildungen politisch abhängigen, aber sich verselbständigenden, körperschaftlich organisierten und verfaßten Stadt in freilich im Detail noch unklaren Konturen die rechtliche Möglichkeit in Erscheinung getreten, daß die Stadt als politisches Gemeinwesen gegenüber dem König, Bischof und Landesherrn wie eine leibliche

Person auftrat, Gebote und Ordnungen verkündete und handhabe, Kriege führte und beendete, sowie Verträge schloß. In der Tat ließ sich, wie schon bei ENGELBERT VON ADMONT im 13. Jh. deutlich wurde, jeder vermöge seiner körperschaftlichen Struktur auf Dauer gestellte menschliche Verband – seien es die Einzelkirche oder der Einzelstaat, seien es die universelle Kirche, das universelle Reich oder gar die Menschheit in ihrer Totalität – mit dem natürlichen Körper (corpus naturale et organicum) des Menschen vergleichen, so daß die in der Kirche vereinigte christliche Menschheit als «corpus mysticum Christi» bzw. das staatliche Gemeinwesen als ein «corpus morale et politicum» angesehen werden konnte (civitas vel regnum est quasi quoddam unum corpus animatum) [1]. Jedoch beschränkte sich die offensichtliche Analogie zwischen Individuum und Staat in der mittelalterlichen Staatsauffassung wie in der spätmittelalterlichen Sicht des frühmodernen Staates darauf, dem menschlichen Körper den staatlichen Verbandskörper gegenüberzustellen, ohne ihm jedoch – wie der natürlichen Person – zugleich den Charakter einer Rechtspersönlichkeit zuzusprechen. Immerhin wurden damit die Voraussetzungen für die Entwicklung des neuzeitlichen Staatsbegriffes geschaffen, der nur auf der Grundlage körperschaftlicher Verbandsvorstellungen die scharfen Konturen einer rechtlich und begrifflich prägnanten Struktur zu gewinnen vermochte. Freilich bereitete in der deutschen Praxis des 16. Jh. die Binnenstruktur des Reichsverbandes, der als ein aus Haupt und Gliedern zusammengesetzter Körper begriffen wurde, im Verhältnis zu den deutschen Territorien noch einige Schwierigkeiten, weil dem territorialen Landesherrn in Ermangelung einer einheitlichen, aber gleichwohl partikularen Territorialgewalt, die den Vergleich mit der dem Kaiser im Reich zustehenden universalen Reichsgewalt ausgehalten hätte, das Attribut herrschaftlicher Souveränität zunächst noch versagt blieb.

2. In dem Maße, in dem die Publizistik eine Anwendung ihrer Lehren auf die obersten Verbandsbildungen, insbesondere das Reich und die deutschen Territorien, in den Vordergrund ihrer Überlegungen rückte, mußte sie nicht nur zu einer zunehmenden Distanzierung vom mittelalterlichen Rechts- und Staatsdenken gelangen, sondern auch zu einer Loslösung, Verselbständigung und Emanzipation der Publizistik als solcher. Ihre Bestrebungen, den neuzeitlichen Staat als eine Erscheinungsform körperschaftlicher Verbandsbildung in ihrem gesellschaftlichen Wesen zu begreifen, führte unter dem steigenden Einfluß naturrechtlicher Auffassungen zur Herausbildung eines jus publicum und der Entwicklung einer dem positiven Staatsrecht sich widmenden Jurisprudenz, deren Hauptaugenmerk sowohl dem tradierten positivrechtlichen Quellenmaterial als auch dem öffentlichen Leben der engeren und weiteren körperschaftlichen Verbände galt. Infolgedessen traten seit der ersten Hälfte des 16. Jh. juristische und politische Betrachtungsweise zunehmend auseinander, mit der Konsequenz, daß Aussagen über den Rechtszustand des Reiches oder seiner Territorien nicht mit politisch-philosophischen Spekulationen und Reflexionen über das Gemeinwesen schlechthin verwechselt werden dürfen. Trotz dieses deutlich ausgeprägten Nebeneinanders der Jurisprudenz wie der Politik, die sich bis in die zweite Hälfte des 18. Jh. schon disparat, aber in Bezug auf das beiden zugrunde liegende Problem noch verbunden zu erhalten vermochten, darf jedoch nicht übersehen werden, daß gerade das politische, von naturrechtlichen Vorstellungen getragene Denken auch die körperschaftlichen Vorstellungen der deutschen Staatsrechtswissenschaft in immer stärkerem Maße nachhaltig beeinflußte.

Indem die Naturrechtslehren des 16. bis 18. Jh. im Namen politischer Philosophie in Fortführung der körperschaftlichen Gedanken des Mittelalters dem Staat einen Platz neben den anderen K.en zuwiesen, vermochten sie, ihn als mit den übrigen körperschaftlichen Verbänden wesensgleich anzusehen, so daß er zunächst als Person neben anderen Personen begriffen werden konnte. Nicht von ungefähr ist daher für J. ALTHUSIUS (1557–1638) der Staat innerhalb einer aufsteigenden Reihe körperschaftlicher Verbände, die von Familie und Gemeinde über die Provinz emporsteigt, als die umfassendste Vereinigung (consociatio), die das Volk zu einem corpus symbioticum zusammenschließt, nicht bloß ein Körper (unum corpus), sondern gleichsam eine einzige Person (consideretur tanquam una persona) [2]. Erst bei HOBBES, der den Staat (civitas) nicht mehr organisch, sondern eher mechanisch nach Maßgabe seiner individualistischen Vertragskonstruktion aus der Vereinigung der Individuen zur Staatsperson (in personam unam vera omnium unio) hervorgehen ließ, erfolgte jedoch eine so starke Betonung der Personifizierung (civitas persona una est; persona civilis, persona civitatis), daß der Staat zugleich als Übermensch (homo artificialis, persona artificialis) erschien [3]. Indem S. PUFENDORF (1632–1694) zwischen physischen Personen (personae physicae) und moralischen Personen (personae morales) unterschied, vermochte er neben anderen personae morales compositae auch den Staat (civitas) einerseits als corpus morale, andererseits als persona moralis zu begreifen, so daß die Personifizierung des Staates nicht mehr zweifelhaft erscheinen konnte (civitas ita constituta ad modum unius personae concipitur) [4]. Jedoch ließen die natur- und vernunftrechtlichen Theorien wegen der Zweigleisigkeit des juristischen und des politisch-philosophischen Denkens eine zufriedenstellende Herausarbeitung des rechtlichen Begriffs der Staatsperson vermissen. Das gilt auch für CHR. WOLFF, der um die Mitte des 18. Jh. die Staatsperson aus dem Zusammenschluß der Individuen zur Verfolgung gemeinschaftlicher Interessen ableitete (universitas in civitate spectetur tanquam persona moralis) [5], aber nur im Außenverhältnis den Staat «in Ansehung anderer Staaten mit Regenten und Unterthanen zusammen genommen als eine Person» ansah, während er im Innenverhältnis mit Grund zwischen der Obrigkeit und den Untertanen unterschied [6].

Es liegt durchaus in den Konsequenzen der hier angedeuteten gedanklichen Entwicklung, wenn KANT den Staatsverband in seiner Rechtslehre als die einheitliche «moralische Person» ansieht, was die äußeren Beziehungen des Staates zu anderen Staaten angeht, um jedoch innerhalb des Staates – auf Rousseau aufbauend, aber durchaus eigenständig – nicht nur der Regierung, sondern auch dem als Untertanenschaft begriffenen Volk eine eigene Person zuzubilligen, weil Souverän und Volk «rechtlich betrachtet doch immer zwei verschiedene moralische Personen» darstellen [7]. Reduziert sich derart die Personifizierung des im Staate zusammengefaßten Volkes auf nicht weniger, aber auch nicht mehr als die «Vereinigung einer Menge von Menschen unter Rechtsgesetzen» bzw. innerhalb des Staates auf das von Verfassungs wegen begründete Herrschaftsverhältnis zwischen Souverän und Volk, so wird man in der formalen, vernunftrechtlichen Konstruktion Kants trotz seines Versuchs, den rationalen Charakter des Sozialvertrages zu erweisen, zunächst einmal kaum mehr erblicken wollen als die vernunftrechtliche Adaption von der Legistik längst geläufigen Gedankengängen. Das wird deutlich, wenn Kant bemerkt: «Der Akt, wodurch sich das Volk selbst zu einem Staate konstituiert, eigentlich aber nur die Idee desselben, nach der die Rechtmäßigkeit desselben allein gedacht werden kann, ist der ursprüngliche Kontrakt, nach welchem alle (omnes ut singuli) im Volk ihre äußere Freiheit aufgeben, um sie als Glieder eines gemeinen Wesens, d. i. des Volks als Staat betrachtet (universi), sofort wieder aufzunehmen.» Jedoch wußte Kant, daß es «vergeblich» bleiben muß, der «Geschichtsurkunde dieses Mechanismus nachzuspüren» [8]. Gerade die immanente und unausgetragene, in der Rechtslehre Kants zutage tretende Widersprüchlichkeit, die darin liegt, daß er den Staaten im Verhältnis zueinander bzw. den verschiedenen, im Staate verkörperten, insgesamt drei Gewalten (potestas legislatoria, executoria, iudiciaria) auf dem Gebiete des öffentlichen Rechts ebensoviele «moralische Personen» beiordnete [9], ohne auf sie den von ihm aufgestellten philosophischen Begriff von «Person» anzuwenden, die er als «dasjenige Subjekt» kennzeichnete, «dessen Handlungen einer Zurechnung fähig sind» [10], sollte sich jedoch im Verhältnis von Philosophie und positiver Staatsrechtswissenschaft bei der gedanklichen Rekonstruktion der staatsrechtlichen Systeme des 19. Jh. als überaus förderlich erweisen. In der Tat tritt in Gestalt der philosophischen Rechtslehre Kants – wenn auch nicht in voller Konsequenz entwickelt – der über eine bloße Personifizierung des Staates hinausführende Gedanke zutage, daß auch die als persona moralis begriffene Staatsperson rechtlich als Zurechnungssubjekt von Rechten und Pflichten aufgefaßt werden kann.

Demgegenüber ist die von einem mechanisch-individualistischen Rechts- und Staatsdenken sich abwendende, metaphysisch-spekulative, die aristotelische Denktradition praktischer Philosophie wiederaufnehmende und fortführende Rechts- und Staatsphilosophie HEGELS, die vom «Unterschied des Begriffs und seiner Realität» ausgeht und eben «damit in die Bestimmtheit und Besonderheit tritt», vor allem dadurch gekennzeichnet, daß für sie das *Dasein* des Rechts als «*allgemein Anerkanntes, Gewußtes* und *Gewolltes*» nicht begrifflich-abstrakt bleibt, sondern «vermittelt durch dieß Gewußt- und Gewolltseyn Gelten und objective Wirklichkeit» als «*positives* Recht» erlangt [11]. Staatliche Souveränität ist infolgedessen für Hegel zunächst einmal «nur der *allgemeine* Gedanke dieser Idealität, *existirt* nur als die ihrer selbst gewisse *Subjectivität* und als die abstracte, insofern grundlose *Selbstbestimmung* des Willens, in welcher das Letzte der Entscheidung liegt», und es ist «diß das Individuelle des Staats als solches, der selbst nur darin *einer* ist. Die Subjektivität hingegen ist «in ihrer Wahrheit nur als *Subject*, die Persönlichkeit nur als *Person*», so daß «jedes der drey Momente des Begriffes» nur «in der zur reellen Vernünftigkeit gediehenen Verfassung» seine «*für sich wirkliche*, ausgesonderte Gestaltung» erlangt. Während Persönlichkeit «den Begriff als solchen» ausdrückt, enthält die Person «zugleich die Wirklichkeit desselben», so daß der Begriff «nur mit dieser Bestimmung *Idee*, Wahrheit» ist. Vor dem Hintergrund dieses dialektischen Auseinandertretens von Persönlichkeit und Person erschließt sich auch der häufig mißverstandene Bedeutungsgehalt des von Hegel auf den monarchisch verfaßten Staat bezogenen Satzes: «Die Persönlichkeit des Staates ist nur als eine *Person, der Monarch*, wirklich» [12]. Was hingegen den wie auch immer verfaßten Staat als ganzen, in

seiner «Totalität» angeht, in der «die Momente des Begriffs zur Wirklichkeit» gelangen, so ist dieser Staat die «Wirklichkeit der concreten Freyheit», welche darin besteht, daß «die persönliche Einzelnheit und deren besondere Interessen sowohl ihre vollständige *Entwickelung* und die *Anerkennung ihres Rechts* für sich (im Systeme der Familie und der bürgerlichen Gesellschaft) haben, als sie durch sich selbst in das Interesse des Allgemeinen theils *übergehen*, theils mit Wissen und Willen dasselbe und zwar als ihren eigenen *substantiellen Geist* anerkennen und für dasselbe als ihren *Endzweck thätig* sind». Infolgedessen konnte Hegel die «Vernünftigkeit» des Staates «concret dem Inhalte nach» erblicken «in der Einheit der objectiven Freyheit, d. i. des allgemein substantiellen Willens, und der subjectiven Freyheit, als des individuellen Wissens und seines besondere Zwecke suchenden Willens – und deswegen der Form nach: in einem nach *gedachten*, d. h. *allgemeinen* Gesetzen und Grundsätzen sich bestimmenden Handeln» [13]. Die «politische Verfassung» ist in diesem Sinne nicht nur «die Organisation des Staates und der Prozeß seines organischen Lebens *in Beziehung auf sich selbst*, in welcher er seine Momente innerhalb seiner selbst unterscheidet und sie zum *Bestehen* entfaltet», sondern auch, «als eine Individualität, *ausschließendes* Eins, welches sich damit zu *andern* verhält» [14].

Bei aller fehlenden Übereinstimmung der Auffassungen, welche die Entwicklung der politisch-naturrechtlichen Philosophie des 16. bis 18. Jh., vor allem aber die kantische und hegelsche Vorstellung von der Staatspersönlichkeit kennzeichnet, kann doch nicht übersehen werden, daß an der Wende vom 18. zum 19. Jh. das Verhältnis der Philosophie zum positiven Staatsrecht bzw. zur Staatsrechtswissenschaft in ein Entwicklungsstadium geriet, in dem die unterschiedlichen philosophischen Bestrebungen einer Personifikation des Staates – wenn auch unbeabsichtigt – recht nachhaltige Auswirkungen auf die gesamte Rechtswissenschaft zeitigten. Das wird, was das öffentliche Recht angeht, vor allem deutlich bei J. L. KLÜBER (1762–1837), der den Staat nicht nur als eine «moralische Person, mit eigenem Verstand und Willen, mit eigenen Rechten und Pflichten, zur Erreichung seiner Zwecke» begreift, sondern auch als ein kollektives Subjekt von Rechten und Pflichten [15]. In dem Maße, in dem es einer auf systematische Durchdringung des positiven Staatsrechts bedachten Staatsrechtswissenschaft gelang, den Staat als Rechtssubjekt zu begreifen, mußten freilich die bisherigen philosophischen Vorstellungen von einer einheitlichen Staatsperson zunehmend funktionslos werden und dabei nach und nach in den Hintergrund treten. Ist der Staat als solcher erst einmal in seiner Rechtssubjektivität erkannt und auf den Begriff gebracht, so wird die anthropomorphisierende, in der Personifikation des Staatswesens zum Ausdruck gelangende Vorstellung einer Staatsperson bzw. Staatspersönlichkeit entbehrlich und damit – jedenfalls für die juristische Betrachtungsweise – überflüssig. Aber auch im Bereich des privaten Rechts, in dem noch im 17. Jh. die Erfordernisse einer sachgerechten, den deutschen Verhältnissen angepaßten, zeitgemäßen Praxis römischen Rechts als Usus modernus pandectarum bei der vorwiegend praktischen Orientierung der Juristen eindeutigen Vorrang besaßen, vermochte die Privatrechtswissenschaft auf die Dauer nicht, sich der naheliegenden Frage nach dem rechtlichen Wesen der Personenvielheiten zu entziehen. Obwohl das die privaten Rechtsbeziehungen regelnde positive Verbandsrecht in den legistisch-kanonistischen K.-Lehren einen gewissen Rückhalt gefunden hatte, mußte deren Antwort, was die Binnenstruktur der K., insbesondere das Problem einer Zurechnung von Rechten und Pflichten an die Personenvielheit als solche angeht, unter den sich wandelnden sozialen Verhältnissen als unbefriedigend erscheinen, so daß mit dem wachsenden Einfluß staatsrechtlicher Gedankengänge und natur- bzw. vernunftrechtlicher Vorstellungen über das Wesen der K. der Gedanke einer persona moralis auch dem Privatrechtsdenken Anlaß zu einer Umdeutung seiner körperschaftlichen Rechtsvorstellungen im Sinne einer Personifikation der Personenvielheit als solcher bot. Wie beispielsweise G. HUGO (1764–1844) in seinen Vorlesungen über das heutige, «noch jetzt geltende Römische Recht» an der Wende vom 18. zum 19. Jh. darlegte, konnte das Privatrecht als Teil des positiven Rechts im Rahmen «eines» durchlaufenden «civilistischen Cursus» gelehrt werden, dessen «Zweyter Band» folgerichtig «das Naturrecht als eine Philosophie des positiven Rechts» umfaßte [16], weil «das ganze so genannte NaturRecht des einzelen Menschen oder das natürliche PrivatRecht» zu den «ausschließend civilistischen» Besitzungen gehört, ohne daß «damit die Philosophen an ihren Ansprüchen» verlieren; denn dem Civilisten ist die «Philosophie über civilistische Sätze» unentbehrlich und «darf davon nicht als ein eigener Theil der Jurisprudenz getrennt werden». Ging man mit dem Verfasser davon aus, «daß der Jurist, als Gelehrter, auch philosophirt, also sein Studium nicht wie ein Handwerk lernt», so mochte man in der Tat zu einer «Verbindung von philosophischem Geiste und von juristischen Kenntnissen» gelangen, sofern man im Hinblick auf das positive Recht annahm, das «Resultat aller Metaphysik» könne «kein anderes seyn, als daß alles das möglich ist, was die Erfahrung als wirklich lehrt» [17]. Während Hugo in seiner auf eine «Philosophie des positiven Rechts» reduzierten Darstellung des «Naturrechts» – durchaus im Anschluß an Kant – in der Person letztlich eine «VernunftIdee» erblickte, «die sich weder sehen noch fühlen läßt», unterschied er gleichwohl in seinem dem «PrivatRecht» angehörenden «PersonenRecht» drei «Arten von Personen», die «auf den drey persönlichen Zuständen» des Menschen in «der Freyheit, der Civität, der Familie» beruhten. Indem er in Anlehnung an das öffentliche Recht einerseits und an Kants ‹Metaphysische Anfangsgründe der Rechtslehre› andererseits – hinsichtlich der «Persönlichkeit» stets auf der Hut «vor der Verwechslung des juristischen Sinnes mit dem metaphysischen» – in der «Civität» eine bloße «Eigenschaft» erblickte, «von welcher es abhängt, in wie weit jemand das Subject von PrivatRechtsverhältnissen» sein kann, vermochte er diese Eigenschaft «nicht nur einzelen physischen Personen, sondern auch Verbindungen mehrerer derselben zukommen» zu lassen, «die eben dadurch zu juristischen (gewöhnlich: moralischen, auch wohl: mystischen) Personen werden» [18]. Ist aber Person im rechtlichen Sinne «alles, was für sich selbst das Subject eines RechtsVerhältnisses seyn kann», so konnte auch die körperschaftliche Personenvielheit als eine «juristische (moralische) Person» begriffen werden, welche «mehrere Menschen, die im RechtsVerstande wie ein Einzeler angesehen werden», umfaßt [19]. Rechtssubjektivität war damit schon am Ausgang des 18. Jh. etwas, das im Rechtssinne – unbeschadet der vielschichtigen staatsrechtlichen Genese und der vernunftrechtlichen Provenienz dieses Gedankens unter der Fernwirkung kanonistisch-legistischer K.-Theorie – der Personenvielheit als solcher zugesprochen werden konnte.

3. Erst seit dem 19. Jh. galten jedoch K.en – seien es nun solche des privaten oder öffentlichen Rechts – unabhängig von der Frage nach ihrem wahren, nur einer Philosophie des positiven Rechts zugänglichen Wesen, als juristische Personen im rechtstechnischen Sinne, d. h. von Rechts wegen als Träger eigener, von denen der Mitglieder geschiedener Rechte und Pflichten, so daß sie auch ihren Mitgliedern als rechtlich selbständige Person gegenübertraten.

a) In dem auf das private Recht gerichteten Bestreben, die vorhandenen Rechtsbegriffe, Rechtsverhältnisse und Rechtsregeln zusammenzufassen, um sie in einem einheitlichen «System des heutigen Römischen Rechts» zur Darstellung zu bringen, rückte FR. C. VON SAVIGNY (1779–1861) den auf den einzelnen Menschen als solchen bezogenen «Begriff der Person oder des Rechtssubjekts» in den Vordergrund seiner systematischen Bemühungen, so daß im Hinblick auf «die freye und rechtmäßige Macht des Menschen über sich selbst» eine körperschaftlich verfaßte Personenvielheit «neben dem einzelnen Menschen» bei aller Eignung, als «Träger von Rechtsverhältnissen» zu dienen, «nur zu juristischen Zwecken angenommen» werden konnte und daher durchaus künstlich wirken mußte. Folgerichtig bestimmte er die juristische Person als ein «des Vermögens fähiges künstlich angenommenes Subject», das ihm trotz der ihrer Organisation existenten Realität körperschaftlich verfaßter Innungen, Gesellschaften oder sonstiger Korporationen seinem rechtlichen Wesen nach als bloß gedachte Einheit erschien. «Das Wesen aller Corporationen besteht aber darin, daß das Subject der Rechte nicht in den einzelnen Mitgliedern (selbst nicht in allen Mitgliedern zusammen genommen) besteht, sondern in dem idealen Ganzen» [20]. Gleichwohl wird man darin eine bloße Wiederaufnahme der kanonistisch-legistischen Theorie zu erblicken haben, die den rechtsbegrifflich fiktiven Charakter der K. längst durchschaut hatte, sondern die Bindung an den kantischen Personenbegriff nicht übersehen dürfen, der – ähnlich wie bei Hugo – auch bei von Savigny Pate gestanden hat. «Allein Handlungen setzen ein denkendes und wollendes Wesen, einen einzelnen Menschen, voraus, was eben die juristischen Personen als bloße Fictionen nicht sind» [21]. Zwar gewann die von dem kanonistisch-legistischen Begriff der K. ausgehende Denktradition mit und seit von Savigny erneut eine die Entwicklung im 19. Jh. maßgeblich bestimmende Wirkungskraft, doch erfuhr sie zugleich eine rechtstechnisch-konstruktive, systematische Ausarbeitung und ins Detail gehende rechtsbegriffliche Differenzierung, so daß die von Savigny geschaffene K.-Theorie als eine durchaus eigenständige, aber auch neuartige rechtswissenschaftliche Leistung angesehen werden kann.

Seit der Mitte des 19. Jh. sahen sich die modernen Vertreter einer romanistischen Fiktionstheorie kanonistisch-legistischer Provenienz trotz oder gerade wegen ihres Bestrebens, alles positive Recht und damit auch die Rechtssubjektivität auf die Möglichkeit des Menschen zu gründen, durch Selbstbestimmung Sittlichkeit und Freiheit zu verwirklichen, in der rechtstheoretischen Auseinandersetzung um Begriff und Wesen der K. zunehmender Kritik ausgesetzt. In der Tat mußte die romanistische Auffassung, die K. in ihrer Rechtssubjektivität als ein «unmündiges, künstlich geschaffenes Gedankending» zu begreifen, «welchem jede freie Beschlußnahme, jede Willensfähigkeit versagt ist», für den germanistischen, auf Herausarbeitung der deutschrechtlichen Aspekte menschlicher, genossenschaftlicher Verbände bedachten

Rechtsstandpunkt eines BESELER (1809–1885) als allzu realitätsfern erscheinen, da erfahrungsgemäß das körperschaftlich verfaßte Rechtssubjekt «durch seinen Zweck, seine Verfassung und den verfassungsgemäßen Beschluß der Gesamtheit oder ihrer Vertreter unabhängig von dem Willen der einzelnen da steht» [22].

Erst gegen Ende des 19. Jh. wurde jedoch die Vorherrschaft der romanistischen Fiktionstheorie endgültig gebrochen durch die der germanistischen Rechtstradition verpflichteten, auf eingehenden Detailanalysen des deutschen Genossenschaftsrechts beruhenden, leider unvollendet gebliebenen Forschungen O. VON GIERKES (1841 bis 1921). In seinen bis heute unübertroffen gebliebenen Studien vermochte er, nicht nur begreiflich zu machen, «warum der Zivilistik, als sie auf Grund historischer Besinnung sich vom Naturrecht wieder abwandte, die Restauration der romanistisch-kanonistischen Korporationslehre gelang», «indem sie die scheinbar schon zu Grabe getragene Fiktionstheorie in schroffer Form zu neuem Leben erweckte, zum mindesten den Verbandsganzen als ‹juristischen Personen› wiederum eine selbständige Daseinseinheit» verschaffte, sondern er fand auch einen Weg, die der Realität der K. kaum gerecht werdende Fiktionstheorie durch den «Zentralgedanken der realen Gesamtpersönlichkeit» zu ersetzen [23]. Von der Annahme ausgehend, daß das positive Recht der organisierten Gemeinschaften – sofern es sie überhaupt als «juristische Personen» bezeichnet, um sie «wie die einzelnen Menschen» als «Subjekte von Rechten und Pflichten» zu behandeln – jedenfalls als «einheitliche Wesenheiten» begreift, «denen es Persönlichkeit zuschreibt», stellte er die entscheidende Frage, «welche Wirklichkeit diesem Rechtsphänomen zu Grunde liegt» [24]. In der Tat trennen sich die unterschiedlichen rechtstheoretischen Denkansätze in der Antwort auf diese Frage. In seiner berühmten Berliner Rektoratsrede über ‹Das Wesen der menschlichen Verbände› vom 15. 10. 1902 legte Gierke nicht nur dar, daß es sich bei der Beantwortung seiner Frage «nicht bloß um einen theoretischen Schulstreit [handele], dessen Austragung für ein rein juristisches Verständnis des Rechts nicht erforderlich und für dessen praktische Ausgestaltung und Handhabung bedeutungslos» sei, sondern er wies auch nach, daß der «gesamte systematische Aufbau des Rechts, die Form und der Gehalt der wichtigsten Rechtsbegriffe und die Entscheidung zahlreicher sehr praktischer Einzelfragen» entscheidend abhängen «von der juristischen Konstruktion der Verbandspersönlichkeit» [25]. Indem er «in das Problem der rechtlichen Verbandspersönlichkeit die reale Verbandseinheit» einführte und auf solche Gemeinschaften abstellte, «deren Einheit in einer rechtlichen Organisation ausgeprägt» war, konnte er auf die «völlig andere Struktur» derartiger Rechtsverhältnisse verweisen und die «Verfassung» vielfältig gegliederter, menschlicher Verbände als sichtbaren Ausdruck des Verbandslebens begreifen, weil «das Recht anordnet, daß und unter welchen Voraussetzungen in den Lebensäußerungen bestimmter Glieder oder Gliederkomplexe die Lebenseinheit des Ganzen zur rechtlichen Erscheinung kommt». «Rechtssätze vor allem bestimmen die Organisation, vermöge deren diese zum Ganzen verbundenen Elemente eine Einheit bilden» [26]. Wer den Verdacht hegen sollte, daß Gierke bei der Analyse der K.en in ein primitiv-organologisches Rechtsdenken verfallen sei, weil er «in dem gesellschaftlichen Körper eine Lebenseinheit eines aus Teilen bestehenden Ganzen erkennen» wollte, wird eines besseren belehrt durch seinen Hinweis, daß es sich sprachlich um einen

bloßen «Vergleich» handele, der «teils dem Bedürfnis der Anschaulichkeit, teils dem sprachlichen Notstande» entspringt, der zwar «verdeutlichen, aber nicht erklären» kann. Jedoch ließ er keinen Zweifel daran, daß die «innere Struktur eines Ganzen, dessen Teile Menschen sind», einen «Zusammenhang» bildet, «der durch psychisch motiviertes Handeln hergestellt und gestaltet, betätigt und gelöst wird» [27]. Einem Rechtsdenker, der wie Gierke stets auch die philosophischen Voraussetzungen und Implikationen seines Vorgehens zu reflektieren suchte, ist freilich nicht verborgen geblieben, daß die von ihm vertretene Theorie der K. ihn seinerseits in die Nähe eines Denkens im Teil-Ganzes-Schema rückte, dessen Gefahren die von ihm bekämpfte romanistische Fiktionstheorie kanonistisch-legistischer Provenienz in für sie charakteristischer Weise erlegen war. Daß Gierke diese Gefahr durchschaute, wird deutlich, wenn er im Hinblick auf die «Beschaffenheit der überindividuellen Einheiten» in seiner Kritik der bisherigen Vorstellungen bemerkt, daß K.en bislang «einerseits in dem Maße spiritualisiert [wurden], daß lange die Realität der konkreten Gesamtheiten (universitates) mit der nach Platos Ideenlehre geformten Realität der abstrakten Gattungsbegriffe (universalia) zusammengeworfen und deshalb in den Sturz des Realismus durch den Nominalismus verwickelt werden konnte», «andererseits so stark materialisiert [wurden], daß die Behandlung der gesellschaftlichen Körper als reiner Naturkörper nach Art eines aus vielen einzelnen Polypen bestehenden Korallenstocks möglich wurde».

b) Im Bereich des öffentlichen Rechts galten demgegenüber die Bestrebungen der Staatsrechtswissenschaft in der ersten Hälfte des 19. Jh. zunächst vor allem dem Erfordernis, den juristischen Begriff der körperschaftlich verfaßten Staatspersönlichkeit im Rahmen einer Theorie der Rechtssubjektivität des Staates näher zu bestimmen, um die Rechtspersönlichkeit des Staates zum Ausgangspunkt eines aus dem positiven Staatsrecht gewonnenen Systems des geltenden Staatsrechts zu machen, dem auch die übrigen körperschaftlich verfaßten Rechtssubjekte unter- bzw. eingeordnet werden konnten. Noch am Ausgang des 18. Jh., etwa bei J. ST. PÜTTER (1725–1807), hatte die Aufgabe im Vordergrund gestanden, den vorhandenen Rechtsstoff eines «Teutschen Staatsrechts» auf den Begriff zu bringen und systematisch zu gliedern, wobei freilich die Auflösung des Staatsrechts in subjektive Rechtsverhältnisse zwischen Herrscher und Individuen dominierte [28]. Mit dem Untergang des Heiligen Römischen Reiches zu Beginn des 19. Jh. und im Angesichte des deutschen konstitutionellen Staates ergab sich jedoch für die Staatsrechtswissenschaft eine grundsätzlich gewandelte Ausgangslage, die einerseits durch die Präsenz eines positiven Staatsrechts, andererseits durch die Notwendigkeit gekennzeichnet war, im Verhältnis zu Deutschem Bund und den einzelnen Staaten die Grundlegung eines allgemeinen Staatsrechts in die Wege zu leiten, ohne dabei der Gefahr zu erliegen, in der juristischen Argumentation in ein von ethisch-politischen Überlegungen nicht klar abgegrenztes, bloß philosophisches Raisonnement abzugleiten. Indem W. ED. ALBRECHT (1800–1876), ein Schüler von Klüber, konsequent der «Möglichkeit» nachging, «das Staatsrecht der einzelnen deutschen Staaten, wiewohl es größtentheils auf Particularnormen beruht, in einem Gesammtbilde darzustellen», das «die Bedeutung eines wahren gemeinen Rechts an sich trägt», vermochte er, sich als erster von der «mehr staatswissenschaftlichen als eigentlich staatsrechtlichen» Behandlung des öffentlichen Rechts zu lösen, die noch sein Lehrer dem öffentlichen Recht des Deutschen Bundes hatte angedeihen lassen. In kritischer Auseinandersetzung mit dem von R. MAURENBRECHER (1803–1843) verfaßten, im Jahre 1837 veröffentlichten Werk über die ‹Grundsätze des heutigen Staatsrechts› machte ALBRECHT in seiner berühmt gewordenen Rezension dieses Buches auf den «Kampf zwischen dem ältern, aus der Zeit der Reichsverfassung in die Gegenwart hinein reichenden, und einem neueren Rechte» aufmerksam, der in Verfolgung neuer politischer Ideen zu einer «Umgestaltung des Staatsrechts» geführt habe, aber die «eigentliche juristische Auffassung und Construction desselben im Ganzen und in seinen Theilen nicht ersetzen» konnte [29]. In dem Bestreben, diesen «Gegensatz zwischen dem älteren und neueren Rechte», dessen eigentlichen Grund er «in einer wesentlich verschiedenen Grundansicht über die rechtliche Natur des Staates überhaupt» erblickte, durch eine «wahrhaft staatsrechtliche» Betrachtung zu überwinden, wollte Albrecht im Wirkungsbereich des staatlichen Gemeinwesens dem Individuum «alle selbständige juristische Persönlichkeit (das um seiner selbst willen Berechtigt-Seyn) absprechen», um die «Persönlichkeit, die in diesem Gebiete herrscht, handelt, Rechte hat, dem Staate selbst zuzuschreiben, diesen daher als juristische Person zu denken». Mit dieser neuen «Grundformel» wurde die Rechtspersönlichkeit des Staates seiner Zeit «Grundlage und Ausgangspunkt für die Construction des heutigen Staatsrechts» und rückte damit in den Mittelpunkt des staatsrechtlichen Systems [30]. Gleichwohl fand das Staatsrechtssystem Albrechts trotz des richtungweisenden, neuen Denkansatzes zunächst nur wenig Beachtung. Das änderte sich, als mit der zunehmenden Konstitutionalisierung des Staatsrechts auch der Gedanke der Rechtspersönlichkeit des Staates stärker in den Vordergrund rechtswissenschaftlicher Erkenntnisinteressen rückte.

In der zweiten Hälfte des 19. Jh. fanden die schon 1837 entwickelten Gedankengänge Albrechts Aufnahme und Fortentwicklung durch dessen Schüler C. FR. VON GERBER (1823–1891), der sich in seinem Werk ‹Grundzüge eines Systems des deutschen Staatsrechts› kritisch gegen diejenigen wandte, die «die Aufgabe der rechtlichen Bestimmung der durch unsere modernen Verfassungen gegebenen Begriffe nicht sowohl als eine juristische, denn als eine staatsphilosophische oder politische» ansehen, und demgegenüber das «Bedürfnis einer schärferen und correcteren Präcisirung der dogmatischen Grundbegriffe» hervorhob. Von der Annahme ausgehend, daß das Volk im Staate «die rechtliche Ordnung seines Gemeinlebens» erhält, suchte er im Hinblick auf das von Verfassungs wegen geltende «Staatsrecht» vor allem dem Bedürfnis nach «Aufstellung eines wissenschaftlichen Systems» Rechnung zu tragen, in welchem sich die einzelnen Gestaltungen als die Entwicklung eines einheitlichen Grundgedankens darstellen» [31]. Während für Gerber die «juristische Betrachtung» des Staates ausging von der «Thatsache, daß das Volk in ihm zum rechtlichen Gesammtbewußtsein und zur Willensfähigkeit erhoben wird, m.a.W. daß das Volk in ihm zur rechtlichen Persönlichkeit gelangt», erweckte die «natürliche Betrachtung des im Staate geeinten Volks» bei ihm «den Eindruck eines Organismus, d. h. einer Gliederung, welche jedem Theile seine eigenthümliche Stellung zur Mitwirkung für den Gesammtzweck anweist». Damit wurde die «Auffassung des Staats als eines persönlichen Wesens» zur «Voraussetzung jeder juristischen Construction des Staatsrechts» [32]. Indem die «juristische Staatsbetrachtung» ihre – kri-

tisch durchaus reflektierte, von naturalistischen Fehlschlüssen freie – «rechtliche Characteristik des Staats» an das «durch die Auffassung des Staats als Organismus gelieferte körperliche Element» anknüpfte, konnte zugleich der «rechtliche Begriff der Staatspersönlichkeit» präzisiert werden. Erblickte man mit Gerber im Staate ein «Gemeinwesen», das «wir nach den verschiedensten Richtungen hin zur Lösung seiner mannichfaltigen Aufgaben mit bewußter Freiheit handeln und wirken sehen», so mußte «zur rechtlichen Bestimmung eines solchen in einheitlicher Handlungsfähigkeit wirkenden Gemeinwesens» der Jurisprudenz auch «das Mittel zu Gebote [stehen], es mit der Eigenschaft der Persönlichkeit zu bekleiden» im Wege «juristischer Construction». Die «juristische Persönlichkeit des Staats» unterschied sich für ihn «von den juristischen Personen des Privatrechts» dadurch, daß dem «Staat als Persönlichkeit» eine «eigenthümliche Willensmacht, die Staatsgewalt» zustand, «d. h. das Recht, zur Ausführung der im Staatszwecke liegenden Aufgaben einen das ganze Volk verbindenden Willen zu äußern». In der konstitutionellen Monarchie bedurfte infolgedessen der Staat – wie «jede juristische Person» infolge ihrer Unfähigkeit zu eigenem praktischen Tun – des Monarchen bzw. der Landstände, die als «Organe des Staats selbst, d. h. des mit Persönlichkeit ausgestatteten politischen Körpers», dazu dienten, die dem Staate «zugeschriebene abstracte Willensmacht» auch «zur wirklichen That» gelangen zu lassen [33]. Indem Gerber in seiner rechtlichen Staatskonstruktion die Rechtspersönlichkeit des Staates zum zentralen Grundbegriff seines staatsrechtlichen Systems erhob, schuf er zugleich die Grundlage des modernen deutschen Staatsrechtssystems. «In der Persönlichkeit des Staats liegt der Ausgangs- und Mittelpunkt des Staatsrechts; mit der Anknüpfung an sie ist zugleich die Möglichkeit und Richtung eines wissenschaftlichen, d. h. durch einen einheitlichen Gedanken beherrschten Systems gegeben» [34].

Den wohl nachhaltigsten Einfluß auf Staatsrecht und Staatslehre des ausgehenden 19. Jh., aber auch auf die deutsche Staatsrechtswissenschaft im 20. Jh. bis hinein in die Gegenwart übte jedoch P. LABAND (1838–1918), der in seinem mehrbändigen Werk ‹Das Staatsrecht des Deutschen Reiches› mit Grund davor warnte, alles das, «was man für die juristische Construction und wissenschaftliche Durchbildung des Staatsrechts durch die Personifikation des Staates gewinnt», sofort wieder aufzuopfern, indem man «den Monarchen oder das Volk oder wen sonst für das Subject der Staatsgewalt, für den eigentlichen Souverän erklärt», weil man «dadurch dem Staat eben das [entzieht], was ihn im Rechtssinn zur Person macht, nämlich die Eigenschaft, Subject von Rechten zu sein». Von dem Grundsatz ausgehend, «daß der Staat eine juristische Person des öffentlichen Rechts ist», konnte daher nach seiner Auffassung «die Frage, wer das Subject der Staatsgewalt ist, gar nicht anders beantwortet werden, als: der Staat selbst». Infolgedessen gelangte er auch für das Deutsche Reich zu dem Ergebnis, «daß das Subject der Reichsgewalt nur das Reich selbst sein kann als selbständige ideale Persönlichkeit, deren Grundlage die Gesammtheit der Deutschen Einzelstaaten ist» [35]. In dem Maße, in dem für Laband die «auf logischer Abstraktion beruhende Vorstellung eines durch die Gesammtheit gebildeten Rechtssubjekts, welches von den einzelnen Individuen begrifflich verschieden ist und ihnen als selbständiger Träger von Rechten und Pflichten gegenübersteht», zur Grundlage seiner dogmatisch-konstruktiven Bemühungen um eine «wissenschaftliche Behandlung des Rechts» wurde, verselbständigte sich freilich auch seine «juristische Methode der Behandlung des Staatsrechts», so daß die juristische «Persönlichkeit des Staates» – wie die «Persönlichkeit des Menschen» – schließlich für ihn «nur eine Rechtsvorstellung» war. «Aber die Gesammtperson lebt und webt nur im Reiche der Gedanken und ist lediglich eine Vorstellung.» Daher wollte er – immanent folgerichtig – auch die natürliche Person aus der Rechtswelt verweisen: «es giebt keine natürlichen Personen, sondern nur juristische» [36]. Eine derart einseitige, formalrechtliche Betrachtung derjenigen Probleme, welche die K. als sozialer Verband aufwirft, mußte ihn freilich in scharfen Gegensatz zu denjenigen Autoren bringen, die – wie Gierke – auch in der juristischen Begriffs- und Systembildung eine stärkere Orientierung an der sozialen Wirklichkeit von Recht und Staat forderten [37].

Ihren Höhepunkt und ihre Vollendung erreichte die Theorie von der Rechtssubjektivität des Staates jedoch erst in der meisterhaften Ausgestaltung durch G. JELLINEK (1851–1911), der in seiner ‹Allgemeinen Staatslehre› – anders als Laband – von der zutreffenden Einsicht ausging, daß «die formale Logik bei der Feststellung der staatsrechtlichen Grundbegriffe lange nicht die ihr von der konstruktiven Methode zugedachte Rolle» spiele. Daher postulierte er, daß das «gesellschaftliche Wesen des Staates» mittels der «in den historischen und Sozialwissenschaften geltenden Methoden» zu behandeln sei, während «das rechtliche Wesen mit der juristischen Methode erkannt» werde [38]. Von dem methodologischen «Unterschied zwischen sozialer Staatslehre und Staatsrechtslehre» ausgehend, suchte er die «juristische Erkenntnis des Staatsbegriffs» und den aus ihr folgenden juristischen Staatsbegriff an den sozialen Staatsbegriff «anzuschließen». Aufgrund dieser Differenzierung gelang es ihm, einerseits zwischen dem sozialen Substrat der K. und ihrem juristischen Begriff zu unterscheiden, andererseits aber die Gefahren einer positivistischen Verengung der rechtlichen Betrachtungsweise zu kompensieren. «Das Substrat der K. sind stets Menschen, die eine Verbandseinheit bilden, deren leitender Wille durch Mitglieder des Verbandes selbst versorgt wird. Der Begriff der K. aber ist ein rein juristischer Begriff, ... eine Form der juristischen Synthese, um die rechtlichen Beziehungen der Verbandseinheit, ihr Verhältnis zur Rechtsordnung auszudrücken» [39]. Für die durchaus empirisch orientierte, durch tiefe Einsicht in Funktion und Struktur körperschaftlicher Verbandsbildungen geprägte Auffassung Jellineks sind in der Verbandseinheit der K. «Einheit des Ganzen und Vielheit der Glieder notwendig miteinander verknüpft», so daß «das Individuum eine doppelte Stellung erhält: als Verbandsglied und als verbandsfreie Individualität». Jedoch ist die Einheit der K. stets «auf die Verbandszwecke beschränkt», so daß sie die menschlichen Individuen auch nur mitgliedschaftlich zu erfassen vermag. Besitzt aber unter allen Verbänden der Staat «die größte Fülle konstanter Zwecke und die ausgebildetste und umfassendste Organisation», so vermag sich ihm «niemand zu entziehen». «Der Staat ist die alle anderen einschließende und zugleich die notwendigste Verbandseinheit». Im Anschluß daran bestimmte Jellinek den «Rechtsbegriff» des Staates als die «mit ursprünglicher Herrschermacht ausgerüstete K. eines seßhaften Volkes oder, um einen neuerdings gebräuchlich gewordenen Terminus anzuwenden, die mit ursprünglicher Herrschermacht ausgestattete Gebiets-K.». Jedoch wollte er in diesem Rechtsbegriff des Staates keine «Hypo-

stasierung oder Fiktion» erblicken, weil die Staatspersönlichkeit nichts anderes sei als ein «Rechtssubjekt», d. h. die «Relation einer Einzel- oder Kollektivindividualität zur Rechtsordnung» [40]. Weit wichtiger für die moderne Theorie der K. dürfte jedoch sein, daß mit der rechtsbegrifflichen Orientierung an den von ihr verfolgten Zwecken – exemplarisch belegt am Staate – auch die Grenzen aller körperschaftlichen Aktivitäten im Verhältnis zu ihren Mitgliedern deutlich wurden.

Im Hinblick darauf, daß der körperschaftlich begriffene Staat in seinem Aktionsbereich eine «in der gesellschaftlich-geschichtlichen Wirklichkeit tätige Einheit» bildet, suchte H. HELLER (1891–1933) in seiner (im Jahre 1934 posthum im Ausland veröffentlichten) ‹Staatslehre› in kritischer Auseinandersetzung mit Jellinek das Auseinanderfallen in einen juristischen und einen soziologischen Staatsbegriff und den aus der positivistischen Verengung auf eine bloß juristische Betrachtungsweise resultierenden «Bruch zwischen Staatslehre und Politik» zu beheben, indem er die «Grenzziehung» zwischen «Politik als praktischer und wertender Wissenschaft einerseits und der Staatslehre als theoretischer und wertfreier Wissenschaft andrerseits» durch ein «dialektisches Denkverfahren» zu überwinden trachtete [41]. Erblickt man mit Heller das zentrale Problem in der Frage: «Wie ist der Staat als Einheit in der Vielheit zu begreifen, ohne ihn als ein selbständiges, von den ihn bewirkenden Menschen losgelöstes Wesen zu behaupten und ohne ihn als bloße Fiktion zu erklären?», so konnte man den körperschaftlich verfaßten Staat in der Tat als «vielheitlich bewirkt und doch einheitlich wirkend» verstehen und angesichts der spezifischen «Gebietsbezogenheit» staatlicher Herrschaft zu dem Ergebnis gelangen, daß der Staat eine «organisierte Entscheidungs- und Wirkungseinheit» darstellt, die sich von anderen «Gebietsherrschaftsverbänden» dadurch unterscheidet, daß die von den hierzu ermächtigten Staatsorganen getroffenen Entscheidungen Verbindlichkeit «nicht bloß für die juristischen Mitglieder der staatlichen Organisation, sondern in der Hauptsache für alle Gebietsbewohner» besitzen. Der Staatslehre fiel damit die Aufgabe zu, den als Gebiets-K. begriffenen Staat «in seiner gegenwärtigen Struktur und Funktion» zu erforschen [42].

Geht man von der gesicherten Einsicht aus, daß das positive Recht nicht nur Menschen, sondern auch Organisationen als Rechtssubjekte behandeln kann, so wird deutlich, warum die von der Publizistik des 19. Jh. bis in die Gegenwart führende Lehre von der Rechtspersönlichkeit des Staates auch in das geltende Staatsrecht Eingang zu finden vermochte und die Entwicklung der Staatsrechtswissenschaft des 20. Jh. bis auf den heutigen Tag maßgebend bestimmt. Das gilt auch dort, wo die Verwertbarkeit des Begriffs der juristischen Person im öffentlichen Recht einer strengen Prüfung unterworfen wurde, wie etwa bei O. MAYER, nach dessen polemisch zugespitzter Auffassung die «deutschen Professoren» – wohl auch im Hinblick auf die konstitutionelle Monarchie ihrer Zeit! – «den Staat zur juristischen Person ernannt» haben, doch zweifelte er an der Wirksamkeit dieser juristisch-technischen Vorkehrung. «Der Staat ist der Simson, den man vergeblich zu binden sucht mit den neuen Stricken der juristischen Persönlichkeit» [43]. Trotz dieser Skepsis gegenüber der juristischen Persönlichkeit des öffentlichen Rechts stellte er im Blick auf die «rechtsfähigen Verwaltungen» die kürzere Bezeichnung «Verwaltungskörper» in den Vordergrund. «Der Körper bedeutet die juristische Person; Verwaltungskörper wäre dann eine für die Führung öffentlicher Verwaltung eigens geschaffene juristische Person». Den Ausdruck K. wollte er hingegen nur für «solche juristische Personen» verwenden, «hinter denen ein zugehöriger Verband von Menschen, eine Mitgliedschaft steht» [44]. An die Lehre von der Rechtspersönlichkeit des Staates knüpfte sich aber auch eine intensive Durchgestaltung des Staatsrechtssystems, dem nicht nur das geltende Staatsrecht, insbesondere das staatliche Organisationsrecht, sondern auch das Verwaltungsrecht seine Grundlegung und eine Reihe rechtlicher Grundbegriffe verdankt. Die bis in die Gegenwart hinein wirksamen Fortschritte des geltenden staatlichen Organisationsrechts und Verwaltungsrechts sind in hervorragendem Maße verknüpft mit den wegweisenden Untersuchungen von HANS J. WOLFF, der in seinem zweibändigen Werk über ‹Organschaft und juristische Person›, vor allem im ersten Bande über ‹Juristische Person und Staatsperson›, zwischen Staat und Staatsperson unterschied. Begreift man den Staat als einen körperschaftlich verfaßten Personenverband, so wird die staatliche Einheit konstituiert durch die normative Ordnung dieses Verbandes, so daß – bei normativer Betrachtungsweise – nicht die organisierte Personenvielheit den Verband darstellt, sondern deren normative Ordnung den Verband überhaupt erst schafft, erhält und in seinen Aktivitäten steuert. Wer den Staatsbegriff als Rechtsbegriff formulieren will, kann daher den Staat selbst als Rechtsordnung bzw. als einen Teil der Rechtsordnung begreifen. Infolgedessen ist für Wolff der Staat juristisch ein «Komplex autoritär gesetzter positiver Normen». Demgegenüber sind die in der «Staatsperson» zusammengefaßten Normen «keineswegs alle Normen der staatlichen positiven Rechtsordnung, sondern nur die im engeren Sinne ‹organisatorischen›, d. h. diejenigen, welche sich auf die Zuständigkeit der Staatsorgane beziehen». Die juristische Subjektivität des Staates wird somit begründet, weil und insofern «der Staat» als Autor von Macht und Recht sowie als von Rechts wegen Berechtigter oder Verpflichteter angesehen wird und fungiert und damit als «konstruktiv annehmbares Zurechnungssubjekt» dient [45]. Mit dieser Grundlegung des staatlichen Organisations- und Verwaltungsrechts wurden zugleich die normativen Voraussetzungen einer Reihe sekundärer rechtlicher Grundbegriffe (z. B. Organisation, Organ, Behörde, Amt, Zuständigkeit) geklärt [46], die für das geltende Recht bestimmend sind [47].

Anmerkungen. [1] ENGELBERT VON ADMONT: De regimine principum libri septem (Ratisbonae 1725) III, cap. 16. 19. – [2] J. ALTHUSIUS: Politica (Herbornae Nassoviorum 1614) Praef. fol. 4r; Dicaelogicae libri tres (Herbornae Nassoviorum 1617) lib. I, cap. VII (De hominibus natura coniunctis) nr. 7, p. 17. – [3] TH. HOBBES: De cive, hg. MOLESWORTH (Londini 1839-1845, ND Aalen 1966) Vol. II, cap. V, § 9, p. 214; Leviathan a. a. O. Vol. III, Introd. p. 1; cap. XVII, p. 131; cap. XVIII, p. 134, 139 sq; cap. XXI, p. 161. – [4] S. PUFENDORF: De iure naturae et gentium libri octo (Francofurti et Lipsiae 1744) lib. I, cap. I (De origine et varietate entium moralium) § XIII, p. 14; lib. VII, cap. II (De interna civitatum structura) § XIII, p. 142 sq; lib. VII, cap. IV (De partibus summi imperii) § II, p. 168. De officio hominis et civis iuxta legem naturalem libri duo (Lipsiae 1715) lib. II, cap. VI (De interna civitatum structura) § 10, p. 541sq. – [5] CHR. WOLFF: Institutiones iuris naturae et gentium (Halae Magdeburgicae 1750, ND Hildesheim 1969) Pars III, Sect. II, Cap. III, § 1030, p. 635. – [6] Vernünftige Gedanken von dem gesellschaftlichen Leben des Menschen ... (1721) II. Theil cap. 2 §§ 229. 230, S. 168f.; cap. 7, § 497, S. 602. – [7] I. KANT: Met. Sitten. Erster Teil: Met. Anfangsgründe der Rechtslehre (1797), hg. VORLÄNDER (1959) §§ 48f., S. 139f., bes. § 49 A, S. 144f.; § 53, S. 172. – [8] a. a. O. § 45, S. 135; § 47, S. 138f.; § 52, S. 168. – [9] §§ 48f., S. 139f., bes. § 48, S. 142. – [10] a. a. O. Einl. IV, S. 26. – [11] G. W. F. HEGEL: Grundlinien der Philos. des Rechts (1821), hg. ILTING 2 (1974) § 207, S. 653; § 209, S. 654. – [12] a. a. O. § 211, S. 655;

§ 279, S. 739ff. – [13] § 258, S. 693f.; § 260, S. 707; § 279, S. 741. – [14] § 271, S. 725. – [15] J. L. KLÜBER: Öffentl. Recht des Teutschen Bundes und der Bundesstaaten (³1831) Einl. § 3, S. 4f. – [16] G. HUGO: Lb. eines civilist. Cursus. Erster Band, welcher als allg. Einl. in die Jurisprudenz überhaupt und den civilist. Cursus insbes., die jur. Encyclop. enthält (²1799) § 5, S. 4f.; § 112 b, S. 82. – [17] Civilist. Magazin. Über den Plan dieses Journals (1790); 1 (²1803) 1-9, bes. 7f.; Lb. eines civilist. Cursus. Zweyter Band, welcher das Naturrecht als eine Philos. des positiven Rechts enthält (²1799) §§ 50-52, S. 55ff., bes. 58. – [18] Cursus II, § 137, S. 136; § 144, S. 146; § 153, S. 160. – [19] Lb.eines civilist. Cursus. Vierter Band, welcher das heutige Röm. Recht enthält (²1799) § 9, S. 12f. – [20] F. C. v. SAVIGNY: System des heutigen Röm. Rechts 1 (1839) 336; 2 (1840) 2, 236. 239. 243. – [21] a. a. O. 282. – [22] G. BESELER: Volksrecht und Juristenrecht (1843) 161; System des gemeinen Privatrechts 1 (1847) 366.; H. KIEFNER: Personae vice fungitur? Juristische Person und «industrielle Corporation» im System Savignys, in: Festschr. für H. Westermann, hg. W. HEFERMEHL/R. GMÜR/H. BROX (1974) 263-274; Der Einfluß Kants auf Theorie und Praxis des Zivilrechts im 19. Jh., in: J. BLÜHDORN/J. RITTER (Hg.): Philos. und Rechtswiss. (1969) 3-25, zit. 13f. – [23] O. v. GIERKE: Das dtsch. Genossenschaftsrecht 4 (1913, ND 1954) Vorwort IXff. – [24] Das Wesen der menschl. Verbände (1902, ND 1954) 7. – [25] a. a. O. [23] 27f. – [26] a. a. O. [24] 14. 26. 29. 32. – [27] Dazu und zum folgenden a. a. O. 14. 16. 18f. – [28] J. St. PÜTTER: Kurzer Begriff des Teutschen Staatsrechts (Göttingen 1764); Institutiones Iuris Publici Germanici (Goettingae ⁵1792) Conspectus generalis totius iuris publici p. XXVIIf. – [29] R. MAURENBRECHER: Grundsätze des heutigen dtsch. Staatsrechts (1837); E. ALBRECHT: Rezension über Maurenbrechers Grundsätze des heutigen dtsch. Staatsrechts (1837, ND 1962) 1f. 3. – [30] ALBRECHT, a. a. O. 3f. 10. – [31] C. F. GERBER: Grundzüge eines Systems des dtsch. Staatsrechts (¹1865) VIIf. 1-3. – [32] a. a. O. 1f. – [33] a. a. O. (²1869) 2, 215. 218f. 220. 225f. – [34] a. a. O. [31] 3f. – [35] P. LABAND: Das Staatsrecht des Dtsch. Reiches 1 (¹1876) 85f. – [36] a. a. O. (³1895) VI, XI. 53. 85f. – [37] Vgl. O. v. GIERKE: Labands Staatsrecht und die dtsch. Rechtswiss. (1883, ND 1961). – [38] G. JELLINEK: Allg. Staatslehre (³1900, ³1914, 1959) 17. 41f. – [39] a. a. O. 20. 174ff. 182f. 183. – [40] 179. 183. – [41] H. HELLER: Staatslehre, hg. G. NIEMEYER (Leiden 1934) 51f. 54. 64. 182. – [42] a. a. O. 3. 228ff. 236. – [43] O. MAYER: Die jur. Person und ihre Verwertbarkeit im öffentl. Recht, in: Staatsrechtl. Abh. Festgabe für Paul Laband 1 (1908) 1-94. 59. 67. – [44] Dtsch. Verwaltungsrecht 2 (³1924, ND 1969) 322. – [45] HANS J. WOLFF: Organschaft und Jur. Person 1: Jur. Person und Staatsperson (1933, ND 1968) 437f. 498f. – [46] Verwaltungsrecht 2 (³1970) § 71, III b 1, 84f. – [47] E.-W. BÖCKENFÖRDE: Organ, Organisation, Jur. Person, in: Fortschr. des Verwaltungsrechts. Festschr. für Hans J. Wolff, hg. C.-F. MENGER (1973) 269-305.

V. *Geltendes Recht.* – 1. Heute ist K. – nach geltendem deutschen Recht – eine durchaus verschiedenartigen Erscheinungsformen gemeinschaftlichen Soziallebens Rechnung tragende, den Personenverband als solchen kennzeichnende, allgemeine rechtliche Organisationsform, die im privaten wie im öffentlichen Recht Verwendung findet.

a) Im Hinblick darauf, daß unter den K.en des Privatrechts – im Bürgerlichen Gesetzbuch (BGB) Vereine, im Handelsgesetzbuch Gesellschaften genannt – nicht alle rechtsfähig sind (z. B. der nicht rechtsfähige Verein), hat der Gesetzgeber des BGB, das am 1. 1. 1900 getreten ist, in dem die juristische Person betreffenden Zweiten Titel des Allgemeinen Teils die körperschaftliche juristische Person des Privatrechts allgemeinen Regeln und Rahmenvorschriften (§§ 21 bis 53 BGB) unterstellt und damit entschieden, daß körperschaftliche Personenvielheiten unter bestimmten Voraussetzungen fähig sind, in ihrer Gesamtheit als Träger eigener, von denen der Mitglieder geschiedener Rechte und Pflichten zu dienen, d. h. als rechtsfähige Subjekte am Rechtsverkehr teilnehmen, so daß für die juristische Entscheidungspraxis die alte Kontroverse um Begriff und Wesen der körperschaftlichen juristischen Personen des Privatrechts an Aktualität eingebüßt hat. Positivrechtlich erwähnt und geregelt ist ferner die Rechtspersönlichkeit der Aktiengesellschaft (§ 1 Abs. 1 S. 1 AktG), der Gesellschaft mit beschränkter Haftung (§ 13 Abs. 1 GmbHG), der Erwerbs- und Wirtschaftsgenossenschaften (§ 17 Abs. 1 GenG), der Versicherungsvereine auf Gegenseitigkeit und der bergrechtlichen Gewerkschaft, die sich als Spezialformen des rechtsfähigen Vereins darstellen und infolgedessen subsidiär den Regeln des BGB über die rechtsfähigen Vereine unterliegen. Die Funktion dieser K.en des privaten Rechts dürfte jedoch – anders als bei den K.en des öffentlichen Rechts – im wesentlichen darin zu erblicken sein, daß sie als organisatorisches Mittel der Bildung und dauerhaften Bindung von Sondervermögen für überindividuelle Verbandszwecke dienen unter gleichzeitiger Befreiung der Verbandsmitglieder von der Haftung für die Aktivitäten des jeweiligen Verbandes als solchen.

b) Auch bei den K.en des öffentlichen Rechts sind Körperschaftlichkeit und Rechtsfähigkeit nicht begriffsnotwendig, aber typischerweise miteinander verbunden. Es gibt infolgedessen nicht rechtsfähige öffentlich-rechtliche K.en (z. B. die in den Gemeinden laut Art. 28 Abs. 1 S. 3 des Grundgesetzes (GG) «gewählten» K.en bzw. Bundestag und Bundesrat als die gemäß Art. 59 Abs. 2 S. 1 GG «für die Bundesgesetzgebung zuständigen K.en»). Jedoch sind in der juristischen Sprachverwendung mit ‹ K.en des öffentlichen Rechts› – ohne Zusatz – üblicherweise rechtsfähige Organisationen gemeint, denen von Verfassungs bzw. Rechts wegen die Fähigkeit verliehen ist, Träger von Rechten und Pflichten zu sein [1].

Das Grundgesetz der Bundesrepublik Deutschland begreift zunächst den Staat selbst als körperschaftliche juristische Person, die gemäß verfassungsrechtlicher Zuschreibung laut Art. 20 Abs. 2 GG durch ihre «Organe» die gesetzgebende, vollziehende und rechtsprechende Gewalt ausübt. Da Bund und Länder als Staaten ihre staatliche Gewalt innerhalb eines Gebiets ausüben, werden sie auch als Gebiets-K.en bezeichnet. K.en des öffentlichen Rechts sind aber auch Staatenverbindungen, die als zwischenstaatliche (z. B. UNO) oder überstaatliche (z. B. EG, Montanunion, Euratom) völkerrechtliche Rechtssubjektivität besitzen. Zu den körperschaftlichen juristischen Personen des öffentlichen Rechts gehören – neben den staatsrechtlichen bzw. völkerrechtlichen K.en – ferner die Gemeinden und Gemeindeverbände, die gemäß Art. 28 Abs. 1 GG den Ländern als Gebiets-K.en eingegliedert sind und als Träger kommunaler Selbstverwaltung fungieren, aber auch die an bestimmte berufliche Qualifikationen engerer Personenvielheiten anknüpfende, einer berufsständischen Interessenvertretung und Disziplinierung dienenden Personal-K.en (z. B. Apotheker-, Ärzte- oder Rechtsanwaltskammern) sowie die spezialisierten Verwaltungsaufgaben dienenden Real-K.en, bei denen die Zugehörigkeit und Mitgliedschaft aus dem Eigentum an einem Grundstück oder Gewässer (sog. Liegenschafts-K.en, z. B. Wasser-, Boden-, Deichverbände) folgt oder sich aus einem wirtschaftlichen Betrieb (sog. Betriebs-K.en, z. B. Industrie- und Handelskammern, Handwerkskammern) ergibt.

Begreift man die K. im wesentlichen als eine rechtliche Organisationsform menschlicher Verbände, die ihren eigenen Mitgliedern in der Regel als selbständige Rechtspersönlichkeit gegenübertritt, so kann die Relevanz des Begriffs der K. des öffentlichen Rechts für das System des geltenden Staats- und Verwaltungsrechts vor allem in seiner Variationsbreite und vielfältigen praktischen Verwendbarkeit erblickt werden. Zu den körperschaftlichen juristischen Personen des öffentlichen Rechts zählen nicht nur die Staatsorganisation als solche, die als K. durch ihre Organe handelt (sog. unmittelbare Staatsver-

waltung durch staatseigene Behörden und Ämter), sondern auch die außerhalb der unmittelbaren Staatsorganisation tätig werdende, dem staatlichen Regierungs- und Verwaltungssystem eingeordnete oder doch zugeordnete, mit der Erfüllung übertragener staatlicher Aufgaben und der Ausübung zugeschriebener öffentlichrechtlicher Kompetenzen (im sog. übertragenen Wirkungskreis) betraute mittelbare Staatsverwaltung durch körperschaftlich verselbständigte Rechtsträger. Hiervon zu unterscheiden sind wiederum die Aktivitäten sonstiger K.en des öffentlichen Rechts (z. B. der Berufsgenossenschaften), die mit der Wahrnehmung nichtstaatlicher eigener, aber gleichwohl öffentlicher Aufgaben im Rahmen ihres eigenen Wirkungsbereichs befaßt sind. Das Erfordernis einer Differenzierung zwischen mittelbarer Staatsverwaltung, die funktionell dem Staat vor allem als «Mittel der politischen Führung», aber auch als verwaltungstechnisches «Mittel der Dezentralisierung» dient [2], und einer körperschaftlichen Selbstverwaltung staatsfremder Angelegenheiten wird deutlich am Beispiel der körperschaftlich verfaßten Universitäten und Gemeinden, deren Autonomie von Verfassungs wegen aus Art. 5 Abs. 3 bzw. Art. 28 Abs. 2 GG folgt. Nach der bisherigen begriffsgeschichtlichen Analyse kann ferner kein rechtlich begründeter Zweifel daran bestehen, daß auch die Kirchen – nach dem Sprachgebrauch der Weimarer Reichsverfassung (WRV) und des Grundgesetzes als «Religionsgesellschaften», in einigen Landesverfassungen der Nachkriegszeit als «Kirchen und Religionsgemeinschaften» bezeichnet – nicht bloß aus historischen, sondern auch für die Gegenwart durchaus legitimen Gründen wegen ihrer Bedeutung für das öffentliche Leben von Verfassungs wegen zu den K.en des öffentlichen Rechts zählen [3], soweit sie «solche bisher waren» oder ihnen im Hinblick auf ihre Größe und Dauer dieser besondere öffentlichrechtliche Status zuerkannt wurde (Art. 140 GG i.V.m. Art. 137 Abs. 5 WRV), auch wenn diese K.en nur öffentliche und nicht staatliche Gewalt ausüben.

2. Die K. erweist sich damit – unbeschadet ihrer detaillierten normativen Ausgestaltung durch das private wie das öffentliche Recht – dem allgemeinen rechtlichen Begriffe nach in rechts- und staatstheoretischer Hinsicht als eine von ihren romanistischen, legistisch-kanonistischen und philosophischen Voraussetzungen längst abgelöste und emanzipierte, juristische Zweckschöpfung, die im wesentlichen von einer gegenüber ihrer Herkunft sich verselbständigenden Jurisprudenz erarbeitet worden ist und heute weitgehend Eingang in das geltende, durch politische Entscheidung positivierte Recht gefunden hat. Diese Sach- und Rechtslage hat dazu geführt, daß die Frage nach Begriff und Wesen der K., insbesondere nach der Rechtspersönlichkeit körperschaftlich verfaßter Verbände – einer verbreiteten Auffassung zufolge – gegenwärtig als «praktisch ohne große Bedeutung» angesehen wird [4], so daß eine «Auseinandersetzung mit dem früheren Schrifttum weithin entbehrlich» erscheint [5]. Jedoch wird dabei übersehen, daß die K. wegen ihrer sozialstrukturellen Elemente keineswegs ausschließlich, sondern nur zum Teil als Geschöpf der jeweiligen Rechtsordnung begriffen werden kann. Darauf hat schon MAITLAND aufmerksam gemacht, der im Hinblick auf die angelsächsische, insbesondere englische Tradition körperschaftlicher Rechtsvorstellungen bemerkt: «Group-personality is no purely legal phenomenon» [6]. In der Tat dürfte es sich bei dieser Unterschätzung der Relevanz der tradierten K.-Theorien für Rechtswissenschaft und Rechtspraxis eher um die Nachwirkungen eines in

Deutschland noch immer bestehenden, mehr oder weniger latenten Gesetzes- und Rechtspositivismus handeln, der das Recht der K.en aus den komplexen Zusammenhängen herauszulösen suchte, in dem sie ihren Zwecken und ihrer Funktion nach in ihrer geschichtlichen Bedingtheit stehen. Die aktuelle rechtswissenschaftliche Grundlagenforschung gilt infolgedessen vor allem «den vorpositiven Strukturelementen der körperschaftlichen Juristischen Person», wobei der noch immer unabgeschlossene «Theorienstreit des 19. Jh.» heute als «sukzessive Entfaltung der konstituierenden Aspekte der körperschaftlichen Juristischen Person» angesehen wird. Offensichtlich handelt es sich – wie auch die Begriffsgeschichte von K. beweist – bei den unterschiedlichen K.-Theorien nicht um «konkurrierende, sondern *komplementäre* Modelle», die einander nicht ausschließen, sondern «Entfaltungsstufen der Problemreflexion» beinhalten [7]. Der Streit um Begriff und Wesen der K. kann daher nur nicht durch Entscheidung für oder gegen eine der divergierenden Theorien geschlichtet werden, sondern er bedarf einer intensiven rechts- und staatstheoretischen Detailforschung, die bislang nur in ersten Ansätzen [8] vorliegt. Heute ist jedoch deutlicher als bisher, daß hinter den vermeintlich bloß rechtstechnischen Prämissen des Rechts der K.en und den aus seiner Anwendung resultierenden juristischen Entscheidungsproblemen sich sehr grundsätzliche und tiefgreifende Strukturprobleme des Rechts verbergen, die ohne gesellschaftspolitische Stellungnahmen und Wertungen keiner adäquaten Lösung zugeführt werden können. Angesichts des wachsenden Pluralismus verbandsmäßig organisierter und repräsentierter Interessen und Meinungen, die im Vorfeld staatlicher Willensbildung wirksam werden, muß es zunehmend schwerer fallen, hinsichtlich der mit Mitteln des Rechts der K.en zu verfolgenden Interessenartikulation und -wahrnehmung zu einer klaren Grenzziehung zwischen privaten und öffentlichen Verbänden zu gelangen, die den demokratischen Erfordernissen körperschaftlicher Willensbildung hinreichend Rechnung trägt [9]. Auch wirft die relative Eigenständigkeit interessenvertretender und -kontrollierender K.en schwierige Fragen einer Kontrolle durch den Staat und einer Neubestimmung ihres Verhältnisses zum Staate auf, die ohne eine kritische Überprüfung der tradierten Grundbegriffe des geltenden K.-Rechts nicht zu bewältigen sind.

Anmerkungen. [1] E. FORSTHOFF: Lb. des Verwaltungsrechts (¹⁰1973) 485ff. – [2] a. a. O. 487. – [3] E. FRIESENHAHN: Die Kirchen und Relig.gemeinschaften als K.en des öffentl. Rechts, in: Hb. des Staatskirchenrechts der Bundesrepublik Deutschland 1 (1974) 545-585. 548f. – [4] W. LÖWE: Der Rechtsbegriff der Person, Evang. Staatslex. (²1975) 1803-1806, bes. 1804. – [5] FORSTHOFF, a. a. O. [1] 485. – [6] F. W. MAITLAND: Moral personality and legal personality, in: Coll. Papers, hg. H. A. O. FISHER 3 (Cambridge 1911) 304-320, bes. 314. – [7] F. WIEACKER: Zur Theorie der Jurist. Person des Privatrechts, in: Festschr. für Ernst Rudolf Huber (1973) 339-383. 339. 371f. – [8] H. LYNKER: Die Rechtsgrundl. der öffentl. K. im heutigen Verwaltungsrecht (Diss. jur. Bonn 1960); J. MIELKE: Die Abgrenzung der jur. Person des öffentl. Rechts von der jur. Person des Privatrechts (Diss. jur. Hamburg 1965); D. MRONZ: K.en und Zwangsmitgliedschaft (1973); W. HENKEL: Zur Theorie der Jur. Person im 19. Jh. Gesch. und Kritik der Fiktionstheorien (Diss. jur. Göttingen 1973). – [9] L. FRÖHLER und P. OBERNDORFER: K.en des öffentl. Rechts und Interessenvertretung (1974) 2f. 88f. 91.

Literaturhinweise (zu Abschn. IV und V). O. v. GIERKE: Das dtsch. Genossenschaftsrecht 1: Rechtsgesch. der dtsch. Genossenschaft (1868); 2: Gesch. des dtsch. K.-Begriffs (1873); 3: Die Staats- und Korporationslehre des Altertums und des MA und ihre Aufnahme in Deutschland (1881); 4: Staats- und Korporationslehre der Neuzeit (1913); ND 1. A. (Darmstadt 1954). – G. WILLIAMS: Salmond on jurisprudence (London ¹¹1957) 350-

377. – U. HÄFELIN: Die Rechtspersönlichkeit des Staates (1959). – R. W. CARLYLE und A. J. CARLYLE: A hist. of Mediaeval political theory in the West 1-6 (Edinburgh/London 1903-1936, ND 1960). – F. C. VON SAVIGNY: Gesch. des röm. Rechts im MA 1-7 (²1850, ND Bad Homburg 1961). – Jus Romanum Medii Aevi (Mediolani 1961ss.). – W. FRIEDMANN: Legal theory (London ³1967) 556-572. – R. W. M. DIAS: Jurisprudence (London ³1970) 304-332. – H. COING: Hb. der Quellen und Lit. der neueren europ. Privatrechtsgesch. 1: MA 1100-1500 (1973); 2: Neuere Zeit 1500-1800. 2. Teilbd.: Gesetzgebung und Rechtsprechung (1976). – D. WYDUCKEL: Althusius-Bibliogr., in: Bibl. zur polit. Ideengesch. und Staatslehre, zum Staatsrecht und zur Verfassungsgesch. des 16. bis 18. Jh., hg. H. U. SCUPIN und U. SCHEUNER 1. 2 (1973). – K.-J. BIEBACK: Die öffentl. K. Ihre Entstehung, die Entwickl. ihres Begriffs und die Lehre vom Staat und den interstaatl. Verbänden in der Epoche des Konstitutionalismus in Deutschland (1976).
W. KRAWIETZ

Körperschema (dtsch. syn. auch Körperbild, Körper-Ich, engl. body image, frz. image du corps). – 1. Im Rahmen der Diskussion um die Existenz ‹isolierter Empfindungen› wendet sich die *Neurophysiologie* und *Psychiatrie* des beginnenden 20. Jh. der Untersuchung der Körperwahrnehmung zu, die als Musterbeispiel für eine nicht aus einer additiven Zusammensetzung isolierter Elemente erklärbare Klasse von Bewußtseinsinhalten gesehen wird [1]. Noch WERNICKE [2] hatte unter dem «somatopsychischen Bereich» die Gesamtheit der in der «Fühlsphäre» [3] repräsentierten Körperempfindungen bzw. -vorstellungen verstanden.

HEAD [4] wendet sich aber aufgrund der Analyse von neurologischen Orientierungsstörungen hinsichtlich der Stellung von Gliedmaßen und der Lokalisation von Berührungsreizen auf der Körperoberfläche gegen die Auffassung, diese Leistungen könnten aus der Aktivierung von Bewegungs- oder Raumvorstellungen (images) erklärt werden. Er spricht vom «postural model of the body», das die funktionalen Eigenschaften eines *Schemas* besitzt: Es ist selbst nicht im «Brennpunkt des Bewußtseins» gelegen, sondern wirkt als unbewußter «Standard», auf den die aktuellen Stellungswahrnehmungen bezogen sind. Dieser Standard ist nicht ein für allemal festgelegt, sondern ändert mit jeder neuen Gliedbewegung seinen Wert. Die Lokalisation auf der Körperoberfläche orientiert sich an einem relativ statischen «surface model of the body». – Physiologisch sieht Head in den «Schemata» teils gespeicherte Residuen vergangener Sinneseindrücke, die sich von den Vorstellungen nur durch das Fehlen der Bewußtseinsrepräsentanz unterscheiden, teils aber auch reine «Dispositionen», durch die aktuelle Erregungsabläufe modifiziert werden. So wird die tonische Innervation der Skelettmuskulatur durch das «postural model of the body» gesteuert. Im ganzen überwiegt bei Head eine funktionalistische, nicht phänomendeskriptive Verwendung des Begriffes.

2. PICK hatte schon 1905 von «Raumbildern des Körpers» gesprochen, ersetzt aber diesen Ausdruck später durch ‹K.› [5]; durch diesen Begriff sollen sowohl Heads «models of the body» wie auch die «Raumbilder des Körpers» wiedergegeben werden. Indessen sind die K. nach Picks Auffassung durchaus Bewußtseinstatsachen; es sind visuelle, taktile und kinästhetische Vorstellungskomplexe vom eigenen Körper, die als Ganzes die intakte Körperwahrnehmung ermöglichen. Orientierungsstörungen am eigenen Körper (Autotopagnosien) werden durch das Fehlen der Fähigkeit zur Aktivierung des visuellen Raumbildes des Körpers erklärt. Eine funktionalistische Komponente erhält Picks Auffassung der K. durch die Einführung des «Habitualzustandes» [6]; er ist das «Gerüst», in das die einzelnen K. eingetragen werden.

3. Während Head und vor allem Pick die Körperwahrnehmung noch in einzelne Sinnesgebiete aufgeteilt sahen, betont SCHILDER [7] ihren intermodalen Charakter und verwendet folgerichtig den Begriff ausschließlich in der Einzahl. Er übernimmt die erlebnisdeskriptive Definition PICKS und beschreibt das K. als das «Raumbild, das jeder von sich hat» [8]. Während in der ersten Fassung seiner Monographie [9] die von Head und Pick übernommene Problematik der Orientierung am eigenen Körper im Vordergrund steht, erweitert SCHILDER in seinem späteren, umfassenden Werk [10] seine K.-Konzeption um psychoanalytische und soziologische Aspekte. Die ontogenetische Entwicklung des K. und seine Beteiligung an psychodynamischen Prozessen (Verdrängung, Konversion) werden analysiert. Das K. erhält eine integrative und steuernde Funktion, indem es die psychische Energie auf den Organismus verteilt.

In dieser, von Heads ursprünglicher Konzeption weit entfernten Fassung, die deskriptive und funktionalistisch-motivationale Gesichtspunkte in eins setzt, ist das ‹body image› in die angelsächsische Literatur wieder eingeführt worden. Das ‹body image› erscheint heute in diesem Sprachbereich vorwiegend in psychoanalytisch orientierten Theorien und dient häufig zur Erklärung «psychosomatischer» Symptombildungen auf neurotischer Grundlage. So wird die psychoanalytische Ich-Psychologie von FEDERN [11] um eine sorgfältige Analyse des Körper-Ichs des Erwachsenen bereichert.

4. In der Psychiatrie der zwanziger Jahre wird ‹K.› zum beliebten «Erklärungsbegriff», wobei eine naiv-realistische Konfundierung des wahrgenommenen Körpers mit dem physischen Organismus nicht immer vermieden wurde [12]. Erscheinungen, die PICK und SCHILDER als Beweis für die Integrität des K. bei Schädigungen des physischen Organismus ins Feld führten (etwa das Phantomglied der Amputierten), werden jetzt – so etwa von KLEIN [13] – aus einer Defizienz des K. abgeleitet. Entscheidend für die Integrität des K. ist hier die «Wirklichkeitstreue» der Körperwahrnehmung. Diese phänomenanalytisch unangemessene Auffassung gibt CONRAD [14] Anlaß zu einer kritischen Revision des Begriffs. Konsequent wird hier – in Anlehnung an Köhler [15] – das K. rein phänomendeskriptiv als «Bewußtheit des eigenen Körpers als eines aus dem Anschauungs- und Aktionsraum herausgesonderten Ganzen im Sinne der Ganzheitspsychologie» [16] bestimmt. Störungen der Körperwahrnehmung werden nun als Ausdruck einer primären Defizienz der «Gestaltfunktion des Cortex» aufgefaßt.

5. Erst KÖHLER [17] betonte die Notwendigkeit einer konsequenten erkenntnistheoretischen Unterscheidung zwischen wahrgenommenem Körper und physischem Organismus. In diesem Sinn spricht METZGER [18] von einem Körper-Ich als Erlebnisinhalt, das ebenso im Wahrnehmungsraum lokalisiert ist wie die Wahrnehmungsdinge der Umwelt und das ebensowenig mit dem physischen Organismus identifiziert werden darf wie die Wahrnehmungsdinge der phänomenalen Welt mit den bewußtseinsunabhängigen Gegebenheiten der physikalischen Realität. Es fehlt in dieser Analyse ein Begriff für das «Bezugssystem», in das die einzelnen Körperwahrnehmungen eingeordnet werden. Im Interesse einer klaren Terminologie sollte – in Anlehnung an Prinz v. AUERSPERG [19] – zwischen ‹K.› im Sinne Heads, d. h. funktionalem Bezugssystem der Körperwahrnehmung, ‹Körperbild› als relativ überdauerndem Ding im Wahrnehmungsraum, und aktuellen Körperwahrnehmungen unterschieden werden.

Anmerkungen. [1] A. PICK: Hist. Notiz zur Empfindungslehre nebst Bemerkungen bezügl. ihrer Verwertung. Z. Psychol. 76 (1916) 232-246. – [2] C. WERNICKE: Grundriß der Psychiat. in klin. Vorles. (1900). – [3] H. MUNK: Über die Funktionen der Großhirnrinde (²1890). – [4] H. HEAD und G. HOLMES: Sensory disturbances from cerebral lesions. Brain 34 (1911) 102; auch in: H. HEAD: Stud. in neurol. (London 1920) 533-638. – [5] A. PICK: Stud. zur Hirnpathol. und Psychol. (1908). – [6] A. PICK: Störungen der Orientierung am eigenen Körper. Psychol. Forsch. 1 (1922) 303-318. – [7] P. SCHILDER: Das K. Ein Beitrag zur Lehre vom Bewußtsein des eigenen Körpers (1922). – [8] a. a. O. 2. – [9] ebda. – [10] The image and appearance of the human body (New York 1950). – [11] P. FEDERN: Ich-Psychol. und die Psychosen (1956). – [12] G. ENGERTH: Zeichenstörungen bei Patienten mit Autotopagnosie. Z. ges. Neurol. 143 (1933) 381; H. HOFF und O. POETZL: Exp. Nachbildung von Anosognosie. Z. ges. Neurol. 137 (1931) 722. – [13] R. KLEIN: Zur Empfindung der Körperlichkeit. Z. ges. Neurol. 126 (1930) 453-472. – [14] K. CONRAD: Das K. Eine krit. Studie und der Versuch einer Revision. Z. ges. Neurol. 147 (1933) 346-369. – [15] W. KÖHLER: Ein altes Scheinproblem. Naturwiss. 17 (1929) 399. – [16] CONRAD, a. a. O. [14] 367. – [17] KÖHLER, a. a. O. [15]. – [18] W. METZGER: Psychol. Entwickl. ihrer Grundannahmen seit der Einf. des Experiments (³1963). – [19] A. Prinz v. AUERSPERG: Körperbild und K. Nervenarzt 31 (1959) 19-24.

Literaturhinweise. K. CONRAD s. Anm. [14]. – R. C. OLDFIELD und O. L. ZANGWILL: Head's concept of the schema and its application in contemporary Brit. psychol. Brit. J. Psychol. 32 (1942) 267-286; 33 (1942) 58-64. 113-129. 143-149. – H. HECAEN und J. DE AJURIAGUERRA: Méconnaissances et hallucinations corporelles: Intégration et désintégration de la somatognosie (Paris 1952). – H. SCHMITZ: System der Philos. II/1: Der Leib (¹1965). – S. WAPNER und H. WERNER (Hg.): The body percept (New York 1965). – N. BISCHOF: Stellungs-, Spannungs- und Lagewahrnehmung, in: Hb. der Psychol., hg. K. GOTTSCHALDT u. a. I/1: Wahrnehmung und Bewußtsein (1966) 409-497.　　　　E. SCHEERER

Korporation, Korporativismus. ‹Korporation› (K.) (von lat. corpus, Körper) bezeichnet ein soziales Gebilde, das als Instrument sozialer Integration Ziele verfolgt, die von den Einzelnen oder dem kleinen Verband nicht realisierbar sind, also eine Organisationsform, die eine bestimmte Gruppe von Individuen objektiv, meist aber subjektiv, in die Lage versetzt, gemeinsam effektiv zu handeln: K. sind so im weitesten Sinne alle «sozialen Gebilde höchster Potenz der Abstraktion, die als Träger von Dauerwerten aufgefaßt werden, die nicht an den Ablauf der Lebensfrist der einzelnen Menschen gebunden sind» [1], im engen Sinne soziale Gebilde, die alle Mitglieder einer bestimmten Berufsgruppe zusammenfassen.

Der Beginn der K.-Bildung ist nicht genau datierbar; es wird angenommen, daß sie im Übergang von einer rein agrarischen Wirtschaft zu arbeitsteiligen Formen auftritt. DURKHEIM wollte den Beginn der K. in den collegia tenuiorum der Antike sehen [2], im Sinne von «Gruppierungen von Menschen, die den gleichen Beruf ausüben» [3]. Daneben gibt es aber im römischen Recht die erweiterte Fassung des Begriffs für munizipale, religiöse, Arbeits- und Handelsvereinigungen, die unter dem Namen ‹universitates› zusammengefaßt wurden [4]. Sie waren nicht staatlicher Kontrolle unterworfen, bis unter Alexander Severus (205–235) eine Lizenzierung eingeführt wurde.

Im Mittelalter entstanden K. infolge der Ausdehnung des Handels und der vermehrten Urbanisierung. Gilden, Zünfte, Hansen und Bruderschaften sind in sich wieder differenzierte (z. B. Lehrling, Geselle, Meister) Glieder einer korporativen Gesellschaftsordnung, in der der Einzelne «nicht als Person ein Glied dieses Ganzen, sondern ihm dadurch eingegliedert [war], daß er einem kleinsten Kreise und nur durch diesen den zwischen ihm und der Großgesellschaft vermittelnden Sozialgebilden höherer Ordnung angehörte» [5]. Aus diesem Gruppenbegriff leitet sich der moderne Begriff der studentischen K. ab, die zunächst als landsmannschaftliche Vereinigung entstand, sich zur Interessenvertretung entwickelte und zu Beginn des 18. Jh. von Landsmannschaften nichtstudentischer Art und Studentenorden unter dem Namen ‹K.› abspaltete. Das Corps bildet dabei neben Burschenschaften, Landsmannschaften, Sängerschaften und dergleichen nur eine Form der studentischen K.en.

HEGEL hat versucht, dem Begriff der K. eine wichtige systematische Funktion zurückzugeben [6]. In Erinnerung an das Verbot aller «corps intermédiaires» in der französischen Revolution [7] bedauert Hegel, daß die K.en in neuerer Zeit in Mißkredit geraten und vielfach aufgehoben worden seien. Er schrieb ihnen die Funktion zu, einerseits Gestalt des Willens der Einzelnen zum Allgemeinen zu sein; damit war die Einführung des Begriffs der K. ein Vorschlag zur Lösung des allgemeineren zeitgenössischen Problems der Repräsentation. Andererseits verfolgten nach Hegel die K.en gegeneinander das je besondere Interesse im System der Bedürfnisse. Damit waren sie insgesamt als eine sittliche Gestaltungsform innerhalb der bürgerlichen Gesellschaft im Übergang zum Begriff des Staats erkannt: In ihnen war das Interesse am Allgemeinen mit dem am Besonderen verbunden und zugleich als solches gewußt.

Im juristischen Bereich entwickelte sich der Begriff ‹K.› zu dem der Körperschaft, einer mit den Rechten und Pflichten einer juristischen Person ausgestatteten organisierten Vereinigung natürlicher Personen zu gemeinsamem Zweck und Handeln, die erstmals 1891 in Preußen mit der Einkommensteuer belegt wurde und für die heute in der Bundesrepublik Deutschland dieselben Grundrechte gelten wie für natürliche Personen [8], sofern sie nicht als juristische Personen des öffentlichen Rechts öffentliche Aufgaben wahrnehmen [9].

Neben der juristischen Festlegung bestehen soziologisch relevante Vorstellungen meist ideologischen Gehalts, vor allem im *Korporativismus:* Sowohl *Syndikalismus* als auch *Gildensozialismus* und Richtungen in der *katholischen Sozialllehre* [10] versuchen, den Staat auf der Grundlage berufsständischer K.en zu erneuern. «Der Zunftgeselle hatte einen Stand, als ein ihm Zukommendes; daher geistige Haltung, Korpsgeist und eigenen Ehrbegriff; der Industriearbeiter ist im Vergleich dazu verstoßen, standlos, entwurzelt, atomisiert» (O. SPANN [11]). Im Rückgriff auf die mittelalterliche K.-Lehre, die in ihrer «Staatskonstruktion zwar durchweg vom Gedanken des gesellschaftlichen Verbandes» ausgeht, ihn aber «ausschließlich juristisch faßt» [12], bemühte sich der *Faschismus* vor allem in Italien, den korporativen Staat zu verwirklichen. Faschistische Gewerkschaften unter Führung von E. Rossoni und der Zeitschrift ‹Il lavoro d'Italia› und die faschistisierte Unternehmerorganisation [13] bildeten, in 22 K.en gegliedert, das K.enparlament, das allerdings «mehr Absicht als Verwirklichung» blieb [14] und in Wirklichkeit Instrument eines zentralistischen und autoritären Staates war. Die in Portugal 1933 gebildete korporative 2. Kammer mit 25 fachlichen Sektionen sowie ähnliche Ansätze in Spanien und einigen lateinamerikanischen Ländern sind weitere Versuche zur Verwirklichung des korporativen Staates. Ein demokratisches K.ensystem mit unabhängigen Verbänden, frei gewählten Vertretern und realen Befugnissen wurde bisher noch nicht verwirklicht.

Anmerkungen. [1] L. VON WIESE: Das Ich-Wir-Verhältnis (1962) 68. – [2] E. DURKHEIM: De la division du travail social (Paris ²1902) préface: Quelques remarques sur les groupements pro-

fessionnels passim. – [3] J. TOUTAIN: L'économie antique (Paris 1927) 386. – [4] M. WEBER: Rechtssoziol. (1960) 155f. – [5] T. GEIGER: Arbeiten zur Soziol. (1962) 172. – [6] G. W. F. HEGEL, Rechtsphilos. §§ 250-256. – [7] Loi Le Chapelier (1791). – [8] GG Art. 19, III; vgl. Art. 9. 28. 140. – [9] BVerfG. 2. 5. 67, 1 BvR 578/67, JZ 1967, 599. – [10] Vgl. bes. die Enzykliken ‹Rerum Novarum› und ‹Quadragesimo Anno›. – [11] O. SPANN: Der wahre Staat (³1938) 96. – [12] G. JELLINEK: Allg. Staatslehre (³1929) 158. – [13] E. NOLTE: Die faschist. Bewegungen (1966) 81. – [14] D. M. SMITH: Italy (London 1959) 395.

Literaturhinweise. M. WEBER: Zur Gesch. der Handelsgesellschaften im MA (1889). – M. RADIN: Legislation of Greeks and Romans on corporations (New York 1909). – B. LAVERGNE: La doctrine corporative et la coopération. Rev. Étud. coopératives 15 (1936) 281-300. – O. SPANN s. Anm.[11]. – W. EBENSTEIN: Fascist Italy (New York 1939). – E. MARMY: Mensch und Gemeinschaft in christl. Schau (1945). – A. F. UTZ (Hg.): Das Subsidiaritätsprinzip (1953); Sozialethik (1958). – F. MÜLLER: K. und Assoziation (1965).   K.-D. OSSWALD

Korpuskel (lat. corpusculum, Diminutiv von corpus, Körper) ist ein Terminus in Theorien, die sich bei der Erklärung des Verhaltens sichtbarer Körper auf die Existenz und das Verhalten kleiner unsichtbarer Teilchen beziehen, aus denen diese Körper zusammengesetzt sind. Das Wort ‹K.› hat wie ‹Partikel› gegenüber ‹Atom› und ‹Minimum› einen philosophisch neutralen Charakter.
A. G. M. VAN MELSEN

Korpuskeltheorie. Faktisch unterscheidet sich die K. nicht von der Atomtheorie (s. d.). Es ist jedoch sinnvoll, die Atomtheorien des 17. und 18. Jh. unter der allgemeinen Bezeichnung ‹K.› zusammenzufassen. Hierdurch werden sie sowohl von der stark philosophisch gefärbten Atom- oder Minimatheorie der vorangehenden Jh. als auch von der streng naturwissenschaftlichen Atomtheorie, die im 19. Jh. Gestalt erhielt, unterschieden. Natürlich ist es auch möglich, *alle* Formen der Atomtheorie (bis in die neueste Zeit hinein) als Formen einer K. zu deuten.
A. G. M. VAN MELSEN

Korrektorienstreit. Das ‹Correctorium fratris Thomae›, das WILHELM VON LA MARE ca. 1278/79 verfaßt, kritisiert und zensuriert (in erster Redaktion) 118 philosophische und theologische Thesen des *Thomas von Aquin* (aus der ‹Summa theologiae›, den ‹Quaestiones disputatae› und dem Sentenzenkommentar), die auf Prinzipien der aristotelischen Philosophie (z. B. des Hylemorphismus, der Einzigkeit der substanzialen Form usw.) aufbauen. Diese Kritik gehört zur umgreifenden kirchlich-theologischen Polemik gegen die aristotelische Philosophie (der Artistenfakultät der Universität Paris) und die von ihr beeinflußte thomasische Theologie. Diese Polemik führte zu kirchlichen Verurteilungen durch den Pariser Bischof STEPHAN TEMPIER (vom 10. 12. 1270 und 7. 3. 1277) [1] und durch die Erzbischöfe von Canterbury, ROBERT KILWARDBY (vom 18. 3. 1277) [2] und JOHANNES VON PECKHAM (vom 30. 4. 1286) [3], ferner zu inquisitorischen Untersuchungen der thomasischen Theologie durch die theologische Fakultät der Universität Paris (zwischen 1276 und 1286).

Gegen das ‹Correctorium› des Wilhelm von La Mare verfaßten namhafte Theologen des Predigerordens die unter dem Titel ‹Correctorium Corruptorii› bekannten vier Gegenschriften (die in der Regel nach den einleitenden Worten zitiert werden): Corr. Corr. ‹Quare› des RICHARD KNAPWELL [4], Corr. Corr. ‹Sciendum› des ROBERT VON COLLETORTO (Oxford) [5], Corr. Corr. ‹Circa› des JOHANNES (Quidort) VON PARIS [6], und Corr.

Corr. ‹Quaestione› des WILHELM VON MACKLESFIELD [7]. Nur die beiden ersten sind vollständig. Da alle vier Korrektorien die zweite, auf 138 Artikel erweiterte und 1286 entstandene Redaktion nicht kennen, dürften sie insgesamt im Zeitraum zwischen 1279 und 1286/87 verfaßt worden sein. Das ‹Apologeticum veritatis contra Corruptorium› des RAMBERTUS VON BOLOGNA [8] ist nach 1286 entstanden. Zum Ganzen der Korrektorienliteratur gehören im weiteren Sinne alle Verteidigungsschriften der Schüler des Thomas gegen Heinrich von Gent, Aegidius von Rom u. a. [9].

Geistesgeschichtliche und literarische Daten des K. sind erstens die methodisch angestrengte Erhebung und Begründung des Lehrurteils des Thomas aus dessen sämtlichen Schriften, zweitens die thematische Darstellung umstrittener thomasischer Lehren und die Abfassung pseudoepigraphischer Schriften und drittens die Entwicklung der älteren Thomistenschule [10].

Anmerkungen. [1] Vgl. DENIFLE/CHATELAIN, Chartularium Univ. Paris. 1, 432. 473. – [2] a. a. O. 474. – [3] JOH. VON PECKHAM, hg. F. PELSTER, in: Arch. Fr. Praed. 16 (1946) 83-106. – [4] R. KNAPWELL, Corr. Corr. ‹Quare›, hg. P. GLORIEUX, in: Bibl. Thom. 9 (Paris 1927). – [5] ROBERT VON COLLETORTO, Corr. ‹Sciendum›, hg. P. GLORIEUX, in: Bibl. Thom. 31 (Paris 1956). – [6] JOH. V. PARIS, Corr. Corr. ‹Circa›, hg. J. P. MÜLLER, in: Stud. Anselm. 12/13 (Rom 1941). – [7] WILH. V. MACKLESFIELD, Corr. ‹Quaestione›, hg. J. P. MÜLLER, in: Stud. Anselm. 35 (Rom 1954). – [8] RAMBERTUS VON BOLOGNA, Apologeticum veritatis contra Corruptorium, hg. J. P. MÜLLER, in: Studi e Testi 108 (Vatikanstadt 1943). – [9] Vgl. F. PELSTER: Thomist. Streitschr. gegen Aegidius Romanus und ihre Verfasser: Thomas von Sutton und Robert von Orford O.P., in: Gregor. 24 (1943) 135-170. – [10] Vgl. L. HÖDL: Geistesgeschichtl. und literarkrit. Erhebungen zum K. (1277-1287), in: Rech. Théol. anc. médiév. 33 (1966) 81-114.

Literaturhinweise. V. HEYNCK: Zur Datierung des ‹Correctorium fratris Thomae› Wilhelms de la Mare. Franz. Stud. 49 (1967) 1-21 (bes. Anm. 1). – L. HÖDL s. Anm. [10]. – TH. SCHNEIDER: Die Einheit des Menschen. Die anthropol. Formel «anima forma corporis» im sog. K. und bei Petrus Johannis Olivi. Ein Beitr. zur Vorgesch. des Konzils von Vienne. Beitr. Gesch. Philos. Theol. MA NF 8 (1973).
L. HÖDL

Korrelation (von lat. con- und referre [Part. relatus], ital. correlazione, frz. corrélation, engl. correlation, dtsch. Wechselbeziehung, Zusammenhang)

I. H. COHEN bestimmt das Verhältnis von Gott und Mensch als K. [1]. Im Rückgriff auf Bestimmungen seiner Logik [2] ist K. eine «Zweckbeziehung», «die wir zwischen Gott und Menschen, wie zwischen Gott und Natur ansetzen. So verfährt das Urteil in der Zwecksetzung, welche ihre allgemeine Form in der Begriffsbildung überhaupt hat. Wenn ich demgemäß den Begriff von Gott bilden will, muß ich zwischen Gott und Mensch eine Zwecksetzung vornehmen, und so den Begriff des Menschen aus der Gliederung im Inhalt des Gottesbegriffs gewinnen, und umgekehrt» [3]. Die «methodische These» [4] der K. von Mensch und Gott «macht *in der Methodik* den Menschen Gott ebenbürtig» [5]. Da der «letzte Sinn» und die «eigentliche Aufgabe der Religion» die «Rettung der Individualität» ist [6], bedeutet K. von Gott und Mensch Beziehung zwischen dem «einzigen Gott» und dem Menschen, «sofern er als einziger gedacht werden muß» [7]. Trotz methodischer Ebenbürtigkeit von Gott und Mensch ist K. aber nicht «schlechthin Wechselverhältnis, sondern Gott wird ihr Schwerpunkt» [8]. Die so bestimmte K. «bewährt» sich «zugleich als Theodizee». Die «Leiden» werden von dem sich als sündhaft erkennenden Individuum als «Strafe» anerkannt. Die Strafe als «Leiden» aber «verklärt Gott wie Mensch» [9]. Das «Leiden» berührt schon die «Grenze, welche die

Idee des Menschen bildet unter der Glorie der Gottheit» [10].

Die «innere K.» «innerhalb der von Gott und Mensch» bilden die Verhältnisse zwischen Mensch und Mensch [11]. In der «gegenseitigen K. der Menschen» «wächst der Begriff des Menschen und wird zu dem des Mitmenschen» [12]. Der Mitmensch kann aber nicht «zum Bewußtsein kommen, wenn sein Wohl und Wehe nur gleichgültig bliebe. Ohne jede intime Rücksicht hierauf verhindert diese Gleichgültigkeit die Entstehung des Mitmenschen» [13].

Für FR. ROSENZWEIG markiert die Ausarbeitung von K. zum Grundbegriff die entscheidende Wende in Cohens Philosophie. Hatte Cohen bisher Natur und Menschheit immer nur «als Erzeugungen, gewissermaßen nur im begrifflichen status nascendi philosophisch» sehen können, so hat er nun das methodische Mittel, die «aller Gegenständlichkeit wie Aufgegebenheit vorausgehende Tatsächlichkeit» zu erfassen [14]. Was sich wechselseitig aufeinander bezieht, kann sich «einander die Wirklichkeit» nicht streitig machen, wie es der «idealistische Erzeugerbegriff» seinem Erzeugnis gegenüber fast notwendig muß» [15]. Nicht nur die «Schranken des Idealismus» werden damit überschritten, sondern die «Schranken aller bisherigen Philosophie» [16]. Von diesem Denken her, das vom «Wechselverhältnis von Ich und Du» ausgeht, statt wie alles frühere vom «Es oder vom Ich» [17], weist Rosenzweig auf M. Buber [18]. ‹K.› entspricht dessen Begriff der ‹Beziehung›; einen Bezug hat BUBER selbst nicht hergestellt [19].

K. LÖWITHS Grundbegriff in ‹Das Individuum in der Rolle des Mitmenschen› ist ‹Verhältnis›, nicht ‹K.›. Gegenüber der «Relation» als einer «einseitigen Beziehung» bedeute die Zweiseitigkeit der K. «zwar schon eine *Gegenseitigkeit* der Relate» [20]. Ein «Verhältnis» aber ist mehr als ein bloßer Zusammenhang, bloße Relation oder K., «obwohl es alle drei in gewisser Weise enthält» [21]. Sachen («Etwas zu Etwas») haben zueinander kein Verhältnis, sondern eine «sachhaft ausgeprägte Beziehung» [22], die qualitativ unterschieden ist von dem «eigentlichen Verhältnis von Einem zum Andern», denn nur Personen «nur einer und ein anderer verhalten *sich selbst* und daher *zueinander*» [23]. Als Begriffe genügen ‹K.› und ‹Beziehung› für Löwith nicht dem Anspruch, zum Begriff des «Mitmenschen» zu kommen.

Anmerkungen. [1] H. COHEN: Der Begriff der Relig. im System der Philos. (1915) 45. – [2] Vgl. Logik der reinen Erkenntnis (¹1902) 51f. 54f. = (²1914) 62f. 65f. – [3] a. a. O. [1] 47. – [4] 134. – [5] 135. – [6] 134. – [7] 61. – [8] 137; vgl. 63. – [9] 69. – [10] ebda. – [11] Relig. der Vernunft aus den Quellen des Judentums (ND ²1959) 153. – [12] a. a. O. 154. – [13] ebda; vgl. 264. 405. – [14] F. ROSENZWEIG: Hermann Cohens Jüd. Schr., in: Kl. Schr. (1937) 335. – [15] ebda. – [16] 336. – [17] 296. – [18] Vgl. 346; M. THEUNISSEN: Der Andere. Stud. zur Sozialontol. der Gegenwart (1965) 264 Anm. 32. – [19] Vgl. M. BUBER: Antwort, in: Martin Buber, hg. P. A. SCHILPP/M. FRIEDMANN (1963) 603f.; Die Schr. über das dialog. Prinzip (1954) 7-38. – [20] K. LÖWITH: Das Individuum in der Rolle des Mitmenschen (1928, ND 1969) 59. – [21] a. a. O. 59f. – [22] 62. – [23] ebda.
R. PIEPMEIER

II. Der Begriff ‹K.› wird *theologisch* bedeutsam bei P. TILLICH. Auf die sein Werk bestimmende Frage nach dem Verhältnis von Religion und Kultur antwortet er in seiner Frühzeit mit der – mit Hilfe der «Metalogik» gefundenen – Definition: «Die Kultur ist Ausdrucksform der Religion, und die Religion ist Inhalt der Kultur» [1]. Diese Bestimmung überträgt er 1930 auf das Verhältnis von Mythos und Religion in einer «Theorie der K.»: «Sie besagt, daß jeder religiöse Akt auf einen religiösen Gegenstand bezogen ist und religiöser Gegenstand nur das im religiösen Akt Gemeinte ist» [2]. Daraus entwickelt er später die K. zur Methode der systematischen Theologie: «Die Methode der K. erklärt die Inhalte des christlichen Glaubens durch existentielles Fragen und theologisches Antworten in wechselseitiger Abhängigkeit.» Die K. besteht darin, daß die theologische Antwort in ihrer Form von der Art und Weise abhängig ist, in der die Frage gestellt wird. In Tillichs Theologie wird der Begriff in dreifacher Weise gebraucht: K. gibt es im «Sinne der Entsprechung zwischen religiösen Symbolen und dem, was durch sie symbolisiert wird» (in der religiösen Erkenntnis), im logischen Sinne zwischen «Begriffen, die sich auf menschliche Bereiche und solche, die sich auf Göttliches beziehen» (Aussagen über Gott und Welt), und drittens «zwischen dem Zustand des religiösen Ergriffenseins des Menschen und dem, was ihn ergreift» (Beziehung zwischen Gott und Mensch im religiösen Bereich) [3].

Anmerkungen. [1] P. TILLICH: Religionsphilos. (1925). Ges. Werke 1 (1959) 329. – [2] Mythos und Mythol. (1930) a. a. O. 5 (1966) 189. – [3] Systemat. Theol. 1 (²1956) 74.
Literaturhinweis. C. W. KEGLEY und R. W. BRETALL: The theol. of Paul Tillich (New York 1956) 98ff. 210.   E. AMELUNG

Korrelation, statistische. Die s.K. ist ein Maß für den (linearen) Zusammenhang zweier oder mehrerer zufälliger Ereignisse. Sie wurde 1877 von F. GALTON in einer Vorlesung über Vererbungsgesetze beim Menschen in die Statistik eingeführt [1]. Vorarbeiten hierzu hatten jedoch schon C. F. GAUSS (1823) [2] und A. BRAVAIS (1846) [3] geleistet. Diese Arbeiten bezogen sich jedoch nur auf die K. normalverteilter Zufallsvariabler. Verallgemeinert wurde die K. durch eine Reihe von Arbeiten, die K. PEARSON, W. F. SHEPPARD und G. U. YULE zwischen 1880 und 1900 schrieben [4].

Die s.K. zweier Zufallsvariabler X und Y wird durch den K.-Koeffizienten gemessen, eine reelle Zahl, die zwischen -1 und $+1$ liegt, und die definiert ist durch

$$\varrho_{xy} = \frac{E((X-E(X))(Y-E(Y)))}{\sqrt{E(X-E(X))^2 E(Y-E(Y))^2}}$$

wobei E den Erwartungswert einer Größe darstellt. Ist dieser Koeffizient gleich 0, so besteht kein linearer Zusammenhang zwischen den beiden Zufallsvariablen, ist er $+1$ oder -1, so besteht eine streng deterministische lineare Abhängigkeit. In allen anderen Fällen besteht stochastische Abhängigkeit. Ist der K.-Koeffizient größer als 0, so besteht ein positiver, im anderen Fall ein negativer Zusammenhang.

Um Aussagen über den theoretischen K.-Koeffizienten zweier Zufallsvariabler zu machen, kann aus einer Stichprobe von n Paaren von Beobachtungswerten $\{x_i, y_i\}$, $i = 1,2,...,n$, der empirische K.-Koeffizient geschätzt werden, der durch

$$r_{xy} = \frac{\sum_{i=1}^{n} (X_i - \frac{1}{n}\sum_{i=1}^{n} X_i)(Y_i - \frac{1}{n}\sum_{i=1}^{n} Y_i)}{\sqrt{\sum_{i=1}^{n} (X_i - \frac{1}{n}\sum_{i=1}^{n} X_i)^2 \sum_{i=1}^{n} (Y_i - \frac{1}{n}\sum_{i=1}^{n} Y_i)^2}}$$

definiert ist. Die Eigenschaften dieser Schätzung wurden zuerst von R. A. FISHER 1915 beschrieben [5].

Bei der K. sind folgende Unterscheidungen zu machen:
a) Wir unterscheiden die üblicherweise verwendete lineare K., die dann angewendet wird, wenn die Beobachtungswerte mit einer Intervallskala gemessen werden können, von der Rang-K., die dann angewendet wird, wenn die Werte nur ordinal gemessen werden können. Als Maßstab dienen die von C. SPEARMAN und M. C. KENDALL entwickelten Rang-K.-Koeffizienten, die wie der lineare K.-Koeffizient zwischen -1 und $+1$ begrenzt sind und wie dieser interpretiert werden. Entsprechende Maße wurden auch für nominal gemessene Werte entwickelt.

b) Sind bei der linearen K. mehr als zwei Zufallsvariable voneinander abhängig, so unterscheiden wir zwischen der einfachen, der partiellen und der multiplen K. Während der einfache K.-Koeffizient die lineare Abhängigkeit zwischen zwei Variablen mißt, ohne daß mögliche andere Einflüsse berücksichtigt werden, mißt der partielle K.-Koeffizient den Grad des linearen Zusammenhangs zwischen diesen beiden Variablen unter Ausschaltung aller übrigen Einflüsse, während der multiple K.-Koeffizient ein Maß ist für den Zusammenhang zwischen einer Variablen auf der einen Seite und der Gesamtheit aller übrigen Variablen auf der anderen Seite.

c) Wird ein stochastischer Prozeß untersucht, so kann auch die K. zwischen den durch ihn erzeugten Beobachtungswerten und denselben, um einige Perioden verzögerten Meßwerten untersucht werden. Wir sprechen in diesem Zusammenhang von Auto-K. im Gegensatz zur Kreuz-K., wenn wir zwei verschiedene Beobachtungsreihen untersuchen. Die in der Zeitreihenanalyse übliche Anordnung der Auto-K.-Koeffizienten entsprechend der Länge der Verzögerung heißt Korrelogramm.

Während im Zuge der Entwicklung verfeinerter statistischer Analyseinstrumente die Schätzung einfacher K.-Koeffizienten im Rahmen der Anwendung statistischer Methoden immer mehr in den Hintergrund tritt, gewinnen eine Reihe von Verfahren, die auf der K.-Analyse aufbauen oder sie verwenden, immer mehr Bedeutung. Dies gilt z. B. in der Ökonometrie für die Verfahren der Regressionsanalyse, für wichtige Bereiche der Zeitreihenanalyse oder für die in der empirischen Soziologie häufig verwendete Pfadanalyse.

Anmerkungen. [1] F. GALTON: Typical laws of heredity in man, Roy. Inst. Great Britain (Friday, February 9, 1877). – [2] C. F. GAUSS: Theoria combinationis observationum erroribus minimis obnoxiae und Suppl. in: Commentationes Soc. regiae Sci. Gottingensis recentiores 5 (1823); 6 (1826). Werke 4 (Hildesheim/New York 1973) 1-93. – [3] A. BRAVAIS: Sur les probabilités des erreurs de situation d'un point. Mém. présentés par divers savants à l'Acad. roy. Sci. de l'Inst. de France 9 (Paris 1846) 256-332. – [4] Vgl. K. PEARSON: Notes on the hist. of C. Biometrika 13 (1920) 25-45; auch in: E. S. PEARSON und M. G. KENDALL: Stud. in the hist. of statistics and probability (London 1970) 185-205. – [5] R. A. FISHER: Frequency distribution of the values of the C. coefficient in samples from an indefinitely large population. Biometrika 10 (1915) 507-521.   E. BOLTHAUSEN/G. KIRCHGÄSSNER

Korrespondenzprinzip. Das K. besagt in bezug auf den Inhalt und den Umfang eines Begriffes, daß bei Vermehrung des Inhalts durch neue Bestimmungen der Umfang sich vermindert und bei Vermehrung des Umfangs der Inhalt sich vermindert. Wenn keine zusätzlichen Voraussetzungen gemacht werden, ist es möglich, daß bei der Vermehrung des einen der andere sich nicht verändert. Das K. wird von LEIBNIZ ausgedrückt [1] und zum Ausgangspunkt für zwei Methoden genommen, durch die er die Gesetze der Logik, insbesondere die aristotelische Syllogistik ableiten will. Dem Inhalt nach betrachtet ist nach ihm in einer allgemein bejahenden Aussage der

Prädikatbegriff im Subjektbegriff enthalten, dem Umfang nach betrachtet umgekehrt. In einer allgemein verneinenden Aussage ersetzt er bei der entsprechenden Veränderung der Betrachtungsweise die Unverträglichkeit der Termini durch das Außerhalb-voneinander-Fallen ihrer Umfänge, weil er die negativen Termini nicht hinreichend korrekt behandeln kann, um das K. für sie zu verallgemeinern [2].

Anmerkungen. [1] Vgl. z. B. L. Couturat: Opuscules et frg. inéd. de Leibniz (Paris 1903, ²1961) 235. – [2] R. Kauppi: Über die Leibnizsche Logik (Helsinki 1960) bes. 247-256. R. Kauppi

Korruption (von lat. corruptio, das Verderben; aktiv: Verführung, Bestechung; passiv: Verdorbenheit, Verkehrtheit) bedeutet im Deutschen «Sittenverfall, Verwahrlosung, Bestechlichkeit, Bestechung». In letztgenannter Bedeutung wird von K. vor allem bei unehrenhafter oder unsittlicher Haltung in der staatlichen und wirtschaftlichen Verwaltung gesprochen. K. ist zwar als solche in Deutschland kein strafrechtlicher Tatbestand; er wird aber bei einzelnen strafrechtlichen Bestimmungen, wie bei der Untreue, dem Betrug oder gewissen anderen Amtsdelikten von Staatsbediensteten sachlich mit erfaßt. K. deckt sich nicht selten mit dem Straftatbestand der Bestechung. Die eigentliche oder auch *passive* Bestechung kann als pflichtwidrige oder auch die Amtspflicht nicht verletzende Handlung getätigt werden [1]. Die *aktive* Bestechung [2] enthält den Tatbestand des Anbietens, Versprechens oder Gewährens von Geschenken oder Vorteilen, um den Beamten (bzw. Angestellten) zu einer Handlung zu verleiten, die eine Verletzung seiner Amts- oder Dienstpflichten darstellt. Besonders gravierend ist die Richterbestechung.

K. im Sinne eines unkontrollierten Bestechungswesens im Rechtswesen und im staatlichen Verwaltungsbereich, aber auch als sozial-unverantwortliches Verhalten im Wirtschaftssektor erschwert vielfach die Entwicklungshilfe in den jungen Staaten der Welt. Politische K. läßt Unstabilität und Vertrauensschwund im eigenen Land wie im internationalen Verkehr wachsen.

Anmerkungen. [1] Bestechung in diesem engeren und weiteren Sinn wird in der Bundesrepublik in StGB §§ 331f. geregelt. – [2] Vgl. StGB § 333.

Literaturhinweis. J. E. Senturia und P. H. Odegard: Art. ‹Corruption, political›, in: Encyclop. social sci. 3 (New York 1950) 448-455 mit Lit. W. Dreier

Kosmodizee, d. h. die Rechtfertigung nicht mehr Gottes angesichts der Übel in der Welt (Theodizee s. d.), sondern die des Kosmos trotz seiner Übel, war zentrales Anliegen Nietzsches. Den Ausdruck ‹K.› «scheint Nietzsches Freund E. Rohde unter dem Eindruck der *Geburt der Tragödie* zuerst gebraucht zu haben»[1]. Hatte Nietzsche in diesem Frühwerk erklärt, «nur als ästhetisches Phänomen» sei «die Welt ewig gerechtfertigt» [2], so rechtfertigt er später «das Leben» [3] durch die Einsicht in die perspektivische Bedingtheit des Gegensatzes von Gut und Böse und durch das «Entfernen» dieses Gegensatzes [4]. Der schon von Nietzsche selbst gebrauchte Ausdruck ‹K.› [5] ist in diesem Problemfeld üblich geworden [6].

Anmerkungen. [1] H. Heimsoeth: Met. Voraussetzungen und Antriebe in Nietzsches «Immoralismus» (1955) 53; vgl. Fr. Nietzsches Brief an E. Rohde, Mitte Febr. 1872. Werke, hg. Schlechta 3, 1061. – [2] Nietzsche, a. a. O. 1, 40. – [3] 3, 556. – [4] 3, 527. – [5] 3, 372. – [6] Vgl. z. B. Heimsoeth, a. a. O. [1] und H. Blumenberg: Die Legitimität der Neuzeit (1966) 96. L. Oeing-Hanhoff

Kosmogonie (griech. κοσμογονία, Lehre von der Weltentstehung)

I. Der Begriff taucht in der *Antike* erstmals für uns in philosophischer Relevanz faßbar bei Plutarch als Bezeichnung für die mythisch dem bloßen Scheinmeinen verpflichtete Lehre von der Weltentstehung im zweiten Teil des Lehrgedichtes des Parmenides auf [1]. Eine K. zeigt besonders im frühen griechischen Denken die Entstehung der Welt aus einem nicht weiter ableitbaren Ursprung (oft einem Urstoff) auf, der vielfach auch bei der weiteren Entwicklung der Welt als Prinzip grundlegend oder bestimmend wirksam bleibt. Der religiöse Ursprung der kosmogonischen Spekulation aus der *Theogonie*, der Lehre vom Ursprung der Götter, welcher erstmals im gleichnamigen Werk Hesiods philosophisch sichtbar wird, hat in der ganzen, besonders der frühesten, vorsokratischen Spekulation über die Entstehung der Welt weitergewirkt und äußert sich vor allem in ihrer Tendenz zur Personifikation weltbildender Mächte.

Hesiod setzt an den Anfang das Chaos, die gähnende, klaffende Leere, und läßt aus ihm die Geschlechterfolge der Götter entstehen: zuerst die – personifizierten – kosmischen Urgegebenheiten (Gaia = Erde, Tartaros, Eros, Erebos, Nyx = Nacht, Aither, Hemera = Tag, Uranos = Himmel, Pontos = Meer) und dann die Gesamtheit der vorolympischen und olympischen Götter; der Sukzessionsmythos endet mit der durch die Herrschaft des Uranos und dann des Kronos vorbereiteten Allgewalt des Zeus [2]. Sogenannte *orphische* K. leiten die Entstehung der Welt teils wie Musaios und Epimenides aus der Nacht ab [3], teils aus dem uranfänglichen Chronos, der Zeit, auf welche als Zweiheit Aither und Chaos und schließlich das Weltei oder Ur-Ei (ᾠόν) folgen; aus dessen Selbstbefruchtung entspringt Phanes, der weltschaffende Gott und Vater aller Dinge; neben ihm stehen Metis (Weisheit) und Erikepaios (Kraft) [4]. Eine andere Fassung der orphischen K. leitet alles aus Wasser und Erde ab [5]. Pherekydes von Syros schließlich setzt an den Anfang seiner K. die drei ewig seienden Gottheiten Zas (= Zeus), Chronos (= Zeit oder Kronos) und Chthonie (= Erde) [6].

Die *ionischen Naturphilosophen* Thales, Anaximander und Anaximenes von Milet sollen dann die Entstehung der Welt auf bereits vom theogonischen Mythos entferntere Weise aus einem von selbst bewegten und belebten Urstoff als ihrem sie immer beherrschenden Prinzip abgeleitet haben, so Thales aus dem Wasser [7], Anaximander aus dem Apeiron (s. d.) [8], und Anaximenes aus der Luft [9], wobei die übrigen Dinge aus dem Prinzip nach Anaximander durch Ausscheidung, nach Anaximenes durch Verdichtung und Verdünnung entstanden sind [10]. Etwas anders als die drei Milesier läßt Heraklit von Ephesos die Welt aus dem vernunftbegabten Feuer oder Weltlogos nicht nur immer neu entstehen, sondern auch periodisch immer wieder in es vergehen [11], wobei sich auch bei ihm die immer wiederkehrende Verwandlung der Welt aus dem Prinzip und in es zurück durch Verdichtung und Verdünnung vollzieht [12].

Nach einem Bericht des Aristoteles haben die *Pythagoreer* die Zahlen (welche freilich noch nicht vom Sinnlichen getrennt zu denken sind) anstelle stofflicher Elemente als Ursachen der Dinge angesetzt [13] und als kosmogonischen Mythos gelehrt, daß aus den Prinzipien der Zahlen, dem Ungeraden und dem Geraden (dem Begrenzten und dem Unbegrenzten) das Eine als undifferenzierter Urzustand der Welt und aus dem Einen die Zahlen als Ursachen und Inbegriff der entfalteten Welt entstehen [14].

Obwohl PARMENIDES VON ELEA mit dem Sein des Nichtseins auch die Wahrheit und Wirklichkeit des Entstehens und Vergehens leugnet, welches sich aus dem Nichtsein heraus bzw. in es hinein vollziehen müßte [15], stellt er doch im zweiten Teil seines Lehrgedichtes neben der Wahrheit des ersten Teils, daß nur das Sein ist, Nichtsein dagegen nicht sein kann, eine den Scheinmeinungen der Sterblichen entsprechende K. auf, nach der aus den beiden entgegengesetzten, uranfänglichen Prinzipien, dem Hellen, Warmen, dem ätherischen Feuer einerseits und dem Dunklen, Kalten, der lichtlosen Nacht andererseits alles Übrige hervorgeht [16]. Die Mischung der auch in der K. der Milesier und Heraklits wichtigen kosmischen Gegensätze, aus der dann die Welt entsteht, wird bei Parmenides durch eine alles beherrschende Gottheit (Daimon) bewirkt [17], die als ersten der Götter den auch bei Hesiod wichtigen Eros ins Dasein ruft [18].

Die *jüngeren vorsokratischen Naturphilosophen*, wie Empedokles, Anaxagoras und die Atomisten, sind in ihrer K. insofern von Parmenides abhängig, als sie kein absolutes Entstehen und Vergehen annehmen. Sie leiten die ganze Welt aus einer Mehrzahl feststehender Grundstoffe ab, so EMPEDOKLES aus den vier Grundstoffen Erde, Wasser, Luft und Feuer als aus den Wurzeln der Dinge [19], ANAXAGORAS aus einer unendlichen Vielheit qualitativ bestimmter und voneinander verschiedener Urstoffe als aus den Samen der Dinge, den sogenannten Homöomerien [20], und die *Atomisten* LEUKIPP und DEMOKRIT schließlich aus den unendlich vielen, quantitativ nach Gestalt, Lage und Ausdehnung voneinander verschiedenen Atomen, die als das Volle und Seiende dem Nichtseienden und Leeren, wohl als dem leeren Raum, gegenüberstehen, in dem sie sich befinden [21]. Im Unterschied zu den Atomisten, bei denen die unteilbaren Urkörperchen mit ihrer Bewegung die einzigen Ursachen alles Wirklichen sind, nehmen Empedokles und Anaxagoras neben den stofflichen Ursachen der Weltentstehung noch dualistisch davon verschiedene bewegende Prinzipien der Weltentstehung an, so EMPEDOKLES eine Zweiheit, nämlich die Liebe (Philia oder Aphrodite) als Ursache der Mischung, und den Haß bzw. Streit (Neikos) als Ursache der Trennung der vier Grundstoffe aus dem kugelförmigen Urzustand (Sphairos), in dem sie in Liebe geeint waren [22], ANAXAGORAS dagegen auf nicht mehr mythische Weise den ordnenden und weltbildenden Geist, der als abgetrennt von allen andern Dingen und alles erkennend die Ursache der Umdrehung und Bewegung des Weltganzen ist sowie das Ausscheiden aller Dinge aus dem Urzustand, in dem alles zusammen war, bewirkt [23].

Wohl kaum mehr mit einer eigentlichen K., sondern viel eher schon mit einer bewußten Kosmopoiie, einer vernünftigen Gestaltung und Ordnung der Welt nach dem ewigen Vorbild der Ideen, hat man es bei der Lehre von der Einrichtung der Welt durch den göttlichen Demiurgen gemäß dem Paradigma der Welt in PLATONS ‹Timaios› zu tun, besonders wenn man die dortige Weltentstehungslehre nicht wörtlich als Entstehung in der Zeit, sondern nur als Sinnbild für die ursächliche Abhängigkeit der Welt von Geist und Ideen versteht [24]. – ARISTOTELES hatte auf Grund seiner Lehre von der Ewigkeit der Welt und der Bewegung in ihr keine Ursache, eine K. zu entwickeln [25]. – Die *Stoiker* knüpfen mit ihrer Lehre von der periodischen Entwicklung der Welt

aus dem Urfeuer und der Rückkehr zu ihm (Ekpyrosis) an Heraklit an [26]. – Die *Epikureer* dagegen sind in der Lehre von der Entstehung unendlich vieler Welten aus unendlich vielen Atomen den Atomisten verpflichtet [27]. – Die *neuplatonische Lehre* von der Emanation aller späteren Stufen der Wirklichkeit (Geist und Ideen – Seele – Welt und Materie) aus dem vollkommen Einen und Guten als dem höchsten Prinzip [28] ist keine K. im eigentlichen Sinne mehr. PLOTIN glaubt übrigens nicht, daß die Welt aus der Weltseele im Rahmen einer K. entstanden ist, sondern daß sie von dieser im Aufblick zu den Ideen gestaltet wurde [29].

Anmerkungen. [1] PLUTARCH, Amatorius 13, 756 F; vgl. VS 1, 243, Z. 12; 28 B 13. – [2] HESIOD, Theogonie 116ff. – [3] VS 1 B 12; 3 B 5; PHILODEMUS, De pietate 137, 5; vgl. auch ARISTOTELES, Met. XII, 6, 1071 b 27. 1072 a 8. – [4] VS 1 B 12. – [5] VS 1 B 13. – [6] VS 7 B 1ff. – [7] VS 11 A 12ff. – [8] VS 12 B 1; 12 A 1. 9ff. – [9] VS 13 A 1ff.; 13 B 2. – [10] Für ANAXIMANDER vgl. VS 12 A 9-10; für ANAXIMENES 13 B 1; 13 A 5ff. – [11] VS 22 B 30-31. 64-66; 22 A 5ff. – [12] VS 22 A 5. – [13] VS 58 B 4. 5. 8. 10; ARISTOTELES, Met. I, 5, 985 b 23ff. 986 b 6. 987 a 15; XIII, 3, 1083 b 11. – [14] ARIST., Met. I, 5, 986 a 15-21; vgl. dazu W. BURKERT: Weisheit und Wiss. (1962) 32ff. – [15] VS 28 B 6-8, bes. 28 B 8, Z. 5ff. – [16] VS 28 B 8, Z. 50-61; 28 B 9-11. – [17] VS 28 B 12. – [18] VS 28 B 13. – [19] VS 31 B 6. 17. 22. 38. 71. 96. 98. – [20] VS 59 B 1, 4-10; vgl. bes. 59 A 43. 45. 46. 15. – [21] VS, Nr. 67 und 68 passim. – [22] VS 31 B 17. 22. 35. 109. 115; vgl. 31 A 28. 30. 32. 33. 37 u. ö. – [23] VS 59 B 11-14. – [24] PLATON, Timaios 27 d 5ff.; vgl. Phileb. 28 d 3-31 b 1 und bes. Phaid. 97 b 8ff. – [25] Vgl. für die Ewigkeit der Bewegung in der Welt ARISTOTELES, Phys. VIII, 1-2; für die Ewigkeit der Welt selbst vgl. De philos. frg. 18ff. (Ross) und De Caelo II, 14, 296 a 33. – [26] SVF 2, Nr. 596ff. – [27] EPIKUR, Brief an Herodot, S. 17, 1ff. (USENER); DIOG. LAERT. X, 89; dazu S. 380, frg. 301 und S. 353, frg. 295ff. (USENER). – [28] Vgl. z. B. PLOTIN, Enn. V, 2, 2ff. – [29] Enn. II, 9, 4, 13 (ΚΟSΜΟΡΟΙÉSAΙ).

Literaturhinweise. O. GIGON: Der Ursprung der griech. Philos. (¹1945, ²1968) 22ff. u. ö. – W. JAEGER: Die Theol. der frühen griech. Denker (1953) 18ff. u. ö. – G. S. KIRK und J. E. RAVEN: The presocratic philosophers (1957). – W. K. C. GUTHRIE: Die griech. Philos. von Thales bis Aristoteles (1960).   F. P. HAGER

II. *Patristik und Mittelalter.* – Da nach christlicher Überzeugung die Welt durch Gott entstanden ist, konnte es für die Christen keine K. im Sinn der antiken Philosophen geben. Allerdings erwähnen die Schöpfungsberichte des Alten Testaments, daß Gott die einzelnen Teile der Welt hintereinander schuf. Dies bot eine Möglichkeit, die Entstehung der Welt als einen zeitlichen Prozeß zu verstehen und so – wenigstens in Ansätzen und in Anlehnung an antike naturwissenschaftliche Lehren – eine K. zu entwerfen. Diese wurde in den ersten Jh. n. Chr. meist anhand einer Interpretation der Genesiskapitel vorgetragen.

In der Patristik nahmen BASILEIOS und AMBROSIUS noch an, daß die Dinge erst nach ihrer Erschaffung durch einen besonderen «Befehl des Herrn» ihre Eigenschaften erhalten hätten, die Aristoteles für «natürlich» gehalten hatte – so das Wasser die Neigung, nach unten zu fließen [1]. Im 7. Jh. folgte BEDA VENERABILIS insgesamt noch dieser Tendenz und hielt es dementsprechend für selbstverständlich, daß Gott durch Wunder natürliche Bewegungstendenzen aufhebt (Wasser über dem Himmel) [2]; allerdings rechnete er bereits damit, daß die Dinge schon zum Zeitpunkt ihrer Erschaffung ihre natürlichen Eigenschaften erhielten [3]. – JOHANNES SCOTUS ERIUGENA, der sich an Pseudo-Dionys anlehnte, stand diesen Gedanken ferner, wenn er auch «nach der Geschichte» von der Erschaffung der Dinge berichten wollte [4]. Er ließ in Anlehnung an Augustin die Welt in einem «Augenblick» geschaffen sein [5] und interpretierte den Bibeltext als Zeugnis für die Processio verschiedener Erscheinungen aus Gott (Ideen – Ursachen – Elemente – Körper) [6].

Ein neuer Ansatz wurde in Auseinandersetzung mit Platons ‹Timaios›, mit dem Chalcidius-Kommentar und mit Macrobius im 12. Jh. gewählt. ABAELARD ließ während der sechs Tage der Schöpfung noch allein Gottes Willen als Kraft wirken, doch gab Gott seiner Ansicht nach den Elementen damals eine eigene Kraft, die ihnen seitdem gestattet, ihrerseits Wirkungen auszuüben [7]. – THIERRY VON CHARTRES ging noch einen Schritt weiter. Er ließ die Elemente von Gott geschaffen sein und erklärte dann die K. allein aus den Eigenschaften der Elemente: Das Feuer drehte sich aufgrund seiner Leichtigkeit im Kreise [8]. Da jede Bewegung als Bezugspunkt einen festen Punkt benötigt – die Kreisbewegung das Zentrum –, rückte als fester Körper die Erde in das Zentrum [9]. Nun erleuchtete das Feuer die Luft, die Luft erwärmte das Wasser, und aus dem erwärmten Wasser bildeten sich Wolken, Blitze, Kometen und Sterne [10]. Danach wurde die Erde erhitzt, die die Kraft gewann, Gräser und Bäume, Wassertiere, Vögel und schließlich Erdtiere, darunter auch den Menschen, hervorzubringen [11]. – Ähnlich urteilte WILHELM VON CONCHES, wenn er sich auch mehr an Platon, eine Zeitlang sogar an dessen Lehre von der Weltseele, anlehnte. Die Elemente hatten für Wilhelm von Anfang an ihre natürlichen Eigenschaften, wobei Gott ihnen ihre Orte zuwies [12]. Doch dann sollten Pflanzen und Tiere, wie bei Thierry, durch Erwärmung, also zur «Sommerszeit», entstanden sein [13]. – Andere Wissenschaftler führten unter Gott einen weiteren Schöpfer ein, die «Natur». DANIEL VON MORLEY ließ etwa diese «kunstvolle Dienerin» die Elemente ordnen und dem Menschen seine Gestalt verleihen [14]. Etwas früher bereits, in den vierziger Jahren, hatte BERNHARDUS SILVESTRIS – in Anlehnung an die spätantiken Dichter CLAUDIAN und MARTIANUS CAPELLA [15] – durch den von Gott stammenden Nus auf Bitten der Natur die Elemente ordnen und Sterne, Tiere und Pflanzen schaffen lassen [16]. Zur Erschaffung des Menschen wurden dann noch weitere mythische Gestalten zur Hilfe geholt [17] – in so großer Zahl, daß es sich nicht mehr um eine K. im strengen Sinn handelt.

Eine wissenschaftliche K. entwarf mit wieder neuen Ansätzen ROBERT GROSSETESTE, der die ‹Physik› des Aristoteles kommentierte. Er ging vom Licht und von der Materie aus: Das Licht verbreitet sich und zieht die Materie mit sich, wodurch die Bewegung im Raum entsteht [18]. Dabei war das Licht bereits die «erste körperliche Form», nämlich die «Körperlichkeit» [19]. Dieses Licht, das «sich selbst durch sich selbst vervielfältigte» und Materie mit sich führte, dehnte sich nur in begrenzten Abständen aus und schuf so das Firmament, strahlte dann ins Zentrum zurück, so daß durch mannigfache Lichtbewegungen sich die neun Gestirnssphären und die vier irdischen Sphären der Elemente bildeten [20]. Von diesen Elementen erzeugte das oberste, das Feuer, aus sich noch Licht, darunter lagen dann Luft, Wasser und die Erde, die durch die Dichte der Materie, dem «Ursprung des Widerstands und Ungehorsams» charakterisiert war [21]. – Die anderen Wissenschaftler hat die Auseinandersetzung mit Aristoteles nicht dazu veranlaßt, eine K. zu entwickeln. Vielmehr trennten sich nun zwei Richtungen. Die eine, Aristoteles und oft seinem Kommentator Averroes folgend, behauptete die Anfangslosigkeit der Bewegung und somit die Ewigkeit der Welt (SIGER VON BRABANT, die Schulen von Bologna, Pavia und Padua) [22]. Die andere verteidigte gegen Aristoteles die Lehre von der Schöpfung durch Gott, so THOMAS VON AQUIN mit der Einschränkung, daß diese Lehre nur dem

Glauben einsichtig sei: «mundum incepisse (non semper fuisse) sola fide tenetur» (daß die Welt einen Anfang hat (nicht immer war), wird allein im Glauben festgehalten) [23]. WILHELM VON AUVERGNE, ein entschiedener Vertreter dieser Tendenz, ließ Gott «aus Notwendigkeit» zuerst den äußersten Himmel, die Erde und dazwischen das Wasser schaffen, aus dem dann die neun Himmel und drei Elemente Wasser, Feuer, Luft entstanden [24]. Von nun an konnte die Reihenfolge der Entstehung einzelner Geschöpfe diskutiert werden, doch eine K., wie sie Grosseteste noch erwog, wurde nicht mehr entwickelt.

Drei Perioden lassen sich also unterscheiden: Bis ins 11. Jh. werden fast alle Erscheinungen und Bewegungen bei der Weltentstehung unmittelbar auf Gott zurückgeführt. Im 12. Jh. wird von den Wissenschaftlern mit Mut zur Selbständigkeit die These vertreten, daß eine begrenzte Zahl von Körpern, etwa die Elemente, von Gott geschaffen seien. Diese sollen über Kräfte, die zu Bewegungen in bestimmte Richtungen drängen, und über Eigenschaften wie Wärme und Kälte verfügen. Die Weltentstehung wird aus dem Zusammenwirken dieser Körper erklärt. Im 13. Jh. wird dann einmal ein Versuch unternommen, auch die Körperlichkeit selbst auf eine Größe, die Bewegung verursacht, auf das Licht, zurückzuführen. Diese Perioden der K. entsprechen den Perioden der Wissenschaft im Mittelalter [25].

Anmerkungen. [1] BASILEIOS, Hom. de Hexaemeron IV, 2. Sources chrétiennes 26 (Paris 1950) 250; AMBROSIUS, Exaemeron III, 2. 8, hg. O. BARDENHEWER (1914) 77f. – [2] BEDA VENERABILIS Hexaemeron I. MPL 91, 18f. – [3] a. a. O. 20. – [4] JOHANNES SCOTUS ERIUGENA, De divisione naturae III, 26 = MPL 122, 693. – [5] a. a. O. III, 27 = 699; vgl. H. LIEBESCHÜTZ: Kosmol. Motive in der Bildungswelt der Frühscholastik. Vortr. der Bibl. Warburg (1923/24) 97ff. – [6] ERIUGENA, a. a. O. III, 24 = 691; III, 25 = 692; III, 26 = 696. – [7] PETRUS ABAELARD: Expositio in Hexaemeron. De tertia die, hg. V. COUSIN 1 (Paris 1849) 644f.; zu den noch traditionellen Teilen bei Abaelard vgl. LIEBESCHÜTZ, a. a. O. 117. – [8] THIERRY VON CHARTRES: De causis et de ordine temporum c. 5, hg. N. HÄRING, in: Arch. Hist. doct. et litt. du M.-A. 30 (Paris 1955) 186. – [9] a. a. O. c. 19ff. – [10] c. 13 = 188; c. 15 = 189. – [11] c. 10 = 187; c. 14 = 189. – [12] WILHELM VON CONCHES: De philos. mundi I, 21 = MPL 172, 52ff. – [13] a. a. O. I, 22 = 55; 23 = 55; 23 = 58. – [14] DANIEL VON MORLEY: Liber de naturis inferiorum et superiorum. Arch. Gesch. Nat.wiss. u. Techn. 8 (1918) 17f. – [15] CLAUDIANUS, De raptu Proserpinae I, v. 246ff., MHG AA 10, 359; MARTIANUS CAPELLA, De nuptiis Philologiae et Mercurii I, § 8ff., hg. F. EYSSENHARDT (1866) 5ff. – [16] BERNHARDUS SILVESTRIS, De universitate mundi, Megacosmus et Microcosmus II, 1ff., hg. C. S. BARACH/J. WROBEL (1876) 33ff.; vgl. B. STOCK: Myth and sc. in the 12th century. A study of Bernard Silvester (Princeton 1972) 63ff. 119ff. (XI: Hinweis auf neue Ed. von A. VERNET). – [17] Vgl. LIEBESCHÜTZ, a. a. O. [5] 133ff. – [18] ROBERT GROSSETESTE, De motu corporali et luce, hg. L. BAUR, in: Beitr. zur Gesch. der Philos. des MA 9 (1912) 92; Comm. in octo libros physicorum Aristotelis III, hg. R. C. DALES (Colorado 1963) 55. – [19] De luce seu de inchoatione formarum, hg. L. BAUR, a. a. O. 51f. – [20] a. a. O. 52, 54ff. – [21] 57. – [22] Vgl. F. VAN STEENBERGHEN: Siger de Brabant 2: Siger dans l'hist. d'Aristotelisme, in: Les philosophes belg. 13 (Louvain 1942) 619ff.; SIGER DE BRABANT, Quest. sur la Phys. d'Arist., hg. PH. DELHAYE, a. a. O. 15 (Louvain 1941); A. MAIER: Die Vorläufer Galileis im 14. Jh. Storia e lett. Racc. Studi e Testi 22 (²1966) 292ff. – [23] THOMAS VON AQUIN, S. theol. I, q. 46, a. 2; ähnlich ALBERTUS MAGNUS, vgl. W. KRANZ: Kosmos. Arch. Begriffsgesch. 2 (1957) 158ff. – [24] WILHELM VON AUVERGNE, De universo. Opera omnia 1 (Paris 1674, ND 1963) 605. 758. 642. 639. 629. 668; vgl. A. QUENTIN: Naturerkenntnis und Naturanschauungen bei Wilhelm von Auvergne (Diss. Stuttgart 1972). – [25] Vgl. A. NITSCHKE: Anthropol. mittelalterl. Naturwissenschaftler, in: Neue Anthropol., hg. H.-G. GADAMER/P. VOGLER 4 (1972) 272.

Literaturhinweise. P. DUHEM: Le système du monde, Hist. des doctrines cosmol. de Platon à Copernic 1-10 (Paris 1913-59). – L. THORNDIKE: A hist. of magic and exp. sci. during the first thirteen centuries of our era 1-4 (New York 1923-1934). – A. C. CROMBIE: Von Augustinus bis Galilei (1964). – A. NITSCHKE: Naturerkenntnis und polit. Handeln im MA. Körper–Bewegung–Raum (1967). A. NITSCHKE

III. *Neuzeit.* – Die fortdauernde Anerkennung der auf Augustin und Julius Africanus zurückgehenden biblischen Chronologie, die durch den Rückgriff der Reformatoren auf den Wortlaut der Bibel verstärkt wird, hält noch zu Beginn des 17. Jh. die wissenschaftliche Spekulation davon ab, Fragen zur kosmischen Geschichte zu stellen [1]. R. DESCARTES gibt in seinen ‹Prinzipien der Philosophie› zwar einen spekulativen Bericht, wie die Erde und die Planeten – als Mittelpunkte großer Wirbel aus Materieteilchen – nach und nach ihre gegenwärtige Gestalt bekommen haben [2]; er hält aber zugleich unter Berufung auf christliche Religion und natürliche Vernunft daran fest, daß die Welt von Anfang an in aller Vollkommenheit geschaffen worden sei. Möglicherweise durch das Inquisitionsverfahren gegen Galilei beeinflußt, hebt er den hypothetischen und fiktiven Charakter seiner als Geschichte verfaßten mechanistischen Darstellung der Weltentstehung hervor und rechtfertigt sie durch den Hinweis auf ihren besonderen Erklärungswert gegenüber einer bloßen Beschreibung des gegenwärtigen Erscheinungsbildes: «Können wir daher gewisse Prinzipien entdecken, die einfach und leicht faßbar sind, und aus denen, wie aus dem Samen, die Gestirne und die Erde und alles, was wir in der sichtbaren Welt antreffen, abgeleitet werden kann, wenn wir auch wissen, daß sie nicht so entstanden sind, so werden wir doch auf diese Weise ihre Natur weit besser erklären, als wenn wir sie nur so, wie sie jetzt sind, beschreiben» [3]. Der radikale *Cartesianismus* teilt allerdings diese Zurückhaltung nicht mehr, sondern behandelt Descartes' Wirbeltheorie als plausible und bestätigte Theorie vom Ursprung der Welt. So zieht B. DE FONTENELLE in seinen ‹Unterhaltungen über die Vielzahl der bewohnten Welten› aus Descartes' Lehre die radikale Folgerung, daß die Welt ihrer räumlichen Ausdehnung wie auch ihrer zeitlichen Existenz nach unendlich sei [4].

Die unbewiesene Anschauung Descartes', die immerhin die Möglichkeit zu einer dynamischeren Natursicht bot, wurde von I. NEWTON streng abgelehnt, dessen Weltbild für die kosmologischen Vorstellungen bis ins 19. Jh. im wesentlichen bestimmend blieb. Newtons Ziel ist die Einsicht in die Gesetze, nach denen das Zusammenspiel aller Körper und Kräfte im Weltall erfolgt und hinter denen er die planvolle Hand des göttlichen Schöpfers sieht. Da Gott die Welt geordnet eingerichtet hat, kann ihre Entstehung nicht Gegenstand wissenschaftlicher Forschung sein: «... it's unphilosophical to seek for any other origin of the world, or to pretend that it might arise out of a chaos by the mere laws of nature; though being once formed, it may continue by those laws for many ages» [5]. Versuche im Anschluß an Newton, nicht nur die Bewegung der Planeten, sondern auch ihre Entstehung physikalisch zu erklären, gerieten mit der theologischen Schöpfungslehre in Konflikt, welche weiterhin die Genesis als das grundlegende Lehrbuch der Kosmologie und auch der Geologie ansah. So mußte BUFFON 1749 seine Versuche, die Gleichförmigkeit der Planetenbewegungen mechanistisch zu erklären, indem er sie auf das Eintreten eines Kometen in den Anziehungsbereich der Sonne zurückführte [6], widerrufen oder später seine Theorie über die Erdentstehung als hypothetisch hinstellen [7].

TH. WRIGHT OF DURHAM geht über ihn noch hinaus, wenn er aufgrund von Beobachtungen des Milchstraßensystems im Wirken der Schwerkraft die Ursache für die Entstehung und Ordnung aller Sterne des Universums sieht [8]. Von ihm beeindruckt macht KANT in seiner ‹Allgemeinen Naturgeschichte und Theorie des Himmels› (1775) den systematischen Versuch, einen entwicklungsgeschichtlichen Überblick über die kosmische Geschichte zu geben, erlangt mit seiner Theorie allerdings erst im 19. Jh. größeren Einfluß. Er geht davon aus, daß die gesamte Naturordnung noch immer im Entstehen begriffen ist. Die Schöpfung «hat zwar einmal angefangen, aber sie wird niemals aufhören» [9]. Hatte Newton schon den freien Fall, die Gezeiten wie die Kometen- und Planetenbewegungen durch die Schwerkraft erklärt, so ist sie bei Kant das Instrument zur allmählichen Strukturierung eines ungeordneten materiellen Universums. Diese allmähliche Bildung der Ordnung aus dem Chaos nahm einen ungeheuren Zeitraum in Anspruch. Der ewige Prozeß der kosmischen Schöpfung wird mit der Entwicklung der Natur gleichgesetzt; denn die Natur «braucht nichts weniger als eine Ewigkeit, um die ganze grenzenlose Weite der unendlichen Räume mit Welten ohne Zahl und ohne Ende zu beleben» [10]. Kants Spekulation wurde durch die astronomischen Beobachtungen W. HERSCHELS gestützt, der feststellte, daß zahlreiche Fixsterne in Bewegung sind. Die Entstehung von Sternen glaubte er durch die Anhäufung und weitere Verdichtung schwach leuchtenden interstellaren Staubs und Gases – 1790 von ihm zuerst beobachtet – erklären zu können [11]. LAPLACE nahm 1796 diese Theorie auf und führte die Entstehung des Sonnensystems auf die Kondensation von ursprünglich diffuser, in Rotation befindlicher Materie zurück [12].

HERDER faßt über Kant hinaus Natur und Geschichte zu einem einzigen Entwicklungsprozeß zusammen. In seinen ‹Ideen zur Philosophie der Geschichte der Menschheit› (1784–91) wird die menschliche Geschichte zum Gegenstand progressiver Entwicklung innerhalb der Natur. Wenn die kosmische Entwicklung nach seiner Auffassung Planeten und Fixsterne, die Erde, die Lebewesen, den Menschen und schließlich die menschliche Gesellschaft des zeitgenössischen Europa umfaßt, so erscheint der Kosmos als das Produkt einer historischen Entwicklung, die Herder emphatisch und in geradezu religiösen Begriffen beschreibt [13].

Am Ende des 18. Jh. ist die Idee der Entwicklung weithin akzeptiert. Ihre Anwendung auf Natur- und Erdgeschichte im Verlauf des 19. Jh., die mit zahlreichen Entdeckungen in Astronomie, Physik, Chemie und Geologie einhergeht, bereitet den Boden für eine Auseinandersetzung der Kosmologie mit dem Problem der Entstehung des Weltalls als Ganzem. Hauptvoraussetzung für die Durchsetzung eines «historischen Bewußtseins» in der Kosmologie war – neben der Erfindung des Spektroskops, das eine Analyse der chemischen Struktur der Sterne sowie eine Klassifikation von Sternen, Sternhaufen und Galaxien nach ihren Formen und Spektren ermöglichte – die Annäherung von Kernphysik und Astronomie. Mit der Erklärung der Linienspektren der Atome durch Quantensprünge im Innern des Atoms (N. BOHR) wird es möglich, den phänomenologischen Zustand von Sternen als Stufen eines zeitlichen Ablaufes von Kernreaktionen zu verstehen.

Herrscht in den Theorien der Sternentwicklung noch weitgehend Übereinstimmung unter den Astronomen der Gegenwart, so stehen die kosmologischen Theorien, die vor allem auf unterschiedlicher Interpretation der Rotverschiebung weit entfernter Sternsysteme beruhen, vorerst unvereinbar nebeneinander. Der Auffassung von der Entstehung des Kosmos aus einem «Uratom» durch den «Urknall», die zuerst von LEMAÎTRE vertreten und durch G. GAMOW und E. TELLER weiter ausgearbeitet wurde [14], steht z. B. die Ansicht F. HOYLES und anderer gegenüber, daß dem ständigen Zurückweichen der Galaxien aus dem Bereich der Beobachtung ein ständiges Entstehen einer entsprechenden Menge ursprünglichen Wasserstoffs entspricht, die gleichmäßig im All verteilt ist und aus der sich neue Sternhaufen und Galaxien bilden. Nach dieser Auffassung vom «unveränderten Zustand» (steady state) zeigen die astronomischen Fakten weder einen zeitlichen Anfang noch die Aussicht auf ein Ende [15].

Anmerkungen. [1] Vgl. ST. TOULMIN und J. GOODFIELD: Entdeckung der Zeit (1970) 61ff. 79ff. – [2] R. DESCARTES: Principia philosophiae (Amsterdam 1644) IIIf. – [3] a. a. O. III, 45, hg. A. BUCHENAU (⁵1955) 81. – [4] B. DE FONTENELLE: Entretiens sur la pluralité des mondes (Paris 1686); krit. A. (1966). – [5] I. NEWTON: Optics III (1706) Query 31 Ende; jetzt in: H. ALEXANDER (Hg.): The Leibniz-Clark correspondence (Manchester 1956) 180. – [6] G. L. LECLERC, Comte DE BUFFON, Hist. nat. 1-3 (1749). Sämtl. Werke, dtsch. H. J. SCHALTENBRAND (1836-40). – [7] Naturgesch. der Minerale (1774) Einl.; Epochen der Natur (1778) a. a. O. [6] Bd. 2; vgl. TOULMIN/GOODFIELD, a. a. O. [1] 168-175. – [8] TH. WRIGHT: An original theory or new hypothesis of the universe (1750, ND London 1971); vgl. I. KANT, Allg. Naturgesch. und Theorie des Himmels. Werke, hg. WEISCHEDEL 1, 258. – [9] KANT, a. a. O. 1, 335. – [10] 334; vgl. H. HEIMSOETH: Zeitl. Weltunendlichkeit und das Problem des Anfangs. Eine Stud. zur Vorgesch. von Kants Erster Antinomie. Kantstud., Erg.-H. 82 (1961) 269-292. – [11] W. HERSCHEL: Account of some observations tending to investigate on the construction of the heavens; On the construction of the heavens, in: The sci. papers of Sir W. Herschel, hg. J. L. DREYER (London 1912) 1, 157-166. 223-259. – [12] P. S. LAPLACE: Exposition du système du monde (Paris 1796). – [13] J. G. HERDER: Ideen zur Philos. der Gesch. der Menschheit (1784-91). – [14] G. LEMAÎTRE: L'hypothèse de l'atome primitif (Neuchâtel 1946); G. GAMOW: The origin and evolution of the Universe. Amer. Scientist 39 (1951) 393-406. – [15] F. HOYLE: A new model for the expanding universe. Monthly Not. Roy. Astronom. Soc. 108 (1948) 377-382; Das grenzenlose All (²1959); vgl. H. BONDI und T. GOLD: The steady-state theory of the expanding universe. Monthly Not. Roy. Astronom. Soc. 108 (1948) 252-270; V. A. BAILY. The steady-state universe and the deduction of continual creation of matter. Nature 184 (London 1959) 537f.

Literaturhinweise. H. v. HELMHOLTZ: Über die Entstehung des Planetensystems, in: Populäre wiss. Vorträge H. 3 (1876) 101-137. – FR. ENGELS, Anti-Dühring (1877). MEW 20, 52f.; Dial. der Natur a. a. O. 316f. u. ö. – H. SCHMIDT: Die Kant-Laplace'sche Theorie (1925). – J. JEANS: Astronomy and cosmogony (Cambridge 1928). – FR. NÖLKE: Der Entwicklungsgang unseres Planetensystems (1930). – O. HECKMANN: Theorien der Kosmol. (1942, ND 1968). – H. DINGLE: Thomas Wright's astronom. heritage. Ann. Sci. 6 (1948/50) 404-415. – E. ZINNER: Astronomie. Gesch. ihrer Probleme (1951). – Vistas in astronomy, hg. A. BEER 1. 2 (London 1955/56). – La structure et l'évolution de l'univers. 11e Conseil de phys. Solvay (Brüssel 1958). – G. J. WHITROW: The structure and evolution of the universe (London 1959). – P. JORDAN: Four lectures about problems of cosmol. Nato-Symp. (Lissabon 1964) 103-137. – Philos. Probleme der modernen Kosmol. (AMBARZUMJAN u. a.) (1965). – ST. TOULMIN und J. GOODFIELD: Discovery of time (London 1965); dtsch. s. Anm. [1]. – R. SWINBURNE: The beginning of the universe I. Proc. Arist. Soc. Suppl. Vol. 40 (1966) 125-138. – Naturforsch. und Weltbild. Eine Einf. in philos. Probleme der modernen Naturwiss., hg. M. GUNTAU/ H. WENDT (²1967) 185-210. – B. STICKER: Bau und Bildung des Weltalls (1967). – J. CHARON: Gesch. der Kosmol. (1970). – D. W. SCIAMA: Modern cosmol. (Cambridge 1971). – B. KANITSCHEIDER: Philos.-hist. Grundl. der phys. Kosmol. (1974).   N. HEROLD

IV. *Die Relativität von Raum und Zeit und der Friedmann-Kosmos.*

– Vom Beginn der modernen Naturwissenschaft im 17. Jh. bis ins 19. Jh. wurden Raum und Zeit nach der Lehre NEWTONS als absolute, unveränderliche Gegebenheiten gedacht. In ihnen spielt sich alles Geschehen ab, aber sie selber sind weder entstanden, noch können sie vergehen. KANT versteht Raum und Zeit als Bedingungen der Möglichkeit von Erfahrung und insofern als a priori dem Denken gegeben. Die Objekte im Raum dagegen können entstehen und vergehen. So werden Modelle der Entstehung der Planeten angegeben, nach denen die Planeten entweder aus Materie der Sonne entstanden sein sollen oder aus einem rotierenden kosmischen Gasnebel.

Mit der Entdeckung nicht-euklidischer Raumstrukturen im 19. Jh. und der Aufstellung der Allgemeinen Relativitätstheorie durch A. EINSTEIN im Jahre 1915 verlieren Raum und Zeit ihren Absolutheitscharakter. Ihre Struktur steht nun in enger Wechselwirkung mit der Materie, und sie kann sich räumlich und zeitlich *ändern*; sogar ein Entstehen oder Vergehen ist möglich. Der (1922 formulierte) FRIEDMANN-Kosmos ist ein Modell, das eine Entstehung der Raum-Zeit-Mannigfaltigkeit impliziert. Dieses Modell steht mit den heutigen astronomischen Beobachtungen in verhältnismäßig guter Übereinstimmung. Danach hat sich der Kosmos vor ungefähr 10-20 Milliarden Jahren aus einem hochverdichteten und extrem heißen Anfangszustand heraus entwickelt. Seit dieser Zeit expandiert er und verringert dadurch ständig seine Materiedichte und seine Temperatur. Im Anfangszustand war die Materiedichte so groß, daß es keine Atome, sondern nur ein Gemisch aus Elementarteilchen (Hadronen, Hyperonen, Neutronen, Protonen, Neutrinos u. a.) gab. Ungefähr 100 Sekunden nach diesem als «Urknall» bezeichneten Anfangszustand beginnt die Entstehung der chemischen Elemente, indem die Protonen und Neutronen sich zu Atomkernen vereinigen; so entstehen Wasserstoff, Helium und fast alle anderen Elemente (einige sind vermutlich erst später im Inneren der Sterne entstanden). Dieser Prozeß dauert etwa 100 Minuten an. Danach hat die Materie noch eine Temperatur von ungefähr 10 Millionen Grad Kelvin. Elektromagnetische Strahlung und Materie sind noch in thermodynamischem Gleichgewicht. Der größere Teil der Energie ist in Form von Strahlung vorhanden. Einige tausend Jahre nach dem Urknall hat sich der Kosmos so weit ausgedehnt und abgekühlt, daß die Strahlung nicht mehr dominiert; die Energie in Form der Materie beginnt zu überwiegen. Einige Millionen Jahre später beginnt die Strahlung sich von der Materie zu entkoppeln; sie läuft von da an, fast ohne gestreut zu werden, durch den Kosmos. Die beobachtete 3°K Mikrowellenstrahlung ist höchstwahrscheinlich die durch die Expansion des Universums stark rotverschobene damalige Strahlung. Erst ungefähr 100 Millionen Jahre nach dem Urknall beginnen sich die Galaxien aus der weitgehend homogen verteilten Materie zu bilden. In ihnen entstehen dann Sterne und Sternhaufen durch Kontraktion instabiler Gasgebiete. Die Sonne zusammen mit den Planeten ist vor ungefähr 5 Milliarden Jahren innerhalb unserer Galaxie entstanden; der Kosmos war zu dieser Zeit schon 5-15 Milliarden Jahre alt. Über die zukünftige Entwicklung können wir in bezug auf das Sonnensystem einige ziemlich sichere Aussagen machen. Die Sonne wird von jetzt an noch ungefähr 5 Milliarden Jahre in ähnlicher Weise strahlen wie jetzt. Danach wird ihre Strahlung zuerst stark zunehmen und später mehr und mehr abnehmen. Der Kosmos als Ganzes wird, im Rahmen des behandelten Friedmann-Modells, entweder nach einigen Milliarden Jahren in eine Kontraktionsphase übergehen, in der dann das Gesamtvolumen des Universums ständig abnimmt, oder die jetzige Expansion wird – mit unterschiedlichen Geschwindigkeiten – sich in alle Zeiten fortsetzen.

Außer dem Friedmann-Modell gibt es noch andere kosmologische Modelle mit entsprechend anderen Entwicklungsphasen (vgl. unter III). Die heutigen Beobachtungsdaten ermöglichen noch keine eindeutige Auswahl des richtigen Modells.

Literaturhinweise. W. KUNDT: Springer tracts in modern physics 47 (1968) 111. – J. EHLERS: Probleme und Ergebnisse der modernen Kosmol. Mitt. astronom. Ges. 27 (1969). – P. J. E. PEEBLES: Phys. cosmol. (Princeton 1971). – Vgl. Art. ‹Expansion des Universums›, Lit. zu Abschn. III und Art. ‹Kosmos II›.

R. EBERT

Kosmologie ist als Disziplinentitel innerhalb der Philosophie seit CHR. WOLFF gebräuchlich [1]. Die Bezeichnung folgt der Einteilung der traditionellen Metaphysik in allgemeine Metaphysik (metaphysica generalis oder ontologia) und Gebietsmetaphysiken (metaphysica specialis), d. h. rationale Theologie, rationale Psychologie und rationale K. Während nach dieser Einteilung die rationale Theologie von Gott als der Ursache der Welt und die rationale Psychologie von der Seele als einer einfachen Substanz handeln, befaßt sich die rationale K. mit dem Aufbau der Welt als dem natürlichen System physischer Substanzen («Cosmologia generalis est scientia mundi seu universi in genere, quatenus scilicet ens idque compositum atque modificabile est» [2]). Damit werden unter der Bezeichnung ‹K.› Theorien über den Aufbau der Welt disziplinenmäßig zusammengefaßt, deren Geschichte bis zur Naturphilosophie der Vorsokratiker zurückreicht. Dem Umstand, daß es sich dabei sowohl um empirisch orientierte Theorien (Beispiel: empirische Teile der Astronomie) als auch um nicht-empirische Lehrstücke (Beispiel: Nikolaus von Kues' These, wonach die Welt ähnlich Gott eine Kugel ist, deren Zentrum überall und deren Umfang nirgends ist) handeln kann, entspricht bei Wolff die Unterscheidung zwischen cosmologia experimentalis und cosmologia scientifica («Cosmologia generalis scientifica est, quae theoriam generalem de mundo ex Ontologiae principiis demonstrat: Contra experimentalis est, quae theoriam in scientifica stabilitam vel stabiliendam ex observationibus elicit» [3]). Unter ‹rationaler K.› sind in diesem Sinne nicht-empirische Theorien über den Aufbau der Welt, unter ‹experimentaler K.› empirische Theorien nach Art einer sich auf Beobachtungszusammenhänge stützenden Astronomie zu verstehen. In dieser Form findet die Unterscheidung rasch Eingang in philosophische Lehrbücher, z. B. bei A. G. BAUMGARTEN: «Cosmologia generalis est scientia praedicatorum mundi generalium, eaque vel ex experientia proprius, empirica, vel ex notione mundi, rationalis» [4]. Anstelle von rationaler K. ist dabei häufig auch von transzendentaler K. die Rede. Sie wird bei J. H. LAMBERT neben Arithmetik und Geometrie, Phoronomie, Logik, Ontologie und Chronometrie zu den apriorischen Wissenschaften gezählt (ohne daß diese Einordnung in seinem Werk größeres systematisches Gewicht erhält) und als Lehre von der räumlichen und zeitlichen Anordnung physischer Körper definiert: «Die Cosmol. oder Systematologia die Lehre entium compositorum et connexorum ratione temporis et spatii» [5].

Die Übergänge zu der sich allmählich aus dem Verband der philosophischen Wissenschaften lösenden Physik [6] bleiben fließend; als rationale K. treten sowohl physische Ontologien als auch apriorische Begründungsversuche physikalischer Theorien im Sinne der Lambertschen Gliederung auf. Lehrstücke einer nicht-empirischen K. im engeren Sinne sind in diesem Zusammenhang Reflexionen über Unendlichkeit bzw. Endlichkeit von Raum und Zeit, die Existenz bzw. Nichtexistenz elementarer (nicht zusammengesetzter) physischer Körper sowie die Beantwortung der Frage, ob sich eine kausale Determination des Naturgeschehens auch auf Handlungen erstreckt. Auf Lehrstücke dieser Art richtet sich denn auch die Konstruktion kosmologisch bestimmter Antinomien bei I. KANT [7], mit dem Nachweis, daß dem «dialektische[n] Spiel der kosmologischen Ideen» [8] kein «kongruierender Gegenstand in irgend einer möglichen Erfahrung gegeben» werden kann [9]. Anders formuliert: Im Rahmen dieser Antinomienkritik lassen sich z. B. sowohl für die Aussage, daß die Welt dem Raume nach endlich ist, als auch für die Aussage, daß sie dem Raume nach unendlich ist (also für die Konjunktion einer Aussage und ihrer Negation) nur dann vermeintlich Begründungen angeben, wenn man von der falschen Voraussetzung ausgeht, daß die Welt insgesamt als ein empirischer Gegenstand gegeben sei. Wenn Kant dennoch an einer philosophischen Behandlung derartiger Ideen in Form sogenannter transzendentaler Ideen festhält, dann in dem Sinne, daß es hierbei um Perspektiven der Organisation unseres Wissens in einer allgemeineren, nicht mehr bloß fachtheoretischen Absicht geht. In der Wirkungsgeschichte der Philosophie Kants wurde an dieser Deutung im wesentlichen festgehalten [10]; auch G. W. F. HEGELS Charakterisierung der K. betrifft diese als vorKantischen Teil einer «vormalige[n] Metaphysik» [11]: «Die K. hatte sowohl die Natur als auch den Geist, in seinen äußerlichen Verwicklungen, in seiner Erscheinung, also überhaupt das Daseyn, den Inbegriff des Endlichen zum Gegenstand» [12].

Die Entwicklung der rationalen K. zu einer die Theorienbildung der Naturwissenschaften allenfalls noch mittelbar, über regulative Gesichtspunkte im Sinne Kants, bestimmenden philosophischen Bemühung wurde durch die Verbindung astronomischer und physikalischer Theorien auf dem Boden naturwissenschaftlicher Forschungsprogramme im engeren Sinne beschleunigt. Schon Kants eigene, später im als Kant-Laplacesche-Theorie bekanntgewordene Theorie der Entstehung des Sonnensystems gehört in diesen Zusammenhang. Gekennzeichnet ist die weitere Entwicklung einerseits durch die Fortentwicklung astronomischer Beobachtungsmethoden, mit denen die Dimension der Milchstraße verlassen wird, andererseits durch die Annahme eines nicht-euklidischen Raumes im Rahmen der allgemeinen Relativitätstheorie (Gravitationstheorie) A. EINSTEINS. Spektralanalysen des Lichts von Fixsternen, die als Dopplereffekt interpretiert werden, führten schließlich zur Vorstellung eines expandierenden Weltraumes (E. A. HUBBLE), die wiederum durch zeitliche Extrapolation zu kosmogonischen Theorien bis hin zur Entstehung der chemischen Elemente Anlaß gegeben hat (G. GAMOW). Gegenüber dieser Entwicklung der K. zu einer physikalischen Teildisziplin bleiben Bemühungen um die Erneuerung einer philosophischen K., die vom Aufbau der Welt im Rahmen einer wiederum eher spekulativen Begrifflichkeit zu handeln sucht, peripher. Ein Beispiel dafür ist A. N. WHITEHEADS ‹Process and Reality. An Essay in Cosmology› (New York 1929).

Anmerkungen. [1] CHR. WOLFF: Discursus praelim. de philos. in genere (1728) § 77. – [2] Cosmol. generalis (1731, ²1737) § 1. – [3] a. a. O. § 4. – [4] Met. (1739, ¹1779) § 351; vgl. A. G. BAUMGARTEN: Philos. generalis (1770) § 148. – [5] J. H. LAMBERT: Über die Methode die Met., Theol. und Moral richtiger zu beweisen, hg. K. BOPP (1918) 28. – [6] Vgl. I. NEWTON: Philos. naturalis principia math. (1687) III: De mundi systemate. – [7] I. KANT, KrV B 432ff. – [8] KrV B 490. – [9] ebda. – [10] Vgl. z. B. W. T. KRUG: Allg. Handwb. der philos. Wiss. 2 (²1833) 634ff. – [11] G. W. F. HEGEL, System der Philos. 1: Die Logik. Werke, hg. GLOCKNER 8 (⁴1964) 99. – [12] a. a. O. 109.

Literaturhinweise. P. DUHEM: Le système du monde. Hist. des doctrines cosmol. de Platon à Copernic 1-10 (1914-1959). – A. EDDINGTON: The expanding universe (1933). – E. A. HUBBLE:

Observational approach to cosmol. (1937). – A. KOYRÉ: From the closed world to the infinite universe (1957); dtsch.: Von der geschlossenen Welt zum unendlichen Universum (1969). – M. K. MUNITZ: Theories of the universe from Babylonian myth to modern sci. (1957). – G. J. WHITROW: The structure and evolution of the universe (1959). – B. KANITSCHEIDER: Philos.-hist. Grundl. der phys. K. (1974). J. MITTELSTRASS

Kosmopolit, Kosmopolitismus. – 1. Der Gedanke des Kosmopolitismus (= K.) läßt sich über die reine Wortgeschichte hinaus bis ins *frühe Griechentum* zurückverfolgen. Die Überwindung der lokalen Beschränkung, die sich politisch in der Kolonisationsbewegung des 8. bis 6. Jh. ausdrückt und am Ende des 5. Jh. auch in der Dichtung ihren Widerhall findet [1], liefert ebenso erste Ansätze wie die Formulierung eines Kosmosbegriffs in der ionischen Naturphilosophie: Wie später ANAXAGORAS [2] weiß schon HERAKLIT von einer Weltordnung, die für alle gleich ist [3]; gewisse pantheistische, vor allem am Zeusbegriff orientierte Vorstellungen, möglicherweise orphischen Ursprungs, kamen hinzu [4].

Durch die als Wanderlehrer ohnehin politisch ungebundenen *Sophisten* erhalten die kosmopolitischen Ansätze erstes Profil innerhalb des systematischen Zusammenhangs der Kritik des jeweiligen νόμος vom Standpunkt der universalen φύσις aus, einer Kritik, die sich bereits bei HERAKLIT vorgeformt findet [5]. In der Darstellung PLATONS ist es Hippias, der die Kluft zwischen staatlichem und kosmischem Gesetz aufreißt und gleichsam als erster Kosmopolit (= Kt.) der Weltgeschichte verkündet: Ὦ ἄνδρες ... οἱ παρόντες, ἡγοῦμαι ἐγὼ ὑμᾶς συγγενεῖς τε καὶ οἰκείους καὶ πολίτας ἅπαντας εἶναι – φύσει, οὐ νόμῳ (Ich denke, ihr versammelten Männer, daß ihr die Verwandte und Befreundete und Mitbürger von Natur seid, nicht durch das Gesetz) [6]. Noch radikaler formuliert es ANTIPHON, der die «Aufhebung aller geschichtlich gewordenen nationalen Unterschiede» und ein «internationales Gleichheitsideal» vertritt, das weder die Differenzierung in Griechen und Barbaren noch irgendwelche sozialen Abstufungen zuläßt [7]: «... von Natur sind wir alle in allen Beziehungen gleich geschaffen, Barbaren wie Hellenen ... Atmen wir doch alle insgesamt durch Mund und Nase in die Luft aus und essen wir doch alle mit Hilfe der Hände ...» [8]. Etwa gleichzeitig gibt sich in dem Sprichwort «Vaterland ist, wo es mir gut geht» [9] schon die opportunistische Version von K. zu erkennen. ANAXAGORAS legitimiert seine mangelnde politische Aktivität mit dem Hinweis auf seine wissenschaftlichen Studien und deutet bei der Frage nach seiner πατρίς auf den οὐρανός [10]; für DEMOKRIT hingegen folgt aus der These ἀνδρὶ σοφῷ πᾶσα γῆ βατή· ψυχῆς γὰρ ἀγαθῆς πατρὶς ὁ ξύμπας κόσμος (Einem weisen Mann steht jedes Land offen. Denn einer trefflichen Seele Vaterland ist das Weltall) [11] durchaus kein Desinteresse gegenüber dem staatlichen Leben [12].

Ob *Sokrates* die Behauptung, er sei «Weltbürger» (mundanus), von CICERO zu Recht zugeschrieben wurde [13], bleibt zweifelhaft [14]; immerhin sind kosmopolitische Vorstellungen im Kreise seiner Schüler präsent: Nach Auffassung PLATONS hält sich der Philosoph nur körperlich in der Polis auf, während sein Geist deren Grenzen weit überfliegt [15]. Ähnliches findet sich bei XENOPHON angedeutet [16]. Auf das Bewußtsein, daß es von überall gleich weit zum Hades ist, reduziert sich der K.-Gedanke bei ARISTIPP [17], während es THEODOROS ATHEOS dann mit der Feststellung εἶναί τε πατρίδα τὸν κόσμον wieder auf die positivere Formel bringt [18]. So erhält die Idee des K. ihren festen Platz im griechischen Denken zu einem Zeitpunkt, da die Polis ihre beherrschende Stellung verliert und politischer Indifferentismus sich mit dem Wissen um die Autonomie der Persönlichkeit verbindet. Das Wort ‹ Kt.› selbst taucht beim Kyniker DIOGENES VON SINOPE erstmals auf: Gefragt, woher er komme, antwortet dieser, er sei κοσμοπολίτης [19]. Diese kynische Tradition [20] setzt sich bei KRATES fort [21].

Das Weltreich *Alexanders*, welches die Auflösung der Polis besiegelt, erhebt K. gleichsam zum realpolitischen Prinzip. Und fortan gehört es zu den Eigenarten der hellenistischen Kultur, daß sie die Besonderheit der Nationalitäten ignoriert und an ihre Stelle das «homogene Menschentum der geläuterten Bildung» setzt, die zwar «auf der Basis der nationalen hellenischen Bildung erwachsen ist», nun aber «Menschheitskultur» sein will [22]. Repräsentiert wird diese Tendenz des Hellenismus vor allem durch die *Stoa*, die dann auch für die entsprechende theoretische Fundierung sorgt. Spiegelte sich schon in den Komödien MENANDERS weltbürgerliches Empfinden – in dem «homo sum, humani nil a me alienum puto» bei TERENZ geradezu formelhaft geworden [23] –, so erscheint K. bei ZENON VON KITION und besonders bei CHRYSIPP an zentraler Stelle des philosophischen Systems: Die Polis ist hier durch den Kosmos ersetzt, in dem die Menschen mit den Göttern zusammenleben [24]. Diese neue – von ZENON als erträumtes Ideal beschriebene – πολιτεία [25], ein Gedankengebilde, welches nicht zuletzt den Verlust konkreter einzelstaatlicher Bindung zu kompensieren half, umgreift nun alle Menschen und macht sie unter einem allgemeingültigen, der Welt immanenten göttlichen Vernunftgesetz untereinander zu Mitbürgern [26]; der traditionelle Gegensatz φύσις/νόμος löst sich damit in Identität auf [27].

Das Humanitätsideal der «mittleren» Stoa impliziert eine gewisse Abweichung vom frühen stoischen K.; die Welt gilt nun als zweigeteilt in die Ökumene, das Reich der Zivilisation, auf der einen und in das Gebiet der Barbaren auf der anderen Seite. PANAITIOS selbst, der den in der Folgezeit mit der Vorstellung vom Weltbürgertum eng verbundenen Begriff der Humanität zumindest vorbereitete [28], orientierte indes seine Idee der Gemeinschaft nicht an der «Kosmopolis», sondern am Einzelstaat [29], für dessen Bewertung dann natürlich der Maßstab des Vernunftgesetzes zur Verfügung stand.

Bei CICERO stehen kosmopolitische Äußerungen zumeist in referierendem Kontext. Neben stoischem Gedankengut [30] findet sich auch die alte Lebensweisheit «Patria est, ubicumque est bene» wieder, und zwar dort, wo innerhalb eines epikureisch gefärbten Zusammenhangs angesichts der Frage nach der Einschätzung des Exils des Sokrates Bekenntnis, er sei «mundanus», als Beleg für die These herangezogen wird, daß die Glückseligkeit doch wohl nicht an eine konkrete «civitas» und das Leben in ihr gebunden sein könne [31].

Obwohl SENECAS Überzeugung, der «mundus» sei die von den Göttern überwachte «patria» der Menschen [32], zunächst nur die traditionelle stoische Theorie wiederzugeben scheint, ist eine Veränderung ihres «Stellenwertes» unverkennbar: Der Begriff eines naturgesetzlich begründeten Menschheitsstaates hatte seine kritische Funktion gegenüber nationalen Borniertheiten insofern weitgehend eingebüßt, als er selbst ja vom Faktum des geeinten römischen Weltreiches eingeholt und übertroffen worden war. Übrig blieb – mit um so stärkerer Wirkung – die stoische Menschheitsidee und der Gedanke philanthropischer Hinwendung zum anderen: Das «homo sum ...» des Terenz gilt auch noch und gerade für Seneca [33], der allerdings echte Wirkungsmöglichkeiten in jener umfassenderen patria aufgrund erzwungener politischer Abstinenz allein noch auf dem Gebiet der Wissenschaft zu erkennen vermochte [34]. Bei der Frage nach der συγγένεια τοῦ θεοῦ καὶ ἀνθρώπων (Verwandtschaft Gottes und der Menschen) beruft sich auch EPIKTET darauf, daß sich schon Sokrates κόσμιος, «Weltbürger», genannt habe [35]. In einer Welt, die als τὸ σύστημα τὸ ἐξ ἀνθρώπων καὶ θεοῦ (das Gefüge aus Menschen und Gott) verstanden wird und in der alle Lebewesen, insonderheit die vernunftbegabten, Verwandte Gottes sind, werden Nationalitäts- und soziale Unterschiede zur historisch zufälligen, letztlich nur den Körper berührenden Tatsache [36]. Allerdings leitet Epiktet aus diesem Bewußtsein keine Geringschätzung der konkreten Bürgerpflichten ab [37]. Keineswegs nur Theorie ist es, wenn MARC AUREL den Menschen als πολίτης πόλεως τῆς ἀνωτάτης, ἧς αἱ λοιπαὶ πόλεις ὥσπερ οἰκίαι εἰσίν (Bürger der höchsten Polis, von der die übrigen Poleis gleichsam die Häuser sind) bezeichnet [38] und im κόσμος die für alle gemeinsame πόλις erblickt [39]; bei ihm haben sich stoischer K. und römisches Staatsgefühl zur Einheit politischer Praxis verbunden: πόλις καὶ πατρίς ὡς μὲν Ἀντωνίνῳ μοι ἡ Ῥώμη, ὡς δὲ ἀνθρώπῳ ὁ κόσμος (Staat und Vaterland ist für mich als Antoninus Rom, für mich als Menschen der Kosmos) [40].

Kosmopolitische Ansichten vertritt neben dem sich als Akademiker und Gegner der Stoa fühlenden PLUTARCH [41] auch DION VON PRUSA. Dessen Glaube, daß alle guten Menschen wahre Bürger einer von Zeus beherrschten universalen Polis seien [42], reproduziert jedoch nicht nur stoische Auffassungen, sondern leistet auch einen wirksamen Beitrag zur römischen Propaganda, die nur zu gern Gehorsam gegenüber den Statthaltern als Achtung vor dem Weltgesetz verklärte [43].

PHILON stellt dann die kosmopolitische Spekulation ganz in den Dienst der jüdischen Theologie [44], die dementsprechend die stoischen Elemente überformt. Fußend auf der Grundüberzeugung von der Priorität mosaischer Lehre gegenüber griechischer Philosophie, deutet er den Kosmos als Werk des transzendenten Gottes [45], der auch in der Lenkung der Welt den von der Stoa als immanente Allgottheit aufgefaßten Logos abgelöst hat [46]. Kt. sein heißt, das Gesetz Mosis, welches ja mit dem des Kosmos identisch ist, erfüllen [47]; als Vorbild gilt Adam, dem (vor der Erschaffung des Weibes) der gesamte Kosmos πατρίς war [48]. Daß sich der K.-Begriff überdies als überzeugende Formel für das soziologische Phänomen des Diasporajudentums anbot, mußte ihm für Philon besondere Attraktivität verleihen [49]; indes wertet er es dort, wo er im Rahmen seiner Einteilung der Menschen in irdische, himmlische und göttliche den ἄνθρωποι ἱερεῖς καὶ προφῆται (Heiligen und Propheten) den höchsten Rang zuweist, gerade als deren Vorzug, daß sie *nicht* κοσμοπολῖται, d. h. nämlich: Bürger der sichtbaren Welt, hatten sein wollen, sondern dem νοητὸς κόσμος zugewandt, Bürger «im Staate der unvergänglichen und unkörperlichen Ideen» waren [50].

Gern greifen die *christlichen Apologeten* auf die stoische K.-Idee zurück [51]. Im weiteren Zusammenhang der Entwicklung eines Kirchenbegriffs nennt TERTULLIAN die Menschheit «die eine Herde Gottes» und die Welt «das eine Haus für alle» [52]; bei ORIGENES ist die Kirche κόσμος des κόσμος [53], und die ‹Constitutiones

Apostolorum› betrachten den Menschen als κοσμοπολίτης [54].

Der K., der sich währenddessen gegen das Nationalitätenprinzip auch politisch insofern durchgesetzt hatte, als nun aufgrund der ‹Constitutio Antoniniana› Caracallas (212 n. Chr.) das Bürgerrecht allen freien Einwohnern des gesamten Reiches verliehen war, minderte im Osten, wo er im 3. Jh. bei den Kirchenvätern besondere Wirkung entfaltete, das Interesse an der Institution einer universalen Kirche (die ja überflüssig erschien) und stärkte den Einfluß der lokalen Kirchen, in denen die Verehrung des christlichen Gottes erfolgte [55]. Demgegenüber stellt AUGUSTIN, dessen Weltsystem in manchem auf stoische Tradition verweist, dann doch sehr deutlich den Abstand zum philosophischen K. heraus [56].

Anmerkungen. [1] EURIPIDES, Frg. 1047 (NAUCK). – [2] ANAXAGORAS, VS B 8. – [3] HERAKLIT, VS B 30. – [4] Vgl. A. A. T. EHRHARDT: Polit. Met. von Solon bis Augustin 1 (1959) 148ff. – [5] Vgl. HERAKLIT, VS B 114. – [6] PLATON, Protag. 337 c. – [7] W. JAEGER: Paideia 1 (1959) 413. – [8] ANTIPHON, VS B 44 B Col. 2. – [9] ARISTOPHANES, Plutos 1151. – [10] Vgl. DIOGENES LAERTIUS 2, 7; CICERO, Tusc. 1, 104; dazu auch W. NESTLE: Der Friedensgedanke in der antiken Welt (1938) 12f. – [11] DEMOKRIT, VS B 247. – [12] Vgl. VS B 252; vgl. P. NATORP: Die Ethika des Demokritos. Text und Untersuch. (1893) 117. – [13] CICERO, Tusc. 5, 108. – [14] Vgl. M. POHLENZ: Die Stoa 1 (³1964) 137; dazu 2 (³1964) 75; außerdem 1, 13. – [15] PLATON, Theaitet 173 e-174 a. – [16] XENOPHON, Memorabil. 4, 3, 3ff., bes. 16f.; vgl. EHRHARDT, a. a. O. [4] 156f. – [17] ARISTIPP, Frg. 64 (MULLACH); vgl. CICERO, Tusc. 1, 104: über Anaxagoras; vgl. MELEAGER, in: Anth. Pal. 7, 417, 5f. – [18] DIOGENES LAERTIUS 2, 99. – [19] a. a. O. 6, 63. – [20] Vgl. ANTISTHENES bei DIOG. LAERT. 6, 11. – [21] a. a. O. 6, 98. – [22] E. MEYER, in: Wb. der Antike, hg. H. LAMER 5. Aufl. (o. J.) 304. – [23] TERENZ, Heautontimorumenos 77. – [24] CHRYSIPP, SVF 2, 328; vgl. SVF 3, 81ff. – [25] ZENON, SVF 1, 54. 60f.; vgl. POHLENZ, a. a. O. [14] 1, 137; außerdem 2, 75. – [26] ZENON, SVF 1, 61; vgl. POHLENZ, a. a. O. [14] 1, 137. – [27] Vgl. POHLENZ, a. a. O. 1, 133. – [28] Vgl. 1, 204; EHRHARDT, a. a. O. [4] 186f. – [29] Vgl. POHLENZ, a. a. O. [14] 1, 202; das Panaitios-Zit. bei W. NESTLE: Die Nachsokratiker 2 (1923) 84 (= Frg. 27) ist ungesichert. – [30] CICERO, De fin. 3, 64; De leg. 1, 7, 23. – [31] Tusc. 5, 106ff. – [32] SENECA, De vita beata 20, 5; Ep. 28, 4f. – [33] Ep. 95, 53. – [34] De otio 4; zum K.-Gedanken vgl. H. R. NEUENSCHWANDER: Mark Aurels Beziehungen zu Seneca und Poseidonios (o. J. [1951]) 42. – [35] EPIKTET, Diatr. 1, 9, 1ff. – [36] ebda. – [37] Diatr. 2, 23, 38; vgl. POHLENZ, a. a. O. [14] 1, 337; 2, 166; EHRHARDT, a. a. O. [4] 197. – [38] MARC AUREL 3, 11, 2. – [39] 4, 4, 1. – [40] 6, 44, 6; vgl. 12, 36. – [41] Vgl. PLUTARCH, De Alexandri magni fort. aut virt. 329 A ff.; De exil. 600 F; vgl. auch Consol. ad Apoll. 119 F; dazu R. VOLKMANN: Leben, Schr. und Philos. des Plutarch von Chaironea 2 (1869) 246. – [42] DION VON PRUSA, Or. 36, 23; Or. 1, 42f. – [43] Or. 36, 31f.; dazu EHRHARDT, a. a. O. [4] 214f. – [44] Vgl. EHRHARDT 203. – [45] PHILON, De special. leg. 3, 189. – [46] Vgl. POHLENZ, a. a. O. [14] 1, 373; EHRHARDT, a. a. O. [4] 203f. – [47] PHILON, De mundi opif. 3, 142f. – [48] a. a. O. 142f. – [49] Vgl. EHRHARDT, a. a. O. [4] 205f. – [50] PHILON, De gigant. 60f.; vgl. aber auch Vita Mosis 1, 157; De special. leg. 2, 45; zum K. bei Philon vgl. F. GEIGER: Philon von Alexandreia als sozialer Denker (1932) 4f. – [51] Vgl. EHRHARDT, a. a. O. [4] 2 (1959) 74. – [52] TERTULLIAN, De pudicitia 7, 6. 11. – [53] ORIGENES, Comm. Ioh. 6, 301ff.; vgl. EHRHARDT, a. a. O. [51] 222. – [54] CONST. APOST. 7, 39, 2. – [55] Vgl. EHRHARDT, a. a. O. [51] 229. 254. – [56] AUGUSTIN, Ep. 103, 2; vgl. EHRHARDT, a. a. O. [4] 3 (1969) 31.   H. J. BUSCH/A. HORSTMANN

2. Mit Beginn der *Neuzeit* erhält der K. im theoretischen Gegenzug gegen die sich seit dem Mittelalter ihrerseits gegenüber universalistischen Herrschaftsansprüchen von Kaiser und Papst ständig verstärkende Tendenz zum selbständigen Nationalstaat [1] erneut Bedeutung.

Gerade den *Humanisten* mußten von der klassischen Bildung wie auch vom christlichen Glauben her nationale Grenzen als für das geistige Leben belanglos und allenfalls störend erscheinen, besonders, wenn die Bindung an die Vaterstadt bereits abgerissen war: Dem verbannten

DANTE gilt als Heimat die Welt [2]. Dennoch bleibt «intellektueller K.», wie ihn ERASMUS beweist [3], der jeden musisch Gebildeten zum Landsmann erklärt [4] und sich trotz einzelner gemäßigt-patriotischer Äußerungen [5] politisch nicht recht festlegen will [6] – das ihm von Zwingli angebotene Zürcher Bürgerrecht lehnt er als «civis totius mundi» ab [7] –, eher Ausnahme: Gerade Humanisten geben ihm Gelegenheit zu Spott auf übersteigertes Nationalgefühl [8]. Daß die Kenntnis der Antike auch für die theoretische Begründung kosmopolitischer Gesinnung bereits Material geliefert hatte, zeigt sich bei Erasmus selbst, der die einschlägigen Belege (Sokrates, Aristophanes, Cicero) im einzelnen aufführt [9]. Mit Zitaten dieser Art rechtfertigt dann im 17. Jh. S. v. BIRKEN die Reiselust [10], welche in THOMAS MORUS' ‹Utopia› von Hythlodeus, dem Kritiker der europäischen Staaten und Verfechter des «utopischen» Gesellschaftsmodells, schon mit dem alten, an Aristipps Ausspruch [11] erinnernden, kosmopolitisch deutbaren Sprichwort «Zum Himmel ist der Weg von überall gleich weit» [12] legitimiert worden war.

Als Lehnübersetzung des griechischen κοσμοπολίτης wird – auch unter dem Einfluß von französisch ‹cosmopolite› – der Begriff ‹Weltbürger› im 18. Jh. dann eines der Programmworte der *Aufklärung* [13]. Der K. entwickelt sich dabei in enger Beziehung zu den Idealen des Freimaurertums [14], zur Forderung nach Toleranz, auch gegenüber fremden Völkern, zu dem besonders vom Neuhumanismus getragenen Begriff der Humanität und nicht zuletzt zur Idee eines allgemeinen, die Staaten der Erde umgreifenden ewigen Friedens, wie sie vor allem seit É. CRUCÉ bis hin zu KANT und F. GENTZ das Denken beschäftigt hat [15].

In *England* findet sich der Begriff 1709 bei SHAFTESBURY, der es für eine schwierige, jedoch notwendige moralphilosophische Aufgabe hält, den Menschen als «Einzelgeschöpf», unabhängig von konkreter gesellschaftlich-staatlicher Bindung als «citizen or commoner of the world» zu betrachten, seinen Stammbaum eine Stufe höher hinauf zu verfolgen und seine Bestimmung und Stellung in der Natur zu erwägen [16]. Ein halbes Jh. später ist «citizen of the world» bereits Titel der satirischen Essays von O. GOLDSMITH [17].

Während die ‹Encyclopédie› zu ‹cosmopolitain ou cosmopolite› lediglich bemerkt: «On se sert quelquefois de ce nom en plaisantant, pour signifier un homme qui n'a point de demeure fixe, ou bien un homme qui n'est étranger nulle part» und auf Aussprüche antiker Philosophen verweist [18], erörtert VOLTAIRE auch das Problem des Verhältnisses von Vaterlandsliebe und K.: «Il est triste que souvent, pour être bon patriote on soit l'ennemi du reste des hommes», um dann mit der Definition zu schließen: «Celui qui voudrait que sa patrie ne fût jamais ni plus grande, ni plus petite, ni plus riche, ni plus pauvre, serait le citoyen de l'univers» [19]. ROUSSEAU lobt zwar die wenigen «grandes âmes cosmopolites, qui franchissent les barrières imaginaires qui séparent les peuples, et qui, à l'exemple de l'Être souverain qui les a créés, embrassent tout le genre humain dans leur bienveillance» [20], mißtraut indes andernorts jenen «cosmopolites, qui vont chercher au loin dans leurs livres des devoirs qu'ils dédaignent de remplir autour d'eux» [21]; schließlich sauge jeder wahre Republikaner die Liebe zum Vaterland mit der Muttermilch ein [22]. Gleichwohl erscheint Rousseau der Plan des ABBÉ DE SAINT PIERRE, den ewigen Frieden durch einen europäischen Staatenbund zu verwirklichen, als großartiger Gedanke [23].

In *Deutschland* wird ‹Kt.› bzw. ‹Weltbürger› – 1741/42 Titel einer von J. F. LAMPRECHT herausgegebenen Zeitschrift [24] – erst in der Mitte des 18. Jh. zum Schlagwort [25]. Und hier erweist sich der K. gerade angesichts realer politischer Zerrissenheit für das geistige Leben – besonders in den kleinen deutschen Staaten – als attraktiv [26]. Dabei kompliziert sich zwangsläufig das zentrale Problem des Verhältnisses von weltbürgerlicher und patriotisch-nationaler Gesinnung, welches sich unter den gegebenen Umständen außerdem emotional auflädt und immer wieder dezidierte Stellungnahmen provoziert: J. G. v. ZIMMERMANN formuliert es als Alternative: «Man ist immer weniger Weltbürger, weniger Menschenfreund, je mehr man an dem besondern Eigennutz seines Vaterlandes klebt» [27]. Während LESSING aus seinem K. kein Hehl macht und auf «das Lob eines eifrigen Patrioten» gern verzichtet [28], C. L. v. HAGEDORN ganz im Sinne aufgeklärten Denkens mit Bezug auf die Kunst die lokalen Partikularismen und die mangelnde weltbürgerliche Orientierung beklagt [29], ist K. bei J. G. SCHLOSSER bereits Gegenstand scharfer Kritik: «Wem alles zu Hause wohl steht, oder wem's zu Hause nicht mehr gefällt, oder wer keine Heimath hat, der werde ein Kt.! – Wer's ist, nahe nie meinem Vaterlande! Der Jedermannsbürger ist wie der Jedermannsfreund!» [30]. C. F. D. SCHUBART überläßt es in einem Gedicht dem «deutschen Bidermann», dem «Weltmann, kalt wie Schnee» und dessen Opportunismus eine klare Abfuhr zu erteilen [31]. Allerdings kennt er auch den «edlen Weltbürger» [32]. Für J. B. BASEDOW indes erscheint ein dritter Weg gangbar: «Meine Absichten und Arbeiten sind zugleich patriotisch und weltbürgerlich» [33]; und auch für G. F. REBMANN schließen sich beide Standpunkte keineswegs aus [34].

Maßgeblich befördert wird die Entwicklung des K. durch die Schriften C. M. WIELANDS. Für ihn kann «Weltbürger» eigentlich nur derjenige heißen, «den seine herrschenden Grundsätze und Gesinnungen, durch ihre reine Zusammenstimmung mit der Natur, tauglich machen, in seinem angewiesenen Kreise zum Besten der großen Stadt Gottes mitzuwirken. Nur der gute Bürger verdient diesen Nahmen vorzugsweise» [35]. Letztlich führen allein die Anhänger des Kt.-Ordens den Namen «Weltbürger» in der «eigentlichsten und eminentesten Bedeutung. Denn sie betrachten alle Völker des Erdbodens als eben so viele Zweige einer einzigen Familie, und das Universum als einen Staat, worin sie mit unzähligen andern vernünftigen Wesen Bürger sind, um unter allgemeinen Naturgesetzen die Vollkommenheit des Ganzen zu befördern, indem jedes nach seiner besondern Art und Weise für seinen eigenen Wohlstand geschäftig ist» [36]. Vaterlandsliebe wird als eine «mit den kosmopolitischen Grundbegriffen, Gesinnungen und Pflichten unvereinbare Leidenschaft» abgelehnt [37], ebenso allerdings jede laue «Weltbürgerey» [38].

Anläßlich der Ankündigung der ‹Rheinischen Thalia› (1784) erklärt SCHILLER, er schreibe als «Weltbürger, der keinem Fürsten dient» [39]. Andererseits gibt er zu: «Kein Schriftsteller so sehr er auch an Gesinnung Weltbürger seyn mag, wird in der Vorstellungsart seinem Vaterland entfliehen» [40]. Im übrigen ließ Schillers K. [41] patriotische Worte durchaus zu [42]. Der «verwöhnte Weltbürger» GOETHE [43] hingegen propagiert – wohl nicht zuletzt aus politischen Rücksichten – gegenüber Vorstellungen von einer Nationalliteratur schließlich den Begriff «Weltliteratur» [44] – scheint ihm doch bei Künsten und Wissenschaften der «weltbürgerliche Sinn» ohnehin am reinsten aufzutreten [45] – und wünscht gerade nicht jene Umwälzungen, die in Deutschland klassische Werke von Nationalautoren vorbereiten könnten [46].

Mittlerweile war K. – bei KANT – in den Mittelpunkt der Geschichtsphilosophie gerückt: In der ‹Idee zu einer allgemeinen Geschichte in weltbürgerlicher Absicht› von 1784 [47] erscheint der «weltbürgerliche Zustand» als «Naturabsicht» [48]; in ihm können sich «alle ursprünglichen Anlagen der Menschengattung» entwickeln, und insofern ist die «vollkommene bürgerliche Vereinigung» als Werk der Vorsehung auch das Ziel der Geschichte [49]. Kant entwickelt diesen Gedanken auch in seiner ‹Anthropologie›, daß nämlich die Menschen «durch wechselseitigen Zwang unter von ihnen selbst ausgehenden Gesetzen zu einer beständig mit Entzweiung bedrohten, aber allgemein fortschreitenden Coalition in eine weltbürgerliche Gesellschaft (cosmopolitismus) sich von der Natur bestimmt fühlen: welche an sich unerreichbare Idee aber kein constitutives Princip, ... sondern nur ein regulatives Princip ist» [50]. Ausgehend von der Frage nach den Bedingungen der Möglichkeit eines ewigen Friedens unterscheidet er Staatsbürger-, Völker- und Weltbürgerrecht; während das Völkerrecht die Beziehungen der Staaten untereinander regelt und, gegründet auf den «Föderalism freier Staaten», über einen Kriege ausschließenden «Völkerbund» (foedus pacificum), der indes nur das «negative Surrogat» der auf den Widerstand der Völker stoßenden «positiven Idee einer Weltrepublik» darstellt, den ewigen Frieden ermöglichen soll, betrifft das «Weltbürgerrecht» die rechtliche Sicherung von Personen beim Besuch fremder Staaten und Völker; es gilt, «so fern Menschen und Staaten, in äußerem auf einander einfließendem Verhältniß stehend, als Bürger eines allgemeinen Menschenstaats anzusehen sind (ius cosmopoliticum)», und soll «auf Bedingungen der allgemeinen Hospitalität eingeschränkt sein» [51].

Auch F. BOUTERWEKS «kosmopolitische Philosophie der Geschichte» [52] sucht die «allgemeine und kosmopolitische Menschenverbindung» [53] als «Zweck der Natur» [54] zu erweisen: «Die Gattung muß Menschheit, muß eine Gesellschaft werden, das heißt, alle ihre Glieder in allen Klimaten und Particulargesellschaften müssen von einander wissen und auf einander wirken, und das Resultat der Gemeinwirkung aller Particulargesellschaften auf die Universalgesellschaft, das wäre denn die Bestimmung der Menschheit» [55]. Stützen läßt sich diese «Lehre des K.» einerseits durch eine «psychologische», die «auf eine künftige Gründung der Menschheit» hinzielende «Individualdirection aller Menschen» berücksichtigende Überlegung [56], andererseits durch eine «kosmopolitische Kritik der Geschichte» [57], d. h. durch eine historische Spekulation, die es wagt, «in der Beschleunigung der Wirkungen, die zur Weltverbrüderung führen, den Finger eines weltregierenden Geistes zu finden, der diese Verbrüderung wollte» [58]. Dabei erweist sich die «Erbsünde» des «Aristokratismus» [59] – «Wer nicht wünscht, daß alles Gute, was einem Wesen widerfahren kann, allen Wesen widerfahre, der ist ein Aristokrat» [60] – als die geschichtliche Gegenkraft, die aber im Zuge des ständigen kosmopolitischen Fortschritts nicht nur ihren Einfluß einbüßt, sondern selber von einem listigen Schicksal zu höheren Zwecken benutzt wird [61]. Zwar lehnt Bouterwek «Kosmopolitik als Methodenlehre für reformationslustige Leute» ab [62]; dennoch ist K. für ihn das einzige Mittel, die Humanisierung der Welt gegen ihre drohende Brutalisierung durchzusetzen [63].

und der «Vernunftordnung» gegenüber der «Naturordnung» zu ihrem Recht zu verhelfen [64].

Währenddessen hatte sich in der Geschichtsphilosophie HERDERS, die auch bei ihm den Kontext für Äußerungen zum K. bildet [65], bereits deutlich die *Romantik* angekündigt. Indem Herder der Aufklärung ihre Negativbilanz vorrechnet [66] – ohne allerdings ihre Leistungen zu verschweigen [67] –, gerät notgedrungen auch der K. ins Zwielicht. Denn wenn der erreichte hohe Abstraktionsgrad der Ideen, die das Handeln leiten sollen, ihrer praktischen Applikation eher abträglich ist [68], verdienen «die Zeiten und Völker, da alles noch so enge National war» [69], in der Tat den Vorzug und die Gegenwart nur ironisches Lob: «Bei uns sind Gottlob! alle Nationalcharaktere ausgelöscht! wir lieben uns alle, oder vielmehr keiner bedarfs den andern zu lieben; wir gehen mit einander um, sind einander völlig gleich – gesittet, höflich, glückselig! haben zwar kein Vaterland, keine Unsern für die wir leben; aber sind Menschenfreunde und Weltbürger» [70]. Und wo Herder später unter dem Aspekt des Humanitätsideals von der Menschheit insgesamt spricht [71], ist der Begriff des Vaterlandes für ihn ebenso selbstverständlich wie der Wert des Patriotismus, der sich zum Zwecke gegenseitigen Verständnisses unter den Nationen «nothwendig immer mehr von Schlacken reinigen und läutern» müsse [72].

Zu einer Zeit, da in Deutschland die Diskussion um «Weltbürgertum und Nationalstaat» verstärkt das politische Denken beschäftigt [73], vertritt auch W. v. HUMBOLDT gegenüber kosmopolitischen Verschmelzungstendenzen das Recht nationaler Besonderheit [74]. Seine These, daß allein in der Mannigfaltigkeit geschichtlicher Formen das Ideal der Menschheit sichtbar wird [75] – eine Vorstellung, die sich zugleich als Versuch einer Verbindung von K. und Nationalismus deuten läßt [76] –, impliziert jedoch keine völlige Nivellierung: unter den antiken Völkern werden die Griechen, unter den zeitgenössischen mit gewissen Einschränkungen die Deutschen als diejenigen ausgezeichnet, die dem Ideal am nächsten kommen [77].

Für NOVALIS, dessen romantisches Bestreben immer wieder auf die Einheit von Individuellem und Universalem geht [78], erscheint es geradezu als Charakteristikum der «Deutschheit», daß in ihr «K. mit der kräftigsten Individualitaet gemischt» ist [79]. Die Möglichkeit von K. überhaupt sieht er im Vermögen des Menschen begründet, «außer sich zu seyn, mit Bewußtsein jenseits der Sinne zu seyn ... Der Mensch vermag in jedem Augenblicke ein übersinnliches Wesen zu seyn. Ohne dies wäre er nicht Weltbürger, er wäre ein Thier» [80]. Als Weltbürger aber hat der Mensch die höchste Stufe der Gattung erreicht [81]. Zum romantischen Motivbestand gehört bei Novalis vor allem der Gedanke einer kosmopolitisch wirkenden, friedenstiftenden mittelalterlichen christlichen Kirche [82], ein Idealbild, das auch später in den Überlegungen des konservativen Staatstheoretikers der Restaurationszeit, C. L. v. HALLER, seinen Platz hat [83].

FICHTES Beschäftigung mit dem K. erfolgt zunächst im Rahmen der Rechtsphilosophie; das Weltbürgerrecht, welches den Einzelnen beim Besuch fremder Staaten schützt, wird von ihm aus dem «ursprünglichen Menschenrecht» abgeleitet, «das allen Rechtsverträgen vorausgeht, und allein sie möglich macht: das Recht, auf die Voraussetzung aller Menschen, daß sie mit ihm durch Verträge in ein rechtliches Verhältniß kommen können» [84]: Weltbürgerrecht ist das Recht, «auf dem Erdboden frei herumzugehen, und sich zu einer rechtlichen Verbindung anzutragen» [85]. Als Verfechter kosmopolitischer Ideen erweist sich Fichte besonders zur Zeit seiner Mitgliedschaft im Freimaurerorden [86]. In diesem Zusammenhang verwahrt er sich entschieden gegen den Vorwurf, daß «der vollkommen gebildete Mann seinem Staate entzogen, und einem trägen, kalten K. hingegeben werde. Er wird im Gegenteil durch diesen [sich auf das Ganze der Menschheit richtenden] Sinn der vollkommenste und brauchbarste Staatsbürger ... In seinem Gemüte ist Vaterlandsliebe und Weltbürgersinn innigst vereinigt, ... Vaterlandsliebe ist seine Tat, Weltbürgersinn ist sein Gedanke» [87]. Einen K., «der für sich bestehen will und den Patriotismus ausschließt», nennt Fichte «verkehrt und nichtig und töricht» [88]. Dem entspricht seine spätere Definition: «K. ist der herrschende Wille, daß der Zweck des Daseins des Menschengeschlechtes im Menschengeschlechte wirklich erreicht werde. Patriotismus ist der Wille, daß dieser Zweck erreicht werde zu allererst in derjenigen Nation, deren Mitglieder wir selber sind, und daß von dieser aus der Erfolg sich verbreite über das ganze Geschlecht» [89]. «Und so wird dann jeglicher Kt. ganz nothwendig, vermittelst seiner Beschränkung durch die Nation, Patriot; und Jeder, der in seiner Nation der kräftigste und regsamste Patriot wäre, ist eben darum der regsamste Weltbürger, indem der letzte Zweck aller Nationalbildung doch immer der ist, daß diese Bildung sich verbreite über das Geschlecht» [90]. Andere, gänzlich national orientierte Äußerungen Fichtes erscheinen unter dieser Voraussetzung nicht mehr als mit dem K. völlig unvereinbar [91], wie denn – nach ADAM MÜLLER – Patriotismus und K. überhaupt nur noch vereint als politische Prinzipien sinnvoll wirken [92].

Für HEGEL gehört es zwar zu «der Bildung, dem Denken als Bewußtsein des Einzelnen in Form der Allgemeinheit, daß Ich als allgemeine Person aufgefaßt werde, worin Alle identisch sind»; der Kritik verfällt dieses Bewußtsein aber dann, «wenn es etwa als K. sich dazu fixiert, dem konkreten Staatsleben gegenüberzustehen» [93].

Wie Fichte ist auch noch W. T. KRUG überzeugt, daß K. und Staatsbürgertum einander nicht ausschließen, da «nichts als Recht und Pflicht in Bezug auf diesen oder jenen Menschen, diese oder jene Gesellschaft gelten kann, was dem Rechte und der Pflicht in Bezug auf die Menschheit überhaupt entgegen wäre» [94]. Das Weltbürgerrecht faßt Krug ganz traditionell als die «Befugniß jedes Menschen, die ganze Erde ... zu bereisen und sich andern Menschen zum Lebensverkehre in irgend einer ... Beziehung darzustellen; weshalb es auch das allgemeine Gastrecht oder das Recht der allgemeinen Wirthbarkeit ... heißt» [95]. K. und Weltbürgerrecht lassen sich nach Krug aus der Tatsache ableiten, daß «die Vernunft ... alle räumlich verbundenen Staaten ... als Glieder einer größern, sie insgesammt befassenden, Gemeinheit» betrachtet [96].

Währenddessen hatte H. HEINE im politischen Denken seiner Landsleute schon deutliche Züge nationaler Borniertheit diagnostiziert: «der Patriotismus des Deutschen ... besteht darin daß sein Herz enger wird, daß es sich zusammenzieht wie Leder in der Kälte, daß er das Fremdländische haßt, daß er nicht mehr Weltbürger, nicht mehr Europäer, sondern nur ein enger Deutscher sein will» [97]. Mit der Zeit der Befreiungskriege begann – so Heine – die «schäbige, plumpe, ungewaschene Opposition gegen eine Gesinnung die eben das Herrlichste und Heiligste ist was Deutschland hervorgebracht hat, nämlich gegen jene Humanität, gegen jene allgemeine Menschen-Ver-

brüderung, gegen jenen K., dem unsere großen Geister, Lessing, Herder, Schiller, Goethe, Jean Paul, dem alle Gebildeten in Deutschland immer gehuldigt haben» [98]. Heine glaubt, daß K., als dessen Stifter Christus gelten kann [99], «früh oder spät, aber auf immer, auf ewig zur Herrschaft gelangen muß» und das nur als Mittel zum Zweck fungierende Nationalgefühl ablösen wird [100], obzwar er an anderer Stelle weit skeptischer feststellt, daß die «Repräsentanten der Nationalität im deutschen Boden weit tiefer wurzeln als die Repräsentanten des K.» und die Wirkung der Begriffe «Vaterland, Deutschland, Glauben der Väter» die von «Menschheit, Weltbürgertum, Vernunft der Söhne, Wahrheit» um vieles übertrifft [101].

Etwa zur gleichen Zeit prangert F. v. DINGELSTEDT in seinen anonym publizierten ‹Liedern eines kosmopolitischen Nachtwächters› [102] jene deutschen Patrioten an, die gegen die Franzosen die Wacht am Rhein halten zu müssen glauben und somit die von ihm erwünschte Versöhnung beider Völker verhindern [103].

Unter bildungstheoretischem Aspekt versieht NIETZSCHE den K., den J. BURCKHARDT noch positiv als «Zeichen jeder Bildungsepoche, da man neue Welten entdeckt und sich in der alten nicht mehr heimisch fühlt», angesehen hatte [104], mit eindeutig negativem Akzent, wenn er den «undeutschen, beinahe ausländischen oder kosmopolitischen Charakter» der Gymnasialbildung beklagt [105]. Später erscheint ihm der «K. des Geistes», «welcher ohne Anmaßung sagen darf: ‹nichts Geistiges ist mir mehr fremd›», als durchaus sinnvolles Ziel [106] – Nationalismus ist für den NIETZSCHE dieser Zeit eine «Krankheit dieses Jh.» [107] –, während in den Fragmenten des «Willens zur Macht» der «K. der Speisen, der Literaturen, Zeitungen, Formen, Geschmäcker, selbst Landschaften» dann wieder als Zeichen fragwürdiger Modernität gedeutet wird [108]. Allerdings haben die Prämissen der Kritik Nietzsches nicht viel gemeinsam mit jenem eher engstirnigen, angesichts gelungener Reichsgründung selbstzufrieden-stolzen Nationalbewußtsein eines E. PFLEIDERER, der am K. nur die «Hohlheit» bzw. «schnöde Unwahrheit» sah [109] und ihn allenfalls als «hinzukommenden Schmuck» gelten lassen wollte, «den sich erst eine durch den Patriotismus ihrer Bürger starkgefügte und wohlbewehrte Nation erlauben darf» [110].

Leicht werden angesichts entsprechend nationalistischer Tendenzen jene mahnenden Aufrufe überhört, das «weltbürgerliche Gemüth des Nationalgeistes, das dem deutschen Genius angeboren, diesen letzten Zeitläuften aber wie abhanden gekommen scheint», solle wieder belebt werden; H. COHEN, der diese Forderung erhebt [111], hält noch 1914 daran fest: «Deutschland ist und bleibt in der Kontinuität des 18. Jh. und seiner weltbürgerlichen Humanität» [112].

Auf der Gegenseite betrachtet O. SPENGLER K. als eine «bloße Wachseinsverbindung von ‹Intelligenzen› ... K. ist Literatur und bleibt es, sehr stark in den Gründen und sehr schwach in ihrer Verteidigung, nicht mit neuen Gründen sondern mit dem Blute» [113]. «Die gebornen Weltbürger und Schwärmer für Weltfrieden und Völkerversöhnung ... sind die geistigen Führer des Fellachentums» [114]. Morphologisch gesehen ist K. ein Phänomen weltstädtischer Zivilisation, das sich am Anfang und am Ende einer Kultur beobachten läßt [115].

Schon mehr als ein halbes Jh. zuvor hatten MARX und ENGELS K. als notwendige Folge der sich entwickelnden Bourgeoisie erkannt, die «durch ihre Exploitation des

Weltmarkts die Produktion und Konsumtion aller Länder kosmopolitisch gestaltet. Sie hat zum großen Bedauern der Reaktionäre den nationalen Boden der Industrie unter den Füßen weggezogen» [116], ein Gedanke, der sich auch bei «bürgerlichen» Historikern, so bei J. G. DROYSEN ausgesprochen findet: «Die Güterbewegung ist in dem Maße unvollkommener, als sie gebunden ist: sie hat die unwiderstehliche Tendenz, kosmopolitisch zu werden» [117]. Nicht umsonst waren die Ideen der Handelsfreiheit und des «mare liberum» häufig – direkt oder indirekt über die Idee des ewigen Friedens – mit dem K. verbunden [118].

Von daher wird das Interesse marxistischer Theoretiker verständlich, die Forderung nach einer «Internationale» – «Proletarier aller Länder, vereinigt euch!» [119] – weit genug von eben jenem K. abzusetzen, der ihnen lediglich als «ideologischer Ausdruck der Klasseninteressen der aufstrebenden Bourgeoisie», als «Kehrseite des bürgerlichen Nationalismus und Chauvinismus» und insofern als der «reaktionäre Gegenschritt zum sozialistischen Internationalismus» gilt [120]; überdies sei die «bürgerliche» Idee des K. «nationaler Nihilismus», «Apologie des nationalen Verrats» und diene als «Begründung und Rechtfertigung internationaler Vereinigungen des Monopolkapitals» letztlich nur dem Kampf gegen die sozialistischen Länder [121]. War es schon vielen Vertretern des K. ein besonderes Anliegen, die Kompatibilität von weltbürgerlicher und nationaler Gesinnung zu erweisen, so hat das im Einzugsbereich marxistischer Theorie seine Parallelen: «Der Patriotismus des Proletariats entbehrt von vornherein jeder feindseligen Spitze gegen andere Nationen», da er «den Gedanken der internationalen Solidarität» bereits impliziert, versichert K. KAUTSKY [122] – vertrauend auf die Hoffnung des ‹Kommunistischen Manifests›: «Mit dem Gegensatz der Klassen im Innern der Nation fällt die feindliche Stellung der Nationen gegeneinander» [123]. – Positiv verwendet den Begriff ‹K.› – vom marxistisch orientierten Standpunkt aus – HARTWIG, dessen «kosmopolitische Agitation» auf einen in weltweiter sozialistischer Planwirtschaft fundierten «Kultursozialismus» zielt [124].

Unter dem Eindruck der katastrophalen Folgen chauvinistischen Denkens und Handelns erhielt die Idee des K. im 20. Jh. schmerzhafte Aktualität [125] und fand konkreten Ausdruck in der Errichtung von Völkerbund und UNO wie auch in der Institutionalisierung der Friedensforschung. Dennoch klingt die «Bildungsforderung», ein «reales Weltbürgertum zu verwirklichen in der geistigen, sittlichen und sozialen Gestaltung jener erdumfassenden wissenschaftlichen Zivilisation, die unübersehbar als unser neuer kultureller Lebenshorizont auftaucht» [126], noch immer utopisch.

Anmerkungen. [1] Vgl. J. HUIZINGA: Im Bann der Gesch. (1942) 131ff. – [2] DANTE, De vulgari eloquentia 1, 6; vgl. J. BURCKHARDT: Die Kultur der Renaissance in Italien (2it. 1958) 127; vgl. zur Situation im Humanismus auch HUIZINGA, a. a. O. 162; Gesch. und Kultur (o. J. 1954)) 231. – [3] a. a. O. [1] 163. – [4] ERASMUS, Opus epistol., hg. P. S. und H. M. ALLEN 3 (1913) 509. – [5] a. a. O. 4 (1922) 591. – [6] a. a. O. 354. 322. – [7] Neuphilol. Mitt. 27 (1926) 13; vgl. GRIMM 14, I/1 (1955) 1557; außerdem HUIZINGA, a. a. O. [1] 131ff. – [8] ERASMUS, a. a. O. [4] 7 (1928) 36. 92ff.; außerdem: Opera omnia 10 (1706, ND 1962) 1747. – [9] a. a. O. 2 (1703, ND 1961) 481. – [10] S. v. BIRKEN: Hoch-Fürstlicher Brandenburgischer Ulysses (1669) Zuschr. S. 1. – [11] Vgl. ARISTIPP, a. a. O. [17 zu 1]. – [12] TH. MORUS: Utopia (1516), dtsch. in: Der utopische Staat, hg. K. J. HEINISCH (1970) 19. – [13] Vgl. W. FELDMANN: Modewörter des 18. Jh. Z. dtsch. Wortforsch. 6 (1904/05) 345ff. – [14] Vgl. z. B. J. G. FICHTE, Philos. der Maurerei, hg. W. FLITNER (1923); vgl. auch TH. HART-

WIG: Der kosmopolit. Gedanke (1924) 50ff. – [15] É. CRUCÉ: Der neue Kineas. Oder Abh. über die Gelegenheiten und Mittel, einen allg. Frieden sowie die Freiheit des Handels auf dem ganzen Erdkreise zu begründen (1623), in: K. v. RAUMER: Ewiger Friede (1953) 289ff.; I. KANT, Zum ewigen Frieden. Akad.-A. 8, 341ff.; F. GENTZ: Über den ewigen Frieden (1800), in: v. RAUMER, a. a. O. 461ff.: vgl. auch die Texte von ERASMUS, SEBASTIAN FRANCK, WILLIAM PENN, ROUSSEAU und BENTHAM bei v. RAUMER, a. a. O. 211ff. – [16] A. A. C. SHAFTESBURY: The Moralists (1709), dtsch. Die Moralisten, übers. K. WOLLF (1910) 3. – [17] O. GOLDSMITH: The citizen of the world; or letters from a chinese philosopher ... (1762). – [18] Encyclop., hg. DIDEROT/D'ALEMBERT 9/2 (1782) 598. – [19] VOLTAIRE, Oeuvres compl. 42 (1784) 268. – [20] J.-J. ROUSSEAU, Schr. zur Kulturkritik, hg. K. WEIGAND (²1971) 230. – [21] Oeuvres compl. 4 (1969) 249. – [22] a. a. O. 3 (1964) 966. – [23] 563. 591; vgl. F. HAYMANN: Weltbürgertum und Vaterlandsliebe in der Staatslehre Rousseaus und Fichtes (1924) 16ff., bes. 21ff. – [24] J. F. LAMPRECHT (Hg.): Der Weltbürger (1741/42). – [25] Noch nicht in ZEDLERS Universal-Lex. (1732-54); frühe Belege bei K. STIELER: Der Teutschen Sprache Stammbaum und Fortwachs, oder Teutscher Sprachschatz (1691, ND 1968) 2493; vgl. FELDMANN, a. a. O. [13] 345ff.; außerdem: Der Patriot 23 (8. 6. 1724); zum Sprachgebrauch Gottscheds vgl. E. REICHEL: Kleines Gottsched-Wb. (1902) 92. – [26] Vgl. FELDMANN, a. a. O. [13] 347. – [27] J. G. v. ZIMMERMANN: Vom Nationalstolze (1758, ⁴1768) 388. – [28] G. E. LESSING, Sämtl. Schr., hg. K. LACHMANN/F. MUNCKER 17 (³1904, ND 1968) 156. – [29] C. L. v. HAGEDORN: Betracht. über die Mahlerey 1 (1762) 56. – [30] J. G. SCHLOSSER: Kl. Schr. 2 (1780. ND 1972) 237. – [31] C. F. D. SCHUBART: Gedichte 2 (1802) 258. – [32] Ges. Schr. und Schicksale 1 (1839) 104. – [33] J. B. BASEDOW: Agathokrator (1771) 206; vgl. u. a. auch: Für Cosmopoliten etwas zu lesen, zu denken und zu thun (1775). – [34] G. F. REBMANN: Kosmopol. Wanderungen durch einen Teil Deutschlands (1793), hg. u. eingl. H. VOEGT (o. J. 1968)); vgl. bes. 25: Einf. (H. VOEGT). – [35] C. M. WIELAND, Sämmtl. Werke 30 (1797) 171. – [36] a. a. O. 19 (1796) 216ff. – [37] a. a. O. [35] 177. – [38] 14 (1795) 398; vgl. 371. – [39] FR. SCHILLER, Sämmtl. Schr., hg. K. GOEDEKE 3 (1868) 528. – [40] Br., hg. F. JONAS 3 (o. J. 1893)) 169. – [41] a. a. O. Über die ästhet. Erziehung des Menschen 2. Br. – [42] Vgl. u. a. das Gedicht ‹Deutsche Größe›. Sämtl. Werke 1 (³1962) 473ff. – [43] So J. W. GOETHE über Goethe, Hamb.-A. 10 (³1963) 457. – [44] Vgl. a. a. O. 2 (⁵1963) 361ff. – [45] 55. – [46] 239ff. – [47] I. KANT, Akad.-A. 8, 15ff. – [48] a. a. O. 28; vgl. 18. – [49] Vgl. 27ff. 30. – [50] 7, 331; zur Charakteristik des Deutschen als Kt. 7, 311. – [51] a. a. O. [47] 8, 349 Anm. 354ff. 357ff.; vgl. dazu FR. SCHLEGEL: Versuch über den Begriff des Republikanismus, veranlaßt durch die Kantische Schr. zum ewigen Frieden. Krit. A., hg. E. BEHLER 7 (1966) 11ff. – [52] F. BOUTERWEK: Fünf kosmopolit. Br. (1794) 89. – [53] a. a. O. 56. – [54] 26. – [55] 55. – [56] 63. 70f. – [57] 74. – [58] 77. – [59] 56. – [60] 55. – [61] Vgl. 58. 88. 140ff. – [62] 20; vgl. 16f. – [63] Vgl. 147. – [64] 61. – [65] J. G. HERDER, Auch eine Philos. der Gesch. zur Bildung der Menschheit. Sämtl. Werke, hg.B. SUPHAN 5 (1891, ND 1967) 475ff. – [66] a. a. O. 524ff. – [67] 545f. – [68] 541f. – [69] 544. – [70] 551. – [71] a. a. O. 65] 17 (1881, ND 1967) 148; – 18 (1883, ND 1967) 1ff. – [72] a. a. O. 17, 319; 18, 270. – [73] Vgl. FR. MEINECKE: Weltbürgertum und Nationalstaat (⁶1922). – [74] Vgl. a. a. O. 3. – [75] W. v. HUMBOLDT, Werke, hg. A. FLITNER/K. GIEL 1 (²1969) 337ff., bes. 339f. – [76] Vgl. Brockhaus Enzyklop. 20 (1974) 182: Art. ‹Weltbürger›. – [77] HUMBOLDT, a. a. O. [75] 2 (1961) 19. 65; 1, 422f. vgl. MEINECKE, a. a. O. [73] 54ff. – [78] Vgl. NOVALIS, Schr., hg. P. KLUCKHOHN/R. SAMUEL 2 (1965) 616; vgl. MEINECKE, a. a. O. [73] 71f. – [79] NOVALIS, a. a. O. 4 (o. J. 1975)) 237. – [80] a. a. O. 2, 421. – [81] 2, 616. – [82] 3 (1968) 507ff. 512. – [83] C. L. v. HALLER: Restaurat. der Staatswiss. 4 (²1822, ND 1964) XVII; vgl. MEINECKE, a. a. O. [73] 223ff. – [84] J. G. FICHTE, Akad.-A., hg. R. LAUTH/H. GLIWITZKY, I/4 (1970) 151ff., zit. 163. – [85] a. a. O. 164. – [86] a. a. O. [14]. – [87] a. a. O. [14] 45f. – [88] 46. – [89] Nachgel. Werke, hg. I. H. FICHTE 3 (o. J. 1835]) 228f. – [90] a. a. O. 229. – [91] Reden an die dtsch. Nation. Sämmtl. Werke, hg. I. H. FICHTE 7 (1846) 257ff.; vgl. HAYMANN, a. a. O. [23] 85f. – [92] A. MÜLLER, Die Elemente der Staatskunst, hg. J. BAXA 1 (1922) 79; vgl. 2, 213f. – [93] G. W. F. HEGEL, Grundl. der Philos. des Rechts § 209, hg. J. HOFFMEISTER (⁴1955) 180. – [94] W. T. KRUG: Allg. Handwb. der philos. Wiss. 2 (²1833, ND 1969) 637f. – [95] a. a. O. 4 (²1834, ND 1969) 489f. – [96] Handb. der Philos. und der philos. Lit. 2 (1821) 224f. – [97] H. HEINE, Sämtl. Werke, hg. O. WALZEL 7 (1910) 29. – [98] ebda. – [99] Vgl. a. a. O. [97] 8 (1913) 261. 390. – [100] 9 (1910) 455. – [101] a. a. O. [99] 453. – [102] F. v. DINGELSTEDT: Lieder eines kosmopol. Nachtwächters (1842). – [103] a. a. O. 61f. 85. – [104] BURCKHARDT, a. a. O. [2] 127 Anm. 4. – [105] FR. NIETZSCHE, Werke, hg. K. SCHLECHTA 3 (⁷1973) 211. – [106] a. a. O. 1 (⁷1973) 815. – [107] 916. – [108] a. a. O. [105] 627f.; vgl. 1, 227. 237f. – [109] E. PFLEIDERER: K. und Patriotismus (1874) 16f. – [110] a. a. O. 40. – [111] H. COHEN: Einl. mit krit. Nachtrag zu: F. A. LANGE: Gesch.

des Materialismus 1 (⁸1908) 533. – [112] Über das Eigentümliche des deutschen Geistes (³1915) 43; vgl. H. LÜBBE: Polit. Philos. in Deutschland (²1974) 103. – [113] O. SPENGLER: Der Untergang des Abendlandes 1. 2 (1918/22, zit. Sonder-A. 1963) 780. – [114] a. a. O. 781. – [115] 46. 972. – [116] K. MARX/F. ENGELS, MEW 4 (⁵1971) 466; vgl. Erg.-Bd. 1 (1968) 531. – [117] J. G. DROYSEN, Historik, hg. R. HÜBNER (⁶1971) 252. – [118] Vgl. u. a. CRUCÉ, a. a. O. [15]; KANT, a. a. O. [15]; BENTHAM, a. a. O. [15]; HERDER, a. a. O. [65] 18, 272; KRUG, a. a. O. [95] 489f. – [119] MARX/ ENGELS, MEW 4, 493. – [120] G. HEYDEN, Art. ‹K.›, in: Philos. Wb., hg. G. KLAUS/M. BUHR 2 (⁷1970) 612. – [121] ebda.; außerdem A. KOSING, Art. ‹Nation› a. a. O. [120] 759f. – [122] K. KAUTSKY: Patriotismus und Sozialdemokratie (1907) 7f.; vgl.: Nationalität und Internationalität (1908). – [123] MARX/ENGELS, MEW 4, 479. – [124] HARTWIG, a. a. O. [14] IV. 192. – [125] a. a. O. III. – [126] H. SCHELSKY: Einsamkeit und Freiheit (o. J. [²1971]) 221.   A. HORSTMANN

Kosmos, (griech. κόσμος, lat. mundus, universum, seltener auch cosmos oder cosmus, dtsch. Weltall)

I. *Antike.* – 1. Das *Wort* ‹K.› (Wurzel κεδ, indogerm. κοδ = ordnen, anordnen), entstanden aus κοδ-σμος, bedeutet ursprünglich [1] «Anordnung» (einer durch ihren Rang ausgezeichneten Person), dann auch «zweckvoll gegliederte Ordnung» als Ergebnis einer Anweisung. Diese Grundbedeutung wird je nach dem Kontext differenziert und erweitert und bleibt lange für die philosophische Verwendung des Wortes K. bestimmend [2]. – Anfänglich wird ‹K.› vor allem im *militärisch-politischen* Bereich gebraucht [3] – wo es die Durchsetzung des Gehorsams wie die Einfügung des Einzelnen in eine umfassende Ordnung meint [4] –, z. B. für die Aufstellung des Heeres [5]. Bei HERODOT und THUKYDIDES steht ‹K.› häufig für die jeweilige Verfassung eines Staates [6], bei DEMOKRIT [7], PLATON [8] und ARISTOTELES [9] in prägnanter Festlegung für Verfassungs- und Staatsformen, bei PLATON daneben wiederholt in der allgemeinen Bedeutung «Lebensordnung, Brauch, Sitte» [10]; κόσμοι als Bezeichnung für die höchsten Beamten Kretas scheint dagegen ein nur lokal gebräuchlicher Terminus gewesen zu sein [11]. – Im Kontext *sozialer* Ordnung wird mit ‹K.› die angemessene, «gebührliche» Form in Umgang und Redeverhalten angesprochen [12]; auf die *Rede* bezogen kann ‹K.› weiterhin «Wahrheit» [13] und – von der Anordnung der Worte und Verse in einem Gedicht – «Fachgerechtheit» heißen [14]. – Darüber hinaus bedeutet ‹K.› allgemein Ordnung, Wohlgeordnetheit und Anordnung (synonym mit εὐταξία und τάξις) sowie speziell «Schmuck, Ehre, Tugend» [15].

In der ‹Theogonie› HESIODS, dessen Gedanken in der Milesischen Naturphilosophie fortwirken [16], ist die ursprüngliche K.-Vorstellung klar zu erkennen: Zeus stellt eine neue Rang- und Rechtsordnung unter den Göttern her und ordnet mit ihrer Hilfe die Welt durch Gesetzgebung [17]; auch HERODOT erwähnt, daß der K. durch Machtspruch der Götter entsteht [18]. – Den Gegensatz zum K. bildet im Bereich der Natur das Chaos, das jedoch nicht vorab als Unordnung, sondern als Nacht, Dunkel und Leere (χάσμα) verstanden wird [19]. – Ein erster Schritt von religiösen zu philosophischen Vorstellungen findet sich in den ‹Werken und Tagen› HESIODS, wo die Götternamen durch Ordnungsbegriffe wie ‹Recht› u. ä. ersetzt werden [20], während die *Orphik* noch von einer göttlichen Rechtsordnung der Natur auszugehen scheint [21].

Anmerkungen. [1] Vgl. CL. HAEBLER: K. Arch. Begriffsgesch. 11 (1967) 113f.; W. KRANZ: K. I. Arch. Begriffsgesch. 2/1 (1955) 8; W. SCHULZE: Kl. Schr. (1896, ²1966) 698. – [2] Vgl. HAEBLER, a. a. O. 118. – [3] a. a. O. 116f. – [4] H. DILLER: Der vorphilos. Gebrauch von K. und kosmein, in: Festschr. B. Snell (1956), ND in:

Kl. Schr., hg. H. J. NEWIGER/H. SEYFERT (1971) 79. – [5] HOMER, Ilias XII, 225. – [6] HERODOT I, 65, 4; THUKYDIDES VIII, 48, 4; vgl. J. KERSCHENSTEINER: K. Quellenkrit. Untersuch. zu den Vorsokratikern (1962) 11. – [7] DEMOKRIT, VS B 21. B 180. B 195. B 258. B 259. B 274; KERSCHENSTEINER, a. a. O. 169ff.; KRANZ, a. a. O. [1] 29. – [8] PLATON, Leg. VIII, 846 d 6; Prot. 322 c 3; vgl. H. SASSE: kosmein, kosmos, kosmios, kosmikos, in: Theol. Wb. zum NT, hg. G. KITTEL 3 (1938) 868. – [9] ARISTOTELES, Polit. V, 7, 1307 b 6; vgl. KRANZ, a. a. O. [1] 30. – [10] Vgl. F. ASTIUS, Lex. Plat. (1836) II. 207; KERSCHENSTEINER, a. a. O. [6] 222-226; SASSE, a. a. O. [8] 866. – [11] ARISTOTELES, Polit. II, 10, 1272 a 6; vgl. KERSCHENSTEINER, a. a. O. [6] 23. – [12] HOMER, Ilias II, 214; XXIV, 622; Od. VIII, 179. – [13] Od. VIII, 489; vgl. DILLER, a. a. O. [4] 83. – [14] PARMENIDES, VS B 8, 52 = 1, 239, 8; vgl. KERSCHENSTEINER, a. a. O. [6] 12ff. – [15] Vgl. KRANZ, a. a. O. [1] 28; SASSE, a. a. O. [8] 867. – [16] Vgl. KRAFFT: Gesch. der Naturwiss. 1 (1971) 65ff. – [17] HESIOD, Theog. 73f.; 901ff.; vgl. KRAFFT: a. a. O. 66f.; KRANZ, a. a. O. [1] 11. – [18] HERODOT 2, 52. – [19] HESIOD, Theog. 116; 700; 740ff., vgl. KRAFFT: a. a. O. [16] 69. 73; KRANZ, a. a. O. [1] 13; vgl. Art. ‹Chaos›. – [20] Vgl. KRAFFT, a. a. O. [16] 68. – [21] ORPHEUS, VS B 1 = 1, 6, 21ff., vgl. KRANZ, a. a. O. [1] 11f.

2. Die *Vorsokratiker* verwenden das Wort ‹K.› in der Bedeutung «Weltsystem», «Weltall», ohne es aber in diesem Sinn endgültig festzulegen. Eine Fixierung und Bedeutungsänderung ergibt sich erst in der Rezeption: in der späteren Vereinheitlichung durch die Nomenklatur der Doxographen [1]. Daß THALES das Wort ‹K.› terminologisch für Welt gebraucht hat, ist unwahrscheinlich; bei den aus ARISTOTELES, HESYCH und AËTIOS stammenden Fragmenten [2] dürfte es sich um eine nachträgliche Substituierung des Wortes ‹K.› handeln [3]. – ANAXIMANDER [4] präzisiert als erster den philosophischen Terminus ‹K.›, allerdings noch nicht für das Weltganze – obwohl er als erster die Welt als einheitliches Ganzes, nicht nur als Nebeneinander von Teilen interpretiert –, sondern regional begrenzt für die harmonisch geordnete Übereinanderschichtung der Erd-, Meer-, Luft- und Feuersphäre. Die Gesamtheit der Teile nennt er οὐρανός (ursprüngl. Firmament, äußerster Umkreis des Alls als Sitz der Götter); den Plural οὐρανοί [5] verwendet er für die gleichzeitig und sukzessive aus dem ungegliederten Apeiron-Urstoff sich bildenden Welten [6], die er Götter genannt haben soll [7]. Der Bezug auf religiöse Vorstellungen, ursprüngliche Wortbedeutung und Hesiods Kosmologie zeigt sich besonders in seiner Deutung der Welt als Rechtsgemeinschaft der Dinge, die durch ihr Entstehen schuldig und durch ihren Untergang bestraft werden [8]. – ANAXIMENES kennt keine Schichtung der Stoffe und keine Vielzahl von Welten; ob er den Ausdruck ‹K.› [9] für einzelne Teile oder für das Weltganze gebraucht, ist umstritten [10].

Anmerkungen. [1] J. KERSCHENSTEINER: K. Quellenkrit. Untersuch. zu den Vorsokratikern (1962) 2. – [2] THALES, VS A 1 = 1, 68, 29; A 3 = 1, 73, 9; A 13 b = 1, 77, 29; A 23 = 1, 79, 33. – [3] KERSCHENSTEINER, a. a. O. [1] 26ff. – [4] a. a. O. 29-66. – [5] 36. – [6] ANAXIMANDER, VS A 11, 3-5 = 1, 64, 6ff.; A 17 = 1, 86, 10ff.; A 21 = 1, 87, 4ff. A 27 = 1, 88, 7ff. – [7] A 17 = 1, 86, 13ff. – [8] B 1 = 1, 89, 12ff.; vgl. KRAFFT, a. a. O. [16 zu 1] 100-104. – [9] ANAXIMENES, VS B 2 = 1, 95, 17ff. – [10] KERSCHENSTEINER, a. a. O. [1] 17–83.

3. HERAKLIT [1] versucht, die Gesetzmäßigkeit des gesamten Weltablaufs einschließlich der menschlichen Ordnung als Einheit zu verstehen [2]. Sie wird durch das geistig-stoffliche – Heraklit nimmt hier noch keine Trennung vor; K. und Logos sind zwei Aspekte des «Gesamten» (ξυνόν) [3] – Feuerprinzip Logos hergestellt [4], das zugleich die Ewigkeit der Weltordnung garantiert. – Der Ausdruck κ. ἴδιος (Privatwelt des Einzelnen) scheint singulär und ohne Wirkungsgeschichte zu sein [5]. – Bei EMPEDOKLES [6] bezeichnet ‹K.› die durch das Prinzip

der «Liebe» einheitlich geordnete und durch «Streit» differenzierte Mischung der vier Elemente [7] und somit einen bestimmten Zustand des ständigen Kreislaufprozesses der Dinge; die Bedeutung «das All» liegt hier noch nicht vor. Empedokles' Versuch, die Wirkweise des Geistigen von der des Stofflichen zu unterscheiden [8], bleibt ebenso unbefriedigend wie der des ANAXAGORAS, der das Nus-Prinzip als umfassende und einheitliche Ordnungs- und Bewegungsursache (gegen die Schichtenkosmoi Anaximanders) einführt [9]. – Die Bedeutung «Weltall» ist ihm ebenfalls fremd [10].

Bei LEUKIPP ist das Wort ‹K.› nicht wörtlich bezeugt, wird jedoch zu seiner Zeit synonym mit οὐρανός verwendet, da es die geordnete Fügung der Atome besser bezeichnet als οὐρανός [11] und den sprachlich harten Plural οὐρανοί (Anaximander) geeignet ersetzt [12]. Eine Trennung von Stoff und Geist lehnt Leukipp (wie auch DEMOKRIT [13]) ab, wenn er alles aus Zwang (ἀνάγκη) und nicht-teleologisch verstandenem Logos entstehen läßt [14]. Vermutlich hat er in seinem Werk ‹Großer Dia-K.› [15] den durch Logos und Zwang hergestellten Weltzustand K. genannt [16]. – Von DEMOKRIT sind mehrere einschlägige Titel erhalten: ‹Kleiner Dia-K.›, ‹Kosmographie› und ‹Über die Planeten› [17], doch als philosophischer Terminus ist das Wort ‹K.› auch bei ihm nicht überliefert; wahrscheinlich hat er es aber als Bezeichnung für die Gesamtheit der aus Atomverbindungen bestehenden Ordnung verwendet [18], als deren Ursache er einen immanenten Nexus annimmt, nach dem Gleiches zu Gleichem strebt [19]. – Die Wendung μικρὸς κ. zeigt, daß er auch den Menschen als eine Atomanordnung im Kleinen versteht, die den Naturgesetzen unterworfen ist [20].

DIOGENES VON APOLLONIA nennt K. die jeweilige Ordnung der Dinge als Realisation einer endlosen Abfolge von Weltgestaltungen; ihm stellt er das unendliche πᾶν gegenüber [21]. Das immanente ordnende Prinzip, von ihm mit Gott gleichgesetzt, scheint er teleologisch zu verstehen [22]. – Nach ARCHELAOS gibt es neben dem unbegrenzten All [23] unzählige entstehende [24] und vergehende [25] Welten [26], die er vermutlich ‹K.› nannte [27]. Als Bewegungsursache nimmt er die Qualitäten «warm» und «kalt» an [28], die ihrerseits durch den Nus gelenkt werden [29]. – MELISSOS behauptet die Anfangs- und Endlosigkeit [30], also die Ewigkeit, der einmal bestehenden Weltordnung [31] und die räumliche Begrenztheit der Welt [32]; einen Gestaltungsprozeß des K. und einen K.-Begriff im Sinne einer Ordnung der Vielheit gibt es für ihn nach der Eleatischen These von der Einheit und Unveränderlichkeit des Seienden nicht [33].

Daß PYTHAGORAS als erster das Wort ‹K.› als Bezeichnung für das Weltganze gebraucht habe [34], ist unwahrscheinlich, weil die älteren Pythagoreer, da sie nicht über eine ausgebildete Lehre vom Weltaufbau verfügen, keine terminologische Verwendung des Wortes ‹K.› benötigen und weil die Pythagorasrezeption (Parmenides, Heraklit, Empedokles) eine Aufnahme dieses Terminus nicht erkennen läßt [35]. – PHILOLAOS ist der erste [36] Pythagoreer, bei dem sich eine explizite K.-Theorie findet. Seine außergewöhnliche These von der Kugelgestalt und der Kreisbewegung [37] der Erde galt lange als Hinweis auf verschollene altpythagoreische K.-Modelle; Philolaos benutzt aber nicht Pythagoras, sondern (wie auch Demokrit) den Astronomen Meton (um 430) als Quelle [38], der babylonische Kenntnisse verarbeitet. Philolaos verwendet das Wort ‹K.› zwar terminologisch für die räum-

liche Ausdehnung und den durch das Prinzip der Harmonie bewirkten Ordnungszustand des Weltganzen [39], benutzt es aber auch noch in regionaler Bedeutung als Bezeichnung für die Planetensphäre (ὄλυμπος für den oberen, οὐρανός für den sublunaren Bereich) [40].

Anmerkungen. [1] HERAKLIT, VS B 30 = 1, 157, 11ff.; B 124 = 1, 178, 14f.; vgl. J. KERSCHENSTEINER: K. Quellenkrit. Untersuch. zu den Vorsokratikern (1962) 97. – [2] Vgl. KERSCHENSTEINER, a. a. O. 110. – [3] Vgl. a. a. O. 110f. – [4] HERAKLIT, VS B 1 = 1, 150, 3ff.; B 32 = 1, 159, 1f.; B 41 = 1, 160, 6f.; B 64 = 1, 165, 2ff. – [5] B 89 = 1, 171, 4 b. – [6] Vgl. KERSCHENSTEINER, a. a. O. [1] 124ff. – [7] EMPEDOKLES, VS B 26, 5 = 1, 323, 5; vgl. B 17, 7 = 1, 316, 1; B 20, 2 = 1, 318, 19; B 35, 5 = 1, 327, 2. – [8] EMPEDOKLES, VS B 134, 5 = 1, 366, 4; B 135, 1f. = 1, 366, 21f. – [9] ANAXAGORAS, VS B 12. 13 = 2, 37, 18ff.; vgl. KERSCHENSTEINER, a. a. O. [1] 145. – [10] ANAXAGORAS, VS B 8 = 6, 36, 14ff.; vgl. KERSCHENSTEINER, a. a. O. [1] – [11] LEUKIPP, VS A 24 = 2, 77, 6ff.; vgl. KERSCHENSTEINER, a. a. O. [1] 161-167. – [12] KERSCHENSTEINER, a. a. O. [1] 39f. – [13] a. a. O. 162f. – [14] LEUKIPP, VS B 2 = 2, 81, 5f. – [15] VS B 1 (VS II 80, 5f.). – [16] KERSCHENSTEINER, a. a. O. [1] 155f. – [17] DEMOKRIT, VS A 33 = 2, 91, 2f.; B 4 c-5 b = 2, 134, 1-138, 15. – [18] KERSCHENSTEINER, a. a. O. [1] 165f. – [19] DEMOKRIT, VS A 38 = 2, 94, 8ff.; vgl. B 164 = 2, 176, 19ff. – [20] VS B 34 = 2, 153, 7ff. – [21] DIOGENES, VS A 6 = 2, 53, 4; A 10 = 2, 53, 29f.; B 2 = 2, 59, 19f. – [22] VS B 5 = 2, 61, 4ff.; vgl. KERSCHENSTEINER, a. a. O. [1] 178ff. – [23] ARCHELAOS, VS A 1 = 2, 45, 14f. – [24] ANAXAGORAS, VS A 54 = 2, 21 36f. – [25] ARCHELAOS, VS A 14 = 2, 47, 22. – [26] VS A 13 = 2, 47, 19f. – [27] KERSCHENSTEINER, a. a. O. [1] 181. – [28] ARCHELAOS, VS A 1 = 2, 45, 5; A 4, 2 = 2, 46, 6. – [29] VS A 4. A 10. A 11. A 18; vgl. KERSCHENSTEINER, a. a. O. [1] 182f. – [30] MELISSOS, VS B 1 = 1, 268, 4ff. – [31] VS B 7, 3 = 1, 271, 2f. – [32] B 3 = 1, 269, 10. – [33] B 6 = 1, 270, 10ff.; B 7, 1 = 1, 270, 15; vgl. KERSCHENSTEINER, a. a. O. [1] 85-191. – [34] PARMENIDES, VS A 44 = 1, 225, 13f. – [35] KERSCHENSTEINER, a. a. O. [1] 193–202. 227-232; W. BURKERT: Weisheit und Wiss. Stud. zu Pythagoras, Philolaos und Platon (1962) 296-301. – [36] KERSCHENSTEINER, a. a. O. [1] 203-215. – [37] BURKERT, a. a. O. [35] 280. 316. – [38] a. a. O. 293ff. – [39] PHILOLAOS, VS B 1 = 1, 406, 25ff.; B 6 = 1, 408, 12ff.; vgl. KERSCHENSTEINER, a. a. O. [1] 215ff. – [40] PHILOLAOS, VS A 16 = 1, 403, 19ff.; vgl. KERSCHENSTEINER, a. a. O. [1] 218f.

4. Bei PLATON wird ‹K.› als synonym mit ‹Olymp› [1], ‹Himmel› (οὐρανός) [2], ‹All› (πᾶν) [3] und ‹das Ganze› (τὸ ὅλον) [4] eingeführt und bedeutet (neben dem partiellen Gebrauch [5]) in terminologischer Verwendung die durch den Demiurgen nach mathematisch-harmonischen Prinzipien hergestellte einheitliche Ordnung des Weltganzen [6]; nach Platon werden diese Synonyma durch das Wort ‹K.› verdrängt [7]. Die Welt ist das vollkommenste und schönste Lebewesen, das alle anderen umfaßt [8], daher einzigartig [9], vernünftig, beseelt [10], göttlich [11], unvergänglich [12], jedoch geworden [13] – aber nicht in der Zeit [14]. – Geordnet wird der K. durch die an teleologischen Prinzipien ausgerichtete Vernunft des Demiurgen. Die «Weltseele» ermöglicht die Erkenntnis des K., da sie einerseits aus «Ungeteiltem» (theoretischer Gegenstand), andererseits aus «Geteiltem» (wahrnehmbarer Gegenstand) zusammengesetzt ist [15].

ARISTOTELES kennt die Synonyma Platons [16] und verwendet die Worte ‹Himmel› und ‹K.› zudem in regionaler Bedeutung [17]. Das Buch ‹Über den K.› ist unecht [18]. – Das Universum ist nach Aristoteles kugelförmig [19] – mit der Erde als unbewegter Mitte [20] –, nicht entstanden, unvergänglich [21] und einzigartig [22], ein Lebewesen [23], vollkommen, gut, schön und göttlich [24]; außerhalb des in sich abgeschlossenen Ordnungssystems des räumlich begrenzten K. [25] gibt es keinen Körper [26], auch keinen leeren Raum [27]; die Theorie vom endlosen Entstehen und Vergehen von Welten lehnt Aristoteles ab [28]. – Neben der räumlichen Abgeschlossenheit und numerischen Einheit [29] betont er die innere Einheit und Teleologie der Ordnungsstruktur – ‹K.› synonym mit τάξις [30] – des K., die nicht durch einen Demiurgen, sondern durch einen außerkosmischen, nicht handelnd in die Welt eingreifenden «unbewegten Beweger» über die Vernunft-Natur in die Welt kommt [31]. – Gott und K. sieht er als Vorbilder des Gemeinschaftslebens an [32]; er spricht vom K. der Tugenden [33] und nennt Lebewesen einen μικρός κ. [34]. – STRATON VON LAMPSAKOS behauptet gegen seinen Lehrer Aristoteles, der K. sei nicht beseelt und nicht durch einen außerkosmischen Gott, sondern allein durch immanente, spontane Naturgesetzmäßigkeit bestimmt [35].

Anmerkungen. [1] PLATON, Epinom. 977 b 1ff. – [2] Phaid. 108 e 5 ff.; Resp. 509 d 3; Tim. 92 c 8; Epinom. 977 b 1ff. – [3] Kratyl. 412 d 1ff.; Polit. 270 b 7ff.; 272 e 3ff.; Tim. 28 c 3ff. 30 b 5. 69 c 1. 92 c 4. – [4] Lys. 214 b 5; Gorg. 508 a 3; Phileb. 28 d 5 ff. – [5] Tim. 55 c/d; vgl. J. KERSCHENSTEINER: K. Quellenkrit. Untersuch. zu den Vorsokratikern (1962) 51. – [6] PLATON, Polit. 269 d 7ff.; Tim. 27 a 2ff. 28 b 1ff. 30 a 2ff.; Leg. 821 a 2ff. 897 c 9f. 898 a 8. – [7] KERSCHENSTEINER, a. a. O. [5] 226. – [8] PLATON, Tim. 29 e 2-31 a 1. – [9] a. a. O. 31 a 1ff. – [10] 30 b 1ff. – [11] 34 a 8ff. – [12] 37 d 1ff.; Phileb. 245 d 4. – [13] Tim. 28 b 7. 29 a 6. – [14] a. a. O. 37 d 3-e 3. 38 b 6-c 3. – [15] 34 b 3ff. – [16] ARISTOTELES, De cael. 1, 10, 280 a 19; 3, 2, 301 a 17ff.; vgl. KERSCHENSTEINER, a. a. O. [5] 47. – [17] ARIST., De cael. 1, 9, 278 b 9-21. – [18] Werke, hg. I. BEKKER (1831, ND 1960) 391 a 1. 401 b 29; vgl. Aristoteles, in: RE II/1, 1046, 11ff.; W. TOTOK: Hb. der Gesch. der Philos. 1 (1964) 263f. – [19] ARIST., De cael. 2, 2, 284 b 6-287 b 15. – [20] a. a. O. 2, 14, 296 b 15ff. – [21] 1, 10, 279 b 4ff. 2, 1, 283 b 26ff. – [22] 1, 8-9. – [23] 2, 2, 284 b 13ff. 285 a 29ff., 2, 12, 292 a 18ff.; vgl. M. GATZEMEIER: Die Naturphilos. des Straton (1970) 103f. – [24] ARIST., De cael., 1, 9, 279 a 20ff.; vgl. Frg. 21 = 1477 b 22 (V. ROSE, Arist. Frg. S 37, 24ff.). – [25] De cael. 1, 5-9. – [26] a. a. O. 1, 9, 279 a 16ff. – [27] Phys. 4, 6-9. – [28] Phys. 8, 1-2. – [29] De cael. 1, 8, 276 a 18ff. – [30] Met. 1, 3, 984 b 16; De cael. 3, 2, 301 a 10. – [31] Met. 11, 6, 1071 b 4; 7, 1072 b 3; Phys. 2, 5, 196 b 17-197 a 8; Phys. 8. – [32] Eth. Nic. 6, 7, 1141 a 34ff.; Polit. 7, 3, 1325 b 28ff. – [33] Eth. Nic. 4, 7, 1124 a 1f. – [34] Phys. 8, 2, 252 b 26. – [35] GATZEMEIER, a. a. O. [23] 106. 111f.

5. Im *Epikureismus* [1] und in der *Stoa* herrscht die Bedeutung «Weltall, Universum» vor, die man jetzt definitorisch zu bestimmen versucht. Während die Epikureer die gleichzeitige Existenz unendlich vieler Welten für möglich halten [2], behaupten Stoiker und Peripatetiker, es gebe nur einen ungewordenen, unvergänglichen und begrenzten K. [3]. – Nach einer Epikureischen Definition ist K. «ein System, bei dessen Auflösung alle Teile zusammenfallen» [4], nach einer anderen (physikalisch-kosmologischen) das, «was vom Himmel umfaßt wird, Gestirne, Erde und überhaupt alle Phänomene» als geordneter Ausschnitt des Unendlichen [5]. – Die *Stoa* gebraucht das Wort ‹K.› nicht einheitlich: a) physikalisch-räumlich als «System aus Himmel, Erde und den Wesen in ihnen», b) theologisch-teleologisch als «ein System von Menschen und Göttern und dem, was ihretwegen geschieht», c) theologisch-religiös als «Gott, durch den die Weltordnung entsteht und vollendet wird» [6]; τὸ πᾶν schließt das unendliche Leere außerhalb des K. ein, τὸ ὅλον ist begrenzt und gilt als Synonym zu ‹K.› (ohne das Leere) [7]. – Daneben ist die regionale Bedeutung der Wörter ‹K.› [8] und οὐρανός (z. T. auch synonym mit K.) in Gebrauch [9]. – Der Pantheismus der Stoa wird deutlich, wenn K. als autarkes Vernunftwesen [10], als oberste Macht [11], und Gott als Weltseele [12] und der K. als Allgott [13], der mit dem «Pneuma» die Welt zusammenhält [14], verstanden wird und die Einzelgötter mit den Himmelskörpern gleichgesetzt werden [15]. Das Weltgesetz wird von der Stoa demgemäß als göttlich-schicksalhafte Fügung [16], als göttliche Vorsehung [17] (ursprüngl. für die Erhaltung des Weltganzen, dann auch als Sorge für den Einzelnen) verstanden; der Mensch, Teil des K.-Ganzen, dessen Glieder durch gegenseitige «Sympatheia» [18] von der Sonne [19] als Kraftzentrum zusam

mengehalten werden, ist nicht um des Alls willen (wie bei Platon), sondern der K. ist für den Menschen da [20]; er ist Höhepunkt des K. und wirkt mit an der Vollendung der K.-Ordnung [21]. Daß der Mensch ein μικρὸς κ. sei, d. h. daß er alle Kräfte und Eigenschaften des K. besitze, wird Allgemeingut [22]. Der Weise ist Kosmo-Polit, d. h. Bürger eines Gemeinwesens, in dem das kosmische Vernunftgesetz herrscht; die Weltordnung gilt als Muster der Gesellschaftsordnung [23].

In den *neutestamentlichen Schriften* [24] bedeutet ‹K.› nie Ordnung, nur einmal Schmuck, sonst immer Welt, und zwar: a) Weltall als Inbegriff des Geschaffenen, das allerdings nicht als Einheit, sondern als Summe der Bestandteile (synonym mit τὰ πάντα oder dem alttest. «Himmel und Erde») verstanden wird. Der K. hat einen Anfang und ein Ende und ist einzigartig, weil Gott ihn nur einmal geschaffen hat und in ihm seine einmalige Heilsgeschichte verwirklichen will; der Plural bedeutet «Weltteile» oder «Menschheit». Da ‹K.› die Nebenbedeutung «schlechte, dem Schöpfer entfremdete Welt» hat, wird das Wort nie für die eschatologisch erwartete Welt gebraucht. – b) K. als Wohnstätte der Menschen, als Gesamtheit vernünftiger Wesen (Engel und Menschen), als Oikumene, als Menschheit, als Schauplatz des Handelns Gottes; für diese Bedeutung gibt es weder im Griechen- noch im Judentum eine Parallele, während c) in Anfängen dem Judentum vertraut ist. – c) K. als schwache, sündige, gefallene, gottfeindliche Welt, als Welt der Schmerzen und der Ungerechtigkeit. – Der Gegensatz zwischen Gott und Welt wird durch die Erlösung zum Teil aufgehoben, doch wird die erlöste Welt nie K. genannt.

In der *Spätantike* [25] zeigt sich ein starker Zug zur religiösen K.-Verehrung, der seine Quelle in außergriechischer Mystik, Astrologie und Magie hat [26]. – Die ‹Hermetischen Schriften› [27] verstehen unter K. das Weltall als Ort des Entstehens, Vergehens und der Vereinigung der Elemente, dann die Teile der Welt sowie die bewohnte Erde, die Menschheit. – Der *Neupythagoreismus* [28] betont die Göttlichkeit, Vollkommenheit, Einheit und Ewigkeit des K. und seiner Gesetze. K.-Verehrung zeigt sich hier in der Vorstellung einer Gott-Dreiheit als a) Gott-Geist, b) K.-Schöpfer, c) K. selbst. – Ähnliche religiöse Züge findet man im *Neuplatonismus* [29], der allerdings den sichtbaren K. scharf trennt vom κ. νοητός (das Wort wurde durch PHILO [30] eingeführt) oder κ. ἀρχέτυπος, dem transzendenten Bereich Gottes, des Einen, des Guten, des wahren Lichtes. Insofern die Einzelseele zur Schau der Ideen und des Einen vordringt, wird sie als κ. νοητός verstanden.

Als *lateinischer* Ausdruck für ‹K.› [31] hat sich durch ENNIUS das Wort ‹mundus› (Reinheit, Sauberkeit, Schmuck) eingebürgert, zunächst als «Himmelsschmuck», dann, vor allem nach LUKREZ und CICERO, in der Bedeutung «Weltall». HORAZ verwendet ‹mundus› als erster für die Gesamtheit der Menschen [32]. – Der lateinische Wortgebrauch ist weitgehend von der Stoa, weniger von Platonikern, Aristotelikern oder Epikureern beeinflußt.

Anmerkungen. [1] W. KRANZ: K. I. Arch. Begriffsgesch. 2/1 (1955) 58ff. – [2] H. USENER (Hg.): Epicurea (1887, ND Rom 1963) 37, 13f. – [3] SVF 2, 170ff. – [4] USENER, a. a. O. [2] 213, 3f. – [5] a. a. O. 37, 7ff. – [6] CHRYSIPP, Frg. 527 = SVF 2, 168ff. – [7] Frg. 522-524 = SVF 2, 167, 4-14. – [8] DIOG. LAERT. VII, 1, 70, 138. – [9] KRANZ, a. a. O. [1] 60. – [10] CHRYSIPP, Frg. 604 = SVF 2, 186, 4f. – [11] ZENON, Frg. 111. = SVF 1, 32, 32ff. – [12] KLEANTHES, Frg. 532 = SVF 1, 120, 37f. – [13] ZENON, Frg. 88 = SVF 1, 25, 22. – [14] CHRYSIPP, Frg. 447 = SVF 2, 147, 28f.; 546 = SVF 2, 172, 39f. – [15] KRANZ, a. a. O. [1] 67f. – [16] SVF IV 46f. – [17] ZENON, Frg. 171f. = SVF 1, 44, 1-24. – [18] CHRY

SIPP, Frg. 475 = SVF 2, 156, 14ff.; 534 = SVF 2, 170, 32f.; 546 = SVF 2, 172, 37ff.; 1013 = SVF 2, 302, 23ff. – [19] KLEANTHES, Frg. 499 = SVF 1, 112, 1-9. – [20] CHRYSIPP, Frg. 1131 = SVF 2, 328, 6f.; 1149 = SVF 2, 331, 42ff.; 1153 = SVF 2, 333, 1f. – [21] KRANZ, a. a. O. [1] 78. – [22] a. a. O. 79. – [23] Frg. 339 = SVF 3, 82, 3ff. CICERO, De leg. I, 23. – [24] H. SASSE: kosmein, kosmos, kosmios, kosmikos, in: Theol. Wb. zum NT, hg. G. KITTEL 3 (1938) 882-896. – [25] KRANZ, a. a. O. [1] 82ff. – [26] Vgl. jedoch KLEANTHES, Frg. 538 = SVF 1, 123, 10. – [27] Hermetica, hg. W. SCOTT (Oxford 1924) IX, 182, 30; XI, 210, 27; XXIII, 464, 13; 468, 15; 488, 35. – [28] KRANZ, a. a. O. [1] 89ff. – [29] SASSE, a. a. O. [24] 878. – [30] a. a. O. 877, 7ff. – [31] KRANZ, a. a. O. [1] 64ff. – [32] HORAZ, Sat. 1, 3, 112.

Literaturhinweise. A. MEYER: Wesen und Gesch. der Theorie vom Mikro- und Makro-K. Berner Stud. zur Philos. 25 (1901). – K. REINHARDT: K. und Sympathie (1926). – M. HEIDEGGER: Vom Wesen des Grundes, in: Husserl-Festschr. Jb. philos. u. phänomenol. Forsch. (1929) 84ff. (ND 1949). – W. KRANZ: K. und Mensch in der Vorstellung des frühen Griechentums. Nachr. Ges. Wiss. Gött., math.-phys. Kl., Fachgr. 1 NF 2/7 (1938) 121–161; K. als philos. Begriff frühgriech. Zeit. Philologus 93 (1938) 430ff.; K. I. Arch. Begriffsgesch. 2/1 (1955) 5-113. – H. SASSE: kosmein, kosmos, kosmios, kosmikos, in: Theol. Wb. zum NT, hg. G. KITTEL 3 (1938) 867-898. – E. CASSIRER: Logos, Dike, K. in der Entwickl. der griech. Philos. (Göteborg 1941). – R. ALLERS: Mikrocosmos. Traditio 2 (1944) 319-407. – X. WEIGL: K. und Arché. (Diss. Würzburg 1949, Ms.). – H. DILLER: Der vorphilos. Gebrauch von K. und kosmein, in: Festschr. B. Snell (1956) 47-60; ND in: Kl. Schr., hg. H. J. NEWIGER/H. SEYFFERT (1971) 73–87. – H. FRISK: K., in Griech. etymol. Wb. 1 (1960) 929. – W. BURKERT: Weisheit und Wiss. Stud. zu Pythagoras, Philolaos und Platon (1962). – J. KERSCHENSTEINER: K. Quellenkrit. Untersuch. zu den Vorsokratikern (1962). – CL. HAEBLER: K. Arch. Begriffsgesch. 11 (1967) 101-118. – FR. KRAFFT: Gesch. der Naturwiss. 1 (1971).
M. GATZEMEIER

II. Nachantike Wort- und Begriffsgeschichte [1]. – In der philosophisch-theologischen Tradition von etwa dem 5. bis zum 8. Jh. n. Chr. – im Ausklang der patristischen Philosophie – bleibt zunächst der antike K.-Begriff erhalten.

Dem Mittelalter ist das Wort κόσμος (lat. cosmos oder cosmus geschrieben) in den Bedeutungen «Weltall» und «Schmuck» bekannt; ferner werden griechische Zusammensetzungen wie etwa ‹cosmographia› übernommen. Während ‹microcosmos› schon spätlateinisch zu sein scheint, treten die Bildungen ‹macro-› und ‹megacosmos› (s. d.) erst im Mittelalter auf. ‹Cosmos› selbst wird selten gebraucht; es mutet in der mittelalterlichen Sprache wie ein Fremdkörper an. Im allgemeinen herrscht ‹mundus› (s. d.) in den drei Grundbedeutungen «Weltall», «ganze Menschheit», «irdisch-vergängliche Welt» vor. Die Gesamtheit der Welt drückt ‹universum› (s. d.) oder ‹universitas› (s. d.) aus. Aber auch der Begriff ‹mundus› verblaßte, als die Landessprachen zur Sprache der Philosophie wurden.

Hier tritt nun keineswegs ‹K.› wieder als eigenständiger Begriff auf, sondern nur in den festgeprägten Zusammensetzungen wie etwa ‹Kosmogonie› (s. d.). Im Deutschen werden die Termini ‹Weltgebäude› oder ‹Weltbau› neugebildet. Erst mit dem Erscheinen des Werkes ‹K.› von Alexander von Humboldt tritt der Begriff wieder in seinem «vollen hellenischen Sinne» auf, bei gezielter Abgrenzung gegen die neugeprägten Begriffe ‹Weltgebäude›, ‹Weltraum›, ‹Weltkörper›, so «wie es die Würde des großartigen Wortes ‹K.› als Universum, als Weltordnung, als Schmuck des Geordneten erheischt» [2]. Aber ein zentraler Begriff wie in der antiken Weltanschauung wird ‹K.› in der neuzeitlichen Philosophie nicht mehr.

Anmerkungen. [1] Der Text wurde zusammengestellt nach: W. KRANZ: K. Arch. Begriffsgesch. Bausteine zu einem hist. Wb. der Philos., hg. E. ROTHACKER 2/2 (1957). – [2] A. v. HUMBOLDT: K. Entwurf einer phys. Weltbeschreibung 1-5 (1845ff.) 1, 80.
Red.

III. Neuzeit. – Nach Aufkommen der *modernen Naturwissenschaft* im 17. Jh. bezeichnet ‹K.› das Ganze der naturwissenschaftlich erfahrbaren Welt, verstanden als ein *geordnetes Ganzes,* dessen Ordnung sich in Gesetzen manifestiert. Das Ganze zeigt sich, naturwissenschaftlich gesehen, in der Struktur der Welt im räumlichen Großen und in ihrer vergangenen und zukünftigen Entwicklung. Charakteristisch für den K.-Begriff der Neuzeit ist daher die enge Verknüpfung von theoretischen Entwürfen mit astronomischen Beobachtungen.

Vom 17. Jh. bis ins 19. Jh. überwiegt der theoretische Entwurf, weil nur verhältnismäßig wenige für diese Fragen relevanten astronomischen Beobachtungen vorliegen. Die damaligen Entwürfe basieren hauptsächlich auf I. NEWTONS (1642–1727) Theorie von Raum und Zeit und auf seiner Mechanik [1]. Nach diesen Vorstellungen ist der K. ein unendlich ausgedehnter euklidischer Raum, der von der Materie in Form von Planeten, Sternen und Sternsystemen und von elektromagnetischer Strahlung entweder ganz oder nur zu einem endlichen Teil erfüllt ist. Die Materie bewegt sich in ihm auf Bahnen, die durch die Gesetze der Mechanik und der Gravitation bestimmt sind. Es werden auch Modelle für die Entstehung unseres Sonnensystems aufgestellt, z. B. von I. KANT [2] und P. LAPLACE (1749–1827) [3], wonach unser System sich aus einem kosmischen Gasnebel gebildet haben soll. Der Raum selber aber, in dem sich alles Geschehen abspielt, wird als ein von Anfang an Gegebenes, Unveränderliches gedacht. In einem ähnlichen Sinne gilt die Zeit als absolut. Unendlichkeit und Absolutheit von Raum und Zeit sind für NEWTON Ausdruck der Unendlichkeit Gottes.

Mit der mathematischen Entdeckung nicht-euklidischer Raumstrukturen (das Parallelenpostulat gilt in ihnen nicht) durch F. GAUSS (1777–1855) und B. RIEMANN (1826–1866) [4] und andere und der Aufstellung der Allgemeinen Relativitätstheorie durch A. EINSTEIN 1915 [5] und der astronomischen Entdeckung der Fluchtbewegung der Spiralnebel durch E. HUBBLE 1929 [6] haben sich die Vorstellungen von der Struktur des K. tiefgreifend gewandelt. Raum und Zeit sind nicht mehr als absolute, unveränderliche Größen zu denken, sondern sie können sich in ihrer Struktur räumlich und zeitlich – ähnlich der eines elektromagnetischen Feldes – ändern. Die Struktur von Raum und Zeit wird mathematisch durch die Maßbestimmung oder Metrik, die im allgemeinen eine nicht-euklidische ist, charakterisiert. EINSTEIN verknüpft in seiner Allgemeinen Relativitätstheorie diese metrische Struktur von Raum und Zeit mit der Materie- und Energieverteilung im K. Wie Raum und Zeit auf die Materie, so wirkt auch die Materie auf die Raum-Zeit-Struktur. Nach dieser Theorie ist der metrische Struktur des Raumes nur im Kleinen euklidisch, im Großen aber können vollständig andere topologische Zusammenhangsverhältnisse auftreten. Raum und Zeit als physikalische Gegebenheiten können darüber hinaus entstehen und vergehen.

Aus der beobachteten, weitgehend gleichmäßigen Verteilung der Galaxien im K. (Homogenität der Massenverteilung), den aus Beobachtungen ermittelten Werten für die Hubble-Konstante (Größe der Fluchtbewegung der Galaxien) und dem Beschleunigungsparameter (Änderung der Fluchtbewegung, der bis zur Zeit jedoch nur ungenau gemessen werden kann, ergibt sich folgendes Bild: Der K. ist vermutlich räumlich ein 3dimensionaler, sphärischer Raum, also ein *geschlossener* Raum mit endlichem Volumen *ohne* jedoch eine *Begrenzung* zu haben; geometrisch ist kein Raumpunkt vor einem anderen ausgezeichnet, es gibt also auch keinen Mittelpunkt; die Eigenschaften eines solchen Raumes sind ganz analog zu denen einer Kugel-Oberfläche, die sich vom sphärischen Raum aber durch ihre um 1 geringere Dimension unterscheidet. Dieser geschlossene Raum befindet sich in *zeitlicher Veränderung*, er *vergrößert* sein Volumen. Die in ihm befindlichen Galaxien nehmen an dieser Bewegung teil, ihre gegenseitigen Abstände vergrößern sich ständig, und zwar um so schneller, je größer ihre Abstände sind. Dieser gesamte Vorgang wird auch *Expansion des Universums* (s.d.) genannt. Es gibt kein Zentrum der Expansion, sondern der Raum selbst expandiert; er zeigt dabei ganz analoge Eigenschaften wie die Oberfläche einer expandierenden Kugel. Dieses kosmologische Modell heißt auch FRIEDMANN-K. (mit positiver Krümmung) [7].

Aufgrund der endlichen Ausbreitungsgeschwindigkeit des Lichtes bedeutet Beobachtung eines entfernten Objektes im K. stets Beobachtung eines zeitlich *früheren* Zustandes des Objektes. Die *jetzige* Struktur des K. kann daher niemals direkt beobachtet werden, sondern muß mit Hilfe einer Theorie der zeitlichen Veränderung aus den Beobachtungen erschlossen werden. Die entferntesten bis jetzt bekannten Objekte wurden mithilfe der erst in den letzten 20 Jahren entwickelten Radioastronomie gemessen. Es sind quasistellare Radioquellen – auch *Quasare* genannt – und Radiogalaxien. Ihre Entfernungen von der Erde betragen bis zu 8 Milliarden Lichtjahren, zeigen uns also einen Zustand, den sie vor 8 Milliarden Jahren hatten. Mit der Beobachtung dieser Objekte sehen wir zugleich weit in die Vergangenheit des K. zurück. Ein Frühstadium des K. zeigt uns die 1965 entdeckte 3°K-Mikrowellenstrahlung, die isotrop aus den Tiefen des K. auf die Erde einfällt. Sie ist vermutlich das Relikt eines hochverdichteten, sehr heißen Anfangsstadiums des K. vor ungefähr 10–20 Milliarden Jahren. Ein solcher Zustand müßte andererseits aufgrund des aus der Allgemeinen Relativitätstheorie folgenden Friedmann-K. vorhanden gewesen sein, so daß die Beobachtung der 3°K-Strahlung sehr zugunsten dieses Modells spricht. Der hochverdichtete Anfangszustand, dem eine ständige Expansion des K. folgte, wird auch «Urknall» oder im Englischen als «big bang» und die Zeit, die seit diesem Zustand vergangen ist, als «Alter der Welt» bezeichnet [8].

Außer dem Friedmann-K. gibt es noch eine Reihe anderer Weltmodelle: solche, die ebenfalls aus der Allgemeinen Relativitätstheorie folgen, und solche, die über Einsteins Theorie hinausgehen oder von ihr unabhängig sind. Zu den *ersten* gehören Friedmann-Modelle mit kosmologischer Konstante und solche mit negativer oder verschwindender Raumkrümmung, ebenso der GÖDEL-K., der eine sehr andersartige Zeitstruktur besitzt, als wir sie kennen (es gibt geschlossene zeitartige Weltlinien) und der TAUB-NUT-K. Zur *zweiten* Gruppe gehören das Modell von F. HOYLE, H. BONDI und T. GOLD, in dem während der Expansion eine kontinuierliche Materieerzeugung (continuous creation) stattfindet und das keinen zeitlichen Anfang besitzt, sowie die Modelle von P. DIRAC und P. JORDAN, nach denen eine Reihe physikalischer Konstanten, darunter die Gravitationskonstante, sich mit dem Alter des K. ändern.

Die bisher bekannten Beobachtungsdaten ermöglichen noch keine eindeutige Auswahl des richtigen Modells. Beobachtungen von noch entfernteren Objekten im K. als den bisher bekannten und noch umfangreichere Experimente zur Prüfung der Allgemeinen Relativitätstheorie, als sie bis jetzt ausgeführt wurden, sind dazu notwendig.

Anmerkungen. [1] I. NEWTON: Philosophiae naturalis principia math. (Amsterdam 1714). – [2] I. KANT: Allg. Naturgesch. und Theorie des Himmels (1755). – [3] P. LAPLACE: Exposition du système du monde (Paris 1796, ⁶1835). – [4] B. RIEMANN: Über die Hypothesen, welche der Geometrie zugrunde liegen. Abh. Königl. Ges. Wiss. Göttingen (1867, ND 1959). – [5] A. EINSTEIN: Die Grundl. der allg. Relativitätstheorie. Ann. Phys. 49 (1916) 769; Kosmol. Betrachtungen zur allg. Relativitätstheorie. Sber. preuß. Akad. Wiss. (1917) 142. – [6] E. HUBBLE: The realm of nebulae (²1937, dtsch. 1938). – [7] Vgl. A. FRIEDMANN: Über die Krümmung des Raumes. Z. Phys. 10 (1922) 377-386. – [8] Vgl. Art. ‹Kosmogonie III›.

Literaturhinweise. H. WEYL: Raum, Zeit, Materie (⁵1923). – E. J. DIJKSTERHUIS: De Mechanisering van het Wereldbeeld (Amsterdam 1950); dtsch. H. HABICHT: Die Mechanisierung des Weltbildes (1956). – O. HECKMANN und E. SCHÜCKING: Newtonsche und Einsteinsche Kosmol. Andere kosmol. Theorien, in: Hb. der Phys. 53 (1959). – H. BONDI: Cosmol. (Cambridge ²1960). – M. JAMMER: Das Problem des Raumes (1960). – B. G. KUZNECOV: Von Galilei bis Einstein (Moskau 1966, dtsch. 1970). – A. UNSÖLD: Der neue K. (1967). – CH. W. MISNER, K. S. THONE und J. A. WHEELER: Gravitation (1973).   R. EBERT

Kosmozentrisch. – 1. Der Terminus ‹kosmozentrisch› wurde von der Philosophiegeschichtsschreibung des ausgehenden 19. Jh. eingeführt und bei W. DILTHEY in seiner Abhandlung über Giordano Bruno synonym für ‹pantheistisch› gebraucht [1]; von der einem solchen Kontrastbegriff (vgl. anthropozentrisch/theozentrisch) eigentümlichen Fähigkeit zur Schematisierung macht K. PRAECHTER in ‹Ueberwegs Grundriß› Gebrauch: ‹Kosmozentrisch› wird die «auf das Ganze der Natur und Welt» gerichtete Philosophie der Ionier genannt [2], und in diesem Sinn ersetzt das Wort im frühen 19. Jh. gebräuchliche Ableitungen von ‹Physiologie› [3] oder von ‹Naturphilosophie› [4]. Da dem kosmozentrischen Philosophieren das Erkennen und das wissenschaftliche Denken selbst noch nicht Gegenstand seines Fragens geworden sind [5], müssen im Begriff Direktheit und Unmittelbarkeit mitgedacht werden [6].

2. Wird der für die Antike normative Charakter des Kosmos und dessen Selbstgenügsamkeit bedacht, dient ‹kosmozentrisch› auch zur Bezeichnung jener Einstellung des Menschen, in der der Kosmos als Inbegriff einer paradigmatischen, besonders am Himmel sichtbaren Ordnung erscheint, die der Mensch nachzuahmen habe [7], um selbst «kosmosartig» zu werden [8]: Der Mensch figuriert dann als «cosmocentric microcosmism» [9]. Die sich in dieser Verwendung des Begriffs niederschlagende Unmittelbarkeit des Verhältnisses von Mensch und Natur, durch das beide aufeinander bezogen sind und in dem der Mensch noch nicht exzentrisch gegenüber dem Kosmos geworden ist [10], erlaubt es nunmehr, davon zu sprechen, daß z. B. bei Goethe «noch einmal der Versuch eines kosmozentrischen Daseins gewagt worden» sei [11]. Ein derartiger Versuch erscheint unter den Bedingungen der neuzeitlichen Wissenschaft, ihres Methodenbewußtseins und der instrumentellen Vermittlungen ihres Bezuges zur Natur als der anachronistische Glaube, «daß es immer genügt, das Auge weit zu öffnen, um dem Sich-zeigen der Wahrheit zu begegnen» [12].

Anmerkungen. [1] W. DILTHEY: Weltanschauung und Analyse des Menschen seit Renaissance und Reformation (³1929, ⁵1957) 340; vgl. W. SCHULZ: Der Gott der neuzeitl. Met. (1957) 25. – [2] FR. UEBERWEG: Grundriß der Gesch. der Philos. 1: Die Philos. des Altertums, hg. K. PRAECHTER (¹⁰1909) 23; vgl. jedoch 1 (¹²1926, ND 1952 u. ö) 31. 33. 39f. 41: ‹kosmozentrisch› *fehlt.* – [3] Vgl. A. v. HUMBOLDT: Kosmos. Entwurf einer physischen Weltbeschreibung (1845ff.) Werke 3, 8. – [4] H. C. W. SIGWART: Gesch. der Philos. 1 (1844) 47; M. V. COUSIN: Cours de l'hist. de la philos. moderne II/2 (Paris 1847) 167. – [5] H. RITTER: Gesch. der Philos. alter Zeit 1 (²1836) 194. – [6] UEBERWEG/PRAECHTER, a. a. O. [2]

24. – [7] PLATON, Tim. 47 c. 90 d. – [8] K. LÖWITH: Welt und Menschenwelt, in: Ges. Abh. Zur Kritik der geschicht. Existenz (²1969) 234. – [9] R. ALLERS: Microcosmos from Anaximandros to Paracelsus. Traditio 2 (New York 1944) 322. – [10] Vgl. LÖWITH, a. a. O. [8] 233. 243. – [11] H. BLUMENBERG: Paradigmen zu einer Metaphorol. (1960) 3. – [12] a. a. O. 35.　　　　M. ARNDT

Kraft (griech. δύναμις, lat. potentia, vis, ital. forza, frz./ engl. force)

I. Der K.-Begriff, die Objektivierung der Fähigkeit, eine Wirkung auszuüben, ist anthropomorphen Ursprungs und wurde früh aus der vorwissenschaftlichen in die wissenschaftliche Sprache übernommen. Das Gefühl der Anstrengung, das wir beim Heben einer Last oder der Überwindung eines anderen Widerstandes empfinden, soll dadurch zum K.-Begriff geführt haben, daß die subjektiv erlebte Muskelanstrengung in die unbelebte Natur projiziert und als ein den physikalischen Objekten inhärentes Prinzip gedacht wurde (J. J. ENGEL [1], E. B. DE CONDILLAC [2], J. MÜLLER, W. WUNDT). Demgegenüber wurde auch behauptet, daß nicht die physiologische Anstrengung selbst, sondern die damit verbundene psychologische Einstellung, also der Willensimpuls oder, nach F. P. MAINE DE BIRAN [3] der «effort voulu» die eigentliche Quelle des K.-Begriffes sei (A. SCHOPENHAUER [4], W. JAMES [5]). Auch nach D. HUME [6] ist das unmittelbare Erleben der Willensanstrengung beim Bewegen der Glieder für die Bildung des K.-Begriffs maßgebend, ohne daß es jedoch das Wesen der K. erklärt, denn das innere Band zwischen Ursache und Wirkung sei niemals Gegenstand unserer Erfahrung. Nach KANT ist die K. eine der Prädikabilien, also eine apriorische Denkform bei der Anwendung der Kategorie der Kausalität auf das Materiale [7], und ihr Geltungsbereich daher auf die Erscheinungen beschränkt; die durch die K. verursachte Bewegung wird so zum «äußerlichen Phänomen» der K.

Das älteste bekannte Beispiel einer objektivierten K.-Vorstellung bildete wohl die Personifizierung der K. als die Gottheit *nht* in der *ägyptischen* Mythologie der 19. Dynastie [8] oder als *Enlil*, der Gott des Sturmes, in der *mesopotamischen* Religion [9]. Ob vorgriechische Vorstellungen dieser Art auf den K.-Begriff der ionischen Hylozoisten (THALES, ANAXIMENES) oder auf die Lehre des EMPEDOKLES von den trennenden und verbindenden K. (Νεῖκος = Streit, Φιλία = Liebe) in der Bewegung des Werdens einen Einfluß hatten, ist nicht erwiesen.

Die Wesensbestimmung des K.-Begriffs begann, als ARISTOTELES den ionischen Monisten, den Atomisten und Platon vorwarf, bei ihren Forschungen über die Bewegung und Veränderung in der Natur nicht genügend die wirkenden Ursachen derselben berücksichtigt zu haben. Jede Bewegung oder Veränderung hat nach Aristoteles eine Ursache, die er «K.» (δύναμις) nannte [10] und die nicht nur die aktive Fähigkeit bezeichnet, in einem anderen Objekt eine Änderung hervorzurufen, sondern auch die passive Fähigkeit, eine Veränderung zu erleiden. Soweit es sich um die lokale Bewegung in der Mechanik handelt, in der die Geschwindigkeit das Maß der Ortsveränderung ist, muß nach Aristoteles die K. der Geschwindigkeit proportional gesetzt werden. Daher gilt auch nach dem Aristotelischen Bewegungsgesetz, wie es in der ‹Physik› [11] formuliert wurde, daß die Geschwindigkeit eines Körpers dem Verhältnis von K. und Widerstand proportional ist. Auch könne K. nur durch unmittelbare Berührung zwischen dem Beweger und dem Bewegten wirksam sein; eine Fernwirkung der K. ist für Aristoteles undenkbar.

Wenn man von übersinnlichen und okkulten K. absieht, die allerdings im späten Altertum und frühen Mittelalter, hauptsächlich unter dem Einfluß des Neuplatonismus, eine nicht unbeträchtliche Rolle spielten, so kann man sagen, daß die *Scholastik* nur zwei Kategorien von K. kannte: 1. die verstandes- oder willensmäßig bestimmten K., die durch Muskeltätigkeiten ausgelöst werden, und 2. die anorganischen Bewegungsprinzipien (Wärme, Kälte, Feuchtigkeit, Trockenheit, Schwere, Leichtigkeit), wobei nur die ersteren im allgemeinen die «vires motrices» der Mechanik darstellen. Nachdem schon im 6. Jh. PHILOPONOS [12] und im 12. Jh. AVEMPACE gegen das Aristotelische Bewegungsgesetz argumentiert hatten, behauptete THOMAS BRADWARDINE [13] aufgrund einer Betrachtung des Grenzfalles «K. = Widerstand», dem er die Geschwindigkeit Null zuschrieb, daß die Geschwindigkeit nicht dem Verhältnis zwischen K. und Widerstand, sondern, modern ausgedrückt, dem Logarithmus dieses Verhältnisses proportional ist, ohne daß er jedoch eine quantitative Maßeinheit für die K. aufzustellen in der Lage war.

Die Entwicklung des *modernen* K.-Begriffs in der Mechanik hatte ihren Anfang bei J. KEPLER. Noch in seinen frühen astronomischen Schriften [14] bezeichnete er die K. als «anima», als Seele, die die Planeten «animiert»; aber schon 1605 erklärte er, daß die K. mathematisch erfaßbar sei. In der Tat folgerte er aus seinen astronomischen Beobachtungen und im besonderen aus der Geschwindigkeitsabhängigkeit der Planetenbewegung von der Entfernung vom Bewegungszentrum (der Sonne), daß diese K. im umgekehrten Verhältnis zur Entfernung steht. Keplers Bezugnahme auf phänomenologisch-kinematische Regularitäten als Manifestationen dynamischer Wirkungen und seine Schlußfolgerung aus sichtbaren Bewegungsänderungen auf die Existenz und Größe unsichtbarer K. wurde zum Vorbild für die Methode der Erforschung der K. in allen Zweigen der Physik. Es war auch vornehmlich unter Keplers Einfluß, daß I. NEWTON mit seiner Formulierung des Bewegungsgesetzes (K.-Gesetzes), nach dem die «Änderung der Bewegung (Impuls) der einwirkenden K. proportional ist und nach der Richtung derselben geschieht» [15], den astronomischen (und magnetischen) K.-Begriff mit dem mechanischen der Stoßversuche (MARCI, WREN, HOOKE) zu begrifflicher Vereinigung bringen konnte. NEWTONS K.-Definition, die später allgemein als «Masse · Beschleunigung» formuliert wurde (denn die zeitliche Änderung des Impulses ist bei konstant angenommener Masse gleich dem Produkt der Masse mit der zeitlichen Änderung der Geschwindigkeit, d. h. der Beschleunigung), bildete die Grundlage, auf der sich die klassische Mechanik aufbaute. Für Newton selbst war das K.-Gesetz jedoch keine Definition des K.-Begriffes, sondern eher die Festlegung der mathematischen Methode, die Existenz von K. und ihre Größe zu erschließen bzw. zu messen. Die Mechanik konnte von nun an als die Wissenschaft von den K. angesehen werden und die K. als die Ursachen, welche Bewegungen hervorbringen oder hervorzubringen streben: «suspicer ea [naturae phenomena] omnia ex viribus quibusdam pendere posse, quibus corporum particulae per causas nondum cognitas vel in se mutuo impelluntur et secundum figuras regulares cohaerent, vel ab invicem fugantur et recedunt», schrieb Newton in der Einleitung seiner ‹Prinzipien›. Newtons Auffassung der K. als methodologische und ontologische Voraussetzung jeder physikalischen Erkenntnis kann über Kant bis in das 19. Jh. verfolgt werden. Noch H. v. HELMHOLTZ erklärte, daß die Aufgabe der physikalischen Naturwissenschaften darin bestehe, «die Naturerscheinungen zurückzuführen auf unveränderliche, anziehende und abstossende K., deren Intensität von der Entfernung abhängt» [16]. Obwohl NEWTON scharf zwischen den Eigenschaften, die offenbar sind, und den Ursachen, «die man dunkel nennen kann», unterschied und wiederholt betonte, daß die Annahme spezifischer Wesenheiten der Dinge, die mit spezifischen verborgenen K. begabt und dadurch zur Erzeugung bestimmter sinnlicher Wirkungen befähigt sein sollen, «ganz leer und nichtssagend» ist [17], wurde seine Auffassung des K.-Begriffs mit der scholastischen Metaphysik «unbekannter Qualitäten» verglichen. Newtons angebliche Hypostasierung der K. als einer Naturgegebenheit von autonomem Status wurde schon von G. BERKELEY [18], HUME und MAUPERTUIS angegriffen und im 19. Jh. besonders von den positivistisch eingestellten Physikern L. CARNOT, BARRÉ DE SAINT-VENANT, KIRCHHOFF, HERTZ und MACH als die ungerechtfertigte metaphysische Annahme verurteilt. In G. R. KIRCHHOFFS ‹Vorlesungen› [19] und in E. MACHS ‹Mechanik› [20] wird Newtons K.-Begriff als ein fetischistisches Überbleibsel animistischer Naturauffassung gebrandmarkt und statt dessen die K. durch die Verbaldefinition «Masse · Beschleunigung» bestimmt. H. HERTZ [21] versuchte den K.-Begriff durch die Bewegung «verborgener Massen» zu ersetzen und ihn so aus dem Aufbau der Mechanik zu eliminieren. Auch H. VAIHINGER hielt den K.-Begriff für eine Fiktion, die durch «isolierende Abstraktion» dadurch entstanden ist, daß man von zwei Vorgängen, von denen der eine vorangeht, der andere folgt und die beide durch eine konstante Verbindung verknüpft sind, die «Eigentümlichkeit des Früheren, von dem Späteren gefolgt zu sein, seine ‹K.› nennt» [22]. Daß trotzdem der K.-Begriff niemals aus dem Begriffsapparat der klassischen Physik vollkommen eliminiert wurde, liegt vor allem in seiner methodologischen Rolle, dank derer es möglich ist, allgemeine Bewegungsgesetze ohne Bezugnahme auf spezielle physikalische Situationen zu formulieren.

Auch in der *relativistischen* Physik hat der K.-Begriff eine große Bedeutung. Die spezielle Relativitätstheorie konnte die ursprüngliche Newtonsche Gleichung «K. = Impulsänderung» beibehalten, aber die (aus der Newtonschen Gleichung nur bei konstanter Masse folgende) Definition «K. = Masse · Beschleunigung». Auch ist im allgemeinen die relativistische K. nicht der Beschleunigung parallel. Eine gedanklich viel tiefergehende Revision des K.-Begriffs, die schon von W. K. CLIFFORD vorausgeahnt worden war [23], wurde in der allgemeinen Relativitätstheorie vollzogen, als es 1916 A. EINSTEIN [24] gelang, die Gravitations-K. zu geometrisieren, wobei der von Newton und anderen erfolglos gesuchte Mechanismus der Gravitations-K.-Wirkung durch eine Geometrisierung des Raumes ersetzt wird, die von der Euklidischen Geometrie im allgemeinen abweicht. Während nach der vorrelativistischen Physik ein Planet z. B. seine Kepler-Ellipse unter dem Zwange einer Gravitations-K. beschrieb, bewegt sich derselbe Planet nach der Einsteinschen Gravitationstheorie mit der Trägheitsbewegung eines kräftefreien Körpers längs einer geodätischen Linie im Raume (genauer im vierdimensionalen Raum-Zeit-Kontinuum), wobei aber die geodätische Linie nicht wie in der Euklidischen Geometrie eine gerade Linie, sondern wegen der die Raumstruktur bestimmenden Feldgleichungen eine gekrümmte Linie ist, die im Sonnensystem de facto mit der Kepler-Ellipse zusammenfällt.

Bekanntlich zeigte diese auf eine Geometrisierung der Gravitations-K. aufgebaute Theorie eine bessere Übereinstimmung mit den astronomischen Beobachtungen als die klassische Gravitationstheorie. Analoge Versuche, auch die elektromagnetischen K. und die Kern-K. zu geometrisieren (EINSTEIN, WEYL), hatten bis jetzt nur einen beschränkten Erfolg, obwohl in der Geometrodynamik (RAINICH, WHEELER, MISNER) inzwischen in dieser Richtung wichtige Fortschritte gemacht werden konnten [25].

Anmerkungen. [1] J. J. ENGEL: Mémoire sur l'origine de l'idée de la force (Paris 1802). – [2] E. B. DE CONDILLAC: Traité des sensations I, 11. Oeuvres 3 (Paris 1797). – [3] F. P. MAINE DE BIRAN, Oeuvres 2 (Paris 1841) 17. – [4] A. SCHOPENHAUER: Die Welt als Wille und Vorstellung 2 (1819) 335. 339. – [5] W. JAMES: The feeling of effort. Coll. essays and reviews (New York 1920) 154. – [6] D. HUME, Treatise III; Enquiry VII. – [7] I. KANT: Gedanken von der wahren Schätzung der lebendigen K. (1747); Met. Anfangsgründe der Naturwiss. (1786). – [8] Papyrus Harris 500; vgl. W. SPIEGELBERG: Die ägypt. Gottheit der ‹Gotteskraft›. Z. ägypt. Sprache und Altertumskunde 57 (1922) 148. – [9] H. FRANKFORT u. a.: Before philos. – The intellectual adventure of ancient man (Baltimore 1949) 156. – [10] ARISTOTELES, Met. 1019 a 15. – [11] Phys. 249 a 26-250 a 20. – [12] PHILOPONOS: in. Comm. in Aristotelem graeca 17 (1888) 678. – [13] THOMAS BRADWARDINE: Tractatus de proportionibus (1328). – [14] J. KEPLER: Mysterium cosmographicum (1596). – [15] I. NEWTON: Philos. nat. principia math. (1687) Praef. – [16] H. v. HELMHOLTZ: Über die Erhaltung der K. (1847) Einl. – [17] I. NEWTON, Optica III, q. 31. – [18] G. BERKELEY: De Motu (1721); Sirius (1744). – [19] G. R. KIRCHHOFF: Vorles. über Mech. (1874-1876). – [20] E. MACH: Die Mech. in ihrer Entwickl. hist.-krit. dargestellt (1883). – [21] H. HERTZ: Die Prinzipien der Mech. in neuem Zusammenhang dargestellt (1894); vgl. auch J. J. C. SMART: Heinrich Hertz and the concept of force. Australasian J. Philos. 29 (1951) 36-45. – [22] H. VAIHINGER: Die Philos. des Als-Ob (1920) 376. – [23] W. K. CLIFFORD: The common sense of the exact sci. (New York 1946). – [24] A. EINSTEIN: Die Grundl. der allg. Relativitätstheorie. Ann. Phys. 49 (1916) 769-822; ND bei H. A. LORENTZ: Das Relativitätsprinzip (1920). – [25] C. M. MISNER und J. A. WHEELER: Class. phys. as geometry. Annals of Phys. 2 (1957) 525-603.

Literaturhinweise. M. JAMMER: Concepts of force – A study in the foundation of dynamics (Cambridge, Mass. 1957, New York 1962). – M. B. HESSE: Forces and fields (London/Edinburgh 1961).
M. JAMMER

II. *Der Begriff der Kraft in der neuzeitlichen Philosophie: bewegende und bildende Kraft.* – Die Philosophie versuchte in Zusammenarbeit mit der neuzeitlichen Naturwissenschaft und ihrer Rede von der K. die Begriffe der Physik und die ihnen entsprechenden Erscheinungen durch Zurückführung auf ihren «Grund», auf das «Wesen» der Sache selbst zu rechtfertigen. Der in diese Bewegung hineinbezogene physikalische Begriff der K. gewann metaphysische Bedeutung. Dabei kam der Begriff einer K. zur Geltung, welche für das Wesen einer Sache als solcher Geltung hat, insofern sie einer Veränderung unterworfen ist. K. wird «allgemein» als Ursache von Veränderung bezeichnet, wobei die «physikalische» K., die z. B. den Bewegungszustand eines Körpers verändert, als Konkretisierung der ontologisch verstandenen K. angesehen werden kann. Das Kategorienfeld, auf dessen Hintergrund die ontologische K. zunächst Bedeutung gewinnt, ist mechanistisch: «Veränderung» ist die Wirkung im Bereich des Einen auf Grund des verursachenden Anderen. K. ist, so verstanden, eine Ursache, die von ihrer Wirkung verschieden ist.

Aber über das rein mechanische Modell führten schon die Überlegungen von LEIBNIZ durch die Konzeption von «strebenden» K. hinaus, die in der von ihm aristotelisch als ‹Entelechie› bezeichneten Substanz, die auch den Namen ‹Monade› erhält, ins Werk gesetzt werden. Strebende K. ist nicht in feste Grenzen eines Ortes oder eines zeitlichen Augenblicks eingeschlossen, sondern sie erstreckt sich, räumlich gesehen, in den Bereich hinein, auf den sie wirkt; zeitlich gesehen dringt sie vom jetzigen Augenblick in die Zukunft ihrer Wirkungen vor. Sie greift über sich selbst hinaus und bringt das «Andere», auf welches sie wirkt, mit sich zur Einheit. Bei Leibniz spielt der Gedanke der übergreifend-einigenden K. in der naturphilosophischen Erörterung des Zusammenstoßens von Körpern und der Mitteilung von K.en eine Rolle [1]. Auf diese Weise gewinnt der Begriff der K. einen eigentümlich philosophischen Sinn: K. wird auf das Prinzip der Entelechie begründet und damit auf eine Instanz zurückgeführt, die als Aktion des Einigens sich verwirklicht [2]. Zugleich wird K. von Leibniz «subjektiviert», insofern er sie als Aktivität des Vorstellens und Repräsentierens anspricht, die das monadische Subjekt aufbietet. Die Monade spricht Leibniz als «force primitive» an, insofern sie in sich als geschaffenes Wesen jeweils auf individuelle Weise die unendliche Vielheit der Weltdinge repräsentierend vereinigt [3]. K. greift jeweils über die Grenze der Einzelnheit, des Hier und Jetzt hinaus und holt auch das zunächst Verschiedene, «Andere» ein: Sie hat die Natur der «tendance» [4]. Durch die «primitive» K. setzt die Monade eine Veränderung in sich selbst in Gang. Der dabei sich vollziehende Prozeß ist nicht von außen her herbeigeführt: durch ihn und in ihm einigt sich die Monade durch die vielen, im Zuge der Veränderung durchlaufenen Zustände hindurch zu einer zusammenhängenden Geschichte. Von der primitiven («ursprünglichen») K. wird die «derivative» unterschieden, die von außen angeregt wird, wie z. B. ein Bedürfnis nach einem wahrgenommenen Gegenstand.

Bei CHR. WOLFF findet sich die Erklärung, daß die «Quelle der Veränderungen» eine K. genannt werde, die bei selbständigen Wesen, etwa der Seele, bewirkt, daß diese aus sich die Vielheit ihrer Zustände hervorbringen [5]. K. dürfe nicht mit dem «bloßen Vermögen (Dynamis)» oder einer «Möglichkeit» gleichgesetzt werden. Da sie «Quelle» der Veränderung sei, müsse bei ihr eine «Bemühung», etwas zu tun, anzutreffen sein [6]. Indem ich sitze, habe ich ein «Vermögen» aufzustehen, und zwar in dem Sinne, daß es «möglich» ist für mich, mich zu erheben. Indem ich aber wirklich aufstehen *will* und mich jemand gegen meinen Willen zurückhält, äußert sich bei mir eine ‹K.› aufzustehen. Beim wirklichen Aufstehen ändert sich nicht nur mein Bewegungszustand, sondern ich trete aus meinem jetzigen Zustand heraus und ändere «meine Schranken» [7].

KANT unterscheidet zwischen bewegender und bildender K. Bewegende K. wird mechanistisch am Beispiel der Uhr illustriert: Hier bewegt ein Zahnrad ein anderes gemäß einer bewegenden K. [8]. Die transzendentalphilosophische Begründung des Begriffs der bewegenden K. im Horizont möglicher Erfahrung führt auf die Kategorie der Substanz, die als der beharrliche Quell anzusehen sei, aus dem eine bestimmte K. fließt, die Ursache von Veränderung und Bewegung ist. (K. gehört mit Begriffen wie Tätigkeit und Handlung zu der der Substanz zugeordneten Postprädikamenten) [9]. Dieser Gedanke ist eine Erbschaft von Leibniz: unter Substanz ist hier zunächst ein noumenon verstanden, sie ist «Subjekt». Dabei wird der Rahmen des Mechanismus gesprengt, weil diese Substanz in dem Maß zugleich als einigendes Prinzip wirkt, als sie «handelnd» K. ausübt [10]. Die erscheinende Substanz (substantia phaenomenon) ist Resultat von K.en, die im Raume wirken und durch die ein Körper seine Teile einerseits zusammenhält (Anziehung), andererseits andere vom Eindringen in seine Sphäre abhält

(Zurückstoßung, Undurchdringlichkeit). «Andere Eigenschaften kennen wir nicht, die den Begriff von der Substanz, die im Raume erscheint, und die wir Materie nennen, ausmachen» [11]. Die These, daß der philosophische Begriff der Materie im Sinne eines Zusammenwirkens von Kontraktions-K. und Expansions-K. verstanden werden müsse, macht den Inhalt der sogenannten «dynamischen» Theorie der Materie aus.

Der Standpunkt der ‹Kritik der reinen Vernunft› geht dahin, daß die bewegenden K. transzendental zwar auf einem apriorischen Prinzip, dem der Substanz, gründen, aber in ihrer erscheinenden Eigenart nur durch Erfahrung erkannt werden können. «Hierzu wird die Kenntniß wirklicher Kräfte erfordert, welche nur empirisch gegeben werden kann, z. B. der bewegenden K.e oder, welches einerlei ist, gewisser successiven Erscheinungen (als Bewegungen), welche solche K.e anzeigen» [12]. Kant spricht zugleich von der Idee einer «Grund-K.», die das System der Mannigfaltigkeit von K. umfasse. Diese «Idee» erfordere es, die Einheit aller bewegenden K. «soweit als möglich zu Stande zu bringen, und je mehr die Erscheinungen der einen und anderen K. unter sich identisch gefunden werden, desto wahrscheinlicher wird es, daß sie nichts als verschiedene Äußerungen einer und derselben K. sind, welche (comparativ) ihre *Grund-K.* heißen kann» [13]. Diese Grund-K. kann nur als Idee gelten, hat also regulative, keine konstitutive Bedeutung. Kant denkt hier an das sensationelle Beispiel bei Newton, dem es durch die Einführung der Gravitations-K. gelungen ist, die K.-Wirkungen auf der Erde und diejenigen im kosmischen Raum auf einen Nenner zu bringen. Darin könne ein Schritt auf dem Wege der niemals vollständig zu erreichenden Einigung aller K.-Arten zu einer Grund-K. gesehen werden.

Das apriorische System aller bewegenden K. auch materiell darzustellen, macht später Kant in den Fragmenten des ‹Opus Postumum› zur Aufgabe [14]. Im Unterschied zur «bewegenden» K. charakterisiert er die «bildende» K. in der Sprache, in der Leibniz K. als entelechiales, einigend-übergreifendes Prinzip angesprochen hat. Kant kontrastiert die bildende K. gegen die bewegende durch weitere Explikation des Uhrenbeispiels. In der Uhr ist das bewegende K. am Werke, sofern «ein Teil das Werkzeug der Bewegung des andern, aber nicht ein Rad die wirkende Ursache der Hervorbringung des andern» ist [15]. Als hervorbringend (produzierend) wäre dagegen die bildende K. zu kennzeichnen. Sie ist dort am Werke, wo die Leistung des Produzierens und Reproduzierens von Gebilden anzutreffen ist. In den Organismen wirke die bildende K., sofern diese sich selbst produzieren und reproduzieren, während im Falle der Maschine der Fall so liegt, daß sie sich nicht selbst herausgebildet hat, sondern von Menschen hergestellt werden muß. Auf dem Standpunkt des reflektierenden Urteils-K. nimmt Kant unter dem Titel «bildende K.» die aristotelische Unterscheidung von Physis und Techne auf. Den übergreifenden Charakter der bildenden K. betont Kant durch den Hinweis, daß das organisierte Wesen nicht bloß Maschine sei, sondern eine K. besitze, die es «den Materien mitteilt, welche sie nicht haben (sie organisirt): also eine sich fortpflanzende bildende K., welche durch das Bewegungsvermögen allein (den Mechanismus) nicht erklärt werden kann» [16]. Daher sei Natur Künstlerin und Produkt in einem, sofern man darunter die teleologisch verfaßte Natur versteht. Die von ihr ins Werk gesetzte bildende K. bringt organische Gestalten hervor, das sind solche, bei denen alles gegenseitig als Mittel und

Zweck beurteilt werden muß («innere Zweckmäßigkeit») [17]. – Es liegt nahe, die kantische Bestimmung des «Genies» mit dem Prinzip «bildende K.» in Verbindung zu bringen, da der mit Genie Begabte die Arbeit des Produzierens von Gebilden der Kunst übernimmt [18]. – Im ‹Opus Postumum› macht es sich Kant zur Aufgabe, die Vorgänge und Tatsachen im Erscheinungsbereich differenziert zu beschreiben und zu klassifizieren, um dann durch erweiterte transzendentale Methode ein System herzustellen, in welchem für jede festgestellte Klasse ein transzendentales Begründungsäquivalent angegeben werden kann. Ein apriorisches System der möglichen Wahrnehmungsakte soll auf diese Weise einem entsprechenden System «ursprünglich bewegender», die Sinne affizierender K. zugeordnet werden [19]. So kommt es zur Rede von tranzendental verstandenen K., wie der «Lebens-K.», der «organisierenden», der «formbildenden», der «plastischen» K. usw. [20].

In der Nachfolge Kants gebraucht vor allem HERDER, dem Beispiel von Leibniz folgend, den Terminus ‹K.› in metaphysischer Bedeutung, wofür z. B. die Aussage repräsentativ ist: «aber überall wo K. strebt, wo Würkung erscheinet – da der alllebende Gott» [21]. – HEGEL führt die Tradition des metaphysischen K.-Begriffes fort, von deren Standpunkt aus er Kritik an Newtons rein physikalisch-mathematischer Behandlung des K. übt [22]. Bewegende bzw. «endliche» K. im Sinne der verändernden Wirkung von seiten einer Ursache ist dem analysierenden und isolierenden «Verstand» zuzuordnen. Aber die philosophische Vernunft setzt eine dialektische Bewegung in Gang, in der die K. mit ihrer «Äußerung» identisch wird. Die K. gehe in ihre Äußerung über, aber «die Bewegung der K. ist nicht so sehr ein Übergehen, als daß sie sich selbst übersetzt, und in dieser durch sie selbst gesetzten Veränderung bleibt, was sie ist» [23]. Die dialektische Struktur der K. repräsentiert den Prozeß der Dialektik überhaupt: denn sie ist «Einheit des reflektierten und des unmittelbaren Bestehens». So ist sie «der sich von sich selbst abstoßende Widerspruch; sie ist thätig» [24]. Dieser ist zugleich «Äußerung»: Ihre Wahrheit besteht darin, daß sie sich als Inneres nur durch die Äußerung verwirklicht und daß sie daher das Ganze des Innen und Außen ist. An der so begriffenen K. zeigt sich der Charakter der «Unendlichkeit» [25].

In der Sprache NIETZSCHES spielt die K. im Zusammenhang mit dem Willen zur Macht eine maßgebende Rolle. Alle treibende K. sei Wille zur Macht [26]. K. wird als unsere K., als diejenige verstanden, die der Handelnde fühlt und erfährt. Unser Glaube an Kausalität sei der Glaube an die in uns selbst erfahrene, uns bekannte und gewohnte K. [27]. Die «mechanistische» Auffassung wolle nichts als Quantitäten, aber «die K. steckt in der Qualität». Von der «gestaltenden» K. sagt Nietzsche, wolle immer neuen «Stoff» (noch mehr «K.») vorrätig haben: «Das Meisterstück des Aufbaus eines Organismus aus dem Ei» [28].

Anmerkungen. [1] F. KAULBACH: Le labyrinthe du continu. Arch. de Philos. 29 (Paris 1966) 517ff. – [2] F. KAULBACH: Der philos. Begriff der Bewegung (1965) 65; Philos. der Beschreibung (1968) 38ff. – [3] G. W. LEIBNIZ, Philos. Schr., hg. C. I. GERHARDT 4, 478f. – [4] Nouveaux Essais, hg. A. ROBINET/H. SCHEPERS Akad.-A. 6/6, 169f. – [5] CHR. WOLFF: Vernünfftige Gedancken von Gott, der Welt und der Seele ... (1720) c. 2, § 115. – [6] a. a. O. § 117. – [7] § 118. – [8] I. KANT, KU § 65. – [9] KrV B 250. 249. 108. – [10] KAULBACH, a. a. O. [2] 197f. – [11] KANT, KrV B 321. – [12] a. a. O. B 252. – [13] B 677. – [14] KAULBACH, a. a. O. [2] (1965) 207; KANT, Opus Postumum. Akad.-A. 21, 487. – [15] KU § 65. – [16] a. a. O. § 65. – [17] § 63. – [18] § 46. – [19] Akad.-A. 21, 488f. 355. – [20] a. a. O. 488. – [21] J. G. HERDER, Sämtl. Werke, hg. B. SUPHAN 6, 273. – [22] G. W. F. HEGEL: Sämtl. Werke, hg. H. GLOCKNER 1, 5ff. – [23] a. a. O. 4, 648f. – [24] 650. – [25] 654f. – [26] FR. NIETZSCHE, Musarion-A. 19, 141. – [27] a. a. O. 119. – [28] 118.

Literaturhinweise. F. WEINHANDL: Gestaltanalyse (1927). – A. N. WHITEHEAD: Process and reality (New York 1929, ³1941). – W. DOBBEK: J. G. Herders Weltbild (1969). – F. KAULBACH: Philos. der Beschreibung (1968); Immanuel Kant (1969, ²1970); Hegels Stellung zu den Einzelwiss., in: Weltaspekte der Philos. (Amsterdam 1972). F. KAULBACH

Krankheit (griech. νοῦσος, νόσημα, πάθος, πάθημα, lat. morbus, aegritudo; ital. malattia; frz. maladie; engl. illness, sickness, disease) ist und war immer ein alltägliches, aber rätselhaftes und oft folgenschweres Ereignis, dem sich ebenso das Denken der Magier, der Priester, der Philosophen wie der Forscher zugewendet hat. In der Medizin nimmt K. die zentrale Stellung innerhalb eines riesigen Bereichs von Denkbemühungen und tätigem Handeln ein. So gibt es neben den verschiedenen Benennungen von K. in den Alltagssprachen viele und ebenfalls sich wandelnde fachliche Ausdrücke, die bestimmten Denkkategorien des Arztes zugeordnet sind. Wenn HIPPOKRATES [1] in den ‹Epidemien› das Begriffs- und Beziehungsdreieck Erkrankung (νόσημα), Kranker (νόσεον) und Arzt (ἰατρός) entwickelt, so deutet sich hier schon an, daß ein und dasselbe Ereignis gleichzeitig in mehreren Beziehungen steht und jeweils andere Aspekte bietet. Einen davon, die Sicht des Kranken, deutet SENECA an, wenn er sagt: «Triae haec in omni morbo gravia sunt, metus mortis, dolor corporis, intermissio voluptatum» (In jeder K. sind diese drei Dinge beschwerlich: die Todesfurcht, der körperliche Schmerz und die Einschränkungen der Lebensfreude) [2]. Schließlich haben K. auch im Leben der Völker eine gewichtige Rolle gespielt. ‹Pest› war kein Fachwort, sondern der Name für einen entsetzlichen, unbegreiflichen Massentod. Alle diese Aspekte haben ihre Bearbeiter gefunden. Aus dem Vielen und dem Vielerlei lassen sich bestenfalls gewisse Bezüge verdeutlichen und in ihrer Wortwahl im Rahmen bestimmter historisch-philosophisch-medizinischer Zusammenhänge herausarbeiten [3].

Anmerkungen. [1] HIPPOKRATES, Epid. I, 11. – [2] SENECA, Ep. mor. 70, 8. – [3] Vgl. P. DIEPGEN, G. B. GRUBER und H. SCHADEWALDT: Der K.-Begriff, seine Gesch. und Problematik, in: Hb. allg. Pathol. 1: Proleg., hg. F. BÜCHNER/E. LETTERER/H. SCHADEWALDT (1969) 1-50; H. RIBBERT: Das Wesen der K. (1909); K. E. ROTHSCHUH: Was ist K.? (1975).

1. Wortgeschichte. – Das Adjektiv ‹krank› kommt schon im Althochdeutschen vor; es bedeutet siech, schwach sein, ähnlich wie ‹krankalôn›, kränkeln, straucheln, schwanken [1]. Im Mittelhochdeutschen meint ‹kranc› kraftlos, leibesschwach, ‹kranc-heit› Schwäche, Schwachheit [2]. ‹Leit› bedeutet Unliebes, Widerwärtiges, Böses, Leiden, auch Betrübnis, es deckt also mehr die subjektiven Elemente. ‹Kränken›, schwach, kraftlos machen, entspricht dem mittelhochdeutschen ‹krenken›. Im Neuhochdeutschen nimmt ‹K.› drei Gehalte an: 1. Schwäche, Schwachheit (objektiv); 2. Kranksein, Leibes-K. (objektiv) und 3. Empfindung von Leid, Unmut, Traurigkeit, Sucht (subjektiv). Bildlich spricht man von der K. der Seele oder der Zeit [3].

Das Substantiv ‹K.› kann nach H. SCHAEFER [4] vier Sachverhalte ausdrücken, 1. die somatische körperliche Schwäche, 2. die sensorische Empfindung von Schmerz, Beeinträchtigung, 3. die geistige K. im Sinn von ‹böse›, ‹schlecht› (z. B. in engl. ‹ill›, ‹evil› oder in frz. ‹mal›, ‹maladie›) und 4. die soziale K. als Laster und dgl.

Erst mit der Übernahme aus dem *Fachwörter*gebrauch der Ärzte kommt es auch in der deutschen Umgangssprache zu größerer Differenzierung. So bedeutet bei ZEDLER ‹K.› dasselbe wie ‹morbus› oder ‹maladie›, etwas, was den Leib beschwert oder seinen unnatürlichen Zustand kennzeichnet. Der Kranke wird den Miserabiles, den Mitleidswürdigen, zugerechnet [5]. ‹Krank› ist bei STEINBACH gleichwertig mit ‹aeger›, ‹aegrotus›, ‹infirmus› und betont mehr die subjektive Seite des Leidens; ‹Kranksein› ist gleichbedeutend mit ‹aegrotare›, ‹K.› mit ‹morbus› als Bezeichnung für einen krankhaften Körperzustand; ‹aegritudo› heißt vornehmlich der von der K. beeinträchtigte Gemütszustand [6].

Anmerkungen. [1] E. G. GRAFF: Ahd. Sprachschatz oder Wb. der ahd. Sprache (1838) 4, 614; F. KLUGE: Etymol. Wb. der dtsch. Sprache (²⁰1967) s.v. – [2] M. LEXER: Mhd. Handwb. 1 (1872) s.v. – [3] GRIMM 5 (1873) s.v. – [4] H. SCHAEFER: Gesundheit und K., in Fischer-Lex. Med. 1 (1959) 168-185. – [5] J. H. ZEDLER: Großes vollst. Universal-Lex. aller Wiss. und Künste (1737, ND 1961) 1753ff. – [6] CHR. E. STEINBACH: Vollst. Dtsch. Wb. (1734, ND 1973) s.v.

2. Medizinische Terminologie.

Bei den *Hippokratikern* wird νούσημα für K. aus inneren Ursachen, πάθημα für solche aus äußeren Ursachen gebraucht mit νοῦσος als Oberbegriff [1]. GALEN (gest. ca. 201 n. Chr.) unternimmt erste deutliche Versuche, festere Begriffe einzuführen, ohne sie allerdings in verschiedenen Schriften immer völlig übereinstimmend zu verwenden. Immerhin bestimmt er K. (νοῦσος, morbus) als einen aktiven Vorgang mit einem deutlichen Befund der Abweichung praeter oder contra naturam, also als eine gestörte actio [2], verursacht durch gestörte Säftemischung (intemperies) [3]. Die Ausdrücke πάθημα und πάθος deuten noch stärker auf den Befund der krankhaften Abweichung in Funktion und Struktur. Das dem griechischen πάθος entsprechende lateinische ‹passio› bezeichnet dann ein relativ dauerhaftes Gesamtbild der K. (mutatio corporis) [4], das mitunter auch νόσημα genannt wird. Gelegentlich werden auch πάθος und ‹affectus› gleichsinnig gebraucht [5].

Bei J. FERNEL (gest. 1558), dem großen Systematiker der Medizin in der Renaissance, wird die Begrifflichkeit sehr ausführlich dar- und festgelegt. «*Morbus* est affectus corpori contra naturam insidens» (Die K. ist eine dem Körper innewohnende widernatürliche Veränderung) [6]. Für das sichtbar Veränderte in der Struktur der Teile oder der Funktion, d. h. für die krankhafte Veränderung, bevorzugt er ‹*affectus*› [7]; mit ‹*affectio*› bezeichnet er die äußere Einwirkung, die bei ausreichender Intensität K. erzeugt [8]. Diese selbst hat ihre Ursache in den Säften. Äußert sie sich in den Teilen, heißt sie ‹morbus›; die Störung der Funktion heißt ‹*Symptom*›. ‹*Pathos*› (passio) entspricht mehr dem subjektiven Leiden (pati = aegrotare). Jemand leidet (aegrotat), der von der K. (morbus) und dem affectus festgehalten wird (tenetur).

Nun gibt es auch noch den weiteren, heute vielgebrauchten Begriff ‹*Nosos*› (von ion. νόσος). Er kommt erst im 17. Jh. zur allgemeinen Anwendung, ohne vielfach genau von ‹morbus› und ‹pathos› getrennt zu werden. Im ‹Amaltheum-Lexicon› von 1721 heißt es: «Nosos sive morbus, Nosologia idem quod Pathologia» [9]. Pathologia wird dabei als Lehre von den K.-Ursachen bezeichnet [10]: sie umfaßt aber auch die krankhaften Veränderungen und Symptome; affectio ist der die K. bewirkende, äußere Anlaß; ‹affectus› deutet eher die Störung des Gemüts an (heute ‹Affekt›).

Das Wort ‹*Pathologia*› (griech. παθολογία, philos. = Affektenlehre) wurde von GALEN als Gegensatz zu ‹Physiologia› eingeführt [11]. Aber erst seit 1568, besonders seit FERNELS ‹Universa Medicina› ist das Wort fest im Sprachschatz der wissenschaftlichen Medizin verankert. Doch hielt die Uneinheitlichkeit im Wortgebrauch noch lange an, man sprach z. B. von «Pathologia therapeutica», «daemoniaca», «chymica» und «animata» [12]. Die Terminologie nimmt erst heute klarere Formen an.

Anmerkungen. [1] DIEPGEN u. a., a. a. O. [3 zu Einl.]. – [2] GALEN, Opera omnia, hg. C. G. KÜHN (1821, ND 1964/65) 10, 50; 7, 47. – [3] a. a. O. 7, 73. – [4] 10, 67. – [5] 16, 295. – [6] JOANNIS AMBIANI FERNELII Universa Medicina (Paris ⁶1610) 2, 179: Pathologia. – [7] ebda. – [8] 181. – [9] Amaltheum Castello-Brunonianum sive Lex. medicum a BARTHOL. CASTELLO Messanensi (Petavii 1721) 535. 545. – [10] a. a. O. 595. – [11] GALEN, a. a. O. [2] 14, 689f. – [12] H. SCHADEWALDT: Ein Beitrag zur Gesch. des Wortes ‹Pathol.› Z.bl. allg. Pathol. pathol. Anat. 89 (1952) 185-190, bes. 187.

3. Der medizinische K.-Begriff.

Der K.-Begriff wurde kaum je präzise abgegrenzt und gebraucht [1]. Er stammt aus der Umgangssprache und wird dort unreflektiert verwendet. Für den wissenschaftlichen Gebrauch reicht dieser alltagssprachliche Begriff nicht aus, um die zahlreichen verschiedenen Betrachtungsweisen des Phänomens zu kennzeichnen. Der K.-Begriff soll durch Abgrenzung und Festlegung von Merkmalen zu klarer Unterscheidung von «krank» und «nicht krank» (gesund) beitragen. Er soll so viele Teilbegriffe einschließen, als K. Teilaspekte hat. Seit K. nicht nur eine menschliche Situation und eine ärztliche Aufgabe beinhaltet, sondern im Zeitalter der Krankenkassen auch juristische Relevanz besitzt [2], ist die Diskussion um den K.-Begriff (Was unterscheidet gesund und krank?) intensiv geführt worden [3]. Dazu kommt, daß für die Medizin unserer Tage die K. nicht mehr vorrangig in pathologisch-anatomischen Veränderungen, auch nicht nur in Funktionsstörungen besteht, sondern daß der Mensch auch als Kranker, als Leidender (Patient), wieder mehr Beachtung findet und sich die Einsicht durchsetzt, daß er durch Erlebnisse und Konflikte seelisch oder infolge von Überforderungen in der sozialen Lebenswelt (Streß) psychosomatisch erkranken kann; alles das hat die alte Diskussion wieder neu belebt [4].

Die Unentschiedenheit bei der Verwendung von Begriffen wie ‹K.›, ‹Morbus›, ‹Pathos›, ‹Nosos›, ‹Pathologie›, ‹Nosologie› hält aber aus vielen weiteren Gründen noch an. Die Undifferenziertheit des deutschen Wortes ‹K.› läßt es für den wissenschaftlichen und besonders den medizinischen Sprachgebrauch als ungeeignet erscheinen [5]. Denn dasselbe Wort K. sollte nicht unterschiedslos gebraucht werden zur Kennzeichnung des Krankseins, der Erscheinungsweise von K., zur Abgrenzung von Gesundheit und K. im «K.-Begriff» und nicht bedeutungsgleich mit K.-«Vorstellung». Ferner kann ‹K.› den Aspekt des Kranken (sein Befinden), den Aspekt des Arztes (den Befund) und den Aspekt der Gesellschaft (die Notlage und Hilfsbedürftigkeit des Kranken) meinen, und das beinhaltet jedesmal eine andere Seite des Phänomens mit anderen Merkmalen. Schließlich tritt der Ausdruck ‹K.› in anderen geistigen Bezügen (in Theologie, Philosophie usw.) auf, in denen mit ihm nichts Medizinisches gemeint ist.

Zur Klärung des Begriffes ‹K.› wurden deshalb folgende Unterscheidungen vorgeschlagen [6]: Der umfassende Oberbegriff sei ‹*Morbus*›; er beinhaltet drei verschiedene Aspekte: ‹*Pathos*› stehe für den pathologischen Befund, die nachweisbare Desorganisation der

Struktur oder Funktion. ‹Aegritudo› bezeichne das subjektive Befinden des Kranken, das Sich-Krankfühlen des Leidenden mit Schmerz, Schwäche, Beeinträchtigung, Hilflosigkeit; ‹Nosos› stehe für das K.-Bild bzw. die klinische Einheit (z. B. Kropf, Krebs, Gelbsucht) [7].

Als *krank* gelte der Mensch, «der wegen eines Verlustes des abgestimmten Zusammenwirkens der leiblichen, seelischen oder leibseelischen Funktionsglieder des Organismus subjektiv oder klinisch hilfsbedürftig wird» [8]. Damit wird der *bionome* Ordnungscharakter des Menschen im Zustand der Gesundheit abgehoben von dem Ordnungs*verlust* in der K. [9]. Allerdings sind ‹normal› und ‹abnorm› keine brauchbaren Unterscheidungskriterien [10]. Es sind die Beeinträchtigungen, welche den Kranken objektiv und subjektiv vom Gesunden unterscheiden [11].

Anmerkungen. [1] Vgl. E. MÜLLER: Gesundheit und K., in: Hb. allg. Pathol., hg. F. BÜCHNER u. a. 1 (1969) 51-108; K. E. ROTHSCHUH: Der K.-Begriff (Was ist K.?). Hippokrates 43 (1972) 3-17; Was ist K.? (1975). – [2] J. GOTTSCHICK: Der med. und der jur. Gesundheits- und K.-Begriff. Ärztl. Mitt. 60 (1963) 1246ff. 1303ff. – [3] Vgl. SCHAEFER, a. a. O. [4 zu 1]; Der K.-Begriff (Ms. 1975); ROTHSCHUH, a. a. O. [1]. – [4] S. FREUD: Die Abwehr-Neuropsychosen. Neurol. Zbl. (1894) 362. 402-409; V. v. WEIZSÄCKER: Der kranke Mensch. Einf. in die med. Anthropol. (1951). – A. MITSCHERLICH: K. als Konflikt 1. 2 (¹1968/69); A. JORES: Der Mensch und seine K. Grundl. einer anthropol. Med. (1956). – [5] ROTHSCHUH: Prinzipien der Med. (1965). – [6] a. a. O. 127ff. – [7] L. J. RATHER: Towards a philos. study of the idea of disease, in: The hist. develop. of physiol. thought, hg. CH. MC C. BROOKS/P. CRANEFIELD (New York 1959) 351-373. – [8] ROTHSCHUH, Der K.-Begriff a. a. O. [1] 11ff. – [9] Vgl. Art. ‹Bionomie/Biotechnik›. – [10] Vgl. SCHAEFER, a. a. O. [4 zu 1]; G. CANGUILHEM: Essai sur quelques problèmes conc. le normal et le pathologique. Publ. Fac. Lett. Univ. Strasbourg Fasc. 150 (Paris 1950). – [11] CANGUILHEM, a. a. O.

4. *K.-Vorstellungen.*

– Unter K.-Vorstellung sei zweierlei zusammengefaßt, erstens die Anschauung über die *Anlässe* (Gründe, Ursachen, Zwecke) von K. und zweitens die Meinungen über ihren *Schauplatz* (z. B. Seele, Körper, Organe, Zellen usw.). In der K.-Vorstellung geht es also um zwei Fundamentalfragen, die sich zu allen Zeiten aufdrängen: 1. *Woher* kommt die K., diese Kolik, diese Gelbsucht, der Schwindel, der Schmerz? 2. *Wo* spielt sich das ab? Woher rührt die Verschiedenheit der K.-Erscheinungen, von denen etwa die einen mit Hitze (Fieber) einhergehen, die anderen aber mit blutigem Harn? *Wo*, in welchem Teil des Körpers oder auch des Seelischen spielt sich das Fundamentale, oft auch Verborgene, ab, das sich in gewissen K.-Zeichen kundtut?

Die erste Frage findet seit den Anfängen kultureller Überlieferungen zwei Haupttypen von Antworten: Entweder sieht man den Grund der K. im Wirken einer *übernatürlichen Macht*, welche den Menschen mit der K., so wie mit den anderen Plagen, für seine Übertretungen von Geboten und Lebensvorschriften bestraft oder warnt. Sie verfolgt damit also höhere, evtl. moralische Absichten und Zwecke. So dachte man in Babylon oder im alten Juda, mit Differenzierungen auch im früheren Christentum [1]. K. galt bei den Kirchenvätern weithin als Folge der Sünde; Christus vergab die Sünden und heilte die K. [2]. Diese Anschauung ist als übernatürliche oder *supranaturalistische* K.-Vorstellung zu bezeichnen. Dabei kann man eine Iatro*theologie* und eine Iatro*dämonologie* unterscheiden [3], je nachdem, ob man mehr Gott oder mehr den Teufel mit seinen Helfershelfern für die K. verantwortlich macht. In diesen Fällen ist der Hauptschauplatz der K. die sündige *Seele*, der Körper eher ein Nebenschauplatz.

Der zweite Haupttyp von K.-Vorstellung sieht Ursachen und Quellen von K. in den Einwirkungen von Stoffen und Kräften der Natur auf den menschlichen *Leib* mit seinen Organen, Säften, Strukturen, Funktionen. Die Folgen dieser Einwirkungen sind Schäden, welche etwa im Schmerz, in der Gelbverfärbung, der Kolik sich äußern. Von dieser *naturalistischen* K.-Vorstellung hat es viele Unterarten gegeben; die einen verlegten den Schauplatz des Geschehens in die festen Strukturen (Organe, Gewebe und Zellen), die anderen in die Säfte, und zwar als Abweichung von ihrer guten Mischung (Dyskrasie statt Eukrasie). Wieder andere sahen im Versagen bestimmter spezifischer «Kräfte» (Lebens-, Heil-, Nerven-, Seelenkräfte u. a.) den eigentlichen Grund für die K.-Erscheinungen [4]. Zu diesem Typ von K.-Vorstellung, die man früher gerne als d*ynamistisch* bezeichnete, kann man auch die Auffassungen des Psychosomatikers, der Psychoanalytiker und der Soziopathologen (Streß) rechnen. (Zur genaueren Differenzierung vgl. RIESE [5].)

Anmerkungen. [1] W. v. SIEBENTHAL: K. als Folge der Sünde (1950). – [2] A. v. HARNACK: Medizinisches aus der ältesten Kirchengesch. (1892). – [3] T. F. TROELS-LUND: Gesundheit und K. in der Anschauung alter Zeiten (1901) 59ff. – [4] Vgl. H. RIBBERT: Vom Wesen der K. (1909); Die Lehren vom Wesen der K.en in ihrer gesch. Entwickl. (1899). – [5] W. RIESE: The conception of disease, its hist., its versions, and its nature. Philos. Library (New York 1953).

5. *K.-Konzept.*

– Die Erweiterung der K.-Vorstellung (über Quellen und Schauplatz der K.) zum K.-Konzept findet dann statt, wenn auf der Grundlage einer K.-Vorstellung eine Theorie über die K.-Entstehung (Pathogenese), die Ausbildung bestimmter Symptome, die Genese typischer K.-Bilder (Nosologie) und ihrer Verläufe als umfassender, systematischer Rahmen von Axiomen und Folgerungen entwickelt wird, der für die Identifizierung der K. (Diagnose) und für die Wahl der Heilverfahren (Therapie) die Regeln angibt und womöglich Voraussagen (Prognosen) gestattet. Die K.-*Vorstellung* ist also nur *ein* Bauelement des K.-Konzepts bzw. der «allgemeinen K.-Lehre». Solche Konzepte umfassen zugleich die theoretischen Lehren und die daraus abgeleiteten Anweisungen zur Krankenversorgung. Sie haben nicht den Charakter einer «strengen» Wissenschaft, die primär auf reinen Erkenntnisgewinn ausgeht, sondern entwickeln allgemeine Auffassungen und Verhaltensregeln, welche zu einem möglichst sicheren Heilerfolg durch Anwendung von Wissen leiten sollen. Da die älteren K.-Vorstellungen über die Quellen und den Schauplatz der K. bis ins 19. Jh. selten mehr als auf sehr allgemeinen Annahmen beruhten, kann man diese älteren K.-Lehren vielfach den theologisch oder philosophisch begründeten Auffassungen zuordnen. In diesem Stadium läßt sich die Medizin nach ihrer Begründung und Zielsetzung am besten als «Protowissenschaft» bezeichnen [1], sofern man sie überhaupt unter die Wissenschaften rechnen will [2].

Anmerkungen. [1] TH. S. KUHN: Bemerk. zu meinen Kritikern, in: I. LAKATOS und A. MUSGRAVE (Hg.): Kritik und Erkenntnisfortschritt (1974) 223-269. – [2] ROTHSCHUH, a. a. O. [5 zu 3] bes. 8-19.

6. *Die. K.-Formenlehre (Nosologie) und das Problem der K.-Einheit* [1].

– Die *Hippokratiker* von Kos pflegten nur von Kranken und ihren individuellen *Kranken*geschichten, nicht aber von K. und K.-Geschichten zu sprechen [2]. Sie hielten jedes K.-Ereignis für einmalig, obgleich die alten Ärzte auch schon gewisse Namen für häufigere Erscheinungskomplexe des Krankseins, wie ‹Epilepsie›, ‹Icterus›, ‹Apoplexie›, benutzten. Der Versuch einer Abgrenzung typischer K.-Formen (z. B. Gicht) und einer Systematik (nosologisches System) setzt eigentlich erst im 17. Jh. ein (SYDENHAM, BOISSIER DE SAUVAGES, LINNÉ). Man verglich die K.-«Arten» mit Pflanzen«arten». Wieweit dieser Vergleich berechtigt ist, ist heute noch umstritten. Die Pflanze ist ceteris paribus eine genetisch bedingte Einheit, die eine bestimmte Form ausbildet und in einem Zeitrahmen entsteht und vergeht. Eine bestimmte K.-Art wäre nur dann als eine solche Einheit interpretierbar, wenn sie 1. durch die stets gleiche (genetische, physikalische, bakterielle) Ursache entstünde, 2. stets eine gleichverlaufende Entwicklung und Ausbildung (Pathogenese) und 3. stets den gleichen Ausgang nähme. Punkt 1 kann zutreffen, die Punkte 2 und 3 scheitern daran, daß die unterschiedliche «Pathibilität» [3], d. i. die jeweils andere Neigung, Disposition und Abwehr, bei jedem Menschen zu einer etwas anderen Pathogenese und Gestaltung des K.-Bildes und zu einem nur ungenau voraussagbaren Ausgang führt.

Anmerkungen. [1] Vgl. W. KARST: Zur Gesch. der «Natürlichen K.-Systeme» (1941). – [2] O. TEMKIN: Stud. zum Sinn-Begriff in der Med., in: Kyklos-Jb. 1 (1928) 21-105. – [3] ROTHSCHUH: Theorie des Organismus. Bios – Psyche – Pathos. (²1963).

7. *Vom Sinn der K.* [1]. – Der Sinn eines Gegenstandes, eines Ereignisses, eines Tuns, entsteht und besteht immer nur im Hinblick auf etwas anderes, z. B. auf das, worauf es hindeutet (Wort-, Zeichensinn), oder in der Handlung, die auf einen angestrebten Zweck gerichtet ist (Handlungs-, Zwecksinn) oder im Einsatz eines Mittels im Hinblick auf die Verwirklichung eines Ziels (Planziel, Zielsinn) oder im Andeuten tieferer Gehalte in künstlerischen Ausdruck (Symbolsinn). Sinnvoll nennen wir also stets etwas, was für etwas anderes innerhalb eines bestimmten Zusammenhanges Bedeutung hat.

Die Religionen, welche K. als Strafe oder Prüfung interpretieren, geben ihr einen Sinn im göttlichen Plan. Die Philosophen und Ärzte, welche die K.-Erscheinungen als Äußerungen von Heil*reaktionen* interpretieren, geben ihr einen teleologischen Sinn, einen Zwecksinn (vgl. R. KOCH [2]). Die Vertreter der Psychoanalyse (S. FREUD [3]) und der anthropologischen Medizin (V. V. WEIZSÄCKER, MITSCHERLICH, JORES [4]) interpretieren das Auftreten gewisser K.-Erscheinungen als Konversion unbewußter, aber sinnvoller seelischer Absichten oder Konflikte ins Körperliche (z. B. hysterische Lähmung) oder geben dem Ereignis der K. nach Art und Zeitpunkt einen Stellenwert in der Biographie, d. h. einen «biographischen Sinn».

Im Rahmen der heutigen Vorstellung einer im Makrogeschehen determinierten Weltgesetzlichkeit ist das göttliche Eingreifen, also das *Wunder*, rational schwer einsichtig zu machen. Der biographische Sinn ist im einzelnen Falle unerweisbar. Er ließe sich vielleicht verständlich machen, wenn die Halbfinalität des entgleisten seelischen Erlebens irgendwie als Spiegelung entgleister, bionomer, also partiell sinnvoller, zentralnervöser Ordnungsvollzüge interpretiert werden könnte. Das Problem dürfte noch offen sein [5].

Die Existenz der auf Erhaltung oder Wiederherstellung der Gesundheit hinwirkenden Reaktionen ist nicht zu bezweifeln, aber hier ist der «bionome Sinn» [6] eine natürliche Systemeigenschaft des Organismus.

Anmerkungen. [1] Vgl. O. TEMKIN, a. a. O. [2 zu 6]. – [2] R. KOCH: Ärztl. Denken. 3 Abh. über die philos. Grundl. der Med. (1923) bes. 2-23. – [3] FREUD, a. a. O. [4 zu 3]. – [4] WEIZSÄCKER, a. a. O. [4 zu 3] u. ö.; MITSCHERLICH, a. a. O. [4 zu 3] u. ö.; JORES, a. a. O. [4 zu 3]. – [5] Vgl. K. E. ROTHSCHUH: Zu einer Einheits-

theorie der Verursachung und Ausbildung von somat., psychosomat. und psych. K. Hippokrates 44 (1973) 3-17. – [6] ROTHSCHUH, a. a. O. [3 zu 6] 62-79.

8. Unser Denken und Sprechen über K. ist also in eine Vielzahl von Bezügen eingebettet und bleibt in mancherlei Hinsicht, trotz unendlicher gedanklicher Bemühung in den letzten Jahrtausenden, reich an Rätseln. Diese werden teilweise auch wissenschaftlich unlösbar bleiben, denn der einzelne K.-Fall ist nie restlos *determinierbar*, wenn wir auch nicht an seiner Determiniertheit zweifeln. Aber die Frage des Kranken, «warum mußte gerade ich die multiple Sklerose bekommen?», ist für ihn mit der Schilderung wahrscheinlicher Zusammenhänge «personal» nicht gelöst. K. im hier gemeinten Sinne ist also immer auch menschliche Betroffenheit. Ihre Erklärung oder Interpretation beruht zu allen Zeiten auf einer *Anthropologie*, einer Lehre vom Menschen [1]. Außerdem hat sie Wesentliches mit dem Verständnis vom Charakter des Lebendigen, des Bios, zu tun, d. h. mit den Lösungen der Frage, «was ist Leben?», und das gehört in die Philosophie des Lebendigen [2] oder in eine «Theorie des Organismus» [3]. Und schließlich spielt stets unser Meinen über Existenz und Wirken des Göttlichen in der Welt eine unübersehbare Rolle in der *Wertung* dessen, was als K. über uns hereinbricht. Wir können uns leidenschaftlich dagegen wehren, sie mit Demut annehmen oder mit Weisheit in unser Denken einordnen [4].

Anmerkungen. [1] H. SCHIPPERGES: Entwickl. moderner Med. (1968); Anthropol. in der Gesch. der Med., in: Neue Anthropol., hg. H.-G. GADAMER 2 (1974) 179-214. – [2] Etwa bei J. V. UEXKÜLL: Theoret. Biol. (²1928); H. DRIESCH: Philos. des Organischen (⁴1928); L. V. BERTALANFFY: Theoret. Biol. (1932). – [3] ROTHSCHUH, a. a. O. [3 zu 6]. – [4] E. MAY: Heilen und Denken (1956).   K. E. ROTHSCHUH

Krankheit zum Tode (die). S. KIERKEGAARD hebt in einer so betitelten Schrift (1849) im Blick auf Joh. 11,4 von der Krankheit, die «nicht zum Tode» ist, von der leiblichen Krankheit und dem leiblichen Tod selbst, die Sünde als die wahre K.z.T. ab, wobei *dieser* Tod der «andere» (vgl. z. B. Offb. 21,8), die Höllenpein, ist. Im Gegensatz zum Glauben als dem sich in Gott gründenden Selbstsein ist die K.z.T. nach Kierkegaard Verzweiflung, d. h. entweder Selbstvergessenheit oder Nicht-man-selbst-sein-Wollen oder sich von Gott lossagendes Man-selbst-sein-Wollen.   M. THEUNISSEN

Krausismo. Mit ‹K.› werden jene für die Geschichte *Spaniens* seit der Mitte des 19. Jh. bis zum Ende des Bürgerkriegs (1939) kennzeichnenden bürgerlich-liberalen Reformtendenzen auf den Gebieten der Philosophie, der Rechtswissenschaft, der Pädagogik und der Sozialpolitik bezeichnet, die ihre wichtigsten Anregungen aus der Philosophie des deutschen Idealismus, vor allem aber aus dem System des Privatdozenten K. C. F. KRAUSE (1781–1832) bezogen. Der Kollektivbegriff für eine eigentlich heterogene Bewegung ist während der sechziger Jahre des 19. Jh. als Feindbegriff von der reformfeindlichen neokatholizistischen Presse geprägt worden [1].

Die für die Rezeption von Krauses Philosophie in Spanien entscheidenden Elemente liegen in seiner Erkenntnistheorie, welche, besonders von Fichte und Schelling beeinflußt, als Fortführung und Überwindung der Kritiken Kants konzipiert ist. Den Gegensatz zwischen reiner und praktischer Vernunft sieht Krause im Panentheismus aufgehoben: Die Welt, die Menschheit, jeder einzelne

Mensch sind Teile Gottes, des vollkommen Urwesens, aber die Existenz Gottes geht nicht in diesen ihren Teilen auf. Wie Gott selbst sind Welt, Menschheit und Menschen zugleich Leibwesen (Natur) und Geistwesen (Vernunft). Bewegungsgesetz der Geschichte ist die im Panentheismus angelegte Perfektibilität der Menschheit hin zur Gottähnlichkeit und damit zur vollkommenen Erkenntnis, welche beide über verschiedene, wesentlich als Aufhebung von historischen Widersprüchen beschreibbare Phasen erreicht werden sollen. Als Methoden der Erkenntnisvergewisserung hat Krause einen aufsteigenden (subjektiven, analytischen) Lehrgang, der von der Selbstreflexion des menschlichen Ich zur Schau Gottes führt, einem absteigenden (objektiven, synthetischen) Lehrgang entgegengesetzt, der von der Schau Gottes ausgehend zur Einsicht in das Besondere gelangt. In seiner Schrift ‹Urbild der Menschheit› (1811) nennt er als Stufen des Weges zur geschichtlichen Bestimmung der Menschheit die «Grundgesellschaften» der Familie, der Nation und eines noch zu realisierenden Menschheitsbundes, welche scharf von «Zweckgesellschaften» wie den Institutionen Staat und Kirche abgesetzt werden.

Die Einführung von Krauses Philosophie in Spanien ist eng verbunden mit der Lebensgeschichte von J. Sanz del Río (1814–1869) und hat ihren geschichtlichen Hintergrund in der Bildungspolitik des liberalen Kabinetts Espartero, besonders des Ministers P. Gomez de la Serna, der 1843 im Rahmen einer Universitätsreform den ersten Lehrstuhl für Philosophiegeschichte an der Zentraluniversität von Madrid einrichtete. Die Berufung von Sanz del Río auf diesen Lehrstuhl war mit der Auflage verbunden, sich vor seinem Amtsantritt in einer zweijährigen, vom Staat finanzierten Studienreise über die neuesten Entwicklungen der französischen und deutschen Philosophie zu informieren. Da die Rechtsphilosophie des Krauseadepten H. Ahrens (1808–1874) bereits Ende der dreißiger Jahre in den Kreisen der Regierung nahestehenden Partido Progresista starke Beachtung gefunden hatte und schließlich 1841 in einer zweibändigen spanischen Übersetzung erschien, ist es nicht – wie häufig behauptet – ein historischer Zufall, daß sich Sanz del Río nach einer für ihn enttäuschenden Begegnung mit dem französischen Philosophen V. Cousin (1792–1867) eben an den damals in Brüssel lehrenden Ahrens mit der Bitte um erste Orientierung seines Studienvorhabens wandte. Auf Ahrens Ratschlag hin hörte Sanz del Río in Heidelberg zwei Jahre lang die Vorlesungen der Krauseschüler H. von Leonhardi und C. D. A. Röder. Bei seiner Rückkehr nach Spanien übernahm er dann nicht, wie geplant, sofort den Madrider Lehrstuhl für Philosophiegeschichte, sondern widmete sich bis 1854 ausschließlich der Übersetzung von Krauses Werken und der Anpassung seiner Lehre an die besonderen Bedürfnisse, die sich aus der politischen und sozialen Lage Spaniens und dem wissenschaftlichen Vorkenntnissen der dortigen Intelligenz ergaben. Eigenständiges Ergebnis dieser Bemühung ist Sanz' Buch ‹Ideal de la humanidad para la vida› (1860).

Die Geschichte des K. läßt sich in vier Phasen unterteilen, deren erste zusammenfällt mit den Jahren der offiziellen Lehrtätigkeit von Sanz, von der Übernahme des seit 1843 für ihn reservierten Lehrstuhls (1854) bis zu seiner Absetzung durch die neuerdings zur Macht gelangte katholisch-traditionalistische Reaktion (1867). Sie ist inhaltlich gekennzeichnet durch sein Bemühen, Krauses System in seiner Gesamtheit (einschließlich der Metaphysik) zu vermitteln, und ist rezeptionsgeschichtlich

einerseits durch den weitreichenden, politische Gruppenbildungen fördernden Erfolg seiner Lehre beim liberalen Bürgertum, andererseits durch die scharfe Kritik der ultramontanen neuen Machthaber zum Ereignis geworden. Eben diese politischen Spannungen erreichten ihren Höhepunkt in der bürgerlich-liberalen Revolution von 1868, welche den Beginn der zweiten Phase markiert. Bis zur Gründung (1873) und zum Ende (1877) der ersten spanischen Republik hatten Krausisten, aber auch Anhänger der Hegelschen Philosophie, deren Vorrang als Theorie für die spanische Intelligenz zu diesem Zeitpunkt bereits außer Frage stand, die wichtigsten Staatsämter inne. Zurecht gilt der im K. besonders ausgeprägte wirklichkeitsfremde Optimismus hinsichtlich eines allein durch Erziehung und sozialpolitische Reformen zu erreichenden historischen Fortschritts als einer der Hauptgründe für das Scheitern der ersten Republik.

Als Ausdruck politischer Resignation läßt sich die 1876 von F. Giner de los Ríos (1839–1915), einem Schüler von Sanz, verwirklichte Gründung der privaten Erziehungsanstalt ‹Institución libre de enseñanza› verstehen. Giner und seine Anhänger (u. a. G. de Azcárate, M. de Cossío) wollten eine Erneuerung Spaniens nun nicht mehr durch staatliche Reformen erreichen, sondern wählten den langen Weg der Erziehung einer Elite, die wesentlich an den Bildungsvorstellungen des deutschen Idealismus ausgerichtet war. In der Ausstrahlung dieser dritten Phase des K. auf die sogenannten Generationen von 1898 (Hauptvertreter: Azorín, P. Baroja, A. Machado, M. de Unamuno, R. de Valle Inclán) und 1927 (Hauptvertreter: R. Alberti, L. Buñuel, S. Dalí, F. García Lorca), deren in den ersten drei Jahrzehnten des 20. Jh. entstandene Werke mittlerweile neben denen des ‹Siglo de Oro› als der zweite kulturelle Höhepunkt in der Geschichte Spaniens gelten, liegt das historische Hauptverdienst des Bewegung. Mit der Generation von 1927 (ihre wichtigsten Repräsentanten verbrachten zur gleichen Zeit einen Teil ihrer Studienzeit in der 1910 gegründeten krausistischen ‹Residencia de estudiantes›) verwirklicht sich die vierte und letzte Phase des K. Ihr Charakteristikum ist das Bestreben, die Volksbildungspläne der neuerlich von Krausisten getragenen zweiten Republik unter bewußter Abkehr von jeglichem Elitebewußtsein in breitangelegte ‹Misiones pedagógicas› umzusetzen. So erklärt sich einmal die Tatsache, daß eines der ersten Dekrete Francos nach Ende des Bürgerkrieges die Schließung der ‹Institución libre de enseñanza› verordnete, aber auch das Fortleben des K. bei spanischen Emigranten in Frankreich, England und Südamerika.

Die Beantwortung der Frage nach den besonderen historischen Gründen für den Erfolg von Krauses Philosophie in Spanien kann sich auf eine These von W. Krauss stützen, der für die Fortschrittsbemühungen des spanischen Bürgertums deshalb in besonders hohem Maße der Rezeption handlungsorientierender und -legitimierender philosophischer Systeme bedurften, «weil sie der ökonomischen Deckung [entbehrten] und ... für lange hinaus auf den Kampf der lebendigen Form der Bewußtseinsbildung mit den versteinerten Bewußtseinsformen der erhaltenden Traditionsmacht verwiesen [waren]» [2]. Daß viele der liberalen Reformer Spaniens die Schriften Krauses anderen, schon zu ihren Lebzeiten renommierteren Theorien vorzogen, mag dem in ihrem Erkenntnisoptimismus angelegten Versprechen konkreter Realisierung idealer Ziele zuzuschreiben sein. So begründete Sanz del Río seine Vorliebe für Krauses Ideen schon

1844, indem er sie «ihrem Wesen nach praktisch und auf das individuelle und öffentliche Leben anwendbar» nannte (ideas que son esencialmente prácticas y aplicables a la vida individual y pública) [3]. Für spätere Phasen des K. kam dem für den Panentheismus kennzeichnenden hohen Grad der Kompatibilität mit christlicher Theologie, an der festzuhalten die meisten Krausisten für sich in Anspruch nahmen [4], besondere Bedeutung zu. Darüberhinaus rechtfertigte der Rang der Grundgesellschaften Familie und Nation in Krauses Fortschrittsspekulation, jedenfalls vor 1868 und nach 1877, alle Bemühungen um nationale Erneuerung außerhalb der Zweckgesellschaften Staat und Kirche.

Das schon um die Wende zum 20. Jh. einsetzende und bis heute übliche Verständnis des K. als «philosophische Bewegung rein spanischen Charakters» und «Bewegung ethischer Erneuerung von pädagogischer Bedeutung» (movimiento filosófico de neto carácter español ... movimiento de renovación pedagógica) [5] ist durch die Geschichte ebenso als berechtigt ausgewiesen wie seine Definition als «geistiger Kampfstil» [6]. AZORÍN, einer der bedeutendsten Vertreter der vom K. geprägten Generation von 1898, hat die drei wesentlichen Elemente dieser Bestimmungen, die Eigenheit des K. als spanische Bewegung zentraleuropäischen Ursprungs, seine historische Bedeutung als Konzept der Volkserziehung und das besondere intellektuelle Erscheinungsbild seiner wichtigsten Vertreter zusammengefaßt und zugleich den Rang der von ihm begründeten kulturellen Blüte in ein neues nationalgeschichtliches Licht gerückt, indem er auf eine geistesgeschichtliche Parallele zwischen dem Erasmismus als der praktischen Grundströmung des ‹Siglo de Oro› und dem K. verweist: «der K. ist nicht etwa eine Philosophie, sondern ganz einfach eine Moral. Darin lag sein beachtliche Kraft. Man könnte ... sagen, daß die Krausisten die letzten Erasmisten Spaniens sind. Die alten spanischen Erasmisten verankern ihr Credo in einer reinen Norm des Lebens. Die Krausisten begründen aus ihrem Denken, ihren Gefühlen eine Lebensnorm» (el K. es, simplemente, no una filosofía, sino una moral. Y en esto estaba su fuerza considerable. Se podría decir ... que los krausistas son los últimos *erasmistas españoles*. Los antiguos erasmistas de España asientan su credo en una norma pura de vida. Los krausistas establecen, según su pensar, según su sentir, una norma de vida) [7].

Anmerkungen. [1] Vgl. E. TERRÓN ABAD: Sociedad e ideología en los orígenes de la España contemporánea (1969) 237. – [2] W. KRAUSS: Spanien 1900-1965 (1972) 13. – [3] zit. nach M. D. GÓMEZ MOLLEDA: Los reformadores de la España contemporánea (1966) 32. – [4] Vgl. TERRÓN ABAD, a. a. O. [1] 26-29; GÓMEZ MOLLEDA, a. a. O. 26-29. – [5] A. POSADA: España en crisis (1923) 173f. – [6] KRAUSS, a. a. O. [2] 10; vgl. M. TUNÓN DE LARA: Medio siglo de cultura española (1970) 40. – [7] AZORÍN: Dicho y hecho (1957) 109f.
Literaturhinweise. H. FLASCHE: Studie zu K. F. C. Krauses Philos. in Spanien. Dtsch. Vjschr. Lit.wiss. 14 (1936) 382-397. – P. JOBIT: Les éducateurs de l'Espagne contemporaine. 1: Les Krausistes. 2: Lettres inédites de don Julian Sanz del Rio (1936). – M. MENÉNDEZ PELAYO: Hist. de los heterodoxos españoles 6 (1948) 366-401. – J. LÓPEZ MORILLAS: El K. español (1956). – V. CACHO VIU: La Institución libre de enseñanza (1962).
H. U. GUMBRECHT

Kreatianismus (von lat. creatio, Schöpfung) ist eine neuzeitliche Bezeichnung der Lehre von der Erschaffung aller Menschenseelen durch Gott. In der Theologie des 3. und 4. Jh. lassen die zunehmende Anerkennung der Immaterialität und Selbständigkeit der Seele und die Entfaltung des Schöpfungsbegriffs zwischen älteren Vorstellungen des Seelenursprungs, nämlich einerseits natür-

lich-psychologischen, dem Traduzianismus oder Generatianismus (s.d.), andererseits überzeitlich-spiritualistischen, dem Präexistentianismus, eine mittlere Theorie aufkommen, nach der die Seelen, ohne materielle Vermittlung, aber durch die Generationenfolge bedingt, zu ihrer Zeit von Gott geschaffen und dem elterlichen Zeugungsprodukt eingegeben werden. Andeutungen in dieser Richtung gibt CLEMENS VON ALEXANDRIEN [1]. ARNOBIUS schreibt die Erzeugung der Seelen einem unbekannten Erzeuger aus Gottes Hofstaat [2], LACTANTIUS dem einen Gott selbst zu [3]. Im 4. Jh. verbreitet sich der K. AUGUSTIN bejaht ihn lange, sucht aber im Spätwerk sein Erbsündenverständnis durch Hinweise auf die Mitwirkung der Elternseelen bei der Seelenerzeugung zu stützen [4]. Klassische Gestalt erhält der K. bei THOMAS VON AQUIN, nach dem die immaterielle Geistseele nie durch «generatio», sondern nur durch «creatio» entstehen kann [5]. Unter Augustins Einfluß versucht die neuzeitliche Theologie dennoch, den K. auf den Generatianismus hin zu öffnen, wie auch die reformatorische und spätere protestantische Theologie zwar zwischen beiden Auffassungen schwankt, aber in der Mehrzahl doch im Anschluß an die augustinische Erbsündenlehre den Traduzianismus vertritt [6]. Gegenwärtige Neuinterpretationen betonen die Kontinuität und überkategoriale Immanenz des göttlichen Schöpfungsaktes, der es den Eltern ermöglichen soll, in «Selbsttranszendenz» (K. RAHNER) ihres wesensgemäßen Könnens nicht nur die leibliche Komponente eines Menschen, sondern ihn in leibseelischer Ganzheit zu zeugen [7].

Anmerkungen. [1] CLEMENS VON ALEXANDRIEN, Protrep. X, 92, 2; 98, 2-3; Strom. V, 14, 94, 4. – [2] ARNOBIUS, Ad nat. II, 36. 46. 48. – [3] LACTANTIUS, Div. inst. II, 11. 12; VII, 5; De opif. Dei 17. 19. – [4] AUGUSTINUS, De anima et eius orig.; Contra Iul. II, 178; Ep. 190. – [5] THOMAS VON AQUIN, S. theol. I, q. 90, a. 21; q. 118, a. 2. – [6] M. LUTHER, Weimarer A. 39/2, 341. 348ff.; PH. MELANCHTHON, Corpus reformatorum 13, 17f.; vgl. H. SCHMID: Die Dogmatik der evang.-luth. Kirche (⁶1876) 116f. 179f.; H. HEPPE und E. BIZER: Die Dogmatik der evang.-reform. Kirche (²1958) 182ff. – [7] P. OVERHAGE und K. RAHNER: Das Problem der Hominisation (1961) 79-84; vgl. P. SMULDERS: Theol. und Evolution (1963) 94f.
Literaturhinweise. A. KONERMANN: Die Lehre von der Entstehung der Menschenseelen in der christl. Lit. bis zum Konzil von Nizäa (1915). – H. KARPP: Probleme altchristl. Anthropol. (1950).
H. RIEDLINGER

Kreativität (engl. creativity) wird seit fast 40 Jahren als Titel für eine hypothetische Gemeinsamkeit von Forschungsgegenständen der Psychologie verwendet. Schlüsselbegriffe der unter K. konvergierenden Gebiete sind etwa: *Begabung, Originalität, Phantasie, Intuition, Inspiration, wissenschaftlich-technisches Erfinden, künstlerisches Schaffen.*

Als programmatisches Signal hat der Terminus ‹K.› seit 20 Jahren forschungsstimulierend und integrierend gewirkt, sich aber noch nicht zu einem wissenschaftlichen Begriff präzisieren lassen [1]. Eine Übersicht über die Bestimmungsstücke, die verschiedene Autoren als wesentlich für K. angeben, zeigt, daß nicht alle über denselben Sachverhalt reden. ‹K.› wird wahlweise von Personen, Handlungen und Ergebnissen von Handlungen ausgesagt und häufig auch ohne Trennung dieser drei Aspekte verwandt. Auch divergieren die Ansichten darüber, welche Merkmale jeweils Person, Prozeß und Produkt haben müssen, um sich als kreativ auszuzeichnen. Relative Übereinstimmung besteht, daß folgenreiche Produkte, die bezüglich des Erwartungssystems der sie auswertenden Gruppe neu sind und die dieses Erwartungssystem modifizieren, Anspruch auf den Titel ‹kreativ› haben. Den Urhebern kreativer Produkte wird u. a. subtile Rezeptivität, Freude an unkonventionellen Einfällen und Selbständigkeit des Denkens zugeschrieben. In Definitionen des kreativen Prozesses wird meist ein offenes System mitgedacht, das nicht nur ein einziges Resultat als angemessen akzeptiert. Dieser Horizont zulässiger Resultate ist in den von verschiedenen Autoren gegebenen Paradigmen des kreativen Prozesses unterschiedlich weit: relativ scharf begrenzt beim sogenannten «*abenteuerlichen Denken*» [2], dagegen prinzipiell unendlich im Falle des *divergenten Denkens*, dessen Prototyp das freie Assoziieren ist, ein Prozeß ohne Abschluß [3].

Anmerkungen. [1] W. G. DAHLSTROM: Personality. Ann. Rev. Psychol. 21 (1970) 33. – [2] F. BARTLETT: Thinking (New York 1958) Kap. 6ff.; E. LANDAU: Psychol. der K. (1969). – [3] J. P. GUILFORD: Some theoretical views of C., in: H. HELSON (Hg.): Contemporary approaches to psychol. (1967) 419-459; vgl. auch R. HYMAN: C. and the prepared mind, in: C. W. TAYLOR (Hg.): Widening horizons in C. (New York 1964) 78.

1. Lange vor Beginn der empirischen K.-Forschung stand ein Vorläufer des Begriffs ‹K.› im Zentrum ästhetischer Theorien: der Begriff des schöpferischen Geistes, des *Genies*, auf den diese Lehren im 17. und 18. Jh. ihre Deutungen der Kunst gründeten [1]. Eine Kontinuität zwischen der Geistestätigkeit von weltgeschichtlichem Rang und der des durchschnittlichen Menschen wurde Ende des 19. Jh. von den ersten *empirisch* arbeitenden Psychologen gesehen [2]. Für die Phantasie z. B. verspricht sich W. WUNDT besseren Aufschluß aus der experimentellen Analyse einfacher typischer Phantasiebildungen als aus der Spekulation über die komplexe künstlerische Phantasie [3]. Seitdem werden die am Genie akzentuierten Erscheinungen der Phantasie, der schöpferischen Originalität und der emotionalen Dynamik in ihrer *normalen Variationsbreite* zum Teil experimentell studiert. Die so aus dem Zusammenhang der ästhetischen Genietheorie entlassenen Teilgebiete der experimentellen Psychologie überschneiden sich und legen den Versuch nahe, sie erneut zu integrieren.

Einen derartigen Versuch unternahm 1931 E. D. HUTCHINSON [4]. Er wählte dafür den Titel ‹creativity› (= C.), und dies ist wohl die früheste Verwendung des Terminus in der Psychologie. Hutchinson gebrauchte ‹C.› synonym mit ‹creativeness› und ‹creative thinking›, und zwar im Kontext experimenteller Fragestellungen. Im gleichen Jahr bediente sich auch N. D. M. HIRSCH dieses Terminus bei einer spekulativen Wesensunterscheidung zwischen Genie und Talent [5]. Als subjektive Beurteilungskategorie verwendete H. A. MURRAY 1938 ‹K.› bei der Auswertung von Persönlichkeitstests, eine Variable, die Originalität und Imagination beim Erfinden von Geschichten erfassen sollte. Die Definition wird aber nicht im Detail expliziert [6]. Eine umfangreiche Untersuchung mit einem «test for types of formal C.» wird ohne nähere Angaben 1939 von E. HARMS erwähnt [7].

Als psychologischer Fachterminus bürgerte sich der Begriff erst ein, nachdem J. P. GUILFORD 1950 erneut die Einheit dieses Forschungsgebietes postuliert, einen Forschungsplan skizziert und die Dringlichkeit seiner Realisierung ökonomisch begründet hatte [8].

Im Deutschen ist ‹K.› erst als Übersetzung des amerikanischen ‹C.› gebräuchlich geworden [9]. Die Wurzel des Wortes ‹K.› erscheint schon vor Hutchinson in Titeln einiger französischer, englischer und amerikanischer Arbeiten, die für die Psychologie bedeutsam sind [10]. Bemerkenswert ist, daß schon 1913 H. POINCARÉS ‹invention› im Titel der amerikanischen Übersetzung ‹creation› heißt [11].

Anmerkungen. [1] Vgl. Art. ‹Genie›, ‹Ingenium›, ‹Invention›; F. BRENTANO: Das Genie (1892); F. GALTON: Genie und Vererbung (1910); H. ELLIS: A study of Brit. genius (London 1904). – [2] So bei GALTON, a. a. O. – [3] W. WUNDT: Völkerpsychol. 3: Die Kunst (³1919) 12ff. – [4] E. D. HUTCHINSON: Materials for the study of creative thinking. Psychol. Bull. 28 (1931) 392-410. – [5] N. D. M. HIRSCH: Genius and creative intelligence (Cambridge, Mass. 1931), zit. nach M. I. STEIN und S. H. HEINZE: C. and the individual (Chicago 1960). – [6] H. A. MURRAY: Explorations in personality (New York 1938). – [7] E. HARMS: A test for types of formal C. Psychol. Bull. 36 (1939) 526-527. – [8] J. P. GUILFORD: C. Amer. Psychologist 5 (1950) 444-454. – [9] Vgl. Buchtitel von LANDAU, a. a. O. [2 zu Einl.] und von G. ULMANN: K. (1968). – [10] TH. RIBOT: Essai sur l'imagination créatrice (Paris 1900); H. BERGSON: L'évolution créatrice (Paris 1907); R. M. SIMPSON: Creative imagination. Amer. J. Psychol. 33 (1922) 234-243; G. WALLAS: The art of thought (London 1926); C. SPEARMAN: Creative mind (London 1931). – [11] H. POINCARÉ: Math. creation (1913), in: B. GHISELIN (Hg.): The creative process (Berkeley 1952).

2. Die Geschichte des Begriffs spiegelt sich in der Entwicklung methodischer Ansätze zu seiner *Operationalisierung*. Man kann vereinfachend fünf Typen methodischer Zugänge unterscheiden, die alle bereits zu Beginn des 20. Jh. beschritten wurden und von denen keiner endgültig verlassen ist.

a) *Auswertung von Biographien berühmter Personen:* Die ersten Empiriker unter den Genieforschern gehen mit vorgefaßten Meinungen über das Wesen des kreativen Menschen an das Studium von Lebensläufen heran. C. LOMBROSO durchgräbt die Biographien von «Geistesriesen» nach Stigmata «epileptoider Psychose», der vermeintlichen Quelle genialen Schaffens [1]. F. GALTON versucht durch Stammbaumanalysen nachzuweisen, daß die zwangsläufig zu schöpferischen Leistungen führende simultane Höchstausprägung der unabhängig und normalverteilt gedachten Merkmale Intelligenz, Fleiß und Arbeitskraft erblich ist [2]. Selbst bei H. ELLIS' Tabellierung biologischer Daten wird ein bestimmtes Konzept des kreativen Menschen operationalisiert: Er wird nur durch seine geistige Leistung berühmt, nicht kraft seines sozialen Ranges [3]. L. M. TERMANS Gleichsetzung von K. mit exzeptioneller Intelligenz veranlaßt C. M. COX, ihre Eindrücke von aufbereiteten biographischen Daten auf subjektiven Schätzskalen abzubilden, um die Intelligenzquotienten historischer Genies zu schätzen [4]. Psychoanalytiker schließlich gehen mit ihrer spezifischen Interpretationstechnik an Biographien heran, wenn sie die dem kreativen Akt zugrunde liegende Triebdynamik aufdecken wollen [5].

Der stärkste Einwand gegen die biographische Methode – ELLIS selbst hat ihn allen späteren Kritikern vorweggenommen – richtet sich darauf, daß Biographen willkürlich selegieren und deshalb kaum vergleichbares, lückenhaftes Material liefern. Trotzdem stützt noch Ende der fünfziger Jahre R. B. CATTELL eine weitreichende These auf die Skalierung biographischen Materials [6].

b) *Analyse von kreativen Gebilden:* In Verbindung mit zugehörigen biographischen Daten verwenden Psychoanalytiker auch künstlerische Äußerungen zur Diagnose von Trieb- und Konfliktstrukturen – der vermuteten Wurzel der K. Ihr Augenmerk richtet sich auf symbolische Inhalte, die sich gemäß ihrer Theorie kodieren lassen, in Kunstwerken [7] und neuerdings auch in Deutungen von Klecksgebilden (Rorschach-Test) [8]. Besonders erwähnenswert sind Werkanalysen, die auch Vorstufen eines Werkes, archivierte Skizzen, einbeziehen, um Momente des verborgenen Entstehungsprozesses rekonstruieren zu können [9].

c) *Prozeßbeobachtung im Labor:* Wer den Prozeßaspekt der K. im Labor untersucht, geht von der Vorstellung aus, K. sei ein *kurzfristig aktualisierbares Phänomen*, das durch überdauernde Dispositionen determiniert werde. Den Anfang machte vermutlich G. V. DEARBORN, als er Klecksfiguren deuten ließ und den Einfluß von Interessen der Versuchspersonen bemerkte. Er will die «mental functions upon which wit and mental liveliness depend» erfassen [10]. Wie der Lösungsverlauf beim produktiven Denken von Material- und Aufgabenbedingungen bestimmt wird, ist seit Anfang des 20. Jh. Thema zahlreicher bekannter Arbeiten [11]. Allerdings befaßten sich zu Beginn nur wenige [12] mit dem, was heute unter kreativem Denken verstanden wird, nämlich mit dem divergenten Denken, für dessen Ergebnisse es kein Richtigkeitskriterium gibt [13]. Die Ausdehnung der experimentellen Manipulation auf Kontext- und Instruktionsvariablen ist logisch der nächste Schritt [14]; er wurde allerdings von J. ROYCE 1898 in einer originellen Arbeit längst vorweggenommen [15]. Royce ließ sinnfreie Figuren serienweise zeichnen und versuchte in mehreren Stufen, die Versuchspersonen zu immer neuen Variationen zu bewegen. Dabei entdeckte er, daß der Variationsspielraum individuell sehr unterschiedlich ist.

In Arbeiten dieses Typs wird K. durch kausale Antezedenten definiert; je nach den unabhängigen Variablen, deren Einfluß nachgewiesen werden konnte, als Epiphänomen z. B. einer Einstellung, einer Rollenauffassung eines assoziativen Prozesses. Vernachlässigt wurde bisher der ökologische Ansatz, nämlich das Beobachten kreativer Handlungen in der natürlichen Umgebung. Da hier die Initiative nicht beim Untersucher liegt, kann das Ergebnis einer solchen Studie, wie z. B. bei J. BRUNER oder bei W. R. REITMANN, zunächst nur eine deskriptive und noch keine kausale Analyse sein [16].

Die Beobachtung des isolierten Prozesses wird kritisiert als eine Momentaufnahme, die ohne ihre historische Tiefe unverstehbar ist. Kritiker schlagen deshalb die beiden noch folgenden Ansätze vor [17].

d) *Introspektion kreativer Personen:* Es ist dies eine Systematisierung des ursprünglichsten Zugangs zur K. über persönliche Zeugnisse und Reflexionen. K. wird primär verstanden als *individuelles, persönliches Erlebnis*, von dessen subjektiver Färbung man nicht zuviel abstrahieren darf. P. PLAUT und später J. HADAMARD stellen Zeitgenossen, an deren K. sie aufgrund anerkannter Leistungen keinen Zweifel haben, brieflich einige Fragen nach ihrer Arbeitsweise und dem Wesen ihrer kreativen Erfahrungen [18]. Die wohl aufschlußreichsten Selbstzeugnisse sind allerdings unabhängig von diesen Befragungen entstanden, nämlich diejenigen des Mathematikers H. POINCARÉ und des Komponisten H. COWELL [19]. B. GHISELIN hat die Erhebung weiter systematisiert, indem er Adjektiv-Listen zur Beurteilung des eigenen Aufmerksamkeits- und Gefühlszustandes vor, während und nach Erfindungen – soweit erinnerlich – anstreichen läßt [20]. Der Auswertung nach gehört sein Verfahren bereits zum nächsten Typ. In Zweifel gezogen wird die introspektive Methode derzeit mit sehr berechtigten Gründen von J. PIAGET, der die Ontogenese der Fähigkeit zur Introspektion studiert hat [21].

e) *Differentiell-psychologischer Ansatz:* Hier wird K. aufgefaßt als ein *Vermögen* bzw. eine *Kombination von Vermögen*; – eine Entscheidung, ob es sich um angeborene oder erlernbare handelt, wird auf dem experimentellen Wege gesucht. Wesentlich ist die Annahme *dispositioneller* Merkmale, die im Individuum relativ konstant, dagegen interindividuell variabel verteilt sind. Dieser methodische Zweig treibt momentan am lebhaftesten. Es werden einerseits Tests zur Diagnose kreativer Personen entwickelt – im wesentlichen Variationen von Mustern, die vor 1922 erfunden worden sind [22] – und an Kriteriumsgruppen [23] und/oder faktorenanalytisch [24] validiert; andererseits wird die Einschätzung von Leuten durch Kollegen oder Vorgesetzte hinsichtlich mehr oder weniger genau definierter Kriterien der K. als unabhängige Variable bei der Suche nach Persönlichkeitskorrelaten der K. verwendet. Der erste bemerkenswerte Versuch mit Schätzurteilen findet sich 1921 bei M. GARNETT [25]. Erwähnenswert sind ferner die Untersuchungen von R. S. CRUTCHFIELD, der bei Menschen, die als kreativ beurteilt wurden, relativ große Urteilsselbständigkeit nachgewiesen hat [26], und F. BARRON, der umfassende Persönlichkeitsanalysen durchführt [27]. In jedem Test- oder Schätzverfahren operationalisiert ein Untersucher seine spezielle Definition der K. – z. B. schon bei der Auswahl der Beurteiler, die er für kompetent hält, die K. eines Zeitgenossen zu beurteilen – und seine Aussagen sind nur in bezug auf diese Definition sinnvoll.

Was den Testansatz betrifft, so wird kritisiert, daß die Bedingungen der zeitbegrenzenden Leistungsprüfung, unter denen die Tests üblicherweise stattfinden, per definitionem die Erfassung von K. ausschließen: Der Kreative läßt sich durch ganz idiosynkratische Konstellationen bewegen, nicht aber durch Testanweisung zum Schaffen kommandieren [28]. Selbst der entschiedenste Verfechter der Testmethodik, GUILFORD, erkennt eine gewisse Rhythmizität der K. an [29], behält aber trotzdem die seinem Merkmalsbegriff zugrunde liegende Konstanzannahme bei. Die ersten, die ausdrücklich von der Situation des Leistungstests abgehen, sind 1965 M. A. WALLACH und N. KOGAN in einer vorbildlichen Arbeit [30]. Zur Illustration des ganzen Ansatzes seien die von ihnen verwendeten «Spiele» genannt: Viele Beispiele zu einem Begriff (z. B., was Lärm macht), viele Verwendungszwecke zu einem Ding (z. B. Schlüssel), viele Gemeinsamkeiten eines Paares (z. B. Uhr/Schreibmaschine) nennen, ferner Deutungen zu drudelähnlichen Mustern und zu sinnfreien Linienzügen erfinden. In das K.-Maß gehen Quantität und Qualität der Antworten ein, wobei zur Qualität gleichzeitig statistische Seltenheit und ein subjektiver Eindruck von ihrer Güte beitragen. Unter den K.-Tests von Wallach und Kogan fehlt eine wichtige Variante, die schon GUILFORD 1950 vorgeschlagen hat [31]: das Aufspüren der Problematik an alltäglichen Dingen und Situationen. Im Problemfinden dürfte der wesentliche Unterschied zwischen kreativem Denken und produktivem Denken im herkömmlichen Sinn (Problemlösen) liegen [32].

Anmerkungen. [1] C. LOMBROSO: Der geniale Mensch (1890); Studien über Genie und Entartung (1910). – [2] GALTON, a. a. O. [1 zu 1]. – [3] ELLIS, a. a. O. [1 zu 1]. – [4] C. M. COX: The early mental traits of 300 geniuses (Stanford 1926); vgl. auch L. M. TERMAN: The discovery and encouragement of exceptional talent, in: D. WOLFLE (Hg.): The discovery of talent (Cambridge, Mass. 1969). – [5] z. B. S. FREUD über Leonardo da Vinci und über Dostojewski; psychoanalyt. Studien über Genies sind zahlreich, besonders erwähnenswert: K. R. EISSLER: Notes on the environment of a genius (Goethe). Psychoanal. Stud. Child 14 (1959) 267-313. – [6] R. B. CATTELL: Personality and motivation of the researcher, in: C. W. TAYLOR und F. BARRON (Hg.): Scientific C. (New York 1963) 119-131. – [7] z. B. Hinweise bei O. RANK: Der Künstler (1907, ⁴1925). – [8] F. PINE und R. R. HOLT: C. and primary process. J. abnorm. soc. Psychol. 61 (1960) 370-379. – [9] R. ARNHEIM u. a.: Poets at work (New York 1948), zit. nach STEIN und HEINZE, a. a. O. [5 zu 1] 60. – [10] G. V. DEARBORN: A study of imaginations. Amer. J. Psychol. 9 (1898) 183-190. – [11] z. B. O. SELZ: Die Gesetze der produktiven Tätigkeit. Arch. ges. Psychol. 27 (1913) 367-380; J. LINDWORSKY: Psychische Vorzüge und Mängel bei der Lösung von Denkaufgaben. Z. angew. Psychol. 18 (1921) 50-99; W. KÖHLER: Intelligenzprüfungen an Menschenaffen (1917, ²1921, 1963); M. WERTHEIMER: Produktives Denken (1957); K. DUNCKER: Zur Psychol. des produktiven Denkens (1935, 1963); E. L. THORNDIKE: The psychol. of invention in a very simple case. Psychol. Rev. 56 (1949) 192-199; BARTLETT, a. a. O. [2 zu Einl]. – [12] LINDWORSKY, THORNDIKE, BARTLETT, a. a. O. – [13] Vgl. auch L. KEMMLER: Neue Untersuch. zum schöpferischen Denken. Psychol. Rdsch. 20 (1969) 103-114. – [14] z. B. A. S. LUCHINS: Mechanization in problem solving. Psychol. Monogr. 54 (1942) Nr. 6; I. MALTZMAN: On the training of originality. Psychol. Rev. 67 (1960) 229-242; B. MACKLER und F. C. SHONTZ: Life style and C. Percept. Mot. Skills 20 (1965) 873-896; R. A. DENTLER und B. MACKLER: Originality. Behav. Sci. 9 (1964) 1-7; L. H. LEVY: Originality as role-defined behavior. J. pers. and soc. Psychol. 9 (1968) 72-78. – [15] J. ROYCE: The psychol. of invention. Psychol. Rev. 5 (1898) 113-144. – [16] J. BRUNER: The conditions of C., in: H. E. GRUBER/G. TERRELL/M. WERTHEIMER (Hg.): Contemporary approaches to creative thinking (New York 1962); W. R. REITMAN: Cognition and thought (New York 1965) 166-180. – [17] P. PLAUT: Psychol. der produktiven Persönlichkeit (1929); F. BARRON: The disposition toward originality, in: TAYLOR/BARRON, a. a. O. [6]. – [18] PLAUT, a. a. O.; J. HADAMARD: An essay on the psychol. of invention in the math. field (New York 1945). – [19] POINCARÉ, a. a. O. [11 zu 1]; H. COWELL: The process of musical creation. Amer. J. Psychol. 37 (1926) 233-236. – [20] B. GHISELIN u. a.: A creative process check list, in: TAYLOR, a. a. O. [3 zu Einl.] 19-33. – [21] J. PIAGET: Invention et découverte, in: E. W. BETH und PIAGET: Epistémologie math. et psychol. (Paris 1961) 212ff. – [22] DEARBORN, a. a. O. [10]; L. M. CHASSEL: Tests for originality. J. educ. Psychol. 7 (1916) 317-328; SIMPSON, a. a. O. [10 zu 1]. – [23] L. WELCH: Recombination of ideas in creative thinking. J. appl. Psychol. 30 (1946) 638-643. – [24] GUILFORD, a. a. O. [3 zu Einl.]. – [25] M. GARNETT: Education and world citizenship (Cambridge 1921) 119-127. – [26] R. S. CRUTCHFIELD: Conformity and creative thinking, in: GRUBER, a. a. O. [16]. – [27] F. BARRON: The psychol. of imagination. Sci. American 199 (1958) 151-166; The psychol. of C., in: TH. NEWCOMB (Hg.): New directions in psychol. 2 (1967) 1-134. – [28] L. BELLAK: C.: Some random notes to a systematic consideration. J. project. Techniques 22 (1958) 363-380. – [29] GUILFORD, a. a. O. [8 zu 1]. – [30] M. A. WALLACH und N. KOGAN: Modes of thinking in young children (New York 1965). – [31] GUILFORD, a. a. O. [8 zu 1]. – [32] GUILFORD, a. a. O. [3 zu Einl.]; J. W. GETZELS und P. W. JACKSON: C. and intelligence (New York 1962), bei beiden Tests des Problemfindens.

3. Die Definition des *Verhältnisses zwischen K. und Intelligenz* stellt eine wichtige Facette in der Geschichte des Begriffs K. dar. Sie zeichnet sich durch einen geradlinigen Verlauf aus, der zu einem relativen Abschluß gelangt ist: Aus GALTONS globalem Begriff der intellektuellen Begabung – der kognitiven Seite des «genius» [1] – haben sich zwei unabhängige Begriffe herausdifferenziert, wobei die Differenzierung des Intelligenzbegriffs immer vorauseilte und die Präzisierung des K.-Begriffs, wie bei Methodentyp (e) ersichtlich ist, am Stand der Operationalisierung des verschwisterten Begriffs orientiert war. Das Bild von der geradlinigen Entwicklung muß allerdings leicht korrigiert werden durch den Hinweis darauf, daß DEARBORN noch ohne operationalisierten Intelligenzbegriff bereits 1898 zwei unabhängige Fähigkeiten vermutet [2], während rund 20 Jahre später TERMAN den nicht-motivationalen Teil der schöpferischen Fähigkeit mit exzeptioneller Intelligenz im Sinne der heute üblichen Operationalisierung gleichsetzt [3].

Statistisch beweist zum ersten Mal GARNETT, daß ein von ihm isolierter «cleverness»-Faktor, welcher Schätzwerte für Witzigkeit, Auffassungstempo und Originalität enthält, unabhängig ist von einem generellen Intelligenzfaktor [4]. GUILFORDS Faktoren der K. sind Teile der «Structure of Intellect», die jedoch aus durchweg unabhängigen Komponenten zusammengesetzt gedacht wird. Eine explizite Auseinandersetzung mit der Frage nach der Abhängigkeit von Intelligenz und K. beginnt erst mit der Monographie ‹Creativity and Intelligence›, in der J. W. GETZELS und P. W. JACKSON die Eigenständigkeit getesteter K. gegenüber dem Intelligenzquotienten nachzuweisen versuchen [5]. Die Arbeit erregt Aufsehen, doch die Belege für ihre Interpretation werden heftig angefochten [6]. Nachdem kürzlich WALLACH und KOGAN [7] eine saubere Trennung von K.- und Intelligenzmaßen bei ziemlich hohem Zusammenhang innerhalb beider Gruppen von Maßen schon bei 10jährigen Schülern gelungen ist, scheint schließlich doch GARNETTS Annahme zweier unabhängiger allgemeiner Faktoren eher begründet zu sein.

Anmerkungen. [1] GALTON, a. a. O. [1 zu 1]. – [2] DEARBORN, a. a. O. [10 zu 2]. – [3] Vgl. z. B. TERMAN, a. a. O. [4 zu 2]; auch J. LORGE und L. S. HOLLINGWORTH: Adult status of highly intelligent children. J. genet. Psychol. 49 (1936) 215-226; J. G. ROCKWELL: Genius and the IQ. Psychol. Rev. 34 (1927) 377-384. – [4] GARNETT, a. a. O. [25 zu 2]. – [5] GETZELS/JACKSON, a. a. O. [32 zu 2]. – [6] z. B. C. BURT: The psychol. of creative ability. Brit. J. educ. Psychol. 32 (1962) 292-298. – [7] WALLACH/KOGAN, a. a. O. [30 zu 2]; vgl. auch J. WARD: An oblique factorization of Wallach/Kogan's creativity correlations. Brit. J. educ. Psychol. 37 (1967) 380-382; L. J. CRONBACH: Intelligence? Creativity? Amer. educ. Res. J. 5 (1968) 491-511.

4. Die *Grammatik* des Terminus ‹K.› scheint gegenwärtig selbst erst das Ergebnis divergenten Denkens zu sein. Man müßte, genau betrachtet, ‹K.› als mindestens sechsstellige Relation verwenden: $K. (H,I,R,P,B,S)$; das bedeutet: Die im Rahmen R zum Produkt P führende Handlung H des Individuums I wird vom Beurteiler B im Hinblick auf ein System S von Erwartungen und Zwecken als kreativ eingestuft. Die vollständige Relation wird in wechselnden unausgesprochenen Vereinfachungen gebraucht, zudem schwankend als Funktions- oder als Dispositionsbegriff, empirisch oder theoretisch, operational oder introspektiv, neutral oder wertend. – Bemerkenswert ist die Metaphernsprache, in der gelegentlich selbst Empiriker über K. reden [1]. Es wird sogar die Ansicht vertreten, K. könne grundsätzlich nur metaphorisch verstanden werden [2].

Eine weitere Eigentümlichkeit ist, daß häufig Aussagen zur K. paradox formuliert werden. J. BRUNER spricht von Antinomien der K. [3]. Das seit C. RICHET perennierende Motiv ist das Paradox, daß schöpferische Tätigkeit zugleich heftigere Leidenschaft und größere Geduld erfordert als jede nicht-kreative Tätigkeit. Richet drückt dies in der physiologischen Analogie «Bewegungsdrang versus Hemmung» aus [4], BRUNER sieht «passion and decorum» oder «immediacy and deferral» [5], M. HENLE «detached devotion» [6] als widersprüchliche Dispositionen des Kreativen [7]. Beim Versuch, die Antinomie aufzulösen, kann man einen neuen Ansatz für eine Definition der K. finden. Die Antinomie taucht nämlich erst auf, wenn die Betrachtung ein Integrationsniveau oberhalb der faktorenanalytisch bestimmten Dimensionen der K. erreicht. Reiht man etwa GUILFORDS Faktoren Einfallsflüssigkeit, Flexibilität, Originalität, planendes Ausarbeiten, Sensitivität für Probleme, Umdefinieren von Objekten und Situationen [8] nicht, wie Guilford es tut, beziehungslos aneinander, sondern stellt man sich ihr Zusammenspiel vor, so erscheinen einem Ausarbeiten und Umdefinieren als Äquivalente der genannten Gegensatzpaare. Das höherere Integrationsniveau involviert hier also Prozeßüberlegungen. Man kann nun annehmen, daß die paradoxen Aussagen folgende Auffassung vom kreativen Prozeß ausdrücken sollen: Kreation ist geistige Transformation einer konventionellen Struktur. Deren

Ausgangsform muß erst scharf erfaßt und analysiert worden sein, ehe sie transformiert werden kann. Bezieht man nun Leidenschaft und Geduld auf disparate Stadien der Transformation, die zeitlich simultan oder sukzessiv sein können, so erweist sich die Antinomie als Ergebnis übermäßiger Generalisierung von in ihrer Konstellation spezifischen Dispositionen.

Anmerkungen. [1] BRUNER, a. a. O. [16 zu 2] Schluß. – [2] C. R. ROGERS: Toward a theory of C., in: H. H. ANDERSON (Hg.): C. and its cultivation (New York 1959). – [3] BRUNER, a. a. O. [16 zu 2]. – [4] zit. bei LOMBROSO, a. a. O. [1 zu 2]. – [5] BRUNER, a. a.O [16 zu 2]. – [6] M. HENLE: The birth and death of ideas, in: GRUBER, a. a. O. [16 zu 2]. – [7] Weitere Antinomien: F. BARRON: Needs for order and disorder as motives in creative activity, in: TAYLOR/BARRON, a. a. O. [6 zu 2] ("primitiv und kultiviert"); N. H. MACKWORTH: Originality. Amer. Psychologist 20 (1965) 51-66 ("radikal und konservativ"); W. GOMBROWICZ: Das Tagebuch des W. Gombrowicz (1961) 158 («Hunger nach und zugleich Wehren gegen Form»). – [8] GUILFORD, a. a. O. [3 zu Einl.].

5. Die zuletzt unternommene *prozessuale* Betrachtung zeigt in der Geschichte des Begriffs eine verhältnismäßig klare Entwicklung. An konkreten Deskriptionen des kreativen Prozesses [1] fällt unter der überwältigenden Diversität persönlicher Rituale auf, daß der schöpferische Akt meist zeitlich verkürzt dargestellt wird, nämlich eingeschränkt auf den Moment der Illumination und die ihr vorangehende geheimnisvolle Pause der Inkubation. Schon POINCARÉ macht darauf aufmerksam, wie wichtig Vorbereitung und prüfend-formulierende Ausarbeitung bei einer Erfindung sind [2]. Von Poincarés Beobachtungen ausgehend entwirft G. WALLAS ein Verlaufsschema des kreativen Denkens [3]: «preparation, incubation, illumination, verification» sind seine vier Phasen, die inhaltlich J. F. HERBARTS Formalstufen der Erkenntnistätigkeit – Klarheit, Assoziation, System, Methode [4] – sehr ähneln. Das Schema soll sinngemäß auch den künstlerischen Akt skizzieren, und es wird wegen seiner Übersichtlichkeit gegenwärtig noch oft benutzt, obwohl sich im Experiment eine zeitliche Trennung der Phasen nicht eindeutig nachweisen läßt [5]. Eine realistischere Idealisierung dürfte wohl die Verkettung der vier Teilprozesse zu Zyklen sein, die eine partielle Hierarchie bilden.

Anmerkungen. [1] z. B. R. HENNIG: Das Wesen der Inspiration. Schr. Ges. psychol. Forsch. 17 (1917) 89-160; M. NACHMANSOHN: Zur Erklärung der durch Inspiration entstandenen Bewußtseinserlebnisse. Arch. ges. Psychol. 36 (1917) 255-280; R. HARDING: An anatomy of inspiration (London 1940, 1967); B. GHISELIN, a. a. O. [11 zu 1]; A. KOESTLER: The act of creation (New York 1964). – [2] POINCARÉ, a. a. O. [11 zu 1]. – [3] WALLAS, a. a. O. [10 zu 1]. – [4] J. F. HERBART: Pädag. Schr. 2: Allg. Pädag. (1899) 49. – [5] C. PATRICK: Creative thought in poets. Arch. Psychol. 26 (1935) 1-74, zit. nach STEIN und HEINZE, a. a. O. [5 zu 1]; J. E. EINDHOVEN und W. E. VINACKE: Creative processes in painting. J. gen. Psychol. 47 (1952) 139-164, zit. nach STEIN und HEINZE, a. a. O. [5 zu 1]; zur Inkubation vgl. M. MEDNICK und Mitarb.: Incubation of creative performance and specific associative priming. J. abnorm. soc. Psychol. 69 (1964) 84-88; zur Präparation vgl. HYMAN, a. a. O. [3 zu Einl.].

6. Entsprechend der Vielzahl theoretischer Grundorientierungen gibt es *Theorien* der K., die vor allen inhaltlichen Unterschieden formal unvergleichbar sind. Das Niveau der Theoriebildung steigt keineswegs mit der Zunahme empirischer Einzelbefunde, nachdem einmal die fruchtlosen Erklärungen überwunden sind, wie etwa, daß Kreation am Bewußtsein vorbei durch Einwirkung eines Gottes, Dämons oder Teufels geschehe [1] oder auf der angeborenen Natur beruhe. Bereits im Jahre 1901 veröffentlicht F. PAULHAN [2] eine Theorie, deren ausgewogenes Verhältnis von Komplexität, Präzision und Geschlossenheit im Vergleich zu den meisten später erschienenen psychologischen K.-Theorien überrascht.

Die in den vierziger Jahren entstandenen *existentialistischen* Theorien beschwören K. in Termini inneren Erlebens; K. ist Begegnung, Selbstaktualisierung, Gipfelerfahrung, Bereitschaft zur täglichen Wiedergeburt, Offenheit [3].

Bei den mit S. FREUD beginnenden *tiefenpsychologischen* Theorien [4] kommt zu subjektiver Terminologie ein Reduktionszwang hinzu: Jeweils ein Prinzip soll K. erklären, wobei die Zahl der Prinzipien nicht weit hinter der der Autoren zurückbleibt. Freud sieht in der Kunst eine Fortsetzung des kindlichen wunscherfüllenden Tagträumens [5]; O. RANK hält künstlerische und wissenschaftliche Arbeit für narzißtische Idealbildung, die ihren Antrieb aus dem Konflikt mit verdrängter Sexualität erhält [6]; bei C. G. JUNG ist es die Steuerung der Intuition durch Archetypen [7]; A. ADLER sieht K. als Ergebnis gewisser der Kompensation dienender Lebenszielentwürfe [8]; für W. R. D. FAIRBAIRN entsteht Kunst im Wechselspiel destruktiver Impulse mit schuldtilgenden Restitutionsphantasien [9]; für E. KRIS aus dem zeitweiligen, zielgesteuerten Wechsel des psychischen Funktionierens zwischen Primär- und Sekundärprozeß [10]; außerdem gibt es diverse Vermutungen über prägenitale Fixierungen [11]. In allen tiefenpsychologischen und einigen früheren Theorien spielen nicht-bewußte Vorgänge eine bedeutende Rolle. Der Buntheit von Bezeichnungen dieser am kreativen Prozeß beteiligten Instanz [12] entspricht die Vielfalt einander ausschließender Erwartungen [13]. Folgt man jedoch PIAGET, so handelt es sich bei den nicht-bewußten Vorgängen überhaupt nicht um eine besondere Instanz, sondern um Bewußtseinsprozesse, die lediglich der schwach entwickelten Introspektion normalerweise entgehen [14].

Auf *elementaristischer* Seite stehen der Mannigfaltigkeit holistischer Erklärungen nur zwei hypothetische Mechanismen der Steuerung des nicht-reproduktiven Ideenverlaufs gegenüber: a) das Modell eines ideenkombinierenden Zufallsgenerators, der mit einem Selektor für die günstigen Kombinationen gekoppelt ist [15]; b) die allgemeinen Assoziationsprozesse, wobei Originalität durch besondere Tendenz zur Überkreuzung von Assoziationsreihen – manifest: Verknüpfung disparater Inhaltsgebiete – [16] oder zur Ähnlichkeitsassoziation erklärt wird. Zu (b) wird von Kritikern gefragt, ob konvergente Gedächtnisbewegungen das Wesen der K. ausmachen können [17]. Zu (a) sind Zusatzüberlegungen über die Ökonomie eines blinden Versuch-und-Irrtum-Vorgangs angebracht. J. PICARD denkt sich die Selektion beschleunigt durch eine hierarchische Einschachtelung der besten Kombination [18]. D. T. CAMPBELL hält es für möglich, daß bei Unbrauchbarkeit einer Kombination ihre noch nicht generierten Abkömmlinge gleich mit ausscheiden [19]. Es ist klar, daß hiermit Strukturen in die atomistische Theorie eingeführt werden. Bereits POINCARÉS Selektor ist ein Gestaltprinzip, er wählt nämlich mathematische Einfälle nach einer ästhetischen Norm aus [20].

Einen Weg zu *strukturellen* Theorien der K. haben A. NEWELL und Mitarb. dadurch gewiesen, daß sie die Prozeßbeschreibung in die Metasprache der Computer-Simulation des Problemlösens übersetzten [21]. Die Fruchtbarkeit dieses Ansatzes demonstriert REITMAN am Beispiel der Arbeit eines Komponisten, deren Fortschreiten er als ein ständiges Transformieren des offen definierten Ausgangsproblems in immer spezifischere Probleme beschreibt, wobei eine Syntax der Erzeugung von Zwischenproblemen sichtbar wird, die allerdings keine Konsistenz der Transformationenfolge garantiert [22].

An dieser Stelle schließt sich der Kreis mit der Theorie von PAULHAN, die den atomistischen und den gestalttheoretischen Ansatz bereits in sich vereinigt. Nach Paulhan ist die Entstehung eines kreativen Produkts eine Evolution mit immanenter Logik [23]. Differenzierung und Integration greifen ineinander [24]. Im Laufe der Evolution verschieben sich die Gewichtsverhältnisse von Teilen, wenn diese sich eigenmächtig weiterentwickeln [25]. Zur Herstellung eines neuen Gleichgewichts transformiert sich die Idee des Ganzen [26], oder aber es entsteht ein unharmonisches Gebilde mit Stilbrüchen [27], die zum Tod der Idee führen, aber auch die Keime besonderer Fruchtbarkeit enthalten, ja sogar gewollt sein können. Hierbei spielt eine Komponente zufälliger Elementenvariation eine Rolle [28].

In diesem theoretischen Rahmen des kreativen Prozesses sind die Logik der Evolution und die Versuch-und-Irrtum-Variabilität Leerstellen für Individual- und Sachparameter. Die differentielle Psychologie der kreativen Persönlichkeit hat bereits einige der zur Besetzung notwendigen Kenntnisse angesammelt.

Anmerkungen. [1] z. B. PLATO, Ion; Phaidros. – [2] F. PAULHAN: Psychol. de l'invention (Paris 1901). – [3] Vgl. die Beitr. von E. FROMM, R. MAY, C. R. ROGERS, A. H. MASLOW, H. A. MURRAY in ANDERSON, a. a. O. [2 zu 4]. – [4] S. FREUD: Der Dichter und das Phantasieren. Werke 7 (1906-1909) 213-223. – [5] a. a. O. – [6] RANK, a. a. O. [7 zu 2]. – [7] C. G. JUNG: Psychol. Typen. Werke 6 (1960) 399. 436. 480. 493ff.; Psychol. and lit., in: GHISELIN, a. a. O. [11 zu 1]. – [8] Vgl. H. L. und R. R. ANSBACHER: The individual psychol. of A. Adler (New York 1956) z. B. 176f. – [9] W. R. D. FAIRBAIRN: Prolegomena to a psychol. of art. Brit. J. Psychol. 28 (1938) 288-303. – [10] E. KRIS: Psychoanal. explorations in art (New York 1952). – [11] z. B. E. BERGLER: Psychoanalysis of writers and of lit. production, in: G. ROHEIM (Hg.): Psychoanalysis and the soc. sci. (New York 1947); A. A. BRILL: Poetry as an oral outlet. Psychoanal. Rev. 18 (1931) 357-378, beide ref. bei STEIN und HEINZE, a. a. O. [5 zu 1] 204. 209. – [12] S. FREUD: Eine Kindheitserinnerung des Leonardo da Vinci. Werke 8 (1909-1913) 128-211, bes. 147 («Unbewußtes»); KRIS: On preconscious processes a. a. O. [10] 303ff. («Vorbewußtes»); WALLAS, a. a. O. [10 zu 1] 76ff. («Weniger-Bewußtes»); HADAMARD, a. a. O. [18 zu 2] 23ff. («Unterbewußtes»); GARNETT, a. a. O. [25 zu 2] 259ff. («Überbewußtes»); H. RUGG: Imagination (New York 1963) 43ff. («Außerbewußtes», «Schwellenbewußtsein»); W. JAMES, zit. nach HADAMARD, a. a. O. [18 zu 2] («fringe-consciousness»); NACHMANSOHN, a. a. O. [1 zu 5] («Binnenbewußtsein»); E. BLOCH: Das Prinzip Hoffnung 1 (1969) 129ff. («Noch-nicht-Bewußtes»). – [13] BLOCH, a. a. O. 132. – [14] PIAGET, a. a. O. [21 zu 2]. – [15] P. SOURIAU: Théorie de l'invention (Paris 1881), zit. nach D. T. CAMPBELL: Blind variation and selective retention in creative thought. Psychol. Rev. 67 (1960) 380-400; neuerdings CAMPBELL, a. a. O. – [16] Vgl. z. B. J. FRÖBES: Lb. der exp. Psychol. 2 (1922) 226-245; S. A. und M. T. MEDNICK: An associative interpretation of the creative process, in: TAYLOR, a. a. O. [3 zu Einl.] 54-68; zur Ähnlichkeitsassoziation vgl. W. JAMES: The principles of psychol. 2 (1890, Dover Publ. 1950) 360ff.; kritisch: J. PICARD: Conditions positives de l'invention dans les sci. (Paris 1928) 141ff. – [17] KEMMLER, a. a. O. [13 zu 2]; WALLACH, a. a. O. [30 zu 2] 14ff. – [18] PICARD, a. a. O. [16] 193. – [19] D. T. CAMPBELL: Blind variation and selective survival, in: M. C. YOVITS und S. CAMERON (Hg.): Selforganizing systems (New York 1960) 222ff. – [20] POINCARÉ, a. a. O. [11 zu 1]. – [21] A. NEWELL, H. A. SIMON und J. C. SHAW: The process of creative thinking, in: GRUBER, a. a. O. [16 zu 2] 63-119. [22] REITMAN, a. a. O. [16 zu 2]. – [23] PAULHAN, a. a. O. [2] 84. – [24] a. a. O. 118. – [25] 122ff. – [26] 130. – [27] 135ff. – [28] 153ff.

7. Die der K. gewidmete Forschung ist eminent praxisbezogen. Es ist daher eine Eigentümlichkeit des Begriffs, daß ihm wissenschaftliche Definitionen mit dem Blick auf seine pädagogische Verwendung gegeben werden. Seine Geschichte vollzieht sich derzeit unter dem Einfluß einer Selbstpotenzierung von pädagogischen Anwendungen und praxisbegleitender Forschung [1]. Drei Fakten in dieser Geschichte könnten für die Richtung der den Begriff kennzeichnenden und verwandelnden Aktivität bedeutsam werden.

a) Seit GUILFORDS Programmvorschlag zur Erforschung der K. [2] ist die Beschäftigung mit K. etwas hektisch geworden, während HUTCHINSONS vielfältigere und weiterreichende Anregungen [3] im Jahre 1931 noch auf unfruchtbaren Boden fielen. Welchen Symptomwert das hat, kann man aus den Einleitungen zu zahlreichen Veröffentlichungen über das Thema ‹K.› erschließen: das Forschungspotential der USA wird mit dem des Konkurrenten UdSSR verglichen und für bedroht gehalten [4], deshalb werden kreative Begabungen gesucht und gefördert «wie Bodenschätze» [5]; denn ein «first-rate man» ist mehr wert als zehn «second-rate men» [6]. In dieser nationalistisch getönten Ideologie dient die K.-Forschung zur Schaffung einer kreativen Elite.

b) Es gibt einen Hermetismus von Künstlern gegenüber der institutionalisierten K.-Forschung. Fast die Hälfte der von BARRON zu seiner Untersuchung eingeladenen Schriftsteller sagte ab, zum Teil unter Äußerung des Mißtrauens, daß hier ein neues Instrument zur sozialen Kontrolle über Abweichler, mithin zur Perpetuierung des Status quo, geschaffen werden solle [7].

c) Unter K.-Forschern ist die Sensitivität für das unter (b) genannte Problem gering. Die Weigerung der Künstler fand keinen Widerhall. Auch blieb die Diskrepanz zwischen dem Stand der Diskussion in Literaturwissenschaft und Ästhetik einerseits [8] und den in der Psychologie der K. gängigen Bewertungsmustern, wie Realitätsangepaßtheit, Kommunizierbarkeit, Verwertbarkeit, andererseits unbemerkt. Es ist also nicht ausgeschlossen, daß die unkreativste Bedeutungsvariante des vieldeutigen Wortes ‹K.› sich als die offizielle durchsetzt: K. als Arbeitsproduktivität.

Anmerkungen. [1] Bis 1965 sind 10 Symposiumsberichte über K. erschienen; vgl. K. YAMAMOTO: «C.» – a blind man's report on the elephant. J. couns. Psychol. 12 (1965) 428-434; 1967 zählt man in USA rund 80 audiovisuelle Konserven zum Thema ‹K.› sowie über 50 großenteils kommerzielle Kurse zum Erwerb der K.; vgl. S. J. PARNES: Creative behavior guidebook (New York 1967); der Autor ist «Professor of creative studies» in Buffalo. – [2] GUILFORD, a. a. O. [8 zu 1]. – [3] HUTCHINSON, a. a. O. [4 zu 1]. – [4] N. E. GOLOVIN: The creative person in sci., in: TAYLOR/BARRON, a. a. O. [6 zu 2] 7-23. – [5] C. H. BROWER, nach WOLFLE, a. a. O. [4 zu 2] 137ff. – [6] C. W. TAYLOR: Introd., in: TAYLOR (Hg.): C.-Progress and potential (New York 1964). – [7] BARRON, a. a. O. [27 zu 2]. – [8] Vgl. z. B. K. H. BOHRER: Die gefährdete Phantasie, oder Surrealismus und Terror (1970).

Literaturhinweise. STEIN und HEINZE s. Anm. [5 zu 1]: dort Bibl. mit Kurzref. – S. E. GOLANN: Psychol. study of C. Psychol. Bull. 60 (1963) 548-565. – C. BURT: Preface zu A. KOESTLER: The act of creation (New York 1964). – P. W. JACKSON und S. MESSICK: The person, the product and the response: conceptual problems in the assessment of C. J. Personality 33 (1965) 309-329. – YAMAMOTO s. Anm. [1 zu 7]. – L. HUDSON: Contrary imaginations (New York 1966). – GUILFORD s. Anm. [3 zu Einl.]. – PARNES s. Anm. [1 zu 7]: dort Bibl. mit Kurzref. – BARRON s. Anm. [27 zu 2]; Creative person and creative process (New York 1969). – LANDAU s. Anm. [2 zu Einl.]. – ULMANN s. Anm. [9 zu 1]. – M. J. STEIN: C., in: E. F. BORGATTA/W. W. LAMBERT (Hg.): Handbook of personality theory and res. (Chicago 1969) 900-942. – M. A. WALLACH: The intelligence/C. distinction (New York 1971).
W. MATTHÄUS

Kreatur, Kreatürlichkeit. Der Begriff ‹creatura› stammt aus dem Lateinischen und meint die Gesamtheit der Welt, sofern sie auf das Handeln eines Schöpfers bezogen wird. Während das griechische Synonym κτίσις sowohl den Akt der Erschaffung (creatio) wie auch das Ergebnis eines solchen Aktes (creatura) bezeichnet, wird im Lateinischen beides verbal unterschieden. Im Deutschen wird für die Gesamtheit des Geschaffenen auch der dem lateinischen Ausdruck ‹creatio› sonst entsprechende Begriff ‹Schöpfung› benutzt, dagegen für das einzelne Ding bzw. die einzelne Person der Ausdruck ‹Geschöpf›. Das Wort ‹Kreatur› (= K.) erscheint in spätmittelalterlichen Texten bereits als eingedeutschtes Wort für ‹Geschöpf› und ist heute umgangssprachlich depraviert zu einer verächtlichen Bezeichnung für einzelne Menschen. Unter ‹Kreatürlichkeit› wird die fortdauernde Bestimmtheit der Geschöpfe durch ihre Abhängigkeit vom Schöpfer verstanden.

In der *neutestamentlichen* Überlieferung erscheint der Begriff κτίσις im Sinne von K. 14mal; dazu kommt 4mal das Substantiv κτίσμα. Meist auf die Menschen im allgemeinen (Mk. 16, 15) oder auch nur auf die Gläubigen (2. Kor. 5, 17) bezogen, erinnert der Ausdruck daran, daß die in der Heilsbotschaft Angeredeten in einer vorgängigen Gottesbeziehung stehen, deren Verkehrung erst durch die Heilsannahme aufgehoben wird, so daß sie in Christus eine «neue K.» sind. In der Titulatur Christi als des «Erstgeborenen aller K.» (Kol. 1, 15) greift der Verfasser ein gnostisches Motiv auf, wonach ein Mittler zwischen Gott und K. notwendig ist, der nun in Christus gefunden wird.

Die Theologie des PAULUS beschreibt den Menschen sowohl als vergängliches wie als sündiges Geschöpf. «Geschöpflichkeit bedeutet, daß der Mensch nicht isoliert, als Wesen an sich, in den Blick kommt, sondern in vorgegebenen Bezügen erscheint» [1]. Auch durch die Sünde wird dieser Aspekt nicht ausgelöscht, eher sogar verschärft, weil jene nun als Vertauschung von Schöpfer und Geschöpf markiert werden kann, deren Widersinn die Heilsbotschaft aufdeckt (Röm. 1, 25). In Röm. 8, 19ff. bleibt exegetisch umstritten, ob Paulus die außermenschliche K. einschließt, die somit auch als erlösungsbedürftig erscheinen würde. Doch tritt die Frage nach der K. in der folgenden Entwicklung von Philosophie und Theologie zurück; die Welt bzw. die Menschen werden bestimmt durch das Drama von Sünde und Erlösung. Erst die Aristotelesrezeption der Scholastik führt zu einem Eigeninteresse an der K. im Horizont der Seinsproblematik.

Nach THOMAS VON AQUIN besteht ein doppelter Bezug zwischen Gott und der K.: «dicendum quod duplex ordo considerari potest inter creaturam et Deum. Unus quidem, secundum quod creaturae causantur a Deo et dependant ab ipso sicut a principio sui esse ... Alius autem ordo est, secundum quod res reducuntur in Deum sicut in finem» (Zwischen der Schöpfung und Gott ist ein zwiefacher Bezug zu gewahren: einer, gemäß welchem die Geschöpfe durch Gott verursacht werden und von ihm als vom Urgrund ihres Seins abhängen ... Der andere Bezug ist der, gemäß welchem die Dinge zurückgeführt werden zu Gott als zu ihrem Ziel) [2]. Zwar hat die K. auch eine Beziehung zum Nichtsein [3], vor allem aber hat sie durch ihre Teilhabe an Gott auch am Gutsein teil: «cuilibet enim creaturae procedenti a Deo inditum est, ut in bonum tendat per suam operationem. In cuiuslibet autem boni consecutione creatura Deo assimilatur» (Jeglicher K., die aus Gottes Hand hervorgeht, ist es eingeschaffen, daß sie zum Guten strebe durch ihr Tätigsein. In der Verwirklichung eines jeden Guten aber wird die K. Gott ähnlicher) [4]. Für die Menschen als «geistbegabte K.» gilt ein besonderes Verhältnis zu Gott: «cum in omnibus creaturis sit aliqualis Dei similitudo, in sola creatura rationali invenitur similitudo Dei per modum

imaginis ..., in aliis autem creaturis per modum vestigii» (Wiewohl sich in aller K. irgendwelche Gottähnlichkeit findet, hat doch einzig in der geistbegabten K. die Gottähnlichkeit die Weise des Bildes, in den anderen K. aber die Weise der Fußspur) [5]. In der Hierarchie der K. gibt es also verschiedene Nähe zu Gott, dessen Bild in vollkommener Weise nur in Christus abgebildet ist. Um dieser Nähe willen entsprechen sich auch das rechte Wissen über die K. und das rechte Erkennen Gottes: «nam error circa creaturas redundat in falsam de Deo scientiam» (Denn ein Irrtum über die K. wirkt zurück in ein falsches Wissen von Gott) [6].

Gegenüber der thomistischen Betonung der Nähe zwischen Gott und K. hebt LUTHER die Distanz hervor, die aus dem Widerstreit des Geschaffenen gegen seine Unterordnung unter den Schöpfer folgt. Allerdings geht Luther davon aus, daß die ganze K. Gottes «Larve» ist und «nichts Gegenwärtigeres noch Innerlicheres sein kann in allen K. denn Gott selbst» [7]. Der darin ausgesprochenen Tendenz zur Immanenz Gottes in der Welt steht das nachdrückliche Beharren auf der Transzendenz Gottes zur K. gegenüber: «daß also die Welt Gottes voll ist und er sie alle füllt, aber doch nicht von ihr beschlossen oder umfangen ist, sondern auch zugleich außer und über alle K. ist» [8]. Gott und K. sollen weder miteinander verwechselt noch total voneinander geschieden werden, doch dieses Verhältnis beruht auf der Wirken von Gottes Geist und Wort und nicht auf einer eingestifteten Struktur: «omnium creaturarum esse, agere et posse ex verbo Dei esse docet Moses» (Mose lehrt, daß aller K. Sein, Wirken und Können aus dem Wort Gottes ist) [9]. Wort und Geist Gottes haben hier die Funktion, die in der thomistischen Philosophie die analogia entis wahrnimmt, nämlich die K. auf den Schöpfer zu beziehen.

Eine wichtige Rolle spielt der Begriff der K. in der spätmittelalterlichen *Mystik*. MEISTER ECKHART spricht in Aufnahme neuplatonischer Gedanken der K. alle Eigenexistenz ab: «Alle K. haben kein Sein, denn ihr Sein hängt an der Gegenwart Gottes. Kehrte sich Gott nur einen Augenblick von allen K. ab, so würden sie zunichte» [10]. Da das Sein hier nur von Gott ausgesagt werden kann, muß alles außerhalb Gottes als Nichts bezeichnet werden, und so wird die Geschöpflichkeit der Dinge als Nichtigkeit verstanden [11]. Darum warnt Eckhart vor der Befleckung mit der K.; erst das Herz sei rein, «was von allen K. abgesondert und geschieden ist, denn alle K. beflecken, weil sie ein Nichts sind» [12]. Die Beschäftigung mit der K. erscheint als eine Abkehr vom einzig notwendigen Beruf des Menschen, im Überspringen der K. mit Gottes Willen eins zu werden. «Soll ich das Sein wahrhaft erkennen, so muß ich es erkennen, wo das Sein in sich selbst ist, das heißt: in Gott, nicht wo es zerteilt ist, in den K.» [13]. Daß für eine Selbständigkeit der K. kein Raum bleibt, ist auch eine Folge des neuplatonischen Emanationsschemas, das kein Gegenüber von Schöpfer und Geschöpf kennt.

Für CUSANUS steht K. zwischen Gott und Nichts (intra deum et nihil) [14]. Von Gott hat das Geschöpf seine «Einheit, seine abgesonderte Bestimmung, seine Verbindung mit dem Universum und seine nach dem Maß seiner Einheit jeweils größere Ähnlichkeit mit Gott» (Habet igitur a Deo, ut sit una, discreta et connexa universo et, quanto magis una, tanto Deo similior [15]). K. ist also von Gott abgeleitetes Sein (creatura, quae ab esse est) [16], existiert aber nicht ohne Kontingenz. Ihre Einheit muß daher von anderer Art sein als die Gottes. Es ist eine Einheit in «Vielheit» (Sed est unitas eius in quadam pluritate contingenter [17]). Aus diesen Bestimmungen folgt, daß es kein Geschöpf gibt, das nicht «in unendlichem Abstand zum göttlichen Werk selbst stünde» [18], ebenso aber, daß «alles Bild jener einzigen unendlichen Form ist» [19] und daß jedes Geschöpf «als solches vollkommen ist, auch wenn es im Vergleich mit einem anderen weniger vollkommen erscheint» [20].

Die Gedanken Meister Eckharts sind wieder aufgegriffen worden von JAKOB BÖHME. Gott ist Urgrund aller Dinge, und so ist auch die K. in ihm: «Alles, was Gott in sich selber ist, das ist auch die K. in ihrer Begierde in ihm, ... Gott alles in allem, und außer ihm nichts mehr» [21]. Wieder wird der K. kaum ein Eigensein zugestanden; sie ist ein «Instrument Gottes, darauf der Geist Gottes schlägt», und hat keinen eigenen Willen: «Was ist das Leben der K.? Nichts anderes als ein Fünklein vom Willen Gottes. Welche K. nun dem Willen Gottes stille steht, deren Leben und Wille ist Gott, der sie treibet und regieret» [22]. Andererseits kann man deswegen aus der K. erkennen, wer und wie Gott ist, und am Anfang der Theosophie Böhmes steht die in ‹Aurora oder Morgenröte im Aufgang› 1612 beschriebene Erfahrung, mit Hilfe der K. im Geiste Gott zu erkennen. Wie Gott sich entäußert in einem Zornfeuer und einem Liebesfeuer, so ist auch in allen K. ein guter und ein böser Wille zu finden, Licht und «Grimmigkeit» [23]. Der Abfall von Gott macht sichtbar, was schon vorher in den K. steckt: «also ein Widerwille in aller K. ist und also ein jeglicher Körper mit ihm selbst uneins ist ... solches also auch nicht allein in lebendigen K. ist, sondern auch in Sternen, Elementen, Erden, Steinen, Metallen ... in allen ist Gift und Bosheit» [24]. Daher empfiehlt auch Böhme im Anschluß an mystische Traditionen, daß der Wille des Menschen die K. verläßt und auf dem Wege zum übersinnlichen Leben der K. abstirbt. Doch der Dualismus Böhmes läßt diese Aussagen allerdings etwas zurücktreten, da eben auch «Gift und Galle» zum Leben der K. gehören.

Ein Nachklang dieser Anschauungen findet sich im Zeitalter des deutschen Idealismus bei FRANZ VON BAADER. Ihn beschäftigt die Frage, wie Selbständigkeit, Freiheit und Eigenheit Gottes als des Schaffenden und die Selbständigkeit, Freiheit und Eigenheit der K. widerspruchsfrei nebeneinander bestehen können. Er vergleicht das Verhältnis zwischen Eigensein des Schöpfers und dem des Geschöpfes mit dem Verhältnis zwischen dem Eigensein des Gesamtorganismus und dem eines einzelnen Gliedes. Letzteres wird gewahrt in der Selbstaufgabe des Teiles zugunsten des Höheren. «Das Problem zwischen Gott und K. ist: Gott soll manifestiert werden, aber auch das Geschöpf. Dies wird dadurch gelöst, daß das Geschöpf sich Gott läßt, wodurch es mit Gott selbst manifestiert wird» [25]. Die sich Gott lassende K. teilt sich mit und breitet sich aus, denn in ihrer Selbstaufgabe wird ihr die rechte Vermittlung ihres Eigenseins zuteil. Das Geschöpf ist zum einen das «Andere» Gottes, sein «Überflüssiges», und das Motiv des göttlichen Schaffens ist die Liebe zu diesem «Anderen». Ferner ist das Geschöpf Träger der Idee, der sich Sein und Freiheit des «Anderen» verdanken. Weil der «kreatürliche Geist» immer nachträglich zum Schöpfer ist, der das Naturprinzip setzt, bekommt jener das Naturprinzip nicht in seine Macht und bleibt so vom Schöpfer unterschieden. Doch Baader liest im Gang der Weltgeschichte dann eine «Entwicklung» Gottes durch die Geschöpfe ab: «Deus est in se, fit in creaturis» [26]. Darin wird die Tendenz deutlich, die K. in Gott aufgehen zu lassen, die aus dem mysti-

schen Traditionsstrom stammt, den Baader mit den Intentionen des Idealismus zu verknüpfen sucht.

Im Unterschied zu dieser Tendenz mit ihrer pantheistischen Neigung läßt sich bei anderen Philosophen beobachten, wie sie darauf bedacht sind, die Grenze zwischen K. und Gott als dem Schöpfer strenger zu markieren. Das steht im Zusammenhang mit dem Siegeszug der Naturwissenschaften, die die Natur als eigenständig, ihren Gesetzen gehorchend und unabhängig von fremden Eingriffen betrachten. Kreatürlichkeit kann dann nicht mehr direkt aus der Erfahrung gewonnen und aus der Natur abgelesen werden, und dementsprechend wird auch immer weniger davon geredet. Zunächst wird freilich das Geschaffensein der Welt im ganzen noch vorausgesetzt, jedoch ihre Selbständigkeit gegenüber dem Schöpfer betont.

Deutlich begegnet dies in KANTS Auseinandersetzung mit dem System Spinozas, dessen pantheistische Implikationen von jenem schon in der vorkritischen Periode abgelehnt wurden. «Die Welt ist nicht ein Accidens der Gottheit, weil in ihr Widerstreit, Mängel, Veränderlichkeit, alles Gegenteile der Bestimmungen einer Gottheit angetroffen werden» [27]. Wo die Geschöpfe gleichsam als Accidentia der göttlichen Substanz verstanden werden, ist die Selbständigkeit der K. gefährdet und der Unterschied von Gott und Welt verwischt. Für Kant gibt es auch keine Analogie zwischen Gott und Welt, entsprechend der Definition Gottes als des schlechthin Erhabenen, und die Anwendung des Begriffs der Unendlichkeit auf die Welt hat zur Folge, daß dieser Begriff als Prädikat Gottes verworfen wird, «da nun eine solche Vergleichung göttliche Bestimmungen mit denen der geschaffenen Dinge in eine Gleichartigkeit, die man nicht wohl behaupten kann, versetzt» [28]. Das Wissen um die Geschöpflichkeit des Menschen und um den qualitativen Unterschied von Schöpfer und Geschöpf äußert sich auch darin, daß die Vernunft als geschöpflich gebunden angesehen wird: mit der Fertigkeit seines Denkens hänge der Mensch von der Materie ab, an die ihn der Schöpfer gebunden hat [29]. Die kosmische Ordnung ist Produkt der Natur und daher endlicher Struktur, denn eine von Gott unmittelbar gelenkte Welt müßte vollkommen sein. So korrespondiert Kants Theorie einer mechanischen Entstehung der Welt seinem Verständnis der Erhabenheit Gottes, der von Ewigkeit zu Ewigkeit ist und außer ihm nichts, was nicht durch ihn ist [30]. Gott ist also creator ex nihilo und nicht ein Werkmeister der erkennbaren Natur, deren Entstehung auf ihn zurückgeführt werden müßte. Die spätere Ablehnung der Gottesbeweise liegt auf der gleichen Linie: die Physikotheologie kann nichts von einem Endzweck der Schöpfung eröffnen, nur der Mensch als Subjekt der Moralität kann als der Schöpfung Endzweck bezeichnet werden [31]. Kant hat also mit seiner Kritik des teleologischen Gottesbeweises gerade die Distanz von Gott und K. im Sinne der Analogielosigkeit unterstrichen.

Bereits bei HERDER wird stärker betont, daß die gesamte Welt von *einer* großen Kraft bewegt wird, die das Größte und Kleinste bildet. Zwar ist im Stufengang der Geschöpfe der Mensch die «Blüte» und die «Summe der Erdenschöpfung» [32], doch ist dieser Stufengang einem allgemeinen Gesetz unterworfen, das jedem Glied der Kette seine bestimmte Gestalt zuweist. So erscheint jedes Geschöpf als eine «wirklich gewordene Idee der schaffenden Natur, die immer nur tätig denkt» [33], ein Gedanke, der zu GOETHES Naturphilosophie hinüberleitet, in der die Natur unmittelbar zur göttlichen Kraft wird und die Differenzierung zwischen ihr und der schaffenden Gottheit fortfällt, die bei Herder noch gewahrt blieb. Allerdings löst der Naturbegriff nun immer mehr die Ausdrücke ‹K.› und ‹Geschöpf› ab, wodurch auch jene Differenzierung aus dem Blickfeld schwindet.

Das zeigt sich auch bei SCHELLING, dessen Naturphilosophie sowohl die pantheistische Tradition wie auch die Ersetzung des Begriffs der K. durch den der Natur aufnimmt. Ausgangspunkt aller Bewegung in der Natur ist die höchste Einheit, «die wir als den heiligen Abgrund betrachten, aus dem alles hervorgeht und in den alles zurückkehrt», das Absolute, in welchem Form und Wesen, Denken und Sein eins sind [34]. Jedes Ding sondert sich von der Allheit ab, trägt aber das Abbild des Ewigen an sich, das Endliches und Unendliches in sich enthält. Es handelt sich also um eine «Selbstschöpfung», indem die Dinge sich vom schöpferischen Grunde der absoluten Einheit von Endlichem und Unendlichem trennen und in der Zeitlichkeit entstehen, aber wesentlich in diesem schöpferischen Grunde wurzeln: «Der Abdruck dieses ewigen und unendlichen Sich-selber-Wollens ist die Welt» [35]. So entsteht das sichtbare Universum, wie aus der absoluten Einheit die unendliche Mannigfaltigkeit der Dinge hervorgeht. Göttliches und natürliches Prinzip der Dinge lösen sich auf «in das Eine, die Natur in Gott, Gott aber in der Natur» [36]. Dieser unaufhörliche Prozeß der Selbstentfaltung der Natur läßt keinen Raum mehr für eine bleibende Differenz von creator und creatura; Gott verbindet sich mit dem schöpferischen Grund des Alls, aus dem die Dinge hervorgehen und in den sie zurückkehren in einer aus eigenen Kräften sich vollziehenden unendlichen Bewegung.

Mit diesem idealistischen Entwurf einer Naturphilosophie kollidiert der theologische Entwurf des späten SCHLEIERMACHER. Ausgangspunkt ist für ihn der Satz, «daß die Gesamtheit des endlichen Seins nur in der Abhängigkeit von dem Unendlichen besteht», was aus dem «schlechthinigen Abhängigkeitsgefühl» unseres Selbstbewußtseins abgeleitet wird [37]. Er hält den Begriff der Erhaltung für sachgemäßer als den der Schöpfung, aber immerhin wird in beiden die göttliche Begründung auf der einen Seite und die Abhängigkeit des endlichen Seins auf der anderen vorausgesetzt und damit jenem grundlegenden Satz Rechnung getragen. Die Welt wird als ein in von Gott gesetztes Ganzes gesehen und jede Vorstellung abgelehnt, wonach Gott demjenigen ähnlich sei, was doch von ihm abhängig ist, da Gleichheit und Abhängigkeit sich gegenseitig aufheben [38]. Die Reinheit des Abhängigkeitsgefühls sei gefährdet, wenn der Gegensatz zwischen Gott und dem endlichen Sein verringert wird, was etwa durch die Annahme einer zeitlichen statt einer ewigen Schöpfung geschieht. Die ewige Schöpfung wird gerade um der wesentlichen Differenz zwischen Gott und Welt willen behauptet.

In der *evangelischen Theologie* ist die Aussage der Kreatürlichkeit von Welt und Menschen bis heute hin durchweg vertreten worden, auch wenn die Akzente dabei verschieden gesetzt werden können. P. TILLICH nennt Geschöpflichkeit den Sinn aller Endlichkeit und nähert sich den Gedanken Schellings, wenn er schreibt: «Geschöpf sein heißt beides: wurzeln im schöpferischen Grund des göttlichen Lebens und sich selbst verwirklichen in Freiheit» [39]. In der Trennung vom schöpferischen Grund des göttlichen Lebens sind Schuld und Freiheit, Entfremdung und Selbstverwirklichung des Menschen begründet. – Ungleich stärker wird die Distanz zwischen Geschöpf und Schöpfer von K. BARTH

betont, der die Erkenntnis geschöpflicher Existenz allein auf Gottes Selbstkundgebung zurückführt und Geschöpflichkeit als eine unserm Bewußtsein widerfahrende Entgegensetzung versteht [40]. Die K. empfängt ihre Wirklichkeit durch den ihr gegenüberstehenden Schöpfer, nicht durch einen schöpferischen Grund, der sie aus sich heraus entfaltet.

Auch die *katholische Theologie* legt Wert auf die Differenz zwischen Schöpfer und Geschöpf, wobei allerdings Eigensein und Verwiesenheit auf den Schöpfer in einer ontologischen Beziehung zueinander stehen, indem «Selbstand und Abhängigkeit von Gott im selben, nicht im umgekehrten Verhältnis wachsen» [41]. Das Geschaffensein gehört zur kreatürlichen Wesenheit und ist eine unaufhebbare Bestimmtheit alles Außergöttlichen, die keine immanente Vollendung der K. zuläßt.

Die in den Jahren 1927 bis 1929 erschienene Zeitschrift ‹Die K.› stand unter dem Programm, von Welt und Menschen so zu reden, daß ihre Geschöpflichkeit erkennbar würde: «wenn sie stets der Kreation eingedenk bleibt, muß ihr jede K. denkwürdig werden, der sie sich zuwendet» [42]. Das von den Herausgebern M. BUBER, J. WITTIG und V. VON WEIZSÄCKER proklamierte «Ja zur Verbundenheit der geschöpflichen Welt, der Welt als K.» war als ein Gegensatz zu der zeitgenössischen Reduktion des Lebensverhältnisses zu den Dingen auf das technische Umgehen mit ihnen gemeint. Es sollte wieder ein «wesentliches» Verhältnis zu den Dingen gewonnen werden, das von ihrem Geschaffensein ausgeht, denn «der wahre Name des Weltkonkretums ist: die mir, jedem Menschen anvertraute Schöpfung» [43]. Vergöttlichung der Natur, romantische Naturschwärmerei und naturwissenschaftliche Forschung sollten überboten werden durch das Eindringen in die innersten Kräfte der K., um zur vollen Erkenntnis des geschöpflichen Lebens und zu einem echten Leben mit allem Geschaffenen zu kommen. In dieser Richtung hat Weizsäcker Grundfragen der Naturphilosophie im Anschluß an den biblischen Schöpfungsmythos erörtert, weil erst aus dem Geschaffensein der Natur sich jene Widersprüche erklären lassen, mit denen die Naturwissenschaft konfrontiert ist [44]. Freilich können auch diese Versuche nicht den Eindruck widerlegen, daß Kreatürlichkeit heute weithin nur von theologischen Voraussetzungen aus gedacht und behauptet wird.

Anmerkungen. [1] H. CONZELMANN: Grundriß der Theol. des NT (1967) 216. – [2] THOMAS VON AQUIN, S. theol. III, 6, 1 ad 1. – [3] a. a. O. I, 104, 1 ad 1. – [4] Quaest. disp. de veritate 20, 4. – [5] S. theol. I, 93, 6. – [6] S. contra gent. 2, 3. – [7] M. LUTHER, Weimarer-A. 23, 135, 5; 40/1, 174, 3. – [8] 23, 135, 34. – [9] 14, 108, 19. – [10] MEISTER ECKHART, Dtsch. Predigten und Traktate, hg. J. QUINT (1955) 171. – [11] 206. – [12] 175. – [13] 326. – [14] NIKOLAUS V. CUES, De doct. ignor. II, 2, hg. HOFFMANN/KLIBANSKY 66, 10. – [15] a. a. O. 66, 3f. – [16] 65, 19. – [17] 66, 21f. – [18] II, 9 = 95, 25-27. – [19] II, 2 = 68, 14f. – [20] 68, 22f. – [21] J. BÖHME, Werke, hg. SCHIEBLER (1730) 4, 452. – [22] 5, 578. – [23] 2, 22. – [24] 3, 3. – [25] F. BAADER, Werke, hg. F. HOFFMANN (1851ff.) 8, 79. – [26] 2, 145. – [27] I. KANT, Akad.-A. 2, 90/91. – [28] a. a. O. 2, 154. – [29] 1, 355. – [30] 2, 151. – [31] Werke, hg. W. WEISCHEDEL (1956) 5, 559. – [32] J. G. HERDER, Ideen zur Philos. der Gesch. der Menschheit (1784-1791), hg. H. STOLPE (1965) 1, 27. – [33] 1, 267. – [34] F. W. J. SCHELLING: Bruno oder über das natürl. und göttl. Prinzip der Dinge (1802, ²1865), hg. CHR. HERRMANN (1927, ND 1954) 47. – [35] Werke, hg. K. F. A. SCHELLING (1856ff.) I/2, 362. – [36] Bruno, a. a. O. [34] 125. – [37] F. SCHLEIERMACHER: Der christl. Glaube nach den Grundsätzen der evang. Kirche (²1830/31) 1, § 36, 1. – [38] a. a. O. 1, § 40, 3. – [39] P. TILLICH: Systemat. Theol. 1 (1955) 297. 301. – [40] K. BARTH: Kirchl. Dogmatik III/1 (1945) 399f. – [41] M. VOLK: Art. ‹Kreatürlichkeit›, in: LThK (²1961) 6, 598ff. – [42] Die K., hg. M. BUBER/J. WITTIG/V. v. WEIZSÄCKER 1 (1927) Vorwort. – [43] M. BUBER: Zwiesprache a. a. O. 3 (1929) 213. – [44] V. v. WEIZSÄCKER: Am Anfang schuf Gott Himmel und Erde (⁶1963) 15f.

Literaturhinweise. H. VOLK: Die Kreaturauffassung bei Karl Barth (1938). – W. FOERSTER: Art. Κτίζω, Κτίσις, in: Theol. Wb. zum NT, hg. G. KITTEL 3, 999-1034. – H. G. REDMANN: Gott und Welt. Die Schöpfungstheol. der vorkrit. Periode Kants (1962). – K. HEMMERLE: Franz von Baaders philos. Gedanke der Schöpfung (1963). – K. GLATZ: Schöpfung und Natur. Eine Unters. zum Naturbegriff beim frühen Schelling (Diss. Göttingen 1966). – J. PIEPER: Kreatürlichkeit. Bemerkungen über die Elemente eines Grundbegriffs, in: Thomas v. Aquin 1274/1974, hg. L. OEING-HANHOFF (1974) 47-71.   J. WIEBERING

Kreis (Kr.) und **Kugel** (Ku.) sind von alters her in allen Kulturen mit magischen Kräften versehen und als religiöse und andere Symbole benutzt worden; sie gewannen seit den frühen Griechen wechselnde Bedeutung für das Bemühen, die Natur rational zu erfassen; nur diese naturphilosophische Relevanz der in sich geschlossenen und deshalb als vollkommen geltenden *Figuren* kann hier in einigen wichtigen Beispielen zur Sprache kommen.

1. *Die Erde als Kreisfläche.* – Die noch bei THALES anzutreffende Vorstellung der auf dem Wasser (kreisförmiges Horizontmeer) schwimmenden Erde [1] ist im Mittelmeerraum weit verbreitet gewesen, und die Erde wird in der Regel auch als kreisrunde Scheibe gedacht worden sein [2]. Ob das aus dem jeweils festesten bekannten Material (Stein – Bronze – Eisen) bestehende «Dach» der Erde, der Sternenhimmel, in Anlehnung an mykenische Kuppelbauten schon vor Hesiod gelegentlich als halbkugelförmiges Gewölbe angesehen wurde, ist unsicher [3].

Auf jeden Fall scheint HESIOD als erster diese Halb-Ku. durch die des unterirdischen Tartaros aus Symmetriegründen (ἴσον ἑαυτῇ; τόσσον ... ὅσσον [4]) zu einer ganzen Hohl-Ku. ergänzt zu haben, in deren Mitte die Erdscheibe Groß-Kr. ist. Bei ANAXIMANDER wird dann daraus die sich um ihre Pole drehende (vermutlich wie bei ANAXIMENES [5] «eisartig» gedachte, unterhalb von Sonne und Mond angeordnete) Himmels-Ku., in deren Mitte sich die Erdscheibe kleineren Durchmessers befindet – jetzt frei schwebend, weil wegen der Symmetrie (und des Gleichgewichtes) ein hinreichender Grund für die Annäherung zu irgendeiner Seite fehle [6]. (Dieses Argument findet sich auch später häufig, z. B. bei PLATON [7] und ISIDOR VON SEVILLA [8]. Bei rechter Anwendung hätte die Erde jedoch kugelförmig zu sein, wie später wohl u. a. hieraus erschlossen wurde, vgl. 3.) Die Erdscheibe bleibt auch für ANAXIMANDER kreisrund (mit Delphi, dem «Nabel» der Welt, als Mittelpunkt) ebenso wie die von ihm stammende erste Erdkarte, die von HEKATAIOS verbessert wurde und deren Kr.-Form noch zur Zeit des ARISTOTELES [9] allein das Bild von der Erdoberfläche bestimmte, obgleich sie bereits von HERODOT [10] empirisch widerlegt und die Ku.-Gestalt der Erde erkannt worden war (vielleicht ist hierdurch lat. ‹orbis terrarum› mit veranlaßt worden). ANAXIMANDER läßt weiterhin aus den Gegensätzen Wasser und Feuer (welch letzteres ursprünglich wie eine Rinde als Ku.-Schale alles umhüllte [11]) mit Feuer gefüllte undurchsichtige Luftschläuche (Reifen) entstehen, die sich wie Räder einmal in 24 Stunden um die Erde drehen, gleichzeitig aber jährlich um eine Längsachse schwanken, so daß Sonne und Mond (als welche das aus je einem Loch in den Reifen hervorstrahlende Feuer uns erscheine) die uns erscheinenden Bewegungen als aus zwei Einzelbewegungen resultierende ausführen (vgl. 4).

Bei Anaximander dienen Kr. und Ku. also vielfältig zur Formung und Erfassung der Welt und ihrer Teile,

ohne daß wir von irgendeiner Begründung für gerade diese Formen wüßten.

Anmerkungen. [1] THALES, VS 11 A 14. 13. 15. – [2] Vgl. HOMER, Ilias XVIII, 607f. – [3] Vgl. C. H. KAHN: Anaximander and the origin of Greek cosmol. (New York 1960) 137ff. – [4] HESIOD, Theogonie 126f. 720ff.; vgl. F. KRAFFT: Vergleichende Untersuch. zu Homer und Hesiod (1963) 51-53. – [5] ANAXIMENES, VS 13 A 14. – [6] ANAXIMANDER, VS 12 A 26. – [7] PLATON, Tim. 26, 62 d; Phaid. 58, 108 e f. – [8] ISIDOR VON SEVILLA, Etymol. III, 32, 1. – [9] ARISTOTELES, Meteor. II, 5, 362 b 12ff. – [10] HERODOT II, 15ff.; IV, 36ff. – [11] ANAXIMANDER, VS 12 A 10.

2. *Die Kugelgestalt des Himmels bzw. des Alls.* – Die Himmels-Ku. wird dann schon von ANAXIMENES wieder nach außen versetzt und ist spätestens bei XENOPHANES [1] – und seitdem (abgesehen von den Atomisten) bis gegen Ende des 16. Jh. ganz allgemein [2] – die äußere Schale des einzigen, begrenzten Alls. Xenophanes begründet dies mit denselben metaphysischen Argumenten, mit denen er auch seinem als reinen Geist gedachten (noch nicht immateriellen) einzigen und besten Gott Ku.-Gestalt verleiht [3]. Auch PARMENIDES [4] schreibt dem mit gleichen Attributen versehenen, überall sich gleichenden, nur denkbaren Sein (dem Denken) Ku.-Gestalt zu (vgl. 3a), und PROKLOS denkt sich, ähnlich wie PLOTIN [5], den Geist als Kr. (Ku.) mit dem Einen als Zentrum [6]. Gleiche Gründe führt EMPEDOKLES für die Ku.-Gestalt (σφαῖρος) des vor der Trennung durch den «Streit» zusammengeballten gesamten Stoffes an [7]; im Anschluß an die *Pythagoreer* [8] sieht dann PLATON in der wegen ihrer Göttlichkeit notwendigen Schönheit und Vollkommenheit der Welt das Kriterium für die «schönste und vollkommenste» der Figuren als ihre Gestalt [9], und ARISTOTELES [10] fügt speziell seiner Physik entnommene Gründe hinzu, die den Anhängern eines geschlossenen Weltbildes noch zu Beginn der Neuzeit gelten und auf die sich z. B. noch J. KEPLER ausdrücklich beruft, obgleich der Fixsternhimmel für ihn nicht mehr rotiert [11]. Noch A. KIRCHER nimmt mit der gleichen Argumentation Ku.-Gestalt für das die Welt begrenzende unbewegte «coelum empyreum» an [12], obgleich er das Universum auf Anregung G. BRUNOS ins für den Menschen Unermeßliche ausgedehnt und mit einer unzähligen Menge geozentrischer (*Tycho*nischer) Planetensysteme angefüllt hat. Dem stärksten Gegenargument, allein Gott sei unendlich (ausgedehnt), seine Schöpfung müsse (sphärisch) begrenzt sein (vgl. 6a), trat O. V. GUERICKE entscheidend dadurch entgegen, daß er den von ihm experimentell als leer nachgewiesenen Raum als das Nichts, das Unerschaffene, ansprach [13]. Auf eine gewisse Art verlieh dann I. KANT zumindest der *entwickelten* Welt wieder Endlichkeit, indem er eine gleichsam sich allmählich ausdehnende Wellen-Ku. der höchsten Entwicklung von Sonnensystemen nach der anderen von einem ersten Kondensationspunkt in der gleichmäßig verteilten Materie der Schöpfung ausgehen ließ, so daß überall Entwicklung und Verfall einander ablösen [14]. Einen anderen Versuch, die Unendlichkeit der Welt zu umgehen, unternahm J. K. F. ZÖLLNER, der, in Unkenntnis der Möglichkeit nicht-euklidischer Geometrien, zu der Vorstellung eines geschlossenen Raumes als dreidimensionaler Ku.-Fläche, bezogen auf einen abstrakten vierdimensionalen euklidischen Raum, kam [15]. Doch erst die neue Axiomatik D. HILBERTS ermöglichte dann im 20. Jh., wie jene transzendente vierte (spiritistisch ausgewertete) Raumdimension dem Problem, die von den Erhaltungsgesetzen anscheinend geforderte Endlichkeit und die Unbegrenztheit des Alls zu vereini-

gen, mit dem zur Ku.-Fläche gekrümmten dreidimensionalen nicht-euklidischen Raum eine mögliche Lösung zu geben, die sogar die aus der Rotverschiebung des Lichtes der Spiralnebel erschlossene Expansion mit dem Wachsen des Ku.-Radius dieses Raumes zu deuten vermag.

Anmerkungen. [1] XENOPHANES, VS 21 A 36. – [2] PARMENIDES, VS 28 A 7. 23; PLATON, Tim. 7, 33 b; 26, 63 a; ARISTOTELES, De caelo bes. II, 4; PTOLEMAIOS, Syntaxis I, 2 (dies sind die mittel- oder unmittelbaren Quellen für die spätere Argumentation). – [3] XENOPHANES, VS 21 A 28. 33. 34 u. ö. – [4] PARMENIDES, VS 28 B 8. 42ff. – [5] PLOTIN, Enn. IV, 4, 16, hg. HARDER 28, § 72 u. ö. – [6] Vgl. W. BEIERWALTES: Proklos. Grundlegung seiner Met. (1965) 210ff. – [7] EMPEDOKLES, VS 31 B 28f. – [8] DIOGENES LAERTIOS VIII, 25 = VS 58 B 1 a. – [9] PLATON, Tim. 7, 33 b. – [10] ARIST., De caelo II, 4. – [11] J. KEPLER: Mysterium cosmographicum (1596) 2. Ges. Werke 1, 24, 29ff. – [12] A. KIRCHER: Iter exstaticum coeleste (Rom 1656); komm. A., hg. K. SCHOTT (Würzburg 1660, 1671). – [13] O. v. GUERICKE: Experimenta nova (Amsterdam 1672) II. VII, 3-5. – [14] I. KANT: Allg. Naturgesch. und Theorie des Himmels (1755). – [15] J. K. F. ZÖLLNER: Transcendentale Physik (1878).

3. *Die Kugelgestalt der Erde und der Sphären.* – a) Noch nicht PARMENIDES [1], aber *Pythagoreer* der 2. Hälfte des 5. Jh. [2] schlossen von der Ku.-Gestalt des Himmels bzw. des Alls auf jene der Erde, weil das Zentrum ebenso wie die Peripherie Begrenzung ist und somit erhabener als anderes (PHILOLAOS sollte deshalb später anstelle der Erde das Zentralfeuer in die Mitte setzen), so daß ihm auch die vollkommenste Gestalt zukommen muß [3]. Empirische Kriterien wurden erst nachträglich gefunden [4], so daß etwa seit PLATON [5] die Ku.-Form der Erde allgemein anerkannt ist – nur das christliche Mittelalter (schon ISIDOR VON SEVILLA [6]) in Ost und West vertrat wieder die Scheibengestalt und andere ältere Vorstellungen als offenbarte alte Weisheit [7], weshalb die aristotelische Vorstellung [8], an die *Columbus* anknüpfte, vor seiner Entdeckung des Seeweges nach «Indien» keinen Glauben fand. Eine natürliche Erklärung erhielt die Ku.-Gestalt der Erde durch die Bewegungslehre des ARISTOTELES, in der die Schwere als Streben zum Weltzentrum definiert wird, so daß die Teile des «schweren» Elements Erde sich von allen Seiten gleichmäßig, d. h. kugelförmig, um das Zentrum, ihren «natürlichen Ort», anlagern, darüber – wieder mit überall gleichem Abstand vom Zentrum – die des nächst «schwereren» Elements Wasser (die Meere haben alle gleiches Niveau [9]) und alle überall senkrecht zur Erdoberfläche fallen. Die beiden «leichten» Elemente Luft und Feuer streben dagegen zur Peripherie, d. h. zur konkaven inneren Oberfläche der konzentrischen Mondsphäre (vgl. 4a), so daß auch sie sich darunter sphärisch anordnen.

b) Dieser «sublunare Kosmos» besteht demnach aus der Ku. Erde und den drei aneinandergefügten konzentrischen Ku.-Schalen der übrigen Elemente [10], die später gelegentlich noch weiter unterteilt werden (etwa bei HILDEGARD VON BINGEN in: terra[queus globus], aer tenuis, fortis aer, aquosus aer, purus aether, niger ignis, lucidus ignis [11]). Allgemein anerkannt blieb jedoch nur die Unterteilung der Luftsphäre in drei Schichten als Bereiche (regiones) der verschiedenen Arten von «Meteoren» bzw. von Ausdünstungen der Erde (im Anschluß an ARISTOTELES [12] bis ins 17. Jh. [13]). Die verschiedenen Dämpfe (vapores, ἀτμοί) oder Ausdünstungen (exhalationes) spielten seit der Mitte des 16. Jh. eine große Rolle als angenommene Ursache für die Refraktion und die Dämmerungserscheinung, aus deren Dauer auch die Höhe der Dampfschicht innerhalb der elementaren Luftsphäre errechnet wurde. Als dann seit Beginn des 17. Jh. der Elementcharakter von Feuer und Luft allmäh-

lich angezweifelt wurde und beide statt als Elemente vielmehr als Ausdünstungen der Erdwasser-Ku. der Erde (und anderer Gestirne) zu gelten begannen [14], setzt sich der (wahrscheinlich 1608 von W. SNELL [15] – wohl parallel zu ‹Hydrosphäre› als Übersetzung des von S. STEVIN gebrauchten holländischen ‹Damphooghde› (Dunsthöhe, Dunst-Ku.) – für die ältere ‹regio (sphaera) vaporum crepusculinorum› geprägte Ausdruck ‹*atmosphaera*› [16] nicht nur für die Dämmerung versursachenden Dämpfe in den unteren Luftschichten – so noch MICRAELIUS: «atmosphaera = illud spacium aeris quousque ascendunt exhalationes e terra» [17] –, sondern allmählich auch für die ganze Lufthülle durch.

c) Nach dem Übergang vom geozentrischen zum heliozentrischen System wurde eine andere Deutung der Schwere, als sie Aristoteles gegeben hatte, erforderlich. Statt als ein Streben der Stoffe nach ihrem natürlichen Ort wurde sie als ein Streben der abgetrennten Teilchen zu dem schon zusammengeballten, ihnen *verwandten* Stoff aufgefaßt – so im Anschluß an Platon und nach den detaillierten Ausführungen bei PLUTARCH [17a] schon bei NIKOLAUS VON KUES [18] und von COPERNICUS [19] bis NEWTON üblicherweise – und dadurch die Ku.-Gestalt aller Gestirne erklärt; aus dieser Annahme ergab sich aber andererseits, daß jedes Gestirn aus einer ihm eigentümlichen Materie bestehen müsse, weil sich sonst aller Stoff zu einer einzigen Ku. zusammenballen würde. Statt den noch abgetrennten bewegten Teilchen wurde die bewegende Kraft bereits vor Newton gelegentlich dem bewegenden Ganzen zugewiesen, so im Anschluß an W. GILBERT auf magnetischer Basis von J. KEPLER [20] und von O. v. GUERICKE (vis conservativa [21]). Die Himmelsphysik NEWTONS erklärte dann Bewegung *und* Gestalt der Gestirne mittels der Annahme einer allgemeinen Gravitation (Attraktion), gab andererseits aber auch Gründe für eine nicht-sphärische Gestalt der Gestirne an, deren Polabplattungen 1666 von CASSINI am Jupiter entdeckt worden waren und an der Erde durch die französischen Gradmessungen (Lappland 1736/37; Peru 1735/44) empirisch nachgewiesen wurden.

Anmerkungen. [1] Vgl. H. FRAENKEL: Wege und Formen frühgriech. Denkens ([2]1955) 183ff. – [2] a. a. O. [8 zu 2]. – [3] ARIST., De caelo II, 12, 293 a 15ff. – [4] a. a. O. II, 14, 297 b 23ff. – [5] PLATON, Phaidon 58f., 108 e ff. – [6] ISIDOR VON SEVILLA, Etymol. XIV, 1f. – [7] Vgl. R. EISLER: Weltenmantel und Himmelszelt (1910). – [8] ARIST., Meteor. II, 5, 362 b 27ff.; De caelo II, 14, 298 a 9ff. – [9] Vgl. De caelo II, 4, 287 a 30ff.; ARCHIMEDES, De corporibus fluitantibus I, 2; STRABON I, 3 (1f.); G. RICCIOLI: Almagestum novum (1651) Pars I, S. 47; O. v. GUERICKE: Experimenta nova (1672) V, 1. – [10] ARIST., De caelo I f.; Meteor. II, 2; STRATON VON LAMPSAKOS, Frg. 88 (WEHRLI); SVF 2, 555. – [11] Vgl. H. LIEBESCHÜTZ: Das allegor. Weltbild der hl. Hildegard von Bingen (1930) 59ff. – [12] ARIST., Meteor. I, 3, 340 b 36ff. – [13] Vgl. noch J. MICRAELIUS: Lex. philos. ([2]1662) 66: ‹aer›. – [14] Vgl. B. VARENIUS: Geographia generalis (Amsterdam 1650) c. 19. – [15] S. STEVIN: Hypomnemata math., lat. W. SNELL 1 (Leiden 1608) Pars II, Lib. 3: Cosmographia atmosphaerae. – [16] Vgl. J. H. ALSTED: Scientiarum omnium encyclop. (1630) III, 7 = 696 b. – [17] MICRAELIUS, a. a. O. [13] 189: ‹atmosphaera›. – [17a] PLUTARCH, De facie in orbe lunae 8, 924 d-f; vgl. insges. F. KRAFFT: Copernicus retroversus II: Gravitation und Kohäsionstheorie, in: Colloquia Copernicana Toruń 4 (Wrocław 1975) 65-78. – [18] CUSANUS, De docta ignorantia II, 13, § 178: motus partium ad totum; vgl. PLATON, Tim. 26, 62 c ff. – [19] COPERNICUS, De revolutionibus I, 9; vgl. F. KRAFFT: Johannes Keplers Beitrag zur Himmelsphysik, in: Int. Kepler-Symp. (Weil der Stadt 1971), hg. F. KRAFFT/K. MEYER/B. STICKER (1973) 55-140, bes. 79-95. – [20] Vgl. E. ROSEN: Kepler's Somnium (Madison/Milwaukee/London 1967) 218-221. – [21] O. v. GUERICKE, a. a. O. [9] IV, 5; V, 14.

4. *Die Kreisbewegung der Gestirne und die Sphärensysteme.* – a) Bei ANAXIMANDER war die Kr.-Bewegung

der Gestirne durch die Reifen von Sonne und Mond (vgl. 1) erzwungen; sie wird von älteren Pythagoreern (PHILOLAOS) offensichtlich ohne natürliche Begründung aufgenommen (bei den metaphysisch-religiösen Begründungen in jüngeren Berichten [1] bleibt unsicher, wie weit es nur Übertragungen platonischer Ideen sind), während PLATON die Gestirne auf «aus harmonischen Zahlenverhältnissen geknüpften» konzentrischen Kr. umlaufen läßt: gleichförmig die Fixstern-Ku., ungleichförmig die 7 Planeten, deren Kr. (in der Ekliptikebene) ihrerseits mit dem Äquator unter bestimmtem Winkel verbunden sind, so daß sie vom Fixsternhimmel mit herumgeführt werden und die Gestirne zwei Kr.-Bewegungen ausführen, deren resultierende uns allein sichtbar ist (auch die Darstellung dieser Kr. als Armillarsphären kennt Platon bereits) [2]. EUDOXOS VON KNIDOS löste dann auch die ungleichförmigen Bewegungen der Planeten längs der Ekliptik auf in jeweils mehrere gleichförmige Kr.-Bewegungen auf gleichgroßen konzentrischen Groß-Kr. von imaginären Ku., deren Achsen unter verschiedenen Winkeln in der jeweils übergeordneten gelagert gedacht wurden, um die erkannten Periodizitäten der einzelnen Ungleichheiten wiedergeben zu können. ARISTOTELES übernahm dieses System in einer von Kallippos weiter differenzierten Form, machte es aber von einem rein mathematisch-kinematischen zu einem physikalischen, indem er die einzelnen imaginären Ku.-Flächen zu Ku.-Schalen aus dem kreisbewegten fünften Element Äther von bestimmter Dicke machte, die ihre und die ihnen von außen mitgeteilte Bewegung mechanisch auf die folgenden Sphären übertragen, so daß die eigentümliche zusammengesetzte Bewegung eines einzelnen Planeten kompensiert werden mußte, bevor sein Sphärensystem die ihm mitgeteilte, allen Planeten gemeinsame 24stündige Bewegung nach innen weitergeben konnte[3]. Aristoteles führte dazu «zurückrollende» Sphären ein und kam auf eine (unnötig große) Gesamtzahl von 55 Sphären für die sieben Planeten (EUDOXOS: 26; KALLIPPOS: 33). Die von EUDOXOS zur Berechenbarkeit der ungleichförmigen Bewegungen eingeführte Gleichförmigkeit der Rotation nicht-real gedachter einzelner Sphären erhielt in der aristotelischen Physik des Äthers eine natürliche Erklärung, ebenso wie die Konzentrizität aller Äthersphären. Solange diese Physik gültig blieb, mußte auch ein physikalisches Planetensystem diese Grundsätze beachten (deshalb wurden immer wieder Versuche unternommen, ein astronomisches System eudoxisch-aristotelischer Prägung zu erstellen: AL-BITRUJI (1217 von MICHAEL SCOTUS übersetzt), G. TURRIANUS, G. AMICUS, G. FRACASTORO, G. A. DELPHINUS [4]). Schon bald führten aber gewisse Phänomene (bes. unterschiedliche Helligkeit und Größe) zu der Forderung nach besseren Systemen, die alle jedoch wenigstens die Gleich- und Kr.-Förmigkeit der (Teil-)Bewegungen im Sinne der aristotelischen Physik zu wahren hatten, wenn die Begründungen für diese Bedingungen später auch meist metaphysisch-religiöser Art waren (Rettung der Phänomene). So ersann APOLLONIOS VON PERGE das Epizykelsystem, in dem der Mittelpunkt eines gleichförmig vom Planeten durchlaufenen kleineren Bei-Kr. (Epizykel) sich gleichförmig auf einem größeren zur Erde konzentrischen Träger-Kr. (Deferent) bewegt, während HIPPARCH zeigte, daß die erscheinende Sonnenbewegung, welche ungleich lange Jahreszeiten ergibt, sich auch als gleichförmige Bewegung auf einem zur Erde exzentrischen Kr. erklären ließe (Exzentertheorie). ADRASTOS VON APHRODISIAS weist später die Gleichwertigkeit der

resultierenden Bewegungen beider Systeme nach, und spätestens PTOLEMAIOS verknüpfte beide zur Darstellung der Bewegung einzelner Planeten. Sie blieben die Grundlage astronomischer Theorien bis zu Newtons Himmelsmechanik auf der Grundlage der Keplerschen Gesetze, die ja mit beiden, jenen Theorien zugrunde liegenden Prinzipien bereits einmal gebrochen hatten. Wie tief sie im Bewußtsein verwurzelt waren, zeigen einmal die Bemühungen KEPLERS, die alten Theorien mit den Beobachtungen TYCHO BRAHES in Einklang zu bringen [5], und die Tatsache, daß seine Gesetze dann vor NEWTON fast keine Anerkennung fanden (I. BOULLIAU, G. WENDELIN, A. BORELLI), dann aber auch der Versuch BOULLIAUS, selbst die geradlinige Fallbewegung als aus zwei gleichförmigen Kr.-Bewegungen resultierend darzustellen [6]. COPERNICUS selbst gibt als einen der Gründe für seine Suche nach einem besseren System – natürlich auf den alten, als pythagoreisch angesehenen Grundlagen – die Ausgleichsbewegung des Ptolemaios an, die auf dem Deferenten erfolgt, aber nicht mit gleichförmiger (Winkel-)Geschwindigkeit in bezug auf den Deferentenmittelpunkt, sondern in bezug auf einen imaginären Punkt, so daß die Lineargeschwindigkeit auf dem Deferenten nicht gleichförmig war. Diesen Fehler wollte er beseitigen [7], und es gelang ihm mittels einer gleichförmig doppelepizyklischen Bewegung auf konzentrischen Deferenten (später mit einem entsprechenden Epizykel auf einem mit dem ersten ursprünglichen Epizykel auf konzenteräquivalenten Exzenter), was ihn zur Heliozentrik führte.

b) Die Entdeckung der Präzession des Frühlingspunktes (HIPPARCH) ließ PTOLEMAIOS auch dem Fixsternhimmel zwei Bewegungen zuweisen [8], so daß auch die Fixsterne neben der 24stündigen Bewegung eine gegenläufige Eigenbewegung ausführen. Arabische Astronomen führten deshalb eine 9. Sphäre neben den 7 Sphären(systemen) der Planeten und jener der Fixsterne (firmamentum) ein: das primum mobile. Aus dem zu kleinen Wert der Präzession bei Ptolemaios erschloß THABIT IBN QURRA ein Hin- und Herschwanken des Frühlingspunktes (trepidatio), für das eine eigene Sphäre erforderlich wurde [9]. Spätere unkritische Aufnahme der Theorien ließ beide nebeneinander bestehen, so daß eine 10. Sphäre eingeführt werden mußte, von denen die oberen teils gleichzeitig die Hauptbeweger (primum und secundum mobile) waren oder von zusätzlichen Hauptbewegersphären bewegt wurden. All diese Sphären oder Quasisphären waren nämlich teils nur imaginäre Hilfskonstruktionen der Astronomen, teils galten sie im Anschluß an PTOLEMAIOS' «Astrophysik» in seiner Schrift ‹Hypotheses planetarum› als reale Äthersphären (von fester, undurchdringlicher Konsistenz), in welche die Gestirnskörper wie bei Aristoteles unbeweglich eingebettet sind. Ptolemaios hatte in der genannten Schrift [10] deshalb auch die Ausmaße der Fixsternsphäre berechnen können, indem er von den durch Parallaxenbestimmung errechneten Entfernungen von Sonne und Mond ausging. Der Wert von knapp 20 000 Erdradien galt noch im 16. Jh. AL-FARGHANI gab dann dieser flächenhaft gedachten Ku. eine beträchtliche Dicke, indem er den äußeren Durchmesser doppelt so groß ansetzte wie den inneren; besonders im 16. Jh. fand diese Vorstellung starke Verbreitung [11].

Jene quasi-physikalischen Systeme veranlaßten christliche Denker, Bibelworten entnommene Orte im Himmel mit jenen äußeren Sphären zu identifizieren oder als zusätzliche Sphären (Himmel) anzusehen («Wasser über den Himmeln»: Kristallhimmel; als Sitz der Seligen: Coelum empyreum [12]). So wird eine Höchstzahl von 14 Sphären (TURRIANUS, FRACASTORO) erreicht, und die Numerierung und Benennung ist recht uneinheitlich [13], womit jedoch noch nicht der Abschluß dieser Tradition innerhalb der Barockscholastik erreicht war.

Das System fester materieller Sphären hatte einen ersten Einbruch durch den Nachweis TYCHO BRAHES erfahren, daß Kometen keine Erscheinungen der sublunaren Sphären (keine «Meteore») sind, sondern in den Bereich der Planeten gehören und deren Sphären ungehindert durchkreuzen, daß außerdem die Nova von 1572 ohne Parallaxe blieb, also in die Fixsternsphäre gehöre, die Äthersphären somit zudem auch nicht unveränderlich seien, wie seit Aristoteles angenommen worden war [14]. Weiterhin bestätigen die Fernrohrbeobachtungen seit 1610 die schon vorher spekulativ angenommene Erdhaftigkeit der Planeten (und Monde), und so wird die Vorstellung von supralunaren Himmelssphären allmählich von der cartesischen Physik und den Vakuisten (W. GILBERT, O. V. GUERICKE) ganz verdrängt, zumal J. KEPLER erkannt hatte, daß im Kopernikanischen System die bewegende Ursache im Zentrum sein muß.

c) Mit der Übernahme und Abwandlung der eudoxischen Theorie durch ARISTOTELES war der Grund für eine Ausweitung und Verwirrung der Terminologie gegeben, die mit der Zeit immer stärker wurden und dem modernen Verständnis Schwierigkeiten bereiten. σφαῖρα ist an sich die Voll-Ku. oder Ku.-Fläche. Aristoteles machte aus den imaginären gleichgroßen Ku.-Oberflächen des Eudoxos verschieden große, von zwei konzentrischen Ku.-Flächen begrenzte Körper. Er nannte diese ebenfalls ‹Sphären›, und ihm folgten alle Autoren, die an die Existenz solcher Sphären glaubten, also die «Astrophysiker», auch wenn ihre Sphären, wie es die Regel ist, von nicht-konzentrischen Ku.-Flächen begrenzt sind oder gar keine Sphären in diesem Sinne sein sollen, sondern bloße Ringe längs der Ekliptik [15]. Dazu kommen Termini, welche ursprünglich nur die Bahnen (den «Äquator» einer Sphäre) bezeichnen: κύκλος ‹circulus›, (Kr.); ‹orbita› (Spur, ‹Kr.-Bahn›); περιφορά, περίοδος (von CHALCIDIUS mit ‹globus› (Ku.) übersetzt [16]), ‹revolutio› (Umschwung). Von Kr. wurde an sich in rein kinematischen, von Ku. (sphaera, orbis) in real gedachten «physikalischen» Systemen gesprochen (so streng von COPERNICUS im ‹Commentariolus›), während die Voll-Ku. (Gestirnskörper) meist ‹globus› (globulus) hieß. Die spätere Verwirrung liegt dann weniger an dem schillernden Begriff ‹orbis›, der Ku. und Kr. bedeutet [17], als daran, daß schon zur Zeit der Übernahme durch die Römer (CICERO) terminologisch nicht mehr streng zwischen mathematischem und physikalischem System unterschieden wurde. So wird noch heute der Titel des Hauptwerkes von COPERNICUS ‹ *De revolutionibus orbium coelestium* › meist falsch interpretiert (orbis = globus, Himmelskörper); richtig: ‹Umwälzungen der Himmelssphären› (nämlich der Deferenten, Epizykel usw.). J. KEPLER [18] behauptet zwar in der Annahme, Copernicus sei von der Realität (aller Details) seines Systems überzeugt, dieser spreche von «festen» (solidi) Sphären, doch läßt Copernicus selbst sich darüber nicht aus, läßt die Terminologie ließ schon lange nicht mehr über die Frage: reale oder imaginäre Sphären, entscheiden.

Anmerkungen. [1] z. B. GEMINOS, Elementa astronomiae, hg. K. MANITIUS (1898) 8-10. – [2] PLATON, Tim. 8. 10f. – [3] ARIST., Met. XII, 8, 1073 b 1ff.; vgl. SIMPLIKIOS, In Arist. de caelo comm., in: Comm. in Arist. graeca 7, hg. HEIBERG (1894) 493ff.

– [4] Vgl. G. RICCIOLI: Almagestum novum (Bologna 1651) Pars 1, S. 680; 2, S. 286; N. SWERDLOW: Aristotelian planetary theory in the Renaissance. J. Hist. Astronomy 3 (1972) 36-48. – [5] J. KEPLER: Astronomia nova (Heidelberg 1609) bes. Introd. u. passim. – [6] PHILOLAI [i.e. I. BOULLIAU] astronomia, sive de vero systemate mundi I, 4 (Amsterdam 1639) 11ff. – [7] COPERNICUS, Commentariolus, hg. F. ROSSMANN (1948) 9f.; vgl. F. KRAFFT: Die sog. Copernic. Revolution. Phys. u. Dial. 1 (1974) 276-290. – [8] PTOLEMAIOS, Syntaxis I, 8; VII, 2f.; vgl. den Komm. THEONS VON ALEXANDRIA, hg. ROME (Vatikanstadt 1936) 446f. – [9] THABIT IBN QURRA, De motu octavae sphaerae, in: F. J. CARMODY: The astronomical works of Thabit b. Qurra (Berkeley/Los Angeles 1960) 84ff. – [10] PTOLEMAIOS, Hypotheses planetarum: ausgefühlt im von HEIBERG nicht edierten letzten Teil des 1. Buches; vgl. B. R. GOLDSTEIN: The Arabic version of Ptolemy's planetary hypotheses. Trans. Amer. philos. Soc. NS 57/4 (Philadelphia 1967). – [11] Vgl. RICCIOLI, a. a. O. [4] 1, 419. – [12] Vgl. G. MAURACH: Coelum Empyreum. Versuch einer Begriffsgesch. (1968). – [13] Vgl. die Zusammenstellung bei RICCIOLI, a. a. O. [4] 2, 271-276. – [14] TYCHO BRAHE: De mundi aetherei recentioribus phaenomenis (Uraniborg 1588); De nova et nullius aevi memoria prius visa stella (Kopenhagen 1573). – [15] PTOLEMAIOS, Hypotheses planetarum II. – [16] PLATON, Tim. 39 b. – [17] Trotz MACROBIUS, Comm. in Somnium Scipionis I, 14, 24. – [18] J. KEPLER: Astronomia nova (1609) I, 4. Ges. Werke 3, 73, 27f.

5. Kugel und Bewegung. – Die Ausgewogenheit einer (homogenen) Ku., die sie zur Gestalt des parmenideischen Seins (μεσσόθεν ἰσοπαλὲς πάντῃ [1]) und des Gottes (vgl. 6) geeignet sein ließ, gibt ihr nach allgemeiner Auffassung auch leichte Beweglichkeit. Andererseits soll dies Gleichgewicht wegen fehlender Gliedmaßen sie gelegentlich auch umgekehrt zur für Eigenbewegung ungeeignetsten Figur machen, womit ARISTOTELES die Unbewegtheit der in die Äthersphären eingebetteten Gestirns-Ku. begründet [2]. PLATON dagegen faßt die Gestirne selbst als beseelte Feuer-Ku. auf, deren Bewegung auf der Stelle (Rotation) erfolgt und deshalb stets denselben Raum einnimmt, so daß schon von dieser Überlegung her die Gestirne kugelförmig sein müssen – daneben wird ihnen von den Himmelskreisen eine Translation mitgeteilt [3]. Diese spekulativ gewonnene rotierende Eigenbewegung der Gestirne bleibt in der neuplatonischen Tradition bekannt, wird dann von NIKOLAUS VON KUES übernommen und auch auf die Erde bezogen [4], erhält für letztere im Copernicanischen System eine Rechtfertigung, die von G. BRUNO spekulativ wieder auf sämtliche Gestirne ausgedehnt wird [5], während J. KEPLER noch vor Entdeckung der Sonnenflecken (1611) von seiner Physik des die Planeten mit sich herumführenden orbis virtutis magneticae (vgl. 7a) des Zentralkörpers Sonne (Erde) her auf die Rotation der Sonne(n) (Erde = Planeten) geführt wird [6], die dann von teleskopischen Entdeckungen und Beobachtungen seit 1610 auch mehr oder weniger empirisch bestätigt wurde. Noch O. v. GUERICKE etwa läßt in Unkenntnis eines Trägheitsgesetzes je eine Seele der Rotationsbewegung der Gestirns-Ku. ausführen [7], während bereits BURIDAN [8] die von ARISTOTELES [9] eingeführten «Intelligenzen» als Beweger einzelner Himmelssphären (vgl. 4) abgelehnt hatte, da die Bewegung der konzentrischen Sphären ohne Widerstand erfolge und deshalb der von Gott ihnen eingepflanzte Impetus nicht geschwächt werde. – Von ähnlichen Überlegungen her kommt später G. GALILEI zu der Vorstellung einer ausschließlich kreisförmigen Trägheitsbewegung (etwa der Planeten, aber auch jeden Gegenstandes auf der rotierenden Erd-Wasser-Luft-Ku.), da ohne zusätzliche Krafteinwirkung eine Beschleunigung nur bei Verringerung, eine Bremsung nur bei Vergrößerung des Abstandes vom jeweiligen «Schwerezentrum» (vgl. 3c) eintrete [10]. – In der Regel blieb man jedoch, solange an der Existenz fester Äthersphären festgehalten wurde (vgl. 4 b/c), bei den Intelligenzen bzw. Engeln als Bewegern [11]. – Voraussetzung ist die leichte Beweglichkeit von Ku.(Schalen) und Scheiben (Kr.), so daß eine geringe Kraft zur Bewegung (vgl. noch W. GIL-BERTS Argument für die Erdrotation [12]) oder zum An-stoß der Bewegung (vgl. BURIDAN und die im 13. Jh. ebenfalls aufkommende Idee des perpetuum mobile [13]) ausreiche oder diese sich gar an sich von selber bewegen sollen, wie ARISTOTELES in der ‹Mechanik› aufgrund des Übergewichtes eines größeren über irgendeinen kleineren Kr.(-Radius) von den Kr. sagt [14]. Diese ungleichen konzentrischen Kr. sind von Aristoteles (ARCHYTAS?) zur Erklärungsgrundlage aller mechanischen Maschinen gemacht worden [15], wobei die (irdische) Kr.-Bewegung erstmals als aus zwei gradlinigen Bewegungen (Kräften) zusammengesetzt angesehen wird, wie es später nach Vorarbeiten von DESCARTES und HUYGENS und nach der Aufhebung des Gegensatzes zwischen mechanischen (künstlichen) und natürlichen Bewegungen in NEWTONS Mechanik mit den (elliptischen) Planetenbewegungen ge-schieht [16].

Wegen ihrer allseits gleichmäßigen Rundung gelten Ku. auch als für die Translation (Rollen) besonders ge-eignet: Von allen Anhängern der Atomlehre oder ande-rer Partikulartheorien wird die Ku.-Form deshalb allen oder den Teilchen des beweglichsten und am wenigsten Widerstand leistenden bzw. durch seine Bewegung selbst in Bewegung setzenden Stoffes zugewiesen (Seelenatome der antiken Atomisten [17], DESCARTES' Ätherpartikel [18] usw.). Tatsächlich besitzen kugelförmige Moleküle in Lösungen eine viel niedrigere Viskosität als solche von länglicher Struktur.

Anmerkungen. [1] PARMENIDES, VS 28 B 8, 44. – [2] ARIST., De caelo II, 8, 290 a 29ff. – [3] PLATON, Tim. 12, 44 a. – [4] CU-SANUS, De docta ignorantia II, 11f. – [5] G. BRUNO: De l'infinito universo et mondi (London 1584). – [6] J. KEPLER: Astronomia nova (1609) III, 34. Ges. Werke 3, 244; vgl. KRAFFT, a. a. O. [19 zu 3]. – [7] O. V. GUERICKE: Experimenta nova (1672) V, 4. – [8] BURIDAN, Quaestiones de caelo et mundo II, q. 12. – [9] ARIST., Met. XII, 8. – [10] G. GALILEI, Dialogo, 1. Tag. Ed. naz. 7, 43ff. – [11] Vgl. die Zusammenstellung der Gegner und Anhänger bei RICCIOLI, a. a. O. [4 zu 4] 2, 247-270; vgl. H. A. WOLFSON: The problem of the souls of the spheres from the Byzantine commentaries on Aristotle through the Arabs and St. Thomas to Kepler. Dumbarton Oaks Papers 10 (1962) 67-93. – [12] W. GILBERT: De magnete (London 1600) VI, 5 Ende. – [13] BURIDAN, a. a. O. [8]; vgl. D. BRINKMANN: Das Perpetuum mobile. Nova acta Paracelsica 7 (1954) 164-191. – [14] ARIST., Quaestiones mechanicae 8, 851 b 35ff.; vgl. auch Art. ‹Mechanik I›. – a. a. O. passim; vgl. PLATON, Leg. X, 6, 893 c/d. – [16] Vgl. O. KNUDSEN: A note on Newton's concept of force. Centaurus 9 (1963/64) 266-271. – [17] z. B. DEMOKRIT, VS 68 A 104. – [18] R. DESCARTES, Principia philosophiae III, 48ff.

6. *Die theologische und psychologische Bedeutung der Kugel.* – a) XENOPHANES' Idee vom Ku.-Gott (neben der göttlichen Welt-Ku.) bleibt unter den Eleaten und Plato-nikern erhalten, wird zwar etwa von CICERO [1] bekämpft, blüht aber im Neuplatonismus neu auf, erhält durch das Symbol der «unendlichen Ku.» bei PLOTIN neue Impulse und lebt besonders, aber nicht ausschließlich [2] in dieser Form im Einflußbereich des Neuplatonismus und der hermetischen Schriften in der «mystischen Geometrie» bis tief in die Neuzeit fort: Während das Grenzenlose PARMENIDES und PLATON, weil nicht faßbar und denkbar, als unvollkommen galt, wird die Unendlichkeit für PLOTIN ein Merkmal gerade der Allmacht und Vollkom-menheit. Ausgehend von dem Sonnengleichnis Platons benutzt auch er die Sonne und ihre Lichtsphäre als physi-kalisches Symbol für die aus dem göttlichen Einen als Urkraft und Zentrum entspringenden Emanationen vom

Denken zur Materie; an seine Stelle tritt das geometri-sche Symbol des Strahlenmittelpunktes und daraus her-vorwachsender Ku.-Schalen [3], bis Plotin schließlich von der räumlichen Gestalt und Größe gänzlich abstra-hiert und allein den Begriff der Ku. und ihres (Strahlen-) Zentrums als Symbol für die überall gegenwärtige un-endliche Urkraft des Einen und seine Emanationen ge-braucht [4]. – Vermittler dieser Plotinischen Ideen, die erst seit M. FICINO wieder aus dem Original geschöpft werden konnten, war der über die arabische Traditions-kette unter dem Titel ‹Aristotelis theologia› ins lateini-sche Mittelalter gekommene Auszug aus den ‹Enneaden› (Buch 4–6); unmittelbare Quelle war seit dem frühen 13. Jh. der anonyme ‹Liber XXIV philosophorum› (teil-weise Hermes Trismegistos zugeschrieben), in dem sich die Idee erstmals in dem dann immer wieder zitierten Satz «Deus est sphaera infinita» (dafür oder daneben teilweise bald: intelligibilis und intellectualis; PLOTIN: σφαῖρα νοητή[5]) «cuius centrum est ubique, circumferen-tia vero nusquam» [6] schlagwortartig zusammengefaßt findet, von wo aus sie ihren Siegeszug durch die geistige Welt der vorwiegend religiösen Mystik und der Natur-philosophie nahm [7]. Seinen unbestrittenen und für das Weltbild fruchtbarsten Höhepunkt bildete NIKOLAUS' VON KUES ‹De docta ignorantia›. Danach bleibt die sinnliche Welt von der unendlichen Sphäre Gottes noch dadurch abgesetzt, daß sie nicht einmal vollkommene *endliche* Sphären (Fixsternhimmel), Ku. (Weltkörper) und Kr.-Bewegungen (der Gestirne) und kein ruhendes Zentrum (Erde) enthält; gleichzeitig wird die aristoteli-sche Rangordnung der Sphären zerstört (überall ent-steht der Eindruck, im Zentrum zu stehen) und dem Universum statt einer Begrenzung potentielle Unend-lichkeit zugesprochen [8]. Ku./Kr., Gerade (Radius) und Zentrum seien im Unendlichen identisch. Dadurch er-hält Nikolaus für die Dreieinigkeitsspekulation christ-licher Neuplatonik eine Darstellungsart, welche ur-sprünglich die vollkommene Identität der Drei*einig*keit ergibt [9], während er mit demselben Bild später [10] ge-rade die *Drei*einigkeit betonte: Gottvater = Zentrum, Gottsohn = Radius, Heiliger Geist = Peripherie. Diese letzte Form der Analogie verwenden dann F. G. ZORZI (VENETUS) [11] und CH. DE BOUELLES [12], bevor J. KEP-LER sie auf die Welt selbst übertrug und das Zentrum Sonne als Bild Gottvaters, die begrenzende, umfassende Fixsternsphäre als Gottsohn und den gleichbleibenden, verbindenden Abstand (aequalitas σχέσεως inter punc-tum et ambitum) (bzw. den diesen Raum erfüllenden Äther [13]) als Sinnbild des Heiligen Geistes auffaßte und damit die Einheitlichkeit und Ordnung der Welt betonte [14]. Diese Zuordnung findet sich auch bei ZORZI und ähnlich bei J. BÖHME [15]. Außerhalb der religiösen Mystik – zu deren Vertretern auch G. BRUNO gezählt werden muß, der das aktuell unendlich gedachte Univer-sum mit einer unendlichen Zahl von Zentren (Sonnen-systemen) erfüllt und damit die intensive Unendlichkeit der sphaera infinita Gottes zu einer extensiven der sinn-lichen Welt macht, der somit die göttlichen Eigenschaften zukommen – erhält die Idee Plotins noch einmal in der romantischen Naturphilosophie große Relevanz. Neben F. W. J. SCHELLING ist hier besonders L. OKEN zu nen-nen, der die in dem Symbol der unendlichen Ku. und ihrem allgegenwärtigen Zentrum (bzw. unendlichen An-zahl von Zentren) enthaltene religiöse Mystik noch radi-kaler vernatürlichte: Das Strahlenzentrum und die von ihm ausgehende, ins Unendliche wachsende Ku. werden die wahren immanenten Grundprinzipien der natürlichen Realität, die alle Wirklichkeit *umfaßt*; denn nur die Natur*philosophie* als «Wissenschaft von der ewigen Verwandlung Gottes in die Welt» vermöge Erkenntnisse zu erbringen. Gott ohne Welt sei das «Nichts an sich», «monas indeterminata», und werde zum Etwas erst durch die drei göttlichen «Uracte», von deren drittem, verbindendem des «totalen Gestaltens» gesagt wird, Gott lasse den (durch den ersten Urakt des «Ponierens» seiner selbst schwebend ins All gesetzten) Punkt sich radial nach allen Richtungen gleichmäßig ausdehnen und gleichzeitig sich sphärisch zum einheitlichen Ganzen zusammenschließen und dadurch statt des in sich zwiespältigen (polaren) «zentriperipherischen Radius» (unendliche Linie = Doppelstrahl der Zeit; 2. Urakt) die in sich vollkommene «unendliche Ku.» des Raumes oder «seienden Gottes» sich ausbilden. Einheitspunkt, Zeitstrahl und Raum-Ku. seien durch diese Uracte die realen Formen des «endlich gewordenen Gottes» [16]. In diesem Zusammenhang zitiert Oken auch den Deus-sphaera-Satz, aber mit bezeichnender Abweichung: «*Mundus* est sphaera, cuius centrum ubique, circumferentia nusquam» [17]. Die Sphäroidik wird dann von Oken bis in die kleinsten Details ausgeführt (Kosmogonie, Kosmologie, Physik, Mineralogie, Botanik, Zoologie) und wirkte bis zum Ausklang der romantischen Naturphilosophie, besonders anregend innerhalb der Biologie (B. Baer, C. G. Carus u. a.), wo seine darauf basierende Deduktion einer «Zellenlehre» («Urbläschen», «organische Punkte» bzw. «Sphären», auch «Zellen» genannt [18]) deren empirische Begründung durch M. J. Schleiden und Th. Schwann geistig vorbereitete [19].

b) «Erst die neuzeitliche Renaissance hat das Kr.- und Ku.-Symbol, nachdem es ... für die Gottheit ins Unendliche ausgedehnt worden war, in dieser gesteigerten Form auch als das beste geometrische Symbol der Menschenseele angenommen» [20]. Aber Ku. und Kr. sind nicht immer bloßes Symbol gewesen. Die Rotation als in sich zurücklaufende Bewegung auf der Stelle, die «weder Anfang, noch Mitte, noch Ende hat», ist nach Platon die der unsterblichen Seele adäquate Bewegungsart: Sie denkt in Kr. [21] (wie die Weltseele auch sich und die Welt bewegt). Sie besitzt auch Ku.-Form (so auch Marcus Aurelius [22], Augustinus [23], Hildegard von Bingen [24], Nikolaus von Kues [25]), und von da her ist wohl auch die Ku.-Gestalt der Toten nach der Auferstehung bei Origenes zu verstehen [26] (vgl. die kugeligen Urmenschen Platons [27] und seine Begründung für die menschliche Kopfform [28]). Nach einem anderen Bild ist die Seele Strahlungsmittelpunkt für vorwiegend begrenzt gedachte Sphären des Denkens und Empfindens, deren Intensität wie eine Lichtsphäre (vgl. 7) nach außen hin abnimmt [29] und von der «Kraft» des Zentrums abhängt. So unterscheiden sich menschliche, engelische und göttliche Seelen- bzw. Geistsphären auch graduell, sie umfassen verschiedene «Bereiche» oder «Welten» und haben ihre unüberschreitbaren Grenzen (orbis–regio–sphaera–mundus; alle Termini nebeneinander etwa bei Ch. de Bouelles [30]); die Terminologie wird auch durch die Vorstellung von den Elementar- und Himmelssphären beeinflußt sein (vgl. 3 a/b und 4). – In diesem Zusammenhang werden die Begriffe ‹Ku.› und ‹Kr.› (Sphäre, Atmosphäre) dann häufig in übertragenem Sinne verwendet, behalten aber auch ihren realen (bzw. symbolischen) Wert, wie etwa in den Ich-Sphären bei J. G. Fichte.

Anmerkungen. [1] Cicero, De natura deorum I, 10, 24. – [2] Vgl. Macrobius, Saturnalia I, 20, 17; vgl. O. Brendel: Symbolik der Ku. Röm. Mitt. 51 (1936) 32: Hl. Benedikt, Mechthild von Magdeburg. – [3] Plotin, Enn. VI, 4, 7f.; IV, 4, 16; V, 1, 6 (10, § 34 Harder); V, 3, 12 (49, § 115) u. ö. – [4] a. a. O. V, 1, 9; VI, 5, 4. 10 (23, §§ 26. 66); II, 9, 17 (33, § 162/4). – [5] VI, 5, 10 (23, § 66) u. ö., weitergeführt zu Proklos, vgl. Beierwaltes, a. a. O. [6 zu 2]. – [6] Liber XXIV philosophorum, hg. Cl. Baeumker, in: Stud. und Charakteristiken (1927) Satz 2. – [7] Vgl. D. Mahnke: Unendliche Sphäre und Allmittelpunkt (1937). – [8] Cusanus, De docta ignorantia bes. II, 11-14. – [9] a. a. O. I, 9f. – [10] Complementum theol. c. 6. – [11] F. G. Zorzi: De harmonia mundi totius cantica tria I, 3, 2 (Venedig 1525) 40 b. – [12] Ch. de Bouelles, Liber de sapiente c. 30; vgl. unten [30]. – [13] J. Kepler, Ges. Werke 8, 35, 72ff. – [14] Mysterium cosmographicum c. 2 a. a. O. I, 23, 20ff. – [15] J. Böhme: Aurora, oder die Morgenröte im Aufgange (verfaßt 1612) Kap. 2. 3. 19. – [16] L. Oken: Lb. der Naturphilos. (1808, ²1831) I: ‹Theosophia›; vgl. auch: Abriß der Naturphilos. ... (1805). – [17] Lb. (1831) § 131; vgl. § 60. – [18] a. a. O. § 921. – [19] §§ 945-981. – [20] Mahnke, a. a. O. [7] 185f. – [21] Platon, Tim. 9, 37 a/b (vgl. hierzu die Kommentatoren); Leges X, 8, 898 a. – [22] Mark Aurel, Selbstbetrachtungen 11, 12; 8, 41; 12, 3. – [23] Augustin, De quantitate animae 16, § 27. – [24] Vgl. Liebeschütz, a. a. O. [11 zu 3] 108 Anm. – [25] Cusanus, De docta ignorantia II, 9, § 145; vgl. zu Beierwaltes, a. a. O. [6 zu 2], H. J. Krämer, in: Gnomon 46 (1974) 456-458. – [26] Vgl. Brendel, a. a. O. [2] 35. – [27] Platon, Symp. 14-16, 189 c ff. – [28] Tim. 16, 44 d. – [29] So noch H. More, Opera omnia. Script. philos. 2 (London 1679) 150f. 169f. 300ff. – [30] Ch. de Bouelles, De sapientia, hg. R. Klibanski, in: E. Cassirer: Individuum und Kosmos in der Philos. der Renaissance (1927) bes. 361: ‹orbis›. 345. 343: ‹mundus›.

7. *Sphaera activitatis.* – a) Wie die nichtgöttlichen seelischen, so haben auch die von einem Körper ausgehenden «Kräfte» nach antiker und scholastischer Lehre endliche Größe und wirken, soweit es sich um causae efficientes handelt, unmittelbar durch Kontakt oder mittelbar über ein Medium, das ihre Wirksamkeit allmählich abschwächt und endlich aufhören läßt. Vermutlich wegen einer angenommenen gleichmäßigen Abschwächung nach allen Seiten wurde hierfür in der Spätscholastik der Ausdruck ‹sphaera activitatis› geprägt, ohne daß außer eventuellen Vorbildern der Urheber bekannt wäre. Der Ton lag auch mehr auf der *Begrenztheit* (Begrenzungslinie, -fläche) des Tätigkeitsbereiches als auf seiner kugeligen Form. Als erläuterndes Beispiel wird in der Regel Feuer und Flamme als Quelle für Licht und Wärme angeführt – von hier ergibt sich die Verbindung zur Sonne (vgl. 6a) [1]. R. Goclenius [2]: «Metaphorice accipitur [sphaera] pro certo termino, vel descriptione aut circumscriptione, pro cancellis et septis, cum dicitur a Scholasticis res sphaeram activitatis suae non excedere ...». «Omnis effectus manet in sphaera sua caussae» stehe metaphorisch für «nullus effectus ultra [propriam] suam causam se extendit» (so M. Ficino [3]). Um die Mitte des 17. Jh. hat der Begriff ‹sphaera activitatis (orbis virtutis)› jedoch wieder konkretere naturphilosophische Bedeutung erhalten, so bei J. Micraelius: «Sphaera activitas *physicis* dicitur terminus circularis, quem agentia naturalia per limitatam agendi virtutem egredi vel praeterire non possunt. Hinc dicitur omne agens non nisi intra sphaeram activitatis suae agere ...» «Intra hanc sphaeram activitatis consistere oportet patiens seu objectum, quod actiones debet recipere» [4]. Die scholastische Vorstellung scheint sich aus der aristotelischen Erklärung der begrenzten und schrittweisen Kraftübertragung durch das Medium beim Wurf entwickelt zu haben. Aristoteles vergleicht diesen Vorgang mit einem Magneten, der dem angezogenen Eisenstück ebenfalls die Fähigkeit anzuziehen überträgt [5], während Simplikios Magneten und Bernstein ebenfalls über eine gewisse Distanz mittelbar durch das Medium Luft wirken läßt [6]. Averroes benutzt zur Veranschau-

lichung dann die Ausbreitung der Wellenkreise auf einer Wasserfläche um die Aufschlagstelle eines Steines [7], und FRANCISCUS DE MARCHIA führt um 1320 diese Analogie weiter aus und erläutert die Vorstellung mit den Stein weiter tragenden Luftwellen, die sich kugelförmig ausbreiten und allmählich abschwächen [8]. – Zu der Vorstellung sich kugelförmig (σφαιρικῶς) in der Luft ausbreitender *Schall*wellen waren bereits die *Stoiker* [9] (vgl. VITRUV [10]) gekommen, auch in Analogie zu den Wasserwellen (κυκλικῶς); doch dachten sie an eine unendliche Ausbreitung (κυματοῦται ... εἰς ἄπειρον, rotundationibus infinitis).

Die Folgezeit beschäftigte sich mehr mit der «Richtkraft» des Magneten (Kompasses) als mit der «Anziehungskraft», und es scheint erst bei G. B. PORTA zu einem dann für die Folgezeit sehr fruchtbaren Neuansatz gekommen zu sein. In der erweiterten Ausgabe seiner ‹Magia naturalis› behandelt er (VII, 15) Methoden, die Pole eines Magneten zu finden, d. h. die Punkte, welche Eisen am stärksten anziehen, und sieht diese «puncti polares» als die Quellen an, welche die Magnetkraft in ihren «Umkreis» ergießen (in orbem suam vim diffundere ... ut a centro ad circumferentiam) wie eine Lichtquelle, die mit zunehmender Entfernung schwächer beleuchtet: «punctus ille suae virtutis diffusivus cognoscendus erit, et signandus, et orbem suae virtutis vocabimus virium longitudinem» [11]. In diesem Sinne verwendet er auch im folgenden den Begriff ‹orbis virtutis› [11a]. Porta vereinigt in ihm die Vorstellung von einem Strahlungsmittelpunkt magnetischer «effluvia» (so schon die antiken Atomisten in Verbindung mit der Lehre, daß jeder Magnet zwei Pole habe [12]), mit jener einer Begrenzung des Wirkungsbereiches (sphaera activitatis) einer Kraft. Zuvor hatte bereits 1581 R. NORMAN nach der Entdeckung der Inklination auf eine dreidimensionale, also kugelförmige, unmittelbare Ausbreitung der Mitteilbarkeit der «Richtkraft» eines Magneten auf magnetisierbares Metall geschlossen [13]. W. GILBERT schließt sich dann Porta und Norman weitgehend an. Er nimmt jedoch (wie Norman) nur *ein* Zentrum der Magnetkraft an (Schwerpunkt des Magneten) und läßt die Form von dessen orbis virtutis von der Gestalt des Magneten abhängen (Erklärung der Mißweisung): Bei einem kugeligen ist sie sphärisch, sonst der Oberfläche entsprechend sphäroid. Er unterscheidet dann zwei verschiedene orbes der Erde, die er als großen Magneten ansieht, und kugeliger Magnete, die er als Modelle der Erde (Himmelskörper) ansieht und terrellae (kleine Erden) nennt, und definiert den orbis coitionis (magneticae) als Grenze, innerhalb der noch (gegenseitige) Anziehung stattfinde (entsprechend dem orbis virtutis Portas), und zwar nicht nur zu den Polen, sondern abgesehen vom «Äquator» überall hin, und den unverhältnismäßig größeren orbis virtutis als den Bereich, innerhalb dessen noch eine Magnetnadel abgelenkt, also zwar noch gerichtet, aber nicht mehr bewegt wird (= sphaera activitatis, nach R. Norman): «orbis virtutis est totum illud spatium per quod quaevis magnetis virtus extenditur» [14]. Mond und Erde befänden sich z. B. noch innerhalb des orbis virtutis von Erde bzw. Mond, und erst die Fixsterne seien außerhalb jenes der Sonne [15]: «Stellae extra orbem virtutis Solis sive formam effusam non movuntur a Sole» [16]. Im Gegensatz zu den sehr feinen, aber doch materiellen (corporea) «elektrischen» effluvia (hier spricht er nicht von einem orbis virtutis; terminus technicus sollte später ‹atmosphaera› werden) seien die magnetischen solche der forma in peripatetischem Sinne, sie

seien incorporea und könnten deshalb feste Körper durchdringen [17].

J. KEPLER sah in dieser Theorie sogleich die Möglichkeit einer für die Anhänger des Copernicus erforderlichen neuen Physik mit der Sonne als bewegendem Kraftzentrum, sprach den sich ähnlichen Gestirnen (Erde, Mond) selbst eine gegenseitige Anziehung zu («intra orbem virtutis magneticae» entsprechend Gilberts «orbis coitionis» [18]), unterschied aber von dieser (Vorstufe der) «allgemeinen Schwere» sorgfältig den orbis der bewegenden, mitführenden (richtenden) Kraft der jetzt notwendig rotierenden Sonne und der Hauptplaneten (entsprechend dem orbis virtutis Gilberts; vgl. 5): «Solis corpus est circulariter magneticum et convertitur in suo spacio, transferens orbem virtutis suae, quae non est attractoria, sed promotoria» [19] – die Unterscheidung Gilberts hatte sich als verhängnisvoll erwiesen. Für den zweiten orbis konstruierte Kepler starr mit der Sonne verbundene kreisförmige «Kraftlinien» (lineae virtuosae [20]). Da die Sonne auf allen Seiten die Eigenschaften der Magnetpole besitze, nimmt er an, daß bei Himmelskörpern Zentrum und Ku.-Oberfläche je einen Pol darstellen [21]. Im Gegensatz zum Licht, das sich auf Ku.-*Flächen* verteile und so mit dem Quadrat der Entfernung abnehme, verringere sich die bewegende Kraft linear, wirke sie doch nur in der Ebene der Ekliptik. (I. BOULLIAU wies später darauf hin, daß auch diese Kraft wie das Licht mit dem Quadrat der Entfernung abnehmen müsse [22], und I. NEWTON schließt sich dem für die dann nicht mehr magnetisch oder überhaupt gedeutete allgemeine Gravitation oder Anziehung an. Für die magnetische und elektrische «Kraft» gelang der Nachweis desselben Abnahmegesetzes nach einer Reihe von Fehlversuchen und anderen Annahmen CH. A. COULOMB erst 1785/86.)

Angeregt durch die beiden Schriften Gilberts entwickelte dann O. V. GUERICKE eine ganze Physik der orbes virtutum von den verschiedensten den Weltkörpern zugeteilten körperlichen (z. B. Atmosphäre der Himmelskörper; vgl. 3b) und unkörperlichen, animistisch gedeuteten virtutes mundanae oder effluvia, die er auch wieder «sphaera activitatis» nennt [23]: «omnis autem Orbis Virtutis, sive corporalis sive incorporalis, est e corpore egrediente densior, compressior, et fortior, quam in majori elongatione, ubi sese magis magisque dilatat ac rarior fit, donec denique in nihilum abeat» [24]. Zur Demonstration der unkörperlichen virtutes dient ihm – im Anschluß an die terrella Gilberts – eine Schwefel-*Ku.* als Modell eines Weltkörpers (es werden durch Reibung elektrische Effekte erzeugt) [25]. Die starr mit den Weltkörpern verbundenen, ihnen zugehörigen orbes drehen sich zusammen mit ihnen; die in ihnen befindlichen Körper müssen eine genau der Entfernung vom centrum virtutis und damit der Stärke der Kraft entsprechende Größe (capacitas, massa) besitzen, um von ihr erfaßt werden zu können: Die Planeten werden auf exakt konzentrischen Kr.-Bahnen bewegt, der Mond wird im Gegensatz zur ihn mitführenden Erde nicht von der Sonne erwärmt usw. (Ein später Nachklang dieser Naturphilosophie findet sich im 19. Jh. etwa bei M. DROSSBACH, der von «Kraft-Ku.» spricht [26].)

Daneben scheint aber mit der Vorstellung vom orbis virtutis magneticae auch die sphaera activitatis wieder als allgemeiner Ausdruck für die Begrenzung des Wirkungsbereiches einer Kraft geläufig geworden zu sein: Neben Guericke spricht etwa auch R. HOOKE 1665 (anstelle der forza del vacuo Galileis [26a]) von der «Sphere of the attractive activity of congruity» eines homogenen

Körpers [27], und von der sphaera activitatis eines Magneten sprechen zur selben Zeit die Mitglieder der Accademia del Cimento [28].

Während bis dahin ‹sphaera activitatis› in erster Linie Bezeichnung für die Grenze und Begrenztheit des Wirkungsbereiches einer Kraft(quelle) als solcher war, sagt I. Newton ausdrücklich, daß die allgemeine Gravitation (Attraktion) ins Unendliche wirke, wobei ihre Stärke mit dem Quadrat der Entfernung abnehme. Das gleiche gilt für die magnetische und elektrische «Kraft» seit Entdeckung der Influenz um die Mitte des 18. Jh., als man sich auch hier von der Gilbertschen Deutung trennt, ein einziges oder ein positives und negatives elektrisches (und magnetisches) effluvium, das sich als elektrische und jetzt auch als magnetische Atmosphäre (dies der Fachausdruck) oder zusätzlich zu der jedem Körper eigenen Atmosphäre (Dunst-Ku.) um den elektrischen bzw. magnetischen Körper ausbreite [29], leugnet und höchstens hypothetisch und metaphorisch noch von der «Atmosphäre» spricht (weil die elektrische Materie der Luft in dem umgebenden Raum beeinflußt wird), in der Regel wieder wie die Vakuisten Gilbert (für den Magneten) und Guericke an eine Fernwirkung denkt und eher von der sphaera activitatis spricht [30], weil nur die merkliche, nicht aber die tatsächliche Wirkung (orbis virtutis) begrenzt sei (vgl. dazu die Physikalischen Wörterbücher von J. S. T. Gehler [31] und J. C. Fischer [32] unter ‹ Magnet › (Magnetische Wirk-Kr. [33]) und ‹ Electricität › (Electrische Wirk-Kr. bzw. Atmosphäre [34]) sowie unter ‹Wirkungs-Kr., Sphäre der Wirksamkeit, Sphaera activitatis, Sphère d'activité› und ‹Wirkungs-Kr., electrische› [35]). Die Andersartigkeit wird durch folgende Worte besonders klar: Es sei «leicht zu begreifen, daß es für unsere Sinneswerkzeuge, die Grenze der Wirkungen genau zu bestimmen, nicht wohl möglich ist. Denn die Kräteäußerung erstreckt sich von dem Orte der wirkenden Ursache aus bis ins Unendliche und kann nur durch entgegengesetzte Kraft beschränkt werden» [36]. Eine Begrenzung sei willkürlich und hänge von der Empfindlichkeit der Meßgeräte ab.

Auf dem Kontinent hält sich diese Vorstellung vom «Wirkungs-Kr.» der elektrischen und magnetischen Fernkräfte bis gegen Ende des 19. Jh., während sich in England M. Faraday entschieden gegen eine Fernwirkung ausspricht und den alten Begriff der «Kraftlinien» (Kraftröhren) wieder aufgreift, denen er physikalische Realität zuschreibt und die er als Repräsentanten eines schrittweise erfolgten veränderten Zustandes des Raumes zwischen den Magnetpolen ansieht. J. C. Maxwell gab schließlich dieser mehr philosophischen Theorie die mathematische Einkleidung und bezeichnete den veränderten Raumzustand als elektrisches bzw. elektromagnetisches «Feld» (field) [37], indem er einen Begriff in erweitertem Umfang verwendet, den Faraday selbst nur für den Raum zwischen den Polen eines Hufeisenmagneten benutzt hatte [38]. Damit war die Vorstellung von der Fernwirkung und der Wirksphäre im Bereich des Elektromagnetismus durch jene vom Feld ersetzt, die sich bald auch für andere Bereiche als brauchbar erweisen sollte.

b) Damit überlebte sich auch von dieser Seite her jene mathematisch von R. J. Boscovich [39] und philosophisch von I. Kant [40] begründete «dynamische Atomistik», die – angeregt von der Monadologie G. W. Leibniz' und Newtons Gravitationstheorie – nur von unausgedehnten Kraftzentren mit ihren (teils mehreren) Wirksphären (sphaera activitatis [41]) spricht und die im

19. Jh. unter den Gegnern der Daltonschen Atomvorstellung bei Philosophen (mitbeeinflußt durch L. Oken; vgl. 6c) und Naturforschern eine starke Anhängerschaft gefunden hatte (Ampère, Cauchy, Carnot, Herbart, Faraday, Fechner, Lotze, Hamerling, Zöllner, Lipsius, H. Cohen u. a.) [42].

Anmerkungen. [1] Vgl. Micraelius, a. a. O. [13 zu 3] s.v. ‹sphaera activitatis›; Coimbrenser, Comm. in quatuor libros de caelo I, c. 11, q. 3, a. 1f. (Köln 1603) 147-149; vgl. Porta, Anm. [11]. – [2] R. Goclenius: Lex. philos. (1613) 1074: s.v. ‹sphaera 4›. – [3] M. Ficinus: Theol. Platonica X, 8. Opera 1 (Basel 1576) 237. – [4] Micraelius, a. a. O. [13 zu 3] s.v. ‹Sphaera activitatis› bzw. ‹Activitatis sphaera›. – [5] Arist., Phys. VIII, 10, 266 b 25ff.; vgl. De caelo III, 2, 301 b 16ff. u. ö. – [6] Simplicius, Comm. in Arist. graeca 10, 1345. – [7] Aristotelis de physico auditu libri octo, cum Averrois in eosdem comm. 4 (Venedig 1562) 431 h f. – [8] Franciscus de Marcia, Sentenzenkomm. bei A. Maier: Zwei Grundprobleme der scholast. Naturphilos. (Rom ²1951) 168f., bes. Z. 112ff. – [9] SVF 2, 425 = Aetios IV, 19, 4. – [10] Vitruv, De architectura V, 3, 6f. – [11] G. B. Porta: Magiae naturalis libri XX (1591, zit. ²1597) 104f. – [11a] a. a. O. VII, 15ff., bes. 22. 26. – [12] Demokrit, VS 68 A 165; Lukrez VI, 906ff. – [13] R. Norman: The newe attractive ... (London 1581); vgl. F. Krafft: Sphaera activitatis – orbis virtutis. Das Entstehen der Vorstellung von Zentralkräften. Sudhoffs Arch. Gesch. Med. 54 (1970) 121-127. – [14] W. Gilbert: De magnete (London 1600), vor dem Index capitum; vgl. bes. II, 7. 27f. – [15] De mundo (posth. London 1651) bes. II, 19. 27. – [16] a. a. O. 202. – [17] De magnete II, 2. – [18] J. Kepler, Epitome astronomiae Copernicanae IV, 2. Ges. Werke 7, 321, 16ff.; vgl. 301, 7; Astronomia nova, Introd. a. a. O. 3, bes. 25, 20-33; 26, 3. – [19] Brief 358 (1605) Abschn. 4, Z. 93ff. u. ö. – [20] Epitome IV, 3 a. a. O. [18] 7, 333, 15ff.; vgl. 299, 42ff. – [21] a. a. O. IV, 2 = 300, 30ff. – [22] I. Boulliau: Astronomia Philolaica (Paris 1645) I, 12. – [23] O. v. Guericke: Experimenta nova (Amsterdam 1672) IV. – [24] a. a. O. IV, 1, 15. – [25] a. a. O. IV, 15. – [26] M. Drossbach: Die Harmonie der Ergebnisse der Naturforsch. ... (1858); Die Genesis des Bewußtseins ... (1860) – [26a] Vgl. Art. ‹Horror vacui›. – [27] R. Hooke: Micrographia (London 1665) 32: Observatio 6. – [28] Saggi dell'esperienze naturali fatte nell'Accademia del Cimento (Florenz 1667) 3. magnet. Experiment. – [29] G. E. Hamberger: Elementa physices (1727, ³1741) § 578; vgl. §§ 470-475; J. A. Nollet: Essai sur l'électricité des corps (Den Haag 1747, zit. ³1754) 144f. 149 u. ö.; M. Gabler: Theoria magnetis (1781) §§ 23ff. – [30] G. W. Krafft: Praelectiones in Physicam Theoreticam (1750) Kap. 10, bes. 190. 198f.; Morin bei Nollet, a. a. O. 250; F. U. T. Aepinus: Tentamen theoriae electricitatis et magnetismi (Petersburg 1759); J. C. P. Erxleben: Anfangsgründe der Naturlehre (1772) § 544 (vgl. die Zusätze von G. C. Lichtenberg seit ³1784, § 544 b-o). – [31] J. S. T. Gehler: Physik. Wb. 1-6 (1787-1796) (1798); Neubearb. 1-24 (²1825-1845). – [32] J. C. Fischer: Physik. Wb. 1-6 (1798-1805). – [33] Gehler, a. a. O. [31] 3, 100ff.; 4², 678. 744ff. 818f. usw. (Muncke). – [34] Gehler 1, 736ff.; 3², 297ff. (Pfaff); Fischer, a. a. O. [32] 1, 888-891. – [35] Gehler 3, 797-812 (fehlt in Neubearb.); Fischer 5, 678-685. – [36] Fischer 5, 678f. – [37] J. C. Maxwell, Trans. Cambridge philos. Soc. 10 (1856) (Über Faradays Kraftlinien); A dynamic theory of the electromagnetic field. Philos. Trans. (1864). – [38] M. Faraday: Exp. Res. in Electricity. 20. Serie (1846) §§ 2247-52; vgl. § 2615 u. ö. – [39] Zusammengefaßt in R. J. Boscovich: Philosophiae naturalis theoria (Wien 1759). – [40] I. Kant, Monadol. physica (1756). – [41] a. a. O. Sectio I, prop. 7. – [42] Vgl. Eisler⁴ 1, 135f.; G. Th. Fechner: Über die physik. und philos. Atomlehre (²1864) 222ff.

Literaturhinweise. – *Zu 1 und 2:* F. Krafft: Gesch. der Naturwiss. I: Die Begründung einer Wiss. von der Natur durch die Griechen (1971). – *Zu 2:* G. McColley: The 17th-century doctrine of a plurality of worlds. Ann. Sci. 1 (1936) 385-430. – A. Koyré: From the closed world to the infinite universe (Baltimore 1957). – *Zu 3:* H. Berger: Gesch. der wiss. Erdkunde der Griechen (²1903). – G. Perrier: Petite hist. de la géodésie (Paris 1939; dtsch. 1950). – *Zu 4:* J. L. E. Dreyer: A hist. of astronomy from Thales to Kepler (New York ²1953). – F. Krafft: Physik. Realität oder math. Hypothese? Philos. nat. 14 (1973) 243-275. – *Zu 5:* F. Krafft: Ptolemäus, in: Die Großen der Weltgesch., hg. K. Faßmann u. a. 2 (1972) 419-450; vgl. a. a. O. Anm. [19 zu 3]; s. Anm. [17a zu 3]. – E. Rosen: Three Copernican treatises (New York ²1959) 11-21 (gilt jedoch nicht für den ‹Commentariolus›). – *Zu 6:* O. Brendel s. Anm. [2 zu 6] 1-95; D. Mahnke s. Anm. [7 zu 6]. – *Zu 7:* F. Krafft s. Anm. [13 zu 7] 113-139; s. Anm. [19 zu 3]. – J. B. Spencer: Boscovich's theory and its relation to Faraday's res. Arch. Hist. exact Sci. 4 (1967/68) 184-202.   F. Krafft

Kreislauftheorien bilden sich als Korrelat zu schon sprichwörtlich [1] bewußter Kreisläufigkeit archaischer Praxis, die nicht durch Fortschrittlichkeit definiert ist, sondern dem natürlichen Ablauf der Jahreszeiten folgend ihre Termine für Ackerbau, Schiffahrt und Kriegsführung festlegt [2]. Theologisch versteht sich solche Praxis als archetypische Wiederholung paradigmatisch vorgegebener Ur-Ereignisse und Begehungen; eine Handlung ohne Paradigma wäre eine Handlung ohne Wirklichkeit und Berechtigung – der Hintergrund, der die Seinslehre des Eleatismus plausibel macht. Praxis als Mimesis paradigmatischer Urfassung [3] ist die Wiederholung der «primordialen Zeit» [4]. Die früheste kosmologische Formel der K. ist HERAKLITS von der *stoischen* Ekpyrosislehre [5] weitergeführte Rede vom «ewig brennenden Feuer», das die Weltperioden reguliert [6]. Die Ausbrennung abschwächend, verweist PLATONS Katastrophentheorie auf periodisch wiederkehrende Sintfluten, die zum Neubeginn der Kulturentwicklung nötigen [7]. Die *Babylonier* führen Anfang und Ende eines «Großen Jahres» auf eine bestimmte astronomisch berechenbare Sternkonstellation zurück [8] und erweitern die K. um den Glauben an die Schicksalsnotwendigkeit gemäß der Gestirnumläufe. K. lehren ursprünglich weder die unbedingte Anfangslosigkeit der Welt noch Gleichgültigkeit gegen die Praxis. So spielen in der antiken *Geschichtsschreibung* K. die Rolle des Warners. HERODOT spricht vom «Kreislauf der menschlichen Dinge», der es nicht zuläßt, daß die Großen ewig groß und die Kleinen ewig klein bleiben [9]. Ähnlich argumentierend bezweifelt POLYBIOS vorsichtig den Glauben an eine «Roma aeterna»: «Dies ist der Kreislauf der Verfassungen, der mit Naturnotwendigkeit sich vollzieht und durch den die Verfassungen sich wandeln und miteinander wechseln, bis der Kreis sich geschlossen hat und alles wieder am Ausgangspunkt angelangt ist» [10].

PLATON verquickt das Motiv des relativen Anfangs einer Weltperiode und der Beispielhaftigkeit bestimmter Urbegehungen im göttlichen Demiurgen des ‹Timaios›: Die Sternumläufe sind Resultat eines Schöpferwerkes und daher fähig zur Erfüllung des theologischen Auftrages, menschlicher Praxis zum «exemplar» zu dienen [11]. Darüber hinaus sieht Platon eine Verbindung der K. mit der Seelenwanderungslehre [12] – nach PORPHYRIOS erstmals von Pythagoras vertreten [13] –, wenn er dem Kosmos als Ort der «tausendjährigen Wanderung» Heilsbedeutung zuschreibt [14]. – Hingegen vertritt ARISTOTELES als erster eine in sich konsequente K. [15], insofern nie jemand vor ihm die Ungewordenheit der Welt behauptet habe [16]. Während PLATON mit der Erschaffung der Sterne die Entstehung der Zeit ansetzt [17], beweist ARISTOTELES zugleich mit der Ewigkeit der Bewegung die Ewigkeit der Zeit [18]. Anstelle des fürsorgenden Demiurgen am Anfang des kosmischen Kreislaufs liegt diesem bei Aristoteles der ewige, unbewegte Beweger als Prinzip zugrunde [19], das wie ein Geliebtes bewegt [20], d. h. anzieht und nimmt, aber nicht notwendig gibt. Die Bezogenheit der K. auf die Praxis erfährt dann Einschränkungen: Zwar gewährt die Theorie als vornehmste Form der Praxis in der «Betrachtung» des Kosmos wenigstens auf Zeit diejenige Eudämonie, die der Kosmos sich selbst stets bereitet [21], aber die K. repräsentieren nicht mehr den umfassenden Grund der Praxis; vor allem haben sie ihre Heilsrelevanz eingebüßt, da Aristoteles die Seelenwanderungslehre nicht bestätigt.

Die mit der Seelenwanderungslehre verbundene platonisch-pythagoreische Form der K., die implizit die Un-

vertretbarkeit der Person bestreitet, wird schon in der vorchristlichen Welt nicht vorbehaltlos akzeptiert. So kann AUGUSTIN an PORPHYRIOS anknüpfen, der die Einkörperung der menschlichen Seele in den Tierleib verneint, da sie sonst ihre Vernunftnatur einbüße, und ein Ende des Zirkels nach voraufgegangener Reinigung der Seele annimmt [22]. Ähnliches gilt vor ihm für ALBINOS und später für den deshalb von NEMESIOS gelobten JAMBLICH [23]. – Als Wiederbelebung der aristotelischen Form der K., die nicht falsche, sondern gar keine Erlösung verheißt, bekämpft IRENÄUS den Gnostizismus: Das unbiblische Zeitsymbol des Kreises statt der Linie schließt die Schöpfung aus und erwartet Erlösung räumlich im Jenseits des hoffnungslos kreisenden Diesseits, mithin nicht im zukünftigen Äon [24] – eine Häresie, gegen die AUGUSTIN die Erlösung als zeitliches Geschehnis, das weder schon dagewesen noch zeitlich wiederholbar ist, bestimmt [25]. Sofern Augustin dem vorausschickt, das Glück sei wichtiger als die Wahrheit, ist diese Widerlegung der K. nicht «theoretisch-kosmologisch», sondern «praktisch-moraltheologisch» [26].

In ihrem astrologischen Ausdruck schließen, wie ORIGENES geltend macht, die K. den freien Willen aus [27] sowie die Möglichkeit der Änderung zum Besseren [28]. Toposhaft ist bei den Kirchenvätern der Hinweis auf die absurde, von Pythagoreern [29] und Stoikern [30] aber wohl ernst genommene Konsequenz der unbedingten Selbigkeit aller kreisläufig wiederkehrenden Ereignisse [31], worin zudem eine Perversion der Erlösungshoffnung stecke [32]. – Wenn BONAVENTURA von einem (statt vieler), vom egressus zum regressus verlaufenden Kreis spricht, dessen Mitte das Kreuz (aus zwei sich rechtwinklig schneidenden Geraden) bildet, so ist damit dem Bild, aber nicht der Sache ein Zugeständnis gemacht [33]. Es bleibt bei der Apostrophierung der K. als heidnischer Alternative ohne Bedeutung für Glück und Erlösung.

In der *Neuzeit* steht G. B. VICOS Lehre von der Wiederkehr in der Geschichte (corso e ricorso) in der Ambivalenz der Wiederaufnahme von Elementen der K. und dem Festhalten am christlichen Begriff der Forschung, der einen linearen Geschichtsverlauf impliziert [33a]. FICHTE verbleibt dagegen, wenn er die Wechselbewegung im Universum nicht als Zurücklaufen in sich selbst, sondern als «Geburt zu einem neuen herrlicheren Leben» deutet [34], in der Reminiszenz an K. ebenso in Einklang mit der jüdisch-christlichen Tradition wie SCHELLING mit seiner Bestimmung der natürlichen Zeit als ewigen Wechsels von Leben und Sterben «ohne (wahrhaften) Anfang und (wahrhaftes) Ende», wovon es das Leben zu erlösen und in seine Freiheit zu führen gelte [35]. HEGEL beschränkt K. auf die Natur, die Geschichte des Geistes aber ist «wesentlich Fortschreiten» [36]. Die Natur gilt ihm als «die langweilige Geschichte mit immer demselben Kreislauf» [37], die Veränderung in der Natur «ist ein Kreislauf, Wiederholung des Gleichen. Alles steht so in Kreisen, und nur innerhalb dieser, unter dem Einzelnen ist Veränderung» [38].

Dagegen erkennt E. BURKE in seiner Polemik gegen aufklärerische Neuerungen den K. sehr wohl geschichtlich-politische Bedeutung zu: «Unser [englisches] politisches System steht im richtigen Verhältnis und vollkommen Ebenmaß mit der Ordnung der Welt ..., worin durch die Anordnungen einer überschwenglichen Weisheit ... das Ganze in jedem Augenblick weder jung noch reif noch alt ist, sondern unter den ewig wechselnden Gestalten von Verfall und Untergang, Erneuerung und Wachstum in einem Zustande unwandelbarer Gleichförmigkeit fortlebt und dahintreibt. Indem wir dieser göttlichen Methodik der Natur nachahmen, sind wir in dem, was wir an unserer Staatsverfassung bessern, nie gänzlich neu, in dem, was wir beibehalten, nie gänzlich veraltet» [39]. Diesen Angriff auf moderne Positionen hat NIETZSCHE erheblich verschärft. Medium der Erneuerung eines christlich-heidnischen Streites [40] werden die K. in seiner «Lehre von der ‹ewigen Wiederkunft›, das heißt vom unbedingten und unendlich wiederholten Kreislauf aller Dinge» [41] – einer Lehre, die sich auf das Denken Heraklits in dem Sinne, den es durch Augustins Kritik erhielt, zurückführt, um dessen «Wiederholung auf der Spitze der Modernität» [42] zu betreiben. Als «höchste Formel der Bejahung» ist dieser Gedanke, «6000 Fuß jenseits von Mensch und Zeit» auf ein Blatt geworfen [43], überwindender Ersatz für Religion und Metaphysik [44], Verzicht auf «Sinn und Ziel» [45], Sein dem Werden angleichend [46]. Allerdings geht mit der «Wiederholung» eine Änderung der antiken K. einher: Da auch die aristotelische Physik, weil sie ohne Konstanzsätze operiert, genötigt ist, den Kosmos als «energetisches Zuschußsystem» zu deuten [47], sind die alten K. auf einen göttlichen Beweger verwiesen, mithin nie theologieabstinent; ferner war das sittliche und geschichtliche Leben stets auf den Kosmos bezogen [48], dessen bloß kontemplative Vergegenwärtigung schon als Form der Praxis galt. Gleichwohl lehrt Nietzsches Beispiel, daß K. auch in der Moderne ihre Virulenz keineswegs eingebüßt haben (vgl. Art. ‹Kulturmorphologie, Kulturkreislehre› und ‹Kulturzyklus, Kulturzyklentheorie›).

Anmerkungen. [1] ARISTOTELES, Problemata 916 a 28. – [2] HESIOD, Erga 383ff. 618ff.; PLATON, Resp. 527 d; Epinomis 979 a/b. – [3] PLATON, Polit. 297 c ff. – [4] M. ELIADE: Der Mythos der ewigen Wiederkehr (1953) 83. – [5] SVF 1, 497; 2, 458; vgl. Art. ‹Ekpyrosis›. – [6] HERAKLIT, VS 22 B 30f. – [7] PLATON, Leg. 676 a ff.; vgl. Tim. 22 d. – [8] Vgl. L. v. D. WAERDEN: Das Große Jahr und die ewige Wiederkehr. Hermes 80 (1952) 129-155. – [9] HERODOT I, 5, 4; I, 207, 2. – [10] POLYBIOS VI, 9-11, dtsch. H. DRESCHER (1961). – [11] PLATON, Tim. 47 b/c; 90 c/d; Leg. 967 e; Epinomis 979 c. – [12] Phaid. 70 c-72 d. – [13] PYTHAGORAS, VS 14 A 8 a; vgl. 14 A 8 = 1, 99, 29. – [14] PLATON, Resp. 621 d. – [15] ARIST., Met. 1072 a 22. – [16] De caelo 279 b 4ff. – [17] PLATON, Tim. 37 d ff. – [18] ARIST., Phys. 250 b 11ff.; vgl. Problemata 916 a 18ff. – [19] Met. 1073 a 31-34. – [20] Met. 1072 b 3. – [21] Met. 1072 b 15ff.; vgl. Eth. Nic. 1178 b 7ff. – [22] AUGUSTIN, De civ. Dei X, 30. – [23] Vgl. H. DÖRRIE: Kontroversen um die Seelenwanderung im kaiserzeitl. Platonismus. Hermes 85 (1957) 414-435. – [24] Vgl. O. CULLMANN: Christus und die Zeit (³1962) 61-65. – [25] AUGUSTIN, De civ. Dei XII, 21; vgl. XII, 14. – [26] K. LÖWITH: Weltgesch. und Heilsgeschehen (³1953) 148. – [27] ORIGENES, Contra Celsum IV, 66. – [28] a. a. O. V, 21. – [29] SIMPLIKIOS, Komm. zur Physik des Arist., hg. DIELS 732. – [30] NEMESIOS, De nat. hom. 38, hg. MATTHAEI 309. – [31] Origenes, a. a. O. [27] IV, 66; AUGUSTIN, De civ. Dei XII, 14; vgl. FR. NIETZSCHE, Werke, hg. SCHLECHTA (1954-56) 1, 222. – [32] ORIGENES, a. a. O. V, 20. – [33] J. RATZINGER: Die Geschichtstheol. des hl. Bonaventura (1959) 144-148. – [33a] G. B. VICO: Principi di una scienza nova (Neapel 1725, ²1730, ³1744); vgl. auch Art. ‹Kulturzyklus, Kulturzyklentheorie›. – [34] J. G. FICHTE, Bestimmung des Menschen. – [35] F. W. J. SCHELLING, Die Weltalter I A c. – [36] G. W. F. HEGEL, Die Vernunft in der Gesch., hg. HOFFMEISTER (⁵1955) 70. – [37] ebda. – [38] 153. – [39] E. BURKE: Betrachtungen über die frz. Revolution, dtsch. F. GENTZ, hg. D. HENRICH (1967) 69f. – [40] LÖWITH, a. a. O. [26] 196. – [41] NIETZSCHE, a. a. O. [31] 2, 1111. – [42] K. LÖWITH: Nietzsches Philos. der ewigen Wiederkehr des Gleichen (²1956) 113-126. – [43] NIETZSCHE, a. a. O. [31] 2, 1128. – [44] 3, 560. – [45] 853. – [46] 895. – [47] H. BLUMENBERG: Die kopernikanische Wende (1965) 18. – [48] H.-G. GADAMER: Wahrheit und Methode (²1965) 472.

Literaturhinweise. K. BREYSIG: Der Stufenbau und die Gesetze der Weltgesch. (²1927). – A. REY: Le retour éternel et la philos. de la phys. (Paris 1927). – F. SAWICKI: Der Kreislauf und das Todesschicksal der Kulturen. Philos. Jb. Görres-Ges. 49 (1936) 84-97. – M. ELIADE s. Anm. [4]. – J. VOGT: Wege zum hist. Universum (1961). A. MÜLLER

Kreisprozeß ist ein von der Kybernetik eingeführter Begriff; er beschreibt bzw. simuliert Handlungsprozesse in organischen bzw. nicht-organischen komplexen Systemen; als deren Zielzustand nimmt man eine über den Weg von Rückkoppelungsprozessen laufende Stabilisierung an.

Philosophische Bedeutung gewinnt der Begriff in der philosophischen Anthropologie A. GEHLENS, der im Rückgriff auf V. v. WEIZSÄCKERS Begriff des Gestaltkreises eine eigentümliche Variante von K.en entwickelt. Nach v. Weizsäckers psychophysischem Monismus, der den traditionellen Dualismus von Körper und Geist überspielt, rekonstruiert GEHLEN einen über Hand, Auge und Sprache geführten Handlungsprozeß, der als sensomotorischer K. von Wahrnehmung, Bewegung und Sprache menschliches Handeln als intelligent definiert [1]; als «gekonnte» Handlung entlastet sie den Menschen. In der intelligenten Handlung läßt sich Geist als Verhalten darstellen (G. H. MEAD), und GEHLENS anthropologischer Ansatz macht so das erstaunliche Überleben eines biologischen Mängelwesens plausibel. In der parallel laufenden *Kulturkritik* Gehlens wird Geist zum Skandal der modernen Subjektivität. Handlung wird verengt zum angepaßten Verhalten in Institutionen, Denken erscheint als Störfaktor: «Das Handeln selber ist – würde ich sagen – eine komplexe Kreisbewegung, die über die Außenwelt geschaltet ist, und je nach der Rückmeldung der Erfolge ändert sich das Verhalten. Man kann hier sehr gut zeigen, daß im Vollzuge der Handlung jederlei Reflexion, die nicht in eine Änderung der Zugriffsrichtung zum Zwecke glatteren Verlaufes übergeht, nur Hemmungen setzt» [2]. Gehlens Handlungs-Kr. ersetzt Praxis tendenziell durch Technik. Die Figur von anthropologisch nachgezogenen K., in denen Denken virtuell überflüssig wird, markiert Gehlens Beitrag zu den Konservatismus des technischen Zeitalters (GEHLEN, H. SCHELSKY).

Anmerkungen. [1] A. GEHLEN: Der Mensch (¹1966) 136. – [2] Anthropol. Forsch. (⁵1967) 19.

Literaturhinweise. A. GEHLEN s. Anm. [1. 2]. – H. SCHELSKY: Der Mensch in der wiss. Zivilisation (1961). W. BREDE

Krieg (griech. πόλεμος, lat. bellum, ital. guerra, frz. guerre, engl. war)

I. In vielen bekannten mythologischen und religiösen Systemen nimmt der K. eine wichtige Stellung ein. Entsprechend scheint bei HERAKLIT dem K. – als dem Kampf der Gegensätze – die Bedeutung eines kosmischen Prinzips zuzukommen, wenn es von ihm heißt, er sei «Vater und Herrscher aller Dinge» (πόλεμος πάντων μὲν πατήρ ἐστιν, πάντων δὲ βασιλεύς [1]).

Philosophische Erörterungen über den K. als soziales Phänomen beginnen zu dem Zeitpunkt, an dem in Griechenland das überlieferte Ethos fragwürdig wird. PLATON sah im K. in Analogie zur Krankheit einen Zustand, der nicht wünschenswert, nicht natürlich, aber praktisch schwer vermeidbar ist und dem man am besten durch ständige Vorbereitung auf ihn und Übung der Kräfte für ihn vorbeugen, ja ihn durch perfekte Vorbereitung geradezu verhindern könne [2]. ARISTOTELES behandelt die K.-Kunst als Teil der *Erwerbskunst*, nämlich als Jagd auf Menschen, «die von Natur zum Dienen bestimmt sind, aber nicht freiwillig dienen wollen, so daß ein solcher K. dem Naturrecht entspricht» [3]. Wegen dieser Instrumentalisierung des K. zur Erwerbskunst ist der K. nur dann moralisch verwerflich, wenn er zum

Selbstzweck wird [4]; er hat stets Mittel zu Zwecken zu sein. Dem Frieden dagegen bemißt Aristoteles einen Selbstwert zu [5]. CICEROS einflußreiche Definition bestimmt den K. als gewaltsamen Modus der Konfliktaustragung (genus decertandi: per vim) im Gegensatz zum eigentlich menschlichen der argumentativen Auseinandersetzung [6]. Damit der K. ein gerechter K. (*bellum iustum*) sei, gelten für ihn besondere moralische Regeln; im besonderen sind dies die einzigen gerechten K.-Gründe: Vergeltung und Abwehr der Feinde.

Während das frühe, nicht staatskirchlich organisierte Christentum den K.-Dienst weitgehend ablehnte, wurde durch AUGUSTIN in Beantwortung der Frage, ob K. Sünde sei, der justum-bellum-Topos in die christliche Philosophie eingeführt. Jedes K.-Führen will letztlich den Frieden in einem gerechten Zustand. Wenn ein bestehender Friedenszustand ungerecht ist, so ist der K., der auf dem Interesse an der Verbindung von Frieden und gerechtem Zustand geführt wird, unvermeidlich. Das Gute selbst, das sich dem Bösen gegenübersieht, ist zum K. gezwungen [7]. Nur unter Guten, im Gottesstaat, wäre nie endender Friede. Wenn der politische Augustinismus des Mittelalters einen K. gerade dann als Sünde ansieht, wenn er um der Bereicherung willen geführt wird, so setzt er an die Stelle der aristotelischen Instrumentalisierung die heilsgeschichtliche Finalisierung des K. Die Formel für den gerechten K. aber lautet im Anschluß an ISIDOR VON SEVILLA: «Iustum est bellum quod ex edicto geritur de rebus repetendis aut propulsandorum hostium causa» [8]. Im Anschluß daran bestimmt THOMAS VON AQUIN die Kriterien eines gerechten K.: Auctoritas principis, iusta causa (d. h. diejenigen, die bekämpft werden, müssen dieses wegen einer bestimmten Schuld verdienen) intentio recta (d.h. die Absicht muß sein, Gutes zu fördern oder Böses zu verhindern) [9]. So wird der Begriff des gerechten K. an das Gemeinwohls (bonum commune) angebunden [10]. Auch ein Angriffs-K. kann ein gerechter K. sein; insbesondere bei K. gegen Heiden ist das Erfordernis der causa iusta ohne weiteres erfüllt. Diese Bestimmungen wurden in der Spätscholastik neuen Erfahrungen angepaßt. So wurden Bedenken laut, ob jeder K. z. B. gegen Indianer, die bisher keine Gelegenheit hatten, Christen zu werden, a priori ein gerechter K. genannt werden könne [11]. «Alia enim sunt iura belli adversus homines viere noxios et alia adversus innocentes et ignorantes» [12].

Der einzige gerechte Grund, einen K. zu führen, bleibt bei dem spanischen Scholastiker und Völkerrechtstheoretiker FRANCISCUS DE VITORIA das erlittene Unrecht, aber es wird insofern ein pragmatisches Moment in die Rechtfertigungsgründe mithereingenommen, als derjenige K. nicht gerecht heißen kann, der dem Staat mehr Schaden als Nutzen bringt [13]. Ferner sieht Vitoria eine Prüfungspflicht der Rechtsgründe für einen K. durch die urteilsfähigen Untertanen vor: «Damit der K. gerecht sei, genügt es nicht immer, daß der Fürst glaubt, einen gerechten Grund zu haben. Es würde in Wirklichkeit daraus folgen, daß viele K. auf beiden Seiten gerecht wären; denn im allgemeinen führen die Fürsten keinen K. aus bösem Willen, sondern eher im Glauben an einen gerechten Grund» [14]. Bei Vitoria brechen erstmals die großen Schwierigkeiten im Begriff des gerechten K. auf, und die Möglichkeit eines *beiderseits* (subjektiv) *gerechten K.* läßt die Unentscheidbarkeit der Gerechtigkeitsfrage erahnen [15]. Auch der Begriff des *Privat-K.*, dessen Möglichkeit die Allgemeinheit der Definition bei Cicero nicht ausschloß, wird von Vitoria geprägt [16]; er findet

sich aber auch bei OLDENDORP [17]. Der Privat-K. gilt nur als Verteidigungs-K. für legitim, während staatliche K. sowohl Angriffs- als auch Verteidigungs-K. sein dürfen. Für SUÁREZ endlich sind Verteidigungs- und Angriffs-K. ihrer Natur nach unterschieden: Der Verteidigungs-K. beruhe auf dem Naturrecht «vim vi repellere licet», der Angriffs-K. aber sei eine gewohnheitsrechtlich gewordene Form der völkerrechtlichen Vergeltung für erlittenes Unrecht [18]. Indem bei ALBERICO GENTILI, dem unmittelbaren Vorläufer des Grotius, der Angriffs-K. nur dann als bellum iustum soll gelten können, wenn er sich als Verteidigungs-K. ausweisen läßt, leistet Gentili der Ideologisierung des bellum-iustum-Begriffs Vorschub. Dadurch, daß er im Anschluß an GREGORIO DE VALENTIA als Rechtfertigungsgrund für den Angriffs-K. auch die Entscheidung über strittige Rechte (neben der Verfolgung angetanen Unrechts) einführt [19] (und Präventiv- und Interventions-K. erstmals philosophisch rechtfertigt [20]), wird sowohl der beiderseits subjektiv gerechte K. des Vitoria bestätigt, als auch der Gedanke eines beiderseits objektiv gerechten K. ermöglicht. Weil so die intentio recta des Thomas in Vergessenheit geriet, die causa iusta aber zunehmend fragwürdig wurde, blieb als einziges unbezweifeltes *ius ad bellum* die auctoritas principis erhalten.

Allein vom Staat und dem Ziel der Erhaltung und Erweiterung seiner Macht her denkt N. MACHIAVELLI über den K. Dessen Berechtigung zu erörtern scheint ihm genauso verfehlt wie die Frage, ob Politik sein solle. Die Reichweite der Macht eines Staates, K. (siegreich) zu führen, kann geradezu als Signum seiner Legitimität und als Garant der inneren Ordnung angesehen werden. Damit verschiebt sich die traditionelle Frage danach, wie ein K. zu führen sei, damit er gerecht sei, in die, wie er zu führen sei, damit er siegreich sei; denn der Sieg wird zur Rechtfertigung des K. Damit billigt Machiavelli dem K. keineswegs einen Eigenwert zu; er reinstrumentalisiert umgekehrt den Begriff des K.; K.-Führung wird in Rückkehr zu Gedanken des Aristoteles wieder zur Erwerbskunst. Indem Machiavelli kein über den kriegsführenden Parteien stehendes Recht mehr kennt, das dem Begriff des bellum iustum einen Sinn verliehe, bleibt bei ihm allein der Gedanke eines *ius in bello* bestehen.

Der Klassiker des Völkerrechts H. GROTIUS wurde mit seinem Werk ‹De jure belli ac pacis› (1625) zugleich der erste große Klassiker der Theorie des K. Für ihn ist, was die K.-Gründe betrifft, bereits der beiderseits gerechte K. als der Normalfall anzunehmen. Wenn Grotius den sogenannten Privat-K. als den einfachen und grundlegenden Fall annimmt und wenn er die Souveränität nicht in jedem Falle ungeteilt beim Fürsten ansetzt, so wird damit erstmals das Bild eines *totalen K.* entworfen und gerechtfertigt («Voll-K.») [21], das z. B. K.-Maßnahmen gegen Nichtkombattanten wie Frauen, Kinder und Ausländer, ausdrücklich einschließt. Denn der Voll-K. ist ein K.-Zustand zwischen Staaten und als solcher zwischen allen Individuen, die zu diesen Staaten gehören oder sich in ihrem Schutz befinden. «Die gegenüber dem Inhaber der Staatsgewalt abgegebene K.-Erklärung gilt auch gegen alle, die ihm untertan sind» [22]. Die Frage nach dem gerechten K. erstreckt sich nun nicht mehr auf die K.-Gründe, sondern erhält ihr nur noch residual in dem, was im Vollzug des Kämpfens gestattet ist. Insbesondere wird die förmliche K.-Erklärung als notwendig erachtet [23]. Das von Grotius kasuistisch breit entfaltete ius in bello erlaubt derartig viel, sofern es dem K.-Zweck nützt, daß der Verlust der Lehre vom ius ad bellum dadurch kaum wettgemacht werden kann. Immerhin nahm die völkerrechtsdogmatische Entwicklung gerade von der Ausdehung des ius in bello ihren Ausgang. HOBBES nahm als Grundlage das Bild eines totalen Privat-K.: bellum omnium contra omnes, den er für den ursprünglichen, «natürlichen» ansah, und der auf kriegerischem Wege zugunsten eines «kunstvollen» Friedenszustandes überwunden werden solle. LOCKE dagegen hielt den Frieden für den ursprünglichen, doch in der Folge des Sündenfalls immer bedrohten menschlichen Zustand. Aber auch er sieht im Kampf aller gegen alle die Urform des K. Damit liefern Hobbes und Locke Beiträge zu dem, was man den *angloamerikanischen K.-Begriff* genannt hat; der von ihm zu unterscheidende kontinental-europäische K.-Begriff hat seinen Ursprung in der Theorie ROUSSEAUS, die gegen das Landesvatermodell die Volkssouveränität postulierte, womit auch die frühneuzeitliche Privat-K.-Lehre aufgegeben werden konnte. Speziell gegen Grotius und natürlich auch gegen Hobbes gewendet, sagt Rousseau im ‹Contrat social›: «La guerre n'est donc point une relation d'homme à homme, mais une relation d'Etat à Etat, dans laquelle les particuliers ne sont ennemis qu'accidentellement, non point comme hommes ni même comme citoyens, mais comme soldats» [24]. Dieser K.-Begriff, der den K. als eine Angelegenheit zwischen Staaten auffaßt und der sich daher nur auf Kombattanten erstreckt, prägte die kontinental-europäische K.-Theorie; die begriffliche Rollentrennung erleichterte die «Humanisierung» des K., die im 19. Jh. zur Gründung des Roten Kreuzes (1863) und zu zahlreichen Konventionen führte.

Anmerkungen. [1] HERAKLIT, VS B 53. – [2] PLATON, Leg. I, 4, 628d. – [3] ARISTOTELES, Pol. I, 8, 1256 b. – [4] Pol. VII, 2, 1325 a. – [5] Pol. VII, 14, 1333 a. – [6] CICERO, De off. I, 11, 34. – [7] AUGUSTIN, De civ. Dei XIX, 7; XV, 5. – [8] ISIDOR VON SEVILLA, nach dem Decretum Gratianum, zit. bei E. REIBSTEIN: Völkerrecht 1 (1958) 136. – [9] THOMAS VON AQUIN: Summa theol. II/II, q. 40, a. 1. – [10] a. a. O. II/II, q. 123, a. 5; q. 40, a. 1. – [11] FRANCISCUS DE VITORIA, Relectio de Indis I, 2, 16. – [12] a. a. O. I, 3, 5. – [13] De jure belli 13; vgl. Die Grundsätze des Staats- und Völkerrechts (²1957) 78. – [14] De jure belli 20. – [15] a. a. O. 32. – [16] 3. – [17] J. OLDENDORP, Opera 1 (1559) 14f. – [18] J. SODER: Francisco Suarez und das Völkerrecht (1973) 248ff. – [19] Vgl. G. H. J. VAN DER MOLEN: Alberico Gentili and the development of international law (Paris 1937) 119. – [20] GENTILI, De jure belli I, 1, 14; I, 1, 25; I, 6. – [21] H. GROTIUS, De jure belli ac pacis libri tres, hg. SCHÄTZEL (1625) 435. – [22] a. a. O. 444. – [23] 441. – [24] J.-J. ROUSSEAU, Oeuvres compl. 3 (Paris 1964) 357.

O. KIMMINICH/Red.

II. Eine Philosophie des K., die über die jeweiligen K.-Gründe und -Anlässe hinaus nach der zeitlosen Natur des K. im Sinne seines intelligiblen Charakters fragt, hat zuerst der preußisch-deutsche General C. v. CLAUSEWITZ erarbeitet [1]. Er legt dem K. seinen Urbegriff, den Kampf zweier Ringender, zugrunde. Der K. ist demnach ein Akt der Gewalt, um den Gegner zur Erfüllung unseres, des eigenen Willens zu zwingen, sei dieser Wille nun auf Veränderung oder Erhaltung gerichtet. Die Gewalt rüstet sich mit den Erfindungen der Künste und Wissenschaften aus, um der Gewalt zu begegnen [2]. Gleiches gilt also auch für den Gegner.

Der K. ist ein Mittel der Politik, deren Instrument – eines unter anderen – und durchaus nichts Selbständiges, nur eine Fortführung und Durchführung derselben [3]. Daraus folgt, daß kein K., möge er wie immer begründet, veranlaßt und geartet sein, vom politischen Zweck losgesprochen werden kann.

Im Dienste der zwecksetzenden Politik behält der K. allerdings seine Eigentümlichkeit. Seine Wirkungen gehen vom Kampfe aus. Dieser Kampf ist Sache der Streitkräfte, der bewaffneten Menschen [4]. Der Kampf der Streitkräfte ist das Gefecht, das die Waffenentscheidung bringt. Die blutige Entladung der Krise, das Streben nach Vernichtung der feindlichen Streitmacht – d. h. ausdrücklich: Herstellung eines Zustandes, in dem sie den Kampf nicht fortsetzen kann – ist der erstgeborene Sohn des K. [5]. Versuche, die Waffenentscheidung zu umgehen, haben nur so lange Wert, wie der Kredit der eigenen Schlagkraft beim Gegner reicht.

Nie darf, Clausewitz zufolge, die Tatsache aus dem Blick geraten, daß es sich im K. um mindestens zwei Gegner mit feindseliger Absicht handelt. Die feindselige Absicht, das Ziel *im* K., den Gegner wehrlos zu machen, und die zugehörige Steigerung der eigenen Kräfte sind Wechselwirkungen, die den K. eigentlich stets zum Äußersten, zum Absoluten treiben müßten [6]. Demgegenüber treten Ermäßigungen auf, die zum Teil aus der Natur des K. unmittelbar, zum Teil auch aus der zwecksetzenden Politik herkommen [7]. Das Absolute, das sogenannte Mathematische, findet in der K.-Kunst nirgends einen festen Halt [8].

Was ist nun der K. innerhalb des Denkbaren? Er ist «eine wunderliche Dreifaltigkeit, zusammengesetzt aus der ursprünglichen Gewaltsamkeit seines Elementes, dem Haß und der Feindschaft, die wie ein blinder Naturtrieb anzusehen sind, aus dem Spiel der Wahrscheinlichkeiten und des Zufalls, die ihn zu einer freien Seelentätigkeit machen, und aus der untergeordneten Natur eines politischen Werkzeuges, wodurch er dem bloßen Verstande anheimfällt» [9].

Mit dieser Grundauffassung hängt die hohe Wertschätzung der unwägbaren «moralischen Größen» zusammen, die Clausewitz an vielen Stellen seines Werkes behandelt und den physischen Größen gegenüberstellt [10]. Der K. ist in dieser Auffassung selbst eine moralische Größe, so daß ein K.-Verständnis, das sich allein an den verfügbaren Zerstörungskräften orientieren wollte, bei Clausewitz keinen Halt fände.

Die Charakterisierung des K. als Akt der Gewalt hat Clausewitz harte Kritik, nicht zuletzt von Seiten des einflußreichen angelsächsischen K.-Theoretikers LIDDELL HART eingetragen [11]. Dies gibt Veranlassung, auf wesentliche Unterschiede in den Soziallehren des Calvinismus einer- und des Luthertums andererseits [12] sowie auf die Tatsache hinzuweisen, daß Clausewitz, Sohn eines preußischen Offiziers und Enkel eines lutherischen Theologieprofessors, auf Kritik gefaßt war. Er ist bewußt «... nirgends der philosophischen Konsequenz ausgewichen», hat seine Erkenntnisse aber auch «der Erfahrung, ihrem eigentümlichen Boden nahegehalten» [13].

Durch die Rezeption Clausewitz' im 19. und 20. Jh. ist auch das K.-Verständnis unserer Zeit noch mit geprägt, durch die Aufnahme des Werkes ‹Vom Kriege› durch MARX, ENGELS und LENIN auch das des Sozialismus [14].

Anmerkungen. [1] C. v. CLAUSEWITZ: Vom Kriege (1832-34, zit. ¹⁸1973) 191ff. – [2] a. a. O. 192. – [3] 210. – [4] 222. – [5] 229. – [6] 194f. – [7] 200. – [8] 208. – [9] 213. – [10] Vgl. E. A. NOHN: ‹Moralische Größen› im Werk ‹Vom Kriege› ... Hist. Z. 186 (1958) 35ff. – [11] B. H. LIDDELL HART: Dtsch. Strategie (o. J.) 421 u. ö. – [12] Vgl. E. TROELTSCH: Die Soziallehren der christl. Kirchen und Gruppen (³1923) 790ff. – [13] CLAUSEWITZ, a. a. O. [1] 184. – [14] W. HAHLWEG: Das Clausewitzbild Einst und Jetzt, in: CLAUSEWITZ, a. a. O. [1] 91ff.

E. A. NOHN

III. Durch das Auftreten von riesenhaften Volksheeren seit der Französischen Revolution, die immer rascher voranschreitende Entwicklung der Waffentechnik im 19. und 20. Jh. und die Ideologisierung der internationalen

Politik hatte der K. gewaltige Dimensionen angenommen. Der Erste Welt-K. ließ die Schrecknisse des modernen totalen K. ahnen und führte einen Wandel in der Beurteilung des K. herbei. Die Völkerbundsatzung enthielt bereits ein partielles K.-Verbot (Art. 11–13), der Briand-Kellogg-Pakt vom 27. August 1929 (auch ‹K.-Ächtungspakt› genannt) enthielt ein generelles K.-Verbot. Der Inhalt dieses Paktes ist in die Satzung der Vereinten Nationen aufgenommen worden; letztere verbietet in ihrem Art. 2 Ziff. 4 auch jede andere Gewaltanwendung und sogar Gewaltandrohung. Nur das Recht auf individuelle und kollektive Selbstverteidigung wird in Art. 51 SVN anerkannt.

Damit ist das Recht zum K. vollständig beseitigt. Vielmehr obliegt den Staaten eine allgemeine *Friedenspflicht*. Die Periode des klassischen Völkerrechts muß als abgeschlossen gelten, ohne daß es jedoch bislang gelungen wäre, eine neue, in sich geschlossene Völkerrechtsordnung zu schaffen. Am Wandel des Souveränitätsbegriffs und der Beurteilung des K. erweist sich deutlich, daß die Gegenwart für das Völkerrecht eine Zeit des Umbruchs ist. Schon heute steht aber fest, daß der K. nicht mehr ein erlaubtes Mittel der internationalen Politik ist. Darüber hinaus hat die Entwicklung der Nuklearwaffen die Überzeugung gefestigt, daß der K. seit der Mitte des 20. Jh. absolut dysfunktional geworden ist [1].

Anmerkung. [1] St. Hoffmann: The state of war (New York 1965).

Literaturhinweise. H. Wiskemann: Der K. (1870). – R. Steinmetz: Die Philos. des K. (1907). – R. v. Frisch: Der K. im Wandel der Jahrtausende (1914). – H. Gomperz: Philos. des K. in Umrissen (1915). – J. Novicov: Der K. und seine angeblichen Wohltaten (²1915). – H. Stegemann: Der K. Sein Wesen und seine Wandlung 1. 2 (1939/40). – Ph. Qu. Wright: A study of war (Chicago 1942). – L. L. Bernard: War and its causes (New York 1944). – F. Grob: The relativity of war and peace. A study in law, hist. and politics (London 1949). – A. Toynbee: K. und Kultur (dtsch. 1952). – K. N. Waltz: Man, the state and war (New York 1954). – I. L. Horowitz: The idea of war and peace in contemporary philos. (New York 1957). – R. Aron: Frieden und K. Eine Theorie der Staatenwelt (1962). – K. Hörmann: Friede und moderner K. im Urteil der Kirche (1964). – St. Hoffmann s. Anm. [1]. – B. Z. Urlanis: Bilanz der K. Die Menschenverluste Europas vom 17. Jh. bis zur Gegenwart (1965). – U. Nerlich (Hg.): K. und Frieden in der modernen Staatenwelt 1. 2 (1966). O. Kimminich

Krise (griech. κρίσις, lat. crisis, ital. crise und crisi (med.), frz. crise, engl. crisis)

I. ‹K.›, ein heute in der *Politik* und in den *Sozialwissenschaften* international geläufiger Begriff, stammt aus dem Griechischen: κρίσις (abgeleitet von κρίνω, scheiden, auswählen, beurteilen, entscheiden; medial κρίνομαι, sich messen, streiten, kämpfen) bedeutete zunächst Scheidung, Streit, dann auch Entscheidung, die einen Konflikt beendet, und Urteil, Beurteilung [1]. Die heute getrennten Bedeutungen einer objektiven K. und subjektiver Kritik wurden also im Griechischen noch von einem gemeinsamen Ausdruck erfaßt. κρίσις als forensischer Prozeß, als Rechtfindung und Gericht hat einen ordnungsstiftenden und politischen Sinn, wie ihn Aristoteles kennt: Ein Vollbürger läßt sich nur durch seine Teilnahme am Richten (κρίσις) und Regieren (ἀρχή) bestimmen [2]. Im Medizinischen [3] oder im Militärischen bezeichnet der Ausdruck jene knapp bemessene Wende, in der die Entscheidung fällt über Tod oder Leben, über Sieg oder Niederlage [4].

In der ‹*Septuaginta*› bedeutet κρίσις (von der ‹Vulgata› mit ‹iudicium› übersetzt) Gericht und Recht, sowohl die göttliche Satzung des Rechts – Gott ist immer zugleich Herrscher und Richter – wie den menschlichen Richtspruch (Matth. 12, 18ff.; 23, 23). Eine neue Bedeutung gewann der Ausdruck in der Anwendung auf das Jüngste Gericht, besonders in der Weise, wie Johannes die künftige Erlösung in die Gegenwart Christi einbindet: «Wer mein Wort hört und glaubt dem, der mich gesandt, hat das ewige Leben und kommt nicht in das Gericht (κρίσις)» (Joh. 5, 24) [5]. Einerseits eliminiert die «Glaubensentscheidung» das Gericht, andererseits steht die κρίσις über den ganzen Kosmos noch aus (Joh. 5, 28f.; 12, 31). Krisis gewinnt eine zeitliche Spannung, indem durch die Verkündigung die letzte Entscheidung vorweggenommen, aber zur Gänze noch nicht eingetroffen ist. – Daraus entsteht in der Neuzeit ein prozessuales K.-Modell, das zahlreiche Geschichtsphilosophien imprägniert hat.

In seiner *lateinischen* Verwendung blieb ‹crisis› vorzüglich auf den Leib bezogen [6], speziell auf dessen Krankheit: Der Ausdruck meint die kritische Phase, in der die Entscheidung über den Verlauf, meist über Leben oder Tod, fällt, aber noch nicht gefallen ist [7]. In dieser Bedeutung hat sich der Ausdruck bis heute durchgehalten.

In theologischen oder philologischen Streitschriften des 17. Jh. taucht ‹Crisis› (= Urteil) gelegentlich im Titel auf [8]. Indessen hat es die metaphorische Auffassung des menschlichen Gemeinwesens als eines Körpers [9] ermöglicht, den Ausdruck auch auf gesellschaftliche, politische oder wirtschaftliche Vorgänge anzuwenden, in denen sich eine beschleunigte Wendung zum Besseren oder Schlechteren vollzieht. 1627 schreibt Sir B. Rudyard: «This is the Chrysis of Parliaments; we shall know by this if Parliaments live or die» [10]. 1714 beteiligte sich R. Steele an der Erbfolgedebatte mit einem scharfen, ‹The Crisis› betitelten Pamphlet [11], und in ähnlich kritischen Lagen wurden Zeitschriften mit dem gleichen bündigen Titel herausgegeben: 1776 von Th. Paine oder 1832 von R. Owen [12]. Seit dem 18. Jh. ist ‹Crisis› in England ein geläufiger Titel polemischer Schriften geworden.

Auch im Französischen erfolgte die Übertragung, zunächst auf Phasen wirtschaftlicher Depression [13], dann häufiger auf politisch brisante Lagen, etwa in der Anspielung Diderots auf die Pariser Zustände: «C'est l'effet d'un malaise semblable à celui qui précède la crise dans les maladies: il s'élève un mouvement de fermentation secrète au dedans de la cité; la terreur réalise ce qu'elle craint ...» [14]. Von Rousseau stammt aus dem Jahre 1762 die große Prognose, daß Europa dem Zustand der K. und dem Jh. der Revolutionen zutreibe, in dem alle Verfassungen zusammenstürzen: «Nous approchons de l'état de crise et du siècle des révolutions» [15].

Damit erhielt der Ausdruck eine moderne geschichtsphilosophische Valenz, die Montesquieu 1721 ironisch vorweggenommen hatte: Die ganze Natur gerät in eine K., wenn Propheten gegen den Teufel erstehen. «Comme si la nature souffrait une espèce de crise, et que la puissance céleste ne produisît qu'avec effort» [16].

Das eingedeutschte Wort ‹Crisis› kannte zunächst, bei Sperander und Zedler, beide griechische Bedeutungen: Es handelt sich um den «Kampff der Natur», die sich selbst zu helfen bemüht sei, und ebenso um das ärztliche Urteil über die Anzeichen der Genesung oder des Absterbens. ‹Crisis› heißt aber «auch Beurtheilung, Verstand, Nachsinnen, dahero sagt man, der Mensch hat keine Crisin, das ist, er kann von keiner Sache urtheilen» [17]. Während die letzte Bedeutung, die Stielers ‹Zeitungslust› 1695 noch alleine verzeichnet – Crisis = Beurteilung, Verstand, Nachsinnen – bald von dem Ausdruck ‹Kritik› aufgesaugt wurde, weitete sich auch im Deutschen ‹K.› von der Medizin auf Politik und Gesellschaft aus. J. J. SCHMAUSS sprach 1741 von der «jetzigen Crisi des sinckenden Gleichgewichts der europäischen Machten» [18] und der ‹Deutsche Fürstenbund› reagierte, wie es in der Präambel 1785 hieß, auf die «Crisis» des «Reichssystems» [19]. Damit wurde, wie häufig seitdem, die Diagnose der K. zum Legitimationstitel politischer Handlung.

Über seine nicht allzuhäufige Verwendung als terminus technicus der politisch-historischen Sprache hinaus wurde ‹K.› zu einem geschichtsphilosophischen Begriff gesteigert. 1766 schrieb HOLBACH an Voltaire: «Ganz Europa befindet sich in einer für den menschlichen Geist günstigen K.» (4. Dez. 1766). I. ISELIN rückte 1786 in die fünfte Auflage seiner ‹Geschichte der Menschheit› einen Passus ein, der die vorrevolutionären Zeichen im Sinne seiner optimistischen Fortschrittsgläubigkeit deutete: «Sie scheinen die Muthmassung zu rechtfertigen, daß Europa sich nun in einer weit größeren Crisis befinde, als es jemals seit dem Anfange seiner Policierung sich befunden hat, und weit entfernt, daß wir mit ängstlichen Beobachtern diese Crisis als gefährlich ansehen sollten, gibt sie uns eher tröstliche und hoffnungsvolle Aussichten» [20].

Das jede K. zum Besseren führe, ist ein Bedeutungsstreifen, der seitdem im liberalen oder demokratischen Lager gerne verwendet wird. Besonders die Lehren der Wirtschaftszyklen deuten seit dem 19. Jh. die K. als Durchgangsphasen, die das gleichsam organische Gleichgewicht von Angebot und Nachfrage auf höherer Stufe immer wieder neu einspielen. «Jeder kleine oder große Fortschritt besitzt seine K.» (MOLINARI [21]). Allgemein gewendet: «Out of every crisis mankind rises with some share of greater knowledge, higher decency, purer purpose» (F. D. ROOSEVELT [22]). Der K.-Begriff wird somit in zeitlich längere Fristen eingeordnet, insofern entschärft und zum Indikator von bloßen Übergangsphasen.

Durch die Erfahrung der Französischen Revolution indizierte der Ausdruck freilich weiterhin ambivalente entscheidungsträchtige Situationen, etwa wenn HERDER «unsere Zeit-K.» als die Alternative von Evolution oder Revolution begriff [23], die den Zwang zur Veränderung voraussetzt. Der Ausdruck wird zu einem Strukturbegriff der Neuzeit, etwa wenn GENTZ die Chancen eines ewigen Friedens skeptisch beurteilte. «Wir glauben uns dem Ende der größten und fürchterlichsten Krisis zu nähern, welche die gesellschaftliche Verfassung von Europa seit mehreren Jh. erfuhr. Was ist ihr wahrscheinliches Resultat? Was sind unsere Erwartungen für die Zukunft?» fragte Gentz weiter und stellte damit jene Frage, die die langfristige K. als einen Grundbegriff der neuzeitlichen Geschichte schon impliziert [24]. ST. SIMON hat diese Bedeutung zentral verwendet: «L'espèce humaine», schreibt er 1813, «se trouve engagée dans une des plus fortes crises qu'elle ait essuyée depuis l'origine de son existence». Das ganze soziale System werde von Grund aus umgestürzt, und es komme darauf an, mit der Soziologie jenes Gegenmittel zu entwickeln, «de terminer d'une manière douce l'effroyable crise dans laquelle toute la société européenne se trouve engagée ...» [25]. ‹K.› wird seitdem noch weiter gedehnt und oft, wie Röttgers für A. RUGE gezeigt hat, zum «Normalfall des Geschichtsprozesses» [26].

Gleichwohl dominiert das Bewußtsein, seit der Französischen und der industriellen Revolution an einer epochalen Wende zu stehen, die je nach sozialer oder politischer Lage verschieden diagnostiziert wird. «Unsere Zeit ist nun vorzugsweise kritisch, und die Krisis ... nichts Geringeres, als das ... Bestreben, ... die Schale der ganzen Vergangenheit zu durchbrechen und abzuwerfen, ein Zeichen, daß sich bereits ein neuer Inhalt gebildet hat» (A. RUGE [27]). Die Chancen, die K. durch Diagnose oder Kritik zu beeinflussen, werden dabei von den Parteien verschieden beurteilt. ‹K.› bleibt ein gemeinsamer Epochenbegriff. Aber je nach Standort kann ‹K.› zum Gegen- oder zum Erfüllungsbegriff von ‹Fortschritt› werden.

B. BAUER ging davon aus, daß «die Geschichte progressiv für die Krisis und ihren Ausgang sorgen» wird [28]. G. VON MEVISSEN suchte «den Grund der K. einzig in der Inkongruenz der Bildung des Jh. mit der Sitte, den Lebensformen und Zuständen desselben». Die Frage sei deshalb, ob sich die K. durch äußere revolutionäre Umwälzungen auflöse oder ob das Mißverhältnis durch Erkenntnis, Wille und Tat zu beheben sei. Jedenfalls müßte die «ausgeschlossene Majorität» des vierten Standes in die Gesellschaft integriert werden [29].

Sowohl längerfristige soziale Wandlungen wie kurzfristige politische Ereigniskatarakte wurden als K. gedeutet, wobei der Begriff gerade die Vermittlung beider Bereiche leisten konnte. J. BURCKHARDT entwickelte um 1870 eine solche differenzierte K.-Lehre, die zugleich eine Theorie der Revolution enthielt. «Echte» K. erblickte er nur dort, wo die sozialen Grundlagen erschüttert werden und nicht nur ein Verfassungswechsel stattfinde. Die Völkerwanderung sei eine solche «wahre Krisis» gewesen, andere K. überkreuzten sich, seien «gescheitert» oder «abgekappt» worden. Jedenfalls gehört dazu, besonders im 19. Jh., die Beschleunigung: «Der Weltprozeß gerät plötzlich in furchtbare Schnelligkeit; Entwicklungen, die sonst Jh. brauchen, scheinen in Monaten und Wochen wie flüchtige Phantome vorüberzugehen und damit erledigt zu sein» [30]. Burckhardt lieferte ein Bündel von Perspektiven, die seitdem für zahlreiche politische Analysen und historische Darstellungen abrufbar geblieben sind. ‹K.› wurde zu einer erfahrungsgesättigten historischen Kategorie, die vom revolutionären Prozeß der Neuzeit auch auf andere Epochenwenden der Geschichte übertragen werden konnte [31].

Als Gegenfigur zum Jüngsten Gericht, als die große Abkehr vom Christentum, die durch seine Entlarvung vorangetrieben werde, hat NIETZSCHE die K. der Moderne gedeutet. Sie sei welthistorisch einzigartig. «Es wird sich einmal an meinen Namen die Erinnerung an etwas Ungeheures anknüpfen – an eine Krisis, wie es keine auf Erden gab, an die tiefste Gewissens-Kollision, an eine Entscheidung, heraufbeschworen gegen alles, was bis dahin geglaubt, gefordert, geheiligt worden war. Ich bin kein Mensch, ich bin Dynamit». «Alle Machtgebilde der alten Gesellschaft» würden durch Kriege, wie es noch keine auf Erden gegeben hat, «in die Luft gesprengt» [32].

Der Begriff schwankt somit zwischen emphatisch-aktueller und wissenschaftlich kategorialer Verwendung. Beide Zonen können konvergieren, weil sie auf gemeinsame Phänomene verweisen. In diesem Sinne verwendet P. HAZARD den Ausdruck. «Die K. des europäischen Geistes (conscience)» beginnt für ihn mit der Aufklärung, die, gegen Herkommen und Autorität gerichtet, die hierarchischen Strukturen der absolutistischen Ständegesellschaft ausgehöhlt habe [33].

HUSSERL hat die Thematik philosophiegeschichtlich ausgeweitet und die ‹Krisis der europäischen Wissenschaften› als Ausdruck der «immer mehr zutage tretenden Krisis des europäischen Menschentums» begriffen. Das griechische Telos, der Offenbarung der Vernunft zu folgen, sei durch die Trennung von Objektivismus und Subjektivismus seit Descartes zunehmend aus dem Blick geraten. Aber die Spaltung zwischen den auf Tatsächlichkeit bezogenen Wissenschaften und der Lebenswelt müsse durch die transzendentale Phänomenologie überwunden werden [34].

Entgegen dieser epochalen Deutung konnte K. wieder theologisch aufgeladen werden, etwa von K. BARTH, der den neutestamentlichen Begriff für Gottes Urteil und Weltgericht verwendet, um die andauernde Spannung zwischen Gott und Welt auszumessen: «Die sog. ‹Heilsgeschichte› aber ist nur die fortlaufende Krisis aller Geschichte, nicht eine Geschichte in oder neben der Geschichte». «Der wahre Gott ist aber der aller Gegenständlichkeit entbehrende Ursprung der Krisis aller Gegenständlichkeit, der Richter, das Nicht-Sein der Welt» [35]. Neben der historisch-politischen, den verschiedenen geschichtsphilosophischen oder theologischen Verwendungen können schließlich alle Bedeutungen ineinandergeblendet werden, um eine kulturkritische Pointe zu erzielen [36]. ‹K.› wird seit dem Ersten Weltkrieg zum geläufigen Schlagwort.

Nun wäre ‹K.› vermutlich nicht zum Schlagwort geworden, wenn nicht ein geschichtlich einmaliger Bedeutungszuwachs zu verzeichnen wäre: die ökonomische Bedeutung. So schon im 18. Jh. verwendet, etwa von CALONNE für die Finanzmisere des späten ancien régime, rückt die wirtschaftliche Verwendung des Ausdrucks immer mehr in den Vordergrund: Im Maße als die agrarisch bedingten Engpässe oder Katastrophen durch die industrielle Produktionssteigerung entschärft oder verhindert werden, treten neue, dem Kapitalismus immanente Stockungen, Rezessionen und Zusammenbrüche auf, die in gewissen Perioden wiederkehrend, unter dem Begriff der K. bzw. der K.en zusammengefaßt werden [37].

Mit wachsender Erfahrung erweitern und ändern sich die theoretischen Begründungen. Während in der ersten Hälfte des 19. Jh. sektorale Erklärungen vorwalten: Handels-K., Finanz- und Kredit-K., Spekulations- und Börsen-K., Unterkonsumations- oder Überproduktions-K. [38], lieferte C. JUGLAR erstmals eine zusammenfassende Theorie der bisherigen Konjunkturzyklen [39]. MARX hatte im ‹Manifest› die K. als «Epidemie der Überproduktion» bezeichnet: «Die bürgerlichen Verhältnisse sind zu eng geworden, um den von ihnen erzeugten Reichtum zu fassen». Die Bourgeoisie überwinde die K. «dadurch, daß sie allseitigere und gewaltigere K. vorbereitet und die Mittel, den K. vorzubeugen, vermindert» [40]. ‹K.› wurde bei ihm zu einem Begriff, der seine künftige Erübrigung mitsetzt, sobald sich nämlich die Spannung zwischen den Produktivkräften und den Produktionsverhältnissen durch Planung auflösen könne. Marx interpretierte im ‹Kapital› die Konjunkturzyklen durch verschiedene Ansätze [41] und sah ihre Verschärfung im ‹Gesetz des tendenziellen Falls der Profitrate› begründet.

Moderne Konjunktur- und K.-Lehren suchen – spätestens seit der Weltwirtschafts-K. von 1930 – das Instrumentarium der Diagnose und Prognose mit unterschiedlichem Erfolg zu verfeinern [42]. In jedem Fall werden dabei zunehmend Faktoren der gesamten Gesellschaft berücksichtigt. Der K.-Begriff bleibt nicht auf ökonomische Analysen beschränkt, sondern bündelt, wie bei J. HABERMAS, Erfahrungen aller Lebensbereiche [43].

Anmerkungen. [1] LIDDELL/SCOTT: A Greek-Engl. lex. (Oxford 1951) s.v. – [2] ARISTOTELES, Pol. 1275 a. 1326 b; vgl. 1253 a. – [3] Vgl. Art. ‹K. II›. – [4] THUCYDIDES, Hist. I, 131, 2. – [3] Vgl. Art. ‹K. II›. – [4] THUCYDIDES, Hist. I, 23. – [5] Andererseits Joh. 5, 28f.; vgl. BÜCHSEL/HERNTRICH: Art. KRINO, KRISIS, in: Theol. Wb. zum NT, hg. G. KITTEL 3 (1938) 920ff.; R. BULTMANN: Gesch. und Eschatol. (1958) 54; J. BLANK: Krisis. Untersuch. zur joh. Christol. und Eschatol. (1964). – [6] SENECA, Ep. 83, 4. – [7] FORCINELLI/FURLANETTO: Lex. tot. latinitatis (1940) s.v. ‹crisis›; vgl. AUGUSTIN, Conf. I, 1 in fin. – [8] Vgl. Crisis Anticrisios et Triga opi odromos (1648); J. A. KÖBERLE: Crisis theol. de clericorum domino et facultate testandi (Konstanz 1697). – [9] G. FRÜHSORGE: Der polit. Körper (1974). – [10] Zit. J. MURRAY: A new Engl. dict. (1888) s. v. ‹crisis›. – [11] R. STEELE: The crisis or a disc. representing ... the just causes of the late Happy Revolution (London 1714). – [12] TH. PAINE: The Amer. crisis 1776-1783; R. OWEN: The crisis, 1832-1834. – [13] Vgl. W. VON WARTBURG: Großes ethymol. Wb. 2/II (1946) Ende 17. Jh. s.v. ‹crise›. – [14] D. DIDEROT, Oeuvres (Paris 1875ff.) 3, 168. – [15] J.-J. ROUSSEAU, Emile. Oeuvres compl. (Paris 1823ff.) 3, 347ff. – [16] CH. DE MONTESQUIEU, Lettres Persanes c. 39. – [17] SPERANDER: Hand-Lex. (1727) 171; ZEDLER: Großes vollst. Universal-Lex. (1733) s.v. ‹crisis›; STIELER: Zeitungs-Lust (1695, ND 1969) 192. – [18] J. J. SCHMAUSS: Die Hist. von der Balance von Europa (1741) Widmung. – [19] Hg. E. v. PUTTKAMER: Föderative Elemente im dtsch. Staatsrecht seit 1648 (1955) 53ff. – [20] I. ISELIN: Über die Gesch. der Menschheit (⁵1786) 2, 380. – [21] Zit. E. VON BERGMANN: Die Wirtschafts-K. Gesch. der nat.ök. K.-Theorien (1895) 132. – [22] Zit. W. BESSON: Die polit. Terminol. der Präs. F. D. Roosevelt (1955) 20. – [23] J. G. HERDER, Werke, hg. SUPHAN 18, 332 (um 1793). – [24] FR. GENTZ: Über den ewigen Frieden (1800), zit. K. v. RAUMER: Ewiger Friede (1953) 492. 481. – [25] ST. SIMON/ENFANTIN, Oeuvres (Paris 1865ff.) 1, 55; 21, 3; zit. N. SOMBART: Vom Ursprung der Gesch.soziol. Arch. Rechts- u. Sozialphilos. 41/4 (1955) 486. – [26] K. RÖTTGERS: Krit. und Praxis. Zur Gesch. des Kritikbegriffes von Kant bis Marx (1975) 238. – [27] A. RUGE, zit. RÖTTGERS, a. a. O. 238. – [28] Zit. H. STUKE: Philos. der Tat (1963) 174, vgl.: 75. 89. 92f. 125. 131. 156. 211. – [29] J. HANSEN: Gustav von Mevissen (1906) 2, 129. – [30] J. BURCKHARDT: Weltgesch. Betracht., hg. R. STADELMANN (1949) 201ff. – [31] So schon F. W. J. SCHELLING: Einl. in die Philos. der Mythol., 10. Vorles., wo Krisis als die «Völker-Scheidung» interpretiert wird, die die vorgesch. Epoche der Mythol. eröffnet. – [32] FR. NIETZSCHE, Ecce Homo. Warum ich ein Schicksal bin, hg. A. BÄUMLER (⁶1963) 399. – [33] P. HAZARD: La crise de la conscience europ. 1680-1715 (Paris 1935); dtsch. Die K. des europ. Geistes (1939). – [34] HUSSERL: Die Krisis der europ. Wiss. und die transzendentale Phänomenol. (1935/36), hg. W. BIEMEL (Den Haag 1954). – [35] K. BARTH: Der Römerbrief (⁹1954) 32. 57. 65. – [36] R. PANNWITZ: Die Krisis der europ. Kultur (1921) oder statt vieler E. MUTHESIUS: Ursprünge des mod. K.-Bewußtseins (1963). – [37] J. BOUVIER: L'économie. Les crises économiques, in: Faire de l'hist., hg. J. LE GOFF/P. NORA (Paris 1974). – [38] Vgl. M. WIRTH: Gesch. der Handels-K. (1858); E. von BERGMANN, a. a. O. – [39] CL. JUGLAR: Des crises commerciales et de leur retour périodique en France, en Angleterre et aux Etats-Unis (Paris 1860, ²1889). – [40] K. MARX, Komm. Manifest, Absch. 1. MEW 4, 468. – [41] MEW 23, 127; 24, 409; 26/2, 492ff.; vgl. H. REICHELT: Zur log. Struktur des Kapitalbegriffs bei Karl Marx (⁴1973). – [42] Zusammenfassend G. HABERLER und V. HOLESOVSKY: Art. ‹Konjunktur und K.›, in: Sowjetsystem und demokrat. Gesellschaft 3 (1969) 814-847. – [43] J. HABERMAS: Legitimationsprobleme im Spätkapitalismus (1973).

Literaturhinweise. R. KOSELLECK: Kritik und K. (1959, ND 1973). – J. BLANK s. Anm. [5]. – J. HABERMAS s. Anm. [43].
R. KOSELLECK

II. Der Begriff ‹K.› (κρίσις) in *medizinischem* Sinne erscheint zum ersten Mal im ‹Corpus hippocraticum›. Es ist wohl möglich, daß der Begriff von den Medizinern aus der Dichtung und der Philosophie übernommen wurde; als Quelle kämen PARMENIDES und vor allem HERODOT in Frage, die ‹K.› im Sinne von Entscheidung, entscheidendem Moment benützen [1]. Eine entsprechende Bedeutung hat der Begriff auch im medizinischen Bereich. Die Auffassung, daß die Bedeutung von κρίσις in Zusammenhang mit ἔκκρισις (Ausscheidung) steht, widerspricht jeder medizinischen Tradition und wurde schon vor GALEN angegriffen [2]. Die medizinische Lehre von der K. – wahrscheinlich von HIPPOKRATES begründet – basiert auf der Feststellung, daß schwer fieberhafte Krankheiten unter auffallenden Symptomen plötzlich in Genesung oder in Verschlechterung übergehen und daß diese Wendungen im Krankheitsgange bestimmte Tage bevorzugen. Der entscheidende Wendepunkt im Verlauf der Krankheit heißt K. (κρίσις, κρίνεσθαι [3]); die für die Wendung der Krankheit bevorzugten Tage sind die entscheidenden Tage (κρίσιμος); an solchen Tagen entscheiden sich (κρίνονται) die Fieber [4]. In der posthippokratischen Medizin wird der Begriff K. in diesem Sinne fixiert, die Lehre von den K. und *kritischen Tagen* wird als fester Bestandteil der Medizin betrachtet. Für die Fixierung der Überlieferung sind die Äußerungen von CELSUS besonders wertvoll; obwohl er selbst der Lehre skeptisch gegenübersteht, bezeichnet er sie als «Lehre der Alten» und äußert als erster die Vermutung, die Berechnungen der kritischen Tage stünden unter dem Einfluß pythagoreischer Zahlenmystik [5].

Maßgebend für die endgültige Fixierung des Begriffes und für die Überlieferung der ganzen Lehre von den K. und den kritischen Tagen ist GALEN. Er übernimmt grundsätzlich die Lehre und die Bestimmung des Begriffes von Hippokrates, betont aber, daß es ihm darum geht, die Lehre von der K. als Grundlage für die Prognose auszuarbeiten [6]. Wichtig für die Betrachtung der K. ist vor allem die richtige Fixierung des Krankheitsbeginns [7]. Die kritischen Tage können nur richtig bestimmt werden, wenn der Krankheitsverlauf an sich ganz ungestört geblieben ist [8]. Die richtige Feststellung der kritischen Tage dient auch als Basis für die Einteilung der Krankheiten in akute und chronische [9]. Galen gibt außerdem zum ersten Mal eine umfassende Darlegung über die Ursachen einer solchen Periodizität im Krankheitsverlaufe. Er lehnt jede mystische Zahlentheorie als Grundlage für die Erklärung der kritischen Tage als unwissenschaftlich ab [10], akzeptiert aber wohl die ägyptische Lehre über den Einfluß des Mondes und der anderen Himmelskörper auf den Verlauf der Gesundheit und der Krankheit [11]. Die Erklärung der Periodizität der kritischen Tage aus dem Mondlauf in Verbindung mit Zahlenmystik findet sich ausdrücklich zum ersten Mal bei PTOLEMAIOS [12]; sein Einfluß war in dieser Hinsicht für die Entwicklung der iatromathematischen Richtung maßgebend.

Nach Galen ist die Lehre von den K. und kritischen Tagen nicht mehr wesentlich weiter entwickelt worden. Sowohl bei den *Arabern* als auch in der *Scholastik* stand sie in Ansehen [13]; der Begriff der K. blieb dabei unverändert. Das Interesse galt ausschließlich der Erklärung der Periodizität der kritischen Tage in der Nachfolge des Galen oder des Ptolemaios bzw. der Iatromathematiker.

Das Interesse an solchen Diskussionen erreicht seinen Höhepunkt in der Medizin des 16. Jh. An dem Begriff der K. hatte sich jedoch weiter nichts geändert. Ein Zweifel an der Geltung der Lehre wird kaum geäußert. Die Diskussion drehte sich wiederum um die Ursache dieser auffallenden Gesetzmäßigkeit im Krankheitsverlauf [14].

Nach dem 17. Jh. flaut das Interesse der Medizin für die alte Lehre der kritischen Tage allmählich ab. Die Medizin schlägt neue Wege für die Erklärung und Bewältigung schwer fieberhafter Krankheiten ein. Im 19. Jh. findet die Lehre von der K. bis auf einige exzentrische Ausnahmen [15] kaum mehr Beachtung. Seitdem der Arzt die typischen, durch lange Serien thermometrischer Bestimmungen gewonnenen graphischen Darstellungen des Temperaturverlaufes vor Augen haben konnte, verloren die zweifellos vorhandenen Zeitperioden im Krankheitsverlauf ihren geheimnisvollen Charakter und ihre Bedeutung.

Anmerkungen. [1] PARMENIDES, VS B 18, 15; HERODOT, Hist. III, 34; VI, 131; V, 5; VII, 26. – [2] GALEN, De diebus decretoriis II, 4 = Opera, hg. KÜHN 9, 856. – [3] HIPPOKRATES, 8 = Opera, hg. LITTRÉ 6, 216. – [4] Epidem. A. XX, 6 = a. a. O. 2, 660; Progn. XX = 2, 168; De diebus criticis = 9, 303. – [5] CELSUS, De re medica III, 4. – [6] GALEN, De crisibus. I, 1 = a. a. O. [2] 9, 550. – [7] De diebus decretoriis I, 6 = 9, 795. – [8] a. a. O. II, 2 = 842. – [9] II, 11 = 883. – [10] III, 11 = 934. – [11] III, 6 = 911. – [12] PTOLEMAIOS, Centiloquium, Satz 60. – [13] z. B. ABRAHAM BEN IBN ESRA (AVENARES), Liber de diebus criticis (12. Jh.); PIETRO D'ALBANO, Conciliator differentiarum (13. Jh.); JEAN CANIVET, Amicus medicorum (15. Jh.); G. PICO DELLA MIRANDOLA, Disputationes adversus astrologos III, 16 (15. Jh.). – [14] z. B. G. FRACASTORO: De causis criticorum dierum per ea quae in nobis sunt (Venedig 1538); A. THRURINUS: Hippocratis et Galeni defensio adversus Hieronymum Fracastorium (Rom 1542). – [15] L. TRAUBE: Über K. und krit. Tage, in: Göschens Dtsch. Klinik (1851).

Literaturhinweise. K. SUDHOFF: Zur Gesch. der Lehre von den krit. Tagen in Krankheitsverlaufe. Sudhoffs Arch. Gesch. Med. 21 (1929) 1-22. – E. WITHINGTON: The meaning of κρίσις as a medical term. Class. Rev 20 (1934) 64f. – N. VAN BROCK: Recherches sur le vocabulaire méd. du grec ancien (Paris 1961). – W. H. S. JONES (Hg.): Hippocrates 1 (ND London 1962). NELLY TSOUYOPOULOS

III. Der Begriff ‹K.› findet über die Allgemeinmedizin Eingang in die *Psychologie* und *Psychiatrie*. Erstmals übertrug wohl der Schelling nahestehende Mediziner und Psychologe C. G. CARUS (1789–1869) den Begriff ‹K.› auf den Entwicklungsverlauf einer seelischen Krankheit: Analog der zeitgenössischen medizinischen Verwendung des Terminus definiert er K. als eine Epoche, in der die Entwicklung der seelischen Krankheit zu einem bestimmten Zeitpunkt eine Wende zum Besseren oder Schlechteren erfährt. K. geht einher mit einer «stürmischen Aufregung» (Anfall), die entweder in die Phase der Gesundung oder aber in den Prozeß der krankhaften Bewußtseinsänderung (Psychose) überleitet [1]. Plötzlichkeit des Eintritts und Kürze der Dauer sind somit Merkmale der Definition der K. von Carus. Seine Begriffsbestimmung wird erst ungefähr ein Jh. später wieder aufgegriffen und im Zusammenhang mit Entwicklungsverläufen unterschiedlicher Natur neu reflektiert.

1. Die Verwendung des Begriffes im Problemzusammenhang der *Psychotherapie* erweitert seine Bedeutung gegenüber dem traditionellen Begriffsverständnis der Allgemeinmedizin. Die Definition, die die Merkmale der Plötzlichkeit und Kürze des K.-Verlaufes betont, wird verdrängt von einer Auffassung, die K. unter Umständen als Phase von ausgedehnter Dauer versteht. Der Wendepunkt im Anfall wird somit zur allmählichen Wende.

Ein erster Anstoß, den K.-Begriff in die theoretische Analyse des psychotherapeutischen Prozesses einzubeziehen, ging von dem Individualpsychologen F. KÜNKEL aus. Er weist der durch Therapie gelenkten «seelischen K.» [2] eine bedeutsame Rolle im Heilungsprozeß bei neurotischen Störungen zu. Neurotische Einstellungen und Verhaltensweisen konstituieren eine krankhafte Daseinsform, von der der Patient ohne scheinbare Selbsthilfe nicht lassen kann. In der Therapie wird ein Lösungsprozeß von dieser krankhaften Daseinsform eingeleitet durch eine «Phase der Erkenntnis», in der die Schwierigkeiten, die diese Daseinsform in sich birgt, den Patienten deutlich gemacht werden müssen. Ihr folgt eine «Phase der Selbsterkenntnis», in der Ursachen und Zusammenhänge der Schwierigkeiten analysiert werden.

Die Selbsterkenntnis stürzt den Patienten in eine «Phase der K.», in der die widerstreitenden Tendenzen des Festhaltens an und des Lösens von der alten Daseinsform in Wettstreit treten. Gelingt die Lösung, dann tritt eine positive Wendung im Heilungsprozeß ein, und die K. mündet in eine allmähliche Umstellung der gesamten Persönlichkeit [3].

Von der Funktion her betrachtet, interpretiert der Daseinsanalytiker V. E. v. GEBSATTEL in neuerer Zeit die K. im Therapieverlauf ähnlich. In der Therapie gerät der Patient – phänomenologisch betrachtet – in eine Verfassung der «Unentschiedenheit», in der Unvereinbares nebeneinander steht und zu einer heilsamen oder unheilvollen Wende drängt. Aufgabe des Therapeuten ist es, die positive Entscheidung durch seine Analyse zu unterstützen [4]. Die K. des Patienten ist aber zugleich auch K. des Therapeuten, der durch seine methodische und theoretische Voreinstellung die Daseinsform des Patienten nur ausschnittweise erfassen und damit die Umschaltung des Daseins in eine neue Richtung nur unvollkommen mitvollziehen kann. Einer solchen K. des Therapeuten glaubt v. Gebsattel durch die Therapie in Form der Daseinsanalyse zu begegnen, die in ihrer Konzeption von der «totalen interpersonalen Begegnung» ausgeht [5].

2. Mit der Entfaltung der *daseinsanalytischen* Richtung in der Psychiatrie wird die Bedeutung von ‹K.› erneut differenziert. Die daseinsanalytische Begriffsbestimmung entfernt sich in ähnlicher Weise wie die psychotherapeutische von der traditionellen medizinischen Definition; zusätzlich wird K. jedoch in den natürlichen Entwicklungsverlauf des Lebens eingebettet und gilt unter Umständen sogar als unentbehrlich für das Reifen eines Menschen.

Die anthropologische Betrachtungsweise der Daseinsanalyse bewertet das Dasein als «Dauer-K.» oder «Ur-K.» [6], insofern dem Menschen ständig Entscheidungen aufgezwungen werden. Die Dauer-K. des Daseins kann nicht als pathologisch bezeichnet werden, da sie notwendige Begleiterscheinung des menschlichen Werdeganges ist [7]. Sie ist wohl zu unterscheiden von einer K., die den kontinuierlichen Lebensablauf eines Menschen unterbricht, um eine Wende in der Richtung des Lebensweges und zugleich eine Wandlung der Persönlichkeit einzuleiten. In den meisten Fällen kleidet sich diese Art von K. in die Form psychischer Störungsbilder, die in der Psychiatrie beschrieben werden. Merkmal der K. als einer psychischen Krankheit ist nach J. ZUTT [8] und H. PLÜGGE [9], daß die Verfügung über den eigenen Leib als Instrument verloren geht [10]. C. KULENKAMPFF interpretiert dagegen die K. als Abirrung vom Lebensweg, in der eine Veränderung der Anmutungsqualitäten der Umwelt zum Negativen hin erfolgt [11].

Das neuere daseinsanalytische Begriffsverständnis wurde entscheidend mitgeprägt durch v. GEBSATTELS Einführung des Ausdruckes ‹Werdens-K.›. Die Entwicklung des Menschen als «Geistwesen» ist für ihn nur als Werden, d. h. zeitlich erlebte Lebensbewegung, faßbar. K. sind dann negativ erlebte Phasen im Lebensablauf, die z. B. in Form der Neurose äußerlich manifest werden können. Der Begriff ‹K.› impliziert hier die Bedeutung von ‹Hemmung›, die jedoch Ausgangspunkt für eine neue Entfaltungsrichtung sein kann [12]. Auch Psychosen lassen sich nach v. Gebsattels Auffassung im Sinne einer Werdens-K. verstehen. Bei positivem Ausgang deutet er sie funktional sogar als Reifungsvorgang [13]. Den Gedanken der Reifung durch die K. greift CH. ZWINGMANN auf: Nur die Überwindung einer K. lasse einen

Menschen reifen [14]. ‹K.› rückt hier in begriffliche Nachbarschaft zu ‹Läuterung› und kommt damit der Bedeutung des althochdeutschen ‹hreini› (got. hrains), d. h. gesiebt, gesichtet (gereinigt) (verwandt mit griech. κρίνω) nahe [15]. Zwingmann hebt in Abhebung gegen das engere daseinsanalytische Begriffsverständnis die Kulturabhängigkeit von K.-Zuständen hervor. Negative soziale Einstellungen, wie z. B. die Bewertung des Menschen nach seiner Produktionstüchtigkeit, beeinträchtigen das Selbstwertgefühl des Menschen in bestimmten Lebensphasen und rufen K. hervor (z. B. Alters-K.) [16].

3. In der *Entwicklungspsychologie* tritt der Reifungsaspekt des K.-Begriffs ganz in den Vordergrund. Der Begriff der ‹ *Reifungs-K.* › in der Entwicklungspsychologie steht in enger Bedeutungsnachbarschaft zu der der Werdens-K. v. Gebsattels [17]. Die Pubertät sticht als kritische Epoche in der Entwicklung unter allen anderen Phasen hervor. Das Moment der Notwendigkeit von K. für einen positiven Entwicklungsverlauf ist in allen entwicklungspsychologischen Begriffsauffassungen gegeben. Damit verliert ‹K.› völlig die Implikation einer drohenden Katastrophe, die der Begriff auch noch im psychiatrischen Bereich hat. Die Wende oder Entscheidung für eine von mehreren Richtungen bedeutet keine Entscheidung zwischen Heil und Unheil, sondern zwischen zwar nicht immer gleichwertigen, aber auch nicht notwendig dem Wohl des sich Entwickelnden abträglichen Möglichkeiten. Die K. leitet immer über zu einem höheren Entwicklungsniveau [18].

In E. H. ERIKSONS Ausdruck ‹Identitäts-K.› spiegelt sich die Entfaltung des K.-Begriffes in der Entwicklungspsychologie besonders deutlich. Die positive Wertung der K. gründet nach Erikson in der Auffassung, daß sie eine notwendige Wende darstelle, in der die Entwicklungsrichtung bestimmt wird und sich Hilfsquellen des Wachstums, der Wiederherstellung und der weiteren Differenzierung eröffnen [19]. Der Begriff ‹Identitäts-K.› wurde geprägt bei der Untersuchung psychopathologischer Erscheinungen, die Kriegsveteranen im zweiten Weltkrieg zeigten. Das so bezeichnete Syndrom von Störungen bestand in dem Verlust des Gefühls, sich selbst gleich geblieben zu sein und zu bleiben bzw. im Verlust des Erlebens der eigenen historischen Kontinuität. Ähnliche Beobachtungen konnten auch am Kriminellen und an Menschen in starken Konfliktsituationen gemacht werden. Gleichzeitig wurde festgestellt, daß die Identitäts-K. auch normativen Charakter in bestimmten Lebensaltern haben kann, so z. B. in der Adoleszenz und im frühen Erwachsenenalter. Erst, wenn sich die K. über das übliche Alter hinaus erstreckt oder zu einem späteren Zeitpunkt eine Regression in die K. erfolgt, wird die normative K. zur pathologischen [20].

4. Neben diesen fachlich spezifischen Begriffsverwendungen finden sich einzelne Problem- und Begriffsanalysen, die versuchen, *allgemeine Merkmale* eines K.-Verlaufes herauszustellen und damit einen ersten Schritt zu einer allgemeinen K.-Bestimmung zu liefern. Ein erster Beitrag findet sich bei V. VON WEIZSÄCKER. Er stellt heraus, daß das Wesen der K. mehr sei als nur der Übergang von einer Ordnung zur anderen; es bestehe vielmehr in der Preisgabe der Kontinuität oder Identität des Subjektes selbst. Gemäß seiner Deutung der K. manifestiert sich angesichts des drohenden Verlustes erst das Subjekt. Es erfährt in ihr die Aufgabe seiner endlichen Gestalt. Begleiterscheinungen der K., wie Angst, Ohnmacht, Katastrophenreaktionen, werden aus der Bedrohung des Ich verständlich [21].

Während v. Weizsäckers Analyse von der Individual-K. ausgeht, veröffentlichten C. und H. SELBACH 1956 eine einheitliche Beschreibung der Individual- und Kollektiv-K. [22]. Sie identifizieren K. als Regelkreisfunktion mit gesetzmäßigem Ablauf. Der Vergleich von K.-Verläufen ergibt zunächst das Drei-Phasen-Prinzip: In der *vorkritischen* Phase erfolgt unter hoher Spannung der Verlust des persönlichen Gleichgewichts oder biologisch formuliert: *Homöostase-Verlust*. Mit ansteigender Spannung tritt ein Zustand der *Labilität* ein, dessen Kennzeichen die Ungewißheit über die Richtung des einzuschlagenden Entwicklungsverlaufes ist. Steigt die Spannung bis zum organisch möglichen Maximum, werden alle verfügbaren Funktionen auf einen Vorgang konzentriert (*Synchronisation*). Das System gerät in die Gefahr der Überlastung, die eine Entscheidung erzwingt; jetzt tritt die Wende ein, spontan oder durch einen äußeren Anstoß. Es kommt zum Umschlag der Wirkungsrichtung (*Kipp-Phänomen*) mit überkompensatorischem Verlauf. Mit diesem Umschwung und dem Beginn der Rückkehr zur Norm endet die K. In der *nachkritischen* Phase erfolgt ein Einpendeln auf ein neues Gleichgewicht. Je instabiler das System vor Eintreten der K. war, um so größer ist die K.-Bereitschaft dieses Systems. Diese Regel erläutert, warum z. B. in der Pubertät die K.-Anfälligkeit gegenüber anderen Lebensabschnitten oder unter instabilen politischen Verhältnissen Kollektiv-K., wie z. B. Revolutionen, mit höherer Wahrscheinlichkeit auftreten.

Anmerkungen. [1] C. G. CARUS: Vorles. über Psychol. (1831) 227. 245. – [2] F. KÜNKEL: Die Rolle der seelischen K. Int. Z. Individualpsychol. 8 (1930) 36–43. – [3] a. a. O. – [4] V. E. v. GEBSATTEL: K. in der Psychother. Jb. Psychiat. u. Psychother. 1 (1952) 66–78. – [5] a. a. O. – [6] a. a. O. – [7] Gedanken zu einer anthropol. Psychother., in: Hb. der Neurosenlehre und Psychother., hg. E. FRANKL u. a. (1959) 531–567. – [8] J. ZUTT: Der Lebensweg als Bild der Geschichtlichkeit. Der Nervenarzt 25 (1954) 426–428; vgl. Kurzfassung in: Zbl. ges. Neurol. u. Psychiat. (= ZNP) 130 (1954) 8. – [9] H. PLÜGGE: Über K. als Verlaufsart innerer Erkrankungen. ZNP 130 (1954) 7–8. – [10] ZUTT, a. a. O. [8]. – [11] J. C. KULENKAMPFF: Zur Klinik der K. ZNP 130 (1954) 8–9. – [12] v. GEBSATTEL, a. a. O. [7] 562ff. – [13] Reifungs-K. in Psychoseform. ZNP 130 (1954) 9–10. – [14] CH. ZWINGMANN (Hg.): Zur Psychol. der Lebens-K. (1962) Einl. – [15] Vgl. v. GEBSATTEL, a. a. O. [4] 67; E. WASSERZIEHER: Woher? Ableitendes Wb. der dtsch. Sprache (⁷1927). – [16] a. a. O. XVff. – [17] z. B. H. W. LÖWNAU: Reifungs-K. im Kindes- und Jugendalter (1961). – [18] O. F. BOLLNOW: Existenzphilos. und Pädag. (1959) Kap. 1. – [19] E. H. ERIKSON: Jugend und K. (1970); Wachstum und K. der gesunden Persönlichkeit (1964). – [20] a. a. O. (1970) 12ff. – [21] V. v. WEIZSÄCKER: Der Gestaltkreis (⁴1950) 174ff. – [22] C. und H. SELBACH: K.-Analyse. Stud. gen. 9 (1956) 395–404.

Literaturhinweise. C. und H. SELBACH s. Anm. [22]. – Sber. Südwestdtsch. Neurologen und Psychiater. (Juni 1954), in: ZNP 130 (1954) 7–11.   U. SCHÖNPFLUG

Kristallisation (von griech. κρύσταλλος, Eis, Bergkristall, lat. crystallus). – 1. ‹K.› bezeichnet in *Chemie* und *Mineralogie* die Bildung von Kristallen (bes. aus gesättigten oder übersättigten Lösungen, aber auch aus Schmelzen und Gasen) und dient nicht selten in anderen Bereichen als *Metapher* für analoge Vorgänge: So gebraucht STENDHAL das Wort ‹cristallisation›, das er als von ihm neu eingeführt bezeichnet [1], im ‹Essai sur l'amour› (1822) als Namen für eine Art Fieber der Einbildungskraft (imagination), «durch das ein meist ganz gewöhnlicher Gegenstand bis zur Unkenntlichkeit verändert und zu etwas Besonderem wird» [2] wie der trockene Zweig, den sich im Bergwerk von Salzburg mit Kristallen überzieht [3], oder wie die Geliebte für den Liebenden. K. ist «die wichtigste Erscheinung der als Liebe bezeichneten Thorheit – einer Thorheit freilich, die dem Menschen das

größte Glück beschert, das Sterblichen beschieden ist» [4]. K., verbunden mit Einbildungskraft [5], ist Antizipation von Erfüllung, die selber schon die Erfüllung ist oder sie doch erst möglich macht. Liebe als K. verwandelt auch das Verhältnis des Liebenden zur Welt: «Früher hatten allein die angenehmen Dinge ein Recht, uns zu gefallen, jetzt steht alles in Beziehungen zu der Geliebten, und selbst die gleichgültigsten Dinge berühren uns tief» [6].

Anmerkungen. [1] H. BEYLE-DE STENDHAL: Über die Liebe. Napoleon, dtsch. FR. v. OPPELN-BRONIKOWSKI (o. J.) 28. – [2] a. a. O. 47. – [3] 30. 315ff. – [4] 28. – [5] 44. 47. 318. – [6] 95.   Red.

2. In *sozialtheoretischem* Zusammenhang hat schon R. v. MOHL die K.-Metapher verwendet. In seinem Bestreben, die individualistische Gesellschaftslehre des Liberalismus zu korrigieren – und zugleich die marxistische Auffassung des zunehmenden Antagonismus der Klassen zurückzuweisen –, hat er darauf aufmerksam gemacht [1], daß nach der Aufhebung der Ständegesellschaft und der Emanzipation des Bürgertums vom Staat soziale Gebilde eines neuen Stils entstanden seien; vom Verhältnis zur Produktion, vom letztlich technischen Bezug zu Arbeit und Besitz bestimmt, seien sie durch die «Krystallisation» der verschiedensten individuellen Interessen um objektive, «gesellschaftliche Lebenskreise» ausgezeichnet. Diese bedeutende organisationssoziologische These, die die reale, auf der Basis eines sozialen Pluralismus vollzogene Entwicklung der Gesellschaft zum industriellen System diskutiert, darf als Vorläufer des heute in Gesellschaftswissenschaft und Kulturkritik üblichen Begriffes ‹K.› bezeichnet werden. Dessen Fassung – deren Anlehnung an geschichtsphilosophische Konzeptionen vom «Ende der Geschichte» (HEGEL, COURNOT) deutlich ist – hat sich in der Konfrontation mit der Welt der modernen Technik herausgebildet.

Schon V. PARETO zog Parallelen zwischen den «kristallisierten Institutionen» des späten Byzanz – die er für ebenso immobil wie krisenanfällig hielt – und den bürokratisch organisierten sozialen Mechanismen des industriellen Europa [2]. Auch der Hinweis M. WEBERS, die Gesellschaften seiner Zeit entwickelten sich zwangsläufig, im Zuge einer fortschreitenden Rationalisierung des Wirtschafts- und Verwaltungshandelns, zu einem geschichtslosen, unveränderbaren «Gehäuse der Hörigkeit», steht in diesem Zusammenhang.

Von A. GEHLEN als kultursoziologischer Terminus aufgenommen, bezeichnet der Begriff ‹K.› – am physikalisch-chemischen Sprachgebrauch orientiert – heute die strukturelle Erstarrung des gegenwärtigen arbeitsteilig organisierten sozialen und politischen Lebens. Er beschreibt die Dynamik, d. h. die Eigengesetzlichkeit ökonomisch-technischer Prozesse, in deren Kraftfeld sich die Gesellschaft – unfähig, die «Sachzwänge» ihrer hochkomplexen, funktionalen Vollzüge zu durchbrechen – in der wechselseitigen Ergänzung chaotischer, subjektiver Beliebigkeiten und abgehobener, qualitativ nicht veränderbarer industrieller Superstrukturen, zur Unbeweglichkeit stabilisiert. Nach ihm ist es unwahrscheinlich, daß noch weitere, «bisher nicht formulierte, geistige Impulse auftreten und den Ereignissen eine völlig neuartige Wendung geben könnten» [3]. «Die Bewegung geht [nicht mehr] nach vorwärts, sondern es handelt sich um Anreicherungen und um Ausbau auf der Stelle» [4]. Nicht anders beurteilt R. SEIDENBERG die Lage: «The process of crystallization, which constitutes an inherent aspect of ... all embracing determinism, is a converging, cumulative, essentially irreversible process» [5].

Im Gegensatz zur Theorie der «sekundären Systeme» (H. FREYER) und zur technizistischen Hypothese der «wissenschaftlichen Zivilisation» (H. SCHELSKY) – welche individuelle Träger der Gesellschaft von übergreifenden zivilisatorischen Funktionen restlos bestimmt sein lassen – hält GEHLEN mit seinem Begriff der K. dabei am Widerspruch zwischen der Subjektivität, d. i. letztlich der biologisch riskierten Natur des Menschen, und dem verselbständigten, organisatorisch abgehobenen Gefüge der Industriekultur fest. Unterhalb dieser existiert für ihn keine zuverlässige, konstante menschliche Natur, sondern «unspezifische, führungsbedürftige Antriebsenergie, deren Verfallchance jetzt ständig zunimmt» [6].

Anmerkungen. [1] R. v. MOHL: Gesch. und Lit. der Staatswiss. 1-3 (1855-1858) 69ff. – [2] V. PARETO: Traité de sociol. gén. 1. 2 (Lausanne/Paris 1919) 1760f.: § 2612. – [3] A. GEHLEN: Die gesellschaftl. K. und die Möglichkeiten des Fortschritts. Jb. Sozialwiss. 18 (1967) 20. – [4] Über kulturelle K. (1961) 12. – [5] R. SEIDENBERG: Posthistoric man (Chapel Hill 1950). – [6] F. JONAS: Die Institutionenlehre Arnold Gehlens (1966) 81.

Literaturhinweise. F. JONAS s. Anm. [6]. – W. LIPP: Institution und Veranstaltung. Zur Anthropol. der sozialen Dynamik (1968).
W. LIPP

Kriterium. In der Sprache der griechischen Philosophie ist κριτήριον (K.) zunächst nicht terminologisch fest umrissen. PLATON verwendet es erstens in der Bedeutung von Organon oder Maßstab für die richtige Beurteilung der Dinge [1], in welchem Sinn es auch ARISTOTELES einmal gebraucht [2]; zweitens dient es PLATON auch, synonym mit δικαστήριον, als Bezeichnung für Gerichtsstätte [3]. Erst die *Stoiker* entwickeln, nach DIOGENES LAERTIUS, eine eigentliche Lehre von den κριτήρια [4]; diese sollen, nun terminologisch fixiert, zur Auffindung der Wahrheit dienlich sein. Die entscheidende Frage aber, worin das oder die K. der Wahrheit bestehen, ist schon innerhalb der Stoa heftig umstritten [5], und wird bald zu einem nicht nur von den Stoikern viel diskutierten und hoch kontroversen Thema der spätantiken Philosophie [6], dem ganze Bücher gewidmet werden, so z. B. POSEIDONIOS' Περὶ κριτηρίου (Über das K.) [7] und vor allem EPIKURS Περὶ κριτηρίου ἢ Κανών (Über das K. oder das Gesetz) [8].

CICERO übersetzt, indem er vom Streit der alten Philosophen um das wahre K. der Wahrheit berichtet, mit einem geläufigen juristischen Terminus «iudicium veritatis» [9]. Hingegen findet sich in der Proklosübersetzung WILHELM VON MOERBEKES von 1280 der ungebräuchliche Ausdruck ‹iudicatorium› als unterminologische Wiedergabe von sowohl δικαστήριον als auch κριτήριον in erkenntnistheoretischen, ethischen und juristischen Wendungen [10]. Trotz dieser doppelten Wurzel im Griechischen und dem zunächst entsprechend weiten Bedeutungsspektrum wird auch ‹iudicatorium› philosophisch in der Folgezeit wieder allein im Rahmen der Frage nach den Wahrheits-K. verwendet: So etwa, wenn THOMAS VON AQUIN in der «synderesis» das «naturale iudicatorium» sieht [11] oder BONAVENTURA in ähnlichem Zusammenhang von dem unser Urteilen dirigierenden «lumen animae inditum» spricht, «quod vocatur naturale iudicatorium» [12].

Lateinisch ‹criterium› oder das entsprechende landessprachliche Fremdwort, das die philosophischen Wörterbücher vom 17. Jh. an gebrauchen [13], ist nicht erst eine Neuprägung Rousseaus, wie es F. BOUCHARDY in der Pléiadeausgabe für wahrscheinlich hält [13a], noch geht es, wie der deutsche Rousseau-Herausgeber K. WEIGAND

vermutet, ursprünglich auf Vauvenargues zurück [13b], sondern es wird schon durch P. GASSENDI verbreitet, der mit der Philosophie Epikurs auch dessen Bestimmung des Wahrheits-K. neu belebt: «Opus est nobis aliquo ad iudicandum instrumento, quod Κριτήριον dictum est Graecis, & de quo nobilis semper fuit apud Philosophos controversia» (Wir brauchen zum Urteilen ein bestimmtes Instrument, das von den Griechen ‹K.› genannt wurde und über welches bei den Philosophen immer ein berühmter Streit gewesen ist) [14]. Anstelle der durch ihren gewöhnlichen Gebrauch belasteten und damit mehrdeutigen Übersetzungen ‹iudicium› und ‹iudicatorium› gibt Gassendi dem latinisierten Fremdwort den Vorzug [15], das, bald von anderen [16], sogar von Cartesianern [17] aufgegriffen, seither Gemeingut der philosophischen Terminologie geworden ist [17a]. Der Abschnitt über Epikur in der ersten neuzeitlichen Geschichte der Philosophie von TH. STANLEY (1659) ist eine Übersetzung aus zwei Schriften von Gassendi und trägt damit zur Verbreitung des Ausdrucks ‹K.› bei, obwohl Stanley in seiner eigenen Darstellung, etwa der Stoiker, den Ausdruck ‹judicatory› bevorzugt und diesen erst in der viel späteren lateinischen Fassung seines Werks (1711) durch ‹criterium› ersetzt [17b].

Daß die Frage nach dem K. der Wahrheit in der Neuzeit als eng mit der Frage nach einem K. der Gewißheit verbunden angesehen wird, läßt die Worterklärung bei MICRAELIUS erkennen: «κριτήρια sunt regulae & normae certitudinis» [18]. Im ganzen aber ist die von den Stoikern ausgegangene terminologische Einschränkung und damit das philosophische Problem des *Wahrheits-K.* (s.d.) auch für die Neuzeit bestimmend geblieben. Das ‹Lexicon philosophicum› von CHAUVIN beginnt den ausführlichen Artikel ‹criterium› mit der Umschreibung «iudicatorium, seu regula veritatis» [19], und noch FOULQUIÉ (1962) definiert K. als «règle pour distinguer le vrai du faux» [20]. – Gegen Ende des 19. Jh. hat sich innerhalb der Ecole de Louvain eine eigene Teildisziplin der Philosophie herausgebildet, die sich ‹Critériologie› nennt und diese Bezeichnung als synonym mit ‹Epistémologie› versteht; ihre Aufgabe bestimmt R. MERCIER als «justifier réflexivement la certitude» [21]. – Im logischen Positivismus hat die Frage nach einem *Sinn-K.* (c. of meaning oder c. of significance) eigene Bedeutung gewonnen [22]; doch verdankt sie sich lediglich einer Einengung der Bedeutung von Wahrheit auf die vollständige Disjunktion ‹wahr/falsch› als der Grundeigenschaft von Propositionen, prinzipiell verifizierbar oder falsifizierbar und damit «sinnvoll» zu sein. Somit verläßt sie nicht den weiteren Rahmen der Wahrheitsproblematik, innerhalb derer K. stets seine jeweilige Bestimmung erfahren hat.

Anmerkungen. [1] PLATON, Resp. IX, 582 a; Theait. 178 b/c. – [2] ARISTOTELES, Met. XI, 6, 1063 a. – [3] PLATON, Nomoi VI, 767 b. – [4] DIOGENES LAERTIUS VII, 41. 42. – [5] Vgl. a. a. O. VII, 54; SEXTUS EMPIRICUS, adv. log. 1, 227-262, bes. 261. – [6] Vgl. etwa CICERO, Anm. [9], GASSENDI, Anm. [14] und zur Lit. über diese Kontroverse z. B. A. GRAESER: Zenon von Kition (1975) 60ff. – [7] Nach DIOG. LAER. VII, 54. – [8] a. a. O. X, 27. – [9] CICERO, Acad. 1, § 30; 2, § 142 passim. – [10] PROKLUS DIADOCHUS, Tria opuscula, latine (WILHELM VON MOERBEKE) et graece (1960) D 57, 19; P 66, 4: als Übersetzung von DIKASTÉRION; D 4, 19; P 44, 10: als Übersetzung von KRITÉRION. – [11] THOMAS VON AQUIN, De ver. 17, 1, 5. – [12] BONAVENTURA, II Sent. 39, 1, 2, concl. 2. Opera omnia (Quaracchi 1882ff.) 2, 903 a. – [13] Noch nicht bei J. MICRAELIUS: Lex philos. (²1662, ND 1966) s.v. ‹crisis ... KRITÉRIA›; dagegen schon bei R. GOCLENIUS: Lex philos. (1613, ND 1964) s.v. ‹criterium›; ebenso bei ST. CHAUVIN: Lex philos. (²1713, ND 1967) s.v. ‹criterium›; J. G. WALCH: Philos. Lex. (⁴1775, ND 1968) s.v. ‹Criterium der Wahrheit›; W. T. KRUG, Allg. Handwb. philos. Wiss. 2 (1827) s.v. ‹K.›. – [13a] J.-J. ROUSSEAU: Disc. sur les sci. et les arts, hg. F. BOUCHARDY. Oeuvres compl. 3 (Paris 1964) 1248, Anm. 2 zu S. 18. – [13b] Schr. zur Kulturkritik, hg. K. WEIGAND (^{2}1971) 352, Anm. zu S. 33. – [14] P. GASSENDI: Syntagma philos. pars 1: Logica II, 1 = Opera omnia 1 (Lyon 1658, ND 1964) 69; vgl. auch Logica Epicuri a. a. O. I, 7 = 1, 52ff. – [15] ebda. – [16] z. B. von TH. STANLEY, vgl. Anm. [17b]; CHR. THOMASIUS: Introd. ad philosophiam aulicam ... (^{2}1702) c. 5: De veritate et ejus criteriis, bes. § 15ff. – [17] Vgl. CHAUVIN, a. a. O. [13]; P. D. HUETIUS: Censura philosophiae Cartesianae (1690, ND 1971) 44-71: c. 2 ‹Expenditur Cartesii sententia de Criterio›; kritisch dazu G. W. LEIBNIZ, De cognitione... (1684). Philos. Schr., hg. GERHARDT 4, 425. – [17a] Vgl. z. B. den Gebrauch bei ROUSSEAU, a. a. O. [13a] und etwa die Schrift von J. H. LAMBERT: Abh. vom ‹Criterium veritatis› (1761), hg. K. BOPP, Kantstudien Erg.h. 36 (1915). – [17b] TH. STANLEY: The hist. of philos. 3 (London 1659/60) 5: Epicurus, his life and doctrine, written by Petrus Gassendus. bes. 131ff; 2 (London 1656) 8: Stoick philosophers. bes. 19f; vgl. Historia philosophiae (Leipzig 1711 u. Venedig 1731). – [18] MICRAELIUS, a. a. O. [13]. – [19] CHAUVIN, a. a. O. [13]. – [20] P. FOULQUIÉ: Dict. lang. philos. (Paris 1962) s.v. ‹criterium›. – [21] D. MERCIER: Critériol. générale (Louvain ^{4}1900) 389; vgl. Préface. – [22] In Anknüpfung an B. RUSSELL, z. B.: The analysis of mind (London 1921) 271ff. und an M. SCHLICK, z. B.: Positivismus und Realismus. Erkenntnis 3 (1932/33) bes. 6-16, ausgeführt bei A. AYER: Language, truth and logic (London ^{2}1946) 5-16. 35-41.

Literaturhinweis. G. STRICKER: KRITÉRION TÊS ALÉTHEIAS. Nachr. Akad. Wiss. Gött. Nr. 2 (1974).   T. BORSCHE

Kritik (griech. κριτική (τέχνη); im klass. Lat. dafür meist iudicium bzw. ars iudicandi, critica nur als Adj. belegt; ital. critica, frz. critique; engl. criticism)

I. Die Geschichte des K.-Begriffs von den Griechen bis Kant. – 1. *Die Differenzierung der ursprünglichen Wortbedeutung.* – ‹K.› leitet sich vom griechischen Wort κριτική (sc. τέχνη) her, das zunächst noch nicht in terminologischer Verfestigung zusammen mit anderen Ableitungen dieses Stammes wie κρίνειν, κρίσις, κριτήριον, κριτής gebraucht wird, wobei die Bedeutung von «beurteilen» oder «entscheiden» in ethisch-politischer und juristischer Hinsicht, aber auch ganz allgemein im unterscheidenden Wahrnehmungsurteil oder Denkakt überwiegt [1]. Daraus bildet sich bei den Medizinern ein terminologischer Gebrauch vor allem des Wortes κρίσις, aber auch von κρίσιμος und κριτικός, der den entscheidenden Wendepunkt einer Krankheit meint [2]. In der hellenistischen Zeit nimmt das Wort κριτικός einen spezifischen Sinn an, der es vor allem auf das philologische Anwendungsgebiet festlegt [3].

Ins Lateinische wird es als ‹criticus› mit dieser philologischen und jener medizinischen Bedeutung übernommen [4]. Mit diesen Konnotationen, zu denen noch ein durch die stoische Logik bestimmter terminologischer Wortsinn kommt, der in die humanistische Logik des 16. Jh. hineinreicht und breite Wirkung in der ramistischen und cartesianischen Logik entfaltet, wird der Begriff im 17. Jh. in die Nationalsprachen übernommen [5], in das Deutsche zum Ende des Jh. vom Französischen her, daher die Betonung auf der zweiten Silbe [6].

Zwar werden die Derivate vom Wortstamm κριν- wie κρίνειν, κρίσις usw. bei den *Vorsokratikern* und bei *Platon* noch ganz in der oben genannten allgemeinen Bedeutung eines Unterscheidungsvermögens überhaupt gebraucht, etwa als «unterscheiden des Wahren» (mittels der Sinne) (κρίνειν τἀληθές) [7] oder auch als «unterscheidendes Werkzeug des göttlichen Weltschöpfers», als welches die Pythagoreer die Zahl ansahen: ἀριθμὸν ... παράδειγμα πρῶτον κοσμοποιίας καὶ πάλιν κριτικὸν κοσμουργοῦ θεοῦ ὄργανον [8]. Doch die Beschreibung des Erkenntnisprozesses in der Metapher eines Rechtsprozesses [9] bei PLATON deutet schon eine terminologische Verdichtung von κρίνειν zur kritisch unterscheidenden Erkenntnis an. Daher besteht die Hebammenkunst des

Sokrates im Unterschied zu der einer gewöhnlichen Hebamme darin, zu unterscheiden, ob das Denken des Jünglings Falsches oder Wahres gebiert (τὸ κρίνειν τὸ ἀληθές τε καὶ μή), und das Falsche auszuscheiden [10].

Bei Platon begegnet denn auch zuerst der Terminus ἡ κριτική in einem genauen philosophischen Sinn, und zwar im ‹Politikos›. Gleich zu Anfang des Dialogs wird eine Dihairese von Erkenntnis (ἐπιστήμη) vorgenommen, um das Wesen der Politik zu bestimmen, und danach zunächst die gesamte Erkenntnis in zwei Arten eingeteilt: in die praktische und die erkennende als solche (γνωστική) [11]. Diese letztere, der auch die Politik zugerechnet wird, wird dann weiter aufgeteilt. Am Beispiel der Baukunst zeigen die Dialogpartner, daß dazu einerseits die Rechenkunst (ἡ λογιστική τέχνη) gehört, deren Aufgabe es ist, τὰ γνωσθέντα κρῖναι (das Erkannte – die Unterschiede in den Zahlen – zu beurteilen) [12], andererseits die Anweisungen an die Arbeiter: beide unterscheiden sich nur durch Beurteilung und Anordnung (κρίσει δὲ καὶ ἐπιτάξει διαφέρετον) [13]. So wird dann das gesamte Gebiet der erkennenden Wissenschaft in zwei Teile geteilt, den anweisenden Teil und den beurteilenden (τὸ μὲν ἐπιτακτικὸν μέρος, τὸ δὲ κριτικόν), welch letzterer dann auch als ἡ κριτική τέχνη beschrieben wird, in der man sich theoretisch wie ein Zuschauer (θεατής) verhält [14]. Die Dihairese wieder zusammenfassend wird später die Politik als königliche Herrschaft derart durch die κριτική und ἐπιστατική ἐπιστήμη (beurteilende und vorstehende Wissenschaft) bestimmt [15], die ausgeübt wird von dem «mit Einsicht königlichen Mann» (ἀνήρ ὁ μετὰ φρονήσεως βασιλικός) [16].

Diese platonischen Unterscheidungen, in denen sich die alten Bedeutungen von κρίνειν als allgemeines Unterscheidungsvermögen und als ethisch-politische und richterliche Urteilskraft widerspiegeln, werden von ARISTOTELES aufgenommen und weitergebildet. Die letztere dient ihm geradezu als Definiens für den Bürger: «Wem die Teilnahme an der beratenden und richtenden Staatsgewalt offensteht, nennen wir Bürger» (ᾧ γὰρ ἐξουσία κοινωνεῖν ἀρχῆς βουλευτικῆς καὶ κριτικῆς, πολίτην ἤδη λέγομεν εἶναι ...) [17]. Doch auch darin kommt schon zum Ausdruck, daß das Richten nicht in einem zu engen technischen Sinn gemeint ist, sonst würde Aristoteles von Richter als δικαστής sprechen [18].

Deutlicher wird dies in den Ausführungen der Ethik. Aristoteles unterscheidet zum Schluß des 6. Buches der ‹Nikomachischen Ethik› von der ethischen Klugheit (ἡ φρόνησις) als der «anordnenden» Tätigkeit der Klugheit (ἡ μὲν γὰρ φρόνησις ἐπιτακτική ἐστιν) [19] die anderen dianoetischen Tugenden des Verständnisses (σύνεσις), der Einsicht (γνώμη) und der Nachsicht (συγγνώμη) [20]. Diese haben nun im Gegensatz zur ethischen Klugheit nur urteilende Funktion: «Das Verständnis beschränkt sich auf kritisches Urteilen» (ἡ δὲ σύνεσις κριτική μόνον) [21], aber auch «die Nachsicht ist eine Einsicht als richtiges Vermögen der K. über das, was billig ist» (ἡ δὲ συγγνώμη γνώμη ἐστὶ κριτικὴ τοῦ ἐπιεικοῦς ὀρθή) [22]. Aber das heißt nun nicht, daß K. der anordnenden Klugheit einfach gegenübergestellt wird wie bei Platon, der sich an dem Modell der τέχνη (im Beispiel der Baukunst) orientiert, sondern bei Aristoteles gehen Klugheit und K. auf denselben Bereich der Praxis: Klugheit gibt dem Handelnden die Orientierung als ethische Haltung, K. beurteilt in reflexiver Sicht diese Orientierung, «denn in jenen Dingen die Fähigkeit zum kritischen Urteil haben, in denen es auf ethische Klugheit ankommt, heißt verständig und einsichtig bzw. nachsichtig sein» (καὶ ἐν μὲν τῷ κριτικὸς εἶναι περὶ ὧν ὁ φρόνιμος, συνετὸς καὶ εὐγνώμων ἢ συγγνώμων) [23].

‹K.› in seiner allgemeinen Bedeutung als Bezeichnung für ein erstes Unterscheidungsvermögen wird ebenfalls von Aristoteles gebraucht. Zum Schluß der ‹Zweiten Analytiken› untersucht er, wie Wissen entsteht, und bedient sich dazu einer überlieferten Rangfolge der Erkenntnisse: Wahrnehmung (αἴσθησις), Erinnerung (μνήμη), Erfahrung (ἐμπειρία), Fertigkeit (τέχνη), Wissen (ἐπιστήμη) [24]. Doch die Anfänge des Wissens und somit auch die ersten Prämissen, die Wissen aufbauen, sind nur dadurch möglich, daß «alle Lebewesen eine bestimmte Fähigkeit besitzen, eine natürliche Unterscheidungskraft, die man Wahrnehmung nennt» (φαίνεται δὲ τοῦτό γε (sc. τις δύναμις) πᾶσιν ὑπάρχον τοῖς ζῴοις. ἔχει γὰρ δύναμιν σύμφυτον κριτικήν, ἣν καλοῦσιν αἴσθησιν [25]. Diese Fähigkeit selbst untersucht Aristoteles näher in seiner Schrift ‹Über die Seele›, in der er sie einerseits ebenfalls als κριτική bezeichnet [26], andererseits ihr aber nicht nur die Wahrnehmung, sondern auch die Aufgabe des Denkens zuteilt (τὸ κριτικόν, ὃ διανοίας ἔργον ἐστὶ καὶ αἰσθήσεως) [27].

Diese allgemeine und ursprüngliche Bedeutung von ‹K.› und jene mehr inhaltliche, nach der unter ‹K.› das ethisch-praktische Urteilsvermögen verstanden wird, verbinden sich schließlich zu einer Bedeutung von ‹K.›, die auf die spätere Entwicklung des Begriffs bei den Stoikern und vor allem im 17. und 18. Jh. vorausweist. ‹K.› meint dann das Urteil des Gebildeten im Gegensatz zu der begrenzten Beurteilung eines Sachverhalts durch den Sachverständigen. So beginnt das erste Buch der Schrift ‹De partibus animalium›, das ursprünglich als Schrift über die Methode in der Wissenschaft gegen das szientifische Ideal der Akademie gerichtet ist [28], ganz grundsätzlich mit der Unterscheidung zweier Wissenshaltungen (ἕξεις), der der wissenschaftlichen Spezialisierung, die in das Wissen eines konkretes Gebietes eindringt (ἐπιστήμη τοῦ πράγματος), und der einer allgemeinen Bildung, die instand setzt, eine umfassende K. auszuüben: «Dieser [nämlich der allseitig Gebildete] ist nach unserem Urteil sozusagen eine Art von Kritiker über alle Fragen» (τοῦτον [τὸν ὅλως πεπαιδευμένον] μὲν περὶ πάντων ὡς εἰπεῖν κριτικόν τινα νομίζομεν εἶναι) [29]. Hiermit hat Aristoteles dem Begriff der K. eine bestimmte Zuspitzung gegeben, die in der Folgezeit einen engeren terminologischen Gehalt annehmen konnte.

Anmerkungen. [1] W. PAPE: Griech.-dtsch. Handwb. (⁶1914, ND 1954) s.v. ‹KRÍNO, KRITIKÓS›. – [2] A. G. LIDDELL/R. SCOTT: A Greek-Engl. Lex. (Oxford 1948) s.v. ‹KRÍNO, KRÍSIS, KRITÉOS›. – [3] A. GUDEMAN: Art. ‹KRITIKÓS›, in: RE II, 1912-15. – [4] Thes. ling. lat. (1900ff.) s.v. – [5] Vgl. R. KOSELLECK: K. und Krise (1959) 189ff. – [6] GRIMM s.v. – [7] ANAXAGORAS, VS 2, 43; vgl. VS 1, 478 (zu den Pythagoreern); 1, 235f. (zu Parmenides); PLATON, Resp. 582 d 1f. 523 b 2 u. a. – [8] JAMBLICH über die Hörer des Hippasos, in: VS 1, 109. – [9] z. B. PLATON, Theait. 170 d. 201 b/c. – [10] Theait. 150 b 2f., vgl. c 1ff. – [11] Polit. 258 e.– [12] a. a. O. – [13] 260 a 9f. – [14] 260 b 2f. – [15] 292 9.– [16] 294 a 8. – [17] ARISTOTELES, Pol. 1275 b 18f. – [18] PAPE, a. a. O. [1], s.v. ‹DIKASTÉS› und ‹KRITÉS›. – [19] ARISTOTELES, Eth. Nic. 1143 a 8f. – [20] a. a. O. VI, 11. 12. – [21] 1143 a 9f. – [22] 1143 a 23. – [23] 1143 a 29-31; vgl. 43 a 13-15; vgl. dazu C. v. BORMANN: Der prakt. Ursprung der K. (1974) 69ff.; Kap. 4. – [24] ARISTOTELES, Anal. post. II, 19; vgl. Met. I, 1; vgl. H.-G. GADAMER: Wahrheit und Methode (1960) 333ff. – [25] ARISTOTELES, Anal. post. 99 b 34f. – [26] De an. 424 a 5f. – [27] a. a. O. 432 a 16. – [28] Vgl. I. DÜRING: Aristoteles (1966) 113. 515ff. – [29] ARISTOTELES, De part. anim. 639 a 6ff.; vgl. Eth. Nic. 1094 b 27-95 a 2; vgl. dazu BORMANN, a. a. O. [23] 144.

2. Der philologisch-logische Begriff der K. – Aus solchen Bestimmungen des Begriffs bildete sich dann der

speziele Sinn des Begriffs der K., wie er durch die *Stoa* wirksam geworden ist und dann auch die beginnende Neuzeit geprägt hat. Ein direkter Einfluß der platonisch-aristotelischen Bestimmungen ist dabei allerdings kaum anzunehmen.

Der philologische Beruf erhielt seit etwa 300 v. Chr. neben den Bezeichnungen des Grammatikers (γραμματικός) und des Philologen (φιλόλογος) die des Kritikers (κριτικός) [1]. Nach späterem Zeugnis scheint sogar der Name des «Kritikers» der ursprüngliche terminus technicus für Literaturwissenschaftler gewesen zu sein [2]. Doch mögen diese Zeugnisse auch nur das Ende der im folgenden geschilderten stoischen Entwicklung des Begriffs anzeigen. Der pseudo-platonische Dialog ‹Axiochos› (aus dem Ende des 4. Jh.) zählt an einer Stelle die Lehrer auf, die für die Erziehung eines Knaben in Frage kamen: Nach den Elementarlehrern folgen dann, wenn der Knabe herangewachsen ist, die Lehrer der «Sekundarstufe», Literaturlehrer, Mathematiklehrer und Taktiklehrer, der erste heißt «Kritiker» (αὐξανομένου δὲ κριτικοί, γεωμέτραι, τακτικοί) [3]. Der um 300 in Ägypten lebende Skeptiker *Hekataios von Abdera* «wird neben Grammatiker auch Kritiker genannt», wohl weil er ein Buch ‹Über die Dichtung Homers und Hesiods› geschrieben hat (ἐπεκλήθη καὶ κριτικὸς γραμματικός) [4].

STRABON nennt zwar auch einen der ältesten Alexandriner «Dichter und Kritiker» (ποιητὴς ἅμα καὶ κριτικός) [5], aber in der Folgezeit gewann die Bezeichnung des Kritikers im Streit zwischen der alexandrinischen und der pergamenischen – unter stoischem Einfluß stehenden – Philologenschule eine besondere Bedeutung. Während sich die Alexandriner infolge ihrer Tätigkeit – Text-K. und Editionsarbeit – als γραμματικοί bezeichneten, nahmen die Pergamener, vor allem ihr Schulhaupt KRATES VON MALLOS im Gegensatz zum Alexandriner Aristarch, den philosophischer gemeinten Namen der κριτικοί für sich in Anspruch [6]. Krates, den das Suidas-Lexikon einen stoischen Philosophen nennt und der dort als «Homerkundiger und Kritiker wegen seiner Betrachtung von philologischen und dichterischen Texten» apostrophiert wird [7], hat dem Namen der K. seinen besonderen Rang gegeben. DIOGENES BABYLONIUS (von Seleukia; zweiter Nachfolger Chrysipps in der Leitung der Stoa und Verfasser einer Sprachlehre), der wohl Krates' Lehrer war [8], soll nach PHILODEM die K. der Philosophie zugewiesen haben; man behauptet zwar, «daß die Musenfreunde [die Philologen] eine bestimmte Theorie hätten, die der K. ähnlich sei» (τῇ δὲ κριτικῇ ... παραπλησίαν τινὰ θεωρίαν ἔχειν τοὺς φιλομουσοῦντας), aber dies zeigt Philodems Urteil nach nur Unwissenheit, und eine solche Theorie würde so wenig erreichen, «vor allem auch, insoweit er [der nämlich derartiges behauptet] nicht, wenn es etwas derartiges gäbe, den Philosophen das Urteil zuwiese, und wahrhaftig, insoweit er die K., zu der, wie behauptet wurde, die Musenkunst etwas Ähnliches hätte, nicht diesen [nämlich den Philosophen], sondern den sogenannten Kritikern zugestünde» [9]. KRATES macht mit diesem Programm ernst, er nimmt K. ganz als philosophische für sich in Anspruch und verweigert sie den bloßen Grammatikern der alexandrinischen Schule. Die K. des Krates besteht einmal in jener durch die Stoa bekannt gewordenen allegorischen Auslegung, die es erlaubte, Homer und anderer religiös oder sittlich verbindlicher Dichtung einen lehrhaften und moralischen Zweck unterzulegen, der durch stoische Lehren vorgezeichnet ist, zum anderen in der Beobachtung von Sprachanomalien, die durch Gewohnheit festgelegt sind und ihn die Vielfalt von Dialekten erkennen und beurteilen ließen [10]. Aber daß Krates die K. der Grammatik überordnete, hatte auch noch einen anderen formalen Sinn, der aus der Einteilung der stoischen Logik stammte. Das Zeugnis des SEXTUS EMPIRICUS macht dies klar. In der von ihm referierten Bestimmung der Grammatik, daß sie sich «nicht mit dem Bezeichneten, sondern mit dem Bezeichnenden» beschäftige, beruft er sich ausdrücklich auf diese stoische Unterscheidung (καὶ οὐχ ἥπερ οἱ στωικοὶ τὸ σημαινόμενον, ἀλλ' ἀνάπαλιν τὸ σημαῖνον) [11] und bezieht diese dann auf die Unterscheidung von K. und Grammatik durch Krates: «Denn das Gedachte ist nur mit dem Bezeichneten getroffen. Damit scheint er [nämlich Chares, von dem Sextus Empiricus gerade berichtet hat] einen Gedanken von Krates in Erwägung zu ziehen. Denn dieser sagte, daß der Kritiker sich vom Grammatiker unterscheide. Und zwar muß der Kritiker, so sagte er, sich in der ganzen logischen Wissenschaft auskennen, der Grammatiker dagegen muß nur Sprachen erklären ...» (τὸ γὰρ νοητὸν ἐπὶ τοῦ σημαινομένου μόνον παρείληπται. ἔοικε δὲ καὶ Κρατήτειόν τινα κινεῖν λόγον. καὶ γὰρ ἐκεῖνος ἔλεγε διαφέρειν τὸν κριτικὸν τοῦ γραμματικοῦ · καὶ τὸν μὲν κριτικὸν πάσης, φησί, δεῖ λογικῆς ἐπιστήμης ἔμπειρον εἶναι, τὸν δὲ γραμματικὸν ἁπλῶς γλωσσῶν ἐξηγητικόν ...) [12]. Unter der «logischen Wissenschaft» (λογικὴ ἐπιστήμη) im stoischen Verständnis war wohl alles zu verstehen, was später in den ‹artes liberales› behandelt wurde [13]. Noch Galen schreibt CHRYSIPP die Annahme zu, «daß eine einzige Fähigkeit in der Seele, die sogenannte logische und kritische existiere» (τῷ μίαν ὑποθεμένῳ δύναμιν ὑπάρχειν ἐν τῇ ψυχῇ, τὴν λογικήν τε καὶ κριτικὴν ὀνομαζομένην; im lateinischen Paralleltext: «rationalis et judiciaria facultas») [14].

An späterer Stelle bezeichnet SEXTUS EMPIRICUS die Schüler des Krates als κριτικοί und teilt die K. näher ein, so daß die Grammatik nur als untergeordneter Teil der K. erscheint [15]. K. wird nun nicht mehr als bloße Philologie bestimmt, sondern diese beschäftigt sich nach diesen Unterscheidungen – so kann man diese Stelle ausdeuten – als Grammatik nur mit der Erklärung von Dialekten, der Untersuchung von Versmaßen usw., also mit alledem, was nach der grundsätzlichen Einteilung der stoischen Logik zum «bezeichnenden Teil» (περὶ σημαινόντων ἢ περὶ φωνῆς) gehört. Der zweite wichtigere Teil der Logik, der das Gemeinte beurteilt, der Teil περὶ σημαινομένων ἢ λεκτῶν, in welchem es also um die inhaltliche Beurteilung des von der Grammatik festgestellten Textes geht, nach der klassischen Logik die Urteilslehre, wird danach zur K. gezählt.

Nach einer stoischen Einteilung der Logik wurde diese unterteilt in einerseits Rhetorik, in der es um das «Wohlreden» (τὸ εὖ λέγειν) ging, und andererseits Dialektik, die «die richtige Unterredung» (τὸ ὀρθῶς διαλέγεσθαι) behandelte; das Zenonische Bild von der offenen Hand und der geballten Faust veranschaulicht den Unterschied [16]. Weil aber die stoische Logik pointiert Aussagenlogik ist [17] – darum auch ‹Dialektiker› und ‹Kritiker› bei der Beschreibung der stoischen Philosophie fast synonym gebraucht werden [18] – vernachlässigte sie ganz den ersten Teil, die Rhetorik. CICERO bemängelte denn auch das Fehlen der Rhetorik bei den Stoikern, die sich nur um die «via iudicandi» (ea scientia, quam διαλεκτικὴν appellant) gekümmert und die «ars inveniendi» (quae τοπικὴ dicitur) völlig vernachlässigt hätten, derart den Organismus der Philosophie ganz bis auf das logische Knochengerüst entblößend [19].

So konnte es geschehen, daß die spätere Tradition der Dialektik, die nun nach dem Vorbild Ciceros von der Rhetorik ausging und darum vor allem die ‹ars inveniendi› betonte, und nicht mehr wie die stoische Dialektik oder K. von der Philologie, diese Bedeutung der K. vernachlässigte bzw. sie wieder ganz der Grammatik gleichsetzte, so daß dann auch der Begriff der ‹K.› allmählich in Vergessenheit geriet. Zwar schwand nun auch durch die geschichtlichen Ereignisse und durch den damit zusammengehenden Niedergang der Philologie der Gegensatz der Schulen von Alexandria und Pergamon, und nun konnten κριτικός und γραμματικός wieder synonym gebraucht werden bzw. der letzte Ausdruck den ersten fast ganz verdrängen. So konnte EUSTATHIUS im 4. Jh. n. Chr. beide wieder verbinden: «Die Kritiker, so sagte er, verstehen es, die Dichtwerke [Homers] entsprechend der grammatischen Überlieferung zu beurteilen» (κριτικοὺς εἶναι τοὺς κατὰ τὴν γραμματικὴν παράδοσιν εἰδότες κρίνειν τὰ ποιήματα) [20]. Dies gilt auch für die Aufnahme des Wortes ‹K.› ins Lateinische bei Cicero und Horaz [21].

Doch die stoische Einteilung der Logik blieb daneben, indem sie von der rhetorischen Dialektik bekämpft wurde, im Zitat erhalten, bis dann nach dem erneuten Aufleben der Philologie im 16. Jh. PETRUS RAMUS auf den stoischen Begriff der K., den er durch Quintilian kennenlernte, zurückgriff. Die ramistische Logik machte dann zusammen mit der Wiederentdeckung der Philologie der Aufklärung zur Blütezeit des Begriffs der K.

CICERO beruft sich an der angegebenen Stelle in ‹De oratore› auf Diogenes Babylonius, der an der berühmten Philosophen-Gesandtschaft nach Rom 156/55 teilnahm. Ebenso aber hätte er den stoisch pergamenischen Begriff der K. durch Panaitios kennenlernen können, dessen Lehrer Krates von Mallos war und der eine ähnliche Methode der Interpretation wie dieser ausgearbeitet hatte – auch Polybios soll von dieser kritischen Weise der Geschichtsauffassung beeinflußt sein [22]. Für QUINTILIAN, der die gesamte antike Rheotrik zusammenfaßt und sich vor allem an Cicero anlehnt, ist die Trennung zwischen Rhetorik und Dialektik längst vollzogen. Er warnt davor, in der Gerichtsrede zu viele Syllogismen zu gebrauchen und sie dadurch den dialektischen Unterredungen allzu ähnlich werden zu lassen. Die Rede soll reich, glänzend und gebieterisch sein, denn «sie ist auf das Urteil anderer hin einzurichten» (ad aliorum iudicia componenda est oratio) [23]. Ganz anders verhält es sich bei der Dialektik, deren Aufgabe und Unterteilung nach den stoischen Bestimmungen Quintilian nun noch einmal nennt: «Namque in illis [sc. dialecticis disputationibus] homines docti et inter doctos verum quaerentes minutius et scrupulosius scrutantur omnia et ad liquidum confessumque perducunt, ut qui sibi et inveniendi et iudicandi vindicent partis, quarum alteram τοπικήν, alteram κριτικήν vocant» (Denn in jenen [den dialektischen Unterredungen] suchen gelehrte Menschen unter Gelehrten nach dem Wahren, durchforschen alles bis ins Kleinste und mit ängstlicher Genauigkeit und führen es zur Gewißheit und zum allgemein Zugestandenen, so daß sie für sich sowohl den Teil der Findung wie den der Beurteilung in Anspruch nehmen, deren einen sie Topik, deren anderen sie K. nennen) [24].

Bei der Einteilung der Redeteile weist Quintilian nun zwar die Trennung von ‹inventio› und ‹iudicium› ab, als sei jene die erste und dieses käme danach, weil seiner Meinung nach derjenige noch nicht einmal etwas gefunden hätte, der es nicht beurteilt («ego porro ne invenisse

quidem credo eum, qui non iudicavit»), und zwar ausdrücklich gegen Cicero, der in seiner Rhetorik das Urteil
der Findung untergeordnet habe («Cicero quidem in rhe-
toricis iudicium subiecit inventioni») und den er so zu-
rechtzurücken gedenkt [25]. Denn Quintilian ist der Meinung, daß sich die Lehre vom Urteil nicht gesondert als
Kunstlehre behandeln lasse, sondern daß diese als Urteilskraft so wenig lehrbar ist wie Geschmack oder Geruch [26].

Aber diese dem common sense des Rhetoriklehrers
würdige Ablehnung einer abstrakten Trennung hat erst
spät Nachfolger gefunden. Die Unterscheidung und Unterordnung von via inventionis und via iudicii, die die
Logik grundsätzlich in zwei Teile trennte, hat sich in der
ciceronisch-boethianischen Tradition der Dialektik
durchgesetzt [27] und damit zu dem bekannten Metho-
denproblem des späten Mittelalters geführt, auf das dann
die Methodologie der Humanisten wie der Rationalisten
antwortete [28].

Anmerkungen. [1] K. LEHRS: De vocabulis PHILÓLOGOS, GRAM-
MATIKÓS, KRITIKÓS, in: Herodiani scripta tria emendatiora (Königsberg 1848) 379-387; vgl. bes. GUDEMAN, a. a. O. [3 zu 1]
1912-1915. – [2] ebda. – [3] Ps.-PLATON, Axiochos 366 e 2f. – [4]
VS 2, 240; vgl. GUDEMAN, a. a. O. [3 zu 1] 1913. – [5] ebda. –
[6] ebda.; vgl. aber SEXTUS EMPIRICUS, Adv. Math. I, 44, für den
Pergamener und Alexandriner in gleicher Weise «Grammatiker»
sind. – [7] SUIDAS, s.v. KRATÉS; vgl. GUDEMAN, a. a. O. [3 zu 1]
1913. – [8] A. LESKY: Gesch. der griech. Lit. (²1957/58) 842. –
[9] SVF 3, 233. – [10] LESKY, a. a. O. 842f.; M. POHLENZ: Die
Stoa (1948) 1, 182f.; W. KROLL, Art. ‹Krates›, in: RE 11, 1635f.;
vgl. W. DILTHEY, Ges. Schr. 5, 321f. – [11] SEXTUS EMPIRICUS,
Adv. math. 1, 78; SVF 1, 485. 488; 2, 38. 43ff. 48ff.; vgl. POHLENZ,
a. a. O. 38f. – [12] SEXTUS EMPIRICUS, Adv. math. 1, 78f. – [13] R.
HIRZEL: Untersuch. zu Ciceros philos. Schr. 2 (1882, ND 1964)
904f. – [14] GALEN, De Hipp. et Plat. decretis. Opera omnia, hg.
C. G. KÜHN, 5, 590. – [15] SEXTUS EMPIRICUS, Adv. math. 1, 248f.
– [16] DIOGENES LAERTIUS, VII, 41f.; QUINTILIAN, Inst. orat. II,
20, 7. – [17] Vgl. M. FREDE: Die stoische Logik (1974) 32ff. –
[18] SVF 3, 164; vgl. C. PRANTL: Gesch. der Logik (1855-1885)
1, 419. – [19] CICERO, Topica II, 6; vgl. De oratore II, 38, 157ff.;
De finibus IV, 3, 6ff., bes. 4, 10; vgl. PRANTL, a. a. O. 1, 513. –
[20] GUDEMAN, a. a. O. [3 zu 1] 1913; vgl. dort weitere Belege für
den synonymen Gebrauch beider Begriffe. – [21] a. a. O. 1913f. –
[22] HIRZEL, a. a. O. [13] 2, 257ff. 841ff., bes. 850. 873f. 882ff. –
[23] QUINTILIAN, Inst. orat. V, 14, 27ff., bes. 29. – [24] a. a. O. V,
14, 28. – [25] III, 3, 5f. – [26] VI, 5, 1f. – [27] PRANTL, a. a. O.
[18] 1, 513. 681. 720ff.; 3, 92. 253f.; vgl. BOETHIUS, De diff. top.
MPL 64, 1173. – [28] Vgl. Art. ‹Dialektik III›; v. BORMANN,
a. a. O. [23 zu 1] 93ff.

3. *Kritik als Methode.* – Die *Humanisten* kritisierten
die spätmittelalterliche Dialektik entschieden und berei-
teten so den Boden für eine neue Methodendiskussion –
obwohl sie zunächst lediglich auf die ciceronische Form
der Dialektik zurückführten [1] –, aber erst PETRUS RA-
MUS korrigiert die in der aristotelischen Tradition fest gewordenen Unterscheidungen grundsätzlich und greift so
über Quintilian auf den stoischen und damit auch auf
den recht verstandenen aristotelischen und platonischen
Begriff der K. zurück. Durch ihn wird dieser Begriff zum
Kennzeichen einer neuen Epoche.

Auch Ramus geht aus von der Unterscheidung der
beiden viae inventionis und iudicii, doch in deren Bestimmung polemisiert er gegen die aristotelische Tradition. Diese hatte seit den großen Kommentatoren die
inventio als Dialektik beschrieben und vor allem dem
Buch der ‹Topik› zugewiesen sowie das iudicium als
Analyse bestimmt und den aristotelischen ‹Analytiken›
zugeordnet [2], z. B.: «Ars inveniendi in Topicis et Elenchis, ars autem iudicandi in Prioribus et Posterioribus
traditur» [3], was auch noch die an Cicero anknüpfenden
humanistischen Dialektiker des 16. Jh. tun, die sich lediglich um die Reihenfolge streiten [4]. Ramus zeigt

nun gegen diese Tradition, daß die Unterscheidung von
Findung und Urteil nach der «natürlichen Vernunft»
immer gelte, «quia naturaliter cogitamus primum quae
disserenda sunt, deinde iis dispositis judicamus» (weil
wir natürlicherweise zuerst denken, worüber diskutiert
werden soll, und dann, indem dies geordnet wird, darüber urteilen) [5]. Er meint auch, daß im aristotelischen
Organon diese Unterscheidung sich durchweg finde, sowohl in den ‹Ersten Analytiken› wie in der ‹Topik›,
wenn auch die erste Schrift mehr vom Urteil, die zweite
mehr von der Findung enthalte [6]. Erst die griechischen
wie lateinischen und arabischen Interpreten des Aristoteles hätten dies durcheinandergebracht und diese prinzipielle Einteilung mit der der aristotelischen Bücher verwechselt [7]. Zur Bekräftigung dieser Aristotelesdeutung,
die zugleich seine Kritik von 1543 wiedergutmacht, indem
sie Aristoteles von seinen Anhängern unterscheidet, beruft er sich auf Cicero und Quintilian und zitiert von dem
letzteren die angeführte Stelle aus dem V. Buch der ‹Institutionen› [8]. Damit hat Ramus 1548 die stoische Unterscheidung von τοπική und κριτική wiederaufgenommen. In seinen früheren Rhetorik-Scholien hatte er
Quintilian getadelt, daß dieser keine Kunstlehre vom
Urteil gelten lassen wolle [9]. Ramus' Dialektik jedenfalls ist berühmt geworden durch die Art ihrer Einteilung
in die Lehre von der inventio und von dem iudicium,
wobei er vor allem die letztere, die er ab jetzt auch κριτική nennt, weiterentwickelt hat [10].

Vor allem bestimmt er K. als Analyse, indem er die
traditionelle aristotelische Unterscheidung von Analyse
und Synthese aufnimmt, sie aber – entsprechend seiner
Korrektur an dieser Tradition – inhaltlich gegen diese
wendet [11]. Obwohl die Formulierungen mißverständlich sind, auch oft genug mißverstanden wurden, meint
Ramus mit ‹Analysis› und ‹Analytik› nicht mehr die
entsprechenden Bücher des Organon, sondern eben den
Teil der Logik, der das Urteil oder die K. in sich faßt:
«Duas partes esse artis logicae ...: topicam in inventione
argumentorum ... et analyticam in eorum dispositione»
(Es gibt zwei Teile der Kunst der Logik, die Topik in der
Findung der Argumente ... und die Analytik in ihrer
Anordnung) [12]. Noch deutlicher wird dies in einer Reflexion über den Namen der aristotelischen Analytiken,
von denen ihm vor allem die ‹Zweiten Analytiken› als
Methodenlehre ihren Namen zu Recht zu tragen scheinen, «de cuius nominis ratione commodius fuit dicere
analysi priore, ut analysis non aliud esset Aristoteli,
quam Logicis recentioribus κρίσις, judicium, et Analytica veluti κριτική nominari, quia judicium maxime analysi fiat» (über den Grund von deren Namen es angemessener als bei der Ersten Analytik war, zu sagen, daß Analyse für Aristoteles nichts anderes war als bei den neuen
Logikern Krisis, Urteil, und sie Analytik oder K. zu nennen, weil das Urteil am meisten durch die Analyse geschieht) [13]. Analyse nämlich ist für Ramus nach dem
Vorbild seines Lehrers J. Sturm die Auflösung und Prüfung von vorgelegten Beispielen oder Problemen: «Analysis, i. e. resolutio, cum facta disputatio retexitur et partibus suis examinatur» (Analysis, d. h. Auflösung, wenn
eine gemachte Untersuchung aufgelöst und in ihren Teilen geprüft wird) [14].

Solch eine Analyse gibt es nun nach Ramus für alle Gebiete des Trivium, für die Grammatik, die Rhetorik und
also auch für die Logik, und das Besondere der aristotelischen Analytiken liegt für ihn darin, daß sie eine solche Analyse der Logik selbst geben, also eine Logik der
Logik [15]. Insofern gibt es für ihn nur eine einzige Me-

thode, die analytische, die in diesem methodologischen Sinn die ganze Logik umfaßt, weil sie überall die Teile vom Allgemeinen, dem der Natur nach Früheren, ableitet und darum die Vielfalt der sonst genannten Methoden ersetzt [16]. Darum heißt ihm «diese Analysis Logik, deren erster Teil die Anwendung (in Beispielen) ist ..., deren zweiter Teil, der bei den jüngeren Griechen (also wohl den Stoikern) K. genannt ist, unzweifelhaft nach der Art der Analytik benannt wird» (haec, inquam, analysis est logica, logicae exercitationis prima pars ... non dubio dicere, Logicae secundam partem, quae dicta est a recentioribus Graecis κριτική modo ἀναλυτικῆς nominari [17]). Damit hat sich das Methodenpaar der viae inventionis und iudicii allerdings entscheidend verändert, und die Unklarheit des Ramus rührt nur noch daher, daß der Gebrauch von Logik und Methodologie (wie überall in jener Zeit) durcheinander geht. Alle Vorschriften der Logik sind darum auf die Analysis zu beziehen. So wie die anderen artes liberales darin ihre Aufgabe haben, Beispiele zu geben und diese dann zu analysieren, so auch die Logik: So bekennt er von sich, daß er ein guter Aristoteliker sei, «qui logicam totam artem ad analysim refero; qui nullum in logica arte praeceptum esse volo, quod non valeat ad poetas, oratores, philosophos, omnisque generis scriptores, omnes denique omnium hominum sententias vel scriptas vel dictas retexendum, explicandum, interpretandum, judicandum: id est, quod non sit analyticum» (der die ganze logische Kunst auf die Analyse bezieht; der keine Vorschrift in der Kunst der Logik dulden will, die nicht dazu taugt, Dichter, Redner, Philosophen und Schriftsteller jeglicher Art, endlich alle Meinungen, ob geschrieben oder gesprochen, aller Menschen zu entwirren, zu erklären, zu interpretieren, zu beurteilen: das heißt, die nicht analytisch wäre) [18].

In zwei Richtungen entwickelt sich von hier aus der Begriff der K., entsprechend der Zweideutigkeit, in die Ramus die Logik als Analyse hüllt: Zum einen wird Analyse als Interpretation im Sinne der K., bald auch im ausdrücklichen Gebrauch dieses Wortes bei den Ramisten verwendet, deren Wirkung vor allem in England und Deutschland, besonders an reformierten Universitäten und Schulen, bis zum Ende des 17. Jh. groß war [19]. GOCLENIUS berichtet, daß ‹K.› durch die Ramisten ein fester Terminus für ‹judicium› (im Gegensatz zu inventrix) geworden sei [20]. In seinen ‹Problemata logica› gibt er die übliche Zweiteilung der partes wieder und fügt für judicium das griechische Äquivalent κρίσις hinzu. Für diese Teilung nennt er als Herkunft die Stoiker, CICEROS Topik und die zitierte Stelle aus dem 5. Buch der ‹Institutionen› QUINTILIANS [21]. Entsprechend wird ‹Analyse› z. B. in der Anwendung der Logik für Juristen durch einen englischen Ramisten bestimmt: «in discussing perusing, searching and examining what others have either delivered by speach or put downe in writing ... this is called Analysis» [22]. Analysis kann in der ramistischen Schule denn auch als Synonym für die Interpretation oder kritische Prüfung eines Textes gebraucht werden, z. B. in J. PISCATORS ‹Analysis logica Evangelii secundum Matthaeum› (1606) [23].

Aber entscheidend war wohl, daß J. C. SCALIGER in seinen ‹Poetices libri septem› von 1561 den ramistischen Sprachgebrauch aufgenommen hat. Im ersten Buch spricht er über die Bedeutung der K.: «Verum nihil non audent iudicare Grammatici: postquam arti suae tertiam partem κριτικήν adiecere» (wahrhaftig über nichts wagen die Grammatiker [also die Philologen] nicht zu urteilen, nachden sie ihrer Kunst als dritten Teil die K. hinzugefügt haben) [24]. (Dies bezieht sich auf die ursprüngliche Dreiteilung der Dialektik Ramus', deren dritter Teil 1543 noch als exercitatio angehängt wurde – eben «die Interpretation von Dichtern, Rednern, Philosophen und allen Künsten» –, später aber als die genannte Analysis fürs Ganze steht und daher als gesonderter Teil der Dialektik wegfiel [25].) Doch dieses Urteil will Scaliger nicht den Grammatikern überlassen, sondern nimmt es für das Amt des «Ersten Philosophen», bei dem das «ius omnium scientiarum» liege, in Anspruch [26]. Wichtiger als diese Erwähnung wird aber, daß der praktische Teil seiner Poetik, die Bücher V und VI, in denen antike und neuere Autoren miteinander verglichen und beurteilt werden, unter den Titeln ‹criticus› und ‹hypercriticus› stehen. Damit war durch die für die beiden nächsten Jh. wirksamste Poetik die Ausbreitung des Begriffs der K. im Sinne der Rhetorik- und Poetik-K. gesichert.

Zum anderen wird ‹Analyse› als Begriff der Methodologie noch näher bestimmt, vor allem nachdem die Definition der analytischen Methode durch PAPPUS 1589 durch Übersetzung ins Lateinische bekannt geworden war [27] und nachdem daran anschließend im Umkreis Descartes' eine neue Methodendiskussion eingesetzt hatte [28]. Dieser zweite methodologische Begriff der K., dessen Nähe zum ersten in manchen Bestimmungen der Schulphilosophie des 18. Jh. (vor allem in der ‹Ästhetik› BAUMGARTENS) und in KANTS ‹K. der Urteilskraft› nur noch durchschimmert, in anderen methodologischen Überlegungen der Cartesianer und der Aristoteliker sich aber ganz deutlich zeigt, soll als der grundlegende zuerst beschrieben werden. Der chronologischen Ordnung nach stehen beide Bedeutungen ohne eindeutige Abhängigkeit nebeneinander.

Descartes' vier Regeln zur Methode der Invention im ‹Discours de la Méthode›, die er an die mathematische Analyse anschließt [29], werden von P. BAYLE in etwas anderer Weise gebraucht, indem er Descartes' Forderung nach Evidenz auf die Geschichte anwendet und nun verlangt, jeweils Gründe abzuwägen und sich nicht durch Übereilung und Vorurteile verführen zu lassen [30]. Diese Anwendung der Methode läßt ihn dann 1692 in seinem Entwurf zu einem ‹Dictionnaire historique et critique› seine historische K. mit den mathematischen Wissenschaften vergleichen: «Eben dieselben Ursachen, welche die Nutzbarkeit der anderen Wissenschaften beweisen, beweisen auch die Nutzbarkeit der critischen Untersuchungen» [31].

Doch abgesehen von dieser Anwendung der cartesianischen Methodenreflexion, die ja auch eher einen Mißbrauch darstellt [32], gibt es auch eine genaue Berufung auf die Überlegungen Descartes' zur analytischen Methode, die dann dazu führte, daß VICO 1709 die Analysis der Geometer als «nova critica» bezeichnete und in einer Übertragung der «Querelle des anciens et des modernes» auf die Methoden der Wissenschaften die Methode der neueren Wissenschaft ganz allgemein mit K. gleichsetzte [33]. Vico beruft sich vor allem auf die ‹Logique de Port-Royal›, die, 1662 erschienen, in der Tat die cartesianische Methodenlehre allgemein machte. Diese Logik räumte mit der dialektischen Einteilung von inventio und iudicium gründlich auf; sie griff Ramus – den sie wohl mit den Ramisten ineinssetzte – und Aristoteles, Cicero, Quintilian zugleich an, sie attackierte aber vor allem deren Methode der Invention, denn dafür genügten «l'esprit et le sens commun» ohne irgendeine Methode [34]. Dagegen stellte die Logik ARNAULDS die Analyse als «methode d'invention». Deren Verfahren, die Analyse der Geometer nach Pappus und Descartes, benennt Arnauld nun noch nicht mit dem Namen der K. wie Vico, er beschreibt aber ihr Vorgehen – das Vorgebrachte als wahr anzunehmen und zu zerlegen, indem man es auf Prinzipien oder schon Bekanntes zurückführt [35] – durch den Begriff ‹examen›, der für ‹resolutio› bei Pappus steht [36]. So kann er dann allgemein sagen: «Lors donc qu'on a bien examiné les conditions qui designent et qui marquent ce qu'il y a d'inconnu dans la question, il faut ensuite examiner ce qu'il y a de connu ... Or c'est dans l'attention que l'on fait à ce qui est de connu dans la question que l'on veut resoudre, que consiste principalement l'Analyse, tout l'art estant de tirer de cet examen beaucoup de veritez qui nous puissent mener à la connoissance de ce que nous cherchons» [37].

An diese Bemerkungen über die Methode zur Findung des Wahren in der Unterscheidung vom Falschen oder Unbekannten knüpft Vico fast mit den gleichen Worten an, wenn er die Methode der Neueren (der Cartesianer) als K. bestimmt: «A critica hodie studia inauguramur: quae, quo suum primum verum ab omni, non solum falso, sed falsi quoque suspicione expurget, vera secunda et verisimilia omnia aeque ac falsa mente exigi iubet» (heute beginnen wir unsere Studien mit der K., die, um ihr erstes Wahres von allem, nicht nur vom Falschen, sondern auch vom bloßen Verdacht des Falschen, zu reinigen, alles, was bloß abgeleitet wahr und wahrscheinlich ist, ebenso wie das Falsche aus dem Geist zu entfernen befiehlt) [38]. In welcher weiteren historischen Vermittlung bei Vico der Begriff der Analyse sich zu dem der K. gewandelt hat, ist noch weitgehend unerforscht [39]. Ein gewisser Einfluß mag vom Cartesianismus der Zeit ausgegangen sein, der durch M. FARDELLA auch in Neapel vertreten war [40]. Immerhin stellt VICO im 3. Kapitel seines Büchleins die K. Ciceros an der stoischen Dialektik dar, kennt natürlich als Rhetorikprofessor auch seinen Quintilian und andere antike Quellen dieser Diskussion, schreibt daher den Stoikern die K., den Akademikern die Topik zu und stellt Arnauld mit der Stoa den Anhängern der Topik gegenüber [41]. So wäre es leicht und zwanglos denkbar, daß er in Anknüpfung an diese Auseinandersetzung und bei Berücksichtigung der Unterscheidungen der ramistischen Logik wie selbstverständlich für den Begriff der Analyse den der K. gebrauchte, ohne daß er dies ausdrücklich hätte einführen müssen [42].

In dieser frühen Schrift stellt Vico der K. die Topik als vorangehend gegenüber, so wie die inventio früher ist als die «diiudicatio», die über deren Wahrheit urteilt, und bewegt sich damit, wie er weiß, ganz in den Bahnen der zeitgenössischen aristotelischen Dialektik [43]. Er selber sucht allerdings beide Methoden, die reichhaltige der Topik und die wahrheitsgetreue der K., zu verbinden. Dies geschieht genauer in der späteren Schrift über die ‹Scienza nuova› (¹1725). Dort geht er aus von der philologischen K., die die Taten der menschlichen Willkür bloß betrachtet habe. Demgegenüber entwickelt Vico jetzt «una nuova arte critica» oder auch «critica filosofica», eben die Methode der «scienza nuova», die aus einer «Geschichte der menschlichen Ideen» entspringt und «die Wahrheit über die Gründer der Nationen beurteilt», von der Mythologie bis zur jetzigen Entwicklung der Völker und der Wiederkehr der menschlichen Dinge [44]. Diese «metaphysische kritische Kunst» wendet die analytische Methode der Geometrie auf die Geschichte an und rekonstruiert derart die göttliche Vorsehung [45].

Zwar hatte Vico wenig Wirkung im 18. Jh. [46], aber ein gewisser Einfluß seiner letzten Konzeption der K. wirkte sich durch den Erfolg seines Schülers A. GENOVESI doch aus, der 1745 eine Logik erscheinen ließ, die er ‹Ars logico-critica› nannte: «Logica est critica et dialectica», denn «iungenda est dialectica, quae ratiocinium format, cum critica, quae nos de aliorum auctoritate et sensu iudicare docet» [47]. K., die derart als kritische Zergliederung gegebener Gedanken verstanden wird, bildet sich allerdings schon bald nach Descartes' Grundlegung einer neuen Methode als Korrektur an der cartesianischen Logik heraus. CLAUBERG ergänzte 1654 die cartesianische Logik durch eine «Logica analytica», die als Beurteilungskunst schon geformter Gedanken eine berechtigte Form der aristotelischen Logik, wie er meinte, weiterführte [48]. Dadurch ergibt sich für ihn eine Vierteilung der Logik: der erste Teil «docens, quomodo quis suas cogitationes ... recte possit formare», der zweite Teil «docens, quomodo quis suas cogitationes ... aliis hominibus possit explicare», der dritte Teil «de vero orationis obscurae sensu investigando», der vierte Teil «in qua hominum conceptus ... ad rectae rationis stateram [zur Vernunftabwägung] appenduntur» [49]. Folgenreich wurde diese Einteilung dadurch, daß der erste Teil zwar etwa der cartesianischen Methode der Invention entsprach, die beiden folgenden Teile aber Neues behandeln, indem sie äußere Rede beurteilen, und darum den in diesem Zusammenhang neuen Namen ‹Hermeneutica› erhalten (im gleichen Jahr erscheint ‹Hermeneutik› zum ersten Mal als Buchtitel [50]); der letzte Teil bezieht sich auf den ersten: was dieser «in genesi» behandelt, untersucht jener «in analysi» [51]. Nun wird nach dieser Anordnung die K. zwar in den dritten Teil gesetzt, ein Kapitel heißt: «Author, prius ipse inspiciendus, per alios etiam porro explicatur: nempe per criticos et correctores ...» [52], aber in dieser K. geht es um die übliche philologische K., die als solche natürlich zur Hermeneutik gehört. Der letzte Teil dagegen, den er «Analysis κατ' ἐξοχήν» nennt und der ihm als «Logica potiori jure» gilt [53], enthält das, was nach Ramus' Urteil die Analysis als K. auszeichnete: die Überprüfung aller Erkenntnis; Clauberg nennt die Aufgabe dieses Teils auch «examen analyticum» [54]. Bohatec bemerkt, «daß fast alle späteren Lehrbücher der Logik von (Claubergs Logik) abhängig sind», allerdings ändern sich die Bezeichnungen: T. GOVEANUS nennt in seiner ‹Ars sciendi sive logica› von 1681 den vierten Teil, die eigentliche Analytik, «Critica sive elenchtica», bei anderen heißt er «Dia-K.» [55]. Noch 1779 wird eine deutsche Logik eingeteilt in «heuristica» (über Ideen und Invention), «critica» (über die verschiedenen Arten des Urteils), «epidictica» (über die Syllogismen) und «methodica» (über die Mitteilung der Wahrheit) [56]. An diesen nun bald endgültig erkenntnistheoretisch gewordenen Gebrauch des Begriffs ‹K.› als Teil oder Ersatz der Logik knüpft eine wichtige Tradition des 18. Jh. an, die zu Kant hinführt.

Schon J. LOCKE faßt zum Abschluß seines ‹Essay concerning Human Understanding› die Aufgaben und Teilung der Wissenschaften zusammen und gibt besonders Auskunft über seine neue Untersuchung der Erkenntnis: hatte er zum Schluß des ersten Buches des ‹Essay› die Aufgabe genannt: «that they examined the ways whereby men came to the knowledge of many universal truths»; so bezeichnet er jetzt seine entwickelte Theorie als «another sort of logic and critic, than what we have been hitherto acquainted with» [57].

Diese Bezeichnung eines Teils der Logik als K. geht nun in die Schulphilosophie ein. Sie übernimmt dabei aber auch Aufgaben in methodischer Weise, die sonst der mehr regellosen Kunst- und Literatur-K. überlassen waren. So versteht beispielsweise GOTTSCHED, dessen ‹Versuch einer critischen Dichtkunst› von 1730 schon dem Namen nach, aber auch ausdrücklich an eine K. in einem ganz anderen Sinne anknüpft [58], unter «Kriticus oder Kunstrichter» einen Philosophen, der vor allem die Regeln der beurteilten Kunst beachten müsse und darum deren «Grund anzeigen kann» [59]. Unter Berufung auf Shaftesbury wehrt er die K. der «Freunde des willkührlichen Geschmacks» ab und hebt die «Regeln der Kunstrichter» hervor [60]. A. G. BAUMGARTEN, der die neue Methode konsequent auch auf den Bereich der Kunst anwendet und derart 1750 eine neue Disziplin, die Ästhetik, schafft, stellt dieser «ihre ältere Schwester, die Logik» [61] gegenüber. Zu dieser gehört nach ihm auch die K., aber als eine andere Form: «est etiam critica logica, quaedam critices species est pars aesthetices» (auch die K. ist eine Logik [nämlich wie die Ästhetik], eine gewisse Art der K. ist ein Teil der Ästhetik) [62]. Logik, Ästhetik und K. sind also nicht dasselbe, die letzteren beiden gehören aber als Teile in die Logik. In seiner ‹Metaphysik› von 1739 hatte er die Unterscheidungen gemacht, die Gemeinsamkeit und Differenz deutlich werden lassen. Dort hatte er innerhalb der «facultas cognoscitiva inferior», deren Wissenschaft die «Ästhetik» ist (§ 533), das Urteil als die Fähigkeit bestimmt, mit der man Vollkommenheit und Unvollkommenheit von Dingen beurteilt (facultas diiudicandi). Diese nennt er, wenn sie kunstmäßig ausgebildet ist, auch K.: «Critica latissime dicta est ars diiudicandi». Nun differenziert er aber danach, ob Sinnliches oder Geistiges beurteilt wird: Das erste beurteilt die ästhetische K., eben die Ästhetik, wie er durch den Bezug auf § 533 deutlich macht, «hinc ars formandi gustum, s. de sensitive diiudicando ... est aesthetica critica». Das zweite wird von einer anderen Kunst beurteilt, die K. im weiteren Sinne, als einer Art Erkenntnis-K. überhaupt: «Critica significatu generali est scientia regularum de perfectione vel imperfectione distincte iudicandi» [63].

Nun sind die Bestimmungen und Einteilungen des Verhältnisses von Logik und K., wie sie durch Ramus und Clauberg geformt worden waren – als das Verhältnis von Logik und einer Art Erkenntnistheorie nämlich – festgeworden und führen konsequent und zwanglos auf den Kantischen Gebrauch von ‹K.› in seinen Hauptschriften. Auch J. H. LAMBERT, der Korrespondent Kants aus dem Jahre 1765, mit dessen Bemühungen Kant so ganz einverstanden war, gebraucht den Begriff der K. in diesem Claubergschen Sinn. Er bezeichnet «Critik» als üblichen Zusatz zur Vernunftlehre (dem Namen für Logik im 18. Jh.) und bestimmt ihren Ort bei einer der möglichen Einteilungen der Logik, die vorgenommen werden könnten: «in Absicht auf die Vergleichung der Praxis mit der Theorie, wohin die Critik oder Beurteilungskunst gehöret, die Regeln gibt, unsere Erkenntnis mit den Wahrheiten selbst zu vergleichen» [64]. Diese lange Tradition des methodologischen Begriffs der K. galt im 18. Jh. noch so selbstverständlich, daß Kant den Titel seiner drei ‹Kritiken› nicht eigens einzuführen brauchte, sondern ganz natürlich die ‹K. der reinen Vernunft› einerseits als Traktat von der Methode schreiben, andererseits – den Intentionen der Aufklärung folgend – sein Zeitalter als das der K. bezeichnen konnte, der sich alles zu unterwerfen hat. Beide Weisen der K. haben seiner Philosophie den Rang einer eminent kritischen verliehen.

Anmerkungen. [1] Zu L. Valla und R. Agricola, vgl. PRANTL, a. a. O. [18 zu 2] 4, 161ff.; vgl. W. RISSE: Die Logik der Neuzeit 1 (1964) 10ff. bes. 15ff. – [2] Vgl. z. B. PRANTL, a. a. O. 1, 622f. 644f.; 4, 253f.; vgl. Art. ‹Analyse/Synthese›. – [3] Aegidius Romanus bei PRANTL, a. a. O. [18 zu 2] 3, 259. – [4] RISSE, a. a. O. [1] 18f. 89f. – [5] P. RAMUS, Schol. dial. II, 8, in: P. RAMI: Scholae in liberales artes (Basel 1569, ND 1970) 53; die Scholae dialecticae sind nach dem Vorbericht des Hg. identisch mit den Animadversionum Aristotelicarum libri viginti von 1548. – [6] a. a. O. 54f. – [7] a. a. O. II, 9 = 58ff. – [8] II, 8 = 57; vgl. QUINTILIAN, Inst. orat. V, 14. 27ff. – [9] RAMUS, Scholae rhetoricae XV = 363; vgl. QUINTILIAN, a. a. O. [8] VI, 5, 1f. – [10] Vgl. RISSE, a. a. O. [1] 130ff. – [11] Vgl. H. SCHEPERS: Andreas Rüdigers Methodol. und ihre Voraussetz. (1959) 18ff. bes. 24. – [12] RAMUS, a. a. O. [5] IX = 305. – [13] a. a. O. 315. – [14] Dialectica (1566) 149, bei RISSE, a. a. O. [1] 137; vgl. 44. – [15] RAMUS, a. a. O. [5] VII, 1 = 191f. – [16] a. a. O. IX, 1 = 327ff.; vgl. N. W. GILBERT: Renaissance concepts of method (New York 1960) 125. 131ff.; vgl. RISSE, a. a. O. [1] 147ff. – [17] RAMUS, a. a. O. [5] VII, 1 = 193. – [18] a. a. O. 194. – [19] Vgl. RISSE, a. a. O. [1] 163ff.; ONG, a. a. O. [16] 295ff.; Ramus and Talon inventory (Cambridge, Mass. 1958); W. S. HOWELL: Logic and rhetoric in England, 1500-1700 (Princeton 1956). – [20] R. GOCLENIUS: Lex. philos. graec. (1615 ND 1964) 123; vgl. Lex. philos. (1613, ND 1964) 492. – [21] Problemata logica I, 7 (1597, ND 1967) 48. – [22] A. FRAUNCE: The lawiers logike (London 1588), zit. bei HOWELL, a. a. O. [19] 249; vgl. 222f. – [23] RISSE, a. a. O. [1] 137. – [24] J. C. SCALIGER: Poetices libri septem I, 5 (1561, ND 1964) 11. – [25] P. RAMUS: Dial. Inst. (1543, ND 1964) 43f.; vgl. a. a. O. [18]; vgl. RISSE, a. a. O. [1] 139f. – [26] SCALIGER, a. a. O. [24]. – [27] GILBERT, a. a. O. [16] 82. – [28] SCHEPERS, a. a. O. [11] 18ff.; Art. ‹Analyse/Synthese› 235f. 241f.; v. BORMANN, a. a. O. [23 zu 1] 105f. – [29] R. DESCARTES, Discours de la Méthode II, hg. É. GILSON (1967) 18f.; vgl. 187ff. – [30] P. BAYLE, Oeuvres diverses (Den Haag 1731, ND 1968) 4, 256; vgl. E. LABROUSSE: Relig., érudition et critique à la fin du 17e siècle et au début du 18e (Paris 1968) 53ff. bes. 62ff. – [31] P. BAYLE: Hist. und krit. Wb., hg. J. CHR. GOTTSCHED (1744) 4, 625. – [32] LABROUSSE, a. a. O. [30] 66. – [33] GB. B. VICO: De nostri temporis studiorum ratione (1708) bes. Kap. 1-3, hg. W. F. OTTO (1947, ND 1963) 16. 20. 26ff. u. ö.; vgl. v. BORMAN, a. a. O. [23 zu 1] 105f. 173. – [34] L'art de penser. La Logique de Port-Royal 1 (1662, ND 1965) III, 15. – [35] GILBERT, a. a. O. [16] 82. – [36] L'art de penser a. a. O. [34] IV, 1 = p. 306. – [37] a. a. O. 2 (1683, ND 1967) IV, 2 = 212. – [38] VICO, a. a. O. [33] Kap. 3, 26. – [39] Vgl. aber Y. BELAVAL: Vico and anti-cartesianism, sowie M. H. FISCH: Vico and Pragmatism, in: G. Vico. Int. Sympos., hg. G. TAGLIACOZZA (Baltimore 1969) 77-91. 401-414. – [40] RISSE, a. a. O. [1] 2, 123f. – [41] VICO, a. a. O. [33] Kap. 3, bes. 30ff. – [42] Vgl. für die zahlreichen Einflüsse auf Vico: R. WELLEK: The supposed influence of Vico on England and Scotland in the 18th century, in: G. Vico. .. a. a. O. [39] 218ff.; E. GRASSI, Crit. philos. or topical philos. a. a. O. [39] 49. – [43] VICO, a. a. O. [33] Kap. 3, 28f. 32f. – [44] La scienza nuova seconda. Opere, hg. F. NICOLINI (1942) IV, I, § 392f.; vgl. § 7; dtsch. Die Neue Wiss., übers. und hg. E. AUERBACH (1924) 163f. 48f. – [45] a. a. O. §§ 348ff. = dtsch. 138f. – [46] WELLEK, a. a. O. [42] 218. – [47] E. DE MAS: Vico and Ital. thought, in: G. Vico. .. a. a. O. [39] 149ff.; zit. bei: RISSE, a. a. O. [1] 2, 358. – [48] J. CLAUBERG: Defensio cartesiana (1652) Kap. 17. Opera omnia philos. (1691, ND 1968) 998; Logica vetus et nova (1654) Proleg. Kap. 6 = 779f.; vgl. RISSE, a. a. O. [1] 2, 58ff. – [49] CLAUBERG, Logica ... a. a. O. 784. 817. 843. 866. – [50] J. C. DANNHAUER: Hermeneutica sacra sive methodus exponendarum sacrarum litterarum (1654), bei: L. GELDSETZER: Einl. zu G. F. MEIER: Versuch einer allg. Auslegungskunst (ND 1965) Xf. – [51] CLAUBERG, Logica ... a. a. O. [48] Proleg. Kap. 6 = 780f.; vgl. J. BOHATEC: Die cartes. Scholastik (1912, ND 1966) 92f. – [52] CLAUBERG, Logica ... a. a. O. III, Kap. 6 = 859. – [53] a. a. O. IV, Kap. 1 = 867. – [54] IV, Kap. 3 = 870; Kap. 14 = 897ff. – [55] BOHATEC, a. a. O. [51] 96f.; zu Goveanus vgl. RISSE, a. a. O. [1] 2, 444f. – [56] G. MEHLER: Institutiones logicae, heuristicae, criticae, epidicticae, methodicae (Wetzlar 1779); dank eines Hinweises von G. TONELLI. – [57] J. LOCKE: An essay conc. human understanding (1690), hg. A. C. FRASER (ND 1959) I, 3, 25; IV, Kap. 11, 4. – [58] J. C. GOTTSCHED: Versuch einer crit. Dichtkunst (¹1751, ND 1962) XXVIff.: Vorrede zur 2. Aufl. – [59] a. a. O. XXX, 96. – [60] 222ff. Anm. – [61] A. G. BAUMGARTEN: Aesthetica (1750, ND 1961) §§ 13. – [62] a. a. O. §§ 5. 583. – [63] Met. (¹1739, zit. ⁷1779, ND 1963) §§ 606. 607. – [64] J. H. LAMBERT, Philos. Schr., hg. H. W. ARNDT, 6, 184. 188.

C. V. BORMANN

4. *Die Auffächerung des Begriffs K.* – Diese auf der logischen Tradition aufbauende Bedeutung des Begriffs ‹K.› ist nur das Fundament seiner neuzeitlichen Wir-

kung: sie verhält sich nach einem dictum G. F. MEIERS, des Schülers Baumgartens, «zur gantzen Beurtheilungskunst, wie die Metaphysik zur gantzen Gelehrsamkeit, indem [sie] die ersten Gründe derselben enthält» [1]. Die ganze Beurteilungskunst umfaßt jedoch viel mehr; sie ist es, die dem Begriff der K. seit dem 17. und besonders dem 18. Jh. seine Ausbreitung und Berühmtheit verschafft hat. Der Begriff der K., wie er schon von Ramus, dann von Scaliger, auf die Literatur angewandt wurde und dann unter dem Titel einer «ars critica», die vor allem durch das das philologische K. überall anwendende Buch des Ramisten C. SCIOPPIUS (K. Schoppe) ‹Commentarius de arte critica› (1597) bekannt wurde, verbindet sich mit dem zu Beginn des 16. Jh. aus der antiken gelehrten Tradition wieder bekannt werdenden Begriff der philologischen K. und fächert sich nach verschiedenen Gebieten oder Funktionen auf.

Die *philologische* K. ist dem Mittelalter in der Einrichtung der Fakultät der freien Künste überkommen, so auch in der einflußreichen Schrift von MARTIANUS CAPELLA, ‹De nuptiis philologiae et mercurii› (430 n. Chr.) die einen Abriß der artes liberales enthält und zur rein philologischen Aufgabe des «gelehrten Schreibens und Lesens» nun auch «das gebildete Verstehen und Beurteilen» der Philosophen und Kritiker hinzurechnet: «Officium vero meum tunc fuerat docte scribere legereque; nunc etiam illud accessit, ut meum sit erudite intelligere probareque, quae duo mihi cum philosophis criticisque videntur esse communia» [2]. Wilpert hat zwar deutlich gemacht, daß in der scholastischen Methode die K. ihren festen Platz erhält [3], aber der Begriff spielt doch im Mittelalter keine Rolle.

Erst der *Humanismus* macht die antike philologische K. wieder bekannt. Nach A. POLITIANUS (1492) erhalten die Grammatici die Aufgabe zugeteilt, jegliche Art von Literatur (Dichter, Historiker, Redner, Philosophen, Ärzte, Juristen) zu prüfen und zu interpretieren (excutiant atque enarrant); «dieser Stand hatte einst bei den Alten eine solche Autorität, daß allein die Grammatiker (d. h. die Philologen) Zensoren und Richter über alle Schriftsteller waren und man sie daher auch Kritiker nannte» (apud antiquos olim tantum auctoritatis hic ordo habuit, ut censores essent et iudices, scriptorum omnium soli grammatici, quos ob id etiam Criticos vocabant), wie er mit Berufung auf Quintilian bemerkt [4]. Durch das Lexikon des CALEPINUS von 1502 wurde diese Art von K. weiter bekannt: «... Critica, Philologiae pars est, quae in emendatione auctorum et in judicio consistit» (K. ist der Teil der Philologie, welcher in der Verbesserung des Schriftstellers und im Urteil besteht), und von den Kritikern weiß er entsprechend der antiken Überlieferung zu berichten, «... hinc Poetarum interpretes, et generatim alienorum operum Critici dicti sunt, postera Grammatici» (daher nennt man die Interpreten der Dichter und überhaupt die Beurteiler fremder Werke Kritiker, später Grammatiker) [5]. Dieser Bedeutung schlossen sich gegen Ende des 16. Jh. einige Buchtitel an, machten die «ars critica» als Kunst der Philologen bekannt und prägten vor allem das 16. Jh. im Sinne dieser K., so z. B. J. LIPSIUS' ‹Opera quae ad artem criticam spectant› (Antwerpen 1582); H. STEPHANUS' ‹De criticis veteribus graecis et latinis› (Paris 1587) und die Bücher des schon genannten Scioppius. Zwischen 1602 und 1623 veröffentlichte J. GRUTER unter dem Titel eines ‹Thesaurus Criticus› eine Sammlung von Arbeiten, in denen Gelehrte des 15. und 16. Jh. Texte von alten Theologen, Juristen, Ärzten, Philosophen usw. vervoll-

ständigt, korrigiert, erklärt und kommentiert haben [6]. Berühmt wurde ein Buch über die ars critica von JOSEPH JUSTUS SCALIGER (dem Sohn), das sich allerdings auf die klassische Philologie beschränkte [7]. Es ist nicht möglich, alle Werke aufzuzählen, die hierhin gehören, aber das berühmteste muß genannt werden: J. LECLERCS (Clericus') ‹Ars critica, in qua ad studia linguarum Latinae, Graecae et Hebraicae via munitur; veterumque emendandorum, spuriorum scriptorum a genuinis dignoscendorum et judicandi de eorum libris ratio traditur› (1697). Noch WALCHS Lexikon nennt 1775 vor allem dieses Buch als Beispiel der K. [8]. Bis heute gibt es diese Art der K., die auch in eine höhere und niedere K. eingeteilt wird, wobei die niedere K. mechanische Fehler untersucht, wie sie vorwiegend beim Abschreiben der Schriften geschehen sind, während die höhere K. den inneren Zusammenhang der problematischen Stelle beurteilt [9].

Aus der philologischen K. entsteht durch Anwendung der ars critica auch auf die Bibel die *K. der biblischen Schriften*. So empfiehlt ERASMUS in der ‹Methodus› zur Einleitung in seine griechische Ausgabe des Neuen Testaments von 1516, die alten Sprachen und die freien Künste gut zu lernen, weil dies wie in der anderen Literatur so auch bei der Behandlung biblischer Textstellen zu einem gesunden Urteil befähige (quod haec majorem in modum faciant ad iudicium) [10]. Schon früher hatte sich der philologische Scharfsinn der Humanisten, z. B. LORENZO VALLAS, kritisch an Bibel und theologischer Überlieferung betätigt [11]. Die Reformation und vor allem die sozinianischen Streitigkeiten beschleunigten eine kritische Beschäftigung mit der Bibel, wollte man nun die Zuverlässigkeit des biblischen Zeugnisses für oder gegen bestimmte Dogmen beweisen oder auch – von katholischer Seite – das Schriftprinzip ad absurdum führen und so auf das Traditionsprinzip zurücklenken [12]. Im 17. Jh. entstand daraus die historische Schrift-K. mit einer allmählich wachsenden methodischen Bewußtheit, die auch in heutiger Theologie nicht übertroffen ist. Der Schweizer Orientalist J. BUXTORF veröffentlicht 1620 ein Buch mit dem Titel ‹Tiberias, sive Commentarius Masorethicus triplex, historicus, didacticus, criticus›; 1639 schreibt ein englischer Presbyterianer, E. LEIGH, eine ‹Critica sacra; or Observations on the Hebrew Words of the Old, and the Greek of the New Testament›, bis schließlich 1650 die auf hohem Rang stehende ‹Critica sacra› des französischen Calvinisten L. CAPELLUS erschien, in der beispielsweise die spätere Hinzufügung der masoretischen Punktation zum hebräischen Text nachgewiesen wurde [13]. Gegen Capellus zeigt 1678 der Katholik R. SIMON, daß die Anwendung der philologischen Methode auf die Bibel die Auflösung des protestantischen Schriftprinzips bedeutet [14]. 1670 begründete B. SPINOZA die jetzt ganz rationalistisch vorgehende Auslegung der Bibel durch Anwendung der analytischen Methode Descartes' zur Erstellung «einer getreuen Geschichte der Schrift», die nicht anders als die Naturgeschichte aus gegebenen Prinzipien und Daten den Sinn der Verfasser abzuleiten gestattet [15]. 1666 war ihm sein Freund L. MEYER darin schon mit einer anonymen Schrift ‹Philosophia s. scripturae interpres› vorausgegangen [16]. Aus diesen Anfängen sowohl innertheologischer Auseinandersetzungen als auch philosophischer Interpretation der biblischen Überlieferung entstand dann die historisch-kritische Methode der Schrift-K., die im 18. Jh. mit Namen wie REIMARUS, LESSING und SEMLER ihre Triumphe feierte.

Ganz allgemein wurde die philologische K. aber auf die Geschichte angewandt durch P. BAYLE, dessen *historische* K. damit zugleich die cartesianische Methode im Gebiet der Historie betätigt [17]. 1682 hatte er ein Werk geschrieben, dessen Titel auf die historische K. hinwies: ‹Critique générale de l'histoire du Calvinisme de M. Maimbourg›. Wichtiger als die K. der Grammatiker, die gut zu reden lehrt, ist ihm die philosophische K., die auf richtiges Raisonnement achtet: «Avec tout cela je redoute plus un Critique Philosophe qui fait la guerre aux raisonnemens, qu'un Critique Grammairien qui va à la chasse des mots, et des phrases» [18]. Der größte Einfluß ging jedoch von seinem berühmten ‹Dictionnaire historique et critique› von 1695 aus. Daß seine K. über die bloß philologische K. hinausgeht, belegt der Artikel ‹Catius, D.›, in dem er von der ‹République des lettres» spricht, in der ein unschuldiger Kampf aller gegen alle herrsche: «La Critique d'un livre ne tend qu'à montrer qu'un Auteur n'a pas tel et tel degré de lumière», und damit zeigt man der Allgemeinheit «les fautes qui sont dans un livre» [19]. Zur selben Zeit preist LEIBNIZ den Fortschritt, den das 17. Jh. in den Wissenschaften gemacht hat, und hebt die Rolle der belles-lettres hervor, die durch die Aufklärung der heiligen und profanen Geschichte einen unerhörten Aufschwung genommen hätten. Dadurch sei nicht nur die Neugier befriedigt und die Geschichte als eine Sammlung von Beispielen zur angenehmen Belehrung bewahrt worden, sondern vor allem nun fest etabliert «cette importante Critique, necessaire à discerner le supposé du veritable et la fable de l'histoire, et dont le secours est admirable pour les preuves de la religion» [20].

Ein spezifischer Gebrauch des Begriffes ‹K.› hatte sich noch aus dem humanistischen Erbe ergeben, der teils die philologische K. in sich aufnahm, sich teils auch deutlicher an die methodische K. der Ramisten anschloß und im 18. Jh. den vielleicht wichtigsten Akzent im Begriff der K. ausmachte: der Begriff einer auf die *Poetik* und – später – auf *Ästhetik* bezogenen K. Seine Entwicklung und seine Wirkung schloß an J. C. Scaligers Poetik von 1561 an [21]. Sein Einfluß reicht über die Kommentatoren der aristotelischen Poetik bis zum französischen Klassizismus und hin zu Lessing [22]. Erst die Herrschaft des «Geschmacks» im ausgehenden 17. Jh., die unter dem Einfluß GRACIÁNS die kompendienhaften Regelbücher überflüssig macht [23], ersetzt diese schwerfällige methodische K. durch «dem Werke auf dem Fuße folgende K.», die schließlich die kritische Poetik ganz entbehrlich machte und die schnelle Rezension an ihre Stelle setzte [24]. LESSINGS Literaturbriefe und Hamburgische Dramaturgie sind die Meisterwerke dieser Art von K. [25]. Die K. wird eine Sache der Öffentlichkeit und tritt daher selbst in dichtender Weise auf: «Craignez – vous pour vos vers la censure publique?/Soyez-vous à vous-même un sévère critique», warnt der Papst dieser Kritiker, BOILEAU, in seinem ‹Art poétique› (1674) [26]. Für POPE ist die Kunst der K. 1711 eine Sache des Genies, nicht anders als die der Dichtung: «In Poets as true Genius is but rare / True Taste as seldom is the Critic's Share. / Both must alike from Heav'n derive their Light, / These born to Judge, as well as those to Write» [27]. Durch den Einfluß der Logik der Schulphilosophie gab es in Deutschland einen Nachklang des Streites um die Regeln der Poetik, in dem die Versuche oder Briefe oder Beiträge zu einer «critischen Dichtkunst» von GOTTSCHED, BODMER und BREITINGER Legion sind, bis schließlich LESSING das Theater unter «den monar-

chischen Zepter der K.» zwingt und Genie mit K. in ein vorsichtig polemisches Verhältnis zueinander setzt [28].

Diese vielen Bedeutungen des Begriffes ‹K.› schmelzen dann schließlich zu dem einen allgemeinen Sinn des Begriffes zusammen, nach welchem er die Ausübung der Vernunft überhaupt bezeichnet. Schon B. GRACIÁNS vielgelesenes ‹El Criticón› (1651–57), ein philosophisch-satirischer Roman, dessen Titel in Anlehnung an das Satyrikon gebildet ist und den man am besten mit ‹Buch der kritischen Weltklugheit› übersetzt [29], macht von einem solch *allgemeinen K.-Begriff* Gebrauch. Gracián verwendet symbolisch Wörter von Stamm ‹kri-›, um dies anzuzeigen: Die Kapitel heißen «crisi», der Weltkluge wird «discreto» genannt, und die Hauptfigur des Romans trägt den Namen «Critilo». Der große Artikel ‹critique› MARMONTELS in der ‹Encyclopédie› DIDEROTS und D'ALEMBERTS faßt alle Bedeutungen der K. zusammen. Er erläutert die K. in den «belles lettres» und den «sciences», wozu er Spekulation, Moral, Physik rechnet und auch die profane wie heilige Geschichte hinzuzieht. Gemeinsam ist aller K., daß sie Meinungen, Autorität, Interesse vor ein «Tribunal der Wahrheit» bringt: «C'est-là qu'il seroit à souhaiter qu'un philosophe aussi ferme qu'éclairé, osât appeler au tribunal de la verité, des jugemens que la flatterie et l'intérêt ont prononcés dans tous les siècles» [30]. Diese allgemeine und große Aufgabe der K. ging dann neben der speziellen oben genannten Begriffsbedeutung ein in Kants Charakterisierung seines Zeitalters als das der K., «welches sich nicht länger durch Scheinwissen hinhalten läßt» [31]. Von nun an herrschte der allgemeine, nicht mehr im einzelnen differenzierende Begriff der K.

Anmerkungen. [1] G. F. MEIER: Abb. eines Kunstrichters (1745) § 6. – [2] MARTIANUS CAPELLA, De nuptiis philologiae et mercurii III, 230. – [3] P. WILPERT: Die philos. K. im Altertum und MA. Stud. gen. 12 (1959) 483f. – [4] A. POLITIANUS: Praelectio in priora Aristotelis Analytica, Titulus Lamia (Florenz 1492). – [5] A. CALEPINUS: Lex., seu Dict. XI Linguarum (Regii 1502) s.v. ‹Critica›, ‹Criticus›. – [6] J. GRUTERUS: Lampas, sive Fax artium liberalium, hoc est Thesaurus Criticus 1-7 (Francofortii 1602-12); hg. D. PAREUS 8 (1623). – [7] J. J. SCALIGER: De arte critica diatriba, nunc primum in lucem editam, ex musaeo Joach. Morsii (Lugduni Batavorum 1619). – [8] J. G. WALCH: Philos. Lex. (1726, ⁴1775, ND 1968) s.v. ‹Critic›. – [9] Vgl. F. SCHLEIERMACHER: Über Begriff und Einteil. der philol. K. Reden und Abh., hg. L. JONAS (1835) 387ff. – [10] ERASMUS VON ROTTERDAM, Ausgew. Schr., hg. W. WELZIG 3, 50. – [11] W. DILTHEY, Ges. Schr. 2, 46ff. – [12] Vgl. K. SCHOLDER: Ursprünge und Probleme der Bibel-K. im 17. Jh. (1966); DILTHEY, a. a. O. 113ff. 129ff. – [13] L. CAPELLUS: Critica sacra, sive de variis quae in sacris Veteris Testamenti Libris occurrent lectionibus (Paris 1650); vgl. DILTHEY, a. a. O. [11] 133. – [14] R. SIMON: Hist. crit. du Vieux Testament (Paris 1678); vgl. R. KOSELLECK: K. und Krise (1959) 87f. 191. – [15] B. SPINOZA: Tract. theol.-politicus (1670) Kap. 7. – [16] L. MEYER: Philos. s. scripturae interpres. Exercitatio paradoxa (Eleutheropolis [= Amsterdam] 1666); vgl. SCHOLDER, a. a. O. [12] 139. 160ff. – [17] Vgl. Anm. [30-32 zu 3]. – [18] P. BAYLE, Oeuvres diverses 2 (1727, ND 1965) 5. – [19] KOSELLECK, a. a. O. [14] 89ff. – [20] G. W. LEIBNIZ: Discours touchant la méthode de la certitude et l'art d'inventer pour finir les disputes et pour faire en peu de temps des grands progrès. Philos. Schr., hg. C. I. GERHARDT 7, 174f. – [21] Vgl. Anm. [24 zu 3]; vgl. K. BORINSKI: Die Poetik der Renaissance und die Anfänge der lit. K. in Deutschland (1886, ND 1967) 8ff. – [22] a. a. O. 12ff.; R. WELLEK, Concepts of criticism (New Haven 1963) 24f. – [23] Vgl. E. R. CURTIUS: Europ. Lit. und lat. MA 1948, ⁷1969) 297ff. – [24] BORINSKI, a. a. O. [21] 310f.; vgl. Kap. 6. – [25] A. BAEUMLER: Das Irrationalitätsproblem in der Ästhetik und Logik des 18. Jh. (²1967) 96-107, bes. 104. – [26] N. BOILEAU Oeuvres, hg. G. MONGRÉDIEN (Paris 1961) 164. – [27] Anonym [A. POPE]: An essay on criticism (1711) 12ff. in: The Twickenham Edition of the Poems of Alexander Pope, hg. J. BUTT 1, 214ff. – [28] G. E. LESSING, Hamburgische Dramaturgie 96. St. – [29] H. FRIEDRICH, in: B. GRACIÁN, Criticón, dtsch. H. STUDNICZKA (1957) 221. – [30] Encyclop. ou dict. raisonné ..., hg. DIDEROT/ D'ALEMBERT 10 (1782) 13. – [31] I. KANT, KrV A XI.

Literaturhinweise. K. BORINSKI s. Anm. [21]. – A. GUDEMAN s. Anm. [3 zu 1]. – W. DILTHEY: Weltanschauung und Analyse des Menschen seit Renaissance und Reformation (1913). Ges. Schr. 2. – R. KOSELLECK s. Anm. [14] 81-103. 188-196. – R. WELLEK s. Anm. [22] 21-36. – C. v. BORMANN s. Anm. [23 zu 1]. – G. TONELLI: Die K. der reinen Vernunft in der Tradition der modernen Logik. Kantstud., Ergh. (im Druck). G. TONELLI/C. v. BORMANN

II. *Der Begriff der K. von Kant bis zur Gegenwart.* –

1. *Vorkritische Philosophie Kants.* – Die zentrale philosophische Bedeutung, die ‹K.› bei KANT gewinnt, belegen schon die Titel seiner Hauptwerke. Dabei werden die begriffsgeschichtlichen Weichen in der ‹K. der reinen Vernunft› und ihrer Vorgeschichte gestellt. Der Terminus ‹K.› taucht beim jungen Kant, ganz der zeitgenössischen Diskussionslage entsprechend, primär in Reflexionen der Ästhetik und Logik auf; die früheste Anführung («Critick der lateinischen Sprache» [1]) bezieht sich auf den philologischen K.-Begriff. Die als «K. des Geschmacks» vorgestellte Ästhetik hat mit der als «K. der Vernunft» gelehrten Logik so nahe Verwandtschaft, daß «die Regeln der einen jederzeit dazu dienen, die der andern zu erläutern» [2]. Beide K. bestehen in der Kunst der Beurteilung von Gegebenem: eines Kunstprodukts [3] bzw. von Gedanken. Auf die zeitgenössische Diskussion um die Rationalität und Allgemeingültigkeit des Geschmacksurteils [4] nimmt wohl die frühe Reflexion Bezug, in der K. als «Vernunfterkentnis» bestimmt wird, «die keine anderen principia hat als empirische Begriffe» [5]. Das gilt auch für jene Gattung logischer «K. der Vernunft», die Kant als «K. und Vorschrift des *gesunden Verstandes*» [6] oder als «critica sensus communis» [7] Studienanfängern lehren will. Denn diese erhebt, mit ähnlich kathartischer Wirkung wie die Grammatik für den Sprachgebrauch [8], die im außer- und vorwissenschaftlichen Denken ohne Kenntnis angewandten Regeln und klärt durch Reapplikation dieser Regeln in propädeutischer Absicht Vorurteile und Irrtümer auf. Die Logik selbst, die hier als «Mittel der diiudication» bzw. als «Disziplin» verwandt wird, ist aber – im Unterschied zur K. des Geschmacks – theoriefähig: «Sie ist eine Critick, deren Regeln *a priori* demonstrabel seyn» [9]. Als eine *Doktrin*, «welche auf allgemeinen Grundsatzen der Vernunft beruhet» [10], konzipiert denn auch Kant die zweite Gattung logischer Wissenschaft, «die K. und Vorschrift der *eigentlichen Gelehrsamkeit*» (Organon der Wissenschaften) [11]. «Doktrin» (eigentliche Logik) und «K.» treten in den Reflexionen der sechziger Jahre oft sogar in Gegensatz [12] (ebenso die Kennzeichnungen «dogmatisch» und «kritisch» [13]). Als kritische Aufgabe hinsichtlich der «gesamten Weltweisheit» nimmt Kant zusammenfassend in Aussicht, «Betrachtungen über den Ursprung ihrer Einsichten sowohl, als ihrer Irrtümer anzustellen und den genauen Grundriß zu entwerfen, nach welchem ein solches Gebäude der Vernunft dauerhaft und regelmäßig soll aufgeführt werden» [14].

Dieses, die spätere K.-Konzeption vorwegnehmende Programm zeigt, auf *Metaphysik* angewendet, ausgesprochen destruktive Züge. Der negative Nutzen dieser Wissenschaft, «die falsche metaphysic zu verhindern» [15], «der unbekannteste und zugleich der wichtigste», überwiegt den positiven, Einsichten in die «verborgenern Eigenschaften der Dinge durch Vernunft» zu gewähren. Metaphysik ist also primär «eine Wissenschaft von den *Grenzen der menschlichen Vernunft*» [16]. Über diese Bestimmung wandert der K.-Begriff aus der Logik in die Metaphysik ein. In Reflexion 3964 (1769) heißt es: «Die Metaphysik ist eine Critik der reinen Vernunft und keine doctrin» (wie die Logik) [17]. Die kritisch-metaphysische Betrachtung von Erkenntnis ist «subiectiv und problematisch», die doktrinale «obiectiv und dogmatisch» [18]. Die kritische Behandlung der Metaphysik tritt das Erbe der skeptisch-kathartischen [19] an; die 1765 diagnostizierte «Crisis der Gelehrsamkeit», in der sich die alte Weltweisheit selbst zerstört, um in der Auflösung «die so längst gewünschte große revolution der Wissenschaften» vorzubereiten [20], findet ihre bewußte Durchführung in der ‹K. der reinen Vernunft›. Diesen Titel, anstelle der zunächst ins Auge gefaßten Formulierung «Die Grentzen der Sinnlichkeit und der Vernunft», nennt Kant erstmals 1772 in einem Brief an M. Herz [21]. Er charakterisiert schon in der Entstehungszeit des Werkes die geplante K. wie folgt: a) Sie bestimmt «die Quellen der Metaphysic, ihre Methoden und Grentzen» [22]; b) sie gilt teils als Metaphysik bzw. deren erster Teil [23], teils als propädeutische Disziplin zur Metaphysik (der Natur und der Sitten) [24]; c) sie verfolgt metaphysische Behauptungen und Gegenbehauptungen zur selben Sache auf ein Drittes hin: eine vermutete «illusion des Verstandes» [25]; d) sie ist «studium des subiects», Aufdeckung und Verhütung der Verwechslung von Subjektivem und Objektivem, und als solche Transzendentalphilosophie [26].

Anmerkungen. [1] I. KANT, Refl. 1956 (ca. 1755) = Akad.-A. 16, 170. – [2] Nachr. von der Einrichtung seiner Vorles. (1765). Akad.-A. 2, 311. – [3] Vgl. Refl. 626 = 15, 271. – [4] Vgl. A. BÄUMLER: Kants KU, ihre Gesch. und Systematik 1: Das Irrationalitätsproblem in der Ästhetik und Logik des 18. Jh. bis zur KU (1923, ND 1967) 96ff.; Art. ‹Geschmack III›; KANT, Refl. 622ff. = 15, 269ff.; Refl. 670f. = 15, 297; Refl. 1787ff. = 16, 114ff. – [5] Refl. 3716 (um 1765?) = 17, 255. – [6] Akad.-A. 2, 310. – [7] Refl. 1579 = 16, 18. – [8] Refl. 1574 = 16, 14; Refl. 1579 = 16, 19. – [9] Refl. 1585 = 16, 26; vgl. Refl. 1579 = 16, 19. – [10] Refl. 671 (1769/70) = 15, 297; vgl. Refl. 1579 = 16, 19. – [11] 2, 310. – [12] Refl. 1575, 1579, 1587 u. a. – [13] Vgl. Refl. 1581 = 16, 24; Refl. 1587 = 16, 26. – [14] 2, 310. – [15] Refl. 3943 (Ende der 60er Jahre) = 17, 358. – [16] Träume eines Geistersehers. Akad.-A. 2, 367f. – [17] 17, 368; vgl. Refl. 3970 (1769) = 17, 370 («Die Met. ist die Critik der Menschlichen Vernunft ...»). – [18] Refl. 3970. – [19] Vgl. Br. an M. Mendelssohn (8. 4. 1766) = 10, 70f. – [20] An Lambert (31. 12. 1765) = 10, 57. – [21] 10, 132 (21. 2. 1772); vgl. 10, 123. 129. – [22] ebda.; vgl. Refl. 4455 (ca. 1772) = 17, 558. – [23] 10, 132. – [24] Refl. 4466 (ca. 1772) = 17, 562; vgl. 10, 145 (1773) u. a. – [25] Refl. 5037 = 18, 69; vgl. N. HINSKE: Kants Weg zur Transzendentalphilos. Der dreißigjährige Kant (1970) bes. 97ff. 123ff. – [26] KANT, Refl. 4455.

2. *Kritische Werke Kants.* – Philosophische K. wird in KANTS erstem Hauptwerk als *Selbst-K. der Vernunft* bestimmt. «... nicht eine K. der Bücher und Systeme, sondern die des Vernunftvermögens überhaupt» ist geplant, damit aber das beschwerlichste Vernunftgeschäft, «das der Selbsterkenntnis aufs neue zu übernehmen» [1]. Zur Beurteilung und Entscheidung stehen Erkenntnisansprüche, die metaphysisches Denken aus reiner Vernunft erhebt. Es geht um «Möglichkeit oder Unmöglichkeit einer Metaphysik überhaupt und die Bestimmung sowohl der Quellen, als des Umfanges und der Grenzen derselben, alles aber aus Prinzipien» [2]. Die K. denkt sich Kant nach dem Modell des Gerichtshofes organisiert [3]. Anlaß zum Prozeß sind die «endlosen Streitigkeiten» auf dem metaphysischen Kampfplatz [4], die geschlichtet werden müssen, wenn Metaphysik nach dem Vorbild von Mathematik und Physik den sicheren «Weg der Wissenschaft» finden soll [5]. Allein schon daß vergleichsweise ein Prozeß stattfindet, der nicht wie der Krieg (im polemischen Vernunftgebrauch) auf den zweifelhaften Sieg einer Seite hinausläuft, sondern auf den kritischen Richterspruch der Vernunft, der «die Quelle der Streitigkeiten selbst trifft» und deshalb «einen ewigen Frieden

gewähren muß» [6], hat K. legitimierende Bedeutung. Vernunft im kritischen Gebrauch deckt die Hintergründe («Quelle») der prekären Situation des metaphysischen Diskurses auf. ‹Kritisch› heißt dieses Verfahren im Gegensatz zum dogmatistischen und skeptizistischen Vorgehen [7] (nicht aber im Gegensatz zum «dogmatischen Verfahren», das wissenschaftliche Vernunfterkenntnis ihrer Form nach charakterisiert [8], und zur «skeptischen Methode», die Kant teils selbst als ein Element der K. [9], teils als einen nützlichen Schritt zur K. hin [10] auffaßt). K. entzieht sich ausdrücklich dem Streit, ist nicht Kampfpartei; sie «suspendirt das Urtheil» [11] bezüglich der Vernunftaufgaben Gott, Freiheit und Unsterblichkeit, um zuerst die Zulänglichkeit des menschlichen Erkenntnisvermögens für die Bewältigung dieser Aufgaben zu prüfen. Als «eine Wissenschaft der bloßen Beurteilung der reinen Vernunft, ihrer Quellen und Grenzen» [12], «die sich nicht so wohl mit Gegenständen, sondern mit unsern Begriffen a priori von Gegenständen überhaupt beschäftigt» (A) bzw. «mit unserer Erkenntnisart von Gegenständen, so fern diese a priori möglich sein soll, überhaupt beschäftigt» (B) [13], nennt sie Kant *transzendentale* K. [14]. Ihre wichtigste Thematik hat diese in der Beurteilung der Möglichkeit, apriorisch-vernünftige Erkenntnis des Unbedingten aus bloßen Begriffen zu gewinnen. Die destruierende Funktion der K. der Vernunft stellt Kant als transzendentale Dialektik dar, deren Aufgabe es ist, «den Schein transzendenter Urteile aufzudecken und zugleich zu verhüten, daß er nicht betrüge» [15]. Hierin liegt der *negative* Nutzen der K., die Abfertigung aller grundlosen Anmaßungen der Vernunft [16], «uns nämlich mit der spekulativen Vernunft niemals über die Erfahrungsgrenze hinaus zu wagen» [17]. Er ist vergleichbar mit demjenigen Nutzen, den Polizei schafft, deren Hauptaufgabe darin besteht, die Bürger vor Gewalttätigkeit zu beschützen [18]. Kant beeilt sich, in KrV B an diesem Vergleich die «in Ansehung der Spekulation», wie es nun einschränkend heißt [19], gleichzeitig *positive* Wirkung der K. für den praktischen Vernunftgebrauch hervorzuheben [20].

Die Entdeckung einer Antinomie der reinen Vernunft in kosmologischen Fragen hat Kant in starkem Maße historisch zu seiner K. der Vernunft motiviert, ihre Auflösung bestimmt auch den wesentlichen Gehalt des K.-Begriffes der KrV. Im Skandal eines scheinbaren Widerstreits der Vernunft mit sich selbst kulminiert der Streit zwischen verschiedenen metaphysischen Positionen; kritische Vernunft überführt die – dogmatischen Vernunftgebrauch repräsentierenden – Parteien, «daß sie um nichts streiten» [21], indem sie eine ihnen gemeinsame falsche Voraussetzung («daß Erscheinungen oder eine Sinnenwelt, die insgesamt in sich begreift, Dinge an sich selbst wären») aufdeckt [22], und restituiert so Vernunft aus ihren Verfallsformen. «K. ist die Selbsterkenntnis der vor sich selbst und auf sich selbst gestellten Vernunft. K. ist so der Vollzug der innersten Vernünftigkeit der Vernunft» (M. Heidegger [23]). Der kritische ersetzt den dogmatischen Gebrauch der Vernunft und die diesem eigene polemische Abfertigung der Gegner [24]. Das gilt auch von der K. an rationaler Theologie und Psychologie, obwohl hier kein derartiger Widerstreit vorliegt, so daß K. zwar mit dogmatischer Verneinung metaphysischer Behauptungen, aber mit der Falsifizierung «der Beweisgründe des Dogmatischbejahenden» zusammenfällt [25]. – Kritische transzendentale Dialektik kann aber «den Schein transzendenter Urteile» nicht einfach zum Verschwinden bringen. K. müßte also (angesichts

der sich selbst «unablässig in augenblickliche Verirrungen» stoßenden Vernunft, «die jederzeit gehoben zu werden bedürfen» [26]) eigentlich als Daueraufgabe begriffen werden, eine Konsequenz, die Kant nicht explizit zieht. Nach der Vorrede B ist der scheinerzeugenden Vernunft vielmehr «ein für allemal» durch Verstopfung der Quelle ihrer Irrtümer jeder nachteilige Einfluß zu nehmen [27]. Und die Transzendentale Methodenlehre führt analog zum ursprünglichen ästhetischen Konzept der K., insofern diese nicht wie die skeptische *Zensur* bloß Fakta der Vernunft, sondern die Vernunft selbst beurteilt [28], auf eine *Disziplin* der reinen Vernunft hinaus, «eine ganz eigene und zwar negative Gesetzgebung ..., welche ... aus der Natur der Vernunft und der Gegenstände ihres reinen Gebrauchs gleichsam ein System der Vorsicht und Selbstprüfung errichte, vor welchem kein falscher vernünftelnder Schein bestehen kann» [29].

Maßstab der K. ist die wahre Leistungsfähigkeit der menschlichen Vernunft. Kant setzt das Beurteilungskriterium nicht – wie etwa die professionellen Literaturkritiker im frühen 18. Jh. ihre Regeln – in dogmatischer Gewißheit voraus. Die K. gewinnt «alle Entscheidungen aus den Grundregeln ihrer eigenen Einsetzung» [30]. Daß apriorische Vernunfterkenntnis auf das Feld möglicher Erfahrung eingeschränkt ist, wird in der K. experimentell insofern erprobt, als mit der Annahme dieser These der Widerstreit der Vernunft mit sich selbst wegfällt [31].

Nun beinhaltet der Kantische K.-Begriff von Anfang an nicht nur Destruktion vermeintlicher Einsichten und Grenzbestimmung der reinen Vernunft, sondern ineins damit das Vorhaben, «den ganzen Umfang der reinen Vernunft» inhaltlich «vollständig und nach allgemeinen Prinzipien» zu umreißen [32]. K. als Prinzipienlehre der Erkenntnis a priori hat aber den Status einer «*Propädeutik* zum System der reinen Vernunft» [33], ist nicht selbst systematische Doktrin (Metaphysik der Natur und Sitten). In der Einleitung zur KrV bestimmt Kant diese enger noch als «die vollständige Idee der Transzendental-Philosophie» (die den ersten Teil einer Metaphysik der Natur bilden wird [34]), von der sie sich durch einen minderen Grad an Ausführlichkeit in der systematischen Analyse der reinen Begriffe unterscheidet [35].

Name und Konzept einer «K. der reinen praktischen Vernunft» erscheinen erstmals in der ‹Grundlegung zur Metaphysik der Sitten› (1785). Obwohl nicht so dringlich wie die spekulative, «weil die menschliche Vernunft im Moralischen selbst beim gemeinsten Verstande leicht zu großer Richtigkeit und Ausführlichkeit gebracht werden kann» [36], bedarf ebenso die praktische Vernunft um der auch ihr eigenen Dialektik willen einer K. [37]. Als Aufgabe einer vollendeten ‹K. der praktischen Vernunft› bestimmt Kant überdies den Ausweis der Einheit von theoretischer und praktischer Vernunft [38]. In der zweiten ‹K.› selbst (1788) wird die – als Faktum begriffene – *reine* praktische Vernunft von der K. ausgenommen, die vielmehr praktische Vernunft *überhaupt* mit dem Ziel kritisiert, «die empirisch bedingte Vernunft von der Anmaßung abzuhalten, ausschließungsweise den Bestimmungsgrund des Willens allein abgeben zu wollen» [39]. Positiv werden analog zur kritischen Prinzipienlehre der spekulativen Vernunft in der K. der praktischen Vernunft «die Prinzipien ihrer Möglichkeit, ihres Umfanges und Grenzen vollständig und ohne besondere Beziehung auf die menschliche Natur» angegeben («System der K.» im Unterschied zum «System der Wissenschaft») [40].

Das dritte, zunächst unter dem Titel ‹Critik des Geschmaks› [41], dann als ‹K. der Urteilskraft› [42] konzipierte Hauptwerk Kants vollzieht eine abschließende Systematisierung der kritischen Arbeit. Der Ausdruck «K. der reinen Vernunft» hat nun eine engere und eine weitere Bedeutung: in der engeren (Titelbegriff des ersten Hauptwerkes) bezeichnet er «eigentlich» die «K. des reinen Verstandes», in der weiteren umreißt er das dreiteilige Konzept «der K. des reines Verstandes, der reinen Urteilskraft und der reinen Vernunft» (letztere in der KpV vollzogen) [43]. Hinsichtlich der *K. des Geschmacks* (in der «das wechselseitige Verhältnis des Verstandes und der Einbildungskraft zu einander in der gegebenen Vorstellung ..., mithin die Einhelligkeit oder Mißhelligkeit derselben unter Regeln zu bringen und sie in Ansehung ihrer Bedingungen zu bestimmen» ist) unterscheidet Kant jetzt zwischen der *Wissenschaft* der transzendentalen K., die ein Prinzip a priori der Urteilskraft selbst entwickelt und rechtfertigt, und der bloßen *Kunst* der kritischen Beurteilung von Produkten der schönen Kunst nach empirischen Regeln des Geschmacks [44].

Mit der KU sieht Kant sein «ganzes kritisches Geschäft» für beendigt an; es soll die Ausführung des «doktrinalen» folgen (wobei hinsichtlich der Urteilskraft die K. für die Theorie zu nehmen ist) [45]. Auch die Grundlinien einer K. der Religion und der Gesetzgebung [46] sind gezogen. (Religions-K. nach kantischen Prinzipien führen J. G. FICHTE in seinem ‹Versuch einer Critik aller Offenbarung› (1792) [47] und J. H. TIEFTRUNK in ‹Versuch einer K. der Religion und religiösen Dogmatik mit besonderer Rücksicht auf das Christenthum› (1790) sowie, das kritische Geschäft bei der Beurteilung der einzelnen Dogmen fortsetzend, in ‹Censur des christlichen protestantischen Lehrbegriffs nach den Principien der Religions-K. ...› (1791/95) durch, noch bevor KANT selbst – ohne Verwendung des K.-Begriffes [48] – seine ‹Religionsphilosophie› vorlegt.) In die drei ‹K.› ausgefaltet soll philosophische K. für geleistet gelten; sie ist allenfalls der hermeneutischen Nachprüfung bedürftig, dabei aber «nach dem Buchstaben zu verstehen». Die kritische Philosophie müsse sich nach Meinung des alten Kant davon überzeugt fühlen, «daß ihr kein Wechsel der Meynungen, keine Nachbesserungen oder ein anders geformtes Lehrgebäude bevorstehe, sondern das System der Critik auf einer völlig gesicherten Grundlage ruhend, auf immer befestigt, und auch für alle künftige Zeitalter zu den höchsten Zwecken der Menschheit unentbehrlich sey» [49].

Anmerkungen. [1] I. KANT, KrV A XIf.; vgl. B 27. – [2] A XII. – [3] A XI; A 751f./B 779; vgl. A 501/B 529; zu den Hintergründen R. KOSELLECK: K. und Krise. Eine Stud. zur Pathogenese der bürgerl. Welt (1959, TB 1973). – [4] KANT, KrV A VIII; B XV. XXXIV. – [5] B XV. – [6] A 751f./B 779f.; vgl. H. SANER: Kants Weg vom Krieg zum Frieden 1: Widerstreit und Einheit. Wege zu Kants polit. Denken (1967). – [7] KANT, KrV B XXXV; vgl. ‹Über eine Entdeckung ... Akad.-A. 8, 226f. und G. S. A. MELLIN: Encyclop. Wb. der krit. Philos. 2 (1799) 147ff. – [8] KANT, KrV B XXXV. – [9] A 424f./B 451f. – [10] A 760ff./B 788ff. – [11] Refl. 2665 = Akad.-A. 16, 459. – [12] KrV A 11/B 25. – [13] A 11f./B 25. – [14] A 12/B 26. – [15] A 297/B 354; vgl. KU § 69. – [16] KrV A XIf. – [17] B XXIV; vgl. A 711/B 739. – [18] B XXV. – [19] B 25; vgl. A 11. – [20] B XXIVff. – [21] A 501/B 529. – [22] A 507/B 535. – [23] M. HEIDEGGER: Die Frage nach dem Ding. Zu Kants Lehre von den transzendentalen Grundsätzen (1962) 96. – [24] KANT, KrV A 738ff./B 766ff. – [25] A 741/B 769; vgl. A 753f./B 781f. – [26] A 298/B 355. – [27] B XXXI. – [28] A 761/B 789. – [29] A 711/ B 739. – [30] A 751/B 779; vgl. K. RÖTTGERS: K. und Praxis. Zur Gesch. des K.-Begriffs von Kant bis Marx (1975) 39ff.; anders G. KRÜGER: Der Maßstab der kantischen K. Kantstud. 39 (1934) 156-187, der in A. eine teleol.-moral. Met. zugrunde liegen sieht, die in KU begründet wird. – [31] KANT, KrV B XVIIIff.; vgl. F. KAULBACH: I. Kant (1969) 111. – [32] KANT, Proleg. Akad.-A. 4, 261. – [33] KrV A 11/B 25; vgl. B XLIII; A 841/B 869. – [34] A 845/ B 873. – [35] A 13f./B 27f.; vgl. W. FLACH: Transzendentalphilos.

und K. Zur Bestimmung des Verhältnisses der Titelbegriffe in der Kantischen Philos., in: Tradition und K., Zocher-Festschr. (1967) 69-83. – [36] KANT, Akad.-A. 4, 391. – [37] Akad.-A. 4, 405. – [38] 4, 391. – [39] 5, 16; vgl. 5, 3. – [40] 5, 8. – [41] Br. an Reinhold (28./31. 12. 1787) = Akad.-A. 10, 514. – [42] Br. an Reinhold (12. 5. 1789) = Akad.-A. 11, 39. – [43] KrV A 5, 167ff. 179. – [44] 5, 286. – [45] 5, 170. – [46] KrV A XI. – [47] J. G. FICHTE, Akad.-A. I/1, 1-162, bes. 113f.; vgl. II/2, 109ff. – [48] Vgl. aber KANT, Der Streit der Fakultäten. Akad.-A. 7, 32f. – [49] Akad.-A. 12, 371.

3. *Nachkantische Philosophie.* – Bei den Kantepigonen wird der Begriff (bzw. Titel) der K. zum Schulnamen; seine inhaltlichen Merkmale sind weitgehend standardisiert, die skeptisch-destruktive Komponente von K. tritt zurück [1].

J. G. HAMANN führt das Wort ‹ *Meta-K.* › in die philosophische Terminologie ein [2]. Seine ‹ Meta-K. über den Purismum der Vernunft › [3] überbietet die kantische K., wenngleich nicht programmatisch, im Blick auf die *Sprache* als den «Mittelpunkt des Mißverstandes der Vernunft mit ihr selbst». Auch für J. G. HERDER, der ‹Eine Meta-K. zur KrV› und unter dem Titel ‹Kalligone› eine solche zur KU systematisch ausführt (1799/1800), hat wahre K., als die er seine Meta-K. begreift, ihren Angriffspunkt an mangelhaftem Sprachgebrauch. Sie darf sich – und damit bestätigt Herder, daß er an die vor- und frühkantische Verwendung des Begriffes anknüpft («Ein Vermögen der menschlichen Natur kritisiert man nicht ... Künste, Wissenschaften, als Werke des Menschen betrachtet, kritisiert man ...» [4]) – der Grammatik verwandt wissen [5]; «Sprache ist das Kriterium der Vernunft» [6]. In verwandter Weise konzipiert unter Berufung auf F. H. JACOBI [7] der späte C. L. REINHOLD, überzeugt von der Notwendigkeit einer Sprach-K., die erst «das alte Mißverständnis, welches die Philosophen über den Sinn ihrer ersten Aufgabe entzweit», aufdecken wird, eine «K. des Sprachgebrauchs in der Philosophie aus dem Gesichtspunkte der Sinnverwandtschaft der Wörter und der Gleichnamigkeit der Begriffe» [8]. HERDER löst sich im Ansatz seiner Meta-K. darüber hinaus von der Vorstellung, K. sei mit Kants Werk geleistet und bestimmt sie als ständige Aufgabe: «Die Vernunft wird sich kritisieren und *jede* K. derselben muß sich gefallen lassen, kritisiert zu werden, solange Vernunft und K. ist» [9].

Im *deutschen Idealismus* tritt der K.-Begriff in auffälliger Weise zurück. K. ist zur «kritischen Philosophie» geworden, auf die sich REINHOLD, FICHTE und SCHELLING zunächst noch verpflichtet wissen, auch wenn sie einen verschärften Anspruch auf Wissenschaftlichkeit erheben und diesen in der neuen Form einer systematischen, deduktiv verfahrenden ‹Grundsatz-Philosophie› einzulösen versuchen. Die Identität von kritischer Philosophie und ‹Wissenschaftslehre› [10] sichert J. G. FICHTE mit der hermeneutischen Unterscheidung zwischen Geist und Buchstaben der kantischen Philosophie [11]. Die Resultate der kritischen Philosophie müssen für F. W. J. SCHELLING (in seiner frühen, an Fichte orientierten Periode) auf die letzten Prinzipien alles Wissens, die Kant nur vorausgesetzt habe, zurückgeführt werden [12]. Die kantische «K. des Erkenntnisvermögens» gelangte, als ein erster Versuch dieser Art, nur bis zum Beweis der theoretischen Unbeweisbarkeit des Dogmatismus [13], womit er nicht widerlegt war. Im Blick auf den andauernden Streit zwischen den Systemen des Dogmatismus und Kritizismus gibt Schelling einer ‹Vernunft-K.› die Funktion, «*kein* System ausschließend zu begünstigen, sondern vielmehr den Kanon für sie *alle* entweder wirklich aufzustellen, oder wenigstens vorzubereiten»; die KrV sei «gerade dazu bestimmt, die Möglichkeit zweier einander gerade entgegengesetzter Systeme aus dem Wesen der Vernunft abzuleiten», als solche aber «unumstößlich und unwiderlegbar», «während jedes System, wenn es diesen Namen verdient, durch ein *notwendig* entgegengesetztes widerlegbar sein muß» [14]. – Einen relativ isolierten Versuch zur Rückeroberung des K.-Begriffes für die ‹Wissenschaftslehre› unternimmt FICHTE in der Vorrede zur 2. Ausgabe von ‹Über den Begriff der Wissenschaftslehre› (1798). K. wird hier als Metareflexion eingeführt, sie liegt über die Metaphysik (= Wissenschaftslehre) hinaus und verhält sich zu ihr wie diese «zur gewöhnlichen Ansicht des natürlichen Verstandes» (auch das letztere Verhältnis kann in uneigentlichem Sinne als ‹K.› bezeichnet werden; Kant ist dafür zu tadeln, daß er beide Weisen von K. nicht genau unterschieden hat). «Die Metaphysik erklärt diese Ansicht, und sie selbst wird erklärt in der K.» Die Untersuchungen der reinen K., die nicht selbst Metaphysik beigefügt enthält, richten sich auf «die Möglichkeit, die eigentliche Bedeutung, die Regeln einer solchen Wissenschaft» [15].

In der programmatischen Einleitung zu dem von ihnen gemeinsam herausgegebenen ‹Kritischen Journal der Philosophie› äußern sich SCHELLING und HEGEL ‹Über das Wesen der philosophischen K. überhaupt, und ihr Verhältnis zum gegenwärtigen Zustand der Philosophie insbesondere› [16]. K. wird dabei durchaus als «eine K. der Bücher und Systeme» [17] verstanden und unter Bezugnahme auf das Wesen der *Kunst-K.* begrifflich entwickelt. Die strukturelle Verbindung von Philosophie und ästhetischer K. im Zeichen der Herausbildung eines originalen K.-Konzepts hat ihren Kristallisationspunkt in den Schriften der *Frühromantiker*, insbesondere FR. SCHLEGELS [18]: «Die K. der Philosophie bedarf keiner andern Prämissen, als deren, welche jeder andern kritischen Arbeit zugrunde liegen» [19]; in ihr «muß die φ [Philosophie] nothwendig als K[unst] betrachtet werden» [20]. In seiner Lessing-Interpretation prägt Schlegel den Begriff einer K., die «selbst produzierend wäre, wenigstens indirekt durch Lenkung, Anordnung, Erregung» [21]. Diese «produzierende K.» hat analog zur «alten» der Griechen eine negative Seite: Vertilgung (Annihilation) alles Falschen und Unechten in Bücherwelt wie menschlicher Denkart, was «man füglich mit Lessing Polemik nennen» kann, wie eine positive, das Rechte organisierende Aufgabe: historische «Konstruktion und Erkenntnis des Ganzen» [22], die auf eine ‹Enzyklopädie› hinausläuft, in der «Einheit und Verschiedenheit aller höhern Wissenschaften und Künste und alle gegenseitigen Verhältnisse derselben von Grund aus zu bestimmen versucht» werden [23]. Das Verhältnis von K. und Kritisiertem ist das der Potenzierung: «Die wahre K. [ist] ein Autor in der 2t Potenz» [24], sie ist also selbst Philosophie (Philosophie der Philosophie [25]) bzw. eine Kunstwerk (Poesie der Poesie [26]). K. bildet das «Mittelglied der Historie und der Philosophie, das beide verbinden, in dem beide zu einem neuen Dritten vereinigt werden sollen» [27]; Kants «K. der philosophierenden Vernunft» erscheint Schlegel nicht historisch genug [28]. Eine besondere kritische Methode gibt es nicht; «das Geschäft der K. kann in jeder Methode abgetan werden; es kommt dabei nur auf das Genie des Scharfsinns, auf große Gelehrsamkeit und Unparteilichkeit an», auf individuellen «kritischen Geist» also [29].

SCHELLING und HEGEL [30] setzen als Maßstab philosophischer K., der vom Kritiker wie Kritisierten gleichermaßen unabhängig, «von dem ewigen und unwandelbaren Urbild der Sache selbst hergenommen» sein soll, die Idee der einen Philosophie. Wo in einem zu beurteilenden Werk diese Idee fehlt, kann K. als «Subsumtion unter die Idee» nicht geben; als «Verwerfung» solcher Unphilosophie [31] erhält K. notwendig das Ansehen, polemisch die Sache einer Partei gegen die andere zu vertreten [32]. «Wo aber die Idee der Philosophie wirklich vorhanden ist, da ist es Geschäft der K., die Art und den Grad, in welchem sie frei und klar hervortritt, so wie den Umfang, in welchem sie sich zu einem wissenschaftlichen System der Philosophie herausgearbeitet hat, deutlich zu machen» [33]. Bei dieser Konfrontation des Bedingten mit dem Absoluten kann es – formal verwandt mit F. Schlegels Absehen auf kritische Selbstvollendung eines Werkes – «das eigentlich wissenschaftliche Interesse» sein, «die Schale aufzureiben, die das innere Aufstreben noch hindert den Tag zu sehen» [34]. Bei aller Würdigung der negativen Funktion von K., dem Zerschlagen von Beschränktheiten, erwarten die Autoren von ihr doch wesentlich positiv «Wegbereitung für den Einzug wahrer Philosophie» [35].

Tendenziell folgen G. W. F. HEGELS spätere Programme zur Gründung einer kritischen Zeitschrift dieser ersten Konzeption. K. soll auf «gründliche Untersuchung und die Abhandlung der *Sache*» [36] gerichtet sein; das impliziert inhaltsbezogene Darlegung und *Anerkennung* vortrefflicher Werke [37], nicht so sehr «negative K.», die nach den ‹Maximen des Journals der deutschen Literatur› vor allem der bewußtlosen Tradition gilt, im späteren Programm ‹Über die Einrichtung einer kritischen Zeitschrift der Literatur›, sofern sie «das Gewöhnliche, Beschränkte, Mittelmäßige und Schlechte» betrifft, ganz unbeachtet bleiben soll [38]. Im übrigen tritt in Hegels Werken ‹K.› zugunsten anderer Termini wie ‹Prüfung› oder ‹Widerlegung› zurück. In der Einleitung zur ‹Phänomenologie des Geistes› wird gezeigt, daß die «Prüfung der Realität des Erkennens», insofern sie ins Bewußtsein fällt, nicht einen außerhalb ihrer anzunehmenden *Maßstab* voraussetzt, vielmehr das Bewußtsein an ihm selbst seinen Maßstab hat, der sich in der Prüfung, die auch seine Prüfung ist, mit dem Wissen des Bewußtseins ändert und also selbst der Dialektik des Wissens unterworfen ist [39]. Als «wahrhafte Widerlegung» muß K. «in die Kraft des Gegners eingehen und sich in den Umkreis seiner Stärke stellen» [40], d. h. sich als bestimmte Negation einer – auch traditionellen – Position im dialektischen Prozeß des Systems situieren [41].

Anmerkungen. [1] Vgl. RÖTTGERS, a. a. O. [30 zu II/2] 63ff. – [2] J. G. HAMANN, Brief an Herder (7. 7. 1782). Briefwechsel 4, hg. A. HENKEL (1959) 400. – [3] Meta-K. ... (1784, publ. 1800). Werke, hg. J. NADLER 3 (1951) 281-289. – [4] J. G. HERDER, Werke, hg. B. SUPHAN 21 (1881) 17. – [5] a. a. O. 21, 20. – [6] 21, 317. – [7] F. H. JACOBI: Zugabe. An Erhard O. (1791), in: Eduard Allwils Briefslg. Ausgabe letzter Hand (1826) 252f. – [8] C. L. REINHOLD: Grundlage. einer Synonymik der allg. Sprachgebrauch in den philos. Wiss. (1812) Vff. – [9] HERDER, a. a. O. [4] 21, 23. – [10] J. G. FICHTE, Akad.-A. I/2, 279. – [11] I/3, 190. – [12] F. W. J. SCHELLING: Vom Ich als Prinzip der Philos. (1795) Vorrede. – [13] Philos. Briefe über Dogmatismus und Kriticismus (1795) 2. und 3. Br. – [14] a. a. O. 5. Br. – [15] J. G. FICHTE, Akad.-A. I/2, 159f.; ähnlich in: Über das Verhältnis der Logik zur Philos. (1812). Werke, hg. I. H. FICHTE 9, 108. – [16] G. W. F. HEGEL, Ges. Werke, hg. Dtsch. Forschungsgemeinschaft 4, 117-128. – [17] I. KANT, KrV A XI. – [18] Vgl. Art. ‹K. (Literatur-K.) II›. – [19] FR. SCHLEGEL: Die Entwickl. der Philos. in 12 Büchern (1804/05) = Krit. A., hg. E. BEHLER 12, 286. – [20] Philos. Frg. (1797) = 18, 79. – [21] Lessings Gedanken und Meinungen (1804) = 3, 82. – [22] 3, 58. – [23] 3, 82. – [24] Philos. Frg. (1797) = 18, 79. – [25] Athenäum-Frg. (1798) = 2, 213. – [26] 2, 204. – [27] 3, 60. – [28] 12, 286. – [29] 12, 313. – [30] HEGEL, a. a. O. [16]. – [31] a. a. O. [16] 118. – [32] 119. 127. – [33] 119. – [34] 120. – [35] 127. – [36] 4, 512. – [37] ebda. und Werke, hg. H. GLOCKNER 20, 33ff. – [38] a. a. O. 20, 33. – [39] Phänomenol. des Geistes, hg. J. HOFFMEISTER

(1952) 70ff. – [40] Wiss. der Logik. Werke, hg. H. GLOCKNER 5, 11. – [41] Vgl. W. CH. ZIMMERLI: Die Frage nach der Philos. Interpretationen zu Hegels ‹ Differenzschrift ›. Hegel-Studien Beih. 12 (1974) 64.

4. *Hegelsche Tradition.* – Gehäufte Verwendung bei begrifflicher Nuancierung in philosophiehistorischer, religionsphilosophischer und politischer Hinsicht findet der Terminus ‹K.›, den K. FISCHER zum Kennwort des 19. Jh. erklärt [1], in der Hegelschule. Vielfach gilt *Hegels* Philosophie, insbesondere die ‹ Phänomenologie des Geistes ›, als Beispiel philosophischer K. Für die Philosophiegeschichtsschreibung hebt J. E. ERDMANN die eigentlich philosophische gegen die bloß erzählende Darstellungsweise, für die die gelehrte K. der Quellen ein wichtiges Methodeninstrument bildet, sowie die psychologische und pragmatische Historiographie ab [2]. In der philosophischen Darstellung der geschichtlichen Entwicklung des Geistes ist nicht das philosophische System des Geschichtsschreibers als kritischer Maßstab vergangener Systeme anzuwenden; «die wahre K. der philosophischen Systeme in der Darstellung ihrer Geschichte besteht darin, daß man sie selbst sich kritisieren und verurteilen d. h. dialektisch sich entwickeln und in andre, als ihre Wahrheit, übergehen läßt» [3]. – In der Ablehnung eines bloß subjektiven Maßstabes der K. mit Erdmann einig konzipiert K. FISCHER eine wissenschaftliche Geschichte der Philosophie, die den historisch-erzählenden und den kritischen (d. h. philosophischen) Gesichtspunkt in sich vereinigt, indem sie sich von der Einsicht in den Prozeßcharakter der Philosophie leiten läßt [4]; K. erhält dabei die Bedeutung, Untersuchung der Entwicklung einer Sache zu sein [5]. – K. ROSENKRANZ reinterpretiert den K.-Begriff des jungen Hegel als «produktive Reproduktion» [6]; Hegels Geschichte der Philosophie unterscheide sich von früheren durch «immanente K.», mit der «die Kontinuität in den Erscheinungen des Gedankens» gewahrt und der K. gegeben werde, «was sie in ihrem negativen Tun zugleich produktiv zu machen im Stande ist», indem «ein System zuerst in seiner positiven Berechtigung als notwendiges Resultat der ihm vorangehenden Bedingungen, sodann aber in seinen eigenen Konsequenzen die Widerlegung der ihm anhaftenden Irrtümlichkeit» gezeigt werde [7]. Gegen das politische Engagement von K. macht Rosenkranz die Position eines funktional-liberal orientierten, über dem Parteienstreit stehenden Kritikers geltend [8]. Hingegen stellt sich H. F. W. HINRICHS durchaus positiv zu K. als Form politischen Handelns (die französische Revolution als «praktische K.» [9], Fichte als «kritischer Praktiker» [10]), ohne einer direkten Umsetzung theoretischer K. in Praxis das Wort zu reden bzw. dem zu kritisierenden Bestehenden jede Vernünftigkeit abzusprechen [11].

In seiner ‹ K. des 'Anti-Hegels' › (1835) unterscheidet der junge L. FEUERBACH zwei Weisen der Widerlegung eines philosophischen Systems: «die K. der Erkenntnis und die K. des Mißverstands»; diese läßt sich auf das kritisierte System nicht ein, jene weist dessen Einseitigkeit nach und ist insofern «wahre K.», als sie die Idee einer Philosophie als dessen «absolut unwiderlichen Kern» aufsucht und «das Falsche, das Mangelhafte eines Systems ... gerade aus seinem Positiven, Wahren» ableitet, so aber «von einer wirklichen Schranke der menschlichen Vernunft» befreit [12]. Dieses K.-Konzept in hegelschem Geiste überholt Feuerbach, wenn er in ‹ Zur K. der Hegelschen Philosophie › (1839) Kant, Fichte und Hegel vorwirft, «Kritiker nur gegen das Besondere ..., nicht gegen das *Wesen* der vorhandenen Philosophie» zu sein

[13]. K. hat nun eine antisystematische Pointe: «Jedes System ist ... nur ein *Objekt* für die Vernunft, welches sie, als eine lebendige, in neuen denkenden Wesen sich forterzeugende Macht von sich unterscheidet und als einen Gegenstand der K. sich gegenübersetzt» [14]. Der durchaus kritischen, weil durch ein negatives Moment bestimmten Hegelschen Philosophie des Absoluten stellt Feuerbach die «genetisch-kritische Philosophie» gegenüber, «welche einen durch die Vorstellung gegebenen Gegenstand ... nicht dogmatisch demonstriert und begreift, sondern seinen *Ursprung* untersucht» und kritisch gerade insofern ist, als sie streng zwischen bloß Subjektivem und Objektivem unterscheidet [15]. Damit ist auch der Ansatz zur Religions-K. gegeben. Feuerbach kündigt ‹ Das Wesen des Christenthums › (1841) als «K. der *unreinen* Vernunft» an [16], die, indem sie Anthropologie als das – schon durch die Geschichte realisierte – Wesen der Theologie bestimmt, diese von ihrem Ursprung her als «psychische Pathologie» behandelt [17].

Philologische Bibel-K., insbesondere die historische Quellen-K. der Evangelien, bildet den Ausgangspunkt von D. F. STRAUSS' K. des Christentums, die er in Anlehnung an Hegels ‹ Phänomenologie des Geistes › [18] als wahrhafte begriffliche Vermittlung sowohl der überlieferten Geschichte Jesu (historische K.) wie – auf höherer Stufe – der in sich reflektierten, Bekenntnis und Dogma gewordenen, Tradition (dogmatische K.) begreift [19]; als Maßstab der historischen K. bezeichnet er «die wesentliche Gleichartigkeit alles Geschehens» [20]. B. BAUER nimmt zum Kriterium seiner Christentums-K. das sich entwickelnde (Selbst-)Bewußtsein [21]; er beansprucht dabei, den biblischen Text gemäß dem protestantischen Schriftprinzip ernst zu nehmen, indem er ihn zum Gegenstand philologisch-kritischer Forschungen macht – es sei nicht seine Schuld, wenn Christentum bzw. Theologie sich in der K. schließlich selbst auflösen [22]. K. ist die Ausführung des Willens der untergehenden Religion, «das befreite Selbstbewußtsein, welches nicht flieht, wie sie, sich nicht in die phantastische Widerspiegelung dieser Welt erhebt, sondern sich durch die Welt durchschlägt und den Kampf mit den Schranken und Privilegien wirklich durchführt» [23]. (Über Bauers Begriff der «kritischen» bzw. «reinen K.» als der «letzte[n] Tat einer bestimmten Philosophie, welche sich darin von einer positiven Bestimmtheit, die ihre wahre Allgemeinheit noch beschränkt, befreien muß» [24], vgl. Art. ‹ K., kritische ›).

K. MARX kann 1844 feststellen: «Für Deutschland ist die *K. der Religion* im wesentlichen beendigt, und die K. der Religion ist die Voraussetzung aller K.» [25]. Der Ungewißheit über das kritische «‹Wohin›» läßt sich das Positive abgewinnen, «daß wir nicht dogmatisch die Welt antizipieren, sondern erst aus der K. der alten Welt die neue finden wollen»; gegenüber allem «Bestehenden» darf und muß die K. «rücksichtslos» (nämlich ohne Furcht «vor ihren Resultaten» und «vor dem Konflikte mit den vorhandenen Mächten») sein [26]. Ist die vorliegende Religions-K. «im Keim» als «K. des *Jammertales*, dessen *Heiligenschein* die Religion ist», also als K. der Zustände, die der religiösen Illusion bedürfen, zu begreifen, so verwandelt sie sich damit in die K. des Rechts und der Politik, der menschlichen Selbstentfremdung in ihren «unheiligen Gestalten» [27]. Marx begründet es noch eigens mit der Inhärenz der Vernunftforderungen im politischen Staat, daß K. der Politik nicht unter die «hauteur des principes» falle; sie tritt «nicht der Welt doktrinär mit einem neuen Prinzip entgegen», sondern weckt sie «aus dem Traum über sich selbst» zum Bewußtsein auf [28]. K. gilt sowohl den bestehenden Zuständen (dem modernen Staat) wie der Theorie (der Hegelschen Rechtsphilosophie), und der letzteren insofern zuerst, als sie unter den deutschen Verhältnissen die entwickeltste Form des Bestehenden ausmacht [29]; K. der Wirklichkeit und K. der Philosophie bilden eine einzige K., weil Marx in der von der Philosophie ausgehenden ersteren auch letztere sich vollziehen sieht [30]. Im Verhältnis zur Praxis revolutionärer Veränderung, die allein die kritisch erhobenen Aufgaben lösen kann, erübrigt zwar die durchaus schon martialisch beschriebene «Waffe der K.», durch die der «Feind» nicht widerlegt, sondern vernichtet werden soll [31], nicht «die K. der [d. h. mittels] Waffen» [32]; das dennoch postulierte Praktischwerden der philosophischen K., ineins Verwirklichung und Aufhebung der Philosophie, begründet Marx (in Weiterführung von A. RUGES Begriff der «objektiven K.» als der historischen Bewegung selbst [33]) mit der Einführung des Proletariats als Akteur im eigengesetzlichen historischen Prozeß der Wirklichkeit. In Auseinandersetzung mit der zeitgenössischen, insbesondere der «kritischen K.» [34], der Marx in den Pariser ‹Ökonomisch-philosophischen Manuskripten› zunächst «positive K.» entgegenhält [35], entwickeln K. Marx und F. ENGELS 1845/46, ausgehend von der Feststellung, daß es keinem der Junghegelianer eingefallen sei, «nach dem Zusammenhange ihrer K. mit ihrer eignen materiellen Umgebung zu fragen» [36], einen neuen Begriff der Ideologie. Die *K. der Ideologie* bzw. der Ideologen ist K. zweiter Stufe, in der die Rückführung einer sich mißverstehenden ‹K.›, einer hinter der Marxschen Verhältnisbestimmung von Philosophie- und Wirklichkeits-K. zurückbleibenden Philosophie, auf eine nun historisch-materialistisch verstandene Wirklichkeit betrieben wird [37]. Der K.-Begriff gewinnt in der materialistischen Wendung Bezug zur Empirie, zu einer «die wirklichen materiellen Voraussetzungen als solche empirisch beobachtenden und darum erst *wirklich* kritischen Anschauung der Welt» [38], nicht jedoch in empiristischem, sondern in dialektischem Sinne, demgemäß die Wirklichkeit ihre K. sich vollbringen läßt. MARX’ Ökonomietheorie [39] ist dann insofern K., als sie zum einen in der Darstellung der ökonomischen Gesetzmäßigkeit des Kapitalismus deren immanente Destruktivität (Widersprüchlichkeit, ‹K.›) sich entwickeln läßt («zugleich Darstellung des Systems und durch die Darstellung K. desselben» [40]) und zum anderen Falschheit bzw. Ungenügen der bisherigen Ansätze zu einer politischen Ökonomie ausweist [41].

Anmerkungen. [1] K. FISCHER: Gesch. der neuern Philos. 8/II (²1911) 1179. – [2] J. E. ERDMANN: Versuch einer wiss. Darstellung der Gesch. der neuern Philos. I/1 (1834) 58ff. – [3] a. a. O. 75f. – [4] FISCHER, a. a. O. [1] 1 (⁴1897) 8. – [5] a. a. O. [1] 1178f.; System der Logik und Met. oder Wiss.lehre (²1865) 200f.; Die hundertjährige Gedächtnisfeier der kantischen ‹KrV›, in: Philos. Schr. 3 (²1892) 301. – [6] K. ROSENKRANZ: G. W. F. Hegels Leben (1844, 2. ND 1969) 164. – [7] Hegel als dtsch. Nationalphilosoph (1870, ND 1965) 230. – [8] Göthe und seine Werke (1847) 32f.; Aus einem Tagebuch. Königsberg Herbst 1833 bis Frühjahr 1840 (1854) 227. 256. – [9] H. F. W. HINRICHS: Polit. Vorles. (1843) 1, 209. – [10] a. a. O. 1, 234. – [11] Ferienschr. Pfingsten 1844 (1844) 62. 79f. – [12] L. FEUERBACH, Werke, hg. W. BOLIN/F. JODL 2, 17–19. – [13] a. a. O. 2, 181. – [14] 2, 174; vgl. 5, 413. – [15] 2, 193f. – [16] Gesammelte Werke, hg. W. SCHUFFENHAUER 9 (1970) 80f. – [17] Das Wesen des Christenthums (1841) Vorwort VIff. – [18] D. F. STRAUSS: Streitschr. zur Vertheidigung meiner Schr. über das Leben Jesu ... 3. Heft (1838) 65; vgl. J. GEBHARDT: Politik und Eschatol. Stud. zur Gesch. der Hegelschen Schule in den Jahren 1830–1840 (1963) 115f. – [19] D. F. STRAUSS: Das Leben Jesu kritisch bearbeitet (1835/36) 2, 688. – [20] Streitschr. ..., a. a. O. [18] 37. – [21] B. BAUER: K. der Gesch. der Offenbarung (1838). –

[22] Die gute Sache der Freiheit und meine eigene Angelegenheit (1842), in: Feldzüge der reinen K. Nachwort H.-M. SASS (1968) 97ff. – [23] Die Fähigkeit der heutigen Juden und Christen, frei zu werden (1843), in: Feldzüge ..., a. a. O. [22] 192. – [24] K. der evang. Gesch. der Synoptiker 1 (1841) XXI. – [25] K. MARX, Zur K. der Hegelschen Rechtsphilos. Einl. MEW 1, 378. – [26] Brief an Ruge (Sept. 1843). MEW 1, 344. – [27] MEW 1, 379. – [28] 345f. – [29] 384f. – [30] Vgl. K. HARTMANN: Die Marxsche Theorie. Eine philos. Untersuch. zu den Hauptschr. (1970) 73. – [31] MARX, MEW 1, 380. – [32] a. a. O. 385. – [33] A. RUGE, Sämtl. Werke (²1847/48) 4, 279; vgl. RÖTTGERS, a. a. O. [30 zu II/2] 232ff. – [34] Vgl. MARX/ENGELS, Die heilige Familie oder K. der krit. K. MEW 2, 3ff. – [35] MEW Erg.-Bd. 1, 467ff. – [36] Die dtsch. Ideol. MEW 3, 20. – [37] 3, 17ff.; vgl. H. LÜBBE: Zur Gesch. des Ideol.-Begriffs, in: Theorie und Entscheidung. Stud. zum Primat der prakt. Vernunft (1971) 168ff.; D. BÖHLER: Meta-K. der Marxschen Ideologie-K. und ‹Theorie-Praxis-Vermittlung› (1971). – [38] MEW 3, 217; vgl. RÖTTGERS, a. a. O. [30 zu II/2] 267ff. – [39] K. MARX: Zur K. der polit. Ökonomie (1859); Das Kapital 1 (1867). – [40] Br. an Lassalle. MEW 29, 550. – [41] Vgl. J. HABERMAS: Zwischen Philos. und Wiss.: Marxismus als K., in: Theorie und Praxis. Sozialphilos. Stud. (1963, ³1969) 179ff.

5. *Theorie der Geisteswissenschaften und Neukantianismus.* – Für die K.-Auffassung im Bereich der Methodologie der sich entwickelnden *Geisteswissenschaften* ist zunächst die Stellungnahme F. SCHLEIERMACHERS relevant. Während er ein Wechselverhältnis zwischen *Grammatik* und philologischer K. konstatiert, steht die kritische Tätigkeit der *hermeneutischen* im ganzen gesehen nach, indem sie «erst mit den Schwierigkeiten, durch welche die hermeneutische sich gehemmt fühlt», akut wird [1]. In Auseinandersetzung mit F. A. WOLF [2] und F. AST [3] subsumiert er die philologische der historischen K. als der «Kunst ... aus Erzählungen und Nachrichten die Tatsachen auszumitteln» [4]; die scheinbar selbständig auftretenden Formen «historische» und «doktrinale K.» («Würdigung eines Werkes in Bezug auf seinen Gattungsbegriff» [5]) lassen sich als Abstufungen kritischer Tätigkeit überhaupt begreifen, die «zu den einzelnen Tatsachen im Leben einer Nation ... ein gemeinsames inneres, nämlich den eigentümlichen Lebenstypus selbst» aufsucht, «von welcher innern Tat die einzelnen Lebensmomente selbst wieder nur Erzählungen sind». Diese so allgemein gefaßte kritische Tätigkeit ist der *produktiven* entgegengesetzt [6]. – In seiner «Wissenschaftslehre der Geschichte» [7] situiert J. G. DROYSEN K. methodologisch zwischen Heuristik und Interpretation. «Sichtung und Untersuchung eines Gegebenen oder Getanen» zu sein [8] – diese Umschreibung des Gemeinsamen aller Arten von K. spezifiziert sich für die historische K., die als Methode der Geschichtswissenschaft bei B. G. NIEBUHR, L. RANKE u. a. entwickelt, aber nicht eigentlich theoretisch begründet wurde [9], zur Aufgabe, «zu bestimmen, in welchem Verhältnis das noch vorliegende Material zu den Willensakten steht, von denen es Zeugnis gibt» (K. der Echtheit, des Früheren und Späteren, des Richtigen/Quellen-K., kritische Ordnung) [10]. «Das Ergebnis der K. ist nicht ‹die eigentliche historische Tatsache›, sondern, daß das Material bereit gemacht ist, eine verhältnismäßig sichere und korrekte Auffassung zu ermöglichen» [11]. – In W. DILTHEYS Verbindung von Historismus und Hermeneutik tritt (wie überhaupt in der modernen ‹hermeneutischen Philosophie› [12]) der K.-Begriff zurück, außer daß er sein Programm einer Grundlegung der Geisteswissenschaften auch, in Anlehnung an Kant, als «K. der historischen Vernunft» bezeichnet [13].

Kants K. der Vernunft will, unter anderen Voraussetzungen, schon J. F. FRIES 1807 wiederholen: als systematischen Entwurf einer «philosophischen Anthropologie», die empirisch, von der Selbstbeobachtung ausgehend, nach den «allgemeinen Gesetzen unseres innern Lebens» forscht, um nach Maßgabe der Kantischen Vorarbeiten zur Beurteilung philosophischer Erkenntnisse instand zu setzen [14]. – Zunächst in polemischer Absicht, dann als «bewußte Huldigung des Genius *Kants*» wählt R. AVENARIUS den Titel ‹K. der reinen Erfahrung› zur Kennzeichnung des empiriokritizistischen Vorhabens einer Erkenntnistheorie im – als Reinigung der Erfahrung aufgefaßten – Rückgang auf den «natürlichen Weltbegriff» [15]. Formal verwandt begreift auch der Neukantianismus die kritische als *systematische* Aufgabe einer Erkenntnis- bzw. Wissenschaftstheorie. Zwar stellt F. A. LANGE der systematischen Scheinwissenschaft Metaphysik die philosophische K. entgegen, d. h. «Untersuchungen, welche mit den gewöhnlichen Mitteln der Empirie und des Verstandes die allgemeinen Begriffe bearbeiten» [16]. H. COHEN verwendet aber den Ausdruck ‹Erkenntnis-K.› (anstelle von ‹Erkenntnistheorie›), um in der Erinnerung an die «originale Entdeckung Kants» den nicht-psychologischen, geltungslogischen Charakter dieser Disziplin hervortreten zu lassen: «Die K. entdeckt das *Reine* in der Vernunft, insofern sie *Bedingungen der Gewißheit* entdeckt, auf denen die *Erkenntnis als Wissenschaft* beruht» [17]. Mit der Fortentwicklung zu einer ‹Logik der reinen Erkenntnis›, der keine Lehre von der Sinnlichkeit vorausgeht, soll *Logik* «als K.» zur Geltung kommen [18]; innerhalb der Logik erhält K. «nach ihrer ursprünglichen und natürlichen Bedeutung» die eingeschränkte Funktion der Kontrolle des reinen Denkens in den der Modalität entsprechenden «Urteilen der Methodik» [19]. – Nach W. WINDELBAND untersucht Philosophie in kritischer (von der genetischen scharf zu scheidenden) Methode die Geltung der Axiome unter dem Gesichtspunkt ihrer «teleologischen Notwendigkeit» [20] und findet in dieser auch den Maßstab für eine «‹K. der historischen Vernunft›» [21]. K. fällt mit der Theorie der Geltung bzw. Grundlegung [22] zusammen, die sich auch auf das ethische Gebiet – als Theorie der Grundlegung von Geschichte [23] – erstreckt.

Anmerkungen. [1] FR. SCHLEIERMACHER: Über Begriff und Einteilung der philol. K. (1830). Sämtl. Werke. Lit. Nachlaß. Zur Philos., hg. L. JONAS 1 (1835) 394f. – [2] F. A. WOLF: Darstellung der Alterthums-Wiss. nach Begriff, Umfang, Zweck und Werth, in: Museum der Alterthums-Wiss., hg. F. A. WOLF/P. BUTTMANN 1 (1807) 10-145. – [3] F. AST: Grundlinien der Grammatik, Hermeneutik und K. (1808). – [4] SCHLEIERMACHER, a. a. O. [1] 396. – [5] 392. – [6] 399. – [7] J. G. DROYSEN: Theol. der Gesch. (1843), in: Historik. über Enzyklop. und Methodol. der Gesch., hg. R. HÜBNER (⁵1967) 377. – [8] Enzyklop. und Methodol. ... a. a. O. 92. – [9] 95. – [10] Grundriß der Historik (³1882) a. a. O. [7] 336(ff.); vgl. 92ff. – [11] 338f. – [12] Vgl. H.-G. GADAMER: Replik, in: K.-O. APEL u. a.: Hermeneutik und Ideologie-K. (1971) 283ff.; C. VON BORMANN: Der prakt. Ursprung der K. (1974) 55. 185f. – [13] W. DILTHEY, Ges. Schr. 1 (⁶1966) IX; 7 (⁴1965) 191f.; vgl. 5 (⁴1964) XIII (Vorbericht des Hg.). – [14] J. F. FRIES: Neue K. der Vernunft (1807) XXXVIII. XLVIIIf. – [15] R. AVENARIUS: K. der reinen Erfahrung 1 (1888) Vorwort. – [16] F. A. LANGE: Gesch. des Materialismus u. K. seiner Bedeutung in der Gegenwart (1866) 250 (in der 2. Aufl. gestrichen); vgl. 261; dazu H. HOLZHEY: Philos. K. Zum Verhältnis von Erkenntnistheorie und Sozialphilos. bei F. A. Lange, in: F. A. Lange – Leben und Werk (1975) 207-225. – [17] H. COHEN: Das Prinzip der Infinitesimal-Methode und seine Gesch. (1883) § 8; vgl. Einl. mit krit. Nachtrag zu Langes Gesch. des Materialismus, in: Schr. zur Philos. und Zeitgesch. (1928) 2, 270; P. NATORP: Allg. Psychol. nach krit. Methode 1 (1912) 94f. – [18] H. COHEN: Logik der reinen Erkenntnis (²1914) 37. – [19] a. a. O. 402f. – [20] W. WINDELBAND: Krit. oder genet. Methode? (1883), in: Präludien 2 (⁹1924) 99-135, zit. 109. – [21] a. a. O. 120. 134. – [22] A. LIEBERT: Wie ist krit. Philos. überhaupt möglich? Ein Beitrag zur systemat. Phänomenol. der Philos. (1919) 39ff. – [23] Vgl. A. GÖRLAND: Ethik als K. der Weltgesch. (1914).

6. *20. Jahrhundert.* – Unter den philosophischen Ansätzen der zwanziger Jahre stellt E. GRISEBACH «K.» («kritisches Denken») nicht nur dem idealistischen Dogmatismus, sondern auch verkappten Absolutheitsansprüchen im existentiellen Denken so entgegen, daß sich das Problem der endlichen Wirklichkeit des Menschen, der «Gegenwart», erkenntnistheoretisch und ethisch in seiner vollen Schärfe stellen kann [1]. – In der gegenwärtigen inflationären Verwendung des Wortes ‹K.›, das «fast schon synonym mit Denken oder Vernunft überhaupt» gebraucht wird [2], stechen auf philosophischer Seite drei Richtungen hervor: a) die an Marx' K. der politischen Ökonomie anschließende Bestimmung und Verwendung von ‹K.›, b) der ‹Kritische Rationalismus›, c) die zahlreichen, zum großen Teil wissenschaftstheoretisch orientierten Bemühungen um Sprach-K. (Die verschiedenen Strömungen der Kunst- und Literatur-K., z. B. der ‹New Criticism› oder der strukturalistische K.-Auffassung, müssen hier unberücksichtigt bleiben [3].)

a) *Kritische Theorie* wird von M. HORKHEIMER programmatisch von einem traditionellen Theorieverständnis abgehoben, das sich an den Postulaten der strikten Trennung von Subjekt und Objekt, der Wertfreiheit und der Praxisabstinenz orientiert. Sie ist Gesellschaftslehre, die «die Menschen als Produzenten ihrer gesamten historischen Lebensformen zum Gegenstand hat» [4]. Ihr kritisches Moment besteht darin, ausgehend vom Ökonomie [5], die zwiespältigen Züge der bürgerlich-kapitalistischen Gesellschaftsordnung zum bewußten Widerspruch zu entfalten, so aber schon als Theorie ihren Gegenstand, die Gesamtgesellschaft in ihrer gegenwärtigen Organisation, zu verurteilen [6] («Kampf gegen das Bestehende» [7]). Es geht nicht um die Behebung von Mißständen [8]; der Sinn der K. ist «nicht in der Reproduktion der gegenwärtigen Gesellschaft, sondern in ihrer Veränderung zum Richtigen zu suchen» [9]. Die Zielvorstellung einer vernünftigen gesellschaftlichen Organisation gilt zwar als der menschlichen Arbeit immanent, wenngleich sie nur aus einem bestimmten Interesse heraus wahrgenommen wird [10]; dieses «Interesse an der Aufhebung des gesellschaftlichen Unrechts» bildet auch die einzige «Instanz» kritischer Theorie, die sich weder auf an sich geltende allgemeine Kriterien noch die Zustimmung einer gesellschaftlichen Klasse berufen kann [11]. – Aus dem gemäß der ‹Dialektik der Aufklärung› [12] drohenden Verfall auch dieser K. hat H. MARCUSE die praktische Konsequenz der «großen Weigerung» gezogen [13]. J. HABERMAS dagegen entwickelt K. – «Einheit von Erkenntnis und Interesse» [14] – zunächst (1965) als Aufklärung von *Wissenschaft* über ihr objektivistisches Selbstmißverständnis mit dem Ziel ihrer Überführung zu einem «emanzipatorischen Erkenntnisinteresse», das von der Idee des guten Lebens geleitet ist [15]; das 1971 formulierte breitere Programm (K. «müßte das objektivistische Selbstverständnis der Wissenschaften und einen szientistischen Begriff von Wissenschaft und wissenschaftlichem Fortschritt kritisieren; sie müßte insbesondere Grundfragen einer sozialwissenschaftlichen Methodologie so behandeln, daß die Erarbeitung angemessener Grundbegriffe für kommunikative Handlungssysteme nicht gehemmt, sondern gefördert wird; sie müßte schließlich die Dimension klären, in der die Logik der Forschung und der technischen Entwicklung ihren Zusammenhang mit der Logik willensbildender Kommunikationen zu erkennen gibt» [16]) mündet in die sprachkritische Theorie der umgangssprachlichen Kommunikation, die deren Pathologie aufdeckt [17].

J.-P. Sartre bestimmt ‹Critique de la Raison dialectique› – formal im Anschluß an Kant – durch die Aufgabe, «se demander quelles sont la limite, la validité et l'étendue de la Raison dialectique»; über deren Selbst-K. heißt es, «qu'il faut justement la laisser se fonder et se développer comme libre critique d'elle-même en même temps que comme mouvement de l'histoire et de la connaissance» [18]. ‹K.› hat hier die Bedeutung einer Ausgrenzung des gesellschaftlichen Seins im Sinne radikaler Reduktion des dialektischen auf den historischen Materialismus.

K. und Selbst-K. wird marxistisch-leninistisch definiert als «auf allen Gebieten des gesellschaftlichen Lebens ... im Sozialismus angewandte Methode der Aufdeckung und Lösung von Widersprüchen, der Erkenntnis und Überwindung von rückständigen Auffassungen, Verhaltensweisen, Arbeitsmethoden, Einrichtungen usw.»; sie betreffe nicht bloß die Veränderung der Einsicht, sondern auch praktischer Verhaltensweisen und historisch überholter Verhältnisse [19].

b) Aus einer Methodologie wissenschaftlicher Forschung («Methode der kritischen Nachprüfung, der Auslese der Theorien» [20]), die Falsifizierbarkeit als Abgrenzungskriterium empirischer Sätze ausweisen will, entstanden, postuliert der ‹*Kritische Rationalismus*› [21] das «Prinzip der kritischen Prüfung» als Rationalitätsmodell nicht nur im Bereich der Wissenschaft, sondern im sozialen Leben schlechthin [22]. Es besagt: «Wann immer wir ... glauben, die Lösung eines Problemes gefunden zu haben, sollten wir unsere Lösung nicht verteidigen, sondern mit allen Mitteln versuchen, sie selbst umzustoßen. Leider handeln nur wenige von uns nach dieser Regel. Aber glücklicherweise werden andere gewöhnlich bereit sein, K. zu üben, wenn wir es selbst nicht tun. Aber die K. wird nur dann fruchtbar sein, wenn wir unser Problem so klar wie nur irgend möglich formuliert haben und unsere Lösung in eine hinreichend definitive Form gebracht haben; das heißt eben, in eine Form, die kritisch diskutiert werden kann» [23]. K. soll in dieser Einstellung – im Unterschied zum Begründungs- und Rechtfertigungsdenken – nicht als Zeichen des Mangels einer Problemlösung, sondern ihre *Kritisierbarkeit* als Rationalitätskriterium aufgefaßt werden. Permanente K. ersetzt methodologisch die Rechtfertigung [24].

c) Philosophische K. tritt gegenwärtig zur Hauptsache als *Sprach-K.* in Erscheinung. Deren nie abgerissene Tradition [25] setzt sich mit dem – von der Einsicht in die sprachliche Vermitteltheit allen menschlichen Denkens und Handelns getragenen – Versuch fort, die kantische Vernunft-K. als Sprach-K. zu wiederholen [26]. L. Wittgensteins Diktum «Alle Philosophie ist ‹Sprach-K.›» [27] signalisiert bereits diesen Anspruch. ‹K.› kann hierbei die Ausmerzung umgangssprachlicher Alogizität zum Zwecke der Konstruktion einer idealen Wissenschaftssprache (B. Russell, R. Carnap), die metaphysikdestruierende Rückführung der philosophischen auf die Alltagssprache (G. E. Moore, ‹Ordinary language philosophy›), die Rekonstruktion der wissenschaftlichen aus der natürlichen Sprache als Schule vernünftigen Redens (P. Lorenzen [28]) oder «Theorie der kommunikativen Kompetenz» (J. Habermas) bedeuten. Auf der Basis von Lorenzens ‹konstruktiver Wissenschaftstheorie› entwickelt sich heute eine «konstruktive Wissenschafts-K.» [29], die «im Sinne Kants ... nicht nur als Analyse herrschender Orientierungen, sondern in gleicher Weise auch als Konstruktion neuer Orientierungen» fungieren will (Entwurf einer normativen Wissenschaftstheorie und Revision der

«dogmatischen Unterscheidung zwischen theoretischen und praktischen Orientierungen») [30].

Anmerkungen. [1] E. Grisebach: Die Grundentscheidung des existentiellen Denkens und ihre K. Die Kreatur 3 (1929/30) 263-77; Gegenwart. Eine krit. Ethik (1928); Die Schicksalsfrage des Abendlandes (1942) 167ff. – [2] C. von Bormann [12 zu II/5] 3. – [3] Vgl. A. Thibaudet: Réfl. sur la crit. (Paris ⁴1939); R. Wellek: Die Hauptströmungen des Lit.-K. des 20. Jh. Stud. gen. 12 (1959) 717-26; R. Barthes: Qu'est-ce que la crit.? in: Essais crit. (Paris 1964) 252-57. – [4] M. Horkheimer: Nachtrag (1937), in: Traditionelle und krit. Theorie. Eine Dokumentation, hg. A. Schmidt (1968) 2, 192. – [5] Traditionelle und krit. Theorie (1937) a. a. O. 2, 155; Nachtrag a. a. O. 2, 195ff. – [6] 157. – [7] 178. – [8] 155f. – [9] 167. – [10] 162. – [11] 190. – [12] M. Horkheimer und Th. W. Adorno: Dialektik der Aufklärung. Philos. Frg. (1947, ND 1969). – [13] H. Marcuse: Der eindimensionale Mensch. Stud. zur Ideol. der fortgeschrittenen Industriegesellschaft (engl. 1964, dtsch. 1967). – [14] J. Habermas: Erkenntnis und Interesse (1968, 1973) 234. – [15] Vgl. auch: Erkenntnis und Interesse, in: Technik und Wiss. als ‹Ideologie› (1968) 146–168, bes. 158ff. – [16] Wozu noch Philos.?, in: Philos.-polit. Profile (1971) 11-36, zit. 33. – [17] Der Universalitätsanspruch der Hermeneutik, in: K.-O. Apel u. a., a. a. O. [12 zu II/5] 120-159, zit. 132; vgl. B. Willms: K. und Politik. Jürgen Habermas oder das polit. Defizit der ‹Kritischen Theorie› (1973) 128ff.; vgl. H. Simon-Schaefer und W. Ch. Zimmerli: Theorie zwischen K. und Praxis. Jürgen Habermas und die Frankfurter Schule (1975). – [18] J.-P. Sartre: Crit. de la raison dial. 1 (Paris 1960) 120. – [19] G. Klaus und M. Buhr (Hg.): Philos. Wb. (¹⁰1974) 679f.; vgl. P. Hollander: Art. ‹K. und Selbst-K.›, in: Sowjetsystem und demokrat. Gesellschaft. Eine vergl. Enzyklop. 3 (1969) Sp. 1124-1134 (Lit.). – [20] K. R. Popper: Logik der Forsch. (1935, ³1969) 7. – [21] On the sources of knowledge and of ignorance (1960), in: Conjectures and refutations. The growth of sci. knowledge (London 1963) 26; W. W. Bartley: Flucht ins Engagement. Versuch einer Theorie des offenen Geistes (engl. 1962, dtsch. 1964) 143ff. spricht von ‹pankrit. Rationalismus›. – [22] H. Albert: Traktat über krit. Vernunft (1968, ³1975) 37ff. – [23] Popper, a. a. O. [20] XV. – [24] Albert, a. a. O. [22] 87. – [25] Vgl. H.-J. Cloeren und S. J. Schmidt (Hg.): Philos. als Sprach-K. im 19. Jh. 1. 2 (1971). – [26] Vgl. W. Kamlah und P. Lorenzen: Log. Propädeutik oder Vorschule des vernünftigen Redens (1967) 15ff.; K. Lorenz: Elemente der Sprach-K. Eine Alternative zum Dogmatismus und Skeptizismus in der Analyt. Philos. (1970) 30. – [27] L. Wittgenstein: Tractatus logico-philos. 4.0031. – [28] Vgl. Kamlah/Lorenzen, a. a. O. [26] 13. 27. – [29] P. Janich, F. Kambartel und J. Mittelstrass: Wiss.theorie als Wiss.-K. (1974). – [30] J. Mittelstrass: Die Möglichkeit von Wiss. (1974) 18.

Literaturhinweise. Stud. gen. 12 (1959) H. 7-12, S. 393-763 mit Beitr. u. a. von L. v. Wiese, P. Heintz und D. Rüschemeyer, R. Strohal, K. H. Sarbin, W. P. Krause, P. Schneider, U. Klug, G. Mensching, H. Grass, C.-F. Graumann, R. Wellek, H.-E. Hass, H. Risse. – R. C. Kwant: Crit. Its nature and function (Pittsburgh 1967). – C. von Bormann s. Anm. [12 zu II/5]. – K. Röttgers s. Anm. [30 zu II/2]. – G. Krüger: Philos. und Moral in den Kantischen K. (1931, ²1967). – W. Benjamin: Der Begriff der Kunst-K. in der dtsch. Romantik, hg. H. Schweppenhäuser (1973). – R. Wellek: Gesch. der Lit.-K. 1750-1830 (engl. 1955, dtsch. 1959). – K. Weimar: Hist. Einl. zur lit.-wiss. Hermeneutik (1975). – K.-O. Apel u. a. s. Anm. [12 zu II/5]. – Weitere Lit. vgl. Anm. [4 zu II/1; 3. 6. 30. 35 zu II/2; 18. 30. 37. 41 zu II/4; 17. 26 zu II/6].
H. Holzhey

Kritik, Literaturkritik

I. *Überblick.* – Die Wörter ‹K.› und ‹Krise› gehen auf griechisch κρίσις, κριτική (τέχνη) zurück. Die Wortgruppe ist im Deutschen seit dem 18. Jh. belegt. Bei Bacon taucht das Wort ‹critic› in der Bedeutung «Literaturkritiker» auf. Bei Hobbes meint es den Editor. Im Französischen ist ‹critiquer› seit dem 16., ‹critique› (wie ‹critica› im Ital. und Span.) seit dem 17. Jh. belegt. – In der Entwicklung der K. tritt der für die Weiterbildung des Begriffs entscheidende Gedanke des nach bestimmten Maßstäben Urteilens, der Prüfung und Entscheidung hervor, der in den Geltungsgebieten der Text-, Quellen-, Literatur-, Kunst- und Musik-K., in der historischen, philosophischen, in Kultur- und Gesellschafts-K. seine Bedeutung gewonnen hat.

In der *Antike* wurden die Begriffe φιλόλογος, γραμματικός und κριτικός nicht scharf unterschieden. Schon im 6. Jh. v. Chr. kannte man allegorische Homerdeutungen; von den Stoikern wurden sie systematisch weiterentwickelt; PHILON VON ALEXANDRIA wandte sie auf das Alte Testament an, unter den Neuplatonikern bildete sie JAMBLICHOS weiter, und für ORIGENES, AMBROSIUS, AUGUSTINUS wurde sie das Mittel kirchlicher Exegese. In der griechischen Literatur sind Rhetorik und Poetik oft zu einer Einheit verschmolzen, sie bilden Züge und Momente einer K. von Sprache und Dichtung, die sich aus ihnen gestaltet (bei den Sophisten, in ARISTOTELES' Poetik). Im Hellenismus, in der alexandrinischen Philologenschule und seit dem 2. Jh. v. Chr. in der Pergamenischen Schule erschlossen sich die Quellen durch eine Text-K., die die weitere Entwicklung bestimmt. In Rom gehörte zu den ersten Vertretern einer kritischen Philologie L. AELIUS STILO zur Zeit Sullas. Seit TERENTIUS VARRO und der Tätigkeit verschiedener römischer Philologen, seit dem 2. Jh. auch von Grammatikern und Kommentatoren, wies die philologische K. eine durchgehende Richtung der Fragestellung auf.

Im *Humanismus* vollzieht sich in BOCCACCIOS Dantedeutung eine neue Orientierung. In seinem Kommentar wie auch in den später üblichen Kommentaren eigener Dichtung – z. B. bei LORENZO DE MEDICI – erschließt sich der Zusammenhang von K. und Literatur. Daß sie durch die Gemeinsamkeit bestimmter Elemente aufeinander bezogen sind, erhellt aus POLIZIANOS ‹Sylvae›, in denen man den Umriß einer kritischen Literaturgeschichte erkennt. In dieser ersten Form von Kommentaren und literarischer Betrachtung hat die im 16. Jh. seit der Wiederentdeckung der ‹Poetik› des Aristoteles sich entwickelnde Poetik und Literatur-K. ihre geschichtlichen Grundlagen und Vorbedingungen. Die ‹Poetik› erschien 1536 in der Ausgabe von TRINCAVELLI und der lateinischen Übersetzung von PAZZI. Der erste Kommentar stammte von ROBERTELLI (1548), es folgten die Übersetzungen von SEGNI und 1550 die Interpretation von MAGGI. 1561 erschien die ‹Poetik› von SCALIGER, in dessen Schriften 1580 der Begriff der K. belegt ist. Die Diskussion des Gehaltes der Aristotelischen Begriffe, die Stellung, die sie gegeneinander in seinem System einnehmen, bestimmte von 16. bis zum 18. Jh. die Theorien der Poetiken in den romanisch-germanischen Ländern. Solange man nicht an ihrer absoluten Geltung zweifelte, meinte man einen Kanon zu besitzen, durch den die dichterische Formenwelt erklärbar wurde. Erst in der berühmten «Querelle des Anciens et des Modernes» waren die Zusammenhänge der Begriffe, die sich bisher ergaben, gelöst. Die Reaktion der Modernen gegen die Alten bildet den entscheidenden Zug einer K., die in Abgrenzung von antiken Vorbildern auch Begriffe einer neuen ästhetischen Theorie gewinnt. Durch die Anknüpfung an DESCARTES' Philosophie wurde der Begriffsgehalt der Vernunft lebendig, die sich von Mustern und Vorbildern emanzipiert hat. Um eine vernünftige Begründung ist es GOTTSCHED in seiner Definition des «criticus» zu tun. Der Vernunft wird nun eine Kraft und Selbständigkeit zugesprochen, die sich auf verschiedene Gebiete des Wissens erstreckt und Ausgangspunkt einer Theorie des Fortschritts werden kann. In Frankreich entfalten sich kritische Begriffe im Bezirk der Literatur, die der neuen ästhetischen Theorie eine freie Entwicklung sichert. Die Begriffe lösen sich von der Antike und fügen sich einer neuen Art der Betrachtung ein. Zugleich geben einer zweiten, nicht eindeutig rationalistischen

Richtung das sentiment, das je ne sais quoi, die Spontaneität die Begründung ihres Prinzips; Wörter wie ‹style, air, caractère, couleurs, tour, manières› werden in der Literatur-K. immer wieder verwendet.

Im 17. Jh. entsteht auch die hagiographische K. der Mauriner und Bollandisten, die es wagten, bisher unbestrittene Traditionen in Zweifel zu ziehen. Und es entstand auch die Bibel-K., die vor allem durch R. Simon und J. Le Clerc repräsentiert ist. R. SIMON führt durch seine ‹Histoire critique du texte du Nouveau testament› (1689), ‹Histoire critique des versions du Nouveau Testament› (1690), ‹Histoire critique des Commentateurs du Nouveau Testament› (1693) eine K. ein, die als Erfüllung der Forderung nach der richtigen Lesart gilt. Durch die 26 Bände seiner ‹Bibliothèque universelle et historique› (Amsterdam 1686–1694), die 28 Bände seiner ‹Bibliothèque choisie› (1703–1717), die 29 Bände seiner ‹Bibliothèque ancienne et moderne› (1714–1726) hat LE CLERC die Richtung dieser Gedanken fortgesetzt. ‹K.› bedeutete schon in BAYLES ‹Dictionnaire historique et critique› (1685) den wesentlichen Maßstab im Ganzen des geistigen Lebens. In ihrer Sphäre leben die Schriftsteller, und mit ihrem kritischen Bewußtsein verbindet sich stets der Antrieb, über Traditionen, Autoritäten und Vorurteile hinauszugehen, jeweils das Für und Wider einer Sache zu erwägen. Wenn die verschiedenen Formen der K. auch zunächst durch Beziehung auf Prüfung jeder geschichtlichen Überlieferung geeint sind, so wird die K. doch in dem Augenblick, in dem der Staat als Gegner der aufgeklärten Vernunft erscheint, Träger eines neuen politischen Gehalts. Dadurch ergab sich eine Fülle von Wirkungskreisen, die in der europäischen Aufklärung, in der ‹K.› ein Losungswort geworden ist, den gleichen Rhythmus und übereinstimmende Züge haben.

Die K. entwickelt sich nun in einer stetigen Reihe bedeutender, oft aufeinander abgestimmter Werke; das Wort ‹K.› bezeichnet nicht ein peripheres, sondern das zentrale Problem der Zeit. J. DENNIS veröffentlicht ‹The Grounds of Criticism in Poetry› (1704), POPE den ‹Essay on Criticism› (1711), DUBOS seine ‹Réflexions critiques sur la poésie et la peinture› (1719), BREITINGER seine ‹Critische Dichtkunst› (1740), seine ‹Critische Abhandlung von der Natur, den Absichten und dem Gebrauch der Gleichnisse› (1740), HOME (Lord KAMES) seine ‹Elements of Criticism› (1762), in Spanien FEIJÓO sein ‹Teatro crítico universal› (1726/39), VOLTAIRE schrieb den Artikel ‹critique› in seinem ‹Dictionnaire philosophique› (1764), MARMONTEL verfaßte den Artikel ‹critique› für die ‹Encyclopédie› (1782) und DIDEROT handelt von den critiques in seiner Abhandlung über die dramatische Dichtung. In Deutschland tritt Mitte des 18. Jh. das Wort ‹ästhetisch› neben ‹kritisch› und eine Reihe von Termini fordern für den Gegensatz von Vernunft und Geschmack eine Vermittlung.

Die verschiedenen Spielarten der K. verteilen sich auf alle Gebiete, auf Philosophie und Religion, Literatur und Kunst. Überall, im Deutschland Lessings und Winckelmanns wie in der französischen und englischen Aufklärung, bemüht sich die K., ihre Prinzipien und Grenzen festzusetzen, so daß KANT 1781 in der Vorrede zur ‹K. der reinen Vernunft› sagen konnte: «Unser Zeitalter ist das eigentliche Zeitalter der K., der sich alles unterwerfen muss». In seinen drei Kritiken erfolgt eine Orientierung über das Ganze der geistigen Wirklichkeit, in seiner Vernunft-K. kulminiert das 18. Jh.

Seit der Aufklärung lösen verschiedene Formen der K. einander ab. In Deutschland erstarkte vor allem unter dem Einfluß HUMBOLDTS die neuhumanistische K., die das «Wesen» der Griechen in der Einheit von Individualität und Universalität sah und die Griechen zum absoluten Vorbild für die Menschheit machen wollte. Doch ist ihr Grundbegriff einer Bestimmtheit der Individuen in Beziehung auf eine mögliche Universalität ihres Tuns eine durch keine mögliche geschichtliche Erfahrung in ihrer Realität verifizierbare Idee. Die historische Erforschung des Altertums hat daher die neuhumanistischen Darstellungen zersetzt, und ihre K. war nur ein erster Schritt in dem seither ständig fortschreitenden Prozeß geschichtlicher Forschung.

Die Spielarten der K. sind seit der Romantik kaum übersehbar. Neben der romantischen, historischen, positivistischen, marxistischen K. gibt es die immanente, ästhetische, strukturalistische K., die nouvelle critique, den New Criticism, die kritische Theorie, den kritischen Rationalismus: ‹K.› bleibt ein Schlüsselwort auch im 20. Jh.

Literaturhinweise. I critici. Per la storia della filol. e della crit. moderna in Italia 1-5 (Mailand 1969ff.); I classici italiani nella storia della critica I: Da Dante a Tasso; II: Da Vico a d'Annunzio (Florenz 1954/1972). – R. WELLEK: A hist. of modern criticism 1-4 (New Haven 1955ff.); The disciplines of criticism. Essays on lit. hist., in: Interpretation and hist. (New Haven/London 1968). – R. KOSELLECK: K. und Krise. Ein Beitr. zur Pathogenese der bürgerl. Welt (1959). – K. LÖWITH: Ges. Abh. zur K. der gesch. Existenz (1960). – Gesch. der Textüberlief. der antiken und mittelalterl. Lit. (1963/64). – R. FAYOLLE: La crit. litt. en France du 16e siècle à nos jours (Paris 1964). – A. BÄUMER: Das Irrationalitätsproblem in der Ästhetik und Logik des 18. Jh. bis zur K. der Urteilskraft (ND ²1967). – Relig., érudition et crit. à la fin du 18e siècle (Paris 1968). – L. VENTURI: Storia della crit. d'arte (Turin 1969). – H.-G. GADAMER: Wahrheit und Methode (⁴1970). – M. KOMMERELL: Lessing und Aristoteles (1940, ³1976). – J. STAROBINSKI: La relation critique (Paris 1970). – Texte und Varianten. Probleme ihrer Edition und Interpetation, hg. J. MARTENS/H. ZELLER (1971). – F. SCHALK: Praejudicium im Romanischen (1972). – D'ARCO SILVIO AVALLE: Principi di critica testuale (Padua 1972). – W.-D. LANGE (Hg.): Frz. Lit.-K. der Gegenwart in Einzeldarstellungen (1975).   F. SCHALK

II. *Die Geschichte des K.-Begriffs von der Renaissance bis zur Gegenwart.*

1. Das Wort ‹K.› bezeichnet bildungssprachlich heute fast ausschließlich die *Rezension* literarischer Neuerscheinungen und die *Besprechung* künstlerischer Darbietungen als Formen der Publizistik, sowie die Gesamtheit der diese verfassenden Personen. Solchem Wortgebrauch zufolge unterscheidet sich K. von der (akademischen) Literaturwissenschaft neben der Aktualität dadurch, daß sie sich der Äußerung von Werturteilen und der Einflußnahme nicht enthalten muß. In dieser engen Verwendung ist ‹K.› das Ergebnis eines Bedeutungswandels, dem das französische ‹critique› und das englische ‹criticism› nicht in gleicher Weise unterlegen sind, so wenig sich in beiden Sprachen ein ‹Literaturwissenschaft› vergleichbarer Terminus hat durchsetzen können.

2. Das Wort geht letztlich zurück auf griechisch κριτικός, das – abgesehen von «künstlich konstruierten Bedeutungsunterschieden» in der pergamenischen Schule der κριτικόι – synonym mit φιλόλογος und γραμμάτικος den Beruf des erzieherisch tätigen Philologen bezeichnete [1]. POLIZIANO nimmt 1492 das Wort wieder auf als Bezeichnung für die grammatici, welche einst so viel Autorität besessen hätten, «ut censores essent et iudices scriptorum omnium» und deswegen auch «criticos» genannt worden seien [2]. Die K., vorderhand als *iudicium* zur Feststellung der Echtheit der Schriften eines Autors und als *emendatio* zur Tilgung falscher Lesarten [3] an der Wiederherstellung alter Texte beteiligt, erhält emphati-

sche Bedeutung durch die Wiederherstellung der Wissenschaften als Endzweck solcher Tätigkeit. F. BACON unterscheidet in ‹The Advancement of Learning› (1605) als Weisen der Vermittlung von Wissen die kritische von der schulmäßigen (pedantical). Die kritische umfaßt fünf Aufgaben: richtige Korrektur und Edition von Autoren; Auslegung durch Glossen und Kommentare; historische Worterläuterungen; sachbezogene Bewertung der Autoren (censure and judgement); deren Einordnung in den Aufbau der Wissenschaften (syntax and disposition of studies) [4]. Mit letzterem ist die kritische Vermittlung an der Überführung von «experientia vaga» in «experientia ordinata» beteiligt und gerät damit in den Zusammenhang der Methodik der Wissenschaft.

3. Aus der humanistischen Philologie tritt der Begriff in die Poetik ein – J. C. SCALIGER betitelt das 6. Buch seiner ‹Ars Poetica› (1561) mit ‹Hypercriticus› – und bezeichnet damit die urteilsimplizierende Anwendung poetischer Regeln auf literarische Hervorbringungen. Die gesamte Wortgruppe von ‹K.› wird synonym mit ‹censura›, ‹censeur›, ‹richten› gebraucht und erhält, zumal im Widerspruch gegen die neuhumanistischen «poètes grammairiens», negative Bewertung im Sinn von Fehlersuche, Tadel, Satire [5]. Noch BOILEAU begreift in seiner ‹Art Poétique› (1674) die Tätigkeit des Kritikers als eine «attaque des défauts», nun aber mit dem Unterschied, daß dies eine der Dichtkunst zugehörige und für die poetische Produktion notwendige Tätigkeit ist, die, einen «observateur fidèle» voraussetzend, zugleich die Erfahrung der besonderen Weise («de plaire et de toucher») ausspricht, in der die Kunst ihre Wahrheit dem «Herzen» vermittelt [6]. Die *Gesetzmäßigkeit*, mit der die Kunst dies erreicht, ist zwar in den Regeln der Poetik seit Aristoteles und Horaz ausgesprochen, bringt diese aber in die logische Abhängigkeit des ihnen vorgeordneten «bon sens», so daß das kritische Urteil in der Anwendung der Regeln der Poetik zugleich durch eine Vernunft begründet ist, die über die Verbindlichkeit der Tradition als solcher schon hinaus ist. K. wird ihrem Begriff nach damit nicht nur aus der Abhängigkeit von Grammatik und Poetik herausgelöst, sondern ihrerseits zu deren übergeordnetem Zusammenhang. FONTENELLE stellt 1685 fest, durch die cartesianische «méthode de raisonner» sei nicht nur in die Physik, sondern auch auf dem Gebiet der Religion, der moralischen Welt und der K. eine bis dahin unbekannte Präzision und Richtigkeit eingekehrt [7]. Sein poetologischer ‹Discours sur la Nature de l'Églogue› besteht ausschließlich aus «critique des auteurs», «qui est un examen et non pas une satire» [8].

4. Auf der anderen Seite machte die «Rationalisierung und Universalisierung» [9] der Regeln der Poetik die vom gleichen Wort ‹critique› bezeichnete – erst RIVAROL unterschied gegen Ende des 18. Jh. zwischen «critique générale» und «critique particulière» [10] – Tätigkeit notwendig, in der K. sich den einzelnen Produkten der Kunst als ihrem Besonderen zuwandte und zum «Medium ihrer Aneignung» [11] wurde. In diesem Sinne gehört die Entstehung von K. auch begriffsgeschichtlich in den Vorgang, in dem die Kunst sich aus ihrer Funktion im Rahmen kirchlicher und höfischer Repräsentation löst und als Marktangebot einem *Publikum* gegenübertritt. Die Kunst ist angewiesen auf ein Publikum und beansprucht dessen Urteil, das als ein Urteil von Laien unterschieden ist von dem der Liebhaber (dilettanti, amateurs), der Kunstkenner (connaisseurs), der Gelehrten (savants) und der Zunftgenossen. In den Salons und im beginnen-

den Zeitschriftenwesen institutionalisiert, setzt sich ‹K.› in dieser Wortbedeutung um 1650 in Frankreich durch. Ludwig XIV. vergibt seit 1663 Gratifikationen «pour la critique des pièces» [12]. Volle Ausprägung in seinem neuen Sinne und besondere Verbreitung fand der Begriff durch MOLIÈRES satirische Komödie ‹La Critique de l'École des Femmes› (1663), in der auf dem Rücken des komischen Vergnügens an der Verschiedenheit der ästhetischen Urteile die ernste Frage erscheint, wie es komme, daß man in der K. «fort et ferme» streiten könne, «sans que personne se rende». Der Grund wird in der «souverainité de décisions» der Kenner, Gelehrten und Künstler gefunden, mit der sich diese der Einsicht verweigern, daß der «sens commun» seinen Platz im Parterre habe, welches sehr wohl über Personen, die nach Regeln urteilen können, vor allem aber über die rechte Art des Urteils verfüge, «qui est de se laisser prendre par les choses». Die Regeln wären «mal faites», müßte man sich um sie kümmern bei Dingen, die uns im Innersten ergreifen (qui nous prennent par les entrailles), vielmehr sei dem Verstand zu erlauben, dem Herzen zu folgen [13]. Damit ist die historische Entwicklung eingeleitet, daß die K. als die dem Besonderen, Einmaligen und Individuellen der Kunst zugewandte Reflexion deren Wahrheit nicht in der Weise der rationalen Ableitung aus Prinzipien ausspricht, sondern unter Berufung auf eine vom Verstand nicht zu vertretende Instanz. Deren Eigenart (als délicatesse, goût, sentiment, je-ne-sais-quoi) und die Frage ihrer transsubjektiven Verbindlichkeit stehen in der K. des 18. Jh. zur Verhandlung, so daß in solcher Reflexion gegen die Rationalisierung der philosophischen Vernunft die gefühlsmäßigen Verhältnisse des Menschen zur Welt, seine Innerlichkeit und seine Geschichtlichkeit als wesentlich erkannt und bedacht werden.

5. Der Streit über die Verbindlichkeit des ästhetischen Urteils wird in Frankreich fast ausnahmslos vor dem Hintergrund einer als klassisch anerkannten eigenen Kulturepoche geführt und bleibt insoweit vor subjektivistischen Lösungen bewahrt. Das Bemühen um die Rechtfertigung der Klassizität der eigenen Kultur aber hatte im Ausgang der *Querelle des Anciens et des Modernes* bei der Suche nach einer Norm des ästhetischen Urteils zur Einsicht in die historische Verschiedenheit alter und gegenwärtiger Kultur und damit zur Erschütterung der von BOILEAU noch anerkannten Vorbildlichkeit der alten Kunst geführt [14]. Indem sowohl die alte wie die moderne Kunst in den Abstand zu einem überzeitlichen Ideal der «perfection» gebracht werden, bleibt dieses nur noch in der Subjektivität des Kritikers anwesend. «C'est à ce modèle intellectuel au dessus de toutes les productions existantes, qu'il rapportera les ouvrages, dont il se constituera juge» [15]. Zusammen mit der Unterwerfung aller «productions humaines» unter das Prinzip der K., wie sie von MARMONTEL in der ‹Encyclopédie› ausgesprochen wird, bedeutet die Anerkennung der grundsätzlichen Diskrepanz zwischen Vergangenheit und Zukunft der Kultur die Inauguration der Geschichtsphilosophie durch die K. [16], die dann noch für die Lösung des Subjektivitätsproblems der K. in Anspruch genommen wird, indem die Vereinigung der verschiedenen ästhetischen Urteile in einem «avis générale» zur Sache einer von der K. selbst verbürgten Zukunft einer aufgeklärten Öffentlichkeit gemacht wird, deren «klare Wasser der zuverlässigste Spiegel sein werden, dem nur immer die Künste sich anvertrauen können» [17].

6. In Deutschland spricht CHR. WERNICKE (1701) von der «sogenannten Critique», welche jedem guten Buch als

Korrektur und Explikation folgen müsse, wenn die Vollkommenheit der französischen Schreibart erreicht werden solle [18]. Die Anknüpfung bleibt episodisch im Gegensatz zur Rezeption des Geschmacksbegriffs (in der von DUBOS ausgeprägten Bedeutung), die durch J. U. KÖNIG erfolgte [19] und höfisch bestimmt war. Erst J. CHR. GOTTSCHED nimmt mit seiner ‹Critischen Dichtkunst› (1730) Begriff und Sache im Bemühen um eine rationale Grundlegung der Poetik durch das Prinzip der Naturnachahmung auf und setzt jenen Begriff von K. durch, der nicht nur die Beschäftigung mit «Sylben und Buchstaben», «sondern mit den Regeln ganzer Künste und Kunstwerke» umfaßt und daher nicht den «Buchstäbler», sondern den «Philosophen» angeht [20]. Das kritische Urteil ist ein Urteil des Geschmacks, der als ein «von der Schönheit eines Dinges nach der bloßen Empfindung richtig urteilender Verstand» definiert wird, als eine «Fertigkeit», die nur aus Mangel an «Zeit und Mühe» auf die Herleitung aus einem vom Verstand einzusehenden Gesetz verzichtet [21]. Der gegen die Hofkultur gerichtete Sinn der Ablehnung des Geschmacksurteils als eines selbständigen tritt noch schärfer hervor bei J. J. BODMER und J. J. BREITINGER, denen das «Strafamt eines Critici» darin besteht, die «betrügliche Empfindung» und die «ungenugsamen Erfahrungen» vor den «Richterstuhl der Vernunft» zu bringen [22]. Erst bei Breitinger macht die Rationalisierung der Poetik das Begreifen des Besonderen eines Kunstwerks in der Fülle seiner Merkmale zum ungelösten Problem, was zum Aufgeben der normativen Gattungspoetik führt, weil es unmöglich sei, «daß der gute Geschmack durch Regeln, die ein vollständiges System der Kunst ausmachen, gelehrt und vorgetragen werde» [23]. Die dadurch ermöglichte Anerkennung des «Neuen» in der Kunst macht den Kritiker zum Vermittler des Dichters und zum literarischen Parteiführer geeignet.

7. Mit der Begründung der *Ästhetik* als philosophischer Wissenschaft durch A. G. BAUMGARTEN (1750) beginnt die von (engl.) ‹criticism› und (frz.) ‹critique› abweichende Bedeutungsgeschichte von ‹K.›. Indem das, was im Geschmack als einem der unteren Erkenntnisvermögen erfahren wird, nämlich die als Schönheit erscheinende Vollkommenheit der Welt, in den Rahmen der Schulphilosophie zurückgeholt wird, nimmt die Ästhetik zugleich bestimmte Fragen der K. («quaedam critices species») als ihre Sache auf [24]. Indem die Kunst als Medium solcher Erfahrung eingesetzt wird, ist die Ästhetik zugleich Theorie der Kunst («theoria liberalium artium»), welches «niemals die K. selbst» sein könne, und als solche der K. vorgeordnet [25]. Insoweit K. zuvor das vernunftmäßige Begreifen der durch die Künste in ihrer Allgemeinheit vermittelten Erfahrung umfaßte, wird sie von dieser Funktion entlastet. In der Folge werden Ästhetik und K. in Deutschland unterschiedene, wenn auch aufeinander bezogene Disziplinen mit je eigener Kontinuität.

8. Der im Anschluß an Baumgarten sich durchsetzende Begriff der *ästhetischen K.* besagt dabei, daß die in der ‹Aesthetica› lediglich aufgeworfene Frage [26], in welchem Verhältnis die Theorien der speziellen Künste zu der in der Philosophie ausgesagten Bestimmung des Ästhetischen stehen, als eine Frage der K. aufgenommen wird, mit der diese sich nach G. E. LESSING von der Ästhetik, der Kunstliebhaberei und der älteren Gattungspoetik unterscheidet [27] und «eine Wissenschaft» wird, «die alle Kultur verdient, gesetzt, daß sie dem Genie auch zu gar nichts helfen sollte» [28]. Ihr Gegenstand

sind – wie in ‹Laokoon oder über die Grenzen der Malerei und Poesie› (1766) – die medienspezifischen und – wie in der ‹Hamburgischen Dramaturgie› (1769) – die gattungsspezifischen Bedingungen der Kunst, der als ästhetischer Kunst «Schönheit ... erste und letzte Absicht» ist [29]. K. tritt dabei in ein Verhältnis der Parallelität zur ästhetischen Produktion, insofern sich das Genie über alle «Grenzscheidungen der K. hinwegzusetzen vermag» [30], weil es «die Probe aller Regeln in sich» hat [31], andrerseits der Kritiker aber mit den aus der Bestimmung der Kunst gewonnenen Regeln der Produktion vorauszugehen vermag [32].

9. ‹Ästhetische K.› besagt zweitens, daß die K. Funktionen übernimmt, die sich daraus ergeben, daß der Kunst als dem von der Ästhetik beanspruchten Organon der philosophische Begriff selbst nicht zur Verfügung steht. Das einzelne Kunstwerk ist auf die K. noch angewiesen, um als jene Schönheit und Vollkommenheit bewußt zu werden, die die Ästhetik von ihm aussagt. Die vormals in der Metaphysik definierten Begriffe der K. werden als sich verselbständigendes Instrumentarium einer kunstimmanenten Reflexion auch dort noch fortgeführt, wo die Kunst sich ihrer Rechtfertigung durch die Philosophie entzieht. Für J. J. WINCKELMANN ist die philosophische Ästhetik «leer, ohne Unterricht und von niedrigem Gehalte» [33]. Die Herauslösung des Schönen aus der Tradition der Metaphysik geht einher mit einer Aneignung der griechischen Kunst, die, als vergangene und unwiederholbare erkannt, für das ästhetische Bewußtsein des Kenners gleichwohl zum Medium und zur Norm des Schönen wird, indem es sich die «unendliche Menge erhaltener Werke der Kunst auf einmal gegenwärtig» vorstellt [34]. Hinsichtlich der Relativierung der ästhetischen Normen geht J. G. HERDER weiter, indem er die historische Einmaligkeit jeder Kunst und jedes Kunsturteils anerkennt. «Hier eine ... Gleichheit ..., auch nur Ähnlichkeit anzunehmen, ist ... dem Augenschein entgegen» [35]. Für die K. folgt daraus, daß sie «alles ... innerhalb seiner Grenzen, aus seinen Mitteln und seinen Zwecken» zu beurteilen [36] und «jede Blume an ihrem Ort zu lassen, und dort ganz wie sie ist, nach Zeit und Art von der Wurzel bis zur Krone zu betrachten» habe [37]. Dem Kritiker, der vergangene und gegenwärtige Kunst in gleicher Weise als ein «Pandämonium» [38] vor sich hat, wird die Geschichte zum ästhetischen Gegenstand. Als der «Eingeweihte in die Geheimnisse aller Musen und aller Zeiten» ist er fähig, sich aus den «Unregelmäßigkeiten einer zu singulären Lage loszuwickeln» [39] und sich im historisch-hermeneutischen Verstehen das Schöne als «Saft und Kern aller Geschichte» [40] zur idealen «Vorstellungsart» [41] werden zu lassen, um dadurch dem Anspruch der Geschichte auf integrale Fortführung gerecht zu werden. Die «Divination in die Seele des Urhebers» ist das «tiefste Mittel der Bildung» [42]. In ihr erklimmt der Kritiker «schöpferische Höhen» [43] und wird dem Dichter kongenial. In dem Maße, in dem die Kunst zur absoluten Kunst und zur Darstellung eines außerhalb ihrer selbst nicht mehr Gewußten wird, verzichtet die K. auf präskriptive Aussagen.

Im *Sturm und Drang* nimmt dies die Form an, daß das Schöne sich im Schaffen des Genies verwirklicht und in ihm beschlossen bleibt. Bei K. PH. MORITZ wird die K. zur praxislosen Kontemplation, die der reflexionslosen ästhetischen Produktionskraft prinzipiell nicht beikommt und sich nur «für den Mangel derselben dadurch schadlos hält» [44]. – Der Kritiker – das Wort löst in diesem Zusammenhang gegen Ende des 18. Jh. das ältere

‹Kunstrichter› ab – wird zum besonders begabten Rezipienten einer sich gesellschaftlich separierenden Kunst, begreift sich nicht länger als deren Vermittler zum Publikum und distanziert sich vom Rezensenten, «dem Markthelden der Buchbinder» [45].

10. Nachdem mit KANTS ‹K. der Urteilskraft› auch von der Seite der Philosophie dem ästhetischen Urteil unter Anerkennung einer vorwissenschaftlichen Kommunikationsfunktion jede Erkenntnisfunktion abgesprochen war, zieht in der *Frühromantik* FR. SCHLEGEL die Konsequenz aus der Entwicklung des K.-Begriffs im 18. Jh., indem er K. zu einer «Reflexion im Medium der Kunst» [46] macht. «Poesie kann nur durch Poesie kritisiert werden. Ein Kunsturteil, welches nicht selbst ein Kunstwerk ist, ... hat gar kein Bürgerrecht im Reiche der Kunst» [47]. Neben der Ästhetisierung der Formen der K. in Kunstgedicht, Literatursatire, Essay und Fragment, in denen sie gegen jede «feste Terminologie ankämpft» [48], hat dies vor allem die Bedeutung, daß der Kunst selbst nunmehr durch die Verbindung von Genialität und K. in der «Universalpoesie» und von Poesie und Poesie der Poesie in der «Transzendentalpoesie» [49] jene Potenz zuwächst, durch welche der «innere Zwiespalt und prosaische Gegensatz» der absolut gewordenen Kunst «mit in die Poesie aufgenommen, ihr einverleibt und durch den Zauber der Darstellung selbst in Poesie verwandelt werden soll» [50]. Die Kunst in der Vermittlung von Ironie, Witz und Humor «annihiliert» sich selbst, um dadurch jene Utopie, in der die Kunst ihre verlorene «Objektivität» und Verbindlichkeit wiedergewinnt, der ästhetischen Reflexion aufzugeben und an ihr zu haben. Die «Charakteristik», das «eigentliche Geschäft und innere Wesen der K.» [51], tritt zugleich als gesonderte literarische Form, musterhaft in ‹Über Goethes Meister› (1798), hervor. Die Charakteristik hat die Aufgabe, «Gang und Gliederbau» [52] eines Werkes zu rekonstruieren, gleichzeitig aber darin den Autor «besser zu verstehen als er sich selbst verstanden hat» [53]. Sie reflektiert das Kunstwerk als ein – gemessen an einer weder begrifflich aussagbaren noch modellhaft schon realisierten Idee der Kunst – je Vorläufiges, Fragmentarisches, vollzieht aber darin zugleich die «Tendenz» des Werks, indem dieses wegen seiner prinzipiellen Unabgeschlossenheit, seines Projektcharakters, zu seiner Selbstvollendung der K. bedarf. Die K. umfaßt in unabschließbarer Dialektik eine «historische Konstruktion des Ganzen der Kunst» [54] und ist zugleich die «Mutter der Poetik» [55] und «Organon einer noch zu vollendenden, zu bildenden, ja anzufangenden Literatur» [56]. Allenfalls Gegenstand der *Polemik*, nicht aber der K. sind Produkte, die solcher tentativen Selbstvollendung (Romantisierung) nicht fähig sind. Kriterien dafür sind nicht vorgegeben, sondern Resultat je vorläufiger Synthesen im Prozeß. Im Vorgriff auf eine Kunst, die als das absolut Identische der Fülle der subjektiven Möglichkeiten des Menschen mit der Realität versöhnt, wird die Literatur-K. zum «philosophischen Interim» [57] einer «Enzyklopädie», die die «Anschauung und Anordnung des Ganzen, welches hervorgebracht werden» soll, enthält, von der es aber noch «keine Kenntnis und keinen Begriff» gibt [58]. In der «schöpferischen», «divinatorischen» K. wird so durch «Vermischung und Durchdringung der Vernunft und der Phantasie» [59] philosophisch gerechtfertigte Praxis zu betreiben beansprucht.

11. Nach dem von H. HEINE so benannten *Ende der Kunstperiode* hört die K. auf, die Idee der Kunst zu repräsentieren und verliert die Stellung eines «Mittelglied[es]

der Historie und der Philosophie» [60]. Die hermeneutische Beschäftigung mit vergangener Kunst verselbständigt sich in der Weise, daß sie die poetischen Produkte als «aus der Zeit, aus dem Kreise ihrer Idee, Taten und Schicksale» [61] entstandene und substantiell nicht wieder anzueignende versteht. «Mit ästhetischer K. hat der Literaturhistoriker gar nichts zu tun» schreibt G. G. GERVINUS (1833) [62] programmatisch und folgenreich. Auf der anderen Seite sucht die Literatur-K. den Anschluß an die nicht mehr ästhetisch verstehende Kultur-K. In diesem Zusammenhang geht sie im Jungen Deutschland in Tagespublizistik über.

Gegenüber dem begriffsgeschichtlich sich nicht mehr auswirkenden wechselvollen Selbstverständnis der K. seit der zweiten Hälfte des 19. Jh. macht sich neuestens unter dem Einfluß der Kritischen Theorie und durch die Rezeption der englischen Wortbedeutung, vermittelt vor allem durch den New Criticism, die Tendenz geltend, den Begriff aus seiner Verengung auf journalistische Tages-K. zu befreien und ihn als «akademische Literatur-K.» im Rahmen der Literaturwissenschaft zur Anerkennung zu bringen [63].

Anmerkungen. [1] RE s.v. ‹KRITIKÓS›. – [2] A. POLIZIANO: Prelectio in Priora Aristotele Analytica (Florenz 1492) 26. – [3] Vgl. A. BERNARDINI und G. RIGHI: Il concetto di filol. e di cultura class. nel pensiero moderno (Bari 1947) 51. 100. – [4] FR. BACON, The advancement of learning, hg. W. A. WRIGHT (Oxford ⁵1963) 181f. – [5] Vgl. P. RICHELET: Dict. françois (Genf 1680) s.v. – [6] N. BOILEAU: L'art poétique I, v. 183; III, v. 24; IV, v. 232ff. – [7] R. FONTENELLE, Digression sur les Anciens et les Modernes. Oeuvres complètes (Paris 1818) 2, 358. – [8] a. a. O. 3, 51f. – [9] E. SPRINGARN: Hist. of lit. criticism in the Renaissance (New York 1889) 249. – [10] A. RIVAROL, Oeuvres compl. (Paris 1808) 1/5, 112. – [11] J. HABERMAS: Strukturwandel der Öffentlichkeit (⁵1971) 57. – [12] M. DE LA PLACE: Pièces intéressantes et peu connues pour servir à l'hist. et à la litt. (Paris 1781) 1, 197. – [13] MOLIÈRE, La crit. de l'École des Femmes III. VI. – [14] Vgl. H. R. JAUSS: Ästhet. Normen und gesch. Reflexion in der ‹Querelle des Anciens et des Modernes›, in: M. PERRAULT: Parallèle des Anciens et des Modernes en ce qui regarde les Arts et les Sci., hg. H. R. JAUSS (ND 1964 = Paris 1688-1697). – [15] Encyclop. ou Dict. raisonné..., hg. DIDEROT/D'ALEMBERT (Paris 1751-1765) s.v. ‹critique› (Marmontel) 4, 492. – [16] Vgl. R. KOSELLECK: K. und Krise. Ein Beitr. zur Pathogenese der bürgerl. Welt (²1959) 6. – [17] Encyclop. a. a. O. [15] 495. – [18] CHR. WERNICKE: Überschrifte oder Epigrammata in acht Büchern (1701) Vorrede. – [19] J. U. KÖNIG: Untersuch. von dem guten Geschmack in der Dicht- und Redekunst, in: Des Freiherrn von Canitz Gedichte (1727). – [20] J. CHR. GOTTSCHED: Versuch einer Crit. Dichtkunst (⁴1751, ND 1962) Vorrede zur 2. Aufl. (1737). – [21] a. a. O. 123. – [22] J. J. BODMER: Briefwechsel von der Natur des poet. Geschmacks (1736, ND 1966) 45f. – [23] J. J. BREITINGER: Crit. Dichtkunst (1740, ND 1966) 1, 429ff. – [24] A. G. BAUMGARTEN: Aesthetica (1750, ND 1961) § 5. – [25] B. POPPE: A. G. Baumgarten. Seine Bedeutung und Stellung in der Leibniz-Wolffschen Philos. und seine Beziehung zu Kant. Nebst Veröff. einer bisher unbekannten Handschr. der Ästhetik Baumgartens (1907) 76. – [26] BAUMGARTEN, a. a. O. § 71. – [27] G. E. LESSING, Sämtl. Schr., hg. K. LACHMANN/FR. MUNCKER 9, 3. 66f. – [28] a. a. O. 14, 343. – [29] 9, 66. – [30] a. a. O. 4, 96. St. – [31] a. a. O. 96. St. – [32] 101.-104. St. – [33] J. J. WINCKELMANN, Sämtl. Werke, hg. J. EISELEIN (1825) 1, 240. – [34] a. a. O. 4, 42. – [35] J. G. HERDER, Sämtl. Werke, hg. B. SUPHAN (1877) 4, 36. – [36] a. a. O. 3, 232. – [37] 18, 138. – [38] 18, 57. – [39] 41. – [40] 5, 589. – [41] 18, 57. – [42] 8, 208. – [43] 18, 131. – [44] K. PH. MORITZ: Über die bildende Nachahmung des Schönen. Schr. zur Ästhetik und Poetik, hg. J. SCHRIMPF (1962) 127. – [45] FR. SCHLEGEL, Lit. notebooks 1797-1801, hg. H. EICHNER (London 1957) (= LN) 126. – [46] W. BENJAMIN: Der Begriff der Kunst-K. in der dtsch. Romantik. Schr. (1955) 2, 447. – [47] FR. SCHLEGEL, Krit. A., hg. E. BEHLER (= KA) 2, 162. – [48] LN 685. – [49] KA 2, 182. 204. – [50] Sämtl. Werke (Wien 1846) 8, 151. – [51] Vom Wesen der K. Schr. und Frg., hg. E. BEHLER (1956) 54. – [52] ebda. – [53] LN 983. – [54] a. a. O. [51] 51. – [55] LN 642. – [56] a. a. O. [51] 55. – [57] KA 18, 294, Nr. 1189. – [58] a. a. O. [51] 56. – [59] a. a. O. 59. – [60] 54. – [61] G. G. GERVINUS, Schr. zur Lit., hg. G. ERLER (1962) 156. – [62] a. a. O. 4. – [63] K. der Literatur-K., hg. O. SCHWENCKE (1973) 94. 120.

Literaturhinweise. F. BRUNETIÈRE: L'évolution de la crit. (Paris 1890). – W. BENJAMIN s. Anm. [46]. – G. LUKÁCS: Schriftsteller und Kritiker. Probleme des Realismus (1955) 271ff. – R. WELLEK s. Lit. zu I; dtsch.: Gesch. der Literatur-K. (1959); Wort und Begriff der Literatur-K., in: Grundbegriffe der Literatur-K. (1965). – N. FRYE: Anatomy of criticism (Princeton 1957). – H. R. JAUSS s. Anm. [14]. – R. KOSELLECK s. Lit. zu I. – H. MATTAUCH: Die lit. K. der frühen frz. Zeitschr. (1665-1748) (1968). – A. BAEUMLER s. Lit. zu I. – A. DRESDNER: Die Entstehung der Kunst-K. (²1968). – P. U. HOHENDAHL: Literatur-K. und Öffentlichkeit. Z. Litwiss. u. Linguistik 1 (1970) 11ff. – J. HABERMAS s. Anm. [11]. – H.-D. WEBER: Fr. Schlegels ‹Transzendentalpoesie›. Untersuch. zum Funktionswandel der Literatur-K. im 18. Jh. (1973). – C. VON BORMANN: Der prakt. Ursprung der K. (1974). – K. RÖTTGERS: K. und Praxis. Zur Gesch. des K.-Begriffs von Kant bis Marx (1975).

H.-D. WEBER

Kritik, immanente. I.K. kann erstens als Prinzip des Interpretierens und Verstehens verstanden werden und meint dann die Beurteilung von geschichtlichen Epochen, Kulturen, literarischen Texten usw. nach ihrem «eigenen Maßstab» [1]. Sie kann zweitens auch die Prüfung der inneren, logischen Stringenz und Konsistenz von Theorien ohne Infragestellung ihrer Grundannahmen meinen. In der ersten Bedeutung wurde i.K., die «Beurteilung der Werke an ihren immanenten Kriterien», von W. BENJAMIN in der Abhandlung über den ‹Begriff der Kunst-K. in der deutschen Romantik› (1920) als Programm der Frühromantiker Novalis und F. Schlegel geltend gemacht [2]. Der romantische Begriff der Kunst-K. ist der einer i.K. der Kunstwerke. Das Postulat einer i.K. setzt die Auffassung der Kunst als eines «Reflexionsmediums» und des einzelnen Werks als «Zentrum der Reflexion» voraus [3]. Die K. gehört nach FR. SCHLEGELS 116. Athenäumsfragment zur «progressiven Universalpoesie». Ihre Aufgabe ist es, den sich aufgrund der Reflexion des Künstlers in der Form ausprägenden Prozeß der Selbstreflexion des Werks in Bewegung zu bringen. Die Absicht der i.K. ist «einerseits Vollendung, Ergänzung, Systematisierung des Werkes, andererseits seine Auflösung im Absoluten» [4]. Kriterium für das Kunstwerk ist seine immanente Kritisierbarkeit, d. h. seine Reflexivität, in deren Entfaltung sich das Werk selbst in seiner «Notwendigkeit» (NOVALIS [5]) und damit als zur «Kunst» gehörig ausweist [6].

Berührungspunkte gibt es zwischen BENJAMINS eigenem philosophisch-kritischen Verfahren und dem von den Romantikern geforderten Verfahren der i.K. In seinen frühen Essays über Hölderlin und Dostojewskij sowie über Goethes ‹Wahlverwandtschaften› geht es Benjamin darum, am «Gedichteten» bzw. am ‹Wahrheitsgehalt› die ‹Notwendigkeit› eines Werkes zu erweisen. Das Gedichtete ist die «Sphäre», in der die sprachlichen Elemente des Gedichts in ihrer Verbundenheit die Objektivität des Gehalts erkennen lassen. «Das Gedichtete unterscheidet sich als Kategorie ästhetischer Untersuchung von dem Form-Stoff-Schema entscheidend dadurch, daß es die fundamentale Einheit von Form und Stoff in sich bewahrt und, anstatt beide zu trennen, ihre immanente notwendige Verbindung in sich ausprägt» [7]. Zwischen der aus einem Gedicht zu erschließenden «Aufgabe», dem «Zu-Dichtenden», und der «Lösung» ‹bewegt› sich die i.K.

In der Wissenschaftstheorie TH. W. ADORNOS bezeichnet der Begriff der i.K. das «Ineinander von Verständnis und Kritik» [7a] und damit das Ineinander von Sprach- und Sachkritik. Im Vollzug des Verstehens zielt die i.K. auf das Nichtidentische der ‹Sache› gegenüber dem Begriff, der sie zu denken aufgibt. Adorno nennt dieses Verfahren (nach Hegel) auch «bestimmte Negation». Das dialektische Verfahren der ideologiekritischen Analyse gesellschaftlicher Phänomene muß immanent sein. Im Hinblick auf Kunstwerke wird die Transformation der «Kraft des allgemeinen Begriffs in die Selbstentfaltung des konkreten Gegenstandes» postuliert [8]. Die philosophische Konstruktion der «Idee der Werke und ihres Zusammenhangs» richtet sich auf die innere Konsequenz in der Logik der Objekte, die verfolgt wird, bis sie in deren K. umschlägt: «Das Verfahren ist immanent: die Stimmigkeit des Phänomens, in einem nur an diesem selber zu entwickelnden Sinn, wird zur Bürgschaft seiner Wahrheit und zum Gärstoff seiner Unwahrheit» [9].

Die philosophische i.K. von Kunstwerken untersucht das Verhältnis von Intention und deren Objektivation im Gebilde, wobei ihr die «Bruchlinien zwischen jener und dem Erreichten ... kaum weniger Chiffren von dessen Gehalt sind als das Erreichte» [10]. Nach Adorno *werden* die Kunstwerke erst, was sie sind: so sind sie auf Formen wie «Interpretation, Kommentar, K.» angewiesen, in denen sich der Prozeß, der sie sind, «kristallisiert». «Von innen her, in der Bewegung der immanenten Gestalt der Kunstwerke und der Dynamik ihres Verhältnisses zum Begriff der Kunst, manifestiert sich am Ende, wie sehr Kunst, trotz und wegen ihres monadologischen Wesens, Moment in der Bewegung des Geistes ist und der gesellschaftlich realen» [11].

Dagegen hat Adorno auf die Grenzen einer i.K. hingewiesen, die sich – in der zweiten der am Anfang skizzierten Bedeutung – nur als Überprüfung der logischen Richtigkeit einer Theorie versteht, «ohne auf deren Axiomata einzugehen», wo dieses «Prinzip immanenter Logik», wie in der szientistischen Wissenschaftstheorie, Vorrang vor allen anderen Kriterien genieße [12]. «Cognitive K., an Erkenntnissen und vor allem an Theoremen, untersucht notwendig auch, ob die Gegenstände der Erkenntnis sind, was sie ihrem eigenen Begriff nach zu sein beanspruchen. Sonst wäre sie formalistisch. Nie ist i.K. rein logische allein, sondern stets auch inhaltliche, Konfrontation von Begriff und Sache» [13].

Anmerkungen. [1] E. ROTHACKER: Logik und Systematik der Geisteswiss. (1926) 129 mit Bezug auf die Hist. Schule. – [2] W. BENJAMIN, Schr. I/1 (1974). – [3] a. a. O. 72. – [4] 78. – [5] zit. BENJAMIN, a. a. O. 76. – [6] Zur paradoxen Position der romant. K. zwischen immanentem Werkverständnis und transzendentem Kunstverständnis vgl. C. HESELHAUS: Die Wilhelm-Meister-K. der Romantiker und die romant. Romantheorie, in: Nachahmung und Illusion. Poetik und Hermeneutik 1, hg. H. R. JAUSS (1964) 121. – [7] W. BENJAMIN, Illuminationen. Schr. I/2, 23 (Zwei Gedichte von Friedrich Hölderlin). – [7a] TH. W. ADORNO: Drei Studien zu Hegel. Ges. Schr. 5 (1971) 374. – [8] Philos. der neuen Musik (1958) 31. – [9] a. a. O. 32f.; vgl. auch Noten zur Lit. 1. Ges. Schr. 11 (1974) 51 (Rede über Lyrik und Gesellschaft). – [10] Ästhetische Theorie. Schr. 7 (1970) 227f. – [11] a. a. O. 289. – [12] Einl. zu: Der Positivismusstreit in der dtsch. Soziol. (1969) 8. – [13] a. a. O. 31.　　　　　　　　　　E. KRÜCKEBERG

Kritik, kritische, auch ‹*reine Kritik*› genannt, wird von dem Linkshegelianer BRUNO BAUER (zusammen mit seinem Bruder EDGAR) 1843/44 in Fortführung seiner radikalen Religionskritik und als Konsequenz aus dem Scheitern des philosophisch-politischen Radikalismus der Linkshegelianer und ihrer am «Vernunftstaat» orientierten politischen Kritik (1842/43) zur Form der permanenten, umfassenden Kritik alles Bestehenden entwickelt. Sie kritisiert (einschließlich ihrer eigenen theoretischen Verfestigung) insbesondere jede religiöse, philosophische und politisch-soziale Wahrheit, Idee, Theorie und Institution, die sich gegenüber der im unaufhörlichen, schöpferischen Wandel fortschreitenden histo-

risch-dialektischen Entwicklung des «unendlichen Selbstbewußtseins» zu seiner totalen Freiheit für absolut, normativ oder dauerhaft erklären und so «dogmatisch» werden [1]. Als notwendigerweise «ansichts-, system- und gesinnungslose» Analyse und Erhellung der geschichtlichen Situation der bisherigen Welt wird sie zur Position der freischwebenden Intelligenz [2], die MARX als reines «Kreisen in sich selbst» verspottet [3]. Gleichwohl gab die k.K. den Anspruch nicht auf, die noch unbekannte neue «Weltform» vorzubereiten [4].

Anmerkungen. [1] Allg. Lit.-Ztg (= ALZ) (Mschr. hg. BR. BAUER) 1-12 (1843/44); (²1847: Streit der Kritik mit den modernen Gegensätzen) mit Beitr. von BR. BAUER, E. BAUER, E. JUNGNITZ, SZELIGA u. a.; ferner: Norddtsch. Bl. für Kritik, Lit. und Unterhaltung H. 1-12 (1844/45); (²1846: Beitr. zum Feldzug der Kritik. Norddtsch. Bl. für 1844 und 1845 1. 2); vgl. bes. BR. BAUER: Was ist jetzt der Gegenstand der Kritik? ALZ 8, 21ff.; Die Gattung und die Masse. ALZ 10, 42ff.; E. BAUER: «1842». ALZ 8, 3ff.; SZELIGA: Die Kritik. ALZ 11/12, 25ff.; vgl. auch BR. BAUER: Charakteristik Ludwig Feuerbachs. Wigands Vjschr. 3 (1845) 86ff. – [2] ALZ 8, 7; vgl. 2, 29f.; 6, 31. 34; 8, 8. – [3] FR. ENGELS und K. MARX: Die heilige Familie oder Kritik der k.K. (1845). MEW 2, 151; vgl. dazu G. JULIUS: Der Streit der sichtbaren mit der unsichtbaren Menschenkirche oder Kritik der Kritik der k.K. Wigands Vjschr. 2 (1845); ferner K. SCHMIDT: Das Verstandestum und das Individuum (1846). – [4] ALZ 4, 15.

Literaturhinweise. D. KOIGEN: Zur Vorgesch. des modernen philos. Sozialismus in Deutschland (1901). – D. HERTZ-EICHENRODE: Der Junghegelianer Bruno Bauer im Vormärz (Phil. Diss. Freie Univ. Berlin 1959) mit Lit.　　　　　　　H. STUKE

Kritizismus. – 1. Der Begriff dürfte von KANT in das deutsche philosophische Vokabular eingebracht worden sein, obwohl er ihn nur gelegentlich als Bezeichnung für seine eigene Philosophie gebraucht. 1790 setzt er seine Art zu philosophieren von Dogmatismus und Skeptizismus als den beiden Extremen ab, zwischen denen die Mitte zu suchen ist. Der Dogmatismus habe ein Zutrauen zu metaphysischen Prinzipien ohne vorhergehende Kritik des Vernunftvermögens, der Skeptizismus ein allgemeines unbegründetes Mißtrauen gegen die reine Vernunft: «Der *Kriticism* des Verfahrens mit allem, was zur Metaphysik gehört, (der Zweifel des Aufschubs) ist dagegen die Maxime eines allgemeinen Mißtrauens gegen alle synthetischen Sätze derselben, bevor nicht ein allgemeiner Grund ihrer Möglichkeit in den wesentlichen Bedingungen unserer Erkenntnißvermögen eingesehen worden» [1]. In einer Darlegung der verschiedenen Religionsauffassungen erörtert er 1798 den Ansatz einer auf dem K. gegründeten Religionslehre: «Und so ist zwischen dem seelenlosen *Orthodoxism* und dem vernunfttödtenden *Mysticism* die biblische Glaubenslehre, so wie sie vermittelst der Vernunft aus uns selbst entwickelt werden kann, die mit göttlicher Kraft auf aller Menschen Herzen zur gründlichen Besserung hinwirkende und sie in einer allgemeinen (obzwar unsichtbaren) Kirche vereinigende, auf dem *Kriticism* der praktischen Vernunft gegründete wahre Religionslehre» [2].

In der breit einsetzenden Rezeption der Kantischen Philosophie heißt diese zumeist ‹kritische Philosophie›, ‹kritische Methode› oder ‹Kantisches System›. ‹K.› wird zunächst nur in engster, zum Teil wörtlicher Anlehnung an den Sprachgebrauch verwendet, in dem Kant den Begriff (1790) selbst eingeführt hat, so in den Wörterbüchern der ‹kritischen Philosophie› von G. S. A. MELLIN [3] und F. W. D. SNELL [4].

Die Einstellung F. H. JACOBIS zum K., der für ihn gleichbedeutend mit «Kantischem Kritizismus» und «transzendentalem Idealismus» ist [5], ändert sich im Laufe seiner Entwicklung. Zuerst ist der K. für ihn das

«Kantische Friedensinstrument», das einen Vergleich in dem Krieg herbeiführe, den Verstand und Vernunft gegeneinander führen [6]. Nach diesem Vergleich werde die Vernunft durch den Verstand eingeschränkt. Später wird die Beschränkung der Vernunft durch den Verstand, wie sie der K. fordert, negativ gesehen. Ein solcher K. lasse «den Verstand im Verstande, alle und jede Erkenntnis in einem *Ungrunde* sich verlieren» [7].

J. G. FICHTE bezeichnet den «kritischen» oder «transzendentalen Idealismus» Kants und seiner Nachfolger als «halben Kriticismus», dem er seinen «höhern vollendeten Kriticismus», seinen «vollständigen transcendentalen Idealismus» gegenüberstellt, wie er ihn in seiner ‹Wissenschaftslehre› entwickelt habe [8]. Sein System sei «ächter durchgeführter Kriticismus» [9]. Allerdings akzeptiert er den Kantischen K. wenigstens grundsätzlich, «denn der Grundsatz des Kriticismus, daß wir aus dem Umkreise unseres Bewußtseins nicht heraus können, scheint uns so evident, daß jeder, der ihn nur versteht, ihn nothwendig zugeben müsse» [10]. Der K., den so viele Philosophen für sich in Anspruch nehmen, sei so lange nur ein vermeintlicher, wie sie «nicht begreifen können, *daß* und *wie* das Ich alles, was je in ihm vorkommen soll, lediglich aus sich selbst, ohne daß es je aus sich herausgehe und seinen Zirkel durchbreche, entwickeln könne; wie es denn notwendig sein mußte, wenn das Ich ein Ich sein soll» [11].

F. W. J. SCHELLING gebraucht ‹K.› stets als Gegenbegriff zu ‹Dogmatismus›. Für ihn ist (1795) das Prinzip des Dogmatismus «ein vor allem Ich gesetztes Nicht-Ich, das Princip des Kriticismus ein vor allem Nicht-Ich, und mit Ausschließung alles Nicht-Ichs gesetztes Ich» [12].

In seinen ‹Vorlesungen über die Geschichte der Philosophie› [13] sieht G. W. F. HEGEL den K. zusammen mit dem Skeptizismus als Gegenbewegung gegen die neuzeitliche Metaphysik [14]. Der K. «ist die Kritik, Negation dieser Metaphysik, und der Versuch, das Erkennen für sich selbst zu betrachten, daß die Bestimmungen aus dem Erkennen selbst abgeleitet werden, ... welche Bestimmungen sich aus ihm entwickeln» [15]. Weniger zurückhaltend äußert er sich über den K. in der ‹Enzyklopädie der philosophischen Wissenschaften› (1817): Die Seichtigkeit und der Mangel an Gedanken stemple sich «zu einem sich selbst klugen Skeptizismus und vernunftbescheidenen Kriticismus», die «mit der Leerheit an Ideen in gleichem Grade ihren Dünkel und Eitelkeit steigern» [16]. Der «Kantische Kriticismus» sei «eine Philosophie der Subjectivität, ein subjectiver Idealismus» und stimme mit dem Empirismus «ganz darin überein, daß die Vernunft nichts Übersinnliches, nichts Vernünftiges und Göttliches erkenne. Sie bleibt in dem Endlichen und Unwahren stehen, nemlich in einem *Erkennen*, das nur subjectiv eine Äußerlichkeit und ein *Ding-an-sich* zu seiner Bedingung hat, welches die Abstraction des Formlosen, ein leeres Jenseits ist» [17].

A. SCHOPENHAUER sieht im K. eine Stufe im geschichtlichen Fortgang des philosophischen Denkens. Die Philosophie aller Zeiten schwinge hin und her «zwischen *Rationalismus* und *Illuminismus*, d. h. zwischen dem Gebrauch des objektiven und der subjektiven Erkenntnisquelle» [18]. Der Rationalismus trete mit dem nach außen gerichteten Intellekt als sich objektiv verstehender Dogmatismus auf. Jener werde abgelöst durch die negierende Auffassung des Skeptizismus. Die Synthese sei der zur Transzendentalphilosophie werdende K., «jede Philosophie, welche davon ausgeht, daß ihr nächster

und unmittelbarer Gegenstand nicht die Dinge seien, sondern allein das menschliche *Bewußtsein* von den Dingen, welches daher nirgends außer acht und Rechnung gelassen werden dürfe» [19].

Anmerkungen. [1] I. KANT: Über eine Entdeckung nach der alle neue Kritik der reinen Vernunft durch eine ältere entbehrlich gemacht werden soll (1790). Akad.-A. 8, 226f. – [2] Der Streit der Fakultäten (1798). Akad.-A. 7, 59. – [3] G. S. A. MELLIN: Kunstsprache der krit. Philos. (1798) 151; Encyclop. Wb. der krit. Philos. (1800) 3/1, 722. – [4] F. W. D. SNELL: Über philos. Critizismus in Vergleichung mit Dogmatismus und Skeptizismus (1802). – [5] Vgl. F. H. JACOBI: David Hume über den Glauben, oder Realismus und Idealismus. Ein Gespräch. Vorrede (1815). Werke 2 (1815) 18. – [6] Vgl. Über das Unternehmen des Kriticismus, die Vernunft zu Verstande zu bringen und der Philos. überhaupt eine neue Ansicht zu geben. Vorbericht (1801 in Reinholds Beitr. H. 3). Werke 3 (1816) 81f. – [7] a. a. O. [5] 18; vgl. 44. – [8] Vgl. J. G. FICHTE: Versuch einer neuen Darstellung der Wissenschaftslehre (1797). Akad.-A. I/4 (1970) 202-204. – [9] Grundl. der ges. Wissenschaftslehre. Vorrede (1795). Akad.-A. I/2, 254. – [10] Rez. des J. für Wahrheit, Zweites Stück (1797). Akad.-A. I/4 (1970) 435. – [11] Grundlage der gesamten Wissenschaftslehre (1794). Akad.-A. I/2, 419. – [12] F. W. J. SCHELLING: Vom Ich als Prinzip der Philos. oder über das Unbedingte im menschl. Wissen (1795). Werke, hg. M. SCHRÖTER 1 (1927) §§ 4. 94; vgl. Philos. Briefe über Dogmatismus und Kriticismus (1795) a. a. O. – [13] G. W. F. HEGEL, Werke, hg. H. GLOCKNER 6, 7. – [14] Vgl. a. a. O. 328ff. – [15] 330. – [16] Enzyklop. der philos. Wiss. Vorrede a. a. O. 6, 7. – [17] § 33 = 6, 46. – [18] A. SCHOPENHAUER: Parerga und Paralipomena (1851) Kap. 1, § 10. Werke, hg. A. HÜBSCHER (1950) 6, 9. – [19] a. a. O. 9f.

2. Während in der Kantrezeption – ob zustimmend oder kritisierend – ‹K.› allgemein in unscharfer Bedeutung Kants Philosophie insgesamt oder seine Erkenntniskritik meinte und deshalb synonym mit verschiedenen anderen Bezeichnungen für die Philosophie Kants gebraucht wurde, versucht W. T. KRUG bereits 1827 eine begriffliche Präzisierung. Er unterscheidet zwischen ‹kritischer Philosophie› und ‹K.›. Eine Philosophie sei kritisch, wenn sie – nach dem Vorbild der Philosophie Kants – darauf gerichtet sei, «das geistige Vermögen des Menschen vollständig zu ermessen nach dessen ursprünglichen Bedingungen, Gesetzen und Schranken». Die «einer solchen Philosophie angemessene Methode des Philosophierens (das kritische Verfahren in der Philosophie) heißt der K.» [1]. Wichtig sei, «daß *kritische* und *kantische* Philosophie, so wie K. und *Kantizismus*, ja nicht miteinander verwechselt werden dürfen» [2]; denn alles Individuale sei notwendig einseitig und beschränkt. Der Kantizismus verhalte sich zum K. «wie der Pyrrhonismus zum Skeptizismus oder der Platonismus zum Dogmatismus» [3].

Krugs Versuch einer Präzisierung der Termini bleibt in seiner und der nachfolgenden Zeit ohne Wirkung. ‹K.› wird weiterhin ohne Einengung auf die Bedeutung einer bestimmten Methode des Philosophierens gebraucht, wie es Krug vorschlägt. Erst im *Neukantianismus* wird – ein halbes Jh. später – zwischen Kantianismus und K. unterschieden. So ist für A. RIEHL K. «die Methode, die erkenntnistheoretischen Fragen unabhängig von jeder psychologischen Annahme zu lösen; die Methode, statt die äußere Erfahrung durch die innere zu kritisiren, die Grundbegriffe der Erfahrung überhaupt, also der äußeren wie der inneren zumal, auf ihren Wahrheitsgehalt, d. i. ihre objective Giltigkeit zu prüfen» [4]. Kants Verdienst sei es gewesen, die Methode am gelungensten in seinem System ausgeprägt zu haben. Gleichwohl sei K. nicht ausschließlich die Philosophie Kants; die kritische Denkart oder ‹kritische Philosophie› (von Riehl synonym mit ‹K.› gebraucht [5]) sei vielmehr bereits im Altertum nachzuweisen – so bei den

Eleaten, Demokrit oder der Stoa [6]. Obwohl Riehl hierauf hinweist, arbeitet er die Geschichte des K. doch nur insoweit auf, wie sie als unmittelbare Voraussetzung für Kants K. von Bedeutung ist. Er beginnt mit *Locke*, den er «als Begründer des psychologischen K.» bezeichnet [7], weil der englische Philosoph durch psychologische Zergliederung auf den Ursprung der Begriffe zurückgegangen sei. Die «zweite Epoche des K.» sei «Hume's skeptischer K.» [8], der sich gegen *alle* Begriffe der Metaphysik richte. Der *Hume* fälschlich vorgeworfene Skeptizismus sei «nur das methodische Mittel», mit dem das Prinzip der «Positivität des Denkens» erwiesen werde, welche das Denken auf den Kreis des Erfahrungsmäßigen beschränke [9]. *Kants* Leistung bestehe darin, das Kriterium gefunden zu haben, «das der Kriticismus seit Locke suchte: der Antheil des Subjects an Erkennen ließ sich bestimmt von dem Antheil des Objects unterscheiden. Alles nur Formale der Erkenntnis entspringt aus dem Subjecte, alles Materielle der Erkenntniß ist objectiv» [10]. – Seit Lockes Versuch über den menschlichen Verstand sei «die Philosophie in einer inneren Krisis begriffen, die entweder zu ihrer Umgestaltung oder zu ihrer Auflösung führen muß. Man nennt diese Krisis der Philosophie den philosophischen Kriticismus; kürzer und einschneidender könnte sie als Kritik der Philosophie bezeichnet werden» [11]. Der K. sei ursprünglich eine «innere Angelegenheit der Philosophie» gewesen [12]; er habe die metaphysische Erkenntnis zu kritisieren gehabt, sei davon ausgehend aber zu «einer allgemeinen Erkenntniskritik, zur Grundlegung der Theorie der Wissenschaft» geworden [13]. «Der Kriticismus ist die Zerstörung der transcendenten, die Grundlegung der positiven Philosophie. Seine positive Richtung unterscheidet ihn von bloßer Skepsis. Er zweifelt, nicht um zu verwerfen, sondern zu begründen. Zwar ist er nicht selbst schöpferisch, aber er befreit die schaffenden Kräfte» [14]. Damit weise er «die Philosophie auf die Bahn einer fortschreitenden Wissenschaft. Schon aus diesem Grunde wäre das Beharrenwollen auf der von Kant erreichten Position gegen den Geist des Kriticismus» [15].

Gegenüber Riehl, der das negative Moment des K. betont, weist K. STERNBERG auf das konstruktive Moment des K. hin, da er Rationalismus und Empirismus ihren berechtigten Kern zuerkennt und dadurch eine «Brücke zwischen den beiden feindlichen Richtungen» schlägt [16].

Um 1900 wird die Auseinandersetzung mit Kant zur vorherrschenden Mode in der Universitätsphilosophie, und bald zeichnen sich verschiedene Richtungen ab, in die sich diese Strömung des Philosophierens aufgliedert. Der Philosophiehistoriker T. K. ÖSTERREICH bezeichnet sie als ‹K.›, ‹Neokritizismus› oder ‹Neukantianismus› und unterteilt sie im vierten Band von FR. UEBERWEGS ‹Grundriß der Geschichte der Philosophie› (^{12}1923) in sieben verschiedene Richtungen: die physiologische (*Helmholtz*), die metaphysische (*Liebmann, Volkelt*), die realistische (*Riehl*), die logizistisch-methodologische (*Cohen, Natorp, Cassirer*), die werttheoretische (*Windelband, Rickert, Münsterberg*), die relativistische (*Simmel*) und die psychologistische (*Nelson*).

Für L. NELSON ist das allein richtige Verfahren zu philosophieren die von Kant entdeckte Kritik der Vernunft. Dieses Verfahren bezeichnet er als ‹kritische Methode› und als ‹K.› [17]. Die Kritik der Vernunft müsse nach psychologischer Methode bearbeitet werden, und das habe *Fries* geleistet. Daß der Neukantianismus Fries

und die von ihm aufgezeigte psychologische Natur der Kritik ignorieren könne, habe seinen Grund in dem Mißverständnis des Begriffs des Transzendentalen. Im Rahmen seiner philosophischen Rechtslehre entwickelt Nelson in Abgrenzung zu juristischem Empirismus, Mystizismus, Ästhetizismus, Logizismus die Konzeption eines juristischen K., der dadurch charakterisiert sei, daß er von einem Prinzip a priori ausgehe, zu dem man durch Nachdenken gelangen könne [18]. – Ausgehend von der mathematischen Axiomatik entwickelt er einen ethischen K., der die einzige wissenschaftliche Ethik sei und sich auf die reine praktische Vernunft gründe [19].

W. WUNDT faßt unter ‹K.› alle Richtungen des Denkens, «die sich den Erkenntnisproblemen und ihren Lösungsversuchen zweifelnd, kritisch prüfend gegenüberstellen und die sich bei dieser Prüfung solcher Voraussetzungen enthalten wollen, die nicht selbst kritisch untersucht und als einwandfrei bewährt sind. Der allgemeine Standpunkt des K. ist demnach der einer möglichst voraussetzungslosen Untersuchung des Erkenntnisvermögens und der Erkenntnisquellen» [20]. Damit bekommt der Terminus eine neue grundsätzliche Bedeutung. Seit Kant bis in den Neukantianismus wurden mit ihm die Lösungsversuche auf Kants Frage nach der Möglichkeit von synthetischen Urteilen a priori bezeichnet; Wundts Definition von ‹K.› zielt auf die umfassende kritische Prüfung aller Voraussetzungen der Erkenntnis, ohne daß dabei die Frage nach synthetischen Urteilen a priori konstitutiv ist.

Das Erstarken von Lebens- und Existenzphilosophie drängt den K. in all seinen Formen in der Folgezeit stark in den Hintergrund, so daß der Begriff seine zentrale Stellung in der philosophischen Diskussion verliert.

Anmerkungen. [1] W. T. KRUG: Allg. Handwb. der philos. Wiss. 2 (1827) 568. – [2] a. a. O. 569. – [3] Hb. der Philos. (^{3}1828) § 96; ND, hg. L. GELDSETZER (1969) 106. – [4] A. RIEHL: Der philos. Kriticismus und seine Bedeutung für die positive Wiss. 1: Gesch. und Methode des philos. K. (1876) V. – [5] a. a. O. 1. – [6] III. – [7] 19. – [8] 63. – [9] 64. – [10] 446f. – [11] a. a. O. 2/2: Zur Wissenschaftstheorie und Met. (1887) 1. – [12] a. a. O. 1, 1. – [13] ebda. – [14] ebda. – [15] ebda. – [16] K. STERNBERG: Einf. in die Philos. vom Standpunkt des K. (1919) 49. – [17] Vgl. L. NELSON: Die krit. Methode und das Verhältnis der Psychol. zur Philos. (1904). Ges. Schr. 1 (1970) 37. – [18] Vgl. System der philos. Rechtslehre und Politik (1924) a. a. O. 6 (1964) 36f. – [19] Vgl. Vorles. über die Grundl. der Ethik 1: Kritik der praktischen Vernunft (1917) 628. – [20] W. WUNDT: Einl. in die Philos. (1901, ^{6}1914) 315.

3. Der Begriff des K. wird in der Gegenwartsphilosophie erneut verwendet. Als K. wird jetzt das erkenntnis- und wissenschaftstheoretische Falsifikationsprogramm bezeichnet, das K. R. POPPER bereits 1934 in seiner ‹Logik der Forschung› unter den Begriffen ‹kritische Methode› und ‹kritischer Rationalismus› vorgestellt hatte [1]. Poppers kritischen Rationalismus bezeichnet H. ALBERT als «neuen K.» [2]. Dieser neue K. reformiere den Empirismus, indem er die Dogmatisierung der Erfahrung eliminiere [3]. Er habe nicht halt zu machen bei Fragen der Erkenntnislogik, sondern sei ein «Denkstil» [4], der für alle Bereiche menschlichen Denkens relevant sei. Im Bereich der Ethik müsse der K. dazu führen, «ethische Aussagen und Systeme nicht als *Dogmen*, sondern als *Hypothesen* zu behandeln» [5]. Mit der Möglichkeit, Alternativen zu entwickeln, eröffne der K. den Weg zu einem «ethischen Pluralismus» [6]. Ebenso führe die Anwendung des kritizistischen Denkstils im Bereich der Politik zu einem «sozialen und politischen Pluralismus» [7]. Eine vom Programm des K. getragene Ideologie-

kritik habe die Aufgabe, irrationale und irrelevante Arten der Argumentation aufzudecken, und das sei Aufklärung [8].

H. LENK wendet sich dagegen, diese Art des Philosophierens ‹kritischen Rationalismus› zu nennen, da der Ausdruck ‹Rationalismus› philosophiehistorisch «für die Letztbegründungsphilosophien in der Nachfolge des intellektualistischen Rationalismus Descartes' reserviert» sei [9], deren Unhaltbarkeit H. Albert erwiesen habe [10]. Die an Popper anschließende Philosophie sei vielmehr «rationaler K.» [11], der alle seine Aussagen der Prüfung und Bewährung gegen Kritikversuche aussetze. Dadurch nähere sich das Philosophieren dem «entwerfenden, probierenden und kontrollierenden Denkstil der exakten Wissenschaften» [12], und durch die Möglichkeit zur Konstruktion von Alternativen gerate «die Philosophie praxisnäher, konstruktiver, zukunftsorientiert» [13].

Ein besonders schwieriges Problem – auf das H. Lenk aufmerksam macht – ist für den rationalen K. die mögliche Kritik seiner eigenen Voraussetzungen; denn es gehört zu seinem ausdrücklichen Programm, daß alles – gerade auch alle Voraussetzungen jedes Philosophierens – der Kritik zugänglich zu machen ist. Wenn man rationales Kritisieren als folgerichtiges Kritisieren auffasse, «so folgt man damit zugleich Regeln, die als die konsequenzlogischen gedeuteten werden können. Mit dieser Deutung ist die Konsequenzlogik konstitutiver Bestandteil der rationalen Kritik» [14]. Ein Aufgeben dieser Logik sei zugleich eine Preisgabe des rationalen K. selbst. Damit ist aber diese Logik selbst der Kritik entzogen.

Anmerkungen. [1] Vgl. I. LAKATOS: Criticism and the methodol. of sci. res. programs. Proc. Arist. Soc. 76 (1968/69) 149ff. – [2] H. ALBERT: Traktat über krit. Vernunft (1968) 6. – [3] Vgl. a. a. O. 53. – [4] 88. – [5] 75. – [6] 78. – [7] 174. – [8] Vgl. 88f. – [9] H. LENK: Philos. im technol. Zeitalter (1971) 140 Anm. 47; vgl. auch: Philos. Logikbegründung und rationaler K. Z. philos. Forsch. 24 (1970) 197f. – [10] Philos. im technol. Zeitalter a. a. O. 42. – [11] 32. – [12] 33. – [13] ebda. – [14] Philos. Logikbegründung ... a. a. O. [9] 204. W. NIEKE

Krokodilschluß (κροκοδ(ε)ιλίτης scil. λόγος, crocodilina scil. ambiguitas [1]) heißt ein zuerst für die *Stoiker* [2] bezeugter «sophistischer» Fangschluß vom Typ eines Dilemma, der als «Umkehrschluß» (ἀντιστρέφων [3]) scheinbar einander widersprechende Aussagenpaare erlaubt: Eine Mutter erbittet Freilassung ihres von einem Krokodil geraubten Kindes. Das Krokodil fordert eine zutreffende Aussage über seine Absicht. Die Mutter antwortet «Du gibst es nicht heraus» und behauptet, nun müsse sie das Kind in jedem Fall zurückerhalten: entweder, weil das Krokodil es ohnehin zurückgeben wolle, oder weil sie bedingungsgemäß die negative Absicht erraten habe. Das Krokodil erwidert, es werde die Bitte in keinem Fall erfüllen: entweder, weil seine positive Absicht nicht erraten sei, oder auf Grund des negativen Aussageinhalts [4]. Auch der angebliche Streit zwischen Protagoras und Euathlos um die Honorarzahlung für dessen Rednerausbildung [5] wurde gelegentlich als ‹K.› bezeichnet [6].

Anmerkungen. [1] QUINTILIAN, Inst. orat. I, 10, 5. – [2] SVF 2, 286. – [3] GELLIUS, Noctes Atticae 5, 10. – [4] Alte (jedoch unvollständige) Fassungen bei LUKIAN, Vitarum auctio 22; Scholion zu HERMOGENES bei CH. WALZ, Rhetores Graeci 7, 163. – [5] Älteste Erwähnung bei ARISTOTELES, Frg. 66 ROSE; vgl. DIOGENES LAERT. IX, 56; GELLIUS, a. a. O. [3]. – [6] SVF 2, 286.

Literaturhinweis. H. BARGE: Der Horn- und Krokodilschluß. Arch. Kulturgesch. 18 (1928) 1ff. E. G. SCHMIDT

Kult (lat. cultus von colere). – A. *Antike, Patristik und Mittelalter.* – 1. Die Etymologie zeigt nicht, daß ‹cultus› als Begriff bereits Übersetzung und Spezifizierung ist. ‹Cultus› gewinnt seinen philosophisch-theologischen Sinn in einer Spezifikation eines weiten Begriffsfeldes, das von Ackerbau bis Kultur reicht [1]. In diesem Bereich sind ‹cultus› und ‹colere› Übersetzung von λατρεία und λατρεύειν mit einer gewissen Affinität zu λειτουργία. Beide Begriffe werden in der ‹Septuaginta› zu Fachausdrücken des kultischen Bereichs (im Profangriechischen sind sie nicht philosophisch-theologisch spezifiziert) und übersetzen hebräisch *ăbōdā* bzw. *ăbād* [2]. Normalerweise wird der Unterschied von λειτουργία und λατρειά mit Priesterdienst und Opferdienst angegeben [3], aber diese Zuordnung läßt sich schon nicht mehr ins Neue Testament übertragen. Denn schon PAULUS normiert und vergeistigt λατρεία, indem er das neutestamentliche Opfer dem alttestamentarisch-fleischlichen entgegensetzt, so daß λατρεία, seiner Sinnlichkeit beraubt, im Römerbrief 12, 1 in λογικὴ λατρεία gipfelt; LUTHER übersetzt: «vernünfftiger Gottesdienst» [4].

Der christlich normierte Begriff von λατρεία traf auf einen lateinischen Begriff von cultus, in dessen weitem Bedeutungsfeld ‹cultus deorum› eine Variante war, die CICERO an die stoische Theologie gebunden und so in einen religionsphilosophischen Rahmen gestellt hatte [5]. Die Begründung des cultus in der stoischen Theologie, die an die Staatsreligion geknüpft ist [6], berührt schon bei Cicero den ethisch-politischen Bereich: «cultus autem deorum est optumus idemque castissimus atque sanctissimus plenissimusque pietatis, ut eos semper pura integra incorrupta et mente et voce veneremur» (Der beste, reinste, heiligste und pietätvollste K. der Götter ist, sie immer mit lauterem, schuldfreiem unverdorbenem Herzen und Mund zu verehren) [7]. Die Bindung an den Staat trennt bereits bei Cicero den K. vom Aberglauben, denn der Staats-K. garantiert das rechte Maß der Religion [8].

Bei der Übernahme des K.-Begriffs ins Christentum kam es darauf an, den K. neu zu normieren und den paulinisch-pneumatischen Sinn von λατρεία dem stoischen K.-Begriff überzustülpen. LACTANZ begründete denn auch die von Cicero geknüpfte Verbindung von K., Philosophie und Recht [9] neu, indem er an christlichen Monotheismus orientierte: «Ergo in Dei agnitione et cultu rerum summa versatur: in hoc est spes omnis ac salus hominis; hic est sapientiae gradus primus, ut sciamus quis sit nobis verus pater» (Also besteht in der (An-)Erkenntnis und Verehrung Gottes das Wesentliche: hierin liegt alle Hoffnung und das Heil des Menschen; dies ist der erste Schritt zur Weisheit, daß wir wissen, wer unser wahrer Vater ist) [10]. Diese christlich-monotheistische Fixierung des K. wird bei AUGUSTINUS exegetisch fundiert. Er gibt ein Übersetzungsspektrum von λατρεία, wobei er den Begriff ‹cultus› zunächst allgemein auffaßt, um ihn dann durch die Verbindung ‹cultus Dei› [11] zu normieren, eine feste Wendung, die erst durch die Schärfe und den Absolutismus des augustinischen Gottesbegriffs ihre Prägnanz erhält.

2. In dieser Bedeutung war der Begriff ‹K.› für das Mittelalter richtungsweisend. Zwar meint ‹K.› in Randgebieten noch allgemein Götterverehrung, wie Cicero festlegte, aber in monotheistischen Religion kann sich K. eigentlich nur auf den einen Gott beziehen. So bekommt und behält ‹cultus› im Mittelalter einen normativen Drall. THOMAS VON AQUIN übernimmt den von Augustin auf den christlichen K. zentrierten Begriff und ordnet ihn in seinen Zusammenhängen neu: in seiner

Relation zur natürlichen und biblischen Offenbarung und in seiner Finalität zu Gott. Auch wenn das Randgebiet des K., der «cultus falsorum deorum» [12], noch mit dieser Bezeichnung versehen bleibt, so gibt doch die durch Schöpfung garantierte analogia entis schon den Maßstab für den rechtverstandenen K. her: «In statu legis naturae homines nulla lege exterius data, sed solo interiori instinctu movebantur ad Deum colendum» (Im Stand der Natur wurden die Menschen durch kein von außen gegebenes Gesetz, sondern nur durch inneren Antrieb bewogen, Gott zu verehren) [13]. Der Status des Naturstands ist freilich durch die Erbsünde verdunkelt, eine Voraussetzung für die notwendigen K.-Vorschriften der Schrift im Sabbatgebot und in den kirchlichen Sakramenten [14]. Hier wird der K. in seiner konstitutiven Bedeutung für den Religionsbegriff (wie ihn bereits Cicero und Augustin [15] betont hatten) in aristotelisierender Methode klassifiziert: «Religio est quae Deo debitum cultum affert. Duo igitur in religione considerantur: unum quidem quod religio Deo affert, cultus scilicet: et hoc se habet per modum materiae et obiecti ad religionem. Aliud autem est cui id affertur, scilicet Deus» (Religion ist, was Gott die geschuldete Verehrung verschafft. Zweierlei wird also bei der Religion bedacht: einmal das, was sie Gott darbringt, nämlich Verehrung: und dies verhält sich zur Religion wie deren Materie und Objekt. Zum anderen aber, wem es verschafft wird, nämlich Gott) [16]. Der K.-Begriff, so mit dem Religionsbegriff gekoppelt, wird legitimationspflichtig. Dies ergibt sich nach Thomas aus der Unterscheidung von ‹cultus exterior› und ‹cultus interior› [17], die er – paulinische Gedankengänge aufnehmend [18] – an die biblische Offenbarung anlehnt. Dabei prävaliert im Alten Testament mangels christlicher Offenbarung der äußere K., im Neuen Testament der christliche cultus interior: «qui consistit in oratione & devotione» (der in Gebet und Hingabe besteht) [19]. Beider Verhältnis ist in den neutestamentlichen Sakramenten «in remedium peccati et ad cultum divinum» (auf die Heilung der Sünde und auf den Dienst Gottes hin) [20] neu ausgewogen, denn die Überbetonung des äußeren K. auf Kosten des inneren ist lügenhaft und definiert zureichend den thomistischen Begriff vom Aberglauben [21].

Anmerkungen. [1] Vgl. Thes. ling. lat. s.v. ‹cultus›. – [2] H. STRATHMANN: Art. ‹LATREÍA/LEITOURGÍA›, in: G. KITTEL (Hg.): Wb zum NT 4 (1952); z. B. Ex. 12, 25, 26; Jos. 27, 27. – [3] a. a. O. 65. – [4] M. LUTHER: Die gantze Heilige Schrifft Deudsch (1534); ND, hg. H. VOLZ (1972) 2289. – [5] CICERO, Tusc. Disp. I, 64. – [6] De nat. deor. II, 2ff. – [7] a. a. O. II, 28. – [8] II, 28f. – [9] LACTANZ, Divin. inst. VI: De vero cultu 2. MPL 6, 640. – [10] a. a. O. 9 = 666. – [11] AUGUSTIN, De civ. Dei X, 1. MPL 41, 2781. – [12] THOMAS VON AQUIN, S. theol. II/II, 122, 2. – [13] a. a. O. III, 60, 5, 3. – [14] II/II, 122, 4; III, 60, 5. – [15] CICERO, a. a. O. [8]; AUGUSTIN, De civ. Dei. MPL 41, 175. – [16] THOMAS VON AQUIN, S. theol. II/II, 81, 5 resp.; vgl. II/II, 122, 4 resp. – [17] a. a. O. II/II, 122, 4 resp. – [18] Vgl. Anm. [4]. – [19] S. theol. II/II, 122, 4 resp. – [20] a. a. O. III, 63, 6 resp. – [21] II/II, 92. 93.

B. *Von der Reformation bis zum deutschen Idealismus.* – 1. Der normative K.-Begriff, bei dem Sakrament und Devotion prävalierten, hielt sich so bis zur *Reformation.* Danach wird es durch den Verlust der kirchlichen Einheit und der lateinischen Einheitssprache schwierig, die Begriffsgeschichte von K. an der Wortgeschichte zu orientieren. LUTHER übersetzte das neutestamentliche λατρεία mit ‹Gottesdienst› [1], gleichzeitig wurden im Feld von ‹K.› Begriffe wie ‹Ritus, Zeremonie, Liturgie› virulent, deren Distanz oder Konvenienz zu K. nicht mehr auszumachen war.

Jedenfalls spaltete die Reformation den normativen Begriff des K. in einen opferbetonten katholischen und einen wortbetonten protestantischen Teil. Luther normierte 1523 die «Ordnung gottis diensts yn der Gemeyne» neu und wandte sich zugleich gegen Mißbräuche und Werkfrömmigkeit: «Darumb, wo nicht gotts Wort predigt wirt, ists besser, das man widder singe noch leße, noch zusamen kome» [2]. Die Richtung, in die CALVIN die K.-Norm drängte, entsinnlichte den Begriff weiter auf reine Spiritualität [3] hin: «Non aliter acceptae sunt Deo caeremoniae quam dum ad spiritualem Dei cultum referuntur» (Zeremonien sind Gott nur gefällig, solange sie sich auf die geistige Verehrung Gottes beziehen) [4]. Dabei gelten die Zeremonien als kontingent: «cultum Dei non fuisse affixum caeremoniis» (... die Verehrung Gottes war nicht an Zeremonien gebunden) [5]. ZWINGLI drang aufgrund der K.-Unsicherheit in der Reformation – ähnlich wie Luther in der Deutschen Messe – auf eine schnelle Normierung des K. [6]. Mehr als in der strafferen Synodalverfassung der Calvinisten forderte im zunächst locker organisierten Luthertum die Auflösung der alten K.-Norm eine neue Rechtsgarantie für den rechten K. So entstanden im norddeutschen Raum Organisationsformen von K. und Kirche am Modell der *Bugenhagenschen Kirchenordnungen* (1528ff.) [7], im süddeutschen Raum am Modell der *Nürnbergisch-Brandenburgischen Kirchenordnungen* (seit 1533) [8]. Damit gab es schon elf Jahre nach Beginn der Reformation eine neue Normierung der «cerimonien, de sich mit Gades wörde unde deme christenen loven wol mögen vordragen» [9], und die in der Ausbildungs- und K.-Ordnung duch «eyn erbar radt unde de ganze Stadt edder gemeyne» [10] kontrolliert und garantiert werden.

2. Der neuen protestantischen K.- und Kirchennorm setzte das *Tridentinum* 1562 eine neue, sinnliche, opferbetonte Meß-, Eucharistie- und Kirchenordnung entgegen [11]. PIUS V. erließ 1566 «ordinationes circa observantiam divini cultus in ecclesia» [12]; 1568 erschien ein normatives Brevier, 1570 ein Missale und 1596 ein Pontificale. Der spanische Jesuit F. SUÁREZ faßte die nachtridentinische Position des Kultbegriffs in Anlehnung an Thomas von Aquin zusammen [13]. Dabei kam es ihm auf die Richtungsgleichheit von Natürlichkeit des K. und kirchlich tradierter K.-Norm an. Diese naturrechtlich [14], völkerrechtlich [15] und anthropologisch [16] verankerte Konvenienz legitimierte K. und Kirche, band aber den natürlichen K. wohl aus missionarischen Gründen nicht zu eng an die Kirchenordnung [17]. Andererseits deduzierte Suárez die positive, zugleich natürliche Norm des ‹externen› Werk-K. für das kanonische Recht bis in die Einzelheiten der Heiligenverehrung aus Offenbarung und Tradition [18]. Dergestalt konstituierte dann der K. die Religion, eine Voraussetzung für den Vorwurf der Werkfrömmigkeit [19].

Die Normen der Spätscholastik retteten sich über die Aufklärung hinweg bis ins 19. und 20. Jh. [20] und lieferten die Kategorien für den Abschnitt ‹Cultus› im ‹Codex iuris canonici›: «Sanctissimae Trinitati, singulis eiusdem Personis, Christo Domino, etiam sub speciebus sacramentalibus, debetur cultus latriae; Beatae Mariae Virginis cultus hyperduliae, aliis in coelo regnantibus cultus duliae» (Der Allerheiligsten Dreieinigkeit, ihren einzelnen Personen und Christus dem Herrn, auch unter den sakramentalen Gestalten, wird der K. der Gottesverehrung geschuldet; der seligen Jungfrau Maria der K. eines übergroßen Dienstes, den übrigen Himmelsmächten der des [einfachen] Dienstes) [21]. Sie beeinflußten

noch die Liturgiebewegung der evangelischen Kirchen
in den zwanziger Jahren des 20. Jh. (R. OTTO; G. MEN-
SCHING), finden sich verändert, aber benutzt in J. PIEPERS
Wendung des repräsentativen K. als Freiraum vom Ar-
beitszwang: «Das festlichste Fest ... ist der K.» [22], ehe
sie von der Liturgiereform des zweiten Vaticanums neu-
gefaßt und dem Lehr-K. des Protestantismus angenähert
wurden [23].

3. Aber in den ersten Jh. nach der Reformation war
der K. nicht mehr einheitlich normierbar. Zwar wollte
LEIBNIZ im ‹Systema theologicum› (1690) die protestantische Innerlichkeit mit dem repräsentativen K. unter
ästhetisierenden Kategorien und mit dem Hinweis auf
Gottes Wohlgefallen an sinnlicher Schönheit zu seiner
Ehre koppeln [24], aber sein Vorschlag blieb unbekannt
und lange Zeit ungedruckt [25]. Die gegenseitige Polemik
der Kirchen und die Verfestigung ihrer Rechtsordnun-
gen machten die kirchlichen K.-Normen unvereinbar.
Das hatte Konsequenzen: Die K. und ihre Ansprüche
wurden relativiert, ‹K.› näherte sich dem Begriffsfeld
von ‹idolatria› und ‹superstitio› [26] an, und der Vorwurf äußerlicher Sinnlichkeit provozierte eine Umwertung des K.-Begriffs insgesamt. Während SUÁREZ noch
recta ratio, Naturbegriff und kirchliche Tradition koinzidieren lassen konnte, verlor der K.-Begriff in der Konfrontation von Vernunft, Tradition und Geschichte trotz
Anerkennung der Offenbarung schon bei CHR. THOMA-
SIUS seine naturrechtliche Legitimation [27].

Als schließlich die Offenbarung an der Rationalität
gemessen und zur vernünftigen Lehre spiritualisiert wurde, war der K. überflüssige Äußerlichkeit, er degene-
rierte zu Aberglaube und Götzendienst. Unter den Bedingungen des *Deismus* und der aufgeklärten natürlichen
Theologie ergaben sich aus diesen Umwertungen staats-
und rechtspolitische Konsequenzen sowie Probleme der
Neudefinition und der legitimierenden Entstehungstheo-
rien von K. HERBERT VON CHERBURY nahm den K. in
seine Essentials des Deismus auf: «Nempe (I) Esse Deum
summum, (II) Coli debere, (III) Virtutem, Pietatemque
esse praecipuas partes Cultus divini ...» (1. Es gibt einen
höchsten Gott, 2. Er muß verehrt werden, 3. Tugend und
Frömmigkeit sind die hauptsächlichen Teile des göttlichen
K.) [28]. Diese Reduktion des wahren K. auf allgemeine
Grundsätze aufgeklärter Ethik – «virtusque illa quae op-
tima cultus divini norma» (jene Tugend, die die beste
Richtschnur des göttlichen K. [ist]) [29] – muß legitimiert
werden: Herbert entwirft folglich eine Geschichte des K.
unter der Bedingung einer ursprünglich reinen, monotheistischen Religion, deren rationaler Charakter durch
Priesterbetrug zwecks Machtsicherung der eigenen Kaste versinnlicht und damit zerstört worden sei [30]. Daß
er mit diesem Modell vornehmlich die Entstehung von
Sternkulten und Astrologie zu erklären versuchte, die für
C. F. DUPUIS noch 1794 «L'origine de tous les cultes»
[31] waren, ist wirkungsgeschichtlich sekundär gegenüber der Tatsache, daß HERBERT den K., indem er ihn mit
dem Priesterbetrug in Beziehung setzte, für Jahrhunderte
desavouierte. Noch D'HOLBACH orientierte sich an dieser
These [32], und auch JAUCOURT, der den Artikel ‹culte›
für die ‹Encyclopédie› schrieb und dabei konservativ an
der Gliederung von ‹culte intérieur› und ‹extérieur› festhielt, ging von einem ursprünglichen Monotheismus mit
einem «culte sainte & dégagé des sens» aus, «on y joignit
des cérémonies, & ce fut là l'époque de sa décadence»
[33].

4. Die konkurrierenden K.-Normen provozierten einerseits die Abwertung allen K. und warfen andere-

seits zugleich das rechtliche Problem des Verhältnisses
von K.-Normen und Staat auf, ein Problem, das in
Deutschland zuerst am Reichstag zu Augsburg 1530 aufkam und das für die Religionskriege des 16. und 17. Jh.
eine bedeutende Rolle spielte. Das bewirkte langfristig,
daß die Souveränität des Staats vor der depotenzierten,
weil relativierten K.-Norm rangierte. HOBBES versuchte
1651, eine K.-Norm nach naturrechtlichen und staats-
förderlichen Zwangsprinzipien zu begründen, indem er
Gottes Souveränität, an der der König als sein Repräsentant und als Haupt des Commonwealth partizipierte, ins
Zentrum eines zwangsvereinten K. stellte [34]: «But
seeing the commonwealth is but one person, it ought also
to exhibit to God but one worship ... And this is public
worship; the property whereof, is to be *uniform*» [35].
Abweichende K.-Normen gelten als privat und bleiben
gestattet, dürfen aber öffentlich nicht ausgeübt werden.
Denn Hobbes' Commonwealth ist ein auch religiös normierter Staat.

Eine Generation später kehrte P. BAYLE in seinem
‹Commentaire philosophique› zu Luk. 14, 23 (1686)
Hobbes' Argumentation um und forderte einen liberalen, toleranten Staat. Dabei ging er von einer am Gewissen orientierten, rigorosen Innerlichkeit der religiösen Wahrheitsansprüche aus, die durch staatliche Macht-
norm nicht erreichbar seien und deren Einheit folglich
auch nicht erzwungen werden sollte [36]. K. wird bei
dieser cartesianischen Innerlichkeitsnorm zum reinen
‹acte externe› [37], der in metaphorischer Distanz zur
quantité négligeable im toleranten Staat wird: «Ainsi le
Souverain maintiendroit toûjours son autorité saine &
sauve; chaque particulier cultiveroit en paix son champ
& sa vigne, prieroit Dieu à sa manière, & laisseroit les
autres le prier & le servir à leur» [38].

J. LOCKE teilt 1689 die Meinung Bayles, präzisierte
aber die Stellung des K. zwischen Kirche und Staat
rechtsphilosophisch. Die Kirchen können im Rahmen
des herrschenden Staatsrechts zweitrangige K.-Vor-
schriften anordnen, deren Überwachung und Vereinheitlichung dem liberalen Staat nicht zusteht und, wegen
der Gleichgültigkeit positiver K.-Vorschriften, auch nicht
zuzustehen braucht: «In cultu igitur divino vitulum jugu-
lare itidem licet; an Deo placeat, ipsorum est videre;
magistratus solum prospicere ne quid detrimenti respublica capiat, ne alterius vel vitae vel bonis fiat dam-
num» (Im göttlichen K. ist es also ebenso erlaubt, ein
Kalb zu schlachten; ob es Gott gefällt, müssen die Betreffenden selber sehen; die Obrigkeit hat allein darauf
zu sehen, daß der Staat keinen Schaden nimmt, daß nicht
an eines anderen Leben oder Güter ein Schaden entsteht) [39].

5. Der K.-Begriff erreicht mit seinem geringen Kurswert im Felde von religiöser und intellektueller Innerlichkeit die charakteristische Aufklärungsposition. Die
depotenzierten kultischen Gegensätze werden auf der
Folie einer allgemeinen Vernunft und Vernunftreligion
tolerierbar, die aufklärerische, anthropologische Prävalenz des Geistigen vor der Sinnlichkeit entspricht dem
Vorrang der Lehre vor dem K. KANT hat diese Vorstellung mit der Trennung von moralisch-vernünftigen und
statuarischen Gesetzen radikalisiert und eine «gottesdienstliche Religion (cultus)», die sich auf göttliche Sta-
tuten zu stützen vorgibt und die «eine der Offenbarung
bedürftige göttliche Gesetzgebung» annimmt, als «Usur-
pation höheren Ansehens» [40], als transzendental ungerechtfertigte Autoritätsanmaßung gebrandmarkt. Denn
«der Kirchenglaube hat zu seinem höchsten Ausleger

den reinen Religionsglauben» [41]. Dabei nähert Kant den «Dienst (Cultus)» in aufgeklärter Tradition so eng an die rationale reine Vernunftreligion an, daß von allem sinnlichen Begriff des K. nichts bleibt als die philosophische Lehre. Dagegen ist der K., «wo der Offenbarungsglaube vor der Religion vorhergehen soll, der *Afterdienst*» [42]. Der kirchlich verordnete K. fällt als äußerlich damit in den Bereich der «Superstition» [43] und ist «Fetischdienst» [44]: eine Radikalisierung des aufgeklärten, deistischen K.-Begriffs mit den schon klassischen Negativbewertungen des K. [45] auf der Folie von Vernunftpräponderanz, die der religiösen und intellektuellen Innerlichkeit zur transzendentalen Alleinherrschaft über die Sinnlichkeit des K. verhilft.

Die Aufklärungsanthropologie fixierte das Verhältnis von sinnlichem K. und innerlicher Gesinnung. Diese Festsetzung führte 1793/94 zu der merkwürdigen, in sich widersprüchlichen Konstruktion des «culte de la raison» in der Französischen Revolution, wo die äußere Sinnlichkeit des K. zur Bestätigung ihres Gegensatzes, der rationalen Innerlichkeit, benutzt werden sollte. Der Gegensatz von Sinnlichkeit und Vernunft war noch im 19. Jh. so dogmatisiert, daß A. Comte in seinem ‹catéchisme positiviste› (1853/1874) [46] einen kalendarischen K. für Vernunftheroen anregte und für seine «religion positive» im dritten Stadium der Fortschrittsentwicklung an sakramentalen Zeichen orientierte K.-Formen vorschlug [47].

6. Aber der K.-Begriff war in religionsphilosophischen Zusammenhängen bei Hegel und – anders – bei Schleiermacher längst wieder mobil. Die dialektische Neubestimmung des K. sprengte die dualistische Aufklärungsanthropologie mit ihrer Antithese von sinnlichem K. und reiner Lehre. Der K. bekam bei Hegel eine neue, versöhnende Funktion: «Diese Einheit, Versöhnung, Wiederherstellung des Subjekts und seines Selbstbewußtseins, das positive Gefühl des Teilhabens, der Teilnahme an jenem Absoluten und die Einheit mit demselben sich auch wirklich zu geben, diese Aufhebung der Entzweiung macht die Sphäre des K. aus. Der K. umfaßt dieses gesamte innerliche und äußerliche Tun» [48]. Daß K. zugleich den absoluten Begriff mit dem isolierten Selbstbewußtsein versöhnt und in der Vermittlung der Idee mit der sinnlichen Empfindung als Kunst erscheint [49], macht die neue Leistungsfähigkeit des K. aus, der für Hegel zur Beschreibung jedweder Religionszusammenhänge wieder unerläßlich wird. Hegel entwickelt dabei die historische Erkenntnis, daß in einem frühen geschichtlichen Stadium das «zeitliche Leben der Bedürftigkeit ... selbst K.» ist [50], aus dem sich die bestimmten, von der Lehre getrennten K. erst entwickeln. Der kultische Zwang ist «auf dem Boden des Bewußtseins» [51] in Freiheit aufgehoben und der «Inhalt» des K. «der den absoluten Geist ausmacht», ist «wesentlich auch die Geschichte der Menschheit» [52]. Er führt damit zu Sitten- und Staatsbildungen [53] und involviert rechtsphilosophische Fragen [54]. Das Problem des K. ist bei Hegel letztlich in der absoluten Religion, in der Apotheose der Religionsphilosophie aufgehoben: Die letzte Versöhnung von Lehre und Gefühl ist die «Philosophie, welche Theologie ist» [55].

So weit ging Schleiermacher nicht; er bezieht sich in seiner Apologie des K. nicht auf den absoluten Geist, sondern auf das religiöse Bewußtsein: «Der Zweck des Cultus ist die darstellende Mittheilung des stärker erregten religiösen Bewußtseins» [56]. Schleiermacher rückt den K. damit in den *Ausdrucks*bereich romantischer

Ästhetik; K. wird «darstellende Mittheilung» eines kollektiven religiösen Akts, Gemeinde-K. [57]. Er verliert den präponderanten Lehrcharakter, ohne sich den reinen Opfercharakter einzuhandeln; K. als Erscheinung einer innerlichen Bewegung läßt es zu, daß er – fast zufällig – als Kunst erscheint. Freilich ist Kunst dem K. wesentlich untergeordnet [58]: Kunst soll im K. «nur die Form sein, unter welcher die religiöse Erregtheit sich darstellt» [59]. Daß Kunst über die «darstellende Mittheilung», die besonders als Wortkunst erscheint, hinaus mit dem kantischen Kunstkriterium der Zwecklosigkeit [60] als «Organismus» [61] beschrieben werden kann, verstärkt die Koppelung von K. und Kunst, die Zwecklosigkeit beider kappt aber auch die Verbindung zu einem K.-Adressaten: Die Geschlossenheit des K.-Werks, das Ausdruckskunst ist, borniert sich gegen eine gesicherte Transzendenz.

Anmerkungen. [1] Vgl. Anm. [4 zu I]. – [2] M. Luther, Weimarer A. 12, 35. – [3] J. Calvin, Institutiones IV, 18, 26. Corp. Reformatorum (= CR) 30, 1062. – [4] Comm. in Genesin. CR 51, 181. – [5] In lament. Jer. CR 67, 511f. – [6] U. Zwingli: De canone missae epichiresis (1523); Action oder Brauch des Nachtmahls (1525). – [7] Die evang. Kirchenordnungen des 16. Jh., hg. E. E. Schling 6/1 (1951) 348ff. – [8] a. a. O. 11/1 (1961) 11ff. – [9] J. Bugenhagen, a. a. O. 6/1, 349; Braunschweig. Kirchenordnung von 1528. – [10] 455. – [11] Concilium Tridentinum, Nova collectio, hg. Soc. Goerresiana 7/5 (²1964) 698f. 959. – [12] W. Mühlbauer (Hg.): Thesaurus Resolutionum S.c. Concilii ... Tridentinorum Decreta 2 (1875) 452-455. – [13] F. Suárez, De praeceptis affirmativis relig. ad Dei cultum et adorationem. Opera (Paris 1859) 13, 75-436; vgl. De nat. et essentia virtutis religionis II, 2, 2, a. a. O. 27b. – [14] De praeceptis ... a. a. O. [13] III, 2, 6 = 84 b f. – [15] 3 = 88b. – [16] Vgl. 3, 6 = 89b. – [17] 2, 6 = 85 a. – [18] De natura ... a. a. O. [13] III, 5 = 53-61; vgl. Augustin, De civ. Dei X, 1. – [19] Suárez, De natura ... a. a. O. [13] III, 2 = 39-44. – [20] Vgl. A. Stöckl: Lehrb. der Philos. (¹1892) 3, 103-114; vgl. Art. ‹Culte› in: Dict. de la théol. cath. (Paris 1903ff.). – [21] Codex iuris canonici (Rom 1917) can. 1255, § 1. – [22] J. Pieper: Muße und K. (1948, ⁶1961) 78. – [23] Konstitution über die Hl. Liturgie. Das Zweite Vatik. Konzil 1 (1966) 1-109. – [24] Leibniz, a. a. O. [18] 64ff. – [25] (Paris ¹1819). – [26] Vgl. Anm. [21 zu I]. – [27] G. I. Vossius: De origine ac progressu idololatriae (Amsterdam 1668). – [27] Chr. Thomasius: Inst. Jurisprudentiae Divinae (1688, ⁷1730, ND 1963) III, 1 = 87ff.; Einl. in die Sittenlehre 1913, Aufl. o. J.) 3, §§ 34ff. 135ff. – [28] Herbert von Cherbury: De Relig. Gentilium (Amsterdam 1663, ND 1967) 2; vgl. 180. – [29] a. a. O. 180. – [30] 168ff. – [31] C. F. Dupuis: L'origine de tous les cultes (Paris 1794, ²1822). – [32] P. H. D. d'Holbach: Système de la nature (1770, dtsch. 1960) 282. – [33] Encyclop. ..., hg. Diderot/D'Alembert 4 (Paris 1754) s.v. – [34] Th. Hobbes, Leviathan IV, 45. Engl. Works, hg. Molesworth (1889, ND 1966) 3, 646. – [35] a. a. O. II, 31 = 3, 355. – [36] P. Bayle, Oeuvres div. 2 (Den Haag 1727, ND 1965) 373. – [37] a. a. O. 371. – [38] 415. – [39] J. Locke: Epist. de tolerantia, hg. Klibanski (Oxford 1968) 108f. – [40] I. Kant: Die Relig. innerhalb ... Akad.-A. 6, 105f. – [41] a. a. O. 6, 109. – [42] 6, 165. – [43] 6, 172. – [44] 6, 179. – [45] Vgl. oben Abschn. 4. – [46] A. Comte: Le catéchisme positiviste (Paris ¹1874) 3-143. – [47] Système de politique positiviste (1889, ND 1967) 4, 83ff. – [48] G. W. F. Hegel: Philos. der Relig. 1. Werke, hg. Glockner 15, 83; vgl. 220ff. – [49] a. a. O. 2 = 16, 151f. – [50] a. a. O. 15, 242. – [51] 254. – [52] 256. – [53] 257. – [54] 262. – [55] 16, 353. – [56] F. D. E. Schleiermacher: Sämmtl. Werke 1/13 (1850) 75. – [57] a. a. O. 76. – [58] 79. – [59] ebda. – [60] 75. – [61] 126ff.

C. 19. Jh. und Gegenwart. – 1. Die Konjunktur des K.-Begriffs seit Hegel und Comte wirkte auf die neuen Gesellschaftswissenschaften. Die *Soziologie* in England (Spencer [1]) und Frankreich (Durkheim, Lévy-Bruhl [2]), die frühe, anthropologisch orientierte *Religionswissenschaft* (Tylor, Frazer [3]) rezipierten den K.-Begriff als selbstverständlich, ohne ihn eigens zu thematisieren. Erst W. Wundt nahm den von Comte tradierten aufgeklärten K.-Begriff auf und benutzte ihn als völkerpsychologische Kategorie. ‹K.›, in enger Nachbarschaft zu ‹Ritus› [4], wird an Kriterien der rationalen Psychologie und an Fragen der Lebensbewältigung orientiert. Das ist nicht bereits Funktionalismus im Sinne Malinowskis, sondern ist in psychologisch-anthropologischen Konstanten, «eben in denselben Affekten der Hoffnung, des Wunsches, der Furcht» begründet [5]. Wundt konkretisiert die Gedanken Comtes in psychologischen Termini; K. basiert nicht mehr auf «sentiment», sondern hat genaue psychische Korrelate. Von hierher konstituiert der K. den Mythos, «indem er die Gefühlsmotive der kultischen Handlungen in die Göttervorstellungen hinüberwandeln läßt» [6]; Indiz für ein neues Syndrom von Mythos und K.

2. Die vergleichende Religionswissenschaft, die den K.-Begriff im 20. Jh. usurpierte, orientierte sich weniger an Wundt und Comte, sondern nahm ihren K.-Begriff von Hegel, ihre Methode von F. M. MÜLLERS philologischen Studien [7]. CHANTEPIE DE LA SAUSAYE thematisiert den K.-Begriff zwar nicht eigentlich, legte aber mit der «religiösen Phänomenologie», die «den Übergang der Religionsgeschichte zur Religionswissenschaft» [8] darstellen sollte, die Grundlagen zur vergleichenden Religionswissenschaft, die dem K.-Begriff im Wissenschaftsbereich von Soziologie, Ethnologie und Anthropologie eine neue Stellung gab.

Das phänomenologische Interesse richtete sich dabei auf den übergeschichtlichen, konstanten Typus (bzw. die entsprechende Struktur) [9] des K., bei dem zunächst eine phänomenologische Epoché von den Funktionen des K. vorgenommen wurde. Das Ergebnis dieser phänomenologischen Reduktion des ‹Unwesentlichen› war ein dreigliedriges Schema des Begriffs ‹K.›, wie es R. WILL anbot: «Nous observons ensuite dans chaque culte une piété en quelque sorte dérivée, détournée, indirecte qui, pour établir une échange entre l'âme et Dieu, se sert des phénomènes intermédiaires» [10]. Dieser als substantiell betrachtete Typus kann verschieden besetzt und auch als ganzer unterschiedlich interpretiert werden: Er kann, bei Annahme einer Offenbarung, einen normativen K. legitimieren (so bei Will); er trägt auch – in Übertragung von Heideggers Begriff der *Sorge* und R. Ottos Vorstellung vom *Numinosen* auf die vergleichende Religionswissenschaft – den K. als ‹Grenzerlebnis› des Menschen gegenüber einer Macht, die je solche Formen des K. fordert. Der Mensch kann «nur wiederholen, nur nachfolgen, nur ‹darstellen›»; die Macht legitimiert den K., der «immer Amt, Vertretung» [11] ist. Dergestalt versichert der K. den Glauben, indem er ihn darstellt.

3. Die Phänomenologie des K. führt zu einer bemerkenswerten Bedeutungsbreite des Begriffs durch das Zusammenwirken einzelner Phänomene, die je einzeln vorher schon als K. beschrieben wurden. So gilt die K.-Gemeinschaft als Garant sozialer Rechtskontinuität [12]. Ihre Begründung leitet sich von den Hauptformen des K. als Mahl (Eßgemeinschaft) und Opfer (Autorität des Numinos-Göttlichen) ab [13], die nach einer katholisierenden Devotions- und Opferbestimmung des K. zu verstehen sind als «nota submissionis ad agnitam excellentiam alterius» (Zeichen der Demut gegenüber der anerkannten Überlegenheit eines anderen) [14]. K. wird, lange noch nach K. O. Müller [15] und enger als bei ihm und Hegel, mit dem Mythos gekoppelt [16] und konstituiert diesen gar, wenn ‹K.-Mythen› (S. MOWINCKEL) [17] und ‹K.-Ätiologie› [18] aus dem K. erwachsen und ihn rückwärts legitimieren. Andersherum gestaltet der Mythos – z. B. in der Gnosis – den K., der dann zum Sekundärphänomen depotenziert wird [19].

Die latente Ästhetik des K., seit Schleiermacher und Hegel virulent, hängt gerade von seinem Verhältnis zum Mythos ab. Wenn er den Mythos fundiert, bekommt er damit auch einen Teil der Erklärungslast für die Ästhetik. Im griechischen Altertum ist eine Phänomenologie von Mythos, K. und Kunst ersichtlich; fundiert man den Mythos im K. [20] und faßt ihn dabei vornehmlich ätiologisch, kann die Phänomenologie des K. den Mythos und mit ihm das Verhältnis zur Ästhetik klären. Faßt man dagegen im Anschluß an MALINOWSKIS anthropologischen Funktionalismus [21] den Begriff des Mythos weiter, dann verstärkt der K. die Erklärungs- und Entlastungsleistung des Mythos.

Aber diese zweite Alternative arbeitet nicht mehr mit dem fixen Ternar von Person/Seele – K.-Phänomen – Numinos/Göttlichem. Prävaliert der K.-Begriff ontologisch vor dem Mythos, dann sind die Erscheinungsformen des K. ästhetische Phänomene, die der Mythos erklärt: Musik, Tanz, poetisches Wort und *das* Paradigma Drama [22]. Ob nun Mythos und K. für die Fundierung der Ästhetik getrennt werden [23] oder ob sie als ursprünglich kultisch-mythische Einheit auftreten [24], die häufig an einem erweiterten Mythosbegriff hängt [25], ist wesentlich von der Prävalenz eines der beiden Begriffe in ihrem Korrespondenzverhältnis bestimmt. In jedem Fall bekommt der Begriff des K. im Kraftfeld des Mythos eine Weite und Randunschärfe, die es schwierig machen, ihn gegen Ritus, Liturgie und Gottesdienst abzusetzen.

4. Wenn man K., dem K.-Typ R. WILLS folgend [26], begrifflich an den antwortenden Gott koppelt, der auch R. Ottos Numinoses mitträgt, dann ist Magie eine zweitrangige, nachgerade ‹abergläubische› Praxis zur Beschwichtigung inferiorer Mächte [27], entzieht man dem K.-Begriff dagegen seinen theistischen, christlichen Bezug, dann wird eine Abgrenzung gegen Magie unmöglich [28]. Damit ist aber auch das phänomenologische Modell mit Schwierigkeiten belastet. Denn sobald dem Gottesbegriff die potentiell personale, auf den K. antwortende Komponente [29] fehlt, ist die Relation K. – Gott nur in einer Richtung möglich; wenn der Widerstand der ‹Antwort› fehlt, geht der K. ins Leere und verliert einen Teil seiner Legitimation, ein Dilemma, durch das der K.-Typus der Phänomenologie zur vielgestaltigen «Religionsmorphologie» zerfließt [30].

Mit der Destruktion der dritten Konstante des K.-Typus, der Seele, löst sich das Schema Gott – K.-Phänomen – Seele vollends auf: E. CASSIRER hat im Anschluß an Freud und Lévy-Bruhl darauf hingewiesen, daß die Identität des einzelnen Menschen in der mythisch begründeten K.-Handlung verloren geht, gelegentlich verloren gehen muß [31]. Der Restbestand eines christlichen Animismus verschwindet bei einer funktionalen Argumentation ebenso wie ein personaler Gottesbegriff, wenn der Mythos als nahezu gelungener Erklärungszusammenhang gefaßt wird: Gott und Seele sind nicht die Voraussetzung allen K.

Anmerkungen. [1] H. SPENCER: Principles of sociol. 3. Works 8 (London 1897, ND 1966) 150-152. – [2] A. COMTE s. oben B, 5; E. DURKHEIM: Les formes élémentaires de la vie relig. (Paris 1912); L. LÉVY-BRUHL: La mentalité primitive (Paris 1922). – [3] E. B. TYLOR: Primitive culture (London 1871); Anthropol. (London 1881); J. G. FRAZER: The Golden Bough 1-12 (London 1907-1915). – [4] Vgl. Art. ‹Ritus›. – [5] W. WUNDT: Elemente der Völkerpsychol. (1912) 235. – [6] a. a. O. 414. – [7] F. M. MÜLLER: Einl. in die vergl. Religionswiss. (engl. 1870, dtsch. 1874). – [8] P. D. CHANTEPIE DE LA SAUSAYE: Lb. der Religionsgesch. (1887-1889, ³1905) 5. – [9] G. VAN DER LEEUW: Phänomenol. der Relig. (1933) 637. – [10] R. WILL: Le culte 1 (Straßburg 1925) 14. – [11] VAN DER LEEUW, a. a. O. [9] 350; vgl. G. MENSCHING: Die Relig. (1959) 265: «Antwort als Tun». – [12] K. GOLDAMMER: Die Formenwelt des Religiösen (1960) 122ff. 388ff. 461ff.; vgl. S. MOWINCKEL: Relig. und K. (dtsch. 1953) 121-124. – [13] VAN DER

LEEUW, a. a. O. [9] 3-33; vgl. R. OTTO: Das Heilige (1917). – [14] J. B. FRANZELIN: De verbo incarnato (Rom 1874) 456, zit. nach Dict. de Thél. Cath. Art. ‹Culte› Sp. 2404. – [15] K. O. MÜLLER: Proleg. zu einer wiss. Mythol. (1825, ND 1970) 236ff. 179f. – [16] Vgl. Art. ‹Mythos›. – [17] MOWINCKEL, a. a. O. [12] 94f.; VAN DER LEEUW, a. a. O. [9] 394: ‹K.-Legende›; GOLDAMMER, a. a. O. [12] 237f.; W. PANNENBERG: Späthorizonte des Mythos ... in: Poetik und Hermeneutik 4 (1971) 500. – [18] PANNENBERG, a.a.O. 500; VAN DER LEEUW, a. a. O. [9] 551. – [19] PANNENBERG, a. a. O. [17] 586. – [20] MOWINCKEL, a. a. O. [12] 113ff. – [21] B. MALINOWSKI: Eine wiss. Theorie der Kultur und andere Aufsätze (dtsch. 1949, 1973); Der Mythos in der Psychol. der Primitiven (dtsch. 1973). – [22] VAN DER LEEUW, a. a. O. [9] 351-354; vgl. Art. ‹Drama›; vgl. R. WARNING: Ritus, Mythos und geistl. Spiel. Poetik und Hermeneutik 4 (1971) 214. – [23] U. v. WILAMOWITZ-MÖLLENDORFF: Der Glaube der Hellenen 1 (³1959) 29. – [24] W. F. OTTO: Dionysios (³1960) 9-45. – [25] Vgl. A. E. JENSEN: Mythos und K. bei den Naturvölkern (1951) 53 u. passim. – [26] WILL, a. a. O. [10] 1, 28-56. – [27] VAN DER LEEUW, a. a. O. [9] 141; MOWINCKEL, a. a. O. [12] 15. – [28] F. HEILER: Erscheinungsformen und Wesen der Relig. (1961) 559. – [29] MOWINCKEL, a. a. O. [12] 131f.; GOLDAMMER, a. a. O. [12] 278. – [30] a. a. O. XXXI u. passim. – [31] E. CASSIRER: Philos. der symbol. Formen 2 (³1958) 262-277.

Literaturhinweise. G. I. VOSSIUS: De theologia gentili et physiologia christiana (Amsterdam 1668). – Art. ‹Gottesdienst› in ZEDLERS Universallex. 11 (1735). – R. WILL s. Anm. [10]. – G. VAN DER LEEUW s. Anm. [9]. – A. E. JENSEN s. Anm. [25]. – S. MOWINCKEL s. Anm. [12]. – K. F. MÜLLER und W. BLANKENBURG: Leiturgia. Hb. des evang. Gottesdienstes 1-5 (1954-1970). – K. GOLDAMMER s. Anm. [12]. – M. SCHMAUS und K. FORSTER: Der K. und der heutige Mensch (1961).   W. SCHMIDT-BIGGEMANN

Kultur, Kulturphilosophie. – A. *Zur Wortgeschichte von* ‹*Kultur*›. – ‹K.› ist Lehnwort des lateinischen ‹cultura›, Ackerbau. Metaphorische Wendungen wie ‹animi culti›, ‹cultura animi›, ‹tempora cultiora›, ‹cultus litterarum› [1] wurden seit CICEROS Einschätzung der philosophia als «cultura animi» [2] geläufig. – Aus stoischen Mahnungen zur Beackerung und Pflege des Geistes hörten frühchristliche und mittelalterliche Schriftsteller den heidnischen Frömmigkeitston heraus. Sie gebrauchten ‹cultura› entweder wieder im landwirtschaftlichen Sinne oder in der Bedeutung von «Verehrung» (cultura Christi, cultura Christianae religionis, cultura dolorum) [3]. – Von einer «ingenii cultura» und «anima honestis artibus excolenda» sprach man erst wieder in der humanistischen Cicero-Renaissance des FILIPPO BERVALDO, ERASMUS und THOMAS MORUS [4]. – Aber immer noch erforderte ‹cultura› den Genetiv, auch bei FR. BACON, der statt «cultura animi» auch «georgica animi» sagte und die «Georgik des Geistes» zur Ethik zählte [5].

‹Cultura› absolut zu setzen, wagte der Naturrechtslehrer S. PUFENDORF. Er begriff den Naturzustand nicht mehr theologisch als den paradiesischen Urzustand Adams, sondern – in Anlehnung an HOBBES – als einen glücklosen Zustand außerhalb der Gesellschaft. Diesem so verstandenen status naturalis setzte er den status der cultura entgegen [6]. – So erhielt der von der klassischen K.-Philosophie (K.ph.) problematisierte K.-Begriff das ergologische wie soziative Sinnmoment. Als Gegenbegriff zur werklosen Natur war er nun der individuellen Sphäre des Einzelnen ent- und auf das Gruppenleben bezogen worden [6a]. Aber erst bei HERDER findet sich der moderne K.-Begriff. Er fügte ihm die Historizität als abschließendes drittes Sinnmoment in der Form bei, daß er ‹K.› und ‹kultiviert› als historische Beschreibungsworte gebrauchte: Er sprach von der zunehmenden K. eines Volkes, von der K. als der Blüte seines Daseins [7]. Damit war K. begriffen als eine beginnende, sich abwandelnde, sich vollendende und auflösende Lebensgestalt und -form von Nationen, Völkern, Gemeinschaf-

ten [8]. Dieses ergologisch, soziativ und temporal aufgeladene Begriffswort ‹K.› machte die K.ph. zu ihrem Problemwort.

Anmerkungen. [1] J. NIEDERMANN: K. Werden und Wandlungen des Begriffs und seiner Ersatzbegriffe von Cicero bis Herder (1941) 20ff.; F. RAUHUT: Die Herkunft der Worte und Begriffe ‹K.›, ‹Zivilisation› und ‹Bildung›. German.-roman. Mschr. 34 (1953) 81. – [2] CICERO, Tusc. disp. II, 5. – [3] I. BAUR: Die Gesch. des Wortes ‹K.› und seiner Zusammensetzungen (Diss. München 1951, Ms.) 13. – [4] NIEDERMANN, a. a. O. [1] 63f. – [5] FR. BACON, De augm. scient. VII, 1. – [6] S. PUFENDORF: Eris scandica (1686) 219. – [6a] E. HIRSCH: Der K.-Begriff. Dtsch. Vjschr. Lit.wiss. 3 (1925) 399; Gesch. der neueren evang. Theol. 1 (1960) 80. – [7] HERDERS Philos., hg. H. STEPHAN, in: Philos. Bibl. 112, 157. 161. – [8] Vgl. B. KOPP: Beitr. zur K.ph. der dtsch. Klassik. Eine Untersuch. im Zusammenhang mit dem Bedeutungswandel des Wortes ‹K.› (1974) 21.

B. *Kulturphilosophie.* – 1. *Geschichtliches.* – Blickt man auf die wissenschaftlich reife Gestalt der K.ph., so ist sie weder alt noch auch alt geworden. Als «Mode»-philosophie der «goldenen zwanziger Jahre» des 20. Jh. verstand sie sich als die «Philosophie im Ganzen» und nicht nur als eine philosophische Disziplin.

Ohne die Schwierigkeiten, die das industriestädtische Leben zu spüren bekam, hätte sich Philosophie nicht als K.ph. verstehen können. Zu ihrem Selbstverständnis trug ihre wissenschaftsgeschichtliche Lage bei. Seit der Mitte des 19. Jh. ging die thematische Besetzung des vorfind-, beobacht- und feststellbaren Seienden seitens der Einzelwissenschaften so umgreifend vor sich, daß die Philosophie «in keinem Teil der Objektwirklichkeit auch nur das kleinste Plätzchen für eine spezifische philosophische Problemstellung und Bearbeitung frei» fand [1]. Aus dieser Verlegenheit führte *ein* Weg in die phänomenologische Analytik des Subjekts in seiner Subjektivität und seiner «natürlichen» Welt. Ihn ging E. HUSSERL zur Rettung der «Philosophie als strenger Wissenschaft» [2]. Das Programm einer *anderen* «überzeitlichen» Philosophie-Idee entwarf H. RICKERT: Einzelwissenschaftliche Erkenntnis dessen, was ist, ist noch keine Erkenntnis dessen, was es seinem Sinn und Wert nach bedeutet. Also bleibt der Philosophie zu lehren, «was wir mit einem nicht sehr bezeichnenden, aber schwer zu entbehrenden Worte ‹Weltanschauung› nennen. Nur so läßt sie sich überhaupt gegen die Einzelwissenschaften abgrenzen» [3]. Die Anführer des südwestdeutschen Neukantianismus dachten an eine wertbezogene Weltanschauung, welche allein «Richt- und Zielpunkte auch für unsere Stellungnahme zur Welt, für unser Wollen und Handeln» garantierte [4].

Das Material zur Erkenntnis ideell geltender Werte lieferten ihr die historischen K.-Wissenschaften. Die methodische Entfaltung der Wert- als K.ph. war nur möglich in der Reflexion auf die Historiker der Deutschen Historischen Schule und ihrer Nachfolger. Deren kulturgeschichtliches Schrifttum vermochte zu zeigen, «worum» es auch früher schon ging und «wofür» man sich immer schon einsetzte. Die K.ph. der südwestdeutschen Schule stand in Verbindung mit den historischen K.-Wissenschaften. Die Welt der K. als Inbegriff der Werte realisierenden K.-Güter war für sie die heile Welt [5]. Man fragte sich aber auch, ob der ungeheure Drang nach Mehr an ausgeformter K. dem Einzelnen nicht glücklose Unzufriedenheit einbrächte [6]. Es wäre falsch, der «klassischen» K.ph. eine bürgerlich zufriedene Bewußtseinsstellung zuordnen zu wollen. Sie hat vielmehr das große Verdienst, daß sie auch die K.-Kritik ernst genommen hat.

Unter R. Euckens Einfluß bürgerte sich der Terminus ‹K.ph.› schnell ein. Den Titel selbst prägte 1900 L. STEIN [7]. R. EUCKEN begrüßte in der dritten Auflage der ‹Grundbegriffe der Gegenwart›, die 1904 unter dem Titel ‹Geistige Strömungen der Gegenwart› erschien, die neuen Versuche der K.ph. Inzwischen war auch das Adjektiv ‹kulturphilosophisch› gebräuchlich geworden [8]. D. RÖSGEN nennt K. den Inbegriff «verinnerlichender Daseinsakte» [9]. E. GRISEBACH stellte 1910 die kulturphilosophische Arbeit als die besondere Denkweise der damaligen Gegenwart heraus [10]. Ebenfalls 1910 erschien der erste Band der Zeitschrift ‹Logos› mit dem Untertitel ‹Internationale Zeitschrift für Philosophie der K.›, die bis 1933 erschien und deren Nachfolger die ‹Zeitschrift für deutsche K.ph.› war (1933–44). H. RICKERT eröffnete den ersten Logos-Band mit der programmatischen Abhandlung ‹Vom Begriff der Philosophie›. Unter den mitwirkenden Herausgebern des ‹Logos› war G. SIMMEL [11]. War man schon gewöhnt, von «ethischer», «religiöser», «künstlerischer» K. zu sprechen, so sprach Simmel nun auch von «philosophischer» K. Unter diesem Titel veröffentlichte er 1911 in erster Auflage u. a. Essays über die Mode, die Persönlichkeit Gottes und die weibliche K. [12].

Der Erste Weltkrieg verstärkte das kulturphilosophische Interesse. O. SPENGLERS Lehre vom «Schicksal der K.» im ersten Band seines ‹Untergang des Abendlandes› war zwar schon vor Kriegsausbruch abgeschlossen, wurde aber erst 1918 veröffentlicht. TH. LITT schrieb 1919 ‹Individuum und Gesellschaft› mit dem Untertitel ‹Grundlegung einer K.ph.›. 1934 erlangte die deutsche K.ph. ihre philosophische Handbuchreife [13].

Anmerkungen. [1] H. RICKERT: Vom Begriff der Philos. Logos 1 (1910/11) 13. – [2] E. HUSSERL: Philos. als strenge Wiss. Logos 1 (1910/11) 289ff. – [3] RICKERT, a. a. O. [1] 2. – [4] 6. – [5] W. WINDELBAND: K.ph. und transzendentaler Idealismus, in: Präludien 2 (⁵1915) 293f. – [6] R. EUCKEN: Geistige Strömungen der Gegenwart (⁴1909) 381f. – [7] L. STEIN: an der Wende des Jh. Versuche einer K.ph. (1900). – [8] H. LESER: Das Wahrheitsproblem unter kulturphilos. Gesichtspunkt (1901); Über die Möglichkeit der Betrachtung von oben und unten in der K.ph. (1905). – [9] D. RÖSGEN: Ideen zur Philos. der K. (1910). – [10] E. GRISEBACH: Kulturphilos. Arbeit der Gegenwart. Eine synthet. Darstellung ihrer besonderen Denkweisen (1914). – [11] K. GASSEN: Georg Simmel-Bibliogr., in: Buch des Dankes an Georg Simmel, hg. K. GASSEN/M. LANDMANN (1958) 346ff. – [12] G. SIMMEL: Philos. K. (²1919). – [13] A. DEMPF: K.ph., in: Hb. der Philos., hg. A. BAEUMKER/M. SCHRÖTER 4 (1934).

2. *Systematisches.* – Bei ausreichendem Abstand lassen sich in der K.ph. drei Richtungen unterscheiden: die philosophische K.-Kritik, die formale und die materiale K.ph.

a) *Philosophische K.-Kritik.* – Sie hat die *dogmatische* K.-Kritik und deren intellektuales Motiv zum Gegenstand. Dogmatische K.-Kritik will lehren, was K. in Wahrheit ist und daß die augenblickliche nicht die wahre ist. Sie will selbst kulturschöpferisch sein. Die «alte» Welt wird bewußt gemacht, um die «neue» als die wahre und aufgegebene klarer und deutlicher vorstellen zu können. Dieser kulturbejahende Grundzug dogmatischer K.-Kritik zeigt sich in Titelgebungen wie ‹Der Geist des Aquinaten und die K.-Aufgaben der Jetztzeit› [1], ‹Die Aufgaben unserer Zeit› (J. ORTEGA Y GASSET 1923), ‹Verfall und Wiederaufbau der K.› (A. SCHWEITZER 1923); er zeigt sich auch in Notruftiteln wie ‹An Deutschlands Jugend› (W. RATHENAU 1918), ‹Deutscher Geist in Gefahr› (E. R. CURTIUS 1932). Im Lichte der Wahrheit der K. von morgen werden Mißstände des «heutigen» Tages als ein selbstverschuldetes Leiden bewußt gemacht.

Die *philosophische* K.-Kritik will wissen, warum Unzufriedenheit mit und Unbehagen an der K. überhaupt möglich sind. Sie nimmt die dogmatische Kritik ernst, macht sie zum Problem. Auf Fragen wie: Warum sind die Zeiten des Glücks in der Geschichte leere Blätter? Warum gehört zur K. auch die Kritik an ihr? Warum ist K. etwas Unbefriedigendes, wenngleich der Mensch nicht ohne K. sein kann? hält die «klassische» philosophische K.-Kritik zwei gegensätzliche Auskünfte bereit: eine szientistische und eine lebensphilosophische.

α) Der *szientistische* Einschlag zeigt sich in der philosophischen K.-Kritik E. CASSIRERS. Er unterscheidet ein «natürliches» und ein «wissenschaftliches» K.-Verständnis. – Das *natürliche* K.-Verständnis wird aufgefaßt als ein distanzlos getätigtes der Lebenspraxis. Aus ihr hat man ein «unmittelbares» Werkverständnis, welches ‹intuitiv› in und mit den Formen, Gebilden, Institutionen lebt. Wir verstehen, ohne die Sprachwissenschaft oder die Grammatik bemühen zu müssen, einander im Sprechen einer Sprache. «Das ‹natürliche› künstlerische Gefühl bedarf keiner Kunstgeschichte und keiner Stilistik» [2]. Ohne den Gehalt der symbolischen Formen erst theoretisch im Abstand bedenken zu müssen, «verstehen» wir als natürlich Lebende sie ebenso wie Um-zu-Dinge und Geräte, die in und mit der Handhabung schon verstanden sind. Werden überkommene Gebräuche und Sitten erfüllt, sind sie lebenspraktisch schon verstanden. «Wir leben in den Worten der Sprache, in den Gestalten der Poesie und der bildenden Kunst, in den Formen der Musik, in den Gebilden der religiösen Vorstellung und des religiösen Glaubens. Und nur hierin ‹wissen› wir voneinander» [3].

Nur – und das ist das szientistische «Aber» – bringt sich das natürliche K.-Verständnis um die Möglichkeit, die Werkformen auch als Ausdrucksformen zu verstehen. Es fehlt der erforderliche Abstand, den Cassirer ausschließlich der *wissenschaftlichen* Einstellung einräumt und somit nur den K.-Wissenschaften als Möglichkeit zuordnet. Erst mit der Einnahme einer wissenschaftlich-gelassenen Haltung – dies ist ein genuin szientistisches Argument – gewinnt der Mensch die ausreichende Distanz zu den überkommenen K.-Gütern, um deren Formen auch als prägnante Ausdrucks- und bestimmte Pathosformen jener «konstanten Menschennatur» zu verstehen, die Cassirer übereinstimmend mit der von ihm so hoch geschätzten europäischen Aufklärungsphilosophie der Menschheitsgeschichte unterlegt. Mögen Werke und Formen auch unendlich differenziert sein, so entbehren sie doch nicht «der einheitlichen Struktur. Denn es ist letzten Endes ‹derselbe› Mensch, der uns in tausend Offenbarungen ... immer wieder entgegentritt» [4]. Ein Werk mag noch so fest und in seinem Mittelpunkte ruhen, «es ist und bleibt doch nur ein Durchgangspunkt. Es ist kein ‹Absolutes›, an welches das Ich anstößt, sondern es ist die Brücke, die von einem Ich-Pol zum anderen herüberführt. Hierin liegt seine eigentliche und wichtigste Funktion» [5].

Das wissenschaftliche K.-Verständnis bestimmt Cassirer nach dem Modell eines Gesprächs, das hochgebildete Partner miteinander führen: Jeder weiß, daß er als Einzelner immer Unrecht hat und daß die Wahrheit erst zu zweien beginnt. Was diese philosophische K.-Kritik und jede andere Art zu einer szientistischen macht, ist der Gedanke, daß Unzufriedenheit und dogmatisch betriebene K.-Kritik unmöglich wären, wenn es dem Menschen gegeben wäre, sein Leben in der kulturwissenschaftlichen Haltung verbringen zu können. Denn sich «stoßen» und «reiben» an den Werken und Formen kann der Mensch nur aus der Einstellung des «natürlichen» K.-Verständnisses, weil der vor- und außerwissenschaftlichen Lebenspraxis der Mangel an distanzierter Gelassenheit eigentümlich sein soll.

β) In seiner *lebensphilosophischen* K.-Kritik nennt G. SIMMEL K. eine große anhaltende Tragödie. Schuld daran ist das Leben selbst. Um aus seiner animalischen und unmittelbaren Anonymität herauszutreten und wissen zu können, was es an sich selbst ist, muß Leben sich kenntlich machen für sich selbst und sich objektiv werden in und mit Formen, die es selbst prägt und erfindet. Erst als solches verdient es, «geistiges» oder auch «schöpferisches» [6] Leben genannt zu werden. Die Leben zu sich selbst vermittelnden Formen sind erstens Ordnungsformen des Zusammenlebens (Wirtschafts-, Gesellschafts-, Staats-, Rechts-, Erziehungs-, Bildungs-, Verkehrsformen u. a. m.) und zweitens Formen, mit denen es sich die Wirklichkeit erdeutet (Sprache, Mythos, Kunst, Religion, Wissenschaft). In solche Arten von Ordnungs- und Deutungsformen kleidet sich geistig-schöpferisches Leben und tritt als solches erst in Erscheinung [7]. Indem Leben sich auf diese Weise objektiv wird, erfährt es Neues über sich, weiß es, was es von sich zu halten hat.

Aufgrund dieser Verbindlichkeit vermittelnden und den Geist einer Sprach-, Religions-, Wirtschaftsgemeinschaft oder den Geist einer Kunst oder einer Wissenschaft stiftenden K.-Gebilde (-formen, -zweige, -funktionen) spricht Simmel denselben einen *K.-Wert* zu. Ein K.-Wert ist jedem geschichtlich sich bewährenden und eine konkrete Lebenswelt mitkonstituierenden K.-Gebilde eigen. Leben bedarf zu seiner gesteigerten Lebendigkeit der K. Aber diese Steigerungstendenz zur objektiven Geistigkeit verhindert bzw. lähmt wieder den Schwung zur subjektiv individuellen Lebendigkeitserfahrung in der entgegengesetzten Richtung. Der Steigerungstendenz zum subjektivierenden Ich-Pol sind die selbst geschaffenen und dann in eigentümlicher Selbständigkeit unabhängig vom Leben verharrenden Gebilde hinderlich und abträglich aufgrund ihres *Sach*wertes, ist doch jedem K.-Gebilde außer den ihm inhärierenden K.-Werten auch ein davon noch zu unterscheidender Sachwert immanent.

Es ist Simmels Verdienst, daß er an jedem K.-Gebilde einen lebensweltlich bedeutsamen K.-Wert und einen davon unabhängigen Sachwert unterschied und daß er die Wirkung eines K.-Gebildes nach beiden Seiten hin verfolgte. Sind erst einmal Sprach-, Rechts-, Kunst-, Sittenformen u. a. geschaffen, so haben wir es gar nicht mehr in der Hand, zu welchen einzelnen Gebilden sie sich entfalten; diese erzeugend oder rezipierend, gehen wir vielmehr am Leitfaden einer ideellen Notwendigkeit entlang, die völlig sachlich und um die Forderungen unserer Individualität, so zentral sie seien, nicht weniger unbekümmert ist, als die physischen Mächte und ihre Gesetze es sind [8].

Wie die Sprache hat auch die Kunst ihre immanente Logik. Auf ihrem Gebiete gibt es Gebilde von einer letzt erreichbaren Vollendung, die zur Reifung der «Persönlichkeit» nichts beitragen. Auf dem ethischen Gebiete nicht minder: Haben z. B. ethische Imperative ihre geschichtliche Wirkung getan, können manche von ihnen «Ideal von so starrer Vollkommenheit» werden, «daß sich aus ihm sozusagen keine Energien, die wir in unsere Entwicklung aufnehmen könnten, aktualisieren lassen» [9]. Wenn Leben als subjektiver für sich selbst verantwortlicher Ich-Geist kaum mehr einen Gegenhalt am K.-Wert

von K.-Gebilden hat und findet, sondern vorwiegend an den Sachwerten in ihnen interessiert ist, ist der Anlaß zum Unbehagen an der gegenwärtigen K. auch schon gegeben und ebenso der zur dogmatischen K.-Kritik. Unter der einseitigen Betonung des Sachwertes nehmen K.-Gebilde jenen Fetischcharakter an, gegen den jede dogmatische K.-Kritik sich richtet [10].

Anmerkungen. [1] B. JANSEN: Der Geist ..., in: Jb. des Verbandes der Vereine kath. Akademiker zur Pflege der kath. Weltanschauung (1924). – [2] E. CASSIRER: Zur Logik der K.-Wiss. (³1971) 76. – [3] a. a. O. 75f. – [4] 76. – [5] 110. – [6] G. SIMMEL: Der Konflikt der modernen K. (³1926) 5. – [7] Der Begriff und die Tragödie der K., in: Philos. K. (²1929) 251. – [8] a. a. O. 240f. – [9] 238. – [10] 249f.

b) *Formale K.ph.* – Ihr Gegenstand sind die K.-Wissenschaften und deren Denkformen. Daher Titel wie ‹K.-Wissenschaft und Naturwissenschaft› (H. RICKERT ⁷1926), ‹Kritische Studien auf dem Gebiete der kulturwissenschaftlichen Logik› (M. WEBER 1906), ‹Zur Logik der K.-Wissenschaften› (E. CASSIRER 1942). Kommt ‹Geschichte› als Titelwort vor [1] – oder ist vom «geschichtlichen» Erkennen [2] bzw. «Geschichtsphilosophie» die Rede [3] –, dann bezeichnet ‹Geschichte› den umfassenden Komplex historisch verfahrender K.-Wissenschaften und nicht die historische Fachwissenschaft im engeren Sinn.

Aber die historische oder exemplarische ist nicht die einzige kulturwissenschaftliche Denkform. Schon W. DILTHEY unterschied innerhalb der K.-Wissenschaften zwischen historischen, systematisch-theoretischen und kritisch-praktischen Methoden und Aufgabenstellungen [4]. Doch terminologische Schulbefangenheit hinderte W. WINDELBAND und RICKERT, diese Ansätze Diltheys zu zu berücksichtigen. Dieser – vom deutschen Idealismus herkommend – bevorzugte den Terminus ‹Geisteswissenschaften›. Da im Neukantianismus das Begriffswort ‹Geist› einen psychologischen Klang hatte, wurden Diltheys Beiträge abgewehrt und die Gleichsetzung von K.-Wissenschaft mit K.-Geschichte vorübergehend verfestigt. Erst in den zwanziger Jahren kam diskussionslos ein ‹sive› zwischen K.- und Geisteswissenschaften auf. E. ROTHACKERS ‹Logik und Systematik der Geisteswissenschaften› (1926) verstand sich der Sache nach als eine Logik und Systematik der K.-Wissenschaften.

WINDELBAND fand das griechische Haften am Gattungsmäßigen und die Gleichsetzung des wahren Seins mit dem Allgemeinen beklagenswert [5]. Auch RICKERT sah das «Ewige» in der Einmaligkeit des selbsttätigten und selbstverantworteten Lebens: «Wir leben im Individuellen und Besonderen, und wir sind wirklich nur als Individuen» [6]. «Das Individuelle und Einmalige allein ist *wirklich geschehen* ...» [7]. Worin sich z. B. Goethe und Bismarck von anderen Menschen unterscheiden, davon «hat die Geschichte *ausdrücklich* zu reden niemals Veranlassung» [8].

Die hohe Selbstwerteinschätzung des personalen Selbst, das sich nur durch das wirklich und wertvoll weiß, was es mit keinem anderen gemeinsam hat, spielt aber nicht nur bei der Reduktion der kulturwissenschaftlichen Denkformen auf *eine*, und zwar die kultur*historische*, eine Rolle. Die methodologische Bestimmung derselben als ideographische bzw. individualisierende entspricht demselben außerwissenschaftlichen Selbstwertbewußtsein. Hat nämlich *alle* lebendige Wertbeurteilung ihren Ursprung in der Werteinschätzung der unvertretbaren und unvergleichbaren Einzigartigkeit personalen Lebens, dann muß auch «daran festgehalten werden, daß sich alles Interesse und Beurteilen, alle Wertbesinnung des Menschen auf das Einzelne und das Einmalige bezieht» [9]. Daher WINDELBANDS methodologische Zuteilung der idiographischen Denkform an die empirisch-historischen K.-Wissenschaften und der nomothetischen an die empirischen Naturwissenschaften. Die Erkenntnisziele der letzteren sollen allgemeine Gesetze des Geschehens sein, die immer gelten und daher nur die Aussageform des apodiktischen Urteils vertragen. Die Erkenntnisziele der empirisch-historischen K.-Wissenschaften dagegen sollen besondere Ereignisse sein, welche als sinnvolle Tatsachen *einmal* waren und daher nur die Aussageform des assertorischen Satzes vertragen. Ihr Erkenntnisinteresse ist «entschieden darauf gerichtet, ein einzelnes, mehr oder minder ausgedehntes Geschehen von einmaliger, in der Zeit begrenzter Wirklichkeit zu voller und erschöpfender Darstellung zu bringen ...» [10]. Dazu ist schriftstellerische Kunst vonnöten: Ohne die Anstrengung der Anschauung ist es kaum möglich, «aus der Masse des Stoffes die wahre Gestalt des Vergangenen zu lebensvoller Deutlichkeit herauszuarbeiten» [11].

Das elementarste Wissenschaftlichkeitsmoment von Methode ist ihre Gegenstandsbezogenheit. Also wird ein Begriff von empirischer Wirklichkeit eingeführt, der so weit ist, daß er die systemlogische Begründung sowohl für die «individualisierende» (= idiographische) wie «generalisierende» (= nomothetische) Denkform zu leisten vermag. Wirklichkeit begreift RICKERT als ein X, das unabhängig von jedem Aufgefaßtwerden das ist, was es ist, und so ist, wie es ist. «Nehmen wir die Wirklichkeit nur hin, wie sie an und für sich ist, so können wir überhaupt *nichts* von ihr aussagen ...» [12] außer Negatives wie «unbegrenzt», «uneinheitlich», «unübersetzbar», «unerschöpflich», «vieldeutig» usw. Insofern ist die Wirklichkeit auch als irrational zu bestimmen. Irrationalität stellt die Unbegreiflichkeit ihres An-sich-Seins klar. Als unvermittelte Unmittelbarkeit ist die Wirklichkeit jeder Begriffsbildung, der «individualisierenden» wie der «generalisierenden», entzogen: Das empirisch-unmittelbar Wirkliche wird gedacht – und insofern widerspricht Rickert seinem Wirklichkeitsbegriff doch – a) als in grenzenlos stetigen Übergängen befindlich (= Satz der Kontinuität alles Wirklichen) und b) als immer wieder anders als anderes (= Satz der Heterogenität alles Wirklichen). Als das in jedem seiner Teile heterogene Kontinuum ist Wirklichkeit weder im Sinne einer Abbildtheorie adäquat zu reproduzieren noch im Sinne einer Ausdrucks- und Einfühlungstheorie auch nur annähernd zu beschreiben.

Nun sind wir aber schon im Alltag nie völlig desorientiert. Wir haben doch Kontakt mit der Wirklichkeit, obgleich sie ihrer inhaltlichen Seite nach nicht wißbar sein soll. Rickerts Begründung für diesen paradox anmutenden Sachverhalt: Auch im vor- und außerwissenschaftlichen Stadium ist die Wirklichkeit immer schon in zwei Hinsichten aufgefaßt, d. h. für uns von uns umgeformt. Noch bevor die Wissenschaften «Macht über die Wirklichkeit» bekommen, ist bereits «eine Art von unwillkürlicher [d. h. vorwissenschaftlicher] Begriffsbildung» im Gange [13]. Die generalisierende Auffassung der Wirklichkeit, der wir uns alltäglich befleißigen, ist eine die Wirklichkeit «umbildende» Auffassung. Diese Umbildung verfälscht die Wirklichkeit aber nicht, weil die Wirklichkeit in ihrem An-sich-Sein nicht wißbar ist. Dank ihrer inhaltlichen Unbestimmtheit läßt sie sich generalisierend bestimmen, läßt aber auch eine der generalisierenden Auffassungsform entgegengesetzte zu, und

dies auch schon im vor- und außerwissenschaftlichen Alltagsleben: Jeder weiß, daß ihn an seiner Umgebung auch interessieren kann, was ihm unersetzlich vorkommt. «Dieser oder jener Gegenstand kommt vielmehr gerade durch das für uns in Betracht, was ihm allein *eigentümlich* ist, und was ihn von allen anderen Objekten unterscheidet. Unser Interesse und unsere Kenntnis bezieht sich dann also gerade auf seine Individualität, auf das, was ihn unersetzlich macht» [14]. Nichts ist «an sich» etwas Besonderes oder bloß ein unabgehobener «Fall von». Was uns den Reiz des Einmaligen zu haben scheint oder den des Wiederholten und Regelrechten – das eine wie das andere ist immer schon ein «Produkt unserer Auffassung der Wirklichkeit, [d. h.] unserer vorwissenschaftlichen Begriffsbildung» [15].

Diese die Wirklichkeit «profilierende» Alltagspraxis findet ihre Fortsetzung in der Wissenschaftspraxis. Keine Wissenschaft knüpft an eine anschauungsfrei gegebene Wirklichkeit an. Jede gewinnt ihr Material aus den schon vorliegenden Produkten der vorwissenschaftlichen, d. h. unwillkürlichen Begriffsbildung der natürlichen Lebenspraxis. So gibt es «nicht nur in unseren vorwissenschaftlichen Kenntnissen zwei prinzipiell verschiedene Wirklichkeitsauffassungen, die generalisierende und die individualisierende, sondern es entsprechen ihnen auch zwei in ihren Zielen und ebenso in ihren letzten Ergebnissen logisch prinzipiell verschiedene Arten der wissenschaftlichen Bearbeitung der Wirklichkeit» [16].

Kulturhistorisch erkenn- und darstellbar ist nur Sinngewordenes. Daher ist nicht alles früher Geschehene als solches schon eine «historische» Tatsache. Also sind die aus der Vergangenheit übriggebliebenen Materialien auszuwählen. Es muß miteinander verknüpft werden, «was irgendwie für die Erinnerung der Gattung, für ihre wertbestimmte Selbsterkenntnis bedeutsam werden kann» [17]. Auswahl- und Verknüpfung überließ WINDELBAND dem «Interesse», und dieses war in RICKERTS Augen ein nur psychologischer und somit untauglicher Begriff. Die erforderlichen «Sehepunkte», unter denen die notwendigen historischen Synthesen zu vollziehen sind, dürfen nicht im «Getriebe der Zeitwellen» untergehen, sie müssen im «Ewigen», d. h. hier zeitlos Geltenden, liegen. Gelegentlich hatte schon WINDELBAND den Begriff der zeitlosen Geltung mit dem des Sollens im Sinne normativer Wertgeltung verbunden [18]. RICKERT brachte diese Verbindung auf die begrifflich-systematische Gleichung von Sinn und (K.-)Wert. K.-Werte sind Eigenwerte und gelten als solche unabhängig von dem «Wert des bloß natürlichen, d. h. bloß vitalen Lebens» [19]. Nicht mehr Interessen, sondern zeitlos geltende K.-Werte übernehmen die Funktion der Gesichtspunkte, unter denen historische Materialien ausgesucht und zu historischen Tatsachen und deren Zusammenhängen verknüpft werden. Die Masse des historischen Stoffs profiliert sich durch die Bindung an das System der Werte von Staat, Recht, Kunst, Religion, Wissenschaft.

Ist aber K. der «Inbegriff der Güter, die wir um ihrer Werte willen pflegen» [20], so sind die historischen K.-Wissenschaften selbst auch «wert»volle Wissenschaften in zweifacher Hinsicht: erstens, sofern sie dem Wert der Wahrheit genug tun, und zweitens, sofern sie dem Leben in der Gegenwart den erforderlichen Sinn und damit auch einen Wert vermitteln [21].

W. DILTHEY aber hatte als Kern der K.-Wissenschaften die Philologien und nicht die Geschichte ausgemacht. Entsprechend monopolisierte er das Verstehen zu *der* kulturwissenschaftlichen Erkenntnisform und nannte die

Geistes- bzw. K.-Wissenschaften «verstehende» Wissenschaften.

Th. Litt [22] und E. Rothacker [23] korrigierten in Anknüpfung an Dilthey die Einseitigkeit der Badischen Schule. Blickschärfe für das einmalig Besondere und wissenschaftliche Strenge holen sich die K.-Wissenschaften weniger aus dem Bezug auf eine zeitlose Wertsphäre als aus dem Bezug auf eine interessegeleitete innere Anteilnahme an aktuellen Fragestellungen. M. Weber führte deshalb den erkenntnislogischen Begriff des «Interesses» ein, und Rothacker entfaltete in der gleichen Absicht den «Satz der Bedeutsamkeit» [24]. Wären zeitlos geltende K.-Werte des Wahren, Guten, Schönen und Heiligen die Bedingung für ein wissenschaftlich strenges und individualisierendes Verfahren, müßten die K.-Wissenschaften geradezu ein abgeschlossenes System bilden, und zwar in spiegelbildlicher Analogie zum Wertsystem. Die Anstöße zur kulturwissenschaftlichen Forschung aber gibt die vor- und außerwissenschaftliche Lebenspraxis. «Wir interessieren uns eben für die christlichen Religionen intensiver als für die außerchristlichen, weil wir lange vor Beginn der akademischen Studien Christen waren und sind» [25]. Die Geschichte der K.-Wissenschaften zeigt allenthalben deren Verflochtenheit mit dem kulturellen Leben selbst. Sie bilden nach Dilthey deshalb kein System, weil sie «in der Praxis des Lebens selber erwachsen» und sie «ihre ersten Begriffe und Regeln zumeist in der Ausübung der gesellschaftlichen Funktionen finden» [26]. Darum bleiben ihre Ausgangspunkte auch «wandelbar in die grenzenlose Zukunft hinein, solange nicht chinesische Erstarrung des Geisteslebens die Menschheit entwöhnt, neue Fragen an das immer gleiche unerschöpfliche Leben zu stellen» [27]. Aus der Verlegung der Bedingungen kulturwissenschaftlicher Forschungspraxis in die Sphäre des Subjektiv-Wandelbaren aber ist nicht zu folgern, daß auch ihre Resultate in der Bedeutung «subjektiv» seien und man sagen müßte, für den einen gelten sie und für den andern nicht. Wechselhaft ist doch nur der Grad, in dem sich ein Kulturwissenschaftler mehr für den einen oder anderen Gegenstand interessiert. Im «Wie», in der Methode der Forschung aber, ist «der Forscher selbstverständlich hier wie überall an die Normen unseres Denkens gebunden. Denn wissenschaftliche Wahrheit ist nur, was für alle gelten will, die Wahrheit wollen» [28].

Ein Irrtum ist auch der Gedanke, daß in allen K.-Wissenschaften eine einzige Methode getätigt würde oder sogar getätigt werden müßte. Von einem Methodenmonismus innerhalb der K.-Wissenschaften kann seit Rothackers Entdeckung der tetralogischen Struktur der kulturwissenschaftlichen Fachrichtungen keine Rede mehr sein [29]. Methodenpluralismus ist keine Forderung, sondern kulturwissenschaftliche Praxis. Zunächst: Die K.-Wissenschaften sind thematisch auf bestimmte Sachgebiete (= K.-Zweige, K.-Systeme) wie Sprache, Wirtschaft, Kunst usw. bezogen. Insofern heißen sie mit Recht auch Fachwissenschaften. Dann: Keines der kulturwissenschaftlichen Fächer (Sprach-, Erziehungs-, Kunst-, Literatur-, Religions-, Wirtschafts-, Rechts-, Staatswissenschaften, Theologie als Wissenschaft der sapientia dei usw.) «muß» an methodischen Einfällen so arm sein, daß es nur als ein «historisches» den Wissenschaftlichkeitsanspruch einlösen kann. Die fachwissenschaftlichen Sachfragen der Sprache, Erziehung, Dichtung, Kunst, Religion usw. lassen außer dem historisch berichtenden Verfahren mindestens noch drei weitere zu: ein systematisch-philosophisches, ein analytisch-theore-

tisches und ein dogmatisch-explizierendes. Somit «kann» sich jedes kulturwissenschaftliche Fach auf vierfache Weise methodisch ausweisen. Es sind vier virtuelle Bindestrich-«Disziplinen» als legitime kulturwissenschaftliche Forschungsrichtungen anzunehmen; z. B. für die Sprachwissenschaft: Sprach-Dogmatik, Sprach-Theorie, Sprach-Philosophie und Sprach-Geschichte. Und so mit jedem anderen Fach [30].

Anmerkungen. [1] W. Windelband: Gesch. und Naturwiss. (1894), in: Präludien 2 (⁵1915). – [2] H. Maier: Das gesch. Erkennen (1914). – [3] G. Simmel: Probleme der Geschichtsphilos. (1892). – [4] Vgl. W. Dilthey: Einl. in die Geisteswiss. Versuch einer Grundleg. für das Studium der Gesellschaft und der Gesch. 1 (⁵1962) 26f. – [5] Windelband, a. a. O. [1] 155f. – [6] H. Rickert: Die Grenzen der naturwiss. Begriffsbildung (⁵1929) 222. – [7] a. a. O. 220. – [8] 355f. – [9] Windelband, a. a. O. [1] 155. – [10] 144. – [11] 151. – [12] Rickert, a. a. O. [6] 226. – [13] Geschichtsphilos., in: Die Philos. im Beginn des 20. Jh., hg. W. Windelband (²1907) 333f. – [14] a. a. O. 334. – [15] 335. – [16] 342. – [17] W. Windelband: Nach hundert Jahren, in: Präludien 1 (⁵1915) 157. – [18] Sub specie aeternitatis, in: Präludien 2 (⁵1915) 342f. – [19] H. Rickert: Kant als Philosoph der modernen K. (1924) 37. – [20] a. a. O. 7. – [21] Vgl. Vom System der Werte. Logos 4 (1913) 296. – [22] Th. Litt: Erkenntnis und Leben (1923) 100ff. 168. – [23] Vgl. E. Rothacker: Sinn und Geschehnis, in: Sinn und Sein. Ein philos. Sympos., F. J. v. Rintelen gewidmet, hg. R. Wisser (1960) 709ff. – [24] Vgl. W. Perpeet: Erich Rothacker. Philos. des Geistes aus dem Geist der Deutschen Historischen Schule (1968) 86ff. – [25] E. Rothacker: Die Wirkung der Geschichtsphilos. auf die neueren Geschichtswiss. Rapports du 11e Congr. int. des sci. hist. 1 (1960) 7. – [26] Dilthey, a. a. O. [4] 21. – [27] M. Weber: Die «Objektivität» sozialwiss. und sozialpolit. Erkenntnis, in: Ges. Aufsätze zur Wissenschaftslehre (⁴1973) 184f. – [28] ebda. – [29] E. Rothacker: Logik und Systematik der Geisteswiss. (1927) 21ff.; vgl. Die dogmat. Denkform in den Geisteswiss. und das Problem des Historismus. Abh. Akad. Wiss. u. Lit. zu Mainz, Geistes- u. sozialwiss. Kl. 6 (1954) 249ff.; Zur Philos. der dogmat. Methode, Mainzer Univ.-Gespräche (1961) 47ff. – [30] Vgl. Perpeet, a. a. O. [24] 31f.

c) Materiale K.ph. – α) Kultur als Gegenstand.

– Die Wissenschaften von der K. sind ein Einzelgebiet der K. Dieser relativ schmale Bereich der «wissenschaftlichen K.» ist Gegenstand der formalen K.ph. Die materiale K.ph. hat «mehr» im Blick: Ihr Gegenstand ist die «K. im Ganzen». Er umfaßt alles, «was es an menschlich Erschaffenem auf der Erde gibt» [1], also nicht weniger als die «geschichtlich-gesellschaftliche Welt» schlechthin (W. Dilthey).

‹Zivilisation› ist nur im Deutschen ein Gegenwort zu ‹K.› geworden. Kant bediente sich wohl als erster dieser Antithese. «Wir sind im hohen Grade durch Kunst und Wissenschaft cultivirt. Wir sind civilisirt bis zum Überlästigen, zu allerlei gesellschaftlicher Artigkeit und Anständigkeit. Aber uns schon für moralisirt zu halten, daran fehlt noch sehr viel. Denn die Idee der Moralität gehört noch zur Cultur; der Gebrauch dieser Idee aber, welcher nur auf das Sittenähnliche in der Ehrliebe und der äußeren Anständigkeit hinausläuft, macht die bloße Civilisirung aus» [2]. W. von Humboldt verwendet diese Entgegensetzung im Sinne von «äußerlich» und «innerlich». Zivilisation und K. seien Durchgangsstufen zum Gipfel des persönlichen Daseins. Erreicht werde dieser mit der Erzeugung einer Welt in der Individualität durch Bildung [3]. Wenngleich W. v. Humboldt aus dem Wort ‹K.› nicht «Bildung» heraushört, so hat ihm ‹K.› doch einen zu hohen Klang, als daß er die Werke des «homo faber» schon als zur K. gehörig betrachtet hätte. O. Spengler hielt an der Antithese ‹Zivilisation – K.› insofern fest, als er mit ‹Zivilisation› das unausweichliche Auflösungsstadium von K. bezeichnete. Der zivilisierte Mensch hat keine künftige K. mehr; denn Zivilisationen «sind ein Abschluß; sie folgen dem Werden als das Gewordene, dem Leben als der Tod, der Entwicklung als die Starrheit ... Sie sind ein Ende [der K.], unwiderruflich, aber sie sind mit innerster Notwendigkeit immer wieder erreicht worden» [4]. Die vornehmlich aus Motiven dogmatischer K.-Kritik verwendete Polarisierung von Zivilisation und K. setzte sich nicht durch. Die deutsche Eigentümlichkeit wurde von den englischen und französischen Sprach- und Denkgewohnheiten nicht akzeptiert. ‹Culture› und ‹civilization› sind im Englischen synonym. Eine Unterscheidung hält T. S. ELIOT für «künstlich und daher überflüssig» [5]. ‹Civilization› bzw. ‹culture› meint ein gutes soziales Verhalten. Das Gegenwort ist ‹barbarity›. Das französische ‹culture› bleibt an das lateinische ‹cultura› angelehnt. ‹Civilisation› bezeichnet vornehmlich ein alle Lebensbereiche umspannendes Ideal [6], auch die des mythischen Zivilisationsheros Herkules und des Genies der prometheischen Tat. Eine andere sach- und gegenstandsnähere Unterscheidung ist die von «niederer» oder Primitiv-K. und Hoch-K. Sie wurde der materialen K.ph. bei ihrer Gegenstandsfindung dienlicher. An einen Wertgegensatz in dem Sinne, daß die eine eine «bloß» materielle und die andere eine schöpferisch-geistige wäre, ist dabei nicht zu denken. Die eine wie die andere *ist* K.

Charakteristisch für *Hoch-K.* ist *erstens* die Differenzierung eines keimhaft virulenten Lebensstils und eines ihm korrespondierenden Weltbildes zu einem reichen Geflecht von relativ autonomen und somit unterscheidbaren K.-«Zweigen» (= Sphären) wie Wirtschaft, Recht, Staat, Religion, Erziehung, Kunst, Wissenschaft usw., nicht zuletzt einer durchgeformten Literatur. Das *zweite* Charakteristikum ist, daß die K.-Zweige dank ihren «bündigen» und «geprägten Formen» auch wieder auf das Leben *zurückwirken.* Das Faktum der soziativen Rückwirkung stellt E. ROTHACKER unter einem dreifachen Gesichtspunkt heraus. Geprägte Formen sind einmal gemeinschaftsformend, sie wirken zum andern aber auch verjüngend auf das Leben dieser Gemeinschaften selbst [7]. Zum dritten: Die den einzelnen K.-Bereichen angehörenden geprägten Formen werden nicht nur im Abstand ästhetisch erlebt; sie werden vielmehr mitsamt ihrem gegenständlichen Gehalt gelebt, getätigt [8]. «Wie sich das tiefste Leben großer K. in ewigen Kreisläufen bewegt von Formen, die aus dem Leben aufsteigen und die als Formen wieder zu Formen des Lebens selber werden wollen, indem sie auf dasselbe zurückwirken, um von da erneut Anstöße zu empfangen und erneut das Leben zu gestalten» [9], illustriert Rothackers kulturphilosophisches Schrifttum mit plastischen Beispielen. Sie verdeutlichen sowohl die für Hoch-K. spezifische Vielfalt von K.-Systemen, in deren Werken und Formen sich ein Lebensstil spiegelt, als auch die Rückwirkung dieser Werke und Formen.

Die «niedere» oder *Primitiv-K.* ist vom Begriff der «K. im Ganzen» umfangen. Auch sie ist eine von Menschen selbsterschaffene Welt. Auch in ihr sind Rechts-, Wirtschafts-, Religions-, Kunstformen möglich. Nur, daß diese meist miteinander verzahnt, verflochten und nicht als eigene Bereiche anzusehen sind. *Ein* K.-Gebiet scheint aber in ihnen zu dominieren: das des zivilisatorischen Machverhaltens auf «hand»werklicher Ebene. Dürfen als «Selbstbeweise» des Geistes u. a. auch Neuschöpfungen auf hand-werklicher Ebene gelten, dann teilt die «niedere» oder Primitiv-K. die «Geistigkeit» mit der Hoch-K. Daß der «primitive Mensch» und die «Naturvölker», welche «abseits der Zentren pulsierender Hoch-K.-Geschichte ‹ältere› Zustände der Menschheit konservieren»

[10], schöpferisch sind, gehört zu den prähistorischen, ethnologischen und kulturanthropologischen Grunderkenntnissen. Ein unangemessenes Verständnis des Machverhaltens, das ihm Kultiviertheit abspricht, beruht auf der heimlichen Voraussetzung eines bestimmten Naturbegriffs.

Meint man, es sei die Natur, welche den Menschen in und bei der Herstellung und dem Gebrauch von lebensnotwendigen Geräten (= Zeug bzw. Um-zu-Dingen) so weit «belehre», daß er alles wie «von selbst» könne, dann wird man konsequenterweise eher von einer «Nachahmung der Natur» als von schöpferischen Einfällen des «tool making animal» (B. FRANKLIN) sprechen. Auf keinen Fall davon, daß etwas noch nie Dagewesenes, Neuartiges und völlig Naturfremdes seitens des Menschen entdeckt oder erfunden worden sei, etwas, das der Natur auch vollkommen gleichgültig ist. Exemplarische Muster für Abwertungen des handwerklich-zivilisierenden Verhaltens zu bloßen Naturnachahmungen bzw. Organprojektionen bieten G. KLEMENS ‹Allgemeine K.-Geschichte› (1854) und E. KAPPS ‹Grundlinien einer Philosophie der Technik› (1877). Noch M. SCHELERS Auffassung ist es, daß nicht der Geist, sondern die «organisch gebundene praktische Intelligenz» [11], an der W. Köhlers Schimpansen auch partizipierten, technisch-zivilisatorische Um-zu-Dinge hervorbrächte und deren Gebrauch bewerkstelligte. Diese Werkzeugtheorie könnte sich sogar auf ARISTOTELES berufen. Von ihm her war die «neutrale» Zeuglehre auf nicht-geistiger Grundlage zu entfalten. Nur, daß Aristoteles aus antik-religiöser Hochachtung vor der Natur «dem werksetzenden Menschen keine wesentliche Funktion» [12] zutraute. Zwar wird eine Fülle von Werkzeugen zum Leben benötigt[13]. Aber zur Beschaffung derselben bedarf der Mensch keines eigenschöpferischen Werkens. Aus dem griechischen Credo an die anfang- und endlos und somit immer schon waltende selbstursprüngliche Natur läßt Aristoteles sie für die Um-zu-Dinge des Menschen sorgen. τέχνη als Inbegriff aller Fertigkeiten und φύσις sind gleichsinnige Konstitutionsprinzipien: «Die immanenten Wesenszüge der einen Sphäre können für die der anderen eingesetzt werden» [14]. Darum das Diktum: «ἡ τέχνη μιμεῖται τὴν φύσιν» [15]. τεχνάζειν ist μίμησις. Jedwede τέχνη besteht teils in der Vollendung dessen, was die Natur nicht zu Ende zu bewerkstelligen vermag, und teils in der Nachahmung des von Natur, d. h. «von selbst», Vorgegebenen [16].

Erst mit der Auffassung der Natur als Kreatur eines übernatürlichen Schöpfergottes, der als ausgesprochener Willensgott geglaubt wird, ist eine angemessenere Würdigung zeitlich früher Menschheits-K. und technisch armer K. der Naturvölker möglich. Mit dem Glauben an den creator universarum, der deshalb alles kann, weil er alles auch wollen könnte, ist die Möglichkeit gegeben, daß sich der Mensch, als Ebenbild dieses Gottes, mit diesem auch vergleicht. Statt technisches Machverhalten an eine autotechnische φύσις anzugleichen, setzt er dieses in Vergleich mit der ars infinita des Deus creator – zumal er sich zum Herrn und Eigentümer der Natur berufen weiß. So kann HUGO VON ST. VICTOR – in seiner ‹Ars mechanica› – an die «intelligentia creatoris» appellieren und das zivilisierende Schaffen – gleich auf welcher Stufe – sogar theologisch evozieren. Denn die *geistigen* Keimkräfte, «die den menschlich-elementaren Künsten und Fertigkeiten des Landbaues, Weinbaues, der Tierzucht, der Schiffahrt, der Jagd und der Kochkunst bereits im Schöpfungsplan eingesenkt sind» [17].

Entsprechend heißt es in der ‹Philosophia sagax› des PARACELSUS: «Die Natur ist eine große Werkstatt, in der Material und Werkzeug bereit liegen, die nur auf den ‹operator› warten. Was der Mensch schafft, geschieht Deo concedente» [18]. Die Voraussetzung, unter der ein technisch noch so «primitives» Machverhalten eine antiphysische Aureole gewinnen und im Licht einer geistig schöpferischen Leistung verstanden werden kann, ist der Glaube an die Natur als Kreatur und das Selbstverständnis *des* Menschen, der seine vis volendi mit der Gottes so gläubig vergleichen kann, wie es DESCARTES in der IV. Meditation seiner ‹Prima philosophia› tut. Gradmesser der K.-Höhe wird nun der Grad der Naturunabhängigkeit bzw. der Naturbeherrschung. Selbst ein Verhalten, das eher als ein passives Sicheinfügen in biozönotische Zusammenhänge und als Anpassung an die Periphyse beschrieben werden könnte, kann in dieser Beleuchtung als ein schöpferisches verstanden werden.

Mit der Herstellung von Zeug und mit dem Gebrauch desselben wird eine «zweite Natur» entdeckt, eine Welt, die der Mensch auch der niederen oder Primitiv-K. der Kooperation von Intelligenz und Hand verdankt. Diese Kooperation mit M. SCHELER als «organisch gebundene» zu definieren, versetzt in die Schwierigkeit, dartun zu müssen, daß artifizielles Machverhalten, wo und wann immer es getätigt wird, nichts weiter als ein naturales Von-selbst-Geschehen sei. Prähistoriker, Ethnologen und Kulturanthropologen wie W. E. MÜHLMANN [19], A. GEHLEN [20], E. ROTHACKER [21] sehen darin jedoch schöpferische K.-Leistungen.

Anmerkungen. [1] W. E. MÜHLMANN: Art. ‹K.›, in: Wb. der Soziol. (²1969) 599. – [2] I. KANT: Idee zu einer allg. Gesch. in weltbürgerl. Absicht (1784). Akad.-A. 8, 26. – [3] W. VON HUMBOLDT: Über die Verschiedenheiten des menschl. Sprachbaues und ihren Einfluß auf die geistige Entwickl. des Menschengeschlechts (1830-1835). Ges. Werke 7, 30. – [4] O. SPENGLER: Der Untergang des Abendlandes 1 (⁵²1923) 42f. – [5] T. S. ELIOT: Notes towards the definition of culture (London 1949) 13; W. SCHMIDT-HIDDING: Die K.-Zivilisations-Antithese. Sprachforum. Z. angewandte Sprachwiss. 1 (1955) 194. – [6] SCHMIDT-HIDDING, a. a. O. 198. – [7] E. ROTHACKER: Geschichtsphilos., in: Hb. der Philos. 4 (1934) 75. – [8] Vgl. a. a. O. 75f. – [9] Probleme der K.-Anthropol. (²1965) 26; vgl. 71ff. 99ff.; a. a. O. [7] 25. 68ff.; Rhythmus in Natur und Geist. Stud. gen. 2 (1949) 161ff.; Die Wirkung des Kunstwerks. Jb. für Ästhetik u. allg. Kunstwiss. 2 (1952-54) 1-22; Grundfragen der Kulturanthropol. Universitas 12 (1957) 479f. – [10] W. E. MÜHLMANN: Ethnol. und Gesch. Stud. gen. 7 (1954) 170. – [11] M. SCHELER: Die Stellung des Menschen im Kosmos (ND 1947) 29. – [12] H. BLUMENBERG: «Nachahmung der Natur». Zur Vorgesch. der Idee des schöpferischen Menschen. Stud. gen. 10 (1957) 274. – [13] ARISTOTELES, Pol. IV, 8, 1328 b 2. – [14] BLUMENBERG, a. a. O. [12] 267. – [15] ARISTOTELES, Phys. II, 2, 194 a 21. – [16] a. a. O. II, 8, 199 a 15-17. – [17] H. FISCHER: Vernunft und Zivilisation: die Antipolitik (1971) 239. – [18] ebda. – [19] W. E. MÜHLMANN: Umrisse und Probleme einer K.-Anthropol. Homo 7 (1956) 159f. – [20] A. GEHLEN: Urmensch und Spätkultur (1956) 11f. – [21] E. ROTHACKER: Vom Wesen des Schöpferischen, in: Mensch und Gesch. (1950) 176; Philos. Anthropol. (1964) 27ff.

β) *Begründung der Kultur.* – «Der Mensch lebt in einem symbolischen und nicht mehr in einem bloß natürlichen Universum. Statt mit den Dingen selbst umzugehen, unterhält sich der Mensch in gewissem Sinne dauernd mit sich selbst. Er lebt so sehr in sprachlichen Formen, in Kunstwerken, in mythischen Symbolen oder religiösen Riten, daß er nichts erfahren oder erblicken kann, außer durch Zwischenschaltung dieser künstlichen Medien» (E. CASSIRER [1]). Die K. ist das «symbolische Universum». Dieses ist das engmaschige Netz, in das der Mensch sein Leben lang verstrickt bleibt. Einen völlig kulturlosen Ur- oder «Natur»menschen gibt es nicht. «Der Unterschied von K.- und Naturmenschen ist miß-

verständlich. Keine menschliche Bevölkerung lebt in der Wildnis von der Wildnis, jede hat Jagdtechniken, Waffen, Feuer, Geräte» [2]. Es geht um die Tatsache der festen Korrelation zwischen Mensch und K. und um die Frage nach ihrem Grund. Begründungen sind in *drei* Richtungen versucht worden: in einer wertphilosophischen, einer lebens- und bewußtseinsphilosophischen und in einer ontologischen. Diese Aufzählung benennt die zeitliche Abfolge, in der jeder spätere Lösungsversuch den früheren korrigiert.

W. WINDELBANDS und H. RICKERTS südwestdeutsche Schule, die sich ohnehin mehr um die formale K.ph. verdient gemacht hat, löst die Grundfrage *wertphilosophisch*. K., so lautet Rickerts Definition, ist die «Gesamtheit der realen Objekte, an denen allgemein anerkannte *Werte* oder durch sie konstituierte Sinngebilde haften und die mit Rücksicht auf diese Werte gepflegt werden» [3]. Wertbehaftete reale Objekte und Sinngebilde heißen K.-Güter.

Abgesehen davon, daß jeder K. die Selbstwerteinschätzung einer Gruppe zugrunde liegt, ist die wertphilosophische Auskunft in dreifacher Hinsicht unbefriedigend. *Erstens:* Von Werten und ihrem Geltungsanspruch ist immer erst nach ihrer kulturellen Verwirklichung zu wissen. Erst nach der geschichtlichen Erfahrung konkreter K.-Güter und Sinngebilde werden deren Gehalte in ein zeitloses Reich des Soll-Seins projiziert mit der Versicherung, sie hätten längst vor ihrer geschichtlichen Bewußtwerdung immer schon gegolten und ihr Geltungsanspruch sei der Grund ihrer kulturellen Verwirklichung. *Zweitens:* K.-Güter oder Sinngebilde schafft der Einzelne, der Fachmann, der Vertreter eines meist schon gesellschaftlich anerkannten Standes nicht um der Werte willen. *Drittens:* Die Menschheit existiert als ein riesiges Nach-, Neben-, Mit- und Gegeneinander von Völkern [4]. K. gibt es nur im Plural. Die wertphilosophische Auskunft begründet nicht die Tatsache, «daß es rein empirisch eine Unzahl von typischen Formen gibt, wie die Menschen ihr Dasein gestaltet und eingerichtet haben» [5].

Die *lebensphilosophische* K.-Begründung (FR. NIETZSCHE, W. DILTHEY, H. BERGSON) hat der wertphilosophischen voraus, daß sie die geschichtliche Buntheit der Kulturen angemessener als ausdruckshafte Selbstdemonstration eines Volkes, einer Gemeinschaft, eines Standes usw. rechtfertigen und logisch eher begreifen kann. Ist doch Ausdruck im Sinne von Anmutungsvalenzen ein Urphänomen des Lebens. Der wertphilosophischen Begründung haftet die subjektiv-idealistische Spannung zwischen Sollen und Sein an. Die lebensphilosophische Begründung hat infolge ihrer objektiv-idealistischen Einstellung ihre Chance in einer verstehend vorgehenden, physiognomische Fakten berücksichtigenden K.-Würdigung, die besonders O. SPENGLER zu nutzen verstand. Diese objektiv-idealistische Einstellung beflügelt nach E. ROTHACKER die Neigung, K.-Erscheinungen «in erster Linie durch Reduktion auf Lebensbegriffe zum Verständnis zu bringen, das Augenmerk weniger auf *sachliche* Leistungen als auf lebendiges *Sein*, auf Lebenserscheinungen und Lebensgestaltungen zu richten, die ‹sich zum Ausdruck bringen›» [6].

Der Ehrgeiz lebensphilosophischer K.-Begründung war, die «tendenziöse» Einheit des jeweils eigenen unverwechselbaren individuellen Lebensstils in all ihren K.-Erscheinungen anschaulich zu machen unter dem ergiebigen Vergleichsgesichtspunkt des raum-zeitlichen Selbstverständnisses einer Gemeinschaft. So konnte Rothacker K. begreifen als typische Ausdrucksform eines Gesamtverhaltens und somit als Ausdruck eines historisch gewordenen und wandelbaren Lebensstils einer Gemeinschaft [7].

Bei T. S. ELIOT findet sich eine parallele Formulierung: K. sei die «Gesamtform, in der ein Volk lebt [the whole way of life of a people] von der Geburt bis zum Grabe, vom Morgen bis in die Nacht und selbst im Schlaf» [8].

Vorgebildet war dieser Gedanke in NIETZSCHES Unterscheidung von Stilisierung und Stil. Aus dem im 19., dem «historischen» Jh., allseits zu vernehmenden Ruf nach Stil [9] hörte Nietzsche den Wunsch nach K. heraus. Aber: K. kann man nicht wollen! Wer glaubt, K. sei ein Willensentschluß, gewinnt ein System von Nicht-K. Auch wer Stil «will», gewinnt keinen, nur Stilisierungen. Stil ist wie K. keine Willenssache. Auf den Mangel an Stil und den Überfluß an Stilisierungen hatten schon FR. TH. VISCHER – «Wir malen alles und noch einiges Andere. Wir malen Götter und Madonnen, Heroen und Bauern ... Unsere Kunst ist ... ein Vagabund, ... dem es mit nichts Ernst ist» [10] – und G. SEMPER [11] hingewiesen. K. kann nicht *gewollt* werden, auch nicht, indem man historisch Gewesenes durch Kennenlernen lernt. K. ist kein Wissensgegenstand [12]; denn «K. ist vor allem Einheit des künstlerischen Stiles in allen Lebensäußerungen eines Volkes» [13].

Mit Bezug auf «unterirdische» Zusammenhänge der Gestaltungen, z. B. der Mathematik, Ornamentik, Architektur, Ölbildnerei, Instrumentalmusik, der Staats-, Wirtschafts-, Kreditformen u. ä., in denen sich ein bestimmter «öffentlicher» Lebensstil «spiegelt» bzw. ausdrückt, ist die lebensphilosophische K.-Begründung sicher richtig. Das hermeneutische Ausdrucksverfahren zieht seine Berechtigung aus der lebensphilosophischen Begründung und Bestimmung der K. als Lebensstil. Seine Stärke liegt in der anschaulich sich versenkenden und zugleich erläuternden Hervorhebung von werkimmanenten Sinngehalten und deren Zusammenhängen. Es bewegt sich zirkelhaft vom Allgemeinen zum Besonderen und zurück. FR. SCHLEIERMACHER und W. DILTHEY charakterisieren es als Denkbewegung im Kreise. Aber eben dieser fruchtbare hermeneutische Zirkel, der von M. HEIDEGGER als Grundgesetz des Verstehens so explizit wurde, daß auch der Verstehende sein mitgebrachtes Verständnis auf den Zirkel gehen läßt, wird ein circulus vitiosus, sobald mit ihm nicht mehr kulturgeschichtliche Dokumente verstanden, sondern die Bedingungen und Gründe für dieselben ausgemacht werden sollen, aus und mit denen ihre Faktizität vernünftig zu begreifen ist [14]. Sollte nämlich der sich ausdrückende Lebensstil die Grundbedingung für die faktische K. sein, würde diese Auskunft schon wieder K. voraussetzen. Denn der Begriff des Lebensstils impliziert bereits sein kulturelles Ausgeprägtwordensein. Von einem kulturfreien und -unabhängigen Lebensstil im Sinne eines Apriori ist schlechterdings nichts zu wissen. Das lebensphilosophisch verstehende Ausdrucksverfahren ist als ein erläuterndes, interpretatorisches Verfahren auf vorgegebenes kulturhistorisches Material, auf Überreste, Quellen und Denkmäler einer jeweils bestimmten K. angewiesen. Und nur in dieser Angewiesenheit bewährt es sich. Sobald es rationale Ziele des konstruktiven Begreifens erreichen soll, versagt K. muß auch heterologisch von einem nicht-kulturellen X her begriffen werden. Dies versucht die *ontologische* K.-Begründung.

A. GEHLEN bestimmt als Grund der K. eine «noch nicht entgiftete» Natur. Ohne diese vorauszusetzende «Natur

erster Hand» ist K. als selbsterschaffene Welt bzw. als Ausdruck eines öffentlichen Lebensstils nicht denkbar. Gehlen läßt das von ihm Natur genannte X allerlei «tun». Sie «weist» dem Menschen eine «Sonderstellung» an, hat mit ihm «ein neues Organisationsprinzip» zu erschaffen beliebt [15], überläßt ihm die Erfüllung seiner «Bestimmung», weiter zu leben [16], «verwehrt» ihm, als «Naturmensch» zu existieren, hat ihm das Antriebsleben «bewußt gemacht» und somit «der Störbarkeit ausgeliefert» [17], «bietet» ihm ein Überraschungsfeld [18] usw. A. J. TOYNBEE läßt die «K.» (= Gesellschaftskörper) ebenfalls auf etwas schon Daseiendem aufruhen, zwar nicht in direkter ontologischer Aussage; aber aus der zweigliedrigen Formel von «challenge» und «response» spricht der Grundlegungsgedanke deutlich genug. Danach ist Nicht-K. zwar nicht der einzige, aber auch ein Grund von K. K. werden provoziert. Bei GEHLEN heißt das provozierende X «Natur erster Hand». TOYNBEE läßt es unbenannt, aber seine Modellformel verrät, daß auch er mit etwas Seinsmäßigem, das selber nicht-kultureller Seinsart ist, K. zu begründen sucht.

Auch für ROTHACKER gründet K. ontologisch in einem X, das er in Unterscheidung zur K.-Welt «Wirklichkeit» nennt. K. sind nicht ohne Grund. Sie sind nicht bloße Vorstellungen. Sie sind schöpferische Erdeutungen dessen, was wirklich ist [19].

Die ontologische Begründung von K. in der letzten Phase der K.ph. will die Begründungsansätze im Umkreis der Wert- und Lebensphilosophie, einschließlich der Bewußtseinsphilosophie z. B. R. KRONERS [20], nicht annullieren, sondern «aufheben».

Anmerkungen. [1] E. CASSIRER: Was ist der Mensch? Versuch einer Philos. der menschl. Kultur (dtsch. 1960) 39. – [2] A. GEHLEN: Der Mensch (⁴1950) 40. – [3] H. RICKERT: K.-Wiss. und Naturwiss. (1926) 28. – [4] W. HELLPACH: Einf. in die Völkerpsychol. (²1944) 1. – [5] W. E. MÜHLMANN: Umrisse und Probleme einer K.-Anthropol. Homo 7 (1956) 154. – [6] E. ROTHACKER: Logik und Systematik der Geisteswiss. (1926) 124. – [7] Vgl. Geschichtsphilos. (1934) 37ff.; Überbau und Unterbau, Theorie und Praxis, in: Schmollers Jb. 56 (1932) 9; K. als Lebensstile. Z. dtsch. Bildung (1934) 177ff.; Probleme der K.-Anthropol. (1942) 147; Weltgesch., in: Der Mensch und die Künste. Festschr. H. Lützeler (1962) 174ff.; Philos. Anthropol. (1964) 87; Zur Geneal. des menschl. Bewußtseins (1966) 361. – [8] T. S. ELIOT: Beitr. zum Begriff der K., dtsch. G. HENSEL (1949) 37. – [9] Vgl. W. WEIDLÉ: Die Sterblichkeit der Musen (1958) 161ff. – [10] FR. TH. VISCHER: Zustand der jetzigen Malerei, in: Krit. Gänge, hg. R. VISCHER 5 (²1922) 37. – [11] Vgl. WEIDLÉ, a. a. O. [9] 163. – [12] FR. NIETZSCHE: Unzeitgem. Betracht. I (1930) 7f. – [13] ebda, – [14] Vgl. ROTHACKER, a. a. O. [6] 124ff. – [15] Vgl. GEHLEN, a. a. O. [2] 17. – [16] 35. – [17] 55. – [18] Urmensch und Spätkultur (1956) 112. – [19] Vgl. ROTHACKER, Zur Geneal. ... a.a.O. [7] 211. – [20] R. KRONER: Die Selbstverwirklichung des Geistes. Proleg. zur K.ph. (1928).

Literaturhinweis. Eine ausführliche Fassung dieses Art. erscheint im Arch. Begriffsgesch. 20 (1976) 42-99.   W. PERPEET

Kulturanthropologie (engl. cultural anthropology). – 1. Die *philosophische* Anthropologie, die sich in den 20er Jahren des 20. Jh. mit den Werken von M. SCHELER und H. PLESSNER als eigene Disziplin innerhalb der Philosophie eingeführt hatte, sah sich bei ihrem Versuch, das Wesen des Menschen zu erhellen, vor der Aufgabe, «auch das gewaltige Feld der kulturellen Sphäre des Menschen methodisch zu durchforschen» [1]. Die Untersuchung der menschlichen Natur führt folgerichtig zur Kultur, in der der Mensch sich den selbstgeschaffenen Lebensrahmen gibt, den er von Natur entbehrt; wesentlich instinktverarmt, unspezialisiert und keiner selektiven Umwelt eingepaßt, muß er sein Dasein selbst gestalten. In diesem doppelten Sinn führte E. ROTHACKER den Begriff ‹K.› 1942 als philosophischen Terminus ein [2]. – Dagegen besteht er im *angelsächsischen* Sprachraum schon länger. Er bezeichnet dort die *amerikanische Ethnologie*, in die biologische, psychologische und soziologische Aspekte integriert sind. Neuerdings hat sich unter dem Einfluß Amerikas der Begriff ‹K.› auch in Deutschland zur Bezeichnung dieser empirisch-ethnologischen Wissenschaft eingebürgert [3]. – Aber auch die philosophische K. ist auf den engen Kontakt mit den empirischen Wissenschaften vom Menschen angewiesen, wenn sie die angestrebte Realitätsnähe erreichen will.

Für die K. stellt das Innere des Menschen keine immanente Sphäre dar, sondern ist von der Außenwelt, die immer schon eine kulturell gefilterte Welt ist, bedingt. Isolierte Psychologie als kulturelle Grundlagenwissenschaft muß versagen. Die Kultur, in der sich jeder Mensch schon von Geburt vorfindet, füllt seine plastische Struktur materiell aus. Da jede Kultur die Welt nur perspektivisch-ausschnitthaft enthält, ist bei biologisch gleicher Mensch*natur* sein *Wesen* im leiblich-seelisch-geistigen Habitus different. Bei der Fülle der historischen und zukünftig möglichen Kulturen ist die volle Repräsentation dessen, was Mensch überhaupt ist, eine unendliche Größe, der man sich asymptotisch nur nähern kann. Da den menschlichen Kulturschöpfungen keine idealen Urbilder zugrunde liegen, ist die Frage nach dem Kulturrelativismus falsch gestellt. So birgt die K. das Konzept einer pluralistischen Philosophie in sich. Auf dieser Grundlage erwachsen ihr drei Aufgaben:

a) Sie erforscht das Profil von Kulturen und Epochen in ihrem jeweils besonderen Beitrag zur Universalhistorie des Menschen und hebt dabei im Hinblick auf das Wechselverhältnis von Mensch und Kultur etwa Bewußtseinsstruktur, Sinnesschwellen und -entfaltungen, personformende Kulturideale und persondeformierende Tabuierungen und kulturbedingte «Zeit-Körper-Anordnungen» [3a] hervor. Mehr als bisher muß sie dazu interdisziplinäre Epochenforschung betreiben, um die Kulturzweige im Gesamt der Kultur funktionieren zu sehen. Grundlage dafür bilden einmal die Kultur als Objektivation, wie sie im Anschluß an den von W. DILTHEY wiederaufgenommenen und anthropologisch gewendeten Hegelschen Begriff des objektiven Geistes bei H. FREYER und N. HARTMANN [4] und als Symbolwelt bei E. CASSIRER [5] thematisch geworden ist, und zum anderen die Gesetzmäßigkeiten des kulturellen Lebens überhaupt.

b) Diese Gesetzmäßigkeiten zu untersuchen und als Kategorienlehre zu einem tragfähigen Fundament auszubilden, ist das Ziel der Strukturanalyse des Verhältnisses von Mensch und Kultur und des Kulturgefüges selbst. Sollen solche Gesetze allerdings Allgemeingültigkeit behalten, dann müssen sie so weit vom Gehaltlichen abstrahiert sein, daß sie die wechselnden kulturellen Inhalte formal zu fassen vermögen, ohne sie zu verengen oder zu vereinseitigen. Einen neuerdings vieldiskutierten Beitrag dazu stellt C. LÉVI-STRAUSS' «strukturale Anthropologie» [5a] dar, nach der etwa Mythen, Heiratsregeln usw. in den verschiedensten Kulturen die gleichen Organisationsprinzipien, «Strukturen», aufweisen, was bei allem Reichtum kultureller Ausprägungen in der Erscheinung auf eine gemeinmenschliche Funktionsweise des Verstandes hinweisen würde.

c) Die K. erforscht die Relation von Mensch und Kultur insgesamt, die die einzelnen Geisteswissenschaften auf einem je besonderen Gebiet untersuchen, und bildet

deshalb Fundament und natürliches Zentrum der Kulturwissenschaften. Da sie aber in Fortführung von Diltheys Lebensphilosophie den Menschen immer schon in unhintergehbaren kulturellen Lebensbezügen sieht, kann sie auch als eine Grundlagendisziplin innerhalb der Philosophie auftreten. Sie ist imstande, etwa Erkenntnistheorie, Sprachphilosophie, Ästhetik und Ethik durch den Rückbezug auf die realen Denk- und Seinsgrundlagen des Menschen in seiner Kultur zu bestätigen oder in Frage zu stellen, indem sie die «Kulturbefangenheit» [6] des Menschen auf all diesen Gebieten thematisiert. Insofern überhöht sie sich von der philosophischen K. zur kulturanthropologischen Philosophie.

2. Als erster visiert J. G. HERDER – unsystematisch, aber eine Fülle heutiger Probleme vorwegnehmend – eine Anthropologie des kulturvariablen Menschen an, in der er die Rückprägung des Menschen durch die Kultur bis in die elementarsten leiblich-seelisch-geistigen Gegebenheiten verfolgt: Denken ist bedingt durch Sprache, Scham durch Sittlichkeitskonventionen usw. Allerdings nennt er die Annäherung von Anthropologie und Geschichtsphilosophie, die er damit vollzieht, noch «Philosophie der Geschichte der Menschheit» [7]. Die unmittelbare Voraussetzung der K. bildet W. DILTHEYS Werk. In ihm ist die Bewußtseinsimmanenz überwunden und die «Verknüpfung des Studiums des Menschen mit der Geschichte» [8] gelungen. Die universalgleiche Natur des Menschen steht seinem geschichtlich wandelbaren Wesen nicht entgegen. Die wechselseitige Erhellung von Anthropologie und Geschichtsphilosophie ist in der Philosophie vom Menschen unumgänglich [9]. Der Mensch erkennt sich nur über seine Ausdruckswelt, die sich geschichtlich in den kulturellen Objektivationen niederschlägt. Sie zu verstehen bildet deshalb die Grundkategorie der Geisteswissenschaften. «Alle Funktionen vereinigen sich in ihm [dem Verstehen]. Es enthält alle geisteswissenschaftlichen Wahrheiten in sich. An jedem Punkt eröffnet das Verstehen eine Welt» [10]. Da sich nach Dilthey der Mensch in der Kultur verwirklicht, ist die «Totalität der Menschennatur ... nur in der Geschichte» [11].

Näher an den *Begriff* ‹K.› führt E. UTITZ, wenn er «die enge Sachgebundenheit von philosophischer Anthropologie, Kultur- und Geschichtsphilosophie» [12] feststellt. Nur im Hinblick auf seine Kultur ist der Mensch zu verstehen, weil er, endlich *und* vervollkommnungsfähig, durch sie aus den Grenzen seiner Endlichkeit ins Unendliche langt und durch seine Grenzen seine existentielle Tragik erfährt. Echte Kultur besteht im Gleichgewicht zwischen ihrer «homozentrischen» und ihrer «objektzentrischen» Dimension [13].

E. ROTHACKER sieht in der Kultur das Pendant des Menschen zur selektiven Umwelt des Tiers. Trotz der – von Scheler hervorgehobenen – Fähigkeit, die Welt gedanklich zu transzendieren, vollzieht sich das faktische Leben des Menschen in «gelebten Weltbildern» [14], die perspektivisch sind, weil er sich als handelndes Wesen zwischen Möglichkeiten entscheiden muß, dabei aber der Welt zugleich immer schon in der unverwechselbar geformten «Haltung» [15] seiner Kultur entgegentritt. Dabei findet Rothacker «a priori einsichtige Gesetze, welche das geschichtliche Leben» [16] in seinem «Kreislauf zwischen menschlichem Sein und menschlicher Selbstdeutung» [17] beherrschen. Es verläuft in den Polaritäten von Partikularismus und Universalismus, Versinnlichung und Vergeistigung, Autonomie und Arbeitsteilung der Kulturzweige usw. Als das Ziel von Rothackers K. erscheint «eine vollständige Systematik aller polaren Dimensionen, in denen menschliches Streben überhaupt sich bislang historisch bewegt hat, und unter noch umfassenderem Gesichtspunkt überhaupt bewegen kann» [18].

A. GEHLENS kulturanthropologischer Zentralbegriff ist die «Institution», der er seine Kategorien des menschlichen Handelns zuordnet. Nicht der individuelle Geist, sondern nur der «Geist als Organisationsform» [19] kann durch ein Stabilisierungsgefüge in dem jeweils kulturspezifischen Weltausschnitt kontinuierliches menschliches Handeln und damit soziales Leben gewährleisten. Da allerdings Gehlen seine Institutionslehre aus den Lebensformen archaischer Kulturen gewinnt, neigt er dazu, den Verpflichtungscharakter der Institutionen gegenüber dem Individuum ungerechtfertigt absolut zu setzen. Für M. LANDMANN stellt sich das Verhältnis von Mensch und Kultur als ein Gefüge von Spannungen dar, die im Wesen des menschlichen Seins selber liegen und daher unauflöslich sind. Der Mensch zeichnet sich ebenso durch extreme Schicksalsempfindlichkeit wie durch autonome Neuerungskraft aus. Als creatura creatrix ist er Schöpfer und Geschöpf der Kultur und steht zwischen Tradition und Fortschritt, Rezeptivität und Produktivität, Sozialität und Individualität. In seinem Innern wiederholen sich aber auch die Konflikte «einer in sich antinomischen Kulturwelt» [20] und ihrer divergierenden Bereiche – bei Landmann anhand von J. BURCKHARDTS drei Potenzen [21] gewonnen. Bedenkt man mit H. WEIN, «wie erschütternd jung die Basis für eine K. ist» [22], dann wird man ihre Auswirkungen in der Philosophie und Kulturwissenschaft erst in der Zukunft erwarten dürfen.

Anmerkungen. [1] E. ROTHACKER: Probleme der K. (²1948) 198. – [2] ebda., zuerst in: Systemat. Philos., hg N. HARTMANN (1942) 55-198. – [3] Vgl. W. E. MÜHLMANN: Der Mensch als Kulturwesen. Umrisse und Probleme einer K., in: homo creator (1962) 107-129. – [3a] s. A. NITSCHKE: Umwelt und Verhalten, in: Neue Anthropol. 4: K. (1973) 123-149. – [4] H. FREYER: Theorie des objektiven Geistes (1923); N. HARTMANN: Das Problem des geistigen Seins (1933). – [5] E. CASSIRER: Philos. der symbol. Formen 1-3 (1923-29). – [5a] C. LÉVI-STRAUSS: Strukturale Anthropol. (dtsch. 1967). – [6] A. GEHLEN: Anthropol. Forsch. (1961) 80. – [7] In nuce schon in: J. G. HERDER: Von der Verschiedenheit des Geschmacks und der Denkungsart unter den Menschen (1766); vgl. dazu CH. GRAWE: Herders Philos. der Gesch. der Menschheit im Licht der modernen K. (Diss. Berlin 1966). – [8] W. DILTHEY, Ges. Schr. 5. – [9] Vgl. dagegen O. MARQUARD: Zur Gesch. des philos. Begriffs ‹Anthropol.› seit dem Ende des 18. Jh., in: Collegium philos. (1965) 217f.; Art. ‹Anthropol.›, bes. Nr. 7. – [10] DILTHEY, a. a. O. [8] 7, 205. – [11] 8, 166. – [12] E. UTITZ: Mensch und Kultur (1933) 48. – [13] a. a. O. 29. – [14] E. ROTHACKER: Philos. Anthropol. (1964) 79. – [15] Probleme der K. (²1947) 67. – [16] a. a. O. 137. – [17] 75. – [18] 141. – [19] A. GEHLEN: Urmensch und Spätkultur (1956) 50. – [20] M. LANDMANN: Pluralität und Antinomie. Kulturelle Grundl. seelischer Konflikte (1963) 57. – [21] J. BURCKHARDT: Weltgesch. Betracht. Kap. 2. – [22] H. WEIN: Zwischen Philos. und Erfahrungswiss., in: Dtsch. Geist zwischen gestern und morgen (1954) 261.

Literaturhinweise. E. UTITZ s. Anm. [12]. – E. ROTHACKER s. Anm. [1]; Grundfragen der K. Universitas 12 (1957) 479-488. – R. LINTON: The cultural background of personality (New York 1945). – A. GEHLEN: Nichtbewußte kulturanthropol. Kat. Z. philos. Forsch. 4 (1949) 321-346; s. Anm. [19]. – M. J. HERSKOVITS: Man and his works. The sci. of C.A. (New York 1951). – A. L. KROEBER und C. KLUCKHOHN: Culture, a crit. rev. of concepts and definitions. Papers Peabody Museum Amer. Archaeol. a. Ethnol. 47 (Cambridge, Mass. 1952). – I. SCHWIDETZKY-ROESING: K., in: Anthropol. Fischer Lex. 15 (1959). – E. SAPIR: Culture, language, and personality (Berkeley/Los Angeles 1961). – M. LANDMANN: Der Mensch als Schöpfer und Geschöpf der Kultur (1961); s. Anm. [20]. – F. KÜMMEL: K., in: Wege zur pädag. Anthropol. (1963). – C. A. SCHMITZ (Hg.): Kultur (1963). – W. E. MÜHLMANN/E. W. MÜLLER (Hg.): K. (1966). – E. TOPITSCH: Vom Ursprung und Ende der Met. (1972). – G. DEVEREUX: Angst und Methode in den Verhaltenswiss. (dtsch. o. J. [1973]). – H.-G. GADAMER und P. VOGLER (Hg.): Neue Anthrol. 4: K. (1973).

CH. GRAWE

Kulturanthropologie, empirische (cultural anthropology). Die empirische K. hängt mit der K. der deutschen philosophisch-geisteswissenschaftlichen Tradition *nicht* zusammen. Sie ist eine in den USA entwickelte Ausprägung der Ethnologie (Völkerkunde). An deren im angelsächsischen Sprachbereich traditionelle Bezeichnung ‹anthropology› knüpft der spezifizierende Terminus ‹cultural anthropology› (= C.A.) an, der sich in den 1920er Jahren durchsetzte. Er diente auch zur Absetzung gegen die übrigen, in den Departments of Anthropology der amerikanischen Universitäten zusammengefaßten Disziplinen (gewöhnlich: physische Anthropologie, Archäologie/Prähistorie und (Ethno-)Linguistik). Damit war zugleich eine bestimmte Umorientierung des Forschungsansatzes verbunden. Sie äußerte sich in einem Zurücktreten der Verbindungen mit historisch ausgerichteten Fächern und dem Aufbau einer intensiven Zusammenarbeit mit theoretisch-systematischen Wissenschaften vom Menschen.

Entsprechend der Verwurzelung der C.A. in der Ethnologie beruhen ihre Arbeiten auf der empirischen Basis ethnographischen Materials. Neben der Verwendung schon vorliegender Quellen wurden Forschungen durchgeführt, die – gegen den Hintergrund von möglichst umfassenden Beschreibungen einzelner Kulturen – auf Analysen der neuartigen Probleme zugeschnitten waren. Ein mehrjähriges, koordiniertes Projekt in diesem Rahmen war der «Indian Personality and Administration Research», eine Reihe von intensiven Felduntersuchungen in indianischen Reservationen unter Beteiligung von Angehörigen verschiedener Disziplinen [1].

Hinsichtlich der zentralen Fragestellung ist eine Übereinstimmung mit der philosophischen K. zu verzeichnen, nämlich das Bestreben, Grundsätzliches über den Menschen und sein Dasein auszusagen. Dennoch hat sich kaum eine systematische Befruchtung der beiden Ansätze ergeben. Ein wesentlicher Grund dafür dürften prinzipielle methodologische Unterschiede sein. Eine Rolle spielt hierbei vor allem, daß die C.A. nicht nur auf der Ethnologie als der empirischen Wissenschaft von der Kultur, sondern darüber hinaus auf der angelsächsischen empiristischen Wissenschaftstradition fußt. Das wurde noch durch den überragenden Einfluß des deutschamerikanischen Ethnologen F. BOAS, der methodologisch an naturwissenschaftlichen Vorbildern orientiert war, während der ersten Jahrzehnte des 20. Jh. gefördert. Selbst zwar nur peripher und anregend an der theoretischen Entwicklung der C.A. beteiligt, hat er doch wesentlich dazu beigetragen, daß in ihr keine philosophischen Komponenten im engeren Sinne grundlegenden Einfluß erlangten und daß geisteswissenschaftliche Komponenten zurückgedrängt wurden. Im Sinne dieser Abwendung von den «humanities» und Hinwendung zur «science» sagt A. L. KROEBER, daß die in den «humanities» angehäuften Schätze organisierten Wissens mit Hilfe des Kulturbegriffs der C.A. in «the naturocentric context of natural science» übergeführt werden könnten [2].

Die für die C.A. kennzeichnenden interdisziplinären Kontakte erfolgten vor allem mit verschiedenen Ausrichtungen der Psychologie: Psychoanalyse, Sozialpsychologie, (behavioristischer) Lerntheorie, Wahrnehmungs- und Motivationspsychologie. Dahinter steht die Überzeugung, daß Kultur in letzter Instanz in der Psyche von Menschen real ist, ihre äußeren Manifestationen also daraus abgeleitet sind. Die menschliche Psyche ist damit der *locus* von Kultur, auch als Verursachungsinstanz. Die Ausprägungen von Kultur sind aber nicht von jeweiligen Individuen spezifisch abhängig. Der Einfluß individueller psychischer Faktoren, sowohl anlagebedingter als auch sonstiger Art, auf die Kultur gilt vielmehr als gering. Das Determinierungsgefälle wird vorwiegend in der Richtung Kultur – Individuum gesehen, indem die individuelle Psyche entscheidend durch die *Erfahrungen* in einer sozialen Umgebung geformt wird, die durch jeweils bestimmte, in der Psyche und damit im Verhalten der Mitmenschen vorherrschende kulturelle Traditionen gekennzeichnet ist. Voraussetzung zu dieser Ansicht ist das Postulat einer weitgehenden *Formbarkeit* (plasticity; malleability) der menschlichen Psyche. Diese besitzt danach nur wenige, durch rahmenhaft begrenzende biotische Bedürfnisse verursachte Grundtendenzen, die durch die Kultur weitgehend elaboriert und in die verschiedensten Bahnen gelenkt werden können.

Die empirisch nachweisbare große Verschiedenartigkeit der Kulturen auf der Erde gilt als Zeugnis dafür, daß als Grundlage eine kulturelle *Selektion* anzusehen ist. Aus der Fülle des objektiv Möglichen wird kulturell jeweils eine Anzahl von Elementen gleichsam ausgewählt. Auf Grund existentieller Erfordernisse kann hierbei keine völlige Willkür herrschen, sondern es muß sich ein Mindestmaß an *funktioneller Vereinbarkeit* ergeben. Andererseits besitzt jede Kultur einen mehr oder weniger großen Spielraum in diesen Beziehungen, in dem historische Faktoren wirksam werden, die unter dem Gesichtspunkt kultureller Funktionsfähigkeit als zufällig angesehen werden können. Die derart historisch-zufällig bedingten Komponenten einer Kultur bleiben aber keine äußerlichen Hinzufügungen. Sie werden unter dem Aspekt der *Bedeutsamkeit* (significance) in die Kulturen *integriert*, sowohl im Gesamtzusammenhang als gegebenenfalls auch in Teilzusammenhängen. Kulturen zeigen deshalb konfigurative Ordnungen, wofür der Begriff des kulturellen *pattern* (auch: configuration) geprägt wurde.

Die C.A. unterscheidet sich damit sowohl von funktionalistischen als auch von kulturhistorischen Richtungen der Ethnologie. Im Unterschied zu letzteren ist sie nicht an historischen Werdegängen von Kulturen, historisch bedingten Entlehnungen von Kulturbestandteilen (Diffusion) u. ä. um ihrer selbst willen interessiert, wohl aber an den dynamischen Aspekten der damit verbundenen Prozesse. Sie berücksichtigt allgemein die Geschichtlichkeit aller Kulturen als ein wichtiges Moment ihres Aufbaus und speziell die gestaltende Bedeutung einzelner historischer Elemente, Züge usw. Gegenüber funktionalistischen Ansätzen wird betont, daß sie nur bestehende Funktionszusammenhänge analysieren, diese sowie einzelne kulturelle Phänomene und Prozesse aber nicht ursächlich erklären könnten bzw. bei solchen Versuchen stets zu einer mehr oder weniger latenten Teleologie gelangten. Grund dafür sei die Vernachlässigung der historischen Dimension sowie der letztlich psychologisch zu erforschenden Verursachungsvorgänge.

Diese Vorgänge sind, auf Grund der psychischen Realität von Kultur, für deren erwähnte Integration verantwortlich. Sie bewirken, daß die relative Willkür, die historisch-zufällig entstandenen Kulturbestandteilen anhaftet, keine Unverbindlichkeit der Kultur für ihre Angehörigen, und damit deren potentielle Orientierungslosigkeit, auf bestimmten Gebieten zur Folge hat. Einsetzend mit der Geburt des Individuums werden die kulturbedingten Erfahrungen von ihm nicht nur registrierend aufgenommen, sondern psychisch *internalisiert*.

Darunter wird ein Prozeß verstanden, der die Erfahrungsbestandteile mit *Bedeutung* bzw. *Sinn* (meaning) versieht und sie dadurch zu Vorstellungen und Einstellungen (attitudes) werden läßt, die den Charakter des Selbstverständlichen und/oder des Wertakzentuierten annehmen. Bedingt ist dieser Prozeß durch grundlegende Notwendigkeiten der psychischen Funktionsfähigkeit des Menschen, die eine bestimmte Einheitlichkeit und Folgerichtigkeit seiner Vorstellungswelt erfordert. Es bilden sich Standards für Fühlen, Denken und Verhalten in der Form von *Gewohnheiten* (habits) und *Werten* (values), die auch untereinander in dem Zusammenhang einer Mindestintegration stehen. Er beruht auf *sinnhafter Vereinbarkeit* und stellt das Gegenstück zur Integration innerhalb der Kultur dar. Die zugrunde liegenden psychischen Vorgänge gelten als gerade in ihren entscheidenden Teilen nicht bewußt. Laut E. SAPIR bewirkt ein «unconscious patterning» die kulturellen patterns, deren psychische Korrelate damit «ideas complexes» sind [3]. Ähnlich sagen A. L. KROEBER und C. KLUCKHOHN, daß «the essence of cultures ... their patterned selectivity» sei und daß etwa die Formulierung «a selective experience characteristic of a group» als Definition von Kultur dienen könne [4].

Die zeitweilig enge Zusammenarbeit der C.A. mit der Psychologie hatte die Ausbildung eines besonderen Forschungsansatzes zur Folge, der *Kultur- und Persönlichkeitsforschung* (culture and personality research), wobei ‹Persönlichkeit› die Gesamtheit der psychischen Komponenten und Prozesse eines Individuums bezeichnet. Der verschiedenen psychologischen Richtungen bediente man sich eklektisch. Das führte u. a. auch zu Modifizierungen auf psychologischer Seite, so in der Psychoanalyse, der Lerntheorie und der Sozialpsychologie, und zwar im Sinne einer Annäherung verschiedener Schulen und ihrer Relativierung im Hinblick auf die Unterschiede von Kulturen. Auf seiten der C.A. führte es zur systematischen Berücksichtigung einer Reihe von psychologischen Konzeptionen wie *Bedürfnis, Wahrnehmung, Erkenntnis, Symbolisierung, Motivation* sowie zur Entwicklung des Begriffs der *Persönlichkeitsstruktur*. Damit wird die systemhafte, wenngleich in sich nie völlig widerspruchsfreie Integrierung der Persönlichkeit bezeichnet. Aufgrund der überragenden Rolle kulturbedingter Erfahrungen gilt die Persönlichkeitsstruktur als kulturspezifisch, doch wird damit die Persönlichkeit nicht in der Art eines Mikrokosmos im Vergleich zur Kultur als Makrokosmos aufgefaßt. Wegen der in jedem Falle auch wirksamen anlagebedingten und strikt individuellen Komponenten der Persönlichkeit ist Kultur stets nur ein Teil von ihr, und zwar der *erlernte* Teil, der sie jedoch in typisierender Weise, und zwar je nach Kulturzugehörigkeit eines Individuums differenzierend, prägt.

Die Untersuchungen der Kultur- und Persönlichkeitsforschung sind in erster Linie auf wechselseitige Beeinflussungen und Abhängigkeiten der analytisch unterscheidbaren Komponenten der Persönlichkeitsstruktur gerichtet, z. B.: die Einschiebung von Lernprozessen zwischen Reiz und Antwort, und zwar vornehmlich bei indirekter, symbolvermittelter Art; die Bedeutung kulturbedingten, besonders begrifflichen Lernens für Wahrnehmung und Erkenntnis; die Standardisierung und Konventionalisierung von Sinn auf einer derartigen Wahrnehmungs- und Erkenntnisgrundlage; die Transformierung biotisch fundierter Bedürfnisse durch kulturbedingte Werte; die damit gegebenenfalls verbundene Emanzipation von Mitteln und ihre Umwandlung in (sekundäre) Zwecke, die ursprüngliche, bedürfnisbezogene Zwecke überlagern; die Bedeutung von neben biogenen Motiven vorhandenen soziogenen Motiven, vor allem unter dem Aspekt ihrer – mangels hinreichender anlagebedingter Festlegungen – wesentlichen Kulturgeprägtheit; die Grade der Kulturabhängigkeit von Rationalität und Logik im Hinblick auf deren jeweilige Prämissen.

Neben den Kontakten mit der Psychologie erwiesen sich solche mit bestimmten soziologisch initiierten Theorien als von Bedeutung für die C.A., in erster Linie mit der vornehmlich durch T. PARSONS vertretenen Systemtheorie des Handelns (theory of action). Der Beitrag der C.A. zu diesem umfassend angelegten, mehr anthropologisch als strikt soziologisch zu nennenden Ansatz war die Einbeziehung der von ihr entwickelten Kulturkonzeption, besonders unter dem Gesichtspunkt der entscheidenden Bedeutung kultureller Werte für die Orientierungen der Menschen in Erkenntnis, Motivation und Verhalten sowie für den Aufbau sozialer Systeme.

Entsprechend den dargestellten Grundzügen ist der Beitrag der C.A. zu einer allgemeinen, umfassenden Anthropologie die Betonung einer überragenden Stellung der Kultur im menschlichen Dasein. Laut M. E. SPIRO ist Kultur keine evolutionär zufällige Hinzufügung dazu, sondern die *Normalbedingung* für das menschliche biotische, psychische und soziale Leben, deren Mißfunktion pathogene Zustände hervorruft [5]. Kultur ist damit, in den Worten A. I. HALLOWELLS, ein Instrument menschlicher *Anpassung* [6], so daß für die C.A. gilt: «the integral reality of society, culture, and personality structure as human phenomena ... constitutes the human situation as our unique subject matter» [7]. Als entscheidend bei der Anpassungsfunktion der Kultur gilt, daß durch die Internalisierung kultureller Sinnphänomene, vor allem von Werten, in die Persönlichkeitsstruktur dadurch vermittelte Ziele und Mittel als Bedürfnisse empfunden werden. Das bewirkt eine Ausschaltung oder Milderung von Gegensätzen zwischen dem Individuum und seiner Gesellschaft und ermöglicht somit das beim Menschen aus existentiellen Gründen notwendige soziale Leben.

Zugleich wird aber darauf hingewiesen, daß durch Kultur keine ideale Anpassung erreicht werden kann, und zwar grundsätzlich nicht. Die nicht auszuschaltenden und nicht vorhersehbaren ständigen historischen Zufälle in Gestalt von Änderungen und Auswirkungen der natürlichen, fremdkulturellen und selbstgestalteten Umwelt bedingen einen ständigen, mehr oder minder merklichen Wandel. Das verhindert eine lückenlose Integrierung von Kulturen, sowohl hinsichtlich funktioneller als auch sinnhafter Vereinbarkeit aller ihrer Komponenten. Ferner gibt es stets und notwendigerweise Diskrepanzen zwischen der (psychisch realen, sinnbezogenen) Kultur und den äußeren Realzuständen, auf die sie sich bezieht. Sie kann – auch etwa bei einem Bemühen um größte «Rationalität» o. ä. – wegen grundsätzlicher Beschränkungen der menschlichen kognitiven usw. Fähigkeiten der äußeren Realität nie völlig gerecht werden, d. h. kulturelle Anpassung enthält immer auch ein bestimmtes Maß an Mißanpassung. Kultur löst also Probleme, schafft aber auch solche [8]. Im Unterschied zur Anpassung durch relativ starre «Instinkte» bei subhumanen Lebewesen ist Anpassung mit Hilfe von Kultur dadurch gekennzeichnet und darauf angewiesen, daß sie trotz eines für den Menschen notwendigen Mindestmaßes an verläßlicher Gleichförmigkeit auch ein Min-

destmaß an Wandlungsfähigkeit und tatsächlichem Wandel besitzen muß.

Ein vieldiskutiertes Ergebnis von Forschungen, die im Rahmen der C.A. stattfanden, ist die Hypothese des *kulturellen Relativismus*.

Anmerkungen. [1] L. THOMPSON: Personality and government (Mexico, D.F. 1951). – [2] A. L. KROEBER: The nature of culture (Chicago 1952) 10. – [3] E. SAPIR, Selected writings, hg. D. MANDELBAUM (Berkeley/Los Angeles 1951) 114. 518f. – [4] A. L. KROEBER und C. KLUCKHOHN: Culture. A crit. rev. of concepts and definitions (Cambridge, Mass. 1952) 174. 155. – [5] M. E. SPIRO: Human nature and its psychol. dimensions. Amer. Anthropologist 56 (1954) 19-30, zit. 24. – [6] A. I. HALLOWELL: Sociopsychol. aspects of acculturation, in: R. LINTON (Hg.): The sci. of man in the world crisis (New York 1945) 171-200, zit. 176. – [7] A. I. HALLOWELL: Culture, personality, and society, in: A. L. KROEBER (Hg.): Anthropol. today (Chicago 1953) 597-620, zit. 600. – [8] KROEBER/KLUCKHOHN, a. a. O. [4] 57.

Literaturhinweise. R. LINTON: The study of man (New York 1936); The cultural background of personality (London ³1952). – F. BOAS (Hg.): Gen. anthropol. (Madison, Wisc. ²1944). – E. SAPIR s. Anm. [3]. – M. J. HERSKOVITS: Man and his works (New York 1952). – A. L. KROEBER und C. KLUCKHOHN s. Anm. [4]. – A. I. HALLOWELL s. Anm. [7]. – C. KLUCKHOHN und H. A. MURRAY (Hg.): Personality in nature, society and culture (New York ²1953). – C. KLUCKHOHN: Values and value orientations in the theory of action. An exploration in definition and classification, in: T. PARSONS und E. SHILS (Hg.): Toward a gen. theory of action (Cambridge, Mass. ³1954) 388-433. – M. E. SPIRO s. Anm. [5]. – W. RUDOLPH: Die amer. «C.A.» und das Wertproblem (1959) mit Lit.; Der Kulturelle Relativismus (1968); Kultur, Psyche und Weltbild, in: H. TRIMBORN (Hg.): Lb. der Völkerkunde (⁴1971) 54-71. W. RUDOLPH

Kultureller Relativismus (syn. auch Kulturrelativismus; engl. cultural relativism) ist eine in der amerikanischen Ethnologie (cultural anthropology) entwickelte und bisher ausschließlich dort systematisch diskutierte Hypothese. Der in dem Terminus enthaltene Grundbegriff ‹Kultur› ist der allgemeine, wertfreie der Ethnologie, zu definieren etwa als: diejenigen Erscheinungen und Vorgänge, die die Daseinsgestaltung der Menschen im Hinblick auf ihre Gruppierung in ethnische («völkerschaftliche»), d. h. historisch gewordene Einheiten charakterisieren. Diese Erscheinungen und Vorgänge stellen in ihrer Gesamtheit «die menschliche Kultur» dar, die sich aus Kultur*en* zusammensetzt. Die Auffassung dieser (deskriptiven) Vielheit von Kulturen als eines (in bestimmter Hinsicht interpretativ akzentuierten) *kulturellen Pluralismus* ist eine der beiden grundlegenden Komponenten des k.R. Sie steht vor allem im Gegensatz zur Hypothese des «kulturellen Evolutionismus» [1], indem Kulturen als in je einmaligen historischen Werdegängen entstandene, in wesentlichen Aspekten eigenwertige Konstellationen gelten. Sie sind deshalb nicht durch (immanente) Evolutionsprinzipien zu erklären, welche sich auf ‹Kultur› in globalem Maßstab beziehen. Letztere Vorstellung gilt als Abstraktion, konkretisiert allein durch die Summe der verschiedenen historisch aktualisierten Kulturen. Diesen – von D. BIDNEY als «historicocultural pluralism» bezeichneten [2] – Standpunkt hat besonders eindeutig der deutsch-amerikanische Ethnologe F. BOAS seit dem letzten Jahrzehnt des 19. Jh. vertreten, worin man den Beginn des (ethnologischen) k.R. erblicken muß. Dessen zweite grundlegende Komponente kann als *kulturelle Milieutheorie* bezeichnet werden. Sie besagt, daß die Menschen systematisch-typisch viele und bedeutsame *intra*kulturelle Ähnlichkeiten und *inter*kulturelle Unterschiede zeigen; diese lassen sich erklären durch bereits bei Geburt beginnende Einflüsse des jeweiligen kulturellen Milieus (in Gestalt von Anschauung und Erfahrung, Erziehung, Lernen usw.), das auf eine als außerordentlich formbar angenommene menschliche Psyche einwirkt. Dadurch werden nicht nur die normativen Maßstäbe (Urteile und Wertungen), sondern auch Erfahrung und Erkenntnis derart kulturgeprägt, daß schließlich sogar die menschliche Erkenntnis*fähigkeit* weitgehend kulturell relativiert wird. Diese Ansicht ist zwar schon bei Boas angedeutet, wird pointiert aber erst seit der Mitte der zwanziger Jahre des 20. Jh. vertreten, so durch die amerikanischen Ethnologinnen M. MEAD und R. BENEDICT. Die nunmehr bald expressis verbis als k.R. vorgetragene Hypothese wurde in der Folgezeit – zum Teil in Zusammenarbeit mit Nachbarwissenschaften der Ethnologie, vor allem mit psychologischen und sozialpsychologischen Richtungen – weiter differenziert und spezifiziert. Ein gewisser Höhepunkt systematisierender Zusammenfassung liegt in den Arbeiten von M. J. HERSKOVITS vor, der als Kern des k.R. ansieht: «Judgements are based on experience, and experience is interpreted by each individual in terms of his own enculturation» [3]. Mit ‹enculturation› wird hier die Anreicherung und Strukturierung der menschlichen Psyche, vor allem während des Aufwachsens des Individuums, durch die Einflüsse seiner Kultur bezeichnet. Als für praktische Probleme bedeutsam wird von den Vertretern des k.R. auf das bis zu einem gewissen Grade unvermeidliche Bestehen des *Ethnozentrismus* (s.d.) hingewiesen. Als Gegengewicht dazu wird interkulturelle *Toleranz* als global erstrebenswerte ethische Maxime hervorgehoben. Allgemeine Kritik am k.R. liegt von philosophischer und ferner von ethnologischer Seite vor, vor allem sofern dort kulturevolutionistische Gesichtspunkte vertreten werden. Kritik in Einzelheiten unter Anerkennung einer bestimmten Berechtigung kulturrelativistischer Anschauungen ist außer bei Ethnologen auch bei Psychologen und gelegentlich Soziologen und Humanbiologen zu finden. Als Beispiele eines «gemäßigten» k.R., verbunden mit dem Bestreben, nicht über das empirisch Belegbare hinauszugehen, können außer Arbeiten von Boas auch solche von A. L. KROEBER gelten [4].

Anmerkungen. [1] Vgl. Art. ‹Evolutionismus, kultureller›. – [2] D. BIDNEY: Theoretical anthropol. (New York 1953) 69. – [3] M. J. HERSKOVITS: Man and his works (New York 1948) 39f. – [4] A. L. KROEBER: The nature of culture (Chicago 1952).

Literaturhinweise. F. BOAS: The mind of primitive man (New York 1911). – R. BENEDICT: Patterns of culture (New York 1934). – M. MEAD: Sex and temperament in three primitive societies (New York 1935). – G. DeLAGUNA: Cultural relativism and sci. The philos. Rev. 51 (1942) 141-166. – L. A. WHITE: Evolutionary stages, progress, and the evaluation of cultures. Southwestern J. Anthropol. 3 (1947) 165-192. – M. J. HERSKOVITS s. Anm. [3]. – A. L. KROEBER s. Anm. [4]. – D. BIDNEY s. Anm. [2]. – R. REDFIELD: The primitive world and its transformations (Ithaca, N. Y. 1953). – E. VIVAS: Reiterations and second thoughts on cultural relativism, in: H. SCHOECK und J. W. WIGGINS (Hg.): Relativism and the study of man (Princeton, N. J. 1961). – W. RUDOLPH: Der k.R. (1968).　　　　　　　　　　W. RUDOLPH

Kulturgeschichte. Eine Geschichtsschreibung «der Kultur des menschlichen Geschlechts» [1], so wie sie sich in der zweiten Hälfte des 18. Jh. herausbildet, bedeutet die Abkehr von einer nur auf die Haupt- und Staatsaktionen beschränkten Historiographie und die Hinwendung zu einer die Schilderung der Sitten, des allgemeinen Geistes einer Epoche und des geistigen Lebens mit der politischen Ereignisse verbindenden Geschichtsschreibung. Das Muster einer solchen K. gab VOLTAIRE [2], obwohl sich der Terminus bei ihm noch nicht findet. In diesem Sinne argumentiert auch J. G. HERDER gegen die bisherige

Geschichtsschreibung; für ihn «hindern die Beschreibung von Kriegszügen, Heldentaten und Staatsaktionen ... uns oft, den Geist der Zeit zu entwickeln, die Menschengeschichte für Menschen sprechen zu lassen, charakteristisch, sittlich» [3]. 1798 betont er in einer Vorrede zu FR. MAJERS K. den Vorrang der «Karakter- und Sittengeschichte» vor den «Helden- und Staatsactionen», da nur eine K. «den Geist der Zeit zu entwickeln» vermöge [4].

Einen weiteren Impuls erhielt die K. dann durch jene Geschichtsphilosophien des späten 18. und beginnenden 19. Jh., die einen Fortschritt in der Geschichte nicht nur, wie Kant, zur vollkommenen Rechtsverfassung und zum ewigen Frieden annahmen, sondern auch auf den Gebieten der Moral, der Sitten, der Religion, der Wissenschaften und Künste, d. h. der gesamten Kultur, feststellen wollen [5].

J. CHR. ADELUNG – bei ihm heißt es wohl zum ersten Mal ‹Geschichte der Kultur› (1782) – geht so weit, in der Geschichtsforschung nicht mehr nur die Zusammenhänge von Staat, Wirtschaft, Gesetzen und Religion zu berücksichtigen, sondern von der politischen Betrachtungsweise gänzlich zu abstrahieren. Er strebt also keine Ergänzung oder Vertiefung der bisherigen Geschichtsauffassung an, sondern erhebt das soziale und geistige Leben des Volkes zum primären Objekt der Geschichtsschreibung. Universalgeschichte stellt nichts anderes als K. dar, denn « die Ursachen, warum das Veränderliche eines sich selbst überlassenen Volkes gerade so und nicht anders erfolgt ist, kann nirgends anders als aus der Kultur und ihrem Gange hergeleitet und erklärt werden» [6]. Auch die weiteren K. des 19. Jh. verstehen sich in erster Linie als Korrektur an einer vorwiegend politischen Geschichtsschreibung, die, so W. WACHSMUTH, nur eine halbe und nüchterne Geschichte biete. Demgegenüber ist allgemeine K. die «historische Darlegung des gesamten Bildungsprozesses der Menschheit von den ersten Anfängen menschlicher Vernunfttätigkeit bis zu ihren jüngsten Errungenschaften» [7]. Auch G. KLEMM ging von dem Postulat aus, der Historiker müsse alle Regungen in einem Volke untersuchen. Er wandte sich bereits gegen eine Auffassung, die erst später eine bedeutende Rolle in den Auseinandersetzungen spielte, und zwar gegen die Betonung der zwecksetzenden Funktion des Staates für die Historiographie. Die Ansicht, daß die politische Geschichte ausreichenden Aufschluß über die Entwicklung der Menschheit gebe, erklärte er als einseitig, «denn der Staat ist nicht der höchste Zweck der Menschheit» [8].

Die Anstrengungen der Vertreter der K. gelten seit der zweiten Hälfte des 19. Jh. neben der inhaltlichen Forschung vor allem der Sicherung eines methodischen Ansatzes. So hoben J. MÜLLER und J. FALKE die Notwendigkeit einer Sonderstellung der K. innerhalb der Geschichtswissenschaft hervor, da sie die Hauptelemente des Lebens eines Volkes enthalte und somit die Grundlage der gesamten Geschichtswissenschaft bilde. Beide waren der Überzeugung, die Eigenständigkeit der K. nur durch eine Zeitschrift erreichen zu können, deren «Zweck in der Sammlung des überall zerstreuten Materials der K. und in der Bestimmung der Methode der K.-Schreibung, welche als solche bis jetzt kaum noch existiert», bestand [9].

Diese Eigenständigkeit der K. wurde von W. H. RIEHL unterstrichen. Für ihn wird die K. bzw. die Volkskunde, wie sie in seiner Terminologie heißt, erst zur Wissenschaft, wenn sie keiner übergeordneten Darstellung, sei es Religionslehre, Dichtung oder Geschichtsschreibung dient, sondern selbst zum «bewegenden Mittelpunkte» wird. Die Relevanz der K. als Wissenschaft wird damit begründet, daß aus der Selbsterkenntnis des Volkstums ein Fortschritt jeglichen kulturellen Bereiches resultiere und sich befruchtend auf alle anderen Wissenschaftsgebiete auswirke [10]. K.n, die ähnlich dem Programm Riehls im Dienste nationaler Selbstbesinnung standen, wurden in der zweiten Hälfte des 19. Jh. wie noch im 20. Jh. des öfteren verfaßt [11].

Nach J. BURCKHARDT ist es die Aufgabe der K., gegenüber der politischen Geschichte die Geschichte der Denkweisen und Anschauungen darzustellen und nach den aufbauenden und zerstörenden Kräften zu forschen, die das Leben eines Volkes bestimmten. Der Vorteil der K.-Schreibung, der die Nachteile (mögliche Willkür in der Auswahl der Gegenstände) weit überwiege, ergibt sich für ihn aus seiner Überzeugung, daß in der K. sicherere Resultate zu gewinnen seien als in der politischen Geschichte. Die K. kann allgemeiner verfahren und besitzt die methodische Möglichkeit, gruppierend zu arbeiten und Akzente je nach der proportionalen Bedeutung der Fakten zu setzen. Überdies kann sich die K. der größeren Wichtigkeit kulturhistorischer Tatsachen gegenüber historisch-politischen gewiß sein. Mit der streng systematischen Disposition seiner Einteilung in die drei Potenzen: Kultur, Staat und Religion glaubte Burckhardt eine angemessene Methode der kulturgeschichtlichen Darstellung gefunden zu haben [12].

F. JODL war der Auffassung, es sei ein Fortschritt der Geschichtswissenschaft, daß zu der Schilderung des Schicksals der Staaten und Fürsten die Darstellung der Geschichte der Völker unter dem leitenden Gesichtspunkt einer Entwicklung der Kultur hinzugenommen wurde. Denn im Fortgange der K.-Schreibung bildet sich eine zunehmende Steigerung, Bereicherung und Klärung des Bewußtseins der Menschheit von sich selbst. Methodisch suchte er die Stellung der K. durch die Dreiteilung der Betrachtungsweise der Geschichte zu sichern: erzählende Universalgeschichte, schildernde K., reflektierende Geschichtsphilosophie [13]. – Wie auch J. LIPPERT [14] sah O. LORENZ die Bedeutung der K. gegenüber der politischen Geschichte in ihrer Möglichkeit, alle bisherigen Forschungsergebnisse zu einer Synthese zu bringen, «die Menschheit in ihrer kulturellen Erscheinung als etwas Einheitliches zu betrachten und die Vervollkommnung der menschlichen Lebensäußerungen als das Produkt einer Entwicklungsreihe zu betrachten». Lorenz wandte sich dementsprechend gegen die Ansicht, nach der in einer geschichtlichen Darstellung zuerst der Ernst der Staats- und Kriegsaktionen kommen müsse, woran sich dann das Spiel der Kultur anschließen könne. Aber er wies auch auf die notwendige, noch genauer zu leistende Bestimmung des Objekts der K. hin, wenn sie sich nicht als bloße Zusammenfassung dessen, was die anderen Wissenschaften über historische Vorgänge erforscht haben, verstehen wolle [15].

W. H. RIEHL hat die K. wegen ihrer Tendenz, den «Geist der Völker» als ganzen zu begreifen, «recht eigentlich ‹die moderne Philosophie der Geschichte›» genannt [16], und auch bei G. BIEDERMANN rücken K. und Geschichtsphilosophie zu Synonymen zusammen [17]. Dieser Übergang von K. in Geschichtsphilosophie zeigt sich auch bei E. GOTHEIN in seinem Methodenstreit mit D. Schäfer: Gothein vertrat die Ansicht, daß die Geschichtswissenschaft die Aufgabe der Philosophie der Geschichte, die Ergründung der Entwicklung des menschlichen Geistes, übernommen habe. Diese Aufgabe kann sie aber nur erfüllen, wenn sie nicht eine ausschließlich politische

Geschichtsschreibung bleibt, da Religion, Kunst, Recht und Wissenschaft sich zwar innerhalb einer Gesellschaftsordnung aktualisieren, aber nicht aus dem Staatsleben ihren hauptsächlichen Inhalt nehmen. «Politische Geschichte bleibt in ihrer Notwendigkeit und ihrem Wert bestehen; aber die allgemeine, die K. verlangt von ihr, daß sie sich ihr ein- und unterordne». Er lehnte auch den Einwand als unbegründet ab, daß der Historiker sich zwar mit allen Lebensäußerungen zu befassen hat, sich aber bewußt bleiben muß, daß er sich, sobald er die Haupt- und Staatsaktionen verläßt, auf Nebenwege begibt, die grundsätzlich der Erforschung der Vergangenheit in der Religions-, Kunst-, Rechts- und Wirtschaftswissenschaft vorbehalten bleiben. Denn diese Wissenschaften, die einzelne Kultursysteme thematisieren, setzen eine höhere Einheit voraus, die die K. darstellt, da sie nicht nur die Ergebnisse der anderen Wissenschaften katalogisiert, sondern die Interdependenzen zwischen allen Kulturbereichen und deren Beeinflussung des gesamten Volkslebens zu ergründen sucht. Aus dieser Problemstellung ergibt sich, «daß die politische Geschichte der Erweiterung durch exakte kulturgeschichtliche Arbeit gerade dann bedarf, wenn sie ihr Ziel, den Kausalzusammenhang des Staatslebens darzustellen, in seiner vollen Größe erfaßt» [18].

Mit ähnlicher Zielsetzung konzipierte K. LAMPRECHT unter Anlehnung an sozial- bzw. völkerpsychologische Theorien übergreifende und in sich streng kausal ablaufende Kulturzeitalter. Lamprecht ging davon aus, daß es eine Geschichte nur geben kann, wenn eine seelische Entwicklung innerhalb menschlicher Gemeinschaften stattfindet. Der Begriff ‹Kultur› beinhaltet daher für ihn den «eine Zeit beherrschenden seelischen Gesamtzustand, der alle seelischen Erscheinungen der Zeit und damit alles geschichtliche Geschehen derselben durchdringt». Diesen zu bestimmen, obliegt der kulturhistorischen Darstellung; die Bedeutung ihrer Methode liegt darin, daß sie an Stelle der Ideenlehre Herders, die nur eine künstlerische Betrachtung der höheren geschichtlichen Zusammenfassung gestatte, als eine auf Begriffen beruhende wissenschaftliche Methode den Rahmen für geschichtliche Forschung bildet. Lamprechts Ziel ist es, durch kulturgeschichtliche Forschungsergebnisse «jedem Volke seinen individuellen Anteil am weltgeschichtlichen Geschehen anzuweisen» [19]. – Für K. BREYSIG war die K. eine Synthese: Er unterschied die Geschichte des sozialen Verhaltens der Völker und Menschen von der Geschichte ihres geistigen Lebens (die «Sozialgeschichte» von der «Geistesgeschichte») und wies der K. als der «Universalgeschichte» die Darstellung der historischen Totalitäten zu. Die Berechtigung, sich dem sozialen Leben zuerst zuzuwenden, gestand er dem Geschichtsforscher nur unter dem heuristischen Gesichtspunkt zu, dadurch die Fundamente der Realitäten für die ideelle Krönung des historischen Gebäudes geschaffen würden. Für ihn bedeutete es einen herausragenden Fortschritt in der Geschichtswissenschaft, daß seit der Renaissance alle menschlichen Tätigkeiten durch historische Forschungen thematisiert wurden. Er vertrat daher die Ansicht, daß es keine spezifische Methode der K. gibt, K. und politische Geschichte also nicht getrennt werden müssen, daß aber die K., als auf das Ganze gerichtet, die politische Geschichte erweitert [20].

Indem die K. zur Geschichte der Totalität menschlicher kultureller Leistungen und zur Gesetzeswissenschaft wurde, näherte sie sich der in England unter dem Einfluß A. Comtes stehenden «History of Civilisation» (TH.

BUCKLE) [21]. Angegriffen wurde diese neuere Form der K. besonders von D. SCHÄFER. Dieser stimmte mit E. Gothein darin überein, daß historische Forschung umfassendere wissenschaftliche Resultate nicht erzielen könne, wenn sie eine Seite der menschlichen Kultur und den Zusammenhang der verschiedenen Kultursphären übersähe. Da jedoch die Vorbedingung jeder höheren Kultur der Staat ist, beinhaltet «das ausschlaggebende Ziel historischer Arbeit das Verständnis staatlicher Entwicklung». Die Aufgabe der Geschichtswissenschaft, menschliche Kultur aus einer einheitlichen Auffassung zu verstehen, ist nur von diesem Standpunkt aus lösbar, weil das Verständnis des Staates den einigenden Mittelpunkt für die unendliche Fülle der Einzelfragen darstellt. Im Gebrauch des Ausdrucks ‹K.› liege die Gefahr eines «populären Mißbrauchs» [22].

Insoweit die K. an der Wende zum 20. Jh. sich anschickte, sich als eine den Naturwissenschaften analoge Gesetzeswissenschaft zu etablieren, fand sie ihre schärfste Kritik im Neukantianismus. H. RICKERT suchte zu zeigen, daß die Methodologie historischer Forschung von der der naturwissenschaftlichen grundsätzlich verschieden ist. Doch trotz seiner Opposition gegen eine angeblich naturwissenschaftlich verfahrende Historie und gegen den «Mißbrauch mit dem Wort K.» bleibt Rickert dabei, «als Objekt der historischen Wissenschaften die Entwicklung der menschlichen Kultur anzusehen» [23]. Denn nach ihm ist das Unterscheidungsmerkmal von historischer und naturwissenschaftlicher Methode die Unentbehrlichkeit des Wertprinzips, so daß die Kulturwerte die Geschichte als Wissenschaft erst ermöglichen. Den die Historiker bewegenden Gegensatz von K. und politischer Geschichte bekämpft Rickert als «schief» und unbegründet, da die politische Geschichte als Geschichte an Werten orientiert und damit Teil der K. ist [24]. – Teilweise anknüpfend an Rickert versucht K. VOSSLER K. und Geschichte als zwei grundsätzlich mögliche Perspektiven zu kennzeichnen, von denen aus die Geschichte einmal das Moment der Determiniertheit, zum anderen den Charakter der Freiheit zeigt [25]. Auch für J. HUIZINGA muß die Erforschung der einzelnen Fakten einem Ganzen dienen und darf nicht für sich selbst stehen. Er hält an der Unterscheidung von K. und politischer Geschichte fest, die aus seiner Definition von Geschichte als «geistiger Form, in der sich eine Kultur über ihre Vergangenheit Rechenschaft gibt», und aus seinem Theorem, daß Kultur nur als Ganzes bestehe, folgt [26].

Gegenwärtig ist die Frage, wie K. und politische Geschichte einander zuzuordnen seien, und die nach einer Sonderstellung der K. nicht mehr aktuell, wobei jedoch einer kulturgeschichtlichen Darstellung zugestanden wird, im jeweiligen Einzelfall historische Teilforschungen zur Synthese zu bringen [27]. Zu einem großen Teil ist aber diese Aufgabe von der Kultursoziologie übernommen worden [28]. Dennoch werden weiterhin unter dem Titel ‹K.› Werke geschrieben, die sich mit der Gesamtheit kultureller Leistungen oder mit einzelnen Themen, wie Kunst, Sitte, Mode, Lebensgewohnheiten, beschäftigen [29].

Anmerkungen. [1] J. CHR. ADELUNG: Versuch einer Gesch. der Kultur des menschl. Geschlechts (1782). – [2] F. M. VOLTAIRE: Essai sur l'hist. gén. et sur les mœurs et l'esprit des nations (Paris 1756). – [3] J. G. HERDER, Sämtl. Werke, hg. B. SUPHAN 20 (1880) 340f. – [4] FR. MAJER: Zur K. der Völker (1798) 2, V. VIII. – [5] K. H. L. PÖLITZ: Gesch. der Kultur der Menschheit (1795); D. JENISCH: Universalhist. Überblick der Entwickl. des Menschengeschlechts (1801); F. A. CARUS, Nachgel. Werke 6: Ideen zur Gesch. der Menschheit (1809). – [6] J. CHR. ADELUNG, a. a. O. [1]

2. – [7] W. WACHSMUTH: Europ. Sittengesch. vom Ursprunge volkstümlicher Gestaltungen bis auf unsere Zeit 1 (1831) 5f.; Allg. K. (1850) IX. – [8] G. KLEMM: Allg. K. der Menschheit 1 (1843) 21. – [9] J. MÜLLER und J. FALKE (Hg.): Z. für dtsch. K. 1 (1858) Vorwort 2; die Z. wurde 1903 abgelöst von: Arch. für K. – [10] W. H. RIEHL: Die Volkskunde als Wiss., in: Kulturstud. aus drei Jh. (1858, ⁵1896) 238f. 250f. – [11] Vgl. z. B. J. SCHERR: Dtsch. Kultur- und Sittengesch. (⁷1879); O. HENNE AM RHYN: K. des dtsch. Volkes 1. 2 (1886); F. ZOEPPEL: Dtsch. K. 1. 2 (²1931-37). – [12] J. BURCKHARDT, Gesamt-A. 8 (1930) 2-6; 7 (1929) 63. – [13] F. JODL: Die K.-Schreibung, ihre Entwickl. und ihr Problem (1878) 1-3. 98. – [14] J. LIPPERT: K. der Menschheit in ihrem organischen Aufbau 1 (1886) 1. – [15] O. LORENZ: Die Geschichtswiss. in Hauptrichtungen und Aufgaben krit. erörtert, 1 (1886) 173f. 181. – [16] W. H. RIEHL: Freie Vortr. 1 (1873) 26f. – [17] G. BIEDERMANN: Philos. der Gesch. (1884) XIII. – [18] E. GOTHEIN: Die Aufgaben der K. (1889) 2f. 10f. – [19] K. LAMPRECHT: Die kulturhist. Methode (1900) 26. 30. – [20] K. BREYSIG: K. der Neuzeit 1 (1900) VII. 4. 6f. – [21] Vgl. F. FUETER: Gesch. der neueren Historiographie (1911) 507. – [22] D. SCHÄFER: Gesch. und K. (1891) 5f. 9f. 13. 25. – [23] H. RICKERT: Die Grenzen der naturwiss. Begriffsbildung (1902) 585. – [24] a. a. O. – [25] K. VOSSLER: K. und Gesch. Logos 3 (1912) 192-205. – [26] J. HUIZINGA: Wege der K. (1930) 9. 86. 19. – [27] E. BAYER (Hg.): Wb. der Gesch. (1960) Art.-Teil: ‹K.› (unter Kultur-...). – [28] A. WEBER: K. als Kultursoziol. (1950). – [29] E. FRIEDELL: K. der Neuzeit (1927-31); K. der Welt, hg. H. BOECKHOFF/F. WINTER 1-2 (1963-66); KINDLERS K. (1966ff.); Hb. der K., neuhg. E. THURNHER (1960ff.).

Literaturhinweise. F. JODL s. Anm. [13]. – E. SCHAUMKELL: Gesch. der dtsch. K.-Schreibung (1905). – E. FUETER s. Anm. [21]. – G. VON BELOW: Die dtsch. Gesch.schreibung von den Befreiungskriegen bis zu unseren Tagen (1916).   G.-M. MOJSE

Kulturmorphologie, Kulturkreislehre. L. FROBENIUS (1873 bis 1938) deutete in seinem Werk ‹ Ursprung der afrikanischen Kulturen› (1898) die Kulturgeschichte Afrikas in einer «Kulturkreislehre» (Kl.) und verstand in ihr Kultur als organisches Leben, das sich unabhängig vom Menschen entfaltet. Ausprägungen dieses Lebens sind die verschiedenen Kulturformen, die an geographisch festgelegte «Kulturkreise» gebunden sind. Er erweiterte 1921 die Kl. zur «Kulturmorphologie» (Km.) und ersetzte den Begriff der «Kultur» durch den des «Paideuma», unter dem er das «Seelenhafte», die «geistige Struktur eines Volkes» versteht, «sofern sie aus dem kulturellen Verhalten abgelesen werden kann ...» [1]. Das Paideuma besitzt ein vom Menschen unabhängiges organisches Wachstum und bestimmt die Entwicklung aller Erscheinungen innerhalb der Kultur. Der Mensch ist dabei nur Werkzeug der Kulturgestaltung.

Dieser Entwicklung liegt nach Frobenius ein einheitliches Schema zugrunde, das sowohl das Individuum, die Kultur der Völker, die Kulturperioden als auch die Weltkultur insgesamt bestimmt. Es besteht in den «Lebensaltern»: Kindesalter, Jünglingsalter, Mannesalter, das in das Greisenalter übergeht: Das *Kindesalter* zeichnet sich in der Individualentwicklung durch das Vorherrschen des «Dämonisch-Mythischen», in der Entwicklung der Volkskultur und der Kulturperioden durch «Barbarei» aus. Es ist die Stufe der Schöpfungskraft, Phantasie und Spontaneität. Das *Jünglingsalter* ist beim Individuum die Stufe der Ideale, beim Volk und bei der Kulturperiode die der «Kulturei» und ist durch «Individualität» und «Gestaltung» bestimmt. Das *Mannesalter* schließlich ist beim Individuum das Alter der «Tatsachen», der Vernunft und des «verstandesgemäßen Zweckbewußtseins», bei der Volkskultur und der Kulturperiode das der «Mechanei» und «Erfüllung» und geht in das *Greisenalter* als Erstarrung des Organischen über.

Auch für die Geschichte der Weltkultur zeigt Frobenius diese Entwicklung auf: In ihr ist das *Kindesalter* die «mythologische Kultur» des pazifischen Ozeans; das *Jünglingsalter* die Kultur des südlichen und zentralen Asiens und Osteuropas – die Kultur der «hohen Religionen» –; das *Mannesalter* ist die «philosophische Kultur» Westeuropas, das *Greisenalter* schließlich ist die «materialistische» Kultur der Randvölker des nördlichen Atlantik: Frankreich, England und Nordamerika. Die Weltkultur schreitet so für Frobenius von Osten nach Westen fort.

Unabhängig von Frobenius haben O. SPENGLER und in Anschluß an ihn A. J. TOYNBEE eine Kl. bzw. Km. entwickelt, die ebenfalls von der Annahme des organischen Wesens der Kultur ausgeht (vgl. Art. ‹Kulturzyklus, Kulturzyklentheorie›).

Anmerkung. [1] L. FROBENIUS: Paideuma. Umrisse einer Kultur- und Seelenlehre (³1953) 56.

Literaturhinweise. L. FROBENIUS: Ursprung der afrikan. Kulturen (1898); a. a. O. [1]; Schicksalskunde im Sinne des Kulturwerdens (1932); Kulturgesch. Afrikas (1933). – O. SPENGLER: Der Untergang des Abendlandes. Umrisse einer Morphol. der Weltgesch. 1 (1918); 2 (¹⁻¹³1922). – A. J. TOYNBEE: A study of hist. Abridgement by D. C. SOMERVELL (London 1956/57): Abr. of vol. 1-6 (1956); Abr. of vol. 7-10 (1957); dtsch. J. v. KEMPSKI: Der Gang der Weltgesch. Aufstieg und Verfall der Kulturen (⁵1961).

G. ROTH

Kulturpädagogik ist eine an der Kultur- und Wertphilosophie orientierte Richtung innerhalb der Erziehungswissenschaft. Sie hat, insbesondere in ihrer Ausformung als geisteswissenschaftliche Pädagogik, zwischen 1900 und 1933 die pädagogische Forschung und Auffassung in Deutschland weitgehend bestimmt. Die K. beachtet, analysiert und akzentuiert bei der Erziehung besonders deren Verflechtung mit übergreifenden Kulturzusammenhängen und sieht in den objektiven Sinnbezügen und Sinngehalten (Kulturwerte, Kulturbereiche, Kulturobjektivationen, «Kulturgüter», wie Sprache, Kunstwerke usw.) den tragenden Boden, aber auch – als «Bildungsgüter» – die weckenden, emporbildenden Kräfte und eine wesentliche Orientierung der Erziehung. In Abwehr wertneutral-psychologistischer oder sentimental-subjektivistischer Erweichungen stellt sie im pädagogischen Raum den objektiven Sachanspruch heraus. Gerät sie dabei gelegentlich in die Gefahr, den Objektbezug im Bildungsprozeß zu überschätzen oder ihn traditionalistisch zu verengen, so versteht sie den Heranwachsenden grundsätzlich doch nicht objektivistisch als «Durchgang» oder gar «Mittel» des Kulturprozesses, sondern als eigengewichtige schöpferische Potenz, die in der Begegnung mit Kulturgütern ihre eigene Wertempfänglichkeit und innere Produktivität, ihre individuelle Form und verantwortlich-kritische Kraft zur Selbstgestaltung wie auch zur Mitgestaltung des geschichtlich-kulturellen Gesamtlebens gewinnt. Kulturleben und Individuum sind dabei dialektisch aufeinander bezogen und für ihre Entfaltung gleichermaßen aufeinander angewiesen. Erziehung ist Tradierung, Verlebendigung und Erneuerung der Kultur in der Abfolge der Generationen, und die Kultur ist Medium, Niederschlag und Prüfstein der Erziehung und Bildung.

Unter Aufnahme von Denkmotiven *Hegels* und *Schleiermachers* sowie unter Anknüpfung an *Lorenz von Steins* Staatstheorie, *W. Diltheys* historisch-geisteswissenschaftliche Arbeit und *W. Windelbands* und *H. Rickerts* Wertphilosophie entwickelte sich die K. etwa ab 1919, besonders aber ab 1920, in breiter Front. Nachdem schon O. WILLMANN (in aristotelisch-thomistischem Sinne) den Güterbegriff zum pädagogischen Zentralbe-

griff erhoben und F. PAULSEN (mit historischem Akzent) das kulturtradierende Moment der Erziehung hervorgekehrt hatte, bildeten sich als Hauptvarianten der K. die neukantianisch-werttheoretische Linie (J. COHN, B. BAUCH, H. JOHANNSEN, G. KERSCHENSTEINER u. a.) und die historisch-geisteswissenschaftliche Linie (G. SIMMEL, E. SPRANGER, TH. LITT, A. FISCHER, R. MEISTER, auch H. NOHL, W. FLITNER u. a.) heraus. Der kulturpädagogische Einschlag war dabei verschieden stark und war auch mehr mit konkreter Gegenwartsanalyse (z. B. SIMMEL, SPRANGER) oder mehr mit allgemeiner Kulturtheorie verbunden (z. B. MEISTER, LITT, hier später mehr anthropologisch fundiert). Die K. ist als feste Position der Erziehungswissenschaft zeitbedingt und historisch inzwischen überholt, in ihren grundlegenden Fragestellungen jedoch nicht überholbar, da die Erziehung stets im geschichtlich-gesellschaftlichen Kulturzusammenhang existiert.

Literaturhinweise. – *Quellen:* F. PAULSEN: Pädag., hg. W. KABITZ (1911, ⁷1921); Ges. pädag. Abh., hg. E. SPRANGER (1912); Ausgew. pädag. Abh., hg. C. MENZE (1960). – G. SIMMEL: Schulpädag. Vorles., hg. K. HAUTER (1922). – J. COHN: Geist der Erziehung (1919); Befreien und Binden (1926). – H. JOHANNSEN: Der Logos der Erziehung (1924); Kulturbegriff und Erziehungswiss. (1925). – B. BAUCH: Die erzieherische Bedeutung der Kulturgüter (1930). – G. KERSCHENSTEINER: Theorie der Bildung (1926, ³1931). – E. SPRANGER: Lebensformen (1914, ⁹1966); Kultur und Erziehung (1919, ⁴1928); Kulturfragen der Gegenwart (1953, ⁴1964); Ges. Schriften, hg. H. W. BÄHR u. a. 1-11 (1969ff.). – TH. LITT: Pädag., in: Kultur der Gegenwart, hg. P. HINNEBERG I/6 (³1921, 2. Abdr. 1924); Möglichkeiten und Grenzen der Pädag. (1926, ³1931); «Führen» oder «Wachsenlassen»? (1927, ¹³1967); Pädag. und Kultur, ausgew. Texte, hg. F. NICOLIN (1965). – K. F. STURM: Allg. Erziehungswiss. (1927). – R. MEISTER: Beitr. zur Theorie der Erziehung (1946, ND 1965). – *Darstellung und Kritik:* M. RIEDMANN: K. (1926). – M. VANSELOW: K. und Sozialpädag. bei Kerschensteiner, Spranger und Litt (1927). – P. SCHNEIDER: Das Problem der Erziehungswiss. in der Kulturphilos. der Gegenwart (Diss. Hamburg 1928). – G. LEHMANN: Zur Grundlegung der K. (1929). – A. FAULWASSER: Naturgemäßheit und Kulturgemäßheit (1929). – J. DOLCH: Erziehung und Erziehungswiss. 1900-1930, in: Hb. der Erziehungswiss., hg. F. X. EGGERSDORFER V/3, 1 (1933). – R. LOCHNER: Dtsch. Erziehungswiss. (1963). – R. LASSAHN: Das Selbstverständnis der Pädag. Th. Litts (1968). – W. BREZINKA: Von der Pädagogik zur Erziehungswiss. (1971, ²1972).

A. REBLE

Kulturprotestantismus. Der Begriff ‹K.› ist ein kritisches Schlagwort aus der Zeit von 1871 bis 1919. A. HARNACK, R. ROTHE, A. RITSCHL, gelegentlich auch E. TROELTSCH und F. NAUMANN gelten als die wesentlichen Vertreter des K., die Zeitschrift mit dem symptomatischen Titel ‹Die Christliche Welt› als sein Organ. Der Begriff ist auf dem Boden der Kulturkritik der dialektischen Theologie entstanden, taucht allerdings in den wichtigsten Arbeiten der führenden dialektischen Theologen vor 1926 (K. BARTH, F. GOGARTEN, E. THURNEYSEN) nicht auf, so daß der Ursprung des Begriffes dunkel bleibt. 1926 schreibt P. TILLICH: «Dem Geist der bürgerlichen Gesellschaft nahe, ja, fast völlig von ihm aufgesogen, ist die liberale Richtung [des Protestantismus]. Sie versucht, die Religion in das System der endlichen Formen als ihren Abschluß oder ihre Einheit einzuordnen. Sie stellt sich dar als K., der zwar viel von der Moral, aber wenig von der Erschütterung der Kultur durch das Ewige weiß» [1]. Aus demselben Jahr stammt die positive Definition von K., die der Vorsitzende des Deutschen Protestantenvereins W. SCHUBRING gab: «Einbeziehung der modernen Kultur in die religiöse Sprache und die Hilfeleistung dabei, daß die Eindrücke aus der modernen Kultur religiös aufgenommen werden, das ist das Wesen dessen, was man K. genannt hat: das war gemeint, als der Deutsche Protestantenverein 1863 die Parole ausgab: Versöhnung von Religion und Kultur» [2]. Überwog in den zwanziger und dreißiger Jahren die polemische Bedeutung des Begriffes, so wird er heute überwiegend zur sachlichen Kennzeichnung des Protestantismus der angegebenen Periode und als Synonym für ‹liberale Theologie›, ‹Neuprotestantismus› und ‹Kulturreligion› gebraucht.

Anmerkungen. [1] P. TILLICH: Die relig. Lage der Gegenwart (1926). Ges. Werke (1961ff.) 10, 87f. – [2] W. SCHUBRING: Vom wahren Wesen und religiösen Wert des K. (1926) 20.
Literaturhinweise. W. PHILIPP: Art. ‹K.›, in: Evang. Kirchenlex. 2 (1958) 993-997. – F. W. KANTZENBACH: Der Christ und die Welt. Zeitwende 35 (1964) 224-236. 306-316.　　　E. AMELUNG

Kulturrevolution (russ. Kul'turnaja revoljucija, chin. Wen-hua ko-ming)
I. Genese und Diskussion des K.-Begriffs in der Sowjetunion. – Der Begriff taucht erstmals im Rahmen einer Diskussion auf, die von der sowjetischen Gesellschaft zu Beginn der zwanziger Jahre über die Auswirkungen der Oktoberrevolution auf den kulturellen Bereich und die einzuschlagende Kulturpolitik geführt wurde. Er diente zur Abgrenzung von den Parallelbegriffen der politischen und ökonomischen Revolution und wurde daher häufig als Kampf an der «Dritten Front», der Kulturfront, beschrieben [1]. Seine Definition als eigenständiger Bestandteil der sozialistischen Revolutionstheorie ergibt sich keineswegs selbstverständlich aus der marxistischen Überlieferung, in der man vergeblich nach einer Beschreibung von K. sucht [2]. MARX und ENGELS sahen im allgemeinen kulturelle Entwicklungen als Bewegung des Überbaus in fester Abhängigkeit von Änderungen der ökonomischen Basis (eine Differenzierung deutet sich erst in zwei Briefen von Engels aus dem Jahre 1890 an) [3]. So knüpfen denn die verschiedenen konkurrierenden Theorien von K. nicht direkt an den sozialistischen Klassikern an, sondern bilden selbständige Ansätze.

Anmerkungen. [1] N. K. KRUPSKAJA, in: Bol'ševik 20 (1932) 84; vgl. den Sammelbd. A. V. LUNAČARSKIJ (Hg.): Tretij front (Moskau 1925). – [2] Vgl. die Slg. K. MARX/Fr. ENGELS: Über Kunst und Lit. 1. 2 (1967/68). – [3] ENGELS, MEW 37, 462ff. 488ff.

1. K. als Errichtung einer proletarischen Klassenkultur. – Auf Anregung von G. V. PLECHANOV [1] hatte die Idee, als Antwort auf die bourgeoise Kultur eine spezifische Kultur des Proletariats zu schaffen, schon vor der Oktoberrevolution Anhänger gewonnen, die mit Hilfe der Organisation des «Proletkult» (kurz für ‹proletarskaja kul'tura› = proletarische Kultur) ihre Vorstellungen in zahlreichen Arbeiterstudios und Zirkeln verbreiteten. Vor allem die Industriearbeiterschaft sollte die Diktatur des Proletariats im Bereich der Kultur tragen und als neue Werte die Ideale des Kollektivismus und der industriellen Technik vertreten. Als am wirksamsten erwies sich die Forderung nach kultureller Emanzipation des Proletariats, das auf dem Weg der schöpferischen Selbsttätigkeit die Fesseln des auf Konsum und dadurch bedingte Passivität ausgerichteten bourgeoisen Kulturbetriebs sprengen sollte [2]. Die Geschichte dieser Bewegung kompliziert sich dadurch, daß ihr geistiger Kopf, A. A. BOGDANOV (Pseud. für Malinovskij), sie dazu benutzte, seine eigene, von Lenin seit jeher abgelehnte Theorie zu verbreiten [3], die er als «Allgemeine Organisationslehre» zur integrativen Metawissenschaft der Arbeiterklasse machen wollte [4]. So verlieren die Prolet-

kult-Organisationen bereits 1920 ihre Selbständigkeit und werden 1932 geschlossen; das Gedankengut der Bewegung aber erfuhr heftige Kritik von seiten Lenins und in der Folge immer wieder von der sowjetischen Historiographie und Philosophie [5].

Anmerkungen. [1] G. W. PLECHANOW: Einige Worte an den Arbeiterleser (April 1885), in: Kunst und Lit. (1955) 532ff. – [2] Hauptquelle zum Proletkult ist die Zeitschrift ‹Proletarskaja kul'tura› (Moskau 1918-1921); Dokumente in dtsch. Sprache bei R. LORENZ (Hg.): Prolet. K. in Sowjetrußland 1917-1921 (1969) und P. GORSEN und E. KNÖDER-BUNTE: Proletkult 1-3. Dokumentation und Interpretation (1974); eine Darstellung gibt K. D. SEEMANN: Der Versuch einer prolet. K. in Rußland 1917-1922, in: Jb.er Gesch. Osteuropas 9 (1961) 179-222. – [3] Vgl. V. I. LENIN: Materialismus und Empiriokritizismus (1909, Moskau 1947). – [4] A. A. BOGDANOV: Allg. Organisationslehre. Tektologie 1. 2 (1926-28). – [5] Vgl. V. V. GORBUNOV: Iz istorii bor'by KP s sektantstvom Proletkul'ta, in: Očerki po istorii sovetskoj nauki i kul'tury (Moskau 1968) 29-68; L. F. DENISOVA: V. I. Lenin i Proletkul't, in: Voprosy filosofii 4 (1964) 49-59 u. a.

2. K. als Befreiung und Demokratisierung der Kultur. – Für die praktische Durchführung der sowjetischen Kulturpolitik sorgte der Volksbildungskommissar A. V. LUNAČARSKIJ, der dabei durchaus auf eigene theoretische Arbeiten zurückgreifen [1], aber mit seinen Maßnahmen nicht immer der Zustimmung Lenins sicher sein konnte [2]. Seine Freizügigkeit verdankte er der ihm zugedachten Rolle als Vermittler zwischen den Bolschewiki und der Intelligenz, deren Gewinnung für den jungen Staat insgesamt, vor allem aber für den Aufbau des Bildungswesens unerläßlich war. Lunačarskij hatte noch kurz vor der Oktoberrevolution eine sozialistische Kultur der Zukunft als eine «allgemein-menschliche, außerhalb der Klassen stehende Kultur» gegen die «Kultur des kämpfenden Proletariats» als eine «scharf abgesonderte Klassenkultur, die auf Kampf aufgebaut ist», abgegrenzt [3]. So unterstützt er auch als Volkskommissar Idee und Methode des Proletkult, den er mitbegründet hatte und dessen Führer Bogdanov er durch familiäre und freundschaftliche Beziehung verbunden war.

Daneben versagte er aber auch keiner anderen Gruppe, die sich auf den Boden des Sowjetstaates stellte, seine Unterstützung, ermunterte zu Experimenten und schuf für eine gewisse Zeit jene Atmosphäre einer von den Behinderungen des bürgerlichen Staates befreiten, entfesselten Kunst, die so große Anziehungskraft auf die westliche Avantgarde ausübte und die berühmt gewordene sowjetische Experimentalkultur der zwanziger Jahre ermöglichte [4].

Lunačarskijs Bekenntnis zur Klassenkultur führte ihn keineswegs zu einer Ablehnung der tradierten Kulturwerte der Vergangenheit. Noch im November 1917 bildete er ein Kollegium zum Schutze von Museen und Kunstdenkmälern. Seinem energischen Eingreifen verdankte der Sowjetstaat, daß ausländische Berichte über bolschewistischen Kulturvandalismus bald gegenstandslos wurden. Anfang 1918 dekretiert Lunačarskij die Gründung eines Staatsverlags, dessen Hauptaufgabe es sein sollte, massenweise Klassikerausgaben für das Volk zu drucken. Zusammen mit Lenins Frau, N. K. Krupskaja, organisierte er die Beseitigung des millionenfachen Analphabetismus der erwachsenen Bevölkerung [5]. All diese Maßnahmen lassen sich einem Ziel zuordnen: Die Bildungsgüter der Vergangenheit und Gegenwart sollten dem russischen Volk in vollem Umfang zugänglich gemacht werden. Der heute in der Sowjetunion gebräuchliche Begriff ‹K.› umfaßt vor allem diese Vergesellschaftung von Kunst und Bildung, wie sie Lunačarskij als Volksbildungskommissar von 1917–1929 verfolgt hat.

Anmerkungen. [1] A. V. LUNAČARSKIJ: Sobranie sočinenij 1-8 (Moskau 1963-67). – [2] Vgl. P. A. BUGAENKO: A. V. Lunačarskij i literaturnoe dviženie 20-ch godov (Saratov 1967). – [3] A. V. LUNAČARSKIJ: Die Kulturaufgaben der Arbeiterklasse. Allgemeinmenschl. Kultur und Klassenkultur (1919) 11. – [4] Vgl. R. FÜLÖP-MILLER: Geist und Gesicht des Bolschewismus. Darstellung und Kritik des kulturellen Lebens in Sowjet-Rußland (1926); K. EIMERMACHER (Hg.): Dokumente zur sowjet. Lit.politik 1917-1932 (1972). – [5] Vgl. V. A. KUMANEV: Socializm i vsenarodnaja gramotnost'. Likvidacija massovoj negramotnosti v SSSR (Moskau 1967).

3. *K. als Wandlung des Alltagslebens.* – In die Debatte über die K. griff auch L. D. TROTZKIJ ein. Anders als der Proletkult und Lunačarskij lehnte er aber die Lehre von der proletarischen Klassenkultur ab: In der kampfbetonten Übergangsphase der Diktatur des Proletariats sei keine Zeit für die Herausbildung einer eigenen Kultur, die ohnehin sinnlos sei, weil sie bald von einer klassenneutralen Menschheitskultur abgelöst würde [1]. Über die Kultur der Zukunft entwickelt Trotzkij visionär-utopische Vorstellungen: Kunst und Produktion vereinigen sich ebenso wie Kunst und Natur, bis der Mensch sich schließlich selbst zum Gegenstand «künstlicher» Umarbeitung macht [2].

In seinen vielen Zeitungsartikeln und Broschüren äußerte sich Trotzkij gegenwartsnäher. Auch er betonte die Notwendigkeit, den Analphabetismus zu bekämpfen, die bürgerliche Intelligenz zu gewinnen und von den kulturellen Errungenschaften der bürgerlichen Gesellschaft zu lernen. Doch versuchte er die Aufmerksamkeit der Öffentlichkeit auf einen anderen Bereich zu lenken: auf die Revolutionierung des Alltagslebens (russ. byt): Er erörtert die katastrophalen Verhältnisse in der russischen Familienstruktur, die Unterdrückung der Frau, er schreibt über die Trunksucht und Brutalität des Proletariats, über die rückständigen Wertvorstellungen sowie den Aberglauben und berührt dabei nicht erst bei der Frage der zu ändernden Einstellung des russischen Arbeiters zur Arbeit Probleme, die über den Bereich des Kulturellen hinaus Bedeutung für die sowjetische Gesellschaftsordnung gewinnen mußten [3]. Kultur nähert sich bei ihm dem Begriff der Zivilisation, wird entsprechend als rasche Inkraftsetzung eines Systems gesellschaftlicher Wertvorstellungen aufgefaßt, die das Proletariat für die großen Aufgaben der Industrialisierung und Modernisierung des russischen Staatswesens rüsten sollen. Hierbei verblüfft vor allem der Mut, mit dem er dem russischen Arbeiter einen keineswegs schmeichelhaften Spiegel vorhält und daraus schließt, daß er erst durch die Katharsis einer K. zu der ihm zugedachten Rolle im Aufbau der neuen Gesellschaft reifen könne. In jüngerer Zeit erinnern Arbeiten des französischen Marxisten H. LEFÈBVRE in manchem an Trotzkijs Versuch [4].

Anmerkungen. [1] L. TROTZKIJ: Lit. und Revolution (1968) 193. – [2] a. a. O. 210-214. – [3] Sočinenija, T. XXI, Kul'tura perechodnogo perioda (Moskau/Leningrad 1927) Werke 21: Die Kultur der Übergangsperiode (Moskau/Leningrad 1927) 3-59: Voprosy byta; dtsch. Fragen des Alltagslebens (1923, ND 1974). – [4] H. LEFÈBVRE: Critique de la vie quotidienne (Paris 1958); La vie quotidienne dans le monde moderne (Paris 1968); dtsch. Kritik des Alltagslebens 1-3 (1974).

4. *K. als nachgeholte Basis der sozialistischen Revolution.* – Auch LENIN kannte das Problem des niedrigen Bildungs- und Bewußtseinsstands des russischen Proletariats. Aber hier Abhilfe zu schaffen, war für ihn weder eine Frage der Demokratisierung noch der Zivilisierung. Nach wie vor mußte er sein Experiment einer sozialistischen Revolution in einem rückständigen und wenig kul-

tivierten Land gegen Kritiker verteidigen, die wie Kautsky und Suchanov darauf verwiesen, daß sein Vorgehen der marxistischen Revolutionstheorie widersprach. Ihnen entgegnete Lenin: «Wenn zur Schaffung des Sozialismus ein bestimmtes Kulturniveau notwendig ist ..., warum sollten wir also nicht damit anfangen, auf revolutionärem Wege die Voraussetzungen für dieses bestimmte Niveau zu erringen, und dann, schon auf der Grundlage der Arbeiter- und Bauernmacht, vorwärtsschreiten und die anderen Völker einholen» [1]. Für den Kampf um dieses Niveau, mit dem von Rechts wegen der bürgerliche Staat das Proletariat hätte ausrüsten müssen, hatte Lenin erstmals im Mai 1923 öffentlich den Begriff ‹K.› verwandt [2]. Das Zitat zeigt, wie wenig Sympathien er für die Klassenkulturtheorien aufbrachte. Aus seinem Konzept werden folgende Grundzüge sichtbar: Beseitigung des Analphabetismus, Gewinnung der Spezialisten und der Intelligenz des alten Regimes für den Sowjetstaat, Übernahme der wissenschaftlich-technischen Errungenschaften sowie der künstlerischen und literarischen Werke der vorsowjetischen Zeit, sofern sie für die neue Gesellschaft von Wert sind, und Erziehung der Bevölkerung im Geiste des Sozialismus [3]. Über die sozialistische Kultur der Zukunft machte sich Lenin wenig Gedanken: «Für den Anfang sollte uns eine wirkliche bürgerliche Kultur genügen ...» [4]. In der sowjetischen Begriffssprache der *Gegenwart* bezeichnet ‹K.› im wesentlichen die Vorgänge, die mit der Ausführung der Richtlinien Lenins und Lunačarskijs bis zum Ende der dreißiger Jahre zusammenhängen. ‹K.› wurde so zu einem Sammelbegriff [5]. Ende der fünfziger Jahre eröffneten einige sowjetische Philosophen und Historiker die Diskussion erneut, indem sie weitergehende Aufgaben für eine «zweite K.» formulierten. Sie soll vor allem den «neuen Menschen» hervorbringen, das Kulturgefälle zwischen Stadt und Land eliminieren und die Beseitigung des Unterschieds zwischen körperlicher und geistiger Arbeit vorbereiten [6]. Zu praktischen Ergebnissen hat diese mehr theoretische Debatte bisher nicht geführt.

Anmerkungen. [1] V. I. LENIN: Über unsere Revolution. Ges. Werke 33, 464f. – [2] Über das Genossenschaftswesen a. a. O. 33, 461. – [3] Vgl. die Slg. o kul'turnoj revoljucii (Moskau 1967). – [4] Ges. Werke 33, 474. – [5] Vgl. Kul'turnaja revoljucija v SSSR, in: Bol'šaja Sovetskaja Enciklopedija 24 (Moskau 1953) 37-38; kul'turnaja revoljucija socialističeskaja, in: Filosofskaja Enciklopedija 3 (Moskau 1964) 121-122. – [6] Stroitel'stvo kommunizma i problemy kul'tury. Sbornik statej (Moskau 1963) 122ff.

Literaturhinweise. A. A. BOGDANOV: O proletarskoj kul'ture 1904-1924. Sbornik statej (Leningrad/Moskau 1924); *Voprosy* kul'tury pri diktature proletariata (Moskau 1925). – N. K. KRUPSKAJA: Na putjach kul'turnoj revoljucii (Moskau/Leningrad 1927). – G. G. KARPOV: O sovetskoj kul'ture i kul'turnoj revoljucii v SSSR (Moskau 1954). – M. P. KIM: Kommunističeskaja partija – organizator kul'turnoj revoljucii v SSSR (Moskau 1955). – *Materialy* naučnoj sessii po istorii kul'turnoj revoljucii SSSR (Moskau 1965). – V. T. ERMAKOV: O soderžanii i chronologičeskich ramkach kul'turnoj revoljucii v SSSR, in: Voprosy istorii 41 (1966) H. 10, 58-64. – *Kommunizm* i kul'tura. Zakonomernosti formirovanija i razvitija novoj kul'tury (Moskau 1966). – V. A. KUMANEV: Nekotorye problemy izučenija kul'turnoj revoljucii v SSSR, in: Voprosy istorii 42 (1967) H. 12, 96-108. – V. I. LENIN: O literature i iskusstve (Moskau 1967). – Kul'turnaja *revoljucija* v SSSR 1917-1965 gg. (Moskau 1967). – KPSS vo glave kul'turnoj revoljucii v SSSR (Moskau 1972). – S. FITZPATRICK: Cultural revolution in Russia 1918-1932. J. contemp. Hist. 1 (1974) 33-53.   G. ERLER

II. *K.-Begriff und K. in der Volksrepublik China.* – Der heutige Gebrauch des Begriffes ‹K.› ist – und nicht nur im Chinesischen – durch die ‹Große Proletarische K.› in China 1966–1969 bestimmt worden. ‹K.› bezeichnet zunächst die unter diesem Titel bekanntgewordenen Ereignisse und Vorgänge in der Volksrepublik China und weitet sich dann aus zur tentativen Bezeichnung der vielfältigen und uneinheitlichen, meist jugendlichen Protestbewegungen in aller Welt. Darüber ist die seit der Oktoberrevolution in Rußland geführte Diskussion über eine notwendige kulturelle Ergänzung der politischen und ökonomischen Revolution aus dem Blick geraten. Streng genommen war es aber gerade diese Diskussion, die den chinesischen Begriff mitgeprägt hat.

1. *Die Rezeption des K.-Begriffs.* – MAO TSE-TUNGS Einführung des Begriffes in ‹Die neue Demokratie› (1940) folgt der seit 1917 üblich gewordenen Dreiteilung des Revolutionsbegriffes in politische, ökonomische und kulturelle Revolution in dem nun abgewandelten Sinn der «neuen Demokratie» als Übergangsstadium von der «alten» Demokratie (in China seit 1789, in China seit 1911) zum Sozialismus. Die Definition von K. in diesem Zusammenhang weist nur ansatzweise auf den Phänomenkomplex der späten sechziger Jahre (z. B. «Diese reaktionäre Kultur ... muß hinweggefegt werden ... Ohne Niederreißen gibt es keinen neuen Aufbau, ohne Eindämmen kein Fließen, ohne Anhalten keine Bewegung; zwischen der einen und der anderen Kultur tobt ein Kampf auf Leben und Tod» [1]. Im übrigen wird sie noch ganz in *Lenins*, von *Stalin* vermitteltem Sinn als Kampf zur Gewinnung einer «nationalen wissenschaftlichen Massenkultur» gefaßt, die national in der Form und ihrem Inhalt nach «neudemokratisch» sein sollte, so wie Lenin eine neue breite Volkskultur als «sozialistisch» bezeichnet hatte. Das unmittelbar revolutionäre Moment in einer K. sah Lenin in dem Sprung, der von einem allmählichen Anheben des Kulturniveaus bisher nicht privilegierter Gruppen in eine neue Qualität der sozialistischen Massenkultur hinüberführen sollte. Beseitigung des Analphabetentums und kommunistische Erziehung der Werktätigen unter Übernahme alles Wertvollen aus dem Kulturerbe der Vergangenheit war seine konkrete Politik.

Anmerkung. [1] MAO TSE-TUNG, Ausgew. Werke 2 (Peking 1968) 432.

2. *Die Neubestimmung des K.-Begriffs.* – Dagegen enthält der spätere K.-Begriff im Maoismus wieder mehr Elemente aus dem bei *A. A. Bogdanov* entwickelten Begriff der proletarischen Kultur (Proletkult), die aus der freischöpferischen Aktivität der Werktätigen selber zum unmittelbaren Ausdruck des proletarischen Lebens weitestgehend ohne Zuhilfenahme des Kulturerbes werden sollte. Ausgehend von *Plechanovs* Begriff der «Klassenkultur» sollte die Industriearbeiterschaft als Träger der proletarischen Kultur auch eine «kulturelle Diktatur» errichten und besonders durch das Mittel der dramatischen Kunst den Geist des Kollektivismus verbreiten helfen sowie die industrielle Arbeit und die Technik verherrlichen.

In der Ambivalenz zwischen der Anknüpfung an das historische Erbe («Von Kunfuzius bis Sun Yat-sen müssen wir unsere Geschichte zusammenfassen und von diesem kostbaren Erbe Besitz ergreifen» [1]) und dessen Zurückweisung (s. o.) bezieht sich MAO in den sechziger Jahren mit der «proletarischen» K. eher auf den Proletkult als auf Lenin. Mit Hilfe seiner Frau Djiang Tjing wollte Mao z. B. die chinesische Oper mit Hilfe des Balletts umgestalten zu einem Instrument der Verbreitung revolutionärer Gesinnung im Sinne einer totalen Hingabe des Einzelnen an die Kollektivität der Massen. Zu-

gleich faßt Mao die K. auch viel weiter, wie die gleichzeitige Betonung der Pariser Kommune (seit 1967) verrät. Der neue chinesische Begriff beschränkt sich nun nicht mehr allein auf den kulturellen Teil der Revolution, er bezieht vielmehr den ökonomischen (Kampf gegen den Ökonomismus) und den politischen Teil (Kampf gegen den Revisionismus) wieder mit ein. Ungewöhnlich und zugleich in einem weltweiten Sinn modern war ferner der Aufruf an die Jugend, sich gegen bürokratische Manipulation und akademische Autoritäten zur Wehr zu setzen. In einer historisch noch zu klärenden Weise verbinden sich im chinesischen Vorgang von K. introvertierte Bewußtseinsveränderungsprozesse (LIFTON: «Psychismus»), die sich in einem weithin noch vorindustriellen sozialistischen System abspielen, mit Fernwirkungen, die revolutionären Aufbrüchen in hochindustrialisierten kapitalistischen Gesellschaften kulturrevolutionäre Akzente verleihen. Der so veränderte Begriff ‹K.› ist von dem Lenins zu scheiden: K. ist nicht mehr ein Vorgang *nach* der eigentlichen Revolution, sondern wird zum *Bestandteil* der Revolution selbst. Der Begriff nähert sich damit wieder einem Begriff von Weltrevolution unter anderen Bedingungen und mit anderen Mitteln.

Anmerkung. [1] MAO TSE-TUNG, a. a. O. [1 zu II/1] 246.

3. *Die K. von 1966–1969.* – Die Grundzüge der praktizierten K. in China lassen sich zunächst zurückführen auf eigene konkrete Revolutionserfahrungen, wie die Umwandlung von Söldnerhaufen in disziplinierte Kampfeinheiten, Kritik- und Selbstkritikkampagnen innerhalb der Parteiorganisation, Umerziehungsaktionen an verschiedenen Gruppen der chinesischen Gesellschaft, insbesondere an Intellektuellen, Massenbewegungen gigantischen Ausmaßes zur ökonomischen und sozialen Umstrukturierung Chinas u. a. m. Diese konkrete K. der sechziger Jahre war eine Mischung von alledem und zugleich ein erneuter, vielleicht letztmaliger Versuch, mit Hilfe des Führungsstils von Mao die egalitäre und kollektivistische revolutionäre Gesinnung in den Massen der chinesischen Bevölkerung und vor allem in der jungen Generation zu verwurzeln. Es ging darum, die «Widersprüche innerhalb des Volkes richtig zu behandeln» [1], die Entwicklung offenzuhalten, zu frühe Verkrustungen zu verhindern, den langen Weg zur kommunistischen Gesellschaft, die erst in Generationen erreichbar sein wird, gangbar zu machen. Um das zu erreichen, mußten alle Anstrengungen darauf gerichtet sein, den Menschen geistig-seelisch umzubilden, ihm zu den veränderten Produktions- und Lebensformen eine von innen heraus bejahende Haltung anzuerziehen. «Die Veränderung des Denkens, die Herstellung eines allgemeinen Konsensus der Gleichgesinnten, der zu gleichen Zielen Strebenden, der im gleichen Schritt miteinander Handelnd-Denkenden und Denkend-Handelnden» [2] sollte erreicht werden durch stete Belehrung, durch stetes Drängen auf Annahme der maoistischen Grundthesen, wie sie in dem ‹Roten Buch› zusammengefaßt sind [3], und durch deren stete Wiederholung eines jeden mit sich allein und im Sprechchor der Gruppe. Niemand soll mit Gewalt gezwungen werden, anders zu denken, im Gegenteil, mit Gewalt auf die Köpfe einzuschlagen, bringt keine neuen Gedanken hinein; aber ein anderes Denken wird dennoch nicht toleriert, völlige Enthüllung und gründliche Kritik sollen konterrevolutionäre Gesichtszüge ganz aufdecken und ihre Träger «maximal isolieren, diskreditieren, niederschlagen und besiegen» [4];

das Ziel bleibt die Übereinstimmung aller, auch wenn dies lange dauert. Weil aber im Volk und in den Völkern der gute Wille zur Gemeinschaft und der Wille zum Weltfrieden lebendig sind, kann der mit religiösem Pathos vorgetragene Appell zur Umkehr zu einer neuen Denk- und Lebensweise nicht im Leeren verhallen. So erlebte die Welt in den Jahren 1966–68 Massenkampagnen und öffentliche Auseinandersetzungen als anscheinend bewußt eingesetzte Mittel der Erziehung von Massen und von Einzelnen, dazu die Identifizierung mit einem politisch-ideologischen Machtkampf um die «zwei Linien», der sich gleichsam in jedermanns Brust, vor allem in den Parteifunktionären abspielen sollte, ferner eine Art revolutionärer Popularisierung der Massenmedien Film und Oper, die nahezu liturgische Ausgestaltung von Massenkult und Gruppenversammlung, moralische Appelle gegen Selbstsucht und Verstocktheit, Maßnahmen der drastischen Erziehungsreform zur Vereinheitlichung von Schulung und praktischer Arbeit u. a. m., dies alles zur Gewinnung des neuen Menschen, der durch Einsatzfreude, Opferbereitschaft, Hingabe und Ausdauer zum Vorbild und Bürgen des weiteren Fortschreitens der proletarischen Kultur werden kann mit «neuen Ideen, neuer Kultur, neuen Sitten und neuen Gebräuchen» [5]. Der Geist dieser K. wird vollends deutlich in der bewußt ausgesprochenen Voraussicht auf kommende und stetig sich wiederholende kulturrevolutionäre Aufbrüche. Diese nicht immer neuen, aber in ihrer Vermengung doch neuartigen Ausdrucksformen eines gigantischen Umerziehungsversuches sind damit prinzipiell möglich geworden auch dann, wenn der Vorgang als solcher historisch wird im Sinn seines Obsoletwerdens. Sie haben grundsätzlich Modellcharakter angenommen, insbesondere für andere technisch weniger entwickelte Gesellschaften, deren Umstellung auf die moderne Welt immer eine Umwertung der Werte bedingt, und solches meint K.

Anmerkungen. [1] MAO TSE-TUNG: Über die Revolution. Ausgew. Schriften (1971) 189ff. – [2] a. a. O. 119 (Hg.-Kommentar). – [3] Das Rote Buch. Worte des Vorsitzenden MAO TSE-TUNG, dtsch. T. GRIMM, in: Fischer-Bücherei 857 (1967ff.). – [4] LIN PIAO, in: Peking Rdsch. 36 (6. 9. 1966). – [5] MAO TSE-TUNG: Der Große Strategische Plan. Dokumente zur K. (1969) 156.

III. *K. und K.-Begriff in der dritten Welt und in den westlichen Industriestaaten.*

– 1. Für den Vorgang der Umstellung traditionaler Strukturen auf technisch-ökonomisch «moderne» in den Gesellschaften geringerer technischer Entwicklungsstufe wird zunächst Kultur*wandel* zum entscheidenden Kriterium. Er kann sich erstrecken auf «a) Werthaltungen, Richtungen der geistigen Interessen und religiöse Vorstellungen, Methoden und gegebenenfalls Institutionen der Erziehung und Bildung; b) technische und wirtschaftliche Verfahrensweisen und Produktionsfähigkeit; c) Ausdrucksformen der bildenden Kunst, der Musik, Dichtung, des Tanzes usw.; d) Weite und Intensität der zwischenmenschlichen Beziehungen und der von ihnen gebildeten Beziehungskreise» [1]. Die moderne Soziologie hat es vielfach mit diesen Phänomenen zu tun, und doch befaßt sie sich damit häufig erst in der Randzone ihres gesamten Untersuchungsfeldes, das vielmehr von familiensoziologischen, politologischen, schichtensoziologischen, ökologischen u. ä. Problemen gefüllt scheint [2]. Darin bekundet sich eine vielleicht unbewußte Übernahme marxistischer Überbautheoreme, und nur zögernd wird die zentrale Funktion kultureller Phänomene, d. h. jener «Komplex von Gefühls-, Denk- und Verhaltensweisen» für die Existenz der betreffenden Gesellschaft anerkannt [3].

Kultur*revolution* läßt sich in diesem Bereich auf zwei Ebenen konstatieren: auf der Ebene der bewußten Übernahme des neu gesetzten chinesischen Modells und auf der Ebene des implizierenden Schließens auf K. Im ersten Fall läßt sich der Konkretisierungserweis beschränken auf Staaten, gesellschaftliche Organisationen oder auch sogenannte Befreiungsbewegungen, wo man das antrifft – das Phänomen kann sich als ein äußerliches erweisen. Im zweiten Fall wird jedoch, besonders im Vergleich über die Grenzen einer Kulturregion hinaus, die Relevanz des Phänomens aus sich heraus evident. So können Wirkungen christlicher Mission, etwa die Befreiung von dämonischer Weltabhängigkeit oder die Aufhebung gesellschaftlicher Fixierung in Kasten u. a., in der Substanz kulturrevolutionärer Art sein. Christianisierte Gruppen können z. B. zu kommunistischen Kadergruppen «weiter» wachsen. Aber auch technologische Zwänge, die z. B. durch ein Engagement für bestimmte Entwicklungsprojekte leichter internalisiert werden, drängen in die gleiche Richtung. ‹K.› kann folglich auch genannt werden jede krisenhafte Beschleunigung des Kulturwandels, der grundsätzlich allen modernen Gesellschaften, aber besonders den technisch weniger entwickelten, zwingend aufgegeben ist. Die begriffliche Klärung und Fixierung des Begriffes ‹K.› kann möglicherweise zur Domestizierung des Phänomens beitragen.

2. Der Versuch, K. auch im Milieu der *hochentwickelten Industrieländer* zu praktizieren, stößt dagegen auf mannigfaltige Schwierigkeiten sozio-ökonomischer und sozio-kultureller Art. Wo die Arbeiterklasse längst formiert ist im schrittweise ausgefochtenen Kampf um die Steigerung des Realeinkommens und zunehmend teilhat am Zivilisationskonsum, kann das Mißbehagen gerade daran kaum über die Vorstellungen meist bourgeoiser Intellektueller hinaus wirksam werden. Deren Diffamierung des Konsumverhaltens könnte umgekehrt zu dessen Verfestigung beitragen. Indessen ist dieses Mißbehagen sehr wohl nachvollziehbar in den höheren Bildungsinstitutionen, wo Strukturkrisen und Verunsicherungen in der Vermittlung von Bildungsinhalten zweifellos unruhefördernd wirken.

Als *Perspektive der Zukunft* wäre eine kulturrevolutionär aufgeladene Intelligenz denkbar, deren Einfluß auf verschiedene Gruppen der Industriegesellschaft, besonders auf die Schulen im Primar- und Sekundarbereich, auf verschiedene Weise fühlbar werden kann. Auf der anderen Seite ist aber auch der Umschlag in fruchtbare reformerische Aktivität denkbar, die als positiver Beitrag zur Fortentwicklung der demokratisch verfaßten Industriegesellschaft gesehen werden kann (im Erziehungssektor wie auch in Massenmedien, Film, Theater u. a.). Die Forderung nach K. als einem notwendigen Prozeß der Enthemmung einer angeblich künstlich gedrosselten Phantasiepotenz des im Spätkapitalismus «geknechteten» und erst hier seiner selbst wirklich «entfremdeten» Menschen [4] bleibt inadäquat im Verhältnis zur Wirklichkeit. Erst wenn diese in der modernen Arbeitswelt genauer erforscht sein wird und angemessenere Mittel der geistig-seelischen Fortbildung des Fließbandarbeiters und des salary-man gefunden sein wird, kann entschieden werden, ob K. praktisch übertragbar ist von einer Gesellschaftsform, die sich die modernen Mittel der sozialen Gestaltung erst schaffen will, auf eine solche, die nach einer sinnvollen Begrenzung dieser Mittel sucht. Die Anwendbarkeit des Begriffes findet hier offenbar ihre Grenze.

Anmerkungen. [1] R. F. BEHRENDT: Soziale Strategie für Entwicklungsländer (²1968) 113. – [2] Vgl. R. M. MARSH: Comparative sociol. (New York 1967). – [3] BEHRENDT, a. a. O. [1] 110. – [4] P. SCHNEIDER: Die Phantasie im Spätkapitalismus und die K. Kursbuch 16 (1969).

Literaturhinweise. G. ERLER und C. D. KERNIG: Art. ‹K.›, in: Sowjetsystem und Demokratische Gesellschaft 3 (1969) 1158-1183. – R. J. LIFTON: Thought reform and the psychol. of totalitarism (New York 1961); Die Unsterblichkeit des Revolutionärs (1970). – Marxismus-Studien 7. Folge: Das Humanum als Kriterium der Gesellschaftsgestaltung (1972). – A. HSIA: Die chin. K. (1971).
                                                T. GRIMM

Kultursoziologie ist eine nach dem Ersten Weltkrieg gebräuchlich werdende, okkasionell recht verschieden verwendete Wortverbindung.

Fixierte, programmatische Bedeutung hat sie über längere Zeit hinweg in der Geschichtssoziologie A. WEBERS [1]. Gemeint ist die (praktisch schon vollzogene) Überwindung einer nur formalistischen oder nur naturalistischen Soziologie, die Erschließung neuer Gebiete (Religion, Kunst u. a.) für diese Wissenschaft, aber anderseits deren Zurückhaltung gegen eine strengere Metaphysik; das Geistige wird neben anderen «Mächten» als transzendent anerkannt, aber eben in «immanenter Beobachtung» erfaßt, als Erlebtes, Gesellschaftliches, Historisches [2]. Mit dem Endziel einer Standortbestimmung der Gegenwart wird ein altes Kernthema der Soziologie, die Geschichtsphilosophie, wieder aufgegriffen, aber nun als anti-evolutionistische «Morphologie» und «Kulturgeschichte». Wobei «Kultur» nicht der Bereich des zivilisatorischen Fortschritts ist, sondern der des Seelischen und seiner Prozesse. – Neben der Heidelberger soziologisch-historischen Diskussion und Auseinandersetzung mit dem GEORGE-Kreis [3] sind Voraussetzungen und Parallelen dieser Lehre im ersten Fünftel des 20. Jh.: SCHMOLLER, DILTHEY, BREYSIG (der «Gesellschaftsseelenlehre», «Kulturgeschichte», «Stufenbau der Weltgeschichte» vorträgt), LAMPRECHT (Leipziger Konzeption der «Kulturgeschichte», mit Studien zur «Psychologie der Kulturzeitalter» usw.), PAUL BARTH (systematische Darstellung der Geschichtsphilosophie als Soziologie), VIERKANDT, MÜLLER-LYER, FROBENIUS («Paideuma»-Lehre), SPENGLER.

Auch bei den mehr an Marx orientierten Soziologen aus der Heidelberger Gruppe wird ‹K.› gelegentlich als ein Oberbegriff benützt, so bei E. LEDERER [4] und besonders K. MANNHEIM [5]. Die ganz anders konzipierte Wissenssoziologie M. SCHELERS wird direkt als «Teil der K.» eingeführt, die ihrerseits der Realsoziologie gegenübersteht, so wie die Geistlehre der Trieblehre [6], aber ohne daß gerade diese terminologische Unterscheidung in Schelers übrigen Arbeiten von großer Bedeutung wäre. – A. DEMPF versucht der K. einen Ort im methodologischen System der Kulturphilosophie zu geben, indem er sie von Kultur- und Ideologiekritik wie auch von der vergleichenden Theorie der zyklischen Abläufe trennt, und ihr die Betrachtung der «konkreten Lebensmächte Staat, Kirche, Schule (Wissen), Wirtschaft» zuweist [7]. – Unter den drei Grundformen der Sozialphilosophie und -wissenschaft, wie sie W. STARK aufstellt, ist die K. die dritte, nämlich diejenige, welche die organizistische und die mechanistische Denkform zwar nicht aufhebt, aber doch überhöht, da sie die moralischen Prozesse zum Gegenstand hat. Als Bahnbrecher dieser «cultural school» nennt Stark etwa *Vico, Burke, Fouillée, Tönnies, Cooley* und *Sumner* [8].

Im ganzen wird das Wort in letzter Zeit etwas seltener verwendet; der Sache nach wird K. aber auch heute betrieben (Universalgeschichte, Zeitgeistforschung, Kulturanthropologie, «culture-personality»-Forschung, Makrosoziologie, «Spezielle Soziologien» usw.).

Anmerkungen. [1] A. WEBER: Ideen zur Staats- und K. (1927) mit Beitr. 1909ff.; für Späteres vgl. J. KEPESCZUK: Alfred-Weber-Bibliogr. (1956); für Einwirkung in den USA vgl. A. L. KROEBER und C. KLUCKHOHN: Culture, a crit. rev. (New York ²1963) Index. – [2] A. WEBER: Das Tragische und die Gesch. (1943) Anhang; vgl. E. ESCHMANN, in: Synopsis. Festgabe A. WEBER (1948); R. ECKERT: Kultur, Zivilisation (1970). – [3] Vgl. E. TROELTSCH: Die Revolution in der Wiss. Schmollers Jb. 45 (1921); jetzt Ges. Schr. 4, 653ff., bes. 665; E. GOTHEIN, in: Handwb. Staatswiss. 4 (³1909) Art. ‹Gesellschaft›. – [4] E. LEDERER, in: Erinnerungsgabe für Max Weber (1923) 2, 145ff. – [5] K. MANNHEIM: z. B. Wissenssoziol. Auswahl, hg. WOLFF (1964) Index; Essays on the sociol. of culture (1956). – [6] M. SCHELER: Die Wissensformen und die Gesellschaft (1926); 2., verbesserte Aufl. in: Werke 8 (1960). – [7] A. DEMPF: Kulturphilos., in: Hb. der Philos. (1932) E 36ff. – [8] W. STARK: z. B. The fundamental forms of social thought (1962).
                                            M. RASSEM

Kulturzyklus, Kulturzyklentheorie. Die K.-Theorie geht von der Annahme aus, daß die Geschichte einzelner oder aller Kulturen keinen linearen, sondern einen zyklischen Verlauf nimmt. ‹K.› bezeichnet einen Prozeß des Entstehens, Wachsens, Vergehens und Neuentstehens von Kulturen, der meist sein Vorbild in entsprechenden organischen Abläufen hat. Die Theorie stellt den Versuch dar, die Geschichte der Kulturen – im weiteren Sinne Geschichte überhaupt – morphologisch zu gliedern und wiederkehrende Abläufe herauszuarbeiten. So sind hier auch solche Stimmen zu Gehör zu bringen, die, ohne den Terminus ‹Kultur› zu gebrauchen, von einem zyklischen Verlauf der Geschichte der Staaten, Völker, Nationen, der Menschheit oder auch nur der Verfassungen sprechen. In ihren verschiedenen Ausprägungen enthält die K.-Theorie ein spekulatives prognostisches Element, insofern ihre Vertreter sie als Interpretationsschema der Geschichte nehmen, in dem sie zugleich ein Mittel zur Vorherbestimmung der Zukunft zu finden glauben. Die mehr optimistische oder pessimistische Ausprägung wird weitgehend von der geistigen und emotionalen Gestimmtheit ihrer Vertreter bestimmt.

Das synonym scheinende deutsche ‹Kulturkreis› bzw. ‹Kulturkreislehre› – sofern sie sich auf eine philosophische Theorie beziehen und nicht auf eine ethnographische Methode [1] – wurde, wie allgemein angenommen, von L. FROBENIUS geprägt, doch spricht C. HERMANN schon früher von «Kulturkreise[n]» [2].

Wurzeln zyklischer Welt-, Geschichts- und Kulturauffassungen reichen zurück bis ins Altertum. Babylonier, Inder, Chinesen, Griechen und Römer kennen zyklische Abläufe [3]. Denkern des Mittelalters (JOHANNES SCOTUS ERIUGENA, JOACHIM VON FIORE, ALBERT DER GROSSE, THOMAS VON AQUIN, NIKOLAUS VON KUES) sind zyklische und oft organistische Vorstellungen vom Wandel historischer Gebilde (Kindheit, Reife, Alter) bekannt. BODIN und CAMPANELLA erwähnen zyklische Geschichtsprozesse [4]. FERGUSON, HUME, COMTE und andere entwickeln Theorien zyklischer Abläufe kultureller und gesellschaftlicher Prozesse [5]. Neuen Auftrieb erhalten zyklische Geschichts- und Kulturtheorien im 19. und 20. Jh.

IBN KHALDUN im arabischen Kulturraum lehnt zwar eine streng lineare Auffassung der Kultur in ihrer Gesamtheit ebenso ab wie eine streng zyklische, betont jedoch bei allen konkret historischen Einzelkulturen den

Zyklus von Entstehung, Wachsen und Verfall, so daß seine Theorie ‹quasi-zyklisch› genannt worden ist [6].

MACHIAVELLI sieht einen Kreislauf der geschichtlichen Dinge auf Grund der angenommenen Gleichförmigkeit der menschlichen Natur: «Es ist von der Natur den menschlichen Dingen nicht gestattet, stille zu stehen. Wie sie daher ihre höchste Vollkommenheit erreicht haben und nicht mehr steigen können, müssen sie sinken. Eben so, wenn sie gesunken sind, ... und also nicht mehr sinken können, müssen sie notwendig steigen» [7]. Die Konstanz der menschlichen Natur – «immer und immer jedoch tut der Mensch nur das, wozu ihn seine Natur zwingt» [8] – hat zur Folge, «daß die handelnden Personen auf der großen Bühne der Welt, die Menschen, stets dieselben Leidenschaften haben, und also dieselbe Ursache stets dieselbe Wirkung hervorbringen muß» [9]. «Untersucht man daher sorgfältig die Vergangenheit, so ist es ein Leichtes, die zukünftigen Ereignisse vorherzusehen» [10]. Die Organismusvorstellung spielt auch bei Machiavelli eine wichtige Rolle: «Es ist eine ausgemachte Wahrheit, daß alle Dinge auf der Welt ihre Lebensgrenze haben» [11]. Die Kulturgebilde verfallen diesem natürlichen Ende, wenn sie nicht erneuert werden. «Das Mittel sie zu erneuern ist, ... sie zu ihrem Anfang zurückzuführen» [12]. Das kann auf zweierlei Weisen geschehen: «durch ein äußeres Unglück, oder durch innere Klugheit» [13], durch «gute Einrichtungen oder tugendhafte Männer» [14]. Hier zeigt sich, daß Machiavelli die Möglichkeit menschlichen Eingreifens anerkennt und eine willensmäßige Auswechslung von Geschichtselementen für möglich erachtet.

FR. BACON spricht den Staaten und der Gelehrsamkeit («Learning») Perioden als Lebensalter zu: «In the youth of a state, arms do flourish; in the middle age of a state, learning; and then both of them together for a time; in the declining age of a state, mechanical arts and merchandise. Learning hath his infancy, when it is but beginning and almost childish: then his youth, when it is luxuriant and juvenile: then his strength of years, when it is solid and reduced: and lastly, his old age, when it waxeth dry and exhaust» [15].

Den bedeutendsten Anstoß für die K.-Theorie gibt VICO. Seine «Kreislauftheorie» [16] hat den Aufstieg und Niedergang der Völker zum Gegenstand, ist aber schließlich als eine Theorie des Verlaufs der Menschheitsgeschichte und der Kultur überhaupt anzusehen. Schon in ‹De uno universi juris principio et fine uno› [17] sieht Vico bei der Betrachtung der Rechtsentwicklung die Staaten an einem Punkt ihrer Entwicklung in einen Zustand der Verderbnis geraten, der nur durch einen weisen Fürsten oder durch das Beispiel weiser Männer zu einem ursprünglichen Zustand als neuem Anfang geführt werden kann. Für Vico bedeutet das «quidam rerum publicarum ad sua principia recursus, unde primo in terris natae sunt» [18]. Vico reklamiert hierbei zwar die Originalität des Gedankens, übersieht dabei aber Machiavellis «riduzione verso il principio» [19]. In seiner ‹Scienza nuova› [20] versucht er – sich völlig der Größe des Anspruchs bewußt –, «eine ewige ideale Geschichte darzustellen, nach der in der Zeit ablaufen die Geschichten aller Völker mit ihrem Aufstieg, Fortschritt, Zustand, Verfall und Ende» [21]. Nach den Grundsätzen dieser ewigen idealen Geschichte will er die Geschichte der einzelnen Völker untersuchen, «indem wir mit beständiger Gleichförmigkeit bei all ihren mannigfaltigen und so sehr verschiedenartigen Sitten verfahren nach der Einteilung in die drei Zeitalter der

Ägypter: die Zeitalter der Götter, der Heroen und der Menschen; denn nach dieser Einteilung sehen wir die Völker sich entwickeln in beständiger und niemals unterbrochener Ordnung von Ursachen und Wirkungen» [22]. Dieser Dreiheit von göttlichem, heroischem und menschlichem Stadium entsprechen in Vicos Sicht notwendig drei Arten von Naturen, von Sitten, von natürlichem Recht, von politischen Verfassungen, von Sprachen, Autoritäten und Rechtswissenschaften. Insgesamt vollzieht sich der Geschichtsablauf der Völker und Kulturen zum Schlechteren hin, zu «Verfall und Ende», wonach jedoch im Sinne eines neuen Ablaufs der «ricorso», die Wiederkehr ursprünglicher Zustände «bei der Wiedergeburt der Völker» erfolgt [23]. An der Wichtigkeit, die Vico seiner K.-Theorie beimißt, läßt er keinen Zweifel, denn er betont, daß die «Wiederkehr der menschlichen Dinge ... der besondere Gegenstand» seiner ‹Scienza nuova› ist [24]. In einer Methodenreflexion will Vico seine ‹Neue Wissenschaft› als Wissenschaft begründen, indem er darauf hinweist, daß der Mensch nichts so sicher erkennen könne wie das, was er selbst geschaffen habe, so daß gesagt werden kann: «verum et factum convertuntur». «Ja, wir getrauen uns zu sagen, daß, wer diese Wissenschaft überdenkt, insofern sich selbst die ewige ideale Geschichte erzählt, als er sie mit jenem Beweis: es mußte, es muß, es wird müssen, sich selbst schafft – da doch, nach unserm ersten unbezweifelbaren Prinzip, die historische Welt ganz gewiß von den Menschen gemacht worden ist und darum ihr Wesen in den Modifikationen unseres eigenen Geistes zu finden sein muß; denn es kann nirgends größere Gewißheit für die Geschichte geben als da, wo der, der die Dinge schafft, sie auch erzählt» [25]. Vico tritt aus der linearen Geschichtsauffassung aus, wendet sich von der christlichen Heilsgeschichte ab, hält jedoch am Begriff der Vorsehung fest, betont einzelne ricorsi, jedoch nicht eine Wiederholung des Gesamtablaufs. Gegenüber Machiavelli ist Vicos K.-Theorie durch größeren Pessimismus gekennzeichnet [26].

Auch in der ‹Querelle des Anciens et des Modernes›, bei FONTENELLE und PERRAULT bis zu VOLTAIRE und D'ALEMBERT wird noch die K.-Theorie vertreten, obwohl hier die Ursprünge der Idee des Fortschritts liegen [27].

Bei GOETHE finden sich unter dem Bild der Spirale zyklische Vorstellungen vom Lauf, den die Menschheit nimmt: «Der Kreis, den die Menschheit auszulaufen hat, ist bestimmt genug, und ungeachtet des großen Stillstandes, den die Barbarei machte, hat sie ihre Laufbahn schon mehr als einmal zurückgelegt. Will man ihr auch eine Spiralbewegung zuschreiben, so kehrt sie doch immer wieder in jene Gegend, wo sie schon einmal durchgegangen. Auf diesem Wege wiederholen sich alle wahren Ansichten und alle Irrtümer» [28]. – Wie Goethe sieht auch GÖRRES keinen linearen Fortschritt in der Geschichte, sondern nennt «die Geschichte kreisförmig in sich» [29], spricht von einem «zykloidalen Progressus» [30] und erklärt: Es «war so durch dies wechselseitige Umeinanderkreisen, wo[,] was eben selbst bedingt erschien, wieder bedingend wurde, jener Zirkel in sich geschlossen» [31].

E. V. LASAULX entwirft in seiner Philosophie der Geschichte [32] eine K.-Theorie, die in vielem bereits Spengler und Toynbee antizipiert. Eine besondere Rolle spielt bei ihm der Organismusgedanke, der nicht nur die Wiederaufnahme des Lebensaltergedankens in Analogie zum Menschenleben ist, sondern die Beschäftigung mit evolutionstheoretischen Gedanken der Biologie im 19. Jh. zur Mitursache hat. Lasaulx sieht «die ganze Menschheit ... als ein organisches Wesen» an, «welches nach bestimmten Gesetzen wie die Natur sich entwickelt und bestimmte Altersstufen, Kindheit, Jugend, Mannesalter und Greisenalter durchläuft» [33]. Auch die Kultur ist ihm ein Organismus und so denselben biologischen Gesetzen unterworfen, denn es sind «Künste und Wissenschaften ... ein Produkt des Lebens» [34]. «Aber nicht nur die Menschen selbst, auch jedes organische Gebilde des menschlichen Lebens, jede Sprache und innerhalb derselben jeder Dialekt, jede Religion und jede Form des Kultus, jede Staatsverfassung, jede Kunst, jede Wissenschaft, jedes Dorf, jede Stadt, jeder Staat und jeder Staatenverein, alle diese menschlichen Gebilde und Lebensformen haben als solche ein besonderes, ihnen eigentümliches Leben, welches nach biologischen Gesetzen sich entwickelt, wächst, blüht, seinen Höhepunkt erreicht und, wenn es den erreicht und seine Idee vollständig verwirklicht hat, allmählich wieder abstirbt» [35]. «Und gegen diesen Tod der Völker, wenn nicht eine wohltätige Hand sie als Jünglinge oder Männer hinwegnimmt oder die Leiden des Alters abkürzt, gibt es kein Heilmittel, so wenig als gegen den Tod der Individuen» [36]. Der Grund liegt darin, daß «alles geschaffene Leben ... ein limitierter Fond» [37] ist, der schließlich sein Ende nimmt. Gleichwohl hält Lasaulx einen gewissen Fortschritt durch die Kreisläufe hindurch für möglich: «... wenn die Zivilisation einen bestimmten Grad, den Höhepunkt der Überbildung erreicht hat, es kein anderes Mittel gibt, um einen neuen Ausgangspunkt und eine neue fortschreitende Lebensentwicklung zu gewinnen, als ein momentanes Zurückgehen auf den Zustand der Naturwildheit» [38]. Bei aller Überzeugtheit vom naturgesetzlichen Ablauf der Kulturepochen und des Lebens der Völker – deren Glanzzeit grob tausend Jahre währt – hegt Lasaulx die Hoffnung, daß vielleicht nach dem Untergang Europas in Amerika der Menschheit eine bessere Zukunft beschieden ist. «Dennoch aber, wenn in der ganzen Natur eine fortschreitende Bewegung, eine sukzessive Evolution und Involution des Lebens existent und erkennbar ist; ... wenn die Menschheit auf dieser Erde in der Tat eine höhere Gestalt des Weltlebens und der Weltkraft ist als die ihr vorangehenden Formen des Naturlebens; wenn innerhalb ihrer die individualisierende Kraft noch stärker hervortritt und in Wahrheit das Individuum eine höhere Potenz des Lebens, ein tiefer erschlossenes Leben darstellt als die Gattung, aus welcher es hervorgeht; ... so kann die Geschichte unseres Geschlechtes nicht immer nur wiederholen, was schon dagewesen ist, sondern es darf gehofft werden ..., daß die bisher abgewickelte Geschichte unseres Erdteiles nur ein Teil der ihm beschiedenen Gesamtentwicklung sei, und daß jedenfalls, wie jedes relativ Letzte das Endergebnis des Vorangehenden und zugleich der Anfang einer neuen Entwicklung ist, aus der Auflösung der bisherigen Zustände Europas, sei es hier oder jenseits des Atlantischen Ozeans aus europäischen Elementen, zuletzt noch neue und bessere Zustände hervorgehen werden» [39].

Eine ähnliche organische und zyklische Kultur- und Geschichtstheorie mit den Phasen Wachstum, Reife, Verfall entwirft auch LEONTJEW, seinerseits beeinflußt von entsprechenden Gedanken DANILEWSKYS [40].

NIETZSCHE sieht einen ewigen Kreislauf als naturnotwendig an: «Der Satz vom Bestehen der Energie fordert die ewige Wiederkehr» [41]. «Alles wird und kehrt ewig

wieder – entschlüpfen ist nicht möglich!» [42]. Er läßt Zarathustra lehren, «daß alle Dinge ewig wiederkehren und wir selber mit, und daß wir schon ewige Male dagewesen sind, und alle Dinge mit uns» [43]: «Alles geht, alles kommt zurück; ewig rollt das Rad des Seins. Alles stirbt, alles blüht wieder auf, ewig läuft das Jahr des Seins. Alles bricht, alles wird neu gefügt; ewig baut sich das gleiche Haus des Seins. Alles scheidet, alles grüßt sich wieder; ewig bleibt sich treu der Ring des Seins» [44]. So ist ihm «der Ewig-Wiederkunfts-Gedanke, die höchste Formel der Bejahung, die überhaupt erreicht werden kann» [45], andrerseits jedoch nennt er «‹die ewige Wiederkehr› ... die extremste Form des Nihilismus: das Nichts (das ‹Sinnlose›) ewig!» [46].

Auch U. v. WILAMOWITZ-MOELLENDORFF tritt der in seiner Zeit vorherrschenden fortschrittsgläubigen Geschichtsauffassung mit dem Hinweis auf «Weltperioden» entschieden entgegen und betont, «daß der Glaube an den ewigen kontinuierlichen Fortschritt ein Wahn ist» [46a]. Der Historiker sieht im Rückblick auf das klassische Altertum beispielhaft «eine Kultur den ganzen Kreislauf der Entwicklung durchmachen, wir sehen einen Ring an der Kette der Ewigkeit sich ründen und schließen» [46b]. Dem Blick des Historikers bietet sich der Fortschrittsglaube als Glaube und nicht als wissenschaftliche Erkenntnis dar: «So ist ja auch der Glaube an den kontinuierlichen Fortschritt der Kultur in Wahrheit nicht minder ein Erzeugnis philosophischer Abstraktion als der an die Weltperioden» [46c]. Gleichermaßen kritische Distanz zu fortschrittsgläubigem Optimismus wie zu kulturkritischem Pessimismus wahrend, trennt er unter Berufung auf die Wissenschaftlichkeit seiner Ansicht Wissen von Hoffen und Handeln: «Also schauen wir von der Warte der Wissenschaft auf die Vergangenheit, von der es ein Wissen gibt, in die Zukunft, für die nur das Hoffen bleibt, aus der Gegenwart, da es zu handeln gilt» [46d].

FROBENIUS' ‹Kulturkreislehre› [47] «geht davon aus, die Kultur ihren menschlichen Trägern gegenüber als selbständigen Organismus aufzufassen, jede Kulturform als ein eignes Lebewesen zu betrachten, das eine Geburt, ein Kindes-, ein Mannes- und ein Greisenalter erlebt» [48]. Bei Frobenius gewinnt der Begriff ‹Kulturkreis› die Bedeutung von Kulturen in landschaftlicher Begrenzung (sinnverwandt des ‹culture areas› amerikanischer Ethnologen). «Die Kultur ist ihren Formen nach an bestimmte Gebiete gebunden, die Kulturkreise» [49]. Frobenius gliedert Kultur als ‹drittes Reich› der organischen und anorganischen Natur an, läßt aber deren Leben gemäß ihrem angenommenen Organismuscharakter «lediglich der lebendigen Intuition zugänglich» sein [50]. Dabei kann «der intuitive Forscher» in der inneren Logik alles Werdens, Wachsens und Reifens «statt starrer Gesetze Typen des lebendigen Seins und Werdens» finden [51], was Frobenius als «das Seelenhafte, ... das Paideuma der Völker» bezeichnet [52]. Der Organismusgedanke prägt auch seine Vorstellung von der Entstehung der Kultur: «Vor allem: nicht der Wille des Menschen bringt die Kulturen hervor, sondern die Kultur lebt ‹auf› den Menschen ... sie durchlebt den Menschen» [53].

Die im deutschsprachigen Raum populärste K.-Theorie als ‹Morphologie der Weltgeschichte› stammt von O. SPENGLER. In seinem ‹Untergang des Abendlandes› [54] findet man die streng organische Kulturauffassung von Lasaulx und Frobenius, deren Gliederung der Kulturen in Lebensalter sowie ihre Betonung der landschaftlichen Begrenzung jeder Kultur: «Kulturen sind Organismen. Weltgeschichte ist ihre Gesamtbiographie» [55]. «Jede Kultur durchläuft die Altersstufen des einzelnen Menschen. Jede hat ihre Kindheit, ihre Jugend, ihre Männlichkeit und ihr Greisentum» [56]. Kultur «erblüht auf dem Boden einer genau abgrenzbaren Landschaft, an die sie pflanzenhaft gebunden bleibt» [57]. Spengler setzt eine ideale «Lebensdauer von einem Jahrtausend für jede Kultur» an [58] – womit er Lasaulx' Berechnung der Epochen trifft. «Ist das Ziel erreicht und die Idee, die ganze Fülle innerer Möglichkeit vollendet und nach außen hin verwirklicht, so erstarrt die Kultur plötzlich, sie stirbt ab, ihr Blut gerinnt, ihre Kräfte brechen – sie wird zur Zivilisation» [59]. In dem Begriffspaar ‹Kultur› und ‹Zivilisation› sieht Spengler «Ausdrücke für ein strenges und notwendiges organisches Nacheinander» [60], so daß Verfall und Untergang der Kultur für ihn ein Absterben des Organismus Kultur und Zurücksinken ins Anorganische bedeutet. Das Bild, in dem sich für Spengler Zivilisation zeigt, ist die moderne Großstadt, in der dieser Verfallsprozeß am sichtbarsten wird: «Zivilisationen sind die äußersten und künstlichsten Zustände, deren eine höhere Art von Menschen fähig ist. Sie ist ein Abschluß; sie folgen dem Werden als das Gewordene, dem Leben als der Tod, der Entwicklung als die Starrheit, dem Lande und der seelischen Kindheit, wie sie Dorik und Gotik zeigen, als das geistige Greisentum und die steinerne, versteinernde Weltstadt» [61]. «Statt einer Welt eine Stadt, ein Punkt, in dem sich das ganze Leben weiter Länder sammelt, während der Rest verdorrt; statt eines formvollen, mit der Erde verwachsenen Volkes ein neuer Nomade, ein Parasit, der Großstadtbewohner, der reine, traditionslose, in formloser Masse auftretende Tatsachenmensch, irreligiös, intelligent, unfruchtbar, mit einer tiefen Abneigung gegen das Bauerntum (und dessen höchste Form, den Landadel), also ein ungeheurer Schritt zum Anorganischen, zum Ende» [62]. Angesichts dieses Verfalls, in den der Mensch auf tragische Weise hineingerissen wird, da ihn sein eigenes Werk verschlingt [63], sieht Spengler in der Haltung der Skepsis «die letzte philosophische Haltung, die diesem Zeitalter noch möglich ist, die seiner würdig ist» [64]. Spenglers K.-Theorie gibt sich heroisch-pessimistisch: «Optimismus ist Feigheit» [65]. «‹Die Menschheit› hat kein Ziel, keine Idee, keinen Plan, so wenig wie die Gattung der Schmetterlinge oder der Orchideen ein Ziel hat. ‹Die Menschheit› ist ein zoologischer Begriff oder ein leeres Wort» [66]. – Im auffallenden Gegensatz zu Spenglers Theorie stehen seine Versuche, doch noch ändernd und korrigierend tätig zu werden und in der Politik mitzuwirken. Erstaunlich weitgehend ist Spenglers Übereinstimmung mit Lasaulx, doch «dafür, daß Spengler Lasaulx gekannt hätte, fehlt jedes Zeugnis» [67]. Nach Sorokins Urteil ist Spenglers Werk in seinen Grundzügen «a mere repetition of the social speculations of Leontieff and Danilevsky» [68], doch fehlt auch hier der Beweis, daß Spengler diese Denker gekannt hat [69].

A. J. Toynbee sieht in seiner «post mortem Untersuchung toter Kulturen» [70] zwar «Anhaltspunkte dafür, daß ihr Zusammenbruch, Niedergang und Verfall sich nach einem immer wiederkehrenden Schema vollzog» [71], hütet sich aber davor, «unserer eigenen Kultur oder irgendeiner anderen noch lebendigen das Horoskop zu stellen» [72], weil er prinzipiell für möglich hält, daß jeder Herausforderung (challenge) eine Antwort (response) entgegentritt: «Wir sind nicht dazu verdammt, die Geschichte sich wiederholen zu lassen; es ist uns freigestellt, ihr in unserem Falle eine neue, noch nicht dagewesene Wendung zu geben. Als Menschen sind wir mit dieser Freiheit der Wahl begabt und wir können die uns auferlegte Verantwortung nicht auf Gott oder die Natur abwälzen» [73]. Toynbee distanziert sich damit von einem Denken in streng organischen Modellen und entgeht so der Annahme einer Naturgesetzlichkeit im Geschichts- und Kulturablauf. Stattdessen betont er das Moment der Verantwortlichkeit des Menschen für den Gang der Geschichte. Toynbee richtet wenigstens prinzipiell einen optimistischen Blick auf die Zukunft. Er hält in einem religiösen Sinn Fortschritt – bewirkt durch den Untergang von Kulturen – für möglich, wobei er als Vehikel dieses Fortschritts, als die sich drehenden Räder am Triumphwagen der Religion «die Bewegung der Kulturen in ihrem Kreislauf Geburt-Tod-Wiedergeburt» annimmt [74].

Lasaulx hofft auf eine bessere Zukunft auf Grund der in Amerika geretteten und sich dort weiter entfaltenden europäischen Substanz. Spengler sieht nach dem Untergang des Abendlandes in der russischen Kultur die nächste Möglichkeit. Toynbee nimmt von so konkreten Aussagen Abstand, sieht aber im Gegensatz zu Spengler sehr wohl Sinn in der Geschichte: «Die Zusammenbrüche und Niedergänge von Kulturen könnten Stufen einer religiösen Aufwärtsentwicklung sein» [75].

In die Beurteilung der K.-Theorie durch manche Historiker mischt sich Kritik: «Typologisches und zyklisches Denken verbindend, spalten diese kulturmorphologischen Entwürfe den linearen Geschichtsprozeß in Einzelkulturen mit in sich geschlossenen historischen Abläufen auf; gleichzeitig entwerten sie die bisherigen Hauptperioden zu wiederkehrenden Epochentypen (japanisches Altertum, griechisches Mittelalter)» [76]. Die schärfste Kritik gegen die K.-Theorie trägt der Marxismus vor, während die christliche Theologie nur wenig reagiert. (Zum Ganzen vgl. auch Art. ‹Kreislauftheorien› und ‹Kulturmorphologie, Kulturkreislehre›.)

Anmerkungen. [1] Staatslex. der Görres-Ges. 5 (1960) 675f. – [2] L. Frobenius: Der westafrikanische Kulturkreis, in: A. Petermann's Mitt. aus J. Perthes' geograph. Anstalt 43 (1897) 225-236. 262-267; 44 (1898) 193-204. 265-271; C. Hermann: Die Sprachwiss. nach ihrem Zusammenhang mit Logik, menschl. Geistesbildung und Philos. (1875) 52. – [3] Vgl. P. A. Sorokin: Social and cultural dynamics 4 (New York 1941) ch. 8-14. – [4] ebda. und P. A. Sorokin: Contemporary sociol. theories (New York 1928) ch. 4. – [5] Vgl. Sorokin, a. a. O. [3. 4]. – [6] M. Mahdi: Ibn Khaldun's Philos. of hist. (London 1957). – [7] N. Machiavelli, Istorie Fiorentine V, dtsch. Joh. Ziegler (1834) 211. – [8] I tre libri de' Discorsi sopra la prima deca di Tito Livio III, 9, dtsch. Joh. Ziegler (1832) 301. – [9] a. a. O. III, 43 = 384. – [10] I, 39 = 104. – [11] III, 1 = 262. – [12] III, 1 = 263. – [13] ebda. – [14] 267. – [15] F. Bacon: Essays. Of vicissitude of things. Works 6 (1963) 516f. – [16] K. Werner: Giambattista Vico als Philosoph und gelehrter Forscher (1879) 299. – [17] (1720). – [18] ebda., zit. nach K. Rüfner, in: G. Vico: Autobiographie (1948) 188. – [19] Machiavelli, a. a. O. [8] III, 1. – [20] G. Vico: Principi di una scienza nuova d'intorno alla commune natura delle nazioni per la quale si ritrovano i principi di altro sistema del diritto naturale delle genti (1725). – [21] Scienza nuova I, 4, dtsch. E. Auerbach (1965) 138f. – [22] a. a. O. IV = 346. – [23] V = 399. – [24] V, 3 = 420. – [25] I, 4 = 139. – [26] Vgl. E. W. Eschmann: Parthenope. Die Nymphe und die Gesch. Merkur 18 (1964) 629-643, bes. 636-639. – [27] Vgl. H. R. Jauss: Vorwort zu: Cl. Perrault: Parallèle des Anciens et des Modernes (ND 1964) 28ff. – [28] J. W. Goethe: Materialien zur Gesch. der Farbenlehre. Werke 14 (1960) 7. – [29] J. v. Görres: Wachstum der Hist. (1808), Ges. Schr. 3 (1926) 407. – [30] a. a. O. 379. – [31] 394. – [32] E. v. Lasaulx: Neuer Versuch einer alten auf die Wahrheit der Tatsachen gegründeten Philos. der Gesch. (1856, ND 1952). – [33] a. a. O. 69. – [34] 80. – [35] 75. – [36] 162. – [37] 158. – [38] 131f. – [39] 168f. – [40] K. Leontjew: Byzantinismus und Slawismus (russ. Moskau 1876); N. Danilewsky: Rußland und Europa. Zarja (russ. 1869, ND New York 1966); dtsch. [gekürzt] K. Nötzel (1920). – [41] Fr. Nietzsche, Werke, hg. Schlechta (1954-56) 3, 861. – [42] a. a. O. 3, 873. – [43] 2, 466. – [44] 2, 463. – [45] 2, 1128. – [46] 3, 853. – [46a] U. v. Wilamowitz-Moellendorff: Weltperioden (1897), in: Reden und Vortr. (1901) 123. – [46b] a. a. O. 131. – [46c] 132. – [46d] 134. – [47] L. Frobenius: Paideuma. Umrisse einer Kultur- und Seelenlehre (³1953) 9. – [48] ebda. – [49] ebda. – [50] a. a. O. 12. – [51] 13. – [52] 19. – [53] 9. – [54] O. Spengler: Der Untergang des Abendlandes. Umrisse einer Morphol. der Weltgesch. 1 (³³⁻⁴⁷1923); 2 (¹⁻¹⁵1922). – [55] a. a. O. 1, 141. – [56] 1, 145. – [57] 1, 144. – [58] 1, 149. – [59] 1, 145. – [60] 1, 42. – [61] ebda. – [62] 1, 44. – [63] O. Spengler: Der Mensch und die Technik. Beitra₤ zu einer Philos. des Lebens (1931) 75. – [64] a. a. O. 14. – [65] 88. – [66] a. a. O. [54] 1, 28. – [67] E. Thurnher, in: Lasaulx, a. a. O. [32] 53. – [68] Sorokin, a. a. O. [4] 26. – [69] Vgl. P. A. Sorokin: Modern hist. and social philosophies (New York 1963) 329 (Erstausgabe: Social philos. of an age of crisis, Boston 1950). – [70] A. J. Toynbee: Civilization on trial (New York 1948), dtsch. E. Doblhofer (1949) 18. – [71] a. a. O. 45. – [72] 18. – [73] 45. – [74] 243. – [75] 242. – [76] F. G. Maier: Periodisierung, in: Fischer-Lex.: Gesch. (1962) 246.

Literaturhinweise. E. Spranger: Die K.-Theorie und das Problem des Kulturverfalls. Sber. Preuß. Akad. Wiss., Phil.-hist. Kl. (1926) XXV-LIX; Kulturphilos. und Kulturkritik (1969). – F. Sawicki: Der Kreislauf und das Todesschicksal der Kulturen, in: Philos. Jb. Görres-Ges. 49 (1936) 84-97. – H. Schoeck: Zur organologischen Kultursoziol. im 19. Jh. Arch. Rechts- u. Sozialphilos. 39 (1950/51) 386-402. – P. A. Sorokin s. Anm. [3. 4. 69]. – G. Cairns: Philos. of hist. (New York 1962).   H. J. Cloeren

---

Kunst, (griech. τέχνη; lat. ars; ital. arte; frz. und engl. art), **Kunstwerk** (griech. ἔργον; lat. artificium, opus; ital. artificio, opera d'arte; frz. œuvre d'art; engl. work of art)

I. Der K.-Begriff in der Antike. – 1. *Die enthusiastische Herkunft.* – Homerische Sätze wie den, Hephaist und Athene hätten den Schmied seine K. gelehrt [1], bringt Epicharm auf die allgemeine Form, göttliche Vernunft begleite alle K., die ausnahmslos vom Gott und nicht vom Menschen erfunden seien [2]. An diesem Prinzip hält die archaische Dichtung fest, ob sie nun wie Solon [3] und Pindar [4] die beiden von Homer genannten Olympier anführt oder wie Aischylos [5] den Olympierfeind Prometheus. Vermittler der göttlichen Kenntnis aller K. ist der Dichter, der den Musenanruf mit dem Gesamtwissen der Töchter des Zeus motiviert [6] und in den alles wissenden Sirenen sein Urbild erkennt [7]. Auf diese Tradition rückblickend erklären Aristophanes [8] und Horaz [9], die Dichter hätten die Menschen in sämtliche K. eingewiesen. Durch diese Wendung wird indes die Frage nach der enthusiastischen Herkunft der K. entscheidbar: Wenn Platon, der den Anspruch der Dichtung auf solches Gesamtwissen prüfen will [10], Homer vorhält, er könne in nicht einer K. eine reale Leistung nachweisen [11], sondern besteche allein durch seinen «gewaltigen Reiz» [12], so kann er allenfalls dies Vermögen auf göttliche Inspiration zurückführen. Aber selbst das hat Platon im ‹Ion› schon bestritten: Der Rhapsode muß wider Willen eingestehen, seine K. sei, weit entfernt von jeder Totalkompetenz, eine von den übrigen K. verschiedene, und selbst diese, nämlich das Vermögen, auf sein Publikum kathartisch zu wirken, sei kaum eine enthusiastische K., wenn sie im ständigen Blick auf die Kasse ausgeübt werde [13]. Wenn aber die K. sich nicht göttlicher Eingabe verdanken, sondern – im Unterschied zum rein stofflichen Vorgang bei einem Werk – ihre Form (εἶδος) in der Seele oder planenden Vernunft des (menschlichen) Meisters haben [14], so hat Aristoteles eine auch insofern offene Frage beantwortet, als er seine bekannte Erklärung der Herkunft der K. vortrug: Aus den allen Lebewesen zugänglichen Wahrnehmungen und Erinnerungen entwickelte allein der Mensch Erfahrung

und durch deren Systematisierung wiederum die K. und Wissenschaften [15]. Wenn die K. in einem authentisch menschlichen Sinne lernbar sind [16] und in die Zuständigkeit jeweils eines bestimmten Fachmannes fallen [17], erscheint selbst eine verdeckt enthusiastische Deutung ihrer Herkunft nicht mehr zulässig.

Anmerkungen. [1] Homer, Od. VI, 233; vgl. II, 116ff.; VII, 110ff.; XX, 72; XXIII, 159ff.; Ilias XV, 410ff.; XXIII, 306ff. – [2] Epicharm, VS 23 B 57. – [3] Solon I, 49f. – [4] Pindar, Ol. VII, 91-94. – [5] Aischylos, Prom. 435-470. – [6] Homer, Ilias II, 485. – [7] Od. XII, 189-191. – [8] Aristophanes, Ranae 1030ff. – [9] Horaz, De arte poetica 391ff. – [10] Platon, Resp. 598 d/e. – [11] a. a. O. 599 c/d. – [12] 601 b. – [13] Ion 535 e. – [14] Aristoteles, Met. 1032 b 21-26; Part. anim. 640 a 31f. – [15] Met. 980 a 21-981 a 7. – [16] Met. 981 b 7f. 1047 b 31ff. – [17] Eth. Nic. 1141 a 9ff.

2. *Medizin.* – Die Selbstreflexion der Medizin auf ihren K.-Charakter wurde für die weitere Diskussion des K.-Problems überhaupt richtungweisend. Gegen die «spekulativen» Mediziner, die hypothetisch von abstrakten Begriffen wie ‹Warm›, ‹Kalt›, ‹Feucht›, ‹Trocken› ... ausgehend Symptome erklären zu können glauben, richtet sich die im ‹Corpus Hippocraticum› überlieferte Schrift ‹De vetere medicina› (Περὶ ἀρχαίης ἰητρικῆς), deren Ruhm auf den aus langer Erfahrung schrittweise entwickelten Diätregeln für Gesunde und Kranke beruhte. Insofern ist nur die an die Resultate dieser Forschungstradition anknüpfende «vetus medicina» kunstgerecht, zumal sie ihren Erfahrungsbegriff mit einem methodischen Prinzip koppelt, welches verbürgt, daß künftig «auch das übrige noch gefunden wird, wann immer sich jemand als zuständig erweist und in Kenntnis des schon Gefundenen von diesem ausgehend weiterforscht» [1]. – Gegen unbillige Nörgelei wendet sich die Schrift ‹De arte› (Περὶ τέχνης), die der medizinischen K. die Beseitigung der Krankheit oder mindestens Milderung der Schmerzen zuweist, während sie die Behandlung aussichtsloser Fälle ablehnen solle [2]. Vier gegen die so bestimmte K. gängige Einwände werden in ‹De arte› entkräftet: Wenn angeblich Therapien, die ja teils erfolgreich seien, teils vom Zufall und nicht von der K. abhängen, so ist die K. der Tyche gleichwohl überlegen, da das Glück kunstgerechter, Unglück aber falscher Behandlung folgt [3]; wenn angeblich einige Kranke sich auch ohne medizinische Diät erholen, so deshalb, weil sie zufällig taten, was auch der Arzt verordnet hätte [4]; wenn in der Tat Kranke trotz medizinischer Behandlung sterben, so deshalb, weil sie aus verständlicher Angst vor Schmerzen die ärztlichen Anweisungen nicht befolgten [5]; wenn in der Tat Ärzte aus Einsicht in ihre Ohnmacht Behandlungen ablehnten, so beruht ein darauf zielender Vorwurf auf Verkennung der jeder K. durch die Physis gesetzten Grenzen [6]. – In dieser Verteidigung der Medizin werden zugleich die intern definierenden Merkmale einer K. deutlich: Anknüpfung an überlieferte Erfahrungen, Lernbarkeit, Zuständigkeit, Methodik, Zielgerichtetheit, Erfolg als Ausschaltung der Tyche und Einsicht in die jeweiligen «natürlichen» Grenzen.

Anmerkungen. [1] Hippokrates, De vetere medicina I-III. – [2] De arte III. – [3] a. a. O. IV. – [4] V. – [5] VII. – [6] VIII.

3. *Sozialer Rang.* – Neben der internen Bestimmung der K. steht die von Seneca knapp formulierte soziale Erwartung: «artes ... praestare debent, quod promittunt» (die K. ... müssen halten, was sie versprechen) [1]; und für die Römer lösen die K. dies Versprechen durch ihren Nutzen für die tägliche Lebensführung ein [2]. Diese Bestimmung verhält sich indes neutral zu den mannigfachen antiken Reserven gegenüber der K. Die Auffassung,

die K. sei das den Menschen vor den Tieren auszeichnen-
de Verfahren des Schutzes gegen äußere Unbill (σωτηρία),
äußerten erstmals, aber noch voller Unbehagen über das
Ungeheuerliche menschlicher Selbstbehauptung, AISCHY-
LOS [3] und SOPHOKLES [4], während bald darauf schon
ANAXAGORAS [5] und ARCHELAOS [6] diese Bestimmung
ohne solche Vorbehalte bestätigen. Vollends unirritiert
von theologisch begründeter Skepsis befreit erst der Sophist HIPPIAS VON ELIS die K. zu ihrem Selbstbewußtsein, das zugleich sein eigenes ist: Der in den meisten K.
kenntnisreichste Grieche hat seine Kleidung von Kopf
bis Fuß eigenhändig hergestellt [7] und verweist stolz auf
den gemessen an den Sieben Weisen bis hin zu Anaxagoras erreichten Fortschritt der K., dessen Kennzeichen die
finanziell einträgliche Demonstration des eigenen Könnens vor aller Öffentlichkeit sei [8]. Mit Seitenblick auf
diesen Hippias erklärt nun PROTAGORAS, sensibler für
das nach wie vor geringe Prestige der K., er lehre nicht
Wissenschaften wie Astronomie oder Geometrie, sondern das von den Schülern tatsächlich Erwartete: Wohl-
beratenheit in der Verwaltung des eigenen Hauses und
insbesondere die Fähigkeit, in der Polis zu Macht und
Einfluß zu gelangen [9]. Die Überlegenheit der politischen K. über andere begründet Protagoras wiederum
mit dem σωτηρία-Prinzip: Während die dem Haus zugeordneten K. zwar vor Hunger und wilden Tieren schützen, verhindert erst die auf dem Markt ausgeübte politische K. den gewaltsamen Tod des Menschen durch den
Menschen [10]. Indes bleibt auch die so bestimmte K.,
politische Theorie vorzutragen, für antikes Bewußtsein
zweitrangig, wenn sie nach CICEROS berühmtem Wort als
bloße ars auch ohne Anwendung zu behaupten ist, während virtus, deren Feld die «civitatis gubernatio», die
Regierung des Staates sei, «in usu sui tota posita est»
(ganz auf Ausübung beruht) [11]. Während also Protagoras sein Prestigeproblem löste, indem er eine Hierarchie
der K. proklamierte, innerhalb derer seine K. politische
Praxis noch am nächsten steht, kennt die Antike solche
Hierarchien auch aus anderen Perspektiven, die nicht
durch die K. selbst bestimmt sind. Als einziger die theologischen Motive der Tragiker wahrend [12], gliedert
PLATON unter dem Gesichtspunkt theoretischer Reinheit
die K. in Dialektik, danach Arithmetik und die ihr verwandte Architektur, schließlich die auf «Einübung der
Sinne durch Erfahrung und Gewöhnung» beruhenden
K., wie Heil-K., Ackerbau und Strategik [13]. Unter
ständischem Gesichtspunkt unterscheidet dagegen CICE-
RO die als Erwerbstätigkeit dem freien Manne angemessenen artes liberales (s.d.) – Medizin, Bau-K., Unterweisung in den edlen Wissenschaften – von den artes sor-
didae, durch deren Ausübung die weniger Privilegierten
ihren Unterhalt bestreiten [14]. Damit formuliert Cicero
das Selbstverständnis der freien K., die sich allmählich
zu einem geschlossenen Kanon von Bildungsdisziplinen
verfestigen sollten. Der späteren Kanonisierung voraus
geht die von SENECA geübte Kritik an den artes liberales,
die er von den Erwerbs-K. (quod ad aes exit) [15] unterscheidet: «quare liberalia studia dicta sint, vides: quia
homine libero digna sunt. ceterum unum studium vere
liberale est: quod liberum facit, hoc est sapientiae, sublime, forte magnanimum» (darum heißen sie freie Studien: weil sie eines freien Mannes würdig sind. Im übrigen ist ein einziges Studium wahrhaft frei, nämlich
das, welches frei, erhaben, tapfer und großmütig
macht: das Studium der Weisheit) [16]. Indes gelte für
folgende K. der Grundsatz «non discere debemus ista,
sed didicisse» (nicht lernen sollen wir sie, sondern sie ge-

lernt haben) [17], nämlich für Grammatik, Geometrie,
Musik, Dichtung, Astronomie und Malerei [18], da sie
alle zum Ziel der Philosophie lediglich beitragen wie das
Holz zum Schiff, ohne dabei mit dem Wesen des Schiffes
identisch zu sein [19]; d. h. sie alle sind lediglich instru-
menta, aber nicht virtuskonstituierend [20]. Damit hat
Seneca zwar zu Recht erstarrte Formen bloß «instrumen-
teller» Bildung gegeißelt, aber die sozialen Vorurteile gegen jene K., die sich als notwendiges und zu sachgerecht
lernbaren Methoden formiertes Mittel der Lebenserhaltung erwiesen, keineswegs überwunden.

Anmerkungen. [1] SENECA, Ep. moral. 85, 32. – [2] CICERO, De
nat. deor. II, 148; QUINTILIAN II, 17, 41. – [3] AISCHYLOS, Prom.
235f. 476-506. – [4] SOPHOKLES, Antigone 332-364. – [5] ANAXA-
GORAS, VS 59 B 21b. – [6] ARCHELAOS, VS 60 A 4 § 6. – [7] PLATON,
Hipp. min. 368 b/c; CICERO, De orat. III, 127. – [8] PLATON, Hipp.
mai. 281 c-283 b. – [9] Prot. 318 e f. – [10] Prot. 322 a/d. – [11]
CICERO, Resp. 1,2. – [12] Vgl. PLATON, Symp. 197 e. – [13] Phileb.
55 d-58 c. – [14] CICERO, De off. I, 150f. – [15] SENECA, Ep. moral.
88, 1. – [16] a. a. O. § 2. – [17] ebda. – [18] §§ 3-18. – [19] §§ 24-31. –
[20] §§ 20-23.

4. *Verhältnis zur Natur.* – Der sozialen Diskreditierung
lebenswichtiger K. entspricht die Selbsteinschätzung der
K. im Verhältnis zur Natur. PLATON referiert eine Theorie, dergemäß alle Dinge durch Natur, Zufall oder K.
entstünden, wobei Bedeutendes den beiden ersteren zu
verdanken sei, letztere aber nur Geringfügiges hervorbringe; wirksam seien allenfalls die K., die «ihre Kraft
mit der Natur verbinden, wie die Heil-K., die Landwirtschaft und die Turn-K.». Diese Theorie wolle Götter und
Gesetze als Produkte nicht der Natur, sondern bloßer
(Betrugs-)K. herabsetzen [1]. Platon aber bestätigt in seiner Replik genau die Voraussetzung jener Theorie, wenn
er Gesetz und K. mit dem Argument stützt, «daß beide
der Natur oder einem der Natur nicht Nachstehenden
entstammen» [2]. K., weit entfernt davon, Beherrschung
der Natur zu sein, vermag nichts ohne deren Legitimation. Dies auf die Formel «ars imitatur naturam» [3] gebrachte Prinzip der Strukturidentität von Naturproduk-
tion und menschlichem Herstellen glaubt ARISTOTELES
erstmals aus dunklen Worten HERAKLITS herauszuhören:
Wenn die Natur ihre Zwecke durch Vereinigung von Gegensätzen verfolge, so ahme die K. sie darin nach – die
Malerei durch Mischung verschiedener Farben, die Musik durch Harmonie hoher und tiefer Töne und die
Schreib-K. durch Verbindung von Vokalen und Konsonanten [4]. Für DEMOKRIT sind im Wege solcher Nachahmung die Menschen Schüler der Tiere geworden: der
Spinnen im Weben und Stopfen, der Schwalben im Hausbau und der Singvögel im Gesang [5]. Das Nachahmungsprinzip erweitert jedoch ARISTOTELES durch das der Ergänzung: K. und Bildung füllen die Lücken aus, die die
Natur noch bestehen ließ [6], wobei es für das Produkt
gleichgültig ist, ob K. oder Natur es hervorbrachte:
Wer ein Haus baut, geht nicht anders vor als die Natur,
wenn sie Häuser wachsen ließe [7]; umgekehrt heißt etwa ein natürlicher Hafen αὐτοφυής: «von selbst gewachsen» [8]. Damit korrigiert Aristoteles, hier selber noch
ausschließlich vom Standpunkt der ‹Physik› aus argumentierend, die traditionelle Einschätzung des Verhältnisses von Natur und K. [9]: Dank erwiesener Strukturgleichheit überwindet K. ihre Naturunterlegenheit und
findet zudem in der Naturergänzung ein Feld vor, das
sie allein zu bestellen vermag.

Anmerkungen. [1] PLATON, Leg. 888 e-890 a. – [2] Leg. 890 d. –
[3] ARISTOTELES, Phys. 194 a 21f.; Meteor. 381 b 6f. – [4] HERA-
KLIT, VS 22 B 10. – [5] DEMOKRIT, VS 68 B 154. – [6] ARISTOTELES,
Polit. 1337 a 1f. – [7] Phys. 199 a 8-20. – [8] THUKYDIDES I,93, 4. –
[9] ARISTOTELES, Met. 1032 a 12f.

5. *Platon*. – PLATON begreift die Emanzipation der K. aus ihrer enthusiastischen Bindung als eine Krise: K. sei nunmehr abstrakt, wenn etwa Rhetorik gleichgültig gegen das Gerechte aus bloßer Gewinnsucht ausgeübt werde [1], oder sie sei funktionalisiert, wenn etwa die vermöge sophistischer K. gelehrte Tugend [2] in Einzelqualitäten zerfällt wie das Gesicht in die Funktionen seiner Organe – dingfest zu machen an der Figur des Söldners, der zwar tapfer, aber nicht gerecht zu sein braucht [3], d. h. mit den substanziellen Zwecken der Polis, für die er kämpft, nicht identisch sein muß. Abstrakte K.und sittliches Handeln konvergieren aber nicht: Wer vorsätzlich einen K.-Fehler begeht, ist vom Standpunkt der ersteren dem unabsichtlich Fehlenden vorzuziehen, während dies nach sittlichen Maßstäben für den vorsätzlich Lügenden nicht gilt [4]. – Platons Kritik abstrakter K., durchgeführt am Modell der Arzt-K., richtet sich speziell gegen Sophistik und Rhetorik.

Protagoras als dem Protagonisten der *Sophistik* hält Platon vor, er verkaufe Lehrgüter wie Waren, ohne daß der Käufer diese – wie die Eßwaren nach den Regeln der Diätlehre – auf ihre Bekömmlichkeit für die Seele prüfen könne, da er diese Güter zugleich mit dem Kauf schon in sich aufgenommen habe [5]. Und auf die Frage, ob wirklich die Tugend in seinem Sinne lehrbar sei, blieb Protagoras lediglich der Hinweis, die Athener nähmen dies zumindest an, da sie ja Rechtsbrecher bestraften [6]. Solcher Erziehungs-K. steht die Philosophie als maieutische K. gegenüber: wie nämlich Hebammen Geburtshilfe leisten, selber aber nicht gebären, so nötige der Gott den Sokrates, Jünglingen beim Erzeugen von Gedanken beizustehen, verwehre ihm aber, selber Thesen aufzustellen [7]; stattdessen prüfe er die erzeugten Gedanken auf Echtheit oder Trug, wie man auch unterscheiden müsse, ob echte Kinder oder Mondkälber geboren wurden [8]. Das medizinische Bild und der Hinweis auf den Gott besagen dasselbe: Kunstgerecht sei allein ein wirklichkeitsadäquates, mit den bloßen Annahmen der Athener noch nicht zufriedenes Verfahren, demgemäß der Seele nicht das positive Lehrgut, sondern allein dessen kritische Prüfung angemessen und mithin lehrbar sei.

Entsprechend argumentiert Platon in seiner Kritik der *Rhetorik*. Gorgias räumt ein, seine K. ziele nur aufs «Glauben ohne Wissen», zumal begründete Einsicht bei wenig Redezeit auch gar nicht zu vermitteln sei [9]; in sich sei die Rhetorik eine «wertfreie» K., die der Lehrer zwar zu «rechtlichem Gebrauch» übergebe, aber der Schüler gleichwohl zu ungerechten Zwecken mißbrauchen könne [10]. Eine solche Abstraktheit der Rhetorik widerspreche wiederum dem Prinzip der K.-Gerechtigkeit [11], wie ein Vergleich mit der Medizin zeigt: «In beiden mußt du die Natur auseinanderlegen, die des Leibes in der einen, der Seele in der andern, wenn du nicht nur hergebrachterweise und erfahrungsmäßig, sondern nach der K. jenem durch Anwendung von Arznei und Nahrung Gesundheit und Stärke verschaffen, dieser durch angeordnete Belehrungen und Sitten, welche Überzeugung und Tugend du willst, mitzuteilen begehrst» [12]. Durch Kenntnis der «Natur der Sache» [13] zeigt sich indes wohl die Dialektik kunstgerecht [14], nicht aber die Rhetorik, die nur das Scheinbare aufsucht [15]. Da aber selbst dies nicht möglich wäre ohne Kenntnis des Wahren, dem das Scheinbare ähnlich ist, zeigt auch die gegenwärtige Rhetorik Affinität zur Dialektik und macht Hoffnung, wie diese dereinst den Göttern wohlgefällig zu reden und zu handeln [16]. Als Einheit von Maieutik und Dialektik rehabilitiert sich K., sofern sie heilsrelevante

Praxis konstituiert – eine Position, die ebenso als illegitime Restauration enthusiastischer K. interpretierbar ist wie als legitime Kritik mißglückter Emanzipation.

Anmerkungen. [1] PLATON, Leg. 937 e f. – [2] Prot. 319 a. – [3] Prot. 329 c/e. – [4] Hipp. min. 371 e f. 374 e ff.; ARISTOTELES, Eth. Nic. 1140 b 22-24; zur Interpretation vgl. G. BIEN, Einl. zu: ARIST., Nik. Ethik (1972) XLIVf. – [5] PLATON, Prot. 313 c ff. – [6] Prot. 323 c-324 c. – [7] Theait. 150 c. – [8] Theait. 150 b f. 151 c. – [9] Gorg. 454 e f. – [10] a. a. O. 456 c-457 c. – [11] 460 a-c. – [12] Phaidr. 270 b. – [13] a. a. O. 270 e. – [14] 266 c. – [15] 272 d/e. – [16] 273 d/e.

6. *Aristoteles*. – Neben dem «so und nicht anders» sich verhaltenden Gegenstandsbereich apodiktischer Wissenschaften [1] steht für ARISTOTELES die «so und auch anders» sich verhaltende Sphäre, der – wiederum voneinander unterschieden – Poiesis und Praxis zugeordnet sind [2]. Während nämlich K. ein hervorbringendes Verhalten aufgrund richtiger Planung und Berechnung (ἕξις μετὰ λόγου ἀληθοῦς ποιητική) ist [3], richtet sich Klugheit als praktisches Verhalten aufgrund richtiger Überlegung (ἕξις μετὰ λόγου ἀληθοῦς ... πρακτική) auf «menschliche Güter» der Lebensführung und ist insofern nicht K., sondern Tugend [4]. Diese gegen Platon gerichtete Differenzierung will indes K. keineswegs zur theoretisch und praktisch unvermittelten Größe erklären. Wie jede Handlung zielt auch die K. auf ein Gut ab, das als solches jedoch feststeht: Gesundheit für die Medizin, das Schiff für die Schiffbau-K., Sieg für die Strategik, Reichtum für die Ökonomik [5]; eine kunstgerechte Beratung betrifft folglich nicht das Ziel, sondern die Mittel seiner Erreichung [6]. Zielgerichtet ist also K. mit der Einschränkung, daß ihr die praktische Entscheidung über eine Zielsetzung vorhergeht. Als «poietische Wissenschaft» [7] bleibt andererseits K. nicht ohne theoretische Momente: die Arzt-K. etwa, mit dem Begriff des Gesunden schon vertraut, ergründet, welche Voraussetzungen die Gesundheit konstituieren, bis sie in der Reihe der Bedingungen den Ansatzpunkt des kunstgerechten Eingriffs findet, von wann an die Bewegung Poiesis heißt, und zwar eine auf das Gesunden gerichtete [8].

Diese Ausführungen widersprechen sowohl der traditionellen Unterbewertung der K. im Verhältnis zur Natur wie auch der platonischen Überanstrengung der als Einheitsvernunft bestimmten K. Wenn nämlich die «Bewegung» eindeutig eine andere Qualität annimmt, sobald sie Sache der Poiesis wird, dann unterscheidet über das schon vom Standpunkt der «Physik» Gesagte hinaus K. sich von Natur und Zufall auch insofern, als das durch K. Hervorgebrachte seine Ursache nicht in sich, sondern in dem Hervorbringenden hat. Diese von Aristoteles mehrfach eingeschärfte Unterscheidung [9] besagt, daß K. sich als spontane Form, eine Bewegung zu veranlassen, auszeichnet. Andererseits erforscht K. als poietische Wissenschaft allein das für ihren Kompetenzbereich Bedeutsame, während die Vermittlung des Göttlichen als des Umgreifenden allein in die Zuständigkeit der theoretischen Wissenschaft fällt.

Nach diesen Klärungen kann Aristoteles auch die Diskussion um den K.-Charakter der Rhetorik zu Ende bringen. Zwar bleibt diese auch für ihn der Dialektik zugeordnet [10], dieser jedoch nicht mehr, sofern sie Heilswissen präsentiert, sondern einer als Topik systematisierten Reflexion auf Strukturen theoretischer und praktischer Argumentation. Demgemäß thematisiert Rhetorik weder das notwendig Unveränderliche noch das in die Zuständigkeit der Einzel-K. Fallende, sondern worüber man zu beraten pflegt [11]. Der K.-Charakter der Rhetorik ist gewahrt, wenn sie die in der Sache liegenden Überzeugungsgründe vorträgt, also auf unsachliche Affekterregung verzichtet [12]. Damit grenzt sich kunstgerechte Rhetorik nicht nur gegen sophistischen Mißbrauch ab, sondern entkräftet gleichermaßen den Einwand Platons, sie sei weder ihres Zieles noch ihres Erfolges mächtig: Einerseits schade bei unrechtem Gebrauch außer der Tugend jedes Gut, wie Stärke, Gesundheit, Reichtum und Strategik [13]; andererseits zweifle niemand am K.-Charakter der Medizin, wenn bei richtig verordneter Therapie der Patient gleichwohl stirbt [14]. Dieser sicher mit Bedacht erfolgte Hinweis auf die Medizin schließt die Argumentation zugunsten des K.-Charakters der Rhetorik ab.

Anmerkungen. [1] ARISTOTELES, Eth. Nic. 1139 b 20f. 31f. – [2] a. a. O. 1140 a 1f. 5f. 16f. – [3] 1140 a 9f. – [4] 1140 b 20-25. – [5] 1094 a 1-9. – [6] 1112 b 3-34. – [7] Met. 1075 a 1. – [8] Met. 1032 a 32-b 10. – [9] Eth. Nic. 1112 a 31-34. 1140 a 13-16; Met. 1025 b 18-28. 1070 a 6f. – [10] Rhet. 1354 a 1-6. – [11] a. a. O. 1356 b 37-1357 a 7. – [12] 1355 b 25-34. – [13] 1355 b 2-7. – [14] 1355 b 10-14.

7. Dichtung und Malerei.

– Für PLATON besagt Poiesis als Name der *Dichtung*, diese sei wie jede andere «hervorbringende» K. Ursache, «daß etwas aus dem Nichtsein ins Sein trete» [1]. Dichtung ist also eine unter vielen K., und eine Ausnahmestellung kommt ihr allenfalls negativ zu: Während jede andere K. in beschränkter Kompetenz auf ihren bestimmten Nutzen verweist, zeigt sich Dichtung wie nachahmende Malerei – die neutral-poetologische Formulierung dieser Analogie findet sich bei HORAZ [2] – für alle Dinge zuständig, diese jedoch «durch Verfertigung von Schattenbildern» (εἰδώλων δημιουργίᾳ) nur vortäuschend [3]. Dichtung, nicht Ausfluß der Museninspiration, sondern Sache einer bestimmten K. der Täuschung, ist insofern nicht nur nutzlos, sondern angesichts ihres allein greifbaren Erfolges, der kathartischen Wirkung auf die innere Verfassung der Zuschauer, sogar politisch schädlich [4].

Die Analogie zur *Malerei* hat verneinenden Sinn, insofern die im 5. Jh. entdeckte Möglichkeit der Tiefenwirkung durch Perspektive, zunächst als «Skenographia» für illusionistische Bühnenarchitektur gedacht, und durch Abschattierung, die den stufenweisen Übergang von Licht zu Schatten herausarbeitet, den Scheincharakter der solcher Malerei entsprechenden Dichtung beweist [5]. Diese in der bildenden K. entwickelten Techniken verzerren die tatsächlichen Proportionen, so daß sie, allein auf den wahrnehmenden Betrachter berechnet [6], versagen, wenn dieser nicht in der erwarteten Entfernung an das Bild herantritt [7]. Die Analogie zur Malerei hat aber auch bejahenden Sinn, wenn Platon wahrscheinlich unter Bezug auf die Malerschule von Sikyon [8] erklärt, die Schönheit eines Gemäldes sei nicht Funktion der sinnlichen Reizes, sondern der adäquaten Wiedergabe geometrischer Proportionen [9]. Die von der Praxis der Malerei also selbst nahegelegte Unterscheidung zwischen «Trugbildnerei» und «Ebenbildnerei» [10] untermauert schließlich die in den ‹Nomoi› entwickelte Theorie der an die politische Sittlichkeit der philosophischen Polis ethisch gebundenen Dichtung und Malerei. Kennzeichen solcher K. sind der von den ägyptischen Malern, die schon seit zehntausend Jahren sich stets nach denselben Mustern richten, peinlich befolgte Originalitätsverzicht [11] sowie die unbedingte Adäquatheit zum Gegenstand, derzufolge jedermann «Kenner des K.-Schönen» sein könne [12].

Hintergrund dieser Forderungen ist die tatsächliche Entwicklung von Dichtung, Musik und Malerei zu K.

mit jeweils eigenen Bewegungsgesetzen: Die absolute, sofern ohne Worte vorgetragene *Musik* ist für Platon eine Wurzel der Verwilderung [13]; Virtuosität, Polyphonie und dynamische Effekte lenken nur vom Wesentlichen ab [14].

Ebendiese Bewegung hat indes ARISTOTELES verteidigt: Der sachliche Fehler etwa, einer Hirschkuh Hörner zu malen, falle weniger ins Gewicht als die «unmimetische» Ausführung eines Bildes [15], wenn nämlich das Wesentliche, sei es in idealisierender oder karikierender Übertreibung [16], nicht hinreichend deutlich herausgearbeitet werde [17]. Sich also gleichfalls auf die Malerei beziehend, bereitet Aristoteles damit das Argument vor, das den Vorwurf, Dichtung sei Täusch-K., entkräftet: Die Richtigkeit in der Politik, der Dichtung und den übrigen K. sei eine jeweils verschiedene [18]. Erstmals kann damit zugleich Dichtung zum Gegenstand einer *Poetik* werden, nachdem sie endlich der Alternative entkommen ist, entweder tragende Substanz oder destruktiver Betrug zu sein. Platons Nein zum Enthusiasmus als Quelle der Dichtung bleibt freilich aufrechterhalten: Den Erfolg verdankt der Dichter, wie Horaz nicht ohne gegebene Veranlassung einschärft, seiner Arbeit und seinem nach lernbaren Regeln geformten Talent [19].

Daß dies nicht minder für die *Rhetorik* gilt, besagt QUINTILIANS Satz, «non esse artis id, quod faciat qui non didicerit» (das ist nicht K., was einer tut, der nicht gelernt hat) [20]; ein rhetorisches Naturtalent wäre daher durchaus ein lebender Einwand gegen den K.-Charakter der Rhetorik [21].

Die K.-Lehre der Dichtung betrifft zum einen die innere Disposition und die einzelnen Teile eines Werkes [22], zum andern, und das ist von Bedeutung für die Auseinandersetzung mit Platon, die äußere Wirkung auf das Publikum, die Katharsis, die ARISTOTELES mit dem Argument für unschädlich erklärt [23], sie verursache eine in lustvolle Erleichterung [24] mündende Bewegung der Seele – gleichsam eine Heilung [25], indem die der Dichtung eigene, also nicht jede beliebige Lust [26] wie Arznei dosiert angewendet werde [27]. Erneut wird also eine K. angesichts ihrer Wirkung durch medizinische Argumente legitimiert [28]. Auch in anderer Hinsicht ist dieser Vorgang nicht ohne Ironie. Die archaische Dichtung, die beschwörender Zugesang (ἐπῳδή) einst unangefochtenes Heilverfahren [29], wurde schon vor Platons Kritik durch die wissenschaftliche Medizin kompromittiert [30], als an die Stelle des bloß betörenden Jammergesangs das zwar qualvolle, aber um so wirksamere Schneiden und Brennen trat [31]. Nunmehr jedoch, am Ende ihrer Bewegung zu einer bestimmten K., verdankt es die Dichtung medizinischer Argumentation, daß sie von der Anklage, sie übe eine verderbliche Wirkung aus, freigesprochen wird.

Anmerkungen. [1] PLATON, Symp. 205 b/c. – [2] HORAZ, Ars poetica (= AP) 1-23. – [3] PLATON, Resp. 596 b-599 a. – [4] a. a. O. 605 c-607 a. – [5] 602 c/d; vgl. R. G. STEVEN: Plato and the art of his time. Class. Quart. 27 (1933) 149-155. – [6] XENOPHON, Mem. III, 10, 1. – [7] PLATON, Theait. 208 e. – [8] Vgl. H. KOLLER: Musik und Dichtung im alten Griechenland (1963) 180-188. – [9] PLATON, Phileb. 51 c/d. – [10] Soph. 234 b-236 c; vgl. B. SCHWEITZER: Platon und die bildende K. der Griechen (1953) 86. – [11] PLATON, Leg. 656 d ff. – [12] a. a. O. 668 b-669 a. – [13] 669 d/e. – [14] 812 d/e. – [15] ARISTOTELES, Poet. 1460 b 13. – [16] a. a. O. 1448 a 1ff. – [17] 1454 b 8ff. – [18] 1460 b 13ff. – [19] HORAZ, AP 289-322. – [20] QUINTILIAN II, 17, 11. – [21] a. a. O. II, 17, 7; CICERO, De orat. I, 20, 91. – [22] ARISTOTELES, Poet. 1449 b 21ff.; vgl. PLATON, Phaidr. 268 c/d. – [23] ARISTOTELES, Polit. 1342 a 16. – [24] a. a. O. 1342 a 14f. – [25] 1339 b 17. 1342 a 10. – [26] Poet. 1453 b 11. – [27] Polit. 1337 b 41. 1342 a 9. – [28] Vgl. F. DIRLMEIER: kátharsis pathemáton. Hermes 75 (1940) 81-92; H. FLASHAR: Die med. Grundl. der Lehre von der Wirkung der Dichtung in der griech.

Poetik. Hermes 84 (1956) 12-48. – [29] HOMER, Od. XIX, 457; AISCHYLOS, Eum. 649; SOPHOKLES, Trach. 1000ff.; GORGIAS, VS 82 B 11, § 10. – [30] PLATON, Resp. 604 d. – [31] SOPHOKLES, Aias 581f.; PLATON, Gorg. 456 b.

Literaturhinweise. TH. GOMPERZ: Die Apologie der Heil-K. (1910). – M. POHLENZ: Das 20. Kap. von Hippokrates de prisca medicina. Hermes 53 (1918) 396-421. – W. CAPELLE: Zur Hippokratischen Frage. Hermes 57 (1922) 247-265. – J. WILD: Plato's theory of TÉCHNE. Philos. a. phenomenol. Res. 1 (1941) 3. – A.-J. FESTUGIÈRE: In Hippocrate. Anc. Méd. (Paris 1948) 29-32. – H. DILLER: Hippokrat. Med. und att. Philos. Hermes 80 (1952) 385-409. – K. ULMER: Wahrheit, K. und Natur bei Arist. (1953). – J.-H. KÜHN: System und Methodenprobleme im Corpus Hippocraticum, in: Hermes Einzelschriften (1956) Heft 11. – H. BLUMENBERG: «Nachahmung der Natur». Zur Vorgesch. der Idee des schöpferischen Menschen. Stud. gen. 10 (1957) 266-283. – H. LAUSBERG: Hb. der lit. Rhet. (1960) 25-39. – W. SCHADEWALDT: Natur. Technik. K. (1960) 33-53. – F. HEINIMANN: Eine vorplat. Theorie der TÉCHNE. Mus. helv. 18 (1961) 105-130. – G. BIEN: Bemerk. zu Genesis und ursprüngl. Funktion des Theorems von der K. als Nachahmung der Natur. Bogawus. Z. Lit., Kunst u. Philos. H. 2 (1964) 26-43. – A. STÜCKELBERGER: Senecas 88. Brief. Über Wert und Unwert der freien Künste (1965). – K. BARTELS: Der Begriff Techne bei Arist., in: Synusia, Festgabe W. Schadewaldt (1965) 275-287.   A. MÜLLER

II. Der K.-Begriff vom Hellenismus bis zur Aufklärung.

1. Stoa und Neuplatonismus. – In der *Stoa* wirken zwei Momente der aristotelischen Theorie der K. (τέχνη) nach: Die Identifizierung von K. und Wissenschaft bei ZENON und KLEANTHES [1] und die Unterscheidung zwischen Kunstwerk (Kw.) und Naturgegenstand, insbesondere bei CHRYSIPP [2]. Im Zusammenhang dieser Unterscheidung werden die Phantasie [3], Vernunft und Nachdenken [4] als Grund der K. bestimmt. Der Topos «ars imitatur naturam» wird verstanden im Sinne einer Nachahmung des Produktionsverfahrens der Natur in der K. [5]. Die Natur selber kann deshalb metaphorisch als «künstlerisch» (τεχνική) bezeichnet werden [6]. CICEROS Theorie der K. faßt die Tradition zusammen und vermittelt sie an das Mittelalter, insbesondere an Augustinus: Die Idee des Schönen, die der Künstler in seinem Geist erschaut, ist Grund der K. Von ihr, nicht von einem vorgegebenen Gegenstand, läßt er sich leiten [7].

Eine ähnliche Rezeption der platonischen Ideenlehre findet sich bei PHILO VON ALEXANDRIEN. Erst die «Weisheit» des Künstlers begründet die wahre Form der K. in ihrer Unwandelbarkeit. Vom Betrachter wird deshalb verlangt, daß er von der sinnlichen Materie des Werkes absieht und sich auf die Erkenntnis der vom Künstler eingeprägten Form konzentriert. Nachahmung der Natur ist die K. deshalb, weil sie analog zur Natur in jeweils verschiedene Stoffe immer dieselbe Idee als Form einführt [8]. Natur und menschliche K. sind beide Derivate göttlicher K. [9], so daß zwischen ihnen ein metaphysisch begründetes Verhältnis der Analogie besteht.

SENECA fragt nach dem Grund der K. in einer Weise, die platonische und aristotelische Elemente miteinander verbindet. Er nimmt das Theorem auf, nach dem die träge Materie durch den Willen und die Vernunft des Künstlers erst zum Kw. gestaltet wird, und nennt als Grund der K. außer der Materie (causa materialis), dem Künstler (causa efficiens), der Form (causa formalis) und dem Zweck der K. (causa finalis) die Idee im Sinne Platons, auf die der Künstler (opifex) analog zum Demiurgen des ‹Timaios› schaut, wenn er sein Werk produziert [10]. Die Ideen sind als Figuren und Zahlen Muster aller Dinge im Geiste Gottes [11]. Auf diesen intelligiblen apriorischen Grund aller Wirklichkeit überhaupt verweist K. Aus diesem Grunde ist K. eine Vorschule zur Tugend [12].

Nach PLOTIN produziert eine mimetisch verfahrende K. nur «schwache, trübe Nachbilder» der Natur [13]. Konsequent lehnt er deshalb die Porträt-K. ab. Insofern K. jedoch durch die Einführung einer geistigen Form in die Materie entsteht, ahmt sie die Natur in einem genuineren Sinne nach als die mimetische K. In dieser Bestimmung gibt K. «nicht einfach das Sichtbare» wieder, sondern führt es zurück «auf die intelligiblen Prinzipien (λόγοι), in denen die Natur ihrerseits ihren Ursprung hat». Die K. können deshalb «vieles von sich aus schaffen, ... und wenn etwas [zur Vollkommenheit] fehlt, fügen uns hinzu», denn sie besitzen die Idee der Schönheit [14]. Das Verhältnis von Vernunft (νοῦς) und Kosmos entspricht der Beziehung zwischen der Vernunft des Künstlers und seinem Werk. Für die Wirkungsgeschichte ist außerdem die Differenz zwischen der K. im Geist des Künstlers und der K. im vollendeten Werk zu beachten. Nur ein Abbild des Urbildes der im Geist des Künstlers befindlichen Idee geht als Formprinzip in die widerstrebende Materie ein und prägt das Kw. [15]. Dieses kann sich deshalb niemals in vollkommener Einheit mit sich selber befinden, weil es im Gegensatz zur Idee immer aus Teilen zusammengesetzt ist. Symmetrie und Proportionalität des Kw.s verweisen deshalb immer auf die Einheit der ihm zugrunde liegenden und doch transzendenten Idee [16].

Eine systematische Zusammenfassung dieser Gedanken Plotins gibt PROKLOS in seinem Timaios-Kommentar [17]. Da die Mathematik in ihrer Rationalität der Einheit der Idee am nächsten kommt, ist Zahl das entscheidende Konstituens der K. Die zahlhaft geordnete K. verweist auf die intelligible Ordnung der Wirklichkeit [18]. PORPHYRIOS [19], IAMBLICH [20] und OLYMPIODOR [21] formulieren ähnliche Argumente. PSEUDO-LONGINOS verpflichtet die in unserem Sinne bildende K. (τέχνη) auf die Kopie (ὅμοιον) der Dinge [22]; die Wort-K. dagegen strebt danach, sich über die phänomenal vorgegebene Natur zum Unerwarteten (παράδοξον) und Göttlichen zu erheben [23]. VITRUV überträgt den Gedanken der auf dem Prinzip der Zahl gegründeten K. auf die Architektur [24].

Eine wichtige Quelle für die mittelalterliche Rezeption der antiken K.-Theorie wird die Unterscheidung zwischen göttlicher Schöpfung, Natur und K. im Timaios-Kommentar des CALCIDIUS [25]. Das Unterschiedene bleibt dennoch durch eine metaphysisch begründete Analogie aufeinander bezogen [26].

Anmerkungen. [1] ZENON VON KITION, SVF 1, 20, 31ff.; KLEANTHES, 1, 100, 11ff. – [2] CHRYSIPP, SVF 2, 308, 11ff. – [3] SVF 2, 23, 12ff. – [4] SVF 3, 45, 38ff.; 2, 76, 6. – [5] SVF 2, 334, 16f. – [6] SVF 2, 135, 33. – [7] CICERO, Orator 7ff., hg. W. KROLL (1913) 24ff. – [8] PHILO VON ALEXANDRIEN, De ebrietate §§ 88–90. – [9] De migr. Abrahae 167; de opif. mundi 76. – [10] SENECA, Ep. moral. ad Lucilium 65, 4–7. – [11] a. a. O. 65, 7. 12. – [12] 88, 20. 27f. – [13] PLOTIN, Enn. IV, 3, 10, 16ff.; vgl. I, 6, 2, 26f.; V, 9, 3, 10ff. – [14] a. a. O. V, 8, 1, 34ff. – [15] I, 6, 3, 34ff. – [16] I, 6, 1, 21-40; vgl. I, 6, 2, 19ff.; vgl. dazu A. H. ARMSTRONG: Beauty and the discovery of divinity in the thought of Plotinus. Kephalaion, Festschr. C. J. de Vogel, hg. J. MANSFIELD/L. M. DE RIJK (Assen 1975) 155-163. – [17] PROKLOS, In Tim. comm., hg. DIEHL 1, 265, 10ff. – [18] In prim. Eucl. elem. libr. comm., hg. FRIEDLEIN, Prol. I, 24, 22ff. – [19] PORPHYRIOS, De abstinentia, hg. NAUCK, IV, 3. – [20] IAMBLICH, Protrept. 9. – [21] OLYMPIODOR, In Plat. Gorg. comm., hg. WESTERINK, 17, 15ff.; 18, 11; 69, 21; 71, 6. – [22] PSEUDO-LONGINOS, De sublim. 36, 3. – [23] a. a. O. 35. – [24] VITRUV, De archit. 11, 10ff.; 12, 5. – [25] CALCIDIUS, In Tim. comm., hg. WASZINK 73, 10-12. – [26] a. a. O. 73f. 179ff.

2. Patristische Rezeption der antiken K.-Theorie. – TERTULLIAN versteht K. lediglich als luxuriöse Amplifikation der in sich suffizienten, da von Gott geschaffenen Wirklichkeit. So polemisiert er gegen das künstliche Färben von Schafwolle mit dem Argument, Gott hätte, wenn es ihm notwendig erschienen wäre, auch bunte Schafe erschaffen können [1]. Ähnlich argumentieren HIERONYMUS [2] und PAULINUS VON NOLA, der analog zu Plotin die Porträt-K. mit der Begründung ablehnt, daß man den «homo caelestis» nicht abbilden könne, den «homo terrenus» aber nicht abbilden solle [3].

BASILIUS VON CAESAREA faßt die antike Theorie der K. unter christlichen Vorzeichen zusammen. Das Können des Künstlers verweist nun auf das Prinzip der göttlichen Schöpfung. Insofern der Künstler alle individuellen Teile seines Werkes in Kenntnis ihres einheitlichen Formprinzips ordnet, ahmt er das Prinzip göttlicher Schöpfung nach [4]. Die Welt selber ist Kw. des göttlichen «Demiurgen», der nicht mehr auf ihm vorgegebene Ideen blickt, sondern sie in seinem eigenen Geiste denkt [5]. Ähnlich äußern sich ATHANASIUS [6] und CLEMENS VON ALEXANDRIEN [7]. Damit ist der Grund gelegt für die wirkungsgeschichtlich folgenreiche Parallelisierung von ‹Timaios› und ‹Genesis›, Platon und Moses.

In dieser Tradition steht auch AUGUSTINUS. Er warnt vor K. und Wissenschaft, insofern sie aus Neugierde (curiositas) betrieben werden [8], und vor den Möglichkeiten der Täuschung durch K. [9]. Der von der Sünde geleitete Blick auf die lediglich äußere Gestalt des Kw. vernachlässigt den Blick auf ihren wahren Urheber und ist deshalb Grund aller Gottlosigkeit (impietas) [10]. Diese kritische Einschätzung der K. verweist auf Augustins Theorie der Zeichen. Als solches ist das Zeichen nichts; aber es ist notwendig, weil der Mensch aufgrund seiner Endlichkeit und Sündhaftigkeit die Wahrheit nicht unmittelbar zu schauen vermag [11]. Das Zeichen hat also anagogische Funktion [12]. Es verweist in der K. auf die zahlhaft strukturierte Ordnung aller Dinge. Augustinus rezipiert die neuplatonische und neupythagoreische Theorie der Zahl und der durch sie gesetzten Ordnung wahrscheinlich aus der Übersetzung der ‹Introductio arithmetica› des NIKOMACHOS VON GERASA durch APULEIUS. Nikomachos betont: «Alles, was in kunstvoller Entfaltung durch Natur im Kosmos nach Teil und Ganzen geordnet ist, scheint gemäß Zahl von der Vorsehung und dem das Ganze erwirkenden (schaffenden) Geiste unterschieden und geordnet worden zu sein, im Hinblick auf ein feststehendes Urbild als Modell; und dies, weil die Zahl im Denken des weltschaffenden Gottes vorherseiend ist, intelligibel und gänzlich materielos, das wahrhaft zeitlose Sein, so daß auf sie hin, wie auf eine künstlerische Idee, alles vollendet werde» [13]. AUGUSTINUS nennt deshalb dasjenige schön, was Regelmäßigkeit aufgrund von Zahl zeigt [14]. Alle zahlhaft strukturierte Ordnung verweist auf ihr zeitloses apriorisches Paradigma und damit auf ihren göttlichen Urheber [15]. Im Kw. erscheint mathematische Ordnung als Harmonie, Proportion, Kongruenz und Konvenienz aller Teile untereinander und aller Teile zum Ganzen [16], insbesondere in der Musik als mathematisch formulierbare Ordnung der Töne zueinander [17]. Dieser zahlhaften Ordnung ist alle menschliche K. verpflichtet [18]. Die Zahl, die den Künstler bei der Ausführung seines Werks leitet, verweist auf die jenseits von Raum und Zeit wirkende ewige und unveränderliche Zahl [19], deren Urheber Gott ist, der alles nach Zahl und Maß geordnet hat [19a]. Die göttliche K. ist damit Gesetz aller K.e [20]. K. ahmt die Natur nach, weil sie als Produkt der göttlichen «creatio ex nihilo» ein Ordnungsprinzip darstellt, das auch für die K. verbindlich ist [21]. Im Rahmen der Trinitätsspekulationen wird die zweite Person als inneres unvergängli-

ches Wort Gottes und als seine K. gedeutet [22]. Dieser Gedanke Augustins ist eine im Mittelalter ständig zitierte Quelle für die Deutung des innertrinitarischen Geschehens als der transzendenten Bedingung von Schöpfung und zugleich als des Ermöglichungsgrundes menschlicher K.

Anmerkungen. [1] TERTULLIAN, De cultu feminarum I, 8; vgl. H. BLUMENBERG: «Nachahmung der Natur.» Zur Vorgesch. der Idee vom schöpferischen Menschen. Stud. gen. 10 (1957) 266-283, hier 275; dazu K. FLASCH: Ars imitatur naturam. Platonischer Naturbegriff und mittelalterl. Philos. der K., in: Parusia. Festgabe J. Hirschberger (1965) 265-306. – [2] HIERONYMUS, Ep. 88, 18; 90, 25. – [3] Vgl. E. PANOFSKY: Idea. Ein Beitrag zur Gesch. der älteren K.-Theorie (1924) 81 Anm. 63. – [4] BASILIUS VON CAESAREA, Homil. in hexaem. III 32 a-c. – [5] a. a. O. 33 c. – [6] ATHANASIUS, Contra gentes 35 b. – [7] CLEMENS VON ALEXANDRIEN, Strom. V, 14, § 118; VI, 17, § 160; I, 8, § 39; VI, 3, § 19. – [8] AUGUSTIN, De ordine II, 42. – [9] Soliloqu. II, 10, 4; vgl. Contra acad. III, 13. – [10] De vera relig. 67f. – [11] De genesi contra Manich. II, 5. – [12] De magistro 36. – [13] Zit. nach W. BEIERWALTES: Augustins Interpretation von ‹Sapientia› 11, 21. Rev. Etudes augustin. XV (1969) 51-61, hier 56f. – [14] AUGUSTIN, vgl. z. B. De musica VI, 26. 38; De ord. II, 33.; vgl. W. BEIERWALTES: Aequalitas numerosa. Zu Augustins Begriff des Schönen. Wiss. u. Weisheit. Z. augustin.-franziskan. Theol. u. Philos. in der Gegenwart 38 (1975) 140-175. – [15] Vgl. De ord. I, 26f. – [16] Vgl. De mus. VI, 26; De ord. II, 32-34; De div. quaest. 83, q. 78. – [17] De mus. I. VI passim; vgl. De ord. II, 40. – [18] De mus. VI, 35. – [19] a. a. O. VI, 36. – [19a] Vgl. BEIERWALTES, a.a.O. [13]. – [20] De vera relig. 57. – [21] De mus. I, 4, 6. – [22] z. B. De trin. VI, 11; Sermo 119, 6; vgl. W. BEIERWALTES: Zu Augustins Met. der Sprache. Augustin. Stud. 2 (1971) 179-195.

3. *Mittelalterliche Theorie der K.* – Neben Augustinus ist BOETHIUS für die mittelalterliche Theorie der K. eine unumstrittene Autorität. Auch für ihn hat die K. in der Vernunft des Künstlers einen höheren Rang als im Kw. [1]. Ihre Naturnachahmung ist Nachahmung des Verfahrens (via quaedam ratioque) der Natur [2]. Die Schönheit von Welt und K. besteht in der mathematischen Ordnung, deren «exemplum» im Geiste Gottes ruht [3]. Insbesondere die Musik steht in engem Bezug zur Mathematik. Ihre der Geometrie analoge Ordnung ist zugleich auch akustisch vernehmbar [4]. Menschliche und göttliche K. werden in ihrer Verfahrensweise parallelisiert, weil beide eine zunächst einfache, zeitlose Form im Medium der Zeit explizieren [4a]. Ähnlich argumentieren auch CASSIODOR [5] und ISIDOR VON SEVILLA [6].

Bedeutungsvoll für die mittelalterliche Ästhetik, insbesondere für ihre Wirkung auf die mittelalterliche Musik und die gotische Kathedral-K. ist die von BERNHARD VON CLAIRVAUX geäußerte Skepsis gegenüber der «deformis formositas» und der «formosa deformitas» der romanischen Skulptur. Er kennzeichnet als deren Stilprinzip diffuse Formmannigfaltigkeit von lächerlicher Ungeheuerlichkeit [7]. Unter Berufung auf Augustinus entwickelt Bernhard das Schönheitsideal der rationalen Form, das er vor allem in der Musik verkörpert findet [8]. Exemplarischer Ausdruck dieses K.-Bewußtseins ist das Tympanon zum mittleren Westportal von St. Denis bei Paris [9].

In neuplatonischer Tradition begreift JOHANNES SCOTUS ERIUGENA die Schönheit der Welt als universales Durchscheinen der göttlichen Ideen, die den Grund aller schönen Formen bilden [10]. Auf diesen Gedanken geht insbesondere die mittelalterliche Glasmalerei zurück, die Ausdruck einer Lichtmetaphysik ist, die die höchste Rationalität der Welt für künstlerisch darstellbar hält, weil diese selber im Medium des Lichts erscheinen [11]. Für Scotus finden alle K.e, die als «ἐνέργεια, id est, operatio animae» zu den untrennbaren, natürlichen Akzidentien der Seele gehören [12], letztlich ihren Grund in der K. und dem Wort des Weltschöpfers und im inner-trinitarischen Geschehen [13].

Nach ANSELM VON CANTERBURY ist das Wort Gottes zeitfreier transzendenter Grund der Schöpfung. In der Nachahmung der göttlichen K. muß auch der mensch-liche Künstler, indem er das Verfahren der göttlichen K. nachahmt, mit sich selbst in seinem Geist «gesprochen» haben, bevor er das Werk ausführt [14]. Dabei bleibt seine K. jedoch immer an vorgegebene Materie gebun-den [15]. Ähnlich differenziert ABÄLARD zwischen der auch Substanzen erschaffenden K. Gottes, der nur auf die exemplarischen Formen in seinem Geiste zu blicken braucht, und der menschlichen K., die Vorgegebenes zu-sammensetzt [16]. Den kosmologischen Aspekt der gött-lichen K., die Paradigma der menschlichen ist, betont insbesondere die Schule von Chartres, so etwa THIERRY VON CHARTRES [17] und WILHELM VON CONCHES. Dieser stützt sich in seinem für die Schule von Chartres folgen-reichen Timaios-Kommentar auf den des Calcidius. Vor allem durch ihn wird dem Mittelalter der Topos «ars imitatur naturam» als platonische Lehre vermittelt, vor der Rezeption der aristotelischen Physik [18]. Gegenüber der göttlichen steht die menschliche K. zurück [19], da sie nur auf das vergängliche «exemplum» der eigenen un-vollkommenen Weisheit blickt [20], nichts aus sich selber erzeugen kann wie die Natur und die Bedürftigkeit des Menschen kompensiert [21].

Im Gefolge des PSEUDO-DIONYSIUS AREOPAGITA, der für die mittelalterliche Lichtmetaphysik und ihre Folgen für die Gotik die wichtigste durch Johannes Scotus Eriu-gena und Abt SUGER VON ST. DENIS vermittelte Quelle darstellt, betont HUGO VON ST. VIKTOR, daß «die sicht-bare Schönheit Bild der unsichtbaren Schönheit ist» [22]. Im Zusammenhang mit diesem Argument wird ausge-führt, daß die natürlichen K. der göttlichen Weisheit dienen [23]. Intention aller K. ist die Wiederherstellung der Ähnlichkeit des Menschen mit Gott [24]. Den Topos von Gott als dem «artifex summus» formuliert auch ALANUS AB INSULIS [25]. Für ihn ist das einzelne Kw. des Menschen Produkt der Mimesis. In diesem Sinne ist K. «der Affe der Wahrheit» – ein Topos, der zu Beginn der Renaissance seine Wirkungsgeschichte ent-faltet [26].

In einem nicht primär kosmologischen, sondern aske-tischen Kontext steht die ebenfalls auf Augustinus zu-rückverweisende Bestimmung der K. bei WILHELM VON ST. THIERRY. Für ihn ist in christlich-asketischer Umdeu-tung des platonischen ‹Symposion› die K. der Liebe die K. aller K.e. Gott lehrt sie allein durch Schöpfung und Erlösung. Menschliche Liebe ist in diesem Zusammen-hang die Strebekraft der Seele, die diese zu dem ihr von Gott vorbestimmten Ort und Ziel treibt [27]. Die mensch-lichen K. unterstützen dieses Streben der Seele und doku-mentieren ihren göttlichen Ursprung, wenn sie in from-mer Einfachheit um des Notwendigen und Nützlichen willen betrieben und nicht aus Neugierde, Sinnenlust und Stolz mißbraucht werden [28].

Nicht ausschließlich kosmologisch ist auch die Be-stimmung der K. bei BONAVENTURA, der – für die weitere Wirkungsgeschichte exemplarisch – auf die aristotelische Definition der K. aus der ‹Nikomachischen Ethik› zu-rückgreift und sie mit platonischen Gedanken verbindet. K. ist die Fertigkeit, etwas sachverständig herzustellen (habitus cum ratione factivus) [29]. Im Rahmen der Lichtmetaphorik repräsentieren die K. (artes mechani-cae) die Stufe des äußeren Lichts [30]. So wie sich der einfache wörtliche Schriftsinn (sensus literalis) in den

dreifachen Aspekt des allegorischen, moralischen und anagogischen Schriftsinns entfaltet [31], so verweist die K. in drei Aspekten auf die dreifache Entfaltung des ein-fachen Schriftsinns: Das Schaffen des Künstlers aus einer a priori in ihm entstehenden Idee verweist auf die inner-trinitarische, nicht an das Medium der Zeit gebundenen Erzeugung des Sohnes aus dem Vater [32]; das Kw., das durch Nützlichkeit, Dauerhaftigkeit und Schönheit aus-gezeichnet ist, verweist auf die von Gott gewollten, im moralischen Schriftsinn ausgedrückten Prinzipien der Lebensordnung [33]; die öffentliche Anerkennung des Künstlers verweist auf die im anagogischen Schriftsinn formulierte Verehrung, die Gott zukommt [34]. Auf diese Weise sind die Lehre vom vierfachen Schriftsinn, von den drei Aspekten der K. und die Lehre von der Trinität durch ein differenziertes Verweissystem aufeinan-der bezogen.

Für THOMAS VON AQUIN ist K. «der rechte Sachver-stand, Werke herzustellen» (ratio recta aliquorum ope-rum faciendorum) [35], wobei er zugleich die Abhängig-keit der Werke vom Willen des Künstlers betont [36]. Die Form des Werkes existiert als «Idee» im Geist des Künstlers, bevor er das Werk produziert [37]. Im Zusam-menhang der Trinitätsspekulationen ist die Form des Artefakts das innere Wort des Künstlers, das dieser vor der Produktion des Werkes zu sich selber spricht – in Analogie zum innertrinitarischen Geschehen als der Be-dingung der Schöpfung [38]. Die Erkenntnis der Formen der herzustellenden Artefakte ist aber beim Menschen durch die Sinne vermittelt [39]. Zwar bestimmt Thomas im Zusammenhang des Topos «ars imitatrix naturae» das Kw. als «Bild des Naturdings» (rei naturalis imago) [40], grundlegend bleibt aber der Gedanke, daß «die Form des Artefaktes aus der Konzeption des Künstlers» ist [41]. K. wird also unter zwei verschiedenen Aspekten thematisiert. Sie ist apriorisch begründet, erscheint aber als sinnenfälliger Gegenstand. Sie ist im entwerfenden Denken vornehmer, im Stoff jedoch wahrer [42]. Dieser Ambivalenz korrespondiert ein zweifacher Aspekt des Verhältnisses von K. und Natur. Die Natur produziert durch göttliche K. [43] substantiale Formen, die mensch-liche K. nur akzidentelle [44]. Die Natur enthält das Prinzip ihres Handelns in sich, die K. nicht [45]. Alle Tätigkeit der K. ist an die überlegene Wirklichkeit der Natur gebunden [46]. Sofern sich die Nachahmung der Natur auf die Nachahmung ihres Produktionsprinzips bezieht [47], erweist sich der menschliche Intellekt in der K.-Produktion als Derivat des göttlichen. Unter diesem Aspekt der apriorischen Begründung der K. ist sie der Natur überlegen. Sie produziert Dinge, die von der Na-tur nicht hervorgebracht werden können [48].

MEISTER ECKHART verwendet das Wort ‹K.›, das im deutschen Sprachgebrauch erst um 1270 das gebräuch-lichere ‹List› (Kennen, Wissen) ablöste, oft in gleicher Bedeutung wie ‹Wissen› [49]. Unter Berufung auf Platon und Augustinus hebt er den transzendentalen Grund der K. hervor, der aufgrund seiner Apriorität auf Gott als transzendenten Grund verweist: Alles, was Gott in der Seele gleich ist, lobt ihn «als ein bilde lobet sînen meister, der im înegedrücket hât alle die k., die er in sînem herzen hât und ez in sô gar glîch gemacht hât» [50]. Darin, daß der Künstler «ein vorgêndez bilde des werkes» in seiner Seele konzipiert, besteht die Analogie zwischen künstleri-schem und göttlichem Schaffensprozeß [51], die jedoch den Unterschied zwischen der absoluten göttlichen und der im Blick auf material Vorgegebenes immer relativen menschlichen K. nicht aufhebt [52]. Eckhart unterscheidet außerdem zwischen der natürlichen und der «übernatiurlîchiu k.» [53]. Erstere meint Welt- und Lebensbewältigung, letztere die Selbsterkenntnis der in sich selbst blickenden Seele.

Für WILHELM VON OCKHAM wird der Unterschied von Naturdingen und Artefakten problematisch, da jedes Kw. wirklich und wahrhaftig ein Naturding ist, das lediglich durch Ortsbewegung in ein Kw. verwandelt wird; daher gibt es zwischen beiden nur die Differenz einer Nominaldefinition [54]. Theorie ist für Ockham im Gegensatz zur Tradition des Platonismus kein in sich suffizienter Grund praktischer Tätigkeit mehr. Da nämlich der Universalbegriff lediglich durch Abstraktion von Einzeldingen fingiert werden kann, muß zu dieser Fiktion die Kenntnis des konkret zu handhabenden Materials (cognitio rei singularis) hinzutreten [55].

DANTE faßt die platonische Tradition der K.-Theorie zusammen: Wie die K. im Geist des Künstlers, im Werkzeug und in der Materie angetroffen wird, so erkennen wir auch die Natur in Gott als dem die Natur hervorbringenden Geist, im Himmel als dem Werkzeug Gottes und in der Materie [56]. Alle menschliche K. verweist damit auf die göttliche K. und auf die Natur [57].

Anmerkungen. [1] BOETHIUS, De musica I, 34 = MPL 63, 1195 b. – [2] In topica Ciceronis comm. VI = MPL 64, 1155 c. – [3] De consol. philos. III, metr. 9 = MPL 63, 758-763. – [4] De mus. I, 1 = MPL 63, 1167 d. – [4a] De cons. IV, 4 = 63, 815 a/b. – [5] CASSIODOR, De art. 4 = MPL 70, 1203f.; Var. lib. 1, ep. 10, ad Boetium = MPL 69, 514ff. – [6] ISIDOR VON SEVILLA, Sent. I, 4 = MPL 83, 543f. – [7] BERNHARD VON CLAIRVAUX, Opera, hg. LECLERCQ u. a. 3 (Rom 1963) 106. – [8] Ep. 398, ad Guidonem = MPL 182, 610f.; De cantu = MPL 182, 1121ff. – [9] Vgl. O. VON SIMSON: Die gotische Kathedrale. Beitr. zu ihrer Entstehung und Bedeutung (²1972) 157ff. – [10] JOHANNES SCOTUS ERIUGENA, De divisione naturae V, 26 = MPL 122, 919; IV, 16 = 827. – [11] VON SIMSON, a. a. O. [9]; E. PANOFSKY: Abbot Suger on the Abbey Church of St. Denis and its art treasures (Princeton 1946). – [12] SCOTUS ERIUGENA, a. a. O. [10] I, 44 = 486. – [13] II, 24 = 579; III, 9 = 642; vgl. W. BEIERWALTES: Negati affirmatio. Welt als Metapher. Zur Grundleg. einer mittelalterl. Ästhetik bei Johannes Scotus Eriugena. Philos. Jb. 83 (1976). – [14] ANSELM VON CANTERBURY, Monologion 10; vgl. 34. – [15] a. a. O. 11. – [16] PETRUS ABAELARDUS, Dialectica, hg. DE RIJK (Assen 1956) 417, 22ff.; vgl. 419, 25ff. – [17] THIERRY VON CHARTRES, Tract. de sex dierum op. 45. – [18] Vgl. FLASCH, a. a. O. [1 zu II/2] 276f. – [19] WILHELM VON CONCHES, Glosae super Plat. in Tim., hg. E. JEAUNEAU (Paris 1965) 105. – [20] a. a. O. 106. – [21] 104. – [22] HUGO VON ST. VICTOR, Comm. in hierarchiam coelestem S. Dionysii Areopagitae 2 = MPL 175, 949 b. – [23] De sacramentis fidei Christianae, prol. 6 = MPL 176, 185. – [24] Eruditionis didasc. II, 1 = MPL 176, 751 b. – [25] ALANUS AB INSULIS, Anticlaud. V, 485; VI, 177. – [26] a. a. O. I, 122-125. – [27] WILHELM VON ST. THIERRY, De natura et dignitate amoris 1 = MPL 184, 379f. – [28] Ep. ad fratres de Monte-Dei 32. 35, hg. M. DAVY (Paris 1940) 86f. 89f. = I, 6 = MPL 184, 318f. – [29] BONAVENTURA, In hexaem. coll. V, 13 = Opera omnia (Quaracchi 1882ff.) 5, 356; nach ARISTOTELES, Eth. Nic. VI, 4, 1140 a 20; vgl. II Sent. 37, 1, 2 = Opera 2, 866. – [30] De reductione artium ad theol. 1f. = 5, 319. – [31] a. a. O. 5 = 321; vgl. 11 = 322. – [32] 12 = 322f. – [33] 13 = 323. – [34] 14 = 323. – [35] THOMAS VON AQUIN, S. theol. (= ST) I/II, 57, 3; II/II, 134, 4, 3; In Ethic. 2, 4 (282); 7, 12 (1490). – S. contra gent. 24; vgl. 1, 68. – [37] ST I, 15, 1; 45, 7; I/II, 93, 1. – [38] ST III, 23, 3; vgl. I, 45, 6. – [39] In phys. 2, 2 (171). – [40] a. a. O. 7, 5 (977). – [41] ST I, 45, 7; vgl. FLASCH, a. a. O. [1 zu II/2] 305. – [42] THOMAS, ST I, 18, 4, 3. – [43] ST I, 91, 3; vgl. In phys. 2, 14 (268). – [44] ST III, 66, 4; In met. 5, 5 (818); 7, 2 (1277); 8, 3 (1719). – [45] In met. 12, 3 (2444). – [46] II Sent. 1, 1, 3 ad 5. – [47] Vgl. in phys. 2, 13 (257). – [48] In phys. 2, 13 (258); In pol. prooem. (1f.). – [49] MEISTER ECKHART, Predigt 15 = Dtsch. Werke, hg. J. QUINT 1 (1958) 251. – [50] Pred. 19 = a. a. O. 318; Pred. 36a = 2 (1971) 192f. – [51] Pred. 101, hg. F. PFEIFFER (1857) 325. – [52] Expos. libri Genesi = Lat. Werke, hg. K. WEISS 1 (1964) 191f. – [53] Pred. 7 = a. a. O. [49] 124. – [54] Vgl. L. BAUDRY: Lex. philos. de Guillaume d'Ockham (Paris 1958) 27f. s.v. ‹artificialia›. – [55] WILHELM VON OCKHAM, I Sent. 2, 8 = Opera theol., hg. ST. BROWN 2 (New York 1970) 272; vgl. a. a. O. prol. q. 12, ad. dub. 4 = 1 (1967) 356f. – [56] DANTE ALIGHIERI, De monarchia II, 2. – [57] Divina comm., Inferno XI, 97ff.; Paradiso XIII, 19ff. 76ff.

4. Rivalisierende K.-Begriffe zu Beginn der Neuzeit. –

Bei NIKOLAUS VON KUES bleibt der Naturbegriff noch genuin platonisch [1]. Die Analogie zwischen Natur und K. besteht im gemeinsamen Bezug auf die Idee als ihrem Formprinzip [2], die jedoch nie vollkommen in der sinnlichen Materie erscheint. Natur und K. verweisen beide auf Gott als ihren transzendenten und sie doch bedingenden Grund, der «absolute» Natur und K. ist, wiewohl in Wahrheit weder das eine noch das andere noch beides [3]. Nach einer oft zitierten und als Vorgeschichte der Idee des schöpferischen Menschen interpretierten [4] Bemerkung über die K. des Löffelschnitzers kann dieser, da er das Muster nicht von den natürlichen Dingen herleitet, sondern sein Werk allein nach einer Idee in seinem Geiste (mentis nostrae idea) gestaltet, erklären, seine K. sei keine Nachahmung der Natur, sondern sie sei vollkommener als die mimetisch verfahrende. In der Ablehnung einer veristischen Auslegung des Nachahmungsbegriffs wird die K. des Löffelschnitzers aber als Verweis auf die apriorisch im Geiste Gottes begründete absolute K. des Weltschöpfers verstanden [5]. Insofern «Nachahmung der Natur» Nachahmung rationaler Produktionsprinzipien der Natur meint [6], steht in Übereinstimmung mit der platonischen Tradition die Ablehnung des veristischen ‹imitatio›-Begriffs in ‹De mente› keineswegs im Widerspruch zur Rechtfertigung des ‹imitatio›-Gedankens in ‹De ludo globi›: Die Betrachtung des durch K. hergestellten Werkes führt zur Einsicht in die wirkenden Kräfte der Natur [7], die a priori im Geist Gottes konstituiert sind. In der Deutung des im ‹Corpus hermeticum› überlieferten Spruchs, der den Menschen als zweiten Gott bezeichnet, wird der kunstproduzierende menschliche Intellekt als dem naturschaffenden göttlichen Intellekt ähnlich bezeichnet, bleibt aber im Sinne der Tradition zugleich von ihm als dem absoluten Können und Wissen unterschieden [8]. Die These von dem im Vergleich zur menschlichen vollkommenen K. Gottes wird in Anknüpfung an die augustinische Tradition im Rahmen trinitarischer Spekulation differenzierter begründet [8a].

Bei M. FICINO hat K. ihren Grund nicht in der Bewältigung von Notsituationen, sondern in der Phantasie. Mit ihrer Hilfe wird der Mensch zum Beherrscher der Materie [9]. Den ‹imitatio›-Gedanken nimmt Ficino im Sinne der neuplatonischen Tradition auf [10]. Weil der Mensch in der K. letztlich Gott «als den Künstler der Natur» nachahmt [11], kann er in derselben Weise wie bei Nikolaus von Kues gewissermaßen als ein Gott bezeichnet werden [12]. Für die K. der Renaissance sind zwei Argumente Ficinos folgenreich: zum einen die im Anschluß an die pseudo-aristotelischen ‹Problemata physica› vorgenommene Identifizierung des Künstlers mit dem Melancholiker [13] und zum anderen, in der Rezeption des platonischen ‹Symposion›, die Formulierung des Topos: Amor als Movens der K. «Amor» evoziert das Streben nach Schönheit im Sinne von geformter Einheit und Harmonie [14]. Er ist im kosmologischen Sinne Schöpfer und Erhalter aller Dinge und zugleich Herr und Meister der einzelnen Künste [15].

G. BRUNO knüpft in den ‹Eroici furori› an diesen von Ficino herausgestellten Topos – Amor als Movens der K. – an. Für ihn ist die Natur, die aus ihrer eigenen intellektuellen Kraft beständig materielle Formen produziert, Orientierungsrahmen des K.-Begriffs. Natur arbeitet nicht wie der Bildhauer mit Hilfe von Instrumenten, sondern wie der Geometer, der sich in heftiger Gemütsbewegung die reinen Formen der Geometrie vorstellt, dadurch seinen Geist im Innersten bewegt und von ihm aus Formen produziert [16]. Alle K. verweist wie die Natur selber auf die Qualität und den absoluten Willen des Schöpfers [17], der metaphorisch als «innerer Künstler» der Welt bezeichnet wird [18] und als unbedingter Grund aller Form in Natur und K. gilt. Sowohl in der Natur wie in der K. besteht eine unüberbrückbare Differenz zwischen intellektuellem Formprinzip und der im Werk erscheinenden Form [19].

Eine andere Form des K.-Begriffs liegt in der durch F. BACON begründeten Tradition der Selbstlegitimation der modernen Wissenschaften vor. Für ihn sind die Voraussetzungen des antik-mittelalterlichen Naturbegriffs nicht mehr gegeben. Natur ist eine Herausforderung, die nur durch Klugheit und List des Menschen zu bestehen ist. Erst die methodische Beherrschung der Natur ermöglicht die Konstruktion sozialen Glücks. Unter diesen Voraussetzungen ändert sich auch der K.-Begriff wesentlich. Bacon lehnt die K.e ab, insofern sie auf Phantasie und unkritischem Vertrauen auf Autorität beruhen [20]. Wegen der grundsätzlichen Täuschungsfähigkeit der K. [21] gilt Proteus als ihr mythologischer Prototyp [22]. Andererseits ist die der Methode der Induktion zugeordnete «ars inveniendi» [22a] perfektibel und als Instrument humaner Selbstbehauptung [23] Voraussetzung für die Bewältigung der Bedrohung durch die unbekannte Natur [24]. In der Entgegensetzung zu einer im Medium der Anschauung nicht zugänglichen und daher dem Menschen als Widerstand gegenüberstehenden Rationalität der Natur bestimmt G. GALILEI den Begriff der K. [25]. Kalkül und Vernunft sind Grund der außernatürlichen Fähigkeit der menschlichen K., die den Widerstand einer als nicht-intelligibel begriffenen Natur bricht [26]. Theorie der K. ist demnach Theorie des einmaligen, nicht-natürlichen «ingeniums» und seiner autonomen Erfindung [27].

Für TH. HOBBES ist der Hinweis auf die Autonomie der K. gegenüber der Natur ein Beleg für die These von der «Einheit zwischen Wissen und Macht» [28]. Sehnsucht nach einem nützlichen Wissen und Können, das Annehmlichkeiten schafft, die in Frieden genossen werden können [29], ist ein Motiv, den rohen Naturzustand, der sich durch vollkommene K.-Losigkeit negativ auszeichnet [30], zu überwinden und einer öffentlichen Macht das Monopol der Gewaltausübung zu übertragen [31]. K. ist deshalb ein lebensnotwendiges Mittel [32].

Dieser für die Wissenschaftsgeschichte der Neuzeit konstitutive K.-Begriff orientiert sich nicht an den in unserem Sinne schönen K.en, sondern am methodischen Verfahren der mechanischen K.e. Dies hat zur Folge, daß die Theorie der in unserem Sinne schönen K.e zunächst nicht primär in der Philosophie, sondern in der Künstlerästhetik zu finden ist und daß die «schönen K.e» erst in der Entgegensetzung zu den mechanischen K.en ihre spezifische Identität finden und begründen müssen. Wichtig ist in diesem Zusammenhang die Rezeption neuplatonischer, durch den Ficinuskenner Agrippa von Nettesheim vermittelter Motive bei A. DÜRER: «ein guter Maler ist inwendig voller Figur, und obs müglich wär, daß er ewig lebte, so hätt er aus innern Ideen, davon Plato schreibt, allweg etwas Neus durch die Werk auszugießen» [33]. Dürers Versuche zur Kanonisierung der Darstellung des menschlichen Körpers zeigt, daß der Maler aber immer der rationalen Struktur der Natur verpflichtet bleibt [34]. Bei RAFFAEL [35], G. COMMANINI [36], R. BORGHINI [37], F. ZUCCARI [38] und MICHELANGELO [39] beeinflussen ebenfalls neuplatonische Motive die Bestimmung des Grundes der K. in der Idee. Einige Auto-

ren der Frührenaissance wie C. CENNINI und F. VILLANI interpretieren den Nachahmungsgedanken streng veristisch [40]. Die Ableitung der Idee der K. von der sinnlichen Anschauung findet sich bei G. VASARI [41] und G. BELLORI [42].

Anmerkungen. [1] Vgl. FLASCH, a. a. O. [1 zu II/2] 286ff. – [2] NIKOLAUS VON KUES, De venatione sapientiae 5. Opera (Paris 1514) 1, fol. 202v. – [3] De conjecturis 2, 12. Heidelberger A. 3 (1972) 126f. – [4] Vgl. BLUMENBERG, a. a. O. [1 zu II/2] 268f.; FLASCH, a. a. O. [1]. – [5] NIKOLAUS, De mente 2. Heidelberger A. 5 (1937) 51. – [6] Compendium 9 a. a. O. 11/3 (1964) 21f. – [7] De ludo globi 1 a. a. O. [2] 152v. – [8] De beryllo 6 a. a. O. 184v. – [8a] De sapientia 2. a. a. O. [5] 30; De docta ignorantia I, 13; I, 24. – [9] M. FICINO, Platonica theol. 13, 3 = hg. R. MARCEL 2 (Paris 1964) 223f. – [10] Vgl. ebda.; a. a. O. 11, 4 = 2, 114f.; 5, 13 = 1, 208. – [11] 13, 3 = 2, 225. – [12] ebda. – [13] 13, 2 = 2, 202; vgl. R. KLIBANSKY, E. PANOFSKY und F. SAXL: Saturn and melancholy. Stud. in the hist. of nat. philos., relig. and art (London 1964). – [14] FICINO, De amore (Commentaire sur le banquet de Platon), hg. R. MARCEL (Paris 1956) 142. – [15] a. a. O. 193. – [16] G. BRUNO, Acrotismus. Opera lat., hg. F. FIORENTINO 1 (Neapel 1879, ND 1962) 80. – [17] De la causa, principio e uno. Dialoghi Italiani, hg. AQUILECCIA (Florenz 1958) 226f. – [18] a. a. O. 232ff. – [19] 267f. – [20] F. BACON, De augm. scient. Works, hg. J. SPEDDING 2 (London 1851) 299. – [21] a. a. O. 314. – [22] 316. – [22a] Vgl. Art. ‹Invention III›. – [23] F. BACON, a. a. O. [20] 315. – [24] 413. – [25] G. GALILEI, Ed. naz. (ND Florenz 1964ff.) 8, 169. – [26] Intorno agli effeti degl'instrumenti meccanici a. a. O. 8, 573. – [27] Discorsi a. a. O. [25] 8, 58; Brief an Lorenzo Reale 16 470; 17, 104. – [28] TH. HOBBES, De corpore I, 1, 6. – [29] a. a. O. I, 1, 7. – [30] Leviathan I, 13. – [31] a. a. O. I, 11. – [32] Vgl. II, 24. – [33] DÜRERS handschr. Nachlaß, hg. LANGE/FUHSE (1893) 297, 27; 295, 8ff. – [34] Vgl. E. PANOFSKY: Dürers K.-Theorie, vornehmlich in ihrem Verhältnis zur K.-Theorie der Italiener (1915). – [35] Vgl. J. D. PASSAVANT: Raphael v. Urbino 1 (1893) 533. – [36] Vgl. E. PANOFSKY: Idea. Ein Beitrag zur Gesch. der älteren K.-Theorie (1924) 96 Anm. 144 = Il Figino (Mantua 1591) 14ff. – [37] Il Piposo (Florenz 1594) 150. – [38] PANOFSKY, a. a. O. [36] 42f. 108. – [39] a. a. O. 64ff. – [40] J. von SCHLOSSER: Die Denkwürdigkeiten Lorenzo Ghibertis (1912) Einl.; Materialien zur Quellenkunde der K.-Geschichte 2 (1914) 60ff. – [41] G. VASARI, Le vite, hg. G. MILANESI (²1906) 1, 168. – [42] PANOFSKY, a. a. O. [36] 59ff.

5. Die Vorbedingungen einer ästhetischen Bestimmung der K. – Bevor die bildenden K.e Gegenstand einer philosophischen Theorie des Schönen werden konnten, mußten sie sich als ein eigenständiges, von den «artes mechanicae» unterschiedenes Verfahren der Wirklichkeitsinterpretation erweisen. P. O. Kristeller hat gezeigt, daß bereits einige Kommentatoren der aristotelischen Poetik in der Renaissance Malerei, Plastik, Musik und Poesie nicht mehr im Zusammenhang mit Mathematik, Grammatik und Logik behandeln [1]. Nach der Aufwertung der Malerei gegenüber den mechanischen K.en bei LEONARDO DA VINCI [2] führt G. VASARI für Malerei, Plastik und Architektur den Begriff «arti del disegno» ein [3]. Unter seinem Einfluß wird 1563 in Florenz die ‹Accademia del disegno› gegründet, die den Bruch mit den mechanischen K.en auch institutionell dokumentiert [4]. Die Rezeption des Horazischen Topos «ut pictura poesis» spielt für den gekennzeichneten geschichtlichen Vorgang eine entscheidende Rolle [5]. Bei B. CASTIGLIONE zeigt sich die Einheit von Malerei und Musik darin, daß sie in dieser Einheit einen besonderen Gegenstand in der Erziehung des Adels darstellen [6]. L. ZUCCOLO und J. PONTANUS weisen darauf hin, daß Poesie, Malerei und Musik im Gemüt des K.-Liebhabers einen gleichartigen emotionalen Eindruck auslösen [7].

Parallele geistige Prozesse finden in *Frankreich* und *England* statt [8]. Die ‹Querelle des Anciens et des Modernes› [8a] bestätigt angesichts des Erfolgs der modernen Naturwissenschaften den Unterschied zwischen Wissenschaft und schöner K. Diese ist eine individuelle, methodisch nicht-reglementierbare und vom individuellen

Geschmack abhängige Wirklichkeit, die nicht wie die Wissenschaft einem unendlichen kontinuierlichen Fortschritt unterliegt. Die durch diese Kontrastierung von schöner K. und Wissenschaft möglich gewordene Einsicht in die Überlegenheit der antiken K. gegenüber der gegenwärtigen, die insbesondere von den Vertretern der «Anciens», so bei FONTENELLE [9] und CH. PERRAULT [10], formuliert wird, führt auch zu einer spezifisch ästhetischen Bestimmung der K. im Gegensatz zur logischen Bestimmung der Wissenschaft. Die Unterscheidung zwischen schöner, auf dem «plaisir» beruhender K. und dem methodischen Verfahren der Wissenschaft popularisiert DUBOS [11]. BATTEUX kodifiziert endgültig das System der schönen K.e und definiert als deren Prinzip die Nachahmung des Naturschönen [12].

Die Rezeption der französischen ‹Querelle› und die Arbeit der «virtuosi» der ‹Royal Society› schaffen Voraussetzungen dafür, daß im englischen Sprachraum die Rezeption neuplatonischer Philosophie durch SHAFTESBURY auch für die ästhetische Diskussion folgenreich wird. Die Natur ist für ihn ein vollkommenes Kw. [13]. An ihrer Ordnung und Symmetrie nehmen die nachahmenden und entwerfenden K.e das Maß ihrer Schönheit und Wahrheit [14]. An dieses Maß ist auch das Genie gebunden, das also nicht aus subjektiver Beliebigkeit produziert [15]. Schönheit der K. bedingt tugendhaftes Verhalten und umgekehrt [16]. J. ADDISON betont, daß K. nicht primär ein Werk produziert, sondern das Schöne, das dann im «sensus communis» wahrgenommen wird. Er findet das Vergnügen der «imaginatio» verkörpert in den «arts of mimicry», die ihre Regeln dem universalen Sinn und Geschmack der Menschheit für das Schöne entnehmen [17].

F. HUTCHESON fragt – woran Kant anknüpft – nach der Legitimität des vom «sensus communis» aufgestellten Geschmacksurteils. Das in der K. erscheinende Schöne ist für ihn nicht die absolute, sondern die auf den rezipierenden Sinn bezogene und dem geschichtlichen Wandel unterworfene komparative Schönheit. Zwar ist der «sense of beauty» von mehr als bloß subjektiver Gültigkeit [18], aber auch nicht von logisch demonstrierbarer Allgemeinheit [19]. Er ist weder auf eine theoretische Sicherheit garantierende «idea innata» gegründet, noch ist er lediglich das Resultat von Erfahrung [19]. Indem das Schöne der K. nicht auf den dargestellten Gegenstand, sondern auf die nachahmende Darstellung bezogen wird, tritt das K.-Schöne gleichberechtigt neben das Naturschöne [20]. Der dieses K.-Schöne rezipierende Sinn ist nicht der äußere, sondern der innere Sinn, der nicht ausschließlich phänomenale Wirklichkeit wahrnimmt, sondern auch eine solche, die in einer «Idee» begründet ist [21]. Die Freude am K.-Schönen ist deshalb vom Sinn für den Nutzen und von sinnlicher Begierde unterschieden [22]. Der innere Sinn ist eine tragfähige Brücke zwischen sinnlicher Erfahrung und metaphysischer Spekulation [23]. D'ALEMBERT unterscheidet zwischen mechanischen und schönen K.en. Mechanische K. ist Wissenschaft [24], während die «beaux arts» als Wirkungsfeld der methodisch nicht-reglementierbaren Einbildungskraft des Genies bestimmt werden [25]. Die Freiheit von den Regeln der wissenschaftlichen Methode als das Charakteristikum des Genies unterstreicht auch DIDEROT. Das Genie ist nicht an vorgegebene Natur gebunden [26]. K. entwickelt sich von der Nachahmung der einzelnen Dinge zur Nachahmung eines ideellen Modells [27]. Dabei unterscheidet Diderot zwischen dem «Historiker», der die Natur kopiert, und dem «Dichter» der Natur, der mit

ihr nach seinem Belieben verfährt [28]. Für seine Theorie der K. rekurriert er auf platonische Philosopheme, die insbesondere für seinen Begriff der Nachahmung wichtig werden. Die nachzuahmende Natur ist ein «modèle purement idéal». Nicht ein individueller Gegenstand wird porträtiert, sondern der Künstler hat sich auf das «modèle premier» zu konzentrieren, das nicht im Bereich der Wirklichkeit auftreten kann, sondern allein Produkt des Genies ist. Deshalb ist die K. «die erhabenste Metaphysik, ... der Du Dich anpassen mußt, wenn Du nicht nur ein Porträtist sein willst». In diesem Zusammenhang wird Platons Ablehnung einer ausschließlich mimetisch verfahrenden K. zitiert [29]. Diese Rezeption der platonischen Ideenlehre ist auch der Hintergrund für die scheinbare Vorwegnahme des Verfremdungseffekts im Sinne Brechts, insbesondere im ‹Paradoxe sur le comédien›. Bei Diderot soll der Schauspieler nicht einen realen Menschen nachahmen, sondern in der Rolle außer sich, d. h. in einer ganz bestimmten vorgestellten, nicht real existierenden Idee sein [30]. Das K.-Schöne verfeinert das Naturschöne, so daß das «plaisir direct et naturel de la sensation de l'objet» gesteigert wird durch das «plaisir réfléchi qui naît de l'imitation» [31]. Es existieren aber keine für alle Zeiten und K.-Gattungen identischen Regeln der Nachahmung, sondern diese unterliegen der geschichtlichen Entwicklung und den spezifischen Anforderungen der jeweiligen K.-Gattung [32].

In *Deutschland* orientiert sich GOTTSCHED an französischen Vorbildern. Aufgabe der K. ist Nachahmung. Die schönen K.e «erborgen ... die Züge der Natur, und stellen sie an solchen Dingen dar, denen sie nicht eigen sind» [33]. C. L. v. HAGEDORN ist eine Quelle für den Nachahmungsbegriff Diderots [34]. BODMER knüpft an die in der ‹Querelle› entdeckte Unangemessenheit des Fortschrittsbegriffs für die K. an und überträgt diese Erfahrung sogar auf die Wissenschaften. Jede K. hat wie jeder einzelne Mensch seine eigenen und ganz besonderen Regeln [35]. BREITINGER reklamiert für den Poeten den Titel eines «Schöpfers» [36]. Die Funktion der Rede- und der Dicht-K. sieht er in der Zurichtung der in der Philosophie (Leibnizens) erkannten Wahrheit «für die groben Sinnen der meisten Menschen» [37]. Sie sind daher für das Zusammenleben der Menschen wichtiger als «hundert logicalische Beweise» [38]. Nachahmung der Natur bedeutet für den Poeten, im Unterschied zum Historiker, nicht Kopie der sichtbaren wirklichen Welt, sondern Darstellung der unsichtbaren möglichen Welten, die «ihm die Muster und die Materie zu seiner Nachahmung ... leihen». Denn «die Nachahmung der Natur in dem Möglichen» ist «das eigene und Haupt-Werk der Poesie» [39].

Neben dieser neuen Unterscheidung der schönen von den mechanischen K.en begreift man im 18. Jh. K. allgemein als Leistung der gegenüber der Natur autonomen Subjektivität. Negativ bewertet wird K. in dieser Entgegensetzung bei J.-J. ROUSSEAU. Grund der K. (art), die er mit «science» identifiziert und als deren Gegenbegriff ihm «nature» gilt, sind der Luxus und die «curiosité». K. und Wissenschaft verführen deshalb zum Abfall von den Bedingungen des Naturstandes und der in ihm herrschenden Sittlichkeit [40].

Überblickt man die Begriffsgeschichte von ‹K.› in der Zeit vom Hellenismus bis zur Aufklärung, so zeigt sich: K. ist zunächst als die Fähigkeit zu verstehen, ein Werk sachgerecht herstellen zu können. In dieser Bestimmung wird K. insbesondere in der Tradition des Platonismus zu einem Paradigma, mit dessen Hilfe das Verhältnis zwischen der Wirklichkeit der Welt (Natur) und Gott als ihrem transzendenten Grund erläutert wird, weil auch dem kunstvollen Herstellen eines Werks ein ihm transzendenter Grund im apriorischen Entwurf des Künstlers vorhergeht. Die Ordnung der K. verweist deshalb auf diejenige der Natur und auf den göttlichen Grund aller Wirklichkeit. In der Neuzeit wird dieser Begriff der K. instrumentalistisch verkürzt: Die Fähigkeit der fachgerechten Herstellung eines Werkes ist unter nominalistischen Voraussetzungen ein in sich autonomes Verfahren zur Beherrschung der Wirklichkeit. Hingegen wird in der Theorie der schönen K. unter modifizierendem Rückgriff auf antike Philosopheme ein Verfahren ästhetischer Wirklichkeitsproduktion theoretisiert, das sich nicht mehr an das instrumentalistische Vorgehen der modernen Wissenschaften gebunden weiß, sondern K. in zunehmendem Maße als Austausch des Selbst- und Wirklichkeitsverständnisses der Subjektivität auffaßt – einer Subjektivität, die sich in der K. in vollkommenerer Weise bei sich selbst weiß als im Rahmen der Tätigkeiten, die sich am methodischen Ideal der neuzeitlichen Wissenschaften orientieren.

Anmerkungen. [1] P. O. KRISTELLER: The modern system of arts. A study in the hist. of aesthetics. J. Hist. Ideas 12 (1951) 496-527; 13 (1952) 17-46. – [2] a. a. O. 12 (1951) 513f. – [3] J. V. SCHLOSSER: Die K.-Lit. (Wien 1924) 385ff. – [4] KRISTELLER, a. a. O. [1] 12, 514. – [5] R. W. LEE: Ut pictura poesis. The humanistic theory of painting. Art. Bull. 22 (1940) 197-269; D. MAHON: Stud. in the Seicento art and theory (London 1947); KRISTELLER, a. a. O. [1] 12, 526 Anm. 161. – [6] B. CASTIGLIONE, Il cortegiano I, 50. – [7] KRISTELLER, a. a. O. [1] 12, 517 Anm. 111. – [8] a. a. O. 521ff. – [8a] Vgl. Art. ‹Antiqui/moderni (Querelle ...)›. – [9] B. FONTENELLE: Digression sur les Anciens et les Modernes. Oeuvres 4 (Amsterdam 1764) 114-131, bes. 120ff. – [10] Belege bei KRISTELLER, a. a. O. [1] 12, 526 Anm. 161; vgl. H. R. JAUSS: Ästhet. Normen und gesch. Reflexion in der ‹Querelle des Anciens et des Modernes›, in: CH. PERRAULT, Parallèle des Anciens et des Modernes ... (1964) 8-64. – [11] J. B. DUBOS: Les beaux arts réduits à un même principe (Paris 1746) 6. – [12] CH. BATTEUX: Essai sur le goût. Oeuvres compl., hg. LABOULAYE 7 (Paris 1879) 116. – [13] A. SHAFTESBURY, The moralists III, 1. – [14] Misc. refl. III, 2, 180f. – [15] a. a. O. III, 181; I, 26. – [16] I, 338. – [17] J. ADDISON, Works, hg. TICKEL (London 1804) 354ff. – [18] F. HUTCHESON: An inqu. conc. beauty, order, harmony, design, hg. KIVY (Den Haag 1973) VI, 4. – [19] a. a. O. VI, 10. – [20] III, 7f.; vgl. II, 5. – [21] I, 10ff. – [22] I, 14. – [23] VIII, 2, 5. – [24] J. D'ALEMBERT, Einl. zur Enzykl., hg. KÖHLER (1955) 78. – [25] a. a. O. 90. – [26] D. DIDEROT, Encycl. 7, 584; H. DIECKMANN: Diderot's conception of Genius. J. Hist. Ideas 2 (1941) 151-182; vgl. DIDEROT, Pensées détachées sur la peinture, Oeuvres, hg. ASSEZAT-TOURNEUX (= A-T) 12, 76ff.; Essai sur la peinture A-T 10, 489f. – [27] Vgl. Paradoxe sur le comédien A-T 8, 390; La poésie dramatique. A-T 7, 375; Salon 1759. A-T 10, 96; Pensées détachées A-T 12, 128f. – [28] Art. ‹Imitation›. A-T 14, 168f. – [29] Salon 1767. A-T 11, 9-12. – [30] a. a. O. 16f. – [31] Poes. dram. A-T 7, 373; Lettre sur les sourds et muets. A-T 1, 407f.; Salon 1767. A-T 11, 120; Art. ‹Beau›. A-T 10, 28ff. – [32] Lettre sur les sourds ... A-T 1, 404f. – [33] J. CHR. GOTTSCHED: Handlex. oder kurzgefaßtes Wb. der schönen Wiss. und freyen K.e (1760, ND 1970) 979f.; vgl. Versuch einer crit. Dicht-K. (⁴1751) 142ff. – [34] Vgl. P. VERNIÈRE: Diderot et C. L. de Hagedorn. Rev. Litt. comparée (1956) 239-245; F. BASSENGE: Diderots ‹Pensées détachées sur la peinture› und Hagedorns Betrachtungen über die Malerei. German.-roman. Mschr. 48 = NF 17 (1967) 254-272. – [35] J. J. BODMER: Crit. Abh. vom Wunderbaren in der Poesie (1740, ND 1966) 8; vgl. 10. – [36] J. J. BREITINGER: Crit. Dicht-K. 1 (1740, ND 1966) 60. – [37] a. a. O. 6; vgl. 8f. – [38] 9. – [39] 54ff. – [40] J.-J. ROUSSEAU, Disc. sur les sciences et les arts. Oeuvres, hg. F. BOUCHARDY, 3 (Paris 1964) 5-102.

Literaturhinweise. J. V. SCHLOSSER: Materialien zur Quellenkunde der K.-Geschichte (1914); Die K.-Lit. (1924). – K. BORINSKI: Die Antike in Poetik und K.-Theorie (1924). – E. PANOFSKY: Idea. Ein Beitrag zur Gesch. der älteren K.-Theorie (1924); K. SVOBODA: L'ésth. de Saint Augustin et ses sources (Paris 1933). – E. DE BRUYNE: Etudes d'esth. médiévale (Brügge 1946). – Y. BELAVAL: L'esthétique sans paradoxe de Diderot (Paris 1950). – P. O. KRISTELLER: The modern system of arts. A study in the hist. of aesth. J. Hist. Ideas 12 (1951) 496-527; 13 (1952) 17-46. – H. BLUMENBERG: «Nachahmung der Natur». Zur Vorgesch. der Idee vom schöpferischen Menschen. Stud. gen. 10 (1957) 266-283. –

F. J. KOVACH: Die Ästh. des Thomas v. Aquin (1961). – R. R. ASSUNTO: Die Theorie des Schönen im MA (1963). – H. R. JAUSS: Ästhet. Normen und gesch. Reflexion in der ‹Querelle des Anciens et des Modernes›, in: CH. PERRAULT, Parallèle des Anciens et des Modernes, hg. JAUSS u. a. (1964) 8-64. – H. DIECKMANN: Die Wandlung des Nachahmungsbegriffs in der frz. Ästh. des 18. Jh., in: Nachahmung und Illusion, hg. JAUSS (1964) 28-59. – R. KLIBANSKY, E. PANOFSKY und F. SAXL: Saturn and melancholy. Stud. in the hist. of nat. philos., relig. and art (London 1964). – K. FLASCH: Ars imitatur naturam. Platonischer Naturbegriff und mittelalterl. Philos. der K., in: Parusia. Stud. zur Philos. Platons und zur Problemgesch. des Platonismus, in: Festgabe J. Hirschberger (1965) 265-306. – W. TATARKIEWICZ: Hist. of aesth. 2 (Warschau 1970); dtsch. A. LOEPFE (in Vorber.). – E. GOMBRICH: Botticelli's mythologies. A study in the neo-platonic symbolism of his circle, in: Symbolic images. Stud. in the art of the Renaissance (London 1972) 31-81. – O. V. SIMSON: Die gotische Kathedrale. Beitr. zu ihrer Entstehung und Bedeutung (²1972). – P. O. KRISTELLER: Die Philos. des Marsilio Ficino (1972); engl. The Philos. of M.F. (New York 1943). – W. BEIERWALTES: Aequalitas numerosa. Zu Augustins Begriff des Schönen. Wiss. u. Weisheit. Z. f. augustin.-franziskan. Theol. u. Philos. in der Gegenwart 38 (1975) 140-157; Negati affirmatio. Welt als Metapher. Zur Grundleg. einer mittelalterl. Ästh. bei Johannes Scotus Eriugena. Philos. Jb. 83 (1976). – G. SAUERWALD: Die Aporie der Diderot'schen Ästh. (1745-1781). Ein Beitrag zur Untersuch. des Natur- und K.-Schönen als ein Beitrag zur Analyse des neuzeitlichen Wirklichkeitsbegriffs (1975).   A. RECKERMANN

III. *Der K.-Begriff ausgehend von der Mitte des 18. Jh. bis zum Anfang des 20. Jh.* – A. *Der K.-Begriff in der philosophischen Ästhetik Baumgartens, Kants und ihrer Zeitgenossen.* – Eine prinzipiell neue Bestimmung erhält der Begriff der K. in der Mitte des 18. Jh. durch die *philosophische Ästhetik,* die als neue Disziplin von A. G. Baumgarten in die Philosophie eingebracht worden ist. Der K. wird von ihr die Aufgabe gestellt, das Ganze, das dem rationalen Begreifen zunehmend entgleitet, präsent und die Bestimmung des Menschen als einer allem Nützlichkeitsdenken entzogenen, freien sittlichen Persönlichkeit bewußt zu halten. Dieser Aufgabe genügt die K., insoweit in den einzelnen K.en ideale Schönheit realisiert wird. In Bezeichnungen wie ‹belles lettres›, ‹beaux arts›, ‹schöne Wissenschaften›, ‹schöne K.e› oder auch ‹freie K.e› – deren Bedeutung im 18. Jh. signifikant schillert [1] – kommt die repräsentative Funktion der Schönheit zur Geltung.

1. A. G. BAUMGARTEN begreift die K. im Rahmen der Schulphilosophie als ein in der sensitiven Fähigkeit des Menschen gründendes Organ der Erkenntnis [2]. Die «schönen K.e» (Malerei, Musik, Bildhauer-K.) [3] und die Dicht-K. haben zur Bildung des Menschen beizutragen [4] und erhalten ihren besonderen Rang durch die Aufgabe, die Vollkommenheit dessen, was ist, in der Schönheit ihrer Werke «zum Ruhme des Schöpfers zu entfalten» [5]. Vorbild der K. ist dabei nicht die geschaffene (natura naturata), sondern die schaffende Natur (natura naturans) [6]. Ein Gedicht beispielsweise soll eine Welt gleichsam vorstellen (Poema esse debet quasi mundus) [7]. Natur und K. schaffen Ähnliches [8]; das aristotelische «naturam imitare» fordert daher vom Künstler, seinem Werk Reichtum (ubertas), Größe (magnitudo), Wahrheit, Klarheit, Leben und Überzeugungskraft (persuasio) zu verleihen [9], wie Baumgarten mit rhetorischen Loci sagt. Dafür, daß Schönheit als sinnliche Repräsentation des zweckmäßig geordneten Zusammenhangs der Dinge (perfectio phaenomenon) zu realisieren ist [10], greift Baumgarten auf Leibniz' Metaphysik der besten Welt zurück [11]. Die Koordination von K. und Schönheit ist eine Konsequenz dieser Applikation. Die Schönheit des konkreten Kw. sieht Baumgarten in der sinnfälligen Einsinnigkeit der Gedanken, dem «consensus cogitationum ... inter se ad unum, qui phaenomenon sit»

[12], der in Analogie zur mannigfaltigen Einheit der besten Welt steht [13]. Da Schönheit ohne Ordnung nicht sein kann und die Gedanken zu ihrem Ausdruck der Zeichen bedürfen, wird zudem ein consensus ordinis und ein consensus signorum erfordert [14]. Sofern die künstlerische Vergegenwärtigung des Ganzen als sinnliche Erkenntnis (cognitio sive repraesentatio sensitiva) unterhalb der rationalen Distinktionsgrenze bleibt [15], kann Baumgarten gegenüber der logischen Wahrheit eine eigenständige veritas aesthetica geltend machen [16]. «Verisimilia aesthetica erunt logice forte dubia, immo improbabilia, modo sint aesthetice probabilia» [17]. So wird die intellektuelle Erkenntnis ergänzt [18] durch die der Sinnlichkeit als einem Analogon der Vernunft verpflichtete künstlerische Anschauung [19]. Ihre Evidenz gewinnt sie als ein Analogon des für den Verstand zwingenden Beweises [20]. Damit ist die K. einerseits der Unverbindlichkeit des bloßen Geschmacksurteils, einem Urteil «mere gustibus» [21] entzogen, wie es im französischen Rationalismus (CROUSAZ, BOUHOURS), im englischen Sensualismus (ADDISON, BURKE, HUME) und dann auch in der deutschen Geschmacksdiskussion (U. KÖNIG) zur Debatte stand [22]. K. wird andererseits befreit aus der Wahrheitsnorm des Verstandes, die noch in der Aufklärungspoetik verbindlich war [23], bleibt aber gleichwohl an eine vernünftige Auslegung der Welt gebunden [24]. Das Häßliche (deformitas, turpitudo) «qua talis» wie auch das Absurde, als ein in sich Widervernünftiges [25], fallen unter die «falsitas aesthetica» [26], die Baumgarten von der K. strikt ausgeschlossen wissen will [27]. Ihres metaphysischen Grundes wegen dürfte seine Ästhetik zur Interpretation moderner K. [28] nicht ohne weiteres heranzuziehen sein.

Anmerkungen. [1] Vgl. J. A. FABRICIUS: Abriß der allg. Hist. der Gelehrsamkeit 1-3 (1752-54) 1, § XXVII. – [2] Vgl. A. G. BAUMGARTEN: Meditationes philosophicae de nonnullis ad poema pertinentibus (1735) § 115. – [3] Vgl. Aesthetica 1. 2 (1750/58, ND 1961) § 4; vgl. Kollegnachschr., in: B. POPPE: A. G. Baumgarten, seine Bedeutung und Stellung in der Leibniz-Wolffischen Philos. und seine Beziehungen zu Kant (Diss. Münster 1907) § 4. – [4] Vgl. Philos. Br. von Aletheophilus (1741) 12. Br. – [5] Vgl. Medit. § 71. – [6] Vgl. Met. (¹1739, ⁷1779 = ND 1963) §§ 466. 859. – [7] Medit. § 68. – [8] Vgl. a. a. O. § 110. – [9] Vgl. Aesth. §§ 104. 22; Kollegnachschr. a. a. O. [3] § 104. – [10] Vgl. Met. § 662; Aesth. § 14. – [11] Vgl. U. FRANKE: Von der Met. zur Ästh. Der Schritt von Leibniz zu Baumgarten, in: Akten des II. int. Leibniz-Kongr., Hannover 1972 (1975) 229-240. – [12] Vgl. BAUMGARTEN, Aesth. § 18. – [13] Vgl. G. W. LEIBNIZ: Théodicée (1710). Philos. Schr., hg. C. I. GERHARDT (1875-1890) 6, 27. 188; vgl. Y. BELAVAL: L'idée d'harmonie chez Leibniz; in: L'hist. de la philos., ses problèmes, ses méthodes. Hommage à M. Gueroult (1964) 5-24. – [14] Vgl. BAUMGARTEN, Aesth. §§ 19f. – [15] Vgl. a. a. O. § 17. – [16] Vgl. § 424. – [17] § 486. – [18] Vgl. § 480. – [19] Vgl. Met. § 640. – [20] Aesth. § 847. – [21] Vgl. a. a. O. § 5. – [22] Vgl. F. SCHÜMMER: Die Entwickl. des Geschmacksbegriffs in der Philos. des 17. und 18. Jh. Arch. Begriffsgesch. 1 (1955) 120-141, pass. – [23] Vgl. J. CHR. GOTTSCHED: Versuch einer Crit. Dicht-K. vor die Deutschen (1730, ⁴1751 = ND 1962) III, § 9. – [24] Vgl. BAUMGARTEN, Aesth. § 426. – [25] Vgl. Met. § 13. – [26] Vgl. Aesth. §§ 445-477. – [27] Vgl. a. a. O. § 14. 456 u. ö. – [28] Vgl. H. R. SCHWEIZER: Ästh. als Philos. der sinnl. Erkenntnis. Eine Interpret. der ‹Aesthetica› A. G. Baumgartens mit teilweiser Wiedergabe des lat. Textes und dtsch. Übers. (1973).

Literaturhinweise. B. POPPE s. Anm. [3]. – E. BERGMANN: Die Begründung der dtsch. Ästh. durch A. G. Baumgarten und G. Fr. Meier (1911). – B. CROCE: Rileggendo L'«Aesthetica» del Baumgarten. La Critica 31 (Neapel/Bari 1933) 2-19. – R. PAPPALARDO: L'arte ed il Bello nell'estetica di Alessandro G. Baumgarten. Siculorum Gymnasium 6 (1953) 132-135. – M.-L. LINN: A. G. Baumgarten's ‹Aesthetica› und die antike Rhet. Dtsch. Vjschr. Lit. wiss. Geistesgesch. 41 (1967) 424-443. – U. FRANKE: K. als Erkenntnis. Die Rolle der Sinnlichkeit in der Ästh. des A. G. Baumgarten. Studia Leibnitiana Suppl. 9 (1972); s. a. Anm. [11]. – H. R. SCHWEIZER s. Anm. [28]. – U. FRANKE: Ist Baumgartens Ästh. aktualisierbar? Bemerk. zur Interpretation von H. R. Schweizer. Studia Leibnitiana 6 (1974) 272-278.

2. KANT begründet die K., wie die Natur, aus der Subjektivität, und zwar aus der ästhetischen Erfahrung als Erfahrung der Schönheit [1]. Dabei löst er «K.-Schönheit» in der Konsequenz des transzendentalen Ansatzes nicht mehr, wie noch Baumgarten, in Vollkommenheit auf [2], sondern begreift sie ebenso wie Naturschönheit als «eine schöne Vorstellung von einem Dinge» [3], die «Lust» auslöst und als solche «ästhetisch» genannt wird [4]. «In aller schönen K. besteht das Wesentliche in der Form» [5]. Im Schönen der K. als dem «Symbol des Sittlichguten» [6] findet der Mensch das «Intelligibele» ausgedrückt, worauf er beständig «hinaussieht», das aber, ein Postulat der Vernunft, dem Verstand gleichwohl unerkennbar bleibt. Angesichts der K. erfährt der Mensch sich auf etwas in sich selbst «und außer ihm, was nicht Natur, auch nicht Freiheit, doch aber mit dem Grunde der letzten, nämlich dem Übersinnlichen, verknüpft ist, bezogen, in welchem das theoretische Vermögen mit dem praktischen auf gemeinschaftliche und unbekannte Art zur Einheit verbunden wird» [7]. Hinsichtlich ihrer vermittelnden Funktion unterscheidet Kant «schöne» ästhetische von «angenehmer» ästhetischer K., zu der z. B. «alle Spiele» gehören, «die weiter kein Interesse bei sich führen, als die Zeit unvermerkt verlaufen zu machen» [8]. Dagegen ist «schöne K. ... eine Vorstellungsart, die für sich selbst zweckmäßig ist und ... die Kultur der Gemütskräfte zur geselligen Mitteilung befördert». So liegt schon in ihrem Begriff, daß sie «nicht eine Lust des Genusses, aus bloßer Empfindung, sondern der Reflexion sein müsse; und so ist ästhetische K. als schöne K. eine solche, die die reflektierende Urteilskraft und nicht die Sinnenempfindung zum Richtmaße hat» [9]. Diese differenzierte Bestimmung der «schönen ästhetischen K.» die bald vulgarisiert wurde [10], entwickelt Kant in Abgrenzung von Natur, Wissenschaft und im Unterschied zur Handwerks-K. [11]. K. ist «frei», wenn sie wie ein «Spiel» ausgeübt wird, als «Beschäftigung, die für sich selbst angenehm ist», im Unterschied zur Handwerks-K. als einer Lohn-K., die als «Arbeit» betrachtet wird, als «Beschäftigung, die für sich selbst unangenehm (beschwerlich) und nur durch ihre Wirkung (z. B. den Lohn) anlockend ist, mithin zwangsmäßig auferlegt werden kann» [12]. Daß auch die freien K.e dem Zwang von Regeln unterliegen – «Zwangsmäßiges», ein «Mechanismus» gibt hier dem Geist «den Körper» – daß Dicht-K. z. B. Sprachrichtigkeit und -reichtum zu beachten hat, und darin der mechanischen K. gleicht, etwa der K. eine Uhr zu machen, enthebt sie nicht ihrer Autonomie als ästhetischer K.: «Wenn die K. dem Erkenntnisse eines möglichen Gegenstandes angemessen, bloß ihn wirklich zu machen die dazu erforderlichen Handlungen verrichtet, so ist sie mechanische; hat sie aber das Gefühl der Lust zur unmittelbaren Absicht, so heißt sie ästhetische K.» [13]: «Schöne K. ist nur als Produkt des Genies möglich» [14], nämlich der auf Einbildungskraft und Verstand beruhenden Fähigkeit, sich «ästhetische Ideen», denen als solchen «kein Begriff adäquat sein kann», einfallen zu lassen [15] und ihnen «Ausdruck» zu geben, mag er «nun in Sprache oder Malerei oder Plastik bestehen» [16]. Die Musik kann nur bedingt eine schöne K. genannt werden [17], Tafelmusik beispielsweise gehört zu den angenehmen K.en [18].

Anmerkungen. [1] Vgl. I. KANT: KU (1790) Vorr. = Akad.-A. 5, 169f.; Einl. IX = 195ff. – [2] Vgl. a. a. O. § 15. – [3] § 48 = 311. – [4] Vorr. zur 1. Aufl. VIIf. = 169. – [5] § 52 = 325f. – [6] Vgl. § 59, bes. = 353. – [7] ebda. – [8] § 44 = 305f. – [9] § 44 = 306. – [10] Vgl. W. T. KRUG: Versuch einer systemat. Enzyklop. der schönen K.e (1802) §§ 41f. – [11] KANT, KU § 43. – [12] § 43 =

340. – [13] § 44 = 305. – [14] § 46 = 307. – [15] Vgl. § 49 = 313ff.
– [16] § 49 = 317. – [17] § 51 = 324f. – [18] § 44 = 305f.
Literaturhinweise. W. MECKANER: Ästhet. Idee und K.-Theorie.
Kantstudien 22 (1918). – I. KNOX: The aesthet. theories of Kant,
Hegel and Schopenhauer (1936). – W. BIEMEL: Die Bedeutung
von Kants Begründung der Ästh. für die Philos. der K. (1959). –
G. FREUDENBERG: Die Rolle von Schönheit und K. im System der
Transzendentalphilos. Beih. Z. philos. Forsch. 13 (1960). – R.
ASSUNTO: Schönheit und Anmut. Notizen zur Ästh. Kants, in:
Festschr. G. Lukács (1965) 512-534. – R. BUBNER: Über einige
Bedingungen gegenwärtiger Ästh., in: Ist eine philos. Ästh. mög-
lich? Neue H. für Philos. 5 (1973) 38-73, bes. 63ff.

3. Den philosophischen K.-Begriff zu verbreiten, aber
auch zu verflachen [1], halfen die *popularphilosophischen*
Darstellungen der Ästhetik einerseits im Anschluß an
Baumgarten durch G. FR. MEIER, J. A. ESCHENBURG,
J. A. EBERHARD und andererseits an Kant durch v. DAL-
BERG, CHR. W. SNELL, L. BENDAVID [2].
Demgegenüber hat M. MENDELSSOHNS psychologische
Erklärung der K. aus ihrer Wirkung zur Überwindung
der Nachahmungslehre [3] beigetragen. Die Quelle des
Vergnügens als «einzigem Endzweck» der K.e [4] liegt in
der Beschaffenheit unserer Seele. Sofern sie das Vollkommene dem Mangelhaften vorzieht, infolgedessen
unsere Vorstellungen von Wohlgefallen bzw. Mißfallen
begleitet werden [5], ist darin auch die angenehme bzw.
widrige Wirkung der K.e begründet. Sie sollen «Vollkommenheit» sinnlich vorstellen [6], wie Mendelssohn
im Anschluß an Baumgarten sagt, bieten als «Werke der
menschlichen Erfindung» [7] «sichtbare Abdrücke von
den Fähigkeiten des Künstlers», geben uns «seine ganze
Seele anschauend zu erkennen» und stellen so eine «Vollkommenheit des Geistes» dar, die «größeres Vergnügen
als die bloße Ähnlichkeit» mit der Natur errege [8]: Die
«entzückendste Landschaft» reize uns «in der Camera
obscura» nicht so sehr, als wenn sie «durch den Pinsel
eines großen Landschaftsmalers» auf die Leinwand gebracht wird [9].
Unter dem Einfluß der englischen K.-Kritik (J.
HARRIS), die begonnen hatte, sich aus dem Bann des «ut
pictura poiesis» zu lösen, unterscheidet Mendelssohn
«schöne K.e und schöne Wissenschaften (beaux arts et
belles lettres)» aufgrund der Zeichen, durch die sie ihre
Gegenstände ausdrücken [10], und gewinnt daraus Kriterien für die Grenzen der Darstellung des Schönen (die
auf Lessings Stellungnahme im Laokoonstreit eingewirkt
haben): Da Dicht-K. mit willkürlichen Zeichen arbeitet
[11], ist sie in ihrem Gegenstand weniger eingeschränkt
als Malerei, Bildhauer-K., Bau-K., Musik und Tanz-K.,
die – entweder dem Auge oder dem Ohr zugeordnet –
sich mit den ihnen jeweils angemessenen natürlichen
Zeichen begnügen müssen. Dicht-K. beispielsweise könne «alle Schönheiten der Natur in Farben, Figuren und
Tönen, die ganze Herrlichkeit der Schöpfung, den Zusammenhang des unermeßlichen Weltgebäudes», auch
«alle Neigungen und Leidenschaften unserer Seele» ausdrücken, während Musik den Begriff z. B. einer Rose
oder eines Pappelbaums nicht anzeigen und Malerei einen musikalischen Akkord nicht vorstellen könne [12].
Unter bestimmten Bedingungen jedoch dürfen, ja müssen die «Grenzen ineinanderlaufen»; so verwenden Maler
oder Bildhauer – etwa zur Realisierung von Fabeln –
willkürliche Zeichen [13].
J. G. SULZER, dessen «Grundartikel» über die schönen
K.e [14] sich – wie GOETHE es ausdrückte – «in genera-
lioribus» aufhält [15], nimmt die K. im Sinne der Aufklärung für die Förderung der Sittlichkeit und für die
Bildung des Menschen in Anspruch. Während LACOMBE,
aus dessen ‹Dictionnaire› Sulzer einzelne Artikel über-

setzte [16], in der Tradition des französischen Klassizismus das Wesen der «beaux arts» beschreibt: «Ils ont la
nature pour modèle, le goût pour maître, le plaisir pour
but» [17], will SULZER sich nicht mit der Behauptung
«schwacher oder leichtsinniger Köpfe», die K. ziele
«bloß auf Ergötzlichkeit» ab, begnügen, macht vielmehr
ihren «höhern», durch die «Rührung der Gemüter» zu
bewirkenden Zweck einer «Erhöhung» des «Geistes» und
«Herzens» geltend [18]. Der Künstler soll und darf nur
solche Gegenstände wählen, «die auf Vorstellungs- und
Begehrungskräfte einen vorteilhaften Einfluß haben, denn
nur diese verdienen uns stark zu rühren» [19]. So der
Moral verpflichtet, verlieren die K.e ihre Autonomie,
Schönheit wird Mittel zum Zweck, zur «Lockspeise des
Guten» [20]. Den K.en als «Gehülfen der Weisheit» [21]
hat der Mensch «das wichtigste seiner inneren Bildung»
zu danken; sie fördern «Glückseligkeit» und «Wohlbefin-
den» des Einzelnen wie des «Volkes» und dienen der
«Bildung des Geschmacks» als einer «großen National-
angelegenheit» [22].
Der Kantianer K. H. HEYDENREICH, für den die «schönsten Wirkungen [der K.e] zugleich auch für den Staat die
heilsamsten» sind [23], stellt – wohl in kritischer Wendung gegen die romantische K. – die K. der «Alten» als
Vorbild hin, sofern ihre «vaterländischen» Themen «pa-
triotischen Enthusiasmus», edle Bürgertugend» bewirkt
hätten und so dem «Selbstgefühl» der Menschen ent-
gegengekommen seien [24]. Heydenreich leitet die schönen K.e aus dem «Trieb» des Menschen ab, «seine Empfindungen darzustellen und mitzuteilen» [25], er spricht
daher von «K.en der Empfindsamkeit» [26]. Für diese
«neue Wortbezeichnung», die in MENDELSSOHNS [27] wie
auch HERDERS [28] Psychologie vorgebildet ist, beruft
HEYDENREICH sich auf den Gebrauch des Ausdrucks
‹sensibilité› [29], der in der Diskussion um den ‹bon
goût› zum Terminus geworden war [30]. Das Prinzip der
Empfindsamkeit sei besser als die «vage» Benennung
«schöne K.e» [31] geeignet, diejenigen K.e auszuschließen,
bei denen Schönheit ein «untergeordneter Zweck» ist
[32]. Es fordere zudem die Aufhebung der geläufigen
Unterscheidung [33], derzufolge Dicht-K. und Beredsamkeit zu den schönen Wissenschaften – eine auch von
Kant kritisierte Benennung [34] – nicht vielmehr mit
Ton-K., Malerei, Bildhauer-K. «usw.» zu den schönen
K.en gehören sollen. Sofern «Dicht- und Rede-K. Werke
hervorbringen, müssen sie K.e genannt werden», denn, so
wird betont, im Unterschied zur Wissenschaft sei K.
stets auf «Hervorbringung» und «Ausübung» bezogen.
Dabei habe «Dicht-K. alles Eigene einer K. der Empfindsamkeit an sich», gehöre also zu den schönen K.en; die
Rede-K. dagegen verfolge «nie den Hauptzweck, einen
Zustand der Empfindsamkeit darzustellen», dürfe infolgedessen «nicht in diese Klasse hineingezogen werden»
[35]. So versucht Heydenreich auf das Prinzip der Empfindsamkeit eine Enzyklopädie der schönen K.e zu gründen, einen «Kreis von K.en», der «durch die Natur selbst
fest geschlossen» sei [36].
FR. BOUTERWEK, dessen Vorlesungen Schopenhauer
gehört hat, trägt in seiner viel gelesenen ‹Ästhetik› zur
Verbreitung von Kants Bestimmung der schönen ästhetischen K. bei, wenn er erklärt: «Nicht jede K. ist eine
schöne, d. h. ästhetisch wirkende K.» [37] und begründet:
in der «Empfindung» der «K.-Schönheit» tritt «zu dem
allgemeinen ästhetischen Interesse», das auch Natur-
schönes betreffen kann, «noch ein besonderes, das K.-
Interesse, hinzu» [38]; das «ästhetische Interesse» erhält
einen «artistischen» Charakter, demzufolge wir «das

Schöne als ein Produkt der Geisteskraft und des Talents bewundern» [39]. Es steigert den «K.-Wert», wenn «die Phantasie des Künstlers sich in einer reichen Erfindung offenbart» [40]. «Ästhetischer Wetteifer mit der Natur» als «Prinzip und höchstes Gesetz der schönen K.» [41] führt zur «idealen Schönheit», wenn der Künstler dem Stoff des Werkes in den Formen des Symbols oder der Allegorie sein inneres Bild des Unendlichen einprägt [42].

Anmerkungen. [1] Vgl. M. SCHASLER: Krit. Gesch. der Aesth. 1. 2 (1872) 1, 354ff. 559-561. – [2] Vgl. J. KOLLER: Entwurf zur Gesch. und Lit. der Aesth. von Baumgarten bis auf die neueste Zeit (1799). – [3] Dazu A. TUMARKIN: Die Überwindung der Mimesislehre in der K.-Theorie des 18. Jh. Zur Vorgesch. der Romantik, in: Festgabe S. Singer (1930) 40-55. – [4] M. MENDELSSOHN: Über die Hauptgrundsätze der Schönen Künste und Wiss.en (1757). Schr. zur Philos., Ästh. und Apologetik, hg. M. BRASCH 2 Bde. in 1 (1892, ND 1968) 2, 144ff. – [5] a. a. O. 146. – [6] 147. – [7] 144. – [8] 149. – [9] ebda. – [10] Vgl. 153. – [11] ebda. – [12] 154. – [13] Vgl. 157ff. – [14] J. G. SULZER: Die schönen Künste in ihrem Ursprung, ihrer wahren Natur und besten Anwendung betrachtet (1772), Sonderdruck aus [18]. – [15] J. W. GOETHE, Hamburger A. 12, 17. – [16] Vgl. A. TUMARKIN: Der Ästhetiker Johann Georg Sulzer (1933) 44ff. – [17] Vgl. J. LACOMBE: Dict. portatif des Beaux Arts (1752) Art. ‹Beaux Arts›. – [18] J. G. SULZER: Allg. Theorie der schönen K.e 1. 2 (1771-1774) 2, 610ff. – [19] a. a. O. 2, 625. – [20] 612. – [21] 614. – [22] 613; 1, 465. – [23] K. H. HEYDENREICH: System der Ästh. 1 (1790) XXXI. – [24] a. a. O. 35. – [25] Vgl. 150f. – [26] 222f. – [27] Vgl. M. MENDELSSOHN: Briefe über die Empfindungen (1755). – [28] Vgl. J. G. HERDER: Vom Erkennen und Empfinden der menschl. Seele (1778). – [29] HEYDENREICH, a. a. O. [23] 222f. – [30] Vgl. A. BAEUMLER: Das Irrationalitätsproblem in der Ästh. und Logik des 18. Jh. bis zur ‹Kritik der Urteilskraft› (1923, ND 1967) 18-64. – [31] Vgl. HEYDENREICH, a. a. O. [23] 220. – [32] 213. – [33] Vgl. 215f.; vgl. J. CHR. ADELUNG: Art. ‹K.›, in: Grammat.-krit. Wb. der hochdtsch. Mundart 1-4 (1808). – [34] Vgl. KANT, KU § 44. – [35] HEYDENREICH, a. a. O. [23] 215f. – [36] 224; vgl. 146ff. – [37] F. BOUTERWEK: Ästh. (1806, ²1815) 20. – [38] a. a. O. 197. – [39] 198. – [40] 199. – [41] 200. – [42] 204ff.

Literaturhinweise. M. SCHASLER s. Anm. [1]. – H. GROSS: Sulzers Allg. Theorie der schönen K.e (1905). – A. TUMARKIN s. Anm. [3. 16]. – A. BAEUMLER: s. Anm. [30].

B. *Goethezeit und Romantik.* – 1. Die K.- und Literarästhetik der *Goethezeit* stellt im Kern den Versuch dar, zwischen dem Anspruch, das Ganze zu repräsentieren, den die Philosophie an die K. stellt, und den Darstellungsproblemen zu vermitteln, die den K.en selbst eigentümlich sind. Die K. der damals bekannten Antike behauptet dabei eine umstrittene Exemplarizität. Angesichts der Unvereinbarkeit und Unvergleichbarkeit neuer K. mit einer an der Antike gewonnenen Schönheitsnorm wächst die Einsicht in die geschichtliche Bedingtheit der K.

J. J. WINCKELMANN unterstreicht die *klassische* Auffassung, daß die begriffliche Bestimmung der Schönheit als «Mittelpunkt der K.» [1] der Beschreibung des Kw. selbst vorhergehen müsse, wenngleich sie nur an ihm selbst als einem solchen erwiesen werden könne. Auch die geschichtliche Betrachtung ist auf das «Wesen der K.» gerichtet. Der je verschiedene Ausdruck der Schönheit gibt sowohl für die Verschiedenheit der K. unter den «alten Völkern» (Ägyptern, Persern, Hetruriern) als auch für die Stilgeschichte der griechischen K. das Kriterium ab [2]. Ausgezeichneter Gegenstand der K. ist die menschliche Gestalt, da sie das allen «erschaffenen Dingen» innewohnende «allgemeine Schöne» höchst vollkommen zeigt [3]. Das vollkomme Kw. verbindet mit der Schönheit den Ausdruck «des wirkenden und leidenden Zustandes unserer Seele und unseres Körpers, der Leidenschaften sowohl als der Handlungen» [4], wie es die Laokoongruppe, eine «vollkommene Regel der K.», zeige [5]; deren angeblich «edle Einfalt und stille Größe» kennzeichne auch «die griechischen Schriften aus den besten

Zeiten, aus Sokratis' Schule» [6], während Vergils schreiender Laokoon dies Ideal verfehle, das einerseits noch an Horaz' «ut pictura poiesis» orientiert ist, andererseits in der Tradition der Diskussion um die «simplicité» innerhalb der französischen Klassik (CL. FLEURY, FÉNÉLON, DUBOS, VOLTAIRE, RACINE) zu sehen ist [7]. In den «Meisterstücken» der Alten finde man «nicht allein die schönste Natur, sondern noch mehr als Natur», d. h. «gewisse idealische Schönheiten», die «von Bildern bloß im Verstande entworfen, gemacht sind» [8]. Sofern Winckelmann dem Künstler der eigenen Zeit empfiehlt, sich von «der griechischen Regel der Schönheit Hand und Sinne» leiten zu lassen, um durch «die Begriffe des Ganzen, des Vollkommenen in der Natur des Altertums» auch im «Geteilten in unserer Natur» Schönheit zu entdecken und sie mit dem «vollkommenen Schönen» zu verbinden [9], wie es Raffaels Beispiel zeige [10], weist Winckelmann über die klassizistische Position hinaus: Seine Bestimmung des «Geteilten» zur Kennzeichnung des «Heutigen» im Unterschied zum Vollkommenen in der Natur der Antike enthält bereits Schillers Begriff des Sentimentalischen wie auch den Schlegelschen des Zergliederten als Kennzeichen neuer K. [11].

Nach LESSING darf in den «koexistierenden Kompositionen» der bildenden K.e «der Ausdruck» nicht über die «Schranken der K. getrieben», d. h. er muß dem «Gesetze der Schönheit» unterworfen sich zeigen, wie es beispielhaft im Laokoon realisiert sei [12]. Nur im «prägnantesten Augenblick» werde «das Vorhergehende und Folgende» einer Handlung überzeugend begreiflich [13], habe die «Einbildungskraft freies Spiel» [14]. Eine Übertragung des malerischen Grundsatzes «der Ruhe und stillen Größe» auf die Dicht-K. lehnt Lessing ab. Dicht-K. sei weder genötigt, ihr «Gemälde in einen einzigen Augenblick zu konzentrieren» [15], noch erfordere hier das «ideale Schöne» Ruhe; es werden «Handlungen und nicht Körper» gemalt, Handlungen aber «sind um so viel vollkommener, je mehre, je verschiednere, und wider einander selbst arbeitende Triebfedern darin wirksam sind» [16]. Unter den «aufgegrabenen Antiken» will Lessing «den Namen der Kw.» nur denjenigen beilegen, «in welchen sich der Künstler wirklich als Künstler» zeige, also «Schönheit seine erste und letzte Absicht gewesen» ist. Solche Stücke dagegen, die «merkliche Spuren gottesdienstlicher Verabredung zeigen», die «nicht um ihrer selbst willen» entstanden, sondern als «Hilfsmittel der Religion», repräsentieren «mehr das Bedeutende als das Schöne». Die K. der «neueren Zeiten» habe «ungleich weitere Grenzen erhalten», sie erstrecke sich «auf die ganze sichtbare Natur, von welcher das Schöne nur ein kleiner Teil» sei, «Wahrheit und Ausdruck» aber «erstes Gesetz» [17].

Nach HERDER soll die bildende K. im «ersten Anblick», der «permanent, erschöpfend, ewig» sein muß [18], das «Höchste» bieten: «Schönheit», die nicht als körperliche allein befriedigt, sondern erst dann, wenn «eine Seele» durchblickt [19]. Ein Werk der bildenden K. ist «in allen Teilen auf einmal da», es ist, wie Herder mit Hinweis auf Aristoteles [20] sagt, ein Ergon und «keine Energie» [21], während Poesie, Musik oder Tanz-K. energetischen Charakter und deshalb andere Gesetze haben [22]. Sein Versuch, die einzelnen K.e hinsichtlich ihrer Zuordnung zu «Gesicht, Gehör und Gefühl» [23] voneinander abzugrenzen, hat die K.-Wissenschaft entscheidend angeregt [24]. Malerei, Musik, Plastik als K.e, die in der Fläche, im Ton, im Körper arbeiten, entsprechen drei «Gattungen der Schönheit», denen die Grenzen durch die Natur vorgezeichnet sind: «Eine Ton-K., die malen und eine Malerei, die tönen, und eine Bildnerei, die färben, und eine Schilderei, die in Stein hauen will, sind lauter Abarten, ohne oder mit falscher Wirkung» [25]. Zueinander aber verhalten sich diese K.e «wie Raum, Zeit und Kraft, die drei größten Medien der allweiten Schöpfung, mit denen sie alles ... umschränket» [26].

Der «bindende Begriff» aller K.e, die sich «in der Art ihres Wirkens nicht vereinigen» [27], liegt für Herder nicht im Schönen – «auf die mannigfaltigsten Geistes- und K.-Produkte angewandt, wird die Bezeichnung schön! o schön flach und unbedeutend» [28] –, sondern in ihrer Bildungsfunktion. Mit ihrer Betonung verbindet Herder seine – Kant nicht ausnehmende – Kritik an den Namen ‹schöne Wissenschaften›, ‹K.e des Schönen› [29]. Er will sie wieder wie «Griechen und Römer» als artes liberales – Gymnastik, Grammatik, Musik, Graphik, Rhetorik – verstehen, «als bildende, d.i. den Menschen und Bürger ausbildende K.e» [30]. K. habe die «Tendenz ..., die Menschheit in ihrem ganzen Umfange auszubilden, was irgend in ihr und durch sie cultivabel ist, mit immer größerer Harmonie und Energie zu cultiviren» [31]. Im Menschen zu kultivieren sind die Glieder, die Sinne und die Seelenkräfte, d. h. Vernunft und Verstand ebenso wie Einbildungskraft, Phantasie, Scharfsinn oder Witz, und die Neigungen [32]; durch den Menschen werden einerseits die Natur, andererseits die «menschliche Gesellschaft» kultiviert [33]. Und zwar bilden die K.e «durch Können, durch das, was sie als Wirkung oder als Werk leisten». Während sie den Künstler bilden «durch alles, was in ihm vorging, ehe er sein Werk zu Stande bringen konnte», bilden sie den Rezipienten, sofern er «mit Verstand und Genuß» am Kw. teilnimmt; der «Unverständige» dagegen, «besäße er es gleich selbst, [bleibt] davon ungebildet» [34].

Erst aus der kultivierenden Funktion der K. ergibt sich für Herder «der einzige und ewige Begriff des menschlich-Schönen» [35], das sich in der Geschichte entfaltet und in seinen historischen Ausprägungen Gegenstand der künstlerischen Realisierung ist. Der in der Bestimmung der Humaniora liegende Begriff der K. gibt den «Maßstab nicht nur, sondern auch die Regel der Würdigung des vielartig Schönen, d. i. Bildenden ... für alle Zeiten und Völker» [36]. Die Bestimmung der «Vielartigkeit» des Schönen erlaubt Herder, in kritischer Wendung gegen Kant auf die historische Bedingtheit des Geschmacks und damit der K. hinzuweisen [37]. Es gibt letztlich keine «feste Formen des Schönen, die allen Völkern und Zeiten gemein sind», wenn auch «Regeln des Einverständnisses ... sowohl im Material der K., als im Subjekt der diese K.e genießenden, immer nur menschlichen Empfindungen» liegen [38].

GOETHE geht in seiner K.-Philosophie noch einmal vom Wesen, von der Natur und nicht von der Geschichte aus. Beiläufig nur unterstreicht er Winckelmanns Forderung «die Epochen zu sondern, den verschiedenen Stil zu erkennen, dessen sich die Völker bedienten, den sie in Folge der Zeiten nach und nach ausgebildet und zuletzt wieder verbildet» haben [39], verlangt, unter dem unmittelbaren Eindruck seiner Begegnung mit den Werken der Alten in Italien «nach der Zeit zu fragen», die einem «K.-Gegenstande» «das Dasein gegeben» [40] und hebt hervor, «die entschiedenste Wirkung aller Kw.e» liege darin, «daß sie uns in den Zustand der Zeit und der Individuen versetzen, die sie hervorbrachten» [41]. Seine Autonomie, «Würde» und «dauernde Wirkung» aber bezieht ein Kw. daraus, daß es «in seiner idealen Wirklichkeit vor der

Welt» steht [42], den Menschen über sich selbst erhebt, «seinen Lebens- und Tatenkreis abschließt», ihn für die Gegenwart «vergöttert», in der – wie Goethe mit Leibniz sagt – «das Vergangene und Künftige begriffen ist» [43], eine Wirkung, die letztgültig von der Schönheit der griechischen K. ausgehe. Goethe lehnt die vielumstrittene These des Altertumsforschers A. Hirt ab, daß, wie die Laokoongruppe zeige, die Griechen in der K. – infolge der Einbeziehung des Charakteristischen – Wahrheit und Schönheit gleichgesetzt hätten [44]. Im Laokoon, aus dem die Bedingungen eines «hohen Kw.» allein entwickelt werden könnten, sei vielmehr der Gegenstand und die Art ihn vorzustellen, «den sinnlichen K.-Gesetzen unterworfen, nämlich der Ordnung, Sachlichkeit, Symmetrie, Gegenstellung etc., wodurch er für das Auge schön, d. h. anmutig wird» [45]. Kw. sind so gesehen «sinnlich harmonische Gegenstände».

Die Bedingungen ihrer Realisierungen entspringen aus dem «Material», dem «Zweck» und der «Natur des Sinns», für den «das Ganze einer K. harmonisch sein soll» [46]. Überdies sind sie geprägt durch «geistige Schönheit»; sie entsteht durch das Maß, dem der Künstler «alles, sogar die Extreme zu unterwerfen weiß». Die K. hebt einen Gegenstand aus seiner «beschränkten Wirklichkeit» heraus [47]. Bloße Nachahmung, Verdoppelung der Natur durch die K. [48], hieße «Natur und Idee» trennen, und so nicht nur die K., sondern auch das Leben zerstören [49]. Mag beispielsweise die Nachahmung eines Hundes «auch recht gut geraten», «so werden wir doch nicht sehr gefördert sein; denn wir haben nun allenfalls nur zwei Bellos für einen» [50]. Wenn aber der Künstler etwas den Erscheinungen der Natur Ähnliches hervorbringt [51], erschafft er seinen Gegenstand selbst, «indem er ihm das Bedeutende, Charakteristische, Interessante» abgewinnt, den «höhern Wert» hineinlegt [52], und so «durch Annäherung» das «Göttliche» in den Dingen ausdrückt, «das wir nicht kennen würden, wenn der Mensch es nicht fühlte und selbst hervorbrächte» [53]. «Als Vermittlerin des Unaussprechlichen» [54] «ruht» die K. «auf einer Art religiösem Sinn» [55]. Ihre höchste, stilbildende Stufe ist dann erreicht, wenn sie sowohl die «einfache Nachahmung der Natur», nämlich die Behandlung «beschränkter» Gegenstände, als auch das Subjektive der Manier – jeder Künstler sieht und begreift die Welt anders und bildet sie anders nach – hinter sich läßt und vielmehr «die Eigenschaften der Dinge», die «Art wie sie bestehen», darstellt. Dann ruht die K. «auf den tiefsten Grundfesten der Erkenntnis, auf dem Wesen der Dinge, sofern uns erlaubt ist, es in sichtbaren und greiflichen Gestalten zu erkennen» [56]. Diese Kategorien, deren einerseits subjektiver, andererseits objektiver Bedeutungsgehalt sich in der klassizistischen K.-Theorie herausbildete, wirken noch ins 20. Jh. nach, wobei der Absolutheitsanspruch des Stils verblaßt und ‹Manier› positiven Sinn gewinnt [57].

K. PH. MORITZ, dessen K.-Auffassung ein Bindeglied zwischen Klassik und Romantik darstellt [58], hat schon vor Kant die Autonomie der K. gegen das von der populären Aufklärungsästhetik noch vielfach vertretene Nützlichkeitspostulat des Horaz verteidigt. Der «bloß nützliche Gegenstand» sei «in sich nichts Ganzes oder Vollendetes». Erst die «Betrachtung des Schönen», das die dem Gegenstand «eigne, innere Vollkommenheit» und «harmonische Zweckmäßigkeit» anschaulich mache, gewähre ein «höheres» Vergnügen [59]; es entstehe daraus, daß wir «uns selbst in dem schönen Gegenstand zu verlieren scheinen», unser «individuelles eingeschränktes

Dasein» aufgeopfert werde in «einer Art von höherem Dasein» [60]. Denn «jedes schöne Ganze der K.» ist «im Kleinen ein Abdruck des höchsten Schönen im großen Ganzen der Natur» [61], wobei – wie Moritz gegen Kant betont – «das echte Schöne» «nicht bloß in uns und unserer Vorstellungsart» ist, «sondern außer uns an den Gegenständen selbst befindlich» [62]. Ihre Selbstgenügsamkeit macht die K. vom Rezipienten unabhängig. «Beifall» kann nicht mehr als «vielleicht ein Zeichen» sein, daß der Künstler seinen Zweck «in dem Werk selbst» erreicht hat [63], eine programmatische Formel, die das wirkungsästhetische K.-Denken von Jahrhunderten verabschiedet [64].

SCHILLER weist die von abstrakten Normen ausgehende Herabsetzung der modernen gegenüber der alten K. als «trivial» zurück [65]; er betont die Eigenständigkeit der «modernen Dicht-K.» wie die der «modernen bildenden K.» [66]: Naive Dichter wie beispielsweise Homer seien «in einem künstlichen Weltalter» nicht mehr an ihrem Platz [67]. Der Weg, den die Künstler gehen, sei «derselbe, den der Mensch überhaupt sowohl im Einzelnen wie im Ganzen einschlagen muß». Er kann, sagt Schiller in deutlicher Abkehr von Rousseau, «nicht anders fortschreiten ... als indem er sich kultiviert», den Zustand des «natürlichen Menschen» hinter sich läßt [68]. Die K. «der alten Griechen», die in ihrer «Empfindungsweise» wie in ihren «Sitten» «vertraut ... mit der freien Natur» lebten, konnte ein «treuer Abdruck» der «einfältigen Natur» sein [69]. Die K. der modernen Zeit, in der «die Natur ... aus der Menschheit verschwunden ist» [70], verlange eine «sentimentalische Operation», eine die «Natur durch die Idee» ergänzende «Reflexion», damit «aus einem beschränkten Objekt ein unendliches» gemacht wird [71]. Nur im «Ideal» könne «die vollendete Kunst zur Natur» zurückkehren [72]: «Individualität mit einem Wort ist der Charakter des Alten, und Idealität die Stärke des Modernen». In ihrer «Koalition» würde «der höchste Gipfel aller K.» erreicht sein [73], wie es für die bildende K. von der Antike, in der Poesie aber «noch keineswegs» geleistet sei [74]. Die im Ideal der K. zu repräsentierende Natur ist dabei für Schiller «nichts anderes als das freiwillige Dasein, das Bestehen der Dinge durch sich selbst», ihre «Existenz nach eigenen und unabänderlichen Gesetzen» [75]. Von hier aus, hinsichtlich ihrer das Ganze repräsentierenden Funktion, bestimmt Schiller die schönen K.e als «K.e der Freiheit», deren eigentlicher Zweck es ist, «in der freien Betrachtung zu ergötzen» [76]. Wie jede andere K., so unterliegen auch die schönen K.e «technischen Regeln», die jedoch nicht verwechselt werden dürfen mit «den ästhetischen» [77], die aus der Schönheit resultieren und die schönen K.e als solche allererst auszeichnen. Kunstschönheit liegt «stricte sic dicta» – in der Form als einer «freien», allein der K. eigenen Darstellung, in der, wie Schiller mit Kant sagt, «ein Gegenstand ... der Einbildungskraft als durch sich selbst bestimmt vorgehalten wird» so, daß die Form den Stoff «besiegt», der «Körper in der Idee, die Wirklichkeit in der Erscheinung» sich verliert [78]. Ihre Freiheit von Konventionen, von der Wissenschaft, nicht zuletzt auch von der Willkür der Menschen, mache die K. zum geeigneten Werkzeug der Veredelung, der Harmonisierung des Charakters. Daher faßt Schiller seine Briefe ‹Über die ästhetische Erziehung des Menschen› (1795–97) [79] – die in der Utopie des ästhetischen Staates gipfeln: es ist «die Schönheit, durch welche man zu der Freiheit wandert» [80] – als «Resultat» seiner «Untersuchungen über das Schöne und die K.» auf [81].

Anmerkungen. [1] J. J. WINCKELMANN: Gesch. der K. des Altertums (1763-1768). Sämtl. Werke, hg. J. EISELEIN (1825) 4, 45. – [2] a. a. O. 3, 9f. (Vorr.). – [3] 4, 59. – [4] 191. – [5] Vgl. 1, 9. – [6] 1, 34; vgl. 30f. – [7] Vgl. 1, 31; vgl. M. FONTIUS: Winckelmann und die frz. Aufklärung, in: Sber. Dtsch. Akad. Wiss. Berlin, Kl. Sprachen, Lit., K. 1 (1968) bes. 11ff. – [8] WINCKELMANN, a. a. O. [1] 1, 10. – [9] 1, 22. – [10] 1, 23ff. – [11] Vgl. P. SZONDI: Antike und Moderne in der Ästh. der Goethezeit, in: Poetik und Gesch.philos. 1 (1974) 11-266, bes. 34. – [12] Vgl. G. E. LESSING: Laokoon oder über die Grenzen der Malerei und Poesie. Werke, hg. PETERSEN/OLSHAUSEN 4 (o. J.) 302. – [13] a. a. O. 361; vgl. 435. – [14] 304. – [15] Vgl. 306ff. – [16] 443. – [17] 339f. 303. – [18] J. G. HERDER: Erstes Krit. Wäldchen (1769). Werke, hg. SUPHAN 3, 78. – [19] a. a. O. 3, 81. – [20] Vgl. ARISTOTELES, Eth. Nik. 1098 b 33. – [21] HERDER, a. a. O. [18] 3, 78. – [22] Vgl. 3, 81. – [23] Plastik (1778). SUPHAN 8, 15ff. – [24] Vgl. H. ALTHAUS: Laokoon. Stoff und Form (1968) 61ff. – [25] HERDER, SUPHAN 8, 15f. – [26] a. a. O. 16. – [27] Kalligone (1800), SUPHAN 22, 308f. – [28] 308. – [29] ebda. – [30] 301ff. – [31] 309f. – [32] Vgl. 310-314. – [33] Vgl. 314f. – [34] 316. – [35] 310. – [36] 309. – [37] Vgl. 207ff. – [38] Adrastea (1801/02). SUPHAN 23, 73. 75. – [39] J. W. GOETHE, Hamburger A. 11, 167. – [40] ebda. – [41] 545. – [42] 12, 103. – [43] ebda. – [44] Vgl. A. HIRT: Laokoon. Horen (1797) 10 Stk., N. I, 12ff.; vgl. F. DENK: Ein Streit um Gehalt und Gestalt des Kw. in der dtsch. Klassik. German.-roman. Mschr. 18 (1930). 427-442. – [45] GOETHE, a. a. O. [39] 12, 57. – [46] 12, 35. – [47] 57] – [48] 490f. – [49] 491. – [50] 82. – [51] 42. – [52] 46. – [53] 84. – [54] 468. – [55] ebda. – [56] 31f. – [57] Vgl. W. HOFMANN: ‹ Manier › und ‹ Stil › in der dtsch. Kunstchronologie. Jb. German. g 8 (1955) 1-11. – [58] Vgl. H. D. WEBER: Fr. Schlegels ‹Transzendentalpoesie›. Untersuch. zum Funktionswandel der Lit.kritik im 18. Jh. (1973) 64ff. – [59] K. PH. MORITZ: Versuch einer Vereinigung aller schönen K.e und Wiss. unter dem Begriff des in sich Vollendeten (1785). Schr. zur Ästh. und Poetik. Krit. A., hg. J. SCHRIMPF (1962) 3f.; vgl. 8. – [60] a. a. O. 5. – [61] 121. – [62] 120. – [63] 7f. – [64] Vgl. SZONDI, a. a. O. [11] 98. – [65] Fr. SCHILLER, National-A. 20, 439. – [66] a. a. O. 440. – [67] Vgl. 434f. – [68] 438. – [69] 429f. – [70] 430.– [71] 478. – [72] 473. – [73] 21, 287f. – [74] 288. – [75] 20, 413. – [76] An Körner (3. 2. 1974) in: Schillers Briefe, hg. F. JONAS (1892/96) 3, 422. – [77] a. a. O. 420. – [78] 291f. 294. – [79] Vgl. National-A. 20, 309ff. – [80] a. a. O. 312. – [81] 309.

Literaturhinweise. J. F. T. GRAVEMANN: Über die Gründe, mit denen Lessing in seinem Laokoon zu beweisen sucht, daß bei den Griechen das Prinzip der K. die Schönheit gewesen (1867). – HELENE STOECKER: Zur K.-Anschauung des 18. Jh. von Winckelmann zu Wackenroder. Palaestra 26 (1904). – O. WALZEL: Schiller und die bildende K. (1904), ND in: Vom Geistesleben alter und neuer Zeit (1922) 316-336. – E. UTITZ: J. J. W. Heinse und die Ästh. zur Zeit der dtsch. Aufklärung (1906). – A. J. BECKER: Die K.-Anschauung W. Müllers (1908). – K. BORINSKI: Die Antike in Poetik und K.-Theorie vom Ausgang des klass. Altertums bis auf Goethe und W. v. Humboldt 1. 2 (1914/24, ND 1965). – K. MAY: Lessings und Herders kunsttheoret. Gedanken in ihrem Zusammenhang. German. Stud. 25 (1923). – H. MEYER-BENFEY: Das Schöne der Natur und der K. Eine Studie zu Schillers philos. Schr. Jb. des freien Dtsch. Hochstifts (1926). – F. DENK: Ein Streit um Gehalt und Gestalt des Kw. in der dtsch. Klassik. German.-roman. Mschr. 18 (1930) 427-442. – R. BENZ: Goethe und die romantische K. (1940). – O. STELZER: Goethe und die bildende K. (1949). – W. HOFMANN s. Anm. [57]. – H. v. EINEM: Goethes K.-Philos. (1957). – P. MENZER: Goethes Aesth. Kantstudien, Erg.-H. 72 (1957). – R. WELLEK: Gesch. der Lit.kritik 1750-1830 (1959). – W. BOSSHARD: Winckelmann, Ästh. der Mitte (1960). – A. NIVELLE: K.- und Dichtungstheorien zwischen Aufklärung und Klassik (Les théories esthétiques en Allemagne de Baumgarten à Kant) (1960) (m. Bibliogr.). – J. HERMAND: Schillers Abh. « Über naive und sentimentalische Dichtung » im Lichte der dtsch. Popularphilos. des 18. Jh. Publ. mod. Lang. Ass. America 79 (1964) 428-441. – J. RITTER: Landschaft. Zur Funktion des Ästhet. in der modernen Gesellschaft (1963); ND in: Subjektivität (1974). – H. ALTHAUS s. Anm. [24]. – M. FONTIUS: s. Anm. [7]. – P. BÖCKMANN: Das Laokoonproblem und seine Auflösung im 19. Jh., in: a. a. O. B/2 Anm. [11] 59-75. – R. TERRAS: Wilhelm Heinses Ästh. (1972). – R.-P. JANZ: Autonomie und soziale Funktion der K. Stud. zur Ästh. von Schiller und Novalis (1973). – P. SZONDI s. Anm. [11].

2. Die *romantische K.-Philosophie*, die durch eine Wissenschaft und Glauben, Philosophie und Religion vereinigende Weltanschauung wie auch durch FICHTES ‹Wissenschaftslehre› (1794) geprägt ist [1], erklärt die Vermittlung des Endlichen mit dem Unendlichen zum zentralen Thema der K.

K. bietet – so Fr. Schlegel – die «Erscheinung der Allheit», «Göttlichkeit», sofern Schönheit «das Bild der Gottheit» und K. ihre «Sprache» ist [2]. Nach A. W. Schlegel realisiert K. im Schönen als dem ihr genuinen Gegenstand [3] eine «symbolische Darstellung des Unendlichen» [4] aufgrund der «poetischen», in den Dingen «eine figürliche Unerschöpflichkeit» suchenden Ansicht im Unterschied von der «unpoetischen Ansicht der Dinge», die sich mit «den Wahrnehmungen der Sinne und den Bestimmungen des Verstandes» zufrieden gebe; die K.e suchen «entweder für etwas Geistiges eine äußere Hülle, ... oder beziehen ein Äußeres auf ein unsichtbares Innres» [5]. K. – so bündig Fr. Schlegel – «ist symbolisch» [6]. Sie umgibt, sagt Jean Paul, «die begrenzte Natur mit der Unendlichkeit der Idee» [7], sofern sie auf einem «Instinkt des Unbewußten» beruht [8], wie es im Sinne der Romantik heißt, deren K. Jean Paul als Anhänger der realistischen Philosophie J. H. Jacobis gleichwohl als «nihilistisch» ablehnen muß [9]. Nach Wackenroder schreibt die K. wie die Natur in Hieroglyphen «um das Geistige und Unsinnliche ... in die sichtbaren Gestalten» einzuschmelzen [10]. So ist die K. letztlich, so Tieck, ein «Gesang, deren Inhalt nur sie selbst zu sein vermag» [11]. Ihre – so Fr. Schlegel – «heiligen Spiele» sind «nur ferne Nachbildungen von dem unendlichen Spiele der Welt», dem «ewig sich selbst bildenden Kw.» [12].

Das Unendliche ist nicht nur Ziel, sondern auch Vereinigungspunkt aller K.e, deren von der Theorie zur Repräsentation des Ganzen geforderte Synästhesie die romantische K.-Praxis als solche auszeichnet, eine «Vermischung» der K.e, die Goethe als «Verfall» ablehnt, weil er gemäß der klassischen K.-Auffassung auf der Eigenart der einzelnen K.e besteht [13]. Nach Novalis hingegen sind «Plastik, Musik, Malerei und Poesie», die sich wie «Epos, Lyra und Drama» verhalten, «unzertrennliche Elemente, die in jedem freien K.-Wesen zusammen, und nur nach Beschaffenheit, in verschiedenen Verhältnissen geeinigt sind» [14]. Ph. O. Runge empfindet vor einem Bild von Raffael, «daß ein Maler auch ein Musiker und ein Redner» ist [15]. Die Musik ist dabei vorrangig als «das, was wir Harmonie und Ruhe in allen drei anderen K.en nennen» [16]. Wenn Fr. Schlegel demgegenüber die Poesie «das beste Medium unter allen K.en zur Erscheinung der Allheit» nennt [17], so deshalb, weil der Mensch «im Ganzen, in seiner ungeteilten Einheit» «vornehmster Gegenstand» wie der Philosophie so auch der Poesie ist [18]. Das «Eingebundensein» des Menschen «in den Kosmos», seine «Bindung an das Göttliche» erscheine «vorzüglich negativ», «durch das Quantum des überwundenen Widerstandes, durch Leiden», zu dessen Darstellung die übrigen K.e sich weniger eignen [19]. In der K. seiner Zeit sieht Schlegel die Forderung der Repräsentation des Absoluten allerdings nicht erfüllt. Sie sei durch ein «großes Übergewicht des Individuellen, Charakteristischen und Philosophischen» geprägt, den Zeichen der «Künstlichkeit der modernen ästhetischen Bildung» [20], die sich für ihn, der hier den «Perfektibilitätsgedanken» der Aufklärung aufnimmt, zwangsläufig aus dem Fortschreiten der Menschheit ergeben [21]. Der modernen K. fehle «Ruhe» und «Befriedigung», eine «Schönheit, die ganz und beharrlich wäre» [22]; sie sei vielmehr «idealisch», d. h. der «darstellende Geist» wählt, ordnet und bildet den Stoff nach seinen eigenen Gesetzen; es entstehe eine «freie Ideen-K.» [23], die Schlegel zuerst im «kolossalischen Werk des Dante» [24], dann durch Shakespeares Dramen repräsentiert sieht, die nicht

Schönheit zum Ziel haben, sondern «dem charakteristischen oder philosophischen Interesse» dienen und so ein exponiertes Beispiel abgeben für eine «einseitige Ansicht» der Welt, eine Darstellung, die «nie objektiv, sondern durchgängig maniriert» ist, eine «individuelle Richtung des Geistes und eine individuelle Stimmung der Sinnlichkeit» [25], die aufs Interessante als dem eigentlichen Kennzeichen der Moderne abziele [26]. Auch die «moderne» K. aber suche das «Objektive», das «höchste Schöne, ein Maximum von objektiver ästhetischer Vollkommenheit» [27], «echte K.» wie in Goethes Poesie [28].

K. W. F. Solger, der ähnlich wie Schelling von der künstlerischen Tätigkeit ausgeht, begreift K. als «höheres Handeln» [29], das als solches «kein Machen nach Zwecken durch Mittel», sondern von Interessen frei ist. «Der K. schreiben wir ein Schaffen zu, wodurch dasjenige zur Wirklichkeit kommt, was vorher schon da war» [30]; im künstlerischen, in der Phantasie gründenden Handeln offenbart sich die Idee: «Offenbarung der Idee in der Individualität eines einzelnen Menschen ist notwendige Bedingung für die Möglichkeit der K.» [31]. Ihr stets «unsichtbarer Mittelpunkt» ist das Göttliche [32]. Da ihre Wahrheit in der «Wirklichwerdung der Idee» liegt, «darf die gemeine Wahrheit», d. h. die Banalität des Alltäglichen, nie die «Bedeutung unterdrücken» [33]. Symbol und Allegorie sind die Zeichen für die «Verbindung der Idee mit der Wirklichkeit» [34]. Zu ihrer «Erscheinung» muß die K. «in besondere Formen zerfallen»; sie wäre sonst «ein Universum» [35]. Sie realisieren die Idee in einer ihrem je besonderen Material angemessenen, unterschiedlichen Weise, in der auch die unterschiedliche Wirkung der K.e ihren Grund hat [36].

Anmerkungen. [1] Vgl. A. Nivelle: Frühromant. Dichtungstheorie (1970) 23-70. 81ff. – [2] Vgl. Fr. Schlegel: Neue philos. Schr., hg. J. Körner (1935) 376f. – [3] A. W. Schlegel: Vorles. über schöne Lit. und K., hg. J. Minor (1884) 1, 9f. – [4] a. a. O. 1, 90. – [5] 1, 91. – [6] Fr. Schlegel: Vorles. über die Philos. des Lebens (1827). Krit. A. (= KA) 1/10, 232. – [7] Jean Paul: Vorschule der Ästh. (1804), hg. N. Miller (²1974) 43. – [8] a. a. O. 59. – [9] 43. – [10] W. H. Wackenroder: Herzensergießungen eines kunstliebenden Klosterbruders (1797). Sämtl. Schr., hg. O. Conrady (1968) 56. – [11] Tieck, zit. K. K. Polheim: Die romant. Einheit der K.e, in: Bildende K. und Lit. Beitr. zum Problem ihrer Wechselbeziehungen im 19. Jh., in: Stud. zur Philos. und Lit. des 19. Jh. 6, hg. W. Rasch (1970) 157-178, zit. 168. – [12] Fr. Schlegel: Gespräch über die Poesie (1800). KA 1/2 324. – [13] J. W. Goethe, Hamburger A. 12, 49. – [14] Novalis, zit. Polheim, a. a. O. [11] 144. – [15] Ph. O. Runge: Hinterlassene Schr., hg. von dessen ältestem Bruder 1. 2 (1840, ND 1965) 2, 128. – [16] a. a. O. 1, 43. – [17] Fr. Schlegel, a. a. O. [2] 376. – [18] Vgl. Der Poesiebegriff der Dtsch. Romantik (Materialsammlung), hg. K. K. Polheim (1972) 103. – [19] Fr. Schlegel, a. a. O. [2] 376. – [20] Über das Studium der griech. Poesie (1797), hg. P. Hankamer (1947) 72. – [21] Vgl. a. a. O. 94. – [22] Vgl. 45f. – [23] 72f. – [24] 64. – [25] 81f. – [26] 83. – [27] ebda. – [28] 302. – [29] K. W. F. Solger: Vorles. über Ästh., hg. K. W. L. Heyse (posth. 1829, ND 1962) 110. – [30] 113. – [31] 118; vgl. Erwin. Vier Gespräche über das Schöne und die K. (1815, ²1907 = ND 1971) 223-227. – [32] a. a. O. 303. – [33] a. a. O. [29] 250. – [34] 260. – [35] Vgl. 267. – [36] Vgl. 257ff.

Literaturhinweise. E. Havenstein: Friedrich von Hardenbergs ästhet. Anschauungen. Palaestra 84 (1909). – O. Walzel: Die Sprache der K. Jb. Goethe-Ges. 1 (1914) 3-62; auch in: Vom Geistesleben alter und neuer Zeit (1922) 262-316. – H. Hartmann: K. und Relig. bei Wackenroder, Tieck und Solger (Diss. Erlangen 1916). – O. Walzel: Wechselseitige Erhellung der K.e. Ein Beitrag zur Würdigung kunstgesch. Begriffe. Philos. Vorträge veröff. von der Kantgesellschaft 15 (1917) 5-92. – K. Friedemann: Die romant. K.-Anschauung. Z. Ästh. u. allg. K.-Wiss. 18 (1925) 487-525. – A. Besenbeck: K.-Anschauung und K.-Lehre A. W. Schlegels. German. Stud. 87 (1930). – A. Müller (Hg.): K.-Anschauung der Frühromantik. Dtsch. Lit. in Entwicklungsreihen: Romantik 3 (1931, ND 1966); K.-Anschauung der jüngeren Romantik (1934, ND 1964). – P. Reiff: Die Ästh. der deutschen Frühromantik (1946). – G. Fricke: Wackenroders Relig. der K., in:

Studien u. Interpretationen (1956) 186-213. - E. BOSCH: Dichtung über K. bei Ludwig Tieck (1962). - H. LIPPUNER: Wackenroder, Tieck und die bildende K. Grundleg. der romant. Ästh. (1965). - W. HENCKMANN: Das Wesen der K. in der Ästh. Martin Deutingers. Ein Beitrag zur romant. K.-Philos. (1966). - G. v. MOLNÁR: Novalis'«Fichte studies». The foundations of his aesth. (Den Haag/Paris 1970). - Bildende K. und Lit. s. Anm. [11]. - A. NIVELLE: Frühromant. Dichtungstheorie (1970) (mit Bibliogr.). - J. NEUBAUER: Intellektuelle, intellektuale und ästhet. Anschauung. Zur Entstehung der romant. K.-Auffassung. Dtsch. Vjschr. Lit. wiss. 46 (1972) 294-319.

C. *Deutscher Idealismus.*

In der philosophischen Ästhetik des deutschen Idealismus wird der K. die Repräsentation des Absoluten in der Schönheit ihrer Werke zugewiesen. Dabei ist - so HEGEL - «der Begriff des Schönen und der K. eine durch das System der Philosophie gegebene Voraussetzung» [1].

1. Bei SCHELLING, der vom künstlerischen Schaffensprozeß ausgeht, gewinnt die K. den ausgezeichneten Rang eines «Organons» und «Dokumentes» der Philosophie [2]. In der «ästhetischen Welt», der «idealischen Welt der K.» wird «beurkundet, was die Philosophie äußerlich nicht darstellen kann, nämlich das Bewußtlose im Handeln und Produzieren und seine ursprüngliche Identität mit dem Bewußten» [3]. Das Postulat der Transzendentalphilosophie, daß «im Subjektiven, im Bewußtsein selbst, jene zugleich bewußte und bewußtlose» und als solche zugleich freie und notwendige Tätigkeit aufgezeigt werde [4], erfüllt somit «allein die ästhetische (Tätigkeit) und jedes Kw. ist nur zu begreifen als Produkt einer solchen» [5]. In seinem Werk scheint der Künstler «außer dem, was er mit offenbarer Absicht» realisiert hat, «instinktmäßig gleichsam eine Unendlichkeit dargestellt zu haben, welche ganz zu entwickeln kein endlicher Verstand fähig ist» [6]. Weil nur als Schönheit das «Unendliche endlich dargestellt» werden kann, ist für Schelling «ohne Schönheit ... kein Kw.» [7]. Nachahmung der Natur kann nicht «Prinzip der K.» sein, vielmehr ist die «Vollkommenheit» der Kw.e «Prinzip und Norm für die Beurteilung der Naturschönheit» [8].

Nach ihrer «allgemeinen Idee» konstruiert Schelling die K. als «reale Darstellung der Formen der Dinge, wie sie an sich sind», als «Darstellung der Urbilder» [9]. Aus den Ideen als «Stoff», als «allgemeine und absolute Materie der K.», gehen «alle besonderen Kw.» hervor [10]. Sie bringen das «Urschöne» [11] in den historisch vielfältigen Formen seiner realen Besonderungen zur Anschauung: «der nervus probandi liegt in der Idee der K. als Darstellung des absolut, an sich Schönen durch besondere schöne Dinge» [12]. Das «Übergehen des Unendlichen ins Endliche, der Einheit in die Vielheit» des in der Geschichte Wirklichen [13], leistet die K. inhaltlich durch die produktive Aufnahme heidnischer wie christlicher Mythologie und formal durch symbolische Darstellung, in der, im Unterschied zum Schematismus wie zur Allegorie, das Besondere und das Allgemeine «absolut eins» sind [14]. Die bildenden K.e, zu denen Schelling Musik, Malerei, Plastik und Architektur rechnet [15], prägen das Unendliche ins Endliche realiter, d. h. so, daß «die Materie zum Leib oder zum Symbol» wird [16]; sie drücken Ideen durch ein «an sich Konkretes» aus, während die Poesie, als «redende» K., Ideen durch «ein an sich Allgemeines, nämlich die Sprache» realisiert [17].

Anmerkungen. [1] G. W. F. HEGEL, Ästh., hg. BASSENGE 1, 35. - [2] F. W. J. SCHELLING: System des transzendentalen Idealismus (1800). Sämtl. Werke, hg. K. F. A. SCHELLING (1856-1861) 3, 349; vgl. 627. - [3] a. a. O. 627. - [4] 349. - [5] 349. - [6] 619. - [7] 620. - [8] 621. - [9] Philos. der K. (1802/03) a. a. O. [2] 5, 386f. - [10] a. a. O. 370. - [11] ebda. - [12] 405. - [13] 388. - [14] Vgl. 406f. - [15] 488ff. - [16] 481. - [17] 631.

Literaturhinweise. J. GIBELIN: L'esth. de Schelling (1934). - H. STAMMLER: Dostoievski's aesth. and Schelling's philos. of art. Comparat. Lit. 7 (1955) 313-323. - R. ASSUNTO: Est. dell'identità. Lettura della filos. dell'arte di Schelling (Urbino 1962). - L. DITTMANN: Schellings Philos. der bildenden K., in: K.-Gesch. und K.-Theorie im 19. Jh. Probleme der K.Wiss. 1 (1963) 38-82. - R. ASSUNTO: Le relazioni fra arte e filos. nella ‹Philos. der K.› di Schelling e nelle ‹Vorles. über die Ästh.› di Hegel. Hegel-Jb. (1965) 84-121. - D. JÄHNIG: Schelling. Die K. in der Philos. 1: Schellings Begründung von Natur und Gesch. (1966); 2: Die Wahrheitsfunktion der K. (1969) (mit Bibliogr.). - G. DORFLES: Necessità e accidentalità dell'arte e del mito in Schelling. Riv. Estetica 12 (1967) 213-238.

2. HEGEL erklärt das Bedürfnis nach K. aus dem Bedürfnis des Menschen, sich gegenständlich zu werden [1]. Der Künstler bringt in der «Verdoppelung» seiner Selbst für sich und andere «zur Anschauung und Erkenntnis», «was in ihm ist» [2]. Als Erzeugnis des menschlichen Geistes steht die K. höher «als jedes Naturprodukt, das diesen Durchgang durch den Geist nicht gemacht hat» [3]. Ein Landschaftsbild z. B. steht als «Geisteswerk» für Hegel höher als die «bloss natürliche Landschaft» [4]. Nachahmung der Natur ist ein überflüssiges Wiederholen ohnedies vorhandener «Naturgestalten» [5]. «Inhalt der K.» ist vielmehr «die Idee, ihre Form die sinnliche bildliche Gestaltung» [6]. Die K. realisiert im Ideal eine individuelle Anschauung der Wirklichkeit mit der Bestimmung, «in sich wesentlich die Idee erscheinen zu lassen» [7]. Im Schönen der K. als «gestalteter Geistigkeit» repräsentiert sich für Hegel «der absolute Geist, die Wahrheit selber». Die dergestalt «künstlerisch für die Anschauung und Empfindung dargestellte göttliche Wahrheit bildet den Mittelpunkt der ganzen K.-Welt» [8].

Im Bezugsrahmen des Grades der künstlerischen Realisierung des Absoluten wird von Hegel nun auch die Geschichtlichkeit der K. systematisch reflektiert. Er beschreibt die Geschichte der K.e als Geschichte der K.-Formen, die nicht als ewige Ideen und Gattungen nebeneinander stehen - wie letztlich noch bei Schelling -, sondern deren Prädominanz Epochen bezeichnet. Die Architektur wird der symbolischen, im «Morgenland» ausgebildeten K.-Form zugeordnet, die Skulptur gehört vorzüglich der klassischen, in der griechischen Antike zur höchsten Blüte gelangten K.-Form an, während Malerei, Musik, Poesie die romantische, für Hegel seit dem christlichen Mittelalter sich ausbildende K.-Form beherrschen [9]. Diese Formen drücken «drei Verhältnisse der Idee zu ihrer Gestalt im Gebiet der K.» aus, das «Erstreben, Erreichen und Überschreiten des Ideals als der wahren Idee der Schönheit» [10].

Die geschichtliche Entwicklung der Darstellung des Absoluten als Gehalt aller K.e scheint so für Hegel zu seiner Zeit bereits abgeschlossen. Der «Geist unserer heutigen Welt», «unserer Religion und unserer Vernunftbildung» scheine «über die Stufe hinaus, auf welcher die K. die höchste Weise ausmacht, sich des Absoluten bewußt zu sein». Die «K.-Produktion» fülle «unser höchstes Bedürfnis nicht mehr aus», denn «wir sind darüber hinaus, Werke der K. göttlich verehren und sie anbeten zu können». Der «Gedanke und die Reflexion» hätten «die schöne K. überflügelt» [11]. Nur bei den Griechen sei die K. die «höchste Form» gewesen, «in welcher das Volk die Götter sich vorstellt und sich ein Bewußtsein von der Wahrheit gab» [12]. Für den «heutigen Künstler» sei das Göttliche als «Stoff der K.», das «Gebundensein an einen besonderen Gehalt» und eine «nur für diesen Stoff passende Art der Darstellung ... etwas Vergangenes» [13]. «Der Humanus» wird zum «neuen Heiligen» der K., d. h. «der Künstler erhält seinen Inhalt an ihm selber und ist der wirklich sich selbst bestimmende, die Unendlichkeit seiner Gefühle und Situationen betrachtende, ersinnende und ausdrückende Menschengeist, dem nichts mehr fremd ist, was in der Menschenbrust lebendig werden kann» [14]. Daran jedoch hält Hegel unverrückbar fest, daß ein Stoff dem «formellen Gesetz, überhaupt schön und einer künstlerischen Handlung fähig zu sein», nicht widersprechen darf [15].

Anmerkungen. [1] G. W. F. HEGEL, Ästh., hg. BASSENGE 1, 41f. – [2] a. a. O. 42. – [3] 40. – [4] ebda. – [5] Vgl. 51. – [6] 77. – [7] 80f. – [8] 89. – [9] Vgl. 94f. – [10] 88. – [11] 21. – [12] 109. – [13] 579. – [14] 581. – [15] 579.

Literaturhinweise. H. KUHN: Die Vollendung der klass. dtsch. Ästh. durch Hegel (1931); ND in: Ästh. (1966) 15-144. – B. CROCE: La « fine dell' arte» nel sistema hegeliano. Ultimi saggi (Bari ²1948) (= Saggi filos.) 7, 147-160. – F. BASSENGE: Hegels Ästh. und das Allgemeinmenschliche. Dtsch. Z. Philos. 4/H. 5 (1956) 540-558. – CH. DULCKEIT-VON ARNIM: Hegels K.-Philos. Jb. Görres-Ges. 67 (1959) 285-304. – J. KAMINSKY: Hegel on art. An interpret. of Hegel's aesth. (New York 1962). – G. MORPURGO-TAGLIABUE: L'est. di Hegel, oggi: De Homine 5/6 (Rom 1963) 463-472. – S. MORAWSKI: Hegels Ästh. und das « Ende der K.-Periode». Hegel-Jb. (1964) 60-71. – W. BRÖCKER: Hegels Philos. der K.-Gesch., in: Auseinandersetzungen mit Hegel (1965) 33-57. – D. JÄHNIG: Hegel und die These vom «Verlust der Mitte», in: Spengler-Stud. Festgabe M. Schröter (1965) 147-170. – K. MITCHELLS: Zukunftsfragen der K. im Lichte von Hegels Ästh. Hegel-Jb. (1965) 142-153. – W. OELMÜLLER: Hegels Satz vom Ende der K. und das Problem der Philos. der K. nach Hegel. Philos. Jb. 73 (1966) 75-94. – G. WOLANDT: Zur Aktualität der Hegelschen Ästh. Hegel-Stud. 4 (1967). – A. HORN: K. und Freiheit. Eine krit. Interpret. der Hegelschen Ästh. Den Haag (1969). – TH. METSCHER: Hegel und die philos. Grundleg. der K.-Soziologie, in: Lit.wiss. u. Sozialwiss. 1: Grundl. und Modellanalysen (1971). – G. WOLANDT: Die Lehre von der Geschichtlichkeit der K.e. Zur Aktualität der Ästh. Hegels. in: Idealismus und Faktizität (1971) 270-283. – W. HENCKMANN: Was besagt die These von der Aktualität der Ästh. Hegels? in: Hegel-Bilanz, hg. R. HEEDE/J. RITTER (1973) 101-154 (mit Lit. auch aus Osteuropa). – J. RÜSEN: Die Vernunft der K. Hegels geschichtsphilos. Analyse der Selbsttranszendierung des Ästhetischen in der modernen Welt. Philos. Jb. 80/2 (1973) 282-291. – W. KOEPSEL: Die Rezeption der Hegelschen Ästh. im 20. Jh. Abh. zur Philos., Psychol. und Pädag. 92 (1975).

D. *Nachidealistische Ästhetik in Deutschland und Frankreich.* – Infolge der nach Hegels Tod sich mehr und mehr abzeichnenden Krise der Metaphysik wird die ontologisch begründete Konfundierung von K. und Schönheit zunehmend in Frage gestellt.

1. *Idealistische und nicht-idealistische Ästhetik nach Hegel.* – Die idealistische Ästhetik (H. LOTZE, M. CARRIERE, M. SCHASLER, CHR. H. WEISSE, A. RUGE) fragt im Anschluß an Hegel nach dem Stellenwert des Häßlichen [1], Erhabenen, Komischen, Tragischen für die K. [2], Aspekte, die bis hin zur Einfühlungsästhetik in unterschiedlicher Akzentuierung systematisch weiter ausgebildet worden sind [3]. Bei F. TH. VISCHER, der die K. noch einmal mit Hegel [4] auf das Schöne als Schein des Ganzen verpflichtet [5], wird das Scheitern des tradierten K.-Begriffs angesichts der Wirklichkeit des Lebens [6] wie auch der K. seiner Zeit [7] offenkundig.

B. BOLZANO unterzieht in seiner *nicht-idealistischen* K.-Theorie, die gegenwärtig unter rezeptionstheoretischem Gesichtspunkt erneut diskutiert wird [8], die metaphysische Bestimmung des Schönen der sprachlichen Kritik [9]. Der «Begriff einer schönen K.» könne letztlich ohne Bezug auf die K. selbst gebildet werden im Unterschied zum Begriff eines «schönen Kw. als des Produktes, das die schöne K. hervorbringt» [10]. «Jener Schaum an dem Maul eines Pferdes, welchen der Maler so täuschend soll hervorgebracht haben, als er voll Ärger den Schwamm auf das Bild warf», sei kein «Werk der K.», sondern «Werk des Zufalls» [11]. Der Literaturhistoriker H. HETTNER bezweifelt prinzipiell, daß «das spekulative Prinzip

überhaupt imstande ist, die K. ... zu erkennen», «ihr lebendiges Dasein und Wirken» zu erfassen [12]. Die philosophische Bestimmung der K. müsse «ihre Bewährung in der Empirie suchen» [13].

Anmerkungen. [1] Vgl. K. ROSENKRANZ: Aesth. des Häßlichen (1853, ND 1973). – [2] Vgl. ED. V. HARTMANN: Die dtsch. Ästh. seit Kant (1886). – [3] Vgl. z. B. J. VOLKELT: Die Ästh. des Tragischen (1897, ²1906). – [4] Vgl. H. ROEBLING: Zur K.-Theorie F. TH. VISCHERS, in: Beitr. zur Theorie der K.e im 19. Jh. 1. 2; 2, hg. H. KOOPMANN/J. A. SCHMOLL, gen. EISENWERTH (1971) 2, 97-112. – [5] FR. TH. VISCHER: Das Schöne und die K. (posth. 1898) 153f. – [6] Vgl. W. OELMÜLLER: Fr. Th. Vischer und das Problem der nachhegelschen Ästh. (1959) bes. Kap. 6. – [7] Vgl. W. HOFMANN: Das irdische Paradies. Motive und Ideen des 19. Jh. (1960, ²1974). – [8] Vgl. D. GERHARDUS: Einl. zu: B. BOLZANO: Untersuch. zur Grundleg. der Ästh. (1972) IX-XXXVI. – [9] Vgl. B. BOLZANO: Über den Begriff des Schönen. Eine philos. Abh. (1843) in: Untersuch. a. a. O. 1-118, bes. § 1. 26ff. – [10] Vgl. Über die Einteilung der schönen K.e. Eine ästhet. Abh. (1849, 1851), in: Untersuch. a. a. O. [8] 119-173, zit. 123. – [11] a. a. O. 124. – [12] Vgl. H. HETTNER: Gegen die spekulative Ästh. (1845), in: Schr. zur Lit. (1959) 17-49, zit. 18. – [13] a. a. O. 49.

2. In der *zweiten Hälfte des 19. Jh.* wird eher nach Produktion und Rezeption von K. als nach ihrer Erkenntnisfunktion gefragt. Es entwickelt sich ein positivistisches Verständnis der K., das insbesondere an den historisierenden Geisteswissenschaften, an Psychologie und Evolutionslehre [1] wie auch an den aufkommenden Naturwissenschaften [2] orientiert ist. Hier wird die Bestimmung des Schönen als Telos der K. zur Leerformel.

G. TH. FECHNER unterscheidet in seiner, auf der experimentellen Psychologie gründenden, ‹Ästhetik von unten› [3] mit Kant schöne, angenehme und nützliche K.e. Zu den letzteren rechnet er die «unter dem Ausdruck K.-Industrie» subsumierten, «sogenannten kleinen oder technischen K.e», die «Geräte, Gefäße, Möbel, Waffen, Kleider, Teppiche und dergl.» verfertigen; Aufgabe der schönen, der ästhetischen K. dagegen ist die Darstellung des Schönen [4]. Diesen «Hauptbegriff der Ästhetik» [5] versteht Fechner jedoch nicht im Sinne des «philosophischen Ästhetikers» [6], der das Schöne vornehmlich «nach seinem *Ursprunge* (aus Gott, Phantasie, Begeisterung)» wie nach «seinem *Wesen* (sinnliche Erscheinung, Einheit der Mannigfaltigkeit usw.)» begreife [7]. Für Fechner ist das Schöne eine «Leistung» der K., sofern seine «Wohlgefallen» und «Lust» auslösende Wirkung [8] aus der Anwendung komplizierter ästhetischer Gesetze resultiert. Auf dem «ästhetischen Assoziationsprinzip», der Assoziation von Formeln und Bedeutungsgehalten [9] ruhe in der K. wie im Leben die «geistige Farbe» der Dinge: Wer eine Orange mit dem Auge wahrnehme, der sehe nichts anderes als einen runden gelben Fleck, «geistig aber sieht er ein Ding von reizendem Geruch, erquickendem Geschmack, an einem schönen Baume, in einem schönen Lande, unter einem warmen Himmel gewachsen ...; er sieht sozusagen ganz Italien mit ihr» [10]. Diese Bestimmungen Fechners ermöglichen jedoch schwerlich, ästhetische, für die K. konstitutive Assoziationen, von außerästhetischen zu unterscheiden [11]. DILTHEY wendet ein, daß ein Kw. nicht als «Haufen wirkungsträchtiger Eigenschaften» aufgefaßt werden könne [12].

Anmerkungen. [1] Vgl. K. E. GILBERT und H. KUHN: A hist. of esth. (London ³1972) chap. XVIII. – [2] Vgl. E. DU BOIS-REYMOND: Naturwissenschaft und bildende K. Dtsch. Rdsch. 65 (1890) 195-215. – [3] G. TH. FECHNER: Vorschule der Ästh. 1. 2 (1876) 1, 6. – [4] a. a. O. 2. – [5] 1, 15. – [6] ebda. – [7] 2, 4. – [8] 1, 15. – [9] Vgl. 1, Kap. 9. – [10] Vgl. 1, 89. – [11] Vgl. E. MEUMANN: Einf. in die Ästh. der Gegenwart (²1912) 22f. – [12] Vgl. W. DILTHEY: Die drei Epochen der modernen Ästh. und ihre heutige Aufgabe (1892). Ges. Schr. 6 (1958) 242-287, zit. 265; vgl. 263ff.

3. Hinsichtlich ihrer *sozialen Funktion* ist die K. insbesondere von der *französischen* Ästhetik untersucht worden, die bereits Fragestellungen der modernen K.-Soziologie vorwegnahm [1].

Der Sozialist P. J. PROUDHON, für den das Prinzip der K. in einer «faculté esthétique» [2] beruht, erwartet von der K. – modern gesagt – eine Sensibilisierung des Rezipienten [3]. Die K. hat die Aufgabe, im Schönen ein Ideal vollkommener physischer und moralischer menschlicher Existenz zu repräsentieren, das im Laufe der Geschichte bei verschiedenen Völkern und Kulturen, beginnend bei Ägyptern und Griechen, zu unterschiedlicher Ausprägung gelangt ist [4] und das Leben des Menschen prägen soll: «Le but de l'art est de nous apprendre à mêler l'agréable à l'utile dans toutes les choses de notre existence; d'augmenter ainsi pour nous la commodité des objets, par là d'ajouter à notre propre dignité» [5]. Der Wunsch des Menschen, sich selbst hochzuschätzen, sein «amour propre», ist in der K. «la force motrice, qui produit l'accroissement» [6].

H. TAINE betont, er wolle die K. nicht «dogmatisch», sondern, aufgrund der Dokumente der künstlerischen Produktion selbst, «historisch», in einer «recherche moderne» begreifen [7]; er kennzeichnet sie als «une sorte de botanique appliquée, non aux plantes, mais aux œuvres humaines» [8]. Kunstsoziologisch gesehen analysiert Taine die den Künstler einschließenden sozialen Einheiten [9], wenn er, beeinflußt von Darwins Evolutionslehre, aber auch von Hegels Geschichtsphilosophie [10], das Kw. positivistisch aus dem Zustand des Geistes und der Sitten einer Zeit erklärt: «Pour comprendre une œuvre d'art, un artiste, un groupe d'artistes, il faut se représenter avec exactitude l'état général de l'esprit et des mœurs du temps auquel ils appartenaient» [11]. Kw.e sind geprägt durch ihr nicht zuletzt klimatisch bestimmtes Milieu: «De même qu'il y a une température physique qui, par ses variations, détermine l'appariton de telle ou telle espèce de plantes; de même il y a une température morale qui, par ses variations, détermine l'apparition de telle ou telle espèce d'art». Denn: «Les productions de l'esprit humain, comme celles de la nature vivante, ne s'expliquent que par leur milieu» [12]. Von hier aus, hinsichtlich ihrer Daseinssphäre, werden die Erscheinungsformen der K. (l'apparition de telle espèce d'art) begriffen: «La sculpture païenne ou la peinture réaliste, l'architecture mystique ou la littérature classique, la musique voluptueuse ou la poésie idéaliste» [13].

J. M. GUYAU thematisiert im Kontext des Vitalismus seiner Zeit den «Soziabilitätscharakter» der K. [14], wenn er ihr Impulse für eine «ästhetische Erregung» (émotion esthétique) zuschreibt, die als solche sozialen Charakter habe und «sympathetisch», d. h. so wirken soll, daß Individuen, zur Gemeinschaft verbunden, sich ihrer Solidarität untereinander bewußt werden[15]. Die K. stiftet Kontakte zwischen Nervensystemen, die geschlossen werden wie zwischen Stromkreisen [16]: «L'art poursuit deux buts distincts: il cherche à produire, d'une part, des *sensations* agréables (sensations de couleur, de son, etc.), d'autre part, des phénomènes d'*induction psychologique* aboutissant à des idées et à des sentiments de nature plus complexe (sympathie pour les personnages représentés, intérêt, pitié, indignation etc.), en un mot, tous les sentiments sociaux. Ces phénomènes d'induction sont ce qui rend l'art *expressif* de la vie» [17]. Es gilt: «Le véritable objet de l'art c'est l'expression de la vie» [18]. Das Leben wird so «le seul principe et la vraie mesure de la beauté» [19]. Und: «L'art véritable est, selon nous, celui qui nous

donne le sentiment immédiat de la vie la plus intense et la plus expansive tout ensemble, la plus individuelle et la plus sociale» [20].

Anmerkungen. [1] Vgl. H. P. THURN: Soziol. der K. (1973) 14. – [2] Vgl. P. J. PROUDHON: Philos. de l'art (1875) 19. – [3] Vgl. THURN, a. a. O. [1] 12. – [4] Vgl. PROUDHON, a. a. O. [2] chap. II. – [5] a. a. O. 350f. – [6] 20. – [7] H. TAINE: Philos. de l'art 1. 2 (1865, ³1881) 1, 13f. – [8] a. a. O. 1, 15. – [9] Vgl. THURN, a. a. O. [1] 11. – [10] Vgl. F. SCHALK: Zu Taines Theorie und Praxis, in: Beitr. zur Theorie der Ke. im 19. Jh. a. a. O. [4 zu D1] 2, 352-359. – [11] TAINE, a. a. O. [7] 1, 8. – [12] 1, 11. – [13] ebda. – [14] Vgl. THURN, a. a. O. [1] 12. – [15] J. M. GUYAU: L'art au point de vue sociol. (1889, ³1895) 5; vgl. 9. 13. – [16] a. a. O. 3. – [17] 56. – [18] 57. – [19] 76. – [20] 75.

Literaturhinweise (zu D 1-3). – J. JEITTELES: Ästh. Lex. ... zur Theorie der Philos. des Schönen und der schönen K.e 1. 2 (1835-37). – TH. MUNDT: Aesth. Die Idee des Schönen und das Kw. im Lichte unserer Zeit (1845). – H. LOTZE: Über Bedingungen der K.-Schönheit (1847). – W. HEBENSTREIT: Wiss.-lit. Enzyklop. der Ästh., ein etymol.-krit. Wb. der ästhet. K.-Sprache (²1848). – TH. W. DANZEL: Über den gegenwärtigen Zustand der Philos. der K. und ihre nächste Aufgabe, in: Ges. Aufsätze, hg. O. JAHN (1855). – M. SCHASLER: Krit. Gesch. der Aesth. Grundleg. für die Aesth. als Philos. des Schönen und der K. 1. 2 (1872). – G. SOREL: La valeur sociale de l'art (Paris 1901). – H. SPITZER: Herm. Hettners kunstphilos. Anfänge und Literarästh. Untersuch. zur Theorie und Gesch. der Ästh. (1903). – E. MEUMANN: Einf. in die Ästh. der Gegenwart (1908, ⁴1930). – E. UTITZ: Bernard Bolzanos Ästh. Dtsch. Arbeit 8 (1908) 89-94. – O. KEIN: Der Einfluß Hegels auf die Bildung der Gedankenwelt Hippolyte Taines (1920). – H. A. NEEDHAM: Le développement de l'esth. sociol. en France et en Angleterre au 19e siècle (Paris 1926). – D. D. ROSCA: L'influence de Hegel sur Taine Théoricien de la connaissance et de l'art (Paris 1928). – M. RAPHAEL: Proudhon, Marx et Picasso. Trois études sur la sociol. de l'art (Paris 1933). – J. LOSSIER: Le Role social de l'art selon Proudhon (Paris 1937). – G. LUKÁCS: K. Marx und Fr. Th. Vischer, in: Beitr. zur Gesch. der Ästh. (1954) 217-285. – W. HAEDELT: Die Ästh. Proudhons (1958). – W. OELMÜLLER: Friedrich Theodor Vischer und das Problem der nachhegelschen Ästh. (1959) (mit Bibliogr.). – R. BAYER: Histoire de l'esthétique (Paris 1961) bes. 229-243. – I. WALTHER-DULK: Materialien zu Philos. und Ästh. J. M. Guyaus (1965). – H. KOOPMANN/J. A. SCHMOLL, gen. EISENWERTH (Hg.) s. Anm. [4 zu D1].

E. *Schopenhauer, Wagner und Nietzsche.* – In der Abkehr vom Absoluten und der prinzipiellen Hinwendung zum Leben hat SCHOPENHAUER an der metaphysischen Dimension der K. gleichwohl festgehalten. Die K. arbeitet, wie die Philosophie, «im Grunde darauf hin, das Problem des Daseins zu lösen» [1]. Als eine «Erkenntnisart», die nicht dem blinden Willen zur Erhaltung des Lebens dienstbar ist, betrachtet sie in transzendentaler bzw. intellektualer Anschauung [2], durch «reine Kontemplation» das «außer und unabhängig von aller Relation bestehende, allein eigentlich Wesentliche der Welt», d. h. «den wahren Gehalt ihrer Erscheinungen, das keinem Wechsel Unterworfene und daher für alle Zeit mit gleicher Wahrheit Erkannte, mit Einem Wort, die Ideen, welche die unmittelbare und adäquate Objektität des Dinges an sich, des Willens, sind» [3]. Die K. ist wie eine «Camera obscura, welche die Gegenstände reiner zeigt und besser übersehen läßt» [4]. So kann sie eine kompensatorische Funktion erfüllen: Das «Ansich des Lebens, der Wille, das Dasein selbst», das «ein stetes Leiden» ist, gewährt, «durch die K. wiederholt», ähnlich wie in der reinen Anschauung der Philosophie, «frei von Qual, ein bedeutsames Schauspiel» [5]. Weil jedoch die K. bei der «Erkenntnis des Wesens der Welt» stehen bleibt, bietet sie nicht, wie die «Resignation» des Heiligen, ein letztgültiges «Quietiv des Willens». K. «erlöst ... nicht auf immer, ... sondern nur einstweilen», sie kann nicht der Weg aus dem Leben, sondern lediglich «ein Trost in demselben» sein [6]. Diesem Ziel kommt die Musik, ein «Panakeion aller unserer Leiden», am nächsten [7]. Die anderen K.e «reden nur vom Schatten, sie aber vom Wesen» [8].

An Schopenhauers Begründung des Vorrangs der Musik hat R. WAGNER für die Bestimmung des «Gesamt-Kw.» angeknüpft. Wagner geht, um sein Tondrama von der Oper abzusetzen, von einer «philosophischen Erklärung der Musik» aus, die er am Beispiel Beethovens darlegt [9]: «Die Musik, welche nicht die in den Erscheinungen der Welt enthaltenen Ideen darstellt, dagegen selbst eine umfassende Idee der Welt ist, schließt das Drama ganz von selbst in sich». Das Drama drücke selbst «die einzige der Musik adäquate Idee der Welt» aus, indem es die «menschlichen Charaktere nicht schildert, sondern diese unmittelbar sich selbst darstellen läßt». Ebenso «gibt uns eine Musik in ihren Motiven den Charakter aller Erscheinungen der Welt nach ihrem innersten Ansich» [10]. Die K. soll der «Allfähigkeit ... des Menschen» entsprechen [11] und seinen Zusammenhang mit der «allliebenden Natur» geltend machen [12]. Wie der Mensch nur frei ist, wenn er sich des Zusammenhangs mit der Natur bewußt ist, so ist die K. nur frei, wenn sie sich des Zusammenhangs mit dem Leben nicht «schämt», sie ist «Freude an sich, am Dasein, an der Allgemeinheit» [13], ein «soziales Produkt» [14], und «das Volk» ist die «bedingende Kraft für das Kw.» [15]. Dafür sei beispielhaft die griechische Tragödie als das in der Geschichte bisher einzig dastehende Gesamt-Kw. [16]. Wagner erwartet – heute ebenso stark beachtet [17] wie längst umstritten [18] – die Erneuerung der K. durch eine Menschheitsrevolution: Die «Zukunft der K.» stehe im «Einklange mit dem Fortschritt des menschlichen Geschlechts zur wirklichen Freiheit» [19]. Gemeinsames Ziel der K. und der «sozialen Bewegung» sei der «starke und schöne Mensch»: «Die Revolution gebe ihm die Stärke, die K. die Schönheit» [20].

NIETZSCHE hat der K. unter der «Optik des Lebens» [21] im Unbewußten, in Traum und Rausch, dem Apollinischen und Dionysischen, noch vor Freud [22] neue Räume erschlossen. «Dionysische K.», deren Ausdrucksform für Nietzsche im Anschluß an Schopenhauer und Wagner die Musik ist, sucht «die ewige Lust des Daseins nicht ... in den Erscheinungen, sondern hinter den Erscheinungen» [23], sie eröffnet den Weg zum «innersten Kern der Dinge» [24] und ist so kein «Schellengeklingel zum Ernst des Daseins» [25], sondern eine «zum Weiterleben verführende Ergänzung und Vollendung» [26], sie ist «Stimulans» [27] und nicht, wie Nietzsche gegen Schopenhauer betont, blosses Quietiv des Lebens [28]. Apollinische K., repräsentiert in der Schönheit der bildnerischen Welt, gewährt demgegenüber bloß eine «Erlösung durch den Schein», im Ästhetischen [29]. Dem Schönen der K., Ausdruck der «apollinischen Kultur» des Abendlandes [30], kommt als dem «Schein des Absoluten» nurmehr eine die Welt verklärende, kompensatorische Funktion zu [31]: «Die K. macht den Anblick des Lebens erträglich, dadurch, daß sie den Flor des unreinen Denkens über dasselbe legt» [32]. In der radikalen Frage nach der Funktion der K. für das Leben, der Abkehr von der ästhetischen Betrachtung der K. also, liegt Nietzsches Bedeutung für die moderne K. und Literatur [33].

Anmerkungen. [1] A. SCHOPENHAUER: Die Welt als Wille und Vorstellung (1819), hg. E. GRISEBACH (1844, ²1859) Erg.-Bd. 2, 475. – [2] Dazu a. a. O. Kap. 30. – [3] 1, 251; vgl. 264. – [4] 1, 351. – [5] ebda. – [6] 352. – [7] 1, 345. – [8] 1, 340. – [9] R. WAGNER: Beethoven (1870). Gesammelte Schr. und Dichtungen (⁴1907) 9, bes. 66ff. – [10] 9, 105f. – [11] 3, 69. – [12] 62. – [13] 44. 14. – [14] 9. – [15] Vgl. 50ff. – [16] Vgl. 30. – [17] Vgl. M. GREGOR-DELLIN: Richard Wagner – die Revolution als Oper (1973). – [18] Vgl. TH. W. ADORNO: Versuch über Wagner (1952), in: Ges. Schr. 13 (1971) 7-148. – [19] WAGNER, a. a. O. [9] 3, 207; vgl. 30ff. – [20] 3, 32. – [21] F. NIETZSCHE: Die Geburt der Tragödie (1870/71).

Musarion-A. 3, 21-168; vgl. 6. – [22] Vgl. O. MARQUARD: Zur Bedeutung der Theorie des Unbewußten für eine Theorie der nicht mehr schönen K., in: Die nicht mehr schönen K.e. Poetik und Hermeneutik 3 (1968) 375-392. – [23] NIETZSCHE, a. a. O. [21] 113. – [24] 107. – [25] 20. – [26] 33. – [27] Der Wille zur Macht (1884-88) III, Nr. 802; vgl. Nr. 808. 820f. – [28] a. a. O. Nr. 821. – [29] a. a. O. [21] 37. – [30] 31. – [31] Vgl. Abschn. 3. – [32] Menschliches-Allzumenschliches (1876/8) Nr. 151. – [33] Vgl. P. BÖCKMANN: Die Bedeutung Nietzsches für die Situation der modernen Lit. Dtsch. Vjschr. für Lit.wiss. u. Geistesgesch. 27 (1953) 77-101; vgl. H. STEFFEN (Hg.): Nietzsche. Werk und Wirken. (1974).

Literaturhinweise. L. STEIN: Nietzsche und die bildende K., in: Bibl. für Philos. 28 (1925) 1-20. – I. KNOX: The aesthet. theories of Kant, Hegel, and Schopenhauer (New York 1936). – P. BÖCKMANN s. Anm. [33]. – O. PÖGGELER: Schopenhauer und das Wesen der K. Z. philos. Forsch. 14 (1960) 353-389. – M. HEIDEGGER: Der Wille zur Macht als K., in: Nietzsche 1 (1961) 11-254. – H. P. PÜTZ: K. und Künstlerexistenz bei Nietzsche und Th. Mann (1963). – W. BEIERWALTES: Musica exercitium metaphysices occultum? Zur philos. Frage nach der Musik bei A. Schopenhauer, in: Philos. Eros im Wandel der Zeit. Festgabe H. Schröter (1965) 215-231. – P. RUMMENHÖLLER: Romantik und Gesamtkw., in: Beitr. zur Gesch. der Musikanschauung im 19. Jh., hg. W. SALMON, in: Stud. zur Musikgesch. des 19. Jh. 1 (1965) 161-170. – B. HILLEBRAND: Artistik und Auftrag. Zur K.-Theorie von Benn und Nietzsche (1966). – C. ROSSET: L'esth. de Schopenhauer (1969). – D. JÄHNIG: Nietzsches K.-Begriff (erläutert an der «Geburt der Tragödie»), in: Beitr. zur Theorie der K. im 19. Jh., hg. H. KOOPMANN/J. A. SCHMOLL, gen. EISENWERTH (1971) 2, 29-68 (mit Bibliogr.). – ST. KUNZE: Richard Wagners Idee des ‹Gesamt-Kw.›, in Beiträge, a. a. O. 2, 196-229. – H. STEFFEN s. Anm. [33]. – D. JÄHNIG: Die Befreiung der K.-Erkenntnis von der Met. in Nietzsches ‹Geburt der Tragödie›, in: Welt-Gesch.: K.-Gesch. Zum Verhältnis von Vergangenheitserkenntnis und Veränderung (1975) 122-160. – Vgl. I. KNOX und R. BUBNER in Lit. zu III A2.

F. *Lebensphilosophie und Croce.* – An der Wende vom 19. zum 20. Jh. wird das Leben zum exklusiven Ausgangspunkt für die Bestimmung der K. – W. DILTHEY stellt fest, daß den Künstlern die «abstrakten Spekulationen über das Schöne verleidet» seien, «die so lange auf den Kathedern herrschten» [1]. Das ästhetische Denken müsse so fortgebildet werden, daß «das natürliche Verhältnis zwischen K., Kritik und einem debattierenden Publikum» wieder hergestellt werde [2]. In dieser Absicht versucht Dilthey, die metaphysische Konstruktion des Kw. zu vermitteln mit der positivistischen Stillehre G. SEMPERS [3]. DILTHEY bezieht die K. auf die Wirklichkeit, das Leben – «Wir, wir leben! Unser sind die Stunden. Und der Lebende hat Recht» – und bevorzugt daher die naturalistische K.-Strömung [4]. Die Produktion wie die Rezeption von K. leitet er aus der Erlebnisfähigkeit ab. Alle K. ist von sich aus auf Kommunikation angelegt, sie wurzelt im «Drang» des Menschen, sich mitzuteilen [5]; ihr Ziel ist die Erhöhung des Lebens, eine Steigerung der «Lebendigkeit des Gemütes» [6]. In seiner «klassischen» Wirkung, Menschen verschiedener Zeiten und Völker «anhaltend und total» zu befriedigen, liegt der «Wert eines Kw., nicht in einem abstrakten Begriff von Schönheit, welchen das Werk zu verwirklichen hätte» [7]. In Anknüpfung an Diltheys, letztlich den Irrationalismus mündende Bezugnahme auf das Volk für die Bestimmung der K. [8] hat später H. NOHL «die tiefe wechselseitige Verknüpfung von K. und Volk» hervorgehoben. Die «individuelle Form ... des Genies» glücke nur, «wo ihr eine typische nationale Form zugrunde liegt». K. sei dann «Ausdruck eines Ideals, das alle verstehen und das einem Volk sagt, was es will, weil in ihm das dunkle Gefühl, der unbestimmte Trieb des Volkes Form und Gestalt annahm» [9].

G. SIMMEL, der seine K.-Philosophie methodisch ausdrücklich an den Arbeiten hervorragender Künstler (Leonardo da Vinci, St. George, A. Böcklin) exemplifiziert hat [10], will die «Totalität des Lebens» als «Basis» für die

K. wiedergewinnen [11]. Damit wendet er sich gegen die «mechanisirende, mathematisirende Tendenz» in der kunstwissenschaftlichen Betrachtung. Die Feststellung geometrischer Verhältnisse betreffe nur die von den Kw. abstrahierten Formen, während «Eindruck und Bedeutung, die ihnen innerhalb des Kw. ... zukommen», von den «Bildern und Regeln ihres abgelösten Für-sichseins her gar nicht zu präjudizieren» seien [12]. Die K. wie auch das einzelne Kw. ist für sich genommen vielmehr ein Ganzes und «zugleich Element eines übergreifenden Ganzen, Wellenhöhe eines Gesamtlebens» [13]. Daraus bezieht die K. ihre Wirkung wie auch ihre Bedeutung für den Rezipienten, den «Genießenden: Das Kw. nimmt uns in einen Bezirk hinein, dessen Rahmen alle umgebende Weltwirklichkeit und damit uns selbst von sich ausschließt .... zugleich aber ist das Erlebnis des Kw. doch in unser Leben eingestellt und von ihm umfaßt; das Außerhalb unseres Lebens, zu dem uns das Kw. erlöst, ist doch eine Form dieses Lebens ...» [14]. Wenn die Theorie des l'art pour l'art, wie sie in Frankreich ausgehend von Gautier entwickelt worden war, von Simmel auch anerkannt wurde, sofern sie die «trüben Verschmelzungen der K. mit literarischen und ethischen, religiösen und sensuellen Werten» [15] auflöste, so hat sie ihre Grenze für ihn in der programmatischen Abtrennung von der «Einheit der Lebenstotalität» [16]: Vom «Ganzen getragen und es tragend, bleibt die K. jene Welt für sich, wie das l'art pour l'art sie verkündet, obgleich und weil sich als dessen tiefere Deutung la vie pour l'art und l'art pour la vie offenbart» [17].

Im Rahmen seiner intuitionistischen Lebensphilosophie hat H. Bergson der K. eine Vermittlungsfunktion zwischen der Wirklichkeit und unserem Bewußtsein zugeschrieben: «Quel est l'objet de l'art? Si la réalité venait frapper directement nos sens et notre conscience, si nous pouvions entrer en communication immédiate avec les choses et avec nous-mêmes, je crois bien que l'art serait inutile, ou plutôt que nous serions tous artistes, car notre âme vibrerait alors continuellement à l'unisson de la nature» [18]. Intuitives Erfassen der Wirklichkeit ist für Bergson nur unter der Bedingung der Loslösung vom praktischen Leben möglich. Während der Philosoph diese Loslösung durch eine systematische Anstrengung absichtlich vollziehen muß, ist sie dem Künstler natürlicherweise eigen [19].

Für B. Croce, an dessen Lehre vom Totalitätscharakter des künstlerischen Ausdrucks neuerdings U. Eco angeknüpft hat [20], gilt zwar auch, daß das «Einzelne vom Leben des Ganzen durchpulst wird und das Ganze im Leben des Einzelnen ist» [21], doch macht Croce zugleich die Erkenntnisfunktion der K. erneut geltend. Ausgehend von der Unterscheidung zwischen intuitiver und logischer Erkenntnis ordnet er die K. der intuitiven Erkenntnis zu. Sie ist wesentlich expressiv und mit dem ästhetischen oder künstlerischen Faktum zu identifizieren [22], ist weder Nachahmung noch Illusion, noch ästhetischer Schein, sondern Ausdruck (espressione) als «Synthese des Verschiedenen oder Vielfältigen im Einen» [23]. Als «geistiger Erkenntnisakt» [24] ist die K. der logischen Erkenntnis gegenüber selbständig, wird wesentlich aus der Phantasie, nicht vom Verstand gespeist, hat nicht das Allgemeine, sondern Einzeldinge und ihre Bezüge zum Gegenstand, produziert Bilder, keine Begriffe [25].

Anmerkungen. [1] W. Dilthey: Die drei Epochen der mod. Ästh. und ihre heutige Aufgabe (1892). Ges. Schr. 6 (1958) 242. – [2] ebda. – [3] G. Semper: Der Stil in den technischen oder tekto-

nischen K.en (1879). – [4] Dilthey, a. a. O. [1] 275; vgl. H. Schade: Zur K.-Theorie W. Diltheys, in: Probleme der K.-Wiss. 1 (1963) 83-132, bes. 107f. – [5] Dilthey, a. a. O. [1] 275. – [6] 272f. – [7] ebda. – [8] Schade, a. a. O. [4] 106f. – [9] H. Nohl: Die ästhet. Wirklichkeit (1935) 215f. – [10] G. Simmel: L'art pour l'art (1914), in: Zur Philos. der K. (posth. 1922) 37. – [11] a. a. O. 80. – [12] 79f. – [13] 83. – [14] 84. – [15] 85. – [16] 86. – [17] ebda. – [18] H. Bergson: Le rire. Essai sur la signification du comique (1900) 153f. – [19] Vgl. A. Steenbergen: H. Bergsons intuitive Philos. (1909) 47ff. – [20] U. Eco: Das offene Kw. (1973) 61. – [21] B. Croce: Brevario di est., in: Nuovi saggi di est. (Bari 1920, zit. ⁹1947) 134. – [22] Est. come scienza dell' espressione e linguistica generale (Bari 1902); dtsch. Ästh. als Wiss. vom Ausdruck und allg. Sprachwiss. (1930) 14. – [23] a. a. O. 22. – [24] XVIII. – [25] 3.

Literaturhinweise. H. Schade s. Anm. [4]. – A. Steenbergen s. Anm. [19]. – A. Halder: K. und Kult. Zur Ästh. und Philos. der K. in der Wende vom 19. zum 20. Jh., in: Symposion 15 (1964).

G. *Künstlerästhetik und K.-Philosophie des 19. und beginnenden 20. Jh.* – Sie lösen die klassische, von Schelling und Hegel systematisierte Einbindung der K.e in einen allgemeinen, metaphysischen Begriff der K. auf zugunsten einer theoretischen Durchdringung der Besonderheit der K.e.

Aus der Erfahrung einer nunmehr leeren Transzendenz und im Bewußtsein der Künstlichkeit großstädtischer Umwelt hat zuerst Baudelaire die Modernität der K. als solche geltend gemacht [1]; seine Entwürfe sind in Rimbauds Dichtung verwirklicht [2]. Die Modernität der K. selbst wird faßbar nur in negativen Kategorien wie Entpersönlichung, Entrealisierung, Betonung des Absurden, der Dissonanz [3], Tendenzen, die später Ortega y Gasset als «deshumanisación del arte» [4] begriffen hat und die bis in die Gegenwart fortwirken [5].

Gegen den Akademismus in der bildenden K. und seine leere Schönheit setzt Rodin eine «unaufhörliche Jagd nach Wahrheit», ein «beständiges Erforschen aller Regungen des physischen Lebens» [6], seinen Willen, «die ganze Wahrheit, nicht nur die Oberfläche» der Dinge zur Anschauung zu bringen [7]. Der Künstler nehme die Natur ganz anders wahr als ein «Durchschnittsmensch», weil «sein umfassenderes und intensiveres Gefühl ihn von den äußeren Formen zu den inneren Wahrheiten» gelangen läßt [8]. So bleibe «das einzige Prinzip in der K., nur das nachzubilden, was man sieht», ein Mittel, die Natur zu verschönern, gebe es nicht [9]; vielmehr sei für den Künstler in der Natur alles schön [10].

Im Anschluß an die französischen Symbolisten und den Parnasse (Gautier) hat St. George die Autonomie der K. begründet in der Bestimmung der «geistigen K.» [11] und von hier aus den Tendenzcharakter in der Literatur der Jungdeutschen [12] ebenso wie den Naturalismus in der K. [13] zurückgewiesen [14]. «Geistige K.» ist «eine K. für die K.» [15], «frei von jedem Dienst: über dem Leben, nachdem sie das Leben durchdrungen hat», eine K., die, wie George im Sinne der Artistenmetaphysik Nietzsches sagt, «nach dem Zarathustraweisen zur höchsten Aufgabe des Lebens werden kann ... eine K. aus der Anschauungsfreude, aus Rausch und Klang und Sonne [16]. «Geistige K.» bringt keine «Weltverbesserung», transportiert ebensowenig «Allbeglückungsträume» [17]. Der Künstler verkündet eine von politischen und gesellschaftlichen Gehalten und Zwecken prinzipiell freie neue Lebensordnung: «Wir suchten die Umkehr in der K. einzuleiten und überlassen es andren zu entwickeln wie sie aufs Leben fortgesetzt werden müsse» [18]. Für Inhalt und Bedeutung «geistiger K.» verweist George auf seine Dichtung; nicht «Lehrsätze», sondern «Werke» belegen «unser Wollen» [19]. Dichtung ist dabei ihres substanzstiftenden Wortes wegen Meister der K.e [20]. Georges Weigerung, K. in der Funktion eines unmittelbaren Bildungsmittels zu begreifen, wie auch die hohe Geistigkeit seiner Dichtung, die sich einem naiven Verständnis schwerlich erschließt, brachte George wie auch anderen in die Zukunft weisenden Dichtern (H. v. HOFMANNSTHAL, R. DEHMEL, TH. MANN u. a.) und bildenden Künstlern (Expressionisten, Kubisten, Futuristen) das Verdikt des «Kunstwarts», der von R. AVENARIUS gegründeten Kulturzeitschrift, ein [21].

Ausdrücklich am Beispiel der bildenden K.e und im ständigen Gedankenaustausch mit dem Maler H. VAN MARÉES und dem Bildhauer A. V. HILDEBRAND hat K. FIEDLER eine Theorie der Sichtbarkeit entwickelt, die nicht nur von K.-Historikern [22] und Soziologen [23] zur Deutung moderner K. herangezogen, sondern auch von Künstlern selbst beachtet und rezipiert wird [24]. Fiedler leitet die bildnerische Tätigkeit aus dem Sehen als einer auf der geistig-leiblichen Organisation des Menschen beruhenden Fähigkeit her und weist sie im Bezugsrahmen der Immanenzphilosophie (W. Schuppe) wie auch der Psychophysiologie (W. Wundt) [25] als produktive Darstellung des anschaulichen Wesens der Welt aus [26]. Er betont die Eigengesetzlichkeit der künstlerischen Anschauung [27], die als solche Erkenntniswert besitzt, sofern sie das, «was an einem sichtbaren Ding dessen Sichtbarkeit» ausmacht, von diesem Ding loslöst so, daß «jene Welt der K.» entsteht, in der sich «die Sichtbarkeit der Dinge in der Gestalt reiner Formgebilde verwirklicht» [28]. Dabei fällt im Unterschied zur Wissenschaft in der künstlerischen Tätigkeit Erkennen und Gestalten prinzipiell zusammen: Die «höhere Entwicklung» des «geistig-künstlerischen Lebens» beginnt erst in dem Augenblick, in dem der «Vorstellungsdrang» des Künstlers «die äußeren Organe seines Körpers in Bewegung setzt, in dem zur Tätigkeit des Auges und des Gehirns die Tätigkeit der Hand hinzutritt» [29].

Unter Betonung der Herausarbeitung der Sichtbarkeit der Dinge als dem originären Ziel der bildenden K. wird die prinzipielle Bindung der K. an das Schöne als πρῶτον ψεῦδος, als Grundirrtum zurückgewiesen; die Forderung, der Schönheit zu dienen, gleiche einem Mühlstein, «der die K.e zum Untergang in die praktischen Zwecke des Lebens niederzieht» [30]. So hat Fiedler zur Auflösung der traditionellen Problemvermengung von K. und Schönheit beigetragen [31] und folgerichtig die K.-Philosophie von der Ästhetik trennen wollen, deren Grundproblem das Ableiten von Gesetzmäßigkeiten der vom Schönen bzw. Häßlichen ausgelösten Gefühle der Lust und Unlust sei [32]. Nur, «wenn wir uns von der Voreingenommenheit freimachen, als ob die K. der Erfüllung von Aufgaben zu dienen habe, die anderen Gebieten des Lebens entnommen sind», sei ihre Autonomie zu wahren, «ihrem inneren Leben zu folgen» [33]. Autonom ist die K. auch gegenüber der Natur, von der sie zwar nicht absieht, die sie aber weder nachahmt noch umwandelt: «Sichtbare Natur» wird in der Tätigkeit des Künstlers zur K.; «ohne daß sie doch aufhörte, Natur zu sein», wird sie zur Sichtbarkeit entwickelt: «K. ist nicht Natur; denn sie bedeutet eine Erhebung, eine Befreiung aus den Zuständen, an die gemeiniglich das Bewußtsein einer sichtbaren Welt gebunden ist; und doch ist sie Natur: denn sie ist nichts anderes als der Vorgang, in dem die sichtbare Erscheinung der Natur gebannt» wird. Der Künstler «zwinge» die Natur zu «immer klarerer und unverhüllterer Offenbarung ihrer selbst» [34]. Die K. beruht demnach auf dem «Prinzip der Produktion der Wirklichkeit» [35] und die Beziehung des Künstlers zur Natur «ist keine Anschauungsbeziehung, sondern eine Ausdrucksbeziehung» [36]. Mit diesen Bestimmungen sind entscheidende Leitideen der K. des 20. Jh. ausgesprochen.

Anmerkungen. [1] Vgl. CH. BAUDELAIRE: Curiosités esthét. L'art romant. (beide posth. 1868). – [2] Vgl. H. FRIEDRICH: Theorie der mod. Lyrik (²1967) 59ff. – [3] a. a. O. [2] 19ff. – [4] Vgl. J. ORTEGA Y GASSET: La deshumanisación del arte (1925). Obras compl. 3 (⁵1962); dtsch. in: Werke 2 (1955). – [5] Vgl. H. R. JAUSS: Negativität und Identifikation. Versuch zur Theorie der ästhet. Erfahrung, in: Positionen der Negativität, hg. H. WEINRICH, in: Poetik und Hermeneutik 6 (1975) 263-339, bes. I.-V. – [6] A. RODIN: L'art. Entretiens réunis par P. GSELL (1911), zit. dtsch. Gespräche (1925) 35. – [7] a. a. O. 37. – [8] 40. – [9] ebda. – [10] Vgl. 45ff. – [11] Vgl. P. G. KLUSSMANN: Stefan George. Zum Selbstverständnis des Dichters in der Moderne. Bonner Arb. zur Dtsch. Lit. 1 (1961) bes. 1ff. – [12] Vgl. L. WIENBARG: Ästhet. Feldzüge. Dem jungen Deutschland gewidmet (1834, ²1919). – [13] Vgl. E. RUPRECHT: Literarische Manifeste des Naturalismus 1880-1892 (1962). – [14] ST. GEORGE: Blätter für die K. Eine Auslese aus den Jahren 1892-98 (1899) 17. – [15] a. a. O. 10. – [16] 15f. – [17] 10. – [18] 21. – [19] 10. – [20] Vgl. KLUSSMANN, a. a. O. [11] 65ff. – [21] Vgl. G. KRATZSCH: K.-Wart und Dürerbund (1966) 226ff., bes. 236f.; Rez: H. LÜTZELER, Jb. Ästh. u. allg. K.-Wiss. 19/2 (1974) 251-260. – [22] W. HOFMANN: Stud. zur K.-Theorie des 20. Jh. Z. K.-Gesch. 13 (1955) 136-156; Gespräche mit dem Sichtbaren. Merkur Nr. 159/60 (1961) 473-482. 576-586. – [23] Vgl. A. GEHLEN: Zeit-Bilder (1960) 59ff. – [24] Vgl. R. JOCHIMS: Visuelle Identität. Konzeptionelle Malerei von Piero della Francesca bis zur Gegenwart (1975) bes. 118ff. – [25] Vgl. G. BOEHM: Einl. zu K. FIEDLER: Schr. K. 1. 2, hg. H. KONNERTH (1913/14); erw. ND hg. G. BOEHM (1971) 1, XXI-LXI, bes. XXVIff. – [26] Vgl. FIEDLER, a. a. O. 1, 308f. – [27] Vgl. 2, 161ff. – [28] 1, 320ff. – [29] 1, 293; vgl. 294ff. – [30] 2, 3, 8. – [31] Vgl. M. W. PERPEET: Das Problem des Schönen in der bildenden K. Jb. Ästh. u. allg. K.-Wiss. 3 (1958) 36-53, bes. 53. – [32] Vgl. FIEDLER, a. a. O. [25] 2, 3ff. – [33] 1, 325. – [34] 1, 315. – [35] 2, 154. – [36] 1, 289.

Literaturhinweise. H. KONNERTH: Die K.-Theorie Konrad Fiedlers. Eine Darleg. der Gesetzlichkeit der bildenden K. (1909). – B. CROCE: Die Theorie der K. als reiner Sichtbarkeit (1911), in: Kl. Schr. zur Ästh., hg. J. VON SCHLOSSER (1929) 2, 190-205. – H. PARET: Konrad Fiedler und das Wesen der künstlerischen Tätigkeit. Jb. Ästh. u. allg. K.-Wiss. 16 (1922). – E. UTITZ: Künstler-Ästh., in: Ästh. u. allg. K.-Wiss., Sonderh. Kant-Studien 1 (1925). – R. KÖNIG: Künstlerästh. als geisteswiss. Problem. Z. Ästh. u. allg. K.-Wiss. 27 (1933) 1-32. – A. SCHILLING: Das künstlerische Denken A. Rodins (1940). – W. HOFMANN s. Anm. [22]. – F. KAUFMANN: Das Reich des Schönen. Bausteine zu einer Philos. der K. (1960). – K. STAGUHN: Vom Wesen der künstlerischen Tätigkeit. Seine Darstellung und Deutung in der K.-Theorie Konrad Fiedlers (1962). – K.-Gesch. und K.-Theorie im 19. Jh., hg. H. BAUER u. a. (1963). – J. GEISSLER: Die K.-Theorien von A. v. Hildebrand, Wilh. Trübner und Max Liebermann. Ein Beitr. zur Gesch. der K.-Lit. in Deutschland (1963). – M. IMDAHL: Marées, Fiedler, Hildebrand, Riegl, Cézanne. Bilder und Zitate, in: Lit. u. Gesellschaft vom 19. ins 20. Jh. Festschr. Benno v. Wiese (1963) 142-95. – H. FAENSEN: Die bildnerische Form. Die K.-Auffassungen K. Fiedlers, A. v. Hildebrands und H. von Marées (1965). – E. DECKER: Zur künstlerischen Beziehung zwischen H. v. Marées, K. Fiedler u. A. v. Hildebrand (1967). – A. V. HILDEBRAND, Ges. Schr. zur K., bearb. H. BOCK (1969). – Was die Schönheit sei, das weiß ich nicht, Künstler-Theorie-Werk. Katalog zur 2. Biennale Nürnberg (1971) (zu Rodin, Marées, Hildebrand). – Beiträge zur Theorie der K.e im 19. Jh., hg. H. KOOPMANN/J. A. SCHMOLL, gen. EISENWERTH 1. 2 (1971). – H. BOCK: Problemat. Formtheorie. A. v. Hildebrand. K. Fiedler, in: Beiträge ... a. a. O. 1, 230-237. – K. PLANGE: K. Fiedler, in: Beiträge ... a. a. O. 2, 69ff. – J. A. SCHMOLL, gen. EISENWERTH: Rodins kunsttheoretische Ansichten, in: Beiträge ... a. a. O. 1, 238-256. – M. PODRO: The manifold in perception. Theories of art from Kant to Hildebrand (1972). – B. SCHEER: Zum Sprachcharakter von Kw., in: Sprache und Begriff. Festschrift für B. Liebrucks (1974) 234-249.   URSULA FRANKE

IV. *Die Tradition marxistischer K.-Theorien.* – Die heute von offiziellen Marxisten vertretene K.-Theorie erhebt den Anspruch, alle bisherige K. vollständiger und wissenschaftlicher [1] erklären und beurteilen zu können als jede K.-Auffassung vor ihr: «Der Marxismus betrachtet die K. nicht isoliert und erklärt sie daher nicht aus ihr selbst, sondern betrachtet ihre tatsächlichen Beziehungen zu allen anderen gesellschaftlichen Erscheinungen und vor allem ihre Beziehung zur materiellen Grundlage der Gesellschaft: zu der ökonomischen Basis, der sozialen Struktur und dem Klassenkampf. Erst dadurch wird es möglich, das eigentliche Wesen der K., ihre spezifischen Besonderheiten und ihren Unterschied gegenüber allen anderen Formen des gesellschaftlichen Bewußtseins, mit denen die K. so eng verbunden ist, zu analysieren. Diese Beziehung zu ihnen bestimmt in bedeutendem Maße ihre konkreten historischen Formen» [2]. Das hat gegenüber der traditionellen K.-Auffassung einschneidende Änderungen zur Folge: a) in der Definition, die K. als «spezifische Art und Weise der Widerspiegelung der Wirklichkeit in ihrer Bedeutung für den Menschen einer historisch-konkreten Gesellschaftsordnung» [3] bestimmt; b) in der genetischen Erklärung der K. als «Bestandteil des ideologischen Überbaus», der «letztlich von der jeweiligen Produktionsweise der Gesellschaft abhängig ist» [4], und der daraus sich ergebenden «grundsätzliche[n] und unversöhnliche[n] Frontstellung gegen den sog. L'art-pour-l'art-Standpunkt», die gegen den «Selbstzweck» der K. ihren «Klassencharakter» setzt [5]; und c) im Verständnis der Funktion der K., nach dem sie «Bestrebungen und Interessen gesellschaftlicher Klassenkräfte» ausdrückt, «gesellschaftlich-sozialen Tendenzen» unterliegt und «ihrem Wesen nach parteilich» ist [6]. Hierzu wird sie durch den «gesellschaftlichen Auftrag» direkt oder indirekt angeleitet [7].

Diese geschlossene Vorstellung hat sich erst seit 1932 herausgebildet. Bei Marx und Engels finden sich dazu allenfalls Ansätze.

Anmerkungen. [1] Grundl. der marxist.-leninist. Ästh. (1962) 234. – [2] ebda. – [3] Kulturpolit. Wb. (1970) 329. – [4] ebda. – [5] Philos. Wb., hg. KLAUS/BUHR (1964) 42. – [6] ebda. – [7] a. a. O. [3] 330f.

1. *Marx und Engels.* – a) Was MARX für die Wissenschaften als selbstverständlich voraussetzte, «daß jede Wissenschaft um ihrer selbst willen gepflegt werden solle und daß man bei keiner wissenschaftlichen Forschung sich um ihre eventuellen Konsequenzen kümmern dürfe» [1], hielt er 1842 auch für die K. für unerläßlich. Zum Thema der Pressefreiheit schrieb er in der ‹Rheinischen Zeitung›: «Der Schriftsteller betrachtet keineswegs seine Arbeiten als *Mittel.* Sie sind *Selbstzwecke,* sie sind so wenig Mittel für ihn selbst und für andere, daß er *ihrer* Existenz *seine* Existenz aufopfert, wenn's not tut, und in anderer Weise, wie der Prediger der Religion zum Prinzip macht: ‹Gott mehr gehorchen, denn den Menschen›, unter welchen Menschen er selbst mit seinen menschlichen Bedürfnissen und Wünschen eingeschlossen ist» [2]. In den ‹Ökonomisch-Philosophischen Manuskripten› (1844) handelte er K. ab unter dem Titel «ontologische Wesens-(Natur-)bejahungen», von denen jede eine «*bestimmte*», dem Gegenstand des Willens entsprechende «*Äußrung*» des «*wirklichen individuellen Lebens*» sein müsse; für die K. bedeutete das: wer «K. genießen» will, muß «ein künstlerisch gebildeter Mensch sein» [3].

b) Sind die wenigen Aussagen zur K. in den späteren Werken von MARX und ENGELS schwer auf einen Nenner zu bringen, so stimmen sie doch darin überein, K. zwar in ihrem sozialen und ökonomischen Kontext, nicht aber als bloßen mechanischen Reflex der ökonomischen Basis zu begreifen. In den ‹Grundrissen der Kritik der politischen Ökonomie› (1857) stellte MARX die These vom «unegalen Verhältnis der Entwicklung der materiellen Produktion z. B. zur künstlerischen» auf; was nicht nur heißt, «daß bestimmte Blütezeiten» der K. «keineswegs

im Verhältnis zur allgemeinen Entwicklung der Gesellschaft, also auch der materiellen Grundlage ... stehn», sondern auch, daß alte Meister, Homer oder Shakespeare, noch heute «K.-Genuß gewähren und in gewisser Beziehung als Norm und unerreichbare Muster gelten» [4]. Selbst im Vorwort ‹Zur Kritik der politischen Ökonomie› (1859), wo Marx die Metapher von Basis und Überbau einführte und behauptete, die «Produktionsweise des materiellen Lebens» bedinge den «sozialen, politischen und geistigen Lebensprozeß überhaupt», schreibt er noch einschränkend vom «ganzen ungeheuren Überbau» mit seinen «juristischen, politischen, religiösen, künstlerischen oder philosophischen, kurz, ideologischen Formen», er wälze sich «langsamer oder rascher» um als die materielle Basis [5]. In den ‹Theorien über den Mehrwert› (1862) unterschied Marx K. als «freie geistige Produktion» einer «gegebnen Gesellschaftsformation» von den «ideologischen Bestandteilen der herrschenden Klasse» [6].

c) Die Aufgabe des modernen Dichters sieht ENGELS nicht darin, seine «sozialen und politischen Anschauungen» zu äußern und «Tendenzromane» zu schreiben: «Je mehr die Ansichten des Autors verborgen bleiben, desto besser für das Kw.» [7]. In der kritischen Absetzung von der «Poesie des wahren Sozialismus», der sich damit begnüge, «entweder philosophisch zu konstruieren oder einzelne Unglücksfälle und soziale Casus in ein trockenes und langweiliges Register einzutragen», will Engels den Schriftsteller auf die wirkliche Geschichte verpflichten [8]. Er betont deshalb, es sollten nicht nur «typische Charaktere», sondern vor allem die «typischen Umstände» zur Darstellung kommen [9].

Anmerkungen. [1] Mohr und General – Erinnerungen an Marx und Engels (1965) 319. – [2] MEW 1, 71. – [3] MEW Erg.-Bd. 1, 562. 567. – [4] K. Marx: Grundrisse der Krit. der polit. Ök. (1857, ND 1953). MEW 13, 640f. – [5] MEW 13, 8f. – [6] MEW 26/1, 257. – [7] MEW 37, 43f. – [8] MEW 4, 217; vgl. 279f. – [9] MEW 37, 42f.

2. *Bis zur Oktoberrevolution* von 1917 gab es für die Marxisten aller Länder und Lager in K.-Angelegenheiten der sozialistischen Zukunftsgesellschaft, wie E. VANDERVELDE, der Präsident der II. Internationalen, 1906 darlegte, nur distributive Probleme; so wurde die Bildung eines staatlichen, kommunalen und gesellschaftlichen Mäzenatentums sowie eine gerechte Teilhabe aller am K.-Genuß gefordert [1].

a) Die anerkannte Definition lieferte K. KAUTSKY: «Ist der Künstler in Beziehung auf seine Zwecke durch die Gesellschaft, in der er lebt, bedingt, so steht ihm andererseits die Wahl unter allen den Zwecken frei, die seine Gesellschaft bewegen. Es wird kaum einen menschlichen Zweck geben, der künstlerischer Behandlung unfähig wäre. Der Künstler kann ebenso der Lüsternheit dienen wie der Religion, der Politik wie der Liebessehnsucht, dem Kampfe wie dem behaglichen Genießen, dem Triumph wie der Entsagung usw.» [2]. G. PLECHANOW ging von dem Satz BELINSKIJS aus: «Die K. ist *unmittelbare* Schau der Wahrheit oder Denken in *Bildern*» [3]. Er grenzte damit K. von Publizistik ab: «Der Künstler drückt seine Idee bildlich aus, während der Publizist seinen Gedanken mittels *logischer Schlüsse* beweist. Und wenn der Schriftsteller statt mit Bildern mit logischen Gedanken operiert oder wenn die Bilder von ihm zum Beweise eines bestimmten Themas ausgedacht werden, dann ist er nicht Künstler, sondern Publizist» [4]. Er maß freilich K. bevorzugt an den Ideen, doch mit der Einschränkung: «Ideengehalt in der K. ist selbstverständlich nur dann gut, wenn die ausgedrückten Ideen nicht den Stempel der Plattheit tragen» [5].

b) A. BEBEL und W. LIEBKNECHT votierten in der Naturalismus-Debatte auf dem Gothaer Parteitag 1896 für die «*Klassenlosigkeit*» der K. [6]. PLECHANOW rätselte 1905 an dem «Paradox» herum, daß die französische Revolution den höfischen Klassizismus nicht beseitigte, sondern fortsetzte: Das Konventsmitglied David malte im Stil des Hofmalers Lebrun und nicht im Stil Bouchers, des Vertreters der realistischen Gegenströmung, die noch im Schoß des untergehenden Absolutismus entstanden war [7]. R. LUXEMBURG stellte 1918 «künstlerisches Interesse» und «soziales Gewissen» als unabhängige Instanzen dar; «Schablonen wie ‹Reaktionär› oder ‹Fortschrittler› besagen an sich in der K. noch wenig» [8]. F. MEHRING dagegen zog 1898/99 aus der Basis-Überbau-Relation den Schluß, daß objektive Gründe für ästhetische Urteile nur jeweils historisch zu bestimmen seien [9]. Er leitete moderne Stile aus der «unaufhaltsam absterbenden Gesellschaft» ab; hierin stimmte er mit LAFARGUE, KAUTSKY und selbst mit PLECHANOW überein, der aber das L'art-pour-l'art-Prinzip keineswegs prinzipiell verwarf: «Es gibt gesellschaftliche Verhältnisse, unter denen die K. sehr viel gewinnt, wenn die Künstler ... der Theorie der K. für die K. huldigen», nämlich dann, wenn die politische Macht, die «fast immer der *utilitaristischen Auffassung der K.* den Vorzug» gibt, die K. zur «Dienerin» herabwürdigt [10].

c) BEBEL und W. LIEBKNECHT stimmten auf dem Gothaer Parteitag auch der «*Parteilosigkeit*» der K. zu. VANDERVELDE entgegnete Fouillée, der von der sozialistischen Zukunftsgesellschaft Beschränkungen für die geistige Arbeit befürchtete, «selbst der beschränkteste Kollektivist» habe nie bestritten, «daß Philosophie und K. vor aller Freiheit ungehemmt Entwicklung bedürfen» [11]. R. LUXEMBURG schrieb über das Verhältnis zwischen Engagement und Werk, das Balzacbild von Engels verfeinernd und gegen Lenin polemisierend, der bei Tolstoj den Künstler vom Moralisten schied: «In der Lösung seines Problems ist Tolstoj sein Lebtag Utopist geblieben. Aber für die K. und ihre Wirkungskraft ist nicht die Lösung, nicht das soziale Rezept, sondern das Problem selbst, die Tiefe, die Kühnheit und Aufrichtigkeit in der wahren Erfassung entscheidend ... Dieselbe unerbittliche Ehrlichkeit und Gründlichkeit, die ihn dazu führte, das gesamte Gesellschaftsleben in all seinen Bedingungen an dem Ideal kritisch zu prüfen, hat ihn auch befähigt, dieses Leben in seinem ganzen Bau und seinen Zusammenhängen als Ganzes künstlerisch zu erschauen und so zu einem unerreichten Epiker zu werden» [12]. Über den Roman ‹Johann Christoph› von R. Rolland sagte sie, daß soziale Tendenzromane «eigentlich keine Kw.» seien [13], und sie warf Zola vor, Menschen als «Mannequins» zur Ausstellung von Thesen künstlerisch zu mißbrauchen [14]. Aus dem gleichen Grund lehnte PLECHANOW Gorkijs ‹Mutter› ab [15]; selbst LENIN, der diesen Roman als nützlich für das Proletariat pries, tadelte seine idealisierenden Züge [16]. K. LIEBKNECHT, der der «Tendenz-K.» nicht abgeneigt war, schrieb zu ihrer «Apologie»: «Äußerliche, dem Wesen der K. fremde Nebenzwecke dürfen das Werk nicht von seiner künstlerischen Bestimmung ablenken. Soweit dies geschieht, liegt freilich keine reine K. vor. Danach ist auch die Grenze zur didaktischen K. zu ziehen» [17]. MEHRINGS historischer Relativismus ging ebenfalls nicht so weit, die K. der Politik preiszugeben, wenn dies dem Geschmack der künftigen Gesellschaft entsprechen sollte. Er schrieb

1912 gegen eine «proletarische Ästhetik»: «Man mag darüber streiten, ob die ästhetische Erziehung der Arbeiterklasse auch zu den Aufgaben der Sozialdemokratie gehört, aber wenn man die Frage bejaht, wie sie von der deutschen Partei längst bejaht worden ist, so muß man die Grenze zwischen Politik und Ästhetik zu ziehen wissen» [18].

Anmerkungen. [1] E. VANDERVELDE: Alkohol, Relig., K. (1907) Kap. ‹Die K. im sozialistischen Staat›. – [2] K. KAUTSKY: Vermehrung und Entwicklung in Natur und Gesellschaft (1910) 136; vgl. Die materialist. Gesch.auffassung (1927) 1, 381. – [3] W. BELINSKIJ, Ausgew. philos. Schr. (1950) 191. – [4] G. PLECHANOW: K. und Lit. (1955) 249. – [5] a. a. O. 209. – [6] Protokoll über die Verhandlungen des Parteitages der Sozialdemokratischen Partei Deutschlands zu Gotha vom 11.–16. Okt. 1896 (1896) 75-110. – [7] PLECHANOW, a. a. O. [4] 172-197. – [8] R. LUXEMBURG: Einl. zu KOROLENKO: Die Gesch. meines Zeitgenossen (1919) XXVf. XVII. – [9] F. MEHRING: Ges. Schr. und Aufsätze (1929) 2, 249. – [10] PLECHANOW, a. a. O. 304f. – [11] E. VANDERVELDE: Die Entwickl. zum Sozialismus (1902) 233 ff. – [12] Neue Zeit (1913) 98. – [13] Brief an M. Rosenbaum (26. 6. 1917), in: R. LUXEMBURG: Das Menschliche entscheidet – Briefe an Freunde (1964) – [14] Einl. a. a. O. [8] XXV. – [15] PLECHANOW, a. a. O. [4] 228f. – [16] Lenin und Gorki (1964) 345. – [17] K. LIEBKNECHT: Stud. über die Bewegungsgesetze der gesellschaftl. Entwickl. (1922) 334. – [18] Neue Zeit Erg.-H. 12 (1912) 56.

3. *Von der Oktoberrevolution bis zur Diktatur Stalins.* – Für die Periode der revolutionären Diktatur, die über Lenins Tod hinaus andauerte, galt L. TROTZKIS Formel: «Die Partei kommandiert das Proletariat, aber nicht den historischen Prozeß. Es gibt Bereiche, in denen sie direkt und indirekt führt. Es gibt Bereiche, in denen sie nur kooperiert. Es gibt endlich Bereiche, in denen sie sich ausschließlich orientiert. Die K. ist kein Bereich, in dem die Partei aufgerufen ist, zu kommandieren» [1]. Das bedeutete noch keine einschneidende Veränderung in der Definitions-, Relations- und Funktionslage. Die maßgeblichen sowjetrussischen Auffassungen deckten sich mit Auffassungen, die der italienische Rätekommunist A. GRAMSCI und der belgische Revisionist H. DE MAN vertraten.

a) N. BUCHARIN definierte den Stil eines Kw. als «Ausdruck jener Gefühle und Gedanken, jener Stimmungen und jenes Glaubens, jener Eindrücke und jener großen und kleinen Gedankengänge, die ‹in der Luft liegen›», und schrieb zum Inhalt: «Es versteht sich von selbst, daß gerade das künstlerisch gestaltet wird, was im gegebenen Moment und in der gegebenen Zeit in dieser oder jener Form die Menschen beschäftigt» [2]. Das deckt sich mit KAUTSKYS Bestimmung von 1910. – Bei DE MAN war Jaurès' Einfluß unverkennbar, wenn er 1926 erklärte: «Die Kultur einer Zeit ist nichts anderes, als der Ausdruck eines Weltgefühls in bestimmten Formen, deren Gesamtheit der Stil der Zeit ist. Es ist im Wesen dieser Formen begründet, daß sie allgemein sein müssen. Sie sind so gemeinsam wie die Sprache, die ein Volk zu einer Gemeinschaft verbindet, und deren Einfluß sich niemand entziehen kann» [3]. GRAMSCI gründete 1916 seinen Kulturbegriff auf eine Gleichung von Kultur und Kritik; wobei er auf Novalis und Vico zurückgriff, die Aneignung des transzendentalen Selbst bzw. Selbsterkenntnis als Voraussetzung für die Kenntnis anderer ansahen [4].

b) Nach der Oktoberrevolution stand die K. in der Sowjetunion unter dem Anspruch der Diktatur des Proletariats, die klassenlose Gesellschaft zu errichten. LENIN [5] und TROTZKI [6] wandten sich deshalb entschieden gegen Versuche, im Gegenzug zur «bürgerlichen» K. nun eine tonangebende, sozialistische K. zu etablieren. A. LUNATSCHARSKIJ bezeichnete die «sozialistische Kultur der Zukunft» als «die allgemeinmenschliche, außerhalb der Klassen stehende Kultur»; das Proletariat müsse deshalb auf dem Weg dahin «alle Säfte des Bodens, der von einer langen Reihe seiner Vorfahren beackert und gedüngt ist, in sich aufnehmen» [7].

c) LENIN erklärte den «Sowjetstaat» nicht nur zum «Auftraggeber», sondern auch zum «Schützer» der K.: «Jeder Künstler und jeder, der sich dafür hält, nimmt als sein gutes Recht in Anspruch, frei nach seinem Ideal zu schaffen, mag das nun was taugen oder nicht.» Dem Satz ist der Gedanke, daß die Kommunisten «auch diese Entwicklung bewußt, klar zu leiten und ihre Ergebnisse zu formen, zu bestimmen suchen» sollen, untergeordnet; schon dadurch, daß Lenin diese Aufgabe von dem Druck abhob, den der Zarenhof auf die K. ausgeübt hatte [8]. Noch 1929 nannte J. STALIN, der damals im Begriff war, die revolutionäre durch seine persönliche Diktatur abzulösen, die schöne Literatur ein «außerhalb der Partei liegendes und unvergleichlich breiteres Gebiet» [9].

Im Westen bezeichnete H. DE MAN extreme Produkte parteilicher Literatur in der Sowjetunion als «Ersatzindustrie» [10]. GRAMSCI verurteilte am Beispiel der «bürgerlichen» Literatur die «außerkünstlerische Parteinahme des Schriftstellers», weil sie einerseits «reinste legendäre Helden», andererseits «rabenschwarze Bösewichte» gebäre [11].

Anmerkungen. [1] L. TROTZKI: Lit. und Revolution (1925) 219. – [2] N. BUCHARIN: Theorie des hist. Materialismus (1922) 221f. – [3] H. DE MAN: Zur Psychol. des Sozialismus (1926) 318. – [4] A. GRAMSCI: Philos. der Praxis (1967) 20ff. – [5] W. I. LENIN, Werke 25, 509f. – [6] TROTZKI, a. a. O. [1] 184ff. – [7] A. LUNATSCHARSKIJ: Die Kulturaufgaben der Arbeiterklasse (1919) 18f. – [8] C. ZETKIN: Erinnerungen an Lenin (1961) 15f. – [9] J. STALIN, Werke 11, 292. – [10] DE MAN, a. a. O. [3] 315. – [11] A. GRAMSCI: Briefe aus dem Kerker (dtsch. 1956) 116.

4. In der Sowjetunion schlug die revolutionäre Diktatur in die totalitäre um, als die Partei beanspruchte, in allen Bereichen zu führen. Für die K. begann der totalitäre Druck 1932, setzte während des Krieges aus und endete ab 1950. Der Künstler war laut Stalin «Ingenieur der Seele» [1]. Für die K. wurde der *sozialistische Realismus* verbindlich, den der Journalist I. GRONSKIJ 1932 verkündete [2] und der Parteisekretär A. SHDANOW 1934 auf dem 1. Schriftstellerkongreß kodifizierte. – Demgegenüber trachteten in der Sowjetunion G. LUKÁCS und M. LIFSCHITZ, «die echte Ästhetik von Marx auszugraben und weiterzubilden» [3]; in westlichen Ländern bezogen C. CAUDWELL und M. RAPHAEL Antipositionen.

a) Laut SHDANOW ist K. als sozialistischer Realismus Darstellung des Lebens «nicht einfach als ‹objektive Wirklichkeit›, sondern als Wirklichkeit in ihrer revolutionären Entwicklung. Dabei muß die wahrheitsgetreue und historisch konkrete Darstellung mit der Aufgabe verbunden werden, die werktätigen Menschen im Geiste des Sozialismus ideologisch umzuformen und zu erziehen ... Das setzt voraus, daß die revolutionäre Romantik als integrierender Bestandteil in das literarische Schaffen eingeht, denn das Leben unserer Partei, das ganze Leben der Arbeiterklasse und ihr Kampf besteht in der Verbindung der härtesten, nüchternsten praktischen Arbeit mit dem höchsten Heroismus und mit grandiosen Perspektiven» [4]. Zum Träger der revolutionären Entwicklung wurde in der Folge der «positive Held» bestimmt. In welcher Weise die Geschichte der marxistischen K.-Diskussion verfälscht wurde, zeigt die Verkürzung des Satzes von BELINSKIJ «K. ist unmittelbare Schau der Wahrheit oder Denken in Bildern» zu «Nach Belinskij ist die K. ... ein Denken in Bildern» [5].

LIFSCHITZ erklärte 1933 K. als «speziellen Fall der Verwirklichung einer Idee oder eines Ziels in der dinglichen Welt» und fügte hinzu: «Aber zum Unterschied von der unmittelbar groben Form der Aneignung des Gegenstandes, fängt die Kunst erst dort an, wo der schöpferischen Tätigkeit das universale Maß zugrunde liegt, oder, anders gesagt, wo die Gegenstände und auch ihre Darstellung im menschlichen Kopf nicht durch Einmischung tangentialer Kräfte (einer willkürlichen Tendenz, einer abstrakten Idee) verstümmelt und entstellt werden, sondern wo der Künstler das bearbeitete Material seine eigene Sprache sprechen läßt» [6]. – CAUDWELL leitete 1936 aus der These, K. sei «Illusion», ab, daß Übereinstimmung mit der Wirklichkeit in der K. nicht erforderlich sei und die Wirklichkeit deshalb kein Recht auf die K. habe [7]. – LUKÁCS stellte ebenfalls 1936 der «Abstraktheit der Gesellschaftsauffassung der Vulgärsoziologie» das «Exzeptionelle als typische gesellschaftliche Wirklichkeit» entgegen [8]. RAPHAEL ging in der Analyse des sozialistischen Realismus am weitesten, als er 1934 am Beispiel der Architektur ein «Repräsentationsbedürfnis» ermittelte, das auf «Selbstentfremdung und dem Willen zu ihrer Überwindung in der Phantasie» beruht [9].

b) Im Gegensatz zu Kautsky und Bucharin legte SHDANOW die *Form* der Kw. fest. Indem er die «bürgerliche Kultur» auf den Nenner von «Verfall», «Mystizismus», «Pornographie» brachte [10], trennte er die Belletristik der Sowjetunion von der modernen Weltliteratur. Was zuviel Wirklichkeit zeigte, wurde in der Folge unter dem Siegel des «Naturalismus», was die Entwicklung zu durchsichtig machte, unter dem Siegel des «Formalismus» aus dem Verkehr gezogen; beides galt als Ausdruck der «Dekadenz» der bürgerlichen Gesellschaft. Das heuristische Verfahren war ein direkter Basis-Überbau-Bezug, den STALIN in seiner Abhandlung ‹Über dialektischen und historischen Materialismus› 1936 kanonisierte, wo er, Marx simplifizierend, das «geistige Leben der Gesellschaft» als «Abbild der Bedingungen ihres materiellen Lebens» erklärte [11].

LIFSCHITZ protestierte gegen diese Vereinfachung: «Das Werk Leonardo da Vincis wird aus den Interessen des florentinischen Handels abgeleitet. Cézanne tritt als Vertreter des Finanzkapitals oder irgendeiner ingenieurtechnischen Schicht auf». Er nannte das 1936 «Wahrsagerei aus dem Kaffeesatz», bei der die Vulgärsoziologen den Künstler ertappen wollen, wo er sich verspricht und sein Klasseninteresse ausplappert [12]. RAPHAEL konstruierte schon 1932 in der Abwehr gegen solches «Deduktionsbedürfnis» eine Reihe von Zwischengliedern, durch die von den materiellen Produktivkräften bis zum fertigen K.-Produkt die Vermittlung läuft: gesellschaftliche Verhältnisse, Naturgefühl, die «Ideologien» (Religion, Philosophie, Recht usw.), Mythos, die vorherige künstlerische Entwicklung, die K.-Wollen (Stil) und die Typenspezifizierung des Künstlers [13]. CAUDWELL erklärte grundsätzlich: «K. ist subjektiv», und erläuterte: «Alle K.e müssen auf ihre Art aus der äußerlichen Wirklichkeit auswählen, denn sonst hätten sie nicht genügend Möglichkeiten, der Organisation des Ich Spielraum zu geben» [14]. Um zu erklären, warum ein Künstler in seinem Werk seine zeitbedingten Vorurteile transzendieren kann, weist LUKÁCS darauf hin, «daß die schaffende Subjektivität mit der unmittelbaren Subjektivität» nicht identisch sein kann, und er schied von der «unmittelbar partikularen Künstlerpersönlichkeit» die «ästhetisch relevante» [15].

c) SHDANOW legte im Gegensatz zu Kautsky und Bucharin auch den *Inhalt* der Kw. fest. «Unsere Sowjetliteratur fürchtet sich nicht vor dem Vorwurf, tendenziös zu sein», schloß er, nachdem er den Vorrang der Arbeitswelt verfügt und der K. nicht nur die «Führung der Partei», sondern sogar eine «tagtägliche Anleitung» durch das ZK verschrieben hatte [16]. Das hieß, daß das gesamte künstlerische Schaffen von der Partei bestimmt wurde. Sie erteilte den «gesellschaftlichen Auftrag», der die Thematik der K. an den Feststellungen und Forderungen der Parteikongresse orientierte, und schied das Inkommensurable mittels Zensur aus. Um diese Parteilichkeit zu legitimieren, wurden nicht nur Marx und Engels, sondern auch Lenin verfälscht; so wurde Engels' Einspruch gegen «das ‹Tendenziöse› des sozialistischen Romans» nur als Kritik eines «bestimmten Inhalts des Tendenziösen» ausgegeben [17] und Lenins Artikel ‹Parteiorganisation und Parteiliteratur›, der sich 1905 mit Fragen der Parteipublizistik befaßt hatte, trotz Protests der Witwe zu einer Arbeit aufgewertet, die «die gesamte marxistische Ästhetik auf eine neue, höhere Stufe» gehoben habe [18].

LIFSCHITZ erkannte schon 1933, welche Rolle die Zensur in der K. künftig spielen sollte. Er zitierte Marx: «Die Zensur unterwirft uns alle, wie in der Despotie alle gleich sind, wenn auch nicht an Wert, so an Unwert» und folgerte aus den Zuständen im 19. Jh.: «Die Ästhetik der Zensurgesetzgebung zwingt den Schriftsteller grundsätzlich zur Mittelmäßigkeit» [19]. LUKÁCS trennte 1932 die «Parteilichkeit» von der «Tendenz» [20], nannte im selben Jahr die «bedingungslose Unterordnung unter die höheren Notwendigkeiten von Geschichte und Politik» eine «jakobinische K.-Auffassung», die K. mechanisch dem Zeitgeist unterordne, der K. künftig spielen sollte [21], brachte 1940 solche K. auf den Nenner des «Bürokratismus» [22], gegen den er 1951, im Rückgriff auf Engels' Balzacbild, die «Kurve» und die «Perspektive» ausspielte [23], auf denen der Künstler gleichsam als «Partisan» verkehrt [24]. Lifschitz, Caudwell, Raphael und Lukács haben den repressiven Charakter dieser Parteilichkeit beschrieben. Während RAPHAEL nach anfänglicher Bejahung der Klassenabhängigkeit der K. [25] 1938 zu der Forderung überging, daß eine Klasse, die will, daß der Künstler in ihre Dienste tritt, gleichzeitig auch in die Dienste des Künstlers treten müsse [26], stellten LIFSCHITZ und LUKÁCS die Parteilichkeit der K. nicht grundsätzlich in Frage. Für CAUDWELL stellte sich die Frage nicht. Er vertrat die Position: «Ich, der Künstler, habe ein bestimmtes, von meiner gesellschaftlichen Welt geformtes Bewußtsein ... Diesem Bewußtsein widerspricht meine Erfahrung – das heißt, ich besitze eine *neue* persönliche Erfahrung, etwas in der gesellschaftlichen Welt noch nicht Gegebenes.» Er beanspruchte deshalb für den Künstler die Rolle des Sehers und, wie Plato, die Gabe göttlichen Wahnsinns [27].

Anmerkungen. [1] Große Sowjetenzyklop. Bd. UdSSR (1952) 1558. – [2] I. GRONSKIJ: K. und Lit. (dtsch. 1958) 911. – [3] G. LUKÁCS: Vorwort zu: Die Theorie des Romans (1965) 11. – [4] A. SHDANOW: Über K. und Wiss. (dtsch. 1951) 9f. – [5] G. NEDO-SCHIWIN: Über die Beziehungen der K. zur Wirklichkeit, in: Beitr. zur sozialist. Realismus (dtsch. 1953) 91. – [6] M. LIFSCHITZ: Karl Marx und die Ästh. (1957) 120. – [7] C. CAUDWELL: Illusion und Wirklichkeit (1966) 33f. – [8] G. LUKÁCS: Probleme des Realismus (1955) 91-101. – [9] M. RAPHAEL: Das Sowjetpalais – Eine marxist. Kritik einer reaktionären Architektur (Nachlaß). – [10] SHDANOW, a. a. O. [4] 7. – [11] J. STALIN: Fragen des Leninismus (1947) 659f. – [12] M. LIFSCHITZ: Der Leninismus und die K.-Kritik, in: Int. Lit. 12 (Moskau 1936). – [13] M. RAPHAEL: Die K.-Theorie des dial. Materialismus, in: Philos. H. 3/4 (1932). – [14] CAUDWELL, a. a. O. 209. 254. – [15] G. LUKÁCS: Über die Be-

sonderheit als Kat. der Ästh. (1967) 252. 258. – [16] SHDANOW, a. a. O. [4] 9. 8. 6. – [17] NEDOSCHIWIN, a. a. O. [5] 100. – [18] A. MJASNIKOW: W. I. Lenin und einige Fragen der Lit.wiss. (1953) 26. – [19] LIFSCHITZ, a. a. O. [6] 84. – [20] G. LUKÁCS: Tendenz oder Parteilichkeit? in: Linkskurve 6 (1932). – [21] Kritik der Lit.-Theorie Lassalles, in: Der rote Aufbau 18/19 (1932). – [22] Karl Marx und Friedrich Engels als Lit.Historiker (1952) 156-165. – [23] Balzac und der frz. Realismus (1952) 6f. – [24] Schr. zur Ideol. und Politik (1967) 400. – [25] M. RAPHAEL: Die Situation des jungen Künstlers (geschr. 1932, Nachlaß). – [26] Künstler als Politiker (geschr. 1938, Nachlaß). – [27] CAUDWELL, a. a. O. [7] 205.

Literaturhinweise s. u. IV, 6.   Red.

5. In die Diskussion um den sozialistischen Realismus gehört auch die *Kontroverse zwischen Brecht und Lukács* im Rahmen der sogenannten Expressionismusdebatte (1937/38), deren Schauplatz die Moskauer Emigrantenzeitschrift ‹Das Wort› war [1]. Unter dem Blickwinkel der Volksfrontpolitik gegen den europäischen Faschismus ging es vordergründig um die Einschätzung des bürgerlichen literarischen Erbes. Auf der Seite derer, die den Expressionismus stellvertretend für die gesamte ‹Moderne› als dekadent und präfaschistisch ablehnten, standen u. a. so bekannte Literaturkritiker und Kulturpolitiker wie G. LUKÁCS und A. KURELLA. Auf der anderen Seite insistierten E. BLOCH, H. EISLER, B. BRECHT u. a. auf der Anerkennung des ästhetischen Innovationscharakters der bürgerlichen Avantgardebewegungen. «In unserer Zeit sind durch ... die Veränderung der sozialen Darbietungsform neue Produktionsprobleme entstanden, die sich mit dem Hinweis auf die Größe Beethovens und die Fäulnis im Monopolkapitalismus allein nicht lösen lassen» [2]. Die meisten Beiträge Brechts wurden erst posthum veröffentlicht [3].

Die Expressionismusdebatte steht in einer Reihe von Auseinandersetzungen um eine materialistische Ästhetik. Schon in der ‹Linkskurve›, dem Organ des Bundes Proletarisch-Revolutionärer Schriftsteller gab es 1930–1932 – wiederum unter Beteiligung von LUKÁCS – ähnliche Kontroversen [4]. In beiden Debatten ging es um Grundfragen sozialistischer Ästhetik und Kulturpolitik.

LUKÁCS hat seine Beiträge zur Expressionismusdebatte und zum K.-Begriff im Aufsatz ‹Es geht um den Realismus› [5] zusammengefaßt. Er begreift K. als «eine besondere Form der Widerspiegelung des objektiven Wirklichkeit» [6]. In bewußter Tradierung der Hegelschen Ästhetik rückt er die Erkenntnisproblematik ins Zentrum seiner Überlegungen. Der Künstler habe die Wirklichkeit nicht wiederzugeben, wie sie «unmittelbar *erscheint*», sondern wie sie «tatsächlich *beschaffen ist*» [7]. Der praktischen «*Unmittelbarkeit*» der Alltagswahrnehmung stellt Lukács die Notwendigkeit der «*Vermittlungen*» [8] von Wesen und Erscheinung in der K. gegenüber, die allein Wahrheit garantiere. Für den Schaffensprozeß des Künstlers ergebe sich daraus zwangsläufig eine «*doppelte Arbeit*» [9]: «nämlich erstens das gedankliche Aufdecken und künstlerisch-gestalterische Zeigen dieser Zusammenhänge; zweitens aber, und unzertrennbar davon, das künstlerische Zudecken der abstrahiert erarbeiteten Zusammenhänge – das Aufheben des Abstrahierens» [10]. Lukács sieht diese Produktionsweise modellhaft bei den bürgerlichen Realisten des 19. Jh. und ihren Nachfolgern Th. Mann, H. Barbusse, A. M. Gorki u. a. verwirklicht, deren Werke er seinen Gegnern als normative Vorbilder entgegenhält. Ihren – von der künstlerischen Avantgarde aufgegebenen – Anspruch auf die Erfassung gesellschaftlicher Totalität nimmt er wieder auf, um ihn durch die Erfahrungen des historischen und dialektischen Materialismus im Sinne einer wissenschaftlichen Fundierung zu erneuern. «Das Leben des Volkes ist aber objektiv etwas Kontinuierliches. Eine Lehre wie die der ‹Avantgardisten›, die in den Revolutionen ... nur Katastrophen sieht, die alles Vergangene vernichten, ... ist die Lehre Cuviers und *nicht* die von Marx und Lenin» [11].

Diesen Gedanken hat Lukács in seinem nicht mehr zu Ende geführten Spätwerk, der ‹Ästhetik› [12], systematische Gestalt gegeben. Dort situiert er K. als autonome Dimension menschlicher Praxis zwischen Wissenschaft bzw. Bewußtsein und Alltagsleben bzw. Sein als Selbstbewußtsein. «Wenn wir die K. als Selbstbewußtsein der Menschheitsentwicklung bestimmt haben, so ist damit das Moment der Kontinuität in den Mittelpunkt gerückt» [13]. Innerhalb einer einheitlichen Widerspiegelungsproblematik wird nun der desanthropomorphisierenden Erkenntnis der Wissenschaft die anthropomorphisierende der K. an die Seite gestellt: «Während wissenschaftlich Erscheinung und Wesen sauber getrennt werden müssen, damit die Erkenntnis der Gesetze zu den von ihnen erhellten Erscheinungen zurückkehren könne, statuiert das Kw. eine sinnlich-sinnfällige Untrennbarkeit von Erscheinung und Wesen; dieses ist aber nur insofern ästhetisch vorhanden, als es restlos mit der Erscheinungswelt verschmolzen ist» [14]. Gegen Brechts Konzeption einer K. des «wissenschaftlichen Zeitalters» behauptet Lukács, daß der K. Erkennen «durch die desanthropomorphisierende Methode der Wissenschaft prinzipiell versperrt ist» [15]. Mit dieser Ausschließung verschafft er sich Raum für seine zwischen der Allgemeinheit der Wissenschaft und dem Einzelnen des Alltagslebens «vermittelnden» Kategorie der *Besonderheit*, die – logisch und empirisch – ein eigenständiges Terrain der K. konstituieren soll, «ein eigenartiges Zwischenreich, das den unmittelbaren Anschein des Lebens mit dem Durchsichtigwerden der Erscheinungswelt, mit dem Glanz des Wesens organisch vereinigt» [16]. Diese «neue Unmittelbarkeit» [17] kann nach Lukács nur durch die geschlossene Einheit des singulären Werks verwirklicht werden. Seine organische Gestalt, sein «in sich geschlossenes und zugleich individuelles Wesen» [18] ist der Endpunkt künstlerischen Welterkennens. Es hat im Unterschied zur Wissenschaft «prinzipiell definitiven Charakter» [19].

Als *spezifische* Leistung der K. gegenüber Wissenschaft und Alltagsleben wird die Fähigkeit zur Widerspiegelung der Totalität «der Menschheitsentwicklung» [20], die «Umsetzung der extensiven und intensiven Unendlichkeit der objektiven Welt in die intensiv-unendliche Totalität der Kw.e» [21] angegeben. Allein die organische Totalität des Werks bietet nach Lukács die Garantie eines wahren Abbilds des Wirklichen. Diese Bestimmung hat für jedes Kw. zugleich eine zensuristische Funktion: «es drückt entweder das erlebbare Wesen einer wichtigen Etappe der Entwicklung des Menschengeschlechts in einer evokativ wirksamen Weise ... aus, oder existiert für die ästhetische Sphäre überhaupt nicht» [22]. Der Totalitätsbegriff erweist sich darüber hinaus als imperialer Gestus gegenüber dem Rezipienten. «Ein Kw. kann als solches nur dann anerkannt werden, wenn es permanent die Möglichkeit in sich birgt, den Rezeptiven zu einer Aufnahme anzuleiten» [23]. Er, der «dem K. als etwas Unveränderlichem gegenübersteht» [24], soll in ausschließlichem Bezug auf das ‹Gestaltete› eine ethische Krise erleben, die zur Katharsis führt.

Trotz der spezifischen und privilegierten Erkenntnisleistung der K. bedarf ihre Wahrheit bei Lukács einer letzten externen Sicherung durch die marxistische Theorie. «Das ändert aber nicht die prinzipielle Aufgabe des dialektischen Materialismus, dieses Entweder-Oder einer ästhetischen Existenz der Werke festzustellen» [25]. Marxistische Ästhetik als desanthropomorphisierendes Bewußtsein der K. *und* des Lebens gewinnt auf diese Weise eine dominierende Rolle, weil sie nicht nur ohnehin schon weiß, was die K. zur Anschauung bringt, sondern weil sie darüber hinaus die K. auf die Richtigkeit ihrer spezifischen Erkenntnis (Widerspiegelung) und die Angemessenheit ihrer Verfahren (Realismus) hin überprüft. Zugleich bestimmt allein sie von hier aus die Grenze zwischen K. und Nicht-K.

Brecht ist mit seiner Konzeption des epischen Theaters von Lukács seit dem Aufsatz ‹Reportage oder Gestaltung› (1932) indirekt und direkt bekämpft worden [26]. Während Lukács den extern und intern in eine Krise geratenen K.-Begriff allseitig zu restituieren versucht, stellt sich BRECHT positiv zu den durch die Intervention der kapitalistischen Produktionsweise in das Terrain der K. eingeleiteten Transformationen. Ökonomisierung und Technisierung sind für Brecht nicht Zeichen einer Bedrohung humaner Werte, sondern Realaufhebungen einer historisch überlebten K.-Form, die der politische und ästhetische Avantgardist [27] zu benutzen hat. «Es wird nicht angeknüpft an das gute Alte, sondern an das schlechte Neue. Es handelt sich nicht um den Abbau der Technik, sondern um ihren Ausbau» [28]. Die K. kann sich nach Brecht nicht erneuern, indem sie – nun im Dienste einer anderen Klasse – ihre traditionellen Mittel zu neuer ‹Meisterschaft› (Gorki) entwickelt. «Es verändert sich die Wirklichkeit; um sie darzustellen, muß die Darstellungsart sich ändern» [29]. Dies hat den Bruch mit der Ideologie des organischen, die gesellschaftliche Totalität widerspiegelnden Werks zur Konsequenz. An seine Stelle tritt eine für die Politik des Proletariats operationalisierte und funktionalisierte K., deren wichtigste Aufgabe die Herstellung «praktikabler Weltbilder» ist.

Anmerkungen. [1] Vgl. Die Expressionismusdebatte. Materialien zu einer marxist. Realismuskonzeption, hg. H.-J. SCHMITT (1973). – [2] E. BLOCH und H. EISLER: Die K. zu erben a. a. O. 260. – [3] B. BRECHT, Ges. Werke 19 (1967) 290ff.; Arbeitsjournal (1973) 12ff. – [4] Vgl. HELGA GALLAS: Marxist. Lit.-Theorie (1971). – [5] SCHMITT, a. a. O. [1] 192ff. – [6] 198. – [7] ebda. – [8] 202. – [9] 205. – [10] ebda. – [11] 225. – [12] G. LUKÁCS: Ästh. (1963, zit. ²1972). – [13] a. a. O. 2, 156. – [14] 175. – [15] 201. – [16] 3, 49. – [17] 46. – [18] 52. – [19] 2, 261. – [20] 157. – [21] 190. – [22] 3, 54. – [23] 2, 213. – [24] 218. – [25] 3, 54. – [26] Vgl. GALLAS, a. a. O. [4] 135ff. – [27] Vgl. W. BENJAMIN: Der Autor als Produzent, in: Versuche über Brecht (1966) 95ff. – [28] BRECHT, a. a. O. [3] 19 (1967) 298. – [29] 326.

Literaturhinweise. Die Expressionismusdebatte s. Anm. [1]. – HELGA GALLAS s. Anm. [4]. – W. MITTENZWEI: Die Brecht-Lukács-Debatte. Sinn u. Form 19 (1967) 235ff. – alternative Nr. 84/85 (1972). – H. ROSSHOFF: Die ästhet. Theorie des späten Lukács, in: Lit.wiss. u. Sozialwiss. 4: Erweiterung der materialist. Lit.-Theorie durch Bestimmung ihrer Grenzen (1974) 213ff.
K.-M. BOGDAL

6. Die Periode des sozialistischen Realismus ging zu Ende, als STALIN die Notwendigkeit sah, die totalitäre Diktatur in ein sozialistisches Staatswesen überzuführen. Stalin entschloß sich daher, einige Bereiche aus der Herrschaft der Partei zu entlassen. Auftakt war sein Aufsatz über die Sprachwissenschaft (1950), in dem er schrieb, die Sprache sei nicht von Klassen, sondern von der Gesellschaft, dem Volk, der Nation hervorgebracht worden [1]. In der Folge wurden zunächst die Logik und die Naturwissenschaften ihres Klassencharakters entkleidet. K. hatte Stalin noch zum Überbau geschlagen; sie geriet

jedoch auch in den Strudel der Exemtionen, der elementare Bereiche ergriff, als Stalin 1952 in seiner letzten Schrift ‹Ökonomische Probleme des Sozialismus in der UdSSR› sich anschickte, die Politisierung der Nationalökonomie einzudämmen.

G. MALENKOW, sein designierter Nachfolger, zog aus dieser Lage für die K. auf dem XIX. Parteitag 1952 umwälzende Folgerungen. Er warf ihr vor, die Wirklichkeit der Sowjetgesellschaft entstellt zu haben, rief die Künstler zur Satire auf und forderte, die Lüge aus der K. auszumerzen. Die entscheidenden Sätze waren: «Nach marxistisch-leninistischer Auffassung bedeutet das Typische keineswegs irgendeinen statistischen Durchschnitt. Typisch ist, was dem Wesen der gegebenen sozialen und historischen Erscheinung entspricht, und ist nicht einfach das am häufigsten Verbreitete, oft Wiederkehrende, Gewöhnliche. Bewußte Übertreibung und Zuspitzung einer Gestalt schließt das Typische nicht aus, sondern offenbart und unterstreicht es vollständiger» [2]. Der Begriff ‹sozialistischer Realismus› tauchte in der Rede nicht mehr auf. Sie legte Inhalt und Form eines Kw. nicht mehr fest. Der positive Held verlor mit dem Ruf nach Satire seine Dominanz, die revolutionäre Romantik war als Lüge deklassiert. Das Junktim zwischen Wirklichkeit und revolutionärer Entwicklung wurde durch den Begriff des Typischen ersetzt, das den transzendierenden Charakter der K. einschloß. Die Umwälzung ging einher mit Ankündigungen über die «Festigung unseres Staates» und über den Schutz der «Kritik von unten» [3]. – Die sowjetrussische Belletristik versuchte daraufhin, wieder an den Stand von 1932 und an die gegenwärtigen Richtungen der Weltliteratur anzuknüpfen.

Das änderte sich auch nicht wesentlich, seitdem die KPdSU in Chrustschows «Partei-Renaissance» ihre tendenzielle Entmachtung durchkreuzte. Die Führung in allen Bereichen war jedoch nur noch mit substantiellen Zugeständnissen restaurierbar; sie beschwören permanent Konflikte herauf, die nicht prinzipiell, sondern nur von Fall zu Fall gelöst werden können. Für die K. begann der Gegenzug schon kurz vor Malenkows Entmachtung, als Ende 1954 das ZK in seiner Grußbotschaft an den II. Schriftstellerkongreß den sozialistischen Realismus restaurierte, die Wirklichkeit mit der Parteilichkeit und das Typische mit dem Vorbildlichen verknüpfte, ohne das jeweils erste durch das jeweils zweite verbindlich festzulegen [4]. N. CHRUSTSCHOW scheute 1963 angesichts der wachsenden Enthüllungsliteratur sogar vor verbalen Rückgriffen auf Shdanow nicht zurück [5]. Nach Chrustschows Entmachtung versuchte A. RUMJANZEW die partielle Reideologisierung der K. aufzuheben, indem er die Restauration der Schönfärberei angriff, bestritt, daß sich die erzieherischen Aufgaben der Belletristik darauf beschränken sollen, Vorbilder zu schaffen, den Künstlern das Recht einräumte, auch einseitig zu sein, und das Ausspielen von Parteilichkeit gegen die Intelligenz als «demagogisches und halbanalphabetisches Auftreten gegen die Kultur» bezeichnete [6]. Der Einbruch wurde 1966 wieder begradigt, als A. MJASNIKOW auf der Realismus-Konferenz des Maxim-Gorki-Instituts zugestand, daß K. und Leben nicht identisch seien, aber einwandte, daß K. deshalb auch noch nicht autonom sei; zugab, daß der Künstler vom Leben lernen solle, aber leugnete, daß das Leben immer die Wahrheit spreche, und einräumte, daß Lesenkönnen noch nicht dasselbe sei wie K. verstehen, aber dabei den Drang der Künstler nach Originalität und modischen Effekten rügte [7]. Das wirkte

noch weniger verbindlich als die Grußbotschaft von 1954. Die Künstler setzten sich in der Mehrzahl darüber hinweg, wofür die Partei sie von Fall zu Fall zur Rechenschaft zog.

In einigen sozialistischen Ländern ging die Exemtion theoretisch weit über die Diskussionen in der Sowjetunion hinaus: seit 1955 in *Polen*, vor allem durch J. KOTT, der gänzlich den Boden marxistischer Theorie verließ [8]; in *Ungarn* seit 1955, vor allem durch G. LUKÁCS, der in seinen letzten Jahren den Marxismus einer Ontologie des gesellschaftlichen Seins annäherte [9]; in der *Tschechoslowakei* seit 1963, vor allem durch K. KOSIK, der sich durch die Dogmengeschichte zum originären Marx hindurchzuarbeiten trachtete. [10]

In gewissem Gegenzug gegen die offizielle K.-Politik aber hatte bereits 1956 A. I. BUROW in der Sowjetunion eine marxistische K.-Philosophie entworfen, die die traditionellen Interpretamente (K. als Überbau, als Widerspiegelung) umformte und eine große Diskussion auslöste: K. sei das Organ, das nicht wie die Wissenschaften nur einzelne Seiten des Menschen, sondern seine «lebendige Ganzheit», die «Wahrheit des menschlichen Charakters» darzustellen vermag [11]. In den westlichen Ländern ist dann eine ganze Reihe marxistischer Ästhetiken entstanden, die Elemente des historischen Materialismus aufnehmen und produktiv weiterbilden. Nach E. FISCHER entstammt die K. der Magie; es sei «Wurzel und Wesen der K.», das mit der wachsenden Macht über die Natur sich entwickelnde Ohnmachtgefühl zu bewältigen. Auch und gerade in der Moderne bleibe K. notwendig, indem sie das entfremdete Verhältnis von Mensch und Natur und die Spannung zwischen Einzelnem und Kollektiv virtuell auflöse und damit zugleich die Wirklichkeit verändere [12]. Vor allem gegen eine zu eng gefaßte Realismus- und Widerspiegelungstheorie sind R. GARAUDYs Überlegungen zur K. gerichtet: K. ist «Erkenntnis der schöpferischen Kraft des Menschen in der unerschöpflichen Sprache des Mythos», d. h. sie gibt «Modelle» für die Beziehung des Menschen zu seiner Welt und macht bewußt, daß die Wirklichkeit nicht nur etwas Gegebenes, sondern eine Aufgabe ist [13]. Daneben haben auch H. LEFÈBVRE [14], L. GOLDMANN [15] und L. KOFLER [16] neue Argumente und Perspektiven in die marxistische K.-Philosophie eingebracht.

Anmerkungen. [1] J. STALIN: Der Marxismus und die Fragen der Sprachwiss. (1951) 10. – [2] G. MALENKOW: Rechenschaftsber. des ZK der KPdSU (B) an den XIX. Parteitag (1952) 73-75. – [3] a. a. O. 80. 90. – [4] K. und Lit. 2 (1955). – [5] N. CHRUSTSCHOW und K. ILJITSCHOW: Die K. gehört dem Volke (1963) 111. 140. – [6] A. RUMJANZEW: Über die Parteilichkeit in der schöpferischen Arbeit der sowjet. Intelligenz, in: Sonntag (29. 6. 1965). – [7] A. MJASNIKOW: Sozialist. Realismus und Lit.-Theorie, in: Sinn und Form 3 (1967). – [8] J. KOTT: Shakespeare heute (1964). – [9] G. LUKÁCS: Gespräche mit Georg Lukács (1967). – [10] K. KOSIK: Die Dial. des Konkreten (1967). – [11] A. I. BUROW: Das ästhet. Wesen der K. (russ. Orig.-A. Moskau 1956, dtsch. 1958); vgl. W. OELMÜLLER: Neue Tendenzen und Diskussionen der marxist. Ästh., in: Philos. Rdsch. 9 (1961) 181-203. – [12] E. FISCHER: Von der Notwendigkeit der K. (1959; umgearb. A.: engl. London 1962, dtsch. 1967); K. und Koexistenz (1966); Überlegungen zur Situation der K. (1971). – [13] R. GARAUDY: Marxisme du 20e siècle (Paris/Genf 1966, zit. dtsch. 1969) 162; D'un réalisme sans rivages (Paris 1963); Esth. et invention du futur (Paris 1971). – [14] H. LEFÈBVRE: Contribution à l'esth. (Paris 1953, dtsch. 1956). – [15] L. GOLDMANN: Le dieu caché (Paris 1955). – [16] L. KOFLER: Das Apollinische und das Dionysische in der utopischen und antagonistischen Gesellschaft, in: Festschr. G. Lukács (1965).

Literaturhinweise. M. LIFSCHITZ: Karl Marx und die Ästhetik (1957,² 1967). – P. DEMETZ: Marx, Engels und die Dichter – Zur Grundlagenforsch. des Marxismus (1959). – W. OELMÜLLER s. Anm. [11]. – H.-D. SANDER: Marxist. Ideol. und allg. K.-Theorie (1970, erw. ²1975).   Red.

7. E. Bloch; die Frankfurter Schule. – Für BLOCH [1] ist das utopisch-antizipatorische Moment von K. deren wesentlichstes Konstituens: «... jedes große Kw. [ist], außer seinem manifesten Wesen, auch noch auf eine *Latenz der kommenden Seite* aufgetragen, soll heißen: auf die Inhalte einer Zukunft, die zu seiner Zeit noch nicht erschienen waren, ja letzthin auf die Inhalte eines noch unbekannten Endzustands» [2]. So wird Blochs Ästhetik zu einer ‹Ästhetik des Vor-Scheins›, und «das große Kw. ein Abglanz, ein Stern der Antizipation» [3], dessen utopischen Verweisungscharakter Bloch zweifach zu begründen versucht. Einmal ontologisch: das Kw. drücke die im Seienden selbst angelegten Tendenzen zum erhofften Endzustand von Geschichte aus; am reinsten in der Musik durch ihre größtmögliche Differenz zur Empirie des Seienden. Zum anderen anthropologisch: die in den Tagträumen der Menschen auftauchenden Hoffnungen, Wünsche, Sehnsüchte sollen Bedingung der Möglichkeit sein, daß das in den Kw.en vorerst nur als Schein Existente dereinst Wirklichkeit werde: «*Der Tagtraum als Vorstufe der K.* intendiert so besonders sinnfällig Weltverbesserung» [4]. – Der skizzierte ästhetische Ansatz führte Bloch zu einer intensiven Beschäftigung mit Phänomenen wie Kitsch und Kolportage, um hier bereits durch Tagträume bedingte utopische Gegenwartsüberschreitungen festzumachen; führte ihn weiter zu Anstrengungen, den ästhetischen Schein zu retten und zu legitimieren; führte ihn aber nicht zu einer angemessenen Beurteilung moderner K.: sie galt ihm in ihrer Scheu vor positivem Ausdruck von Utopie als bürgerlich und dem Untergang geweiht.

Auch W. BENJAMIN sah «in jedem wahren Kw. ... die Stelle, an der es den, der sich darein versetzt, kühl wie der Wind einer kommenden Frühe anweht» [5]. Die an diesen Stellen schockartig aufblitzende Erkenntnis eines utopisch Anderen, das quersteht zum mythischen Wiederholungszwang der Geschichte als einer Geschichte von Katastrophen, hielt Benjamin allerdings für höchst gefährdet: Die sich in «dialektischen Bildern» (s. d.) niederschlagenden Erfahrungen vergangener messianischer Augenblicke müssen immer wieder neu zur Lesbarkeit gebracht werden, um die «Schätze, die sich auf dem Rücken der Menschheit häufen ... dergestalt in die Hand zu bekommen» [6]. Das ist Aufgabe der Kritik. Sie betreibt die «Mortifikation der Werke» [7], um deren Wahrheitsgehalt von ihrem Sachgehalt zu scheiden [8]. So ist Benjamins Theorie der K. eine Theorie der Erfahrung [9]. Mystische Erleuchtung soll profan werden [10], die einsam-kontemplative Rezeption von Kw. durch das vereinzelte Individuum soll – nach dem Verfall der Aura (s. d.) und nach Entstehen von Photographie und Film – abgelöst werden durch die «zerstreute Rezeption» der Massen: «Die technische Reproduzierbarkeit des Kw. verändert das Verhältnis der Masse zur K. Aus dem rückständigsten, zum Beispiel einem Picasso gegenüber, schlägt es in das fortschrittlichste, zum Beispiel angesichts eines Chaplin, um» [11]. Dies geschieht, weil der Film *kollektiv* rezipiert wird und es so zur Möglichkeit einer gegenseitigen Kontrolle der Zuschauer komme, in der kulinarisches und kritisches Interesse zusammenfalle. Aber auch, weil der Film das tägliche Leben der Kinobesucher abbilde, womit diese zu Sachverständigen würden. Schließlich, weil die Kamera als ein technisches Medium, das zwischen Auge und Wirklichkeit schiebt, viel tiefer ins «Gewebe der Gegebenheiten» eindringe als etwa der Blick des Malers. – Technik wird damit zum wichtigsten Formelement postauratischer K.

Die im Film und in der Photographie verwendeten Techniken testen die Wirklichkeit und eröffnen den Weg einer praktischen Veränderung dieser Wirklichkeit im Sinne des Sozialismus. Die Verwendung der je fortgeschrittensten Techniken in der K. soll zudem die richtige politische Tendenz und auch die ästhetische Qualität der Werke garantieren. – Daß der Faschismus auf die intendierte und, laut Benjamin, in der Sowjetunion in den zwanziger Jahren ansatzweise bereits realisierte «Politisierung der K.» seinerseits mit einer «Ästhetisierung der Politik» reagierte, ist dabei Benjamin ebenso wenig entgangen wie «der vom Filmkapital geförderte Starkultus», der «auf das Einschrumpfen der Aura mit einem künstlichen Aufbau der *personality* außerhalb des Ateliers» antwortete [12].

TH. W. ADORNO teilt nicht Benjamins Hoffnung auf das Aufgehen von K. in (sozialistischer) Lebenspraxis. In der mit M. HORKHEIMER verfaßten ‹Dialektik der Aufklärung› [13] wird ein anderes mögliches Ende von K. beschrieben: ihr falsches Ende in der Kulturindustrie. In Fernsehserien, Filmen, Schlagern usw. weist nichts über das Bestehende hinaus, und der ästhetische Nominalismus, der die Entwicklung der K. von der Romantik bis zum Expressionismus vorantrieb, äußert sich in der Kulturindustrie als Vorherrschaft des isolierten Effekts: «Die sogenannte übergreifende Idee ist eine Registraturmappe und stiftet Ordnung, nicht Zusammenhang» [14]. Die Spannung zwischen Ganzem und Detail ist vergangen. Das, was sich den präfabrizierten Rastern love story, novelty song usw. nicht einfügt, wird zugelassen nur in der depravierten Form kalkulierter Gags. In ihrer Aussonderung all dessen, was in ihre Produktionsraster nicht paßt, entspricht die Kulturindustrie genau demjenigen Typus von Rationalität, der nach der Kritischen Theorie der universell vorherrschende geworden ist. Die «technische Rationalität» hat zwar die «Befreiung vom Mythos» gebracht und das mimetische Verhalten der Menschen zur Natur abgelöst durch Naturbeherrschung, aber sie kann Natur nur noch begreifen unter dem Aspekt von Berechenbarkeit, Verfügbarkeit und Herrschaft. Mittel der Herrschaft ist der Begriff: Was mit ihm nicht identisch ist, das Besondere, wird ausgestoßen. Die einseitig instrumentell gewordene Vernunft kann von ihrem Wahn, alles Fremde, alles an Natur Erinnernde, verfolgen und disponibel machen zu müssen, nur geheilt werden, indem sie daran erinnert wird, was am Menschen selbst Natur ist. «Eingedenken der Natur im Subjekt» [15] – dieser Appell erhält seine Evidenz durch die Entfaltung des Begriffs der ästhetischen Erfahrung, wie ihn ADORNOS ‹Ästhetische Theorie› [16] zunächst an der «Erfahrung des Naturschönen» festmacht. Dies geschieht gegen Hegel: «Was Hegel jedoch dem Naturschönen als Mangel vorrechnet, das dem festen Begriff sich entziehende, ist die Substanz des Schönen selbst» [17]. Zwar hält sich die Erfahrung des Naturschönen «diesseits der Naturbeherrschung», doch führt «die Anamnesis der Freiheit im Naturschönen ... irre, weil sie Freiheit im älteren Unfreien sich erhofft» [18]. Damit ist die Notwendigkeit von K. gegeben. K. stellt den Zustand eines versöhnten Subjekt-Objekt-Verhältnisses nicht als vergangenen, sondern als zukünftigen dar (vgl. Bloch). Durch Verwendung der je fortgeschrittensten Techniken im Kw. (vgl. Benjamin [19]) bekommt K. einen geschichtlichen Index. In der «Zweckmäßigkeit ohne Zweck» (Kant) des ästhetischen Gebildes ist Technik kritisch gewendet: Sie dient nicht mehr der Naturbeherrschung, sondern dem mimetischen Ausdruck von

Natur. Die «ästhetische Rationalität» zeigt der technischen, was möglich wäre, wenn die Gesellschaft vernünftig organisiert wäre. Der ästhetische Schein ist der Schein der Versöhnung. Von der inkommunikativen, sich hermetisch abschließenden modernen K. (z. B. Beckett), die Utopie nur noch negativ, als abwesende, ausdrückt, fällt ein neues Licht auf die vergangene klassizistische: daß deren organisch-glatter Konstruktion etwas außerhalb ihrer selbst entspräche, wird fraglich angesichts der Erfahrungen der Moderne, die plötzlich den Wahrheitsgehalt gerade der brüchigen und der fragmentarischen Werke der Vergangenheit erkennt (z. B. Beethovens Spätwerk). Ist auch K. für Adorno die Chiffre eines anderen, das sich in diskursiver Sprache nicht ausdrücken läßt (daher auch Adornos Verdikt über politisch funktionalisierte K.), so bedürfen die Kw.e dennoch, um als «Schrift» lesbar zu werden, der Philosophie, die ihren «Rätselcharakter» aufschlüsselt, während, umgekehrt, Adornos Philosophie, die dem Nicht-Identischen zum Ausdruck verhelfen will, immer auf geschichtsphilosophisch fundierte Ästhetik bezogen ist. K. braucht die «Philosophie, die sie interpretiert, um zu sagen, was sie nicht sagen kann, während es doch nur von K. gesagt werden kann, indem sie es nicht sagt» [20].

In ideologiekritischer Absicht bestimmte H. MARCUSE 1937 den Charakter der bürgerlichen Kultur als affirmativ: «Auf die Not der isolierten Individuums antwortet sie mit der allgemeinen Menschlichkeit, auf das leibliche Elend mit der Schönheit der Seele, auf die äußere Knechtschaft mit der inneren Freiheit, auf den brutalen Egoismus mit dem Tugendreich der Pflicht» [21]. Zugute hält er der «große[n] bürgerliche[n] K.» nur, daß «sie neben dem schlechten Trost und der falschen Weihe auch die wirkliche Sehnsucht in den Grund des bürgerlichen Lebens gesenkt» hat [22]. So hält Marcuse am positiven Sinn ästhetischer Erfahrung fest; sei diese doch «völlig anders als die alltägliche oder die wissenschaftliche Erfahrung eines Objekts» [23]: Sie transzendiert das «Reich der Notwendigkeit». Marcuses Interesse gilt nicht so sehr den Konstitutionsprinzipien von K. (seine an Baumgarten, Kant, Schiller und Hegel orientierte Ästhetik könnte man durchaus als traditionell bezeichnen) als vielmehr der Frage, wie sich das antizipatorische Potential der ästhetischen Erfahrung in gesellschaftsverändernde Praxis überführen läßt; wie sich die «Eindimensionalität» des verdinglichten Bewußtseins aufbrechen läßt zugunsten jener großen «Weigerung», die ihr Einverständnis mit der «repressiven Toleranz» einer Gesellschaft kündigt, deren Kultur auf Triebunterdrückung basiert (vgl. Freud), da sie Sinnlichkeit nur zuläßt in der sublimierten Form des Kw. «Die Ent-Sublimierung der Vernunft ist ein ebenso wesentlicher Vorgang für die Entstehung einer neuen Kultur, wie die Selbst-Sublimierung der Sinnlichkeit», heißt es folglich programmatisch bei Marcuse [24], der 1969 in ‹Versuch über die Befreiung› in der neuen Sensibilität der neuen Linken (Living Theatre, Happenings usw.) bereits Ansätze einer gelungenen Lösung des «Problem[s] einer nicht am Werk orientierten Ästhetik» [25] sah, während er 1972 in ‹Counterrevolution and Revolt› [26] seinen Optimismus mäßigte, vor der Verwechselung von ästhetischen Revolutionen mit gesellschaftlichen warnte und, indem er der K. mehr Autonomie zuerkannte als früher, sich der Position Adornos näherte.

Anmerkungen. [1] Vgl. G. UEDING (Hg.): Ästh. des Vor-Scheins 1. 2 (1974). – [2] E. BLOCH: Das Prinzip Hoffnung (1959) 110. – [3] Geist der Utopie (1962) 151. – [4] a. a. O. 106. – [5] W. BENJA-

MIN: Passagen (Ms.), zit. nach R. TIEDEMANN: Stud. zur Philos. W. Benjamins (1965). – [6] Angelus Novus (1966) 312. – [7] Ursprung des dtsch. Trauerspiels. Ges. Schr. I/1 (1974) 357. – [8] Goethes Wahlverwandtschaften a. a. O. 125ff. – [9] Vgl. J. HABERMAS: Bewußtmachende oder rettende Kritik – die Aktualität Walter Benjamins, in: Zur Aktualität Walter Benjamins (1972) 175-223, bes. 201. – [10] BENJAMIN, a. a. O. [6] 202. – [11] Das Kw. im Zeitalter seiner technischen Reproduzierbarkeit. Ges. Schr. I/2 (1974) 496f. – [12] a. a. O. 506ff. 492; vgl. G. PLUMPE: K.-Form und Produktionspraxis im Blick auf Lu Märten, in: Arbeitsfeld: Materialist. Lit.-Theorie, hg. BOGDAL u. a. (1975) 193-228, bes. 208ff. – [13] M. HORKHEIMER und TH. W. ADORNO: Dial. der Aufklärung (Amsterdam 1947). – [14] a. a. O. 150. – [15] 55. – [16] TH. W. ADORNO: Ästhet. Theorie (1970). – [17] a. a. O. 118. – [18] a. a. O. 104. – [19] Im Gegensatz zu Benjamin trennt Adorno allerdings industrielle und ästhet. Technik; vgl. B. LINDNER: Brecht/Benjamin/Adorno, in: Bertolt Brecht 1 (Sonderbd. TEXT + KRITIK) 14-36, bes. 24ff.; P. BÜRGER: Theorie der Avantgarde (1974) 132. – [20] ADORNO, a. a. O. [16] 113. – [21] H. MARCUSE: Kultur und Gesellschaft 1 (¹⁰1971) 66. – [22] a. a. O. 67. – [23] Eros und Kultur (1957) 173. – [24] a. a. O. 190. – [25] Vgl. H. PAETZOLD: Neomarxist. Ästh. 2 (1974) 102. – [26] Dtsch. Konterrevolution und Revolte (1973).

Literaturhinweise. Antworten auf Herbert Marcuse, hg. J. HABERMAS (1968). – L. KOFLER: Abstrakte und absurde Lit. (1970). – W. R. BEYER: Die Sünden der Franfkurter Schule (1971). – TEXT + KRITIK 31/32: Walter Benjamin (1971). – O. K. WERKMEISTER: Ende der Ästh. (²1971). – M. VACATELLO: Th. W. Adorno: il rinvio alla prassi (Florenz 1972). – TH. BAUMEISTER und J. KULENKAMPFF: Geschichtsphilos. und philos. Ästh., in: Neue H. für Philos. 5 (1973) 74-104. – M. JIMENEZ: Adorno: art, idéol. et théorie de l'art (Paris 1973). – FR. GRENZ: Adornos Philos. in Grundbegriffen (1974). – G. KAISER: Benjamin, Adorno (1974).

                               S. ISELE

V. Fortführung und Auflösung der ästhetischen Tradition; Neuansätze. – 1. *Psychologische Ästhetik und Neukantianismus.* – Die Ästhetik des beginnenden 20. Jh. stand zunächst im Zeichen der Faszination, die die neuere *Psychologie* ausübte. Für W. WUNDTS ‹Völkerpsychologie› haben (wie die Sprache in der Vorstellung, die Sitte im Willen) Mythos und K. ihren Grund im Gefühl, und zwar spiegeln sich in ihnen «die Gefühle und Triebe in ihrem Einfluß auf den allgemeinen Vorstellungsinhalt» [1]. Ästhetik wird als angewandte Psychologie betrieben. TH. LIPPS hat auf der Grundlage seiner Einfühlungspsychologie das Kw. als Gegenstand eines spezifisch ästhetischen Genusses untersucht und an ihm im wesentlichen drei Grundzüge aufgewiesen: a) Idealität, d. h. Isoliertheit gegenüber der realen und gedanklichen Welt (K. ist Darstellung, Repräsentation von Wirklichkeit, nicht diese selbst), b) Realität (K. hat den Charakter zweifelsfreier Gegebenheit), c) Tiefe (im Kw. liegen «die Bedingungen jenes Hinabsteigens zu dem Menschlichen und menschlich Bedeutsamen») [2]. Wie das Sinnliche des Kw. zum Funktionsträger ideeller Inhalte wird, so wird das empirische Ich im ästhetischen Genuß in ein ideelles, überindividuelles Ich hinübergehoben. Ästhetisches Subjekt und Objekt sind letztlich identisch: Das Kw. bannt das Ich in seine Sphäre, gleichwohl wird sein Inhalt in der «Zwiesprache» der Betrachtung durch das Ich in das Werk «hineingefühlt» [3]. K.-Genuß ist «objektivierter Selbstgenuß», d. h. «Genuß des Einklangs des in mich eindringenden Lebens ... mit ... der eigenen Lebenssehnsucht» [4]. Bei J. VOLKELT, der Lipps' Standpunkt als «schroffen Purismus der Gegenständlichkeit» kritisierte [5], wird dann die Eigenständigkeit von Werk und Inhalt fast ganz übergangen. Er erhebt aus dem ästhetischen Erleben «Normen», die durch das ästhetische Bedürfnis notwendig gesetzt sind [6]. Kw.e sind Gegenstände, welche diesen Normen, die zugleich menschliche Werte sind, in hervorragender Weise gerecht werden. Volkelt hat später seine Ansicht, beeinflußt durch die Phänomenologie, teilweise korrigiert [7]. – Zum großen Kreis der für ihre Zeit signifikanten K.-Psychologien gehören auch die Arbeiten von K. GROOS, K. LANGE, R. MÜLLER-FREIEN-FELS, M. DERI und E. MEUMANN [7a]. Sie alle haben dem Werkcharakter, der Qualität und dem Geltungsanspruch der K. sowie ihrem Verhältnis zu Kultur und Gesellschaft mehr oder minder nur in Ansätzen gerecht werden können.

Im Gegenzug zu dieser K.-Psychologie, die auch den Begriff des Unbewußten aufnahm, suchen die *Neukantianer* nach genuinen Wertbestimmungen der K. und verankern sie in einer transzendentalen Leistung des Bewußtseins. Anders als Kant trennen sie zumeist die ästhetische von der teleologischen Urteilskraft und die Ästhetik von der Metaphysik ab.

Die Begründer der *südwestdeutschen Schule* haben dabei der K. nur insoweit theoretisches Interesse entgegengebracht, als ihre systematischen Darstellungen der Philosophie auch den Bereich der Ästhetik auszufüllen verlangten. Sie übernehmen weitgehend Kantische Bestimmungen und übertragen sie in die Begrifflichkeit ihrer Wertphilosophie: Kennzeichen des Geschmacksurteils ist die «Freiheit der Wertung von Wunsch und Wille» (W. WINDELBAND [8]); Kw. werden definiert als «Güter, also Wertträger», deren Werte sich in der Kontemplation, im «Schauen» zeigen (H. RICKERT [9]). Der K.-Philosophie wird die Lösung der Frage zugewiesen, «an welchen Faktoren der künstlerische Wert hängt» [10]. J. COHN, hier eigenständig anknüpfend, hat gegen den Psychologismus den spezifisch ästhetischen Wert der K. genannt (er hat u. a. Forderungscharakter) und K. als Einheit von Ausdruck und Gestaltung gefaßt [11]. Auch B. CHRISTIANSEN, F. KREIS, F. J. BÖHM u. a. haben hier für ihre K.-Theorie Anregungen aufgenommen und diese Ansätze – zumeist wegen der Schwierigkeit des Verhältnisses von Wert und Wertträger – umgestaltet [12]. H. GLOCKNER stellte von Rickert ausgehend dessen Erkenntnistheorie eine «Schönschautheorie», der rationalen Urteilssphäre das gestaltende Schauen zur Seite [13]. – Auch R. HÖNIGSWALD hat in seinem eigenständigen Rückgriff auf Kant das Problem der K. in dem der Gestalt gesehen [13a].

Mit ganz anderem Gewicht wurde im *Marburger Neukantianismus* «das Faktum der K.» als ein der Wissenschaft und Sittlichkeit gleichgeordneter Bereich der Kultur theoretisch zum Gegenstand gemacht. H. COHENS systematische Ästhetik findet die «Gesetzlichkeit», aus der K. hervorgeht, in einer Urform des Bewußtseins, im «reinen Gefühl», das letztlich in der Liebe gründet. Diese ist deshalb der «Urquell der K.» ,und die K. vollzieht «die Vollendung der Liebe» [14]. Indem aber das ästhetische reine Gefühl sich näher als reine Humanität, als «Liebe zur Natur des Menschen» bestimmt, hat die K. in all ihren Formen auch nur ein einziges Objekt, den Menschen in seiner Einheit von Leib und Seele: «Der Mensch ist das Urmodell der K.» Die Liebe zum Menschen das Urgefühl des K.-Schaffens, wie des K.-Genießens. In diesem Urmodell treten alle Richtungen des Bewußtseins in Spannung, die Erkenntnis, wie der Wille. Und aus dieser Spannung schnellt die neue Erzeugungsweise hervor, das reine Gefühl». Die Dominanz der Bewußtseinsrichtungen wird zum Ausgangspunkt für die Einteilung der K.-Gattungen: «Die bildende K. geht unmittelbar hervor aus der Richtung der Erkenntnis und der Natur; Poesie und Musik dagegen erzeugen sich aus der Spannkraft des Willens vorzugsweise» [15]. Im Unterschied zum logischen Denken und sittlichen Handeln konstituiert sich im reinen Gefühl das Ich als Individuum, als

Selbstgefühl; K.-Schaffen ist deshalb «ein unaufhörliches Zurückgehen auf dieses Urgefühl des Individuums» und das K.-Erleben «ein Einkehren in diesen reinen Inhalt» [16]. Indem Natur und Sittlichkeit und so auch Geschichte als Stoff in die K.-Produktion mit eingehen, kommt im System der K.e der Mensch überhaupt, «die Allheit der Züge seines Menschenwesens zur Darstellung» [17]. Die K. ist geschichtlich in unendlicher Entwicklung begriffen, da die Idee der Schönheit ihre unendliche Aufgabe ist.

E. CASSIRER hat zwar eine K.-Philosophie nicht eigens ausgeführt, aber in seinen Schriften – zumal nach seiner Begegnung mit Aby Warburg – ihren Grund gelegt [18]. Wie Sprache und Mythos darf auch die K. nicht als Abbild vorgegebener Wirklichkeit, sie muß als «symbolische Form», d. h. als «Sinngebung», als Setzung einer «Welt des Sinnes» verstanden werden [19]. Zunächst noch an Magie gebunden, löst sich die «Bildwelt» von der Sphäre der Wirksamkeit (Mythos) und Bedeutung (Sprache) ab und konstituiert sich als ästhetische Welt des Scheins, die der Geist als seine eigne Offenbarung versteht und in der er sich frei weiß [20]. Spricht sich in dieser Welt das «reine Gefühl» aus, so ist doch K. nicht ‹Ausdruck› im Sinne Croces; es kommt vielmehr darauf an zu sehen, «wie das reine Gefühl und die reine Gestalt ineinander aufgehen und eben in diesem Aufgehen einen neuen Bestand und Inhalt gewinnen» [21]. K. ist das Organ für die sinnlich wahrnehmbaren Formen, die sie entdeckt und stiftet. So hat die griechische K. dem Menschen zum Bild seiner selbst verholfen und «die spezifische *Idee* des Menschen als solche entdeckt» [22]. Das Wesen der K. bestimmt sich nach ihrer Funktion, die sie durch ihr Verhältnis zu andren Organen des Geistes, besonders zur Wissenschaft einnimmt: Während diese die Welt durch Begriffe und Gesetze vereinfacht und durch ihre Abstraktionen entleert und verarmt, offenbart die K. den Reichtum von sinnvollen Perspektiven und Formen, die unendlichen Möglichkeiten der Welt [23]. «Während die Wissenschaft eine Gedankenordnung und die Ethik die Ordnung der menschlichen Handlungen anstrebt, ist K. die Ordnung von Wahrnehmungen, sichtbarer, tastbarer und hörbarer Erscheinungen» [24]. K. gehört deshalb konstitutiv zum Aufbau unserer Erfahrungswelt hinzu; sie ist ein «Prinzip des Weltverstehens und eine normative Bestimmung unseres Daseins» [25]. – Cassirers Konzeption gab der K.-Wissenschaft (E. PANOFSKY [26]) Impulse wie der Philosophie: J. RITTER nimmt den Funktionsbegriff des Ästhetischen auf und bringt ihn in seine an Hegel orientierte Theorie der modernen Gesellschaft ein [27].

Anmerkungen. [1] W. WUNDT: Logik der Geisteswiss. 3 (³1908) 232; Völkerpsychol. 3 (²1908). – [2] TH. LIPPS: Ästh. Psychol. des Schönen und der K. 1. 2 (1903, ²/³1920/23) 2, 57-61. – [3] a. a. O. 2, 87f.; a. a. O. 2, 102f. – [5] J. VOLKELT: System der Ästh. 1-3 (1905-1914, ¹1925-1927) 3, 353. – [6] a. a. O. 1, 367-585. – [7] Das ästhet. Bewußtsein (1920); vgl. System der Ästh. 1 (²1927). – [7a] K. GROOS: Einl. in die Ästh. (1892); Der ästhet. Genuß (1902); Beitr. zur Ästh. (1924); K. LANGE: Das Wesen der K. 1. 2 (1901, ²1907); Über den Zweck der K. (1912); R. MÜLLER-FREIENFELS: Psychol. der K. 1. 2 (1912, ²1922/23), 3 (1933); M. DERI: Versuch einer psychol. K.-Lehre (1942); E. MEUMANN: Einf. in die Ästh. der Gegenwart (1908, ⁴1930); Das System der Ästh. (1914); Th. LIPPS: Ästhet. Lit.ber., Ann. systemat. Philos. 4 (1898) 455-482; 5 (1899) 93-123; 6 (1900) 377-409; J. COHN: Psychol. oder krit. Begründung der Ästhetik? a. a. O. 10 (1904) 131-159; EISLER⁴ 1, 120ff. – [8] W. WINDELBAND: Einl. in die Philos. (1914) 359-387, zit. 362. – [9] H. RICKERT: Allg. Grundl. der Philos., in: System der Philos. Teil 1 (1921) 333-338, zit. 334. – [10] a. a. O. 336. – [11] J. COHN: Allg. Ästh. (1901). – [12] P. MAERKER: Die Ästh. der südwestdtsch. Schule (1973). – [13] H. GLOCKNER: Die ästhet. Sphäre. Ges. Schr. 3 (1966) (hierin alle einschlägigen Beitr.). – [13a] R. HÖNIGSWALD: Wiss. und K., hg. G. WOLANDT (1961). – [14] H.

COHEN: Ästh. des reinen Gefühls, in: System der Philos. Teil 3 (1912) 1, 178; vgl. Kants Begründung der Ästh. (1889). – [15] System ... a. a. O. 1, 186. 188. – [16] 1, 200. – [17] 1, 188; vgl. dazu den K.-Begriff bei P. NATORP: Philos. (1911) 106ff.; Philos. Systematik, hg. H. NATORP (1958) 338ff. – [18] E. CASSIRER: Philos. der symbol. Formen 1-3 (1923-1929, ⁴1964); vgl. zum Folgenden P. A. SCHILPP (Hg.): E. Cassirer (1966) bes. Beitr. von H. KUHN (404ff.), K. GILBERT (431ff.) und H. SLOCHOWER (451ff.). – [19] E. CASSIRER: Sprache und Mythos (1925), in: Wesen und Wirkung des Symbolbegriffs (1956, 1965) 71-158, zit. 75f. – [20] a. a. O. 175f.; vgl. Philos. ... a. a. O. [18] 2, 33f. – [21] a. a. O. 1, 26. – [22] 2, 234. – [23] An essay on man (New Haven/London 1944); dtsch. Was ist der Mensch? (1960) 182ff. – [24] a. a. O. 213f. – [25] 215. – [26] E. PANOFSKY: Die Perspektive als symbol. Form, in: Vorträge Bibl. Warburg (1924/25) 258-330. – [27] J. RITTER: Landschaft. Zur Funktion des Ästhet. in der modernen Gesellschaft (1963), in: Subjektivität (1974) 141-163.   G. SCHOLTZ

2. Phänomenologie.

2. *Phänomenologie.* – E. HUSSERL erhebt, gegen den Psychologismus gerichtet, die Forderung, es sei «das ‹Wesen› eines Kw. in reiner Allgemeinheit» zu studieren und das materiale Apriori der K. in einer entsprechenden regionalen Ontologie zu enthüllen [1]. Diese Forderung erfüllt am strengsten R. INGARDEN. Er geht von bestimmten Beispielen (Ausgangsexemplaren) etwa des literarischen oder plastischen Kw. aus; er ideiert und beschreibt in Sätzen, die nach phänomenologischer Ansicht synthetische Sätze a priori sind, was allen betreffenden Werken gemeinsam ist [2]. Seine Bestimmung ist der Art ihrer Bildung nach eine Deskription wesenskonstitutiver Züge.

Ingarden bestimmt z. B. das literarische Kw. [3] als ein Gebilde von «vielschichtigem polyphonen Aufbau» [4]. Das bedeutet: a) Das literarische Kw. besteht – wie jedes literarische Werk – aus den Schichten des Wortlauts, der Bedeutungseinheiten, der schematisierten Ansichten und der dargestellten Gegenständlichkeiten. An diesen zeigen sich dann, wenn das literarische Werk ein Kw. ist, «bestimmte metaphysische Qualitäten»[5]. b) In jeder Schicht konstituieren sich je charakteristische ästhetische Wertqualitäten (etwa der Wohlklang in der Schicht des Wortlauts), die ihrerseits die polyphone und doch einheitliche Wertqualität des Ganzen konstituieren [6]. «Die polyphone Harmonie ist eben die ‹Seite› des literarischen Werkes, die nebst den in ihm zur Offenbarung gelangenden metaphysischen Qualitäten das Werk zu einem Kw. macht» [7].

Hinsichtlich des ontologischen Status des Kw. gilt: Es ist keine ideale oder reale (ursprünglich intentionale) Gegenständlichkeit, sondern ein Gegenstand, der «seine unmittelbare Seinsstütze in der geliehenen Intentionalität einer Wortbedeutung findet»[8]; es ist eine vermittels Wortbedeutungen intendierte bzw. eine abgeleitete intentionale Gegenständlichkeit. – Die Intentionen der physisch (in Papier, Druckerschwärze) fundierten Wortbedeutungen bilden ein identisches und wertneutrales «Skelett», das in der Lektüre zu unterschiedlichen phantasiemäßig anschaulichen und evtl. mit ästhetisch wertvollen Qualitäten behafteten Gegenständlichkeiten konkretisiert wird bzw. «Leben» gewinnt [9]. Nur dann, wenn das Kw. in ästhetischer Einstellung konkretisiert wird und nicht in der des «gewöhnlichen Konsumenten»[10], entsteht der «ästhetische Gegenstand»[11]. – Kw. und ästhetischer Gegenstand werden in der Phänomenologie schon von W. CONRAD [12] unterschieden, ästhetische und außerästhetische Einstellung von M. GEIGER [13] und R. ODEBRECHT [14].

Daß das Kw. weder real noch ideal, sondern beides sei, hat N. HARTMANN in einer der Phänomenologie nahestehenden Weise aktanalytisch begründet: Die Auffassung des Kw. besteht in «zweierlei Schau» [15]: in der Wahrnehmung des «Realgegenstandes» und der «höhe-

ren Schau eines Nichtwahrnehmbaren» [16], u. a. des Ideengehaltes. Von dem «geschichteten Schauen» aus zeigt sich «die Zweischichtigkeit des ästhetischen Gegenstands» [17]: Dieser besteht aus dem (realen, ansichseienden) Vordergrund und dem (irrealen, bloß für-unsseienden bzw. bloß erscheinenden) Hintergrund. Diese Zweischichtigkeit hat Hartmann dann in einer durch Hegel bestimmten Weise aus dem «Gesetz der Objektivation» erklärt: Das Kw. ist «objektivierter Geist», d. h. «Herausstellung eines geistigen Gehalts in die Gegenständlichkeit» [18]; es ist eine «Einheit» von Schichten, die in ihrer Seinsweise grundverschieden sind, und es ist insofern im Reich des Seienden von besonderer «Merkwürdigkeit» [19].

INGARDEN beabsichtigt eine Wesensbestimmung, wobei «Wesen» Momente wie «Ewigkeit» und «Vorbildlichkeit» impliziert. Dies und seine Orientierung an klassischer und realistischer Literatur hat zur Folge, daß z. B. konkrete Poesie (als Poesie, die metaphysischer Qualitäten entbehrt) nicht als K. anerkannt wird [20].

Anmerkungen. [1] E. HUSSERL: Die Idee der Phänomenol. (1958) 79. – [2] Vgl. R. INGARDEN: Das lit. Kw. (1960) 4. – [3] Analog Malerei und Plastik; vgl. Untersuch. zur Ontol. der K. (1962) 139f. u. ö.; nicht so bei Musik; vgl. Erlebnis, Kw. und Wert (1969) 182; vgl. Untersuch. a. a. O. 33. – [4] a. a. O. [2] 27. – [5] a. a. O. 313. – [6] 26. – [7] 313. – [8] 133. – [9] 353ff. – [10] Vom Erkennen des lit. Kw. (1968) 178. 400f. – [11] a. a. O. [2] 19; Erlebnis ... a. a. O. [3] 156; analog Malerei; vgl. Untersuch. ... a. a. O. [3] 241. – [12] W. CONRAD: Der ästhet. Gegenstand. Z. Ästh. u. allg. K.-Wiss. (1908) bes. 78f. – [13] M. GEIGER: Zugänge zur Ästh. (1928) 4f. 17. – [14] R. ODEBRECHT: Gefühl und schöpferische Gestaltung (1929) 34. – [15] N. HARTMANN: Ästh. (1953) 74. – [16] a. a. O. 75; Komplizierung bzgl. Dicht-K. vgl. 105f. – [17] a. a. O. 93. – [18] 83. – [19] Vgl. 90. – [20] INGARDEN, Erlebnis ... a. a. O. [3] 190f.   W. STRUBE

3. Existenzphilosophie, Hermeneutik und philosophische Anthropologie.

3. *Existenzphilosophie, Hermeneutik und philosophische Anthropologie.* – Nachdem in der neuzeitlichen Philosophie Erkenntnis der Wahrheit einerseits und Vergegenwärtigung des Ganzen im schönen Schein der K. andererseits auseinandergetreten sind, wird durch M. HEIDEGGER ein Denken herausgebildet, das Wahrheit nicht als Ergebnis einer Anstrengung der Subjektivität begreift und K. auch nicht mehr als bloßen Schein versteht. In seinem Aufsatz ‹Der Ursprung des Kw.› von 1936 [1] läßt er Künstler, Werk und K. durcheinander bedingt sein und bestimmt nun das Wesen der K. durch das «Werk der K.» [2].

Indem er unterscheidet zwischen dem «Dinghaften», dem «Zeughaften» und dem «Werkhaften» [3], die alle drei Seiendes in verschiedenen Weisen des Seins darstellen, weist er auf, wie sich im Werk der K. «die Wiedergabe des allgemeinen Wesens der Dinge» ereignet [4]. Das Gemälde van Goghs ‹Die Schuhe› zeigt, was das Schuhzeug in Wahrheit ist, es offenbart Dienlichkeit und Verläßlichkeit des Zeuges [5]. «Im Werk ist ... ein Geschehen der Wahrheit am Werk», «das Wesen der K. [ist] dieses: das Sich-ins-Werk-Setzen der Wahrheit des Seienden» [6].

Dies bestimmt Heidegger nun näher, indem er dazu das «Wesen der Wahrheit» [7] und das Wesen der K. durcheinander verdeutlicht. Die Wahrheit zeigt sich im Werk, indem sich im Werk eine Welt lichtet, der das Werk zugehört: «Das Werk hält das Offene der Welt offen» [8]. Gleichzeitig verschließt sich aber im Werk die natürliche und geschichtliche Wirklichkeit und begrenzt so die eröffnete Welt. Dies nennt Heidegger «das Herstellen der Erde» [9]. Dies «Gegeneinander von Welt und Erde», gewonnen am Verhältnis von Form und Stoff [10], läßt als Streit Wahrheit geschehen, d. h. bringt Seiendes in seine Unverborgenheit [11] und noch mehr: läßt «das Seiende im Ganzen» von der Offenheit seines sich-Lichtens her, also das Sein, begegnen [12]. «Dergestalt ist das sichverbergende Sein gelichtet» [13].

Daß das Wesen der Wahrheit sich im Kw. zeigt, geht auch aus der Untersuchung des Wesens der K. hervor. «Wahrheit [hat] aus dem Grunde ihres Wesens einen Zug zum Werk» [14]. «Die Einrichtung der Wahrheit ins Werk ist das Hervorbringen eines solchen Seienden, das vordem noch nicht war und nachmals nie mehr sein wird» [15]. Dieses Hervorbringen tritt im Schaffen der K. heraus [16]. Damit nimmt Heidegger die These Hegels vom Vergangenheitscharakter der K. nach ihrer höchsten Bestimmung [17] zurück. Denn nach ihm eröffnet K. das Wahrsein von Seiendem im ganzen [18].

Das Wesen der K. im Wirken des Werks besteht also darin, den Menschen, zu dem die K. spricht, in die Unverborgenheit des Seins zu stellen, er wird durch das Werk eingerückt «in die Zugehörigkeit zu der im Werk geschehenden Wahrheit» [19]. So ist «die K. die schaffende Bewahrung der Wahrheit im Werk» [20]. K. hat dies gemeinsam mit der Sprache, die auch erst das Seiende durchs Nennen zu seinem Sein bringt. Darum hat nach Heidegger die Dichtung, das Sprachwerk, eine ausgezeichnete Stellung im Ganzen der K.e, denn «das Wesen der Dichtung ... ist die Stiftung der Wahrheit» [21]; er verweist dafür auf Hölderlin.

K. JASPERS unterscheidet die Philosophie als radikale Weltorientierung von anderen Weisen der Weltorientierung: von Religion, Wissenschaft und K., von denen sich in verschiedener Weise abzuheben zum Wesen der Philosophie gehört [22]. Das Allgemeine der K. über allen geschichtlichen Wandel hinweg ist in ihrem «Medium» zu finden: «K. [ist] die Erhellung der Existenz durch eine Vergewisserung, welche das Sein im Dasein anschauend zur Gegenwart bringt». Das Sein ist in ihr «ergriffen ... als Darstellbarkeit» [23]. Während das Philosophieren in einem stets unzulänglichen Streben nach Wahrheit bleibt, erreicht die K. aufgrund ihrer «sich zum Bilde vollendenden Anschauung ... im Sprung die Erfüllung». «K.-Schauen ist kein Zwischensein [wie das philosophische Denken], sondern ein Anderssein». K. befreit in der «Antizipation», in der sie die «Chiffre des Seins im Dasein zur Darstellung» bringt, von der Realität des Daseins: «Abbrechend den Alltag, vergessend die Realität des Daseins erfährt der Mensch eine Erlösung...» [24]. Weil aber K. auf diese Weise Diskontinuität fordert und in ihrem Extrem als «reine K.» unverbindlich wird, wie auch die Möglichkeit des «ästhetischen Lebens» zeigt, das Jaspers im Anschluß an Kierkegaard als «Unernst» bestimmt, weil also K. «gewollte Täuschung eines inneren Bewegtseins von der Gegenwart der fernsten und tiefsten Seinsmöglichkeiten in konkreter Erfahrung» ist, ist Philosophie gegenüber der K. das Übergreifende [25]. Damit ist dann der Standpunkt der idealistischen K.-Philosophie wieder erreicht.

Auch J.-P. SARTRE sieht das Wesen der K. nicht in einem Erkennen, sondern im Gegenteil: «l'œuvre d'art est un irréel» [26]. So lange man auf das Gegenständliche des Dargestellten sieht, erscheint das «ästhetische Objekt» gar nicht. Dies gilt auch noch für die abstrakte Malerei, in der das «reale Objekt» des Bildes, die Leinwand, die Farben usw., auch noch nicht das «ästhetische Objekt» ausmachen [27]. Dieses ist es, was man schön nennt, es ist «isolé de l'univers» [28]. Unter Berufung auf Kants Terminus vom «interesselosen Wohlgefallen» will Sartre den ästhetischen Genuß nur als die Art, ein «irrea-

les Objekt» wahrzunehmen und derart ein «Objekt für die Vorstellung» (objet imaginaire) zu konstituieren, begreifen [29]. K. und Wirklichkeit stehen einander gegenüber wie Traum und Erwachen: «La contemplation esthétique est un rêve provoqué et le passage au réel est un authentique réveil» [30]. Das Bewußtsein verwirklicht als K. in der Imagination seine Freiheit.

A. CAMUS' Reflexion über K. ist hier konsequenter modern. Der absurde Mensch, dem der Sinn seines Daseins zergangen ist und der trotzdem lebt, findet im Kw. die absurde Freude schlechthin: «La joie absurde par excellence, c'est la création» [31]. Denn im Gegensatz zum Denken hält das Kw. das Absurde in seiner sinnlichen Gegebenheit fest: «L'œuvre d'art naît du renoncement de l'intelligence à raisonner le concret. Elle marque le triomphe du charnel». Das Denken in seinem Streben zur Einheit ruft das Kw. zwar hervor, weil es sein eigenes Streben als absurd erkennt, endet aber angesichts des in ihm gegebenen Ausdrucks: «L'expression commence où la pensée finit». Die Absurdität darzustellen ist die Aufgabe der K.: «Si le monde était clair, l'art ne serait pas» [32]. So ist dann «in dieser Welt das Kw. die einzige Chance, sein Bewußtsein aufrechtzuhalten und dessen Abenteuer zu fixieren. Schaffen heißt: zweimal leben» [33].

H.-G. GADAMER verwendet Heideggers Bestimmungen des Verhältnisses von K. und Wahrheit für eine Neubestimmung der «Erfahrung der K.» [34], die ihm dazu dient, in phänomenologischen und historischen Untersuchungen zum Wesen der K. seine These von der Hermeneutik als Wirkungsgeschichte vorzubereiten [35]. – Aus der Einsicht in den Sachverhalt, daß K. durchaus nicht immer in einem freien Raum für sich galt, sondern ihre höchste Wirkung grade entfaltet hat, als sie im Zusammenhang anderer Erkenntnis- und Lebensweisen stand, unternimmt Gadamer eine «grundsätzliche Revision der ästhetischen Grundbegriffe», vor allem des «ästhetischen Bewußtseins» und des «Standpunkts der K.», die im Deutschen Idealismus ausgeprägt wurden [36]. Das ästhetische Bewußtsein hat den Zusammenhang des Kw. und seiner Welt aufgelöst und versucht das «reine Kw.» mittels der «ästhetischen Unterscheidung» zu denken [37]. Im Gegensatz dazu geht es Gadamer darum, «auch im ästhetischen Bewußtsein ein dogmatisches Moment» nachzuweisen [38] und derart die Erfahrung der K. anderen Erkenntnisweisen an Rang wieder gleichzustellen: «K. ist Erkenntnis und die Erfahrung des Kw. macht dieser Erkenntnis teilhaftig» [39]. Damit ist mit der Erfahrung der K. ein «Anspruch auf Wahrheit» gestellt, «der von dem der Wissenschaft gewiß verschieden, aber ebenso gewiß ihm nicht unterlegen ist» [40].

So begreift er die Seinsweise des Kw. aus der «ästhetischen Nichtunterscheidung», die statt der Trennungen des ästhetischen Bewußtseins die «totale Vermittlung» betont [41]: K. ist grade aus dem «Gespieltwerden» [42], aus ihrer «Darstellung ... für jemanden», ihrer «Verwandlung ins Gebilde» [43], aus der «Nichtunterscheidung von Darstellung und Dargestelltem» im Bild [44], aus dem «Bezug des Bildes zu seiner Welt» [45] und überhaupt eher aus dem «Charakter der Okkasionalität» als aus dem «ästhetischen Erlebnis» [46] zu verstehen. Mit «Darstellung» meint Gadamer «ein universelles ontologisches Strukturmoment des Ästhetischen, einen Seinsvorgang und nicht etwa einen Erlebnisvorgang», und darum ist «die spezifische Präsenz des Kw. ... ein Zur-Darstellung-Kommen des Seins» [47]. Die K. offenbart eine «überlegene Wahrheit»: in ihr, z. B. «in der Darstellung des

Spieles, kommt heraus, was ist», ohne daß noch auf andere Weise mit einem der K. fremden Maßstab verglichen wird [48]. An der Welt des Kw. «erkennt ein jeder: so ist es», womit «eine Art Selbsterkenntnis des Zuschauers» entsteht [49].

A. GEHLEN will die K., gedeutet in der Entwicklung der Malerei, aus der Entwicklung in ihr dargestellten und sie treibenden Rationalität [50] bestimmen. Von solchem Konzept her ist dann für die Entwicklung der K., nachdem die Subjektivität ihr Bezug, die von ihr vorausgesetzte außerkünstlerische Wirklichkeit, geworden ist [51], «die weitere Entwicklung zu einer eigentlichen Reflexions-K. hin ... unvermeidlich» [52]. Gehlen unterscheidet danach zwischen einer «ideellen K.», einer «realistischen K.» und der «abstrakten Malerei» als Epochen der Malerei [53]. Die moderne K. braucht entsprechend ihrem Charakter der Subjektivität, d. h. ihrem Angewiesensein auf Reflexion, den Kommentar als wesentlichen Bestandteil [54]. K. ist daher heute angewiesen auf Theorie [55]. Sie mündet in «peinture conceptuelle», in «Begriffs-K.», nach einem Ausdruck Kahnweilers, der bei Gehlen bedeuten soll, daß einerseits der Sinn der K. gedanklich legitimiert und andererseits die «Elementardaten» des bestimmten Kw., des Bildes, nach dieser Konzeption definiert und insofern «wissenschaftsförmig» sein müssen [56]. Der Zweck solcher K., die nichts mehr «aussagen» soll [57], ist allein «Entlastung des Bewußtseins»: «Sie wird der Halt für Bewußtseinsexkursionen, denen der Platz sonst überall zugestellt ist» [58]. Damit sie dann überhaupt etwas bedeutet und nicht völlig belanglos wird, fordert Gehlen den «pictor doctus» in Analogie zum «poeta doctus», den es schon längst als führende Figur der Literatur gebe [59]. Scheint so einiges auf den «Tod der Malerei», und auch der K. insgesamt, zu deuten, so meint Gehlen, daß die K. doch lebendig sei in der «Idee einer souveränen künstlerischen Kultur selbst». Fragt man nach der möglichen Entwicklung einer künftigen K., so kann es nach ihm «nur entweder marktmonopolistische oder versetzt politische Motive» für die Entwicklung eines einheitlichen Stiles geben, «aber keine ästhetische Evidenz» [60].

Anmerkungen. [1] M. HEIDEGGER: Der Ursprung des Kw., in: Holzwege (⁴1963) 7-68. – [2] a. a. O. 7f. – [3] 20f. – [4] 26. – [5] 22ff. – [6] 25. – [7] Vgl. Sein und Zeit § 44; Vom Wesen der Wahrheit. – [8] a. a. O. [1] 34; vgl. 32ff. – [9] 34ff. – [10] 34f. – [11] 38f. – [12] 41f.; vgl. 59. – [14] 49. – [15] 50. – [16] ebda. – [17] G. W. F. HEGEL, Ästh. Werke, hg. GLOCKNER 12, 32. – [18] W. PERPEET: Heideggers K.-Lehre, in: Heidegger, hg. O. PÖGGELER (1969) 221. [19] HEIDEGGER, a. a. O. [1] 56; vgl. 54ff. – [20] 59. – [21] 62; vgl. 60ff. – [22] K. JASPERS: Philos. 1 (³1956) 229f. – [23] a. a. O. 331. – [24] 331f. – [25] 336ff.; vgl. Philos 3, 193f.; vgl. auch J. PFEIFFER: Zur Deutung der K. bei K. Jaspers, in: Karl Jaspers, hg. P. A. SCHILPP (1957) 673-686. – [26] J.-P. SARTRE: L'imaginaire (Paris 1940) 239f. – [27] a. a. O. 240f. – [28] 240. – [29] 242. – [30] 245. – [31] A. CAMUS: Le mythe de Sisyphe, in: Essais (Paris 1965) 173. – [32] a. a. O. 176f. – [33] 177. – [34] H.-G. GADAMER: Wahrheit und Methode (1966) 92ff. – [35] a. a. O. Teil 1, bes. 97-157. 339ff.; vgl. Kl. Schr. 2 (1967) 5. – [36] a. a. O. [34] 76f.; vgl. 66-92. – [37] 80ff. – [38] 77. – [39] 92. – [40] 93; vgl. 97-161. – [41] 111. 121. – [42] 101f. – [43] 105. – [44] 132. – [45] 130. 137. – [46] 137ff.; vgl. 66f. 144. – [47] 152. – [48] 107. – [49] 108. 126. – [50] A. GEHLEN: Zeit-Bilder (²1965) 14f. 34. 39. – [51] a. a. O. 16f. 53ff. – [52] 73. – [53] 15. – [54] 53ff. – [55] 74. – [56] 75. – [57] 218f. – [58] 222f. – [59] 227. – [60] 228f.; vgl. H.-G. GADAMERS Kritik: Begriffene Malerei? in: Kl. Schr. 2 (1967) 218-226.

4. Der K.-Begriff der protestantischen und der katholischen Theologie. – Für K. BARTH gehört K. wie die Arbeit zum Wesen der Schöpfung. Am Werk Gottes gemessen erscheint alle menschliche Arbeit als Spiel, «eine kindliche Nachahmung und Abbildung dessen, was als das väterliche Tun Gottes das eigentliche und wirkliche Tun und Geschehen ist». Besonders zeigt sich das Wesen dieser Nachahmung in der «Arbeit des Künstlers». Dort «liegt sie zutage, ist sie gewissermaßen in der Sache begründet» [1]. Daß die Schöpfung, auch in ihren negativen Aspekten, doch insgesamt Gottes «gute Schöpfung» ist, sieht Barth beispielhaft in der K. bei Mozart ausgedrückt. Seine Musik stellt «die Schickung im Zusammenhang» dar, das Ja und das Nein in der Schöpfung, ohne sie deswegen in ihren negativen Aspekten an das Chaos, das Nichtige, zu überantworten [2]. Die Begrenztheit der K. zeigt sich für Barth an der «Problematik aller Darstellungen Jesu Christi in der bildenden K.». Denn K. reicht nicht an «die Eigentlichkeit seines [Jesu Christi] Seins» [3].

Für E. BRUNNER ist K. «immer das Kind der Sehnsucht nach einem anderen. Sie gestaltet ein Nichtvorhandenes für und durch die Phantasie, weil das Vorhandene dem Menschen nicht genügt ... Sie ist ein Ausdruck dafür, daß der Mensch seine Erlösungsbedürftigkeit spürt». Doch die Gefahr der K. liegt darin, daß man sich «am Schein» der K. genüge sein läßt, sie so zum «Glaubens-Ersatz» wird und so der «Ästhetizismus», den Brunner wie Kierkegaard deutet, an die Stelle des Glaubens tritt [4].

G. NEBEL entwirft eine «urprotestantische Ästhetik» [5], die das Schöne als Ereignis beschreibt [6]. Das Schöne hat zwar nicht die Kraft des Glaubens, aber wie dieser befreit «die im Kw. gereichte Wirklichkeit» den Menschen aus der bloßen Konfrontation mit sich selbst [7], stellt das Ereignis ihn in ein «Außen», über das er nicht verfügen kann [8]. Auch der Künstler «ist überwältigter, ohnmächtiger Gegenstand des Schönen – nicht er verfährt mit der K., sondern sie mit ihm» [9]. Der Mensch, ist «nur Durchgang»: «Im Schönen kommt der Gott zu sich selbst, aber er bedarf dazu des Menschen als des Vermittlers» [10]. Sobald «die K. zu einem menschlichen Unternehmen wird, gerät ... das, was vom Schönen dann übrigbleibt, in die durchaus bösartige Finalstruktur, in der sich der Fall der Welt und die Schande der enterbten Menschen bezeugen» [11]. Denn dann ist verdeckt, als was das Schöne sich ursprünglich zeigt, der «Ersatz des väterlichen, sich offenbarenden Du» [12]. Ebenso wird das Schöne mißachtet, wenn man sich «Gott direkt und ohne das Schöne, also ohne seine Grenze», nähern wollte [13], das Schöne würde zum «Trug» verkommen, wenn es, «statt als Enthüllung des heilen Geschöpfes, als Offenbarung des Schöpfers genommen» würde [14]. «Jedes Kw. verbittet sich, Teil zu sein, jedes ... erhebt Anspruch auf Ganzheit» [15]. Diese Ganzheit liegt darin, daß der Mensch «im Kw. die ihm widerfahrende Wohlgeratenheit der Schöpfung» bezeugt, ohne daß es deshalb schon «jenseits des Falles» stünde; vielmehr bleibt es «in unendlichem Abstand» [16], nur im «Augenblick», als «Ereignis», ist das Schöne gegenwärtig [17].

Die «christliche K.» oder besser die «K. der Christen» hat ihren Ort in der Verkündigung [18]. Wie jede K. über sich hinausführt – die moderne K. ist daher «als Unvermögen [zu beschreiben], Bewegung zu erzeugen» [19] –, so hat die christliche K. den Sinn, «den Menschen zu Christus hinzuleiten» [20]. Das Schöne verstummt, wenn der Glaube beginnt [21]: «Christus ... tritt nie ins Kw. ein, [er] wird nur im Glauben Begegnung» [22]. Hier sieht Nebel den Unterschied zwischen Protestantismus und Katholizismus [23].

Theologiegemäß stellt sich das Wesen der K. für den *katholischen* Theologen anders dar. Nach R. GUARDINI wird im Kw. ein Ganzes, das Ganze des Daseins, das sonst nicht erkennbar ist, fühlbar: «So entsteht in jedem Kw. Welt» [24]. Das Eigentliche des Kw. liegt «hinter der empirischen Wirklichkeit», das Kw. entwirft etwas voraus, was noch nicht da ist, zwar nicht konkret, aber in «Form tröstender Verheißung» [25]. Insofern hat nach ihm jedes Kw. einen religiösen Charakter, nicht aufgrund seines Inhalts, sondern bedingt durch die «Struktur des Kw.». Jedes echte Kw. ist «‹eschatologisch› und bezieht die Welt über sie hinaus auf ein Kommendes» [26].

H. U. v. Balthasar geht es in seiner «theologischen Ästhetik» [27] darum, das Pulchrum neben Verum und Bonum als drittes Transcendentale und als konstitutiv für eine christliche Theologie einzuführen [28] und derart eine Lehre zu gewinnen einerseits von der «Wahrnehmung der Gestalt des sich offenbarenden Gottes» und andererseits von der «Menschwerdung der Herrlichkeit Gottes» [29]. Darum entwickelt Balthasar die Heilsgeschichte als eine «Ars divina» und will «gerade diese K. Gottes als das überschwengliche Urbild aller Welt- und Menschenschönheit» gelten lassen, wie er gegen G. Nebel betont, für den nur das Kreatürliche, nicht aber Gott selbst und seine Offenbarung «als das höchst- und archetypisch Schöne» bezeichnet werden dürften [30].

Diese «K. Gottes» «wird im christlichen Raum sichtbar in den Lebensgestalten der Auserwählten», in «prophetischer Existenz», sie läßt «eine Analogie zwischen dem Formungswerk Gottes und den Formkräften der zeugenden und gebärenden Natur und des Menschen» erkennen [31]. Das menschliche Kw. ist «Ausdruck einer vom Künstler als objektiv und auch für andere gültig ausgegebenen Welt-Anschauung», insofern ist der Künstler immer nur Medium, das eine «tiefer verstandene Welt zeigen will». Dagegen kann «Gott sich, wenn er schafft, nur selber darstellen» und seine Werke sind daher «nach Gottes Bild und Gleichnis». Für Gottes Schaffen, «die K. dieses Künstlers», gibt «das K.-Schöne ... nur eine einseitige Analogie, insofern Gott gewiß frei ist, zu schaffen, ... aber die Analogie aus dem Naturschönen ist zur Ergänzung notwendig, weil dort die nötige innere und lebendige Beziehung zwischen der Ausdrucksgestalt und dem sich ausdrückenden Lebensprinzip Voraussetzung des Verständnisses ist» [32]. K. des Menschen und Gottes weisen eine analogische Freiheit auf, und weil Gott sich heilsgeschichtlich offenbart hat, d. h. sich einen menschlichen Ausdruck gegeben hat, kann Balthasar auf dieser «ästhetischen Analogie» seine theologische Ästhetik aufbauen [33].

Anmerkungen. [1] K. Barth: Kirchl. Dogmatik III/4 (1951) 635f. – [2] a. a. O. III/3 (1950) 337f.; vgl. W. A. Mozart 1756/1956 (1956). – [3] a. a. O. [1] IV/2 (1955) 113f. – [4] E. Brunner: Das Gebot und die Ordnungen (1932) 486f. – [5] H. U. v. Balthasar: Herrlichkeit 1 (1961) 54. – [6] G. Nebel: Das Ereignis des Schönen (1953). – [7] a. a. O. 23f. – [8] 227ff.; vgl. 101f. – [9] 106. – [10] 114. – [11] 115. – [12] 126; vgl. 74. – [13] 146. – [14] 89. – [15] 153. – [16] 154f. – [17] 157ff. – [18] 177ff. – [19] 181. – [20] 183. 243f. – [21] 183f. – [22] 186. – [23] 186ff. – [24] R. Guardini: Über das Wesen des Kw. (1948) 22ff. – [25] a. a. O. 35ff. – [26] 39. – [27] H. U. v. Balthasar: Herrlichkeit 1-3 (1961-1969). – [28] a. a. O. 1, 9. 11. – [29] 100. 118. – [30] 65; vgl. 14. – [31] 33. – [32] 426f. – [33] a. a. O. 2, 24ff. *C. v. Bormann*

5. *Logischer Empirismus und Sprachanalyse.* – Die von diesen Schulen gegebenen Bestimmungen des Begriffs ‹K.› lassen sich am zweckmäßigsten unter folgenden Fragestellungen erläutern: (1) Aus welcher Einstellung und auf welche Weise bilden die betreffenden Philosophen ihre Definition von ‹K.›? – (2) Wie definieren sie das ‹Kw.› genannte Objekt hinsichtlich seiner Struktur? – (3) Wie hinsichtlich seines ontologischen Status? [1] – (4) Welche Form haben diese Definitionen unter dem Aspekt des Ziels, das mit ihnen verfolgt wird? [2] (Über andere Fragestellungen wie z. B. die nach der soziologi-

schen und pädagogischen Funktion von K. vgl. u. a. M. Weitz [3] und M. Mothersill [4].)

a) *Logischer Empirismus.* – (1) Die logischen Empiristen verwenden, gegen die traditionelle Metaphysik gerichtet, das Verfahren der logischen Analyse von Begriffen, d. h. der Rückführung eines Wortes auf Wörter, die in «Beobachtungssätzen» vorkommen. Nach Auffassung der radikalen logischen Empiristen R. Carnap und A. J. Ayer (in ihren Schriften der dreißiger Jahre) spricht diese logische Analyse «das Urteil der Sinnlosigkeit» auch über jede Ästhetik aus, die sich als normative Disziplin versteht [5]. Wertbegriffe sind sinnlos bzw. «Pseudo-Begriffe» [6]; ‹K.› ist ein solcher Pseudo-Begriff; Kw.e sind nichts anderes als der Ausdruck eines bestimmten Lebensgefühls [7]. – Nach Auffassung des gemäßigten logischen Empiristen V. Kraft hingegen weist gerade die logische Analyse die Möglichkeit einer wissenschaftlichen Ästhetik aus [8]. Die ästhetischen haben wie alle anderen Wertbegriffe nicht nur eine emotionale, sondern auch eine sachliche Komponente [9], was eine «sachhaltige» Definition von ‹K.› möglich macht. Kraft bildet diese Definition durch Angabe des genus proximum («Schönheit») und der differentia specifica («K.» im Unterschied zu «Naturschönheit»).

(2) Kraft bestimmt K. als «Neuschöpfung, u. zw. in erster Linie [als] formale Gestaltung i.S. der Schönheit» [10], d. h. der «harmonisch gegliederten Einheit» [11]. Im Normalfall geht das Kw. allerdings «durch den Sinn- und Gefühlsgehalt ... über bloße Schönheit hinaus» [12]. Der Ausdruck von Gefühlen und/oder Sinngehalten ist aber kein notwendiges Merkmal des K.-Begriffs [13].

(3) Das Kw. ist kein Naturobjekt (Naturafakt), sondern ein Artefakt. Insofern es schön ist, gleicht es allerdings einem Naturobjekt, denn es macht «keinen Unterschied, ob Schönheit in der Natur oder in der K. auftritt; sie ist in beiden dieselbe» [14]. Das Kw. ist, ästhetisch betrachtet, eine aus «sinnlich wahrnehmbaren Elementen» [15] aufgebaute Gestalt.

(4) Kraft beabsichtigt mit seiner Definition eine Begriffsbestimmung. Mit ‹K.› ist keine apriorische Wesenheit, sondern ein empirischer Begriff im Sinne Kants bezeichnet: eine in «genereller Gleichartigkeit der Individuen» und «sozialem Einfluß» [16] gründende «sozial herrschende und traditionelle Wertung» [17] (Wert-Empirismus versus Wert-Absolutismus).

b) *Linguistische Philosophie.* – (1) Die linguistischen Philosophen geben der Frage nach Struktur und ontologischem Status des Kw., gegen die gesamte traditionelle Ästhetik gerichtet, den «linguistic turn»: Die traditionellen Ästhetiker fragten «Was ist K.?» und beantworteten diese Frage etwa mit einer Wesensdeskription (wie z. B. der Phänomenologe R. Ingarden; vgl. oben V/2) oder einer Genus-differentia-Definition (wie etwa V. Kraft, vgl. oben 5a). Die linguistischen Philosophen fragen «Welche Art von Begriff ist ‹K.›?» und beantworten diese Frage dadurch, daß sie beschreiben, wie die Ausdrücke ‹K.› und ‹Kw.› im ästhetischen Diskurs funktionieren [18].

(2) Die meisten linguistischen Philosophen wenden sich gegen die Auffassung, es gebe eine allen Kw.en gemeinsame Grundstruktur [19]. P. Ziff geht von Poussins Bild ‹Raub der Sabinerinnen› aus und stellt als charakteristische Züge heraus, daß es ein Gemälde sei, dazu bestimmt, betrachtet und bewundert zu werden, daß es ein Sujet habe, eine komplexe formale Struktur usf. Ein derart ermitteltes «set of characteristics» bedeutet aber keine einheitliche Definition von ‹Kw.›, denn a) keiner der angegebenen Züge ist eine notwendige Bedingung

für die Anwendung des Wortes ‹Kw.› auf andere Objekte als eben das Bild Poussins [21]. Viele andere Werke, die wir ‹Kw.› nennen, manifestieren ein anderes «set of characteristics» [22]. b) Die angegebenen Züge sind keine notwendigen und hinreichenden Bedingungen für die Anwendung des Wortes ‹Kw.› auf Poussins Bild selbst, da nicht sicher ist, daß dieses Bild als Standardfall eines Kw. gelten kann [23]. Die Wahl des Standardfalls ist je nach Epoche, «Schule», Milieu verschieden. – Andere linguistische Philosophen halten an der Auffassung von der Einheitlichkeit des K.-Begriffs fest: M. C. Beardsley ändert ein Haiku in unterschiedlicher Weise derart ab, daß es mehr oder weniger inkohärent erscheint; er stellt fest, daß auf die geänderten Versionen der Ausdruck ‹Kw.› nicht anwendbar ist, und weist so indirekt nach, daß «coherence and completeness» wesentlich zum Kw. gehören [24].

(3) Die meisten linguistischen Philosophen wenden sich gegen die Auffassung, das Kw. habe einen einheitlichen ontologischen Status. M. Macdonald weist die Auffassung Croces, Collingwoods u. a. zurück, das Kw. sei ein Werk der Imagination und mithin etwas, das physisch unwirklich bzw. mental sei [25]. Man kann zwar sagen, ‹Hamlet› sei ein Werk der Imagination; Shakespeares Stück zeige große imaginative Kraft. Aber man kann nicht sagen, es sei ein imaginäres oder fiktives Objekt. Nur wer beide Äußerungen vermischt, verfällt dem «idealistischen Mythos» [26]. P. Ziff weist die Auffassung S. Alexanders zurück, das Kw. sei ein «illusory object» [27]. Man kann zwar von ein und demselben Bild sowohl sagen, es sei flach, als auch, es habe große Tiefe. Aber beide Aussagen widersprechen einander nicht, wenn sie korrekt in unterschiedlichen Situationskontexten (etwa in der Schreinerei oder in der Galerie) geäußert werden. Nur wer beide Äußerungen vermischt, kommt zu der Ansicht, das Bild habe nur scheinbar große Tiefe, sei also ein illusorisches Objekt [28]. – Andere linguistische Philosophen halten an der Auffassung von dem einheitlichen ontologischen Status des Kw. fest. Für H. Osborne folgt diese Auffassung aus der Untersuchung der Sprache der ästhetischen Wertung. ‹Kw.› ist keiner von den «non-functional descriptive terms», die keine Norm implizieren: Man kann von einem «guten Kw.», aber nicht von einer «guten Wolke» sprechen. ‹Kw.› ist auch kein eine Norm implizierender «non-functional descriptive term»: Man kann zwar von einer «guten Fuge» sprechen, aber man meint damit ein den akzeptierten Gesetzen der Fugenkomposition genügendes Stück, nicht: ein «gutes Musikstück». Da ‹Kw.› auch kein eine extrinsische Funktion involvierender «functional descriptive term» ist (im Unterschied etwa zu ‹Auto›), muß ‹Kw.› ein «functional descriptive term» sein, der eine intrinsische Funktion involviert: ‹Kw.› bezeichnet «an artifact designed for or serving the purpose of aesthetic experience» [29]. Ähnlich, obgleich aus anderen Gründen, haben auch andere linguistische Philosophen, die gelegentlich zur Phänomenologie oder zum Psychologismus neigen, den Begriff ‹Kw.› einheitlich und mit Beziehung auf die (selber nicht linguistisch analysierten) Begriffe «aesthetic experience» bzw. «consideration» definiert, z. B. F. E. Sparshott [30] und J. O. Urmson [31].

(4) Die meisten linguistischen Philosophen wenden sich gegen die Auffassung, es gebe einen einheitlichen Begriff von K. [32]. Wer die Einheitlichkeitsauffassung vertritt, ist von einer zu engen Bedeutungstheorie verführt [33] oder von der Annahme, «unum nomen: unum nominatum» [34] oder von «einseitiger Diät» [35]: Er

greift bestimmte «art-making features» [36] heraus und generalisiert sie (vgl. formalistische, organizistische und andere K.-Bestimmungen [37]). Im besonderen ist die idealistische Auffassung falsch, es gebe so etwas wie «das Wesen der K.». Wer die Wesensauffassung vertritt, erliegt der «essentialist fallacy» [38], verführt u. a. von der Tatsache, daß ‹K.› und ‹Kw.› Substantive sind, und von der Annahme, daß Substantive «a single substance» bezeichnen [39]. – In Wahrheit lassen sich keine notwendigen und hinreichenden Bedingungen für die Anwendung des Wortes ‹Kw.› auf bestimmte Objekte ermitteln, und d. h.: Es ist keine «true definition» von ‹K.› möglich [40]; ‹K.› bezeichnet ein «open concept» [41] – das – von Gallie [42] – näherhin charakterisiert wird als «essentially contested concept» oder in Anlehnung an Wittgenstein [43] – von Macdonald [44], Weitz [45], Kennick [46] und Danto [47] – als «family resemblance concept». – Andere linguistische Philosophen glauben, daß es ein «general criterion» von K. gebe (Beardsley [48]) und geben müsse, wenn überhaupt ästhetische Wertung möglich sein solle: Die Bewertung eines Kw. erfordert nach Osborne eine Definition der Klasse der Objekte, zu der das betreffende Werk gehört und innerhalb welcher es eingestuft wird [49]. Immerhin ist die Definition, die Osborne gibt, aber «a sufficiently ‹open› definition» [50]: Sie ist wie viele «every day terms», etwa wie ‹chair›, «in relation to a concept of function» gebildet [51]. – Die Auffassung vom Familienähnlichkeitscharakter des K.-Begriffs wird von Osborne [52] und anderen, z. B. M. Mandelbaum [53], abgelehnt.

Anmerkungen. [1] Zum «ontolog. Status» vgl. J. Margolis: On disputes about the ontological status of works of art. Brit. J. Aesth. (1968) 147-154; R. Rudner: The ontological status of the esthet. object. Philos. a. phenomenol. Res. (1949-50) 380-388. – [2] Zum Unterschied zwischen Frage (1) und (4) vgl. A. Menne: Art. ‹Definition›, in: Hb. philos. Grundbegriffe (1973) 270f. – [3] M. Weitz (Hg.): Problems in aesth. (1970) 167. – [4] F. J. Coleman, a. a. O.: Aesth. (1968) 197. – [5] R. Carnap: Überwindung der Met., in: Erkenntnis (1931) 237. – [6] A. J. Ayer: Sprache, Wahrheit und Logik (1970) 150. – [7] Carnap, a. a. O. [5] 239f. – [8] Vgl. V. Kraft: Einf. in die Philos. (²1967) 138. – [9] Die Grundl. einer wiss. Wertlehre (1951) 12ff. – [10] a. a. O. [8] 136. – [11] 135. – [12] 136. – [13] 135. – [14] 134. – [15] 136. – [16] a. a. O. [9] 226. 227. – [17] a. a. O. 239. – [18] Vgl. Weitz, a. a. O. [3] 173f.; D. F. Henze, a. a. O. [4] 38; P. Ziff, a. a. O. [4] 106. – [19] Vgl. bes. M. Macdonald: Art and imagination. Proc. arist. Soc. (1952-53) 205. – [20] Ziff, a. a. O. [4] 96f.; vgl. Weitz, a. a. O. [3] 177f. – [21] Ziff, a. a. O. [4] 99f. – [22] Macdonald, a. a. O. [19] 207. – [23] Ziff, a. a. O. [4] 95. – [24] M. C. Beardsley, in: J. Aesth. Art Criticism (1961-62) 182ff. – [25] a. a. O. [19] 218. – [26] 209; vgl. M. Elton (Hg.): Aesth. and language (1970) 6. – [27] Ziff, in: Elton, a. a. O. [26] 180. – [28] a. a. O. 185f. – [29] Osborne: Philos. Quart. (1973) 24. – [30] F. E. Sparshott: The structure of aesth. (1963) 102; The concept of criticism (1967) 184. – [31] J. O. Urmson, a. a. O. [4] 365. – [32] Vgl. z. B. Macdonald, a. a. O. [19] 205. – [33] W. Charlton: Aesth. (1970) 11. – [34] W. E. Kennick, a. a. O. [4] 413. – [35] Vgl. L. Wittgenstein: Philos. Untersuch. Par. 593. – [36] Weitz, a. a. O. [3] 179. – [37] a. a. O. 170f.; Macdonald, a. a. O. [19] 207; Kennick, a. a. O. [4] 412. –. [38] W. B. Gallie, in: Elton, a. a. O. [26] 13. – [39] Elton, a. a. O. [26] 3. – [40] Weitz, a. a. O. [3] 170/71. – [41] a. a. O. 175. – [42] Gallie, in: Philos. Quart. (1956) 97ff.; vgl. in: Proc. arist. Soc. (1955-56) bes. 182. – [43] Wittgenstein, a. a. O. [35] Par. 67. – [44] Macdonald, a. a. O. [29] 206. – [45] Weitz, a. a. O. [3] 174. – [46] Kennick, a. a. O. [4] 417. – [47] A. C. Danto: Analyt. Philos. der Gesch. (1974) 361; ähnlich in: Theoria (1973) 11f. – [48] Beardsley, a. a. O. [24] 183. – [49] Osborne, a. a. O. [29] 26. – [50] a. a. O. 27. – [51] 20. – [52] 16f. – [53] Mandelbaum, a. a. O. [3] 182ff.
W. Strube

6. *Formalismus und Strukturalismus.* – a) Die Theoriebildung des *russischen Formalismus* entstand in engem Zusammenhang mit dem schroffen Antitraditionalismus der frühen russischen Avantgarde, die sich herkömmlichen ästhetischen Verstehensweisen zu entziehen schien.

Die künstlerische Bemühung um die Irreduzibilität und Autonomie der ästhetischen Signifikationsstrukturen veranlaßte die Formalisten zu strengster Unterscheidung zwischen internen und externen Momenten in der Betrachtungsweise von K.; die internen Momente allein wurden zum legitimen Gegenstand jeder möglichen K.-Theorie erklärt. «Gegenstand derjenigen Wissenschaft, die Erforschung von K. zu sein beansprucht, hat ausschließlich das zu sein, was die K. von anderen Gebieten der intellektuellen Tätigkeit unterscheidet» [1]. Anstatt die künstlerischen Werke einem biographisch, psychologisch oder soziologisch motivierten Reduktionismus zu unterwerfen, konzentrierten sich die Formalisten auf die Inventarisierung und Analyse der internen künstlerischen Verfahrensweisen. V. ŠKLOVSKI definierte Kw.e in dem programmatischen Text ‹K. als K.-Griff› (1917) als «die Dinge ..., die mit Hilfe besonderer K.-Griffe geschaffen werden, die bewirken sollen, daß diese Dinge als K. wahrgenommen werden» [2]. Diese K.-Griffe richten sich vorrangig auf Verfremdungen der dargestellten oder thematisierten Dinge und auf Verkomplizierungen der Formen und machen so den Prozeß der ästhetischen Wahrnehmung selbst zum Gegenstand, denn «das schon Gewordene ist für die K. unwichtig» [3]. Die Funktion der K.-Griffe liegt also in der produktiven Aufhebung des sich stets neu einstellenden Automatismus des Sehens. «Das Ziel der K. ist, uns ein Empfinden für das Ding zu geben, ein Empfinden, das Sehen und nicht nur Wiedererkennen ist» [4].

Im Rückgriff auf die Ergebnisse der Linguistik Saussures standen vornehmlich poetologische Probleme wie Rhythmik oder Versstruktur im Mittelpunkt der formalistischen Arbeit. Andererseits galt ihr Interesse aber auch neuen künstlerischen Formen, so dem Film [5].

Die rigide Zuspitzung der formalen Methode interner K.-Analyse führte jedoch zu spezifischen Schwierigkeiten bei der Ausarbeitung einer Theorie der Historizität von K. und bei dem Versuch einer Klärung der Relationen von K. zu außerkünstlerischen Faktoren. Insbesondere die während der zwanziger Jahre heftiger einsetzende Kritik und Polemik marxistischer Theoretiker wie TROTZKI, ARVATOV oder LUNATSCHARSKI zwang die Formalisten zu einer Reihe von Präzisierungen und Änderungen ihrer theoretischen Postulate [6]. Die Geschichtlichkeit der K.-Entwicklung versuchte besonders J. TYNJANOV in dem Essay ‹Über literarische Evolution› (1927) zu thematisieren, indem er K. als besondere «Reihe» beschrieb, deren interne Dynamik aus der Abfolge von Kanonisierung und Dekanonisierung bestimmter K.-Mittel herrühre. Zugleich versuchte er, die eigentlich «künstlerische Reihe» innerhalb eines dialektischen Bezugsfeldes anderer sozialer «Reihen» zu plazieren. «Die Evolution der Literatur läßt sich nur dann erforschen, wenn man die Literatur als Reihe, als System nimmt, das auf andere Reihen und Systeme bezogen und durch sie bedingt ist» [7].

b) Dieser letzte Gesichtspunkt ist im *tschechischen Strukturalismus* aufgegriffen und konkretisiert worden. Die Beziehung, die K. zu anderen Bereichen der Gesellschaft unterhält, ergibt sich bereits in dem frühen Text von J. MUKAŘOVSKY ‹Die K. als semiologisches Faktum› (1934) aus ihrer Zeichenstruktur, insofern jedes Zeichensystem, auch das künstlerische, sozialen Charakter hat. «Nur der semiologische Gesichtspunkt erlaubt es ..., die autonome Existenz und die grundlegende Dynamik der künstlerischen Struktur zu erkennen und die Entwicklung der K. als immanente Bewegung zu begreifen, die sich wiederum in einer stetigen dialektischen Beziehung

zur Entwicklung der übrigen Bereiche der Kultur befindet» [8]. Diese Funktion als Zeichen läßt die interne Struktur des einzelnen Kw. in einen Kommunikationsprozeß mit dem jeweils Aufnehmenden eintreten, der sie gemäß des ihm verfügbaren Codes an ästhetischen Normen rezipiert. Diese semiologische Einstellung verbietet es Mukařovský, K. mit den isolierten Einzelwerken zu identifizieren. «Grundlage der K. ist ... keineswegs das individuelle Kw., sondern der Komplex künstlerischer Gewohnheiten und Normen, die künstlerische Struktur, welche überpersönlichen, gesellschaftlichen Charakter trägt» [9]. Im Unterschied zu der formalistischen Perspektive des objektiven Gegebenseins des Kw. basiert der tschechische Strukturalismus auf einer hermeneutisch-rezeptionstheoretischen Perspektive. Reduziert auf seine bloße Materialität ist der K.-Gegenstand allein «Artefakt»; zum «ästhetischen Objekt» [10] wird er erst in der konkretisierenden Realisierung seiner signifikanten Struktur auf der Folie übergreifender und sozial vorgegebener ästhetischer Normensysteme. Die Signifikanz der K. richtet sich keineswegs nur auf die im engen Sinn von ihr bezeichneten Gegenstände; vielmehr drückt sich im künstlerischen Zugriff eine allgemeine Haltung gegenüber der Realität im ganzen aus. «Das Kw. als Zeichen ist also auf eine dialektische Spannung zwischen einem doppelten Bezug zur Wirklichkeit aufgebaut: dem Bezug zu jener konkreten Wirklichkeit, die es meint, und dem Bezug zur Wirklichkeit überhaupt» [11]. Dabei läßt sich das spezifisch Künstlerische als die besondere Art und Weise bestimmen, in der ein Ensemble außerästhetischer Elemente im Kw. zusammengeführt und organisiert wird. «Das Kw. bietet sich letztes Endes als eine tatsächliche Ansammlung von außerästhetischen Werten dar und als nichts anderes als gerade diese Ansammlung» [12].

In seinen späteren Texten versuchte Mukařovský, den semiologischen Ansatz in einen marxistischen Begründungszusammenhang einzubeziehen. Die künstlerische Struktur bezeichnet demnach die Realität deshalb insgesamt, weil sie zu ihr eine in der Widerspiegelungskategorie gedachte Isomorphie unterhält, die an einen totalisierten Subjektbegriff gebunden ist. «Die als ganzes widergespiegelte Wirklichkeit ist im ästhetischen Zeichen, und sie ist nach dem Bild der Einheit des Subjekts unifiziert» [13].

c) Innerhalb des *französischen Strukturalismus* hat vor allem C. LÉVI-STRAUSS Probleme der K. aufgegriffen und im Kontext seiner Analysen und Demonstrationen der Logizität des Mythos thematisiert. K. gewinnt für die ethnologische Arbeit den Rang eines Paradigmas. «Die K. ist die beste Verkörperung jener Aneignung der Natur durch die Kultur, die den eigentlichen Gegenstand des Ethnologen darstellt» [14]. Im Unterschied zu der Position Mukařovskýs und mit den Formalisten besteht Lévi-Strauss auf der Positivität des vorgegebenen Kw.; jede rezeptionstheoretische Einstellung sei mit den Prinzipien des Strukturalismus unvereinbar; in der u. a. von U. Eco vertretenen These vom «offenen Kw.» fungiere K. in der Art eines Rorschach-Testbildes, in das sich die unterschiedlichsten Deutungen einzig einzutragen hätten [15]. Gleichzeitig bewahrt er den semiologischen Ansatz, der «die Funktion des Kw. darin» sieht, «einen Gegenstand zu bezeichnen, durch die Schaffung eines Zeichens eine Beziehung zu einem Gegenstand herzustellen» [16]. Die Spezifität des künstlerischen Zeichens sieht Lévi-Strauss darin, daß es sprachliche Strukturen mit materiellen Elementen verbindet. «Wir können die K. ... als ein in der Mitte zwischen der Sprache und dem Gegenstand liegendes Zeichensystem definieren» [17]. In der Aufdeckung der Struktur des Kw. stellt sich gleichzeitig eine Erkenntnis des bezeichneten Objekts her; so ermöglicht sie «einen Fortschritt im Verständnis des Gegenstandes» [18]. Zur Bezeichnung der Korrespondenz zwischen artifizieller und realer Struktur ist K. deshalb besonders geeignet, weil sie als «verkleinertes Modell» [19] eine zugleich geordnete wie totale Anschauung ihres Gegenstandes produziert. «Die innere Kraft des verkleinerten Modells besteht darin, daß sie den Verzicht auf sinnliche Dimensionen durch den Gewinn intellektueller Dimensionen ausgleicht» [20]. Gelangt der Mythos von Ereignissen zu Strukturen, während die Wissenschaft ausgehend von Strukturen Ereignisse hervorbringt, dann hält K. zwischen Ereignis und Struktur eine Mittelstellung, sie steht «immer auf halbem Weg zwischen Schema und Anekdote» [21], sofern das Ereignishafte nicht auf die abstrakte Struktur reduzierbar ist. In dieser Vermittlung von Kontingenz und Ordnung stellt sich das eigentlich künstlerische Erlebnis her. «Das Ereignis ist nur ein Modus der Zufälligkeit, dessen ... Einbeziehung in eine Struktur den ästhetischen Eindruck hervorruft, welchen Typus von K. man auch immer betrachten mag» [22]. Diese, im Zeichenbegriff enthaltene Auffassung einer weitreichenden Korrespondenz zwischen ästhetischem Zeichen und außerästhetischer Struktur dient Lévi-Strauss zur Verdeutlichung seiner Hypothese, nach der noetische und naturale Struktur auf einem hinreichend elaborierten Abstraktionsniveau identisch seien. Diese Annahme veranlaßt ihn zu prinzipieller Kritik an jenen modernen K.-Formen, die die im Zeichenbegriff von ihm unterstellte Abbildfunktion zugunsten einer reinen Selbstbezogenheit der ästhetischen Signifikantenformationen aufgegeben haben. Die K. laufe Gefahr, «nur noch eine Pseudosprache ... zu sein und nicht mehr auf die Ebene der Bedeutung zu gelangen» [23]. Mit dieser Ausblendung der semantischen Dimension würde sich die K. in rein dekorativer Funktion erschöpfen. Eine komplementäre Gefahr wäre der Rückzug der K. auf reine Sprachlichkeit, die zwar den semantischen Bezug bewahre, «ästhetische Empfindung» [24], die sich gerade im Andeutungsvorgang herstelle, jedoch nicht mehr evozieren könne.

Das Denken von Lévi-Strauss hat sich besonders für die literaturwissenschaftliche Forschung als anregend erwiesen und ist von Autoren wie G. GENETTE, T. TODOROV und zum Teil auch von R. BARTHES aufgegriffen und ausgearbeitet worden [25]. Zugleich erfuhr es eine radikale Kritik und Infragestellung durch Positionen, wie sie in der Gruppe ‹Tel Quel› und vor allem von J. DERRIDA vertreten worden sind. Für Derrida ist auch der Strukturalismus, wie ihn Lévi-Strauss entfaltet hat, noch einer epistemologischen Konfiguration eingeschrieben, die das Sein – oder die Struktur – als Präsenz denkt, und die unterschiedlichen Denksysteme als Repräsentationsformen dieses präexistenten Seins bestimmt. Insbesondere ist K. dieser «logozentristischen» Dominanz anheimgefallen; so hat etwa die abendländische Tradition dem theatralischen Geschehen vorrangig die Aufgabe zuerkannt, Repräsentanz eines vorgegebenen Textes zu sein. «Der phonetische Text, die Sprache, der übertragene Diskurs – gegebenenfalls durch den Souffleur, dessen Kasten das verborgene, aber unerläßliche Zentrum der repräsentativen Struktur ist – ist es, der die Bewegung der Repräsentation sicherstellt» [26]. Demgegenüber fordert Derrida im Rückgriff auf Nietzsches Antihegelianismus und auf Artauds Theaterexperimente eine neue

Praxis der K., die eine Produktivität der Signifikantenformationen ins Spiel bringt, die «nicht länger mehr eine *Präsenz* [re-präsentiert], die anderswo und vor ihr bestünde, deren Fülle älter als sie ... wäre, und die de jure auf sie verzichten könnte: Selbstgegenwart des absoluten Logos, lebendige Präsenz Gottes» [27]. In ähnlicher Weise hat auch M. FOUCAULT die Möglichkeit bestritten, «ausgehend von einer Theorie der Bedeutung» [28] literarische Werke allein als Repräsentation vorgegebener Sinnstrukturen zu begreifen. Vielmehr gilt ihm die Literatur seit Anfang des 19. Jh. in zunehmendem Maße als «Gegendiskurs», der sich von jenem allgemeinen und dominanten Diskurs der Sprache abgetrennt habe, welcher einzig auf die reduplizierende Herstellung von «Sinn» und «Bedeutung» abziele [29].

Anmerkungen. [1] J. TYNJANOV, zit. B. EICHENBAUM: Aufsätze zur Theorie und Gesch. der Lit. (1965) 42. – [2] V. ŠKLOVSKI: Theorie der Prosa (1966) 9. – [3] a. a. O. 14. – [4] ebda; vgl. R. LACHMANN: Die Verfremdung und das ‹neue Sehen› bei V. Šklovski. Poetica 3 (1970) 228ff. – [5] Vgl. V. ŠKLOVSKI: Schr. zum Film (1966); B. EICHENBAUM: Lit. und Film a. a. O. [1] 71ff. – [6] Vgl. H. GÜNTHER (Hg.): Marxismus und Formalismus (1973). – [7] J. TYNJANOV: Die lit. K.-Mittel und die Evolution in der Lit. (1967) 59. – [8] J. MUKAŘOVSKÝ: Kapitel aus der Ästh. (1970) 145. – [9] Stud. zur strukturalist. Ästh. und Poetik (1974) 10. – [10] Kapitel ... a. a. O. 105f. – [11] Stud. ... a. a. O. [9] 14; vgl. Kapitel 91f. – [12] a. a. O. 103. – [13] 129. – [14] C. LÉVI-STRAUSS: ‹Primitive› und ‹Zivilisierte› (1972) 108. – [15] A. REIF (Hg.): Antworten der Strukturalisten (1973) 86. – [16] LÉVI-STRAUSS, a. a. O. [14] 110. – [17] 109. – [18] 90. – [19] Das wilde Denken (1968) 36. – [20] a. a. O. 38. – [21] 39. – [22] 41. – [23] ‹Primitive›... a. a. O. [14] 123. – [24] ebda. – [25] Vgl. G. GENETTE: Strukturalismus und Lit.-Kritik. Der moderne Strukturbegriff, hg. H. NAUMANN (1973) 354ff.; T. TODOROV: Poetik, in: Einf. in den Strukturalismus, hg. F. WAHL (1973) 105ff.; R. BARTHES: Kritik und Wahrheit (1967). – [26] J. DERRIDA: Die Schrift und die Differenz (1972) 356. – [27] a. a. O. 359; vgl. J. KRISTEVA: Semeiotikè (1969). – [28] M. FOUCAULT: Die Ordnung der Dinge (1971) 77. – [29] a. a. O. 76.

Literaturhinweise. V. ERLICH: Russischer Formalismus (1964). – R. KALIVODA: Die Dialektik des Strukturalismus und die Dialektik der Ästh., in: Der Marxismus und die moderne geistige Wirklichkeit (1970) 9ff. – H. GÜNTHER: Die Konzeption der lit. Evolution im tschechischen Strukturalismus. alternative 80 (1971) 183ff. – A. FLAKER: Der russische Formalismus. Theorie und Wirkung, in: Zur Kritik der lit.wiss. Methodol., hg. ŽMEGAČ/ŠKREB (1973) 115ff. – J. BURNHAM: K. und Strukturalismus (1973).
G. PLUMPE

Kunst, absolute (= a.K.). Im ersten Drittel des 20. Jh. wird der Terminus vor allem für Musik und Malerei gebraucht. Unter absoluter Musik wird die reine, im Gegensatz zur Programm-Musik an keine außermusikalischen Ideen gebundene bzw. auch die rein instrumentale Musik verstanden. Absolute Malerei (und daran anschließend absolute Plastik) war ein Synonym für gegenstandslose Malerei. Nachdem die gesamte moderne Kunst, samt der Dichtung, der Phase vieler sich scheinbar ausschließender Stilrichtungen entwachsen, somit historisch vergleichbar und in ihrem strukturellen Zusammenhang anschaubar geworden war, wuchs das Bedürfnis nach einem umfassenden Namen. Er wurde in dem kaum einmal definierten, aber immer häufiger und selbstverständlicher gebrauchten Begriff der a.K. gefunden.

Seine Geschichte führt zurück in die geistigen Ursprünge der Moderne. Obwohl über die Renaissance in den Neuplatonismus zurückreichend, ist die Kontinuität der Entwicklung erst von der zweiten Hälfte des 18. Jh. an offenkundig. Die Ablösung vom theologischen Denken erzwingt die Vorstellung von der Kunst als einem autonomen Ausdruck des menschlichen Geistes. Von ROUSSEAU und DIDEROT an wird der Künstler als Schöpfer gesehen, dem Genie werden Eigenschaften zugeschrieben, die zuvor göttliche Bestimmungen waren. Die Phantasie als kreatives Zentrum wird für fähig gehalten, ein absolutes Reich zu schaffen. Erst mit dem Ende des deutschen Idealismus beginnen sich die Konsequenzen dieses Glaubens abzuzeichnen.

Grundlegend sind KANTS Bestimmungen in der ‹Kritik der Urteilskraft› [1], durch die Kunst, Genie und Freiheit verknüpft werden. Dem folgt SCHILLER, in dessen ‹Briefen über die ästhetische Erziehung› der Weg der Freiheit durch die Schönheit in das «Reich des schönen Scheins» gewiesen wird. Hier, wo nicht Realität vertreten, sondern die «eigene absolute Gesetzgebung» der Einbildungskraft dem spielenden Menschen die Möglichkeit schafft, Freiheit durch Freiheit zu geben und den Stoff in der Form zu vertilgen, wird auch das Ideal der Gleichheit erfüllt. Diese Utopie nennt Schiller selbst den «ästhetischen Staat».

FICHTES radikal-idealistische Subjektivität wird dann von HÖLDERLIN, SCHELLING und HEGEL zur Zeit des ältesten Systemprogramms des deutschen Idealismus auf eine Philosophie des Geistes als einer ästhetischen Philosophie übertragen. Als solche ist sie Poesie, der eine neue Mythologie entspricht. Die «neue Religion» wird «das letzte größte Werk der Menschheit sein» [2]. Aufhebung der bisherigen Religion, Kunst und Wissenschaft in neuer Mythologie und Religion fordert gleichzeitig FR. SCHLEGEL mit seinem Entwurf einer progressiven Universalpoesie. Die orphische Philosophie von NOVALIS, auf magische Schöpfung durch intellektuale Anschauung zielend, verknüpft die Theorie einer a.K. mit der Eschatologie des poetischen, d. h. schaffenden Geistes. In SCHELLINGS Vorlesungen über die ‹Philosophie der Kunst› (1802/03) wird dann zwar die Kunst noch «Ausfluß des Absoluten» genannt, ihre «absolute Notwendigkeit» und folglich ihre Stellung im Universum als ihre «Konstruktion» festgehalten [3], doch bahnt sich hier bereits an, was dann in HEGELS ‹Ästhetik› offenbar wird: Die Relativierung des ursprünglichen Primats der Kunst als dem einzigen und höchsten Organon des Absoluten. Religion und Philosophie heben sich nicht mehr in einer neuen a.K. auf, vielmehr wird die Kunst in die Bewegung des absoluten Geistes reintegriert.

Stark hat SCHOPENHAUER auf die reflexive Selbstfindung absoluten Künstlertums gewirkt. Für Schopenhauer ist Kunst die Betrachtung der Dinge unabhängig vom Satz des Grundes, ihr Objekt die platonische Idee. Am höchsten steht die Musik, die nicht wie die andern Künste die Ideen oder Stufen der Objektivation des Willens, sondern unmittelbar den Willen selbst darstellt. Deshalb erregt die Musik den Willen nicht, sondern ermöglicht die Erkenntnis seines Wesens und damit seine Überwindung in der Weltaufhebung. In dieser Gestalt konnte die romantische Apotheose der Kunst das Ende der idealistischen Philosophie überdauern, während WAGNERS Gesamtkunstwerk den universalen Charakter in die Epoche des heraufkommenden Nihilismus tradiert. Die Metaphysik als Philosophie der a.K. vollendet sich mit Nietzsche: Während für FR. SCHLEGEL noch die «heiligen Spiele der Kunst nur ferne Nachbildungen von dem unendlichen Spiele der Welt, dem ewig sich selbst bildenden Kunstwerk» waren [4], versucht NIETZSCHE eine «ästhetische Rechtfertigung» und interpretiert Welt als «ein sich selbst gebärendes Kunstwerk» [5].

Eng ist die Idee der a.K. mit der *l'art pour l'art*-Bewegung verbunden, die vor allem in Frankreich, im letzten Drittel des 19. Jh. aber in ganz Europa, Kunst und Literatur geprägt hat. Der Begriff ‹l'art pour l'art› verdankt seine Entstehung dem Versuch, die in der deutschen Klassik und in der idealistischen deutschen Philosophie gewonnene Vorstellung von der Autonomie der Kunst dem französischen Publikum verständlich zu machen (B. CONSTANT, V. COUSIN). Als erstes Manifest des l'art pour l'art gilt das Vorwort zum Roman ‹Mademoiselle de Maupin› von TH. GAUTIER (1835), in dem auf provokative Weise das Eigenrecht der Kunst gegenüber der utilitaristischen und pseudoreligiösen Vormundschaft verteidigt wird. Da in der zweiten Hälfte des 19. Jh. l'art pour l'art und Dekadenz sich immer mehr ähneln, erhält im Fin de siècle die Idee der a.K. die Züge eines extrem esoterischen Ästhetizismus. Diese Entwicklung hat dazu beigetragen, daß der Begriff der a.K. seither immer wieder mit Wertungen belastet wird, die der Dekadenz-Literatur anhaften.

Über *Baudelaire* und *E. A. Poe* in die Romantik zurückreichend, das neuplatonisch-kabbalistische Erbe bewußt übernehmend, wagt MALLARMÉ, der Zerstörung als seiner Beatrice sich überlassend [6], im Horizont des Nichts als des Absoluten, die «Poésie pure» genannte orphische Deutung der Erde. Gegen Mallarmés Umkreisung des Logos absoluter Poesie stellt ST. GEORGE den Mythos vom Dichter als Gesetzgeber des geistigen Reiches. Den von der Musik wieder an die Dichtung übergegangenen Primat des Klanges ergänzt George durch die Forderung nach Bild und Gestalt. Bei PROUST wird Kunst absolut als Möglichkeit einer Überwindung von Zeit und Geschichte durch imaginative Erinnerung, bei JOYCE als Kosmogonie der Sprache selbst.

Auch in *Malerei* und *Plastik* ist Modernität identisch mit dem Streben nach Reinheit der Elemente und nach der kreativen Freiheit der formenden Phantasie. CÉZANNES Realisationswille gilt einer neuen Klassik, deren parallel zur Natur entwickelte Harmonie universelle Emotion sein soll. Weil die Farben «aus den Wurzeln der Welt» aufsteigen, sind sie der Ort, «wo unser Gehirn und das Universum sich begegnen» [7]. Der Kubismus unterscheidet sich nach APOLLINAIRE dadurch von der alten Malerei, daß er nicht mehr eine Kunst der Nachahmung, sondern eine der Vorstellung ist, die sich bis zur Neuschöpfung zu erheben trachtet; heimliches Ziel der extremen Schulen ist die «reine Malerei» [8]. Eine geistige Kunst ist das Ziel von KANDINSKY und vom ‹Blauen Reiter›. Kandinsky nennt den schaffenden Geist den abstrakten [9]. Gerade weil das Absolute nicht in der Form zu suchen ist, vielmehr Klang der Welt – Welt, ein «Kosmos der geistig wirkenden Wesen» [10] – und innerer Klang des Schaffenden eins werden müssen, fallen Notwendigkeit und Freiheit der Form zusammen. Schließlich werden abstrakt und konkret austauschbare Worte für den Begriff des Absoluten, während die Alternative gegenständlich oder ungegenständlich als außerkünstlerisch, d. h. unecht erkannt wird.

Zum universalen Anspruch der a.K. gehört das offene oder geheime Postulat der Erneuerung oder Veränderung des ganzen Daseins. Dieser ethische Impuls hat zu unterschiedlichsten Lebensformen und Programmen geführt: Mystische Innerlichkeit des Individuums, Esoterik des Kreises, Politik der Utopie haben sich neben-, nachund durcheinander manifestiert.

Anmerkungen. [1] I. KANT, KU §§ 43-54. – [2] Das älteste Systemprogramm des dtsch. Idealismus, hg. FR. ROSENZWEIG, in: Sitzungsber. Heidelb. Akad. Wiss., phil.-hist. Kl. (1917) 7. – [3] F. W. J. SCHELLING, Philos. der Kunst, Einl. und Allg. Teil §§ 1-24. – [4] FR. SCHLEGEL, Krit. A., hg. E. BEHLER 2 (1967) 324; vgl. SCHELLING, a. a. O. [3] § 24. – [5] FR. NIETZSCHE, Werke, hg. K.

SCHLECHTA 3 (1956) 495f. – [6] P. MALLARMÉ, Br. vom 17. 5. 1867 an Eugène Lefébure. – [7] P. CÉZANNE: Über die Kunst. Gespräche mit Gasquet und Briefe (1957) 12. – [8] G. APOLLINAIRE: Méditations esthétiques. Les peintures cubistes, hg. L. C. BREUNIG/ J.-CL. CHEVALIER (Paris 1965) 56f. – [9] W. KANDINSKY: Über die Formfrage. Der blaue Reiter (ND 1965) 132. – [10] a. a. O. 168.

Literaturhinweise. E. HOWALD: Die absolute Dichtung im 19. Jh. Trivium 6 (1948). – W. GÜNTHER: Über die absolute Poesie. Dtsch. Vjschr. Lit. Wiss. 23 (1949) 1-32. – J. WILCOX: The beginning of l'art pour l'art. J. Aesthetics Art Criticism 11 (1953) 360-370. – W. HESS: Dokumente zum Verständnis der modernen Malerei (1956). – A. E. CARTER: The idea of decadence in French lit. 1830-1900 (1958). – W. GAUNT: The aesthetic movement in Engl. lit. (1959). – K. HEISIG: L'art pour l'art. Z. Relig. u. Geistesgesch. 14 (1962) 201-229. 334-352. – M. LANDMANN: Die absolute Dichtung (1963). – R. N. MAIER: Paradies der Weltlosigkeit (1964). – M. KESTING: Vermessung des Labyrinths (1965). – H. KUHN: Schr. zur Ästhetik (1966). – B. BOESCHENSTEIN: Studien zur Dichtung des Absoluten (1968). – R. V. JOHNSON: Aestheticism (1969). – D. JÄHNIG: Schelling (1966-1969). – E. HEFTRICH: Das ästhetische Bewußtsein und die Philos. der K., in: Beitr. zur Theorie der Künste im 19. Jh., hg. KOOPMANN/SCHMOLL 1 (1971) 30-43.
    E. HEFTRICH

Kunst, abstrakte. ‹a.K.› heißt eine Kunst, in der die darstellenden Künste Malerei und Skulptur ihren traditionellen Anspruch aufgeben, die gegenständliche Wirklichkeit nachzuahmen. Der Begriff ‹a.K.› ist aus einer Unterscheidung KANDINSKYS hervorgegangen, derzufolge die moderne Kunst sich in zwei gegensätzlich komplementäre Richtungen entzweit: in die «reine Realistik» und in die «reine Abstraktion» [1]. Wird in der reinen oder «großen Realistik» das «zum Minimum gebrachte ‹Künstlerische› ... als das am stärksten wirkende Abstrakte» erkannt wie in der äußersten Verdinglichung des Gegenständlichen in der naiven Malerei H. ROUSSEAUS, so wird dagegen in der reinen oder «großen Abstraktion» das «zum Minimum gebrachte ‹Gegenständliche› ... als das am stärksten wirkende Reale erkannt» [2] wie in der äußersten Verdinglichung des Gegenstandslosen in der Malerei KANDINSKYS, dessen Aquarell von 1910 als das früheste Dokument der a.K. gilt [3]. Freilich bleibt der von Kandinsky zunächst nur beiläufig gebrauchte Begriff ‹a.K.› [4] der herkömmlichen gegenständlichen Darstellungsform insofern verhaftet, als die Seins- und Bedeutungsidentität der gegenstandsfreien Kunst allein aus der Sicht einer die Disidentität von Zeichen und Bezeichnetem voraussetzenden Mimesis abstrakt erscheinen konnte. Diesem heteronomen Verständnis entspricht auch der von MALEWITSCH bevorzugte Begriff der «gegenstandslosen» Kunst [5]. Demgegenüber mußte im autonomen Selbstverständnis der gegenstandsfreien Kunst, wie es VAN DOESBURG etabliert hat, gerade umgekehrt die mimetische Darstellung abstrakt erscheinen im Vergleich zur nunmehr «art concret» genannten Verdinglichung der Darstellungsmittel: «Peinture concrète et non abstraite, parce que rien n'est plus concret, plus réel qu'une ligne, qu'une couleur, qu'une surface»; «une femme, un arbre, une vache sont concrets à l'état naturel, mais à l'état de peinture ils sont plus abstraits, plus illusoires, plus vagues, plus spéculatifs qu'un plan ou qu'une ligne» [6]. Auch KANDINSKY hat es später vorgezogen, «die sogenannte ‹abstrakte› Kunst Konkrete Kunst zu nennen» [7]. Indessen verzichtet eine in diesem Sinne konkrete Kunst nicht notwendig auf jeden semantischen Bezug auf eine außerhalb ihrer Seins- und Bedeutungsidentität liegende Wirklichkeit. Vielmehr ist wie in der «peinture abstraite vivante» DELAUNAYS [8] die neue Identität gerade die Bedingung für eine ebenso neue Disidentität, die ohne diese Identität nicht vorgestellt werden kann; denn kraft der ihnen selbst innewohnenden Semantik informieren die gegenstandsfreien Farben und Formen über eine außerhalb sowohl des gegenständlichen als auch des gegenstandslosen Bereichs liegende kosmische Wirklichkeit: «On a assimilé à la peinture pure ce préjugé de la non-représentation des choses de la nature, de faire des œuvres d'esthéticisme en dehors de la vie, etc. Il est donc utile de souligner que, justement des moyens anti-descriptifs et tout à fait expressifs dans le sens du mot n'interdisent pas, au contraire, la représentation objective des choses de l'Univers et qu'au contraire ils la favorisent par une objectivité beaucoup plus intense et réaliste» [9]. Angesichts dieses neuen Realitätsbezuges hat MONDRIAN von «abstrakt-realer Malerei» gesprochen [10]. Innerhalb solcher «représentation objective des choses de l'Univers» ist zu unterscheiden danach, ob die universale Wirklichkeit im Einklang mit natürlich-organischen Erfahrungsstrukturen vorgestellt wird, wie es in DELAUNAYS synchronen Rhythmen durch eine Aktivierung des natürlich-harmonischen Farbensehens und in MONDRIANS kühnen Balancen aus Horizontalen und Vertikalen durch eine Aktivierung des natürlichen Gleichgewichtssinnes geschieht, oder ob vielmehr die universale Wirklichkeit an die naturferne Autonomie eines «esprit créateur» [11] geknüpft wird wie in den diagonalen «Kontra-Kompositionen» VAN DOESBURGS, die MONDRIANS organische Orthogonalität durch eine Drehung um 45 Grad denaturieren [12].

Haben diese die a.K. begründenden Analogiestrukturen die Gestaltungsmittel im Interesse der repräsentierten universalen Wirklichkeit auf einen «formellen» Kanon von reinen Farben und geometrischen Formen reduziert, so entwickelt sich in der Folgezeit eine Gegenrichtung, die eine freie «informelle» Farbformgebung bevorzugt und dabei von einer grundsätzlichen Veränderung im Verhältnis zwischen Malprozeß und Bild ausgeht: Die gegenstandslosen Farben und Formen interessieren nicht mehr um phänomenimmanenter syntaktischer Beziehungen der Harmonie oder der Disharmonie willen, sondern als Spuren einer spontanen, die psychische Subjektivität des Malers ausdrückenden Geste. Man spricht von «abstraktem Expressionismus» [13] oder – wie MATHIEU – von «lyrischer Abstraktion» im Gegensatz zur «geometrischen Abstraktion» [14]. In ihrer radikalsten Konsequenz führt eine solche im Rahmen der a.K. mögliche Freisetzung des Malprozesses zur Aufgabe des herkömmlichen Staffeleibildes durch die «Action Painting» POLLOCKS: Dank eines speziellen indirekten Malverfahrens (dripping) ist die absolute psychische Aktion Pollocks im Unterschied zur psychographischen Aktion Mathieus nicht mehr an einen unmittelbaren manuellen Kontakt mit der Bildfläche gebunden, sondern im freien Raum über der großen und wie eine Arena auf dem Boden ausgebreiteten Leinwand entlassen. An die Stelle einer Aktion unter der Bedingung von Malerei ist eine Aktion mit der Folge von Malerei getreten [15].

Mit der «Action Painting» Pollocks beginnt zugleich eine bedeutende Wende in der Geschichte der a.K., nämlich die Überwindung der europäischen «Relational Art» durch die nordamerikanische «Non-Relational Art». Der an Bildern von Mondrian entwickelte Begriff «Relational Art» kennzeichnet eine mit dem Risiko des Scheiterns behaftete, genuin künstlerische Kompositionsweise, bei der die Bildelemente in eine hierarchische Gleichgewichtsbeziehung sowohl im Verhältnis zueinander als auch jeweils im Verhältnis zum Bildganzen treten. In Negation dieses noch aus der hierarchischen Sujetstruktur der gegenständlichen Kunst abgeleiteten Kompositionsprinzips meint der Begriff ‹Non-Relational Art› eine ästhetisch absolut risikolose, rationale Kompositionsmethode, bei der die einzelnen Bildelemente eine unhierarchische, das ganze Bildfeld gleichmäßig ausfüllende All-over-Struktur bilden. Diese All-over-Struktur bedingt einen neuartigen, die relationale Idealität überwindenden Objektcharakter der gegenstandslosen Malerei, wie er zunächst bei POLLOCK und NEWMAN in einer unüberschaubar großen, das faktische Bildfeld entgrenzenden Ausdehnung der amorphen Malerei zum Ausdruck eines «abstract sublime» wird [16] und wie er später bei STELLA in einem wieder geometrisch gestalteten «shaped canvas» zutage tritt, bei welchem der Kontur der Bildgrenzen (literal shape) unmittelbar aus dem Kontur der bildimmanenten Formen (depicted shape) resultiert und dieses Buchstäblichwerden der gemalten Form noch zusätzlich durch eine reliefartige Erhabenheit der gesamten Bildfläche betont wird [17].

In der Geschichte der a.K. zeigt sich eine generelle Priorität der Malerei gegenüber der Skulptur. Und zwar gilt diese exemplarische Rolle der Malerei sowohl für den Schritt von der gegenständlichen Kunst zur a.K. als auch für den folgenden Schritt von der abstrakten «Relational Art» zur abstrakten «Non-Relational Art». Beide Male ist die Priorität der Malerei auf den grundsätzlichen Gattungsunterschied zwischen Skulptur und Malerei zurückzuführen, der von F. T. VISCHER mit den Begriffen der «direkten» und der «indirekten Idealisierung» erklärt worden ist: Während die Skulptur lediglich zu einer «direkten Idealisierung» fähig ist, «wonach die einzelne Gestalt schön sein muß», ist die Malerei darüber hinaus zu einer «indirekten Idealisierung» imstande, bei der der einzelne Gegenstand erst durch die Vermittlung einer übergegenständlichen Ensemblestruktur zur Idealität gelangt [18]. Daraus folgt: Ebenso wie die indirekte Idealisierung der gegenständlichen Malerei leichter vom Gegenstand abstrahieren konnte als die direkte Idealisierung der Skulptur, ebenso konnte bei einer wiederum indirekt idealisierenden abstrakten Malerei die einzelne Form leichter aus dem Kontext relationaler Idealität heraustreten als bei einer wiederum direkt idealisierenden abstrakten Skulptur [19].

Anmerkungen. [1] W. KANDINSKY: Über das Geistige in der Kunst (Ms. 1910, ¹1912; zit. ⁷1963) 127. – [2] Über die Formfrage, in: Der blaue Reiter, hg. W. KANDINSKY/F. MARC (1912), zit. Neu-A., hg. K. LANKHEIT (1965) 154f. – [3] Abb. bei W. GROHMANN: Wassily Kandinsky. Leben und Werk (1958) 101. – [4] KANDINSKY, a. a. O. [2] 178. – [5] K. MALEWITSCH: Die gegenstandslose Welt. Bauhausbücher 11 (1927). – [6] T. VAN DOESBURG: L'art concret (Paris 1931); zit. nach M. SEUPHOR: L'art abstrait (Paris 1949) 13; vgl. auch: Grundbegriffe der neuen gestaltenden Kunst. Bauhausbücher 6 (1925, ND 1966) 18 Anm. 2. – [7] W. KANDINSKY: abstrakt oder konkret, in: Kat. «Tentoonstelling abstracte Kunst» (Stedelijk Museum Amsterdam 1938); zit. nach: Essays über Kunst und Künstler, hg. M. BILL (1955, ²1963) 225. – [8] R. DELAUNAY: Du cubisme à l'art abstrait. Docum. inéd., hg. P. FRANCASTEL (Paris 1957) 95. – [9] a. a. O. 61. – [10] P. MONDRIAN: Natuurlijke en abstracte realiteit, in: De Stijl (1919/20); zit. dtsch. bei M. SEUPHOR: Piet Mondrian. Leben und Werk (1957) 303ff. passim. – [11] VAN DOESBURG, a. a. O. [6]. – [12] Vgl. H. I. C. JAFFÉ: De Stijl 1917-1931 (Amsterdam 1956); dtsch. (1965) 113f. sowie Abb. 45. – [13] Vgl. I. SANDLER: Abstract expressionism. The triumph of Amer. painting (London 1970). – [14] G. MATHIEU: Au-delà du tachisme (Paris 1963) passim. – [15] Vgl. W. KAMBARTEL: Jackson Pollocks action painting, in: Gießener Beitr. zur Kunstgesch. 2, hg. N. WERNER (1973) 263-279. – [16] R. ROSENBLUM: The abstract sublime, in: Art News 59 (Febr. 1961) 38-41. 56-58. – [17] M. FRIED: Shape as form: Frank Stella's new paintings, in: New York painting and sculpture: 1940-1970, hg. H. GELDZAHLER (New York 1969) 403ff. – [18] F. T. VISCHER: Ästhetik oder Wiss. des

Schönen III: Die Kunstlehre: Bildnerkunst/Malerei (1853/54) §§ 603. 648. – [19] Vgl. W. KAMBARTEL: Robert Morris. Felt piece (1972) 14ff.

Literaturhinweise. H. SEDLMAYR: Verlust der Mitte (1948, ⁶1953). – O. KARPA: Kunst jenseits der Kunst (1949, ²1963). – K. LANKHEIT: Die Frühromantik und die Grundl. der ‹gegenstandslosen› Malerei. Neue Heidelberger Jb. NF (1951) 55-90. – H. SEDLMAYR: Die Revolution der modernen Kunst (1955); Das große Reale und das große Abstrakte, in: Wiss. und Weltbild 8 (1955) 1-8; ND in: Der Tod des Lichtes (1964) 115-127. – W. HESS: Dokumente zum Verständnis der modernen Malerei (1956). – A. GEHLEN: Zeit-Bilder (1960, ²1965). – W. HESS: Die große Abstraktion und die große Realistik, in: Jb. Ästhetik allg. Kunstwiss. 5 (1960) 7-32. – R. KORN: Kandinsky und die Theorie der abstrakten Malerei (1960). – N. PONENTE: Non-figurative correnti, in: Encicl. universale dell'arte 9 (Venedig/Rom 1963) 942-960 (dort weitere Lit.). – J. CLAUS: Theorien zeitgen. Malerei (1963). – O. STELZER: Die Vorgesch. der a.K. (1964). – J. CLAUS: Kunst heute (1965). – W. HOFMANN: Grundl. der modernen Kunst (1966). – M. IMDAHL: Die Rolle der Farbe in der neueren frz. Malerei, Abstraktion und Konkretion, in: Poetik und Hermeneutik 2, hg. W. ISER (1966) 195-225. – G. BATTCOCK: Minimal Art (New York 1968). – J. BURNHAM: Beyond modern sculpture (New York 1968). – M. IMDAHL: Über mögliche Folgen der konkreten Kunst, in: Wiss. als Dialog. Studien zur Lit. und Kunst seit der Jh.-Wende, hg. R. VON HEYDEBRAND/K. G. JUST (1969) 451-475. – B. KERBER: Amer. Kunst seit 1945 (1971). – E. VON RÜDEN: van de Velde – Kandinsky – Hölzel. Typol. Stud. zur Entstehung der gegenstandslosen Malerei (1971).

W. KAMBARTEL

Kunst, Dichtung, Dichtkunst. – 1. ‹Dichtung› (= D.) wird in literaturwissenschaftlichen Definitionen häufig als «höchste Form der Sprach-K.-Werke» [1], allgemeiner als «künstlerische Literatur» [2] bestimmt und bezeichnet in diesem weiteren Sinn den gesamten Bereich der nach ästhetischen Prinzipien organisierten und bewerteten fiktionalen Literatur, in Abgrenzung einerseits zur nicht-fiktionalen Literatur z. B. der Wissenschaften, andererseits zur fiktionalen, aber trivialen Unterhaltungsliteratur. Das Wort ‹D.› bezeichnet daneben auch einzelne sprachliche K.-Werke, insbesondere solche lyrischer Art. Vor allem in jüngster Zeit wird häufig einfach ‹Literatur› im Sinn des in ideologiekritischer Perspektive problematisch gewordenen Wortes ‹D.› verwendet [3]. ‹Poesie› und ‹Dicht-K.› (= Dk.), noch bis in die Mitte des 19. Jh. oft gebrauchte Synonyma für ‹D.›, sind im Laufe des 19. Jh. von ‹D.› verdrängt worden und heute aus der deutschen poetologischen und literaturwissenschaftlichen Terminologie nahezu verschwunden [4].

Beim gegenwärtigen Neben- und Gegeneinander der unterschiedlichsten dichtungs- und literaturtheoretischen Richtungen ist es problematisch, eine einheitliche Definition von ‹D.› zu geben [5]. Eine historische Perspektive erscheint daher gerechtfertigt: als Rückblick auf die zwischen 1750 und 1830 in Deutschland herausgebildeten D.-Theorien, insbesondere in ihrer neuen Sicht des Verhältnisses von Antike und Moderne, ihren Konzeptionen einer Vermittlung von D. und Philosophie, ihrer geschichtsphilosophischen Reflexion auf Bedingungen der D. [6]. D.-Theorie wurde damals – im Gegensatz zur früheren Vorherrschaft der D.-Lehre der Poetiken und zur späteren des «D.-Kults» [7] der nationalistischen Germanistik vor und um 1900 und bis 1945 [8] – konzipiert und verstanden als wichtigstes Teilstück philosophischer Ästhetik, die ihrerseits wieder nicht Randgebiet, sondern ein zentrales Kernstück zeitgenössischer Philosophie war.

Anmerkungen. [1] H. SEIDLER: Art. ‹D.›, in: Kleines lit. Lex. 1, hg. W. KAYSER (³1961) 55; ebenso H. SEIDLER: Die D. – Wesen, Form, Dasein (²1965) 37ff.; G. v. WILPERT: Sachwb. der Lit. (⁴1964) 130; O. F. BEST: Hb. lit. Fachbegriffe (1972) 56; in gleichem Sinn H. KUHN: Art. ‹D.›, in: Fischer Lex. Lit. 2/1, hg. W.-H. FRIEDRICH/W. KILLY (1965) 118f.; I. BRAAK: Poetik in

Stichworten. Lit.wiss. Grundbegriffe (³1969) 13. – [2] H. ARNTZEN: Literatur im Zeitalter der Information (1971) 15. – [3] Vgl. den Sammelbd. Lit. und D. – Versuch einer Begriffsbestimmung, hg. H. RÜDIGER (1973); darin bes. P. BERTAUX: Lit., D., Poesie a. a. O. 59ff.; K. O. CONRADY: Gegen die Mystifikation von D. und Lit. a. a. O. 64ff.; W. ROSS: ‹D.› und ‹Lit.› a. a. O. 79ff. – [4] Vgl. K. HAMBURGER: Das Wort ‹D.›, in: Lit. und D. a. a. O. 34. 36. – [5] Vgl. H. RÜDIGER: Was ist Lit.?, a. a. O. [3] 26ff.; H. KREUZER: Zum Lit.begriff der sechziger Jahre in der Bundesrepublik Deutschland a. a. O. [3] 144ff.; H. WEINRICH: Hoch und niedrig in der Lit. a. a. O. [3] 160ff. – [6] Vgl. bes. P. SZONDI: Poetik und Geschichtsphilos. 1, hg. S. METZ/H.-H. HILDEBRANDT und 2, hg. W. FIETKAU (= Studien-A. der Vorles. 2 und 3) (1974) mit Bibliogr.; darin: Antike und Moderne in der Ästhetik der Goethezeit a. a. O. 1, 11ff.; Hegels Lehre von der D. a. a. O. 1, 267ff.; Von der normativen zur spekulat. Gattungspoetik a. a. O. 2, 7ff.; Schellings Gattungspoetik a. a. O. 2, 185ff. – [7] H. SINGER: Grenzfälle a. a. O. [3] 147. – [8] Vgl. F. GRESS: Germanistik und Politik. Krit. Beitr. zur Gesch. einer nation. Wiss. (1971) 151-159; G. REISS (Hg.): Materialien zur Ideologiegesch. der dtsch. Lit.wiss. 1. 2. (1973) bes. 1, VIIff.

2. Etymologisch geht die neuhochdeutsche Form ‹dichten› über mittelhochdeutsch ‹tihten› zurück auf althochdeutsch ‹dihtōn, tihtōn›, «schriftlich abfassen, ersinnen» (entlehnt von lat. ‹dictāre›, «zum Nachschreiben vorsagen, vorsagend verfassen»); die spätmittelhochdeutsche Ableitung ‹tihtunge› (Diktat, Gedicht) wird neuhochdeutsch zu ‹D.› [1].

1561 tritt ‹D.› in J. MAALERS Wörterbuch ‹Die Teutsch Spraach› erstmals im Sinn von «Dk.» auf: ‹D.› wird definiert als «Der poeten kunst, die kunst zu dichten, Poesis»; neben der neuen Bedeutung «Poesis» trägt es hier noch die ältere von «Skriptura» und, zur Bezeichnung des einzelnen dichterischen Werks, «Fabula» [2].

In Anwendung gekommen ist das Wort ‹D.› erst nach 1770; ADELUNG vermerkt (1774), synonym für ‹Dk.› stehe «bey den Neuern auch die D.» [3].

Das ‹Deutsche Wörterbuch› von J. und W. GRIMM bestimmt D. als «poesis .... 1. im allgemeinen die erhebung der wirklichkeit in die höhere wahrheit, in ein geistiges dasein. ... 2. erdichtung im gegensatz zur wahrheit, in gutem und bösem sinn ... 3. die geistige abfassung und niederschreibung eines werks ... 4. ein dichterwerk» [4]. Gerade der hier unter 1. aufgestellte hohe ästhetisch-metaphysische Anspruch blieb für die deutsche D.-Theorie bis weit ins 20. Jh. hinein kennzeichnend; er scheint dafür verantwortlich zu sein, daß das Wort ‹D.› heute mehr und mehr außer Gebrauch gerät [5].

Anmerkungen. [1] Vgl. Der Große Duden 7: Etymol. Herkunftswb. der dtsch. Sprache (1963) 108: ‹dichten›; F. KLUGE/A. GÖTZE: Etymol. Wb. der dtsch. Sprache (¹⁶1953) 134f.: ‹dichten›. – [2] J. MAALER: Die Teutsch Spraach (1561) 89: ‹D.›; vgl. HAMBURGER, a. a. O. [4 zu 1] 35. – [3] J. CH. ADELUNG: Grammat.-krit. Wb. der hochdtsch. Mundart ... 1 (1774, ²1793) 1478. – [4] GRIMM 2 (1860) 1071f. – [5] Vgl. RÜDIGER, a. a. O. [5 zu 1] 27f.; CONRADY, a. a. O. [3 zu 1] 71f.; H. STADLER und K. DICKOPF (Hg.): Lit. (1973) 9f.

3. Vom 15. bis in die Mitte des 18. Jh. stand die D.-Theorie in Europa im Bann von Aristoteles und Horaz; klassizistische Poetiken mit den Hauptdogmen der Nachahmung der Natur und der Antike herrschten in Renaissance, Barock und Rokoko [1]. Die Erschütterung der absoluten Vorrangstellung der Antike im Verlauf der «Querelle des Anciens et des Modernes» im Frankreich Ludwigs XIV. führte zur einer Aufwertung der Moderne und damit auch ihrer Vorstellungen von der D. Der Bruch mit den normativ-deduktiven ästhetischen Vorstellungen des Klassizismus folgte dabei (etwa seit 1750) in Deutschland aus den Spannungen und Widersprüchen innerhalb des Klassizismus selbst; er führte zur philosophischen D.-Theorie.

Bereits WINCKELMANNS Klassizismus impliziert bei aller Mustergültigkeit der Griechen doch auch schon eine individualisierende und damit historische Perspektive, die es ihm erst erlaubt, das Spezifische der griechischen K. – sei es auch in idealisierender Überhöhung – wahrzunehmen. Der Laokoon der klassischen Skulptur erhebe «kein schreckliches Geschrey, wie Virgil von seinem Laokoon singet»; das sei ein Beispiel für das «allgemeine vorzügliche Kennzeichen der Griechischen Meisterstükke»: «eine edle Einfalt, und eine stille Größe» [2]. Demgegenüber betont LESSING an der unterschiedlichen Darstellung des Laokoon durch den Bildhauer und den Dichter nicht die Verschiedenheit der K.-Ideale, sondern die der Stilprinzipien von Plastik und D. Das zeitliche Nacheinander ist konstituierendes Moment der D., D. hat im Gegensatz zur bildenden K. eine fortschreitende Handlung zum Gegenstand und die Zeit zu ihrem Medium [3].

Zu einem wirklich historischen D.-Verständnis gelangt erst HERDER. Er sieht D. in geschichtlichen Zusammenhängen und innerhalb eines zeitlichen Kontinuums; sie stellt nicht nur Historisches dar, sondern ist in sich selbst historisch. Die Assoziierung des Worts ‹D.› mit ‹Naturnähe›, ‹Orginalität› und ‹schöpferischem Prozeß› – ein semantisches Potential, das in den damals noch gebräuchlicheren Bezeichnungen ‹Poesie› und ‹Dk.› nicht in gleicher Weise enthalten ist – dürfte ebenfalls auf Herder zurückgehen. In der Nachfolge von VICO und HAMANN versteht HERDER D. als die in Bilder umgesetzte «Natursprache aller Geschöpfe» [4]; Natur sei «Quelle der D.» [5]. Seine Unterscheidung von Natur- und K.-Poesie [6], in polemischer Absicht gegen den französischen Klassizismus und seine deutschen Schüler gewendet, wurde im späten 19. und frühen 20. Jh. im Sinne einer Trennung von «westlicher» Literatur und Zivilisation und «deutscher» D. und Kultur gebraucht. Bei Herder verschärft sich die bereits bei Winckelmann auftretende Unstimmigkeit zwischen der individualisierenden, historischen Betrachtungsweise und dem Anspruch, bestimmte klassische Vorbilder seien auch weiterhin verbindlich. Er verteidigt Shakespeare gegen die klassizistischen Franzosen: Die gerügte Kompliziertheit und Verschlungenheit der Handlung bei Shakespeare entspreche den Verhältnissen seiner Zeit und den von diesen Verhältnissen geforderten Gesetzen der Darstellung. Damit historisiert Herder dem Ansatz nach die ästhetischen Begriffe. Andererseits wird ihm Shakespeares Mannigfaltigkeit zur neuen Norm [7].

Die *philosophische Ästhetik* in Deutschland begann mit A. G. BAUMGARTENS Dissertation (1735) und seiner ‹Aesthetica› (1750) [8]. Seine Konzeption vom Dichter als repräsentativem Künstler wurde für Kant und Schiller ebenso wichtig wie die durch Baumgarten der Ästhetik gestellte Aufgabe, über die Dichotomie von Philosophie und K. (bzw. D.) hinauszukommen und die Wahrheit der D. und K. philosophisch zu fassen [9]. Die poetischen Fiktionen bilden für ihn gleichsam eine zweite Welt («tales FICTIONES heterocosmicae, quia inventor earum, quasi novum creat orbem fingendo, ... dicuntur POETICAE») [10].

Auch KANT hebt hervor, daß D. zugleich erfunden und wahr, zugleich fiktional und «der Form nach einstimmig mit Verstandesgesetzen» sei [11]. «Dk.», die mit der «Beredsamkeit» zu den «redenden K.» zählt, sei die K., «ein freies Spiel der Einbildungskraft als ein Geschäft des Verstandes auszuführen» [12]. Die Dk. habe unter allen K. «den obersten Rang. Sie erweitert das Gemüt dadurch, daß sie die Einbildungskraft in Freiheit setzt und innerhalb den Schranken eines gegebenen Begriffs unter der unbegrenzten Mannigfaltigkeit möglicher damit zusammenstimmender Formen diejenige darbietet, welche die Darstellung desselben mit einer Gedankenfülle verknüpft, der kein Sprachausdruck völlig adäquat ist, und sich also ästhetisch zu Ideen erhebt» [13]. Kant will die D. als besondere, von der Philosophie unterschiedene und doch ihr nicht widersprechende Erkenntnisart darstellen; der Sache nach konzipiert er in diesem Interesse eine Dialektik des poetischen Scheins: «Sie [die Dk.] spielt mit dem Schein, den sie nach Belieben bewirkt, ohne doch dadurch zu betrügen; denn sie erklärt ihre Beschäftigung selbst für bloßes Spiel, welches gleichwohl vom Verstande und zu dessen Geschäfte zweckmäßig gebraucht werden kann» [14].

Die durch Kant gegen Sensualismus und Intellektualismus verteidigte Konzeption von der Autonomie der K. wird von SCHILLER in den ‹Briefen über die ästhetische Erziehung des Menschen› (1795) ausgeweitet zur Aufgabe der K. (des Reichs «des Spiels und des Scheins»), Natur und Kultur, Verstand und Gefühl, Individuum und Gattung zu versöhnen [15]. Schillers Schrift ‹Über naive und sentimentalische D.› (1795/96) arbeitet die geschichtsphilosophischen Bedingungen der «sentimentalischen», reflektierten gegenüber der «naiven», naturhaften D. heraus; Vertreter der naiven D. sei der «Dichter einer naiven und geistreichen Jugendwelt», so «Homer unter den Alten und Shakespeare unter den Neuern» [16], während in einem «künstlichen Weltalter», in der Moderne, sentimentalische D. mehr und mehr an Boden gewinne [17]. Den naiven Dichter mache «die möglichst vollständige Nachahmung des Wirklichen», den sentimentalischen «die Darstellung des Ideals» aus; für beide gelte derselbe «Begriff der Poesie, der kein anderer ist, als der Menschheit ihren möglichst vollständigen Ausdruck zu geben» [18]. – Schillers Einfluß auf zeitgenössische und spätere D.-Theoretiker in Deutschland (besonders A. W. und FR. SCHLEGEL, SCHELLING, SOLGER, HEGEL) und in England (COLERIDGE) ist bedeutend, vor allem durch seine Absage an die traditionelle ahistorische Poetik [19].

GOETHE hat keine systematische D.-Theorie ausgebildet. Vorwärtsweisend für Literaturwissenschaft, D.-Theorie und D. war vor allem der von ihm eingeführte Begriff ‹Weltliteratur›: «Nationalliteratur will jetzt nicht viel sagen; die Epoche der Weltliteratur ist an der Zeit, und jeder muß jetzt dazu wirken, diese Epoche zu beschleunigen» [20].

In seinem Programm der «progressive[n] Universalpoesie», die die Grenzen von Poesie und Philosophie von beiden Seiten her aufheben sollte [21], sah FR. SCHLEGEL die romantische Poesie als Spitze einer historischen Entwicklung: «Die ganze Geschichte der Poesie ist ein fortlaufender Kommentar zu dem kurzen Text der Philosophie: Alle K. soll Wissenschaft und alle Wissenschaft soll K. werden; Poesie und Philosophie sollen vereinigt sein» [22]. Die Auseinandersetzungen über eine mögliche Vorbildlichkeit der antiken K., D. und D.-Theorie schließt Fr. Schlegel mit dem Hinweis auf die fundamentale Verschiedenheit der modernen Bildung von der antiken ab [23].

Im ‹ältesten Systemprogramm› des deutschen Idealismus (das als Fragment in HEGELS Handschrift überliefert ist und dessen Zuschreibung an SCHELLING in jüngster Zeit ebenso wie der Einfluß Hölderlins wieder umstritten ist [24]), erhält die D. einen der Philosophie überlegenen Rang, da die «Idee der Schönheit» alle Ideen in sich vereinige: «Der Philosoph muß eben so viel ästhetische

Kraft besitzen, als der Dichter ... Die Poësie bekömmt dadurch eine höhere Würde, sie wird am Ende wieder, was sie am Anfang war – Lehrerin der Menschheit; denn es gibt keine Philosophie, keine Geschichte mehr, die Dk. allein wird alle übrigen Wissenschaften und K. überleben» [25]. Der D. werden hier Funktionen einer Universalwissenschaft und Ersatzmetaphysik zugewiesen; allerdings verblieb allenfalls der D.-Begriff HÖLDERLINS [26], nicht aber derjenige Schellings und Hegels auf der Position des ‹Entwurfs›.

HEGELS Ästhetik zieht die Summe aus der kunstphilosophischen und dichtungstheoretischen Reflexion der Goethezeit [27]. Die von Hegel geforderte Vermittlung von empirischer und begrifflicher, historischer und philosophischer K.-Betrachtung impliziert die Historisierung der ästhetischen Begriffe [28] (und wurde mit dieser Intention beispielsweise vom frühen LUKÁCS, von BENJAMIN und ADORNO wiederaufgegriffen [29], wie denn Hegels Ästhetik überhaupt mit ihrem Einfluß auf VISCHER, MARX und ENGELS, TAINE, DE SANCTIS, BELINSKIJ und CROCE [30] außerordentliche Bedeutung für die unterschiedlichsten K.- und D.-Theorien gewann). Für Hegels Geschichtsphilosophie der K. ist die Poesie die «geistigste Darstellung der romantischen K.-Form» [31]. Die Dk. sei «die allgemeine K. des in sich freigewordenen, nicht an das äußerlich-sinnliche Material zur Realisation gebundenen Geistes, der nur im inneren Raume und der inneren Zeit der Vorstellungen und Empfindungen sich ergeht. Doch gerade auf dieser höchsten Stufe steigt nun die K. über sich selbst hinaus, indem sie das Element versöhnter Versinnlichung des Geistes verläßt und aus der Poesie der Vorstellung in die Prosa des Denkens hinübertritt» [32]. Gerade weil die Poesie «die allgemeine K.» wird, «welche jeden Inhalt, der nur überhaupt in die Phantasie einzugehen imstande ist, in jeder Form gestalten und aussprechen kann» [33], ist sie «diejenige besondere K., an welcher zugleich die K. selbst sich aufzulösen beginnt» [34]. Hegels These, daß die K. (und deren Selbsttranszendierung, die D.) gegenüber Religion und Philosophie ihre höchste Bestimmung unwiederbringlich verloren habe, daß sie nicht mehr als «die höchste Weise» gelte, «in welcher die Wahrheit sich Existenz verschafft» [35], wird von KIERKEGAARD, FR. TH. VISCHER und NIETZSCHE aufgenommen [36].

Anmerkungen. [1] Vgl. neben SZONDI, a. a. O. [6 zu 1] bes. R. WELLEK: A hist. of modern criticism (New Haven 1955); Gesch. der Lit.kritik 1750-1830, dtsch. E. und M. LOHNER (1959) 19ff. – [2] J. J. WINCKELMANN: Gedancken über die Nachahmung der Griech. Wercke (1755). Kl. Schr., Vorreden, Entwürfe, hg. W. REHM (1968) 43. – [3] Vgl. G. E. LESSING: Laokoon oder über die Grenzen der Malerei und Poesie Kap. 15f. Ges. Werke, hg. P. RILLA (²1968) 5, 112-123. – [4] J. G. HERDER: Über den Ursprung der Sprache (1770). Werke, hg. B. SUPHAN (1892, ND 1967) 5, 56. – [5] Über Bild, D. und Fabel (1787) a. a. O. 15, 535f. – [6] Vgl. a. a. O. 5, 214. – [7] Vgl. 218f. – [8] A. G. BAUMGARTEN: Meditationes philosophicae de nonnullis ad poema pertinentibus (1735), hg. K. ASCHENBRENNER/W. B. HOLTHER mit engl. Übers., Einl. u. Anm. als 'Reflections on poetry' (Berkeley/Los Angeles 1954) mit lat. Text; Aesthetica (1750, ND 1961). – [9] Vgl. Meditationes ... a. a. O. §§ 4. 115. – [10] Aesthetica a. a. O. [8] § 511 (S. 329). – [11] I. KANT: KU § 53 = Akad.-A. 5, 327. – [12] KU § 51 = 5, 321. – [13] KU § 53 = 326. – [14] KU § 53 = 326f. – [15] FR. SCHILLER: Über die ästhet. Erziehung des Menschen in einer Reihe von Briefen (1795). Sämtl. Werke, hg. G. FRICKE/H. G. GÖPFERT 5 (⁴1967) 667 (27. Brief). – [16] Über naive und sentimental. D. (1795/96) a. a. O. 712f. – [17] a. a. O. 715. – [18] 717. – [19] Vgl. WELLEK, a. a. O. [1] 236. 257; SZONDI, a. a. O. [6 zu 1] 1, 162f. – [20] G. LUKÁCS: Zur Ästhetik Schillers (1935). Werke 10 (1969) 17ff.; Schillers Theorie der modernen Lit. (1935) a. a. O. 7, 125ff. – [20] J. W. v. GOETHE: Gespräch mit Eckermann (31. 1. 1827). Hamburger A. 12 (⁶1967) 362; vgl. H. J. SCHRIMPF: Goethes Begriff der Weltlit. (1968) 13-17. 44-55. – [21] FR. SCHLEGEL: Athenäums-Frg. [Nr. 116] (1798). Krit. A., hg. E. BEHLER u. a. (1958ff.)

2, 182. – [22] Krit. Frg. [Nr. 115] a. a. O. 2, 161. – [23] Vgl. F. SCHLEGEL 1794-1802. Seine prosaischen Jugendschr., hg. J. MINOR 1 (²1906) 168. – [24] Vgl. Das älteste Systemprogramm. Stud. zur Frühgesch. des dtsch. Idealismus, hg. R. BUBNER, in: Hegel-Studien, Beih. 9 (1973); F. BEISSNER: Erläut. zu: F. W. J. SCHELLING: Entwurf (Das älteste Systemprogramm des dtsch. Idealismus), in: FR. HÖLDERLIN, Sämtl. Werke. Große Stuttgarter A., hg. F. BEISSNER (1961) 4/1, 297-299 (Text). 425f. (Erläut.). – [25] SCHELLING, a. a. O. 298; zu Schellings späterem D.-Begriff vgl. Philos. der K. (1859, ND 1960) bes. 274-279. – [26] Vgl. FR. HÖLDERLIN: Über die verschiednen Arten, zu dichten a. a. O. [24] 4/1, 228-232; Über die Verfahrungsweise des poëtischen Geistes a. a. O. 241-265; Über den Unterschied der Dichtarten a. a. O. 266-272; Mischung der Dichtarten a. a. O. 273; vgl. dazu SZONDI, a. a. O. [6 zu 1] 2, 181-183. – [27] Vgl. SZONDI, a. a O. [6 zu 1] 1, 249. 272f.; WELLEK, a. a. O. [1] 563f. – [28] Vgl. G. W. F. HEGEL: Vorles. über die Ästhetik (¹1835-38, rev. ²1842) 1-3, hg. E. MOLDENHAUER/K. M. MICHEL,in: Theorie-Werk-A. (1970) 13-15, zit. 13. 39; vgl. dazu SZONDI, a. a. O. [6 zu 1] 1, 308-310. – [29] Vgl. G. LUKÁCS: Die Theorie des Romans. Ein geschichtsphilos. Versuch über die Formen der großen Epik (1916, ⁴1971); W. BENJAMIN: Ursprung des dtsch. Trauerspiels (1928, rev. ⁴1969); TH. W. ADORNO: Ästhet. Theorie. Ges. Schr. 7, hg. G. ADORNO/R. TIEDEMANN (1970). – [30] Vgl. etwa K. MARX und FR. ENGELS: Über K. und Lit. Eine Slg. aus ihren Schr., hg. M. LIFSCHITZ (1948); B. CROCE: La Poesia (1936); dtsch. W. EITEL: D. Einf. in die Krit. und Gesch. der D. und der Lit. (1970). – [31] HEGEL, a. a. O. [28] 13, 122. – [32] 123. – [33] 15, 233. – [34] 234. – [35] 13, 141. – [36] Vgl. W. OELMÜLLER: Fr. Th. Vischer und das Problem der nachhegelschen Ästhetik (1959) 211.

4. NIETZSCHE gibt keine systematische Theorie der D. mehr, sondern nur noch verstreute aphoristische Bemerkungen, häufig psychologisierender Natur, über Dichter und D. Er hält die gegenwärtige und für die Zukunft zu erwartende geistige und geschichtliche Entwicklung für wenig günstig für die Möglichkeit von D.: «Ja, ist das Leben erst im vollkommenen Staate geordnet, so ist aus der Gegenwart gar kein Motiv der D. mehr zu entnehmen, und es würden allein die zurückgebliebenen Menschen sein, welche nach dichterischer Unwirklichkeit verlangen» [1].

MARX stellt, anders als Hegel und Nietzsche, die Frage, ob D. in der Moderne überhaupt noch möglich sei, als Frage nach den ästhetischen Möglichkeiten der jeweiligen Gesellschaftsformation: «... ist Achilles möglich mit Pulver und Blei? Oder überhaupt die Iliade mit der Druckerpresse, und gar Druckmaschine? Hört das Singen und Sagen und die Muse mit dem Preßbengel nicht notwendig auf, also verschwinden nicht notwendig die Bedingungen der epischen Poesie?» [2] Daß Marx hier D. als Ausdruck ihres Zeitalters sieht, heißt nicht, daß er behauptet, sie ginge in dieser Funktion auf. Zugrunde liegt bei ihm nicht das Dogma, K. und D. seien unmittelbar durch die «materielle Basis» determiniert [3]. Er notiert: «*Das unegale Verhältnis der Entwicklung der materiellen Produktion z. B. zur künstlerischen.* Überhaupt der Begriff des Fortschritts nicht in der gewöhnlichen Abstraktion zu fassen» [4], und deutet damit eine Theorie der Aufeinanderbezogenheit, aber zugleich Ungleichzeitigkeit von ästhetischer und gesellschaftlicher Entwicklung an [5].

Zu einer Spielart normativer Poetik im 20. Jh. wurden die in den 30er Jahren von SHDANOW u. a. entwickelten Grundpostulate des «sozialistischen Realismus» (Widerspiegelung, Parteilichkeit). Auch von Marxisten wird der normative Anspruch dieser K.-Theorie als inhaltsästhetische Verengung einer wirklich materialistisch argumentierenden Literaturtheorie kritisiert [6].

Anmerkungen. [1] FR. NIETZSCHE: Menschliches, Allzumenschliches I, Aph. 234 (1878). Werke, hg. K. SCHLECHTA (1966) 1, 590; vgl. auch G. CH. LICHTENBERG: Sudelbücher, H. C, Aph. 125 (1773). Schr. und Br., hg. W. PROMIES (1968) 1, 179; zu HEGEL vgl. a. a. O. [32. 34. 35 zu 3]. – [2] K. MARX: Grundrisse der Krit. der polit. Ök. Einl. (= Rohentwurf 1857/58), hg. Marx-Engels-Lenin-Institut (Moskau 1939/1941, ND o. J.) 31. – [3] Vgl. a. a. O. 31. –

[4] 29. – [5] Vgl. etwa H. MAYER: Karl Marx und die Lit., in: Marxismus und Lit. Eine Dokumentation, hg. F. J. RADDATZ (1969) 3, 270f.; vgl. LIFSCHITZ, a. a. O. [30 zu 3]. – [6] Vgl. z. B. CH. CAUDWELL: Bürgerl. Illusion und Wirklichkeit. Beitr. zur materialist. Ästhetik, dtsch. H. BRETSCHNEIDER, hg. P. HAMM (1971); E. BLOCH: Über Gegenwart in der D. (1956), in: Lit. Aufsätze (1965) 143-160; H. C. BUCH (Hg.): Parteilichkeit der Lit. oder Parteilit.? Materialien zu einer undogmat. marxist. Ästhetik (1972).

5. D. und D.-Theorie werden in Deutschland seit der Mitte des 19. Jh. epigonal; um so großartiger und weihevoller ist die Aura, mit der man die D. der eigenen Vergangenheit umgibt: D.-Theorie wird vielfach zur Legitimationswissenschaft für deutschtümelnde Germanistik [1]. Die Führung in der Theorie der D. geht seit den 1830er Jahren wieder an Frankreich und von den Philosophen auf die Schriftsteller über [2]. Zur gleichen Zeit, in der D. und D.-Theorie in Deutschland ihre europäische Resonanz verlieren und die zentrale Stelle einbüßen, die sie innerhalb der ästhetischen und zeitweise auch der allgemeinphilosophischen Diskussion zwischen 1770 und 1830 innegehabt hatten, verdrängt das seit Herder ideologisch belastete Wort ‹D.› die neutraleren, bis hin zu Hegel geläufigeren Termini ‹Dk.› und ‹Poesie› immer mehr [3]. Bis weit ins 20. Jh. hinein wird die D. als superiore Form der «bloßen» Literatur, der Dichter als «wesenhafter» Künstler dem Schriftsteller, Literaten oder gar «Zivilisationsliteraten» [4] gegenübergestellt. Seit den 60er Jahren weicht das Wort ‹D.› mehr und mehr den Bezeichnungen ‹Literatur› oder ‹Text› [5]. Dem liegen veränderte semantische und wissenschaftliche Perspektiven zugrunde, wie beispielsweise das Aufgeben einer strikten Unterscheidung zwischen «hoher» (künstlerischer) und «niedriger» (trivialer) Literatur. Fiktionale Literatur insgesamt wird literaturwissenschaftlich als einheitliches System betrachtet [6].

Anmerkungen. [1] Vgl. E. LÄMMERT: Germanistik – eine dtsch· Wiss., im gleichnamigen Sl.bd. (²1970) 7-42; vgl. auch a. a. O· [8 zu 1]. – [2] Vgl. WELLEK, a. a. O. [1 zu 3] 578-583; zur frz. D.-Theorie des 19. und 20. Jh. vgl. Art. ‹Poesie›. – [3] Vgl. HAMBURGER, a. a. O. [4 zu 1] 34f. 40f. – [4] TH. MANN: Betrachtungen eines Unpolitischen (1918), in: Polit. Schr. und Reden, hg. H. BÜRGIN (1968) 1, 41. – [5] Vgl. STADLER und DICKOPF, a. a. O. [5 zu 2] 10. – [6] Vgl. etwa J. M. LOTMAN: Die Struktur lit. Texte, aus dem Russ. R.-D. KEIL (1972) 148f.

6. Im 20. Jh. spalten sich die Literatur- und D.-Theorien in eine inzwischen kaum noch überschaubare Vielzahl und Vielfalt miteinander konkurrierender oder einander ergänzender und weiterführender Richtungen [1].

Die *geisteswissenschaftlich-geistesgeschichtlichen* Richtungen (z. B. DILTHEY [2], UNGER, PETERSEN [3], STRICH [4], KORFF) entstehen in Deutschland am Anfang des 20. Jh. in Auseinandersetzung mit dem Positivismus. Im Anschluß an die geistesgeschichtliche Schule stellen etwa VOSSLER, ERMATINGER, WALZEL die D. noch stärker ins Zentrum, wobei sie sich gegen die Heranziehung außerliterarischer Aspekte aussprechen [5]. Nach 1945 setzen u. a. STAIGER, KAYSER, KUHN und FRIEDRICH mit der bei ihnen in den Mittelpunkt tretenden Methode der werkimmanenten Interpretation die Versuche zur Begründung einer «D.-Wissenschaft» fort [6].

Die D.-Theorie in Deutschland lehnt sich vielfach an aktuelle *philosophische* Theorien an, an DILTHEYS Lebensphilosophie [7], die Phänomenologie HUSSERLS (INGARDEN, K. HAMBURGER, LEIBFRIED [8]), die Fundamentalontologie HEIDEGGERS (STAIGER, ALLEMANN [9]), die Ontologie R. HÖNIGSWALDS (G. WOLANDT [10]), die philosophische Hermeneutik GADAMERS [11] oder die Kritische Theorie BENJAMINS oder ADORNOS (SZONDI

[12]), ohne daß dabei die dichtungstheoretischen Äußerungen des jeweiligen Philosophen absolute Autorität für die ihm folgenden Literaturwissenschaftler gewinnen müßten.

Andere Richtungen suchen Anschluß an einzelne Wissenschaften. Die *Literatursoziologie*, als empirische (FÜGEN, ESCARPIT [13]) oder von marxistischer Theoriebildung beeinflußte (LUKÁCS, HAUSER, GOLDMANN, MACHEREY [14]), sieht Literatur bzw. D. in vielfältigen Wechselbeziehungen mit der Gesellschaft und untersucht unter dieser Perspektive z. B. die soziale Stellung der Schriftsteller und die sozialen Bedingungen der Wirkungsgeschichte von D. Unter dem Einfluß insbesondere der Psychoanalyse FREUDS [15] und der Tiefenpsychologie JUNGS [16] und ihrer Nachfolger entstehen neue Ansätze der *Literaturpsychologie* als Untersuchung der psychischen Bedingungen literarischer Produktion und Rezeption sowie als psychologisch orientierte Inhaltsanalyse literarischer Werke [17]. An *naturwissenschaftliche* Verfahren schließen Versuche an, D. bzw. Literatur mit Hilfe mathematischer und kybernetischer Methoden exakt zu analysieren (BIRKHOFF, BENSE, FUCKS [18]), wobei hier neue Formen der Literaturtheorie zum Teil durch neue Formen der Literatur (z. B. G. STEIN und F. PONGE) provoziert wurden [19].

Mit dem *russischen Formalismus* beginnt eine insbesondere an der Linguistik ausgerichtete Verwissenschaftlichung der Literatur- bzw. D.-Theorie im Sinne einer Objektivierung ihrer Ergebnisse (ŠKLOVSKIJ, ÈJCHENBAUM, TYNJANOV, JAKOBSON u. a. [20]). Er faßt das literarische Werk und die literarische Evolution als ein «funktionales und strukturales System» auf [21]. Diese Linie setzt sich über den *Prager Strukturalismus* (MUKAŘOVSKÝ [22]) bis zum *französischen Strukturalismus* (GREIMAS, TODOROV, BARTHES, FOUCAULT u. a. [23]), bis zur an der Transformationstheorie orientierten ‹analyse structurale› (RUWET [24]) und zu neuen Ansätzen einer Textgrammatik (IHWE, VAN DIJK [25]) fort. Dabei korrespondieren beim russischen Formalismus wie auch zum Teil beim tschechischen und französischen Strukturalismus formalistisch-strukturalistische Methoden der Theorie und formalisierte Verfahren der literarischen Produktion; wie in der klassisch-romantischen Phase der deutschen D. und D.-Theorie ergeben sich im 20. Jh. Interdependenzverhältnisse von avancierter literarischer Theorie und literarischer Praxis.

Im Mittelpunkt des Interesses stehen heute Fragen nach dem jeweiligen historischen Charakter, nach historischer Bedingtheit, politischer Funktion, gesellschaftlicher Relevanz, ideologischem oder kritischem Potential der D. bzw. Literatur sowie Probleme ihrer formalen Struktur, ihrer besonderen ästhetischen Konfiguriertheit, ihres System- und Sphärencharakters und damit Begriffe wie ‹Fiktionalität›, ‹Komplexität›. Die historisch-kritischen und die eher von der Form ausgehenden ahistorisch-strukturalistischen Tendenzen der Literatur- bzw. D.-Theorie scheinen nicht völlig unvermittelbar zu sein. Wichtige Vertreter der formalistisch-strukturalistischen Betrachtungsweise berücksichtigen die Historizität ihres Objekts oder postulieren doch deren Berücksichtigung (z. B. TYNJANOV, ÈJCHENBAUM, JAKOBSON, MUKAŘOVSKÝ, FOUCAULT, BARTHES [26]). W. BENJAMIN sieht in der Literatur ein «Organon der Geschichte», wobei das einzelne Werk als «Mikrokosmos» verstanden werden soll [27]: Geschichte soll demnach gerade in der inneren Form der D. aufgesucht werden. Entsprechende Postulate impliziert die Formulierung ADORNOS vom «Doppelcharakter von K.» als einem Charakter von «Autonomie und fait social» zugleich [28]. Formalistisch-strukturalistische und historisch-kritische Literatur bzw. D.-Theorie scheinen zu konvergieren in der Reflexion darauf, daß das einzelne literarische K.-Werk als prozessual organisierte Struktur mit Beziehungen zum gesellschaftlich-geschichtlichen Prozeß, die gerade durch die Struktur deutlich werden, aufgefaßt werden kann.

Anmerkungen. [1] Überblick bei R. WELLEK und A. WARREN: Theory of lit. (⁴1963); dtsch. E. und M. LOHNER: Theorie der Lit. (²1971). – [2] W. DILTHEY: Das Erlebnis und die D. Lessing, Goethe, Novalis, Hölderlin (1905, ¹³1957). – [3] J. PETERSEN: Die Wiss. von der D. (1939). – [4] F. STRICH: Dtsch. Klassik und Romantik oder Vollendung und Unendlichkeit (1922, ⁵1962). – [5] E. ERMATINGER: Das dichterische K.-Werk (1921); O. WALZEL: Gehalt und Gestalt im K.-Werk des Dichters (1923, ND 1957). – [6] E. STAIGER: Grundbegriffe der Poetik (1946, ⁵1961); W. KAYSER: Das sprachl. K.-Werk. Einf. in die Lit.wiss. (1948, ⁹1963); H. KUHN: D.-Wiss. und Soziol. (1950, Nachwort 1972), in: Methodenfragen der dtsch. Lit.wiss., hg. R. GRIMM/J. HERMAND (1973) 450-462; H. FRIEDRICH: D. und die Methoden ihrer Deutung (1957), in: Die Werkinterpretation, hg. H. ENDERS (1967) 294-311. – [7] Vgl. a. a. O. [2-5]. – [8] R. INGARDEN: Das lit. K.-Werk (1931, ²1960); Vom Erkennen des lit. K.-Werks (1968); K. HAMBURGER: Die Logik der D. (rev. ²1968); E. LEIBFRIED: Krit. Wiss. vom Text. Manipulation, Reflexion, transparente Poetol. (²1972). – [9] STAIGER, a. a. O. [6]; B. ALLEMANN: Über das Dichterische (1957). – [10] G. WOLANDT: Philos. der D., Weltstellung und Gegenständlichkeit des poetischen Gedankens (1965). – [11] H.-G. GADAMER: Wahrheit und Methode. Grundzüge einer philos. Hermeneutik (³1972). – [12] W. BENJAMIN: Der Stratege im Lit.-Kampf. Zur Lit.wiss., hg. H. TIEDEMANN-BARTELS (1974); P. SZONDI: Theorie des modernen Dramas (rev. ²1963); TH. W. ADORNO: Noten zur Lit. I-III (1958-1965). – [13] H. N. FÜGEN (Hg.): Wege der Lit.-Soziol. (²1971); D. in der bürgerl. Gesellschaft (1972); R. ESCARPIT: Le littéraire et le social (Paris 1970). – [14] G. LUKÁCS: Schr. zur Lit. soziol., hg. P. LUDZ (1961); A. HAUSER: Sozialgesch. der K. und Lit. (1953, ²1969); L. GOLDMANN: Soziol. des modernen Romans (Paris 1964, dtsch. 1970); P. MACHEREY: Pour une théorie de la production litt. (Paris ²1970). – [15] S. FREUD: Bildende K. und Lit. Studien-A. 10, hg. A. MITSCHERLICH u. a. (³1969). – [16] C. G. JUNG: Seelenprobleme der Gegenwart (1931) (darin: Über die Beziehungen der analyt. Psychol. zum dichterischen K.-Werk). – [17] J. STAROBINSKI: Psychoanal. und Lit. (1973); W. BEUTIN (Hg.): Lit. und Psychoanal. Ansätze zu einer psychoanal. Textinterpretation (1972); B. URBAN (Hg.): Psychoanal. und Lit.wiss. (1973); N. GROEBEN: Lit.-psychol. Lit.wiss. zwischen Hermeneutik und Empirie (1972). – [18] G. BIRKHOFF: Coll. math. papers 1-3 (New York 1950); vgl. R. GUNZENHÄUSER/H. KREUZER (Hg.): Math. und D. Versuche zur Frage einer exakten Lit.wiss. (1965) (bes. die Aufsätze von JAKOBSON, BIERWISCH, WALTHER, BENSE). – [19] M. BENSE: Aesthetica. Einf. in die neue Ästhetik (1965); E. WALTHER: Francis Ponge. Eine ästhet. Anal. (1965). – [20] J. STRIEDTER (Hg.): Russ. Formalismus. Texte zur allg. Lit.theorie und zur Theorie der Prosa (von ŠKLOVSKIJ, EJCHENBAUM, TYNJANOV, JAKOBSON u. a.) (²1971) (= Texte der russ. Formalisten I, dtsch.); W.-D. STEMPEL (Hg.): Texte der russ. Formalisten II (russ./dtsch. 1972) (mit Texten von ŠKLOVSKIJ, TYNJANOV, JAKOBSON, BRIK, ŽIRMUNSKIJ u. a.); A. FLAKER/V. ŽMEGAČ (Hg.): Formalismus, Strukturalismus und Gesch. (1974). – [21] J. STRIEDTER: Einl. (1968) a. a. O. [20] X. – [22] J. MUKAŘOVSKÝ: Kap. aus der Poetik, dtsch. W. SCHAMSCHULA (1967); J. MUKAŘOVSKÝ: Kap. aus der Ästhetik, dtsch. W. SCHAMSCHULA (1970). – [23] A. J. GREIMAS: Strukturale Semantik. Methodol. Untersuch. (Paris 1966, dtsch. 1971); T. TODOROV: Poetik der Prosa (Paris 1971); dtsch. H. MÜLLER (1972); R. BARTHES: Die Lust am Text (Paris 1973); dtsch. T. KÖNIG (1974); M. FOUCAULT: Die Ordnung der Dinge. Eine Archäol. der Humanwiss. (Paris 1966); dtsch. U. KÖPPEN (1971); H. BLUMENSATH (Hg.): Strukturalismus in der Lit.wiss. (mit Aufsätzen von JAKOBSON, LÉVI-STRAUSS, GREIMAS, KRISTEVA, TODOROV u. a.) (1972); F. WAHL (Hg.): Einf. in den Strukturalismus (Paris 1969, dtsch. 1973) (mit Beiträgen von TODOROV, WAHL u. a.); J. IHWE (Hg.): Lit.wiss. und Linguistik. Ergebn. und Perspektiven 1-3 (1971-1972); W. KRAUSS: Poetik und Strukturalismus, in: Sprache im techn. Zeitalter 36 (1970) 269-290. – [24] N. RUWET: Strukturelle Anal. der D., in: IHWE (Hg.), a. a. O. [23] 2/1, 199-223. – [25] T. A. VAN DIJK: Some aspects of text grammars (Den Haag/ Paris 1972). – [26] Vgl. etwa J. TYNJANOV: Über die lit. Evolution (1927), in: STRIEDTER, a. a. O. [20] 434-461; B. ÈJCHENBAUM: Das lit. Leben (1929), in: STRIEDTER, a. a. O. [20] 464-481; dazu STRIEDTER, Einl. a. a. O. [20], LXX-LXXXIII; vgl. weiter H. GÜNTHER: Die Konzeption der lit. Evolution im tschech. Strukturalismus, in: IHWE (Hg.):

Lit.wiss. und Linguistik. Eine Auswahl. Texte zur Theorie der Lit.wiss. 1 (1972) 285-310; I. STROHSCHNEIDER-KOHRS: Lit. Struktur und gesch. Wandel. Aufriß wiss.gesch. und methodol. Probleme (1971). – [27] W. BENJAMIN: Lit.gesch. und Lit.wiss. (1931), in: Angelus Novus. Ausgewählte Schr. 2 (1966) 456. – [28] TH. W. ADORNO: Ästhet. Theorie (1970) 340; vgl. 312.

Literaturhinweise. B. MARKWARDT: Gesch. der dtsch. Poetik 1-3 und 5 (1937-67). – M. LANDMANN: Die absolute D. Essais zur philos. Poetik (1963). – R. WELLEK: Concepts of criticism (1963); dtsch. E. und M. LOHNER: Grundbegriffe der Lit.kritik (1965). – A. PREMINGER (Hg.): Encyclop. of poetry and poetics (Princeton 1965). – W. ISER (Hg.): Immanente Ästhetik – ästhet. Reflexion. Lyrik als Paradigma der Moderne. Poetik und Hermeneutik 2 (1966). – E. FISCHER: K. und Koexistenz. Beitrag zu einer modernen marxist. Ästhetik (²1969). – H. R. JAUSS (Hg.): Nachahmung und Illusion. Poetik und Hermeneutik 1 (²1969). – W. MITTENZWEI: Positionen. Beitr. zur marxist. Lit.theorie in der DDR (Leipzig 1969). – J. STRELKA/W. HINDERER (Hg.): Moderne amer. Lit.theorie (1970). – V. ŽMEGAČ (Hg.): Marxist. Lit.kritik (1970). – B. ALLEMANN (Hg.): Ars Poetica. Texte von Dichtern des 20. Jh. zur Poetik (²1971). – U. JAEGGI: Lit. und Politik (1972). – H. GALLAS: Marxist. Lit.theorie. Kontroversen im Bund proletarisch-revolutionärer Schriftsteller (1971). – J. K. SIMON (Hg.): Modern French criticism. From Proust and Valéry to structuralism (Chicago u. a. 1972). – F. VASSEN: Methoden der Lit.-wiss. 2: Marxist. Lit.theorie und Lit.soziol. (1972). – H. G. KLAUS (Hg.): Marxist. Lit.krit. in England. Das 'Thirties Movement' (1973). – P. STEIN (Hg.): Theorie der polit. D. (1973). – D. STEINBACH: Die hist.-krit. Sozialtheorie der Lit. (1973). – H. L. ARNOLD/ V. SINEMUS (Hg.): Lit.wiss. Grundzüge der Lit.- und Sprachwiss. 1 (²1974). – W. HINDERER (Hg.): Sickingen-Debatte. Ein Beitrag zur materialistischen Lit.theorie (1974).   N. RATH

Kunstphilosophie, Kunstgeschichte, Kunstwissenschaft. –
1. Kunstphilosophie. – Die Bedingungen für die Prägung des Begriffes ‹ Kunstphilosophie › (= Kph.) und für die Ausbildung der Kph. als eigener philosophischer Disziplin erfüllte erst das 18. Jh.: a) Die «schönen Künste» mußten sich als eigener zusammengehöriger Kreis von den «mechanischen Künsten» abgesetzt haben [1]. Noch in ZEDLERS ‹ Universallexikon › wird das Bildermalen zusammen mit dem Lastentragen als Beispiel für die mechanischen Künste genannt [2]. – b) Der Bereich der Kunst mußte deutlich vom Bereich des Wissens geschieden sein. Für F. BACON und noch für die französischen Enzyklopädisten des 18. Jh. gehörte die «Poesie» selbst zum Feld des menschlichen Wissens (scientia, doctrina; connaissance); sie bildete neben Historie und Philosophie den dritten, auf Phantasie gegründeten Hauptstamm des Wissens (in der ‹ Encyclopédie › gehören zur Poesie auch die nichtsprachlichen Künste) [3]. Bezeichnenderweise konnten im 18. Jh. noch unter dem Begriff der «schönen Wissenschaften» Dichtung, Rhetorik *und* deren Theorie zusammengefaßt werden, wie andererseits die Wissenschaften zum Teil noch ‹ Künste › (artes) hießen [4]. HERDER polemisierte gegen F. J. Riedel, weil dieser mit dem Begriff des «schönen Denkens» Kunst und Wissenschaft noch vermengte [5]. – c) Kunst mußte als Inbegriff von Kunstwerken, nicht als Fähigkeit und Vermögen aufgefaßt werden können. Noch CHR. WOLFF definierte: «Ars virtus intellectualis materialis est. Quoniam ars est habitus determinandi actum alicujus entis» [6]. Auch ZEDLER umschreibt den Begriff ‹ Kunst › (ars) mit Fleiß, Geschicklichkeit, Qualitäten und Gaben des Gemüts, Übung [7]. Kunst in diesem weiten Sinne ist ein Thema der praktischen Philosophie, der Ethik [8]. – d) Die Philosophie mußte die Kunst als das eigentliche Feld des Schönen entdecken. Noch bei A. G. BAUMGARTEN aber ist der Begriff des Schönen – abgetrennt von Kunst und Kph. – in der Metaphysik verankert [9].

Diese Bedingungen werden im 18. Jh. allmählich erfüllt, als die Philosophie der Sphäre der Empfindung und des Geschmacks als dem Boden der Künste ein wachsendes Interesse entgegenbringt und zum Gegenstand weitläufiger spekulativer und psychologischer Erörterungen macht (SHAFTESBURY, F. HUTCHESON, H. HOME, E. BURKE [10]) und als sie die schönen Künste als einen zusammengehörigen Gegenstandsbereich von einem Prinzip her zu begreifen sucht (CH. BATTEUX [11]). Schließlich schafft A. G. BAUMGARTEN mit seiner ‹Aesthetica› eine neue philosophische Disziplin, die den Bereich einer Kph. mit abdeckt [12]. Und im Zusammenhang mit ‹Ästhetik› wird offensichtlich auch der Begriff ‹Kph.› geprägt. Ja, fortan ist es schwer, ‹Ästhetik› und ‹Kph.› immer deutlich zu scheiden; sie treten in ein Konkurrenzverhältnis, können sich wechselseitig erläutern oder ausschließen; zumeist ist ‹Ästhetik› der umfassendere Begriff: Baumgarten nennt die Ästhetik u. a. eine «theoria liberalium artium» [13], und für J. G. SULZER ist Ästhetik «Philosophie der schönen Künste» [14]. Ästhetik, Theorie oder Philosophie der schönen Künste: diese Begriffe drängen den Begriff ‹Kritik› zurück und schränken ihn ein; hatte die (Kunst-)Kritik zu erkennen gegeben, daß sie sich in ihrem Verhältnis zur Kunstpraxis definierte, zu der sie praktische Regeln und Beurteilungskritierien geben wollte [15], so akzeptiert die Theorie und Philosophie die Kunst allmählich nun als autonomes Gebilde. Bezeichnenderweise kannte auch J. CH. GOTTSCHED zwar schon einen «Gelehrten, der von freyen Künsten philosophieren, oder Grund anzeigen kann», aber dieser war kein Kunstphilosoph im Sinne der späteren Ästhetik, sondern «Kritikus», «Kunstrichter» [16].

Der Begriff ‹Kph.› wird also zusammen mit dem Begriff ‹Ästhetik› gebräuchlich und steht zumeist in dessen Schatten. Während HERDER den Begriff beiläufig aufnehmen kann [17], meidet ihn KANT betont: Da es keine auf Beweisgründe gestützte «Wissenschaft des Schönen», sondern nur Geschmacksurteile gibt, kennt Kants Philosophie nur die «Kritik des Geschmacks», die als Transzendentalphilosophie aus der Natur der Erkenntnisvermögen die Möglichkeit der Geschmacksurteile herleitet. Die Kunst ist neben der Natur ein Bereich, auf den unsere Geschmacksurteile Anwendung finden [18]. Die Kph. ist also keine Wissenschaft und keine mögliche eigne Disziplin. – Dennoch bereitet Kant den Übergang zu einer dezidierten Kph. vor, indem er die Kunst als Kunst des Genies von außerästhetischen Zwecksetzungen befreit und ihre Autonomie sichert; und indem er zugleich der Kunst zutraut, den metaphysischen Vernunftideen (Gott, Freiheit usw.), die für die kritische Vernunft unbegreifbar geworden waren, ein Symbol in der Sinnenwelt zu geben [19].

Es ist dann die romantische und klassische Philosophie des *deutschen Idealismus*, die den Begriff und die Sache der Kph. ausdrücklich in die philosophischen Disziplinen aufnimmt. SCHELLING deduziert in seinem ‹System des transzendentalen Idealismus› von 1800 «Hauptsätze der Philosophie der Kunst», hält 1802/03 in Jena und 1804/05 in Würzburg Vorlesungen mit dem Titel ‹Philosophie der Kunst› und äußert sich zur Kph. in seinen ‹Vorlesungen über die Methode des akademischen Studiums› (1803) [20]. A. W. SCHLEGEL fordert in seinen Vorlesungen in Jena (1797/98) und in Berlin (1801-04) die Ablösung der bloß technischen durch eine philosophische Theorie der Kunst, die er aber nicht ‹Kph.›, sondern ‹Kunstlehre› nennt [21]. Da der von Baumgarten eingeführte Begriff ‹Ästhetik› sogleich eine ungeheure Verbreitung fand und sich um 1800 fest eingebürgert hatte [22], halten andere Autoren zwar an diesem Begriff als Disziplintitel fest, distanzieren sich aber ausdrücklich von den dem Begriff anhaftenden Konnotationen: Man erstrebt keine Theorie der sinnlichen Erkenntnis, sondern «‹Philosophie der Kunst› und bestimmter ‹Philosophie der schönen Kunst›» (HEGEL [23]), «philosophische Lehre vom Schönen, oder besser eine philosophische Kunstlehre» und «Kph.» (SOLGER [24]), eine «Theorie der Kunst» (SCHLEIERMACHER [25]). Daß die Ästhetik jetzt wesentlich Kph. ist, heißt, daß nicht die Natur, sondern vornehmlich oder allein die Kunst nun der Ort des Schönen ist [26]. – Ganz bewußt spricht man nicht mehr von der Theorie oder Philosophie der Künste (s.o.), sondern wählt den Kollektivsingular ‹Kunst›: denn es gilt, das «System», den «Organismus», das eine Wesen, ja die «Identität aller Künste» zu begreifen (A. W. SCHLEGEL, SCHELLING, SOLGER, HEGEL, SCHLEIERMACHER [27]). Während die Philosophie und die Kunsttheorie noch des 18. Jh. der Kunst teils technische Verfahrensregeln, teils moralische Zwecke vorschrieb, nimmt die idealistische Kph. gerade an der Schönheit der freien Kunst metaphysisches Interesse. Die Philosophie ordnet die Kunst nicht länger dem unteren Erkenntnisvermögen zu, sondern begreift sie als Offenbarung des Absoluten und Darstellung der Wahrheit. SCHELLING erhebt sie in dieser Funktion zum Teil noch über die Philosophie und macht sie zum «Vorbild der Wissenschaft» und zum «einzigen wahren und ewigen Organon zugleich und Dokument der Philosophie» [28]; HEGEL bringt sie in den Zusammenhang mit Religion und Philosophie, erklärt sie aber zur historisch bereits vergangenen Form, in der die Wahrheit nicht mehr ausgesagt werden könne [29]. Die Philosophie traut sich nun zu, die Kunst zu begreifen, denn der Geist «hat es in den Kunstprodukten nur mit dem Seinigen zu thun» (HEGEL [30]); die Kph. kennt die «Urquellen der Kunst» besser als das schaffende Genie und eröffnet für die Reflexion den Weg «zur Anschauung der ewigen Schönheit und der Urbilder alles Schönen» (SCHELLING [31]).

Im Verlauf des 19. Jh. festigt der Begriff ‹Ästhetik› seine Stellung als Disziplintitel; er wird zum umfassenden «Collectivnamen» (K. ROSENKRANZ [32]), der vor allem die philosophische Lehre vom Schönen und von der Kunst und den Künsten einbegreift (z. B. CH. H. WEISSE, F. TH. VISCHER [33]). Die Kph. ist gemäß der gängigen Systematik ein Teil der Ästhetik (so auch noch bei J. VOLKELT [34]). Im 20. Jh. wird die Problematik der Kph. häufig innerhalb der «allgemeinen Kunstwissenschaft» oder als «philosophische Kunstwissenschaft» verhandelt (s. u. 3), daneben bleibt aber auch ‹Kph.› für die philosophische Thematisierung der Kunst gebräuchlich (B. CHRISTIANSEN, G. SIMMEL [35]). Zumeist hat sich hier die Kph. ganz bewußt aus dem Zusammenhang der Ästhetik herausgelöst (H. LÜTZELER, W. PERPEET [36]). Daneben wird versucht, eine Kph. sozusagen von unten, von der Kunstwissenschaft her, aufzubauen (D. FREY [37]). Ist ‹Kph.› inzwischen ein unspezifischer Sammelbegriff für alle über die einzelnen Kunstwissenschaften hinausgehenden Überlegungen zur Kunst [38], so versteht man unter ‹Kunsttheorie› gewöhnlich die Erörterung der Probleme, die sich der Erfassung der besonderen Kunstgattungen stellen [39].

Anmerkungen. [1] Vgl. Art. ‹Artes liberales/artes mechanicae›. – [2] J. H. ZEDLER: Großes vollst. Universal-Lex. aller Wiss.en und Künste 2 (1732) 1645. – [3] F. BACON: De dignitate et augmentis scientiarum (1623) II, 1. 13; J. D'ALEMBERT: Encycl. ou dict. raisonné …, hg. DIDEROT/D'ALEMBERT 1 (Paris 1751) Disc. prélim. – [4] GRIMM 14/II (1960) 793f.; vgl. W. BUMANN: Der Begriff der Wiss. im dtsch. Sprach- und Denkraum, in: Der Wiss.begriff, hg. A. DIEMER (1970) 64-75. – [5] J. G. HERDER, Sämtl. Werke, hg.

B. SUPHAN 4, 22ff.; vgl. I. KANT, KU § 44. Akad.-A. 5, 304f. – [6] CHR. WOLFF: Philos. moralis sive Ethica (1750). Ges. Werke II/12, 740ff.: §§ 482ff.; vgl. J. G. HEINECCIUS: Elementa philosophiae rationalis et moralis (¹⁰1752) 264. – [7] Vgl. ZEDLER, a. a. O. [2] 15 (1737) 2141. – [8] Vgl. CHR. WOLFF, a. a. O. [6]. – [9] A. G. BAUMGARTEN: Met. (⁷1779, ND 1963) § 662. – [10] K. H. v. STEIN: Die Entstehung der neueren Ästh. (1886, ND 1964) Abschn. 2. – [11] CH. BATTEUX: Les beaux arts reduits a un même principe (1747). – [12] A. G. BAUMGARTEN: Aesthetica (1750). – [13] a. a. O. § 1; vgl. G. F. MEIER: Anfangsgründe aller schönen Wiss.en 1-3 (1748-50) 1, 5. – [14] J. G. SULZER: Allg. Theorie der schönen Künste 1 (²1792, ND 1970) 47. – [15] Vgl. Art. ‹Kritik›. – [16] J. CH. GOTTSCHED: Versuch einer krit. Dichtkunst (1730, ⁴1751, ND⁴ 1962) 96: § 3; vgl. Art. ‹Kunstrichter›. – [17] HERDER, a. a. O. [5] 3, 359. – [18] KANT, KU §§ 34. 43ff. – [19] a. a. O. §§ 49. 59. – [20] F. W. J. SCHELLING, Sämtl. Werke, hg. K. F. A. SCHELLING I/3, 612-629; I/5, 357-736; I/5, 344-352. – [21] A. W. SCHLEGEL: Vorles. über Philos. Kunstlehre, hg. A. WÜNSCHE (1911); Vorles. über Lit. und Kunst Teil 1. Krit. Schr. und Br. 2, hg. E. LOHNER (1963). – [22] J. KOLLER: Entwurf zur Gesch. und Lit. der Aesth. von Baumgarten bis auf die neueste Zeit (1799); vgl. Art. ‹Ästhetik›. – [23] G. F. W. HEGEL: Sämtl. Werke, hg. H. GLOCKNER 12, 19. – [24] K. W. F. SOLGER: Vorles. über Ästh., hg. K. W. L. HEYSE (1829, ND 1962) 2. 8. – [25] F. SCHLEIERMACHER: Ästh., hg. R. ODEBRECHT (1931) 10. – [26] HEGEL, a. a. O. [23] 20ff.; SCHLEIERMACHER, a. a. O. [25] 6-9. – [27] A. W. SCHLEGEL, Vorlesgn. über schöne Lit. und Kunst a. a. O. [21] 1, 14; SCHELLING, a. a. O. [20] I/5, 357; SOLGER, a. a. O. [24] 9; HEGEL, a. a. O. [23] 13, 245ff.; SCHLEIERMACHER, a. a. O. [25] 12. – [28] SCHELLING, a. a. O. [20] I/3, 623. 628. – [29] HEGEL, a. a. O. [23] 26-32. – [30] a. a. O. 34. – [31] SCHELLING, a. a. O. [20] I/5, 361. 364. – [32] K. ROSENKRANZ: Aesth. des Häßlichen (1853, ND 1968) III. – [33] CH. H. WEISSE: System der Ästh. als Wiss. von der Idee der Schönheit 1. 2 (1830); F. TH. VISCHER: Aesth. oder Wiss. des Schönen 1-3 (1846-1857); vgl. K. JOHN: Über die Wiss. des Schönen und der Kunst oder Aesth. (1834, ²1838). – [34] J. VOLKELT: System der Aesth. 1-3 (1905-1914). – [35] B. CHRISTIANSEN: Philos. der Kunst (1912); G. SIMMEL: Rembrandt. Ein kunstphilos. Versuch (1916, ²1919); Zur Philos. der Kunst (1922). – [36] H. LÜTZELER: Einf. in die Philos. der Kunst (1934); W. PERPEET: Das Sein der Kunst und die kunstphilos. Methode (1970). – [37] D. FREY: Kunstwiss. Grundfragen. Prolegomena zu einer Kph. (1946); Bausteine zu einer Philos. der Kunst, hg. G. FREY (1976). – [38] Vgl. Art. ‹Kunst, Kunstwerk›. – [39] E. PANOFSKY s. Anm. [19 zu 3].

2. Kunstgeschichte. – Die Kph. des Idealismus versuchte nicht nur das eine Wesen der Kunst, sondern auch die einzelnen Kunstformen philosophisch zu begreifen und die Epochen der Kunstentwicklung einzubeziehen. Bereits A. W. SCHLEGEL forderte für die Kunstlehre eine enge Verquickung von philosophischer Theorie und Kunstgeschichte (= Kg.), beide sollten Korrelate sein [1]. Und so wird die geschichtsphilosophische Konstruktion der Hauptepochen der Kunstentwicklung zum integralen Bestandteil der idealistischen Kph., wie die Kph. die empirische Kg. als notwendige Ergänzung sich zur Seite weiß [2]. HEGEL spricht der «Gelehrsamkeit der Kg.» «bleibenden Werth» zu: «Ihr Geschäft und Bestimmung besteht in der ästhetischen Würdigung der individuellen Kunstwerke und Kenntniß der historischen, das Kunstwerk äußerlich bedingenden Umstände»; die Kph. bleibt auf sie angewiesen, da die Kg. «die anschaulichen Belege und Bestätigungen liefert» [3]. Da für Hegel der konkrete Begriff der Schönheit verlangt, «die metaphysische Allgemeinheit mit der Bestimmtheit realer Besonderheit» zu verbinden, stellt seine Ästhetik sich stärker als Schellings Kph. die Aufgabe, die Ergebnisse der kunsthistorischen Empirie für die spekulative Kph. fruchtbar zu machen [4].

Im Gegensatz zu ‹Kph.› ist der Terminus ‹Kg.› (Geschichte der Kunst bzw. der Künste) für den Sprachgebrauch der Neuzeit keine ungewöhnliche Formulierung. Denn von den Künsten, den menschlichen Fähigkeiten und ihren Ergebnissen, läßt sich weit weniger leicht eine rationale, allgemeine Theorie entwickeln, als eine Menge empirisch-historischer Kenntnisse und Nachrichten sammeln. So spricht man mindestens seit F. BACON von der «historia artium» und der «Kg.», und man meint damit vornehmlich die Geschichte oder die Kenntnis und Lehre der mechanischen Künste, kann dann aber auch die «Mechanik» und «Technologie» so nennen [5]. Bei Bacon gehörte Kg. in diesem Sinn zur historia naturalis; aber im 18. Jh. begreift ‹Kg.› auch die Geschichte der schönen Künste ein. Ist nur diese gemeint, wird dies zumeist ausdrücklich angezeigt (z. B. histoire des beaux arts [6]). – Gemäß den Theorien und Formtypologien der Historie gehört Kg. zunächst am ehesten zur ‹historia litteraria› [7]: Die gelehrte Historie «erzählt den Ursprung, Wachsthum und Fortgang der Künste und Wissenschaften» (SULZER [8]). GOTTSCHED führt eine eigne Disziplin, die «historia artificialis» ein, die sowohl die Geschichte der mechanischen wie die der schönen Künste darstellt [9], und auch F. CH. BAUMEISTER kennt Kg. schon als eine selbständige Form der Historie: «Historiae artium sunt, quae describunt opera artis et artes ipsas» [10].

Die Aufnahme einer «historia artificialis» in die Disziplinen der Geschichtsschreibung trägt der wachsenden Praxis auf dem Gebiet der Kg. Rechnung. Mit dem in der Aufklärung einsetzenden Interesse an Kulturgeschichte und Geschichtsphilosophie findet die Geschichte der schönen Künste im 18. Jh. erste übergreifende Darstellungen; Kg. ist Bestandteil einer am Fortschrittsbegriff orientierten Kulturgeschichte, die die Totalität menschlicher Leistungen darzustellen sucht. J. G. SULZER kann in seinem Lexikon schon eine Reihe von Titeln zur «Geschichte der schönen Künste überhaupt» anführen (u. a. von F. JUVENEL DE CARLENCAS, C. NOBLOT, A. Y. GOGUET, J. A. SCHLEGEL und C. C. L. HIRSCHFELD [11]). Zum anderen gibt es besonders seit der Renaissance eine immer breitere Literatur über einzelne bildende Künstler und Künstlergruppen, im 18. Jh. dann sogar größere Lexika der bildenden Künstler (J. R. FÜESSLI, J. G. MEUSEL [12]), sowie allmählich auch Geschichten einzelner Gattungen der bildenden Kunst (z. B. P. MONIER, A. F. BÜSCHING u. a. [13]). In diesem Zusammenhang verengt der Begriff ‹Kg.› in der zweiten Hälfte des 18. Jh. seine Bedeutung zu «Geschichte der bildenden Kunst» – so z. B. repräsentativ in CH. G. v. MURRS ‹Journal zur Kg.› (1775ff.) [14] –, und zwar um so leichter, als die sprachlichen Werke der Kunst gewöhnlich als ‹schöne Wissenschaften› zusammengefaßt wurden [15]. Bereits J. J. WINCKELMANN läßt in seiner ‹Geschichte der Kunst des Altertums› (1764) die Literatur und die Musik aus. Und dies Buch, das HERDER weniger eine «Geschichte» als eine «historische Metaphysik des Schönen» nennen wollte [16], wird zugleich zur «Keimzelle der neueren Kunstwissenschaft» [17], indem es als systematisch gearbeitete Stilgeschichte zugleich das Wesen der Kunst darzustellen versucht. Die Kg. tritt hier an die Stelle der Künstlergeschichten [18].

Im 19. Jh. wird Kg. als Geschichte der bildenden Künste Universitätsfach. J. D. FIORILLO hält 1813 in Göttingen die ersten im engeren Sinn kunstgeschichtlichen Vorträge. 1830 wird in Königsberg ein Ordinariat für Kg. geschaffen, 1844 in Berlin (G. F. WAAGEN), 1852 in Wien (R. EITELBERGER) [19]. Die ersten Anfänge dieser Fachrichtung sieht man gewöhnlich in den historischen Nachrichten von den Künsten und ihren Techniken sowie in den Künstlerbiographien der Antike und der Renaissance (PLINIUS, VITRUV, PAUSANIAS, L. B. ALBERTI, LEONARDO DA VINCI, G. VASARI, J. v. SANDRART u. a. [20]). Die näheren Bedingungen für die Etablierung der Kg. an der Universität liegen an der Wende zum 19. Jh.: die intensive Zuwendung zur Antike im Neuhumanismus und die

Hinwendung zum Mittelalter in der Romantik; die Ausweitung des historischen Horizonts allgemein; vor allem die Entstehung der Museen und großen Kunstsammlungen (z. B. das Musée Napoléon in Paris). Von diesen geht die systematische Erfassung und Erschließung der Denkmäler aus, in der dann die Kg. des 19. Jh. ihre wichtigste Aufgabe sieht. Die kunstgeschichtliche Forschung übernimmt von der Geschichtswissenschaft die historisch-philologische Quellenkritik (C. F. v. RUMOHR [21]), und es entsteht eine umfangreiche Literatur zu einzelnen Gattungen und Epochen (A. CH. QUATREMÈRE DE QUINCY, J. D. FIORILLO, H. MEYER, J. D. PASSAVANT u. a. [22]). In der Mitte des 19. Jh. liegen die ersten großen umfassenden Handbücher zur Kg. vor (F. KUGLER, C. SCHNAASE, A. SPRINGER [23]).

Anmerkungen. [1] A. W. SCHLEGEL, a. a. O. [21 zu 1] 15ff. – [2] Vgl. SCHELLING, a. a. O. [20 zu 1] I/5, 372. – [3] HEGEL, a. a. O. [23 zu 1] 44f.; vgl. 36f. – [4] a. a. O. 46. – [5] Bacon, a. a. O. [3 zu 1] II, 2; vgl. J. G. KRÜNITZ: Oekonomisch-technol. Encyklop. 55 (1791) 250. – [6] Encyclop. ou dict. a. a. O. [3 zu 1] 3 (1751) 491ff. – [7] S. G. STOLLE: Anleit. zur Hist. der Gelehrtheit, denen zum besten, so den freyen Künsten und der Philos. obliegen (³1727). – [8] J. G. SULZER: Kurzer Begriff aller Wiss.en und andern Theile der Gelehrsamkeit (1778) 26: § 32. – [9] J. CH. GOTTSCHED: Erste Gründe der gesamten Weltweisheit 1-2 (1733/34) 1, 96. – [10] F. CH. BAUMEISTER: Philos. definitiva (⁷1746) 55. – [11] SULZER, a. a. O. [14 zu 1] 3 (²1793, ND 1967) 95; F. JUVENEL DE CARLENCAS: Essais sur l'hist. des belles lettres, des sci. et des arts (Lyon 1740-44 u. ö.); dtsch. (1749-52); C. NOBLOT: L'origine et les progrès des arts et des sci. (Paris 1740); A. Y. GOGUET: De l'origine des loix, des arts, des sci. et leur progrès chez les anciens peuples 1-3 (Paris 1758 u. ö.); J. A. SCHLEGEL: Vom Ursprung der Künste, bes. der schönen (1770); C. C. L. HIRSCHFELD: Plan der Gesch. der Poesie, Beredsamkeit, Musik, Mahlerey und Bildhauerkunst unter den Griechen (1770). – [12] J. R. FÜESSLI: Allg. Künstlerlex. (1763 u. ö.; A. in 14 Teilen 1806-1824); J. G. MEUSEL: Teutsches Künstlerlex. 1. 2 (1778-1789 u. ö.). – [13] P. MONIER: Hist. des arts, qui ont rapport au dessin ... (Paris 1698 u. ö., engl. London 1699); A. F. BÜSCHING: Entwurf einer Gesch. der zeichnenden schönen Künste (1781); vgl. insges. J. SCHLOSSER: Die Kunstlit. (1924) 438ff. – [14] CH. G. v. MURR: Journal zur allg. Lit. (1775-89); Neues J. zur Lit.- und Kg. (1798/99). – [15] Vgl. GRIMM, a. a. O. [4 zu 1]. – [16] HERDER, a. a. O. [5 zu 1] 3, 10. – [17] E. H. GOMBRICH: Kunstwiss., in: Das Atlantisbuch der Kunst (1953) 653-664, zit. 656. – [18] Vgl. H. R. JAUSS: Gesch. der Kunst und Hist., in: Lit.gesch. als Provokation (1970) 208-251, bes. 210f. – [19] W. WAETZOLDT: Dtsch. Kunsthistoriker (1921) 287ff.; U. KULTERMANN: Gesch. der Kg. (1966) 428ff. – [20] Vgl. auch E. HEIDRICH: Beitr. zur Gesch. und Methode der Kg. (1917, ND 1968). – [21] C. F. v. RUMOHR: Ital. Forsch. (1827-31). – [22] Vgl. u. a. QUATREMÈRE DE QUINCY: Hist. de la vie et des ouvrages de Raphaël (1824); Dict. hist. de l'architecture 1. 2 (1832); J. D. FIORILLO: Gesch. der zeichnenden Künste in Deutschland und den Niederlanden (1815-1820); H. MEYER: Gesch. der bildenden Künste bei den Griechen (1824); J. D. PASSAVANT: Raphael von Urbino und sein Vater Giovanni Santi (1839-1858). – [23] F. KUGLER: Hb. der Gesch. der Malerei 1-2 (1837); Hb. der Kg. (1842 u. ö.); C. SCHNAASE: Gesch. der bildenden Künste 1-7 (1843-64 u. ö.); A. SPRINGER: Hb. der Kg. (1855).

3. *Kunstwissenschaft.* – a) Seit der zweiten Hälfte des 19. Jh. beginnen sich die empirischen Wissenschaften, die sich mit der bildenden Kunst befassen (Kg., Archäologie), mehr und mehr als Kunstwissenschaft(en) (= Kw.) darzustellen [1]. 1873 tagt in Wien ein erster «Congreß für Kw.» Der Begriff ‹Wissenschaft der Kunst› entstammt mit großer Wahrscheinlichkeit dem gleichen Jh., das die Begriffe ‹Ästhetik› und ‹Kph.› prägte. Wohl erst als die Philosophie eine «Theorie der schönen Künste und Wissenschaften» (z. B. F. J. RIEDEL, J. A. EBERHARD [2]) und eine «Ästhetik» (A. G. BAUMGARTEN [3]) ausbildete, konnte es auch eine «Wissenschaft der Kunst» geben. Noch untypisch nannte GOTTSCHED die zu einer bestimmten Kunstpraxis gehörenden Kenntnisse und Regeln die «Wissenschaft von der Kunst» [4]. Einen vor-

wärtsweisenden neuen Klang hat der Begriff, wenn HER-DER von der «Kw.» Winckelmanns spricht [5] und SULZER Ästhetik definiert als die «Wissenschaft, welche sowohl die allgemeine Theorie, als die Regeln der schönen Künste aus der Natur des Geschmacks herleitet» [6]. Von methodisch gesichertem Fundament her soll Kunst nicht (oder nicht nur) gemacht, sondern begriffen werden.

Da die Philosophie des Idealismus sich selbst als die wahre begründete Wissenschaft versteht, fallen in ihr Kph. und Kw. konsequent zusammen. Laut SCHELLING kann allein die Philosophie «eine streng wissenschaftliche Ansicht der Kunst» und «eine wahre Wissenschaft der Kunst» begründen, da sie allein jenseits der Zufälligkeiten der Empirie von «absoluten Prinzipien» ausgehend ein wissenschaftliches Ganzes aufzubauen vermag [7]. «Wissenschaft der Kunst» ist sowohl «philosophische Construction» und «intellektuelle Anschauung der Kunst», die das allgemeine Wesen der Kunst erfassen, wie «historische Construction» der Kunst, die die bestimmten Kunstformen thematisiert [8]. – HEGEL faßt mit dem Begriff «Wissenschaft der Kunst» sowohl die reine abstrakte Philosophie wie die Kg. zusammen [9]. Kw. im strengeren, philosophischen Sinn nennt er seine eigene Kph., die empirische und spekulative (ideelle) Gesichtspunkte vereinigt. Daß überhaupt «Wissenschaft der Kunst» in ihren verschiedenen Formen zum allgemeinen Bedürfnis der Zeit wurde, reflektiert Hegel als Ergebnis des Fortschritts, durch welchen die Kunst aus der unmittelbaren Nähe wegrückte und zu einer vergangenen Stufe des Geistes wurde: «Die Kunst ladet uns zur denkenden Betrachtung ein und zwar nicht zu dem Zwecke, Kunst wieder hervorzurufen, sondern was die Kunst sei, wissenschaftlich zu erkennen» [10]. – Da hier die wahre Kw. die Kph. ist, verwundert es nicht, daß in der Nachfolge Schellings und Hegels spekulative Kph.en, die das «Wesen und die Formen der Kunst» deduzierten, sich «Kw.» nannten (C. F. BACHMANN [11], F. A. NÜSSLEIN [12]). An der Wende zum 20. Jh. projektiert dann E. GROSSE eine philosophische Kw., die umgekehrt von den einzelnen Künsten ausgehend das Wesen der Kunst bestimmen und dann ihre Ursachen und Wirkungen erklären soll. Indem hier die philosophische Kw. zur «erklärenden Kw.» wurde, leitet sie zu der neueren, zumeist antispekulativen «allgemeinen Kw.» (s. u.) über [13].

b) Parallel mit der Diskussion innerhalb der Geschichtswissenschaft, ob diese eine den Naturwissenschaften analoge Gesetzeswissenschaft sein könne [14], beginnt am Ende des 19. Jh. in einer intensiven Selbstreflexion um Aufgabe und Methode das Fach Kg. sich überwiegend ganz bewußt als Kw. zu begreifen [15]. Das bedeutet aber jetzt keinen bewußten Anschluß an Kw. und Kph. des Idealismus. Im Gegenteil bezeugt sich in dem neuen Titel das Bestreben des Fachs, eine autonome selbständige Wissenschaft zu werden: Man will sich von den idealistischen geschichtsphilosophischen Substruktionen, die besonders über H. HOTHO und C. SCHNAASE weiterwirkten und die die Kg. zu einem Moment innerhalb der Kultur-, Geistes- oder Menschheitsgeschichte machten, befreien und sucht für die Entwicklung der Kunst die Determinanten in Technik und Material (G. SEMPER [16]) und im – freilich nur methodisch ausgrenzbaren – «Kunstwollen» (A. RIEGL [17]); man will andererseits nicht bloß beim historischen Sammeln, Sichten und Verzeichnen von Fakten und Denkmälern stehen bleiben und sucht nach Erklärungen und Deutungen für die Stilentwicklungen; man versteht Kunst nicht sogleich als Ausdruck von Zeit, Volk und Gesellschaft, sondern orien-

tiert sich an der künstlerischen Form als dem eigentlichen Gegenstand der Kw. (A. v. HILDEBRAND [18]) und konzipiert – zum Teil apriorisch – spezifisch kunstgeschichtliche/kunstwissenschaftliche Grundbegriffe, mit denen sich Stile und Stiltypen beschreiben lassen (A. RIEGL, A. SCHMARSOW, H. WÖLFFLIN, E. PANOFSKY [19]); man zeigt mit der Wahl des Begriffs ‹Kw.› zudem an, daß man für die eigene Arbeit andere anerkannte Wissenschaften (Psychologie, Soziologie, Anthropologie) fruchtbar machen will und sich diesen Wissenschaften gleichstellt. So nimmt SCHMARSOW die Völkerpsychologie auf, WÖLFFLIN die Einfühlungspsychologie und H. SEDLMAYR die Gestaltpsychologie. Dabei sinkt die historisch-philologisch verfahrende Kg., wie sie im 19. Jh. überwiegend betrieben wurde, zu einem Teilgebiet der Kw. herab (zur «historischen Kw.» [20]). Zugleich erhebt sich gegen eine unhistorisch verfahrende Kw. Widerspruch (G. DEHIO, M. DVOŘÁK, vor allem H. TIETZE [21]), und es wird eine «geisteswissenschaftliche Kg.» gefordert, die sich methodisch und thematisch als Teilgebiet der Geschichtswissenschaft versteht und die die Kunst nicht von der übrigen Geschichte isoliert wissen will [22]. ‹Kw.› wird fortan entweder als Abkürzung für ‹Kunstgeschichtswissenschaft› oder als Oberbegriff für Kg. und systematische Kunsttheorie verstanden. – Bis in die Gegenwart stellt sich das Fach nun sowohl als Kg. wie als Kw. dar, ohne daß damit allerdings immer eine Differenz in der Sache angezeigt wäre [23]. Die Reflexionen und Auseinandersetzungen um Selbstverständnis und Methoden der Kg./ Kw. sind – wie bei allen Geisteswissenschaften – nicht abgeschlossen [24]. Sie werden zum Teil in der Disziplin «allgemeine Kw.» geführt (s.u.).

c) ‹Kw.› kann schon im 19. Jh. auch als Sammelbezeichnung für *alle* den verschiedenen Künsten geltenden Einzelwissenschaften fungieren [25]. 1883 fordert der Musikwissenschaftler PH. SPITTA die «Vereinigung jener verschiedenen Richtungen der Kw. zu einem Ganzen» [26]. Gelang dies nicht, so bildet sich am Anfang des 20. Jh. die Disziplin «allgemeine Kw.» (= allg. Kw.), in welcher Philosophen wie Kunst-, Musik- und Literaturwissenschaftler die methodologischen und wissenschaftstheoretischen Fragen der Kw.en zu erörtern und zu klären versuchten [27]. Als «Väter der allg. Kw.» werden K. FIEDLER, H. SPITZER und vor allem M. DESSOIR genannt [28]. Dessoirs Konzept einer allg. Kw. steht dabei in ausdrücklicher Opposition zur idealistischen Ästhetik, die die Kunst ausschließlich als Ort des Schönen begriffen und deshalb wichtige Perspektiven der Kunst, so ihre Funktion im geistigen und gesellschaftlichen Leben, ausgeklammert habe. Demgegenüber sei es nun «die Pflicht einer allg. Kw., der großen Tatsache der Kunst in all ihren Bezügen gerecht zu werden» [29]. Die philosophische Frage nach dem Wesen der Kunst weitgehend ausklammernd, sieht Dessoir dann die Aufgabe der allg. Kw. besonders darin, in erkenntniskritischer Absicht die Voraussetzungen, Methoden und Ziele der einzelnen systematischen Wissenschaften (Poetik, Musiktheorie, Kw.) zu prüfen und die wichtigsten Ergebnisse dieser Wissenschaften zusammenzufassen und zu vergleichen [30]. Die allg. Kw. hat also bei M. Dessoir einen nachgängigen Charakter und setzt die einzelnen Kw.en voraus.

Die offene Frage nach dem Wesen der Kunst suchen u. a. A. Fischer und E. Utitz von der Phänomenologie her zu klären: für FISCHER fällt sie in die Ästhetik, der «Prinzipienwissenschaft» der Kw. (Kg. und Kunsttheorie); UTITZ hingegen sieht es gerade als die spezifische Aufgabe der allg. Kw. (die er auch ‹ Kph.› nennt) an, phänomenologisch die Gegebenheitsweise des Kunstwerkes auszumitteln [31]. E. BERNHEIMER erwartet in seiner «philosophischen Kw.» den Schlüssel für das Wesen der Kunst von der angewandten Psychologie und der angewandten Ethik [32]. R. HAMANN will die allg. Kw., die bei ihm auf eine überhistorische Stiltypologie abzielt, beeinflußt vom Neukantianismus in der Erkenntnistheorie verankern [33]. Bei A. SCHMARSOW ist die (allg.) Kw. Teil der Kulturphilosophie und sollte ihr Fundament (mit Blick auf M. Scheler) in einer Wertlehre haben; von einem «Wertsystem» aus ließe sich auch die Rangfolge der Künste beschreiben [34]. – Betrieb M. Dessoir allg. Kw. überwiegend aus theoretischem Interesse, so hat die philosophische Kw. bei Utitz, Hamann und Schmarsow die Funktion einer Prinzipienwissenschaft und Grundlagenreflexion für die Kg./Kw. – Es kann also allg. Kw. sowohl Kph. wie Theorie der Kg./Kw. sein. Um Begriffsverwirrungen zu entgehen, nennt man die philosophisch-methodologische Prinzipienwissenschaft zuweilen «Philosophie der Kg.» (W. PASSARGE, A. HAUSER [35]).

Anmerkungen. [1] Jb.er für Kw. (Leipzig 1868ff.); Repertorium für Kw. (Stuttgart 1876ff., ND 1968); Monatsber. über Kw. und Kunsthandel (München 1900ff.); Int. Bibliogr. der Kw. (Berlin 1902ff.); Mh. der kunstwiss. Lit. (Berlin 1905ff.); vgl. MEYER's großes Konversationslex. 11 (1907) 821ff. – [2] F. J. RIEDEL: Theorie der schönen Künste und Wiss.en (1767, ²1774); J. A. EBERHARD: Theorie der schönen Künste und Wiss.en (1783); vgl. SULZER, a. a. O. [14 zu 1]. – [3] BAUMGARTEN, a. a. O. [12 zu 1]; vgl. PH. GÄNG: Ästh. oder die allg. Theorie der schönen Künste und Wiss.en (Salzburg 1785). – [4] GOTTSCHED, a. a. O. [9 zu 2] 2, 326. – [5] HERDER, a. a. O. [5 zu 1] 24, 342. – [6] SULZER, a. a. O. [14 zu 1] 1, 47. – [7] SCHELLING, a. a. O. [20 zu 1] I/5, 359. – [8] a. a. O. I/5, 344ff. – [9] HEGEL, a. a. O. [23 zu 1] 36ff. – [10] a. a. O. 32. – [11] C. F. BACHMANN: Die Kw. in ihrem allg. Umrisse dargestellt für akad. Vorles. (1811); vgl. dazu und zum folgenden: R. HEINZ: Zum Begriff der philos. Kw. im 19. Jh., in: Der Wiss.begriff, hg. A. DIEMER (1970) 202-237, zit. 204-207. – [12] F. A. NÜSSLEIN: Lb. der Kw. zum Gebrauch bei Vorles. (1819). – [13] E. GROSSE: Kunstwiss. Stud. (1900). – [14] Vgl. Art. ‹Gesch.› (VI/1) und ‹Kulturgesch.›. – [15] Vgl. u. a. F. X. KRAUS: Über das Studium der Kw. an dtsch. Hochschulen (1874); H. LUDWIG: Über Kw. und Kunst (1877), in: Schr. zur Kunst und Kw., hg. J. A. BERINGER (1907) 45-176; H. MÜLLER: Betracht. über das Studium der Kw. (1878); W. v. OETTINGEN: Die Ziele und Wege der neuen Kw. (1888); A. SCHMARSOW: Die Kg. an unseren Hochschulen (1891); vgl. Lit. in Anm. [1]. – [16] G. SEMPER: Der Stil in den bildenden Künsten (1860). – [17] A. RIEGL: Stilfragen (1893); vgl. Art. ‹Kunstwollen›. – [18] A. HILDEBRAND: Das Problem der Form in der bildenden Kunst (1893). – [19] A. RIEGL: Spätröm. Kunstindustrie (1901); A. SCHMARSOW: Grundbegriffe der Kw. (1905); H. WÖLFFLIN: Kunstgesch. Grundbegriffe (1915); E. PANOFSKY: Über das Verhältnis der Kg. zur Kunsttheorie. Z. Ästh. u. allg. Kw. 18 (1925) 129-161; auch in: Aufsätze zu Grundfragen der Kw. (²1974) 49-75. – [20] LUDWIG, a. a. O. [15] 48. – [21] G. DEHIO: Das Verhältnis der gesch. zu den kunstgesch. Stud. (1887), in: Kunsthist. Aufsätze (1914) 235-246, zit. 245; M. DVORÁK: Kg. als Geistesgesch. (1924); H. TIETZE: Die Methode der Kg. (1913, ND New York 1973). – [22] TIETZE, a. a. O. [21] Einl.; Geisteswiss. Kg., in: J. JAHN (Hg.): Die Kw. der Gegenwart in Selbstdarstellungen (1924) 183-198. – [23] W. TIMMLING: Kg. und Kw. in: Kleine Lit.führer 6 (1923); GOMBRICH, a. a. O. [17 zu 2]; H. LADENDORF: Kw. Universitas Litterarum (1955) 605-634; W. HOFMANN: Kw., in: Fischer-Lex. 22: Bildende Kunst 2 (1960) 184-197; KULTERMANN, a. a. O. [19 zu 2]. – [24] H. SEDLMAYR: Kunst und Wahrheit. Zur Theorie und Methode der Kg. (1958); M. GOSEBRUCH, CH. WOLTERS und W. WIORA: Methoden der Kunst- und Musikwiss. Enzyklop. der geisteswiss. Methode 6 (1970); K. BADT: Eine Wiss.lehre der Kg. (1971); A. HAUSER: Sozialgesch. der Kunst und Lit. (1972); Kunst und Gesellschaft (1973); H. LÜTZELER: Zur Lage der Kw. Z. Ästh. 19 (1974) 24-56. – [25] Allg. dtsch. Real-Enzyklop. für gebildete Stände 6 (1835) 393; K. B. STARK: Über Kunst und Kw. auf dtsch. Universitäten (1873), in: Vorträge und Aufsätze aus dem Gebiete der Archäol. und Kw., hg. G. KINKEL (1880) 1-20. – [26] PH. SPITTA: Kw. und Kunst (1883), in: Zur Musik. Sechzehn Aufsätze (1892) 1-28, zit. 3. – [27] Z. Ästh. u. allg. Kw. (1906-1943); Kongreß für Ästh. u. allg. Kw. 1913 (Ber. unter diesem Titel 1914); Ästh. und allg. Kw. Sonderh. Philos. Mh. der Kantstudien 1 (1925). – [28] E. UTITZ:

Grundleg. der allg. Kw. 1 (1914) 18. – [29] M. DESSOIR: Ästh. und allg. Kw. in Grundzügen (1906) 5. – [30] a. a. O. 6. – [31] A. FISCHER: Ästh. und Kw., in: Münch. philos. Abh. Th. Lipps zu seinem 60. Geburtstag (1911) 100-124, zit. 115; E. UTITZ: Grundleg. der allg. Kw. 1. 2 (1914-20); Ästh. und allg. Kw., in: Kongreßber. a. a. O. [27] 102-106; Ästh. und Philos. der Kunst, in: Lb. der Philos., hg. M. DESSOIR 2 (1925) 605-711. – [32] E. BERNHEIMER: Philos. Kw. (1913) 7. – [33] R. HAMANN: Allg. Kw. und Ästh., in: Kongreßber. a. a. O. [27] 107-113. – [34] A. SCHMARSOW: Kw. und Kulturphilos. mit gemeinsamen Grundbegriffen. Z. Ästh. u. allg. Kw. 13 (1918) 225-258. – [35] W. PASSARGE: Die Philos. der Kg. in der Gegenwart (1930); A. HAUSER: Philos. der Kg. (1958); neue A.: Methoden moderner Kunstbetracht. (1970).

Literaturhinweise. H. TIETZE s. Anm. [21]. – W. TIMMLING s. Anm. [23]. – J. SCHLOSSER s. Anm. [13 zu 2]. – E. H. GOMBRICH s. Anm. [17 zu 2]. – H. LADENDORF s. Anm. [23]. – D. FREY: Probleme einer Gesch. der Kw. s. Anm. [37 zu 1]. – L. SALERNO u. a.: Storiografia dell'Arte, in: Encicl. univ. dell'Arte 13 (Venedig/ Rom 1965) 47-93. – U. KULTERMANN s. Anm. [19 zu 2]. – R. HEINZ s. Anm. [11]. – W. PERPEET s. Anm. [36 zu 1] 347-382: ausführl. Bibliogr.   G. SCHOLTZ

Kunstreligion. Indem NOVALIS die Religion auf die Liebe zum «hilfsbedürftigen» Gott und das «Mitleid mit der Gottheit» gründet, nennt er die von Schleiermacher verkündigte Religion (– «nur *eine* Art von *Liebe*» –) eine « Kunstreligion– beinah eine Religion wie die des *Künstlers*, der die Schönheit und das Ideal verehrt» [1]. Er nahm damit einen Begriff auf, den SCHLEIERMACHER selbst beiläufig gebraucht hatte, als er davon sprach, daß es eine K. im Sinne einer wechselseitigen Durchdringung von Kunst und Religion zwar wohl noch nicht gegeben habe, vielleicht aber von der Zukunft erhofft werden könne [1a].

Die philosophisch bedeutsamere begriffliche Bestimmung erhielt der Terminus durch HEGEL. Zwar setzt die hegelsche Bildung des Begriffs ‹ K.› Tendenzen der Ästhetisierung des Religionsverständnisses und der Theologisierung des Kunstverständnisses voraus, wie sie nicht erst, aber deutlicher bei Schleiermacher und insbesondere in der frühromantischen Poetik wirksam waren. Jedoch klärt Hegel diese Tendenzen aus ihrem Ursprung her, aus dem Leiden an der Zerrissenheit der Zeit und ihren Entzweiungsphänomenen, und er bemißt ihre Leistung (als unzureichend) an der Zielvorgabe der absoluten Versöhnung der Wirklichkeit und des Bewußtseins. Er geht hierbei aus von dem mit Schelling erreichten absoluten Standpunkt, auf dem die ‹ Differenzschrift› die Kunst (aber auch die philosophische Spekulation) wesentlich als «Gottesdienst» erfassen kann, als «lebendiges Anschauen des absoluten Lebens, und somit [...] Einssein mit ihm» [2]. Schon das ‹ Systemfragment› qualifizierte die Aufhebung der Gegensätze als eine «schöne» Vereinigung [3]. Aber die Schrift ‹ Über den Geist des Christentums› unterscheidet auch bereits den Geist des Schönheitsgenusses von dem Geist der jüdischen und christlichen Religion [4]. Der Blick auf die griechische Kunst führt Hegel jedoch weder – wie die Klassizisten – zu einem allein konkreten und dennoch für die geschichtlichen Produktionen aller Zeiten gleicherweise maßgeblich sein sollenden Begriff der Kunst noch – wie die Romantiker – zum abstrakten Begriff einer von der zeitgenössischen Verwirklichung gereinigten Kunst als solcher, die wieder- oder vielmehr überhaupt erstmals erstellt werden sollte. Vielmehr wird für Hegel in der ‹ Phänomenologie des Geistes› die griechische Kunst zu einer großartig einmaligen und unwiederholbaren, aber auch nicht wiederholungswürdigen oder *als* Kunst überbietbaren Gestalt des Geistes. Sie wird ihm zu der geschichtlichen Gestalt, worin die Sitte als Substanz aller eines freien Volkes sich weiß: und das ist Religion, bestimmter «Religion des sittlichen Geistes» [5]; worin aber eben die Form der Substanz in die des Subjekts getreten ist, d. h. wissend «seine Gestalt *hervor* [*bringt*]» [6], der Geist also «Künstler» ist [7]: und so ist diese Religion, im Unterschied zur Naturreligion, «Kunst-Religion» [8], «Religion der Kunst» [9], der Kunst näher-hin in jenem Sinn, daß hier die Subjektwerdung der Substanz, die «Menschwerdung des göttlichen Wesens», ihr Dasein in der Bildsäule hat [10] und von hier aus-gehend im Kultus und in der Sprache, allgemein in den Werken der schönen Kunst. Dieser Begriff der K. herrscht ebenso in der ‹Heidelberger Enzyklopädie› (1817) [11] und wirkt fort in den ‹Vorlesungen über Ästhetik›. In ihnen ist die Kunst in Griechenland selbst «der höchste Ausdruck für das Absolute» gewesen und die griechische Religion «die Religion der Kunst selber» [12]. Sie ist «klassische» Kunst gewesen nicht nur wegen der völligen Adäquatheit der Form zu dem geschicht-lichen Entfaltungsniveau des Inhalts, sondern auch in weltgeschichtlicher Bedeutung, insofern sie das «Höch-ste» erreicht hat, das überhaupt «die Versinnlichung der Kunst zu leisten vermag» [13], nämlich das Göttliche in der Anschauung präsent zu machen. Freilich, durch die Beschränktheit der sinnlichen Form im Verhältnis zu dem über die Bewußtseinsstufe griechischer Geistigkeit fortschreitenden geistigen Inhalt sind der Kunst, ihrer systematischen Bedeutung und geschichtlichen Möglich-keit, Grenzen gezogen. Kunst verliert ihre geschichtlich-begrenzte und doch «absolute» Leistungsfähigkeit, die sie in der griechischen K. besaß, vor der christlichen Religion und, zuletzt, der Philosophie.

Von der hegelschen Bedeutung her und diese entschär-fend kann dann auch bei SCHELLING («Die Kirche ist als ein Kunstwerk zu betrachten» [14]), bei den Romanti-kern überhaupt [15] von einer K. gesprochen werden, die freilich, sofern sie noch Standbild mit Theophanie, Lobpreis Gottes mit Prophetie verwechselt, zum «Un-begriff» wird [16]. Gegen den «Fehler» der Romantiker, die Kunst generell «zur Religion in Bezug zu setzen, als an diesen Inhalt in ihren höchsten Betätigungen gebun-den», wandte sich schon DILTHEY [17]. Aus der Auffas-sung heraus, daß K. «im eigentlichen Sinne gar keine Religion ist», wird der Begriff, unter Nennung nur einer anonymen Autorschaft, für die griechische Religion und Kunst verworfen durch W. F. OTTO [18].

Anmerkungen. [1] NOVALIS, Fragmente X, 53; vgl. P. KLUCK-HOHN: Das Ideengut der dtsch. Romantik (1941) 132. – [1a] FR. SCHLEIERMACHER: Reden über die Relig. (1799) 167f. – [2] G. W. F. HEGEL, Werke, hg. GLOCKNER 1, 142; vgl. H. KUHN: Die Vollendung der klass. dtsch. Ästhetik durch Hegel (1931), in: Schriften zur Ästhetik (1966) bes. 52ff. 86ff. – [3] HEGELS theol. Jugendschr., hg. H. NOHL (1907) 351. – [4] a. a. O. 373f. – [5] Phänomenol. des Geistes, hg. J. HOFFMEISTER (⁶1952) 490. – [6] a. a. O. 521. – [7] 489. – [8] 490. – [9] 521. – [10] ebda. – [11] Werke, hg. GLOCKNER 6, 302ff. – [12] a. a. O. 13, 17. – [13] 12, 118f. – [14] F. W. J. SCHELLING, Philos. der Kunst. Sämtl. Werke, hg. M. SCHRÖTER 3, 475; vgl. Vorles. über die Methode des akad. Studiums, 8. Vorles. a. a. O. 3, 315; vgl. KUHN, a. a. O. [2] 91. – [15] H. KUHN: Die romantische Kunstphilos. (1962) a. a. O. [2] 156. – [16] ebda.; vgl. H. KUHN: Wesen und Wirken des Kunst-werks (1960) 107. – [17] W. DILTHEY, Weltanschauungslehre. Ges. Schriften 8 (1931) 26; vgl. 49. – [18] [W. F. OTTO]: Die Gestalt und das Sein (1955) 288. 120; vgl. W. F. OTTO: Theophania. Der Geist der altgriech. Relig. (1956) 8. 121.

Literaturhinweise. H. KUHN s. Anm. [2] 15-144. – J. d'HONDT: Problèmes de la relig. esthétique, in: Hegel-Jb. (1964), hg. W. R. BEYER (1965) 34-48. – J. PATOCKA: Zur Entwickl. der ästhet. Auffassung Hegels a. a. O. 49-59. – J. TAMINIAUX: La nostalgie de la Grèce à l'aube de l'idéalisme allemand (1967) bes. 206-247. – M. THEUNISSEN: Hegels Lehre vom absoluten Geist als theol.-polit. Traktat (1970) bes. 148-215.   A. HALDER

Kunstrichter. – A. Das Wort ‹K.› kommt am Anfang des 18. Jh. auf. Es wird zunächst als die deutsche Übersetzung des lateinischen, in der Bildungssprache des 17. und frühen 18. Jh. geläufigen Wortes ‹Criticus› verwendet und als synonym mit ‹Criticus› ausgegeben [1]. In Wahr-heit werden mit der Übersetzung aber nur einige Bedeu-tungselemente des Wortes ‹Criticus› übernommen (s. u. 1–3); andere werden hinzugefügt (s. u. 4f.).

1. Wie der Criticus alten Typs beurteilt der K. Werke der Kunst, besonders der Literatur. Er tut dies nicht als ein «Mann von bloßem Geschmack», d. h. als einer, der zwar die Schönheit des Kunstwerks empfinden mag, den Grund derselben aber nicht angeben kann, sondern er leitet seine Urteile aus Beurteilungsgrundsätzen («Kunstregeln», Normen) ab: «Der K. empfindet nicht bloß, daß ihm etwas nicht gefällt, sondern er fügt auch noch sein *denn* hinzu» (LESSING [2]).

2. Der K. zeichnet sich wie der Criticus alten Typs durch diejenigen Tugenden aus, die in der Tradition der Rhetorik, besonders seit Cicero [3], dem Redner abver-langt wurden: Der K. ist ein Mann, «den weder Gunst, noch Haß zu lenken vermögen; der mit keinem tummen Vorurteile beladen, oder nur blindlings gut ist; gelehrt, aber doch wolgesittet; und wolgesittet, aber doch auf-richtig dabey» (A. POPE [4]). Besondere Betonung erfah-ren im 18. Jh. die Tugenden des Scharfsinns und guten Geschmacks, dieser verstanden als eine «scharfsinnige und geübte Fertigkeit, ... das vollkommene vom fehler-haften durch den Verstand zu unterscheiden» (J. J. BOD-MER [5]).

3. Der K. erfüllt, wie schon der Criticus des 17. Jh. [6], eine nationalpädagogische Pflicht: er «verbessert den Geschmack seiner Landsleute» und trägt damit zur «Be-förderung der Tugend» seiner Nation bei (G. F. MEIER [7]).

4. Anders als beim Criticus alten Typs sind es nicht mehr nur die «Worte» bzw. die grammatischen, metri-schen und rhetorischen Gegebenheiten, die zur Beur-teilung anstehen, sondern auch die «Gedanken»: Wäh-rend die traditionelle Kritik, sofern sie überhaupt mehr war als philologische «Ausbesserung» alter Schriften, «eine Schrift bloß in Absicht auf die Worte, Redensarten und den gantzen Vortrag» beurteilte, hat die neuere Kri-tik «eine Wissenschaft» von den «Wercken der schönen Wissenschaften und der freyen Künste, was so wohl die Gedancken als die Bezeichnungen derselben betrift, zu urtheilen» (G. F. MEIER [8]).

5. Anders als beim Criticus alten Typs werden die Nor-men, aus denen das «Kunsturteil» deduziert wird, nicht mehr unreflektiert aus der Tradition übernommen, son-dern aus Prinzipien etwa kosmologischer oder psycho-logischer Art abgeleitet: Der K. muß «ein Philosoph seyn, und etwas mehr verstehen ... als ein Buchstäbler» (GOTTSCHED [9]). Es ist das kritische Programm der Auf-klärung, das seine Anwendung nun auch auf dem Felde der Kunstbeurteilung finden soll.

B. Das Wort ‹K.› ist ein im 18. Jh. «vielgebrauchtes Wort» [10]. Diese Feststellung des Grimmschen Wörter-buchs gilt besonders bezüglich des zweiten Jahrhundert-drittels. In ihm sind die Kunstkritiker, die sich ‹K.› nennen, in der deutschen Kunstkritik führend. – Zwi-schen den K. bestehen keine Unterschiede im zentralen kritischen Prinzip, nämlich in der Forderung, daß ein Kunsturteil auf ein Normensystem gegründet sein müs-se, dessen Aussagen selber begründet sind. Unterschiede gibt es in der Bestimmung der Normen: diese sind nicht nur inhaltlich, sondern auch ihrem logischen Status nach verschieden bestimmt; ebenso das aus ihnen abgeleitete Urteil. Z. B. wird diesem Urteil von K. zu K. eine unterschiedliche Gültigkeit (Quantität) zugesprochen.

Nach GOTTSCHED deduziert der K. seine Normen vor allem aus kosmologischen Grundsätzen, etwa aus dem, daß «die natürlichen Dinge an sich selber schön» seien [11]. Dichtung, die schön sein will, muß die Natur nachahmen. Da Gott die natürlichen Dinge «nach Zahl, Maaß und Gewicht geschaffen» hat [12], ist eine Norm poetischer Schönheit das Gefügtsein nach Maßverhältnissen. Dies ist eine Norm, die in ihrer Allgemeinheit für alle Dichtung gilt, von Dichtart zu Dichtart aber in verschiedener Spezifizierung (Elegie: Distichon; Drama: Einheit der Zeit, usf.). – Da der K., jedenfalls der Idee nach, sein Urteil auf der Basis eines geschlossenen Systems eindeutig definierter Normen gründet, ist sein Urteil more geometrico demonstriert und mathematisch gewiß. Alle «wahren K.» fällen ein identisches Urteil; wohingegen «Leute, die nach dem bloßen Geschmacke urteilen, sehr uneins seyn können» [13].

Nach BODMER und BREITINGER deduziert der K. seine Normen vor allem aus rationalistisch-psychologischen Grundsätzen bzw. aus dem «unbeweglichen Grund des menschlichen Gemüthes» [14]. Da Gott in die Empfindungen des Menschen eine «regelmäßige Abänderung und ergezliche Harmonie eingeführt» hat [15], um ihn Lust empfinden zu lassen, ist eine Norm poetischer Schönheit die Harmonie des Gedichts. Diese ist unter Einfluß des Theodizeemodells als das Zusammenstimmen der Teile zum Ganzen, d.i. zur «Haupt-Absicht» des Dichters bestimmt [16], die demnach ihrerseits eine spezifische Norm darstellt. Die Dichter können in der Wahl ihrer Bilder und «Umstände» unzählbar viele Absichten verfolgen, weshalb der K. keine Tafel von «Regeln» aufstellen kann, «die ein vollständiges Systema der Kunst ausmachen» [17]. – Da der K. die Absicht des Dichters ausfindig machen kann, kann er mit Gewißheit sagen, ob z. B. die Bilder eines Gedichts gemäß dieser Absicht gewählt sind. Da der K. sich auf ein vollständiges Normensystem aber nicht mehr berufen kann, ist sein Urteil nicht mehr mathematisch gewiß.

Nach G. F. MEIER deduziert der K. seine Normen vor allem aus dem Begriff der Schönheit als der vollkommenen sinnlichen Vorstellung. Merkmale einer solchen und mithin Normen der Schönheit sind u. a. der Reichtum und die Wahrheit der Vorstellung [18]. – Da der K. sein Urteil aus einer Norm deduziert, ist dieses Urteil ein begründetes Urteil und folglich vom Urteil des «Mannes von bloßem Geschmack» unterschieden. Da der K. aber sein Urteil dem Syllogismus der Form des modus ponens gemäß deduziert, in dessen Untersatz ein in sinnlicher Wahrnehmung gründendes Urteil steht (z. B. «Dies Werk ist nicht reich gegliedert»), und da der K. als ein endliches Wesen nie sicher sein kann, alle Seiten des betreffenden Kunstwerks wahrgenommen zu haben, ist sein Urteil nicht mehr «gewiß» und für jedermann gültig: der K. darf nicht «verlangen, daß andere mit ihm einerley Urtheil fällen» [19].

Nach LESSING gewinnt der K. seine Normen im Überblick über Reihen gattungsmäßig zusammengehöriger Kunstwerke und unter Berücksichtigung psychologischer Gesetzmäßigkeiten. – Der Liebhaber empfindet, daß Kunst täuscht und in der Täuschung gefällt. Der Philosoph erhebt dies In-der-Täuschung-Gefallen zum Zweck der Kunst und entwickelt die allgemeinen Regeln dieses Gefallens. Der K. «bemerkt», daß sich diese Regeln aufgrund der unterschiedlichen Darstellungsmittel

unterschiedlicher Kunstgattungen spezifizieren [20] und legt die derart spezifizierten Regeln als gattungsspezifische Normen fest, wenn sie zugleich sich wirkungspsychologisch rechtfertigen lassen. Da beispielsweise Dichtung «artikulierte Töne in der Zeit» verwendet und da Dichtung täuschen, und d. h. unter anderem lebhaft wirken soll, dies aber nur kann, wenn ihre Beschreibungen nicht detailliert sind, ergibt sich als dichtungsspezifische Norm «die Regel von der Einheit der malerischen Beiwörter»: ein Ding soll nur durch einen Zug, höchstens durch zwei Züge, charakterisiert werden [21]. Die so ermittelten Normen sind nicht mehr «die mechanischen Gesetze, mit denen sich kahle K. herumschlagen» [22], sondern «Regeln, welche die Natur der Sache erfordert» [23]. – Da der K. sein Urteil fällt, indem er «die allgemeine Regel auf den einzelnen Fall anwendet», ist sein Urteil «richtig», vorausgesetzt, daß er scharfsinnig und nicht witzig ist [24]. Strenge Kriterien zur Unterscheidung des scharfsinnigen vom Witz habenden K. gibt Lessing allerdings nicht an.

Nach F. J. RIEDEL gewinnt der «wahre K.» seine Normen induktiv: Er ermittelt die Geschmacksstandards, die in einer bestimmten sozialen Gruppe gelten, in der Regel die Geschmacksstandards einer Nation [25]. Den K., der z. B. deutsche Kunstwerke beurteilen will, fordert Riedel auf, aus den betreffenden Journalen «alle gute Beobachtungen unserer deutschen K. über einheimische Werke» zu sammeln und so die «deutschen Grundsätze der schönen Wissenschaften» aufzustellen [26]. (Ein Kriterium für die «Güte» einer Beobachtung gibt Riedel allerdings nicht an.) – Da die Normen jeweils nur relativ auf eine soziale Gruppe gelten, ist auch das aus ihnen abgeleitete Urteil nur «gruppenrelativ» gültig: «Es gehet dem geistigen Geschmacke, wie der äußern Empfindung; wir wollen dem Engelländer sein Rostbeef und dem Franzosen seine Suppe gönnen; sie sollen nur nicht verlangen, daß wir immer mit eßen» [27].

Das Wort ‹ K.› wird auch im letzten Jahrhundertdrittel noch gelegentlich verwendet, aber entweder polemisch [28] oder in einem anderen Sinn als in dem, den es für Gottsched, Bodmer usf. hatte. – Mit der Ästhetik des *Originalgenies* kommt ein Normbegriff auf, dem ein neuer Kritikertypus entspricht. Die Norm gilt, was ihre Bildung angeht, zwar auch jetzt noch als überindividuell, d. h. als nicht aus eigener Macht des Kritikers divinatorisch gesetzt; aber was ihre inhaltliche Bestimmtheit angeht, ist die Norm individuell, d. h. intuitiv aus dem je zu beurteilenden Kunstwerk selber gewonnen und nur hinsichtlich seiner gültig, nicht mehr deduktiv oder induktiv gewonnen aus Prinzipien metaphysischer oder empirischer Art (etwa aus theologischen Grundsätzen oder den in Journalen geäußerten Geschmacksurteilen) und nicht mehr gültig hinsichtlich aller Werke der Kunst oder der betreffenden Kunstgattung. – Der Bedeutungswandel, den das Wort ‹ K.› auf dem Boden der Genie-Ästhetik erfährt, zeigt sich am deutlichsten im Blick auf Herder.

Nach HERDER darf das Werk des Genies, da es «einzig in seiner Art» ist [29], nicht nach einer allgemeinen Norm beurteilt werden, sondern nur nach dem ihm eigentümlichen «Zweck». Der «K.» versetzt sich «in den Gedankenkreis seines Schriftstellers» [30], um «vom Plan und Zweck des Werks aus dessen eigener Seele unterrichtet zu sein» [31], und er prüft «den Verfasser nach seinem Plan» [32]. An die Stelle der deduktiv verfahrenden Kunstrichterei tritt die «nachempfindende Kritik» [33]. – Da der eigentümliche «Zweck» des Kunstwerks nicht eindeutig (durch klar und deutlich definierte Eigenschaften) bestimmt werden kann, kann auch das Urteil des K. kein Subsumtionsurteil mehr sein, sondern ein Urteil, das der auf Einfühlung gegründeten Intuition Ausdruck gibt, das Werk sei seinem ihm eigentümlichen «Zweck» gemäß oder nicht.

Mit der Ablehnung der Kunstrichterei und mit der Etablierung «neuer» kritischer Verhaltensweisen («nachempfindende Kritik», «produktive Kritik» [34], «Bewußtseinsteigerung des Werkes» [35]) wird gegen Ende des 18. Jh. auch das Wort ‹K.› aus der Sprache der Ästhetik verdrängt: «Mit den Romantikern setzte sich der Ausdruck Kunstkritiker gegenüber dem älteren K. endgültig durch. Man vermied die Vorstellung eines zu Gericht-Sitzens über Kunstwerke, eines an geschriebene oder ungeschriebene Gesetze fixierten Urteilsspruches» [36].

Anmerkungen. [1] Anonymus, in: Crit. Versuche, ausgefertigt durch Einige Mitglieder der Dtsch. Ges. in Greifswald 1 (1742) 309. – [2] G. E. LESSING, Ges. Werke, hg. RILLA 3 (1955) 158. – [3] Vgl. dazu J. DYCK: Ticht-Kunst, Dtsch. Barockpoetik und rhet. Tradition (1969) 127 u. ö. – [4] A. POPE: Essay on Criticism, dtsch. Von den Eigenschaften eines K., in: DROLLINGER: Gedichte (1743) 237. – [5] J. J. BODMER: Brief-Wechsel von der Natur des Poetischen Geschmackes (1736) 2; vgl. LESSING, a. a. O. [2] 5, 9. – [6] Vgl. B. MARKWARDT: Gesch. der dtsch. Poetik 1 (1958) 26ff.: «Kulturpatriotische Grundlegung» der Poetik des Barock. – [7] G. F. MEIER: Abbildung eines K. (1745) 16. 50. – [8] a. a. O. 6f.; vgl. J. C. GOTTSCHED: Crit. Dichtkunst (1751) XXX. – [9] GOTTSCHED, ebda. – [10] GRIMM 5 (1873) 2723. – [11] GOTTSCHED, a. a. O. [8] 132. – [12] ebda. – [13] a. a. O. 122. – [14] J. J. BODMER, a. a. O. [2] 18. – [15] J. J. BREITINGER: Crit. Dichtkunst 1 (1740) Vorrede 4v. – [15] BREITINGER, a. a. O. 428. – [16] Vgl. BODMER, a. a. O. 4r. – [17] BREITINGER, a. a. O. 430. – [18] G. F. MEIER: Anfangs-Gründe der schönen Wiss.en 1 (1748) 38ff. – [19] Ob ein K. seine Urtheile jederzeit beweisen müsse, in: Greifswalder Crit. Versuche a. a. O. [1] 13. St. (1744) 19. – [20] G. E. LESSING, a. a. O. [2] 5, 9. – [21] a. a. O. 115f.; vgl. 117. – [22] 6, 171; vgl. schon 3, 701. – [23] 6, 101. – [24] Vgl. 5, 9. – [25] F. J. RIEDEL: Über das Publicum (1768) 52. 24. – [26] a. a. O. 195. – [27] 17. – [28] Vgl. bes. J. G. HAMANN: Schriftsteller und K. Sämtl. Werke, hg. NADLER 2 (1950) 329ff.; Leser und K. a. a. O. 339ff. [29] J. G. HERDER, Sämtl. Werke, hg. SUPHAN (1877ff.) 22, 198. – [30] a. a. O. 1, 247. – [31] 24, 182. – [32] 1, 251. – [33] 5, 330. – [34] J. W. GOETHE, Sophien-A. 42 (1904) 161. – [35] W. BENJAMIN, Schr., hg. TH. W. ADORNO 2 (1965) 473. – [36] a. a. O. 475.

Literaturhinweis. W. STRUBE, Arch. Begriffsgesch. 19 (1975) 50–82. W. STRUBE

Kunstwollen. Mit diesem bereits 1902 als «neue Stilerklärung» [1] gefeierten Begriff kritisiert A. RIEGL die im 19. Jh. herrschende Auffassung der Kunstgeschichte als Stilcharakteristik [2]. Glaubte die Stilcharakteristik Formen und Formenwandel aus einer den Phänomenen immanenten, nicht weiter ableitbaren morphologischen Entwicklung erklären zu können, so sind dagegen nach Riegl die Stilphänomene abhängig von einem auch außerhalb der Kunst, und zwar in «allen übrigen gleichzeitigen Kulturverhältnissen» [3] wirksamen, geschichtlich sich wandelnden Gesamtwollen, das am besten mit dem Begriff ‹Weltanschauung› bezeichnet sei [4]: «Die bildende Kunst ist also eine Kulturerscheinung wie jede andere und im letzten Grunde in ihrer Entwicklung abhängig von demjenigen Faktor, der überhaupt alle menschliche Kulturentwicklung bewirkt hat: Von der Weltanschauung als Ausdruck des Glückseligkeitsbedürfnisses der Menschheit» [5]. ‹K.› nennt Riegl den in der Kunst dokumentierten Teil dieses «Kulturwollens» (Sedlmayr). Die Streitfrage der neueren Kunstwissenschaft, ob Riegl mit seinem Begriff eine der «Sphäre psychologischer Wirksamkeit» angehörende «reale Kraft» (Wind) oder aber einen der Sphäre theoretischer Bedeutsamkeit angehörenden idealen «Sinn» (Panofsky) gemeint habe, erübrigt sich, da im ideologischen Charakter des K. beide Sphären gerade vermittelt sind.

Anmerkungen. [1] A. L. PLEHN: Neue Stylerklärung. Die Gegenwart 62 (1902) 280. – [2] A. RIEGL spricht vom K. erstmals in: Stilfragen. Grundlegung zu einer Gesch. der Ornamentik (1893, ²1932) VII, dann ausführlich in: Spätröm. Kunstindustrie (1901, zit. ²1927, ND 1964) 172ff. – [3] a. a. O. 173. – [4] A. RIEGL: Ges. Aufsätze (1929) 70. – [5] Hist. Grammatik der bild. Künste, hg. K. W. SWOBODA/O. PÄCHT (1966) 218; vgl. «Die Weltanschauung» a. a. O. 23-60. 219-245.

Literaturhinweise. E. PANOFSKY: Der Begriff des K. Z. Ästhetik allg. Kunstwiss. (= ZÄK) 14 (1920) 321-339; ND in: Aufsätze zu Grundfragen der Kunstwiss. (1964) 33-47. – K. MANNHEIM: Beitr. zur Theorie der Weltanschauungs-Interpretation. Jb. Kunstgesch. 1 (1921/22, Wien 1923) 236-274. – E. WIND: Zur Systematik der künstlerischen Probleme. ZÄK 18 (1925) 438-486; zum Begriff des K. vgl. 443-445. – E. PANOFSKY: Über das Verhältnis der Kunstgesch. zur Kunsttheorie. Ein Beitrag zu der Erörterung über die Möglichkeit «kunstwiss. Grundbegriffe». ZÄK 18 (1925) 129-169; mit einem Exkurs zu A. DORNER: Die Erkenntnis des K. durch die Kunstgesch. ZÄK 16 (1920) 216-222; ND in: Aufsätze ... (1964) 49-75. – O. PÄCHT: Anhang zu RIEGL, Spätröm. Kunstindustrie. a. a. O. [2] 406-410. – H. SEDLMAYR: Die Quintessenz der Lehren Riegls, in: Einl. zu A. RIEGL, Ges. Aufsätze (1929) XII-XXX; ND in: Kunst und Wahrheit. Zur Theorie und Methode der Kunstgesch. (1958) 14-30. – K. BADT: Raumphantasie und Raumillusionen. Wesen der Plastik (1963) 27-37. – L. DITTMANN: Stil-Symbol-Struktur. Stud. zu Kategorien der Kunstgesch. (1967) 21-49. 112-114. 142-148. W. KAMBARTEL

Kunstzweck. Das lateinische ‹finis artis› erscheint peripher schon bei CICERO [1] und QUINTILIAN [2]; sein deutsches Äquivalent wird erstmalig in C. D. STIELERS ‹Hochteutscher Sprachkunst› (1691) aufgeführt [3]. Seine philosophisch relevante Bedeutung als Terminus der Ästhetik erhält ‹K.› jedoch erst im 18. Jh. In der Nachfolge des Franzosen CH. BATTEUX, der die schönen, im Kontrast zu den mechanischen Künsten, auf den gemeinsamen Zweck (‹le même but›) [4] der «Nachahmung der schönen Natur» und das durch sie verursachte Vergnügen zurückführt [5], findet ‹K.› Eingang in die deutsche Ästhetik. ‹K.› bezeichnet hier entweder die Wirkung der schönen Kunst auf das ästhetisch rezipierende Subjekt im Sinne einer «Erregung schöner Empfindungen» [6] oder die Absicht des Künstlers, die die Produktion eines Kunstwerkes bestimmt und in diesem realisiert wird: «Alle Künste haben einen gemeinschaftlichen Zweck, nämlich Darstellung sinnlicher Vollkommenheit» [7], d. h. Schönheit. Als «principium dividendi» [8], das die schöne Kunst von anderen menschlichen Tätigkeiten unterscheidet und so ihren Begriff konstituiert und klassifiziert, reflektiert die spezifische Definition des Terminus ‹K.› jeweils die Position der ästhetischen Theorie, in der er verwendet wird: «Mit dem Zweck und Prinzip schöner Kunst ist nun zugleich der Begriff ihres Wesens bestimmt gegeben gegeben» [9]. Noch HEGEL verweist auf diesen funktionalen Zusammenhang [10].

Anmerkungen. [1] CICERO, De fin. IV, 19. – [2] QUINTILIAN, Instit. orat. II, 17, 22. – [3] C. D. STIELER: Hochteutsche Sprachkunst 2 (1691) 2668. – [4] CH. BATTEUX: Les Beaux Arts reduits à un même principe (Paris 1747) X. – [5] K. W. RAMLER: Einl. in die schönen Wiss. nach dem Frz. des Herrn Batteux 1 (²1762) 37. 73. – [6] H. ZSCHOKKE: Ideen zur psychol. Ästhetik (1793) 11. – [7] PH. GÄNG: Ästhetik oder allg. Theorie der schönen Künste und Wiss. (1785) 31. – [8] K. H. HEYDENREICH: System der Ästhetik 1 (1790) 182. – [9] J. H. DAMBECK: Vorles. über Ästhetik, hg. J. A. HANSLICK (1822-23) 1, 80. – [10] G. W. F. HEGEL: Vorles. über Ästhetik, Werke, hg. GLOCKNER 10, 54.

1. In der Ästhetik der *Aufklärung*, in der das Bemühen im Vordergrund steht, den der schönen Kunst spezifischen Zweck vor übergeordneten moralischen Zwecken zu rechtfertigen, bezieht sich ‹K.› im allgemeinen auf die bildenden Künste, gemäß der geläufigen Unterscheidung zwischen schönen Künsten und schönen Wissen-

schaften. M. MENDELSSOHN sieht den «Endzweck der schönen Künste» darin, «zu gefallen» [1], betont aber gleichzeitig, daß sie nichts als «Mittel zur Glückseligkeit ..., Agathodes» seien [2]. Er nimmt an, «daß eine jede Kunst einen besonderen Endzweck hat» [3] und leitet aus diesem die jeder Kunst eigenen Regeln ab. J. G. SULZER hebt nachdrücklich hervor, daß der Zweck der schönen Künste, die «lebhafte Rührung der Gemüter», nur «ihr unmittelbarer erster Zweck sei» [4], der dem höheren Zweck, «Lockspeise des Guten und Hilfsmittel zur Erreichung der Glückseligkeit» zu sein [5], untergeordnet ist. A. H. SCHOTT formuliert, daß «der allgemeinste Zweck aller schönen Künste» das Vergnügen sei [6], und schließt die Beförderung der Tugend als unmittelbaren K. aus. In Frankreich postuliert D. DIDEROT, daß die Künste «bene moratae sein, daß sie *Sitten haben* müssen» [7]; es sei daher ein Vergehen, den moralischen Zweck der Künste (le but des arts) zu verkehren [8]. In der Verbindung beider Bedeutungsaspekte von ‹K.› ist für J. J. WINCKELMANN einerseits die Schönheit [9], andererseits Vergnügen und Unterricht Zweck der Kunst: «Alle Künste haben einen gedoppelten Endzweck: sie sollen vergnügen und zugleich unterrichten» [10]. G. E. LESSING sieht das Schöne und «nichts als das Schöne» als «Endzweck der Kunst» an [11]. Dies ist aber immer gepaart mit dem Vergnügen: «Der Endzweck der Künste ... ist Vergnügen» [12]; er unterscheidet dadurch die Künste von den Wissenschaften. J. G. HERDER definiert: «Die Kunst des Geschmackes hat zum Zwecke die Schönheit selbst» [13]. Die Art und Weise, wie die Künste ihren «erhabnen Endzweck» erreichen, wird für H. ZSCHOKKE zur Basis einer Rangordnung der Künste [14].

Anmerkungen. [1] M. MENDELSSOHN: Betrachtungen über die Quellen und die Verbindungen der schönen Künste und Wiss. Jubiläums-A., hg. J. ELBOGEN u. a. (1929ff.) 1, 170. – [2] Briefe über Kunst a. a. O. 2, 166. – [3] Betrachtungen ... a. a. O. 1, 183ff. – [4] J. G. SULZER: Allg. Theorie der schönen Künste 2 (1774) 611. – [5] a. a. O. 612. – [6] A. H. SCHOTT: Theorie der schönen Wiss. (1789) § 57. – [7] D. DIDEROT: Versuche über die Malerei, dtsch. C. F. CRAMER (1797) 105f. – [8] Ästhet. Schr., hg. F. BASSENGE/TH. LÜCKE (1968) 1, 676. – [9] J. J. WINCKEL-MANN: Gesch. der Kunst des Altertums. Werke, hg. C. L. FERNOW (1808ff.) 3, 37. – [10] Gedanken über die Nachahmung der griech. Werke in der Malerei und Bildhauerkunst a. a. O. 1, 61. – [11] G. E. LESSING: Laokoon. Werke, hg. P. RILLA (1968) 5, 18f. – [12] a. a. O. 5, 22. – [13] J. G. HERDER, Werke, hg. B. SUPHAN (1877ff.) 4, 23. – [14] H. ZSCHOKKE: Ideen zur psychol. Ästhetik (1793) 11.

2. Als Begriff, der der Unterscheidung von «schöner» und «angenehmer» Kunst dient, die beide den mechanischen Künsten entgegengestellt werden, verwendet auch I. KANT ‹K.›, aber nun in einem theoretischen Rahmen, der die K.-Diskussion der Aufklärungsästhetik aufhebt und der weiteren Verwendung dieses Begriffs den Weg weist [1]. Zwar setzt nach Kant alle Kunst, als willentliche Hervorbringung eines Produkts, «einen Zweck in der Ursache» voraus [2], doch muß sie, um als schöne Kunst ästhetisch beurteilt werden zu können, «nicht absichtlich scheinen» [3]. Die traditionelle Unterscheidung in schöne Künste und schöne Wissenschaften aufgebend, konzipiert Kant die schöne Kunst als «Vorstellungsart, die für sich selbst zweckmäßig ist, und obgleich ohne Zweck, dennoch die Kultur der Gemütskräfte zur geselligen Mitteilung befördert» [4]. So begreift er auf der Basis einer vom ästhetischen Subjekt ausgehenden Bestimmung der Kunst diese als autonome, auf keine äußerlichen Zwecke ausgerichtete Leistung der menschlichen Geistestätigkeit, die eine Mittelstellung zwischen den Notwendigkeiten der Sinnlichkeit und den Forderungen der Sittlichkeit einnimmt.

In diesem Sinne formuliert CH. G. KÖRNER: «Die Kunst ist keinem fremdartigen Zwecke dienstbar. Sie ist selbst ihr eigner Zweck» [5]. K. H. HEYDENREICH verwendet ‹K.›, um die ein physisches Bedürfnis befriedigenden Künste von den schönen Künsten abzugrenzen: «Befriedigung eines edlen Bedürfnisses des Geistes [ist] ihr höchster gemeinschaftlicher Zweck» [6]. Ähnlich verfährt F. BOUTERWEK [7]. J. H. DAMBECK sieht in der «freien Darstellung schöner Empfindungen» Zweck und Wesen der schönen Künste präzis bestimmt [8]. Auf Kants Theorie von der zwischen Natur und Moral vermittelnden und zugleich autonomen Stellung der Kunst aufbauend, bestimmt FR. SCHILLER den K. als auf moralischen Bedingungen beruhendes «freies Vergnügen» [9], durch das der ganze Mensch spielerisch in Freiheit gesetzt wird. Daß die Kunst, um diesen «ihren wahren Zweck» zu erreichen, «durch die Moralität ihren Weg nehmen müsse» [10], ist die begründende Voraussetzung dafür, ihr die Beförderung des höchsten Zwecks der Menschheit, der Glückseligkeit, als Imperativ aufzugeben. J. A. EBERHARD sieht im «geistigen Vergnügen», das eine sittliche Empfindung enthält, den Zweck der Kunst [11].

Anmerkungen. [1] I. KANT, KU. Akad.-A. 5, 305. – [2] a. a. O. 311. – [3] 306f. – [4] 306. – [5] CH. G. KÖRNER: Ästhet. Ansichten (1808) 30. – [6] K. H. HEYDENREICH: System der Ästhetik 1 (1790) 153. – [7] F. BOUTERWEK: Ästhetik (1806) 226. 313. – [8] J. H. DAMBECK: Vorles. über Ästhetik, hg. J. A. HANSLICK (1822-23) 1, 73ff. – [9] FR. SCHILLER: Über den Grund des Vergnügens an tragischen Gegenständen. Werke, hg. G. FRICKE u. a. (1959) 5, 359. – [10] a. a. O. 359f. – [11] J. A. EBERHARD: Hb. der Ästhetik. Für gebildete Leser aus allen Ständen. In Briefen hg. 1-4 (1804-1809); zit. 1 (²1807) 151.

3. Die Kunstphilosophie der *Romantik*, die mit SCHELLING die Kunst als «reale Darstellung des Absoluten» [1] begreift, in der das «Urschöne», Gott, «in Ideen als besonderen Formen» symbolisch angeschaut wird [2], löst die Kunst aus allen endlichen Zweckrelationen und deutet den K. spekulativ-religiös. Kraft ihres Absolutheitscharakters ist die Kunst, wie FR. AST formuliert, von den anderen Künsten, «die bloß endliche Zwecke des Lebens realisieren», unterschieden und sich selbst Zweck [3]. NOVALIS beschreibt die «schöne ... reine Ideen realisierende Kunst» als Zweck an sich, sie ist «Selbstgenuß des Geistes» [4]. Nach FR. SCHLEGEL soll nicht das Sinnliche K. sein [5]; vielmehr ergibt sich für den Künstler mit dem tiefen religiösen Gefühl der «richtige Begriff und Zweck» der Kunst, nämlich, «daß die symbolische Bedeutung und Andeutung göttlicher Geheimnisse ihr eigentlicher Zweck ... sei» [6]. Für FR. SCHLEIERMACHER macht die bloße Produktion von Kunst «nicht den Zweck der Kunst unmittelbar» aus [7], sondern erst ihre Affinität zum Religiösen gibt ihr «jenen hohen Zweck», den Menschen zu einem «permanenten Bewußtsein des Göttlichen in sich selbst» kommen zu lassen [8]. C. F. v. RUMOHR setzt den höchsten K. in die «Ausbildung der inneren Verhältnisse des sittlichen und religiösen Lebens» [9].

Anmerkungen. [1] F. W. J. SCHELLING: Philos. der Kunst (1802). Werke, hg. K. F. A. SCHELLING (1859) 5, 458. – [2] a.a.O. 5, 370. – [3] FR. AST: System der Kunstlehre (1805) 6f. – [4] NOVALIS, Schriften, hg. P. KLUCKHOHN/R. SAMUEL (²1960) 2, 586. – [5] FR. SCHLEGEL, Prosaische Jugendschr., hg. J. MINOR (1882) 134. – [6] Krit. A., hg. H. EICHNER (1967) I/2, 149. – [7] FR. SCHLEIERMACHER: Ästhetik, hg. R. ODEBRECHT (1819) 286. – [8] a. a. O. 66. 83. – [9] C. F. v. RUMOHR: Ital. Forsch. 1 (1827) 125f.

4. Auf der Grundlage einer umfassenden historischen Kritik gibt HEGEL dem Begriff ‹K.› die Bedeutung, die den Endpunkt seiner Entwicklung darstellt. In seinen ‹Vorlesungen über Ästhetik›, in denen er den Anspruch

erhebt, die der wissenschaftlichen Behandlung würdige, d. h. «in ihrem Zwecke wie in ihren Mitteln freie Kunst» [1] zu betrachten, führt er K. als einen Aspekt der «geläufigen Vorstellung» von Kunst ein [2] und versteht ihn als das Interesse, das den Menschen bei der Produktion von Kunst leitet [3]. Der K. kann weder im Ergötzen noch im Lehrnutzen liegen, die beide die Kunst entweder zum «bloßen Spiel der Unterhaltung» oder «bloßen Mittel der Belehrung» herabsetzen [4]; vielmehr gilt es der Kunst, in und für sich selbst einen «substantiellen Zweck» [5] zu erreichen. Während die «moderne moralische Ansicht» [6] in ihrer Annahme der moralischen Besserung als substantiellem K. auf dem «allseitig durchgreifenden» Gegensatz von Sinnlichkeit und Vernunft gründet, «der über das bloße Sollen und Postulat der Auflösung nicht hinauskommt» [7], besteht für Hegel der Zweck der Kunst im Vollzug der Versöhnung dieses Widerspruchs: «Hiergegen steht zu behaupten, daß die Kunst die *Wahrheit* in Form der sinnlichen Kunstgestaltung zu enthüllen, jenen versöhnten Gegensatz darzustellen berufen sei und somit ihren Endzweck in sich, in dieser Darstellung und Enthüllung selber habe» [8]. Als eine der Erkenntnisformen des absoluten Geistes, die als Zweck «die sinnliche Darstellung des Absoluten» hat [9], tritt die Kunst so in den gemeinsamen Kreis mit Philosophie und Religion.

Anmerkungen. [1] G. W. F. HEGEL, Werke, hg. GLOCKNER 10, 10. – [2] a. a. O. 33. – [3] 54. – [4] 67. – [5] 65. – [6] 69. – [7] 70f. [8] 72. – [9] 89.

5. Die *nachhegelschen Ästhetiken* führen über diese Bestimmung nicht mehr hinaus und verwenden ‹K.› vorwiegend als die Kunst (Kunst-Kunst bzw. Kunst-Nichtkunst) spezifizierendes Kriterium. Für A. ZEISING ist der eigentliche Zweck der Kunst, «die Idee zu versinnlichen» [1]. Wie F. FICKER [2], verwendet auch K. CH. F. KRAUSE ‹K.› in seiner unterscheidenden Funktion; im Gegensatz zu äußerem Nutzen untergeordneten Künsten hat die schöne Kunst den selbständigen «inneren Zweck», «das individuelle Schöne wirklich zu machen» [3]. A. SCHOPENHAUER erklärt die «Darstellung der nur anschaulich aufzufassenden Idee» zum Zweck der Kunst [4]. Das stetig abnehmende Interesse an der Diskussion des Begriffs ‹K.› indiziert das Ende seiner Relevanz für die Ästhetik.

Anmerkungen. [1] A. ZEISING: Ästhet. Forsch. (1855) 471. – [2] F. FICKER: Ästhetik (1830) 100ff. – [3] K. CH. F. KRAUSE: Abriß der Ästhetik (1837) 46. – [4] A. SCHOPENHAUER: Die Welt als Wille und Vorstellung. Werke, hg. J. FRAUENSTÄDT/A. HÜBSCHER (²1948) 2, 280. *J. TUSCHINSKY*

Kybernetik (naturwissenschaftlich/technisch; von griech. κυβερνητική [τέχνη], Steuermannskunst). Den Ausdruck hat N. WIENER durch den Titel seines Buches ‹Cybernetics› [1] eingeführt für die wissenschaftliche Behandlung des Problemkreises ‹Control and Communication in the Animal and the Machine›. Das englische Wort ‹control› umfaßt im Deutschen die Begriffe der Steuerung (s.d.) und der Regelung (s.d.), das Wort ‹communication› die Begriffe der Nachrichtenübertragung (Grundwissenschaft: Informationstheorie [s.d.]) und der Datenverarbeitung. Wieners Motive für die Konzeption einer wissenschaftlichen K. waren die empirische Feststellung bis ins einzelne gehender Analogien zwischen den Information (s.d.) übertragenden und verarbeitenden Systemen in Organismen und in der Technik – früher als Wiener entdeckte H. SCHMIDT entsprechende

biologisch-technische Analogien und erkannte ihre wissenschaftliche und allgemeine Bedeutung – und, daraus erwachsend, das Bedürfnis nach einem wissenschaftlichen Begriffssystem für das Gemeinsame in den beiden Bereichen. Die Begriffe der K. sind daher im Idealfall abstrakt (d. h. sie enthalten weder biologische noch technische Bestimmungsstücke) und mathematisch formuliert. Im allgemeinen betrachtet man den Begriff der Information als den (definierenden) Fundamentalbegriff der Kybernetik.

Keine Einheitlichkeit der Auffassungen besteht allerdings darin, ob man auch folgende Gebiete als Teilbereiche der K. betrachten soll: Elektronik, Schaltalgebra, Unternehmensforschung, Teile der Pädagogik (z. B. programmierter Unterricht) usw. Umstritten ist weiterhin, ob man die K. allein als exakte technisch-naturwissenschaftliche Disziplin betrachten soll – eine Auffassung, die sich z. B. in Deutschland in der Begründung der ‹Forschungsgruppe Kybernetik› am Max-Planck-Institut für Biologie in Tübingen (1958) und in der Gründung der derzeitig auf diesem Gebiet führenden Zeitschrift ‹K.› (1961) konkretisierte – oder ob man (wie schon Wiener selbst) ideologische, erkenntnistheoretische und philosophisch-anthropologische Gedankengänge als ihre legitimen Bestandteile gelten lassen soll. Führend in dieser zweiten Auffassung ist K. STEINBUCH [2]. Falls sich diese durchsetzte, würden die zugehörigen technisch-naturwissenschaftlichen Disziplinen – wie in den USA vielfach schon jetzt – den Namen ‹K.› vermutlich als zu belastend wieder ablegen.

Anmerkungen. [1] N. WIENER: Cybernetics (New York 1948); dtsch. K. (1963). – [2] K. STEINBUCH: Automat und Mensch (¹1961, ³1965).

Literaturhinweise. H. SCHMIDT: Regelungstechnik. Die techn. Aufgabe und ihre wirtschaftl., sozialpolit. und kulturpolit. Auswirkung. VDI-Z. 85 (1941) 81–100. – B. HASSENSTEIN: Die geschichtl. Entwicklung der biol. K. bis 1948. Naturwiss. Rsch. 13 (1960) 419–424. – R. WAGNER: Nachtrag und Vortrag. Naturwissenschaften 48 (1961) 242–246. – J. E. HEYDE: Kybernetes = ‹Lotse›? Ein terminol. Beitr. zur K. Sprache im techn. Zeitalter 15 (1965) 1274–1286. – H. J. FLECHTNER: Grundbegriffe der K. (1966). – B. HASSENSTEIN: Biol. K., eine elementare Einf. (¹1973) mit weiterer Lit. *B. HASSENSTEIN*

Kynismus, kynisch. – 1. Der Name der Kyniker leitet sich entweder vom Gymnasion Kynosarges her, einem Kultort ihres Patrons Herakles [1], wo Antisthenes Vorlesungen hielt – dann verweist der Name auf die an den Helden erinnernde kynische Bedürfnislosigkeit, die den vorprometheischen Zustand zurücksehnt [2], oder er leitet sich ab von κύων, dem Hund als schamlosestem Tier – dann drückt der Name die kynische Reduktion auf Animalisches als Bruch mit jeglicher Konvention samt aller Tabus aus. Beide Deutungen konvergieren: zur Absage an die Gesellschaft gehört der Verzicht auf die in ihr gebotenen Güter; und mag dies auch noch so sehr auf eine bloß abstrakte Freiheit hinauslaufen [3], intendiert ist damit für den Kyniker selbst jene «Autarkie», in der er sich den Göttern ähnlich weiß [4].

2. Der Begründer ANTISTHENES – «Reichtum macht nicht glücklich» [5] – reduziert die Bedeutung seines Lehrers Sokrates [6] auf dessen Charakter und duldet Wissenschaft nur, soweit sie nicht von ethischen Dingen ablenkt [7]. Statt dessen zielt kynische Ethik darauf ab, um so intensiver die Gesellschaft zu schockieren, auf die Spitze getrieben durch DIOGENES VON SINOPE und das Ehepaar KRATES und HIPPARCHIA, die dem Anblick der Öffentlichkeit keinerlei Begehung vorenthalten mochten

[8]. Kennzeichen der Distanz der Kyniker zur Gesellschaft sind Kosmopolitismus [9], monotheistische Leugnung der Staatsgötter [10], Entwicklung der Satire [11], bei der als novum Prosa und Metron vermengt werden [12]. Zugleich wird, ein Auflösungssymptom, das Kynische statt vollen Ernstnehmens einer bestimmten Konzeption zur Attitüde: Um Eindruck zu machen, tritt MENEDEMOS in furchterregendem Aufzug auf und gibt sich als Sendbote des Hades [13].

3. Die spätantike Renaissance des Kynischen ist eine Spielart des Rückzugs in die innere Freiheit vor dem geistlosen Prunk des Römischen Reiches zwecks politisch-religiöser Opposition, auf deren Bestrafung indes die Opponierenden häufig versessener waren als die Behörden [14]. So verspottet LUKIAN im Bericht über den Tod des Kynikers Peregrinus (der sich aus Resignation des Unverstandenen in Elis während der Olympischen Spiele selber prunkvoll verbrannte) solche Pervertierung, von der er den wahren Kyniker unterscheidet. Ebenso geißelt EPIKTET Pose, Aufzug und aufdringliches Mitleiderregen als Fehlformen des Kynischen, das in Wahrheit durch Unabhängigkeit, Offenheit, Unerschütterlichkeit und Vorurteilslosigkeit definiert sei [15].

4. Im Zuge der gebildeten Suche nach Lebensidealen in der Antike kommt auch der K. zu neuen Ehren und bedeutet im Frankreich des 17. Jh. noch völlig authentisch Mißachtung konventioneller Formen. In dieser Bedeutung wird das Wort im 18. Jh. auch in Deutschland geläufig bei GELLERT etwa zur Bezeichnung studentischer Sitten (1784). Das Moment des Beißenden, Ehrfurchtslosen, Gefühlsmißachtenden ist erst im 19. Jh., erstmals um 1804 bei BAGGENSEN belegt: «Die Herrn sind Ärzte – das heißt so viel als Zyniker». Der früheste Beleg der Bedeutung von schamloser Selbstentblößung findet sich 1883 bei WELTI [16]. – Für HEGEL ist Diogenes «in seiner ganzen cynischen Gestalt ... eigentlich nur ein Produkt des athenischen gesellschaftlichen Lebens, und was ihn determinirte, war die Meinung, gegen welche seine Weise überhaupt agirte» [17]. Für NIETZSCHE beweist das Glück des Tieres das Recht des Zynismus [18]. Dies ist zu sehen im Zusammenhang mit Nietzsches Umdeutung des Diogenes, der am Tage mit der Laterne einen Menschen suchte, zur Figur des vergebens Gott suchenden tollen Menschen: «Habt ihr nicht von jenem tollen Menschen gehört, der am hellen Vormittage eine Laterne anzündete ...?» [19]. In der Tat muß, wer hinter überlieferter Sinngebung die reale Fülle schlechterdings vermißt, den kynischen Verdacht nähren, allein das jenseits von Sinn und Sinnlosigkeit lebende Tier sei glücklich.

Anmerkungen. [1] DIOGENES LAERTIOS VI, 13. – [2] DIO CHRYSOSTOMOS VI, 22ff. – [3] G. W. F. HEGEL, Werke, hg. GLOCKNER 18, 163f. – [4] DIOGENES LAERTIOS VI, 37, 51. – [5] XENOPHON, Symp. IV, 34ff. – [6] DIOGENES LAERTIOS VI, 2, 11. – [7] a. a. O. VI, 103. – [8] VI, 69, 97; SEXTUS EMPIRICUS, Pyrrh. Hyp. I, 153; III, 200; CLEMENS ALEXANDRINUS, Strom. IV, 523; AUGUSTIN, De civ. Dei XIV, 20. – [9] DIOGENES LAERTIOS VI, 11, 63. – [10] CICERO, De nat. deor. I, 32. – [11] BION VON BORYSTHENES (Ende des 4. Jh.). – [12] Satiren des MENIPPUS (Ende des 4. Jh.). – [13] DIOGENES LAERTIOS VI, 102. – [14] Vgl. J. BERNAYS: Lukian und die Kyniker (1879). – [15] EPIKTET, Diatriben III, 22. – [16] Vgl. GRIMM 16, 1455/56. – [17] G. W. F. HEGEL, Rechtsphilos. § 195 Zus. – [18] Fr. NIETZSCHE, Werke, hg. K. SCHLECHTA 1, 212. – [19] a. a. O. 2, 126f. A. MÜLLER

Die Zahlen in eckigen Klammern [...] verweisen auf einen Beitrag, der vom erwähnten Autor gemeinsam mit anderen konzipiert und redigiert worden ist.

1. Text

Titel. In Doppel- und Mehrfachtiteln werden die Stichwörter, wenn sie Gegensätze bezeichnen, durch Schrägstrich, wenn sie einander ergänzen, durch Komma getrennt.

Die *Anfangsbuchstaben Ä, Ö, Ü* (nicht aber *Ae, Oe, Ue*) der Titelstichwörter sind alphabetisch wie *A, O, U* behandelt worden.

Abkürzungen. An Stelle des Titelstichworts tritt bei Substantiven der Anfangsbuchstabe mit Punkt; Adjektive werden nicht abgekürzt. Sonst sind im Text nur allgemein gebräuchliche Abkürzungen verwendet.

Auszeichnungen. Namen von Autoren, die Gegenstand eines Artikels sind, werden, wenn sie in einem Gedankenzusammenhang zum erstenmal vorkommen, in KAPITÄLCHEN, die übrigen Hervorhebungen *kursiv* gesetzt. Namen der Verfasser von Untersuchungen zum Gegenstand des Artikels werden nicht ausgezeichnet.

Anführungszeichen und Klammern. In *einfachen* Anführungszeichen ‹ ... › stehen Werktitel, Teil- und Kapitelüberschriften sowie metasprachlich verwendete Ausdrücke. In *doppelten* Anführungszeichen « ... » stehen Zitate (ausgenommen griechische und in runden Klammern beigefügte Übersetzungen von griechischen und lateinischen Zitaten).

In *eckige* Klammern [...] sind Einfügungen des Artikelautors in Zitate sowie Anmerkungsziffern gesetzt.

2. Anmerkungen und Literaturhinweise

Um den Text zu entlasten, sind die Belegstellen (mit Ausnahme der biblischen) in den Anmerkungen zusammengefaßt.

Beziehen sich mehrere aufeinanderfolgende Anmerkungen auf denselben Autor und/oder dasselbe Werk, wird der Verfassername bzw. der Werktitel nicht wiederholt.

Wenn sich eine spätere auf eine frühere, nicht unmittelbar vorhergehende Anmerkung bezieht, wird in der Regel die Nummer der früheren Anmerkung wiederholt:

[1] F. KLUGE: Etymol. Wb. dtsch. Sprache (¹¹1963) 8. – ... [4] KLUGE, a. a. O. [1] 432.

Zitierweisen. Sie folgen dem für Epochen, Autoren und Werke üblichen wissenschaftlichen Gebrauch, doch werden Siglen, die nur dem Fachmann bekannt sind, mit wenigen Ausnahmen (vgl. Abkürzungsverzeichnis Nr. 1) vermieden oder von Fall zu Fall neu eingeführt:

[1] DESCARTES, Werke, hg. ADAM/TANNERY (= A/T) 10, 369. – [2] Vgl. A/T 7, 32.

Zitiert wird nach der systematischen Gliederung der Werke und/oder nach Ausgaben bzw. Auflagen:

a) Nach Gliederung: [1] PLOTIN, Enn. II, 4, 15 = ‹Enneaden›, Buch 2, Kapitel 4, Abschnitt 15. – [2] THOMAS VON AQUIN, S. theol. I/II, 20, 2 = ‹Summa theologiae›, Pars I von Pars II, Quaestio 20, Articulus 2.

b) Nach Ausgaben: [1] PLATON, Phaid. 88 d 3-5 = ‹Phaidon›, S. 88, Absch. d (Paginierung nach der Ausgabe von HENRICUS STEPHANUS, Paris 1578), Zeilen 3-5 (nach der Ausgabe von IOANNES BURNET, Oxford ¹1899-1906). – [2] KANT, Akad.-A. 7, 252, 3 = Gesammelte Schriften, hg. (Königl.) Preuß. Akad. Wiss. (ab Bd. 23 hg. Dtsch. Akad. Wiss. zu Berlin), Bd. 7, S. 252, Z. 3.

c) Nach Auflagen: [1] KANT, KrV A 42/B 59 = ‹Kritik der reinen Vernunft›, 1. Aufl. (1781), S. 42 = 2. Aufl. (1786), S. 59.

d) Nach Gliederung und Ausgaben: [1] ARISTOTELES, Met. II, 2, 994 a 1-11 = ‹Metaphysik›, Buch 2 (α), Kap. 2, S. 994, Sp. a, Z. 1-11 (nach Arist. graece ex rec. IMM. BEKKERI, Berlin 1831). – [2] JOHANNES DAMASCENUS, De fide orth. II, 12. MPG 94, 929ff. = ‹De fide orthodoxa›, Buch 2, Kap. 12 bei J. P. MIGNE (Hg.): Patrologiae cursus completus, Ser. 1: Ecclesia graeca, Bd. 94, S. 929ff.

Interpunktion. Nach Autorennamen steht ein Doppelpunkt, wenn eine ausführliche bibliographische Angabe folgt, ein Komma, wenn das Werk abgekürzt zitiert ist.

Die Zeichensetzung in *Stellenangaben* folgt weitgehend altphilologischem Gebrauch und entspricht folgenden Regeln:

Kommata trennen in Angaben nach Gliederung Buch von Kapitel und Kapitel von Abschnitt, in Belegstellen nach Ausgaben Band von Seite und Seite von Zeile (vgl. oben a) Anm. [1] und b) Anm. [2]).

Punkte bedeuten in Stellenangaben ‹und›; sie stehen z. B. zwischen Kapitel und Kapitel bzw. Seite und Seite:

[1] ARIST., Met. V, 19. 20 = Buch 5 (Δ), Kap. 19 und 20. – [2] KANT, Akad.-A. 7, 251. 265 = Bd. 7, S. 251 und 265.

Strichpunkte sind gesetzt, wenn auf eine untergeordnete Gliederungseinheit (Abschn., Art.) eine übergeordnete (Buch, Teil, Kap.) folgt:

THOMAS, S. theol. I, 14, 11; 44, 3; 55, 2 = Pars I, Quaestio 14, Art. 11; (Pars I) Quaestio 44, Art. 3; (Pars I) Quaestio 55, Art. 2

oder wenn die nächste Stellenangabe einem anderen Band bzw. Werk entnommen ist:

HEGEL, Werke, hg. GLOCKNER 11, 52; 10, 375 = Bd. 11, S. 52; Bd. 10, S. 375.

Literaturhinweise. Die Angaben sind normalerweise chronologisch, gelegentlich auch nach sachlichen Gesichtspunkten geordnet und entsprechen den üblichen Regeln, doch wird der Erscheinungsort nur bei fremdsprachigen Publikationen genannt.

Zeitschriften und andere Periodika werden nach dem von der UNESCO empfohlenen ‹Internationalen Code für die Abkürzung von Zeitschriftentiteln› zitiert (Abdruck in: World med. Periodicals, New York ³1961, XI ff.; vgl. dazu Abkürzungsverzeichnis Nr. 2). Wie auch bei mehrbändigen Werken steht in den Stellenangaben die Bandzahl vor, die Seitenzahl nach dem Erscheinungsjahr.

1. Sigeln für Ausgaben, Buchtitel, Lexika und Sammelwerke

CSEL   Corpus scriptorum ecclesiasticorum latinorum editum consilio et impensis Academiae litterarum Caesareae Vindobonensis 1–80 (Wien 1866ff.)

EISLER⁴   R. EISLER: Wörterbuch der philosophischen Begriffe 1–3 (⁴1927–1930)

GRIMM   J. und W. GRIMM: Deutsches Wörterbuch 1–16 (1854–1916)

KpV   Kritik der praktischen Vernunft (¹1788)

KrV   Kritik der reinen Vernunft (¹1781 = A, ²1787 = B)

KU   Kritik der Urteilskraft (¹1790, ²1793)

LALANDE¹⁰   A. LALANDE: Vocabulaire technique et critique de la philosophie (Paris ¹⁰1968)

LThK²   Lexikon für Theologie und Kirche, hg. J. HÖFER/K. RAHNER 1–10 (²1957–1965)

MEGA   MARX/ENGELS, Hist.-krit. Gesamt-A.: Werke, Schriften, Briefe; Abt. 1–3 (Frankfurt a. M./Berlin/Moskau 1927–1935), nicht vollständig erschienen

MEW   MARX/ENGELS, Werke 1–39 (Ostberlin 1956–1968)

MG SS   Monumenta Germaniae historica inde ab anno Christi 500 usque ad annum 1500. Auspiciis Societatis aperiendis fontibus rerum Germanicarum medii aevi. Ed. GEORGIUS HEINRICUS PERTZ. Unveränd. Nachdruck Scriptores T. 1–30 (Stuttgart/New York 1963/64)

MPG   J. P. MIGNE (Ed.): Patrologiae cursus completus, Series I: Ecclesia graeca 1–167 (mit lat. Übers.) (Paris 1857–1912)

MPL   J. P. MIGNE (Ed.): Patrologiae cursus completus, Series II: Ecclesia latina 1–221 (218–221 Indices) (Paris 1841–1864)

RE   Paulys Real-Encyclopädie der classischen Altertumswissenschaft. Neubearb. hg. G. WISSOWA, W. KROLL u. a. Reihe 1. 2 [nebst] Suppl. 1ff. (1894ff.)

RGG³   Religion in Geschichte und Gegenwart 1–6 (³1957–1962)

SVF   Stoicorum veterum fragmenta collegit IOANNES AB ARNIM 1–4 (²1921–1923)

VS   H. DIELS/W. KRANZ (Hg.): Die Fragmente der Vorsokratiker, griechisch und deutsch 1–3 (¹³1968)

2. Periodika (Beispiele)

Abh. preuß. Akad. Wiss.	Abhandlungen der (königl.) preußischen Akademie der Wissenschaften (Berlin)
Arch. Begriffsgesch.	Archiv für Begriffsgeschichte (Bonn)
Arch. Gesch. Philos.	Archiv für Geschichte der Philosophie (Berlin)
Bl. dtsch. Philos.	Blätter für deutsche Philosophie (Berlin 1927–1944)
Dtsch. Vjschr. Lit.wiss.	Deutsche Vierteljahresschrift für Literaturwissenschaft und Geistesgeschichte (Stuttg.)
Dtsch. Z. Philos.	Deutsche Zeitschrift für Philosophie (Berlin)
German.-roman. Mschr.	Germanisch-romanische Monatsschrift (Heidelberg)
Gött. gel. Anz.	Göttinger Gelehrte Anzeigen
Hist. Z.	Historische Zeitschrift (München)
J. Hist. Ideas	Journal of the History of Ideas (Lancaster, Pa.)
J. symbol. Logic	Journal of Symbolic Logic (Providence, R. I.)
Kantstudien	Kantstudien (Berlin, NF Köln)
Mind	Mind (Edinburgh)
Philos. Rdsch.	Philosophische Rundschau (Tübingen)
Philos. Jb.	Philosophisches Jahrbuch (Freiburg i. Br.)
Proc. amer. philos. Soc.	Proceedings of the American Philosophical Society (Philadelphia)
Rev. Mét. Morale	Revue de Métaphysique et de Morale (Paris)
Rev. philos. Louvain	Revue philosophique de Louvain
Rhein. Mus. Philol.	Rheinisches Museum für Philologie
Sber. heidelb. Akad. Wiss.	Sitzungsberichte der Heidelberger Akademie der Wissenschaften
Studia philos. (Basel)	Studia philosophica. Jb. Schweiz. philos. Ges.
Z. philos. Forsch.	Zeitschrift für philosophische Forschung (Meisenheim/Glan)

3. Häufig verwendete Abkürzungen

A KrV^1
A.   Ausgabe
a | b ...   Seitenteiler
a.   articulus
a. a. O.   am angegebenen Ort
Abh.   Abhandlung(en)
Abschn.   Abschnitt
Abt.   Abteilung
Adv.   adversus
ahd.   althochdeutsch
Akad.   Akademie
Amer.   American
Anal.   Analyse, Analytica
Anm.   Anmerkung(en)
Anz.   Anzeiger
Aphor.   Aphorismus
Arch.   Archiv(es)
Art.   Artikel
Ass.   Association
AT   Altes Testament

B KrV^2
Beih.   Beiheft
Ber.   Bericht
Bespr.   Besprechung
Bibl.   Bibliothek
Biol.   Biologie
Bl.   Blatt, Blätter
Br.   Brief(e)
Bull.   Bulletin

c.   caput, capitulum, contra
cath.   catholique
ch.   chapitre, chapter
Chem.   Chemie
conc.   concerning
corp.   corpus
C. R.   Compte(s) rendu(s)
CSEL   s. Sigeln

Dict.   Dictionnaire, Dictionary
disp.   disputatio
Diss.   Dissertatio(n)
dtsch.   deutsch

ebda.   ebenda
eccl.   ecclesiasticus
Ed.   Editio
Einf.   Einführung
Einl.   Einleitung
Eisler   s. Sigeln
engl.   englisch
Ep.   Epistula
Erg.Bd.   Ergänzungsband
Eth.   Ethica
etymol.   etymologisch
evang.   evangelisch

fol.   folio
Frg.   Fragment
frz.   französisch

G.   Giornale
gén.   général(e)
gent.   gentiles

Ges.   Gesellschaft
Gesch.   Geschichte
griech.   griechisch
Grimm   s. Sigeln

H.   Heft
Hb.   Handbuch
hg.   herausgegeben
hist.   historisch

idg.   indogermanisch
Inst.   Institut, institutio
int.   international
Intr.   Introductio
ital.   italienisch

J.   Journal
Jb.   Jahrbuch
Jg.   Jahrgang
Jh.   Jahrhundert

Kap.   Kapitel
kath.   katholisch
KpV   s. Sigeln
krit.   kritisch
KrV   s. Sigeln
KU   s. Sigeln

Lalande   s. Sigeln
lat.   lateinisch
Leg.   Leges = Nomoi
Lex.   Lexikon
lib.   liber
ling.   lingua
Lit.   Literatur
log.   logisch
LThK   s. Sigeln
LXX   Septuaginta

MA   Mittelalter
Math.   Mathematik
Med.   Medizin
Med(it).   Meditationes
MEGA   s. Sigeln
Met.   Metaphysik
MEW   s. Sigeln
MG SS   s. Sigeln
Mh.   Monatshefte
mhd.   mittelhochdeutsch
MPG   s. Sigeln
MPL   s. Sigeln
Ms.   Manuskript
Mschr.   Monatsschrift
Mus.   Museum

nat.   naturalis
ND   Nachdruck
NF   Neue Folge
nhd.   neuhochdeutsch
NT   Neues Testament

p.   pagina
Philol.   Philologie
Philos.   Philosophie
Phys.   Physik
post.   posteriora
pr.   priora

Pr.   Predigt
Proc.   Proceedings
Prol(eg).   Prolegomena
Prooem.   Prooemium
prot.   protestantisch
Ps.   Psalm
Ps-   Pseudo-
Psychol.   Psychologie
publ.   publiziert

q.   quæstio
Quart.   Quarterly
quodl.   quodlibetalis, quodlibetum

r   recto (fol. 2r = Blatt 2, Vorderseite)
Rdsch.   Rundschau
RE   s. Sigeln
Red.   Redaktion
red.   redigiert
Reg.   Register
Relig.   Religion
Res.   Research
Resp.   Res publica = Politeia
Rev.   Revue
Rez.   Rezension
RGG   s. Sigeln
roy.   royal(e)
russ.   russisch

S.   Summa
Sber.   Sitzungsbericht(e)
Sci.   Science(s)
Schr.   Schrift(en)
s. d.   siehe dort
Slg.   Sammlung(en)
Soc.   Société, Society
Soziol.   Soziologie
span.   spanisch
Stud.   Studie(n)
Suppl.   Supplement(um)
s. v.   sub voce (unter dem Stichwort)
SVF   s. Sigeln

T.   Teil
Theol.   Theologie, Theologia

UB   Universitätsbibliothek
Übers.   Übersetzung
Univ.   Universität

v   verso (fol. 2v = Blatt 2, Rückseite)
Verh.   Verhandlungen
Vjschr.   Vierteljahresschrift
Vol.   Volumen
Vorles.   Vorlesung
VS   s. Sigeln

Wb.   Wörterbuch
Wiss.   Wissenschaft(en)
Wschr.   Wochenschrift

Z.   Zeitschrift
Zool.   Zoologie
Ztg.   Zeitung

1. Symbole der Junktoren- und Quantorenlogik (Aussagen- und Prädikatenlogik)
(vgl. Art. ‹Aussagenlogik›, ‹dialogische Logik›, ‹indefinit›, ‹Prädikatenlogik›)

Zeichen	Gesprochen	Name

a) Kopulae

ε	ist (hat)	(affirmative) Kopula
ε'	ist (hat) nicht	(negative) Kopula

b) Logische Junktoren

$\neg$	nicht	Negator
$\wedge$	und	Konjunktor
$\vee$	oder (nicht ausschließend, lat. vel)	Adjunktor
$\rightarrow$	wenn ..., so (dann) ...	(Subjunktor) Implikator
$\leftrightarrow$	genau dann wenn ..., so (dann) ...	(Bisubjunktor) Biimplikator

c) Logische Quantoren

$\bigwedge x$	für alle x gilt	Allquantor
$\mathbb{A} x$	für alle x gilt (wobei der Variabilitätsbereich von x indefinit ist)	indefiniter Allquantor
$\bigvee x$	es gibt mindestens ein x, für das gilt	Existenzquantor
$\mathbb{V} x$	es gibt mindestens ein x, für das gilt (wobei der Variabilitätsbereich von x indefinit ist)	indefiniter Existenzquantor

d) Folgerungssymbole

$\prec$	impliziert (aus ... folgt ...)	Zeichen für den Folgerungsbegriff der dialogischen Logik
$\Vdash$	aus ... folgt ...	Zeichen für den semantischen Folgerungsbegriff

---

2. Regel- und Kalkülsymbole (vgl. Art. ‹Kalkül›)

$\Rightarrow$ es ist erlaubt, von ... überzugehen zu ...

$\Leftrightarrow$ es ist erlaubt, von ... überzugehen zu ... und umgekehrt

$\vdash$ ist ableitbar

$\left.\begin{array}{l} =_{df} \\ \Leftrightarrow \\ := \end{array}\right\}$ nach Definition gleich

3. Relationssymbole

$=$ gleich
$\neq$ nicht gleich
$\equiv$ identisch
$\not\equiv$ nicht identisch
$\sim$ äquivalent
$<$ kleiner
$\leq$ kleiner oder gleich
$>$ größer
$\geq$ größer oder gleich

4. Symbole der Modallogik (vgl. Art. ‹Modallogik›)

$\Diamond$ es ist möglich, daß
$\Box$ es ist notwendig, daß

5. Symbole der Syllogistik

S Subjekt
P Prädikat
a affirmo universaliter (ich bejahe universell)
i affirmo partialiter (ich bejahe partiell)
e nego universaliter (ich verneine universell)
o nego partialiter (ich verneine partiell)

6. Symbole der Mengenlehre (vgl. Art. ‹Mengenlehre›)

$\emptyset$ leere Menge
$\in$ Element von
$\notin$ nicht Element von
$\subseteq$ enthalten in
$\cup$ vereinigt (Vereinigung von ... und ...)
$\cap$ geschnitten (Durchschnitt von ... und ...)